中國古籍總目編纂委員會 編

中國古籍總目

索引

1

中華書局 上海古籍出版社

圖書在版編目(CIP)數據

中國古籍總目·索引/中國古籍總目編纂委員會編. —上海：上海古籍出版社，2013.7
ISBN 978-7-5325-6856-7

Ⅰ.①中… Ⅱ.①中… Ⅲ.①古籍—圖書目録—中國 Ⅳ.①Z838

中國版本圖書館 CIP 數據核字(2013)第 119824 號

責任編輯　吳旭民
編　　審　李祚唐
封面設計　何　暘

本書出版得到國家古籍整理出版專項經費資助

中國古籍總目　索引
（全四册）
中國古籍總目編纂委員會　編

中華書局出版發行
(北京太平橋西里 38 號　郵政編碼 100073)
http:www.zhbc.com.cn
E-mail:zhbc@zhbc.com.cn
上海古籍出版社出版發行
(上海瑞金二路 272 號　郵政編碼 200020)
http:www.guji.com.cn
E-mail:gujil@guji.com.cn
易文網 www.ewen.cc
上海中華商務聯合印刷有限公司印刷
開本 787×1092　1/16　印張 219.25　插頁 20　字數 6,560,000
2013 年 7 月第 1 版　2013 年 7 月第 1 次印刷
印數 1 - 2300
ISBN 978-7-5325-6856-7

Z·425　定價 1280.00 元

ISBN 978-7-5325-6856-7

中國古籍總目 索引

編纂人員　吴　格　龍向洋

前　言

《中國古籍總目》的編纂，自一九九二年以來，歷時十七年，於二〇〇九年六月終告完成。這期間規劃籌備、調查清理、編纂審訂、校勘定稿、印製出版，幾十家圖書館幾百名專家學者，大家同心同德，群策群力，不但完成了"總目"巨著，而且加深了對中華古籍"浩如烟海"的認識，值得認真總結。

中國傳統文化具有悠久的歷史，其文獻記載歷數千年而未中斷。中華民族的典籍文獻，夙稱汗牛充棟、浩如烟海，其數量之豐富，内容之深厚，舉世無雙。這些豐富的典籍不僅承載了中華民族的傳統文化，並且對世界文明的進程産生深刻影響，是全人類共有的寶貴文化遺産。保護並繼承中華民族文化遺産，要求今人對現存中國古籍作系統整理與研究，首先需要對文獻資源作全面調查與清理。在中國歷史上，像編纂《中國古籍總目》這樣在全國圖書館界、學術界對古籍文獻進行深入細緻的清理，尚屬首次。從這個意義上講，《中國古籍總目》的編纂出版，具有開創性與總結性，堪稱中國古籍整理研究的重大成果。

編纂全面反映中國古代文獻流傳與存藏狀況的總目録，是文獻學界、圖書館界多年的共同理想。中國歷代有編纂史志目録、公私藏書目録的傳統，並重視書目編纂"辨章學術、考鏡源流"的指導作用。史志與公藏目録多反映各朝皇家或官府的典籍積累，私家藏書目録則較多反映民間的文獻收藏，兩者各有局限，互爲補充。收羅完備、著録詳明、體例精嚴的總目録，惟有文獻典籍大多歸於公藏，各地區、各系統圖書館開展聯合編目的當代，才有可能産生。近代以來，各大圖書館逐步積累的館藏古籍記録與各學科專家合作編纂的專科目録，是《中國古籍總目》編纂的基礎。新中國成立以來編纂的《中國叢書綜録》、《中國古籍善本書目》等大型書目，爲《中國古籍總目》的編纂提供了文獻調查與收集、書目彙總與校訂的成功範例。

《中國古籍總目》的編纂是中國圖書館界、文獻學界的基礎建設工程，也是整個古籍整理事業的基礎工程。《中國古籍總目》完成後，我國古籍的存佚情況大致可以

摸清。我們可以從整體上掌握現存古籍的品種、數量以及大致的學術内容和價值，並會幫助我們分清古籍的質量檔次，區别出整理的輕重緩急，採取不同的整理方式，合理妥善地完成古籍整理出版規劃。一九九二年在北京舉行的第三次全國古籍整理出版規劃會議，不失時機地將編纂《中國古籍總目》列爲國家古籍整理出版重點項目，意義重大。這一項目由國務院古籍整理出版規劃小組（現全國古籍整理出版規劃領導小組，下簡稱"古籍小組"）主持，設立編纂辦公室，並由國家圖書館等十一家圖書館古籍編目人員組成編委會，於一九九三年七月啓動編纂工作。至一九九九年，編纂工作因機構調整等原因而中斷。

二〇〇三年底，由古籍小組主持、古籍小組辦公室具體組織，《中國古籍總目》編纂工作重新啓動。依據工作需要及人員變動情況，組成以楊牧之爲主任，詹福瑞、李巖爲副主任，王興康、朱強、吴建中、馬寧、黄松等爲委員的編纂出版工作委員會；調整並增補編委會成員，組成以傅璇琮、楊牧之爲主編，陳力、吴格爲副主編，孔方恩、任光亮、李致忠、李國慶、吴旭民、谷輝之、沈乃文、徐俊、徐憶農、高克勤、宫愛東、陳先行、崔建英、許逸民、張力偉、陽海清、鮑國強、韓錫鐸等爲委員的編纂委員會。此後，接受古籍小組委託，國家圖書館、上海圖書館、南京圖書館、北京大學圖書館、湖北省圖書館、天津圖書館具體承擔了《中國古籍總目》各分部（類）的編纂任務，復旦大學圖書館相關人員也應邀參加編纂。調整後的編纂委員會，對《中國古籍總目》原定的收録範圍、立目原則、分類表、著録規則等進行修訂，並重新確立編纂工作流程及時間表，隨即展開緊張工作。二〇〇四年以來，編纂工作嚴格按照"分卷主編館編定初稿、編委會組織專家審訂、分卷主編館參照專家意見修改以形成定稿、編委會委託專人統一定稿、編委會委託專人及出版社審讀定稿"的流程推進。依賴各相關圖書館的大力配合、各有關專家學者的熱心支持、編纂人員的辛勤勞動和有效合作，歷經六載，終克於成。

《中國古籍總目》是現存中國漢文古籍的總目録，旨在全面反映中國（大陸及港澳臺地區）主要圖書館及部分海外圖書館現存中國漢文古籍的品種、版本及收藏現狀。《中國古籍總目》以古代至民國初人撰著並經寫抄、印刷的歷代漢文書籍爲收集範圍，彙聚各家館藏記録，在傳統四部分類法的基礎上，以經、史、子、集、叢書五部，分類著録各書的書名、卷數、編撰者時代、題名及撰著方式、出版者、出版時地、版本類型及批校題跋等信息，同時標列各書的主要收藏機構名稱。各部陸續付印告竣

後，隨即推出全書索引。

《中國古籍總目》作爲反映中國古籍流傳與存藏狀況的最全面、最重要的成果，其編纂特點如下：

一、完成了迄今最大規模的調查與著録，第一次將中國古籍書目著録爲約二十萬種。歷來稱譽中國古籍"浩如烟海"、"汗牛充棟"，但"海"和"棟"究竟有多大？八萬種、十萬種、十五萬種，衆説紛紜。十九世紀以來，隨著中國社會轉型及圖書館事業的發展，歷代流傳的典籍，漸次由私人收藏轉爲公共收藏。二十世紀中葉以後，絶大部分的存世中國古籍，已成爲國家及各地公共圖書館、高校及科研機構等圖書館的館藏。參與《中國古籍總目》編纂的國内各大圖書館，所收藏古籍已涵蓋現存古籍百分之九十以上品種，編纂中又吸收圖書館歷年編纂的叢書、方志、家譜等聯合目録成果，所録古籍收藏機構已逾千家，可以説參與"總目"編纂工作的同行經過十幾年的努力，對現存中國古籍，完成了迄今最大規模的調查與著録，今天可以給出約二十萬種的統計數字，這是這次編纂工作的最大貢獻。

二、著録了港澳臺地區及日本、韓國、北美、西歐等地圖書館收藏的中國古籍稀見品種。現存中國古籍的總目録，理應反映全球收藏的中國古籍信息，限於人力物力，此項工作目前尚處於起步階段。《中國古籍總目》已利用知見的港澳臺地區及日本、韓國、北美、西歐等地圖書館古籍收藏目録，採録大陸圖書館未見著録的古籍品種，並爲稀見品種增補了海外收藏機構名稱。

三、著録了現存中國古籍的主要版本。中國古代典籍的撰著與流傳，經歷了漫長的過程。宋元以來，歷代典籍屢經寫抄刊刻、彙編選輯，版本極爲複雜，人稱書囊無底，難以窮盡。《中國古籍總目》的版本著録，不僅包括歷代公私寫抄、刻印、排印、影印之本，又綜録佛、道二藏，旁搜秘本僻書，兼及批校題跋，囊括所有版本類型。至如叢刻單刻、彙印選印、增刊補版、抄配補本等版本特徵，形式多樣，著録歧異，整合歸併，多費斟酌。《中國古籍總目》對於所著録古籍的版本描述，已具初步清理之功。

四、依據傳統的四部分類法並有所突破。《中國古籍總目》沿用四部分類法類分古籍，並參酌《中國叢書綜録》、《中國古籍善本書目》等增損類目，部居類分，有條不紊。如照應現代圖書館編目及庋藏實際，將"彙編叢書"單列爲"叢書部"，與經、史、子、集四部並列，形成五部分類，《中國叢書綜録》收録的"類編叢書"，則分歸四部之首。又如明清以來方志、家族譜編纂興盛，清季新學流行，相關譯著及著述繁多，

遂因書設類，特於史部增設"方志類"、"譜牒類"，子部增設"新學類"，彙録相關書籍，以便讀者即目求書。

五、在編纂過程中注重人才培養。文獻整理與研究中，書目指導的重要作用，久已成爲共識。古籍編目似易實難，人才培養須經多年歷練。近代以來，圖書館界曾湧現大量古籍編目專家，爲歷次全國性古籍聯合目録編纂作出重大貢獻。《中國古籍總目》編纂持續多年，參與其事者多經磨練，造就了一批古籍編目骨幹。然而，面對全國數千家古籍收藏機構所藏的數千萬册古籍，古籍編目力量仍嫌薄弱。而古籍書目編纂是一項逐步積累、不斷完善的事業，書目收羅的完備與著録信息的精準，前修未密，後出轉精，校核修訂，迄無止境。《中國古籍總目》的編纂完成，不僅爲古籍整理與研究者提供了前所未有的書目工具，在編纂過程中，又爲古籍編目隊伍培養了後繼人材，其中所積累的經驗，有深遠的意義。

六、吸收了古代文獻研究的最新成果。《中國古籍總目》初稿完成，編委會即分邀各學科專家學者參與審稿。參與審稿的數十位專家學者，來自文學、史學、哲學、宗教、軍事、地理、醫學、科技、藝術、出版等領域，遴選及於臺灣及海外。各科專家學有專長，熟精文獻，認真審閲，悉心校核，拾遺補缺，多所匡正，及時反映了古代文獻研究的新成果，由此提高了《中國古籍總目》的編纂質量，促進了學術界與圖書館界之間的交流。

《中國古籍總目》出版在即，行將接受讀者與同行的檢驗。借此機會，我們對所有先後參與編纂的同志所付出的辛勤勞動，對所有參與審訂的專家學者所提供的寶貴意見，對承擔出版工作的中華書局、上海古籍出版社，表示誠摯的謝忱。並期盼海内外古籍整理研究者與圖書館界專家，不吝指教，惠予訂正。

《中國古籍總目》編纂出版工作委員會

《中國古籍總目》編纂委員會

二〇〇九年六月

中國古籍總目

編纂説明

一、《中國古籍總目》爲國家古籍整理出版重點項目，由全國古籍整理出版規劃領導小組(原國務院古籍整理出版規劃小組)主持編纂，由中國國家圖書館、北京大學圖書館、上海圖書館、南京圖書館、天津圖書館、湖北省圖書館、復旦大學圖書館，及中國科學院圖書館、遼寧省圖書館、山東省圖書館、浙江圖書館等十一家圖書館先後參與編纂。

一、《中國古籍總目》著録中國大陸及港澳臺地區公共、學校、科研機構圖書館及博物館等所藏歷代漢文古籍(含少量漢文與少數民族文字合編、以漢文註釋外文者)之基本品種、主要版本及主要收藏信息，並部分採録海外公藏之中國古籍稀見品種。

一、《中國古籍總目》以古代至民國初人撰著並經寫抄、刻印、排印、影印之歷代漢文古籍爲基本著録範圍，部分成書或傳抄刻印於民國時期，内容關涉中國古代學術文化，採用傳統著述方式，並具有古典裝幀形式者(如叢書、方志、族譜等)，收書下限有所延伸。

一、《中國古籍總目》著録已經編纂並傳抄刻印成書之甲骨、銘文、碑刻、竹簡、木牘、帛書、敦煌遺書、金石拓本、輿圖、書劄、字畫、魚鱗册、寶鈔、契約、誥命、文告等文獻，其原件均不著録。

一、《中國古籍總目》沿用四部分類法，經、史、子、集部外增設叢書部，各部下復分若干類屬，據著録規則編次入録諸書。類目設置曾參酌《中國叢書綜録》、《中國古籍善本書目》，增損移易之處，於各部前“編纂説明”中説明。

一、《中國古籍總目》由各館藏書目録彙編而成，部分條目曾核對館藏並修訂原有著録訛誤，各書著録款目依次爲：書目序列號、書名卷數、著者時代、著者姓名、著作方式、出版年代、出版者、出版地、版本類別及批校題跋、各版本主要

收藏機構等。

一、《中國古籍總目》立目原則

1、一書雖經傳抄刊刻,内容卷數沿襲原貌,即作爲相同品種,依次著錄其不同版本。

2、一書經重編後傳抄刊刻,内容有所增損,卷數隨之變化,即不再作相同品種立目。

3、一書正文及其傳箋、註釋、音義、考訂等以不同形式合編,即作爲不同品種立目。

4、志書經賡續修纂,不論其新增内容多寡、新修後增刻或重刻,均視爲新品種立目。

5、一書曾經名家遞藏,或有歷代學者批校題跋,不單獨立目而於版本項中加注説明。

一、《中國古籍總目》著錄規則

1、書名據卷端所題著錄,各卷題名不一,以首卷題名爲準,别有所據,附注説明。

2、一書内容相同而有多種題名,取常見題名立目,並於該題名後附注其他異題名。

3、一般著錄内容完整之書,稀見品種則雖已殘缺或分藏各館,仍據存卷依次著錄。

4、卷册殘缺之書,著錄原有卷數,附注實存卷數,原書卷數無考,著錄爲□□卷。

5、方志、科舉等書名前加冠纂修時代,譜牒等書名前加冠地名,均以方括號標明。

6、著者以本名著錄,不取字號,原書題名用别號或稱題某某者,據所知加注説明。

7、一書内容卷數相同而有多種版本,依次著錄不同版本,異題名附注於版本項後。

8、一書流傳過程中增添批校、題跋等新版本特徵,附注於版本項或收藏館簡稱後。

9、抄本有資料可據者,著録其抄寫年代及抄者姓名,如無可考則統稱爲某朝抄本。

10、時代較早之抄本、宫廷官府編書之繕寫本、端楷書寫之進呈本等,統稱爲寫本。

11、刻本有資料可據者,著録刻年、刻地及刻者姓名,如無可考則統稱爲某朝刻本。

12、叢書部僅著録跨部合刻之彙編叢書,同部類合刻之書則著録於各部"叢編"中。

13、叢書子目合併著録於叢書部,又各依其類著録於四部,其版本即稱某某叢書本。

14、叢書有多種版本而子目不同,某書爲某版本所獨有者,即於該子目後附注版本。

15、所著録"四庫全書本",均指今藏臺北"故宫博物院"之《文淵閣四庫全書》及其影印本。

一、《中國古籍總目》收藏機構

1、收藏機構名稱附注於版本項後,依次著録參與編目之圖書館、中國及海外藏書機構。

2、稀見刻本、稿抄批校本之收藏機構著録從詳,通行常見之本因所在多有,著録從略。

3、叢書、方志等收藏機構較多,爲省篇幅,酌加減省,以著録各地大中型圖書館爲主。

4、公共圖書館以地名爲簡稱,博物館、檔案館簡稱綴於地名後,海外藏書機構名從詳。

5、原北平圖書館善本寄存於"臺灣圖書館"者,簡稱"北平"。

6、殘本未能著録其存缺卷次者,收藏機構簡稱後加"＊"號。

一、《中國古籍總目》編排規則

1、入錄各書按分類表編排，並據成書之先後編次，原著在前，據原著衍生者在後。

2、入錄各書以内容完整者排列在前，内容殘缺者排列在後，並附注説明所存卷次。

3、同類各書以著者時代爲序，一書有多種版本，依時代及稿、刻、抄本順序編次。

4、一書有多種批校題跋，先以版本時代編次，版本相同者以批校題跋者時代編次。

5、各條目前均列有編號，編號由分部、册次、類次及序次號組成，形成唯一代碼。

例1

史10200011

十七史一千五百七十四卷　明毛晉編

史1：史部第1册

02：(史部)紀傳類

00011：(史部)序次號

例2

史10200037

史記一百三十卷　漢司馬遷撰　劉宋裴駰集解　唐司馬貞索隱

宋乾道七年蔡夢弼東塾刻本　國圖(卷四十三配清光緒元年楊保彝影宋抄本)　上海(卷五至六、十八至二十、四十七至四十八、五十四至五十五、七十六至八十六配蒙古中統二年段子成刻本，明許初跋)

宋淳熙三年張杅桐川郡齋刻本　國圖(存卷一至十八、四十四至八十八)

宋淳熙三年張杅桐川郡齋刻八年耿秉重修本　國圖

蒙古中統二年段子成刻明修本　上海

元大德間饒州路儒學刻本　國圖(存卷五、二十三、二十五至二十六、四十八至四十

九、五十六、六十一至七十一）

明天順間游明刻本　國圖（清鄒道沂跋）　北大　上海

明正德十三年邵宗周刻本　北大　浙江

明正德間劉氏慎獨齋刻本　上海

一、《中國古籍總目》編纂分工

經部：北京大學圖書館

史部：上海圖書館

子部：南京圖書館

集部：國家圖書館

叢書部：湖北省圖書館

子部新學類：天津圖書館

彙總統稿：復旦大學圖書館

一、《中國古籍總目》出版分工

中華書局：經部、集部、叢書部

上海古籍出版社：史部、子部、索引

中國古籍總目
索　引

目　錄

中國古籍總目書名索引

中國古籍總目書名索引凡例 ………………………………… 1
書名索引字頭筆畫檢字 ………………………………… 1
書名索引字頭拼音檢字 ………………………………… 1
中國古籍總目書名索引 ………………………………… 1

中國古籍總目著者索引

中國古籍總目著者索引凡例 ………………………………… 1
著者索引字頭筆畫檢字 ………………………………… 1
著者索引字頭拼音檢字 ………………………………… 1
中國古籍總目著者索引 ………………………………… 1

中國古籍總目

書名索引

中國古籍總目
書名索引

凡　　例

一、本索引據《中國古籍總目》(下簡稱《總目》)所著録各書題名編製,經分析正書名及附屬書名,共得檢索款目約 187 000 條。

一、檢索款目依“四角號碼檢字法”編排,並附編“書名索引字頭筆畫檢字”、“書名索引字頭拼音檢字”作爲輔助索引。爲便檢索,“拼音檢字”中附列多音字(以“＊”號爲標識)。

一、各檢索款目後分别注明其在《總目》中之分部(經、史、子、集、叢)、分册及序次號(取末五位)。如:

0010_4童

17 童子鳴集　集 2－9652

即《童子鳴集》見於《總目》集部第 2 册第 9652 條。

一、《總目》中連續著録之相同書名,爲省篇幅,合併檢索款目。如:

一齋雜著三卷(子 4－22389)

一齋雜著六卷(子 4－22390)

合併爲:

一齋雜著　子 4－22389～90

即《一齋雜著》見於《總目》子部第 4 册第 22389、22390 條。

一、《總目》中分别著録之相同書名,合併檢索款目,分注出處。如:

童山詩選五卷　集 3－21766

童山詩選五卷　叢 1－328

合併爲：

童山詩選　集 3－21766　叢 1－328

即《童山詩選》分別見於《總目》集部第3册第21766條、叢書部第1册第328條。

一、書名文字部分重合而内容多寡不同者，檢索款目仍加分列。如：

童山詩集　集 3－21764　叢 2－731(43)

童山詩集、文集　叢 1－282(4)

童山詩集、文集、詞、補遺　集 3－21765

一、方志類書名前冠有纂修、刊刻年號者，爲免繁複，將年號移至書名後。如：

全州志[康熙]　史 8－61269

全州志[嘉慶]　史 8－61271

全州志[乾隆]　史 8－61270

一、譜錄類書名冠有郡望、籍貫者，爲便檢索，將地名移至書名後。如：

八賢劉氏桂枝房支譜[福建建陽]　史 5－39350

八賢劉氏桂枝房支譜[福建閩侯]　史 5－39345

一、書名中含子書名、合刻書名、附屬書名者，檢索款目酌加分析。如：

5090_4未

未學庵詩藁(尺五集、得閒集、懷古集、愚公集、集外詩)附頤仲遺稿　集 2－12870

7780_7尺

10 尺五集　集 2－12870

2624_1得

77 得閒集　集 2－12870

9003_2懷

40 懷古集　集 2－12870

6033_2愚

80 愚公集　集 2－12870

7178_6頤

25 頤仲遺稿　集 2－12870

一、《總目》著録之大型類編、叢書條目，其子目因無對應序號，翻檢不易，兹加分析，增注頁次，以利檢索。如：

叢書集成初編　叢 2－731

治世餘聞八卷　明陳洪謨撰

3316_0治

44 治世餘聞　叢 2－731(51)

即《治世餘聞》(明陳洪謨撰)見於《總目》叢書部第 2 册著録：

1. 《總目》叢書部第 2 册第 731 條爲《叢書集成初編》(785 頁)；
2. 《叢書集成初編》含子目 3 500 餘種起訖凡 69 頁(785～853 頁)；
3. 《治世餘聞》作爲《叢書集成初編》之子目見於該册第 835 頁；
4. 爲此加注該子目見於《叢書集成初編》條所在 785 頁始第 51 頁。

又如：

4003_0大

30 大寶積經論　子 6－32081(22)、32084(13)、32085(22)、32086(24)、32088(16)、32089(41)、32090(50)、32091(47)、32092(33)、32093(27)

即《大寶積經綸》(東魏釋菩提留支譯)於《總目》子部第 6 册凡十次著録，分别見於：

1. 第 32081 條(《万壽大藏》)所在 2590 頁始第 22 頁，
2. 第 32084 條(《金藏》)所在頁 2708 始第 13 頁，
3. 第 32085 條(《磧砂藏》)所在 2740 頁始第 22 頁，
4. 第 32086 條(《普寧藏》)所在 2795 頁始第 24 頁，
5. 第 32088 條(《洪武南藏》)所在 2861 頁始第 16 頁，
6. 第 32089 條(《永樂南藏》)所在 2902 頁始第 41 頁，
7. 第 32090 條(《永樂北藏》)所在 2953 頁始第 50 頁，
8. 32091 條(《徑山藏》)所在 3019 頁始第 47 頁，
9. 32092 條(《乾隆大藏經》)所在 3101 頁始第 33 頁，
10. 32093 條(《頻伽精舍校刊大藏經》)所在 3144 頁始第 27 頁。

書名索引字頭筆畫檢字

一畫

一	1000_{0}
乙	1771_{0}

二畫

丁	1020_{0}
七	4071_{0}
乂	4000_{0}
乃	1722_{7}
乜	4071_{2}
九	4001_{7}
了	1720_{7}
二	1010_{0}
人	8000_{0}
入	8000_{0}
八	8000_{0}
刀	1722_{0}
刁	1712_{0}
力	4002_{7}
十	4000_{0}
卜	2300_{0}
厂	7120_{0}
又	7740_{0}

三畫

丈	5000_{0}
三	1010_{1}
上	2110_{0}
丸	5001_{7}
久	2780_{0}
乞	8071_{7}
也	4471_{2}
于	1040_{0}
亡	0071_{0}
兀	1021_{0}
凡	7721_{0}
勺	2732_{0}
千	2040_{0}
叉	7740_{0}
口	6000_{0}
土	4010_{0}
士	4010_{0}
夕	2720_{0}
大	4003_{0}
女	4040_{0}
子	1740_{7}
孑	1740_{7}
寸	4030_{0}
小	9000_{0}
尸	7727_{0}
山	2277_{0}
川	2200_{0}
工	1010_{0}
己	1771_{7}
已	1771_{7}
巾	4022_{7}
干	1040_{0}
弋	4300_{0}
弓	1720_{7}
彡	2020_{2}
才	4020_{0}

四畫

不	1090_{0}
丑	1710_{4}
中	5000_{6}
丹	7744_{0}
之	3030_{7}
予	1720_{2}
云	1073_{1}
互	1010_{7}
五	1010_{7}
井	5500_{0}
亢	0021_{7}
什	2420_{0}
仁	2121_{0}
仇	2421_{7}
今	8020_{7}
介	8022_{0}
仍	2722_{7}
允	2321_{0}
元	1021_{1}
公	8073_{2}
六	0080_{0}
內	4022_{7}
冗	3721_{7}
凶	2277_{0}
分	8022_{7}
切	4772_{0}
刈	4200_{0}
勾	2772_{0}
勿	2722_{0}
化	2421_{0}
匹	7171_{1}
卅	4400_{0}
升	2440_{0}
午	8040_{0}
卍	1221_{7}
卞	0023_{0}
卬	7772_{0}
及	1724_{7}
友	4004_{7}
反	7124_{7}
壬	2010_{4}
夭	2043_{0}
天	1043_{0}
太	4003_{0}
夫	5003_{0}
夬	5003_{0}
夭	2043_{0}
孔	1241_{0}
少	9020_{0}
尤	4301_{0}
尹	1750_{7}
尺	7780_{7}
屯	5071_{7}
巴	7771_{7}
幻	2772_{0}
廿	4477_{0}
弔	1752_{7}
引	1220_{0}
心	3300_{0}
戈	5300_{0}
戶	7227_{7}
手	2050_{0}
支	4040_{7}
文	0040_{0}
斗	3400_{0}
方	0022_{7}
无	1041_{0}
旡	1041_{0}
日	6010_{0}
曰	6010_{0}
月	7722_{0}
木	4090_{0}
欠	2780_{2}
止	2110_{0}
殳	7740_{7}
毋	7755_{0}
比	2171_{0}
毛	2071_{4}
氏	7274_{0}
水	1223_{0}
火	9080_{0}

爪 7223_0
父 8040_0
爻 4040_0
片 2202_7
牙 7124_0
牛 2500_0
犬 4303_0
王 1010_4
瓦 1071_7

五畫

且 7710_0
世 4471_7
丘 7210_1
丙 1022_7
丱 2277_0
主 0010_4
乍 8021_1
仕 2421_0
他 2421_2
仗 2520_0
付 2420_0
仙 2227_0
仝 8010_1
代 2324_0
令 8030_7
以 2810_0
兄 6021_0
冉 5044_7
册 7744_0
冬 2730_3
凹 7777_0
出 2277_2
刊 1240_0
功 1412_7
加 4600_0
包 2771_2
北 1111_0
卉 4044_0
半 9050_0
占 2160_0
卡 2123_1
卮 7221_2
卯 7772_0
去 4073_1
古 4060_0
句 2762_0
另 6042_7
叩 6702_0
只 6080_0
召 1760_2
可 1062_0
台 2360_0
史 5000_6
右 4060_0
叶 6400_0
司 1762_0
囚 6080_0
四 6021_0
外 2320_0
央 5003_0
失 2503_0
奴 4744_0
奶 4742_7
孕 1740_7
尼 7721_1
左 4001_1
巧 1112_7
巨 7171_7
市 0022_7
布 4022_7
平 1040_9
幼 2472_7
巡 1240_3
弁 2344_0
弗 5502_7
弘 1223_0
必 3300_0
戊 5320_0
扒 5800_0
打 5102_0
旦 6010_0
未 5090_0
末 5090_0
本 5023_0
札 4291_0
正 1010_1
母 7750_0
民 7774_7
永 3023_2
氾 3711_2
汀 3112_0
犯 4721_2
玄 0073_2
玉 1010_3
瓜 7223_0
甘 4477_0
生 2510_0
用 7722_0
田 6040_0
由 5060_0
甲 6050_0
申 5000_6
白 2600_0
皮 4024_7
皿 7710_0
目 6010_1
矢 8043_0
石 1060_0
示 1090_1
禾 2090_4
穴 3080_2
立 0010_8
艾 4440_0
邗 1742_7
邛 1712_7

六畫

丞 1710_3
丢 2073_1
乩 2261_0
亙 1010_7
交 0040_8
亥 0028_0
亦 0033_0
仰 2722_0
仲 2520_6
任 2221_4
仿 2022_7
企 8010_1
伅 2521_7
伊 2725_7
伍 2121_7
伏 2323_4
伐 2325_0
休 2429_0
充 0021_3
兆 3211_3
先 2421_1
光 9021_1
全 8010_4
共 4480_1
再 1044_7
冰 3213_0
刑 1240_0
刖 7220_0
列 1220_0
劣 9042_7
匈 2772_0
匠 7171_2
匡 7171_1
印 7772_0
危 2721_2
吃 6801_7
各 2760_4
合 8060_1
吉 4060_1
吊 6022_7
同 7722_0
名 2760_0
后 7226_1
吏 5000_6
吐 6401_0
向 2722_0
回 6060_0
因 6043_0
在 4021_4
圭 4010_4
圯 4711_7
地 4411_2
夙 7721_0
多 2720_7
夷 5003_2
好 4744_7
如 4640_0
妃 4741_7
妄 0040_4
字 3040_7
存 4024_7
宅 3071_4
宇 3040_1
守 3034_2
安 3040_4
寺 4034_1
尖 9043_0

朩	2190_1
屺	2771_7
屾	2277_0
出	2277_2
州	3200_0
巡	3230_3
帆	4721_0
年	8050_0
并	8044_1
延	1240_1
廷	1240_1
式	4310_0
忙	9001_0
戍	5320_0
戎	5340_0
成	5320_0
托	5201_4
扣	5600_0
收	2874_0
攷	1824_0
旨	2160_1
早	6040_0
旬	2762_0
旭	4601_0
曲	5560_0
曳	5000_6
有	4022_7
朱	2590_0
朴	4390_0
朵	7790_4
朽	4192_7
次	3718_2
此	2111_0
死	1021_2
每	8050_7
汊	3714_0
汎	3711_0
汕	3217_0
汗	3114_0
汜	3711_7
汝	3414_0
江	3111_0
池	3411_2
灰	4008_9
牟	2350_0
玎	1112_0
用	2722_0
百	1060_0
祁	3722_7
竹	8822_0
米	9090_4
缶	8077_2
羊	8050_1
羽	1712_0
老	4471_1
考	4420_7
而	1022_7
耒	5090_0
耳	1040_0
聿	5000_7
肉	4022_7
肋	7422_7
臣	7171_7
自	2600_0
至	1010_4
臼	7777_0
舌	2060_4
舟	2744_0
艮	7773_2
色	2771_7
芊	4440_1
芋	4440_1
芍	4432_7
芑	4471_7
芒	4471_0
芝	4430_7
血	2710_0
行	2122_1
衣	0073_2
西	1060_0
迂	3130_4
迄	3130_2
邠	8722_7
邡	0722_7
邢	1742_7
那	1752_7
邦	5702_7
邪	7722_7
阪	7124_7
阮	7121_1
防	7022_7

七畫

串	5000_6
亨	0020_7
伯	2620_0
估	2426_0
伴	2925_0
伶	2823_7
伸	2520_6
似	2820_0
伽	2620_0
佃	2620_0
但	2621_0
位	2021_8
住	2021_4
佐	2421_1
佑	2426_0
佔	2126_0
何	2122_0
佘	8090_1
余	8090_4
佚	2523_0
佛	2522_7
作	2821_1
佞	2124_4
佟	2723_3
你	2729_2
克	4021_6
兌	8021_6
免	2741_6
兕	7721_7
兵	7280_1
冏	7722_0
冶	3316_0
冷	3813_7
初	3722_0
删	7240_0
判	9250_0
利	2290_0
别	6240_0
助	7412_7
劫	4472_7
劬	2462_7
劭	1462_7
匣	7171_6
卲	1762_0
即	7772_0
却	4772_0
卵	7772_0
君	1760_7
吝	0060_4
吞	1060_3
吟	6802_7
否	1060_9
含	8060_7
吳	2643_0
吵	6902_0
吷	6503_0
吸	6704_7
吹	6708_2
吾	1060_1
呁	6702_0
呂	6060_0
呆	6090_4
呈	6010_4
告	2460_1
困	6090_4
圻	4212_1
均	4712_0
坊	4012_7
坎	4718_2
坐	8810_4
坑	4011_7
壯	2421_0
夾	4003_8
妊	4241_4
妒	4340_7
妓	4444_7
妖	4243_4
妙	4942_0
妝	2424_0
妞	4741_4
妥	2040_4
妨	4042_7
姊	4542_7
姒	4840_0
孚	2040_7
孛	4040_7
孝	4440_7
宋	3090_4
完	3021_1
宏	3043_2
尾	7721_4
局	7722_7

岐	2474_7	改	1874_0	沒	3714_7	芭	4471_7	釆	1090_4
岑	2220_7	攻	1814_0	沔	3112_7	芮	4422_7	里	6010_4
岔	8077_2	旱	6040_1	沖	3510_6	花	4421_4	阿	7122_0
岕	2222_8	旴	6104_0	沙	3912_0	芳	4422_7	陀	7321_1
厄	7221_7	更	1050_6	沚	3111_0	芷	4410_1	陁	7821_2
希	4022_7	杉	4292_2	沛	3512_7	芸	4473_1	陂	7424_7
庇	0021_1	李	4040_7	汫	3212_7	芹	4422_1	附	7420_0
庉	0021_7	杏	4060_9	泛	3213_7	芟	4444_7	**八畫**	
序	0022_2	村	4490_0	沸	3512_7	虬	5211_0	並	8010_2
弄	1044_1	杕	4493_0	炙	2780_9	見	6021_0	乖	2011_1
弟	8022_7	杖	4590_0	灼	9782_0	角	2722_7	乳	2241_0
形	1242_2	杜	4491_0	災	2280_9	言	0060_1	事	5000_7
彤	7242_2	杞	4791_7	牡	2451_0	谷	8060_8	些	2110_1
彷	2022_7	束	5090_6	牢	3050_2	豆	1010_8	亞	1010_7
役	2724_7	步	2120_1	狂	4121_4	豕	1023_2	亟	1010_4
忌	1733_1	每	8050_7	狄	4928_0	豸	2022_2	享	0040_7
忍	1733_2	求	4313_2	玑	1111_7	貝	6080_0	京	0090_6
志	4033_1	汧	3114_0	甫	5322_7	赤	4033_1	佩	2721_0
忘	0033_1	汨	3610_0	甬	1722_7	走	4080_1	佳	2421_4
快	9503_0	汩	3610_0	男	6042_7	足	6080_1	併	2824_1
忱	9401_2	汪	3111_4	疔	0012_1	身	2740_0	使	2520_6
忻	9202_1	汰	3413_0	皂	2671_4	車	5000_6	來	4090_8
我	2355_0	汴	3013_0	社	3421_0	辛	0040_1	例	2220_0
戒	5340_0	汶	3014_0	祀	3721_7	辰	7123_2	侍	2424_1
扶	5503_0	決	3513_0	秀	2022_7	迎	3730_2	侑	2422_7
批	5101_0	汽	3811_7	私	2293_0	近	3230_2	侖	8022_7
抵	5204_0	汾	3812_7	秃	2021_7	迓	3130_4	侗	2722_0
技	5404_7	沁	3310_0	究	3041_7	返	3130_4	供	2428_1
抄	5902_0	沂	3212_1	系	2090_3	邑	6071_7	侔	2724_0
抑	5702_0	沃	3213_4	羌	8021_1	邯	4772_7	依	2023_2
抒	5702_2	沅	3111_1	肖	9022_7	邱	7712_7	兒	7721_7
投	5704_7	沆	3011_7	肘	7420_0	邳	1712_7	兔	2741_3
抖	5400_0	沈	3411_2	良	3073_2	那	1722_7	兩	1022_7
抗	5001_7	沉	3711_7	芙	4453_0	邵	1762_7	其	4480_1
折	5202_1	沌	3511_7	芥	4422_8	邶	1712_7	具	7780_1
抛	5401_2	沐	3419_0	芩	4420_7	邸	7772_7	典	5580_1
攸	2824_0	汲	3714_7	芬	4422_7	酉	1060_0		

冼	3411_1	坦	4611_0	岢	2262_1	承	1723_2	杯	4199_0
函	1077_2	坪	4114_9	岣	2772_0	披	5404_7	東	5090_6
刮	2260_0	坳	4412_7	岩	2260_1	抱	5701_2	杲	6090_4
制	2220_0	坻	4214_0	岫	2576_0	抵	5204_0	杶	4591_7
券	9022_7	坿	4410_0	岱	2377_2	押	5605_0	杼	4792_2
刺	5290_0	垂	2010_4	岳	7277_2	抽	5506_0	松	4893_2
刻	0220_0	夌	4040_7	岵	2476_0	拂	5502_7	板	4194_7
刼	4772_0	夜	0024_7	岷	2774_7	拄	5001_4	枉	4191_4
劻	7472_7	奄	4071_6	岸	2224_1	拆	5203_1	枌	4892_7
劾	0422_7	奇	4062_1	巫	1010_8	拈	5106_0	析	4292_1
匊	2792_0	奈	4090_1	帕	4620_0	拉	5001_8	枕	4491_2
匋	2772_0	奉	5050_3	帖	4126_0	拊	5400_0	林	4499_0
卒	0040_8	妬	4146_0	帚	1722_7	拌	5905_0	枚	4894_0
卓	2140_6	妮	4741_1	幷	8044_1	拍	5600_0	果	6090_4
協	4402_7	妻	5040_4	幸	4040_1	拐	5602_7	枝	4494_7
卦	4310_0	始	4346_0	底	0024_2	拔	5304_7	柜	4191_7
夘	2722_0	姐	4741_0	庚	0023_7	拗	5402_7	欣	7728_2
卷	9071_2	姑	4446_0	府	0024_0	拘	5702_0	武	1314_0
卹	2712_0	姓	4541_0	建	1540_0	拙	5207_2	歧	2414_7
厓	7121_4	委	2040_4	弆	4044_3	招	5706_2	沓	1260_3
厔	7121_4	姍	4744_0	弢	1224_7	放	0824_0	沭	3319_4
叔	2794_0	孟	1710_7	弦	1023_2	於	0823_3	沮	3711_0
取	1714_0	季	2040_7	弧	1223_0	旺	6101_4	沱	3311_1
周	7722_0	孤	1243_0	弩	4720_7	昀	6702_0	河	3112_0
味	6509_0	孥	4740_7	彼	2424_7	昆	6071_1	油	3516_0
呵	6102_0	宓	3033_2	往	2021_4	昇	6044_0	治	3316_0
呻	6500_6	宗	3090_1	征	2121_1	昊	6043_0	沽	3416_0
呼	6204_9	官	3077_7	徂	2721_0	昌	6060_0	沿	3716_1
命	8062_7	宙	3060_5	忠	5033_6	明	6702_0	況	3611_0
咀	6701_0	定	3080_1	念	8033_2	昏	7260_4	泂	3712_0
咄	6207_2	宛	3021_2	怕	9600_0	易	6022_7	泄	3411_7
和	2690_0	宜	3010_7	怡	9306_0	昔	4460_1	泊	3610_0
咏	6303_2	尚	9022_7	性	9501_0	昕	6202_1	泌	3310_0
呪	6621_7	居	7726_4	怪	9701_4	朋	7722_0	法	3413_1
固	6060_4	屈	7727_2	或	5310_0	服	7724_7	泖	3712_0
坡	4414_7	岞	2871_1	房	3022_7	杭	4091_7	泗	3610_0
坤	4510_6	岡	7722_0	所	7222_1	杮	4592_7	泝	3213_1

冷 3813_{7}
泡 3711_{2}
波 3414_{7}
泣 3011_{8}
泥 3711_{1}
注 3011_{4}
泫 3013_{2}
泮 3915_{0}
泳 3313_{2}
炅 6080_{9}
炊 9788_{2}
炎 9080_{9}
炒 9982_{0}
炙 2780_{9}
爬 7723_{1}
爭 2050_{7}
版 2104_{7}
牧 2854_{0}
物 2752_{0}
狀 2323_{4}
狎 4625_{0}
狐 4223_{0}
狗 4722_{0}
玠 1812_{0}
玩 1111_{1}
玫 1814_{0}
瓮 8071_{7}
疚 0018_{7}
疝 0017_{2}
盂 1010_{7}
盱 6104_{0}
盲 0060_{1}
直 4010_{7}
知 8640_{0}
祇 3224_{0}
祈 3222_{1}
秇 2591_{7}
秉 2090_{7}
穹 3020_{7}
空 3010_{1}
竺 8810_{1}
罔 7722_{0}
耶 1712_{7}
股 7724_{7}
肥 7721_{7}
肩 3022_{7}
肯 2122_{7}
育 0022_{7}
肺 7522_{7}
臥 7870_{0}
舍 8060_{4}
苑 4421_{2}
苓 4430_{7}
苔 4460_{3}
苕 4460_{2}
苗 4460_{0}
苜 4460_{0}
苞 4471_{2}
若 4460_{4}
苦 4460_{4}
苧 4420_{1}
苫 4460_{1}
英 4453_{0}
苷 4477_{4}
苹 4440_{9}
苻 4424_{0}
苾 4433_{0}
茂 4425_{3}
范 4411_{2}
茅 4422_{2}
茚 4472_{7}
茌 4421_{4}
虎 2121_{7}
表 5073_{2}
迤 3830_{1}
迦 3630_{0}
迨 3330_{6}
迪 3530_{6}
迭 3530_{3}
迮 3830_{1}
述 3330_{9}
郗 2792_{7}
郝 4732_{7}
郁 4722_{7}
郃 8762_{7}
郊 0742_{7}
郇 2762_{7}
郎 3772_{7}
郘 6762_{7}
采 2090_{4}
金 8010_{9}
長 7173_{2}
門 7777_{7}
阜 2740_{7}
陊 7722_{7}
陋 7121_{2}
陌 7126_{0}
降 7725_{4}
限 7723_{2}
陔 7028_{2}
雨 1022_{7}
青 5022_{7}
非 1111_{1}

九畫

亭 0020_{1}
侮 2825_{7}
侯 2723_{4}
侶 2626_{0}
便 2124_{6}
促 2628_{1}
俄 2325_{0}
俊 2324_{7}
俎 8781_{0}
俏 2922_{7}
俑 2722_{7}
俗 2826_{8}
俘 2224_{7}
俚 2621_{4}
保 2629_{4}
俞 8022_{1}
俟 2323_{4}
俠 2423_{8}
信 2026_{1}
修 2722_{2}
兗 0021_{6}
兹 8073_{2}
冒 6060_{0}
冠 3721_{4}
剃 8220_{0}
則 6280_{0}
削 9220_{0}
剌 5290_{0}
前 8022_{1}
勁 1412_{7}
勇 1742_{7}
勉 2441_{2}
南 4022_{7}
卸 8712_{0}
卻 8762_{0}
厔 7126_{1}
厚 7124_{7}
受 2040_{7}
叚 7724_{7}
叛 9154_{7}
咠 6040_{1}
咤 6301_{4}
咨 3760_{8}
咫 7680_{8}
咬 6004_{8}
咳 6008_{2}
咸 5320_{0}
咽 6600_{0}
哀 0073_{2}
品 6066_{0}
哂 6106_{0}
哈 6806_{1}
垛 4719_{4}
垞 4311_{4}
垢 4216_{1}
垣 4111_{6}
垤 4111_{4}
城 4315_{0}
埏 4214_{1}
奎 4010_{4}
奏 5043_{0}
契 5743_{0}
奕 0043_{0}
姚 4241_{3}
姜 8040_{4}
姝 4549_{0}
姣 4044_{8}
姨 4543_{2}
姱 4442_{7}
姻 4640_{0}
姽 4741_{2}
威 5320_{0}
娜 4742_{7}
孩 1048_{2}
客 3060_{4}
宣 3010_{6}
室 3010_{4}
宥 3022_{7}
宦 3071_{7}
封 4410_{0}

屋	7721_4	拜	2155_0	柏	4690_0	洮	3211_3	盆	8010_7
屏	7724_1	括	5206_4	某	4490_4	洱	3114_0	盈	1710_7
峇	2260_1	拯	5701_3	柑	4497_0	洲	3210_0	相	4690_0
峋	2772_0	拱	5408_1	染	3490_4	洴	3814_1	盻	6802_7
峒	2772_0	拴	5801_4	柔	1790_4	洵	3712_0	盼	6802_7
峙	2474_1	拷	5402_7	柘	4196_0	洸	3911_1	盾	7226_4
峑	2210_4	拼	5804_1	柚	4596_0	洹	3111_6	省	9060_2
峝	2222_7	拾	5806_1	柝	4293_1	洺	3716_0	眄	6102_7
差	8021_1	持	5404_1	柞	4891_1	活	3216_4	眉	7726_7
帝	0022_7	指	5106_1	查	4010_6	洽	3816_1	看	2060_4
帥	2472_7	按	5304_4	柬	5090_6	炮	9781_2	矩	8141_7
幽	2277_0	挑	5201_3	柭	4394_7	炳	9182_7	砂	1962_0
庠	0025_1	挺	5204_1	柯	4192_0	爰	2044_7	砌	1762_0
度	0024_7	拏	4750_2	柱	4091_4	狡	4024_8	研	1164_0
庭	0024_1	政	1814_0	柳	4792_0	狩	4324_2	砭	1263_7
弇	8044_6	故	4864_0	柵	4794_0	玅	0972_0	祐	3426_0
弈	0044_3	斫	1262_1	柿	4092_7	玲	1813_7	祓	3324_7
弭	1124_0	施	0821_2	殆	1326_0	玻	1414_7	祕	3320_0
彖	2723_2	既	7171_4	段	7744_7	珀	1610_0	祖	3721_0
彥	0022_2	星	6010_4	毒	5050_7	珂	1112_0	祇	3224_0
彪	2221_2	映	6503_0	毖	2133_1	珉	1714_7	祛	3423_1
待	2424_1	春	5060_3	毗	6101_0	珊	1714_0	祝	3621_0
律	2520_7	昧	6509_0	毘	6071_1	珍	1812_2	神	3520_6
後	2224_7	昨	6801_1	泉	2623_2	甚	4471_1	祠	3722_0
怎	8033_1	昬	7760_4	泂	3610_0	畇	6702_0	禹	2042_7
思	6033_0	昭	6706_2	洋	3815_1	畊	6500_0	禺	6042_7
急	2733_7	是	6080_1	洎	3610_0	界	6022_8	秋	2998_0
怨	2733_1	昱	6010_8	洑	3313_4	畏	6073_2	秌	9289_4
恂	9702_0	衵	3623_0	洗	3411_1	疢	0018_9	秐	2193_1
恆	9101_7	朐	7722_0	洙	3519_0	疣	0011_4	科	2490_0
恤	9701_0	枯	4496_0	洛	3716_4	疫	0014_7	秕	2191_0
恨	9703_2	枰	4194_9	洞	3712_0	癸	1243_0	穿	3024_1
恪	9706_4	臬	2390_4	津	3510_7	皆	2160_1	突	3043_0
恬	9206_4	枳	4698_0	洧	3412_7	皇	2610_4	籽	9794_7
恰	9806_1	枸	4792_0	洨	3014_8	皈	2164_7	紀	2791_7
扁	3022_7	枅	4494_0	洩	3510_6	盃	1010_7	約	2792_0
扃	3022_7	柈	4995_0	洪	3418_1	盅	5010_7	紅	2191_0

紈 2591$_7$
紉 2792$_0$
罘 6090$_1$
美 8043$_0$
玨 1111$_0$
耐 1420$_0$
耑 2222$_7$
耔 5794$_7$
背 1122$_7$
胎 7326$_0$
胙 7821$_1$
胞 7721$_2$
胟 7725$_0$
胠 7423$_1$
胡 4762$_0$
胤 2201$_0$
胥 1722$_7$
舢 2247$_0$
茈 4411$_1$
茗 4460$_7$
茘 4422$_7$
茛 4473$_2$
茜 4460$_1$
茨 4418$_2$
茭 4440$_8$
茱 4490$_1$
茯 4423$_4$
茱 4490$_4$
茳 4411$_1$
茶 4490$_4$
茸 4440$_1$
茹 4446$_0$
荀 4462$_7$
荁 4410$_6$
荃 4410$_4$
荆 4240$_0$
荇 4422$_1$
荈 4425$_0$
草 4440$_6$
荍 4474$_8$
荑 4453$_2$
荒 4421$_1$
荔 4442$_7$
莒 4460$_6$
莛 4440$_1$
虐 2121$_4$
虹 5111$_0$
虺 1521$_3$
蚤 7713$_6$
衍 2122$_1$
衎 2122$_1$
衲 3422$_7$
衿 3822$_7$
要 1040$_4$
訂 0162$_0$
尨 4001$_6$
計 0460$_0$
貞 2180$_6$
負 2780$_6$
赴 4380$_0$
軌 5401$_7$
軍 3750$_6$
迴 3630$_0$
迷 3930$_9$
迺 3130$_6$
迻 3730$_2$
追 3730$_7$
退 3730$_3$
送 3830$_3$
逃 3230$_1$
逆 3830$_7$
郙 4722$_7$
郡 1762$_7$
郜 2762$_7$
郝 4732$_7$
郟 4702$_7$
郡 1762$_7$
郢 6712$_7$
重 2010$_4$
陜 7423$_8$
陝 7423$_8$
陛 7421$_4$
陟 7122$_1$
陡 7428$_1$
院 7321$_1$
陣 7520$_6$
除 7829$_4$
面 1060$_0$
革 4450$_6$
韋 4050$_6$
韭 1110$_1$
音 0060$_1$
風 7721$_0$
飛 1241$_3$
食 8073$_2$
首 8060$_1$
香 2060$_9$
骨 7722$_7$
鬼 2621$_3$

十畫

乘 2090$_1$
亳 0071$_4$
俯 2024$_0$
俱 2728$_1$
俶 2724$_0$
俸 2525$_3$
俺 2421$_6$
俾 2624$_0$
倉 8060$_7$
個 2620$_0$
倒 2220$_0$
倘 2922$_7$
候 2723$_4$
倚 2422$_1$
借 2426$_1$
倡 2626$_0$
倣 2824$_0$
倥 2321$_1$
倦 2921$_2$
倩 2522$_7$
倪 2721$_7$
倫 2822$_7$
倬 2124$_6$
倭 2224$_4$
健 2524$_0$
兼 8023$_7$
冢 3723$_2$
冤 3741$_3$
冥 3780$_0$
准 3011$_4$
凈 3215$_7$
凋 3712$_0$
凍 3519$_6$
剔 6220$_0$
剖 0260$_0$
剛 7220$_0$
剡 9280$_0$
勑 4492$_7$
務 1822$_7$
匪 7171$_1$
卿 7772$_0$
原 7129$_6$
員 6080$_6$
哤 6301$_2$
哥 1062$_1$
哦 6305$_0$
哨 6902$_7$
哭 6643$_0$
哲 5260$_2$
哺 6302$_7$
唇 7126$_3$
庴 0026$_1$
唐 0026$_7$
唧 6702$_0$
圃 6022$_7$
垸 4311$_1$
埃 4313$_4$
埋 4611$_4$
埔 4312$_7$
夏 1024$_7$
套 4073$_1$
奚 2043$_0$
姬 4141$_6$
娑 3940$_4$
娘 4343$_2$
娛 4643$_4$
娟 4642$_7$
娠 4143$_2$
娥 4345$_0$
孫 1249$_3$
宮 3060$_6$
宰 3040$_1$
害 3060$_4$
宴 3040$_4$
宵 3022$_7$
家 3023$_2$
宸 3023$_2$
容 3060$_8$
射 2420$_0$
尅 4421$_0$
屑 7722$_7$
展 7723$_2$
峨 2375$_0$
峩 2255$_3$

峭	2972_7	效	0844_0	格	4796_4	浰	3210_0	畢	6050_4
峯	2250_4	敖	5824_0	栽	4395_0	浴	3816_8	疹	0012_2
峴	2671_0	料	9490_0	桁	4192_1	海	3815_7	疾	0013_4
峵	2373_2	旁	0022_7	桂	4491_4	浸	3714_7	病	0012_7
島	2772_7	旂	0822_1	桃	4291_3	涂	3819_4	症	0011_1
峽	2473_8	旃	0824_7	案	3090_4	涅	3611_4	盉	2010_7
師	2172_7	旅	0823_2	桐	4792_0	涇	3111_1	益	8010_7
席	0022_7	晁	6011_3	桑	7790_4	消	3912_7	盎	4310_7
座	0021_4	時	6404_1	桓	4191_6	涉	3112_1	盍	4010_7
庫	0025_6	晃	6021_1	桔	4496_1	涌	3712_7	盋	5010_7
弱	1712_7	晅	6101_6	栢	4797_0	涑	3519_6	眚	2560_1
徐	2829_4	晉	1060_1	梃	4294_1	涓	3612_7	真	4080_1
徑	2121_1	晏	6040_4	梆	4792_7	涔	3212_7	眠	6704_7
徒	2428_1	晚	6701_6	條	2729_4	烈	1233_0	砥	1264_0
恐	1733_1	晝	5010_6	梡	4391_1	烎	1080_9	破	1464_7
恕	4633_0	晞	6402_7	梢	4992_7	烏	2732_7	祥	3825_1
恥	1310_0	晟	6025_3	梧	4196_1	烘	9488_1	秝	2299_4
恩	6033_0	書	5060_1	梨	2290_4	烟	9680_0	租	2791_0
恭	4433_3	朔	8742_0	欬	0728_2	牂	2825_1	秣	2599_0
息	2633_0	朗	3772_0	殉	1722_0	特	2454_1	秤	2194_9
悅	9801_6	柴	2190_4	殊	1529_0	狷	4622_7	秦	5090_4
悔	9805_7	栒	4792_0	殷	2724_7	狼	4323_2	秩	2593_0
悚	9509_6	栔	5790_4	殺	4794_7	珙	1418_1	秫	2399_4
悟	9106_1	栖	4196_0	氣	8091_7	珞	1716_4	窈	3072_7
扆	3023_2	栗	1090_4	氤	8061_7	珠	1519_0	竚	0312_1
扇	3022_7	栘	4792_7	泰	5013_2	珫	1817_2	笄	8844_1
拳	9050_2	栝	4296_4	流	3011_3	珥	1114_0	笈	8824_7
拿	8050_2	栞	2190_4	浙	3212_1	珩	1112_1	笲	8857_5
挈	5750_2	栟	4894_1	浚	3314_7	班	1111_4	笏	8822_7
挨	5303_4	校	4094_8	浠	3412_7	珮	1711_0	笑	8843_0
振	5103_2	栩	4792_0	浣	3311_1	瓞	7523_3	粉	9892_7
挹	5601_7	株	4599_0	浦	3312_7	瓶	8141_7	納	2492_7
挽	5701_6	栯	4492_7	浩	3416_1	瓷	3771_7	級	2794_7
捉	5608_1	栲	4492_7	浪	3313_2	甡	2511_0	紐	2791_4
捍	5604_1	栴	4894_7	浭	3114_6	留	7760_2	紓	2792_2
捐	5602_7	核	4098_2	浮	3214_7	畚	2360_3	純	2591_7
捕	5302_7	根	4793_2	浯	3116_1	畜	0060_3	紗	2992_0

紙	2294$_{0}$	莆	4422$_{7}$	趵	6712$_{0}$	陳	7529$_{6}$	勖	6462$_{7}$
紛	2892$_{7}$	莊	4421$_{4}$	躬	2722$_{7}$	陵	7424$_{7}$	勘	4472$_{7}$
素	5090$_{3}$	莎	4412$_{9}$	軒	5104$_{0}$	陶	7722$_{0}$	匏	4721$_{2}$
紡	2092$_{7}$	莖	4410$_{1}$	逋	3330$_{2}$	陷	7727$_{7}$	匙	6180$_{1}$
索	4090$_{3}$	莘	4440$_{1}$	逌	3130$_{6}$	陸	7421$_{4}$	區	7171$_{6}$
缺	8573$_{0}$	莞	4421$_{1}$	逍	3930$_{2}$	隻	2040$_{7}$	鄂	6722$_{0}$
罟	6060$_{4}$	莧	4421$_{6}$	透	3230$_{2}$	飢	8771$_{0}$	參	2320$_{2}$
羞	8021$_{4}$	莪	4455$_{3}$	逐	3130$_{3}$	飣	8172$_{0}$	唫	6801$_{9}$
翀	1510$_{6}$	莫	4443$_{0}$	途	3830$_{9}$	馬	7132$_{7}$	售	2060$_{1}$
翁	8012$_{7}$	莽	4444$_{3}$	逗	3130$_{1}$	高	0022$_{7}$	唯	6001$_{4}$
耄	4471$_{4}$	華	4450$_{4}$	通	3730$_{2}$	鬥	7711$_{4}$	唱	6606$_{0}$
耆	4460$_{1}$	虔	2124$_{0}$	逛	3130$_{1}$	鬲	1022$_{7}$	唵	6401$_{6}$
耕	5590$_{0}$	蚍	5111$_{0}$	逝	3230$_{2}$	**十一畫**		唾	6201$_{4}$
耗	5291$_{4}$	蚓	5210$_{0}$	逞	3630$_{1}$			啁	6702$_{0}$
耘	5193$_{1}$	蚟	5111$_{4}$	速	3530$_{9}$	乾	4841$_{7}$	啄	6103$_{2}$
耽	1411$_{2}$	衰	0073$_{2}$	造	3430$_{6}$	偁	2224$_{7}$	商	0022$_{7}$
耿	1918$_{0}$	衷	0073$_{2}$	逢	3730$_{4}$	偃	2121$_{4}$	問	7760$_{7}$
胭	7620$_{0}$	衾	8073$_{2}$	連	3530$_{0}$	假	2724$_{7}$	啓	3860$_{4}$
胸	7722$_{0}$	袁	4073$_{2}$	邕	2271$_{7}$	偈	2622$_{7}$	啖	6908$_{9}$
能	2121$_{1}$	袍	3721$_{2}$	部	0762$_{7}$	偉	2425$_{6}$	啗	6707$_{7}$
脂	7126$_{1}$	袖	3526$_{0}$	郫	2742$_{7}$	偏	2322$_{7}$	啜	6704$_{7}$
脈	7223$_{2}$	衹	3224$_{0}$	郭	0742$_{7}$	偕	2126$_{2}$	啞	6101$_{7}$
脊	3222$_{7}$	袪	3423$_{1}$	郯	9782$_{7}$	做	2824$_{0}$	國	6015$_{3}$
臬	2690$_{4}$	被	3424$_{7}$	郴	4792$_{7}$	停	2022$_{1}$	埜	4410$_{4}$
臭	2643$_{0}$	觙	2724$_{7}$	郵	2712$_{7}$	偫	2424$_{1}$	域	4315$_{0}$
致	1814$_{0}$	訊	0761$_{0}$	都	4762$_{7}$	偲	2623$_{0}$	埠	4714$_{7}$
航	2041$_{7}$	討	0460$_{0}$	[illegible]	9722$_{7}$	側	2220$_{0}$	埤	4614$_{0}$
舫	2042$_{7}$	訏	0164$_{0}$	酌	1762$_{0}$	偵	2128$_{6}$	埭	4513$_{2}$
[illegible]	2744$_{0}$	訒	0762$_{0}$	配	1761$_{7}$	偶	2622$_{7}$	執	4541$_{7}$
般	2744$_{7}$	訓	0260$_{0}$	酒	3116$_{0}$	偷	2822$_{1}$	培	4016$_{1}$
芻	2742$_{7}$	託	0261$_{4}$	釜	8010$_{9}$	兜	7721$_{7}$	基	4410$_{4}$
茝	4471$_{6}$	記	0761$_{7}$	針	8410$_{0}$	冕	6041$_{6}$	埽	4712$_{7}$
荳	4410$_{8}$	豈	2210$_{8}$	陪	7026$_{1}$	凰	7721$_{0}$	堂	9010$_{4}$
荷	4422$_{1}$	豹	2722$_{0}$	陬	7724$_{0}$	剪	8022$_{7}$	堅	7710$_{4}$
荻	4428$_{9}$	財	6480$_{0}$	陭	7422$_{1}$	副	1260$_{0}$	堆	4011$_{4}$
荼	4490$_{4}$	貢	1080$_{6}$	陰	7823$_{1}$	勒	4452$_{7}$	堇	4410$_{4}$
荽	4440$_{4}$	起	4780$_{1}$	陲	7221$_{4}$	動	2412$_{7}$	堊	1010$_{4}$

堵	4416_0	帳	4123_2	掄	5802_7	桯	4691_4	淮	3011_4
奢	4060_4	帶	4422_7	授	5204_7	桴	4294_7	淯	3012_7
娵	4744_0	帷	4021_4	掉	5104_6	梁	3390_4	深	3719_4
婁	5040_4	常	9022_7	掏	5702_0	梅	4895_7	淳	3014_7
婆	3440_4	庵	0021_6	排	5101_1	梓	4094_1	淶	3419_8
婉	4341_2	庶	0023_7	掖	5004_7	梔	4291_7	混	3611_1
婚	4246_4	康	0023_2	掘	5707_2	梘	4691_0	淹	3411_6
婦	4742_7	庸	0022_7	掛	5300_0	梟	2790_4	淺	3315_3
婼	4446_4	庾	0023_7	採	5209_4	梭	4394_7	添	3213_3
娜	4742_7	廊	0022_7	探	5709_4	梯	4892_7	清	3512_7
宿	3026_1	張	1123_2	接	5004_4	梳	4091_3	渚	3416_0
寀	3090_4	強	1323_6	控	5301_1	梵	4421_7	渠	3190_4
寂	3094_7	彗	5517_7	推	5001_4	菜	4490_4	渦	3712_7
寃	3041_3	彩	2292_2	掩	5401_6	欲	8768_2	烹	0033_2
寄	3062_1	彬	4292_2	掬	5702_0	欸	2748_2	焉	1032_7
寅	3080_6	得	2624_1	揵	5504_0	涪	3016_1	爽	4003_4
密	3077_2	徙	2128_1	敍	8194_7	涵	3717_2	犁	2250_0
寇	3021_4	從	2828_1	教	4844_0	涼	3019_6	猓	4629_4
專	5034_3	悉	2033_9	敏	8854_0	涿	3113_2	猗	4422_1
尉	7420_0	悠	2833_4	救	4814_0	淄	3216_3	猘	4220_0
屛	7724_1	悱	9101_1	敕	5894_0	淅	3212_1	猛	4721_7
屠	7726_4	悼	9104_6	敝	9824_0	淇	3418_1	將	2724_0
崆	2371_1	情	9502_7	斛	2420_0	淑	3714_0	率	0040_3
崇	2290_1	惇	9004_7	斜	8490_0	淒	3514_4	珵	1611_4
崈	3077_2	惋	9301_2	斬	5202_1	淙	3319_1	現	1611_0
崌	2776_4	惕	9602_7	旋	0828_1	淚	3313_4	球	1313_2
崎	2472_1	惜	9406_1	旌	0821_4	淛	3210_0	琅	1313_2
崑	2271_1	惟	9001_4	旎	0821_1	淝	3711_7	理	1611_4
崔	2221_4	戚	5320_0	族	0823_4	淞	3813_2	琉	1011_3
崖	2221_4	戛	1050_3	晤	6106_1	淡	3918_9	瓠	4223_0
崗	2222_7	扈	3021_7	晦	6805_7	淤	3813_3	甁	4121_7
崙	2222_7	捧	5505_3	晨	6023_2	淥	3713_2	甜	2467_0
崞	2074_7	捨	5806_4	晚	6701_6	淦	3811_9	產	0021_4
崢	2275_7	捫	5702_0	曹	5560_6	淨	3215_7	畦	6401_4
崦	2471_6	捶	5201_4	曼	6040_7	淩	3414_7	畧	6060_4
崧	2293_2	捷	5508_1	望	0710_4	淪	3812_7	異	6080_1
巢	2290_4	掃	5702_7	梄	4196_9	淫	3211_4	痎	0018_2

痕 0013_2
皎 2064_8
臯 2640_3
盛 5310_7
眭 6401_4
眷 9060_3
眺 6201_3
眼 6703_2
硃 1569_0
票 1090_1
祭 2790_1
祴 3325_0
移 2792_7
窕 3011_3
竟 0021_6
章 0040_6
笘 8860_1
笙 8810_4
笛 8860_3
笠 8810_8
笥 8862_7
符 8824_3
笨 8823_4
笪 8810_6
第 8822_7
笯 8844_7
笳 8846_3
笵 8811_2
粗 9791_0
粘 9196_0
細 2690_0
紱 2394_7
紳 2590_6
紹 2796_2
紺 2497_0
終 2793_3
絃 2093_2
組 2791_0
絅 2792_0
絆 2995_0
缽 8573_0
羚 8853_7
翊 0712_0
翎 8732_0
翏 1720_2
習 1760_2
耜 5797_7
聆 1813_7
聊 1712_0
脚 7722_0
脫 7821_6
脯 7322_7
舂 5077_7
舲 2843_7
舶 2640_0
舸 2142_0
船 2746_1
菀 4421_2
菁 4422_7
菉 4413_2
菊 4492_7
菌 4460_0
菏 4412_1
菑 4460_3
菓 4490_4
菖 4460_6
菘 4493_2
菜 4490_4
菡 4477_2
菽 4474_7
菩 4460_1
萿 4416_3
菰 4443_2
萎 4440_7
菲 4411_1
菴 4471_6
菶 4450_3
菽 4494_7
葪 4412_0
萃 4440_8
萇 4473_2
萊 4490_8
萋 4440_4
萍 4414_9
萐 4480_1
萩 4491_7
萸 4443_7
著 4460_4
處 2124_1
虛 2121_1
蛇 5311_1
蛉 5813_7
術 2122_1
裒 0073_2
規 5601_0
覓 2021_6
視 3621_0
訛 0461_0
訟 0863_2
訥 0462_7
訪 0062_7
設 0764_7
許 0864_0
谹 8463_2
象 2723_2
貧 8080_6
貨 2480_6
貪 8080_6
貫 7780_6
責 5080_6
貭 7228_6
貶 6283_7
赦 4834_0
趼 6114_0
趾 6111_0
軟 5708_2
逭 3330_7
逯 3730_3
週 3730_2
進 3030_1
逸 3730_1
過 3730_2
郪 4752_7
郾 7772_7
郿 7722_7
鄂 6722_7
鄆 3752_7
鄉 2722_7
酙 1460_0
野 6712_2
釣 8712_0
釵 8714_0
鈒 8714_7
閆 7710_1
閉 7724_7
陽 7622_7
隄 7628_1
隅 7622_7
隆 7721_4
隋 7422_7
階 7126_1
雀 9021_4
雩 1020_7
雪 1017_7
頂 1128_6
頃 2178_6
魚 2733_6
鳥 2732_7
鹵 2160_0
鹿 0021_1
麥 4020_7
麻 0029_4
黃 4480_6

十二畫

傃 2529_3
傅 2324_2
傍 2022_7
備 2422_7
傲 2824_0
凱 2711_0
剩 2290_0
割 3260_0
創 8260_0
勝 7922_7
勞 9942_7
募 4442_7
匑 2722_0
博 4304_2
厤 7129_4
厦 7124_7
啙 2166_1
喞 6702_0
啼 6002_7
喚 6804_6
喀 6306_4
喁 6602_7
善 8060_1
喇 6200_0
喉 6703_4
喘 6202_7
喙 6703_2
喜 4060_1
喝 6602_7
喟 6602_7

喪	4073_2	嵖	2471_6	提	5608_1	棉	4692_7	渫	3419_4
喫	6703_4	嵫	2873_2	插	5207_7	棊	4490_4	測	3210_0
喬	2022_7	嵯	2871_1	揖	5604_1	棋	4498_1	渭	3612_7
單	6650_6	巽	7780_1	揚	5602_7	棍	4691_1	港	3411_7
喻	6802_1	幄	4721_4	換	5703_4	棕	4399_1	游	3814_7
嗟	6801_1	幾	2245_3	揞	5006_1	棗	5090_2	渺	3912_0
圖	6022_7	庛	0021_4	握	5701_4	棘	5599_2	渼	3813_4
圍	6050_6	廂	0026_0	揣	5202_7	棟	4599_6	渾	3715_6
堞	4419_4	廋	0024_7	揭	5602_7	棠	9090_4	湄	3716_7
堠	4713_4	弼	1722_7	揮	5705_6	棡	4792_0	湌	3813_2
堡	2610_4	彭	4212_2	揲	5409_4	棣	4593_2	湔	3812_1
堤	4618_1	御	2722_0	援	5204_7	棧	4395_3	湖	3712_0
堪	4411_1	徧	2322_7	搔	5703_6	森	4099_4	湘	3610_0
堯	4021_1	復	2824_7	搜	5704_7	棱	4494_7	湛	3411_1
報	4744_7	循	2226_4	敞	9824_0	棲	4594_4	湞	3118_6
塊	4611_3	悲	1133_1	散	4824_0	棹	4194_6	湟	3611_4
塔	4416_1	悶	7733_7	敭	6194_7	植	4491_7	湧	3712_7
塟	4410_4	惑	5333_0	敦	0844_0	椒	4794_0	湫	3918_0
壹	4010_8	惠	5033_3	敬	4864_0	楮	4496_0	湯	3612_7
壺	4010_7	惡	1033_1	斌	0344_0	極	4191_4	湼	3711_1
婆	1840_4	惢	3333_0	斐	1140_0	欹	4768_2	溉	3111_4
婷	4844_6	惰	9402_7	斑	1111_4	欺	4788_2	滁	3819_4
媚	4746_7	惲	9705_6	斯	4282_1	欽	8718_2	滋	3813_2
媿	4641_3	惹	4433_6	晬	6004_8	款	4798_2	滑	3712_7
孱	7724_7	惺	9601_4	普	8060_1	歃	2778_2	焚	4480_9
富	3060_6	愉	9802_1	景	6090_6	殖	1421_7	焠	9084_8
寐	3029_4	愜	9101_3	晰	6202_1	殘	1325_3	無	8033_1
寒	3030_3	愧	9601_3	晴	6502_7	殛	1121_4	焦	2033_1
寓	3042_7	慨	9101_4	智	8660_0	毳	2071_4	焰	9787_7
寔	3080_1	戡	4375_0	暑	6060_4	淵	3210_0	然	2333_3
尊	8034_6	戢	6315_0	曾	8060_6	淼	1223_2	煮	4433_6
尋	1734_6	扉	3021_1	替	5560_3	減	3315_0	爲	2022_7
就	0391_4	掌	9050_2	最	6014_7	渝	3812_1	牋	2305_3
崳	2872_1	掣	2250_2	朝	4742_0	渟	3012_1	牌	2604_0
嵇	2397_2	掾	5703_2	朞	4422_7	渡	3014_7	犀	7725_3
嵋	2776_7	揀	5509_6	期	4782_0	渤	3412_7	犍	2554_0
嵐	2221_7	揆	5203_4	棄	0090_4	渥	3711_4	猒	6323_4

猥	4623_2	盜	3710_7	絡	2796_4	葫	4462_7	詛	0761_0
猨	4224_7	睇	6802_7	絢	2792_0	葬	4444_1	詞	0762_0
猩	4621_4	喬	1722_7	給	2896_1	葭	4424_7	詠	0363_2
猴	4723_4	短	8141_8	絪	2690_0	葯	4492_7	貂	2726_2
猶	4826_1	硜	1161_1	絮	4690_3	葱	4433_2	貯	6082_1
琡	1714_0	硤	1463_8	統	2091_3	葵	4443_0	貳	4380_0
琢	1113_2	确	1762_7	絲	2299_3	葷	4450_6	貴	5080_6
琥	1111_7	硯	1661_0	絳	2795_4	葹	4421_2	買	6080_6
琬	1311_2	祺	3428_1	缾	8874_1	萈	4421_3	貸	2380_6
琯	1317_7	祼	3629_4	翔	8752_0	蓱	4414_1	貺	6681_0
琱	1712_0	祿	3723_2	翕	8012_7	虛	2121_7	費	5580_6
琳	1419_0	禆	3624_0	脩	2722_7	蛙	5411_4	貽	6386_0
琴	1120_7	禽	8042_7	耋	4410_4	蛛	5519_0	貿	7780_6
琵	1171_1	稀	2492_7	脾	7624_0	蛟	5014_8	賀	4680_6
琹	1190_4	稅	2891_6	腋	7024_7	蛞	5416_1	賁	4080_6
瑛	1413_4	稊	2892_7	腎	7722_7	蛤	5816_1	趁	4880_2
瑯	1712_7	程	2691_4	腔	7321_1	蛩	1713_6	超	4780_6
瓿	0161_7	稍	2992_7	腴	7723_7	衆	2723_2	越	4380_5
甦	1550_1	窗	3060_8	皐	2640_3	街	2122_1	跅	6213_1
番	2060_9	竢	0313_4	琈	1414_7	裁	4375_0	跋	6314_7
畫	5010_6	童	0010_4	舒	8762_2	裂	1273_2	跌	6513_0
畬	8060_9	竦	0519_6	舜	2025_2	裒	0073_2	跑	6711_2
畮	6805_7	筆	8850_7	艇	2244_1	裕	3826_8	跛	6414_7
疎	1519_6	等	8834_1	萬	4442_7	補	3322_7	軥	5702_0
疏	1011_3	筍	8862_7	萱	4410_6	覃	1040_6	軫	5802_2
痘	0011_8	筑	8811_7	萼	4420_7	觚	2223_0	軺	5706_2
痙	0011_1	答	8860_1	落	4416_4	訴	0263_1	軼	5503_0
痛	0012_7	策	8890_2	葆	4429_4	訶	0162_0	辜	4040_1
痢	0012_0	筵	8840_1	葉	4490_4	診	0862_2	逼	3130_6
痦	0016_1	粟	1090_4	葑	4414_0	註	0061_4	遁	3230_6
痧	0012_9	粥	1722_7	葒	4491_1	証	0161_1	遂	3830_3
登	1210_8	粧	9091_4	葚	4471_1	詁	0466_0	遄	3230_2
發	1224_7	紫	2190_3	葛	4472_7	詅	0863_7	遇	3630_2
皓	2466_1	結	2496_1	葡	4422_7	詐	0861_1	遊	3830_4
皕	1166_0	絕	2791_7	董	4410_4	詒	0366_0	運	3730_4
皖	2361_1	絜	5790_3	葦	4450_6	詔	0766_2	遍	3330_2
盞	5310_7	絞	2094_8	葩	4461_7	評	0164_9	遏	3630_2

遐	3730_4
遒	3830_6
道	3830_6
達	3430_4
違	3430_4
鄒	2742_7
鄔	2732_7
鄖	6782_7
酣	1467_0
酤	1466_0
酥	1269_4
量	6010_4
鈃	8114_0
鈌	8513_0
鈍	8511_7
鈐	8812_7
鈔	8912_0
鈕	8711_4
鈞	8712_0
鉅	8111_7
開	7744_1
閏	7710_4
閑	7790_4
閒	7722_7
間	7760_7
閔	7740_0
隔	7122_7
隘	7821_7
隙	7929_6
雁	7121_4
雄	4071_4
雅	7021_4
集	2090_4
雋	2022_7
雯	1040_0
雲	1073_1
靭	4752_0
項	1118_6
順	2108_6
須	2128_6
飧	2823_2
飭	8872_7
飯	8174_7
飲	8778_2
馭	7734_0
馮	3112_7
黍	2013_2
黑	6033_1
黹	3222_7
鼎	2222_1

十三畫

亂	2221_0
亶	0010_6
催	2221_4
傭	2022_7
傳	2524_3
債	2528_6
傷	2822_7
僅	2421_4
僉	8088_6
像	2723_2
剿	2290_0
勤	4412_7
嗇	4060_1
嗒	6406_1
嗜	6406_1
嗡	6802_7
嗣	6722_0
嗤	6203_6
園	6023_2
圓	6080_6
塋	9910_4
塑	8710_4
塗	3810_4
塘	4016_7
塚	4713_2
塞	3010_4
填	4418_1
墓	4410_4
壺	4010_7
夢	4420_7
媽	4142_7
嫁	4343_2
昬	1760_4
奧	2743_0
寙	3023_2
寬	3021_6
寧	3020_1
嵊	2279_1
嵞	8077_2
嵩	2222_7
嵰	2873_7
幕	4422_7
幙	4423_4
幹	4844_1
廉	0023_7
廌	0022_7
廓	0022_7
彙	2790_4
徭	2227_2
微	2824_0
徯	2223_4
想	4633_0
愁	2933_8
愈	8033_2
愍	7833_4
意	0033_6
愙	3033_6
愚	6033_2
愛	2024_7
戚	5320_0
慈	8033_3
慊	9803_7
慎	9408_1
慥	9403_6
掔	1150_2
損	5608_6
搏	5304_2
搢	5106_1
搧	5302_7
搨	5602_7
搶	5806_7
摛	5002_7
摸	5403_4
新	0292_1
暇	6704_7
暉	6705_6
暌	6203_4
暖	6204_7
暗	6006_1
暘	6602_7
會	8060_6
椶	4294_7
椽	4793_2
椿	4596_3
楊	4692_7
楓	4791_0
楙	4499_0
楚	4480_1
楝	4599_6
楞	4692_7
楠	4492_7
楡	4893_2
業	3290_4
楳	4499_4
楷	4196_1
楹	4791_7
概	4191_4
榆	4892_1
榘	8190_4
楈	4792_7
槩	7190_4
槎	4891_1
槐	4691_3
歇	6778_2
歌	1768_2
歲	2125_3
殿	7724_7
溎	3411_4
源	3119_6
準	3040_1
溝	3514_7
溥	3314_2
溧	3119_4
溪	3213_4
溫	3611_7
溯	3712_0
溶	3316_8
溺	3712_7
滂	3012_7
滄	3816_7
滅	3315_0
滆	3112_7
滇	3418_1
滌	3719_4
滏	3811_9
滙	3111_1
滾	3013_2
漠	3413_4
漣	3513_0
漷	3712_7
煉	9589_6
煎	8033_2
煖	9284_7

煙	9181_4	禊	3723_4	腹	7824_7	裏	0073_2	農	5523_2
煦	6733_2	福	3126_6	與	7780_1	裔	0022_7	遙	3730_7
照	6733_6	禘	3022_7	艅	2849_4	裘	4373_2	遜	3230_9
煨	9683_2	稔	2893_2	蒓	4491_7	裛	0072_3	遞	3230_1
煬	9682_7	稗	2694_0	蒔	4464_1	裝	2473_2	遠	3430_3
猺	4227_2	稚	2091_4	蒙	4423_2	裨	3624_0	遡	3730_2
獅	4122_7	稜	2494_7	蒞	4411_8	褚	3426_0	遣	3530_7
琿	1715_6	稟	0090_4	葴	4425_3	解	2725_2	遨	3830_4
瑄	1311_6	香	2060_3	蒨	4422_7	觥	2921_1	鄗	6762_7
瑙	1216_3	筠	8812_7	蓴	4434_2	詢	0762_0	鄜	0722_7
瑚	1712_0	筤	8873_2	蒭	4442_7	試	0364_0	鄞	4712_7
瑜	1812_1	筦	8821_1	蒯	4220_0	詩	0464_1	鄠	1722_7
瑞	1212_7	筭	8844_1	蒲	4412_7	詫	0361_4	鄢	1732_7
瑟	1133_1	筮	8810_8	蒸	4433_1	詮	0861_4	酬	1260_0
甄	1111_7	筱	8824_8	蒹	4423_7	詰	0466_1	鈯	8217_2
當	9060_6	節	8872_7	蒼	4460_7	話	0266_4	鈿	8610_0
畸	6402_1	粲	2790_4	蒿	4422_7	該	0068_2	鉏	8711_0
畹	6301_2	粵	2620_7	蓀	4449_3	詳	0865_1	鉛	8716_1
痰	0018_9	絸	2691_0	蓄	4460_3	詶	0260_0	鉢	8513_0
痿	0014_4	綈	2892_7	蓉	4460_8	詹	2726_1	鉤	8712_0
瘖	0016_1	綏	2294_4	蓋	4410_7	誄	0569_0	閘	7750_6
晳	4260_2	經	2191_1	蓍	4460_1	誅	0569_0	閟	7733_7
盟	6710_7	罨	6071_6	蓑	4473_2	誇	0462_7	雉	8041_4
睒	6908_9	罪	6011_1	蓬	4430_4	誠	0365_0	雍	0021_4
睡	6201_4	置	6010_7	蓮	4430_4	豢	9023_2	零	1030_7
睢	6001_4	署	6060_4	蔀	4462_7	賃	2280_6	雷	1060_3
督	2760_4	羣	1750_1	蔭	4423_1	資	3780_6	電	1071_6
睦	6401_4	羨	8018_2	虜	2122_7	賈	1080_6	靖	0512_7
睫	6508_1	義	8055_3	虞	2123_4	賊	6385_0	靳	4252_1
瞄	6406_0	聖	1610_4	號	6121_7	跨	6412_7	頌	8178_6
矮	8244_4	聘	1512_7	蛻	5811_6	跬	6411_4	預	1128_6
碁	4460_1	肄	2540_7	蛾	5315_0	路	6716_4	頑	1128_6
碌	1763_2	肅	5022_7	蜂	5715_4	跳	6211_3	頒	8128_6
碎	1064_8	肆	7570_7	蜃	7113_6	較	5004_8	頓	5178_6
碑	1664_0	腫	7221_4	蜈	5613_4	載	4355_0	飴	8376_0
碰	1861_2	腰	7124_4	蜎	5612_7	辟	7024_1	飼	8772_0
禁	4490_1	腳	7722_0	衙	2122_1	辠	2640_1		

飽 8771$_{2}$
飾 8872$_{7}$
馳 7431$_{2}$
馴 7230$_{0}$
骰 7724$_{7}$
魁 2421$_{0}$
魂 1671$_{3}$
鳧 2721$_{7}$
鳩 4702$_{7}$
麃 0021$_{7}$
黽 7771$_{7}$
鼓 4414$_{7}$
鼠 7771$_{7}$

十四畫

僊 2121$_{2}$
僑 2222$_{7}$
僞 2222$_{7}$
僦 2321$_{4}$
僧 2826$_{6}$
僰 5580$_{9}$
僩 2722$_{0}$
傲 2824$_{0}$
兢 4421$_{6}$
凴 3121$_{7}$
劃 5210$_{0}$
劄 8260$_{0}$
匱 7171$_{8}$
厰 7124$_{8}$
厲 7122$_{7}$
嗽 6708$_{2}$
嘆 6403$_{4}$
嘉 4046$_{1}$
嘐 6702$_{2}$
嘔 6101$_{6}$
嘗 9060$_{1}$
嗷 6804$_{0}$
圖 6060$_{4}$
團 6034$_{3}$
塵 0021$_{4}$
塹 5210$_{4}$
塾 0510$_{4}$
墅 6710$_{4}$
墉 4012$_{7}$
墊 4510$_{4}$
墐 4410$_{4}$
增 4816$_{6}$
墜 7810$_{4}$
墬 7710$_{4}$
墮 7410$_{4}$
壽 4064$_{1}$
夥 6792$_{7}$
奩 4071$_{6}$
奪 4034$_{1}$
嫖 4149$_{1}$
嫯 5824$_{4}$
媏 4942$_{7}$
嫩 4844$_{0}$
察 3090$_{1}$
寡 3022$_{7}$
寤 3026$_{1}$
寥 3020$_{2}$
實 3080$_{6}$
寧 3020$_{1}$
寨 3090$_{4}$
寬 3021$_{3}$
對 3410$_{0}$
嶍 2776$_{2}$
幔 4624$_{7}$
幘 4528$_{6}$
幣 9822$_{7}$
廖 0022$_{2}$
廣 0028$_{6}$
弊 9844$_{4}$
彰 0242$_{2}$
愻 1233$_{9}$
慕 4433$_{3}$
慘 9302$_{2}$
慢 9604$_{7}$
慵 9002$_{7}$
戩 1365$_{0}$
截 4325$_{0}$
搴 3050$_{2}$
摔 5004$_{3}$
摘 5002$_{7}$
摭 5003$_{7}$
摶 5504$_{3}$
摹 4450$_{2}$
摺 5706$_{2}$
敲 0124$_{7}$
斠 5440$_{0}$
斡 4844$_{0}$
斲 7212$_{1}$
旗 0828$_{1}$
暝 6708$_{0}$
暢 5602$_{7}$
暨 7110$_{6}$
榑 4394$_{2}$
榕 4396$_{8}$
榛 4599$_{4}$
榜 4092$_{7}$
榨 4391$_{1}$
榮 9990$_{4}$
榴 4796$_{2}$
榷 4491$_{4}$
榼 4491$_{7}$
榿 4291$_{8}$
槁 4092$_{7}$
槃 2790$_{4}$
槈 4194$_{3}$
構 4594$_{7}$
槍 4896$_{7}$
槑 6699$_{4}$
模 4493$_{4}$
樺 4495$_{4}$
歉 8728$_{2}$
殞 1628$_{6}$
毓 8051$_{3}$
滎 9923$_{2}$
滬 3311$_{7}$
滮 3211$_{2}$
滴 3012$_{7}$
滸 3814$_{0}$
滹 3114$_{9}$
滿 3412$_{7}$
漁 3713$_{6}$
漂 3119$_{1}$
漆 3413$_{2}$
漉 3011$_{1}$
漏 3712$_{7}$
演 3318$_{6}$
漕 3516$_{6}$
漚 3111$_{6}$
漢 3413$_{4}$
漪 3412$_{1}$
漫 3614$_{7}$
漬 3518$_{6}$
漱 3718$_{2}$
漳 3014$_{6}$
漴 3219$_{1}$
滶 3814$_{0}$
漸 3212$_{1}$
漯 3613$_{2}$
潄 3814$_{0}$
澉 3814$_{0}$
熊 2133$_{1}$
熏 2033$_{1}$
熒 9980$_{9}$
熔 9386$_{8}$
熙 7733$_{1}$
熬 5833$_{4}$
爾 1022$_{7}$
獄 4323$_{4}$
瑠 1716$_{2}$
瑣 1918$_{6}$
瑤 1717$_{2}$
瑪 1112$_{7}$
璃 1012$_{7}$
璉 1513$_{0}$
疑 2748$_{1}$
瘉 0012$_{1}$
瘋 0011$_{7}$
瘍 0012$_{7}$
瘟 0011$_{7}$
瘦 0014$_{7}$
瘧 0011$_{4}$
盡 5010$_{7}$
監 7810$_{7}$
睽 6203$_{4}$
睿 2160$_{8}$
碣 1662$_{7}$
碧 1660$_{1}$
碩 1168$_{6}$
碭 1662$_{7}$
磁 1863$_{2}$
稧 2793$_{4}$
種 2291$_{4}$
稱 2294$_{7}$
窨 3060$_{1}$
端 0212$_{7}$
箇 8860$_{3}$
箋 8850$_{3}$
箏 8850$_{7}$
箐 8822$_{7}$
箕 8880$_{1}$

箖	8899_4
算	8844_6
箜	8810_1
管	8877_7
箬	8860_4
粹	9094_8
精	9592_7
綠	2793_2
綦	4490_3
綬	2294_7
維	2091_4
綰	2397_7
綱	2792_0
網	2792_0
綴	2794_7
綵	2299_4
綸	2892_7
綺	2492_1
綿	2692_7
緇	2296_3
緋	2191_1
緑	2793_2
緒	2496_0
罰	6062_0
罳	6033_6
翟	1721_4
翠	1740_8
翡	1112_7
聚	1723_2
聞	7740_1
肇	3850_7
腐	0022_7
膏	0022_7
臧	2325_0
臺	4010_4
舞	8025_1
蓴	4434_3
蓺	4411_7
蓼	4420_2
蔓	4440_7
蔗	4423_7
蔚	4424_0
蔡	4490_1
蔣	4424_7
蕖	4490_4
薌	4422_7
薖	4430_2
蜀	6012_7
蜘	5610_0
蜚	1113_6
蜜	3013_6
蜡	5416_1
蜨	5518_1
蜩	5712_0
蜻	5512_7
蝸	5712_7
裳	9073_2
裴	1173_2
製	2273_2
褐	3622_7
誌	0463_1
認	0763_2
誓	5260_1
誙	0161_1
語	0166_1
誠	0365_0
誤	0663_4
誥	0466_1
誦	0762_7
誨	0865_7
說	0861_6
誾	7760_1
豪	0023_2
貌	2621_0
賑	6183_2
賓	3080_6
赫	4433_1
趕	4680_4
趙	4980_2
踈	6519_6
輓	5701_6
輔	5302_7
輕	5101_1
適	3030_2
遭	3530_6
遮	3030_3
遯	3130_3
鄦	8732_7
鄧	1712_7
鄭	8742_7
鄮	7782_7
鄯	8762_7
鄰	9722_7
鄱	2762_7
酷	1466_1
酸	1364_7
酹	1264_2
銀	8713_2
銃	8011_3
銅	8712_0
銑	8411_1
銓	8811_4
銕	8513_2
銖	8519_0
銘	8716_0
銜	2122_1
閣	7760_4
閤	7760_1
閥	7725_3
閨	7710_4
閩	7713_6
閭	7760_6
隧	7823_3
隨	7423_2
雌	2011_4
雒	2061_4
需	1022_7
霆	1040_1
韶	0766_2
頪	9158_6
頗	4128_6
領	8138_6
餅	8874_1
餉	8772_0
駁	7434_0
骳	7424_7
骷	7426_0
髤	7290_4
髦	7271_4
鳳	7721_0
鳴	6702_7
鳶	4332_7
鼻	2622_1
齊	0022_3

十五畫

下	1023_0
價	2128_6
僻	2024_1
儀	2825_3
億	2023_6
儉	2828_6
儋	2726_1
劇	2220_0
劈	7022_7
劉	7210_0
劍	8280_0
劒	8782_0
嘲	6702_0
嘻	6406_1
噀	6708_1
噙	6802_7
噴	6408_6
噶	6402_7
增	4816_6
墟	4111_2
墨	6010_4
墩	4814_0
墳	4418_6
墺	4713_4
嫣	4242_7
嬉	4446_1
嬌	4242_7
審	3060_9
寫	3032_7
導	3834_3
層	7726_6
履	7724_7
嶗	2972_7
嶠	2272_7
嶢	2471_1
幡	4226_9
廚	0024_0
廛	0021_4
廟	0022_7
廡	0023_1
廢	0024_7
彈	1625_6
影	6292_2
徵	2824_0
德	2423_1
徹	2824_0
慤	4733_4
慧	5533_7
慮	2123_6

慰	7433_0	樅	4898_1	澍	3410_0	稿	2092_7	蕉	4433_1
慶	0024_7	樊	4443_0	澎	3212_2	穀	4794_7	蕊	4433_3
慾	8733_8	樓	4594_4	澗	3712_0	窮	3022_7	蕋	4411_1
憂	1024_7	樗	4192_7	澳	3713_4	窰	3077_2	蕘	4421_1
憐	9905_9	標	4199_1	熱	4533_1	窳	3023_2	蕙	4433_3
憤	9408_6	樞	4191_6	牗	2022_7	箭	8822_1	蕡	4480_6
憧	9001_4	樟	4094_6	牖	2302_7	箴	8825_3	蕤	4423_1
憨	1833_4	橄	4894_0	牖	2002_7	篁	8810_4	蕩	4412_7
憫	9702_0	橡	4793_2	獞	4021_4	範	8851_2	蕪	4433_1
摩	0025_2	橢	4492_7	瑩	9910_3	篆	8823_2	蕺	4415_3
摯	4550_2	歎	4758_2	璝	1718_6	篇	8822_7	號	2131_7
擊	5750_2	歐	7778_2	璅	1219_4	篋	8871_3	蝗	5611_4
撏	5704_6	殢	1422_7	璇	1818_1	糊	9792_0	蝟	5612_7
撙	5804_6	殤	1822_7	璊	1412_7	緗	2690_0	蝦	5714_7
撚	5303_3	毅	0724_7	璋	1014_6	緘	2395_0	蝨	1713_6
撝	5202_7	滕	7923_2	璜	1418_6	線	2693_2	蝯	5214_7
撞	5001_4	潁	2128_6	甌	7171_7	緜	2229_3	蝴	5712_0
撥	5204_7	潏	3712_7	甎	5131_7	緝	2694_1	蝶	5419_4
撫	5803_1	潑	3214_7	畿	2265_3	緣	2793_2	衛	2122_1
播	5206_9	潔	3719_3	瘞	0011_4	編	2392_7	衝	2122_1
撮	5604_7	潕	3813_1	瘠	0016_7	緩	2294_7	褎	0073_2
撰	5708_1	潘	3216_9	皛	2666_0	緬	2196_0	褒	0073_2
撲	5203_4	潙	3212_7	皺	2444_7	緯	2495_6	誰	0061_4
撻	5403_4	潛	3116_1	盤	2710_7	緱	2793_4	課	0669_4
擒	5802_7	潠	3718_1	瞎	6306_4	練	2599_6	誶	0064_8
擕	5002_7	潤	3712_0	瞑	6708_0	羯	8652_7	調	0762_0
敷	5824_0	潦	3419_6	確	1461_4	翦	8012_7	談	0968_9
數	5844_0	潨	3213_2	碻	1062_7	甋	1161_1	請	0562_7
敺	7174_7	潭	3114_6	碾	1763_2	耦	5692_7	諏	0764_0
暫	5260_2	潮	3712_0	磊	1066_1	膚	2122_7	論	0862_7
暮	4460_3	潯	3714_6	磐	2760_1	膝	7423_2	諸	0466_0
暴	6013_2	潼	3011_4	磚	1364_2	膠	7722_2	諾	0466_4
暹	3630_1	澂	3814_0	稷	2694_7	舖	8362_7	豎	7710_8
槲	4490_0	澄	3211_8	稺	2794_1	蔬	4411_3	豫	1723_2
槵	4593_6	澆	3411_1	稻	2297_7	蕃	4460_9	豬	1426_0
槿	4491_4	澇	3912_7	稼	2393_2	蔿	4412_7	貓	2426_0
樂	2290_4	澈	3814_0	稽	2396_1	蕈	4440_6	賚	4080_6

賜 6682_7
賞 9080_6
賠 6086_1
賡 0028_6
賢 7780_6
賣 4080_6
賦 6384_0
質 7280_6
賫 4080_6
賭 6486_0
赭 4436_0
趣 4780_4
踏 6216_3
踐 6315_3
踪 6319_1
輝 9725_6
輞 5702_0
輟 5704_7
輦 5550_6
輪 5802_7
遲 3730_4
遵 3830_4
遷 3130_1
選 3730_8
遺 3530_8
遼 3430_9
邁 3430_2
鄰 3792_7
鄧 5712_7
醇 1064_7
醉 1064_8
醋 1466_1
鋭 8811_6
銷 8912_7
鋒 8715_4
鋟 8714_7
鋤 8412_7
鋦 8712_7
鋪 8312_7
閫 7760_7
閬 7773_2
閲 7721_6
閴 7780_6
險 7828_6
霄 1022_7
霅 1060_1
震 1023_2
霈 1012_7
靚 5621_0
靠 2411_1
鞍 4354_4
鞏 1750_6
頞 3148_6
養 8073_2
餑 8474_7
餓 8375_0
餖 8171_8
餘 8879_4
駉 7732_0
鴐 2732_7
駐 7031_4
駒 7732_0
駕 4632_7
駃 7533_0
駝 7331_1
駞 7831_2
髮 7244_7
髯 7244_7
髴 7252_7
鬧 7722_7
魯 2760_3
黎 2713_2
鴈 7122_7

十六畫

儒 2122_7
儔 2424_1
儕 2022_3
儗 2728_1
儞 2122_7
冀 1180_1
凝 3718_1
劑 0220_0
勳 2432_7
勵 7422_7
嘯 6502_7
器 6666_3
噩 1010_6
噫 6003_6
圜 6073_2
墻 4416_1
墾 2710_4
壁 7010_4
壅 0010_4
壇 4011_6
奮 4060_1
嬩 4748_1
學 7740_7
寰 3073_2
嶧 2674_1
嶰 2775_2
嶶 2224_8
嶼 2778_1
彊 1121_6
憑 3133_2
憩 2633_0
憲 3033_6
憶 9003_6
憺 9706_1
懈 9705_2
懊 9703_4
戰 6355_0
撼 5305_0
擁 5001_4
擅 5001_6
擇 5604_1
擋 5906_6
操 5609_4
擔 5706_1
據 5103_2
整 5810_1
曆 7126_9
曇 6073_1
曉 6401_1
樨 4795_3
樵 4093_1
樸 4293_4
樹 4490_0
樽 4894_6
樾 4398_5
橋 4292_7
橐 5090_4
橒 4193_1
橘 4792_7
橙 4291_8
橛 4198_2
機 4295_3
橫 4498_6
橜 7290_4
檇 4092_7
歙 8718_2
歷 7121_1
潚 3512_7
潞 3716_4
澠 3711_7
澡 3619_4
澣 3814_1
澤 3614_1
澥 3715_2
澧 3511_8
澫 3412_7
澬 3718_6
澱 3714_7
澴 3613_2
澶 3011_6
澹 3716_1
澼 3014_1
激 3814_0
濁 3612_7
濂 3013_7
濃 3513_2
濉 3011_4
濂 3013_7
濛 3413_2
熹 4033_6
熾 9385_0
燃 9383_3
燄 2978_9
燈 9281_8
燉 9884_0
燎 9489_6
燐 9985_9
燒 9481_1
燕 4433_1
營 9960_6
獧 4623_2
獨 4622_7
獪 4826_6
獲 4424_7
璞 1213_4
璠 1216_9
璣 1215_3
瓢 1293_0
甑 8161_7

瞜	6702_{2}	縫	2793_{4}	蟆	5413_{4}	醜	1661_{3}	鴐	2732_{7}
瘵	0019_{3}	羲	8025_{3}	蟇	4413_{6}	鋼	8712_{0}	鴟	7772_{7}
瘳	0012_{2}	翮	1722_{0}	衡	2122_{1}	錄	8713_{2}	鴡	7712_{7}
瘴	0014_{6}	翯	1722_{7}	褒	0073_{2}	錐	8011_{4}	鴣	4762_{7}
瘸	0012_{7}	翰	4842_{7}	親	0691_{0}	錡	8412_{1}	鴦	5032_{7}
盥	7710_{7}	耨	5194_{3}	觱	5322_{7}	錢	8315_{3}	鴨	6752_{7}
盧	2121_{7}	聱	5840_{1}	諤	0662_{7}	錦	8612_{7}	麇	0029_{4}
瞥	9860_{4}	膳	7826_{1}	諦	0062_{7}	錫	8612_{7}	麈	0021_{4}
瞰	6804_{0}	興	7780_{1}	諧	0166_{1}	錯	8416_{1}	黔	6832_{7}
磚	1564_{3}	舉	7750_{3}	諫	0569_{6}	閻	7777_{7}	默	6333_{4}
磧	1568_{6}	舘	8367_{7}	諭	0862_{1}	閿	7740_{7}	龍	0121_{1}
磨	0026_{1}	蕭	4422_{7}	諮	0766_{8}	隰	7623_{3}	**十七畫**	
磬	4760_{1}	蕻	4478_{1}	諳	0066_{1}	隱	7223_{7}		
禧	3426_{1}	薄	4414_{2}	諶	0461_{1}	隲	7922_{7}	優	2124_{7}
禪	3625_{6}	薅	4444_{3}	諷	0761_{0}	雕	7021_{4}	儲	2426_{0}
穆	2692_{2}	蔆	4440_{7}	諺	0062_{2}	霍	1021_{4}	嚮	2722_{7}
積	2598_{6}	薇	4424_{8}	謀	0469_{4}	霏	1011_{1}	壍	3210_{4}
穎	2198_{6}	薈	4460_{6}	謁	0662_{7}	霑	1016_{1}	壎	4213_{1}
穩	2293_{7}	薊	4432_{0}	謎	0963_{9}	霓	1021_{7}	壐	1010_{4}
窹	3026_{1}	薏	4433_{6}	謏	0764_{7}	霖	1099_{4}	壑	2710_{4}
窺	3051_{6}	薑	4410_{6}	謔	0161_{4}	靜	5225_{7}	壓	7121_{4}
窻	3033_{6}	薔	4460_{1}	賴	5798_{6}	頤	7178_{6}	壕	4013_{2}
築	8890_{4}	薕	4423_{7}	踵	6211_{4}	頭	1118_{6}	嬰	6640_{4}
篔	8880_{6}	薙	4441_{4}	踽	6212_{7}	頻	2128_{6}	孺	1142_{7}
篘	8842_{7}	薛	4474_{1}	蹄	6012_{7}	餐	2773_{2}	寱	3029_{4}
篛	8812_{7}	薜	4424_{1}	蹉	6811_{1}	餞	8375_{3}	屨	7724_{4}
篝	8844_{7}	薝	4426_{1}	輯	5604_{1}	館	8377_{7}	嶺	2238_{6}
篠	8829_{4}	薠	4488_{6}	輶	5806_{1}	駡	6632_{7}	嶽	2223_{4}
篤	8832_{7}	薦	4422_{7}	輸	5802_{1}	駢	7834_{1}	巁	2172_{7}
篴	8830_{3}	薩	4421_{4}	辦	0044_{1}	駪	7431_{1}	彌	1122_{7}
篷	8830_{4}	薪	4492_{1}	辨	0044_{1}	駮	7034_{8}	徽	2824_{0}
糖	9096_{7}	螊	5813_{7}	避	3030_{4}	駱	7736_{4}	應	0023_{1}
縈	9990_{3}	融	1523_{6}	邀	3830_{4}	髻	7260_{1}	懋	4433_{9}
縉	2196_{1}	螙	4013_{6}	還	3630_{3}	鬳	2122_{7}	懥	9408_{1}
縐	2792_{7}	螟	5718_{0}	鄹	1722_{7}	鮑	2731_{2}	戲	2325_{0}
縞	2092_{7}	螢	9913_{6}	鄺	0722_{7}	鮓	2831_{1}	戴	4385_{0}
縣	6299_{3}	螭	5012_{7}	醒	1661_{4}	鴒	8732_{7}	擊	5750_{2}

擘	7050_2	爵	2074_6	縵	2694_7	蝶	5119_4	鍼	8315_0
擡	5401_4	牆	2426_1	縹	2199_1	褎	0073_2	鍾	8211_4
擣	5404_1	犧	2855_3	縻	0029_3	襄	0073_2	闇	7760_1
擦	5309_1	璦	1214_7	總	2693_0	襍	3029_4	闌	7750_6
擬	5708_1	璩	1113_2	績	2598_6	謅	0762_7	闊	7716_4
擲	5702_7	璫	1916_6	繁	8890_3	謇	3060_1	隸	4593_2
擴	5008_6	環	1613_2	繅	2299_4	謗	0062_7	雖	6011_4
斵	7212_1	璱	1113_1	繆	2792_2	謙	0863_7	雚	4421_4
曖	6204_7	甓	7071_7	繇	2279_3	謚	0861_7	霜	1096_3
曙	6606_4	甗	2121_7	罄	4777_2	講	0564_7	霞	1024_7
檀	4091_6	甕	0071_7	翼	1780_1	謝	0460_0	鞞	4654_0
檄	4894_0	瞳	6001_4	聯	1217_2	謟	0267_7	鞟	4054_7
[illegible]	4196_0	療	0019_6	聰	1613_0	謠	0767_2	鞠	4752_0
檉	4691_4	癆	0012_7	聲	4740_1	謨	0463_4	韓	4445_6
檐	4796_1	癈	0014_7	膽	7726_1	谿	2846_8	餬	8772_0
檗	7090_4	瘴	0015_6	臆	7023_6	豁	3866_8	餳	8672_7
檜	4896_6	癍	0011_4	臒	7424_7	豳	2277_0	餿	8774_7
檡	4694_1	癘	0012_7	臨	7876_6	賺	6883_7	鹹	8365_0
檢	4898_6	盩	4810_7	舊	4477_7	購	6584_7	駿	7334_7
歗	5728_2	瞶	6508_6	艱	4753_2	賽	3080_6	騃	7333_4
歛	8788_2	矯	8242_7	薰	4433_1	贅	5880_6	髀	7624_0
氈	0211_4	磯	1265_3	蕡	4480_6	趨	4780_2	魏	2641_3
濕	3613_3	磵	1762_0	薿	4448_1	蹇	3080_1	鮚	2436_1
濟	3012_3	磷	1965_9	藁	4490_4	蹈	6217_7	鮫	2034_8
濠	3013_2	磻	1266_9	[illegible]	4423_2	輿	7780_1	鮮	2835_1
濡	3112_7	磗	1965_2	藉	4496_1	轂	4754_7	鴾	2792_7
濤	3414_1	禦	2790_1	藍	4410_7	轄	5306_4	鴻	3712_7
濫	3811_7	禮	3521_8	藎	4410_7	轅	5403_2	鴿	8762_7
濬	3116_8	穉	2795_3	藏	4425_3	邃	3330_3	麓	1121_1
濮	3213_4	穛	2093_1	藐	4421_6	邇	3130_2	麋	0029_4
濯	3711_4	窾	3098_2	螳	5911_4	邈	3630_1	黛	2333_1
濰	3011_4	篕	8810_7	螺	5619_3	醞	1661_7	黜	6237_2
濱	3318_6	篪	8821_1	螽	2713_6	鍊	8519_6	點	6136_0
瀞	3715_7	糜	0029_4	螾	5318_6	鍍	8014_7	黻	3324_7
燥	9689_4	糞	9080_1	蟂	5719_4	鍘	8210_0	齋	0022_3
燭	9682_7	縮	2396_1	蟄	4513_6	鍛	8714_7	龜	2711_7
燮	9940_7	縱	2898_1	蟋	5213_9	鍥	8713_4	龠	8022_7

十八畫

叢	3214_7
嚞	4066_1
壘	6010_4
彝	2744_9
擷	5108_6
攄	5103_6
斷	2272_1
曠	6008_6
檮	4494_1
檳	4398_6
檵	4291_3
燊	9999_4
櫃	4191_8
歸	2712_7
濼	3219_4
濾	3113_6
瀊	3711_7
瀋	3316_9
瀏	3210_0
瀑	3613_2
燹	1180_9
燼	9581_7
燾	4033_4
燿	9781_4
獵	4221_6
璧	7010_3
璿	1116_8
瓊	1714_7
癖	0014_1
瞻	6706_1
瞽	4460_4
瞿	6621_4
禱	3424_1
穡	2496_1
穢	2195_3
穫	2494_7
簞	8850_6
簟	8840_6
簠	8810_7
簡	8822_7
簣	8880_6
簪	8860_1
糧	9691_4
繐	2593_3
織	2395_0
繕	2896_1
繙	2296_9
繚	2499_6
繞	2491_1
繭	4422_7
翹	4721_2
翻	2762_0
聶	1014_1
職	1315_0
臍	7022_3
臟	7425_3
藕	4492_7
藜	4413_2
藝	4473_1
藤	4423_2
藥	4490_4
藩	4416_9
鬵	4213_6
蟠	5216_9
蟫	5114_6
蟬	5615_6
蟭	5013_1
蟯	5411_1
蟲	5013_6
蝶	5419_4
襟	3429_1
覆	1024_7
覲	4611_0
觴	2822_7
謤	0169_1
謫	0062_7
謬	0762_2
謳	0161_6
謹	0461_4
譟	0269_4
豐	2210_8
蹟	7578_6
蹔	5280_1
轆	5001_1
轉	5504_3
邊	3630_2
醪	1762_2
醫	7760_1
釐	5821_4
鎌	8813_7
鎏	3010_9
鎔	8316_8
鎖	8918_6
鎗	8816_7
鎦	8716_2
鎮	8418_1
闔	7710_7
闕	7748_2
闖	7732_7
隴	7121_1
雙	2040_7
雛	2041_4
雜	0091_4
雞	2041_4
離	0041_4
霢	1023_2
霧	1022_7
鞦	4958_0
鞭	4154_6
鞮	4658_1
韞	4651_7
題	6180_8
額	3168_6
顑	5128_6
顓	2128_6
顏	0128_6
颺	7621_2
饁	8471_7
馤	2662_7
馥	2864_7
騎	7432_1
騷	7733_6
鯁	2134_6
鯉	2631_4
鵑	6722_7
鵓	4742_7
鵝	2752_7
鵕	2332_7
鵠	2762_7
麐	0026_4
黝	6432_7
黟	6732_7
點	6436_1
鼂	6071_7

十九畫

勸	4422_7
嚥	6403_1
嚴	6624_8
壞	4013_2
壟	0110_4
壠	4111_1
嬹	4748_1
嬾	4748_6
孽	4440_7
寵	3021_1
廬	0021_7
懲	2833_4
懶	9708_6
懷	9003_2
攀	4450_2
攥	5009_4
曝	6603_2
疊	6010_7
櫝	4498_6
櫟	4299_4
櫧	4496_0
歠	7768_2
瀕	3118_6
瀘	3111_7
瀚	3812_7
瀛	3011_7
瀝	3111_1
瀟	3412_7
瀣	3711_1
瀧	3111_1
瀨	3718_6
瀫	3714_7
爆	9683_2
牘	2408_6
犢	2458_6
獸	6363_4
獺	4728_6
璽	1010_3
瓣	0044_1
疆	1111_6
疇	6404_1
癟	0012_7
癡	0018_1
礙	1768_1
礉	1464_0
礦	1068_6
礪	1162_7

簫 8822_7
簬 8816_4
簳 8844_1
簷 8826_1
簽 8888_6
簾 8823_7
籀 8856_2
繡 2592_7
繩 2791_7
繪 2896_6
繫 5790_3
繹 2694_1
罋 0077_2
羅 6091_4
羆 6033_1
羹 8043_0
翽 2722_0
臘 7221_6
艤 2845_3
藹 4462_7
藻 4419_4
藼 4433_6
藿 4421_4
蘀 4454_1
蘂 4490_4
蘄 4452_1
蘅 4422_1
蘆 4421_7
蘇 4439_4
蘉 4424_7
蘊 4491_7
蘋 4428_6
蘐 4464_7
蘟 4423_7
蘧 4430_3
蟹 2713_6
蟻 5815_3
蟾 5716_1
蠅 5711_7
蠖 5414_7
襆 3223_4
襪 3425_3
觶 2625_6
證 0261_8
譎 0762_7
譏 0265_3
識 0365_0
譙 0063_1
譚 0164_6
譜 0866_1
警 4860_1
贈 6886_6
贊 2480_6
蹴 6311_4
蹶 6118_2
轎 5202_7
辭 2024_1
邊 3730_3
酃 1762_7
醮 1063_1
醯 1061_7
鏗 8711_4
鏡 8011_6
鏤 8514_4
關 7777_2
闞 7714_8
難 4051_4
靡 0021_1
鞶 2750_6
韜 4257_7
韡 4455_4
韻 0668_6
顗 2118_6
願 7128_6
顛 4188_6
類 9148_6
颿 7731_0
騤 7233_4
騰 7922_7
騷 7733_6
魑 2021_2
鯖 2532_7
鯤 2631_1
鯨 2039_6
鶴 4772_7
鵬 7722_7
鵲 4762_7
鶉 0742_7
鶊 0722_7
鹹 2365_0
麒 0428_1
麓 4421_1
麗 1121_1
麴 4722_0
黼 3322_7
龐 0021_1

二十畫

嚶 6604_4
嚼 6204_6
壤 4013_2
寶 3080_6
巍 2241_3
巏 2471_4
廮 0024_4
懸 6233_9
懺 9305_0
懽 9401_4
攙 5308_1
攔 5702_0
攖 5604_4
攘 5003_2
斆 7144_7
斅 7844_0
櫪 4191_1
櫰 4093_2
激 3814_0
瀹 3812_7
瀾 3712_0
灌 3411_4
爐 9181_7
犧 2855_3
獻 2323_4
瓌 1013_2
礫 1269_4
竇 3080_6
競 0021_6
籋 8822_7
籌 8864_1
籍 8896_1
繼 2291_3
纂 8890_3
罌 6677_2
耀 9721_4
臚 7121_7
蘖 4490_4
蘚 4435_1
蘜 4452_7
蘡 4440_4
蘦 4466_3
蘩 4490_3
蘭 4422_7
蠠 1013_6
蠕 5112_7
蠙 5318_6
蠛 5415_3
覺 7721_6
觸 2622_7
譫 0766_1
譬 7060_1
譯 0664_1
議 0865_3
護 0464_7
臏 7928_6
辮 0044_1
酆 2712_7
醴 1561_8
釋 2694_1
鐔 8114_6
鐘 8011_4
鐙 8211_8
鐵 8315_0
鐧 8712_0
鐫 8012_7
闤 7780_6
闡 7750_6
闢 7724_1
響 2760_1
飄 1791_0
饋 8578_6
饌 8778_1
饑 8275_3
饒 8471_1
饗 2773_2
騪 7734_7
騮 7736_2
騶 7732_7
魔 0021_3
鰈 2439_4
鰍 2938_0
鰕 2734_7
鰦 2833_2
鶚 6722_7
鶡 6772_7
鶩 1832_7

鹺 2861_1
麵 4126_0
磿 0026_9
黥 6039_6
黨 9033_1

二十一畫

儷 2121_1
儼 2624_8
嚚 6666_0
囂 6666_8
囈 6403_1
夔 8024_7
屬 7722_7
巋 2212_7
廱 0021_4
懼 9601_4
攝 5104_1
櫻 4694_4
權 4491_4
歡 4728_2
灃 3211_8
灉 3011_4
灊 3112_7
瀼 3013_1
灘 3011_4
爛 9782_0
爝 9284_6
瓔 1614_4
癧 0011_1
礮 1064_8
襶 3023_2
竈 3071_7
籐 8823_2
籑 8873_2
續 2498_6
纍 6090_3
纏 2091_4
罍 6077_2
羼 7725_1
臟 7425_3
蠟 5211_6
蠡 2713_6
蠢 5013_6
覽 7821_6
贐 7580_6
躋 6012_3
躍 6711_4
轟 5055_6
辯 0044_1
酈 1722_7
鐵 8315_0
鐸 8614_1
露 1016_4
霸 1052_7
韃 4453_4
顥 6198_6
顧 3128_6
顨 1122_1
驂 7332_2
驃 7139_1
驅 7131_6
鬘 7240_7
鰲 5833_6
鶮 0722_7
鶯 9932_7
鶴 4722_7
鷁 3722_7
鶡 6742_7
鷄 2742_7
鷇 4734_7
麝 0024_1
黯 6036_1
齩 2074_8
龡 8728_2

二十二畫

亹 0010_6
囉 6601_4
囊 5073_2
孌 2240_4
孿 2240_7
巒 2277_2
巖 2224_8
懿 4713_8
攢 5408_6
攤 5001_4
灑 3111_1
灩 3711_7
灘 3011_4
瓙 1413_4
疊 6010_7
癭 0014_4
穰 2093_2
竊 3092_7
籙 8813_2
籛 8815_3
籜 8854_1
籟 8898_6
籠 8821_1
蘖 4490_4
纑 2191_7
聽 1413_1
聾 0140_1
臞 7621_4
蘼 4421_1
蘿 4491_4
蠭 3713_6
襲 0173_2
覿 4681_0
讀 0468_6
讁 0063_2
贖 6488_6
躔 6011_4
躛 2180_1
鑄 8414_1
鑑 8811_7
鑒 7810_9
鑛 8018_6
霽 1022_3
饔 0073_2
驍 7431_1
驚 4832_7
體 7521_8
鬻 1722_7
鷓 0722_7
鷗 7772_7
鷟 0832_7
麟 0925_9
龔 0180_1
龕 8021_1

二十三畫

劚 7220_0
孋 4442_7
戀 2233_9
曬 6101_1
欒 2290_4
灐 3913_1
瓚 1418_6
癯 0011_4
癰 0011_4
籤 8815_3
籥 8822_7
纓 2694_4
纕 2093_2
纖 2395_0
罐 8471_4
蠱 5010_7
變 2240_8
讐 2060_1
讔 0263_7
贏 0021_7
顯 6138_6
驗 7838_6
驛 7634_1
鬟 7273_2
鱗 2935_9
鷦 2732_7
鷯 4792_7
鷲 0332_7
黴 2824_0
鼇 5871_7

二十四畫

攬 5801_6
灞 3112_7
癲 0018_6
讐 2260_9
籬 8841_4
蠲 8612_7
蠶 7113_6
蠹 5013_6
衢 2122_1
觀 4621_0
讒 0761_3
讓 0063_2
讕 0762_0
讖 0365_0
贛 0748_6
釀 1063_2
鑪 8111_7
鑫 8011_9
靃 1021_4
靄 1062_7

靈 1010$_8$
鬭 7712$_1$
鱠 2836$_6$
鱣 2031$_6$
鷹 0022$_7$
鷺 6732$_7$
鸒 7732$_7$
鷾 0732$_7$
鹽 7810$_7$
釁 7780$_6$
齅 2623$_4$

二十五畫

欖 4891$_6$
灣 3212$_7$
蠻 2213$_6$
鑲 8013$_2$
靉 1274$_7$
顱 2128$_6$
饞 8771$_3$
麡 0022$_3$
鼉 6671$_7$

二十六畫

灤 3219$_4$
讚 0468$_6$
舋 7722$_7$
釃 1161$_1$
驢 7131$_7$
驥 7138$_1$
龤 8126$_1$

二十七畫

蠿 9313$_6$
讜 0963$_1$
讞 0368$_4$
鑼 8611$_4$
鑾 2210$_9$
鬱 4472$_2$
鱺 2131$_6$

二十八畫

戇 0733$_8$
爨 7780$_9$
豔 2411$_7$
鑿 3710$_9$
钁 8614$_7$
鸚 6742$_7$

二十九畫

驪 7131$_1$
鬱 4472$_2$

三十畫

灩 3411$_7$
鸝 1722$_7$
鸞 2232$_7$

書名索引字頭拼音檢字

a

阿* 7122_0
呵* 6102_0

ai

哀 0073_2
埃* 4313_4
挨 5303_4
欸* 2748_2
矮 8244_4
藹 4462_7
靄 1062_7
艾* 4440_0
隘* 7821_7
愛 2024_7
薆 4440_7
曖 6204_7
璦 1214_7
馤 2662_7
礙* 1768_1
靉 1274_7
呆* 6090_4
欬* 0728_2
乃* 1722_7
儗* 2728_1
奇* 4062_1
騃* 7333_4
崖* 2221_4
噫* 6003_6
乂* 4000_0

an

安 3040_4
庵* 0021_6
菴* 4471_6
媕* 4844_6
鞍 4354_4
諳* 0066_1
闇* 7760_1
鵪* 4772_7
[illegible] 6804_6
俺* 2421_6
唵 6401_6
揞* 5006_1
岸 2224_1
按 5304_4
案 3090_4
暗 6006_1
黯 6036_1
厂* 7120_0
頞* 3148_6
干* 1040_0
陰* 7823_1

ang

盎 5010_7
卬* 7772_0
仰* 2722_0

ao

凹* 7777_0
坳* 4412_7
敖 5824_0
遨 3830_4
熬 5833_4
聱* 5840_1
鰲 5833_6
鼇 5871_7
拗* 5402_7
傲 2824_0
奧 2743_0
墺* 4713_4
澳* 3713_4
懊* 9703_4
棍* 4691_1
澆* 3411_1
[illegible]* 6666_0
囂* 6666_8

ba

八 8000_0
巴 7771_7
扒* 5800_0
芭* 4471_7
拔* 5304_7
跋* 6314_7
霸* 1052_7
灞 3112_7
伯* 2620_0
柭* 4394_7
峇* 2260_1

bai

扒* 5800_0
白* 2600_0
百* 1060_0
柏* 4690_0
拜 2155_0
稗 2694_0
薜* 4424_1
伯* 2620_0
排* 5101_1

ban

班 1111_4
般* 2744_7
斑 1111_4
頒* 8128_6
癍 0011_4
阪 7124_7
板 4194_7
版 2104_7
半* 9050_0
伴* 2925_0
拌* 5905_0
絆 2995_0
辦* 0044_1
瓣 0044_1
辨* 0044_1
辯* 0044_1
彬* 4292_2
豳* 2277_0
並* 8010_2
分* 8022_7
柈* 4995_0

bang

邦 5702_7
梆 4792_7
榜* 4092_7
傍* 2022_7
謗 0062_7
並* 8010_2
紡* 2092_7
崗* 2222_7
旁* 0022_7
彭* 4212_2

bao

包* 2771_2
苞* 4471_2
胞* 7721_2
褒* 0073_2
裦* 0073_2

保 2629_4
珤 1817_2
堡* 2610_4
葆 4429_4
飽 8771_2
鴇 2742_7
寶 3080_6
抱* 5701_2
豹 2722_0
趵* 6712_0
褒* 0073_2
報* 4744_7
暴* 6013_2
鮑* 2731_2
爆* 9683_2
薄* 4414_2
呆* 6090_4
炮* 9781_2
袍* 3721_2
裒* 0073_2
瀑* 3613_2
嘐* 6702_2

bei

跋* 6314_7
陂* 7424_7
杯 4199_0
盃 1010_7
桮 4196_9
悲 1133_1
碑 1664_0
北 1111_0
貝 6080_0
邶 1712_7
背 1122_7
被* 3424_7
備 2422_7
骳 7424_7
俾* 2624_0
波* 3414_7
孛* 4040_7
蜚* 1113_6
柿* 4592_7
埤* 4614_0
菩* 4460_1
蔔* 4422_7

ben

賁* 4080_6
本* 5023_0
畚 2360_3
笨 8823_4

beng

榜* 4092_7
傍* 2022_7
菶* 4450_3
俸* 2525_3
旁* 0022_7
平* 1040_9

bi

陂* 7424_7
被* 3424_7
賁* 4080_6
逼 3130_6
鼻 2622_1
比* 2171_0
彼* 2424_7
秕 2191_0
俾* 2624_0
筆 8850_7
鄙 6762_7
必 3300_0
庇* 0021_1
苾* 4433_0
毖 2133_1
畢 6050_4
敝 9824_0
閉 7724_7
弼 1722_7
皕 1166_0
裨 3624_0
禆* 3624_0
辟* 7024_1
閟 7733_7
幣 9822_7
弊 9844_4
碧 1660_1
壁 7010_4
薜* 4424_1
㡀 5322_7
避 3030_4
鞞* 4654_0
髀 7624_0
璧 7010_3
波* 3414_7
跛* 6414_7
檗* 7090_4
蘗* 4490_4
費* 5580_6
佛* 2522_7
拂* 5502_7
服* 7724_7
馥* 2864_7
泌* 3310_0
埤* 4614_0
脾* 7624_0
瞥* 9860_4

bian

辨* 0044_1
砭 1263_7
編 2392_7
邊 3630_2
鞭 4154_6
扁* 3022_7
貶* 6283_7
卞* 0023_0
弁* 2344_0
汴 3013_0
釆 1090_4
便* 2124_6
徧* 2322_7
遍 3330_2
辨* 0044_1
辮 0044_1
辯* 0044_1
變 2240_8
封* 4410_0

biao

苞* 4471_2
彪 2221_2
滮 3211_2
標 4199_1
謤* 0169_1
驃* 7139_1
表 5073_2
漂* 3119_1
嫖* 4149_1

bie

扒* 5800_0
拔* 5304_7
苾* 4433_0
別 6240_0
癟 0012_7
柭* 4394_7

bin

邠 8722_7
彬* 4292_2
斌 0344_0
賓 3080_6
濱 3318_6
豳* 2277_0
瀕 3118_6
蠙 5318_6
頻* 2128_6

bing

鞞* 4654_0
冰* 3213_0
兵 7280_1
栟 4894_1
檳 4398_6
丙 1022_7
邴 1722_7
秉 2090_7
炳 9182_7
餅 8874_1
并 8044_1
並* 8010_2
併 2824_1
幷 8044_1
病 0012_7
稟* 0090_4
拼* 5804_1
平* 1040_9
屏* 7724_1
燹* 1180_9

bo

拔* 5304_7
白* 2600_0

百* 1060_0
柏* 4690_0
般* 2744_7
趵* 6712_0
暴* 6013_2
爆* 9683_2
薜* 4424_1
波* 3414_7
玻 1414_7
盋 4310_7
鉢 8573_0
鉢 8513_0
撥* 5204_7
播 5206_9
餑 8474_7
磻* 1266_9
伯* 2620_0
孛* 4040_7
泊* 3610_0
柭* 4394_7
亳 0071_4
舶 2640_0
博 4304_2
渤 3412_7
搏 5304_2
僰 5580_9
駁 7434_0
薄* 4414_2
駮 7034_8
鵓 4742_7
跛* 6414_7
擘 7050_2
檗* 7090_4
蘗* 4490_4
卜* 2300_0
發* 1224_7
番* 2060_9
蕃* 4460_9
佛* 2522_7
服* 7724_7
榑* 4394_2
募* 4442_7
怕* 9600_0
拍* 5600_0
潘* 3216_9
跑* 6711_2
潑* 3214_7
菩* 4460_1
蒲* 4412_7
瀑* 3613_2
穛* 2093_1

bu

堡* 2610_4
薄* 4414_2
逋 3330_2
卜* 2300_0
哺* 6302_7
捕 5302_7
補 3322_7
不* 1090_0
布 4022_7
步 2120_1
部* 0762_7
埠 4714_7
瓿 0161_7
蔀 4462_7
拊* 5400_0
附* 7420_0
撲* 5203_4
埔* 4312_7
溥* 3314_2

ca

擦 5309_1
蔡* 4490_1
拆* 5203_1

cai

偲* 2623_0
才* 4020_0
財 6480_0
裁 4375_0
采 2090_4
寀 3090_4
彩 2292_2
採 5209_4
綵 2299_4
菜 4490_4
蔡* 4490_1

can

參* 2320_2
湌 3813_2
餐* 2773_2
驂 7332_2
殘 1325_3
蠶 7113_6
慘 9302_2
粲 2790_4
孱* 7724_7
淺* 3315_3
蹔* 5280_1

cang

倉* 8060_7
滄 3816_7
蒼 4460_7
藏* 4425_3
臧* 2325_0

cao

操 5609_4
曹 5560_6
漕 3516_6
草* 4440_6
澡* 3619_4
造* 3430_6

ce

册* 7744_0
側* 2220_0
測 3210_0
策 8890_2
敇* 4834_0
幘* 4528_6
柵* 4794_0

cen

參* 2320_2
岑 2220_7
涔* 3212_7

ceng

層 7726_6
僧* 2826_6
曾* 8060_6
增* 4816_6

cha

叉* 7740_0
插* 5207_7
垞 4311_4
查* 4010_6
茶 4490_4
嵖 2471_6
槎 4891_1
察* 3090_1
汊 3714_0
岔 8077_2
差* 8021_1
詫* 0361_4
釵* 8714_0
接* 5004_4
捷* 5508_1
荼* 4490_4
土* 4010_0
斜* 8490_0

chai

叉* 7740_0
查* 4010_6
差* 8021_1
拆* 5203_1
釵* 8714_0
柴* 2190_4
儕 2022_3
茝* 4471_6
勑* 4492_7
茈* 4411_1

chan

孱* 7724_7
廛 0021_4
禪* 3625_6
蟬* 5615_6
蟾 5716_1
纏 2091_4
躔* 6011_4
讒 0761_3
饞 8771_3
產 0021_4
闡 7750_6
懺 9305_0
羼 7725_1
讖* 0365_0
單* 6650_6

亶* 0010_{6}
漸* 3212_{1}
苫* 4460_{1}
免* 2741_{3}
團* 6034_{3}
澶* 3011_{6}
佔* 2126_{0}

chang

昌 6060_{0}
菖 4460_{6}
長* 7173_{2}
常 9022_{7}
萇 4473_{2}
嘗 9060_{1}
嫦 4942_{7}
厂* 7120_{0}
袒 3623_{0}
敞* 9824_{0}
廠 7124_{8}
倡 2626_{0}
唱 6606_{0}
暢 5602_{7}
裳* 9073_{2}
尚* 9022_{7}
倘* 2922_{7}

chao

抄* 5902_{0}
謿 0269_{4}
超* 4780_{6}
鈔 8912_{0}
晁* 6011_{3}
巢 2290_{4}
朝* 4742_{0}
嘲* 6702_{0}
潮 3712_{0}
鼂* 6071_{7}
吵* 6902_{0}
炒 9982_{0}
剿* 2290_{0}
紹* 2796_{2}
濤* 3414_{1}
謅* 0762_{7}
縐* 2792_{7}

che

車 5000_{6}
掣 2250_{2}
徹 2824_{0}
澈 3814_{0}
池* 3411_{2}
尺* 7780_{7}
多* 2720_{7}
宅* 3071_{4}

chen

郴* 4792_{7}
臣 7171_{7}
忱* 9401_{2}
沉 3711_{7}
辰 7123_{2}
宸 3023_{2}
陳* 7529_{6}
晨 6023_{2}
塵 0021_{4}
諶 0461_{1}
疢 0018_{9}
趁* 4880_{2}
稱* 2294_{7}
讖* 0365_{0}
橙* 4291_{8}
秤* 2194_{9}
闖* 7732_{7}
堪* 4411_{1}
沈* 3411_{2}
瀋* 3316_{9}
填* 4418_{1}
棧* 4395_{3}
湛* 3411_{1}
枕* 4491_{2}
疹* 0012_{2}

cheng

敞* 9824_{0}
稱* 2294_{7}
偁 2224_{7}
檉 4691_{4}
丞* 1710_{3}
成 5320_{0}
呈 6010_{4}
承* 1723_{2}
城 4315_{0}
乘* 2090_{1}
珵* 1611_{4}
程 2691_{4}
誠 0365_{0}
澂 3814_{0}
澄* 3211_{8}
橙* 4291_{8}
懲* 2833_{4}
逞* 3630_{1}
秤* 2194_{9}
黨* 9033_{1}
淨* 3215_{7}
瀞* 3715_{7}
槍* 4896_{7}
鎗* 8816_{7}
搶* 5806_{7}
晟* 6025_{3}
盛* 5310_{7}
嵊* 2279_{1}
醒* 1661_{4}
郢* 6712_{7}
徵* 2824_{0}

chi

拆* 5203_{1}
吃* 6801_{7}
瓻 4121_{7}
喫* 6703_{4}
嗤 6203_{6}
摛 5002_{7}
螭 5012_{7}
鴟 7772_{7}
癡 0018_{1}
魑 2021_{2}
池* 3411_{2}
茌 4421_{4}
持 5404_{1}
匙* 6180_{1}
馳 7431_{2}
遲* 3730_{4}
尺* 7780_{7}
卶 2722_{0}
恥 1310_{0}
齒 2177_{2}
赤 4033_{1}
敕* 5894_{0}
飭* 8872_{7}
熾 9385_{0}
坻* 4214_{0}
離* 0041_{4}
驪* 7131_{1}
衹* 3224_{0}
蛇* 5311_{1}
飾* 8872_{7}
菭* 4416_{3}
提* 5608_{1}
沱* 3311_{1}
跅* 6213_{1}
喜* 4060_{1}
嘯* 6502_{7}
歗* 5728_{2}
移* 2792_{7}
治* 3316_{0}

chong

充 0021_{3}
沖 3510_{6}
翀 1510_{6}
舂* 5077_{7}
憧* 9001_{4}
衝 2122_{1}
崇 2290_{1}
崈 3077_{2}
漴* 3219_{1}
蟲* 5013_{6}
寵* 3021_{1}
銃 8011_{3}
潼* 3011_{4}
傭* 2022_{7}
涌* 3712_{7}
虫* 5010_{7}
種* 2291_{4}
重* 2010_{4}

chou

抽 5506_{0}
瘳* 0012_{2}
篘 8842_{7}
仇* 2421_{7}
愁* 2933_{8}
詶* 0260_{0}
酬 1260_{0}

儔* 2424_1
疇 6404_1
籌* 8864_1
讎 2060_1
丑 1710_4
醜 1661_3
臭* 2643_0
擣* 5404_1
媿* 4641_3
鈕* 8711_4
檮* 4494_1
盩* 4810_7
謅* 0762_7

chu

出 2277_2
出 2277_2
初 3722_0
樗 4192_7
除* 7829_4
芻* 2742_7
滁 3819_4
蒭 4442_7
鉏* 8711_0
廚 0024_0
鋤* 8412_7
雛* 2041_4
楮* 4496_0
楚 4480_1
褚* 3426_0
儲 2426_0
俶* 2724_0
處* 2124_1
琡 1714_0
黜 6237_2
觸 2622_7
淑* 3714_0
涂* 3819_4
畜* 0060_3
絮* 4690_3
諸* 0466_0
助* 7412_7
祝* 3621_0
著* 4460_4

chuai

揣* 5202_7
啜* 6704_7

chuan

川 2200_0
穿* 3024_1
船 2746_1
圌* 6022_7
遄 3230_2
傳* 2524_3
椽 4793_2
荈 4425_0
喘 6202_7
串* 5000_6
掾* 5703_2
甎* 5131_7

chuang

倉* 8060_7
舂* 5077_7
漴* 3219_1
窗* 3060_8
瘡 0016_7
窻 3033_6
闖* 7732_7
創* 8260_0
葱* 4433_2

chui

圌* 6022_7
吹 6708_2
炊 9788_2
龡 8728_2
垂* 2010_4
陲 7221_4
捶* 5201_4
郵* 2712_7

chun

杶 4591_7
春 5060_3
椿 4596_3
唇* 7126_3
純* 2591_7
淳* 3014_7
蒓 4491_7
蓴* 4434_3
醇 1064_7
鶉* 0742_7
蠢 5013_6
沌* 3511_7
朐* 7722_0

chuo

趵* 6712_0
啜* 6704_7
輟 5704_7
歠 7768_2
促* 2628_1
荃* 4410_4
婼* 4446_4
吷* 6503_0
綴* 2794_7
斫* 1262_1

ci

差* 8021_1
柴* 2190_4
祠* 3722_0
茈* 4411_1
茨 4418_2
瓷 3771_7
詞 0762_0
慈 8033_3
磁 1863_2
雌 2011_4
辭 2024_1
此 2111_0
次* 3718_2
刺* 5290_0
賜 6682_7
嵯* 2871_1
司* 1762_0
玆* 8073_2
滋* 3813_2
澬* 3718_6
呰* 2166_1

cong

窗* 3060_8
從* 2828_1
葱* 4433_2
樅* 4898_1
聰 1613_0
淙* 3319_1
潀* 3613_2
潨* 3213_2
藂 4423_2
叢 3214_7
總* 2693_0
縱* 2898_1

cou

趨* 4780_2
趣* 4780_4
奏* 5043_0
族* 0823_4

cu

粗 9791_0
徂* 2721_0
促* 2628_1
瘄 0016_1
醋* 1466_1
蹴* 6311_4
錯* 8416_1
戚* 5320_0
且* 7710_0
趨* 4780_2
趣* 4780_4
縐* 2792_7
卒* 0040_8

cuan

爨 7780_9
竄* 3098_2
昕* 6202_1
攢* 5408_6

cui

察* 3090_1
崔 2221_4
催 2221_4
萃 4440_8
毳* 2071_4
焠 9084_8
粹* 9094_8
翠 1740_8

衰* 0073_2

cun

村 4490_0
存 4024_7
寸 4030_0
浚* 3314_7

cuo

撮* 5604_7
蹉 6811_1
嵯* 2871_1
鹺 2861_1
錯* 8416_1
昔* 4460_1
營* 9960_6
最* 6014_7

da

嗒* 6406_1
沓* 1260_3
笪 8810_6
答 8860_1
達* 3430_4
韃* 4453_4
打 5102_0
大* 4003_0
迭* 3530_3
塔* 4416_1
搨* 5602_7

dai

大* 4003_0
呆* 6090_4
代 2324_0
岱 2377_2
迨 3330_6
待 2424_1
殆 1326_0
埭 4513_2
帶 4422_7
貸 2380_6
戴 4385_0
黛 2333_1
棣* 4593_2
遞* 3230_1
毒* 5050_7
逯* 3730_3
詒* 0366_0

dan

忱* 9401_2
丹 7744_0
耽 1411_2
單* 6650_6
儋* 2726_1
擔* 5706_1
癉* 0015_6
簞* 8850_6
亶* 0010_6
膽 7726_1
旦 6010_0
但* 2621_0
啖 6908_9
啗 6707_7
淡* 3918_9
噉 6804_0
彈* 1625_6
憺 9706_1
澹* 3716_1
甔 2121_7
欿* 2778_2
冉* 5044_7
石* 1060_0
潭* 3114_6
壇* 4011_6
檐* 4796_1
詹* 2726_1
澶* 3011_6
湛* 3411_1

dang

當 9060_6
璫 1916_6
擋 5906_6
黨* 9033_1
[illegible] 9722_7
灙 3913_1
讜 0963_1
碭 1662_7
蕩* 4412_7
瘍* 0012_7

dao

儔* 2424_1
刀* 1722_0
倒 2220_0
島 2772_7
導 3834_3
擣* 5404_1
蹈 6217_7
禱 3424_1
悼 9104_6
菿 4412_0
盜 3710_7
道 3830_6
稻 2297_7
燾* 4033_4
璹 1413_4
鳥* 2732_7
受* 2040_7
濤* 3414_1
洮* 3211_3
陶* 7722_0
檮* 4494_1
啁* 6702_0

de

得* 2624_1
德 2423_1
登* 1210_8
底* 0024_2
地* 4411_2
陟* 7122_1

dei

得* 2624_1

deng

澄* 3211_8
橙* 4291_8
登* 1210_8
燈 9281_8
等 8834_1
鄧 1712_7
鐙 8211_8

di

祇 3224_0
隄 7628_1
堤* 4618_1
滴 3012_7
鞮 4658_1
狄* 4928_0
迪 3530_6
荻 4428_9
笛 8860_3
滌 3719_4
篴* 8830_3
覿* 4681_0
邸 7772_7
坻* 4214_0
底* 0024_2
抵* 5204_0
砥 1264_0
地* 4411_2
弟* 8022_7
杕* 4493_0
帝 0022_7
第 8822_7
棣* 4593_2
睇* 6802_7
禘 3022_7
遞* 3230_1
墬 7710_4
諦* 0062_7
弔* 1752_7
勺* 2732_0
芍* 4432_7
適* 3030_2
提* 5608_1
蹄* 6012_7
題* 6180_8
約* 2792_0
翟* 1721_4
逐* 3130_3

dian

滇* 3418_1
顛* 4188_6
癲 0018_6
典* 5580_1
蒧 4425_3
點* 6136_0
佃* 2620_0

殿 7724_7
鈿* 8610_0
電 1071_6
墊 4510_4
澱 3714_7
簟 8840_6
拈* 5106_0
佔* 2126_0

diao

刀* 1722_0
刁 1712_0
凋 3712_0
琱 1712_0
貂 2726_2
雕 7021_4
弔* 1752_7
吊 6022_7
掉* 5104_6
釣 8712_0
調* 0762_0
鳥* 2732_7
挑* 5201_3
蜩* 5712_0
跳* 6211_3
軺* 5706_2
趙* 4980_2

die

跌* 6513_0
迭* 3530_3
垤 4111_4
瓞 7523_3
堞 4419_4
揲* 5409_4
耋 4410_4
蜨 5518_1
蝶* 5419_4
曡 6010_7
鰈* 2439_4
疊 6010_7
涉* 3112_1
鐵* 8315_0
鐡* 8315_0
渫* 3419_4
佚* 2523_0
軼* 5503_0
至* 1010_4

ding

丁* 1020_0
玎 1112_0
疔* 0012_1
頂 1128_6
鼎* 2222_1
定 3080_1
訂 0162_0
飣 8172_0
汀* 3112_0

diu

丟 2073_1

dong

冬 2730_3
東 5090_6
董* 4410_4
侗* 2722_0
峒* 2772_0
崬* 2222_7
洞* 3712_0
凍 3519_6
動 2412_7
棟 4599_6
桐* 4792_0
甬* 1722_7

dou

都* 4762_7
兜 7721_7
斗* 3400_0
抖 5400_0
陡 7428_1
豆 1010_8
荳 4410_8
逗* 3130_1
鬥 7711_4
痘 0011_8
餖 8171_8
竇* 3080_6
鬭 7712_1
讀* 0468_6
投* 5704_7

du

詫* 0361_4
都* 4762_7
竇* 3080_6
督 2760_4
毒* 5050_7
獨 4622_7
櫝 4498_6
牘 2408_6
犢 2458_6
讀* 0468_6
堵* 4416_0
睹 6486_0
篤 8832_7
妒 4340_7
杜* 4491_0
妬 4146_0
度* 0024_7
渡 3014_7
螙 4013_6
鍍 8014_7
蠹 5013_6
頓* 5178_6
樞* 4191_6
塗* 3810_4
土* 4010_0
橐* 5090_4
宅* 3071_4
竺* 8810_1

duan

耑* 2222_7
端 0212_7
短 8141_8
段 7744_7
鍛 8714_7
斷 2272_1
彖* 2723_2

dui

堆* 4011_4
兌* 8021_6
對 3410_0
敦* 0844_0
奪* 4034_1
銳* 8811_6
追* 3730_7

dun

不* 1090_0
惇 9004_7
敦* 0844_0
墩 4814_0
伅 2521_7
庉* 0021_7
沌* 3511_7
盾* 7226_4
遁* 3230_6
鈍 8511_7
頓* 5178_6
遯 3130_3
燉* 9884_0
俊* 2324_7

duo

揣* 5202_7
捶* 5201_4
杕* 4493_0
點* 6136_0
度* 0024_7
兌* 8021_6
多* 2720_7
咄 6207_2
奪* 4034_1
鐸 8614_1
朵 7790_4
垛 4719_4
陊 7722_7
惰* 9402_7
墮* 7410_4
隋* 7422_7
陀* 7321_1
沱* 3311_1
橢* 4492_7
澤* 3614_1

e

阿* 7122_0
欸* 2748_2
隘* 7821_7

庵* 0021_{6}
婩* 4844_{6}
俄 2325_{0}
娥 4345_{0}
峨 2375_{0}
峩 2255_{3}
莪 4455_{3}
訛 0461_{0}
蛾* 5315_{0}
額 3168_{6}
鵝 2752_{7}
鵞 2332_{7}
惡* 1033_{1}
鄂 6722_{0}
堊* 1010_{4}
鄂 6722_{7}
萼 4420_{7}
遏 3630_{2}
頞* 3148_{6}
餓 8375_{0}
噩 1010_{6}
諤 0662_{7}
鶚 6722_{7}
鱷 2131_{6}
鬲* 1022_{7}
哦* 6305_{0}
僞* 2222_{7}
啞* 6101_{7}
亞* 1010_{7}
邑* 6071_{7}

en

恩 6033_{0}

er

而* 1022_{7}
兒* 7721_{7}
耳 1040_{0}
洱 3114_{0}
珥 1114_{0}
爾* 1022_{7}
邇 3130_{2}
二 1010_{0}
貳 4380_{0}
濡* 3112_{7}

fa

拔* 5304_{7}
貶* 6283_{7}
撥* 5204_{7}
發* 1224_{7}
伐 2325_{0}
罰 6062_{0}
閥 7725_{3}
法 3413_{1}
灋 3013_{1}
髮 7244_{7}
汎* 3711_{0}
泛* 3213_{7}
廢* 0024_{7}

fan

帆 4721_{0}
番* 2060_{9}
幡 4226_{9}
翻 2762_{0}
藩 4416_{9}
颿 7731_{0}
凡 7721_{0}
樊 4443_{0}
蕃* 4460_{9}
璠 1216_{9}
蕡 4488_{6}
繁* 8890_{3}
繙 2296_{9}
蘩 4490_{3}
反 7124_{7}
返 3130_{4}
氾 3711_{2}
犯 4721_{2}
汎* 3711_{0}
泛* 3213_{7}
范 4411_{2}
梵 4421_{7}
笵 8811_{2}
飯 8174_{7}
範 8851_{2}
楓* 4791_{0}
蟠* 5216_{9}

fang

方* 0022_{7}
邡 0722_{7}
坊 4012_{7}
芳 4422_{7}
防 7022_{7}
妨 4042_{7}
房* 3022_{7}
仿* 2022_{7}
彷* 2022_{7}
倣 2824_{0}
紡* 2092_{7}
舫 2042_{7}
訪 0062_{7}
放 0824_{0}

fei

妃* 4741_{7}
非 1111_{1}
飛 1241_{3}
菲 4411_{1}
扉 3021_{1}
緋 2191_{1}
蜚* 1113_{6}
霏 1011_{1}
肥 7721_{7}
淝 3711_{7}
匪* 7171_{1}
悱 9101_{1}
斐 1140_{0}
翡 1112_{7}
柿* 4592_{7}
肺* 7522_{7}
費* 5580_{6}
廢* 0024_{7}
癈 0014_{7}
拂* 5502_{7}
祓* 3324_{7}
髴* 7252_{7}
裴* 1173_{2}

fen

頒* 8128_{6}
賁* 4080_{6}
匪* 7171_{1}
分* 8022_{7}
芬 4422_{7}
紛 2892_{7}
棻 4490_{4}
汾* 3812_{7}
枌 4892_{7}
焚 4480_{9}
墳 4418_{6}
粉 9892_{7}
憤 9408_{6}
奮 4060_{1}
糞 9080_{1}
愍* 7833_{4}
盼* 6802_{7}
噴* 6408_{6}

feng

泛* 3213_{7}
封* 4410_{0}
風 7721_{0}
峯 2250_{4}
葑 4414_{0}
楓* 4791_{0}
蜂 5715_{4}
瘋 0011_{7}
酆 5712_{7}
鋒 8715_{4}
豐 2210_{8}
酆 2712_{7}
灃 3211_{8}
逢* 3730_{4}
馮* 3112_{7}
縫 2793_{4}
諷 0761_{0}
奉 5050_{3}
俸* 2525_{3}
鳳 7721_{0}
鵬* 7722_{7}
捧* 5505_{3}

fo

佛* 2522_{7}

fou

不* 1090_{0}
缶 8077_{2}
否* 1060_{9}

fu

包* 2771_{2}

報* 4744_7
枹* 4394_7
哺* 6302_7
不* 1090_0
費* 5580_6
佛* 2522_7
夫 5003_0
鄜* 0722_7
敷 5824_0
膚* 2122_7
麩 4523_0
弗 5502_7
伏 2323_4
孚 2040_7
扶* 5503_0
芙 4453_0
拂* 5502_7
服* 7724_7
苻* 4424_0
俘 2224_7
洑 3313_4
袚* 3324_7
罘 6090_1
茯 4423_4
浮 3214_7
桴 4294_7
涪* 3016_1
符 8824_3
紱 2394_7
福 3126_6
鳧 2721_7
榑* 4394_2
髴* 7252_7
黻 3324_7
襆* 3223_4
甫* 5322_7
府* 0024_0
拊* 5400_0
郙 4722_7
俯 2024_0
釜 8010_9
脯* 7322_7
盙 5310_7
滏 3811_9
腐 0022_7
輔 5302_7
撫* 5803_1
簠 8810_7
黼 3322_7
父 8040_0
付 2420_0
附* 7420_0
阜 2740_7
負 2780_6
赴 4380_0
副* 1260_0
婦 4742_7
傅 2324_2
富 3060_6
復 2824_7
腹 7824_7
賦 6384_0
覆 1024_7
馥* 2864_7
宓* 3033_2

ga

伽* 2620_0
噶* 6402_7

gai

陔 7028_2
祴 3325_0
該 0068_2
改 1874_0
溉* 3111_4
概* 4191_4
蓋* 4410_7
槩 7190_4
核* 4098_2
芥* 4422_8
咳* 6008_2
汽* 3811_7

gan

干* 1040_0
甘* 4477_0
芉 4440_1
苷 4477_4
柑* 4497_0
感* 5320_0
澉* 3814_0
趕 4680_4
橄 4894_0
簳 8844_1
淦* 3811_9
紺 2497_0
幹 4844_1
贛* 0748_6
汗* 3114_0
捍* 5604_1
乾* 4841_7

gang

岡 7722_0
剛 7220_0
棡 4792_0
綱 2792_0
鋼 8712_0
崗* 2222_7
港* 3411_7
戇* 0733_8
溝* 3514_7
亢* 0021_7
抗* 5001_7

gao

高 0022_7
皋 2640_3
臯* 2640_3
膏 0022_7
杲 6090_4
槁* 4092_7
稿 2092_7
縞 2092_7
藁 4490_4
告* 2460_1
郜 2762_7
誥 0466_1
蒿* 4422_7
浩* 3416_1

ge

噶* 6402_7
蓋* 4410_7
戈 5300_0
哥 1062_1
割 3260_0
歌 1768_2
閣 7760_1
鴿 8762_7
革* 4450_6
格* 4796_4
鬲* 1022_7
葛 4472_7
蛤* 5816_1
隔* 7122_7
滆 3112_7
閤 7760_4
舸 2142_0
各 2760_4
個 2620_0
箇 8860_3
浩* 3416_1
合* 8060_1
菏* 4412_1
介* 8022_0
可* 1062_0
閧* 7750_6

gen

根 4793_2
艮* 7773_2
茛* 4473_2

geng

更 1050_6
庚 0023_7
畊 6500_0
浭 3114_6
耕 5590_0
賡 0028_6
羹* 8043_0
鶊 0722_7
耿 1918_0
鯁 2134_6
亙 1010_7
恆* 9101_7
亢* 0021_7
邢* 1742_7

gong

贛* 0748_6
工 1010_0
弓 1720_7

公 8073_{2}
功 1412_{7}
攻 1814_{0}
供 2428_{1}
宫 3060_{6}
恭 4433_{3}
躬 2722_{7}
匑 2722_{0}
觥 2921_{1}
龔 0180_{1}
拱* 5408_{1}
珙 1418_{1}
鞏 1750_{6}
共 4480_{1}
玒* 1111_{0}
貢 1080_{6}
紅* 2191_{0}
虹* 5111_{0}
蛩* 1713_{6}

gou

勾 2772_{0}
溝* 3514_{7}
鉤* 8712_{0}
緱 2793_{4}
篝 8844_{7}
岣 2772_{0}
狗 4722_{0}
枸* 4792_{0}
垢 4216_{1}
構* 4594_{7}
購 6584_{7}
拘* 5702_{0}
句* 2762_{0}
區* 7171_{6}
軥* 5702_{0}

gu

皋* 2640_{3}
告* 2460_{1}
估 2426_{0}
姑 4446_{0}
孤 1243_{0}
沽 3416_{0}
菰 4443_{2}
觚 2223_{0}
辜 4040_{1}
酤 1466_{0}
鴣 4762_{7}
轂 4754_{7}
古* 4060_{0}
汩* 3610_{0}
谷* 8060_{8}
股 7724_{7}
骨 7722_{7}
罟 6060_{4}
詁 0466_{0}
榾 4792_{7}
鼓 4414_{7}
縠 4794_{7}
瞽 4460_{4}
鵠* 2762_{7}
蠱* 5010_{7}
固 6060_{4}
故 4864_{0}
顧 3128_{6}
瓠* 4223_{0}
滑* 3712_{7}
賈* 1080_{6}
角* 2722_{7}
枯* 4496_{0}
苦* 4460_{4}
骰* 7724_{7}

gua

瓜 7223_{0}
刮 2260_{0}
寡 3022_{7}
卦 4310_{0}
掛 5300_{0}
括* 5206_{4}
栝* 4296_{4}
舌* 2060_{4}

guai

乖 2011_{1}
拐 5602_{7}
夬* 5003_{0}
怪 9701_{4}

guan

串* 5000_{6}
官 3077_{7}
冠 3721_{4}
關* 7777_{2}
觀 4621_{0}
琯* 1317_{7}
筦 8821_{1}
管 8877_{7}
錧 8367_{7}
館 8377_{7}
丱* 2277_{0}
貫* 7780_{6}
祼 3629_{4}
盥 7710_{7}
雚* 4421_{4}
灌* 3411_{4}
罐 8471_{4}
果* 6090_{4}
懽* 9401_{4}
淪* 3812_{7}
綸* 2892_{7}
權* 4491_{4}
莞* 4421_{1}
斡* 4844_{0}

guang

光 9021_{1}
洸* 3911_{1}
廣* 0028_{6}
逛* 3130_{1}
擴* 5008_{6}

gui

概* 4191_{4}
圭 4010_{4}
皈 2164_{7}
規* 5601_{0}
閨 7710_{4}
嬀 4242_{7}
龜* 2711_{7}
歸* 2712_{7}
瓌 1013_{2}
姽* 4741_{2}
癸 1243_{0}
軌 5401_{7}
鬼 2621_{3}
簋 8810_{7}
柜* 4191_{7}
炅* 6080_{9}
桂 4491_{4}
貴 5080_{6}
潍* 3411_{4}
瞶* 6508_{6}
櫃 4191_{8}
櫰* 4093_{2}
檜* 4896_{6}
繪* 2896_{6}
蹶* 6118_{2}
匱* 7171_{8}
祈* 3222_{1}
潙* 3212_{7}
僞* 2222_{7}

gun

琯* 1317_{7}
滾 3013_{2}
棍* 4691_{1}
渾* 3715_{6}
混* 3611_{1}

guo

枸* 4792_{0}
郭 0742_{7}
崞 2074_{7}
國 6015_{3}
虢 2131_{7}
馘* 8365_{0}
果* 6090_{4}
猓* 4629_{4}
菓 4490_{4}
過* 3730_{2}
活* 3216_{4}
渦* 3712_{7}
蝸* 5712_{7}

ha

蛤* 5816_{1}
哈* 6806_{1}
呵* 6102_{0}
蝦* 5714_{7}

hai

孩 1048_{2}

海 3815_7
亥* 0028_0
害* 3060_4
還* 3630_3
欬* 0728_2
咳* 6008_2

han

厂* 7120_0
甘* 4477_0
感* 5320_0
澉* 3814_0
淦* 3811_9
酣 1467_0
憨 1833_4
邗 1742_7
含 8060_7
邯 4772_7
函 1077_2
涵 3717_2
寒 3030_3
韓 4445_6
汗* 3114_0
旱 6040_1
捍* 5604_1
菡 4477_2
漢* 3413_4
撼 5305_0
翰 4842_7
瀚 3812_7
澣* 3814_1
闞* 7714_8
歛* 8788_2
鈐* 8812_7
灘* 3011_4
軒* 5104_0

hang

杭* 4091_7
航 2041_7
沆* 3011_7
桁* 4192_1
珩* 1112_1
狼* 4323_2
行* 2122_1

hao

皋* 2640_3
蒿* 4422_7
薅 4444_3
豪 0023_2
壕 4013_2
濠 3013_2
好 4744_7
郝* 4732_7
昊 6043_0
浩* 3416_1
秏* 5291_4
皓* 2466_1
號 6121_7
顥 6198_6
翯* 1722_7
膠* 77
妞* 4741_4

he

格* 4796_4
鴿* 2762_7
哈* 6806_1
害* 3060_4
呵* 6102_0
喝* 6602_7
訶 0162_0
禾 2090_4
合* 8060_1
何 2122_0
劾* 0422_7
和* 2690_0
河 3112_0
郃* 8762_7
核* 4098_2
盉 2010_7
盍* 4010_7
荷 4422_1
菏* 4412_1
翮* 1722_0
闔 7710_7
鶡 6772_7
湼 3711_1
賀 4680_6
褐 3622_7
赫* 4433_1
翯* 1722_7
壑 2710_4
鶴 4722_7
呼* 6204_9
鶮* 0722_7
霍* 1021_4
藿* 4421_4
揭* 5602_7
洽* 3816_1
轄* 5306_4

hei

黑 6033_1

hen

艮* 7773_2
痕 0013_2
恨 9703_2

heng

亨* 0020_7
恆* 9101_7
桁* 4192_1
珩* 1112_1
横 4498_6
衡 2122_1
蘅 4422_1
行* 2122_1

hong

港* 3411_7
玒* 1111_0
烘 9488_1
轟 5055_6
弘 1223_0
宏 3043_2
洪 3418_1
紅* 2191_0
虹* 5111_0
谹 8463_2
葒 4491_1
蕻 4478_1
鴻 3712_7
黌 7780_6
汪* 3111_4
瓨* 1111_7

hou

侯 2723_4
喉 6703_4
猴 4723_4
后 7226_1
厚 7124_7
後 2224_7
候 2723_4
堠 4713_4

hu

汩* 3610_0
鵠* 2762_7
和* 2690_0
核* 4098_2
呼* 6204_9
滹 3114_9
弧 1223_0
狐 4223_0
胡 4762_0
斛 2420_0
壺 4010_7
湖 3712_0
葫 4462_7
瑚 1712_0
槲 4490_0
糊 9792_0
蝴 5712_0
餬 8772_0
瀫 3714_7
鶮* 0722_7
虎 2121_7
琥 1111_7
滸* 3814_0
互 1010_7
戶 7227_7
岵 2476_0
笏* 8822_7
扈 3021_7
瓠* 4223_0
鄠 1722_7
滬 3311_7
護 0464_7
穫* 2494_7
苦* 4460_4

姱* 4442_7
戲 2325_0
許* 0864_0
羽* 1712_0

hua

花 4421_4
華* 4450_4
滑* 3712_7
化* 2421_0
畫 5010_6
話 0266_4
劃 5210_0
樺 4495_4
豁* 3866_8
獪* 4826_6
學* 7740_7

huai

淮 3011_4
槐 4691_3
褱 0073_2
懷 9003_2
櫰* 4093_2
壞* 4013_2
喟* 6602_7

huan

雚* 4421_4
灌* 3411_4
懽* 9401_4
歡 4728_2
洹 3111_6
萱 4410_6
桓 4191_6
寰* 3073_2
澴* 3613_2
還* 3630_3
環 1613_2
鬟 7273_2
緩 2294_7
幻 2772_0
宦 3071_7
浣 3311_1
逭 3330_7
換 5703_4
豢 9023_2
槵 4593_6
澣* 3814_1
皖* 2361_1
援* 5204_7
圜* 6073_2
垸* 4311_1

huang

洸* 3911_1
荒* 4421_1
皇* 2610_4
凰 7721_0
黃 4480_6
湟* 3611_4
璜 1418_6
篁 8810_4
蝗 5611_4
晃 6021_1
芒* 4471_0

hui

墮* 7410_4
皓* 2466_1
壞* 4013_2
灰 4008_9
虺 1521_3
揮* 5705_6
暉 6705_6
琿* 1715_6
撝* 5202_7
輝 9725_6
徽 2824_0
回 6060_0
洄 3610_0
迴 3630_0
悔 9805_7
卉 4044_0
彗 5517_7
晦 6805_7
喙* 6703_2
惠 5033_3
彙 2790_4
會* 8060_6
滙 3111_1
誨 0865_7
慧 5533_7
蕙 4433_3
薈 4460_6
檜* 4896_6
穢 2195_3
繪* 2896_6
翽 2722_0
闠 7780_6
蒐* 4421_3
眭* 6401_4
睢* 6001_4
韋* 4050_6
違* 3430_4

hun

棍* 4691_1
揮* 5705_6
琿* 1715_6
昏 7260_4
昬 7760_4
婚 4246_4
葷* 4450_6
渾* 3715_6
魂 1671_3
混* 3611_1
梡* 4391_1
昆* 6071_1

huo

過* 3730_2
和* 2690_0
瓠* 4223_0
化* 2421_0
豁* 3866_8
活* 3216_4
火 9080_0
漷* 3712_7
夥 6792_7
或* 5310_0
貨 2480_6
惑 5333_0
獲 4424_7
霍* 1021_4
穫* 2494_7
藿* 4421_4
蠖* 5414_7
靃* 1021_4
越* 4380_5
隻* 2040_7

ji

覿* 4681_0
革* 4450_6
隔* 7122_7
給* 2896_1
乩 2261_0
唧* 6702_0
姬* 4141_6
笄 8844_1
飢 8771_0
基 4410_4
嵇 2397_2
畸* 6402_1
箕 8880_1
擊 5750_2
畿 2265_3
稽* 2396_1
緝* 2694_1
賫 4080_6
機 4295_3
激* 3814_0
璣 1215_3
積 2598_6
擊* 5750_2
磯 1265_3
績 2598_6
雞 2041_4
譏 0265_3
饑* 8275_3
躋 6012_3
鷄 2742_7
及 1724_7
吉 4060_1
汲 3714_7
即 7772_0
亟* 1010_4
急 2733_7
笈 8824_7
級 2794_7
疾 0013_4
彶 2724_7
戢 6315_0
棘 5599_2

極 4191$_{4}$
殛 1121$_{4}$
集 2090$_{4}$
蕺* 4415$_{3}$
輯 5604$_{1}$
籍* 8896$_{1}$
鶺 3722$_{7}$
己* 1771$_{7}$
泲 3512$_{7}$
脊 3222$_{7}$
幾 2245$_{3}$
麂 0021$_{7}$
旡 1041$_{0}$
妓 4444$_{7}$
忌 1733$_{1}$
技* 5404$_{7}$
季 2040$_{7}$
既* 7171$_{4}$
洎 3610$_{0}$
紀 2791$_{7}$
計 0460$_{0}$
記 0761$_{7}$
偈* 2622$_{7}$
寂 3094$_{7}$
寄 3062$_{1}$
祭* 2790$_{1}$
冀 1180$_{1}$
劑 0220$_{0}$
薊 4432$_{0}$
髻 7260$_{1}$
檵 4291$_{3}$
繼 2291$_{3}$
霽 1022$_{3}$
驥 7138$_{1}$

jia

伽* 2620$_{0}$
加 4600$_{0}$
夾* 4003$_{8}$
佳 2421$_{4}$
迦* 3630$_{0}$
家* 3023$_{2}$
笳 8846$_{3}$
葭* 4424$_{7}$
嘉 4046$_{1}$
郟 4702$_{7}$
戛 1050$_{3}$
甲 6050$_{0}$
叚* 7724$_{7}$
賈* 1080$_{6}$
假* 2724$_{7}$
嫁 4343$_{2}$
價* 2128$_{6}$
稼 2393$_{2}$
駕 4632$_{7}$
駱* 7736$_{4}$
挈* 5750$_{2}$
蝦* 5714$_{7}$
暇* 6704$_{7}$
夏* 1024$_{7}$
押* 5605$_{0}$

jian

孱* 7724$_{7}$
茛* 4473$_{2}$
尖 9043$_{0}$
肩* 3022$_{7}$
兼 8023$_{7}$
堅 7710$_{4}$
湔* 3812$_{1}$
牋 2305$_{3}$
楗* 2554$_{0}$
間 7760$_{7}$
煎 8033$_{2}$
蒹 4423$_{7}$
監* 7810$_{7}$
箋 8850$_{3}$
緘 2395$_{0}$
艱 4753$_{2}$
麗 1121$_{1}$
籛 8815$_{3}$
柬 5090$_{6}$
剪 8022$_{7}$
梘* 4691$_{0}$
趼* 6114$_{0}$
揀 5509$_{6}$
減 3315$_{0}$
絸 2691$_{0}$
戩 1365$_{0}$
儉 2828$_{6}$
翦 8012$_{7}$
檢 4898$_{6}$
謇 3060$_{1}$
蹇 3080$_{1}$
簡 8822$_{7}$
繭 4422$_{7}$
蠒 1013$_{6}$
鐗 8712$_{0}$
見* 6021$_{0}$
建 1540$_{0}$
健 2524$_{0}$
[illegible] 1414$_{7}$
間* 7722$_{7}$
漸* 3212$_{1}$
劍 8280$_{0}$
劒 8782$_{0}$
澗 3712$_{0}$
箭 8822$_{1}$
踐 6315$_{3}$
薦 4422$_{7}$
諫* 0569$_{6}$
餞 8375$_{3}$
磵 1762$_{0}$
鑑 8811$_{7}$
鑒 7810$_{9}$
濫* 3811$_{7}$
鍊* 8519$_{6}$
前* 8022$_{1}$
揵* 5504$_{0}$
錢* 8315$_{3}$
淺* 3315$_{3}$
塹* 5210$_{4}$

jiang

紅* 2191$_{0}$
虹* 5111$_{0}$
江 3111$_{0}$
姜 8040$_{4}$
茳 4411$_{1}$
彊* 1121$_{6}$
薑 4410$_{6}$
疆 1111$_{6}$
蔣 4424$_{7}$
講 0564$_{7}$
匠 7171$_{2}$
降* 7725$_{4}$
將* 2724$_{0}$
絳 2795$_{4}$
強* 1323$_{6}$

jiao

激* 3814$_{0}$
交 0040$_{8}$
郊 0742$_{7}$
姣* 4044$_{8}$
茭* 4440$_{8}$
茮* 4490$_{1}$
椒 4794$_{0}$
焦* 2033$_{1}$
蛟 5014$_{8}$
嬌 4242$_{7}$
澆* 3411$_{1}$
膠* 7722$_{2}$
蕉* 4433$_{1}$
鮫 2034$_{8}$
蟭 5013$_{1}$
鷦 2732$_{7}$
角* 2722$_{7}$
狡* 4024$_{8}$
皎 2064$_{8}$
脚* 7722$_{0}$
湫* 3918$_{0}$
絞* 2094$_{8}$
勦* 2290$_{0}$
腳* 7722$_{0}$
矯 8242$_{7}$
教 4844$_{0}$
較* 5004$_{8}$
斠 5440$_{0}$
嶠* 2272$_{7}$
轎 5202$_{7}$
醮* 1063$_{1}$
嚼* 6204$_{6}$
覺* 7721$_{6}$
喬* 2022$_{7}$
僑* 2222$_{7}$
橋* 4292$_{7}$
却* 4772$_{0}$
卻* 8762$_{0}$
菽* 4494$_{7}$
嘐* 6702$_{2}$
校* 4094$_{8}$
學* 7740$_{7}$
妖* 4243$_{4}$
咬* 6004$_{8}$

jie

概* 4191_4
構* 4594_7
亥* 0028_0
唧* 6702_0
籍* 8896_1
偈* 2622_7
暨 7110_6
家* 3023_2
假* 2724_7
價* 2128_6
皆 2160_1
接* 5004_4
痎 0018_2
階 7126_1
嗟* 6801_1
揭* 5602_7
街 2122_1
孑 1740_7
劫 4472_7
刧 4772_0
捷* 5508_1
結 2496_1
蛣* 5416_1
睫* 6508_1
節 8872_7
詰 0466_1
截 4325_0
碣* 1662_7
潔 3719_3
羯 8652_7
鮚* 2436_1
蠽 9313_6
姐* 4741_0
解* 2725_2
介* 8022_0
岕 2222_8
戒 5340_0
芥* 4422_8
玠 1812_0
界 6022_8
借 2426_1
誡 0365_0
藉 4496_1
桔* 4496_1
楷* 4196_1
契* 5743_0
拾* 5806_1
絜 5790_3
嶰* 2775_2
祖* 3721_0

jin

巾 4022_7
今 8020_7
金 8010_9
津 3510_7
衿* 3822_7
襟 3429_1
堇* 4410_4
僅 2421_4
盡 5010_7
槿* 4491_4
錦 8612_7
謹 0461_4
近 3230_2
勁* 1412_7
晉 1060_1
浸* 3714_7
進 3030_1
搢 5106_1
禁 4490_1
靳 4252_1
墐* 4410_4
縉 2196_1
藎 4410_7
燼 9581_7
覲 4611_0
肋* 7422_7
鋟* 8714_7
吟* 6802_7
唫* 6801_9

jing

勁* 1412_7
京 0090_6
荊 4240_0
涇* 3111_1
莖* 4410_1
旌 0821_4
菁 4422_7
經 2191_1
兢 4421_6
精* 9592_7
鯨 2039_6
驚 4832_7
井 5500_0
景* 6090_6
儆 2824_0
警 4860_1
淨 3215_7
徑 2121_1
淨* 3215_7
竟 0021_6
敬 4864_0
痙 0011_1
靖 0512_7
靚* 5621_0
靜 5225_7
瀞* 3715_7
鏡 8011_6
競 0021_6
青* 5022_7
蜻* 5512_7
箐* 8822_7
晟* 6025_3
氏* 7274_0
醒* 1661_4

jiong

炅* 6080_9
扃 3022_7
絅 2792_0
駉 7732_0
冏 7722_0
泂* 3712_0
熒* 9980_9

jiu

愁* 2933_8
蹴* 6311_4
湫* 3918_0
究 3041_7
鳩* 4702_7
九 4001_7
久 2780_0
灸 2780_9
韭 1110_1
酒 3116_0
臼 7777_0
疚 0018_7
柏 4797_0
救 4814_0
就 0391_4
僦 2321_4
廐 0021_4
舊 4477_7
鷲 0332_7
繆* 2792_2

ju

仇* 2421_7
鉏* 8711_0
鋤* 8412_7
雛* 2041_4
處* 2124_1
告* 2460_1
拱* 5408_1
枸* 4792_0
柜* 4191_7
姐* 4741_0
匊 2792_0
居 7726_4
拘* 5702_0
娵 4744_0
崌 2776_4
掬 5702_0
鋦 8712_7
駒 7732_0
鵙 7712_7
鞠* 4752_0
局 7722_7
桔* 4496_1
菊 4492_7
橘 4792_7
蘜 4452_7
咀* 6701_0
弆* 4044_3
沮* 3711_0
矩 8141_7
莒 4460_6
榘 8190_4
舉 7750_3
踽 6212_7

句* 2762_0
巨* 7171_7
具 7780_1
俱 2728_1
鉅 8111_7
聚 1723_2
劇 2220_0
據 5103_2
屨 7724_4
瞿* 6621_4
懼 9601_4
且* 7710_0
渠* 3190_4
軥* 5702_0
蘧* 4430_3
鸜* 1722_7
鄒* 2742_7
鄹* 1722_7
租* 2791_0
足* 6080_1

juan

娟 4642_7
捐* 5602_7
涓* 3612_7
鵑 6722_7
鐫 8012_7
蠲 8612_7
卷* 9071_2
倦 2921_2
狷 4622_7
眷 9060_3
雋* 2022_7
獧* 4623_2
蕊* 4433_3
蕋* 4411_1
身* 2740_0

泫* 3013_2
甄* 1111_7

jue

夬* 5003_0
角* 2722_7
脚* 7722_0
腳* 7722_0
較* 5004_8
嗟* 6801_1
決* 3513_0
掘* 5707_2
絕 2791_7
鈌 8513_0
潏* 3712_7
橛 4198_2
爵 2074_6
譎 0762_7
蹶* 6118_2
嚼* 6204_6
覺* 7721_6
爝 9284_6
钁 8614_7
狂* 4121_4
駃* 7233_4
屈* 7727_2
闕* 7748_2
蛙* 5411_4
穴* 3080_2
咉* 6503_0
乙* 1771_0
矞* 1722_7

jun

龜* 2711_7
雋* 2022_7
君 1760_7

均* 4712_0
軍 3750_6
菌 4460_0
鈞 8712_0
筠* 8812_7
麇* 0029_4
昀 6702_0
俊* 2324_7
郡 1762_7
浚* 3314_7
濬* 3116_8
駿 7334_7
攈* 5009_4
旬* 2762_0

ka

喀* 6306_4
卡* 2123_1

kai

喫* 6703_4
喝* 6602_7
劾* 0422_7
核* 4098_2
開* 7744_1
凱 2711_0
慨 9101_4
楷* 4196_1
欬* 0728_2
豈* 2210_8
雉* 8041_4

kan

監* 7810_7
刊 1240_0
栞 2190_4
勘 4472_7

堪* 4411_1
戡* 4375_0
龕* 8021_1
坎 4718_2
欿* 2778_2
顑* 5128_6
看 2060_4
衎 2122_1
瞰 6804_0
闞* 7714_8

kang

杭* 4091_7
沆* 3011_7
荒* 4421_1
康 0023_2
亢* 0021_7
抗* 5001_7
坑* 4011_7

kao

槁* 4092_7
攷 1824_0
考 4420_7
拷 5402_7
栲 4492_7
靠 2411_1
尻* 4001_6

ke

呵* 6102_0
盍* 4010_7
碣* 1662_7
喀* 6306_4
欬* 0728_2
龕* 8021_1
柯 4192_0

珂 1112_0
科 2490_0
榼 4491_7
薖 4430_2
咳* 6008_2
可* 1062_0
岢 2262_1
敤 6194_7
克 4021_6
刻 0220_0
客* 3060_4
峇* 2260_1
恪 9706_4
尅 4421_0
愙 3033_6
課 0669_4

ken

肯 2122_7
墾 2710_4

keng

坑* 4011_7
硜* 1161_1
誙 0161_1
鏗 8711_4

kong

空 3010_1
倥 2321_1
崆 2371_1
箜 8810_1
孔 1241_{20}
恐 1733_1
控* 5301_1
腔* 7321_1
穹* 3020_7

kou
- 溝* 3514_7
- 口 6000_0
- 叩 6702_0
- 扣 5600_0
- 寇 3021_4
- 彀 4734_7

ku
- 古* 4060_0
- 掘* 5707_2
- 枯* 4496_0
- 哭 6643_0
- 骷 7426_0
- 苦* 4460_4
- 庫 0025_6
- 酷 1466_1
- 跨* 6412_7

kua
- 華* 4450_4
- 姱* 4442_7
- 誇* 0462_7
- 跨* 6412_7

kuai
- 會* 8060_6
- 蒯 4220_0
- 快 9503_0
- 塊 4611_3
- 獪* 4826_6
- 鱠 2836_6
- 魁* 2421_0
- 蕢* 4480_6

kuan
- 寬 3021_6
- 寬 3021_3
- 梡* 4391_1
- 款* 4798_2
- 窾* 3098_2
- 完* 3021_1

kuang
- 丱* 2277_0
- 廣* 0028_6
- 逛* 3130_1
- 湟* 3611_4
- 匡* 7171_1
- 劻 7472_7
- 狂* 4121_4
- 況 3611_0
- 貺 6681_0
- 鄺* 0722_7
- 曠 6008_6
- 礦 1068_6
- 鑛 8018_6
- 枉* 4191_4
- 兄* 6021_0

kui
- 歸* 2712_7
- 聵* 6508_6
- 窺 3051_6
- 巋* 2212_7
- 奎 4010_4
- 揆 5203_4
- 葵 4443_0
- 暌 6203_4
- 魁* 2421_0
- 睽 6203_4
- 騤* 7233_4
- 夔 8024_7
- 跬* 6411_4
- 喟* 6602_7
- 媿* 4641_3
- 愧 9601_3
- 匱* 7171_8
- 蕢* 4480_6
- 簣 8880_6
- 饋* 8578_6
- 頃* 2178_6
- 缺* 8573_0

kun
- 混* 3611_1
- 坤 4510_6
- 昆* 6071_1
- 崑 2271_1
- 琨 1718_6
- 鯤 2631_1
- 壼 4010_7
- 閫 7760_7
- 困 6090_4
- 卵* 7772_0
- 頑* 1128_6

kuo
- 會* 8060_6
- 漷* 3712_7
- 鄺* 0722_7
- 括* 5206_4
- 栝* 4296_4
- 廓 0022_7
- 擴* 5008_6
- 闊 7716_4
- 鞟 4054_7
- 燭* 9682_7

la
- 拉 5001_8
- 喇 6200_0
- 剌 5290_0
- 蜡* 5416_1
- 臘* 7221_6
- 蠟 5211_6
- 落* 4416_4
- 搨* 5706_2

lai
- 勑* 4492_7
- 來 4090_8
- 淶 3419_8
- 萊 4490_8
- 賚 4080_6
- 賴 5798_6
- 瀨 3718_6
- 籟 8898_6
- 懶* 9708_6
- 釐* 5821_4
- 厲* 7122_7

lan
- 郴* 4792_7
- 諫* 0569_6
- 嵐 2221_7
- 藍 4410_7
- 攔 5702_0
- 瀾 3712_0
- 蘭 4422_7
- 讕 0762_0
- 嬾 4748_6
- 懶* 9708_6
- 覽 7821_6
- 孏 4442_7
- 攬 5801_6
- 欖 4891_6
- 濫* 3811_7
- 爛 9782_0
- 漣* 3513_0
- 煉* 9589_6

lang
- 羹* 8043_0
- 郎 3772_7
- 狼* 4323_2
- 娜 4742_7
- 廊 0022_7
- 琅 1313_2
- 瑯 1712_7
- 筤 8873_2
- 朗 3772_0
- 閬* 7773_2
- 浪 3313_2

lao
- 牢* 3050_2
- 勞* 9942_7
- 嶗 2972_7
- 癆 0012_7
- 醪 1762_2
- 老 4471_1
- 潦* 3419_6
- 澇 3912_7
- 蓼* 4420_2
- 絡* 2796_4
- 落* 4416_4
- 嘐* 6702_2

le
- 勒* 4452_7
- 樂* 2290_4
- 肋* 7422_7
- 了* 1720_7

lei

勒* 4452_7
雷 1060_3
纍 6090_3
罍 6077_2
耒 5090_0
誄 0569_0
磊 1066_1
壘 6010_4
肋* 7422_7
淚* 3313_4
酹 1264_2
類 9148_6
盧* 2121_7

Leng

楞 4692_7
稜 2494_7

li

鬲* 1022_7
翮* 1722_0
淚* 3313_4
梨 2290_4
犁 2250_0
嫠 5824_4
璃 1012_7
黎 2713
藜 4413
氂* 5821_4
離* 0041_4
灕 3011_4
蠡* 2713_6
籬 8841_4
驪* 7131_1
鸝 1722_7
李 4040_7
里 6010_4
裏 0073_2
俚 2621_4
理 1611_4
澧 3511_8
禮 3521_8
鯉 2631_4
醴 1561_8
力 4002_7
立* 0010_8
吏 5000_6
利 2290_0
例* 2220_0
荔 4422_7
茘 4442_7
栗* 1090_4
秝 2299_4
笠 8810_8
厤 7129_4
痢 0012_0
溧 3119_4
蒞 4411_8
厲* 7122_7
勵 7422_7
曆 7126_9
歷 7121_1
巁* 2172_7
癘 0012_7
隸 4593_2
櫟* 4299_4
瀝 3111_1
礪 1162_7
麗* 1121_1
櫪 4191_1
礫* 1269_4
儷 2121_1
癧 0011_1
酈* 1722_7
列* 1220_0
珞* 1716_4

lian

連 3530_0
廉 0023_7
漣* 3513_0
蓮 4430_4
奩 4071_6
憐 9905_9
濂* 3013_7
濂 3013_7
薕 4423_7
螊 5813_7
聯 1217_2
鎌 8813_7
簾 8823_7
璉 1513_0
歛* 8788_2
浰 3210_0
楝 4599_6
煉* 9589_6
練 2599_6
鍊* 8519_6
瀲 3814_0
戀 2233_9
苓* 4430_7
零* 1030_7
令* 8030_7
孌* 2240_4

liang

靚* 5621_0
閬* 7773_2
良 3073_2
梁 3390_4
涼 3019_6
凉 3019_6
糧 9691_4
兩 1022_7
量 6010_4

liao

勞* 9942_7
潦* 3419_6
聊* 1712_0
寥 3020_2
廖 0022_2
遼 3430_9
燎 9489_6
療* 0019_6
繚* 2499_6
鷯 4792_7
蓼* 4420_2
了* 1720_7
料 9490_0

lie

臘* 7221_6
例* 2220_0
栗* 1090_4
巁* 2172_7
列* 1220_0
劣 9042_7
烈 1233_0
裂 1273_2
獵 4221_6

lin

林 4499_0
琳 1419_0
箖 8899_4
鄰 9722_7
隣 7925_0
燐 9985_9
霖 1099_4
磷* 1965_9
臨 7876_6
廩 0026_4
麟 0925_9
鱗 2935_9
稟* 0090_4
吝 0060_4
賃 2280_6
任* 2221_4

ling

棱 4494_7
冷 3813_7
磷* 1965_9
伶 2823_7
夌 4040_7
泠 3813_7
苓* 4430_7
玲 1813_7
陵 7424_7
淩 3414_7
羚 8853_7
翎 8732_0
聆 1813_7
舲 2843_7
菱 4440_7
蛉 5813_7
詅 0863_7
零* 1030_7
鴒 8732_7
酃 1762_7
蘦 4466_3
靈 1010_8

領 8138_6
嶺 2238_6
令* 8030_7
另 6042_7

liu

聊* 1712_0
蓼* 4420_2
流 3011_3
留 7760_2
琉 1011_3
榴 4796_2
瑠 1716_2
劉 7210_0
嘐 6702_2
瀏 3210_0
鎏 3010_9
鎦 8716_2
騮 7736_2
柳 4792_0
六* 0080_0
翏* 1720_2
陸* 7421_4
碌* 1763_2
泖* 3712_0
游* 3814_7

long

寵* 3021_1
隆 7721_4
龍* 0121_1
瀧* 3111_1
籠 8821_1
聾 0140_1
隴 7121_1
壟 0110_4
壠 4111_1
弄* 1044_1
龐* 0021_1

lou

牢* 3050_2
婁 5040_4
樓 4594_4
陋 7121_2
漏 3712_7
鏤 8514_4
露* 1016_4

lu

瘳* 0012_2
鄜* 0722_7
膚* 2122_7
谷* 8060_8
角* 2722_7
蓼* 4420_2
六* 0080_0
翏* 1720_2
露* 1016_4
盧* 2121_7
廬 0021_7
瀘 3111_7
蘆 4421_7
爐 9181_7
臚 7121_7
纑 2191_7
鑪 8111_7
顱 2128_6
鹵 2160_0
虜 2122_7
魯 2760_3
甪 2722_0
陸* 7421_4
淥 3713_2
菉 4413_2
逯* 3730_3
鹿 0021_1
祿 3723_2
碌* 1763_2
路* 6716_4
漉 3011_1
潞 3716_4
錄 8713_2
簏 8821_1
濾 3113_6
轆 5001_1
簬 8816_4
麓 4421_1
籙 8813_2
鷺 6732_7
緑 2793_2
攄* 5103_6

lǔ

閭 7760_6
驢 7131_7
呂 6060_0
郘 6762_7
侶 2626_0
旅 0823_2
履 7724_7
律 2520_7
綠 2793_2
慮 2123_6

luan

孌* 2240_4
孿 2240_7
巒 2277_2
欒 2290_4
灤 3219_4
鑾 2210_9
鸞 2232_7
卵* 7772_0
亂 2221_0

lue

率* 0040_3
畧 6060_4
藥* 4490_4

lun

掄 5802_7
侖 8022_7
倫 2822_7
崙 2222_7
淪* 3812_7
綸* 2892_7
輪 5802_7
論 0862_7

luo

格* 4796_4
果* 6090_4
猓* 4629_4
樂* 2290_4
蠡* 2713_6
櫟* 4299_4
礫* 1269_4
碌* 1763_2
路* 6716_4
囉 6601_4
螺 5619_3
羅 6091_4
蘿 4491_4
鑼 8611_4
瘰 0019_3
洛 3716_4
珞* 1716_4
絡* 2796_4
落* 4416_4
雒 2061_4
駱* 7736_4
濼* 3219_4
橐* 5090_4
蝸* 5712_7

ma

媽 4142_7
麻 0029_4
蟆* 5413_4
蟇 4413_6
馬 7132_7
瑪 1112_7
罵 6632_7
靡* 0021_1
摩* 0025_2

mai

埋* 4611_4
買 6080_6
脈 7223_2
麥 4020_7
賣 4080_6
邁 3430_2
霢 1023_2

man

埋* 4611_4
鬘 7240_7
蠻 2213_6
滿* 3412_7
曫 2260_9
曼 6040_7
幔 4624_7

慢 9604_7
漫 3614_7
蔓* 4440_7
澫* 3412_7
縵 2694_7
幕* 4422_7

mang

龍* 0121_1
忙 9001_0
芒* 4471_0
盲 0060_1
哤 6301_2
蘉 4424_7
莽 4444_3

mao

耗* 5291_4
貓 2426_0
毛 2071_4
茅 4422_2
髦 7271_4
卯 7772_0
泖* 3712_0
茆 4472_7
茂 4425_3
冒* 6060_0
耄 4471_4
貿 7780_6
楙 4499_0
貌* 2621_0
鄮 7782_7
懋 4433_9
牟* 2350_0
務* 1822_7
勖* 6462_7

mei

沒* 3714_7
枚 4894_0
玫 1814_0
眉 7726_7
梅 4895_7
郿 7722_7
嵋 2776_7
湄 3716_7
楳 4499_4
槑 6699_4
黴 2824_0
每 8050_7
每 8050_7
美 8043_0
渼 3813_4
昧* 6509_0
媚 4746_7
寐 3029_4
糜* 0029_4
墨* 6010_4
某* 4490_4
味* 6509_0

men

滿* 3412_7
門 7777_7
捫 5702_0
璊 1412_7
悶 7733_7
亹* 0010_6
汶* 3014_0

meng

夢 4420_7
盟* 6710_7
濛 3413_2
猛 4721_7
蒙* 4423_2
孟 1710_7
黽* 7771_7
明* 6702_0
瞑* 6708_0
霧* 1022_7

mi

苾* 4433_0
辟* 7024_1
爾* 1022_7
迷 3930_9
謎 0963_9
彌* 1122_7
糜* 0029_4
縻 0029_3
麋 0029_4
靡* 0021_1
蘼 4421_1
米 9090_4
弭 1124_0
汨 3610_0
宓* 3033_2
泌* 3310_0
峚 2210_4
祕 3320_0
密 3077_2
覓 2021_6
蜜 3013_6
摩* 0025_2
籋* 8822_7

mian

眠* 6704_7
棉 4692_7
綿 2692_7
緜 2229_3
免* 2741_6
沔 3112_7
勉 2441_2
眄 6102_7
冕 6041_6
緬 2196_0
面 1060_0
麵 4126_0
黽* 7771_7
冥* 3780_0
瞑* 6708_0
澠* 3711_7

miao

吵* 6902_0
苗 4460_0
瞄 6406_0
淼 1223_2
渺 3912_0
藐* 4421_6
邈 3630_1
妙 4942_0
玅* 0972_0
廟 0022_7
紗* 2992_0

mie

乜* 4071_2
滅 3315_0
蠛 5415_3

min

眠* 6704_7
民 7774_7
岷 2774_7
珉 1714_7
皿 7710_0
敏 8854_0
閔 7740_0
愍* 7833_4
黽* 7771_7
閩 7713_6
憫 9702_0
繩* 2791_7
汶* 3014_0

ming

盟* 6710_7
名 2760_0
明* 6702_0
洺 3716_0
茗 4460_7
冥* 3780_0
暝 6708_0
銘 8716_0
鳴 6702_7
瞑* 6708_0
螟 5718_0
命 8062_7

miu

繆* 2792_2
謬 0762_2

mo

百* 1060_0
伯* 2620_0
撫* 5803_1
蟆* 5413_4
冒* 6060_0
貌* 2621_0
沒* 3714_7

昧* 6509_0
藐* 4421_6
摸 5403_4
摹 4450_2
模* 4493_4
摩* 0025_2
磨 0026_1
謨 0463_4
魔 0021_3
末 5090_0
陌 7126_0
秣 2599_0
莫* 4443_0
漠 3413_4
墨* 6010_4
默 6333_4
帕* 4620_0
无* 1041_0
無* 8033_1
勿* 2722_0

mou

繆* 2792_2
牟* 2350_0
謀 0469_4
某* 4490_4
毋* 7755_0
婺* 1840_4

mu

繆* 2792_2
模* 4493_4
牟* 2350_0
母* 7750_0
牡 2451_0
朐 7725_0
晦 6805_7
木 4090_0
目 6010_1
沐 3419_0
牧 2854_0
苜 4460_0
募* 4442_7
墓 4410_4
幕* 4422_7
幙 4423_4
睦 6401_4
慕 4433_3
暮 4460_3
穆 2692_2
婺* 1840_4

na

拏 4750_2
拿 8050_2
内* 4022_7
那* 1752_7
娜* 4742_7
衲 3422_7
納 2492_7
南* 4022_7
箬* 8860_4
篛* 8812_7
絮* 4690_3

nai

乃* 1722_7
奶 4742_7
迺 3130_6
奈 4090_1
耐* 1420_0
能* 2121_1

nan

男 6042_7
南* 4022_7
楠 4492_7
難* 4051_4
攤* 5001_4
灘* 3011_4
弇* 8044_6

nang

囊 5073_2

nao

澆* 3411_1
蟯* 5411_1
瑙 1216_3
鬧 7722_7

ne

疔* 0012_1
那* 1752_7
訥 0462_7

nei

内* 4022_7
那* 1752_7

nen

嫩 4844_0

neng

而* 1022_7
耐* 1420_0
能* 2121_1

ni

兒* 7721_7
彌* 1122_7
妮 4741_1
尼 7721_1
泥 3711_1
倪* 2721_7
霓 1021_7
你 2729_2
旎 0821_1
昚* 1760_4
儗* 2728_1
儞 2122_7
擬 5708_1
薿 4448_1
逆 3830_7
溺* 3712_7

nian

趁* 4880_2
拈* 5106_0
年* 8050_0
撚 5303_3
碾 1763_2
輦 5550_6
廿 4477_0
念 8033_2
粘* 9196_0

niang

娘 4343_2
釀 1063_2

niao

茮* 4490_1
溺* 3712_7
鳥* 2732_7

nie

乜* 4071_2
倪* 2721_7
枿 4494_0
涅 3611_4
臬 2690_4
聶* 1014_1
孼 4440_7
籋* 8822_7
蘖 4490_4
攝* 5104_1
幸* 4040_1

ning

冰* 3213_0
年* 8050_0
寍 3020_1
寧 3020_1
凝 3718_1
佞 2124_4
攘* 5003_2
疑* 2748_1
苧* 4420_1

niu

拗* 5402_7
妞* 4741_4
牛 2500_0
紐 2791_4
鈕* 8711_4

nong

農 5523_2
濃 3513_2
弄* 1044_1

nou

槈 4194_3
耨 5194_3

nu

奴 4744_0
孥 4740_7
笯 8844_7
弩 4720_7

nuan

暖* 6204_7
煖* 9284_7
濡* 3112_7

nue

虐 2121_4
瘧 0011_4

nun

黁 0026_9

nuo

掉* 5104_6
那* 1752_7
娜* 4742_7
難* 4051_4
諾 0466_4
需* 1022_7

nv

女* 4040_0
絮* 4690_3

o

哦* 6305_0

ou

滿* 3412_7
歐 7778_2
甌 7171_7
謳* 0161_6
鷗 7772_7
偶 2622_7
嘔* 6101_6
耦 5692_7
蕅 4412_7
藕 4492_7
漚 3111_6
區* 7171_6
毆* 7174_7
握* 5701_4
渥* 3711_4
遇* 3630_2

pa

扒* 5800_0
芭* 4471_7
葩 4461_7
爬 7223_1
帕* 4620_0
怕* 9600_0

pai

拍* 5600_0
排* 5101_1
牌 2604_0
脾* 7624_0

pan

般* 2744_7
半* 9050_0
伴* 2925_0
拌* 5905_0
卞* 0023_0
弁* 2344_0
磻* 1266_9
番* 2060_9
繁* 8890_3
潘* 3216_9
攀 4450_2
柈* 4995_0
槃 2790_4
盤* 2710_7
磐 2760_1
瀊 3711_7
蟠* 5216_9
鞶 2750_6
判 9250_0
沜 3212_7
泮 3915_0
叛 9154_7
盼* 6802_7
頖 9158_6
片* 2202_7
鄱* 2762_7
姍* 4744_0
審* 3060_9
瀋* 3316_9
盻 6802_7
彥* 00

pang

傍* 2022_7
方* 0022_7
房* 3022_7
仿* 2022_7
彷* 2022_7
逢* 3730_4
滂* 3012_7
旁* 0022_7
龐* 0021_1
蠭 3713_6
彭* 4212_2

pao

包* 2771_2
苞* 4471_2
胞* 7721_2
抱* 5701_2
袌* 0073_2
鮑* 2731_2
拋 5401_2
炮* 9781_2
袍* 3721_2
匏 4721_2
跑* 6711_2
泡 3711_2
礮 1464_0
礟 1064_8

pei

妃* 4741_7
蜚* 1113_6
擈* 5009_4
陪 7026_1
培* 4016_1
裴* 1173_2
賠 6086_1
沛 3512_7
佩 2721_0
珮 1711_0
配 1761_7
霈 1012_7

pen

本* 5023_0
汾* 3812_7
噴* 6408_6
盆 8010_7

peng

傍* 2022_7
逢* 3730_4
亨* 0020_7
滂* 3012_7
旁* 0022_7
烹 0033_2
朋 7722_0
彭* 4212_2
蓬 4430_4
澎 3212_2
篷 8830_4
髼 4213_6
鵬* 7722_7
捧* 5505_3
碰 1861_2
苹* 4440_9

pi

陂* 7424_7
被* 3424_7
比* 2171_0
俾* 2624_0
庇* 0021_1
裨* 3624_0
辟* 7024_1
鞞* 4654_0
蕃* 4460_9
否* 1060_9
拂* 5502_7
副* 1260_0
培* 4016_1
批 5101_0
邳 1712_7
披 5404_7
劈 7022_7

闢 7724$_1$
皮 4024$_7$
毗 6101$_0$
毘 6071$_1$
蚍 5111$_0$
郫 2742$_7$
埤 4614$_0$
琵 1171$_1$
脾* 7624$_0$
羆 6033$_1$
匹 7171$_1$
癖 0014$_1$
僻 2024$_1$
澼 3014$_1$
甓 7071$_7$
譬 7060$_1$
鄱* 2762$_7$
頗* 4128$_6$
痞* 0016$_1$

pian

扁* 3022$_7$
便* 2124$_6$
徧* 2322$_7$
辯* 0044$_1$
片* 2202$_7$
偏 2322$_7$
篇 8822$_7$
駢 7834$_1$
平* 1040$_9$

piao

謤* 0169$_1$
驃* 7139$_1$
漂* 3119$_1$
縹 2199$_1$
飄 1791$_0$
瓢 1293$_0$
票 1090$_1$
嫖* 4149$_1$
朴* 4390$_0$

pie

肺* 7522$_7$
瞥* 9860$_4$

pin

拼 5804$_1$
貧 8080$_6$
頻* 2128$_6$
薲 4480$_6$
品 6066$_0$
聘 1512$_7$
蘋* 4428$_6$

ping

秤* 2194$_9$
馮* 3112$_7$
平* 1040$_9$
坪 4114$_9$
苹* 4440$_9$
屏* 7724$_1$
枰 4194$_9$
洴 3814$_1$
瓶 8141$_7$
屛 7724$_1$
萍 4414$_9$
缾 8874$_1$
蓱 4414$_1$
評 0164$_9$
凴 3121$_7$
憑 3133$_2$
蘋* 4428$_6$

po

霸* 1052$_7$
陂* 7424$_7$
泊* 3610$_0$
跛* 6414$_7$
繁* 8890$_3$
濼* 3219$_4$
坡 4414$_7$
潑* 3214$_7$
婆 3440$_4$
鄱* 2762$_7$
珀 1610$_0$
破 1464$_7$
蒪 4434$_2$
頗* 4128$_6$
朴* 4390$_0$
溥* 3314$_2$
皛* 2666$_0$

pou

褒* 0073$_2$
裦* 0073$_2$
抱* 5701$_2$
部* 0762$_7$
涪* 3016$_1$
培* 4016$_1$
剖 0260$_0$
裒* 0073$_2$

pu

堡* 2610$_4$
暴* 6013$_2$
卜* 2300$_0$
扶* 5503$_0$
苻* 4424$_0$
襆* 3223$_4$
甫* 5322$_7$
脯* 7322$_7$
撲* 5203$_4$
鋪 8312$_7$
莆 4422$_7$
菩* 4460$_1$
葡* 4422$_7$
蒲 4412$_7$
璞 1213$_4$
濮 3213$_4$
朴* 4390$_0$
圃* 6022$_7$
埔* 4312$_7$
浦 3312$_7$
普 8060$_1$
溥* 3314$_2$
樸 4293$_4$
譜 0866$_1$
舖 8362$_7$
瀑* 3613$_2$
曝 6603$_2$

qi

吃* 6801$_7$
刺* 5290$_0$
扺* 5204$_0$
逗* 3130$_1$
畸* 6402$_1$
稽* 2396$_1$
緝* 2694$_1$
饑* 8275$_3$
亟* 1010$_4$
己* 1771$_7$
技* 5404$_7$
偈* 2622$_7$
濟 3012$_3$
揭* 5602$_7$
七 4071$_0$
妻 5040$_4$
栖* 4196$_0$
戚* 5320$_0$
淒* 3514$_4$
萋 4440$_4$
朞 4422$_7$
期 4782$_0$
棲* 4594$_4$
欺 4788$_2$
榿 4291$_8$
漆* 3413$_2$
祁* 3722$_7$
圻* 4212$_1$
岐 2474$_7$
其 4480$_1$
奇* 4062$_1$
歧 2414$_7$
祇* 3224$_0$
祈* 3222$_1$
旂 0822$_1$
耆* 4460$_1$
崎* 2472$_1$
淇 3418$_1$
畦 6401$_4$
棊 4490$_4$
棋 4498$_1$
祺 3428$_1$
碁 4460$_1$
旗 0828$_1$
綦 4490$_3$
齊* 0022$_3$
錡 8412$_1$
臍 7022$_3$
騎 7432$_1$
蘄* 4452$_1$
麒 0428$_1$

麡 0022_3
乞 8071_7
企 8010_1
屺 2771_7
芑 4471_7
杞 4791_7
豈* 2210_8
起 4780_1
啓 3860_4
綺* 2492_1
汽* 3811_7
泣* 3011_8
咠 6040_1
契* 5743_0
砌* 1762_0
挈 5790_4
氣* 8091_7
棄 0090_4
器 6666_3
憩 2633_0
磧 1568_6

qia

價* 2128_6
鮚* 2436_1
卡* 2123_1
客* 3060_4
恰 9806_1
洽* 3816_1
挈* 5750_2
絜* 5790_3

qian

涔* 3212_7
柑* 4497_0
湔* 3812_1
犍* 2554_0
漸* 3212_1
開* 7744_1
欿* 2778_2
淒* 3514_4
千 2040_0
汧 3114_0
僉 8088_6
鉛* 8716_1
搴 3050_2
遷 3130_1
謙* 0863_7
簽 8888_6
攓 5308_1
籤 8815_3
前* 8022_1
虔 2124_0
乾* 4841_7
揵* 5504_0
鈐* 8812_7
錢* 8315_3
黔 6832_7
灊 3112_7
淺* 3315_3
嵰 2873_7
慊* 9803_7
遣 3530_7
潛 3116_1
欠 2780_2
茜* 4460_1
倩* 2522_7
蒨 4422_7
塹* 5210_4
歉 8728_2
壍 3210_4
鋟* 8714_7
褰* 3090_4
鍼* 8315_0

qiang

創* 8260_0
彊* 1121_6
將* 2724_0
控* 5301_1
羌 8021_1
腔* 7321_1
槍* 4896_7
鎗* 8816_7
強* 1323_6
墻 4416_1
薔* 4460_1
牆 2426_1
搶* 5806_7
親* 0691_0
篬* 8822_7
慶* 0024_7

qiao

愀* 2933_8
毳* 2071_4
茭* 4440_8
焦* 2033_1
蕉* 4433_1
嶠* 2272_7
醮* 1063_1
敲 0124_7
碻* 1062_7
荍 4474_8
喬* 2022_7
僑* 2222_7
樵 4093_1
橋* 4292_7
譙 0063_1
巧 1112_7
俏* 2922_7
峭 2972_7
翹 4721_2
雀* 9021_4
削* 9220_0
校* 4094_8
招* 5706_2

qie

鰈* 2439_4
伽* 2620_0
蕺* 4415_3
捷* 5508_1
蛣* 5416_1
漆* 3413_2
契* 5743_0
砌* 1762_0
慊* 9803_7
切 4772_0
且* 7710_0
挈* 5750_2
愜 9101_3
篋 8871_3
鍥 8713_4
竊 3092_7
稧 2793_4

qin

衿* 3822_7
堇* 4410_4
槿* 4491_4
浸* 3714_7
墐* 4410_4
蘄* 4452_1
衾 8073_2
親* 0691_0
芩* 4420_7
芹 4422_1
秦 5090_4
琴 1120_7
琹 1190_4
禽 8042_7
勤 4412_7
噙 6802_7
擒 5802_7
鋟* 8714_7
沁 3310_0
菣 4474_7
欽* 8718_2
覃* 1040_6

qing

涇* 3111_1
精* 9592_7
硜* 1161_1
倩* 2522_7
青* 5022_7
卿 7772_0
清 3512_7
蜻* 5512_7
輕 5101_1
鯖* 2532_7
情 9502_7
晴 6502_7
黥 6039_6
頃* 2178_6
請 0562_7
檾 9999_4
箐* 8822_7
慶* 0024_7
磬 4760_1
罄 4777_2

qiong

鞠* 4752_0

邛 1712_7
穹* 3020_7
蛩* 1713_6
窮 3022_7
瓊* 1714_7

qiu

仇* 2421_7
龜* 2711_7
湫* 3918_0
鳩* 4702_7
丘 7210_1
邱 7712_7
秋 2998_0
烁 9289_4
鞦 4958_0
鰍 2938_0
囚 6080_0
求 4313_2
虬 5211_0
艏* 4001_6
球 1313_2
逎 3830_6
裘 4373_2
宿* 3026_1

qu

鉤* 8712_0
鞠* 4752_0
弆* 4044_3
句* 2762_0
巨* 7171_7
瞿* 6621_4
誇* 0462_7
蜡* 5416_1
曲 5560_0
屈* 7727_2
祛 3423_1
胠 7423_1
袪 3423_1
區* 7171_6
敺* 7174_7
趨* 4780_2
麴 4722_0
驅 7131_6
劬 2462_7
朐* 7722_0
渠* 3190_4
軥* 5702_0
蕖 4490_4
璩 1113_2
蟝 5119_4
蘧* 4430_3
臞 7621_4
癯 0011_4
衢 2122_1
取 1714_0
去 4073_1
趣* 4780_4
闃 7780_6
騶* 7732_7
組* 2791_0

quan

純* 2591_7
瑄* 1317_7
卷* 9071_2
全 8010_4
泉 2623_2
荃* 4410_4
拳 9050_2
詮 0861_4
銓 8811_4
巏 2471_4
權* 4491_4
犬 4303_0
券* 9022_7
勸 4422_7
拴* 5801_4
栒* 4792_0

que

決* 3513_0
鳥* 2732_7
碻* 1062_7
屈* 7727_2
缺* 8573_0
瘸 0012_7
却* 4772_0
卻* 8762_0
雀* 9021_4
确 1762_7
榷 4491_4
慤 4733_4
確 1461_4
闕* 7748_2
鵲 4762_7
芍* 4432_7

qun

逡* 3230_6
麇* 0029_4
羣 1750_1

ran

然 2333_3
髯 7244_7
燃 9383_3
冉* 5044_7
染 3490_4

rang

禳 3023_2
穰 2093_2
壤 4013_2
攘* 5003_2
纕* 2093_2
讓 0063_2
鑲* 8013_2

rao

繚* 2499_6
蟯* 5411_1
蕘* 4421_1
饒 8471_1
繞 2491_1

re

惹* 4433_6
熱 4533_1
若* 4460_4

ren

人 8000_0
仁 2121_0
壬 2010_4
忍 1733_2
稔 2893_2
任* 2221_4
妊 4241_4
紉 2792_0
訒 0762_0
葚* 4471_1
靭 4752_0
認 0763_2

reng

仍 2722_7

ri

日 6010_0

rong

隔* 7122_7
戎 5340_0
茸 4440_1
容* 3060_8
峵 2373_2
溶 3316_8
蓉 4460_8
榕 4396_8
榮 9990_4
熔 9386_8
融 1523_6
鎔 8316_8
冗 3721_7
頌* 8178_6

rou

柔 1790_4
肉* 4022_7

ru

女* 4040_0
肉* 4022_7
如 4640_0
茹 4446_0
儒 2122_7
孺 1142_7
濡* 3112_7
蠕 5112_7
汝 3414_0
乳 2241_0
入 8000_0
需* 1022_7

月* 7722_{0}

ruan

濡* 3112_{7}
阮* 7121_{1}
軟 5708_{2}
需* 1022_{7}

rui

兌* 8021_{6}
内* 4022_{7}
蕤 4423_{1}
蕊* 4433_{3}
蕋* 4411_{1}
蘂 4490_{4}
芮* 4422_{7}
瑞 1212_{7}
睿 2160_{8}
銳* 8811_{6}
綏* 2294_{4}
惢* 3333_{0}

run

閏 7710_{4}
潤 3712_{0}

ruo

溺* 3712_{7}
惹* 4433_{6}
芮* 4422_{7}
若* 4460_{4}
弱 1712_{7}
婼* 4446_{4}
箬* 8860_{4}
篛* 8812_{7}

sa

蔡* 4490_{1}
灑* 3111_{1}
卅 4400_{0}
鈒* 8714_{7}
薩 4421_{4}
殺* 4794_{7}
雪* 1060_{1}

sai

塞* 3010_{4}
賽 3080_{6}
思* 6033_{0}

san

參* 2320_{2}
三 1010_{1}
散 4824_{0}
彡* 2020_{2}

sang

纕* 2093_{2}
桑 7790_{4}
喪 4073_{2}

sao

搔 5703_{6}
繅* 2299_{4}
騷 7733_{6}
騒* 7733_{6}
掃 5702_{7}
埽 4712_{7}
梢* 4992_{7}
哨* 6902_{7}
燥* 9689_{4}

se

泣* 3011_{8}
嗇* 4460_{1}
塞* 3010_{4}
色* 2771_{7}
嗇 4060_{1}
瑟 1133_{1}
璱 1113_{1}
穡 2496_{1}
寨* 3090_{4}
漬* 3518_{6}

sen

森 4099_{4}

seng

僧* 2826_{6}

sha

接* 5004_{4}
沙* 3912_{0}
砂 1962_{0}
殺* 4794_{7}
紗* 2992_{0}
莎* 4412_{9}
痧 0012_{9}
萐 4480_{1}
杉* 4292_{2}
攝* 5104_{1}
厦* 7124_{7}
雪* 1060_{1}

shai

色* 2771_{7}
殺* 4794_{7}
曬 6101_{1}
術* 2122_{1}

shan

禪* 3625_{6}
蟬* 5615_{6}
單* 6650_{6}
儋* 2726_{1}
擔* 5706_{1}
澹* 3716_{1}
山 2277_{0}
彡* 2020_{2}
刪 7240_{0}
杉* 4292_{2}
姍* 4744_{0}
埏* 4214_{1}
珊 1714_{0}
舢 2247_{0}
笘 8860_{1}
搧 5302_{7}
[illegible] 4196_{0}
陝 7423_{8}
睒 6908_{9}
汕* 3217_{0}
疝 0017_{2}
苫* 4460_{1}
剡* 9280_{0}
扇 3022_{7}
善 8060_{1}
鄯 8762_{7}
擅 5001_{6}
膳 7826_{1}
繕 2896_{1}
壇* 4011_{6}
檀* 4091_{6}
柵* 4794_{0}
鱣* 2031_{6}

shang

商 0022_{7}
傷 2822_{7}
殤 1822_{7}
觴 2822_{7}
裳* 9073_{2}
賞 9080_{6}
上 2110_{0}
尚* 9022_{7}
湯* 3612_{7}

shao

梢* 4992_{7}
稍 2992_{7}
燒 9481_{1}
勺* 2732_{0}
芍* 4432_{7}
苕* 4460_{2}
韶 0766_{2}
少 9020_{0}
劭 1462_{7}
卲 1762_{0}
邵 1762_{7}
哨* 6902_{7}
紹* 2796_{2}
搜* 5704_{7}
削* 9220_{0}
燿* 9781_{4}
招* 5706_{2}
召* 1760_{2}

she

揲* 5409_{4}
睫* 6508_{1}
聶* 1014_{1}
奢 4060_{4}
舌* 2060_{4}
佘 8090_{1}
蛇* 5311_{1}
舍* 8060_{4}
捨 5806_{4}

社 3421_0
射* 2420_0
涉* 3112_1
設 0764_7
赦* 4834_0
蠂 5419_4
攝* 5104_1
麝 0024_1
拾* 5806_1
歙* 8718_2
葉* 4490_4
畲* 8060_9
折* 5202_1

shen

參* 2320_2
葚* 4471_1
申 5000_6
屾 2277_0
伸 2520_6
身* 2740_0
呻 6500_6
娠 4143_2
甡 2511_0
深 3719_4
紳 2590_6
駪 7431_1
神 3520_6
沈* 3411_2
哂 6106_0
審* 3060_9
瀋* 3316_9
甚 4471_1
腎 7722_7
慎* 9408_1
蜃 7113_6
什* 2420_0
莘* 4440_1
信* 2026_1
震* 1023_2

sheng

丞* 1710_3
乘* 2090_1
升 2440_0
生 2510_0
昇 6044_0
陞 7421_4
笙 8810_4
聲 4740_1
澠* 3711_7
繩* 2791_7
省* 9060_2
眚 2560_1
晟* 6025_3
盛* 5310_7
剩 2290_0
勝 7922_7
嵊* 2279_1
聖 1610_4
賸 7928_6
冼* 3411_1
姓* 4541_0

shi

匙* 6180_1
飭* 8872_7
堤* 4618_1
遞* 3230_1
郝* 4732_7
赫* 4433_1
耆* 4460_1
舍* 8060_4
尸 7727_0
失* 2503_0
邿 4732_7
施* 0821_2
師 2172_7
葹 4421_2
獅 4122_7
蓍 4460_1
詩 0464_1
蝨 1713_6
濕* 3613_3
釃 1161_1
十 4000_0
什* 2420_0
石* 1060_0
拾* 5806_1
食* 8073_2
時 6404_1
寔 3080_1
蒔 4464_1
實* 3080_6
識* 0365_0
史 5000_6
矢 8043_0
豕 1023_2
使 2520_6
始 4346_0
士 4010_0
氏* 7274_0
世 4471_7
仕 2421_0
市 0022_7
示* 1090_1
式 4310_0
事* 5000_7
侍 2424_1
室 3010_4
是* 6080_1
柿 4092_7
逝 3230_2
視 3621_0
嗜 6406_1
筮 8810_8
試 0364_0
飾* 8872_7
誓 5260_1
適* 3030_2
檡 4694_1
謚* 0861_7
釋 2694_1
斯* 4282_1
寺* 4034_1
似* 2820_0
提* 5608_1
象* 2723_2
繹 2694_1
澤* 3614_1
殖* 1421_7
厔* 7121_4
峙* 2474_1

shou

收 2874_0
手 2050_0
守 3034_2
首 8060_1
受* 2040_7
狩 4324_2
售* 2060_1
授 5204_7
壽 4064_1
瘦 0014_7
綬 2294_7
獸 6363_4
濤* 3414_1

shu

除* 7829_4
俶* 2724_0
潏* 3712_7
售* 2060_1
殳 7740_7
抒 5702_2
叔 2794_0
姝 4549_0
書 5060_1
殊 1529_0
紓 2792_2
梳 4091_3
淑* 3714_0
菽* 4494_7
疎 1519_6
疏 1011_3
舒* 8762_2
踈 6519_6
樞* 4191_6
蔬 4411_3
輸 5802_1
攄* 5103_6
尗 2190_1
秫 2399_4
塾 0510_4
贖 6488_6
暑 6060_4
黍 2013_2
署 6060_4
鼠 7771_7
蜀 6012_7
曙 6606_4
戍 5320_0
束 5090_6
沭 3319_4

述 3330_{9}
恕 4633_{0}
庶* 0023_{7}
術* 2122_{1}
墅* 6710_{4}
漱 3718_{2}
潄 3814_{0}
數 5844_{0}
澍* 3410_{0}
豎 7710_{8}
樹 4490_{0}
嗽* 6708_{2}
涑* 3519_{6}
透* 3230_{2}
荼* 4490_{4}
倏* 2722_{7}
野* 6712_{2}
俞* 8022_{1}
豫* 1723_{2}
朱* 2590_{0}
屬* 7722_{7}
杼* 4792_{2}

shua

選* 3730_{8}

shuai

率* 0040_{3}
衰* 0073_{2}
摔 5004_{3}
帥 2472_{7}
綏* 2294_{4}

shuan

汕* 3217_{0}
拴* 5801_{4}
栒* 4792_{0}
專* 5034_{3}

shuang

淙* 3319_{1}
瀧* 3111_{1}
霜 1096_{3}
雙 2040_{7}
爽 4003_{4}

shui

誰 0061_{4}
水 1223_{0}
稅* 2891_{6}
睡 6201_{4}
說* 0861_{6}

shun

俊* 2324_{7}
舜 2025_{2}
順 2108_{6}
廵* 1240_{3}
巡* 3230_{3}
恂* 9702_{0}

shuo

療* 0019_{6}
說* 0861_{6}
朔 8742_{0}
嗽* 6708_{2}
碩 1168_{6}
溯* 3712_{0}
燿* 9781_{4}
藥* 4490_{4}
濯* 3711_{4}

si

偲* 2623_{0}
祠* 3722_{0}
麗* 1121_{1}
食* 8073_{2}
司* 1762_{0}
私 2293_{0}
思* 6033_{0}
斯* 4282_{1}
絲 2299_{3}
罳 6033_{6}
死 1021_{2}
四 6021_{0}
寺* 4034_{1}
汜 3711_{7}
似* 2820_{0}
兕 7721_{7}
姒 4840_{0}
祀 3721_{7}
泗 3610_{0}
俟 2323_{4}
笥 8862_{7}
耜 5797_{7}
竢 0313_{4}
嗣 6722_{0}
肆* 7570_{7}
飼 8772_{0}
騃* 7333_{4}
台* 2360_{0}
析* 4292_{1}
徙* 2128_{1}
飴 8376_{0}
以* 2810_{0}
肂 2540_{7}
雉* 8041_{4}

song

松 4893_{2}
崧 2293_{2}
淞 3813_{2}
菘 4493_{2}
嵩 2222_{7}
悚 9509_{6}
竦 0519_{6}
宋 3090_{4}
送 3830_{3}
訟 0863_{2}
頌* 8178_{6}
誦 0762_{7}

sou

敕* 5894_{0}
嗽* 6708_{2}
廋 0024_{7}
搜* 5704_{7}
蒐* 4421_{3}
餿 8774_{7}
騪 7734_{7}
涑* 3519_{6}
潚* 3512_{7}
謏* 0764_{7}
族* 0823_{4}

su

甦 1550_{1}
酥 1269_{4}
蘇 4439_{4}
俗 2826_{8}
夙 7721_{0}
泝 3213_{1}
涑* 3519_{6}
素 5090_{3}
速 3530_{9}
宿* 3026_{1}
傃 2529_{3}
粟 1090_{4}
訴 0263_{1}
塑 8710_{4}
溯* 3712_{0}
肅 5022_{7}
遡 3730_{2}
潚* 3512_{7}
縮* 2396_{1}
卹* 2712_{0}

suan

酸 1364_{7}
筭 8844_{1}
算 8844_{6}
選* 3730_{8}
撰* 5708_{1}

sui

粹* 9094_{8}
霍* 1021_{4}
莎* 4412_{9}
荽* 4440_{4}
眭* 6401_{4}
睢* 6001_{4}
濉 3011_{4}
雖 6011_{4}
隋* 7422_{7}
綏* 2294_{4}
隨 7423_{2}
遂 3830_{3}
歲* 2125_{3}
碎 1064_{8}
誶 0064_{8}
邃 3330_{3}
繐 2593_{3}
蓑* 4473_{2}
遺* 3530_{8}

sun

餐* 2773_2
孫* 1249_3
飧 2823_2
蓀 4449_3
笋 8857_5
筍* 8862_7
損 5608_6
潠 3718_1

suo

抄* 5902_0
霍* 1021_4
靃* 1021_4
沙* 3912_0
莎* 4412_9
衰* 0073_2
歲* 2125_3
娑 3940_4
梭* 4394_7
蓑* 4473_2
縮* 2396_1
所 7222_1
索 4090_3
惢* 3333_0
瑣 1918_6
鎖 8918_6
犧* 2855_3
獻* 2323_4
些* 2110_1
瑮* 1219_4

ta

嗒* 6406_1
沓* 1260_3
達* 3430_4
鞳* 4453_4
漯* 3613_3
他* 2421_2
塔* 4416_1
獺 4728_6
搨* 5602_7
撻 5403_4
踏 6216_3
太* 4003_0

tai

大* 4003_0
鮐* 5821_4
能* 2121_1
胎 7326_0
台* 2360_0
苔 4460_3
落* 4416_3
臺 4010_4
擡 5401_4
太* 4003_0
汰 3413_0
泰 5013_2
詒* 0366_0

tan

禪* 3625_6
癉* 0015_6
但* 2621_0
淡* 3918_9
彈* 1625_6
澹* 3716_1
漢* 3413_4
沈* 3411_2
貪 8080_6
攤* 5001_4
灘* 3011_4
郯 9782_7
覃* 1040_6
痰 0018_9
潭* 3114_6
談 0968_9
壇* 4011_6
曇 6073_1
檀* 4091_6
譚 0164_6
坦 4611_0
探* 5709_4
嘆 6403_4
歎 4758_2
蕈* 4440_6
炎* 9080_9
湛* 3411_1

tang

黨* 9033_1
蕩* 4412_7
擴* 5008_6
湯* 3612_7
唐 0026_7
堂 9010_4
棠 9090_4
塘 4016_7
糖 9096_7
螳 5911_4
餳* 8672_7
倘* 2922_7

tao

籌* 8864_1
燾* 4033_4
弢 1224_7
掏 5702_0
濤* 3414_1
謟 0267_7
韜 4257_7
匋* 2772_0
洮* 3211_3
逃 3230_1
桃* 4291_3
陶* 7722_0
檮* 4494_1
套 4073_1
討 0460_0
挑* 5201_3
跳* 6211_3
姚* 4241_3

te

特 2454_1

teng

滕 7923_2
藤 4423_2
騰 7922_7
籐 8823_2

ti

蟬* 5615_6
俶* 2724_0
狄* 4928_0
弟* 8022_7
棣* 4593_2
睇* 6802_7
諦* 0062_7
是* 6080_1
適* 3030_2
肆* 7570_7
剔 6220_0
梯 4892_7
啼 6002_7
提* 5608_1
稊 2892_7
綈 2892_7
蹄* 6012_7
題* 6180_8
體 7521_8
剃 8220_0
惕 9602_7
替 5560_3
殢 1422_7
薙* 4441_4
錫* 8612_7
荑* 4453_2
躍* 6711_4
折* 5202_1
穉 2795_3

tian

滇* 3418_1
顛* 4188_6
典* 5580_1
佃* 2620_0
鈿* 8610_0
栝* 4296_4
苫* 4460_1
天 1043_0
添 3213_3
田 6040_0
恬 9206_4
甜 2467_0
填* 4418_1
吞* 1060_3
畇* 6702_0
鎮* 8418_1

tiao

超* 4780_6

調* 0762_0
苕* 4460_2
桃* 4291_3
挑* 5201_3
條 2729_4
蜩* 5712_0
窕 3011_3
眺 6201_3
跳* 6211_3
姚* 4241_3
啁* 6702_0

tie

蝶* 5419_4
銕 8513_2
鐵* 8315_0
鐡* 8315_0
帖 4126_0
占* 2160_0

ting

珵* 1611_4
汀* 3112_0
桯* 4691_4
聽 1413_1
廷 1240_1
亭 0020_1
庭 0024_1
莛 4440_1
停 2022_1
渟 3012_1
霆 1040_1
挺 5204_1
梃 4294_1
艇 2244_1

tong

蟲* 5013_6
侗* 2722_0
峒* 2772_0
峝* 2222_7
洞* 3712_0
通 3730_2
仝 8010_1
同 7722_0
佟 2723_3
彤 7242_2
桐* 4792_0
童* 0010_4
銅 8712_0
潼* 3011_4
獞* 4021_4
統 2091_3
痛 0012_7
重* 2010_4

tou

諳* 0066_1
逗* 3130_1
偷 2822_1
投* 5704_7
骰* 7724_7
頭 1118_6
透* 3230_2
愉* 9802_1
諭 0862_1

tu

跌* 6513_0
杜* 4491_0
樗* 4694_1
禿 2021_7
突 3043_0
徒 2428_1
涂* 3819_4
荼* 4490_4
途 3830_9
屠 7726_4
塗* 3810_4
嵞 8077_2
鈯 8217_2
圖 6060_4
土* 4010_0
吐 6401_0
兔* 2741_3
余* 8090_4

tuan

蓴* 4434_3
鶉* 0742_7
敦* 0844_0
稅* 2891_6
團* 6034_3
摶* 5504_3
疃 6001_4
彖* 2723_2
專* 5034_3
磚* 1564_3

tui

弟* 8022_7
饋* 8578_6
稅* 2891_6
推 5001_4
退 3730_3
蛻* 5811_6
脫* 7821_6
追* 3730_7

tun

純* 2591_7
庉* 0021_7
沌* 3511_7
燉* 9884_0
吞* 1060_3
屯* 5071_7
遯* 3130_3

tuo

池* 3411_2
惰* 9402_7
蛇* 5311_1
稅* 2891_6
說* 0861_6
隋* 7422_7
他* 2421_2
托 5201_4
託 0261_4
脫* 7821_6
陀* 7321_1
陁* 7821_2
沱* 3311_1
駝 7331_1
橐* 5090_4
鼉 6671_7
妥 2040_4
橢* 4492_7
柝 4293_1
唾 6201_4
跅* 6213_1
蘀* 4454_1
籜 8854_1
迤* 3830_1
磚* 1564_3

wa

凹* 7777_0
姽* 4741_2
蛙* 5411_4
瓦 1071_7
襪 3425_3

wai

外 2320_0
夭* 2043_0

wan

關* 7777_2
貫* 7780_6
蔓* 4440_7
澫* 3412_7
免* 2741_6
灣 3212_7
丸 5001_7
完* 3021_1
玩 1111_1
紈 2591_7
頑* 1128_6
宛* 3021_2
挽 5701_6
晚 6701_6
莞* 4421_1
婉 4341_2
惋 9301_2
晩 6701_6
菀* 4421_2
琬 1311_2
皖* 2361_1
畹 6301_2
綰 2397_7
輓 5701_6
卍 1221_7
萬 4442_7
翫 1161_1
莧* 4421_6

wang

皇* 2610_4
匡* 7171_1
芒* 4471_0
汪* 3111_4
亡* 0071_0
王* 1010_4
虹 5111_4
往 2021_4
枉* 4191_4
罔 7722_0
網 2792_0
輞 5702_0
妄 0040_4
忘 0033_1
旺 6101_4
望 0710_4

wei

堤* 4618_1
瞶* 6508_6
撝* 5202_7
歸* 2212_7
立* 0010_8
萎* 4440_4
眭* 6401_4
危 2721_2
威 5320_0
微 2824_0
煨* 9683_2
溦 2224_8
薇 4424_8
巍 2241_3
韋* 4050_6
唯 6001_4
帷 4021_4
惟 9001_4
圍 6050_6
爲 2022_7
違* 3430_4
維* 2091_4
潙* 3212_7
濰 3011_4
闈 7750_6
尾* 7721_4
委 2040_4
洧 3412_7
偉 2425_6
猥 4623_2
葦 4450_6
痿 0014_4
僞* 2222_7
緯 2495_6
韡* 4455_4
亹* 0010_6
未 5090_0
位 2021_8
味* 6509_0
畏 6073_2
尉* 7420_0
渭 3612_7
蔚* 4424_0
慰 7433_0
蝟 5612_7
衛 2122_1
魏 2641_3
躛 2180_1
倭* 2224_4
猗* 4422_1
遺* 3530_8
有* 4022_7

wen

芴* 8822_7
昧* 6509_0
免* 2741_6
溫 3611_7
瘟 0011_7
文 0040_0
雯 1040_0
聞 7740_1
閿 7740_7
穩 2293_7
汶* 3014_0
問 7760_7
限* 7723_2
眼* 6703_2
韞* 4651_7
蘊* 4491_7

weng

蒙* 4423_2
翁 8012_7
嗡 6802_7
瓮 8071_7
甕 0071_7
罋 0077_2
壅* 0010_4

wo

倭* 2224_4
渦* 3712_7
蝸* 5712_7
我 2355_0
沃 3213_4
臥 7870_0
幄 4721_4
握* 5701_4
渥* 3711_4
斡* 4844_0
臒* 7424_7
夭* 2043_0

wu

惡* 1033_1
芴* 8822_7
莫* 4443_0
母* 7750_0
亡* 0071_0
渥* 3711_4
巫 1010_8
屋 7721_4
烏* 2732_7
鄔 2732_7
无* 1041_0
毋* 7755_0
吳* 2643_0
吾* 1060_1
郚* 1762_7
梧* 4196_1
浯 3116_1
㕶 7126_1
庴 0026_1
無* 8033_1
蜈 5613_4
蕪 4433_1
五 1010_7
午 8040_0
伍 2121_7
武 1314_0
侮 2825_7
舞 8025_1
廡 0023_1
潕 3813_1
兀 1021_0
勿* 2722_0
戊 5320_0
物 2752_0
務* 1822_7
悟 9106_1
晤 6106_1
婺* 1840_4
痦* 0016_1
寤 3026_1
誤 0663_4
寤 3026_1
霧* 1022_7
鶩 1832_7
於* 0823_3
御* 2722_0

xi

錯* 8416_1
擊* 5750_2
既* 7171_4
繫* 5790_3
栖* 4196_0
棲* 4594_4
氣* 8091_7
茜* 4460_1
郤* 8762_0
灑* 3111_1
鈒* 8714_7
濕* 3613_3
謚* 0861_7
夕* 2720_0
西 1060_0
吸 6704_7
希 4022_7
昔* 4460_1
析* 4292_1
奚 2043_0
息 2633_0
晞 6402_7
浠 3412_7

悉 2033_9
惜 9406_1
淅 3212_1
晰 6202_1
犀 7725_3
稀 2492_7
翕 8012_7
徯 2223_4
溪 3213_4
晳 4260_2
熙* 7733_1
嘻 6406_1
嬉 4446_1
膝 7423_2
樨 4795_3
歙* 8718_2
熹 4033_6
羲 8025_3
錫* 8612_7
犧 2855_3
蟋 5213_9
谿 2846_8
醯 1061_7
犧* 2855_3
郋 2762_7
席 0022_7
習 1760_2
嶍 2776_2
隰* 7623_3
檄 4894_0
襲 0173_2
枲 2390_4
洗* 3411_1
徙* 2128_1
喜* 4060_1
銑* 8411_1
禧 3426_1
壐 1010_4
璽 1010_3
系 2090_3
細 2690_0
隙 7929_6
禊 3723_4

xia

舝* 2071_4
給* 2896_1
郃* 8762_7
夾* 4003_8
葭* 4424_7
叚* 7724_7
假* 2724_7
瞎 6306_4
蝦* 5714_7
鰕 2734_7
匣 7171_6
狎 4625_0
俠 2423_8
陜 7423_8
峽 2473_8
硤 1463_8
遐 3730_4
暇* 6704_7
轄* 5306_4
霞 1024_7
黠 6436_1
下 1023_0
夏* 1024_7
廈* 7124_7
押* 5605_0

xian

捍* 5604_1
寰* 3073_2
肩* 3022_7
梘* 4691_0
見* 6021_0
閒* 7722_7
鬫* 7714_8
濂* 3013_7
慊* 9803_7
灑* 3111_1
姍* 4744_0
省* 9060_2
探* 5709_4
洗* 3411_1
銑* 8411_1
仙 2227_0
先 2421_1
僊 2121_2
暹 3630_1
鮮 2835_1
纖 2395_0
弦 1023_2
咸 5320_0
絃* 2093_2
啣 6702_0
閑 7790_4
銜 2122_1
撏* 5704_6
賢 7780_6
鹹 2365_0
贙 7580_6
冼* 3411_1
險* 7828_6
燹* 1180_9
蘚 4435_1
顯 6138_6
限* 7723_2
峴 2671_0
莧* 4421_6
陷 7727_7
現 1611_0
羨* 8018_2
僩 2722_0
線 2693_2
憲 3033_6
縣* 6299_3
獻* 2323_4
軒* 5104_0

xiang

亨* 0020_7
降* 7725_4
攘* 5003_2
纕* 2093_2
相 4690_0
香 2060_9
香 2060_3
鄉 2722_7
廂 0026_0
湘 3610_0
薌 4422_7
緗 2690_0
襄 0073_2
鑲* 8013_2
瓨* 1111_7
庠 0025_1
祥 3825_1
翔 8752_0
詳* 0865_1
享 0040_7
想 4633_0
餉 8772_0
嚮 2722_7
響 2760_1
饗 2773_2
向 2722_0
象 2723_2
項 1118_6
像 2723_2
橡 4793_2
洋* 3815_1

xiao

呼* 6204_9
姣* 4044_8
茭* 4440_8
狡* 4024_8
絞* 2094_8
較* 5004_8
俏* 2922_7
騷* 7733_6
梢* 4992_7
芍* 4432_7
哨* 6902_7
搜* 5704_7
潚* 3512_7
削* 9220_0
宵 3022_7
消 3912_7
逍 3930_2
梟 2790_4
翛* 2722_7
嘐* 6702_2
銷 8912_7
霄 1022_7
蕭 4422_7
蟂 5719_4
瀟 3412_7
簫 8822_7
嚻* 6666_0
囂* 6666_8
驍 7431_1
洨 3014_8

小 9000_0
筱 8824_8
皛* 2666_0
曉 6401_1
篠 8829_4
謏* 0764_7
孝 4440_7
肖 9022_7
效 0844_0
校* 4094_8
笑 8843_0
嘯* 6502_7
歗* 5728_2
斅 7144_7
斆 7844_0
爻* 4040_0

xie

欸* 2748_2
漑* 3111_4
夾* 4003_8
迦* 3630_0
接* 5004_4
解* 2725_2
桔* 4496_1
跬* 6411_4
契* 5743_0
殺* 4794_7
眭* 6401_4
歙 8718_2
隰* 7623_3
些 2110_1
歇* 6778_2
邪* 7722_7
協 4402_7
偕 2126_2
斜* 8490_0
絜* 5790_3
攜 5002_7
諧 0166_1
擷 5108_6
龤 8126_1
寫 3032_7
泄* 3411_7
卸 8712_0
洩* 3510_6
屑 7722_7
渫* 3419_4
嶰* 2775_2
懈 9705_2
澥 3715_2
燮 9940_7
謝 0460_0
瀣 3711_1
蟹 2713_6
血* 2710_0
耶* 1712_7
叶* 6400_0
豫* 1723_2
摺* 5706_2

xin

款* 4798_2
心 3300_0
忻 9202_1
辛 0040_1
昕* 6202_1
欣 7728_2
莘* 4440_1
新 0292_1
薪 4492_1
鑫* 8011_9
鐔 8114_6
信* 2026_1
釁 7722_7
興* 7780_1
尋* 1734_6

xing

省* 9060_2
錫* 8672_7
星 6010_4
惺 9601_4
猩 4621_4
興* 7780_1
刑 1240_0
行* 2122_1
邢* 1742_7
形 1242_2
鈃 8114_0
醒* 1661_4
杏 4060_9
姓* 4541_0
幸* 4040_1
性 9501_0
荇 4422_1
嬹 4748_1
研* 1164_0
滎* 9923_2
熒* 9980_9

xiong

凶 2277_0
兄* 6021_0
匈 2772_0
胸 7722_0
雄 4071_4
熊 2133_1

xiu

臭* 2643_0
宿* 3026_1
休* 2429_0
修 2722_2
羞 8021_4
髹 7290_4
朽 4192_7
秀 2022_7
岫 2576_0
袖 3526_0
褎* 0073_2
繡 2592_7
齅 2623_4
煦* 6733_2

xu

規* 5601_0
鹹* 8365_0
呼* 6204_9
滸* 3814_0
姐* 4741_0
謳* 0161_6
嘔* 6101_6
朐* 7722_0
邪* 7722_7
休* 2429_0
旴 6104_0
盱 6104_0
胥 1722_7
訏 0164_0
虛 2121_1
虚 2121_7
須 2128_6
需* 1022_7
墟 4111_2
徐 2829_4
栩* 4792_0
許* 0864_0
鄦 8732_7
旭 4601_0
序 0022_2
卹* 2712_0
恤 9701_0
畜* 0060_3
勖* 6462_7
敘 8194_7
絮* 4690_3
煦* 6733_2
蓄 4460_3
漵 3814_0
緒 2496_0
續 2498_6
于* 1040_0
余* 8090_4
雩* 1020_7
芋* 4440_1
矞* 1722_7

xuan

澴* 3613_2
還* 3630_3
涓* 3612_7
獧* 4623_2
暖* 6204_7
煖* 9284_7
盤* 2710_7
瓊* 1714_7
券* 9022_7
絃* 2093_2
縣* 6299_3
宣 3010_6
晅 6101_6
軒* 5104_0
萱 4410_6
瑄 1311_6

蕙 4433_6
蘐 4464_7
玄 0073_2
旋 0828_1
璇 1818_1
璿 1116_8
懸 6233_9
選* 3730_8
泫* 3013_2
絢* 2792_0
洵* 3712_0
蜎* 5612_7
撰* 5708_1
饌* 8778_1

xue

決* 3513_0
鞾* 4455_4
削* 9220_0
薛 4474_1
穴* 3080_2
學* 7740_7
鷽 7732_7
雪 1017_7
血* 2710_0
吷* 6503_0
謔 0161_4

xun

遁* 3230_6
葷* 4450_6
浚* 3314_7
濬* 3116_8
孫* 1249_3
筍* 8862_7
梭* 4394_7
潭* 3114_6

撏* 5704_6
鑫* 8011_9
絢* 2792_0
熏 2033_1
窨* 3060_1
勳 2432_7
壎 4213_1
薰 4433_1
廵* 1240_3
巡* 3230_3
旬* 2762_0
峋 2772_0
恂* 9702_0
洵* 3712_0
荀 4462_7
栒* 4792_0
尋* 1734_6
循 2226_4
詢 0762_0
馴 7230_0
潯* 3714_6
殉 1722_0
訊 0761_0
訓 0260_0
巽 7780_1
遜 3230_9
愻 1233_9
噀 6708_1
蕈* 4440_6
顨 1122_1
蟫* 5114_6
篔* 8880_6

ya

鵶* 4772_7
堊* 1010_4
碣* 1662_7

烏* 2732_7
吾* 1060_1
歇* 6778_2
邪* 7722_7
押* 5605_0
鴉 7722_7
鴨 6752_7
壓 7121_4
牙 7124_0
厓 7121_4
崖* 2221_4
衙* 2122_1
啞* 6101_7
雅 7021_4
迓 3130_4
亞* 1010_7
顏* 0128_6
御* 2722_0
札* 4291_0
閘* 7750_6

yan

庵* 0021_6
菴* 4471_6
媕* 4844_6
俺* 2421_6
揞* 5006_1
厂* 7120_0
但* 2621_0
淡* 3918_9
淮* 3411_4
趼* 6114_0
顩* 5128_6
鉛* 8716_1
埏* 4214_1
剡* 9280_0
覃* 1040_6

夏* 1024_7
險* 7828_6
羨* 8018_2
廵* 1240_3
巡* 3230_3
咽* 6600_0
烟* 9680_0
胭 7620_0
崦 2471_6
淹 3411_6
焉* 1032_7
煙 9181_4
鄢 1732_7
延 1240_1
言* 0060_1
岩 2260_1
沿 3716_1
炎* 9080_9
研* 1164_0
閆 7710_1
筵 8840_1
揅 1150_2
閻 7777_7
檐* 4796_1
顏* 0128_6
嚴 6624_8
簷 8826_1
巖 2224_8
鹽 7810_7
奄 4071_6
兗 0021_6
弇* 8044_6
衍 2122_1
偃 2121_4
掩 5401_6
眼* 6703_2
郾 7772_7

罨 6071_6
演 3318_6
儼 2624_8
彥* 0022_2
宴 3040_4
晏 6040_4
焰 9787_7
猒 6323_4
硯 1661_0
雁 7121_4
鴈 7122_7
餤 2978_9
燕 4433_1
諺 0062_2
鬳 2122_7
嚥 6403_1
鷃 6742_7
灧 3711_7
驗 7838_6
讞 0368_4
豔 2411_7
灩 3411_7

yang

將* 2724_0
湯* 3612_7
詳* 0865_1
央* 5003_0
鴦 5032_7
羊 8050_1
洋* 3815_1
陽 7622_7
揚 5602_7
暘 6602_7
楊 4692_7
煬 9682_7
瘍* 0012_7

颺 7621$_{2}$
卬* 7772$_{0}$
仰* 2722$_{0}$
養 8073$_{2}$
駚 7533$_{0}$
英* 4453$_{0}$
映* 6503$_{0}$

yao

樂* 2290$_{4}$
玅* 0972$_{0}$
蕘* 4421$_{1}$
匋* 2772$_{0}$
洮* 3211$_{3}$
陶* 7722$_{0}$
夭* 2043$_{0}$
妖* 4243$_{4}$
腰 7124$_{4}$
邀 3830$_{4}$
爻* 4040$_{0}$
姚* 4241$_{3}$
堯 4021$_{1}$
軺* 5706$_{2}$
徭 2227$_{2}$
猺 4227$_{2}$
遙 3730$_{7}$
瑤 1717$_{2}$
嶢 2471$_{1}$
窰 3077$_{2}$
繇* 2279$_{3}$
謠 0767$_{2}$
咬* 6004$_{8}$
窈 3072$_{7}$
齩 2074$_{8}$
要 1040$_{4}$
葯 4492$_{7}$
燿* 9781$_{4}$
藥* 4490$_{4}$
耀 9721$_{4}$
淫* 3211$_{4}$
由* 5060$_{0}$
猶* 4826$_{1}$
幼* 2472$_{7}$
約* 2792$_{0}$
瀹* 3812$_{7}$

ye

揞* 5006$_{1}$
揲* 5409$_{4}$
蠱* 5010$_{7}$
喝* 6602$_{7}$
聶* 1014$_{1}$
射* 2420$_{0}$
墅* 6710$_{4}$
涂* 3819$_{4}$
荼* 4490$_{4}$
邪* 7722$_{7}$
斜* 8490$_{0}$
咽* 6600$_{0}$
耶* 1712$_{7}$
也* 4471$_{2}$
冶 3316$_{0}$
埜 4410$_{4}$
野* 6712$_{2}$
叶* 6400$_{0}$
曳 5000$_{6}$
夜 0024$_{7}$
掖 5004$_{7}$
腋 7024$_{7}$
葉* 4490$_{4}$
業 3290$_{4}$
鄴 3792$_{7}$
謁 0662$_{7}$
饁 8471$_{7}$
餘* 8879$_{4}$

yi

艾* 4440$_{0}$
礙* 1768$_{1}$
迭* 3530$_{3}$
蛾* 5315$_{0}$
姬* 4141$_{6}$
脣* 1760$_{4}$
儗* 2728$_{1}$
奇* 4062$_{1}$
崎* 2472$_{1}$
綺* 2492$_{1}$
汽* 3811$_{7}$
蛇* 5311$_{1}$
射* 2420$_{0}$
失* 2503$_{0}$
施* 0821$_{2}$
食* 8073$_{2}$
謚* 0861$_{7}$
台* 2360$_{0}$
維* 2091$_{4}$
尾* 7721$_{4}$
夕* 2720$_{0}$
熙* 7733$_{1}$
羑* 8018$_{2}$
泄* 3411$_{7}$
洩* 3510$_{6}$
渫* 3419$_{4}$
焉* 1032$_{7}$
也* 4471$_{2}$
一 1000$_{0}$
伊 2725$_{7}$
衣 0073$_{2}$
依 2023$_{2}$
猗* 4422$_{1}$
壹* 4010$_{8}$
揖 5604$_{1}$
欹 4768$_{2}$
漪 3412$_{1}$
噫* 6003$_{6}$
黟 6732$_{7}$
圯 4711$_{7}$
夷 5003$_{2}$
沂* 3212$_{1}$
宜 3010$_{7}$
怡 9306$_{0}$
迤* 3830$_{1}$
姨 4543$_{2}$
荑* 4453$_{2}$
栘 4792$_{7}$
移* 2792$_{7}$
詒* 0366$_{0}$
貽 6386$_{0}$
疑* 2748$_{1}$
儀 2825$_{3}$
彝 2744$_{9}$
乙* 1771$_{0}$
已 1771$_{7}$
以* 2810$_{0}$
倚 2422$_{1}$
扆 3023$_{2}$
艤 2845$_{3}$
蟻 5815$_{3}$
乂* 4000$_{0}$
弋 4300$_{0}$
刈 4200$_{0}$
亦 0033$_{0}$
佚* 2523$_{0}$
役 2724$_{7}$
抑 5702$_{0}$
邑* 6071$_{7}$
易 6022$_{7}$
秇* 2591$_{7}$
郼 4752$_{7}$
醫 7760$_{1}$
逘 3730$_{4}$
頤 7178$_{6}$
顗 2118$_{6}$
奕 0043$_{0}$
弈 0044$_{3}$
疫 0014$_{7}$
挹 5601$_{7}$
益 8010$_{7}$
陭 7422$_{1}$
異 6080$_{1}$
翊 0712$_{0}$
菻 4491$_{7}$
逸 3730$_{1}$
意 0033$_{6}$
義 8055$_{3}$
裔 0022$_{7}$
裛 0072$_{3}$
蓺 4411$_{7}$
億 2023$_{6}$
毅 0724$_{7}$
瘞 0011$_{4}$
嶧 2674$_{1}$
憶 9003$_{6}$
薏 4433$_{6}$
寱 3029$_{4}$
翼 1780$_{1}$
臆 7023$_{6}$
藝 4473$_{1}$
譯 0664$_{1}$
議 0865$_{3}$
囈 6403$_{1}$
懿 4713$_{8}$
驛 7634$_{1}$
鷁 0732$_{7}$

yin

闇* 7760_1
圻* 4212_1
芩* 4420_7
欽* 8718_2
潭* 3114_6
窨* 3060_1
潯* 3714_6
烟* 9680_0
言* 0060_1
壹* 4010_8
沂* 3212_1
因 6043_0
姻 4640_0
音 0060_1
殷 2724_7
氤 8061_7
陰* 7823_1
絪 2690_0
蔭 4423_1
吟* 6802_7
烎 1080_9
唫* 6801_9
寅 3080_6
淫* 3211_4
鄞 4712_7
誾 7760_1
銀 8713_2
蟫* 5114_6
尹* 1750_7
引 1220_0
蚓 5210_0
飲 8778_2
飮 8778_2
檃 7290_4
隱 7223_7
螾 5318_6
蘟 4423_7
讔 0263_7
印 7772_0
胤 2201_0

ying

逞* 3630_1
莖* 4410_1
景* 6090_6
泂* 3712_0
繩* 2791_7
桯* 4691_4
央* 5003_0
英* 4453_0
瑛 1413_4
滎* 9923_2
嬰 6640_4
應 0023_1
嚶 6604_4
攖 5604_4
罌 6677_2
蘡 4440_4
櫻 4694_4
瓔 1614_4
鶯 9932_7
纓 2694_4
鷹 0022_7
鸚 6742_7
迎 3730_2
盈 1710_7
塋 9910_4
楹 4791_7
熒* 9980_9
瑩 9910_3
營* 9960_6
縈 9990_3
螢 9913_6
瀛 3011_7
蠅 5711_7
贏 0021_7
郢* 6712_7
影 6292_2
潁 2128_6
穎 2198_6
廮 0024_4
癭 0014_4
映* 6503_0

yo

育* 0022_7

yong

容* 3060_8
邕 2271_7
庸 0022_7
傭* 2022_7
雍 0021_4
墉 4012_7
慵 9002_7
牗 2022_7
壅* 0010_4
擁 5001_4
灉 3011_4
饔 0073_2
癰 0011_4
喁* 6602_7
永 3023_2
甬* 1722_7
咏 6303_2
泳 3313_2
俑 2722_7
勇 1742_7
涌* 3712_7
湧 3712_7
詠 0363_2
用 7722_0
遇* 3630_2

you

坳* 4412_7
聱* 5840_1
褎* 0073_2
繇* 2279_3
攸 2824_0
幽 2277_0
悠 2833_4
憂 1024_7
優 2124_7
尤 4301_0
由* 5060_0
油 3516_0
柚* 4596_0
疣 0011_4
逌 3130_6
郵* 2712_7
游* 3814_7
猶* 4826_1
遊 3830_4
輶 5806_1
友 4004_7
有* 4022_7
苃 4444_7
酉 1060_0
牖 2302_7
牗 2002_7
黝 6432_7
又 7740_0
右 4060_0
幼* 2472_7
佑 2426_0
侑 2422_7
宥 3022_7
祐 3426_0
栯* 4492_7

yu

拗* 5402_7
墺* 4713_4
澳* 3713_4
懊* 9703_4
汩* 3610_0
谷* 8060_8
彧* 5310_0
舒* 8762_2
宛* 3021_2
菀* 4421_2
王* 1010_4
煨* 9683_2
尉* 7420_0
蔚* 4424_0
吳* 2643_0
吾* 1060_1
郚* 1762_7
梧* 4196_1
夕* 2720_0
栩* 4792_0
衙* 2122_1
喁* 6602_7
迂 3130_4
迃 3130_2
淤 3813_3
渝 3812_1
于* 1040_0
予* 1720_2
余* 8090_4
於* 0823_3
盂 1010_7

俞* 8022_1
禺 6042_7
娛 4643_4
萸 4443_7
隅 7622_7
雩* 1020_7
魚 2733_6
崳 2872_1
愉* 9802_1
畬* 8060_9
腴 7723_7
愚 6033_2
楡 4893_2
榆 4892_1
瑜 1812_1
艅 2849_4
虞 2123_4
漁 3713_6
餘* 8879_4
嬩 4748_1
輿 7780_1
宇 3040_1
羽* 1712_0
雨 1022_7
禹 2042_7
庾 0023_7
窳 3023_2
與 7780_1
語 0166_1
窳 3023_2
嶼 2778_1
玉 1010_3
聿 5000_7
芋* 4440_1
育* 0022_7
郁 4722_7
昱 6010_8
栯* 4492_7
浴 3816_8
域 4315_0
欲 8768_2
淯 3012_7
喻 6802_1
寓 3042_7
裕 3826_8
馭 7734_0
愈 8033_2
預 1128_6
毓 8051_3
獄 4323_4
瘉 0012_1
慾 8733_8
禦 2790_1
鬱 4472_2
鬱 4472_4

yuan

穿* 3024_1
捐* 5602_7
涓* 3612_7
阮* 7121_1
宛* 3021_2
咽* 6600_0
冤 3741_3
寃 3041_3
淵 3210_0
蜎* 5612_7
鳶 4332_7
鴛 2732_7
鴛 2732_7
元 1021_1
沅 3111_1
垣 4111_6
爰 2044_7
原 7129_6
員* 6080_6
袁 4073_2
援* 5204_7
猨 4224_7
園 6023_2
圓 6080_6
源 3119_6
緣 2793_2
蝯 5214_7
圜* 6073_2
轅 5403_2
邍 3730_3
遠 3430_3
苑* 4421_2
怨* 2733_1
院 7321_1
垸* 4311_1
掾* 5703_2
願 7128_6
允* 2321_0

yue

蠖* 5414_7
櫟* 4299_4
銳* 8811_6
說* 0861_6
蛻* 5811_6
臒* 7424_7
曰 6010_0
約* 2792_0
月* 7722_0
刖 7220_0
岳 7277_2
悅 9801_6
越* 4380_5
粵 2620_7
閱 7721_6
樾 4398_5
嶽 2223_4
龠 8022_7
瀹* 3812_7
躍* 6711_4
籥 8822_7

yun

盾* 7226_4
均* 4712_0
筠* 8812_7
樂* 2290_4
筍* 8862_7
菀* 4421_2
尉* 7420_0
瘟* 0011_7
尹* 1750_7
員* 6080_6
苑* 4421_2
怨* 2733_1
云 1073_1
芸 4473_1
昀 6702_0
昫* 6702_0
秐 2193_1
耘 5193_1
鄖 6782_7
雲 1073_1
橒 4193_1
篔* 8880_6
允* 2321_0
殞 1628_6
孕 1740_7
鄆 3752_7
惲 9705_6
運 3730_4
醞 1661_7
韞* 4651_7
蘊* 4491_7
韻 0668_6

za

襍 3029_4
雜 0091_4

zai

才* 4020_0
災 2280_9
栽* 4395_0
菑* 4460_3
宰 3040_1
載* 4355_0
再 1044_7
在 4021_4

zan

涔* 3212_7
湔* 3812_1
簪 8860_1
攢* 5408_6
暫 5260_2
蹔* 5280_1
贊 2480_6
瓚 1418_6
讚 0468_6

zang

藏* 4425_3
牂 2825_1
臧* 2325_0
塟 4410_4
葬 4444_1
臟 7425_3

臟 7425_3

zao

草* 4440_6
繅* 2299_4
遭 3530_6
鑿* 3710_9
早 6040_0
蚤* 7713_6
棗 5090_2
璪* 1219_4
澡* 3619_4
藻 4419_4
皂 2671_4
造* 3430_6
慥 9403_6
燥* 9689_4
竈 3071_7

ze

側* 2220_0
稷 2694_7
蘀* 4454_1
迮 3830_1
則 6280_0
責* 5080_6
幘* 4528_6
擇* 5604_1
澤* 3614_1
賾 7578_6
夨 2043_0
謫* 0062_7
讁* 0063_2
柞* 4891_1

zei

賊 6385_0

zen

怎 8033_1

zeng

曾* 8060_6
增 4816_6
增* 4816_6
甑 8161_7
贈 6886_6

zha

册* 7744_0
插* 5207_7
查* 4010_6
鰈* 2439_4
蜡* 5416_1
渫* 3419_4
劄 8260_0
札* 4291_0
閘* 7750_6
霅* 1060_1
鍘 8210_0
鮓 2831_1
乍* 8021_1
咤 6301_4
柵* 4794_0
詐 0861_1
榨 4391_1
柞* 4891_1

zhai

側* 2220_0
柴* 2190_4
度* 0024_7
祭* 2790_1
檡* 4694_1
責* 5080_6
擇* 5604_1
摘 5002_7
齋 0022_3
宅* 3071_4
翟* 1721_4
債 2528_6
寨* 3090_4

zhan

躔* 6011_4
亶* 0010_6
點* 6136_0
湔* 3812_1
醮* 1063_1
謙* 0863_7
旃 0824_7
栴 4894_7
粘* 9196_0
詹* 2726_1
澶* 3011_6
薝 4426_1
霑 1016_1
氈 0211_4
瞻 6706_1
譫 0766_1
鱣* 2031_6
展 7723_2
斬 5202_1
占* 2160_0
佔* 2126_0
棧* 4395_3
湛* 3411_1
戰 6355_0

zhang

長* 7173_2
承* 1723_2
張 1123_2
章 0040_6
彰 0242_2
漳 3014_6
樟 4094_6
璋 1014_6
掌 9050_2
礃 1965_2
丈 5000_0
仗 2520_0
杖 4590_0
帳 4123_2
瘴 0014_6

zhao

晁* 6011_3
朝* 4742_0
嘲* 6702_0
鼂* 6071_7
桃* 4291_3
蚤* 7713_6
招* 5706_2
昭 6706_2
啁* 6702_0
召* 1760_2
兆 3211_3
棹* 4194_6
詔 0766_2
照 6733_6
肇 3850_7
趙* 4980_2
著* 4460_4
爪* 7223_0
濯* 3711_4

zhe

褚* 3426_0
堵* 4416_0
聶* 1014_1
攝* 5104_1
適* 3030_2
庶* 0023_7
軼* 5503_0
遮 3030_3
折* 5202_1
哲 5260_2
摺* 5706_2
蟄 4513_6
嚞 4066_1
謫* 0062_7
讁* 0063_2
赭 4436_0
柘 4196_0
浙 3212_1
淛 3210_0
蔗 4423_7
鷓 0722_7
著* 4460_4
陬* 7724_0

zhen

陳* 7529_6
趁* 4880_2
唇* 7126_3
滇* 3418_1
鼎* 2222_1
戡* 4375_0
慎* 9408_1
填* 4418_1
珍 1812_2
貞 2180_6
真 4080_1
針 8410_0
偵 2128_6

酙 1460_{0}
滇* 3118_{6}
甄* 1111_{7}
榛 4599_{4}
箴 8825_{3}
鍼* 8315_{0}
枕* 4491_{2}
疹* 0012_{2}
診 0862_{2}
軫 5802_{2}
陣 7520_{6}
振 5103_{2}
賑 6183_{2}
震* 1023_{2}
鎮* 8418_{1}

zheng

敞* 9824_{0}
丞* 1710_{3}
承* 1723_{2}
丁* 1020_{0}
鯖* 2532_{7}
湞* 3118_{6}
征 2121_{1}
爭 2050_{7}
崢 2275_{7}
蒸 4433_{1}
箏 8850_{7}
徵* 2824_{0}
拯 5701_{3}
整 5810_{1}
正 1010_{1}
政 1814_{0}
症 0011_{1}
証 0161_{1}
鄭 8742_{7}
證 0261_{8}
止* 2110_{0}

zhi

埃* 4313_{4}
茝* 4471_{6}
遲* 3730_{4}
抵* 5204_{0}
多* 2720_{7}
鳩* 4702_{7}
鄘* 1722_{7}
祁* 3722_{7}
祇* 3224_{0}
者* 4460_{1}
實* 3080_{6}
識* 0365_{0}
氏* 7274_{0}
示* 1090_{1}
落* 4416_{3}
薙* 4441_{4}
陁* 7821_{2}
秖* 2591_{7}
栽* 4395_{0}
徵* 2824_{0}
之 3030_{7}
支 4040_{7}
卮 7221_{2}
芝 4430_{7}
巵 7221_{7}
枝 4494_{7}
知 8640_{0}
祗 3224_{0}
脂 7126_{1}
隻* 2040_{7}
梔 4291_{7}
蜘 5610_{0}
織 2395_{0}
直 4010_{7}
執 4541_{7}
植 4491_{7}
殖* 1421_{7}
摭 5003_{7}
職 1315_{0}
止* 2110_{0}
只 6080_{0}
旨 2160_{1}
扺 5204_{0}
沚 3111_{0}
芷 4410_{1}
咫 7680_{8}
指 5106_{1}
枳 4698_{0}
紙 2294_{0}
趾 6111_{0}
黹 3222_{7}
至* 1010_{4}
志 4033_{1}
豸 2022_{2}
制 2220_{0}
厔* 7121_{4}
治* 3316_{0}
炙 2780_{9}
峙* 2474_{1}
陟* 7122_{1}
秩 2593_{0}
致* 1814_{0}
偫 2424_{1}
猘 4220_{0}
质 7228_{6}
智 8660_{0}
廌 0022_{7}
稚 2091_{4}
置 6010_{7}
製 2273_{4}
誌 0463_{1}
摯 4550_{4}
穉 2794_{1}
質 7280_{6}
隲 7922_{7}
懥 9408_{1}
擲 5702_{7}
觶 2625_{6}

zhong

舂* 5077_{7}
蟲* 5013_{6}
董* 4410_{4}
童* 0010_{4}
潼* 3011_{4}
中 5000_{6}
忠 5033_{6}
盅* 5010_{7}
衷 0073_{2}
終 2793_{3}
螽 2713_{6}
鍾 8211_{4}
鐘 8011_{4}
冢 3723_{2}
塚 4713_{2}
腫 7221_{4}
種* 2291_{4}
踵 6211_{4}
仲 2520_{6}
重* 2010_{4}
衆 2723_{2}

zhou

詶* 0260_{0}
調* 0762_{0}
府* 0024_{0}
喙* 6703_{2}
繇* 2279_{3}
柚* 4596_{0}
鬻* 1722_{7}
啁* 6702_{0}
州 3200_{0}
舟 2744_{0}
侜 2724_{0}
周 7722_{0}
洲 3210_{0}
週 3730_{2}
粥 1722_{7}
盩* 4810_{7}
謅* 0762_{7}
肘 7420_{0}
帚 1722_{7}
咒 6621_{7}
宙 3060_{5}
晝 5010_{6}
皺 2444_{7}
縐* 2792_{7}
籀 8856_{2}
逐* 3130_{3}
注* 3011_{4}
祝* 3621_{0}
啄* 6103_{2}
諏* 0764_{0}
騶* 7732_{7}
傷* 2722_{7}

zhu

朝* 4742_{0}
除* 7829_{4}
鉏* 8711_{0}
楮* 4496_{0}
褚* 3426_{0}
篴* 8830_{3}
斗* 3400_{0}
逗* 3130_{1}

庶* 0023_7
澍* 3410_0
予* 1720_2
朱* 2590_0
邾 2792_7
洙 3519_0
茱 4490_4
株 4599_0
珠 1519_0
硃 1569_0
蛛 5519_0
誅 0569_0
銖 8519_0
諸* 0466_0
豬 1426_0
鴸 2792_7
櫧 4496_0
竹 8822_0
竺* 8810_1
逐* 3130_3
燭* 9682_7
劚 7220_0
主 0010_4
拄 5001_4
渚 3416_0
煮 4433_6
麈 0021_4
屬* 7722_7
住 2021_4
助* 7412_7
杼* 4792_2
注* 3011_4
苧* 4420_1
柱 4091_4
祝* 3621_0
竚 0312_1
著* 4460_4
筑 8811_7
註 0061_4
貯 6082_1
駐 7031_4
築 8890_4
鑄 8414_1
鸀* 7732_7

zhua

爪* 7223_0

zhuan

傳* 2524_3
耑* 2222_7
沌* 3511_7
摶* 5504_3
專* 5034_3
甎* 5131_7
磚* 1564_3
顓 2128_6
轉 5504_3
撰* 5708_1
篆 8823_2
賺* 6883_7
饌* 8778_1
篹 8873_2

zhuang

憧* 9001_4
漴* 3219_1
贛* 0748_6
戇* 0733_8
獞* 4021_4
妝 2424_0
莊 4421_4
粧 9091_4
裝 2473_2
壯 2421_0
狀 2323_4
撞 5001_4

zhui

揣* 5202_7
垂* 2010_4
致* 1814_0
追* 3730_7
錐 8011_4
墜 7810_4
綴* 2794_7
贅 5880_6

zhun

純* 2591_7
淳* 3014_7
屯* 5071_7
准 3011_4
準* 3040_1

zhuo

趵* 6712_0
啜* 6704_7
勺* 2732_0
棹* 4194_6
著* 4460_4
準* 3040_1
卓 2140_6
拙 5207_2
倬 2124_6
捉 5608_1
涿 3113_2
穛* 2093_1
灼 9782_0
斫* 1262_1
酌 1762_0
啄* 6103_2
琢* 1113_2
斲 7212_1
濁 3612_7
斵 7212_1
濯* 3711_4
鷟 0832_7

zi

茈* 4411_1
次* 3718_2
齊* 0022_3
事* 5000_7
菑* 4460_3
載* 4355_0
茲* 8073_2
咨 3760_8
淄 3216_3
嵫 2873_2
滋* 3813_2
資 3780_6
緇 2296_3
澬* 3718_6
諮 0766_8
鰦 2833_2
籽 9794_7
子 1740_7
姊 4542_7
耔 5794_7
梓 4094_1
呰* 2166_1
紫 2190_3
字 3040_7
自 2600_0
漬* 3518_6

zong

從* 2828_1
樅* 4898_1
潀* 3613_2
潨* 3213_2
宗 3090_1
棕 4399_1
椶 4294_7
踪 6319_1
總* 2693_0
縱* 2898_1

zou

芻* 2742_7
陬* 7724_0
鄒* 2742_7
諏* 0764_0
鄹* 1722_7
騶* 7732_7
走 4080_1
奏* 5043_0
族* 0823_4

zu

鉏* 8711_0
徂* 2721_0
蹴* 6311_4
沮* 3711_0
鑿* 3710_9
租* 2791_0
足* 6080_1
卒* 0040_8
族* 0823_4
俎 8781_0
祖* 3721_0
組* 2791_0
詛 0761_0

zuan

攢* 5408_6

賺* 6883_7
纂 8890_3

zui

堆* 4011_4
咀* 6701_0
雋* 2022_7
晬 6004_8
最* 6014_7
罪 6011_1
辠 2640_1
醉 1064_8
檇 4092_7

zun

尊 8034_6
遵 3830_4
樽 4894_6
撙 5804_6

zuo

醋* 1466_1
撮* 5604_7
鑿* 3710_9
乍* 8021_1
琢* 1113_2
昨 6801_1
左 4001_1
佐 2421_1
作 2821_1
坐 8810_4
岞 2871_1
柞* 4891_1
胙 7821_1
座 0021_4
做 2824_0

0

0010_4 主

10 主一集　集 2－5881
21 主經體味　子 7－35216
22 主制羣徵、贈言　子 7－35294
主峯禪師語録　子 6－32091(80)
主山樓填詞　叢 1－378
30 主字解　子 7－35946
主客辭　叢 2－1309
主客圖　集 6－45494、45541、46017　叢 1－282(1)、283(1)、388～90,2－731(46)
主客圖(張爲主客圖)　集 6－45540
主客圖、圖考　叢 2－870(5)
主客圖詩集　集 1－1263
48 主教諭帖　子 7－35581
主教緣起　子 7－35295
52 主靜軒詩鈔　集 4－32542
60 主日聖經　子 7－35105、35209
80 主父偃書　子 4－19735　叢 2－774(10)
主善堂主人年譜　史 2－12224
86 主智畧畧　子 7－36254
88 主管豫算各衙門事項清單　史 6－43251

壅

48 壅松山房詩鈔　集 3－21396

童

02 童訓良言　叢 2－724
10 童二樹先生題畫詩、題梅詩　集 3－20648
童二樹畫梅詩鈔　集 3－20649
童西爽花鳥草蟲册　子 3－16542
童賈集　集 2－9650,6－41935(5)
11 童孺人訃告　史 2－10903
17 童子軍傳奇　集 7－50803、53653
童子摭談　子 1－1644　叢 2－1595
童子鳴集　集 2－9652
童子鳴先生詩集　集 2－9651
童子範圍、養兒防老說　子 1－2871
童歌養正　子 1－1974、2844
21 童貞修規　子 7－35593
22 童山文集　集 3－21768
童山文集、補遺　叢 2－731(46)
童山詩音說　經 1－4756　叢 1－283(3)
童山詩集　集 3－21764　叢 2－731(43)
童山詩集、文集　叢 1－282(4)
童山詩集、文集、詞、補遺　集 3－21765
童山詩選　集 3－21766　叢 1－328
童山續集　叢 1－285
童山選集　叢 1－282(4)
32 童溪王先生易傳　經 1－77(1)
童溪易傳　叢 1－223(3)、227(1)
童溪易傳(童溪王先生易傳)　經 1－523
36 童溫處公遺書(稟牘、書劄、批牘)　集 5－36411
37 童初公遺稿　集 3－17961
40 童真禪師語録　子 6－32091(81)
43 童婉爭奇　子 4－18539、24189
44 童蒙訓　子 1－2642,2－4704　叢 1－223(30)、391,2－687
童蒙訓誦編　子 1－2644
童蒙訓畧　子 1－2643　集 6－45485
童蒙記誦編　子 1－2879
童蒙止觀　子 6－32090(62)、32092(40),7－33838～9
童蒙便讀　子 1－2878
童蒙須知　叢 1－34、483,2－691(3)
童蒙須知(朱子童蒙須知)　子 1－2734
童蒙須知韻語　子 1－1964、2735　叢 1－483
童蒙彝訓　叢 1－483
童蒙必讀　叢 2－724
童蒙必讀書　子 1－1974
童蒙學易門徑　經 1－1890
童蒙養正詩選　集 5－35986
童茂倩詩　集 5－39578
46 童觀隨筆　經 1－2079
50 童史　子 1－2827
童書堂詩集　集 3－14010
72 童氏六修族譜[湖南平江]　史 5－36517
童氏雜著六種　叢 2－1400
童氏族譜[上海嘉定]　史 5－36483
童氏族譜[湖南]　史 5－36521
童氏族譜[湖南湘鄉]　史 5－36519
童氏族譜[湖南湘陰]　史 5－36518
童氏族譜[湖南長沙]　史 5－36514～5
童氏三修族譜[江西萍鄉]　史 5－36511
童氏續修族譜[湖南湘鄉]　史 5－36520

童氏宗譜[江蘇丹陽]　史5-36484
童氏宗譜[浙江淳安]　史5-36493
童氏宗譜[浙江蘭溪]　史5-36504
童氏宗譜[浙江金華]　史5-36503
童氏易通、圖說　經1-1518
童氏學記　叢2-2160
童氏合巧圖　子3-18500
77 童叟歡迎　集7-49599,49708
童學書程　子3-15000、15102　叢1-452、586(3),2-716(3)

0010_6 亶

20 亶爰子詩集　集2-8242　叢2-833
亶爰集、詩集、外集、附錄　集2-8241
60 亶甲集　子5-29530(21)、29562、30928

亹

00 亹齋詩删　集3-15360
11 亹孺軒詩集、自紀年譜　集5-37849
31 亹源縣風土調查記[民國]　史8-63304

0010_8 立

00 立庵文集(花石山房遺集)　集3-19315
立齋外科發揮　子2-4560、7675
立齋外科心法　子2-7672
立齋先生語錄　子4-20349
立齋先生標題解注釋文十八史畧　史1-4851
立齋遺文　集2-7360～1,6-43118　叢1-223(65)
立齋遺詩　集3-20430
立齋閒錄　史1-2691　叢1-51～2,55
立齋醫案疏　子2-10580
立齋閑錄　叢1-50
立方立圓術　子3-12361～2
立方立圓術　子3-12364
立方奇法、求一捷術　叢1-528
03 立誠齋詩集　集3-18225,6-45074
立誠軒文稿、古今題詩　集4-30800
10 立雪齋琴譜　子3-17692　叢2-1421
立雪齋印譜　子3-16975
立雪稿　集1-5096
14 立功勳慶賞端陽雜劇　集7-48774(8)、49032
17 立承草　集2-12294
18 立政臆解　經1-3355　叢2-829、2041
22 立崖文集　集3-21846
立崖詩鈔　集3-21163
立山詞　集4-25071、25073～4,7-47385　叢1-509,2-797
立山日誌(清光緒七年至十三年、十六年至二十四年)　史2-13158
立山堂詩稿　集5-36315
24 立德堂詩話　集6-46186　叢2-1005～9
立德堂詩話、家傳　叢2-700
25 立生急要篇　子2-7169
44 立地成佛　集7-49338
立草爲標一枝　集7-51812
立莽詩草　集4-30098
立世阿毘曇論　子6-32083(25)、32089(45)、32090(53)、32091(51)、32092(35),7-32771
47 立都律壇傳戒引禮規則　子7-33961
48 立教十五論　子5-29535(5)、29536(5)、31947
50 立本趣時說　子1-1808　叢2-1827
53 立成湯尹耕莘雜劇　集7-48939
立成湯伊尹耕莘雜劇　集7-48774(1)
60 立足軒偶存草　集3-15257
71 立願寶卷　集7-54187
75 立體形學課本四篇　子7-37511
立體幾何學新教授書　子7-37507
立體幾何學講義　子7-37506
77 立學先基條說　子1-1603　叢2-811
80 立命記傳奇　集7-50076
立命說　子1-1309
立命功過格　子5-30539
立命編、格言纂要　子5-32037
立命定局真法橫推直看　子3-14158
立命驗方揀編　子2-9848
立命全書　子5-30487
91 立懦齋外集殘稿　集5-36122

0011_1 症

00 症方發明　子2-4605、9417
33 症治要言　子2-4707、4741、5165
症治備覽　子2-9862
症治合璧醫案類　子2-10829
60 症因脈治　子2-4771(3)

症因脈治(證因脈治) 子 2－7113

痙

50 痙書或問 叢 2－702

瀝

24 瀝科全書 子 2－4771(3)、7821

0011_4 疣

58 疣贅錄、續錄 集 2－8517,6－45189

痤

10 痤雲巖 集 7－50379
痤雲岩傳奇 集 7－50381
11 痤琴銘、陳鹿翁墨蹟 子 3－15623
47 痤鶴銘辨 叢 1－201,2－1314
痤鶴銘辯 史 8－64655 叢 1－203(4)
痤鶴銘考 史 8－63504、64654、64656、64658、64660、64663 子 5－26219 叢 1－39、321、336～7、353、456(6)、457,2－1514
痤鶴銘考、痤鶴銘見存字 史 8－64657
痤鶴銘考、重立痤鶴銘詩集 史 8－64659
痤鶴銘考補、校勘記 史 8－64661
痤鶴銘見存字 叢 2－1513
痤鶴銘圖考 叢 1－433
95 痤情廬三種曲 集 7－50335

瘧

00 瘧痢中風祕要 子 2－7013
瘧痢成法 子 2－7003
瘧痢吐血三証指南方論 子 2－6986
瘧痢財靈方 子 2－7004
瘧疾論 子 2－4659～63、4736、4771(2)、7008
瘧疾審病定經 子 2－6989
瘧疾神效良方 子 2－6987
27 瘧解補證 叢 2－2129(3)、2131

瘢

00 瘢疹要訣 子 2－8853
瘢疹必讀 子 2－7046
08 瘢論萃英 子 2－4550、8600

癯

00 癯庵遺稿 集 5－37048
22 癯仙遺稿 集 5－38858
40 癯樵詩鈔 集 3－21751
癯樵詩鈔續本 集 3－21752
60 癯園詩畧 集 5－35425
80 癯翁叢鈔 集 5－39886

癰

00 癰疽諸症瘡名 子 2－7840
癰疽外篇 子 2－7765
癰疽總論治法要訣 子 2－7886
癰疽神祕驗方 子 2－4560、7665
癰疽禁方錄 子 2－7766
83 癰館集 叢 2－1105

0011_7 瘋

00 瘋症論畧 子 2－7860
瘋痨臌膈辨 子 2－7226
瘋癥三十六祕傳神方 子 2－7861
24 瘋科祕要 子 2－7882
瘋科選要 子 2－7881
26 瘋和尚治病子弟書 集 7－52121
28 瘋僧治病 集 7－52202
77 瘋門辨症 子 2－7737
瘋門全書 子 2－7736
瘋門全書、瘋門辨症 子 2－4770

瘟

00 瘟症羊毛論(羊毛瘟證論)　子 2－6936
瘟病鼠疫論　子 2－7091
瘟疫病　子 2－6976
瘟疫辨論　子 2－6912
瘟疫論　子 2－5263、6897、6946、6950
瘟疫論(明吳又可先生瘟疫論)　子 2－6896
瘟疫論、瘟疫論正誤　子 2－6898
瘟疫論、補遺　子 2－4632、4771(2)　叢 1－223(34)
瘟疫論辨義　子 2－6951
瘟疫論補註　子 2－4596
瘟疫論補注　子 2－6905
瘟疫論類編　子 2－6907
瘟疫論類編、讀論要言　子 2－6926
瘟疫論類編、松峯說疫　子 2－6908
瘟疫霍亂答問、利濟瘟疫錄驗方　子 2－4771(2)、7082
瘟疫平議　叢 2－2129(4)、2131
瘟疫發源　子 2－6913
瘟疫編訣　子 2－6948
瘟疫編要　子 2－6947
瘟疫條辨摘要　子 2－6941
瘟疫彙編　子 2－6945
瘟疫初步歌訣　子 2－6975
瘟疫摘要　子 2－6969
瘟疫輯畧　子 2－6944
瘟疫明辨　子 2－4652、4661、6917、6950
瘟疫明辨、附方　子 2－4771(2)、6918
瘟疫明辨主治方法　子 2－6964
瘟疫全書痧疹一得　子 2－8791
瘟疫合璧　子 2－6910

0011$_8$ 痘

00 痘症雜脫　子 2－8645
痘症醉圓　子 2－9078
痘症心法　子 2－8843
痘症祕訣　子 2－4725、8780、8888
痘症祕書　子 2－8927
痘症切要　子 2－9062
痘症摘要　子 2－8993
痘症本義　子 2－8867
痘症指南　子 2－9077
痘症入門　子 2－8746
痘症金鏡　子 2－8732
痘症精言　子 2－8820
痘症慢驚合編　子 2－8887
痘疹庸談廣編　子 2－8734
痘疹方　子 2－8898
痘疹方論　子 2－4577
痘疹方藥全書　子 2－8725
痘疹方圖藥性全　子 2－9103
痘疹廣金鏡錄　子 2－8744
痘疹辨証　子 2－8925
痘疹辨疑大全　子 2－8859
痘疹玄言　子 2－8699
痘疹玄機　子 2－8650
痘疹衷要全書　子 2－8870
痘疹新法　子 2－8911
痘疹新法全書　子 2－8759
痘疹詩賦、治痘總訣、經驗治痘良方、麻疹總論　子 2－8894
痘疹詩賦、補遺　子 2－8893
痘疹放心篇　子 2－9030
痘疹詮　子 2－4907、8700
痘疹詮古方　子 2－4907、8701
痘疹詳辨　子 2－8876
痘疹一斑、補遺　子 2－8685
痘疹一貫　子 2－8778
痘疹正宗(攝生堂痘疹正宗)　子 2－8762
痘疹正宗、脈疹心法、奇方經驗　子 2－8763
痘疹玉髓神書　子 2－9096
痘疹要覽　子 2－9035
痘疹天元玉髓　子 2－9095
痘疹百死形狀傳　子 2－8723
痘疹百問祕本　子 2－8751～2
痘疹碎金賦　子 2－8635
痘疹發微　子 2－8711
痘疹集要　子 2－8958
痘疹集成、麻疹集成　子 2－8904
痘疹集驗　子 2－8728、8918
痘疹仁端錄　子 2－8707、8709
痘疹經驗集　子 2－9002
痘疹經驗良方　子 2－9003
痘疹經驗易簡成方　子 2－8892
痘疹片玉　子 2－8990
痘疹備要　子 2－9034
痘疹幼幼全書　子 2－8697
痘疹生民切要　子 2－8733
痘疹傳心錄(新刊痘疹傳心錄)　子 2－8655
痘疹傳心錄、種痘　子 2－4625
痘疹傳心錄、慈幼心傳、種痘　子 2－8656
痘疹傳薪　子 2－8878

痘疹保赤類編釋意 子2-8951
痘疹解疑 子2-8729
痘疹約囊金鏡錄摘要 子2-8739
痘疹繕驗集 子2-9004
痘疹窮源 子2-8906
痘疹良方 子2-4615、8815
痘疹定論 子2-8775、8988
痘疹定論(朱氏痘疹合編) 子2-8774
痘疹寶鑑 子2-8663~4
痘疹滙訣直解 子2-8444、8787
痘疹活幼心法全書(痘疹活幼心法) 子2-8673
痘疹心傳要訣 子2-9047
痘疹心法 子2-4567、8751、8858、8989、9005、9011
痘疹心法(萬氏家傳痘疹心法) 子2-8634
痘疹心法要訣 子2-4989
痘疹心法歌訣 子2-8895
痘疹心法祕本(痘疹心法) 子2-8753
痘疹心印 子2-8686
痘疹治術傳 子2-8722
痘疹祕要 子2-8651、8692、8782
痘疹祕旨 子2-8929
痘疹祕傳 子2-8607、8793
痘疹祕傳心法 子2-8726
痘疹祕本 子2-9080
痘疹祕鑰 子2-8828
痘疹神應心書全集 子2-8665
痘疹神仙境 子2-9031
痘疹通治、廣布天花說 子2-8761
痘疹選要 子2-8850
痘疹大成 子2-8920
痘疹大全 子2-8663
痘疹大全指掌集 子2-8800
痘疹壺中天 子2-8897
痘疹奇衡 子2-8693
痘疹奇書 子2-8660
痘疹真訣 子2-8666
痘疹真傳 子2-8868、8872
痘疹真傳奇書 子2-8660
痘疹索隱 子2-4675、8953
痘疹栝 子2-8659
痘疹萬全賦 子2-9052
痘疹世醫心法 子2-8635
痘疹世醫心法、碎金賦、祕傳延齡種子方 子2-8633
痘疹世醫心法、格致要論、碎金賦 子2-8632
痘疹獨解 子2-9008
痘疹摘要 子2-8902
痘疹摘錄 子2-4671、8921、8976
痘疹專論 子2-8879
痘疹專門 子2-8984
痘疹專門祕授(痘疹專門、董氏痘疹專門) 子2-8824
痘疹指微 子2-9020
痘疹指南 子2-8764
痘疹指南醫案 子2-8789
痘疹折衷 子2-8703
痘疹捷要 子2-8881
痘疹輯要 子2-8832~3
痘疹撮要 子2-4577、8623
痘疹四水合流三書 子2-9108
痘疹四合全書 子2-8751
痘疹圖像善本 子2-8751
痘疹異傳祕錄 子2-9097
痘疹喉眼 子2-9081
痘疹唇舌圖 子2-8720
痘疹醫方 子2-8851
痘疹全集 子2-4597、8770、9027
痘疹全生錄 子2-9084
痘疹全書 子2-8635~6、8648、8663、8730、9041
痘疹全書博愛心鑑 子2-8613
痘疹金鏡錄真本 子2-8751
痘疹金針圖說 子2-8932
痘疹前編、後編 子2-8862
痘疹慈航 子2-8675、8924、8959 叢1-300
痘疹慈航、麻疹祕書 子2-8674
痘疹慈航、家傳痘疹探微 子2-8682
痘疹合纂 子2-8771
痘疹會通 子2-4640、8871
痘疹簡明編 子2-8960
痘疹纂要 子2-8745、9056
痘疹精詳 子2-8852
痘疹精華 子2-5064、8884
痘疹精義 子2-8646
痘疹精義錄 子2-9036
痘痧彙評 子2-8880
痘痧全書 子2-8950
痘瘡要訣全書 子2-9023
痘瘡經驗良方 子2-8758
痘瘡解惑論 子2-4673、8923
痘瘡切要總說 子2-4673、8610
痘瘡分証辨難論 子2-9102
痘麻科全書 子2-8931
痘麻紺珠 子2-6921、8836
痘麻定論 子2-8775
痘麻祕方全書 子2-9018
痘麻醫案 子2-4635、8860

痘麻臨症　子2-8975
02 痘證經驗遂生編　子2-8490
痘證寶筏　子2-7971、8822
痘證慈航　子2-8681
05 痘訣餘義　子2-8464、8847
08 痘論　子2-8516
17 痘子治署　子2-8831
21 痘經　子2-8695
22 痘種集要　子2-8995
24 痘科方　子2-9402
痘科庭訓　子2-8629
痘科辨證　子2-4590、8755
痘科玄珠　子2-9068
痘科証治八種　子2-9050
痘科諸論　子2-9049
痘科諸藥本草　子2-5582
痘科一斑　子2-9067
痘科正傳　子2-8821
痘科正宗　子2-8621、8802
痘科正宗驗方　子2-9000
痘科百問　子2-8909
痘科醉緣　子2-8816
痘科形圖式論法　子2-9101
痘科紅爐點雪　子2-8865
痘科偶錄　子2-9074
痘科危症訣　子2-9053
痘科彙編釋意　子2-4583
痘科約言　子2-9032
痘科約囊　子2-8738
痘科注生經旨　子2-9094
痘科良方　子2-8680
痘科定論　子2-8679
痘科定形圖　子2-8907
痘科寶鏡全書　子2-8760
痘科祕訣　子2-9051、9072
痘科祕要　子2-9016
痘科祕集　子2-9073
痘科祕傳　子2-8827、8956
痘科補缺(痘科補缺捷響)　子2-8986
痘科溫故集　子2-8817
痘科大全　子2-8772
痘科切要　子2-4668～9、8698、8919
痘科救劫論　子2-8877
痘科摘要　子2-8901
痘科摘抄　子2-9076
痘科扼要　子2-8792、8826
痘科攄蘊　子2-9075
痘科輯要　子2-8856
痘科撮要心法　子2-9048
痘科抄本　子2-8964
痘科全部　子2-8973
痘科金丹　子2-9069
痘科金鑒　子2-9071
痘科金針　子2-9070
痘科慈航　子2-4680、8676
痘科慈幼選要　子2-8803
痘科會要便覽　子2-8913
痘科鍵　子2-8713～4
痘科簡要　子2-8716
痘科纂要　子2-8625
痘科類編　子2-8795
痘科類編釋意(痘科彙編釋意)　子2-8740
痘科類編釋意、痧科纂要　子2-8741
痘科精要　子2-8972
30 痘家心印　子2-8715
31 痘滙六捷　子2-8842
痘源論、諸家論痘　子2-5263
33 痘治玉鑒　子2-8727
痘治理辨、附方　子2-4557～8、8622
痘治答難　子2-8624
34 痘法要錄　子2-8941
44 痘花啓蒙　子2-8948
50 痘書二種合編　子2-8889
痘書大全金鏡錄　子2-8783
77 痘學三種　子2-9029
痘學真傳　子2-8788
痘門方旨(聶氏痘門方旨)　子2-8677
痘門六法　子2-4734、8999
90 痘糠輯要　子2-8830

0012_0　痫

00 痫症三字訣　子2-4659～63、7012
痫症特徵論　子2-6996
痫症祕訣要署　子2-6981
痫症抉微　子2-6995
痫症闡微　子2-4758、7014
痫瘧三方　子2-6985
痫瘧奇方　子2-6985
痫瘧探源　子2-7002
痫瘧探源、喉風症痧症瘋犬方　子2-7001
痫瘧纂要　子2-6921、6991
痫疾效方、癘風治效歌　子2-6994
痫疾論　子2-4691、4736、6901、6946、6984
痫疾論叢　子2-7016
痫疾泄瀉雜抄(秋季痫疾)　子2-7011
痫疾明辨　子2-4768、6999
01 痫証論　子2-6993

02 痢證滙参 子 2-4635、6990
77 痢門絜綱 子 2-7007

0012_1 疔

00 疔瘡五經辨 子 2-7770
疔瘡要訣 子 2-7774、7845
疔瘡要訣疔瘡挑訣合抄附疔瘡銅人圖 子 2-7775
疔瘡良方形圖要訣 子 2-7816
疔瘡緊要祕方 子 2-7833
50 疔毒良方 子 2-7781

瘉

67 瘉野堂詩集 集 5-38698

0012_2 疹

00 疹痘心法 子 2-8550
11 疹斑沙論 子 2-8819
24 疹科 叢 2-1138
疹科辨證 子 2-4590、8756
疹科真傳 子 2-8684
疹科真傳(疹科) 子 2-8683
疹科輯要 子 2-9045
疹科全書 子 2-8891
疹科纂要 子 2-4583、8705、8741
91 疹類備要 子 2-9060

瘳

00 瘳忘編 子 1-1528
瘳忘編、續論 子 1-1527 叢 1-580

0012_7 病

00 病癥雜抄 子 2-7199
病亡始末紀 叢 2-2201、2249
02 病證疑問 子 2-10749
08 病診必讀 子 2-5296
16 病理要知女科 子 2-8324
24 病牀日札 叢 2-1643
27 病約三章 子 5-27444 叢 1-197(4),2-617(2)
30 病家論 叢 2-771(1)
37 病逸漫記 史 1-1914、1933 子 5-26219、26362 叢 1-22(23)、29(7)、39、50～3、55、84(4)、95、164,2-624(2)、730(3、11)、731(53)、811
38 病游後草 子 6-32091(71)
病遊遊刃 子 6-32091(74)
42 病機部 子 2-4573、5959
病機要旨 子 2-4576
病機彙論 子 2-7122
病機約論 子 2-4718、5175
病機沙篆 子 2-4586、7117
病機考 子 2-5961
病機摘要 子 2-5962
病機賦 子 2-4555、4571、5957、6069
病機氣宜保命集 子 2-5426 叢 1-223(33)
病機策 子 2-5960
46 病榻瑣談 子 5-26229
病榻手吹 子 4-20436 叢 1-22(24)
病榻寤言 子 4-20322 叢 1-13、14(2)、22(21)、30、111(2)、119～20、148、154、330,2-731(53)、1098
病榻述舊錄 史 2-10425
病榻遺言 史 1-1933、2902～3 叢 1-84(4),2-730(11)、731(67)、1099～101
病榻夢痕錄 史 2-11900～1 叢 2-1501
病榻夢痕錄節要 史 2-11903 叢 1-483
病榻答言 子 1-1062 叢 2-1093
47 病鶴詩稿、詞稿 集 5-40132
50 病中雜記 叢 2-2264
病中摘句懷人詩 集 4-29133
病中抽史、反絕交論 史 1-5544 叢 1-143
病中吟 集 4-32613
65 病呻集 集 5-41368
71 病驥詩文存 集 5-40913
病驥五十無量劫反省詩 集 5-40914
73 病院船條約 史 6-45097
80 病人飲食宜忌 子 4-18961
88 病餘詩草 集 4-30410
病餘草 集 4-28829

痛

30 痛定詞　叢 1-590,2-632
50 痛史一班　叢 2-2266
痛史二十一種附九種　史 1-1979
60 痛思堂南行日記畧　集 3-16571
痛思堂城西黄氏族譜[浙江紹興]　史 5-33780
66 痛哭餘談　史 1-5954
87 痛飲詞　集 4-31717
88 痛餘雜錄　史 1-4441　叢 1-245、369

瘍

02 瘍證歌訣　子 2-7843
24 瘍科方藥集成　子 2-7878
瘍科至寶　子 2-7876
瘍科要錄方彙　子 2-7744
瘍科集要　子 2-7834
瘍科集案類編　子 2-7730
瘍科集驗　子 2-7871
瘍科集驗方　子 2-7879
瘍科統析　子 2-7935
瘍科綱要　子 2-4768
瘍科淺説　叢 1-369
瘍科治法　子 2-4725
瘍科補苴　子 2-4756、7786
瘍科選粹　子 2-7678～9
瘍科指南醫案　子 2-7804
瘍科指箴　子 2-7877
瘍科捷徑　子 2-7751
瘍科原委集　子 2-7852
瘍科臨證心得集(瘍科心得集)、瘍科心得集方彙、家用膏丹丸散方、景岳新方歌　子 2-7743
瘍科會粹　子 2-7738
77 瘍醫準繩　子 2-4565、7681
瘍醫祕訣　子 2-7872
瘍醫大全　子 2-7725
瘍醫指南　子 2-7839
瘍醫雅言　子 2-4675、7763
瘍醫雅言丹藥集方　子 2-7750、7764

㾛

40 㾛李岳詩酒翫江亭雜劇　集 7-48774(2)、48991

癆

00 癆症十藥神書　子 2-4714、7201
癆病指南　子 2-4769
癆疾與治療法　子 7-37873
癆瘵問對辯疑　子 2-7111、7205

癘

00 癘瘋祕方　子 2-7757
癘瘍機要　子 2-4559～61、7674
24 癘科全書　子 2-4768～9

瘺

56 瘺螺吊脚痧方論　子 2-7040

0012_9 痧

00 痧症方　子 2-10111
痧症度鍼　子 2-7052
痧症要法　子 2-7023
痧症發微、張氏醫通番痧經驗良方　子 2-7041
痧症千方　子 2-9009
痧症傳信方　子 2-7034
痧症祕傳歌訣　子 2-7061
痧症祕法要穴　子 2-9098
痧症指微、吊脚痧方論　子 2-7029
痧症指微集　子 2-7044～5
痧症全生　子 2-7042
痧症全書　子 2-4710、7022、9673、9676
痧症燃犀照　子 2-7026
痧痘集解(俞天池先生痧痘集解)　子 2-

8810
痧痘驚幼科祕訣 子2-9104
痧痘金針 子2-8965
痧痘金針、王壽田治痘方畧 子2-4695、8966
痧疔濟急合篇 子2-7820
痧疹一得(瘟疫全書痧疹一得) 子2-8791
痧疹祕要 子2-8916
痧疹述要 子2-9082
痧疹闡解、急慢驚風 子2-8981
痧疹合刻 子2-8917
痧疫論 子2-7018
痧疫指迷 子2-4768～9
痧癥備要 子2-7049
痧癥全書 子2-7048
痧麻明辨 子2-8979
02 痧證彙要、痧證指微 子2-7027
痧證指微 子2-7028
24 痧科 子2-7025
34 痧法備旨 子2-7044
48 痧驚合璧 子2-10398
67 痧喉症治闡解 子2-4756、7600
痧喉痢瘧經驗奇方 子2-6988
痧喉證治滙言 子2-7502
痧喉論 子2-7476～7
痧喉正義 子2-4724、7536
痧喉藥方 子2-7625
痧喉闡解 子2-7452
痧喉闡義 子2-7510
痧喉等證 子2-4621
71 痧脹玉衡 子2-4771(3)
痧脹玉衡書 叢2-681
痧脹玉衡書、後卷 子2-6926、7019
痧脹要畧、小兒撮口禁風及白喉黃腫仙留壽方 子2-7066
痧脹名考 子2-7032
痧脹源流 子2-7024
痧脹原由 子2-7033

0013_2 痕

44 痕夢詞 集7-47554

0013_4 疾

00 疾病補救錄 子2-11114

0014_1 癖

00 癖齋小集 集1-3770,6-41744～5、41888～9、41891～3、41894(3)、41895、41897～9、41904、41917、41919、41924 叢2-860
09 癖談 史8-64824 叢1-416～7,2-731(17)、1630
20 癖乘 集2-12928
22 癖山詩草 集4-27191
26 癖泉臆說 史8-64891
41 癖顛小史 子4-24027,5-26223 叢1-128、130、184,2-1060
44 癖草文鈔 集2-12814
47 癖好堂收藏金石書目 史8-63510、66283

0014_4 痿

00 痿症大要 子2-4701、7264

瘻

00 瘻庵詩集、外集 集5-40941
12 瘻瓢山人蛟湖詩鈔 集3-18597
60 瘻暈山房詩刪、續編 集3-18567
瘻暈山房詩鈔 集3-18568
80 瘻龕吟草 集5-37107

0014_6 瘴

00 瘴瘧指南 子2-6978
瘴瘧指南、黑熱病證治指南 子2-4770

0014_7 疫

00 疫疹一得 子2-6928
疫病衛生書 子2-6970
疫癘溯源 子2-6920
疫痧二症合編(說疫全書) 子2-6926
疫痧草 子2-4769、7450 叢2-681

疫痧草、時疫白喉捷要、發明疫痧紅腫爛喉及白喉無痧禁藥説　子2-7451
疫痧草辨論章、見象章、湯藥章　子2-7449
疫痧草辯論章、痧喉闡解　子2-7452
疫痧草辯論章、爛喉痧　子2-7453
02 疫證集説、補遺　子2-6977
疫證治例　子2-6962
67 疫喉淺論、補遺　子2-7586
疫喉淺論、補遺、新補會厭論　子2-7587
疫喉淺論治驗　子2-7588

瘦

10 瘦玉詞鈔　集4-31640,7-48162　叢1-498
瘦石文鈔　集5-36933
瘦石文鈔、外集　集4-28224　叢1-328
瘦石詩鈔　集4-28223
瘦石山房筆記　子1-1730,4-20981～2
瘦石隨錄　子4-22037
16 瘦碧庵叢載　子4-22006
瘦碧詩詞稿　集5-38958
瘦碧詞　集7-48295　叢2-2143
瘦碧盦脞錄　子4-22007
20 瘦香館詠史錄　叢2-2241
瘦香館詩錄　叢2-2241
21 瘦紅吟草　集5-37073
瘦紅館詞、題詞　集7-47533
22 瘦豐詩存　集4-25446
瘦豐詩鈔　集4-25447
瘦仙遺草　集4-23220
25 瘦生詩鈔　集4-22500
瘦生草　集4-28985
44 瘦藤書屋詩鈔　集4-29705
瘦華盦詩稿(負笈草、茆店集、斜陽學散吟)　集5-33839
瘦林詩鈔　集4-28371
47 瘦鶴詞人自述　史2-10726
瘦鶴山人詩鈔　集3-20742
瘦鶴軒詞、續　集7-47920
48 瘦松集　集3-13371,5-35602
瘦松柏齋集　集4-23115
瘦梅館詩鈔　集5-40693
50 瘦春詞鈔　集6-42068,7-47875
瘦春仙館詩剩　集4-30699
瘦東詩鈔　集5-40690
68 瘦吟廬詩鈔　集4-23699
瘦吟詞　集7-48045
瘦吟存草　集4-23698
瘦吟草　集4-22762、28815～6,5-39721
瘦吟樓詩稿　集4-25816～7
瘦吟樓詩草　集6-41999
瘦吟樓詩草、賦草　集4-28038
瘦吟閣詩草　集5-38507
77 瘦月詞鈔　集4-28631
80 瘦羊錄十四種　叢2-1587
87 瘦銅詩覺　集3-21415
88 瘦竹齋詩　集4-23091
瘦竹山房詩畫合稿　集5-41031
瘦竹幽花之館詩存　集4-27274～5
瘦竹幽花之館詩存、詩餘　集4-27273

癈

86 癈鐸囈　子5-27849

0015_6 瘴

00 瘴瘧淺説　子2-7015
10 瘴惡錄　史6-45765
88 瘴餘草　集3-14293

0016_1 痦

90 痦堂行東圖題咏　子3-16186

痦

00 痦疹選要　子2-8849、9496～7、9499
17 痦子要領　子2-8882,4-21398

0016_7 瘡

00 瘡疹集　子2-8608
瘡瘍　子2-4647、7755
瘡瘍經驗　子2-7828
瘡瘍經驗全書　子2-7657～8
瘡瘍經驗全書(竇太師外科全書)　子2-7659

瘡方集成　子2－7883
24 瘡科經驗良方　子2－7880

0017_2 疝

00 疝癥積聚編　子2－4768～9

0018_1 癡

00 癡亭詩鈔　集5－36040
02 癡訴　集7－52265
08 癡說　子1－1736,4－21503,5－26568
癡說四種　子4－21504　叢1－496(5)
20 癡香吟稿　集5－38891
癡香吟館詩集　集5－38892
22 癡山集　集2－11032,3－14297
癡山隨筆　子4－23648
26 癡和尚街頭笑布袋　集7－49352
33 癡心白娘子一枝　集7－52646
36 癡祝　集7－49457～8
40 癡真子集　集4－28733
44 癡夢(買臣休妻)　集7－52266
癡菴全集　子5－26504
50 癡蟲吟稿　集5－33923～4
68 癡吟詩集　集4－27609
77 癡學　子4－22490　叢1－352
80 癡人說夢　子5－26567
癡人說夢記　子5－28637
癡翁雜草　集4－26295
95 癡情小史　子5－28644

0018_2 痎

00 痎瘧論疏　子2－4703、4749、6980　叢1－223(34)
痎瘧疏論　子2－4750

0018_6 癲

00 癲癇虎龍丸方　子2－9497
41 癲狂喉症條辨　子2－7258

0018_7 疚

00 疚齋小品　叢2－934

0018_9 疢

40 疢存齋文存、詩存　集5－39550　叢2－2158
疢存齋文存三編　叢2－2159
疢存齋詩存續編　叢2－2159
疢存齋集十四種　叢2－2158
疢存齋自訂年譜　史2－12402
疢存齋隨筆　叢2－2158
疢存齋隨筆續編　叢2－2159

痰

00 痰癧法門　子2－7837
痰癧法門、楊梅驗方、喉哦捷訣　子2－4771(3)
80 痰氣集　史6－47217　集5－38929～30　叢2－2100
87 痰飲治效方　子2－7269
痰飲與帶下　子2－7266
90 痰火顓門　子2－7106
痰火點雪　子2－4771(3)、7209

0019_3 瘰

00 瘰癧花柳良方錄要　子2－7799
72 瘰鬁之原因及治法　子7－37882

0019_6 療

00 療病奇方　子2－10077
療痔病經　子6－32083(23)
療忘錄　子4－24405
療言　子4－20907　叢1－128～9
41 療妒緣　子5－27840
療妒羹記　集7－50018

71 瘵馬集、牛駝經　子 1 - 4531
77 瘵閒集　叢 1 - 407(1)
瘵服石醫方　子 2 - 9939
瘵服石醫方殘　叢 2 - 608
82 瘵饑良方　子 2 - 9952
瘵饑良方、賑荒福報　史 6 - 44600
87 瘵飢草　集 3 - 20165

0020$_1$ 亭

17 亭子港萬十公張氏宗譜[江蘇江陰]　史 5 - 34851
26 亭臯詩鈔　集 3 - 14125
29 亭秋館哀辭(許僖身)　史 2 - 10815
亭秋館詩鈔　集 5 - 39231
亭秋館詩鈔、詞鈔、外集　集 5 - 39230
亭秋館附錄　集 5 - 39232
44 亭林文集　集 3 - 13747　叢 2 - 1274～6
亭林文集、詩集　集 3 - 13742
亭林文集、餘集　史 8 - 63502　叢 1 - 529
亭林文錄　集 6 - 42066
亭林文鈔　集 6 - 42064
亭林雜錄　子 4 - 22317　叢 2 - 1275～6
亭林詩集　集 3 - 13743　叢 2 - 1274～6
亭林詩集、文集、詩集校補　叢 2 - 635(12)
亭林詩集、文集、餘集　叢 2 - 698(11)
亭林詩集、文集、餘集、雜錄、年譜、同志贈言　集 3 - 13741
亭林詩集校文　集 3 - 13746　叢 2 - 611
亭林先生集外詩　集 3 - 13745　叢 2 - 611
亭林先生神道表　叢 2 - 1275
亭林先生遺書彙輯(崑山顧氏全集)二十三種附錄三種　叢 2 - 1275
亭林先生年譜　史 2 - 11677
亭林先生餘集　集 6 - 42024
亭林先生餘集(亭林餘集)　集 3 - 13748
亭林遺書十種　叢 2 - 1274
亭林著書目錄　子 4 - 22311　叢 2 - 749、1277
亭林未刊稿三種　叢 2 - 1277
亭林軼詩　叢 2 - 1275～6
亭林隨筆　子 4 - 22318
亭林餘集　叢 2 - 635(12)、1275～6

0020$_7$ 亨

37 亨通卷　集 7 - 54446
53 亨甫詩選　集 4 - 30236　叢 1 - 478

0021$_1$ 庇

30 庇寒廬詩稿、續稿　集 5 - 40511

靡

24 靡他吟　集 4 - 28503

鹿

00 鹿齋詩稿　集 4 - 25210
10 鹿干草堂集　集 3 - 14684
20 鹿儕詩剩　集 4 - 30933
鹿儕詩勝　集 6 - 42017
22 鹿川近稿　集 5 - 40150
鹿川田父集　集 5 - 40149
鹿仙吟草　集 5 - 33956
鹿仙吟草全集　集 5 - 33955
鹿峯張氏重修宗譜[浙江東陽]　史 5 - 35066
鹿峯程氏宗譜[浙江東陽]　史 5 - 36003
鹿峯蔡氏宗譜[浙江東陽]　史 5 - 38014～5
鹿峯賦鈔　集 5 - 35553
鹿峯鄭氏宗譜[浙江東陽]　史 5 - 38671
鹿山雜著　集 4 - 31016　叢 2 - 2031
鹿山集　集 3 - 17921
鹿山屠氏重修宗譜[浙江嵊州]　史 5 - 35478～9
24 鹿牀畫絮　子 3 - 16208
鹿牀小稿　集 4 - 30553
鹿繞山峯一枝　集 7 - 51828
26 鹿伯順十五種認真草　集 2 - 11352
鹿伯順十五種認真草又一種　叢 2 - 1193
鹿泉先生奏稿　史 6 - 48760
鹿臯詩集(江浦閒吟)　集 3 - 18761
27 鹿解元傳　史 2 - 9074
28 鹿谿子　子 1 - 18、20　集 1 - 157
32 鹿州吟草　集 6 - 42007(4)
鹿洲文錄　集 3 - 18251,6 - 42066
鹿洲初集　集 3 - 18250　叢 1 - 223(68),2 - 1403～4
鹿洲奏疏　史 6 - 48718　叢 2 - 1404

鹿洲吟草　集5-34215
鹿洲全集七種　叢2-1403
鹿洲全集八種　叢2-1404
鹿洲公案　史6-46415　叢2-1403～4
鹿溪林氏宗譜[浙江江山]　史4-29288
39 鹿沙集　集3-17555,6-45116
40 鹿太保詞　叢2-2227
鹿太常傳、鹿忠節公(善繼)傳、鹿解元傳　史2-9074
鹿皮子集　集1-5312～3　叢2-731(41)、859
鹿皮子集、目錄　叢1-223(61)
鹿皮子陳先生文集　集1-5313～4
鹿樵詩存　集5-38383
鹿樵集茸　集3-13688
鹿樵集葺　叢2-934
鹿樵山館詩鈔　集5-33844～5
鹿樵自敍年譜稿　史2-12028
鹿樵紀聞　史1-1979、1982、3202
43 鹿城詩二集　集2-9378
鹿城詩集　集2-9379　叢1-572
鹿城李氏續修族譜[安徽桐城]　史4-27291
鹿城夢憶　叢1-571
鹿城黄氏宗譜[安徽桐城]　史5-33878
鹿裘石室集(詩、文、書牘)　集2-10384
鹿裘石室集詩　集2-10385
44 鹿苑閒談　子4-23026
鹿蘋齋集　集5-37895
鹿葱花館詩鈔　集6-42008
鹿英山房喉科祕傳　子2-7473
鹿菴集　集1-4740
鹿世金繩　子4-22094
鹿村詩集　集3-16582
48 鹿乾嶽集　集2-11365
50 鹿忠節公(善繼)傳　史2-9074
鹿忠節公(善繼)年譜　史2-11558　叢2-731(62)、782(3)
鹿忠節公認真草　集2-11358
鹿忠節公認真草十五種　叢2-783
鹿忠節公集　集2-11366,6-43118
鹿忠節公集、鹿忠節公年譜　集2-11364
鹿奉常集　集2-11367
57 鹿蜂草　集3-16639
60 鹿跡山房詩草　集5-36495
鹿邑徐制軍奏疏遺集　史6-48884　集4-29885
鹿邑徐氏家乘[河南鹿邑]　史4-32153～4
鹿邑縣志[康熙]　史8-60036
鹿邑縣志[乾隆]　史8-60037
鹿邑縣志[光緒]　史8-60038
71 鹿原集　集2-7629
72 鹿隱生存稿　集4-32983
鹿氏族譜[安徽潁上]　史5-34630
鹿氏族譜[安徽阜陽]　史5-34629
77 鹿岡詩集　集3-18115
鹿母經　子6-32083(13)
鹿門文稿、詩草、雜稿　集5-38101
鹿門文選　集6-42048～9
鹿門詩　集3-17314
鹿門詩集、拾遺、續補詩　集1-1755,6-41878
鹿門詞　集7-46416、46418、47942
鹿門子　子1-14、16、18～20、39、47、58,4-19905、19907　叢2-730(6)
鹿門子(鹿門隱書)　叢2-731(7)
鹿門子隱書　子1-42
鹿門子隱書(鹿門隱書)　子4-19906
鹿門集　集1-1754
鹿門集、拾遺、續補遺　叢1-585
鹿門先生批點漢書　史1-205
鹿門先生批點漢書鈔　史1-5152
鹿門宕嶽諸遊記　史7-49318(16)
鹿門茅先生批評韓詩外傳　經1-4595
鹿門隱書　叢1-22(2)、23(2)、34、195(7)

龐

36 龐涓夜走馬陵道雜劇　集7-48767(3)、48774(2)、48968　叢2-698(15)
43 龐娥親傳　叢1-168(2)
44 龐蕞草　集3-17050
50 龐惠敏公百可亭集　集2-10299
55 龐曲靖弼唐集　集2-8681
70 龐檗子遺集　集5-41613
72 龐氏音學遺書四種　經2-14535
龐氏家訓　子1-2136　叢2-731(20)、881
龐氏家譜底本[江蘇吳江]　史5-41305
龐氏世譜[山東淄博]　史5-41308
77 龐居士語錄、詩　子7-34179
龐居士誤放來生債雜劇　集7-48767(3)、49078　叢2-698(14)
龐眉生集　集2-10267
龐際雲日記　史2-13247
80 龐公寶卷　集7-54409

0021_3 充

10 充要餘編　叢 1-31
23 充然子詩文集　集 2-7012
24 充射堂文鈔　叢 2-1422
充射堂詩集、詩二集、詩三集、詩四集、詩五集　叢 2-1422
充射堂詩集、二集、三集、四集、五集、文鈔、大易餘說、春秋餘論　集 3-19273
充射堂集八種　叢 2-1422
充射堂春秋餘論　經 1-7804
37 充軍考　史 6-46272　叢 2-2109

魔

26 魔鬼考　子 7-35715
38 魔逆經　子 6-32083(13)
44 魔嬈亂經　子 6-32083(19)、32093(16)

0021_4 塵

06 塵韻　集 2-11826
10 塵天閣詩草　集 5-41424
塵不到齋詩稿　集 4-29988
24 塵牘叢鈔　史 6-47219
30 塵定軒吟稿　集 5-37841
34 塵遠齋賦剩　集 4-31727
塵遠書屋詩稿　集 4-26284
38 塵海寄廬遺詩　集 4-27005
塵海妙品　子 4-24682　叢 1-590
塵海勞人草、闕河清嘯詞、退思居雜著　集 4-29608
44 塵夢醒談　子 5-27480　叢 1-496(7)
塵夢瑣談　史 1-4516
塵蘿瑣談(清光緒二十一年至二十五年)　史 2-13216
80 塵缶集　集 3-18437,6-41981
88 塵餘吟草　集 5-40565

座

40 座右名言　子 1-2568
座右銘贊語　子 4-21371
座右銘類鈔、座右銘續鈔　子 1-2559
座右箴言　子 4-23888　叢 1-173

庛

77 庛肥篇　子 7-37054

廛

72 廛隱集詩草　集 4-30984

産

00 産育寶慶方(産育寶慶集方、産育寶慶集)　子 2-7976
産育寶慶集　叢 1-223(33)、282(2)、283(2),2-731(29)
産育寶慶集方　子 2-4703
17 産孕集　子 2-4770、4771(3)、8225
産孕集、産孕集補遺　子 2-8226
22 産後諸症方論　子 2-8335
産後三十六論　子 2-8351
産後編　子 2-8067　叢 1-453,2-731(29)
産後編、補集　子 2-7968
産後十八論方　子 2-8103
24 産科　子 7-37858
産科一得　子 2-8315
産科百問萬金方　子 2-8350
産科集要　子 2-8330
産科心法　子 2-8133
産科祕方　子 2-8184
産科祕要、達生編方　子 2-8205
産科祕本　子 2-8144
産科祕書　子 2-8094、8175
産科祕畧　子 2-8174
産科祕錄　子 2-8153
産科四十三症　子 2-8071

產科學初步　子7－37841
25 產牛要說　子1－4514
30 產寶　子2－4714、4770、8101
產寶(倪氏產寶)　子2－8099
產寶(加評倪氏產寶)　子2－8100
產寶、續編　子2－4704
產寶雜錄　子2－7981
產寶新書　子2－8211
產寶諸方　子2－4643、4703、7993　叢1－223(33)、448
產寶百問　子2－7982、7997、8000、8316
產寶百問方論　子2－8063
產寶家傳　子2－4632、8105
產寶奇書　子2－8333
47 產鶴亭詩集十一稿　集3－19222
88 產鑑　子2－8040

雍

00 雍齋俚詩　集5－37109
雍音　集6－44856
01 雍語　叢2－1067
10 雍正二年廣西鄉試錄　史3－14660
雍正二年癸卯正科江南鄉試硃卷　史3－17728～9
雍正二年山東鄉試錄　史3－14461
雍正二年江西鄉試錄　史3－14388
雍正二年甲辰科順天鄉試朱卷　史3－16853
雍正二年甲辰科會試硃卷　史3－15056
雍正二年陝西甘肅兩河武舉鄉試錄　史3－14794
雍正五年丁未科會試硃卷　史3－15057
雍正元年癸卯科浙江鄉試朱卷　史3－19360
雍正元年癸卯恩科順天鄉試硃卷　史3－16852
雍正元年癸卯恩科會試硃卷　史3－15054～5
雍正要錄　史6－47670
雍正上諭儒釋道三教　史6－47669
雍正上諭翰詹科道　史6－47668
雍正條約　史6－44939
雍正十一年總管內務府事務等題奏　史6－47892
雍正十二十三年寅卯拔貢同年序齒錄　史3－14821
雍正十三年乙卯科順天鄉試硃卷　史3－16854
雍正十三年乙卯科山東鄉試硃卷　史3－21157～8
雍正十三年湖廣湖北鄉試錄　史3－14557
雍正十三年乾隆元年至六年恩詔　史6－47678
雍正十年壬子科山東鄉試硃卷　史3－21156
雍正十年壬子科鄉試硃卷　史3－21155
雍正十年壬子科河南鄉試齒錄　史3－14520
雍正十年四川鄉試錄　史3－14700
雍正九年爵秩全覽　史3－23801
雍正九年十二月初一日庚寅朔日食圖　子3－11476
雍正七年己酉科江南鄉試武舉題名錄　史3－14116
雍正七年江南鄉試錄　史3－14115
雍正禁例　史6－45874
雍正朝上諭檔　史1－1985,6－47674
雍正乾隆兩朝進提筆檔　子4－18847
雍正乾隆進硯檔　子4－18711
雍正咸豐光緒洪憲各朝奏摺　史6－47891
雍正四年丙午科山東鄉試硃卷　史3－21153～4
雍正四年山東鄉試錄　史3－14462
雍正八年庚戌科會試硃卷　史3－15058～9
雍正八年進士登科錄　史3－13709
21 雍虞先生道園類藁　集1－5157
26 雍皞如棋譜　子3－18013
雍和宮佛樓等處貳拾玖案供器檔案　史6－47381
雍和宮陳設供器什物清册　史6－47382～3
雍和宮陳設册　史6－47384
32 雍州金石記　史8－64090～1　叢1－347,2－731(32)、1428～9
40 雍大記[嘉靖]　史8－62662
67 雍野先生快獨集　集2－10228
77 雍熙樂府　集7－54594～5　叢2－636(4)
79 雍勝畧　史7－51488
80 雍益集　集3－15431　叢2－948、1336
87 雍錄　史7－51486　叢1－91、223(25),2－730(5)、829

塵

01 塵譚摘　子1－1475　叢2－1236
塵譚餘助　史1－5969
09 塵談記　叢2－1441
塵談二錄、三錄、四錄　子4－22999
塵談筆存　集6－46277

中國古籍總目書名索引

50 麈史 子 4-19937～9 叢 1-17、19(6)、20(4)、24(6)、31、223(41)、244(6)、373(5),2-652、673、731(4)、873
62 麈影 叢 2-2267
88 麈餘 子 4-20735～6,5-26358、26429 叢 1-22(24)、202(2)、203(7)、321,2-617(5)、624(4)

0021_6 兗

32 兗州府志[康熙] 史 8-59367
兗州府志[萬曆] 史 8-59365～6
兗州府志[乾隆] 史 8-59369
兗州府志續編[康熙] 史 8-59368
兗州府曹縣志[康熙] 史 8-59485
50 兗東集 集 3-17474

庵

22 庵山王氏房譜[浙江諸暨] 史 4-25040

竟

21 竟何如 子 5-27902
22 竟山樂錄 叢 1-223(15)、395
竟山樂錄(古樂復興錄) 叢 1-249(4),2-731(36)
竟山樂錄(古學復興錄) 經 1-6494 叢 2-1309
53 竟成堂醫書三種 子 2-4694
74 竟陵文選 叢 2-1587
竟陵詩話 集 6-46039 叢 2-1587
竟陵詩選、補遺 叢 2-1587
80 竟無詩文 集 5-40933

競

00 競立齋詩 集 5-39346
44 競夢錄 子 4-19497
80 競無小品 集 5-40932

0021_7 亢

00 亢庵遺稿 集 5-38437
40 亢直敢言 史 6-48875
44 亢藝堂集 集 5-34438～9 叢 1-419,2-731(44)
亢藝堂遺集摘鈔 集 5-34441
80 亢倉子 子 1-14、16～20、23、32～3、37～8、40～2、44、47、61、5-29514、29521、29523～6 叢 1-19(10)、20(7)、21(9)、24(10)、223(47)、273(5)、275,2-730(6)、731(11)、873
亢倉子註 子 5-29522
亢倉子注 叢 1-223(47)
亢倉子洞靈真經 子 1-21、51,5-29515、29517、29527

庑

44 庑村志 叢 2-644
庑村志[順治] 史 7-57014

廬

00 廬齋試帖集 集 4-31367
10 廬雲菽草 叢 2-1378
廬雲前編、外紀、小築、附錄 叢 2-1378
20 廬秀錄 史 7-52478
22 廬峯蔡氏族譜[福建建陽] 史 5-38030
廬山新樂府全集 集 4-33658
廬山詩紀 集 6-44813
廬山詩草 集 4-28520
廬山詩錄 集 5-39216,6-44332 叢 2-2150
廬山詩錄、廬餘集 集 5-39215
廬山記 史 7-52466～8 叢 1-15、19(2)、21(2)、24(3)、196、223(25)、274(3),2-600、606、731(55)
廬山記、廬山記畧 史 7-52470
廬山記、記畧 叢 2-673
廬山記校勘記 史 7-52469 叢 2-2198
廬山記事 史 7-52472～3
廬山記畧 史 7-52465 叢 1-274(3),2-731(55)
廬山二女 叢 1-587(4)

盧山天然禪師語錄 子 6-32091(80)
盧山秀峯寺志、漱玉詩集 史 7-51682
盧山集 集 1-4335
盧山集、英溪集 集 6-41784 叢 1-223(58)
盧山後錄 叢 1-22(11)、23(11)、119～20
盧山外集 集 1-5271
盧山白蓮正宗曇華集 子 7-34468
盧山歸宗寺志 史 7-51680～1
盧山紀游圖詠 史 7-53552
盧山紀遊 史 7-49318(6)、53544～5、53553 叢 1-203(17)、373(5),2-1773
盧山紀遊詩 集 4-25292
盧山紀遊詩、武夷紀遊詩 史 7-53551
盧山紀遊圖詠 叢 2-1633
盧山紀事 叢 2-870(3)
盧山紀聞 史 7-52474
盧山復教集 子 7-34469
盧山遺詠 集 2-8925
盧山海印老人(釋海清)年譜 史 2-12229
盧山太平興國宮採訪真君事實 史 2-8156～7 子 5-29530(24)
盧山志 史 7-52476
盧山真面吟 集 3-20268
盧山蓮宗寶鑑 子 6-32092(43),7-34466
盧山蓮宗寶鑑念佛正因 子 6-32089(52)、32090(66)、32091(65)、32093(51)
盧山蓮社高賢傳 史 2-8155
盧山草堂記 叢 1-23(11)、30、119～20
盧山草堂記、草堂三謠 叢 1-22(12)
盧山觀音閣語錄全集 叢 2-1644
盧山畧記 叢 1-223(25)
盧山吟稿 集 3-19634
盧山金石滙考 史 8-63953
盧山錄 叢 1-22(11)、119～20
盧山錄、後錄 史 7-52471 叢 1-11～2
盧山小志 史 7-52477
31 盧江郡何氏家記 史 2-8118 叢 2-742
盧江郡何氏宗譜[廣東] 史 4-28431～2
盧江何氏家譜[江蘇蘇州] 史 4-28253
盧江何氏家乘[安徽盧江] 史 4-28350
盧江何氏宗譜[江西婺源] 史 4-28359
盧江何氏世源[廣東新會] 史 4-28430
盧江潘氏宗譜[安徽盧江] 史 5-39837
盧江況氏族譜[江西宜豐] 史 4-28665
盧江縣誌[順治] 史 7-58036
盧江縣志[雍正] 史 7-58038
盧江縣志[康熙] 史 7-58037
盧江縣志[嘉慶] 史 7-58039
盧江縣志[光緒] 史 7-58040
盧江錢氏藝文畧 史 8-66050
盧江錢氏年譜、續編 史 2-11025～6
盧江錢氏年譜[浙江海鹽] 史 5-40198
32 盧州府志[康熙] 史 7-57754～5
盧州府志[嘉慶] 史 7-57757
盧州府志[萬曆] 史 7-57753
盧州府志[光緒] 史 7-57758
盧州府志賸[光緒] 史 7-57759
盧州衛志[乾隆] 史 7-57756
38 盧游雜詠 史 7-53540
盧游紀行 史 7-54071
盧遊雜詠 叢 2-720(5)、1198
44 盧墓考 史 2-6954
74 盧陵文 集 1-2028,6-41804
盧陵文丞相全集 集 1-4452
盧陵雜說 子 4-19965 叢 1-22(5)、23(5)、249(3)
盧陵詩集 集 1-2014
盧陵詩選 集 1-2022
盧陵詩鈔 集 1-2018,6-41773
盧陵夏徑葉氏九修族譜[江西吉安] 史 5-35758
盧陵夏徑葉氏七修宗譜[江西吉安] 史 5-35756
盧陵集 集 1-5453
盧陵官下記 叢 1-15、22(3)、23(3)
盧陵宋丞相信國公文忠烈公先生全集 集 1-4449
盧陵宋丞相信國公文忠烈公先生全集、文忠烈公從祀原案錄 集 1-4454
盧陵九賢事實始末 史 2-8163
盧陵縣志[康熙] 史 8-58908
盧陵縣志[道光] 史 8-58910
盧陵縣志[乾隆] 史 8-58909
盧陵縣志[同治] 史 8-58911
盧陵縣志[民國] 史 8-58912
盧陵周益國文忠公集(周益國公全集、周益公大全集)十三種 叢 2-1038
盧陵歐陽文忠公(修)年譜、本傳 史 2-11215
盧陵歐陽文忠公年譜 集 1-2008、2011、2025 叢 2-635(8)、698(10)、1029
盧陵歐陽先生文集(文忠集) 集 1-2006
盧陵曾氏家乘[江西吉安] 史 5-36634
76 盧陽三賢集 集 6-41717
盧陽三賢集三種 叢 2-820
盧陽殘稿 集 3-15283
盧陽客記 史 7-50486 叢 1-22(24),2-1064～5
盧陽客記、金山雜志 史 7-50487
盧陽龕山邢氏六修增訂宗譜[安徽合肥]

史 4 - 26236
盧陽周忠愍垂光集　集 6 - 41716
88 盧餘集　集 5 - 39215
盧餘集、仿擊缽吟、集韓、呈稿　集 5 - 39217

羸

72 羸隱初集、二集、三集、珠塵集　集 3 - 15653

鹿

22 鹿山老屋詩鈔　集 3 - 21691

0022$_2$ 序

00 序童壽六書　叢 2 - 1247
序離騷經　叢 2 - 1247、1250
14 序聽述詩所經　子 7 - 35245
21 序齒錄　史 3 - 13462
22 序例職名　集 6 - 43558
23 序狀誌銘　史 4 - 27845
25 序傳碑記　集 1 - 1303
43 序卦雜卦明義　經 1 - 1087
序卦傳　經 1 - 692
序卦程朱氏說　經 1 - 544
序卦圖說　經 1 - 2185、2219
44 序芳園稿　集 2 - 8616
序蘭亭內史臨波　集 7 - 49456
63 序跋贈序　叢 2 - 1140
77 序騷　叢 2 - 1249

廖

23 廖織雲女士蛺蝶花草册　子 3 - 16745
30 廖宗元(梓臣)傳　史 2 - 10037
廖宗元傳　史 2 - 10116
40 廖太醫經驗辨證錄　子 2 - 10888
廖古檀詩　集 3 - 20202
44 廖攀龍揭帖(順治四年)　史 6 - 47872、48598
72 廖氏六修族譜[湖南衡山]　史 5 - 38554
廖氏六修族譜[湖南長沙]　史 5 - 38535
廖氏族譜　史 5 - 38517、38519
廖氏族譜[福建上杭]　史 5 - 38525
廖氏族譜[湖南]　史 5 - 38533
廖氏族譜[湖南安化]　史 5 - 38544
廖氏族譜[湖南瀏陽]　史 5 - 38539
廖氏族譜[湖南長沙]　史 5 - 38534
廖氏族譜[四川]　史 5 - 38569
廖氏族譜[四川新都]　史 5 - 38565～6
廖氏三修族譜[湖南長沙]　史 5 - 38537
廖氏五修族譜[湖南衡山]　史 5 - 38551
廖氏重修族譜[江西萬載]　史 5 - 38530
廖氏續修族譜　史 5 - 38518
廖氏續修族譜[湖南]　史 5 - 38561
廖氏續修族譜[湖南武岡]　史 5 - 38559
廖氏續修族譜[湖南安化]　史 5 - 38545
廖氏續修支譜[湖南]　史 5 - 38560
廖氏續修支譜[湖南益陽]　史 5 - 38542
廖氏宗譜[浙江杭州]　史 5 - 38522
廖氏宗譜[湖南臨湘]　史 5 - 38546～8
廖氏祠記[江西萬載]　史 5 - 38529
廖氏七修族譜[湖南衡山]　史 5 - 38555
廖氏學案序　叢 2 - 2129(4)
80 廖公四法心鏡、全局安墳立宅入式歌　子 3 - 13139、13356

彥

24 彥德集　集 1 - 5322
36 彥湘詩鈔　集 4 - 22355,6 - 45190
彥湘詩鈔、補遺　集 4 - 22356,6 - 45190
53 彥威集　集 1 - 5099
67 彥明語錄　子 1 - 709
77 彥周詩話　集 6 - 45490、45591　叢 1 - 4、169(3)、223(71)

0022$_3$ 麡

51 麡軒詩鈔　集 3 - 15384

齊

00 齊彥槐傳　史 2 - 9733
齊彥槐年譜　史 2 - 12040
齊方鎮年表　史 1 - 10(3)、4735
01 齊諧記　子 5 - 26837　叢 1 - 15,2 - 774(10)、

860
04 齊詩翼氏學 經 1-163(3)、4570
齊詩翼氏學疏證 經 1-163(3)、4571 叢 2-1001
齊詩傳 經 1-4567~8、4818 叢 2-772(1)、773(1)、774(2)
齊詩述 經 1-4569、4819
齊詩遺説續考 經 1-4574
齊詩遺説考 經 1-163(3)、4820 叢 2-1001
齊詩遺説考、敍録 經 1-4572~3
齊詩鈐 經 1-4575 叢 2-2265
齊諸王世表 史 1-10(3)、4733
08 齊論語 經 2-9757 叢 2-774(5)
齊論語問王知道逸文補 經 2-9754 叢 2-764
10 齊雲山志 史 7-52423~5
齊雲山桃源洞天誌 史 7-51740
齊雲山史詩集 集 2-7463
齊雲山史集 集 2-7462
齊雲山人文集 集 4-27697~8 叢 1-509
齊雲山人詩集 集 4-27696
11 齊張長史集 集 1-500,6-41698
17 齊豫晉直賑捐徵信録 史 6-44633
20 齊乘、釋音 叢 1-223(23)
齊乘、釋音、考證 史 8-58958
齊乘[至元] 史 8-58957
22 齊川管氏宗譜[江西廣豐] 史 5-38507
齊山稿 集 2-6990 叢 2-860
齊山巖洞志 史 7-49318(6)、52428~9 叢 1-203(7),2-818
齊山志 史 7-52427
27 齊侯罍摹本 叢 2-707
齊將相大臣年表 史 1-10(3)、4734
齊物論齋文集 集 4-27426~7 叢 2-612
齊物論齋詞 集 7-47732 叢 1-509
齊物論齋集 叢 1-314
齊物論齋賦 集 4-27425
齊物論釋 子 4-22087 叢 2-2206
齊名紀數 子 5-26018
齊魯講學編稿二集 子 1-1940
齊魯遺書十八種 叢 2-823
齊魯遊紀畧 史 7-49318(13)、53578
齊魯遊草(守青集、移濟集、備究集) 集 5-35653
齊魯古印攈 史 8-65035
齊魯古印攈 子 3-17374
齊魯封泥集存 史 8-63505、65106
齊魯封泥考存 史 8-65105
齊魯韓三家詩釋、三家詩原流、三家詩疑 經 1-4664
齊魯韓三家詩疑 經 1-4667
齊魯韓三家詩注 經 1-4666
齊魯韓三家詩注、三家詩疑 經 1-4665
齊魯秦漢瓦當文字目、簠齋古泥封目、簠齋泉笵目 史 8-65212
28 齊谿小志[民國] 史 7-56991
30 齊家一鑑陽宅指南 子 3-13244
齊家的法術 子 4-22102
齊家寶要(重訂齊家寶要) 經 1-6324
齊家淺説 叢 2-700、1006、1008~9
齊永明諸王孝經講義 經 2-8327 叢 2-774(5)
齊憲副集 集 2-8048,6-41935(4)
31 齊河縣鄉土志[光緒] 史 8-59116
齊河縣志[雍正] 史 8-59113
齊河縣志[康熙] 史 8-59112
齊河縣志[乾隆] 史 8-59114
齊河縣志[民國] 史 8-59115
32 齊州吟稿 集 1-2220,6-41894(1)
33 齊治録 子 1-1545
40 齊大宗伯水道提綱 史 7-52749
43 齊赴白雲 集 7-49700
44 齊地記 史 7-50600 叢 1-19(2)、21(2)、24(3),2-664
齊莊中正堂詩鈔 集 4-31296~7
齊莊中正堂集 集 4-31298
齊莊中正堂日記(清同治六年至七年) 史 2-12788
50 齊推女傳 叢 1-56
齊春秋 史 1-1457 叢 1-19(1)、21(1)、22(10)、23(9)、24(2)
齊東妄言 叢 2-1581
齊東韻語 集 5-34000
齊東耽語 叢 1-23(3)
齊東絕倒 集 7-48773、48775、49209~10 叢 2-672
齊東埜語 子 4-20202 叢 1-22(3)、29(6)
齊東縣志[康熙] 史 8-59477
齊東縣志[萬曆] 史 8-59476
齊東縣志[民國] 史 8-59478
齊東野語 史 1-1914 子 4-20203~4,5-26224 叢 1-31、95~6、100、169(4)、223(41)、268(3),2-624(2)、652、730(3)、731(51)
齊東野語摘抄 史 8-65119
71 齊巨山先生(周華)年譜 史 2-11847
72 齊丘子 子 1-16~7、19、24、36、47,4-19912
齊丘子(齊丘子化書) 子 4-19913
齊丘子(譚子化書) 叢 2-730(6)
齊氏五修族譜[湖南湘潭] 史 5-38516
齊氏宗譜[江西婺源] 史 5-38512
齊氏宗譜[浙江天台] 史 5-38511

齊氏醫案　子2-10607
齊氏醫書四種　子2-4635
75 齊陳相罵　集7-52195
齊陳相罵子弟書　集7-52194
齊陳氏韶舞樂暠通釋　史8-64190
77 齊風說　經1-4538　叢2-886(1)
齊民要術　子1-66　叢1-16、22(13)、23(12)、29(2)、98、173、508,2-628、635(4)、698(7)、731(30)、1946
齊民要術、雜說　子1-61、4095　叢1-169(2)、223(32)、227(7)、268(3)
齊民要術存　叢2-600
齊民要術校　子1-4097　叢2-2004
齊民四術農、禮、刑、兵　子1-1692　叢2-1662
80 齊人記、四折附館中問答、豁堂自記　集7-49487
齊人記、卷堂文村劇等七篇　集7-49351
齊人有一妻一妾　集7-52210
齊人夢鼓詞　集7-51202
齊會要　史6-41606

齋

10 齋王科儀　子7-34988
21 齋經科註　子7-33477
27 齋魯韓詩譜　經1-4720
28 齋僧寶卷　集7-54516
33 齋心草堂集　集4-24705
齋心錄　子1-2620
40 齋壇赴享　集7-49700
齋克　子7-35302
48 齋檢雜圖表　叢2-2270(4)
50 齋中讀書　叢2-942
齋中讀書詩　集4-30216
齋中十六友圖說　子4-18649～50
齋中拙詠　集2-7233　叢2-1064
53 齋戒籙　子5-29530(9)、30292
77 齋居紀事　子4-20122　叢2-1037

0022$_7$　商

00 商主天子所問經　子6-32083(14)、32084(12)、32086(21)、32088(14)、32089(16)、32090(22)、32091(20)、32092(14)、32093(10)
商文毅疏稿　叢1-223(21)
商文毅公(輅)遺行集　史2-8868
商文毅公疏稿畧　史6-48159
商文毅公集　集2-6779～81
商文毅公全集　集2-6778
商辦廣東粵漢鐵路有限總公司總結摺　史6-44327
商辦廣東全省粵漢鐵路有限公司章程　史6-44326
商辦川省川漢鐵路有限公司章程　史6-44334
商辦福建鐵路公司第一次股東正式會始末記　史6-44305
商辦浙江全省鐵路有限公司暫定章程　史6-44289
商辦浙江全省鐵路有限公司第二次議定章程　史6-44299
商辦浙江鐵路有限公司章程　史6-44291
商辦漢冶萍鐵廠礦股份有限公司歷次奏咨案牘　史6-44822
商辦漢冶萍煤鐵廠礦有限公司推廣加股詳細章程　史6-44821
商辦漢鎮既濟水電公司第一屆報告　史6-44833
商辦蘇省鐵路有限公司報告總册　史6-44268
商辦蘇省鐵路股份有限公司詳章　史6-44272
商辦蘇省鐵路股份有限公司修正章程　史6-44273
商辦蘇省鐵路股份有限公司第一屆報告清册　史6-44269
商辦蘇省鐵路股份有限公司第二屆報告清册　史6-44270
商辦蘇省鐵路股份有限公司第三屆報告清册　史6-44271
商辦戒煙會良方　子2-10036
商辦輪船招商公局呈蒙農工商部批准註册給照暨郵傳部批駁隸部章程　史6-44184
商辦輪船招商公局股東簽註部批隸部章程附意見書　史6-44185
商辦全浙鐵路有限公司第六屆報告(辛亥年分)　史6-44298
商辦全浙鐵路有限公司第一次帳畧　史6-44293
商辦全浙鐵路有限公司第二屆報告(光緒三十三年分)　史6-44294
商辦全浙鐵路有限公司第三屆報告(光緒三十四年分)　史6-44295
商辦全浙鐵路有限公司第五屆報告(宣統貳年分)　史6-44297
商辦全浙鐵路有限公司第四屆報告(宣統

元年分）　史 6－44296
商辦鐵路公會第九次報告　史 6－44223
商辦鐵路公會第四次報告　史 6－44222
07 商部乙巳年紀事簡明表　史 6－44765
商部甲辰年紀事簡明表　史 6－44764
商部開辦章程　史 6－47082、47085
10 商賈便覽　史 6－43937　子 5－25909
12 商水縣志[順治]　史 8－60027
商水縣志[乾隆]　史 8－60028
商水縣志[民國]　史 8－60029
14 商確集　集 3－18129
17 商子　子 1－18～20、23～4、27、30～1、40～2、44、48、50、61、4043～8　叢 1－47、71～2、223(32)、261、272(3),2－635(4)、731(16)
商子平議　子 1－82、4050　叢 2－1920
商子閱　子 1－71
商君書　子 1－69、4051
商君書、附考　子 1－62、64～5、67～8、4049　叢 2－698(5)
商君書表微　子 1－4052　叢 2－2187
商司馬政績紀畧　史 6－43135
18 商政論說　子 7－36240(3)
商政論策　子 7－36240(3)
商政考　子 7－36240(3)
商政奏議章程　子 7－36240(3)
商務官報章程　史 6－43959、47082
商務考　子 7－36240(5)
商務開篇　集 7－50795、53653
商務策　子 7－36236
20 商雒商南縣集[嘉靖]　史 8－63068
21 商卣唱和詩　集 6－44282
22 商山弈譜　子 3－18002
商山鸞影册題詠　史 2－9298
商山剩稿　集 4－32700
商山吳氏族譜[安徽休寧]　史 4－28071
商山吳氏重修族譜[安徽休寧]　史 4－28068
商山吳氏家譜[安徽休寧]　史 4－28070
商山吳氏宗法規條　史 3－24570
商山吳氏祖墓四至圖　史 7－51972
商山事畧、商山府君剩稿　史 2－9945
商山題詠　集 6－44935
商山賸稿　子 4－21801
27 商約稅則議畧　史 6－41535、43538
31 商河縣鄉土志[光緒]　史 8－58998
商河縣志[道光]　史 8－58996
商河縣志[萬曆]　史 8－58995
商河縣志[民國]　史 8－58997
32 商業實踐法　子 7－37358
商業通論　子 7－37287
商業博物志　子 7－37315
商業地理四編　史 7－49801
商業簿記教科書　子 7－37286
34 商法行爲　子 7－37283
商法總則　子 7－37284
37 商洛行程記　史 7－49317(5)、49318(13)、53921　叢 1－496(3),2－1472
商郎回煞(新刻商郎回煞子弟書)　集 7－52458
商郎回煞一枝　集 7－52740
40 商南縣鄉土志[光緒]　史 8－63071
商南縣志[乾隆]　史 8－63069
商南縣志[民國]　史 8－63070
41 商標註册試辦章程　史 6－43958
商標局法規草案　史 6－45950
43 商城縣志[康熙]　史 8－60003
商城縣志[順治]　史 8－60002
商城縣志[嘉慶]　史 8－60004
商城縣志[嘉靖]　史 8－60001
商城縣志稿[民國]　史 8－60005
44 商考信錄　史 1－6013　叢 2－731(3)、782(4)、1538～9
商芝山館詩鈔　集 4－25622
商芸小說　叢 1－22(8)、23(7)、29(3),2－617(2)
商榷集、從天集　叢 1－300
47 商聲集　集 5－36828、39920
50 商夫人錦囊集　集 2－12366
商夫人錦囊集(香奩集)　集 3－13322
商書校注　叢 2－1521
商素庵稿　集 2－6782,6－45336
55 商典　子 7－36245
58 商輪考　子 7－36240(3)
72 商丘宋氏三世遺集三種　集 6－44988
商丘宋氏家乘[河南商丘]　史 4－29176～8
商丘縣志[康熙]　史 8－59837
商丘縣志[萬曆]　史 8－59836
商氏剡藤詩鈔　集 3－17421
77 商邱宋氏西陂藏書目　史 8－65664
商邱史記　史 1－5619　叢 1－328
商周文拾遺　史 8－64158
商周彝器釋文　史 8－64220
商周彝器釋銘　史 8－64225　叢 2－1946
商周金文拾遺　史 8－64221
商學　子 7－36252
商學考　子 7－36240(5)
商學書目考　子 7－36240(5)
88 商餘春虎　子 3－18446

市

00 市商雲集 集 7－49701
22 市嶺鄭氏宗譜[浙江樂清] 史 5－38704
40 市南子、制敕 集 2－11156
47 市聲 子 5－28639
55 市曲茅堂詩 集 3－18474
72 市隱廬醫學雜著 子 2－4771(4)、10938
市隱集(清光緒二十三年至二十五年) 史 2－13057
市隱書屋集 集 4－32068
市隱園集 叢 2－874
市隱園稿 集 2－11834
市隱堂詩草 集 2－10738

帝

00 帝京歲時紀勝 史 7－49323、49825
帝京景物畧 史 7－49808～12
帝京篇千字文 叢 1－276
10 帝王廟謚年諱譜 史 1－4593 叢 1－344
帝王廟謚年諱譜、續 史 1－4594
帝王要畧 叢 2－774(8)
帝王經世圖譜 子 5－24817～8 叢 1－223(43),2－731(19)、859
帝王經史圖譜 叢 1－230(4)
帝王經界紀 史 7－49308、49397 叢 2－767
帝王紀年纂要 史 1－4568 叢 1－46、269(4)
帝王世記 史 1－1998 叢 1－22(10)、23(9)
帝王世紀 史 1－1999～2000、2002、2004,7－49307 叢 1－272(3),2－731(64)、775(4)
帝王世紀、補遺、附錄 史 1－2001 叢 1－428
帝王世紀集校 叢 2－1667
帝王世紀續補、考異 史 1－2005 叢 1－428
帝王世紀纂要 史 1－2006
帝王世家 史 1－2007 叢 2－775(4)
帝王盛軌 子 1－1781
帝王盛軌、輔弼嘉謨 子 4－21871
帝王甲子記 史 1－4988 子 1－1969 叢 1－574(5)
帝王甲子表 叢 2－1317
帝王甲子表(增) 叢 2－1318
帝王畧論殘 史 1－5354 叢 2－750
帝王問道錄 子 6－32091(71)
帝王年系都邑便覽 史 1－4983
帝王纂 集 7－53565
17 帝君戒士子文 子 5－30494
20 帝系 史 5－37234～5
帝系(大) 史 5－37239～48
帝系(小) 史 5－37236～8
26 帝釋般若波羅蜜多心經 子 6－32081(47)、32082(23)、32083(30)、32085(44)、32088(32)
帝釋所問經 子 6－32083(32)
27 帝鄉紀畧[萬曆] 史 7－57781
帝鄉戚氏家傳葩經大成心印 經 1－3843
37 帝祖萬年金鑑錄 子 1－1993
40 帝女花 集 7－49611、49617
43 帝城花樣 叢 1－587(5),2－721
帝城景物畧 叢 1－22(25)
47 帝妃春遊 集 7－48770、48797、49208
60 帝里盱眙縣志[萬曆] 史 7－56678
帝里明代人文畧 史 2－7772
帝國主義 子 7－36227、36507
帝國憲政實進會章程、政綱細則 史 6－41747
帝國叢書五種 子 7－36227
帝國國會右院選舉法議院法草案 史 6－46054
62 帝則 叢 2－2238
63 帝賊譜 史 1－4627 叢 2－2186
74 帝陵圖說 史 7－51886
77 帝學 子 1－1990 叢 1－223(29)、227(6)、460
帝輿合覽 史 7－49687 子 5－25836～7
88 帝鑑直解 史 2－6502
帝鑑圖說 史 2－6499～501
帝範 子 1－1986～7 叢 1－223(29)、227(6)、230(1、3)、456(7)、468,2－731(19)
帝範、校記 子 1－1988 叢 2－604
帝範校補 子 1－1989 叢 2－2194

席

17 席子園畫石册 子 3－16360
21 席上腐談 子 4－20194～5 叢 1－19(9)、20(6)、21(9)、22(4)、23(4)、24(11)、29(6)、31、107、111(3)、223(47)、249(3)
席上腐談(月下偶談) 叢 2－731(6)
席上寱語 集 2－7420
席上輔談 子 4－20193,5－31238
30 席寶田行狀 史 2－10339
46 席帽山人集 集 3－17209
席帽山人遺集 集 3－17210
72 席氏讀說文記 經 2－12178 叢 1－269(2)、270(1)、271、272(3),2－731(22)

席氏家譜[江蘇蘇州] 史4-32479
席氏宗譜[江蘇蘇州] 史4-32478
席氏支譜[江蘇蘇州] 史4-32476
席氏世譜(席氏家譜)[江蘇吳縣] 史4-32474
席氏怡泉公支譜[江蘇蘇州] 史4-32480
77 席月山房詩存 集4-32667,5-34315
席月山房詞 集7-47525
席門集 集4-26341

庸

00 庸庵文三編 叢2-2022
庸庵文集 集3-17791
庸庵文稿 集5-36422
庸庵文編 叢2-2022
庸庵文編、文續編、文外編、海外文編 叢2-2021
庸庵文九則 史1-1995、4513
庸庵文別集 集5-36424
庸庵詩存 集5-39086
庸庵集 集4-23080
庸庵遺集十種 叢2-2249
庸庵海外文編 集5-36423
庸庵全集(庸庵文編、文續編、文外編、海外文編、籌洋芻議、浙東籌防錄、出使奏疏、出使公牘、出使英法義比四國日記、出使日記續刻) 集5-36420
庸庵全集七種 叢2-2021
庸齋集 集1-4258 叢1-223(57)
庸齋先生集 集2-6864、9302 叢2-900
庸齋家則、庸齋野志 子4-20697
庸齋補議 子4-21383
庸齋日記 叢2-1153
庸齋日記、信古餘論、采芹錄、牗景錄、餘言、家則、野志、志 子4-20698
庸齋日記等十種 叢2-1153
庸齋問事鈔 子4-23212
庸齋小集 集1-4220~1,6-41744~6、41888、41891~3、41894(3)、41896~8、41904、41911~2、41917~8、41920、41923~4
庸庸錄 子4-23307
庸言 子1-110、1142、1383、1581 叢1-194、202(6)、203(12)、210、212,2-937
庸言補遺 子1-1582
庸言知旨 子1-2564
04 庸謹堂詩鈔卷文存 集5-40433
24 庸德錄 子1-1814 叢2-1867
28 庸俗鍼砭 叢2-724
44 庸菴詩集 集2-6106
庸菴集 集1-5668~9 叢1-223(62)
庸菴遺集 叢2-2201
50 庸吏庸言 史6-41526~8、41531、43031
庸書 史6-47523~4 子4-22071、23853 集3-14408 叢1-22(20),2-1307
庸書文錄 集3-14409,6-42067
庸書二種附一種 叢2-1307
庸書外篇 子7-36263
庸書續編 叢2-1307
庸書内篇 子7-36263
庸書内篇、外篇 史6-41495 子7-36249
68 庸晦堂詩集 集4-32787
庸晦堂詩集(雪前集、雪後集、癲遯集、後乞集) 集4-32786
72 庸隱廬文存、詩存續鈔、聯存續鈔 集5-40677
庸隱廬詩存、詞、聯存 集5-40676
77 庸閒齋筆記 子4-23421~2 叢1-496(2),2-735(1)、736
庸閒齋筆記摘鈔 史1-1995
庸閒老人自敍 史2-10091
庸叟文稿彙編 集5-36041
庸叟編年錄 史2-12392
80 庸盦居士四種 叢2-2149
庸盦筆記 子4-23393~4 叢1-565,2-735(1)、736
庸盦尚書奏議 史6-49171 叢2-2149

廊

71 廊厦顧氏宗譜[浙江餘姚] 史5-41412
80 廊會(趙五娘廊會) 集7-52382

鳸

22 鳸山從祀詩 集5-37992
50 鳸青集 集4-26589~90
鳸青山人集杜 集3-18538

廓

00 廓庵行籟 集3-14851
10 廓爾喀不丹合考 史7-49317(2)、49318(3)、

54706
廓爾喀案、藏務奏疏　史 6－47911
23 廓然子五述　子 4－20540　叢 1－62、64,2－730(4)、731(12)
51 廓軒竹枝詞、窮塞微吟　集 5－38414

廟

10 廟下清河張氏宗譜[浙江龍游]　史 5－34988
廟下鍾氏宗譜[浙江紹興]　史 5－40597
22 廟制考議　經 1－6158
廟制考義　史 6－42017
廟制折衷　經 1－6159　叢 2－1309
廟制圖考　經 1－6160～1　史 6－42074～5　叢 1－223(27)
廟製圖考　叢 2－845(5)
32 廟灣營呈送籐牌陣圖水操陣圖　子 1－3729
34 廟濱尹氏家乘[江蘇丹徒]　史 4－25889
廟祔十五王傳　史 1－1946,2－7159
36 廟邊徐氏宗譜[浙江江山]　史 4－32002
50 廟事志　史 3－24585
77 廟學典禮　史 6－41999　叢 1－223(27)
廟門開一枝　集 7－51025
90 廟堂碑唐石本　子 3－15545
廟堂碑唐本存字　子 3－15437
廟堂忠告　史 6－41520、41524、42932　叢 1－247、481,2－637(2)、731(18)

方

00 方症聯珠　子 2－9732
方症會要　子 2－9472
方庵詩選　集 6－44580
方齋補莊七篇　子 4－20977　叢 2－937
方齋存稿　集 2－8049　叢 1－223(65)
方齋小言　子 4－20975　叢 2－937
方廣巖志　史 7－52454～5
方廣大莊嚴經　子 6－32081(5)、32082(5)、32083(4)、32086(6)、32088(4)、32089(5)、32091(7),7－32679
方廣大莊嚴經(神通遊戲經)　子 6－32084(5)、32085(5)、32090(8)、32092(5)、32093(10)
方文正公文定　集 2－6392,6－42060
方文別偶　集 3－17596
方言　經 2－14827、14888　子 1－61、66　叢 1－72、74～7、101、237,2－635(2)、731(23)
方言廣雅小爾雅分韻　經 2－14915
方言韻語　經 2－14845
方言二集　集 6－42463
方言疏證　叢 2－814、1475
方言備終錄　子 7－35451
方言佚文　經 2－14824　叢 2－777
方言釋　叢 2－2222
方言釋字　經 2－14842～3
方言釋字、部首、連用字　經 2－14844
方言釋義　經 2－14838
方言俗語音義溯源　叢 2－2168
方言補校　經 2－14836　叢 2－653(2)、1571～2
方言校補　經 2－14837
方言藻　經 2－14871～2　叢 1－282(4)、283(4),2－731(24)
方言教要序論　子 7－35322
方言摘誤　經 2－14876
方言據、續錄　經 2－14867　叢 1－195(6),2－731(24)
方言別錄　經 2－14857　叢 2－2055
方言問答撮要　子 7－35431
方言箋疏校勘記　經 2－14840～1
方音　經 2－14126　叢 2－1545
方音正誤　經 2－14133
02 方劑類選　子 2－9329
06 方韻相轉譜　經 2－14255
07 方望溪(苞)先生年譜　史 2－11005、11800　叢 2－635(13)、698(11)
方望溪文鈔　集 6－41809
方望溪平點史記　史 1－41
方望溪集外文補遺　集 3－17597
方望溪先生經說四種　經 1－99
方望溪偶鈔　集 3－17594
08 方論　子 2－6459、10127
10 方正學集　集 2－6386,6－42055、42057～9　叢 1－213
方正學先生(孝孺)年譜、年譜辨正　史 2－11402
方正學先生文集　集 2－6388～9　叢 1－214
方正學先生集　叢 2－731(45)
方正學先生集選　集 2－6387
方正學先生幼儀雜箴　子 1－1964、2768
方正學先生遜志齋集　叢 2－698(11)
方正學先生遜志齋集、外紀　集 2－6377
方正學先生遜志齋集、補遺、外紀、年譜　集 2－6383
方正學先生遜志齋集、拾補、外紀、方正學先生年譜、辨證　集 2－6380
方正學先生遜志齋集、拾補、外紀、記畧、校勘記、方正學先生年譜、辨證　集 2－6382

方正學先生遜志齋集、拾補、外紀、校勘記、方正學先生年譜 集2-6378
方玉堂集 集2-11399
方玉堂集(方玉堂詩草、方玉堂續詩草、方玉堂文藁、方玉堂文移類、方玉堂續文藁、方玉堂續刻四六啓藁) 集2-11398
方雪齋詩 集4-24655
方雪齋詩集(雙藤書屋詩集) 集4-25297
方元互證 子3-12383
方元英先生詩集、歷朝名賢贈詩 集1-1733
方元長印譜 子3-16913
方干詩 集6-41882
方干詩(晚唐方干詩) 集1-1732
方孩未全集 集2-11705
方百川稿 集3-17403
方百川先生經義 經2-11531
方石書話 經2-15134 子3-15181
方雲堂詩鈔 集3-19715
13 方琅玕館酬應應草 集4-29434
15 方融璽禪師語錄、淨土詩 子6-32091(76)
方建元集、佳日樓詞、續集師心草 集2-11014
16 方環山畫册 子3-16713
17 方孟旋稿 集2-10757~8,6-45336、45340
方孟旋先生評選郵筒類雋 集6-45290
方孟旋先生四書藝 經2-10418
方孟旋先生合集 集2-10754
方聚成禪師(釋悟成)年譜 史2-12012
方聚成禪師語錄 子7-34374
方聚成禪師語錄、方聚成禪師語錄年譜 子7-34373
方聚成禪師語錄禪淨合要 子7-33993
方忍齋所著書二十八種 叢2-1874
方子可先生(楷)徵哀錄、方氏遺書目錄 史2-10550
方子壯數學五種 子3-12394
方郟邮復初集 集2-9708
方歌別類 子2-4718、5175
20 方維祺書信集 集4-22673
21 方上周氏家乘[湖南湘潭] 史4-30185
方虛谷桐江集 集1-4795
方何宗譜[安徽廬江] 史4-28351
方便一書 子2-9982
方便集 子2-9577
方便心論 子6-32081(25)、32083(16)、32084(15)、32085(25)、32086(28)、32088(18)、32089(44)、32090(51)、32091(49)、32092(33)、32093(26)
方便書、補遺、急救須知 子2-9366
方便錄 子2-9618
方貞觀詩 集3-18174
方貞觀詩集 集3-18172
方貞觀詩集、輟耕錄 集3-18173
22 方嶽采風錄 史7-50531
方仙延年法 子2-11065
方峯鮑氏族譜圖系[安徽旌德] 史5-40269
方山詩鈔 集5-37687
方山記 史7-49318(5)、52261
方山要翰 集2-6437~8
方山子詩集 集2-8650
方山先生文錄 集2-8710 叢2-798
方山先生孫子說 子1-3129
方山紀述 子1-1083 叢1-22(20)、62~3、195(2)
方山紀述(紀述) 叢1-64,2-730(4)
方山房集 集1-4342
方山禪師語錄 子6-32091(72)
方山蓺文志 集6-44408
方山薛先生全集 集2-8707
方山氏紀年詩 史2-12252
方山小窖朱氏重修宗譜[浙江義烏] 史4-26585
23 方外記 史1-801
方外志 史2-6855
方外奇方 子2-9243
24 方壯猷文集 集4-33591
方先生遺藁 集1-5040
方德驥遺文 集4-32072
方侍御集 集2-9488,6-41935(5)
方勉夫日記(清咸豐六年至光緒十二年) 史2-12800
25 方積球年譜大事記傳錄 史2-12446
26 方伯集 集2-7809,6-45094
方伯榕似姚公傳 史2-9243
方泉詩 集6-41894(4)
方泉詩集 叢1-223(56)
方泉集 集1-3970,6-41897、41904
方泉集(方泉詩集) 集1-3971
方泉先生詩集 集6-41745、41888~9、41891~2、41896、41915、41917
方泉先生詩集(方泉詩集) 集1-3969
方程 子3-12364
方程新術草 子3-12354
方程論 子3-11238~9
方程天元合釋 子3-12361、12364、12396
方程術 子3-12361~2
方程演代 叢2-2172
方程考 子3-12532
27 方衆甫集 集2-10706
方解别錄 子2-4722、9890

方詹事詩後集(何陋居集)　集3-13169
方舟詩集　集1-3342,6-41894(2)
方舟詩餘　集7-46556
方舟集　集1-3341　叢1-223(55)
方舟經說　經2-11463　叢1-333～4、336～7,2-731(5)
方舟先生湖海集　集3-16239
方舟易學　經1-460
方紀　子2-4553、9276
方叔淵先生遺藁　集6-41932
方叔淵遺藁　叢1-585
方叔淵遺藁(方先生遺藁)　集1-5040
方叔遺稿　集6-41894(2)
28 方儀衛(東樹)先生年譜　集4-26073　叢2-1651
29 方秋崖先生和百韻　集1-4239、4411
30 方房詩剩　集3-13076
方房詩賸　叢2-909
方家園雜詠二十首並紀事(方家園雜詠紀事)　集5-39350
方家園雜詠紀事、雜記　史1-6198　叢2-2157
方宦文錄　集5-38244
方宦酬世文　集5-38246
方宦儷語、駢葩　集5-38245
方密之詩鈔　集3-13591
方案　子2-10095
方案集記　子2-10624
方案備存　子2-10717
方案查存　子2-10916
方案全錄　子2-10783
32 方洲雜言　子5-26336　叢1-108、111(4)、195(5),2-731(53)
方洲雜錄　叢1-22(23)、61～4,2-730(3)
方洲張先生文集　集2-6868
方洲集　叢1-223(64)
方洲先生集(方洲集)、讀史錄　集2-6867
方洲先生奉使錄　叢1-109、111(4)
方沃園雜詩　集6-42022
方遜志文鈔　集2-6390
36 方祝氏行述　史2-9853
37 方初菴先生集　集2-9950
方通甫遺稿　集4-28006
38 方道指南、宜忌日表　子3-13842
40 方九敘詩　集2-9256,6-41946
方壺讁客詩存　集4-33313
方壺詞　集7-46392、46395、46642
方壺外史　子5-29545
方壺先生集　集1-3929
方壺存稿　集1-3924,6-41894(2)　叢1-223(57)
方壺存藁　集1-3926～8
方壺存藁、名賢遺翰集　集1-3925
方壺存藁　集6-41904
方塘汪先生文粹　集2-8066
方塘汪氏宗譜[安徽休寧]　史4-28880
方塘汪氏思本錄　史3-24567
方塘汪氏思本錄[安徽休寧]　史4-28879
方塘世系一脈述　叢2-1967
方存之先生行年錄　史2-12223
方志　子7-36251
方志商　叢2-2164
方志涉台　史7-50458
方志考稿甲集六編　史8-66277
方志畧例　叢2-1527～9
方來館合選古今傳奇萬錦清音　集7-54610
方來館合選古今傳奇四集、萬錦清音□種　集7-49717
43 方城遺獻　集6-44692
方城遺獻、續刻　集6-44693
方城均田志　史6-44882
方城縣志[民國]　史8-59955
方城公尺牘　集2-11919
44 方坡遺詩　集4-27335
方麓集　集2-9369　叢1-223(66)
方麓居士集　集2-9368、9370
方麓居士集、紫薇堂劄記　集2-9367
方麓居士集、戊申筆記、紫薇堂劄記　集2-9366
方若是禽喉科　子2-7574
方菴詩選　集3-15066
方樹梅輯鈔　叢2-888
方藥集義闡微　子2-5299
方藥備考　子2-5064、9604
方藥治症提綱　子2-4583
方植之文　集4-26079
方植之文鈔　集4-26080
方植之雜著六種　叢2-1650
方植之先生(東樹)年譜　史2-11874　叢2-1652
方植之全集十四種　叢2-1652
46 方柏堂文畧　集4-33184
方柏堂手稿四種　叢2-1887
方柏堂先生(宗誠)事實考畧　史2-10182
方柏堂老人春秋左氏傳家塾課本　經1-7064
47 方起英詩　集3-19998
方椒涂遺文　集3-17676
50 方泰志[嘉慶]　史7-56436
方蛟峯先生文集(蛟峯先生集)　集1-4348

方蛟峯先生文集、外集、宋方山房先生文集 集1-4343
方蛟峯先生文集、外編、方山房集 集1-4342
方本傳子校勘記 叢2-827
方書 子2-10141
方書三種 子2-9548
54 方技記 史1-801
60 方日 子2-10208
方日斯文稿 集3-17366
方日斯詩稿 集3-17365
方星圖解 子3-11390
方國珍寇溫始末 史1-2659 叢2-868
方園樵唱詩鈔 集4-31477
方田度里 子3-11241
方田通補例 子3-12632
方田通法補例 子3-12351、12630
方畧摘要 子1-3286
方畧館書籍 史8-65515
方圜比例數表 子3-12564
方是閒居士小稿 集1-3772,6-41916 叢1-223(56)
方是閒居士小藁 集1-3771,6-41894(3)、41896
方員外集 集2-10238,6-41935(5)
方圓冪積 子3-11238～9
方圓闡幽 子3-12356 叢1-242(4)
64 方時佐先生富山嬾稿 集1-4404
70 方雅 史7-51285
方雅堂詩集 集4-29587
72 方脈權衡 子2-5052
方脈摘要 子2-5274
方脈指謎 子2-5067
方脈舉要 子2-6019
方氏族譜 史4-25710、25717、25719、25722、25880 叢2-888
方氏族譜[廣東番禺] 史4-25877
方氏族譜[天津寶坻] 史4-25723
方氏族譜[安徽宿松] 史4-25819
方氏族譜[安徽祁門] 史4-25841
方氏族譜[安徽歙縣] 史4-25830
方氏族譜[湖北穀城] 史4-25867
方氏族譜[湖南平江] 史4-25873
方氏族譜[湖南岳陽] 史4-25871～2
方氏族譜前集、後集[浙江淳安] 史4-25739
方氏譜系 史4-25714
方氏五種 叢2-624(3)
方氏聯臨派遷揚州儀徵支譜[江蘇揚州] 史4-25727
方氏重修宗譜[安徽祁門] 史4-25842、25844
方氏統宗譜 史4-25716
方氏統會宗譜 史4-25711
方氏續修族譜[湖南湘潭] 史4-25874
方氏生卒考 史4-25879
方氏白鹿莊支譜[安徽桐城] 史4-25814
方氏家言 子1-2310
方氏家譜[安徽歙縣] 史4-25834
方氏寶卷 集7-54319
方氏宗譜 史4-25713、25715、25720、25881
方氏宗譜[安徽祁門] 史4-25843、25845
方氏宗譜[安徽太湖] 史4-25818
方氏宗譜[安徽歙縣] 史4-25821
方氏宗譜[安徽懷寧] 史4-25816
方氏宗譜[江西鄱陽] 史4-25858
方氏宗譜[江蘇無錫] 史4-25729
方氏宗譜[浙江富陽] 史4-25735
方氏宗譜[浙江桐廬] 史4-25737
方氏宗譜[湖北黃岡] 史4-25866
方氏叢鈔十種 叢1-513
方氏遺書目錄 史2-10550
方氏左傳評點 經1-6914
方氏支譜[湖南長沙] 史4-25870
方氏世譜[安徽歙縣] 史4-25829
方氏墨譜 子4-18801
方氏易學五書 經1-2324 叢1-439
77 方學博集 集4-29068
方學博全集五種 叢2-1760
方輿 叢1-460
方輿新鈔 史7-49678
方輿諸山考 史7-49318(9)
方輿互考 史7-51280
方輿紀要 史7-49612
方輿紀要、續編 史7-49613
方輿紀要序錄 史7-49630 子4-19500
方輿紀要形勢論畧 史7-49636 叢1-474
方輿紀要續編 史7-49640
方輿紀要簡覽 史7-49318(1)、49632～3
方輿考證 史7-49690
方輿考證總部 史7-49689
方輿勝畧、外夷 史7-49582
方輿勝覽、目錄、引用文集目錄 叢1-223(23)
方輿全圖總說 史7-49621、49635、49638
方輿金石編目 叢2-1549
方輿纂要 史7-49714 叢2-1711
方輿類聚 史7-49694
方輿類纂 史7-49631
78 方驗輯存 子2-9648
80 方前張氏宗譜[浙江東陽] 史5-35064～5

方義指微　子2-9487
83 方鐵菴文集　集1-4114
87 方朔偷桃　集7-49671
方朔呈祥　集7-49678
方朔明心　集2-11572
方朔明心内篇、外篇、襍篇、掃餘之餘　集2-11567
88 方簡肅文集　叢1-223(65)
方簡肅公文集(方簡肅文集)　集2-7305
方等三昧行法　子6-32088(41)、32089(50)、32090(63)、32091(62)、32093(49)
方等泥洹經　子6-32083(18)
方等本起經　子6-32085(5)、32093(10)
90 方棠陵集　集2-8478,6-41935(1)
97 方恪敏公奏議　史6-48745

旁

00 旁註雲箋一統　集6-45279
46 旁觀論、續論　子4-21863
77 旁門録　子5-29590、31484

育

00 育齋先生詩集　集2-6631
09 育麟祕術　子2-8325
10 育王嵩來荃禪師語録　子7-34363
22 育山蠶法六條　子1-4447
24 育德堂外制　集1-3930　叢2-867
育德堂奏議　史6-48149
30 育寧堂頤世方書　子2-9387
44 育蘭堂詩鈔、續編　集4-30146
50 育書　叢2-886(2)
66 育嬰集　子2-8511
育嬰祕訣　子2-4567
育嬰祕訣(萬氏家藏育嬰家祕)　子2-8396
育嬰常語　子2-8498
71 育蠶要旨　子1-4421
77 育兒談　子7-38004

腐

01 腐譚集　子1-1767
50 腐史　子5-27429

膏

44 膏藥　子2-9852

裔

12 裔烈娥本末　史2-9490
20 裔乘　史7-54265　叢2-741
50 裔夷謀夏録　史1-2577

高

00 高齋集　集2-8983～4
高齋偶存稿、補遺　集4-26537
高齋漫録　史1-1914　子5-26286　叢1-17、19(6)、20(4)、21(6)、24(7)、56、95～6、195(5)、223(45)、273(5)、274(5),2-624(2)、730(2)、731(52)
高帝紀事　叢1-310
高廟聖政記　史1-2726
高唐齊音(朝陽雜詠)　集4-29369
高唐記　集7-49152
高唐記(楚襄王夢遊高唐記)　集7-49153
高唐州續志[乾隆]　史8-59067
高唐州鄉土志[光緒]　史8-59071
高唐州志[康熙]　史8-59065～6
高唐州志[道光]　史8-59068
高唐州志[嘉靖]　史8-59064
高唐州志[光緒]　史8-59069
高唐夢　集7-48775、49154　叢2-672
高唐縣志稿[民國]　史8-59070
高唐賦新釋　叢2-2129(3)
高唐照乘堂興識隨筆　子4-22276
高文襄公詩集　集2-9009
高文襄公詩集、文集　集2-9008
高文襄公集　集2-9012
高文襄公集(高文襄公文集)十四種附年譜　叢2-1101
高文襄公集(東里高氏世恩録、獻忱集、外制集、病榻遺言、程士集、玉堂公草、本語、南宮奏牘、綸扉稿、掌銓題藁)　集2-9006
高文襄公集十一種　叢2-1099
高文襄公集十八種　叢2-1100

高文端公奏議、存稿　史 6 - 48273
高文秀雜劇三種附一種　叢 2 - 720(3)
高文良公詩鈔　集 3 - 18011
高文恪公集十一種　叢 2 - 1353
高辛研齋存稿　集 4 - 32641
高辛硯齋雜著　子 5 - 26582
高言集　集 6 - 44359
10 高玉(王)觀世音菩薩真經　子 7 - 33009
高王觀世音現身日期救苦膏　子 7 - 33003
高王觀世音經　子 5 - 29582,7 - 33008　叢 2 - 771(2)
高王觀世音經齋戒日　子 7 - 33017
高王觀世音經註解　子 7 - 33781　叢 2 - 724
高王觀世音經感應徵實　子 7 - 33003
高王觀世音經四種　子 7 - 33003
高王觀世音稀豆洗眼神方　子 7 - 33003
高王觀世音真經　子 7 - 33009
高王觀世音夢授經　子 7 - 33003
高王觀世音救苦經　子 7 - 33003
高王觀世音救苦真經　子 7 - 33015
高要鄉土志[光緒]　史 8 - 61115
高要縣志[康熙]　史 8 - 61110
高要縣志[宣統]　史 8 - 61113
高要縣志[道光]　史 8 - 61111
高要金石略　史 8 - 64054　叢 2 - 1739
高平行紀　史 7 - 49318(3)、53918
高平范氏族譜[浙江杭州]　史 4 - 29435～6
高平范氏宗譜[浙江龍游]　史 4 - 29451
高平胡氏宗譜[浙江東陽]　史 4 - 30481～2
高平縣志[順治]　史 7 - 55700
高平縣志[乾隆]　史 7 - 55702
高平縣志[同治]　史 7 - 55703
高天丁祕旨　子 5 - 31684
高孩之二集(郎灊集、盧隱集)　集 2 - 11109
高石齋文鈔　集 5 - 34403
高西園詩畫錄　子 3 - 16174
高吾詩稿　集 2 - 7627
高吾靜芳亭摘稿　集 2 - 7628
高雲詩集　集 3 - 16990
高雲鄉遺稿　叢 2 - 968
高雲麓太史梅花詩二百首墨迹　集 5 - 41348
高雲卿遺稿　集 5 - 40873
高雲堂文集、詩集、恭和御製詩應制詩　集 3 - 15052
高不危文集　集 2 - 6369
11 高麗論畧　史 7 - 49317(4)、49318(15)、54566
高麗水道考　史 7 - 49317(5)、49318(15)、54587
高麗形勢　史 7 - 49317(4)、49318(15)、54569
高麗瑣記　史 7 - 49317(4)、49318(15)、54579
高麗七奇　叢 2 - 695
高麗好太王碑　史 8 - 64653
高麗史箋目　叢 1 - 373(2)
高麗國新雕大藏校正別錄　子 6 - 32093(53)
高麗國永樂好大王碑釋文纂考　史 8 - 64652　叢 2 - 2143
高麗國普照禪師修心訣　子 6 - 32089(52)、32090(66)、32091(64)、32093(52),7 - 33974
高麗國普照禪師修心訣、真心直說、誡初心學人文　子 7 - 34033
高麗賦注　叢 2 - 2105～6
高麗風俗記　史 7 - 49318(15)、54567
高麗人抄本撮要　子 5 - 26002
12 高弧細草　子 3 - 12351、12634
高弧句股合表　子 3 - 11242
高礄周氏族譜[湖南長沙]　史 4 - 30137
17 高子文集、詩集　叢 2 - 1179
高子詩集、文集　集 2 - 10790
高子講義　子 1 - 1189
高子安遺稿　集 5 - 36397　叢 2 - 795
高子遺書　集 2 - 10796～8,6 - 43118　叢 1 - 223(66)
高子遺書、高忠憲公年譜　集 2 - 10795
高子遺書節鈔　集 2 - 10799　叢 2 - 802
高子別集　集 2 - 10794
高子全書七種　叢 2 - 1178
高子全書八種　叢 2 - 1179
高子節要　子 1 - 1190
高君保私探營房　集 7 - 52799
高君寶一枝　集 7 - 52670
高郡東門吳氏族譜[廣東高州]　史 4 - 28193
高歌集　集 6 - 41765　叢 2 - 1709
20 高季迪集　集 2 - 6240,6 - 41935(1)
高季迪先生大全集　集 2 - 6234
高季迪先生年譜　集 6 - 41752
高季迪七律鈔　集 2 - 6250
高季迪姑蘇褋詠　集 2 - 6238
高季迪賦姑蘇雜詠　集 2 - 6237
21 高上玉皇心印經　子 5 - 29530(1)、29535(3)、29536(3)、29673、29677
高上玉皇心印妙經　子 5 - 29535(3)、29536(3)、29675
高上玉皇滿願寶懺　子 5 - 29530(4)、30550
高上玉皇本行集經　子 5 - 29530(1)、29535(3)、29536(3)、29665
高上玉皇本行集經、奏陳表文、誦經感應　子 5 - 29530(1)、29667
高上玉皇本行集經註解、諸義攷目　子 5 - 29535(3)、29536(3)

高上玉皇本行集經註解、諸義攷目、原道　子5-29671
高上玉皇本行經髓　子5-29530(1)
高上玉皇本行經髓、傳經源流　子5-29669
高上玉皇胎息經　子5-29530(1)、29684
高上玉宸憂樂章　子5-29531、30804
高上神霄玉清真王紫書大法　子5-29530(23)、29535(4)、29536(3)、31625～6
高上神霄宗師受經式　子5-29530(24)、30733
高上大洞文昌司祿紫陽寶籙　子5-29530(23)、31617
高上太霄琅書瓊文帝章經　子5-29530(2)、29824
高上月宮太陰元君孝道仙王靈寶淨明黃素書　子5-29530(11)、30839
高上月宮太陰元君孝道仙王靈寶淨明黃素書、序例　子5-29555
高街孫氏房譜[浙江奉化]　史5-33602
22 高峯文集　叢1-223(55)
高峯文集(高峯先生文集)　集1-2975
高峯龍泉院因師集賢語錄　子7-34182
高峯語錄佛事要畧　子7-34205
高峯三山禪師(燈來)年譜　史2-11681
高峯張氏宗譜[浙江嵊州]　史5-34977
高峯先生文集　集1-2974、2976～8,6-41715
高峯和尚參禪節要　子7-34209
高峯和尚參禪節要、獨峯和尚禪要　子7-34208
高峯和尚禪要　子7-34206
高峯禪要五種　子7-34207
高峯大師語錄　子6-32091(72),7-34203
高峯別集　集1-2980
高峯吟稿　集1-2979
高峯原妙禪師語錄　子7-34204
高山堂詩文鈔　集3-21856
24 高佳氏家譜[遼寧]　史4-32471～2
高嶢志　史8-62345
高科考　史6-42348　叢2-741
25 高仲新(文銘)傳　史2-10437
26 高白浦集　集2-9690
高皇帝御製文集　集2-6110
高皇帝御製文集、訓行錄　集2-6111
高皇帝御製文集、祖訓　集2-6112
高皇后傳　史2-8827
高憩雲外科全書十種　子2-7812
27 高郵王西樓先生全集三種　叢2-1071
高郵王氏六葉傳狀碑誌集　史2-7794　叢2-925
高郵王氏家集　集6-44968
高郵王氏遺書七種　叢2-925
高郵王氏著書五種　叢2-923
高郵王氏四種　叢2-924
高郵王氏父子(念孫、引之)年譜　史2-11926
高郵王氏父子(念孫、引之)年譜、附錄高郵王氏父子著作述考　叢2-722
高郵王氏父子論均書劄　經2-14507
高郵張氏遺稾七種　集6-45057
高郵州鄉土志[民國]　史7-56749
高郵州志[雍正]　史7-56741
高郵州志[康熙]　史7-56740
高郵州志[道光]　史7-56744
高郵州志[嘉慶]　史7-56743
高郵州志[乾隆]　史7-56742
高郵州志[隆慶]　史7-56739
高郵州志[民國]　史7-56746
高郵州志[光緒]　史7-56745
高郵志餘、補[民國]　史7-56747
高郵耆舊詩存、詩餘　叢2-1679
高郵耆舊詩餘　集7-48619
高郵四家詩鈔　集6-44456
高郵縣志稿[民國]　史7-56748
高仰山古梅和尚語錄全集、龍窟重開山古梅和尚語錄　子7-34219
高句驪王墓碑志　史2-11000
高嵏陳氏宗譜[浙江平陽]　史4-33135
28 高以莊詩稿　集4-33046
高僧詩選前集、後集、續集　集6-41917
高僧傳　史2-6791～2　子6-32081(42)、32082(21)、32083(27)、32084(23)、32085(40)、32086(47)、32088(29)、32089(47)、32090(60)、32091(59)、32092(40)、32093(52),7-34710　叢1-19(4)、21(3)、24(4)、453
高僧傳二集　子7-34709
高僧傳三集、目錄　子7-34709
高僧傳初集　子7-34709
高僧傳初集至四集　子7-34709
高僧傳四集　子7-34709
高僧法顯傳　子6-32093(52)
高僧摘要　子6-32091(71),7-34720
高給諫晉郵日記(清光緒十九年)　史2-13097
高給諫遺詩　集5-38434
高給諫奏稿　史6-49066
30 高注金匱要畧　子2-6786
高濂等氣功著作十五種　子2-11181
高淳縣志[康熙]　史7-56590
高淳縣志[順治]　史7-56589
高淳縣志[嘉靖]　史7-56588

高淳縣志[乾隆] 史7-56591
高淳縣志[民國] 史7-56593
高淳縣志[光緒] 史7-56592
高淳縣志鄉土志[宣統] 史7-56594
高淳縣城隍白府君廟志 史7-51763
高淳義學義倉輯畧 子1-2063 叢2-964
高湻救生局五刻清册 史6-47585
高湻縣城隍白府君廟志 史7-51762
高湻普濟堂志 史7-51764
高涼雜興 叢1-321
高涼公牘 史6-47336
高家堰記 史6-46776,7-49317(7)、49318(10) 叢2-810
高適詩 集1-846
高適集 集1-846
高守村詩稿 集3-19480
高安三傳合編 史2-6207
高安朱文端公校輯藏書(朱文端公藏書)十三種 叢1-218
高安朱公墓誌銘 史2-9445
高安縣鄉土志[民國] 史8-58865
高安縣志[康熙] 史8-58861
高安縣志[道光] 史8-58863
高安縣志[乾隆] 史8-58862
高安縣志[同治] 史8-58864
高宴麗春堂 集7-48778
高寄齋訂正方洲雜言 叢1-108
高寄齋訂正玉笑零音 叢1-111(4)
高寄齋訂正武林舊事 叢1-107
高寄齋訂正吳船錄 叢1-107
高寄齋訂正友論 叢1-107
高寄齋訂正學圃雜疏 叢1-107
高寄齋訂正會仙女誌 叢1-108、111(4)
高寄齋訂正缾花譜 叢1-107
高密度支 史6-43343
高密三李詩話 集6-46018
高密王氏世系譜[山東高密] 史4-25382
高密孫氏族譜[山東高密] 史5-33669
高密傅氏族譜[山東高密] 史5-36267～8
高密遺書 經1-31 叢2-772(5)
高密李氏孟郊詩評選、補遺 集1-1190
高密李氏家譜[山東高密] 史4-27406～8
高密縣鄉土志[光緒] 史8-59202
高密縣志[康熙] 史8-59198
高密縣志[乾隆] 史8-59199
高密縣志[民國] 史8-59201
高密縣志[光緒] 史8-59200
高密單氏家乘[山東高密] 史5-35964、35966～8
高密單氏家乘世譜[山東高密] 史5-35965
高密劉氏家譜[山東高密] 史5-39424
高密全城記 史1-3323
高密管氏家譜[山東高密] 史5-38508
高寶仁公(位富)行狀 史2-9616
高宗聖訓 史6-47752
高宗純皇帝平定回部聖訓 史6-47750
高宗純皇帝征服緬甸安南聖訓 史6-47751
高宗純皇帝起居注殘稿(乾隆五十三年十月) 史1-1765、1985
高宗皇帝御製翰墨志 子3-14692 叢1-2～3、8
高宗皇帝御製翰墨志(宋高宗御製翰墨志) 子3-15060
高宗御製文初集 叢1-227(8)
高宗御製詩初集、二集、三集 叢1-227(8)
高宗御製題書畫詩目錄 子3-14963
高宗幸張府節次畧 史6-41990 叢1-11、22(9)、23(8)、29(5)、154
31 高江村集 集3-16211
32 高州府石城縣志[康熙] 史8-61189
高州府石城縣志上編[康熙] 史8-61189
高州府志[康熙] 史8-61185
高州府志[道光] 史8-61187
高州府志[萬曆] 史8-61184
高州府志[乾隆] 史8-61186
高州府志[光緒] 史8-61188
高州詩集 叢1-263
高州集 集5-39218
高州存牘 集5-39225
33 高梁生集(文集、詩集) 集2-10353
34 高達夫詩鈔 集1-846
35 高沖文氏重修族譜[湖南湘鄉] 史4-25693
36 高漫士詩集 集2-6339
高漫士集 集2-6336,6-41935(3)
高漫士木天清氣集 集2-6341
高漫士嘯臺集 集2-6340
37 高澹游山水長卷 子3-16687
高澹游寫景山水册 子3-16686
高澹人行述、張茂滋餘生錄、張望齋府君行述 史2-9254
38 高道記 史1-801
高道傳 史2-6860 叢1-15、19(4)、21(3)、22(9)、23(9)、24(4)
39 高沙陳氏宗譜[江蘇高郵] 史4-32721
40 高力士外傳 子5-26218、26226 叢1-38、546、547(3)
高力士傳 叢1-22(18)、23(18)、29(3)、249(2)、255(3)

高太史論抄　子 4－21853
高太史論鈔　集 5－38527
高太史集　集 5－38526
高太史鳧藻集　集 2－6244
高太史鳧藻集、扣舷集　集 2－6230　叢 2－635(11)
高太史大全集　集 2－6235～6　叢 2－635(11)
高太史大全集(大全集、重刻高太史大全集)　集 2－6233
高士傳　史 2－6200、6463、6469～70、6472、6474～5、6477、6485　子 3－16352　叢 1－15、19(3)、21(3)、22(9)、24(4)、74～7、82、90～3、125～6、162、223(21)、237、410、566、2－599、628、680、698(4)、730(5)、731(61)、776
高士傳、續高士傳　史 2－6468
高士傳、逸文　史 2－6471　叢 1－272(4)
高士傳、逸士傳、篇目考　史 2－6476
高士傳贊　史 2－6486
高士傳續編　史 2－6563
高士傳佚文　史 2－6473　叢 2－777
高士宗部位說附十二經脈歌訣　子 2－5941
高士宗先生手授醫學真傳　子 2－4959
高士錄　叢 1－378
高臺縣志[民國]　史 8－63163
高塘高氏宗譜[浙江寧波]　史 4－32419
高塘王氏宗譜[浙江東陽]　史 4－25168
高塘鴻溪王氏家譜[安徽祁門]　史 4－25283
高塘董氏家譜[浙江鄞州]　史 5－35877
高塘畢氏家譜[浙江鄞州]　史 4－31531
高才女遺詩　集 5－41349
高南阜先生研史年譜　子 4－18724、18727
高南阜左手書畫合璧　子 3－14988
高希之(學濂)先生入祀華陽江安縣資州名宦稿　史 2－9765
高奇往事　史 2－6575
42 高橋周氏族譜[湖南長沙]　史 4－30126
高橋周氏三修族譜[湖南長沙]　史 4－30138
高橋閻氏四修支譜[湖南長沙]　史 5－40122
43 高城吳氏宗譜[浙江東陽]　史 4－27925～9
44 高坡異纂　子 5－27035　叢 1－22(23)、29(7)、59～60、2－617(4)、624(3)
高鼓峯醫論　子 2－4971
高墻黃氏族譜[福建連江]　史 5－33916～7
高苑度支　史 6－43342
高苑縣續志[康熙]　史 8－59180
高苑縣鄉土志[光緒]　史 8－59182
高苑縣志[康熙]　史 8－59179
高苑縣志[乾隆]　史 8－59181
高蘭香遊地獄　集 7－53147
高蘇門集　集 2－8570～1，6－41935(2)、41940、42053
高攀龍詩文殘稿　集 2－10789
高老莊　集 7－52322
高村李氏河房祠主册　史 4－27688
高樹古城士幻吟草　集 4－24172
高林詩鈔　集 3－20222
高林汪氏宗譜[安徽桐城]　史 4－28802
46 高覲昌日記　史 2－13186
高楊張徐集　集 6－41935(1)
47 高都陳氏詩鈔二十種　集 6－45074
高都陳氏傳家集　集 6－45075
48 高松竹譜　子 3－16294
高梅亭讀書叢鈔　叢 2－1540
高梅坡李氏族譜[廣東遂溪]　史 4－27646
50 高車胡氏三修族譜[湖南瀏陽]　史 4－30599
高青邱文集　集 2－6254
高青邱詩集　集 2－6248
高青邱詩選　集 2－6251
高青邱集　集 2－6253
高忠憲公(攀龍)墓志行述　史 2－9041
高忠憲公(攀龍)年譜　史 2－11537～8　集 2－10795　叢 2－802
高忠憲公詩手稿真蹟　集 2－10792
高忠憲公詩集　集 2－10791
高忠憲公水居志　史 7－50183
高忠憲公水居志、補編　史 7－50184
高忠憲公家訓　子 1－2153
高奉涂氏宗譜[江西]　史 4－32602
高素齋集　集 2－8919
高東谿先生集　集 1－3222
高東溪集　集 1－3224，6－41784、43118　叢 1－242(4)，2－731(40)
高東溪集(東溪集)　集 1－3225
高東溪先生文集　集 1－3227～8
高東溪先生遺文集　集 1－3226
高東溪先生遺集　叢 1－214
高東井先生詩選、賫香詞　集 4－22015
53 高成借盟嫂(馬紅眼上當)　集 7－53146
55 高井易氏家譜[湖南長沙]　史 4－29529
57 高郵李氏譜(東房)[江西萬載]　史 4－27383～4
60 高田龔氏族譜[江西南昌]　史 5－41466
高昌行記　史 7－53787
高昌行紀　叢 1－22(9)、23(9)
高昌鄉二十六保志[光緒]　史 7－56398
高昌祕笈甲集　叢 2－680
高昌麴氏年表　史 1－4772　叢 2－599、2193、

2195
高昌專錄 史8-65238 叢2-2195
高昌陶集 史8-65242
高昌館雜字 經2-14972
高昌館譯書 經2-14970
高昌館課 經2-14969
高昌館來文 經2-14962
高昌館畏兀兒譯書 經2-14971
高邑縣志[康熙] 史7-55065
高邑縣志[嘉慶] 史7-55067
高邑縣志[乾隆] 史7-55066
高邑縣志[民國] 史7-55068～9
高景逸集 集2-10793
62 高縣志[康熙] 史8-61959
高縣志[嘉慶] 史8-61961
高縣志[乾隆] 史8-61960
高縣志[同治] 史8-61962
66 高唱樓詩稿(同心集) 集4-29009
67 高明選增便蒙唐詩鼓吹大全 集6-43280
高明大字春秋胡傳 經1-7491
高明羅氏族譜[廣東高明] 史5-41160
高明縣志[康熙] 史8-61101～2
高明縣志[道光] 史8-61104
高明縣志[嘉慶] 史8-61103
高明縣志[光緒] 史8-61105
71 高厚求原 子7-36254
高厚蒙求九種 子3-11242
高厚蒙求摘畧 史7-49336
高階余氏宗譜[浙江龍游] 史4-28557、28560
72 高隱山樓詩鈔 集4-24133～4
高戶部詩 集3-16115
高氏塾鐸 子1-2209 叢1-197(1)、198
高氏族譜 史4-32469
高氏族譜[山東沂水] 史4-32446
高氏族譜[安徽績溪] 史4-32430
高氏族譜[江蘇淮安] 史4-32390
高氏族譜[江蘇蘇州] 史4-32412
高氏族譜[湖南寧鄉] 史4-32449、32452
高氏族譜[湖南江華] 史4-32459
高氏族譜[湖南漢壽] 史4-32453
高氏族譜[湖南岳陽] 史4-32458
高氏族譜[四川羅江] 史4-32461
高氏一家稿 集6-45053
高氏三修族譜[四川資陽] 史4-32464
高氏三宴詩集 集6-43235 叢1-585
高氏三宴詩集、香山九老詩 集6-43234 叢1-223(68)
高氏五修族譜[湖南安化] 史4-32457
高氏出吳四修族譜[江西吉水] 史4-32438
高氏僅存詩鈔 集6-45052
高氏續修宗譜[江蘇] 史4-32389
高氏續修宗譜[江蘇無錫] 史4-32408
高氏家譜 史4-32468、32470
高氏家譜[江蘇無錫] 史4-32407
高氏家譜[四川儀隴] 史4-32462
高氏家乘[北京] 史4-32383
高氏家乘[上海崇明] 史4-32387～8
高氏家集四種 集6-45051
高氏家藏印集 子3-17018
高氏家模[山東淄博] 史4-32441
高氏家模彙編[山東淄博] 史4-32439
高氏家錄[福建光澤] 史4-32433
高氏宗譜 史4-32467
高氏宗譜[安徽桐城] 史4-32429
高氏宗譜[江蘇靖江] 史4-32392～3
高氏宗譜[江蘇武進] 史4-32406
高氏宗譜[江蘇宜興] 史4-32410
高氏宗譜[江蘇蘇州] 史4-32413
高氏宗譜[江蘇丹徒] 史4-32396～7
高氏宗譜[浙江長興] 史4-32416
高氏宗譜[四川仁壽] 史4-32465
高氏杭州泥孩兒巷派家譜[浙江杭州] 史4-32414
高氏世譜[廣東番禺] 史4-32460
高氏世譜[山東濱州] 史4-32447
高氏春秋集註 叢1-223(10)
高氏四修族譜[湖南益陽] 史4-32455
高氏醫案 子2-10606
74 高陵李氏續修族譜[湖南湘鄉] 史4-27586
高陵李氏續修族譜[陝西] 史4-27669
高陵縣續志[光緒] 史8-62711
高陵縣鄉土志[民國] 史8-62712
高陵縣志[雍正] 史8-62710
高陵縣志[嘉靖] 史8-62709
76 高陽文集 集2-10882,6-43118
高陽詩草 集4-22763
高陽族譜 史5-34500
高陽許氏家譜[浙江杭州] 史5-34385～6
高陽許氏宗譜[浙江龍游] 史5-34419
高陽許氏東唐墅支譜[江蘇常熟] 史5-34382
高陽許氏常熟東唐墅支譜附錄[江蘇常熟] 史5-34383
高陽王氏宗譜[安徽青陽] 史4-25290
高陽集 集2-10881
高陽集詩 集2-10879
高陽集詩、文、孫少師年譜 集2-10878
高陽山人文集、補遺、詩集、補遺、附錄 叢

2-963
高陽山人詩集、文集　集3-17364
高陽紀氏宗譜[浙江麗水]　史4-31231
高陽遺詩　集4-22764
高陽太傅孫文正公(承宗)年譜　史2-11540
高陽女士遺稿　集5-37329
高陽輓集　史2-9433
高陽四種集　集6-45068
高陽縣鄉土志[光緒]　史7-55314
高陽縣志[雍正]　史7-55312
高陽縣志[崇禎]　史7-55311
高陽縣志[民國]　史7-55313
高陽佘氏族譜[福建泉州]　史4-28506
高陽佘氏族譜[福建泉州]　史4-28592
高陽佘氏族譜[福建永安]　史4-28591
77 高風集　史2-7606
高風集、續集　叢2-956、1687
高鳳翰手劄　集3-18404
高陶堂遺集四種　叢2-2010
高叟詩　集3-16592
高學濂崇祀名宦録　史2-9764
高門馬太安人年譜　史2-11822
78 高愍女(妹妹)傳　史2-8586
高臥軒集　集5-39856
80 高令公集　集1-607～8,6-41694、41698　叢2-731(39)、782(2)
高倉王氏族譜[湖南永州]　史4-25496
高倉彭氏統宗譜[湖南長沙]　史5-35568
高倉彭氏支譜[湖南長沙]　史5-35569
高公秀東高母李太夫人合葬墓表　史2-10198
88 高等文學講義　叢2-2160
高等師範學校附屬小學校理科教授細目　子7-37415
高等代數問題解法自在　子7-37521
高等實業學堂章程　史6-42379、47082
高等教育定列式之理論　子7-36746
高等教育四原原理　子7-36728
高等學堂國文講義　集6-43168
高等小學西洋歷史教科書　子7-36759
高等小學理科教科書　子7-36681
高等小學手工教授書　史6-42433
高等小學幾何學　子7-37545
高等小學生理衛生教科書　子7-37913
高等小學地理教科書　史7-54446
高等小學日本史　子7-36236～7
高等小學算術教本　子7-37472
高等小學堂暫用課本之書目　史6-42428
90 高光州集　集2-8625,6-41935(4)
高光洲詩選　集2-8626
高常侍集　集1-847～51,6-41725、41743、41818、41839、41844～5、41862、41865、41867、41887　叢1-223(48),2-635(6)、731(42)、782(2)
高常侍集(高適集、高達夫詩鈔、高適詩)　集1-846
高棠鍾氏宗譜[浙江遂昌]　史5-40608
98 高愉堂詩集　集3-14658
99 高燮年譜　史2-12479

鷹

12 鷹引集　集4-25108
22 鷹巢詩集　集4-26041
38 鷹洋定编　子4-22674
56 鷹揚奇畧武經諸子講義合纂(決勝祕書)　子1-3045
60 鷹品　叢1-4

0023$_0$　卞

00 卞玄文詩　集3-13856,6-41957
22 卞制軍政書　史6-47174
卞制軍奏議　史6-49028
28 卞徵君集　集4-25533
37 卞潤甫西湖八景　子3-16594
卞郎中詩集　集2-6811
60 卞里志　史7-51456
72 卞氏族譜[山東樂陵]　史4-25669
卞氏族譜[湖南宜章]　史4-25670
81 卞頌臣集　集5-34413

0023$_1$　廡

10 廡下吟　集4-22693

應

00 應齋雜著　集1-3646　叢1-223(55)
應齋雜著、校勘記　集1-3647
應齋雜箸、校勘記　叢2-870(4)
應訪碑目　史8-64781
01 應諧録　子5-27415　叢1-22(28)、148、

154、181
03 應試唐詩類釋 集 6－43460
應試詩法淺說 集 6－45968
應試詩式 集 6－45940
應試集 集 6－42432
07 應詔集 集 1－2604 叢 1－223(52)、227(9)
應詔集(蘇潁濱欒城集) 集 1－2607
應詔陳言疏 史 6－49194
10 應元書院志畧 史 7－52124
應弦集 集 4－21969
應天府志[萬曆] 史 7－56542
12 應酬雜詠 叢 2－1187
應酬詩集 子 5－25889
應酬彙選新集 子 5－25926
14 應劭漢官儀 叢 2－771(3)
應劭地理風俗記 史 7－49307 叢 2－767
17 應子風俗通 叢 1－183
應召集 叢 2－1431
22 應制詩集 集 3－20523
應制詩稿 集 3－14916
應制詩式 集 6－45495、45939
應制集 集 2－7905 叢 2－1431
應制稿 集 2－7962
應制存稿 集 4－25686 叢 2－1642
應制體排律自得編 集 6－44084
應山先生詩 集 1－4488
應山縣志[康熙] 史 8－60191
應山縣志[嘉靖] 史 8－60190
應山縣志[同治] 史 8－60192
24 應化聖賢五教高僧祖圖 子 7－34734
應德璉集 集 1－258～60,6－41699、41719～20
應休璉集 集 1－293 叢 1－183
28 應繳違礙書籍各種名目 史 8－66233
31 應潛齋先生(撝謙)年譜 史 2－11682
應潛齋先生文集 集 3－13847
32 應州再續志[光緒] 史 7－55638
應州續志[乾隆] 史 7－55637
應州志[雍正] 史 7－55636
應州志[萬曆] 史 7－55635
應州當寺沙門祈福願文 子 7－34928
34 應法經 子 6－32083(19)
37 應郎中審錄疏畧、林郎中疏畧 史 6－47852
43 應求集 叢 1－385
應求集、閨秀 集 6－42003
應城縣志[雍正] 史 8－60187
應城縣志[康熙] 史 8－60186
應城縣志[咸豐] 史 8－60188
44 應菴和尚語錄 子 6－32091(72)
應菴隨錄 子 4－20786
應禁書目 史 8－66228、66232
應禁書籍目錄 史 8－66229
72 應氏外科或問 子 2－7727
應氏先型錄[浙江永康] 史 5－40875
應氏先型録[永康] 史 3－24566
應氏宗譜[浙江義烏] 史 5－40877
應氏類編西漢文章 集 6－43189
75 應體詩話 集 6－46119
77 應用心理學 子 7－36234
應用教授學 子 7－36726
應用戰法 子 1－3435
應用戰法命令正篇 子 1－3436
78 應驗良方 子 2－4591、9688、9779、10084、10156
應驗良方附選錄海上仙方 子 2－9951
應驗祕方 子 2－9521
應驗簡便良方 子 2－9578、9795
應驗簡易良方 子 2－9847
80 應差蠻族 史 7－50986 叢 1－496(4)
88 應笠湖詩稿 集 4－27757

0023_2 康

00 康雍乾間文字之獄 史 1－1995、3655
康齋集 叢 1－223(64)
康齋先生文集 集 2－6667
康齋先生文集(康齋集) 集 2－6668
康齋醫案偶存 子 2－10711
07 康部抄 史 1－4357 叢 2－776
10 康平縣鄉土志[光緒] 史 7－56110
21 康衢新樂府 集 7－49693
康衢新樂府(雜劇) 集 7－49694
康衢樂 集 7－49439、49698
22 康觚詞 集 7－48346
康樂安平室隨筆 子 4－23459
康樂坊龍氏族譜[江西萬載] 史 5－40284
23 康狀元集 集 2－7637,6－41935(1)
24 康德瞻集 集 2－7427
康幼博茂才遺詩 集 5－40439,6－41766
27 康侯遺詩 集 5－37598
康解元遺集、外集 集 5－38339
30 康濟譜 史 6－44565～6
康進之雜劇一種附一種 叢 2－720(4)
康定縣圖誌[民國] 史 8－62119
34 康對山先生文集 集 2－7645
康對山先生集 集 2－7640～2、7644
康對山先生集、目錄 集 2－7639
38 康裕卿集 集 2－9393,6－41935(5)

40 康太乙雜著 集3-17461
康南海文集 集5-39245、39247～8
康南海文集(康有爲文集) 集5-39246
康南海文鈔 集5-39249～50
康南海詩鈔 集5-39242
康南海手寫詩稿 集5-39241
康南海先生書開歲忽六十詩 集5-39243
康南海先生墨蹟 集5-39260
康南海先生賜壽謝恩遺折 集5-39251
康南海先生長安演說集 子4-22017
康南海傳十章 史2-10824
康南海自編年譜 史2-12394
康南海奉詔求救文 集5-39252
康南海墨蹟 集5-39259
康南海尺牘 集5-39258
康南海篆書詩稿 集5-39240
康有爲文集 集5-39246
康有爲致徐世昌書 集5-39257
康有爲嘆十聲一套 集7-50965
康有爲人人樂十種 集7-53199
康有爲人人樂十聲一套 集7-50982
康有爲普天下恨十聲 集7-53198
康有維進書一段 集7-51480
42 康瓠集 集3-17815
44 康基田奏摺 史6-48768
康基田年譜 史2-11888
康莊集 集6-43805
康孝子雁遊詩草 集5-36715
58 康輶紀行 史7-49318(3)、51111～2 叢2-735(4)、1715
62 康縣要覽[民國] 史8-63238
72 康氏族譜[江西永新] 史5-34624
康氏藏善本書目 史8-65937
康氏錦囊 子4-20560
77 康居筆記彙函十三種 叢2-2209
康熙庚午科順天鄉試禮記房硃卷 集6-45441
康熙辛酉夏日記 叢1-194
康熙辛酉科順天鄉試詩一房同門硃卷 集6-45440
康熙辛卯科廣西鄉試朱卷 集6-45452
康熙六年丁未科進士履歷便覽 史3-13696
康熙詔書 史6-47664
康熙二十六年江西鄉試錄 史3-14387
康熙二十一年壬戌科同年序齒錄 史3-13702
康熙二十一年壬戌科殿試題名全錄 史3-13701
康熙二十三年福建鄉試錄 史3-14332
康熙二十三年四川鄉試錄 史3-14699
康熙二十四年乙丑科進士履歷便覽 史3-13703
康熙三十六年丁丑科會試硃卷 史3-15025
康熙三十二年癸酉科福建鄉試闈墨 史3-20840
康熙三十二年癸酉科浙江鄉試闈墨 史3-19357
康熙三十二年順天鄉試錄 史3-13960
康熙三十二年山西鄉試錄 史3-14056
康熙三十三年甲戌科進士履歷便覽 史3-13704
康熙三十三年甲戌科會試墨卷 集6-45437
康熙三十五年丙子科廣東鄉試墨卷 集6-45443
康熙三十五年丙子科雲南鄉試墨卷 集6-45444
康熙三十五年丙子科江南鄉試墨卷 集6-45442
康熙三十五年山東鄉試錄 史3-14458
康熙三十五年陝西鄉試錄 史3-14793
康熙三十九年庚辰科易一房同門錄 史3-13705
康熙三十八年己卯科順天鄉試墨卷 集6-45445
康熙三十八年己卯科山西鄉試墨卷 集6-45446
康熙三十八年己卯科福建鄉試墨卷 集6-45448
康熙三十八年己卯科浙江鄉試墨卷 集6-45447
康熙三十八年己卯科湖廣鄉試墨卷 集6-45449
康熙三年甲辰科進士履歷便覽 史3-13695
康熙至咸豐間奏稿 史6-47889
康熙五十一年壬辰科會試硃卷 史3-15051
康熙五十一年壬辰科會試朱卷 史3-15052
康熙五十一年進士登科錄 史3-13708
康熙五十二年萬壽癸巳科山東鄉試硃卷 史3-21150～1
康熙五十三年山東鄉試錄 史3-14460
康熙五十三年甲午科書一房鄉試硃卷 史3-21152
康熙五十九年庚子科浙江鄉試硃卷 史3-19359
康熙五十七年戊戌科會試硃卷 史3-15053
康熙五十年辛卯科廣西鄉試朱卷 史3-

21946
康熙五十年辛卯科順天鄉試硃卷 史3-16851
康熙五十年辛卯科福建武舉鄉試錄 史3-14334
康熙五十年山西鄉試錄 史3-14057
康熙五十年江南鄉試錄 史3-14114
康熙五十年福建鄉試錄 史3-14333
康熙五拾五年分遵奉頒式丁口稅畝編審紅册 史6-43402
康熙丁酉科順天鄉試硃卷 集6-45453
康熙要錄 史1-1713
康熙癸未科會試硃卷 集6-45436
康熙癸未科會試薦卷 集6-45438
康熙己丑科進士題名碑 叢1-413
康熙政要 史6-41681
康熙幾暇格物編 子4-22355～6 叢1-531
康熙幾暇格物編上篇、下篇 子4-24262
康熙御製百家姓 史2-13316 叢2-718
康熙條約 史6-44938
康熙永年曆法 子3-11696
康熙永年曆法交食表 子3-11695
康熙永年曆書 子3-11694
康熙字典、總目、檢字、辨似、等韻、補遺、備考 叢1-227(4)
康熙字典撮要 經2-12879
康熙浙江鄉試硃卷 集6-45454
康熙十六年僧錄司考試錄 史3-14818
康熙十一年江西鄉試錄 史3-14386
康熙十二年癸丑科進士履歷便覽 史3-13698
康熙十五年丙辰科進士履歷便覽 史3-13699
康熙十四年廣東鄉試錄 史3-14620
康熙十八年己未詞科錄 史3-14819
康熙十八年己未科進士履歷便覽 史3-13700
康熙十八年博學鴻詞姓氏錄 史3-14820
康熙九年庚戌科進士履歷便覽 史3-13697
康熙弋陽縣志節本 叢2-973
康熙蕭縣志 史7-57775
康熙萬壽雜劇存六十八種 集7-49699
康熙朝品級考 叢1-512,2-654
康熙乾隆俄羅斯盟聘記 史6-45025,7-49339
康熙搢紳册 史3-23795
康熙四十一年壬午科廣東鄉試 史3-21861
康熙四十一年壬午科山東鄉試硃卷 史3-21148
康熙四十一年壬午科江南鄉試錄 史3-14113
康熙四十一年壬午科湖廣鄉試墨卷 集6-45450
康熙四十一年壬午科陝西鄉試卷 史3-22152 集6-45451
康熙四十一年山東鄉試錄 史3-14459
康熙四十二年癸未科三代進士履歷、康熙壬辰科殿試題名錄 史3-13706
康熙四十二年癸未科易四房會試朱卷薦卷 史3-15027
康熙四十二年癸未科會試朱卷 史3-15034、15036、15038
康熙四十二年癸未科會試薦卷 史3-15028～33、15035、15037、15039～49
康熙四十二年癸未科會試墨卷 集6-45439
康熙四十二年癸未科會試闈墨 史3-15026
康熙四十五年丙戌科江南鄉試硃卷 史3-17727
康熙四十五年丙戌科會試硃卷 史3-15050
康熙四十五年武會試錄 史3-13707
康熙四十七年戊子科浙江鄉試硃卷 史3-19358
康熙四十四年乙酉科山東鄉試硃卷 史3-21149
康熙四十四年乙酉科江南鄉試易四房同門朱卷 史3-17726
康熙甲子史館新刊古今通韻 經2-14068
康熙分府圖 史7-49659
康熙分省圖 史7-49658
康熙會稽縣志 史7-54918
88 康範詩集 集6-41784
康範詩集(康範集) 集1-3841
康範詩集、附康範續錄、康範實錄、附錄外集 叢1-223(56)
康範詩餘 集7-46646
康範集 集1-3840
康節詩選 集1-2151
康節邵子詩注 集1-2152
康節先生觀物篇解(觀物篇解)、皇極經世解起數訣 子3-12949
90 康小九歎監(數五更) 集7-53197
康小九嘆監一套 集7-50853
康小八刑部顯魂遊十八司一枝 集7-51023
康小八歎十聲 集7-53196

豪

08 豪譜　叢 1-245,2-731(52)
25 豪傑指南　叢 2-632
30 豪客傳　子 5-26222　叢 1-185
60 豪異祕纂(傳記雜編)　叢 1-19(7)、20(5)、24(7)

0023₇ 庚

00 庚庚石室近稿　集 4-31182
庚辛記事　史 1-3858
庚辛壬癸錄　叢 2-745
庚辛紀事　史 1-1987
庚辛泣杭錄　史 1-1988　叢 2-832(5)
庚辛之間亡友列傳　史 2-7635
庚辛之間讀書記　叢 2-2229
庚辛寓賞編　子 3-14881
庚辛顧氏日記(清光緒二十六至二十七年)　史 2-13051
庚辛遺稿　集 5-36459
庚辛提牢筆記　史 6-46453
庚辛日記　史 1-3808　叢 1-367～8
庚辛吟草　集 4-23865
庚辛筆記　叢 2-1940
10 庚哥國畧說　史 7-49318(22)、54862
12 庚癸紀畧　史 1-3932
庚癸紀畧、續編　史 1-3933
庚癸原音四種附一種　經 1-6587
17 庚子辛丑甲辰科鄉會殿試題名錄(順治十七至十八年、康熙三年)　史 3-13683
庚子交涉隅錄　史 1-4303　叢 2-2161
庚子詩鑑、補　集 5-41559
庚子天津一月記　史 1-4288
庚子西行記事　叢 2-671
庚子西行紀事　史 1-4299
庚子北京事變紀畧　史 1-4286
庚子非昔日記、補錄書目(清光緒二十六年)　史 2-12894
庚子順天硃卷、甲辰會試硃卷、易藝十絕　集 2-10917
庚子變亂　集 7-53149
庚子畿疆教案賠款記　子 7-35794
庚子生春詩　集 4-27577
庚子傳信錄　史 1-4304～5
庚子秋詞　集 7-48599～600
庚子海外紀事　史 1-3851～2
庚子海軍紀聞　史 1-4318
庚子消夏記碑帖考　子 3-15378
庚子消夏記校文、校勘記　叢 2-611
庚子消夏錄　集 5-40847
庚子消夏錄碑帖考　叢 1-311
庚子十二月初四日中外日報專件　史 2-10873
庚子十二月赴行在日記(清光緒二十六年至光緒二十七年)　史 2-13150
庚子志變紀畧　史 1-4309
庚子荓蜂錄　史 1-4311
庚子刼餘集　集 5-36970
庚子刼餘草　集 5-34495
庚子都門紀事詩　史 1-6196
庚子都門紀事詩(巴里克餘生詩草)(虎口、鴻毛、蛇足、鲂尾、豹皮、狐腋)　集 5-37425
庚子都門紀事詩補(鷄肋集)　集 5-37426
庚子教會受難記　子 7-35778
庚子教會華人流血史　史 1-4314　子 7-35779
庚子奉禁義和拳彙錄　叢 2-2115
庚子書畫記　子 3-14846
庚子提牢筆記　史 6-46452
庚子日記　史 1-4307
庚子國變記　史 1-1982、1995、4306
庚子國變彈詞　集 7-53753
庚子國變紀聞　史 1-4295
庚子雅詞　集 4-29156,7-47528
庚子所見法帖題跋記　叢 1-253
庚子所見真蹟錄　叢 1-253
庚子銷夏記　史 8-63502　子 3-14775　叢 1-223(38)
庚子銷夏記、閒者軒帖考　叢 2-609
庚子銷夏記校文　子 3-14776　叢 1-242(5)
庚子銷夏錄碑帖考　史 8-64390
庚子拳變系日要錄　史 1-4308
庚子拳變始末記　史 1-1995
庚子拳變始末紀　史 1-4281
庚子拳變事例　史 1-4282
20 庚集埤編補四種　叢 1-203(13)
庚集埤編四十六種　叢 1-203(11)
22 庚山詩集　集 3-20776
28 庚復日記　史 2-12594
30 庚宣偶存　子 5-26690
庚寅詩稿　集 3-19909,4-28110
庚寅北上吟草　集 5-39820　叢 2-1852

庚寅科日記(清光緒十六年) 史2-13226
庚寅偶存 叢2-2104
庚寅漫錄 子4-21107
庚寅十一月初五日始安事畧 史1-1937、1954～6、1959、1981、3497
庚寅始安事畧 史1-1982
庚寅奏事錄 叢2-1038
32 庚溪詩話 集6-45486、45596～7 叢1-2～3、5～6、8、19(10)、20(7)、21(9)、22(14)、23(13)、24(10)、31、195(4)、223(72),2-731(46)、860
38 庚道集 子5-29530(18)、30891
50 庚申雜集 集5-41430
庚申記畧 史1-3895 叢1-409
庚申噩夢記 史1-4116 叢2-1934
庚申北畧 史1-4112
庚申君遺事 史1-2560、2655 叢1-202(4)、203(10)
庚申君遺事、宋遺民廣錄訂誤 叢1-295
庚申外史 史1-2652～3 叢1-107、111(3)、136、195(2)、268(2)、404、407(3)、453,2-629、731(66)
庚申外史、校勘記 史1-2654 叢2-870(2)
庚申紀事 史1-2986 叢1-269(2)、270(2),2-731(67)
庚申紀畧 史1-4114
庚申避亂實錄(庚申日記) 史1-1992、4115
庚申寶卷 集7-54289
庚申江陰東南常熟西北鄉日記 史2-12799
庚申浙變記 史1-1988、3935 叢2-832(5)
庚申遇賊記 叢2-805
庚申禊湖被難日記 史2-12804
庚申十年正月萌芽月令 史1-1989、4184
庚申夷氛紀畧 史1-4113
庚申整書例畧 史8-65593
庚申整書小記 史8-65593
庚申日記(清咸豐十年) 史2-12703
庚申圍城始末追記 史1-4150
53 庚戌出門日記(清道光三十年) 史2-12684
庚戌冬至正訛 子3-11593
庚戌始末志 史1-1929
庚戌春闈紀事詩 集7-47693
庚戌日記 子1-1781
60 庚星遺稿(庚星文稿錄存、詩稿錄存) 集5-37348
71 庚辰元四分曆述 子3-11584
庚辰集 叢1-232
庚辰叢編十種 叢2-650
庚辰遊草 集4-29848
庚辰東遊詩草 集5-41396
77 庚巳編 子5-26331 叢1-22(22)、29(7)、57～60、84(4)、88～9,2-617(5)、624(3)、730(11)、731(53)
庚桑子 子1-20 叢1-19(3)、21(5)、24(3)
80 庚午識餘 子4-22030
庚午稿 集4-24685
庚午偶錄 叢2-1207
庚午叢鈔十種 叢2-695
庚午春詞 叢2-885

庶

00 庶齋老學叢談 子4-20242 叢1-223(41)、244(5)、373(5),2-731(7)、735(3)
18 庶務司收電簿 史6-44413
27 庶物異名疏 子5-25737
31 庶渠草 集3-17938
80 庶人禮畧類編 叢2-2097

庾

00 庾度支集 集1-558～9,6-41694、41698 叢1-183
17 庾子山(信)年譜 史2-11005、11157～8
庾子山文鈔 集1-629,6-41794
庾子山集 集1-620～1,6-41704、41796 叢1-182、223(47),2-635(6)
庾子山集、總釋、庾子山年譜 叢2-698(8)、873
庾子山集、總釋、年譜 集1-622
庾子山集注 叢1-227(8)
庾子山集箋註 集1-623
庾子山全集 集1-615
40 庾吉甫雜劇一種 叢2-720(3)
77 庾開府哀江南賦註(庾開府哀江南賦箋註) 集1-630
庾開府詩集 集1-627～8
庾開府集 集1-616～9、624～5,6-41694～8、41703、41767 叢1-183
庾開府集畧 集1-626
庾開府集箋註 叢1-223(47)
庾開府集箋註(庾子山集箋註) 集1-623

廉

00 廉立堂文集　集 3 - 16233
廉讓閒居書錄目　史 8 - 65916
廉讓閒居日記(清光緒十年至二十四年)　史 2 - 12904
廉讓居瑣言　叢 2 - 724
廉讓堂詩集　集 3 - 18216
廉讓堂詩鈔　集 4 - 23468
08 廉謙居偶錄　子 4 - 21861
10 廉平錄　史 2 - 6560
廉石居臧書記　叢 1 - 416～7
廉石居藏書記　史 8 - 65718　叢 1 - 318、493,2 - 731(2)
11 廉琴舫集七種　集 4 - 27186
廉琴舫侍郎奏稿　史 6 - 48971
廉琴舫墨蹟　集 4 - 27185
18 廉政心齋集　集 4 - 25537
25 廉俸　史 6 - 43529
廉俸錄　史 6 - 43528
26 廉泉詩鈔　集 4 - 27783　叢 2 - 887
廉泉山館遺詩　集 4 - 28890
廉泉先生字學一得　集 4 - 28935　叢 2 - 1748
32 廉州府志[康熙]　史 8 - 61361～2
廉州府志[崇禎]　史 8 - 61360
廉州府志[道光]　史 8 - 61364
廉州府志[乾隆]　史 8 - 61363
廉州倣雲林山水冊　子 3 - 16625
50 廉吏傳　史 2 - 6555～8　叢 1 - 223(21)
廉吏傳、續編、高士傳續編　史 2 - 6563
廉書君集、後集、男子集、女子集、餘集、天集、地集、別集、外集、下集　子 4 - 24219
53 廉甫詩鈔　集 5 - 34383
60 廉園課兒篇暨條陳治獄情況　子 1 - 2307
72 廉氏重修宗譜[江蘇無錫]　史 5 - 37935
廉氏宗譜[江蘇無錫]　史 5 - 37934、37936
81 廉矩　子 1 - 2503　叢 1 - 61～4、195(3),2 - 730(4)、731(12)
88 廉餘詩集　集 4 - 23982

0024$_0$ 府

00 府廳州縣有財產管理處暫行章程　史 6 - 41907
府廳州縣地方自治章程、府廳州縣議事會議員選舉章程　史 6 - 41799
府廳州縣會議員選舉法　史 6 - 41907
17 府君(王源通)年譜　史 2 - 12162　叢 2 - 2030
府君貞毅先生年譜續編　集 2 - 12627
32 府州廳縣異名錄　史 7 - 49318(1)
80 府谷縣鄉土志[民國]　史 8 - 63004
府谷縣鄉土志[光緒]　史 8 - 63003
府谷縣志[雍正]　史 8 - 63000
府谷縣志[乾隆]　史 8 - 63001
府谷縣志[民國]　史 8 - 63002
92 府判錄存　史 6 - 46481

廚

17 廚子調瓜　集 7 - 50745
廚子歎　集 7 - 53097
廚子嘆　集 7 - 52222

0024$_1$ 庭

00 庭立記聞　子 4 - 22477
庭立紀聞　子 4 - 22476　叢 2 - 971、1550
02 庭訓格言　子 1 - 1996,4 - 19502　叢 1 - 427、483、534,2 - 691(2)
庭訓錄　子 4 - 21108　叢 2 - 2225
庭訓筆記　子 1 - 2258　叢 2 - 1857
04 庭誥　經 2 - 13362～3、15142　叢 2 - 774(8)
44 庭幃雜錄　史 2 - 8916　子 4 - 20870　叢 1 - 195(3),2 - 731(20)、976
庭幃雜錄、傳　叢 2 - 975
77 庭殿驅祟　集 7 - 49700
庭聞州世說　子 5 - 26396　叢 2 - 809
庭聞州世說、先進風格　子 5 - 26397
庭聞述畧　史 1 - 4420　叢 1 - 22(22)、29(8)、61～4,2 - 730(4)、731(67)
庭聞錄　史 1 - 3626～8　叢 1 - 250、496(3)
庭聞錄、平定緬甸　史 1 - 3625
庭聞錄、校勘記、校勘續記　史 1 - 3629　叢 2 - 870(3)
庭聞憶畧、竹坡先生遺文　子 1 - 1856　叢 2 - 967

廯

00 廯塵詞　集 7－46433、47705
　廯塵集　集 5－35273
　廯塵蓮寸集(廯塵蓮寸草)、補遺　集 7－48221

0024_2 底

66 底哩三昧耶不動尊聖者念誦祕密法　子 6－32093(38)
　底哩三昧耶不動尊威怒王使者念誦法　子 6－32081(54)、32082(28)、32083(34)、32084(27)、32085(49)、32086(58)、32088(36)、32090(43)、32091(41)、32092(28)、32093(36)
　底哩三昧耶不動尊威怒王使者念誦經　子 6－32089(31)

0024_4 廮

77 廮陶續志採訪事實原編[光緒]　史 7－55473

0024_7 夜

01 夜譚隨錄　子 5－27145～6　叢 2－735(1)
10 夜雪集　集 5－35615、35618
　夜雨秋燈喉科摘錄　子 2－7575
　夜雨秋燈錄　叢 1－496(2)
　夜雨秋燈錄、續錄　子 5－27281
　夜雨秋燈錄初集、續集、三集　子 5－27280　叢 2－735(1)、736
　夜雨燈前錄、續錄　史 2－10644　叢 2－2172
15 夜珠軒纂刻歷代女騷　集 6－42380
20 夜航船　子 5－27156～7　叢 1－373(7)
　夜香臺雋母訓兒　集 7－49398
　夜香臺持齋訓子　集 7－49397
　夜香臺持齋訓子(夜香臺雋母訓兒)　集 7－49409
21 夜行燭　叢 1－483,2－1054～5
　夜行燭(曹月川先生夜行燭)　子 1－894
22 夜山圖題詠　叢 2－832(6)
23 夜織齋剩稿　集 4－33521
27 夜船吹籧詞　集 7－47272
30 夜宿花亭一段　集 7－51614
37 夜冢決賭記　叢 1－168(2)
　夜郎瓢中稿　集 4－24836～8
　夜郎吟　集 5－38584
38 夜送寒衣　集 7－52850
40 夜乂傳　子 5－26222
　夜奔　集 7－52542
44 夜花園奇事　子 5－27895
63 夜戰通法　子 1－3401
68 夜吟草　集 4－28842
77 夜月遊湖一枝　集 7－52022
　夜叉傳　子 5－27552　叢 1－185、255(4)
88 夜餘錄　集 5－37502
90 夜光堂近稿　集 2－11275
97 夜怪錄　子 5－26222

度

04 度諸佛境界智光嚴經　子 6－32081(4)、32082(4)、32083(4)、32084(4)、32085(5)、32086(4)、32088(4)、32089(4)、32090(5)、32091(4)、32092(3)、32093(2),7－32420
10 度一切諸佛境界智嚴經　子 6－32081(8)、32083(7)、32085(9)、32086(8)、32088(7)、32089(7)、32090(4)、32091(3)、32092(2)、32093(8),7－32423
22 度嶺草　集 3－15233,5－34728
　度嶺日記　史 7－49318(21)、54018
　度嶺吟　史 7－54045　集 5－34152
　度嶺小草　集 4－24014
32 度測　子 3－12480
　度測、開立方說　子 3－12479
34 度遼草　集 5－41112
40 度支部試辦宣統三年預算案總表　史 6－43246
　度支部試辦全國預算奏稿、全國豫算暫行章程、特別豫算暫行章程、主管豫算各衙門事項清單　史 6－43251
　度支部稅課司奏案輯要　史 6－43417
　度支部清理財政處檔案　史 6－43234
　度支部通阜司奏案輯要　史 6－44484
　度支部通阜司奏案輯要續編　史 6－44485
　度支部奏維持預算實行辦法摺稿　史 6－43247
　度支部奏定本部清理財政處各省清理財政局辦事章程摺單　史 6－43236
　度支部釐定幣制原奏章程　史 6－44440

度支部幣制奏案輯要、銀票暫行章程及銀行通行則例　史6-44441
度支編要　史6-43253
度支通論　子7-36240(2)
度支考　子7-36240(2)
度支奏議　史6-47855、48424
度支簡錄　史6-41535、43196
44 度藍關　集7-49460、50318
度世寶鑑　叢2-724
度世寶筏　子5-32032
度世品經　子6-32081(5)、32082(5)、32083(4)、32084(4)、32085(5)、32086(5)、32088(4)、32089(5)、32090(6)、32091(5)、32092(4)、32093(2),7-32405
度劫寶卷　集7-54315
55 度曲須知　集7-54829
度曲須知、絃索辨訛　集7-54830
58 度數表　子3-12536
60 度量衡新義　史6-44532
71 度隴記　史7-49317(5)、49318(13)、53996～7
度隴小草　集7-48328
80 度人經　子5-29547
84 度針樓遺稿　集7-48407
87 度朔君别傳　叢1-29(1)
88 度算釋例　子3-11238～9

庹

07 庹詞　子3-18372　叢1-201、203(3、18)、350
10 庹石稿　集3-20846
20 庹辭偶存　子3-18388　叢2-1823
庹辭滙錄　子3-18378

廢

00 廢言　叢2-1874
20 廢稿　集2-10160
25 廢朱梁論　史1-2399
44 廢莪山房稿(廢莪山房詩稿、文稿)　集3-16229
廢莪堂詩草　集4-24395
77 廢醫論　子2-11092　叢2-1920

慶

06 慶親王外傳　史1-1995、4325
10 慶元府雪竇明覺大師祖英集、拈古　集1-1909
慶元僞學逆黨籍　史2-7065　叢1-195(3)、461,2-731(17)、881
慶元條法事類　史6-45760
慶元條法事類、開禧重修尚書吏部侍郎右選格　史6-45759
慶元鹺志　史6-43772
慶元寺　集7-53631
慶元姚氏宗譜[浙江慶元]　史4-31203
慶元曹氏宗譜[浙江鄞州]　史5-34184～5
慶元縣志[康熙]　史7-57743
慶元縣志[崇禎]　史7-57742
慶元縣志[道光]　史7-57745
慶元縣志[嘉慶]　史7-57744
慶元縣志[光緒]　史7-57746
慶元黨禁　史2-7067　叢1-223(22)、244(3),2-731(16)、735(4)
慶雲宫　集7-53632
慶雲縣志[康熙]　史8-59134
慶雲縣志[嘉慶]　史8-59135
慶雲縣志[萬曆]　史8-59133
慶雲縣志[咸豐]　史8-59136
慶雲縣志[民國]　史8-59137～8
20 慶千秋　集7-48784
慶千秋金母賀延年雜劇　集7-48774(7)、49275
22 慶豐年五鬼鬧鍾馗雜劇　集7-48774(7)、49266
24 慶升平　子3-17905
27 慶冬至共享太平宴雜劇　集7-49267
慶冬至共用太平宴雜劇　集7-48774(5)
28 慶徵八繭　集7-49701
30 慶安瀾傳奇　集7-50494
31 慶源詹氏族譜[安徽歙縣]　史5-37916
慶源詹氏宗譜[江西婺源]　史5-37926
34 慶遠府志[道光]　史8-61411
慶遠府志[乾隆]　史8-61410
慶遠府屬土州縣司譯語　經2-14980、14986
36 慶祝表文　子5-30811
慶祝無疆　集7-49600、49708
37 慶湖集　集1-2797～8,6-41894(2)、41895、41904
慶湖遺老詩集　集1-2792、2795
慶湖遺老詩集、補遺　集1-2796

慶湖遺老詩集、拾遺 集1-2793
慶湖遺老詩集、拾遺、後集補遺 集1-2790
慶湖遺老詩集、拾遺、補遺、附錄 集1-2791 叢1-223(53)
慶湖遺老集、補遺 集1-2794
43 慶城縣志[民國] 史7-56371
慶城縣採輯通志事畧[民國] 史7-56370
慶城縣畧志[民國] 史7-56372
44 慶芝堂詩集 集3-18760 叢2-785
46 慶賀端陽一枝 集7-51879
慶賀新豔豔一枝 集7-51889
慶賀謝娘娘一枝 集7-51888
慶賀下塲一枝 集7-51885
慶賀聘姑娘一枝 集7-51884
慶賀聖壽表文 集5-34675
慶賀移徙一枝 集7-51890
慶賀進塲一枝 集7-51881
慶賀滿月一枝 集7-51883
慶賀嫁娶一枝 集7-51880
慶賀整齊齊一枝 集7-51891
慶賀長春一枝 集7-51878
慶賀開市一枝 集7-51882
慶賀除夕 集7-49700
慶賀小女滿月一枝 集7-51887
慶賀小兒滿月一枝 集7-51886
47 慶都縣志[康熙] 史7-55302
50 慶忠集、聚雲三巴掌和尚語錄 子7-34105
慶忠鐵壁機禪師語錄 子6-32091(76)
55 慶典章程 史6-47078
慶典成案(慶典章程) 史6-42118
60 慶固奏稿 史6-48880
71 慶曆稿 集2-10814
慶曆民言 叢1-136
慶長生 集7-48784
76 慶陽府志[順治] 史8-63167
慶陽府志[嘉靖] 史8-63166
慶陽府志[乾隆] 史8-63168
慶陽府志續稿[民國] 史8-63169
慶陽縣志稿[民國] 史8-63170
88 慶符樊氏譜畧[四川高縣] 史5-39175
慶符縣志[嘉慶] 史8-61964
慶符縣志[光緒] 史8-61965
慶餘詩草 集4-27845

0025_1 庠

00 庠序錄 史3-13484
庠序懷舊錄 叢2-795

0025_2 摩

01 摩訶摩耶經 子6-32081(15)、32083(11)、32086(17)、32088(11)、32089(13)、32091(15)
摩訶摩耶經(佛昇忉利天爲母說法經) 子6-32084(10)、32085(16)、32090(17)、32092(11)、32093(14)
摩訶止觀 子6-32084(32)、32088(41)、32089(49)、32090(62)、32091(60)、32092(40)、32093(50),7-33826
摩訶止觀科文 子7-33834
摩訶止觀輔行傳弘決 子7-33828、33830
摩訶止觀貫義科 子6-32091(79)
摩訶止觀義例隨釋 子7-33836
摩訶般若多羅蜜多心經 子7-32136、32364～5、32367
摩訶般若波羅蜜經 子6-32081(1)、32082(2)、32083(2)、32084(1)、32085(1)、32086(1)、32088(1)、32089(2)、32090(1)、32091(1)、32092(1)、32093(13),7-32316、32321
摩訶般若波羅蜜經存 叢2-608
摩訶般若波羅蜜多心經 子7-32096、32122、32362～3、32366、33277、33281 叢1-114(3)、134
摩訶般若波羅蜜多心經、金剛般若波羅蜜多心經、佛說阿彌陀經、妙法蓮華經觀世音菩薩普門品 子7-32127
摩訶般若波羅蜜多心經、銷釋金剛科儀、金剛般若波羅蜜經、佛說五十三佛三十五佛名經、回向淨土文 子7-32129
摩訶般若波羅蜜多心經龍樹山珍、般若波羅蜜五字解義 子7-33301
摩訶般若波羅蜜多心經解註 子7-33278
摩訶般若波羅蜜多心經注 子7-33280
摩訶般若波羅蜜多心經注、神咒、祝文 子7-33279
摩訶般若波羅蜜多大明咒經 子6-32083(2)、32086(2)
摩訶般若波羅蜜大明咒經 子6-32081(2)、32084(1)、32085(2)、32088(2)、32089(2)、32090(1)、32091(2)、32092(1)、32093(34),7-32310
摩訶般若波羅蜜大明咒經、實相般若大明咒經 子7-32358
摩訶般若波羅蜜抄(鈔)經 子7-32319
摩訶般若波羅蜜鈔 子6-32083(2)、32086(1)
摩訶般若波羅蜜鈔經 子6-32081(1)、32085(1)、32088(1)、32089(2)、32090(1)、32091(1)、32092(1)

摩訶般若波羅密多心經　子7-32110
摩訶般若波羅密多心經龍樹山珍　子7-33302
摩訶般若波羅密大明咒　子7-32357
摩訶般若鈔經(長安品)　子6-32084(1)、32093(13)
摩訶僧祇比丘尼戒本　子6-32084(19)、32093(23)
摩訶僧祇律　子6-32081(34)、32082(14)、32083(23)、32084(18)、32085(33)、32086(39)、32088(24)、32089(39)、32090(45)、32091(43)、32092(29)、32093(23)
摩訶僧祇律大比丘戒本　子6-32084(19)、32090(46)、32092(30)、32093(23)
摩訶刹頭經　子6-32083(8)、32084(8)、32085(12)、32086(13)、32090(13)、32092(8)，7-32302
摩訶吠室囉末那野提婆喝囉闍陀羅尼儀軌　子6-32093(36)
09 摩鱗近詩　集2-12746
10 摩西遺稿　集5-40343
摩醯首羅大自在天王神通化生伎藝天女念誦法　子6-32093(39)
摩電氣　子7-36248
12 摩登伽經　子6-32081(29)、32083(20)、32084(17)、32085(29)、32086(33)、32088(21)、32089(20)、32090(27)、32091(25)、32092(17)、32093(19)
摩登女解形中六事經　子6-32081(29)、32083(20)、32085(29)、32086(33)、32088(21)、32089(21)、32090(26)、32091(25)、32092(17)
17 摩鄧女經　子6-32081(29)、32083(20)、32085(29)、32086(33)、32088(21)、32089(21)、32090(26)、32091(25)、32092(17)
22 摩利支天一印法　子6-32093(39)
摩利支天經　子6-32081(13)、32083(9)
摩利支天菩薩陀羅尼　子7-32094
摩利支天陀羅尼咒經　子6-32085(13)、32088(10)
摩利支飛刀對箭雜劇　集7-48774(3)、48981
摩利支菩薩畧念誦法　子6-32093(39)
31 摩河(訶)般若波羅蜜經　子7-32315
34 摩達國王經　子6-32083(22)
37 摩洛哥政要　史7-49318(19)、54860
60 摩墨亭稿、種李園近稿　集4-22382
摩墨亭墨考　子4-18824
摩圍閣詩、摩圍閣詞　集5-39203　叢2-2150
72 摩盾餘譚　史1-3987～8
77 摩尼經殘卷　子7-36205
摩尼經殘卷附摩尼教流行中國考畧　叢1-589
摩尼教流行中國考畧　子7-36215
摩尼教規殘　叢2-592
摩尼教規殘卷　子7-36204
摩尼教入中國考十五章　子7-36216
摩尼羅亶經　子6-32083(13)
摩兜鞬室詩鈔　集5-37568
摩闌閣詞　集7-48369

0025_6 庫

10 庫爾喀喇烏蘇沿革考　史7-49318(18)、51215
庫頁島志畧　史7-54732　叢2-739～40
22 庫川胡氏宗譜[浙江永康]　史4-30462～4
28 庫倫記　史7-49318(2)、54500
庫倫蒙俄卡倫對照表　史7-54501
庫倫奏議(宣統二年至三年)　史6-49178
44 庫葉附近諸島考　史7-49317(6)、49318(2)、54731
50 庫車直隸州鄉土志[光緒]　史8-63408
70 庫雅拉啓秀事畧　史2-10554

0026_0 廂

44 廂黄旗廣管領下四等莊頭祁永福家譜　史4-26936
廂黄旗文齡管領下四等莊頭蘇政韜正黄旗滿裕管領下頭等莊頭蘇政化廂黄旗豐年管領下頭等莊頭蘇政緒廂黄旗豐年管領下頭等莊頭蘇德宣家譜　史5-41000～2
廂黄旗瑞豐管領下四等莊頭徐德春家譜　史4-31786～8
廂黄旗廷璽管領下四等莊頭魏寶琳家譜　史5-40398～400
廂黄旗豐年管領下頭等莊頭宋德林家譜　史4-29140～2
廂黄旗豐年管領下頭等莊頭汪寶貴家譜[遼寧]　史4-28673～5
廂黄旗豐年管領下頭等莊頭黄守奎家譜　史5-33711～2、33722
廂黄旗豐年管領下四等莊頭高書林家譜廂黄旗豐年管領下頭等莊頭高維藩家譜　史4-32384～6
廂黄旗豐年管領下四等莊頭何鳳九家譜　史4-28235～7

廂黄旗豐年管領下四等莊頭徐廣珍家譜　史4－31783～5
廂黄旗豐年管領下四等莊頭黄平家譜　史5－33719～21
廂黄旗積廣管領下頭等莊頭孫廷珍家譜　史5－33528～30
廂黄旗積廣管領下頭等莊頭申天恩家譜　史4－26064～5
廂黄旗積廣管領下頭等莊頭申紹啓家譜　史4－26066
廂黄旗積廣管領下頭等莊頭馬光明家譜　史4－31551～4
廂黄旗積廣管領下頭等莊頭陳玉龍正白旗成祥管領下頭等莊頭陳玉文家譜　史4－32706～8
廂黄旗積廣管領下四等莊頭徐得萃廂黄旗豐年管領下四等莊頭徐寶文正黄旗三保管領下四等莊頭徐寶恩家譜　史4－31780～2
廂黄旗積廣管領下四等莊頭祁永福家譜　史4－26934～5
廂黄旗積廣管領下四等莊頭蕭奎成正黄旗吉海管領下二等莊頭蕭奎本正黄旗滿裕管領下四等莊頭蕭天赦家譜　史5－39945～6
廂黄旗積廣管領下四等莊頭陳德興家譜　史4－32703～5
廂黄旗禄積廣管領下四等莊頭王正興家譜　史4－24783～5
廂黄旗禄積廣管領下四等莊頭王福仕家譜　史4－24786～8
廂黄旗禄增管下四等莊頭王萬年家譜　史4－24781～2
廂黄旗古興管領下四等莊頭馬士承家譜　史4－31555～7
廂黄旗吉興管領下四等莊頭張紹良家譜　史5－34761～3
廂黄旗吉興管領下四等莊頭全祥業家譜　史4－26827～9
廂黄旗明光管領下四等莊頭劉鳳喜家譜［遼寧］　史5－39201
廂黄旗明光管領下四等莊頭劉興元家譜［遼寧］　史5－39199～200
廂黄正黄廂藍三旗馬廠收納租糧數目清册　史6－43509

0026_1 庴

90 庴堂集、冬録　集3－17615
庴堂集、冬録、補遺、續　集3－17616
庴堂樂府五種　集7－49378

磨

01 磨甋齋文存　集4－31136　叢2－882
15 磨磚集　集3－17709
24 磨綺室詩存　集5－37001　叢1－438
30 磨房産子一枝　集7－52710
44 磨勘條例摘要　經2－15132～3　史6－42337
72 磨盾集　子4－19497　集5－34594　叢2－1955
磨盾偶存草　史6－48794
磨盾餘談　子4－21468～9
磨盾餘談（白鎔）　史2－9695
磨盾餘墨　集5－41293
80 磨龕雜存　經2－11827　叢2－2152
磨鏡卮言　子4－21303
82 磨劍山館吟稿　集4－32350

0026_4 廫

50 廫史歷準　子3－12872　叢2－1869

0026_7 唐

00 唐齊己詩集　集1－1759,6－41741、41824
唐市補志［道光］　史7－57093
唐市戴氏四修家乘［湖南寧鄉］　史5－40556
唐帝后詩、諸國詩　集6－43466
唐方城令溫飛卿詩集　集1－1590,6－41852
唐方城令溫飛卿集（飛卿集）　集1－1587
唐方鎮年表　史1－4563、4769
唐方鎮年表、考證　史1－10(4)、4770
唐應試詩　集6－42405
唐應德文鈔　集6－41794
唐麻姑仙壇記　子3－15607
唐文歸　史1－5895　集6－42872
唐文約選、宋文約選、元文約選　集6－43049
唐文遺珠集　叢2－2270(3)
唐文拾遺、目録、續拾　集6－43560　叢2－2004
唐文呂選　集6－42031

唐文鑒 集6-43552
唐文人沈亞之年譜 史2-11201
唐文粹 集6-43549 叢1-223(68)、227(11),2-635(14)
唐文粹詩選 集6-41876、43403 叢2-948
唐文粹補遺 集6-43550
唐文粹删 集6-42949
唐文恪公文集 集2-10381
唐文恪公遺牘 集2-10383
唐音 集6-43284～5、43287 叢1-223(69),2-873
唐音癸籤 集6-45762 叢1-223(72)
唐音統籤 集6-43389
唐音審體 集6-45496、45928
唐音存雅 集6-43490
唐音拔萃 集6-43491
唐音戊籤、餘閏、餘諸國主詩 集6-43390
唐音輯註 集6-43286
唐音類選、拾遺、古今律呂考、詩人名氏 集6-43320
唐玄奘法師八識規矩母頌、八識總論頌 子7-33631
唐玄宗皇帝集 集1-772,6-41743、41824
唐玄宗御註道德真經 子5-29005、29530(13)
唐玄宗御製道德真經疏 子5-29006、29530(13)
唐玄宗御製道德真經疏、外傳 子5-29007、29530(14)
唐襄文公文定 集2-8854,6-42060
唐六名家集(唐人六集) 集6-41735
唐六家詩 集6-41863
唐六家集 集6-41725
唐六如先生畫譜 集2-7431
唐六如先生畫譜(六如畫譜、六如居士畫譜) 子3-15909
唐六如先生小簡 集2-7438
唐六如畫譜 子3-15908
唐六典 叢1-223(26)
01 唐顏魯公送劉太沖詩敘墨跡 子3-15610、15845
唐顏家廟碑 子3-15613
唐語林 史1-1914 子4-22896～9 叢1-22(8)、23(8)、95～6、166、223(45)、273(5)、347,2-730(2)
唐語林、校勘記 叢1-274(5),2-624(2)、731(50)
唐語林、校勘記逸文 子4-22901
唐語林、拾遺、校勘記 子4-22900 叢1-230(4)
唐語林補 子4-22902 叢2-2004
02 唐新語 叢1-223(44)
唐新安郡古黟舒氏統宗譜圖[安徽黟縣] 史5-36318
03 唐試律箋、諟律舉例 集6-43494
唐試帖細論 叢2-1384
04 唐詩 集6-43410、43542
唐詩應試備體、補遺 集6-43461
唐詩六百篇 集6-43514
唐詩評選 叢2-1293
唐詩諧律 集6-43520
唐詩試體分韻 集6-43485
唐詩韻滙 集6-43407
唐詩韻滙譜 集6-45825
唐詩韶音 集6-43479
唐詩韶音箋註 集6-43480～1
唐詩談叢 集6-45763 叢1-195(4),2-731(47)
唐詩二十六家 集6-41838
唐詩二十家 集6-41819
唐詩三百首 集6-43439～40
唐詩三百首註疏 集6-43441
唐詩三百首註疏、續選、姓氏小傳 集6-43442
唐詩三百首續選 集6-43450
唐詩三百首注釋、唐詩三百首續選 集6-43445
唐詩三百首補註 集6-43443
唐詩三百首輯評 集6-43446
唐詩三百首箋 集6-43447
唐詩三集合編 集6-43357
唐詩正 集6-43406
唐詩正聲 集6-43300～3、43478
唐詩正聲、古詩正聲 集6-43305
唐詩玉臺新詠 集6-43463
唐詩玉林、别集、古詩玉林 集6-42245
唐詩五律讀本選註 集6-43529
唐詩百名家全集 集6-41878
唐詩麗則 集6-42329
唐詩聯選 集6-41870
唐詩香奩集 集6-41851、43381
唐詩豔逸品(唐詩四種) 集6-41851
唐詩緒箋 集6-41871
唐詩律選存 集6-43386
唐詩肄及 集6-42315
唐詩偶評、唐人小傳 集6-45960
唐詩偶錄 集6-43535
唐詩繹 集6-43496
唐詩繹律初集 集6-43497～8
唐詩歸 集6-42373、43373

唐詩歸折衷 集6-43366
唐詩解 集6-43372
唐詩名媛集 集6-41851、43379
唐詩名花集 集6-41851、43377
唐詩紀 集6-43350
唐詩紀、目錄 集6-43349、43351
唐詩紀事 集6-45565 叢2-635(14)、720(6)
唐詩紀事、目錄 叢1-223(72)
唐詩絕句 集6-43278
唐詩絕句類選、總評、人物 集6-43313
唐詩絕句精選、拾遺 集6-43314
唐詩定編 集6-43394
唐詩宗 集6-43470～1
唐詩酒底 子3-18339 叢2-1362
唐詩酒籌 子3-14691、18346 叢1-319
唐詩近體 集6-43511～2
唐詩近體集韻 集6-43385
唐詩神韻集輯注 集6-43404
唐詩初選 集6-43449
唐詩選 集6-43332、43336、43340～1、43346、43388、43507、43516、43519、43539～40 叢2-2105～6
唐詩選、彙釋、詩韻輯要 集6-43343
唐詩選註 集6-41870
唐詩選註、諸名家評說 集6-43335
唐詩選玄集 集6-43331
唐詩選評 集6-43427～8
唐詩選讀 集6-43533
唐詩選句 集6-43365
唐詩選彙解 集6-43344
唐詩選紀述 集6-43361
唐詩選勝直解 集6-43418～9
唐詩十集 集6-43375
唐詩極玄集 集6-43251
唐詩鼓吹 集6-43283 叢1-223(69)
唐詩鼓吹(唐詩鼓吹註解) 集6-43282
唐詩鼓吹(唐詩鼓吹大全、高明選增便蒙唐詩鼓吹大全、註唐詩鼓吹) 集6-43280
唐詩英華 集6-43395
唐詩觀瀾集、唐人小傳 集6-43484
唐詩觀妓集 集6-41851、43380
唐詩摘句 集6-45804 叢2-1191
唐詩摘句分韻編 子5-26167
唐詩摘鈔 集6-43476～7
唐詩排律 集6-43459
唐詩擷華初篇、續編 集6-43541
唐詩援 集6-43387
唐詩成法 集6-43486～8
唐詩拾遺 集6-43306
唐詩抄補 叢2-2270(3)
唐詩掞藻 集6-43421
唐詩品 集6-41824、43525、45722
唐詩品彙、唐詩敍論、詩人爵里詳節、引用諸書目 集6-43294
唐詩品彙、拾遺、詩人爵里詳節 集6-43293、43296～7
唐詩品彙、拾遺、歷代名公敍論、詩人爵里詳節 集6-43295
唐詩品彙、敍目、歷代敍論、姓氏爵里詳節、唐詩拾遺 叢1-223(70)
唐詩品彙刪、敍目 集6-43298
唐詩別裁集 集6-41778、43472
唐詩別裁集引典備註 集6-43474
唐詩所 集6-43354
唐詩體經 集6-43435
唐詩貫珠 集6-43438
唐詩擘香集 集6-43405
唐詩人姓字爵里 集6-43358
唐詩金粉 集6-43465 叢1-454
唐詩鏡 集6-42429 叢1-223(70)
唐詩合選 集6-43290
唐詩合選詳解 集6-43451
唐詩會選 集6-43348
唐詩矩 叢2-691(3)
唐詩錄 集6-43499
唐詩箋註 集6-43503
唐詩鈔 集6-43543
唐詩鈔、溫庭筠詩、別集 集6-41872
唐詩類韻 集6-43368～9
唐詩類編 集6-43383
唐詩類選 集6-43359
唐詩類選、詩人名氏、古今律呂考 集6-43360
唐詩類苑 集6-43323～5
唐詩類苑選(重較唐詩類苑選) 集6-43392
唐詩類苑纂五集 集6-43326
唐詩類鈔 集6-43327
唐詩類鈔(唐詩彙鈔) 集6-43328
唐詩快、選詩前後諸詠 集6-43393
唐護法沙門法琳別傳 子6-32093(52)
唐諸家宮詞 集1-1257
唐諸家同詠集 集1-802
唐諸蕃君長世表 史1-10(5)、4773
06 唐韻 經2-13647～8、15142 叢2-772(2)、773(2)
唐韻正 經2-13654、14529 叢1-223(16)、579
唐韻正摘抄 經2-13655、14536
唐韻疏 經2-13653

唐韻綜　經2-13660、15139
唐韻佚文　經2-13652　叢2-2227～9
唐韻校正　經2-13663
唐韻校稿　經2-13662
唐韻樓詩鈔　集4-25642
唐韻輯畧　經2-13650
唐韻輯畧、形聲轉輅、切音輯畧　經2-13651
唐韻輯畧、備考　經2-13649、14535
唐韻四聲正　經2-13661、14532～3　叢2-630
唐韻別考　經2-13664　叢2-630
唐韻餘論　經2-13659、15139
07 唐詞紀　集7-48549
08 唐許郢州丁卯集　集1-1626
10 唐一庵先生(樞)年譜　史2-11484　叢2-1093
唐一菴集　集2-8439
唐一林文集、詩集　集5-37437
唐二家詩鈔　集6-41842
唐二家詩鈔評林　集6-41843
唐三家碑錄　史8-64689
唐三十九家小說　子5-26225
唐三藏西天取經　叢2-720(4)
唐三藏法師唯識量質疑錄　子7-33869
唐三體詩　集6-43273
唐三體詩、續唐三體詩　集6-43272
唐王摩詰闕山霽雪圖卷　子3-16456
唐王建詩集　集6-41836、41849、41868
唐王建詩集(王建詩、王司馬集)　集1-1255
唐王建宮詞　集1-1256,6-41810～1、41814
唐王遊地府李翠蓮還魂寶卷(李翠蓮還魂寶卷)　集7-54467
唐王右丞(維)年譜　史2-11164
唐王右丞詩集(唐王右丞詩集注說、王摩詰詩集)　集1-803
唐王右丞詩劉須溪校本　集1-801
唐王右丞集　集1-806
唐王劉氏宗譜[江蘇金壇]　史5-39238
唐王屋山中巖臺正一先生(司馬承禎)廟碣　史2-8559
唐王屋山中巖臺正一先生廟碣　子5-29530(19)
唐五言六韻詩豫　集6-43452
唐五言律詩選　集6-43456
唐五代詞　集7-48550
唐五代詞選　集7-46438、48594
唐五代二十一家詞輯　叢2-2227
唐五代十國詞選、北宋引令選、南宋引令選、金元引令選　集7-48551
唐五代十國詞鈔　集7-48552
唐五律偶鈔　集6-43523
唐五家詩　集6-41822
唐五十家集　集6-41739
唐五七言律鈔　集6-43457
唐靈詩集、楊炯集　集1-4621
唐靈一詩集　集1-1173,6-41741、41824、41857
唐元次山文集　集1-1117
唐元次山文集、拾遺　集1-1116　叢2-698(8)
唐元次山文集、拾遺、補　叢2-635(6)
唐元英方先生家集　集1-1731,6-41872
唐死罪總類　史6-46278　叢2-2109
唐兩京城坊考　史7-51152～3　叢1-359,2-731(58)、782(4)
唐兩京城坊考補記　史7-51154　叢1-511
唐兩京考　史7-51151
唐天成元年殘曆　叢2-604
唐百三十家詩選　集6-43493
唐百家詩、唐詩品　集6-41824
唐百家詩選　叢1-223(68)
唐百家詩選(王荆公唐百家詩選)　集6-43266
唐石經誤字辨　經1-2,2-11362
唐石經攷正　經2-11348
唐石經攷異　經2-11361
唐石經攷異、補　經2-11339
唐石經攷異附補　經2-11340
唐石經校文　經1-1、3,2-11350　叢2-1623
唐石經考正　經1-135　子4-22424　叢2-731(3)、869、1490
唐石經考異　經1-111(4),2-11337～8　叢1-432
唐石經考異、補　叢2-674
唐石經箋異　經2-11371
唐石嶺集　集4-22050
唐雲麾將軍李秀碑　史8-63501、64711
唐賈耽記邊州入四夷道里考實　史7-49501　叢2-671
唐賈浪仙長江集　集6-41836、41849、41868　叢2-635(7)、698(9)
唐賈浪仙長江集(長江集、賈浪仙長江集)　集1-1455
11 唐張文獻公曲江集　集1-766
唐張司業詩集　集1-1259,6-41836、41849、41868　叢2-635(7)
唐張司業詩集(張文昌集、張司業集)　集1-1261
唐張處士詩集　集1-1469～70,6-41739、

41869
唐張逸士詩集 集6-41824
唐張燕國公詩集 集1-749,6-41738
唐張著建康宫殿簿 史7-51512 叢2-771(3)
唐張曲江詩集 集1-758
12 唐孫職方集 集1-1724
唐孫集賢詩集 集1-790,6-41836、41849、41868
唐孫過庭書譜、姜堯章續書譜、續書斷 子3-15027
唐孫樵集 集1-1724 叢2-635(8)
唐孫思邈所作衛生歌 子2-10954
唐孫思邈所作衛生歌、文昌帝君訓人陰騭文 子1-75
14 唐功臣世表 史1-10(4)、4760
唐確慎公集 集4-26793 叢2-698(12)
16 唐碑六十種 史8-64686
唐碑帖跋 史8-64682
唐碑題跋 史8-64684
唐碑跋文 史8-64687 叢2-1684
17 唐丞相曲江張文獻公集、千秋金鑑錄 集1-761
唐丞相曲江張文獻公集、千秋金鑑錄、附錄 叢2-698(8)
唐丞相曲江張文獻公集、曲江集考證 叢2-883
唐丞相曲江張先生文集 集1-760、765 叢2-635(6)
唐丞相曲江張先生文集(曲江張文獻先生文集、唐張文獻公曲江集) 集1-766
唐孟郊年譜 史2-11179
唐孟東野詩集、聯句 集1-1187
唐子 子4-19812 叢2-774(9)
唐子西文錄 集6-45490
唐子西文鈔 集6-41794
唐司空文明詩集 集1-1119、1121,6-41741、41824、41858~9、41869、41878
唐司空文明詩集、補遺 集1-1122
唐司空水部集、拾遺 集1-1120,6-41872
唐司空圖詩品詳註 集6-42296~7
唐司空圖詩品詳注 集6-42285
唐司空曙詩集 集6-41823
19 唐耿湋詩集 集1-1235
20 唐喬知之詩集 集1-771,6-41824
唐舜卿事畧 史2-10695
唐皎然詩集 集1-864,6-41741、41824、41857
唐皎然杼山集 集1-863
唐乘 集6-46240
唐采臣稿 集3-13406,6-45336
21 唐盧綸詩集 集6-41823
唐盧戶部詩集 集6-41836、41849、41868
唐盧戶部詩集(盧戶部詩集) 集1-1180
唐虞佐稿 集2-7734~5,6-45336、45340
唐虞永興真草千字文墨跡 子3-15588
唐虞考信錄 史1-6010 叢2-731(3)、782(4)、1538~9
唐虞恭公溫公碑 史8-63501、64700
唐虞世南孔子廟堂碑 史8-63501、64692
唐虞世南臨蘭亭帖 子3-15587
唐貞元塔碑文 叢2-1444
22 唐任藩詩小集 集6-41878
唐任藩詩小集(唐任藩小集) 集1-704
唐崔峒詩集 集1-1248,6-41823
唐崔補闕詩集 集6-41836、41849、41868
唐崔補闕詩集(崔補闕集) 集1-1249
唐嵩高山啓母廟碑銘 史7-51748 子5-29530(19)
唐山縣志[康熙] 史7-55463
唐山縣志[光緒] 史7-55464
唐山人集 集2-9397,6-41935(4)
唐樂府 集6-43364
唐樂曲譜 子3-17841 叢1-22(16)、23(16)
23 唐代詩人傳畧 史2-7026
唐代名人傳記 史2-7012
唐代官制雜鈔 叢2-1976
唐代劉氏詩集 集6-41881
唐俊公先生(英)陶務紀年表 史2-11811
24 唐化度寺邕禪師碑 史8-63501、64696
唐先施氏宗譜[浙江永康] 史4-30903~5
唐先生文集 集1-2962、2973
唐先生集(唐先生文集) 集1-2967
唐先生遺稿 集2-10478
唐德亮文鈔 集6-42047
唐儲進士詩 集6-41868
唐儲光羲詩集 集1-852,6-41836、41849、41868
唐贊衮集 集5-34209
唐科名記 史6-42290 叢1-22(8)、23(8)
25 唐律詩韻 經2-14078
唐律疏議殘 史6-45744
唐律疏議存(名例及雜律下篇) 叢2-604
唐律疏義 叢1-223(28)
唐律酌雅 集6-43492
唐律消夏錄 集6-43433
唐律賦鈔 集6-43544~5
唐律纂例 史6-45748
唐律類鈔 集6-43316
唐佛塵烈士遺稿 集5-40432

唐朱慶餘詩集　集6-41857
26 唐皇帝詩　集6-41859、43292
唐皇甫冉詩集　集1-1160～1,6-41821
唐皇甫冉詩集、補遺、校勘記　叢2-637(3)
唐皇甫曾詩集　集1-1162,6-41821
唐皇甫曾詩集(皇甫御史詩集)　集1-1163
唐皇甫曾詩集、補遺、校勘記　叢2-637(3)
唐伯虎集　集2-7432,6-41935(2)
唐伯虎集、外集、紀事　集2-7435
唐伯虎稿　集2-7440,6-45336
唐伯虎先生集、外編、續刻、六如唐先生畫譜　集2-7430
唐伯虎先生集外編　集2-7436
唐伯虎先生彙集　集2-7434
唐魏子集　集3-15267
唐釋湛然輔行記　子7-33833
27 唐御史臺精舍題名考　史6-42887　叢1-458
唐御覽詩(御覽詩)　集6-43245
唐修室集　集5-37365
唐將相大臣年表　史1-10(4)、4761
唐解元倣古今畫譜　子3-16358
唐名家文鈔　集6-43554
唐名臣奏議選　史6-47769
唐名公山水訣　叢2-730(7)
唐魯泉遺稿　集4-31209
唐包刑侍詩集　集6-41822、41824
唐包祕監詩集　集1-1465,6-41739、41818、41822、41824、41859
唐紀、表　史1-2388
唐絕詩鈔註畧　集6-43515
唐絕增奇　集6-41768、43310
唐絕搜奇　集6-41768
28 唐以來選舉志畧　叢2-2061
唐僧詩　叢1-159
唐僧西遊記　子5-28797
唐僧弘秀集　集6-43277　叢1-223(69)
唐僧取經　集7-50971
唐僧取經嘆十聲一套　集7-50970
唐僧寶卷　集7-54240～1
30 唐寫文選集注殘本　集6-42092
唐寫本唐韻殘卷　經2-13645
唐寫本唐韻殘卷校勘記　經2-13646　叢2-2227～8
唐寫本唐韻殘卷校勘記、唐韻佚文　叢2-2229
唐寫本說文解字木部箋異　經2-12105、12730　叢2-731(22)、885、1021、1843
唐寫本說文解字木部箋異(倣唐寫本說文解字木部箋異)　經2-12107
唐寫本說文箋異　叢2-1018
唐寫本王仁昫刊繆補缺切韻　經2-13635
唐寫本經典釋文校語　經2-11941
唐寫本木部箋異稿　叢2-1020
唐寫本隸古定尚書殘卷　經1-2549
唐寫本切韻殘卷　經2-13626
唐寫本春秋穀梁傳解釋　經1-7424
唐寫本周易王注殘卷　經1-290
唐寫本尚書釋文殘　經1-3384
唐寫本尚書釋文校語　經1-3385
唐安瀾哀輓錄　史2-10671
唐宮詞　集6-41714
唐宮春武則天　子5-28655
唐宮閨詩　集6-43468
唐宮閨詩、女校書詩、女冠詩　集6-43467
唐宦官封爵表　史1-10(4)、4763
唐寶記　叢1-15
唐宗伯文集　集2-10382
唐宗伯公文集(占星堂集)　集2-10380
唐宋文醇　集6-42241
唐宋詩詞　集6-41713
唐宋詩本、目錄　集6-42242
唐宋詩鈔　集6-42243～4
唐宋諸賢絕妙詞選　集7-48451　叢2-635(14)
唐宋諸賢絕妙詞選(花庵絕妙詞選)　集7-48450
唐宋詞　集6-42239,7-46354
唐宋三十六家名賢史論　史1-5419
唐宋元三朝名賢小集　集6-41775
唐宋元名表　集6-42759　叢1-223(70)
唐宋元明千家宮詞　集6-42237
唐宋元明名畫大觀　子3-16455
唐宋元明酒詞　集7-48487　叢1-86,2-730(8)、731(48)
唐宋石經考　經2-11335　叢1-201、203(5)、320
唐宋衛生歌　子2-11030　叢1-86,2-730(7)
唐宋科場異聞錄　史1-4502
唐宋白孔六帖　子5-24777
唐宋白孔六帖、目錄　子5-24778
唐宋名臣筆錄、唐史本傳、宋史本傳　史2-6577
唐宋名賢歷代確論　史1-5416～8
唐宋紀瑣綴錄　子4-23101
唐宋叢書九十二種　叢1-26～8
唐宋遺史　叢1-15
唐宋十二大家文歸、國朝大家文歸　集6-42878
唐宋大家全集錄(唐宋十大家全集錄)　集6-41708

唐宋大曲考　叢 2－2227、2229
唐宋舊經樓詩稿　集 4－26679～80
唐宋舊經樓稿　集 6－41999
唐宋四家詩選　集 6－41772
唐宋四大家文選　集 6－43150
唐宋四大家文鈔　集 6－42851
唐宋明詩　集 6－42238
唐宋明詩人姓氏韻編　史 2－7027
唐宋陽秋　史 1－2456
唐宋八家文讀本　集 6－43105～6
唐宋八家文百篇　集 6－43109
唐宋八家詩　集 6－41773
唐宋八家詞　集 7－46353
唐宋八家鈔　集 6－41804、43108　叢 2－1540
唐宋八家精選層級集讀本　集 6－43107
唐宋八大家文　叢 1－503
唐宋八大家文讀本　叢 1－576
唐宋八大家文鈔　集 6－41797、41803、42848　叢 1－214,2－731(39)
唐宋八大家文鈔、目錄　叢 1－223(70)
唐宋八大家選　集 6－42879
唐宋八大家古文　集 6－42850
唐宋八大家類選　集 6－43104　叢 1－297～8
唐宋節錄　集 3－13453
唐宋小樂府　集 7－50685　叢 1－461
32 唐浙中郡縣長官考　史 6－42644
唐浙中長官考　史 2－7029　叢 2－1921
唐叢碑目　史 8－64685
唐近體詩永　集 6－43420
33 唐溥淵(霈霖)觀察崇祀錄　史 2－10176
唐祕書省正字先輩徐公釣磯文集　集 1－1812　叢 1－425
唐祕書省正字先輩徐公釣磯文集、補、校勘記　叢 2－637(3)
唐述山房日錄　子 4－22698～9　叢 1－203(14)
34 唐沈佺期詩集　集 1－731
唐沈份續神仙傳　叢 2－771(3)
唐沈汾續神仙傳　史 2－6853
唐褚河南陰符經墨跡　子 3－15548　叢 2－688
35 唐清塞詩集　集 6－41869
36 唐溫泉銘　子 3－15305
唐溫泉銘(溫泉銘)　子 3－15600
唐漫叟文集(唐元次山文集、元次山集)、拾遺、拾遺續　集 1－1117
唐邊鎮年表　史 1－10(4)、4767
37 唐鴻臚卿越國公靈虛見素真人(葉法善)傳　史 2－8555
唐鴻臚卿越國公靈虛見素真人傳(唐葉真人傳)　子 5－29530(16)
唐漁石集　集 2－7733
唐祠部詩集　集 1－1603
唐祠部集　集 1－1603
唐選部醉經樓集　集 2－9779
39 唐沙王氏宗譜[江蘇江陰]　史 4－24871
40 唐十一家集　集 6－41738
唐十二名家詩　集 6－41844
唐十二家詩　集 6－41867
唐十三家唐詩　集 6－41868
唐十子詩　集 6－41833～4
唐十子詩集　集 6－41866
唐十八家詩　集 6－41818
唐九成宮醴泉銘　史 8－63501、64697
唐大詔令集　史 6－47604　叢 1－223(20),2－615(2)
唐大家韓文公文鈔　集 1－1311,6－41797
唐大家韓昌黎文公文鈔　集 6－41802
唐大家柳柳州文選　集 1－1435,6－41802
唐大家柳柳州文鈔　集 1－1434,6－41797
唐大薦福寺故寺主翻經大德法藏和尚傳　史 2－8558　子 7－33896
唐大曆十子詩集　集 6－41823
唐太宗文皇帝　集 6－41824
唐太宗皇帝集　集 1－665,6－41743
唐太宗皇帝集(唐太宗集)　集 1－666
唐太宗李衛公對問三十四條　子 1－3036
唐太宗李衛公直解　子 1－3021～2
唐太宗李衛公問對　子 1－3014、3018、3061、3251
唐太宗李衛公問對(太宗問、李衛公問對)　子 1－3015
唐太宗李衛公問對直解　子 1－3019
唐太宗全集　子 3－15601
唐太宋李衛公問對　叢 1－447
唐太古妙應孫真人福壽論　子 5－29530(27)、31924
唐太夫人行述　史 2－9995
唐太常寺奉禮郎李長吉詩集　集 6－41852
唐太常寺奉禮郎李長吉詩集(唐李賀詩集、長吉集、長吉詩鈔)　集 1－1488
唐才子傳　史 2－7014～5　叢 1－223(22)、272(3)、448、456(7),2－662、778
唐才子傳、考異　史 2－7016
唐才子傳校勘記　史 2－7017
唐才常烈士年譜　史 2－12428
唐皮從事倡酬詩　集 1－1651
唐皮日休文藪　叢 2－873
唐皮日休文藪(皮日休文集、文藪)　集 1－1653
唐皮日休文藪、皮從事倡酬詩　集 6－41731
唐志臯先生壽言　史 2－10818

唐志餘集紫禞記　集 7－51374
唐女郎魚玄機詩　集 1－1687、1689，6－41739、41741、41775、41824、41834、41866　叢 1－519、540～1、545、547(4)，2－698(9)
唐女郎魚玄機詩、魚集考異　集 1－1688，6－41776
唐李文公文　集 6－42031
唐李文公集　集 1－1386　叢 2－635(7)
唐李靖陰山破虜雜劇　集 7－48774(4)、49035
唐李元賓文集　集 1－1242
唐李北海書古詩墨跡　子 3－15604、15845
唐李羣玉詩集　集 1－1598
唐李衛公(德裕)通纂　史 2－8587
唐李衛公望江南　子 3－13795
唐李嶠詩　集 6－41818
唐李白詩　集 1－816
唐李白小傳　史 2－8566
唐李鄴侯(泌)年譜　史 2－11005、11008、11011～2、11178
唐李杜詩集　集 6－43317
唐李賀詩集　集 1－1488，6－41857
唐李推官披沙集　集 1－1715，6－41741、41824、41858、41878　叢 2－635(8)
唐李頎詩集　集 1－788
唐李頎集　集 1－785
唐李長吉詩集(歌詩編、李長吉集)　集 1－1487
唐李長吉詩集、外詩集　集 1－1494
唐李長吉詩集、外集　集 1－1496　叢 2－985
唐李長吉詩補註、外卷、復古堂舊本、年譜、附錄　集 1－1498
唐李長吉歌詩　集 1－1491
唐李陽冰筆訣　子 3－15001、15042
唐李問對　子 1－3046、3048、3057
唐李益小傳　史 2－8578
唐李義山詩集　集 1－1552，6－41836、41849、41868　叢 2－635(8)
唐古詩則　集 6－43437
唐吉中孚詩集　集 6－41823
唐七律詩鈔　集 6－43510
唐七律儁　集 6－43436
唐七律選　集 6－43432
41 唐堰王氏宗譜[浙江鄞州]　史 4－24961～2
42 唐荆川文選　集 2－8850，6－41808
唐荆川集　集 2－8839，6－42055、42057～9
唐荆川稿　集 2－8856，6－45336
唐荆川先生文集　集 2－8841、8851
唐荆川先生文集、補遺、附錄　集 2－8847　叢 2－798
唐荆川先生文選　集 2－8852，6－41807
唐荆川先生評釋黄石公素書(黄石公素書)　叢 1－167
唐荆川先生集選　集 2－8849
唐荆川先生稿　集 2－8857
唐荆川先生編纂諸儒語要　子 1－153
唐荆川先生編纂左氏始末　史 1－1790
唐荆川先生傳稿　集 2－8858
唐荆川先生纂輯武編　子 1－3786
唐荆川選輯朱文公全集　集 1－3572
唐荆川批選史記、批選漢書　史 1－5085
唐荆川公著述考　史 8－66029　叢 2－910
唐姚鵠詩集　集 6－41739、41824、41859、41878
唐姚鵠詩集(晚唐姚鵠詩、姚鵠詩)　集 1－1684
43 唐求詩　集 6－41880、41882
唐求詩集　集 6－41741、41872
唐求詩集(唐隱居詩、中唐唐求詩、唐求詩)　集 1－1783
44 唐地理志圖　史 7－49313、49512
唐落霞琴題咏　子 3－17562
唐藩鎮指掌　史 1－1～4、4764～5　叢 2－638
唐藩鎮年表　史 1－10(4)、4768
唐夢蝶處士剿逆說　史 1－3775
唐樊紹述遺文　集 1－1537
唐韓文公文　集 1－1316、1321，6－42031
唐韓昌黎集、外集、遺文、附錄　集 1－1272，6－41733
唐英歌詩　集 6－41855、41858、41873、41878　叢 1－223(50)
唐英歌詩(唐英歌詩集)　集 1－1782
唐英歌詩集　集 6－41859
唐苗發詩集　集 6－41823
唐若川篆書詩品　子 3－15764
唐世說新語　子 4－22820
唐世精華　集 6－43371
唐薛校書集　集 6－41872
唐舊書雜論　史 1－5897
唐楚州石柱殘字校存　史 8－63864
唐黄先生文集　叢 2－635(8)
唐黄先生文集(唐黄御史集)　集 1－1792
唐黄御史集　集 1－1789
唐葉真人傳　子 5－29530(16)
唐杜工部律詩　集 1－886
唐杜環經行記地理考證　史 7－49310、53783
唐杜樊川文　集 6－42031
唐模上汪汪氏流芳集[安徽歙縣]　史 4－28843
唐林邵州遺集　集 1－1530
45 唐棲經畬堂朱氏家譜[浙江德清]　史 4－26480

唐棲朱氏家譜[浙江德清] 史4-26479
唐棲志[光緒] 史7-57152
唐棲志畧稿[乾隆] 史7-57151
唐棲志畧藁 叢2-832(1)
46 唐觀察詩 集2-6449
唐駕部侍郎知制誥中書舍人韓君平詩集 集1-1169,6-41852
47 唐朝名畫錄 子3-14692、15857、15859、16061 叢1-223(37)
唐朝名畫錄、五代名畫補遺 子3-16062
唐柳先生集、外集、龍城錄、傳 集1-1406
唐柳先生外集(柳柳州外集) 集1-1401
唐柳河東集、外集、遺文 集1-1415,6-41733 叢2-698(9)
唐柳柳州(宗元)年譜 史2-11008、11199
唐柳柳州文 集6-42031
48 唐翰林李白詩類編 集1-817
唐翰林李太白詩集、年譜 集1-815
唐翰林學士中書舍人韓致光香奩集 集1-1703,6-41852
唐松聲先生(嵩申)家傳、行述 史2-10840
50 唐中丞集 集2-8838,6-41935(2)
唐中丞遺集 集4-31685
唐中丞奏稿 史6-48912
唐中興閒氣集(中興閒氣集) 集6-43247
唐史論斷 史1-5278、5280、5889～90 叢1-195(1)、223(29)、241、242(3)、268(2)、282(2)、283(2)、456(2),2-731(66)
唐史論斷、校勘記 史1-5891 叢1-230(3)
唐史樂府 集4-26738
唐史本傳 史2-6577
唐摭言 子4-22844、22846 叢1-219、223(44)、227(8)、268(4)、435,2-698(4)、731(50)
唐摭言校 子4-22847 叢1-337,2-731(3)
唐本說文木部箋異質疑 經2-12108
唐忠臣錄 史2-7019
唐書 史1-11、15、17、648、659
唐書、釋音 史1-12～4、660
唐書、釋音、考證 史1-20、661
唐書、考證釋音 叢2-698(3)
唐書、目錄 史1-658
唐書註偶存 叢2-2170
唐書詮要 史1-682
唐書西域傳注 史1-671
唐書宰相世系表訂譌 史1-10(4)、668、5244
唐書宰相世系表補正 史1-670 叢2-2197
唐書宰相世系表考證 史1-669
唐書直筆 史1-5、5278、5298 叢1-223(29)、230(3)、380,2-731(65)
唐書直筆新、新例須知、校記 叢2-616
唐書直筆新例、新例須知 史1-5299
唐書直筆新例、新例須知、校記 史1-5300
唐書李蔚傳贊 叢2-771(2)
唐書獵俎 史1-5242～3
唐書地理志、考證 史1-662,7-49311
唐書藝文志 史1-666,8-65262 叢2-616、731(1)
唐書藝文志注 史1-667
唐貴妃楊太真(玉環)全史 史2-8574
唐貴妃楊太真全史 子5-27570
唐末東南小割據表 叢2-2270(2)
唐秦望山法華寺碑 史8-63501、64709
唐秦校書詩集 集6-41738
唐秦隱君詩集 集6-41824、41859、41869
唐秦隱居詩集 集1-1167
51 唐拓褚遂良孟法師碑 子3-15595
唐拓九成宮醴泉銘 子3-15581
52 唐折衝府補拾遺 史6-45126 叢2-2196
唐折衝府考 史1-10(4),6-45121～2 叢1-517
唐折衝府考、拾遺 史6-45123 叢2-607
唐折衝府考補 史1-10(5),6-45124～5 叢1-588,2-630、2195
唐折衝府考補、補遺 叢2-2193
唐折衝府考補拾遺 史1-10(5)
唐折衝府考校補 史1-10(5),6-45127
唐拙老遺稿五種 叢2-2019
53 唐甫里先生文集(唐甫里先生集、甫里集、甫里先生集) 集1-1658
唐甫里先生文集、校勘記 叢2-635(8)
唐甫里先生集 集6-41731
60 唐里陳氏宗譜[浙江蕭山] 史4-32810
唐國子祭酒曲阜孔沖遠碑 子3-15621
唐國史補 子4-22814～5,5-26224 叢1-22(8)、23(8)、26～8、98、169(4)、268(2)、383
唐國史補、目錄 叢1-223(44)
唐四傑集 集6-41835
唐四僧詩 叢1-223(68)、306
唐四家詩 集6-41857、41861～2、41877
唐四家詩集 集6-41885、41887
唐四家詩集辨譌考異 集6-41885
唐四家集 集6-41740
唐四十七家詩 集6-41859
唐四十四家詩 集6-41858
唐愚士詩 集2-6321～2 叢1-223(63)
唐愚士詩、會稽懷古詩 集2-6323
唐昌玉蕊辨證 叢2-1038
唐昌玉蘂辨證 子4-19299
唐昌桂氏宗譜[浙江臨安] 史4-31282～3

唐昌胡氏宗譜[浙江臨安]　史 4-30397
61 唐晅手記　叢 1-56
62 唐縣新志[康熙]　史 7-55299
唐縣新志[同治]　史 7-55061
唐縣志[康熙]　史 8-59966
唐縣志[乾隆]　史 8-59967
唐縣志[光緒]　史 7-55301
63 唐賦選讀　集 6-43548
66 唐曙臺集　集 2-9778
唐賜鐵劵考　史 8-64289
唐賜鐵劵考、鐵劵詩　子 4-18642
67 唐明律合刻　史 6-45762～3
唐明皇御定禮記月令　史 6-49223
唐明皇秋夜梧桐雨　集 7-48766、48769～70、48774(6)、48884　叢 2-720(3)
唐明皇秋夜梧桐雨雜劇　集 7-48767(2)　叢 2-698(14)
唐明皇哭香囊殘本　叢 2-720(3)
唐明皇月令注解　史 6-49225　叢 2-772(5)、773(5)
唐昭陵六駿贊辨　叢 2-1314
唐昭陵石蹟考畧　叢 2-731(34)
唐昭陵石蹟考畧、謁唐昭陵記　史 8-64093　叢 1-456(6)、498
唐昭陵石蹟考畧、記　叢 1-457
唐昭陵墨蹟考畧　史 8-63842
唐昭陵陪葬名氏考　史 8-64094
唐墅志[道光]　史 7-57091～2
唐墅志[民國]　史 7-57094
唐鸚鵡賦　集 5-34797
70 唐雅　集 2-7833～4,6-43309、43321～2
唐雅同聲、目錄　集 6-43355
71 唐原李氏家譜[江西婺源]　史 4-27364
72 唐劉賓客詩集　集 1-1391,6-41836、41849
唐劉賓客詩集、拾遺　集 6-41868
唐劉賓客外集　集 6-41849
唐劉蛻集　集 1-1613　叢 2-635(8)
唐劉蛻集(文泉子集、唐劉蛻文集)　集 1-1611
唐劉蛻集、補遺　叢 2-877
唐劉隨州詩集　集 6-41849、41868
唐劉隨州詩集、外集　集 1-1095,6-41836
唐劉隨州全集　集 1-1090
唐劉叉詩　集 1-1541
唐隱居詩　集 1-1783,6-41878
唐氏唐鄉賢祠全書[廣東]　史 4-32580
唐氏族譜　史 4-32588～9
唐氏族譜[廣東新會]　史 4-32578～9
唐氏族譜[重慶開縣]　史 4-32582
唐氏族譜[上海]　史 4-32486
唐氏族譜[上海奉賢]　史 4-32491
唐氏族譜[福建上杭]　史 4-32528
唐氏族譜[浙江嘉興]　史 4-32513
唐氏族譜[湖南]　史 4-32574～5
唐氏族譜[湖南寧鄉]　史 4-32542
唐氏族譜[湖南瀏陽]　史 4-32540～1
唐氏族譜[湖南湘鄉]　史 4-32557～8
唐氏族譜[湖南長沙]　史 4-32536
唐氏族譜[湖南岳陽]　史 4-32549
唐氏族譜[四川渠縣]　史 4-32587
唐氏族譜[四川中江]　史 4-32584～5
唐氏三族祖塋祭祀譜　史 7-51953
唐氏三族祖塋祭祀譜[安徽歙縣]　史 4-32524
唐氏三先生集　集 6-45041
唐氏三修族譜[湖南武岡]　史 4-32570～1
唐氏三修族譜[湖南寧鄉]　史 4-32546
唐氏三修族譜[湖南湘潭]　史 4-32560
唐氏五修族譜[湖南邵陽]　史 4-32573
唐氏統宗世表[江蘇常州]　史 4-32498
唐氏先世遺文、補遺　叢 2-910
唐氏先世著述考　史 8-66044　叢 2-910
唐氏續修族譜[湖南湘潭]　史 4-32559
唐氏續修支譜[湖南寧鄉]　史 4-32543
唐氏家譜[浙江紹興]　史 4-32515
唐氏家乘[安徽歙縣]　史 4-32523
唐氏家乘誌傳擷華　叢 2-910
唐氏宗譜[安徽潛山]　史 4-32521
唐氏宗譜[安徽桐城]　史 4-32520
唐氏宗譜[江蘇武進]　史 4-32501
唐氏宗譜[河南商城]　史 4-32533
唐氏宗譜[四川儀隴]　史 4-32586
唐氏支譜[江蘇江陰]　史 4-32507
唐氏支譜[湖南]　史 4-32576
唐氏蒙求　經 2-13451～2
唐氏世譜[上海]　史 4-32487
唐氏世系譜[浙江嘉興]　史 4-32512
唐氏本支譜[上海松江]　史 4-32489
唐氏四修族譜[湖南邵陽]　史 4-32572
唐氏歐蘇合譜[江西]　史 4-32531
74 唐陸宣公(贄)外集備錄　史 2-8581
唐陸宣公(贄)年譜　史 2-11005、11008、11011～2、11181～2　叢 2-1766
唐陸宣公文集　集 1-1205　叢 1-214
唐陸宣公集　集 1-1204　叢 1-449
唐陸宣公集(唐陸宣公翰苑集)　集 1-1196
唐陸宣公集(翰苑集)、增輯　叢 2-698(5)
唐陸宣公集(陸宣公文集、新刊唐陸宣公集、翰苑集、陸宣公集)　集 1-1195
唐陸宣公集、增輯　集 1-1202　叢 2-698(8)

唐陸宣公集、增輯、附錄 集1-1203
唐陸宣公制誥 集1-1207
唐陸宣公翰苑集 集1-1201 叢1-574(3),2-635(7)
唐陸宣公奏議讀本 史6-48108
唐陸宣公別集 集1-1206
唐陸忠宣公年譜 史2-11184
75 唐陳觀察墓誌、遺事 叢2-1444
唐陳觀察墓誌、陳觀察遺事 叢1-234
77 唐閩中逸碑考二種 叢2-1444
唐風集 集5-36342,6-41855、41858、41872 叢1-223(50)
唐風集(杜荀鶴文集) 集1-1710
唐風集、補遺 叢2-818
唐風樓金石文字跋尾 史8-64454
唐風圖 子3-14999
唐風圖(宋高宗書馬侍郎繪唐風圖) 子3-16466
唐風懷、論、翠微庵詩存 集6-43397
唐月令續考 史6-49226 叢1-526
唐月令注、補遺、附考 史6-49224 叢2-731(27)、770
唐月令注續補遺 史6-49227 叢1-526
唐月令注跋 史6-49228 叢1-526
唐陶史札記 叢2-2162
唐眉山詩集 集6-41779～80
唐眉山詩集、文集 集1-2964
唐駱先生文集 集1-695
唐駱先生文集(新刻唐駱先生文集注釋評林) 集1-699
唐駱先生集 集1-686
唐駱臨海文集 集1-696
唐丹元子步天歌 子3-11271
唐丹崖集 集2-6144,6-41935(3)
唐開元占經 子3-13026 叢1-223(36)
唐開元小說六種 子5-26226
唐開成石經考異 經2-11346 叢2-647
唐開成石壁十二經 經1-1
唐段少卿酉陽雜俎 子5-26865
唐段少卿酉陽雜俎、續集 叢2-635(5)
唐段少卿酉陽雜俎續集 子5-26869
唐段少卿酉陽雜俎前集、續集 子5-26864
唐闕史 子5-26881 叢1-22(8)、23(8)、223(46)、244(1)、249(1),2-731(52)
唐闕史(闕史) 子5-26882
唐問苑先生暨張太夫人遺訓 子1-2316
唐門岳氏宗譜[江蘇宜興] 史4-29604
唐歐陽先生文集 集1-1214
唐歐陽先生文集(唐歐陽四門集) 集1-1213
唐貫休詩集 集1-1800,6-41739、41741、41824
唐賢三昧集 集6-41876、43401 叢1-223(71),2-948、1336
唐賢小三昧集、續集 集6-43469
78 唐駢文選 叢1-564
唐駢體文鈔 集6-43562
80 唐人詠物詩 集6-43416
唐人試律說 集6-45988 叢1-232、421
唐人試帖 集6-43423～4 叢2-1530
唐人試帖纂註、補遺 集6-43425
唐人詩 集6-41869
唐人詩選 集6-43500
唐人詩鈔 叢2-2235
唐人說薈(唐代叢書)一百六十五種 叢1-255(1)
唐人三家集 集6-42032
唐人五言排律 集6-43455
唐人五言排律選 集6-43291
唐人五言長律清麗集 集6-43454
唐人五十家小集 集6-41741
唐人百家小說一百二十五種 叢1-29(3)
唐人集 集6-41743
唐人行書經義 子7-33492 叢2-608
唐人選唐詩 集6-41840、41853
唐人選唐詩殘 叢2-592
唐人十二家詩集 集6-41873
唐人志墓諸例 集6-46266 叢1-362、515,2-731(48)
唐人七律志彀集 集6-43522
唐人七家詩 集6-41864
唐人草書經贊 子7-33493 叢2-608
唐人萬首絕句選 集6-43400 叢1-223(71),2-948、1336
唐人書法華信解品 子3-15622
唐人四集 集6-41855
唐人賦鈔 集6-43547
唐人八家詩(八唐人集) 集6-41854
唐人小說六種 叢1-546
唐人小集 集6-41737
唐人小律 集6-43482
唐人小律花雨集、續集 集6-43483
唐人小傳 史2-7013 集6-43484、45960
唐人小傳三種 叢1-547(3)
唐八家詩 集6-41865
唐八家詩鈔 集6-41884
唐八姓氏詩彙 集6-43526
唐年補錄 叢1-22(7)、23(7)
唐羊刺史詩集 集6-41738
唐善業泥造像拓本題咏 史8-64715
唐會元精選諸儒文要 集6-42757
唐會元精選批點唐宋名賢策論文粹 集6-

42756
唐會要　史 6 - 41609　叢 1 - 223(26)、230(3),2 - 731(17)
唐公(友耕)年譜　史 2 - 12298　叢 2 - 656
82 唐鍾馗平鬼傳　子 5 - 28883
唐創業起居注　史 1 - 1459　叢 1 - 223(18)
83 唐錢起詩集　集 1 - 867,6 - 41836、41849、41868
84 唐鎮十道節度使表　史 1 - 10(4)、4766
87 唐欽若摘抄　子 4 - 24598
唐鄭嵎詩　集 1 - 1719,6 - 41864、41878
88 唐鑑　史 1 - 5280、5883～5　叢 1 - 223(29)、227(6)
唐鑑、音註考異　史 1 - 5887　叢 2 - 731(65)、859
唐餘紀傳　史 1 - 692
唐餘錄　叢 1 - 15
90 唐小說　子 5 - 26241　叢 1 - 175
唐尚顏詩集　集 6 - 41741、41869
唐尚顏詩集(尚顏詩集)　集 1 - 1763
唐尚書省郎官石柱題名考　史 6 - 42894　叢 1 - 458
唐卷子本新修本草、補輯　子 2 - 5517
91 唐類函　子 5 - 25097
唐類函、目錄　子 5 - 25096

0026_9 麿

60 麿園詩集　集 5 - 39428

0028_0 亥

26 亥白詩草　集 4 - 23998
61 亥貼譯音　子 7 - 35927
71 亥既集　集 5 - 38808

0028_6 廣

00 廣瘟疫論　子 2 - 4691、6914
廣瘟疫論、佛崖驗方　子 2 - 6915、7140
廣齊音　集 4 - 26863　叢 1 - 408
廣方言館全案　史 6 - 42481
廣高士傳　史 2 - 6487
廣唐賢三昧集四編　集 6 - 43402
廣廣文選　集 6 - 42197
廣廣事類賦　子 5 - 24791
廣文字會寶　集 6 - 42914
廣文選　集 6 - 42188
廣文選、目錄　集 6 - 42187
廣文選删　集 6 - 42189、42949
廣哀詩　集 4 - 32546　叢 1 - 496(4)
廣六書通　經 2 - 12461
廣雜纂　子 4 - 24403　叢 1 - 315
01 廣諧史　子 5 - 27409～10
02 廣新方言　經 2 - 14902
廣新聞　子 5 - 27158　叢 1 - 373(4)
04 廣謝華啓秀　子 5 - 25273
廣讀書觀　子 4 - 21138
06 廣韻　經 1 - 33,2 - 13670、13672、13678～9、15113、15115、15127　叢 1 - 227(4)、446,2 - 635(3)、731(24)
廣韻、校札　叢 1 - 446,2 - 698(3)
廣韻新編　經 2 - 13682
廣韻說　經 2 - 13686　叢 2 - 653(2)
廣韻雋　經 2 - 13681
廣韻雙聲疊韻法　經 2 - 13685、14540
廣韻定韻表　經 2 - 13688
廣韻校記　叢 2 - 2233
廣韻校刊劄記　經 2 - 13676
廣韻藻　子 5 - 26131
廣韻姓氏刊誤　經 2 - 13687
廣韻母位轉切　經 2 - 13684
廣韻錄異　經 2 - 13683、14123
08 廣論語駢枝　經 2 - 9669　叢 2 - 2207
廣論學三說　子 1 - 2376　叢 2 - 811
10 廣三百首詩選　集 6 - 42551
廣三字經　子 1 - 1969、2760～1　叢 1 - 483、574(5)
廣玉匣記　子 3 - 14420～1
廣王　子 1 - 1930
廣靈縣補志[光緒]　史 7 - 55620
廣靈縣志[康熙]　史 7 - 55618
廣靈縣志[乾隆]　史 7 - 55619
廣元遺山(好問)年譜　史 2 - 11365　叢 2 - 615(3)
廣兩曲志二編[民國]　史 8 - 62700
廣平府志[康熙]　史 7 - 55504
廣平府志[嘉靖]　史 7 - 55503
廣平府志[乾隆]　史 7 - 55505
廣平府志[光緒]　史 7 - 55506
廣平程氏宗譜[浙江]　史 5 - 36008
廣平侯闕　史 8 - 63501、64622
廣平華吟梅女士(震雄)悼詞　史 2 - 10992
廣平梅花館詩草　集 4 - 31784
廣平別集　集 6 - 41894(1)

廣平縣鄉土志[光緒] 史7-55574
廣平縣志[康熙] 史7-55572
廣平縣志[萬曆] 史7-55571
廣平縣志[民國] 史7-55573
廣百論 子6-32088(17),7-32754～5
廣百論釋論 子6-32081(23)、32083(16)、32085(23)、32086(26)、32088(17)、32089(42)、32090(48)、32091(46)、32092(32),7-32747
廣百論本 子6-32081(23)、32083(16)、32085(23)、32086(26)、32089(42)、32090(48)、32091(46)、32092(31)、32093(26),7-32746
廣百川學海一百三十種 叢1-14(1)
廣百川學海一百十八種 叢1-13
廣西府志[康熙] 史8-62600
廣西府志[乾隆] 史8-62601
廣西新志[民國] 史8-61227
廣西諮議局籌辦處第三次報告書下編 史6-41914
廣西三江源流考 史7-49317(7)、49318(10)、53008
廣西巡撫謚文毅馬雄鎮事實册 史1-1984,2-9360
廣西邊事旁記 史6-45634
廣西湖名山合志内函、外函 史7-51333
廣西通志[雍正] 史8-61223 叢1-223(24)
廣西通志[康熙] 史8-61222
廣西通志[嘉慶] 史8-61224
廣西通志[嘉靖] 史8-61220
廣西通志[萬曆] 史8-61221
廣西通志稿六編[民國] 史8-61228
廣西通志輯要[光緒] 史8-61226
廣西道里表 史1-4062
廣西太平府志[萬曆] 史8-61376
廣西存書總目 史8-66453
廣西右江鎮總兵張公墓表碑帖 子3-15781
廣西梧州官銻化鍊廠章程 史6-44839
廣西地畧 史7-49318(20)、50925
廣西考畧 史7-49317(1)、49318(2)、50924
廣西苗傜各族風土記 史7-54668
廣西桂林省八旗奉直會館記 史7-50940
廣西振興鑛業五金生鑛局原稟附章程 史6-44838
廣西按察使秦公(焕)神道碑文 史2-10184
廣西團練事宜 史6-45463
廣西賦役簡明全書 史6-43736、43738
廣西財政沿革利弊說明書 史6-43352
廣西昭忠錄 史2-8276
廣西兵備處詳定試辦章程 史6-45303
廣西輿地全圖 史7-50928～9
廣西全省疆域輿圖道里備覽 史7-50926
廣西全省地輿圖說 史7-50927
廣雲集精思工訣 子5-31375
12 廣聯珠 集2-10993
廣列仙傳 史2-6862
廣列女傳 史2-6403 叢1-394
廣弘明集 子6-32081(43)、32082(21)、32083(27)、32084(23)、32085(40)、32086(47)、32088(29)、32089(47)、32090(60)、32091(58)、32092(40)、32093(52),7-34601、34603～4 叢2-635(5)、698(8)
廣弘明集、音釋 叢1-223(46)
廣發大願頌 子6-32089(35)
17 廣粥譜 子4-18973
廣羣芳譜 子4-19135～6 叢1-223(39)
廣羣輔錄 史2-6522
20 廣愛錄 子4-24327 叢2-1506
廣信府志[康熙] 史8-58704～5
廣信府志[嘉靖] 史8-58703
廣信府志[乾隆] 史8-58706
廣信府志[同治] 史8-58707
廣信先賢事實錄 史2-8269
廣千字文 經2-13427 叢1-276,2-718
廣禹貢楚絕書 叢2-1103
21 廣順州志[道光] 史8-62292
廣仁品 子5-27034
廣行放牛章程 子1-4270
廣虞初新志 子5-27657
廣虞初志 子5-27593
廣卓異記 史2-6494 子5-26268～9 叢1-367～8,2-735(3)
廣師 叢2-2094
廣經室文鈔 集4-33571 叢2-653(2)
廣經室文鈔未刻手稿 集4-33569
22 廣川畫跋 子3-14692、15859、16127 叢1-223(37)、424、465、469、586(3),2-615(2)、716(3)、731(35)
廣川畫跋、校勘記 叢1-422
廣川畫跋校勘記 子3-16128 叢1-424
廣川書跋 史8-63503 子3-14692、15279 叢1-169(3)、223(37)、418、480,2-615(2)、731(31)
廣豐城東玉湖林氏宗譜[江西廣豐] 史4-29352
廣豐縣志[道光] 史8-58723
廣豐縣志[乾隆] 史8-58721～2
廣豐縣志[同治] 史8-58724
廣種柏樹興利除害條陳 子1-4292
24 廣豔異編 子5-27031

廣化新編　子 4-24666
廣德州志[康熙]　史 7-58112
廣德州志[道光]　史 7-58114
廣德州志[嘉靖]　史 7-58110
廣德州志[萬曆]　史 7-58111
廣德州志[光緒]　史 7-58115
廣德直隸州志[乾隆]　史 7-58113
廣德書院試題考生錄　史 3-14971
廣德縣志稿[民國]　史 7-58116
廣德縣志藝文志稿[民國]　史 7-58117
廣裝璜志　子 4-18621
廣續方言、拾遺　經 2-14859
廣續方言拾遺　經 2-14860
25 廣生要旨　子 2-8291
廣生集要　子 2-8276
廣生編　子 2-8510、8516
廣生編附十劑表　子 2-8228
廣生篇　子 4-23098
26 廣皇輿考　史 7-49563
廣緝詞隱先生增定南九宮詞譜　集 7-54652
廣釋親　經 2-14608～9　叢 2-2055
廣釋名　經 2-14574　叢 1-244(6)、430、440～1、456(6)、457,2-731(23)
廣釋菩提心論　子 6-32081(56)、32083(35)、32084(30)、32085(51)、32086(61)、32088(37)、32089(46)、32090(53)、32091(51)、32092(35)、32093(47)
27 廣修辭指南　子 5-25016
廣象徹微　子 3-12626
廣鮑明遠數詩　集 4-30892
廣名將傳　叢 1-453,2-731(61)
廣彙全書滿漢分類　經 2-14995
廣絕交論　叢 2-771(1)
28 廣復古編　經 2-12989
30 廣濟新編　子 2-5249
廣濟衆生神咒　子 6-32090(19)、32092(13)
廣濟縣志[康熙]　史 8-60252
廣濟縣志[乾隆]　史 8-60253～4
廣濟縣志[同治]　史 8-60255
廣寧縣鄉土志[光緒]　史 7-56197,8-61125
廣寧縣志[康熙]　史 7-56196,8-61121～2　叢 2-785
廣寧縣志[道光]　史 8-61124
廣寧縣志[乾隆]　史 8-61123
廣永豐縣志[康熙]　史 8-58719～20
廣寒香傳奇　集 7-50184
廣寒梯傳奇、補　集 7-50286
廣寒殿記　史 7-51518　叢 1-22(27)、29(9)
廣安州新志[光緒]　史 8-61818
廣安州志[嘉慶]　史 8-61815
廣安州志[乾隆]　史 8-61814
廣安州志[咸豐]　史 8-61816
廣安州志[光緒]　史 8-61817
廣安州志書[雍正]　史 8-61813
廣客談　史 1-1914　子 5-26220、26321　叢 1-40、95,2-730(3)、731(54)
廣宗遺愛錄　史 6-43100
廣宗遺愛錄(邢宗遺愛錄)　史 2-9021
廣宗縣志[康熙]　史 7-55484
廣宗縣志[嘉慶]　史 7-55485
廣宗縣志[萬曆]　史 7-55483
廣宗縣志[同治]　史 7-55486
廣宗縣志[民國]　史 7-55487
31 廣潛研堂說文答問疏證　經 2-12132　叢 2-653(2)
廣福廟志　史 7-51791　叢 2-832(1)
廣福山勝覺寺密印禪師語錄　子 6-32091(78)
32 廣州府志[康熙]　史 8-60827
廣州府志[乾隆]　史 8-60828
廣州府志[光緒]　史 8-60829
廣州音本字考　經 2-14912
廣州記　史 7-50869、50872　叢 1-19(2)、21(2)、22(11)、23(10)、24(3)、29(2)、2-776
廣州先賢傳　史 2-8260　叢 1-19(4)、22(9)、23(9)、24(4)
廣州鄉賢傳、續傳　史 2-8263
廣州灣租界約七款　史 6-45083
廣州灣圖說　史 6-45561,7-49319
廣州游覽志　叢 1-254
廣州游覽小志　史 7-53684
廣州遊覽小志　史 7-49317(5)、49318(15)　叢 1-195(7)、201、203(4),2-731(57)、948、1336
廣州志[嘉靖]　史 8-60826
廣州志[成化]　史 8-60825
廣州城坊志　史 7-50879　叢 2-883
廣州都統任内漢奏摺册(道光十八年至二十年)廣州將軍任内漢奏摺底册(道光二十三年)　史 6-47939
廣州四先生詩　叢 1-223(70)
廣州駐防事宜　史 6-45296～7
廣州人物傳　史 2-8262　叢 2-731(61)、881
廣近思錄　子 1-1515　叢 1-213～4,2-731(12)
33 廣治平畧　史 6-41677～8　子 4-21119～20
廣治平畧補編　子 4-21121
廣祕笈　叢 1-113
34 廣漢疏類編　史 6-47777
廣漢魏叢書九十六種　叢 1-74
廣漢魏叢書八十種　叢 1-75

廣漢縣志畧[民國] 史 8-61770
廣社 子 4-24004
廣達生編 子 2-8087
35 廣清涼傳 史 2-6801～3 叢 1-265(4)、266
廣連珠 叢 1-202(6)、203(12)、319,2-718
36 廣溫熱論、廣溫熱論方 子 2-4686、6916
37 廣湖南考古畧 子 4-22638
廣滑稽 子 4-23993
廣祀典議 叢 1-201、203(4)
廣通縣志[康熙] 史 8-62555
38 廣海永康砲臺工程 史 6-45569
廣遊文集 集 2-5957
廣遊集 集 2-5958
40 廣十二家唐詩(中唐十二家詩集) 集 6-41836
廣大發願頌 子 6-32081(52)、32083(33)、32084(30)、32085(48)、32086(57)、32088(35)、32090(56)、32091(54)、32092(37)、32093(31)
廣大寶樓閣善住祕密陀羅尼經 子 6-32081(17)、32083(12)、32085(17)、32086(19)、32088(12)、32089(14)、32090(23)、32091(21)、32092(15)、32093(42),7-32808
廣大寶樓閣善住祕密陁羅尼經 子 6-32084(11)
廣大蓮華莊嚴曼那羅滅一切罪陀羅尼經 子 6-32089(26)
廣大蓮華莊嚴曼拏羅滅一切罪陀羅尼經 子 6-32081(45)、32083(29)、32086(50)、32088(31)、32090(34)、32091(32)、32092(22)、32093(45)
廣大圓滿無閡大悲心大陀羅尼神咒、摩訶般若多羅蜜多心經、往生淨土神咒、金剛般若波羅蜜經 子 7-32136
廣南府志[道光] 史 8-62612
廣南府志[嘉慶] 史 8-62610
廣南府志稿[道光] 史 8-62611
廣南府志畧[乾隆] 史 8-62609
廣南太守蔡君平西藏詩草 集 4-23202
廣南縣志[民國] 史 8-62613
廣南禽蟲述、獸述 子 4-19352 叢 2-751、1620
廣志 子 4-19835～6,5-25230 叢 1-19(3)、21(5)、22(11)、23(10)、24(4)、2-774(10)
廣志繹 史 7-49572 叢 2-849
廣志繹、雜志 史 7-49571
廣古今議論参 集 6-42968
廣古今五行記六則 子 5-26902
廣右戰功 史 1-2844 叢 1-46
廣右戰功錄 叢 1-269(3)、270(2),2-731(67)
廣壽慧雲寺志 史 7-51623
43 廣博物志 子 5-25717 叢 1-223(44)
廣博物志增删 子 5-25718
廣博嚴淨不退轉輪經 子 6-32081(6)、32082(6)、32083(5)、32085(6)、32086(7)、32088(5)、32089(6)、32090(8)、32091(7)、32092(5)
廣求採訪啓并章程 史 6-44654
44 廣堪齋藏書 子 3-16269
廣勤軒遺稿 子 2-7354
廣夢叢談 子 5-27327
廣莊 子 5-29306 集 2-11049～50 叢 1-13、14(2)、22(20)、111(1)、119～20
廣蒙求 子 5-25683
廣孝經 叢 2-1203
廣孝編 子 4-24418
廣莫軒詞 集 7-47671
廣莫野語 子 5-26227、26391
廣姑子探監一枝 集 7-52674
廣英堂遺稿 集 4-28979
廣菌譜 叢 1-22(27)
廣蒼 經 2-13347～8、15116、15142 叢 1-495、586(2),2-716(2)、774(8)
廣藝舟雙楫 子 3-15248
廣藝舟雙楫評論 子 3-15252 叢 2-842
廣黃帝本行記 史 2-8329、8331 子 5-29530(6) 叢 1-303～5
廣黃帝本行記殘 史 2-8330 叢 1-265(4)
廣藥語 子 2-5898 叢 1-159
廣藥性賦 子 2-5841
廣林 叢 2-774(9)、845(4)
46 廣楊園近鑑 叢 2-1920
47 廣聲調譜 集 6-46022
48 廣增四書典腋 經 2-10955
廣梅花百詠 集 4-30677
50 廣中五先生詩集 集 6-44892
廣中四傑集 集 6-41935(3)、44896
廣史姓韻編 史 2-13327
廣事同纂 叢 1-195(6)、368,2-731(4)
廣事類賦 子 5-24786～8
廣畫錄 子 3-15859、16253 叢 1-22(15)、23(14)
廣惠編 史 6-41539、44583
廣惠編、軺車雜錄 史 6-44582
廣忠益 叢 2-2270(4)
廣春秋人地名對 經 1-138
廣東文集 集 6-44904
廣東文獻初集、二集、三集、四集 集 6-44907
廣東文選 集 6-44905～6

廣東新語　史7-50838　子4-21060
廣東新軍叛變本末　史1-4330
廣東新會莫氏族譜[廣東新會]　史4-31471
廣東試辦巡警章程、職事章程　史6-45390
廣東詩粹、補編　集6-44889
廣東課吏館章程　史6-42563
廣東韶州府翁源縣志[嘉靖]　史8-60907
廣東五魁文章　集6-44908
廣東西沙羣島誌　史7-49357、50893
廣東貢士錄　史3-15008
廣東刑事題奏存案　史6-46153
廣東武備學堂章程外論　史6-42568
廣東武備學堂試辦簡要章程　史6-42567
廣東司署事錄　叢2-1193
廣東儒林文苑采進稿　史2-8254
廣東製造軍械廠章程　史6-44836
廣東巢賊賴元爵藍一清諸酋列傳　史1-1929
廣東續輯釐務章程　史6-43635
廣東憲政籌備處報告書七期　史6-41912
廣東官立女子師範附屬兩等小學堂章程　史6-42566
廣東河婆張氏族譜[廣東揭西]　史5-35414
廣東叢書十四種　叢2-883
廣東清訟章程彙編　史6-45936
廣東通志[雍正]　史8-60820　叢1-223(24)
廣東通志[康熙]　史8-60819
廣東通志[道光]　史8-60821
廣東通志[嘉靖]　史8-60816
廣東通志[萬曆]　史8-60817
廣東通志[民國]　史8-60822
廣東通志稿[民國]　史8-60823
廣東通志初藁[嘉靖]　史8-60815
廣東通省禁革規禮裁免捐酌減差費加給公費章程　史6-43637
廣東通省抽收釐金章程　史6-43634
廣東軍務記　史1-3838
廣東海豐縣擬開速成蒙學師範章程　史6-42571
廣東海圖說　史7-52999
廣東海防彙覽　史6-45558
廣東海防兼善後總局檔　史6-47470
廣東沙灣何留耕堂族譜[廣東番禺]　史4-28424
廣東南關楊氏族譜[廣東中山]　史5-37056
廣東存古學堂章程　史6-42569
廣東古今名媛詩選　集6-44903
廣東地圖　史7-50863
廣東地畧　史7-49318(20)、50860
廣東考古輯要　史7-51482
廣東考畧　史7-49317(1)、49318(2)、50859
廣東藝文志　史8-66130
廣東夷務事宜　史1-3837
廣東奏辦夷通商事宜　史6-47957
廣東貴寧堂馬百良丸散膏丹藥酒目錄　子2-10065
廣東揭縣追交地租錢糧文稿(嘉慶二十年至二十三年)　史6-43501
廣東提學司改定省視學章程例册　史6-42564
廣東提學使辦理留洋學生公牘　史6-47334
廣東釐廠比較功過章程　史6-43636
廣東圖說　史7-50864
廣東圖說、總圖　史7-50865
廣東賦役全書　史6-43733～4
廣東財政說明書　史6-43351
廣東陸軍緝逃暫行簡章　史6-45298
廣東同官錄　史3-23781～2
廣東月令　史7-50840　叢1-197(4),2-617(2)
廣東學政徐琪奏稿　史6-49156
廣東學政勸戒錄　子1-2486
廣東輿地圖說、輿地全圖　史7-50868
廣東輿地全圖　史7-50866
廣東鹽務議畧　史6-43911
廣東鹽法考　史6-43806
廣東全省商務總局試辦章程　史6-43996
廣東全省海圖總說　史7-53000
廣東全省禁烟總局籌辦推廣牌照捐章程、辦事細則　史6-45970
廣東全省警察學堂全科簡易科章程　史6-45391
廣東金石畧　史8-64052
廣東會議廳公決交諮議局提議草案　史6-41911
廣東乞假全案　史6-47965
廣東錢局錢銀兩廠章程　史6-44500
廣東錢局銀錢丙廠章程附銅圖全案　史6-44468
廣東省不符册　史6-46361
廣東省河巡警試辦章程　史6-45392
廣東省大學堂試辦簡要章程　史6-42565
廣東省城梁氏族譜[廣東番禺]　史5-34700
廣東省裁減水陸各營官缺及兵丁名數册　史6-45295
廣東省全圖　史7-50867

廣東火刼記　叢 1 - 587(4)
53 廣成子　子 1 - 19、41、44、48,4 - 19503　叢 1 - 114(3)、127、134
廣成子疏畧　叢 1 - 62～4,2 - 730(4)
廣成子鬻子合刻　子 4 - 19503
廣成子解　子 1 - 20、44、61　叢 1 - 22(20)、47、241、242(3)、246、282(1)、283(1)
廣成子祝賀齊天壽雜劇　集 7 - 48774(8)、49276
廣成集　子 5 - 29530(12)　集 1 - 1804～5　叢 1 - 223(50),2 - 635(8)
廣成先生玉函經　子 2 - 6078～9　叢 1 - 265(3)、519,2 - 829
廣成儀制　子 5 - 30772
廣甹(陸爾熙)墓誌銘　史 2 - 10463
55 廣曹甸志[民國]　史 7 - 56665
56 廣輯田家五行　子 1 - 4250
57 廣抑戒錄　子 3 - 18328　叢 1 - 197(2)
60 廣日記故事詳註　子 4 - 24388,5 - 26534
廣四十家小說　子 5 - 26220　叢 1 - 40
廣易千文　經 2 - 13412　叢 1 - 86,2 - 730(6)
廣田水月錢譜　叢 1 - 203(18)
廣昌大輅高氏六修族譜[江西廣昌]　史 4 - 32437
廣昌縣志[康熙]　史 7 - 55292,8 - 58837
廣昌縣志[崇禎]　史 7 - 55291
廣昌縣志[乾隆]　史 7 - 55293
廣昌縣志[同治]　史 8 - 58838
廣昌縣志[光緒]　史 7 - 55294
廣異記　子 5 - 26890～1　叢 1 - 15、19(2)、20(8)、21(2)、22(19)、23(19)、24(3)、249(3),2 - 731(50)
廣異記選　叢 1 - 153
63 廣咏物編　子 5 - 26063
67 廣明詩彙選、明詩續選、響山堂集快筆　集 6 - 43863
廣嗣五種備要　子 2 - 8187
廣嗣要方、種子祕訣真傳鍾呂二仙采真問答　子 2 - 8311
廣嗣要方、呂純陽房術祕訣、孫真人金丹妙訣、宮選經驗奇妙春方、三峯採戰房中妙術祕訣、鍾呂二仙采真問答、種子祕訣真傳　子 2 - 8312
廣嗣要語　子 2 - 4770、8010
廣嗣要語、附方　子 2 - 8009
廣嗣編　子 2 - 8112
廣嗣祕訣驗方　子 2 - 4591、8073
廣嗣祕書　子 2 - 7975
廣嗣全訣　子 2 - 8027
廣嗣金丹　子 2 - 8250
68 廣喻林　子 5 - 25256
70 廣雅　經 1 - 33,2 - 14590～1、15125、15127　叢 1 - 91、223(15)、227(4)、430、440～1,2 - 730(5)
廣雅(博雅)　叢 2 - 731(23)
廣雅疏證　經 1 - 111(3),2 - 14596　叢 2 - 698(3)、731(23)
廣雅疏證、博雅音　經 2 - 14595　叢 2 - 782(2)、924
廣雅疏證補正　經 2 - 14597～8　叢 2 - 606、630
廣雅疏證補釋　經 2 - 14602
廣雅疏證拾遺　經 2 - 14599　叢 1 - 526
廣雅疏證目　經 2 - 14604
廣雅疏證類編　經 2 - 14603
廣雅疏義　經 2 - 14594
廣雅碎金　集 5 - 36250　叢 1 - 507～8,2 - 731(44)
廣雅佚文　經 2 - 14587　叢 2 - 777
廣雅釋詁疏證拾遺　經 2 - 14600　叢 2 - 1920
廣雅補疏　經 2 - 14601　叢 2 - 2127
廣雅書院藏書目錄、附存書籍目錄　史 8 - 65522
廣雅書院同舍錄　史 2 - 8264
廣雅書局叢書一百五十九種　叢 2 - 653(1)
廣雅書局史學叢書目錄　史 8 - 66180
廣雅書局書目　史 8 - 66451
廣雅書局擬刻史學叢書目定本　史 8 - 66452
廣雅箋疏　經 2 - 14605
廣雅堂雜著　叢 2 - 2001
廣雅堂雜著、駢體文、散體文　集 5 - 36252
廣雅堂試帖　集 5 - 36255
廣雅堂詩集　集 5 - 36239、36241～4
廣雅堂詩集手稿　集 5 - 36245
廣雅堂論金石札　史 8 - 63716　叢 2 - 2001
廣雅堂散體文　叢 2 - 2001
廣雅堂四種　叢 2 - 2001
廣雅堂駢體文、補遺　叢 2 - 2001
廣雅堂駢體文箋注　集 5 - 36253
71 廣蠶桑說　子 1 - 4338
廣蠶桑說、桐鄉養蠶桑簡明法　子 1 - 4339
廣蠶桑說輯補　子 1 - 4340　叢 1 - 508,2 - 731(30)
廣蠶桑說輯補校訂　子 1 - 4341
廣雁蕩山誌　史 7 - 52375
廣長菴主生壙志　叢 2 - 1135
74 廣陵雜詠　集 3 - 19204
廣陵詩集　集 1 - 2353,6 - 41908
廣陵詩事　史 2 - 7786　集 6 - 46080　叢 1 - 344,2 - 731(47)

廣陵詩人小傳錄存　史 2－7787
廣陵詩鈔　集 1－2352,6－41900
廣陵王墓域圖志　叢 2－1026
廣陵瓊花志　子 4－19199
廣陵香影錄　子 5－27326
廣陵集　叢 1－223(52)
廣陵集補鈔　集 1－2354,6－41901
廣陵先生文集　集 1－2351、2356～7、2359、2363～4
廣陵先生文集(廣陵集)　集 1－2365
廣陵先生文集、補、拾遺　集 1－2360
廣陵先生文集、拾遺　集 1－2358、2362
廣陵先生文集、拾遺、補遺　集 1－2361
廣陵先生文集、拾遺、補遺、附錄　叢 2－670
廣陵先生集　集 1－2355
廣陵儲王趙朱景蔣曾桑朱宗列傳　史 1－1946,2－7785　叢 2－1105
廣陵儲王趙宋景蔣曾桑朱宗列傳　叢 1－367
廣陵儲王趙宋景蔣曾桑朱宗列傳(廣陵十先生傳)　叢 1－368
廣陵朱氏二先生集二種　集 6－44972
廣陵倡和詞　集 7－48509
廣陵倡和集　集 6－44215
廣陵名勝圖　史 7－51367～8
廣陵從政錄　史 6－43154　叢 2－1655
廣陵近事、廣陵舊事　史 7－50154
廣陵冢墓遺文　史 8－63869
廣陵通典　史 7－50149　叢 2－926～7
廣陵遊草　集 3－19203
廣陵十日記　史 1－3334
廣陵士女殿最　叢 1－168(3)
廣陵女士殿最　叢 1－22(27)、143、350
廣陵真趣　子 3－17675
廣陵妖亂志　史 1－2384　子 5－26222　叢 1－22(7)、23(7)、29(3)、185、255(3),2－624(2)
廣陵妖亂志、逸文　史 1－2385　叢 1－511
廣陵舊跡詩　集 3－14246
廣陵散譜　子 3－17584
廣陵史稿　史 1－3893
廣陵事畧　史 7－50150～1　叢 2－1601
廣陵事畧[嘉慶]　史 7－56713
廣陵書　集 2－7493
廣陵曲江復對　史 7－50266　叢 2－832(5)
廣陵月　集 7－48775　叢 2－672
廣陵醫案摘錄　子 2－10771
廣陵覽古　史 7－50152
廣陵小正　史 7－50155　叢 2－810
廣陵懷古三十首、平山雜詠三十首　史 7－50153
76 廣陽雜記　子 4－23127～30,5－26755　叢 1－420、580,2－731(54)、735(2)、736、782(5)
廣陽詩集　集 3－16396
廣陽黎氏宗譜[安徽石臺]　史 5－39124
廣陽董氏宗譜[安徽石臺]　史 5－35903
77 廣同書　史 2－6232　子 4－24381
廣聞錄　子 5－27072
廣學書院新志　史 7－52060
廣學興國記、上海廣學會書目　子 7－36747
廣學會譯著新書總目　史 8－66414
廣學類編　子 7－36734
廣印人傳、補遺　史 2－6771
廣輿記　史 7－49574～7
廣輿記、圖　史 7－49578
廣輿記補　史 7－49579
廣輿記提要　史 7－49650～1　叢 1－407(2)
廣輿古今鈔　史 7－49679
廣輿考　史 7－49580～1
廣輿圖　史 7－49549
廣輿圖敍　史 7－49587
廣輿吟稿　史 7－49671
廣輿吟稿、附編　集 3－21284
廣桑子　子 4－20937
80 廣益齋集　集 5－35096
廣金石韻府　經 2－12863
廣金石韻府、玉篇字畧　經 2－12862、12864
廣義法門經　子 6－32083(19)、32084(16)、32093(20)
廣倉　經 2－13349、13351～2、15119、15137　叢 2－773(2)
廣倉研錄　叢 2－630
廣倉古石錄　叢 2－630
廣倉事錄(專門名家)第一集、第二集、補　叢 2－630
廣倉輯文　經 2－13342
廣倉輯本考異　經 2－13350
廣倉學宭叢書(學術叢編)甲類四十九種乙類十五種　叢 2－630
83 廣錢譜　史 6－44422　叢 1－201、203(6)、320
86 廣知　子 5－27008　叢 1－21(5)
88 廣笑府　子 5－27428　叢 2－721
廣筆記(先醒齋筆記、先醒齋醫學廣筆記)、炮炙大法、用藥凡例　子 2－9315
廣筆疇　子 4－20391
廣策學纂要　子 5－25419
90 廣小圃詠　集 7－46436、48284、48286
94 廣惜字說　叢 1－197(3)
95 廣快書五十種　叢 1－143

賡

00 賡齋詩集 集 3 - 17985
21 賡衢草 集 4 - 22303
26 賡和中峯詩韻 集 2 - 6589,6 - 41788
賡和錄 經 1 - 6513 叢 2 - 731(36)、881
賡縵堂雜俎 子 5 - 26509
賡縵堂集 集 4 - 31959 叢 2 - 886(4)
44 賡夢餘音 集 7 - 48145
56 賡揚集 集 4 - 24467、25915～6
76 賡颺集 集 4 - 23625

0029_3 麼

25 麼生瘞衂記 叢 1 - 29(1)

0029_4 糜

72 糜氏托孤 集 7 - 53226

縻

37 縻鴻雜錄、詩稿 子 4 - 24481
縻鴻便摘附存稿 子 4 - 24743

麋

60 麋園詩鈔 集 4 - 26081～2

麻

00 麻症集成 子 2 - 8978
麻症祕傳 子 2 - 8980
麻症通考麻証活人全書合訂 子 2 - 9110
麻瘋祕訣症 子 2 - 7849
麻痘 子 2 - 8747
麻痘新編 子 2 - 8983
麻痘脈訣 子 2 - 9065
麻痘全書 子 2 - 9024
麻疹証治兩種 子 2 - 9054
麻疹證治要畧 子 2 - 8945 叢 1 - 367～8
麻疹重新 子 2 - 4734、8998
麻疹集成 子 2 - 8903～4、9064
麻疹備要方論 子 2 - 4771(4)、8947、10377
麻疹總論 子 2 - 8894
麻疹約要 子 2 - 8885
麻疹滙要 子 2 - 9007
麻疹心法 子 2 - 8809、9037
麻疹治例 子 2 - 9043
麻疹祕要 子 2 - 9063
麻疹祕傳 子 2 - 8766、8777
麻疹祕書 子 2 - 8674
麻疹闡微 子 2 - 8874
麻疹闡注 子 2 - 4770、8873
麻疹全書 子 2 - 8603
麻疹合編 子 2 - 8808
麻疹知源 子 2 - 9079
麻瘄集成 子 2 - 9066
麻瘄必讀 子 2 - 9010
麻衣先生人相編 子 3 - 14194～5
麻衣神相一枝 集 7 - 52701
麻衣道者正易心法 叢 1 - 47、169(2)、268(1),2 - 731(15)
麻衣道者正易心法(正易心法) 經 1 - 2358
麻衣相 子 3 - 14195 叢 1 - 115
01 麻証新書 子 2 - 9015
10 麻栗坡特別區地志資料 史 8 - 62606
22 麻山文集 集 3 - 18088
麻山詩集 集 3 - 18089
麻山湯氏六修族譜[湖南寧鄉] 史 5 - 36576
麻山湯氏族譜[湖南寧鄉] 史 5 - 36574
麻山湯氏五修族譜[湖南寧鄉] 史 5 - 36575
24 麻科至寶 子 2 - 9012
麻科至寶沈氏麻科合編 子 2 - 9013
麻科保赤金丹 子 2 - 8992
麻科活人全書 子 2 - 8805
麻科心法 子 2 - 9061
麻科合璧 子 2 - 8797、9025
30 麻灘驛 集 7 - 50421 叢 2 - 2046
31 麻江縣志[民國] 史 8 - 62280
39 麻沙新刊會通古今四書說筌 經 2 - 10513
43 麻城歌 集 7 - 53219
麻城汪氏宗譜[湖北麻城] 史 4 - 28945
麻城縣志[康熙] 史 8 - 60219
麻城縣志[乾隆] 史 8 - 60220

麻城縣志[光緒]　史8-60221～2
麻城縣志續編[民國]　史8-60224
麻城縣志前編[民國]　史8-60223
麻栽製法　子7-37069
44 麻姑集　集6-44816
麻姑仙壇記　史8-63501、64713
麻姑山丹霞洞天誌　史7-51747
麻姑山丹霞洞天志　史7-51745～6
麻姑傳　叢1-22(19)、23(18)、29(2)、168(3)
麻姑寶卷　集7-54547
麻姑菩薩寶卷　集7-54260
麻鞋紀行詩存　集5-39650
47 麻埠茶謠　集5-39786
60 麻園遺集　集5-37959
麻田詩草、補編　集4-24749
麻果切韻　經2-13640、15137
72 麻氏親親餘事編、下編、續編[江西吉安]　史5-34615
麻氏宗譜[浙江縉雲]　史5-34614
76 麻陽水向氏族譜[湖南麻陽]　史4-26824
麻陽縣志[康熙]　史8-60766、60768～9
麻陽縣志[同治]　史8-60771

0033_0 亦

00 亦廬雜識　子4-23292
亦廬詩　集3-19267
亦廬詩集　集4-30435
亦廬詩稿　集4-27822
亦齋隨筆　子4-21447
亦言集　集3-14279
10 亦玉堂稿　集2-9705　叢1-223(66)
亦玉堂稿、續集　集2-9704
亦吾廬詩草　集5-34266～7
亦吾廬詞　集5-35239
亦吾廬隨筆(清道光五年至十年、十八年至二十六年)　史2-12661
亦吾廬隨筆(清道光十八年至二十六年)　史2-12662
亦雲詞　集7-48149
亦雲集　集3-19504
18 亦政堂訂正意見　叢1-107
亦政堂訂正讀書筆記　叢1-107
亦政堂訂正讕言長語　叢1-109
亦政堂訂正瀛涯勝覽　叢1-109
亦政堂訂正古今印史　子3-16790　叢1-108、111(3)
亦政堂訂正別國洞冥記　叢1-108
亦政堂詩集　集4-26947
亦政堂詩續集　集4-26948
亦政堂重修宣和博古圖　史8-63494
亦政堂重修古玉圖　史8-63494
亦政堂重修考古圖　史8-63494
亦政堂鐫陳眉公家藏廣祕笈五十四種　叢1-107
亦政堂鐫陳眉公家藏彙祕笈(寶顏堂彙祕笈)四十二種　叢1-109
亦政堂鐫陳眉公普祕笈一集五十種　叢1-108
20 亦秀閣藏書目錄　史8-65823
亦愛廬印存　子3-17397
亦愛吾廬正音　經2-14479
亦愛堂詩集　集3-16226
21 亦頽集　集2-10550
22 亦川詩鈔　集3-20633
亦仙遺稿(姚江陸亦仙先生遺集)　集5-39639
亦山草堂遺詞　集6-45076　叢2-918
亦山草堂遺稿　集3-15159,6-45076　叢2-918
亦山草堂遺稿、遺詞、崇祀鄉賢錄　集3-15158
亦山書屋存稿　集3-17956
亦巢詩草　集3-13701
亦樂亭詩集　集4-23174　叢2-822
亦樂堂詩稿　集3-15826
亦種堂詩集　集3-16303～4
24 亦佳室文鈔、詩鈔　集4-27589
亦佳樓詩鈔　集4-26153
亦佳園詩存　集4-28063
28 亦復如是(志異續編)　子5-26473
亦復如是齋印存　子3-17362
30 亦寄齋文存　集4-26212
32 亦淨居詩鈔　集6-42021
38 亦汾詩鈔　集5-37209
亦海集　集4-28185
40 亦在園詩集　集3-13518
亦有集　集3-14448,6-41977
亦有生齋詩　集4-22968
亦有生齋詩集、文集、雲溪樂府、詞　集4-22966
亦有生齋詩集、文集、續集、雲溪樂府、詞、秋籟吟　集4-22967
亦有生齋雲溪樂府(亦有生齋樂府、亦有生齋集樂府)　集7-47364
亦有生齋駢體文　集4-22969
亦有秋齋詩鈔　集4-33146
亦有秋齋詞鈔　集7-48033
亦有秋齋駢體文鈔　集4-33147

亦存編 子 4-24363
44 亦夢軒集姓 集 4-28835
亦若是齋隨筆 集 4-31586
亦蘿軒集姓 史 2-13329
51 亦軒遺詩 集 5-36645
55 亦農山人詩稿 集 4-28350,6-45107
亦耕草堂詩鈔 集 4-33143
亦耕軒遺稿、龍江竹枝詞 集 5-34826
60 亦□□佛功德經 子 6-32084(7)
亦曰佛本行經 子 6-32092(36)
亦園亭全集五種 叢 2-1506
亦園詩稿 集 3-15728
亦園詩稿删存 集 4-23422
亦園詩剩(蕉南舊史詩詞集) 集 4-26199
亦園詩存 集 4-31700
亦園詩鈔 集 4-29465
亦園詞選 集 7-48591
亦園集 史 7-51997
亦園拙草 集 5-34680
亦園脞牘 子 4-23312
亦園全集 集 2-12757
亦愚先生文集 集 2-8424
65 亦嘯山房詩存 集 4-29560
66 亦囂軒詩集 集 5-38895
亦囂囂堂詩鈔 集 4-32346
亦囂囂堂謎稿 子 3-18367、18400
亦囂囂堂尺牘 集 4-32347
77 亦陶書室新增幼學故事羣芳 子 5-25605
亦陶軒詩 集 4-29059
亦陶園詩集 集 5-38330
亦閒草 集 3-15298,4-29709
亦聞詩草 集 3-16701
90 亦少詩稿 集 3-14070
95 亦快閣出疆詩集 集 3-17917

0033_1 忘

00 忘庵遺詩輯存、續輯、誦芬拾遺 集 3-15303
10 忘憂清樂集 子 3-17997 叢 1-519
忘憂草 集 5-33973
忘憂草堂詩集(忍冬草廬集) 集 4-29973
22 忘山廬詩存 集 5-41125
忘山廬日記(清光緒二十四年、二十七年至二十八年、三十二年至三十四年) 史 2-13111
忘山廬日記(清光緒十九年至二十年、二十三年至二十四年、二十七年至二十九年、三十二年至三十四年) 史 2-13110
30 忘適齋隨手視草 史 2-13125
80 忘年草 集 3-19274
88 忘筌書 經 1-451 子 1-712 叢 2-878～9
忘餘詩草 集 4-30523
90 忘懷錄 子 4-18651 叢 1-10、19(5)、20(3)、21(4)、22(13)、23(12)、24(6)、29(5)、374

0033_2 烹

07 烹調度針 子 4-18966
10 烹雪齋新編四民捷用註解翰墨駿 子 5-25788
44 烹茶圖集 子 4-18978、19054
烹茶吟館詩草 集 5-37834、38508

0033_6 意

00 意庭先生遺集 集 3-17143
意言 子 4-20571 叢 2-1147～9
10 意可園詩鈔 集 4-26474
20 意香閣詩詞草 集 4-24404
意香閣詩餘(意香閣詞) 集 7-47477
意香閣詞 集 7-47600
22 意山園詩鈔、補遺 集 4-30508
27 意將軍加里波的傳 史 2-10001
意解山房瘟疫析疑 子 2-6956
40 意大里蠶書 子 7-36231(4)
44 意蘭吟剩 集 5-36155
意蓮詩鈔 集 5-38087
意苕山館詩稿 集 4-28932
意苕山館日記(清咸豐四年至同治十一年) 史 2-12705
意林 子 4-23747、23753,5-29530(24) 叢 1-19(4)、20(2)、21(4)、24(5)、223(42)、272(5)、374、388～90,2-735(4)
意林、補 子 4-23750
意林、補遺 叢 1-268(3)、410
意林、逸文 叢 2-698(6)
意林、逸文、補 子 4-23748 叢 2-635(5)
意林、拾遺 子 4-23749 叢 1-230(4)
意林註、逸文 子 4-23752
意林語要 子 4-23751
意林注 子 4-23755
意林注、逸文 子 4-23756
意林注、逸文、附編 叢 1-558

意林逸文　叢 1-337,2-731(3)
意林逸文補　子 4-23759　叢 1-428
意林校注　子 4-23757
意林校補　子 4-23758
意林附注　子 4-23754
50 意中緣　集 7-50186、52546
意中緣傳奇　集 7-50187、50198
60 意見　子 4-20359　叢 1-22(23)、29(7)、107、111(3),2-731(54)
意園文畧　叢 1-581
意園文畧、事畧　集 5-38125
意園文錄　集 4-24322
意園詩集　集 3-14488、17642
意園詩匄　集 4-30389
意園詩草　集 5-38694
意園詩鈔　集 5-40240
意園偶記　子 4-23351
意園近稿　集 6-45074
意園遺集　集 5-37259
意園遺稿　集 3-21037
77 意眉閣詩稿、詞稿　集 5-40628
87 意釣山房詩鈔　集 4-24751

0040_0 文

00 文亭二集印字　子 3-17486
文彥可先生遺藁　集 2-11280
文帝瓣香集　子 5-29587、30522
文帝讀書論　子 5-29585
文帝聖訓　子 5-29584、30428
文帝化書　子 5-29536(6)、31801
文帝蕉窗十則注解　叢 1-536
文帝孝經　子 5-29584
文帝戒士文徵信錄　叢 1-536
文帝丹桂籍注案　叢 1-536
文帝丹桂籍圖說　子 5-31814
文帝全書　子 5-29606～8、29610、29612
文帝全書、文昌宮羣真著述七種　子 5-29609
文帝慾海迴狂寶訓集說　叢 1-536
文庸言　子 1-1043
文廟新輯　史 2-6360
文廟靖難記　史 1-1602、2777
文廟靖難記聖政記、宣宗政記、景泰聖政記　史 1-1601
文廟丁祭譜　史 6-42150～1
文廟丁祭禮樂輯要　史 6-42155
文廟武舞譜　史 6-42169
文廟聖政記　史 1-1599～600
文廟上丁禮樂備考　史 6-42154
文廟樂編　經 1-6481
文廟樂舞全譜　史 6-42139
文廟續通考　史 6-42039
文廟彙考　史 6-42037
文廟從祀兩浙先儒傳　史 2-7966
文廟從祀位次考　史 6-42166
文廟從祀先賢先儒考　史 2-6363　叢 1-195(3)、351,2-731(21)
文廟從祀賢儒表　史 2-6364
文廟從祀弟子贊　史 2-6340　叢 1-202(5)、203(10)
文廟灑掃集　史 7-51761
文廟禮樂志　史 6-42025～6
文廟禮樂考　史 6-42138
文廟禮樂器圖考　經 1-6225
文廟禮器樂舞圖譜　史 6-42153
文廟禮器圖式、文昌關帝樂章　史 6-42140
文廟祀位　史 6-42163～4
文廟祀位考畧　史 6-42165
文廟祀典　史 6-42158～9　叢 2-1442
文廟祀典考　史 6-42160、42162
文廟祀典考畧　史 6-42161
文廟通考　史 6-42038
文廟考　史 6-42036
文廟思源錄　史 6-42040
文廟思源錄考　史 6-42041
文廟圖像檢校　史 2-6369
文廟圖像箋校　叢 2-2172
文廟賢儒功德錄、國朝新增賢儒功德錄後集　史 2-6367
文廟賢儒景行錄　史 2-6368
文應符詩　集 2-12902,6-41943
文康公(宋權)年譜　史 2-11612　集 6-44988
文康公遺集　集 6-44988
文府滑稽　集 6-42820～1
文文山(天祥)年譜　史 2-11021、11378
文文山文集　叢 2-731(40)
文文山稿　集 1-4476,6-45336
文文山先生文集選　集 6-41798
文文達公紀事詩　集 5-33951
文文起詩　集 2-11256,6-41943
文文肅公日記、並征紀行(明天啓元年至六年、崇禎七年至八年)　史 2-12527
文文忠自訂年譜　史 2-12220
文文忠公(祥)事畧　史 2-10175
文章辨體、外集、總論　集 6-42720
文章辨體二十四論　集 6-45491

文章辨體彙選　集6-42722
文章辨體彙選存　叢1-223(70)
文章正論　集6-46239
文章正宗　集6-42676～7、42679～80、42685
文章正宗、綱目　叢1-223(69)
文章正宗復刻、續　集6-42684　叢2-1044
文章正宗選要　集6-42688
文章正宗選鈔　集6-42690
文章正宗鈔　集6-42686～7、42689
文章集　叢2-1074
文章變體　集6-42721
文章編　集2-7497　叢2-635(12)、1073
文章備覽　集6-42794
文章緒論　叢1-34
文章練要(六宗)三種　叢2-1360
文章緣始　叢1-216
文章緣起　集6-45485、45517～9　叢1-74、86、195(4)、223(71)、478,2-730(6)
文章緣起、續文章緣起　集6-45520
文章緣起註　叢2-731(48)、1195
文章流別　集6-45500　叢1-183
文章流別志論　叢2-827
文章流別志論、文章志　叢2-829
文章遊戲選鈔　集4-27904
文章九命　集6-45759、46279　叢1-22(26)、25、128～9,2-1173
文章始　集6-45521　叢2-1576
文章薪火　集6-46273　叢1-202(4)、203(9)
文章表錄　集6-44513
文章軌範　集6-42695～6、42698～9、42702～4、44007、46213～4　叢1-223(69)、313,2-1047
文章軌範、論學統宗　集6-42697
文章軌範錄　集6-42705
文章又玄　集6-42789、42844
文章歐冶文譜、詩譜　集6-46217
文章尚論集　集6-43039
文章類選　集6-42719
文章精義　集6-45485、46221　叢1-34、223(72)
文言傳說卦傳序卦傳雜卦傳　經1-1475
文音發　叢2-1302
文玄　集6-42843、42845
文襄奏疏、治河題藁、撫皖題藁　叢1-223(21)
文襄公奏議　史6-48225
文襄公奏議、補遺　史6-48226
01 文評　集6-45760　叢1-195(4),2-731(48)
02 文端集　集6-42726　叢1-223(67)
文端公(錢陳羣)年譜　史2-11824
文端公自傳　史2-9443
文端公墨寶　子3-15423
文訓　集6-45485
文新書局精校新增繪圖幼學故事瓊林　子5-25614
03 文詠樓詩鈔、虛白堂詞鈔　集4-23377
文誠靖公(謙)行述　史2-10304
文誠公文稿拾遺、詩稿拾遺　集5-34572
文誠公函牘　史6-47168
文誠公奏議、函牘　史6-49026
文誠公奏議、函牘、文稿拾遺、詩稿拾遺　叢2-957
05 文靖集　集1-3766
文靖先生詩鈔　集3-19911
文靖公(嚴訥)年譜　史2-11499
文靖公遺集、詩集、補遺　集4-31337
文訣　集6-45805　叢2-1191
06 文韻　集6-41750、42919
文韻集　集6-43030
文韻考衷六聲會編　經2-14310～1
文韻閣詩存　集5-34779
07 文望公房世系　史4-27620
文毅集　集2-6484　叢1-223(63)
文部　叢2-1111
文部省直轄各部位置　子7-36567
08 文說　集6-46220　叢1-34、223(72),2-2248
文說林　叢2-2270(3)
文譜注原　叢2-2270(4)
09 文談　集6-46284　叢1-330～1,2-2269
10 文三橋詩稿　集2-8470
文三橋先生印譜　子3-16882
文三橋印譜　子3-16883
文正謝公(遷)年譜　史2-11446
文正王公(旦)遺事　史2-8613
文正王公遺事　叢1-2～3、6、8
文正集、別集、補編　集1-1926
文正公尺牘　集1-1929
文玉山房書價目　史8-66467
文王(姬昌)年表　史2-11029
文王受命改元稱王辨證　經1-3097
文王世子　叢2-1003
文雪老人耆耇篇　子4-21019
文天祥柴市殉節　集7-53300
12 文登威海等地古跡圖說　史7-51445
文登縣志[雍正]　史8-59286
文登縣志[道光]　史8-59287
文登縣志[光緒]　史8-59288
文登劉氏宗譜[山東文登]　史5-39426
文瑞寶卷　集7-54403

文瑞樓彙刻書 集 6-41752
文瑞樓藏書志、藏書記要 史 8-65677
文瑞樓藏書目錄 史 8-65674～6 叢 1-278,2-731(2)
文璣先生詩 集 1-5811
文水王氏族譜[山西文水] 史 4-24770
文水縣鄉土志[宣統] 史 7-56003
文水縣志[康熙] 史 7-56001
文水縣志[天啓] 史 7-56000
文水縣志[光緒] 史 7-56002
文水居集 集 2-11140,6-45128
13 文武帝訓詩合刻 集 4-25268
文武庫 子 1-3294
文武兩朝獻替記 史 1-2381 叢 1-456(6)、465,2-731(6)
文武香球寶卷 集 7-54473～4
文武爵秩 集 6-43898
文武戲目錄 集 7-54875
文武官員祭恭敏公奠稿 史 2-9014
文武官階品級 子 5-26034
文武淵源 子 4-22364
文武星案 子 3-14132
文職保舉錄 叢 2-1980
14 文琳編日纂 子 5-25381
15 文殊師利百八名梵讚 子 6-32083(30)
文殊師利發願經 子 6-32081(41)、32082(19)、32083(26)、32085(38)、32088(28)、32089(35)、32090(54)、32091(52)、32092(36)、32093(2)
文殊師利發願頌 子 6-32086(45)
文殊師利現寶藏經 子 6-32083(5)
文殊師利經 子 6-32083(12)、32086(18)
文殊師利佛土嚴淨經 子 6-32081(2)、32083(2)、32084(3)、32085(2)、32086(2)、32088(2)、32089(2)、32090(3)、32091(2)、32092(2)、32093(4),7-32165
文殊師利般涅槃經 子 6-32081(19)、32083(13)、32085(19)、32086(21)、32088(14)、32089(16)、32090(22)、32091(20)、32092(14)
文殊師利寶藏陀羅尼經 子 6-32081(18)、32083(12)、32086(19)、32088(13)、32089(15)、32091(18),7-32852
文殊師利寶藏陀羅尼經(文殊師利菩薩八字三昧法) 子 6-32085(18)、32090(19)、32092(13)
文殊師利淨律經 子 6-32083(15)
文殊師利巡行經 子 6-32083(8)、32089(9),7-32116
文殊師利神通力經 子 6-32093(9)
文殊師利菩薩六字咒功能法經 子 6-32093(39)
文殊師利菩薩及諸仙所說吉凶時日善惡宿曜經 子 6-32084(28)、32085(53)、32086(63)、32088(39)、32089(38)、32090(55)、32091(53)、32092(36)、32093(36),7-32926
文殊師利菩薩神咒 子 7-32094
文殊師利菩薩十事行經 子 6-32093(6)
文殊師利菩薩根本大教王經金翅鳥王品 子 6-32084(28)、32090(42)、32092(28)、32093(37)
文殊師利菩薩根本大教王金翅鳥王品 子 6-32085(52)、32086(62)、32088(38)、32089(32)、32091(40)
文殊師利菩薩問菩提經論 子 6-32084(13)、32086(25)、32088(16)、32089(41)、32091(46),7-32727
文殊師利菩薩問菩提經論(伽耶山頂經論) 子 6-32085(22)、32090(48)、32092(31)、32093(28)
文殊師利菩薩問署經 子 6-32083(12)
文殊師利根本一字陀羅尼經 子 6-32083(9)
文殊師利授記經 子 6-32093(3)
文殊師利所說摩訶般若波羅蜜經 子 6-32081(1)、32083(2)、32084(1)、32085(2)、32086(2)、32088(2)、32089(2)、32090(1)、32091(2)、32092(1)、32093(13),7-32133、32324
文殊師利所說不思議佛境界經 子 6-32081(2)、32082(2)、32083(3)、32084(3)、32085(3)、32086(3)、32087、32088(2)、32089(3)、32090(3)、32091(3)、32092(2)、32093(4),7-32180
文殊師利所說般若波羅蜜經 子 6-32081(1)、32083(2)、32084(1)、32085(2)、32086(2)、32088(2)、32089(2)、32090(1)、32091(2)、32092(1)、32093(13)
文殊師利所說般若波羅密經 子 7-32325
文殊師利所報法言經 子 6-32084(10)、32093(10)
文殊師利問經 子 6-32081(17)、32082(12)、32084(11)、32085(17)、32088(12)、32089(14)、32090(19)、32091(17)、32092(12)、32093(22)
文殊師利問法經 子 6-32083(28)
文殊師利問菩薩署經 子 6-32081(17)、32084(11)、32085(17)、32086(19)、32088(12)、32089(14)、32090(6)、32091(5)、32092(4)、32093(12)
文殊師利問菩提經 子 6-32081(9)、32082(9)、32083(7)、32085(10)、32086(11)、32088(8)、32089(8)、32090(11)、32091(10)、32092(7)
文殊師利問菩提經(伽耶山頂經) 子 6-32093(10)

文殊師利問菩提經論 子6-32083(15),7-32131
文殊獻佛陀羅尼名烏蘇吒(文殊滅婬欲卻我慢陀羅尼) 子6-32093(35)
文殊般若波羅蜜經 子6-32093(3)
文殊支利普超三昧經(阿闍世王品) 子6-32093(8)
文殊菩薩五字咒 子7-32094
文殊菩薩示現錄 子7-33978
文殊所說最勝名義經 子6-32084(32)、32085(54)、32086(65)、32088(40)、32089(38)、32090(56)、32091(54)、32092(37)
文殊尸利行經 子6-32081(11)、32083(8)、32085(12)、32086(12)、32088(8)、32089(9)
文殊問疾佛曲 叢2-608
文殊問經字母品 子6-32090(39)、32091(37)、32092(25)
文殊問經字母品第 子6-32081(55)、32083(35)、32084(27)、32085(49)、32086(59)、32088(36)、32089(31)、32093(37)
文殊悔過經 子6-32083(15)
17 文丞相督府忠義傳 史2-6203、8792
文珊詩稿 集4-31475
文子 子1-16、18～20、23、27、31、36、43、47、83,5-29490～1、29493～4、29500、29504、29506 叢1-19(3)、21(5)、24(3)、223(47)、227(7)、273(5),2-730(6)
文子、校勘記 子5-29492 叢1-274(5),2-698(6)
文子平議補錄 子5-29509
文子纘義 子1-62、64～5、67～9,5-29503 叢1-223(47)、230(4),2-698(6)、731(10)
文子通玄真經 子1-21、51,5-29505 叢1-19(9)、20(6)、21(8)、24(9)
文子校勘記 叢2-1792
文子篇目考 子5-29507
文乙集三編 集5-40850
文乙集續編 集4-22866、22869,5-40851
文翼 叢2-619
18 文瑑清娛 集6-42853
文致 集6-42956～7、42959
20 文辭我見 叢2-2234
文辭養正舉隅 叢2-691(4)
文信國集杜詩 集1-4467 叢1-223(57)
文信國公集 集1-4458,6-41701
文信國公書牘 集1-4475
文信國公全集 集1-4453、4455
文集(趣陶園集) 叢2-1384
文集、詩(鄒漢勛) 叢2-1810
文集、詩集(徐繼畬) 叢2-821
文集、三經合說(方鑄) 叢2-2120
文集、外集(章學誠) 叢2-1527
文集補遺、文集附錄(胡銓) 經1-36
文集十番譜 集7-54818
文集鈔(張載) 叢2-1031
文稿擇鈔(張肇興) 叢2-2215
文稿錄存(繩伯氏) 子4-24301
文稿鈔(王永江) 叢2-2217
21 文儷 集6-42881～2
文虎 子3-17958、18417～8
文衡山行王雅宜草北山移文合璧 子3-15698
文衡山山水花鳥册 子3-16497
文衡山山水册 子3-16498
文衡山寫景山水册 子3-16503
文衡山瀟湘八景册 子3-16502
文衡山姑蘇寫景山水册 子3-16504
文衡山拙政園詩畫册 子3-16501
文衡山拙政園圖真蹟 子3-14956、16196
文衡山阿房宮赤壁賦真蹟 子3-15694
文衡山竹林高士圖卷 子3-16499
文貞女事畧 史2-10318
文貞公(李光地)年譜 史2-11545、11766 集2-10786 叢2-798、1347
文貞公集 集3-16037
文穎傳 史2-10123
22 文例 叢2-1309
文變 子4-22754
文峯遺稿 集4-26779,6-44978
文峯梅氏宗譜[安徽宣城] 史5-34143～4
文斷 集6-46223 叢1-114(4)
文山(文天祥)傳信錄 史2-8791
文山詩集 集1-1597、4461,6-41908
文山詩補鈔 集1-4463,6-41901
文山詩選 集1-4464,6-41903
文山詩史 集1-4479
文山詩鈔 集1-4460,6-41900
文山武障蕭氏三修族譜[湖南湘鄉] 史5-40011
文山集 集1-4457 叢1-223(57)
文山樂府 集7-46361、46370、46718 叢1-579
文山先生文集 集1-4474 叢1-214
文山先生文集、別集、附錄 集1-4445
文山先生詩集 集1-4462
文山先生集 集1-4470,6-42035
文山先生集杜詩 史2-6203 集1-924、4466、4468
文山先生集杜詩(文信國集杜詩) 集1-4467
文山先生紀年錄 史2-6203、11376～7
文山先生指南後錄 集1-4443

文山先生指南後録(指南後録)　集 1－4441
文山先生指南録(指南録)　集 1－4440
文山先生指南録、後録　史 2－6203
文山先生吟嘯集　史 2－6203　集 1－4444
文山先生全集　集 1－4446、4448、4451、4456、6－43118　叢 2－635(10)
文山先生全集(文山先生文集、廬陵文丞相全集)　集 1－4452
文山先生全集(新刻宋丞相信國公文山先生全集、宋丞相文山先生全集)　集 1－4447
文山傳信録　史 2－11021
文山草堂文存　集 5－36208
文山草堂詩集　集 5－36209
文山胡氏宗譜[浙江鄞州]　史 4－30406
文山題跋　子 4－20188　叢 1－221、371、2－731(34)
文山別集　集 1－4473
文山別集四種　叢 2－1049
文種　經 2－12882
23 文獻集　集 1－5265　叢 1－223(60)、227(10)
文獻外録　集 1－5041～2
文獻徵存録　史 2－7593～4
文獻宋事記　史 6－41625
文獻通考　史 6－41496、41558　叢 1－223(27)、227(6)
文獻通考、自序、總目録　叢 1－223(27)
文獻通考、考證　史 6－41508～9、41514、41559
文獻通考序鈔　史 6－41565
文獻通考詳節　史 6－41499、41563
文獻通考正續彙纂　史 6－41581
文獻通考正續合編　史 6－41582
文獻通考正續合纂　史 6－41556
文獻通考歌括　史 6－41567
文獻通考采石林先生諸説　子 4－22556
文獻通考經籍校補　叢 1－258、2－731(2)、847、1466
文獻通考自序　史 6－41566
文獻通考紀要　史 6－41583～4
文獻通考補增、參補　史 6－41571
文獻通考檢録、續文獻通考檢録　史 6－41587
文獻通考摘要　史 6－41564
文獻通考輯要　史 6－41500、41572
文獻通考節貫　史 6－41570
文獻通考纂　史 6－41556～7、41562、41569
文獻通考鈔　叢 1－379
文獻通考鈔、續文獻通考鈔　史 6－41575
文獻尊聞録　史 1－5270
文獻公全集　集 1－5260
文獻公全集、日損齋筆記、補遺　集 1－5259
文編(唐順之)　集 6－42753～4
24 文牘三編(楊增新)　叢 2－2174
文牘偶存(謝希傅)　史 6－45094　叢 2－2056
文化集　集 6－41859、41878
文化集(許棠集、許棠詩、晚唐許棠詩)　集 1－1746
文待詔書落花唱和詩　子 3－15696
文待詔拙政園圖(文衡山拙政園詩畫册)　子 3－16501
文待詔題跋　子 3－14927　叢 1－195(6)、2－731(34)
文僖公集　集 2－7065
文贊類集附編　子 7－35087
文科珠璣　子 5－26037
文科大成　子 5－25492
25 文仲清江集補鈔　集 1－2596、6－41901
文仲清江集鈔　集 1－2595、6－41900
文朱先生行狀　史 2－8757
文朱先生行狀、何王金許事實　叢 1－386
26 文伯遺著　集 5－35186
文泉子　子 1－18～20　集 1－1616
文泉子集　集 1－1611、1614～5　叢 1－223(50)、335、2－731(44)
文和州詩　集 2－8553、6－44954
文穆遺集　集 3－18406
文穆念禪師語録　子 6－32091(79)
文釋　子 4－19845　叢 2－774(10)
27 文御史悌奏章　史 6－49157
文鄉試　集 7－52505
文紀　集 6－41793
文終經　子 5－29586、31452
28 文徵　子 4－24530
文徵君遺詩　集 4－31515
文徵續編　史 8－59143
文徵内集　史 8－60042
文徵明文稿　集 2－7460
文徵明詩文稿　集 2－7445
文徵明詩稿　集 2－7446
文徵明行書懷歸出京詩　子 3－15693
文徵明先生年譜　史 2－11454
文徵明扇面雙絕神品　子 3－16500
文鮮花調　集 7－50812
文谿集　集 1－4253、6－41894(2)、41896
30 文房約　叢 1－197(3)
文房清事(新刻文房清事)　子 4－18544
文房游戲圖　子 3－18532
文房遊戲圖　子 3－18520
文房十二友　子 4－18543
文房四譜　子 3－15000、4－18662～3　叢 1－

16、195(6)、223(38)、465,2-731(31)
文房四譜、治安藥石 子4-18661
文房四友除授集 子5-27392 叢1-2～3、6～7,2-731(55)
文房圖贊 叢1-22(16)、23(16)、35、37
文房圖贊(新刻文房圖贊) 子4-18665
文房圖贊、續、十友圖贊 子4-18666
文房圖贊續 叢1-22(16)、23(16)、37
文房圖贊續(新刻續文房圖贊) 子4-18668
文房器具箋 子4-18538、18672 叢1-14(3)、25、111(1)、119～20、181、249(3)、461,2-624(3)、731(33)
文房器具箋摘抄 史8-65125
文房肆攷圖說 子4-18679
文房肆考圖說 子4-18680
文家稽古編 子5-25259
文憲集 集2-5905 叢1-223(62)、227(10)
文憲例言 子4-21941 叢2-2111
文安集(揭文安公詩文集、揭文安公集、揭文安公全集)、補遺 集1-5219
文安集、補遺 叢1-223(60)、227(10)
文安縣志[康熙] 史7-55239～40
文安縣志[崇禎] 史7-55238
文安縣志[民國] 史7-55241
文安隄工錄 史6-46712
文字旁通 經2-13566
文字辨譌 經2-13060 叢1-300
文字辨正彙鈔 經2-13099
文字音義 經2-13605、15142
文字說解疑辯 經2-13560
文字說解問譌 經2-13559
文字發凡 經2-15101
文字集畧 經2-12776～81、15116、15137、15142 叢1-495、586(2),2-716(2)、772(2)、773(2)、774(8)、775(3)
文字偏旁舉畧 經2-14137
文字釋訓 經2-14722、15142
文字釋要 經2-14730、15142
文字源流参考書 經2-13571
文字源流考、六變記 經2-13572
文字淺識 經2-13579
文字述聞 經2-13564
文字禪 子5-26223 集6-45791 叢1-128、130,2-1060、1116～8、1173
文字溯源 經2-13578
文字通詮 經2-12536
文字通釋畧 經2-14810
文字存真二種 經2-12728
文字志 經2-12960、15142
文字索隱 經2-13561
文字蒙求 經2-13457～8 叢1-515,2-709、1701
文字蒙求廣義 經2-13459
文字藥 叢1-131
文字指歸 經2-12947～51、15116、15137、15142 叢1-495、586(2),2-716(2)、773(2)、774(8)
文字典說 經2-14729、15142
文字障 叢2-1302～4
文字原流課程 經2-13577
文字學要義話解 經2-13583
文字學初步 經2-13581
文字會寶 集6-42913
文字鎔 經2-13580
文字飲 子3-18311 叢1-22(26)
文定集 集1-3389、3391,6-41784、41894(1) 叢1-223(54)
文定集、拾遺 集1-3390 叢1-230(5),2-731(40)
文定公(徐光啓)事畧 史2-9044
文定公詞 集7-46367、46369、46372、46375、46598
文定公徐上海傳畧 子7-35855
文宗實錄籤檔 叢2-1980
文宗顯皇帝大事奏檔 史6-47391
文宗顯皇帝奉安記事檔 史6-47405
文宗閣雜紀 子4-21292
文宗閣四庫全書裝函清册 史8-65487
31 文江酬唱 集7-46398～400、46830
文滙閣四庫全書目錄 史8-65486
文酒清話 叢1-16
文源、六書通義、古音畧說、附錄 經2-15105
文源宗海 子5-25677、25679
32 文淵樓叢書五種 叢2-686
文淵閣職掌錄 史6-42797
文淵閣書目 史8-65431～3 叢1-223(28)、278、448,2-731(1)
文淵閣四庫全書三千四百六十一種 叢1-223(1)
文淵閣四庫全書排架圖 史8-65492
文淵閣陳設圖 史8-65477
文淵閣陳設册 史8-65476
文派、後記 叢2-2270(3)
文溪詞 集7-46352、46356～7、46380、46692 叢2-698(13)、720(2)
文溪麗坦周氏宗譜[浙江江山] 史4-30013
文溪集 集1-4250～1 叢1-223(57)
文溪河山黃氏宗譜[浙江浦江] 史5-33863

文溪存稿　集1-4250
文溪存藁　集1-4247、4249
文溪姜氏續修宗譜[浙江江山]　史4-31063
文溪鄭氏宗譜[湖南桂陽]　史5-38758
33 文心内符　集6-42939
文心雕龍　集6-45501～6、45508～9、45511～2　叢1-16、69、74～7、101、182、223(71)、227(11)、410,2-697、698(17)、709、730(6)、731(48)
文心雕龍、補注　叢2-628
文心雕龍、闕文補　叢2-635(14)
文心雕龍文言　集6-45507　叢1-124
文心雕龍訓故　集6-45510
文心雕龍私記　叢2-2162
文心雕龍輯注　叢1-223(71)
文心雕龍闡說　叢2-2270(3)
文必正送花附樓會　集7-53991
文浦玄珠　集6-42801
文祕閣印稿　子3-17181
34 文湛持稿　集2-11259～60,6-45336、45340
文湛持太史手評王文恪公傳世已刻稿　集2-7175
文漪堂詩　叢2-900
文法一揆　經2-14937
文法官考試答案彙纂　史6-46013
文法快捷方式　子7-36236～7
文淶水詩、遺文　集2-6880,6-44954
文禧公集　集6-45096
文遠集、補遺　集2-11540
35 文津　集6-43026
文津閣四庫全書　叢1-225
文津閣四庫全書珍賞　叢1-229
文津閣四庫全書目錄、園内各殿宇陳設書籍目錄　史8-65482
文清薛先生教言　子1-105、926
文清公薛先生文集　集2-6656　叢2-1057
文清公薛先生文集、讀書錄、續錄、行實錄　集2-6651
文清公薛敬軒先生行實　子1-918
36 文溫州詩　集2-7110,6-44954
文溫州集　集2-7111
37 文湖州集詞　集7-46362
文湖州竹派　子3-16068、16077　叢1-111(5)、195(6),2-731(36)
文湖洲詞　集7-46358
文溯閣四庫全書　叢1-224
文瀾閣志　史7-52003　叢2-832(7)
文瀾閣四庫全書　叢1-226
文瀾閣四庫全書選粹　叢1-229
文瀫初編　集6-44363
文潞公文集　叢2-821
文潞公文集(潞公文集)　集1-1998
文潞公文集、校勘記　集1-1999
文潞公詩集　集6-41895
文潞公集　集1-2001,6-41904
文潞公集鈔、詩鈔　集1-2000,6-41747
文涵詩文雜鈔　集5-38559
文祖正訂傷寒瘟疫條辨(傷寒瘟疫條辨)　子2-6930
文祿堂訪書記　史8-65400
文祿堂書影　史8-66498
文通　經2-14946　子4-24207
文通、閏　集6-46235
文選　集6-42078～9、42087～8、42096　叢1-227(11),2-1443
文選(文選註、校正昭明文選、古香齋校正昭明文選)　集6-42082
文選(六家文選、六臣註文選、增補六臣注文選、梁昭明文選六臣合注)　集6-42089
文選(新纂六臣註漢文選、梁昭明文選)　集6-42095
文選(梁昭明文選、文選纂註)　集6-42094
文選(昭明文選)　集6-42077
文選(昭明文選)、昭明文集　集6-42083
文選、音註　集6-42081
文選、音釋　集6-42080
文選、諸儒議論　集6-42093
文選、諸儒議論(六臣註文選、六家文選)　集6-42091
文選、李善與五臣同異　集6-42084
文選、考異　集6-42085～6　叢2-698(12)
文選旁證　集6-42129
文選章句　集6-42104
文選音存　叢2-750
文選音義　集6-42121
文選註　叢1-223(68)
文選雜誌　叢2-923
文選雜錄　子4-23472
文選顏鮑謝詩評　集6-42145～6　叢1-223(68)
文選詩集　集6-42156
文選詩鈔　集6-42161
文選課虛　集6-42122　叢1-386,2-665、1432、1435
文選理學權輿　叢1-278,2-731(37)
文選理學權輿、補　集6-42125　叢2-970
文選理學權輿補　叢1-278,2-731(37)
文選雙字類要　子5-25530
文選集註　叢2-602
文選集評(重訂文選集評)　集6-42118

文選集釋 集 6－42136
文選集注 叢 2－732
文選集腋 經 1－161 集 6－42126～8
文選後集 集 6－42106、42143
文選編珠 集 6－42139 叢 1－452、586(4)，2－716(3)
文選紀聞 集 6－42138 叢 1－452、586(4)，2－716(4)
文選敂音 叢 1－272(3)，2－731(37)
文選注考異 集 6－42099 叢 2－798
文選補遺 集 6－42185 叢 1－223(69)
文選遺集 集 6－41796
文選通叚字會 集 6－42132
文選存 叢 1－466，2－601、750
文選存(王文憲公集序) 叢 2－601
文選存(答客難及解嘲) 叢 2－601
文選李注補正 集 6－42123 叢 1－278，2－731(37)
文選李善注書目 叢 2－2109
文選古字通疏證 集 6－42130 叢 1－440～1
文選古字通疏證續編 集 6－42131
文選古字通補訓、拾遺 集 6－42133
文選尤 集 6－42111
文選考異 集 6－42124 叢 1－278，2－731(37)、916
文選樓詩存 集 4－25050～1
文選樓詩草 集 4－25047、25049
文選樓縮刻嵩山闕十五石 史 8－64529
文選樓叢書三十三種 叢 1－344
文選樓叢書十五種 叢 1－430
文選樓藏書記 史 8－65743
文選樓鑑藏碑目 史 8－64742
文選增定 集 6－42186
文選摘錄 集 6－42142
文選拔萃 集 6－42101
文選擬題詩 叢 2－1770
文選拾遺 集 6－42141
文選則要 集 6－42102
文選刪 集 6－42113、42949
文選刪註 集 6－42109
文選刪註旁訓 集 6－42114
文選屑瓊集 子 5－26056
文選腴詞 子 5－25655
文選舉正 集 6－42134
文選賸言 集 6－42140
文選錦字 子 5－25653～4
文選錦字錄 子 5－25651～2 叢 1－68、454
文選鉤玄 子 5－25650
文選箋證 集 6－42135 叢 1－558，2－942
文選筆記 集 6－42137
文選筆記、密齋隨錄 叢 2－686
文選餘集 集 5－41310
文選纂註評苑 集 6－42097
文選纂註評林 集 6－42098
文選類詁 集 6－42144
文選類林 子 5－25531
38 文海流奇 子 4－23889
文海林氏家譜[廣東順德] 史 4－29409
文海披沙 子 4－20737 叢 1－496(3)
文海披沙摘錄 子 4－20738 叢 1－587(3)
文裕公(黃佐)年譜 史 2－11024、11477
文道先生傳 叢 1－223(49)
文道先生墓誌銘 叢 1－223(49)
文道害命 集 7－53041
文道十書四種 叢 2－1391
文道希遺詩 集 5－38909
文啓美詩集(文生小草、斗室倡和詩、一葉) 集 2－11709
40 文太史詩 集 2－7447～8，6－44954
文太史甫田集 集 2－7456
文太史公訂正老莊評註合刻 子 5－28953
文太青先生文集 集 2－11493
文太青先生全集(皇極篇、南極篇、東極篇) 集 2－11488
文士傳 叢 2－617(2)
文士傳 史 2－6696～7 叢 1－22(9)、23(9)、29(2)
文士傳佚文 史 2－6699 叢 2－777
文臺詩集 集 3－18066
文直行書詩、文選 集 2－11621
文壇列俎 集 6－42912
文壇清鑒集四種 叢 2－1458
文南趙先生三餘館集 集 2－11690
文喜堂詩集 集 3－14521
文杏山房雜稿 集 1－3824，6－41894(2)
文杏堂尺牘 集 4－28125
文奇 集 6－41750、42920～1
文奇豹斑 子 5－26128
文雄堂印譜 子 3－16979
文木山房集 集 3－19331
41 文姬入塞 集 7－48775、49175 叢 2－672
文概 集 6－42947 叢 2－747～8
文標集、外錄 集 1－1683
文標集、補遺、校勘記 叢 2－870(3)
43 文式 集 6－46219
文式、綱目 叢 2－2270(3)
文式、古文矜式 集 6－46218
文始 經 2－14813 叢 2－2206
文始經釋辭 子 5－29444、29544
文始真經 子 1－21、54，5－28926～7、28929、

29427、29434～5、29535(4)、29536(4)
文始真經、校勘記 叢2-637(3)
文始真經言外旨 子5-29428、29530(14)
文始真經言外經旨 子5-29429～30、29542～3 叢1-274(5),2-731(10)
文始真經註 子5-29440、29530(14)
文始箋、補遺 經2-14814
文載 集6-44909
44 文藻四種 經1-90
文苑 叢1-460
文苑雜錄 叢1-329
文苑詩格 集6-45495、45532 叢1-114(4)
文苑記 史1-801
文苑三絕三種 叢1-133
文苑珠林 集6-43152 叢2-1907
文苑集 史2-6695
文苑傳 史1-947、951～2
文苑傳擬稿 史1-950
文苑豹斑 子5-25106
文苑彙雋 子5-25111
文苑彙典 子5-25395
文苑瀟湘 子4-24116
文苑菁華 叢1-496(1)
文苑英華(蓬海珠叢) 集6-42170
文苑英華、目錄 叢1-223(68)
文苑英華辨證 集6-42172～3 叢1-195(5)、223(68)、244(5)
文苑英華辨證、補文、拾遺 集6-42174 叢2-731(4)
文苑英華辨證、拾遺 叢1-230(6)
文苑英華詩鈔 集6-42180
文苑英華律賦選 集6-42178
文苑英華選 集6-42179
文苑英華選雋 集6-42177
文苑英華摘粹 集6-42175
文苑英華鈔 集6-42176
文苑春秋 集6-42734
文苑春秋敍錄 集6-45485
文苑四史 子4-18677 叢1-142
文苑異稱 史2-13403 叢1-201、203(6)
文莊集 集1-1917 叢1-223(50)
文莊凝齋集、別集 集2-7417
文莊公(鄒守益)年譜 史2-11478
文黼戲瑕 子4-22329
文蔚書院紀畧 史7-52025
文蔚堂詩集 集3-18098
文蔚堂全集 集3-18097
文燕齋遺稿 集2-12433
文恭詩集 集6-41894(1)
文恭集 集1-1953 叢1-223(51),2-731(39)、798
文恭集、補遺 集1-1954
文恭集、拾遺 集1-1955 叢1-230(4)
文莫室詩集 集5-38392 叢2-2127
文莫室駢文 叢2-2127
文莫書屋詹詹言 子1-1760 叢2-1728
文藪 集1-1653 叢1-223(50)
文藪雜著 集1-1654
文藪襍著 叢1-22(4)、23(4)
文華大訓箴解 子1-1009
文華全集 集2-8504
文英新詞藁 叢2-845(1)
文巷黃氏九修族譜[江西崇仁] 史5-33964
文芸閣先生(廷式)年譜 史2-12382
文藝談 叢2-2203
文村雜稿 叢2-1795
文村雜著(王文村遺著)十三種 叢2-1795
文村先生遺稿 集4-30178
文村書跋 叢2-1795
文村題跋 史8-65380
文村筆記 子4-21653 叢2-1795
文林先生遺詩 集2-12921,6-45054
文林綺繡五種 子5-25652 叢1-68
文林緒論 叢2-2270(3)
文林包氏宗譜[江蘇江陰] 史4-26180
47 文瞉 子4-21474 集6-46265
文起堂詩集 集4-26956
文起堂集 集2-9773
文椒目 叢2-1995
48 文場備用排字禮部韻注 經2-13711
文場過會一枝 集7-51978
文場資用分門近思錄 子1-747
文翰詔集、續文翰詔集 集6-41935(2)
文翰詔集、續集 集2-8567
文翰林甫田詩選 集2-7454
文翰類選大成 集6-42724
文敬遺集 集3-16326
文敬胡先生集 叢1-451
文敬胡先生集(胡文敬集) 集2-6995
50 文中丞詩 集2-7246,6-44954
文中子 子1-7、18、20、25～6、69、83、536、541、544、546 叢1-19(10)、20(7)、21(9)、24(10)
文中子平議補錄 子1-548
文中子注釋評林 子1-28
文中子中說 子1-21、61～5、67～8、539、543 叢1-183
文中子箋釋 子1-542
文史談藝 叢2-1443
文史通義 史1-5309～11 叢1-456(2)、

523,2－698(5)、731(3)、1525～7、1529
文史通義、續通志校讎畧擬稿 史1－5312
文史通義、補編、校讎通義 史1－5315
文史通義、校讐通義 叢2－709
文史通義雜篇 史1－5313 叢2－1526
文史通義識語 史1－5331 叢2－2270(2)
文史通義外篇 叢2－1528
文史通義補編 叢2－731(3)
文史通義補編、抄本目、刊本所有抄本所無目 史1－5314
文史通義補編、鈔本目、刻本所有鈔本所無目 叢1－524
文史通義内篇 叢2－1528
文肅王公奏草 史6－48324
文肅公(何喬新)外集 史2－8872
文肅公(陳大受)神道碑 史2－9463
文肅公文集、外集 集2－6898
文肅公圭峯羅先生文集 集2－7152
文惠詩集 集1－4186,6－41894(3)、41896
文惠全書八種 叢2－2065
文忠烈公從祀原案錄 集1－4454
文忠集 集1－854、2006～7、3492、5239,2－11803 叢1－223(55、60、66)
文忠集、拾遺 集1－855 叢1－230(4),2－731(39)
文忠集、四朝國史本傳、年譜、附錄 叢1－223(51)、227(9)
文忠公(榮祿)行狀 史2－10492
文忠公家譜源委 史5－39081
文忠公墓誌銘 史2－10493
53 文彧詩格 集6－45668 叢1－114(4)
文成王先生教言 子1－105、974
文成集、諸仙詩話 子3－14634
文成先生文要 集2－7513
文成公立志說 子1－2350
58 文轍 集6－43061
60 文星現 集7－50207～8
文星榜 集7－50321
文星榜傳奇 集7－50323
文星閣小志 史7－51379
文囿獵新 叢2－2217
文易貫解 經1－1851
文園文集 集2－11909
文園集(陳湯銘文集)八種 叢2－1213
文園集(陳湯銘文集)八種(宦舄波餘、園居隨抄、存笥蠹餘、越屐紀遊、重建羅星亭紀畧、里言、藜編唾餘、兩闈試牘) 集2－11894
文園漫語 子4－20854
文甲集、文乙集 子3－12357 叢2－1744
文昌帝君(張善勳)本傳 史2－8521
文昌帝君訓人陰騭文 子1－75
文昌帝君功過格 子5－30533 叢2－724
文昌帝君解寃妙經 子5－30236
文昌帝君遏慾勸孝文 子5－30442
文昌帝君大覺真經 子5－30446
文昌帝君勸友文注釋 子5－30441
文昌帝君勸孝文集證 子5－30444
文昌帝君孝經 子5－30433
文昌帝君孝經分段注釋 子5－30438
文昌帝君孝友經 子5－30443
文昌帝君本傳 子5－29536(6)
文昌帝君曉世文 子5－30445
文昌帝君覺世鴻文圖說 子5－30426
文昌帝君丹桂籍 子5－31813
文昌帝君陰騭文廣義節錄(陰騭文廣義節錄) 子5－30403
文昌帝君陰騭文註證 子5－30395
文昌帝君陰騭文五律詩集 子5－30425
文昌帝君陰騭文注案 子5－30405
文昌帝君陰騭文勸戒編 子5－30391
文昌帝君陰騭文圖說 子5－29616、30422
文昌帝君陰騭文丹桂籍 子5－31808
文昌帝君陰騭文印譜 子3－16990、17027
文昌帝君全書 子5－29611
文昌廟典禮 子5－30773
文昌應化元皇大道真君說注生延嗣妙應真經 子5－29535(6)、29536(6)、30233
文昌應化張仙大真人說注生延嗣妙應真經 子5－29581、30234
文昌雜錄 子4－20006 叢1－11～2、19(6)、20(4)、22(8)、23(7)、24(7)、56、195(5),2－624(2)
文昌雜錄、補遺 子4－20007 叢1－219、223(41)、268(3),2－731(51)
文昌訂正雷祖玉樞寶經 子5－29692
文昌證真宣化救劫酬恩心懺 子5－29581、30576
文昌旅語 子4－20311 叢1－22(21)、61～4,2－730(4)、731(53)
文昌玉局證真宣化救劫酬恩心懺 子5－29585
文昌聖典 子5－29581
文昌何氏會宗譜[浙江淳安] 史4－28268
文昌經 子5－29551、30429
文昌化書 子5－31799、31802
文昌化書、別錄 子5－31798
文昌化書籤 子5－31805
文昌先天制儀修建祈禳薦賑醮壇玄科 子5－29581、30762
文昌宮羣真著述 子5－29585
文昌宮羣真著述七種 子5－29609

文昌宮羣真增漁坤寧妙經　子 5－30260
文昌心懺　子 5－30575
文昌大洞經　子 5－29649
文昌大洞治瘟金籙　子 5－31776
文昌大洞真經講注合參便讀　子 5－29656
文昌橋志　史 7－50588
文昌孝經　子 5－29535(6)、29536(6)、30432　叢 1－536,2－724
文昌孝經(文昌帝君孝經)　子 5－30434
文昌孝經(孝經)　子 5－30430
文昌孝經注　子 5－30435、30439
文昌孝經十八章　子 5－30431
文昌孝經直講　子 5－30440
文昌孝經直解　子 5－30436
文昌孝經增注圖證　子 5－30437
文昌縣志[康熙]　史 8－61460
文昌縣志[咸豐]　史 8－61461
文昌縣志[民國]　史 8－61462
文昌開化祿嗣祕訣　子 5－29581、29585、30767
文昌關帝樂章　史 6－42140
文署　集 6－42859、46330　叢 2－1647
文署補遺　叢 2－1063
文品芾函　史 1－4906　集 6－42927、43915　叢 2－1204
62 文則　集 6－42784、45561、45564　叢 1－22(13)、23(13)、26、34、111(2)、113、223(72)、296,2－622、731(48)
文則(陳眉公訂正文則)　集 6－45562
文則、校語　集 6－45563
文則、校語附錄　叢 2－849
文縣新志[光緒]　史 8－63241
文縣要覽[民國]　史 8－63242
文縣志[康熙]　史 8－63239
文縣志[乾隆]　史 8－63240
63 文賦　集 6－45485
64 文嘻堂詩集　集 2－11874
67 文明應候　集 7－49699
文明棍一枝　集 7－51008、51046
文明小史　子 5－28651,7－36428、36432
文昭關　集 7－53301～2
70 文雅社約　子 4－20606
文腋類編　子 5－25351
71 文原　集 6－46222　叢 1－195(4)、366、368,2－731(48)
文長雜記　子 4－20573　集 2－9346
72 文所易說　叢 2－1121
文斤山民集　叢 2－1254
文脈　集 6－45833　叢 1－61～4、174、195(4),2－730(4)、731(48)
文氏族譜[廣東寶安]　史 4－25703
文氏族譜[江西萍鄉]　史 4－25678
文氏族譜[湖南衡山]　史 4－25700
文氏族譜[四川綿陽]　史 4－25705～6
文氏族譜[四川簡陽]　史 4－25707
文氏族譜續集　叢 2－705
文氏族譜續集[江蘇蘇州]　史 4－25672
文氏三房支譜[湖南長沙]　史 4－25683
文氏五家集　集 6－44955　叢 1－223(70)
文氏重修族譜[湖南湘鄉]　史 4－25697
文氏統譜[江西永新]　史 4－25680
文氏家慶　集 7－49705
文氏家譜[重慶巴南]　史 4－25704
文氏家藏詩集附錄　集 2－7450
文氏家藏詩集八種　集 6－44954
文氏宗譜[河南光山]　史 4－25682
文氏宗譜[湖南宜章]　史 4－25701
文氏通譜[江西]　史 4－25673
文氏通房譜[湖南益陽]　史 4－25686
文氏七房譜[湖南益陽]　史 4－25685
文氏合修族譜[湖南邵陽]　史 4－25702
73 文陀竭王經　子 6－32083(19)
74 文髓　集 6－42691
75 文體明辯　集 6－42793
文體明辯、目錄、附錄目錄　集 6－42792
77 文几山人集　集 2－11973
文腴　集 6－42981
文又續集　集 4－33577
文學天性齋詩鈔、文鈔　集 5－37390
文學張戒軒先生(月鹿)傳　史 2－9467
文學處士嚴君(岳蓮)家傳、嚴先生傳　史 2－10788
文學處士嚴君家傳　叢 2－2129(4)
文學山房明刻集錦　史 8－66502
文學外篇　叢 1－503
文學吳君葦青傳　叢 2－706
文學叢鈔　叢 1－575
文學述林　叢 2－2270(3)
文學初津　子 7－36236～7
文學典林　子 5－25884
文學興國策　子 7－37994
文學類字釋名　子 7－36237
文閣詩選　集 3－15560、15642
文具考　叢 2－1092
文具雅編　子 4－18673　叢 1－195(6),2－731(31)
文與可詩集　集 6－41779～80
文與可詩集(文與可古樂府)　集 1－2203
文與可琴學　子 3－17510
79 文媵　叢 2－1645
80 文人博古　集 7－49700

文美齋百華詩箋譜 子 3-16447
文美齋畫譜 子 3-16417
文谷漁嬉稿 集 2-8692
文公刊誤古文孝經 經 2-8578
文公刊誤古文孝經(朱文公刊誤古文孝經、朱文公刊誤) 經 2-8373
文公刊誤古文孝經註 經 2-8574
文公集 集 6-41894(1)
文公集補鈔 集 6-41901
文公集鈔 集 1-3589,6-41900
文公先生經世大訓 子 1-782
文公先生朱子大全 集 1-3562
文公先生資治通鑑綱目 史 1-1125～7
文公先生年譜 子 1-1973
文公先生小學 子 1-2653
文公先生小學集註大成、小學淵源、小學書綱領、小學書圖彚括纂要 子 1-2654
文公先生小學集解大成 子 1-2664
文公先生小學淵源 子 1-1973、2663
文公先生小學書解 子 1-2651
文公先生小學明說便覽 子 1-2656
文公朱先生感興詩 子 1-1968 集 1-3598～9 叢 1-574(4),2-731(42)、778
文公朱先生感興詩、武夷櫂歌 集 1-3600
文公朱夫子年譜 子 1-2697、2700～1
文公魯齋(趙文穎)陽穀殉難事實 史 2-10121
文公魯齋家傳 史 2-10122
文公家訓 子 3-15445
文公家禮辨說 叢 1-387
文公家禮集注 經 1-6295
文公家禮儀節 經 1-6298～9
文公家禮會通 經 1-6300
文公家禮會成 經 1-6306
文公定古文孝經 經 2-8578
文公定古文孝經註 經 2-8574
文公感興詩通 集 1-4916
文公易說 經 1-77(2)、490 叢 1-223(3)、227(1)
文公所定古文孝經 經 2-8365
文公小學、圖、譜、綱領 子 1-2680
文公小學、小學書綱領、文公先生年譜 子 1-2646
文公小學集註大全 子 1-2670
文公小學書集成 子 1-1972、2661
81 文飯小品 集 2-11434～5
文頌 集 6-46283 叢 1-202(5)、203(11)
83 文鐵菴詩 集 2-11617,6-41943
文館詞林 集 6-42169
文館詞林存 叢 1-446、456(3),2-615(2)、731(37)、778
87 文錄 子 1-565,5-26218 集 6-45485、45626 叢 1-4～5、9、22(13)、23(13)、34、38、86、195(4)、241、242(3),2-635(12)、698(6)、730(6)、731(46)、1072、1079、1208、1210、1356、1958、2133
文錄續編 叢 2-635(12)、698(6)、1072
文錄事詩集 集 2-9310,6-44954
88 文竹 叢 2-1046
文竹山房詩稿 集 4-23306
文竹閣詩鈔 集 4-33445～6
文篇約品 叢 2-2270(3)
文簡詩集 集 6-41894(2)
文簡集 集 2-7865 叢 1-223(65)
文簡公詞 集 7-46375、46378～9、46388、46390、46394、46576
文竽彙氏 子 5-25219
文筆考 集 6-46081 叢 1-344,2-731(48)
文範 集 6-42945
文敏集 集 2-6503 叢 1-223(64)
文敏馮先生詩集 集 2-10642
文敏馮先生奏疏 史 6-48367
文節府君(吳文鎔)年譜 史 2-12105
文節集 集 6-45023
文節公(陶恩培)殉難事蹟 史 2-9960
文節公奏疏 史 6-48842
文節公年譜 集 1-3952
文餘小枝 集 3-20257
文纂 集 6-42977
89 文鈔 叢 2-1020
文鈔正集 集 3-13968
文鈔外集 集 4-29486
文鈔僅存 集 4-22547
文鈔續編 集 5-35272
文鈔補遺 集 5-39991
文鈔附刻 集 5-36811
文鈔附錄 集 5-39799
90 文堂集驗方 子 2-4770、9479
文堂鄉約家法 史 3-24577
文堂陳氏宗譜[安徽祁門] 史 4-33180
文省 叢 2-2223
文粹(重校正唐文粹、唐文粹) 集 6-43549
95 文爈 叢 2-2262
97 文恪公手書日記(清同治元年至光緒二十五年) 史 2-12910

0040_1 辛

00 辛廬拾存 集 5-40528

辛齋詩文集　集 5 - 40065
辛齋詩稿　集 5 - 39708
辛齋詩草　集 3 - 21594
辛齋詩鈔　集 3 - 14256
辛齋稿　集 3 - 14257
辛亥武昌首義紀　史 1 - 1997、4337
辛亥殉難記、辛亥殉難表　史 2 - 7529～30
辛亥殉節錄　史 2 - 7531
辛亥以來藏書紀事詩　史 8 - 65321
辛亥定變紀畧　史 1 - 1912
辛亥道情　叢 2 - 2223
辛亥草　集 2 - 11502
辛亥革命大事錄　史 1 - 4345
辛亥革命始末記　史 1 - 4344
辛亥四川路事紀畧　史 1 - 1995、4335
辛辛齋遺詩　集 5 - 34212
10 辛天齋集　集 2 - 11958
辛天君誓章　子 5 - 29592、31724
辛酉記　史 2 - 10257
辛酉歲前冬至測驗數　叢 2 - 1188
辛酉科武試錄　集 2 - 11575　叢 2 - 1192
辛酉十一年正月分歷書　史 1 - 1989、4183
辛酉都城紀事　史 1 - 3888
辛酉日記(清咸豐十一年)　史 2 - 12830、13013
12 辛癸之間放言、甲丙之際放言　子 4 - 22078
17 辛丑講授新班左傳口義　叢 1 - 532
辛丑詞稿　集 7 - 47546
辛丑變法彙鈔　史 6 - 48053
辛丑和約文件彙錄　史 6 - 44971
辛丑和約條議　史 6 - 44970
辛丑和約全稿　史 6 - 44972
辛丑各國和約　史 6 - 44969
辛丑各國和約文件壬寅中英商約稅則滙編　史 6 - 44974
辛丑各國和約文件壬寅中英商約稅則滙錄　子 7 - 37392
辛丑紀聞　史 1 - 3603　叢 1 - 496(3),2 - 640
辛丑消夏記　叢 1 - 547(4)
辛丑日記(清光緒二十七年)　史 2 - 13213
辛丑銷夏記　子 3 - 14836
20 辛壬雜筆　集 5 - 36138
辛壬詩文類編續存　叢 2 - 1361
辛壬癸甲吟草　集 4 - 33073
辛壬癸甲錄　史 2 - 7682　叢 2 - 683、1819
辛壬殉難錄　史 2 - 7416
辛壬集　集 4 - 24383、33685
辛壬寇畧　史 1 - 3970
辛壬蔓草　集 3 - 14004
辛壬韓江唱酬集　集 4 - 23233
辛壬日鈔　子 4 - 23343
辛壬脞錄　史 1 - 3955　集 5 - 35914
辛壬類稿　集 5 - 39378　叢 2 - 2156
23 辛稼軒先生年譜　史 2 - 11347
辛稼軒先生年譜三稿　史 2 - 11344
辛稼軒長短句　集 7 - 46607
辛稼軒年譜四稿　史 2 - 11345
辛稼軒年譜第五次定稿　史 2 - 11346
28 辛復元先生著述六種　叢 2 - 1212
30 辛安馹　集 7 - 53052
44 辛勤廬叢刊第一輯　叢 2 - 744
47 辛楣吟稿　集 3 - 21169
辛楣吟藁　集 6 - 41986
50 辛吏濺淚集　集 5 - 41151
辛夷花館詩剩　集 4 - 30748
辛夷館詩草　集 4 - 26040
辛未六十周甲詩　集 5 - 40905
辛未偶錄　叢 2 - 1207
辛未南遊日記　叢 2 - 2270(4)
辛未會元定宇鄧先生翰林精選古今論苑英華　集 6 - 42810
辛未鎮江看都天會遊京口三山遊記(清同治十年至光緒元年)　史 2 - 12814
60 辛甲書　子 5 - 29423　叢 2 - 774(9)
72 辛氏族譜[江西萬載]　史 4 - 28660
辛氏三秦記　史 7 - 49307、51130、51132、51134　叢 2 - 767、771(3)、779
77 辛巳親征錄　史 1 - 2538　叢 2 - 1038
辛巳記亂　集 5 - 35418
辛巳泣蘄錄　史 1 - 2562～3　叢 1 - 272(4)、452、580、586(2),2 - 716(2)、731(66)
辛巳叢編九種　叢 2 - 651
辛巳七十自述　集 5 - 40906
辛巳越中荒紀、辛巳歲救荒小議　史 1 - 3144
辛巳日錄(清光緒七年)　史 2 - 13126
辛卯詩稿　集 4 - 28110
辛卯詩存　集 5 - 34121
辛卯集　集 2 - 12441
辛卯侍行記　史 7 - 54052
辛卯生詩　集 4 - 25904
辛卯日記(清光緒十七年)　史 2 - 13148
辛卯日記(光緒十七年)　史 2 - 13021
辛臼簃詩讔　叢 2 - 2119
80 辛盦詩說　叢 2 - 2272
辛盦五種　叢 2 - 2272
辛盦駢體文鈔　集 5 - 40482　叢 2 - 2272
88 辛筠谷(從益)行述　史 2 - 9639
辛筠谷年譜　集 4 - 24349

0040_3 率

00 率意吟 集 2-12078,3-18969
10 率爾操觚(操觚錄) 集 4-23381
率爾吟 集 4-31483
22 率峯先生遺稿 集 2-7406
26 率俾錄 叢 1-368
32 率溪桃梅程氏重續宗譜[安徽休寧] 史 5-36120
33 率濱程氏社錄 集 6-45090
37 率祖堂叢書(金仁山先生遺書) 叢 2-1048
38 率道人素艸 史 6-47833
率道人素草 集 2-11241～2
40 率真子偶存 集 4-24902
率真集 集 5-34228
率真鳴 集 2-10492 叢 2-822
50 率東程氏重修家譜[安徽休寧] 史 5-36084、36086
率東程氏家乘[安徽休寧] 史 5-36085
60 率口程世忠祠從事錄 史 7-51841
率口程氏族譜[安徽休寧] 史 5-36094
率口程氏仲房上宅門支譜[安徽休寧] 史 5-36095
95 率性盧詩存 集 5-36457
率性修道論 叢 2-1929
率性吟稿 集 4-31921
率性篇 集 4-26977

0040_4 妟

00 妟妟錄 子 5-27161～2
09 妟談錄 子 4-21204 叢 2-1609
40 妟古辯 子 3-11392
50 妟盡還源觀 子 6-32089(50)

0040_6 章

00 章文毅公詩集 集 2-12623
章文懿公年譜 集 2-7062
章玄峯先生詩集 集 2-8987
章六府君暨傅太君行述 史 2-9401
10 章于野詩 集 2-12622,6-41943
章雲李稿 集 3-14947,6-45336、45340
章雲李四書文 集 3-14946
11 章北亭全集 集 3-20499
12 章水經流考 經 1-125 史 7-52957 叢 1-366～8
16 章碣詩集 集 1-1764,6-41741、41818、41824、41858、41878
17 章羽士集 集 2-6552,6-41935(5)
章子 子 1-1246
章子充詩 集 2-12927,6-41943
章子留書 叢 2-1214
22 章鼎臣(高元)軍門節畧 史 2-10605
章鼎臣先生行述 史 2-10606
章峯洋面蔡氏家乘[浙江泰順] 史 5-38027
章山文集 集 2-11012
23 章獻明肅皇后受上清畢法籙記 子 5-29530(15)、31838
24 章幼樵觀察條陳 史 6-49151
25 章仲山拗馬祕訣 子 3-13596
章練小志[光緒] 史 7-56496
26 章泉詩集 集 1-3789,6-41894(3)、41896
章泉稿 集 1-3787 叢 1-223(55)、230(5)
章泉稿、拾遺 集 1-3788 叢 2-731(40)
章泉稿拾遺 叢 1-230(5)
27 章句觸解 經 1-4773
章句餘事 叢 1-272(4)
30 章安雜說 子 4-21921
章安夏門張氏重修宗譜[浙江臨海] 史 5-35110
章安集 集 1-1958 叢 2-851
章實齋文集、外集 集 4-22107
章實齋文鈔 集 4-22109～10 叢 2-611
章實齋手札 集 4-22112
章實齋稿 集 4-22098
章實齋先生(學誠)年譜 史 2-11913
章實齋先生文集 集 4-22105
章實齋遺書 集 4-22101～3
31 章江集、濯纓集 集 3-16006
章江遊草 集 4-30591 叢 2-1450
章江會講 子 1-1565
34 章斗津先生行狀 叢 1-223(43)
章池嚴氏族譜[湖南漵浦] 史 5-41239
40 章大力新藝 叢 2-1214
章大力詩藝 叢 2-1214
章大力稿 集 2-11375～6,6-45336、45340
章大力先生集 集 2-11373,6-44818
章大力先生叢著六種 叢 2-1214
章大力先生全稿 集 2-11374
章太炎文鈔 集 5-40661～4
章太炎詩鈔 集 5-40660
章太炎覆劉英烈士書 集 5-40672

章太炎先生尺牘　集5-40675
章太炎遺文　集5-40671
章太炎尺牘　集5-40674
章臺柳傳　叢1-29(4)、168(3)、249(2)、255(3)、395,2-731(49)
章内金川洪氏宗譜[浙江常山]　史4-30947
44 章蘭舟先生(瑞徵)事畧　史2-10892
章恭毅公(綸)年譜　史2-11425　叢2-867
章恭毅公集、詩集目録　集2-6785　叢2-867
章孝標詩集　集1-1531,6-41739、41741、41824、41858
章華詞　集7-46369、46379、46390、46393、46731
章村吕氏宗譜[安徽寧國]　史4-26343
章林徐氏宗譜[浙江蘭溪]　史4-32026～7
47 章砮詩文稿　集4-33549
章楓山集　集2-7057
章柳州集　集2-11372,6-44819
50 章奏　史6-48053
章未(汝梅)行述　史2-10430
60 章圃文蜕、二刻　集4-33629
章圖四書通考　經2-10263
72 章丘縣志[康熙]　史8-58981
章丘縣志[弘治]　史8-58979
章丘縣志[萬曆]　史8-58980
章氏方志通例、通義内編輯要　史1-5317
章氏雜著　子4-22085
章氏族譜[江西浮梁]　史5-34602
章氏族譜[福建龍巖]　史5-34601
章氏族譜[湖南湘陰]　史5-34607
章氏重修宗譜[安徽旌德]　史5-34589
章氏重修支譜[湖南湘鄉]　史5-34608
章氏家譜[福建浦城]　史5-34597
章氏家譜[浙江餘杭]　史5-34545
章氏家乘[廣東廣州]　史5-34610
章氏家乘[安徽桐城]　史5-34584
章氏家乘[浙江富陽]　史5-34521
章氏宗譜　史5-34510
章氏宗譜[安徽桐城]　史5-34585
章氏宗譜[安徽懷寧]　史5-34587
章氏宗譜[江西豐城]　史5-34603
章氏宗譜[浙江永康]　史5-34578～82
章氏宗譜[浙江蘭溪]　史5-34577
章氏宗譜[浙江縉雲]　史5-34583
章氏宗譜[浙江長興]　史5-34537
章氏宗譜[浙江金華]　史5-34575
章氏宗譜[甘肅蘭州]　史5-34611
章氏叢書二種　叢2-2208
章氏叢書續編七種　叢2-2207
章氏叢書十三種　叢2-2206
章氏遺著、導窾集　集4-22099
章氏遺書　集4-22097、22100
章氏遺書六種　叢2-1527
章氏遺書二種　叢2-1525
章氏遺書三種　叢1-538
章氏遺書補遺　叢2-1529
章氏遺書補鈔　集4-22104
章氏遺書九種　叢2-1528
章氏遺書七種外編十種　叢2-1529
章氏遺書校記　叢2-1529
章氏支譜[江蘇江陰]　史5-34514～5
章氏世譜[浙江海寧]　史5-34538
章氏世譜[浙江鄞州]　史5-34539
章氏世家源流族譜[安徽績溪]　史5-34594
章氏四當齋藏書目　史8-65955
章氏質庵(輅)自敍出處事畧　史2-9535
章氏質菴自敍事出處事畧　史2-11884
章氏全書二種　叢2-1949
章氏分房約譜圖[浙江富陽]　史5-34522
章質菴先生集　集2-6570
77 章邱縣鄉土志[光緒]　史8-58984
章邱縣志[道光]　史8-58983
章邱縣志[乾隆]　史8-58982
章學誠全集五種　叢2-1526
章門紀事草　集4-28901
80 章全名先生文集　集2-7030
章介庵文集　集2-8289
章介庵先生集　集2-8288,6-44818
章午峯先生(邦元)年譜　史2-12265
章谷屯志畧　史7-49319　叢1-472
章谷屯志畧[同治]　史8-62125
82 章鍾祚輯　叢2-706
84 章鎮張氏宗譜[浙江上虞]　史5-34963
88 章簡集　集1-3132,6-41894(2)

0040$_7$ 享

17 享帚齋文鈔、賦鈔、試帖　集4-31201
享帚齋詩鈔、詞鈔　集4-31200
享帚齋詞鈔　集7-47681
享帚詞　集7-47312～4　叢2-928
享帚集　集4-29764
享帚集鈔、帚外集鈔、眚老答客問　集4-25555
享帚山房吟稿　集4-28132
享帚續録　集5-38529

亨帚錄　集 5－38528
亨帚堂文集　集 4－29854
亨帚精舍文集　集 4－24514　叢 2－928
20 亨千秋　集 7－50462
80 亨金齋詩　集 6－44582
亨金齋遺稿、詩集、詞鈔　集 4－33043
亨金簿　叢 1－448
亨金簿摘抄　史 8－65129
98 亨敝帚軒吟稿　集 5－38078

0040_8 交

17 交翠山房條陳　史 6－48901
交翠軒集　集 6－41969
交翠軒筆記　子 4－21451　叢 1－373(4)、558
21 交行摘稿　集 2－12242～3　叢 1－241、242(4),2－731(41)
22 交山平寇詳文　史 1－3620　叢 2－1330
交山平寇始末　史 1－1981
交山平寇本末　史 1－3622
交山平寇本末、交山平寇詩　史 1－3623
交山平寇本末附交山平寇詩　叢 2－1330
交山平寇書牘　史 1－3621　叢 2－1330
23 交代欵目備考　史 6－43222
交代款目　史 6－43223
交代易知錄　史 6－43224
25 交繡閣詩草、文　集 2－9743
27 交黎剿平事畧　史 6－48230　叢 2－741
28 交收東三省條約　史 6－45035
30 交案詳稟雜存　史 6－43225
31 交河集、國學講義　集 3－18177
交河縣志[康熙]　史 7－55346
交河縣志[萬曆]　史 7－55345
交河縣志[民國]　史 7－55347
交河縣志料[民國]　史 7－55348
交河爪印　史 6－47355　子 4－24638
交涉　子 7－36252
交涉要覽三篇、光緒乙巳年三編、光緒丙午年三編　子 7－36845
交涉要覽編目　子 7－36846
交涉要覽類編　子 7－36847
交涉約案摘要　史 6－44981
交涉約案摘要、附編　子 7－36887
交涉通商表　子 7－36254
交涉考　子 7－36240(1)
交涉成案簡明便覽　史 6－44990
32 交州記　史 7－50817～8　叢 1－22(11)、23(10),2－731(59)、881
交州稿　集 1－4829、4831
交州以南外國傳　史 7－49309、54221
36 交還奉天省南邊地方條約　史 6－45009
37 交通芻議　叢 2－2260
38 交游書翰　集 6－45255
交遊錄、續　史 2－7648　叢 2－962
40 交友論　子 7－35265　叢 1－135
交友觀　子 4－23956　叢 1－142
43 交城縣志[康熙]　史 7－56013～4
交城縣志[光緒]　史 7－56015
47 交聲、晉聲、蔡聲、燕聲　集 2－11563
50 交事紀聞　史 1－1926
交泰韻　經 2－13803～4　叢 2－1138
交泰錄三種　史 1－1924
57 交軺隨筆(清光緒十一年)　史 2－13083
77 交鳳王氏宗譜[浙江嵊州]　史 4－25079
80 交食　子 3－11239
交食論義　子 3－11244、12352
交食引蒙　子 3－11519、11521
交食經、日食一貫歌、月食一貫歌　叢 2－731(26)、869
交食備考　子 3－11244
交食細草　子 3－11520、12351
交食通軌、日食通軌、月食通軌、四餘通軌　子 3－11344
交食南車　子 3－11243、12363
交食蒙求　子 3－11238
交食蒙求訂補　子 3－11240、11395
交食表　子 3－11234、11400、11581
交食指掌　子 3－11345
交食捷算　子 3－11500、11512　叢 2－1869
交食曆書　子 3－11234、11697
交食曆指　子 3－11234、11581
交食管見　子 3－11238～9
交養軒詩集　集 5－36593
交養軒殘集　叢 2－705
97 交輝園遺稿、續刻　集 3－18571

卒

50 卒中厥証輯要　子 2－7232
卒患心痛祕方　子 2－7286

0041_4 離

00 離音文載　叢 2－1232

離六堂詩集、近稿　集 3－15840
離六堂二集、潮行近草　集 3－15839
10 離憂集　叢 2－638
16 離魂　集 7－52170
離魂記　叢 1－249(2)、255(3)
22 離峯老人集　子 5－29530(24)　集 1－4700
42 離垢集　集 3－18332～5　叢 1－373(6)
離垢集補鈔　集 3－18336
離垢慧菩薩所問禮佛法經　子 6－32081(20)、32083(14)、32084(12)、32086(21)、32088(14)、32089(16)、32090(22)、32091(20)、32092(14)、32093(7)
44 離苦得樂法　子 5－30530
60 離□記　叢 1－168(2)
62 離睡經　子 6－32083(19)
67 離明瑞象燈儀　子 5－29530(5)、30604
77 離騷　集 1－91～2、109　叢 2－658、2061
離騷辨　集 1－105
離騷註(離騷經註)　集 1－100
離騷註、九歌、陰符經　集 1－101
離騷集傳　集 1－94　叢 1－244(3)、249(1)、265(4)、395、410、519,2－661
離騷經　集 1－90、115　叢 2－1562
離騷經、九歌　叢 2－1345
離騷經章句疏義　集 1－113
離騷經章句義疏　集 4－24611　叢 2－1910
離騷經註、九歌註　叢 1－389～90,2－1347
離騷經訂註　叢 2－1155～7、1159
離騷經訂註、屈原傳　集 1－95
離騷經講錄　集 1－128
離騷經正義　集 1－98　叢 2－1386
離騷經解　集 1－112　叢 2－1346
離騷經解畧　集 1－110,3－18029
離騷經纂註　集 1－96,2－11404
離騷釋　叢 2－1224
離騷釋韻　集 1－116　叢 2－1978
離騷釋例　叢 2－2129(3)
離騷解　集 1－108　叢 2－1414
離騷解、楚辭九歌解、讀騷列論　集 1－107
離騷彙訂、屈子雜文箋畧　集 1－102
離騷注　叢 2－2127
離騷逆志　叢 2－2146～7
離騷九歌釋　集 1－137
離騷草木疏　集 1－118　叢 1－223(47)、244(2)、249(1)、388～90、395、410,2－731(28)
離騷草木疏辨證　集 1－120
離騷草木疏補　集 1－119
離騷草木史、離騷拾細　集 1－121～2　叢 2－1228
離騷擬議　集 1－127
離騷圖　集 1－153、155　叢 2－689
離騷圖像　叢 2－689
離騷賦補註(離騷賦)　集 1－114
離騷賦補注　叢 2－1730
離騷叶韻　集 1－117
離騷路　集 1－93
離騷分段約說　集 1－126
離騷箋　集 1－111　叢 1－410,2－1561
離騷節解、離騷本韻、離騷正音、離騷節指　集 1－106
離騷管見　集 1－125
95 離情　集 7－52387

0043_0 奕

00 奕慶藏書樓書目　史 8－65628
22 奕山朱氏宗譜[浙江遂昌]　史 4－26619
25 奕律　叢 1－13、14(3)、119～20、142、170～1、181,2－720(5)、1198
37 奕選　子 3－14689　叢 1－36、115
43 奕載堂文集(瞿木夫文集)　集 4－25714
奕載堂古玉圖錄　史 8－63510、65133
60 奕園雜詠、奕園史　集 6－43827
奕園詩續集　集 3－19488
奕園吟草　集 3－19598
77 奕朋種花　集 7－52967
80 奕善堂集　集 2－10153
88 奕餘　集 2－12226

0044_1 瓣

20 瓣香亭古文　集 4－31042
瓣香齋詩草初集、二集　集 5－41186
瓣香齋詩鈔　集 5－33706～8
瓣香齋遺詩　集 5－40723
瓣香詩滙　集 3－15151
瓣香集　集 4－32683
瓣香山房詩集　集 3－21790～1
瓣香外集　集 4－31346　叢 1－520
瓣香遺稿　集 4－27466
瓣香閣詩鈔、補遺　集 4－22943
瓣香閣詩鈔、補遺、拈花小草、鬘花小草　集 4－22944
瓣香閣集　集 3－20461
瓣香堂詩集　集 3－18515

辦

16 辦理廣東軍務摺檔 史 6－47958
辦理新疆善後事宜情形摺 史 6－48952
辦理山東嶧縣華德中興煤礦有限公司歷年情形並派股利節略 史 6－44818
辦理永北大姚軍務奏稿 史 6－48847
辦理札薩克圖蒙荒案卷 史 6－47480
辦理四川通省釐金總局循環簿案 史 6－43638
30 辦案要畧 史 6－41534、41729、46418
44 辦荒存牘 史 6－44602
辦苗紀畧 史 1－3670
50 辦事細則 史 6－45970
60 辦團始末 史 6－45455
61 辦賑芻言 史 6－41539、44627
80 辦鑛成案 史 6－44761

辨

00 辨症 子 2－5990
辨症玉函 子 2－4952
辨症引方 子 2－10109
辨症良方 子 2－9736
辨症入藥鏡 子 2－9319
辨疫瑣言附李翁醫記 子 2－4770、6939
辨方寶鑒 子 2－10142
辨方圖 經 1－2126、2311
辨言 子 4－19608、20137 叢 1－124、242(5)
辨音纂要 經 2－14047
01 辨証治瘟速效 子 2－6927
辨誣 子 5－25987
02 辨證冰鑑 子 2－4948
辨證奇聞 子 2－4949～51
辨證求是 子 2－5104
辨證錄 子 2－4944、4946～7
辨證錄、胎産祕書(胎産祕書) 子 2－4628
03 辨識修製藥物法度 子 2－7989 叢 1－223(33)
04 辨訛一得 經 2－13097
辨訛釋義錄、經史辨論 子 4－22551
辨訛考異 集 6－41703
06 辨誤錄 子 4－20109 叢 1－195(5),2－731(6)
辨韻簡明 經 2－12278、14193
08 辨說 叢 2－1952
辨說考 經 2－10928
辨論三十篇 子 3－13279
10 辨正論 子 6－32092(41)
辨正發祕初稿 子 3－13627
辨正通俗文字 經 2－13055
辨亞細亞即安息之誤 史 7－49357、54465
16 辨聖學非道學文 子 1－1461 叢 2－1309～10
辨理明正語錄 子 7－35913
22 辨僞叢刊十種 叢 2－714
辨僞錄 子 6－32092(43)
26 辨釋名 經 2－14564～8、15116、15137、15142 叢 1－495、586(2),2－716(1)、772(2)、773(2)、774(8)
27 辨疑志 子 5－26860 叢 1－19(7)、20(5)、22(4)、23(4)、24(7)
辨物志 子 4－21074
辨物小志 子 4－19347 叢 1－195(6),2－731(28)
辨名小記 子 5－25990 叢 1－491
28 辨似(附摘誤) 經 2－15132
30 辨字雜說 經 2－13464～5
辨字通俗編 經 2－13111 叢 2－1953
辨字通考 經 2－13100
辨字摘要 經 2－13056～7、13066
辨字畧 經 2－13120 叢 1－322
辨定祭禮通俗譜 經 1－6320 叢 1－223(9),2－1309
辨定嘉靖大禮議 史 1－1933,6－42019～20 叢 1－242(3),2－731(21)、1309
辨定嘉靖大禮儀 叢 1－241
33 辨心性書 子 1－1807 叢 2－1827
37 辨通續補 經 2－13586～7
辨通補 經 2－13586～7
40 辨志文會初集 集 5－33879
辨志書塾文鈔、詩鈔、詞鈔 集 4－25681
辨難大成脈訣附摭全錄 子 2－6072
辨真新稿 集 3－16867
41 辨帖箋 子 3－15342,4－18538 叢 1－14(2)、25、119～20、181、461
50 辨中邊論 子 6－32083(16)、32086(27)、32089(43)
辨中邊論頌 子 6－32083(16)、32086(27)、32089(43)
辨忠臣不徒死文 叢 2－1309
53 辨惑論 子 1－2018,5－29586 叢 1－19(10)、20(8)、21(9)、22(13)、23(12)、24(11)、173、330～1
辨惑編 子 1－2017 集 1－5527 叢 1－223(30)、274(4),2－731(20)、797、912

辨惑編、續編、附錄　子 1 - 2016
辨惑續編　子 1 - 2019
辨惑適願自惜齋摘錄　叢 2 - 2039
72 辨脈平脈章句　子 2 - 4727、6077、6180
辨脈指南　子 2 - 6138
辨脈篇　子 2 - 6132
77 辨學　子 7 - 37963
辨學集五種　子 4 - 24504
辨學名詞對照表卷心理學中英名詞對照表、倫理學中英名詞對照表　子 7 - 37977
辨學遺牘、大西利先生行蹟、明浙西李之藻傳　子 7 - 35261
辨學啓蒙　子 7 - 36244、37964
辨學七種　子 1 - 108　叢 1 - 574(3)
辨學錄　子 1 - 1203　叢 2 - 1167
80 辨人體類　子 7 - 36229、37794
87 辨銀　子 4 - 18606
辨歙石說　子 4 - 18749　叢 1 - 2～6、9～10、22(16)、223(38)、268(4)、353,2 - 731(31)
90 辨黨論　子 4 - 21315

辮

21 辮貞諒室文鈔　集 5 - 37224

辯

00 辯意長者子經　子 6 - 32093(13)
辯意長者子所問經　子 6 - 32083(22),7 - 32115
辯言　叢 1 - 223(41),2 - 731(6)
辯音連聲歸母捷法　集 7 - 54657
01 辯誣錄　子 4 - 22763
辯誣筆錄　史 1 - 2511　叢 1 - 282(2)、283(2)
辯誣筆錄(岳飛)　史 2 - 8734
02 辯譌考異　集 1 - 2906、3777
08 辯論各教　子 7 - 35478
10 辯正論　子 6 - 32081(42)、32082(21)、32083(27)、32084(23)、32085(40)、32086(47)、32088(29)、32089(47)、32090(61)、32091(59)
16 辯理問答　子 7 - 35368
辯硯　子 4 - 18716
22 辯僞錄　子 6 - 32090(65)、32091(63)、32093(52),7 - 34945
辯利院志　史 7 - 51608
26 辯釋名　叢 2 - 766
27 辯物志　子 4 - 22323
30 辯宜齋野乘　叢 2 - 1941
44 辯薑自書詩　集 5 - 38032
50 辯中邊論　子 6 - 32081(24)、32084(14)、32085(24)、32088(17)、32090(50)、32091(48)、32092(33)、32093(25)
辯中邊論述記　子 7 - 33583
辯中邊論頌　子 6 - 32081(24)、32084(14)、32085(24)、32088(17)、32090(50)、32091(48)、32092(33)、32093(25)
53 辯惑編　子 5 - 29580
辯惑卮言　子 7 - 35389
60 辯日論　叢 2 - 1929
74 辯陸書　子 1 - 1413　叢 2 - 1283
77 辯學遺牘　子 7 - 35260　叢 1 - 135

0044$_3$ 弈

00 弈序　子 3 - 17964、18000
08 弈譜　子 3 - 18115
弈譜四種　子 3 - 17961
10 弈正　子 3 - 18012
16 弈理析疑　子 3 - 18077
弈理妙悟　子 3 - 18080
弈理指歸續編　子 3 - 17963、18074
弈理指歸摘要　子 3 - 17961、18075
弈理指歸圖　子 3 - 18072
弈理指歸圖、續編　子 3 - 17962、18073
弈理金鍼　子 3 - 18108
21 弈旨　子 3 - 17964～5
弈經　子 3 - 17996
23 弈編　子 3 - 18042
25 弈律　子 3 - 18031　叢 1 - 22(26),2 - 721
26 弈程　子 3 - 18078
31 弈滙　子 3 - 18090
弈潛齋集譜　子 3 - 17962
37 弈選　子 3 - 18021
弈選諸家小傳　子 3 - 18143
38 弈海　子 3 - 18146
40 弈志　子 3 - 18020
弈套　子 3 - 17961、18132
44 弈萃(弈萃各式)、官子　子 3 - 18084
弈藪　子 3 - 18025
弈藪、棊經註　子 3 - 18024
弈棋序　子 3 - 17964、17978
49 弈妙、二編　子 3 - 18064
50 弈史　子 3 - 18009　叢 1 - 195(6)
52 弈括　子 3 - 17963、18057、18136
60 弈旦評　子 3 - 17964、18034　叢 1 - 22(26)

弈墨　子 3 - 18065
64 弈時初編　子 3 - 18029～30
77 弈局指南　子 3 - 18104
弈學會海　子 3 - 18044
弈問　子 3 - 18008　叢 1 - 22(26)
91 弈悟　子 3 - 18089

0060_1 盲

24 盲佬打釘　集 7 - 53644

言

00 言文　集 6 - 45761、46237
言文對照廣註孟子讀本　經 2 - 10120
言文對照東萊博議　經 1 - 6770
言言齋藏書目　史 8 - 66009
17 言子　子 1 - 255
言子文學錄　子 1 - 256
言子書　子 1 - 95、257
21 言行龜鑒　史 2 - 7045　叢 1 - 223(42)
言行彙纂　子 4 - 24656
言行拾遺事錄　史 2 - 8628、8633　集 1 - 1921、2316　叢 2 - 635(8)
言行見聞錄　子 1 - 1338,4 - 20972　叢 2 - 1263、1266
言行類編　子 4 - 21137
25 言仲遠先生(敦源)行述　史 2 - 10921
言鯖　子 4 - 22376　叢 1 - 210
27 言解　集 6 - 45808
29 言愁閣笛譜　叢 2 - 995
30 言良鋆詩存　集 5 - 36761
言官錄　史 6 - 43088　叢 2 - 2002
33 言治紀畧、保安太守文登劉公去思錄、保安州士民歌戴劉天錄　史 6 - 42958
40 言坑賀氏支譜[江西永新]　史 5 - 36716
言志齋集　集 3 - 17034
言志集　集 3 - 17027
言志山房詩集　集 3 - 19472
言志山房詩稿　集 6 - 44409
44 言舊錄　史 2 - 12077　叢 2 - 670
47 言馨草堂詩　集 5 - 40579
50 言忠福詩存　集 4 - 31185
言忠曾詩存　集 4 - 28818
55 言農事　叢 2 - 1315
60 言易錄　經 1 - 1849　叢 2 - 2002
72 言氏家譜[江蘇常熟]　史 4 - 28652
言兵事　叢 2 - 1315
77 言學三舉　叢 2 - 2270(3)
言學書　子 1 - 1859　叢 2 - 2002
言母丁太夫人(毓英)榮哀錄　史 2 - 10917
言醫　子 2 - 4646、10491
80 言善篇四集　子 4 - 23879
83 言錢別錄、補錄　史 8 - 64897
90 言尚熾詩存　集 4 - 28632
言尚燡詩存　集 4 - 27136
95 言情待定稿　集 5 - 34486

音

00 音註孟子　經 2 - 9834
音註歸震川文　集 2 - 8771
音註河上公老子道德經　叢 2 - 708
音註韓文公文集、外集　集 1 - 1305
音註韓昌黎文　集 1 - 1326
音註全文春秋括例始末左傳句讀直解(春秋經左氏傳句解)　經 1 - 6793
音註小倉山房尺牘　叢 1 - 496(7)
02 音訓　經 2 - 14741、15142　叢 1 - 505
06 音韻辨歧、補遺　經 2 - 14168
音韻討論　經 2 - 14090
音韻正訛　經 2 - 14049
音韻集要　經 2 - 13956
音韻集注　經 2 - 14508
音韻集成　經 2 - 13822
音韻須知　經 2 - 13021、14075
音韻什文　經 2 - 14513
音韻約編　經 2 - 14215
音韻注畧、音韻約編　經 2 - 14214
音韻述　經 2 - 14527
音韻述微　經 2 - 13878～9
音韻逢源　經 2 - 14410
音韻古今考　經 2 - 14258
音韻校正　經 2 - 13996
音韻析義　經 2 - 14270
音韻指迷　經 2 - 14441、14538
音韻日月燈三種　經 2 - 14528
音韻原流　經 2 - 14506
音韻同異辨　經 2 - 14162
音韻學稽古錄　經 2 - 14518
音韻闡微　經 2 - 13834
音韻問答　經 2 - 14112　叢 1 - 203(15)
音韻合註四書、五經　經 2 - 11106
音韻纂組　經 2 - 14161

音韻類編　經 2-13821
07 音調定程　經 1-6561、6587
08 音說　叢 2-2269
音論　經 1-111(1),2-14052～3、14529～30、15113　叢 1-223(16)、579
音譜　經 2-13608～11、15116、15137、15142　叢 1-495、586(2),2-716(2)
音譜、聲譜　叢 2-772(2)、773(2)
20 音重言互注禮記　經 1-5552
音傍訓句解論語　經 2-9354
音傍訓句解孟子　經 2-9848
音傍訓晦庵論語句解　經 2-9353
22 音樂譜　子 3-17934
音樂偈子譜　子 3-17938
音樂考　叢 2-1092
音樂類字釋名　子 7-36237
24 音緯　經 2-14380
25 音律啓蒙　子 5-26133
音律指迷　經 1-6552
26 音釋總類　史 1-1218
音釋大悲心陀羅尼經　子 7-32799
音釋舉要　經 2-12446
27 音紐　經 2-13974
30 音注王介甫文　集 1-2286
音注孟子　叢 2-600
音注河上公老子道德經　子 5-28985
音注蘇東坡文　集 1-2556
音注蘇東坡詩(蘇東坡和陶詩)　集 1-2520
音注黃山谷詩　集 1-2718
音注陸放翁詩　集 1-3463
音注歐陽永叔文　集 1-2030～1
音注曾子固文　集 1-2229
34 音泭　經 2-14405
音漢清文鑑　經 2-15003
37 音通　經 2-14338
47 音均部畧　叢 2-1734
音均部畧、詩音普畧　經 2-14171
音匏隨筆　叢 2-645
音聲紀元　經 2-14314
音切譜　經 2-14386～7
60 音畧　經 2-13294　叢 1-420
音畧考證　叢 1-420
61 音點大字荀子句解　子 1-308
音點春秋左傳　經 1-6624
音點春秋左傳評解句解校本　經 1-6788
62 音吼厂選詩(歷朝名詩)　叢 2-2085
音別　經 2-14378　叢 2-1535
72 音隱　經 2-14731、15142
77 音同義異辨　經 2-14766　叢 1-487,2-731(22)
音同義異辯　叢 1-257
音學　叢 2-2020
音學辨微　經 2-14357　叢 1-269(2)、270(1)、271、272(2)、574(5),2-626、731(25)
音學辨微、三十六字母辨　經 2-14358
音學辨微、校正　經 2-14359、14531
音學辨微、校正、校刊記　經 2-14361　叢 2-814
音學辨微校正　經 2-14360
音學辨微校刊記　經 2-14362
音學雜述　經 2-14231　叢 2-1992
音學五書　叢 1-579
音學五書二種　經 2-14530
音學五書五種　經 2-14529
音學後編　經 2-14227
音學緒餘　經 2-14245　叢 2-677
音學偶存　經 2-14224
音學偶存、續編　經 2-14225
音學祕書　經 2-14409
音學補編　經 2-14228
音學臆說　經 2-14509
音學質疑　經 2-14229
音學質疑五種　叢 2-1952
音學全書、今韻、古韻　經 2-14097
音學前編、後編、補編　經 2-14226
音學會解　經 2-14246
80 音分六律　集 7-49700
音分古義　經 1-6556,2-14192　叢 1-550
音義辨畧　經 2-12508　叢 2-1763
音義辨同　經 2-11998　叢 2-1516
音義評註淵海子平　子 3-14099
音義校勘記　經 2-9793
音義考證　史 1-523
音義異同　經 2-12196、15143　史 1-267
88 音鑑　經 2-14394
音鑑節要　叢 2-1988

0060$_3$ 畜

24 畜德十書十種　叢 1-66
畜德録　史 2-7198　子 1-1486　叢 1-22(24)、50～1、55、57～8、84(3),2-730(10)、731(20)、1069
畜德録選　子 1-1487　叢 2-691(3)
28 畜牧圃事居家食物常菜　子 1-4189

0060_4 吝

81 吝飯雷註寶卷 集 7-54394

0061_4 註

00 註唐詩鼓吹 集 6-43280
註唐陸宣公奏議 史 6-48099～100
註唐陸宣公奏議、制誥 史 6-48101
26 註釋唐詩三百首 集 6-43439、43444、43448
註釋六子要語 子 1-10
註釋讀史方輿紀要序 史 7-49629
註釋拜月亭記 集 7-49751
註釋十三經集字音績 經 2-12038
註釋古文檢玉初編 集 6-43010
註釋四六類腋 子 5-26206
27 註解章泉澗泉二先生選唐詩(唐詩絕句) 集 6-43278
註解正蒙 子 1-630
註解崔公入藥鏡 子 5-29561
註解傷寒論 叢 2-698(7)
註解歷朝捷表選百家評林 子 5-25036
28 註傷寒論脈證方治 子 2-6721
33 註心賦 子 6-32091(70),7-34005
35 註禮堂醫學舉要 子 2-5186
47 註鶴山先生渠陽詩 集 1-4093 叢 2-661
50 註東坡先生詩 集 1-2500
53 註成唯識論 子 7-33615
74 註陸宣公奏議 叢 1-265(2)、465
註陸宣公奏議、制誥、別集、表、年譜輯畧 史 6-48102
註陸宣公奏議、制誥、別集、表、年譜輯畧、校記 史 6-48103
80 註金剛般若波羅密經直解 子 7-33250
註義圖序論 子 5-29530(20)

誰

60 誰園詩存 集 5-36196
誰園詩鈔 集 3-19628,5-37755
誰園詩鈔二集、三集、四集、古文、駢儷文、拾遺 集 3-19629
誰園客談 子 4-24222 叢 2-1373
77 誰與庵文鈔、詩偶存、族譜擬稿 集 4-30918
誰與庵文鈔、孫氏先德傳 集 4-30919

0062_2 諺

01 諺語 子 4-19488
諺語岔曲 集 7-53366
04 諺謨、曲典 集 7-50615
諺謨曲典 集 7-50611
08 諺說 叢 1-201、203(6)、320

0062_7 訪

08 訪譜(訪賢) 集 7-52311
16 訪碑拓碑筆札 史 8-64427
訪碑圖題記 叢 1-369
訪碑圖題記、修武氏祠堂記 史 8-64024
22 訪樂堂詩 集 5-37970
26 訪粵集 集 4-30551,6-42007(1)
訪粵集、續編 集 4-30546
訪粵續集 叢 2-1800
28 訪徐福墓記 史 7-49318(21)、54644
29 訪秋書屋遺詩 集 4-22831
37 訪祖越王墳狀 集 1-1671 叢 1-168(4)
38 訪道日錄 叢 2-1217
43 訪求中州先賢詩文集目 史 8-66119
44 訪蘇泉記 史 7-49318(11)、53703
訪蘇州 集 7-53278
訪横橋堰日記(清咸豐六年) 史 2-12735
48 訪槎詩稿 集 3-18444
訪梅吟舍殘稿 集 5-40497
50 訪書記 史 6-42580
77 訪鼠寶卷 集 7-54428
訪賢 集 7-52310～1
92 訪剡日記(清光緒二十八年至三十年) 史 2-13104

諦

80 諦公老法師(釋古虛)行狀、補遺 史 2-10822

謗

25 謗佛經　子6-32081(10)、32082(9)、32083(8)、32084(7)、32085(11)、32088(8)、32093(12)

謫

00 謫麐堂遺集　集5-36559
謫麐堂遺集文、詩、補遺　叢2-609
21 謫僊(李白)外紀　史2-8565
謫僊樓二集　集7-54106
22 謫仙堂劫後詩草　集5-35280
60 謫星詞　集7-48375　叢2-2223
謫星說詩　叢2-2223
謫星集　集5-41232
謫星筆談　叢2-2223
77 謫居集　叢2-1363

0063$_1$ 譙

17 譙子五行志　子3-13028
譙子法訓　叢2-774(9)、775(4)
60 譙國戴氏五修族譜　史5-40578
譙國戴氏宗譜[浙江]　史5-40500
譙國曹氏宗譜[安徽涇縣]　史5-34221
77 譙周法訓　子1-503　叢1-22(10)、23(9)，2-617(2)
譙周古史考　史1-6004　叢1-303～5、428，2-628、771(3)

0063$_2$ 讁

07 讁謬論　子7-35907

讓

00 讓齋詩草　集3-19219，6-45091
17 讓子譜　子3-17961、18068
32 讓洲詩鈔　集3-21720
44 讓英俄二夷構兵　叢1-548
71 讓長秋宮表　史6-48094　叢1-168(4)
讓長滕氏宗譜　史5-39184
88 讓竹亭詩編　集3-13365
90 讓堂亦政錄　叢2-814
讓堂亦政錄、嘉定贈別詩文附錄　經1-108
讓堂硯譜　子4-18760

0064$_8$ 誶

44 誶范叔　集7-48778

0066$_1$ 諳

34 諳達辦法　子4-21972

0068$_2$ 該

77 該聞錄　子5-26270　叢1-15～6、19(1、4)、20(1、2)、21(1、4)、22(7)、23(7)、24(2、5)、29(5)

0071$_0$ 亡

30 亡宋舊宮人詩　集1-4503
亡宋舊宮人詩亡宋舊宮人詩詞　集1-4505
亡宋舊宮人詩集　叢2-833
35 亡清祕密史　史1-3575
40 亡友五君傳　史2-7426
亡女演巽記年　史2-10969
41 亡姬傳緗芸小傳　史2-10714
亡姬馬絳芸小傳　史2-10697
47 亡婦沈儒人小傳、沈儒人誄　史2-10541
50 亡妻錢夫人行署　史2-10953
60 亡國志悲錄　史1-4071
77 亡兒允諧年譜傳誄輓章　叢2-1370

0071$_4$ 亳

32 亳州[道光]　史7-57815

亳州牡丹説　子4-19210　叢1-369
亳州牡丹述　子4-19213　叢1-202(8)、203(14)
亳州牡丹志　子4-18535、19207
亳州牡丹史　子4-19208
亳州牡丹表　子4-19211　叢1-22(27)
亳州志[順治]　史7-57812
亳州志[嘉靖]　史7-57811
亳州志[乾隆]　史7-57813～4
亳州志[光緒]　史7-57816
62 亳縣志畧[民國]　史7-57817

0071_7 襲

10 襲天論　叢2-1187
襲天瑣錄　子4-21722　叢2-1962
襲天小稿　集2-8161
15 襲珠室集聯　叢2-745
23 襲牖述言　子4-21599
襲牖閒評　子4-22149　叢1-230(4)、231、468,2-731(6)
襲牖錄　叢2-945
襲牖餘談　史1-4511　叢1-496(1),2-735(2)
30 襲安縣志[民國]　史8-62289
44 襲芳錄　子4-21202
襲芳錄(高熊舉)　史2-9789
襲葉集　集5-40559
50 襲中天傳奇　集7-50361
襲中人語　史1-1918、2484　叢2-649
77 襲几迂談　子4-23011

0072_3 褒

10 褒露軒琴譜　子3-17712
40 褒爽亭詩鈔　集3-16997～8

0073_2 裹

00 裹言　子4-19502
46 裹如堂四書(大學章句、中庸章句、論語集註、孟子集註)、審音辨體考異　經2-10731

哀

10 哀弦集　集4-28786、29818
12 哀烈錄　史2-8274　叢2-715
18 哀矜行詮　子7-35299
哀矜煉靈説　子7-35334
20 哀絃豪竹詞　叢2-1830
哀絃集　叢2-1287
22 哀絲詞　集7-48317
24 哀紘豪竹詞　集7-47695
25 哀生閣集　集4-31595
27 哀怨集　集5-39190
31 哀江南賦註　叢1-202(2)、203(7)
哀江南賦註釋　集1-631
32 哀逝詩　集5-38345
44 哀蘭絕句　叢1-291、294
50 哀忠集　集4-28591
53 哀感錄(梅鍾澍)　史2-9914
56 哀蟬吟　史2-10945　集5-39582
60 哀思錄(馬寶琦)　史2-10990
哀思錄(陸仲炳)　史2-10959
67 哀鳴集　集5-38242
77 哀周渭川詩　集4-24002
88 哀節錄(李續賓)　史2-10172
95 哀情小説碧血巾　子5-28615

玄

00 玄亭涉筆　子4-22270　叢1-22(23),2-617(3)
玄亭閒話　子4-20501　叢1-256、365
玄庵晚稿　集2-8605
玄帝燈儀　子5-29530(5)、30597
玄言齋集　集2-9383
玄言閣唾餘　子4-20709
玄言門唾餘　集2-12104～5
玄玄遺著　集5-41447
玄玄碁經　子3-17984
玄玄棋經　子3-17983、17985～6
玄玄棋經序　子3-17964、17999
01 玄譚全集　子5-29574～5
10 玄靈轉經早朝行道儀　子5-29530(10)
玄靈轉經早朝行道儀、午朝行道儀、晚朝行道儀　子5-30642
玄靈轉經晚朝行道儀　子5-29530(10)

玄靈轉經午朝行道儀　子5-29530(10)
玄元十子圖　史2-6879　子5-29530(4)、29535(7)、29536(7)
玄要篇　子5-29593、31283
玄天上帝說報父母恩重經　子5-29530(13)、30053
玄天上帝百字聖號　子5-29531、30749
玄天上帝啓聖靈異錄　史2-8549　子5-29530(19)
玄天上帝啓聖錄　史2-8547　子5-29530(18)
玄天上帝真武祖師修行成聖全卷　集7-54248
玄天上帝報恩經註　子5-30054
玄天賜福燈科　子5-30614
玄霜掌上錄　子5-29530(18)、30885
13 玄武靈真說報父母恩經　子5-29554、30055
玄武贊　子5-29561、31355
15 玄玭記　叢1-21(9)
玄珠歌　子5-29530(12)、31077
玄珠心鏡註　子5-29530(12)、31079～80
玄珠錄　子5-29530(20)、31916
17 玄羽外編　史1-3
21 玄虛子鳴真集　子5-29530(22)
玄虛子鳴真集(鳴真集)　集1-4703
玄膚論　子5-29545、31290
玄師颰陀所說神咒經　子6-32085(18)、32090(20)、32092(13)
玄經原旨發揮　子5-29530(14)
24 玄牘紀　史8-64381～2
玄牘紀、續　史8-64380
玄德纂疏　子5-28989
26 玄和子十二月卦金訣　子5-29530(24)、30944
27 玄象山館詩草　集2-10310
玄綱論　子5-31917　集1-1155
玄綱論、南統大君内丹九章經、吳尊師傳　叢1-223(48)
28 玄微心印　子5-29577、31466
30 玄空大五行真傳口訣、金書祕奧　子3-13573
玄空妙訣　子3-13653
玄扈樓集　集2-9516
玄扈樓集續　集2-9517
玄宗正旨　子5-29535(3)、29536(3)、31111
玄宗直指萬法同歸　子5-29530(20)、31974
玄宗内指經二篇　子5-31500
玄宗内典諸經註　子5-29537
玄宗内典諸經注　子5-29543
玄宗印古　子5-32015
32 玄冰集　集2-11786
33 玄祕塔碑　子3-15620
34 玄對　子5-25708
玄對樓已集　集2-11170
玄對樓近體詩集　集2-11169
玄池說林　子5-26935　叢1-22(6)、23(5)
37 玄通集　子3-13683
40 玄壇刊誤論　子5-30732
玄壇刋誤論　子5-29530(24)
玄壇牒檄檢目　子5-30759
玄女房中經　子2-4626、10952～3　叢1-22(18)、23(17)
玄女海角經纂　子3-13139
玄真靈應寶籤　子5-29530(24)
玄真子　子1-14、18、20～1、37、42、44、47、58、61、5-29535(4)、29536(4)、31921　叢2-731(11)、859
玄真子(元真子)　子5-31922
玄真子、天隱子　叢1-223(47)
玄真子外篇　子1-16～7、5-31919～20　叢1-175、2-730(6)
玄真子漁歌記　集1-1130　叢1-22(16)、23(16)
玄真人外篇　子5-29530(20)
42 玄機詩思第二圖詠　叢2-759
玄機通　子4-20678　叢1-22(20)、62～4、2-730(4)
玄機直指　子5-31463
玄機賦　子3-14615
玄機隨輯　子3-14591
44 玄蓋副草、目錄　集2-10312
玄芝集　集2-10694～5
玄英集　集1-1730　叢1-223(50)
玄英先生詩集(元英先生詩集、新雕宋板唐方玄英詩集、唐元英方先生家集)　集1-1731
玄英先生詩集、外詩　集1-1734
玄黄數　子3-13715
47 玄鶴吟　集3-13479
玄都律文　子5-29530(4)、30278
玄超堂藏藁　集2-12869
48 玄散詩話　集6-45486、45687　叢1-22(14)、23(13)
玄教大公案　子5-29530(20)、31975
玄教煉丹祕訣　子5-31365
49 玄妙洞天記　叢1-587(5)
玄妙鏡入道真詮　子5-31468
50 玄中記　子5-26821　叢1-19(2、10)、20(8)、21(2)、22(10)、23(10)、24(3)、2-673、731(64)
玄中妙　集7-52626
玄素子集(玄素子庚辰集、辛巳集、壬午集、

癸未集、丙戌集、丁亥集、戊子集、己丑集、庚寅集、辛卯集、壬辰集、賦集） 集 2－8284
玄素子集（玄素藝苑集、玄素詞坦集、玄素子壬辰集、乙未集、丙申集、甲申集、乙酉集、丙戌集、丁亥集、戊子集、己丑集、庚寅集、丁酉集、戊戌集、卿雲集、拱極集、卿雲文集、疏牖集、講幄集） 集 2－8283
53 玄咸軒稿 集 2－10815
59 玄抄類摘 子 3－15000、15098
60 玄圃山靈 子 5－31579
玄圃山靈匼祕籙 子 5－29530(12)
玄圃餘珍 史 1－4355 叢 2－1329
玄晏齋文鈔、詩、奏議 集 2－10900
玄晏齋文鈔、詩、困思鈔 集 2－10899
玄晏齋詩 叢 2－1185
玄晏齋集（玄晏齋文鈔、玄晏齋詩選、玄晏齋困思鈔、玄晏齋奏議、止躬齋慎獨義） 集 2－10898
玄晏齋困思抄 經 2－10425 叢 2－1185
玄晏齋困思抄、詩 經 2－10424
玄晏齋困思鈔 子 4－20482～3 叢 2－798
玄晏齋所著書二種 叢 2－1185
玄晏春秋 叢 1－22(10)、23(9)
玄品錄 史 2－6877 子 5－29530(16)
72 玄丘素話 叢 2－1217
74 玄髓經 子 3－13159
76 玄陽堂詩稿、文集 集 2－9016
77 玄風慶會錄 子 5－29530(4)、31817 叢 2－2270(4)
玄學正宗 子 5－29538、29543、31308
玄學正宗金丹四百字内外註解 子 5－31176
玄關經 子 5－31469
玄門十事威儀 子 5－29530(16)、30689
玄門報孝追薦儀 子 5－29530(10)、30628
玄門易髓圖 子 3－14565
玄門脈訣内照圖 子 2－4556、11023
玄門入道資糧 子 5－32005
78 玄覽 子 4－23995～6
玄覽編 集 2－9727
玄覽閣集 集 3－13358
玄覽人鳥山經圖 子 5－29530(9)、31556
玄覽堂詩鈔 集 2－8389
玄覽堂叢書 叢 2－741
玄覽堂叢書三集 叢 2－743
玄覽堂叢書續集 叢 2－742
80 玄義章 子 7－33800
95 玄精碧匣靈寶聚玄經 子 1－3103，5－29530(19)、30062
97 玄怪記 子 5－26876 叢 1－22(19)、23(19)、249(2)，2－731(50)
玄怪錄 子 5－27520 叢 1－180

衣

00 衣言堂顧氏本支世譜 史 5－41346
02 衣讔山房詩集、詩外集、賦鈔 集 4－30811
10 衣雲印存 子 3－17069
22 衣山詩鈔 集 4－22367 叢 2－886(3)
24 衣德樓詩文集 集 4－22761
衣德堂詩稿 集 5－37945
37 衣冠盛事 史 1－4369 叢 1－22(5)、23(5)，2－617(2)
90 衣裳名兒一枝 集 7－52031

衰

08 衰說考誤 經 1－6201 叢 2－967
80 衰分 子 3－12364
衰分演代 叢 2－2172

衷

16 衷聖齋文集 集 5－39402
衷聖齋詩集、文集 集 5－39398～9

褒

13 褒殘守缺齋藏器目 史 8－64344 叢 2－745
16 褒碧齋文集 集 5－40236
褒碧齋雜文 集 5－40237
褒碧齋詩 集 5－40235
褒碧齋詩詞丙丁戊稿 集 5－40234
褒碧齋詩集、詞 集 5－40233
褒碧齋集 集 5－40230、40232
褒碧齋集、續集 集 5－40231
35 褒遺草堂詩鈔 集 4－32227，6－42007(3) 叢 1－445，2－1851
褒遺草堂集（褒遺草堂詩鈔、息柯白箋、息柯雜著、先德錄） 集 4－32225

亵

80 亵谷子商隲武經七書、武畧雜言　子 1－3039

褎

38 褎海編　史 7－53768

褏

22 褏崇禮樂圖　史 6－42009
35 褏清堂游藝集　子 3－16967
43 褏城縣志[道光]　史 8－62974
褏城縣志[乾隆]　史 8－62973
50 褏忠詩　集 4－31922、31925
褏忠錄　史 2－7613、8896　集 2－8835
褏忠錄(陳化成)　史 2－9750
褏忠錄、崇祀錄、崇祀名宦錄　史 2－9331
褏忠錄、徐念陽公(如珂)集　史 2－9043
77 褏賢集　集 1－2316
褏賢集、褏賢祠記、諸賢詩頌、贊頌、諸賢贊頌論疏、鄱陽遺事錄　史 2－8629
褏賢祠記　集 1－1921、2316
80 褏谷古跡輯畧　史 7－51493
88 褏節詩文　史 2－6443
褏節錄　史 6－47153

褭

10 褭雨堂古文　集 4－33476
44 褭葉館雜錄　子 4－24720～1

褒

88 褒節錄　史 2－7615

襄

07 襄毅文集　集 2－6845　叢 1－223(64)
10 襄平幽憤先生(佟卜年)錄　史 2－9119
襄平徐氏續修族譜[遼寧遼陽]　史 4－31773
13 襄武人物志　史 2－7750
16 襄理軍務紀畧　史 1－3822　叢 2－599
22 襄山詩草　集 3－17741
40 襄塘志畧[嘉慶]　史 8－62139
41 襄垣縣續志[光緒]　史 7－55668
襄垣縣志[康熙]　史 7－55666
襄垣縣志[乾隆]　史 7－55667
襄垣縣志[民國]　史 7－55669
43 襄城文獻錄　史 7－50652　叢 2－963
襄城文獻錄[康熙]　史 8－59894
襄城縣志[康熙]　史 8－59893
襄城縣志[順治]　史 8－59892
襄城縣志[嘉靖]　史 8－59890
襄城縣志[萬曆]　史 8－59891
襄城縣志[乾隆]　史 8－59896
襄城縣志[民國]　史 8－59897
44 襄勤伯鄂文端公(爾泰)年譜　史 2－11815
60 襄邑實錄　史 6－47321　叢 2－1220
74 襄陵文集　集 1－3004　叢 1－223(53)
襄陵詩草、詞草、種玉詞　集 4－28926　叢 2－845(4)
襄陵縣新志[民國]　史 7－55856
襄陵縣志[雍正]　史 7－55854
襄陵縣志[康熙]　史 7－55853
襄陵縣志[隆慶]　史 7－55852
襄陵縣志[光緒]　史 7－55855
76 襄陽府志[康熙]　史 8－60136
襄陽府志[正德]　史 8－60133
襄陽府志[順治]　史 8－60135
襄陽府志[萬曆]　史 8－60134
襄陽府志[乾隆]　史 8－60137
襄陽府志[光緒]　史 8－60138
襄陽詩集　集 1－2783,6－41908
襄陽詩鈔　集 1－2782,6－41900
襄陽記　叢 1－19(2)、21(2)、24(3),2－776
襄陽集　集 4－26906
襄陽集補鈔　集 1－2784,6－41901
襄陽外編　集 1－778
襄陽外傳　叢 1－119
襄陽守城錄　史 1－2556　叢 1－272(2)、456(3),2－735(4)

襄陽守城錄、北狩見聞錄　史1-2557
襄陽沿革畧　史7-49333、50707
襄陽冢墓遺文、補　史8-64040
襄陽獄　集7-49621
襄陽耆舊記　史2-8223　叢2-1576
襄陽耆舊記佚文　史2-8225　叢2-777
襄陽耆舊傳　史2-8222、8224、8226～7　子5-26220　叢1-22(9)、23(9)、29(2)、40,2-776
襄陽藝文畧　史8-66125
襄陽杜子美先生家譜[湖北襄陽]　史4-27023
襄陽䓛文畧　史7-49333
襄陽四畧　史7-49333
襄陽四畧[光緒]　史8-60141
襄陽縣志[萬曆]　史8-60139
襄陽縣志[同治]　史8-60140
襄陽兵事畧　史7-49333、50708
襄陽金石畧　史7-49333,8-64039
襄隄成案　史6-46888

饔

23 饔牖餘談　叢2-736

0077_2 饔

10 饔天錄　子4-24333　叢1-203(16)

0080_0 六

00 六亭文集　集4-24274
六齋詩存　集5-36207
六齋論文　叢2-737
六齋卑議　叢2-867
六齋賸稿　叢2-737
六齋無韻文集　集5-39760
六度集經　子6-32081(9)、32082(8)、32083(7)、32084(7)、32085(9)、32086(10)、32088(7)、32089(5)、32090(7)、32091(6)、32092(5)、32093(10),7-32667～8　叢1-114(3)
六離合釋法式通關　子7-33642
六離合釋法式畧解　子7-33645
六離合釋通詮　子7-33578
六言唐詩畫譜　子3-16314
六言詩　叢2-1309
六言絕句　集6-41768、42351
01 六訂歷朝捷錄百家評林　史1-5453
六語六種　子4-19488
06 六譯館雜著(四益館雜著)　叢2-2129(4)
六譯館外編　叢2-2129(4)
六譯館叢書七十三種　叢2-2130
07 六部部員會奏李鴻章孫毓汶疏　史6-48018
六部例(乾隆二十四年)　史6-46925
六部例限圖　史6-46933
六部例限圖說、中樞例限圖、刺字彙纂　史6-46934
六部律例　史6-46916
六部總義　史6-41702　叢2-2129(2)
六部案識　子5-25854
六部考成現行則例　史6-46922～3
六部事例　史6-41654
六部題定新例存、續增新例、則例　史6-46917
六部則例全書　史6-46921
六部限圖　史6-41729
六部纂修條例　史6-41655
六詔紀聞(會戡夷情、南荒振玉)　史7-51024　叢1-46
08 六諭敷言通俗　叢2-1289
10 六一詩話　集6-45490　叢1-4、31、169(3)、223(71)
六一詩話(六一居士詩話)　集6-45550
六一詞　集7-46380、46382、46462　叢1-223(72),2-698(13)、720(2)
六一詞、附錄樂語　集7-46352、46463
六一山房詩集　集5-34894
六一山房詩集、續集　叢2-1968
六一山房詩續集　集5-34895
六一先生文鈔　集1-2038
六一題跋　子3-15277　叢1-169(4),2-731(31)
六一居士文集、外集　集1-2026
六一居士詩話　集6-45483、45486　叢1-2～3、5～9、22(14)、23(13),2-731(46)
六一居士傳　史2-8639
六一居士全集錄、外集錄　集1-2013,6-41708
六一筆記　叢1-19(10)、20(8)、21(9)、24(11)
六一堂文集　集4-31288
六一堂文集、對山堂詩集　集4-31289
六三老人自序年譜　史2-12375
11 六研齋二集　叢1-206
六研齋筆記、二筆、三筆　叢1-223(42),2-1181～2

12 六烈女傳　叢 1 - 168(3)
15 六醴齋醫書十種　子 2 - 4625
16 六硯齋筆記、二筆、三筆　子 4 - 23027　叢 2 - 721
六硯草堂詩集　集 4 - 25170
六硯草堂詩外集、補遺　集 4 - 25171
17 六子　子 1 - 33
六子論　子 4 - 23871
六子要語　子 1 - 9～10, 4 - 23849
六子歸儒集　子 4 - 23875
六子摘粹　子 4 - 20867
六子書　子 1 - 7、104
六子書(世德堂六子、六子全書、重刻京板六子全書)　子 1 - 8
六子全書　子 1 - 31～2　叢 1 - 559
六君子齋稿　集 3 - 16815
20 六壬　子 3 - 13989、14024
六壬辨疑　子 3 - 13945
六壬雜輯　子 3 - 13984
六壬雜抄六種　子 3 - 13953
六壬課經集　子 3 - 13910
六壬課斷解　子 3 - 14029
六壬課式　子 3 - 13983
六壬課鏡　子 3 - 13998
六壬課義　子 3 - 13982
六壬說約　子 3 - 14008
六壬三黔集覽　子 3 - 13914
六壬正易軍帳句玄總鈐　子 3 - 13814
六壬正易軍帳勾玄鈐　子 3 - 13813
六壬五變中黄經　子 3 - 13874
六壬靈鏡　子 3 - 13962
六壬雲開觀月經　子 3 - 13908
六壬聚玉集　子 3 - 13939
六壬瑣記　子 3 - 13993
六壬集應鈐　子 3 - 13898、13913
六壬集要　子 3 - 13916
六壬集要四言斷　子 3 - 13917
六壬集鈐　子 3 - 14019
六壬統宗　子 3 - 13899
六壬統署　子 3 - 13985
六壬行軍指南　子 3 - 13823
六壬占斷書　子 3 - 13991
六壬經緯　子 3 - 13937
六壬斷案祕訣　子 3 - 13870
六壬鬼料竅　子 3 - 14014
六壬總論　子 3 - 14017
六壬總鈐　子 3 - 13999
六壬盤式　子 3 - 13980
六壬龜甲統宗　子 3 - 13919
六壬彙鈐　子 3 - 13981
六壬滙覽　子 3 - 13966
六壬祕占　子 3 - 14003
六壬決勝兵機　子 3 - 13822
六壬神課金口訣　子 3 - 13893～4
六壬神定經　子 3 - 13877　叢 1 - 426, 2 - 731(15)
六壬神機　子 3 - 14027
六壬初學便覽　子 3 - 14015
六壬通仙　子 3 - 14020
六壬軍帳神機　子 3 - 13815～6、13971
六壬軍帳賦　子 3 - 13817
六壬九種　子 3 - 13866
六壬大占　子 3 - 13880　叢 1 - 265(3)
六壬大占課例　子 3 - 13997
六壬大全　子 3 - 13979　叢 1 - 223(36)
六壬直指　子 3 - 13929、13931
六壬直指析義　子 3 - 13932
六壬卦課　叢 2 - 2269
六壬獨悟絕法　子 3 - 14009
六壬摘要　叢 2 - 1588
六壬摘要、罪言　子 3 - 13954
六壬指南心印賦　子 3 - 13925
六壬成式　子 3 - 13900
六壬軌跡照心經　子 3 - 14000
六壬軌限照心神鑑經　子 3 - 13871
六壬捷步　子 3 - 13963
六壬捷錄　子 3 - 14021
六壬日占　子 3 - 13912
六壬畢法賦　子 3 - 13878
六壬眎斯　子 3 - 13958～9
六壬兵占　子 3 - 13820
六壬兵法書　子 3 - 13819
六壬兵帳　子 3 - 13821
六壬兵機　子 3 - 13825
六壬全課占斷集成　子 3 - 13955
六壬全書　子 3 - 13934
六壬金璧　子 3 - 13996
六壬金鏡　子 3 - 14026
六壬分野　子 3 - 13918
六壬鉗斷　子 3 - 13973
六壬鈐說釋義　子 3 - 13920
六壬管輅神書　子 3 - 13873
六壬管氏神書　子 3 - 13988
六壬掌鏡　子 3 - 14004
六壬粹言　子 3 - 13944
六壬類聚　子 3 - 13941　叢 2 - 1555
六壬類占　子 3 - 13949
六壬類編　子 3 - 13964
六壬類纂神課　子 3 - 13987
六壬精要　子 3 - 14006

六壬精蘊　子 3 - 13943、13961
六壬精蘊彙集　子 3 - 13990
六香菴詩稿　叢 1 - 300
六么令　子 3 - 17921
六集鍾國母　集 7 - 52977
21 六行堂詩鈔　集 4 - 26684
六經病解　子 2 - 4608、4612、6578
六經方證中西通解　子 2 - 6628
六經說　子 2 - 4747
六經三注粹抄　經 1 - 51
六經正誤　經 1 - 77(4),2 - 11956　叢 1 - 223(12)、227(4)
六經正義　經 1 - 59
六經天文編　子 3 - 11296　叢 1 - 223(34)、268(3)、468,2 - 731(26)
六經天文篇　子 5 - 24880、24887
六經傳記逸詩逸書韻表　史 8 - 63500
六經傳記逸詩逸周書韻　史 8 - 63500
六經奧論　經 1 - 77(4)、93,2 - 11458、11460～1
六經奧論、總文　叢 1 - 223(12)、227(4)
六經奧論鈔　經 2 - 11462　叢 1 - 250
六經傷寒方　子 2 - 6722
六經傷寒辨證　子 2 - 6623
六經字便　經 2 - 13039
六經補疏　叢 2 - 1625～6
六經堪叢書十三種　叢 2 - 603
六經蒙求　經 2 - 12024
六經指髓　子 2 - 4767、6629
六經農用集傳　子 1 - 4142
六經提綱　子 2 - 5299、6655
六經串八種　叢 1 - 186
六經圖　經 2 - 11834～6、11842　子 4 - 24094,5 - 25162　叢 1 - 223(12)
六經畧注序　經 2 - 11450　叢 2 - 774(7)
六經脈證　子 2 - 4612、6580
六經脈診　子 2 - 6141
六經全圖　經 2 - 11845
六經堂遺事　叢 2 - 845(2)
六經堂遺事(屠獻宸)　史 2 - 9159
六經類雅　子 5 - 25674
22 六變記　經 2 - 13572
六峯閣詩稿　集 3 - 18318～20
六種應驗神方　子 2 - 4591
六種新編(醫方十種滙編)　子 2 - 4671
六秝通考　叢 2 - 1792～3
23 六代小舞譜　經 1 - 6584～6
六稽雜錄　子 4 - 23903
24 六科證治準繩(證治準繩)　子 2 - 4565
六科吳氏宗譜[江蘇宜興]　史 4 - 27773
六科則例　史 6 - 46955
25 六律正五音考　經 1 - 6544
26 六泉十布室錢錄　史 8 - 64884～5
六鯉軒詩鈔(紫柏集、金臺集、木蘭集、木蘭續集、灤陽集、洹川集、洹川二集、龍山集)　集 4 - 22032
27 六勿軒詩存　集 5 - 33972,6 - 42007(3)
六舟山野紀事詩　集 4 - 28936～7
六彙王氏祠志[湖南]　史 4 - 25411
30 六宜樓詩稿(六宜樓吟草)　集 5 - 38264
六宜樓稿　叢 2 - 858
六宜樓遺稿　集 4 - 25386
六宜樓杜詩選、詩學源流、論杜　集 1 - 1020
六灘黃氏支譜[湖南長沙]　史 5 - 34007
六房譜　史 4 - 28277
六家文畧、六家始末　集 6 - 42755
六家弈譜　子 3 - 18100
六家詩名物疏、引用書目、提要　經 1 - 3778　叢 1 - 223(7)
六家詩選　集 6 - 41777、41841
六家詩餘　集 7 - 46402
六家古憲考　子 3 - 11525
六安州志[雍正]　史 7 - 58004
六安州志[康熙]　史 7 - 58002～3
六安州志[嘉靖]　史 7 - 58000
六安州志[萬曆]　史 7 - 58001
六安州志[乾隆]　史 7 - 58005
六安州志[同治]　史 7 - 58007
六安涂大司馬遺集　集 4 - 32209
六安涂氏求我齋所刊書(六安求我齋所刊書)六種　叢 1 - 450
六安直隸州志[嘉慶]　史 7 - 58006
六安縣志[民國]　史 7 - 58008
六字神咒　子 6 - 32086(14)
六字神咒王經　子 6 - 32081(14)、32083(10)、32085(15)、32086(16)、32088(11)、32089(12)、32090(15)、32091(14)、32092(10)
六字神咒經　子 6 - 32081(13)、32082(11)、32089(11)、32090(15)、32091(13)、32092(9)、32093(41),7 - 32101
六字大陀羅尼經　子 6 - 32089(15)
六字大陀羅尼咒經　子 6 - 32081(18)、32083(12)、32085(18)、32086(19)、32088(13)、32090(20)、32091(19)、32092(13)、32093(44)
六字大陁羅尼咒經　子 6 - 32084(11)、32085(13)、32088(10)
六字咒王經　子 6 - 32081(14)、32083(10)、32085(15)、32086(16)、32088(10)、32089(12)、32090(15)、32091(14)、32092(10)
六客之廬筆談　叢 2 - 809
六官政考　史 6 - 42601
六官典故　經 1 - 5033

六官駢萃　子5-25951
31 六河圖說　史7-53032
32 六洲地理教科書　史7-54433
六淫直徑　子2-6892
六逝集存六種　集6-42017
33 六必酒經　子4-19108
六冶詩集　集5-40719
六治闡要　子2-5051
六述奇[航海]　史7-54382
34 六法管見　子3-16392
35 六神寶卷(家神擁護寶卷)　集7-54274
六禮疑輯前集、後集、別集　經1-6286
六禮或問　經1-6276　叢2-1421
六禮纂要　經1-6253
37 六湖先生遺集　集3-18523
六祖法寶壇經　子7-34166
六祖大師法寶壇經　子6-32089(48)、32090(62)、32091(60)、32092(41)、32093(51),7-32130、34163～4、34169～72　叢1-114(3)
六祖大師法寶壇經、機緣、附錄　子7-34165
六祖大師法寶壇經贊　子7-34175
六祖大師事畧　子7-34168
六祖大師金剛經解義　子7-33142
六祖壇經　子7-34167
六祖壇經節錄　子7-34174
六逸詩話　集6-44540
六通訂誤　史6-41723
六通訂誤附　子5-25922
六姿言　子1-1061
六軍鏡　子1-3854
六咨言集　叢2-1093
六咨言集、積承錄　子4-20623
38 六道集　子6-32091(78),7-34690
六道伽他經　子6-32089(25)
六道伽陀經　子6-32081(44)、32082(21)、32083(28)、32085(41)、32086(49)、32088(30)、32090(33)、32091(31)、32092(21),7-32766
40 六十詩　集5-36483
六十種曲　集7-49709
六十自定稿　叢2-1293
六十自壽巴言　集5-36534
六十名家詞選　集7-48581
六十家名賢小集　集6-41893
六十壽言　史2-9413　叢2-1852
六十卦用事之月　經1-2015
六十花甲吉凶趨避日期表　子3-14540
六十蒙求詩草　集4-28361
六十四卦經解　經1-1605
六十四卦經史彙参　經1-1503
六十四卦通解　經1-1542
六十四卦觀象　叢2-1299
六十四卦令　子3-17959、18351
六十甲子占　叢1-256
六十甲子本命元辰曆　子5-29530(24)、31642
六十年記　史2-12418
六十頌如理論　子6-32081(52)、32082(27)、32083(33)、32084(30)、32085(47)、32086(56)、32088(34)、32089(46)、32090(53)、32091(51)、32092(35)、32093(26)
六九齋饌述稿　經2-11678～9　集4-29419～20　叢1-463～4
六九軒算書六種　子3-12355
六大州說　史7-49318(19)、54338
六大洲輿地最新說畧　子7-37777
六友山房外集　集5-33811
六友堂詩鈔　集4-28486
六友堂剩草　集6-42007(2)
六有書齋詩文集　集5-34709
六有軒集　集3-18879
六爻發揮周易正解　經1-1424
六李集　集6-44989
六吉齋詩稿　集4-30647
六吉齋詩鈔　集4-30648
41 六帖補　子5-24891　叢1-223(43)
六極軒詩草　集5-39447
42 六韜　子1-61、66～9、3014～8、3025、3028～9、3060～1、3102、3202～3、3208、4-19512　叢1-79、223(31)、447,2-635(4)、772(4)、773(4)
六韜(周書六韜)　子1-3201
六韜、逸文　子1-3081、3099、3204　叢1-303～5、377、394,2-1844
六韜佚文　叢2-777
六韜逸文　子1-3205～6
六韜直解　子1-3019、3207
六橋詩集　集4-28727,6-42007(2)
43 六博譜　子3-18212、18247　叢1-22(27)、25、37、173
六博碎金　子3-18243
44 六藝堂詩禮七編　經1-127
六勸家道　集7-53210
六芳草堂詩存　集4-29602
六草　集6-45074
六草齋蟲吟　集4-28635
六草軒文集　集4-28636
六菩薩亦當誦持經　子6-32084(22)、32093(7)
六菩薩名亦當誦持　子6-32081(41)、32082(19)、32085(38)、32086(45)、32088(28)

六菩薩名亦當誦持經　子 6－32089(35)、32090(54)、32091(52)、32092(36)
六菩薩名經　子 6－32083(26)
六也曲譜初集　集 7－54778
六也堂訓蒙草　子 1－2840
六藝論　經 1－26～8,31,101,2－11409～16　叢 1－261、337、515,2－731(5)、761、765～6、773(6)、774(7)
六藝論疏證　經 1－151,2－11417　叢 2－2066
六藝偶見　經 2－11825　叢 2－2162
六藝綱目　叢 1－272(2)、381、430、440～1、483,2－731(4)
六藝綱目、發原、字原　子 1－2763
六藝綱目、發原、字原、重刊六藝剛目札記　子 1－2764
六藝綱目、發原、字原、校勘記　子 1－2766
六藝綱目、字原、檢字　子 1－2765
六藝綱目、校勘記　叢 2－845(3)
六藝綱目、附錄字原、六藝綱目發原　叢 1－223(17)
六藝流別　集 6－42744
六藝之一錄、續編　叢 1－223(38)
六藝之一錄、目錄、續編　子 3－15147
六藝通誼　經 2－11824　叢 2－2162
六藝通誼初稿　經 2－11823　叢 2－2162
46 六觀樓文集拾遺　集 4－24099
六觀樓文存　集 4－24098　叢 2－1600
六觀樓文存、詩存　集 4－24093
六觀樓文存、詩存、文集拾遺、吴逆始末　集 4－24094
六觀樓文存、詩存、吴逆始末　集 4－24095
六觀樓詩存　叢 2－1600
六觀樓北曲六種　集 7－49532
六觀樓全集四種　叢 2－1600
六如亭　集 7－50314
六如唐先生畫譜　集 2－7430
六如詩鈔　集 2－7433　叢 1－311
六如畫譜　子 3－15909　叢 1－347,2－731(35)
六如居士(唐寅)外集　史 2－8905
六如居士詩文集　叢 2－1070
六如居士制義　叢 2－1070
六如居士外集　史 2－8906～7　叢 1－203(17),2－994、1070
六如居士畫譜　子 3－15909　叢 1－435,2－1070
六如居士畫譜、六如居士題畫詩　子 3－15911
六如居士題畫詩　子 3－16125
六如居士尺牘　集 2－7439
六如居士全集(六如居士詩文集、補遺、六如居士外集、六如居士制義、墨亭新賦、花鳴聯吟、畫譜)　集 2－7428
六如居士全集、補遺　集 2－7429
六如居士全集六種　叢 2－1070
47 六朝唐詩偶鈔　集 6－42456
六朝唐賦讀本　集 6－42588
六朝唐賦讀本(選註六朝唐賦)　集 6－42587
六朝唐賦英華　集 6－42586
六朝文苑　集 6－42991
六朝文絜　集 6－43116　叢 1－437,2－698(12)
六朝文絜箋註　集 6－43117
六朝詩集　集 6－41767
六朝詩彙、目錄、詩評　集 6－42349
六朝麗指　叢 2－2219
六朝綺　子 5－25827
六朝名臣奏議選　史 6－47769
六朝寫本禮記子本疏義　經 1－5562
六朝字學精華　子 3－15251
六朝寶訓政事紀年　史 1－1305
六朝造像精華第一集　史 8－64647
六朝遺事雜詠　史 1－6108
六朝通鑑博議　叢 1－223(29)
六朝選詩定論　集 6－42450
六朝聲偶集　集 6－42409
六朝聲偶删補　集 6－42410
六朝事迹　史 7－50094　叢 1－23(11)
六朝事迹編類　史 7－50091～2　叢 1－223(25),2－731(58)
六朝事迹編類、附識　史 7－50093
六朝事迹類　叢 1－552
六朝事跡編類　叢 2－730(5)
六朝事蹟　叢 1－22(12)、29(6)
六朝事蹟編類　叢 1－90～1
六朝四家全集　集 6－41703
六朝四家全集辨訛考異　集 6－46139
六朝別字記　經 2－13109
六朝隋唐寫經真跡六種　子 3－15624
六朝人手書左手傳　子 3－15540
六朝人書左氏傳　經 1－6671
六朝金粉　子 5－25966
六朝餘韻　子 5－25713
六趣輪迴經　子 6－32093(31)
六柳遺集　集 2－12034～5
六根歸道篇　子 5－29530(24)、30940
48 六翰林易經主意寶藏　經 1－911
六松堂詩集、詩餘、文集、尺牘　叢 2－870(5)
六松堂集　集 3－14733

六梅書屋存稿　集4-27645,6-42006
六梅書屋尺牘　集4-33110　叢1-496(5)
49 六妙法門　子6-32093(50),7-33839、33841
六妙門禪法　子6-32084(33)
50 六事箴言　子1-2565　叢1-535～6
六事箴言續錄　子1-2567
六書　經2-15139
六書辨　經2-12523、12618
六書辨譌輯要　經2-12480
六書辨正　經2-12278、12494
六書辨正通俗文　經2-13044
六書辨通、辨通補、辨通續補　經2-13586～7
六書辨通、補、續補　經2-12465
六書辨畧　叢2-1763
六書辨畧、音義辨畧　經2-12508
六書辨異　經2-13069
六書辨異、補遺　經2-13070
六書音韻表　經2-12134、12136～40　叢2-698(3)、1517
六書音均表　經1-111(3),2-12135、14120～1、14540
六書音義辨畧　叢2-1763
六書雜說　經2-12466、13588～9
六書新說　經2-12539
六書說　經2-12467、15126　叢1-430、440～1、514
六書說、校譌、續校　叢1-376,2-731(22)
六書說文畧　叢2-1816
六書說續校　經2-12469
六書說校譌　經2-12468
六書正譌　經2-12444　叢1-223(16)
六書正義　經2-12451
六書系韻、檢字　經2-13763
六書集說　經2-12548
六書統　經2-12817　叢1-223(16)
六書統溯原　經2-12818
六書穅秕　經2-12645　叢2-1653
六書師說記　經2-12526
六書經界評議　叢2-2168
六書例　經2-12518、12597
六書例說　經2-12512、12517、12728
六書例解　經2-12464、13588～9　叢1-477
六書例解、六書雜說、漢隸偏旁點考題詞、八分書辨　經2-13587
六書例解、六書雜說、八分書辨　經2-13586
六書偏旁通叚攷　經2-12491
六書總要、正小篆之訛、諧聲指南　經2-12449
六書釋例　經2-12550
六書釋義　經2-12537
六書彙編　經2-12495
六書彙纂　經2-12513
六書約言　經2-12520
六書綱目　叢2-886(5)
六書綱目、切音導原第一篇　經2-12510
六書綱領　叢1-34、163
六書緣起　子3-16776、16825
六書準　經2-12454
六書泝原直音、分部備考　經2-12452
六書淺說　經2-12507　叢2-1814
六書述　經2-12530
六書述部敘考　經2-12463
六書通　經2-12455、12459～60
六書通、六書通摭遺　經2-12456
六書通、百體福壽全圖　經2-12458
六書通釋　經2-12443
六書通摭遺　經2-12457
六書通義　經2-12522、15105
六書十二聲傳、解字贅言　經2-14208　叢2-1946
六書古微　經2-12533、12735　叢1-547(2),2-2173
六書索隱　經2-12447
六書蒙拾　經2-12492
六書舊義　經1-165,2-12531　叢2-2129(1)、2130～1
六書權輿　經2-12538
六書故、六書通釋　經2-12815　叢1-223(15)
六書故檢字　經2-12816
六書本義、綱領、圖考　叢1-223(16)
六書本義、書義綱領、六書本義圖　經2-12445
六書轉注說　經2-12504　叢2-1735
六書轉注錄　經2-12476　叢1-456(7),2-731(22)、1559
六書提要　經2-12544
六書畧　經2-12441
六書畧講　經2-12549
六書賦音義、六書賦　經2-12448
六書原始　經2-12505～6
六書長箋漢義　經2-12110、12453
六書叚借經徵　經2-12493　叢1-477
六書分毫　經2-13047　叢1-282(4)、283(4),2-731(22)
六書分類　經2-13172
六書義　經2-12521
六書會原　經2-12488
六書管見　經2-12487
六書類纂、說篆臆存雜說　經2-12514
六書精蘊、音釋舉要　經2-12446

53 六戊詩草 集5-35199
55 六井考 叢1-295
六典理董許書 史8-63500
六典理董許書第六藁 史8-63500
六典理董許書第五藁 史8-63500
六典理董許書第七藁 史8-63500
六典通考 史6-42642
60 六日七分論 經1-542、2311
六因條辨 子2-4770、6852
六甲主事賦遁甲起例 子3-14558
六甲天文 子3-14543
六甲天元氣運鈐 子3-14567
六甲鄧氏族譜[湖南漢壽] 史5-38845
六甲梁氏四修族譜[湖南] 史5-34697
六甲奇書 子1-3090
六是堂詩選、文稿畧編、附錄 集3-13488
62 六影詞 集7-47480
68 六喻箴傳奇 集7-50416
71 六曆甄微 子3-11661
六曆通考 叢2-1792
六臣註文選 叢1-223(68),2-635(13)
72 六脈渠圖說 史7-53005 叢2-883
六岳登臨志 史7-52173
74 六陵刼餘志 史7-51924
77 六月譚 史1-5532
六月三伏一段 集7-51500
六月霜傳奇 集7-50406
六居劉金氏宗譜[浙江東陽] 史4-29724～5,5-39301
六印齋集 集4-27022
六卿遺事 叢2-632
六門教授習定論 子6-32081(26)、32083(18)、32086(29)、32088(18)、32089(44)、32090(50)、32091(48)、32092(33)、32093(26),7-32759
六門陀羅尼經 子6-32083(13)、32093(44)
80 六益謙禪師語錄 子7-34364
六分山房詩集 集4-31386
六美圖 集7-53833、53835
六義齋詩集、雲岫詞 集3-21715
六義郛郭 集6-46329 叢2-1653
六義圖解 經2-12998 叢1-22(14)、23(14)、173
六合紀事 史1-3889
六合汪氏家譜[江蘇六合] 史4-28679
六合叢談 子4-24441
六合內外瑣言 子5-27315 叢1-496(2)
六合內外瑣言(瑣蛣雜記) 子5-27314
六合槍法 子1-3574
六合縣續志稿[民國] 史7-56559
六合縣志[雍正] 史7-56556
六合縣志[康熙] 史7-56555
六合縣志[順治] 史7-56554
六合縣志[嘉靖] 史7-56552
六合縣志[萬曆] 史7-56553
六合縣志[乾隆] 史7-56557
六合縣志[光緒] 史7-56558
六合同春 集7-49711
六合同春四種 集7-49712
六氣病考 叢2-2235
六氣歌訣 子2-11181
六氣爲病 子2-7190
六氣感証 子2-6878、7812
六氣感証要義 子2-4770、6894
87 六銘軒存稿 集4-24715
六銘軒古今體詩存 集4-24714
六欲軒初稿 集2-11396
88 六箴堂詩稿 集3-19293
90 六憶詞 集7-48198 叢1-587(6)
六堂詩存、續集 集3-20770
六半樓詩鈔、文杏堂尺牘 集4-28125
六半樓詩鈔、詞鈔 集4-28124
六半樓詞鈔 集7-47455
六省黃河工程埽壩情形全圖 史6-46666
94 六慎齋文存 集5-41169～70
六慎齋詩存 集5-41168
95 六煉九煉法 叢1-62、64
99 六瑩堂詩 集6-44884
六瑩堂集 集3-15026
六瑩堂集、二集、評詞、衷詞 集3-15025

0080_6 賣

00 賣主天子所問經 子6-32081(20)、32085(19)

0090_4 棄

12 棄瓢集 集3-14795～6
28 棄微官監州貪倚玉 集7-49376、49492
44 棄草詩集、文集、二集 集2-11753
50 棄書 叢2-2125
87 棄錄(明崇禎十二年) 史2-12550
88 棄餘詩草 集3-19752、21913

稟

05 稟請試辦京東西鐵路章程　史 6－44224
稟請奏明保護回華商客稿　史 6－43943
20 稟稿　叢 2－1020
24 稟牘　叢 2－1139
28 稟復廖工部鴻荃委查黃河水源　史 6－46664
30 稟定和州團練現辦章程　史 6－45456
38 稟啓零紈　子 4－23590　叢 1－496(8)

0090$_6$ 京

00 京塵雜錄　叢 2－735(4)
京塵雜錄四種　叢 2－1819
京音集　集 2－12256　叢 2－1220
京音樂譜　子 3－17935
京音簡字述畧　經 2－13241、13592
02 京話切音書　經 2－14488
07 京調全本探陰山　集 7－53192
10 京西名勝一段　集 7－51478
11 京張鐵路局詳定張綏鐵路購地章程　史 6－44228
17 京郡圖一段　集 7－51477
21 京師高等以下各級審判廳試辦章程　史 6－46023
京師廣東學堂書藏捐書目錄　史 8－65525
京師新樂府　叢 1－371
京師譯學館生理衛生學講義　子 7－37923
京師譯學館規章　史 6－42448
京師譯學館輿地學講義　史 7－49795、54447
京師五城坊巷衚衕集　史 7－49323、49804　叢 2－671
京師外城巡警總廳第一次統計書　史 6－45349
京師偶記　史 7－49318(12)、49322、49822
京師法政學堂第一年同學錄　史 6－42450
京師法政學堂第二年同學錄　史 6－42451
京師通各省會城道里記　史 7－49878
京師大學堂章程　史 6－42446
京師大學堂譯學館章程　史 6－42447
京師大學堂心理學講義　子 7－37955
京師大學堂中國通史講義　史 1－5821
京師大學堂暫定各學堂應用書目　史 6－42425
京師坊巷志、考證　史 7－49837　叢 2－671
京師坊巷志稿　史 7－49836　叢 2－2054
京師存稿　叢 2－2094
京師女子師範學堂暫行章程　史 6－42454
京師地名對　史 7－49847
京師勸工陳列所章程　史 6－44768、47082
京師藥行商會配方　子 2－10043
京師日曆　史 2－12576　叢 2－1344
京師民立兩等女學堂章程　史 6－42455
京師公立求實中學堂章程　史 6－42453
22 京畿諸水編　史 7－49318(10)、52824
京畿治河芻議　史 6－46718
京畿冢墓遺文　史 8－63811
京畿金石考　史 8－63503、63810　叢 1－347、418～9、515，2－731(32)
京山縣新志[民國]　史 8－60181
京山縣志[康熙]　史 8－60178
京山縣志[光緒]　史 8－60179
23 京外武職大臣名單　史 3－23720
25 京傳李會魁易經尊朱約言　經 1－775
30 京房易傳　經 1－2343　叢 1－19(1)、21(1)、24(1)，2－765～6、775(1)
京房周易章句　經 1－2321
京察先行呈遞各單　史 6－42771
京察條例(光緒十三年至十九年)　史 6－42770
京察滿司官履歷清册　史 3－23716
京察滿司員履歷册　史 3－23717
京察滿漢司官筆帖式履歷清册(清光緒十九年)　史 3－23712
京察滿漢司員履歷册(清光緒二十年)　史 3－23713
京察滿漢司員履歷册(清光緒十七年)　史 3－23711
京察過堂呈遞名單(光緒二十九年)　史 6－42772
京察筆帖式履歷清册　史 3－23714
京察筆帖式履歷册　史 3－23715
31 京江郭氏家乘[江蘇鎮江]　史 4－32276～8
京江丁氏族譜[江蘇鎮江]　史 4－24602
京江丁氏支譜附傳畧彙錄[江蘇鎮江]　史 4－24600
京江張氏家乘[江蘇丹徒]　史 5－34807
京江張氏宗譜[江蘇丹徒]　史 5－34808～9
京江何氏家乘[江蘇鎮江]　史 4－28243
京江何氏祕業海底眼　子 2－6526
京江何氏支譜[江蘇鎮江]　史 4－28242
京江白沙朱氏六修族譜[江蘇鎮江]　史 4－26409
京江吳氏族譜[江蘇鎮江]　史 4－27721
京江宋氏宗譜[江蘇鎮江]　史 4－29145
京江遊草　集 4－26614

京江道氏重修宗譜[江蘇鎮江]　史5-36692
京江李氏宗譜[江蘇鎮江]　史4-27112
京江戴氏家乘名壽錄[江蘇鎮江]　史5-40484
京江蔣氏宗譜[江蘇鎮江]　史5-38074
京江耆舊小傳　叢2-1875
京江蔡氏十三章　子2-7184
京江相公詩稿真蹟、張文貞公詩鈔　集3-16038
京江楊氏族譜[江蘇鎮江]　史5-36779
京江楊氏重修宗譜[江蘇鎮江]　史5-36782
京江楊氏家乘[江蘇鎮江]　史5-36780
京江楊氏宗譜[江蘇鎮江]　史5-36781
京江柳氏宗譜[江蘇鎮江]　史4-30339～41
京江盛氏宗譜[江蘇鎮江]　史5-34274
京江嚴氏宗譜[江蘇鎮江]　史5-41178～9
京江賜禮堂戴氏家乘[江蘇鎮江]　史5-40483
京江馬氏宗譜[江蘇鎮江]　史4-31561
京江劉氏宗譜[江蘇丹徒]　史5-39224
京江劉氏宗譜[江蘇鎮江]　史5-39221
京江陳氏族譜[江蘇鎮江]　史4-32735
京江陳氏宗譜[江蘇鎮江]　史4-32734
京江開沙王氏族譜[江蘇鎮江]　史4-24825
京江開沙王氏重修族譜[江蘇鎮江]　史4-24823～4
京江余氏宗譜[江蘇鎮江]　史4-28513～4
京江節孝祠譜、京江節孝祠彙編　史7-51770
京江小沙溪嚴氏宗譜[江蘇鎮江]　史5-41182
京源廖氏族譜[福建上杭]　史5-38523～4
32 京兆亢氏蘇州分支族譜[江蘇蘇州]　史4-25882
京兆記　集7-49152
京兆記(張京兆閨閣畫眉記)　集7-49159
京兆歸氏世譜　史5-40947
京兆歸氏世譜[江蘇常熟]　史5-40945
京兆微波錄　集2-10211
京兆宋氏族譜　史4-29190～2
京兆宋氏宗譜[浙江蘭溪]　史4-29166
京兆退思錄　叢2-1745
京兆杜氏宗譜　史4-27035
京兆眉　集7-49306
京兆舒氏統宗譜[安徽]　史5-36317
京兆舒氏宗譜[浙江金華]　史5-36312
34 京漢北路二等價目表　史6-44230
京漢北路來往時刻表　史6-44229
京漢鐵路工程自光緒三十年拾月至十一月收支各款譯册　史6-44231
京漢鐵路載客運貨價章彙全　史6-44232
京滇路程　史7-51328
35 京津救濟善會圖說、文牘　史6-44631
京津風土叢書　史7-49324
京津拳匪記、上諭　史1-4284
京津拳匪紀畧前編、後編、庚子京津拳匪紀畧、圖　史1-4283
37 京澳纂紀聞　叢2-1676
京通火車頭二三等客位價目及開車時刻表　史6-44227
38 京遊雜記、記宦迹　史7-54209　叢2-2185
41 京板校正大字醫學正傳　子2-9239
43 京城白喉外治三法　子2-7497
京城白喉約說　子2-4688、7496
京城胡同名一段　集7-51475
京城圖問答一篇　子7-36237
44 京華詩　叢2-1320
京華元夕詩　集2-11092
京華集　集3-16005、19291　叢2-1685
京華俗詠　史7-49876
京華日識、醉六室日記(清道光十七年、二十年、二十一年至二十三年、二十六年、二十八年至三十年，同治九年至十年)　史2-12864
京華日記、宣南日記、長安日記(清同治十三年)　史2-13140
京華見聞錄　叢2-1368
46 京相璠春秋土地名　叢2-767
47 京朝集　集4-25075　叢2-972
京都帝國大學文學部景印唐鈔本九種　叢2-732
京都廣育堂醫藥局經驗方　子2-9881
京都績溪館錄　史7-49880～1
京都古景一段　集7-51476
京都竹枝詞　集4-24229　叢1-373(7)
京都懷理書院章程　史6-42444
50 京本音釋註解書言故事大全　子5-24871
京本玉海精粹　子5-24884
京本雲合奇蹤　子5-28142
京本通俗演義按鑑全漢志傳　子5-27957
京本通俗小說　子5-27693
京本通俗小說存　叢1-512
京本校正音釋唐柳先生集、別集、外集、附錄　集1-1409
京本校正註釋音文黃帝内經素問　子2-5391
京本校正註釋音文黃帝内經素問、京本黃帝素問靈樞經　子2-5319

京本校正大字醫學正傳　子 2 - 9239
京本黄帝内經素問遺篇　子 2 - 5388
京本黄帝素問靈樞經　子 2 - 5441
京本增修五代史評節　史 1 - 5247
京本春秋左傳　經 1 - 6616
京本素問入式運氣論奥　子 2 - 5419
京本點校重言重意春秋經傳集解　經 1 - 6682
京本點校附音重言重意互注禮記　經 1 - 5553
京本點校附音重言重意互注周禮　經 1 - 4895
京東詩鈔　集 4 - 33448
京東考古録　史 7 - 51340　叢 1 - 195(7)、210～1、249(3)、395,2 - 731(57)、1275～6
60 京口三山志　史 7 - 49352、52234～5　叢 2 - 806
京口三山志補　史 7 - 52236
京口丁氏族譜[江蘇鎮江]　史 4 - 24601
京口順江洲王氏家乘[江蘇鎮江]　史 4 - 24832
京口順江洲王氏第十二次增修家乘[江蘇鎮江]　史 4 - 24833
京口盧氏重修宗譜[江蘇丹徒]　史 5 - 40058
京口儒林劉氏族譜[江蘇丹徒]　史 5 - 39223
京口變畧　史 1 - 1938、1979、3308
京口山水志　史 7 - 52144
京口僨城錄　史 1 - 3805　叢 2 - 804～5
京口朱方陳氏重修族譜[江蘇鎮江]　史 4 - 32729～30
京口徐氏宗譜[江蘇鎮江]　史 4 - 31804
京口軍事記　叢 2 - 2167
京口遊詩　集 3 - 15307
京口遊山記　史 7 - 53231　叢 2 - 1136
京口夾山竹林寺誌　史 7 - 51569
京口袁氏重修族譜[江蘇鎮江]　史 4 - 31304
京口城南曹氏宗譜[江蘇鎮江]　史 5 - 34156
京口茅氏宗譜[江蘇鎮江]　史 4 - 29498～9
京口耆舊傳　史 2 - 7815～6　叢 1 - 223(22)、274(3)、456(6)、457
京口老莊村劉氏重修族譜[江蘇鎮江]　史 5 - 39222
京口東馬頭王氏重修宗譜[江蘇鎮江]　史 4 - 24826
京口駐防閤營將士祭都統海公文　叢 2 - 804
京口劉氏族譜[江蘇丹徒]　史 5 - 39225
京口兵事通紀叢鈔　叢 2 - 2167
京口陳氏五修家譜[江蘇鎮江]　史 4 - 32728
京口陳氏重修宗譜[江蘇鎮江]　史 4 - 32740
京口八旗志　史 6 - 45274
京口義村朱氏重修族譜[江蘇鎮江]　史 4 - 26418
京口小沙蕭氏宗譜[江蘇鎮江]　史 5 - 39948
京口掌故叢編初集七種　叢 2 - 804
京口掌故叢編七種　叢 2 - 805
京吊譜　子 3 - 18289
72 京氏易　經 1 - 2342　叢 1 - 493
京氏易占　經 1 - 2346　叢 2 - 775(5)
京氏易傳　經 1 - 2340　叢 1 - 47、71、169(2)、223(36)、227(7)、268(1),2 - 635(2)
京氏易傳(易傳)　經 1 - 2344
京氏易傳箋　叢 2 - 2269
京氏易畧　經 1 - 2347　叢 1 - 22(1)、23(1)
77 京學志　史 6 - 42837
京邸吟　集 3 - 15809
80 京鐫神峯張先生通考閉謬命理正宗大全　子 3 - 14137
87 京鍥皇明通俗演義全像戚南塘剿平倭寇志傳　子 5 - 28168
京餉筆記(清光緒二十七年)　史 2 - 12784
90 京省水道考　史 7 - 52760
99 京營叛兵列傳　史 1 - 1929

0091_4 雜

00 雜症　子 2 - 4674、4764、7282～3
雜症痘疹藥性主治合参　子 2 - 4597、5599
雜症論治　子 2 - 7240
雜症仁端錄　子 2 - 8710
雜症總訣　子 2 - 7253
雜症祕籍　子 2 - 4744、7168
雜症大小合参　子 2 - 4597
雜症藥方　子 2 - 10134
雜症藥譜　子 2 - 5710
雜症抉微　子 2 - 7246
雜症會心錄　子 2 - 4770、7245
雜症纂要　子 2 - 9360
雜症鈔　子 2 - 7251
雜病方案　子 2 - 7262
雜病六氣分治辨論　子 2 - 10944
雜病證治　子 2 - 4611、7249
雜病證治類方　子 2 - 4565、9297

雜病論章節 子2-4742
雜病論集 子2-7280
雜病論輯逸 子2-6797 叢2-2018
雜病須知 子2-7281
雜病經驗方 子2-9339
雜病源 子2-4608、4612、5015
雜病源流犀燭 子2-4622、5016
雜病心法 子2-7284
雜病心法要訣 子2-4989
雜病治法 子2-4747、7278
雜病補闕 子2-4734、7272
雜病捷要奇方 子2-7261
雜病賦注解 子2-7239
雜病分類 子2-7250
雜疫證治 子2-6942
雜疫奇方 子2-6925
雜癥歌訣二集 子2-7293
雜序 叢2-720(5)、1198
雜方偶抄 子2-10069
雜方類編 子2-10025
雜意清亡唱念 子3-17939
雜文 子4-24501 集4-22111
雜文三篇 叢2-1361
雜文僅存 集5-33778 叢2-1928
雜文偶存 集4-28213 叢2-822
雜文箋畧 集1-103 叢2-653(6)
雜文筆記 集4-27423
雜言 子1-1655,4-20999 叢1-202(7)、203(13),2-1624
01 雜評 子3-16039 叢2-731(36)
02 雜證謨 子2-4907
雜證要法 子2-4735、7275
雜證良方 子2-4682、7257
雜證滙參 子2-5064
03 雜詠 叢2-731(42)
雜詠(李嶠雜詠) 集1-707
雜詠百二十首 叢1-241、242(4)
雜識、續編 叢2-1443
04 雜誌 叢2-1026
雜誌索引 叢2-2270(5)
雜詩並未刻詩 集4-29160
07 雜記 子4-20622、23556、23655、23658、24362、24513 叢1-143、374、406,2-720(5)、1198、2092、2122
雜記備望錄 子4-23619
雜諍 子4-22664～5 叢2-798
08 雜說 叢1-20(8)、21(9)、24(11),2-2246
雜說佚文 叢2-777
雜說選鈔 叢2-1690
雜論 子4-21732、24747 叢1-21(4),2-1285
10 雜五行書 叢2-774(10)
雜碎語 史7-54312
17 雜子家 叢2-1443
20 雜稿 子4-23457、23534、24647、24673 叢2-1510、2150
雜稿、雜抄 子4-23600
雜稿存 集5-34677
22 雜劇 叢2-1280
雜劇三集三十四種 集7-48780
雜劇待考 叢2-1461～3
雜劇十種 集7-48784
雜劇十段錦十集 集7-48779
雜劇曲譜 集7-54684
雜劇段數 叢1-11、22(9)、23(8)、154
23 雜編十三種 叢2-2147
27 雜解 叢1-378
雜祭法 叢2-774(4)
28 雜儀 叢2-2270(4)
30 雜家言 叢2-2122
雜家集 叢2-1443
雜字 經2-13524、14699～701、15116、15142 叢1-495、586(2),2-716(1)、774(8)
雜字韻寶 經2-13783 叢1-65,2-1091
雜字便覽 經2-13537 叢2-681
雜字解詁 經2-14705～8、15116、15137、15142 叢1-495、586(2),2-716(1)、774(8)
雜字連珠 經2-13529
雜字指 經2-14691 叢2-774(7)
雜字類考 經2-13514
雜寶藏經 子6-32081(39)、32082(18)、32083(26)、32084(21)、32085(38)、32086(44)、32088(27)、32089(34)、32090(54)、32091(52)、32092(36)、32093(22)
35 雜禮議 經1-6026 叢2-774(4)
37 雜選 集6-44461
雜選內外科祕傳良方 子2-10138
40 雜志 叢1-9、17、19(1)、20(1)、24(2)
43 雜卦傳 經1-692
雜卦傳古音考 經1-2282 叢2-1147～8
雜卦朱氏說 經1-544
雜卦圖 經1-2163 叢2-1237
44 雜考 子4-22722 叢2-2235
雜考雜抄 子5-25468
雜花生樹齋詩稿 集4-32844
雜藏經 子6-32081(30)、32083(20)、32085(29)、32086(33)、32088(21)、32089(20)、32090(28)、32091(26)、32092(18)

雜著 子3-11253,4-20855、24467 叢2-1053、1316
雜著諸文 叢2-1187
雜著二編 集4-29698
雜著三種 叢1-188
雜著指玄篇 子5-29530(6)、31192~3
雜著捷徑 子5-29530(6)、31229
雜著拾遺 集4-30662
雜藝識名 子4-18634
50 雜史 叢2-698(4)
雜史五種 史1-1920
雜史四種 史1-1921
雜事宜忌備要 子3-14663
雜事祕辛 子5-26236 叢1-74~7、101、249(1)、407(2)、566,2-624(1)、726
雜毒海 子7-34333~4
雜書琴事 子3-17509 叢1-22(16)、23(16)
雜書目 叢2-2270(2)
55 雜曲二十九種 集7-50700
57 雜撰 叢2-1508
59 雜抄 子4-21763、23346、23525、23542、23865、24751,7-34598 叢1-492,2-900、1020、1792
雜抄二十種 叢1-351
雜抄五種 叢1-153
雜抄存稿 叢2-2084
61 雜題類存 子3-12400
70 雜譬喻經 子6-32081(39)、32082(18)、32083(26)、32084(21、22)、32085(38)、32086(44)、32088(27)、32090(55、56)、32091(54)、32092(37)、32093(27),7-32723
雜譬喻經、雜譬喻經 子6-32089(34)
71 雜阿毘曇心論 子6-32081(38)、32082(17)、32083(25)、32084(20)、32085(36)、32086(41)、32088(26)、32089(45)、32090(52)、32091(50)、32092(34)、32093(29)
雜阿含經 子6-32078、32081(26)、32083(18、20)、32084(15、17)、32085(26、29)、32086(29、33)、32088(19、21)、32089(17)、32090(23)、32091(21)、32092(15)、32093(17),7-32522~3、32525
72 雜質考 子7-36240(4)
75 雜體文 叢2-1882
雜體文稿 集4-22172 叢1-238
雜體文鈔 集4-29600
雜體詩 叢2-1309
雜陳錄八錄 子4-22433
77 雜騷影 集7-49385
雜學辨 子1-770 叢1-574(2),2-1039
雜學辨、記疑 叢1-223(30)
雜學音義 子7-35997
雜學輯要 子4-21856,7-35994
雜問 子1-1696 叢2-1640
雜問錄(一庵雜問錄) 叢1-111(4)
86 雜錦羣芳 子4-23439
87 雜銀換錢一枝 集7-52060
雜錄 史8-63497、63661 子2-10844,4-20856、22316、22733、23313、23503、23618、23656、24564、24661~2,5-26545 叢1-210~1,2-1020
雜錄、補 叢1-263
雜錄二十二則 叢2-768
雜錄三十種 子4-23593
雜錄五種 子4-24732 叢1-302
雜錄續集 史1-4496
雜錄各種 子4-23449、24640
雜錄漁洋山人詩 子3-15384
雜俎 子4-24744
88 雜篇 叢2-1185、1624
雜篇後集 集2-11154
雜箸 叢1-561,2-653(2)、1221、1734
雜纂 子4-22830 叢1-19(3)、20(2)、21(6)、24(3)、56,2-731(55)
雜纂新續 子4-24383 叢1-315
雜纂二續 子5-27383 叢1-22(13)、23(13)、29(7)、154、461
雜纂三續 子5-26371 叢1-22(28)、29(8)、154
雜纂續 子5-27376 叢1-22(13)、23(12)、29(7)、154、461
89 雜鈔 子4-23617、24738 叢2-1019、2217、2235
雜鈔方書 子2-10124
雜鈔便覽 子4-23609
雜鈔七種 經2-14536
雜鈔書單 叢2-1018
91 雜類名方 叢2-730(1)、731(30)

0110$_4$ 龔

21 龔上記 叢1-22(20)、23(19)、185、255(3)
42 龔坵陳氏宗譜[浙江龍游] 史4-32959
47 龔起雜事 史1-2710 叢1-13、14(1)、22(21)
龔起襍事 叢1-134

0121_1 龍

00 龍亭王氏宗譜[江蘇宜興] 史 4-24876
龍膏記 集 7-49709
龍膏記定本 集 7-49995
龍底毛氏宗譜[浙江江山] 史 4-25618
龍文鞭影 子 5-25233、25237
龍文鞭影、二集 子 5-25239
龍文鞭影、幼學便記讀本 子 5-25234
龍文鞭影二集 子 5-25240
龍文鞭影三集 子 5-25241
龍文鞭影初集 子 5-25235～6
龍文鞭影四言便讀 子 5-25244
龍章寵錫 史 4-24762
龍章累錫 史 2-9060
07 龍部 子 3-13139、13461
08 龍施女經 子 6-32083(8)
龍施菩薩本起經 子 6-32083(8)
09 龍談錄 叢 2-1379
10 龍王兄弟經 子 6-32083(21)、32093(19)
龍石詩集 集 2-7882
龍石詩集、文集 集 2-7880
龍石先生詩鈔、文 集 2-7881
龍雲集 集 1-2746～7,6-41904 叢 1-223(52)
龍雲集鈔 集 1-2748,6-41901
龍雲先生文集 集 1-2745 叢 2-870(4)
龍雲小集 集 6-41894(1)、41895
11 龍背塘詩鈔 集 5-39723
龍張氏三修族譜[湖南邵陽] 史 5-40307
12 龍瑞觀禹穴陽明洞天圖經 史 7-51738 子 5-29530(12) 叢 2-593～4
龍飛紀畧 史 1-1514～5
15 龍珠山房詩集、補遺、附錄 集 2-6643 叢 2-833
17 龍子猶十三篇 子 3-18229、18281
龍子猶吊經十三篇 子 3-18280
龍子猷論十三篇 子 3-18279
19 龍砂貢氏宗譜[江蘇江陰] 史 4-31300
龍砂志畧[光緒] 史 7-56924
龍砂醫案 子 2-10767
龍砂八家醫案 子 2-4770、10868
20 龍乘 子 5-25751
21 龍虎元旨 子 5-29530(21)、29562、30923
龍虎手鑑圖 子 5-29530(4)、31525
龍虎征南三十六本 集 7-51176
龍虎山誌 史 7-52485
龍虎山志 史 7-52484、52486～7
龍虎山志、續編 史 7-52482～3
龍虎山人詩 集 2-6531
龍虎還丹訣 子 5-29530(18、21)、29555、29562、30924、31099
龍虎還丹訣頌 子 5-29530(21)、29562、30925
龍虎中丹訣 子 5-29530(5)、29562、30819
龍虎風雲會 集 7-48778
龍虎精微論 子 5-29530(24)、30938
龍經 子 3-13295,4-19432 叢 1-201、203(3),2-1339
龍經(祕傳圖注龍經全集) 子 3-13296
龍經二種 子 3-13293
龍經疑龍 子 3-13312
龍經疑龍、撼龍統說 子 3-13301 叢 1-411
龍經校注 子 3-13299
22 龍川文集、辨譌考異 集 1-3775 叢 2-731(45)、859
龍川文集、補遺、辯譌考異 集 1-3777
龍川文集、補遺、附錄 叢 2-698(10)
龍川文集、考異 集 1-3776
龍川文鈔、詩鈔補遺 集 5-39733
龍川詩鈔 集 4-29937、31534
龍川詩鈔、詩文補鈔、李氏遺書、附錄 集 4-31533
龍川詞 集 7-46352、46379、46385、46622
龍川詞、補 集 7-46357、46375、46380、46623 叢 2-698(13)、720(2)、860
龍川詞、補遺 叢 1-223(73),2-857
龍川詞補 集 7-46369
龍川詞補遺 集 7-46624
龍川霍山志 史 7-52607
龍川酌古論 史 1-5280
龍川集 集 1-2992 叢 1-223(56)、227(10)
龍川先生文集 集 1-3773
龍川先生文集(龍川文集、陳同甫集、龍川集) 集 1-3774
龍川先生詩鈔 史 1-3654
龍川吳氏宗譜[浙江江山] 史 4-27883～4
龍川畧志 子 4-22878、22882
龍川畧志、別志 子 4-22881、22883 叢 1-223(44)
龍川別志 子 4-19973 叢 1-22(4)、23(3)、31、101,2-735(4)
龍川縣志[康熙] 史 8-60925
龍川縣志[嘉慶] 史 8-60928
龍川縣志[萬曆] 史 8-60924
龍川縣志[乾隆] 史 8-60926～7
龍川問答 史 1-5280

龍川巴氏宗譜[湖北江陵]　史4-25927
龍川騈語　集2-8194
龍巖州辦理育嬰堂章程　史6-44706
龍巖州志[道光]　史8-58401
龍巖州志[乾隆]　史8-58400
龍巖沈氏宗譜[安徽石臺]　史4-29121
龍巖直隸州志稿[道光]　史8-58402
龍巖縣志[康熙]　史8-58399
龍巖縣志[嘉靖]　史8-58398
龍巖縣志[民國]　史8-58403～4
龍峯夏氏宗譜[浙江淳安]　史4-31666
龍峯西村徐氏族譜[浙江淳安]　史4-31895
龍峯先生(吳子孝)年譜　史2-11482
龍峯徐氏宗譜[浙江淳安]　史4-31893
龍峯懷德堂徐氏宗譜[浙江淳安]　史4-31894
龍山誌　史7-52545
龍山詩話　集6-46027
龍山詩鈔　集3-19630
龍山詩鈔初集　集3-18519
龍山郭氏宗譜[浙江東陽]　史4-32309～11
龍山張氏宗譜[浙江金華]　史5-35008～10
龍山殘稿　集4-24818
龍山鄉志[嘉慶]　史8-61094
龍山鄉志[民國]　史8-61097
龍山紀載　史1-4501
龍山家課存畧　集5-36971
龍山宴　集7-48776、49168　叢2-672
龍山社謎　子3-18408
龍山沛禪師住壽昌語錄　子7-34393
龍山清道觀志　史7-51737
龍山遊草　集4-22981
龍山李氏宗譜[浙江金華]　史4-27210～6
龍山楊氏宗譜[浙江金華]　史5-36893～4
龍山胡氏建祠錄[浙江永康]　史4-30473
龍山胡氏總祠祔主錄[浙江永康]　史4-30474
龍山胡氏總祠錄[浙江永康]　史4-30472
龍山表忠觀奉祀神位記　叢2-1026
龍山縣鄉土志[光緒]　史8-60814
龍山縣志[嘉慶]　史8-60811
龍山縣志[光緒]　史8-60813
龍山縣志畧[同治]　史8-60812
龍山燈虎　子3-18384
24 龍先生(友夔)行狀、家傳、茶陵舉人譚椿祥妻龍氏殉夫事狀、譚烈婦傳　史2-10063
26 龍伯子新齋評古續草　史1-5468
龍伯子虞齋評古草　史1-5467
龍泉集　史7-51674
龍泉師友遺稿合編　集6-41759
龍泉師友遺稿合編二種　叢1-499
龍泉浦城季氏宗譜[福建浦城]　史4-29595
龍泉清遠如禪師語錄　子7-34367
龍泉寺記　史7-49318(11)、53156
龍泉園文草　叢1-499
龍泉園語　子4-21771　集6-41759　叢1-499,2-2009
龍泉園詩草　叢1-499
龍泉園詩草、文草、尺牘、題跋　集6-41759　叢2-2009
龍泉園集　集6-41759　叢1-499
龍泉園集(龍泉園語、詩草、文草、尺牘、題跋、蘭陽養痾雜記、見聞錄、鄉塾正誤)　集5-36150
龍泉園集五種　叢2-2009
龍泉園題跋　叢1-499
龍泉園尺牘　叢1-499
龍泉圖集　叢1-483
龍泉縣志[順治]　史7-57718
龍泉縣志[道光]　史8-58940
龍泉縣志[乾隆]　史7-57719,8-58939　叢1-373(7)
龍泉縣志[同治]　史8-58941
龍泉縣志[光緒]　史7-57720
龍泉縣志草[康熙]　史8-62209
龍皐文藁　集2-7088
27 龍角山記　史7-51721　子5-29530(19)
龍魚河圖　經1-171～2、176　叢1-22(2)、23(2)、273(3)、274(3)、330～1,2-731(15)、771(2)、772(2)、773(3)、821、1872
龍舟三春投水　集7-53212
龍舟包公訪友　集7-52786
龍舟會雜劇　集7-49336　叢2-1292～3
28 龍谿王先生文錄鈔　子1-1074
龍谿王先生全集　集2-8471～2
龍谿王先生全集、大義象數、附錄　集2-8476
龍谿王先生全集語錄　子1-1073
龍谿王先生會語　子1-1078
龍谿精舍叢書六十種　叢2-628
30 龍濟山野猿聽經　集7-48770、48774(6)、48984
龍宛居士集　集5-37588、37743　叢2-897
龍窟重開山古梅和尚語錄　子7-34219
龍安府誌[乾隆]　史8-61714
龍安府志[康熙]　史8-61713
龍安府志[道光]　史8-61715　叢1-373(2)
龍安保甲簡便章程　史6-45441
龍宮三十禁方　子2-4683、9762

龍宫遺祕 子2-9552
龍宫真祕眼科 子2-7399
31 龍江集 集2-7649
龍江先生文集 集2-8729
龍江船廠志 史6-46514 叢2-742
龍江紀事 集5-35305
龍江志畧(龍江鄉志)[道光] 史8-61096
龍江志畧[道光] 史8-61095
龍江夢餘録 子4-20421
龍江縣志[民國] 史7-56332
龍江釣叟詩選 集5-38478
龍江竹枝詞 集5-34826
龍江精舍詩集 叢2-2183
龍河李氏宗譜[安徽桐城] 史4-27286~7
龍潭文存 集5-39592 叢2-701
龍潭詩集 集3-14436
龍潭集 集2-10317,3-14389
龍潭山志 史7-52563
龍潭吴氏宗譜[浙江桐廬] 史4-27806
龍潭清話 叢2-701
龍潭小志 史7-52979 叢2-701
龍潭精舍叢刻十五種 叢2-701
龍源夜話 史6-48642 叢2-1293
龍源洪氏家傳跌打祕方 子2-7933
龍顧山房詩集 集5-41552~4
龍顧山房詩續集 集5-41555~6
龍顧山房詩贅集 集5-41557
龍顧山房詩贅集、詩餘 集5-41558
龍顧山房詩餘續集、詩餘補録 集5-41560
龍顧山房駢體文續鈔 集5-41562
龍顧山房駢體文鈔 集5-41561
龍憑紀畧 史1-1926~7
龍憑紀畧、藤峽紀聞 史1-2959
32 龍州集 集4-32767
龍州崑正連氏家譜 史4-31511
龍州紀畧[嘉慶] 史8-61391
龍州縣志[民國] 史8-61392
龍州鐵路合同 史6-44332
龍洲詞 史2-8772 集7-46352、46380、46385、46627~8 叢1-223(73),2-698(13)、720(2)
龍洲詞、懷賢録 叢2-745
龍洲集 集1-3877、3886,6-41744、41895、41924 叢1-223(56)、282(2)、283(2),2-731(42)
龍洲集(斜川集) 集1-3885
龍洲集、補篇 集1-3887,6-41897
龍洲先生集 集1-3881
龍洲先生賸詩 集1-3884
龍洲道人詩集 集1-3876、3879、3883,6-41746、41784、41888、41891、41923
龍洲道人詩集(斜川詩集) 集1-3882
龍洲道人集 集1-3880,6-41889、41904
龍洲道人集、劉龍洲墓詩 集1-3878
龍洲小集 集6-41894(4)、41898
龍淵爐齋金石叢書 史8-63507
龍淵爐齋金石書目 史8-63507、66284
龍泓山人印譜 子3-16947、17006
龍泓洞造象題名 史8-63897
龍泓館詩集 集3-19013
龍泓館印存 子3-16946、17004
龍溪新志初稿第一稿[民國] 史8-58368
龍溪詩集 集5-33965、40310
龍溪王先生集 集4-30071
龍溪夏氏家譜[上海金山] 史4-31651
龍溪張氏二甲二房宗譜[浙江浦江] 史5-35090~1
龍溪張氏宗譜[浙江浦江] 史5-35068~74、35081~3、35089、35092
龍溪張氏宗譜[浙江義烏] 史5-35032~3
龍溪張氏十甲人房宗譜[浙江浦江] 史5-35075~80
龍溪張氏八甲宗譜[浙江浦江] 史5-35084~8
龍溪鮑氏宗譜[浙江義烏] 史5-40256~60
龍溪紀年詩集 集3-16269
龍溪密諦 子1-1365
龍溪壺山黄氏族譜圖系[福建漳州] 史5-33930
龍溪李氏分修支譜[湖南茶陵] 史4-27554
龍溪葉氏重修宗譜[浙江東陽] 史5-35703
龍溪盛氏宗譜[江蘇武進] 史5-34276
龍溪縣志[康熙] 史8-58365
龍溪縣志[嘉靖] 史8-58364
龍溪縣志[乾隆] 史8-58366
龍溪縣志[光緒] 史8-58367
龍溪陳先生文集 集2-6574
龍溪陳氏宗譜[浙江義烏] 史4-33006~8
龍溪陳念祖堂己譜[浙江義烏] 史4-33009
龍溪金氏族譜[浙江奉化] 史4-29652
龍溪金氏重修宗譜[浙江奉化] 史4-29653
龍溪俞氏宗譜[江西婺源] 史4-30845
34 龍池詩選 集3-18513
龍池王氏續修宗譜[江西婺源] 史4-25340
龍池幻有禪師語録 子6-32091(73),7-34244~6

龍池萬如禪師語錄　子 7－34278
龍池陳氏宗譜[浙江浦江]　史 4－33102
龍法　子 3－13140
35 龍津章氏家譜[福建建寧]　史 5－34600
龍津集　叢 2－952
龍津縣志十三編[民國]　史 8－61394
龍津原集　集 2－8267
龍袖驕民　集 7－49375
36 龍禪室詩存　集 5－41614
37 龍湖先生文集、目錄　集 2－8086
龍湖書院徵信錄　史 7－52063
龍湖書院志　史 7－52062
龍湖閒話　子 4－20581　叢 1－252
龍運祕旨　子 3－13152
38 龍游平政浮橋徵信錄　史 6－44362
龍游木城祝氏宗譜[浙江龍游]　史 4－31107
龍游縣志[康熙]　史 7－57568
龍游縣志[萬曆]　史 7－57566
龍游縣志[民國]　史 7－57570
龍游縣志初稿[民國]　史 7－57569
龍游縣志輯佚[萬曆]　史 7－57567
龍游勞氏宗譜[浙江龍游]　史 5－36538
龍遊縣志[康熙]　叢 1－373(2)
龍啓瑞文鈔　集 4－32579
39 龍沙紀事詩　史 7－50026
龍沙紀畧　史 7－49316、49317(6)、49318(2)　集 6－44957　叢 1－202(5)、203(11)、223(26)、269(4)、270(3)、271、272(5)
龍沙紀畧[康熙]　史 7－56328
龍沙學錄　子 1－1245
龍沙八百地仙姓名歌　叢 2－1270
龍湫集　集 3－13106　叢 2－837
龍湫集、明史彈詞　集 3－13105
龍湫山人遺稿　集 3－13101
40 龍太常全集(綸灊文集、詩集、外集、先集搜遺)　集 2－10751
龍堆奏議　史 6－48843
龍塘劉氏族譜[湖南湘潭]　史 5－39601
龍塘劉氏續修族譜[湖南湘鄉]　史 5－39638
龍塘劉氏續修族譜[湖南株州]　史 5－39573
龍南集　叢 2－987
龍南草　集 3－20400
龍南老人自述　史 2－9208　叢 2－987
龍南縣志[康熙]　史 8－58658～9
龍南縣志[道光]　史 8－58662
龍南縣志[乾隆]　史 8－58660～1
龍南縣志[光緒]　史 8－58663
龍女傳　叢 1－29(4)、249(2)、255(3)、395
龍女傳(震澤龍女傳)　叢 2－731(50)
龍壽丹記　叢 1－29(7)
42 龍坵陳氏宗譜[浙江龍游]　史 4－32958
43 龍城北門張氏三修族譜[湖南湘鄉]　史 5－35367
龍城札記　經 1－111(2),2－11859　子 4－22416　叢 1－258、416～7,2－731(7)
龍城舊聞　史 7－50034
龍城舊聞[民國]　史 7－56329
龍城舊聞節刊　史 7－50035
龍城賀氏家譜[湖南湘鄉]　史 5－36734
龍城書院課藝　叢 2－2057
龍城書院分設致用經古精舍公牘　史 6－42499
龍城周氏支譜[湖南湘鄉]　史 4－30196
龍城劄記　子 1－52
龍城錄　史 1－1914　集 1－1406、1411～2　叢 1－15、18、19(10)、20(8)、21(9)、22(4)、23(4)、24(10)、29(3)、95～6、99、223(49)、255(2),2－617(2)、624(1)、730(2)
44 龍莊先生詩稿　集 3－21378
龍莊遺書(汪龍莊先生遺書)四種　叢 2－1501
龍芽藥石製法　子 2－5892
龍藏山人剩草　集 5－33851,6－42007(4)
龍藏般若經節要　子 7－32326
龍華山草、彩雲別墅存稿　集 4－22268
龍華寶懺　子 7－35015
龍華遺稿　集 4－31987
龍華院稿　集 3　16052,6－41790
龍華八志　史 7－51353
龍華金氏宗譜[上海]　史 4－29618～9
龍華會之怪現狀　子 5－27914
龍樹齋稿　集 2－10506,6－41790
龍樹山珍全心經注　子 7－33232
龍樹菩薩爲禪陀迦王說法要偈　子 6－32081(41)、32082(19)、32083(26)、32085(39)、32086(45)、32088(28)、32089(35)、32090(59)、32091(58)、32092(39)、32093(31)
龍樹菩薩爲禪陁迦王說法要偈　子 6－32084(22)
龍樹菩薩傳　子 6－32081(41)、32082(19)、32083(26)、32084(22)、32086(45)、32088(28)、32089(35)、32090(59)、32091(57)、32092(39)、32093(32)
龍樹菩薩勸誡王頌　子 6－32086(45)
龍樹菩薩勸戒王經　子 6－32083(26)
龍樹菩薩勸戒王頌　子 6－32081(41)、32082(19)、32085(39)、32088(28)、32089(35)、32090(59)、32091(57)、32092(39)、32093(31)
龍樹篇四部檢字譜　經 2－12933
46 龍坦胡氏家乘[安徽涇縣]　史 4－30535

龍坦趙氏宗譜[安徽貴池] 史5-38392
47 龍塢集(賦詩、文) 集2-9719
48 龍場書 集2-7493
53 龍輔女紅餘志 子5-26323 集6-41782 叢2-617(5)
龍威祕書 叢1-249(1)
55 龍井遊記 史7-49317(8)、49318(11)、53371
龍井茶歌 集7-49696
龍井見聞錄 史7-50309 叢1-373(4)
龍井見聞錄、宋僧元淨外傳 史7-50308 叢2-832(4)
龍井顯應胡公墓錄 史7-51930 叢2-832(2)、2073
龍慧堂詩 集5-41143
60 龍口志[民國] 史8-59255
龍田劉氏族譜[江西萬載] 史5-39405
龍圖詩集 集3-14156
龍圖耳錄 子5-28735
龍圖寶卷 集7-54342
龍圖寶卷(賣花寶卷、龍圖公案寶卷、龍圖案寶卷) 集7-54398
龍圖剛峯公案合編 子5-27798
龍圖公案 子5-27791、27793～5、27798
龍邑高塘丁氏宗譜[浙江龍游] 史4-24643
龍邑璩氏宗譜[浙江龍游] 史5-40319～22
66 龍躍頭鄧氏譜系[廣東寶安] 史5-38893
67 龍眠叢書十八種 叢2-815
龍眠遊記 史7-49318(12)、53452
龍眠李氏宗譜[安徽桐城] 史4-27288
龍眠風雅 集6-44552
龍眠風雅續集 集6-44553
龍眠風雅小傳 史2-8111
68 龍吟草、梅邊樂府 集5-41495
龍吟草甲乙集、梅邊樂府 集5-41496
龍吟閣祕本琴譜 子3-17697
龍吟館曲譜 集7-54721
70 龍壁山房文集 集4-32733～6
龍壁山房文集、詩草 集4-32727
龍壁山房文鈔 集4-32732,6-42068
龍壁山房詩草 集4-32728～9
龍壁山房詩草(龍壁山房詩集) 集4-32730
龍壁山房集 集4-32726
72 龍丘曹氏宗譜[上海松江] 史5-34150
龍氏族譜 史5-40312
龍氏族譜[廣東順德] 史5-40311
龍氏族譜[湖南新化] 史5-40310
龍氏族譜[湖南武岡] 史5-40305
龍氏族譜[湖南湘鄉] 史5-40299、40304
龍氏族譜[湖南湘陰] 史5-40293～4
龍氏族譜[湖南辰州] 史5-40309
龍氏一甲族譜[湖南安化] 史5-40292
龍氏五修族譜[湖南湘潭] 史5-40297
龍氏重修族譜[江西吉安] 史5-40287
龍氏重修族譜[湖南益陽] 史5-40290
龍氏續修族譜[湖南] 史5-40289
龍氏續修族譜[湖南安化] 史5-40291
龍氏宗譜[安徽壽縣] 史5-40276
龍氏宗譜[湖南綏寧] 史5-40308
74 龍陂徐氏宗譜[浙江義烏] 史4-32040
龍陵縣志[民國] 史8-62459
76 龍陽涂氏族譜[湖南漢壽] 史4-32606
龍陽縣志[康熙] 史8-60475
龍陽縣志[嘉慶] 史8-60476
龍陽縣志[光緒] 史8-60477
龍陽縣事宜清册 史6-47469
77 龍邱清河傅氏宗譜[浙江龍游] 史5-36221
龍邱戢匪紀畧 史1-4085
龍鳳巧姻緣 集7-53841
龍鳳配 集7-53211、53651
龍鳳奇緣五十本 集7-51175
龍鳳帕 集7-53840
龍鳳報 集7-53843
龍鳳呈祥 集7-49701
龍鳳門張氏七修宗譜[江西宜黃] 史5-35211
龍鳳釧 集7-53838
龍鳳鎖寶卷 集7-54369
龍尾集 集5-41497
龍尾山房文鈔 集6-43098
龍尾山房詩存 集4-24154
龍尾車說、玉衡車說、恆升車說 子4-18658
龍岡王氏宗譜[浙江] 史4-25227
龍岡山人文鈔 史6-49046
龍岡山人已删草 史6-49046
龍岡山人古文鈔、詩鈔、駢體文鈔、古今體詩鈔 集5-34708
龍岡山人古文尚書四種 經1-3409
龍岡山人全集(蔡園奏議、龍岡山人文鈔、紫藤花室駢體文鈔、龍岡山人已删草) 集5-34707
龍岡羅氏續修族譜[湖南瀏陽] 史5-41095
龍眉子印證圖訣 子5-31523
龍眉子金丹印證詩測疏 子5-29545、31522
龍學文集 集1-1997
龍學文集、龍學文集源流始末 叢1-223(51)
龍學孫公春秋經解 經1-77(3) 叢1-341

龍學孫公春秋經解(春秋經解)　經 1－7461
龍母洞記　史 7－49318(9)、53175
龍關趙氏族譜[雲南]　史 5－38444
龍關縣志[民國]　史 7－55116
龍門孫氏宗譜[浙江富陽]　史 5－33578
龍門孫氏智七公派[浙江富陽]　史 5－33580
龍門子凝道記　子 1－15,4－20264～5　叢 2－731(11)、857、859
龍門集　集 2－7825
龍門師範學校職員姓氏錄　史 6－42473
龍門師範學校職員錄同學錄　史 6－42474
龍門山魏刻目　史 8－63507、64027
龍門倪氏族譜[浙江金華]　史 4－31742
龍門倪氏五修族譜[浙江金華]　史 4－31741
龍門倪氏祠堂重定頒胙規例[浙江金華]　史 4－31739
龍門倪氏四修族譜[浙江金華]　史 4－31740
龍門象種畧考　史 8－64026
龍門綱鑑正編、綱鑑要箋、新刻明朝通紀會纂　史 1－1253
龍門綱鑑正編、潘氏總論　史 1－1254
龍門有年月造象錄　史 8－64025
龍門有年月造象錄、龍門象種畧考　叢 2－2162
龍門有年月造象錄初稿　叢 2－2162
龍門志　史 7－52536
龍門李氏分支譜[上海金山]　史 4－27093
龍門范氏宗譜[浙江蘭溪]　史 4－29464
龍門書院讞書日記(同治七年至光緒七年)　史 2－13044
龍門書院讀書日記　子 4－24420
龍門書院讀書日記(清同治七年)　史 2－12986
龍門縣志[康熙]　史 7－55115,8－61022～3
龍門縣志[道光]　史 8－61024
龍門縣志[民國]　史 8－61025
龍興淵孟先生北征日記　史 2－12530
龍興祥符戒壇寺志　史 7－51626　叢 2－832(4)
龍興關外八漢舊家遼陽徐氏家乘[浙江遂昌]　史 4－32089
龍興慈記　史 1－1933、2669　叢 1－13、14(1)、22(21)、61～4、84(1),2－695、730(4、8、12)、731(67)
龍興尊勝幢記　子 7－32819
79 龍勝廳志[道光]　史 8－61293
龍勝縣志[民國]　史 8－61294
80 龍龕手鑑　經 2－12814　叢 1－223(16)、282(2)、283(2)、341、447,2－636(2)
龍首經補注　子 3－14032
82 龍劍草廬集(近思集、壯遊吟草)　集 5－40465
86 龍錫慶手劄　集 5－36115
87 龍舒淨土文　子 6－32091(69),7－34425、34459
龍舒淨土文、龍舒淨土文卷首、龍舒淨土文卷末　子 7－34460
龍舒淨土文、佛説阿彌陀經　子 7－34461
龍舒靳氏宗譜[安徽舒城]　史 5－37098
龍舒增廣淨土文　子 7－34455～8
龍舒居士淨土文　子 7－34462　叢 1－252
龍舒余氏宗譜[安徽舒城]　史 4－28587
88 龍筋鳳髓判　子 5－25504
龍筋鳳髓判注　子 5－25505
龍筋鳳髓判　叢 1－223(42)、268(4)、301、453,2－731(17)
90 龍光醫訣　子 2－10766
92 龍燈寶卷(看燈被拐、龍燈寶卷、拐騙公子)　集 7－54397
龍燈曲圖全譜　集 7－49662
龍燈賺　集 7－50296
95 龍性堂詩話初集、續集　集 6－45867
龍性堂詩集　集 3－14458
龍性堂易史參錄　經 1－1038
96 龍惕書　子 4－20484

0124$_7$ 敲

40 敲爻歌　子 5－29547
敲爻歌直解　子 5－29567～9、29571、31393

0128$_6$ 顔

00 顔瘤子　子 4－21128
顔彦叔先生聯捷合稿　集 2－12212
顔文忠魯公蹟　集 1－853
12 顔延之集　集 1－470,6－41695～7
顔延年集　集 1－472,6－41699
17 顔子　子 1－93、245～8、250　叢 1－19(10)、20(8)、21(9)、24(10),2－950、1800
顔子、後總論、删訂諸家總説、顔子世家　子 1－251
顔子繹　子 1－252
顔子書　子 1－95、249
顔子所好何學論　子 1－692　叢 2－1346

顏習齋先生(元)年譜 史2-11749 叢1-580,2-731(62)、782(3)
顏習齋先生言行錄 子1-1439 叢2-731(13)
顏習齋先生言行錄、闢異錄 叢2-782(3)
顏習齋先生四書正誤(大學、中庸、上論、下論、上孟、下孟) 經2-10619
顏習齋先生闢異錄 子1-1440 叢2-731(20)
顏習齋先生年譜、顏習齋先生傳 叢1-215
顏習齋遺書四種 叢2-782(3)
21 顏衡齋日記(清乾隆十八年) 史2-12615
顏處士畫集 子3-16714
22 顏山雜記 史7-50612 叢1-223(25),2-1278
顏山孫氏族譜[山東淄博] 史5-33668
27 顏修來文鈔 叢2-1344
顏修來雜著五種 叢2-1344
顏修來稿 集3-15940,6-45336、45340
顏修來日記 史2-12575
顏魯公(真卿)年譜 史2-11005、11166～7 叢1-352,2-635(7)、698(8)
顏魯公文集 集1-858～9,6-43118 叢2-950
顏魯公文集、補遺 集1-860、862 叢1-352,2-635(7)、698(8)
顏魯公文集、補遺、年譜 集1-861
顏魯公文集、補遺、年譜、行狀、碑銘 叢2-951
顏魯公文集選 集6-41798
顏魯公玄祕塔 子3-15615 叢1-496(6)
顏魯公詩集 集1-856,6-41739、41824、41869
顏魯公雙鶴銘 子3-15616
顏魯公集、補遺 叢1-223(48)
顏魯公大麻姑壇記跋 叢2-771(2)
顏魯公墨蹟四種 子3-15611
30 顏安小志[光緒] 史7-56495
顏字四書 經2-10128
31 顏濬傳 叢1-56
顏渠詩鈔 集5-39439
35 顏清谷四編詩 集3-19606
顏神鎮志[康熙] 史8-59162
40 顏培方(壺洲)行述 史2-10588
顏李師承記 史2-7634
顏李叢書十三種 叢1-215
顏真卿全集 子3-15612
46 顏如玉(書癡) 集7-52540
50 顏書編年錄 子3-15261 叢1-469、495、586(3),2-716(3)
72 顏氏族譜[山東曲阜] 史5-40969
顏氏族譜[福建晉江] 史5-40967
顏氏族譜[湖南湘鄉] 史5-40978
顏氏族譜[湖南湘潭] 史5-40975
顏氏三家集 集6-45141
顏氏集七種 叢2-951
顏氏續修族譜[湖南寧鄉] 史5-40972
顏氏續修族譜[湖南湘鄉] 史5-40979～81
顏氏續修族譜[湖南湘潭] 史5-40976
顏氏續修通譜[湖南] 史5-40971
顏氏傳書八種 叢2-950
顏氏家訓 史5-40971 子1-61,4-19868～71 叢1-16、22(12)、23(12)、29(2)、71～2、74、76～7、114(6)、173、183、218、223(39)、227(7)、357,2-635(5)、663、829、950
顏氏家訓、北齊書文苑傳、注補并重校、注補正、壬子年重校 叢2-628
顏氏家訓、攷證 子4-19866
顏氏家訓、注補併重校、注補正 叢1-258
顏氏家訓、注補併重校、注補正、壬子年重校記 叢2-731(19)
顏氏家訓、注補並重校、注補正、壬子年重校 叢2-698(8)
顏氏家訓、補正 子1-52
顏氏家訓、補遺、注補併重校、注補正、北齊書文苑傳顏之推傳 子4-19872
顏氏家訓、補校注 叢2-702
顏氏家訓、考證 子4-19867 叢1-75、244(3)
顏氏家訓斠記 叢2-648
顏氏家誡 子1-2183
顏氏家譜 史5-40993
顏氏家乘 史5-40994 叢2-951
顏氏家乘[山東曲阜] 史5-40968、40970
顏氏家乘[浙江海鹽] 史5-40962
顏氏家藏尺牘、姓氏考 叢1-453,2-731(54)
顏氏宗譜[廣東連平] 史5-40986
顏氏宗譜[廣東南海] 史5-40987
顏氏宗譜[浙江永康] 史5-40965
顏氏通譜 史5-40992
顏氏學記 子1-1442 叢1-580,2-667、843
77 顏學辯 子1-1893
顏學山近稿 集3-17088 叢2-951
90 顏光祿集(顏延之集) 集1-470～1,6-41694、41698 叢1-183,2-950
94 顏料篇 子7-37941

0140_1 聾

17 聾歌雜著　集 3－14011
38 聾道人百種詩箋　子 3－16434

0161_1 証

33 証治理會　子 2－5281
証治微義　子 2－7174
証治濟世編　子 2－7118
証治心傳　子 2－4769
証治心法　子 2－7195
証治圖注喉科附喉症祕集　子 2－7447

諲

25 諲律舉例　集 6－43494

0161_4 謯

27 謯名錄　史 2－13375　叢 1－22(6)、23(6),2－760
33 謯浪　子 4－24016
44 謯菴文飯小品　集 2－11434

0161_6 謳

77 謳風詩文初集　集 5－40842

0161_7 詆

22 詆剩詩草　集 3－20049
詆剩吟草　集 4－32993
88 詆餘　集 3－15852
詆餘詩鈔　集 4－24414
詆餘集　集 4－22640
詆餘集、續集　集 3－18009
詆餘續鈔　集 4－24415

0162_0 訂

02 訂譌雜錄　子 4－22398～9　叢 1－203(17)、223(40)、301、353、373(8)、496(4),2－731(7)
04 訂訛類編、續補　子 4－22391～2　叢 2－670
10 訂正六壬金口訣　子 3－13892
訂正六書通　經 2－12459
訂正習用譌字　經 2－13107
訂正仲景傷寒論釋義　子 2－6307
訂正仲景全書傷寒論註　子 2－6377
訂正仲景全書金匱要畧註　子 2－6775
訂正傷寒論注　子 2－4989
訂正補註太乙淘金歌　子 3－14240
訂正補註太乙淘金歌、太乙起日局例　子 3－14241
訂正通考纂要　史 6－41568
訂正通鑑綱目前編　史 1－984、1142
訂正選擇神煞起例　子 3－13774
訂正太素脈祕訣　子 2－4770
訂正史記真本　史 1－57　叢 1－195(1)、366～8
訂正東周列國志善本　子 5－27940
訂正鹽志說帖　史 6－43777
訂正金匱要畧注　子 2－4989
11 訂頑日程(清同治元年至光緒二十五年、二十七年)　史 2－12965
22 訂僞雜錄　叢 1－312
24 訂續讀史論畧　史 1－5651
33 訂補廬中集、前集　史 2－6638
訂補幼科折衷　子 2－8412
訂補注釋故事白眉　子 5－25125
訂補浯溪集　集 6－44877
訂補古今治平畧　史 6－41675
訂補標題釋註歷朝捷錄、本朝聖政捷錄　史 1－5460
訂補坡仙集鈔、東坡先生年譜　集 1－2414
訂補明醫指掌　子 2－4849
訂補簡易備驗方　子 2－9321
40 訂士編　子 1－1204　叢 2－1167
44 訂韓　叢 2－2270(2)
47 訂胡　子 4－22691　叢 2－1920
56 訂輯新編全本日邊紅杏　集 7－52915
87 訂鈕篇　經 2－12150、12736　叢 2－2172

訶

22 訶利帝母真言經 子 6 - 32093(36)
訶利帝母真言法 子 6 - 32081(54)、32083(34)、32084(27)、32085(49)、32086(59)、32088(36)、32089(36)、32090(59)、32091(57)、32092(39)
66 訶哩底母經 子 6 - 32093(36)

0164_0 訏

04 訏謨成竹 子 1 - 3911 叢 2 - 1735

0164_6 譚

00 譚文勤公奏稿 史 6 - 49012
譚襄敏奏議 叢 1 - 223(21)
譚襄敏公遺集 集 2 - 9318 叢 2 - 871
譚襄敏公奏議 史 6 - 48281 叢 2 - 871
06 譚誤 子 4 - 22290 叢 1 - 331,2 - 966
10 譚天相校刻兵書六種 子 1 - 3087
12 譚延闓詩劄 集 5 - 41511
譚延闓書劄 集 5 - 41512
17 譚子 子 1 - 18、20、25,4 - 19914
譚子化書 子 1 - 27、30～1、44、48,5 - 29542～3 叢 1 - 22(2)、23(2)、26～8、114(6)、127,2 - 730(6、12)、836
譚子注釋評林 子 1 - 28
譚子雕蟲 子 4 - 19406
譚子雕蟲、校補闕文、附錄 叢 2 - 973
21 譚處士集 集 6 - 44904
24 譚壯飛先生遺墨 子 3 - 15801
25 譚仲修先生復堂詞話 叢 2 - 668
譚鯖 叢 1 - 407(2)
28 譚復生文鈔 集 5 - 40161
譚復生先生尺牘 集 5 - 40163
30 譚瀛八種二集 子 5 - 26528
譚賓錄 子 5 - 26880
譚宗庚日記(清同治十年至光緒三年) 史 2 - 12840
32 譚淵 叢 1 - 18
譚瀏陽集(寥天一閣文集、莽蒼蒼齋詩、仁學、石菊隱廬筆識、續編) 集 5 - 40160
譚瀏陽集(東海褰冥氏三十以前舊學)(莽蒼蒼齋詩、寥天一閣文集、石菊隱廬筆識、遠遺堂集外文) 集 5 - 40159
譚瀏陽傳 叢 2 - 2090
譚瀏陽全集六種附續編 叢 2 - 2090
37 譚次川自訂年譜 史 2 - 11489
譚祖庵詩 集 5 - 41509
譚祖安先生手寫詩册 集 5 - 41510
40 譚友夏詩集、學夫詩 集 2 - 11767
譚友夏先生評訂秀野軒集、巖棲集、同波集 集 2 - 10144
譚友夏先生詩 集 6 - 41948
譚友夏批點想當然傳奇 集 7 - 50069
譚友夏合集 集 2 - 11763～4 叢 2 - 720(3)
譚友夏合集、未刻詩文 集 2 - 11766
譚友夏鍾伯敬先生批評綰春園傳奇 集 7 - 50017
44 譚苑醍醐 子 4 - 22237～9 集 6 - 45486 叢 1 - 22(13)、23(13)、282(2)、283(2),2 - 731(7)
譚菀醍醐 叢 1 - 223(40)
譚藪 叢 1 - 18
50 譚中丞奏稿 史 6 - 48983～4
譚史志奇 史 1 - 4956 子 5 - 26738～9
55 譚曲雜劄 集 7 - 54619
57 譚輅 子 4 - 20610～1 叢 1 - 22(24)、29(8)、142,2 - 617(4)
67 譚墅吴氏宗譜[江蘇武進] 史 4 - 27744
72 譚氏高湖沖支五修譜[湖南湘潭] 史 5 - 41274
譚氏族譜[江蘇南京] 史 5 - 41244
譚氏族譜[湖南] 史 5 - 41301
譚氏族譜[湖南宜章] 史 5 - 41298
譚氏族譜[湖南安化] 史 5 - 41265～6
譚氏族譜[湖南江永] 史 5 - 41300
譚氏族譜[湖南湘鄉] 史 5 - 41290
譚氏一粒粟 子 3 - 13144
譚氏重修族譜[湖南寧鄉] 史 5 - 41260
譚氏重修族譜[湖南臨武] 史 5 - 41299
譚氏集二種 集 6 - 45761
譚氏續修族譜[湖南] 史 5 - 41302
譚氏續修支譜[湖南寧鄉] 史 5 - 41261
譚氏綿歷族譜[湖南湘鄉] 史 5 - 41285
譚氏家譜[四川南充] 史 5 - 41304
譚氏宗譜[湖南澧縣] 史 5 - 41264
譚氏四修族譜[湖南湘潭] 史 5 - 41283
譚氏四修族譜[湖南常德] 史 5 - 41263
77 譚凡同先生猖石居遺稿 集 2 - 11166
80 譚益之詩草編年 集 2 - 12791
譚鑫振光緒六年殿試策 史 3 - 16072
88 譚節婦祠堂記 史 7 - 51812 叢 1 - 587(3)

0164_9 評

00 評註三畧　子 1 - 3218
評註東萊博議　經 1 - 6765～6
評註圖像水滸傳　子 5 - 28670
評註圖像第五才子書　子 5 - 28673
評註歷代史論一編　史 1 - 5550
01 評訂紅樓夢　子 5 - 28389
04 評詩格　集 6 - 45495　叢 1 - 114(4)
08 評論　集 6 - 45495、45529　叢 2 - 1539
評論詁訓音釋諸儒名氏　叢 1 - 223(49)、227(8)
評論詁訓諸儒名氏　叢 1 - 223(49)
評論出像水滸傳(評註圖像水滸傳)　子 5 - 28670
評論續集　叢 2 - 1539
09 評謎論　子 3 - 18453
11 評琴張子禪粟粖　集 2 - 11640～1
評琴書屋葉案括要(葉案括要)　子 2 - 10553
評琴書屋吟草　集 4 - 32472,6 - 42007(2)
評琴書屋醫畧　子 2 - 4768、7153
17 評乙古文　叢 1 - 215,2 - 731(39)、782(3)
22 評崑論　集 7 - 52467、52721
評紙帖　子 4 - 18849
23 評外餘言　叢 1 - 590
26 評釋諸子摘要　子 4 - 24121
30 評注産科心法　子 2 - 4768
評注司馬法　子 1 - 3188
評注七子兵畧　子 1 - 3101
評注史載之方　子 2 - 4727、9134
評定燈月緣彈詞新譜　集 7 - 53719
37 評選環溪草堂醫案　子 2 - 10690、10808
評選愛廬醫案　子 2 - 10652、10808
評選繼志堂醫案　子 2 - 10684、10808
評選船山史論　史 1 - 5594
評選古詩源　集 6 - 42322
評選古尺牘　集 6 - 45218
評選靜香樓醫案　子 2 - 10808
評選靜香樓醫案(柳選尤氏醫案)　子 2 - 10535
40 評袁　子 4 - 22688　叢 2 - 1920
44 評花齋詩錄　集 5 - 37236
評花新譜　史 2 - 7688　叢 1 - 496(6)
評花仙館詞　集 7 - 46414～5
評花館詩鈔　集 4 - 33171
評華問月樓詩爐　集 4 - 27178
評林新鍥甌甦洞蕙文類、詩集　集 2 - 9473
48 評梅閣集　集 5 - 38833
50 評史管窺　史 1 - 5776
評畫行　子 3 - 16252
評書帖　子 3 - 15182　叢 2 - 703
61 評點百二十子　子 1 - 20
評點大學中庸　經 2 - 10180
評點葉案存真類編　子 2 - 4727、10548
評點春秋綱目左傳句解彙雋　經 1 - 6902～3
評點馬氏醫案印機草　子 2 - 4727、10522
評點兵書五種　叢 2 - 1844
評點鳳求凰　集 7 - 49710、50060
評點第九才子書二荷花史　集 7 - 53234
77 評月樓遺詩　集 4 - 28245
評月軒吟稿、文稿　集 5 - 38936
88 評鑑闡要　史 1 - 5665　叢 1 - 223(29)、227(6)

0166_1 語

00 語言談　子 1 - 2504　叢 1 - 22(23)、371
語言自邇集　經 2 - 15104
語言問答　經 2 - 15102
02 語新　叢 1 - 496(2),2 - 617(5)
10 語要　子 4 - 20565
語石　史 8 - 64445　叢 2 - 2119
語石齋詩稿　集 3 - 13932、16633
語石齋畫識　集 5 - 36283
語石齋畫譜　子 3 - 16553
語石考證　史 8 - 64446
語石軒詞　集 7 - 46400、47000
語石軒集印　子 3 - 17140
語石居詩鈔　集 5 - 40707
語石簡禪師語錄　子 7 - 34385
17 語孟説畧　經 2 - 10182
語孟左海　經 2 - 10184
18 語珍切要錄　子 1 - 1782
22 語嵩和尚語錄　子 7 - 34293
語山堂詩鈔　集 3 - 18862
24 語綺　子 4 - 20468
30 語窺今古　子 4 - 20764　叢 1 - 22(23)、29(7)
32 語冰閣奏議、中越勘界往來電稿　史 6 - 49118
語溪雜錄　子 4 - 24605
語溪唱和　集 3 - 14818
40 語古齋披華啓秀　子 5 - 25931
44 語林　叢 2 - 776
語林佚文　子 4 - 22903　叢 2 - 777

語林考辨　叢 2-811
74 語助　經 2-14919　叢 1-48
77 語鳳巢吟稿　集 4-24131
語兒村篴　集 7-48034
語兒村笛　集 7-48035
80 語鏡　子 4-24584
87 語錄　經 1-83　史 6-48412　子 1-1600、1763,5-26708,6-32092(44)　叢 2-782(4)、1053、1167、1202、1778、1787
語錄大觀、孚佑帝君正教編　子 5-29535(5)、29536(4)、31910
語錄輯要　經 1-3688
語錄抄　子 1-652
語錄纂　叢 2-720(5)、1252
語錄鈔　叢 2-1031
88 語餘漫錄、附集　集 3-14421
90 語小　子 1-1393　叢 1-201、203(2)
91 語類　子 4-24410　叢 2-1201、2223
97 語怪　子 5-26222、27006　叢 1-13、14(2)、22(28)、29(8)、148、154、185
語怪彙書□種　子 5-26836
語怪四編　叢 1-59～60

諧

00 諧文孟子疏要　經 2-10117
01 諧語　子 4-19488,5-27038
12 諧聯漫錄　叢 2-2158
32 諧叢十五則　子 5-27422
38 諧道人批評第一種快書　子 5-27799
47 諧聲韻學　經 2-14253
諧聲譜　經 2-12474、12482、14439～40、14536
諧聲譜、諧聲譜校記　經 2-12483
諧聲譜校記　經 2-12484
諧聲補證、補　經 2-12490　叢 2-1545
諧聲補逸　經 2-12477　叢 1-493
諧聲補逸、札記　經 2-12478、12730　叢 2-731(22)
諧聲補逸札記　經 2-12479
諧聲述畧、後編　經 2-14218
諧聲述畧後編　經 2-14219
諧聲指南　經 2-12449～50
諧聲品字箋十集　經 2-12869
諧聲別部　集 6-45911
諧聲類篇　經 2-14147
50 諧史　子 4-23994,5-27390、27462　叢 1-17、19(6)、20(4)、22(6)、23(6)、24(6)、56、148、195(6),2-617(2)、624(2)
諧史五則　子 5-27398
61 諧噱錄　子 5-27368　叢 1-22(6)、23(6)、29(4)、148、154、255(2),2-624(1)
諧噱錄三十九則　子 5-27369
86 諧鐸　子 5-27127　叢 2-735(1)、736

0169_1 譚

44 譚花齋雜錄　史 1-3995

0173_2 襲

21 襲紫樓文集　集 3-14214
襲紫樓詩集　集 3-14213

0180_1 龔

00 龔文恭公經進稿、摺稿　集 4-26622
龔文恭公年譜　史 2-12049
02 龔端毅公浠川政譜　史 6-43157
龔端毅公奏議　叢 2-1281
龔端毅公奏疏、浠川政譜　史 6-48629
12 龔廷煥詩　集 3-18236
龔副使集　集 6-41935(5)
龔副使集(龔憲副集)　集 2-9411
24 龔先生詩　集 3-13852,6-41971
龔佳育奏議　史 6-48650
26 龔自閟集　集 4-33395
30 龔憲副集　集 2-9411
龔安節先生(詡)年譜　史 2-11417　叢 2-640
龔安節先生遺文　集 2-6613　叢 2-640
龔安節先生畫訣　叢 1-353、369
龔安節公野古集　叢 1-550
龔安節公野古集、上周文襄公書、安節先生年譜　集 2-6609
龔定庵文句義　叢 2-2270(3)
龔定庵詩箋　叢 2-2270(3)
龔定庵詩鈔　集 4-29169
龔定庵集　集 4-29150
龔定庵師友考姓名索引　史 2-7655
龔定菴說文段注札記　經 2-12140、12157　叢 1-539～43、547(3)
龔定菴說文段注劄記　經 2-12734
龔定盦集　叢 1-523

龔定盦集外未刻詞　集 7－47532
龔定盦别集　叢 2－609
龔定盦全集　集 4－29152
龔定盦全集、年譜　集 4－29153
龔宗師發刊禮記集注　經 1－5623
40 龔内監集　集 2－8819,6－41935(3)
55 龔耕廬詩　集 5－39790
72 龔氏族譜[廣東梅州]　史 5－41480
龔氏族譜[浙江杭州]　史 5－41444
龔氏族譜[湖南瀏陽]　史 5－41471
龔氏族譜[湖南澧縣]　史 5－41472
龔氏族譜[四川崇慶]　史 5－41482
龔氏譜畧[江西宜豐]　史 5－41468
龔氏一家集六種　叢 2－972
龔氏三修族譜[江西宜豐]　史 5－41467
龔氏家譜[上海青浦]　史 5－41434
龔氏家譜[浙江蕭山]　史 5－41446
龔氏家乘[上海崇明]　史 5－41435～7
龔氏家乘[浙江杭州]　史 5－41443
龔氏寄歸錄　子 4－24134
龔氏宗譜[安徽廣德]　史 5－41463
龔氏宗譜[江蘇]　史 5－41442
龔氏宗譜[湖南]　史 5－41469
龔氏宗譜[湖南安化]　史 5－41474
龔氏十修族譜[湖南新化]　史 5－41479
龔氏九修族譜[湖南新化]　史 5－41478
77 龔又村自怡日記(清道光二十年至咸豐二年)　史 2－12693
龔又村自怡日記(清嘉慶十五年至同治十二年)　史 2－12692
龔賢集　集 3－14141
龔賢畫法册　子 3－16637
90 龔光祿公(自閎)年譜　史 2－12226　叢 2－972
龔半千詩稿、尺牘　集 3－14139
龔半千山水册　子 3－16635
龔半千山水册精品　子 3－16636

0211$_4$ 氈

00 氈底零箋(還我讀書齋氈底零箋)　集 4－31439

0212$_7$ 端

00 端文語要　子 1－1124
10 端平詩雋　集 6－41744、41889、41894(3)、41895、41897～8、41924　叢 1－223(57)
端平詩雋(汶陽端平詩雋)　集 1－4188
端平集　集 1－4187,6－41904
端石論　子 4－18742
端石論、辯硯　子 4－18720
端石考　子 4－18746　叢 2－746
端石擬　子 4－18741
端石擬、藜閣十硯銘　子 4－18719　叢 2－633
11 端研記　子 4－18733　叢 2－751、1620
16 端硯譜　叢 1－4
端硯銘　子 4－18736　叢 1－369
21 端虚勉一居文集　集 4－28605　叢 2－798
端虚室剩稿　集 5－39511
端虚堂詩稿　集 5－40001
22 端巖公(張文麟)年譜　叢 1－269(3)
端巖公自敍年譜　史 2－11470
端峯詩續選　集 3－15454
端峯詩選　集 3－15453
端峯先生松菊堂集　集 2－9512
24 端綺集　叢 1－339～40
28 端谿硯史　叢 1－486
32 端溪詩述　集 4－27809
端溪課藝　叢 2－1591
端溪研坑記　叢 2－746
端溪研志(端溪硯志)　子 4－18732
端溪硯譜　子 4－18730～1　叢 1－2～3、5～6、9～10、19(11)、20(8)、21(10)、22(16)、23(15)、24(11)、216、223(38)、268(4)、353、371,2－731(31)
端溪硯譜記　叢 1－202(7)、203(13)
端溪硯石説　叢 1－373(5)
端溪硯石考　子 4－18743　叢 1－197(2)、353、378
端溪硯石考、硯石雜錄、觀石錄　子 4－18745
端溪硯石考、觀石錄　子 4－18744
端溪硯坑記　子 4－18737　叢 2－799～800
端溪硯坑記、端硯銘　子 4－18736　叢 1－369
端溪硯坑述　叢 1－373(6)
端溪硯坑考　子 4－18735　叢 2－1611～2
端溪硯坑考、石隱硯談、墨餘贅稿　子 4－18734
端溪硯志　叢 1－353
端溪硯考　子 4－18740
端溪硯史　子 4－18739　叢 2－881
端溪硯史、雪堂墨品、筆史、金粟箋説　子 4－18683
端溪硯史滙參　子 4－18738

端溪先生集 集 2-7998
端溪叢書十九種 叢 1-529
端溪書院志 史 7-52127、52129 叢 2-1591
端溪書院志畧、端溪書院經述 史 7-52128
33 端必瓦成就同生要 子 7-32949
40 端友齋硯譜 子 4-18752
端木子(賜)年表 史 2-11066
端木子書 子 1-95、253
50 端肅奏議 叢 1-223(21)
端本堂考正脈鏡 子 2-6104
端忠敏公奏議擇要 史 6-49188
端忠敏公奏稿 史 6-49187
53 端甫先生詩 集 1-4851
端甫遺稿 集 4-32219
60 端園詩草 集 4-26876～7
端園散餘草 集 4-24330
67 端明集 集 1-2160 叢 1-223(51)、227(9)
72 端隱吟稿 集 1-4182,6-41891、41894(4)、41895、41924
端隱吟藁 集 6-41744～5、41888、41892～3、41897～8、41904、41913、41917、44775
76 端陽節移徙一枝 集 7-51713
77 端居室集 集 4-24065
80 端午橋判牘菁華 史 6-46492
88 端簡鄭公文集 集 2-8484,6-45121
端敏遺集(癸甲試賦、介堂經解、詩詞、文筆) 集 5-38524
端敏遺書四種 叢 2-2069
端敏公(秦金)年譜 史 2-11452
端敏公集奏議、函牘 史 6-48903 叢 2-957
97 端鄰居士自記年譜 史 2-11994

0220_0 刻

00 刻庚辰進士少薇許先生窓稿、會試墨卷 集 2-10446
刻註釋論學臧耳 集 6-45383
刻註釋李滄溟先生文選狐白 集 2-9080
刻註釋藝林聚錦故事白眉 子 5-25129
刻註解標題歷朝鑑綱論抄 史 1-1229
刻註解精選增補百家總覽幼學須知素翁雜字 子 5-25804
刻京臺增補淵海子平大全(淵海子平大全) 子 3-14100
02 刻新編奇遇玉丸記 集 7-49984
07 刻毅齋查先生闡道集 集 2-9239
10 刻一握坤輿 史 7-49593
刻王氏家寶傷寒證治明條備覽(傷寒證治明條備覽) 子 2-6511
刻王鳳洲先生家藏通考綱鑑旁訓 史 1-1277
刻兩漢書疏選 史 6-47775
刻夏先生書經 經 1-2790
11 刻張太史精選古文藍田玉 集 6-42862
12 刻孔聖全書 史 2-6314～5
刻孫齊之先生松韻堂集 集 2-9830
刻孫百川先生文集 集 2-9168
16 刻碑姓名錄 史 8-64406 叢 2-755
17 刻翠集 集 5-37487
20 刻壬辰翰林館課纂 集 6-45409～10
刻毛詩草木鳥獸蟲魚疏 叢 1-108
21 刻卓吾李先生批評國朝名公書啓狐白 集 6-45266
刻皆春居士飲食紳言、男女紳言 叢 1-107
刻經僧妙空大師傳 子 7-34796
24 刻續名世文宗評林 集 6-42780
25 刻生民未有編、續刻 史 2-6321
刻積孝公紀愚稿 子 4-23908
26 刻皇明吳郡丹青志 叢 1-106
刻吳虎侯遺集(吳虎侯詩、吳虎侯文) 集 2-11778
刻和字石印記 叢 2-2015
27 刻仰止子參定正傳地理統一全書 子 3-13441
刻御製新頒大明律例註釋招擬直折獄指南 史 6-46077
刻鵠齋叢書十六種 叢 1-533
刻鵠軒集古錄 史 8-63643
刻鵠軒存稿 集 5-35519
28 刻徐文長先生祕集 子 4-23913～4
刻徐念陽西征雜紀 史 1-2977
30 刻宋鄭一拂(俠)先生祠錄 史 2-8695
34 刻漢唐宋名臣錄 史 2-6576
刻漢魏六朝選詩補註 集 6-42149
37 刻迎暉堂彙附人物事文概批點四書翼註講意 經 2-10462
38 刻海若湯先生合併註釋五侯鯖對類 子 5-24999
40 刻九我李太史十三經纂注 經 1-56
刻大明律例齊世金科 史 6-45789
刻太古遺踪海篇集韻大全 經 2-12851
刻内照經抄 子 2-5934
刻李衷一先生清源洞文集 集 2-10388
刻李諫議山廬惜陰評纂 子 4-23967
刻李卓吾先生文章又玄 集 6-42789
刻李九我先生批評破窰記 集 7-49802
刻嘉禾鍾先生尚書主義傳心錄 經 1-2728
41 刻檽集 集 4-31179
刻板存亡考 叢 1-364

44 刻藏緣起　史8-66341　子7-34877
刻莫廷韓遺稿　集2-9891
刻黄帝内經素問鈔　子2-5399
刻黄石齋蔣八公兩先生手批螢芝全集　集2-11638
刻黄太穉先生四書宜照解　經2-10493
刻杜少陵先生詩分類集註(杜詩分類集注、杜少陵全集分類集注)、目錄　集1-953
刻楮軒詩稿　集5-34176
刻楮吟、夢餘草、願學稿　集4-22322
刻楮吟、陟岵草、字字珠、夢餘草　集4-22321
46 刻楊升庵先生批選漢書市言　史1-5144
刻楊升菴先生異魚圖贊　叢1-109
47 刻胡文敬居業錄　子1-930～1
48 刻梅太史評釋駱賓王文鈔神駒　集1-702
50 刻本寧晉縣志卷九唐李懷仁德政碑　叢2-1020
67 刻野鶴洪山人水雲詩選　集2-10170
刻野鶴洪山人水雲續詩選　集2-10171
71 刻歷朝捷錄大成　史1-5433
72 刻劉太史五車妙選　子5-25054
75 刻陳眉公重訂廣莊、寶顔堂訂正偶談　子5-29309
刻陳眉公先生選注兩漢龍驤　集6-43206
刻陳眉公先生古文品内錄　集6-42896
77 刻眉別集　集5-37749
80 刻全生集醫案　子2-7750
刻全像五顯靈官大帝華光天王傳　子5-28833
刻金粟頭陀青蓮露六牋　叢2-1061
刻金進士臨場近義　集2-12839
刻曾西墅先生集(曾西墅先生集)　集2-6509
90 刻小兒推拿　子2-4576
95 刻精註大明律例致君奇術　史6-46071
刻精釋古今名翰　集6-45214
刻精選詩經度針　經1-3721
刻精選百家錦繡聯　子5-25757
96 刻燭集　叢1-241、242(2),2-731(38)

劑

22 劑變編　子4-24685

0242_2 彰

13 彰武縣鄉土志[光緒]　史7-56121
彰武縣志[宣統]　史7-56119
彰武縣志[民國]　史7-56120
24 彰化縣志[道光]　史8-63479
彰德府續志[萬曆]　史8-59728
彰德府志[康熙]　史8-59730
彰德府志[順治]　史8-59729
彰德府志[嘉靖]　史8-59727
彰德府志[乾隆]　史8-59731～3
67 彰明志　叢1-373(2)
彰明志畧[乾隆]　史8-61724
彰明縣鄉土志[光緒]　史8-61727
彰明縣志[同治]　史8-61725
彰明附子記　子2-5924　叢1-22(17)、23(17)
72 彰所知論　子6-32085(55)、32086(66)、32088(41)、32089(47)、32090(54)、32091(52)、32092(35)、32093(30)

0260_0 剖

08 剖許少司馬敬庵先生評六龍解中疑義　子3-13736
42 剖瓠存稿、樂府、向榮草　集4-28559
53 剖惑至言　子7-35438

訓

00 訓文　經2-14732、15142
訓辨　經2-14534
04 訓詁諧音　經2-14801
訓詁珠塵　經2-14792
訓詁微　經2-14918
08 訓誨輯要　子1-2217
17 訓子言　子1-2141　叢1-134,2-731(20)
訓子語　子1-2169、2273　集4-27699　叢1-483,2-1263、1266～7
訓子詩　子1-100、749
訓子經全集　子3-13409
訓子從學帖　子1-2101　叢1-483
21 訓行錄　集2-6111、6117
25 訓練要言　子1-3674

訓練歌　子1-3600
28 訓俗邇言　子1-2069
訓俗遺規　子1-1956、1958、2053　叢1-373(9),2-698(7)
訓俗遺規、補編　子1-1957、2054～5　叢2-663、1388
訓俗遺規、補篇　叢2-1387
訓俗遺規摘鈔　子1-2056、2058
訓俗遺規摘鈔、訓俗遺規補摘鈔　子1-1960、2059
訓俗遺規輯要　子1-1959、2057
訓俗遺規類編　子1-2060
訓俗簡編　子1-1969、2064　叢1-574(5)
訓俗常談　子1-2071,4-22083　叢2-2100
訓俗常談、治平牧令格　子1-2072
30 訓家良言　子1-2302
訓家式穀集　子1-2212
訓字例彙　經2-14821
40 訓士瑣言　子1-1794　叢2-828
訓士彙编　史2-7094
訓士喻编　子4-20894
訓女　子1-3004
訓女三字文　子1-1975、2992　叢1-574(5)
訓女要言　叢2-724
訓女良辭　集7-52539
訓女寶箴　叢2-724
訓女圖說　子1-2975
訓女醫學　子2-5198
訓真書屋雜存　集5-38002
訓真書屋詩存　集5-38000
訓真書屋詩存、文存　叢2-885
訓真書屋遺稿(詩存、文存)　集5-38001
44 訓蒙詩　子1-2635　集1-3581
訓蒙詩選　子1-2850
訓蒙詩輯解　子1-2920　叢1-574(4)
訓蒙功過格　子1-2837
訓蒙千文　經2-13420　叢1-574(4)
訓蒙千文註　經2-13423　叢1-574(4)
訓蒙千字文　經2-13419　叢1-276,2-1885
訓蒙條要　子1-2851
訓蒙條例　子1-2799　叢1-197(3)、198
訓蒙十二德　子7-35456
訓蒙草詳註　集6-45475
訓蒙增廣改本　子1-2904
訓蒙故事金丹　子1-2792
訓蒙史畧　子1-2896
訓蒙捷徑　子1-2882～3
訓蒙四字龍文鞭影初集、二集　子5-25238
訓蒙題式　經2-10335
訓蒙駢句　子1-2793　叢2-739～40
訓妓一枝　集7-52771
訓世格言　子1-2530
53 訓成堂詩集　集3-16993
72 訓兵六章　子1-3625
訓兵六則　子1-3624
訓兵輯要　子1-3571
74 訓慰神編　子7-35101、35336
77 訓兒俗說　子1-2140　叢2-1126
訓兒錄　子1-2111
訓學齋規　子1-1964、2733　叢1-22(12)、23(12)、173、330～1,2-1262、1265
訓學良規　子1-2859～60
訓門人語　子1-1339　叢2-1266
88 訓纂篇　經2-13324　叢2-774(7)
訓纂堂叢書六種　叢1-428

詶

40 詶真辨妄　子7-35379

0261_4 託

50 託素齋文集、詩集、仁恕堂筆記　集3-14079
託素齋詩集、文集　集3-14078
託素齋詩集、文集、行述　集3-14077
託素齋集　集5-34743
63 託跋廛叢刻十種　叢2-687
68 託吟身館詩稿　集5-35952

0261_8 證

00 證諦山人雜誌　子5-26498
證諦山人詩稿　集4-27824
證諦山人詩稿(晴峯詩稿)　集4-27825
10 證不得已　叢2-692
20 證信錄　經2-12355
22 證山堂詩集　集3-15661
證山堂集　集3-15660
25 證佛名譚　子7-34909　叢1-114(3)
27 證響齋詩集　集4-25797
證響齋詩集、補遺　集4-25796
28 證俗文　經2-14585～6、15116、15142　叢1-

495、586(2),2-716(2)、1596
證俗音　經 2-14017～9、15116、15137、15142　叢 1-495、586(2),2-716(2)
33 證心錄　子 1-1229
證治要訣　子 2-4740、4823
證治要訣類方　子 2-4564、4740、4824～5、9212　叢 2-731(30)
證治要義　子 2-5017
證治百問　子 2-7119
證治理會　子 2-4912
證治集解　子 2-6632
證治彙補　子 2-7120
證治準繩　子 2-4565、7107　叢 1-223(34)
證治寶鑑　子 2-4927、9266
證治心傳　子 2-4768、4910
證治心得　子 2-5154
證治祕考　子 2-5279
證治大還　子 2-4600
證治指要　子 2-4771(4)、10616
證治指南　子 2-4612、7136
證治撮要　子 2-5233
證治明辨　子 2-10921
證治合參　子 2-4977
證治鍼經　子 2-7141
證治鍼經廣證　子 2-4688、7142
證治精微　子 2-10524
38 證道一助　子 7-35718
證道歌　子 5-29530(21)、29562、30930,6-32091(62),7-33983、33988　叢 2-666
證道編摘畧　史 1-5425　叢 2-1093
證道修真指玄九鼎丹訣　子 5-31087
證道書義　叢 2-1152
證道書義續選　叢 2-1152
證道篇　史 1-5424
證道堂訂定王遂東先生傳稿　集 2-11430
57 證契大乘經　子 6-32082(6)、32083(5)、32085(7)、32086(7)、32088(5)、32089(6)
證契大乘經(入一切佛境智陪盧遮那藏經)　子 6-32093(8)
60 證墨篇　經 2-12736　叢 2-2172
證園文鈔　集 3-17809
證因方論集要　子 2-5089
證因通考　子 2-7135
證因脈治　子 2-7113
77 證學雜解二十五則　叢 2-1201
證學論　子 4-20682
證學編　史 6-47198　子 1-1630
證學解　子 1-1239　叢 2-1200
80 證人社約　子 1-2367　叢 1-151、195(3),2-731(16)、1200
證人會約　叢 2-1201
91 證類本草　子 2-5520　叢 1-223(33)
證類本草殘本　子 2-5518
95 證性編　子 1-1126　叢 2-1162

0263$_1$ 訴

08 訴論法　子 7-36670
11 訴琵琶　集 7-49356
14 訴功　集 7-52480
訴功子弟書　集 7-52159
16 訴硯齋讀本東坡詩　叢 2-1756

0263$_7$ 讔

01 讔語　子 4-19488

0265$_3$ 譏

01 譏語　子 4-19488

0266$_4$ 話

10 話雨齋詩稿　集 4-24332
話雨齋稿　集 3-19428
話雨山房詩草　集 3-13813
話雨山房吟草　集 4-28115,6-42010
話雨草堂詩草　集 4-25741
話雨樓詩稿　集 4-25689
話雨樓詩草　集 4-31743
話雨樓碑帖目錄　史 8-64738　叢 2-604
話雨樓碑帖目錄續　史 8-64739
話雲軒詠史詩　史 1-6076～7　集 6-42013
話雲軒集　集 4-23866
22 話山文稿　集 3-13561
話山先生詩稿、文稿、別錄　集 3-13560
話山自選詩　集 3-15631
話山草堂雜著　經 2-9542
話山草堂雜著五種　叢 2-1653
話山草堂詩鈔、詞鈔、文鈔　叢 2-1653
話山草堂詞鈔　集 7-47609
話山草堂遺集　集 4-26083
話山草堂遺集二種　叢 2-1653

50 話史 叢 2-1757
話本 叢 2-2270(4)
74 話墮二集 集 3-19664
話墮三集 集 3-19665
話墮集 集 3-19663
77 話陶窗遺稿 集 4-23509 叢 2-1022
話腴 子 4-20183 叢 1-4～5、9、22(6)、23(6)、29(5)、56、195(5)
話桑賦稿 集 3-20532 叢 2-837

0267_7 謟

43 謟卦 叢 1-197(4)

0269_4 譢

35 譢神 叢 1-146

0292_1 新

00 新産証治 子 2-8187
新序 子 1-61、66、394、396～7、399 叢 1-15、71～7、123、182、223(29)、227(6)、236～7、444,2-628、731(10)
新序旁證 子 1-402
新序佚文 子 1-398 叢 2-777
新序校補 子 1-401 叢 1-258,2-731(2)、847、1466
新齊音風淪集 集 6-42022 叢 1-408
新齊諧 子 5-27087 叢 1-373(7)
新齊諧(子不語)、續 叢 2-1459～60
新齊諧、續 子 5-27088
新齊諧、續新齊諧 子 5-27089、27092
新市虞氏家譜[浙江德清] 史 5-37198
新市鎮續志[嘉慶] 史 7-57285
新市鎮志[正德] 史 7-57283
新方言、嶺外三州語 經 2-14898 叢 2-2206
新方言、補 經 2-14899
新方言眉語 經 2-14884 叢 2-2078
新方八畧 子 2-4907、9325
新方八陣 子 2-4696、4907、9324
新方八陣砭 子 2-4657
新唐書、唐書釋音、考證 叢 1-223(17)
新唐書、釋音 史 1-16 叢 1-227(5)
新唐書證誤、舊唐書本紀校誤 史 1-677
新唐書糾謬 史 1-672～3 叢 1-22(2)、23(2)、28、223(18),2-637(2)
新唐書糾謬、校勘記 史 1-675
新唐書糾謬、錢校補遺、修唐書史臣表 叢 2-731(65)
新唐書糾謬、錢校補遺、附錄 史 1-674
新唐書糾謬校補 史 1-676 叢 1-258,2-731(2)、847、1466
新唐書糾繆 叢 1-26、227(8)、244(4)
新唐書糾繆、校勘記 叢 1-230(2)
新唐書突厥傳地理考證、吐蕃傳地理考證、回紇等國傳地理考證、沙陀傳地理考證、北狄列傳地理考證、東夷列傳地理考證、南蠻列傳地理考證、新舊唐書西域傳地理考證 史 1-665,7-49310
新唐書本傳 叢 1-223(50)
新唐書斠議 史 1-678 叢 2-745
新唐書劉知幾本傳 叢 1-223(29)
新文牘 史 6-47256
新註孟子白話解說 經 2-10111
新註朱淑真斷腸詩集、詩餘 集 1-3093
新註朱淑真斷腸詩集、後集 集 1-3090
新註朱淑真斷腸詩集、後集、雜錄詩 集 1-3091
新註朱淑真斷腸詩集、後集、補遺 叢 1-392
新註朱淑真斷腸詩集、斷腸詞 集 1-3092
新註朱淑真斷腸詩集、補遺、後集 集 1-3089
新註四書白話解說 經 2-11071
新京備乘[民國] 史 7-56549
新雜俎 子 4-24713
01 新訂痘疹濟世真詮 子 2-8869
新訂六譯館叢書八十九種 叢 2-2129(1)
新訂六壬總要 子 3-13915
新訂韻畧翻切易知錄、韻法直圖 經 2-14454
新訂說文部首六書例讀 經 2-12519
新訂二度梅全本 集 7-52881
新訂玉鴛鴦全傳 集 7-50313
新訂王氏羅經透解 子 3-13598
新訂晉代許旌陽得道擒蛟全傳 子 5-28828
新訂晉代許旗得道擒蛟鐵樹記 子 5-28827
新訂孔塘周易 經 1-1908
新訂醒閨編 子 1-2977
新訂崇正辟謬通書 子 3-14528
新訂崇正闢謬通書 子 3-14521
新訂保生經驗良方四集 子 2-8246

新訂解人頤廣集　子 5－27466
新訂徐文長先生批點音釋北西廂記、會真記、蒲東詩　集 7－48830
新訂秋審條款講義　史 6－46188
新訂注釋幼科金鏡錄　子 2－8644
新訂木鐸集　子 5－25493
新訂卦爻金丹　子 3－13783
新訂考據真實湘子全傳　集 7－52588
新訂芸窗閒筆　子 5－25499
新訂增補夷堅志　子 5－26963
新訂增删易經彙纂詳解、上下篇義讀易二十四辨筮儀圖說卦歌　經 1－1059
新訂四季蓮花全本　集 7－52919
新訂四書補注備旨(大學、中庸、上論、下論、上孟、下孟)　經 2－10527
新訂四書補注備旨論語　經 2－9413
新訂四書補注備旨孟子　經 2－9902
新訂四書補注備旨大學　經 2－8752
新訂四書補注備旨中庸　經 2－9021
新訂四書直解正字全編　經 2－10325
新訂醫理先樞附餘　子 2－4616
新訂小兒科臍風驚風合編(驚風合編、臍驚風喉痘證合編、小兒臍風驚風合編)　子 2－8502
新訂螢窗清玩花柳佳談　子 5－27864
新訂螢窗清玩花柳佳談全集　子 5－27863
新評龍圖神斷公案　子 5－27792
新語　子 1－54、61、66、69、83、350、352　叢 1－47、69、71～2、74～7、123、182～3、223(29)，2－635(3)、698(6)、730(6)、873
新語平議補錄　子 1－356
新語補、日錄　子 4－22791
新語草堂詩鈔　集 3－21417
02 新刻痘疹青囊大全　子 2－8694
新刻瘖子要領　子 2－8882
新刻癡人福　子 5－28471
新刻痰火點雪(重刻痰火點雪、紅爐點雪)　子 2－7209
新刻塵外紀僊史類編　子 5－27297
新刻庵堂相會　集 7－53671
新刻亢倉子洞靈真經　子 5－29515　叢 1－117
新刻贏蟲錄　叢 1－114(3)
新刻商郎回煞子弟書　集 7－52458
新刻廟堂忠告　史 6－41520、42936　叢 1－114(2)
新刻方會魁周易初談講意(周易初談講意)　經 1－799
新刻旁註四六類函　集 6－42637
新刻高懷德掛帥借頭抄本　集 7－53474
新刻應急良方　子 2－4570、9281　叢 1－117
新刻摩訶般若波羅蜜多心經　叢 1－114(3)
新刻唐詩五言排律選注　集 6－43453
新刻唐宋三家雜纂　叢 1－115
新刻唐駱先生文集注釋評林　集 1－699
新刻廣成子　叢 1－114(3)
新刻廣嗣要語　子 2－8010　叢 1－114(4)
新刻廣嗣要語、須知　子 2－8011
新刻廣嗣須知　叢 1－114(5)、116
新刻廣雅　經 2－14591　叢 1－114(2)
新刻麻衣先生祕傳相法　子 3－14193
新刻麻衣相　叢 1－115
新刻麻衣相神異賦　叢 1－115
新刻文王訪賢抄本　集 7－53493
新刻文斷　叢 1－114(4)
新刻文獻詩考　經 1－3689、4815　叢 1－114(1)
新刻文移選要　史 6－41520、47109
新刻文房備覽天下難字　子 5－25704
新刻文房清事　子 4－18544　叢 1－114(5)、115
新刻文房四譜摘要、總論　叢 1－114(2)
新刻文房圖讚　叢 1－114(6)、115
新刻文房圖贊　子 4－18665　叢 1－116
新刻文字談苑　叢 1－114(4)
新刻文選粹語　叢 1－114(4)
新刻文始經　叢 1－114(4)
新刻文苑詩格　叢 1－114(4)
新刻文翰指南　叢 1－114(5)、116
新刻文彧詩格　叢 1－114(4)
新刻文昌帝君文辭　叢 1－114(4)
新刻文昌帝君事畧　叢 1－114(4)
新刻文昭闢　集 7－53302
新刻文會堂詩韻　叢 1－114(4)
新刻文會堂詞韻　叢 1－114(4)
新刻文會堂琴譜　子 3－14689、17617　叢 1－114(2)
新刻文公家禮　叢 1－114(2)
新刻文錄　叢 1－114(5)、115
新刻辛丑科翰林館課　集 6－45416
新刻章台柳　子 5－28368
新刻離合劍蓮子瓶全集　子 5－28725
新刻奕選　叢 1－115
新刻辨疑正韻同文玉海　經 2－12861
新刻音釋啓蒙總龜對類大全　子 5－25712
新刻音釋明心寶鑑正文　子 1－2497
新刻註釋二三場合删　集 6－45397
新刻註釋孔子家語　子 1－222
新刻註釋孔子家語衡　子 1－218
新刻註釋孔子家語憲　子 1－220
新刻註釋草堂詩餘評林　集 7－48432

新刻註釋雅俗便用折梅箋 子5-25119
新刻註釋氏族對聯名家世紀 子5-25658
新刻註釋駱丞集 集1-689
新刻註釋人物備考 史2-6216
新刻玄髓 叢1-114(5)、116～7
新刻六度集經 叢1-114(3)
新刻六言詩集 集6-42416 叢1-114(4)
新刻六子書鈔 叢1-78
新刻六祖大師法寶壇經 叢1-114(3)
新刻京調蝴蝶夢全本 集7-51453
新刻京臺公餘勝覽國色天香 子5-27599
新刻京板工師雕鏤正式魯班經匠家鏡、祕訣仙機 史6-46520～1
新刻京板青陽時調詞林 集7-54599
新刻京本列國志傳 子5-27933
新刻京本彈詞興唐傳十二集 集7-54019
新刻京本大明律法增補招擬直引大全 史6-46078
新刻京本性理大全書 子1-120
新刻京陵原板参補針醫牛經大全 子1-4546
新刻顏氏家訓 叢1-114(6)、115～6
新刻訂正原版劉氏家藏二十四出造葬全書 子3-13513
新刻訂補註釋會海對類 子5-25602
新刻譚子化書 叢1-114(6)、115～6
新刻譚友夏合集(嶽歸堂新詩、鵠灣文草、鵠灣已刻詩選)旨齋詩草 集2-11763
新刻譚友夏合集(嶽歸堂新詩、鵠灣文草、鵠灣未刻古文、書牘) 集2-11765
新刻評詩格 叢1-114(4、5)
新刻語苑 叢1-114(4)、353
新刻諸史粹編 叢1-118
新刻證佛名譚 叢1-114(3)
新刻新傳神巧戲法 子3-18534
新刻新官軌範 叢1-114(2)
新刻詩序辨說 叢1-114(1)
新刻詩文正法 叢1-114(4)
新刻詩文要式 叢1-114(4)
新刻詩評 叢1-114(4)
新刻詩說 經1-4815 叢1-114(4)、115～6
新刻詩議 叢1-114(4)
新刻詩譜 經1-4815 叢1-114(6)、116
新刻詩要格律 叢1-114(4)
新刻詩經講意鞭影 經1-3850
新刻詩經聽月 經1-3851
新刻詩經大小序 叢1-114(6)
新刻詩經八進士釋疑講意 經1-3734
新刻詩經鐸振 經1-3893
新刻詩經小序 叢1-114(6)、116
新刻詩傳 經1-4677、4815 叢1-114(4)、115～6
新刻詩傳孔氏傳 叢1-114(6)
新刻詩傳綱領 經1-4815
新刻詩傳綱領、圖要 叢1-114(1)
新刻詩家一指 叢1-114(4)
新刻詩家集法 叢1-114(4)
新刻詩宗正法眼藏 叢1-114(4)
新刻詩法正論 叢1-114(4)
新刻詩法正宗 叢1-114(4)
新刻詩法家數 叢1-114(4)
新刻詩式 叢1-114(4)
新刻詩地理考 經1-4815 叢1-114(5)、115
新刻詩考 經1-4815 叢1-114(6)、115
新刻詩中旨格 叢1-114(4)
新刻詩中密旨 叢1-114(4)
新刻詩品 叢1-114(5)、115
新刻詩學禁臠 叢1-114(4)
新刻詩學事類 子5-24971 叢1-114(4)
新刻詩學規範 叢1-114(4)
新刻詩學精義淵源 經1-3762
新刻詩人玉屑 集6-45649 叢1-114(4)
新刻詩料裁對典故 集6-46005
新刻諸子緒要 叢1-114(2)
新刻諸子纂要 叢1-114(2)
新刻諸子纂要(新刊諸子纂要大全) 子4-23847
新刻諸儒批點古文集成前集 集6-42710
新刻諸家占法 叢1-114(3)
新刻諸葛宗岳史四公文集 集6-41795
新刻諸事備用萬家纂要通達便覽 子5-24974
新刻讀詩一得 經1-3677、4815 叢1-114(1)
新刻讀詩錄 經1-3717、4815 叢1-114(1)、116
新刻讀律歌 叢1-114(4)
新刻韻學事類 子5-24972 叢1-114(4)
新刻望斗經 叢1-114(5)、115
新刻郭璞先生神會曆 叢1-114(3)
新刻郭子翼莊 子5-29255 叢1-114(3)
新刻郭洙源先生四書四轉金丹 經2-10400
新刻郭青螺六省聽訟錄新民公案 子5-27708
新刻詞學指南 叢1-114(4)
新刻諏吉集成 子3-14517
新刻施太史評釋舉業古今摘粹玉圃龍淵 子5-25711
新刻施花汗巾焚樓計 集7-51117

新刻施會元彙纂民捷用　子5-25784
新刻施會元輯註國朝名文英華　集6-43947
新刻說唱張香保翠花記　集7-51099
新刻說唱雙合印全集　集7-51252
新刻說唱金鳳寶卷、續集　集7-54370
新刻許海嶽精選分類秦漢文粹　集6-42904
新刻許真君玉匣記　叢1-114(3)
新刻麟經統一編　經1-7674
新刻談藝錄　叢1-114(5)、115
新刻一鴻簡捷便覽筭法　子3-12459
新刻一啓三奇　子5-25142
新刻一札三奇　子5-25143
新刻二度梅奇說全集　子5-28455
新刻二度梅忠孝節義全部　集7-53734
新刻二進宮梆子腔　集7-53472
新刻二十四孝全本　集7-51114
新刻二南密旨　叢1-114(4)
新刻三方家兄弟註點校正昭曠諸文品粹魁華　集6-45219
新刻三元參贊延壽書　叢1-117
新刻三徑問題　子4-20912
新刻三家雜纂　叢1-114(6)
新刻三寶太監西洋記通俗演義　子5-28154
新刻三寶太監西洋通俗演義　叢1-496(7)
新刻三娘教子　集7-53417
新刻三蘇論策選粹　集6-45166
新刻三姑娘倒貼口傳　集7-53634
新刻三擊掌全本　集7-53489
新刻三畧　叢1-114(2)
新刻三全鎮說唱鼓詞　集7-51226
新刻三合明珠方倫全本　集7-52921
新刻三合明珠寶劍全傳　子5-28496
新刻三合明珠寶劍全傳　子5-28495
新刻三餘贅筆　叢1-114(5)、115
新刻正續絲絨記　集7-51270
新刻正續絲絨記(新刻五美記)　集7-51269
新刻正字十文　叢1-114(4)
新刻正字金絲蚨蝶全本　集7-52898
新刻玉天僊癡夢子弟書詞　集7-52091
新刻玉函全奇五氣朝元斗首合節三台通書正宗　子3-14476
新刻玉清金笥寶籙青華祕文　叢1-114(5)、115～6
新刻玉洞金書　叢1-115
新刻玉海紀詩　經1-3679、4815　叢1-114(6)、116
新刻玉嬌梨　子5-28273
新刻玉葵寶扇　集7-52968
新刻玉茗堂批評焚香記　集7-49994
新刻玉蜻蜓(新刻玉蜻蜓全本、古本玉蜻蜓傳)　集7-54073
新刻玉美針　集7-53634
新刻玉釧緣　集7-54065
新刻玉鐲記　集7-51350
新刻玉鐲記十二部　集7-51351
新刻玉簪記　集7-50841
新刻玉堂滙補詳注引蒙起鳳對類　子5-25645
新刻玉堂春破鏡重圓二部　集7-51349
新刻王科舉父子狀元雙金榜白玉羅帕記　集7-51254
新刻王定保借當繡鞋記　集7-50943
新刻王心齋先生疏傳合編　集2-7943
新刻王心齋先生奏疏類編　集2-8964
新刻王清明投親合同記第一集　集7-53762
新刻王氏青箱餘　子5-26227
新刻王鳳洲先生課兒左傳文髓　經1-6812
新刻王鳳洲先生編纂世史綱鑑、總論　史1-1249
新刻王小姐烏金記全集　集7-51292
新刻王少伯詩格　叢1-114(4)
新刻五音標韻　經2-13990
新刻五更裏誇誇調　集7-53634
新刻五更裏男相思　集7-53634
新刻五色雲　集7-51300～1
新刻五倫詩選　叢1-114(5)、116
新刻五倫書抄　叢1-114(6)、116
新刻五臺會兄　集7-53494
新刻五女興唐　集7-51299
新刻五桂緣　集7-51297
新刻五毒傳　集7-51295～6
新刻五毒傳二十四部　集7-51294
新刻五鬧蕉帕記　集7-49985
新刻靈樞心得　子2-4570、5446　叢1-114(5)、117
新刻聶久吾先生醫學彙函　子2-4889
新刻兩京十三省路程　史7-49738
新刻爾雅　叢1-114(2)
新刻爾雅翼　經2-14634　叢1-114(2)
新刻下盤棋湖北調　集7-53315、53634
新刻下南唐　集7-51310
新刻下南唐四部　集7-51311
新刻于公案　集7-51346
新刻干祿字書　經2-12966　叢1-114(2)
新刻耳談　子5-27052
新刻平寃錄　史6-46315
新刻平治館評釋蕭曹致君術　史6-46397

新刻平閩全傳 子5-28102
新刻天元玉曆祥異賦 叢1-114(3)
新刻天下萬山古人名 集7-53634
新刻天下四民便覽萬寶全書 子5-25184
新刻天水關京調全本 集7-53492
新刻天傭子全集 集2-11623
新刻天傭子全集(天傭子集) 集2-11622
新刻天寶圖(繪圖英雄奇緣、繪圖英雄奇緣天保圖) 集7-53976
新刻天地萬物造化論 叢1-114(3)
新刻天花藏批評玉嬌梨 子5-28271
新刻天花藏批評平山冷燕 子5-28267
新刻天如張先生石渠精採萬寶全書 子5-25202
新刻天隱子 叢1-114(5)、115～7
新刻天門陣 集7-51278
新刻再訂全本金葉菊初集 集7-52901
新刻百子歌 子1-2619
新刻百鳥圖金牌全傳 集7-53694
新刻百家書鈔 叢1-78
新刻石函平砂玉尺經全書、葬經 子3-13383
新刻石函平砂玉尺經全書上集(石函平砂玉尺經)、後集 子3-13388
新刻石函平砂玉尺經全書真機 子3-13382
新刻石函平砂玉尺經全書真機、後集、新刊地理五經四書解義郭璞葬經、擇日紀、新鐫京版工師雕斫正式魯班經匠家鏡、靈驅解法洞明真言祕書 子3-13386
新刻石函平砂玉尺經全書真機、後集、新刊地理五經四書解義郭璞葬經、新刻法師選擇紀、新刻京版工師雕鏤正式魯班經匠家鏡、靈驅解法洞明真言祕書 子3-13387
新刻石室先生丹淵集、拾遺 集1-2199
新刻石室先生丹淵集、拾遺、續編諸公書翰詩文、雜記、石室先生年譜 集1-2201
新刻石渠閣彙纂諸書法海 子5-25174
新刻石猴演壽圖說唱鼓兒詞 集7-51359
新刻西宮斬姚期 集7-53495
新刻西湖竹枝詞 叢1-114(2)
新刻晉江紫溪蘇先生四書兒說 經2-10355
新刻晉鳳蘭替父報仇雪寃傳 集7-51159
新刻雷峯塔全本 集7-53824
新刻瓦崗寨演義全傳 子5-28039
新刻瓦車蓬血書牙痕記 集7-51363
新刻瓦車篷天賜雙生牙痕記 集7-51335～7
新刻雲臺關京調全本 集7-53497
新刻雲間祕本珍珠塔全傳 集7-54116
新刻不梳妝號子書 集7-53634
新刻北宋三遂平妖傳 子5-28824
新刻北戶錄 叢1-114(6)、116
新刻班本魯志深出家 集7-53468
新刻琥珀鳳釵柳希雲全本南音 集7-52894
新刻巧連珠 集7-51205～6
新刻琴堂五星 叢1-115
新刻琴堂五星、總斷法例、傳授源流 叢1-114(5)
新刻麗情集 叢1-114(7)
新刻張香保翠花記 集7-51100
新刻張得保放牛 集7-53372
新刻張侗初先生彙編四民便用註釋札柬五朵雲 子5-25790
新刻張侗初先生永思齋書經演 經1-2762
新刻張侗初先生永思齋四書演 經2-10405
新刻張侗初先生分類四民便用註釋五朵雲 子5-25787
新刻張祥買嫁妝 集7-53373
新刻張太岳先生詩文集 集2-9503
新刻瑞樟軒訂正字韻合璧 經2-12860
新刻列子沖虛至德真經 叢1-114(3)
新刻列女傳 叢1-114(2)
新刻水陸路程 叢1-114(2)
新刻水陸路程便覽 史6-44118,7-49568～9 叢1-158
新刻烈女樓 集7-51169
新刻刑統賦 叢1-114(2)
新刻孔氏雜說 叢1-114(6)、115
新刻孔門儒教列傳 史2-6326
新刻癸丑科翰林館課 集6-45423
新刻孫真人海上仙方後集 子2-4570 叢1-115
新刻武備三場韜畧全書 子1-3086、3847
新刻武侯心法 叢1-114(2)
新刻武大郎捉姦梆子腔 集7-53057
新刻武藝發竅 子1-3594
新刻武畧火器圖說 子1-3086
新刻武學經史大成 子1-3844
新刻聽雨紀談 叢1-114(5)、115
新刻聽月樓 子5-28472
新刻珠玉圓 集7-54120
新刻硃批註釋草堂詩餘評林 集7-48433
新刻硃批武備全書海防總論 子1-3086
新刻聖朝頒降新例宋提刑無寃錄 史6-46348
新刻聖賢羣輔錄 叢1-114(2)
新刻理氣詳辨三臺便覽通書正宗 子3-14454

新刻碧玉帶　集 7 - 52868
新刻碧玉樓　子 5 - 28259
新刻鄧翰林訂正張先生書經舉業節解　經 1 - 2729
新刻瓊琯白先生集　集 1 - 3655～6
新刻了凡袁先生四書訓兒俗說　經 2 - 10349
新刻聚偎爐　集 7 - 51164～5
新刻子彙書鈔　叢 1 - 78
新刻羣音類選　集 7 - 54609　叢 1 - 114(4)
新刻羣書備數　叢 1 - 114(3)
新刻邵太史評釋舉業古今摘粹玉圃珠淵　子 5 - 25695
新刻乙丑科翰林館課　集 6 - 45426
新刻乙未科翰林館課東觀弘文　集 6 - 45413
新刻珍珠衫子弟書詞　集 7 - 52571
新刻珍珠大汗衫　集 7 - 51367
新刻瑣言摘附　叢 1 - 114(3)
新刻壬戌科翰林館課、後集、新刻已未科翰林館課　集 6 - 45425
新刻重訂出像附釋標註琵琶記　集 7 - 49723
新刻重訂出相附釋標註拜月亭記　集 7 - 49750
新刻重訂附釋標註出相伍倫全備忠孝記　集 7 - 49758
新刻重校訂丁未科翰林館課全編　集 6 - 45421
新刻重校祕傳鬼靈經通天竅(新刻祕傳四先生鬼靈經通天竅)　子 3 - 13313
新刻重校增補圓機詩韻活法全書　子 5 - 26117
新刻重校增補圓機活法詩學全書　子 5 - 26115
新刻重校增補圓機活法詩學全書、新刊校正增補圓機詩韻活法全書　子 5 - 26116
新刻重增四民便用釋義世事通考典故全書　子 4 - 22351
新刻僞英珠璣　子 5 - 24984
新刻爲政九要　史 6 - 41519～20、42956　叢 1 - 114(2)
新刻千里駒　集 7 - 51204
新刻千里駒(新刻千里駒說唱鼓詞)　集 7 - 51203
新刻雙龍傳　集 7 - 51253
新刻雙玉鐲十五集　集 7 - 53953
新刻雙玉鐲全傳　集 7 - 53952
新刻雙盃傳　集 7 - 51248
新刻雙翠配　集 7 - 51255
新刻雙鳳騎偎全本　集 7 - 52925
新刻雙金錠全傳　集 7 - 53939
新刻雙釘記全本　集 7 - 52835
新刻雙鎖山　集 7 - 51260
新刻雙燈記七部　集 7 - 51250
新刻香譜　叢 1 - 114(5)、115
新刻香袋子(號子書繡香袋)　集 7 - 53634
新刻香蓮帕　集 7 - 51314
新刻香蓮帕說唱鼓詞　集 7 - 51315
新刻毛先生家學的傳禮記會通集注　經 1 - 5627
新刻毛公案說唱鼓詞　集 7 - 51187
新刻爵秩全覽(清雍正十二年冬季)　史 3 - 23802
新刻維摩詰所說經　叢 1 - 114(3)
新刻上海山歌　集 7 - 53633
新刻虎牙嶺　集 7 - 51137
新刻虎牙嶺(繡像虎牙嶺鼓詞)　集 7 - 51138
新刻何氏類鎔　子 5 - 25026
新刻虞會魁尚書便讀標旨書經　經 1 - 2767
新刻處囊訣　叢 1 - 114(3)
新刻歲時廣記、圖說　叢 1 - 114(2)
新刻拜命曆　叢 1 - 114(2)
新刻占魁高頭提章詩經正文　經 1 - 3917
新刻占魁高頭分章分節易經　經 1 - 762
新刻比雍二大司成先生課大學多士四書諸說品節　經 2 - 10333
新刻師曠禽經　叢 1 - 114(5)、115～6
新刻紫霞盃南音　集 7 - 52980
新刻紫陽五言詩選、七言詩十四首　集 1 - 3594
新刻紫金鐲　集 7 - 51372
新刻紅土埠　集 7 - 51132
新刻紅杏樓雜記　子 4 - 23335
新刻紅椒山房筆記　子 5 - 26510
新刻紅風傳　集 7 - 51128
新刻紅燈記　集 7 - 51127
新刻紅燈記說唱鼓詞　集 7 - 51125～6
新刻經世文衡　子 4 - 23983
新刻經史類編　子 5 - 25772
新刻經驗痘疹不求人方論　子 2 - 8658
新刻經驗積玉奇方　子 2 - 9290
新刻經驗男女子兒符册　子 3 - 14667
新刻經館課玉堂椽筆錄　集 6 - 45411
新刻倭袍後傳時雅蘇調　集 7 - 53996
新刻後續琥珀鳳釵柳希雲全本南音　集 7 - 52895
新刻後本白氏全傳續姻緣　集 7 - 53682
新刻刮地風　集 7 - 50735
新刻斷橋情迹(繡像西湖緣鼓詞)　集 7 - 54047

新刻山房十友圖贊 子4-18670 叢1-114(7)、115～6
新刻山家清事 叢1-114(6)、115～6
新刻山海經 子5-26765 叢1-114(6)、115
新刻山海圖經 叢1-114(2)
新刻山居四要 子2-10976 叢1-114(7)、117
新刻山堂詩考 經1-3670、4815 叢1-114(4)
新刻出像音註齊世子灌園記 集7-49713
新刻出像音註商輅三元記 集7-49775
新刻出像音註唐韋臯玉環記 集7-50123
新刻出像音註唐朝張巡許遠雙忠記 集7-49763
新刻出像音註王昭君出塞和戎記 集7-50088
新刻出像音註司馬相如琴心記 集7-49853
新刻出像音註何文秀玉釵記 集7-50077
新刻出像音註釋義王商忠節癸靈廟玉玦記 集7-49779
新刻出像音註宋江水滸青樓記 集7-49713
新刻出像音註韋臯玉環記 集7-49713
新刻出像音註范雎綈袍記 集7-50120
新刻出像音註花將軍虎符記 集7-49713、49839
新刻出像音註花欄裴度香山還帶記 集7-49713、774
新刻出像音註花欄南調西廂記 集7-49794
新刻出像音註花欄韓信千金記 集7-49713、49771
新刻出像音註勸善目連救母行孝戲文 集7-49791
新刻出像音註蘇英皇后鸚鵡記 集7-49713、50132
新刻出像音註韓湘子九度文公昇僊記 集7-50130
新刻出像音註薛平遼金貂記、功臣宴敬德不伏老四折 集7-50093
新刻出像音註薛仁貴跨海征東白袍記 集7-49713、50131
新刻出像音註觀世音修行香山記 集7-50107
新刻出像音註增補劉智遠白兔記 集7-49749
新刻出像音註點板徐孝克孝義祝髮記 集7-49835
新刻出像音註劉玄德三顧草廬記 集7-50126
新刻出像音註劉漢卿白蛇記 集7-49713、50112
新刻出像音註岳飛東牕記 集7-49803
新刻出像音註姜詩躍鯉記 集7-50113
新刻出像音註節義荆釵記 集7-49743
新刻出像音註管鮑分金記 集7-49943
新刻出像京本忠義水滸傳 子5-28659
新刻出像官板大字西遊記 子5-28794
新刻出像葵花記 集7-50057
新刻出像增補搜神記 子5-26812
新刻出像點板音註李十郎紫簫記 集7-49713、49879
新刻出像點板增訂樂府珊珊集 集7-54614
新刻出像點板呂真人夢境記 集7-49868
新刻出像點板時尚崑腔雜齣醉怡情 集7-54628
新刻出相音釋點板東方朔偷桃記 集7-50012
新刻出相音釋點板留伯仁八黑收精劍丹記 集7-50011
新刻出相音注勸善目蓮救母行孝劇文 集7-49792
新刻出相雙鳳齊鳴記 集7-50042
新刻出相點板宵光劍 集7-49930
新刻出相點板櫻桃記 集7-49845
新刻出相點板八義雙盃記 集7-50102
新刻樂府雜錄 叢1-115
新刻樂府粹選 叢1-114(4)
新刻種杏仙方 子2-9304
新刻種樹書 子1-4081、4114 叢1-114(5)、115～6
新刻綵綫貫明珠秋檠錄 叢1-114(6)、116
新刻參真圖要 叢1-117
新刻參同契全書 叢1-115
新刻戲迷傳 集7-53496
新刻俠女捨身珠玉圓 集7-54121
新刻休徵先生玉潤軒摘藁 集2-12846
新刻升禪會說唱鼓詞 集7-51241
新刻牡丹亭還魂記 集7-49892
新刻告御狀 集7-53475
新刻幼幼集 叢1-117
新刻幼幼集(幼幼集) 子2-8398
新刻幼科百效全書 子2-8419
新刻科場利器集要 子5-25838
新刻續文房圖讚 叢1-114(6)、115
新刻續文房圖贊 子4-18668 叢1-116
新刻續千家詩 子1-2846
新刻續編三國志後傳 子5-28002
新刻續選批評文章軌範 集6-42699
新刻續彭公案 子5-28768～9
新刻續博物志 叢1-114(6)、115～6

新刻續書譜　叢1－114(5)、115
新刻續金針詩格　叢1－114(4)
新刻仲祥吳景鸞先生解議祕訣、吳公祕傳佑子心法後集　子3－13349
新刻律例類抄　叢1－114(2)
新刻律條告示活套　叢1－114(2)
新刻佛說大阿彌陀經　叢1－114(3)
新刻佛說觀無量壽佛經　叢1－114(3)
新刻佛說四十二章經　叢1－114(3)
新刻佛說阿彌陀經　叢1－114(3)
新刻佛道教經　叢1－114(3)
新刻傳真祕要　子3－15917　叢1－114(4)
新刻朱文公先生考正家禮通行　經1－6312
新刻朱太復玄棲山中授兒四書主意心得解　經2－10487
新刻朱賣臣休妻　集7－53375
新刻繡像療牛馬經、駝經　子1－4533
新刻繡像評講後部濟公傳　子5－28860
新刻繡像評講濟公傳　子5－28857
新刻繡像三寶開港西洋記　子5－28155
新刻繡像雙金錠　集7－53938
新刻繡像後唐奇書蓮子瓶演義傳　子5－28726
新刻繡像白綾扇　集7－51081
新刻繡像鴛鴦墜鼓詞　集7－51356
新刻繡像走馬春秋　子5－28910
新刻繡像批評金瓶梅　子5－28234
新刻繡像換空箱(後三笑才子奇書)　集7－53780
新刻繡像回龍傳　集7－51143
新刻繡像劉公案　集7－51170
新刻繡鞋記　集7－51329～30
新刻繡履全傳　子5－28646
新刻白虎通德論　叢1－114(6)、115～6
新刻白綾記　集7－51082
新刻白鶴仙神數相法　子3－14217
新刻白羅扇　集7－51085
新刻白羅衫　集7－51084
新刻牌譜　子3－18240　叢1－115
新刻皇明諸司公案　子5－27706
新刻皇明經世要畧　史6－41664
新刻皇明十大家萃正翱翔易經集注　經1－794
新刻皇明草對　子3－15340
新刻皇明開運輯畧武功名世英烈傳　子5－28136
新刻皇輿要覽　叢1－114(2)
新刻伯孝曹先生蒐輯性理筆乘集要　子1－1268
新刻鬼神傳終須報　子5－28908
新刻保生心鑑　叢1－114(5)、115、117
新刻魏文帝詩格　叢1－114(4)
新刻魏仲雪先生批評投筆記　集7－49808
新刻魏仲雪先生批點西廂記、李商薔註會真記、蒲東詩、錢塘夢、園林午夢記　集7－48823
新刻魏仲雪先生批點琵琶記　集7－49729
新刻吳氏家傳增補圖解王叔和脈訣大全　子2－6006
新刻吳氏家傳養生必要仙製藥性全備食物本草　子2－5859
新刻吳無障先生評註利用舉業芳潤左傳、國語　史1－5042
新刻程凝之先生白蓮洴集、續集　集2－9718
新刻稗家粹編　叢1－118
新刻釋名　經2－14559　叢1－114(6)、115
新刻釋常談　叢1－114(5)、115
新刻釋常談(釋常談)　子4－22135
新刻佩觿、考異、辯證　叢1－114(2)
新刻侗初張先生評選國語雋　史1－5052
新刻御頒新例三台明律招判正宗　史6－46069
新刻修真寶傳因果全部　子7－36200
新刻修真祕要　叢1－114(5)、115、117
新刻像全牛郎織女傳　子5－28839
新刻象棋譜　子3－17995
新刻急就篇　經2－13308　叢1－114(6)、115
新刻物原　子5－25624　叢1－114(3)
新刻名例律　叢1－114(2)
新刻名物法言　叢1－114(5)、115
新刻名公神斷明鏡公案　子5－27749
新刻名公印雋儒林重珍　子3－16809
新刻名公筆法草書重珍　子3－15354
新刻名公筆法草書重珍、印雋　子3－15355
新刻色譜　叢1－115
新刻炙轂子詩格　叢1－114(4)
新刻彙編秦漢文選　集6－42910～1
新刻紀曆撮要　叢1－115
新刻紀曆撮要(新刻田家五行紀曆撮要、紀曆撮要)　子1－4251
新刻絕代語釋別國方言　叢1－114(6)、115～6
新刻綱目提要　叢1－114(2)
新刻緣情手鑒詩格　叢1－114(4)
新刻傷寒六書纂要辨疑　子2－6522
新刻從祀考　叢1－116
新刻從祀考、新增、祭啓聖公　叢1－114(6)
新刻徐文長公參訂西廂記、會真記、蒲東詩、新刻錢塘夢、園林午夢記　集7－48829
新刻徐玄扈先生纂輯毛詩六帖講意　經1－

3770
新刻徐比部燕山叢錄 子5-27040
新刻徐九一先生四書剖訣 經2-10446
新刻徐陳二先生評選三蘇文則 集6-45177
新刻徐閣公先生四書備考定本 經2-10472
新刻徐筆峒先生批點西廂記 集7-48832
新刻牧民政要 史6-41519～20、42937
新刻牧民忠告 史6-41519～20
新刻繪事指蒙 子3-14689、15925 叢1-115
新刻繪圖祕本殺子報全傳 子5-28787
新刻繪圖粉妝樓全傳 子5-28066～7
新刻紗燈記 集7-51236
新刻秋胡戲妻 集7-53486
新刻宜齋野乘 叢1-114(4)、115～6
新刻流類手鑑 叢1-114(3)
新刻注釋故事白眉 子5-25123～4、25126
新刻淮河營 集7-53480
新刻蜜蜂記 集7-51191
新刻宛丘詩說 叢1-114(4)
新刻寫本道琴書 集7-52593
新刻字學備考 經2-13554 叢1-114(2)
新刻字學源流 經2-13552 叢1-114(5)、115
新刻寓文粹編 叢1-118
新刻寰宇雜記 子4-23039 叢1-114(6)、115～6
新刻官級由陞 叢1-114(2)
新刻官禮制考 叢1-114(2)
新刻官板補遺珍珠囊藥性賦 子2-5764
新刻官板大字評史心見 史1-5514
新刻官板地理造福玄機體用全書 子3-13446
新刻官板舉業巵言 集6-46247
新刻官員品級考 史6-41520、42665
新刻定軍山 集7-53471
新刻寶顏堂虎薈 子4-19395 叢1-106
新刻寶貨辨疑 叢1-114(6)、116
新刻宋璟鶼釵記 集7-49846
新刻宋丞相信國公文山先生全集 集1-4447
新刻宋名賢晦庵五言詩鈔前集新鍥宋名賢晦庵五言詩鈔後集 集1-3579
新刻宋江坐樓梆子腔 集7-53491
新刻汪先生家藏醫學原理(醫學原理) 子2-4840
新刻汪會魁書經刪潤要言 經1-2777
新刻汗衫記 集7-51368
新刻顧會元註釋古今捷學舉業天衢 子5-25697
新刻顧鄰初先生批點四書文 經2-10427
新刻顧鄰初太史硃批詩經金丹 經1-3772
新刻返魂香 集7-51116
新刻浙江新編出像題評范睢綈袍記 集7-50119
新刻浙江餘姚進士白川諸先生祕傳易學講義 經1-750
新刻溪蠻叢笑 叢1-114(5)、115～6
新刻活財神子弟書 集7-52092
新刻心印紺珠經 叢1-117
新刻治安藥石 叢1-114(5)、115
新刻祕本說唱一文錢全傳 集7-54040
新刻祕本雲中落繡鞋 集7-54101
新刻祕本雲中落繡鞋(新刻祕本彈詞落繡鞋全傳) 集7-54100
新刻祕本彈詞五虎平西全傳 集7-53998
新刻祕本彈詞十二金錢全傳□集 集7-53915
新刻祕本雙魚全傳 集7-53945
新刻祕本大中秋記全傳 集7-51365
新刻祕本時調唱口搖錢樹全傳 集7-54030
新刻祕本唱口一頂巾全傳 集7-51366
新刻祕本唱口玉夔龍全傳 集7-54066
新刻祕本唱口萬人歡全傳 集7-53986
新刻祕本唱口金如意全傳七集 集7-53796
新刻祕本雅調唱口七美圖全集六集 集7-53880
新刻祕授外科百效全書 子2-7700～1
新刻補背搭 集7-53077
新刻補遺標題論策指南綱鑑纂要 史1-5013～4
新刻述異記 叢1-114(5)、115
新刻洗冤錄 叢1-114(2)
新刻洗冤錄、體式 史6-46314
新刻洗心輯要 子1-1614
新刻沈調唱口芭蕉扇 集7-53679
新刻沈漢陽先生隨寓詩經答 經1-3830
新刻沈相國續選百家舉業奇珍 集6-45344
新刻滿江紅竈老爺上天 集7-53634
新刻滿漢字四書 經2-10133
新刻法師選擇記 叢1-114(3)
新刻法師選擇紀 子3-14466、14629
新刻法家裒集 史6-41518～20、46387 叢1-114(2)
新刻法家新書 史6-46437
新刻法家管見彙語刑台秦鏡 史6-46082
新刻法寶壇經 叢1-114(3)

新刻法筆新春　史6-46462
新刻漢隸分韻　經2-13143　叢1-114(2)
新刻褚氏遺書　叢1-117
新刻清官斷二部　集7-51213
新刻清官傳　集7-51211～2
新刻清官圖上本　集7-51215
新刻清朝始出文武狀元譜　集7-51369
新刻清靜經　叢1-114(3)
新刻清風閘　子5-28694
新刻濃情祕史　子5-28337
新刻神僊可學論　叢1-114(3)
新刻神異經　叢1-114(5)、115
新刻神光經　叢1-115
新刻禮記金丹　經1-5661
新刻禮部訂正詩經正式講意合註篇　經1-3776
新刻禮部校正書言故事通考　子5-25729
新刻袖中錦　叢1-114(6)、115
新刻連珠曆　叢1-114(2)
新刻連理枝子弟書　集7-52096
新刻混元鉢　集7-51145
新刻溫隱居海上仙方前集　子2-4570、9161　叢1-115
新刻湯太史擬授科場題旨天香閣說　經2-10436
新刻湯學士校正古本按鑑演義全像通俗三國志傳　子5-27983
新刻湯會元輯註國朝羣英品粹　子5-25063
新刻湯會元精遴評釋國語　史1-2118
新刻湯會元精遴評釋國語狐白　史1-5051
新刻祝壽編年　叢1-114(5)、116
新刻禪偈　叢1-114(3)
新刻禪宗旨要　叢1-114(3)
新刻禪考　叢1-114(3)
新刻禪警、禪考、禪學　子7-34082
新刻禪髓　叢1-114(3)
新刻禪學　叢1-114(3)
新刻洞天清錄　叢1-114(6)、115
新刻涵虛子地理正言　叢1-115
新刻漱六齋全集　集2-10303
新刻初仕錄　叢1-114(2)
新刻初真十誡　叢1-114(3)
新刻逸詩　經1-4815、4862　叢1-114(6)、116
新刻逸田叟女仙外史大奇書　子5-28157
新刻通天竅六十年圖　叢1-114(5)、116
新刻通用尺素見心集　子5-25823～4
新刻通鑑集要、音釋總類、總論　史1-1218
新刻過昭關二本　集7-53476
新刻選文選　集6-42103
新刻選註秦漢文　集6-42819
新刻資暇集　叢1-114(6)、115
新刻鄭架新裁萬寶全書　子5-25196
新刻汾河灣　集7-53473
新刻游覽粹編　子4-24119　叢1-118
新刻海若湯先生彙集古今律條公案　子5-27710
新刻滄溟李先生文鈔註釋　集2-9077
新刻送燈喜話　集7-53634
新刻道德經　叢1-114(3)
新刻啓蒙同聲字音注釋捷徑　經2-13513
新刻沙沱頒兵　集7-53490
新刻沙中金集　叢1-114(3)
新刻乂杆坐獄　集7-53369
新刻十二雙繡鞋山歌　集7-53633
新刻十二寡婦征西六集　集7-52877
新刻十二寡婦征西五集(前四集爲大破天門陣)　集7-52876
新刻十二寡婦征西七集　集7-52878
新刻十二寡婦征西八集　集7-52879
新刻十二月想郎　集7-53634
新刻十二月小光棍　集7-53634
新刻十盃酒一套　集7-50933
新刻十盃茶　集7-53634
新刻十元魁述訂國朝五百名家詩經文林正達　經1-3766
新刻十雙快靴　集7-53633
新刻十供神山修真寶傳因果(十供神僊傳、修真寶傳)　子7-36192　集7-54494
新刻十杯茶　集7-53633
新刻左傳書鈔　叢1-78
新刻九更天義僕救主金環記　集7-51152
新刻九巧傳　集7-51163
新刻九我評註茅先生白華樓藏稿文選評　集2-9026
新刻九我李太史編纂古本歷史大方綱鑑　史1-1265～6
新刻九我李太史校正大方性理全書　子1-121
新刻九郎官替父昇僊傳　集7-51161
新刻大方廣圓覺修多羅了義經　叢1-114(3)
新刻大千生鑑聖賢年譜萬壽全書　子5-25707
新刻大佛頂如來蜜因修證了義諸菩薩萬行首楞嚴經　叢1-114(3)
新刻大清傳全本(新刻都堂私訪大清傳)　集7-53352
新刻大明一統志集畧　史7-49557
新刻大明一統賦　叢1-114(2)
新刻大明律圖、真犯雜犯死罪　叢1-114(2)

新刻大明官板律例臨民寶鏡 史 6-46073
新刻大明曆 叢 1-114(2)
新刻大小六壬課 叢 1-115
新刻大小馮先生手授詩經 經 1-3814
新刻太平傳 集 7-51276
新刻太乙仙製本草藥性大全 子 2-5560
新刻太上靈寶淨明洞神上品經 叢 1-114(3)
新刻太史徐先生家藏引蒙四書的解 經 2-10447
新刻太素心要 子 2-4570、6272
新刻太素脈訣祕書 子 2-4570
新刻太醫院何先生校正便用醫方捷徑藥性賦 子 2-5779
新刻太醫院校正痘疹醫鏡 子 2-8704
新刻太醫院校正增補醫方捷徑 子 2-4877
新刻太醫院校授丹溪祕藏幼科捷徑全書 子 2-8371
新刻太醫院纂集醫教立命元龜 子 2-9279
新刻太倉藏板全補合像註釋大字故事 子 5-24933
新刻太倉藏板全補合像注大字日記故事 子 5-26344
新刻太公六韜 叢 1-114(2)
新刻士範 子 1-2359 叢 1-114(5)、116
新刻直菴三法 叢 1-114(4)
新刻壹品忠 集 7-53367
新刻在陳絕糧段 集 7-53370
新刻內觀經 叢 1-114(3)
新刻內閣校正當朝鳳藻經國鴻謨 集 6-43948
新刻南方草木狀 子 4-19127 叢 1-115
新刻南詞十盃酒一套 集 7-50931
新刻巾箱蔡伯喈琵琶記 集 7-49731
新刻寸札粹編 叢 1-114(7)、118
新刻女誡 叢 1-114(2)
新刻女孝經 叢 1-114(6)
新刻李于麟先生批評註釋草堂詩餘雋 集 7-48442
新刻李翠蓮施捨金釵遊地獄大轉皇宮 集 7-52589
新刻李卓吾彙選見聞雅集外史類編 子 4-23008
新刻李涪刊誤 子 4-19885
新刻李太史釋註左傳三註旁訓評林 經 1-6830
新刻李太史釋注史記三注評林(史記三注旁訓) 史 1-64
新刻李太史祕藏王閣學漢書選要鈔評 史 1-5153
新刻李袁二先生精選唐詩訓解 集 6-43334
新刻李愚公先生家傳詩經演辯真 經 1-3877
新刻李氏刊誤 叢 1-114(6)、115
新刻古文選正 集 6-42783
新刻古字便覽 叢 1-114(2)
新刻古杭雜記詩集 史 7-50289 叢 2-832(1)
新刻古桐國曹氏五聞人易經絕韋貫珠錄講 經 1-795
新刻古本大金錢全傳 集 7-53715
新刻古本劉成美忠節義全傳 集 7-53828
新刻古器具名、總說 叢 1-114(2)
新刻古器具名、古器總說 子 4-18554
新刻古今玄機消長八譜 子 5-25742
新刻古今玄屑 子 5-25064
新刻古今武考 子 1-3777
新刻古今碑帖考 子 3-15300、15368 叢 1-114(2)
新刻古今名儒黼藻三場百段文錦 集 6-45355、46212
新刻古今注 叢 1-114(5)、115
新刻古今切要士民便用書簡翰苑玄英 子 5-25783
新刻古今事物考 叢 1-114(2)
新刻古今原始 叢 1-114(2)
新刻古今類腴 子 5-24989
新刻壽親養老書 叢 1-114(6)、115、117
新刻壽親養老書(壽親養老書) 子 2-10959
新刻七名家合纂易經講意千百年眼 經 1-829
新刻七進士詩經折衷講意 經 1-3758
新刻七十二朝四書人物考註釋 經 2-10304
新刻七翰林纂定四書主意定本 經 2-10459
新刻袁柳莊先生祕傳相法 子 3-14202
新刻袁中郎先生批評紅梅記 集 7-49947
新刻袁氏世範 叢 1-114(5)、116
新刻袁小修先生四書綮 經 2-10414
新刻真詞殺廟 集 7-53612
新刻真本唱口雙珠球全傳(增像繪圖雙珠球) 集 7-53958
新刻賣油郎獨占花魁 集 7-51183～5
新刻木天禁語 叢 1-114(4)
新刻校正詞家便覽音釋蕭曹遺筆 史 6-46396
新刻校正大字李東垣先生藥性賦 子 2-5766
新刻校正大字本李東垣先生珍珠囊 子 2-

4720
新刻校正古本歷史大方通鑑　史1－1267
新刻校正增釋合併麻衣先生人相編　子3－14194
新刻校正買賣蒙古同文雜字　經2－15038
新刻校正歷朝捷錄旁訓評林、新刻校正皇明我朝捷錄旁訓　史1－5465
新刻校正纂輯評林元朝捷錄　史1－5932
新刻校正纂輯皇明我朝捷錄　史1－5935
新刻校定集註杜詩　集1－892
新刻校定脈訣指掌病式圖說　子2－4564
新刻楷法大成　叢1－114(2)
新刻彭氏類編雜說　子5－25038
新刻桃花記　集7－51280
新刻機房教子　集7－53482
新刻博物志　叢1－114(5)、115
新刻博古圖、總說　叢1－114(2)
新刻博笑記　集7－49925
新刻裁衣梆子腔(金蓮裁衣)　集7－52497
新刻戴氏鼠璞　子4－22178　叢1－114(5)、115
新刻地理滙參　子3－13629
新刻鼓詞紅淚傳　集7－51129
新刻考訂按鑑通俗演義全像三國志傳　子5－27981
新刻考古謚法　叢1－114(6)、116
新刻蒐集羣書紀載大千生鑑　子5－25092
新刻莊子南華真經　叢1－114(3)
新刻芥隱筆記　叢1－114(5)、115
新刻蔣王門　集7－51148
新刻蔣璞山政訓　叢1－114(2)
新刻藏舟子弟書　集7－52162
新刻蓮花盞　集7－51167～8
新刻燕几圖　叢1－114(3)
新刻蕉葉帕　子5－28308
新刻蘇長公詩文選勝　集1－2428
新刻蘇知縣白綾記　集7－51083
新刻艾先生天祿閣彙編採精便覽萬寶全書　子5－25200
新刻草字千字詩　集6－42283
新刻草木幽微經　叢1－114(7)、115
新刻孝經　叢1－114(6)
新刻萬法歸宗(全刻祕傳萬法歸宗)　子3－14621
新刻萬國朝宗　史7－54329
新刻萬氏家傳廣嗣紀要　子2－8015
新刻萬氏家傳保命歌括　子2－9272
新刻葵陽黃先生南華文髓　子5－29294
新刻韓詩外傳　經1－4815　叢1－114(6)、115～6
新刻韓會狀註釋莊子南華真經狐白　子5－29324
新刻姑蘇花錦城趙聖關山歌　集7－50726
新刻華夷風土志　叢1－114(2),2－734
新刻華嚴金獅子章　叢1－114(3)
新刻華陀内照圖　叢1－115
新刻華筵趣樂談笑奇語酒令　子3－18317
新刻苦節傳全集(雙上墳)　集7－50838
新刻葫蘆先生雜劇　集7－49187
新刻菴堂相會寶卷　集7－54583
新刻世史類編　史1－1226　子5－25220
新刻世無匹　子5－28322
新刻世無匹奇傳　子5－28321
新刻世範集事詩鑒　叢1－114(5)、116
新刻芸窓彙爽萬錦情林　子5－27703
新刻藝圃球瑯集註　子4－20625
新刻薛剛大戰紀鸞英陣上求親　集7－52951
新刻楚郢大泌山人四遊集　集2－10344
新刻黄帝陰符經闡祕、羣仙靈壽丹　子5－29771
新刻黄庭内景五臟六腑說　叢1－115～6
新刻黄庭内景經、外景經　叢1－114(3)
新刻黄石齋先生詩經琅玕　經1－3812
新刻黄石公素書　叢1－114(5)、115～6
新刻黄太史纂輯四書綱要　經2－10492
新刻黄氏詩法　叢1－114(4)
新刻茶譜　叢1－114(6)、115
新刻茶集、附說　子4－19032　叢1－114(6)、116
新刻茶經　叢1－114(6)、115～6
新刻茶具圖贊　子4－19011　叢1－114(6)、115～6
新刻茶錄　叢1－114(6)、115～6
新刻荼薇記銀嬌全本　集7－52931
新刻藥證類明　叢1－117
新刻藥鑒　子2－5559
新刻枕頭案　集7－53374
新刻桂枝寫狀柳絲琴　集7－52909
新刻林香保雙釵記　集7－51249
新刻埤雅　經2－14629　叢1－114(2)
新刻觀世音菩薩普門品經　叢1－114(3)
新刻獨斷　叢1－114(6)、115～6
新刻賀后罵殿　集7－53478
新刻相字心法　叢1－115
新刻楊端潔公文集　集2－10710
新刻楊二社化緣　集7－52630
新刻楊家府世代忠勇演義志傳　子5－28095
新刻楊宗師批選秦漢文鈔　集6－42906
新刻楊清銀論　史6－44445
新刻楊太史評註内外品百氏名文文家鏡三

部稿　集 6 - 42860
新刻楊太史選註秦漢拔奇　集 6 - 42905
新刻楊救貧祕傳陰陽二宅便用統宗　子 3 - 13168
新刻楊會元真傳詩經講意懸鑒　經 1 - 3779
新刻楊筠松祕傳開門放水陰陽捷徑　子 3 - 13335
新刻楞伽阿跋多羅寶經　叢 1 - 114(3)
新刻姐妹易嫁子弟書詞　集 7 - 52093
新刻拏國泰　集 7 - 51193
新刻胡子知言　子 1 - 717　叢 1 - 114(4)
新刻胡氏詩識　經 1 - 3725、3874、4815　叢 1 - 114(4)
新刻胡會魁纂輯書經講意冠玉　經 1 - 2738
新刻趨避檢　子 3 - 14465　叢 1 - 114(3)
新刻柳江口　集 7 - 51173
新刻柳蔭記全傳　集 7 - 51171
新刻殺廟　集 7 - 53613
新刻格古論要　叢 1 - 114(3)
新刻格古要論　子 4 - 23690
新刻救荒本草　叢 1 - 117
新刻增訂釋義經書便用通考雜字、外卷　經 2 - 13442
新刻增集紀驗田家五行　子 1 - 4245
新刻增補音易四書五經經字攷萬花谷、合刻鑑紀通攷萬花谷　子 5 - 25763
新刻增補說唱義夫節婦何文秀報寃傳　集 7 - 54343
新刻增補王叔和脈訣圖注定本　子 2 - 6004
新刻增補古今醫鑑　子 2 - 4863
新刻增補藝苑巵言　集 6 - 45753
新刻增補藝苑巵言(弇州山人藝苑巵言)　集 6 - 45754
新刻增補翰苑英華事類捷錄　子 5 - 25134
新刻增補全像音釋古今列女全傳　史 2 - 6397
新刻增補全相燕居筆記　子 5 - 27601
新刻增校切用正音鄉談雜字大全　子 5 - 25767
新刻增刪二度梅奇說　子 5 - 28453～4
新刻驚鴻記　集 7 - 49934
新刻翰府通式　叢 1 - 114(4)
新刻翰林六進士參定劉先生詩經博約說鈔　經 1 - 3781
新刻翰林諸名公評註先秦兩漢文穀　集 6 - 42799
新刻翰林要訣　子 3 - 15075　叢 1 - 114(4)
新刻翰林貢傳舉業全旨日講意詩經發微集註　經 1 - 3752
新刻翰林攷正京本李詩評選、杜詩評選　集 6 - 43318
新刻翰林彙選周禮三注　經 1 - 4934
新刻翰林九石黃先生家傳周易初進說解　經 1 - 783
新刻翰林批選東萊先生左氏博議句解　經 1 - 6780
新刻翰林類選苑詩秀句　集 6 - 43806
新刻翰林精選佳論場屋範模　集 6 - 45357
新刻教坊記　叢 1 - 114(7)、115
新刻故事彙纂補遺翰助詳解　子 5 - 25084
新刻松盛舊編　子 3 - 13419
新刻梅氏詩評　叢 1 - 114(4)
新刻狄梁公返周望雲忠孝記　集 7 - 50055
新刻妙法蓮華經　叢 1 - 114(3)
新刻趙狀元三錯認紅梨記　集 7 - 49931
新刻趙蘭英觀燈記　集 7 - 51358
新刻中序　叢 1 - 114(4)
新刻中興大唐演義傳　子 5 - 28061
新刻史綱總會列國志傳　子 5 - 27935～6
新刻史綱歷代君斷　史 1 - 5406
新刻申會魁家傳課兒四書順文捷解　經 2 - 10561
新刻車龍花燈記　集 7 - 52788
新刻事物紀原　子 5 - 25534、25536　叢 1 - 114(3)
新刻事物異名　叢 1 - 114(3)
新刻夷堅志　子 5 - 26962
新刻較正算法大全　子 3 - 12523
新刻書簾緒論　史 6 - 41519～20　叢 1 - 114(5)、115
新刻青龍傳　集 7 - 51208
新刻青陽扇調打茶會　集 7 - 53633
新刻本寧先生詳訓對類　子 5 - 25752
新刻本寧李先生對類　子 5 - 25753
新刻忠經　叢 1 - 114(5)、115
新刻忠義水滸傳　子 5 - 28660
新刻奏對合編　史 6 - 41522
新刻書經備旨善本輯要　經 1 - 2969
新刻書斷　子 3 - 15021　叢 1 - 115
新刻書法三昧　叢 1 - 114(5)、115
新刻書中書　集 7 - 51246
新刻春秋談虎講意　經 1 - 7678
新刻春秋配　集 7 - 51093
新刻春娥訓子(三娘教子)　集 7 - 53420
新刻表學指南　子 5 - 24890
新刻素問心得　子 2 - 4570　叢 1 - 114(5)、117
新刻東方朔探春曆記　叢 1 - 114(2)
新刻東調雨雪亭　集 7 - 54061
新刻東調雨雪亭二十八集　集 7 - 54060
新刻東調珠蝴蝶四集　集 7 - 54119
新刻東調珍珠塔傳(新刻九松亭全傳)　集

7－54117
新刻東調紫金釵二集　集7－54127
新刻東調金槍宋傳四集　集7－53795
新刻東溪試茶錄　子4－18997　叢1－114(6)、115～6
新刻東海王先生纂輯陽宅十書(陽宅十書)　子3－13182
新刻東坡禪喜集　集1－2410
新刻批評註釋程墨表選、續刻　集6－45394
新刻批評繡像平山冷燕　子5－28269
新刻批評繡像人間樂　子5－28295～6
新刻批評東漢演義　子5－27970
新刻批選三蘇文要　集6－45169
新刻批點四書讀本(大學章句、中庸章句、論語集註、孟子集註)　經2－10212
新刻批點金罍子上篇、中篇、下篇　子4－20524
新刻打登州　集7－51101
新刻打雁試妻(薛仁貴回窰)　集7－53498
新刻打牙牌(小妹妹打牙牌)　集7－53634
新刻打金枝抄本　集7－53469
新刻軒轅黄帝治病祕法　子2－4570
新刻攝生要義　叢1－114(6)、117
新刻攝生集覽　子2－11021　叢1－114(6)、117
新刻指迷醫碑　子2－5130
新刻虹泥關　集7－53479
新刻斬龍賣卦全傳　集7－53371
新刻撥砂經全集(扒沙經)　子3－13352
新刻採真機要　叢1－117
新刻刺湯子弟書　集7－52095
新刻按鑑京本三國英雄志傳　子5－27985
新刻按鑑編集二十四帝通俗演義全漢志傳　子5－27958
新刻按鑑編纂開闢衍繹通俗志傳　子5－27924
新刻按鑑演義京本三國英雄志傳　子5－27984、27986
新刻按鑑演義三國英雄志傳　子5－27987
新刻按鑑演義全像大宋中興岳王傳　子5－28125
新刻感應紀述靈驗　叢1－114(3)
新刻感應篇　叢1－114(3)
新刻抛彩球真本　集7－53485
新刻拷紅子弟書　集7－52094
新刻井底結釵全本　集7－52905
新刻農圃四書　子1－4081、4120　叢1－114(6)、115～6
新刻農桑輯要　子1－4081、4101～2　叢1－114(6)、116
新刻規中指南　子2－11008　叢1－114(5)、115～6
新刻揚州近事雨花香　子5－27829
新刻揭萬年先生校正禮記便蒙删補　經1－5652
新刻搜龍奥語　子3－13588
新刻搜集羣書記載大千生鑑　史2－6582
新刻招擬假如行移體式　史6－41519～20　叢1－114(2)
新刻蝴蝶盃　集7－51134
新刻蝴蝶杯　子5－28527
新刻賴太素天星催官解、破愚論　子3－13363
新刻輪迴寶傳　集7－50839
新刻輶軒使者絕代語釋别國方言　經2－14826
新刻撿柴　集7－53055
新刻抄郎(訪郎上月光)　集7－53634
新刻擋亮抄本　集7－53470
新刻□筆須用註釋祕典　子5－25738
新刻日記故事續集　子4－24434
新刻墨池璅錄　叢1－114(3)
新刻墨藪　子3－14689、15050　叢1－114(3)
新刻星平合訂命學須知　子3－14160
新刻星槎勝覽　叢1－114(6)、115～6
新刻星學樞要　叢1－114(5)、116
新刻國朝名公批點文武並用今古紆籌　子1－3810
新刻國朝名公尺牘類選　集6－45262
新刻國朝萬民通寶書簡百震春雷　集6－45292
新刻四言雜字　經2－13530
新刻四六旁訓古事苑　子5－25141
新刻四下南唐尾花解語　集7－52886
新刻四家宫詞　叢1－114(4)
新刻四才子平山冷燕清唱本　集7－52912
新刻四書酒政　子4－19105
新刻四書十方家考訂新說評實　經2－10396
新刻四書圖要　經2－10374、10393、10503　叢1－114(6)、116
新刻四民便覽萬書萃錦存　子5－25793
新刻吊金龜　集7－53123
新刻易經衷旨原本(易經衷旨原本)　經1－957
新刻易經娜嬛　經1－67、919
新刻易測　經1－768
新刻易見雜字農業　經2－13436
新刻田家五行　叢1－116
新刻田家五行、拾遺　子1－4081、4247、4249　叢1－115
新刻田家五行、拾遺、紀曆撮要、附東方朔

探春歷記、附錄　叢1－114(6)
新刻田家五行紀曆撮要　子1－4081、4252
新刻田家五行紀曆撮要、東方朔探春歷記　叢1－116
新刻男綁子　集7－53484
新刻昇僊定唐傳說唱鼓詞野史　集7－51243
新刻甲辰科翰林館課　集6－45417
新刻甲辰科翰林館課續卷　集6－45418
新刻呂新吾先生文集　集2－9877
新刻呂涇野先生校正中祕元本　子5－24812
新刻呂氏官箴　史6－41519～20　叢1－114(5)、115
新刻回龍閣　集7－53481
新刻回盃記　集7－51141
新刻回春記　集7－50005
新刻圖註傷寒活人指掌　子2－6730
新刻圖畫要畧　叢1－115
新刻異識資諧、續識資諧　子4－20826
新刻異說綠牡丹　子5－28717
新刻異說南唐演義全傳　子5－28057
新刻異說反唐演義傳　子5－28059
新刻異說反唐全傳　子5－28056
新刻困學紀詩　經1－3681、4815　叢1－114(6)、116
新刻羅經解　子3－13445
新刻羅經會要　子3－13565
新刻點板情詞昔昔鹽　集7－50545
新刻題評名賢詞話草堂詩餘　集7－48441
新刻獸經　子4－19386　叢1－114(5)、115～6
新刻時調說唱八僊緣　集7－53678
新刻時調三百六十行　集7－53634
新刻時調玉蜻蜓　集7－54075
新刻時調玉蜻蜓(新刻玉蜻蜓)十集　集7－54074
新刻時調百歲圖　集7－53634
新刻時調盜金刀全傳　集7－53718
新刻時調萬事足　集7－53988
新刻時調見月笑李千金傳　集7－53789
新刻時調唱口真本九絲絲全傳三十六集　集7－53815
新刻時調唱口乾坤印九集　集7－53888
新刻時樣滿江紅對口全詞(小寃家滿江紅)　集7－53634
新刻時尚華筵趣樂談笑酒令　子3－18316
新刻唱白時調沉香閣二十四集　集7－53920
新刻嚴滄浪詩法　叢1－114(4)
新刻單頭馬　集7－51105
新刻明政統宗　史1－1541
新刻明朝通紀會纂　史1－1253、1572
新刻明醫校正訂訛八十一難經、新刻明醫參補三合王叔和脈訣　子2－4777
新刻明善要言　叢1－114(6)、116
新刻明鑑利用陰陽曆正發全通書大成　子3－14470
新刻照千字文集音辨義　經2－13377
新刻鸚歌記　集7－53730
新刻雅調玉燕金釵三集　集7－54084
新刻雅調彈詞忠孝尋親巧合金冠全傳　集7－53792
新刻雅調祕本珍珠旗全傳　集7－54110
新刻雅調唱口平陽傳金臺全集　集7－53799
新刻雅調唱口平陽傳金臺全集七集　集7－53800
新刻雅調唱口和合琴全傳(混江驢)　集7－53765
新刻雅調唱口換珠梅五集　集7－53783
新刻雅調唱口四海珠　集7－53963
新刻雅道機要　叢1－114(4)
新刻防守險要圖考　史6－45582
新刻辟塵珠　叢1－114(3)
新刻歷代聖賢像贊　史2－6624　叢1－114(2)
新刻歷考綱目訓解鑑全編正集、續集　史1－1150
新刻歷世統譜　叢1－116
新刻歷世統譜、圖　叢1－114(5)
新刻歷朝史學快覽　史1－5663
新刻雁翎扇墜節義奇緣　集7－52953
新刻厚生訓纂　叢1－114(6)、117
新刻厚生訓纂(新鐫厚生訓纂)　子2－11019
新刻原本王狀元荊釵記　集7－49742
新刻馬書　子1－4507
新刻長春劉真人語錄　叢1－114(5)、116～7
新刻劉子書鈔　叢1－78
新刻劉太史評釋舉業續古今文彀錦繡詞林　子5－25680
新刻劉太史彙選古今舉業文彀註釋評林　子5－25681
新刻劉直洲先生文集　集2－10778
新刻脈訣　子2－4570、6012　叢1－114(5)、115
新刻脈訣刊誤　子2－6024　叢1－114(2)
新刻刪補產寶全書　子2－8062
新刻刪補註釋藝圃球琊集　子4－20626
新刻彤管摘奇　集6－42418
新刻助語辭　叢1－114(5)、115
新刻尉繚子　叢1－114(2)

新刻附曆合覽　叢1-114(2)
新刻隋唐大伐南陳胭脂井　集7-52952
新刻陳先生心傳辯疑訓解詩經文林妙達　經1-3891
新刻陳徐二先生評選史記則　史1-5841
新刻陳太史經制考畧　史6-41666
新刻陳太史經濟言輯要　集6-43956
新刻陳明卿先生對類會海　子5-25818
新刻陳眉公訂正通紀會纂　史1-1571
新刻陳眉公攷正國朝七子詩集註解　集6-43764
新刻陳眉公重訂廣莊　子5-29308　叢1-105
新刻陳眉公重訂通鑑集要　史1-1206
新刻陳養晦先生傷寒五法　子2-6519
新刻臞仙神隱　子1-4119　叢1-114(3)
新刻陽宅新編　子3-13174
新刻風水問答　叢1-115
新刻風俗通義　叢1-114(6)、115～6
新刻風憲忠告　史6-41520　叢1-114(2)
新刻風世俚言前集、後集、續集　叢1-114(2)
新刻風騷要式　叢1-114(4)
新刻風騷旨格　叢1-114(4)
新刻同窗梁山伯還魂重整姻緣傳　集7-53984
新刻周季侯評選名文衡　集6-42885
新刻月上女經　叢1-114(3)
新刻月林丘先生家傳禮記摘訓　經1-5613
新刻陶顧二會元類編蘇長公全集　集1-2398
新刻降香樓　集7-53056
新刻居官必要爲政便覽　史6-41519～20、42954
新刻居官格言　叢1-114(2)
新刻眉公陳先生評註老子雋　子5-29146　叢1-112
新刻眉公陳先生編輯諸書備採萬卷搜奇全書　子5-25741
新刻熙朝内閣評選六子纂要　子4-23910
新刻熙朝内閣評選老子纂要　子5-28941、29112
新刻學海探珠　叢1-114(6)、116
新刻學餘園類選名公四六鳳采　集6-43897
新刻丹房百問　叢1-117
新刻開基翰林評選歷朝捷錄總要　史1-5443
新刻醫經小學　叢1-117
新刻醫滙　子2-4919
新刻醫學便覽　叢1-117
新刻醫學啓原　子2-5036
新刻醫學權輿　叢1-115、117
新刻闇然堂類纂皇明新故事　子4-23040
新刻問刑條例　叢1-114(2)
新刻問刑條例題稿畧　叢1-114(2)
新刻印古詩語　經1-3733、4815　叢1-116
新刻鬭倫賣妹全本　集7-52890
新刻鬭目詐妮子調風月　集7-48789
新刻興清傳　集7-51326
新刻尺牘如面　集6-45289
新刻陰陽寶扇六集全本　集7-52959
新刻陰陽寶扇二集　集7-52955
新刻陰陽寶扇三集全本　集7-52956
新刻陰陽寶扇五集全本　集7-52958
新刻陰陽寶扇初集全本　集7-52954
新刻陰陽寶扇七集全本　集7-52960
新刻陰陽寶扇八集全本　集7-52961
新刻陰陽寶扇全本四集　集7-52957
新刻陰符經三皇玉筌　叢1-115
新刻陰符經注　叢1-114(3)
新刻臨罏機要　叢1-114(4)
新刻人瑞堂訂補全書備考　子5-25104
新刻八代文宗評註　集6-42774
新刻八郎探母全本　集7-52243
新刻全續彭公案後部　子5-28772
新刻全像高文舉珍珠記　集7-50121
新刻全像音詮征播奏捷傳通俗演義　子5-28177
新刻全像三寶太監西洋記通俗演義　子5-28153
新刻全像皇明諸司廉明奇判公案　史6-46080
新刻全像包龍圖公案袁文正還魂　集7-50081
新刻全像漢劉秀雲記　集7-50050
新刻全像海剛峯先生居官公案(新鍥全像海忠介公居官公案)　子5-27709
新刻全像古城記　集7-50117
新刻全像廿四尊得道羅漢傳　子5-27701、28826
新刻全像觀音魚籃記　集7-50133
新刻全像按鑑演義南北宋傳題評　子5-28073
新刻全像按鑑演義南宋志傳　子5-28074
新刻全像易鞋記　集7-49847
新刻全像點板張子房赤松記　集7-49950
新刻全像臙脂記　集7-50052
新刻全補標題音註元朝捷錄　史1-5459
新刻全補標題音注元朝捷錄　史1-5933
新刻全補醫方便懦　子2-9183
新刻全真活法　叢1-114(5)、116

新刻全本雙金錠東調 集7-53938
新刻全本後續金葉菊二集 集7-52902
新刻全本昭君出塞雙鳳奇緣全本 集7-52979
新刻全本劉晨採藥僊凡記初集 集7-52907
新刻金環記說唱鼓詞 集7-51151
新刻金橋算命 集7-53483
新刻金蘭筏 子5-28457
新刻金蓮燈全傳 集7-51156
新刻金剛般若波羅蜜經 叢1-114(3)
新刻金陵板詩經開心正解 經1-3824
新刻金陵原板書經開心正解 經1-2771
新刻金陵原板易經開心正解 經1-952
新刻金丹語錄 叢1-114(3)
新刻金丹集問 叢1-114(3)
新刻金瓶梅詞話 子5-28232～3
新刻金針詩格 叢1-114(4)
新刻金釵記 集7-51149
新刻金符經 叢1-114(3)
新刻金光明經 叢1-114(3)
新刻今古傳奇 子5-27818
新刻俞調義男哭沈香 集7-53633
新刻分類評釋草堂詩餘、新刻分類評釋續草堂詩餘 集7-48434
新刻分類摘聯四六積玉 子5-25731
新刻無冤錄 叢1-114(2)
新刻合諸名家評選古文啓秀 集6-42869
新刻合併十八飛星策天紫微子數全集 子3-14109
新刻合併李日華西廂記 集7-49795
新刻善惡圖全傳 子5-28733
新刻含輝山房輯注啓札雲章 子5-25352
新刻公門事約編 史6-43096
新刻食物本草 子2-5855 叢1-114(6)、117
新刻食色紳言 叢1-114(5)、116
新刻食鑒本草 叢1-114(6)
新刻食鑑本草 子2-5856 叢1-117
新刻養生導引法 叢1-115、117
新刻養生月覽 叢1-114(6)、117
新刻養生食忌 叢1-117
新刻養生類纂 叢1-114(5)、117
新刻鍾伯敬先生批評封神演義 子5-28840～2 叢1-496(7)
新刻劍溪堂訂補全書備考 子5-25047
新刻劍嘯閣批評西漢演義傳 子5-27965
新刻劍嘯閣批評東漢演義傳 子5-27961、27968
新刻鋪房吉利喜話(挑子桶喜話) 集7-53634
新刻錢太史評註李于鱗唐詩選玉 集6-43333
新刻錢希聲先生四書課兒捷解 經2-10551
新刻針醫參補馬經大全(新刻參補針醫馬經大全) 子1-4539
新刻錦雲肩胡生哭别 集7-52893
新刻錦身機要 叢1-117
新刻錦身機要指源篇、大道修真捷要選仙指源篇 叢1-114(6)
新刻錦帶補註 子5-24857 叢1-115
新刻錦帶補注 叢1-114(5)
新刻鄭太史精著易經解 經1-902
新刻竹木相爭 集7-53634
新刻第十才子金鎖鴛鴦(璧經)、清鍾璧蒼校訂 集7-52900
新刻篆法辯訣 子3-15108 叢1-114(2)
新刻笑中緣圖說 集7-54014～6
新刻策髓 子5-25692
新刻纂集紫微斗數捷覽 子3-14108
新刻纂圖元亨療馬集 子1-4538
新刻小六子(小六子掛招牌) 集7-53634
新刻小說載花船 子5-28263
新刻小說躋雲樓 子5-28373
新刻小二姐做夢 集7-53075
新刻小爾雅 經2-14547 叢1-114(4)、115
新刻小翟岡偷情劉一姐山歌 集7-53634
新刻小寡婦上新墳 集7-53634
新刻小窗清箋 集6-45230
新刻小清官烏江渡私訪 集7-54009
新刻小長工山歌(十二月小長工) 集7-53634
新刻小兒推拿方脈活嬰祕旨全書 子2-10404
新刻小學紺珠 叢1-114(3)
新刻懷胎(十月懷胎) 集7-53634
新刻省身格言 叢1-114(6)、116
新刻卷珠簾 集7-52813
新刻火龍傳 集7-51144
新刻火珠林 叢1-115
新刻悟真篇、續集、外集 叢1-115
新刻悟真篇外集 叢1-114(5)
新刻悟真篇續集 叢1-114(5)
新刻悟真篇續集、外集 叢1-116
新刻類修要訣、續附 子2-11022 叢1-114(6)、117
新刻類輯故事通考旁訓 子5-25060
新刻燈下緣十部 集7-51106
新刻燈下勸夫 集7-52660
新刻燈月傳 子5-28459
新刻恠證奇方、雜錄 叢1-117

新刻愼言集 子1-1035 叢1-114(5)、115～6
新刻性理大全 子1-116
新刻性理大全書(新刊性理大全書、新刻性理大全) 子1-117
新刻情女哭沈香 集7-53633
新刻精纂註釋歷史標題通鑑捷旨 史1-5409
新刻精纂詳註仕途懸鏡 史6-42970
新刻怪證奇方(怪症奇方)、雜錄附 子2-9280
新刻怪證奇方、雜錄附 子2-4570
新刻烙碗記二集 集7-51166
新刻粉粧樓傳記 子5-28065
03 新詠樓詩 集4-25454
新詠樓詩稿、詞稿 集4-25455
04 新詩、弄閒草 集2-11027
05 新諫婦人(五諫刁妻) 集7-53639
06 新譯商品學 子7-37285
新譯庚子中外戰紀 子7-36461
新譯西算心悟 子7-37495
新譯瑞典式療病體操 子7-37850
新譯幾何學教科書(立體) 子7-37504
新譯幾何學教科書(平面) 子7-37505
新譯代數指 子7-37539
新譯包探案 子7-38183
新譯淨除業障供養懺悔文 子7-35029
新譯法史攬要 子7-36363
新譯沙斐伯雷傳 子7-36505
新譯大方廣佛華嚴經音義 子6-32081(42)、32082(20)、32084(23)、32086(46)、32088(29),7-34811、34814 叢1-318、456(3)
新譯大方廣佛華嚴經音義(華嚴經音義) 子7-34816
新譯大方廣佛華嚴經音義、敍錄 經1-101 子7-34815
新譯大日本近世史 子7-36393
新譯吉祥飲血壬集輪無比修習母一切中最勝上樂集本續顯釋記 子7-32955
新譯蒙漢千字文 經2-13399
新譯華嚴經音義 子6-32083(27)
新譯世界統計年鑒(一九〇七年) 子7-37291
新譯中國江海險要圖誌、圖 史7-53060
新譯中國江海險要圖志、補編、圖 子7-38061
新譯中學日本文典 子7-37992
新譯中等萬國地理志教科書五編附表 子7-37744
新譯毒病滙編 子7-37856
新譯成語摘鈔詞林、折奏成語附公文成語附衙署名目附官銜名目 經2-15061
新譯日清海陸戰爭史 子7-36453
新譯日本評論員必攜 子7-38141
新譯日本明治教育史 子7-36702
新譯墮淚碑 子7-38191
新譯陸軍兵書二種 子7-36906
新譯煤礦圖說 子7-36250、37134
07 新詞圖譜 集2-11158
新調西園公子傳 集7-54003
新調南國佳人傳 集7-53871
新調妓女從良滿江紅 集7-53634
新調思春 集3-21253
新調陰陽鏡莫奈何全傳 集7-54050
08 新說西遊記 子5-28802、28804
新說西遊記圖像 子5-28803
新說生花夢奇傳 子5-28320
新說教授學 子7-38001
新論 子1-435,4-19858,7-38115 集2-7936 叢1-61～4、72、74～7,2-628、730(3)、1067
新論(甘泉新論) 子1-1031
新論正誤 子4-19863 叢2-1548
新論佚文 子4-19862 叢2-777
新論校正 子1-439 叢1-258,2-731(3)、847、1466
新譜雙玉燕傳 集7-54298
新譜雙玉燕全傳 集7-53950
新譜番合釧全集 集7-51115
新譜才女雙寶蓮全傳 集7-53928
新譜東調雙剪髮 集7-53935
09 新謎約選 子3-18406
新談屑 子4-21814
10 新三角問題正解 子3-12794
新三字經 子1-2887
新三字達生篇續篇 子2-5297
新三字溫病篇 子2-5297
新三國 子5-28005
新三國志 子5-28004
新三笑姻緣 集7-54017
新玉簫琴記南音 集7-52969
新王二姐摔鏡架一枝 集7-52768
新五代史 史1-16 叢1-223(18)
新五代史四夷附錄地理考證 史1-171,7-49310
新靈樞 子2-5383
新靈素熱論篇 子2-5297
新元史 史1-20
新元史考證 叢2-2121
新爾雅 經2-14661、14686

新平鄉土志[光緒] 史8-62445
新平縣鄉土志[光緒] 史8-63432
新平縣鄉土志合編[宣統] 史8-62446
新平縣志[康熙] 史8-62441
新平縣志[道光] 史8-62442
新平縣志[民國] 史8-62443～4
新天方夜談 子7-38255
新天花亂墜 子5-27258
新西安[民國] 史8-62676
新西法選要(時憲、七政性情、天步真原世界部) 子3-11236
新西游記 子5-28816
新西遊記 子5-27897、28812
新吾先生呻吟語 子1-1159
新吾奏疏 史6-48364 叢2-1137
新吾呂君墓誌銘 史2-8994 叢2-1138～9
新吾粹語、記 子1-1179
11 新疆文武各官及兵勇書役等支款章程 史6-43367
新疆文報郵政總局擬訂章程 史6-44382
新疆文報郵政總局擬定細則 史6-44383
新疆訪古錄[宣統] 史8-63382 叢2-2128
新疆設行省議 史6-45682,7-49317(6)、49318(3)
新疆旅行記 史7-49358、53766
新疆五次剿平邊寇奏咨一案(光緒三十三年) 史6-45688
新疆要畧 史7-49314
新疆西鄉縣志稿第一種沿革表[民國] 史8-62970
新疆疆域總敍 史7-49318(18)、51187
新疆建置沿革考[宣統] 史8-63385
新疆建置志 叢2-829
新疆建置志[光緒] 史8-63375
新疆後事記 史1-3719,7-49316、49318(3)
新疆山脈志[宣統] 史8-63381
新疆山脈圖志 叢2-2128
新疆外藩紀畧[乾隆] 史8-63349
新疆特用道英吉沙爾直隸同知黃君(袁)傳 史2-10590
新疆伊犁亂事本末、辛亥定變紀畧 史1-1912
新疆條例說畧 史6-41932、45685
新疆烏什直隸廳鄉土志[光緒] 史8-63412
新疆物候志[宣統] 史8-63378
新疆紀畧 史7-49316、49318(3)、54922
新疆紀畧[道光] 史8-63365
新疆紀畧[嘉慶] 史8-63361
新疆紀畧[乾隆] 史8-63347～8
新疆紀畧[民國] 史8-63387
新疆稅務局總辦會議皮毛公司改爲官行詳 史6-44004
新疆審判廳籌辦處司法報告書 史6-46032
新疆近事記 史7-49357
新疆述畧[民國] 史8-63386
新疆禮俗志 史6-45692,7-49357 叢2-2128
新疆禮俗志[宣統] 史8-63379
新疆通志[宣統] 史8-63373
新疆道里表 史7-51203
新疆大記[光緒] 史8-63371
新疆大記補編[民國] 史8-63372
新疆南山雜議 史6-45696,7-49319
新疆志[光緒] 史8-63370
新疆志稿 叢2-2226
新疆志稿(西疆備乘)[宣統] 史8-63384
新疆志畧[嘉慶] 史8-63364
新疆志畧[民國] 史8-63388
新疆地畧 史7-49318(20)、51201
新疆藩部志[宣統] 史8-63377
新疆勘界公牘彙鈔 史6-45684,7-49335
新疆甘肅奏底(光緒十一年至宣統元年) 史6-48078
新疆事宜三種 史7-54924
新疆撮要錄[乾隆] 史8-63357
新疆國界志[光緒] 史8-63376
新疆國界圖志 叢2-2128
新疆四道志[光緒] 史8-63367
新疆回部紀畧[光緒] 史8-63368
新疆回部志 史7-49347
新疆回亂紀畧 史1-4237
新疆回教考 子7-36071
新疆圖志[宣統] 史8-63374
新疆賦 史1-23,7-49314、51195 集4-22401、27233
新疆吐魯番廳鄉土志[光緒] 史8-63420
新疆防戍出力原奏議(光緒二十五年) 史6-45687
新疆兵事志[宣統] 史8-63383
新疆輿圖風土考[乾隆] 史8-63345
新疆分省議 史6-45683,7-49357
新疆小記草 史7-51202
新疆小正 叢2-2128
新疆省政府主席楊公(增新)行狀 史2-10869
12 新登縣志[民國] 史7-57222
新列國志 子5-27937
新發王氏家譜[浙江蕭山] 史4-24920～1
新刊痘疹證治要訣 子2-8649

新刊痘疹傳心錄　子2-8655
新刊廬陵誠齋楊萬里先生錦繡策(錦繡策)　集1-3542
新刊方脈主意　子2-6093
新刊唐宋名賢歷代確論　史1-5418
新刊唐荊川先生稗編、目錄　子5-24960
新刊唐陸宣公集　集1-1195
新刊意中緣　子5-28460
新刊文選後集、音釋　集6-42143
新刊文選考注前集、後集　集6-42090
新刊文選批評前集、前集音釋、後集、後集音釋　集6-42105
新刊文場助捷經濟時務表筌　子5-25794
新刊辨銀譜　子4-18607
新刊音註出像齊世子灌園記　集7-49842
新刊註釋爾雅　經2-11179
新刊京傳足本剪燈新話　子5-27574
新刊京本孫武子十三篇本義　子1-3128
新刊京本編集二十四帝通俗演義　子5-27959
新刊京本禮記纂言　經1-5592
新刊京本禮經會元　經1-4928
新刊京本袖珍方大全　子2-9211
新刊京本通俗演義全像百家公案　子5-27707
新刊京本校訛大字諸症辨疑(諸症辨疑)　子2-4918
新刊京本校正增廣聯新事備詩學大全　子5-24916
新刊京本春秋五霸七雄全像列國志傳　子5-27932
新刊京本排韻增廣事類氏族大全綱目　史2-13408
新刊京本按鑑通俗演義全漢志傳　子5-27960
新刊京本鼇正總括天機星學正傳　子3-14129
新刊京本晦菴先生語錄類要　子1-780
新刊京本脈訣疏義　子2-6094
新刊京本分類標題大字詩學全補　子5-24915
新刊京本纂集諸類陰陽地理玉鑰三元、增補續集　子3-13403
新刊譚友夏合集　集2-11764
新刊諸史　子4-23994
新刊訓解直音書言故事大全　子5-24872
新刊詁訓唐柳先生文集(柳河東集)、外集、新編外集　集1-1431
新刊諸子纂要大全　子4-23847
新刊韻畧　經2-13739
新刊韻畧、聖朝頒隆貢舉三試程式、新增分毫點畫正誤字　經2-13740
新刊韻學會海　經2-13886
新刊說唱包龍圖斷曹國舅公案傳(新刊說唱包龍圖斷曹國舅公案)　集7-51065
新刊診脈三十二辨　子2-4768
新刊論策標題古今三十三朝史綱紀要、外紀　史1-1259
新刊詳注搢紳便覽　史3-23792
新刊詳增補註東萊先生左氏博議　經1-6752
新刊詳明日記大全　子5-25231
新刊一行禪師演禽命書　子3-14089
新刊三訂便蒙唐詩鼓吹大全、新增草堂辭調賦歌　集6-43281
新刊三元精纂舉業通標題句解淮南子摘奇　子4-19724
新刊三禮考注　經1-6044
新刊三士錄　史2-6489
新刊正文對音捷要琴譜真傳　子3-17610
新刊正音註解日誦總類大全雜字　子5-25796
新刊正蒙解　子1-621
新刊玉機微義　子2-4819
新刊王充論衡　子4-19752
新刊王三楚秦漢魏晉近古文選　集6-42818
新刊王制考　子5-25629
新刊王太史彙選諸子類語　子4-23943
新刊王氏脈經　子2-5997　叢2-635(4)
新刊五百家註音辯昌黎先生文集(五百家註音辯昌黎先生文集、五百家注昌黎文集、重刊五百家註音辯昌黎先生全集)　集1-1304
新刊五百家註音辯昌黎先生文集、外集、序傳碑記、韓文類譜　集1-1303
新刊五子書　子1-11
新刊五美緣全傳　子5-28485
新刊元微之文集　集1-1451
新刊元本蔡伯喈琵琶記　集7-49735
新刊死生交范張雞黍　集7-48765
新刊爾雅、音釋　經2-11174
新刊爾雅翼　經2-14633
新刊震川先生文集　集2-8765
新刊霞箋記　子5-28367
新刊天下民家使用萬錦全書　子5-25226
新刊再續彭公案　子5-28771
新刊西沱吳先生蠢遇錄(西沱奏議)　史6-48191～2
新刊雷公炮製便覽　子2-5557
新刊北方真武祖師玄天上帝出身全傳　子5-28835

新刊項槖小兒論、彙纂張子房歸山詩選 子5-27594
新刊麗則遺音古賦程式 集1-5521
新刊張小山北曲聯樂府、外集 集7-50564
新刊張小山北曲聯樂府、外集、補遺 集7-50565
新刊列仙降凡徵應全編 子5-27036
新刊發明琴譜 子3-17602
新刊孔部元法題四六參語 史6-46400
新刊理學心傳章句講意大小題旨易經聖朝正達 經1-649
新刊理氣詳辯纂要三台便覽通書正宗(三臺通書正宗) 子3-14451
新刊環谷杏山二先生詩稿(環谷杏山二先生詩稿) 集6-45000
新刊子史羣書論策全備摘題雲龍便覽 子5-25661
新刊子午流注鍼經 子2-10219、10227
新刊羣書攷正性理大全 子1-122
新刊君子亭羣書摘草 子4-23935
新刊司成精選歷代奇英鴻制正續古文宗範、我朝奇英鴻制正續古文宗範 集6-42804
新刊邵翰林評選舉業捷學宇宙文芒 子5-25696
新刊重訂出像附釋標註音釋趙氏孤兒記 集7-49805
新刊重訂出相附釋標註裴度香山還帶記 集7-49767
新刊重訂出相附釋標註香囊記 集7-49760
新刊重訂出相附釋標注千金記 集7-49772
新刊重訂輯釋通義源流本末 經2-10259
新刊焦太史續選百家評林明文珠璣 集6-43945
新刊千金風水殺法妙訣 子3-13416
新刊止齋先生文範 集1-3704
新刊止齋先生奧論、新增止齋先生文錄 集1-3707
新刊仁齋直指方論(仁齋直指)、小兒附遺方論、醫脈真經、傷寒類書活人總括 子2-9174
新刊仁齋直指方論、小兒附遺方論、醫脈真經、傷寒類書活人總括 子2-9173
新刊仁齋直指小兒附遺方論 子2-8366～7
新刊儒門評注節解命理真機摘要 子3-14125
新刊紅樓夢 子5-28380
新刊經進詳註昌黎先生文、外集、遺文、韓文公志 集1-1306
新刊經驗痘疹不求人方論 子2-7966、8658
新刊經驗良方 子2-9845
新刊經驗治痘活法 子2-8626
新刊經驗祕方 子2-9243
新刊嵩山居士文全集(嵩山集、嵩山居士文集) 集1-3346
新刊崑山周解元精選藝圃萃盤錄 子5-25666
新刊山堂先生章宮講考索丙集 子5-24846
新刊山堂先生章宮講考索□集 子5-24847
新刊出像音註韓朋十義記 集7-50129
新刊出像補訂參采史鑑唐書志傳通俗演義題評 子5-28033
新刊出像補訂參采史鑑南宋志傳通俗演義題評、北宋志傳通俗演義題評 子5-28075
新刊出相點板紅梅記 集7-49945
新刊外集 叢2-635(12)
新刊外科正宗 子2-7686
新刊外科微義 子2-7687
新刊參采史鑑唐書志傳通俗演義 子5-28032
新刊續補文選纂註 集6-42112
新刊續補扶壽精方 子2-9245
新刊朱文公小學刪註 叢1-132
新刊繡像巧合三緣 子5-28534
新刊繡像飛龍全傳 子5-28091
新刊繡像大清傳(繡像彭公案) 子5-28767
新刊繡像昇仙傳演義 子5-28911
新刊繡榻野史 子5-28245
新刊皇明文清薛先生要錄 子1-103
新刊皇明諸司廉明奇判公案 子5-27704
新刊皇明聖政記 史1-2727
新刊皇明白沙陳先生要錄 子1-103
新刊皇明名臣言行錄 史2-7165
新刊皇明陽明王先生要錄 子1-103
新刊皇明小説今獻彙言二十五種 叢1-89
新刊吳航心法詩經經綸 經1-3916
新刊釋氏十三經 子7-32108 叢1-394
新刊勿聽子俗解八十一難經後集、纂圖槩括 子2-5460
新刊侯伯憲家傳詩經說約 經1-3871
新刊名儒舉業分類註釋百子粹言 子4-23974
新刊名山百詠詩 集6-43769
新刊名家地理大全錦囊經 子3-13271
新刊名世文宗 集6-42776、42779
新刊名教真傳拳勢體式、棍棒體勢、新刊武

學至寶射法捷要　子1-3557
新刊名臣碑傳琬琰之集　史2-7046
新刊魯府祕方　子2-9300
新刊的本薛仁貴衣錦還鄉　集7-48765、48918
新刊的本散家財天賜老生兒　集7-48765
新刊的本泰華山陳摶高臥　集7-48765
新刊彙集完真妙諦捷經併附經驗奇方　子5-32012
新刊彙編秦漢精華　集6-42786
新刊傷寒撮要　子2-6512
新刊徽郡原板繪像註釋魁字登雲日記故事　子5-25723
新刊徽郡原板校正繪像註釋魁字天梯日記故事　子5-25724
新刊徽郡原板校正繪像註釋魁字登雲三註故事　子5-25725
新刊徽郡原板校正繪像註釋魁字登雲金璧故事　子5-27054
新刊徽板合像滚調樂府官腔摘錦奇音　集7-54621
新刊徐文長先生評隋唐演義　子5-28022
新刊繪圖玉美人長恨　集7-52097
新刊宣和遺事前集、後集　子5-28119　叢1-316～7
新刊注釋素問玄機原病式　子2-5423～4
新刊家禮或問須知　經1-6318
新刊憲臺考正綱目批點音釋資治通鑑大成　史1-1188
新刊憲臺考正宋元通鑑全編　史1-1193
新刊憲臺考正少微通鑑全編、外紀、新刊憲臺考正宋元通鑑全編　史1-1093
新刊憲臺考正少微通鑑全編、外紀、總論　史1-1094
新刊憲臺考正少微通鑑全編、外紀、總論、新刊憲臺考正宋元通鑑全編　史1-1095
新刊憲臺釐正性理大全(新刊憲臺攷正性理大全書)　子1-119
新刊良朋彙集　子2-9409
新刊官版注解文公小學正蒙　子1-2686
新刊官板註釋同山畫水消砂斷法雪心賦正解　子3-13277
新刊官板本草真銓　子2-5562
新刊官板明心寶鑑正文　子1-2498
新刊官本類證醫林集要　子2-7098
新刊竇漢卿編集鍼經指南、鍼灸雜說　子2-10226～7
新刊宋文憲公詩集、潛溪燕書　集2-5894
新刊宋丞相信國公文山先生全集、序　集1-4448
新刊宋國師吳景鸞祕傳夾竹梅花院纂(夾竹梅花院纂)　子3-13348
新刊宋學士夾漈先生六經奧論、總文　經2-11459
新刊宋學士夾漈先生六經奧論、總論　經2-11458
新刊宋學士全集、附錄補遺　集2-5886
新刊江湖問答　史6-47574
新刊河間劉守真傷寒直格(傷寒直格方)　子2-6470
新刊河間劉守真傷寒直格、後集、續集　子2-6471
新刊河間劉守真傷寒直格、後集、續集、附集　子2-6472
新刊遜志齋文錦　集2-6391
新刊心學淵源科場訣要私塾利達　經2-10299
新刊祕訣三命指迷賦　子3-14096　叢1-278
新刊祕傳小兒痘疹釋難　子2-8628
新刊祕授外科百效全書、外科祕補遺祕授經驗奇方　子2-7699
新刊補註釋文黄帝内經素問(補註釋文黄帝内經素問、京本校正註釋音文黄帝内經素問)　子2-5391
新刊補註釋文黄帝内經素問、新刊黄帝内經靈樞　子2-5318
新刊補註銅人腧穴鍼灸圖經　子2-10222
新刊補注得祕訣三命指迷賦　子3-14096
新刊補注銅人腧穴鍼灸圖經　叢1-559
新刊補遺祕傳痘疹全嬰金鏡錄、新刊小兒雜證祕傳便蒙捷法(重刻小兒雜證祕傳便蒙捷法)　子2-8639
新刊漢諸葛武侯祕演禽書(諸葛演禽祕書)　子3-14083
新刊社塾啓蒙禮教類吟　子4-20752
新刊褚氏遺書　子2-4787
新刊禮記哀言　經1-5615
新刊禮記正蒙講意　經1-5606
新刊禮記積翠哀言　經1-5616
新刊禮記搜義　經1-5626
新刊袖珍方　子2-9210
新刊袖珍小兒經驗良方(袖珍小兒方)　子2-8372
新刊潮溪先生捫蝨新話　子4-20132、20135
新刊通鑑一勺史意　史1-5012
新刊通鑑集要　史1-1204
新刊通鑑綱目策論摘題　史1-5403
新刊通鑑標題摘要　史1-1214
新刊通鑑題意便覽　史1-5015
新刊資治通鑑漢唐綱目經史品藻、宋元綱目經史品藻　史1-5401

新刊海公小紅袍全傳 子5-28172
新刊道書全集純陽呂真人文集 集1-1514
新刊啓蒙分章句解四書寶鑒 經2-10293
新刊十八大家參併名醫方考醫家赤幟益辨全書 子2-9332
新刊左傳 經1-6620
新刊大廣益會玉篇、玉篇廣韻指南 經2-12770
新刊大元混一江南實錄 史1-2609
新刊大家通用古今翰墨文宗後集 集6-45215
新刊大字明心寶鑑 子1-2493
新刊大字分類校正日記大全 子5-24949
新刊大宋宣和遺事 子5-28116
新刊大宋演義中興英烈傳 子5-28122
新刊大宋中興通俗演義 子5-28123
新刊太乙祕傳急救小兒推拿法 子2-10406
新刊太醫院外科心法(外科心法) 子2-7671
新刊南北直隸十三省府州縣正佐首人領全號宦林備覽 史3-23791
新刊南軒先生文集(南軒先生文集、南軒先生集、南軒集、南軒文集) 集1-3636
新刊巾箱蔡伯喈琵琶記 集7-49732
新刊李九我先生編纂大方萬文一統内外集 集6-42832
新刊李學士新註孫尚書内簡尺牘 集1-3079
新刊古列女傳、續列女傳 叢1-344,2-658
新刊古本大字合併綱鑑大成 史1-1228
新刊古本少微先生資治通鑑節要、外紀節要 史1-1086
新刊古今歲時雜詠(古今歲時雜詠)、目錄 集6-42264
新刊古今名賢草堂詩餘 集7-48444
新刊古今名賢品彙註釋玉堂詩選 集6-42362
新刊古今尺牘聞見拔尤 集6-45209
新刊古今錦繡詩人玉屑 集6-45648
新刊奇妙全相西廂記、增相錢塘夢、珠玉詩集、海翁詩集 集7-48804
新刊奇見異聞筆坡叢脞 子5-27586
新刊袁世凱事畧 史2-10836
新刊真楷大字全號搢紳便覽 史3-23790
新刊校正音釋禮記白文 經1-5526
新刊校正音釋春秋 經1-6625
新刊校正音釋周易 經1-186
新刊校正王叔和脈訣(新刊太醫院校正圖註指南王叔和脈訣、王叔和脈訣) 子2-6002
新刊校正古本出像大字音釋三國志傳通俗演義 子5-27980
新刊校正增釋合併麻衣先生人相編 子3-14195
新刊校正增補皇明資治通紀 史1-1543
新刊校正增補圓機詩韻活法全書 子5-26116、26118、26122
新刊校正增補圓機活法詩韻全書 子5-26119
新刊校正批點大字歐陽精論 集1-5700
新刊校正足本剪燈餘話 子5-27579
新刊校正全像音釋折桂記 集7-50046
新刊校正全相音釋青袍記 集7-50101
新刊校正銅陵演算法 子3-12606
新刊嫖賭機關(嫖賭機關) 子4-24074
新刊標題孔子家語句解、素王記事 子1-204
新刊標題句解孔子家語、孔聖廟式 子1-207
新刊標題句解孔子家語、聖朝通制孔子廟祀 子1-206
新刊標題明解聖賢語論 子1-884
新刊彭公案 子5-28766
新刊荆川先生外集 集2-8848
新刊荆溪吴氏家藏禹貢大成錄 經1-3183
新刊博摭羣書文場備用掄元經濟 集6-45341
新刊地理至寶金書模範無脈絕穴套法 子3-13500
新刊地理五經四書解義郭璞葬經 子3-13263、13386~7
新刊地理五經圖解六種 子3-13448
新刊地理雪心賦句解、新增陰陽地理消砂斷法總例大全 子3-13274
新刊地理天機會元 子3-13283
新刊地理天機會元外傳泄天機第 子3-13287
新刊地理統會大成 子3-13420、13664
新刊地理紫囊書 子3-13440
新刊地理綱目榮親入眼福地先知 子3-13429
新刊地理捷要釐正雪心賦 子3-13280
新刊地理纂要 子3-13432
新刊夢海故事占魁羣玉 子3-14617
新刊夢林珍寶故事大全 子3-14617
新刊考正全像評釋北西廂記 集7-48813
新刊尅擇便覽 子3-14467
新刊莊季裕編灸膏肓腧穴法 子2-10227、10374
新刊莆進士林二泉先生家傳書經精說 經1-2723

新刊萬病回春　子 2－4891
新刊萬天官四世孫家傳平學洞微寶鏡　子 3－13428
新刊萬氏家傳幼科發揮(幼科發揮)　子 2－8392
新刊華佗玄門脈訣内照圖　子 2－4556
新刊華陀玄門脈訣内照圖(新刊華佗先生玄門脈訣内照圖、玄門脈訣内照圖)　子 2－5932
新刊黄帝内經靈樞　子 2－5320、5443
新刊黄帝内經靈樞(素問靈樞經、黄帝素問靈樞經、靈樞經、靈樞、黄帝内經靈樞)　子 2－5440
新刊黄帝内經素問　子 2－5393
新刊黄帝明堂灸經　子 2－10227、10231
新刊村音大全集　子 3－17593
新刊蔡中郎文集、獨斷文集、詩集、外傳　集 1－229
新刊杜祁公藏身真傀儡雜劇　集 7－48773、49124
新刊權文公文集(權文公詩集、權文公集)　集 1－1227
新刊權文公文集、補遺　集 1－1228
新刊權載之文集　集 1－1224
新刊權載之文集、補刻　集 1－1226
新刊姓源珠璣　子 5－25594
新刊埤雅　經 2－14628
新刊相法人倫大統賦解　子 3－14199
新刊郝鹿野精選論學指南　子 4－23925
新刊鞠臺集秀錄　史 2－7698
新刊增廣百家詳補註唐柳先生文　集 1－1428
新刊增訂稿四書存疑　經 2－10295
新刊增訂的藁易經存疑　經 1－668
新刊增修箋註妙選羣英草堂詩餘　集 7－48420
新刊增補古今名家詩學大成　子 5－24970
新刊增補古今名家韻學淵海大成　經 2－13793
新刊翰苑廣記補訂四民捷用學海羣玉　子 5－25662
新刊翰苑博綜羣籍士林會要　子 5－24937
新刊翰林諸書選粹　子 5－25664
新刊翰林機部楊先生家藏四書慧解　經 2－10529
新刊翰林考正綱目通鑑玉臺青史　史 1－1296～7
新刊翰林考正綱目批點音釋少微節要通鑑大全　史 1－1089
新刊翰林考正綱目批點音釋少微節要通鑑大全、外紀　史 1－1090
新刊翰林考正綱目批點音釋少微節要通鑑大全、外紀、續編　史 1－1091
新刊翰林考正綱目批點音釋少微通鑑節要會成、總論、外紀、續編　史 1－1092
新刊翰林考正綱目點音資治通鑑節要會成　史 1－1187
新刊翰林會選批點史鑑新論　史 1－5526
新刊翰林精選科塲利用古策金鑑　子 4－24049
新刊趙松雪文集、外集　集 1－4958
新刊中吳論選　集 6－44438
新刊史學備要綱鑑會編、新刊史學備要史綱統會　史 1－1258
新刊蟲異賦　子 4－19404
新刊書經批注分旨白文便覽　經 1－2716
新刊春秋左氏選粹　經 1－6872
新刊春窻聯偶巧對類編　子 5－25641
新刊未軒林先生類纂古今名家史綱疑辨　史 1－5955
新刊素問入式運氣論奥(素問入式運氣論奥、入式運氣論奥)　子 2－5418
新刊批釋舉業切要古今文則　集 6－45343
新刊批點西漢咀華　史 1－5155
新刊批點古文類鈔(新刊正續古文類鈔)　集 6－42743
新刊批點吕覽　子 4－19649
新刊批點金罍子　子 4－20523
新刊指南臺司袁天罡先生五星三命大全　子 3－14086
新刊指南錄　集 1－4437
新刊靜山策論膚見　史 1－5429
新刊扶壽精方　子 2－9244
新刊農桑撮要　子 1－4105
新刊揚子門類題目　子 1－423
新刊招擬假如行移體式　史 6－41518、46391
新刊招擬指南、新刊比部招擬　史 6－46390
新刊國朝二百家名賢文粹　集 6－43605
新刊國朝歷科翰林文選經濟宏猷、續　集 6－45370
新刊四家錄　子 7－34185
新刊四大家文選　集 6－42735
新刊四書章圖詳節講學綱目、附錄鹿野郝先生式蒙要法　經 2－10300
新刊四書說畧　經 2－9028
新刊四書八進士釋疑講意　經 2－10491
新刊四明先生高明大字續資治通鑑節要　史 1－1186
新刊易經正蒙　經 1－670
新刊吕涇野先生校正中祕元本　集 7－54627
新刊圖註指南傷寒活人指掌　子 2－6735

新刊圖像人相編 子3-14208
新刊圖解玉靈聚義占卜龜經 子3-13855
新刊圖解素問要旨論 子2-5429
新刊圖相麻衣相法 子3-14197
新刊足本類編全相啓聖實録前集、後集、續集、別集 史2-6882 子5-31848
新刊點校諸儒論斷唐三宗史編句解 史1-5894
新刊時調百花臺全傳三集 集7-53689
新刊明解圖像小學日記故事 子5-25628
新刊明本大字孝經 經2-8283
新刊明目良方 子2-7305
新刊明醫雜著 子2-4833
新刊明醫祕傳濟世奇方萬病必愈 子2-9310
新刊明醫選要濟世奇方 子2-9309
新刊明醫考訂丹溪心法大全 子2-9198
新刊哪吒收妲己 集7-52889
新刊晦軒林先生類纂古今名家史綱疑辯 子4-22256
新刊歷代制度詳説 子5-25551
新刊劉向先生説苑 子1-405
新刊陳太史評選舉業捷徑古文爭奇 集6-45356
新刊陳眉公先生精選論膾 集6-44009
新刊陳眉公先生精選古論大觀 集6-42899
新刊臞仙指南肘後合併神樞經 子3-14441
新刊陽明先生文録續編 集2-7517
新刊鳳洲王先生精選歷代文宗 集6-42769
新刊鳳洲先生簽題性理精纂約義 子1-1096
新刊周易纂言集注 經1-560
新刊月峯孫先生增補音切玉鑑海篇 經2-12843
新刊陶節菴傷寒十書 子2-6494
新刊駱子集註 集1-683
新刊丹溪先生心法 子2-9196
新刊舉業利用六子拔奇 子4-23923
新刊舉業總論歷代君臣史學珠囊 史1-5474
新刊舉業明儒論宗 集6-45358
新刊舉業精義四書蒙引(四書蒙引)、別録 經2-10284
新刊醫方約説 子2-9262
新刊醫家必用類選 子2-4847
新刊醫林狀元壽世保元 子2-4894
新刊醫學集成 子2-4835
新刊醫學集成增補權輿 子2-4836
新刊醫學啓源(醫學啓源) 子2-4802
新刊關目諸葛亮博望燒屯 集7-48765、48961
新刊關目詐妮子調風月 集7-48765
新刊關目晉文公火燒介子推 集7-48928
新刊關目張鼎智勘魔合羅 集7-48765
新刊關目看錢奴買冤家債主 集7-48765
新刊關目漢高皇濯足氣英布 集7-48765、48905
新刊關目好酒趙元遇上皇 集7-48765
新刊關目嚴子陵垂釣七里灘 集7-48765、48933
新刊關目馬丹陽三度任風子 集7-48765
新刊關目陳秀卿悟道竹葉舟 集7-48765
新刊關目閨怨佳人拜月亭 集7-48765
新刊關目閨怨佳人拜月亭記 集7-48788
新刊關目全蕭何追韓信 集7-48765、48942
新刊歐陽文忠公集 集1-2023～4
新刊監本安驥藥方 子1-4527
新刊監本册府元龜 子5-24804
新刊監本册府元龜、目録 子5-24805
新刊陰陽正理論 子3-14570
新刊陰陽寶鑑尅擇通書前集、後集 子3-14433
新刊臨文便覽全集 經2-15131
新刊八仙出處東遊記 子5-28831
新刊八十一難經(新刊太醫院校正圖註指南八十一難經、鍥圖註八十一難經) 子2-5462
新刊全補通鑑標題摘要 史1-1215
新刊全補四書存疑 經2-10296
新刊全相唐薛仁貴跨海征遼故事 集7-51066
新刊全相説唱張文貴傳 集7-51067
新刊全相説唱包龍圖陳州糶米記(新刊全相説唱包龍圖陳州糶米傳) 集7-51062
新刊全相説唱包待制出身傳 集7-51061
新刊全相説唱足本仁宗認母傳(新刊全相説唱仁宗認母傳) 集7-51063
新刊全相説唱開宗義富貴孝義傳 集7-51071
新刊全相平話武王伐紂書 子5-27930
新刊全相平話樂毅圖齊七國春秋後集 子5-27953
新刊全相平話秦併六國平話 子5-27956
新刊全相平話前漢書續集 子5-27964
新刊全相萬家詩法 集6-45822
新刊全相鶯哥孝義傳(新刊説唱足本詞話全相鶯哥行孝義傳) 集7-51070
新刊金文靖公前北征録、後北征録、新刊楊文敏公後北征記 史1-2787

新刊分類江湖紀聞前集　子 5－26980
新刊合併占魁夢海羣玉張天師法病書　子 3－14617
新刊合併官板音義評註淵海子平　子 3－14099
新刊合併董解元西廂記　集 7－48763
新刊合併陸天池西廂記　集 7－49781
新刊會魁孟旋方先生精著易經旨便　經 1－800
新刊劍南詩藁　集 1－3435
新刊鋤雲楊先生地理心法内篇、外篇　子 3－13422
新刊銅人鍼灸經　子 2－4556
新刊銅人鍼灸經(銅人鍼灸經)　子 2－10217
新刊簡明醫彀　子 2－4901
新刊範圍數　子 3－14113
新刊簪纓必用翰苑新書前集、後集、續集、別集　子 5－24897
新刊纂註釋文明痘心法　子 2－8627
新刊纂圖元亨療馬集、牛經、駝經　子 1－4529
新刊纂圖大字羣書類要事林廣記　子 5－24862
新刊小兒痘疹證治　子 2－4554、8609
新刊小篇四六文精　集 6－42645
新刊類聚古今故事韻府大全　子 5－26097
新刊類編歷舉三場文選庚集、辛集　集 6－45337
新刊類編歷舉三場文選春秋義　經 1－7550
新刊類編曆舉三場文選詩義　經 1－3711
新刊性理集要　子 1－160
新刊性理白文輯畧要語　子 1－159
新刊性理大全　子 1－145～6
新刊性理大全(新刻性理大全)　子 1－116
新刊性理大全書　子 1－117
新刊性理標題輯要　子 1－130
新刊性理會要　子 1－1102
新刊精選古今大家翰牘遺矩、精選國朝諸先生手翰、致齋居士手翰　集 6－45207
新刊精選陽明先生文粹　集 2－7512
新刊精選醫方摘要　子 2－9269
新刊耀目冠塲擢奇風月錦囊正雜兩科全集　集 7－54605
新刑律修正案彙錄　史 6－45985　叢 2－2115
新刑律修正案滙錄　子 7－36672
15 新建郭君(顯球)墓誌銘　史 2－10956
新建夏氏家乘[江西新建]　史 4－31694
新建夏公(廷樾)行狀　史 2－9988
新建鼎峯書院志　史 7－52072
新建汪氏譜系圖[安徽旌德]　史 4－28910
新建李氏重修族譜[江西新建]　史 4－27341
新建裘氏家乘[江西新建]　史 5－37187
新建縣續志[道光]　史 8－58484
新建縣志[康熙]　史 8－58481
新建縣志[道光]　史 8－58483、58485
新建縣志[乾隆]　史 8－58482
新建縣志[同治]　史 8－58486
新建竹橋黄氏忠獻義塾記　史 2－8045　叢 2－1869
17 新聊齋三編　子 5－27649
18 新政應試必讀　史 6－42324
新政應試必讀六種　子 7－36253
新政詩　叢 2－1317～8
新政論議　子 4－21794～5,7－36233
新政孜警之一斑　子 4－21821
新政先生(文圖)哀思錄　史 2－10970
新政先生哀思錄　叢 2－2242
新政安行　子 4－21796
新政遺文　叢 2－2242
新政真詮六編　子 7－38127
新政真銓　史 6－47560
新政策　子 7－36258、38111
新攷正墨經注　子 4－19562
20 新集至治條例　史 6－41627　叢 2－672
新集背篇列部之字　經 2－12835
新集良方　子 2－9505
新集湯頭　子 2－10083
新集通證古今算學寶鑑　子 3－12458
新集浴像儀軌　子 6－32093(38)
新集古文四聲韻　經 2－13131～2　叢 1－452
新集分類通鑑　史 1－5011
21 新上海十編　子 5－28613
新行小尼姑歎十聲　集 7－53378
新歲經　子 6－32083(22)
新紫山倪氏七甲支譜[安徽涇縣]　史 4－31759
22 新豐店馬周獨酌　集 7－49397、49399
新豐許氏宗譜[江蘇吳縣]　史 5－34380
新豐王氏族譜[廣東]　史 4－25507
新豐王氏宗譜[安徽桐城]　史 4－25242
新豐王氏支譜[河北槀城]　史 4－24759
新豐酒法　子 4－19086　叢 1－22(15)、23(15)
新豐鎮志畧初稿[民國]　史 7－57328
新例要覽　史 6－45884
新例須知　史 1－5299～300　叢 2－616
新岑詩草、文草　集 2－8996
新鼎官板證謁大字育蒙明心正文　子 1－

2499
新刊繡像評演濟公傳 子5－28858
新製諸器圖說 子4－18646 叢1－274(4)，2－731(31)
新製靈臺儀象志 子3－11368
新製中華反切字 經2－14496
新山詩集 集1－5297
新山稿 集1－5296、5298,6－41932
新出龍舟歌 集7－53637
新出三體石經考 經2－11383 叢2－2207
新出玉石琵琶龍舟歌 集7－53638
新出張文襄公事畧 史2－10450
新出張飛趕船 集7－50832
新出改良泗州調 集7－53633
新出上海鬧五更 集7－53633
新出拜壽 集7－53465
新出特别五更想思 集7－50747
新出續打骨牌 集7－53106
新出和尚采花山歌 集7－53633
新出繪圖皖案徐錫麟 史2－10939
新出繪圖宦海风波三集 子5－28610
新出寶玉探病 集7－51394
新出對花(十二月花名) 集7－53349
新出滑頭現形記 子5－28588
新出賣刀試刀 集7－52161、52191
新出姑娘假外面 集7－53350
新出趕板桃園結義 集7－51558
新出打骨牌 集7－53104
新出耗子告貍貓全段蓮花落詞(老鼠含寃閻王審貓段) 集7－53351
新出螳螂做親寶卷(螳螂做親寶卷、螳螂寶卷) 集7－54468
新出吊金龜 集7－53466
新出八劍七俠十六義平蠻演義前傳、後傳 子5－28759
新出鏡中明全本 集7－50516
新出義和團演義 集7－54043
新出小兩口爭燈 集7－51323
新出繪圖上海大少爺回頭看 子5－28579
新樂府 史1－6157 集1－4672,3－16871,5－34841、39067 叢2－640
新樂府詞 集7－46984
新樂王甲戌稿 集2－9885
新樂縣志[康熙] 史7－55032
新樂縣志[乾隆] 史7－55033
新樂縣志[光緒] 史7－55034
23 新參梅花泉全譜祕本 子3－18063
新代數 子7－37542
新編痘疹全書 子2－8730
新編方輿勝覽 史7－49538
新編府城隍到任小神童聯登卷 集7－54557
新編意中情 集7－54041～2
新編文武金鏡律例指南 史6－42991
新編文殊菩薩獅子 集7－49112
新編文殊菩薩降獅子 集7－49083
新編音點性理羣書句解前集、後集 子1－863
新編六姑娘 集7－51174
新編龍鳳錢 集7－50216
新編顔子 子1－245
新編評註通玄先生張果星宗大全 子3－14087
新編評注易占四要 經1－2377
新編證類圖注本草(類編圖經集註衍義本草)、序例 子2－5522
新編誠纏足曲 子4－21951
新編詩韻大全 子5－26216
新編詩韻全璧、檢韻、虛字韻藪 經2－13965
新編詩句題解續集 子5－25445
新編詩義集說 經1－3718 叢1－265(2)、266
新編謀朝記 集7－53332
新編詔誥章表機要 史6－47606 子5－25580
新編詔誥章表事文擬題、皇元大科三場文選、新編詔誥章表事實 子5－25592
新編說平話 子5－27852
新編說唱包龍圖斷白虎精傳(龍圖斷白虎) 集7－51068
新編說唱包龍圖公案斷歪烏盆傳 集7－51064
新編說唱壘仇集 集7－53732
新編說唱全相石郎駙馬傳(新刊全相石郎駙馬) 集7－51060
新編詳註大六壬斷經祕訣、課起例口訣 子3－13909
新編二虎嶺 集7－51109
新編二十四史菁華錄 史1－4990
新編三國志詞 集7－51223
新編三國志鼓詞八部 集7－51221
新編正誤足註玉篇廣韻指南 經2－12769、15095
新編玉鴛鴦全傳 集7－54087～9
新編玉蟾記 子5－28488
新編五更裏新人鬧新房小夫妻成親 集7－53634
新編五代史平話 子5－28069
新編五代史平話殘 叢2－672
新編五色蘭花全本 集7－52943

新編五則　叢 1-83
新編元寶媒傳奇　集 7-50283
新編天香圃牡丹品　集 7-49083
新編百戰百勝令法引證韜畧世法　子 1-3088
新編西方子明堂灸經　子 2-4556
新編西方子明堂灸經(明堂灸經)　子 2-10215
新編西廂記詠十二月賽駐雲飛　集 7-50691
新編西唐傳全部　集 7-51307
新編雷峰塔奇傳　子 5-28887
新編醉翁談錄　子 4-23800　叢 2-615(2)
新編北河欄杆十二月時節　集 7-53327
新編甄月娥春風慶朔堂　集 7-49082～3
新編琴操　子 3-17687　叢 2-1373
新編張靖峯家藏水戰急務韜畧世法　子 1-3088、3541
新編張靖峯家藏攻城急務韜畧世法　子 1-3088
新編張靖峯家藏守城急策韜畧世法　子 1-3088
新編張靖峯家藏火攻急務韜畧世法　子 1-3088、3542
新編張天師明斷辰鉤月　集 7-49083
新編張仲景註解發微論　子 2-6454
新編張仲景註解傷寒百證歌　叢 1-465
新編張仲景註解傷寒發微論　叢 1-465,2-731(29)
新編悲歡離合龍鳳釧全傳　集 7-53837
新編孔子家語句解　子 1-208
新編孔夫子周游列國大成麒麟記　集 7-50070
新編孫武子十三篇說印韜畧世法　子 1-3088、3146
新編球琳瀚海表學啓蒙　子 5-25778
新編武備騎射車牌彙奇韜畧世法　子 1-3088、3543
新編武侯兵要箋註評林韜畧世法　子 1-3088
新編聖朝科舉詞格　集 6-45338～9
新編理化示教　子 7-37953
新編孟浩然踏雪尋梅　集 7-49083
新編瑤池會八僊慶壽　集 7-49083
新編羣書纂數　子 5-24936
新編司馬貌魂斷三國段　集 7-53335
新編司馬法標題引證韜畧世法　子 1-3088、3184
新編政治學　子 7-36537
新編喬太守亂點鴛鴦譜換親記　集 7-53781～2
新編雙玉盃全傳　集 7-53947～8
新編集成馬醫方、牛醫方　子 1-4536
新編何文秀玉釵記　集 7-50078
新編行兵占驗天時韜畧世法　子 1-3088
新編儒雅小金錢彈詞　集 7-54012
新編儒雅小金錢彈詞、餘文　集 7-54011
新編儒學樞要　子 5-25529
新編虞賓傳　子 5-28467
新編紫陽僊三度常椿壽　集 7-49083
新編紅白蜘蛛小說　子 5-27691
新編經證事類居官一覽　子 4-23843
新編經史正音切韻指南　經 2-13736～7、14298　叢 1-452
新編後玉蜻蜓嬌紅傳　集 7-53771
新編後八僊　集 7-53328
新編剿闖孤忠小說　子 5-28190
新編剿闖小說　子 5-28193
新編外集　集 1-1412　叢 1-223(49)、227(8)
新編豔婚野史　子 5-28258
新編化平縣志[民國]　史 8-63340
新編佳人繡幔帳　集 7-53329
新編備急管見大全良方、診脈要訣　子 2-9179
新編佑賢傳野史古詞四部　集 7-51344
新編生理教科書　子 7-37789
新編傳奇齋天樂　集 7-50431
新編繡像珍珠衫全傳　集 7-54111
新編繡像雙連筆全傳　集 7-53985
新編繡像山水情傳　子 5-28312
新編繡像福壽大紅袍　集 7-53750
新編繡像畫圖緣小傳　子 5-28287
新編繡像簇新小說麟兒報　子 5-28283
新編繡鞋記　子 5-28525
新編繡春舫　集 7-50483
新編繡兜兜　集 7-53337
新編繡門簾代古人名　集 7-50893
新編白蛇傳雷峯塔　集 7-53681
新編皇明戚將軍將畧韜畧世法　子 1-3088
新編魏忠賢假傳聖旨周順昌骨肉分離　集 7-54559
新編吳子標題引證韜畧世法　子 1-3088、3167
新編盤龍鐲全傳(繪圖小金錢全傳)　集 7-53875
新編佩文詩韻四聲譜廣注　經 2-14381
新編豹子和尚自還俗　集 7-49083
新編名賢詩法　集 6-45737
新編魯般營造正式　史 6-46517
新編傷寒類證便覽(傷寒類證便覽)　子 2-6504

新編併音連聲韻學集成、直音篇 經 2-13766
新編繪圖施公洞庭甲乙集 子 5-28713
新編繪圖三國志鼓詞 集 7-51222
新編宣平巷劉金兒復落娼 集 7-49083、49088
新編宣和遺事 子 5-28113
新編宣和遺事前集、後集 子 5-28120 叢 2-698(4)、731(66)
新編注解藥性賦、新編論四時六氣用藥權正活法 子 2-5769
新編濟世良方 子 2-9926
新編蜜蜂記鼓兒詞 集 7-51192
新編寡婦烈女詩曲 集 7-54603
新編窮人論 集 7-53652
新編寶蓮燈華山救母全傳 集 7-53697
新編賽花鈴 子 5-28309
新編宋文忠公蘇學士東坡詩話 子 5-27669
新編灑雪堂合情緣分絃記 集 7-53761
新編河嵩神靈芝慶壽 集 7-49083
新編福祿壽僊官慶會 集 7-49083
新編近時十便良方 子 2-9180
新編祕傳堪輿類纂人天共寶 子 3-13459
新編祕本東調三喜圖五集 集 7-53902
新編祕本陶朱富全傳 集 7-53974
新編漢唐通鑑品藻 史 1-5402
新編清河縣繼母大賢 集 7-49083
新編神后山秋獮得騶虞 集 7-49083、49090
新編連相搜神廣記 子 5-26981
新編泗州調 集 7-53633
新編湯頭歌訣 子 2-6069
新編沿海險要圖說、長江險要圖說 史 6-45470
新編洛陽風月牡丹僊 集 7-49083
新編通用啓劄截江網 子 5-24869
新編通鑑集要、通鑑總論 史 1-1203
新編遵依司天臺經緯曆書 子 3-11689
新編逆臣傳 集 7-53333
新編十美人慶賞牡丹園 集 7-49083
新編大藏經直音 子 7-34839
新編大明一統九邊險要韜畧世法 子 1-3088
新編大明一統地利險要韜畧世法 子 1-3088
新編太平時賽賽駐雲飛 集 7-50693
新編直指筭法統宗 子 3-12461~2
新編直指筭法纂要 子 3-12470
新編南詞定律 集 7-54833
新編南北經驗醫方大成(新編醫方大成、醫方大成論) 子 2-9185
新編南北時尚絲絃小曲 集 7-50702
新編南九宮詞 集 7-54654
新編南極星度脫海棠僊 集 7-49083
新編肉丘墳 集 7-51219
新編李亞僊花酒曲江池 集 7-49083
新編李衛公標題引證韜畧世法 子 1-3088
新編李妙清花裏悟真如 集 7-49083、49103
新編古今奇聞類紀 子 5-24987
新編古今姓氏遙華韻甲集、乙集、丙集、丁集、戊集、己集、庚集、辛集、壬集、癸集 子 5-26098
新編古今事文類聚新集 子 5-24827
新編古今事文類聚五集 子 5-24829
新編古今事文類聚後集、續集 子 5-24831
新編古今事文類聚遺集 子 5-24828
新編古今事文類聚七集 子 5-24830
新編古今事文類聚前集、後集、續集、別集、新編古今事文類聚新集、外集 子 5-24826
新編古今品彙故事啓牘 子 5-25086
新編標題歷代皇鑑箋要 史 1-2029
新編妖狐豔史 子 5-28878
新編婚禮備用月老新書 子 5-24832
新編桃花豔史 子 5-28328
新編博物策會 子 5-25631
新編蘭紅葉從良煙花夢 集 7-49083
新編蓮花帕 集 7-53820
新編蘇小小全傳 子 5-28620
新編萬曆錦囊星家總括 子 3-14115
新編萬民保忠良五人義五英雄認罪 集 7-54558
新編韓湘子九度文公道情全本 集 7-52586~7
新編枕上晨鐘小說 子 5-28466
新編林沖寶劍記 集 7-49789
新編想當然全傳 集 7-54008
新編楊曾地理家傳心法捷訣一貫堪輿(一貫堪輿) 子 3-13453
新編婦人良方補遺大全 子 2-7991
新編婦人大全良方、辨識修製藥物法度 子 2-7989
新編救急奇方 子 2-9581
新編增廣事聯詩苑叢珠 子 5-24859
新編增補註解天星甲子諸家應用千金訣 子 5-25780
新編翰苑新書(翰苑新書)前集、後集、續集、別集 子 5-24893
新編翰苑新書、續集 子 5-24894
新編翰苑新書後集 子 5-24895
新編翰苑新書後集、別集、續集 子 5-24896

新編翰苑新書前集 子 5-24892
新編翰林珠玉 集 1-5180
新編教讀 集 7-53053
新編梅蘭菊 集 7-51188
新編趙貞姬身後團圓夢 集 7-49083
新編中學生理書 子 7-37792
新編吏治懸鏡 史 6-42999
新編事文類要啓劄青錢後集 子 5-24925
新編事文類要啓劄青錢前集、後集、續集、別集、外集 子 5-24924
新編事文類聚啓劄雲錦甲集、乙集、丙集、丁集、戊集、己集、庚集、辛集、壬集、癸集 子 5-24905
新編事文類聚啓劄青錢 子 5-24926
新編事文類聚翰墨大全 子 5-24906、24912
新編事文類聚翰墨大全甲集、乙集、丙集、丁集、戊集、己集、庚集、辛集、壬集、癸集、後甲集、後乙集、後丙集、後丁集、後戊集 子 5-24910
新編事文類聚翰墨全書 子 5-24911
新編事文類聚翰墨全書辛集 子 5-24908
新編事文類聚翰墨全書戊集 子 5-24907
新編事文類聚翰墨全書甲集、乙集、丙集、丁集、戊集、己集、庚集、辛集、壬集、癸集、後甲集、後乙集聖朝混一方輿勝覽、丙集、後集丁集、後戊集 子 5-24909
新編青紅顛倒玉牡丹說唱鼓詞 集 7-51348
新編書囊記 集 7-51245
新編書義卓躍 經 1-2695
新編春香鬧學書 集 7-52275
新編秦王吊孝全段 集 7-53334
新編東度記(新編東遊記) 子 5-28850
新編東調龍鳳姻緣 集 7-53842
新編東調兩度梅合集(新編五龍劍續兩度梅合集) 集 7-53733
新編東坡先生詩集、樂府 集 1-2440
新編東華僊三度十長生 集 7-49083
新編批評後七國樂田演義 子 5-27955
新編批評繡像平山冷燕 子 5-28265
新編排韻增廣事類氏族大全 史 2-13407
新編戚總兵家藏營陣圖說韜畧世法 子 1-3088
新編搊搜判官喬斷鬼 集 7-49083、49106
新編換夫妻 子 5-28517
新編日本雜事詩、黄遵憲年譜 集 5-37876
新編日用涓吉奇門五總龜 子 3-14293
新編目連救母勸善戲文 集 7-49790
新編四六寶苑羣公妙語 集 6-43618、45677
新編四元玉鑑 子 3-12436 叢 1-265(3)
新編四元玉鑑(四元玉鑑)、四象細草假令之圖 子 3-12437
新編四季五更駐雲飛 集 7-50692
新編四家註解經進珞琭子消息賦 子 3-14093
新編四才子二集兩交婚小傳 子 5-28276
新編四書三說 經 2-10336
新編四書待問 經 2-10266 叢 1-265(2)
新編四時花月賽嬌容 集 7-49083
新編易學算法 子 3-12495
新編黑旋風仗義疏財 集 7-49083
新編呂純陽三戲白牡丹初集、新編呂純陽三戲白牡丹續集 子 5-28924
新編呂洞賓花月神僊會 集 7-49083
新編足本關目張千替殺妻 集 7-48765、48960
新編時調唱口文明秋鳳三十八集 集 7-53992
新編時調唱口玉蘭夢 集 7-54068
新編時調笑春風六集 集 7-54013
新編歷代名臣芳躅 史 2-6594
新編歷代草書韻海 子 3-15366
新編歷代懸鑑古事雋 子 5-25201
新編歷科程墨武論韜畧世法 子 1-3088
新編阮石華明珠記 集 7-53868～9
新編曆法集成前集、後集、續集、別集 子 3-14434
新編曆法總覽合節鰲頭通書大全 子 3-14449
新編曆法大旨陰陽理氣大成通書 子 3-14448
新編頤光先生詩集、拾遺、文集、外集 集 2-6015
新編劉盼春守志香囊怨 集 7-49083
新編劉知遠磨房相會白兔記 集 7-53686
新編臘胹景致相駡十聲 集 7-53330
新編岳孔目借鐵拐李還魂 集 7-48765、48922
新編兵鑒心書、火攻答 子 1-3901
新編尉繚子標題引證韜畧世法 子 1-3088、3199
新編陸時貞歎十聲(雙飛鴛鴦) 集 7-53331
新編臙脂雪傳奇 集 7-50260
新編風流和尚 子 5-28518
新編風月笑談 子 5-27488
新編鳳雙飛全傳 集 7-53747、53749
新編鳳凰雙飛全傳 集 7-53748
新編鳳凰池續四才子書 子 5-28346
新編覺世梧桐影 子 5-28693
新編陶調畫中緣彈詞 集 7-53779

新編居家必用事類全集 子4-23685
新編屠儀部編纂皇明捷錄 史1-5932
新編醫方湯頭歌訣、舌苔歌訣 子2-10007
新編醫學正傳 子2-9239
新編關雲長義勇辭金 集7-49083
新編關目晉文公火燒介子推 集7-48765
新編賢良女吊孝 集7-53336
新編陰陽足用選擇龜鑑前集、後集 子3-14429
新編八角水晶牌十二本 集7-50837
新編八十六朝名將韜畧世法 子1-3088、3288
新編全像點板西湖記 集7-50105
新編全像點板竇禹鈞全德記 集7-49971
新編全相說唱足本花關索認父傳 集7-51057
新編全相說唱足本花關索下西川傳 集7-51058
新編全相說唱足本花關索出身傳 集7-51056
新編全相說唱足本花關索貶雲南傳 集7-51059
新編金童玉女嬌紅記 集7-49068
新編金匱方論 子2-6759
新編金匱要畧方論 子2-4564、6291、6759 叢2-635(4)、731(28)
新編前明正德白牡丹傳 子5-28166
新編分門古今類事 叢1-465,2-731(50)
新編分類增註正誤決疑韻式 經2-13719
新編分類夷堅志甲集、乙集、丙集、丁集、戊集、己集、庚集、辛集、壬集、癸集 子5-26960
新編分類當代名公文武星案(文武星案) 子3-14132
新編美姻緣風月桃源景 集7-49083
新編年月集要 子3-14431
新編義忠烈 集7-50482
新編合家樂全册 集7-51124
新編養生大要 子2-11041
新編錄鬼簿 史8-66396～7 叢1-205,2-672、2227～9
新編篇韻貫珠集 經2-13736～8、14302
新編簡易良方 子2-9585
新編算學啓蒙 子3-12396
新編算學啓蒙、識誤 子3-12353、12440
新編算學啓蒙、總括 子3-12441
新編簪纓必用翰苑新書前集、後集、續集、別集 子5-24898
新編策學矜式 子4-20335
新編纂注資治通鑑外紀增義、讀通鑑法、資治通鑑釋例 史1-1070
新編纂圖增類羣書類要事林廣記 子5-24863
新編小天香夜半朝元 集7-49102
新編小天香半夜朝元 集7-49083
新編小野催曉夢 子5-28342
新編小學物理學 子7-36234
新編類意集解諸子瓊林前集、後集 子5-24919
新編類增吟料詩學集成 子5-24918
新編燈謎大觀 子3-18412
新編性理三書圖解 子3-12979
新編精圖壹萬字文 經2-13519
新編精雅赤玉蓮花 集7-53713
24 新歧陳氏族譜[福建連江] 史4-33198～9
新化鄒氏斅菽齋遺書五種 叢2-1810
新化坪上謝氏族譜[湖南新化] 史5-40828
新化彭笙陔所著書四種 叢2-1952
新化楊氏族譜[湖南新化] 史5-37050
新化縣志[康熙] 史8-60785
新化縣志[道光] 史8-60787
新化縣志[嘉靖] 史8-60784
新化縣志[乾隆] 史8-60786
新化縣志[同治] 史8-60788
新化明末兵禍考 叢2-2264
新德軒文存、詩存、海邑耆舊傳 集3-13513
新科經效婦科 子2-8216
新續仁貴征東紅衣記 集7-52917
新續宣府志[康熙] 史7-55106
新續渭南縣志[光緒] 史8-62766
新續古名家雜劇 集7-48771
新續畧陽縣志(新績畧陽縣備考)[光緒] 史8-62985
新續隋唐大鬧花燈記 集7-52880
新續全本劉晨採藥僊凡記二集 集7-52908
25 新生室詩稿 集5-41596
新生活解證 叢2-2266
新倩籍 史2-7187 子5-26219 叢1-22(24)、29(8)、39、84(3),2-730(10)、731(61)
新傳京口小寡婦歎五更 集7-53634
新傳理性元雅(重鐫祕傳理性元雅琴譜全書) 子3-17635
新傳大小老婆吵鬧 集7-53634
新繡古本雙玉鐲 集7-53951
新績畧陽縣備考 史8-62985
26 新粵謳 集7-50729
新鬼世界 子5-27905
新泉問辨錄、問辨續錄 叢2-1067
新息旅草 集4-24043

中國古籍總目・索引

新吳王氏五修宗譜[江西奉新]　史4－25357
新吳王氏宗譜[江西奉新]　史4－25354～5
新吳王氏四修宗譜[江西奉新]　史4－25356
新釋地理備考全書　子7－37749　叢1－453
27 新修齊東縣志[康熙]　史8－59477
新修慶陽府志[乾隆]　史8－63168
新修廣德州志[萬曆]　史7－58111
新修廣州府志[康熙]　史8－60827
新修廣州府志[乾隆]　史8－60828
新修麻陽縣志[同治]　史8－60771
新修京山縣志草例[民國]　史8－60180
新修望江縣志[順治]　史7－57935
新修玉山縣志[康熙]　史8－58725
新修盂縣志[康熙]　史7－55652
新修霑化縣志[萬曆]　史8－59456
新修張掖縣志[民國]　史8－63159
新修武勝縣志[民國]　史8－61827
新修武義縣志[康熙]　史7－57609
新修醴陵縣志[康熙]　史8－60542
新修上虞縣志[萬曆]　史7－57495
新修上饒縣志[康熙]　史8－58713
新修豐縣志[順治]　史7－56623
新修崇明縣志[萬曆]　史7－56523
新修絫音引證羣籍玉篇　經2－12774
新修績溪縣志[民國]　史7－58135
新修條例　史6－45994
新修宜良縣志[康熙]　史8－62369
新修宜興縣志[嘉慶]　史7－56929
新修潼川府志[光緒]　史8－61731
新修淳安縣志[順治]　史7－57224
新修寧鄉縣志[康熙]　史8－60443
新修寧鄉歐陽氏支譜[湖南寧鄉]　史5－39096
新修安定縣志[萬曆]　史8－63203
新修江寧府志[嘉慶]　史7－56545
新修浦城縣志[嘉慶]　史8－58238
新修清水河廳志[光緒]　史7－56051～2
新修清豐縣志[嘉靖]　史8－59768
新修南樂縣志[康熙]　史8－59774
新修南昌府志[萬曆]　史8－58470
新修壽昌縣志[康熙]　史7－57207
新修來安縣志[萬曆]　史7－57851
新修坑下吳氏宗譜[浙江]　史4－27991
新修桓臺縣志[民國]　史8－59175
新修荆溪縣志[嘉慶]　史7－56931
新修菏澤縣志[光緒]　史8－59482
新修蒲圻縣志[康熙]　史8－60297
新修蕭皋郁氏宗譜[浙江鄞州]　史4－29510
新修萊蕪縣志[康熙]　史8－59429
新修楊忠愍蚺蛇膽表忠記　集7－50176
新修梅李文獻小志[光緒]　史7－57106
新修梅李小志[道光]　史7－57104
新修中甸廳志書[光緒]　史8－62502
新修本草存　叢1－466
新修東流縣志[順治]　史7－58080
新修東陽縣志[康熙]　史7－57604
新修打拉池縣丞志[光緒]　史8－63109
新修曲江縣志[康熙]　史8－60890
新修曲沃縣志[道光]　史7－55837
新修曲沃縣志[乾隆]　史7－55835
新修曲沃縣志[民國]　史7－55839
新修固原直隸州志[宣統]　史8－63333
新修羅源縣志[道光]　史8－58181
新修羅昆徐氏族譜　史4－32122
新修長蘆鹽法志　史6－43799
新修岳陽縣志[民國]　史7－55869
新修閿鄉縣志[民國]　史8－59581
新修丹陽分常熟吳氏支譜[江蘇常熟]　史4－27790～1
新修翁源縣志[康熙]　史8－60908
新修合川縣志[民國]　史8－61522
新修會昌縣志[康熙]　史8－58682
新修館陶縣志[萬曆]　史7－55575
新修餘姚縣志[萬曆]　史7－57446
新修懷慶府志[乾隆]　史8－59645
新鄉縣續志[康熙]　史8－59685
新鄉縣續志[民國]　史8－59688
新鄉縣志[雍正]　史8－59686
新鄉縣志[正德]　史8－59684
新鄉縣志[乾隆]　史8－59687
新解八畧　子2－9670
新疑異說奇聞群英傑全傳　子5－28448
新名詞徵古錄　子4－22744
新翻鴛鴦珮二集　集7－54096
新紀元　子5－28229
新約聖經便覽　子7－35150
新約聖書小引　子7－35102
新約注釋　子7－35149
新約全書　子7－35138～43、35146
新約全書注釋　子7－35148
新約全書串珠　子7－35147
新約年代表　子7－35102
新約節存　史1－4316
新絳縣志[民國]　史7－55957
28 新傷寒論　子7－37852
新儀象法要　子3－11275～7、12389　叢1－223(34)、227(7)、274(4)，2－731(26)

新醝備要　史 6-43780
新繪百美圖咏　子 3-16582
30 新室志　子 4-18859　叢 1-513
新注詩經白話解　經 1-4480
新注朱淑真斷腸詩集、後集、補遺　叢 2-833
新注禮運白話解說　經 1-5853～4
新寧岑氏家譜[廣東台山]　史 4-28226
新寧鄉土地理[宣統]　史 8-61064
新寧江公行狀、江忠濟行狀　史 2-10075
新寧州志[光緒]　史 8-61373
新寧縣鄉土志[光緒]　史 8-60728、62010
新寧縣志[康熙]　史 8-60723～4、61059～60
新寧縣志[道光]　史 8-60725、61062、62008　叢 1-373(3)
新寧縣志[嘉靖]　史 8-61058
新寧縣志[萬曆]　史 8-60722
新寧縣志[乾隆]　史 8-61061、62007
新寧縣志[同治]　史 8-62009
新寧縣志[光緒]　史 8-60726、61063
新寧縣志稿[光緒]　史 8-60727
新安高陽許氏宗譜餘慶集[安徽歙縣]　史 5-34445
新安慶源詹氏宗譜[江西婺源]　史 5-37927
新安唐氏宗譜[安徽歙縣]　史 4-32522
新安文獻志、先賢事畧　叢 1-223(70)
新安文獻志、先賢事畧、目錄　集 6-44754
新安雜詠　集 4-30265
新安謝氏族譜[安徽歙縣]　史 5-40738
新安詩萃　集 6-46155
新安旌城汪氏家錄[安徽旌德]　史 4-28908
新安許氏族譜[安徽歙縣]　史 5-34451
新安許氏統宗世譜[安徽休寧]　史 5-34461～2
新安許氏先集四種　叢 2-914
新安許氏宗譜[江西婺源]　史 5-34475
新安許氏世譜[安徽徽州]　史 5-34448
新安二江先生集　集 6-44978
新安二布衣詩　集 6-44750
新安王弼張氏家譜[安徽歙縣]　史 5-35145
新安王氏統宗世譜[安徽祁門]　史 4-25279
新安王氏統宗世譜[安徽歙縣]　史 4-25270
新安王氏宗譜[安徽歙縣]　史 4-25275
新安王氏墓譜記畧　史 3-24565
新安夏氏族譜[安徽休寧]　史 4-31692
新安張氏續修宗譜[安徽黃山]　史 5-35143
新安張氏續修宗譜[安徽歙縣]　史 5-35146
新安孫氏重續宗譜[安徽休寧]　史 5-33651
新安孫氏重修宗譜[安徽休寧]　史 5-33648
新安孫氏宗譜[安徽休寧]　史 5-33652
新安武口王氏總譜十二集[江西婺源]　史 4-25332
新安武口派梅田王氏支譜[江西婺源]　史 4-25335
新安瑯琊王氏統宗世譜[安徽歙縣]　史 4-25269
新安瑯琊王氏四房思茂公統宗譜[安徽歙縣]　史 4-25274
新安郡北門程氏溯源錄[安徽歙縣]　史 5-36073～4
新安郡灊陽余氏宗譜[安徽灊山]　史 4-28576
新安婺南雲川王氏世譜[江西婺源]　史 4-25343～4
新安重修畢氏族譜[安徽]　史 4-31534
新安孚潭許氏族譜[安徽休寧]　史 5-34465
新安集　集 2-11346
新安岑山渡程氏支譜[安徽歙縣]　史 5-36078
新安山斗程氏支譜[安徽休寧]　史 5-36117
新安休寧文昌金氏世譜[安徽休寧]　史 4-29773
新安休寧山斗程氏本枝續譜[安徽休寧]　史 5-36116
新安休寧程氏族志[安徽休寧]　史 5-36121
新安休寧約山黃氏開國宗譜[安徽休寧]　史 5-33891
新安休寧汪溪金氏族譜[安徽休寧]　史 4-29774
新安休寧古城程氏宗譜[安徽休寧]　史 5-36112
新安休寧葉氏宗譜[安徽休寧]　史 5-35736
新安休寧乾灘吳氏會通譜[安徽休寧]　史 4-28044
新安休寧青山張氏世譜[安徽休寧]　史 5-35150
新安休寧甌山金氏族譜[安徽休寧]　史 4-29781
新安休寧長壟程氏本宗譜[安徽休寧]　史 5-36096～7

新安休邑程衙發刻古今印章　子3-16900
新安休邑由潭黄氏支譜[安徽休寧]　史5-33892
新安休陽城南長川汪氏家譜[安徽休寧]　史4-28885
新安朱氏族譜[安徽徽州]　史4-26632
新安吴氏詩文存　集5-38258
新安吴氏族譜[安徽徽州]　史4-28008
新安吴氏統宗世譜[安徽徽州]　史4-28006
新安吴氏家乘世譜[安徽徽州]　史4-28011
新安吴氏藝文畧　史8-66051
新安程星海醫案　子2-10484
新安程氏龍山玉堂宗譜[江西婺源]　史5-36164
新安程氏諸譜會通　史5-36026～7
新安程氏諸譜會通[安徽]　史5-36028
新安程氏正府續派宗譜[安徽歙縣]　史5-36069
新安程氏統宗列派遷徙注脚纂[安徽]　史5-36011、36014
新安程氏統宗補正紀實[安徽]　史5-36021
新安程氏統宗補正圖纂[安徽]　史5-36020、36022～5
新安程氏統宗世譜[安徽]　史5-36009～10
新安程氏續修譜[安徽]　史5-36029
新安程氏續修宗譜[安徽]　史5-36036
新安程氏家譜[安徽歙縣]　史5-36058
新安程氏家乘[安徽]　史5-36035
新安程氏宗譜[安徽]　史5-36030
新安程氏世譜[安徽]　史5-36018
新安程氏世譜正宗[安徽]　史5-36016～7
新安程氏世譜正宗遷徙注脚纂[安徽]　史5-36012～3、36015
新安程氏世譜徵文錄[安徽]　史5-36019
新安程氏第一家譜[安徽歙縣]　史5-36070
新安鄉音字義考證　經2-14889
新安詹氏統宗世譜[江西婺源]　史5-37922
新安詹氏家譜[安徽歙縣]　史5-37913
新安名族志　史2-13411～2
新安名畫扇册　子3-16775
新安徐氏統宗祠錄[安徽]　史4-32101
新安徐氏宗譜[安徽]　史4-32098
新安徐氏宗譜首　史4-32102
新安徐氏祠規族政　子1-2061
新安濟陽岌公派江氏奏修源流統宗世家支錄[安徽歙縣]　史4-26886
新安富溪程氏族譜[安徽休寧]　史5-36090
新安富溪程氏本宗譜[安徽休寧]　史5-36091
新安富饒吴氏會通譜[安徽歙縣]　史4-28012
新安定變全城記　集2-11797
新安宋氏宗譜[安徽徽州]　史4-29169
新安汪氏慶源宗譜[安徽歙縣]　史4-28818
新安汪氏族譜[安徽]　史4-28778
新安汪氏族譜[安徽歙縣]　史4-28817
新安汪氏重修八公譜[安徽]　史4-28756
新安汪氏重輯淵源譜[安徽]　史4-28754
新安汪氏統宗譜[安徽]　史4-28757
新安汪氏宗祠通譜[安徽]　史4-28789
新安汪氏宗祠通譜[安徽歙縣]　史4-28832
新安汪氏遷派實錄提綱[安徽歙縣]　史4-28831
新安潘氏宗譜[安徽歙縣]　史5-39832
新安洪氏統宗譜[江西婺源]　史4-31000
新安澤富王氏家譜[安徽歙縣]　史4-25263
新安祁東吴氏譜[安徽祁門]　史4-28082
新安海陽黄嵐潘氏家譜[安徽歙縣]　史5-39834
新安遊草　集3-13767,5-37128
新安左臺吴氏譜圖續編[安徽歙縣]　史4-28027
新安左田黄氏正宗譜[安徽祁門]　史5-33905
新安左田黄氏正宗譜派系圖[安徽祁門]　史5-33904
新安大程村程氏支譜[安徽歙縣]　史5-36077
新安大好紀麗　史7-50498
新安太原王氏宗譜[安徽歙縣]　史4-25266
新安太原王氏宗譜[江西婺源]　史4-25337
新安查氏統宗世譜[安徽]　史4-30704
新安志　叢1-223(23)
新安志[淳熙]　史7-57954
新安志補[嘉靖]　史7-57956
新安女史徵　史2-8114
新安古歙汪氏淵源傳系支派譜圖稿[安徽歙縣]　史4-28822
新安戴氏支譜[浙江杭州]　史5-40503
新安戴氏支譜[浙江蕭山]　史5-40507
新安莊氏族譜[安徽歙縣]　史4-31500

新安蕭江宗譜[安徽歙縣]　史4-26875
新安蕭江大統宗譜[安徽歙縣]　史4-26878
新安蕭江氏宗譜[安徽歙縣]　史4-26876
新安蘇氏族譜[安徽休寧]　史5-41010
新安蘇氏重修族譜[安徽休寧]　史5-41011
新安草　集3-15593
新安世家梢雲吳田吳氏族譜[安徽休寧]　史4-28057
新安世忠程氏原錄瓊公支譜[安徽歙縣]　史5-36076
新安黃山題詠　史7-52399
新安黃氏正宗譜事畧[安徽]　史5-33876
新安黃氏統宗世譜[安徽]　史5-33874
新安黃氏大宗譜[安徽歙縣]　史5-33887
新安黃氏會通譜[安徽]　史5-33872～3、33875
新安忠烈廟神(汪華)紀實、乾集　史2-8550
新安忠烈廟神紀實　史2-8551
新安呈坎羅氏宗譜[安徽歙縣]　史5-41057
新安星源龍川詹氏統宗世譜[江西婺源]　史5-37924
新安蜀川陳氏宗譜[安徽績溪]　史4-33189
新安景物約編　史7-50500
新安景物畧　史7-50499
新安羅祈程氏世譜[安徽歙縣]　史5-36062
新安縣志[康熙]　史8-59617、61034
新安縣志[順治]　史7-55317
新安縣志[嘉慶]　史8-61035
新安縣志[乾隆]　史7-55318,8-59618
新安縣志[民國]　史8-59620
新安縣志稿[民國]　史8-59619
新安陳氏宗譜[安徽黃山]　史4-33168
新安陳氏宗譜[安徽歙縣]　史4-33173
新安月潭朱氏宗譜[安徽休寧]　史4-26650
新安學繫錄　史2-8112　叢2-814
新安醫案摘錄　子2-10895
新安金氏大宗譜[安徽休寧]　史4-29775～6
新安俞氏統宗譜[江西婺源]　史4-30838～40
新安俞氏宗譜[江西婺源]　史4-30841
新安余氏世系像譜[安徽徽州]　史4-28577
新安余氏世系像譜[安徽歙縣]　史4-28581
新安歙西巖鎮閔氏家譜[安徽歙縣]　史5-36710
新安歙西溪南吳氏世譜[安徽歙縣]　史4-28022、28025
新安歙北徐村徐氏宗譜[安徽歙縣]　史4-32114
新安歙南大佛潘氏重修宗譜[安徽歙縣]　史5-39833
新安歙邑西沙溪汪氏族譜[安徽歙縣]　史4-28842
新安歙邑環山方氏重修流芳譜[安徽歙縣]　史4-25823
新安篁墩程氏族譜[安徽歙縣]　史5-36081
新安篤誼堂　史6-44704
新字解訓　經2-14738、15142
新字林　經2-12799、15117　叢2-772(2)、773(2)
新宅西家山張氏宗譜[浙江東陽]　史5-35060
新官到任儀注　史6-41518、42950
新官塲現形記　子5-28561
新官軌範　史6-41518～20、42952　叢1-114(2)
新定六部考成現行則例、目錄　史6-46923
新定三禮圖　經1-77(3)
新定三禮圖(三禮圖集注)　經1-6219
新定重較問奇一覽　經2-13020
新定練兵捷法祕本　叢2-1436
新定魯論語述　經2-9759　叢2-2078
新定各國通商條約　史6-44036
新定寓稿　集4-22265
新定宗北歸音　集7-54661
新定禮　經1-5414　叢2-774(3)
新定十二律京腔譜　集7-54662
新定十二律崑腔譜　集7-54660
新定九宮大成南北宮詞譜、總目、閏集　集7-54834
新定九域志[元豐]　史7-49529～30
新定考正音韻大全、新定重校問奇一覽　集7-54843
新定考正音韻大全、新定重較問奇一覽　經2-13853
新定楚軍章程　史6-45288
新定楚軍營制　史6-45289
新定杜工部古詩近體詩先後並解末衰、成衰、已衰　集1-899
新定胡氏宗譜[浙江淳安]　史4-30398
新定牙牌數　子3-14653　叢2-1920
新定兵機使用　子1-3420
新定關内外鐵路各項要章　史6-44247

31 新江鍾氏家乘[浙江鄞縣]　史5-40589～90
新河唐氏宗譜[江蘇武進]　史4-32499
新河徐氏宗譜[江蘇武進]　史4-31824～5
新河縣志[康熙]　史7-55479
新河縣志[道光]　史7-55480
新河縣志[嘉靖]　史7-55478
新河縣志[民國]　史7-55482
新河縣志[光緒]　史7-55481
新河周氏宗譜[江蘇江寧]　史4-29824
新河周氏宗譜[浙江鄞州]　史4-29926～7
新潭朱氏族譜[安徽休寧]　史4-26651
32 新州葉氏詩存　集5-40456
新州葉氏家譜[安徽歙縣]　史5-35731～2
新測更漏中星表　子3-12351
新測中星圖表　子3-11457、12351
新測恆星黃赤經緯度表　子3-11505
新測恆星圖表　子3-12351
新派生物學即天演學家小史　子7-36251
新添瀘水法並頌　子7-34023
新溪楊氏顯承續錄[江蘇溧陽]　史5-36799
新溪楊氏顯承錄[江蘇溧陽]　史5-36798
新溪櫂歌　集5-35560、37924
33 新心別館印存　子3-17276
新演續金瓶梅全集　子5-28237
新補朱淑真斷腸詞　集1-3087
新補曆法總覽合節鰲頭通書大全(增補歷法鰲頭通書大全)　子3-14464
新補會厭論　子2-7587
新補缸　集7-53054
34 新法表異　子3-11234　叢1-203(15)
新法曆引　子3-11665
新法算書　叢1-223(34)
新造雌雄寶盞卷(雌雄寶盞全歌、雌雄寶盞、雌雄杯寶卷)　集7-54309
35 新津縣鄉土志[光緒]　史8-61701
新津縣志[康熙]　史8-61699
新津縣志[道光]　史8-61700
新遺詔聖經　子7-35144
新遺詔書　子7-35137
36 新湯頭歌訣　子2-10033
37 新選註釋古文蒙求　集6-42938
新選二集五色神旗全本　集7-52945
新選二續萬花樓全本　集7-52934
新選三合明珠寶劍五集　集7-52920
新選五虎平西二集　集7-52938
新選五虎平西五集　集7-52939
新選五虎平南　集7-52940
新選五色荷花全本　集7-52942
新選背解紅羅　集7-52865
新選後續背解紅羅　集7-52866
新選後續荊釵記　集7-52904
新選山鯉魚古人　集7-52834
新選代數學講義　子3-12856
新選神盒影容記全本　集7-52922
新選神針寶扇全本南音　集7-52923
新選沉香太子全本　集7-52870
新選大唐仁貴征西全本　集7-52916
新選大宋二下南唐全本　集7-52883
新選大宋羣英傑記奸奴害主王文英遇救范仲淹訪察楊府女將破陣全本南音三集　集7-52914
新選大宋羣英傑記奸奴害主王文英遇救范仲淹訪察全本南音二集　集7-52913
新選古今類腴　子5-24988
新選韜畧元機象棋譜　子3-18054
新選萬花樓狄青出身全本　集7-52933
新選柳陸煙容全本　集7-52910
新選梅李爭花全本　集7-52911、53353
新選四續慈雲太子走國　集7-52875
新選原西番棋子　集7-52948
新選劉全進瓜全本(新選西遊劉全進瓜)　集7-53380
新選兵機要訣百款　子1-3087
新選醫方祕要　子2-9656
新選驗方　子2-9817
新選全本三續慈雲太子走國　集7-52874
新選全本五虎平南二集　集7-52941
新選全本五色神旗　集7-52944
新選全本西番棋子、續　集7-52950
新選全本碧桃僊帕　集7-52867
新選全本生祭李彥貴　集7-52924
新選全本朝上鶯歌記　集7-52869
新選全本曠野奇逢　集7-52906
新選全本慈雲走國　集7-52871
新選全本合竹州鐮刀記　集7-52804
新選全本銀合太子走國　集7-52962
新選今古奇聞　子5-27853
新選前續荊釵記　集7-52903
新選銳鋒初集　集6-45467
新選第五才子玉簪記　集7-52971
新選燈虎　集7-53379
38 新淦凝秀書院志　史7-52090
新淦縣志[康熙]　史8-58926
新淦縣志[道光]　史8-58927
新淦縣志[同治]　史8-58928
新淦公遺稿　集5-38676
新海防事例、銓補新章　史6-45535
新送友　集7-53058
40 新十勸郎　集7-53376

新大成醫方 子2-9178
新塘高氏宗譜[湖北] 史4-32448
新內經 子2-5383
新南京志[民國] 史7-56548
新志補遺 史7-56746
新嘉坡風土記 史7-54692 叢1-524,2-731(60)
新校晉書地理志 史1-10(3)、528～9,7-49311 叢2-731(56)
新校晉書地理志校補 叢2-653(4)
新校經史海篇直音 經2-12831、12834
新校注古本西廂記 集7-48808
新校注古本西廂記、彙考 集7-48807
新校資治通鑑敘錄 史1-989、1052
新校博愛心鑑發明全書 子2-8617
41 新坂土風 史7-50376 叢1-556,2-834～5
新坂風注 叢1-373(6)
新板全補天下便用文林妙錦萬寶全書 子5-25185
43 新式毛瑟快槍學 子7-36228(6)
新城王氏雜文詩詞十一種 集6-44965
新城王氏西城別墅十三詠 集3-16808 叢2-1368
新城王氏家集四十種 叢2-948
新城王氏遺稿 集6-44966
新城王氏世譜[山東桓臺] 史4-25378～9
新城王氏合集書目考畧 史8-66052
新城潁川陳氏支譜[江西黎川] 史4-33245
新城峨山陳氏宗譜[浙江溫嶺] 史4-33129
新城伯子文集(胡心泉文集) 集3-20931
新城古文鈔 集6-44831
新城縣後志[光緒] 史8-59171
新城縣續志[康熙] 史8-59168
新城縣鄉土志[光緒] 史8-59173
新城縣志[康熙] 史7-55286、57220,8-58798、59169
新城縣志[正德] 史8-58797
新城縣志[天啓] 史8-59166
新城縣志[崇禎] 史8-59167
新城縣志[道光] 史7-55287、57221,8-58800、59170
新城縣志[萬曆] 史7-55285、57219
新城縣志[乾隆] 史8-58799
新城縣志[同治] 史8-58801
新城縣志[民國] 史7-55289～90,8-59172
新城縣志[光緒] 史7-55288
新城縣藝文志 史8-66095
新城賢溪孔氏宗譜[江西黎川] 史4-25945
新城錄 史1-2380 叢1-22(9)、23(9)
新城耀溪廖氏族譜[江西黎川] 史5-38528
新裁編年通考、編年考纂 史1-1298
44 新藍橋 集7-52523
新地理 史7-54455
新填瀟湘怨曲本(紅樓夢傳奇) 集7-50370
新莊周氏世次傳[浙江鄞州] 史4-29936
新蘅詞、外集 集7-47933～4
新芳薩天錫雜詩妙選 集1-5197
新燕語 史1-1994、4326
新莽職方考 史1-10(1)
新莽貨布範 史8-64842
新莽大臣年表 史1-10(1)、4644
新華嚴經論 子6-32093(47)
新著百子圖全曲 集7-53076
新著地獨啓玄闢羅經祕旨 子3-13444
新著本草精義 子2-5720
新世鴻(弘)勳 子5-28195
新世考 子7-35680
新舊唐書雜論 史1-6、5892 叢1-195(1)、269(4),2-731(66)
新舊唐書互證 史1-8、679 叢2-653(4)、731(65)、1575
新舊唐書西域傳地理考證 史1-665,7-49310
新舊唐書合注 史1-680
新舊唐書合注魏徵列傳 史2-8546 叢1-438
新舊唐書合鈔、唐書宰相世系表訂譌、新舊唐書合鈔補正 史1-5244
新舊元史史目表 叢2-2170
新舊元史異同表 叢2-2170
新舊棋譜滙選 子3-18153
新蔡縣志[康熙] 史8-60067
新蔡縣志[萬曆] 史8-60066
新蔡縣志[乾隆] 史8-60068
新茶花二編 子5-28589
46 新加九經字樣 經1-33,2-12973、12975、15127 叢1-238～9、331、362、515,2-731(22)
新坦周氏宗譜[江西玉山] 史4-30096
新媳婦翻麥場 集7-53377
新媳婦翻麥場一段 集7-51604
47 新聲譜 叢1-518
新婦譜 子1-2956 叢1-197(2)、587(2),2-1280
新婦譜、補新婦譜、新婦譜補 子1-2957
新婦譜補 子1-2959～60 叢1-197(2)、587(2)

新都秀運集　集6-44747
新都鼎庵程公墓誌銘　史2-9324
新都縣魏氏祠族譜[四川成都]　史5-40438
新都縣鄉土志[光緒]　史8-61641
新都縣志[道光]　史8-61639　叢1-373(3)
新都縣志[嘉慶]　史8-61638
新都縣志六編[民國]　史8-61640
新都縣志書清册[乾隆]　史8-61637
新都風雅三種　集6-44751
新柳詩　集4-29644
48 新增疔瘡要訣　子2-7774
新增廣廣策府統宗　子5-25436
新增音義釋文古今歷代十八史畧　史1-4850
新增六法留痕畫譜　子3-16574
新增京本青瑣高議前集、後集　子5-26925
新增詩經補注附考備旨　經1-4082
新增詞林要韻　集7-48668　叢1-265(6)
新增說文韻府羣玉　子5-26088
新增詳注韻對屑玉　經2-13927
新增譜　史4-24599
新增麗澤編次揚子事實品題　子1-423
新增發蒙古今巧對　叢2-1083
新增刑案滙覽　史6-46135、46138
新增武侯奇書五種　子1-3080
新增功過格　子5-30541
新增爵秩全覽(清光緒二十一年冬季)　史3-24232
新增爵秩全覽(清光緒二十一年夏季)　史3-24223
新增爵秩全覽(清光緒二十一年春季)　史3-24219
新增爵秩全覽(清光緒二十一年秋季)　史3-24228
新增爵秩全覽(清光緒二十二年夏季)　史3-24244
新增爵秩全覽(清光緒二十二年春季)　史3-24240
新增爵秩全覽(清光緒二十二年秋季)　史3-24249
新增爵秩全覽(清光緒二十三年夏季)　史3-24269
新增爵秩全覽(清光緒二十三年春季)　史3-24263
新增爵秩全覽(清光緒二十三年秋季)　史3-24274
新增爵秩全覽(清光緒二十四年)　史3-24300
新增爵秩全覽(清光緒二十四年冬季)　史3-24294
新增爵秩全覽(清光緒二十四年春季)　史3-24286
新增爵秩全覽(清光緒三十一年夏季)　史3-24414
新增爵秩全覽(清光緒三十二年冬季)　史3-24441
新增爵秩全覽(清光緒三十三年春季)　史3-24453
新增集對七巧圖　子3-18513
新增止齋先生文錄　集1-3707
新增幼學瓊林白話註解　子5-25618
新增幼學瓊林白話句解　子5-25617
新增幼學故事瓊林　子5-25608～9
新增繡像玉連環　集7-54072
新增繡像水滸後傳　子5-28675
新增繡圖繪芳園全錄　子5-28522
新增鴛鴦離　集7-51355
新增繪圖幼學故事瓊林　子5-25610、25612、25614～5
新增繪圖萬寶全書續編　子5-25254
新增字學舉隅　經2-13085
新增宦鄉要則　史6-43062～3
新增補遺陰陽備要曆法通書大全　子3-14445
新增補相剪燈新話大全　子5-27572
新增禮儀雜字　經2-13523
新增湯頭歌訣　子2-10669
新增通行章程　史6-46991
新增選擇廣玉匣記　子3-14421
新增海防例銓補章程　史6-45536
新增海篇直音韻府羣玉　子5-26089
新增直音說文韻府羣玉　子5-26090
新增女三字經　子1-2988
新增草堂辭調賦歌　集6-43281
新增萬國總說　子7-37783
新增都門紀畧　史7-49843～4
新增切韻指南　經2-14309
新增格古要論　子4-23689　叢1-347,2-731(33)
新增素問運氣圖括定局立成　子2-5420
新增批點注釋管世銘全稿、補遺　子4-24304
新增指明門法歌訣互含字義　經2-14350
新增成案所見集　史6-46106
新增日用便覽日用雜字、文武官階品級、服制　子5-26034
新增墨蘭竹譜　子3-16377
新增四書備旨靈捷解　經2-10990
新增願體集　子1-2534、2537
新增馬氏試驗祕方　子2-9991
新增脈訣圖像　子2-6057

新增駁案彙編、新編、續編、秋審比較彙案 史 6－46229
新增月日紀古 子 5－25871
新增屢效方 子 2－9731
新增居家必用事類全集 子 4－23684
新增醫方湯頭歌訣、經絡歌訣 子 2－9384
新增醫書七種 子 2－4657
新增輿圖 經 1－2651
新增桑蠶須知 子 1－4437
新增陰陽地理消砂斷法總例大全 子 3－13274
新增全相湖海新奇剪燈餘話大全 子 5－27577
新增全圖文武香球 集 7－53994
新增全圖珍珠塔後傳麒麟豹 集 7－53884
新增分毫點畫正誤字 經 2－13740
新增會講分節四書活套刊誤 經 2－10559、10567
新增館則 史 6－42890 叢 2－743
新增智囊補 子 4－24057
新增第五才子書水滸全傳 子 5－28674
新增籌餉事例 史 6－43516
新增籌餉事例、增修現行常例新章大合成 史 6－43518
新教育學 子 7－36719
新教授學 子 7－36718
50 新串祝英臺歎五更 集 7－53634
新史像解 子 7－35151
新史奇觀演義全傳 子 5－28196
新史本傳 叢 2－635(7)
新史學 子 7－36251
新泰縣鄉土志[光緒] 史 8－59409
新泰縣志[天啓] 史 8－59406
新泰縣志[順治] 史 8－59407
新泰縣志[乾隆] 史 8－59408
新本玉簫琴記南音姊妹偷琴 集 7－52970
新本五諫才郎 集 7－52843
新本白羅衫 集 7－52864
新本偷詩稿 集 7－53648
新本洋煙自歎 集 7－53649
新本金蘭寄書 集 7－52808
新奏准時估折鈔則例 史 6－45770
新書 子 1－52、61～2、68～9、362～3、366～7、369 叢 1－23(2)、71～7、144、182～3、195(7)、223(29)、258,2－628、635(3)、698(6)、731(10)
新書(武侯新書) 子 1－3238
新書(武侯心書) 叢 1－26～8,2－731(19)
新書寫請來法門等目錄 子 6－32093(39)
新素問 子 2－5383、5437
51 新排刻王瞎子算命剪剪花調 集 7－53634
新排五更裏勸情人 集 7－53634
52 新拆西廂一段 集 7－51603
新槧大唐三藏法師取經記 子 5－28793 叢 2－600
53 新甫詩草 集 4－31221
新甫詩鈔 集 5－39429
新甫吟草 集 5－39858
54 新斠平津館叢書十集三十四種 叢 1－305
新斠注地理志 史 1－226～7
新斠注地理志集釋 史 1－10(1)
新斠注地里志 史 7－49311
56 新輯文廣平南全傳 子 5－28104
新輯文潔鄧先生佚稿 集 2－10038
新輯三才統一鑑 子 5－25287
新輯刑案彙編 史 6－46139
新輯改良小說怡情佚史 子 5－28502
新輯上海彝場景致 史 7－50051
新輯經驗百種時疫急痧方法 子 2－7060
新輯經籍篹詁檢韻 經 2－12002～3
新輯仕學大乘 史 6－41728
新輯各國政治藝學全書五十三種 子 7－36250
新輯繪圖射雕記 子 7－38172
新輯繪圖續彭公案 子 5－28770
新輯繪圖洋務日用雜字 經 2－13549
新輯繪圖全續彭公案後部 子 5－28773
新輯湯頭歌訣 子 2－10154
新輯海公小紅袍全傳 子 5－28174
新輯左公平西全傳(左文襄公征西演義) 子 5－28221
新輯查潘鬥勝香國綺談 子 5－28545
新輯七國孫臏全本 子 5－27951
新輯胡氏家乘[浙江永康] 史 4－30465～6
新輯中東字典 經 2－12922
新輯蠶桑範本 子 1－4410
新輯鴈山便覽 史 7－52380
新輯頤人奇談 子 4－24609
新輯人物考疑 子 5－25665
新輯分類史論大成 史 1－5763
新操洋兵功課册 子 7－36987
57 新搜神記 子 5－27183 叢 1－284
新撰亞細亞洲大地志 子 7－37743
新撰代數學講義 子 7－37536
新撰化學教科書 子 7－37592
新撰家政學 子 7－37271
新撰七襄章 集 6－43818
新撰博物教科書 子 7－37427
新撰萬國地理 子 7－37737
新撰東西年表、人名訓、地名訓 子 7－36332

新撰歐羅巴政治史　子 7－36512
新撰煉靈聖月　子 7－35537
新擬科場急出題旨元脈　經 2－10407
58 新撫苗寨路程　史 6－47356
59 新抄六美圖　集 7－53834
新抄刻二姑娘害相思哈哈調　集 7－53634
新抄玉堂春梆子腔　集 7－53463
新抄五更裏小媳婦自歎　集 7－53634
新抄丁香孝母　集 7－53338
新抄兩度梅蟹針記　集 7－53342
新抄雙配二銀(雙銀配)　集 7－53344
新抄雙鎖山全段(劉金定招夫段)　集 7－51261
新抄何氏賣身(李彦回家)　集 7－51447
新抄倒廳門　集 7－53459
新抄後五美圖　集 7－53727
新抄斷後全串貫(附包公斷)　集 7－53339
新抄絲帶記　集 7－53345
新抄繡門簾全本(新繡門簾)　集 7－50892
新抄白蛇借傘全段　集 7－51382
新抄名班御果園　集 7－53461
新抄寫順説劉表　集 7－53464
新抄寫螞蚱算命　集 7－53347
新抄渭水河　集 7－52507
新抄女起戒梆子腔　集 7－53462
新抄李翠連盤道　集 7－53341
新抄真本鎖五龍(串貫鎖五龍)　集 7－53348
新抄勸世百忍歌　集 7－53343
新抄萬花名　集 7－53634
新抄楊救貧宅寶經　子 3－13167
新抄教子　集 7－53419
新抄畫扇面　集 7－53340
新抄打新春　集 7－50949
新抄斬子　集 7－53506
新抄揚州名班花古調　集 7－53634
新抄擋諒　集 7－53458
新抄回龍閣　集 7－53460
新抄賢關鎮侯美容焚香絲帶記　集 7－53346
新抄小放牛　集 7－51585
60 新窖袁氏四修族譜[湖南湘鄉]　史 4－31397
新□陳先生明臆清暇心畫正宗　子 3－15932
新日本民法論　子 7－36599
新墨入彀　叢 2－1660
新國民譚　子 7－38098
新界鄧氏族譜序[香港]　史 5－38909
新界大埔坑口蒲村林氏族譜[香港]　史 4－29411
新界荃灣石圍角村鄧氏族譜[香港]　史 5－38910
新思多情一枝　集 7－52769
新田十憶圖詠　叢 2－1633
新田縣志[康熙]　史 8－60692
新田縣志[嘉慶]　史 8－60693
新昌班竹章氏宗譜[浙江新昌]　史 5－34571
新昌彩煙梁氏宗譜[浙江新昌]　史 5－34677
新昌彩煙趙氏宗譜[浙江新昌]　史 5－38350
新昌浚儀趙氏宗譜[浙江新昌]　史 5－38349
新昌南屏王氏宗譜[浙江新昌]　史 4－25095
新昌縣志[康熙]　史 7－57537,8－58883～4
新昌縣志[道光]　史 8－58886
新昌縣志[萬曆]　史 7－57536
新昌縣志[乾隆]　史 8－58885
新昌縣志[成化]　史 7－57535
新昌縣志[同治]　史 8－58887
新昌縣志[民國]　史 7－57539
新昌縣志稿[光緒]　史 7－57538
新邑蒲川白氏宗譜九集[浙江富陽]　史 4－26211
新邑莆川白氏宗譜[浙江富陽]　史 4－26210
新羅山人山水精册　子 3－16705
新羅山人人物山水花鳥草蟲合册　子 3－16706
新羅真鑒禪師銘　史 8－63501、64730
新羅馬傳奇　子 7－36251
64 新財主二段　集 7－51602
67 新明史　史 1－3541
新野縣志[康熙]　史 8－59968
新野縣志[乾隆]　史 8－59969
新野縣志[民國]　史 8－59970
新野叟曝言　子 5－28611
新路龍虎門真本　集 7－50840
68 新喻三劉文集　集 6－45112
新喻梁石門先生集　集 2－5883
新喻縣志[康熙]　史 8－58571
新喻縣志[道光]　史 8－58573～4
新喻縣志[乾隆]　史 8－58572
新喻縣志[同治]　史 8－58575
70 新雕註胡曾詠史詩　集 1－1745
新雕諸雜讚　史 8－66330　子 7－34642
新雕耍家要訣嫖賭機關　子 4－24073
新雕聖宋文海　集 6－43606
新雕白氏六帖事類添注出經　子 5－24776

新雕皇朝類苑 子 4－23785 叢 2－672
新雕徂徠石先生文集、補遺、校勘 集 1－1995
新雕名公紀述老蘇先生(洵)事實 史 2－8654
新雕注疏珞琭子三命消息賦 子 3－14092
新雕宋板唐方玄英詩集 集 1－1731
新雕宋朝文鑒 集 6－43607
新雕洞靈真經 子 5－29518
新雕洞靈真經、校勘記 叢 2－637(3)
新雕李燕陰陽三命 子 3－14097
新雕古今名姝香臺集 集 2－6292
新雕校證大字白氏諷諫 集 1－1370
新雕尚書纂圖 經 1－2619
71 新歷曉惑 子 3－11241
新廠錢法易知全册 史 6－44420
新曆曉或 子 3－11234 叢 1－202(7)
新曆曉惑 叢 1－330
新厤曉或 叢 1－203(13)
72 新劉河志正集、附集 史 6－46585,7－52897
新刪青陽翁狀元精選四續名世文宗 集 6－42782
新彫改併五音集韻 經 2－13726
新彫注胡曾詠史詩 史 1－6042 叢 2－637(3)
新刪定四分戒本 子 7－32986
75 新體廣注東萊博議 經 1－6768
新體詩偶鈔 集 3－17987
76 新陽趙氏叢刊(高齋叢刻)十四種 叢 1－550
77 新鬬牌一枝 集 7－51050
新鳳儀亭 集 7－52524
新兒女英雄傳二編 子 5－27893
新又堂詩 集 3－14908
新聞學 子 7－38145
新學商兑 子 1－1950
新學僞經考 經 2－11819 叢 1－568
新學備纂 子 7－38126
新學芻言 子 7－36254
新學滙編 子 7－38117
新學書目提要 史 8－66419
新學分類文編六種 子 7－36252
新開地中河記 史 7－49318(18)
新印繪圖蓋三國奇緣 子 5－27857
新印校正灘簧 集 7－53059
新民府鄉土志[光緒] 史 7－56105
新民府志[宣統] 史 7－56104
新民說 子 7－36251
新民叢書六十二種 子 7－36251
新民縣志[民國] 史 7－56106
新關徵收木竹稅則例 史 6－43585
新門散記 史 7－50321 叢 2－832(3)
新興州鄉土志[民國] 史 8－62415
新興州志[康熙] 史 8－62413
新興州志[乾隆] 史 8－62414
新興縣鄉土志[光緒] 史 8－61150
新興縣志[康熙] 史 8－61147～8
新興縣志[乾隆] 史 8－61149
78 新監七政歸垣同台歷數袖裏璿璣 子 3－14488
新鹽場俞氏宗譜[浙江鄞州] 史 4－30781
79 新塍新志初稿[民國] 史 7－57319
新塍瑣志[同治] 史 7－57317
新塍鎮志[民國] 史 7－57318
80 新入諸儒議論杜氏通典詳節、圖譜 史 6－41543
新全套黃飛虎反五關南音、新刊哪叱收妲己 集 7－52889
新金山記 史 7－49317(5)、49318(17)、54904
新金匱遺珠 子 2－5297
新金瓶梅 子 5－28241
新鐫痘疹心印(痘疹心印) 子 2－8686
新鐫方孟旋先生羲經鴻寶 經 1－801
新鐫磨忠記 集 7－50029
新鐫唐葉二翰林彙編詳訓精講新意備題標圖詩經會達天機妙發 經 1－3767
新鐫唐氏壽域 子 3－12891
新鐫意外緣 子 5－28461
新鐫音註釋義萬物皆備類纂 子 5－25109
新鐫音釋四民要覽蕭曹明鏡 史 6－46399
新鐫音釋圈點提章提節大魁四書正文 經 2－10210
新鐫註釋出像皇明千家詩 集 6－43819
新鐫註釋法門便覽公庭約束 史 6－46079
新鐫註釋歷代尺牘綺穀 集 6－45222
新鐫註解張仲景傷寒發微論 子 2－6455
新鐫註解武經 子 1－3040
新鐫六經句解四書正印 經 2－10556
新鐫六經句解四書理印 經 2－10557
新鐫六經纂要 經 2－11503
新鐫京版工師雕斫正式魯班經匠家鏡 子 3－13386
新鐫京板工師雕斫正式魯班經匠家鏡 子 3－14629
新鐫京板工師雕鏤正式魯班經匠家鏡 史 6－46518～9
新鐫京板工師雕鏤正式魯班木經匠家鏡 史 6－46524
新鐫京板考正繪像標題分類釋註書言故事 子 5－24877
新鐫京板圖像音釋金璧故事大成 子 5－24985

新鐫京板全補源流引蒙登龍會海對類　子5-25601
新鐫京本校正華夷總覽大明官制　史6-42660
新鐫評注諸子寶藏　子4-24140
新鐫評點繡屏緣　子5-28319
新鐫詩經微言合參　經1-3797
新鐫諸子玄言評苑　子1-45
新鐫諸子彙奇　子4-24147
新鐫諸子拔萃　子4-24095
新鐫諸名公增補五彩玉局藏機、詳註棋經十三篇　子3-18023
新鐫設空城計彈琴退敵　集7-53467
新鐫施耐庵先生藏本後水滸全傳　子5-28683
新鐫許真君玉匣記增補諸家選擇日用通書　子3-14415
新鐫詳訂註釋捷錄評林　史1-5452
新鐫一夕話　子5-27453
新鐫二胥記　集7-50022
新鐫工師雕斵正式魯班木經匠家鏡、靈驅解法洞明真言祕書　史6-46522
新鐫工師雕斵正式魯班木經匠家鏡、靈驅解法洞明真言祕書、靈驅解法洞明真言祕書　史6-46523
新鐫三太史評選歷代名文鳳采　集6-42940
新鐫三分夢全傳　子5-28480
新鐫玉茗按鑒批點續北宋志天門陣演義十二寡婦征西　子5-28085
新鐫玉茗堂批評按鑒參補南宋志傳、北宋志傳　子5-28077
新鐫玉茗堂批評按鑑參補出像南宋志傳、北宋志傳　子5-28076,28080
新鐫玉茗堂批選王弇洲先生豔異編、續　子5-27025
新鐫玉茗堂批選續豔異編　子5-25769
新鐫玉茗堂批點按鑒參補南宋志傳、北宋志傳　子5-28079
新鐫玉茗堂批點按鑑參補南宋志傳、楊家將傳　子5-28081
新鐫玉茗堂批點按鑑參補楊家將傳　子5-28083
新鐫玉蟠袁會元集　集2-10746,6-45048
新鐫王商玉玦記　集7-49777
新鐫王観濤先生四書翼註講意　經2-10461
新鐫五言唐詩畫譜　子3-16313
新鐫五言千家詩會義直解　集6-42287
新鐫五言千家詩會義直解、笠翁對韻　集6-42288
新鐫五言千家詩箋註、諸名家百花詩　集6-42290
新鐫五言千家詩箋註、增補重訂千家詩註解、諸名家百花詩、百壽詩、百賀詩、百花詩引　集6-42289
新鐫五行祕旨昭謡口謬參贊陰陽曆理通書　子3-14496
新鐫五福萬壽丹書　子2-11035～6
新鐫百家評林國語全編　史1-2117
新鐫項仲昭先生四書嫏嬛集註　經2-10404
新鐫張狀元遴輯評林秦漢狐白　集6-42854
新鐫張徐兩太史審定葩經嫡證　經1-3913
新鐫張太史註釋標題綱鑑白眉　史1-1286
新鐫張太史評選眉山橋梓名文雋　集6-45174
新鐫張閣老進呈經筵詩經直解　經1-3747
新鐫孫子兵法衍義　子1-3145
新鐫武經七書　子1-3025
新鐫武經標題正義、鐫武經節要、陣法馬步射法棍法　子1-3030
新鐫武經標題七書(新鐫增補標題七書)　子1-3033
新鐫武備全書國朝名公京省地輿戶口錢糧絲綿絹布苧鈔總論　子1-3086
新鐫武侯七勝記　集7-50044
新鐫了凡家傳利用舉業史漢芳潤　史1-5174
新鐫甬東王先生陽宅大全　子3-13185
新鐫司台歷數袖裏璿璣　子3-14489
新鐫重訂出像附釋標註驚鴻記題評　集7-49935
新鐫重訂增補名文珠璣　集6-42840
新鐫焦太史彙選中原文獻經集、史集、子集、文集、通考　集6-42836
新鐫千家詩　集6-42296～7
新鐫何榜眼彙輯諸名家書經主意寶珠　經1-2781
新鐫何氏附方濟生論必讀　子2-4938
新鐫何氏類纂集效方　子2-9363
新鐫衛生真訣　子2-11042
新鐫紅拂記　集7-49830
新鐫後續繡像五虎平南狄青演傳　子5-28109～10
新鐫仙媛紀事、補遺　子5-27016
新鐫山堂遺集　子4-20525
新鐫出像註釋李十郎霍小玉紫簫記題評　集7-49880
新鐫出像詞林白雪　集7-54598
新鐫出像通俗演義遼海丹忠錄　子5-

28186
新鐫出像批評通俗小說鼓掌絕塵四集 子5－27726
新鐫出像點板纏頭百練(新鐫出像點板怡春錦曲)二集 集7－54612
新鐫出像小說五更風 子5－27838
新鐫出相批評僧尼孽海 子5－27775
新鐫樂府爭奇 集7－54617
新鐫樂府清音歌林拾翠二集三十種 集7－54630
新鐫外科活人定本 子2－7702
新鐫獻藎喬先生綱鑑彙編 史1－1291
新鐫編年全書 子5－25715
新鐫射藝詳說 子3－18175
新鐫幼學雜字、選集啓蒙幼學三字考對 經2－13531
新鐫幼學備覽青緗對類 子5－25603
新鐫繡像百煉真海烈婦傳 子5－28338
新鐫繡像後宋慈雲太子逃難走國全傳(繪圖後宋慈雲走國全傳) 子5－28111
新鐫繡像濟顛大師全傳三十六則 子5－28851
新鐫繡像驚夢啼(驚夢啼) 子5－27815
新鐫繡像趙太祖三下南唐被困壽州城 子5－28086
新鐫繡像批評音釋王實甫北西廂真本 集7－48817
新鐫繡像描金鳳 集7－53862
新鐫繡像風流悟(風流悟) 子5－27839
新鐫繡像小說一片情 子5－27739
新鐫繡像小說天湊巧 子5－27728
新鐫繡像小說吳江雪 子5－28260
新鐫繡像小說蘇庵二集歸蓮夢 子5－28876
新鐫繡像小說貪欣誤 子5－27727
新鐫皇明百家四書理解集 經2－10354
新鐫皇明司臺曆法立福通書大全 子3－11682
新鐫鬼谷子先生四字經前定數 子3－14080
新鐫吳越錢氏續慶系譜[浙江餘姚] 史5－40205
新鐫侗初張先生訂選四書述 經2－10406
新鐫鄒翰林麟經真傳 經1－7604
新鐫鄒臣虎先生詩經翼註講意 經1－3820
新鐫名公釋義全備墨莊白眉故事 子5－25144
新鐫名公釋義全備墨莊書言故事 子5－25145
新鐫名公批評分門釋類唐詩雋 集6－43353
新鐫彙音妙悟(新鐫彙音妙悟全集) 經2－13909
新鐫繆當時先生四書九鼎 經2－10420
新鐫繆當時先生周易九鼎 經1－806
新鐫徽本圖像音釋崔探花合襟桃花記 集7－50054
新鐫徐文長先生評隋唐演義 子5－28023
新鐫徐氏家藏羅經頂門鍼 子3－13451
新鐫繪像平妖全傳 子5－28825
新鐫繪圖醒夢錄全傳 子5－28481～2
新鐫注解三字經 子1－2743
新鐫濟顛大師醉菩提全傳 子5－28852
新鐫窮鄉便方 子2－9331
新鐫江道宗百花藏譜、續藏譜 子4－19161
新鐫滙選辨真崑山點板樂府名詞 集7－54613
新鐫顧迴瀾先生歷朝捷錄大成原本 史1－5454
新鐫顧迴瀾先生歷朝捷錄大成原本、總論 史1－5455
新鐫顧九疇四書詳說 經2－10466
新鐫演禽三世相法(演禽三世相法) 子3－14216
新鐫祕本玉支磯小傳 子5－28285
新鐫祕本續英烈傳 子5－28151
新鐫祕本陸調唱口繡香囊全傳七集 集7－54024
新鐫沈學士評選聖世諸大家名文品節 集6－42808
新鐫法家透膽寒 史6－46402
新鐫漢丞相諸葛孔明異傳奇論註解評林 子1－3280
新鐫神峯張先生通考辟謬命理正宗大全(重鐫神峯張先生通考辟謬命理正宗大全、京鐫神峯張先生通考閉謬命理正宗大全、神峯張先生通考辟謬命理正宗大全、神峯通考) 子3－14137
新鐫溫陵鄭孩如觀靜窩四書知新日錄 經2－10521
新鐫湯霍林先生祕笥四書金繩 經2－10431
新鐫湯太史評點丘毛伯四書剖 經2－10445
新鐫湯睡庵先生批評歷朝捷錄 史1－5456
新鐫湯會元四書合旨 經2－10434
新鐫滌水新聲 集6－43801
新鐫通紀集畧 史1－1574
新鐫通俗雲箋 集6－45270
新鐫通鑑集要 史1－1205、1207
新鐫通鑑節要 史1－1219
新鐫選註名公四六雲濤 集6－43912

新鐫海内奇觀　史 7－52168
新鐫道書度人梯徑　子 5－29577、31423
新鐫道書五篇註　子 5－29577
新鐫道書樵陽經、附集　子 5－29577、31420
新鐫啓蒙便用九章演算法大全　子 3－12619
新鐫十名家批評易傳闡庸　經 1－947
新鐫十翰林評選註釋名家程墨論纂　集 6－45348
新鐫十翰林評選註釋名家程墨策纂、論纂　集 6－45349
新鐫大字女兒經　子 1－2952
新鐫太史許先生精選助捷輝珍論鈔註釋評林　集 6－45381
新鐫士商要覽　子 5－25758
新鐫臺監曆法增補全備應福通書　子 3－11683
新鐫直指吳先生編刻八陣全圖　子 1－3087
新鐫才美巧相逢宛如約　子 5－28333～4
新鐫南北時尚萬花小曲　集 7－50701
新鐫赤心子彙編四民利觀翰府錦囊　子 5－25022
新鐫女貞觀重會玉簪記　集 7－49856
新鐫李卓吾評釋名文捷錄　集 6－45345
新鐫李先生類纂音釋捷用雲箋　子 5－25799
新鐫李九我衍明易旨　經 1－765
新鐫李少文先生家言四書僊說評　經 2－10415
新鐫古史要評　史 1－5509
新鐫古本綠秋亭貞節全傳　集 7－53850
新鐫古本批評繡像三世報隔簾花影　子 5－28238
新鐫古表選　集 6－42918
新鐫古今名劇酹江集三十種　集 7－48778
新鐫古今名劇柳枝集二十六種　集 7－48777
新鐫古今名公尺牘彙編選註　集 6－45210
新鐫古今大雅北宮詞紀、新鐫古今大雅南宮詞紀　集 7－50532
新鐫古今事物原始全書　子 5－25690
新鐫奇傳空空幻　子 5－28325
新鐫奇緣記　子 5－28250
新鐫校評葛稚川全書内篇、外篇　子 5－31885
新鐫校正評注分類百子金丹全書　子 5－25809
新鐫草本花詩譜　子 3－16315
新鐫黃維章先生詩經鄉嬛集註　經 1－67、3837
新鐫杜子美沽酒遊春雜劇　集 7－49115
新鐫楊家府世代忠勇演義志傳　子 5－28094
新鐫柳莊麻衣相法　子 3－14198
新鐫增訂評注批點便蒙通鑑　史 1－1217
新鐫增訂皇明史館名公經世宏辭十四集　集 6－43960
新鐫增定元明捷錄原本　史 1－5928
新鐫增定歷朝捷錄全編　史 1－5447～8
新鐫增補宋岳鄂武穆王精忠彙編　史 2－8745
新鐫增補標題武經七書　子 1－3032
新鐫增補較正寅幾熊先生尺牘雙魚、補選捷用尺牘雙魚　集 6－45227
新鐫增補醫方捷徑　子 2－4876
新鐫增補全像評林古今列女傳　史 2－6383
新鐫翰府素翁雲翰精華　子 5－25173
新鐫翰林高太史家藏註釋考古詩典珊瑚類集　子 5－25687
新鐫翰林評選註釋二場表學司南　集 6－45375
新鐫翰林評選註釋程策會要　集 6－45376
新鐫翰林攷正朝故事統宗、歷朝人君考實　子 5－25810
新鐫翰林攷正國朝七子註釋詩選　集 6－43763
新鐫翰林九我李先生家傳四書文林貫旨、訓蒙題式　經 2－10335
新鐫翰林考正歷朝故事統宗　子 5－25035
新鐫翰林釐正平仄四書六經小學鑑史難字真鏡　經 2－13525
新鐫梅竹蘭菊四譜　子 3－16316
新鐫中書科刪訂字義辨疑韻海篇　經 2－13810
新鐫本草綱目類纂必讀　子 2－5592
新鐫春燈謎　子 3－18442
新鐫東西晉演義　子 5－28007～8
新鐫東厓王先生遺集　集 2－8965
新鐫東厓王先生遺集、新刻王心齋先生奏疏類編、別傳類編　集 2－8964
新鐫批評出像通俗演義禪真後史　子 5－28691
新鐫批評出像通俗演義禪真後史十集　子 5－28690
新鐫批評出像通俗奇俠禪真逸史八集　子 5－28689
新鐫批評出相韓湘子　子 5－28848
新鐫批評繡像玉嬌梨小傳　子 5－28270
新鐫批評繡像巧聯珠小說　子 5－28348
新鐫批評繡像列女演義　子 5－27721
新鐫批評繡像飛花詠小傳　子 5－28275
新鐫批評繡像後西遊記　子 5－28813

新鐫批評繡像賽紅絲小說 子5-28291
新鐫批評繡像祕本定情人 子5-28290
新鐫批評繡像夢月樓情史 子5-28305
新鐫批評繡像鬧花叢快史 子5-28256
新鐫批評繡像合浦珠傳 子5-28301
新鐫採天下便用博聞勝覽考實全書 子5-25204
新鐫掛枝兒 集7-50553
新鐫量江記 集7-49990
新鐫國朝名儒文選百家評林 集6-43934
新鐫國朝名公神斷詳刑公案 子5-27747
新鐫國朝名公神斷詳情公案 子5-27745
新鐫國朝名公神斷李卓吾詳情公案 子5-27746
新鐫四書理印 經2-10476
新鐫四書七進士講意折衷 經2-10357
新鐫四書七十二朝人物經籍備考 經2-10313
新鐫易經家訓 經1-860
新鐫圖像音註周心羽教子尋親記 集7-49976
新鐫異說五虎平西珍珠旗演義狄青前傳 子5-28106
新鐫羅順菴增集事文類聚 子5-24932
新鐫點板金雀記 集1-2522
新鐫時調彈詞說唱雙金錠七集 集7-53937
新鐫時用通式翰墨全書 子5-25114
新鐫雅俗通用珠璣藪 子5-25203
新鐫歷代名家翰墨備覽 集6-45231
新鐫歷代名賢事類通考 子5-25058
新鐫歷世諸大名家往來翰墨分類纂註品粹 集6-45211
新鐫歷朝捷錄增定全編大成 史1-5446
新鐫歷朝捷錄增定全編原本 史1-5445
新鐫厚生訓纂 子2-11019
新鐫曆法便覽象吉備要通書大全 子3-11639
新鐫劉雲嶠太史摘纂然然故事 子5-25682
新鐫刪補易經直解 經1-729
新鐫陳先生家評選定四書人鑑 經2-10549
新鐫陳太史子經濟言、制考畧 子5-25728
新鐫陳眉公評定小窗格言 子4-24117～8
新鐫陳眉公先生批評春秋列國志傳 子5-27934
新鐫陳眉公批點按鑒參補出像南宋志傳、北宋志傳 子5-28078
新鐫周禮旁訓 經1-4989
新鐫周易參同契註解 子5-31006
新鐫周易數編 經1-942
新鐫屠儀部編纂元朝捷錄 史1-5929
新鐫眉公先生四言便讀羣珠雜字 經2-13435
新鐫舉子六經纂要 子5-25700
新鐫醫論(醫論) 子2-4882
新鐫陰陽鬥異說傳奇 子5-28905
新鐫全像孫龐演義 子5-27950
新鐫全像武穆精忠傳 子5-28126～7
新鐫全像通俗演義隋煬帝豔史 子5-28028
新鐫全像藍橋玉杵記、蓬瀛真境天台奇遇 集7-49986
新鐫全像東西兩晉演義志傳 子5-28009
新鐫全像曇花記 集7-49864
新鐫全補發微曆正通書大全 子3-11640
新鐫全補標題音註國朝捷錄 史1-5936
新鐫全補標題音註歷朝捷錄、新刻全補標題音註元朝捷錄、新鐫增補評林音註國朝捷錄 史1-5459
新鐫全補標題音注歷朝捷錄 史1-5438
新鐫分門定類綺筵雅樂令謎昭華 子3-18365
新鐫分類評注文武合編百子金丹 子5-25808
新鐫分類便用書柬活套錦繡雲箋 子4-24220
新鐫曾元贊書經發穎集注 經1-2770
新鐫銀經發祕 史6-44446
新鐫鑑畧釋義 史1-4949～51
新鐫笑林廣記 子5-27461
新鐫筆洞山房批點詩經捷渡大文 經1-3899
新鐫節義鴛鴦塚嬌紅記 集7-50024
新鐫小說戀情人 子5-28315
新鐫小說鬧花叢 子5-28257
新鐫小說八段錦八段 子5-27846
新鐫尚書便覽 經1-2774
新鐫性理奧 子1-1273
新鐫性理節要 子1-170
新年打糖鑼一枝 集7-52011
新義 子4-19808 叢2-774(10)
新義錄 子5-25442
新會麻園林氏家譜[廣東新會] 史4-29403
新會玉橋易氏族譜[廣東新會] 史4-29560
新會鄧氏族譜[廣東新會] 史5-38897
新會修志條例 叢2-711
新會鄉土志輯稿[光緒] 史8-61048
新會潮漣蘆鞭盧氏族譜[廣東新會] 史5-

40112
新會沙岡林氏宗譜[廣東新會]　史 4-29404
新會縣續志[同治]　史 8-61047
新會縣志[康熙]　史 8-61044
新會縣志[道光]　史 8-61046
新會縣志[萬曆]　史 8-61043
新會縣志[乾隆]　史 8-61045
84 新鎮縣志料[民國]　史 7-55249
86 新知錄　子 4-23918　叢 1-22(23)、29(7)
新知錄摘抄　叢 1-84(4),2-730(11)
新知錄摘鈔　子 4-23917　叢 2-731(54)
87 新錄高麗主證　子 7-35892
新錄紗燈記全集　集 7-51237
新錄宋志　集 7-53970
新錄楚辭全集(楚辭新註)　集 1-61
新鍥文移選要　史 6-41519
新鍥註選歷朝捷策百家評林、新鍥註選歷朝捷論百家評林、註解歷朝捷表選百家評林、新鍥註選歷科捷判百家評林　子 5-25036
新鍥六進士参訂劉先生四書博約說鈔　經 2-10449
新鍥京本校正按鑑演義全像三國志傳　子 5-27982
新鍥龍興名世錄皇明開運英武傳　子 5-28135
新鍥訂註孔子家語　子 1-213
新鍥評釋東萊呂先生左氏博議　經 1-6759
新鍥評林註釋列朝捷錄　史 1-5442
新鍥誠意伯祕授玄徹通旨滴天髓(滴天髓)　子 3-14116
新鍥詩經心鉢　經 1-3868
新鍥二太史彙選註釋莊子全書評林　子 5-28942、29304
新鍥二太史彙選註釋老子評林　子 5-28942、29123
新鍥二太史彙選註釋老莊評林　子 5-28941～2
新鍥兩京官板校正錦堂春曉翰林查對天下萬民便覽　子 5-25791
新鍥百大家評註再廣曆子品粹　集 6-42847
新鍥晉雲江先生詩經闡蒙衍義集註　經 1-3892
新鍥晉代許旌陽得道擒蛟鐵樹記(新訂晉代許旗得道擒蛟鐵樹記)　子 5-28827
新鍥雲林神彀　子 2-4893
新鍥孔聖宗師出身全傳　史 2-8389
新鍥重訂出像註釋通俗演義西晉志傳題評、東晉志傳題評、紀元傳　子 5-28010
新鍥重訂出像注釋通俗演義東西兩晉志傳　子 5-28011
新鍥焦太史彙選百家評林名文珠璣　集 6-42839
新鍥焦太史彙選百家評林歷代古文珠璣　集 6-42837～8
新鍥卓吾先生通考指掌雜字　子 5-25967
新鍥紫溪蘇先生刪補網鑑論策題旨紀要　史 1-1239
新鍥樂府人氏生八珠環記　集 7-49936
新鍥續補註釋古今名文經國大業　集 6-42815
新鍥皇明百大家總意四書正新錄、皇明大家姓氏並書目　經 2-10399
新鍥皇明紀政錄　史 1-1559
新鍥吳先生精傳書經萬世法程註、尾　經 1-2751
新鍥侗初張先生注釋孔子家語雋　子 1-219
新鍥名家纂定註解兩漢評林　史 1-5187
新鍥徽郡原板校正繪像註釋魁字便蒙日記故事　子 5-25722
新鍥徽郡原板夢學全書　子 3-14628
新鍥家傳諸症虛實辯疑示兒仙方總論　子 2-9305
新鍥官板音釋標題皇明通紀、續紀　史 1-1549
新鍥官板批評註釋虞精集　子 4-20837
新鍥宗先生子相文集　集 2-9498
新鍥祕傳常山敬齋楊先生鍼灸全書　子 2-10246
新鍥溫陵二太史選釋卯辰科二三場司南蜚英　集 6-45405
新鍥溫陵鄭孩如先生約選古文四如編　集 6-42805～6
新鍥士林交際翰札新函　子 5-25801
新鍥臺閣清謌補註孔子家語　子 1-212
新鍥南雍會選古今名儒四書說苑　經 2-10428
新鍥赤水屠先生註釋天梯翰墨　子 5-25110
新鍥李卓吾先生增補批點皇明正續合併通紀統宗　史 1-1553
新鍥袁中郎校訂旁訓古事鏡　子 5-25137
新鍥考數問奇諸家字法五侯鯖　子 5-25088
新鍥蕭曹遺筆　史 6-46395
新鍥燕臺校正天下通行文林聚寶萬卷星羅　子 5-25074
新鍥葉先生傳家舉業要訣史記文髓　史 1-5102
新鍥楊狀元滙選藝林伐山　子 4-22230

新鍥翰林三狀元會選二十九子品彙釋評 子1-25
新鍥翰林李九我先生左傳評林選要 經1-6831
新鍥翰林精選註釋左國評苑 集6-42831
新鍥書經講義會編 經1-2725
新鍥提頭音釋官板大字明心寶鑑正文 子1-2496
新鍥鰲頭復明眼方外科神驗全書 子2-7306
新鍥鼇頭歷朝實錄音釋引蒙鑑鈔 史1-4885
新鍥國朝三元品節標題綱鑑大觀纂要 史1-1278
新鍥四書新説國朝名公答問 經2-10401
新鍥四書心缽 經2-10538
新鍥圖像麻衣相法 子3-14196
新鍥圖像潛龍馬再興七姑傳 子5-27916
新鍥明詩十二家類鈔 集6-43761
新鍥陳太史子史經濟言 子5-25795
新鍥熙朝内閣評選莊子纂要 子5-28941、29292
新鍥全像海忠介公居官公案 子5-27709
新鍥全補天下四民利用便觀五專拔錦 子5-25798
新鍥全補發微曆正通書大全乾集 子3-14435
新鍥益府藏板從姑修禊一線天會弈通玄譜 子3-18032
新鍥尊朱詩經講意舉業便讀 經1-3769
新鍥尊朱易經講意舉叢便讀 經1-484
新鍥會元玉蟠袁先生真傳書經翼衷演義 經1-2747
新鍥會元湯先生評林弇州文選 集2-9569
新鍥會元湯先生批評空同文選 集2-7573
新鍥會元湯先生批評滄溟文選評林 集2-9081
新鍥會元湯先生批評南明文選 集2-9518
新鍥鄭孩如先生精選左傳旁訓便讀 經1-6847
新鍥鄭孩如先生精選國語旁訓便讀 史1-2127、5053
新鍥鄭孩如先生精選戰國策旁訓便讀 史1-5067
新鍥簪纓必用增補祕笈新書、别集 子5-24900
新鍥纂集諸家全書大成斷易天機 子3-13058
新鍥類編明解正音京板書言故事 子5-24873
新鍥精選古今樂府滚調新詞玉樹英 集7-54616
新鋟京本句解消砂經節圖雪心賦、尋龍經訣法 子3-13275
新鋟訂正評註便讀草堂詩餘 集7-48443
新鋟評林旁訓薛湯二先生家藏酉陽口古人物奇編 經2-10307
新鋟施會元精選旁訓皇明鴻烈集 集6-43949
新鋟正譌訓解標類書言故事大全 子5-24875
新鋟天下時尚南北新調堯天樂 集7-54625
新鋟天下時尚南北徽池雅調 集7-54626
新鋟千古一覽 史1-5486
新鋟侍御先生心授四書質言 經2-10347
新鋟朱狀元芸窻彙輯百大家評注史記品粹 史1-65
新鋟大明一統輿圖廣畧 史7-49566
新鋟太醫院參訂徐氏鍼灸大全 子2-10236～7
新鋟希夷陳先生紫微斗數全書 子3-14110
新鋟李先生類輯音釋捷用寶箋二纂内篇、增補如面譚新集 子5-25800
新鋟李先生類纂音釋捷用雲箋 集6-45287
新鋟李閣老評註左胡纂要 經1-6832
新鋟校正標題皇明通紀 史1-1546
新鋟獵古詞章釋字訓解三台對類正宗 子5-25727
新鋟葛稚川内篇、外篇 子5-31876 叢1-109
新鋟葉李兩閣老同纂十八魁四書甲第先鋒大講 經2-10334
新鋟林會魁書經逢源集注 經1-2766
新鋟相國蛟門沈先生發刻經筵會講易經意評林 經1-730
新鋟增補萬錦書言故事大全 子5-24876
新鋟翰林校正鰲頭合併古今名家詩學會海大成 子5-24973
新鋟抱朴子内篇(葛稚川内篇)、外篇 子5-31884
新鋟抱朴子内篇、外篇 子5-31874
新鋟歷朝評林捷録 史1-5437
新鋟丹溪先生醫書纂要心法 子2-9201
新鋟丹溪朱先生心法大全 子2-9199
新鋟鍾伯敬訂正皇明紀要 史1-1557
新鋟鈔評校正標題皇明資治通紀 史1-1544
新鋟鈔評校正標題皇明資治通紀、録我朝會元三及第名氏便覽 史1-1189、1545
新鋟煙波釣徒奇門定局(奇門定局) 子3-

14297　叢 1-109
新鋟煙波釣叟奇門定局　叢 1-111(5)
新鄭縣志[康熙]　史 8-59531
新鄭縣志[順治]　史 8-59530
新鄭縣志[乾隆]　史 8-59532
88 新篁竹枝詞　集 4-33365
新竹縣志初稿[光緒]　史 8-63473
新竹縣採訪册[光緒]　史 8-63474
新箋決科古今源流至論别集　子 5-24866
新箋決科古今源流至論前集、後集、續集　子 5-24865
新箋決科古今源流至論前集、後集、續集、别集　子 5-24867
新節毛西河四種　叢 2-1310
新繁文廟祭譜錄　史 6-42167
新繁華夢五集　子 5-28576
新繁縣鄉土志[光緒]　史 8-61646
新繁縣志[嘉慶]　史 8-61643
新繁縣志[乾隆]　史 8-61642
新繁縣志[同治]　史 8-61644
新繁縣志[民國]　史 8-61645
新纂康縣縣志[民國]　史 8-63237
新纂三臺縣鄉土志[光緒]　史 8-61735
新纂五方元音、凡例　經 2-13835
新纂雲南通志[民國]　史 8-62337
新纂羣書紀載萬歲壽譜、續遺　子 5-25634
新纂香譜　子 4-18885　叢 2-615(3)
新纂約章大全　史 6-44977
新纂綠牡丹全傳　子 5-28718
新纂李氏續譜[江蘇丹徒]　史 4-27119
新纂李氏宗譜[江蘇丹徒]　史 4-27118
新纂杭州府志稿[民國]　史 7-57143
新纂事詞類奇　子 5-25027
新纂四六讞語　史 6-41519～20、46476
新纂四六合律判語　史 6-41519～20、46475
新纂昭化縣志[康熙]　史 8-61704
新纂氏族箋釋　子 5-25859
新纂駁改比照成案所見集總編　史 6-46194
新纂兒科學　子 7-37854
新纂門目五臣音註揚子法言　子 1-8、55、424
新纂門目十朝名臣言行錄　史 2-7044
新纂簡捷易明算法　子 3-12783
89 新鈔藥性補遺　子 2-5696
新鈔書目　史 8-66023
90 新堂存草、詩餘　集 4-25263
新黨發財記(官場維新記)　子 5-28580
92 新剡瑯琊王氏宗譜[浙江嵊州]　史 4-25072
新燈合璧　子 3-18415
99 新鶯詞　集 7-46422、48384

0312$_1$ 竚

77 竚月樓琴譜　子 3-17775

0313$_4$ 竢

00 竢庵李先生文集　集 1-5381
30 竢定堂詩鈔　集 5-39106
竢實齋文集、外集　集 4-26542
竢實齋文稿　集 5-37154

0332$_7$ 鷟

22 鷟峯寺唐素君皈禪　集 7-49376、49505

0344$_0$ 斌

70 斌雅禪師語錄　子 6-32091(74)

0361$_4$ 詫

80 詫美子弟書　集 7-52085

0363$_2$ 詠

00 詠唐詩絶句、詠史詩　集 4-29835
詠文丞相詩　集 1-4465、4478
詠六朝遺事　集 6-41896
04 詠詩南軒小稿　集 3-19990
10 詠雪樓詩存　集 4-24290
詠西域諸回疆詩　集 4-28396
20 詠香遺稿　集 4-25338
27 詠歸亭詩鈔　集 3-18118
詠歸堂集　集 2-12335　叢 2-647
詠黎集　集 4-26656
詠物詩　集 1-5277～8,2-10304～5,5-

37123 叢 1-223(61)、392,2-833
詠物詩、屏巖小稿 集 1-5275
詠物詩詞 集 6-42485、42572
詠物詩鬮人集 集 3-19928
詠物詩鈔 集 4-25098、28098
詠物二十一首 叢 2-1920
詠物集陶 集 4-23102
詠物之餘 集 4-28287
詠物十詞 叢 1-202(8)、203(14)
詠物七言律詩偶記 集 6-45994 叢 2-1510、1513～4
詠物廿一首 集 5-33744
詠物全韻 集 4-31253
32 詠業近集、焦桐山詩集、文、明誠堂詩集、浩然堂詩集 集 2-11714
35 詠清史詩五絶三百首、附錄雜體詩 史 1-6191
40 詠古詩 集 3-16205
詠古詩選 集 6-42323
44 詠花詞 集 4-33232,7-47908
詠花軒詩集 集 3-17964
詠花軒遺稿 集 4-23470
詠花館詩餘 集 7-48209
詠莊集 子 5-29356
詠蘭集 集 4-33283
詠蘭室石墨證古 史 8-64431
詠蘭軒詩稿 集 4-25901～2
詠菊百絕句 集 3-19568
46 詠如府君(劉曾撰)行狀 史 2-10341
詠絮亭詩草 集 4-27368
48 詠松百絕、詠竹百絕、梅花百詠(三友詩、松竹梅詠) 集 3-16979
詠梅詩 集 3-18721
詠梅詩鈔 集 3-21584
詠梅集句 集 2-6553
詠梅山館存稿(北遊詩草) 集 5-35098
詠梅軒方輿紀畧、續編、輿圖總論注釋 史 7-49717
詠梅軒雜記、補遺 子 1-1659 叢 2-1808
詠梅軒詩存 集 4-31020
詠梅軒稿 集 4-31018～9 叢 2-912
詠梅軒仰觀錄 子 3-11513～4 叢 2-797、912
詠梅軒仰觀錄、續編 子 3-11515
詠梅軒仰觀錄、十家語錄摘要詠梅軒搭記剩稿附增訂 子 3-11516
詠梅軒叢書三種附一種 叢 2-1808
詠梅軒思忠錄 史 2-7610 叢 2-1808
詠梅軒劄記、詠梅軒劄記增訂、賸稿、存要 叢 2-797
詠梅軒劄記、增訂、存要、賸稿 叢 2-912
詠梅軒劄記、劄記增訂、賸稿、存要 子 1-1658
詠梅軒類編 集 1-4573
詠梅軒類編殘 叢 2-912
50 詠史註 叢 2-698(11)
詠史六言全韻 史 1-6065
詠史雜鈔 史 1-6095
詠史新樂府 集 3-16351,4-29843
詠史詩 史 1-6040 集 2-10093,3-14185,4-22030、29835、33460 叢 1-223(50)
詠史詩、近體 集 2-11008
詠史詩存 史 1-6100
詠史詩鈔 集 4-25098、27677,5-35389
詠史百絕句 集 5-37814
詠史集 叢 2-1685
詠史集、別集 史 1-6073 集 4-33086
詠史樂府 史 1-6059 集 4-30341 叢 2-1221
詠史樂府二集 史 1-6067
詠史樂府初二集 集 3-20978
詠史樂府十二章 集 3-18902
詠史偶稿 史 1-6159 叢 2-1482
詠史紀事 集 5-40485
詠史絕句詩註 集 6-42422
詠史擬古樂府 集 4-24750
詠春時文 集 5-38465
詠春堂集 集 2-10729
詠素齋詩 集 3-21769
詠素齋初草 集 5-35721
詠東林諸子詩 集 4-28396
67 詠暉草堂遺稿 集 5-36734
80 詠年堂詩集鈔 集 3-14186 叢 2-834
90 詠懷詩 集 1-299
詠懷堂新編十錯認春燈謎記 集 7-49710、50061 叢 2-672
詠懷堂新編十錯春燈謎記 集 7-50063
詠懷堂新編燕子箋記 集 7-50061、50067 叢 2-672
詠懷堂新編勘蝴蝶雙金榜記 集 7-50061、68 叢 2-672
詠懷堂詩集 集 2-11814
詠懷堂詩集、外集 集 2-11810～2 叢 2-641
詠懷堂丙子戊寅詩 集 2-11813

0364_0 試

00 試辦天津縣議事會章程草案 史 6-41831
試辦天津縣董事會章程草案 史 6-41832

中國古籍總目書名索引

試辦天津縣地方自治章程　史 6－41829
試辦天津縣地方自治章程理由書　史 6－41830
試辦宣統三年豫算地方行政經費說明書　史 6－43317
試辦宣統三年地方行政經費歲出預算案　史 6－43316
試辦宣統四年全國歲入歲出總預算表　史 6－43249
試辦全國預算各項表册格式　史 6－43245
08 試效要方并論　子 2－4845、9256
21 試行蠶桑說　子 1－4333
25 試律新話　集 6－46141
試律須知　集 6－46315　叢 1－367～8
30 試官述懷　集 7－49316　叢 2－1269
33 試心篇　子 1－3904
34 試造氣行輪船始末　史 6－46583　子 3－11243
41 試帖詩　集 6－44300
試帖玉芙蓉　子 5－25325、25327
試帖剩稿　集 4－27254
試帖備法分類約鈔　集 6－43094
試帖偶存　集 4－32974，5－36984
試帖淵海　子 5－26035
試帖存稿　集 4－29884　叢 2－2073
試帖撏撦集稿(撏撦集稿)　集 5－33790
試帖巵言　子 1－2411
試帖鈔存　集 4－28934
試帖小楷　子 3－15498
44 試草焚餘　叢 2－1722
試茗吟廬詩稿　集 5－38583
試茶錄　子 4－18979，18998　叢 1－4～5、9～10、22(15)、23(15)
48 試塲寶鑒　子 5－27165
試塲異聞錄五種　史 1－4502　子 5－27176
50 試秦詩紀、潞公詩選、越吟、七松遊、重訂閩麗譜　集 3－14157
63 試畯堂文鈔　集 4－24896
試畯堂詩集、賦鈔　集 4－24895
73 試院冰淵　叢 2－1288
80 試金石　子 5－31417
試金石二十四詠　子 5－31419
試金石全旨　子 4－21142
試差事宜　子 4－24425
87 試銀錢考工　史 6－44458
88 試筆　子 3－14692，4－19963　集 1－2007～8　叢 1－3、6、19(11)、20(9)、21(10)、24(11)、147，2－635(8)、698(9)、1029
試策箋註　子 5－25845

0365_0 誠

00 誠齋雜記　子 4－23826～7　叢 1－22(5)、23(5)、302，2－617(4)、624(2)
誠齋詩話　集 6－45617　叢 1－223(72)
誠齋詩集　集 1－3524，2－7362
誠齋詩集(誠齋集)　集 1－3523
誠齋詩選　集 1－3538，6－41903
誠齋詩鈔　集 1－3536，4－24814，5－41538
誠齋集　集 1－3517～8，3－13841　叢 1－223(55)、227(10)，2－635(10)
誠齋集(楊誠齋集)　集 1－3516
誠齋集、目錄　集 1－3514、3519
誠齋集補鈔　集 1－3537，6－41901
誠齋樂府　集 7－49083、50567
誠齋樂府、輯補　集 7－50568
誠齋先生文膾　子 5－25549
誠齋先生江湖集、荆溪集、西歸集、南海集、江西道院集、朝天續集、退休集　集 1－3512
誠齋先生南海集　集 1－3513
誠齋先生易傳　經 1－121
誠齋先生錦繡策　集 1－3543
誠齋牡丹譜、牡丹百詠、梅花百詠、玉堂春百詠　集 2－6594
誠齋牡丹百詠　集 2－6597
誠齋牡丹百詠、梅花百詠　集 2－6596
誠齋裸記　叢 1－169(3)
誠齋江湖集鈔　集 1－3527
誠齋江湖集鈔、荆溪集鈔、西歸集鈔、南海集鈔、朝天集鈔、江西道院集鈔、朝天續集鈔、江東集鈔、退休集鈔　集 6－41900
誠齋梅花百詠　子 4－19289
誠齋揮麈錄　子 4－22913　叢 1－195(5)
誠齋四六發遣膏馥　子 5－25527
誠齋易傳　經 1－464　叢 1－223(2)、230(1)，2－731(8)
誠齋尺牘　集 1－3540
誠齋公(葉希曾)年譜　史 2－11803
誠齋食物記　子 2－5882
誠齋錄　集 2－6598
誠齋錄、新錄、牡丹百詠、梅花百詠、玉堂春百詠　集 2－6595
誠齋策問、校勘記、校勘續記　集 1－3545　叢 2－870(4)
誠應武肅王(錢鏐)集　史 2－8601
誠意伯文集　叢 1－223(62)、227(10)
誠意伯文成公郁離子　集 2－5937

誠意伯祕授天宫五星玄徹通旨滴天髓　子3-14117
誠意伯連珠　叢1-111(4),2-731(45)
誠意伯劉先生文集(誠意伯文集)　集2-5933
誠意伯劉公傳　史2-8821
10 誠一車公(毓恩)墓誌銘　史2-10472
誠一堂琴譜、琴談　子3-17676
誠一堂琴談　子3-17534
誠一堂稿　集3-16126
誠正齋文集　集3-13586
誠正堂稿　集3-20491
誠正堂稿、詞稿、文稿　集3-20492
誠正堂時藝　集3-20493
20 誠信錄　史2-9023
23 誠獻花燈　集7-49700
30 誠之詩稿　集5-41603
42 誠樸救國論　子4-21815
43 誠求齋詩存　集4-33136
誠求一得　子2-8477
誠求集　子2-8446
48 誠敬六集濟世奇方(濟世奇方)　子2-9611
50 誠書、誠書痘疹　子2-8426
誠書痘疹　子2-8737
53 誠成書屋詩稿　集5-36637
60 誠是錄　子4-21372　叢2-1506
63 誠默齋詩詞稿　集5-41529

誡

17 誡子庸言　子1-2291
誡子書　子1-2234
25 誡律通行　子7-36046
37 誡初心學人文　子6-32089(52)、32090(66)、32093(52),7-34032～3、34036
60 誡足子嚴敦書　叢2-771(1)
64 誡勖淺言　子1-2366　叢2-822

識

00 識病捷法　子2-5965
01 識語　子4-19488
27 識物　子4-19348　叢1-202(3)、203(8)、321
30 識字一隅　經2-13474
識字瑣言、辨字雜說　經2-13464
識字引　經2-13439
識字續編　經2-13456　叢2-1660
識字法　子7-36236
識字教授書　經2-13521
識字書　經2-13479
識字最易法　經2-13489　叢2-2011
識字畧　經2-13450
識密齋詩鈔　集4-27653,6-41996
35 識遺　子4-22193～4　叢1-19(8)、20(6)、21(8)、22(3)、23(3)、24(9)、223(40)
40 識大錄　史1-804
42 識荆主人詩錄　集5-40700
44 識英雄紅拂莽擇配(北紅拂)　集7-49212
45 識姓便蒙　史2-13341
60 識畧　叢2-2185
71 識匡齋全集　集2-11576
72 識脈論　子2-6220
77 識閒堂第一種翻西廂　集7-50252
識學錄　子4-22448　叢2-938
80 識貧　叢1-551
88 識餘　叢2-735(4)
90 識小集　子4-22302
識小編　史8-63502　子4-22411,5-26351　叢1-22(23)、29(7)、143、223(40)、272(3),2-731(7)
識小錄　子4-23167、23353、23574　叢1-202(2),2-674、1292～3、1715
識小錄類編　子4-21299
識小類編　子5-25392

讖

24 讖緯書十七種　經1-173

0366$_0$ 詒

04 詒謀一寶　子3-12898
詒謀隨筆　子1-1691
詒謀錄　叢1-21(10)
10 詒晉齋集　叢1-422
詒晉齋集、後集、隨筆　集4-23484　叢1-424、469、586(4),2-716(4)
詒晉齋後集　集4-23485
詒晉齋法書四集　子3-15751
詒晉齋隨筆　子4-22558
詒雲堂詩　集3-13134
16 詒硯齋詩存　集4-25588
詒硯齋詩鈔　集4-25587

詒硯齋草稿 集5-36633
詒硯齋舊稿 集4-25589
17 詒翼堂文集 集4-28587
詒翼堂詩 集6-45020
詒翼堂集 集6-45020
詒翼堂貞恆草 集6-45020
詒翼堂蘭揚草、鵑化草、樂府 集6-45020
21 詒經堂續經解目錄 叢2-673
詒經堂藏書七種 叢1-296
30 詒安堂詩二集 集4-32506
詒安堂詩初稿 集4-32505
詒安堂詩初稿、二集、詩餘、試帖詩 集4-32502
詒安堂詩餘 集7-48039
詒安堂二集八集 叢1-385
詒安堂初稿、二稿、詩餘、試帖詩鈔 集6-42003
詒安堂奏議 史6-49075
詒安堂所刻書十種 叢1-385
詒安堂全集 集6-42003
35 詒清堂詩稿 集4-29568
詒清堂集、補遺 集3-14176～7
44 詒莊樓架上書目 史8-66015
詒莊樓書目 史8-66014
詒蔭堂奏議 史6-49091
47 詒穀草堂詩集 集3-21219
詒穀老人自訂年譜 叢2-906
詒穀堂家訓 子1-2292～3
77 詒卿詩鈔 集4-29724
80 詒美堂集、目錄 集2-10610
94 詒煒集 史2-10677 集5-34729

0368_4 讞

17 讞豫勿喜錄 史6-46474
22 讞例(乾隆) 史6-46239
50 讞書錄 史6-43130

0391_4 就

10 就正齋文集 集4-28550
就正齋語錄 子4-23355
就正詩續刻 集5-35451
就正詩草 集5-35450
就正集、次集 集4-26297
就正編 叢2-992
就正草 集3-15584,4-32620,5-40071
就正草古近體詩 集5-36162
就正錄 子1-1187,5-29574～5,32036 集2-12113 叢1-151,2-1178～9
11 就研詩 集3-18041
60 就日錄 子4-20189～90 叢1-13、14(2)、19(5)、20(3)、21(4)、22(6)、23(6)、24(5)、56、148、154、195(5)
就園偶刊(海陵田運昌書飲氏稿) 集3-17705
67 就昀齋詩稿 集4-22255
就昀齋詩草 集4-22254

0422_7 劾

38 劾逆璫疏 史1-1952、3045
40 劾李鴻章奏議 史6-49179

0428_1 麒

09 麒麟記 集7-49860
麒麟羽 集7-53886
麒麟豹寶卷 集7-54415
麒麟寶卷(麒麟豹卷) 集7-54416
麒麟塘宗氏家譜[浙江義烏] 史4-30270
麒麟罽 集7-49871～2
麒麟閣 集7-50160～1、52569、53527、53885

0460_0 計

07 計部奏疏 史6-48360～2、48407
21 計偕日錄(清道光二十四年) 史2-12832
23 計然子 子4-20926
計然萬物錄 子4-23716
計然萬物錄、補遺 子1-4086 叢2-628、731(4)、770
27 計倪子 子1-20、61、4085 叢1-245
40 計有餘齋文稿 集4-27015 叢2-869
計有餘齋文賸稿 叢2-731(46)
44 計樹園詩集 集3-20513～5
計樹園詩鈔(紀年草、儷紫軒偶存、筠陽遊草、棲槃草、依園草、計樹園剩稿、詩餘) 集3-20516
52 計劃黑省吉拉林設治記 史6-45627,7-49357

77 計學 子 7－37483
計學平議 子 7－37484
計學淺訓 子 7－37489
計學考 子 7－36240(5)
計開整頓保甲簡要章程十二條 史 6－45431
88 計算兩月相去日數表 子 3－11669

討

10 討平安福之吳佩孚書牘 集 5－41118
38 討逆閹檄 史 1－1938
42 討荆州一段 集 7－51559
44 討桂編 集 2－10830 叢 2－1194
討桂篇 集 2－10836

謝

00 謝亭詩集、雜著 集 5－34037
謝亭集(蓮絜詩存、續集、蓮絜詩翰釋文、南征日記、篋外錄) 集 5－34038
謝亭集四種 叢 2－1880
謝方宣遺文 集 5－37512
謝康樂詩 集 1－481,6－41770
謝康樂集 集 1－473、475～6、479,6－41694～9、41767 叢 1－182～3
謝康樂集(謝康樂先生集) 集 1－474
謝康樂集(宋謝康樂集) 集 1－477
謝康樂集拾遺、謝樂康集校勘記、和謝康樂詩 叢 2－934
謝文正公歸田稿、謝文正公年譜 集 2－7164
謝文貞公文集 集 3－13137
謝文侯羅漢册 子 3－16630
謝文莊公集 集 2－6870
謝文肅公集 集 2－7025,6－41935(3)
謝文節公集 叢 1－213
10 謝靈運文鈔附謝玄暉 集 6－41794
謝靈運詩集 集 1－480
謝耳伯先生初集、全集 集 2－11295
謝天童先生集 集 3－13695
謝天愚先生全集(天愚先生詩集、詩鈔、文集、文鈔、別集、文鈔附錄) 集 2－12199
謝石渠先生詩集(笑玉軒集、計偕集、懶雲集、游浮集、七星巖集、粤閫漫集、燕臺集、退食軒集、郢中集、巴音集、秋似亭集) 集 2－10883
謝石臞詩草 集 4－28564
11 謝琴文鈔、詩鈔、聯吟 集 4－23907
謝琴詩文鈔(文鈔、詩鈔、詩鈔聯吟) 子 3－17548
謝張紫陽真人書 子 5－29549
謝碩甫日記(清咸豐元年至十八年) 史 2－12747
17 謝承後漢書 史 1－27、322
謝承會稽先賢傳 史 2－8049 叢 2－771(4)
謝子象詩集 集 2－7303
謝子約書 叢 2－871
20 謝重華自述年譜 史 2－11934
謝禹銘五刻 子 1－34
謝集、總評 集 1－478,6－41769
21 謝師元行狀 史 2－10817
22 謝山存稿 集 2－9657
謝山書跋 叢 2－673
謝樂康集校勘記 叢 2－934
23 謝參軍詩鈔 集 1－4566 叢 2－879
謝編葉氏方案神理無機 子 2－9947
24 謝先生雜記 子 4－20516
謝侍御遺稿 集 4－32877
謝幼槃文集 叢 1－380
謝幼槃文集(竹友集) 集 1－2874 叢 2－731(40)
謝幼槃集斠記稿 集 1－2875
謝幼槃竹友集 叢 1－447
26 謝皐羽(翺)年譜 史 2－11381 叢 1－201、203(2)
謝皐羽先生(翺)年譜 史 2－11005 集 1－4559
謝皐羽先生(翺)年譜、金華遊錄注 叢 1－580
謝皐羽先生年譜、金華游錄、金華遊錄注 史 2－11382
謝皐羽墓錄 史 7－51944 叢 1－580
謝程山集 集 3－13845 叢 2－1282
謝程山先生全書(謝程山全書)十二種 叢 2－1282
27 謝龜巢全集(龜巢集、補遺、懷古錄、思賢錄、辨惑編、景賢錄) 集 1－5525
謝御史文集 集 2－10816
28 謝給諫霜崖集 集 2－12434
29 謝秋影樓上品詩箋 集 7－49376、49495
30 謝宣城詩 集 1－510,6－41770
謝宣城詩集 集 1－509 叢 1－291～4,2－635(6)、698(8)、731(41)
謝宣城集 集 1－504～8,6－41694～9,41703、41767 叢 1－223(47)
謝家山人集 集 4－32390

謝家福行述　史2-10678
謝家直說　子4-20908
謝進士墨卷　集2-9458
謝宗可詠物詩　集2-6289
31 謝河黃氏宗譜[安徽桐城]　史5-33879～80
34 謝沈後漢書　史1-27、330
謝法曹詩　集1-485、6-41770
謝法曹集　集1-483～4、6-41694、41698～9
謝法曹集(謝惠連集)　集1-482
37 謝初興戶康熙四十四年雍正乾隆分推收稅糧實徵文册　史6-43418
謝退谷先生教諭語、墨訣四則、小題八法、試帖卮言　子1-2411
38 謝海門集　集2-9457
謝海門窓稿、謝進士墨卷　集2-9458
謝道韞詠絮擅詩才(謝道韞)　集7-49358
謝啓臣燕遊二十詠　集3-15296
40 謝大田抱膝居集　集2-10782
謝希逸集　集1-499、6-41699
謝木齋稿　集2-7165～6、6-45336、45340
43 謝城遺稿　集4-32380
44 謝薌泉詩稿　集4-23665
謝茂秦詩選　集2-8366、6-41954
謝茂秦集　集2-8364、8367、6-41935(3)
謝孝子侍疾圖題詞　叢2-706
謝荔棠(師元)府君年六十歲行狀　史2-10816
謝華啓秀　子5-24954～6　叢1-65、282(2)、283(3)、353、2-1092
謝華啓秀補注　子5-24957
47 謝穀堂算學　子7-36231(7)
謝穀堂算學三種　子3-12366
48 謝敬愛祠二修牌位册[江西萬載]　史5-40760
謝枚如先生文稿　集4-33579
謝梅莊先生遺集、西北域記　集3-18686
50 謝中丞詩稿　集4-22029
謝中丞集　集2-8994、6-41935(2)
謝泰交奏議(舟山防守議)　史6-45549
謝惠連集　集1-482、6-41695～7、41767
謝忠愍公(子澄)死事狀　史2-9971
謝忠愍公詩集　集4-32341
60 謝曰可比部全集(步丘草)　集2-11114
謝疊山集　叢2-731(45)
謝疊山先生文章軌範(疊山先生批點文章軌範)　集6-42695
謝疊山先生文集　集1-4372～3、4375、4380、6-43118　叢1-214
謝疊山先生文集(謝疊山先生集)、詩傳註疏　集1-4378
謝疊山先生評註四種合刻　叢2-1047
謝疊山先生禮經講意　經1-6246
謝疊山公文集　集1-4377
謝恩摺稿　史6-47898
67 謝野全集　集2-7304、6-41935(4)
謝鷃塵詩集　集5-39341
72 謝朓詩　集1-511
謝朓集(謝宣城集)　集1-504
謝氏六修族譜[湖南寧鄉]　史5-40788
謝氏詩源　集6-45486、45682　叢1-22(13)、23(13)
謝氏族譜　史5-40674、40676～8、40850～1
謝氏族譜[安徽潛山]　史5-40734
謝氏族譜[江西豐城]　史5-40756
謝氏族譜[江西安遠]　史5-40751
謝氏族譜[江西銅鼓]　史5-40761
謝氏族譜[湖南]　史5-40767、40769、40829～30
謝氏族譜[湖南醴陵]　史5-40797
謝氏族譜[湖南永興]　史5-40824～5
謝氏族譜[湖南瀏陽]　史5-40777
謝氏族譜[湖南湘鄉]　史5-40808～9、40811、40814
謝氏族譜[湖南郴州]　史5-40819
謝氏族譜[湖南長沙]　史5-40774、40776
謝氏族譜[湖南岳陽]　史5-40773
謝氏族譜[四川華陽]　史5-40837
謝氏三修族譜　史5-40849
謝氏三修族譜[湖南寧鄉]　史5-40790
謝氏正吾孝義規約　史3-24583
謝氏五修族譜[湖南寧鄉]　史5-40782、40791
謝氏硯考(謝氏硯考)　子4-18704
謝氏重修族譜[江西銅鼓]　史5-40762
謝氏重修宗譜[安徽旌德]　史5-40744
謝氏後漢書補逸　史1-313～4
謝氏續修族譜[浙江上虞]　史5-40722
謝氏續修族譜[湖南]　史5-40770～2
謝氏續修族譜[湖南安化]　史5-40795
謝氏續修族譜[湖南湘鄉]　史5-40812～3、40815～7
謝氏續修族譜[湖南郴州]　史5-40820
謝氏續修支譜[湖南寧鄉]　史5-40786
謝氏家譜[廣東]　史5-40836
謝氏家譜[廣東梅州]　史5-40833
謝氏家譜[浙江紹興]　史5-40713
謝氏家譜[浙江嘉興]　史5-40702
謝氏家譜[浙江餘姚]　史5-40708
謝氏家乘[上海]　史5-40679
謝氏寅樹堂創修族譜[江蘇常州]　史5-40687

謝氏寶樹堂續修族譜[湖南資興] 史5-40823
謝氏寶樹堂創修族譜[湖南資興] 史5-40822
謝氏宗譜 史5-40840、40842、40845
謝氏宗譜[安徽懷寧] 史5-40732~3
謝氏宗譜[江蘇常州] 史5-40690
謝氏源流 叢2-797、912
謝氏源流[江蘇武進] 史5-40694
謝氏清芬詩錄 叢2-912
謝氏沿流考 叢2-911
謝氏九續族譜[湖南臨湘] 史5-40796
謝氏支譜 史5-40844
謝氏支譜[湖南寧鄉] 史5-40784
謝氏支譜[湖南長沙] 史5-40775
謝氏七修族譜[湖南寧鄉] 史5-40783、40787
謝氏世譜[安徽祁門] 史5-40739
謝氏世譜[浙江紹興] 史5-40712
謝氏增訂達生編 子2-8268
謝氏四修族譜[湖南寧鄉] 史5-40785
謝氏醫書 子2-4706
謝氏八修族譜[湖南寧鄉] 史5-40794
謝氏小宗家傳[湖南湘鄉] 史5-40810
77 謝與槐集 集2-8608,6-41935(4)
80 謝金吾詐拆清風府雜劇 集7-48767(1)、48997 叢2-698(15)
謝金蓮詩酒紅梨花 集7-48769~70、48930 叢2-720(5)
謝金蓮詩酒紅梨花雜劇 集7-48767(3) 叢2-698(16)
謝無逸溪堂集 集1-2838
90 謝小娥傳 子5-27515 叢1-22(18)、23(18)、168(2)、249(2)、255(3)、395
謝光祿集 集1-497~8,6-41698
謝光錄集 集6-41694

0461_0 訛

60 訛囮集 子4-22347

0461_1 諶

72 諶氏族譜[湖南] 史5-40275
諶氏西洲宗譜[湖南安化] 史5-40274
諶氏續修族譜[湖南] 史5-40272
諶氏續修族譜[湖南安化] 史5-40273
77 諶母元君授許真君銅符鐵券地九池祕訣 子5-29549、31037

0461_4 謹

00 謹齋詩稿 集3-17219~20
謹庭老人自訂年譜 史2-11919
謹言慎好之居詩集 集4-31551
謹言慎好之居日記(清道光二十一年) 史2-12792
20 謹依眉陽正本大宋真儒三賢文宗 集6-45158
謹舫小說 子5-26651
30 謹案二十五等人圖 叢2-599
57 謹擬財政公所分科辦法 史6-43221
謹擬開館辦法九條 史6-47527
謹擬籌設全國國稅務局條儀 叢2-2189
謹擬籌設全國國稅局條議 史6-43390
60 謹墨齋詩鈔 集4-25015
90 謹堂集(荻書樓稿、石墩草) 集3-18262

0462_7 訥

00 訥庵詩稿 集4-23483
訥庵詩草 集4-32872
訥庵詩錄 集5-37110
訥庵駢體文存 集5-35928
訥庵筆談 叢2-1539
訥庵類稿 集5-35926
訥齋詩稿 集3-16810 叢2-979
訥齋詩草 集5-36584
訥齋未定稿 集3-21551
訥齋小集 集6-41894(1)
訥音富察氏增修支譜[北京] 史5-36690
25 訥生詩集 集3-14686~7
27 訥殷富察氏譜傳[北京] 史5-36689
28 訥谿奏疏 史6-48249 叢1-223(21)、272(4),2-731(18)
31 訥河縣志[民國] 史7-56330~1
32 訥溪文錄 叢2-1097
訥溪雜錄 叢2-1097
訥溪詩錄 集2-8744 叢2-1097
訥溪集(周恭節集)(訥溪詩錄、文錄、尺牘、雜錄) 集2-8743
訥溪先生雜錄(訥溪雜錄) 子1-1049
訥溪奏疏 叢2-1097

訥溪尺牘　叢 2-1097
訥溪年譜　史 2-11490　叢 2-1097
80 訥盦叢稿(無錫顧訥盦所著書)八種　叢 2-2220

誇

50 誇夫一段　集 7-51484

0463_1 誌

08 誌許生奇遇　叢 1-587(5)
23 誌狀銘　叢 2-1198
80 誌公讃頌、寶誌公行實、時永嘉證道歌　子 7-33976
87 誌銘廣例　史 8-63503　叢 1-416～8,2-731(48)、1550
誌舒生遇異　叢 1-587(5)
88 誌餘吟秋稿　集 4-28643

0463_4 謨

28 謨觴詩集　集 3-17976
謨觴詩集、二集　集 3-17977
謨觴祕笈　子 4-21406
77 謨闍必哈台　子 7-35959
謨闍必哈台(覺世省迷錄)、遺言受寐　子 7-35958

0464_1 詩

00 詩童子問　經 1-3663～4　叢 1-223(7)
詩病五事　集 6-45486、45560　叢 1-22(13)、23(13)
詩廬詩文鈔　集 5-41468
詩序　經 1-4675～6、4678～9、4685　叢 1-169(1)、223(6)、229、236～7、268(1),2-731(37)
詩序、書序、夏小正、虚字注釋備考　經 1-4699
詩序廣義、總論　經 1-4686
詩序辨　經 1-4698　叢 2-967、1039
詩序辨說　經 1-40～1、130、3638～9、3641、3696、3708、3714～5、4682　叢 1-114(1)、223(7)、414、574(2)
詩序辨正　叢 2-970
詩序辯正　經 1-4694
詩序韻語　經 1-4700　叢 2-2046
詩序議　經 1-4695　叢 2-1946
詩序疏　經 1-4692
詩序非衛宏所作說　經 1-4701
詩序孔氏傳　經 1-4673
詩序集說　經 1-4697
詩序朱子辨說　經 1-3708
詩序解　經 1-4702
詩序補義、綱領　叢 1-223(7)
詩序志銘雜錄　經 1-4703
詩序附錄纂疏　經 1-3687
詩序闡真　經 1-4689
詩庸　集 3-16020
詩廣傳　叢 2-1291～3、1295
詩廣傳、詩譯　經 1-3934
詩意　經 1-3879
詩意存　叢 2-1123
詩文　叢 2-1201、1266、2160
詩文評註　叢 2-2255
詩文正法　集 6-45715　叢 1-114(4)
詩文要式　集 6-45846　叢 1-114(4)
詩文酬答雜抄　叢 2-2215
詩文集　叢 2-1067、1521、2263
詩文稿　叢 2-1932
詩文字考　經 1-4239
詩文浪談　集 6-45486、45749　叢 1-22(26)
詩文遺稿　史 6-48799
詩文存稿　叢 2-2084
詩文幸　集 6-45865
詩文軌範　集 6-45700
詩文類範　集 6-42944
詩章句考　經 1-4192　叢 2-1735
詩離騷韻注卷六殘稿　子 5-26181
詩辨　經 2-14534　集 6-45642
詩辨妄、附錄四種　經 1-3623　叢 2-714
詩辨說　經 1-156、3704　叢 1-223(7)、335、418,2-731(37)
詩辯　集 6-45495
詩辯說　經 1-3685
詩辯坻　經 1-3937　叢 2-1300～1
詩言　集 6-45812
詩音　經 1-4771
詩音辨畧　經 2-14050
詩音辯畧　經 1-4745　叢 1-282(3)、283(2),2-731(24)
詩音韻通說　經 1-4491、4811

詩音從古殘本 經1-4732
詩音從古考 經1-4731
詩音表 經1-117、4753、4799
詩音普畧 經2-14171
詩六義 叢2-1003
詩雜解 經1-4429
詩雜考 經1-4276
01 詩譚、續錄 集6-45836
詩譚續集 子4-20169 集6-45837 叢1-151
詩評 集6-45491、45495、45611、45623、45641、46059 叢1-94、114(4)、147、195(4),2-731(47)
詩評綜 叢2-2270(3)
詩評密諦 集6-45831
詩評格 集6-45523
詩評畫錄 叢1-223(48)
02 詩話 集6-45483、46179 叢1-282(3),2-635(8)、698(9)、731(47)、1029、1309
詩話雜抄 集6-46198
詩話雜抄、補 集6-46199
詩話新編 集6-46197
詩話雋永 集6-45486、45717 叢1-22(14)、23(14)
詩話集錦 子3-15853
詩話後編 叢2-2146
詩話總龜 集6-45570
詩話總龜前集、後集 叢1-223(71)
詩話補遺 集6-45776
詩話隨抄 集6-45823
詩話類編 集6-45819
03 詩識名解 經1-4063 叢1-223(7)
詩識 經1-173
詩讞 集6-45584 叢2-731(17)
詩讞(烏臺詩案) 史2-8680 叢1-195(4)
05 詩訣 叢1-25、119～20、173、176
06 詩譯 經1-3934 集6-45494、45868 叢2-1293
詩韻 經2-13918 集6-42352
詩韻辨 叢1-367～8
詩韻辨字增註 經2-13978
詩韻辨字畧 經2-13895
詩韻辨聲 經2-13892
詩韻音義辨異 經2-11032
詩韻音義注 經2-14164
詩韻璣珠 經2-13911
詩韻聯珠 子5-26186
詩韻珠璣 子5-26160
詩韻瑤林 經2-13902
詩韻歌訣 經2-14016
詩韻歌訣初步 經2-13883
詩韻攷裁 經2-14045
詩韻集成、詞林典腋 經2-13912～3
詩韻集成題考合刻 經2-13915
詩韻釋音 經2-13984
詩韻釋要、古韻釋要 經2-13812
詩韻釋畧 經2-13824
詩韻釋義 經2-13778、13799、13819
詩韻字聲通證 經1-4797
詩韻海 經2-13987
詩韻析 經2-14091 叢2-1421
詩韻考裁 經2-14264
詩韻萃珍 經2-13970
詩韻檢字 經2-13942
詩韻檢字、韻字辨似 叢1-352
詩韻指歧 經2-13891
詩韻捷徑 經2-13779
詩韻輯要 經2-13790～2、13798 集6-41870、43343
詩韻輯畧 經2-13785
詩韻擬稿 經2-13998
詩韻探奇 經2-14000
詩韻異同辨 子5-26159
詩韻題解合璧 經2-13893
詩韻舉例 經2-14081～2、14531 叢1-223(17)、247、273(3)、456(2),2-731(25)、814
詩韻全璧 經2-13965、13967～8
詩韻全璧(增廣詩韻全璧) 子5-26193
詩韻分編 經2-13999
詩韻合璧 經2-13917、13957、13959～61、13963 子5-26212
詩韻合璧、論古韻通轉 經2-13958
詩韻合璧、虛字韻藪 子5-26215
詩韻合璧、汪立名論古韻通 子5-26214
詩韻合璧、分韻文選題解擇要 子5-26213
詩韻合璧大全 經2-13962
詩韻含英 子5-25852
詩韻含英題解 經2-13894
詩韻類錦 子5-26201
詩課題目 集4-25299
07 詩詞 叢2-2231
詩詞一得 叢2-2269
詩詞稿殘本 集4-30011
詩詞通韻、反切定譜 經2-13844
詩詞楹聯叢話 史2-9824
詩詞隨鈔 集6-42550
詩詞學則 集6-45863
詩詞學則(詩法詞譜) 集6-45864
詩詞餘話 集6-45699 叢1-19(8)、20(5)、21(7)、22(14)、23(14)、24(8)、353、374
詩誦 經1-4191 叢2-845(2)

詩部　叢2-1111
詩部、兩都草、鄴中家集　集2-9892
08 詩說　經1-77(2)、111(2)、125、3651、3929、3969～71、4009、4025、4098、4132、4359、4420、4473、4498、4555、4815　集1-3899～901、3903、3905～6,2-7160,3-18325,4-27558,6-41888、41891～2、41917、41949、45610、45857　叢1-22(1)、23(1)、26、28、63～4、71、74～7、145、169(1)、202(6)、203(12)、223(7)、241、242(4)、265(2)、269(2)、270(1)、271、272(1、2)、486、490,2-698(10)、730(3)、731(37、42)、1363、1596、1614
詩說(張宛邱詩說)　經1-3617
詩說、詩總說　經1-3673
詩說二種　集6-45981
詩說解頤　經1-3739
詩說解頤正釋　經1-3727
詩說解頤總論　經1-3726
詩說解頤總論、正釋、字義　叢1-223(7)
詩說解頤字義　經1-3728
詩說彙　經1-4219
詩說彙訂　經1-4226　叢2-1726
詩說紀事　集6-45820
詩說滙　集6-46032
詩說活參　經1-98、3946
詩說補　經1-3674　叢2-2004
詩說標新　經1-4478
詩說考畧　經1-4284
詩說畧　經1-3839～40
詩論　經1-3624　集6-45486、45491、45579、46050　叢1-19(9)、20(7)、21(9)、22(13)、23(13)、24(10)、156、195(1)、241、242(1)、367～8、374,2-731(37)
詩論正宗　集6-45491
詩議　集6-45495、45528　叢1-114(4)
詩譜　經1-18、3554～5、3559、3596、3604、3886、4704、4706、4708、4815　集6-45486、45491、45695、46217　叢1-22(13)、23(13)、29(2)、388～90,2-814
詩譜(觀稼樓本)　經1-26
詩譜序　經1-23、3597
詩譜講義　經1-4723
詩譜詳說　叢2-886(5)
詩譜攷正　經1-163(3)
詩譜補亡後訂、詩譜拾遺　叢1-292～4、468
詩譜補亡後訂、詩譜拾遺、補遺　叢1-291
詩譜補亡後訂、拾遺　經1-4715
詩譜補亡拾遺　經1-4716
詩譜敍　經1-4102
09 詩談　集3-16445,6-45486、45678、45745、45862　叢1-19(8)、20(6)、21(7)、22(13、26)、23(13)、24(9)、61～4、174、195(4)、367～8,2-730(4)、845(3)
10 詩三百五篇　史8-63500
詩三家義集疏　經1-4661
詩玉尺　經1-4241
詩五房會試同門硃卷　集6-45436
詩疏廣要　經1-3846　叢1-227(2)、330
詩疏補遺　經1-4090
詩疏抄　經1-4396
詩要格律　集6-45495、45545　叢1-114(4)
詩醇　叢2-1796
12 詩聯雜鈔　叢2-2215
詩聯續錄　集5-36532
17 詩羣　叢1-584
詩歌　叢2-1112～3、1671
詩翼　集6-42273
詩飄　集3-21903
20 詩雋腹腴　集6-42345
詩雋類函　集6-42344
詩委蒙告　集6-45856
詩雙聲疊韻譜　叢2-898
詩舫存鈔　集4-32339
詩毛傳補正　經1-4344
詩毛傳鄭箋古義　經1-4205
詩毛氏詁訓傳釋例　叢2-2274
詩毛氏傳疏　經1-163(3)、4185
詩毛氏學　經1-4448
詩毛鄭異同辨　經1-119、4208
詩毛鄭異同疏正　經1-4450
詩乘初集　集6-44080
詩乘初集、詩乘發凡　集6-44081
詩系、後記、賸記、抄之餘　叢2-2270(3)
詩采　經1-3911
詩集　集5-35465,6-41834、41859、41869
詩集、詞聯　叢2-2090
詩集傳　經1-42～3　叢2-637(1)
詩集傳(潁濱先生詩集傳)　經1-3614
詩集傳(蘇氏詩集傳)　叢1-223(6)
詩集傳、詩序辨說　叢1-414
詩集傳、詩序辨說、集傳考異　經1-3646　叢1-574(1)
詩集傳音釋　經1-3692
詩集傳音釋、詩傳綱領、詩圖、詩序　經1-3693
詩集傳音釋、詩傳綱領、詩圖、詩序辨說　經1-3696
詩集傳音釋校刻札記　經1-3697
詩集傳名物鈔　經1-77(3)、3690～1　叢1-223(7),2-731(37)、857、859
詩集傳名物鈔音釋　經1-3695
詩集傳名物鈔音釋纂輯　經1-3694
詩集傳通釋、詩序辨說(詩序朱子辨說)、詩

傳綱領、詩傳通釋外綱領 經 1 - 3708
詩集傳附釋 經 1 - 4211 叢 2 - 653(1)
詩集傳附錄纂疏 經 1 - 3686
詩稿 叢 2 - 1019、1795
詩稿、文稿 叢 2 - 904
詩稿外集 集 5 - 36666
詩稿待删 集 5 - 40255～8
詩稿續編 集 5 - 36750
詩稿補遺 集 4 - 23721
詩稿初集 集 4 - 32480
詩稿拾遺 集 5 - 34572、36867
詩稿前集、劄稿内集、外集 集 2 - 12742
21 詩旨彙序 經 1 - 4432
詩旨纂辭 經 1 - 4465
詩比興箋 集 6 - 42513
詩比興箋、簡學齋詩存 集 6 - 42512
詩比興箋、簡學齋詩存、太上感應篇合鈔 集 6 - 42511
詩比興箋、簡學齋詩存、簡學齋館課試律存、簡學齋試律續鈔、月生試律存 集 6 - 42514
詩比興箋原稿 集 6 - 42510
詩秕 集 2 - 12160
詩經 經 1 - 12、17、56、63、74～5、87～9、107、132、166、3531、3631～2、3644、3788、4364、4419、4505 叢 1 - 127、186，2 - 1985、2148
詩經、詩譜 經 1 - 3554
詩經、詩圖、詩傳綱領、詩序辨說 經 1 - 3641
詩經、参校詩傳説存 經 1 - 3648
詩經、校刊記 經 1 - 131
詩經主意叢珠 經 1 - 3909
詩經主意默雷 經 1 - 3870
詩經主義 經 1 - 3761、3875
詩經序傳擇参 經 1 - 4696 叢 2 - 1827
詩經旁訓 經 1 - 39、60、112、3706、3794、4116、4119
詩經旁訓辨體合訂 經 1 - 4118
詩經旁訓增訂精義 經 1 - 116、4128
詩經旁参 經 1 - 4017 叢 2 - 1446
詩經旁注 經 1 - 62、3712
詩經旁通 經 1 - 4304
詩經庭訓便覽 經 1 - 4397
詩經廣詁 經 1 - 4178
詩經廣大全 經 1 - 3955
詩經文鈔 經 1 - 4517
詩經章句觸解 經 1 - 4170
詩經辨韻 經 1 - 4752
詩經辨要 經 1 - 4424
詩經辨疑 經 1 - 3790
詩經辨體 經 1 - 3954
詩經言志 經 1 - 4268
詩經音註 叢 2 - 691(2)
詩經音訓 經 1 - 170、4774
詩經音韻譜、序說、章句觸解 經 1 - 4773
詩經音律續編 經 1 - 4795
詩經音釋 經 1 - 4813
詩經音義約編 經 1 - 4796
詩經音義字考 經 2 - 15111
詩經衷要 經 1 - 123、4169
詩經雜考 經 1 - 4207
詩經訂訛 經 1 - 3952
詩經評、小序 經 1 - 3787
詩經評考 經 1 - 3885
詩經剖疑 經 1 - 61、3783～4
詩經訓解 經 1 - 38
詩經新義 經 1 - 3613
詩經識餘 經 1 - 3956
詩經詁要 經 1 - 4044
詩經讀 經 1 - 3862
詩經讀序私記 經 1 - 4687
詩經讀本 經 1 - 100、169、4075
詩經讀抄 經 1 - 4282
詩經講意 經 1 - 3897
詩經講義 經 1 - 4395、4440
詩經講義殘本 經 1 - 4476
詩經韻讀 經 1 - 4772，2 - 14532～3
詩經課程 經 1 - 4501
詩經詮義 經 1 - 4018 叢 2 - 1421
詩經說例 經 1 - 4494 叢 2 - 2148
詩經說約 經 1 - 3815、3871、4099
詩經說通 經 1 - 3777
詩經說畧 經 1 - 3863
詩經說鈐 經 1 - 4398
詩經論旨 經 1 - 4298 叢 2 - 738
詩經詳說 經 1 - 81、3964
詩經詳解 經 1 - 4518
詩經三注粹抄 經 1 - 51、3918
詩經三家注疏題卷 經 1 - 4668
詩經正訛 經 1 - 4215
詩經正解 經 1 - 4054
詩經正義 經 1 - 3751
詩經玉屑 經 1 - 4404
詩經玉屑拾 經 1 - 4405
詩經互解 經 1 - 4269
詩經疏畧 經 1 - 76、3947 叢 2 - 1289
詩經疏義、詩經疏義綱領 經 1 - 3701
詩經疏義綱領 經 1 - 3703
詩經疏義會通、綱領、圖說 經 1 - 3702 叢 1 - 223(7)
詩經百方家問答 經 1 - 3900

詩經水月備考　經 1－3848～9
詩經發明　經 1－4034
詩經形釋　叢 2－2269
詩經副墨　經 1－3782
詩經融注大全體要　經 1－126
詩經翼註　經 1－3819、4816
詩經億　經 1－3729
詩經毛傳義今釋殘存　經 1－4493
詩經集註刪補　經 1－3905
詩經集説　經 1－3698、3932、4158、4516
詩經集聊　經 1－4468
詩經集傳　經 1－44、3633～5、3637、3647、3838　叢 1－223(6)、227(2)
詩經集傳、詩序辨説　經 1－3638
詩經集傳、詩序辨説、輿圖　經 1－3639
詩經集傳、圖説及詩經句辨難字辨考　經 1－3636
詩經集傳校勘記　經 1－3643、3645、4195　叢 2－1735
詩經集傳拾遺　經 1－4154
詩經集解　經 1－4515
詩經集解辨正　經 1－4496
詩經集句　經 1－161
詩經集句類聯　經 1－4390
詩經集注　經 1－68
詩經集成、詩經圖考　經 1－3968
詩經集思通　經 1－3912
詩經集義　經 1－144、4250　叢 2－1865
詩經能解、参補説約大全　經 1－3908
詩經衍義　經 1－57
詩經衍義大全合参　經 1－3984
詩經便讀　經 1－4303
詩經比義述　經 1－4037～8
詩經經解　經 1－4435
詩經樂譜、樂律正俗　叢 2－731(36)
詩經參考　經 1－4010
詩經參義　經 1－4485
詩經動植物今釋　經 1－4474　叢 2－2264
詩經備旨　經 1－143、4079
詩經備旨萃精　經 1－4080～1
詩經備考　經 1－3792
詩經緒餘　經 1－4329
詩經傳註　經 1－3876
詩經傳説　經 1－4511
詩經傳説取裁　經 1－4062
詩經傳旨一覽　經 1－3904
詩經傳注　經 1－3979
詩經傳授源流　經 1－3888、4724
詩經朱傳翼　經 1－3833
詩經朱傳拾遺　經 1－95
詩經白文　經 1－6～7、3522
詩經白話注　經 1－4400
詩經白話注解　經 1－4526
詩經偶箋　經 1－3803
詩經吳學論　叢 2－1280
詩經總論　經 1－4520
詩經稗疏　經 1－71、163(1)、3933　叢 1－223(7)、2－1291～3
詩經繹　經 1－52、3749
詩經繹参　經 1－4311
詩經繹傳　經 1－4093
詩經釋疑　經 1－4384
詩經釋地　經 1－128
詩經解　經 1－149、4048、4105、4252、4417
詩經解注　經 1－3895～6
詩經解愚　經 1－3962
詩經解鈔　叢 2－1865
詩經解尚書　經 1－2951
詩經條貫　經 1－4383
詩經疑言　經 1－4415
詩經疑問　經 1－53　叢 1－223(7)、227(2)、259
詩經疑問、詩辨説　經 1－3704
詩經疑問、附編　經 1－77(3)
詩經物考　經 1－3818
詩經物考(朱墨套印)　經 1－4816
詩經彙解　經 1－4512
詩經彙纂　經 1－4513
詩經紀聞　經 1－4179
詩經注疏大全合纂　經 1－3855
詩經注疏抄　經 1－3791
詩經永論　經 1－3832
詩經寫叶音辨訛　叢 1－586(1)
詩經守約　經 1－4331
詩經字考　經 1－4759
詩經審鵠要解　經 1－4214
詩經定本　經 1－3719
詩經宗義　經 1－3738
詩經心訣　經 1－3869
詩經治亂始末注疏合鈔、目錄　經 1－3864
詩經祕旨　經 1－3865
詩經補解全錄　經 1－4510
詩經補箋　經 1－4334　叢 2－2105～6
詩經述　經 1－3991
詩經襯解　經 1－4235
詩經漁樵野説　經 1－3894
詩經通論　經 1－152、4297、4348
詩經通解　經 1－3732
詩經通解、詩音韻通説　經 1－4491
詩經通義　經 1－3919　叢 1－223(7)、452、

586(1),2－716(1)
詩經逢原 經1－4092
詩經選注 經1－4522
詩經遵義 經1－4376
詩經大旨 經1－4367
詩經大題 經1－3963
詩經大義 經1－4459
詩經難字 經1－3773、4746
詩經古音 經1－4738～9
詩經古註 經1－3795
詩經古韻 經1－4806,2－14079
詩經古譜 經1－4722
詩經七聲四音譜 叢2－1915
詩經去疑大全 經1－4016
詩經柄歌 經1－3842
詩經姚氏解 經1－4153
詩經札記 經1－136、4096 叢1－223(7)
詩經析疑 經1－4358
詩經博證 經1－4387
詩經裁述、詩序、詩圖、綱領 經1－4122
詩經協韻考異 經1－4737 叢1－195(1)、366～8,2－731(24)
詩經考 經1－3836
詩經考畧 經1－4301
詩經考異 經1－3715、3920、4750 叢2－1291～3
詩經蒙讀 經1－4519
詩經莛撞 經1－4449
詩經世業 經1－3775
詩經世本古義 經1－3834、4249 叢1－223(7)
詩經世本目 經1－3835 叢1－349
詩經獨斷 經1－4340
詩經聲韻譜 叢2－2269
詩經胡傳 經1－3873
詩經增訂旁訓 經1－4117
詩經教考 經1－3722
詩經串義 經1－4380
詩經申義 經1－4293 叢2－1573
詩經摘葩 經1－4394
詩經摭餘 經1－4388
詩經蠹簡 經1－4290
詩經輔注 經1－3853～4
詩經慧燈 經1－4816
詩經揭要 經1－97、4076、4221
詩經輯評 經1－3953
詩經輯說 經1－3650
詩經輯解 經1－4224
詩經提要錄 經1－4011
詩經提綱 經1－4378
詩經擬題 經1－4068
詩經擬題論旨 經1－4067
詩經拾遺 經1－4133 叢2－1596
詩經拾遺、總說 經1－4036
詩經口義 經1－4227 叢2－1922
詩經四論 經1－4470
詩經四家異文考 經1－163(3)、4670 叢2－1001
詩經四家異文考補 經1－4671～2 叢1－585,2－2135
詩經思無邪序傳 經1－4314 叢2－1817
詩經圖譜慧解 經1－3987～8
詩經圖史合考 經1－3793
詩經異文 經1－4790 叢2－1978
詩經異文釋 經1－163(2)、4660
詩經異文補釋 經1－4663 叢2－2055
詩經異文別說存什 經1－4039
詩經異同存說 經1－4521
詩經喈鳳詳解、圖說、備考 經1－4094
詩經叶音辨譌 經2－13848
詩經叶音辨譌、分隸字母總音 經1－4792
詩經叶音辨訛 叢1－424,2－716(1)
詩經叶韻辨 經1－4749 叢2－1292～3
詩經臆說 經1－3730
詩經反身錄 經1－4488
詩經原始 經1－4244 叢2－886(1)、1846
詩經質疑 經1－3785、3972、4280
詩經附義 經1－4120
詩經體注大全 經1－3985
詩經同異 經1－3924
詩經同異錄 經1－3957
詩經問答 經1－4033
詩經貫解 經1－4349
詩經人物備考 經1－3859
詩經人物考 經1－3878、4066
詩經全部分類集對 經1－4467
詩經全備講意 經1－3737
詩經金丹彙考 經1－3773～4
詩經今古文篇旨異同 叢2－2269
詩經會考 經1－4514
詩經劄記 經1－3981 叢2－1374
詩經篇名類句對 經1－4289
詩經簡要 經1－4411
詩經筆記 經1－3750
詩經纂 經1－4108
詩經纂註 經1－55
詩經纂詁 經1－54
詩經纂疏 經1－4523
詩經纂要補 經1－4425
詩經纂注 經1－66、3786

詩經小學　經 1 - 101、111(3)、4757　叢 2 - 1517
詩經小學錄　經 1 - 4770
詩經恆解　經 1 - 4155　叢 2 - 1640
詩經類編　經 1 - 4316
詩經類考　經 1 - 3883
詩經精華　經 1 - 133
詩經精華(增訂詩經精華)　經 1 - 4166
詩經精義　經 1 - 115、4126
詩經精義、詩序　經 1 - 113
詩經精義、詩經旁訓　經 1 - 4127
詩經精義、詩經傳序　經 1 - 114
詩經精義集抄　經 1 - 4283
詩經精義彙鈔　經 1 - 4285
22 詩岑　集 6 - 42480
詩後集　叢 2 - 1384
詩剩　集 4 - 24138、25720、6 - 46063
詩巢香火證因錄　史 2 - 6701
詩樂　經 1 - 3975
詩樂存亡譜　經 1 - 4194　叢 2 - 1735
詩樂圖譜、圖　經 1 - 3736
23 詩牖　經 1 - 3841
詩外傳　叢 1 - 169(2)、2 - 635(2)
詩外別傳　經 1 - 3764　叢 2 - 1126
詩外餘言　集 6 - 46178　叢 2 - 2028
24 詩俠圖題咏　子 4 - 23243
詩緯　經 1 - 172、177、4821～4　集 6 - 41875　叢 1 - 273(3)、274(2)、2 - 731(14)、771(3)、772(3)、773(3)、775(3)、821、1872
詩緯新解　經 1 - 4826、4859　叢 2 - 2129(2)、2130～1
詩緯三種　經 1 - 4860
詩緯集證　經 1 - 4825　叢 2 - 1001
詩緯紀曆樞　經 1 - 4851
詩緯紀曆樞(詩緯汎曆樞、詩緯氾曆樞、詩緯記曆樞)　經 1 - 172
詩緯氾歷樞　經 1 - 4852～3　叢 1 - 441、2 - 774(7)、775(3)
詩緯氾歷樞訓纂　經 1 - 4854　叢 2 - 2067
詩緯李集　集 6 - 41875
詩緯推度災　經 1 - 172、4841～2、4844　叢 1 - 441、2 - 774(7)、775(3)
詩緯推度災訓纂　經 1 - 4845　叢 2 - 2067
詩緯搜遺　經 1 - 4858
詩緯附錄、附補遺　經 1 - 4857
詩緯附錄附補遺　經 1 - 174
詩緯含文候　經 1 - 172、4837
詩緯含神霧　經 1 - 172、4832～3、4835　叢 1 - 441、2 - 774(7)、775(3)
詩緯含神霧訓纂　經 1 - 4836　叢 2 - 2067
詩緒緝雅　經 1 - 4100
詩緒餘錄　經 1 - 4286
詩續集注　集 4 - 25695
詩續集錄存　集 4 - 23579
詩續杜集　集 6 - 41875
詩纘緒　經 1 - 3710　叢 1 - 223(7)
25 詩律武庫、後集　子 5 - 25554　叢 2 - 731(4)、859
詩律蒙告　史 1 - 5303　子 4 - 22315　叢 2 - 749、1277
詩律蒙告　子 4 - 22311
詩律表　叢 2 - 1303
詩傳　叢 1 - 22(1)、23(1)
詩傳、詩序　經 1 - 3759
詩傳旁通　經 1 - 3707　叢 1 - 223(7)、2 - 798
詩傳註疏　集 1 - 4378　叢 2 - 731(37)
詩傳詩說駁議　經 1 - 3941
詩傳詩說駁義　叢 1 - 223(7)、2 - 1309
詩傳講義　經 1 - 4504
詩傳孔氏傳　叢 1 - 63～4、74～7、114(6)、169(1)、431、2 - 730(3)
詩傳孔氏傳(魯詩傳)　叢 2 - 731(37)
詩傳孔氏傳(魯詩傳、新刻詩傳)　經 1 - 4677
詩傳釋義　經 1 - 4347
詩傳名物集覽　經 1 - 3977　叢 1 - 223(7)、2 - 731(28)、872
詩傳綱領　經 1 - 3641～2、3693、3696、3708、4815
詩傳綱領附錄纂疏、語錄輯要　經 1 - 3688
詩傳注疏　經 1 - 3683　叢 1 - 244(3)、265(2)、2 - 679、1047
詩傳補義　經 1 - 4257　叢 2 - 1888
詩傳述蘊　經 1 - 3993
詩傳遺說　經 1 - 77(3)、3669　叢 1 - 223(7)、227(2)
詩傳通釋　叢 1 - 223(7)
詩傳通釋外綱領　經 1 - 3708～9
詩傳大文　經 1 - 4503
詩傳大全、詩傳大全綱領、詩傳大全圖、詩序辨說　經 1 - 3714
詩傳大全、詩傳大全圖、諸國世次圖、詩傳大全綱領、詩序辨說、詩經考異　經 1 - 3715
詩傳大全、綱領、朱子詩序辨說　叢 1 - 223(7)
詩傳大全、綱領、圖、詩序辨說　經 1 - 40～1
詩傳考　經 1 - 4213
詩傳蒙求　經 1 - 4302
詩傳畧考　經 1 - 4393
詩傳題辭故　經 1 - 4259
詩傳題辭故、補　叢 2 - 1608

詩傳題辭故補 經1-4260
詩傳闡 經1-3811
詩傳纂義 經1-3882
詩債 集5-41057
詩績 經1-4041
26 詩牌譜 子3-17957、18234 叢1-22(26)、86、498,2-730(7)
詩觸 經1-3927、3930 叢2-1245
詩觸十六種 集6-45489
詩得 經1-4351
詩細、續 叢2-1485
詩細、續、草木疏校正 經1-4073
詩總說 經1-3673、3675
詩總聞 經1-121、3630 叢1-223(6)、227(2)、230(1),2-731(37)、873
詩緝 叢1-223(7)、227(2)
詩緝、校勘記 經1-3625
詩緝、圖、并錄諸家評語 經1-3627
詩繹 經1-3802、4315 叢1-388～90
27 詩歸(古詩歸、唐詩歸) 集6-42374～5
詩歸(古詩歸、唐詩歸)梅花百詠 集6-42373
詩歸閣記 集4-31608
詩解 經1-3622 集6-45491
詩解正宗 經1-4217
詩解摘備 經1-4430
詩解頤 經1-77(3)、3713 叢1-223(7)
詩解節本 經1-4354
詩解節錄 經1-4509
詩解鈔 經1-3654 叢2-860、1041
詩疑 經1-77(3)、3676 叢1-241、242(4),2-731(37)、857、859
詩疑、並附錄 叢2-714
詩疑辨證 叢1-223(7)
詩疑辯證 經1-4005
詩疑後說 經1-4115
詩疑補 經1-4229
詩疑義釋 經1-4091
詩疑筆記 經1-4114
詩名多識 經1-4502
詩名物證古 經1-163(4)、4322 叢2-1920
詩名物考畧 經1-4308
詩名著箋 經1-4524
詩句題解韻編 子5-26163、26165～6
詩句題解韻編、續集 子5-26164
詩句題解韻編續集 子5-26172
詩句題解韻編總彙 子5-26180
詩句題解韻編四集 子5-26178 叢1-496(1)
詩句題解韻編合集 子5-26179
詩句今韻譜 經1-4433
詩的 集6-45832 叢1-62、64,2-730(4)、731(47)
詩幻 集3-16535
詩紀(古詩紀)、目錄 集6-42222
詩紀、總論 集6-45848
詩紀、前集、外集、別集 集6-42219～21
詩紀曆樞 經1-4846 叢1-22(1)、23(1)
詩紀曆圖 經1-176、4855 叢1-330～1
詩紀匡謬 子4-20960 集6-42224 叢1-223(70)、244(5),2-731(4)
詩約 集6-41783
詩綱 經1-3831
詩綱領 經1-130
28 詩倫 集6-42470 叢1-230(6),2-731(38)
詩徵閣詩草 集4-29187
詩舲詩續、詞續 叢1-280
詩舲詩錄、詩外、詞錄 集4-27935
詩舲詩錄、詩外、續稿 集4-27937
詩舲詩錄、詞錄 集4-27936
30 詩注明備 經1-4382
詩家譚藪 集6-45844
詩家一指 集6-45484、45838 叢1-114(4)
詩家集法 集6-45845 叢1-114(4)
詩家鼎臠 集6-43570 叢1-223(69)
詩家直說 集2-8363,6-45494、45782、45784 叢1-22(26)
詩家直說(四溟山人詩家直說) 集6-45783
詩家姓氏考 集6-42527
詩家全體 集6-42366
詩宿、詩人考世 集6-42371
詩準 集6-42430
詩準、詩翼 集6-42273
詩宗正法 集6-45495
詩宗正法眼藏 集6-45713 叢1-114(4)
詩宗彙韻 集6-43329
詩宗類品 集6-45802
詩窠筆記 集6-46056
31 詩酒紅梨花 集7-48777
詩酒揚州夢 集7-48777
詩源辨體 集6-45816
詩源辨體、許伯清詩稿 集6-45817
詩源辨體、後集纂要 集6-45818
詩源辯體 集2-10877
詩源初集 集6-42438
詩源撮要 集6-45835 叢1-86,2-730(6)、731(48)
32 詩淵 集6-42419
詩測定本 經1-3887
詩派雜記 叢2-2270(3)
詩泛曆樞 經1-171

33 詩治　集 6－42414
詩瀋　經 1－4053　叢 1－223(7),2－1447～8
詩演義　經 1－3700　叢 1－223(7)
詩補傳　經 1－3629
詩補傳、篇目　叢 1－223(6)、227(2)
詩補箋繹　經 1－4335
詩述　經 1－3907、4000、4332　集 6－45491
34 詩池上集　叢 2－1589
詩法　集 6－45495、45643、45767、45872　叢 1－36
詩法、詩法源流　集 6－45768
詩法辨體說　集 6－46036
詩法詞譜　集 6－45864
詩法正論　集 6－45495、45714　叢 1－114(4)
詩法正宗　集 6－45495、45712　叢 1－114(4)
詩法家數　集 1－930,6－45490、45494～5、45705　叢 1－114(4)
詩法源流　集 6－45769、45839
詩法初津、儀汐軒詩草　集 6－45871
詩法萃編　叢 2－886(5)
詩法指南　集 6－45813
詩法撮要　叢 2－795
詩法舉要　集 6－46088、46145
詩法入門　集 6－45889
詩法火傳　集 6－45873
詩達詁首卷　叢 2－1952
35 詩禮堂雜詠　集 3－18271　叢 2－1405
詩禮堂雜纂　子 4－21238　叢 2－784、1405
詩禮堂古文　叢 2－1405
詩禮堂古文(王介山古文)　集 3－18269
詩禮堂古文續　集 3－18270
詩禮堂全集(王介山先生全集)十八種　叢 2－1405
詩遺句　經 1－135
詩遺篇　經 1－135
36 詩禪　子 3－18481　集 6－42399
詩禪室詩集　集 4－29593～5
37 詩汎曆樞　經 1－4847～9　叢 1－273(3)、274(2),2－731(14)、771(2)、773(3)、1872
詩汎曆樞、補遺　經 1－174、4850、4860
詩汎曆樞　叢 2－821
詩深　經 1－4042　叢 1－452、586(1),2－716(1)
詩初集錄存　集 4－23579
詩初學　叢 2－2270(3)
詩通　經 1－3809～10、3896
38 詩逆、詩考　經 1－3800
40 詩十月之交日食天之細草　經 1－4447　叢 2－2128
詩境筆記　子 4－21277
詩壇囈語　集 4－22782
詩壇合璧　集 6－41870
詩存、法古堂偶集　集 6－44053
詩存合鈔　集 6－44190
詩志　經 1－3867、4035　叢 2－1449
詩志度與　經 1－3884
詩女史、拾遺　集 6－42359
詩女史纂　史 2－6420
詩古音　經 1－4760～1　叢 2－823
詩古音繹　經 1－4804　叢 2－996
詩古訓　經 1－4110
詩古韻表　經 1－4802
詩古韻表二十二部集說　叢 2－1735
詩古韻表廿二部集說　經 1－4778
詩古微　經 1－163(4)、4655、4659
詩古微、補遺、續補遺　經 1－4656
詩古微上編、中編、下編　經 1－4657～8
詩來　集 2－12723
42 詩媛名家紅蕉集　集 6－44142
詩媛八名家集　集 6－41957
詩札　經 1－3940　叢 1－223(7),2－1309
43 詩式　集 6－45486、45488、45490、45494～5、45526～7　叢 1－11～2、22(13)、23(13)、26～8、114(4)、195(4)、371、465,2－731(47)
詩盋庵稿　集 5－36807
44 詩地理續考　經 1－4172
詩地理徵　經 1－163(3)、4139
詩地理考　經 1－3678、4815　子 5－24880　叢 1－169(2)、223(7)、227(2)、268(1)、330、460,2－731(56)
詩地理考畧、圖　經 1－4307　叢 2－1927
詩夢鐘聲錄　子 3－18162
詩考　經 1－3800～1、4632、4636～8、4815　叢 1－169(2)、223(7)、268(1)、460,2－731(37)
詩考、諸家校補　經 1－4639
詩考、逸詩逸句　經 1－4275
詩考補　經 1－4646
詩考補訂　叢 2－2230
詩考補訂、勘誤表　經 1－4644
詩考補注　經 1－127、4640～1
詩考補注、補遺　叢 1－462,2－1766
詩考補遺　經 1－127、4642～3
詩考校注　經 1－4634～5
詩考考　經 1－4469
詩考異再補　經 1－4360
詩考異字箋餘　經 1－4645　叢 1－493
詩考異補　經 1－4218
詩考箋證　經 1－4238
詩考箋釋　經 1－4237
詩苑天聲應　集 6－42432
詩苑衆芳　集 6－43577　叢 1－265(5)、266、465,2－731(38)

詩苑雅談 集6-46065
詩草 集4-26887 叢2-1217
詩草焚餘附錄 叢2-1722
詩藪 集6-45491
詩藪(内編、外編、雜編、續編) 集6-45800 叢2-1163
詩藪内編、外編、雜編 集6-45801 叢2-653(3)
詩材集 子5-25849
詩材類對纂要 子5-25848
詩蘊 經1-4113
詩林廣記 集6-45670
詩林廣記前集、後集 叢1-223(72)
詩林辯體 集6-42415
詩林韶濩 集6-42465
詩林韶濩選 集6-42466
詩林叢說 集6-45843
46 詩觀廣集 集6-44056
詩觀初集、二集、閨秀別卷、三集、閨秀別卷 集6-44054
詩觀初集摘錄 集6-44055
詩娛室詩集 集4-26716
47 詩獺 叢1-407(3)
詩聲衍 經1-4173
詩聲分例 經1-4764
詩聲類 經1-4763
詩聲類、詩聲分例 經1-163(1)
詩聲類、聲類分例 叢2-1580
詩聲類、分例 叢2-1987
詩聲類表 經2-14205 叢2-1867
詩切 經1-4134
詩格 集6-45491、45495、45539、45710
48 詩教堂詩集 集3-21801
詩故 經1-3741 叢1-223(7)
詩故、校勘記、校勘續記 叢2-870(2)
詩故攷異 經1-4160
詩故校勘記 經1-3742
詩故校勘續記 經1-3743
50 詩中旨格 集6-45495 叢1-114(4)
詩中密旨 集6-45495、45525 叢1-114(4)
詩中畫 子3-16568
詩史 集3-18001,6-42361
詩史集杜 集1-4469 叢2-1049
詩史樓詩 集4-26993
詩史閣壬癸詩存、補補遺 集5-40335
詩推度災 經1-171、4838~9、4843 叢1-273(3)、274(2),2-731(14)、771(2)、772(3)、773(3)、821、1872
詩推度災、補遺 經1-174、4840、4860
詩畫舫 子3-16564
詩畫巢遺稿 集4-22999 叢2-633
詩本音 經1-111(1)、4747,2-14529~30 叢1-223(16)、579
詩本音補正 經1-4748
詩本誼 經1-4317 叢1-484
詩本韻考 經1-4751
詩本旨 經1-4026
詩本教目 叢2-2270(3)
詩本事 叢1-197(4),2-617(2)
詩本義 經1-3611 叢1-223(6)
詩本義、鄭氏詩譜補亡 經1-77(2)、3610 叢2-637(1)
詩書講義 經2-11708
詩書巧合記 集7-53259
詩書古訓 經1-163(2),2-11617~8 叢1-456(3),2-731(5)
詩書古訓補遺 經1-138,2-11621
詩表 經1-3813
詩未集 集3-16082
51 詩批釋 經1-3763
52 詩括 集5-35693
54 詩持一集、二集、三集 集6-42451
詩持四集 集6-42452
55 詩農詩稿 集5-34008
57 詩艷詩續、詞續 叢2-1709
詩契齋詩鈔 集5-34721~2
詩契齋詩鈔、駢體文錄、叢稿 集5-34720
詩契齋詞鈔 集7-48129、48131
詩契齋十種 叢2-1963
詩契齋壽言集 集5-34726
詩契齋駢文選 集5-34727
詩契齋駢體文鈔、外集 集5-34724
詩契齋駢體文鈔、草心吟館駢體文初鈔、外集 集5-34725
60 詩晬 集6-42560
詩星閣五言八韻詩 集5-37075
詩星閣筆記八則 集6-45063
詩最 集6-41750、42403
詩國風原指 經1-4533
詩見 集3-20762,6-42556
詩界潮音集 子7-36251
詩愚餘草 集4-32293,6-42007(3)
詩圕 經1-4318
詩署 叢2-1647
詩署說 經1-4341
詩品 子3-15765 集6-45485、45488、45490、45494、45514~5、45534 叢1-11~2、22(13)、23(13)、29(2)、74~7、86、93、101、114(5)、147、169(3)、216、223(71)、248、249(1)、268(4)、322、345、371、431、510,2-616、698(17)、726、730(6)、1626
詩品(詩品注釋) 集6-45516

詩品、詩品二十四則　叢1－494
詩品韻編　經1－4439
詩品二十四則　叢1－169(3)、268(4),2－698(17)、731(47)
詩品畫譜大觀　子3－16585
詩品輯要　子5－25887
詩品印譜　子3－17421
詩品會函　集6－42412　叢2－1204
詩品箋　叢2－2251
詩異文考證　經1－4343
詩異文錄　經1－4287
63 詩賦文雜鈔　集6－42575
詩賦稿　叢2－1745
詩賦續錄　集4－27962
詩賦約編　經2－11895
詩賦拾遺　集4－31087
詩賦盟傳奇　集7－49998、50038
詩賦駢字類珠　子5－25978
64 詩叶考　經1－4769
詩畸、外編　集5－36863　叢2－1012
67 詩晚香樓集　叢2－1589
68 詩吟全集　集2－9181
70 詩雅合璧　經1－4525
詩臆　經1－3756　叢2－1121～2
71 詩原、詩說畧　經1－3839
詩原五集　集6－42448
72 詩所　經1－3966　叢1－223(7),2－1346～7
詩所、歷代名氏爵里　集6－42381
詩刪　集4－25720、27945,6－42408
詩氏族考　經1－4288　叢1－333～5、469、495、586(1),2－716(1)、731(60)
74 詩附記　經1－4083～4　叢2－731(37)、782(4)
詩慰初集二十家、二集十家、續集四家　集6－41949
75 詩體　集6－45495、45645
詩體明辯　集6－42401
詩體明辯、論詩　集6－42402
76 詩咫　經1－3999
77 詩風初集　集6－42455
詩腴　集1－2427
詩騷　集7－50688
詩學雜言　集6－45821
詩學識要　經1－4296
詩學正音類輯　經2－13888
詩學正旨　經1－3906
詩學正宗　集6－42357　叢2－1118
詩學正源　集6－45495、45706
詩學正軌　集6－46161
詩學要言　集6－46185　叢2－1005～8
詩學要言、行述　叢2－700
詩學發微　叢2－2170
詩學集成押韻淵海　子5－26099
詩學自怡錄　經1－4197
詩學源流　經1－4726　集1－1020
詩學源流考　集6－46113　叢2－1509
詩學叢書　集6－45491
詩學淺說　集6－45491
詩學鴻裁　集6－43004
詩學啓蒙讀本　子5－26071
詩學内傳　經1－3880
詩學女爲、總論　經1－4074
詩學禁臠　集6－45484、45490、45494、45708、45711　叢1－114(4)
詩學權輿　集6－45738
詩學梯航　集1－5835,6－45764
詩學指南　集6－45495
詩學規範　集6－45619　叢1－114(4)
詩學圓機活法大成　子5－26121
詩學質疑　經1－4443
詩學體要類編　集6－45772
詩學問津　集6－45942
詩學金丹　集6－45929　叢2－1380
詩學含英　子5－25850～1
詩學纂聞　集6－45976　叢1－202(5)、203(11)、421,2－969～70、1453
詩留　集2－12654
詩問　經1－3889、3944、3960、4131、4149、4817　集3－18212,6－45496、45904　叢1－320、515,2－1596
詩問、續　集6－45902
詩問稿　集4－31109～10
詩問畧　經1－3860　叢1－195(1),2－731(37)
詩民漫詠　集5－33987
詩貫　經1－4024
79 詩媵　叢2－1645、2262
80 詩人玉屑　集6－45650
詩人玉屑(新刻詩人玉屑)　集6－45649
詩人玉屑(新刊古今錦繡詩人玉屑)　集6－45648
詩人玉屑、目錄　叢1－223(72)
詩人元遺山先生墓圖　史7－51904
詩人爵里　集6－44744
詩人爵里詳節　集6－43293～7
詩人名氏　集6－43320、43360、43744
詩人考世　集6－42371
詩人世次爵里　集6－42157
詩人表　叢2－2270(3)
詩人氏系履歷　集6－43362～3
詩益　經1－4234

詩鐘 子3-17958、18158
詩鐘大觀 子3-18166
詩鐘鳴盛集 子3-18165
詩鏡(古詩鏡、總、唐詩鏡、目錄) 集6-42428
詩鏡總論 叢1-223(70)
詩龕詩稿 集4-23582
詩龕藏書目錄續編 史8-65713
詩龕聲聞集、續編 集6-44043
詩龕圖 史8-65333
詩前集 集3-13108
詩義 經1-4442
詩義序說合抄 經1-4300
詩義記講 經1-3980
詩義翼朱 經1-4057
詩義標準 經1-4416
詩義求經 經1-4190
詩義折中、詩經音註 叢2-691(2)
詩義折中補 經1-4279
詩義擇從 經1-4328 叢2-1959
詩義輯解 經1-4198
詩義抄 經1-4167
詩義原恩 經1-4231
詩義問對串珠 經1-4403
詩義知新記 經1-4109
詩義堂集 集4-23358
詩義堂後集 集4-28790,6-42007(1)
詩義精華 經1-4377
詩含神霧 經1-171、176、4827～30、4834 叢1-19(1)、21(1)、22(1)、23(1)、24(1)、273(3)、274(2)、330～1,2-731(14)、771(3)、772(3)、773(3)、821、1872
詩含神霧、補遺 經1-4831
詩含神霧附補遺 經1-174、4860
86 詩觿 經1-4482～3
詩觿、孝經校 經1-4484
87 詩錄 集6-42441～2 叢2-1356、1958、2133
詩錄校誤 集4-29303
詩饞 集4-23717
88 詩筌 集6-45771
詩竹詞 集7-47222
詩竹堂五七言古詩讀本 集6-42326
詩竹堂彙稿四種 叢2-1416
詩竹堂滙稿 集3-18081
詩竹堂滙編 集4-24541
詩筒遺草 集2-11403
詩筏 叢2-843、1245
詩筏橐說 集6-45491
詩笑 子4-24168
詩箋異同釋 叢1-277
詩箋別疑 經1-3945
詩答問 集6-45906 叢1-462
詩管見 經1-4306 叢2-1927
詩餘 集6-42352 叢2-2049
詩餘廣選、雜說、徐卓晤歌 集7-48448
詩餘譜式 集7-48638
詩餘譜纂 集7-48667
詩餘偶存 叢2-1384
詩餘偶鈔 集7-46423
詩餘神髓 集7-48541
詩餘花戲 子4-19182
詩餘花鈿集 集7-48534
詩餘摘錄 叢2-1831
詩餘畫譜 子3-16296
詩餘圖譜 集7-46348、48626、48632
詩餘圖譜、補遺 集7-48625
詩餘圖譜補畧 集7-48630
詩餘類集 集7-48485
89 詩鈔 集6-42370
90 詩小序 經1-4674 叢1-22(1)、23(1)、26～8、74
詩小序翼 經1-4690～1
詩小說 經1-4313
詩小雅出車解 經1-4544
詩小學 叢2-887
詩小學、補 經1-4786
詩小學補 經1-4787
詩卷 叢2-1125
91 詩類編 集6-42494

0464_7 護

00 護病新編 子7-37871
護病要求 子2-11115
04 護諸童子陀羅尼經 子6-32083(13)
10 護石亭跋 史7-52298
16 護碑圖題詩 集6-44316
21 護衛耶穌聖心會規 子7-35624
24 護德瓶齋涉筆 子4-22773 叢2-2122
25 護生編 子7-34686
護生畫集 叢2-724
27 護身寶鏡 子2-4677、11086
28 護作日記(清光緒四年) 史2-13057
32 護淨經 子6-32083(22)
34 護法論 子6-32089(48)、32090(61)、32091(59)、32092(43)、32093(52),7-34940 叢1-19(11)、20(9)、21(10)、24(12)
護法正燈錄 子7-34116

護法錄 子6-32091(71)
37 護軍統領例 史6-47076
38 護送越南貢使日記 史6-45018 叢2-966
44 護花館省身日記(清光緒十年) 史2-13248
護花鈴 子5-28526
46 護槐堂詩存 集3-21036
50 護書 叢1-176、187
60 護國靈感隆恩真君寶卷 集7-54184
護國經 子6-32083(32)
護國佑民伏魔寶卷(關帝伏魔寶卷、伏魔寶卷、護國佑民伏魔寶卷註解、關帝伏魔寶卷註解)、二十四品 子7-36128
護國軍紀實 史1-1996、4349
護國寺元人諸天畫像讚 子7-34645 叢2-832(5)
護國嘉濟江東王靈籤 子5-29530(25)
護國菩薩經 子6-32093(3)
護國威靈西王母寶卷 子7-36130
護國劉氏宗譜[浙江嵊州] 史5-39278
護國尊者所問大乘經 子6-32083(30)
護國鎮宅靈應竈王寶卷 集7-54266
護圀(國)司南鈔 子7-33691
80 護命放生軌儀法 子6-32081(43)、32083(27)、32084(23)、32085(40)、32086(47)、32088(29)、32089(47)、32090(61)、32091(59)、32092(41)、32093(24)
護命經 子5-29586
護命經約解 子5-29580、29937
護命法門神咒經 子6-32081(14)、32083(10)、32084(9)、32086(16)、32088(11)、32089(12)、32090(16)、32091(15)、32092(11)、32093(41)
87 護餉解滇日記 叢2-795

0466_0 詁

21 詁紅館殘稿 集4-30925,6-42017
詁經叢話 經2-11762
詁經精舍文集 叢1-344,2-731(39)
詁經精舍自課文 集5-33760 叢2-1919～20
詁經精舍自課文、左傳連珠、銘篇、四書文、尺牘、佚文 集5-33761
24 詁幼 經2-13364～5、15142 叢2-774(8、11)
70 詁雅堂叢著五種 叢2-2222

諸

00 諸症辨疑 子2-4918
諸症歌訣 子2-10082
諸症賦 子2-5157
諸癰腫毒 子2-7885
諸痹滙要 子2-4701、7263
諸病論 子2-4579～80、4765、4917、7115
諸痛証提綱 子2-5184
諸商謀生計嘆十聲一套 集7-50980
諸方變式 子3-12385
諸方滙鈔 子2-9689
諸方門人參問語錄 子6-32091(72),7-33992～3
諸方節氣加時日軌高度表 子3-11238
諸音考 子7-36240(4)
諸音器考 子7-36240(4)
02 諸證靈犀 子2-6795
諸證總錄奇方 子2-9209
諸證提綱 子2-4880
05 諸訣祕旨 子3-14678
10 諸王宗室列傳 史2-7156
諸王監國畧記 史1-1629
諸王會要 史2-7152
諸天講 子3-11576
諸天五苦經 子6-32093(22)
諸天靈書度命妙經義疏 子5-29530(3)、29563、29708
16 諸聖會規條 子7-35633
諸理齋稿 集2-9741～2,6-45336
17 諸子辨 叢1-45,2-857
諸子辨(龍門子) 叢2-714
諸子玄言 子1-46
諸子褒異集 子1-49
諸子褒異九種 子1-48
諸子雜記 叢2-2265
諸子雜斷 叢2-1643
諸子識小錄 子1-91
諸子講義合纂 子1-3047
諸子說 叢2-2270(2)
諸子平議 子1-81～2 叢2-1917、1920
諸子平議殘稿 叢2-1918
諸子平議補錄 子1-83
諸子釋地 叢2-1946
諸子詹詹錄 子1-80 叢2-1460
諸子彙函 子1-18～9
諸子綱目類編、昭代子快 子4-24146

諸子連珠 集 6－42641
諸子通考 子 1－86
諸子選粹 子 4－24158
諸子十五種 子 1－24
諸子大意 叢 2－698(8)
諸子奇賞前集、後集 子 4－24093
諸子考畧 子 1－85
諸子斟淑 叢 1－142
諸子摘錦 子 5－26032
諸子擇善錄 子 5－29183
諸子國瑋集 集 6－42937
諸子品節 子 4－23864
諸子贈言 叢 2－1370
諸子譬喻類鈔 叢 2－2170
諸子合雅 子 4－23992
諸子節錄六種 子 1－51
諸子纂語 子 4－24163
諸子粹言 子 4－24344 叢 2－1766
諸子粹白 子 4－24058
諸子類語 子 4－23943,5－25762
諸子類雋 子 5－25761
諸子類纂 子 5－25699
諸司職掌 史 6－42649～50 叢 2－741
20 諸乘方變式 子 3－12387
諸乘方數根數真數糅雜設題式並訣 子 3－12365 叢 2－1638
諸乘差對數說 子 3－12394
諸集揀批 集 6－46298 叢 2－1643
諸集拾遺 叢 1－19(11)、20(9)、21(10)、24(11)
21 諸行有餘經 子 6－32083(28)
諸儒唐書詳節 史 1－4836
諸儒文要 集 6－42757～8
諸儒評論年譜 集 2－6564
諸儒講義 子 1－949
諸儒議論 集 6－42093
諸儒先生標注三國志詳節 史 1－5194
諸儒傳畧 經 1－891
諸儒奥論前集、後集、續集、別集 集 6－43623
諸儒奥論策學統宗前集 叢 1－265(5)、266
諸儒校正唐書詳節 史 1－4835、5241
諸儒校正西漢詳節 史 1－5134
諸儒校正東漢詳節 史 1－4835
諸儒著述 經 1－891
諸儒易解鉤玄 經 1－884
諸儒鳴道 子 1－96
諸儒學案 子 1－135
諸儒箋解古文真寶前集 集 6－42713
諸師聖誕沖舉酌獻儀 子 5－29530(10)、30629
諸師真誥 子 5－29530(7)、30785
諸貞壯遺詩 集 5－41225
諸經要集 子 6－32081(41)、32082(20)、32083(27)、32084(22)、32085(39)、32086(46)、32088(28)、32089(47)、32090(60)、32091(58)、32092(41),7－34610
諸經集要 子 6－32093(52)
諸經緯遺 經 1－176 叢 1－330～1
諸經緒說 經 2－11629 叢 2－1643
諸經紀數 子 5－25091
諸經摸象記 子 7－32099
諸經日誦 子 6－32091(67)
諸經日誦集要 子 7－32099
諸經品節 子 4－23936
諸經纂注 子 5－25702
22 諸仙詩話 子 3－14634
諸山記 叢 1－15
24 諸先輩論行文法 集 6－42711
諸先生跋 史 2－9162
諸德福田經 子 6－32083(11)、32086(16)、32089(12)、32090(17)、32091(15)、32092(11)
25 諸佛要集經 子 6－32081(16)、32083(11)、32084(10)、32085(16)、32086(17)、32088(11)、32089(13)、32090(17)、32091(16)、32092(11)、32093(8),7－32236
諸佛集會陀羅尼經 子 6－32081(19)、32082(12)、32083(13)、32085(18)、32086(20)、32088(13)、32089(15)、32090(21)、32091(19)、32092(14)、32093(42)
諸佛集會陁羅尼經 子 6－32084(11)
諸佛經 子 6－32083(30)
諸佛出世事蹟考 史 2－6796 叢 2－715
諸佛心陀羅尼經 子 6－32081(18)、32083(13)、32085(18)、32086(20)、32088(13)、32089(15)、32090(21)、32091(19)、32092(14)、32093(33),7－32101
諸佛心印哈達喇尼經 子 7－32795
諸佛心印陀羅尼經 子 6－32081(45)、32082(22)、32085(42)、32086(49)、32088(30)、32089(25)、32090(33)、32091(31)、32092(21)、32093(43)
諸佛心印陁羅尼經 子 6－32084(24)
諸佛祕密修證經 子 7－33060
諸佛法身經 子 6－32085(8)、32090(12)、32092(7)
諸佛法普入方便慧分別炤明持經 子 6－32084(10)、32093(10)
諸佛境界攝真實經 子 6－32093(32)
諸佛菩薩聖像贊 子 7－34646
諸佛菩薩妙相名號經呪 子 7－32805
諸佛菩薩金剛等啓請 子 7－35070

諸佛世尊如來菩薩尊者名稱歌曲　子 6－32090(65)、32091(63)、32093(53),7－34611
諸佛世尊如來菩薩尊者名稱歌曲、感應歌曲　子 7－34612
諸佛世尊如來菩薩尊者名稱歌曲感應　子 6－32090(65)
諸佛世尊如來菩薩尊者神僧名經　子 6－32090(65)、32091(63)、32092(43)、32093(53),7－34613
諸傳摘玄　叢 1－17、19(3)、21(3)、24(4)、157
27 諸般經懺直音　子 7－34821
諸名家評說　集 6－43335
諸名家詩說　集 6－41870
諸名家百壽詩　集 6－42287
諸名家百花詩　集 6－42289～90
諸名家贈答詩　集 2－8677　叢 1－223(66)
諸名媛族里　集 6－43878
28 諸伶小傳　叢 2－682
30 諸家文錄、棊訣　叢 2－680
諸家雜綴酌存　集 1－2515
諸家評跋　集 4－24118
諸家語　子 4－24061
諸家詩評　集 1－1559、1562
諸家詩訴　經 1－4438
諸家詩話　集 1－878
諸家謚文類編　史 6－42240
諸家論辯解　史 2－11051
諸家儁語　子 4－23895
諸家集說　子 3－18005
諸家傳序　叢 1－223(10)
諸家宗派　子 7－34753～4
諸家神品丹法　子 5－29530(18)、31228
諸家藏畫簿　子 3－14820　叢 1－282(3)、283(4)
諸家藏書簿　子 3－15274　叢 1－283(4),2－731(33)
諸家老杜詩評　集 6－45661
諸家姓氏事署　叢 1－223(10)
諸家畫說　子 3－15959
諸家書法　子 3－15137
諸家易象別錄　經 1－1599、2324　叢 1－439
諸家金石跋尾　史 8－63755
諸家篆式法　子 3－15357
諸家算術摘鈔　叢 2－1792
諸家算法　子 3－12496
諸家筆籌　子 5－25160
34 諸法勇王經　子 6－32081(8)、32082(8)、32083(7)、32085(9)、32086(10)、32088(7)、32089(7)
諸法集要經　子 6－32084(31)、32093(31),7－32119
諸法十鏡　子 7－32111
諸法本經　子 6－32083(19)
諸法本無經　子 6－32081(7)、32082(7)、32083(6)、32085(8)、32086(8)、32088(6)、32089(7)、32090(8)、32091(7)、32092(5),7－32243
諸法最上王經　子 6－32082(12)、32083(14)、32084(12)、32085(19)、32086(21)、32088(14)、32089(16)、32090(21)、32091(20)、32092(14)、32093(12)
諸法無諍三昧法門　子 6－32088(42)、32090(62)、32091(60)、32092(40)、32093(50),7－33821
諸法無行經　子 6－32081(7)、32082(7)、32083(6)、32084(6)、32085(7)、32086(8)、32088(6)、32089(7)、32090(8)、32091(7)、32092(5)、32093(8),7－32242
35 諸神瓣香集　子 5－29587、30525
諸禮佛懺悔文　子 6－32081(43)、32083(27)、32086(47)
36 諸邊考議　史 1－2682
37 諸祖要言　叢 2－2085
諸祖道影傳贊、補刻祖師正宗道影　史 2－6814
38 諸道山河地名要署　史 7－49510　叢 2－592
40 諸大家同訂春秋繁露注釋大全　經 1－8130
諸太史評三先生家藏四書講意明珠庫　經 2－10496
諸友壽什　集 2－9259
諸寺奇物記　史 7－51535　叢 1－22(24)
諸真玄奧集成　子 5－29538、29543、31309
諸真語錄　子 5－32071
諸真論還丹訣　子 5－29530(5)、29562、30820
諸真疏詞　子 5－32018
諸真聖胎神用訣　子 5－29530(16)、29556、30897
諸真聖賢修性延年煉丹真傳　子 5－31457
諸真歌頌　子 5－29530(19)、29534、30801
諸真内丹集要　子 5－29530(24)、31242
43 諸城臧氏族譜[山東諸城]　史 5－38479
諸城相國真蹟　子 3－15739
諸城縣巡警教練所講義　史 6－45384
諸城縣續志[道光]　史 8－59216
諸城縣續志[光緒]　史 8－59217
諸城縣鄉土志[光緒]　史 8－59218
諸城縣志[康熙]　史 8－59214
諸城縣志[萬曆]　史 8－59213
諸城縣志[乾隆]　史 8－59215
諸城劉氏三世奏稿　史 6－47893
諸城劉氏金文拓本釋　史 8－64184
諸城金石志　史 8－63979～80

諸城金石小識、石刻存目 史8-63981
44 諸華香處詩集 集4-23910～2
諸華香室閨秀詩鈔 叢1-584
諸菩薩求佛本業經 子6-32081(4)、32082(4)、32083(4)、32084(4)、32085(5)、32086(5)、32088(4)、32089(5)、32090(6)、32091(5)、32092(4)、32093(2),7-32398
諸蕃志 史7-54238 叢1-223(26)、268(2)、282(2)、283(2),2-731(59)
諸蕃類考 史7-54272
諸葛亮夜祭瀘江 集7-49397、49429
諸葛亮秋風五丈原殘本 叢2-720(4)
諸葛亮博望燒屯雜劇 集7-48774(8)
諸葛孔明文抄 集1-329
諸葛孔明文鈔 集6-41794
諸葛孔明先生(亮)年譜、附文集、附錄 史2-11005
諸葛孔明先生年譜、附文集、附錄 史2-11135
諸葛孔明心書 子1-3234
諸葛孔明異傳兵法 子1-3281
諸葛武備心法百草 子1-3244
諸葛武侯(亮)年譜 史2-11005、11009
諸葛武侯文集 叢1-214
諸葛武侯文集(諸葛武侯集) 集1-322
諸葛武侯五星神課 子3-14282
諸葛武侯靈感神卦 子3-14065
諸葛武侯千金訣 子3-14553
諸葛武侯集 叢1-183
諸葛武侯集成 叢2-774(9)
諸葛武侯行兵遁甲金函玉鏡 子3-14296
諸葛武侯行兵遁金函玉鏡圖 子3-14281
諸葛武侯占風識地火攻正畧 子1-3086
諸葛武侯傳 叢1-265(2)
諸葛武侯白猿經風雨占 子3-13808
諸葛武侯遁甲奇門卦書 子3-14280
諸葛武侯心書 子1-3236、3240～1
諸葛武侯奇書六種 子1-3079
諸葛武侯書 集6-41701
諸葛武侯兵畧 子1-3390
諸葛武侯兵畧、三國兵畧、諸葛武侯猿經 子1-3242
諸葛丞相集 集1-324～5,6-41694、41698
諸葛丞相集(漢忠武諸葛先生集) 集1-318
諸葛子 子4-19801～2 叢2-774(10)、775(4)
諸葛心書 叢1-183
諸葛演禽祕書 子3-14083
諸葛七書 子1-3448
諸葛忠武(侯)書 叢1-386～7
諸葛忠武侯(亮)年譜 史2-11132、11134、11136 叢2-2252
諸葛忠武侯文集 集1-328,6-41795 叢1-574(3)
諸葛忠武侯文集、諸葛忠武侯故事 集1-320
諸葛忠武侯集 集1-317
諸葛忠武侯集(漢丞相諸葛忠武侯集) 集1-315
諸葛忠武侯集、附論 集1-319
諸葛忠武侯行兵遁甲金函玉鏡海底眼圖 叢2-1028
諸葛忠武侯傳、史文擥要 叢1-387
諸葛忠武侯故事 史2-8506
諸葛忠武侯兵法 子1-3408
諸葛忠武侯兵法心要 子1-3245
諸葛忠武侯全集 史2-8505 集1-314
諸葛忠武侯全集五種 叢2-1028
諸葛忠武侯全書 史2-8500
諸葛忠武志 史2-8503
諸葛忠武書 史2-8501 集6-41700 叢1-223(21)
諸葛氏宗譜[浙江] 史5-39735
諸葛公傳 叢1-367～8
諸藥出處 子2-5902
諸藥異名 子2-5900
諸菊品目 子4-18535、19259 叢1-223(39)
48 諸教決定名義論 子6-32081(56)、32083(35)、32084(29)、32085(50)、32086(60)、32088(37)、32089(46)、32090(53)、32091(51)、32092(35)、32093(47)
50 諸史論綜 史1-5684
諸史瑣言 史1-5751 叢2-2109
諸史采奇 史1-4878
諸史然疑 史1-5970 叢1-202(4)、203(10)、223(17)、244(2)、386,2-665、731(3)、1432、1434～5
諸史紀數 子5-25089
諸史考異 史1-8、5988
諸史考異、讀書叢錄 叢2-653(5)
諸史蒙求歌畧、羣經蒙求歌畧 史1-4999
諸史孝友傳 史2-6947 叢2-1643
諸史夷語音義 史1-5431 叢2-1103
諸史夷語解義 史1-5430
諸史提要 史1-4841～2
諸史拾遺 史1-8、867 叢2-1488～9
諸史品節 史1-4868～9
諸史品節、後集 史1-4870
諸史異彙 史1-4922
諸史會編大全 史1-1227

諸史簡論　史 1-5990　叢 2-1643
諸夷考　史 7-54259
諸夷圖　史 7-54297
諸書序跋　叢 2-771(5)
諸書字考畧　經 2-13010
諸書考畧　子 5-25090
60 諸星考　子 7-36240(4)
諸國詩　集 6-43466
諸國世次圖　經 1-3715
諸國事畧　史 1-4859
諸國興廢說　經 1-40～1、44、7476～9、7481、7483、7487～9、7492、7552～3、7558、7560　叢 1-223(11)
諸圖附考　經 1-2164
諸品靈章雷君祕旨　子 5-31695
諸品藥性　子 2-5746
諸品藥性賦　子 2-5839
諸羅縣志[康熙]　史 8-63481
66 諸器圖說　子 4-18646　叢 1-223(38)
71 諸暨廣山何氏宗譜[浙江諸暨]　史 4-28294
諸暨諭民紀要　史 6-47288
諸暨紫巖馮氏家譜[浙江諸暨]　史 5-36443
諸暨鄉土志[民國]　史 7-57494
諸暨馮氏叢刻五種　叢 2-981
諸暨七里川堂蔣氏宗譜[浙江諸暨]　史 5-38134
諸暨莊氏宗譜[浙江諸暨]　史 4-31497
諸暨蓴塘趙氏宗譜[浙江諸暨]　史 5-38325～6
諸暨蓴塘趙氏宗譜系圖[浙江諸暨]　史 5-38327
諸暨黃凝樓氏宗譜三十八本[浙江諸暨]　史 5-39016
諸暨樓氏宗譜[浙江諸暨]　史 5-39015
諸暨縣志[康熙]　史 7-57491
諸暨縣志[乾隆]　史 7-57492
諸暨縣志[光緒]　史 7-57493
諸暨鳳儀樓氏宗譜[浙江諸暨]　史 5-39014
諸暨賢達傳　史 2-8068
諸暨鍾氏宗譜[浙江諸暨]　史 5-40598～9
諸暨糧案批稟錄　史 6-43472
諸階行移　子 5-31685
諸階鎮貼符　子 5-31678
諸階火雷大法　子 5-31698
72 諸脈主病詩附運動規法　子 2-6147
諸脈條辨　子 2-6170
諸氏宗譜[江蘇]　史 5-39732
諸氏宗譜[江蘇常州]　史 5-39731
諸氏宗譜[浙江餘姚]　史 5-39733
75 諸體評論　集 6-44067
77 諸同人尺牘　集 3-13413
諸醫耕心抄選　子 2-10926
諸賢酬贈詩　集 1-3899、3910、6-41891　叢 1-223(56)
諸賢酬贈詩、投贈詩詞補遺　叢 2-1043
諸賢贊頌論疏　集 1-2316
諸賢小傳　子 1-185
80 諸義攷目　子 5-29535(3)、29536(3)
諸公贈詩　集 2-9509

0466$_1$ 詰

60 詰墨　子 4-19538　叢 1-22(1)、23(1)

誥

07 誥詞　叢 2-1309
44 誥封一品夫人周母吳太夫人榮哀錄　史 2-10475
誥封恭人晉贈二品夫人李母遲太夫人墓表　史 2-10187
誥封恭人韓君妻席恭人家傳　史 2-10602
誥封夫人馬母董夫人淑行詩　叢 2-966
誥封光祿大夫劉公象久(恆泰)年譜　史 2-12163
誥封榮祿大夫丁公煦亭(世和)墓誌銘、祭文輓聯　史 2-9929
52 誥授建威將軍立亭將軍六秩壽序　史 2-10436
誥授奉直大夫都察院湖廣道監察御史何公墓碑銘、何母陳宜人壽序　史 2-9271
誥授振威將軍敖公(天印)輔丞大總戎紀述　史 2-10315
68 誥贈中憲大夫抑莊府君(吳西隆)年譜　史 2-11964
誥贈光祿大夫永安蘇公仁軒(保德)褒忠崇祀圖　史 2-10050
77 誥屏山記　史 7-49317(4)、49318(7)、53222

0466$_4$ 諾

21 諾師實錄　子 7-34799
26 諾皐記　子 5-26222

諸皐廣志 子 5 - 27075 叢 1 - 202(2)、203(7)、321
諸皐記 叢 1 - 22(19)、29(3)、185、249(2)、255(3)、395,2 - 624(2)

0468_6 讀

00 讀方言小記 經 2 - 14861
讀方筆記精義 子 2 - 10842
讀唐論畧 史 1 - 5898 叢 2 - 1892
讀唐史雜詠 集 4 - 30037
讀文雜記 集 6 - 46321 叢 2 - 1888
讀文子 子 5 - 29508 叢 2 - 1920
讀文選 叢 2 - 1963
讀文選日記 叢 1 - 502
讀文中子 子 1 - 547 叢 2 - 1920
讀文介公詩 集 2 - 10543
讀離騷 集 7 - 48780、49330～1 叢 2 - 1287
讀音簡字通譜 經 2 - 13242
01 讀龍虎經 子 5 - 29530(19)、31216
02 讀新約全書 子 7 - 35152 叢 2 - 2269
讀新學書法 子 7 - 37987
04 讀詩 經 1 - 46～7、3808
讀詩齋詩集 集 5 - 34171
讀詩商 經 1 - 4357
讀詩辨字畧 經 1 - 4762
讀詩雜鈔 經 1 - 4408
讀詩識名證義 經 1 - 4481
讀詩識小錄 經 1 - 3998
讀詩韻新訣 經 2 - 13861
讀詩記 經 1 - 4223
讀詩一得 經 1 - 3677、4246
讀詩疏箋鈔 經 1 - 4047
讀詩瑣言 經 1 - 4350 叢 2 - 2087
讀詩集傳隨筆 經 1 - 4264
讀詩經 經 1 - 4111 叢 2 - 731(38)、816
讀詩經偶錄 經 1 - 4379
讀詩經筆記 經 1 - 4242 叢 2 - 1827
讀詩私記 經 1 - 3735 叢 1 - 223(7),2 - 873
讀詩私說 經 1 - 4365
讀詩傳譌 經 1 - 4124
讀詩偶記 經 1 - 94
讀詩偶筆 經 1 - 4372 子 4 - 22567
讀詩總論 經 1 - 3990 叢 2 - 1381
讀詩釋物 經 1 - 4281
讀詩綱領 經 1 - 3974
讀詩遵朱近思錄 經 1 - 4021 叢 2 - 1427
讀詩札記 經 1 - 4193、4243、4409、4507
讀詩考字 經 1 - 4781
讀詩考字、補 經 2 - 14796
讀詩考字補編 經 1 - 4782
讀詩拙言 經 1 - 3753～5、4743 叢 1 - 268(2)、310、404、453,2 - 1147～8
讀詩或問 經 1 - 4104 叢 2 - 1547
讀詩日記 經 1 - 4324
讀詩日錄 經 1 - 169、4072
讀詩畧記 經 1 - 72～3、3856～7
讀詩畧記、論小序 叢 1 - 223(7)
讀詩質疑 經 1 - 3973 叢 1 - 223(7)
讀詩質疑(詩經質疑) 經 1 - 3972
讀詩隨筆 經 1 - 4159 叢 2 - 2160
讀詩劄記 叢 2 - 1935
讀詩劄記、詩章句考、詩樂存亡譜、詩經集傳校勘記、詩古韻表二十二部集說 叢 2 - 1735
讀詩知柄 經 1 - 4151
讀詩小記 經 1 - 4008
讀詩小匡 經 1 - 3986
讀詩類編 集 6 - 42503
讀諸文集偶記 集 6 - 46271 叢 2 - 1266
讀諸子諸儒書雜記 子 1 - 1827 叢 2 - 1888
讀諸子札記 子 1 - 88
讀讀書錄 子 1 - 1555 叢 2 - 1421
06 讀譯書須知 子 4 - 21969
07 讀誦佛母大孔雀明王經前啓請法(佛母大孔雀明王經) 子 6 - 32083(34)
08 讀說文序表記 經 2 - 12667、12729
讀說文雜識 經 2 - 12665、12730 叢 2 - 731(23)
讀說文證疑 經 2 - 12646、12726
讀說文記 叢 2 - 1727
讀說文記、遺著 經 2 - 12651
讀說文玉篇日記 經 2 - 15106 叢 1 - 502
讀說文解字小箋 經 2 - 12177
讀說文述初稿 經 2 - 12683
讀說文札記 經 2 - 12702
讀說文日記 經 2 - 12684 叢 1 - 502
讀說文隨筆、漢碑別字考 經 2 - 12719
讀論語 經 1 - 46～7,2 - 9393、9653～4
讀論語記 經 2 - 9659、11053
讀論語孟子法 經 1 - 40,2 - 10270 叢 1 - 223(14)
讀論語叢說 經 2 - 9341～2 叢 1 - 265(2)
讀論語日記 經 2 - 9620、9644
讀論語劄記 經 2 - 9448 叢 1 - 223(14),2 - 1346～7
讀論說畧 經 2 - 9674
讀論要言 子 2 - 6926
讀論孟筆記、補記 叢 2 - 1888

讀論衡　子 4-19755　叢 2-1920
讀論質疑　經 2-9527　叢 2-1590
讀許魯齋心法偶記　子 1-877　叢 2-1266
讀許札記　叢 2-2168
09 讀談天　子 7-37686
10 讀三傳隨筆　子 4-22567
讀三禮畧記　經 1-73
讀三禮隨筆　子 4-22567
讀三國志裴注　史 1-452
讀三國志蠡述　史 1-460　叢 2-2245
讀三國志法　子 5-27993
讀三國志書後　史 1-5277、5875
讀玉鑒隨筆　子 3-12769
讀王觀國學林　子 4-20079　叢 2-1920
讀王氏稗疏　經 2-11722　叢 2-1920
讀五代史隨筆　叢 2-2172
讀五胡載記　子 4-22267　叢 1-143
讀雪齋詩　集 4-32305,5-36964
讀雪齋詩集　集 5-33907、33909
讀雪齋詩集(海上叢吟、海上續吟、蘆中吟、磨盾草、檣影草、武林行卷、江海行吟、江海遊稿、金臺草)　集 5-33908
讀雪山房唐詩　集 6-43506
讀雪山房唐詩凡例　集 6-46154　叢 2-799～800
讀雪山房雜著　叢 2-799～800
讀雪軒詩稿　集 4-29392
讀爾雅注疏　叢 2-1564
讀爾雅日記　經 2-11266、11286～7、11289～90　叢 1-502
讀爾雅日記、讀爾雅補記　經 2-11288　叢 1-502
讀西學書法　史 8-66421　子 7-36261
讀西銘日記　叢 2-2174
讀晉書絕句　集 3-17077
讀可齋初集　集 3-20185
讀不盡齋且存稿　集 5-38054
12 讀水經注　史 7-52727　叢 2-1963
讀水經注小識　史 7-52728
16 讀碑小箋　史 8-64453　叢 2-2190
17 讀孟　叢 1-379
讀孟子　經 1-46～7,2-9886～7
讀孟子記　經 2-10101、11053
讀孟子叢說　經 2-9840～1
讀孟子界說　子 7-36261　叢 2-2221
讀孟子劄記　經 2-9938、9963、10007、10048～9　叢 1-223(14),2-821、1346～7、1820
讀孟子筆記　經 2-9955
讀孟集說　經 2-10081　叢 2-1966
讀孟趙註隨筆　經 2-10093
讀孟質疑　經 1-156,2-10026～7　叢 1-418,2-1661
讀孟隨筆　經 1-169,2-10037、10115　叢 2-2114
讀孟居文集　集 3-17839
讀孟居集　集 3-17840
讀子集　子 4-21672　叢 2-1734
讀子史　經 1-99　子 4-21165
讀子隨識　叢 1-19(3)、20(2)、21(5)、24(3)
讀子隨訣　叢 1-17
20 讀毛詩日記　經 1-4006、4366、4391、4402、4421、4426、4452、4456、4462　叢 1-502
21 讀紅樓夢雜記　子 5-28421　叢 1-587(5)
讀紅樓夢隨筆　子 5-28422
讀經　經 1-99,2-11533
讀經說　經 2-11667　叢 2-1766
讀經瑣記　經 2-11818
讀經偶錄　集 3-17771
讀經疑四書　叢 2-1224
讀經句讀考異　叢 2-1954
讀經心解　經 2-11645　叢 2-984、1480
讀經志疑　經 2-11828
讀經校語　經 2-11652
讀經札記　經 2-11730　叢 2-2000
讀經析疑　經 2-11637　叢 2-1657
讀經如面　經 2-11654　叢 2-1703
讀經指南　子 7-35231
讀經拾瀋　經 2-11729　叢 2-1996
讀經隨筆(損齋遺書)　經 2-11714
讀經劄記　經 2-11668、11707　叢 2-1748
讀經肖記　叢 2-2150
讀經類鈔　經 2-11905
22 讀後漢書蠡述　史 1-388　叢 2-2245
讀後漢書札記　史 1-384
讀後漢書劄記　叢 2-2233
讀山雜著　集 3-20897
讀山絕句　集 3-20898
讀山海經　叢 2-1920
讀山海經語　子 5-26779
讀山谷詩評　集 6-46107　叢 1-367～8
讀緇衣集傳　經 1-5876
23 讀參同契　子 5-31029　叢 2-1421
讀代數術記　叢 1-500
讀代數術記、讀四元玉鑑記　叢 1-568
讀我有用書齋啓蒙二千字　經 2-13495
讀我書齋詩草　集 4-29734
讀我書齋集字雜著　集 4-29735
讀我書齋搭題文鈔　集 4-29736
讀我書齋時文存稿　集 4-29737
讀我書室詩存　集 5-40804～5

讀織錦回文法 集1-463
25 讀律一得歌 史6-45977
讀律琯朗 史6-45981 叢1-435
讀律歌 史6-45810 叢1-114(4)
讀律瑣言 史6-45778
讀律私箋 史6-45777
讀律佩觿 史6-45878
讀律心得 史6-41526～7、41530～1、41541、45976 叢1-442～3,2-731(17)
讀律存疑 史6-45983
讀律提要講意 史6-45982
讀律提綱 史6-45980 叢2-882
讀佛祖四十偈私記 子7-34899 集3-20928 叢2-1479
讀朱就正錄 經1-141
讀朱就正錄、續編 經2-8509
讀朱就正錄續編 經1-141
讀朱求是 叢1-483
讀朱隨筆 子1-1403 叢1-213～4、223(31),2-1334
26 讀白華草堂文集 集4-28235
讀白華草堂詩二集 集4-28232
讀白華草堂詩集初集、二集、苜蓿集 集4-28234
讀白華草堂詩初集 集4-28231
讀白華草堂詩苜蓿集 集4-28233
讀皇清經解札記 經2-11731
讀魏書地形志隨筆 史1-607 叢1-369、372
讀吳越春秋 史1-2248 叢2-1920
27 讀龜山先生字說辯 叢2-1257
讀綱目論 叢2-1929
28 讀傷寒論 子2-6591
讀傷寒論歌 子2-5184、6749
讀傷寒論心法 子2-4686、6409
讀儀禮 經1-46、5254
讀儀禮記 經1-163(2)、2318、5319 叢2-1615
讀儀禮私記 經1-5305
讀儀禮彙編 經1-5346
讀儀禮日記 經1-5357、5361 叢1-502
讀儀禮畧記 經1-72～3、5255
讀儀禮錄 經1-163(3)、5350
29 讀秋水齋文集 集4-30835
讀秋水齋詩 集4-30832～3
讀秋水齋詩集 集4-30834
30 讀永慶答問 子1-77 叢2-1115
讀宋元資治通鑑偶記 史1-1196
讀宋史偶識 史1-5916
讀宋鑑論 史1-5922～3 叢2-1888
31 讀江都沈與九齡續方言疏證劄記 經2-14854
讀潛夫論 子1-457 叢2-1920
32 讀近思錄 子1-1553 叢2-1421
34 讀法圖存 史6-45973
讀漢文記 叢2-2232
讀漢碑 史8-64546 叢2-1920
讀漢摘腴 史1-5864 叢2-1892
讀漢書(校讀漢書劄記) 史1-286 叢2-1963
讀漢書偶記 叢2-2160
讀漢書蠡述 叢2-2245
讀漢書摘錄 叢2-2200
讀漢書日記 史1-292～5 叢1-502
讀漢書隨詠 史1-6026～7
讀漢書劄記 叢2-2218
35 讀神農本草經疏 子2-5493
讀禮記 經1-46、5730 叢2-731(21)、816
讀禮記畧記 經1-72～3、5653
讀禮說 經1-6075
讀禮須知 經1-6073
讀禮私記 經1-5784 叢2-967
讀禮私編 經1-6113
讀禮偶識 經1-6079
讀禮偶編 經1-6080
讀禮偶見 經1-6054 叢2-1316、1318
讀禮偶見舊刻 叢2-1317
讀禮條考 經1-6091
讀禮疑圖 經1-4955
讀禮叢鈔十六種 經1-6359
讀禮漫錄 經1-6120
讀禮通考 經1-6266
讀禮通考、引用書目、目錄 叢1-223(8)
讀禮直說 叢2-2270(4)
讀禮志疑 經1-6056～8 叢1-195(1)、213～4、223(9)、300,2-731(5)、1334
讀禮草 叢2-1193
讀禮日知 經1-6052
讀禮問 經1-6055、6359 叢1-201、203(3)
讀禮小事記 經1-5460、6359
37 讀湖南史綱 史1-5564
讀漁洋詩隨筆 集6-46085
讀通考 叢2-1734
讀通鑒記 叢2-2270(4)
讀通鑑論 史1-5275、5588～92 叢2-698(5)、1292～3、1295
讀通鑑綱目 集4-28088
讀通鑑綱目條記 史1-1149
讀通鑑綱目札記 史1-1156
讀通鑑法 史1-1070
讀通鑑日記 史1-1053 叢1-502

讀通鑑劄記 史1-5280
讀選意籤 叢2-1728
讀選集箴 子5-25457 叢2-2057
讀選樓詩稿 集5-34691
讀資治通鑑偶記 史1-1160
38 讀海外奇書室雜著 子4-21665
讀道藏記 叢2-2248
讀啓蒙雜說 叢1-223(4)
40 讀十三經管見草 經2-11718
讀左雜詠 史1-6104
讀左評錄 經1-146、7088
讀左一隅草稿、初稿 經1-7024
讀左百詠 經1-7189
讀左瑣錄 經1-7055 叢2-2029～30
讀左瑣言 經1-7015～6 叢1-203(16)
讀左僫言 經1-7104
讀左比事 經1-7124、7131
讀左剩語 經1-7040 叢2-811
讀左參解 經1-7092、7133
讀左傳法 經1-7157
讀左傳札記 經1-6873
讀左約箋 經1-6932
讀左必紀次編 經1-7081
讀左必紀初編 經1-7080
讀左補義 經1-6963
讀左漫筆 經1-6840、7036 叢1-195(1)、366～8,2-731(63)
讀左存愚 經1-7028 叢2-1726
讀左志畧 史1-5700
讀左摘論十二篇附古文六首 經1-7086
讀左持平 經1-7180
讀左日鈔、讀左日鈔補 叢1-223(11)
讀左日鈔、補 經1-6878
讀左別解 經1-7177
讀左卮言 叢2-1589
讀左卮言 經1-7005 集4-23968 叢2-1590
讀左質疑 經1-7091 叢2-2114
讀左隨筆 經1-6874、6942、7087、7134、7168 叢2-1790、2157、2172
讀左劄記 經1-7049、7187 叢2-1815、2248
讀左筆記 叢2-2160
讀左管窺 經1-6960 叢2-731(64)、816
讀左纂解 經1-7160
讀左小記 經1-7037
讀大戴記小箋 叢2-2270(4)
讀大戴禮 叢2-1564
讀大學 經1-47
讀大學記 經2-8889、11053
讀大學叢說 經2-8680
讀大學法 經1-40,2-8695 叢1-223(14)
讀南華真經雜說 子5-29280
讀有用書齋雜著 集4-32701
讀有用書齋襍著 子4-21716
讀有用書齋古籍目錄、藏書記 史8-65798
讀有用書齋藏書志 史8-65801
讀有用書齋韓氏藏書目 史8-65796
讀有用書齋書目表 史8-65795
讀有用書齋日劄(清光緒十二年至十三年) 史2-12954
讀有用書堂喉科 子2-7621
讀志隨筆 史7-50491 叢2-1992
讀古偶志 史1-5968
讀古紀源 子5-25373
讀古本大學 叢2-861～2
讀古時弋 集6-42825
讀古喻言 集6-42942
讀七柳軒談薈輯 子4-24082
43 讀越絕書 史1-2260 叢2-1920
44 讀考工記 叢2-1564
讀莊一吷 子5-29355
讀莊子法 子5-29358 叢1-201、203(2)
讀莊子札記 子5-29405
讀莊概辨 子5-28944、29293
讀莊札記 子5-29413
讀莊劄記 子5-29414 叢2-1935
讀莊小言 子5-29384
讀勸學篇 子4-21884
讀蘇軒詩草 集4-23731
讀孝經、年譜 經2-8449
讀孝經注疏 叢2-1564
讀孝經日記 經2-8541 叢1-502
讀韓詩外傳 經1-4606 叢2-1920
讀韓記疑 集1-1339
讀莪廬詩詞鈔存 集4-33700
讀老子日記 叢2-2174
讀老概辨 子5-28944、29113
讀老札記、補遺 子5-29195 叢2-2150
讀舊唐書隨筆 史1-655 叢2-731(65)、869
讀楚辭 集1-77 叢2-1920
讀楚辭語 集1-42
讀黃合志 史7-52417 叢2-1412
讀杜詩說 集1-1074
讀杜詩寄盧小箋 集6-45487
讀杜詩愚得、目錄 集1-1023
讀杜二箋 集6-45487
讀杜私言 集6-45487、45841
讀杜心解 集1-1049～51

讀杜漫述 集1-1044
讀杜折衷 集1-1076
讀杜隨筆 集6-45884
讀杜管窺 集1-1072
讀杜小箋、讀杜二箋 集1-1042
45 讀隸輯詞 叢2-1920
46 讀楊筆記 子3-13608
47 讀均軒賦偶存 集5-33935
讀婦科心法誌疑 子2-4688、8227
48 讀教記 子7-33418
49 讀趙注隨筆 叢2-2172
50 讀中庸 經1-47,2-9008
讀中庸記 經2-9154、9179、11053
讀中庸叢說 經2-8935～6 叢1-265(2)
讀中庸法 經2-8953 叢1-223(14)
讀中論 子1-479 叢2-1920
讀史 史1-5577 叢2-1113、1266
讀史亭詩集、文集 集3-13478
讀史商語 史1-5503
讀史方輿紀要 史7-49619、49622、49634
讀史方輿紀要、方輿全圖總說 史7-49621
讀史方輿紀要、統論歷朝形勢 史7-49617
讀史方輿紀要、輿圖要覽 史7-49620
讀史方輿紀要序 史7-49626～7、49629
讀史方輿紀要詳節、方輿全圖總說 史7-49635
讀史方輿紀要疆域形勢序 史7-49628
讀史方輿紀要統論 史7-49639 叢1-474
讀史方輿紀要總序 史7-49625
讀史方輿紀要總論 史7-49618
讀史方輿紀要各直省總論 史7-49624
讀史方輿紀要州域形勢編 史7-49623
讀史方輿紀要歷代州域形勢 史7-49615
讀史方輿紀要歷代州域形勢、統論歷朝形勢 史7-49616
讀史方輿紀要歷代州域形勢說 史7-49614
讀史方輿紀要節鈔 史7-49637
讀史雜詠 集5-40068
讀史雜詠草 集4-25347
讀史雜記 史1-5280、5521、5729、5991 叢2-870(6)、1703、1888、2270(4)
讀史雜鈔 子4-23367
讀史訂疑 史1-5956 叢1-22(20),2-1136
讀史識存 史1-5601
讀史詩紀言 集3-14915
讀史記 史1-99、5845 叢2-1266、1963
讀史記蠡述 叢2-2245
讀史記十表 史1-10(1)、107 叢1-223(17),2-817
讀史記札記 叢1-203(8)
讀史記日記 史1-101～2 叢1-502
讀史記劄記 史1-78
讀史諍言 史1-83 叢2-803
讀史論斷 史1-5693
讀史論畧 史1-7、3250～1、4954、4957、5025、5376、5638～9、5641、5643～4、5650、5711 叢1-241、242(2)、407(1)、474、504、2-1711
讀史論畧、歷代紀年便覽 史1-5640
讀史論畧詳注 史1-5645～6
讀史論畧補 史1-5686
讀史論畧增注 史1-5647
讀史論畧輯注補鈔 史1-5648
讀史詳忽 史1-5717
讀史正氣錄 史1-4994
讀史百詠 史1-6061
讀史碎金、註 史1-6091 子5-25348
讀史歌 史1-4873
讀史瑣言 史1-5784
讀史千詠 史1-6098
讀史比事 史1-5689
讀史任子自鏡錄 史1-5612 叢2-1494
讀史譽疑 史1-5967
讀史糾謬 史1-5306 叢2-1449
讀史樂府 史1-6084 叢2-1711～2
讀史編畧 史1-4977
讀史備忘 史1-4866、5466 集6-45121
讀史贊要 史1-5732 叢2-822
讀史自娛 史1-5679 叢2-1397
讀史偶評 史1-5606
讀史偶得 史1-5715 集3-19396,4-25884
讀史偶抄 史1-5009
讀史偶見 叢2-1351
讀史偶吟 史1-6063
讀史偶錄内集、外集、總論問答、附集 史1-5748
讀史偶鈔 史1-5008
讀史稗語 史1-5602
讀史紀畧 史1-5680
讀史紀年 史1-1282
讀史綱 史1-5565
讀史綱要、王戆思先生傳 叢2-1409
讀史微言 史1-5723
讀史字難、五經正字 經2-14754
讀史津逮 史1-5658
讀史漫錄 史1-5475～7 叢2-1150
讀史漫錄、呻吟語摘鈔 史1-5478
讀史漫筆 史1-5479 叢1-195(1)、367～8
讀史大畧、小沙子史畧 史1-5607

讀史志畧、讀左志畧、明史志畧　史1-5700
讀史札記、論學劄說十則　叢1-557～8
讀史機畧　子1-3287
讀史蒙拾　史1-4926
讀史撮要　史1-4993
讀史提要錄　史1-5664
讀史提要錄評　史1-5741　叢2-2040
讀史提綱　史1-4976
讀史探□錄　子5-25498
讀史探驪錄　史1-4984　叢1-496(8)
讀史拾瀋　史1-5995　叢2-1996
讀史贅言　史1-5580、5801　叢1-254
讀史唯疑　史1-5959
讀史日記三種　叢1-502
讀史日錄　史1-5562
讀史日鈔　史1-5280
讀史四集　史1-4907
讀史愚見　史1-5504
讀史別情吟(棋坪草)　集3-21572
讀史吟評　史1-6060　叢1-210～1
讀史臆語　史1-5678
讀史兵畧　子1-3354～6　叢2-1850
讀史兵畧續編　子1-3357
讀史兵畧綴言　子1-3442
讀史兵畧兵事綱要　叢2-2160
讀史質疑　史1-5960
讀史隨錄　史1-4945
讀史隨筆　史1-5002、5473、5733、5772　子4-22567、23217
讀史隨筆記　史1-5777
讀史舉正　史1-8、5971　叢1-426,2-731(62)
讀史關鍵　史1-1281
讀史輿地韻編　史7-49386
讀史賸言　史1-5699　叢2-731(62)、872
讀史全編　史1-5725
讀史鏡古編　史1-4967～8
讀史前鈔甲本　史1-4959
讀史劄記　史1-5783、5973
讀史錄　史1-5415　集2-6867
讀史筆記　史1-4969
讀史節要　史1-5976
讀史節錄　史1-4961
讀史管窺　史1-5530、5774
讀史管窺集　史1-5775
讀史管見　史1-5318、5322、5629　叢1-201、203(5),2-691(3)
讀史管見、目錄　史1-5365
讀史餘言(後漢紀)　史1-5868
讀史餘吟　集5-34605
讀史小識　史1-5598　叢2-909
讀史小論　史1-5681
讀史尚論　史1-5728　叢2-1911
讀史粹言　史1-5992　叢2-1766
讀史類纂　史1-5005
讀畫齋百疊蘇韻別集　集4-23464
讀畫齋偶輯、讀畫齋題畫詩　集6-44045
讀畫齋叢書四十六種　叢1-278
讀畫齋圖詠　集6-44046
讀畫齋題畫詩　子3-16202
讀畫齋且存稿　集5-38055
讀畫韻史　子3-16090
讀畫記　子3-16265
讀畫山房文鈔　集4-26086　叢2-1553
讀畫山房遺稿、補遺　集3-21129
讀畫紀聞　子3-14703、15859、15963　叢2-622
讀畫叢譚　子3-14711、16051
讀畫樓詩稿　集4-28428
讀畫樓賸稿　集3-21713
讀畫軒印存　子3-17253
讀畫閒評　子3-15859、16043　叢2-1581
讀畫錄　史2-7663　子3-15859、15989、16264　叢1-203(15)、278、453,2-609、731(36)
讀本詩　集6-42555
讀本草綱目摘錄　子2-5670
讀書　經1-2745
讀書齋偶存稿　集3-15036　叢1-223(67)
讀書雜辨　子4-22666
讀書雜識　子4-22586　叢1-458
讀書雜誌　經1-111(3)　叢1-385,2-923、1634
讀書雜誌、餘編　子4-22484　叢2-924
讀書雜誌餘編　叢2-923
讀書雜記　子4-23531、24702　叢2-599、944、1020、1584
讀書雜說　子4-22564　叢2-811
讀書雜釋　子4-22629～31　叢2-788、1834
讀書雜紀　叢1-187
讀書雜述　子4-21093
讀書雜志　經2-11871　子4-21335、22480、22482～3
讀書雜志、餘編　子4-22481
讀書雜抄　子4-24342
讀書雜錄　子4-22275、24198　叢1-538
讀書雜錄附傳畧　子4-22732
讀書評　子4-22749
讀書證疑　子4-22438
讀書識餘　史8-66198　叢2-2125
讀書識小錄　子4-23314～5

讀書記 子4－24104、24182 集4－31167 叢2－774(9)、2092、2160
讀書記疑 子1－1884,4－22382～3 叢2－2014
讀書說 子1－1373 叢2－731(13)
讀書說、胡承諾年譜 叢2－872
讀書說約 經2－14939 子4－21712 叢2－2012
讀書論世 史1－5608
讀書譜 子4－24222 叢2－1373
讀書一得 子4－20503～4
讀書一見 子4－20933
讀書一間鈔 叢2－965
讀書三十八解 經2－10441
讀書正音 經2－14074
讀書零碎錄 子5－25452
讀書引 史8－66183
讀書延年堂集(讀書延年堂詩鈔、詩餘、詩續集、文鈔、賦存、駢體文存、補存文鈔、試帖輯注) 集4－29508
讀書改過齋叢錄 史2－12644
讀書瑣記 經2－11571 叢1－241、242(2),2－731(7)、799～801
讀書舫文鈔 集3－19044
讀書舫詩鈔 集3－19045
讀書舫筆記 子4－21127
讀書止觀錄 子4－24039 叢2－818～9
讀書些子會心 子1－1297 叢2－731(13)、816
讀書處詩鈔 集5－37119
讀書經筆記 經1－3001 叢2－1827
讀書後 集2－9574～5 叢1－223(66)
讀書剩語 集6－41748
讀書樂 集7－51711 叢1－192
讀書樂趣 子4－24232～3
讀書樂趣約選 叢2－691(3)
讀書樂篆譜 子3－17025
讀書種子 子4－24133
讀書佳山水題詠 叢2－1198
讀書佳山題詠 集2－11415
讀書緒論 子4－22491
讀書續記、讀書剩語 子4－24587
讀書續錄鈔 子1－912 叢2－1555
讀書續筆 子4－21435
讀書偶識 經1－163(4) 子4－22693～5 叢2－1564、1810～1
讀書偶記 子1－1558～9,4－22529,5－25453～4 叢1－223(31),2－686、1575、2082
讀書偶然錄 子4－21362
讀書偶得 子4－21706、24664 集5－33819 叢1－369
讀書偶抄 經1－3070
讀書偶見 子4－23269、24345 叢1－241、242(2),2－731(54)
讀書偶筆 子4－21434
讀書解 子4－22298 叢2－1168
讀書解義 子4－22636 叢2－1719
讀書疑甲編 子4－21571
讀書紀數畧 子5－25314～5 叢1－223(44)、461
讀書紀數畧補 子5－25316
讀書紀畧 叢2－1875
讀書紀聞 叢2－619
讀書作文譜 集6－46304
讀書作文譜、父師善誘法 子4－21229
讀書作文譜父師善誘法合刻 集6－46304
讀書做人譜 子1－2578 叢1－483
讀書叢說 經1－2676～8 叢1－195(1)、223(5),2－731(63)、859
讀書叢抄摘抄 子4－22574
讀書叢錄 經1－163(2),2－11879 子4－22571～2 叢1－312,2－653(5)、731(7)、1632
讀書叢錄摘鈔 子4－22573
讀書叢錄節鈔 叢1－429
讀書補過齋詩稿 集4－27421
讀書法 子1－2377、2384、2435,4－19493,7－36232 叢1－197(4),2－617(2)
讀書法彙 子1－2476 叢1－547(4),2－1947
讀書社約 子1－2365 叢1－22(25),2－832(4)
讀書漫鈔 子4－23398
讀書通 經2－14042 子1－2360,4－20895 叢1－142,2－1169
讀書選類鈔 子5－25494
讀書十六觀 子1－2362 叢1－22(26)、30、154、181、192
讀書十六觀補 子1－2363 叢2－731(20)、816
讀書十鏡 子7－32111
讀書志 子4－24053
讀書札記 史8－65303 子1－1317、1766 叢1－223(31),2－1801
讀書札記(讀書劄記) 子4－22299
讀書求解 經1－108 叢2－814
讀書蕞殘 史8－65289 子4－21088 叢2－1312
讀書考定 子4－22280
讀書樓詩集 集4－24247
讀書觀 子4－23089 叢1－176
讀書摭畧 子4－22774

讀書轉闞集　子4－21850
讀書輯要　子1－1120
讀書拾遺、象數蠡測　經2－11763
讀書日記　子4－22584　叢2－1963
讀書日記、補編　子1－1432
讀書日程　子1－2436
讀書愚見　叢1－19(5)、20(3)、21(5)、24(6)
讀書囈語　子4－22261
讀書質疑　經1－2918　子4－22379、23139　叢1－210、212
讀書隨記　子4－21909、24581
讀書隨記、續記、剩語　子4－21934
讀書隨錄　子4－22322
讀書隨筆　經1－91、3018、3024　史8－65315　子1－1877,4－21477、22649～50、22728
讀書隨筆、續筆　叢2－2248
讀書隅見　子4－20001　叢1－22(4)、23(4)、29(6)
讀書舉要　史8－66196　叢1－483
讀書門徑　史8－66192
讀書脞錄　子4－22453　叢2－662
讀書脞錄、續編　經1－111(2),2－11866　子4－22452
讀書脞錄續編　子4－22454
讀書鏡　子4－20665、20667,5－27060　叢1－111(5),2－731(54)、1170～2、1174
讀書分數錄　子5－25319
讀書分月課程　子4－22020
讀書分年日程　子1－1966、2347　叢1－223(30)
讀書分年日程、綱領　子1－2346
讀書鐙　子1－2481
讀書鐙文鑰　叢2－634
讀書劄記　子1－1011、1288,4－21713　集2－7533　叢1－326,2－731(7)、1802
讀書知　子1－1303
讀書錄　子1－900、902、906～7　集2－6651,6－41992　叢2－2214
讀書錄、續錄　子1－904　叢1－223(30)、574(2),2－1057
讀書錄、續錄、薛文清公事實　子1－905
讀書錄記疑　叢2－2263
讀書錄條貫篇、續　子1－910
讀書錄存遺　子1－888　叢1－195(2)、306,2－853
讀書錄摘要　子1－916
讀書錄粹語　子1－914
讀書錄粹語、續錄　子1－917
讀書簡要　史2－6598　叢1－208
讀書筏　叢1－192
讀書筆記　經2－10718　史6－44588　子4－20415、22004,5－26219～20　叢1－22(21)、39～40、46、107、111(3)、195(2)、220,2－731(8)、1348
讀書敏求記　史8－65640～1、65643　叢1－373(7)、453,2－731(2)
讀書敏求記、補遺　叢1－344
讀書管見　經1－77(2)、2685　叢1－223(6)
讀書餘錄　子4－21530～1　叢2－1919～20
讀書餘錄殘稿　叢2－1918
讀書小記　經1－83　子4－22750　叢1－517
讀書小記、因柳閣讀書錄　子4－21427
讀書小記琴律考　叢2－1392
讀書小記毛詩　叢2－1392
讀書小記樂律考　叢2－1392
讀書小記禮記　叢2－1392
讀書小記十五種　叢2－1392
讀書小記易卦考　叢2－1392
讀書小記周禮　叢2－1392
讀書小紀、漢氾勝之遺書、區田圖說、焦里堂先生軼文　子4－21429
讀書小箋　叢2－2270(4)
讀書堂詩稿　集3－17816
讀書堂詞話偶抄　集7－48712
讀書堂西征隨筆　子4－23146～7
讀書堂集　集3－14326、15047,5－38290
讀書堂稿　集2－10996
讀書堂綵衣全集　集3－15048　叢2－886(3)
讀書堂綵衣全集、趙恭毅賸稿　集3－15049
讀書堂續集　集5－38291
讀書堂叢刻　經1－168
讀書堂近草　集3－17000,6－44966
讀書堂孝經答問　經2－8537
讀書堂杜工部文集注解　集1－1057
讀書堂杜工部詩集註解、文集註解、杜工部編年詩史譜目　集1－981
讀書堂明稗類鈔　子5－25320
讀書堂問答　經1－3083
讀書堂精選古文晨書　集6－43035
讀書燈　叢1－197(3)、371,2－845(2)
讀春秋　經1－46、7606、7869　叢2－731(63)、816
讀春秋、綱領　叢2－1717
讀春秋雜記　經1－7137
讀春秋三傳札記　經1－7950
讀春秋編　經1－7523　叢1－223(10)、227(3)
讀春秋偶筆　經1－6919、6925　叢1－223(11)
讀春秋蠡述　叢2－2245

讀春秋綱領　叢1-223(10)、227(3)
讀春秋通旨　經1-7725
讀春秋左氏傳博議　叢2-1293
讀春秋左氏贅言　經1-6839
讀春秋存稿　經1-7843　叢2-1484～5
讀春秋札記　經1-8074
讀春秋國語四史蠡述　史1-5006　叢2-2245
讀春秋界說　經1-8093　叢2-2221
讀春秋界說(上)　子7-36261
讀春秋畧記　經1-72～3、7653～5
讀春秋畧記、總論　叢1-223(11)
讀春秋隨筆　經1-8091
讀春秋劄記　經1-7988　叢2-1935
讀春秋管見　經1-7834
讀未見書齋文鈔　集3-17893　叢2-909
讀未見書齋詩鈔　集5-34227
讀素問鈔　子2-5395～7
讀素問鈔、補遺　子2-4557～8、5398
讀東坡志林　子4-19975　叢1-203(3)
讀東華錄　史1-1643
55 讀曲叢刊　叢2-672
讀曲錄　叢2-2270(3)
讀曲小識　叢2-2235
57 讀抱朴子　子5-31889　叢2-1920
60 讀國語　史1-2128　叢2-1564
讀國語蠡述　史1-2148　叢2-2245
讀國語劄記　史1-2145　叢2-842
讀四元玉鑑記　叢1-500、568
讀四書　經2-10189、10964
讀四書記　經2-11053
讀四書偶筆　經2-10885、10918
讀四書叢說　經1-121,2-10244　叢1-223(13),2-636(2)、731(5)、859
讀四書叢說(讀大學叢說、讀中庸叢說、讀論語叢說、讀孟子叢說)　經2-10243
讀四書大全說　經2-10588　叢2-1292
讀易　經1-46、789
讀易廬集　集3-16225
讀易旁求　經1-1705　叢2-822
讀易雜識　經1-2064、2335
讀易雜記　經1-722～3、1301、1375
讀易雜說　經1-1708　叢2-654
讀易雜錄　經1-1704
讀易韻考　經1-2281
讀易記　經1-679
讀易記疑講原　經1-1876
讀易說　經1-1800
讀易詳說　經1-450　叢1-223(2)
讀易一斑　經1-1561、1824　叢2-2088
讀易一鈔　經1-976～9
讀易一鈔易餘　叢2-845(3)
讀易瑣記　經1-1456
讀易集說　經1-1539
讀易便解　經1-1216
讀易經　經1-1521　叢2-731(9)、816
讀易例言　經1-1625　叢2-1718
讀易例言圖說　經1-2240
讀易私言　經1-77(2)、551　叢1-22(1)、23(1)、34、195(1)、223(3)、368,2-731(9)、1053
讀易私記　經1-683　叢2-2270(4)
讀易參解　經1-1115
讀易備忘　經1-656
讀易備忘、圖說　經1-1674
讀易備解　經1-1910
讀易緒言　經1-1013、1020　叢1-202(7)、203(13),2-1282
讀易傳心、圖說　經1-1440
讀易傳心圖說　經1-2200
讀易自考錄、續編　經1-1217
讀易偶記　經1-94
讀易偶存　經1-1112、1330
讀易偶見　集2-9913
讀易偶題　經1-2022
讀易偶筆　子4-22567
讀易偶鈔　經1-1315
讀易彙參　經1-1484
讀易紀聞　經1-724　叢1-223(4)
讀易約編　經1-1111
讀易綱領　經1-1767　叢2-1914～5
讀易寡過　經1-1669　叢2-1703
讀易叢記　經1-1730
讀易近解　經1-1052
讀易淺說代問錄　經1-1786
讀易述　經1-734　叢1-223(4)
讀易述訓　經1-1641
讀易法　經1-738、1998
讀易漢學私記　經1-163(4)、2262　叢1-558
讀易初稿　經1-1713
讀易通識　經1-2048、2334
讀易通解　經1-1714
讀易大旨　經1-963　叢2-1230
讀易大旨、後傳　經1-962
讀易大旨、總論　叢1-223(4)
讀易存稿　經1-1538
讀易索隱(蓮谷先生讀易索隱)　經1-657
讀易札記　經1-1577
讀易考原　經1-580　叢1-223(3)
讀易考原、校勘記　經1-581、2332　叢2-

870(2)
讀易考原校勘記　經1-582
讀易蒐　經1-986
讀易草堂文集　集5-39094
讀易樓合刻十一種　叢2-1594
讀易樓合刻十種　叢2-1593
讀易觀象惺惺錄　經1-1268
讀易觀通　經1-674
讀易軒詩鈔　集3-21906
讀易捷訣　經1-1548
讀易輯要淺釋　經1-1706
讀易擬言　經1-1425
讀易拾義便抄、本義辨一篇易說一篇古太極圖說一篇　經1-1390
讀易日識　叢2-1759
讀易日札　經1-1345　叢2-1470
讀易日劄　經1-85
讀易日鈔　經1-1073、1987　叢1-223(4)
讀易易知　經1-1682、1793
讀易圖說　叢2-1201
讀易畧記　經1-72～3、995
讀易別錄　經1-1284　史8-66234　叢1-244(5),2-731(1)、845(4)
讀易臆說　經1-1996　叢2-1256
讀易反身錄　經1-1583
讀易質疑　經1-973、1207、2077
讀易隨筆　經1-1407、1794、2011、2024　叢2-691(2)、1951
讀易隅通　經1-70、948
讀易舉要　經1-577　叢1-223(3)
讀易舉例　經1-1443
讀易入門便鈔　經1-1615
讀易義例　經1-122、1438
讀易會通　經1-1780～1
讀易劄記　經1-1965
讀易錄　經1-633、1369、1580、1695
讀易筆記　經1-1008、1754～5　叢2-1266、1887～8
讀易管窺　經1-1169、2005
讀易管窺離句串義　經1-1064
讀易管見　經1-1224
讀易餘言　經1-653　叢1-223(3),2-1082～3
讀易纂　經1-693
讀易鈔　經1-650
讀易小記　經1-2052
讀易小得　經1-1889
讀易堂課藝、古近體詩　集4-31276
讀易堂遺稿　集2-12877
讀易省心錄　經1-1729
讀易悟言(闕)　叢2-1110
讀易慎疑　經1-1622
讀呂祖師三尼醫世說述管窺　子5-29574～5、31431
讀昌黎先生集　集1-1345　叢2-1920
讀困知記　子1-1554　叢2-1421
63 讀戰國策隨筆　史1-2191　叢1-202(3)、203(9)
讀賦卮言　集6-46339　叢1-421
64 讀時憲書識疑　叢2-1792
66 讀嚴氏詩緝　經1-4130
67 讀明史雜著　史1-5277、5945
讀明史詩　史1-6161
讀明史札記　叢1-203(8)
讀明史劄記　史1-853、5280
讀鶡冠子　子4-19595　叢2-1920
68 讀晦庵孟子集解衍義　經2-9849
70 讀雅筆記　經2-11226
71 讀厚語偶記　子1-1344　叢2-1266
讀馬可福音識字法　子7-35172
72 讀劉昫舊書隨筆　史1-654
讀劉昫書隨筆　叢2-1627
讀脈約編　子2-6224
讀兵書札記　子1-3458
75 讀體　史2-9184
77 讀風偶識　經1-4531　叢2-731(38)、782(4)、1538～9
讀風臆評　經1-3806
讀風臆補、讀風臆補總評　經1-3807
讀周子札記　子1-569
讀周官　叢2-1564
讀周官錄　經1-5105
讀周禮　經1-46、4982
讀周禮日記　經1-5134　叢1-502
讀周禮畧記　經1-72～3、4990
讀周禮隨筆　經1-5037
讀周易記　經1-1836
讀周易象旨私識　經1-686
讀周易本義　叢2-1564
讀周易本義偶識　經1-1516
讀周易日記　經1-1958～9　叢1-502
讀月樓詩鈔　集4-28496
讀陶靖節詩評　叢1-368
讀陶小注　集1-452
讀騷列論　集1-107
讀騷樓詩二集　集4-26804
讀騷樓詩三集　集4-26805
讀騷樓詩初集　集4-26803
讀騷樓詩初集、二集　叢2-929
讀騷閣賦存　集5-35927
讀學庸雜記　經2-10165

讀學庸筆記 經2－10164 叢2－1888
讀段注說文解字日記 經2－12170 叢1－502
讀段氏說文雜抄 經2－12173
讀醫隨筆 子2－4727、4771(4)、10777
讀醫錄記 叢2－1987
讀問學錄 子1－1556 叢2－1421
讀歐記疑 集1－2052 叢2－665
78 讀鹽鐵論 子1－390 叢2－1920
讀陰符經 子5－29792 叢2－1421
80 讀金石萃編條記 史8－63592 叢1－512
讀金匱要畧大意 子2－4701、6798
讀金剛般若波羅密經筆記 子7－33236
讀羨烏草堂詩 集3－21832
讀前後漢書劄記 史1－405
讀父書齋山館、斯未信齋詩錄 集4－29744
讀公孫龍子 子4－19607 叢2－1920
讀公羊注記疑 經1－7313
讀佘疋日記 叢1－502
88 讀鑑瑣言 史1－5712
讀鑑繹義 史1－5702
讀鑑述聞 史1－5745
讀鑑隨筆 史1－5747
讀篆臆存雜說 經2－13231
讀管子 子1－4008 叢2－1963
讀管子寄言 子1－4004 叢2－1436
讀餘誌畧 叢2－1329
讀餘志畧 集3－15354
90 讀小戴記小箋 叢2－2270(4)
讀小戴禮盧植注日記 經1－5774 叢1－502
讀小戴禮日記 經1－5786 叢1－502
讀小戴日記 經1－5785 叢1－502
讀尚書記 經1－3016
讀尚書偶筆 子4－22567
讀尚書蔡傳 叢2－1564
讀尚書日記 經1－3054 叢1－502
讀尚書畧記 經1－72～3、2785
讀尚書隅見 經1－3127
95 讀性理敬述 子1－1499
98 讀瞀記校補(讀瞀記) 子4－22479 叢2－1630

讚

00 讚主靈歌 子7－35726
08 讚旗詞一枝 集7－52061
25 讚佛祖 子7－34202
27 讚多情一枝 集7－52779
34 讚法界偈 子6－32085(41)、32088(30)
讚法界頌 子6－32083(28)、32084(24)、32086(48)、32090(43)、32091(41)、32092(28)、32093(31)
讚法界頌釋 子7－33882
35 讚禮地藏菩薩懺願儀 子6－32091(68)
讚禮地藏菩薩懺願儀、地藏菩薩本願經 子7－35011
46 讚觀世音菩薩頌 子6－32081(40)、32082(19)、32083(26)、32084(22)、32085(38)、32086(45)、32088(28)、32089(35)、32090(43)、32091(41)、32092(28)、32093(31)
56 讚揚聖德多羅菩薩一百八名經 子6－32081(44)、32082(21)、32083(28)、32084(24)、32085(41)、32086(49)、32088(30)、32089(25)、32090(33)、32091(31)、32092(21)、32093(47)
80 讚善撲營一枝 集7－52062

0469_4 謀

08 謀族寶卷 集7－54564
23 謀稼村詩草 集4－33130
30 謀害蓮英 集7－50762
64 謀財傷命 集7－50761
67 謀野丙集 集2－9817
謀野乙集 集2－9816
謀野集 集2－9811～2
謀野集刪 集2－9819 叢1－584
謀野集鈔 集2－9818
謀野粹言 子5－25444

0510_4 塾

00 塾言 子4－21942
05 塾講雜圖表 叢2－2270(4)
塾講規約 子1－2385 叢1－201、203(2)
06 塾課小題正鵠初集、二集、三集、訓蒙草詳註 集6－45475
56 塾規二十四條 子1－2426

0512_7 靖

00 靖康要錄 史1－1485～6 叢1－223(18)、

465,2－731(66)
靖康孤臣泣血錄　史1－2500～1　叢1－580
靖康傳信錄　史1－2492～4,2－6203　叢1－246、282(2)、283(2)、404、453、478、534,2－698(4)、731(66)
靖康緗素雜記　子4－22132　叢1－27～8、109、111(4)、196、223(39)、273(5)、274(5),2－731(6)
靖康稗史七種　史1－1918　叢2－649
靖康紀聞　叢1－365
靖康紀聞、拾遺　叢1－195(1)、268(2),2－731(66)
靖康蒙塵錄　史1－2495
靖康朝野僉言　史1－2483　叢1－19(8)、20(6)、21(7)、24(8)、56,2－731(66)
靖康朝野僉言後序　叢1－223(32)
靖言堂文集　集3－21496
10 靖西縣志八編[民國]　史8－61399
27 靖侯詩草　集5－36098
30 靖寇管窺　子1－3936
靖安方氏宗譜[浙江義烏]　史4－25787
靖安縣續志[道光]　史8－58893
靖安縣鄉土志[宣統]　史7－56233
靖安縣鄉土志[光緒]　史7－56232
靖安縣志[康熙]　史8－58890
靖安縣志[宣統]　史7－56231
靖安縣志[道光]　史8－58892
靖安縣志[嘉靖]　史8－58889
靖安縣志[乾隆]　史8－58891
靖安縣志[同治]　史8－58894～5
靖安縣志稿[民國]　史8－58896
31 靖江張氏宗譜[江蘇靖江]　史5－34793～5
靖江朱氏支譜[江蘇靖江]　史4－26406
靖江縣志[康熙]　史7－56776～7
靖江縣志[崇禎]　史7－56775
靖江縣志[隆慶]　史7－56774
靖江縣志[光緒]　史7－56779
靖江縣志稿[咸豐]　史7－56778
靖江縣志稿[民國]　史7－56780
32 靖州重建學宫志　史7－52121
靖州鄉土志[光緒]　史8－60781
靖州官紳公訂鄉社自治章程　史6－41906
靖州直隸州志[道光]　史8－60779
靖州直隸州志[光緒]　史8－60780
靖州志[康熙]　史8－60777
靖州志[洪武]　史8－60776
靖州志[乾隆]　史8－60778
靖州圖經　史7－49309、50801
34 靖遠新志[民國]　史8－63108
靖遠縣志[道光]　史8－63105～6
靖遠縣志[乾隆]　史8－63104
靖遠縣志[民國]　史8－63107
36 靖邊志稿[光緒]　史8－63009
靖邊縣志[康熙]　史8－63008
37 靖逸小集　集1－4033,6－41745、41888、41891～2、41894(3)、41895、41897～8、41905、41911、41917、41920
靖逸小集、補遺　集1－4034
靖逸小集補遺　集6－41891
靖逸小草　集1－4035,6－41893
靖逸小藁　集1－4032
靖逸小藁　集6－41904
38 靖海論　史6－45507
靖海衛志、增補[康熙]　史8－59289
靖海紀　史1－3644～5
靖海紀畧　史1－1933、1982、3048　叢1－333～5,2－731(59)
靖海志　史1－3646
靖逆記　史1－3763～4
靖逆侯少師張襄壯公奏疏　史6－48649
靖逆將軍奕隆會辦廣東軍務摺檔　史6－47953
40 靖南紀事　叢2－593～4
靖難功臣錄　史1－1914、1933,2－7314　叢1－52、56、84(3)、95,2－730(3、10)
50 靖夷紀事　史1－1934、2900　叢1－84(2),2－730(10)、731(68)、885
60 靖邑王氏支譜[江蘇靖江]　史4－24811
71 靖匪錄　叢2－856
80 靖尊集　集4－26992
88 靖節詩選　集1－448
靖節先生集　叢2－698(8)
靖節先生集(陶靖節集)、年譜考異　集1－435
靖節先生集、序錄　集1－398
靖節先生年譜考異　史2－11149
靖節公集、總論、附錄　集1－396
90 靖炎兩朝見聞錄　史1－2502　叢1－452、586(2),2－716(2)

0519$_6$ 竦

40 竦塘黄氏統宗譜[安徽歙縣]　史5－33884

0562$_7$ 請

00 請廢佛法表　叢2－771(2)
05 請誅邪教疏　子7－35905

10 請雨止雨書 子3-13075 叢2-774(10)
請雨華山賦 集6-42982
15 請建總坊事實簡明册 史2-8084
20 請仿義國稅則加征煙稅摺、續陳義國榷煙大畧擬請先就土藥整頓試辦摺 史6-43582
21 請行錢糧民欠征信册摺 史6-43382
請行錢糧民欠徵信册摺 史6-43415
22 請仙箕法 子3-14672
25 請肄錄 子4-23150
26 請息齋未定稿 集5-36580、37481
請纓日記 叢2-1012
請纓日記(清光緒八年至十一年) 史2-13056
28 請以賜金買田宅對 叢2-771(1)
請復淮水故道圖說 史6-46693
請復淮水故道全案 史6-46695
請復河運芻言 史6-46588、46694
30 請賓頭盧經 子6-32081(41)、32082(19)、32084(22)、32085(39)、32086(45)、32088(28)、32090(55)、32091(53)、32092(36)
請賓頭盧法 子6-32093(31)
請賓頭盧法經 子6-32083(26)
請賓頭羅經 子6-32089(35)
35 請清兵 集7-53003
46 請觀音經疏 子6-32088(42)、32089(49)、32090(63)、32091(61)、32092(41)、32093(49),7-33466
請觀音經疏闡義鈔 子6-32088(42)、32089(49)、32090(63)、32091(61)、32093(49)
請觀世音菩薩消伏毒害陀羅尼三昧儀 子6-32090(61)、32091(59)、32092(42)、32093(47)
請觀世音菩薩消伏毒害陀羅尼三昧懺儀 子6-32089(48)
請觀世音菩薩消伏毒害陀羅尼經 子6-32083(10)
請觀世音菩薩消伏毒害陀羅尼咒經 子6-32086(16)、32089(12)、32090(14)、32091(13)、32092(9)、32093(45)
請觀世音菩薩消伏毒害陁羅尼咒經 子6-32082(11)、32084(9)、32085(15)、32088(11)
60 請恩疏稿 集2-11315
65 請購志書疏 叢2-1188
71 請願餘唾 子4-24632
77 請開惠州軍港議 史6-45564,7-49357
78 請除釋教疏 叢2-771(2)
81 請頒新歷奏 史1-1989、4180
86 請錫杖文 子7-34935

0564_7 講

04 講讀錄 集2-7141
13 講武新編 子1-3912
講武要畧 子1-3809
講武全書兵占 子3-13837
講武全書兵覽、兵律 子1-3805
17 講習雜錄 子4-23435 叢2-2068
講習錄 子1-1563
21 講經啓 史8-66329
33 講演稿 叢2-2094
43 講求礦務 子7-36229
講求種植 子7-36229、37039
講求共濟錄 子4-24378
50 講史裁篇 叢2-2270(4)
60 講易手錄 經1-798
73 講院圖式 叢2-1317
講院銘言 叢2-1317
77 講周易疏論家義記殘 叢2-732
講周易疏論家義記殘卷 經1-375
講學 子1-1479
講學要語 子1-1287
講學編 子4-21711
講學大義 子1-1291 叢1-151
講學規儀 叢2-1317
講學會語 叢2-1317
講開獻書表 叢2-673
78 講陰陽八卦桃花女雜劇 集7-48774(2)
80 講義 叢2-1243、1807
講義條約 子1-1352 叢2-811
講義合編 子1-1186

0569_0 誄

00 誄文輓詩輓聯 史2-10494
88 誄筆叠錄(劉鏞) 史2-10328

誅

42 誅妖檄文 史1-4206 叢2-883
60 誅呂始末 集1-3854
77 誅兒救媳 集7-54374

0569$_6$ 諫

00 諫亭詩草　集 4-29223,6-45079
08 諫議詩集　集 6-41894(1)
諫議疏稿　史 6-48327
10 諫王經　子 6-32083(8)
21 諫止中東和議奏疏　史 6-45058
30 諫憲宗服金丹疏　叢 2-771(2)
41 諫垣疏草　史 6-48596
諫垣存稿　史 6-48987～8　叢 2-1873
諫垣七疏　史 6-48542　叢 1-501
諫垣奏議、補遺　叢 2-867
諫垣奏議補遺　史 6-48525　叢 2-867
諫垣奏稿　史 6-48523
諫垣奏稿、補遺　史 6-48524
諫垣奏草　史 6-48223　叢 2-1086
44 諫草　史 6-48504　叢 2-1169
諫草存笥　史 6-48383～4
諫草存笥、抄參　史 6-48382
60 諫果書屋遺詩　集 5-37275
諫果書屋遺稿　集 5-37276
73 諫院奏事錄　史 6-49204　叢 2-2225

0662$_7$ 謣

22 謣崖脞說　子 4-21243

謁

00 謁府帥北調　集 7-49459
謁唐昭陵記　史 8-64093　叢 1-456(6)、498
23 謁岱廟記　史 7-54075
謁岱記　史 7-54046
60 謁昌平十三陵記　史 7-51897

0663$_4$ 誤

00 誤庵詩文集　集 3-13136
誤庵詩稿　集 3-20004
誤庵詩鈔、詩補遺　集 3-20005
04 誤讀諸字　經 2-13468、13591
30 誤寫諸字　經 2-13114、13591
80 誤入桃源　集 7-48766、48777

0664$_1$ 譯

00 譯文須知　經 2-15078
譯文備覽　經 2-14962
譯音便學琴譜　子 3-17798
01 譯語　經 2-14984　史 7-49933　叢 1-84(3),2-730(11)、731(58)
譯語總目　叢 1-223(23)
譯語彙解　經 2-15079
10 譯天文書　子 3-11327
23 譯峨籟彙錄、續刻　史 7-52638
26 譯釋　子 7-33672
40 譯古含奇　經 1-2251
50 譯史　史 7-54275～6
譯史記餘　叢 1-249(4)
譯史紀餘　史 7-54277～8　叢 1-202(2)、203(7),2-731(59)、1343
譯史綱目　史 7-54415
譯史補　史 1-786　叢 2-2121
譯書難易辨　子 7-36251
60 譯署函稿　集 5-37881
譯署檔册　史 6-47420
70 譯雅、泰西君臣名號歸一圖　經 2-15071　叢 2-2091
77 譯學館初等代數講義　子 7-37543
譯印西文地圖招股章程　史 6-44767　子 7-37373
90 譯米利堅志　子 7-36250

0668$_6$ 韻

00 韻府註署　經 2-14265
韻府一隅　經 2-13921
韻府羣玉　子 5-26087～91　叢 1-223(43)
韻府翼　經 2-13973
韻府便考　經 2-13868
韻府紀宇　子 5-26184
韻府紀字　經 2-11983　叢 2-1461、1463
韻府約編　子 5-26187
韻府字學音韻考正　經 2-14250
韻府大成　子 5-26155
韻府古篆彙選　經 2-13166
韻府萃音　經 2-13925

韻府鉤沈 經2-14200 叢2-1861
韻糜詞 集7-47805
韻糜詞 叢1-584
韻辨 經2-13880、13938～9、15130
韻辨一隅、補遺 經2-13948
韻辨一隅續補 經2-13949
韻辨附文 經2-13946
韻辯附文 經2-13947
01 韻譚 集2-10217
韻語雜記 集6-46073
韻語拾遺 集2-7404
韻語陽秋 集6-45486、45490、45598～9 叢1-22(13)、23(13)、195(4)、223(72),2-731(46)、798
04 韻詁、補遺 經2-14202
韻詁補遺 經2-14203
07 韻部正例紐圖表 叢2-2170
08 韻詮 經2-13667、15141～2
韻說 經2-14249、14540
韻譜 經1-4768、4817,2-13714、13794、13834、13979～80、14013、14189、15142 叢1-223(16)、227(5)
韻譜、廣韻錄異 經2-14123
韻譜彙編 經2-13882
韻譜本義 經2-13811
10 韻玉函書 經2-13850
韻玉軒詩稿 集4-31035
韻雪廬詩草 集5-36939
韻雪集(韻雪齋小草) 集4-31285
韻要粗釋 經2-13775～7
韻石庵詩稿 集3-20878
韻石齋筆談 子4-23714 叢1-223(42)、244(1)、353、435,2-622、731(33)、735(3)、798
韻石齋筆談摘抄 史8-65128
17 韻珊外集 集4-31130
20 韻香廬詩鈔 集4-22083
韻香山房詩 集4-24867
韻香書室吟稿 集6-41999
韻香閣詩草 集5-37696
韻集 經2-13600、13602～4、15116、15119、15137、15142 叢1-495、586(2),2-716(1)、773(2)
韻集韻畧聲譜音譜字音韻譜 叢2-766
21 韻經 經2-13780、13786
22 韻山堂詩集 集4-25030
韻山堂詩集、補遺 集4-25031
23 韻編冠玉 子5-26189
韻綜、韻綜集字、檢字 經2-13923
24 韻岐 經2-13869
25 韻律 經2-13863
26 韻白 經2-14064、14540 叢2-1300～1
韻偶 子5-26177
韻泉軒詩草 集3-18869
韻總歌括 子5-26104
韻釋便覽 經2-13800
27 韻彙 經2-13920
韻彙校 經2-13926
28 韻徵 經2-13875～6
韻徵、古韻溯源 經2-13877
30 韻字旁通 經2-13870、13872
韻字辨似 經2-13943 叢1-352
韻字辨同 經2-13873
韻字辨同摘要 經2-13874
韻字急就篇 經2-13977
韻字彙錦 經2-13936
韻字探驪 經2-13933
韻字畧十二集 經2-13905
韻字異同辨要 經2-13953
韻字同異 經2-13951
韻字同異辨 經2-13952
韻字同異考辨 經2-13972
韻字鑑 經2-13928
33 韻補 經2-13697 叢1-223(16)、478,2-731(24)
韻補、韻補正、附錄 經2-13698 叢1-359
韻補正 經2-13699、14540 集6-45496 叢1-223(17)、269(2)、270(1)、272(2)、386、478,2-731(24)、1274～6、2037
34 韻對屑玉箋注 子5-26150
韻對屑玉箋注、增訂切字捷法 子5-26149
韻汰 子5-26190
韻法正宗 經2-14461
韻法傳真五美圖 經2-14417
韻法直圖 經2-14321、14540
韻法橫圖 經2-14322、14540
韻法本俗 經2-14092 叢2-1255
韻法易知 經2-14431
韻法圖說 經2-14372
韻法全圖 經2-14430
韻法答問 經2-14432
37 韻湖偶吟 集4-27978
韻通 經2-13829
38 韻海鴛鴦 子5-26173
韻海鴛鴦仄聲 子5-26183
韻海大全 子5-26196～7、26199
韻海大全三種附賦學法程 子5-26198
韻海鏡源 經2-13665 叢2-772(2)、773(2)
40 韻有經無各字摘錄 經2-12027
44 韻荃詩草 集5-40957～8

韻荃精廬詩文鈔　集 5－40956
韻藻　子 5－26111
韻藻述　子 5－26112
韻考畧　經 2－14232
韻苑考遺　經 2－14041
韻芳閣詩鈔　集 4－26188
韻芳閣吟稿　集 4－26187,6－46127　叢 2－993
韻蘭序　叢 1－587(3)
韻蘭女史詩鈔　集 5－40814
韻英　經 2－13625、13668、15141～2　叢 2－630
韻林　經 2－13721～2,15142
韻林詩藻　集 6－43536
韻林正宗　子 5－25087
韻林獺祭　子 5－26156
韻林數珍　經 2－13723
韻林原訓　經 2－13782
韻林隨筆　集 6－45847　叢 2－1329
45 韻樓詩草　集 4－31630
47 韻鶴軒雜著、筆談　子 5－26605
韻切指歸、五音初學讀念法　經 2－14325
48 韻松樓詩集　集 4－24762,6－41999
韻梅閣詩草　集 4－29678
50 韻史　經 2－14515　史 1－4933　子 3－18321　叢 1－22(25)、197(1)
韻史、韻史補　史 1－4932
韻史、補　叢 1－394
韻書　經 2－13828、14006
韻書音義考　經 2－13906
韻書雜識　經 2－14512
韻書通用字考　經 2－13801
韻表、聲表　經 2－14312
51 韻軒試帖編年　集 4－25245
55 韻典　經 2－13897
韻典雜字　經 2－13898
60 韻目表　經 2－13981
韻圃　經 2－13724、15142
韻圃羣芳　子 5－26158
韻圖遺詩　集 5－37958
韻畧　經 2－13618～23、13739、15116、15137、15142　叢 1－495、586(2),2－716(2)、772(2)、773(2)、774(8)、775(3)
韻畧、韻鑰　經 2－13823
韻畧條式　經 2－13705、14005　史 6－42295
韻畧條氏　經 2－13706
韻畧滙通　經 2－13773　叢 2－729
韻畧易通　經 2－13769～71、13774、13995　叢 2－886(1)
韻畧類繹　經 2－13797
64 韻叶考(攷)　經 2－14039、43
70 韻雅　經 2－14679　叢 2－1920
韻雅、雜論、識餘　經 2－13845
韻雅、古跡詩鈔　經 2－14676
韻雅雜論　經 2－13846
韻雅識餘　經 2－13847
73 韻陀日記(清光緒三年)　史 2－13142
77 韻學　經 2－14523　叢 2－1409
韻學、韻學臆說　經 2－14084
韻學辨中備　經 2－13969
韻學說隅　經 2－14521
韻學一得　經 2－14516
韻學要指　經 2－14069
韻學要指(古今通韻括畧)　叢 2－1309
韻學發原　經 2－14520
韻學經緯　經 2－13862
韻學蠡言舉要　經 2－14538
韻學源流　經 2－14514　叢 2－1020、1842
韻學叢書三十四種　經 2－14539
韻學叢書三十四種題跋　經 2－14538
韻學叢書四十一種　經 2－14540
韻學通指　經 2－14063、14540　叢 2－1300～1
韻學古聲　經 2－14160　叢 2－1657
韻學考元　經 2－14103
韻學指要　經 2－14070、14540　叢 1－249(4)
韻學指南　經 2－14062、14517
韻學易知　經 2－14230
韻學臆說　經 2－14085
韻學原委　經 2－14083
韻學驪珠　經 2－13904
韻學入門　經 2－14395～6、14540　叢 2－1871
韻學管見　經 2－14526
韻學餘說　經 2－14525　叢 2－630
韻母　經 2－14316、14528　叢 1－223(16)、227(4)
韻母標準　經 2－14278
韻問　經 2－14066、14540　叢 1－201、203(4)
80 韻鏡　經 2－14292　叢 1－446,2－731(24)
韻義便考　經 2－14233
韻會　經 2－13606、15142
韻會引說文箋　經 2－12090
韻會舉要引、說文繫傳抄、說文字句異同錄　經 2－13746
韻會舉要引說文繫傳鈔　經 2－12104
88 韻篁仙館殘稿　集 4－31778
韻篁樓吟稿　集 4－33031
韻篁樓吟稿、詩餘　集 4－33030
韻銓　經 2－13666　叢 2－630
韻鑰　經 2－13823、14318、14528、14540
韻篇合校　經 2－13935

韻籟　經 2-14434
89 韻鈔　經 2-13982
90 韻粹　子 5-26142

0669$_4$ 課

07 課誦請佛閑偈(寶卷)　集 7-54565
課誦法事　子 7-35090
課誦日用　子 7-35089
10 課雲齋詩稿　集 5-34251
12 課孫草　集 4-32883
16 課理精詳　子 3-14075
17 課鵡詞　集 7-46399～400、47149
課子二千字　經 2-13502
課子遺編　叢 2-1555
課子隨筆　子 1-2818～9　叢 1-536,2-691(3)
課子隨筆、續編　子 1-1965、2820
課子隨筆抄　子 1-2812
課子隨筆節抄、續編　子 1-2821
課已錄　子 1-2632
24 課徒續草　集 5-41241
課徒草　集 5-41240
課徒草、續草、三刻、四刻　叢 2-2223
27 課歸地丁全案　史 6-43408
32 課業餘談　經 2-14657　叢 1-195(6),2-731(23)
33 課心齋稿　集 4-24448
課心錄　子 1-1810　叢 2-964
37 課選樓遺詩　集 3-20171
40 課士論文　集 6-46262
課士條言　子 1-2397　叢 2-811
課士直解　叢 1-483,2-1387～8
課士題解　集 6-46325
44 課蔬遺稿　集 4-29964
課花十八法　子 4-19145
課花樓詩存　叢 1-571
課花樓詩存(雨花樓遺稿)　集 5-37370
課蒙彙集　子 1-2828
課蒙彙編　子 1-2853
課蒙易曉　子 1-2849
課藝　叢 2-1745
46 課婢約　叢 1-197(4)、587(5)
47 課起例口訣　子 3-13909
50 課吏館章程　史 6-42761
課忠堂詩鈔　集 3-17653
55 課農山房詩稿　集 4-22769
課耕樓詩　集 3-13751
60 課易存商　經 1-1463　叢 2-1584
課易問旨　經 1-1787
67 課暇聊吟　集 3-16933
課暇吟　集 4-25149,6-41991
77 課兒詩草　集 4-30147
課兒讀書錄　叢 2-2269
課兒日記(清同治二年至六年)　史 2-12845
課閒遺稿　集 3-19680
課民植牧講義稿　子 1-4185
課桑要錄　子 1-4374、4466
課桑事宜　子 1-4362、4465
88 課餘雜記　子 4-24171
課餘集　集 5-34248
課餘編　子 5-26031
課餘續錄　子 4-19498、21630
課餘自省　子 1-2558
課餘偶錄　子 4-19498、21629
課餘偶錄、續錄　叢 2-1883
課餘偶筆　子 4-22563　叢 2-811
課餘彙鈔　子 4-22683
課餘漫吟　集 3-19918
課餘莊詩草　集 3-18584
課餘草、補遺　集 5-39654
課餘草補遺　集 5-39655
課餘吟　集 3-17133
課餘吟稿、遊秦小稿、修桂軒詩餘　集 5-36387
課餘吟草　集 4-24885
課餘隨錄　子 4-21131～2　叢 1-267
課餘隨錄十一種　叢 1-492
課餘閒詠　集 4-27372
課餘聞筆　子 4-24630
課餘錄　子 4-24594　集 3-21820
課餘小草　集 5-34642
94 課慎堂詩集、詩餘、文集、駢文　集 3-16683

0691$_0$ 親

06 親親餘事文集　集 4-25515
18 親政綸音　史 6-47658
21 親征平定朔漠方畧、親征朔漠紀畧　史 1-1868
37 親軍步隊演練快槍六陣圖說册　子 1-3717
53 親戚遠離鄉一枝　集 7-51873
70 親雅堂詩集　集 3-21164
親雅堂集　集 4-29344
77 親屬記　經 2-14789　叢 2-653(3)、1814

中國古籍總目書名索引

78 親驗簡便諸方(簡便諸方)　子 2－9265

0710_4 望

00 望廬集句　集 3－15645,7－46989
望廬閣詩文集　集 3－16580
望帝杜宇叢帝鼈令前志　史 7－51965　叢 1－328
07 望望齋詩　集 4－24492
08 望診　子 2－6226
望診補　子 2－4688、6227
望診遵經　子 2－4700、4771(2)、6228
10 望三散人感舊集　集 5－35126
望三益齋詩文鈔　集 4－32384
望三益齋叢書十種　叢 1－427
望三益齋存稿　集 4－32385
望三益齋存稿(燼餘吟草、公餘吟草、雜體文、歸田詩、詞草、謝恩摺子、讀詩一得)　集 4－32383
望雲詩鈔　集 5－35944
望雲集　集 2－5921　叢 1－223(63),2－1733
望雲仙館遺稿　集 5－34311
望雲山廬詩存　集 4－29939
望雲山房文集、詩集、館課賦、館課詩、館課詩別卷　集 5－38773
望雲山樵筆記　子 4－24639
望雲寄廬讀史記臆說　史 1－5847　叢 2－2013
望雲草　集 3－13970
望雲草堂詩集　集 5－36413
望雲樓詩集　集 4－25380
望雲樓詩集初集、二集　集 4－25381
望雲樓詩稿　集 5－35681
望雲樓詞　集 5－33846
望雲樓稿　集 2－10802～3
望雲樓稿選　集 2－10804
望雲樓漱芳集　集 4－25383
望雲樓吟草　集 4－25530
望雲書屋文集　集 4－25328
望雲軒文稿　集 5－38517
望雲閣詩集　集 6－41999
望雲館詩稿　集 4－33551
望雲館稿　集 4－33550
望雲精舍詩草箋注　集 4－30363
望雲精舍詩鈷　集 4－30362
16 望聖洗問答　子 7－35467
21 望衡堂詩鈔　集 4－33266～7
22 望崖錄　子 4－20588　叢 1－22(24)
望崖錄内編、外編　子 4－20587　叢 2－1136
望嶽樓詩　集 4－24966
望嶽樓古文　集 4－24968
望嶽圖詠　集 6－44330
望仙譚氏宗譜[安徽休寧]　史 5－41250
望仙橋鄉志稿[光緒]　史 7－56441
望峯詩鈔　集 3－21293
望嵩堂奏稿、年譜　史 6－49160
望山草堂詩鈔　集 4－29094
望山書齋集　集 4－25598
望山跑死馬一枝　集 7－51977
望山堂雜抄　子 4－24218
望山堂讞語　史 6－46478
望山堂詩續　集 5－33984
望山堂集　集 3－14174
27 望凫行館日記(清同治五年至光緒八年)　史 2－12839
望鄉　集 7－52503
望色論　子 2－6230
31 望江亭中秋切鱠　叢 2－720(3)
望江亭中秋切鱠雜劇　集 7－48767(2)　叢 2－698(16)
望江亭中秋切鱠旦　集 7－48769、48774(6)、48792
望江吳先生造福祕訣　子 3－13431
望江南詞　集 7－48313
望江南百調　叢 2－810
望江縣志[康熙]　史 7－57936
望江縣志[順治]　史 7－57935
望江縣志[萬曆]　史 7－57934
望江縣志[乾隆]　史 7－57939
32 望溪文、望溪先生文偶鈔抄　叢 2－1386
望溪文集三續補遺　集 3－17592
望溪文集再續補遺、三續補遺　叢 2－2202
望溪文集續補遺　集 3－17591
望溪文集補遺　叢 1－505
望溪文稿　集 3－17585
望溪文鈔　集 6－42064
望溪集　集 3－17588～9　叢 1－223(68)
望溪先生文　集 3－17595
望溪先生文集、集外文、集外文補遺　叢 2－635(13)
望溪先生文集、集外文、集外文補遺、年譜　集 3－17590
望溪先生文集、集外文、補遺　叢 2－698(11)
望溪先生文補遺　集 3－17593
望溪存稿　集 3－17586
望溪史論　史 1－5279
望溪奏議　史 6－48707～8　叢 2－815
34 望斗經　子 3－13116　叢 1－114(5)
望浹樓詩草　集 5－35116

望社姓氏考　史 2 - 7342　叢 1 - 537
37 望湖亭記　集 7 - 49710、49978
望湖亭集　集 6 - 44812
望湖亭題壁詩自序　叢 1 - 168(4)
望湖隨筆五券　子 4 - 21626
望郎歌　集 7 - 53299
望郎送郎　集 7 - 50811
38 望海島術　子 3 - 12442～3
望海樓尺牘　叢 2 - 2019
40 望奎樓韻法　集 6 - 45491
望奎樓遺稿　集 3 - 19254
望奎樓遺稿九種　叢 2 - 1255
望奎縣志[民國]　史 7 - 56365
望古齋文集　集 3 - 19735
望古齋詩集、文集　集 3 - 19734
望古齋集　集 3 - 14663～4
望古集　集 3 - 14021、18485
望古遙集　子 3 - 16973　集 4 - 29993
望古遙集詩存　集 4 - 31594
望古遙集之齋所著書四種　經 2 - 12729
望杏花館印草　子 3 - 17269
望杏樓志痛編(錢夢鯉)　史 2 - 10966
44 望坡府君(陳若霖)年譜　史 2 - 11981
望藩存稿　叢 2 - 992
望華樓印譜　子 3 - 17042
47 望都縣新志[乾隆]　史 7 - 55303
望都縣新志[光緒]　史 7 - 55304
望都縣志[民國]　史 7 - 55306
望都縣圖說[光緒]　史 7 - 55305
50 望夫石　集 7 - 49640～1　叢 1 - 584
望夫石傳奇　集 7 - 50423
51 望虹樓遺著　集 5 - 34014
60 望日蓮一枝　集 7 - 51976
望嵒堂奏稿、年譜　史 6 - 49038
77 望兒樓　集 7 - 52500、52758
望兒樓子弟書　集 7 - 52160
望月軒詩詞稿　集 4 - 31347
望眉草堂文集、詩集　集 5 - 36117
望眉草堂詩集、文集　集 5 - 36118
望眉草堂全集　集 5 - 36116
望聞問切題鏡　子 2 - 6231
80 望益齋詩存　集 5 - 39013
望益山房文稿　集 4 - 33653
望益編　叢 2 - 811
望益軒詩集、詞　集 5 - 36810
望益居印稿　子 3 - 16974
望氣經　子 3 - 13034　叢 1 - 22(18)、23(17)
86 望錦樓遺稿　集 3 - 21276
87 望舒樓詩集、文集　集 3 - 14468
望舒樓古詩選　集 6 - 42328
90 望堂集古官印譜　史 8 - 65047
望堂金石文字　史 8 - 63501
91 望煙樓詩草　集 5 - 37093
97 望炊樓叢書　史 7 - 49332

0712_0 翊

07 翊翊齋文鈔　叢 2 - 940
翊翊齋詩文鈔(馬一齋詩文鈔)　集 3 - 19501
翊翊齋詩鈔　叢 2 - 940
翊翊齋遺書　集 3 - 19503　叢 2 - 940
翊翊齋筆記　子 1 - 1595　叢 2 - 940
16 翊聖保德傳　史 2 - 8620　子 5 - 29530(24)
翊聖保德真君咒　子 5 - 29592、31718
37 翊運錄　史 1 - 4397　叢 1 - 22(21)、34

0722_7 鷵

37 鷵洞詩鈔　集 5 - 36417

邡

55 邡農偶吟稿　集 4 - 32964

鄘

32 鄘州志[康熙]　史 8 - 62734
鄘州志[道光]　史 8 - 62735
鄘州志續編[民國]　史 8 - 62736
鄘州志續補[民國]　史 8 - 62737

鄺

00 鄺齋雜記　子 4 - 23306
38 鄺海雪集箋(嶠雅)　集 2 - 12452
50 鄺中翰嶠雅集　集 2 - 12449
60 鄺田曾氏簡明族譜[江西尋鄔]　史 5 - 36629
72 鄺氏三修族譜　史 5 - 40318
鄺氏宗譜[江西吉安]　史 5 - 40313～5

鵬

50 鵬蟀吟 集 3-19880

鶮

15 鶮珠堂詩集 集 6-45025

鷓

00 鷓言内篇、外編、雜錄 子 4-21607
鷓言内篇、外篇、雜錄 叢 1-445
47 鷓鴣斑 叢 1-311
鷓鴣吟 集 4-23337
88 鷓銓詩稿 叢 2-694

0724_7 毅

00 毅亭先生揲蓍斷語 經 1-2402 子 3-13784
毅庵詩稿 集 3-17371
毅庵類稿 集 5-40442
毅齋文鈔 集 5-36374
毅齋詩集別錄 史 2-8780 集 1-3964 叢 1-265(5)、266
毅齋詩集別錄、家傳 集 1-3963
毅齋王先生文集(毅齋詩) 集 2-6605
毅齋集 叢 1-223(63)
毅齋經說 經 2-11489 叢 2-731(12)、816
毅齋遺集 集 5-36373 叢 2-1888
毅齋查先生闡道集 集 2-9240
毅齋奏議 叢 2-731(18)
毅齋奏疏 史 6-48277 叢 2-816
10 毅一子、外篇 子 5-32077
22 毅山詩集 集 4-25543
37 毅軍紀畧 史 1-3996
44 毅菴總督陜西奏議 史 6-48282
毅菴奏議 史 6-48224
60 毅圃先生(蔣式芬)年譜 史 2-12360
90 毅堂文稿 集 4-24428
毅堂詩鈔 集 3-19381
毅堂集 集 4-28211

0728_2 欸

08 欸論經旨 子 2-7222
80 欸氣集 集 3-14987

0732_7 鶊

17 鶊鷊巢詩存 集 5-39062

0733_8 戇

00 戇廬文集 集 5-35599
71 戇臣詩稿(戇臣出關草、輯遺、冠月樓詩、輯遺) 集 3-14779
77 戇叟詩鈔 集 3-13505
戇叟詩鈔、補遺 集 3-13506 叢 2-731(43)、787

0742_7 郊

00 郊亭偶見 子 4-20439
郊亭偶見存 集 2-12938
08 郊說 經 1-6146 叢 1-349
郊議錄 史 6-48206
21 郊韡集 叢 1-24(12)
23 郊外農談 史 1-4409 叢 1-22(21)
32 郊溪湯氏族譜[江西萍鄉] 史 5-36568
34 郊社禘祫問 經 1-163(1)、6135 叢 1-223(9)、241、242(4)、2-731(21)、1309
郊社考辨 經 1-6136
35 郊禮詳考 史 6-42208
37 郊祀奏議 史 6-48237
77 郊居詩鈔 集 6-44796
郊居遺稿 集 2-9931

郭

00 郭康介遺文 集 2-8491

郭廣文遺稿 集3－19556
郭文安公奏疏 史6－49174 叢2－1000
郭文簡公文集 集2－8970～1
郭襄靖公遺集 集2－9320
02 郭訓古文奇字 經2－15116
10 郭元釪詩 集3－17944
郭元釪詩選 集6－44441
郭天錫年歲考畧 史2－11388
郭石公詩集 集3－14445
郭西詩選 集6－44579
郭西小誌 史7－50329
12 郭璞山海經圖讃 史7－49307 叢2－767
郭弘農集(郭景純集) 集1－361～2,6－41694、98 叢1－183
郭水客稿 集6－45336
郭水容稿 集5－37331,6－45340
17 郭孟履集 集2－12638
郭子 子5－26224 叢2－774(10)
郭子章集 集2－5920,6－41935(3)
郭子翼莊 叢1－47、246、282(1)、283(1)
郭子翼莊(新刻郭子翼莊、翼莊) 子5－29255
郭子儀上壽 集7－52333
郭子式先生校刻書 史7－49329
20 郭秀下兩廣 集7－51309
郭季産集異記 子5－26841
22 郭山廟志、郭山廟籤詩 史7－51850
郭山張氏重修族譜[江西萬載] 史5－35230～1
郭山人集 集2－9118,6－41935(3)
23 郭外樓詩刻(郭外樓詩稿、郭外樓詩草) 集4－25106
郭允叔文鈔、詩鈔 集5－41426
24 郭侍郎洋務文鈔 史6－48978 叢1－523
郭侍郎奏疏 史6－48976～7
25 郭仲産荆州記 史7－49307、50657 叢2－767
26 郭侃傳辨 史1－2626
郭鯤溟集(鯤溟詩集) 集2－9467
28 郭給諫疏稿 史6－48162～3 叢2－731(18)、881
30 郭家池記 史7－49318(21)、53225
郭定襄伯集 集2－6525,6－41935(3)
31 郭源王氏分山志 史3－24587
郭源王氏分山志[江西浮梁] 史4－25323
34 郭汝承集 集2－11548
35 郭沛霖傳 史2－10029
38 郭祥山暨節母廖太夫人狀畧 史2－9835
40 郭大理遺稿 集4－27922
郭大理遺稿、芳堅館題跋 集4－27923
44 郭蘭石文鈔 集4－27925
郭孝童墓記畧 史7－51942 叢2－832(6)
郭華野疏稿、備員條畧、崇祀鄉賢錄、名宦錄、華野郭公年譜、誌銘、行述 史6－48679
郭若虛畫論 子3－14692、15886
郭村張氏宗譜[浙江淳安] 史5－34895
郭村錢氏宗譜[江蘇武進] 史5－40145
45 郭棟兒 集7－52332
46 郭柏蒼集 集4－32753
47 郭都賢南嶽詩文稿 集2－12244
50 郭中州禹門集 集3－14840
郭青螺先生崇論 子4－20551
郭青螺先生遺書、郭青螺年譜、垂陽館集、經傳正誤 集2－10080
郭忠節宛在堂集 集2－12544
60 郭界日記 叢1－307
郭昆燾行述 史2－10264
郭景純爾雅訂經 經2－11281
郭景純集 集1－361～2,6－43118
67 郭明龍稿 集2－10536
郭明經集 集5－39561
郭煦青詩文稿 集5－39843
71 郭巨埋兒行孝一段 集7－51443
72 郭氏玄中記 子5－26822 叢1－547(2),2－773(5)、2173
郭氏六修族譜 史4－32381
郭氏六修族譜[湖南衡陽] 史4－32373
郭氏族譜 史4－32382
郭氏族譜[廣東南海] 史4－32378
郭氏族譜[山東濰坊] 史4－32350～1
郭氏族譜[山東萊州] 史4－32352
郭氏族譜[山東歷城] 史4－32348～9
郭氏族譜[江西萍鄉] 史4－32335
郭氏族譜[河南新鄉] 史4－32353
郭氏族譜[浙江杭州] 史4－32283
郭氏族譜[湖南] 史4－32377
郭氏族譜[湖南零陵] 史4－32356
郭氏族譜[湖南邵陽] 史4－32376
郭氏族譜[四川隆昌] 史4－32379
郭氏聯珠集 集6－45070
郭氏致公支譜[湖南益陽] 史4－32357
郭氏重修族譜[江西盧陵] 史4－32347
郭氏重修族譜[江西吉安] 史4－32346
郭氏重修族譜[江西萬載] 史4－32339
郭氏續譜[湖南耒陽] 史4－32374
郭氏續修族譜[江西萬載] 史4－32343
郭氏續修族譜[湖南安化] 史4－32362
郭氏續修支譜[湖南沅江] 史4－32360
郭氏佚書六種 叢2－1894
郭氏傳家易說 叢1－223(2)、227(1)、312

郭氏傳家易說、總論　經 1-455　叢 2-731(9)
郭氏傳家易說 總論、總論　叢 1-230(1)
郭氏家譜[山西太谷]　史 4-32267
郭氏家譜[山西介休]　史 4-32266
郭氏家譜[湖南湘陰]　史 4-32363
郭氏之經　子 4-19841
郭氏宗譜　史 4-32380
郭氏宗譜[上海崇明]　史 4-32269～73
郭氏宗譜[安徽合肥]　史 4-32324
郭氏宗譜[江蘇如皐]　史 4-32274～5
郭氏叢刻十三種　叢 2-1868
郭氏古葬書、遺篇、集注　子 3-13260
郭氏葬經刪定　子 3-13139、13259
郭氏畫訓　子 3-15860、15885
郭氏易占　經 1-2357　叢 2-775(5)
郭氏粹編[江蘇常熟]　史 4-32282
86 郭知元切韻　經 2-13631、15137
88 郭筠仙侍郎條議　集 4-33216
90 郭光祿公(沛霖)年譜、行述　史 2-12180
郭光祿公家傳　史 2-10030　叢 2-2040
郭尚齋畫册　子 3-16757

鶉

22 鶉觚集　叢 2-827、1027

0748$_6$ 贛

10 贛石城縣志[順治]　史 8-58696
贛石錄　史 8-63952
32 贛州府志[康熙]　史 8-58598～9
贛州府志[天啓]　史 8-58597
贛州府志[道光]　史 8-58601
贛州府志[嘉靖]　史 8-58596
贛州府志[乾隆]　史 8-58600
贛州府志[同治]　史 8-58602
贛州府長寧縣採訪總册[同治]　史 8-58694
贛州失事記　叢 2-1261
贛州失事紀　史 1-3443
40 贛南方音考　經 2-14275
43 贛城吉安鄉祠圖考　史 7-51853
48 贛榆縣續志[民國]　史 7-56636
贛榆縣志[康熙]　史 7-56633
贛榆縣志[嘉慶]　史 7-56634
贛榆縣志[萬曆]　史 7-56632
贛榆縣志[光緒]　史 7-56635
50 贛中寸牘　史 6-47305
62 贛縣新志稿三編[民國]　史 8-58623
贛縣志[康熙]　史 8-58619
贛縣志[道光]　史 8-58621
贛縣志[乾隆]　史 8-58620
贛縣志[同治]　史 8-58622
90 贛省通志[光緒]　史 8-58468

0761$_0$ 訊

18 訊翂　集 7-49608
28 訊鮮錄　子 4-22542
訊鮮錄[光緒]　史 8-63369

詛

44 詛楚文　叢 1-145

諷

30 諷字室詩　集 6-44582
諷字室詩集　集 5-35026
88 諷籀餘錄　子 4-22708

0761$_3$ 譏

50 譏書　子 4-19896、19898　集 1-1644　叢 1-204、265(4)、292、416、468
譏書、譏書校　子 4-19899
譏書、附校　叢 1-291、293～4、478,2-731(11)

0761$_7$ 記

00 記方　子 2-9275
記文譚　叢 1-19(10)、21(9)、24(11)
10 記栗主殺賊事　叢 1-587(3)
13 記武州山石窟寺　史 7-51546

17 記乙亥翰詹大考(光緒元年) 叢 2-2061
18 記政錄 史 1-2982
21 記師口訣節文 子 3-13136、13413
記紅集、詞韻簡 集 7-48633
23 記外大父祝公遺事 史 2-8723
25 記傳題跋 史 2-7561
記朱一貴之亂 史 1-1995、3696
26 記吳逆始末 叢 2-1600
27 記嚮拓玉印譜 史 8-65113
記急救呑生鴉片煙歷試善法、記救悮呑諸毒法 子 2-9957
記疑 經 1-1178
33 記述奏對 史 6-48427
37 記潞河白大司空軼事、神道碑銘 史 2-9697
記潞河白母劉太夫人軼事 史 2-9561
記過齋文稿 集 4-31338 叢 2-1826
記過齋叢書七種 叢 2-1826
記過齋藏書七種 叢 2-1826
記過齋贈言、言行畧、崇祀鄉賢錄 史 2-10209 叢 2-1826
38 記海錯 子 4-19452 叢 2-1596
40 記存草 集 3-21359
記存草節錄 集 3-21360
記李中堂遇刺事 史 2-10280
44 記夢四則 叢 2-1823
記荔枝一枝 叢 1-22(27)
記英俄二夷搆兵 史 7-49339、54768、54771
記英吉利求澳始末 史 6-45109
記某生爲人雪冤事 子 5-26685
記某生爲人雪冤事 叢 1-587(4)
記某生爲人唆訟事 子 5-26680 叢 1-587(3)
47 記桐城方戴兩家書案 史 1-1995、3661 叢 2-611
48 記救悮呑諸毒法 子 2-9957
50 記事珠 史 2-13249 子 4-22358、22372、5-24963～6、25367、25369～70、26887 集 6-44970 叢 1-22(24)、29(4)、30、148、154、255(2)、564、2-624(1)、1373、1979
記事珠、引釋 子 5-25366
記事珠選 子 5-25368
記事錄 史 6-43156
60 記里鼓(清咸豐三年) 史 2-13001
64 記咦咭唎求澳始末 叢 1-310
77 記聞類編 子 4-23552 叢 1-496(8)
記問邇言 子 1-3946、4-24475
80 記羊城玉豬 史 8-65148
86 記錦裾 子 4-18860 叢 1-22(19)、23(18)
記錦裾(錦裙記) 叢 1-29(4)
88 記纂淵海 子 5-24833～6 叢 1-223(43)
記纂淵海補集 子 5-24837
90 記憶方詩 子 2-9996
記憶術 子 7-37946
91 記類數 子 4-24689

0762_0 訒

00 訒庵詩文稿 集 5-40928
訒庵詩存 集 3-21146、5-41404
訒庵詩鈔 集 3-14522、5-40927
訒庵叢錄 子 4-24725
訒庵遺詩 集 3-13112
訒庵遺稿 集 5-34932 叢 2-934
訒庵真稿、文稿 集 3-14523
訒齋詩草 集 2-11509
訒齋遺稿 集 5-33912
訒齋隨筆 子 4-21508
44 訒莽集古印存 史 8-64949
80 訒盦藏詞目錄 史 8-66391

詞

00 詞章典故韻編 子 5-26204
01 詞評 集 7-48693 叢 1-14(3)、25、36～7、94、119～20、147、181、364、2-731(49)
02 詞話 叢 1-282(3)、369、2-1309
詞話叢鈔 集 7-48743
06 詞韻 集 7-48671
詞韻、論畧 集 7-48672
詞韻、古韻通畧 集 7-46350
詞韻考畧 集 7-48717～8 叢 2-720(6)
詞韻括畧 集 7-48439
詞韻畧 集 7-48677
詞韻簡 集 7-48633～4
08 詞說 叢 2-644
詞論十三則 集 7-48494
詞譜 集 7-48636、48641、48666 叢 1-227(11)
11 詞麗以則 叢 1-564
18 詞致錄 集 6-42829
詞致錄選 集 6-42830
20 詞集遺編 集 6-45057
詞統源流 集 7-48705 叢 1-195(4)、421、2-731(49)
詞稿初鈔 集 4-22336
21 詞旨 集 6-45486、45491、7-48690 叢 1-

中國古籍總目書名索引

13、14(3)、22(14)、23(14)、25、195(4)、216、242(5)、353，2-622、720(6)
詞旨記要　叢2-2265
詞旨叢說　集7-48646
詞比　集7-48657～8
22 詞彎　集7-50599
23 詞綜　集7-48536～7　叢1-223(73)、227(11)，2-698(13)
詞綜、明詞綜、國朝詞綜、國朝詞綜二集　集7-48538
詞綜發凡　叢1-373(7)
詞綜偶評　集6-45860
詞綜補遺　集7-48512
24 詞科試卷　集3-19439
詞科舊稿　叢2-1038
詞科掌錄、詞科餘話　史3-13489
詞緯　集7-48498
25 詞律　集7-48647、48650
詞律、詞律拾遺、詞律補遺　集7-48648～9　叢2-698(17)
詞律、目錄　叢1-223(73)
詞律補案　集7-48656
詞律補遺　集7-48652
詞律補遺、詞畹　集7-48651
詞律校勘記　集7-48655　叢1-474
詞律拾遺　集7-48653～4
27 詞名集解、續編　集7-48724　叢2-1461～3
詞的　集7-46347、48480
詞鵠初編　集7-48635
詞約　集7-48590
30 詞家辨證　集7-48704　叢1-195(4)，2-731(49)
詞家玉律　集7-48637
31 詞源　集7-46349、48684　叢1-265(6)、274(5)、353、456(4)、486，2-698(17)
詞源、記　集7-48685　叢1-346，2-1741～2
詞源王氏宗譜[江西婺源]　史4-25348
詞源校正　集7-48722
詞源斠律　經2-13327　叢2-2143
37 詞潔、前集　集7-48513
詞選　經1-2318　集7-48492、48508、48521　叢1-327，2-697、698(13)
詞選、續詞選　集7-48520　叢2-1615
38 詞海評林　集7-48631
詞海遺珠　集6-42192
40 詞壇紀事　集7-48703　叢1-195(4)，2-731(49)
詞壇叢話　集7-48507
詞壇艷逸品　集7-48479
詞壇合璧　集7-46347
41 詞垣日記　史6-42878
詞概　集4-26090　叢2-2270(3)
42 詞媛姓氏錄　史2-7715　叢1-496(4)
44 詞藻　集7-48706～7　叢1-195(4)，2-731(49)
詞苑聯珠　子5-25945
詞苑叢談　集7-48709　叢1-223(73)、453，2-731(49)
詞苑萃編　集7-48723
詞苑英華　集7-46348
詞苑撰文　集6-44384
詞菁　集6-41750，7-48488
詞蒳　叢2-2142
詞林韻釋　集7-46349、48669～70、54842　叢1-456(4)、519，2-698(17)、731(24)
詞林正韻、發凡　集7-48679　叢1-435
詞林紀事　叢2-720(5)
詞林紀事、樂府指迷、詞旨、詞韻考畧　集7-48717
詞林逸響　集7-54600
詞林海錯　子5-25049～52
詞林海錯類選　子5-25053
詞林萬選　集7-46348、48474
詞林摘豔(重刊增益詞林摘豔)　集7-54596
詞林典故　史6-42873、42875　叢1-223(26)
詞林典腋　經2-13912～3
詞林輯畧、姓氏韻編　史3-13492
詞林拾遺　叢2-2255
詞林分類次韻便讀三字錦　經2-13446
詞林合璧　子5-25302
55 詞曲(崑曲雜抄)　集7-54690
56 詞覯　集7-48540
57 詞繫、調名彙辨、逸詞備考、宋樂類編、宮譜錄要、詞旨叢說　集7-48646
60 詞品　集6-45486，7-48725　叢1-22(14)、23(14)、195(4)、351、353、368～9，2-622、731(49)、1092
詞品、拾遺　叢1-282(3)、283(3)、353
詞品拾遺　叢2-1092
63 詞賦　集3-17062　叢2-2073
77 詞腴(歷代詞腴)　集7-48586
詞學　叢2-1462～3
詞學辨體、調亡諸體舞隊詞二十體擷春主人自著詞論二十則補遺續集　集7-48750
詞學辨體式　集7-48678
詞學論畧　集7-48439
詞學集成　集7-48740
詞學肄言　叢2-2270(3)
詞學叢書　集7-46349

詞學標準　集 7-48729
詞學全書　集 7-46350
詞學筌蹏　集 7-48692
78 詞膾　叢 1-378
80 詞人姓氏爵里表　集 7-48539
詞人姓氏爵里表、詞綜作者異同表、同調異名錄　史 2-6978
詞鏡平仄圖譜　集 7-48644
83 詞館剩稿　集 4-22025
88 詞餘　集 7-50650
詞餘偶抄　集 7-54620
詞餘叢話、續　集 7-54861　叢 2-2046
詞餘協律、詞韻畧　集 7-48677
89 詞鈔後集　集 7-48326
92 詞削　集 7-48664

詢

25 詢紳錄　子 4-23064
44 詢蒭錄　叢 1-22(23)、87,2-730(1)、731(24)、1069

調

00 調疾飲食辨、飲食辯諸方緘線　子 2-5876
調疾飲食辯　叢 1-408
調亡諸體舞隊詞二十體擷春主人自著詞論二十則補遺續集　集 7-48750
01 調謔編　子 5-27380　叢 1-22(6)、23(6)、29(5)、154、181
10 調元樂　集 7-49661
16 調理方　子 2-10092
17 調刁集　集 2-11179
21 調經法門　子 2-8049
調經刺要　子 2-10261
23 調晥紀行草　集 3-17894
27 調象菴稿　集 2-10247、10253～4
調身圭臬圖說　子 2-11212
調名彙辨　集 7-48646
30 調實居士證源錄　子 6-32091(80)
33 調治傷寒論　子 2-6617
調治傷寒論脈訣　子 2-6742
37 調運齋文鈔、調運齋集　集 3-13673
調運齋詩文隨刻、圓沙和陶詩　集 3-13672
調運齋詩文隨刻、圓沙和陶詩、調運齋文鈔　集 3-13677
調運齋詩集、籛後老人八十以後詩、解脫翁八十以後詩　集 3-13671
調運齋集　集 3-13668
調運齋集文十篇　集 3-13674
40 調查延吉邊務報告書　史 6-45624
調查委員歐本麟赴吉江兩省調查鹽務利弊　史 6-43818
調查川省商事習慣報告書　史 6-43999
調查各國銀行義例滙鈔　子 7-37265
調查日本部郵電學校報告書　子 7-36754
調查日本郵電學堂報告書　史 6-42587
調查日本裁判監獄報告書　史 6-46306　子 7-36657
調查日本裁判情形　史 6-46059
調查財政條欵　史 6-43232
調查財政條款　史 6-43238
調查戶口章程講義　史 6-44529
調查閩省鹽務紀畧　史 6-43894
41 調圩集　集 3-18443
48 調梅鼎禪師語錄　子 7-34349
50 調春戲姨　集 7-52498
調素軒詩鈔　集 4-23788
51 調攝　子 2-4585
71 調原醫案　子 2-10765
72 調兵一枝　集 7-50996
80 調氣煉外丹圖經　子 2-11233
調氣煉外丹圖注　子 2-11232
88 調笙館曲譜　集 7-54786
95 調精忠　集 7-52299
99 調燮靈文　子 3-13062
調燮類編　子 2-10970　叢 1-404、453,2-731(4)

讕

00 讕言　子 1-327　叢 2-774(8)
讕言瑣記　子 4-21738　叢 2-788
讕言編　子 4-20300　叢 1-87,2-730(1)
讕言長語　子 4-20298～9　叢 1-22(23)、109、111(4)、223(41)

0762_2 謬

00 謬言　子 4-20570　叢 2-1147～9
謬言意言附識　子 1-1645　叢 2-1595
44 謬莫子集　集 4-32107

86 謬知編、續、再續　叢 2－1750

0762_7 誦

00 誦高王經義　子 7－35028
誦高王觀世音經感應　子 7－34657
誦度人經應驗　子 5－29530(2)
誦文選記　叢 2－2270(3)
04 誦詩一隅　經 1－4095
誦詩審記　叢 2－2270(4)
誦詩樓詩鈔　集 4－27454
誦詩隨筆　經 1－4463～4
誦詩小識　經 1－4434　叢 2－886(1)
17 誦習管窺　叢 2－1889
21 誦經私記　叢 2－2270(4)
誦經科儀　子 7－33783
誦經威儀　經 2－8580～2
誦經感應　子 5－29530(1),7－33005
24 誦贊八戒　子 7－35946
35 誦清閣詩鈔　集 6－42003
誦清閣集　集 4－30019
44 誦芬詩畧　集 4－32761
誦芬詩畧、八旬自述百韻詩　集 4－32762　叢 2－1869
誦芬集　叢 2－994
誦芬室詩畧、八旬自述百韻詩　叢 2－990
誦芬室叢刊二十二種　叢 2－672
誦芬草堂手録正蒙四書　經 2－10821
誦芬書屋文集　集 5－38093
誦芬書屋詩稿　集 3－20147
誦芬書屋算稿　子 3－12860～1
誦芬書屋小稿四種(詠譚室詩草、古城行草、晉卿小草、清芬寮小草)　集 5－38196
誦芬書屋小草　集 5－38195
誦芬拾遺　集 3－15303
誦芬館詩鈔　集 5－35138
誦芬録　史 2－8266,4－32590
誦芬録[浙江紹興]　史 4－28738
誦芬堂文稿八編　集 5－41146
誦芬堂詩草　集 5－37690
誦芬堂詩鈔、二集、三集、四集、文稿　集 4－26449
誦芬堂詩鈔、二集、三集、四集、五集、文稿　集 4－26450
誦芬堂草　集 3－19326
誦芬堂書劄　集 5－41147
誦老私記　叢 2－2270(2)
54 誦持經咒祕密總持儀軌　子 7－32110
65 誦味錄　子 1－2624
88 誦餘稿　集 2－8598

謅

44 謅者詩稿　集 4－23677

謞

22 謞觚　叢 1－269(4)、270(3)、271、272(2),2－731(7)
謞觚十事　史 7－51281　子 4－22305　叢 2－1274～6

部

08 部議各省土藥章程　史 6－43577
部議軍需善後報銷辦法章程　史 6－45198
部議鐵侍郎查辦鹽務各局卡原奏清單　史 6－43782
30 部定舉貢録用知縣並優貢録用知縣佐雜等官補缺章程　史 6－42766
部案　史 6－47450
45 部執異論　子 6－32081(38)、32083(25)、32085(37)、32088(27)、32089(46)、32090(52)、32091(50)、32092(34)、32093(30)
50 部本簽式　史 6－42722
60 部目分韻　叢 2－1517
部異執論　子 6－32086(43)
67 部畇府君(王甲榮)年譜　史 2－12352
81 部頒辦捐章程　史 6－44624

0763_2 認

01 認龍天寶經葬乘至寶經、金函經、穴法賦、雪心賦　子 3－13503
30 認字測　子 4－20559
認字叢鈔　經 2－13546
35 認禮切要　子 7－35985～6
40 認真子集、太保朱公哀全集、太保朱公年譜　集 2－6804
認真草　集 2－11357　叢 2－731(45)、782(3)
80 認金梳孤兒尋母　集 7－48774(8)、49060

認父救椿寶卷(雙玉玦、雙玉玦寶卷)　集7-54425

0764_0 諏

40 諏吉新書　子3-14481　叢1-504
諏吉便覽　子3-14511
諏吉便覽寶鏡圖　子3-14513
諏吉彙纂　子3-14519
諏吉寶鏡　子3-14509
諏吉述正　子3-14525
諏吉畧記　叢1-373(6)
56 諏擇祕典、諏擇曆眼　子3-14471

0764_7 設

12 設孤書　子3-17943
78 設險守邊圖說　叢1-46

謏

29 謏秋集　集6-44643
77 謏聞續筆　史1-1972、4453～4　叢2-735(5)
謏聞隨筆　子4-23122
謏聞錄　叢2-2265

0766_1 譫

01 譫語　子4-22617

0766_2 詔

27 詔歸集　集2-9242　叢2-1105
30 詔安縣志、志餘[康熙]　史8-58377
詔安縣志[民國]　史8-58378
43 詔獄慘言　史1-2991
詔獄慘言、天變邸抄　叢1-269(3)、270(2)、272(3)
50 詔書蓋璽頒行論　史1-1991、4190
77 詔舉孝廉方正錄(錢大昭)　史2-9569

韶

22 韶山孫氏譜記[湖南韶山]　史5-33685
韶山孫氏譜記[湖南湘潭]　史5-33681
韶山毛氏瑺公房譜[湖南韶山]　史4-25646
韶山毛氏鑒公房譜[湖南韶山]　史4-25645
32 韶州府志[康熙]　史8-60877～8
韶州府志[嘉靖]　史8-60876
韶州府志[光緒]　史8-60879
韶溪詩集　集4-25384
韶溪詩鈔　集4-25385
77 韶聞詩鈔　集3-14841
80 韶舞九成樂補　經1-6409　叢1-223(14)、273(3)、284、306,2-731(36)

0766_8 諮

00 諮訪册　史6-42740
08 諮議局章程講義　史6-41778
諮議局籌辦處調查報告書　史6-41773

0767_2 謠

01 謠語　子4-19488

0821_1 旎

20 旎香詞　集4-23762

0821_2 施

00 施文晏文集　集5-37968
施註蘇詩、總目、注蘇例言、王注正譌、蘇詩續補遺　叢1-223(52)
施註蘇詩、總目、注蘇姓氏、注蘇例言、王註正譌、宋史本傳、東坡先生墓誌銘、東坡

先生年譜、續補遺補註、總目 集1-2503
施註蘇詩、目録、王註正譌、續補遺、東坡先生年譜 叢1-217
施註蘇詩、目録、續補遺補註、王註正譌、東坡先生年譜 集1-2502
04 施諸餓鬼飲食及水法並手印 子6-32093(37)
07 施設論 子6-32084(31)、32085(55)、32086(66)、32088(41)、32089(47)、32090(53)、32091(52)、32092(35)、32093(29)
08 施放礮書 子7-36228(6)
施放行營礮章程 子7-36228(6)
10 施一切無畏陀羅尼經 子6-32091(38)
13 施武陵集 集2-8379,6-41935(2)
20 施信陽文集 集2-8253
施秉縣志[民國] 史8-62264
21 施仁義劉弘嫁婢雜劇 集7-48774(6)、48982
22 施山公心畧 子1-3090、3906
施山公兵法心畧、火攻圖式 子1-3082
施山公兵法心畧、火攻圖式、水攻 子1-3905
24 施先生孟子發題 集1-3215
施侍讀(閏章)年譜、矩齋先生傳 史2-11693
26 施程五局 子3-17962、18113
28 施徐氏宗譜 史4-32195
30 施注蘇詩、續補遺 集1-2501
施注蘇詩、總目、續補遺 叢1-227(9)
施案奇聞 子5-28697
33 施梁三局 子3-17962、18112
34 施汝鵬墨跡 子3-15478
40 施南府志[道光] 史8-60387
施南府志[同治] 史8-60388
施南府志續編[光緒] 史8-60389
48 施松歎 集4-30512
50 施忠愍公遺集 集2-11704
60 施愚山詩選 集6-41970
施愚山先生(閏章)年譜 史2-11694 叢2-1288
施愚山先生外集 叢2-1288
施愚山先生外集(學餘堂外集) 集3-14053
施愚山先生遺集 集3-14054
施愚山先生別集 集3-14055 叢2-1288
施愚山先生學餘文集、學餘詩集 叢2-1288
施愚山先生學餘堂文集、詩集(學餘堂文集、詩集) 集3-14052
施愚山先生全集五種附一種 叢2-1288
72 施氏詩說 經1-3607、4818 叢2-774(3)
施氏族譜[廣東順德] 史4-30919
施氏統宗正傳家譜[安徽歙縣] 史4-30916
施氏家乘[上海] 史4-30859
施氏家乘[江蘇蘇州] 史4-30870
施氏家風述畧、續編 叢2-1288
施氏宗譜[上海崇明] 史4-30861～3
施氏宗譜[上海松江] 史4-30860
施氏宗譜[江蘇溧陽] 史4-30866
施氏宗譜[江蘇常州] 史4-30864
施氏宗譜[浙江安吉] 史4-30883
施氏宗譜[浙江湖州] 史4-30879
施氏七書講義 子1-3018
施氏著書四種 叢2-1569
施氏世譜 史4-30923
施氏世譜[福建雲霄] 史4-30917
施氏世譜前編、正編[江蘇蘇州] 史4-30869
75 施陳宗譜[安徽六安] 史4-33183
77 施閏章詩 集6-41973
80 施八方天儀則 子6-32093(38)
施會元彙選歷代名文通考便讀評林 集6-42861
施公案 子5-28702 集7-51244
施公案三傳 子5-28704
施公案後傳 子5-28703
施公案四傳 子5-28706
施公案全傳十傳 子5-28712
施公案前傳 子5-28700
施食獲五福報經 子6-32091(24)
施食畧解(蒙山施食畧解)、放生儀 子7-35046
施食合璧 子7-32111
92 施燈功德經 子6-32083(12)

0821_4 旌

10 旌西金鼇江氏宗譜[安徽旌德] 史4-26896
14 旌功錄(于謙) 史2-8864
旌功錄(于忠肅公旌功錄) 史2-8863
22 旌川西溪朱氏家譜[安徽旌德] 史4-26667
旌川縣前姚氏家譜[安徽旌德] 史4-31209
旌川周氏宗譜[安徽旌德] 史4-30076
24 旌德方氏統修宗譜[安徽旌德] 史4-25850
旌德黄氏族譜[安徽旌德] 史5-33910

旌德縣續志[道光] 史 7-58130
旌德縣志[順治] 史 7-58127
旌德縣志[嘉慶] 史 7-58129
旌德縣志[萬曆] 史 7-58126
旌德縣志[乾隆] 史 7-58128
44 旌孝錄 史 2-6963
旌孝錄(韓其煌) 史 2-9452
旌孝堂醫案 子 2-10883
50 旌忠錄 史 2-9186 集 2-12258
旌忠錄(陳良謨) 史 2-9131
旌表烈婦吳胡氏事述 史 2-10171
旌表烈婦錄(胡品霞) 史 2-10676
旌表上海縣節孝貞烈闡幽錄 史 2-7757
旌表孝子李茂才(學侗)歸喪記 史 2-10083
旌表孝義儒林郎鳳羽雷公(顯宗)傳 史 2-9318
60 旌異記 子 5-26854 叢 1-22(20)、23(19)、27~8、249(3),2-731(50)
76 旌陽許沖張氏續修宗譜[安徽旌德] 史 5-35171
旌陽石函記 子 5-29540、31036
旌陽張氏續修宗譜[安徽旌德] 史 5-35169~70
旌陽張氏續修宗譜上卷[安徽旌德] 史 5-35170
旌陽張氏通修宗譜[安徽旌德] 史 5-35172
旌陽張氏通修宗譜上卷[安徽旌德] 史 5-35172
旌陽朱氏宗譜[安徽旌德] 史 4-26668
旌陽朱氏鬮分支譜[安徽旌德] 史 4-26669
旌陽吳氏家譜[安徽旌德] 史 4-28092
旌陽程氏宗譜[安徽旌德] 史 5-36141~2
旌陽李氏宗譜[安徽旌德] 史 4-27314、27316
旌陽華坦方氏宗譜[安徽旌德] 史 4-25851
旌陽曾氏宗譜[安徽旌德] 史 5-36613
旌陽饒氏宗譜[安徽旌德] 史 5-41322
旌陽舒氏宗譜[安徽旌德] 史 5-36320
80 旌義編 叢 2-859
旌義包氏宗譜[浙江東陽] 史 4-26190
88 旌節錄 叢 1-352

0822_1 旂

22 旂山翁文集 集 2-6614
44 旂地則例 史 6-47373

0823_2 旅

00 旅庵和尚本月奏對語錄 子 7-34240
旅庵奏對錄 子 7-34241
旅齋府君壬子以後詩 集 5-37280 叢 2-2094
01 旅譚 子 4-21620 叢 2-1972
21 旅順失守後軍務大概情形 史 6-45623
旅行述異 子 7-38026
旅行日記 史 7-49357、54108
旅行筆記 史 7-49357、54109
30 旅寓集 子 3-13361
旅窗懷舊詩 集 5-34757
32 旅浙江蘇鐵路協會章程 史 6-44286
33 旅滬吟草 集 5-39787
37 旅逸續稿 集 4-27579
旅逸小稿 集 4-27578
38 旅遊小草 集 4-33537~8
44 旅燕集 集 2-9242 叢 2-1105
旅草 集 3-15262
旅菴奏對錄 叢 1-480
50 旅中稿 集 2-10581,6-45128
旅中草 集 4-26853
旅書 子 4-24439 叢 1-202(7)、203(13)
77 旅居十景詩 集 2-9407
80 旅舍備要方 子 2-4623、9136 叢 1-223(33)、273(4)、275、377、394、448,2-731(29)
旅食賢已錄 子 4-23230
90 旅懷小草 集 4-31146
旅堂詩選 集 3-13890
旅堂集 集 3-13889

0823_3 於

30 於密滲宋元三尊宿做工夫因緣邪正註、於密滲參禪諸偈、於密滲禪病偈、海虞三峯於密藏和尚普說、次栯堂禪師山居詩四十首、三峯三十景詩 子 7-32954
於密滲提寂音尊者智證傳 史 2-8595
31 於潛縣志[康熙] 史 7-57177
於潛縣志[嘉慶] 史 7-57178
於潛縣志[光緒] 史 7-57179
於潛令樓公進耕織二圖詩 子 1-4098 叢 1-244(3)、249(1)

於潛令樓公進耕織圖詩　叢1-395,2-731(30)
42 於斯閣詩鈔　集4-24310
於斯堂詩集　集2-11984,4-25222
於斯堂詩草　集4-23932
43 於越先賢傳　子3-16352
於越先賢像傳贊　史2-8047
於越有明一代三不朽圖贊　史2-8046
74 於陵子　子1-19～20、35、39～41、44、58、61,4-19511、19626～9　叢1-98,2-731(11)
於陵尹氏族譜[山東淄博]　史4-25908
於陵曹氏族譜[山東鄒平]　史5-34236

0823_4 族

08 族譜新式說　叢2-2012
族譜誌畧　叢2-919
族譜稿存　叢2-843
族譜志畧　集6-44983
族譜擬稿　集4-30918
族譜學概要　叢2-2266
37 族祖楚嶼先生(朱之瑜)家傳　史2-9177
41 族帳部曲錄　史1-2595

0824_0 放

00 放齋詩說　經1-3619～20
放言　子4-21512　叢2-1765
放言百首　子4-21515　叢2-1857
放言櫄抄　集6-46100
放言居詩集　集3-17150,6-45066
10 放下吟稿　集3-13514
25 放牛經　子6-32083(20)
放生辨惑　叢1-30
放生辯惑　子4-24156　叢1-22(25)
放生儀　子7-32099、35043、35046
放生儀軌　子7-35041～2
放生殺生現報錄、慎齋先生年譜　子7-34687
放生八鏡　子7-32111
放生義　子7-34925
放生會約　叢1-201、203(6、18)
26 放白鴿　集7-52797
33 放浪閒吟詩草、無稽錄、覺非集、拋磚引玉集　集4-31472
38 放遊錄　史7-54074
44 放猿桐江江山合刻(放猿集、桐江集、江山風月集、船庵詞)　集4-29143
46 放楊枝北調　集7-49459
47 放鶴亭文集　集3-14844
放鶴山人詩鈔　集4-30091
67 放鴨亭小稿、環溪詞　集3-18998
71 放蠶俚歌　子1-4435、4452
77 放風箏一枝　集7-51004
放月齋詩稿　集5-33831
放鷴亭稿　集3-14878
80 放翁詩集　集1-3442,6-41779～80
放翁詩選　集1-3455、3458,6-41781　叢1-223(56)
放翁詩鈔　集1-3449
放翁詞　集7-46352、46380、46582　叢1-223(73),2-698(13)、720(2)
放翁先生詩鈔　集1-3445,6-41902
放翁先生劍南詩稿、目錄　集1-3436
放翁家訓　子1-2105　叢1-244(5)、435,2-731(20)
放翁逸稿　集1-3439　叢1-223(56)、227(9),2-698(10)、1037
放翁逸稿續添　集1-3440
放翁七律　集1-3451
放翁題跋　子3-15280　叢1-169(4)、435,2-731(34)
放羊歌　集7-53139
放養山蠶法　子1-4442
85 放鉢經　子6-32083(6)、32089(7)
90 放光摩訶般若波羅蜜經　子7-32313
放光般若經　子6-32084(1)、32093(13)
放光般若波羅蜜經　子6-32081(1)、32083(2)、32085(1)、32086(1)、32088(1)、32089(2)、32090(1)、32091(1)、32092(1),7-32314

0824_7 旂

40 旂檀佛西來歷代傳說記　子7-34778
旂檀佛像碑記小箋　史8-64723
旂檀保産萬全經　子2-8079
旂檀閣詩集　集2-12952　叢2-639
旂檀閣詩鈔　集4-22919
44 旂蒙作鄂游申日雜作　集4-31114
旂蒙作鄂游申日襍作(清光緒十一年)　史2-12777
旂林記畧　史7-49318(3)
旂林紀畧　史7-51108　叢1-373(8)、496(4)
73 旂陀越國經　子6-32083(22)

77 旂鳳堂偶集 集 2－12102

0828_1 旋

30 旋宫合樂譜 經 1－6476、6584～6
32 旋溪吳氏支譜[江西婺源] 史 4－28111
47 旋朝集 叢 2－972
77 旋風案六段 集 7－51605
旋風案十六部 集 7－51333

旗

00 旗亭讌 集 7－49339
旗亭偶集 叢 2－1889
旗亭題壁 集 7－49705
旗亭館 集 7－49357
18 旗務集覽 史 6－42919
旗務積畧 史 6－42918
旗務志畧 史 6－42917
22 旗山丁氏宗譜[浙江東陽] 史 4－24653
37 旗軍志 史 6－45158 叢 1－195(3)、201、203(4),2－785
76 旗陽林氏三先生詩集 集 6－45016

0832_7 鶩

22 鶩峯詩鈔 集 4－33561

0844_0 效

21 效颦集 子 5－26986～7 集 1－4705,3－19631,7－54820 叢 1－21(11)
效颦草 集 4－25233,5－41672
77 效學樓述文 集 5－40517
78 效驗至寶方、筆記藥方 子 2－9800

敦

00 敦庵詩鈔、東遊贈言 集 5－38637
敦庵集 集 3－19385
敦交集 集 6－41931、43667 叢 2－625
敦交集、補、續補 集 6－43668
20 敦信堂詩集(調圩集) 集 3－18443
24 敦化堂新刻藏稿 集 2－12225
26 敦皇石室經卷中未入藏經論著述目錄 子 7－34861
28 敦倫要道 叢 1－119～20
敦復齋文集 集 4－29024
敦復齋詩集 集 4－29022～3
敦復齋集 集 4－29021
敦復自省錄 叢 2－795
敦復自省錄存 集 4－31804
敦復堂文集 集 4－31053 叢 2－2075
敦復堂三種 叢 2－2075
40 敦古堂擬古雜文 集 3－18292
42 敦樸堂簡明評點三禮春秋三傳鈔 經 2－11897
47 敦好齋律陶纂 集 1－445
敦好齋藏漢碑題跋輯畧 史 8－64552
敦好堂詩集 集 3－15965
敦好堂旅草 集 3－14673
敦好堂論印 子 3－16776、16819
敦好堂集(敦好堂詩鈔) 集 3－14032
敦好堂印證 子 3－16818
48 敦教堂詩鈔 集 4－30030
敦教堂詩鈔、續刻 集 4－30029
50 敦本堂詩稿 集 3－19096
敦本堂課藝 集 4－23556
敦本堂程氏世譜[江蘇南京] 史 5－35982
敦書咫聞 叢 2－2230
敦書咫聞、瀛洲咫聞 子 4－21936
敦素園七子詩鈔 集 6－41980
敦素堂文集 集 5－35340
敦素堂詩集 集 5－35339
敦素堂詩鈔 集 4－27192～3
敦素堂范氏世系[浙江紹興] 史 4－29447
52 敦拙堂詩集 集 3－21013
64 敦睦堂沈氏源流族譜 史 4－29133
70 敦雅堂詩詞稿 集 5－34662
敦雅堂詩集 集 4－26851
敦雅堂詩鈔 集 5－34661
71 敦厚堂近體詩 集 3－14366
77 敦夙好齋詩集 集 4－32049、32053,6－42008
敦夙好齋詩稿 集 4－32052
敦夙好齋詩續編 集 4－32051
敦夙好齋詩初編 集 4－32050
敦夙好齋筆記 子 4－21707
敦夙堂集 集 4－30687
敦艮齋雜篇 子 1－1657
敦艮齋詩存 集 4－32643

敦艮齋遺書　集 3－21909～10
敦艮齋遺書九種　叢 2－1624
敦艮齋劄記　子 1－1656
敦艮古齋文存、詩存　集 4－32216
敦艮吉齋文存、詩存　集 4－32215
敦艮吉齋文鈔、詩存、詩存補遺　叢 1－561
敦艮吉齋詩文存　集 4－32214
敦艮堂文集、詩集　集 4－22578
80 敦義編　集 6－44012
96 敦煌雜鈔　史 7－49346
敦煌雜鈔、敦煌隨筆　史 7－51175
敦煌新出唐寫本提要　史 8－66360　叢 2－2248
敦煌新錄　史 1－2356
敦煌零拾　叢 2－603
敦煌石室記　史 8－66357
敦煌石室碎金　叢 2－604
敦煌石室經卷中未入藏經論著述目錄、疑偽外道目錄　叢 2－611
敦煌石室遺書三種　子 5－28938
敦煌石室遺書十三種　叢 1－589
敦煌石室真蹟錄　子 3－15842
敦煌石室錄四種　叢 1－591
敦煌石室卷中未入藏經論著述目錄、疑偽外道目錄　史 8－66356
敦煌寫本毛詩詁訓傳　經 1－3547
敦煌實錄　史 1－2358
敦煌祕籍留真新編三十四種　叢 2－750
敦煌遺書第一集四種　叢 2－676
敦煌遊記　史 7－49357
敦煌古寫本說苑殘卷校勘記　叢 2－2274
敦煌古寫本毛詩校記　經 1－3543　叢 2－2194
敦煌古寫本周易王注校勘記　經 1－292　叢 2－630
敦煌縣鄉土志[光緒]　史 8－63152
敦煌縣志[道光]　史 8－63150
敦煌縣志[乾隆]　史 8－63149
敦煌縣志[民國]　史 8－63151
敦煌長史武班碑　史 8－63517、64569
敦煌隨筆　史 7－49346
敦煌周易殘卷　經 1－293

0861_1 詐

47 詐妮子調風月　集 7－48765、48789　叢 2－720(3)

0861_4 詮

27 詮解封神演義　子 5－28846
37 詮次四書翼考　經 2－10452
81 詮敍管子成書　子 1－3984

0861_6 說

00 說齋小集　集 6－41894(2)
說庫一百七十種　叢 2－624(1)
說唐三傳薛丁山征西　子 5－28050
說唐後傳二種(別本說唐後傳)　子 5－28042
說唐傳征西三集　子 5－28048
說唐薛家府傳　子 5－28042～3
說唐前傳　子 5－28037～8
說唐小英雄傳　子 5－28042、28044
說文　經 2－12091～2、15142　叢 1－236～7
說文廣詁　經 2－12206
說文廣義　經 2－12112～3、12115　叢 2－1292～3
說文廣義校訂　經 2－12114
說文賡簒　經 2－12686、15138
說文辨疑　經 2－12216、12726、12730、15136　叢 1－586(2),2－716(2)、731(23)、1860～1
說文辨疑、條記　經 2－12217、12721　叢 1－495、558
說文辨似、續編　經 2－12347
說文辨字正俗　經 2－12215、12348
說文辨通刊俗　經 1－149,2－12289
說文辨異　經 2－12253、12725
說文辨義初稿　經 2－12353
說文音釋　叢 2－2269
說文六書論集　經 2－12543
說文雜註長編　經 2－12251
說文雜識　經 2－12708　叢 2－1985
說文訂訂　經 2－12063～4、12726
說文諧聲　經 2－12470
說文諧聲譜　經 1－163(2),2－12485
說文諧聲後案　經 2－12497
說文諧聲表　經 2－12525
說文諧聲舉要　經 2－12502
說文諧聲孳生述　經 2－12516　叢 1－517
說文證異　經 2－12295
說文譌字　經 2－12297

說文新附攷　經 2－12210、12257～8
說文新附攷、說文逸字、附錄　經 2－12259
說文新附攷、續　經 2－12731
說文新附攷、續攷　經 2－12211
說文新附攷、續攷、札記　經 2－12212、730
說文新附攷校正　經 2－12248、12726
說文新附攷札記　經 2－12213
說文新附通誼　經 2－12127
說文新附通正　經 2－12362
說文新附考　叢 1－433、440～1、526,2－731(22)、1814
說文新附考、續考、札記　叢 2－731(22)
說文新附明辨錄　經 2－12366
說文讀若字考、說文讀同字考　經 2－12438、12735　叢 1－547(2)
說文讀若字考、同聲假借字考　經 2－12437
說文讀若考　經 2－12421
說文讀同字考　經 2－12439
說文講義　經 2－12706
說文諟目確詁錄　經 2－12628
說文韻譜校　經 2－12388～9　叢 2－719
說文韻孳　經 2－12431、14536
說文部次便覽　經 2－12584
說文部目　經 2－12608
說文部目便讀　經 2－12610
說文部目分韻　經 2－12581
說文部首　經 2－12562、12634
說文部首訂讀　經 2－12620
說文部首話解　經 2－12633
說文部首讀　經 2－12588
說文部首讀補註　史 8－63520
說文部首讀補注　經 2－12589
說文部首讀本　經 2－12614
說文部首韻語　經 2－12591、12631
說文部首韻語、釋　經 2－12590
說文部首韻語音注　經 2－12624
說文部首歌　經 2－12587、12730　叢 2－731(23)、1825
說文部首歌括　經 2－12609、12611
說文部首攷　經 2－12616
說文部首集解　經 2－12627
說文部首集箋　經 2－12635
說文部首句讀　叢 2－1936
說文部首字聯　經 2－12601
說文部首述義　經 2－12617
說文部首述義、六書辨　經 2－12618
說文部首啓幪　經 2－12630
說文部首大徐本切音　經 2－12570
說文部首大字本　經 2－12557
說文部首直音　經 2－12615
說文部首均言　經 2－12600
說文部首均語　經 2－12592、12623　叢 2－2206
說文部首均語注　經 2－12593
說文部首均語注補誼　經 2－12625
說文部首表　經 2－12578、12732
說文部首畧注讀本　經 2－12632
說文部敍三種　叢 2－707
說文部類敍例目次　經 2－12585
說文說　經 2－12648、12726　叢 2－2020
說文說餘稿　經 2－12695
說文一得錄　經 2－12714
說文二徐箋異　經 2－12088
說文正俗　經 2－12323、12727
說文正字　經 2－12214　叢 1－260～1,2－731(22)
說文玉篇校錄　經 2－15096
說文五百四十部首　經 2－12565
說文五翼　經 2－12642
說文疏畧　經 2－12174
說文平段　經 2－12169　叢 2－2078
說文研究　經 2－12699
說文列字次第　叢 2－1985
說文引方言考　經 2－12371
說文引詩辨證　經 2－12111　叢 2－811
說文引詩互異說　經 1－4362
說文引詩字輯　經 2－12342
說文引詩考正　經 1－4361
說文引羣說故　經 2－12352
說文引羣說故二種　叢 2－2143
說文引經證例　經 2－12337　叢 2－653(2)
說文引經互異說　經 2－12264
說文引經攷、補遺　經 2－12118
說文引經攷證、說文引經互異說　經 2－12263
說文引經例辨　經 2－12269、15136　叢 2－1860～1
說文引經考　經 2－12202～3　叢 2－1534
說文引經考、補遺　叢 1－433,2－731(23)
說文引經考證　經 2－12231～2
說文引經考異　經 2－12255
說文引經撮要　經 2－12341
說文引經異文集證　經 2－12329～31
說文引經異字　經 2－12252、12733
說文引申述　經 2－12689
說文引書考　經 2－12340
說文引書異同攷　經 2－12345
說文引典　經 2－12344
說文發疑　經 2－12673～4　叢 1－515
說文發疑績　經 2－12675

說文刊誤　經 2－12075
說文形辨　叢 2－707
說文形系(說文辨形)　叢 2－707
說文形聲疏證　經 2－12503
說文形聲後案　經 2－12498、12725
說文形聲指荄　經 2－12524
說文形同義異辨說　經 2－12692
說文職墨　經 2－12310　叢 1－439
說文建首字讀　經 2－12586、15123
說文建首字義　經 2－12613
說文建首字義、字讀　叢 2－2128
說文理董後編　經 2－12124　叢 2－692
說文理董外傳　經 2－12125
說文攷異三編、說文解字引漢律考　經 2－12069
說文瑣言　經 2－12672　叢 2－2087
說文重文　經 2－12273
說文重文新附雜鈔　經 2－12381
說文重文校異　叢 2－707
說文重文標目　經 2－12291
說文重文考　經 2－12354
說文重文本部考　經 2－12305
說文重文管見　經 2－12321　叢 2－2140
說文重字備查　經 2－12350
說文僮札　叢 2－2270(3)
說文雙聲　經 2－12427　叢 2－1856
說文采通就正　經 2－12359
說文集釋　經 2－12311
說文統釋　經 2－12187
說文統釋、爾雅釋文補　經 2－12186
說文統釋自序　經 2－12188　叢 1－487
說文統釋自序、說文解字舊音、音同異義辨、說文部首歌　經 2－12191
說文統釋自敍注　經 2－12190
說文統釋自敍節錄　經 2－12189
說文便蒙　經 2－12681
說文便檢　經 2－12332
說文便檢、說文重文　經 2－12272
說文經訓偶箋　經 2－12179
說文經字正誼　經 2－12221
說文經字攷疏證　經 2－12222
說文經字考　經 2－12219、15126　叢 1－432、487
說文經字考辨證　經 2－12220
說文經字錄　經 2－12325
說文經斠、補遺　經 2－12322、12727
說文經典異字釋　經 2－12227
說文經典異同　叢 2－1932
說文偁經證　經 2－12349
說文外編　經 2－12731
說文外編、補遺　經 2－12265、15136　叢 2－1860
說文外編、補遺、說文辨疑　經 2－12266
說文外編、補遺、說文辨疑、劉氏碎金　經 2－12268
說文外編、補遺、劉氏碎金　經 2－12267
說文外編補遺　經 2－12676
說文外字　經 2－12283
說文外篇、補遺　叢 2－1861
說文偏旁　經 2－12598
說文偏旁考　經 2－12580
說文續字彙二種　經 2－12731
說文佚字攷　經 2－12293～4
說文佚字補遺　叢 2－1990
說文佚字考　叢 2－1975
說文佚字輯說　經 2－12313　叢 2－2030
說文釋文　經 2－12368
說文釋例　經 2－12218、12239～41、12722、15126　叢 1－495、586(2),2－716(2)
說文釋例、補正　經 2－12723
說文釋例補正　經 2－12242
說文釋例補遺　經 2－12243
說文蠡測　經 2－12718
說文蠡箋　經 2－12181～2、12726
說文假借義證　經 2－12486
說文解字　經 1－33,2－12055、12166、15127、15144　叢 1－223(15)、227(4)、303～5、447,2－635(2)、698(3)、731(22)
說文解字(說文)　經 2－12049
說文解字、部首　叢 2－707
說文解字、說文通檢、說文校字記　經 2－12052
說文解字、說文檢字　經 2－12050
說文解字、說文異同　經 2－12394
說文解字、標目　經 2－12048
說文解字序　經 2－12697
說文解字商　經 2－12369
說文解字辨證　經 2－12363～4　叢 2－2140
說文解字音均表　經 1－163(2),2－12404～5、12407
說文解字音均表、目錄、弁言　經 2－12406
說文解字讀　經 2－12133
說文解字韻譜　經 2－12383～4、12387　叢 1－282(1)、283(1)
說文解字韻譜補正　經 2－12390
說文解字部訂、六書例、鄭子尹轉注說　經 2－12597
說文解字部目　經 2－12553、12563～4　叢 1－449
說文解字部首　經 2－12558、12629
說文解字部首訂　經 2－12596、12728

說文解字部首訓纂 經2-12626
說文解字部首啓蒙二編 經2-12612
說文解字部首錄 經2-12566
說文解字部首箋正 經2-12621～2 叢2-2148
說文解字部敍 經2-12571、12732
說文解字說 經2-12647
說文解字引漢律考 經2-12333
說文解字引漢律令考 經2-12334～5 史6-45740
說文解字建首 經2-12560
說文解字建首五百四十字 經2-12554 叢1-449
說文解字理董 經2-12122～3、12338
說文解字羣經正字 經2-13071
說文解字翼 經2-12208
說文解字攷異 經2-12065、12072
說文解字重文 經2-12224
說文解字重文提要 經2-12361
說文解字便箋 經2-12360
說文解字經攷 經2-12228
說文解字句讀 經2-12234～8、12723
說文解字句讀、補正 經2-12722～3
說文解字句讀未定稿 經2-12233
說文解字彙纂 叢2-707
說文解字注 經1-111(3)
說文解字注、六書音韻表 叢2-698(3)
說文解字注、六書音韻表、說文解字通檢、說文解字注匡謬 經2-12136
說文解字注、六書音韻表、說文部目分韻、說文通檢、說文解字注匡謬 經2-12137
說文解字注、六書音韻表、說文部目分韻、說文通檢、說文提要 經2-12139
說文解字注、六書音韻表、說文部目分韻、說文通檢、說文提要、徐星伯說文段注札記、龔定菴說文段注札記、桂未谷說文段注鈔、補鈔 經2-12140
說文解字注、六書音韻表、汲古閣說文訂 經2-12134
說文解字注、六書音韻表、汲古閣說文訂、說文部目分韻、說文通檢、說文解字注撰要 經2-12138
說文解字注、六書音均表、說文部目分韻 經2-12135
說文解字注、部目分韻 叢2-1517
說文解字注訂書目 經2-12668、12729
說文解字注匡謬 經2-12151～2
說文解字注匡謬(說文段注匡謬) 經2-12153
說文解字注箋、說文檢字 經2-12167
說文解字注箋、說文檢字篇、說文重文檢字篇、說文疑難檢字篇、今文檢字篇 經2-12168
說文解字補說 經2-12307
說文解字補逸 經2-12324、12326
說文解字補義 經2-12109
說文解字述誼 叢1-558
說文解字述誼、說文新附通誼 經2-12640
說文解字通正 經2-12183 叢1-558
說文解字古文疏證 經2-12378
說文解字木部唐寫本校異(倣唐寫本說文解字木部箋異) 經2-12106
說文解字索隱 叢2-731(22)
說文解字索隱、說文補例 經2-12327
說文解字索隱、補例 叢1-524
說文解字校勘記 經2-12060
說文解字校勘記殘稿 經2-12061 叢1-585
說文解字校錄 經2-12073
說文解字校錄、說文刊誤、說文玉篇校錄 經2-12074
說文解字標目 經2-12551、12595
說文解字考異訂敍例 經2-12066
說文解字考異三编 經2-12068
說文解字舊音 經2-12396 叢1-257,2-731(22)
說文解字均隸 經2-12426
說文解字聲切正謬 經2-12432、14536
說文解字斠詮 經2-12184
說文解字繫傳 叢1-249(4),2-635(2)
說文解字繫傳、校勘記 經1-33,2-15127 叢2-698(3)、731(22)
說文解字繫傳校勘記 經2-12097
說文解字學講義 經2-12670
說文解字段注攷正 經2-12158～9
說文解字舉隅 經2-12705
說文解字鏡 經2-12180
說文解字義證 經2-12175 叢1-359
說文解字敍 經2-12141
說文解字籖註 經2-12176
說文解字篆韻譜 經1-33,2-12385～6、15127 叢1-223(15),2-731(22)
說文解字小箋 經2-12254
說文解欄位注讀 經2-12279
說文詹詹 經2-12250 叢2-1942
說文疑、漢書古字 經2-12195
說文疑、漢書古字、音義異同 經2-12196、15143
說文疑疑 經2-12197、12730 叢2-731(23)
說文句讀識論 經2-12377
說文彙字 經2-12247

說文彙粹　經 2－12691
說文約言　經 2－12698、12732
說文徵許補解　經 2－12320
說文徵典、考證、許書重文、說文外字　經 2－12280
說文徐氏新補新附考證　經 2－12194　叢 1－516
說文徐氏新附考義　經 2－12126
說文徐氏未詳說　經 2－12287
說文注辨段　經 2－12164
說文注殘稿　經 2－12274
說文注補鈔　經 2－12154
說文注鈔、說文注鈔補　經 2－12142
說文注鈔、補鈔　經 2－15143
說文字辨　經 2－12306　叢 2－1721～2
說文字句異同錄　經 2－12207、13746
說文字通、說文經典異字釋　經 2－12226
說文字樣　經 2－12964、15142
說文字原　經 2－12568～9、12572～4、12582　叢 1－223(16)、234，2－600
說文字原韻表　經 2－12594、12730　叢 2－731(22)
說文字原引　經 2－12602　叢 2－2057
說文字原集註、說文字原表、說文字原表說　經 2－12575
說文字原考畧　經 2－12579
說文字原表　經 2－12576、12583　子 3－14703
說文字原表說　經 2－12577
說文字原表字原表說　經 2－12732
說文窺管　經 2－12657
說文審音　經 2－12430　叢 2－731(22)
說文審音(張乳伯說文審音)　叢 1－508
說文定聲　經 2－12435
說文測義　經 2－12733
說文測義、二徐說文同異附考　經 2－12658
說文叢說　經 2－12662
說文淺說　經 2－12299　叢 1－430、440～1
說文補例　經 2－12328　叢 2－731(22)
說文補徐亼釋　經 2－12288
說文補遺　經 2－12318
說文補考　經 2－12199、12489　叢 2－1545
說文袪妄　經 2－12636
說文染指二編　經 2－12682
說文凝錦錄　經 2－12639、12733　史 8－63502　叢 1－202(6)、203(12)、349
說文逸文攷　經 2－12249
說文逸字　經 2－12260　叢 1－442～3，2－731(22)、1813～4
說文逸字辨證　經 2－12261
說文通訓定聲、檢韻、韻準、行述、補遺、說雅　叢 1－460
說文通訓定聲、柬韻　經 2－12414
說文通訓定聲、分部柬韻、說雅、古今韻準　經 2－12416
說文通訓定聲、分部柬韻、說雅、古今韻準、行述　經 2－12417
說文通訓定聲補遺　經 2－12419　叢 2－1730
說文通訓定聲分部柬韻　經 2－12415
說文通論　經 2－12637、12671　叢 1－440～1
說文通例　經 2－12319
說文通俗　經 2－12317
說文通檢　經 2－12053　叢 2－698(3)
說文十干形誼箋　叢 2－921
說文大小徐本錄異　經 2－12087、15143
說文難字檢字錄　叢 2－2126
說文難檢字錄　經 2－12373
說文古文說解補　經 2－12358　叢 2－1985
說文古語考　經 1－102　叢 2－1533～4
說文古語考、續方言補、古韻異同摘要　經 2－12200
說文古語考補正　經 2－12201
說文古讀考　史 2－11110
說文古本攷補證　經 2－12121
說文古本攷所補篆文　經 2－12120
說文古本考　經 2－12119
說文古籀三補　經 2－12304
說文古籀疏證　叢 1－420，2－731(23)
說文古籀疏證、原目　經 2－12204
說文古籀疏證目　經 2－12205
說文古籀疏證目(古文甲乙篇)　叢 2－1566
說文古籀疏證原目(古文甲乙篇)、說文古籀疏證　叢 2－1567
說文古籀彙編　經 2－12372
說文古籀補　經 2－12300、12302
說文古籀補、補遺、附錄　經 2－12301
說文古籀補補、補遺、附錄　經 2－12303
說文校記　經 2－12246
說文校議　經 2－12070、15126　叢 2－719、1601、1623
說文校議議　經 2－12071　叢 2－843
說文校疑　經 2－12084
說文校字記　經 2－12054
說文校定本　經 2－12275～6　叢 1－433，2－731(22)、1719
說文校補　經 2－12078
說文校勘記　經 2－12081
說文校勘集三種　經 2－12724
說文校本錄存、五音韻譜校本錄存　經 2－12086
說文札記稿　經 2－12703

說文考證 經 2-12281
說文考正 經 2-12314
說文考逸 經 2-12370
說文考畧 經 2-12693
說文考異 經 2-12076、12080、12721
說文考異補 經 2-12067
說文蒙求 經 2-12678～80 叢 2-870(2)
說文舊音 經 2-12397、15126
說文舊音補注、補遺、續、改錯 叢 1-439
說文楬原 經 2-12599 叢 1-515
說文聲訂 經 2-12409、15123
說文聲訂、札記 經 2-12410、12730 叢 2-731(22)
說文聲訂札記 經 2-12411
說文聲讀考 經 2-12413
說文聲讀表 經 1-163(3),2-12412、15123 叢 1-442～3,2-731(22)
說文聲韻表 叢 2-707
說文聲系 經 2-12398 叢 1-456(3),2-731(22)、1601
說文聲統、標目 經 2-12425
說文聲表、標目 經 2-12423
說文聲表目錄 經 2-12424
說文聲母歌括 經 2-12434
說文聲類 經 2-12399、12402 叢 1-493,2-1623
說文聲類、說文聲類出入表 經 2-12400～1
說文聲類、聲類出入表 經 1-163(2)
說文聲類譜 經 2-12422、12440
說文聲類出入表 經 2-12403
說文聲類分韻表、今音古分十七部表 經 2-12433
說文檢字 經 2-12051 叢 2-731(3)
說文檢字、補遺 經 2-12229
說文檢字、檢說文引異字 經 2-12270
說文檢字二字補遺 叢 1-433
說文檢字補遺 經 2-12230 叢 2-731(3)
說文摘句 經 2-12346
說文摘錄 經 2-12093
說文本經答問 經 2-12298 叢 2-653(2)、1814
說文書目、補遺、說文統系圖題跋 史 8-65260、66255
說文未收字 叢 2-707
說文拈字、補遺 經 2-12225
說文或體字考 經 2-12382
說文提要 經 2-12603
說文提要校訂 經 2-12606、12732
說文提要增注 經 2-12604
說文提要增附 經 2-12607、12732
說文提要箋 經 2-12605
說文繫傳 叢 1-223(15)
說文繫傳校録 經 2-12723 叢 2-1699
說文繫傳校錄(繫傳校錄) 經 2-12101
說文繫傳考異 經 2-12098～100 叢 1-223(15)、479
說文繫傳抄 經 2-13746
說文疊韻 叢 1-529
說文疊韻、續編 經 2-12428 叢 2-1856
說文易檢、附識 經 2-12312
說文畧例 經 2-12296
說文原目 叢 1-261
說文匡鄦 經 2-12700
說文長箋、解題、六書長箋漢義、凡例 經 2-12110
說文所引通人輯畧 經 2-12379
說文質疑錄 經 2-12704
說文附韻便檢 經 2-12343
說文體例 經 2-12712
說文閩音通 經 2-12429 叢 2-1883
說文又考 經 2-12198、12489
說文又考、補考 經 2-12733
說文又分畫簡目 叢 2-707
說文聞載 經 2-12707
說文學初步 經 2-12720
說文段注訂補 經 2-12145～6
說文段注部首鈔十四篇 經 2-12160
說文段注集解 經 2-12161
說文段注校三種 經 2-12734 叢 1-539～43,547(3)
說文段注拈誤 經 2-12156、15143
說文段注撰要 經 2-12165、12730 叢 2-731(23)
說文段注簽記 經 2-12144、15143
說文段注鈔、補鈔 經 2-12734
說文舉例 經 2-12262、12365、12726 叢 2-2140
說文舉隅 經 2-12656、12677
說文問疏證 經 2-12666、12729
說文脞語 經 2-12655
說文今語 叢 2-707
說文今釋 經 2-12367
說文分韻易知錄、說文重文標目、說文分畫易知 經 2-12290
說文分均再藁 經 2-12420
說文分畫易知 經 2-12292
說文分類榷失 經 2-12193
說文義證 經 2-12256
說文義例 經 2-12277 叢 1-202(7)、203(13)
說文義例徵訂 經 2-12316
說文義緯 經 2-12308

說文敍目　經2-12619
說文敍義考釋　經2-12192
說文篆韻譜校補　叢2-707
說文篆法偭韻歌　經2-13248
說文籀文說解補　經2-12357　叢2-1985
說文籀文考證、說籀、補遺　經2-12374、12735
說文籀文考證、補遺　叢1-547(2)
說文籀文考證補遺　經2-12375
說文答問　經2-12129、12690、15126
說文答問疏證　經2-12130、12730、15143　叢1-433、440～1、487,2-731(23)
說文管見　經2-12644　叢1-419、495、558、586(2),2-716(2)、731(23)、942
說文鈔　經2-12245
說文堂詩集　集4-26796
說文粹言疏證　經1-167,2-12351
說文粹三編　經2-12664
說文類辨　經2-12696
說文類攷　經2-12643
說文類編　經2-12315
說文類解、六書辨正、辨韻簡明　經2-12278
說文類鈔　經2-12094
說玄　子3-12904、12908、12914
02 說話不撩邊爾一枝　集7-51941
04 說詩　經1-4338　集6-45761、45792
說詩章義　經1-4258　叢2-1888
說詩詩話　集6-46200
說詩韻語　叢2-2270(3)
說詩要指　集6-45711
說詩循序　經1-4294
說詩樂趣類編　集6-45921
說詩解頤　經1-4345
說詩解頤、續　經1-4346
說詩補遺　集6-45814
說詩次編　集6-46067
說詩求已　經1-4457
說詩菅蒯　叢1-202(2)、203(8)、321
說詩晬語　集6-45491、45494、45949～50　叢1-330～1、421、435、494,2-698(17)、1398～9
說詩日記　經1-4381
說詩囈語　經1-4174
說詩牙慧　集6-46109
說詩管蒯　集6-45886
說詩堂集　集3-16259～60
說詩類編　集6-41992
說諸內篇　子4-21448
07 說詞韻語　叢2-2270(3)
說部雜記　子4-23172
說部新書三十二種　叢1-220
說部殘稿　集3-15427
說部精華　叢1-435
10 說一切有部發智大毘婆沙論　子7-32774
說二十四首　叢2-1201
說夏中興傳　子5-27928
說雲詩鈔、作詩年譜　集3-19653
說雲樓詩草　集5-35235～6　叢2-1000
11 說項　子4-20103　叢2-1920
說研堂詩集　集3-14394
14 說聽　子5-27032　叢1-59～60,2-617(4)、624(3)
說破誕妄之徵　子5-27278
說破浮生夢幻集　集2-7800
16 說理會編　子1-1034
說硯　子4-18699　叢1-195(6)、269(5)、270(4)、353、373(4)
17 說孟　經2-9966　叢2-1427
20 說雋　子5-26223　叢1-128、130,2-1060
說集六十種　叢1-175
21 說經、說莊、說騷　經2-11598
說經、說騷、說文　經2-11597
說經囈語　經2-11693　叢2-746
說經劄記　經2-11484～5
說經堂詩草　集5-39096,6-41766
說經堂詩錄　集5-39097
22 說蠻　史7-49317(7)、49318(14)、51321　叢1-202(5)、203(11)
說嵩　史7-52541
說巖詩集　集3-15910
說巖詩選　集3-15911,6-41961
說巖詩鈔、詞鈔　集3-20452
說巖古文殘稿　集3-20451
說山　史7-52177
24 說豔　集7-49377
說儲　子4-21449　叢1-31、580
說儲、二集　子5-26369～70　叢1-252
說緯　經1-111(4),2-12042～3　叢2-886(2)
25 說鱄諸伍員吹簫　叢2-720(4)
說鱄諸伍員吹簫雜劇　叢2-698(15)
27 說蠡　子5-26438
說郛　叢1-223(42)
說郛裏　子4-22214
說郛六百十六種　叢1-24
說郛雜著　叢1-249(3)
說郛一百二十弓一千二百八十種說郛續四十六弓五百三十八種　叢1-22
說郛一百二十弓一千三百六十種　叢1-23(1)
說郛五百二十八種　叢1-20(1)

說郛五百三十五種　叢 1－21(1)
說郛書目考　史 8－66153
說郛□□種　叢 1－19(1)
說郛纂要　子 5－26712
說磐　史 7－52191
30 說安堂集　集 3－14746
31 說江　史 7－52812
35 說禮約　經 1－5648
說迪　經 2－14800
36 說裸　經 1－6166
38 說冷話、閨律　子 5－26515
說海彙編八十三種　叢 1－101
40 說左　經 1－6947　叢 2－1427
說希望　子 7－36251
41 說帖　史 6－46198～201、46209　叢 2－1848
說帖(嘉慶元年)　史 6－46204
說帖(嘉慶元年、二年、四年)　史 6－46205
說帖(嘉慶元年至二十五年)　史 6－46206
說帖(嘉慶元年至道光四年)　史 6－46207
說帖摘要鈔存　史 6－46210
說帖輯要全類　史 6－46208
說帖類編、名例　史 6－46211
43 說卦傳　經 1－692、994
44 說夢　史 1－4448　子 5－26394　叢 2－624(4)、683
說夢錄　史 6－46425,7－54013　叢 2－1955
說苑　子 1－61、66、83、403、406～7、411　叢 1－15、31、71～7、182、223(29)、227(6)、236～7,2－628、635(4)、675、698(4)、731(10)、776
說苑[校補]　叢 2－1466
說苑平議補錄　子 1－413
說苑佚文　子 1－408　叢 2－777
說苑校補　子 1－412　叢 1－258,2－731(2)、847
說莊　子 5－29315
說孝三書　經 2－8573
說杜　集 1－1065
說林　經 2－14818　叢 2－2265
說林(馬氏隨筆)　叢 1－584
說林一百三十八種　叢 1－17
47 說好話　叢 2－2270(4)
說根本一切有部出家授近圓羯磨儀範　子 6－32089(41)
說根本一切有部苾芻習畧法　子 6－32089(41)
48 說教、外篇　子 4－21659
49 說妙法決定業障經　子 6－32084(7)、32086(12)、32093(12)
50 說史雋言　史 1－3～4、5497～8
說專諸伍員吹簫雜劇　集 7－48767(3)、48903
說書　叢 2－1112
說書論語　叢 2－1112
說書孟子　叢 2－1112
說書佐案　經 2－10565
說書偶筆　叢 2－1255
說書大學　叢 2－1112
說書中庸　叢 2－1112
說書學庸　叢 2－1114
53 說蛇　子 4－19433　叢 1－202(4)、203(10、18)、321
說戒　子 5－30317
57 說契、挈契枝譚、殷契鉤沈　史 8－65164
58 說贅　史 6－41534　叢 1－278,2－1501
60 說墨貽兄孫西侯　子 4－18821
說罪要行法　子 6－32081(43)、32083(27)、32084(23)、32085(40)、32086(47)、32088(29)、32089(47)、32090(61)、32091(59)、32092(41)、32093(24)
說國民　子 7－36251
說四書　經 2－10745
說圃識餘　子 5－27000
說易　經 1－64、886～7、1519　叢 2－1189～90、1624
說畧　史 1－3189　子 5－25077～80　叢 1－223(43),2－674、788
說是詩稿　集 3－18984
62 說呼全傳　子 5－28105
64 說疇　經 1－64　子 3－12986　叢 2－1190
66 說唱祕本何文秀　集 7－53764
67 說叩　子 4－22606　叢 1－202(5)、203(11)、241、242(2)
70 說雅　經 2－12416～7、14672～3　叢 1－462
71 說蠶　叢 1－373(9)
說原　子 4－20711　集 6－45980
說頤　子 4－20629　叢 2－721
77 說陶　叢 2－1689
說騷　經 2－11598
說學齋文集、文續稿、詩集、詩續集　集 3－19844
說學齋詩　集 3－19842～3
說學齋稿　集 2－5852～3、5863～4、5866　叢 1－223(62)
說學齋經說　經 2－11539　叢 1－241、242(3)
說學齋藁　集 2－5849～50、5862、5865
說學齋睟錄　子 4－24261
80 說鏡　子 4－24704
說俞　經 2－14790　叢 2－1920
說無垢稱經　子 6－32083(5)、32084(5)、32085(6)、32086(6)、32088(4)、32089(6)、32090(7)、32091(7)、32092(5)、32093(7),7－32257

說無垢稱經疏　子 7－33098
81 說矩里迦龍王像法　子 6－32093(38)
82 說劍齋詩文集　集 3－15729
說劍齋集　集 2－9428
說劍山房詩草初編　集 4－30716
說劍吟　集 1－3648,6－41896
說劍堂集(詩集、詞集)　集 5－39278
說劍堂集十三種(老劍文稿、香海集、西海紀行卷、柏林竹枝詞、天外歸槎錄、遊樵漫草、海上秋吟、悼亡百韻詩、論嶺南詞絕句、遊薩克遜日記、海山詞、花語詞、長相思詞)　集 5－39276
說劍堂集九種(遊樵漫草、悼亡百韻詩、論嶺南詞絕句、海上秋吟、遊薩克遜日記、海山詞、花語詞、珠江低唱、長相思詞)　集 5－39277
說劍堂集九種外集五種　叢 2－2153
說劍堂外集五種　叢 2－2153
88 說鈴　叢 1－202(8)、203(13)、395、435,2－683、752、1219
說鈴續集七種　叢 1－212
說鈴抄　子 4－24206
說鈴前集三十三種後集十九種續集七種　叢 1－210
說鈴前集三十七種後集十六種　叢 1－211
說篆　子 3－16776、16816
說篆臆存雜說　經 2－12514、14806
說算　叢 2－2172
說餅庵詩集　集 4－21966～7
說餅庵四六文　集 4－21968
說餅齋集　集 4－26638
說纂　子 4－21476
說纂十集　子 4－23730
91 說類　子 4－23975
說類全書　子 5－25081
95 說性　子 1－1780　叢 2－1775～6
說快又續筆　子 3－17959

0861_7 謚

34 謚法　史 6－42224、42226～7　叢 1－223(27)、261、273(4)、275,2－731(18)、765
謚法備考　史 6－42246
謚法續考　史 6－42229　叢 2－1900～1
謚法通考　史 6－42232
謚法考　史 6－42228、42244　叢 1－195(6),2－731(18)、1336
謚法劉熙注、補遺　史 6－42225　叢 2－775(2)
謚法纂　史 6－42233
50 謚忠文古廉文集　集 2－6541～2、6545

0862_1 諭

21 諭行旗務奏議　史 6－47666　叢 1－223(20)
諭旨(光緒二十一年)　史 6－47723
諭旨(光緒二十五年)　史 6－47729
諭旨(光緒二十年)　史 6－47722
諭旨(光緒十二年)　史 6－47720
諭旨(光緒十七年)　史 6－47721
諭旨(光緒九年)　史 6－47718
諭旨(光緒八年)　史 6－47717
諭旨錄　史 6－47672
24 諭僚屬文　叢 1－195(2),2－731(18)
27 諭祭文　叢 2－1317
諭祭葬忠烈徐冏卿附葬戴恭人合錄　史 2－9089
諭祭本揭　史 2－9033
28 諭俗　子 1－2021　叢 2－1167
諭俗文　子 1－2014　叢 1－195(2),2－731(20)
諭俗膚言　子 1－2022
諭俗禮語　叢 2－1110
34 諭對錄　史 1－1933,6－47647、48245　叢 1－84(1),2－730(8),731(18)
諭對錄、敕諭錄　史 6－47646
40 諭志錄　叢 2－1985
44 諭葬錄　集 2－10783
48 諭翰林院　史 6－47695、47699
50 諭奏恭錄　史 6－47709
57 諭摺彙存(同治十三年至光緒二十七年)　史 6－47710
諭摺彙存(光緒二十七年至三十三年)　史 6－47715
諭摺彙存(光緒元年至二十八年)　史 6－47714
諭摺選抄　史 6－47716
諭摺錄要(光緒元年至三年)　史 6－47713
60 諭易筆講義　經 1－2016
66 諭賜祭文　史 2－9262
77 諭兒書　集 5－36679

0862_2 診

00 診病部位　子 2－6194
診病要訣　子 2－4744、5986

診雜病脈法　子 2－6177
17 診翼　子 2－4553、5967
22 診斷　子 2－5979
診斷治要　子 2－5966
診斷學彙編四種　子 2－5993
診斷舉要　子 2－5987
30 診家正眼　子 2－4586、6111、6184、6196～7
診家正眼錄　子 2－6198
診家直訣　子 2－4727、6180
診家索隱　子 2－6152
診家樞要　子 2－4566、4614、4727、4749、5982、6086
診家樞機脈論　子 2－6161
診家删要　子 2－6114
診宗三味　子 2－6538
33 診治滙通　子 2－7197
診治圓機歌括、諸方　子 2－5989
34 診法要訣　子 2－6200
診法集成　子 2－5970
診法叢抄　子 2－5988
36 診視要編　子 2－10786
診視近纂　子 2－4600
40 診皮篇補證　叢 2－2131
72 診脈三十二辨　子 2－4768、4770、6191
診脈要訣　子 2－9179
診脈弁言　子 2－6178
診脈叢抄附傷寒脈法　子 2－6186
診脈初知　子 2－6135
診脈大法　子 2－6176
診脈切要　子 2－6223
診脈醫方　子 2－5148
診脈八式歌　子 2－6202
77 診骨篇補證　叢 2－2131
診骨篇補證、中西骨格辯正　叢 2－2129(3)、2130
80 診鏡　子 2－6168
88 診筋篇補證、十二筋病表　叢 2－2129(3)
診筋篇補正　叢 2－2130
診餘集　子 2－10838
診餘舉隅錄　子 2－4770、10803
診籍　子 2－10502

0862_7 論

00 論立法權　子 7－36251
論文章本原　集 6－46322　叢 1－483，2－1888
論文雜記　叢 2－2232、2248
論文瑣言　叢 2－685
論文偶記　集 6－46317　叢 1－366～8
論文迂見　叢 2－1790
論文連珠　叢 2－622
論文蒭說　叢 2－1935
論文書五種　叢 2－2270(3)
論文四則　集 6－46287　叢 1－202(4)、203(9)
論文管見(增版本)　叢 2－1261
01 論語　經 1－1、8、10～3、15、17～8、50、87～9、132、139、159，2－9192～5、9240～4、9251、9294、9313～5、9319～20、9328、9356、9358～63、9375、9377～9、9384、9386～7、9391、9395～7、9400～1、9404、9409～10、9415～6、9418～9、9422～4、9432、9435、9444、9447、9450～1、9453、9458～9、9463、9474、9483、9485、9489、9500、9528～30、9539、9546、9552～3、9575、9577、9602、9629、9645、9678、9683　子 3－15792　叢 1－217、446、466，2－635(2)、698(1)、702、708、1092、1485、1985
論語(顏淵篇第十二哀公問於有若曰至子路篇第十三)　經 2－9207
論語(子路篇第十三至憲問篇第十四)　經 2－9208
論語(滿漢對照)　經 2－9203
論語(滿漢合璧)　經 2－9204
論語(滿蒙漢對照)　經 2－9206
論語(蒙漢對照)　經 2－9205
論語、論語集解考　經 2－9246
論語、論語集解考異　經 2－9250
論語、論語劄記　經 2－9245
論語、審音辨體考異　經 2－9475
論語、古註論語姓氏考　經 2－9249
論語、校刊記　經 1－131
論語、四書講義合參　經 2－9372
論語麈言　經 2－9498
論語序　經 2－9647
論語序說　經 2－9321
論語商　經 2－9408　叢 1－223(14)
論語庾氏釋　經 2－9259　叢 2－774(6)
論語廣註　經 2－9524
論語廣義　經 2－9465　叢 2－1405
論語麻氏注　叢 2－775(2)
論語意原　經 1－121，2－9311　叢 1－223(13)、230(2)、272(2)、273(3)，2－731(9)、856
論語章句議畧　經 2－9636
論語章句本義彙參　經 2－9460
論語章數位數表　經 2－9630
論語章圖概括總要　經 2－9350
論語辨　叢 2－714
論語辨義　經 2－9515

論語音義　經 1-103,2-11082　叢 1-317
論語註　經 2-9218～21、9566、9657
論語註辨歧　經 2-9682
論語註疏　經 2-9297
論語註疏、考證　經 2-9298
論語註疏解經　經 2-9295
論語註疏解經、論語音義　經 2-9296
論語註疏解經、論劄　經 2-9284
論語註疏解經、校勘記　經 2-9301～2
論語註疏考證　經 2-9299
論語註疏長編　經 2-9565
論語註稿　經 2-9656
論語註参　經 2-9502　叢 2-731(9)、816
論語註解辨訂　經 2-9675
論語註校勘記　經 2-9303
論語譙氏註　經 2-9252
論語譙氏注　叢 2-774(6)
論語雜解　經 2-9308　叢 2-1035
論語顏氏說　經 2-9269　叢 2-774(6)
論語訂釋　經 2-9383
論語評　經 2-9446
論語訓　經 2-9609　叢 2-2105
論語訓詁考　叢 2-2038
論語話解　經 2-9587　叢 1-483,2-1002、1873
論語新註　經 2-9663
論語新目　經 2-9496
論語竢質　經 2-9490～1
論語竢質、校譌、續校　叢 1-376,2-731(9)
論語竢質續校　經 2-9493
論語竢質校譌　經 2-9492
論語識　經 1-173,2-9716～7　叢 1-441,2-772(3)、774(7)、775(3)
論語詩　經 2-9436、10802　叢 1-322,2-1287
論語詩、續詠、絕句　叢 1-369
論語諸子韻　史 8-63500
論語讀朱求是編　經 2-9501
論語讀本　經 2-9317
論語讀本、校語　經 1-169
論語讀本校語　經 2-9318
論語講義　經 2-9389　叢 2-1747、1771
論語講義、補遺　經 2-9487　叢 2-1456
論語講義集說　經 2-9499
論語講義續困勉錄　經 2-9440
論語講義偶錄　經 2-9523
論語講義補遺　經 2-9488
論語講義困勉錄　經 2-9439
論語課程　經 2-9655
論語翊註　經 2-9431
論語譔考　經 1-171,2-9722、9724　叢 2-731(14)、821、1872
論語譔考識　經 2-9723　叢 1-274(2)
論語說　經 2-9421、9468、9611、10543、10916　叢 2-788、1212
論語說約　叢 2-1657
論語說義　經 1-163(2)
論語論仁論　經 2-9535
論語論仁釋　經 2-9583　叢 2-1866～7
論語論畧　經 2-9607
論語詳解　經 2-9392
論語詳解、讀論語　經 1-46
論語二十章　經 2-9643
論語三十六虛聲　叢 2-1816
論語正文　經 2-9198
論語正義　經 1-163(3),2-9567、11134　叢 2-698(3)
論語正義補　經 2-9591
論語正義校記　經 2-9568
論語王氏註　經 2-9239
論語王氏說　經 2-9236　叢 2-774(6)
論語王氏注　叢 2-775(2)
論語王氏義說　經 2-9233　叢 2-774(6)
論語疏畧　經 1-76,2-9442　叢 2-1289
論語爾雅孟子　叢 2-1747
論語要畧　經 2-9627
論語平議　經 1-145、163(4),2-9593、9676　叢 2-1920
論語張氏註　經 2-9267
論語張氏注　叢 2-774(6)
論語引糾滑識　叢 2-821
論語發疑　經 2-9652
論語發明彙編　經 2-9658
論語發隱　經 2-9631　叢 2-2017
論語孔註辨僞　經 2-9550
論語孔註證僞　經 2-9573
論語孔子弟子目錄　史 2-6330～1　叢 2-665、774(6)、1668
論語孔注辨譌　叢 1-418、420、426,2-731(9)、1752
論語孔注辨僞　經 1-156、163(2)
論語孔注證僞　叢 2-751
論語孔氏註　經 2-9210
論語孔氏訓解　經 2-9209　叢 2-774(5)
論語孔氏注　經 1-164　叢 2-775(2)
論語孫氏集解　經 2-9262　叢 2-774(6)
論語殘卷　經 2-9213～4　叢 2-608
論語殘卷(子路篇)　經 2-9215
論語琳公說　經 2-9270　叢 2-774(6)
論語孟子集註類編　經 2-10191
論語孟子異文箋編　經 2-10192

論語孟子類編、論語孟子集註類編、異文箋 經 2-10190
論語酌言 經 2-9427
論語翼註論文 經 2-9469
論語翼註駢枝 經 2-9599
論語政要 叢 2-2266
論語集註 經 2-9598、10205、10258
論語集註序說 經 2-9349、9564、10274
論語集註序說、論語章圖概括總要、論語輯釋 經 2-10260
論語集註序說重訂輯釋通義大成 經 2-9346、10259
論語集註旁證 經 2-9551
論語集註重訂輯通義大成 經 2-9347、10259
論語集註補正述疏 經 2-9651
論語集註述要 經 2-9679
論語集註凝道錄 經 2-9477、10735
論語集註通證 經 2-9343 叢 1-223(14)、227(4)
論語集註大全 經 2-9355、9357、9438、10612 叢 1-223(14)
論語集註大全、考異 經 2-10271
論語集註考證 叢 1-223(13),2-1048
論語集註考證、孟子集註考證 經 2-9337
論語集註箋義 經 2-9335 叢 1-274(3),2-731(5)
論語集註纂箋 經 2-9344、10257
論語集說 經 1-77(4),2-9331、9687 叢 1-223(13)、227(4)
論語集編 經 1-77(4),2-9329～30 叢 1-223(13)、227(4),2-879
論語集解 經 2-9543
論語集解、敍說 叢 1-310
論語集解訓 叢 2-2106
論語集解偶識 經 2-9555
論語集解校補 經 2-9606 叢 2-1978
論語集解標記 經 2-9512
論語集解義疏 經 1-33,2-9281、9283、9600、11134 叢 1-223(13)、244(2),2-731(9)
論語集注 經 1-68 叢 1-223(13)、227(4)
論語集注補正述疏、答問 經 1-168
論語集注通證 經 1-77(4)
論語集注考證 叢 2-731(9)、859
論語集注纂箋 經 1-77(4)
論語集成 經 2-9339
論語集義 經 2-9646
論語統論 叢 2-1113
論語何氏註 經 2-9231
論語何氏注 經 1-164 叢 2-775(2)
論語衍義 經 2-9608
論語衛氏集註 經 2-9253
論語衛氏集注 叢 2-774(6)
論語虞氏讚註 經 2-9258
論語虞氏讚注 叢 2-774(6)、845(4)
論語熊氏說 經 2-9277 叢 2-774(6)
論語旨序 經 2-9254 叢 2-774(6)
論語比 叢 2-1653
論語比(話山草堂雜著) 經 2-9542
論語比考 經 2-9719 叢 2-821、1872
論語比考讖 經 1-171,2-9718、9720～1 叢 1-273(3)、274(2),2-731(14)、771(3)、772(3)、773(4)、774(7)
論語師法表 經 2-9554 叢 2-665、1668
論語經說總解 經 2-9572
論語經說釋疑、總解、附錄 經 2-9571
論語經正錄 經 2-9588
論語經正錄、王篠泉先生年譜 經 2-9589
論語經解 經 2-9541 叢 2-757、1648
論語經筵直解 經 2-9369
論語後案 經 2-9563 叢 2-1734
論語後錄 經 1-117,2-9514
論語糾滑讖 經 2-9741、9743 叢 2-774(7)、1872
論語崇爵讖 經 2-9738～40 叢 2-772(3)、774(7)、821、1872
論語欒氏釋疑 經 2-9257 叢 2-774(6)
論語外篇 經 2-9381 子 1-1221
論語參註 經 2-9584
論語俟 經 2-9579 叢 2-1729
論語稽、孔子世家稽 經 2-9625
論語稽求篇 經 1-111(2),2-9437 叢 1-223(14)、249(4),2-1309
論語贊 叢 1-168(4)
論語緯 經 1-171、177 叢 1-273(3)、274(2),2-731(14)、821、1872
論語緯雜篇 叢 2-821、1872
論語緯附雜錄 經 2-9749
論語緒言 經 2-9486、10741 叢 1-414、574(3)
論語續校 經 2-9634
論語傳 叢 2-2120
論語傳、讀論語 經 2-9653
論語傳註 經 2-9454
論語傳註問 經 2-9455
論語傳注 叢 1-215
論語朱子大全 經 2-9452、10654
論語朱子大全、圖 經 2-9504、10777
論語皇疏考證 經 2-9601 叢 2-650
論語偶記 經 1-111(4),2-9557
論語繹旨 經 2-9604

論語釋文　經2-11109
論語釋文校勘記　經2-11083
論語釋疑　經2-9238　叢2-774(6)
論語鄉黨篇訂疑　經2-9704
論語殷氏解　經2-9266　叢2-774(6)
論語解　經2-9332、9390　叢1-227(4),2-985
論語解醒編　經2-9385
論語魯讀致　經1-163(2)
論語魯讀考　經2-9750　叢2-841
論語魯讀考、儀禮古今異同　經2-9751
論語包注　經1-164
論語包氏章句　經2-9227　叢2-774(6)
論語包氏註　經2-9228
論語包氏注　叢2-775(2)
論語彙讀　經2-9635
論語彙解　經2-9632
論語彙解凡例　經2-9648　叢2-2129(3)
論語紀滑識　經2-9742　叢2-772(3)
論語絕句　經2-9310　叢1-241、242(2)
論語約註　經2-9617
論語約說　經2-9411
論語約注　叢2-956
論語繆氏說　經2-9255　叢2-774(6)
論語微言述　經2-9649
論語徵集覽　經2-9457
論語徵知錄　叢2-2170～1
論語注　經1-26～8、31　叢1-439,2-765、772(6)、843
論語注、鄭司農(玄)年譜　叢2-773(6)
論語注疏　叢1-227(3)
論語注疏、考證　經1-19　叢1-223(13)
論語注疏解經　經1-22～5
論語注疏解經、校勘記　經1-21　叢2-698(1)
論語注疏解經、札記　叢1-559
論語注疏大全合纂　經2-10530
論語注疏校勘記、釋文校勘記　經1-20
論語注問纂釋　經2-9352、10261
論語密解大全　經2-9639
論語實測　經2-9673
論語案　經2-9672
論語江氏集解　經2-9265　叢2-774(6)
論語顧氏註　經2-9272
論語顧氏注　叢2-774(6)
論語淺解　經2-9585　叢2-1872
論語治要　經2-9287～8
論語補註　經2-9561、9661
論語補訂　經2-9603
論語補疏　經1-111(4),2-9532～3　叢2-1625～6
論語補解　經2-9545
論語補注　經2-9662
論語述　經2-9382、9613
論語述註　經2-9576　叢2-1789
論語述說　經2-9686
論語述何　經1-111(4),2-9548～9　叢1-568
論語述朱大全　經2-9466
論語述義　經2-9569　叢2-1748
論語述義續　經2-9570　叢2-1748
論語梁武帝註　經2-9273
論語梁武帝注　叢2-774(6)
論語梁氏註釋　經2-9263
論語梁氏注釋　叢2-774(6)
論語沈氏訓註　經2-9271
論語沈氏訓注　叢2-774(6)
論語沈氏說　經2-9276　叢2-774(6)
論語漢註　經2-9506
論語漢說　叢2-2063
論語褚氏義疏　經2-9275　叢2-774(6)
論語遺文　經1-135
論語遺篇　經1-135
論語溫知錄　經2-9470
論語湖南講　經2-9398
論語逸編　經2-9426　子1-1274
論語通　經1-77(4),2-9340　叢1-223(13)、227(4)
論語通釋　經2-9534　叢1-493,2-667
論語通義　經2-9414
論語大學偶記　經1-122,2-9517
論語大全講意　經2-9417
論語大義定本　經1-169
論語太史氏集解　經2-9274　叢2-774(6)
論語直講　叢2-1100
論語直解　經2-9376
論語存　叢2-750
論語存(子路篇)　叢2-601
論語李氏集註　經2-9260
論語李氏集注　叢2-774(6)
論語古註集箋　經2-9507、9509
論語古註集箋、論語考　經2-9508
論語古註集箋、考　經2-9623
論語古註集箋補正　經2-9622
論語古註考　經2-9624
論語古註擇從　經2-9595
論語古訓　經2-9522　叢2-1583
論語古解　經2-9558　叢2-1779～80
論語古注集箋　經1-163(3)
論語古注擇從　叢2-1920

論語古今文　經 2－9197
論語古義　經 2－9476　叢 1－203(3)
論語袁氏註　經 2－9264
論語袁氏注　叢 2－774(6)
論語校刊記　經 2－9316
論語校勘記(論語注疏校勘記)、釋文校勘記　經 2－9300
論語校勘記、釋文校勘記　經 1－111(3)
論語校異　經 2－9640
論語札記　經 1－136,2－9464、9505、11134　叢 2－1392
論語戴氏註　經 2－9612
論語地考　經 2－9619　叢 2－956
論語范氏註　經 2－9261
論語范氏注　叢 2－774(6)
論語考　經 2－9510
論語考識　叢 1－273(3)
論語考典　經 2－9461
論語考異　經 2－9334、9406、9429、10568
論語考異訂　經 2－9580
論語考異補　經 2－9407、9430、10568
論語孝經爾雅孟子、易林　叢 2－1443
論語蔡氏註　經 2－9268
論語蔡氏注　叢 2－774(6)
論語權疑　經 2－9562
論語故　經 2－9614
論語事實錄、三毫考　經 2－9621
論語摘衰聖　經 1－171,2－9731～2、9734　叢 1－273(3)、274(2),2－731(14)、771(3)、772(3)、773(3)、821、1872
論語摘衰聖承進讖　經 2－9733　叢 2－774(7)
論語摘訓　經 2－9365
論語摘講　經 2－9638
論語摘輔象　經 1－171,2－9727～30　叢 1－273(3)、274(2),2－731(14)、771(3)、772(3)、773(3)、774(7)、821、1872
論語書法　經 2－9628
論語素王受命讖　經 2－9735～7　叢 2－772(3)、774(7)、821、1872
論語或問　經 2－9322　叢 2－1039
論語或問錄要　經 2－9428
論語或問纂要　經 2－9323
論語輯釋　經 2－9345、9351
論語輯釋通考　經 2－9348
論語輯解　經 2－9511
論語撰考讖　經 2－9725～6　叢 2－771(3)、772(3)、773(4)、774(7)
論語拾遺　經 1－34,2－9305　叢 1－22(1)、23(1)、223(13)、272(3)、468,2－999
論語拾遺、孟子解　經 2－9304
論語贅言　經 2－9473　叢 2－821、1427
論語贅解　經 2－9582　叢 2－1743
論語最豁集　經 2－9668
論語異文集證　經 2－9559～60
論語異文集覽　經 2－9526　叢 2－1608
論語異文考證　叢 1－424、586(2),2－716(1)
論語足徵記　經 2－9650
論語別傳　經 2－9336
論語時習錄　經 2－9626　叢 2－2041
論語味根錄　經 2－9478
論語雅言　經 2－9633
論語馬氏訓說　經 2－9211　叢 2－774(6)
論語隱義　經 2－9516　叢 2－765
論語隱義註　經 2－9574、9641
論語隱義注　叢 2－774(6)、775(2)
論語附記　經 2－9503　叢 2－731(9)、782(4)
論語隨筆　經 2－9484　叢 2－1449
論語駁異　經 2－9399
論語體畧　經 2－9256　叢 2－774(6)
論語陳氏義說　經 2－9235　叢 2－774(6)
論語周生氏義說　經 2－9237　叢 2－774(6)
論語周氏章句　經 2－9230　叢 2－774(6)
論語閏　經 2－9578　叢 2－1440
論語學而里仁說例　經 2－9660
論語學而里仁說例、論語新注　叢 2－2148
論語學案　經 2－9402～3　叢 1－223(14),2－1201
論語闡微　經 2－9684
論語問答　叢 2－1693
論語陰嬉讖　經 1－171,2－9744～7　叢 1－273(3)、274(2),2－731(14)、772(3)、774(7)、821、1872
論語駢枝　經 2－9518　叢 2－653(2)、1570～1
論語人考　經 2－9618　叢 2－956
論語全解　經 2－9307　叢 1－223(13)
論語分編　經 2－9616　叢 2－956
論語分類講誦　叢 2－691(2)
論語義府　經 2－9388
論語義疏　經 2－9278～80、9520　叢 2－765～6、1621
論語義疏、校勘記　經 2－9286
論語義疏存　叢 2－750
論語會解　經 2－9531
論語會心詩　經 2－9394　叢 1－146
論語頌　經 2－9309
論語敍說　經 2－9544
論語劄記　經 1－83,2－9449
論語鐸聲　經 2－9681
論語鄭註　經 2－9637
論語鄭註集釋、論語鄭註原始、論語鄭註闕

疑　經 2 - 9664
論語鄭註原始　經 2 - 9665
論語鄭註闕疑　經 2 - 9666
論語鄭注　叢 2 - 988
論語鄭氏註　經 2 - 9222～5
論語鄭氏注　經 1 - 32、164　叢 2 - 665、774(6)、775(2)、1668
論語鄭氏注存　叢 2 - 592
論語鄭氏注輯　叢 1 - 586(1),2 - 716(1)
論語鄭義　經 1 - 163(4),2 - 9592　叢 2 - 1920
論語篇目弟子　經 1 - 27～8、31　史 2 - 6328、6332　叢 2 - 772(5)、773(6)
論語筆解　經 1 - 33,2 - 9289～92　叢 1 - 4～5、9～10、22(1)、23(1)、26、28、47、62、64、223(13)、241、242(2)、273(3)、468,2 - 730(5)
論語餘說　經 2 - 9513　叢 2 - 1538～9
論語纂疏　經 1 - 77(4),2 - 9333　叢 1 - 223(13)、227(4),2 - 754
論語纂箋　叢 1 - 223(14)、227(4)
論語小言　經 2 - 9594　叢 2 - 1919～20
論語類編　經 2 - 9680
論語類考　經 2 - 9368、9685　叢 1 - 223(14)、301,2 - 872、1103～4
論語類纂、論語類纂提要　經 2 - 9670
論語類纂提要　經 2 - 9671
論語精義　經 2 - 9324　叢 1 - 223(13)
04 論詩總說　經 1 - 3665～6
08 論說入門　子 4 - 22075
論說入門初集　子 4 - 22076
10 論天　子 3 - 11263　叢 2 - 775(5)
論電　子 7 - 36229、37587
論電氣報　子 7 - 36248
論電氣時晨鐘及諸雜法　子 7 - 36248
論電氣吸鐵　子 7 - 36248
14 論功法　子 2 - 11224
16 論理學講義　子 7 - 37951
論理學綱要　子 7 - 37950
論理學教科書　子 7 - 37952
論碑帖詩　子 3 - 15449
17 論孟詩　集 4 - 23248　叢 2 - 2049
論孟一臠　經 2 - 10193
論孟要義　經 2 - 10195
論孟發隱　子 7 - 32118
論孟集註考證　叢 1 - 223(13)
論孟集註附考　經 2 - 10183、10185
論孟疑義　經 2 - 10188　叢 2 - 1946
論孟補記　經 2 - 10187
論孟書法、讀四書　經 2 - 10189
論孟卮言　經 2 - 10194
論孟筆記、補記　經 2 - 10186
論孟精義、綱領　叢 1 - 223(13)
論豫徐鐵路宜從速敷設　史 6 - 44318
18 論政府與人民之權限　子 7 - 36251
21 論衡　子 1 - 61、66、83,4 - 19750～1、19753～4　叢 1 - 19(12)、20(10)、21(11)、24(12)、71～7、182、223(40)、227(7),2 - 628、635(5)、698(6)、709、731(11)
論衡佚文　子 4 - 19757　叢 2 - 777
論衡校　子 4 - 19756　叢 2 - 2004
22 論嶺南詞絕句　叢 2 - 622、2153
論山詩鈔、詞　集 4 - 22294
24 論射　子 1 - 3564
論化學電氣　子 7 - 36248
論德錄　史 2 - 9735
論贊雜錄　叢 1 - 564
25 論生物電氣　子 7 - 36248
論生氣化學器與質　子 7 - 36229、37631
論律呂　叢 1 - 223(9)
論佛骨表　叢 2 - 771(2)
26 論白喉捷要　子 2 - 7605
論粵東詞絕句　集 7 - 48751
論程文選　集 6 - 45392
27 論向　子 3 - 14679
論修改大總統選舉法之程式　子 7 - 38068
論修史籍考要略　史 1 - 5316　叢 1 - 538
28 論俗禮要　經 1 - 6250、6351
30 論定錄　史 2 - 8986　叢 2 - 1144
論定性書　子 1 - 689　叢 2 - 1346
34 論法華　子 7 - 33459
論法指南　子 1 - 1784
38 論海　子 5 - 25476
論海四種　史 1 - 5281
論道探源　子 7 - 35658
40 論存　子 3 - 11322
論古雜識　史 8 - 65138　叢 2 - 796
論古雜存　叢 1 - 254
論古韻通轉　經 2 - 13958
論古撮要　經 1 - 8096
論古閒眸　子 4 - 20909
論古今兵法　子 1 - 3948
論古錄　子 4 - 21164
論木火土金水　子 3 - 14612
42 論機器造水法　子 7 - 36229、37216
44 論世約編　子 4 - 21307　叢 2 - 1660
論世八編　史 1 - 5599
論世精言　子 4 - 21244
45 論熱電氣　子 7 - 36248
46 論相　子 3 - 14192　叢 1 - 154、173
47 論格致理法綱要　子 4 - 21969
48 論教育當定宗旨　子 7 - 36251

50 論中國國民之品格 子 7-36251
論中國學術思想變遷之大勢 子 7-36251
論史同異全集本 史 1-5605
論史學方志 史 1-5326
論畫 子 3-15859、15931
論畫雜評 子 3-15858、16031
論畫雜詩 子 3-16041
論畫正則 子 3-15966 叢 2-1394
論畫五種 子 3-16016
論畫瑣言 叢 1-353
論畫瑣言 子 3-15922 叢 1-22(26)
論畫絕句 子 3-16157
論畫淺說 子 3-16014
論畫十則 子 3-15945 叢 2-642、811
論畫脞說 子 3-15859、15950
論畫小傳 子 3-16007
論專制政體有百害於君主而無一利 子 7-36251
論書 子 3-15001、15106
論書序大傳 經 1-3371 叢 1-561
論書集刻 子 3-15205
論書偶存 子 3-15225
論書絕句 子 3-15188、15247 叢 2-996
論書淺語 子 3-15214
論書法 子 3-15192
論書法函稿 子 3-15151
論書十則 子 3-15180 叢 2-642
論書目唱和集 史 8-65275 叢 1-369、372
60 論墨 子 4-18807、18810
論墨絕句詩 子 4-18838
論易閒筆講義 經 1-1614
論易閑筆講義 叢 2-1644
63 論賦韻書 叢 1-378
65 論跌打損傷症 子 2-7932
67 論吸鐵氣 子 7-36248
71 論區田書 子 1-4223
72 論脈 子 2-4730,7-36229
76 論陽宅 叢 1-154、173
77 論用筆十法 子 3-15023
論邪教攻心 子 7-35920
論騷賦 叢 2-1092
論學 叢 2-731(13)、782(3)
論學諸篇 子 1-1857 叢 2-2002
論學韻語 叢 2-2270(3)
論學三說 子 1-2375 叢 1-195(4)、421、534,2-731(4)、811
論學酬答 子 1-1330 叢 1-364,2-1268
論學統宗 集 6-42697、44006
論學統宗、文章軌範 集 6-44007
論學術之勢力左右世界 子 7-36251
論學須知 集 6-45807 叢 2-1191
論學制備忘記 經 1-6185 叢 1-203(11)
論學外篇 經 1-108 子 1-1634 叢 2-814
論學俚言 子 1-1477 叢 2-731(13)、816
論學繩尺 集 6-42711、43615
論學繩尺、論訣 叢 1-223(69)
論學書 集 2-7493
論學舉隅 子 4-22054
論學劄說十則 子 4-22417 叢 1-557～8
論學鉤玄 集 6-42785
論學小記 經 1-108 子 1-1633 叢 2-814
論印絕句 子 3-16776、16828 叢 1-342、373(7)
論印絕句、續編 子 3-16836 叢 1-291、294、435
論民族競爭之大勢 子 7-36251
80 論義辯才法門 子 6-32081(2)、32084(3)、32085(3)、32090(3)、32092(2)、32093(4)
論公法之不可恃 子 7-36251
論氣第八種 叢 2-1211
82 論劄 經 2-9285
83 論錢 集 7-49562
88 論篆 子 3-15001、16776、16779 叢 1-22(14)、23(14)、515
論餘適濟編 經 1-2330
論餘適濟編、錄 子 4-21199
90 論小序 叢 1-223(7)
論小說與羣治之關系 子 7-36251
論少數者之權利 子 7-36605、38105
論火藥機器 子 7-36229、37018
95 論性書 子 1-1380 叢 2-1284

0863_2 訟

37 訟過齋日記 子 1-1738
訟過記 子 1-1868 叢 2-886(2)
訟過法 叢 1-206
訟過書屋文鈔 集 5-35864
訟過則例 子 1-1529

0863_7 詅

00 詅癡集 集 5-35754～5
詅癡集、偶筆 集 4-32884
詅癡夢草 集 3-16057

詅癡閣詩鈔 集4-25802
詅癡閣詩鈔、續鈔 集4-25803
詅癡符 子5-27131
詅癡小草 集4-26802

謙

00 謙立齋晚學錄 子4-24613
謙庵詩鈔 集4-25770
謙庵詞 集7-46400、46950
謙齋文錄 集2-6934～5 叢1-223(64)
謙齋詩集 集3-13730、18770
謙齋詩稿 集3-19557
謙齋詩稿、補遺 集3-19558
謙齋集 集3-13729
謙齋初集、二集、三集、續集、蟲隱齋雜作 集5-34335
謙齋初集、二集、三集、續集、遺園詩餘 叢2-946
謙齋吟稿 叢2-1800
謙齋印譜 子3-16983～4
17 謙及堂詩鈔 集3-21704
20 謙受齋稿 集3-21902
謙受益齋文集 集4-33019
謙受堂詩集 集4-29390
謙受堂集 集3-19906
謙受堂全集 集4-23715
22 謙山文鈔 集4-25651
謙山詩鈔 集4-23537
謙山行年錄 史2-11909
謙山遺稿 集4-23538
28 謙牧堂藏書目 史8-65681
38 謙裕齋全集 集4-26254
50 謙本圖旅行記地理讀本 子7-37769
80 謙益齋外科醫案 子2-7745
謙益堂詩 集6-41981
謙益堂詩存 集4-31626
謙益堂詩鈔 集4-21959
謙谷詩鈔 集4-30885
謙谷集 集3-20220
90 謙光堂詩集 集2-7583

0864_0 許

00 許彥周詩話 集6-45483、45486 叢1-2～3、5～6、9～10、22(14)、23(13)、31、99～101、2-731(46)
許彥周詩話(彥周詩話) 集6-45591
許文正公雜著 集1-4764
許文正公詩 集1-4751
許文正公遺書 集1-4759、4761 叢1-451、574(2)
許文正公遺書十五種 叢2-1053
許文正公奏疏 史6-48155
許文正公書狀 集1-4763
許文政公語錄 子1-879
許文穆公集 集2-9608、9610 叢2-914
許文穆公集、墓誌銘 集2-9609
許文穆公遺文 集2-9611
許文穆公全集 集2-9607
許文定集 集1-2739
許文肅公集四種 叢2-2044
許文肅公外集 叢2-2044
許文肅公遺稿 集5-37442 叢2-2044
許文肅公遺稿、外集、書劄、日記 集5-37443
許文肅公書札 叢2-2044
許文肅公日記 叢2-2044
許文忠公圭塘小藁 集1-5419
許文敏公(振禕)易名恩榮錄 史2-10747
許襄毅公異政十條 史6-46371
08 許旌陽事蹟圖 史2-8520
10 許三禮遺書三種附一種 叢2-1316
許正吾集 集2-9241
許玉重詩 集2-12909,6-41943
許玉峯先生集 集4-27414
許丁卯詩真蹟錄 叢2-806
許元博詩 集2-11774,6-41943
許雨庭遺稿 集5-33860
許石城集 集2-8669,6-41935(4)
許雲嶠文集 集4-24097
許雲嶠先生手書詩文稿 集4-24096
許雲嶠先生養菊說 子4-19274
許雲村集 集2-7798,6-41935(2)
許雲邨貽謀 子1-2133 叢2-730(12)、731(20)、836
11 許珏奏稿 史6-49124
12 許水南詩集 叢1-328
14 許琳詩 集6-41872
許琳詩集 集6-41739、41818、41878
許琳詩集(許琳詩、晚唐許琳詩) 集1-1762
17 許珊林(梿)傳贊事實 史2-9820
許子詩存、文存 集3-15273
許子家學淵源 叢2-1317～8
許子遜稿 集2-10966
許君(慎)年表、淮南参政殘草、說文古讀考

史 2－11110
許君疑年錄 經 2－12732 史 2－11112
許君年表攷、許君年表、附錄 經 2－12730 史 2－11111
20 許禹庭詩稿 叢 2－856
21 許順庵老人自述年譜 史 2－11977
許僊借傘 集 7－53358
許師六集 集 3－16067
許紅橋先生文集 集 3－20067
許紅橋先生文稿 集 3－20066
許紅橋先生文稿、雜說 集 3－20065
許經崖集 集 4－28230
22 許任宇偶吟十種(煙寺偶吟、鵝籠集說、南園漫興、白門遊隨筆、破悶詩) 集 2－12735
許山集、承平雜詠 集 2－12824
23 許然明先生茶疏 叢 1－108,2－731(30)
許然明茶疏 子 4－18978、19040～1
24 許纘曾傳 史 2－9220
26 許白雲先生文集 叢 2－636(4)
許白雲先生文集(白雲許先生文集、許白雲文集) 集 1－4727
許白雲先生文集(白雲集、白雲許先生文集)、附錄 集 1－4726
許白雲先生文集、補遺、附錄 集 1－4729
許伯清詩稿 集 6－45817
許伯清詩稿、詩源辯體、遺詩輯補 集 2－10877
27 許魯齋集 叢 1－213,2－731(45)
許魯齋先生(衡)年譜 史 2－11367
許魯齋先生訓子詩 子 1－1964、2112
許魯齋先生集 集 1－4754、4757 叢 1－214
許魯齋先生心法 子 1－875
許魯齋全書 集 1－4757
許祭酒說文解字建首 經 2－12561
許叔重淮南子注 子 4－19698 叢 2－1978
28 許作舟集 集 4－26712
30 許賓門日記(清道光二十二年至二十四年) 史 2－12764
32 許州空心砲臺記 子 1－3592
許州志[康熙] 史 8－59864
許州志[弘治] 史 8－59861
許州志[順治] 史 8－59863
許州志[道光] 史 8－59866
許州志[嘉靖] 史 8－59862
許州志[乾隆] 史 8－59865
許漸庵存稿 集 4－31374
37 許渾詩集 集 6－41848
許渾詩集(許渾丁卯詩集) 集 1－1625
許渾丁卯詩集 集 6－41850
38 許海秋文稿 集 4－31993
40 許大司成遺集 集 2－11801
許太史評選戰國策文髓 史 1－5064
許太史真君(遜)圖傳 史 2－8510
許太史真君圖傳 子 5－29530(9)
許太夫人傳畧、許纘曾傳 史 2－9220
許太常歸田稿 集 2－8670
許友介詩稿 集 3－14438
許士修集 集 2－6320,6－41935(3)
許吉樟墓誌銘 叢 2－1316
許真君玉匣記(玉匣記) 子 3－14414,5－29531 叢 1－114(3)
許真君石函記 子 5－29530(18)、31034
許真君受鍊形神上清畢道法要節文 子 5－29530(11)、31569
許真君仙傳 史 2－8511 子 5－29530(9)
許真君淨明宗教錄 子 5－29597
許真君八十五化錄 史 2－8512 子 5－29560
許真人拔宅飛升雜劇 集 7－49285
許真人拔宅飛昇雜劇 集 7－48774(8)
44 許茗山集 集 2－8740,6－41935(2)
許黄門尚書禹貢纂本祕傳 經 1－3188
46 許楊支譜[安徽桐城] 史 5－34442
許楊氏支譜[安徽桐城] 史 5－36934
48 許教授(仁沐)家傳、行狀 史 2－10601
許敬庵稿 集 6－45336、45340
許敬宗集 集 1－662,6－41739、41743、41824、41838
許敬菴稿 集 2－9789～91
許松濱先生詩集、文集 叢 2－1904
許松濱先生條答 子 1－1839 叢 2－1904
許松濱先生全集六種 叢 2－1904
許梅屋樵談 子 4－20216 叢 2－730(12)、836
50 許夫人殉難册頁 史 2－10804
許忠直公遺集 集 2－10556 叢 2－884
許忠節(逵)錄 史 2－8923
許忠節公世行錄 史 2－8924
許書正文重文對證編 經 2－12356
許書發凡類參 經 2－12688
許書重文 經 2－12280、12282
許書微 經 2－12711
許書漢制 經 2－14223
許書轉注說 經 2－12509
60 許國公奏議 叢 1－465,2－731(18)
許田射鹿 集 7－53006
許昌梅公(詢)年譜 史 2－11208
許昌梅公(詢)年譜、詩畧 史 2－11015
許昌縣志[民國] 史 8－59867～8
63 許默齋集 集 2－8361
許默公印譜 子 3－16960

71 許甌香遺詩　集 3－14440
許長史集　集 2－9085,6－41935(3)
72 許氏證經異句　經 1－153
許氏詩譜鈔　經 1－4717　叢 1－291、294
許氏族譜　史 5－34501、34503～6
許氏族譜[廣東平遠]　史 5－34497
許氏族譜[廣東乳源]　史 5－34496
許氏族譜[安徽績溪]　史 5－34471
許氏族譜[安徽祁門]　史 5－34466
許氏族譜[安徽歙縣]　史 5－34457
許氏族譜[江蘇吳縣]　史 5－34381
許氏族譜[江蘇江都]　史 5－34364
許氏族譜[湖南]　史 5－34495
許氏族譜[湖南瀏陽]　史 5－34480～1
許氏族譜[湖南湘潭]　史 5－34491
許氏族譜[湖南湘陰]　史 5－34485～7
許氏族譜[湖南桃源]　史 5－34483
許氏族譜[湖南長沙]　史 5－34479
許氏族譜[四川]　史 5－34498
許氏說文引論語三十六條　經 2－9610
許氏說文雙聲疊韻譜　叢 2－898
許氏說文解字六書論正　經 2－12462
許氏說文解字說例　經 2－12376
許氏說文解字五音韻譜　經 2－12392～3
許氏說文解字雙聲疊韻譜　經 2－12408　叢 1－515,2－731(23)
許氏說音　經 2－14165、14542
許氏說篆　經 2－13167
許氏說篆(說篆)　子 3－16816
許氏許村東支譜[安徽歙縣]　史 5－34454
許氏幼科七種　子 2－8464
許氏家譜　史 5－34507
許氏家譜[安徽歙縣]　史 5－34455
許氏家譜[河南靈寶]　史 5－34477
許氏家譜[貴州貴陽]　史 5－34499
許氏家譜並附錄　叢 2－707
許氏家乘　史 5－34502
許氏家乘[安徽歙縣]　史 5－34452
許氏家傳世譜[安徽歙縣]　史 5－34458
許氏家祠四時祭儀注　叢 2－1316
許氏宗譜　史 5－34508～9
許氏宗譜[安徽六安]　史 5－34467
許氏宗譜[安徽休寧]　史 5－34463
許氏宗譜[安徽桐城]　史 5－34443
許氏宗譜[江蘇武進]　史 5－34371
許氏宗譜[江蘇江陰]　史 5－34375
許氏宗譜[江蘇丹徒]　史 5－34367
許氏宗譜[浙江嘉興]　史 5－34395
許氏大全族譜　史 5－34362
許氏巾箱集三種　叢 2－901
許氏古韻閣書目　史 8－65767
許氏壽李光邦序、附錄乞言引　史 2－9619
許氏札記　子 4－23561
許氏蔭祠歷世祖考妣譜[安徽歙縣]　史 5－34459～60
許氏惠邑恤宗錄　集 2－10234
許氏撰輯抄校稿三十二種附錄二種　叢 2－707
許氏四吟　集 3－19925
許氏貽謀四則　子 1－1022、2132　集 2－7796　叢 1－83
許氏歷代宗譜　史 5－34398
許氏歷代宗譜[浙江海寧]　史 5－34396
許氏醫案　子 2－4768、10779
許氏義莊事畧　史 6－44741
77 許周翰先生稿鈔　集 2－8700
許用晦文集、遺篇、拾遺　集 1－1637
許用晦文集、拾遺　叢 1－447
許閒居詩　集 2－12745
許閬堂詩選、塞上草、柳花詠、蕉隱篇　集 2－11039
許屏山集(燕邸前集、樵川遊稿、燕邸後集、屏山對牀集、雪竇集、柿葉集、屏山西征集、瑞石山樓集)　集 3－17918
許學　經 2－12717
許學羣書辨正　經 2－12685
許學叢刻九種　經 2－12726
許學叢書十四種　經 2－12730
許學札記　經 2－12649
許學考　經 2－12713
許學四種　經 2－12732
許學四書　經 2－12733
許印林雜文　集 4－29891
許印林先生未刻稿　子 4－22626
許印林遺著　經 2－12661　叢 2－731(23)
許印林遺著(某先生校注說文條辨)　叢 1－419
許賢李氏宗譜[浙江蕭山]　史 4－27157
82 許鍾斗文集　集 2－10965
許鍾斗稿　集 2－10967～8,6－45336、45340
87 許鄭經文異同詁　經 2－12026　叢 2－2152
許鄭學廬存稿　集 4－24484
88 許竹篔出使函稿　集 5－37444
許竹篔先生出使函稿　史 6－44923
許竹篔先生出使函稿　史 6－49144
許竹篔先生奏疏錄存　史 6－49143
90 許少華集　集 2－8155,6－41935(2)
許尚書文御史奏摺　史 6－48071
許棠詩　集 1－1746,6－41872
許棠集　集 1－1746,6－41850
94 許慎淮南子注　子 1－56,4－19696　叢 1－

260～1,2－731(11)

0865_1 詳

00 詳音句讀明本大字毛詩　經1－3523
詳註王陽明全集　集2－7483
詳註百家唐詩彙選　集6－43370
詳註聊齋志異圖詠　子5－27633
詳註棋經十三篇　子3－18023
詳註東萊先生左氏博議　經1－6753
詳註四書要典歌訣　經2－10893
詳註足本金鏡錄、增補保赤心法、續增金鏡錄西法治小兒考畧　子2－8643
詳註閱微草堂筆記　子5－27094
詳註周美成詞片玉集　集7－46506
詳註周美成片玉集　叢1－265(5)
詳註筆耕齋尺牘　叢1－496(7)
04 詳詩認母　集7－53049
20 詳稿彙鈔　史6－46220
詳稿滙鈔　史6－47252
27 詳解九章算法　子3－12429
詳解九章算法、纂類　叢2－731(25)
詳解九章算法、纂類、札記　子3－12430　叢1－343
詳解九章算法札記　叢2－731(25)
30 詳注推拿指南　子2－10428
詳注東萊先生左氏博議　經1－6750
詳注全圖新算法大成　子3－12471
詳注全圖算法大成　子3－12472
詳注飲香尺牘　集3－20477
詳注筆耕齋尺牘　集3－21045
詳定整頓刑案册式章程　史6－46224
詳定四川商務總局開辦章程　史6－43997
40 詳校新增繪圖幼學故事瓊林　子5－25610
詳校元本西廂記、會真記　集7－48836
48 詳增經旨音釋毛詩白文　經1－3720

0865_3 議

01 議訂隆興公司雲南辦礦奏稿章程　史6－44844
07 議設通令學塾稟稿　史6－49133
議設通令學塾稟稿　叢2－2058
10 議覆司爾泰情形摺畧　史6－45697,7－49357
議覆鐵路奏疏　史6－44209
21 議處安南事宜　史1－1929,6－45014　叢1－50～2、55
議處奏底簿(光緒二十七年至三十年分)　史6－48013
24 議結教犯奏稿　史6－48034
27 議修曆疏　叢2－1188
28 議復興辦鐵路奏稿　史6－49019
30 議宴陳園　集7－52231
37 議郎　子4－21541　叢2－1920
38 議海　叢1－459
57 議挽北鹽罪言、續、再續　史6－43877
64 議贖滇越鐵路事宜　史6－44341
73 議院總考　子7－36240(2)
77 議用徽寧池太安慶伍府廣德州各官職名履歷文册　史3－23760
議用蘇松常鎮肆府營制各官職名履歷文　史3－23731
80 議會政黨論　子7－38099
82 議劍獻劍　集7－50842

0865_7 誨

10 誨爾錄　子1－1886　叢2－2025
55 誨典　子5－25996
77 誨兒編　子1－2873　叢1－574(4)

0866_1 譜

00 譜序要義　經1－3671
20 譜雙　子3－18202～4、18247　叢1－22(17)、23(16)、35、37、173、181、545、547(4),2－943
譜系雜說　叢1－9、22(15)、23(14)、353
譜系雜說(法帖譜系雜說)　叢1－5
44 譜花吟館詩鈔　集4－30471
77 譜學備考　叢2－988
譜學源流　叢2－2264

0925_9 麟

10 麟石詩文集　集4－30060
21 麟旨　經1－8041
麟旨定　經1－7644
麟旨明微　經1－7649
麟經新旨　經1－7663
麟經指月　經1－7629

麟經鉤玄　經 1－7739
22 麟後山房七種　集 4－23266
麟峯黄氏家譜[福建永泰]　史 5－33920
麟山林氏家訓　子 1－2232
24 麟德術解　子 3－12356
25 麟傳統宗　經 1－7671
27 麟角集　集 1－1735～7　叢 1－223(50)、244(3)、442～3,2－731(39)
麟角集、補遺、附錄　集 1－1738
30 麟寶　經 1－7673
32 麟洲雜著　子 4－21639
麟洲詩草(舞象小草、棄繻集、麻鞋草、冷齋清課、斷腸集、續斷腸草、驚濤集、春申江上錄)　集 4－33298
麟溪集　集 6－44723～4
麟溪集、别篇　集 6－44726
麟溪集、别篇、附錄　集 6－44725
麟溪徐氏宗譜[浙江浦江]　史 4－32079
38 麟遊縣新志草[光緒]　史 8－62946
麟遊縣志[康熙]　史 8－62945
麟遊縣志[順治]　史 8－62944
40 麟臺故事　史 6－42862～3　叢 1－19(7)、20(5)、22(3)、23(3)、24(7)、223(26)、388～90
麟臺故事、補遺　史 6－42865　叢 1－465
麟臺故事、校記　史 6－42866　叢 2－636(2)
麟臺故事、拾遺、考異　史 6－42864　叢 1－230(3)
42 麟楥詞　集 7－48211
50 麟書　叢 1－11～2、22(17)、23(17)、108、111(3)、146、569
麟書捷旨　經 1－7683
51 麟指嚴　經 1－7660
60 麟見亭奏稿　史 6－48858
61 麟趾呈祥　集 7－49700
麟題備覽　經 1－7687
71 麟原文集前集、後集、附錄　叢 1－223(61)
麟原王先生文集(麟原文集)、後集、附錄　集 1－5751
76 麟陽鄢氏族譜[福建南平]　史 5－37099
77 麟兒報　集 7－52395
88 麟篆齋遺稿　集 3－13346

0963_1 讜

08 讜論集　史 6－48129　叢 1－223(21)

0963_9 謎

01 謎語　子 3－18467　叢 1－177
謎語采新　子 3－18436
02 謎讔初編　子 3－18450
謎話　子 3－18420　叢 1－584
20 謎稿　子 3－18437
53 謎成隨錄　子 3－18466
58 謎拾　子 3－18421　叢 2－1012
77 謎學　子 3－18422　叢 2－1012

0968_9 談

00 談塵　子 5－26223　叢 1－128、130,2－1060、1173
談言　子 5－27407　叢 1－22(28)、30、148、154、181
談玄詩草　集 5－37054
01 談龍錄　集 3－17271,6－45491～2、45494、45496、45936　叢 1－223(72)、241、242(2)、247、421、442～3、534,2－615(2)、617(5)
08 談論真假　子 7－35460
10 談天、附表　子 3－12388,7－36228(2)、36231(4)、36242(2)、37670
談天、附表圖　子 7－36248
談天集證　子 3－11241
談天緒言　子 7－36260、37690
談天條辨　子 3－11541
談天第九種　叢 2－1211
談石　子 4－19487
20 談往　史 1－1935、1939、4473～5　叢 1－210～1、485
談往、補遺　史 1－4476
談往續錄　叢 1－256
談香女哭瓜一段　集 7－51555
21 談虎　子 4－19396　叢 1－202(4)、203(10)
談經　經 2－11500　叢 2－875、1169
談經齋詩鈔　集 5－34372
談經菀　經 1－48,2－10387
22 談剩　子 4－20638　叢 1－22(24)
26 談泉雜錄　子 4－23257
28 談徵　子 4－22592～3,5－26494　叢 1－373(5)
30 談瀛徵實　史 7－54331
談瀛閣詩稿(秋蟲吟、海外吟、春柳吟、海上吟)、詩餘　集 4－29738

談瀛錄 史 7－54341 子 4－23427、23511 叢 2－1460
談瀛錄(海外吟、海上吟) 集 4－29739
談瀛錄六種 叢 2－1965
談賓錄 叢 1－15、18、19(1、10)、20(1、8)、21(1、9)、24(2、11)
32 談淵 史 1－1914 叢 1－19(7)、20(5)、22(6)、23(6)、24(7)、29(5)、95，2－624(2)、730(2)
談浙 史 1－3930
33 談冶錄 子 4－24015
37 談選 叢 1－17、19(3)、20(2)、21(6)、24(3)
談資 子 4－23866～7 叢 2－989
38 談道遺稿 子 7－35105
40 談古偶錄 子 4－24336 叢 1－373(8)、496(1)
44 談苑 子 4－19994～5 叢 1－27、106、111(1)、223(44)
談苑、五總志、東原錄、東萊呂紫微雜說 子 4－19996
談藪 子 4－22098，5－26306 集 6－42778 叢 1－4～5、9、19(6)、20(4)、22(6)、23(6)、24(7)、29(5)、56、195(5)，2－617(2)
談薈 子 4－24674
談藝珠叢 集 6－45494
談藝錄 子 5－26219 集 2－7769～73，6－41952、42217、45485～6、45488、45490～1、45494、45766 叢 1－22(26)、39、86、114(5)、115、195(4)、223(65)、227(11)、368，2－730(6)、811
50 談史 集 2－12300～1
談書錄 子 4－22533 叢 1－202(5)、203(11)，2－969～70、1453
57 談輅 子 4－20609 叢 1－62、64，2－730(5)、731(53)
談撰 叢 1－22(6)、23(6)
60 談壘 叢 1－17、19(1)、21(1)、24(2)
談壘二十八錄 叢 1－20(1)
談異 子 5－27219～20
談異(伊園漫錄) 子 5－27218
67 談明叢議 叢 2－1790
談暇 叢 1－373(4)
70 談雅闕氏族譜[廣東新會] 史 5－41314
72 談氏三修族譜[湖南寧鄉] 史 5－39739
談氏重修族譜[湖南武陵] 史 5－39741
談氏宗譜[江蘇無錫] 史 5－39736～7
74 談助 子 5－26395、27166 叢 1－19(10)、20(8)、24(11)、210、212，2－617(5)、624(4)
77 談闓錄 史 7－50519 叢 1－407(2)
談風月軒詩鈔 集 4－31369
談鳳威先生(文烜)小傳 史 2－10756
談屑 叢 2－2098
80 談命須知 子 3－14178
82 談劍廬詩稿 集 4－29955
談劍術 集 7－52486
87 談錄 史 1－4417 叢 1－4、18、19(1)、20(1、10)、21(1、2、11)、24(2、12)，2－701
88 談笑奇觀 子 5－27292

0972_0 玅

20 玅香國草 集 3－16325
77 玅印爾易祉大師語錄 子 7－34276

1

1000_0 一

00 一亭詩存　集 4－25863
一亭雲集　集 6－41963
一亭剩稿　集 4－24482
一亭考古雜記　子 4－23267
一亭書屋遺草(漱石軒詩稿)　集 4－24241
一庵雜問錄　子 1－1051　叢 1－109、111(4)
一廬存稿甲集、乙集　集 5－38503
一齋雜著　子 4－22389～90　叢 2－1407
一齋新詩　集 3－16735
一齋識學　叢 2－830
一齋識學溫溪尋源合刻二種　叢 2－830
一齋詩　集 4－22051　叢 2－831
一齋詩文鈔　集 3－19502
一齋詩鈔　集 3－19873
一齋集十二種　叢 2－1147
一齋集十五種　叢 2－1148
一齋先生集七種　叢 2－1149
一齋自編年譜、續編　史 2－12442
一齋家規　子 1－2243　叢 2－830～1
一齋溫溪叢刻九種　叢 2－831
一齋溫溪叢刻七種　叢 2－830
一齋舊詩　集 3－16734
一齋書繹說　子 1－1623　叢 2－831
一齋日紀　子 4－22250
一齋陳先生(第)考終錄、雜文　史 2－8998
一齋陳先生考終錄　叢 2－1148
一齋陳先生考終錄、雜文　叢 2－1147
一齋居士詩集、詩別集　集 2－7714
一齋劄記　子 1－1625　叢 2－831
一席紀聞　史 1－3200
一文錢　集 7－48773、48775、48781、49183～4　叢 2－672
一文錢五部　集 7－51340
一文錢傳奇　集 7－50335
一言半句　子 7－34908
一音數字　經 2－13471
一毫集　集 2－9957
一六山房易備解　經 1－931
01 一謳吟館選集　集 5－36551
03 一詠軒詩草　集 3－20158～9
07 一望而知　經 2－13526
一畝宮手訂五經必讀類約　經 2－11506
一畝花居吟草　集 4－27135
一畝居詩選　集 4－25709、25712
08 一效集　子 2－10059
10 一一齋詩　集 3－17874
一百二十名家制義題辭　集 6－45938
一百五十讚佛頌　子 6－32081(39)、32082(19)、32083(26)、32084(22)、32085(38)、32086(45)、32088(28)、32089(35)、32090(59)、32091(57)、32092(39)、32093(31)
一百他一段　集 7－51618
一百使不得勸世文一枝　集 7－52023
一百好一段　集 7－51616
一百黑一段　集 7－51617
一百單八州一段(新刻江湖段)　集 7－51615
一西自記年譜、述　史 2－11991
一醉樓詩草　集 3－16348
一雲亭集　集 3－16291
一粟廬詩一稿、二稿　集 4－32785　叢 2－1903
一粟廬合集三種　叢 2－1903
一粟齋文鈔　集 4－26493
一粟齋試帖　集 4－26492　叢 2－1815
一粟詩草　集 5－40583
一粟窩詩存　集 4－24302
一粟軒詩鈔、文集　集 4－23520
一粟居日記(清同治十三年至光緒元年)　史 2－12890
一粟龕詞集　集 7－48255
11 一斑吟稿　集 5－37967
一斑錄、雜述　子 4－21579
一斑錄、附編、雜述　史 7－49338　子 4－21580～1
一琴一鶴軒詩草　集 4－27800
一琴一爐詩草　集 5－34784
一研齋詩詞檢存　集 4－25209
一研齋詩集　集 3－14560
一琹先生曲譜　集 7－54821
12 一飛詩鈔　集 4－29338
一飛詩鈔補遺　集 4－29339
一瓢齋詩話　集 6－45959
一瓢齋詩存　叢 2－639
一瓢齋詩存、詩話　集 3－18199
一瓢詩話　叢 1－203(17)
一瓢稿賸稿　叢 2－855
一瓢道士傳　叢 1－22(27)
16 一硯齋詞鈔　集 7－47555
一硯齋信稿　集 5－38038

一硯樓詩草 集5-38083
17 一子黄果鎮東洋一枝 集7-50985
一疋布 集7-52543
20 一舫齋詩 集2-6918
一乘方二乘方形 子3-12365 叢2-1638
一乘決疑論 子7-33906
一統肇基錄 史1-2670 叢1-13、14(1)、22(21)、134
一統志台州約抄 史7-50460
一統志案說 史7-49610
一統路程圖記 史7-49567
21 一仁廬蕘議 子4-22055
一行居集、儒門公案拈題 集4-22290
一行小集 集5-40827
一歲芳華 史6-49249 叢1-197(4)、587(5)
一經廬文鈔 集4-29100 叢2-1755
一經廬謎存 子3-18460
一經廬琴學 子3-17555
一經廬琴學、琴操題解 叢2-1755
一經廬叢書五種 叢2-1755
一經軒詩存 集4-32920
一經堂詩錄 集4-27961
一經堂詩錄、賦錄、詩賦續錄 集4-27962
一經堂賦錄 集4-27964
一經堂印譜 子3-17460
22 一片石 集7-49438、49454
一片可語山館小詩 集4-25396
一臠集 叢2-1414
一峯文集 叢1-223(64)
一峯先生文集 集2-6975
一峯先生文集(一峯文集) 集2-6976
一峯先生詩集、文集 集2-6974
一峯道人詩鈔 集1-5072
一峯道人遺集 集1-5073
一峯樓稿 集3-17312
一山文集 集1-5726、5788～9,6-41784 叢1-223(61),2-873
一山文存 集5-39694
一山詩選 集5-39693
一山詩存 集5-39692
一山經說、一山雜文 子4-22038
一山存集、二集、三集、別集、文集 集3-15961
一山老人史聲、改元考、名臣畧 史1-4970
一樂編 叢2-1378
一種情 集7-49977、50709
一紙報 子5-28632
23 一綫天 集7-49640
一綫表用 子3-12349
24 一化元宗 子5-29549
一化元宗指要 子5-29549、31369
一仇三怨 子7-38291
25 一佛讚一枝 集7-50984
26 一偶小草 集5-35291
一得集 子2-4770、10769
一得山房詩鈔 集5-36960
一得山房詩鈔、續集 集6-42007(3)
一得偶談二集 子1-1711
一得偶談初集、二集 子4-21311
一得吟 集3-18300
一得錄 子1-1651、1768
一息吟 史1-6099
27 一蠡詩存 集4-26490 叢2-1815
一夕話 子5-27446～7、27450
一夕話二刻五十二種 子5-27448
一向出生菩薩經 子6-32083(10)
一角山房詩草 集4-28562
一角編 子3-14795 叢2-631
一勺亭詩文鈔 集3-17858
一勺文集 集3-21716
一舟詩草 集5-35148
一餐飯寶卷(賢良寶卷、當擡寶卷、酬恩寶卷、餐飯寶卷) 集7-54503
一級再生題詠集 集5-40053
30 一室吟稿 集4-28967
一房山詩鈔 集4-29654
一家言(瀛壺文鈔補) 叢2-2267
一家言居室器玩部 子4-18563
一家翰墨 子3-15510
一字不識之新黨 子5-28560
一字頂輪王瑜伽經 子6-32093(33)
一字頂輪王念誦儀軌 子6-32085(48)、32088(35)、32090(58)、32091(56)、32092(38)、32093(33)
一字佛頂輪王經 子6-32081(17)、32082(12)、32083(12)、32086(19)、32087、32088(12)、32089(14)、32091(21)
一字佛頂輪王經(五佛頂經) 子6-32085(17)、32090(22)、32092(15)、32093(33)
一字佛頂輪王念誦儀軌 子6-32081(56)、32083(36)、32085(54)、32086(61、64)、32088(40)、32089(38)
一字奇特佛頂經 子6-32081(53)、32082(28)、32083(34)、32085(48)、32086(57)、32088(35)、32089(30)、32093(33)
一字奇特佛頂經、一字頂輪王念誦儀軌 子6-32090(41)、32091(39)、32092(27)
一字數音 經2-13591
一字金輪王佛頂要畧念誦法 子6-32084(29)、32085(53)、32086(63)、32088(39)、

32089(37)、32090(57)、32091(55)、32092(38)
一窗秋影庵詞　集 7-47500
一窗青書屋詩　集 5-33825
31 一江風　子 3-17924
一江風傳奇　集 7-50319
一溉亭詩鈔　集 4-26778
一溉堂詩集　集 3-16590
一漚集　集 2-10058
一漚集文鈔、詩鈔　集 4-33474～5
一漚吟　集 3-21897
一福壓百禍一枝　集 7-52025
一顧傾城　集 7-52544
32 一溪遺文　集 2-9408
一浮漚齋詩選　集 5-40833　叢 2-844
33 一心三觀　子 6-32093(51)
一心十鏡　子 7-32111
一心草堂吟稿　集 4-29398
一心普度錄　子 5-30484
一心普渡錄　子 4-21897
34 一對鴛鴦一枝　集 7-52024
35 一神論、序聽述詩所經　子 7-35245
36 一祝壽一枝　集 7-52030
37 一初元禪師語錄　子 6-32091(76)
一通集　集 5-40195
40 一壺天　子 2-8118
一女變倆姑娘一段　集 7-51619
一木堂詩稿　集 3-14406
一柱樓外集　集 3-19409
41 一壎草堂詩鈔　集 5-38794
一瓻偶筆　史 8-65301
一瓻筆存一百十三種　叢 1-371
一瓻筆存書目　叢 1-356
一柄扇妙姬珍舊蹟　集 7-49490、49512
42 一椶居詩稿　集 3-16419　叢 1-241、242(2)
44 一封書　集 7-54036
一夢外集　叢 2-2085
一夢緣　史 2-9314　叢 2-650
一夢漫言　子 7-33971
一夢漫言(讀體)　史 2-9184
一夢吟初集、一夢吟二集　叢 2-2085
一夢錄　子 5-28458
一花遺草　集 4-33450
一花九鏡　子 7-32111
一芝草堂詩稿、雜稿　集 5-38575
一芝草堂初稿　集 5-38576
一蕉葉吟稿　集 5-36367
一草亭詩草初集、二集、三集、四集、五集、六集　集 4-32159
一草亭詩鈔　集 3-16824
一草亭讀史漫筆　史 1-5614　叢 2-818
一草亭藝花詩八詠　集 6-44578
一草亭目科全書　子 2-7311、7375　叢 1-241、242(4)、496(8),2-731(29)
一草亭目科全書(一草亭眼科)、異授眼科　子 2-7312
一草亭目科全書附薛氏選方　子 2-4771(3)
一草亭眼科、異授眼科　子 2-4602
一草亭眼科全集書　子 2-7339
一草亭眼科全集書、程松崖先生眼科應驗良方　子 2-7340
一萬社草　子 2-7109
一萬九千磅　子 7-38258
一萬里山水美人記　叢 2-619
一葦集　集 2-12520,3-16009
一葦編、竹坪言懷　集 3-20188
一葦軒詩剩　集 3-19009
一葦鐵船度禪師語錄　子 7-34353
一芒鞋　集 4-24051
一老庵文鈔　叢 2-651
一老庵文鈔、遺稿　集 3-14793
一老庵遺稿　集 3-14794　叢 2-651
一菴語錄　子 1-1056　叢 2-1093
一世不伏老　集 7-48778、49127
一樹梅花老屋詩　集 4-31419～20
一樹梅花書屋詩鈔、文稿　集 4-32160
一樹棠棣館詩集　集 4-27246
一葉齋詩鈔　集 4-29019
一葉舟遺稿　集 4-28302
一葉草堂詩鈔　集 5-33809
一葉軒印楷　子 3-16982
一桂軒詩鈔　集 4-25114～5,6-41999
一枝廬詩鈔　集 5-41594
一枝集　集 4-30907
一枝山房詩稿、詞稿　集 5-35792
一枝山房詩草　集 4-24434
一枝山房詩鈔、文鈔　集 4-32157
一枝山館遺草　集 5-34806
一枝花　子 3-17873
一枝花捎書一套(王會川還家)　集 7-50958
一枝樓詩集　集 3-16696
一枝軒詩稿　集 4-23920
一枝軒詩草　集 4-28292
一枝軒吟草　集 2-9526、10557
一枝堂稿　集 2-9358　叢 1-102～3
45 一樓集　集 3-20169
一樓續集　集 3-20170
47 一匏居詩鈔　集 5-34484
一鶴庵詩　集 3-17945
一鶴庵詩二刻　集 3-17946

一鶴軒詩文集　集 5－40468
一聲鶯　叢 1－143
一切應酬草稿簿　子 4－24585
一切功德莊嚴王經　子 6－32083(13)
一切經音義　子 6－32081(42)、32082(20)、32083(27)、32084(23)、32085(39)、32086(46)、32088(28)、32089(51)、32090(65)、32091(63)、32093(53),7－34810、34812　叢 1－265(2)、453,2－731(16)
一切經音義、補訂新譯大方廣佛華嚴經音義、華嚴經音義敍錄、刻華嚴經音義校勘記　子 7－34811
一切經音義引說文異同　經 2－12079
一切經音義引說文箋　經 2－12083
一切經音義引賈逵注　叢 2－2063
一切經音義殘　叢 2－750
一切經音義校勘記　叢 2－2265
一切佛行入智毘盧遮那藏說經　子 6－32093(8)
一切佛菩薩名集　史 2－6786　子 6－32079～80
一切佛攝相應大教王經聖觀自在菩薩念誦儀軌　子 6－32089(28)
一切流攝守因經　子 6－32083(18)
一切祕密最上名義大教王儀軌　子 6－32081(56)、32083(36)、32084(30)、32085(51)、32086(61)、32088(37)、32089(37)、32090(56)、32091(54)、32092(37)、32093(47)
一切法高王經　子 6－32081(8)、32082(8)、32083(7)、32085(9)、32086(10)、32088(7)、32089(7)、32090(10)、32091(9)、32092(6)
一切法功德莊嚴王經　子 6－32086(21)
一切法義王經　子 6－32093(12)
一切道經音義妙門由起　子 5－29530(21)
一切如來說佛頂輪王一百八名讚　子 6－32084(25)、32093(47)
一切如來正法祕密篋印心陀羅尼經　子 6－32081(44)、32085(41)、32086(48)、32088(30)、32090(32)、32091(31)、32092(21)、32093(42)
一切如來頂輪王一百八名讚　子 6－32083(30)
一切如來烏瑟膩沙最勝總持經　子 6－32083(30)
一切如來名號陀羅尼經　子 6－32083(32)、32090(37)、32091(35)、32092(24)
一切如來安像王(三)昧儀軌經　子 6－32083(29)
一切如來心祕密全身舍利寶篋印陀羅尼經　子 6－32081(54)、32082(28)、32084(27)、32085(49)、32086(58)、32088(36)、32089(31)、32090(38)、32091(36)、32092(25)、32093(34、39),7－32841
一切如來祕密全身舍利寶篋印陀羅尼經　子 6－32083(34)
一切如來大祕密王未曾有最上微妙大曼拏羅經　子 6－32081(46)、32085(42)、32088(31)、32090(41)、32091(39)、32092(27)、32093(41)
一切如來大祕密王未曾有最上微妙大曼羅經　子 6－32083(29)、32086(50)、32089(26)
一切如來尊勝陀羅尼　叢 2－596
一切義王經　子 6－32084(6)
一切智光明仙人慈心因緣不食肉經　子 6－32081(21)、32082(13)、32083(14)、32085(20)、32086(23)、32088(15)、32089(17)、32093(6)
48 一松齋集　集 3－20403～4
一松齋隨筆　子 4－23209
一松山房存稿　集 5－40598
50 一中、圖解　子 3－14578
一本萬利　集 7－54502
一書　子 1－1183
一囊春　子 2－5132
51 一指窩詩錄、詩餘　集 4－27828
一輻集　集 3－21486
一輻集續編　集 3－21487
52 一揆禪師語錄　子 6－32091(79、81),7－34161
55 一曲灘詞　集 7－46399～400、47157
56 一規八棱硯齋詩文　集 5－35421
一規八棱硯齋詩鈔、文鈔、時文、類鈔、詞鈔　集 5－35420
57 一繫之居遺稿　集 5－37951
60 一日通韻　經 2－14012
一目了然　子 7－35434
一目真言注　子 5－29574、31447
一見引人笑　子 5－27485
一見能文　子 4－21886
一見能醫　子 2－5009
一見多情一枝　集 7－52026
一見草　子 2－10627
一見哈哈笑　子 5－27486
一見知醫　子 2－5138
一園集　集 4－22566
一愚集　集 1－5733　叢 2－852
一品爵傳奇　集 7－50147
一品集、使黔集　集 4－23512
一品花樓詩餘　集 7－47759
一品夫人鈕祜祿氏年譜　史 2－12244
一品階　史 3－23703
61 一哂齋漫稿　集 2－9331

62 一吼堂詩集　集 5-41439
63 一瞚錄　叢 2-1655
67 一鳴集　集 4-25616～7
一鳴集(支山詩鈔)　集 5-40473
71 一肝皮集、小草拾遺　集 4-30678
一甌睡足詩草　集 5-38239
72 一所金先生集　集 2-7973
一髻尊陀羅尼經　子 6-32091(38),7-32907
75 一陣陣秋風一枝　集 7-52029
76 一隅草堂集　集 4-24500
一隅草堂外集零種　子 4-24373
一隅草堂牡丹譜　叢 2-1611～2
一隅草堂藁十二種外集十二種　叢 2-1611
一隅草堂藁十七種外集十三種　叢 2-1612
一隅草堂菊說　叢 2-1611～2
一隅草堂醫書　子 2-4633
一隅錄　史 7-50550
77 一月秋詞　集 7-47478
一陶園雜鈔詩　集 3-18048
一陶園詩集　集 3-18051
一閒集　子 4-20733
一層樓近草　集 3-18065
一學三貫清文鑑　經 2-15002
一間老屋文稿　集 4-32552～3
一間老屋雜著　子 4-24637
一間老屋吟稿　集 4-32551
一門五福一枝　集 7-52027
一貫齋輯刻三元選擇丹書　子 3-14472
一貫齋輯刻明便通書　子 3-14473
一貫微言　叢 2-619
一貫堪輿　子 3-13453
一朵山房詩集　集 4-29036
一朵山房詩鈔　集 4-29035
78 一覽延齡　子 2-4771(4)、10616、11075
一覽知書　子 3-15122
80 一入榮國府　集 7-52200
一八九八年之西美戰史　子 7-36451
一鏡堂詩鈔、續鈔、詩餘　集 4-30761
一合相　集 7-49988
一合相(破鏡圓)　集 7-49989
82 一鐙課讀圖題冊　史 2-9709
一鐙精舍未定稿　集 5-34296
一鐙精舍甲部稿　集 5-34298～9
83 一鋪土炕一枝　集 7-52028
87 一飽集　叢 2-2270(3)
88 一笠庵新編一捧雪傳奇　集 7-50140～1
一笠庵新編兩鬚眉傳奇　集 7-50153
一笠庵新編占花魁傳奇　集 7-50140、50146
一笠庵新編永團圓傳奇　集 7-50144
一笠庵新編人獸關傳奇　集 7-50142
一笠庵新編第七種傳奇眉山秀　集 7-50155
一笠庵北詞廣正譜、南戲北詞正謬　集 7-54664
一笠庵重定人獸關傳奇　集 7-50143
一笠庵彙編清忠譜傳奇　集 7-50157
一笠庵四種曲　集 7-50140
一笠菴北詞廣正譜　集 7-54663
一鑑亭詩詠(詠古帚存、雜詠帚存)　集 5-39651
一鑑樓詩畧　集 3-14431
一鑑軒詩鈔　集 4-32292
一笏山樓駢體文草、試帖詩存　集 5-36573
一簾花影樓試律詩、律賦　集 5-35081
一笑　子 5-27483　叢 2-1920
一笑齋聊自娛詩草　集 5-39956
一笑詩鈔、文鈔　集 5-34699
一笑了然齋詩鈔　集 4-25374
一笑集、續笑集、附集　集 4-25513
一笑先生詩鈔、文鈔　叢 2-886(4)
一笑十二則　子 5-27484
一笑散　集 7-49126
一笑散六種　集 7-49125
一笑錄、續錄　史 2-11606
一笑堂詩集　集 3-13145
一簣山人詩草　集 3-20483
一簣軒印譜　子 3-17381
90 一拳石齋詩鈔、文鈔　集 5-34467
一拳石山房存稿　集 4-22936
91 一爐香室詩存　集 5-39438
92 一燈書舍未定稿　集 5-34297
一燈照　子 4-24549
98 一悅園稿　集 2-9432

1010_0 二

00 二主詞　集 7-46360、46441　叢 2-698(9)、799～800
二亭詩鈔　集 3-20418
二齋文集　集 3-15263
二度林英一段　集 7-51424
二度梅寶卷　集 7-54317
二文公文集二種　集 6-45092
二六課　叢 1-30、154、181
二六課(二六功課)　子 2-11039
二六功課　叢 1-195(6)
二六時令　史 6-49264　叢 1-176、187
01 二語合編　子 1-1969　叢 1-574(5)

02 二刻京本出像音釋高彦真葵花記 集 7-50127
二刻醒世恆言二集 子 5-27720
二刻泉潮荔鏡奇逢 子 5-27667
二刻秋水謠 集 2-12453
二刻拍案驚奇 子 5-27735
二刻拍案驚奇圖 子 5-27736
二刻錢希聲先生手著四書從信 經 2-10550
04 二謝詩集 集 6-41935(4)
06 二韻詩 叢 2-1309
10 二二五五疏 史 6-49163
二三場經濟考 子 5-25660
二玉論心 集 7-52307
二王紀 史 1-1972
二王帖、評釋 子 3-15254
二王帖評釋 叢 2-806
二王帖目錄評釋 史 8-64348 子 3-15255
二雨堂雜錄 叢 2-988
二雨堂筆談 經 1-4589
二百大家評註國史成績論斷大全 史 1-5934
二百蘭亭齋收藏金石記 史 8-63689～90
二百蘭亭齋溫虞公碑 子 3-15466
二百蘭亭齋溫虞公碑宋榻本 史 8-64699
二百蘭亭齋溫虞公碑宋拓本 子 3-15467
二百蘭亭齋古印考藏 史 8-64983
二百蘭亭齋古銅印存 史 8-64982
二百蘭亭齋帖 子 3-15468
二百蘭亭齋未定稿 集 4-31949
二百蘭亭齋鑒藏書畫錄 子 3-14862
二百蘭亭齋金文 史 8-64196
二百蘭亭齋鐘鼎款識 史 8-64195
二百蘭亭雜鈔 集 4-31951
二百蘭亭尺牘 集 4-31953
二百八十峯草堂集 集 5-38687
二百年後之吾人 子 7-38086
二石傳 史 1-2330 叢 2-653(6)、731(65)
二西遺詩 集 6-41791
二西詩草 集 2-10927
二西琅函 子 4-24529
二西委譚 子 5-26375 叢 1-22(23)、29(7)、31,2-1136
二西委譚摘錄 叢 1-84(4),2-730(11)、731(53)
二西山房詩鈔 集 4-31342
二西山人藥囊草 集 4-32427
二西彙删 子 5-25263
二西綴遺 叢 2-653(3)、1163
二西園文集、詩集、續集 集 2-10047
二西園詩集 集 2-10049
二西園續集 集 2-10050
二西園尺牘選 集 2-10053
二酉堂叢書(張氏叢書)二十一種 叢 2-763
二酉堂叢書存五種 叢 2-762
二酉堂增注廣日記故事 子 5-26535
二可又銘書屋稿存 叢 2-2039
二瓦硯齋詩鈔 集 4-31417
二瓦硯齋詩鈔、詞 集 4-31418
二雲詞(餐櫻詞、菊夢詞) 集 7-48383
二雲小稿 集 4-24411
二不草堂詩鈔 叢 2-2039
11 二非室詩餘別集 集 7-47608 叢 2-731(49)
二琴居詩鈔 集 5-37518～9
二琴居士小集 集 5-35074
二張集 集 6-41837
二張先生書院錄 史 2-7078
二張先生書院錄、竹房先生文集補 史 7-52104
二研齋遺稿 集 3-20656
12 二水樓文集 集 3-17057
二水樓文集、詩集 集 3-17058
二水樓詩集 集 3-17056
二孔先生文鈔 叢 2-824
16 二硯齋詩集 集 5-40243
二硯窩文 集 4-24949
二硯窩文稿 集 4-24951
二硯窩文畧 集 4-24950
二硯窩雜文偶存稿 集 4-24948
二硯窩詩稿 集 4-24947
二硯窩詩稿、詞 集 4-24945
二硯窩詩稿偶存、詞 集 4-24944
二硯窩詩偶存稿 集 4-24946
17 二孟續補 經 2-10604～6
20 二集太子下漁舟 集 7-52927
二集同姓譜 史 5-38720
二集鍾國母 集 7-52973
二集銀合太子走國 集 7-52963
21 二盧先生集 集 6-45129
二虎嶺大戰藏豹山 集 7-51090
二術編 子 4-20860 叢 2-1191
二頃園遺稿 集 6-45025
二經旁注評林 子 5-28943
22 二仙庵碑記 子 5-29536(7)
二峯詩稿 集 3-18601
二峯集 集 3-16865
二山說詩 集 6-45995
二山剩稿 集 4-30743,6-42007(2)
二山唱和集 叢 2-2169

二樂堂初稿　集 5－35762
23 二峨草堂遺稿　集 4－22549
二峨草堂學稿　集 4－22548
24 二俠傳　史 2－6571
二科志　叢 1－155
二續詩文稿　集 5－39616
二續淞南志[嘉慶]　史 7－56409
二續表忠記　史 2－7393
二續慈雲太子走國　集 7－52873
25 二仲詩　集 6－43803
二朱詩集　集 6－41935(1)
26 二皇甫集　叢 1－223(68)
二程文集　叢 1－213～4、223(68),2－731(39)
二程語錄　子 1－96、676～7　叢 1－213～4,2－731(12)
二程語錄、文集　叢 2－691(3)
二程語錄摘抄　子 1－685
二程子外書纂　子 1－672
二程子遺書纂　子 1－668
二程子遺書纂、外書纂　子 1－669　叢 2－1346～7
二程子抄釋　子 1－97、678　叢 1－223(31)、347,2－731(12)
二程子全書(二程全書)　子 1－656
二程外書　子 1－659、670　叢 1－223(30)
二程先生語錄　子 1－683
二程先生書(二程先生全書)　子 1－657
二程先生粹言　子 1－679～80
二程先生類語　子 1－681
二程遺書　子 1－659、663～4　叢 1－223(30)
二程遺書摘要　子 1－667
二程全書　子 1－654～5、658～60　叢 2－698(6)、961
二程全書(河南程氏全書)　子 1－661　叢 1－450
二程全書六種　叢 1－574(1)
二程全書選　集 6－41798
二程年譜　史 2－11017
二程粹言　子 1－659～60、674　叢 1－213～4、223(30)、574(1),2－698(6)、731(12)、961
27 二倪詩集　集 6－41935(3)
二勿齋文存　集 4－24120
二俑案　子 7－38192
二鄉亭詞　集 7－46397～400、46404、46427、46864～6　叢 2－698(14)
二名錄等七種初稿　叢 2－707
二約聖書溯源　子 7－35102
二約釋義叢書　子 7－35102
28 二佾綴兆圖　經 1－6584～5
二儀銘補注　叢 1－241、242(3),2－731(27)
二從北征錄　史 1－2785
二徐說文同異附考　經 2－12658～9
二徐祠墓錄　叢 2－2230
二徐書目合刻　史 8－65259
二徐公存稿　集 6－45043
30 二家詩　集 6－41965
二家詩選　叢 1－223(71),2－948、1336
二家詩鈔　集 6－41966
二家詞鈔　集 7－48303
二家宮詞　叢 1－223(70),2－731(38)
二家醫案　子 2－10685
二進宮　集 7－53571
二客吟　集 6－44997～8
二宅一覽　子 3－13170
31 二江草堂文　集 4－32846
二江草堂詩　集 4－32845
二顧先生遺詩　叢 2－611
二渠九河考、圖　史 7－52785　叢 1－261
二渠村舍叢書三種　叢 2－2271
32 二州山房遺集　集 5－39455
二業合一訓　叢 2－1067
33 二浦詩集　集 6－41935(4)
34 二波軒詩選　集 4－29525
二波軒詞選　集 7－47460
二洪遺稿　集 6－45037
二遠堂集　集 3－13776
35 二禮集解　經 1－6046
二禮經傳測、纂議　經 1－6047
二禮經傳測纂議　經 1－6048
36 二祝壽一枝　集 7－51716
37 二盜九龍杯　集 7－53134
二初齋讀書記　子 4－22499
二初讀書記　叢 1－312
二郎收豬八戒　集 7－48777、48897
二郎神醉射鎖魔鏡　集 7－48774(7)、48985
二郎神射鎖魔鏡雜劇　集 7－48774(4)、49063
二郎神鎖齊天大聖雜劇　集 7－48774(2)、49289
二郎劈山救母一段　集 7－51523
38 二遊草　集 6－44852
40 二十一部古韻　經 2－14213
二十一行省山西滙兑莊分號　史 6－44501
二十一世會稽鏡西公(岑振祖)年譜　史 2－11969
二十一都懷古詩　叢 1－426,2－731(44)
二十一史　史 1－12～3
二十一史文選　集 6－42978
二十一史文鈔　史 1－4915、4917
二十一史論贊　史 1－4916
二十一史論贊輯要　史 1－4899

二十一史彈詞(重刊增定二十一史彈詞) 集7-53659
二十一史彈詞註 集7-53662
二十一史彈詞註、明史彈詞 集7-53661
二十一史彈詞輯註 集7-53660
二十一史彈詞輯注 史1-6056
二十一史衡斅通全 史1-4936
二十一史徵 史1-990、5304 叢1-197(1)、369、372
二十一史考鑑錄 史1-5986
二十一史表志列傳表 史1-4579
二十一史撮奇 史1-4900
二十一史分韻題解 子5-26202
二十一史精義 史1-4944
二十二子(二十二子彙函) 子1-62
二十二史文鈔 史1-4941
二十二史紀傳節要 史1-4960
二十二史感應錄 子5-26229 叢2-724、731(49)、906
二十二年史感應錄 叢1-453
二十三府州縣誌畧 史7-49585
二十三家金文目 史8-64336
二十三桂草堂詩集 集4-28147
二十三史提要底本 史8-66260
二十三母土音表讀法 經2-14445
二十三母土表 經2-14446
二十五更、四恨五更、聘想五更、私望五更、合香五更 集7-53137
二十五更一套 集7-50742
二十五子彙函(子書二十五種) 子1-65
二十五史 史1-20
二十五史補編 史1-10(1)
二十子(十九種) 子1-30
二十子全書(二十子、吳刻二十子) 子1-27
二十先生回瀾文鑒、後集 集6-43619
二十家子書 子1-21
二十七松堂集 集3-16163~7
二十世紀新論十種 子7-38075
二十世紀之家庭 子7-36232
二十世紀之中國 子7-36251
二十世紀之怪物帝國主義 子7-38087
二十唯識順釋論 子6-32085(24)、32090(49)、32092(32)、32093(28)
二十國年表 經1-7560 叢1-223(11)
二十四詩品 集6-45488、45490 叢1-11~2、22(13)、23(13)、25、29(4)、181、216、249(1)、255(2)、350、371、386、395
二十四詩品淺解 集6-45536
二十四琴品 子3-17571
二十四琅玕仙館詩鈔 集4-31317 叢2-908
二十四泉草堂集 集3-17176~7
二十四友韻言 集3-17286
二十四臺詩 集4-27432
二十四橋吹簫譜、外卷 子3-17832
二十四孝 集7-51113、51427
二十四孝歌一枝 集7-52666
二十四孝鼓詞(歷代二十四孝體原錄) 集7-51112
二十四孝圖 子3-18529
二十四孝圖說 經2-8345
二十四孝別集 史2-6955 叢2-681
二十四孝原編 史2-6936 叢2-681
二十四枝花 集7-53136
二十四樓吹簫詩 集4-28155
二十四想想一枝 集7-51002
二十四史 史1-15~6 叢2-698(3)
二十四史序錄 史1-5004 子4-19500
二十四史論新編 史1-5759
二十四史論贊 史1-4995~6
二十四史論海、近科鄉會史事論海 史1-5760
二十四史九通政典類要合編 史6-41513
二十四史附考證 史1-14
二十四史月日考 史1-868
二十四史分類言行錄 子5-26006
二十四史分類輯要 史1-4997
二十四史纂要 史1-5020
二十四史尚友錄、國朝尚友錄 史2-6222
二十四拉哈(新出代誇十大家)一枝 集7-50922
二十四畫品 子3-15859、15861 叢1-369、408、469、495、496(5)、586(3),2-716(3)、1565
二十四畫品(畫品) 子3-16042
二十四畫品、二十四書品、紅雪山房畫品 子3-14699
二十四書品 子3-15065 叢1-369、372
二十四招說一枝 集7-51001
二十四黑一段 集7-51425
二十四品再易稿 子2-9883
二十四品畫品 子3-15860
二十四明白一枝 集7-51000
二十四月痰迷(新出逛花燈) 集7-53135
二十四賢婦 叢2-724
二十四个多情一枝 集7-52667
二十四義夫 叢2-724
二十四氣坐功導引治病圖 子2-11145
二十四節氣曲牌名一段 集7-51426
二十四糊塗一枝 集7-50999
二十八經同函 子7-32133

二十八宿數理吉凶　子3-13133
二十八脈　子2-6205
二十年目睹之怪現狀　子5-28574～5
二太史樂府聯璧二種　集7-50541
二友詩　集6-41946
二友山房詩剩　集5-35394
二友傳　集2-8325
二臺稿　集2-8668
二南文集、文外集　集4-28998
二南訓女解　經1-4552
二南詩鈔、詩續鈔　集4-28997
二南密旨　集6-45495、45531　叢1-114(4)、195(4)、366～8,2-731(46)
二南遺音　集6-44938
二南遺音、續集　集6-44939　叢1-574(5)
二希堂文集　集3-18347～8　叢1-223(68)
二希堂文錄　集6-42066
二支室雜鈔　叢2-1980
二李經說　經2-11543　叢1-203(16)
二李經說、易通說、楚辭說　經2-11542
二李經說六種　叢2-1003
二李唱和集　叢1-466、473,2-595～6
二難寶鑑　子2-4774、7965
二杭詩集　集6-41935(1)
二樟詩鈔　集3-21132
43 二坨詩稿、詞稿　集4-22808
44 二藍集(藍山集、藍澗詩集)　集2-5981
二蕭篇　集2-10835　叢2-1194
二薇亭詩集　集1-3974、3978,6-41779～80、41908　叢1-223(56)
二薇亭詩集(二薇亭集)　集1-3976
二薇亭詩集上、補　叢2-867
二薇亭詩鈔　集1-3975,6-41900
二薇亭集　集6-41891、44739
二薇亭集、補遺　集1-3977,6-41909
二薇亭集補遺　集6-41891
二薇亭集補鈔　集1-3979,6-41901
二艾遺書　叢2-886(2)
二莫詩集　集6-41935(4)
二姑娘倒貼　集7-50998、53634
二姑娘害想思　集7-50748
二姑娘還願　集7-50820
二莙詩集　叢1-419
二老清風　史1-4444,2-6201
二老閣進呈書目　叢1-356
二老閣叢書四十二種　叢1-263
二老堂雜誌　叢1-156、195(5)、220,2-731(51)、1038
二老堂雜誌、近體樂府　子4-20094
二老堂雜志　子4-20093
二老堂詩話　集6-45486、45490、45608～9　叢1-19(6)、20(4)、22(14)、23(14)、24(7)、169(3)、223(72),2-731(46)、1038
二黃集　集6-41935(2)
二黃先生詩葺　叢2-623
二樹詩集　集3-20647
二樹紫藤花館藏畫目錄　子3-16281
二樹紫藤花館印選　子3-17207
二樹山人詩稿　集3-20652
二樹山人寫梅歌　集3-20643～4
二樹山人寫梅歌、續編　集3-20645
二樹山人疊韻詩　集3-20653
二樹今體詩、二樹詩畧、二樹寫梅歌續編　集3-20651
二林唱和詩　史2-6822　子7-34586
二林居文錄　集4-22285,6-42066
二林居集　集4-22282、22284　叢1-288、411,2-906
二林居集、秋士先生遺集、姚江釋毀錄　集4-22283
45 二樓紀畧　子4-23178
二樓小志、二樓紀畧　史7-51422
46 二如亭羣芳譜　子4-19133　叢2-948
二如庵詞鈔　集3-19251
二如齋古文晉祠記　集4-24783
二如遺稿　集4-32436
二如草堂詩鈔　集4-23082
二如菴詞鈔　集7-47587
二如賦稿　叢2-837
二如居詩集　集3-19195
二如居贈答詩　叢1-471
二如居贈答詩、詞　集4-29471
二如居贈答詞　叢1-471
二娛小廬詩鈔　集4-24773
二娛小廬詩鈔、詞鈔　集4-24774
二娛小廬詩鈔、補編、詞鈔　集4-24775
二槐詩存　集3-13274
二楞庵詩卷　集2-10159
47 二弩精舍印賞　子3-17402
二姐作夢一枝　集7-52665
二姐兒做夢一本　集7-52607
48 二教論、笑道論　子7-34937
二梅公年譜　史2-11015
49 二妙　子3-16379
二妙詩集　集6-44958
二妙集　集6-43276、45032　叢1-223(69)
二妙集、逸文　集6-41925、45033
二妙集補遺　集6-41926
二妙居士醫學正印(種子篇)　子2-8323
50 二史會編　史1-5181
二申野錄　史1-4487　叢1-373(9),2-

1313
二丸居集選　集 3－13340
二丸居續集、外集　集 3－13341
二本五彩輿總本　集 7－53570
二東詩草　集 3－19378～9
55 二曲集　集 3－14775～7　叢 2－1325
二曲集抄　子 1－1448
二曲集錄要　子 1－1445　叢 2－1593～4
二曲先生(李顒)年譜　史 2－11023、11722　叢 2－829
二曲先生全集二種　叢 2－1326
二曲歷年紀畧　史 2－11721　叢 2－1327
二曲全集　叢 2－1326～8
二曲粹言　子 1－1449
60 二園詩集　集 2－9932　叢 2－965
二園集　集 6－43768
二園學集　集 2－9933
二思齋文存　集 4－24409
二思齋詩鈔　集 4－24408
二思堂叢書六種　叢 2－1663
二禺遊草　史 7－52626
64 二時功課　子 7－35094
65 二味集　子 4－24477
67 二瞻堂詩集　集 3－20601
71 二蠶詞　集 7－47243　叢 2－1622
二厓文集　集 4－22082
二雁山人詩集　集 2－9394　叢 2－867
二陟草堂文稿　集 5－39180
72 二劉先生闞湖說詩、闞湖紀言附毛詩原解　經 1－3827
二隱謐禪師語錄　子 6－32091(75)
75 二陳先生全集(皇明名臣虞山琴溪二先生全集)　集 6－45072
77 二周詩集　集 6－41935(2)
二學亭文涘　叢 2－949、1415～6
二學堂文涘　集 3－18077
二段詩集、補遺　集 6－45034
80 二入榮國府　集 7－52306
二金蝶齋印譜初集、二集　子 3－17278
二金蝶堂尺牘　集 5－35062
二金蜨堂癸亥以後印稿　子 3－17277
二金蜨堂雙鉤十種序跋　史 8－64434
二金蜨堂印譜　子 3－17279
二金蜨堂印存　子 3－17280
二介詩鈔　叢 2－803
二俞詩集　集 6－41935(1)
二分明月集　集 7－50210
二分明月閣詞　集 3－18883
二分間體操　子 7－38000
二谷讀書記　子 1－1087　叢 1－195(2),2－731(12)
二谷山人集　集 2－7823
二谷山人集、緱山侯氏譜　集 2－7820～1
二谷山人近稿　集 2－7824
二公政訓　叢 1－300
81 二敍詩存　集 5－35877
86 二知齋文鈔　集 4－28096
二知齋詩文合刻　集 4－28095
二知齋遺稿　集 5－36539
二知軒文稿　叢 2－1874
二知軒文存　集 4－32724　叢 2－1874
二知軒文畧　叢 2－1874
二知軒文鈔　集 4－32725
二知軒詩續鈔　集 4－32716～22　叢 2－1874
二知軒詩抄　叢 2－1874
二知軒詩鈔　集 4－32714～5、32723,6－42007(1)
二知軒駢體文鈔　叢 2－1874
二知居士年譜　史 2－12181
二知堂試帖偶存　集 4－27438
87 二銘商文稿　集 4－30467
二銘室印譜　子 3－17457
二銘草堂金石聚　史 8－63674
二銘草堂金石聚目錄　史 8－63675
88 二竹齋集　集 4－26609
二箴　子 4－23940
二餘齋詩集　集 2－10330
二餘詩集　集 6－41982
二餘詞　集 2－8609
二餘集　集 4－22261　叢 2－1539
二餘堂文稿　集 4－23347　叢 2－886(5)
二餘堂文稿、續文稿　集 4－23345
二餘堂詩稿　集 4－23342
二餘堂叢書十二種　叢 1－267
二簧西皮胡琴譜　子 3－17829
二簧戲目錄　集 7－54874
90 二懷堂詩草　集 3－15983
二堂釋放　集 7－53572
二半山房吟草　集 5－34190,6－42007(2)
96 二怕背発　集 7－53651
97 二懶心話　子 5－29574～5、31445
99 二勞遊紀　史 7－53600

工

07 工部新刊事例　史 6－41658　叢 2－741
工部爲建殿堂修都城勸民捐款章程　史 6－46515

工部進乾隆三十年六月分用過銀錢數目黄册　史1-1985,6-46544
工部進乾隆四十三年七月分用過雜項銀數目黄册　史6-46545
工部進乾隆四十三年七月分用過雜項銀錢數目黄册　史1-1985
工部進乾隆四十九年分用過緞匹顔料數目黄册　史1-1985,6-46546
工部檔册　史6-47360
工部奏疏　史6-48519
工部奏摺　史6-48016
工部則例　史6-46995～6
工部廠庫須知　史6-42825　叢2-742
工部簡明做法　史6-46528、46541
工部簡明做法册　史6-46530
工部纂修則例　史6-47002
18 工政總考　子7-36240(3)
工政考　子7-36240(3)
工政策　子7-36236
21 工上雜成　叢2-1400
25 工律考　子7-36240(2)
26 工程致富論畧　子7-36249
工程致富論畧、圖　子7-36228(6)、36231(7)、36242(2)、37148
工程備覽　子3-12383
工程做法　史6-46527
工程做法、工部簡明做法　史6-46528
工程機器器具圖說　子7-36229、37187
44 工藝准繩　子7-37150
工藝學考　子7-36245
工藝知新　子7-36229、37149
55 工曹章奏　史1-1984,6-47884
工典　子7-36245
70 工防營創制學堂稟稿附章程　史6-45202
71 工匠考　子7-36240(3)
77 工學總考　子7-36240(5)
工學考　子7-36240(5)
工學書目考　子7-36240(5)

1010_1　三

00 三立祠名賢傳　史2-7742
三立祠考　史2-7741
三立閣史抄　史2-7745
三立閣史鈔　叢2-822
三立堂新編閫外春秋　史2-6297
三齊記佚文　叢2-777
三齊畧記　史7-50596～9　叢1-19(2)、21(2)、22(11)、23(10)、24(3)、29(2),2-776、779
三方祕典　子1-3333、3888
三方臆斷　史6-47110
三方合刻　子2-9660
三廳屯防錄　史6-45675
三廉吏牘　叢2-935
三廉贈别錄　史6-43038　子4-24546　叢2-920
三度任風子　集7-48765、48778
三度嶺南詩　集3-14732
三度城南柳　集7-48777
三度林英一枝　集7-52738
三度林英一段　集7-51535
三度林英二本　集7-52617
三度小桃紅　集7-48777
三摩竭經　子6-32083(21)
三唐詩品　叢2-622
三唐詩管　集6-42331
三唐集韻　集3-15878
三唐集韻日錄　集6-43475
三唐傳國編年　史1-1464～5
三唐傳國編年表　叢2-818
三唐人文集　集6-42030
三唐人集　集6-41742
三亦堂稿　集5-37483
三音均部畧　經2-13934
三亳考　經2-9621　史7-51466
01 三訂四書辨疑、補　經2-10676
三訂曆法發微通書捷覽　子3-11693
02 三刻五種傳奇　集7-49716
三刻太醫院補註婦人良方大全　子2-7992
三刻拍案驚奇　子5-27738
三訓俚說　子1-1416　叢2-1283
04 三謝詩　集6-45138～9
06 三韻易知　集6-46291
07 三部九候篇診法補證　叢2-2131
三畝草堂詩鈔　集4-23914
三畝園詩初集　集5-37330
08 三論玄義　子7-33558
三論元旨　子5-29530(20)、31944
10 三一測　子1-1064　叢2-1093
三一教主夏午尼林子(林兆恩)本行實錄　史2-11504
三三醫書評　子2-4753
三三醫書九十九種三集　子2-4768
三三等數圖　子3-12544
三正記　叢2-765
三正考　經1-125、7810　叢1-223(12)、290
三正異同通考　叢2-1537

三王造反 子5-28211
三至軒吟草 集4-27297
三五紀畧 史1-2012
三五夢因記 子5-27261
三五曆記 史1-6002～3 叢2-774(8)、776
三元六甲二十四用太玄作用召吉奇書 子3-14436
三元詩 集6-44226
三元記 集7-49709
三元記定本 集7-49776
三元水法圖說 子3-13710
三元延壽參贊書 子2-10974,5-29530(17)
三元傳 集7-51231～2、51235
三元傳(秦雪梅三元記) 集7-51230
三元傳三集 集7-51234
三元傳十二部 集7-51233
三元總錄 子3-14575
三元條規 子5-30316
三元徐氏宗譜[浙江東陽] 史4-32054～8
三元寶卷 集7-54281、54436
三元通天照水經 子3-13417
三元通紀 史1-1312
三元運氣說 子3-13395
三元古典 集7-54281
三元喜讌詩 集6-44227
三元地理真傳、三元宅墓圖 子3-13632
三元報 集7-49390～1
三元妙典 集7-54281
三元成道 集7-54281
三元甲子 史1-1400
三元甲子編年 叢1-223(20)
三元圖元 子3-13153
三元賜福 集7-49700
三元局 子3-13789
三元人集 集6-41749
三元尊經 子5-29579
三元年方白法 子3-14541
三元堂新訂增删詩經彙纂詳解 經1-3948
三下南唐 子5-28086 集7-52884～5
三弦譜 子3-17838
三要達道篇 子5-29530(24)、30939
三天内解經 子5-29530(23)、30117
三天易髓 子5-29530(5)、31251
三百六十應感天尊 子5-31866
三百詞譜 集7-48640
三百靈丹製鍊效用譜 子2-5891
三百止遺詩 集5-38661
三百單方 子2-10035
三百篇詩評 經1-3926 集6-46037
三百篇鳥獸草木記 經1-4106～7 叢1-197(1)、349
三百篇物考 經1-3915
三百篇聲譜 經1-3910 叢1-22(26)
三百篇原聲 經1-4758
三百堂文集 集4-28116 叢2-645
三吾曹氏族譜[湖南祁陽] 史5-34257
三晉詩選 集6-44407
三晉遊草 集3-18837
三晉見聞錄 史7-49921 叢2-1507
三雲書屋課藝 集5-39515
三雲籌俎考 史7-49925 叢2-727
三不妄室詩存 集5-36947
三不愛别室詩鈔 集4-28721
三不朽圖贊 子4-22640
三不惑齋集 集5-40254
11 三琴趣齋藏印第一集 子3-17494
三彌底部論 子6-32081(38)、32083(25)、32084(21)、32085(37)、32086(41)、32088(26)、32089(46)、32090(52)、32091(50)、32092(34)、32093(30)
三張弈譜 子3-18076
三張先生遺詩附錄 集6-45054
12 三水新埠記 史7-49319、50891
三水胥江黄佩澤公家譜[廣東三水] 史5-34107
三水梁公(士詒)年譜稿 史2-12438
三水縣新志[光緒] 史8-62890
三水縣誌[康熙] 史8-61098
三水縣志[康熙] 史8-61099、62887
三水縣志[嘉慶] 史8-61100
三水縣志[乾隆] 史8-62888
三水縣志[同治] 史8-62889
三水小牘 子1-52,5-26249 叢1-19(7)、20(4)、22(3)、23(6)、24(7)、56、258、265(4)、456(6)、465、490,2-731(6)
三水小牘、逸文、附錄 子5-26250 叢1-509
三水小牘佚文 叢2-777
三水小牘補遺 子5-26251
三孔先生文集 集6-44948
三孔先生詩集 集6-44947
三孔先生清江文集 集6-44950～1
三孔先生清江文集、孔氏雜說 集6-44949
三癸東莊詩稿、雜著 集4-29418
13 三恥齋初稿 集4-32894～8
15 三珠閣詩鈔後集 集5-33821
三珠閣詩鈔中集 集4-33256
三珠閣詩鈔前集 集4-32792
16 三聖詩 集6-42234
三聖詩集 集6-41820
三聖記 史2-6878 叢1-22(8)、23(8)

三聖經靈驗圖注　子 5－29615
三聖經直講　子 5－29617
三聖經增註圖說　子 5－29616
三聖律解　子 5－30310
三聖救急寶訓　子 5－29614
三聖圓融觀門　子 7－33072、33343
三理折衷　子 2－5066
三硯齋詩剩　集 4－32232
17 三弓園詩編　集 5－34200
三子　子 5－28929
三子評奇　子 4－23989
三子新詩合稿　集 6－43841
三子詩選　集 6－42005
三子倡和詞　集 7－48529
三子定論　子 1－1544
三子通義　子 5－28936
三子口義　子 5－28931、28933、28935
三子金蘭翰墨、金蘭翰墨評林續集　集 6－45427
三子合刊　子 5－28930
三君子堂詩存　集 5－34918
三郡圖說　史 7－50562
20 三重賦　集 3－17784
三秀齋詩詞鈔　集 4－24700
三秀齋詞　集 7－47299
三秀集　叢 2－2270(3)
三信編　子 2－9504
三鱣堂篆韻正義　經 2－13157
三千文足用　經 2－13508、14524
三千佛名經　子 6－32081(16)、32082(11)
三千字文　經 2－13483、13486
三千字文音釋　經 2－13485
三千有門頌　子 7－33847
三千有門頌畧解　子 6－32091(70)，7－33848、33862
三千有門頌畧解、慈雲大師圓頓觀心十法界圖、蕅益大師妙觀直指、徹悟大師念佛指要　子 7－33849
三千藏印齋詩鈔　集 4－29721
三千里詩　集 3－16089
三千年豔屍記　子 7－38234
三番志畧　史 7－49348、49378
三香山館集　集 5－41133
三香散人遺集、詞　集 4－33656
三香吟館詩鈔　集 4－23775
三乘祕要口訣並註　子 5－29566、31285
三集太子下漁舟　集 7－52928
三集鍾國母　集 7－52974
三集銀合太子走國　集 7－52964
三統術詳說　子 3－11628、12389　叢 2－653(2)
三統術衍　子 3－11625
三統術衍、三統衍鈐　子 3－11626
三統術衍、鈐　叢 2－1488～9
三統術衍補　子 3－12357、12388，7－36228(1)、36231(7)、36242(1)、36248　叢 2－917、1744
三統術補衍　叢 1－439，2－1867
三統術鈐　子 3－11627
三統超辰表　叢 2－2265
三統中小餘表　叢 2－2265
三統曆衍式　子 3－11630
三統曆述　子 3－11584
三統曆春秋朔閏表　經 1－7903
三統曆置閏表　叢 2－2265
三統曆簡表　叢 2－2265
三統曆算式　子 3－11629
三稿詩　集 4－23970
21 三上閒吟　集 3－20904
三徑集　集 1－2350，2－10516
三徑蔣氏家譜[浙江淳安]　史 5－38117～9
三徑草堂詩鈔　集 5－37560
三術撮要　子 3－11297
三術撮要(三曆撮要)　叢 1－265(3)
三衢孔氏家廟志　史 7－51826
三衢瑯琊王氏宗譜[浙江衢州]　史 4－25097～100
三衢信安亭川江氏宗譜[浙江衢州]　史 4－26861
三衢稿　集 3－15806
三虞堂論書畫詩　子 3－14715
三虞堂書畫目　子 3－14900
三皈五戒真解、十惡十邪解　子 7－33954
三皈五戒八戒正範全集附菩薩戒名相　子 7－33952
三紅吟館文鈔　集 4－29959
三紅吟館詩鈔(壑雲集、彳亍集、三中集、鶴樓集)　集 4－29958
三經音義　經 1－103　叢 1－317
三經註解　叢 1－312
三經玄臘　子 5－28937
三經評注　經 1－58
三經詛詁　經 2－11829　叢 2－691(2)
三經晉注三種　叢 1－139
三經解　子 6－32091(69)
三經嫏嬛　經 1－67
三經見聖編輯存　經 2－10506
三經合說　經 2－11826　叢 2－2120
22 三鼎甲寶卷(訪鼠寶卷、昆仲賢良、三景圖寶卷)　集 7－54428
三巖洞記　史 7－49318(9)

三峯齋詩集　集5-35893
三峯詩集　集3-14103
三峯三十景詩　子7-32954
三峯元禪師語錄　子6-32091(81)
三峯張神仙金丹節要、別錄　子5-31276
三峯集　集2-7128～9
三峯盧氏家志[浙江東陽]　史5-40080
三峯傳稿　史2-7288　集3-14102
三峯傳藁　叢2-731(61)、816
三峯和尚(釋法藏)年譜　史2-11548　子7-34788
三峯祖師祕訣　子2-4591
三峯藏和尚語錄　史2-9069　子6-32091(77)
三峯藏禪師山居詩、三峯三十景詩　集2-10193
三峯藏禪師長水真如寺語錄　子7-34253
三峯草廬詩　集4-32756　叢2-1868
三峯草堂詩稿　叢2-2019
三峯草堂類稿　叢2-2019
三峯史論　史1-5555　叢2-816
三峯採戰房中妙術祕訣　子2-8312
三峯臨淮余氏宗譜[浙江建德]　史4-28518
三峜洞記　史7-49317(3)、52389
三邕翠墨簃題跋　叢2-2154
三山論學紀　子7-35285
三山論學志　子7-35284
三山王養靜先生集　集2-6411
三山西湖志　史7-52950
三山紀事　叢2-1671
三山存業(聽潮居存業)十編　叢2-1329
三山來禪師語錄　子6-32091(76、81)
三山草　集3-14550
三山草堂集　集4-26255
三山老人不是集　集3-18187
三山葉氏祠錄[福建福清]　史5-35745
三山翰林院典籍高漫士木天清氣詩集　集2-6338
三山拙齋林先生尚書全解　經1-77(2)
三山吟　集2-12457　叢2-845(2)
三山吟草　集5-35728
三山劉氏書目　史8-65930
三山同聲集　集5-34064～5
三山陶氏族譜[福建福州]　史5-33500
三山鄭菊山先生清雋集　集1-4207～8　叢1-244(5)、580,2-636(4)、731(42)
三山笑史一則　子5-27439
三山簃詩存　集5-41152
三出辨誤　叢2-729
三出辯誤　史2-8405
三種悉地破地獄轉業障出三界祕密陀羅尼法　子6-32093(38)
三種爭奇　子4-19115
23 三仆　叢2-695
三伏消暑圖詩、蓮花消暑圖拾遺　集4-24052
三代　集7-53029
三代正朔通考　史6-41592　叢2-1538～9
三代經界通考　史1-6020　叢2-1538～9
三代鼎器錄　史8-64135　叢1-22(16)、23(15)
三代紀年考　史1-6011　叢2-1946
三代宮室制度釋　經1-6182
三代遺真錄　集2-12227
三代遺書(彙刻三代遺書)六種　叢1-79
三代古陶文字釋　史8-65223
三代吉金文存　史8-64236
三代地理小記　史7-49399　叢2-599
三代姓原　史2-13320
三代秦漢金文著錄表、補　史8-64339
三傳集、補　叢2-827
三傳佚集　叢2-1027
三俊公支全卷侃公儒公支　史5-40417
三台文獻錄　史2-8294
三台詩遺　集6-44697
三台詩錄　集6-44696
三台先正文鈔　叢1-375
三台名媛詩輯、詞　集6-44698
三台名媛詩輯、續、三台名媛詩詞　集6-44699
三台故家遺訓　叢1-375
三台館仰止子考古詳訂遵韻海篇正宗　經2-13809
三台館鐫王覲濤先生四書翼註解　經2-10463
24 三先生傳　子7-36251
三先生逸書三種　叢1-102～3
三先生合評元本北西廂　集7-48821
三先生合評元本琵琶記　集7-49727
三先生類要　子1-178
三俠五義　子5-28737　集7-51229
三借廬詩剩　集5-38131
三借廬集　集5-38134
三借廬剩稿　集5-38132
三借廬剩稿續刊　集5-38133
三借廬贅譚　叢1-496(8)
三借廬筆談　叢2-735(4)、736
三借廬筆談(三借廬贅談)　子5-26661
三峽通志　史7-52815
三科大生合璧　子2-8124
三科輯要　子2-4619、4995

中國古籍總目書名索引

三續高郵州志[民國] 史7-56746
三續聊齋志異 子5-27644
三續聊齋茗餘助談 子5-27239
三續千字文注 經2-13407 叢1-276、381,2-798
三續疑年錄、補遺 史2-6259 叢2-2004
三續疑年錄補正 史2-6260,8-63507
三續淄川縣志[宣統] 史8-59156
三續萬花樓狄青破西戎全本 集7-52935
三續華州志 史7-54919
三續華州志[光緒] 史8-62779
三續掖縣志[光緒] 史8-59271
三續金瓶梅 子5-28240
25 三生石彈詞 集7-53901
三儂嘯旨 集3-13491
三傳 史2-6199
三傳辨疑 經1-7533 叢1-223(10)
三傳經文辨異 經1-7937 叢2-712
三傳補注 叢2-815
三傳折諸 經1-8119 叢1-223(11)
三傳異同考 經1-7967
三朱遺編 集6-44977
26 三白寶海 子3-12892~3、13393
三白寶海鉤玄(寶海鉤玄) 子3-13394
三白樞機妙用 叢1-160~1
三皇内文遺祕 子5-29530(17)、31599
三皇姑出家香山寶卷 集7-54207
三得惟枝島紀畧 史7-49318(17)
三吳雜志 史7-50204
三吳水利 史6-46760
三吳水利論 史6-46754 叢1-46、269(3)、270(3),2-731(55)
三吳水利集說 史6-46762~3
三吳水利便覽 史6-46757
三吳水利條議 史6-46761 叢1-203(15)
三吳水利圖考、蘇松常鎮水利圖 史6-46751
三吳水利附錄 叢2-731(55)
三吳水利錄、續增 史6-46752 叢1-223(24)
三吳水利錄、續錄 叢2-731(55)
三吳水利錄、續錄、附錄 史6-46753 叢1-333~4、337
三吳水考 史6-46756 叢1-223(24)
三吳遊覽志 史7-53264 叢2-735(5)
三吳舊語 史7-50205 叢2-610
27 三歸五戒慈悲(心)厭離功德經 子6-32083(19)
三歸五戒慈心猒離功德經 子6-32089(19)、32090(25)
三歸五戒慈心厭離功德經 子6-32081(28)、32085(27)、32086(31)、32088(20)、32091(23)、32092(16)
三歸草 集2-11355~6 叢2-783、1193
三多 集7-49663、50299
三多齋重訂注釋采眉故事 子5-25172
三多齋重校增補合節鼇頭通書大全 子3-11684
三修李氏族譜[湖北嘉魚] 史4-27425
三角新理 子3-12400
三角歌括 子3-12669
三角術 子7-37557
三角須知 子3-12396,7-36230、37548
三角和較術 子3-12799
三角和較術圖解 子3-12668、12800
三角和較算例 子3-12353
三角測量 子3-12385
三角法難題詳解 子7-37546
三角法舉要 子3-11238、11240、12666
三角拾遺 子7-37556
三角數理 子3-12388,7-36231(3)、37547
三角舉要 子3-12667
三解公式輯要 子3-12837
三冬識餘 子4-22609
三魚文鈔 集6-42064
三魚堂文集 叢2-1334
三魚堂文集、外集、外集附錄 叢1-223(68)
三魚堂文集、外集、補遺、年譜 集3-15157
三魚堂文集、外集、附錄 集3-15155 叢1-574(2)
三魚堂文集、賸言、外集、附錄 集3-15156
三魚堂文錄 集6-42067
三魚堂剩言 子4-24170
三魚堂外集 叢2-1334
三魚堂書目 史8-65651
三魚堂日記 叢1-272(4)、373(4),2-731(55)、1334
三魚堂日記(康熙十九年至三十年) 史2-12572
三魚堂日記(清康熙十六年至三十一年) 史2-12571
三魚堂日抄、日記、雜纂 子4-24217
三魚堂四書講義 叢2-1334
三魚堂四書大全、論語考異孟子考異 經2-10612
三魚堂賸言 子1-1408 叢1-223(31),2-838、1334
三身梵讚 子6-32081(49)、32082(26)、32083(31)、32085(45)、32086(54)、32088(33)、32089(28)、32090(43)、32091(41)、32092(28)、32093(31)
三幻集三種 集7-48785

三齣僊子效靈 集7-53028
三絕傳 史2-7707
三綱制服尊尊述義 經1-6199 叢2-1735～6
三綱祠忠烈紀正續 史2-7605
三緣報 集7-50348
三絳隨筆 叢2-1013
28 三微咸應 集7-49700
三復軒集 集4-22147
三從北征録 史1-2785
三徐事實 集1-1833～4
30 三宣牙牌令 集7-52453
三宜盂禪師語録 子6-32091(74)
三宜盂禪師語録、塔銘 子7-34289
三宜堂印譜 子3-17443
三流道里表 史6-45837、45850、45864、45879～81
三流表圖 史6-41729
三注鈔三種 叢1-122
三灘記 史7-49317(8)、49318(11)、53653
三家雜纂 子4-22831 叢1-114(6)
三家詠物詩 集6-41789
三家詩話 集6-46134 叢2-1706～7
三家詩疑 經1-4664～5
三家詩源流 經1-4648
三家詩補遺 經1-4649 叢1-539～43、547(2)
三家詩述 經1-4819
三家詩遺説、補 經1-4653
三家詩遺説翼證 經1-4654
三家詩遺説考 經1-163(3)
三家詩遺説考三種 經1-4820
三家詩選 經1-4669
三家詩拾遺 經1-4648 叢1-223(7)、274(1)、379,2-731(37)、1447～8
三家詩拾遺、三家詩源流 經1-4647
三家詩拾遺、補 叢1-460
三家詩異文疏證 經1-111(4)、4652
三家詩異文疏證、補遺 經1-4651
三家詩異文釋、補遺 經1-4650
三家詩原流 經1-4664、4727
三家詩義 經1-4662、4819
三家詞 集7-46412
三家詞品 叢2-677
三家經文同異考 經1-7954
三家宫詞 集6-41813～4 叢1-223(70),2-731(38)
三家世典 史2-7289 叢1-50～2、55
三家村委談、石田先生事畧 子4-20742
三家村老委談 子4-20743
三家村老委談、家兒私語 子4-20741
三家曲 集7-50555
三家長律詩鈔 集6-44238
三家醫話 子2-10655
三家醫案 子2-10919
三家醫案合刻 子2-4771(4)
三家醫案合刻(三家醫案合刻摘録) 子2-10637
三進宫 集7-53030
三字訣 子5-29547
三字石經春秋 叢2-774(8)
三字石經尚書 經1-2508 叢2-774(8)
三字占 子3-14077
三字經 史1-1993、4185 子1-2739、2744、2753～5 叢2-748、1159
三字經註 子1-2745 叢2-1155、1157
三字經註解備要 子1-2746～7
三字經訓詁 子1-59、2742
三字經五更一套 集7-50863
三字經告狀 集7-54566
三字經注 子1-2741
三字幼儀 子1-2888
三字女學易簡全集並釋 子1-2993
三字獄 子7-38235
三字孝經 經2-8513
三字青囊經 子3-13147～8、13333
三字鑒 子1-2886
三字鑑 經2-13476
三寃判上集 集7-53905
三客亭詩草 集4-30599
三宫寶懺 子5-30589
三官經 子5-29843
三官寶號 子5-29846
三官寶卷(三元寶卷、三官妙典、三官寶卷、三元妙典、三元成道、三元古典) 集7-54281
三官卷 集7-54429
三官燈儀 子5-29530(5)、30596
三寶證盟寶卷 集7-54427
三寶征夷集 史7-54247
三寶心鐙 子5-29535(5)、29536(4)、31064
三寶壠 史7-49336、54745
三寶萬靈法懺 子5-29536(6)、30572
三寶感通録 子6-32083(27)
三宋人集 集6-42040
三案記異 叢1-378
三案始末 史6-46421 叢1-537
31 三江應宿閒議 叢1-378
三江水利紀畧 史6-46740 叢1-300
三江濤聲 集5-39997
三江遺稿 集2-7302

三江李氏宗譜[浙江餘姚]　史 4－27185～6
三江考　史 7－49317(6)、49318(10)、52866～7　叢 1－197(3)
三江縣志[民國]　史 8－61303
三江所志[光緒]　史 7－57534
三江閘務全書　史 6－46808
三江閘務全書、續刻、湯神事實錄　史 6－46810
三江筆記　史 1－1994、4340
三瀧詩選　集 6－44901
三河紀要　史 6－46660
三河里夏氏宗譜[江蘇武進]　史 4－31660
三河縣新志[民國]　史 7－55219
三河縣志[康熙]　史 7－55217
三河縣志[乾隆]　史 7－55218
三河創業記　史 1－2629
三遷志　史 7－51457～60
三渠先生集　集 2－8556～7
32 三州詩集　集 4－32122
三州詩鈔　集 3－18799
三州郡縣目錄　史 1－2296
三州輯畧[嘉慶]　史 8－63389
三州學錄　子 1－1867　叢 2－2067
三洲遊記　史 7－49318(18)、54159　叢 1－530～1
三洲日記　史 7－54366
三溪王氏續修宗譜[安徽旌德]　史 4－25305
三溪王氏續修支譜[安徽旌德]　史 4－25304
三溪劉氏族譜[湖南邵陽]　史 5－39662
三近齋語錄　子 1－981　叢 2－797、912
三近書院　史 7－52092
三近居詩詞類纂　子 5－25502
三巡集稿　集 2－8249
三巡奏議　史 6－48366
三割股　集 7－49640
33 三補唐折衝府考補　史 6－45125　叢 2－604
三補顧亭林年譜　史 2－11678
三補簡便驗方(保安堂三補簡便驗方)　子 2－9333
三補憾　叢 2－1317～8
三述奇[航海]　史 7－54379
34 三法度論　子 6－32081(38)、32082(17)、32083(25)、32084(21)、32085(36)、32086(41)、32088(26)、32089(45)、32090(51)、32091(50)、32092(34)、32093(30)
三洪集　集 6－45036
三洪公集　集 6－45035
三社記　集 7－50084
三達德淺言　叢 2－724
35 三津新草　集 3－18196
三神寶卷(財神寶卷)　集 7－54270
三禮　經 1－6350
三禮天時論　經 1－6077
三禮便蒙　經 1－6086
三禮經義附錄　經 1－6101　叢 1－526
三禮編繹　經 1－52、6050
三禮備覽　經 1－6100
三禮疑義三種　經 1－6355
三禮約編喈鳳三種　經 1－6356～7
三禮儀制歌訣　經 1－6066　叢 2－1346～7
三禮從今　經 1－6090　叢 1－451
三禮述　史 6－42006　叢 2－1094
三禮述注三種　經 1－6352
三禮通論　經 1－152
三禮通釋、三禮圖　經 1－6103
三禮通義　經 1－6353
三禮札記　經 1－6084
三禮考　經 1－6041　叢 1－195(1)、366～8,2－731(5)
三禮考註　叢 2－1051
三禮考注、序錄、綱領　經 1－6042～3
三禮表　經 1－6097
三禮指要　經 1－6061　叢 1－195(1)、366～8,2－731(5)
三禮目錄　經 1－26～8、31、101、104、6236～9　叢 2－765～6、772(5)、773(5)
三禮圖　經 1－6214～6、6223、6229　叢 1－223(9)、261,2－765～6、772(1)、773(1)、774(4)、873
三禮圖集注　經 1－6219　叢 1－223(9)、227(3)
三禮圖全譜　經 1－6230
三禮陳數求義　經 1－6076
三禮周易注　經 1－6121
三禮駢類　子 5－25925
三禮今古文疏證　經 1－6096
三禮義證　經 1－6081　叢 2－1553
三禮義疏三種　經 1－6354
三禮義宗　經 1－6036～9　叢 2－765～6、772(1)、773(1)、774(4)、775(2)
三禮敍錄　經 1－6045　叢 1－22(1)、23(1)
三禮鄭註考　叢 2－1534
三禮鄭注引漢制度考證　經 1－6111
三禮鄭注考　經 1－102、6082
三禮節錄　經 1－6123
三禮纂注　經 1－6051
三禮類綜　經 1－90、6078
36 三湘從事紀　史 1－3469　叢 1－496(5)
三湘從事錄　史 1－1982、3470
三湘湯氏七修族譜[湖南寧鄉]　史 5－

36577
三祝記 集7-49956
三祝壽一枝 集7-51908
37 三盗芭蕉扇一段 集7-51536
三洞讚頌靈章 子5-29530(7)、30788
三洞珠囊 子5-29530(22)、29599
三洞羣仙錄 史2-6887～8 子5-29530(24)、29535(7)、29536(7)
三洞修道儀 子5-29530(23)、29535(6)、29536(6)、30724
三洞衆戒文 子5-29530(4)、29535(6)、29536(6)、30269
三洞法服科戒文 子5-29530(16)、30711
三洞神符記 子5-29530(2)、31505
三洞道士居山修鍊科 子5-29530(24)、30943
三洞樞機雜說 子2-11161,5-29530(17)
三湖詩稿 集5-39035
三湖漁人全集(葛道集、郢中集、燕臺小稿、吾廬萃稿、竹嶼偶吟、富猗樓集) 集4-24003
三潞齋集 集4-23183
三祖信心銘 子7-33972
三祖行腳因由寶卷(因由寶卷) 子7-36137
三祠紀頌錄 史2-8982
三逸詩鈔 集6-44681
三通 史6-41496
三通序 史6-41502～4 叢1-514,2-659
三通序目 史6-41505 叢2-1387
三通集要策母 史6-41507
三通志輯要 史1-21
三通考詳節 史6-41499
三通考輯要 史6-41500
三通考纂要 史6-41557
三通警策 子4-24347
三通警策甲編、乙編 史6-41506
三通典輯要 史6-41498
三通原序合刻 史6-41501
38 三遂平妖傳 子5-28817～20
39 三沙灣情勢記 史6-45552,7-49319
三消論 子2-4727、4749、7237
40 三十六水法 子5-29530(18)、30876
三十六舌歌附藥性要考 子2-6248
三十六鴛鴦吟舫存稿 集3-17207
三十六鴛鴦館詩詞鈔 集4-31092
三十六字母辨 經2-14358、14392 叢1-269(2)、270(1)、271,2-731(25)
三十六穴傷門圖 子2-7936
三十六灣草廬稿 集4-26601～2 叢1-352
三十六洞天草堂詩存、補遺 集4-25061
三十六湖漁唱 集7-47538～9
三十六湖漁唱删存 叢2-1679
三十六湖草堂詩集 集3-17486～7
三十六荷花院詩鈔 集5-39934
三十六芙蓉吟館文集、聽雲仙館西游感懷吟草、梅隱庵詞 集4-31999
三十六芙蓉吟館尺牘 集4-32007 叢2-1838
三十六芙蓉館詩存 集5-33937、34735
三十六村草堂詩鈔 集4-32686
三十六聲粉鐸圖詠 集5-35942
三十六春小譜 子5-26465、26467～8 叢1-496(1)
三十六甎吟館文鈔(綏遠頌) 集5-34221
三十六陂漁唱 叢1-509
三十一國志要 史7-49318(22) 子7-36291、36293
三十二蘭亭室詩存 集5-33927
三十二蘭亭室詩存、續刻、再續刻、約因詞 集5-33928
三十二蘭亭室詩鈔 集5-33929,6-42007(3)
三十二劍客圖 子3-16351
三十三峯草堂詩選 集4-32471
三十三日脫難記 史1-4517
三十三年落花夢 子7-38170
三十五佛名禮懺文 子6-32091(37)
三十五忠詩 集2-10880 叢1-206
三十五舉 子3-16776、16786 叢1-435
三十五舉、校勘記 子3-16787 叢1-433、534
三十處大小輪船價目表 史6-44194
三十代天師虛靖真君語錄 子5-29530(24)、29534、29535(7)、29536(7)、31987～8
三十家詩鈔 集6-42519
三十漢瓦軒遺詩(宜泉山房詩鈔) 集4-25182
三十有三萬卷堂書目畧 史8-65854
三十七尊禮懺文 子6-32093(37)
三十樹梅花書屋詩鈔 集4-29794 叢2-1851
三十日旅行記 史7-49357、54373
三十國記 史7-54230 叢1-134
三十國春秋 史1-2311～3 叢2-653(6)、731(65)、776
三十國春秋輯本 叢2-731(65)
三十國春秋輯本十八種 叢2-653(6)
三大士實錄 子7-33979
三大士真言 子7-32094
三太史彙纂四書人物類考 經2-10403

三友墓題詠集　叢 2-734
三友棋譜　子 3-18047　叢 1-201、203(3、18)、350
三臺詞錄　集 7-48623
三臺通書正宗　子 3-14451
三臺縣志[嘉慶]　史 8-61733
三臺縣志[乾隆]　史 8-61732
三臺縣志[民國]　史 8-61734
三壺仙吏詩續鈔　集 4-25277
三壺仙吏詩鈔　集 4-25276
三壇傳戒　子 7-33951
三壇傳戒正範　子 7-33950
三壇圓滿天仙大戒畧說　子 5-29535(6)、29536(7)、30308
三塘漁唱　史 7-50333　集 5-35467　叢 2-832(7)
三才廣志　子 5-24948
三才諺正、諺餘　子 4-21590
三才雜俎　子 4-22258、24050
三才記畧　子 4-21589
三才發祕　子 5-25285
三才刀法譜　子 1-3572
三才彙編　子 5-25269～70
三才紀要　子 5-25491
三才紀要三種　子 5-25284
三才避忌　子 3-14631　叢 1-173
三才定位圖　子 5-29530(4)、31514
三才實義天集　子 3-11401
三才演禽　子 3-14171
三才祕典　子 3-14681
三才通考　子 5-24969
三才大易　子 5-29566、31361
三才藻異　子 5-25268
三才考畧　子 5-25100
三才世緯　子 3-14633
三才中和牌譜　子 3-18265　叢 2-1920
三才揭要　子 5-25271
三才圖會　子 5-24991～2
三才圖會儀製圖會　子 5-24993
三才畧　子 5-25277～81　叢 1-514
三才畧新本　子 5-25286
三才畧三種　子 5-25282
三才畧四種　子 5-25283
三才分類粹言　子 5-25405～6
三布衣詩存　集 6-42010
三希堂續刻法帖　子 3-15418
三希堂法帖　子 3-15414
三希堂法帖釋文　子 3-15416
三希堂蘇長公法書帖　子 3-15641
三希堂小楷八種　子 3-15555
三希堂米南宫法書帖　子 3-15652
三有堂集　集 4-30390
三志合編　子 4-24351　叢 1-352
三女星傳　叢 1-168(3)
三支比量義鈔　子 7-33642
三李詞　集 7-46355
三李堂集　集 4-26496
三難新郎　集 7-52232
三古紀畧　叢 2-823
三古圖　史 8-63494
三奇支干神應　子 3-14273
三袁先生集　集 6-45048
三袁先生年表　史 2-11536　叢 2-1359
三真集　叢 2-2270(3)
三杜子　子 1-18、20、335
41 三垣疏稿　史 6-48526　叢 1-241、242(3),2-731(18)
三垣列舍八宿去極集　子 3-11235、13091
三垣筆記　史 1-1946、3205、3207、3209、3212　叢 1-400
三垣筆記、補編　史 1-3206
三垣筆記、補遺　史 1-3211、3213　叢 2-611
三垣筆記、補遺、附識、補遺　史 1-3214
三垣筆記、補遺、附識、附識補遺　叢 2-670
三垣筆記、附識　史 1-3208
三垣筆記、附述、補遺、附錄　史 1-3210
三帖釋文　子 3-15523
三極至命筌蹄　子 5-29530(6)、31207
三極通　叢 2-845(4)
三橿老屋詞　集 4-30394
42 三橋李氏宗譜[浙江鄞州]　史 4-27179
三橋春遊曲唱和集　叢 2-1953
43 三式囊珍　子 3-14490
三城束氏宗譜[江蘇丹陽]　史 4-27698
三娘汲水　集 7-52831
三娘教子　集 7-53416～8、53420
44 三藩偶記　史 1-3275
三藩紀事本末　史 1-1774～5、1861～2　叢 1-269(2)、270(2)、271、272(4),2-731(68)
三墳　史 1-2041　叢 1-47、90～3,2-730(5)
三墳補逸　史 1-2044　叢 2-653(3)、1163
三墳書　史 1-2042　叢 1-19(1)、21(1)、22(1)、23(1)、24(1)
三墳金玉、墳易一貫表、集說　經 1-2500
三夢記　叢 1-17、19(3)、20(2)、21(3)、22(19)、23(18)、24(3)、29(3)、249(2)、255(2)、587(2),2-731(49)
三花樹齋詩鈔　集 4-24633
三茅應化真君寶卷(三茅寶卷)　集 7-54247

三茅真君宣化度世寶卷(三茅寶卷、三茅真君寶卷、三茅寶經、三茅真君寶經)　集 7－54246
三茅真君加封事典　子 5－29530(4)、31816
三蘭詩集、詞　集 5－41063
三蘭倪公(元璐)崇祀名宦鄉賢錄　史 2－9149
三藏記集　子 6－32083(27)
三藏聖教序考　史 2－6798　叢 1－369、372
三藏真詮　子 5－32001
三芝山房讀史隨筆　史 1－5698
三燕江李氏續修族譜[湖南邵陽]　史 4－27615
三蕉餘話　子 4－23304
三蘇文百家評林　集 6－45181
三蘇文集　集 6－45151、45156、45187～8
三蘇文滙　集 6－45162
三蘇文選　集 6－45182
三蘇文選體要　集 6－45164
三蘇文苑　集 6－45180
三蘇文盛　集 6－45176
三蘇文纂、目錄　集 6－45161
三蘇文鈔　集 6－45165、45179
三蘇文鈔選　集 6－45163
三蘇經史策論　集 6－45186
三蘇先生文集　集 6－45150、45155
三蘇先生文粹　集 6－45153～4
三蘇全集　集 6－45184
三蘇策論　集 6－45185
三草删存三種(雪泥一印草、下里吟草、照膽台吟草)　集 5－39348
三孝記　集 7－50521
三萬六千頃湖中畫船錄　子 3－16270　叢 1－203(17)
三萬六千是　史 2－6243
三韓張氏世系譜[遼寧]　史 5－34758
三韓江氏譜系　史 4－26847
三韓冢墓遺文目錄　史 8－64122　叢 2－599
三韓遊草　集 5－39265
三韓陳白峯先生鑒定博古鈔畧　子 4－22704
三韓尚氏族譜[遼寧海城]　史 4－29517
三姑娘倒貼　集 7－50768
三姑娘拾大好功勞　集 7－50769、53634
三華文集　集 3－18135
三華集　叢 1－223(70)
三蒼　經 2－13277、13282　叢 2－774(7)
三蒼解詁　叢 2－766
三蒼考逸補正　經 2－13285
三老會圖　史 1－3798
三世記　集 7－50318
三世化生寶卷(化身寶卷、王氏女三世寶卷)　集 7－54430
三世修行王氏女寶卷　集 7－54433
三世修道黃氏寶卷　集 7－54432
三世修道黃氏寶卷(三世修行黃氏寶卷)　集 7－54431
三世名賢　集 1－2141
三世姻緣　集 7－50435
三世姻緣寶卷(節義寶卷)　集 7－54434
三世相法　子 3－14215
三世因果　子 7－34697
三世因果說　叢 2－724
三世聞見記　子 4－23636
三劫三千佛名經　子 6－32086(18)、32088(12),7－32440
三劫三千佛名經(集諸佛大功德山)　子 6－32085(16)
三劫三千佛緣起　子 6－32093(6)
三楚新錄　史 1－1914、2407、2448～9　叢 1－11～2、19(7)、20(5)、21(7)、22(9)、23(9)、24(8)、56、95～6、195(1)、223(22)、235、242(4)、273(4)、374,2－730(2)
45 三姓山川記、富克錦輿地畧　史 7－50039
46 三柏堂詩文集　集 3－16128
三相類　叢 2－724
三相類集解　子 5－31019　叢 1－169(2),2－731(10)
三槐王氏宗譜[山東莘縣]　史 4－25374
三槐王氏宗譜[浙江蘭溪]　史 4－25115
三槐王氏宗譜[浙江松陽]　史 4－25218～21
三槐王氏宗譜[湖南寧鄉]　史 4－25423
三槐家乘、續修[江蘇蘇州]　史 4－24878
三槐書屋詩鈔　集 4－27908　叢 2－785
三槐堂叢書　子 1－60
47 三聲堂捷報　叢 2－1175
三朝要典、原始　史 1－2942
三朝再見集　史 3－13417
三朝北盟彙編輯要　史 1－1808
三朝北盟會編　史 1－1805　叢 1－223(19)
三朝北盟會編、校勘記　史 1－1807
三朝北盟會編、校勘記、補遺　史 1－1806
三朝聖訓、開國方畧節要　史 6－47732
三朝聖諭錄　史 1－1923～4、1933、2796～7,6－47645　叢 1－34、51、55、165
三朝聖論錄　叢 1－50
三朝聖政錄　史 1－4374　叢 1－15～6、19(2)、20(1)、21(2)、22(8)、23(8)、24(2)
三朝名臣言行錄　史 2－6202、7030　叢 2－635(3)
三朝名醫方論　子 2－9973
三朝紀畧　史 1－4048　叢 2－889

三朝宫詞　史1－6174
三朝實錄　史1－2965
三朝實錄館館員功過等第册　史1－1985，2－7525
三朝遼事實錄、總畧　史1－2939
三朝遼事實錄、總畧、遼事砭囈　史1－2940
三朝大議錄　史6－42051　叢2－606
三朝奏議　史6－48176　叢2－1063
三朝野記　史1－1982
三朝野紀　史1－1937、2966～8　叢2－798
三朝野史　史1－4390　叢1－13、14(2)、19(6)、20(4)、21(6)、22(8)、23(9)、24(7)、56、195(2)、367～8，2－617(2)、624(2)
三婦評牡丹亭雜記　叢1－202(2)、203(8)、319、587(1)
三婦評牡丹亭褋紀　叢1－203(18)
三都楊氏宗譜　史5－37086
三都賦　集1－376
三柳軒雜識　子5－26319　叢1－17、19(5)、21(5)、22(4)、23(4)、24(6)、29(6)
三根坐禪說　子6－32093(53)
48 三場程式　史6－42319～20
三場程式、添註塗改欵式　史6－42321
三教論衡　子4－19880　叢1－22(2)、23(2)
三教平心論　子4－23774，6－32089(52)、32090(66)、32091(64)、32093(52)，7－34947　叢2－731(16)
三教平心論、校譌　子4－23775
三教平心論、校譌、補校　叢1－376
三教平心論抄　子7－34948
三教聖人修身圖訣、清修捷徑　子2－11038
三教經三種　叢1－200
三教偶拈　子5－27722
三教源流搜神大全　叢1－545、547(4)
三教源流搜神大全(重刊繪圖三教源流搜神大全)　子5－26984
三教心法六種　叢2－723
三教禪林閲藏錄　子7－34872
三教搜神大全　子5－26985
三教探原　叢2－2269
三教品　叢2－1115
三教品、永慶答問、讀永慶答問　子1－77
三教同聲　子3－17616
三教會編要畧　子7－36140
三教鈔述　子4－23884
三槎浦櫂歌　子4－24320　集4－22038
三松自訂年譜　史2－11918
三松堂詩集、詩續集、文集、水雲笛譜、三松自定年譜　集4－22293
三松堂藏字畫目錄　子3－14832
50 三丰真訣　子5－29568、31279
三丰真人玄譚全集　子5－29575、31993
三丰丹訣　子5－29577、31277
三史文彙　集6－42817
三史文類　史1－5180
三史統　史2－6302
三史統類臆斷　史1－5410
三史拾遺　史1－8、408　叢2－1488～9
三史同名錄　史2－13362　叢2－653(5)、731(60)
三事遡真　子4－20532　叢1－106、111(2)，2－731(11)
三事忠告　史6－41523～4　叢1－223(26)、247，2－731(18)
三盡忠　集7－53415
三忠列傳遺民錄　史2－7088
三忠合刻　史2－6206
三書寶鑑三種　子1－3084
三書類鈔　史1－5193
三春投水　集7－52830
三秦記　史7－51129、51131　叢1－19(2)、21(2)、22(10)、23(10)、24(3)、525，2－628、763
三秦記佚文　史7－51133　叢2－777
51 三指禪　子2－6154
三指禪脈訣度鍼　子2－6153
三指捷編　子2－5156
52 三折肱醫案　子2－10665
53 三輔決錄　史2－8306～8　叢1－19(2)、20(1)、21(2)、22(10)、23(10)、24(2)、29(2)、525，2－617(2)、628、763、772(5)、773(5)、829、1685
三輔決錄、補遺　史2－8309　叢2－770
三輔決錄注　史2－8310　叢2－775(4)
三輔舊事　史7－51137～9　叢1－22(10)、23(10)，2－628、731(58)、763
三輔黄圖　史7－49305、51500～3、51505　叢1－16、18、20(9)、21(10)、22(10)、23(10)、24(12)、74、76～7、90～1、101、108、111(3)、223(23)、303～5，2－596、730(5)、731(58)、829
三輔黄圖、補遺　史7－51504　叢1－75、257，2－628、731(58)
三輔黄圖、校勘記　史7－51506　叢2－637(2)
三輔黄圖佚文　史7－51507　叢2－777
三輔故事　史7－51140　叢2－628、731(58)、763
三輔憾　叢2－1316
三戌叢譚　子4－20803　叢2－1196
三戒真言　叢2－724
55 三轉法輪經　子6－32083(20)
三農外集詩草　集3－17042

三農得澍 集 7-49695～6
三農紀 子 1-4144
三農紀(三農紀合纂) 子 1-4143
三慧經 子 6-32081(39)、32082(19)、32083(26)、32084(22)、32085(38)、32086(45)、32088(28)、32089(35)、32090(55)、32091(53)、32092(36)、32093(31)
57 三探桑園 集 7-54343
58 三撫密奏疏稿 史 6-48639
三撫捷功奏疏 史 6-48640
60 三日奇觀 集 7-53252
三星贊印譜 子 3-17149
三星圖 子 4-24391
三星圖四集 集 7-49528
三星昭慶 集 7-49703
三國 集 7-53540
三國方鎮年表 史 1-4563、4670
三國文 集 6-43215
三國文章類鈔 集 6-43213
三國文紀 集 6-41793、43214
三國雜事 史 1-5278、5872～3 叢 1-195(1)、223(29)、246、282(2)、283(2),2-731(64)
三國諸王世表 史 1-10(2)、4671
三國玉璽傳 集 7-53900
三國五更一套 集 7-50862
三國兩晉南北朝文選、輯 集 6-42980
三國疆域志疑 史 1-10(2)、421
三國疆域志補注 史 1-417
三國疆域表 史 1-10(2)、420
三國疆域圖 史 7-49430
三國職官表 史 1-4673 叢 1-411,2-653(4)、731(18)
三國郡縣表附考證 史 1-10(2)、419
三國佛教畧史 子 7-34762
三國魏志疑年錄、蜀志疑年錄、吳志疑年錄 史 2-7004
三國魏纂畧 史 1-5196
三國吳纂畧 史 1-5196
三國名臣奏議選 史 6-47769
三國紀年 史 1-5280、5874 叢 1-246、282(2)、283(2),2-731(64)、857
三國紀年表 史 1-10(2)、4665 叢 1-288、411,2-653(4)、731(62)
三國綱鑒鼓詞 集 7-51111
三國演義與三國志 叢 2-2264
三國漢季方鎮年表 史 1-10(2)、4669
三國大事表 史 1-10(2)、4666
三國大事年表 史 1-10(2)、4664
三國志 史 1-11～7、19、410、413～4 子 5-27991 叢 1-227(5),2-1443
三國志、考證 史 1-18、20、411 叢 1-223(17),2-698(3)
三國志旁證 史 1-8、445 叢 2-653(4)、731(64)
三國志文鈔 集 6-43216
三國志文類 集 6-43217 叢 1-223(69)
三國志辨證 叢 2-1706
三國志辨誤 史 1-5、429～30 叢 1-77、230(2)、273(3)、274(3),2-731(64)
三國志辨疑 史 1-8、437～8 叢 1-411,2-653(3)、731(4)、933
三國志辨微、續、雜詠 史 1-450
三國志評議 史 1-5282、5348
三國志證聞 史 1-440
三國志證聞校勘記 史 1-441～2 叢 2-599
三國志一百七十二部 集 7-51225
三國志三公宰輔表 史 1-10(2)
三國志三公宰輔年表 史 1-4672
三國志平話 子 5-27977
三國志平議 史 1-456 叢 2-2179
三國志裴注述 史 1-453
三國志職官表 史 1-8、10(2)、415
三國志瑣言 史 1-457 叢 2-2109
三國志後傳 子 5-28003
三國志剿說 史 1-5276
三國志樂府、補遺 史 1-6107
三國志佚文 史 1-409 叢 2-777
三國志偶辨 史 1-448 叢 2-2071
三國志烏丸鮮卑東夷傳附魚豢魏畧西戎傳地理考證 史 1-423,7-49310
三國志注證遺、補 史 1-24、446 叢 2-653(4)、731(64)
三國志注補 史 1-432
三國志注補、補遺 史 1-433
三國志注所引書目 史 8-66262 叢 2-2109
三國志注鈔 史 1-412 叢 1-122
三國志演義 子 5-27994～5、27998
三國志補註 叢 2-1433～5
三國志補注 史 1-434～5 叢 1-456(7)、457,2-665、731(64)
三國志補注、諸史然疑 叢 1-223(17)
三國志補注續 史 1-8、436 叢 2-653(4)、731(64)
三國志補義 史 1-447 叢 2-1733
三國志通俗演義 子 5-27979
三國志七十本 集 7-51220
三國志校勘記 史 1-451
三國志獺俎 史 1-5198
三國志札記 史 1-26、449、458 叢 2-2230

三國志鼓詞 集 7-51224
三國志考證 史 1-8、443～4 叢 1-203(16),2-653(4)、731(64)
三國志世系表 史 1-10(2)、4667
三國志世系表補遺附訂譌 史 1-10(2)、4668
三國志事緯 史 1-1799
三國志質疑 史 1-455 叢 2-1010
三國志劄記 叢 1-309
三國志知意 史 1-5877 叢 2-2270(2)
三國志鈔 史 1-5197
三國志小樂府箋注 史 1-6106
三國菁華錄 史 1-5199
三國藝文志 史 1-10(2)、427,8-65255～6 叢 2-615(3)
三國史辨 史 1-454
三國史辨誤 叢 1-223(17)
三國史鈔 叢 1-329
三國事跡 史 1-2300
三國畫像 子 3-16415
三國書法 史 1-5720、5876
三國典畧 史 1-2284 叢 1-22(10)、23(9)、29(2),2-617(1)
三國蜀漢纂畧 史 1-5196
三國兵畧 子 1-3242
三國會要 史 6-41600、41602 叢 2-851、2230
三國會要、晉會要、三國會要補 史 6-41601
三國纂畧 史 1-5196
三四五合編三編 子 4-22077
三易三統辨證 經 1-2504
三易集 集 2-10477,6-44428
三易備遺 經 1-77(2)、2499 叢 1-223(3)、227(1)
三易偶解 叢 1-369、372
三易偶解、歸藏母經 經 1-2503
三易注畧 經 1-2501～2
三易洞璣 經 1-69 子 3-12990
三易洞璣、畧例 叢 1-223(36)
三易探原 經 1-2505
三易圖說、二則 經 1-2506
三易圖書集成 經 1-2507
三界伏魔關聖帝君忠孝忠義真經 子 5-29535(6)、29536(6)、30448
三黑水考 史 7-49317(7)、49318(10)、53027
三田李氏族譜 史 4-27057
三田李氏統宗譜 史 4-27055～6
三田李氏統宗世譜 史 4-27053、27058
三田李氏宗譜 史 4-27054、27059～61
三田李氏墓祀錄[安徽歙縣] 史 4-27305
三田周氏支譜[湖南益陽] 史 4-30154
三曼陀跋陀羅菩薩經 子 6-32093(22)
三曼陀颰陀羅菩薩經 子 6-32081(22)、32083(15)、32085(21)、32086(24)、32088(16)、32089(39)、32090(44)、32091(42)、32092(29)
三因極一病證方論 子 2-9153 叢 1-223(33)
三因極一病源論粹 子 2-9154
三甲曹氏族譜[湖南郴州] 史 5-34252
三圖詩 集 6-44210
三圖疆域圖 史 7-49313
三畧 子 1-3015、3018、3025、3029、3048、3057、3060、3102、3210、3212 叢 1-114(2)、237,2-775(4)
三畧彙編 史 1-4136
三畧直解 子 1-3019、3021 叢 1-223(31)
三畧直解(姜太公三畧) 子 1-3215
三品經 子 5-29535(4)、29536(4)
三品弟子經 子 6-32083(14)
三邑政編 史 6-46076
三邑治畧 史 6-41916
三邑單氏族譜[湖南] 史 5-35969
三畏齋集 集 2-5975
三喦山房文鈔 集 4-26132
三異詞錄十一種 史 1-1964
三異人文集 集 6-42050
三異人集 集 6-42051
三異人傳 子 5-26222 叢 1-185
三異錄 子 5-27148
三異筆談 子 5-27253 叢 1-496(7),2-735(1)
三異筆談一集 子 5-27252
三景圖寶卷 集 7-54428
62 三影低思吟草 叢 2-2039
三影閣箏語 集 7-47357 叢 2-1563
63 三戰黄忠 集 7-52454
64 三時繫念 子 6-32091(69)
65 三味齋詩稿 集 4-28741
三味齋詩錄 集 4-29188
三味齋存稿四種 叢 2-1675
三味齋隨錄 叢 2-1675
三昧弘道廣顯定意經 子 6-32086(18)、32088(12)、32089(14)、32091(17)
三昧弘道廣顯定意經(入金剛問定意經) 子 6-32090(19)、32092(12)
三昧水懺法 子 7-34973
66 三器圖儀 史 6-44530
三器圖義 史 8-63532 叢 1-19(5)、20(3)、21(4)、22(16)、23(15)、24(5)
71 三雁齋詩稿 集 4-23087

三雁紀遊、東甌紀遊　集 5－37129
三辰拱壽　集 7－48784
三曆撮要　子 3－14424　叢 1－265(3)、465、519
三願問答　子 7－35440
三原梁氏舊譜[陝西淳化]　史 5－34718
三原縣新志[光緒]　史 8－62852
三原縣志[康熙]　史 8－62849
三原縣志[乾隆]　史 8－62850～1
三臣傳　史 2－7474　叢 2－2146～7
三長物齋文畧　叢 1－352
三長物齋詩畧、文畧　集 4－27092
三長物齋詩畧、夏小正試帖　叢 1－352
三長物齋叢書二十六種　叢 1－352
72 三劉先生家集　集 6－45113
三劉家集　叢 1－223(68)
75 三陣祕書　子 1－3753
三體唐詩　叢 1－223(69)
三體詩　集 3－18590
三體宮詞　集 6－41811
三體摭韻　子 5－26143～5
76 三陽寧氏宗譜[湖南]　史 5－38780
三陽寶卷　集 7－54435
77 三閨媛詞合集　集 7－46426
三風十愆記　史 7－50249～50　叢 1－587(1),2－624(3)、791
三鳳緣全傳　集 7－50437
三岡識畧　子 4－21081～2　叢 1－373(8)、496(3)
三岡識畧、續識畧　子 4－21080
三岡識畧、補遺、續識畧、續補遺　子 4－21083
三間彙考　史 2－8444
三間草堂集錄　集 6－41715
三巴孴古志　史 8－64059～60、64065
三巴孴古志目　史 8－64063
三巴集　集 3－15322
三巴集(墺中雜詠)　叢 1－364
三巴金石苑目錄　叢 2－2131
三關志[嘉靖]　史 7－55764
三關圖說　史 6－45613
三門街前後傳　子 5－28760
三門南江吳氏五修族譜[湖南醴陵]　史 4－28170
三門南江吳氏四修族譜[湖南醴陵]　史 4－28169
三具足論　子 6－32083(16)
三具足經憂波提舍　子 6－32081(23)、32084(13)、32085(23)、32088(16)、32090(48)、32091(46)、32092(32)、32093(27)
三具足經優波提舍　子 6－32086(25)、32089(41)
三賢語錄萃編三種　子 4－22042
三賢政書　史 6－41525
三賢集　集 6－42752
三龘堂詩草、後集　集 5－37319
78 三隊合戰法　子 7－36908
80 三人影　子 7－38288
三益堂丸丹全集　子 2－10044
三分水集　集 4－27465
三無性論　子 6－32081(25)、32083(16)、32084(15)、32085(25)、32086(28)、32088(18)、32089(44)、32090(49)、32091(47)、32092(32)、32093(25)
三年服制考　經 1－5451、6359　叢 1－201、203(5)
三義記　集 7－49205
三義節　集 7－50436
三義堂韻對五七言千家詩輯鈔　集 6－42296
三合聖諭廣訓(滿蒙漢合璧)　子 1－2030
三合便覽　經 2－15024
三合便覽、十二字頭、清文指要、蒙文指要　經 2－15025
三合清語一百條　經 2－15044
三合吏治輯要　經 2－15029
三合縣志畧[民國]　史 8－62296
三合鑑字　經 2－15030
三合類編　經 2－15082
三舍劉氏六續族譜[江西安福]　史 5－39413
三曾年譜　史 2－11016
三會貞文菴玉簪記　集 7－49855
三倉　經 2－13279、13281、15137、15142
三倉、三倉訓詁　經 2－15116
三倉、三倉訓詁三倉解詁　經 2－13278　叢 1－495,2－716(1)
三倉解詁　經 2－13283～4、15116、15137　叢 2－773(2)
三倉輯本　經 2－13280
三命玄珠　子 3－14168
三命通會　子 3－14127　叢 1－223(36)
三命指迷賦　叢 1－223(36),2－731(15)
三命指迷賦(新刊祕訣三命指迷賦、新刊補注得祕訣三命指迷賦)　子 3－14096
三公山碑　史 8－63518、64592
三公難記　史 2－6209
三公奏議　史 6－48020
三養軒日記　史 7－54127
三氣周瑜　集 7－53421
81 三頌備說　經 1－4548　叢 2－1829
三頌考　經 1－4547　叢 2－1828

84 三鎮邊防總要　史 6－45616
86 三錫堂詩鈔　集 4－25522
87 三釵夢北曲　集 7－49532
88 三筌解三種附一種　叢 2－1180
三笑新編　集 7－53903
三笑緣　集 7－54380
三笑姻緣　集 7－52452、54379
三笑姻緣曲譜　集 7－54781
三節合編　集 6－42004
三餘齋詩草　集 4－30656
三餘雜志、辨誣　子 4－21690
三餘識　子 5－25501
三餘集　集 1－3025,2－9971～2,3－14476,6－41784、44533　叢 1－223(53)
三餘偶筆　子 4－22519
三餘偶筆、三餘續筆　子 4－22520
三餘帖　叢 1－22(6)、23(6)
三餘摭錄　子 4－22504
三餘書屋詩稿　集 4－28392
三餘書屋詩草　集 5－35127
三餘書屋叢書五種　叢 1－412
三餘書屋叢書八種　叢 1－413
三餘贅筆　子 4－20414、22961　叢 1－22(22)、29(7)、57、114(5)、245,2－731(53)
三餘別集　子 5－24975
三餘閒墨　集 5－36604
三餘閣集　集 3－16253
三餘印可　子 3－17230
三餘前錄　子 4－22662
三餘錄　子 4－22661
三餘堂詩稿　集 3－13030
三餘堂叢刻十二種　叢 2－681
三餘堂存稿、經進稿、館課偶存　集 4－24249
90 三憶草　集 3－13863
三光注齡資福延壽妙經　子 5－29530(1)、29702～3
三省齋剩稿　集 4－33062
三省平定歌　集 6－42022
三省山内風土雜識　史 7－49315、51299　叢 2－731(56)、829
三省備邊圖記　史 1－2908
三省從政錄　史 6－47230　叢 2－2125
三省邊防形勢錄　史 7－49317(5)、49318(13)、51300
三省邊防備覽　史 6－45614～5　叢 2－1605
三省黃河圖說　史 7－49318(19)、52791
三省黃河全圖　史 7－52796
三省軒自記　史 2－12283
三省入藏程站記　史 7－49747
91 三悟　子 1－890
93 三怡堂叢書二十種　叢 2－826
94 三惜齋散體文　集 4－24119

正

正(王)法正理論　子 6－32083(36)
00 正音新纂　經 2－14247
正音通俗表　經 2－14422
正音切韻復古編　經 2－14058、14061
正音切韻復古篇　經 2－14540
正音切韻指掌　經 2－14420
正音攟言　子 5－26126
正音撮要　經 2－14191
正音咀華、正音咀華續編　經 2－14216
正音咀華續編　經 2－14217
02 正譌　子 1－1702　叢 2－1640
正譌、記疑　叢 1－574(2)
正譌記疑補遺　叢 1－574(1)
03 正誼齋叢書十種　叢 1－341
正誼克成　子 1－1916
正誼錄　子 4－23222　叢 1－338
正誼堂文集　集 3－15041、15043、16599、16601　叢 1－214,2－1968
正誼堂文集、詩集　集 3－15044
正誼堂文集、行狀　集 5－34896
正誼堂文集、續集　叢 2－731(45)
正誼堂詩集、文友文選、蓉渡詞　叢 2－798
正誼堂集　史 6－41525、48690
正誼堂外集(紅犀館詩課、舟山倡和詩、海山分韻詩)　集 5－34893
正誼堂參訂唐昭陵陪葬墓圖　史 7－51971
正誼堂續集　集 3－16600　叢 1－214
正誼堂叢書五十五種　叢 1－213
正誼堂遺集(正誼堂文集、詩集、詞集)　集 4－23781
正誼堂醫書　子 2－5184
正誼堂全集八種　叢 2－1968
正誼堂全書六十三種續刻五種　叢 1－214
04 正訛(附韻辨)　經 2－15132
正訛(附摘誤)　經 2－15133
正訛集　子 7－32099
正訛集、直道錄　子 7－34917
正訛初稿　經 1－3350　叢 1－203(16)
06 正韻　經 2－13749
正韻詩押　子 5－26107
正韻翼　經 2－13759
正韻字體辨微　經 2－13762
正韻箋　經 2－13760　子 3－16788

正韻篆字校 經 2 - 13761
正韻箋 經 2 - 13754
07 正部論 子 1 - 459 叢 2 - 774(9)
10 正一童子解十二命關 子 5 - 31774
正一童子解關文表 子 5 - 31770
正一童子解關仙秩 子 5 - 31771
正一童子解關總誥 子 5 - 31773
正一童子解關御詔 子 5 - 31772
正一童子解關通關 子 5 - 31769
正一論 子 5 - 29530(23)、30722
正一天師告趙昇口訣 子 5 - 29530(24)、31639
正一天壇玉格品目 子 5 - 32027
正一醮宅儀 子 5 - 29530(16)、30698
正一醮墓儀 子 5 - 29530(16)、30699
正一殟司辟毒神燈儀 子 5 - 29530(5)、30603
正一出官章儀 子 5 - 29530(16) 子 5 - 30692
正一修真畧儀 子 5 - 29530(23)、30726
正一解戹醮儀 子 5 - 29530(16)、30691
正一法文天師教戒科經 子 5 - 29530(16)、30297
正一法文經章官品 子 5 - 29530(23)、31840
正一法文經護國醮海品 子 5 - 29530(24)、30736
正一法文修真旨要 子 2 - 11162,5 - 29530(24)
正一法文法籙部儀 子 5 - 29530(24)、30728
正一法文十籙召儀、正一法文傳都功版儀 子 5 - 29530(23)、30716
正一法文太上外籙儀 子 5 - 29530(24)、30729
正一道祖延壽金章 子 5 - 31768
正一大黃預修延壽經錄全部 子 5 - 30266
正一指教齋儀 子 5 - 29530(16)、30695
正一指教齋清旦行道儀 子 5 - 29530(16)、30696
正一威儀經 子 5 - 29530(16)、30688
正一敕壇儀 子 5 - 29530(16)、30697
正一明禪師語錄 子 7 - 34375
正疏三角疏義 叢 2 - 731(27)
11 正班本附薦何文秀全套 集 7 - 53393
12 正弧三角疏義 子 3 - 12389 叢 1 - 274(4)
正形 經 2 - 13073、15122
13 正球升度表 子 3 - 11234
17 正己居新錄(清康熙十三年) 史 2 - 12573
20 正信除疑無修證自在經會解、二十五品 子 7 - 36106
正信除疑無修證自在寶卷(正信除疑無修證自在經) 子 7 - 36105
正信除疑無修證自在寶卷句解 子 7 - 36107
正信錄 子 4 - 21247
正香簃吟草 集 5 - 39071
正毛 經 2 - 11957 叢 2 - 1920
正統元年進士登科錄 史 3 - 13531
正統元年會試錄 史 3 - 13530
正統北狩事蹟 史 1 - 1933、2804 叢 1 - 84(1),2 - 730(9)、731(67)
正統十三年進士登科錄 史 3 - 13538
正統十三年會試錄 史 3 - 13539
正統十年進士登科錄 史 3 - 13537
正統十年會試錄 史 3 - 13536
正統七年進士登科錄 史 3 - 13535
正統七年會試錄 史 3 - 13534
正統四年進士登科錄 史 3 - 13533
正統四年會試錄 史 3 - 13532
正統臨戎錄 史 1 - 2801 叢 1 - 50～1、55、84(1)、85,2 - 730(9)、731(67)
21 正紅旗滿洲哈達瓜爾佳氏家譜 史 4 - 26173、30764
正經音訓 經 1 - 7481～3
24 正德六年進士登科錄 史 3 - 13580
正德六年會試錄 史 3 - 13579
正德二年應天府鄉試錄 史 3 - 14082
正德二年廣西鄉試錄 史 3 - 14647
正德二年廣東鄉試錄 史 3 - 14601
正德二年雲貴鄉試錄 史 3 - 14730
正德二年順天府鄉試錄 史 3 - 13935
正德二年山西鄉試錄 史 3 - 14036
正德二年江西鄉試錄 史 3 - 14366
正德二年河南鄉試錄 史 3 - 14499
正德二年浙江鄉試錄 史 3 - 14192
正德三年進士登科錄 史 3 - 13578
正德三年會試錄 史 3 - 13577
正德五年應天府鄉試錄 史 3 - 14083
正德五年廣東鄉試錄 史 3 - 14602
正德五年順天府鄉試錄 史 3 - 13936
正德五年福建鄉試錄 史 3 - 14312
正德五年浙江鄉試錄 史 3 - 14193
正德雲南志序、總目、義例 叢 2 - 888
正德外紀 子 5 - 28165
正德戲鳳 集 7 - 53515
正德江寧縣志 叢 2 - 795
正德遊龍寶卷(遊龍寶卷、獃中福、獻龍袍、周元招親、天緣寶卷、遊龍) 集 7 - 54533
正德十六年登科錄 史 3 - 13586
正德十一年應天府鄉試錄 史 3 - 14085
正德十一年順天府鄉試錄 史 3 - 13938
正德十一年山西鄉試錄 史 3 - 14038

正德十一年山東鄉試錄　史3-14430
正德十一年江西鄉試錄　史3-14367
正德十一年福建鄉試錄　史3-14314
正德十一年浙江鄉試錄　史3-14195
正德十一年湖廣鄉試錄　史3-14546
正德十一年陝西鄉試錄　史3-14777
正德十二年丁丑同年增註會錄　史3-13584
正德十二年進士登科錄　史3-13583
正德十二年會試錄　史3-13582
正德十五年會試錄　史3-13585
正德十四年應天府鄉試錄　史3-14086
正德十四年廣西鄉試錄　史3-14649
正德十四年廣東鄉試錄　史3-14603
正德十四年山西鄉試錄　史3-14039
正德十四年山東鄉試錄　史3-14431
正德十四年河南鄉試錄　史3-14501
正德十四年湖廣鄉試錄　史3-14547
正德九年會試錄　史3-13581
正德八年應天府鄉試錄　史3-14084
正德八年廣西鄉試錄　史3-14648
正德八年順天府鄉試錄　史3-13937
正德八年山西鄉試錄　史3-14037
正德八年山東鄉試錄　史3-14429
正德八年河南鄉試錄　史3-14500
正德八年福建鄉試錄　史3-14313
正德八年浙江鄉試錄　史3-14194
正德八年四川鄉試錄　史3-14689
正德金山衛志　史7-54913
正續文獻通考識大編　史6-41579～80
正續武經總要前集、後集　子1-3769
正續後聊齋志異　子5-27643
正續名世文宗　集6-42770
正續太平廣記五朝紀事　子5-26915
正續七字詩　叢1-319
正續嘻談錄　子5-27459
25 正律審音　叢1-223(15)、227(7)
26 正白旗文奎管領下頭等莊頭施復積家譜　史4-30856～8
正白旗文奎管領下頭等莊頭邊振奎家譜　史5-40950～2
正白旗文奎管領下四等莊頭王恩久家譜　史4-24775～7
正白旗那齡阿管領下干河子頭等莊頭祁恆福家譜　史4-26930
正白旗福濬管領下頭等莊頭莊玉昌家譜　史4-31477～9
正白旗李氏族譜[北京宛平]　史4-27070
正白旗吉海管領下頭等莊頭王恩俊家譜　史4-24778～9
正白旗吉海管領下四等莊頭王恩俊家譜　史4-24780
正白旗世裕管領下頭等莊頭夏恩銘家譜　史4-31648～50
正白旗世裕管領下頭等莊頭張國興家譜　史5-34759～60
正白旗世裕管領下四等莊頭張得緒正黃旗慶裕管領下頭等莊頭張得恩家譜　史5-34764～6
正白旗世裕管領下四等莊頭魏慶恩家譜　史5-40401～2
正白旗世裕管領下四等莊頭田雨公家譜　史4-26080～2
正白旗義秀管領下四等莊頭李海山家譜　史4-27085～7
正白旗善祿管領下頭等莊頭祁文錦家譜　史4-26933
正白旗善祿管領下頭等莊頭祁玉璽家譜　史4-26931～2
正白旗常太管領下八卦頭頭等莊頭莊文煥家譜　史4-31476
正白旗常桂管領下頭等莊頭王兆吉家譜　史4-24772～3
正白旗常桂管領下四等莊頭王兆吉家譜　史4-24771、24774
正白旗恆喜管領下三等莊頭黃自齡家譜　史5-33717～8
正白旗恆喜管領下三等莊頭黃敍德家譜　史5-33716
正粵謳　集7-50728
27 正負開方　子3-12383
28 正俗編　經2-13101
正俗備用字解　經2-13072　叢1-443
正稅考　子7-36240(2)
30 正寧縣志[乾隆]　史8-63174
正家本論　子1-2237
正安新志[咸豐]　史8-62207
正安集　叢2-885
正安州志[嘉慶]　史8-62206
正安州志[光緒]　史8-62208
正字辨惑　經2-14739、15142
正字要覽　經2-13036
正字攷　經2-13117
正字千文釋義　叢2-1967
正字千家姓　叢2-1967
正字通十二集　經2-12865
正字畧　經2-13076、13078
正字畧定本　經2-13075　叢2-1700～1
正字畧揭要　經2-13079
正字簡　經2-14791
正定府志[乾隆]　史7-55050
正定府屬河圖　史6-46736

正定王氏五種 叢2-897
正定王氏家傳、敍錄、後記 史2-7736
正定梁氏族譜[河北正定] 史5-34670
正定縣志[民國] 史7-55054
正定縣志[光緒] 史7-55053
正宗幼科 子2-8458
正宗寶卷 集7-54162
正宗無字註解寶經(銷釋科意正宗註解) 集7-54157
31 正源畧集、補遺 子7-34117
33 正心立命錄 子4-21849
正心詩集 集2-7444
正心守身齊家要言 子4-21593
正心書齋謎稿 子3-18367、18389
正心會新稿 叢2-1155、1159
正心會後漢書抄 史1-4839、5173 叢2-1155、1157
正心會選文四書 叢2-1154
正心會前漢書抄 史1-4839、5159 叢2-1155、1157
34 正斗首五行 子3-14605
正法華經 子6-32081(5)、32082(5)、32083(5)、32084(5)、32085(6)、32086(6)、32088(4)、32089(5)、32090(7)、32091(6)、32092(4)、32093(14),7-32496
正法眼(偶記) 史1-5510 叢1-143
正法眼藏 子6-32091(72),7-34012
正法眼藏續集 子7-34013
正法念處經 子6-32081(31)、32083(21)、32084(17)、32085(30)、32086(35)、32088(22)、32089(22)、32090(28)、32091(26)、32092(18)、32093(18)
37 正祀考集 史6-42022
38 正道指南五種 子3-14666
正道居集 集5-40135
正道居感世集、詩、續集 集5-40134
40 正太鐵路合同 史6-44240
正志稿 集2-8949
正嘉四書文 經2-11136、11138 叢1-223(71)
正奇聯環陣圖 子1-3743
正校女子四書 子1-1979
43 正始集、補遺 集6-43115
正始堂詩集 集2-10258~60,5-37781
44 正藍旗滿洲博爾濟吉特氏支譜[內蒙古] 史5-35493
正蒙 子1-100、617、619、628、637 叢1-534,2-1031
正蒙(張子正蒙) 子1-618
正蒙註 子1-629 叢2-1347
正蒙集註 子1-99、624
正蒙集說 經1-84 子1-636
正蒙釋 子1-623
正蒙注 叢2-1346
正蒙注解 子1-631 叢2-754
正蒙字義 經2-13503
正蒙必讀 子1-2884
正蒙補訓 子1-627
正蒙初義 子1-635 叢1-223(30),2-1409
正蒙輯釋 子1-99、633
正蒙拾遺 子1-622
正蒙同人集 子5-25335
正蒙分目解按 子1-639 叢2-1827
正蒙會稿 子1-620 叢1-347,2-731(12)
正恭敬經 子6-32083(8)、32086(12)
正黃旗三保管領下頭等莊頭蔡德俊家譜 史5-37964~6
正黃旗三保管領下四等莊頭周岐山家譜 史4-29812~4
正黃旗永慶管領下三等莊頭顧克勤家譜 史5-41347~9
正黃旗福海管領下四等莊頭朴連銀家譜 史4-26246~8
正黃旗滿裕管領下四等莊頭蕭天赦正黃旗吉海管領下二等莊頭蕭奎本廂黃旗積廣管領下頭等莊頭蕭奎成家譜 史5-39947
正黃旗吉海管領下三等莊頭舒培畬家譜 史5-36309~11
正黃旗吉海管領下四等莊頭應隆家譜 史5-40852~4
正黃旗蒙古六甲喇戶口册 史6-44522
正黃旗蒙古七甲戶口册 史6-44523
正黃旗世裕管領下四等莊頭徐維璽家譜 史4-31777~9
正黃旗葉赫顏札氏家譜 史5-35791
正黃旗全盛管領下四等莊頭徐永勤家譜 史4-31774~6
正黃旗常德管領下四等莊頭羅君卿家譜正黃旗常德管領下四等莊頭羅君國家譜 史5-41038~40
正黃旗常桂管領下三等莊頭方殿卿家譜 史4-25725
正黃旗常桂管領下頭等莊頭黃保安家譜 史5-33713~5
正黃旗常桂管領下四等莊頭方樹仁家譜 史4-25724
46 正楊 子4-22244~5 叢1-223(40)
47 正聲集、詞 集3-21717
正穀堂千字文 經2-13378
48 正教一目醒 子7-36013

正教理論　子 7-36005
正教須知　子 7-35970、36034
正教拜規　子 7-36055
正教真詮　子 7-35950
正教奉褒　子 7-35378
正教奉傳　子 7-35376
50 正史新奇　史 1-4921
正史三編　史 1-1158
正史七十二侯　叢 2-2265
正本清源　子 5-32050
60 正見(見正)經　子 6-32083(22)
正易心法　經 1-2358　叢 1-241、242(4)
正易大經　子 3-12995
正思齋文集　集 1-5836
正固詩集、文集　集 2-6071
正固先生詩集、文集、坦行先生自誌　集 2-6070
正固先生集詩、文　叢 2-991
64 正曉詩　集 3-19141
67 正昭陽　集 7-50309
71 正頤堂詩集、文集　集 3-20299
正頤堂詩集、附編　集 3-20298
75 正體字辨　經 2-13102、14534
正體類要　子 2-4559～61、4771(3)、7892
76 正陽郝府君家傳　叢 2-830
正陽縣志[嘉慶]　史 8-60071
正陽縣志[民國]　史 8-60072
正陽門大樓工程表　史 6-46571
正陽門城臺等項工程表　史 6-46573
正陽門閬樓工程表　史 6-46572
77 正隆事蹟記　史 1-1920、2545
正覺摩醯首羅天王療一切病咒　子 7-33059
正覺潤光澤禪師澡雪集　子 6-32091(82)
正覺樓叢刻(正覺樓叢書)二十九種　叢 1-411
正覺軒語錄　子 4-21484　叢 2-1644
正邪畧意　子 7-35411
正骨心法要旨　子 2-4989
正學齋文集　集 4-27867　叢 2-828
正學文要　子 1-1705　叢 2-1643
正學文要、道學文　子 1-1706
正學干誠　子 4-22088
正學編　子 1-1002～3、1649　叢 1-22(20)、87,2-730(1)、907
正學續　史 2-6685　叢 2-731(60)、881
正學偶見述　叢 2-1306
正學隅見述　子 1-1433　叢 1-223(31)
正學矩　子 1-1456,4-19493
正學篇　子 1-1943
正學堂雜著十七種　叢 2-2187
正學堂五經通解　經 1-95
正學堂集　集 5-40290
正學堂尚書說　經 1-3062
正卿集　集 1-5340
80 正念齋語　子 1-1749　叢 2-1518
正義言行畧　集 3-18457
正命麟書　集 2-11732
正氣齋詩稿　集 4-30714
正氣研齋詩存　集 5-39624
正氣研齋彙稿、遺詩　集 5-39623
正氣集　史 2-7397
正氣所鍾　史 6-47856
正氣錄　史 2-9255
正氣錄、崇祀錄　叢 2-1307
正氣堂集、征勦古田事畧、鎮閩議稿、征蠻將軍都督虛江俞公功行記、餘集、續集　集 2-8630
正氣堂集、近稿、鎮閩議稿、洗海近事、餘集、續集　集 2-8631
正氣堂集、近稿、餘集、續集、洗海近事　集 2-8632
正氣堂集、餘集、續集　集 2-8628～9
正氣堂全集　集 2-8627
87 正朔考　叢 1-13、14(1)、22(2)、23(2)、107、111(2)、296、312,2-731(26)

1010$_3$　玉

00 玉亭集　集 3-19697
玉亭山人稿　集 4-29960
玉亭小稿　集 4-29961
玉麈新譚　子 4-19489
玉麈集　集 4-22870　叢 2-799～800
玉麈山房詩集　集 5-36735
玉帝御製旌功敕書　子 5-31742
玉府鉤玄　子 5-25024
玉章畫集　子 3-16772
玉音法事　子 5-29530(12)、30789
01 玉龍詞　集 7-46424、48395
玉龍歌　子 2-10230
玉龍經　叢 1-227(7)
玉龍經(扁鵲鍼灸神應玉龍經,扁鵲神應鍼灸玉龍經)　子 2-10229
玉龍山人遺文　叢 2-888
04 玉麒麟　子 4-23045
08 玉詮　子 5-29535(6)、29536(6)、31373
玉譜類編　史 8-65139　子 4-18602　叢 2-

2093
10 玉璽譜 子 3－16780 叢 1－22(16)、23(15)
玉盃記回盃記合刊 集 7－51347
玉靈聚義 子 3－13856
玉靈聚義通、埜菴先生重校驗古聖真詮 子 3－13857
玉靈照膽經、心傳要訣 子 3－13858
玉雪齋詩集 集 2－6468
玉雪何氏宗譜[浙江麗水] 史 4－28336
玉雪軒七律 集 5－39801
玉雪留痕 子 7－38261
玉雨詞 集 7－47290、47661
玉雨樓遺詩、詞鈔 集 5－34370
玉雨書屋詩草 集 4－24729
玉雨堂叢書第一集十種 叢 1－382
玉雨堂書畫記 子 3－14848 叢 1－382，2－631
玉霄雷祖寶懺 子 5－30588
玉霄集 集 1－5126
玉霄僊明珠集 集 7－46804
玉天仙梵 集 4－25977
玉可庵叢書 叢 1－489
玉可盦詞存、廣小圃詠 集 7－48284
玉可盦詞存、補 集 7－46436、48285
玉函玄祕太上隱書 子 5－29561、31345
玉函經 子 2－4699、4771(2)、6080
玉函山房文集 集 4－29491
玉函山房文續集、詩集、夏小正詩、月令七十二候詩 集 4－29489
玉函山房試帖、續 叢 2－1770
玉函山房詩集、文集 集 4－29487
玉函山房詩鈔、文集 叢 2－1770
玉函山房詩鈔、制義 集 4－29488
玉函山房制義 叢 2－1770
玉函山房輯佚書六百二十二種附一種 叢 2－774(1)
玉函山房輯佚書經編詩類三十二種 經 1－4818
玉函山房輯佚書經編書類十二種 經 1－3410
玉函山房輯佚書經編易類六十四種 經 1－2322
玉函山房輯佚書續編二百六十九種 叢 2－775(1)
玉函山房輯佚書補編一百三十八種 叢 2－776
玉函山房全集(玉函山房詩鈔、文集) 集 4－29490
玉函山房全集十二種 叢 2－1770
玉函祕典 子 5－31315 叢 1－86，2－730(7)
玉函真義 子 3－13328
玉函真義天元歌 子 3－13147～8、13493
玉函真義古鏡歌 子 3－13147～8、13490
11 玉琴齋詞 集 7－46937
12 玉水千花藏著述現存書目 集 2－11821
玉磑集 集 3－14874 叢 2－1331
15 玉玦記 集 7－49709
玉玦古典 集 7－54504
玉玦妙典 集 7－54337
玉融遷省閩東魏氏族譜[福建福州] 史 5－40426
16 玉環廳志[光緒] 史 7－57649～50
玉環記 集 7－49709、50122、54069
玉環緣傳奇 集 7－50331
玉環寶卷 集 7－54510
玉環大筠崗戴氏宗譜[浙江玉環] 史 5－40524
玉環志[雍正] 史 7－57648
玉碧居詩鈔 集 4－23887
17 玉耶經 子 6－32081(30)、32083(20)、32084(17)、32085(30)、32086(34)、32088(21)、32089(21)、32090(26)、32091(25)、32092(17)、32093(15)
玉耶女經 子 6－32081(30)、32083(20)、32085(30)、32086(34)、32088(21)、32089(21)、32090(26)、32091(25)、32092(17)
玉珊詩集(璜釣集) 集 4－27306
玉翠衫 集 7－53064
玉砌銀鋪一枝 集 7－52053
玉磵雜書 子 4－20033
18 玉玲瓏山閣集 集 7－47201
玉玲瓏閣叢刻三種 經 1－8117
玉玲瓏館詩選 集 4－26148
玉玲瓏館詩鈔 集 4－26149
玉玲瓏館詞存、曲存 集 7－48316
玉玲瓏館曲存 集 7－50680
20 玉雞苗館叢書 叢 1－494
玉香亭詞 集 7－48354
玉香齋詩草 集 5－37651
玉香花語 集 7－52234
玉香閣文稿、詩稿 集 4－29957
玉禾山人詩集 集 3－18039
21 玉版錄 子 5－32021 叢 2－1223
玉虎遺稿 集 3－17130
玉虎鐲 集 7－54063
玉虛齋集 史 2－10770 集 5－38722 叢 2－2150
玉虛齋唱和詩 叢 2－2150
玉虛子 子 1－18、20 集 1－129
玉衡車說 子 4－18658
玉紅草堂詩文、天津龍氏家譜存畧 集 3－17806

玉紅草堂集　集 3－17807
玉紅草堂後集散錄　集 3－17808
22 玉川詩稿　集 3－17993
玉川子詩註　叢 2－1313
玉川子詩集　集 1－1507、1511
玉川子詩集、外集　叢 2－635(8)
玉岑詩稿　集 3－19325
玉岑生未定草　集 5－34280
玉巖詩集　集 3－16558
玉巖先生文集　集 2－7585
玉峯雍里顧氏六世詩文集　集 6－45189
玉峯文存　集 3－15748
玉峯詩纂　集 6－44504
玉峯集(許玉峯先生集)　集 4－27414
玉峯先生脚氣集　叢 1－107,2－679
玉峯續志　叢 1－265(3)
玉峯續志、校勘記　史 7－54915
玉峯完節錄　史 2－7912
玉峯顧桂軒先生全集(鼇峯稿、西湖紀游、百詠天香集、啖蔗餘甘詞)　集 2－6810
玉峯遺稿　集 5－40889
玉峯遊記　史 7－49318(5)、53287
玉峯志　叢 1－265(3)
玉峯志、校勘記　史 7－54915
玉峯志[淳祐]　史 7－57029～30
玉峯志[淳祐]、續志[咸淳]　史 7－57028
玉峯指南眼科　子 2－7410
玉峯錢氏宗譜[江蘇崑山]　史 5－40171
玉峯錢氏世譜[江蘇崑山]　史 5－40170
玉岩葉氏宗譜[浙江松陽]　史 5－35717
玉山文集　叢 2－691(1)、2107
玉山文集、詩集　集 5－36224
玉山詩集　叢 2－691(1)、2107
玉山詩鈔、文鈔　集 3－19355
玉山詩鈔、補遺　集 5－39174
玉山詞　集 7－46398～400、47128～30　叢 2－1343
玉山璞稿　集 1－5711、5714　叢 1－223(61)、278,2－731(43)
玉山璞稿、玉山紀遊　集 1－5709
玉山璞稿、虎邱十詠　叢 2－641
玉山璞槁　叢 1－265(5)
玉山璞藁　集 1－5710
玉山集　集 3－18522,6－41761
玉山朱氏遺書二種　叢 2－903
玉山名勝集　集 6－44491～3、44497～8
玉山名勝集(顧仲瑛玉山草堂集)　集 6－44494
玉山名勝集、外集　史 7－51381　集 6－44490、44496　叢 1－223(69),2－641
玉山名勝外集　集 6－44499～500
玉山名勝外集、玉山紀遊　集 6－44501
玉山名勝草堂集、外集　集 6－44495
玉山紀遊　史 7－53288　叢 1－223(69),2－641
玉山遺響　史 7－52490
玉山遺藁、製曲十六觀、玉山圖繪贈言　集 1－5708
玉山逸稿　集 1－5713
玉山逸稿、續補、附錄　集 1－5712　叢 1－278,2－731(43)
玉山遊草　集 3－19599
玉山樵人集、香奩集　叢 2－635(8)
玉山考　史 7－49319、52492
玉山草堂詩集　集 4－24825
玉山草堂集　集 1－5716,2－12922,4－24824、24827,6－41927、45054
玉山草堂集、集外詩　集 1－5707,6－41928
玉山草堂續集　集 4－24826　叢 1－456(2),2－731(44)
玉山草堂雅集　集 1－5717～8、5720
玉山草堂雅集、補遺　集 1－5719
玉山葉氏合修房譜[江西玉山]　史 5－35754
玉山景物畧　史 7－52229
玉山縣志[康熙]　史 8－58725
玉山縣志[道光]　史 8－58727
玉山縣志[乾隆]　史 8－58726
玉山縣志[同治]　史 8－58728
玉山縣懷玉草堂斗山端明書院志　史 7－52085
玉山唱和、遺什　集 6－43665～6
玉山閣集　集 4－24261
玉山堂詩課　集 4－25422
玉山堂詩集、文集、雜志　集 1－1077
玉山堂詞　集 7－47431　叢 2－1459～60
玉巢詩集　集 3－18063
玉巢詩草　集 3－18062
23 玉台雜著　集 6－45114
24 玉牒　史 5－37351
玉牒(大)　史 5－37508～10
玉牒(小)宗室　史 5－37426～39
玉牒、女直檔　史 5－37352
玉牒諸凡　史 6－42215
玉牒列祖子孫(小)　史 5－37519
玉牒列祖女孫(小)　史 5－37522、37527
玉牒宗室　史 5－37357～89
玉牒宗室(大)　史 5－37440～507
玉牒宗室(小)　史 5－37390～425
玉牒初草　史 1－1652　叢 1－511
玉牒覺羅　史 5－37801～3

玉牒覺羅(大) 史5-37561～800
玉牒覺羅(小) 史5-37529～60
玉豔詞 集7-46399～400
25 玉律寶卷 集7-54200
26 玉皇上帝洪慈救急寶經、. 子5-30257
玉皇上帝洪慈救劫寶經、. 子5-30258
玉皇山志 史7-52307
玉皇升殿 集7-49592、49707
玉皇宥罪錫福寶懺 子5-29530(4)、29535(3)、29536(3)、30548～9
玉皇寶懺朝禮儀文 子5-30578
玉皇心印經 子5-29535(3)、29536(3)、29549、29680～1、29683
玉皇心印妙經真解 子5-29682
玉皇十七慈光燈儀 子5-29530(5)、29535(3)、29536(3)、30591
玉泉子 子1-20、61,4-22842 叢1-15、31、99～101、223(44)、255(2),2-735(3)
玉泉子真錄 叢1-17、19(4)、20(2)、21(4)、22(8)、23(7)、24(5)、374
玉泉子聞見真錄 子4-22843
玉泉垂虹一枝 集7-52054
玉泉山寺志 史7-51701
玉泉遺稿 集4-31648
玉泉寺志 史7-51702
玉泉蓮月正禪師語錄 子6-32091(75)
玉泉鏡 子2-7740
27 玉蟹寶卷(梅開兩度) 集7-54511
玉佩考 經1-163(4)、6206 叢2-1920
玉鳧詞 集7-46398～400、46403～4、46928～9 叢2-698(14)
玉鴛鴦 集7-49706
玉鴛鴦 集7-50312
玉鴛鴦(玉鴛鴦全集) 集7-50311
玉鴛鴦五集 集7-54090
玉名詁 經2-14639 子4-19437 叢1-22(26)、282(3)、283(3)
玉名詁(字義) 叢2-1092
玉磐山房詩集、文集 集4-24199
玉句草堂詞 集7-47491
玉勾草堂詩集 集4-22064
玉勾書屋(太平樂府)十三種傳奇 集7-50299
玉紀 史8-65134 叢1-474、569,2-633
玉紀、玉紀補 叢2-799～801、982
玉紀正誤 史8-65136
玉紀補 史8-65135
28 玉儀軒吟草 集4-32861,6-42007(2)
玉谿子李簡易丹房法語 子5-29549、31204
玉谿子丹經指要 子5-29530(5)、31203
玉谿生(李商隱)年譜 史2-11203 集1-1551 叢2-698(9)
玉谿生詩意 集1-1561
玉谿生詩箋 集1-1558
玉谿生詩箋註 集1-1551
玉谿生詩箋註、附補 叢2-698(9)
玉谿生年譜訂誤 史2-11204 叢2-698(9)
30 玉室經 子5-29530(21)、29562、30921
玉液金丹 子2-8261
玉房祕訣、指要 叢1-540、544
玉窗詩餘 集7-46955
玉窗遺稿 集3-15595,6-41792、41999 叢1-291、294
玉定金科例誅輯要 子5-30313
玉定金科例誅輯要、特宥輯要、例賞輯要 子5-30312
玉案山房詩草 集4-26570 叢2-886(3)
32 玉溪編事 子5-26266 叢1-22(3)、23(3)、249(3),2-731(52)
玉溪生(李商隱)年譜會箋 叢2-671
玉溪生詩說 集6-45989
玉溪生詩說、補錄 叢1-418
玉溪生集 叢1-353
玉溪生年譜會箋 史2-11205
玉溪朱氏宗譜[浙江東陽] 史4-26593～4
玉溪程氏宗譜口卷[浙江東陽] 史5-36004～5
玉溪吟草 叢2-852
34 玉斗山人文集 叢2-618
玉斗山人文集(玉斗山人集) 集1-4784
玉斗山人集 集1-4782～3,6-41784 叢1-223(59)
玉池詩草 集6-41969
玉池談屑 史1-4416 叢1-22(21)
玉池山樵遺稿 集4-27143
玉池生稿 集3-17688
玉池生稿(紅蘭集、出塞詩、無題詩、就樹堂集、題畫絕句、桃坂詩餘、蓼汀詩、松間草堂集) 集3-17687
玉池生稿(紅蘭集、出塞詩、無題詩、蓼汀詩) 集3-17686
玉池老人自敘 史2-10192
玉汝堂詩、年譜 集3-20210
玉汝堂詩集、題詞、年譜 集3-20211
玉社古玉所見錄 史8-65146
35 玉津閣文畧 集5-37975 叢2-2067
玉津閣叢書(玉津閣集)甲集十二種乙集十二種 叢2-2067
玉清庵錯送鴛鴦被 集7-48774(6)
玉清庵錯送鴛鴦被雜劇 集7-48767(3)
玉清元始玄黃九光真經 子5-29530(2)、

29810
玉清上宮科太真文　子5－29530(26)、30303
玉清贊化九天演政心印集經　子5－29535(3)、30215
玉清贊化九天演政心印寶懺　子5－29535(3)、30753～4
玉清宗教祈雪文檢　子5－31693
玉清内書　子5－29530(18)、30887
玉清菴錯送鴛鴦被　集7－48967
玉清菴錯送鴛鴦被雜劇　叢2－698(14)
玉清胎元内養真經　子5－29530(2)、29834
玉清金笥寶錄　子5－29543、31165
玉清金笥青華祕文　子5－29561、31166～7
玉清金笥青華祕文金寶内鍊丹訣　子5－29530(5)、29547、31163
玉清金笥青華祕文金寶内鍊丹法　子5－29535(5)、29536(4)、31164
玉清無上靈寶自然北斗本生真經　子5－29530(2)、29813
玉清無上内景真經　子5－29530(2)、29835
玉清無極總真文昌大洞僊經　子5－29648
玉清無極總真文昌大洞仙經、序圖　子5－29530(3)、29647
玉連環室印存　子3－17359
玉連環草　集6－41998
36 玉禪師翠鄉一夢　集7－49132、49141～2
玉禪師翠鄉一夢(玉明和尚度柳翠)　集7－49140
玉禪室曲譜　集7－54824
37 玉洞大神丹砂真要訣　子5－29530(17)、29555、31078
玉湖漁唱　叢1－432
玉湖游錄　集2－8337
玉湖樓第六種傳奇女崑崙　集7－50268
玉湖陳氏家乘[福建莆田]　史4－33214
玉湖鷗侶詞選　集7－46439、47182
玉潤齋雜鈔七種　叢2－760
玉澗雜著　叢1－27～8
玉澗凝碧軒詩稿　集5－37683
玉澗雜書　叢1－17、19(4)、20(2)、24(4)、374、547(4),2－617(5)
玉澗褉書　叢1－21(3)、22(3)、23(3)、29(5),2－1036
玉澗吟稿　集3－20935
玉澗小集　集1－2678,6－41894(2)
玉瀾集　集1－3240～2、3245　叢1－223(53),2－636(4)
玉瀾集補鈔　集1－3247,6－41901
玉瀾集鈔　集1－3246,6－41900
玉涵堂詩選　集2－8382
玉涵堂剩稿　集5－39459
玉祁沈氏宗譜[江蘇無錫]　史4－29004
玉通生詩選、拾遺　集5－35454
玉通生詩鈔、續集　集5－35453
玉通和尚罵紅蓮　集7－48774(5)
38 玉洤詞　集7－46418、47907
玉海、辭學指南　子5－24881
玉海、辭學指南、詩考、詩地理考、漢藝文志考證、通鑑地理通釋、漢制考、踐阼篇集解、周易鄭康成注、姓氏急就篇、急就篇補注、周書王會補注、小學紺珠、六經天文篇、通鑑答問　子5－24880
玉海、目錄、辭學指南　叢1－223(43)
玉海、附刻十三種、校補玉海瑣記、王深寧先生年譜　子5－24882
玉海紀詩　經1－3679～80
玉海祥瑞錄　子5－24883　叢1－349
玉海摘要　子5－25460～1
玉海書堂詩　集4－30040
玉海兵捷類儷語　子5－25462
玉海纂　子5－24885
玉海堂景宋元本叢書二十種別行二種　叢1－559
39 玉沙集、素聲集、十一草　集2－11966
玉沙存稿　集3－21607
40 玉臺文苑、續　集6－42943
玉臺新刻　叢2－905
玉臺新詠　集6－42206～7、42211～2　叢1－223(68)、227(11)、468,2－635(13)、698(12)
玉臺新詠、續　集6－42208～10
玉臺新詠殘　叢2－601
玉臺新詠定本　集6－42215
玉臺新詠校正　集6－42214
玉臺新詠考異　集6－42213　叢1－223(68),2－731(38)、782(4)
玉臺詞鈔　集4－24124
玉臺集　集4－29015
玉臺集(紀遊草、紀豔草)　集4－29014
玉臺山館詩鈔　集4－26505
玉臺秋、問禮盦論書管窺　集7－49616
玉臺遺響　集6－42216
玉臺舊館古今體詩選　集4－31677
玉臺畫史　史2－6757　叢1－587(4),2－624(4)
玉臺畫史、別錄　史2－6756　子3－16107　叢1－422、424、469、586(3),2－716(3)、1769
玉臺書史　史2－6738　叢1－202(4)、203(10)、320～1、422、424、448、469、586(3)、587(2),2－624(4)、716(3)
玉壺詩話　集6－45551～2　叢1－20(2)、195(4),2－731(46)
玉壺記　叢1－56

玉壺詞 集7-46398～400、47099
玉壺水 子4-23795
玉壺山房詞選 集7-47454
玉壺山人詞稿、泖東夏課 集7-47453
玉壺冰 子4-23854 叢1-22(25)、66、159
玉壺冰、續玉壺冰 子4-23856
玉壺冰館分韻試帖 集5-36900
玉壺清話 子4-22891～2 叢1-16～7、19(4)、21(3)、22(7)、23(7)、24(5)、29(5)、244(2)、374,2-735(2)
玉壺遺稿 集3-16569
玉壺遐覽 史2-6889～90 叢1-22(21),2-653(3)、1163
玉壺書屋存稿 集5-38308
玉壺野史 子4-22893 叢1-196、223(45)、273(5)、274(5)
玉壺吟 集3-20402
玉壺箋寄、晝餘詞 集4-26216
玉塘集選 集5-37780
玉支磯 子5-28286
41 玉獅記 集7-49715
玉獅墜 集7-50298
玉獅堂後五種 集7-50395
玉獅堂傳奇三種 集7-50397
玉獅堂傳奇五種 集7-50393
玉獅堂傳奇十種 集7-50396
玉獅堂傳奇四種 集7-50394
玉帳玄動 子3-13847
玉樞經 子5-29586
玉樞經約解 子5-29580、29694
玉樞經髓 子5-29547
玉樞經籥 子5-29693
玉樞寶經 子5-29535(4)、29536(4)、29689
玉樞寶經註釋 子5-29691
玉柄麈尾 叢2-1870
玉梧琴譜 子3-17614
玉杯記 集7-50451
玉杯珠柱齋詩稿 集4-33099
42 玉嬌梨 子5-26228、28264、28273
玉機微義 子2-4562 叢1-223(33)
玉機微義(新刊玉機微義) 子2-4819
43 玉城紀圍詩鈔 集5-34643
玉城奏疏 史6-43826、48368 叢2-731(18)、816
44 玉蔬軒文鈔(歐可雜著) 集4-25846
玉蔬軒文鈔、詩鈔 集4-25843
玉蔬軒存草 集4-25842
玉坡張先生黄花集 集2-8005
玉坡張先生黄花集、玉坡奏議 集2-8004
玉坡奏議 史6-48248 叢1-223(21)
玉荷隱語、羣珠集 子3-18376
玉帶寶卷 集7-54562
玉芳亭詩集 集3-19487,6-41999
玉芳詩草 集4-23171
玉蘭山房詩鈔 集4-25282
玉蘭山房詩鈔、文集 集4-25283
玉蘭山房塾課 集4-25284
玉蘭山館吟草 集4-24598～9
玉蘭花榭詩存 集6-42007(4)
玉蘭館詩草(玉蘭館詩鈔) 集2-11926
玉藤仙館詞存 集7-47967
玉葳蕤室剩草 集5-36985
玉芝山房稿 集2-9021
玉芝自監錄 子4-21950
玉芝樓稿 集2-8676
玉芝堂文集 集3-20425,6-42074
玉芝堂文集、詩集 集3-20423
玉芝堂詩集 集3-20424,6-45017
玉芝堂談薈 子4-23069 叢1-223(42),2-735(5)
玉燕巢雙聲合刊 集4-29222
玉燕寶卷 集7-54296
玉燕樓書法 子3-15231
玉燕姻緣 子5-28595
玉燕堂四種曲 集7-50298
玉樊丙戌集、補遺 集3-15462
玉華詩鈔 集4-23534,6-44978
玉華子遊藝集 集2-8169～70
玉華子遊藝集髫年溪上上稿 集2-8171
玉華集 史6-48728 集3-19160
玉華紀遊 史7-53528
玉華洞志、紀遊詩 史7-52457
玉華洞勝景圖 史7-52458
玉華龕詩鈔 集5-35763
玉華堂稿 集3-19161
玉華堂楚南疏稿、兩江疏稿、兩江批案 史6-48727
玉華堂日記(明萬曆十四年至二十九年) 史2-12520
玉英寶卷 集7-54528
玉茗堂文集 集2-10411
玉茗堂文集、詩集、尺牘、南柯夢 集2-10403
玉茗堂重校音釋曇花記 集7-49865
玉茗堂集選 集2-10408～10
玉茗堂傳奇獨深居點交南柯夢 集7-49913
玉茗堂傳奇獨深居點次還魂記 集7-49889
玉茗堂傳奇獨深居點次邯鄲夢 集7-49905
玉茗堂繡像昭君和番雙鳳奇緣傳 子5-

27974
玉茗堂董西廂藏本　集 7－48760
玉茗堂摘評王弇州先生豔異編　子 5－27024
玉茗堂書經講意　經 1－2734
玉茗堂批評新著續西廂昇僊記　集 7－50037
玉茗堂批評紅梅記　集 7－49946
玉茗堂批評種玉記　集 7－49962
玉茗堂批評續豔異編　子 5－27030
玉茗堂批評異夢記　集 7－49996
玉茗堂批評節俠記　集 7－49969
玉茗堂批點皇明開運輯畧武功名世英烈傳　子 5－28137
玉茗堂四種傳奇　集 7－49876～7
玉茗堂丹桂記(丹桂記)　集 7－49948
玉茗堂全集(文集、詩集、賦集、尺牘)　集 2－10400
玉樹齋詩稿　集 4－23165
玉樹調查誌畧[民國]　史 8－63311
玉樹調查記[民國]　史 8－63310
玉樹瓊花　集 7－54082
玉樹山房遺集　集 4－29267
玉樹山房遺稿　集 4－30587
玉樹縣志稿[民國]　史 8－63309
玉葉詞　集 7－46431、47389
玉藥辨證　子 4－19298　叢 1－169(3),2－731(28)
玉楮詩稿　集 1－4040　叢 2－657
玉楮詩藁　集 1－4038～9
玉楮詩藁(玉楮集)　集 1－4037
玉楮詩藁　集 6－41746、41889、41896、41923
玉楮集　集 1－4036,6－41904　叢 1－223(57),2－826
玉楮集鈔　集 1－4041,6－41901
玉林詩草(畫虎集、畫虎續集、虎尾吟、虎關隨策)　集 5－33815
玉林詞　集 7－46352、46357、46695
玉林琇國師語錄、茆溪森禪師語錄　子 7－32102
玉林禪師語錄　子 7－34312
玉楳後詞　叢 2－2155
45 玉樓花劫前編兩卷後編　子 7－38281
玉樓春　子 5－28313～4　集 7－54070
46 玉如意　集 7－54079～81
玉姻緣前後集　集 7－54085
玉嬋附薦　集 7－52855
47 玉姐要婆家　集 7－51624
玉姐出閣一段　集 7－51622
玉姐想婆家一段　集 7－51623
玉磬山房文集　集 4－24209～10、25122
玉磬山房詩　集 4－24201
玉磬山房詩集　集 4－24200、24202～3
玉磬山房詩集、文集　集 4－24197～8
玉磬山房詩稿、文集　集 4－24196
玉磬山房集　集 3－19365,6－45142
玉磬山房遺稿　集 2－7033
48 玉梅絃歌集　子 3－17732
玉梅後詞　集 7－48385　叢 1－587(4)
玉梅花館遺方　子 2－7788
49 玉楸藥解　子 2－4617、5620
50 玉青館詩草　集 5－41287
玉書庭全集　集 2－11959～60
玉書寶鑑　子 1－3801
玉書校注　叢 2－1521
51 玉振　子 1－1296　叢 1－142
玉軒新纂古今書目　史 8－65355
53 玉甫書信稿　集 4－32539
55 玉井山館詞　集 7－47966
玉井山館集(玉井山館文畧、文續、詩、詩餘、西行日記)　集 4－31988
玉井山館筆記、舊游日記　子 5－26539
玉井山館筆記、舊遊日記　叢 1－419,2－731(54)
玉井搴蓮集　集 3－21429、21434　叢 2－654、731(43)、786～7
玉井樵唱　集 1－5093、5095,6－41715、41784　叢 1－223(59)
玉井樵唱正續　集 1－5094
玉井草廬詩鈔　集 4－28329
玉井館詩　集 4－31991
玉蜻蜓全傳　集 7－54077
玉蜻蜓全本　集 7－54073、54078
玉耕堂詩鈔　集 3－21301
56 玉蟬菴散編　集 2－10545～6
玉蟬問硯　集 7－53640
57 玉搔頭　集 7－50186、52560
玉搔頭傳奇　集 7－50187、50189
玉艶詞　集 7－47152
玉蟾集鈔　集 1－3665,6－41901
58 玉軫集　集 4－23567
60 玉壘山房詩選　集 5－38760
玉圃堂詩鈔　集 3－16356
玉圃堂選古文廣義三集　集 6－43090
玉恩堂集　集 2－9669
玉田識畧[崇禎]　史 8－58457
玉田集　集 7－46352、46356、46727
玉田樂府八種　集 7－49463
玉田先生樂府指迷　集 7－48686
玉田春水軒雜齣九種　集 7－49608
玉田縣志[康熙]　史 7－55205

玉田縣志[乾隆] 史7-55206
玉田縣志[光緒] 史7-55207
玉署集 集3-14801
玉景九天金霄威神王祝太元上經 子5-29530(6)、31534
62 玉唾壺 子4-22277
65 玉映樓詩文集(玉映樓緢芳集) 集5-37594
玉映樓吟稿 集3-21469
66 玉呬耶經 子6-32093(33)
67 玉明和尚度柳翠 集7-49140
玉暉堂詩集 集3-14305 叢2-731(44)、782(5)
玉暉堂詩鈔 集3-14303～4
玉暉堂隨筆 子4-23065～6
玉照亭詩鈔 集3-17080～1,6-44870
玉照新志 子4-22915～7 叢1-22(6)、23(6)、26～8、105、111(1)、223(45)、268(4),2-617(4)、624(2)、652、731(51)
玉照集 集3-20758
玉照定真經 子3-14084 叢1-223(36)、306
玉照樓遺詩 叢1-556
玉照堂詩稿(燕鶵枝集) 集4-29060
玉照堂詩存 集4-25665
玉照堂詩鈔 集4-25663～4
玉照堂詞鈔 集6-41746、41923
玉照堂梅品 叢2-622
玉照常詞鈔 集7-46626
68 玉吟數學演草集要 子3-12584
70 玉臂真詮 子4-20608
71 玉歷金方合編 子2-9778
玉歷鈔傳儆經 子5-29582
玉歷鈔傳警世、濟世良方 子1-78
玉阪劉氏家譜[福建閩清] 史5-39347
玉曆至寶鈔 叢2-724
玉曆通政經 史6-49208 子3-11235、13015 叢1-22(10)、23(10)
玉曆通政經、拾遺 子3-13016
玉曆因果善集(玉曆因果傳、玉曆幽冥傳) 集7-54563
玉馬珮銀箏記 集7-50261
玉馬歸朝 集7-49705
玉馬佩 子4-24473
玉匣記 子3-14414 叢1-5、22(6)、23(6)
74 玉髓真經 子3-13159
玉髓真經、後卷 子3-13373
76 玉陽稿 集2-12808
77 玉几山房聽雨錄 史7-50293 子4-23161 叢2-611
玉几山房畫外錄 子3-16173
玉几山房吟卷 集3-18067 叢2-845(4)
玉隆集 史2-6871 子5-29530(6)
玉兒獻花 集7-52559
玉局藏機 子3-18022
玉局鉤玄 子3-18015 叢1-86,2-730(7)
玉屑詞 集5-37409,7-48091
玉屑叢鈔 子4-23632
玉屏詩集 集1-1133
玉屏集 集5-37018
玉屏山房詩稿 集3-19683
玉屏山莊詩初集、續集 集4-25636
玉屏山莊遺文 集5-38617
玉屏山人稿 集4-28610
玉屏山人古樂府、詩集 集3-18243
玉屏山館詩續草 集5-34395
玉屏山館詩草 集5-34394
玉屏草堂詩集 集4-27019
玉屏縣志[乾隆] 史8-62254
玉屏縣志[民國] 史8-62255
玉屏縣志資料[民國] 史8-62256
玉屏蠶書 子1-4416
玉殿雲開 子3-17880
玉眉亮禪師語錄 子6-32091(82)
玉門詩鈔 集4-23523、23530
玉門縣志[嘉慶] 史8-63147
玉門縣志[乾隆] 史8-63146
玉門關 集7-50351
玉尺經、原經圖式 子3-13140、13380
玉尺山樓遺稿 集4-30641
玉尺樓 集7-54062
玉尺樓詩 集5-41563
玉尺樓集 集4-28585
玉尺樓畫說 子3-16000 叢2-642
玉尺樓曲譜 集7-54667
玉尺堂雜著 集4-31299
玉尺堂輯宋大家東坡蘇文彙 集1-2552
80 玉鏡新譚 史1-2992
玉鏡記 集7-49709
玉鏡經 子3-13215
玉鏡台詞 集7-47617
玉鏡臺 集7-48777、54064
玉鏡臺記 集7-49942
玉鏡臺記定本 集7-49941
玉鏡臺詞 集4-28439
玉鏡銀鉤一枝 集7-52051
玉介園存稿、行狀傳墓誌銘 集2-9281
玉介園存稿、附集 集2-9282
玉美人 集7-53633
玉美人勸郎(待五更) 集7-51052
玉美情人爾一枝 集7-52052

玉年零音　子4-20814
玉合記　集7-49709、49917、49920
玉食批　子4-18918　叢1-22(16)、23(15)
81 玉甑山房詩文剩稿　集4-26374
玉甑山館詩集　集4-26376
82 玉劍緣傳奇　集7-50401
玉劍别集　集5-35245
玉劍尊聞　子5-26398
84 玉鎮山房近體剩稿　集3-20247
87 玉鉤斜哀隋宮人文　叢1-587(4)
玉銘詩稿　集5-35247
88 玉笙樓詩錄　集5-34075～8、34080
玉笙樓詩錄、詩稿、文　集5-34074
玉笙樓詩錄、續錄　集5-34079
玉鑑垛題闡幽　子3-12395
玉鑑堂詩集　集4-32379　叢2-843
玉鑑堂詩存　集4-32378
玉鑑堂詩錄　集4-32377
玉鑑堂詩鈔　集3-18222
玉鑰集　子3-13747
玉鑰匙門法　經2-14303、14305、14352
玉籙生神資度轉經儀　子5-29530(10)、30651
玉籙生神資度開收儀　子5-29530(10)、30652
玉籙濟幽判斛儀　子5-29530(10)、30656
玉籙資度設醮儀　子5-29530(10)、30649
玉籙資度解壇儀　子5-29530(10)、30648
玉籙資度宿啓儀　子5-29530(10)、30647
玉籙資度早朝儀　子5-29530(10)
玉籙資度早朝儀、午朝儀、晚朝儀　子5-30650
玉籙資度晚朝儀　子5-29530(10)
玉籙資度午朝儀　子5-29530(10)
玉籙大齋第一日早朝儀　子5-29530(10)
玉籙大齋第一日早朝儀、午朝儀、晚朝儀　子5-30653
玉籙大齋第一日晚朝儀　子5-29530(10)
玉籙大齋第一日午朝儀　子5-29530(10)
玉籙大齋第二日早朝儀　子5-29530(10)
玉籙大齋第二日早朝儀、午朝儀、晚朝儀　子5-30654
玉籙大齋第二日晚朝儀　子5-29530(10)
玉籙大齋第二日午朝儀　子5-29530(10)
玉籙大齋第三日早朝儀　子5-29530(10)
玉籙大齋第三日早朝儀、午朝儀　子5-30655
玉籙大齋第三日午朝儀　子5-29530(10)
玉篇　經2-12767　叢1-223(15)、227(4)、446,2-731(21)
玉篇、總目、附錄　經2-12773
玉篇廣韻指南　經2-12768～70、15094
玉篇總目偏旁篆書之法　叢2-635(3)
玉篇字畧　經2-12862、12864
玉篇直音　經2-12775　叢2-730(12)、731(21)
玉篇校勘札記　經2-12772
玉篇反紐圖、玉篇分毫字樣　叢1-223(15)
玉簡齋叢書十種　叢2-593
玉簡齋叢書十四種二集八種　叢2-594
玉簡山堂集　集2-9964
玉簫詞　集7-48248
玉簫詞鈔　集5-36948
玉簫傳　叢1-168(2)
玉簫女兩世姻緣　集7-48766、48769～70、48946
玉簫女兩世姻緣雜劇　集7-48767(2)　叢2-698(15)
玉簫樓詩集　集6-41999
玉符二賦　集3-16870
玉符瑞圖　叢1-22(10)、23(10)
玉笈金箱　子5-29603
玉篴樓詞　集7-47568
玉笑零音　叢1-13、14(2)、22(25)、108、111(4)、143、353,2-617(3)、731(8)
玉簪記　集7-49709、49711、50841、52561～2
玉笥龍瑞方　子2-9306
玉笥詩談、續　集6-45798　叢1-195(4),2-731(47)
玉笥集　集1-5345～9、5785　叢1-223(61、62)、456(2),2-731(42)
玉笥山詩鈔　集3-19144
玉笥山房詩鈔、補遺　集4-22471
玉笥山房要集　集4-25490　叢2-983
玉笥山人詞集　集7-46352、46356～7、46363、46375、46390、46721
玉笥老人詩　集1-5750
玉節記傳奇　集7-50388
玉管照神局　叢1-223(36)、465
玉管照神局(玉管照神)　子3-14189
玉餘外編文鈔　集5-35793　叢1-477
玉餘尺牘附編　叢1-437
玉箱雜記　叢1-15、19(2)、21(2)、24(3)
90 玉堂雜記　史1-1914,6-42868～9　叢1-4、9～10、19(11)、20(8)、21(10)、22(7)、23(7)、24(11)、95、223(26),2-730(2)、1038
玉堂課草　集4-29306
玉堂集　叢1-263
玉堂稿　集1-4829、4832
玉堂後集　叢1-263
玉堂山齋存稿　集4-27638
玉堂外集　集6-44004

玉堂傳彩 子4-24020
玉堂名翰賦、南巡御試卷 集6-44341
玉堂富貴 集7-49582
玉堂叢語 子4-23051
玉堂漫筆 子4-20396～7 叢1-13、14(2)、22(22)、31、58、106、111(2),2-731(53)、1081
玉堂漫筆摘抄 叢1-84(3),2-730(10)
玉堂漫筆摘鈔 子4-20398
玉堂逢辰錄 史1-2467 叢1-17、19(6)、20(4)、21(6)、22(7)、23(7)、24(7)、29(5)、374
玉堂才調集 集6-42461～2
玉堂存草 集4-23539
玉堂嘉話 子4-20241 叢1-196、223(41)、273(5)、274(5)、279,2-731(7)
玉堂嘉話佚文 叢2-777
玉堂校傳如崗陳先生二經精解全編 子5-28955
玉堂楷則 經2-13210
玉堂芽 子5-25301
玉堂薈記 史1-4438～9 子4-23102 叢1-269(5)、270(4)、272(5),2-670、731(54)
玉堂舊課 集5-33743 叢2-1920
玉堂禁經 子3-15023
玉堂春一段 集7-51625
玉堂春百詠 集2-6594～5
玉堂春四部 集7-54083
玉堂閒話 叢1-22(8)、23(8)
玉堂閒話佚文 子5-26908 叢2-777
玉堂公草 叢2-1101
玉堂鉛槧集、振雅堂彙編詩最三集 集3-17503
玉堂類稿 集1-3724 叢2-1038
玉光劍氣集 集3-13469
91 玉煙堂法帖 子3-15350
玉煙堂帖本急就章偏旁表 經2-13322
玉煙堂帖本急就章草法考 經2-13323
95 玉情詞鈔 集4-27181
96 玉烟堂帖本急就章草法考 子3-15242
玉燭寶典 史6-49219～20 叢1-22(12)、23(12)、446,2-731(27)
玉燭均調 集7-49699
97 玉輝山館本 子4-24571

璽

17 璽召錄 叢1-402,2-721、1181
31 璽涇杜氏宗譜[江蘇無錫] 史4-26985
77 璽印姓氏徵 史8-65114
璽印姓氏徵補正 史8-65115 叢2-2194

1010_4 亟

00 亟廬詩鈔、詞鈔 集5-39953
亟齋急應奇方 子2-9414
66 亟賜議處欺誤之臣以弭禍亂疏 史6-47799、48289

堊

30 堊室錄感 子1-1969 叢1-574(5),2-724、1325

璽

17 璽召錄 史7-53844

王

00 王彥舉集 集2-6028,6-41935(3)、44896
王齊山稿 集2-6045、6989
王席門先生雜記 史1-3527
王席門先生雜志 叢1-300
王方伯集 集2-7754,6-41935(4)
王方麓稿 集2-9371～3,6-45336、45340
王方麓檇李記 史1-2885 叢2-730(12)、836
王應震要訣附程紹南醫案 子2-10775
王應遴雜集十四種 叢2-1188
王廉生致陳簠齋書劄 集5-37406
王廉生翰苑名郊 子3-15516
王廉生書劄 集5-37404
王廉州山水册 子3-16624
王庭楨信稿 集5-34971
王度記、三正記 經1-5504 叢2-765
王慶雲日記(清道光二十六年至咸豐十一年) 史2-12743
王慶打拳一段 集7-51576
王摩詰文集(王摩詰集、唐王右丞集、王右丞文集) 集1-806
王摩詰文鈔 集6-41794
王摩詰詩集 集1-795、803～4,6-41860、

41886　叢1-141
王摩詰集　集1-791、796,6-41743、41839、41844～5、41862、41867、41874、41887
王摩詰集(王右丞詩集)　集1-792
王唐二太史選刻歷科名公翰林館課、卷　集6-45406
王廙周易注　經1-2321
王文端公詩集　集2-9862
王文端公詩集、奏疏、尺牘　集2-9861
王文端公奏疏　史6-48350
王文端公尺牘　集2-9866
王文靖公(熙)年譜　史2-11724
王文靖公集、年譜、附錄　集3-14858
王文韶日記(清同治六年至十一年、光緒元年至二十八年)　史2-12963
王文正遺事　史1-1914　叢1-95～6,2-730(3)
王文正公遺事　叢2-691(2)
王文正公筆錄　叢1-2～3、6、9
王文正公筆錄(王文正筆錄)　子5-26271
王文正筆記　叢1-10
王文正筆錄　史1-1914　叢1-5、22(3)、23(3)、95～6、223(44)、268(4)、388～90,2-617(4)、624(2)、730(2)
王文秀渭塘奇遇記　集7-48774(2)、49062
王文貞文集、別集、制義、詩存、年譜　集5-37017
王文貞集七種附一種　叢2-2114
王文貞先生(祖畬)學案　史2-10615
王文貞先生文集、別集、制義　叢2-2114
王文貞先生學案　叢2-2114
王文僖公(懿修)行述　史2-9554
王文憲集　集1-502,6-41698
王文安公詩集　集2-6572
王文安公詩集、文集　集2-6573
王文定公文錄　集2-8055
王文定公秋澗集　集1-4802
王文定公遺書四種　叢2-1079
王文選　集1-2291,6-41805
王文直公遺集　集4-30661
王文勤公(慶雲)手訂履歷　史2-9921
王文勤公(慶雲)年譜　史2-12130
王文勤公遺稿　集5-38388
王文勤公日記　史2-12964
王文莊日記(清乾隆三十五年、乾隆三十九年)　史2-12602
王文莊公集　集2-7419
王文莊公集、校勘記、席上腐語　集2-7420
王文莊公凝齋集、別集　集2-7418
王文孝公遺稿　集5-34974
王文村文稿　集4-30180
王文村遺著　集4-30177
王文肅詩集　集3-18965
王文肅遺文　集3-18963
王文肅遺文、補遺　集3-18964
王文肅公(錫爵)年譜　史2-11516～7
王文肅公文集、榮哀錄　集2-9758
王文肅公文稿　集2-9760
王文肅公文草、王文肅公年譜　集2-9759
王文肅公集　集2-6865
王文肅公遺文　集6-44968
王文肅公遺文、補遺　叢2-925
王文肅公全集(王文肅公奏草、文草、牘草)　集2-9757
王文成(守仁)傳　史2-8911
王文成集　集6-42057～8
王文成傳本　史2-8912　叢1-387,2-1309
王文成與朱侍御三劄　集2-7525
王文成全書　叢1-223(65)、227(10)
王文成公(守仁)年譜　史2-11009、11456、11464
王文成公文選　集2-7507
王文成公集要　子1-976
王文成公集選　集2-7508
王文成公傳習錄　子1-961
王文成公世德記　史2-8042
王文成公全書　叢2-635(12)、698(6)
王文成公全書(王文成全書)(王文成公文錄、別錄、外集、文錄續編、語錄、附王文成公年譜、世德記)　集2-7484
王文成公全書七種　叢2-1072
王文成公年譜節略　史2-11458
王文成公年紀　史2-11465
王文愍與李子丹太史書　子3-15800
王文公(安石)年譜考畧節要　史2-11005
王文公(安石)年譜考畧節要、附存　史2-11009～10、11012
王文公文集　集1-2270,6-41803
王文公集彙選　集1-2287
王文公年譜　集3-20914
王文公年譜考畧節要　史2-11240、11242
王文公年譜考畧節要、附存　史2-11241
王文簡古詩平仄論　集6-45491
王文簡公(引之)行狀　史2-9681　叢2-599
王文簡公(士禛)年譜、清王士禛自撰清惠棟注　史2-11746
王文簡公文集　集4-25280　叢2-925
王文簡公詩文殘稿、說部殘稿　集3-15427
王文簡公論七言古體平仄　集6-45912
王文簡公五七言詩鈔　集6-42319

王文簡公遺文 集4-25278
王文簡公遺集 集4-25279,6-44968
王文簡公年譜 叢1-254
王文簡公精華錄 集3-15441
王文簡公精華錄訓纂摘註 叢1-254
王文敏公文集 集5-37400
王文敏公試策手稿 集5-37401
王文敏公詩文手稿 集5-37393
王文敏公手書詩稿 集5-37394
王文敏公集 集5-37398
王文敏公經進稿 集5-37396
王文敏公寄女書 集5-37403
王文敏公遺集 叢2-671
王文敏公奏疏 史6-49145
王文敏公書劄 集5-37402
王文敏公墨迹手劄 集5-37408
王文敏公命單 子3-14167
王文恪公(鏊)年譜、誌傳 史2-11445
王文恪公集 集2-7172
王文恪公集、名公筆記、鵑音、白社詩草 集2-7171
王文恪公全稿 集2-7179
王文恪公筆記 子4-22979 叢1-50、52、55
王享記 史1-801
王註正譌 集1-2502～3 叢1-217
王玄之傳 叢1-168(2)
王襄毅公集 集2-8360
王襄敏公集 集2-6863、8041
王京也祕笈 叢2-1226
王京也品外稿 叢2-1226
01 王龍谿集 集2-8477
王龍谿先生語錄鈔 子1-1076
王龍谿先生全集 集2-8475
王龍標詩集 集1-784
02 王端毅奏議 叢1-223(21)
王端毅公文集 集2-6799
王端毅公文集、續 集2-6800～1
王端節公遺集 集2-11167 叢2-828
05 王靖毅公(懿德)列傳 史2-10303
王靖毅公(懿德)年譜 史2-12129
王諫議集 集1-185～6,6-41694、41698
07 王戇思先生(植)傳 史2-9473
王戇思先生傳 叢2-1409
王郭兩先生崇論 集6-44001
09 王麟洲尺牘 集2-9860
10 王一庵王先生集 集2-8640
王一雪柳竹園牡丹記 子4-19217
王一本堂享錄[安徽涇縣] 史4-25299
王二姐(王翠娥做夢) 集7-51570、53295
王二姐摔鏡架一段 集7-51569
王二姐思夫 集7-53296
王三賣肉 集7-53040
王正楝信札 集4-29936
王正美詩 集1-1855
王玉山輪妻一段 集7-51577
王玉叔詩選 集3-14420,6-41970
王玉映詩 集6-41957
王王屋文集、詩集 集2-12969
王王屋遺稿 集2-12970
王雪洲詩 集3-15061
王雪澂日記 史2-13060
王元章詩 集2-6206,6-41785
王元勳詩選 集3-21142
王元之七律鈔 集1-1864
王元圃古大學石經合考定本、論文理脈絡 叢2-1961
王元美文鈔 集6-41794
王元美先生文選 集2-9567
王元美七律鈔 集2-9557
王震孟詩集初選、文集初選 集2-7529
王于一遺稿 集3-13185～6
王天寶 集7-52087
王天寶一套 集7-50944
王百穀集 集2-9799～800
王百穀集(燕市集、青雀集、金昌集、晉陵集、清苕集、荆溪疏、吴郡丹青志、吴社編、采真編、梅花什、客越志、竹箭編、虎苑、廣長庵主生壙志、苦言、延令纂、明月篇、雨航記、越吟、法因集、屠先生評釋謀野集) 集2-9798
王百穀集二十一種 叢2-1135
王百穀集五種 叢2-1130
王百穀集八種 叢2-1133
王百穀先生詩 集6-41948
王百穀先生謀野集 集2-9815
王百穀全集十二種 叢2-1134
王百穀全集十種 叢2-1131
王石和文 叢2-821
王石和文集 集3-18031～2
王石臞文集補編 叢2-722
王石臞先生(念孫)年譜 史2-11927
王石臞先生文稿 集4-22622
王石臞先生遺文、丁亥詩鈔 叢2-925
王石谷山水册 子3-16649
王石谷倣李營丘古木寒山卷 子3-16660
王石谷倣古山水册 子3-16650
王石谷倣燕文貴江岸圖 子3-16673
王石谷倣巨然長江萬里圖 子3-16672
王石谷谿山霽雪圖卷 子3-16653
王石谷谿山霽雪卷 子3-16652

王石谷谿山晴靄卷　子3-16669
王石谷谿山無盡圖卷　子3-16671
王石谷寫王右丞詩意山水册　子3-16658
王石谷江山縱覽圖　子3-16674
王石谷載竹圖卷　子3-16666
王石谷臨安山色圖卷　子3-16651
王西塘春煦軒集　集2-9276
王西樵詩選、詩話　集3-14709
王西樓先生詩集　叢2-1071
王西樓先生詩集、樂府　集2-7443
王西樓先生樂府　集7-50577　叢2-1071
王西樓先生野菜譜　子1-4486　叢2-1071
王西樓野菜譜　子1-4486
王可莊太府小楷習字帖　子3-15799
王貢士集　集2-9537,6-41935(5)
王賈傳　叢1-56
11 王彊之剩稿　集5-39706
12 王登雲休妻一段　集7-51571
王瑞臣詩稿　集5-37469
王水部集　叢1-353
王弢園叢書二種　叢2-1974
王烈女(貞)述　史2-9567
王烈婦　叢1-249(3),2-731(49)
王孫子　子1-329～30　叢2-774(8)、775(4)
王孫經補遺　子4-19427
王副使集　集2-9552,6-41935(3)
13 王武愍公遺文　集4-30958
14 王珪宮詞　集6-41812　叢2-731(38)
王聽雨集　集2-6029
15 王玦記定本　集7-49778
王建詩　集1-1255,6-41735、41872
王建詩集　集1-1253～4,6-41859、41864、41873、41878
王建集　集1-1254
王建宮詞　叢2-731(38)
王建宮詞(唐王建宮詞、宮詞)　集1-1256
16 王瑁湖詩　集3-16023
王碧瑩詩集　集3-18570
17 王孟詩評　集6-41886
王孟津詩文稿　集3-13114
王孟津詩文稿(王鐸詩稿)　集3-13113
王孟英案方　子2-4756、10659
王孟公詩稿　集4-22674
王子充文鈔　集2-6053,6-41794
王子論衡　叢1-183
王子正論　叢2-774(9)
王子晉別傳　子5-27505　叢2-776
王子雲集九種　集3-13128
王子仁文集　集4-29072
王子獻函稿　集5-37526
王子獻先生日記(清光緒二年至十六年十九年至二十年、二十三年至三十一年)　史2-13066
王子安文鈔　集6-41794
王子安集　集1-712～4,6-41723～4　叢1-223(48)、227(8)、353、482,2-635(6)
王子安集註　集1-715
王子安集佚文、校記　集1-717　叢2-2193
王子潛夫論　叢1-183
王子淵集　集1-632,6-41767
王子法益壞目因緣經　子6-32083(26)、32089(34)
王子壽詩文　集4-30167
王子若先生摹刻硯史手牘、高南阜先生研史年譜　子4-18727
王子楚辭章句　叢1-183
王子梅詩詞集　集4-32074
王子年拾遺記　史1-1914　子5-26829　叢1-71、95、99～100,2-730(2)
王翠翹傳　史2-9007　叢1-587(2)
王司空詩集註　集1-634
王司空集　集1-633,6-41694、41698　叢1-183
王司空集(王子淵集)　集1-632
王司業雜著三種　叢2-1124
王司農題畫錄　子3-16159　叢2-644
王司馬集　集1-1255　叢1-223(49)
王柔奏稿　史6-48769
18 王玠右文存　集3-13395
王政三大典考　叢2-1538～9
20 王壬秋詩鈔　集5-35628
王壬秋手寫筆記　子4-22072
王壬秋先生箋啓　集5-35647
王壬秋尺牘　集5-35649
王壬秋全集(湘綺樓全集)　集5-35614
王孚齋集　集4-33592
王季重癢言　集2-11417
王季重雜文序　叢2-1197
王季重詩文稿　集2-11414
王季重集　集2-11424～6
王季重先生文集　集2-11427～9,6-43118
王季重先生文集十四種　叢2-1198
王季重先生詩　集6-41948
王季重先生集(王季重九種集)九種　叢2-1197
王季重先生自敍年譜　史2-11560
王季重十種　叢2-720(5)
王季重九種集(避園擬存詩集、雜序、時文敘、歷游紀、游喚、律陶、廬游雜詠、游廬山記、弈律)　集2-11413

王季重時文序雜文序、及幼草 集 2-11418
王季重時文敍 叢 2-1197
王季重歷游紀 史 7-53095 叢 2-1197
王季重小題文字 集 2-11421
王季木問山亭詩集選、辛亥草、癸丑草、壬子草、甲寅草 集 2-11502
王禹玉宮詞 叢 1-407(4)
王香峯先生文集 叢 2-964
王爵棠方伯議論 集 5-37006
王稚子二闕 史 8-63518、64565
王維集 集 1-793
王維山水論 子 3-14692、15857、15874
21 王上舍集 集 6-41935(3)
王止一集 集 2-8599,6-41935(4)
王仁安集 集 5-39959
王仁安集四種附一種 叢 2-2177
王仁堪傳 史 2-10716
王仁甫詞序 叢 2-632
王仁煦切韻 經 2-13632、15137
王徑集 集 6-41894(1)
王虎谷集 集 2-7345
王肯堂先生醫案 子 2-10476
王皆山集 集 2-6302,6-41935(3)
王皆山先生白雲樵唱 集 2-6304
王師叔集 集 6-41699
王師竹(祖嫡)年譜 叢 2-826
王師竹先生(祖嫡)年譜 史 2-11515 叢 2-701
王貞文先生(弘撰)遺事 史 2-9288
王貞文先生遺事 叢 2-1306
王貞白詩、補遺、附錄 集 1-1786
王紫稼考 史 2-9286 叢 2-2203
22 王制訂 經 1-5859 叢 2-2129(2)、2130～1
王制集說 經 1-5860 叢 2-2129(2)、2130～1
王制通論 經 1-5864 叢 2-699～700、1008
王制井田算法解 經 1-5855 叢 2-731(26)、786～7
王制里畝演算法解 子 3-11241
王制里畝算法解 經 1-5856 叢 2-731(26)、786～7
王制學凡例 經 1-5861 叢 2-2129(2)
王制義按 經 1-5863 叢 2-699～700、1008
王制箋 經 1-151、5858 叢 2-2066
王制管窺 經 1-5857 叢 2-731(16)、782(4)
王鼎臣風雪漁樵記 集 7-48963
王鼎翁文集 叢 1-175
王巖潭集 集 2-8615,6-41935(2)
王崑繩文集、次刻 集 3-16371
王山遺響 叢 2-1307
王山史五種 叢 2-1306
王崇簡年譜 史 2-11625
王巢松(抃)年譜 史 2-11723 叢 2-796
王繼香文稿 集 5-37524
王彩雲絲竹芙蓉亭殘本 叢 2-720(3)
王稻存詩稿 集 3-16427
23 王參政集 集 2-8891,6-41935(2)
王允獻貂嬋 集 7-52841
王允寧文鈔 集 6-41794、42047
王允寧先生存笥稿、年表 集 2-8811
王狀元集註東坡律詩 集 1-2499
王狀元集諸家註分類東坡先生詩 集 1-2490
王狀元集百家註編年杜陵詩史 集 1-903
王狀元集百家註分類東坡先生詩(集註分類東坡先生詩)、東坡紀年錄 集 1-2489
王狀元標目唐文類 集 6-43551
24 王壯武公遺集 集 5-34421
王壯武公遺集、年譜 史 6-48982
王壯節公(文雄)年譜 史 2-11941
王魁傳 叢 1-168(2)
王先謙自定年譜 叢 2-2113
王先生文集(首殘) 叢 2-1124
王先生文集殘 集 2-9694
王先生十七史蒙求 子 5-25545
王先生壙銘 子 4-22154
王先佩集 集 3-14480
王僅初集 集 2-9536,6-41935(5)
王侍講存稿 集 2-6606,6-41945
王侍御集 集 2-8612,3-15714,6-41935(4)
王侍郎遺著 集 2-12671 叢 2-845(2)
王侍中集 集 1-246、248,6-41694、41698 叢 1-183
王偉人集 集 3-20915
王勉軒查山問答 子 1-1601
王幼玉記 叢 1-168(3)
王岐公文鈔、詩鈔 集 1-2238,6-41747
王岐公詩集 集 6-41895
王岐公集 集 1-2240
王岐公宮詞(宋王珪宮詞、宋王岐公宮詞、宮詞) 集 1-2239
25 王仲文雜劇一種附二種 叢 2-720(4)
王仲山先生詩選、文選 集 2-8442
王仲宣文鈔 集 6-41794
王仲宣集 集 1-247、249～50,6-41699、41719～20
王仲初詩集(王建詩集、王建集) 集 1-1254
王仲初宮詞 叢 1-407(3)
26 王白水先生自寫年譜 史 2-11872

王白田先生年譜稿　史 2-11799
王伯安文鈔　集 6-41794、42047
王伯申文集補編　叢 2-722
王伯申文補編　集 4-25281
王伯申先生年譜　史 2-12015
王伯成雜劇一種　叢 2-720(4)
王伯舉尺牘　集 2-10932
王儼齋遊西山詩稿　集 3-16197
王保譿輯校　叢 2-644
王魏公集　集 1-2376　叢 1-223(51)
王魏公集、校勘記、校勘續記　集 1-2377　叢 2-870(3)
27 王龜齡文集選　集 6-41798
王解元遺稿　集 5-40118
王詹事集　集 1-554～5,6-41694、41698
王船山(夫之)年譜　史 2-11005
王船山讀通鑑論辨正　史 1-5800　叢 2-612、2211
王船山先生(船山經世文鈔)四種　叢 2-1294
王船山先生(夫之)年譜　史 2-11695～6
王船山先生經史論八種　叢 2-1295
王船山先生書集五種　叢 2-1290
王船山叢書校勘記　叢 2-1293
王船山古近體詩評選　集 6-42567
王魯齋集　集 1-4201
王魯闇(又曾)先生傳　史 2-9313
王督撫集　集 2-9176,6-41935(5)
王祭酒集　集 2-8804,6-41935(2)
王粲登樓　集 7-48778
王粲英雄記　叢 2-771(3)
王繩祖所著書(王元圃雜著)八種　叢 2-1961
王叔師集　集 1-212～3
王叔和脈訣　子 2-4579～80、4777、4845、6001～2、6007、6009
王叔和脈賦　子 2-4765
王叔彝詩稿二種　集 4-32504
王叔聞先生詩鈔　集 3-13023
王稺玉文集　集 2-10359
28 王徵君詩稿　集 5-39705
王徵士詩　集 1-5272　叢 1-265(5)、266
王徵士集　集 2-6258
王復齋鐘鼎款識　史 8-63504
王儀部集　集 2-9850,6-41935(5)
王儀部先生箋釋　史 6-45783
王給諫聽雨集　集 2-6031
29 王秋澗詩文　叢 1-279
王秋澗先生題跋　叢 1-279
30 王寧朔集　集 1-512～3,6-41694、41698　叢 1-183
王寬甫全集(小言集)九種附刊六種　叢 2-1679
王房仲稿　集 2-11265～6,6-45336、45340
王家橋李氏宗譜[浙江鄞州]　史 4-27177
王家璧文稿　集 4-32494
王家璧雜著九種　叢 2-1870
王家璧致胡林翼等函　集 4-32501
王家璧編年稿　集 4-32485
王家璧家書　集 4-32499
王家璧書札　史 6-47152　集 4-32498
王家璧時文　集 4-32496
王家曾志[民國]　史 7-56675
王永江手稿十九種　叢 2-2217
王之斌自紀年譜　史 2-12092
王之佐列傳　史 1-1929
王守溪文集　集 2-7174
王守溪集　集 2-7173
王守溪稿　集 2-7177～8,6-45336
王宇泰先生訂補古今醫鑑(古今醫鑑)　子 2-4864
王宇泰藥性賦附脈訣　子 2-5775
王安石唐百家詩選　叢 2-1033
王安石文集、拾遺　集 1-2271　叢 2-1033
王安石詩集、拾遺　叢 2-1033
王安石全集五種　叢 2-1033
王安石年譜、遺事　叢 2-1033
王安節山水册　子 3-16646
王良夫行狀　史 2-9333
王良常篆書千字文　子 3-15392
王官保殺子報　集 7-50809、53634
王官谷集　集 6-44401
王定保一段　集 7-51574
王定保借當一套　集 7-50942
王實甫雜劇二種附二種　叢 2-720(3)
王寶仁行年紀畧　史 2-9830
王寶川彩樓招贅　集 7-52937
王宗貫稿　集 2-6802～3,6-45336、45340
31 王灝家藏書目　史 8-65818
王源謝氏孟宗譜[安徽祁門]　史 5-40741
王源謝氏孟宗譜[安徽蕪湖]　史 5-40731
王源春谷錄　史 2-8893
王迺譽日記(清光緒十七年至三十一年)　史 2-13092
32 王澄原集　集 2-8816,6-41935(3)
王沂陽龍興慈記　叢 2-730(12)、836
王浮神異記　子 5-26816
33 王心齋集　集 2-7947
王心齋先生遺集、明儒王一庵王先生遺集、王東厓先生遺集、東壖東隅東日天真四先生殘稿、心齋先生弟子師承表　集 2-

7946
王心齋先生全集 集2-7945
王浚川集 集2-7606,6-41935(1)
王浚川所著書九種 叢2-1078
34 王沈夫人(竹書)追悼錄 史2-10865
王法正理論 子6-32083(16)、32084(14)、32085(23)、32086(25)、32088(17)、32089(42)、32090(48)、32091(46)、32092(32)、32093(25)
王漢藻人物山水 子3-16703
王洪緒先生外科證治全生 子2-7721
王洪緒先生外科證治全生、鐵扇散方 子2-7722
王洪緒先生外科證治全生集 子2-4661
王洪緒先生外科證治全生集(林屋山人證治全生集) 子2-7723
王邁人稿 集6-45336
王達泩所著書 集4-22989
王婆子罵鷄二本 集7-52622
王婆罵雞 集7-53297
35 王禮部集 集2-8503
36 王湘綺文鈔 集5-35643~4
王湘綺詩文稿 集5-35611
王湘綺詩稿 集5-35619
王湘綺先生全集 集5-35612
王湘綺先生全集二十六種 叢2-2106
王昶信札 集3-20920
37 王洞遺經 子2-7704
王鴻翥堂丸散膏丹集 子2-9857
王漁洋遺書三十八種 叢2-1336
王漁洋畫像題咏集 集6-44163
王次回疑雨集註 集2-11528
王深寧先生(應麟)年譜 史2-11005、11371~3 子5-24882 集1-4355 叢2-845(2)、1728
王祖年譜 史7-51798
王逸人集 集2-9535,6-41935(5)
王通議文集(王子仁文集) 集4-29072
王通政奏疏 史6-48600
38 王渼陂集 集2-7397,6-41935(1)
王海客日記(清咸豐九年至同治二年) 史2-12789
王海暘痘書 子2-8928
王祥臥冰寶卷 集7-54472
王遵巖文選 集2-8903,6-41808
王遵巖集 集2-8893,6-42055、42057~8
王遵巖先生詩文集 集2-8890
王遵巖先生集選 集2-8902
王遵巖家居集 集2-8892
王遵嚴集 集6-42059
王道法言 叢2-2258
王道增行狀 史2-9012
40 王十嶽樂府 集7-50619
王左丞集 集1-545~6,6-41694、41698
王九峯心法 子2-10617
王九峯醫案 子2-10620~1
王九峯醫案(王九峯先生醫案、王氏醫案存稿、丹徒王九峯先生醫案、九峯醫按) 子2-10619
王九峯臨證醫案 子2-10618
王九溪先生(文清)年譜 史2-11826
王大尹惠政錄 史6-43171
王大司農疏稿 史6-48466
王大娘探病紗窗外 集7-51044
王大娘探病紗窗外一枝 集7-51043
王大娘鋸缸 集7-51045
王大點庚子日記 史1-4310
王太玄年譜 史2-12450
王太僕集 集2-7651,6-41935(1)
王太蒙先生類纂批評灼艾集 子4-23863
王太史季孺詩草 集2-7897
王太史宧稿 集3-18765
王太史遺集 集2-12890
王太史遺稿 集2-12889
王太夫人(葉爾愷母)事畧 史2-10556
王太夫人遺稿 集3-16646
王太常集 集3-17536 叢1-443
王太常箹年譜 史2-11797
王友庵詩文集 集5-40859
王直庵先生詩鈔 集4-24398
王直方詩話 叢1-16
王在鎬近稿七種 叢2-1226
王南郭詩集 集2-7162
王南軒先生(汝揆)紀事詩文彙刻 史2-9994
王南陔先生雜記 子4-22537
王布衣稿 集1-4733
王布政集 集3-20333 叢1-443
王希伊稿 集3-20484
王希曾試草 史3-20067
王志 子4-22073 叢2-2105~6
王李諸公書簡 史6-48185
王章合刻 集6-41874
王古直集 集2-7130,6-41935(3)
王古愚遺集 集5-37470
王右丞文集 集1-806
王右丞詩 集1-800,6-41861
王右丞詩集 集1-792、802,6-41877
王右丞詩鈔 集1-805
王右丞集 集1-794~5、797~9,6-41885 叢2-698(8)

王右丞集、外編附錄詩評畫錄　叢1－227(8)
王右丞集箋注、附錄詩評畫錄　叢1－223(48)
王右丞畫學祕訣　子3－14711、15873
王右軍(羲之)年譜　史2－11005
王右軍文鈔　集6－41794
王右軍千字文尺牘墨跡合册　子3－15562
王右軍奉橘帖墨跡　子3－15563
王右軍快雪時晴帖　子3－15559
王杏驅詩稿　集5－34337
王壽卿被褐驚寒　集7－49490、49510
王木舟詩稿　集3－21334
王校理集　集1－2324,6－41895
42 王彭衙詩　集2－8071
王荆石稿　集2－9761～3,6－45336、45340
王荆石先生批評韓文　集1－1314,6－42029
王荆石先生批評韓柳文　集6－42029
王荆石先生批評柳文　集1－1432,6－42029
王荆國文公(安石)年譜、遺事　叢2－671
王荆國文公年譜　史2－11233
王荆國公(安石)年譜、後、遺事　史2－11237
王荆國公年譜、遺事　史2－11238
王荆公唐百家詩選　集6－43266
王荆公文集註　集1－2280
王荆公文選　集1－2288,6－41802
王荆公詩集(續編)　叢2－1443
王荆公詩集補註、文集註　集1－2273
王荆公詩集李壁註勘誤補正、王荆公文集註文集註卷之壬卷　集1－2274
王荆公詩集李壁注勘誤補正、王荆公文集注　叢2－670
王荆公詩注、補遺　叢1－223(52)
王荆公年譜考畧、雜錄、附錄　史2－11239
王嫱傳　叢1－587(4)
王韜漫游錄　叢2－695
43 王式丹詩選　集6－44441
44 王芷章編　叢2－2271
王菉友先生著書四種(鄂宰四稿、王菉友四種)　叢2－1702
王菉友九種　叢2－1699
王菉友校勘馬首農言記　子1－4158
王菉友著述九種　叢2－1700
王菉友書札　集4－27671
王蓼航詩　集3－13910
王夢澤集　集2－8310,6－41935(2)
王夢樓詩　集3－21280
王夢樓詩稿　集3－21277
王夢樓詩册　子3－15434
王夢樓行書　子3－15746
王夢樓行書壽屏十二軸合册　子3－15750
王夢樓先生墨蹟　子3－15749　叢1－496(6)
王夢樓絕句　叢2－622
王夢樓書札　集3－21281
王夢周文稿　集5－33960
王考功(士祿)年譜　史2－11744
王考功鷃適軒詩集、文集　集2－11121～2
王麓臺王蓬心題畫詩跋　子3－16160
王麓臺山水扇面　子3－16690
王麓臺山水扇集　子3－16691
王麓臺山水畫册　子3－16688
王麓臺山水册　子3－16695
王麓臺山水卷　子3－16689
王麓臺倣宋元山水册　子3－16693
王麓臺倣古山水册　子3－16692
王麓臺倣古山水册二種　子3－16694
王蘭上詩文稿　集4－27761
王蘭卿服姓明真傳　集7－48774(8)
王芥子西城小築詩　集3－20714
王蓬心山水册　子3－16723
王蓬心倣宋元諸家山水册　子3－16724
王蓬心題畫詩跋　集3－20548
王蓬心父子合璧　子3－16725
王蓮英十二個月唱春　集7－50810
王燕庭奏稿　史6－48885～6
王恭襄公(瓊)年譜　史2－11448
王恭毅公駁稿　史6－46471
王恭伯傳　叢1－56
王蘇州遺書、補編　集5－37963
王孝子遺墨　集5－38400
王勃文集　集1－716,6－42033　叢2－698(8)
王勃詩集　集6－41835
王勃集　集1－711,6－41725、41739～41、41743、41824、41839、41844～5、41865、41867
王勃集(王勃詩集、王子安集)　集1－712
王勃集存　叢2－732
王莽官制爵號考　史6－42629
王莽官名錄　史1－212
王華紀遊詩　集3－18948
王若千真稿　集3－16839
王若之疏稿　史6－48529
王若之四種　集2－12764
王著作集　集1－3107、3109　叢1－223(54)
王世貞選駢語雕龍　叢1－111(3)
王世周先生詩集　集2－7092
王芑孫窗課稿　經2－11015
王芑子　子1－20

王鬱南詩文鈔　集5－40681
王藝齋奏摺　史6－48801
王黄州小畜集　集1－1859　叢2－635(8)
王黄州小畜集、外集、拾遺　集1－1858
王黄州小畜集、札記　叢2－635(8)
王黄州小畜集校　集1－1860　叢2－2004
王黄州小畜外集　集1－1857　叢2－635(8)
王蔡青藍集　集6－44470
王蒓浦遺書集　集5－34972
45 王姓合族宗譜[四川廣元]　史4－25511
46 王旭高先生醫方歌括　子2－4681、9757
王旭高醫方集錄　子2－9758
王旭高醫書六種　子2－4681
王旭高臨證醫案　子2－4770、10689
王柏峯詩稿　集2－9625
王槐溪先生文集　集2－8794
王槐軒詩　集3－14862
王槐野文鈔　集2－8805
王槐野先生存笥稿、續集　集2－8808
王楊氏家譜[安徽潛山]　史5－36940
王楊氏宗譜統[安徽潛山]　史4－25253
47 王懿榮致葉德輝書劄　集5－37405
王懿榮手蹟　子4－23651
王翹雲閣中擲金釧　集7－49376、49496
王鶴山集　集2－7668
王鶴泉詩稿　集5－38145
王鶴泉集　集2－9682
王朝目錄　史6－42635　叢2－772(4)、773(5)
王柳村詩稿　集4－31176
王柳圃文集　集5－36134
王椒園先生集　集2－10154
48 王翰儉集　集6－41935(3)
王翰林詩　集2－6410
王翰林集　集2－8934
王翰林集註黄帝八十一難經　叢2－635(4)
王翰林集註黄帝八十一難經(難經集注)　叢2－778
王翰林集注黄帝八十一難經　子2－5456
王翰檢集　集2－6488
王敬哉詩選　集3－13278,6－41970
王梅谿尺牘　集1－3337
王梅溪詩集　集1－3329,6－41779～80
王梅溪先生會稽三賦　史7－50427
王梅邊集　集1－4587
王梅花館印賞　子3－17178
王檢討詩　集2－6489
50 王中丞奏議　史6－48413
王中丞題稿　史6－48638
王中書勸孝歌、八反歌　子1－1964、2200
王蛟川詩稿　集2－8028
王肅註論語　經2－9234
王肅魏臺訪議　叢2－771(3)
王肅注論語　經2－15142
王肅周易注　經1－2321
王肅敏公集　集2－7607
王青岊文集、青岊文外集　集3－13697
王青屏先生詩集　集2－8402
王忠文集　叢1－223(62)
王忠文公文集　集2－6052
王忠文公文集(王忠文集)　集2－6050～1
王忠文公文集、繼志齋文稿、王瞶齋詩稿、王齊山稿　集2－6045
王忠文公集　集2－6046～9,6－41935(3)、43118　叢2－731(45)、859
王忠文公華川集　集6－41934
王忠端公文集　集2－12081～2
王忠愍公遺箸十五種　叢2－2228
王忠節公文集、詩集　集2－12163
王忠節公詩文集、坿傳　叢2－886(4)
王奉常雜著(王敬美所著書)十四種　叢2－1136
王奉常集　集2－9849、9854～7
王奉常集詩、目錄、文、目錄　集2－9848
王奉常倣古山水册　子3－16596
王奉常書畫題跋　子3－14943
王書衡先生文稿、詩稿　集5－39961
王春溪明理活人論　子2－5232
王素巖行述　史2－9403
王東莊先生六法心傳　子3－15189
王東莊倣古山水十幀　子3－16721
王東厓先生遺集　集2－7946
52 王拙叟集　集5－35912
王靜學(叔英)先生傳　史2－8839
王靜學文集　集2－6349
王靜學先生文集　集2－6351
王靜學先生文集、補遺、附錄　叢2－670
53 王輔嗣論易　經1－308、436
王輔嗣總論　經1－436
55 王耕野先生讀書管見　經1－77(2)
王耕野先生讀書管見(讀書管見)　經1－2685
王耕烟西陂六景册　子3－16657
56 王損仲史抄　史1－4891
57 王抑庵集　集2－6602
58 王軫石先生遺集　集3－13189
王鼇永奏疏、詩稿　史6－48593
60 王蕖齋詩稿　集2－6045
王蘭卿真烈傳　集7－49120
王國典禮　史6－42031

王國器詞　集 7－46784　叢 1－244(6),2－731(41)
王恩晉殉節紀畧　史 2－9987
王昊廬詩　集 3－13879
王昌齡詩　集 6－41846
王昌齡詩集　集 1－783,6－41739、41824、41847～8
王昌齡集　集 1－782,6－41737、41743、41838
王圖炳詩選　集 3－18352,6－44441
王昆華遺集　叢 2－888
王巽公詩稿　集 3－14475
王員外休妻一段　集 7－51578
王圓照倣古山水册　子 3－16623
王景亭先生家訓　子 1－2297
62 王別駕半憨集　集 2－9529
63 王瞎子調情　集 7－50827、53634
王瞎子算苦命　集 7－50828
王貽上詩選　集 6－41970
王貽上與林吉人手札、王貽上與汪于鼎手札　叢 1－512
64 王曉閣先生遺書補編　子 3－11415
王疇五增訂真稿　集 3－18036
65 王映樓多識錄　經 1－154
王曠齋詩稿　集 2－6045、6617
67 王明甫先生桂子園集、近稿　集 2－9329
王鳴韶詩選　集 3－21513
王昭君(嬙)傳　史 2－8452
王昭君傳　叢 1－168(1)
王鄂宰遺書十種　叢 2－1701
70 王雅宜(寵)年譜　史 2－11481　叢 2－796
71 王阮亭(士禛)行述　史 2－9363
王阮亭古詩選　集 6－42319
王辰玉先生詩　集 6－41948
王厚齋文鈔　集 1－4361
王陌菴詩集　集 1－5140,6－41779～80
王長次兄親目親耳共證福音書　史 1－1991、4198
72 王隱晉地道記　史 1－535,7－49307
王隱晉書　史 1－482～3　叢 2－780
王隱晉書地道記　叢 1－257,2－767
王戶丞集　叢 1－183
王氏(猛)世次圖　史 2－8524
王氏痘疹決疑　子 2－8690
王氏廣雅疏正　叢 1－312
王氏意雅　子 4－23991
王氏音畧　經 2－13309
王氏音畧攷證　經 2－13310
王氏六修族譜　史 4－25530
王氏六書存　子 4－22074
王氏六書存微　經 2－12528
王氏新書　子 1－497　叢 2－774(9)
王氏誠物公裔合修家譜[湖南]　史 4－25410
王氏詩考　叢 1－330
王氏讀說文記　經 2－12641、12726
王氏族譜　史 4－25525、25535、25539
王氏族譜[山西靈石]　史 4－24766
王氏族譜[山西臨猗]　史 4－24769
王氏族譜[山東濱州]　史 4－25396
王氏族譜[山東桓臺]　史 4－25377
王氏族譜[安徽潛山]　史 4－25252
王氏族譜[江西]　史 4－25321
王氏族譜[江西宜春]　史 4－25350～2
王氏族譜[江西吉安]　史 4－25368～70
王氏族譜[江蘇]　史 4－24910
王氏族譜[江蘇蘇州]　史 4－24883
王氏族譜[江蘇泰興]　史 4－24812
王氏族譜[江蘇金壇]　史 4－24853、24856
王氏族譜[江蘇鎮江]　史 4－24816、24838
王氏族譜[河北滄州]　史 4－24761
王氏族譜[福建永泰]　史 4－25309
王氏族譜[浙江紹興]　史 4－25015～7
王氏族譜[浙江淳安]　史 4－24934～5
王氏族譜[湖南]　史 4－25408、25503～4
王氏族譜[湖南平江]　史 4－25460～1
王氏族譜[湖南安化]　史 4－25449、25451
王氏族譜[湖南瀏陽]　史 4－25421～2
王氏族譜[湖南湘鄉]　史 4－25468、25471～2
王氏族譜[湖南湘陰]　史 4－25457
王氏族譜[湖南郴州]　史 4－25492
王氏族譜[湖南益陽]　史 4－25440
王氏族譜[四川儀隴]　史 4－25515
王氏族譜[四川洪雅]　史 4－25520
王氏族譜[陝西]　史 4－25524
王氏族譜[陝西戶縣]　史 4－25523
王氏族譜世系[安徽潛山]　史 4－25246
王氏族譜首、千四公世系功政、存政、從政、明政、德政、千六公世系、千七公世系、千八公世系、千九公世系[湖南平江]　史 4－25459
王氏族譜卷[湖南常德]　史 4－25439
王氏說文三種　經 2－12723
王氏說删一百十八種　叢 1－31
王氏談錄　叢 1－5、22(4)、23(4)、26～8、107、111(2)、175、223(40)
王氏談錄(寶顏堂訂正王氏談錄)　子 4－19966
王氏一原世譜[浙江金華]　史 4－25107
王氏三修族譜[湖南長沙]　史 4－25414
王氏三沙全譜[江蘇]　史 4－24798～802

王氏三錄 叢 1－195(5)
王氏五修族譜[湖南益陽] 史 4－25441、25443
王氏兩修支譜[湖南湘陰] 史 4－25458
王氏百一選方(百一選方) 子 2－9160
王氏西沙支譜[江蘇無錫] 史 4－24862～3
王氏琅琊世譜[上海松江] 史 4－24792
王氏重修族譜[湖南寧鄉] 史 4－25425～6
王氏重修宗譜[江蘇江寧] 史 4－24803
王氏統宗世譜[安徽歙縣] 史 4－25267
王氏紫羅支譜[湖南益陽] 史 4－25446
王氏紅爐點雪 子 2－7234
王氏經說 叢 2－731(5)
王氏經說、音畧、音畧攷證 經 2－11611 叢 1－420
王氏經傳釋詞 叢 1－312
王氏經義述聞 叢 1－312
王氏續編宗譜[湖北黄岡] 史 4－25402
王氏續修族譜[安徽旌德] 史 4－25303
王氏續修族譜[湖南] 史 4－25501～2
王氏續修族譜[湖南安化] 史 4－25452
王氏續修族譜[湖南湘潭] 史 4－25480
王氏續修宗譜[安徽歙縣] 史 4－25271
王氏續修支譜[湖南寧鄉] 史 4－25427
王氏續修支譜[湖南益陽] 史 4－25445
王氏傳芳錄 史 4－24979 子 1－2997
王氏白田草堂存稿 叢 1－312
王氏綠野堂遺編 集 2－6822
王氏復仇記 叢 1－587(2),2－624(3)
王氏復修族譜[湖南安化] 史 4－25450
王氏寧公房譜[湖南湘潭] 史 4－25488
王氏家譜 史 4－25526、25529、25536
王氏家譜[上海] 史 4－24789
王氏家譜[山西洪洞] 史 4－24768
王氏家譜[山東諸城] 史 4－25383
王氏家譜[山東福山] 史 4－25385、25387
王氏家譜[山東招遠] 史 4－25393
王氏家譜[山東歷城] 史 4－25373
王氏家譜[安徽祁門] 史 4－25278
王氏家譜[安徽歙縣] 史 4－25268
王氏家譜[安徽懷寧] 史 4－25243
王氏家譜[江蘇東海] 史 4－24806
王氏家譜[河北棗強] 史 4－24762～3
王氏家譜[浙江紹興] 史 4－25007、25025
王氏家譜[浙江蕭山] 史 4－24918
王氏家譜[湖南湘陰] 史 4－25456
王氏家談 叢 2－1870
王氏家乘[北京] 史 4－24754
王氏家乘[江蘇蘇州] 史 4－24888
王氏家乘[江蘇鎮江] 史 4－24815
王氏家乘[浙江象山] 史 4－24997
王氏家乘[浙江蕭山] 史 4－24916
王氏家乘[湖南慈利] 史 4－25438
王氏家乘備錄[山東福山] 史 4－25386
王氏家集 集 4－32495
王氏家寶傷寒證治條例 子 2－6652
王氏家寶傷寒證治明條 子 2－6510
王氏家藏研史拓本 子 4－18726
王氏家藏集 集 2－7602～4 叢 2－1077～8
王氏家藏集、内臺集、浚川内臺集、慎言、雅述、喪禮備纂、浚川公移集、浚川駁稿集 集 2－7601
王氏家藏集五種 叢 2－1077
王氏進呈書二種 經 2－12722
王氏宗族分支世譜[浙江紹興] 史 4－25008
王氏宗譜 史 4－25527、25531、25534、25537～8、25541～2
王氏宗譜[天津] 史 4－24757
王氏宗譜[上海崇明] 史 4－24796～7
王氏宗譜[安徽旌德] 史 4－25302
王氏宗譜[安徽績溪] 史 4－25306
王氏宗譜[安徽宿松] 史 4－25260
王氏宗譜[安徽潛山] 史 4－25251、25257
王氏宗譜[安徽祁門] 史 4－25282
王氏宗譜[安徽郎溪] 史 4－25294
王氏宗譜[安徽桐城] 史 4－25238～9
王氏宗譜[安徽合肥] 史 4－25229
王氏宗譜[江蘇] 史 4－24908、24911
王氏宗譜[江蘇崑山] 史 4－24901
王氏宗譜[江蘇蘇州] 史 4－24891
王氏宗譜[江蘇金壇] 史 4－24854、24858
王氏宗譜[江蘇常州] 史 4－24846、24851～2
王氏宗譜[浙江] 史 4－25224～5
王氏宗譜[浙江新昌] 史 4－25089
王氏宗譜[浙江麗水] 史 4－25207
王氏宗譜[浙江上虞] 史 4－25069
王氏宗譜[浙江紹興] 史 4－25020、25024、25028
王氏宗譜[浙江淳安] 史 4－24936～7、24946～7
王氏宗譜[浙江杭州] 史 4－24912～3
王氏宗譜[浙江黄巖] 史 4－25197
王氏宗譜[浙江鄞州] 史 4－24975
王氏宗譜[浙江奉化] 史 4－24991～3
王氏宗譜[浙江東陽] 史 4－25141、25153～4
王氏宗譜[浙江金華] 史 4－25108
王氏宗譜[湖北麻城] 史 4－25403
王氏宗譜[湖北仙桃] 史 4－25405
王氏宗譜[湖南湘鄉] 史 4－25470
王氏宗譜[湖南桂陽] 史 4－25493

王氏宗譜[四川廣元]　史4-25512
王氏宗譜[四川綿陽]　史4-25513
王氏宗譜[四川儀隴]　史4-25514
王氏宗譜[四川簡陽]　史4-25518
王氏宗祠紀事[浙江永嘉]　史4-25206
王氏宗規　子1-1964、2199
王氏滙參八種　子2-4739
王氏神仙傳　史2-6886　叢1-15、19(3)、21(3)、24(4)
王氏遺書　經1-135
王氏漁洋詩鈔　集6-41966
王氏祠志續編[湖南]　史4-25413
王氏通譜　史4-24753
王氏九股族譜[安徽灊山]　史4-25256
王氏大宗譜[浙江紹興]　史4-25032
王氏培庭公四修支譜[湖南祁陽]　史4-25497
王氏存笥稿　集2-8807、8812
王氏女三世寶卷　集7-54430
王氏支譜　叢2-1882
王氏支譜[上海崇明]　史4-24795
王氏支譜[山東福山]　史4-25389
王氏支譜[安徽灊山]　史4-25254
王氏支譜[江蘇溧陽]　史4-24860
王氏支譜[江蘇常州]　史4-24847
王氏支譜[湖南湘陰]　史4-25454
王氏喪服要記　經1-5418　叢2-774(3)
王氏博濟方　子2-9132
王氏墓譜紀畧[安徽祁門]　史4-25280
王氏蘭譜　叢1-19(9)、22(17)、23(16)、24(9)、170～1、569、587(4),2-721
王氏世族譜　史4-24752、25540
王氏世系圖表[浙江紹興]　史4-25029
王氏樓隘支譜[浙江奉化]　史4-24990
王氏增補醫學正傳　子2-9240
王氏松雲集　集2-9846,6-41935(5)
王氏畫苑、補益　子3-15858
王氏本支世系譜[浙江紹興]　史4-25013
王氏書稿　集2-11431
王氏書苑、補益　子3-15093
王氏書畫苑　子3-14692
王氏春融堂集　叢1-312
王氏揮塵錄　史1-1914　叢1-95,2-730(2)
王氏星房支譜[湖南安化]　史4-25453
王氏四修族譜[湖南沅江]　史4-25447
王氏四修族譜[湖南湘鄉]　史4-25467
王氏眼學發揮摘要簡義錄　子2-7396
王氏醫案　子2-4644～5
王氏醫案、醫案續編　子2-10654
王氏醫案三編　子2-10656
王氏醫案存稿　子2-10619
王氏醫存　子2-5146
王氏閤修通譜[四川開江]　史4-25517
王氏印譜　子3-17463
王氏分支世譜[上海嘉定]　史4-24790
王氏父子御金傳　史2-9000　叢2-1136
王氏合修宗譜[安徽歙縣]　史4-25272
王氏餘慶集　集2-6798
王氏纂修族譜[江西上高]　史4-25365
王氏纂修族譜[福建武平]　史4-25319
王氏纂修族譜[湖南]　史4-25505
王氏纂修族譜[湖南益陽]　史4-25442
王氏纂修宗譜[安徽桐城]　史4-25241
74 王勵齋詩稿　集3-19436
76 王陽明文集　集2-7501
王陽明文選　集2-7509,6-41808
王陽明集　集2-7494、7496,6-41935(1)
王陽明集(陽明先生文錄、外集、傳習續錄)　集2-7492
王陽明稿　集2-7523～4,6-45336
王陽明先生文集　集2-7499
王陽明先生文選　集2-7510,6-41807
王陽明先生文鈔　集2-7503～5
王陽明先生經說拾餘　經1-129,2-11481　叢2-1783
王陽明先生經說弟子記　經1-129,2-11480　叢2-1783
王陽明先生經說弟子記、經說拾錄　子1-977
王陽明先生傳習錄　子1-963　叢1-580
王陽明先生傳習錄(王文成公傳習錄)　子1-961
王陽明先生傳習錄、年譜　子1-962
王陽明先生傳習錄論、附集　子1-965
王陽明先生書疏證　經1-129　子1-978　叢2-1783
王陽明先生圖譜　史2-11460
王陽明先生全集　集2-7480
王陽明先生全集(陽明先生論學書、南贛書、平濠書、思田書、雜著書、詩賦、陽明先生年譜)　集2-7481
王陽明遺書　集2-7522
王陽明劉念臺二先生遺書合刊　子1-106
王陽明尺牘　集2-7526
王陽明年譜節錄、傳習錄節錄　史2-11466
77 王閨香夜月四春園雜劇　集7-48774(8)
王風　集5-38098～9
王風箋題　經1-4536
王鳳洲(世貞)先生行狀、神道碑、大司寇王公傳　史2-8978
王鳳洲詩　集6-41947

王鳳洲集　集2-9558,6-41940
王鳳洲先生綱鑑正史全編　史1-1247
王鳳洲先生綱鑑正史全編、續鳳洲綱鑑　史1-1248
王鳳洲先生校選元稹長慶集　集6-41729
王鳳洲先生校選白樂天長慶集　集1-1354,6-41729
王鳳洲尺牘　集2-9570
王屋山志　史7-52212　叢2-680
王屋山莊詩鈔　集3-16879,6-45074
王隆集　集1-3659
王隆漢官解詁　叢2-771(3)
王覺斯行書詩兩首　子3-15376
王覺斯初集　集3-13118
王同野集　集2-11859
王周詩集　集6-41741、41818、41824、41858～9、41878
王周士詞　集7-46352、46357、46359、46363、46374、46541　叢1-265(5)
王月英元夜留鞋記　集7-48774(8)、48977
王月英元夜留鞋記雜劇　集7-48767(4)　叢2-698(16)
王履吉集　集2-8327,6-41935(2)
王眉仙遺著　集4-29347～8　叢2-886(3)
王際華日記(清乾隆三十七年)　史2-12603
王聞修先生河渚集　集2-11412
王學士集　集2-6330,6-41935(1)
王學質疑　子1-108、1410　叢1-214、574(3),2-731(13)
王學人遺集選　集2-12893,6-41949
王丹君詩文集　集4-33407
王母許太夫人事畧　史2-10070
王母張太夫人七十壽言錄　史2-10694
王母稱慶　集7-49588
王母祝壽　集7-52840、707
王醫官纂輯簡選袖珍方書　子2-9208
王艮齋詩集、文集　集3-18962
王門宗旨　子1-1214
王與之集　集2-8431
王與游詩稿　集2-11777
王興齋(熾)與李夫人行狀、誄文輓詩輓聯　史2-10494
王賢良儒志編　子1-560
78 王臨川文集　集1-2279
王臨川文選　集1-2289,6-41689
王臨川詩選　集1-2290
王臨川集　集1-2267
王臨川書牘　集1-2297
王臨川尺牘　集1-2295
王臨川全集　集1-2269
80 王益吾文鈔　集5-37013
王益吾所刻書十種　叢1-438
王益吾尺牘　集5-37015
王金川得狀元(新抄狐僊段、王金川趕考)一段　集7-51575
王羌重自訂年譜　史2-11613
王羌重自訂年譜、潘道根手錄肅齋春喚詩　史2-11614
王介山集　集5-40861
王介山古文　集3-18269
王介軒墓誌銘　史2-9979
王介甫文　集1-2284、2286,6-41806
王介甫文鈔　集6-41794
王介甫先生集　集1-2276,6-44818
王介甫尺牘　集1-2296
王羲之蘭亭顯才藝　集7-48768、49161
王羲之筆陣圖　子3-15012
王無功文集　集1-660
王無功文集、補遺、附錄　集1-661
王無功文鈔　集6-41794
王無功集　集1-656
王無功集(東皐子集)、補遺　集1-657　叢1-287,2-731(39)
王無功集、補遺　集1-658～9
王無瑕先生詩集、文集　集2-12971
王無瑕先生集　集3-13013
王無雙傳　集7-49785
王念孫讀書雜誌正誤　叢2-944
王念菴(沛憻)年譜　史2-11784
王父雲塘先生(郭奇美)年譜、行狀　史2-11483
王弇州詞評　集7-48694
王弇州辭品、拾遺　集7-48695
王弇州集　集2-9563,6-42046、42056
王義士輞川詩鈔　叢1-241、242(3),2-731(43)
王舍人詩集　集2-6429　叢1-223(63),2-802
王舍人集　集2-6428,6-41935(1)
王會新編　史7-49645
王會川還家　集7-50959
王會川跑關東　集7-50960
王會篇注、圖贊　史1-2072
王會篇箋釋　史1-2071
王谷城霍亂論　子2-7083
王公(懋竑)行狀　史2-9448
王公子嘆十聲一套　集7-50973
王公治績紀畧　史6-43121
王公奏稿　史6-48165
王公四六話　集6-45674　叢1-2～3、6～7、19(11)、20(8)、21(10)、24(11)

王養祕訣　子 2－11122
王僉憲集　集 6－41935(2)
王僉憲集、續王僉憲集　集 2－8443
王僉事集　集 2－8072,6－41935(4)
81 王頌蔚遺稿　集 5－37846
82 王矮虎大鬧東平府雜劇　集 7－48774(8)、49054
83 王鐵珊文集　集 5－40113
王鐵夫雜稿　集 4－23812
王鐵夫先生山游詩　集 4－23806
王鐵夫先生書簡　集 4－23814
86 王鐸詩集存　集 3－13116
王鐸詩稿　集 3－13113
王鐸詩稿(王孟津詩文稿)　集 3－13114
王鐸手書殘稿　子 3－15374
王知事詩　集 2－7398
88 王笠舫文鈔　集 4－26568
王箬林先生題跋　子 3－16163
王竹軒稿　集 4－31458
王笈甫先生畫鍾進士像題記　子 3－16236
王筱汀先生(錫彤)年譜、家傳　史 2－12425
王篠泉先生年譜　經 2－9589
王節使重續木蘭詩　集 7－49365、49368
王節婦女範捷錄　子 1－1977、2943
王節愍公遺集　集 2－11943～4,6－43118　叢 2－833
王節愍公遺集、補遺　集 2－11942　叢 1－291、294
王餘集　集 4－26074　叢 2－1652
90 王小二趕腳一本　集 7－52624
王小二趕腳三本　集 7－52623
王小梧遺文　集 4－26674,6－42004
王小趕腳　集 7－53298
王小梅寫景人物册　子 3－16744
王小梅人物册　子 3－16743
王懷祖校說文　經 2－12062,12724
王少司馬奏疏　集 6－43118　叢 2－731(18)、782(3)
王少伯詩格　集 6－45524　叢 1－114(4)
王少泉集　集 2－8603,6－41935(2)
王少鶴先生文稿　集 4－32731
王光祿(通)正統殉難事畧　史 2－8857
王光祿文集　集 4－22624
王光祿遺文集　集 6－44968
王尚書遺稿　集 1－4356～7
王常宗集　集 2－6259
王常宗集、補遺　集 2－6256
王常宗集、補遺、續補遺　集 2－6260　叢 1－223(62)
王半山稿　集 1－2298,6－45336
王半偈題跋　叢 1－279
王半軒先生文集(半軒集)　集 2－6157
王半軒傳　叢 1－223(63)
91 王煙客集　集 3－13129
王煙客山水册　子 3－16595
王煙客先生集五種附三種　叢 2－1231
王煙客先生家訓　子 1－2176
王煙客臨元人八家卷册　子 3－16597
96 王愧齋先生(崇教)年譜　史 2－11440～1
王惺所集　集 2－11312
王惺所先生文集　集 2－11313
97 王惲合册　子 3－16676
99 王榮瑄行述　史 2－10356

至

00 至言　子 1－358　叢 2－774(8)
至言總　子 5－29530(20)、30913
至言總養生篇　子 2－10995
03 至誼堂實紀(李日爆)　史 2－9226、9270
10 至正庚辛唱和集　叢 1－382
至正庚子國子監貢試題名記　史 3－13421
至正丙午國子監公試題名記　史 3－13421
至正集　集 1－5415　叢 1－223(60)
至正河防記　史 6－46588
至正十一年進士題名記　史 3－13421
至正直記　叢 1－457
至正妓人行　集 2－6548　叢 1－587(4)
至正四明續志　史 7－54917、57411
至元新刊全相三分事畧　子 5－27978
至元譯語　經 2－14957
至元法寶勘同總錄　史 8－66333　子 6－32091(63)、32093(53),7－34854
至元法寶勘同總錄　子 6－32089(51)、32090(65)、32092(43)
至元法寶錄勘同總錄畧出　子 7－34855
至元嘉禾志　史 7－57297　叢 1－223(23)
至天主教書　子 7－35910
16 至聖讚　子 7－35943
至聖譜考、聖門弟子考、諸家論辯解　史 2－11051
至聖千字贊　子 7－35942
至聖編年世紀　史 2－11046
至聖先師孔子刊定世家　史 2－8388
至聖先師孔子年譜　史 2－11043
至聖先師避諱錄　叢 1－300
至聖先師世系考　史 2－8399
至聖寶訓　子 7－35934
至聖寶諭　子 7－35935

至聖林廟碑目　史 8－63969
至聖年表正訛、至聖像記　史 2－11042
至理名言　子 4－21701
至理約書　子 1－1316
21 至順鎮江志　叢 1－265(3)
22 至樂堂詩鈔　集 3－14416
24 至德志　史 4－28215
至德志(泰伯)　史 2－8336
至德觀主孟法師碑　史 8－63501、64701
至德周氏幾禮居藏戲曲文獻録存　史 8－65263、66400
30 至寶藏方　子 2－9580
至寶録内編、外編　子 4－24452
33 至治新刊全相平話三國志　子 5－27976
至治集　集 1－5379
至治之音　集 6－43677～8
38 至游子　子 1－20、61,5－31935　叢 1－241、242(2),2－731(11)
至道玄微　子 5－29541,31246
至道玄微七論　子 2－11181
至道堂集　集 4－25640
40 至大重修宣和博古圖録　史 8－64141
至大金陵新志　叢 1－223(23),2－795
至真要大論闡義　叢 2－2235
至真子龍虎大丹詩　子 5－29530(6)、31121
至真歌　子 5－29535(5)、29536(4)、29549、31118
50 至書　子 1－829　叢 1－465,2－731(12)
52 至靜而德方解　叢 2－1747
72 至剛詩鈔　集 5－34475
80 至命録　子 4－23357
90 至堂詩鈔　集 4－28209,6－42007(2)

1010_6　噩

44 噩夢　史 1－5275　子 1－1398　叢 1－523、563,2－1292～4
噩夢集　子 4－21254
噩夢録　子 4－21253

1010_7　互

36 互禪偶存草　集 4－32422,6－42007(4)
46 互相答問　子 7－36229
74 互助縣風土調查記[民國]　史 8－63300

五

00 五亭長集　集 2－11920
五鹿塊傳奇　集 7－50291
五方元音　經 2－13835～9、13842、14992
五方宜範　子 2－4914
五方神傳　子 5－26222　叢 1－185
五廚經　子 5－29547、29586、30060
五廚經解　子 5－29580、30061
五唐人詩集　集 6－41856
五言詩　集 6－42319～20
五言詩、七言詩歌行　叢 2－1513～4
五言詩偈殘卷　子 7－34195
五言詩多師集、五言詩餘師集、七言詩餘師集　集 6－44224
五言詩多師集、七言詩餘師集　集 6－44223
五言三韻律　叢 2－1309
五言千字文　經 2－13411
五言律詩　叢 2－1309
五言律細　集 6－41768
五言律祖　集 6－42343
五言律祖、後集　叢 2－1089
五言律祖前集、後集　集 6－41768、42342
五言律拗體　叢 1－448
五言絶句　集 6－41768、43532
五言古詩選　集 6－42335
五言格詩　叢 2－1309
五言今體詩鈔　叢 2－1504
五言今體詩鈔、七言今體詩鈔　叢 2－697、698(12)
五音韻譜　經 2－12391～3、14400、15144
五音韻譜正字　經 2－14401
五音韻譜校本録存　經 2－12086、12395
五音琴譜　子 3－17609
五音集韻　經 2－13725～32、13736　叢 1－223(16)
五音集字　經 2－13991
五音初學讀念法　經 2－14325
五音拾遺　經 2－13784　叢 2－1090
五音類聚　經 2－11996、14004
五雜俎　子 4－20739　叢 2－721
01 五龍山黄梅寺廣修禪師語録　子 7－34214
五龍山人集　集 2－8429～30
五龍緣　集 7－53999
02 五刻理氣纂要詳辯三台便覽通書正宗　子 3－14452
五刻徽郡釋義經書士民便用通考雜字　子

5-25786
04 五誥解　經1-3347　叢1-223(5)、273(2)，2-731(63)
05 五諫賢夫　集7-52842
06 五韻論　叢2-1810～1
五韻論(五均論)　經2-14412
07 五畝宅詩草　集4-27262～3
五畝園續百詠　史7-51994
五畝園小志、志餘、題詠　史7-49332、51995
五畝園懷古　史7-49332、51996
五畝居桑蠶清課　子1-4438
08 五論圖、跌打雜病藥方　子2-7951
10 五王經　子6-32083(22)，7-32115
五五語　叢2-2214
五丁詩稿　叢1-263
五丁集　叢1-263
五更裏梳粧檯十送　集7-53634
五更侉侉調　集7-50813
五更十送　集7-50814
五更嘆一套　集7-50872
五更月　子7-35943
五更鐘　子5-28599
五百靈官爵位姓氏總錄　子5-29535(4)、29536(3)、31862
五百石洞天揮塵　子4-21638
五百經幢館唐誌跋　史8-64688
五百經幢館碑目　史8-64769
五百經幢館碑目初稿　史8-64768
五百經幢館藏書目錄　史8-65900
五百齣戲名　集7-51042、53306
五百家註音辯唐柳先生文集　集1-1429
五百家註音辯昌黎先生文集　集1-1303～4
五百家註柳先生集、新編外集、龍城錄、評論詁訓諸儒名氏　叢1-223(49)
五百家註柳先生集、新編外集、龍城錄、附錄　集1-1412
五百家注昌黎文集　集1-1304
五百家注昌黎文集、評論詁訓音釋諸儒名氏　叢1-223(49)、227(8)
五百家播芳大全文粹、姓氏　叢1-223(69)
五百四峯堂詩鈔　集4-22971
五百四峯堂詩鈔續集　集4-22972
五百羅漢尊號　子6-32092(44)
五百弟子自說本起經　子6-32081(32)、32083(21)、32085(31)、32086(36)、32088(23)、32089(22)、32090(30)、32091(28)、32092(19)，7-32685
五石齋詩集　集3-14363
五石瓠　子5-26630　叢1-202(8)、203(18)、496(4)
五石瓠、風人詩話　叢2-650
五石瓠齋文鈔　集5-36449
五石瓠齋詩稿(燼餘草、鐃吹集、磨盾集、刻鵠集、芸香集、鼓吹集、石請集、倦雨集)　集5-33792
五石瓠齋詩鈔　集5-33793
五石瓠齋遺稿　集4-24790
五石瓠節錄　叢1-587(4)
五石居詩　集2-12799
五石居詩(麋子吟、諧尋草、青谿草、隨車草、長安藁)　集2-12798
五雷陣　集7-53046
五雲三溪吳氏重修宗譜[浙江縉雲]　史4-27988～90
五雲王氏宗譜[浙江縉雲]　史4-25209～10
五雲靈川江氏重修宗譜[浙江縉雲]　史4-26864
五雲西湖上谷郡麻氏宗譜[浙江縉雲]　史5-34613
五雲白巖曹氏宗譜[浙江縉雲]　史5-34206
五雲徐氏宗譜[浙江縉雲]　史4-32087
五雲漫稿　集1-4938
五雲樊氏宗譜[浙江縉雲]　史5-39169
五雲趙氏宗譜[浙江縉雲]　史5-38384
五雲曹氏宗譜[浙江縉雲]　史5-34207
五雲周氏宗譜[浙江縉雲]　史4-30059
五雲斜氏宗譜[浙江縉雲]　史5-36331
11 五項雜缺輪　史6-42738
五輩太福晉傳、五輩太福晉詩　史2-9556
五研齋詩鈔　集4-22706～8
五研齋詩鈔、文鈔　集4-22704～5　叢2-1552
五研齋全集四種　叢2-1552
12 五瑞齋詩續鈔　集5-35675
五瑞齋詩鈔　集5-35674
五瑞齋遺文、叩瓴瑣語　集5-35676
五水嗜巴刺施食　子7-32953
五刑考畧　史6-46275　叢2-968
13 五殘雜變星書　子3-12999　叢2-774(10)
14 五功必要　子7-36045
16 五聖宗寶卷　子7-36159
五聖著龜生生數　子3-13863
五聖朝天全本　集7-53443
五硯齋困知經說　經1-7103
17 五恐怖世經　子6-32083(22)
五子雋五種　叢1-112
五子緒言　子1-1333　叢2-813
五子近思錄　子1-137～8
五子近思錄發明　子1-142
五子近思錄輯要　子1-140～1
五子連珠　叢2-1201

五子書 子1-11~2
五子見心錄 子1-1717 叢2-1731
五子閱 子1-71
五子性理體註 子1-145
20 五千五百佛名經 子6-32082(11)、32083(11)、32086(18)
五千五百佛名神咒除障滅罪經 子6-32081(16)、32084(10)、32085(16)、32088(12)、32089(13)、32090(18)、32091(16)、32092(12)、32093(6)
五千書室文稿 集4-28054
五千年中外交涉史 史6-44896
五千卷室詩集、絣隱詞 集4-28151
五季方鎮年表 史1-4563、4789
五香球 集7-50464
五集太子下漁舟 集7-52930
五集鍾國母 集7-52976
五集銀合太子走國 集7-52966
21 五虎記 集7-50318
五虎平西五十部 集7-51298
五行玄真子平 子3-14616
五行雜說 叢2-2047
五行記 子5-26889 叢1-22(10)、23(10)
五行論 叢2-2129(4)
五行占 叢2-1920
五行祕 叢1-136
五行大義 子3-14557 叢1-244(6)、265(3),2-731(15)、778、798
五行表說 子3-13672
五行問 叢1-201、203(2)
五行合卦數 子3-14592
五行類應 子3-14579~80
五行類事占 子3-13054
五行類事占徵驗 子3-13055~6
五行精紀 子3-14566
五經 經1-4、42~3、74~5 叢1-217
五經座右錄 經2-11517
五經旁訓 經1-39、60、112
五經旁訓增訂精義 經1-116
五經旁注 經1-62
五經文字 經1-1、33,2-12969~71、15127、15142 叢1-223(15)、227(4)、238~9、330~1、362、515,2-731(21)
五經文字偏旁考 經2-13063
五經文字疑 經2-12972 叢1-238~9、330~1
五經文苑捃華二種 子5-26051
五經章句後定 經2-11431 叢2-775(3)
五經音義 經2-11954、15142 叢2-758
五經註選 經2-11492
五經衷要 經1-123
五經評畧 經2-11507
五經諸儒蠡測要 子4-23840
五經讀 經1-90,2-11504
五經讀法 經2-11551 叢1-202(2)、203(7)
五經讀本 叢2-956
五經講宗 叢2-1219
五經講義俶 叢1-285
五經說 經2-11468
五經論 經2-11465 叢2-850
五經詳說 經1-81
五經正文 經1-5,2-11800
五經正字 經2-13031、14754
五經正義表 經2-11937 叢2-731(2)、847、1466
五經正義表補逸 叢1-258
五經疏義統宗、周禮統宗 經2-11502
五經要義 經1-35、104,2-11396~8、11447~9 叢1-19(1)、21(1)、24(1)、261,2-761、765~6、773(2)、774(7)、775(3)、1668
五經翼 經2-11510
五經翼五種 叢1-70
五經集注 經1-44
五經集字 叢1-300
五經歲徧齋詩文存 集4-26666
五經歲徧齋許學三書三種 經2-12725
五經歲徧齋校書三種 叢2-1666
五經經解萃精、二集 經2-11903
五經然否論 經2-11438~40 叢2-765~6、773(2)、774(7)
五經稽疑 經2-11499 叢1-223(12)
五經備旨(增廣五經備旨、增補五經備旨萃精) 經1-143
五經贊 經2-11553 叢1-241、242(2)
五經白文 經1-6~7
五經繹 經1-52
五經蠡測 經1-77(4),2-11471 叢1-223(12)、227(4)
五經解 經1-144,2-11769 叢2-1865
五經疑問 經1-53,2-11451~2 叢2-765~6、773(2)
五經疑義 經2-11491
五經約注 經1-63 叢2-956
五經心義 經1-57
五經補綱 經1-130
五經通論 經2-11441~2 叢2-765~6、774(7)
五經通義 經1-104、176,2-11388~95、11399 叢1-19(1)、21(1)、22(2)、23(2)、24(1)、261、330~1,2-761、765~6、772(2)、773(2)、774(6)、775(3)、1668

五經選註　經 2－11501
五經大全　經 1－41
五經大義　經 2－11445　叢 2－774(7)
五經古人典林　史 2－6230
五經析疑　經 1－176,2－11435～7
五經地名今考　經 2－11682
五經孝語　經 2－8574、8578、8580～2
五經孝語、四書孝語　經 2－8576
五經萃室藏宋版五經目錄　史 8－65258、66237
五經藥性　子 2－5745
五經摘註　經 2－11493
五經折疑　叢 1－22(2)、23(2)、330～1,2－765～6
五經典林　史 2－6231
五經揭要　經 1－97
五經提要、四書提要　經 2－11938
五經四子書　經 1－87
五經四書　經 1－89　叢 1－223(12)
五經四書讀本　經 1－88
五經四書疏畧　經 1－76
五經四書大全　經 1－40
五經四書明音　經 2－11967
五經圖　經 2－11838～9
五經異文　經 2－11970　叢 2－1103～4
五經異義　經 2－11400～1　叢 2－765～6
五經異義疏證　經 1－111(4),2－11407　叢 2－1001
五經困學　經 1－61
五經隨筆、了生集　經 2－11518
五經體注大全五種　經 1－126
五經同異　經 1－157,2－11972　叢 2－1275～6
五經人物考　經 2－11775
五經全文訓解　經 1－38
五經今文古文考　經 2－11979　叢 1－201、203(5)、320、515
五經分類備典　子 5－25934
五經分類對語　子 5－25776
五經義　子 7－36253
五經義精騎集　經 2－11034
五經合刻五種　子 5－29551
五經合編五種　子 5－29535(4)、29536(4)
五經會要　子 7－32106
五經劄記　經 2－11638
五經鉤沈　經 2－11443～4　叢 2－765～6、774(7)
五經算術　子 3－12418　叢 1－223(35)、227(7)、230(3)、243、430、470,2－731(25)
五經算術、考證　子 3－11250、12348　叢 1－238～9、440～1、468
五經算術疏義　子 3－12795
五經纂註　經 1－55
五經纂注　經 1－54、66
五經小學述　經 1－163(2),2－11995　叢 2－1566～7
五經堂文集、五經堂野歌　集 3－14724
五經類語　經 2－11478　子 5－25646
五經類編　子 5－25913
五經類典囊括　子 5－26050
五經類纂　經 2－11894
五經精義　經 1－113
22 五崗徐氏宗譜　史 4－32189
五嶽說　史 7－49318(4)
五嶽山人集　集 2－8160
五嶽山人後集　集 2－10051
五嶽山人尺牘　集 2－10052
五嶽約　史 7－49318(4)　叢 1－197(4),2－617(2)
五嶽游草　史 7－53108　集 2－10289
五嶽遊草　史 7－53082　叢 2－1147～8
五嶽真形序論　子 5－29530(24)、31892
五嶽考　史 7－49318(20)
五嶽臥遊　史 7－53084　叢 1－142
五嶺文集　集 2－8647
五嶺山人文集　集 2－8646
五變記　叢 2－2130
五變記箋述　叢 2－2131
五變紀　叢 2－2129(2)
五峯詩集　集 1－5407
五峯詩集(五峯集)　集 1－5405
五峯詩集、補遺　集 1－5408
五峯詩稿　集 4－26272
五峯詩草　集 3－14696
五峯詞　集 7－46365、46369、46372、46375、46774
五峯集　集 1－3308、5402～4,3－18859,6－41784、41894(2)、41895　叢 1－223(54、61)
五峯集(五峯胡先生文集)　集 1－3307
五峯集、文集、雁山十記、補遺　集 1－5400
五峯山志　史 7－52503　叢 1－560
五峯先生集　集 1－5402
五峯遺文　史 6－46625
五峯遺稿　集 2－6991
五峯胡先生文集　集 1－3309
五峯書院志　史 7－52061
五峯金氏纂修宗譜[浙江紹興]　史 4－29659
五山志林　史 7－50878　叢 2－731(54)、881
五山志畧　史 7－49318(5)、52232
五山草堂初編　集 5－37955
五種經驗方　子 2－4672、9693

五種祕竅全書 子3-12891
五種遺規 子1-1956～8、1962 叢2-698(7)
五種遺規摘錄 子1-1961
五種遺規摘鈔 子1-1960
五種遺規輯要 子1-1959
五種曲句印譜 子3-17216
23 五代新說 史1-4367 叢1-18、19(9)、20(7)、21(8)、22(9)、23(9)、24(9)、374
五代新樂府 集4-28769
五代詠史詩 叢1-278,2-731(43)
五代詠史詩鈔 史1-6117
五代詩話 集6-45891～2 叢1-223(72)、456(2),2-731(47)
五代諸王世表 史1-10(5)、4775
五代諸國世表 史1-10(5)、4776
五代諸國年表 史1-10(5)、4777
五代諸鎮年表 史1-10(5)、4778
五代兩宋監本考 叢2-2227、2229
五代登科記 史6-42291 叢1-22(8)、23(8)
五代殘唐傳□部 集7-51293
五代碑版目錄補遺 史8-64716
五代將相大臣年表 史1-10(5)、4780
五代名畫補遺 史2-6759 子3-14692、15857、15859、16062、16064 叢1-223(37)
五代名臣奏議選 史6-47769
五代紀年表 史1-10(5)、4774 叢1-411,2-653(5)
五代宮詞 史1-6114～6 叢1-242(5),2-1530
五代宋元科目考殘稿 史3-13423 叢2-1995
五代地理 史1-10(5)
五代地理考 史1-169 叢2-1905
五代花月 叢1-587(4)
五代史 史1-11、13～5、17、152～3 叢1-227(5)
五代史、考證 史1-20 叢2-698(4)
五代史記 史1-12、150 叢1-559
五代史記、考證 史1-151
五代史記注補 史1-162
五代史記注輯要 叢2-1906
五代史記注削繁 叢2-1948
五代史記補考 史1-163 叢2-615(2)
五代史記纂誤 史1-154
五代史記纂誤續補 史1-157
五代史記纂誤補 史1-155～6 叢1-244(5),2-731(66)、843
五代史記纂誤補續 史1-24、158
五代史論 史1-5280、5899
五代史至明史 叢2-1443
五代史職方考、考證 史1-166,7-49311
五代史續補、廢朱梁論 史1-2399
五代史吳越世家疑辨 史1-164、2447
五代史補 史1-2395 叢1-15、223(20)、248、425、461
五代史補、五代史闕文 史1-2398
五代史補、校勘記 史1-2396 叢2-870(2)
五代史十國世家年譜續 史1-174 叢2-1464
五代史志疑 史1-165 叢2-1402
五代史校勘札記 史1-159～60
五代史抄 史1-5245～6、5248
五代史闕文 史1-2397 叢1-223(20)、248、371、461、490
五代史纂 史1-161
五代史纂誤 叢1-223(18)、230(2)、244(4),2-731(66)
五代春秋 史1-1460 叢1-195(1)、248、278、371、461,2-731(66)
五代春秋、五代紀畧 史1-1461
五代春秋志疑 史1-1462 叢1-203(16)
五代會要 史6-41610 叢1-223(26)、273(4),2-731(17)
五代會要、校勘記 史6-41611 叢1-230(3)
五代榮 集7-50218
24 五先堂文市榷酤 子4-20759
五先堂字學元元 經2-14308
五備堂詩集續刻 集3-14146
五緯正圖解 叢2-1338
五緯表 子3-11234、11501
五緯捷算 子3-11499 叢2-1869
五緯捷算、交食捷算 子3-11500
五緯捷算、自述百韻 叢2-990
五緯曆指 子3-11234
五續施公案清烈傳 子5-28707
五續疑年錄 史2-6268
五續李氏宗譜[江蘇宜興] 史4-27144
25 五使瀛環畧 子5-28590
五佛頂三昧陀羅尼經 子6-32093(41)
五佛頂三昧陁羅尼經 子6-32084(11)
五佛頂經 子6-32085(17)、32090(22)、32092(15)、32093(33)
26 五泉韓汝慶附錄 集2-8082
五息闡微 叢2-724
五總志 子4-19996,5-26975 叢1-19(8)、20(6)、21(7)、22(4)、23(4)、24(9)、223(41)、241、242(2)、244(5),2-731(6)、735(2)
27 五修包山葛氏世譜[江蘇蘇州] 史5-

35824
五修李氏族譜[湖南平江]　史 4-27524
五鄉方音方言之研究　叢 2-2264
五名臣遺集　集 6-41716
五色評點古文辭類纂真本　集 6-43075
五色綫　叢 2-617(3)
五色線　子 5-26938　叢 1-11～2、22(4)、23(4)、169(3)、249(3)、2-731(24)
五色線集　子 5-26937
五色祥雲遮滿天一枝　集 7-51982
五色姻緣　集 7-54001
五色瓜廬尺牘叢殘　集 3-20014　叢 1-496(7)
五祭揭要　子 7-35731
28 五倫詩內集(幻學日誦五倫詩選、幼學日誦五倫詩選內集)　集 6-42339
五倫書　子 1-898
五倫圖說　子 1-1228
五倫鏡定本　集 7-50180
五谿考　史 7-49317(7)、49318(10)、52997
五牧薛氏宗譜[江蘇無錫]　史 5-39924
30 五涼考治六德集全誌　史 7-54920
五涼舊聞　史 7-51158
五房宗譜　史 4-28276
五家語錄　子 6-32091(72)
五家詩選　集 6-41774
五家詩鈔　集 6-41988
五家詞　集 7-46391
五家要說章句　經 1-2562　叢 2-775(1)
五家宗旨　子 7-34066
五家坡(平貴戲妻)　集 7-53044
五家楚辭註合編　集 1-7
五家四六　集 6-42073
五家合集　集 6-42054
五之草堂詩稿　集 4-24457、6-42008
五之堂詩鈔　叢 2-886(5)
五字咒法　子 6-32085(49)、32090(59)、32092(39)、32093(35)
五字陀羅尼頌　子 6-32084(28)、32085(52)、32086(62)、32088(39)、32089(37)、32090(57)、32091(55)、32092(38)、32093(35)
五宗救　史 2-6816
五宗圖說　經 1-6228　叢 2-630、1465
五寨縣志[乾隆]　史 7-55753
31 五河詩集殘稿　集 2-12172
五河縣志[康熙]　史 7-57831～2
五河縣志[嘉慶]　史 7-57833
五河縣志[光緒]　史 7-57834
五福五代慶雲仍　集 7-53043
五福寶卷　集 7-54268
五福全書　子 2-11034
五渠瞿氏家譜[江蘇常熟]　史 5-40934
32 五州山民遺稿　集 4-27660
五洲方域考　史 7-49318(1)、54336
五洲山李氏續譜[江蘇丹徒]　史 4-27120
五洲俄屬考畧　史 7-49317(3)
五洲各大國志要(三十一國志要、天下五大州各大國志要)　子 7-36291
五洲各國政治考、續編　史 6-41944
五洲述畧　史 7-54386
五洲地理志畧　史 7-54439
五洲地名中西合表　史 7-54394
五洲教案紀畧　子 7-36885
五洲教案紀畧、議息中國教案新章　子 7-35793
五洲括地歌　史 7-54395
五洲圖考　史 7-54384
五洲圖畧　史 7-54453
五溪記　史 7-49309、50734
五浮山人詩集　集 2-9882
五浮山人集　集 2-9883
33 五述奇[航海]　史 7-54381
34 五遠堂詩、環水文集、若谷堂文　集 3-17566
35 五清集、策問附錄　集 2-7380
五禮備考　經 1-6267
五禮通考　經 1-6271～2　叢 1-223(9)
五禮通考序錄　經 1-6273　子 4-19500
五禮通考條辨　經 1-6274
五禮通考補　經 1-6281
五禮異義　經 1-6280
五禮駁　經 1-6024　叢 2-765～6
36 五邊典則　史 6-45602
37 五湖記　集 7-49152
五湖記(鴟夷子扁舟五湖記)　集 7-49157
五湖漫聞　子 4-23012
五湖漁莊圖題詞　子 3-16232　集 4-29425
五湖漁隱詩鈔　集 5-39334
五湖遊　集 7-48775、49158　叢 2-672
五湖遊稿　集 3-13888　叢 1-584
五湖遊稿、甲申集　集 3-13885
五湖煙艇題贈集　集 4-30956
五次問答節畧　史 6-45010
五祖黃梅寶卷　集 7-54554
五祖降神　集 7-49700
五運六氣詳解　子 2-4577、4902
五運六氣圖表詮註　叢 2-2235
五軍道里表　史 6-45174、45864
五郎赴會　集 7-53045
40 五十麝齋詞賡　集 7-48305
五十六種書法　子 3-15001、15044、16776

叢1－22(14)、23(14)、27
五十六種書法、篆法偏旁正僞歌　子3－15045
五十三參　史2－6787
五十三參圖讚　子7－33344
五十絃錦瑟樓詞　集7－48315
五十自定稿　叢2－1293
五十自述記　史2－12475
五十瓠　叢1－203(14)
五十萬卷樓羣書跋文　史8－65991
五十萬卷樓藏書目錄初編　史8－65989～90
五十輔臣考　史2－7360
五十日夢痕錄　史7－54180　叢2－599
五十學詩齋初稿　集5－37338
五十學詩齋初稿、味詩草堂稿　集5－37339
五十頌聖般若波羅蜜經　子6－32083(30)
五十餘言　子7－35289
五九枝譚　子4－21103　叢1－202(2)、203(7)
五大部經懺直音集韻　子7－34818
五大部直音、諸般經懺直音　子7－34821
五大部直音集韻　子7－34819
五大虛空藏菩薩速疾大神驗祕密式經　子6－32093(39)
五大家詩鈔　集6－41971
五大洲政治通考　史6－41943
五大洲政藝全書　子5－25495
五大洲釋　史7－49318(19)、54304
五大洲述異錄　史7－54393
五大洲志　子7－36290
五大洲女俗通考十集　子7－38149～50
五大洲圖說簡明萬國公法　子7－36816
五大洲輿地戶口物產表　史7－49318(1)、54358
五大夫里志[民國]　史7－57505
五臺新志[光緒]　史7－55733
五臺顓愚和尚年譜　史2－11567
五臺山記　史7－49318(8)、52195
五臺山聖境讚殘卷　子7－34641　叢1－589
五臺山志　史7－52194
五臺徐氏本支敍傳[山西五臺]　史4－31772
五臺縣志[康熙]　史7－55731
五臺縣志[乾隆]　史7－55732
五臺縣小志[民國]　史7－55734
五塘雜俎　叢2－886(4)
五塘詩草　叢2－886(4)
五塘詩草、雜俎　集5－35499～500
五塘山人詩鈔　集5－35501
五女緣　集7－54000
五支罯念誦要行法　子6－32085(53)、32086(63)、32090(57)、32092(38)、32093(32)
五七言今體詩鈔(惜抱軒今體詩選)　集6－42489
五真記　叢1－56
五真閣吟稿　集4－26552
五木經　子3－18200　叢1－11～2、22(17)、23(16)、29(4)、37、49、86、169(2)、255(2),2－730(7)、731(37)
41 五柘山房文集　集4－28820
五柘山房詩集、補遺、續詩集、文集　集4－28819
42 五瓠山人詩集、續附　集2－10090
五桃軒詩集　集6－41896
五桃軒集　集1－3003,6－41894(1)
五橋詩集　集3－14286
43 五城黃氏世系[安徽休寧]　史5－33899
五城奏疏　史6－48186　叢2－731(18)、816
五狼山記　史7－49318(5)、52233
五娘行路(行路)　集7－52511
五娘哭墓　集7－52510
44 五藩檮乘　史2－7449　叢1－256,2－968
五莊日記　史2－12549　叢2－1129
五藏山經傳、海內經附傳　叢2－1946
五蓮山志　史7－52513～4
五芝堂詩集　集4－23277
五芝堂詩草　集4－23276
五芝堂詩鈔　集4－23278
五芝堂集　集3－17994
五茸志逸隨筆　子4－24616～8
五茸志逸隨筆、志餘　史7－50068
五茸志逸錄存　史7－50069
五萬卷閣書目記　史8－65890　叢1－554,2－2043
五華縣志[民國]　史8－60963
五華纂訂四書大全、大學古本說　經2－10746
五芙蓉館詩鈔　集4－28306
五菩薩寶卷　子7－36160
五苦章句經　子6－32083(21)
五苦章句經(淨除罪蓋娛樂佛法經、諸天五苦經)　子6－32093(22)
五世進士錄　史3－13457
五世祖廉訪公(陳大化)年譜　史2－11862
五世祖廉訪公(陳大化)年譜(陳葑池先生年譜)　史2－11862
五葉弘傳　子7－34121
五桂塘李氏六修族譜[湖南湘潭]　史4－27561
五桂樓書目　史8－65726～7
五桂軒文集　集5－40685
五蘊皆空經　子6－32083(20)、32086(33)、

32089(20)、32090(26)、32091(25)、32092(17)
47 五均論　經2-14412　子4-21746
五鶴堂印譜　子3-17235
五聲二變旋宫起調圖譜　經1-6488
五聲琴譜　子3-17597
五聲述古　經2-14159　叢2-1657
五聲反切正韻　叢2-1469
五聲反切正均　經2-14377　叢2-814
五聲篆隸合編　經2-13220
五朝文鐸　集6-43083
五朝詩別裁集　集6-41778
五朝詩善鳴集　集6-42457
五朝詩鐸　集6-42529
五朝詩管　集6-42331
五朝三楚文獻錄　史2-8220
五朝聖訓　史6-47733
五朝先賢十九家年譜　史2-11009
五朝名家七律英華　集6-42458~9
五朝名臣言行錄　史2-6202
五朝名臣言行錄、三朝名臣言行錄　史2-7030　叢2-635(3)
五朝名臣言行錄前集、後集　史2-7031
五朝名臣言行錄前集、後集、續集、別集、外集、新集　史2-7032
五朝絶句詩選　集6-42474
五朝法傳錄　史1-2701
五朝耆舊記　史1-2699
五朝小説五百二十三種　叢1-29(1)
五好山房文稿　集5-34454
五好山房詩稿　集5-34453
五胡二十國紀年表　史1-4565、4706
五胡二十國世系表　史1-4565、4707
五胡二十國史表　史1-4565
五胡二十國輿地表　史1-4565、4708
五胡亂華考　史1-6031
五胡十六國考鏡　史1-2322　叢1-195(1),2-731(4)
五胡指掌編　史1-2326,2-7011
五都錢氏宗譜[浙江蘭溪]　史5-40227
五鵲別集　集2-10206
五柳(陶淵明)傳　史2-8527
五柳賡歌　集2-10185　叢1-86,2-730(8)、731(38)
五柳先生傳　叢1-30、119~20
五柳草堂文集　集4-33492
五穀豐登　集7-49700
五穀考　叢2-2235
48 五教説　子7-32111
五教説、婆羅門書、心鏡華嚴念佛圖　子7-33905
五松山人詩草、補編　集4-25526
五松遺草　集3-21043
五松園文稿　集4-23613　叢1-286,2-731(46)
五梅一硯齋詩鈔　集4-26186
五梅遺詩　集3-18789
50 五丈原一枝　集7-51983
五史斠議　史1-25
五車韻府　經2-15069　子5-26176
五車韻瑞　子5-26129
五車韻瑞、洪武正韻　子5-26130
五車霏玉　子5-24968
五車樓五訂正韻四書纂序説約集註定本　經2-10637
五事毘婆沙論　子6-32081(38)、32082(17)、32083(25)、32084(21)、32085(37)、32086(41)、32088(26)、32089(46)、32090(52)、32091(50)、32092(34)、32093(30)
五夫子里志稿[民國]　史8-58229
五夫劉氏東族重修合族宗譜[福建武夷山]　史5-39348
五蟲寶卷　集7-54475
五忠堂平倭實錄　史1-2865
55 五弗齋文稿　集4-28547
五曹筭經(五曹算經)　子3-12414
五曹筭經、數術記遺、算學源流　子3-12413
五曹算經　子3-11250、12348　叢1-223(35)、230(3)、238~9、244(2),2-708、731(25)
60 五星立成　子3-11585
五星聯珠　子3-17959、18218
五星形體論　子3-13152
五星集腋　子3-14146~7
五星步法　子3-11504
五星行度解　子3-11413、11416、11634、12389　叢1-274(4),2-731(27)
五星伏見差度立成　子3-11585
五星細行捷法　子3-11585
五星紀要　子3-11238,7-36241
五星通軌　子3-11343
五星吉凶　子3-13132
五星推步簡法　子3-12710
五星捉脈論、十二例杖法　子3-13623
五星捉脈正變明圖　子3-13138
五星易數　子3-13130
五星段目立成　子3-11585
五星管見　子3-11239
五里劉氏宗譜[浙江常山]　史5-39282~3
五國執政表　史1-4640　叢1-349
五國故事　史1-2402~3,2-8569　子5-26224　叢1-19(9)、20(7)、21(8)、22(3)、23

(3)、24(10)、195(1)、223(22)、235、244(3)、248、249(1)、282(2)、283(2)、357,2－624(2)
五品稿　集2－11306、11308
五品經　子5－29535(4)、29536(4)
五是堂詩集　集4－24387
五果山人劉果齋先生(爾炘)年譜　史2－12413
61 五顯靈觀大帝燈儀　子5－29530(5)、30600
67 五路財神(金龍扇、財神寶卷、金龍扇五路寶卷、發財寶卷、金龍扇寶卷)　集7－54271
71 五原廳志畧[光緒]　史7－56079
五原考界　史1－1929
五馬止獵　集7－49705
五馬先生紀年　史2－11718
五馬江兒水　子3－17925
五馬曲江張氏宗譜[浙江東陽]　史5－35057～9
72 五岳詩集、槐柳記畧、二酉詩草　集2－10927
五岳詩選　集2－10928
五岳游草　史7－53085～6
五岳遊記　叢2－622
74 五臟脈法　子2－6193
五臟六腑圖說　子2－5954、7812
75 五體集唐　集2－9710
五體書豳風七月詩　子3－15499
五體金剛經　子3－15346
77 五鳳吟　子5－28340
五周先生集六種　叢2－934
五服釋例　經1－6200
五服圖解　經1－6222　叢1－265(2)、266
五服異同彙考　經1－5458　叢2－782(4)、1538～9
五母子經　子6－32081(30)、32083(20)、32085(29)、32086(34)、32088(21)、32089(21)、32090(26)、32091(25)、32092(17)、32093(20),7－32705
五母字音錄　經2－14498
五鼠鬧東京　集7－53307
五印度論　史7－49317(1)、49318(17)、54709
五印度疆域風俗制度考畧　叢2－806
五門禪經要用法　子6－32081(39)、32082(18)、32083(26)、32084(21)、32085(38)、32086(44)、32088(27)、32089(34)、32090(56)、32091(54)、32092(37)、32093(27)
78 五鹽袁氏家譜[湖南瀏陽]　史4－31383
五鹽棠浦席氏重修族譜[江西宜豐]　史4－32484
五陰譬喻經　子6－32083(20)、32085(29)、32086(33)、32088(21)、32089(20)、32090(27)、32091(25)、32092(17)、32093(18)
80 五分彌沙塞比丘戒本　子6－32087
五分比丘尼戒本　子6－32081(35)、32082(15)、32083(23)、32084(19)、32085(34)、32086(39)、32088(24)、32089(40)、32090(46)、32091(44)、32092(30)、32093(23)
五分戒本　子6－32081(35)、32083(23)、32086(39)、32088(24)、32089(39)、32091(44)
五分戒本(彌沙塞戒本)　子6－32085(34)、32090(46)、32092(30)
五無反復經　子6－32083(22)
五美圖　集7－53726
五義風　集7－50151
五公山人集　集3－13827
五公山人居諸編　子4－21973
五氣大有寶書　叢2－857
86 五知齋琴譜　子3－17684
五知齋集　集4－22199
五知齋夢蝶譜　子3－17685
87 五欲軒藁　集2－11397
88 五篇靈文　子5－29536(5)、31235
五等寶星带式附中外各國輪船旗式　史6－44202
五等孝傳贊　經2－8326、8574～6
五餘讀書廛隨筆　叢2－2134
90 五堂會審　集7－53308
五常五事五倫總論　叢2－1866
五省溝洫圖說　史6－46606　子1－4082、4232
五省溝洫圖說、補錄　史6－46607　叢2－1554、2036
五火元機　子1－3553
92 五燈會元　史2－7110～3　子6－32091(72)、32092(43),7－34726　叢1－223(46)、559
五燈會元纘續　史2－7114
97 五恨領家一枝　集7－51047

亙

50 亙史　子5－24994～5
亙史内紀、内篇　子5－24998
亙史鈔　子5－24996

亞

10 亞西里亞巴比倫史　子7－36339
亞哥書馬島記　史7－49317(5)、49318(15)、

51273
11 亞非理駕諸國記　史 7-49317(3)、49318(18)
亞斐利加洲志、新志　史 7-54858
21 亞歲迎祥　集 7-49705
26 亞細亞疆域說　史 7-54462
亞細亞洲諸國度支考　子 7-36240(2)
亞細亞洲西部各國疆域考　子 7-36240(1)
亞細亞洲總考　子 7-36240(1)
亞細亞洲南部各國疆域考　子 7-36240(1)
亞細亞洲南洋各島考　子 7-36240(1)
亞細亞洲志、新志　史 7-54463
亞細亞洲朝鮮盛衰考　子 7-36240(1)
亞細亞洲東部朝鮮疆域考　子 7-36240(1)
亞細亞洲東部中國疆域考　子 7-36240(1)
亞細亞洲東部日本疆域考　子 7-36240(1)
亞細亞洲日本盛衰考　子 7-36240(1)
亞細亞洲圖考　史 7-54335
亞細亞洲八國盛衰考　子 7-36240(1)
亞細亞洲全圖簡明說畧　子 7-36237
亞細亞志要　子 7-36325
亞細亞東部地圖　叢 1-496(2)
27 亞物演義　子 7-35396
32 亞洲水流說畧　子 7-36237
亞洲山勢說畧　史 7-49319、54468
亞洲山勢簡明說畧　子 7-36237
亞洲俄屬考畧　史 7-49318(4)、54726
亞洲各國志　子 7-36245
亞洲奇異錄　史 7-54371
亞洲地理大勢論　子 7-36251
亞洲史　史 7-54466　叢 2-2199
亞洲全圖說畧　史 7-49319、54467
44 亞華字典撰要　子 7-36087
47 亞媚女士別傳　子 7-38257
50 亞拉伯志、新志　史 7-54476
亞東論畧　史 7-49318(20)
亞東三國總考　子 7-36240(1)
亞東各國約章　史 6-45103
亞東各國稅則高埠章程　子 7-37393
亞東貿易地理　子 7-37295
52 亞剌伯沿革考　史 7-49318(19)
60 亞墨利加洲諸國度支考　子 7-36240(2)
亞墨利加洲總考　子 7-36240(1)
亞墨利加洲八國盛衰考　子 7-36240(1)
亞墨利加洲米利堅盛衰考　子 7-36240(1)
亞愚江浙紀行集句詩　史 7-53808　集 6-41891
亞愚江浙紀行絕句　集 6-41917
71 亞歷山大　子 7-36483
77 亞陶公遺詩　集 4-33117
亞歐兩洲沿岸海道紀要　史 7-53062、史 7-49309
亞歐兩洲熱度論　史 7-49318(19)
80 亞美理駕諸國記　史 7-49317(3)、49318(18)
亞谷叢書　子 4-21219　叢 1-448,2-1417
90 亞棠巢詩鈔　集 5-35836

盂

22 盂鼎銘考釋　史 8-64269　叢 2-2227、2229
44 盂藍會一枝　集 7-50928
盂蘭夢　叢 1-584
盂蘭夢傳奇、曲譜　叢 2-1777
盂蘭夢傳奇一折、盂蘭夢曲譜　集 7-49570
盂蘭夢曲譜　集 7-54823
盂蘭盆經　子 6-32083(9)
盂蘭盆經疏　子 6-32090(64)、32092(42),7-33469
盂蘭盆經折衷疏　子 7-33476
盂蘭盆報恩大齋勝會儀軌輯要　子 7-34997
62 盂縣志[康熙]　史 7-55652
盂縣志[嘉靖]　史 7-55651
盂縣志[光緒]　史 7-55653

盃

12 盃水齋日記(清同治四年、九年至十三年、光緒三年至四年、十四年至十五年)　史 2-13057

10108 巫

22 巫山豔史　子 5-28316
巫山神女夢　集 1-158　叢 1-185
巫山神女夢、曹植洛神賦　子 5-26222
巫山縣鄉土志[光緒]　史 8-61584
巫山縣志[雍正]　史 8-61581
巫山縣志[康熙]　史 8-61580
巫山縣志[嘉慶]　史 8-61582
巫山縣志[光緒]　史 8-61583
43 巫娥志　叢 1-587(5)
72 巫氏族譜　史 4-27694

豆

00 豆亭集 集 1 - 5476
豆腐戒 叢 1 - 197(4)
20 豆香說鬼 叢 1 - 154
44 豆花莊詩初集、詩二集、雜著、詩餘 集 4 - 23927
豆花莊詩鈔 集 4 - 23928
47 豆棚談助 子 4 - 23664
豆棚閒話 子 5 - 27817 叢 2 - 720(5)
77 豆醫蠡酌錄 子 2 - 8954

靈

00 靈庵先生遺詩 叢 2 - 2112
靈應 子 5 - 26904
靈應傳 叢 1 - 56、249(2)、255(3)、587(3)
靈應泰山娘娘寶卷 子 7 - 36129
靈應錄 子 5 - 26222、26903 叢 1 - 22(19)、23(19)、29(4)、148、185、255(3)
靈言蠡勺 子 7 - 35291 叢 1 - 135
02 靈諼閣集 集 2 - 10858
03 靈鷲一彬禪師語錄 子 7 - 34366
04 靈護集 叢 2 - 720(6)
靈護集、附集 集 2 - 12501,6 - 45102 叢 1 - 547(4)
10 靈一詩 集 1 - 1174 叢 1 - 306
靈石山房詩草、續詩草 集 5 - 34243
靈石山房稿 集 4 - 25819～21
靈石山館詩集 集 4 - 32271
靈石樵歌 集 7 - 47341～2,51820
靈石軒存稿 集 4 - 22681,6 - 42006
靈石縣志[康熙] 史 7 - 55810
靈石縣志[嘉慶] 史 7 - 55811
靈石縣志[萬曆] 史 7 - 55809
靈石縣志[民國] 史 7 - 55814
靈石縣志[光緒] 史 7 - 55812～3
靈雲仙館集 集 4 - 29206
12 靈瑞禪師嵒華集 子 6 - 32091(78)
靈瑞尼祖揆符禪師妙湛錄 子 6 - 32091(78)
靈飛經 子 3 - 15602
靈飛散傳信錄 子 5 - 29530(18)、31104
15 靈珠精義 子 3 - 13143
19 靈砂大丹祕訣 子 5 - 29530(18)、29555、30859
20 靈信經旨 子 3 - 13095,5 - 29530(27) 叢 1 - 256
21 靈衛廟志 史 7 - 51787
22 靈川縣志[雍正] 史 8 - 61266
靈川縣志[乾隆] 史 8 - 61267
靈川縣志[民國] 史 8 - 61268
靈嶽山房手著小學指南質說大全 子 1 - 2724
靈巖語屑 叢 2 - 2273
靈巖記畧内篇、外篇 史 7 - 52286
靈巖三家詩 集 6 - 44475
靈巖王氏宗譜[浙江鄞州] 史 4 - 24966～8
靈巖張氏宗譜[浙江寧波] 史 5 - 34909
靈巖集 集 1 - 4062～3 叢 1 - 223(57),2 - 860
靈巖山人詩集 集 3 - 21325
靈巖山人詩集後 集 3 - 21327
靈巖山館文鈔 集 3 - 21328
靈巖山館詩草 叢 2 - 1831
靈巖山館詩鈔 集 3 - 21326
靈巖山篤修淨土道場啓建大殿記 史 7 - 51586
靈巖寶鏡三昧 史 2 - 8593～4
靈巖志 史 7 - 52502
靈巖志畧 史 7 - 52288
靈巖志畧、靈巖山紀畧 史 7 - 52287
靈巖奏藁 史 6 - 48764
靈巖圖集(靈巖寺志) 史 7 - 51687
靈巖圓行和尚目錄 子 6 - 32093(39)
靈巖小志 史 7 - 52648 叢 2 - 1754
靈巖懷舊記 史 7 - 49318(5)、53281
靈峯集 集 5 - 38672
靈峯先生集 集 5 - 38671
靈峯蕅益大師梵室偶談 子 7 - 34921
靈峯存稿 集 5 - 38674
靈峯存稿、詩、詞 集 5 - 38673
靈峯志、補遺 史 7 - 52308
靈峯寺志 史 7 - 51629
靈峯蕅益大師宗論 子 6 - 32091(78)
靈峯蕅益大師宗論、靈峯蕅益大師自傳、靈峯蕅益大師續傳、靈峯始日大師私謚竊議 子 7 - 34918
靈峯蕅益大師宗論、白牛十圖頌、靈峯蕅益大師宗論畧記法語 子 7 - 34919
靈峯草堂集 叢 1 - 475
靈峯草堂集(悟蘭吟、滇遊草、東瀛草、東遊文稿) 集 5 - 37493
靈峯草堂叢書十一種 叢 1 - 475
靈峯蕅益大師選定淨土十要 子 7 - 34423
靈岩樵唱 集 7 - 47853

靈山何氏十一修族譜[浙江杭州]　史4-28256
靈山何氏九修族譜[浙江杭州]　史4-28255
靈山衛志[乾隆]　史8-59302
靈山藏(笨庵吟、彌戾車、雨存篇、鸚鵡車、猶弈稿、滄海蠡、杜吟、續、續、詩餘、頌銘贊、辭、賦、小草)　集2-11171
靈山縣志[雍正]　史8-61356
靈山縣志[康熙]　史8-61355
靈山縣志[嘉慶]　史8-61358
靈山縣志[乾隆]　史8-61357
靈山縣志[民國]　史8-61359
23 靈台六儀補　子3-12397
24 靈峽學則　子1-2459　叢1-483
26 靈鬼志　子5-26222、26820、26878　叢1-22(19)、23(18)、154、185、249(2)、255(4),2-731(50)
靈泉文集　集5-40076
靈泉許氏重纂家譜[浙江海寧]　史5-34401
靈泉許氏宗譜[浙江海寧]　史5-34403
靈泉志　史7-52768
靈泉李氏宗譜[浙江蘭溪]　史4-27219
靈泉金氏宗譜[浙江諸暨]　史4-29665～6
靈泉筆記、補遺、附錄　史6-47498
27 靈夆貝葉經題詠　叢2-2175
靈物志　子5-26897　叢1-587(4)
28 靈徵錄(劉朝)　史2-9115
30 靈濟真君注生堂靈籤　子5-29530(24)
靈憲　史7-49308　子3-11260　叢1-261,2-761、774(10)
靈憲注　叢1-22(10)、23(10)
靈官廟　集7-51821、52398
靈官廟小曲　集7-52397
靈官馬天君家傳祕法正集　子3-14539
靈寶六丁祕法　子5-29530(12)、31580
靈寶施食法　子5-29531、31670
靈寶玉鑑　子5-29530(11)、31562
靈寶五經提綱　子5-29530(11)、29563、30684
靈寶要畧　叢2-775(5)
靈寶天尊說洪恩靈濟真君妙經　子5-29530(7)、29861
靈寶天尊說祿庫受生經　子5-29530(7)、29910
靈寶刀　集7-49870
靈寶自然九天生神三寶大有金書　子5-29530(4)、31788
靈寶歸空訣　子5-29530(12)、31274
靈寶衆真丹訣　子5-29530(9)、30835
靈寶源流　子5-29566、31994
靈寶淨明新修九老神印伏魔祕法　子5-29530(11)、29555、31575
靈寶淨明天樞都司法院須知法文　子5-29530(11)、31570
靈寶淨明大法萬道玉章祕訣　子5-29530(11)、29555、31573
靈寶淨明黃素書釋義祕訣　子5-29530(11)、29555、30840
靈寶淨明院行遣式　子5-29530(12)、30777
靈寶淨明院真師密誥　子5-29530(11)、29555、31829
靈寶淨明院教師周真公起請畫　子5-29530(11)、31571
靈寶九幽長夜起尸度亡玄章　子5-29530(12)、29563、30792
靈寶大錬内旨行持機要　子5-29530(8)、31536
靈寶真靈位業圖　子5-31792　叢1-98、169(3)
靈寶畢法　子5-29535(4)、29536(4)、29547、30957～8　集6-42508
靈寶縣志[康熙]　史8-59573
靈寶縣志[順治]　史8-59572
靈寶縣志[嘉靖]　史8-59571
靈寶縣志[乾隆]　史8-59574
靈寶縣志[民國]　史8-59577
靈寶縣志[光緒]　史8-59576
靈寶縣志括記[乾隆]　史8-59575
靈寶無量度人上經大法　子5-29530(5)
靈寶無量度人上經大法、女　子5-31530
靈寶無量度人上品妙經　子5-29530(1)、29554、29623
靈寶無量度人上品妙經符圖　子5-29530(4)、31515
靈寶領教濟度金書、嗣教籙　子5-29530(9)、30617
靈寶錬度五仙安靈鎮神黃繒章法　子5-29530(24)、31644
靈寶半景齋儀　子5-29530(11)、30669
31 靈源子　子1-18、20　集1-308
靈源山房重訂四書淺說　經2-10290
靈源大道歌　子5-29547
32 靈州誌蹟[嘉慶]　史8-63320
靈州山人詩錄　叢2-1010
靈州志[光緒]　史8-63321
靈洲山人詩草　集6-42007(1)
靈洲山人詩錄　集4-31054
靈溪詩集　集4-26660
33 靈祕丹藥全書　子5-31330
36 靈澤夫人廟考證　史7-51834

37 靈洞山房集 集6-44717
靈湖郭氏十修宗譜[浙江蘭溪] 史4-32307
靈湖郭氏九修宗譜[浙江蘭溪] 史4-32306
38 靈澈詩 叢1-306
40 靈臺丁氏宗譜[江蘇武進] 史4-24610
靈臺經 子5-29530(6)
靈臺朱氏族譜[江蘇武進] 史4-26433
靈臺朱氏宗譜[江蘇武進] 史4-26434
靈臺儀象志圖 子3-11371
靈臺儀器圖 子3-11370
靈臺祕苑 子3-13009 叢1-223(36),2-873
靈臺志[順治] 史8-63189
靈臺小補、梨園蠹論 子4-21492
靈壇仙館詩鈔 集4-28022
靈壽縣志[康熙] 史7-55063
靈壽縣志[萬曆] 史7-55062
靈壽縣志[同治] 史7-55064
靈壽陸志節本 叢1-352
靈檀碎金 子4-23490 叢1-496(8)
靈檀碎金、靈檀碎金附録 子5-25439
靈樵仙館詩草 集5-38174
41 靈樞 子2-5440
靈樞識 子2-4771(1)
靈樞經 子2-5321、5440、5447 叢1-223(32)
靈樞經校勘記 叢2-1792
靈樞經脈翼 子2-10293
靈樞經合纂 子2-5326、5445
靈樞解剖學述大旨 叢2-2162
靈樞楊氏太素注本目錄 叢2-2131
靈樞素問節要淺注 子2-5347
靈樞懸解 子2-5367、5448
靈樞隋楊氏太素注本目錄 叢2-2129(3)
靈樞知要 子2-5452
42 靈機禪師語録 子6-32091(82)
43 靈城精義 子3-13343～4 叢1-223(36)
44 靈芬閣目睹書目 史8-65929
靈芬館雜著 叢1-373(7)、462
靈芬館雜著、續編、三編 叢2-1635～6
靈芬館雜銘 叢1-530～1
靈芬館詩、雜著、詩話、續 集6-41763
靈芬館詩話 集6-46077 叢1-373(4)
靈芬館詩話、續 集6-46076 叢2-1635～6
靈芬館詩一集、詩二集、詩三集 集4-25459
靈芬館詩初集、詩二集、詩三集 集4-25458
靈芬館詩初集、二集、三集、詞、雜著 集4-25456
靈芬館詩初集、二集、三集、四集、續集 叢2-1635～6
靈芬館詞 集7-47425～6
靈芬館詞三種 叢2-1635
靈芬館詞四種 叢1-486,2-698(12)、1636
靈芬館集 集4-25457
靈芬館集外詩 集4-25460
靈芬館集十種 叢2-1635～6
靈芬館續詩話 集6-46078 叢1-373(6)
靈芬館印存 子3-17152
靈蘭社稿 子2-4674
靈蘭書室醫案 子2-10920
靈蘭舘詩集 集3-13423
靈蘭館詩集 集6-44591
靈蘭館詩稿 集3-16814
靈蘭精舍詩選、鬧紅一舸詞選 集4-28784
靈蘭精舍詩錄 集4-28783
靈芝僊館詩鈔 叢2-2103
靈芝唱答集 叢2-920
靈芝益壽草 子2-4709
靈華館選稿 集4-29546
靈樹遠禪師雲岳集、雲岳頌古 子6-32091(77)
靈藥祕方 子2-4768、7712
靈棋經 子3-12894、14036～7 叢1-223(36)、256、273(4)、275、377、422、424、430、469、567、586(3),2-716(3)、731(15)
靈棋經殘 叢2-604
靈棋經解 子3-14039～40
靈棋經本章正經(靈棋本章正經) 子3-14038
靈棋本章正經 子5-29530(20)
47 靈媧石 集7-50379
50 靈書肘後鈔 子5-29530(24)、31641
靈素五解篇 叢2-2129(3)、2130～1
靈素解剖學 叢2-2162
靈素解剖學初稿 叢2-2162
靈素合抄 子2-5336
靈素合鈔 子2-5339
靈素節要淺注 子2-4648、4651～63
靈素堂詩 集5-35802
靈素堂駢文、詩鈔 集5-35801
靈素類言 子2-5354
60 靈星小舞譜 經1-6584～6
靈異記三則 子5-26905
靈異小錄 叢1-22(19)、23(19)
66 靈巖語屑 子4-21875
70 靈璧河渠原委、靈璧縣河防錄 史6-46861
靈璧縣志、外紀[康熙] 史7-57778
靈璧縣志畧[乾隆] 史7-57779

靈壁子　子1-18、20,4-19897
71 靈驅解法洞明真言祕書　史6-46522～3　子3-13386～7
靈驅解法洞明真言祕書、新刻法師選擇紀、新鐫京板工師雕斫正式魯班經匠家鏡　子3-14629
72 靈隱文禪師語錄　子6-32091(82)
靈隱子　集1-701
靈隱續志　叢1-373(3)
靈隱豁堂禪師住海虞三峯清涼院語錄　子7-34298
靈隱書藏紀事　史8-65314　叢2-832(6)
靈隱晦山顯和尚全集　集3-13319
靈岳山房重訂四書淺說　經2-10289
靈岳吳氏宗譜[浙江東陽]　史4-27944～6
76 靈陽方氏譜[安徽歙縣]　史4-25825
77 靈邱縣補志[光緒]　史7-55623
靈邱縣志[康熙]　史7-55622
靈邱縣志[順治]　史7-55621
靈犀佩　集7-49968
靈犀錦傳奇　集7-50002、50038
78 靈驗記　集2-9212
靈驗良方　子2-10186
靈驗良方滙編、胎產要訣　子2-9421
靈驗良方滙編附絕妙神方　子2-10096
靈驗事蹟　子5-29581、30427
79 靈勝分紀　史7-52167
80 靈谷子　子3-14649
靈谷紀遊稿　史7-53212　叢2-611
靈谷禪林志　史7-51559
靈谷禪林志寺　史7-51560
82 靈劍子　子5-29530(12)
靈劍子、靈劍子引導子午記　子2-11137
靈劍子引導子午記　子5-29530(12)
87 靈鶼閣叢書五十六種　叢1-524
88 靈笈寶章　叢1-86,2-730(7)、731(16)
97 靈怪集　叢1-15
靈怪錄　子5-26222、26894、26906　叢1-19(2)、20(1)、21(2)、24(2)、185、255(4)

1011_1 霏

10 霏玉軒詩草　集4-28638,6-42001
霏雪錄　子4-20199、20272～3　叢1-4～5、9、22(23)、56、58、195(6)、223(41)、2-731(7)
霏雲居集、續集　集2-11262
77 霏屑集　子4-21049

1011_3 琉

10 琉璃誌　子4-18631　叢1-202(7)、203(18)
琉璃王經　子6-32081(31)、32083(21)、32085(30)、32086(35)、32088(22),7-32552
琉璃志　叢1-203(13)
琉璃塔　集7-50476
琉璃盞寶卷　集7-54396
琉璃廠書肆記　史7-49324,8-65295
13 琉球譯　史7-54513
琉球記、中山詩集　史7-54515
琉球說畧　史7-49317(8)、49318(16)、54540
琉球百問(曹仁伯琉球百問)　子2-10682
琉球形勢畧　史7-49317(8)、49318(16)
琉球使畧　叢1-22(22)、29(8)
琉球傳畧　史2-6248
琉球向歸日本辨　史7-49317(8)、49318(16)、54536
琉球島記　史7-49319、54539
琉球實錄　史7-49317(8)、49318(16)、54533～4
琉球考畧　叢2-1016
琉球朝貢考　史7-49317(8)、49318(16)、54535
琉球中山唐榮孫氏家譜　史5-33693
琉球中山唐榮陳氏家譜　史4-33444
琉球國志　叢1-373(8)
琉球國志畧　史7-54527　叢1-230(2),2-731(59)
琉球圖說　史7-49334、54514
琉球問答奇病論　子2-4768
琉球入學見聞錄　史7-54525　叢2-998、1455

疏

00 疏庵集　集3-18664
12 疏引地名　經1-7001
20 疏香草堂詩稿　集4-26636
疏香閣遺集　集2-12660～2
疏香閣遺稿　集6-45106
疏香閣遺錄　史2-9259～60　叢1-547(2)
疏香閣附集(葉小鸞)　史2-9257
疏稿　史1-1956、6-48328、474、548,49072、137
疏稿、祭文　史1-1955

疏稿、書續(熊廷弼)　史6-48440
22 疏山志畧　史7-52499
30 疏寮稿　集4-24430
疏寮小集　集6-41889、41891、41897
疏竂小集　集6-41784
31 疏河心鏡　史6-46649　叢1-203(15)、310
疏濬郡河清册　史6-46823
疏濬泖浦塘要口碑記　史6-46807
44 疏蘭仙館詩集、續集、再續集　集5-34610
疏苧論　子4-22031
疏草　史6-48445、48463、48559、48562、48576、48604
疏草錄畧　史6-48464
疏勒府鄉土志[光緒]　史8-63397
疏勒望雲圖題咏　子3-16240
疏村集　集3-19733
57 疏摺鈔存(光緒二年)　史6-47999
60 疏園詩二編　集5-40705
疏園詩初編　集5-40704
疏園詩存　集5-40706
疏園菊譜　子3-16439
62 疏影山莊吟稿　集4-31639
疏影樓稿　集3-21400
疏影樓名花百詠、吟草　集3-17318
疏影樓題畫詩　集3-20654
疏影軒遺草　集4-23399～400
67 疏野堂集　集4-30417～8
80 疏食譜　子4-18535
88 疏竹園詩草　集5-35415
95 疏快軒詩　集3-16484
疏快軒集六種(疏快軒詩集、續集、鐵莊外集詩餘、疏快軒外集詩、鐵莊外集、鐵莊遺集、兔園存稿)　集3-16483

1012_7 璃

88 璃竹山房詩錄　集4-29062

霈

00 霈亭偶錄　集4-27376

1013_2 瓌

72 瓌隱庵剩稿　集4-27202

1013_6 璽

44 璽菴類纂　子4-24151

1014_1 聶

08 聶許齋詩稿　集4-23117
72 聶隱娘傳　子5-26224　叢1-56、168(3)
聶氏痘門方旨　子2-8677
聶氏族譜[山東鄒平]　史5-40913
聶氏族譜[河北欒城]　史5-40911
聶氏族譜[湖北]　史5-40914
聶氏五修族譜[湖南]　史5-40916
聶氏家譜[廣東新會]　史5-40923
聶氏四修族譜[湖南]　史5-40915
聶氏四修族譜[湖南沅江]　史5-40918
90 聶掌教集　集2-6722,6-41935(3)

1014_6 璋

32 璋溪王氏宗譜[浙江臨安]　史4-24924

1016_1 霑

24 霑化吳氏族譜[山東霑化]　史4-28127
霑化縣志[萬曆]　史8-59456
霑化縣志[民國]　史8-59458
霑化縣志[光緒]　史8-59457
80 霑益州志[乾隆]　史8-62401
霑益州志[光緒]　史8-62402

1016_4 露

10 露西亞通史　子 7-36354
15 露珠緣　集 7-53011
20 露香書屋詩集(香樂居士詩集、露香書屋遺集)　集 3-20032
露香拾稿　集 6-41745、41891、41895、41897、41899、41917、41924
露香拾遺　集 1-3853
露香拾藁　集 1-3851,6-41918
露香拾藁支卷　集 1-3852
露香拾藁　集 6-41744、41746、41888、41892～3、41894(4)、41898、41904、41911、41923
露香閣詩集　集 3-21343
露香閣詩草　集 6-41999
露香閣摘稿、二刻　集 3-17927～8
24 露德聖母紀畧、修女小傳　子 7-35830
露德聖母紀畧、蘇女精修　子 7-35829
26 露白法界　叢 2-1361
33 露淚緣(路林緣)　集 7-52188
38 露滸園稿　叢 2-1281
44 露華仙館詩存、初稿　集 4-30079
露華榭集　集 4-25008
46 露帕嫁禍　集 7-52825
47 露桐先生年譜前編、續編　史 2-11916
露桐居士(李殿圖)年譜存　史 2-11915
50 露書　子 4-20881
56 露蟬吟詞鈔　集 4-23596
露蟬吟詞鈔、續鈔　集 7-47487
88 露筋祠　史 7-51768
94 露惜傳　子 7-38222

1017_7 雪

00 雪亭集　集 1-2950
雪亭夢語　子 4-21018
雪庵文集　叢 2-1392
雪庵文集、尚書札記　集 3-15254
雪庵詩存　集 3-17901
雪庵字要　子 3-15067　叢 2-674
雪廬詩選　集 3-18793
雪廬讀史快編　史 1-4893
雪廬百印　子 3-17318
雪廬百印、續　子 3-17319
雪廬焚餘稿、焚餘續草　集 2-12210
雪廬焚餘續稿　集 2-12211
雪廬吟稿　集 4-32182
雪廬吟草　集 3-20281
雪齋詩稿　集 3-16007
雪齋詩草　集 4-24928
雪齋集　集 1-4735
雪夜訪賢　集 7-52089
雪夜詩話、明人詩話補、國朝詩話補　集 6-45963
雪夜錄　叢 2-963
雪交亭正氣錄　史 2-7396　叢 2-845(2)
雪交亭集　史 2-7395　集 3-13861～2
04 雪詩　集 3-13459
06 雪韻堂批點燕子箋記　集 7-50064
10 雪一枝　集 7-52017
雪王堪尺牘　集 5-40460
11 雪彊老人詩稿　叢 2-1632
12 雪磯先生文集　集 1-4389
雪磯叢稿　集 1-4384～5、4387～8,6-41744、41897～9、41913、41924　叢 1-223(57)、425
雪磯叢藁　集 1-4386
雪磯叢藁　集 6-41745、41891、41894(4)、41896、41904、41916
17 雪子偶存(觀音堂詩鈔、明日看雲集、道中歌、觀音堂硯銘)　集 4-22539
20 雪傭剩草　集 4-29312
雪航膚見　史 1-5913
雪舫集　集 2-11318
雪舫山人詩草　集 5-36345
雪舫吟　集 3-16059
雪舫吟稿(鄭雪舫吟稿)　集 5-36349
雪香亭雜詠　叢 1-407(4)
雪香庵詩　集 4-25237～8
雪香齋吟草　集 5-34197,6-42007(2)
雪香吟館詩草　集 5-40048
雪香龕詞草　集 7-47746
21 雪虛聲堂詩鈔　集 6-41766
雪經齋初稿　集 7-48102
22 雪川詩稿　集 3-17580
雪岑詩稿　集 5-38723
雪岑殘稿　集 5-38724
雪岑先生遺稿　集 2-7157
雪岑和尚續集　集 1-4620
雪崖雜集　集 2-6764
雪崖詩集　叢 2-991
雪崖詩草　集 3-15487
雪巖雜錄　子 4-21181
雪巖詩集　集 1-4134,6-41779～80
雪巖詩鈔　集 3-17509,4-23402,6-44411
雪巖集　集 3-17508

雪巖集鈔 集 1-4138,6-41901
雪巖和尚語録 子 6-32091(72)
雪巖和尚語録、普說、法語、讚佛祖、偈頌、外集、舉古 子 7-34202
雪巖和尚外集 集 1-3801
雪巖吟草 集 6-41888、41892、41917
雪巖吟草、補遺 集 1-4136
雪巖吟草西塍集 集 1-4135,6-41744、41891
雪巖吟草補遺 集 1-4137,6-41891
雪巖吟草甲卷忘機集 集 1-4139 叢 2-660
雪巖翁集 子 4-21181
雪嶺閒吟 叢 2-2215
雪峯詩集 集 2-7473
雪峯志 史 7-52453
雪岩吟草 集 6-41893、41894(4)、41897~8
雪嶠雜著九種 子 4-24427
雪嶠信禪師語録 子 6-32092(44)
雪嶠外集 集 4-29870
雪嶠禪師語録 子 6-32091(73),7-34267
雪嶠日記(清道光十五年至二十六年) 史 2-12679
雪山庚子稿 集 2-8335
雪山詩選 集 2-8338 叢 2-886(5)
雪山集 集 1-3505~6 叢 1-223(55)、230(5),2-731(40)、873
雪山寶卷 集 7-54237
雪山始音 集 2-8334
雪山草 集 2-10215
24 雪豔梅鮮一枝 集 7-52016
雪牀遺詩、續刻 叢 2-1723
雪牀遺詩、續刻雪牀遺詩 集 3-17175
25 雪生還鄉吟 集 5-41456
雪生年録 史 2-12482
26 雪牕譚異四十種 叢 1-148
雪牕小集 集 6-41745~6、41891~2、41894(4)、41897、41917、41923
雪泉詩 集 6-41897
雪泉詩集 集 6-41896、41904
雪泉詩存、秋江倚棹圖題詠 集 3-21821
雪臯草堂詩集 集 3-17797
27 雪舟詩集 集 2-9707,3-18579
雪舟詩鈔 集 5-40687
雪舟脞語 叢 1-19(9)、20(7)、21(8)、22(5)、23(5)、374
雪舟脞語(甕天脞語) 叢 1-24(9)
雪船吟初稿 集 3-18451
雪船吟初稿、補編 集 3-18450
28 雪作鬚眉詩鈔(訒庵詩鈔) 集 3-14522
30 雪窓集 集 2-11519,6-45128
雪窓集、本傳、附録 叢 1-223(57)
雪窓小集 集 6-41893、41898
雪窻雜詠 集 6-44222
雪窗雜話 叢 2-2209
雪窗雜詠 集 3-19108
雪窗譚異 子 5-26995
雪窗新語 子 4-24503、24614 叢 1-496(2)
雪窗零話 叢 2-2209
雪窗集(雪窗先生文集) 集 1-4242
雪窗先生文集 集 1-4243 叢 2-845(2)
雪窗囈語 子 4-24179
雪窗閒筆 叢 2-2209
雪窗小集 集 1-3417,6-41744、41888、41912、41924
雪窗小集、補 集 1-3419
雪窗小集、補遺 集 1-3418
雪窗小集補遺 集 6-41891
雪窗小稿 集 6-41895
雪窗小藁 集 6-41904
雪宧繡譜 叢 2-689
雪竇石奇禪師語録 子 6-32091(74)
雪竇集 集 4-23009
雪竇倡和詩 叢 1-263
雪竇倡和記 叢 1-263
雪竇寺誌 史 7-51649
雪竇寺誌、明州雪竇寺重復公案 史 7-51650
雪竇寺志 史 7-51647
雪竇寺志畧 史 7-51648 叢 2-743
雪竇顯和尚明覺大師頌古集、拈古 集 1-1912
雪竇顯和尚明覺大師頌古集、拈古、瀑泉集、祖英集 叢 2-636(3)
雪竇顯和尚頌古 子 7-34185、34399
雪竇顯禪師語録 子 7-32102
雪竇唱和詩 集 4-23077
雪竇明覺禪師語録 子 6-32089(48)
31 雪江詩稿 集 2-6927
雪江獨釣 集 7-52536
雪潭居醫約 子 2-9328
32 雪洲集 集 2-7221
雪溪詩 集 6-41916
雪溪詩(雪溪集) 集 1-3192
雪溪詩、補遺、逸文 集 1-3191
雪溪詩集 集 1-3194,6-41896
雪溪詩稿 集 6-41895
雪溪集 集 1-3193,6-41745、41904 叢 1-223(54)
雪溪集文鈔 集 3-19299
雪溪漁唱、補遺、附録 集 2-6826

雪溪漁唱集 集2－6828
雪溪漁唱集鈔 集2－6827
33 雪心賦 子3－13503
雪心賦正解 子3－13277、13281
雪心賦正解、辨論三十篇 子3－13279
雪心賦翼語 子3－13278
雪心賦句解 子3－13141、13272、13274
雪浦詩存 集4－22170
雪浪齋詩稿(湘江集、汴遊吟) 集3－17581
雪浪齋日記 集6－45689 叢1－22(3)、23(3)
雪浪石題詠 集5－40831
雪浪集 集2－13004,3－14877
雪浪山房集 集3－19371
雪浪山房稿 集6－45142
34 雪濤諧史 叢1－154
雪濤諧史十種 子5－27406
雪濤詩評 集6－45486、45723 叢1－22(26)
雪濤談叢 叢1－22(23)、29(8)
雪濤閣集 集2－10555
雪濤小說 叢1－22(28)、154、181
雪濤小書 叢2－721
雪波詞鈔 集6－42068,7－47876
37 雪泥詩鈔 集4－30159
雪泥記遊稿 集3－18632,6－44213
雪泥一印草 集5－39347
雪泥鴻爪 集4－26099
雪泥鴻爪前編、後編、閏編、末編 史2－12221
雪泥鴻爪錄 史7－51287 叢2－1417
雪泥書屋雜志、遺文、雜文 子4－22655
雪泥書屋遺文、雜文 集4－24344
雪泥書屋全書二種 叢2－1606
雪泥爪印 子3－16275
雪泥屋遺書目錄、補遺 史8－65302
雪泥留痕 叢2－2212
雪泥留印 集4－31653
雪湖文集 集3－21048
雪湖詠史錄 集2－7093
雪湖集 集3－16572
雪湖梅譜 子3－16301
雪鴻齋草 集3－13156
雪鴻詩草 集4－22337
雪鴻詞 叢2－885、1017
雪鴻詞鈔 集5－35067
雪鴻再錄 史7－49317(6)、49318(12)、49358、53922 叢1－496(3)，2－617(4)、1472
雪鴻集 集4－24811
雪鴻集選 集2－10422,6－41949
雪鴻山館紀年 史2－12272
雪鴻寄草 集4－23016
雪鴻初草 集4－27157
雪鴻消寒詩集 集4－30987
雪鴻草 集4－30342,6－42007(2)
雪鴻樓尺牘 集4－28067
雪鴻軒尺牘 集4－28066
雪鴻吟社詩鐘 子3－18159 叢2－957
雪鴻吟草 集5－36936
雪鴻吟館詩存(燕南集、浮槎集、西陵集)、補編 集5－35460
雪鴻吟館詞 集7－47762
雪鴻小記 子4－23196,5－26628
雪鴻小記、雪鴻小記補遺 子5－26629
雪鴻小記、補遺 子5－26232 叢1－587(6),2－721
雪鴻小集 集3－19202
雪鴻小草(桐華閣詩鈔) 集4－30068
雪鴻堂文集 集3－14379、18045,6－44993
雪鴻堂詩集 集4－32862
雪鴻堂詩蒐逸 集2－10423
雪鴻堂詩蒐逸、補 叢2－885
雪鴻堂詩蒐逸、補、附錄 集2－10424
雪鴻堂集 集3－17980
雪鴻堂蒐逸 叢2－1020
雪鴻堂全集 集6－44993
40 雪帷韻竹詞 集7－47311
雪杏園藏拙稿 集2－10147
雪木先生(李柏)年譜 史2－11023、11736 叢2－829
雪杭遺稿 集4－33661
雪樵文集 集2－12984
雪樵詩 叢1－584
雪樵詩集 集3－16308、20395,4－25516
雪樵詩稿、雪樵觀潮圖題詠 集4－23897
雪樵詩存 集5－34912、38387
雪樵經解 經2－11711
雪樵續集 集4－25517
雪樵遺稿 集5－39460
雪樵遺稿(聽雨樓雪樵遺稿) 集5－34914
雪樵書屋近體詩、戰餘吟 集5－34766
41 雪顛存稿 集3－15302
42 雪橋詩話、續集、三集、餘集 叢2－671
43 雪坨詩集 集5－40732～3
雪城小藁 集6－41891
44 雪薑老人詩稿 集3－21772
雪坡文集、獨行詩集、醉吟詩 集2－12961
雪坡詩鈔 集4－24161
雪坡詞 集7－46361、46370、46372、46375、46699 叢1－579
雪坡集 叢1－223(57)

雪坡集(雪坡姚舍人文集) 集 1-4303
雪坡集(雪坡舍人集)、補遺、校勘記、續記、後記 集 1-4304
雪坡剩草 集 4-22146
雪坡舍人集、補遺、校勘記、校勘續記、校勘後記 叢 2-870(4)
雪坡小稿 集 6-41895
雪坡小藁 集 1-4616~7
雪坡小藁 集 6-41744~5、41888、41893、41894(3)、41897~8、41904
雪麓詩 集 3-16460
雪苑文鈔 集 6-42064
雪花三十韻 集 2-12789
雪莊文集、續編、補編 集 3-20184
雪莊詩稿 集 3-21351
雪莊詞 集 7-47615
雪莊西湖漁唱 史 7-53343 集 3-21353 叢 2-832(4)
雪莊集 集 4-24871
雪莊漁唱 集 3-21352
雪薌編年詩鈔 集 3-17517
雪蔭堂奏稿 史 6-48857
雪芽詩選 集 3-15796
雪蓬集、春波詞 集 4-24604
雪蓬稿 集 6-41744、41891、41924
雪蓬稿、雜著 集 6-41745
雪蓬先生詩選 集 2-6104,6-44892
雪蕉齋詩鈔、補編 集 4-33331
雪蕉集鈔 集 3-21472,6-41756
雪蕉軒殘稿 集 4-31881
雪蕉館排律 集 5-34531
雪華館叢編二十種 叢 2-822
雪菴集 集 1-5104
雪菴清史 子 4-20873
雪芸草 集 3-13380
雪村詩草 集 4-30773
雪村詩草、集杜詩 集 3-21899
雪村詩草摘刊 集 3-21900
雪村編年詩剩 集 3-18565
雪村編年詩賸 叢 2-788
雪村吟稿選 集 3-20443
雪村歷年詩 集 3-16999
雪林删餘 集 1-4596,6-41744~5、41888~9、41891~3、41894(3)、41895、41897~9、41904、41917、41920、41924
45 雪杖山人詩集 集 3-19162
雪樓詩選 叢 2-886(4)
雪樓詩鈔、雪樓賦鈔 集 4-27411
雪樓集 集 1-4903、4905 叢 1-223(59),2-873
雪樓樂府 集 7-46370、46761 叢 1-579
雪樓先生樂府 集 7-46361、46762
46 雪柏堂稿 集 2-10448
47 雪聲軒詩集 集 3-19217~8
雪根清壑山房詩 集 6-44976
48 雪梅弔孝(秦雪梅弔孝) 集 7-52537
雪梅寶卷 集 7-54497
雪梅教子 集 7-50475
雪梅掛帛 集 7-52848
50 雪中人 集 7-49438、49448、49450
雪青閣詩集 集 5-35829
51 雪虹閣集 集 2-11656
60 雪園文甲集、文乙集 集 5-40309
雪園詩集 集 3-18299
雪園詩賦遺集 集 3-14740
雪園詩賦初集、二集 集 3-14739
雪園詩鈔 集 3-21027
雪園集詩集、文集 集 3-14741
雪園易義 經 1-844
雪園易義補 經 1-845
62 雪影軒賑餘吟集 集 5-40808
65 雪映窑窗一枝 集 7-52018
70 雪雅堂醫案 子 2-10828
71 雪厓集 集 2-6727
雪厓先生詩集 集 1-5814
雪壓茅屋一枝 集 7-52015
雪壓軒詞 集 7-47190
雪壓軒集 集 3-20173
雪臣集 集 3-13650
72 雪隱詩鈔 集 5-37312
77 雪屋文集 集 2-12802
雪屋二集 集 2-12801
雪屋集 集 2-12800
雪屋偶存 集 3-19725
雪屋未刻集 集 2-12387
雪月梅傳 子 5-28432~3 叢 1-496(6)
雪屏詩存 集 3-20152
雪屐尋碑錄 史 8-64437
雪屐尋碑錄、人名通檢 史 8-64438 叢 2-785
雪履齋筆記 子 4-20231 集 1-5631 叢 1-223(41)、246、282(2)、283(2),2-811
雪眉詩鈔、詞 集 4-25176
雪關和尚語錄 子 6-32091(74)
雪關禪師語錄 子 6-32091(74)
雪門詩鈔、衍古謠諺 集 4-33059
雪門偶然草 集 4-22759
80 雪翁詩集 集 2-12899~900
雪翁詩集、補遺、附錄 集 2-12901 叢 2-845(2)
雪谷府君行述 史 2-9367

88 雪笠山人詩集　集 4 - 25142
雪竹樓詩稿、文稿　集 5 - 36236
雪篇寶詩剩　集 5 - 39749
雪篷詩藁　集 1 - 4107
雪篷詩藁　集 6 - 41904
雪篷稿　集 6 - 41895、41917
雪篷稿、雜著　集 1 - 4108
雪篷先生詩選　集 6 - 44893
雪篷藁　集 6 - 41888、41892～3、41894(4)
雪篷小藁　集 6 - 41897～8
雪笑集　叢 1 - 373(7)
90 雪堂文集　集 2 - 11194～5,3 - 13267
雪堂詩文鈔　集 5 - 38297
雪堂詩賦　集 3 - 16968
雪堂韻史　子 4 - 24091
雪堂韻史七十六種　叢 1 - 181
雪堂詞箋　集 7 - 46820
雪堂行和尚拾遺錄　子 6 - 32093(51),7 - 34010、34014
雪堂先生文集　集 3 - 13270
雪堂先生集選　集 3 - 13268
雪堂偶存詩　集 3 - 19632
雪堂和尚拾遺錄　子 6 - 32091(60)
雪堂叢刻(國學叢刊)五十二種　叢 2 - 599
雪堂遺稿　集 3 - 17238
雪堂退思錄　子 1 - 1783
雪堂校刊羣書敍錄　史 8 - 66487　叢 2 - 2191
雪堂藏古器物目　叢 2 - 604
雪堂燕山集　集 3 - 16969
雪堂專錄四種　史 8 - 63524
雪堂書畫跋尾　子 3 - 14971　叢 2 - 2191
雪堂墨品　子 4 - 18683、18775～6、18813,5 - 26405　集 3 - 15515　叢 1 - 197(3)、353、371、469、486、495、586(3),2 - 716(3)、731(31)
雪堂所藏古器物目　史 8 - 63783
雪堂所藏古器物圖說　史 8 - 63738　叢 2 - 2195
雪堂所藏金石文字簿錄　史 8 - 63782　叢 2 - 2192
雪堂所藏金石書畫展覽目錄　史 8 - 63781
雪堂隨筆　集 2 - 10926
雪堂醫學真傳　子 2 - 9565
雪堂金石文字跋尾　史 8 - 63737　叢 2 - 2191
雪棠懿迹前編、後編　史 2 - 9365
91 雪煩廬記異　子 5 - 27117　叢 2 - 1921
雪煩山房集　集 4 - 27517
雪煩山房日記(清咸豐四年、七年)　史 2 - 12680
雪煩叢識　子 4 - 21684　叢 2 - 1921

1020$_0$　丁

00 丁亥詩稿　集 4 - 28110
丁亥詩鈔　集 4 - 22621　叢 2 - 599、925、1679
丁亥集　集 1 - 4894
丁亥江滬遊日記(清光緒十三年)　史 2 - 12853
丁亥入都紀程　史 7 - 54059　叢 2 - 1017
丁亥鈔　經 2 - 14536
丁文誠公(寶楨)年譜　史 2 - 12231
丁文誠公遺集二種　叢 2 - 1902
丁文誠公遺稿(十五弗齋詩文存)　集 4 - 33500
丁文誠公奏稿　史 6 - 48997～9　叢 2 - 1902
丁文誠公尺牘　集 4 - 33501
丁文遠集、外集　集 2 - 11460
丁文恪公續集　集 2 - 11461
丁辛老屋詞　集 7 - 47230
丁辛老屋集　集 3 - 19684～6　叢 1 - 373(9)
丁玄爐遺錄　子 3 - 14816
01 丁龍泓印譜　子 3 - 17009
02 丁新婦傳　叢 1 - 29(2)
10 丁丙年譜　史 2 - 12288
丁西圃叢書三種　經 2 - 14538
丁酉夏至占本　子 3 - 14076
丁酉北闈大獄記畧　史 1 - 1979、3600　子 4 - 23633
丁酉歌　集 5 - 36281
丁酉續記　子 4 - 22647　叢 2 - 1817
丁酉軍機雜記(清光緒二十三年)　史 2 - 12962
丁酉草　集 5 - 37543
丁晉公談錄　史 1 - 4370　叢 1 - 2～3、5～6、8～10、22(3)、23(3)、569
17 丁丑雜詠　集 5 - 41356
丁丑雜詠稿　集 5 - 41355
丁丑詩稿　集 5 - 37212
丁丑避難記　叢 2 - 2223
丁丑寓保日記(清光緒三年)　史 2 - 13067
丁丑叢編十種　叢 2 - 647
丁丑刦後里門見聞錄　叢 2 - 795
丁丑暫假檢書畫記　叢 2 - 1980
丁丑吟草　集 4 - 23865
丁子居剩草　集 5 - 41482
丁君松生(丙)家傳、行狀　史 2 - 10434
20 丁孚漢儀　叢 2 - 771(3)
丁禹廷(汝昌)軍門傳　史 2 - 10632

丁禹生政書 史6-49015
丁香亭詩選 集4-22003
丁香集 集3-20337
丁香割肉一本 集7-52606
丁香割肉一段 集7-51419
丁香花 叢2-2203
丁香中狀元一段 集7-51420
丁香館遺集 集3-20338
丁集新編三十七種 叢1-203(7)
丁集新編補十三種 叢1-203(8)
丁秉衡先生雜著 子4-24722
丁秉衡遺著 集5-39602
22 丁山先生集 集2-6524,6-45096
丁山別母 集7-52795
23 丁我廬小草 集4-32070
26 丁自治錄 叢2-2133
27 丁祭禮樂備攷 子4-22669
丁祭禮樂備考 史6-42149
丁叔雅遺集 叢2-622
丁叔雅選集 集5-40634
28 丁儉卿(晏)年譜(柘唐府君年譜) 史2-12113
31 丁潛客遺詩 集5-39658
35 丁清惠公遺集 集2-10034
37 丁淑人行述 史2-10706
丁初我日記(清光緒三十二年至三十四年,宣統元年、三年,民國元年至二年、四年、六年至十九年) 史2-13219
丁朗涵詩稿 集4-28972
丁郎尋找父胡宅打夯歌 集7-50940
丁郎尋父一套(胡宅打夯歌父子相會) 集7-50939
丁郎趕考中狀元(父子大報仇) 集7-53126
丁郎打夯歌 集7-53125
40 丁布衣詩鈔 集3-14085,6-44795
丁女(畹芬)貞孝錄 史2-10646
41 丁柘唐先生歷年紀畧 史2-12114
44 丁艾集 集2-9597~8,9600
丁孝子詩集 叢1-241、242(2)
丁孝子集 集1-5827 叢2-731(43)
丁孝子傳 叢1-223(61)
丁黄印存合册 子3-17010
丁枕泉詩 集5-36897
47 丁鶴年詩集 集6-41934
丁鶴年集 集1-5832
丁鶴年集(丁孝子集)、題詞、校譌、續校 叢2-731(43)
丁鶴年集、續集、校譌 集1-5828
丁鶴年集、續集、附錄 集1-5829 叢2-845(3)
丁鶴年集、校譌、續校 集1-5830 叢1-376
丁鶴年先生詩集 集1-5822、5826、5831,6-41715
48 丁敬身先生印譜 子3-16943、17008
50 丁中丞六條覆議 史6-49017
丁中翰遺集、補遺 集3-20829
丁未和會類要 史6-45099
丁未秋日姑蘇懷人詩 集5-37953
丁未之言 子4-24646
丁未年浙江警察日記(清光緒三十三年) 史2-13194
52 丁授堂先生醫案 子2-10811
53 丁戊稿 集5-40367
丁戊稿、校記 叢2-2192
丁戊山人詩集 集2-7697
丁戊之間行卷 叢2-2150
丁戊之間行卷、湘弦詞 集5-39202
丁戊金石跋 集5-36555
丁戊筆記 子4-22557 叢2-922、1786
60 丁日昌奏摺 集5-34054
丁甲奇門 子3-14675
丁景呂詩集 集3-14826
67 丁野鶴文 集3-13207
丁野鶴集 集3-13205
丁野鶴集八種 叢2-1235
丁野鶴先生遺稿 叢2-1235
71 丁巨算法 叢1-244(6),2-731(25)
丁頤生時文 集5-38477 叢2-2073
72 丁氏六修族譜[湖南] 史4-24677
丁氏族譜 史4-24698
丁氏族譜[山東龍口] 史4-24671~2
丁氏族譜[安徽懷寧] 史4-24664
丁氏族譜[江蘇南通] 史4-24595~6
丁氏族譜[浙江湖州] 史4-24627
丁氏族譜[湖南] 史4-24696~7
丁氏族譜[湖南岳陽] 史4-24686~8
丁氏五修支譜[湖南寧鄉] 史4-24681
丁氏重修宗譜[江蘇常州] 史4-24606
丁氏代數學初步 子7-37540
丁氏家譜[江西南昌] 史4-24668
丁氏家譜[江蘇鎮江] 史4-24604
丁氏家譜[江蘇常熟] 史4-24620~1
丁氏家譜[河南永城] 史4-24675
丁氏家譜[浙江杭州] 史4-24623
丁氏家譜[湖北宜昌] 史4-24676
丁氏家乘[上海崇明] 史4-24589~90
丁氏家乘[江蘇無錫] 史4-24613
丁氏宗譜[安徽懷寧] 史4-24663

丁氏宗譜[江蘇]　史 4-24622
丁氏宗譜[江蘇南通]　史 4-24594
丁氏宗譜[江蘇蘇州]　史 4-24619
丁氏宗譜[江蘇丹陽]　史 4-24605
丁氏宗譜[江蘇無錫]　史 4-24612
丁氏宗譜[江蘇鎮江]　史 4-24597～8
丁氏宗譜[江蘇常州]　史 4-24607
丁氏宗譜[浙江]　史 4-24662
丁氏宗譜[浙江縉雲]　史 4-24655～8
丁氏叢稿六種　經 1-149
丁氏遺稿六種　集 4-33175
丁氏遺著殘稿　集 4-32712　叢 1-537
丁氏古罍齋印存　子 3-17483
丁氏聲鑑　經 2-14438、14538
丁氏四修族譜[湖南益陽]　史 4-24683
丁氏八千卷樓叢刻二十種　叢 1-392
丁氏纂修族譜[湖南寧鄉]　史 4-24679
丁氏纂修族譜[湖南安化]　史 4-24685
丁氏纂修族譜[湖南湘鄉]　史 4-24690
丁氏纂修宗譜[福建建陽]　史 4-24667
77 丁母吳太宜人榮哀錄　史 2-9636
丁巳講院問答　叢 2-1317～8
丁巳秋閱吟　史 7-49344、51102
丁卯詩集、續集、續補、集外遺詩　集 1-1631,6-41878
丁卯詩集、補遺　集 1-1634　叢 1-223(50)
丁卯詩稿　集 5-41394
丁卯集　集 1-1626～7、1630,3-20456,6-41854　叢 2-635(8)、806、873
丁卯集、續集　集 1-1628,6-41859
丁卯集、續集、再續　集 1-1629
丁卯集、續集、續補集、集外遺詩　集 1-1633
丁卯集、續藁、續補、遺詩藁　集 1-1635
丁卯集箋註　集 1-1632
丁卯遊蘇杭收書簿　叢 2-1020
丁卯日記　叢 2-2217
80 丁年玉筍志　史 2-7684　叢 2-683、1819
90 丁惟魯遺著五種　叢 2-2212
丁少鶴集　集 2-10129,6-41935(5)

1020_7　雩

47 雩都行記　史 7-49318(12)、50582
雩都縣志[康熙]　史 8-58673
雩都縣志[順治]　史 8-58672
雩都縣志[道光]　史 8-58675
雩都縣志[嘉靖]　史 8-58671
雩都縣志[乾隆]　史 8-58674
雩都縣志[同治]　史 8-58676
50 雩史　子 4-24028
76 雩陽黄氏陸修族譜[江西于都]　史 5-33956

1021_0　兀

31 兀涯西漢書議　史 1-5858
40 兀壺集　集 3-14747
60 兀日別法　子 3-14428

1021_1　元

00 元主始末志　史 1-2645
元亨療牛集　子 1-4542
元亨療馬集　子 1-4529、4532、4537～8
元亨療馬集、水黄牛經、駞經　子 1-4530
元鹿皮子集(鹿皮子集、鹿皮子陳先生文集)　集 1-5313
元亮集　集 1-5282
元帝問道、呂純陽高支爻歌　子 5-32016
元高麗紀事　史 6-45104　叢 2-630
元店陳氏宗譜[浙江平陽]　史 4-33136
元廣東遺民錄、補遺　史 2-8255
元文彙補續　叢 2-2140
元文約選　集 6-43049
元文類　叢 1-227(11)
元文類、目錄　叢 1-223(69)
元文類删　集 6-42949、43692
元音　集 6-43672　叢 1-223(70),2-672
元音譜　叢 2-1190
元音統韻　經 2-14501
元音遺響　集 6-43669　叢 1-223(70)
元音獨步揭文安公詩集、拾遺　集 1-5215
01 元龍雜字　經 2-13463
03 元詠物詩　集 1-5276,6-41789
04 元謝宗可詠物詩(元詠物詩)　集 1-5276
元詩、姓名爵里　集 6-41787
元詩備考　集 1-4688
元詩自攜七言律詩、七音絕句　集 6-43687
元詩紀事　集 6-46180
元詩約　集 6-41783
元詩選　集 6-43637、43690
元詩選、補遺　集 6-43688
元詩選二集　集 6-43682

元詩選三集 集6-43683
元詩選癸集 集6-43685
元詩選初集、二集、三集 集6-43684 叢1-223(71)、227(11)
元詩選十集 集6-43681
元詩選四集首 集6-43686
元詩別裁、補遺 集6-41778
元詩嗣音 集6-43689
元詩體要 集6-43676 叢1-223(70)
元詩前集、後集 集6-43654
元謀縣志[康熙] 史8-62571
元謀縣志[乾隆] 史8-62572
06 元韻譜 經1-64,2-13826～7
元韻譜、元韻譜釋目 經2-13825
元韻譜、釋目 叢2-1189
元親征錄 史1-2634 叢1-507、525
07 元郭天錫手書日記真迹 史2-12512
元郭天錫手書日記真迹(元至大元年至二年) 史2-12511
元郭天錫手書日記真跡 叢2-611
元郭伯達春園宴樂圖卷 子3-16470
元郭髯手寫日記(元至大元年至二年) 史2-12510
元詞備考 集7-54666
10 元二大家集二種 叢2-870(4)
元三家易說 叢2-870(2)
元三家易說三種 經1-2332
元王論詩絕句箋 叢2-2270(3)
元王孤雲女孝經圖卷 子3-16476
元至元辨僞錄 子6-32089(48)
元元棋經 子3-17960、17982 叢1-569
元丙子平宋錄 史1-1816～7
元天目中峯和尚四居詩 集1-5038
元西湖書院重整書目 史8-65427 叢2-631
元西域三藩年表 史1-10(5)、4813
元西域人華化考 叢2-2240
11 元張文忠公歸田類藁 集1-5079
元張參議耀卿紀行地理考證 史7-49310、53823
12 元刊本韓詩外傳校勘記 經1-4592
元刑法志 史1-776,6-45761
14 元功名臣錄 史2-7125
元破臨安所得故宋書畫(元人破臨安所得故宋書畫目、元破臨安所得故宋書畫目) 子3-14735
元破臨安所得故宋書畫目 子3-14736 叢1-307
16 元聖武親征錄 叢1-506～8,2-731(66)
元聖武親征錄地理考證 史1-2636,7-49310
元碑存目 史8-63588、64722 叢1-558
元碑錄文 史8-64720
17 元耶律文正公西游錄畧注補 史7-53813
元耶律文正公西遊錄畧注補 叢1-558
元耶律楚材西游錄地理考證 史7-49310、53814
元配沈宜人墓誌 史2-10569
元配董恭人(茗芬)家傳 史2-10542
元配胡恭人家傳 史2-10893
20 元位禪師叢稿十二種 叢2-2085
元季伏莽志 史2-7133
元統元年進士題名錄 史3-13520
元統元年進士錄 史3-13420
21 元行省丞相平章政事年表 史1-10(5)
元行省丞相平章政事年表、元初行省年表 史1-4563、4814
元儒先生婁壽碑 史8-63501、64606
元儒考畧 史2-7127 叢1-223(22)、525
元儒學案 史2-7131
元經 子3-12892～3、14410 叢1-160～1、223(18)
元經訂注 子3-14411
元經傳 史1-1023 叢1-182～3
元經世大典地理圖 史7-49550
元經世大典地圖 史1-784
元經世大典圖地理考證、元史地理志西北地 史7-49310、49548
元經薛氏傳 史1-1024 叢1-71～2、74～7
22 元豐文集 集2-6005
元豐官志 史6-42647
元豐九域志 史7-49527～30 叢1-223(23)、230(2),2-731(56)
元豐題跋 子3-14907 叢1-169(4),2-731(34)
元豐金石跋尾 史8-63502、64346
元豐類稿 集1-2208
元豐類稿(南豐先生元豐類稿)、續附 集1-2209
元豐類稿(曾南豐集) 集1-2210
元豐類稿補 集1-2212
元豐類稿選本 集1-2213
元豐類藁 叢1-223(51)、227(9)
元豐類藁補 叢2-2004
元嶽林栯堂禪師山居詩 集1-5570
元峯詩鈔、詩續鈔 集3-21102
元峯老人牧牛圖頌 子7-34132
元山文選 集2-7311
23 元獻詩稿 集6-41894(1)、41895
元獻遺文 叢1-223(50)
元獻遺文(晏元獻遺文) 集1-1939
元獻遺文、補編 集1-1940

元代征倭記　史1-2647　叢2-739～40
元代畫塑記　史6-46507　叢2-630
元代開方通義　子3-12768
元代八百遺民詩詠　集5-39566
元代合參　子4-24611
元代合參三編附元代釋號　子3-12762
24 元牘紀　子3-15364
元化指南　子4-21997
25 元律　經1-6487
26 元白長慶集　集6-41729～30
元皇大道真君救劫寶經　子5-29535(6)、29536(6)
元皇大道真君救劫寶經(救劫寶經)　子5-30232
元魏方鎮年表　史1-10(4)、4749
元魏熒陽鄭文公摩崖碑跋　史8-64669　叢1-416～7,2-731(35)
元吳仲圭松泉圖　子3-16477
元和諸太夫子翰香先生(文淵)暨德配太師母徐孺人七十雙壽壽言　史2-10180
元和諸太夫子翰香先生暨德配太師母徐孺人七十雙壽壽言　史2-10181
元和三舍人詩　集6-41713
元和郡縣補志　史7-49507
元和郡縣志　史7-49503　叢1-223(23)、230(2)
元和郡縣志闕卷逸文　史7-49506
元和郡縣圖志　史7-49502、49504～5
元和郡縣圖志、闕卷逸文　叢1-286
元和郡縣圖志、闕卷逸文、考證　叢2-731(56)、782(2)
元和郡縣圖志闕卷逸文　叢1-509
元和紀用經　子2-4625、4788
元和蔡氏所著書三種　叢2-1630
元和姓纂　史2-13281～2
元和姓纂、目錄　叢1-223(42)
元和姓纂校勘記、佚文　史2-13284　叢2-599
元和相國(陸潤庠)七秩雙慶壽言　史2-10594
元和唯亭志[道光]　史7-56985
元和縣志[乾隆]　史7-56965～6
元和縣志壇祠　史4-25672
元和篇　子2-11223
元穆文鈔　集5-39435～6　叢2-2079～81
元穆日記　子4-21587　叢2-2079～81
元釋集　集2-6044
27 元名臣奏議選　史6-47769
元包　子3-12925～6　叢1-22(1)、23(1)、146,2-765
元包經傳　子3-12927　叢1-169(2)、223(35)、268(3)、388～90,2-731(15)
元包數總義　子3-12929　叢1-169(2)、223(35)、268(3)、388～90,2-731(15)
元包數義　子3-12930　叢1-22(1)、23(1)
28 元微之文集校補　集1-1452　叢1-258,2-731(3)、847、1466
元微之文鈔　集6-41794
元微之重訪蒲東寺　集7-48768、49174
元微之連昌宮詞　叢1-407(3)
元微奇遇　集7-49700
元徵府君(方駿謨)年狀、趙太宜人行述　史2-12214
元僧詩　叢2-845(4)
元鮮于伯機草書唐詩　子3-15681
30 元空祕旨　子3-13711
元宵鬧　集7-50026
元宵鬧(翠雲樓)　集7-50025
元宵會　集7-54097
元進士考　史3-13427
元憲詩稿　集1-1952
元憲集　集1-1949～51　叢1-223(50)、230(4),2-731(39)、873
元宮詞　史1-6148～50　集2-6599　叢1-269(5),2-731(44)、843
元宮錄　叢1-407(3)
元官刻大藏經(元官藏)　子6-32087
元寶記　集7-53731
元寶公案　叢1-197(1)
31 元江府志[康熙]　史8-62447
元江州志[道光]　史8-62448
元江州屬志書草本[民國]　史8-62449
元江志稿[民國]　史8-62450
元滙醫鏡　子2-5256
元河南志　史7-50631　叢1-511
33 元祕名蒙語原文九十五功臣名　叢2-749
元祕史　叢1-506,2-2060
元祕史山川地名考　史1-2624,7-49314、49320
元祕史注　叢1-508
元祕史注續補　史1-2619
元祕史注補正續編　史1-2618
元祕史潤文　史1-2616
元祕史李注補正　史1-2617
元祕史地理改證、元祕史作者人名考、元太祖成吉思汗編年大事記、元初漠北大勢論、元史特薛禪曷思麥里速不台郭寶玉等傳地理考、郭侃傳辨　史1-2626
元祕史地理考證　史1-2625
元祕史地理考證、元祕史作者人名考、元太祖成吉思汗編年大事記、元初漠北大勢論、元史特薛禪曷思麥里速不台郭寶玉

等傳地理考、郭侃傳辨 史7-49310
元祕史畧 史1-2612～3 叢1-202(3)、203(8),2-1464
元祕史畧、元氏譜 史1-2614
元祕史箋證 史1-2622
元祕史注料 史1-2621
34 元祐黨人碑考 史2-7064 叢1-351
元祐黨人傳 史2-7066 叢2-2004
元祐黨籍 史2-7062
元祐黨籍碑考、慶元僞學逆黨籍 史2-7065 叢1-195(3)、461,2-731(17)、881
元祐黨籍錄 史2-7063
35 元遺山文集 集1-4691
元遺山詩 集1-4674
元遺山詩註摘錄 集6-43534
元遺山詩集 集1-4677,6-41779～80
元遺山詩集箋注、補載 集1-4687 叢2-698(11)
元遺山詩選 集1-4683～4、4686
元遺山詩選、補遺、中州集詩選、補遺 集1-4685
元遺山先生(好問)年譜 史2-11360、11363～4 集6-41925 叢2-814、1050、1513～4、1585
元遺山先生(好問)年譜、墓圖記畧 叢1-456(4)
元遺山先生文選 集1-4692,6-41807
元遺山先生新樂府 叢2-1050
元遺山先生集、續夷堅志、新樂府、補載、年譜、年譜、年譜 集1-4672
元遺山先生集、補載 集6-41925 叢2-1050
元遺山先生集考證 叢2-1050
元遺山先生全集九種 叢2-1050
元遺山先生年譜、墓圖記畧 史2-11361
元遺山志 史7-52193
元遺山題跋 叢1-279
元遺山年譜 叢2-698(11)
37 元次山文鈔 集6-41794
元次山詩集 集1-1115 叢1-468
元次山集 集1-1113、1117
元次山集選 集1-1114
元潔瑩禪師語錄 子6-32091(82)
元初行省年表 史1-4563、4814
元初漠北大勢論 史1-2626,7-49310
38 元海運志 史6-44120 叢1-195(3),2-731(20)
元裕之文鈔 集6-41794
元裕之七律鈔 集1-4682
元道經 子5-30188
40 元太祖成吉思汗編年大事記 史1-2626,7-49310
元女兵法 子1-3336
元嘉起居注 史1-1748 叢1-22(10)、23(9)
元真子 子5-31922 叢1-244(4),2-857～8
元真子外篇 子1-39
元真錄 子5-29565
41 元柯九思畫竹譜 子3-16291
元柯丹丘題松雪畫墨跡 子3-15684、15845
元板書目 叢1-419
42 元婚禮貢舉考 史6-41998 叢2-611
43 元城語錄 子4-20034、20037
元城語錄、行錄 子4-20036 叢1-380,2-782(2)
元城語錄佚文 子4-20039 叢2-777
元城語錄解 叢1-223(41)
元城語錄解、行錄解 子4-20038 叢1-347,2-731(11)、782(2)
元城行錄 叢1-223(41)
元城先生語錄 子1-96 叢2-687
元城先生語錄、行錄 子4-20035
元城縣志[康熙] 史7-55512
元城縣志[同治] 史7-55513
元始高上玉檢大籙 子5-29530(4)、31794
元始說度酆都經 子5-29530(27)、30182
元始說功德法食往生經 子5-29530(2)、29852
元始說先天道德經註解 子5-29530(1)、29535(1)、29536(1)、29542、29636
元始五老赤書玉篇真文天書經 子5-29530(1)、29706
元始天王歡樂經 子5-29530(2)、29833
元始天尊新演還鄉寶卷 集7-54514
元始天尊說玄微妙經 子5-29530(2)、29831
元始天尊說三宮消災滅罪懺 子5-30586
元始天尊說三官寶號經 子5-29530(2)、29844
元始天尊說北方真武妙經 子5-29530(1)、29554、29713
元始天尊說變化空洞妙經 子5-29530(1)、29805
元始天尊說續命經 子5-29554、29817
元始天尊說生天得道經 子5-29530(1)、29535(2)、29536(1)、29709
元始天尊說生天得道真經 子5-29554、29710
元始天尊說得道了身經 子5-29530(1)、29535(2)、29536(1)、29711
元始天尊說酆都滅罪經 子5-29530(2)、29849

元始天尊說十一曜大消災神呪經　子 5-29530(2)
元始天尊說十一曜大消災神咒經　子 5-29592、29811
元始天尊說太古經註　子 5-29530(3)、29856
元始天尊說梓潼帝君應驗經　子 5-29530(1)、29714
元始天尊說梓潼帝君本願經　子 5-29530(1)、29715
元始天尊說甘露昇天神呪妙經　子 5-29530(2)
元始天尊說甘露昇天神咒妙經　子 5-29851
元始天尊說藥王救八十一難真經　子 5-29531、29535(2)、29536(1)、30205
元始天尊說東嶽化身濟生度死拔罪解寃保命玄範誥咒妙經　子 5-29531、30197
元始天尊說東嶽化身濟生拔罪保命妙經　子 5-29535(2)、29536(1)、30198
元始天尊說無上内祕真藏經　子 5-29535(1)、29536(1)、29638
元始天尊濟度血湖真經　子 5-29530(2)、29848
元始上帝毘盧遮耶說大洞救劫尊經　子 5-29535(2)、29536(1)、30216
元始上真衆仙記　子 5-29530(4)、31789　叢 1-106、111(2)
元始洞真決疑經　子 5-29530(2)、29830
元始洞真慈善孝子報恩成道經　子 5-29530(2)、29837
元始消劫梓潼本願真經　子 5-29535(2)、29536(1)、29716
元始大洞玉經　子 5-29535(1)、29536(1)、29651
元始大洞玉經、大洞仙經觀想要訣　子 5-29535(1)、29536(1)、29645
元始太上宗教祕旨　子 5-31913
元始八威龍文經　子 5-29530(1)、29719
元始無量度人上品經法　子 5-29535(1)、29536(1)、29629
元始無量度人上品妙註解　子 5-29530(2)、29631
元始無量度人上品妙經　子 5-29535(1)、29536(1)、29554、29624
元始無量度人上品妙經註、誦度人經應驗　子 5-29530(2)、29626
元始無量度人上品妙經通義　子 5-29530(2)、29632
元始無量度人上品妙經直音　子 5-29530(1)、29635
元始無量度人上品妙經内義、内義丹旨綱目舉要　子 5-29530(2)、29627
元始無量度人上品妙經四注、釋音　子 5-29530(2)、29625
元始善巧清和開諦法門一百大吉祥檀熾鈞玉音神咒　子 5-29592、31726
44 元蓋寓廬詩存　集 5-37249
元蓋寓廬偶存　集 5-37250
元地理志圖　史 7-49313、49551
元地理鈔　叢 1-393
元芝館詩集　集 2-7530
元恭文鈔　集 3-13737
元草堂詩餘　集 7-46363、48429
元英先生詩集　集 1-1731,6-41878
元也里可溫考　子 7-35765
元也里可溫考十五章開封一賜樂業教考十二章　子 7-35766
元藝圃集　叢 1-223(70)
46 元相臣傳　史 2-7124
47 元懿先生(姚文馥)傳　史 2-10306
元懿遺集　集 4-33432
元聲韻學大成　經 2-13789
元朝征緬錄　史 7-49314　叢 1-274(3),2-731(66)
元朝名臣事畧　叢 1-223(22),2-782(2)
元朝名臣事畧、校勘記　史 2-7121　叢 1-230(2),2-731(61)
元朝祕史　史 1-2611、2615、2620,7-49314　叢 1-359、393,2-731(66)
元朝祕史(元祕史注)　叢 1-508
元朝祕史、元祕名蒙語原文九十五功臣名　叢 2-749
元朝祕史、續集　史 1-2610　叢 1-547(3)、579,2-637(2)
元朝捷錄　史 1-5458～9、5461～2、5929、5932～3
元朝典故編年考　史 6-41638～9　叢 1-223(27)、527
元朝人物畧　史 2-7123
元好問詩　集 1-4678
48 元故宮遺錄　叢 1-235、242(5)、425
元故湛淵先生白公墓銘　叢 1-223(59)
元松鄉先生文集　集 1-4945
49 元妙觀志　史 7-51725、51733
元趙文敏歸去來辭真蹟　子 3-15678
元趙松雪題畫詩墨跡　子 3-15668、15845
50 元中記　叢 2-774(10)
元中記、補遺　叢 2-770
元中子碑　叢 1-195(1)
元史　史 1-17、765　叢 1-227(5)
元史、語解　史 1-16
元史、考證　史 1-15、20、766　叢 1-223

(18),2-698(4)
元史、目錄 史1-12～4、764
元史新編 史1-789～90
元史新編校勘記 史1-791
元史講義 史1-5259 叢2-2162
元史譯文證補 史1-785,7-49314 叢2-653(4)、731(66)
元史譯文證補、元經世大典地圖 史1-784
元史論 史1-5931
元史弼違 史1-1506 叢2-643
元史稿 史1-788
元史外夷傳地理考證 史1-774,7-49310
元史備忘錄 史1-6、767～8、2623、5258,7-49306 叢1-195(2)、269(5)、552
元史特薛禪曷思麥里速不台郭寶玉等傳地理考 史1-2626,7-49310
元史續編 史1-1505 叢1-223(19)
元史紀事本末 史1-1770～5、1818～21 叢1-223(19)、227(6)
元史紀事本末後論 史1-5909
元史通釋 史1-783
元史土地名 史1-775
元史札記 史1-5260 叢2-2162
元史地理志 史1-770,7-49311
元史地理志西北地 史7-49310、49548
元史地名志 史1-772
元史地名考 史1-771
元史考訂 史1-792 叢2-2083
元史菁華錄 史1-5250
元史藝文志 史1-15、777,8-65262 叢2-1488～9
元史本證 叢2-847
元史本傳 叢1-223(59、60、70)
元史授時法釋數 子3-11443
元史畧 史1-5252
元史氏族表 史1-10(5)、15、4815 叢2-653(5)、1488～9
元史氏姓錄 史1-779
元史闡幽 史1-5930
元史人物補傳 史1-781
元史節要 史1-1507～8、5254～6
元史節要、釋文 史1-5253
元史纂畧 史1-5257
元史類編 史1-1916
元畫家姓氏錄 子3-16085
元本出相西廂記 集7-48810
元本出相北西廂、會真記、釋義 集7-48806
元本出相北西廂記、釋義 集7-48824
元本出相北西廂記、會真記詩詞跋序辨證年譜碑文 集7-48825
元本校勘記 史1-988、1057
元書 史1-793
元書后妃公主列傳 叢1-528
元書存稿 叢2-2084
元書畫考 子3-14780
元書后妃公主列傳 史1-780
53 元戎濟陣風雷集(元戎濟陣風雷集歌) 子1-3523
元戎濟陣風雲要覽 子1-3524
55 元曲選 叢2-698(14)
元曲選一百種論曲、元曲論 集7-48767(1)
元典章校補 史6-41631 叢2-2240
元典章校補釋例 史6-41632 叢2-2240
元典章奏奉使類纂 史6-41633
56 元押 史8-65094
60 元日歡集 集7-49700
元量義經 子3-15680
元四大家詩集(元詩四大家) 集6-41929
元圃文集 集5-34601
元圃文藪 集5-34600
元圃詩鈔 集4-32303
元圃積玉存 子5-25227
元圖大衍 經1-2145 叢1-22(20)
61 元號畧、補遺 史1-1392 叢2-971、1550
元號畧續校補 叢2-1630
元號畧補遺 史1-1393 叢2-1630
67 元明雜劇四種 集7-48772
元明詩選 集6-42308、44510
元明清三代雅音攷 經2-14280
元明七大家古文選 集6-41808
元明事類鈔 叢1-223(42)
元明畫家姓氏錄 史2-7134
元明小令抄 集7-50535
71 元辰章醮立成曆 子5-29530(24)、30737
元辰肇瑞 集7-49700
元長春真人西游記地理考證 史7-49310、53820
72 元劉郁西使記地理考證 史7-49310、53828
元氏誌錄、補遺目錄 史8-63511、64668
元氏譜 史1-2614 叢2-1464
元氏宗譜[湖南臨湘] 史4-25545
元氏支譜[湖南寧都] 史4-25544
元氏掖庭記 叢1-11～2、22(18)、23(18)、407(3)、587(2)
元氏掖庭侈政 史1-4396 叢1-134
元氏畧 叢2-1465
元氏縣續志[順治] 史7-55090
元氏縣志[崇禎] 史7-55089
元氏縣志[乾隆] 史7-55091
元氏縣志[民國] 史7-55093

元氏縣志[光緒]　史7-55092
元氏長慶集　集1-1449
元氏長慶集、集外文章　集1-1446　叢2-698(9)
元氏長慶集、集外文章、校文　叢2-635(7)
元氏長慶集、集外詩　集1-1448
元氏長慶集、補遺、附録　集1-1447,6-41730　叢1-223(49)、227(9)
76 元陽子五假論　子5-29530(17)、31606
元陽子金液集　子5-29530(5)、29562、31081
元陽寶傳　集7-54255
77 元邱素話　子4-24509　叢1-435
元風雅　叢1-265(5)、266
元風雅前集　集6-43652
元風雅前集、後集　叢1-223(69)
元叟端禪師語録　子6-32091(72)、32092(43)
元丹篇　子5-29565、31379
元丹篇約注　子5-29565、31380
元閻仲彬惠山復隱圖　子3-16484
80 元人文集　史8-65257　叢1-539～41、547(3)
元人雜劇全集三十五種　叢2-720(3)
元人二十諸天畫像贊　史2-6788　子7-34644
元人破臨安所得故宋書畫目　子3-14735
元人集　集6-41927～8
元人集目録　史8-65257、66382　叢1-547(3)
元人絕句　叢1-373(6)
元人泥金寫經　子3-15685、15845
元人選元詩　集6-41931
元人十二家小集　集6-41932
元人才調集　集6-43673
元人掖庭記　子4-22953
元金石偶存　史8-63702
元分藩諸王世表　史1-10(5)、4812
元美評語　叢1-179
元年壬戌恩科併咸豐十一年辛酉正科山東鄉試硃卷　史3-15552
元命配卦全書　子3-14685
元公周先生濂溪集　集1-2179
元公周先生濂溪集、歷代褒崇禮制、事實、年表　集1-2174
元公周先生濂溪集、年表　集1-2172
元氣集　集3-13095
97 元懶翁詩集　集1-5201

1021₂ 死

00 死店活人開一枝　集7-51942
死裏逃生　集7-48775、49229　叢2-672
12 死刑之數　史6-46271　叢2-2109
22 死後團圓　集7-48779
25 死生交范張雞黍　集7-48765　叢2-720(5)
死生交范張雞黍雜劇　集7-48767(2)、48774(5)　叢2-698(15)
死生交范張鷄黍雜劇　集7-48932
死生寃報　集7-49254
88 死節五臣述畧　史1-1938

1021₄ 霍

00 霍文敏公渭厓集　集2-8051
霍文敏公全集、補遺、石頭録　集2-8050
22 霍亂方歌　子2-4738、7079
霍亂麻痧辨証　子2-7167
霍亂辨証　子2-7077
霍亂新論　子2-7081
霍亂論　子2-4645～6、4653、4656、4659、4661～3、4678
霍亂論(霍亂轉筋)　子2-7074
霍亂論(道光三十年、咸豐元年本)　子2-4644
霍亂論(隨息居重訂霍亂論、重訂霍亂論)　子2-7073
霍亂論摘要　子2-7076
霍亂平議　子2-4769
霍亂審証舉要　子2-7080
霍亂審証舉要、霍亂寒熱辨正、霍亂吐瀉方論　子2-4771(3)
霍亂轉筋　子2-4654～5、4657～8、4660、4663
霍亂轉筋經驗丸方　子2-7069
霍亂轉筋醫商　子2-7071
霍亂吐泄方論　子2-7075
霍亂燃犀說　子2-4770、7078
霍山縣誌[順治]　史7-58027
霍山縣志[嘉靖]　史7-58030
霍山縣志[乾隆]　史7-58028～9
霍山縣志[光緒]　史7-58031
24 霍勉齋集　集2-9105、9107
霍勉齋集、補遺　集2-9106
32 霍州志[嘉靖]　史7-55827

72 霍丘縣志[康熙] 史 7 - 58016
霍丘縣志[萬曆] 史 7 - 58015
霍氏族譜[廣東番禺] 史 5 - 40046
霍氏族譜[廣東南海] 史 5 - 40049
霍氏宗譜[湖北黃岡] 史 5 - 40045
霍氏遺解 子 7 - 35661
霍氏世系 史 5 - 40052
77 霍邱朱氏五修宗譜定本[安徽霍邱] 史 4 - 26654
霍邱縣私塾改良簡明解說 史 6 - 42537
霍邱縣志[道光] 史 7 - 58018
霍邱縣志[乾隆] 史 7 - 58017
霍邱縣志[同治] 史 7 - 58019
霍邱縣志[民國] 史 7 - 58020
霍邸日記(清順治十三年) 史 2 - 12567
90 霍小玉傳 子 5 - 26224 叢 1 - 22(18)、23(18)、29(4)、168(2)、249(2)、255(3)、395
霍堂詩鈔 集 4 - 22259

靃

44 靃林山人詩集 集 4 - 22368

1021_7 霓

22 霓仙遺稿 集 5 - 38832
90 霓裳文藝全譜 集 7 - 54814
霓裳韻雅 子 3 - 17866
霓裳歌曲 集 7 - 54709
霓裳續譜 集 7 - 50697 叢 2 - 721
霓裳舊譜 子 3 - 17911
霓裳曲譜 子 3 - 17867

1022_3 霽

10 霽雪方晴一枝 集 7 - 51770
20 霽香堂詩草 集 4 - 28893
22 霽岑詩集 集 4 - 22160
霽山文集 叢 1 - 223(58)
霽山先生文集(霽山文集) 集 1 - 4520
霽山先生詩文集 集 1 - 4521
霽山先生集、拾遺 集 1 - 4522 叢 1 - 244(6),2 - 731(40)
霽山先生白石樵唱、文集 集 1 - 4523
44 霽夢詞 集 7 - 47964
50 霽春堂詩集 集 4 - 22821
60 霽園文鈔 集 5 - 37635～6
霽園雜記 子 5 - 27144
霽園詩鈔、續鈔 集 5 - 37634
68 霽吟漫稿 集 4 - 30391～2
76 霽陽詩鈔 集 3 - 18295
90 霽堂詩集 集 4 - 26882

1022_7 丙

10 丙丁集 集 5 - 41094
丙丁龜鑑 子 3 - 14425、14427 叢 1 - 107,2 - 731(15)
丙丁龜鑑、丙丁龜鑑續錄、續丙丁龜鑑、復續丙丁龜鑑 叢 1 - 296
丙丁龜鑑、續錄 叢 1 - 111(2)
丙丁龜鑑、續錄(寶顔堂訂正丙丁龜鑑) 子 3 - 14426
丙丁鈔 經 2 - 14536
17 丙子詩賦 集 5 - 33836
丙子西征記(清康熙三十五年) 史 2 - 12560
丙子後未刻文(殘) 叢 2 - 1371
丙子叢編十二種 叢 2 - 646
丙子消夏錄 集 6 - 43434
丙子瞻天日記(清光緒二年) 史 2 - 12853
丙子學易編 經 1 - 77(2)、533 叢 1 - 223(3)、227(1)
丙子會試 叢 2 - 2061
丙子錄 子 3 - 14684
丙子小言 叢 2 - 2223
30 丙寅天津竹枝詞 集 5 - 41089
丙寅北行日譜 史 2 - 12532 叢 2 - 731(62)
丙寅北行日譜(明天啓六年) 史 2 - 12531
丙寅北行日譜、北行日譜書 叢 1 - 244(5)
丙寅集 集 3 - 17224
丙寅稿 集 5 - 40366、41393 叢 2 - 2192
丙寅游杭絕句 集 5 - 39358
37 丙湖遊幸記 叢 1 - 587(5)
40 丙塘讀書綆 子 4 - 23562
丙志殘 叢 1 - 265(4)
50 丙申北遊詩詞小草 集 4 - 29352
丙申續記 子 4 - 22647 叢 2 - 1817
丙申修志錄[光緒] 史 7 - 57119
丙申以來詩詞草 集 5 - 40730
丙申日記 史 1 - 1953、1964、4437
53 丙戌詩稿、丁亥詩稿、戊子詩稿、庚寅詩稿、

辛卯詩稿 集 4-28110
丙戌集 叢 2-2126
丙戌進士姓字官階等第册 叢 2-2061
丙戌滬遊日記(清光緒十二年) 史 2-12853
71 丙辰詩 集 3-14045
丙辰北山問答 叢 2-1317～8
丙辰編 集 4-24360
丙辰唱和集 集 5-39791
丙辰劄記 子 4-22495 叢 1-558,2-609、1529
丙辰懷人詩(丙辰五月奉懷滬上諸友絕句) 集 5-39357
丙辰悔稿、平菴悔稿、平菴悔稿後編、補遺 集 1-3553～4
80 丙午使滇日記 叢 2-908
丙午使滇日記(清道光二十六年) 史 2-12794
丙午東瀛紀遊雜詩 集 5-38262
丙午扶桑遊記 史 7-54130
丙午釐定官制芻論 叢 2-2211
丙午釐定官制芻議 史 6-42743
丙午日本遊記 史 7-54195
丙舍集 叢 2-1544

兩

00 兩高山人百尺千巖壑樓藏稿 集 2-10489
兩度梅傳奇 集 7-50301
兩廣疏畧、惠威錄、省吾林公文集、詩集 史 6-48207
兩廣便覽 史 7-51309
兩廣督練公所議案規則 史 6-45302
兩廣紀畧 史 1-1941、1946、1953～9、1977、3485
兩廣夷務奏稿 史 6-48855
兩廣奏稿 史 6-48822
兩廣奏草 史 6-48161
兩廣鹽務研究所課存 史 6-43908
兩廣鹽法志 史 6-43904～6
兩忘齋詩鈔 集 4-29790
兩交婚(續四才子、雙飛鳳) 子 5-28277
兩京雜記 子 4-23742～3 叢 1-15
兩京新記 史 7-50626、51149 叢 1-288、456(3)、500
兩京新記存 叢 1-411,2-731(58)、778
兩京記 史 7-51148 叢 2-776
兩京名賢印錄 子 3-17144
兩京遺編十二種 叢 1-69,2-730(6)
兩京典詮表 叢 2-1094
兩京典銓表 史 6-42808
兩京賦 集 2-8177
兩京同遊草 集 5-41470
兩京類稿 集 2-6501
兩京類藁 集 2-6502
01 兩龍潭主人藏硯圖 叢 2-701
兩龍潭主人藏鏡圖、題詞 史 8-64285 叢 2-701
10 兩一子詩集、文集、賦鈔 集 5-38967
兩面樓詩稿 集 4-23112
兩晉文鈔 集 6-43219
兩晉諸帝統系圖 史 1-10(2)、4681
兩晉解疑 史 1-5280、5878 叢 1-195(1)、269(4)、461,2-910
兩晉清談 子 5-26439
兩晉十七國南北朝年表 史 1-4680
兩晉南北奇談 史 1-5212
兩晉南北史樂府 叢 1-461
兩晉南北史樂府、唐宋小樂府 集 7-50685
兩晉南北合纂 史 1-5213
兩不齋集 集 3-20282
11 兩彊勉齋文存 集 5-34105
兩彊勉齋古今體詩存 集 5-34104
兩彊勉齋館課詩賦存 集 5-34103
12 兩水亭餘稿 集 3-14838
兩水亭餘藁 集 6-41969
16 兩理畧 史 6-43108
17 兩乙山房詩稿 集 5-36021
兩乙山房詩鈔 集 5-36017
兩翼八旗頭起馬隊演練五行陣圖 子 1-3740
兩翼八旗抬槍隊演習方陣圖 子 1-3742
兩翼八旗馬隊抬槍合演方城陣圖 子 1-3744
20 兩孚益記 經 1-85、1351 叢 2-1470
21 兩征厄魯特記 史 1-3707,7-49316、49318(3)
22 兩峯山人詩錄 集 5-36585
兩峯草堂詩稿 集 4-22023
兩峯慙草 集 1-5235 叢 2-852
兩峯慚稿 集 1-5234
兩山詩鈔、淮南學些歌 集 3-19111
兩山稿 集 1-4781
兩山遊草 集 5-33917
兩山墨談 子 4-20424 叢 1-347,2-731(7)、843
24 兩岐比照加減成案 史 6-46193
兩岐成案新編 史 6-46190
26 兩粵新書 史 1-1941、1954～9、1981、3488
兩粵遊草 史 7-53083 集 2-9994 叢 2-

1147～8
兩粵猺俗記　史 7－49318(21)、50857
兩粵夢游記　史 1－1937、3484
兩粵草　叢 2－1149
兩得新知　經 2－14254
27 兩般秋雨庵詩選　集 4－29109～10　叢 1－518
兩般秋雨庵隨筆　叢 1－373(4)
兩般秋雨盦隨筆　子 4－23310～1　叢 2－735(1)、736
兩般秋雨盦隨筆補鈔　叢 1－373(8)
兩紀　叢 2－2270(1)
兩紀事　集 2－11857
兩緣合記　子 5－27862
28 兩谿文集　集 2－6673　叢 1－223(64)
兩谿文集、詩集　集 2－6671
兩谿先生詩集　集 2－6672
29 兩紗　集 7－49309
30 兩淮歲計志畧　史 6－43324
兩淮案牘鈔存　史 6－43864　叢 2－2161
兩淮通州金沙場志[同治]　史 7－56815
兩淮運司志　史 6－42828
兩淮運司嘉慶十一年正雜鹽課錢糧文册　史 6－43848
兩淮運司嘉慶十九年淮南綱食鹽課正雜錢糧文册　史 6－43850
兩淮運司嘉慶十八年淮南綱食正雜鹽課錢糧文册　史 6－43849
兩淮運司嘉慶九年正雜鹽課錢糧文册　史 6－43847
兩淮戡亂記　史 1－3983
兩淮鹽務清單　史 6－43854
兩淮鹽務考畧　史 6－43852
兩淮鹽務事宜　史 6－43853
兩淮鹽務情形公牘　史 6－43863
兩淮鹽法議　史 6－43858
兩淮鹽法志　史 6－43838、43841～2、43844～6
兩淮鹽法志北票錄要　史 6－43868
兩淮鹽法撰要　史 6－43862
兩淮鹽運使司鹺務類編　史 6－43843
兩淮鹽筴書引證羣書目錄　史 8－65249～50、66266　叢 1－281、585，2－1695
兩宮鼎建記　叢 1－195(4)，2－731(31)
兩宦江南紀畧　史 1－4498　叢 1－415
兩宋名賢小集　集 6－41894(1)、41895～6
兩宋名賢小集、總目　叢 1－223(69)
31 兩江疏稿　史 6－48727
兩江疏草、檄草　史 6－48683
兩江優級師範學堂選科地理講義　史 7－54448
兩江總督怡良奏稿　史 6－48862
兩江嘉慶拾陸年分兩督操兩標各營馬匹數目册　史 6－47443
兩江勸辦徵兵章程　史 6－45270
兩江忠義傳　史 2－7773～4
兩江忠義錄　史 2－7775
兩江奏疏　史 6－47960
兩江奏稿錄存　史 6－47927
兩江批案　史 6－48727
兩河經畧　史 6－46621　叢 1－223(21)
兩河備覽　史 7－52799
兩河清彙、圖　叢 1－223(25)
兩河清彙易覽　史 6－46635
兩河觀風便覽存　史 6－44556
兩河奏疏　史 6－48898
兩福山房遺稿　集 4－27006
32 兩洲集　集 2－11146
兩淵　子 1－3384　叢 1－310
兩浙庚辛紀畧　史 1－1988、3934　叢 2－832(5)
兩浙訂正鹺規　史 6－43824～5
兩浙列女采訪錄　史 2－7972
兩浙水利詳考　史 6－46798，7－49317(7)、49318(10)
兩浙佚金佚石集存　史 8－63888
兩浙鄉試科名錄　史 3－14951
兩浙名賢錄　史 2－7956
兩浙名賢錄、外錄　史 2－7955
兩浙宦游紀畧　史 6－41529
兩浙清代詞林傳畧　史 2－7975
兩浙澹然先生(陳敬宗)年譜　史 2－11414　叢 2－1056
兩浙冢墓遺文、補遺　史 8－63889
兩浙海防類考　史 6－45545
兩浙海防類考續編　史 6－45546
兩浙南關榷事書　史 6－43970
兩浙古刻本考　叢 2－2227、2229
兩浙古刊本考　史 8－66454
兩浙校士錄　史 3－14954
兩浙裁減全書　史 6－43680
兩浙地志錄　史 8－66083
兩浙耆獻傳畧　史 2－7960
兩浙輶軒錄　集 6－44557
兩浙輶軒錄、補遺　集 6－44558～9
兩浙明遺獻傳畧　史 2－7959
兩浙防護陵寢祠墓錄　史 7－51926
兩浙長考　叢 2－1969
兩浙輿圖　史 7－50259
兩浙鹽務同官錄　史 3－23744
兩浙鹽法續纂備考　史 6－43832
兩浙金石志　史 8－63886

兩浙金石志、補遺　史 8-63884
兩浙金石志目　史 8-63885
兩浙金石別錄　史 8-63513、63887
兩浙令長考　史 2-7961　叢 2-1968
兩浙節孝總祠事蹟　史 2-7969～70
兩溪先生遺集、詩餘　集 2-8376
兩溪陸氏家乘[浙江紹興]　史 4-32671
34 兩漢高士贊　史 2-6986
兩漢文選　集 6-43204～5
兩漢文刪　集 6-43208
兩漢訂誤　史 1-398　叢 2-646、842
兩漢評林　史 1-5187～8
兩漢韻珠　史 1-5192
兩漢記校記　史 1-1417
兩漢詔令　史 6-47595　叢 1-223(20)
兩漢三國學案　史 2-6679　叢 2-628
兩漢五經博士考　史 2-6992　叢 1-462、515,2-731(18)
兩漢石續　史 8-64540
兩漢碎金、補遺　史 1-5191
兩漢刊誤補遺　史 1-395～6　叢 1-223(17)、244(1)、388～90、495、586(2),2-716(2)
兩漢刊誤補遺、校勘記　史 1-397　叢 1-230(2)
兩漢殘石編　史 8-64539
兩漢雋言　子 5-25652、25657
兩漢雋言前集、後集　史 1-5143　叢 1-68、454
兩漢儒林印譜　子 3-17383
兩漢經學彙考　經 2-11921　叢 2-729
兩漢制詔　史 6-47597
兩漢幽並涼三州今地考畧　叢 2-821、1772
兩漢幽并涼三州今地考畧　史 1-402
兩漢律學考　史 6-45738
兩漢傳經表　經 2-11920　叢 2-1978
兩漢解疑　史 1-5280、5853～4　叢 1-195(1)、269(4)、461,2-910
兩漢紀　史 1-982
兩漢紀字句異同考　史 1-1416　叢 2-628、785
兩漢紀校記　史 1-982
兩漢字句異同考　史 1-982
兩漢洗齋詩草　集 5-39702
兩漢鴻文　集 6-42892
兩漢奇鈔　史 1-5189
兩漢博議　史 1-5851　叢 2-867
兩漢博聞　史 1-5139　叢 1-223(22)、456(5)、457、496(6),2-731(64)
兩漢博聞類編　史 1-5140
兩漢地方自治制度考　叢 2-2266
兩漢地志沿革表　史 1-403
兩漢考證　史 1-407
兩漢蒙拾　叢 2-1432
兩漢萃寶評林　史 1-5185
兩漢史斷　史 1-5720、5855
兩漢書疏　史 6-47772
兩漢書選　史 1-4839　叢 2-1155
兩漢書校本記　叢 1-373(9)
兩漢書舊本考　史 1-400　叢 2-711
兩漢書抄　史 1-4838
兩漢贅語　史 1-5857
兩漢日月考　史 1-401
兩漢學術發微論　叢 2-2248
兩漢印萃　子 3-17041
兩漢金石記　史 8-63603　叢 2-1513～4
兩漢金石記目錄　史 8-63604
兩漢朔閏表、漢太初以前朔閏表　叢 1-452、586(2),2-716(2)
兩漢筆記　史 1-5852　叢 1-223(29)
兩漢節義傳　史 2-6987
兩漢策要　集 6-43203
36 兩湘劉氏族譜[湖南湘鄉]　史 5-39620
兩湘劉氏四修族譜[湖南湘鄉]　史 5-39621
37 兩湖麈談錄　史 1-1914、4403　叢 1-95～6,2-730(3)、731(67)
兩湖文高等學堂一覽　史 6-42547
兩湖文高等學堂經學課程　經 2-11784
兩湖詩鈔　集 4-28182
兩湖平糶案牘(嘉慶)　史 6-44714
兩湖書院課程三種　叢 1-532
兩湖書院重校史論叢編(江夏劉氏史部叢書第一編)　史 1-5278
兩湖書院經學文抄八種　叢 1-532
兩湖書院算學課程　子 3-12874
兩湖鑛業學堂章程　史 6-42548
兩湖合辦土稅膏捐章程　史 6-43574
兩次批准保和會條約、紅十字會新約暨各文件　史 6-45101
兩軍師隔江鬥智雜劇　集 7-48767(2)、48998
兩軍師隔江鬬智雜劇　叢 2-698(16)
40 兩大儒語錄　子 1-1097
兩太史評選二三場程墨分類註解學府祕寶、精選二三場程墨分類註釋學府祕寶　集 6-45354
兩臺疏草、揭帖　史 6-48402
兩臺奏議　史 6-48336
兩難軒詩鈔　集 4-32665
41 兩垣奏議　史 6-48505　叢 1-223(21)、269(3)、270(2)、271、272(2),2-731(19)

兩極探險史畧 史7-49357、54907
43 兩戴記分僎凡例 經1-5794 叢2-2129(2)
44 兩蘇經解 經1-34
兩蘇經解七種 叢2-999
兩世鄉賢錄、崇祀名宦錄 史2-9607 叢2-1571
兩世心聲 集6-44437
兩世法檀 子7-34070
兩世姻緣 集7-48777
46 兩相作戲(大著身) 集7-53633
47 兩朝文選要 集6-43144 叢2-1643
兩朝評鑑彙錄 史1-5675
兩朝詩傳補 集6-44095
兩朝詩人錄 史2-7554
兩朝平攘錄 史1-1843
兩朝剝復錄 史1-1940～2、3020 叢2-818、1215
兩朝綱目備要 史1-1498～9 叢1-223(18)
兩朝從信錄 史1-1614
兩朝憲章錄 史1-1609
兩朝典故編年考 史6-41637 子4-22548
兩朝恩賚記 史2-9603 叢2-1565
兩好并一好一枝 集7-51813
兩都草 集2-9892
兩都醫案 子2-10492
兩都愴見錄 史1-1944、3098
48 兩翰林纂解諸子折衷彙錦 子4-23987
兩教問答 子7-35692
兩教合辨 子7-35674
55 兩曲事物考 子5-25638
60 兩口子對簿一枝 集7-51815
兩口子打架一枝 集7-51814
兩口子抬扛一枝 集7-51817
兩口子鬧包一枝 集7-51816
兩罍軒詩集、詞 集4-31950
兩罍軒彝器圖釋 史8-64197
兩罍軒收藏經籍碑帖書畫目 史8-65794
兩罍軒古泉拓本 史8-64859
兩罍軒校漢碑錄 史8-64535～6
兩罍軒藏器目 史8-64313 叢1-524,2-731(32)
兩罍軒題跋 史8-63691
兩罍軒印考漫存 史8-64984
兩罍軒尺牘 集4-31952、31954～5
兩罍軒鏡影 子4-18584
71 兩厓集 集2-8321
兩厓集(重鐫兩厓集) 集2-8322
73 兩院發刻司道酌議錢糧徵解事宜 史6-43392
77 兩同書 子1-58、60,4-19893～4 叢1-11～2、22(2)、23(2)、47、107、111(2)、223(39)、416,2-731(11)
兩同書、讒書、邕州小集 子4-19896
兩周子二種 子4-20643
兩周金石文韻讀 史8-63757 叢2-630、2227～9
兩闈試牘 叢2-1213
兩間草堂詩稿 集4-27662
兩間草堂詩鈔 集3-21747
兩間書屋醉吟草 集5-36652
兩鼠穿垣草 子7-36228(4)
兩關日課 叢2-1749
79 兩塍集 集3-21100
82 兩鍾情 集7-50292
84 兩鎮三關通志[嘉靖] 史7-55019
87 兩銘樓叢書二十七種 叢1-375
88 兩竿竹室集 集4-28903
89 兩鈔摘腴 子4-20087 叢1-22(3)、23(3)、134,2-731(52)
90 兩堂偶筆 子2-10801
兩當軒詩評 集6-45494
兩當軒詩詞約鈔 叢1-564
兩當軒詩集 集4-23158
兩當軒詩集(兩當軒詩鈔) 集4-23157
兩當軒詩稿、竹眠詞鈔 集4-23156
兩當軒詩鈔、悔存詞鈔 集4-23155
兩當軒詞 集7-46411、47597
兩當軒集 集4-23152
兩當軒全集(兩當軒集)、攷異、補遺 集4-23159
兩當縣新志[道光] 史8-63256
兩當縣志[康熙] 史8-63254
兩當縣志[乾隆] 史8-63255
兩卷房内外簷裝修立樣 史6-46548

爾

00 爾齋文集 集1-4836
10 爾爾集 叢2-720(5)、1198
爾爾集(蘭君仙史花王館之第十有二集) 集5-40342
爾爾書屋文集、詩續集 集4-32367
爾爾書屋文鈔 集4-32371
爾爾書屋詩草 集4-32369
爾爾書屋詩草、文集 集4-32368
爾爾書屋詩草、文鈔、家藏書畫記 叢2-1857
30 爾室文鈔、補編 集4-24527

40 爾吉公文鈔　集 4－27127
44 爾勒璧春秋　子 7－35938
70 爾雅　經 1－1、13、17～8、50、101、132、159,2－11141～3、11146、11168～71、11174、11178、11181、11183、11205　叢 1－34、114(2)、146、169(2)、234、446,2－698(1)、708、731(23)、1985
爾雅、音釋　經 2－11172～3、11176、11180、11235、11308　叢 1－318,2－635(2)、658
爾雅、音釋、校譌　經 2－11177
爾雅、釋音　經 2－11175
爾雅、校刊記　經 1－131
爾雅、坿音釋　叢 2－1864
爾雅、小爾雅　經 2－11144
爾雅齋文集　集 2－9884
爾雅麻氏注　經 2－11191　叢 2－775(3)
爾雅文義就簡篇　經 2－11320
爾雅文鈔　經 2－11253
爾雅音　經 2－11310、11315、11331　叢 1－367～8,2－772(2)、773(2)
爾雅音註　經 2－11166、11313、11331
爾雅音訓　經 1－170,2－11327～9
爾雅音釋　經 2－11307
爾雅音注　叢 1－390,2－772(2)、773(2)
爾雅音圖　經 2－11309
爾雅音畧　經 2－11319
爾雅音義　經 2－11186～7、11331　叢 1－390,2－772(2)、773(2)、774(6)
爾雅音義考證　經 2－11318
爾雅註　經 2－11152、11155、11157、11161、11182、11331　叢 1－223(15),2－765～6
爾雅註疏　經 2－11194
爾雅註疏、校勘記　經 2－11197
爾雅註疏、考證　經 2－11195
爾雅註疏旁訓　經 2－11225
爾雅註疏参義　經 2－11206
爾雅註疏校勘記　經 2－11198
爾雅註疏本正誤　經 2－11228
爾雅註疏劄記　經 2－11269
爾雅註疏箋補　經 2－11222
爾雅雜纂　經 2－11224
爾雅訓篹　經 2－15138
爾雅訓纂　經 2－11268
爾雅證經異句　經 1－153
爾雅新義　經 2－11202　叢 1－265(2)、448
爾雅新義、敘錄　經 2－11203　叢 1－456(4),2－731(23)
爾雅新義敘錄　經 2－11204
爾雅謝氏音　經 2－11314　叢 2－774(6)
爾雅詁　經 2－11265　叢 1－439
爾雅詁、注蟲魚齋讀疋集釋　經 2－11264
爾雅讀本　經 1－169,2－11200
爾雅郭註補正　經 2－11221
爾雅郭註義疏　經 2－11231
爾雅郭讀證異　經 2－11280
爾雅郭注佚存補訂　經 2－11279　叢 2－2127
爾雅郭注拾補　經 2－11283
爾雅郭注義疏　叢 2－1596
爾雅諍郭　經 2－11291
爾雅施氏音　經 2－11312　叢 2－774(6)
爾雅說詩　經 2－11282
爾雅許君義　叢 2－775(3)
爾雅許君義(爾雅許氏義)　經 2－11153
爾雅許氏義　經 1－164
爾雅一切註音　經 2－11326
爾雅一切注音　叢 1－493
爾雅正譌　經 2－11238
爾雅正郭　經 2－11257～8　叢 2－2038
爾雅正名　經 2－11271～2
爾雅正名評　經 2－11273
爾雅正義　經 1－111(2),2－11218　叢 2－1549
爾雅正義、釋文　經 2－11219
爾雅疏　經 2－11193　叢 1－447,2－636(2)
爾雅平議　經 1－145、163(4),2－11251　叢 2－1920
爾雅裴氏注　經 2－11192　叢 2－774(6)
爾雅孫氏音　經 2－11165　叢 2－774(6)
爾雅孫氏註　經 2－11164、11167
爾雅孫氏注　叢 2－774(6)、775(3)
爾雅確詁錄　經 2－11297
爾雅翼　經 2－14632～5　叢 1－223(15)、227(4)、268(2),2－731(23)、943
爾雅翼、校記　經 2－14636
爾雅集註　經 2－11190、11331
爾雅集解　經 2－11261　叢 2－2105
爾雅集解注　叢 2－2106
爾雅集注　叢 1－367～8、390,2－772(2)、773(2)
爾雅便蒙　經 2－11201
爾雅歲陽攷　經 2－11217
爾雅歲陽考　叢 1－349
爾雅比類便讀　經 2－11295
爾雅經註、音釋、句讀便讀　經 2－11185
爾雅經註集證　經 2－11249　叢 2－1864
爾雅經注集證　經 1－163(3)
爾雅山房詩選(爾雅山房集)　集 4－28807
爾雅佚文　經 2－11145　叢 2－777
爾雅犍爲文學註　經 2－11148～9、11331
爾雅犍爲文學注　叢 1－390,2－772(2)、773(2)、774(6)

爾雅稗疏 經2－11284 叢1－500
爾雅釋 叢2－2222
爾雅釋文 經2－11316
爾雅釋文補 經2－11321、12186
爾雅釋言集解後案 經2－11270 叢2－2065
爾雅釋親宗族考 叢2－2078
爾雅釋例 經2－11263
爾雅釋地四篇註 經2－11216
爾雅釋地四篇注 經1－117、163(1)
爾雅衆家註 經2－11246
爾雅衆家注 經2－11331 叢1－390,2－772(2)、773(2)
爾雅約解 經2－11254 叢2－956
爾雅注 叢1－390,2－772(2)、773(2)
爾雅注疏 經1－22～5 叢1－227(4)
爾雅注疏、校勘記 經1－21 叢2－698(1)
爾雅注疏、考證 經1－19 叢1－223(15)
爾雅注疏参義 經1－86
爾雅注疏校勘記、釋文校勘記 經1－20
爾雅注疏本正誤 叢1－516,2－653(2)
爾雅注存 叢2－750
爾雅字句蒙求 經2－11274
爾雅宗經彙說 經2－11241
爾雅河水源流畧 經2－11252
爾雅顧氏音 經2－11311 叢2－774(6)
爾雅補註 經2－11209
爾雅補註(殘本) 經2－11213
爾雅補郭 經1－163(1),2－11211 叢1－433、440～1、493,2－731(23)
爾雅補釋 經2－11300
爾雅補注 叢1－539、542～3、547(2),2－1495
爾雅補注殘本 叢1－420,2－653(2)、731(23)
爾雅漢註 經2－11236、11245
爾雅漢註校輯 經2－11237
爾雅漢注 叢1－260～1、418,2－731(23)
爾雅漢學證義 經2－11259
爾雅遺文 經1－135
爾雅初學讀本 經2－11208
爾雅通釋 經2－11299
爾雅啓蒙 經2－11247
爾雅臺答問、續編 叢2－754
爾雅直音 經2－11322～3 叢1－442～3,2－731(23)
爾雅南昌本校勘記訂補 經2－11230 叢1－337,2－731(3)
爾雅李氏註 經2－11156、11158
爾雅李氏注 經1－164 叢2－774(6)
爾雅古註斠 經2－11250
爾雅古註斠補 經2－11260
爾雅古註合存、總考首 經2－11239
爾雅古注評補 叢2－2045
爾雅古注斠、蘭如詩鈔 經2－15126
爾雅古義 經1－163(1),2－11215、11242、11331 叢1－389～90,2－772(2)、773(2)、1669
爾雅古義補 經2－11243
爾雅奇字音義 經2－11317
爾雅校議 經2－11214
爾雅校刊記 經2－11184
爾雅校勘記(爾雅注疏校勘記) 經2－11199
爾雅校勘記(爾雅注疏校勘記)、釋文校勘記 經2－11196
爾雅校勘記、釋文校勘記 經1－111(3)
爾雅校義 叢2－665
爾雅札記 經1－136,2－11212
爾雅蒙求 經2－11244、11256
爾雅草木蟲魚鳥獸釋例 經2－11293 叢2－630、2227～9
爾雅樊氏註 經2－11154
爾雅樊氏注 叢2－774(6)
爾雅舊注 經2－11229
爾雅舊注考證 經2－11248
爾雅郝註刊誤 經2－11223
爾雅郝注刊誤 叢2－606
爾雅聲類釋詁 經2－11324
爾雅穀名考 經2－11296
爾雅蟲名今釋(未完) 叢2－2248
爾雅蟲是今釋 經2－11294
爾雅書屋詩集 集6－44945
爾雅書屋遺稿 集3－21446
爾雅提要 經2－11220
爾雅易讀 經2－11267、11285
爾雅圖讚 經2－11302 叢2－774(6)
爾雅圖贊 經2－11303～6、11331 叢1－272(5)、390、539～43、547(3),2－765～6、772(2)、773(2)
爾雅異文考 經2－11262
爾雅匡名 經1－163(2),2－11240 叢2－653(2)、841
爾雅劉氏註 經2－11151、11188
爾雅劉氏注 叢2－774(6)、775(3)
爾雅學講義續編 經2－11278
爾雅學小記三章 經2－11301
爾雅貫珠 子5－26049
爾雅今釋 經2－11298 叢2－2148
爾雅分韻 經2－11325
爾雅義證 經2－11292
爾雅義疏 經1－111(4),2－11232 叢1－460,2－698(3)

爾雅舍人註　經2－11150
爾雅舍人注　經1－164
爾雅會編　經2－11227
爾雅鄭註　叢1－268(2)
爾雅鄭玄註稽存　經2－11160
爾雅鄭君註(爾雅鄭氏註)　經2－11159
爾雅鄭君注　叢2－775(3)
爾雅鄭氏注　經1－164
爾雅箋釋　經2－11276
爾雅小箋　經2－11233～4　叢1－517
爾雅堂家藏詩說　經1－3771

而

44 而菴詩話　集6－45888　叢1－203(2)
而菴說唐詩　集6－45887
而菴菴詩話　叢1－201

雨

00 雨亭詩詞稿　集3－19473
雨亭詩集、雨亭賦鈔　集3－20052
雨亭詩餘　叢2－1972
雨亭喉科祕本　子2－7556
雨亭尺牘　集4－28139～40
雨亭尺牘殘存　集5－34552
10 雨面樓詩稿　集6－41999
雨粟樓詩　集4－23608
11 雨韭盦筆記　子4－21604　叢2－1972
17 雨翠山房詩鈔、連江瑤　集4－26034
20 雨住雲收一枝　集7－52048
雨航雜錄　子4－20510　叢1－22(23)、29(7)、31、107、111(3)、223(42)，2－731(54)
雨航記　集2－9806　叢1－181
雨航紀　子4－20877　叢1－13、14(3)、22(24)、59，2－1130、1132、1135
雨航吟稿　集2－10010　叢2－1123
雨香齋詩稿　叢2－1800
雨香天經咒註　子5－29574、30243
雨香龕詩草掇餘　集4－24610
雨香書尾詩續鈔　集4－29630
雨香書屋詩稿　集4－25362
雨香書屋詩鈔　集4－29629
雨香館詩草　集4－31671
雨香小稿　集4－27852
21 雨順風調　集7－49597
22 雨岑詩文　集4－30127
雨崖詩草　集4－22428
雨巖詩文集　集4－32432
雨峯文鈔　集3－21742
雨峯詩鈔　集3－21740～1
雨峯詩鈔、文鈔　集3－21739　叢2－1507
雨峯全集四種　叢2－1507
雨山編　集2－10373
雨山和尚語錄　子6－32091(79)
24 雨牘　叢2－1195
25 雨生日記　史2－12655
26 雨牕記所記　叢1－437
雨泉龕詩選　集3－14282
雨泉龕合刻　集3－14281
28 雨舲詩集　集4－29247
30 雨窗詩文存　集4－27693
雨窗記所記　子5－26511　叢2－1696
雨窗集五種　子5－27694
雨窗漫筆　子3－15859～61、15946　叢1－469、495、586(3)，2－644、716(3)
雨窗消意錄　子5－26714～5　叢1－445，2－735(2)
雨窗隨喜　子4－20905　叢1－128～9，2－1173
雨窗隨筆　子4－23718　叢2－1696
31 雨福山房遺稿　集4－27002
40 雨十詩鈔　集4－25063
雨樵文稿　集4－31753
44 雨花石子記　史7－49326
雨花香　子5－27829～30
雨花集　集3－14967
雨花山房詩稿　集5－36888
雨花山房集　集4－24045
雨花臺傳奇　集7－50305～6
雨花樓遺稿　集5－37370
雨花盦詩餘　集7－47523、47895
雨花堂吟　集3－20200
雨蕉齋詩選　集3－13830
雨華庵詩存　集4－31725
雨華庵詩存、詩餘　集4－31724
雨村詩話　集6－46023～5　叢1－283(4)、284
雨村詩話、雨村詩話補遺　集6－46026
雨村詩話補遺　叢1－284
雨村詩存、試帖　集5－34233
雨村詞話　集7－48720　叢1－283(4)
雨村曲話　集7－54855　叢1－283(4)
雨蘿山房詩鈔　集5－34172
50 雨春軒經進詩、詩草　集4－21979
51 雨打桃花一枝　集7－52049

雨軒先生遺詩 集2-12926,6-45054
54 雨蝶痕傳奇 集7-50237
57 雨邨詞話 叢1-353
雨邨遺賦 叢2-1738
60 雨田古論 史1-5669
66 雨暘氣候親機 子5-29530(24)
雨暘氣候親機 叢1-256
77 雨屋深鐙詞 集5-39670,7-48400
雨屋深鐙詞續稿 集7-48401
90 雨堂詩文集 集3-21640
雨堂詩鈔河干初集 集3-21639
雨堂偶筆、吟草 子4-23557

需

37 需次燕語 子4-21384 叢1-373(3),2-869、1490
64 需時眇言 經1-1806、2330
80 需人詩稿 集3-18218

霄

22 霄峄集 集6-44276

霧

00 霧市選言 子4-24075
27 霧島山記 史7-49318(16)
32 霧溪王氏宗譜[江西] 史4-25372
38 霧海隨筆 子4-22423
50 霧中人 集7-50378
60 霧□山人詩集 集2-8323
72 霧隱山房詩 集3-18687
霧隱山莊詩鈔 集5-34378
90 霧堂雜著 子4-23264 叢2-1239
霧堂經訓 經2-11511 叢2-1239
霧堂詹言 子4-23263 叢2-1239
霧堂遺書(地問) 集3-13344

鬲

35 鬲津草堂詩 叢2-949
鬲津草堂詩集 集3-16648
鬲津草堂乃了集 叢2-949
鬲津草堂絕句詩 集3-16647
77 鬲凡詩集 集3-18284,6-45091

1023_0 下

17 下邳余氏宗譜[江西婺源] 史4-28599
20 下焦諸病藥方 子2-7288
25 下生嘆世寶卷 集7-54159
26 下保金氏族譜 史4-29641
27 下盤棋 集7-53317
28 下徐徐氏宗譜[浙江龍游] 史4-32010
31 下江南曹彬誓衆 集7-49397、49420
下河水利集說 史6-46773
下河集要備考 史7-52864
下河南 集7-52198
下河南三本 集7-52625
下河東 集7-50438
下酒物 子4-23231 叢2-1362
32 下灣王氏家譜[湖南湘陰] 史4-25455
33 下浦陸氏本支譜[江蘇常州] 史4-32624~5
下滃陳氏房譜[浙江象山] 史4-32870~1
34 下沈孫氏宗譜[浙江象山] 史5-33604
40 下帷短牒 叢1-22(6)、23(6),2-617(3)
下南唐 集7-49706、50439、51310
下索劉氏五修族譜[湖南湘潭] 史5-39579
下索劉氏四修族譜[湖南湘潭] 史5-39578
44 下菰集 集2-11016
下黄私記 叢1-22(6)、23(6)
下棋 集7-53318
50 下車異續錄 史6-43116
60 下里歌謠 集5-38162,7-50836 叢2-2068
下里錄 叢2-2270(4)
下園徐氏族譜[江蘇吳縣] 史4-31848
下田益宗令 史6-47602 叢1-168(4)
71 下阪寮李氏族譜[福建南靖] 史4-27331
76 下陴記談 史7-50953
77 下學齋二十議 子4-21907
下學編 子1-1598
下學寮滙稿 集5-37835
下學萚勾股六術 子3-12367
下學萚算術 子3-12670
下學芙城錄 叢2-1365~6

下學菴勾股六術　叢2-1946
下學梯航　子1-1701　叢2-1640
下學指南　子1-1802
下學盦算術三種　子3-12367
下學錄　子1-1491　叢2-1365～6
下學堂詩說　經1-4353
下學堂規　叢2-1338
下學堂規、下學堂會約　子1-2381
下學堂會約　叢2-1338
下學堂劄記　叢2-1338
下學堂劄記、下學堂規、下學堂會約、歸潔園偶筆、樸園邇語　子1-1452
80 下雉纂　史7-50701
99 下管楊氏支譜[湖南湘潭]　史5-37030

1023_2 弦

04 弦詩塾詩集　集4-26332
10 弦雪居重訂遵生八牋、總目　子4-23704
弦雪居重訂遵生八牋、目錄　子4-23705
17 弦子記　叢1-37
弦歌古樂譜　子3-17707　叢2-1576
27 弦佩齋吟草　集5-36185
40 弦韋贈處集　集6-41992
弦索備考　子3-17872
弦索十三套三弦譜　子3-17836
47 弦切對數表　子3-12834,7-36231(7)

豖

00 豖盧稿　集2-12810

震

00 震庵詩鈔　集4-29372
震庵集　集4-28327
震齋雜說、八角磨盤吟　子4-21622
震齋集　集5-40382
震齋叢書三種　叢2-2246
22 震川文集、別集　叢1-227(11)
震川文鈔　集2-8770
震川文粹　集2-8776
震川集、別集　叢1-223(66)
震川先生應試論策集　集2-8779
震川先生評選歐陽文忠公文鈔　集1-2037
震川先生集、別集　叢2-635(12)、698(11)
震川先生集、別集、補編　集2-8750
震川先生別集　集2-8761
震川先生全集補編　集2-8756
震川先生餘集、別集　集2-8762
震川大全集　集2-8755
震川大全集、別集、補集、餘集　集2-8754
震川大全集、別集、補集、餘集、先太僕評點史記例意、歸震川先生論文章體則　集2-8753
震川尺牘　集2-8778,6-45192
36 震澤龍女傳　叢1-56,2-731(50)
震澤王氏家譜[江蘇蘇州]　史4-24880
震澤雲莊易師東華語錄　叢2-1240
震澤集　叢1-223(64)、227(10)
震澤編　史7-52895
震澤編[弘治]　史7-57007
震澤先生集(震澤集)　集2-7170
震澤先生別集四種　叢2-902
震澤先生長語　子4-20345
震澤紀聞　史1-1914　子4-22973～4,5-26220　叢1-22(22)、29(7)、40、46、95～6、195(5)、252、269(5)、270(4)、271、272(5)、2-730(3)、902
震澤紀聞、續　子4-22975
震澤縣志[乾隆]　史7-57008
震澤縣志續[民國]　史7-57009～10
震澤長語　子4-20344、20347～8　叢1-22(23)、29(7)、31、108、111(3)、223(42)、269(5)、270(4)、271、272(2)、2-731(4)、902
震澤長語摘抄　叢1-84(3),2-730(10)
震澤長語摘鈔　子4-20346
震澤鎮志[道光]　史7-57025　叢1-373(8)
震澤鎮志[民國]　史7-57026
80 震無咎齋詩　集4-29020
91 震虩齋剩稿　集5-40938

霢

20 霢香館吟草　集5-35095

1024_7 夏

00 夏商二易遺文　經1-135
夏商合傳　子5-28847

夏文敬公集(俟齋詩草、俟齋試帖) 集5-35365
10 夏元成先生遺集 集5-38727
夏雨新晴一枝 集7-51999
夏雨軒雜文 集4-31304 叢2-1830
夏百官表 史1-10(3)、4724
夏雲存稿 叢2-1380
夏雲堂稿 集3-15189
11 夏疆域圖 史7-49313、49460
12 夏孫遺集 集3-15542
17 夏承碑 史8-63519、64589
夏子松函牘 集5-35366
夏子益治奇疾方 子2-9158
夏子益治奇疾方(夏子益奇疾方) 子2-9151
20 夏爲堂詩畧刻 集3-13629 叢2-1270
夏爲堂散曲 集7-50645
夏爲堂別集 集3-13630
夏爲堂別集九種 叢2-1269
夏爲堂人天樂傳奇 集7-50181
21 夏徑葉氏八修族譜[江西吉安] 史5-35757
22 夏川李氏宗譜[浙江桐廬] 史4-27158～9
夏峯集補遺 集3-13067、13071
夏峯先生語錄 子1-1358
夏峯先生集 集3-13065 叢2-731(41)、782(4)
夏峯先生集、補遺 集3-13068 叢2-1230
夏峯答問 子1-1354～5 叢2-1230
25 夏生逃遁 集7-53650
夏仲子集 集4-29606
26 夏白天長一枝 集7-51998
夏伯定集 集5-38670
27 夏侯子新論 子1-528～9 叢2-774(9)、775(4)
夏侯鬼語記 叢1-29(1)
夏侯陽算經 子3-11250、12348、12396、12415 叢1-223(35)、230(3)、238～9、468,2-708、731(25)
夏侯常侍集 集1-342～3,6-41694、41698
夏殷春秋史料 史1-5040
夏殷厤章□合表 叢2-1601
夏彝仲先生書經聽月 經1-2791
夏叔夏貧居日出言、仍園日出言 集2-11002
30 夏窗消雨錄 子5-26500
31 夏河縣志稿[民國] 史8-63273
32 夏洲張氏宗譜[浙江新昌] 史5-34980
夏冰錄 子1-1575
35 夏津度支 史6-43341
夏津縣志[康熙] 史8-59097
夏津縣志[嘉靖] 史8-59096
夏津縣志[乾隆] 史8-59098
夏津縣志續編[民國] 史8-59099
36 夏湘人出塞日記 史7-54083
37 夏澹人(味堂)行略 史2-9574
40 夏大正逸文考 叢2-764
夏太孺人行述 史2-9507
夏太史遺稿 集2-12733
夏内史集 集2-12731 叢1-241、242(3),2-731(41)
夏布衫訴功一枝 集7-51995
夏布衫兒秋聲賦一枝 集7-51996
夏赤城集 集2-6886,6-41935(1)
夏古丹先生詩集 集2-6417
夏壽田詩詞集 集5-40767
44 夏考信錄 史1-6012 叢2-731(3)、782(4)、1538～9
夏莊施氏宗譜[浙江鄞州] 史4-30887
夏莊李氏宗譜[江蘇江寧] 史4-27098
夏孝湯氏家譜[浙江蕭山] 史5-36556～8
夏英公雜詩 集1-1918
夏桂洲先生文集、夏桂洲先生年譜 集2-7907
46 夏觀川詩集(菜根精舍詩草、續草) 集3-18701
48 夏松森學醫筆記 子2-10929
50 夏蟲自語 史1-4153 叢1-477
夏忠靖集 集2-6470
夏忠靖公(原吉)遺事 史2-8851
夏忠靖公集 集2-6471
夏忠靖公集、遺事 集2-6469
夏書禹貢廣覽、蓋載圖憲 經1-3180
夏書校注 叢2-1521
夏東巖先生文集 集2-7364
夏東巖先生文集、詩集(東巖集) 集2-7363
57 夏艷碧蓮繡符 集7-49189
60 夏口縣志[民國] 史8-60088
夏日吟 叢2-1330
夏邑縣志[康熙] 史8-59854
夏邑縣志[嘉靖] 史8-59853
夏邑縣志[民國] 史8-59855
夏景一枝 集7-51997
62 夏縣志[康熙] 史7-55971
夏縣志[光緒] 史7-55973
64 夏時說義 經1-5967、6016 叢2-1566～7
夏時考 經1-5960～1 叢2-915
夏時考訓蒙 經1-5986 叢2-1986
夏時考增說 叢2-1987
夏時明堂陰陽經 經1-5966、6016 叢2-1566～7

夏時等列說　經 1-5972
67 夏墅閔氏族譜[江蘇武進]　史 5-36708
72 夏氏族譜[湖南寧鄉]　史 4-31702
夏氏三書　叢 2-1736
夏氏重修宗譜[江蘇丹陽]　史 4-31656
夏氏續修族譜　史 4-31709～10
夏氏續修宗譜[江蘇常州]　史 4-31659
夏氏家譜[江蘇常熟]　史 4-31664
夏氏家乘[重慶江津]　史 4-31706
夏氏家乘[安徽休寧]　史 4-31691
夏氏家乘[浙江]　史 4-31686
夏氏宗譜　史 4-31707～8、31711
夏氏宗譜[安徽懷寧]　史 4-31689～90
夏氏宗譜[安徽當塗]　史 4-31688
夏氏宗譜[江西貴溪]　史 4-31698
夏氏宗譜[江蘇武進]　史 4-31661～2
夏氏宗譜[江蘇句容]　史 4-31658
夏氏宗譜[江蘇泗陽]　史 4-31652
夏氏宗譜[江蘇丹陽]　史 4-31657
夏氏宗譜[浙江上虞]　史 4-31677～8
夏氏宗譜[浙江蘭溪]　史 4-31683～4
夏氏宗譜[浙江餘姚]　史 4-31670
夏氏宗譜[湖北通山]　史 4-31701
夏氏七修族譜[湖南邵陽]　史 4-31704
夏氏報本祠宗譜[浙江金華]　史 4-31682
夏氏算學　子 3-12368、12389
夏氏算學四種　子 3-11252　叢 2-1896
夏氏小兒良方　子 2-8382
夏氏尚書詳解　叢 1-223(5)
76 夏陽湯氏族譜[江西永新]　史 5-36571
77 夏閨晚景瑣說　叢 1-587(4)
80 夏父集　集 2-11382
夏曾佑日記稿、書目稿　史 2-13209
82 夏劍門詩鈔　集 5-33850
84 夏鎮漕渠志畧、前集　史 6-44167
88 夏節湣詞　集 7-46829
夏節愍全集、補遺、續補遺　集 2-12730
夏節愍公集　集 2-12732,6-43118
90 夏小正　經 1-92、4699、5934～6、5939、5948、5963、5977、5996、6010、6012　叢 1-22(1)、23(1)、93、236～7,2-1985、2092
夏小正音義　經 1-6015
夏小正註釋　叢 1-371
夏小正證經異句　經 1-153
夏小正試帖　叢 1-352
夏小正詩　經 1-5991　集 4-29489　叢 2-1770
夏小正詁　經 1-5954　叢 1-203(7)、320、515
夏小正說例　經 1-6014　叢 2-2148
夏小正詳定　叢 2-1168
夏小正正義　經 1-5980　叢 1-442～3,2-731(27)、1699～702
夏小正疏義、異字記、釋音　經 1-111(4)　叢 2-1632
夏小正疏義、異字記、釋音、天象圖　經 1-5973
夏小正集說　經 1-5987～8
夏小正集說、補、存說　叢 2-1899
夏小正集說補　經 1-5989
夏小正集解　經 1-5947、5964～5
夏小正經傳集解　經 1-6004　叢 1-316～7,2-731(27)
夏小正經傳考　經 1-5940
夏小正經傳考、本義　經 1-5978
夏小正私箋　經 1-158、5997　叢 2-2033
夏小正傳　經 1-5937、5970　叢 1-287、469、495、586(1),2-716(1)、731(27)
夏小正傳注　經 1-5938
夏小正傳校勘記　經 1-6003　叢 1-537
夏小正傳箋　經 1-5994
夏小正傳箋、大戴禮公符篇考　經 1-5962
夏小正釋義　經 1-5998～6000
夏小正解　經 1-5946　叢 2-1089～90
夏小正解、徐本夏小正考異　經 1-5950
夏小正解、徐本夏小正舉異　叢 2-731(27)、869
夏小正注　經 1-6005
夏小正注疏　經 1-6002
夏小正注解摘要　經 1-6011
夏小正注補　經 1-5924、5974
夏小正家塾本　經 1-6013　叢 2-2078
夏小正補傳　經 1-5981　叢 2-1730
夏小正補注　叢 2-1576
夏小正逸文考　經 1-5971
夏小正通釋　經 1-5976
夏小正直解　經 1-5959
夏小正存說、集說補　經 1-5990
夏小正校注　經 1-5985
夏小正校勘記　經 1-6007
夏小正求是　經 1-5992　叢 2-845(5)
夏小正戴氏傳　經 1-77(3)、5941　叢 1-223(9)
夏小正戴氏傳、校錄　經 1-5942　叢 1-317,2-731(27)
夏小正戴氏傳、校錄、續校　叢 1-316
夏小正戴氏傳、考異、別錄　經 1-5944
夏小正戴氏傳訓解　經 1-5982
夏小正戴氏傳訓解通論　經 1-5984
夏小正戴氏傳訓解考異　經 1-5983
夏小正戴氏傳校錄　經 1-5943

夏小正戴氏傳考異 經1-5945
夏小正考注 經1-5957 叢1-257,2-731(27)
夏小正本義 經1-5979
夏小正輯註 叢2-1447～8
夏小正輯注 經1-5955～6
夏小正異義 經1-163(2)、5953
夏小正印譜 子3-16965
夏小正分箋 經1-163(2)、5951～2 叢1-517
夏小正義疏 經1-6006
夏小正等例 經1-5969、6016 叢2-1566～7
夏小正等例文句音義 經1-5968、6016 叢2-1566～7
夏小正箋 經1-5958 叢1-282(3)、283(3),2-731(27)
夏小正箋疏 經1-154、5993、6001 叢2-1913～4
夏小正管窺 經1-5995 叢2-2071
夏小正小傳 經1-5949
夏小正小箋 經1-6008
夏小正小箋、揭誤 經1-148、6009
夏粹方先生(瑞芳)哀輓錄 史2-10936

憂

44 憂菴大司馬並夫人合稿 叢2-848
50 憂患集偶鈔、孑遺錄 集3-16767
憂患日錄 子1-1489 叢2-1365～6
53 憂盛編 子4-23598
60 憂畏軒遺稿、還雲堂詩 集3-14575
憂畏軒奏疏、憂畏軒文告 史2-9301
90 憂懷集 集5-38742

覆

00 覆甕集 集3-16785
覆甕集、餘集 集3-17518
覆甕集刑名、餘集 史6-46086
覆甕集錢穀、刑名、餘集 史6-46087
覆甕篇 子4-21721
覆甕篇 集5-35594
01 覆瓿齋試帖 集5-35444
覆瓿文存 集5-39874
覆瓿文存三集 集5-39875
覆瓿雜著、燼餘詞草 子4-24502
覆瓿語 子4-20628
覆瓿詩稿 集4-23320
覆瓿詩草 集4-26858
覆瓿詩草、粵遊吟、湖州百詠 集4-26859
覆瓿詩鈔 集3-21349,4-26065
覆瓿詞 集7-46369、46733
覆瓿集 集1-4542,2-5927～8、6273～4、10261、11665,3-19669,4-33648,6-41784 叢1-223(58、62)
覆瓿集(秋曉趙先生覆瓿集) 集1-4541
覆瓿集十三種附一種 叢2-1823
覆瓿集賸稿 叢2-795
覆瓿稿 集3-21826
覆瓿叢談 史7-51291 叢2-812
覆瓿社燈謎 子3-18370
覆瓿遺文 集5-41281
覆瓿漫存 集5-40620～1
覆瓿草 集2-9955,4-25124,5-39045
覆瓿贅談 子1-1879
覆瓿吟 集4-30433
覆瓿餘草 集4-27240
22 覆巢餘生集 集4-29005
27 覆舟山小志 叢2-795
30 覆宮史續編 叢2-631
覆審桂永氏案檔 叢2-1980
40 覆校穆天子傳、補遺 子5-26785 叢2-1666
覆校宋本條錄 子4-22158
覆校大六壬苗公射覆鬼撮脚 子3-13906
覆校札記 叢2-635(13)
43 覆載通幾、四邊形算法 子3-12365
覆載通幾附四邊形算法 叢2-1637～8
44 覆墓 集7-49457
75 覆陳妥酌清理財政章程 史6-43235
覆陳東部内蒙古情形稟 史6-41838
80 覆盆明鏡照占真經 子3-13860

霞

00 霞亭集 集3-21525
霞庵文集 集3-14919
10 霞西過眼錄 子4-23224
12 霞飛閣詩稿 集4-26025
18 霞珍詞 集7-48366
21 霞上緒言、玉水千花藏著述現存書目 集2-11821
22 霞川汪氏重修族譜[浙江淳安] 史4-28726
霞川花隱詞 集7-48302
霞峯詩草 集4-25510

霞山文集　集2－7712～3
霞山胡氏宗譜[浙江淳安]　史4－30400
霞山陳氏宗譜[浙江金華]　史4－32965
霞繼亭集　集2－11113
23 霞外麈談　子5－26382　叢2－735(5)
霞外雜俎　子2－11006、11011,5－26219　叢1－22(25)
霞外詩集　集1－4946,6－41927～8　叢1－223(60)
霞外集　集1－4947
霞外山人書翰　集5－35480
霞外攟屑　子4－22775　叢2－1996
霞外攟屑殘稿　叢2－1995
24 霞岐柯氏族譜[福建同安]　史4－30330
霞綺閣文集　集3－15368
27 霞阜程氏世譜[安徽休寧]　史5－36123
30 霞瀛朱氏統宗譜[安徽休寧]　史4－26648
霞房叢鈔十六種　叢1－365
霞宇張氏宗譜[江西]　史5－35244
霞客遊記　叢1－373(4、5)
31 霞汀詩餘　集6－41761
33 霞浦張氏明十七台長房譜[浙江寧波]　史5－34907
霞浦縣志[民國]　史8－58451
霞浦翁氏宗譜　史4－32258
34 霞漪閣詩集　集4－31774
霞漪閣校訂史綱評要　史1－5469
41 霞坪詩存　集3－19038
43 霞城集　集2－7156
霞城唱和集　叢2－799～801
44 霞莊詩集　集3－16169
霞蔭堂文集　集3－21153～4
霞蔭堂文鈔　集3－21232
霞蔭堂詩集　史2－11887
霞蔭堂詩集、文集、茂園自撰年譜　集3－21152
45 霞棲詩鈔、詞鈔、詩續鈔、詞續鈔、詩三鈔、詞三鈔　集5－40426
47 霞起樓詩　集2－12275
48 霞梯詩選　集4－29379,6－42012
60 霞里劉氏譜餘考實類卷[江西]　史5－39415
77 霞舉堂集　集3－15604
霞舉堂集六種　叢2－1339
霞閣小稿　集4－31229
霞間稿　集1－5295
88 霞箋記　子5－28367　集7－49709
霞箋記彈詞　集7－54006
90 霞光集　集3－17999　叢2－913

1030_7 零

00 零文雜鈔　集3－21669
零文鈔存　集5－37391
10 零雨吟窗詩草　集4－29856
12 零礫詩存　集4－29872
零礫詩存、詩鈔　集4－29873
15 零珠詞　集7－48095
26 零泉四甲許氏族譜[湖南衡陽]　史5－34493
40 零志補[嘉慶]　史8－60669
44 零芬集　叢2－989
60 零星稿、柬將詩、欬氣集　集3－14987
零星小倡(寶卷)　集7－54567
74 零陵先賢傳　史2－8247～9,7－49309　叢1－22(9)、23(9)、29(2)
零陵總記　史7－49309、50788　叢1－22(8)、23(8)
零陵志　史7－49309、50789
零陵縣鄉土志[民國]　史8－60671
零陵縣志[康熙]　史8－60667
零陵縣志[嘉慶]　史8－60668
零陵縣志[光緒]　史8－60670
80 零金碎玉　子4－23359～60　叢1－496(4)
86 零錦集詞稿(零錦詞)　集7－48048

1032_7 焉

00 焉文堂集　集3－13230
44 焉耆府鄉土志[光緒]　史8－63436

1033_1 悉

60 悉日草廬詩集　集5－40577

惡

27 惡多情一枝　集7－52664
47 惡婦寶卷　集7－54316
50 惡盡滅蹟　集7－54414

1040_0 于

00 于文襄公手劄 集3-20150
于襄勤公年譜 史2-11758
于京集 叢2-1287
10 于于室詩草 集4-24609
于于樓會心編 子4-24021
于雲殘册 叢1-571
12 于廷益稿 集2-6715,6-45336
13 于武陵詩集 集1-1761,6-41741、41834、41858～9、41866、41869、41872
20 于香草遺著叢輯二十四種 叢2-2078
22 于山志[乾隆] 史7-56483
于山奏牘、詩詞合選 史6-48661
于樂遺詩 集5-35435
27 于役新吟 集3-21147
于役百篇吟 集5-36958
于役集 叢2-1544
于役偶記 集3-16829
于役偶吟、舫齋詞稿 集3-20479
于役迤南記 史1-3753 叢2-1515
于役志 史7-53791 集1-2007～8 叢1-22(11)、23(11)、29(6),2-635(8)、698(9)、1029
于役東陵記 史7-51901 叢2-934
于役吟草 集4-23288,5-40274
于役黔南草 集3-21925
于役錄 子3-12983
于鵠詩集 集6-41739、41824、41834、41859、41863、41869、41873、41878
于鵠詩集(中唐于鵠詩) 集1-1238
34 于洗西辨 叢2-1747
于滇集 集5-37583
于濆詩集 集6-41739、41741、41818、41824、41834、41858～9、41863、41878
于濆詩集(晚唐于濆詩) 集1-1753
于邁草、續草 集3-19578
于邁錄 子3-12982
35 于清端文集 集3-13942
于清端詩詞 集3-13943
于清端政書 叢1-223(67)
于清端集 集3-13941
于清端公[于成龍]家規範 子1-1964、2182
于清端公政書 史6-43125
于清端公政書、外集、首編 史6-43123
于清端公政書、首編、外集、續集 史6-43124
于清端公政書輯要 史6-43126
36 于湘詩選 集4-23178
于湘詩草 集5-37652
于湘遺稿 集3-20384
37 于湖文錄 集5-37549
于湖詞 集7-46352、46380、46593～4 叢1-223(73),2-698(13)、720(2)
于湖詞、拾遺 集7-46595
于湖集 集1-3560～1,6-41894(2)、41895、41904 叢1-223(54)、227(10)
于湖集(于湖居士文集) 集1-3557
于湖先生長短句 集7-46357、46596
于湖題襟集 叢1-507～8,2-731(37)
于湖居士文集 集1-3559 叢2-635(10)
于湖小集 集5-37548
于湖小集(于湖文錄)、金陵雜事詩 叢1-508
于湖小集、金陵雜事詩 集5-37547 叢1-507,2-731(39)
于鄴詩集 集6-41739、41818、41824、41848、41859、41878
于鄴詩集(晚唐于鄴詩) 集1-1760
40 于左軒夫婦雙壽贈言錄 史2-10495
于南詩錄 集4-30879
44 于埜左氏錄 經1-6951 叢2-1440
于蔭霖事畧 史2-10535
50 于中丞遺書(悚齋遺書)四種 叢2-2023
于夫人(朱之榛妻)行畧 史2-10166
于肅愍公集 集2-6705
于肅愍公集、拾遺、附錄 集2-6712 叢2-833
于肅愍公和梅花百詠七律詩(忠肅公和梅花百詠) 集2-6704
于忠肅集 集2-6709、6711
于忠肅公旌功錄 史2-8863
于忠肅公集 集2-6706～8、6710、6713,6-43118
53 于成龍判牘菁華 史6-46479
60 于景素集 集2-10453
于景素先生山居稿 集2-10454
于景素先生願學齋億語、續億語 集2-10455
67 于野集 集6-44530
于野紀錄 叢1-373(9)
72 于氏族譜[江蘇金壇] 史4-24717
于氏族譜[湖南瀏陽] 史4-24743
于氏族譜[湖南桃源] 史4-24744
于氏族譜[四川什邡] 史4-24747
于氏三修族譜[湖南桃源] 史4-24746
于氏家譜[貴州貴陽] 史4-24748
于氏家藏詩畧 集6-44946
于氏宗譜 史4-24749

于氏宗譜[山西離石]　史4-24713
于氏宗譜[江蘇金壇]　史4-24718
于氏十修家譜[江蘇江都]　史4-24715
于氏中說　史4-24718　子4-20286
于氏中說(中說)、論草　子1-958
于氏中說、契元論草　子4-20287
于氏中說、契元論草、契元墓誌銘、契元公神道碑、校勘錯誤　子4-20288
于氏捷韻　經2-13890
于氏易說　經1-1870
77 于闐記　史7-53785
80 于八先生詩草　集4-33587
于公(宗堯)德政錄　史2-9389
于公德政錄　叢1-269(3)、270(2)、271、272(4)
于公德政錄、續　史2-9390
于公案奇聞　子5-28696
于公祠墓錄　史7-51941　叢2-832(6)
82 于鍾岳別傳　史2-10299　叢2-885
90 于少保詩選　集2-10270
于少保萃忠全傳　史2-8865　子5-28160

干

10 干王洪仁玕等口供　史1-1992、4209
干王書福字碑拓本　史1-1989、4210
干王印　史1-1989、4211
17 干子　子4-19823～4　叢2-774(9)、775(4)
22 干山子　子1-18、20　集1-354
30 干寶晉紀　史1-1427　叢2-771(3)、780
干寶周易注　經1-2321
37 干祿字書　經1-33,2-12965～7、15113、15120～1、15127、15129、15134　叢1-22(14)、23(14)、86、223(15)、299～300、330～1、353、515,2-730(7)、731(21)
干祿字書箋證　經2-12968　叢2-2198
40 干支集錦　子5-25953
干支便覽　子3-11664
干支占　子1-3103
干支偶錄　子5-25923
干支春帖子　叢2-2071
干支類聯合璧　子5-25924
干支類對　子3-11663　叢1-311
44 干巷志[嘉慶]　史7-56451
72 干氏宗譜[浙江海鹽]　史4-24750
干氏易傳　經1-329、2331
80 干令升搜神記　子5-26807　叢2-730(12)、836
88 干筠書屋新編八種　叢1-358
干筠書屋舊稿　叢1-358
90 干常侍易解　經1-325　叢2-730(12)、836
干常侍易注疏證　經1-1597
干常侍易注疏證、集證　叢2-867
干常侍易注集證　經1-1598

耳

02 耳新　子4-19489,5-26377～8　叢1-233、373(8)、496(5),2-617(3)、624(3)、731(54)
09 耳談類增　子5-27053
11 耳栞軒詩集　集3-14148
21 耳順記　子4-19492、21024
27 耳郵　子5-26609　叢1-496(5),2-735(2)
44 耳菴嵩禪師語錄　子6-32091(76)
50 耳書　子5-26632　集3-16589　叢2-785
56 耳提錄　子4-23125～6
60 耳目記　叢1-13、14(2)、19(7)、20(5)、22(6)、23(6)、24(7)、29(3)、148、154、255(2)
耳目記六則　子5-27559
67 耳鳴集　集3-14277
耳鳴集詩稿　集5-36582
耳鳴山人剩稿　集4-31045
耳鳴山人賸藁　叢1-537
耳鳴錄　子5-26364
80 耳食錄　史8-65300　子5-27124　叢2-673、735(1)、736
耳食錄、二編　子5-27125
耳食錄初編、二編　子5-27126

雯

30 雯窗痩影詞　集7-48222
44 雯菴印譜　子3-16954

1040_1 霆

37 霆軍紀畧　史1-4093　叢1-496(6)

1040_4 要

05 要訣　子3-13140

16 要理辯正邪自證 子7-35433
要理講論 子7-35488
要理不二字 子7-35469
要理集字 子7-35483
要理解畧、進教要理 子7-35446
要理條解 子7-35445
要理問題 子7-35479
要理問答 子7-35382～3
21 要術佚文 子1-4096 叢2-777
要便祕訣 子4-22062
要經畧解 子7-35232
要經問答 子7-35234
27 要修科儀戒律鈔 子5-29530(9)、29535(6)、29536(6)、30290～1
44 要藥分劑 子2-4622、5630
要藥分劑補正 子2-5631
60 要畧鳌辭 子2-6302
要畧餽辭 子4-21836
61 要賬該賬 集7-52289
70 要雅 叢2-774(10)
72 要删補遺 史7-52718
77 要用字苑 經2-12748 叢2-774(8)
要緊碑目 史8-64735
要緊祈求 子7-35556

1040_6 覃

11 覃揅齋詩存、少作 叢2-2204
覃揅齋三種 叢2-2204
覃揅齋石鼓文十種考釋 史8-64511
覃揅齋石鼓十種考釋 叢2-2204
覃研齋詩存 集5-40778
28 覃谿雜鈔 子4-24266
32 覃溪手札帖 子3-15535
覃溪書札 集3-21679
72 覃氏族譜[四川宣漢] 史5-35917
90 覃懷志[雍正] 史8-59644

1040_7 霻

44 霻桂軒吟稿 集4-27296

1040_9 平

00 平立方根表 子3-12597
平疴帖括 子2-10478
平亭史論 史1-5279
平庵詩集 集3-19728
平齋文集 集1-4070,6-41784 叢2-636(4)
平齋文集(平齋集) 集1-4067
平齋文集、拾遺、詞、空同詞、校勘記 集1-4069
平齋文集、拾遺、校記 集1-4068 叢2-943
平齋詩存、續編 集5-38655
平齋詩存三續編 集5-38657
平齋詩存再續編 集5-38656
平齋詞 集7-46357、46380、46615 叢1-223(73),2-698(13)、720(2)
平齋集 叢1-223(56)
平齋家言三種 叢2-2138
平方術 子3-12361～2
平方和較術 叢1-502
平方各形術 子3-12364
平度州志[康熙] 史8-59303
平度州志[道光] 史8-59304
平度志要[光緒] 史8-59305
平度縣續志[民國] 史8-59306
平度縣鄉土志[光緒] 史8-59307
平辨脈法歌訣 子2-4660、4662～3
平辨脈法歌括 子2-4661、6160
07 平望續志[光緒] 史7-57024
平望宋氏宗譜[江蘇吳江] 史4-29151
平望志[道光] 史7-57023
平望鎮志[雍正] 史7-57022
平調說唱閻大姐活捉張三郎 集7-50765、53634
10 平三角術 子3-12362
平三角和較術 子3-12367、12663
平三角和較術、弧三角和較術 子3-12662
平三角和較術圖解 子3-12664
平三角法舉要 子7-36241
平三角邊角互求術 子3-12361、12364、12396
平三角舉要 子3-11239、12665
平五寨兵事始末 集2-9913
平夏錄 史1-1914、1933、2709 叢1-13、14(2)、22(22)、55～6、84(2)、87～9、95、269(3)、270(1),2-730(2、3、9)、731(67)

平平言　史6-41531、43079
平平續錄　子1-1676
平平錄　子1-1674～5
平石城和韻詩　集6-44913
平西黃氏族譜[江西廣昌]　史5-33971
平西黃氏重修族譜[江西廣昌]　史5-33970
平西蜀頌　史1-1930、2739
平面卓記　子3-12497
平面幾何教科書　子7-37508
平面幾何學新教科書　子7-37509
12 平水潭邵氏宗譜[浙江鄞州]　史4-29218～9
平水陳氏宗譜[浙江紹興]　史4-32875～6
17 平盈方氏支譜[江西婺源]　史4-25860
平盈方氏世譜[江西婺源]　史4-25859
平子詩集　集5-38889
19 平砂玉尺經　子3-13384～5
平砂巫譜[廣東大埔]　史4-27693
20 平番龍神祠圖記　史7-51880
平番紀事　史1-1927
平番始末　史1-2824～5　叢1-46、50～1、55、84(2),2-730(9)
平番奏議、輿圖　史6-48804
平番縣誌　史7-54920
平番縣誌[乾隆]　史8-63089
21 平順縣志[康熙]　史7-55673
平順縣志[民國]　史7-55675～6
平順縣志[光緒]　史7-55674
22 平川潘氏家乘[甘肅]　史5-39870
平川櫂歌　集5-37323
平川小志列傳　史2-8324
平蠻草　集5-37839
平蠻奏疏　史6-48710　集3-18100
平蠻圖　集7-50450
平蠻錄　史1-2823、2826　叢1-50～2、55、84(2),2-730(9)、731(67)
平倭稿　集2-9036
平山雜詠三十首　史7-50153
平山詩草　集3-17763
平山先生詩集　集2-9037,6-45044
平山冷燕　子5-26228、28264、28266～7、28269
平山志　史7-51561
平山縣續志[光緒]　史7-55086
平山縣續錄志[嘉靖]　史7-55082
平山縣鄉土志[光緒]　史7-55087
平山縣志[康熙]　史7-55083
平山縣志[咸豐]　史7-55084
平山縣志[光緒]　史7-55085
平山縣志料集[民國]　史7-55088
平山劉氏族譜[山東龍口]　史5-39425
平山堂詩詞　集6-44450
平山堂詩集　集3-13088、13090
平山堂詩集、續集　集3-13089
平山堂記　史7-49317(9)、49318(11)、53229
平山堂志　史7-51369
平山堂圖志　史7-51370
平山堂小志　史7-51371
平山堂堂宴摘蕊傳觴　集7-49577
平利縣鄉土志[光緒]　史8-63052
平利縣志[乾隆]　史8-63050
平利縣志[光緒]　史8-63051
平利縣志書[乾隆]　史8-63049
平巢事蹟考　史1-2387　叢1-195(1)、221,2-731(65)
平樂府志[雍正]　史8-61284
平樂府志[康熙]　史8-61283
平樂府志[嘉慶]　史8-61285
平樂縣志[康熙]　史8-61286
平樂縣志[民國]　史8-61288
平樂縣志[光緒]　史8-61287
平綏沿線之天主教會　子7-35780
25 平生壯觀　子3-14770
平仲清江集補鈔　集1-2636,6-41901
平仲清江集鈔　集1-2634～5,6-41900、41908
26 平粵錄　史1-2857　叢2-743
平粵錄、後平粵錄　史1-2858
平泉詩稿　集4-26288
平泉山居雜記　叢1-22(12)、23(12)
平泉山居記　叢1-19(9)、20(7)、21(8)、24(10)
平泉山居草木記　史7-52019　叢1-22(12)、23(12)、29(3)、255(2)、350
平泉遺稿　集4-24656
平泉遺書十一種　叢2-1621
平泉志臚　史7-50464
平吳事畧　史1-1937、1982、3360
平吳錄　史1-1933、3630　叢1-54～5、84(2)、87、269(3)、270(1)、399、2-651、730(2、9)、731(67)
平和縣志[康熙]　史8-58389～90
平和縣志[道光]　史8-58391
27 平鄉紀事　史1-4324
平鄉縣志[康熙]　史7-55488～9
平鄉縣志[乾隆]　史7-55490
平鄉縣志[同治]　史7-55491
平彝縣志[康熙]　史8-62403
平彝縣志[光緒]　史8-62404
平叔府君(孫爾準)年譜　史2-12027
平叔詩存　集5-41688　叢2-788

28 平齡傳 集7-49706
平齡會 集7-50449、53879
30 平灘紀畧、蜀江指掌 史7-53010
平濟 集7-49643
平濠記 史1-2839 叢1-195(3),2-731(67)
平濠書 集2-7493
平渡方氏宗譜[浙江蘭溪] 史4-25775
平涼府志[嘉靖] 史8-63181
平涼府志[乾隆] 史8-63182
平涼縣志[民國] 史8-63184
平涼縣志[光緒] 史8-63183
平寇志 史1-1940、3064 叢1-354
平準書 叢1-379
平安峪工程備要、續 史6-46568
平安室雜記 史2-10780 叢2-2140
平安吉慶全傳 集7-53878
平安館藏碑目 史8-64747
平安館藏器目 史8-64302 叢1-524,2-731(32)
平安館金石文字 史8-63498～9
平寃錄 史6-41520、46308、46315、46344
平定交南錄 史1-1933、2794 叢1-22(22)、29(8)、50～2、55、84(2)、87、249(3)、269(3)、270(2),2-730(2、9)、881
平定新疆戰圖 子1-3709
平定三逆方畧 史1-1865 叢1-223(19)
平定兩金川方畧 史1-1877
平定兩金川方畧、天章、藝文 叢1-223(19)
平定兩金川方畧、紀畧 史1-1876
平定兩金川述畧 史1-3712,7-49317(6)、49318(14)
平定張氏 史8-65786
平定猺匪述畧 史1-1897
平定耿逆記 史1-1937、3639
平定緬甸 史1-3625
平定粵寇紀畧、附記 叢1-474
平定粵匪記畧、附記 叢1-496(6)
平定粵匪功臣戰迹圖、題咏 史1-4223
平定粵匪紀畧、附記 史1-1902
平定伊犁回部得勝圖 子3-16385
平定準噶爾方畧前編、正編、續編 史1-1870
平定準噶爾方畧前編、總目、卷首、正編、續編 叢1-223(19)
平定江陰日記 史1-3346
平定州志[萬曆] 史7-55644
平定州志[乾隆] 史7-55645～7
平定州志[光緒] 史7-55648
平定州志補[光緒] 史7-55649
平定浙東紀畧 史1-3624
平定臺灣述畧 史1-3736,7-49317(2)、49318(14)
平定南京詞 集7-51199
平定林清教案奏議 史6-47912 子7-36224
平定教匪紀事 史1-1895
平定回部戰圖 子1-3708
平定羅刹方畧 史1-3665～6,7-49314 叢1-420
平定縣志輯要[光緒] 史7-55650
平定關隴紀畧 史1-4053
平定金川方畧 史1-1874～5 叢1-223(19)
平定金川詩 集6-44261
平定金川藝文 集6-44914
平宋錄 史1-1982、2646 叢1-196、223(20)、273(4)、274(3)、452、586(2),2-716(2)、731(66)
31 平江記事 史7-49332、50220 子5-26221 叢1-22(22)、180、223(25)、273(4)
平江記事、燼餘錄 史7-50222
平江吳氏兩代孝行徵題事畧 史2-7897
平江吳氏重修家譜[湖南平江] 史4-28165
平江紀事 子5-26220 叢1-40,2-731(57)
平江紀事、吳中舊事 史7-50221
平江湯氏八修族譜[湖南平江] 史5-36583
平江七民公参縣令冼寶幹貪暴稟 史6-47328
平江賀氏滙刊醫書五種 子2-4702
平江盛氏家乘初稿[江蘇蘇州] 史5-34280
平江縣志[康熙] 史8-60538
平江縣志[嘉慶] 史8-60540
平江縣志[乾隆] 史8-60539
平江縣志[同治] 史8-60541
平江卿華日記(清光緒二十八年至三十四年) 史2-13109
平潭廳鄉土志畧[光緒] 史8-58188
平潭李氏族譜[福建平潭] 史4-27321
平潭縣志[民國] 史8-58189
平源帥氏支譜[江西奉新] 史4-30749
32 平浙紀畧 史1-1988、3928～9 叢1-496(1),2-832(5)
平溪廖氏九修族譜[江西寧都] 史5-38527
平溪衛志書[康熙] 史8-62253
平溪董氏宗譜[浙江泰順] 史5-35901
平溪金氏宗譜[浙江溫嶺] 史4-29766～7

33 平治會萃　子 2－4560、9193
34 平法寓言　子 2－5189
平漢錄　史 1－1933、2705　叢 1－46、84(2)、269(3)、270(1), 2－730(9)、731(67)
平滇始末　史 1－3635　叢 1－399, 2－651
平遠山房詩鈔　集 4－22744
平遠宮保奏議　史 6－48996
平遠州續志[光緒]　史 8－62238
平遠州志[道光]　史 8－62237
平遠州志[乾隆]　史 8－62236
平遠東石林氏族譜[廣東平遠]　史 4－29389
平遠縣徵獲罌粟地稅銀册書册　史 6－43500
平遠縣志[雍正]　史 8－60965
平遠縣志[康熙]　史 8－60964
平遠縣志[嘉慶]　史 8－60966
平遠縣志[光緒]　史 8－63329
平遠縣驛站錢糧交代清册　史 6－43499
平遠肥田蕭氏續修族譜[廣東平遠]　史 5－40031
平遠堂遺詩、補錄　集 4－27455
平遼演義　集 7－51200
35 平津讀碑記、續記　史 8－63503、64409　叢 1－418
平津讀碑記、續記、再續、三續　史 8－64408　叢 1－493, 2－1632
平津讀碑記再續、三續　史 8－64410
平津館文集稿　叢 1－286
平津館文稿　集 4－23614　叢 2－731(46)
平津館叢書六集三十五種　叢 1－303
平津館叢書八集三十八種　叢 1－304
平津館鑒藏記　史 8－65719
平津館鑒藏記、補遺、續編　史 8－65720
平津館鑒藏記書籍、補遺、續編　叢 1－318、416～7, 2－731(2)
平津館鑒藏書畫記　子 3－14827　叢 1－318
平津館鑒藏書籍記、補遺、續編　叢 1－493
平津館金石萃編　史 8－63618　叢 2－842
平津館金石萃編、補編　史 8－63619
平津筆記　子 4－23239
37 平湖張氏家集四種　集 6－45060
平湖殉難錄　史 1－3949
平湖采芹錄　史 3－14964～5
平湖經籍志　史 8－66086
平湖朱氏家譜錄要　史 2－8016　叢 2－1648
平湖秋月一枝　集 7－51860
平湖顧氏遺書五種　叢 2－1785
平湖縣廟學誌　史 7－52049
平湖縣育嬰堂志　史 6－44692
平湖縣續志[嘉慶]　史 7－57334
平湖縣續志[民國]　史 7－57338
平湖縣保甲事宜　史 6－45435
平湖縣鄉土志[民國]　史 7－57339
平湖縣名宦鄉賢實畧　史 2－8012
平湖縣志[康熙]　史 7－57330
平湖縣志[天啓]　史 7－57329
平湖縣志[乾隆]　史 7－57331～3
平湖縣志[光緒]　史 7－57337
平湖縣志建置[道光]　史 7－57336
平湖縣志金石畧　史 7－57335
平湖陸清獻祠産徵信錄　史 6－47588
平湖陸氏景賢祠志　史 7－51806～7
平洛遺集(花中君子遺草)　集 5－34536
平遙李氏塾議　子 1－2877
平遙縣志[康熙]　史 7－55806
平遙縣志[光緒]　史 7－55808
平寃錄　史 6－41518
38 平洋論　子 3－13140、13501
平洋水龍理氣真訣　子 3－13398
平洋形勢篇　子 3－13152
平洋千金訣　子 3－13152
平洋金針　子 3－13681
平洋剪水訣　子 3－13152
平海紀畧　史 1－3761　叢 1－203(16)
平海心籌　子 1－3358
平海奏疏總錄　史 6－48663
39 平沙落雁　子 3－17580、17680、17682
40 平臺紀事本末　史 1－1885
平臺紀畧　史 1－1871～2、1937　叢 1－202(7)、203(13)、249(1), 2－1403～4
平臺紀畧、東征集　叢 1－223(19)
平臺灣生番論　史 1－3695, 7－49317(2)、49318(15)
平臺除氛錄　叢 2－1909
平壤濟南浦記　史 7－49319、54582
平南王元功(尚可喜)垂範、續　史 2－11632
平南王元功垂範、續　史 1－3698, 2－9203
平南實錄　史 1－3643
平南敬親王尚可喜事實册　史 1－1984, 2－9202、11633
平南恩詔　史 6－47661
平南縣志[道光]　史 8－61330
平南縣志[乾隆]　史 8－61329
平南縣志[光緒]　史 8－61331
平南縣志概畧[民國]　史 8－61332
平南縣鑑二編[民國]　史 8－61333
41 平壩縣志[民國]　史 8－62220
42 平猺記　史 1－2637
平妖傳　子 5－28823
平妖傳四十三部　集 7－51201

平妖紀事、圍城日錄 史1-3332
平橋詩稿 集2-6768
平橋藁 集2-6769 叢1-223(64)
43 平越府屬地名錄 史7-51020
平越直隸州志[光緒] 史8-62283
44 平地玄言 子3-13396
平地玄言正義 子3-13144
平莊小廣詩存 集4-26008
平苗記 史1-3672,7-49318(14)
平苗紀事 史1-3733
平苗紀畧 史1-1889、3734
平苗奏稿 史6-47909
平菴詩稿 集1-3551
平菴丙辰悔稿、平菴悔稿後編 集1-3552
平菴悔稿 集1-3553~5 叢1-265(5)
平菴悔稿後編 集1-3553~4
平桂紀畧 史1-4019
47 平胡錄 史1-1933、2706 叢1-46、84(2)、87,2-730(2,9)、731(67)、1081
50 平夷事畧 史1-3799 叢2-1222
平夷賦 叢1-50~1、55、84(2),2-730(9)
平夷邸抄節錄、壽州三命案抄 史1-2815
平夷錄 史1-2814、3800~1 叢1-22(22)、87,2-730(2)
平書 子4-21916 叢2-731(4)、872
平書訂 子1-1525 叢2-731(16)、782(3)
平貴回窰抄本 集7-53410
平貴跑坡一枝 集7-52720
52 平播碑 史1-1929
平播日錄 史1-1929
平播全書 史1-2914 叢2-731(68)、782(3)
60 平旦鐘聲 子5-26574
平蜀記 史1-1931、2738 叢1-34、46、50~1、54、84(2)、269(2)、270(1),2-730(9)、731(68)
平蜀記、平西蜀頌 史1-1930、2739
平蜀記事 史1-1937、2979
平蜀紀事 史1-1982
平圃雜記 史1-4492 叢2-650
平圃遺稿 集3-13822
平易方 子2-9557
平園雜著内編 集3-20221
平園集補鈔 集1-3500,6-41901
平園續稿 叢2-1038
平園續藁 集1-3492、3504
平園近體樂府 叢1-585
平回紀事本末 史1-1848
平回紀畧 史1-1937、1982、3732
平回志 史1-1907
平回始末 史1-1847
平回奏疏 史6-48894
平回奏稿 史6-47996
平昌王溪戴氏族譜[浙江遂昌] 史5-40527~8
平昌華氏宗譜[浙江遂昌] 史4-31451~3
平圜術 子3-12361~2
平圓形 子3-12365 叢2-1638
平圓各形圓 子3-12364
平羅紀畧[道光] 史8-63324~5
平羅縣志[嘉慶] 史8-63323
63 平賊論 叢2-1016
平賊議 叢2-1016
64 平時國際公法 史6-45116
68 平黔三紀 史1-1926
平黔紀畧 史1-4033 叢2-885
71 平階遺著 集5-39637
平原君書 子1-349 叢2-774(8)
平原派松陵陸氏宗譜[江蘇吳江] 史4-32652
平原縣鄉土志輯稿[光緒] 史8-59095
平原縣志[萬曆] 史8-59092
平原縣志[乾隆] 史8-59093
平原縣志[民國] 史8-59094
平原陸氏聚居尾記 史4-32689
平原陸氏宗譜[江蘇] 史4-32618
平原陸氏宗譜[江蘇吳縣] 史4-32637
平原陸氏宗譜[江蘇太倉] 史4-32655
平原陸氏源流大畧[江蘇太倉] 史4-32656
平原拳匪紀事 史1-4294
72 平脈準繩 子2-6213
平脈考 叢2-2131
平脈考、内經平脈考 叢2-2129(3)、2130
平氏宗譜[浙江紹興] 史4-26063
74 平陸潘氏宗譜[江蘇武進] 史5-39762
平陸縣續志[光緒] 史7-55980
平陸縣修志採訪錄[民國] 史7-55981
平陸縣志[康熙] 史7-55978
平陸縣志[乾隆] 史7-55979
平陵包氏宗譜[江蘇溧陽] 史4-26179
75 平陳記 史1-2369 叢1-15、19(8)、20(6)、21(7)、24(8)
76 平陽府志[雍正] 史7-55819
平陽府志[康熙] 史7-55818
平陽府志[萬曆] 史7-55817
平陽府所刻醫書六種 子2-4556
平陽郡汪氏宗譜[江西婺源] 史4-28939~40
平陽郡汪氏宗譜[浙江淳安] 史4-28727~8
平陽郡汪氏宗譜纂修[安徽懷寧] 史4-28809

平陽汪氏家譜[湖南湘鄉]　史4-28955
平陽汪氏宗譜[上海松江]　史4-28676
平陽汪氏宗譜[安徽祁門]　史4-28900～1
平陽汪氏宗譜[江西婺源]　史4-28938
平陽汪氏宗譜[浙江桐廬]　史4-28709～10
平陽汪氏宗譜[湖南桃源]　史4-28952
平陽汪氏遷杭支譜[浙江杭州]　史4-28699～700
平陽汪氏九十一世支譜[浙江杭州]　史4-28701
平陽志[正德]　史7-55816
平陽志[洪武]　史7-55815
平陽曹氏宗譜[安徽涇縣]　史5-34223
平陽縣志[康熙]　史7-57687
平陽縣志[順治]　史7-57686
平陽縣志[乾隆]　史7-57688
平陽縣志[隆慶]　史7-57684～5
平陽縣志[民國]　史7-57690
平陽縣志辯誤校正補遺[道光]　史7-57689
平陽區氏族譜[廣東番禺]　史5-34319
平陽陳氏族譜[福建福州]　史4-33192
平陽全書(地理平陽全書)　子3-13516
平陽堂曹氏家譜[湖北武昌]　史5-34238
77 平閩功績見聞錄　史2-9265
平閩紀　史1-3652
平閩全傳　子5-28101～2
平母馮孺人傳　史2-9163
平民縣志[民國]　史8-62805
平輿陳氏統族譜[浙江金華]　史4-32961～4
78 平陰何封公(禹辰)榮哀錄　史2-10653
平陰縣鄉土志[光緒]　史8-58989
平陰縣志[順治]　史8-58985
平陰縣志[嘉慶]　史8-58986
平陰縣志[民國]　史8-58990
平陰縣志[光緒]　史8-58988
平陰縣志續刻[道光]　史8-58987
80 平人延年要訣　子2-11071
平龕遺稿　集5-39485～6
平谷縣志[雍正]　史7-54969
平谷縣志[康熙]　史7-54968
平谷縣志[乾隆]　史7-54970
平谷縣志[民國]　史7-54971、54973
平谷縣志料[民國]　史7-54972
平養堂文編　集5-39883
平養堂文存、疏稿、詩存　集5-39884
平養堂詩集　集5-39882
平養堂詩存　集5-39881
86 平錁記　集7-49536
88 平等閣詩話　集6-46189
平等閣筆記　子4-24726
91 平叛記　史1-1940～2、3053～4　叢2-606
93 平憾錄　史1-5749

1041_0 无

21 无上祕要　叢1-111(2),2-599、731(11)
无能子　子1-14、16～21、39、42、44、47、51、58、61,4-19908～11,5-29530(20)　叢1-223(47),2-730(6)
23 无咎題跋　叢1-169(4),2-731(33)

旡

00 旡庵文鈔　集5-39718
23 旡咎詩草　集4-26139

1043_0 天

00 天主聖教百問答　子7-35325
天主聖教引蒙要覽　子7-35298
天主聖教聖人行實　子7-35884
天主聖教約言　子7-35271
天主聖教通功經　子7-35206
天主聖教豁疑論　子7-35313
天主聖教十誡直詮　子7-35589
天主聖教四字經文　子7-35542
天主聖教小引　子7-35328
天主理證　子7-35318
天主耶穌受難始末　子7-35814
天主實義　子7-35262　叢1-135
天主十誡勸論聖蹟　子7-35590
天主教論　子7-35749　叢2-771(2)、1664
天主教經文　子7-35211
天主教傳行中國考　子7-35767
天主教傳入中國概觀　子7-35771
天主教十六世紀在華傳教誌　子7-35770
天主教喪禮問答　子7-35545
天主教奏摺　子7-35355
天主教日課　子7-35490
天主教曉諭書　子7-35586
天主邪教集說　子7-35916
天主降生言行紀畧　子7-35103、35808
天主降生引義　子7-35103、35281

天童弘覺忞禪師語錄　子6－32091(73),7－34309
天童和尚闢妄救畧說　子7－34022
天童密雲和尚闢妄七書　子7－34021
天童密雲禪師辯天說　子7－34962
天童密雲禪師語錄　子7－34259
天童密雲禪師年譜　子6－32093(52)
天童寺集　史7－51636
天童寺續志　史7－51640
天童寺志　史7－51635、51637～9
天童覺和尚頌古　子7－34185
天瘦閣詩錄　集5－33714
天瘦閣詩半、天補樓行記　集5－33713
天瘦閣叢抄　子4－24472
天齊廟伸冤記　集7－53289
天齊廟州官訪案一段　集7－51562
天齊仁聖大帝寶卷　集7－54165
天市垣　子3－11367
天帝考　子7－35347
天方夜譚　子7－38293
天方文法初程　子7－36088
天方端蒙教門串語正解　子7－35987
天方詩經　子7－35941
天方詩法　子7－36090
天方三字經　子7－35965、35967～8
天方三字經注解淺說　子7－35966
天方三字幼義　子7－35964
天方正學　子7－35989
天方至聖實錄　子7－35936
天方至聖實錄寶訓　子7－35937
天方五功釋義　子7－36038～9
天方爾雅　子7－36086
天方信源蒙引歌(信源六箴)　子7－35984
天方衛真要畧　子7－36036
天方字母　子7－36085
天方字母解義　經2－15048　子7－36084
天方奇異勸善錄　子7－36068
天方蒙引歌　子7－35983、35985
天方教考　子7－36065　叢2－771(2)
天方典禮擇要解(天方典禮)、後編　子7－36040
天方典禮擇要解、後編　叢2－788
天方四字經　子7－35988
天方戰克錄　子7－36067
天方明德註解　子7－36019
天方歷聖懿憲注釋　子7－36069
天方曆源　子7－36083
天方曆法圖　子3－11668
天方分信篇　子7－35991
天方性理、註釋　子7－35963
天方性理圖傳、註釋　子7－35962
天應經　叢2－604、608
天府廣紀　史7－49816～7
天度刊誤　史7－52748
天文　子3－11539　叢2－1092
天文主管釋意　子3－11308
天文應驗吉凶災口變異星象繪圖諸說　子3－13127
天文新說問答　子3－11538
天文說　子3－11241　叢1－202(4)、203(9)
天文論　子3－11537
天文三十六全圖　子3－11340
天文玉曆　子3－13089
天文玉曆精異賦　子3－11235、13090
天文五行吟　子3－12997
天文雷霆風雨日月經緯星度　子3－12997
天文示斯　子3－13107
天文歌畧　子3－11496,7－36258　集5－39887　叢1－530～1,2－659
天文歌畧、地學歌畧　子3－11497
天文集　集4－22612
天文集要　子3－11317
天文步天歌　子3－11272、11280
天文便覽　叢2－1084
天文須知　子3－11547,7－36230、36250、37672
天文占　子3－13126
天文占驗　子1－4243　叢1－86,2－730(7)、731(15)
天文占驗圖　子3－13112
天文經緯度立成　子3－11323
天文備考　子3－13099
天文鬼料竅　子1－3103,3－13006、13008
天文鬼料竅(鬼料竅天文畧)　子3－13005
天文象占　子3－13097、13124
天文象宗西占　子3－11326
天文解經　叢2－1718
天文彙抄　子3－11235
天文儀器說　子3－11372
天文儀器志畧　子3－11580
天文儀器圖　子3－11373～4
天文祕旨　子3－11474
天文祕苑占　子3－12997
天文祕書　子3－13119
天文祕指、歷代明象歷法　子3－11536
天文祕畧　子3－11346、13060
天文祕畧天星全圖　子3－11535
天文述　叢2－1094
天文祛異　叢2－1912
天文初階　子7－37681

天文初階九章　子7-37680
天文啓蒙　子7-36228(4)、37693
天文大象賦　子3-11268～9
天文大成全志輯要　子3-11544
天文大成管窺輯要(管窺輯要)　子3-11543
天文樞會　子3-11235
天文板論語、南宗論語考異　經2-9248
天文地球圖說、續編　子3-11518
天文地學歌括　子3-11545
天文考　子4-22627～8
天文考畧　叢1-320
天文觀象捷覽序　子3-11365
天文本單經論語校勘記　經2-9247　叢1-547(2),2-2173
天文書　子3-11351～2　叢2-674
天文書(明譯天文書)　子3-14438
天文揭要　子7-37682
天文星總　子3-11235、13088
天文星象神圖　子3-11420
天文星纂　子3-11235
天文星纂附星總兵機賦　子3-12997
天文四種　子3-11249
天文易貫解補、易義解補　子3-11360
天文圖　子3-11363～4
天文圖說　子3-11336、11358、13135,7-37671
天文圖一幅　子3-11347
天文圖祥異賦　子3-13087
天文圖考　子3-11357　叢2-2144
天文畧　子3-11316
天文畧步天歌　子3-11279
天文畧解　子7-37683
天文異祕　子3-11292
天文異畧　子3-11273
天文兵機論　子3-13809
天文風雨雲雷電占賦　子3-12997
天文風雨賦　子3-11235、13093
天文風雨賦注解　子3-12997
天文學　子7-36246
天文學啓蒙　子7-36244
天文問答　子3-11540
天文分野圖說　子3-11473
天文會通占　子3-13078
天文錄　子3-11418
天文算學纂要、萬年書、推測易知　子3-11246
天文算學纂要、推測易知　子3-11247
天文管窺　子3-11531,7-36260、37692　叢2-1588
天文管窺、太白晝見說　子3-11530
天文恆星考稿　子3-11533
天文類字釋名　子7-36237
天文精義　叢1-586(3),2-716(3)
天文精義賦　子3-11303　叢1-452
天文精義賦、祥異賦、天文主管　子3-11312
天章閣詩鈔　集3-20704
天玄玉曆祥異賦　子3-13045
天衣集　集5-41503
05 天請問經　子6-32081(33)、32083(22)、32085(32)、32086(37)、32088(23)、32089(23)、32090(30)、32091(29)、32092(20)、32093(19)
06 天韻社曲譜　集7-54713
天韻樓詩續存、附存遺　集4-32752
天韻樓詩存　集4-32750
天韻閣詩存　集5-38878
天韻堂詩存、賦鈔　集4-32751
天親菩薩造第一論　子7-32725
07 天部全表　叢2-2265
天畝園唾海集　集2-11702
08 天放樓文言　集5-40988～91
天放樓文言遺集　集5-40992
天放樓詩季集、紅鶴詞　集5-40982
天放樓詩集　集5-40976～8
天放樓詩續集　集5-40980
天放樓詩續鈔　集5-40979
天放樓季集、紅鶴樓詞　集5-40983
天放樓續文言　集5-40993～4
天放樓續集　集5-40981
天放樓遺集　集5-40987
天放樓金石跋尾　史8-63715
天放翁集　集2-12702
天許齋批點北宋三遂平妖傳　子5-28819
天許錄　集5-35543
10 天一遺書　史6-46634
天一閣集　集2-8699
天一閣集、奏議　集2-8698
天一閣失竊書目　史8-65573
天一閣進呈書目　史8-65565
天一閣書目　史8-65564、65566　叢1-373(6)
天一閣書目、補遺、碑目、續增　史8-65567
天一閣見存書目　史8-65568～9
天一笑廬詩集　集5-40225
天一悅禪師語錄　子6-32091(83)
天工開物　史6-46526　叢2-689
天玉經　子3-13143、13149、13317
天玉經說　子3-13320
天玉經外傳　子3-13140、13323
天玉經外傳(天玉外傳)　子3-13324

天玉經注、經說、穴法分受 子3－13321
天玉經注、吳公克誠教子景鸞書 子3－13319
天玉經内傳 子3－13152
天玉經内傳、外編 子3－13140、13318 叢1－223(36)
天玉初箋、青囊 子3－13325
天王詔旨 史1－4181～2
天王詔旨一 史1－1989
天王詔旨二 史1－1989
天王水鑑海和尚六會錄 子6－32091(75)
天王水鑑海和尚語錄 子6－32091(75)
天王水鑑海和尚五會錄 子6－32091(75)
天王太子辟羅經 子6－32083(14)、32085(20)、32086(23)、32088(15)、32089(17)、32090(20)、32091(18)、32092(13),7－32689
天王閏紀 史1－1302
天元病機 子2－5216
天元一術 子3－12362
天元一術釋例 子3－12361、12364、12396
天元一術圖說 叢1－430、440～1
天元一釋 子3－12350、12388～9、12599,7－36228(4) 叢2－1625～6
天元一釋、釋橢、釋輪 子3－12598
天元一草 子3－12361、12364、12396
天元玉署 子3－13083
天元玉歷祥異圖說 子3－13047
天元玉曆 子3－11235
天元玉曆玄黃賦 子3－13051
天元玉曆旋璣經諸占正集 子3－13050
天元玉曆經 子3－13052
天元玉曆寶鑑祥異錄 子3－13053
天元玉曆祥異賦(天玄玉曆祥異賦、御製天元玉曆祥異賦) 子3－13045
天元玉册 子2－4789
天元五歌闡義 子3－13646
天元引蒙釋例 子3－12376
天元歌 子3－13152、13155
天元歌、天元古鏡歌 子3－13494
天元代數句股草、代數闡微衍草、中西算學啓蒙 子3－12839
天元代數勾股草 子7－37498
天元象數集 子3－12827
天元烏兔經 子3－13152、13647
天元名式釋例 子3－12361～2、12364、12396
天元句股細草、弧角三術 子3－12792
天元勾股細草 子3－12846
天元淺說 子3－12383
天元啓蒙類編 子3－12850
天元大成 子3－13692
天元草 子3－12809 叢2－2127
天元加減乘除釋例 子3－11243
天元晰理衍草 子3－11243
天元曆理全書 子3－11350、14500
天元曆理全書三種首 子3－11582
天元問答 子3－12361～2、12364、12396
天元餘義 子3－13152、13155、13645
天雨花 集7－53980
天下高山大川考 史7－49317(8)、49318(10)、54337
天下五大州各大國志要 子7－36291
天下雲遊一段 集7－51563
天下水陸路程 史7－49395
天下形勢考 史7－49318(1)、49723
天下郡國利病書 史7－49603～4 叢2－637(2)
天下郡國利病書詳節 史7－49605
天下山河兩戒考 子3－11436
天下山河兩戒考、圖 史7－49652 叢2－1385
天下名山記 子5－29535(7)、29536(7)
天下名山記鈔 史7－52175～6
天下名山遊記 叢2－721
天下名山圖詠 史7－52179
天下名勝志殘帙 史7－52170
天下沿海形勢錄 史7－49710 子1－3083
天下大勢通論 史7－49318(22)、54363
天下才子必讀書 集6－43012～4
天下有山堂畫藝 子3－16386
天下景致 集7－52495
天下路程圖 史7－49601
天下同文集 叢1－223(69)
天下同文前甲集 集6－43693 叢2－599
天下金石志 史8－63496、63512、63547～50
天霞山館文存 集5－35518
天耳堂文集 集2－11781
天平山高義園 史7－51988
天平志 集6－44474
天雷報一段 集7－51561
天雲樓詩 集5－37969
天雲樓詞 集7－48141～2 叢2－2067
12 天水郡嚴氏宗譜[安徽懷寧] 史5－41224～6
天水郡邱氏族譜[福建寧化] 史4－28470
天水冰山錄 史1－1982、2860 叢1－244(4),2－731(31)
天水視野師住嘉興府東禪寺語錄 子7－34350
天水趙氏族譜[浙江桐廬] 史5－38302
天水趙氏宗譜 史5－38452
天水縣志[民國] 史8－63120
天水嚴氏家譜[江蘇吳縣] 史5－41187、41189

天水嚴氏宗譜[浙江蘭溪]　史 5 - 41216
天水邱氏族譜[福建寧化]　史 4 - 28471
天水閣集　集 2 - 10818
天水關　集 7 - 53290
天水關京調全本　集 7 - 53438、53492
天水小志[民國]　史 8 - 63121
天弢閣詩鈔、詞鈔　集 5 - 37920
天發神讖碑考　史 8 - 64636、64638
天發神讖碑考、續考、補考　史 8 - 64637　叢 2 - 2192
天延閣删後詩、後集、贈言集、敬亭唱和集　集 3 - 14509
天延閣删後詩、贈言集、敬亭唱和集　集 3 - 14508
天形道貌　子 3 - 16305　叢 1 - 86,2 - 730(7)、731(35)
天瓢文鈔　集 3 - 14321,6 - 41756
13 天球淺說、中星儀說　子 3 - 11488
天球遺稿　集 5 - 36755
16 天聖廣燈錄　子 6 - 32081(50)、32082(26)、32084(31)
天聖廣燈錄都帙目錄　子 6 - 32081(50)、32084(31)
天聖釋教總錄殘　子 7 - 32119
天聖教總錄　子 6 - 32084(31)
天理主敬圖　子 1 - 1484
天理要論　史 1 - 4192　叢 2 - 883
天理循環報一段　集 7 - 51560
天理教概論　子 7 - 36221
天理原規　子 7 - 36015
天聰朝臣工奏議　史 1 - 1984,6 - 47857
17 天礬山房詩集(孫思奮遺詩)　集 5 - 36782
天子肆獻祼饋食禮　經 1 - 6163～4　叢 1 - 223(8),2 - 1389
天子肆獻祼饋食禮纂　經 1 - 163(1)、6165　叢 2 - 1390
天乙閣宋拓石鼓文　史 8 - 63501、64504
20 天位德元　史 1 - 1353
天傭子集　集 2 - 11622、11628、11631～2,6 - 44819
天傭子集(艾千子先生文集)　集 2 - 11630
天傭子集、續集　集 2 - 11627
天傭子全集　集 2 - 11622、11624～5
天傭館遺稿　集 3 - 15109　叢 2 - 963
天香慶節　集 7 - 49706
天香石硯室弈選　子 3 - 18151
天香雲舫詩草　集 4 - 26535,6 - 41997
天香雲外居詩鈔　集 5 - 39322
天香豔史　子 5 - 26646
天香室詩卷　集 5 - 41056
天香樓詩集　集 4 - 30487
天香樓詩稿　集 4 - 28473
天香樓詩初集　集 4 - 26870
天香樓外史誌異　子 5 - 27042
天香樓偶得　子 4 - 21070、22375　叢 1 - 210～1,2 - 617(5)、621、624(4)、1352
天香樓遺稿　集 4 - 28470
天香樓遺澤集　集 4 - 28471
天香樓吟稿　集 4 - 28472
天香書屋文集、詩集　集 5 - 38169
天香圃牡丹品　集 7 - 49083～4、49098
天香别墅詩稿　集 4 - 27270
天香别墅漫存　集 4 - 27266
天香别墅漫存、學吟　集 4 - 27264
天香别墅學吟　集 4 - 27267、27269
天香别墅學吟稿、冶香六十壽言　集 4 - 27265
天香閣文集、詩集、詞集　集 3 - 15964
天香閣雜著偶存　集 5 - 36458
天香閣詩鈔　集 4 - 24458
天香閣詩卷　集 5 - 39432
天香閣集　集 3 - 15989　叢 1 - 456(2)
天香閣遺草(天香閣遺筆)　集 3 - 21259
天香閣十二齡課草　集 5 - 36246
天香閣隨筆　史 1 - 4442　叢 1 - 456(2),2 - 731(53)
天香閣隨筆、天香閣集　叢 2 - 735(3)
天香全集　集 4 - 24117
天香全集(舒白香集)十一種附一種　叢 2 - 1597
天香館留宿　集 7 - 53291
天香錄　史 7 - 50393
天香簃詩存　集 5 - 38514
天爵堂文集、筆餘　集 2 - 11149
天爵堂集選　集 2 - 11148,6 - 41949
天爵堂筆餘　子 4 - 23957　叢 1 - 22(24)、29(8)、143,2 - 617(3)
21 天順六年應天府鄉試錄　史 3 - 14074
天順六年山西鄉試錄　史 3 - 14033
天順六年山東鄉試錄　史 3 - 14421
天順六年浙江鄉試錄　史 3 - 14182
天順三年江西鄉試錄　史 3 - 14360
天順元年進士登科錄　史 3 - 13545
天順元年會試錄　史 3 - 13544
天順七年會試錄　史 3 - 13548
天順日錄　史 1 - 1923、1933、2810　叢 1 - 22(21)、29(7)、34、50～2、55、84(2),2 - 730(9)、731(67)
天順日錄辯誣　史 1 - 2811
天順四年進士登科錄　史 3 - 13547
天順四年會試錄　史 3 - 13546
天順八年進士登科錄　史 3 - 13549

天上玉女記 叢1-29(1)、168(3)
天上聖母真經 史7-50545
天上聖母顯聖錄 子7-35835
天步真原 叢1-223(35)、272(2),2-731(27)
天步真原(天學會通) 子3-11426
天步真原(選撰部、人命、西域回回曆) 子3-11236
天步真原(太陽太陰、日食、步曆、正弦、蒙求、表) 子3-11236
天步真原、天學會通(天學會通) 子3-11425
天步真原中卷 子3-14153
天步真原人命部 叢1-274(4),2-731(15)
天僊聖母源流泰山寶卷 集7-54154
天僊寶卷 集7-54470
天僊七真傳 集7-54249
天僊真訣 叢1-62、64,2-730(5)
天虛我生詩詞曲稿 集5-41427
天行草堂主人自訂年譜 史2-12484 叢2-2237
天行草堂主人遺稿叢刊十一種 叢2-2237
天行草堂文稿 叢2-2237
天行草堂文稿、詩稿 集5-41500
天行草堂詩 叢2-2237
天行堂詩鈔 集4-23729
天衢舒嘯集 集2-6288
天儒同異考 子7-35349
天儒印 子7-35303
天師科儀 叢2-2270(4)
天經譯解 子7-35929
天經地義錄、補遺 子1-2590
天經考 史6-41653、45155
天經或問 子3-11412
天經或問後集 子3-11411
天經或問前集 子3-11410 叢1-223(35)
22 天岸昇禪師語錄 子6-32091(74)
天仙正理 叢2-870(3)
天仙正理讀法點睛 子5-29577、31300
天仙正理直論 子5-31297
天仙正理直論增註 子5-29535(6)、29536(6)、29591、31298~9
天仙心傳 子5-29574~5、31437~8
天仙神劍法書 子1-3661
天仙道程寶則 子5-29574~5、31439
天仙道戒忌須知 子5-29574~5、30314
天仙真訣 子5-32002
天仙金丹心法 子5-29535(5)、29536(4)、31407
天變邸抄 史1-2938 叢1-269(3)、270(2)、272(3)
天山文集 集3-14461
天山集 集3-13696、21506
天山自訂年譜 史2-11600 叢2-798
天山自敘年譜 叢2-2187
天山客語 史7-49317(6)
天山客話 史7-49316、49318(3)、51192 子4-23211 叢2-617(4)、1558~60
天山清辨 子4-21586 叢1-496(5)
天山南北路考畧 史7-49317(6)、49318(3)、51199
天山草堂存稿 集2-8963
天山瞻華集 集3-19414
天山學道編 史7-54920
天山余氏宗譜[浙江金華] 史4-28563
天崇名文讀本、國朝名文讀本、賦鈔、試帖備法分類約鈔、排律金丹、舉業入門 集6-43094
天樂徐氏宗譜[浙江蕭山] 史4-31882
天樂志[民國] 史7-57530
天樂李氏宗譜[浙江紹興] 史4-27191
天樂婁氏宗譜[浙江紹興] 史5-34340~1
天樂圖二集 子3-16443
天樂鳴空集 子6-32091(70),7-34485
23 天外談 集3-17559
天外談續集 集3-17560
天外歸帆草 史7-54098 集4-31307
天外歸槎錄 史7-49318(22)、54171 叢2-622、2153
天代蒙泉細草、天元加減乘除釋例、天元晰理衍草、算學闢邪崇正說 子3-11243
天代入門捷法 子3-12629
天然硯齋藥方 子2-10122
天然和尚(函昰)年譜、著述考 史2-11644
天然字彙 經2-12929
天然如意齋詩存 集4-32815
天然昰禪師梅花詩、雪詩 集3-13459
天然居士懷淨土詩 子6-32091(69)
天台齊袁兩太史遊記 史7-53423
天台齊氏家藏清代名人詩稿 集6-44272
天台方氏宗譜[浙江天台] 史4-25805
天台文徵內外編 叢1-375
天台詩徵內編 集6-44689 叢1-375
天台詩選 集6-44688
天台許氏宗譜[浙江天台] 史5-34439
天台三聖詩、和天台三聖詩、和天台三聖詩集 子7-34149
天台三聖詩集和韻 子6-32091(76)
天台止觀統例 子6-32090(62)、32092(40),7-33838
天台止觀例 子6-32093(50)
天台山方外志 史7-52359
天台山方外志要 史7-52360~2

天台山新志　叢1－375
天台山記　史7－49318(7)、52356、52364　叢1－446,2－731(55)
天台山遊記　史7－49318(7)
天台山志　史7－52357　子5－29530(12)　叢1－373(6)
天台山全志　史7－52363
天台傳(劉阮入天台)　集7－52227
天台傳佛心印記　子6－32089(50)、32090(64)、32091(62)、32092(43)、32093(51),7－33853
天台傳佛心印記註　子7－33855
天台傳佛心印記注　子7－33854
天台治畧　史6－47291
天台法門議　子6－32090(62)、32092(40)
天台通玄寺獨朗禪師語錄　子6－32091(79)
天台遊記　史7－49318(20)、53426～7
天台遊草　集3－21192
天台九祖傳　史2－6824　子7－34741
天台奇遇　集7－49245、52492
天台坡街許氏族譜[浙江天台]　史5－34438
天台林公輔先生文集　集2－6371～3
天台趙氏宗譜[浙江天台]　史5－38381
天台國清祖憲和尚戛雲草　集3－15082
天台四教儀　子6－32088(41)、32089(50)、32090(63)、32091(61)、32092(40)、32093(51)
天台四教儀、始終心要、天台八教大意　子7－33844
天台四教儀集註　子6－32089(52)、32090(66)、32091(64)、32092(40),7－33845
天台四教儀集註、科文　子6－32093(51)
天台四教儀注滙補輔宏記　子7－33846
天台四教儀節要　叢2－2235
天台縣志[康熙]　史7－57642
天台縣志稿[民國]　史7－57643
天台雁蕩紀游　史7－53447
天台雁蕩紀遊　集3－19984　叢2－784
天台風俗志　史7－49318(13)、50463
天台勝記　史7－52358
天台人物考　叢1－375
天台八教大意　子6－32088(41)、32090(63)、32091(61)、32092(41)、32093(51)
天台金氏宗譜[浙江天台]　史4－29768
天台前集、續集、前集別編、拾遺、續集別編、續集拾遺　集6－44684
天台前集、拾遺、續集、拾遺、前集別編、續集別編　史7－50462
天台前集、前集別編、續集、續集別編　叢1－223(69)
天台前集、前集別編、拾遺、續集、續集拾遺、續集別編　叢2－850
天台無見覩禪師語錄　子6－32091(72)
天台義井袁氏宗譜[浙江天台]　史4－31353
天台義里盧氏宗譜[浙江天台]　史5－40083
天台智者大師齋忌禮讚文　子6－32089(48)、32090(62)、32091(60)、32093(50)
天台智者大師齋忌禮讚文(有目無書)　子6－32092(42)
天台智者大師禪門口訣　子6－32089(50)、32090(63)、32093(50)
天台智者大師別傳　子6－32089(50)、32092(40)
24 天德王道說　子1－1414　叢2－1283
天德堂衛生方書　子2－9551
25 天生先生(李因篤)年譜　史2－11023、11738　叢2－829
天佚草堂刊定廣文選、選詩(衢原草堂刊定廣文選)　集6－42196
天佚草堂重訂文選、詩選　集6－42195
26 天皇至道太清玉册　子5－29531、31996
天皇至道太清玉册、原道　子5－31997
天皇河圖　叢2－1219
天皇太一神律避穢經　子5－29530(24)、30120
天傀論　子2－8028
27 天倪齋詩　集2－10248
天倪齋近體　集5－36364
天倪閣詞　集7－48140　叢2－2067
天倪閣印譜　子3－17422
天豹圖　集7－53977
天豹圖傳　子5－28475
天象玄機　子3－11305
天象災祥分類考　子3－13106　叢1－394
天象總斷　子3－11356
天象儀全圖　子3－11334
天象源委　子3－11437、13121
天象錄　子3－11407
天假良姻一枝　集7－51971
天條書、改正本天條書序言　史1－1991、4166
天船詩集　集5－37344　叢2－886(4)
天船詩集(友聲集、北征集、倚嘯集)　集5－37343
天緣記　集7－53981
天緣巧配(紅葉題詩)　集7－52493
天緣巧配子弟書　集7－52494
天緣經偈畧解、結經分句畧解、大乘堂規二十八條　集7－54194
天緣經寶卷、結經寶卷　集7－54193

天緣結經注解 集7-54553
天緣債 集7-49390～1
28 天儀説 子3-11234
天繪閣詩稿 集4-26563
天繪閣初稿 集4-26562
30 天寧法舟濟禪師剩語 子6-32091(73)
天寧寺佛輪轉福壽延昌 集7-49581
天寧堂虔修諸門應症丸散總目 子2-10055
天寥遺稿 集4-25554
天寥道人自撰年譜、續 史2-11588
天寥道人自撰年譜、續、年譜別記、甲行日注 叢2-670
天寥年譜別記 史2-11590 叢1-580
天寥年譜別記(半不軒留事) 叢2-720(5)
天家愛新覺羅通譜 史5-37877
天字解 子7-35946
天字號祕授外科神方 子2-7761
天宮寶傳奇 集7-50445
天宮祝慶 集7-48784
天寄廬詩鈔 集4-28141
天官名 叢2-2270(4)
天官考畧 子3-11388
天官考異 子3-11389 叢1-201、203(2)
天官書 子3-11349 叢1-146
天官圖 子3-11335
天官賜福 集7-52490
天官舉正 子3-11332 叢2-1186
天定錄 叢1-22(6)、23(6)
天寶新詠 集4-28049
天寶旅館 子5-28642
天寶遺事 叢1-96
天寶遺風 集7-54791
天寶本草 子2-5815
天寶曲史 集7-50253
天寶劉氏元公支蘭玉集[江西宜豐] 史5-39408
31 天涯詩鈔、讀史詩紀言、詩餘鈔 集3-14915
天涯行乞圖題辭 叢2-985
天涯聞見錄 子5-27167
天河集 集3-17803
天河縣鄉土志[光緒] 史8-61418
天河縣志[道光] 史8-61416
天河縣志九編[民國] 史8-61417
天福堂丸散目錄 子2-9567
33 天心正法修真道場設醮儀 子5-29530(16)、30704
天心正運 子4-24593
天心復要 子3-11313
天演廛課藝 子4-21783
天演論 子7-37971 叢1-531
天演中理測 子4-21774
天演學初祖達爾文之學説及其畧傳 子7-36251
天演學圖解 子7-37674
天補樓行記 集5-33713
34 天池齋偶吟 集5-38056
天池雜稿 集2-9359
天池記 史7-49318(11)、53173
天池玉芝和尚内集 集2-6588
天池雪堂彙藁 集2-11658
天池山人小藁五種(太山藁、義興藁、壬辰藁、癸巳藁、甲午藁) 集2-8422
天池草 集2-10070 叢2-884
天濤雲禪師語錄 子7-34277
天潢玉牒 史1-1925、1933,4-26369 叢1-46、50、52、55、84(1),2-730(8)、731(67)
天潢世系圖[朱氏] 史4-26370
天遠樓集 集2-10496
35 天津市概要十三編首[民國] 史7-54994
天津府自治局文件錄要二編 史6-41827
天津府自治局文件錄要三編 史6-41828
天津府自治局文件錄要初編 史6-41826
天津府志[乾隆] 史7-54988
天津府志[光緒] 史7-54989
天津府屬試辦審判廳章程 史6-46025
天津文案類編 子4-24535
天津龍氏家譜存畧 集3-17806
天津新議各國通商稅則餘欵 史6-43550
天津誌畧二十編[民國] 史7-54993
天津延古堂李氏舊藏書目 史8-65944
天津習藝所現行章程圖表 史6-45357
天津衛志[康熙] 史7-54987
天津衛屯墾條款 史6-44865
天津化學製造公司招股章程 史6-44773
天津自治局檔錄要初編 史6-41825
天津名伶小傳 史2-7734
天津徐氏北遷始祖塋域記 史4-31771
天津淮運昭忠祠錄 史7-51756
天津河間兩級師範學堂一覽 史6-42462
天津浦口鐵路借款合同 史6-44237
天津南北段四鄉海河工程捐務探訪各局現行規則初編、二編、三編 史6-46711
天津南段巡警總局現行章程 史6-45356
天津考工廠試辦章程 史6-44774
天津考工廠各項簡章 史6-44775
天津華氏南支宗譜[天津] 史4-31413
天津楊柳青小志 史7-49324、49892
天津楊柳青小志[民國] 史7-54995

天津教育品陳列館附設夜課補習所章程　史6-42459
天津梅小樹書札　集4-30333
天津夷務實紀　史1-3820
天津指南　史7-49889～90
天津威遠自嘆一枝　集7-52756
天津縣新志[民國]　史7-54992
天津縣志[乾隆]　史7-54990
天津開嗙　集7-50808
天津關正稅則例　史6-43549
天津倉儲考　史1-1929
天津拳匪變亂紀事　史1-4287
天津爛豆文册　史6-43419
天神譜　子7-35392
天神行實　子7-35898
天神會課　子7-35544
36 天瀑山人跋尾　叢2-673
37 天潮閣詩鈔　集3-16995
天潮閣集　集3-16994
天祿識餘　子4-22332～7　叢1-210～1、373(6),2-617(5)、624(4)、1354
天祿琳琅叢書第一集十五種　叢2-708
天祿琳琅鑒藏舊版書籍　叢2-1994
天祿閣外史　子4-19775～7　叢1-74～7、101、123、182～3,2-731(52)
天逸詩存　集5-39200
天逸道人存稿　叢2-997
天運紹統　史1-4863～5
38 天游别集　子4-20289
天海山人詩抄　集3-13536
天海樓古文鈔　集4-23986
天海樓四六文鈔　集4-23988
天遊文集　集2-6334～5
天遊詞　集7-46369
天遊碎金　集2-6332
天遊集　史4-24865　集2-6332,7-46752
天遊山人集　集2-7916
天遊閣詩集　集4-30182
天遊閣集　集4-23493
天遊閣集、文選　集4-30181
天遊閣集、詩補　集4-30183
天遊閣集、詩補、附錄　叢2-609
天道講臺　子7-35667
天道正統　子7-35683
天道覈較直解　子7-35647
天道溯原　子7-35645
天道溯原直解　子7-35646
天道圖說　叢2-2270(4)
天道問　子4-22647　叢2-1817
天啓二年壬戌科進士同年序齒錄　史3-13676
天啓二年壬戌科進士履歷　史3-13675
天啓二年會試錄　史3-13674
天啓元年山西鄉試錄　史3-14054
天啓聖德中興頌　集2-8536
天啓崇禎兩朝題本　史6-47838
天啓宫詞　史1-6177、6179　集2-12786,6-41817　叢1-195(2)、202(2、5)、203(8、11)、269(5)、321、371、411、587(2),2-731(44)
天啓宫詞、崇禎宫詞、弘光宫詞　集2-12785
天啓宫詞、校語　史1-6178　叢2-794
天啓宫詞、擬故宫詞　叢1-525
天啓宫詞百詠　集2-11319
天啓宫詞百首　史1-6180
天啓宫中詞　史1-1946　集2-11321
天啓宫中詞、雪舫集　集2-11318
天啓宫中詞百詠、擬故宫詞　集2-11320
天啓七年江西鄉試錄　史3-14385
天啓朝記事　史1-2970
天啓本東安縣志殘　史7-54910
天啓四年廣西鄉試錄　史3-14659
天啓四年雲南鄉試錄　史3-14754
天啓别錄　史1-3023
天啓時事　史1-2971
天啓鳳書　子4-20823
40 天臺智者大師禪門口訣　子6-32091(61)
天壇旌封幽亡敕任　子5-31764
天壇王屋山聖迹記　史7-51752　子5-29530(19)
天壤遺文　集6-42909
天壤閣雜記　史8-63731　叢1-524,2-731(33)
天壤閣詩存　集4-32971
天壤閣集　集5-37399
天壤閣叢書二十種　叢1-442
天壤閣叢書二十種增刊六種　叢1-443
天壤閣甲骨文存、考釋　史8-65173
天南一峯集　集3-16680
天南行記　史7-53829　叢1-22(9)、23(9)
天南紀事　史1-1947、1973、3490～1
天南逸史　史1-3283～4
天南同人集　叢2-2132
天奇閣集　集4-28018
天壽山說　史7-49317(9)、49318(4)、52187
天真毒峯善禪師要語　子6-32091(73),7-34069
天真閣詞　集7-47443
天真閣集、外集　集4-24517
天柱詩草　集4-23116,6-45079
天柱刊崖記　史7-49318(19)、52390

天柱集 集2-10995
天柱縣志[康熙] 史8-62270
天柱縣志[光緒] 史8-62271
41 天樞院都司須知行遣式 子5-29530(13)、30778
天樞院都司須知格 子5-29530(11)、30780
天樞院都司須知令 子5-29530(11)、30779
42 天彭牡丹記 叢1-4
天彭牡丹譜 子4-18535、19205 叢1-5、9～10、22(17)、23(16)、353、509、569、587(4)
天橋下雹子嘆十聲一套 集7-50972
天橋幻渡 集7-49705
天橋初稿 集3-20457
天機望龍經 子3-13350
天機一貫青囊奧語 子3-13330
天機經 子5-29530(23)、30103
天機樓詩 集3-20467
天機素書 子3-13140、13342
天機貫旨經囊經 子3-13656
天機金篆正義 子3-13144
天機餘錦 集7-48478
天機焰口 子7-35047
44 天基聖節排當樂次 子3-17575 叢1-22(9)、23(8)
天蓋樓雜著 集3-14997
天蓋樓詩集 集3-14981
天蓋樓遺稿 集3-14982
天蓋樓四書語錄 經2-10610
天地論 叢1-378
天地水火三元三官尊經 子5-30265
天地球圖說 子3-11451
天地運旋陣圖 子1-3087
天地冥陽水陸儀文、雜文、壇場式 子7-35034
天地冥陽水陸儀文、天地冥陽水陸壇式 子7-35037
天地冥陽水陸儀文、水陸雜文 子7-35035
天地冥陽水陸儀文壇圖式 子5-30757
天地冥陽水陸壇場式、水陸雜文 子7-35036
天地奇異志 子7-38144
天地萬物造化論 子4-20214 叢1-114(3)、136
天地圖儀 子3-11242
天地間集 史2-8597～8 集1-4549、4559～61,6-41900、41908、43576 叢1-223(58)、244(6)、580,2-731(38)
天地陰陽交歡大樂賦 子2-10957 叢1-544
天地人物掌故海 子5-25465
天地全圖 子3-11387
天花亂落山房詩 集4-28476
天花亂墜 子5-27257
天花亂墜、二集、三集 子4-24716
天花藏批評平山冷燕 子5-28266～7
天花藏合刻七才子書 子5-26228
天花藏第二才子書 子5-28359
天花八陳編 子2-8915
天花精言 子2-8818
天花精言、疹斑沙論 子2-8819
天蓬密咒 子5-29592、31722
天蓬神咒 子5-31723
天蓬都元帥咒 子5-29592、31716
天蘇閣詩 集5-40658
天蘇閣叢刊十五種 叢2-968
天蘇閣筆談 叢2-2209
天姥王氏宗譜[浙江新昌] 史4-25094
天姥官塘王氏宗譜[浙江新昌] 史4-25091～3
天姥派王氏宗譜[浙江新昌] 史4-25090
天老神光經 子5-29530(17)、31607 叢1-256
天樹植禪師語錄 子6-32091(80)
45 天樓閣(全掃秦) 集7-52491
46 天如和尚淨土或問 子6-32091(69)
天如禪師淨土或問 子7-34558
47 天均卮言 史2-10614
天均卮言 叢2-2040
天朝田畝制度 史1-1990～1、4191
天朝欽定敬避字樣 史1-4208
天都遊草 史7-53488
天都載 子4-20820
天都閣藏書十五種 叢1-147
天根文鈔 集5-33981～2
天根文鈔、文續鈔、文補遺、文法、詩鈔 集5-33978
天根文鈔、文法、續集、詩鈔 叢2-826
天根詩錄 集5-33980
天根詩鈔 集5-33979
48 天梯 子7-35397
天梅遺集 集5-41347
50 天中記 子5-24980～2 叢1-223(43)
天中許子政學合一集 子4-21094～6
天中許子政學合一集二十八種政學集續編十種附一種 叢2-1318
天中許子政學合一集三十三種續編十四種續目十二種別錄三種 叢2-1317
天中許子政學合一集十一種 叢2-1315
天中觀化集 集3-14943
天史 史1-5569 子4-23116
天史、問天亭詩、集古詩 史1-5568

天書記　集7-49957
天書演禽　子3-14166
天貴圖　集7-53978
天東集　集2-11510
52 天揆禪師語錄　子7-34395
天靜樓詩存　集5-41480
53 天戚孝　集7-50338
天成中進士侯寧極藥譜　叢2-1463
55 天井寺志畧　史7-51643
天井里張氏族譜[江蘇常州]　史5-34823
天慧徹禪師語錄　子7-34352
天曹卷全集　集7-54283
天典變進　子3-13122
60 天日　史6-43374　叢2-1138
天目峯和尚信心銘辟義解　子7-33973
天目山齋歲編　集2-9056～7
天目山志　叢1-373(3)
天目先生集　集2-9269～71
天目紀游草　子3-15835
天目游記　史7-53387
天目遊記　史7-53385　叢1-111(4),2-2175
天目遊紀　叢1-109
天目中峯和尚廣錄　子6-32085(56)、32088(41)、32089(48)、32090(62)、32091(60)、32093(52),7-34211～2
天目中峯禪師垂示法語　子7-34213
天罡玄祕都雷法　子5-31697
天罡祕旨、丁甲奇門　子3-14675
天星聚　集7-50444
天星祕竅圖書　子3-12891、13070
天星選擇　子3-11398
天星選擇圖說　子3-14532
天星選擇纂要　子3-14531
天星陽宅　子3-13226
天國各女錄　子7-35894
天國初入英國說　子7-35748
天國振興記　子7-35224
天界覺浪禪師語錄　集3-13144
天界覺浪盛禪師語錄　子6-32091(73)
天界覺浪盛禪師全錄　子7-34282
天界覺浪盛禪師全錄、別錄　子6-32091(73)
天愚山人詩集、文集、附錄　集2-12200
天愚生詩鈔　集4-32929
天因記　史1-801
天囚懺悔錄　子7-38244
天足引白話小說　子5-27881
天足考畧　叢2-968
61 天顯紀年　史1-1466
62 天叫集　集2-12714
天則能禪師語錄　子6-32091(80)
天影龕詩存、外集、附錄　集5-34428
64 天時要訣　史6-49304
66 天嬰室詩　集5-40924
天嬰室叢稿　集5-40925
天賜福　集7-53979
天賜老生兒　集7-48765、48778
天賜昇平　集7-53436
67 天明正德十六年歲次辛巳大統曆　子3-11763
天路指南十八章　子7-35648
天路歷程官話(天路歷程)　子7-35751
71 天階　子7-35310
天階馬公崇祀鄉賢祠錄、天階馬公暨配左恭人墓誌銘　史2-9796
天曆彙鈔　子3-11399
天原發微　子3-12973～4,5-29530(23)　叢1-223(36)
天原發微、圖、篇目名義、問答節要　子3-12975
天馬山房文存　叢2-2250
天馬山房詩別錄(天馬山房詩錄)　集4-29529
天馬山房詩別錄(雲間百詠)　史7-50074　叢1-419
天馬山房叢箸六種　叢2-2250
天馬山房遺稿　集2-8040　叢1-223(65)
天馬媒　集7-50177
天長宣氏三十六聲粉鐸圖、鐸餘逸韻　子4-24614
天長宣氏三十六聲粉鐸圖詠、鐸餘逸韻　叢1-496(2)
天長寺同戒錄　子7-34801
天長縣志[康熙]　史7-57848
天長縣纂輯志稿[同治]　史7-57850
72 天隱子　子1-14、16～8、20～1、33、37、39、47、51、58、61,5-26220、29530(20)、29535(4)、29536(4)、31094、31096　叢1-17、19(5)、21(5)、24(6)、40、66、86、114(5)、223(47)、490,2-730(6)、731(10)
天隱子遺稿　集2-8279
天隱子養生書　子5-31095　叢1-22(13)、23(12)、173
天隱和尚語錄　子6-32091(73),7-34254
天隱和尚磬山集　子7-34256
天隱修禪師語錄　子6-32092(44)
天隱禪師語錄　子7-34255
天隱堂文錄　集5-35115　叢2-843
天隱堂金石跋　史8-63555
天后(林默)聖像　史2-8614

天后廟祀考 叢2-1664
天后聖母聖蹟圖誌 子7-36217
天后聖母聖蹟圖志全集 史2-8615
天后顯聖錄 史2-8616～8
天岳山館文鈔 集5-33717～8
天岳山館詩存、補 集5-33716
天岳成紀李氏七修家乘[湖南平江] 史4-27527
74 天隨子 子1-18、20 集1-1669～70
天隨集 集4-30438
76 天咫偶聞 史7-49848
天咫閣詩文集 集3-17232
77 天風引 集7-49632、50426
天風環珮山房曲譜 集7-54817
天風佩韻軒詩草、詩餘 集5-34638
天風澥濤館六十自述 史2-12473
天風海濤庵詩錄 集5-36017、36022
天風閣薈譚 子5-27274
天覺詞鈔 集4-32842
天覺樓詩集 集4-28474,6-42007(4)
天降福 集7-50299
天際烏雲集 集4-29366
天際烏雲帖攷 子3-15439
天際烏雲帖卷題跋 子3-15309、15438
天際落花 子7-38277
天聞閣琴譜 子3-17755
天學 子3-11429
天學(一篇附圖) 叢2-2020
天學一隅、格言尤要、日省三戒、松陽講義 子4-23271
天學總考 子7-36240(5)
天學稗編 子3-11453
天學初函理編十種器編十種 叢1-135
天學啓蒙 子7-36241
天學大成 子7-37673、37684
天學考 子7-36240(5)、36245
天學書目考 子7-36240(5)
天學輯要 子3-11428
天學圖說 子7-36228(4)
天學闡微 子3-11454
天學問答續編、校勘記 子3-11495
天學入門 子3-11242、11430
天學會通 子3-11427 叢1-223(35)、306
天學會通(西法選要太陽部、太陰部、日食部、日食諸法異同、五星經緯、恆星性情) 子3-11236
天開圖畫樓文稿 叢2-1000
天開圖畫樓試帖 集4-30518～9
天醫祛病玉函金匱濟世全書 子2-6275
天留別墅見聞錄 子4-23661
天問註補 集1-131
天問天對解 叢2-870(3)
天問天對解(楊誠齋先生天問天對解) 集1-130
天問補註 集1-132
天問補注 叢2-1309
天問校正 集1-133 叢1-202(7)、203(13)
天問畧 子3-11328 叢1-135、223(34)、241、242(2),2-731(26)
天問閣文集 集3-13755～6 叢2-671
天問閣集 集3-13757 叢1-426,2-731(45)
天問閣外集 叢1-529
天問閣明季雜稿 史2-7371～2
天印山房遺稿 集5-33902
天民台律曆小記 經1-6581
天關精舍誌 史7-51484
天門詩文稿 集3-14150
天門集、文集 集3-14091
天門書院雜著 叢2-1587
天門縣志[道光] 史8-60381
天門縣志[乾隆] 史8-60380
天門關 集7-50443
天門關題綱 集7-53437
天歐記 史1-801
天尺樓抄撰性理四書 子1-1548
78 天監錄 叢1-209
天鑒錄 史1-1946,2-7330 叢1-411
80 天人廬志、二禺遊草 史7-52626
天人六典 子4-24042
天人一貫 子7-35706、37975
天人一貫圖說 經1-2179
天人須知錄要 子1-2631
天人歸德頌 史6-42010
天人祥異賦 子3-13049
天人唱和集 集5-39975
天人普慶 集7-49701
天全六番稿 集3-16943
天全石錄 叢1-475
天全子詩錄 集4-32077
天全先生遺事 叢2-624(3)
天全州志[咸豐] 史8-62083
天全翁集 集2-6736
天全堂集 集2-10891～3
天全堂集、續編、附錄 集2-10894
天全堂集續編 集2-10895
天益山堂遺集、續刻 集2-12147
天益山堂遺集、續刊 叢1-263
天金石錄 子4-19486
天鏡 子3-14601～2 叢2-774(10)、775(5)

天鏡約旨　子 3-14586
天念錄、二集　史 2-9332
天尊說阿育王譬喻經　子 6-32093(31)
天父詩　史 1-1991、4196
天父下凡詔書[一]　史 1-1990、4162
天父下凡詔書[二]　史 1-1990、4163
天父天兄天王太平天國九年會試題　史 1-4205　叢 2-883
天父上帝言題皇詔　史 1-1991、4161
天禽總要　子 3-11342
天美遺集　集 4-26270
天谷山人集　集 2-10670
天谷老人小兒語補　子 1-1969、2780　叢 1-574(5)
天命詔旨書　史 1-1990、4164
81 天瓶齋書畫題跋　子 3-14950　集 6-41765　叢 2-646
天瓶齋書畫題跋補輯　子 3-14951　叢 2-646
83 天猷副元帥咒　子 5-29592、31717
84 天鎮縣志、續錄[乾隆]　史 7-55615
天鎮縣志[乾隆]　史 7-55616
天鎮縣志[光緒]　史 7-55617
86 天錦余氏宗譜[浙江龍游]　史 4-28559
天錫詞　集 7-46360、46789　叢 2-799～800
天錫集　集 1-5195
天錫和合　集 7-49584
天錫嘉祥　集 7-49596
天錫堂詩草初集　集 4-31484
88 天竺靈籤　子 3-14618
天竺元音咒　子 7-32945
天竺經壇　集 7-49701
天竺山志　史 7-52306
天竺遊記　史 7-49357、53532
天竺藏經本　子 6-32088(23)
天竺別集　子 7-34890
天笠珍禪師語錄　子 7-34317
天鑑錄(黄貞奎)　史 2-9350
天鑑堂一集　集 3-17747
天鑑堂集、勵志雜錄　集 3-17746
天篆記　子 5-27384
天算　叢 1-460
天算或問　子 3-12356,7-37691
天算捷表　叢 1-529
天算策學通纂　子 3-12786
天籟新韻　經 2-13983
天籟集　集 4-26672,7-46745～6,53656　叢 1-223(73)
天籟集、摭遺　集 6-41925,7-46744
天籟集補遺　集 6-41926
天籟集鈔存　集 3-15337　叢 2-985
天籟字彙　經 2-12918
天籟軒詞韻　集 7-46437、48680
天籟軒詞譜　集 7-48645
天籟軒詞譜、補遺　集 7-46437
天籟軒詞選　集 7-46437、48582
天籟軒五種　集 7-46437
天籟閣雜著　叢 2-2249
天籟閣雜著、集方　叢 2-2201
天籟閣諧鈔　叢 2-2201、2249
天籟閣詩話　叢 2-2201、2249
天籟閣詩存　集 5-40486　叢 2-2201、2249
天籟閣詩鈔　集 5-37072
天籟閣談小說　叢 2-2201、2249
天籟閣琴譜　子 3-17719
天籟堂秋蛩吟　集 4-28682
90 天慵庵筆記　叢 2-731(35)
天慵菴筆記　子 3-15867　叢 1-426
天堂永福　子 7-35463
天堂李氏族譜[湖南湘鄉]　史 4-27578
天堂李氏續修族譜[湖南湘鄉]　史 4-27579
天堂劉氏族譜[湖南湘陰]　史 5-39557
天賞樓四書繹義　經 2-10750
92 天燈記　子 5-26415　集 7-50300
95 天情道理書　史 1-1991、4193

1044$_1$　弄

10 弄石庵唐詩名花集　集 6-43378
15 弄珠詞　集 7-48307
弄珠樓　集 7-49991
37 弄潮館詩集　集 5-39309
48 弄翰餘瀋　叢 2-2270(4)
50 弄丸心法　子 2-5001
60 弄圓篇　叢 2-1110
77 弄閒草　集 2-11027

1044$_7$　再

02 再刻棗窗文稿　集 4-26007
10 再醮　集 7-49296
20 再重訂傷寒集注　子 2-6375
21 再版世界豪傑談　子 7-36476
再征南　集 7-53507
22 再出玉門草　集 4-28566
24 再續高郵州志[光緒]　史 7-56745

再續三十五舉 子3-16776、16841～2、16856 叢1-202(6)、203(11)、433、534,2-731(32)
再續千字文 叢1-276
再續濟公傳 子5-28861
再續寰宇訪碑錄 史8-63804
再續寰宇訪碑錄校勘記 史8-63805 叢2-2202
再續檇李詩繫、鷗湖詞識 集6-44589
再續萬縣志稿[民國] 史8-61595
再續華州志 史7-54919
再續華州志[乾隆] 史8-62778
再續掖縣志[道光] 史8-59270
再續指掌集 叢2-1871
再續景楷帖 子3-15854
再續疇人傳擬目 子3-12385
再續印人小傳、印人姓氏、補遺 史2-6770
25 再生記 史1-4152 子5-26222、26460、27557 叢1-154、185、249(2)、255(3),2-731(50)
再生記畧 史1-3131～2 叢1-320、399
再生經世文存稿 史6-47515
再生紀畧 史1-1938 叢1-203(8)、309
再生緣 集7-48773、48775、49188 叢2-672
再生緣(楚江情) 集7-50415
再生緣傳奇 集7-50456
再生緣全傳 子5-28487 集7-54103～4
再生緣錦 集7-52978
再生小草、廬山紀遊詩 集4-25292
26 再粵謳 集7-50730
再和楊公濟梅花十絕 子3-15665
27 再歸草 叢2-783、1193
30 再定易經衷旨定本 經1-958
33 再補寰宇訪碑錄 史8-63807
再述奇[航海] 史7-54378
34 再造天 集7-54105
再造復新 子7-35736
38 再游草 集2-12768
再送越南貢使日記 史6-45019 叢2-966
40 再來草 集4-22964
再來人 集7-50421、50425 叢2-2046
44 再村詩集 集3-20071
47 再起奏草 史6-48435
58 再撫豫章奏疏、檄稿 史6-48747
60 再團圓 子5-27827
77 再興張氏族譜[福建上杭] 史5-35178
88 再箴左氏膏肓 經1-7167
再答夫秦嘉書 集1-235 叢1-168(4)
再築樓詩稿 集4-26742
96 再愧軒詩草 集5-38810 叢2-1000

1048_2 孩

00 孩童衛生編 子7-37917
02 孩訓喻說 子7-35684
77 孩兒藥 子2-8532

1050_3 戞

41 戞柯堂詩草 集4-22530

1050_6 更

01 更訂甘肅進口百貨統捐通行章程 史6-43642
更訂限制編查各項船隻配置軍火章程 史6-45257
12 更癸軒彙輯閒居筆紀 子5-25023
22 更豈有此理 子5-26444
25 更生齋文集 集5-40760
更生齋文甲集、文乙集、詩集、詩餘 集4-22865 叢2-1557
更生齋文甲集、乙集、詩、詩餘 叢2-698(12)
更生齋文甲集、乙集、續集、詩、續詩 集4-22864
更生齋文甲集、乙集、續集、詩、續集、鮚軒詩 叢2-1559
更生齋文錄 集6-42067
更生齋詩 集4-22858～9
更生齋詩續集、文續集、文甲集補遺、文乙集續編 集4-22866
更生齋詩餘 集7-47350 叢2-1559
更生齋旅巢文剩 集4-30328
更生齋集 集4-22863
更生詩存 集4-33260
更生詩草 集5-36083
30 更定文章九命 集6-46279 叢1-201、203(2)
更定便覽訛字 經2-15028、15040
更定賣抽稅則 子7-37376
更定萍鄉鑛路大槩辦法 史6-44312
更定鳌金功過章程 史6-43600
37 更漏中星考、梅文鼎傳 子3-11439
45 更樓郭氏宗譜[浙江臨海] 史4-32317～9

1052_7 霸

00 霸亭秋　集 7－48775、49226　叢 2－672
27 霸繩　史 1－5557
32 霸州志[康熙]　史 7－55213
霸州志[嘉靖]　史 7－55212
霸州志[同治]　史 7－55214
42 霸橋風雪一枝　集 7－51654
62 霸縣新志[民國]　史 7－55216
霸縣志[民國]　史 7－55215

1060_0 百

00 百病論　子 2－4571
百病奇方　子 2－10183
百病問對辯疑、癆瘵問對辯疑　子 2－7111
百癡詩　集 3－17743
百癡禪師語錄　子 6－32091(74),7－34272
百哀詩詞鈔　集 5－35491
百哀篇　史 2－10203　叢 2－1920
百六稗乘內編、外編　史 1－3813
03 百詠天香集　集 2－6809
百試百驗神效奇方　子 2－9763
04 百計千方一枝　集 7－51659
06 百譯館譯語　經 2－14983
百譯館華語全書　子 7－36785
08 百效方抄本　子 2－10125
百論　子 6－32081(23)、32083(16)、32084(14)、32085(23)、32086(26)、32088(17)、32089(42)、32090(48)、32091(46)、32092(31)、32093(26),7－32745
百論疏　子 7－33567、33569
百論釋　子 7－33568
10 百一廬金石叢書　史 8－63504
百一新判、續　史 6－46068
百一詩　集 3－17522
百一三方解　子 2－6707
百一集、瀨江送別詩　集 4－22753
百一山房詩　集 6－44582
百一山房詩集　集 3－20570
百一山房詩外　叢 1－373(10)
百一山房詩鈔　集 4－27758
百一山房集　集 4－27756
百一選方　子 2－9160
百一草　集 3－21589
百一草堂集唐　集 3－19407
百一草堂集唐詩附刻二編　集 3－20376
百一草堂集唐三刻　集 3－19408
百一草堂集唐三刻、詩餘　集 3－19406
百一草堂集唐初刻、詩餘　集 3－19405
百一草堂附刻初編、二編　叢 1－408
百二漢鏡齋祕書　子 3－12894
百二十盤山舊舍詩稿(詠史樂府)　集 4－30341
百二十家詞鈔　集 7－48569
百二長生館藏瓦目　史 8－65227
百正歌　史 1－1990、4167
百正集　集 1－4489～90　叢 1－223(58)、244(4)、357,2－731(40)
百甄齋印存　子 3－17432
百靈效瑞　集 7－49697
百靈瑤諱　子 5－25487
百兩篇　經 1－2533　叢 2－765～6
百石齋硯譜　子 4－18772
百石圖題辭(百石圖跋)　子 3－16150
百可亭摘稿　集 2－10300
百可亭摘稿、詩集摘稿　集 2－10297
百可亭摘稿奏議、文集、詩集　集 2－10298
百可齋拾記　子 4－21694
百可漫志　叢 1－22(23)、29(8)、57～8、84(4),2－730(11)、731(54)
百可堂詩集　集 3－14752
百雲胡氏宗譜[浙江上虞]　史 4－30445
百不如人室詩草、文草　集 5－33920
百不如人室詩草、詞草　集 5－33921
11 百琲明珠　集 7－48475
百研銘　子 4－18774
12 百發百中　子 2－8257
16 百硯齋算稿三種　子 3－12371
百硯銘　子 4－18758
17 百忍歌一段　集 7－51390
百子辨正　子 1－84　叢 2－2013
百子抄奇　子 4－24141
百子呈祥　集 7－49715
20 百千印陀羅尼經　子 6－32086(20)、32089(15)、32090(21)、32091(20)、32092(14)、32093(44)
百千印陁羅尼經　子 6－32081(19)、32084(11)、32085(18)、32088(13)
百千頌大集經地藏菩薩請問法身讚　子 6－32081(54)、32083(34)、32084(26)、32085(48)、32086(58)、32088(36)、32089(35)、32090(59)、32091(57)、32092(39)、32093(37)
百雞術衍　子 3－12364、12714～5
百爵齋叢刊十四種　叢 2－607
21 百何圖章　子 3－16927

百行章殘 叢 2－608
百行章存 子 1－2075
22 百川書志 史 8－65251、65257、65562 叢 1－547(3),2－673
百川書屋叢書六種續編五種 叢 2－688
百川學海一百種 叢 1－2～3、6～8
百川學海一百十二種 叢 1－10
百川學海一百四種 叢 1－5
百川學海十集一百十二種 叢 1－9
百變象棋譜 子 3－18026
百山名一枝 集 7－51658
百山圖一段 集 7－51391
百種花箋譜 子 3－16550
百種救急良方 子 2－10133
24 百化勝舞 集 7－49705
百僚金鑒 史 2－6538
百僚金鑑 史 6－42985
25 百生詩草 集 4－27326
百佛名經 子 6－32081(15)、32083(11)、32085(15)、32086(17)、32088(11)、32089(13)、32090(18)、32091(16)、32092(12)
26 百粵風土記 史 7－50913
百泉詩稿 集 3－21690
百泉子緒論 子 4－20319
百泉書院志 史 7－52098～9
百和詞 集 7－47507、47629～30
百和香集 叢 2－2175
27 百勿得 集 7－50743
百將傳續編 子 1－3061
百鳥圖說 子 4－19360、19388
百鳥陣 集 7－50457
百魚圖說 子 4－19444
百名家詩選 集 6－44052
百名家詩鈔 集 6－41969
百名家詞鈔 集 7－46399～400
百名家詞鈔初集 集 7－46398
百句章 子 5－29577、31068
百色廳志[光緒] 史 8－61395
百色志畧 史 7－49318(19)、50941
百緣語業 集 7－47271
百緣經 子 6－32083(25)
28 百繪詩箋、題字分注 集 4－23903
29 百秋吟 集 4－24187
百秋閒詠 集 4－22642
30 百空曲 叢 2－1920
百家唐詩 集 6－41872
百家評註文章軌範、閱古隨筆 集 6－46214
百家讔語集 子 3－18371
百家詞 集 7－46352
百家譜 史 2－13278 叢 2－776
百家名書一百四種 叢 1－115
百家名書□□種 叢 1－116
百家楷析 子 3－15244
百家獵要 叢 2－2270(3)
百家姓 子 5－25593
百家姓廋辭 史 2－13334 叢 2－811
百家姓新箋 史 2－13314 叢 1－371,2－1269～70
百家姓三編 史 2－13335 叢 2－1766
百家姓古人名一段 集 7－51389
百家姓考 子 5－26014
百家姓考畧 史 2－13315 子 1－59
百家姓印譜 子 3－17456
百家摘奇 子 4－23930
百家錄粹 子 4－23965
百家纂言 子 4－24230
百家類纂 子 4－23904～5
百字論 子 6－32081(26)、32083(18)、32085(25)、32086(28)、32088(18)、32089(44)、32090(51)、32091(49)、32092(33)、32093(26)
百字碑 子 5－29549、31056
百字碑註 子 5－29567～9、29571～2、31059
百字碑注箋 子 5－31058
百字牌 子 5－29547
百字神咒 子 7－32094
百官述 史 6－42652 叢 2－1094
百官鐸例 史 6－42981
百官箴 叢 1－223(26),2－914
百寶總珍集 子 4－18604 叢 2－743
百寶箱 集 7－52246、52636
百宋一廛書錄 史 8－65731～2 叢 2－615(1)
百宋一廛賦 史 8－65325、65733 叢 1－316～7、553,2－731(2)
百宋陶齋藏匋目 史 8－63719
31 百福山房詩鈔、詩餘 集 4－26987
百福駢臻 集 7－53546
34 百法明門論解、論疏 子 7－32117
百法義錄 子 7－33582
百漢碑研齋縮摹漢刻目、文選樓縮刻嵩山闕十五石 史 8－64529
百漢碑研齋縮本各種漢碑 史 8－64530
百漢碑硯 史 8－64531
百衲詩存(百衲詩集) 集 5－39308
百衲琴 子 3－18161 叢 1－504,2－622
百衲琴言 集 7－47699
百衲碑 子 4－24303
百衲本二十四史 史 1－17
百衲居士鐵圍山叢譚 子 4－20053
40 百十二家墨錄 子 4－18775、18830
百十二家墨錄題詞 子 4－18831

百大家名賢手札　子 3－15824
百壽圖　史 8－64954
百壽圖□寶卷　集 7－54282
百壽圖印存　子 3－17479
百壽印譜　叢 1－413
百壽印册　子 3－17336
百柱堂文集　集 4－30173
百柱堂詩稿　集 4－30172
百柱堂尺牘　集 4－30176
百柱堂全集　集 4－30168～9
41 百幅梅華圖書譜　子 3－16423
43 百城集(山翁禪師百城集)　集 3－13175
百城煙水　史 7－51374
百越先賢志　史 2－8256　叢 1－223(22)、489,2－731(61)、881、1105
44 百莖草堂詩鈔　集 5－37307
百萼紅詞　集 7－47306
百花亭　集 7－48774(5)
百花亭(百花點將)　集 7－52177
百花庵吟稿　集 4－26753
百花詩　集 2－11291,6－42287　叢 1－365
百花詩引　集 6－42289
百花詩草　集 4－26283
百花詩箋譜　子 4－18855
百花記曲譜　集 7－54779
百花詞　集 7－46835
百花一韻　集 6－42423
百花彈詞　集 7－53688　叢 1－201、203(6、18)、350、587(2)
百花山曲譜　集 7－54780
百花名一採花一枝　集 7－50987
百花名一段　集 7－51387
百花名步步嬌(百花名)　集 7－52599
百花名十採花　集 7－51388
百花名十採花一套　集 7－50947
百花觴律　子 3－18359
百花扇序　子 4－18628　叢 1－587(2)
百花酒籌譜　子 4－19109
百花洲集、京華元夕詩　集 2－11092
百花洲集、燃桂稿、越鳥吟、秋興集　集 2－11093
百花臺寶卷　集 7－54300
百花夢　集 7－50371
百花勸世寶卷　集 7－54299
百花草堂集　集 4－32645
百花園夢記　叢 1－587(5)
百花圖　集 7－53691
百花圖詠　子 3－16615
百花吟　集 3－18142～3、20432　叢 1－322,2－1493
百花凡譜　集 7－47126
百花開放一枝　集 7－51657
百蘭山館詩集　集 5－34053
百蘭山館集　集 5－34052
百蘭山館藏帖　子 3－15464
百草庭詩鈔　集 4－22311
百孝歌圖說　子 4－21691
百孝圖　子 1－2601
百萬句全　集 7－50703
百華詩箋譜(文美齋詩箋譜、文美齋百華詩箋譜)　子 3－16447
百劫千印陀羅尼經　子 6－32083(13)
百廿蟲吟、和章　集 4－26407
百菜名一段　集 7－51383
百藥山房詩初集　集 4－27166
百藥山房詩鈔　集 4－25671
百菊集譜　子 4－19257
百菊集譜、諸菊品目、補遺　叢 1－223(39)
百菊集譜、菊史補遺、諸菊品目　子 4－18535
百菊溪中堂查勘海口摺稿　史 6－48789
45 百塼考　史 8－65210　叢 1－419,2－731(32)
百姓昭明　史 2－13333
47 百聲詩、物幻百律　集 3－15390
百聲詩、物幻百律、落花百首　集 3－15389
百鞠溪節使七十壽集千字文　叢 1－276
百穀滋生　集 7－49699
48 百警篇　子 1－2572
百樣心一枝　集 7－50988
百梅詩　集 3－15862,4－28385　叢 2－863
百梅一韻、百花一韻　集 6－42423
百梅書屋詩存　集 5－41301
50 百丈叢林清規證義記　子 7－34027
百丈叢林清規元義　子 7－34029
百丈清規　子 6－32091(64)、32092(43)
百夷傳　史 1－2038～9
百蟲聚會一段　集 7－51384
百蟲名一段　集 7－51385
百本書齋藏書　經 1－148
百毒解　子 2－9622
百末詞　集 3－14022,6－41762,7－46397～400、46402、46404、47044～7　叢 2－698(14)
百末詞、詞餘　叢 2－1287
百末詞、續、二續　集 7－47387　叢 2－1544
百末詞餘　集 7－50638
52 百拙生傳奇四種　集 7－49936
60 百里囊中集　集 4－27798
百四十齋記　史 7－53951　叢 2－1631
百四十軒吟　叢 2－1544
百愚禪師語錄、蔓堂集　子 6－32091(78)

百愚禪師蔓堂集 集3-13544
百旻遺草、附集 集2-12500,6-45102 叢1-547(4),2-720(6)
百果山房文稿、詩稿 集5-34782
63 百戰百勝象棋祕訣 子3-18037
百戰奇法 子1-3262、3298
百獸集說圖考 子7-37834
百獸祈恩 集7-49705
百獸圖說、論、百鳥圖說 子4-19388
68 百喻經 子6-32081(39)、32082(18)、32083(25)、32084(21)、32086(43)、32088(27)、32089(34)、32090(55)、32091(53)、32092(36)、32093(31)
70 百甓齋金石文字目錄 史8-63775
百甓齋金石文字目錄、藏弆碑目 史8-63776
72 百删小草 集4-22184
百氏統要 子4-23890
74 百陵學山一百種 叢1-64,2-730(3)
75 百體千文 子3-15372
百體福壽全圖 經2-12458
77 百局棋譜 子3-17976
百聞偶記 子4-22274
百段錦 子2-11190
百舉齋印譜 子3-17274
百尺梧桐閣(趙光榮)壽言滙錄 史2-10693
百尺梧桐閣文集 集3-15894~6
百尺梧桐閣文錄 集3-15898,6-42067
百尺梧桐閣詩集 集3-15893
百尺梧桐閣詩選 集5-37726~7
百尺梧桐閣集 集3-15891~2
百尺梧桐閣遺稿 集3-15897
百尺樓詩餘集句 集7-48154
百尺樓詩鈔 集5-34316、34319
百尺樓百首詩鈔 集4-33665
百尺樓集 集5-36632
百尺樓曲譜 集7-54729
百尺樓日記 史2-12855
百尺樓吟草 集4-26292
80 百八手珠 子4-24018
百八唱和集 叢2-1770
百今醫鑒 子2-5277
百分施食 子7-32953
百無可齋近體詩 集5-39740
百美新詠 集4-23015,5-36570 叢1-371
百美新詞 集7-48363
百美帖體詩 集4-33392
百美圖 子3-16589
百美圖彈詞 集7-53692
百年兩事 子7-32111
百年長恨 集7-52248
百合詞 集7-47807
百善孝當先一段 集7-51392
百善印譜 子3-17240
88 百籤詩意圖 子3-14054
百籟考畧 叢2-1451
90 百憶篇 集7-47336
92 百燈名一枝 集7-51656
97 百怪斷經 子3-13859 叢1-22(18)、23(17)、173

石

00 石亭詩草 集4-27611
石亭詩鈔 集4-32082
石亭記事、續編 史7-50141 叢2-1766
石亭紀事、續編 集4-29461
石庵詩草 集4-30437
石庵詩鈔 集3-20522
石庵法書 子3-15736
石庵遺詩 集3-17420
石庵樵唱 集3-17418
石廬藏鏡目 史8-64345
石廬金石書志 史8-66286
石齋文集 集3-13935
石齋文稿 集4-28680
石齋行業 集2-11733
石齋先生經傳九種 經1-69
石齋遺稿 集3-21007 叢1-556
石齋黃先生(道周)年譜 史2-11581
石齋印存 子3-17135
石交 叢1-197(4),2-617(2)
石交吟 集5-38970
石交錄 史8-64452 叢2-2101、2198
石音夫醒迷功過格 子4-20833
01 石龍庵詩草 集2-9141
石龍集 集2-7736
石譚 子3-13140
石語亭詩草 集3-16703
石語齋集 集2-10247、10251
02 石刻文錄 史8-63500、64439
石刻神童詩 子1-2637
石刻鋪敘 史8-64347、64349 叢1-223(28)、244(3)、247、578,2-731(34)
石刻鋪敘、二王帖目錄評釋 史8-64348
08 石譜 子3-16422,4-19466、19470、19477 叢1-170~1、269(5)、270(4)、374,2-721、731(31)

石譜(十竹齋石譜)　子3-14975
09 石麟鏡　集7-50219
10 石玉崑(評崑論)　集7-52467
石盂集　集2-9455～6
石雪齋詩稿　集5-41498
石雪山人詩集、文集、奏議　集4-26226
石雨禪師瀔檀　子6-32091(74)
石天基傳家寶摘錄　子2-10740
石天基全集　集3-17041
石西集　集2-9398,6-45001
石晉宮詞　集6-41714
石砫廳鄉土志九章　史8-61610
石砫廳志[乾隆]　史8-61608
石雲山人詩稿　集4-26228～9
石雲山人集　集4-26227
石雲山人分體詩選　集4-26230
石雲先生語錄　子4-20901
石雲先生淳化閣帖釋文考異、校定新安十七帖釋文音義　子3-15338
石雲先生遺稿、江滸迂談　集2-8785
石雲先生遺稿六種　叢2-1202
石雲先生遺稿附石雲先生印譜釋考、石雲先生江滸迂談　集2-8786
石雲先生滸迂談　叢2-1202
石雲先生印譜釋考　子3-16791　叢2-1202
石雲選祕　子2-9708
石雲居文集　集3-13251
石雲居詩集　集3-13250
石雲館詩稿　集5-35486
石函詩集　集3-14291
石函記　子5-29535(4)、29536(4)、29547～8、29553、31035
石函三種　集3-16045
石函三種附一種　叢2-1350
石函平砂玉尺經　子3-13388
石函平砂玉尺經纂　子3-13139
石霜爾瞻尊禪師語錄　子6-32091(74)
石霜志畧　史7-51703
11 石頭詩草　集3-15063
石頭記　子5-28375、28377　集7-52466
石頭記評贊(紅樓夢評贊)　子5-28420
石頭記評贊序　叢1-587(5)
石頭記評花　叢1-587(5)
石頭記論贊　叢1-587(6)
石頭記微言　子5-28430
石頭霍氏族譜[廣東南海]　史5-40051
石頭魂　子5-28159
石頭山人詩鈔　集4-28457
石頭山人遺稿　集4-28456　叢2-1017
石頭菴集　集2-10572、10574
石頭菴寶善堂詩集　集2-10573
石頭錄　集2-8050
石琴廬主年譜　史2-12423
石琴廬詩集　集5-40349
石琴廬詩剩　集5-40350
石琴詩鈔　集4-32616
石琴室稿　集3-20237,4-28157～8
石琴吟館印存　子3-17375
石琴鐵硯軒餘稿(蝴蝶吟草)　集4-32162
石頑老人診宗三昧　子2-4599
石頑老人診宗三昧(醫通診宗三味)　子2-6125
石頑老人脈證詳辨　子2-6126
石頑書屋文鈔　集5-41275
石砠劉氏四修族譜[江西奉新]　史5-39399
石碼鎮志[民國]　史8-58369
石研齋弈萃　子3-18093
石研齋集　集3-20739
石研齋校刻書七種　叢1-324
石研齋未刊遺稿　集3-20740
石研齋四種　叢1-323
12 石璞質禪師語錄　子6-32091(79)
石聯遺稿　集2-8276
石延壽館文集　集4-30016
石孔山人集畧　集2-9251
石磴劉氏少山房譜[湖南湘鄉]　史5-39635
石磯圖說　史7-52990～1
14 石破天驚　集7-53927
16 石碑周氏族譜[湖南邵陽]　史4-30217
17 石子章雜劇一種附一種　叢2-720(4)
石君寶雜劇三種　叢2-720(4)
20 石秀齋集　集2-9888、9890,6-44424
石季常稿　集2-10908～9,6-45336、45340
石舫府君(舒敏)行述　史2-9759
石舫園詞鈔　集7-47777
石香存稿　集4-30434,6-42006
21 石版吳氏族譜[湖南湘陰]　史4-28164
石步志[乾隆]　史7-57443
石僊君功過新編　集7-53926
石虎山志　史7-52597
石衡麓墓誌　史2-9087
石經　經2-11344　叢2-765～6
石經論語　叢2-774(8)
石經殘碑　史8-63518
石經殘字考　經2-11345　叢1-515,2-1514
石經攷　經2-11372

石經傳本彙攷 經2-11382
石經傳本彙考 史8-63507
石經魯詩 叢2-774(8)
石經彙函 經1-3
石經儀禮 叢2-774(8)
石經補攷 經1-2,2-11353～4
石經補考 經1-3 叢2-1693
石經大學 經2-8649、10568
石經寺楚山和尚語錄 子7-34230
石經札補遺 經1-7045
石經考 經1-3、157,2-11332～3、11352 叢1-223(28)、269(2)、270(1)、271、272(2)、353、461,2-731(3)、845(2)、1274～6
石經考文提要 經1-3,2-11341 叢2-870(2)
石經考辨 經2-11373
石經考異 經1-3,2-11336 叢1-223(29)、386,2-665、1432、1434～5
石經書屋詩稿 集3-19888
石經閣文集(石經閣文初集) 集4-27543
石經閣文稿、竹邊詞 集4-27541
石經閣文續集 集4-27544
石經閣文初集 叢1-572,2-1694
石經閣雜著 叢2-1693
石經閣詩畧 集4-27532～3 叢2-1693
石經閣鄘硯倡酬集 集4-27540
石經閣集六種 叢2-1694
石經閣集外文 集4-27542
石經閣集十一種 叢2-1693
石經閣自定詩絜 叢2-1693
石經閣叢書七種 叢1-281,2-1695
石經閣藏書目錄 史8-65755
石經閣日抄 經2-11650 叢2-1695
石經閣日鈔 叢1-281
石經閣金石跋文 史8-63503、63640 叢1-418
石經公羊 叢2-774(8)
石經尚書 經1-2512 叢2-774(8)
22 石川詩草次集 集3-19310
石川詩鈔 集3-18268
石川集 集2-7814～5
石川集、遺稿、奏疏、明道錄、附錄 集2-7812
石川瀛洲遺集、文稿、芝田遺集、芝田稿文、金陵稿 集2-7811
石川芝田稿 集2-7817
石川俞氏宗譜 史4-30853
石崖沈氏儀主[浙江金華] 史4-29094
石崖沈氏宗譜[浙江金華] 史4-29093
石崖遺書 經1-7670 叢2-1291
石嶽詩寄 集3-15853
石仙君功過新編 子5-28909
石峯吴氏宗譜[浙江淳安] 史4-27814
石山隴陂蕭氏族譜[江西泰和] 史5-39970
石山醫案 子2-4557～8、10469 叢1-223(34)
石山醫案八種(汪氏醫學叢書) 子2-4558
石巢傳奇四種 集7-50061 叢2-672
石巢畫石詩 集5-40151
23 石我園圖詠詠史詩合刻 集5-36087
25 石生文稿 集4-27724
石仲蘭府君(方洛)行述 史2-10592
石佛孫氏宗譜[浙江諸暨] 史5-33615～6
石佛洞権倀小品 集2-11776
26 石囱先生遺藁 集2-7070
石泉集 集1-4780,4-30516 叢2-1000
石泉山房文集 集2-9439
石泉山人集(嘐嘐言、石泉集、擊鉢吟存稿、天開圖畫樓文稿、試帖、嘐嘐續言) 集4-30515
石泉山人吟稿 集4-30517
石泉先生識言 子1-1044
石泉遺集 集3-20194～5
石泉書屋藏器目 史8-64312 叢1-524,2-731(32)
石泉書屋全集(石泉書屋類稿、詩稿、吾廬筆談、坦室遺文、雜著、尺牘、律賦、館課詩、制藝、制藝補鈔) 集4-31410
石泉書屋全集六種 叢2-1818
石泉書屋金石題跋 史8-63684 叢2-654
石泉書屋類稿、詩鈔、律賦、尺牘、館課詩、制藝、制藝補編 叢2-1818
石泉縣誌[康熙] 史8-61748
石泉縣志[康熙] 史8-63039
石泉縣志[道光] 史8-61750、63040 叢1-373(2)
石泉縣志[乾隆] 史8-61749
27 石壑詩草 集3-20198
石魚齋詩選 集3-15634 叢2-826
石魚偶記 子4-22159～60 叢2-845(5)
石舟文賸 集4-22028
石船瑣記 子4-23375 叢2-1906
石船居雜抄剩稿二種 子4-19500
石船居雜箸賸稿 叢2-2053
石船居詩賸稿 集5-37700、37702
石船居古今體詩賸稿 集5-37699、37701 叢2-2053
石船居賸稿六種 叢2-2053
石船居公牘賸稿 史6-47194 叢2-2053
28 石谿文集 集2-8227
29 石秋子敬身錄、文 集2-12659

30 石室詩鈔 叢 2-1745
石室談詩 叢 2-953
石室玉函玄祕西山羣仙會真篇 子 5-29561、31086
石室玉函祕藏西山真人通玄記 子 5-29561、31351
石室玉函祕藏上清玄格 子 5-29561、31348
石室玉函祕藏太上玄鏡 子 5-29561、31347
石室仙機、諸家集説 子 3-18005
石室私抄 集 2-9128～30
石室先生(文同)年譜 集 1-2201 叢 2-635(8)
石室叢抄醫書十七種 子 2-4756
石室祕傳 子 3-18028
石室祕藏詩 集 4-33643
石室祕籙 子 2-4628、4943
石室祕籙、洞天奥旨合刻 子 2-4779
石室祕笈兵書五種 子 1-3094
石室印萃 子 3-17316
石灘唐氏五修通譜[湖南寧鄉] 史 4-32545
石灘唐氏續修通譜[湖南寧鄉] 史 4-32544
石汸詩畧 集 4-32325
石汸詩鈔 集 4-32324
石濂和尚集 集 3-15843
石家池王氏譜錄 叢 2-848
石家池王氏譜錄[浙江紹興] 史 4-25031
石窟一徵 史 7-50888
石守道先生集 叢 1-214,2-731(44)
石窗詩草 集 4-31480
石窗山人小稿 集 4-31479
31 石潭吴氏敍倫祠宗譜[安徽歙縣] 史 4-28040
石潭徐氏續修族譜[湖南湘潭] 史 4-32169
石渠意見、拾遺、補闕、玩易意見 經 2-11474
石渠意見、拾遺、補缺 叢 1-347,2-731(5)
石渠意見補闕 經 2-11476
石渠意見拾遺 經 2-11475
石渠先生王公(恕)履歷 史 2-8869
石渠紀餘 叢 1-452、586(2),2-716(2)
石渠寶笈 子 3-14803～4 叢 1-223(37)
石渠寶笈三編 子 3-14809
石渠寶笈三編(乾清宫藏、養心殿藏、重華宫藏、敬勝齋藏、延春閣藏、毓慶宫藏、齋宫藏、御書房藏、養性齋藏、寧壽宫藏、圓明園等處藏、長春園等處藏、綺春園等處、靜宜園、靜寄山莊藏、避暑山莊藏、南薰殿藏)總目 子 3-14810
石渠禮論 經 1-6017～20 叢 1-261,2-761、765～6、772(5)、773(5)、774(4)
石渠縣圖志[民國] 史 8-62138
石渠隨筆 子 3-14829 叢 1-344、456(4),2-735(3)
石渠居士集 集 1-5283
石渠閣訂刻王謹山先生集 集 3-13683
石渠閣重訂草堂詩餘 集 7-48445
石渠閣校刻庭訓百家評註文章軌範 集 6-42704
石渠閣校刻庭訓閱古隨筆 子 4-23896
石渠閣類次王岵雲先生集 集 2-10848
石渠閣精訂皇明英烈傳 子 5-28145
石渠閣精訂地理析髓經 子 3-13405
石渠餘記 史 6-41735、41737
石渠餘記(熙朝紀政) 史 6-41736
32 石州(張穆)年譜 史 2-12155 叢 2-821
石洲詩話 集 6-45990～1 叢 1-456(2),2-731(47)、1512～4
石灣詩草 集 3-19327
石灣李氏三修支譜[湖南醴陵] 史 4-27550
石溪文集 集 3-18540
石溪京華集 集 3-18652
石溪詩存 集 5-33877
石溪讀周官 經 1-5039
石溪張氏宗譜[安徽祁門] 史 5-35155
石溪舫詩話 叢 2-1633
石溪集 集 2-6675～6,4-31916～7
石溪道人山水册 子 3-16632
石溪椒山吴氏溯源合譜[浙江義烏] 史 4-27911
石溪史話、補遺 史 1-5670
石溪周先生文集 集 2-6677
石溪周氏族譜[江西萍鄉] 史 4-30088
石溪全書 經 1-94
33 石沱鎮涪陵石氏世系考[重慶涪陵] 史 4-26026
石浪館詩選 集 3-17933
石淙文稿 集 2-7217
石淙詩稿 集 2-7212～4
石淙詩稿、督府稿 集 2-7210
石淙詩稿選本 叢 2-888
石淙詩鈔 集 2-7215
石淙詩鈔、諸公詩 叢 2-886(2)
34 石池王氏家譜[浙江紹興] 史 4-25005
石港陳氏家譜[江蘇南通] 史 4-32725
石濤上人(釋原濟)年譜 史 2-11737
石濤山水册 子 3-16698
石濤和尚花果册 子 3-16699
石濤寫東坡時序詩意十二幀 子 3-16700

石濤題畫錄　子3-16145
石濤題畫錄補遺　子3-16146
石達開詩鈔　集5-35338
石達開遺詩　集5-35336
石達開全集　集5-35335
35 石遺室文集、文續集、文三集、文四集、詩集、詩補遺、詩續集　集5-38943
石遺室文集、詩集、補遺　集5-38942
石遺室文集、續、三集　叢2-2140
石遺室詩集、補遺、續集　叢2-2140
石遺室詩續集　集5-38944
石遺室師友詩錄　叢1-584
石遺室叢書十九種　叢2-2140
37 石洞集　集2-9721　叢1-223(66)
石洞蔣氏家譜　史5-38220
石洞貽芳集　集6-44718
石洞貽芳集、補遺、清考異　集6-44719
石洞貽芳集、補遺、考異　叢2-731(37)、859
石湖詩集　集1-3478,3-17426　叢1-223(55)、227(9),2-731(42)
石湖詩選　集1-3487、3489,6-41903
石湖詩鈔　集1-3482,6-41900
石湖詞　集7-46364、46375、46586
石湖詞、補遺　集7-46354、46395、46587　叢1-244(3)、353,2-731(48)
石湖詞、補遺、校記　叢2-698(10)
石湖集　集2-8163,3-15382
石湖集、補遺　集7-46353
石湖集補鈔　集1-3486,6-41901
石湖集鈔　集1-3485,6-41908
石湖稿　集2-10018　叢2-1121、1123
石湖先生詩鈔　集1-3483,6-41902
石湖紀行三錄　史7-53798　叢1-244(5)
石湖遺稿　集2-8410　叢2-884
石湖漁隱印稿　子3-17469
石湖志　史7-52901
石湖志畧、文畧　史7-52902
石湖草　集3-19189
石湖草堂詩集　集3-16732～3
石湖菊譜　叢1-4、19(10)、24(10)
石湖櫂歌　集4-32695
石湖居士詩集　集1-3480～1　叢2-635(10)
石湖居士集(石湖居士文集)　集1-3475
石湖居士集、拾遺　集1-3476
石湖居士集選　集1-3477
石湖居士吳舡錄　史7-53801～2
石湖居士驂鸞錄　史7-53800
石漁山房集、附詞　集3-20903
石瀨山房詩鈔　集4-25758
石瀨山人詩錄　集4-30245
石冠堂集　集3-19779
石初集　集1-5591～4,6-45012　叢1-223(61),2-870(5)
40 石友山房詩集　集4-22441、24860,5-39404
石友山房詩集二編、補編　集5-39405
石友贊　子4-19482　叢1-201、203(5)
石臺孝經　經2-8342、8577、8580～2、8584
石臺孝經(石臺孝經註)　經2-8340
石壺詩草　集4-22737
石壇山房文集、詩集、補遺　集5-38946
石壇山房詩集、文集、毓蘭軒訓語　叢2-2170
石壇山房全集(文集、詩集、南鄉子詞、變雅堂詞、三蕉詞、綠薏詞、桐音詞)　集5-38947
石塘丁氏校經堂五修族譜[湖南衡山]　史4-24695
石塘丁氏校經堂四修族譜[湖南衡山]　史4-24694
石塘稿　集1-4902
石塘塢支譜　史4-31538
石塘盛氏宗譜[浙江蘭溪]　史5-34292
石幢詩草　集6-45127
石幢居士吟稿　集3-20324
石南詩鈔　集4-28519
石古齋文存　集5-38270
石古齋詩存、文存、雜存　集5-38269
石古齋詩存、古文存、雜存　叢2-862
石壽山房詩集　集5-36992
石壽山房集　叢2-795
石柱記箋釋　史7-51401　叢1-223(25)、456(3),2-731(58)
石樵文稿　集5-38163　叢2-2068
石樵詩詞　集4-28524
石樵詩稿　集3-15297,4-22738
石樵先生遺詩二種(味真閣集、晚翠軒集)　集4-29117
石梓埠竹枝詞　集5-35035
41 石坪遺集　集4-27655
石板印圖法　叢1-530～1
42 石桃丙舍草　集2-12837　叢1-142
石杉十二春秋存稿　集5-40683
石橋歌　子5-29535(5)、29536(5)、29547、29549、31178
石橋趙氏宗譜[江蘇江陰]　史5-38287～9
石橋里陳氏宗譜[江蘇常州]　史4-32754
石橋別業第一次報告　史6-47575
石橋邱氏族譜[江蘇江陰]　史4-28455
石桴詩鈔(河干草堂集)　集3-15115
43 石埔村林氏族譜[廣東東莞]　史4-29395

石城北關黄氏十一修族譜[江西石城] 史5-33959
石城北關黄氏十修族譜[江西石城] 史5-33958
石城山房藁 集2-7099
石城山志 史7-49328、52219
石城鄉人叢説 叢2-2167
石城太原温氏重修家譜[江西石城] 史5-36598
石城寺詩鈔初編、次編 集4-30343
石城董氏重修族譜[江西石城] 史5-35905
石城落花記 子5-26759
石城楊村温氏六修家譜[江西石城] 史5-36597
石城縣志[康熙] 史8-61190～1
石城縣志[道光] 史8-58699
石城縣志[嘉慶] 史8-61192
石城縣志[乾隆] 史8-58697～8
石城縣志[民國] 史8-61194
石城縣志[光緒] 史8-61193
石城陳氏族譜[江蘇鎮江] 史4-32732
石棺集 集2-12714、12716 叢2-886(3)
44 石封官書 史6-47296
石鼓齋印鼎 史8-64937
石鼓文 叢1-145
石鼓文章句 經2-13590 史8-63521、64479
石鼓文辨證敍記 史8-63522、64496
石鼓文音訓攷正 經2-13140
石鼓文音訓集證 史8-64497
石鼓文音訓考正 史8-64500
石鼓文音釋 史8-64465～6、64506 叢1-282(3)、283(2),2-731(31)、1092、2269
石鼓文正誤 史8-64467
石鼓文疏記 史8-64508
石鼓文研究 史8-64518
石鼓文攷 經2-13151
石鼓文攷證 經2-13244
石鼓文集釋 史8-64473 叢2-1576
石鼓文縮本釋文 史8-64487
石鼓文續考 史8-64476
石鼓文釋音 史8-63522、64495
石鼓文釋存、補注 史8-64477
石鼓文定本、石鼓文地名考 經2-13217
石鼓文定本五種 史8-63522
石鼓文滙 史8-63520、64498
石鼓文古籀與許書古籀文違異考 史8-64517
石鼓文析埶 經2-13218 史8-63522、64491～2
石鼓文地名考 史8-63522
石鼓文考 史8-64472
石鼓文考證 史8-63510、64503
石鼓文考釋 史8-63506、64505
石鼓文纂釋 史8-64501
石鼓文鈔 史8-64469、64486
石鼓辨 經2-13590 史8-63521、64480
石鼓刻辭章句 史8-63523、64514
石鼓刻辭行字定本 史8-63523、64512
石鼓刻辭拾釋 史8-63523、64513
石鼓詩 史8-64468 叢1-237
石鼓讀七種 經2-13590 史8-63521
石鼓譯文考異 經2-13590
石鼓譯文考異或問 經2-13590
石鼓論語答問 經2-9327 叢1-223(13),2-867
石鼓爾雅 經2-13590 史8-63521、64483
石鼓研齋詩存 集5-38900
石鼓硯齋詩鈔 集3-21869、21871
石鼓硯齋全集 集3-21867
石鼓爲秦文公鄜時舊物考 史8-63523、64515
石鼓爲秦刻石考、原器原拓圖 史8-64507
石鼓然疑 史8-64485 叢2-665、1566～7、1668
石鼓佚文考 史8-64509
石鼓釋文 經1-135 史8-64502、64510
石鼓釋文考異 史8-63521、64478
石鼓釋文考異或問 史8-63521、64482
石鼓十石次弟考 史8-64516
石鼓十石次第考 史8-63523
石鼓校勘記畧 史8-64493
石鼓考 史8-64474～5
石鼓考綴五種 史8-63523
石鼓書院志 史7-52117～8
石鼓全文箋 經2-13245
石鼓鑑 經2-13590 史8-63521、64481
石塔碑刻記、附考 史8-63940 叢1-234,2-1444
石塔吳氏宗譜[江蘇宜興] 史4-27768
石花林焚餘文稿 集5-41220
石莊詩集 集4-31232～4
石莊先生文錄 集6-42066
石莊先生詩集 集3-13422
石莊初集殘本 集2-12176
石莊祁氏續修宗譜[江蘇江陰] 史4-26938
石莊小隱詩 集5-40894
石蘭詩鈔 集6-41999
石蘭堂詩稿 集4-21989
石蓮齋詩草 集5-37243

石蓮雜著　集 5－36386
石蓮集　集 4－27345
石蓮洞羅先生文集　集 2－8660
石蓮閣詩、詞、樂府　集 5－36384
石蓮閣詩、附詞　集 5－36385
石蓮閣藏書目　史 8－65882
石蓮閣藏書目錄存　史 8－65883
石蓮盦彙刻九金人集　集 6－41925
石蓮曾氏六修族譜［湖南湘潭］　史 5－36664
石蓮曾氏七修族譜［湖南湘潭］　史 5－36665
石蓮堂集(力本文集、時文)　集 3－18547
石芝西堪札記　子 4－22766
石芝精舍詩集　集 5－40471
石蓀遺稿　集 5－35325
石華山人詩集　集 4－23365
石華館印集　子 3－17409
石英蘿蔓余氏宗譜［浙江淳安］　史 4－28535
石菌山齋詩稿　集 3－21922
石菖蒲館詩鈔、紅梅花龕詞　集 5－35569
石葛山館隨記　叢 1－373(5)
石村詩集　集 4－27767
石村詩集(燕來堂詩稿)　集 4－25064
石村詩集、文集　集 3－13545
石村詩稿　集 5－37514
石村畫訣　子 3－15859、15958　叢 1－495
石藥爾雅　子 2－5894，5－29530(18)　叢 1－180、335，2－731(29)
石蘿山房詩鈔　集 4－24612
石菊影盧筆識　子 4－22015　叢 2－2089
石林(葉夢得)遺事　史 2－8719
石林文稿　集 5－41101
石林文稿、附詩　集 5－41102
石林詩話　集 6－45486、45490、45495、45572～4　叢 1－2～6、9、22(14)、23(13)、31、169(3)、223(72)，2－617(4)
石林詩話、拾遺、拾遺補、附錄　叢 2－1036
石林詩話、拾遺、拾遺補、附錄補遺　集 6－45575　叢 1－547(4)
石林詩集　集 3－21183
石林詩稿、續稿、夢情集　集 4－24296
石林詞　集 7－46352、46357、46380、46518、46520　叢 1－223(72)、547(4)，2－698(13)、720(2)、1036
石林詞、補遺　集 7－46519
石林西墅遺稿　集 2－12725，6－41941
石林集(直廬集、歸田集、應制集、使粵集、使粵日記)　集 3－16039
石林先生禮記解　經 1－5583
石林先生春秋傳　經 1－77(3)
石林先生批評龍谿王先生語錄鈔　子 1－1077
石林卽景　史 7－51713
石林家訓　子 1－2090　叢 1－19(9)、20(6)、21(9)、22(12)、23(12)、24(11)、547(4)，2－1036
石林避暑錄話　子 4－20024　叢 2－652
石林治生家訓要畧　子 1－2091　叢 1－547(4)，2－1036
石林遺事　叢 1－547(2)，2－1036
石林遺書(葉石林遺書)十三種　叢 2－1036
石林燕語　子 4－20018～20　叢 1－17、19(3)、20(2)、21(5)、22(3)、23(3)、24(4)、26～8、29(5)、31、99～100、252、541，2－731(50)、735(4)
石林燕語、石林燕語校　子 4－20021
石林燕語、考異　叢 1－223(41)
石林燕語、附校　叢 1－547(4)，2－1036
石林燕語辨　子 4－20022　叢 1－1、547(4)，2－731(6)、1036
石林燕語集辨　子 4－20023
石林草堂詩存　集 4－25316
石林草堂詩草存刪、花癡生詞稿、文稿　集 4－25315
石林葦氏宗譜［安徽祁門］　史 5－35916
石林蕢草　集 2－9917
石林葉氏宗譜［安徽祁門］　史 5－35743
石林樓詩草　集 3－20199
石林奏議　史 6－48135
石林四筆　叢 1－27～8
石林唱和詩　集 6－44207
石林居士建康集　叢 1－547(2)，2－1036
石林居士建康集(建康集)　集 1－3028
石林居士建康集、補遺、石林先生兩鎮建康紀年畧　集 1－3029
石林堂集　集 3－13265
石林尚書傳　經 1－2626
45 石埭備志彙編［民國］　史 7－57953
石埭杜氏宗譜［安徽石臺］　史 4－27017
石埭縣重建文廟黌宮錄　史 7－51845
石埭縣志［康熙］　史 7－57949
石埭縣志［嘉靖］　史 7－57947
石埭縣志［萬曆］　史 7－57948
石埭縣志稿大事表［民國］　史 7－57952
石埭縣志採訪錄［道光］　史 7－57951
石埭陳序賓先生(黌舉)褒榮錄　史 2－10223
石埭學博張漢章傳　史 2－9327
石埭會館錄、續錄　史 7－50124
石樓詩鈔　集 4－27632

石樓縣志[雍正] 史7-56017
石樓縣志[康熙] 史7-56016
石樓臆編 子4-24190
46 石觀前高陽許氏族譜[江西萍鄉] 史5-34472
石觀前劉氏宗譜[江西萍鄉] 史5-39360～1
石如遺稿外集 集4-25427
石如吟稿 集4-25426
石韞玉夫婦倡和稿 集6-44254
石柏山房詩存 集4-24694
47 石帆詩集 集3-20114～5
石帆詩鈔 集3-21001
石帆集 集6-41956、45115
石帆遺稿 集4-26495
石帆軒詩集 集3-18407 叢2-639
石帆吟 集3-14692,6-41962
石匏子 子1-18、20,4-19865
石匏子新論 叢1-182
石桐先生評定劉松嵐詩 集4-24204
石桐先生詩鈔(石桐草堂集、秋荽集、種瓠集、後軒集、東齋集、芝硼集、東齋後集、粵遊草、迴帆集、岑江集、還山集、觀海集) 集4-22087
石根小草 集3-18861
石榴花館附稿 集4-28653
48 石墩武陵顧氏宗支譜畧稿[江蘇常熟] 史5-41406
石松堂集 集3-14567
50 石丈齋集 集2-11187～8
石畫記 子4-19475 叢2-882
石畫龕論述 子4-21193
石本誤字 經1-169、5256
51 石軒詩鈔 集4-22768
53 石成金官紳約、十反說 史6-43080 叢1-535
石成金醫書六種 子2-4604
石甫文鈔 集4-27912～3
石甫詩鈔 集4-23203
55 石井汪氏族譜[江西婺源] 史4-28934
石農遺懷 集5-41155
57 石邨劉氏二修族譜[湖南寧鄉] 史5-39489
60 石口橫江劉氏族譜[湖南] 史5-39679
石墨聯吟 集4-33456
石墨考異 史8-64407 叢2-650、746
石墨鐫華 史8-63502、64386～7 叢1-223(28)、244(2)、330,2-731(34)
石里文稿 集3-16919
石里雜識 子5-26706 叢1-202(2)、203(7)、321
石里詩集(澤家集) 集3-16918
石見山集 集2-8480
石圃老人詩文集 集3-13074
石園文集 集3-15787 叢2-845(4)
石園新樂府 集3-15788
石園詩話、補遺 集6-46070
石園詩草 集3-13163
石園詩草、文稿三集 集4-26789
石園五集 集3-13164
石園集(石園文稿初集、癸未小草、石園集杜、石園集句、石園詩話、石園文稿二集、石園偶錄) 集4-26787
石園偶錄 集4-26788
石園遺詩 集4-23319
石園遺詩、附編 集5-37066
石園遺稿 集5-33871
石園藏稿 集3-15786
石園隨草、續編 集3-14316
石園全集 集3-13162
石田文集 集1-5361 叢1-223(60)、227(10)
石田雜記 子4-22966,5-26220 叢1-40、52、88～9、195(5),2-731(52)
石田詩選 集2-6908 叢1-223(64)、227(10)
石田子詩鈔 集4-23532
石田集 集1-5360～1,2-6430～1
石田稿 集2-6915～7
石田先生文集 集1-5361
石田先生詩鈔 集2-6906～7
石田先生詩鈔、文鈔、事畧 集2-6901
石田先生集 集2-6910～3,6-42044
石田先生集存 集2-6914
石田先生事畧 子4-20742
石田倣宋元各家册 子3-16496
石田清嘯集 集2-7168～9
石田四刻 子4-24037
石田野語 子4-22616 叢2-955
石田翁客座新聞 子4-22965,5-26328
石曼卿詩集 集1-1948,6-41895
石圍袁氏族譜[湖南瀏陽] 史4-31384
石品 子4-19471
61 石點頭 子5-27770～1 叢2-720(5)、1062
64 石畦集 集3-18016
石畦集童子問 子1-1632
石畦集敬義錄 子1-1631
67 石墅陳氏家乘[安徽祁門] 史4-33178
70 石壁山房二集 集3-20866
石壁山房初稿 集3-20863～5
石壁精舍音註唐書詳節 史1-5240

71 石厂詩草 集4-30436
石雁堂詩 集5-37313
石臣詩鈔 集3-17234
石匱吳氏新修族譜正編[安徽涇縣] 史4-28088
石匱書 史1-805～6
石匱書後集 史1-807
72 石隱庵詩存、附詞 集5-36879
石隱硯談 子4-18717、18734 叢2-1611～2
石隱山房印草 子3-17215
石隱山人自訂年譜 史2-12085～6 叢2-796
石隱園文稿 集2-11136
石隱園藏稿 集2-11133～4 叢1-223(66)
石隱印玩 子3-17487
石阡府志[乾隆] 史8-62244
石阡府志[同治] 史8-62245
石阡鄧將軍(第武)戰功紀畧 史2-10462
石阡成其濟自撰年譜 史2-12304
石阡縣志[民國] 史8-62246
石氏六修族譜[湖南邵陽] 史4-26024
石氏族譜[山西平定] 史4-25988
石氏族譜[山西盂縣] 史4-25989
石氏族譜[四川瀘州] 史4-26027
石氏族譜首集、次集[湖南邵陽] 史4-26023
石氏五修族譜[湖南湘潭] 史4-26022
石氏喬梓詩集 叢1-419
石氏受姓源流紀畧 史4-25985
石氏續修族譜[湖南湘潭] 史4-26019
石氏家譜[北京] 史4-25987
石氏家傳眼科 子2-7393
石氏家傳眼科應驗良方 子2-7392
石氏宗譜 史4-26028
石氏宗譜[江蘇溧陽] 史4-25994
石氏宗譜[江蘇無錫] 史4-25995
石氏江村集 叢2-1196
石氏世譜[山東] 史4-26018
石氏四代家傳眼科全書 子2-7391
石氏民籍族譜[江蘇如皋] 史4-25991
76 石臞文集補編 集4-22627
石臞文補遺 集4-22626
石臞詩稿 集3-19913
石臞叢稿 子4-22485
石臞遺文 集4-22625
石陽山人病詩 集2-9053
石陽山人蠡海 集2-9054
77 石屋磨茨稿 集4-28692
石屋語錄 子7-34221
石屋詩集 集6-41969
石屋詩鈔 集3-16044
石屋詩鈔、補 集3-16043
石屋剩集 集3-16047
石屋和尚住嘉興當湖福源禪寺語錄、山居頌 子7-34220
石屋和尚山居詩、石屋和尚住嘉興當湖福源禪寺語錄、石屋和尚塔銘 集1-5181
石屋叢書 集4-28844～6
石屋禪師山居詩 集1-5184,6-41779～80
石屋禪師山居詩(石屋禪師山居詩集) 集1-5183
石屋禪師山居詩、偈讚、語錄 集1-5182
石屋洞造象題名、龍泓洞造象題名 史8-63897
石屋初集、二集、三集、四集 集3-16046 叢2-1350
石屋丈人傳 叢2-695
石屋書四種 叢2-1798
石岡廣福合志[嘉慶] 史7-56435
石岡穰氏六修族譜[湖南衡山] 史5-41433
石岡穰氏族譜[湖南衡山] 史5-41432
石月川遺集 集3-15889
石陶梨煙室詩 集5-40346
石陶梨煙室詩劫後殘餘稿 集5-40345
石陶梨煙室遺稿 集5-40344
石屏詩集 集1-4004～5、4007,6-41779～80、41908 叢1-223(56),2-636(4)、849
石屏詩集、東臯子詩 集1-4002～3
石屏詩選 集1-4010
石屏詩鈔 集1-4006,3-19572,6-41900
石屏詞 集7-46352、46357、46380、46385、46648 叢1-223(73),2-698(13)、720(2)
石屏張鏡溪紀念錄 史2-10977
石屏集補鈔 集1-4008,6-41901
石屏續集 集1-4009,6-41744～5、41889、41891～3、41894(4)、41895、41897～8、41917、41921
石屏續集、長短句 集6-41888
石屏州續志[乾隆] 史8-62595
石屏州志[康熙] 史8-62592
石屏州志[乾隆] 史8-62594
石屏縣志[民國] 史8-62596
石屏長短句 集7-46649
石居士詩删 集2-10779
石居士漫遊紀事 集2-10780
石颿詩選 集3-20056
石叟(李士彬)年譜 史2-12297
石學士詩集、拾遺 集1-1946
石閣老集 集2-7316,6-41935(1)
石閭集 集3-14273、18119 叢1-584

石印山房印譜　子3-17423
石印偶存　史8-65053
石印劉靜皆太史六則　子3-15837
石民府君(徐豐玉)行狀　史2-10108　叢2-2007
石民詩集　集3-15100
石民西崦集　集2-12049
石民江村集　集2-12050
石民渝水集　集2-12046　叢2-1196
石民横塘集　集2-12047　叢2-1196
石民横塘集、江村集　集2-12043
石民未出集　子1-3832
石民未出集(藿謀、冒言、靖草)　集2-12041
石民四十集　集2-12042
石民甲戌集　集2-12048
石民所著述七種　叢2-1196
石民又峴集　集2-12045　叢2-1196
石民賞心集　集2-12044
石臼集　集2-12291
石臼集續鈔　集2-12292
石臼後集　集2-12290
石臼後集選　集2-12293,6-41949
石臼前集　集2-12289
石臼前集、後集　集2-12288　叢2-788
石闢禪師語錄　子6-32091(81)
石門文字禪　子6-32091(72)　集1-2981　叢1-223(52),2-635(10)、833
石門文字禪詩鈔　集1-2982
石門文字禪集補鈔　集1-2984,6-41901
石門訪碑記　史8-64107
石門詩存　集6-44610
石門詩鈔　集1-2983、2985,6-41900
石門諸山記　史7-49318(5)、52192
石門王氏宗譜[浙江桐鄉]　史4-24955
石門張氏重修家譜[浙江縉雲]　史5-35122
石門碑刻見存目考　史8-63507、63835
石門碑醳、補　史8-64106　叢2-731(35)
石門碑醳、郙閣銘摩巖碑考　叢1-334、336～7
石門集　集2-5882、5884、8359、8968,6-45094　叢1-223(62)
石門山房詩鈔　叢2-856
石門山人詩稿　集3-19382
石門山人詩鈔　集5-34329
石門山慈照禪師鳳巖集　子7-34177
石門先生集(石門集)　集2-5885
石門先生樂府近體　集7-46373、46780
石門浙江嘉興府屬魏承禧子鴻先生京寓日記　史2-13202
石門洪覺範天廚禁臠　集6-45629
石門沖劉氏喉科　子2-7590
石門遺事　史8-62935
石門塘羅氏三修支譜[湖南長沙]　史5-41094
石門藏稿　集2-11940
石門黃氏族譜[四川宣漢]　史5-34119
石門黃氏續譜[湖南湘鄉]　史5-34065
石門葉氏龍游宗譜[浙江龍游]　史5-35685
石門題跋　子3-14917　叢1-169(4),2-731(34)
石門縣鄉土志[民國]　史8-60501
石門縣浙江鄉試歷科中式全錄　史3-14977
石門縣志[康熙]　史7-57371,8-60495～6
石門縣志[嘉慶]　史7-57372,8-60497
石門縣志[同治]　史8-60498
石門縣志[光緒]　史7-57373,8-60499
石門縣志稿[民國]　史8-60500
石門銘　子3-15577
80 石鐘山志　史7-52481
石鐘山人遺稿　集3-21851
石鏡齋集　集3-19363,6-45142
石鏡山房彙彩筆情辭　集7-50530
石鏡山房增訂周易說統、易學考原　經1-781
石鏡山房四書說統　經2-10410
石鏡山房周易說統　經1-780
石翁詩鈔　集3-19395
石翁山房札記　叢2-2135
石翁家傳喉畧抄　子2-7550
石翁吟、年譜　叢2-928
石龕集(石龕詩卷、詩餘偶存)　集4-32780
石年文集　集3-15104
石羊文氏族譜　史4-25708
石羊山房集　集1-3166,6-41894(2)
石羊生詩藁　集2-10459
石羊生傳　叢1-223(66)
石首縣志[康熙]　史8-60310
石首縣志[乾隆]　史8-60311～2
石首縣志[同治]　史8-60313
石倉文稿　集2-11271、11273
石倉文稿、夜光堂近稿、淼軒詩稿、聽泉閣近稿　集2-11275
石倉詩文集(石倉文稿、桂林集、遊房山詩、武林稿、苕上篇、掛劍篇、海色篇、巴草、雪桂軒草、兩河行稿、潞河集、蜀草)　集2-11268
石倉詩集　集5-39773
石倉詩稿　集2-11277

石倉三稿西峯集詩、文、石倉三稿、石倉文
　稿、林亭文稿、林亭詩稿、福廬遊稿、籐山
　看梅詩、遊太湖詩、錢塘看春詩、續遊籐
　山詩　集2-11272
石倉集(芝社集、武林稿、天柱篇、巴草、夜
　光堂詩、文、淼軒詩稿、文稿、西峯六一
　草、西峯六三草、西峯六四草、聽泉閣近
　稿、賜環篇、蜀草、西峯集、西峯六三文)
　　集2-11270
石倉十二代詩選　集6-42396
石倉世纂　集6-45066
石倉歷代文選　集6-43950
石倉歷代詩選　叢1-223(70)
石谷諸人畫虞山游宴册　子3-16668
石谷子傳　集6-44198
石谷倣古山水十五幅　子3-16654
石谷達意稿　集2-7188
石谷洞庭秋色圖長卷　子3-16656
石谷太白觀泉圖長卷　子3-16659
石谷老年擬古册　子3-16663
石谷臨宋元十二景(臨宋元十二景)　子3-
　16661
石谷竹林漁村圖長卷　子3-16678
86 石知府君(趙旭)年譜　史2-12194
88 石筠軒詩二集、四集　集5-38026
石筠軒詩初集、二集、三集　集5-38027
石筠軒詩四集　集5-38028
石竹庵初稿　集4-31478
石等劉氏少山房譜[湖南湘鄉]　史5-
　39617
石笥山房文集　集3-19065
石笥山房文集、詩集　集3-19066
石笥山房文集、補遺　集3-19069
石笥山房文錄　集3-19070
石笥山房集　集3-19068
石笥山房逸稿　集3-19071
石笥山房駢體文錄　集3-19072
石笥山房全集(石笥山房文集、詩集、詩餘)
　　集3-19067
石笥山房詩鈔、石笥山房圖題詠集、續集
　　集5-34879
石笥山房尺牘　集5-34880
石笥溪灣小漁詞　集7-48353
石鏐詩存　集5-37809
90 石幢詩草　集3-19272
石堂詩鈔　集3-20738,4-33083
石堂集　集1-4540,3-14972,6-41896
石堂集、近稿、金臺隨筆　集3-14973
石堂先生集　集1-4537～8
石堂先生遺集　集1-4532～3、4535
石堂先生遺集、附錄石堂先生傳　集1-
　4534
石堂先生遺藁　集1-4539
石堂徐氏宗譜[浙江]　史4-32094
91 石類字釋名　子7-36237
97 石恂齋四種　集7-50300
99 石勞山房初稿、二集　子4-24352

西

00 西亭文鈔　集3-16262
西亭詩　集3-13367、13984,6-44983～4　叢
　2-919
西亭詩草　集5-35456,6-41997
西亭王公行狀　史2-9400
西亭集　集3-16074
西亭湖紀遊詞　集7-47576
西亭十二客印紀　子3-16985
西亭題畫雜詠　集3-16162
西亭小稿　集4-27862
西充縣鄉土志[宣統]　史8-61812
西充縣志[康熙]　史8-61810
西充縣志[光緒]　史8-61811
西庵先生詩選　集6-44892～3
西庵草　集3-17825
西廬文集、補錄　集2-12129
西廬詩集　集2-12128,6-41791
西廬詩滙　集3-19091
西廬詩草、補　叢2-1231
西廬詩餘　叢2-1231
西廬經史劄記　子4-22581
西廬家書　叢2-646
西廬漫筆　史1-4482　子4-19492
西廬懷舊集　叢2-1231
西齋語錄　子1-1627
西齋話記　子4-19955　叢1-17、19(3)、20
　(2)、21(3)、22(5)、23(5)、24(3)
西齋詩草　集3-20766
西齋詩輯遺　集3-20769　叢2-1468
西齋三種　叢2-1468
西齋集　集3-14152、15505、17241、17243～5
西齋集刪稿　集3-17242
西齋偶得　子4-22473～4　叢1-373(3)、
　581,2-1468
西齋偶存　集3-20767～8
西齋淨土詩　子7-34423、34580
西齋淨土詩(西齋淨土)　子7-34582
西齋淨土詩、校譌　子7-34581
西齋淨土詩、校譌、續校　叢2-731(16)

西齋淨土詩、校譌、補校　叢 1－376
西齋日錄　子 1－1042
西方要紀　史 7－49318(17)　叢 1－195(7)、201、203(2),2－731(60)
西方要决科註　子 7－34454
西方要决科注　子 7－34453
西方要决釋疑通規　子 7－34432、34451～2
西方要覽　叢 1－330
西方百詠　子 7－34481
西方張氏宗譜[浙江金華]　史 5－35016～8
西方發願文註　子 7－34504
西方發願文注　子 7－34346
西方確指　子 7－34508
西方確指註解　子 7－34509
西方子明堂灸經、校勘記　子 2－10216
西方樂四十八詠　子 7－34587
西方歸道　子 7－35693
西方清淨音　子 7－32111
西方十座山　集 7－50815
西方直指　子 6－32091(69)
西方書　子 4－23236
西方路　子 7－34507
西方願文解(西方願文畧釋)　子 7－32099
西方願文畧釋　子 7－34425
西方合論　子 6－32091(76),7－34423、34474～5
西方公據　子 7－34517～9
西方公據彙刊　子 7－34521
西康[民國]　史 8－62112、62114
西康建省記[民國]　史 8－62111
西康綜覽十四編[民國]　史 8－62118
西康德格縣概況[民國]　史 8－62135
西康紀要[民國]　史 8－62116
西康志稿[民國]　史 8－62115
西康概況[民國]　史 8－62117
西康圖經[民國]　史 8－62113
西庫隨筆　史 1－4434　叢 2－937
西廂(全西廂)　集 7－52514
西廂文　集 7－48850
西廂記　集 7－48837、48839、48852、48866、49709、49711、49798、51306、52515、54750
西廂記(北西廂記、西廂記傳奇)　集 7－48835
西廂記、續西廂　集 7－48815
西廂記、解證、會真記、附錄　集 7－48814
西廂記譜　集 7－54675
西廂記五本　集 7－48867
西廂記酒令　子 3－14691、18344
西廂記演劇　集 7－48828
西廂記驚豔一枝　集 7－51987
西廂引墨　集 7－48865
西廂觴政　子 3－16405
西廂定本　集 7－48833
西廂酒令　子 3－18345
西廂摘句　集 7－48820
西廂骰譜　集 7－48820
西廂段　集 7－50829
西廂會真傳、會真記　集 7－48834
西廂篆草、南華篆刻　子 3－17022
西唐稿存(百花詩草)　集 4－26283
西麻陳氏宗譜[浙江浦江]　史 4－33107
西音文畧附　子 5－26435
西諦所藏善本戲曲目錄、補遺　史 8－66401
西玄詩集　集 2－8295
西玄集　集 2－8298～9
西玄青鳥記　叢 1－22(27)、168(3)
西京雜記　史 1－1914,7－49305、51150、51500　子 5－26224、26823、26826　叢 1－15、17～8、19(2,5)、20(3)、21(2,5)、22(12)、23(11)、24(3,6)、29(1)、57、71～7、90～1、95、99～101、144、166、169(3)、175、223(44)、249(1)、258、268(2)、395、407(2)、411,2－628、635(5)、726、730(2,5)、735(3)、829
西京雜記、佛國記　子 5－26824
西京雜記、博物志、古今注　子 5－26825
西京記　集 7－53312　叢 1－96
西京職官印錄　子 3－17048
西京職官印錄、印戔說　史 8－64945
西京清麓叢書正編、續編、外編　叢 1－574(1)
01 西龍吳氏宗譜[浙江建德]　史 4－27804～5
西語解頤　子 4－21391,5－27181
07 西郊詩人小傳　史 2－7732
西郊草堂重經集　集 3－14539
西郊笑端集　集 2－6266～7　叢 1－223(63)
西郭草堂合刊八種附三種　叢 2－1190
西郭苦吟、冰雪集　集 6－44644
西郭類語　子 5－25208
西調百種　集 7－50732
西調黃鸝調集抄　集 7－50731
10 西王聖母諸偲慶賀蟠桃寶卷　集 7－54196
西王母傳　叢 1－22(19)、23(18)、29(1)、168(3)
西王母女修正途十則　子 5－29574～5、31440
西畺交涉志要　史 6－45039
西夏文綴外編　叢 2－2187
西夏文存、外編　叢 2－986
西夏經義　經 1－124
西夏紀序例樣本　史 1－5350
西夏紀事本末　史 1－1774～5、1815　叢 1－

484
西夏官印集存 史8-65060
西夏志畧、載記 史1-2574
西夏藝文志 史1-10(5)、719
西夏姓氏錄 史2-13352～4 叢2-599
西夏事畧 史1-2573 叢1-195(1),2-731(66)
西夏書 史1-718
西夏書事 史1-2575
西夏國書字典音同 經2-14955
西夏國書畧說 經2-14954、14956 叢2-986
西霞文鈔 集4-23694
西霞詞 集7-47235
西霞杜氏世譜[上海青浦] 史4-26978
西干記 史7-49318(12)、50507
西干十寺記 史7-51669 叢1-22(25)
西干志[民國] 史7-57974
西平李氏族譜[江西萬載] 史4-27381
西平李氏續譜[湖南益陽] 史4-27485～8
西平李氏家乘[湖南安化] 史4-27497
西平縣志[康熙] 史8-60054
西平縣志[民國] 史8-60055
西平縣權寨鎮風土志[民國] 史8-60056
西天古佛十封書 集7-54278
西天真實名經 子7-34817
西天目祖山志、補遺 史7-52312
西天目志 史7-52311
西天館譯語 經2-14982
西石梁農圃便覽 子1-4147
西石城風俗志 史7-50168
西晉文 集6-43221
西晉文紀 集6-43220 叢1-223(70)
西礮叢說 子7-36229、36996
西雲集 子5-29530(22)、29535(5)、29536(5) 集1-5369～70
西雲遺書 集4-30189
西雲札記 子4-21749
西霖賦稿 集3-19373
11 西北文集 集3-13722
西北諸水編 史7-49317(7)、49318(10)、53036
西北水經註 叢2-2170
西北水利議 史6-41537、46895～6 叢1-195(4)、201、203(4),2-731(55)
西北山鎮考 史7-49319、51297
西北鄉總賬統表 史6-43255
西北紀行雜詠 集5-37645
西北之文 集3-13724 叢2-821
西北邊域考 史6-45680,7-49317(2)、49318(3)
西北邊界圖地名譯漢考證 史6-45678
西北古印集存 史8-65076
西北域記 史7-49314、49319、51296 集3-18686 叢1-249(3)、528,2-731(58)、1414
西北域記、居業集、以學集 集3-18684
西北域地方聯合會戊申第一次報告 史6-47593
西北奏議 史6-48077
西北國防大計條陳 史6-45665
西北吟 集5-41593
西班牙述畧 史7-54854
西疆交涉志畧[宣統] 史8-63380
西疆雜述詩 集5-37508
西琴曲意 叢1-135
12 西延軼志[道光] 史8-61282
13 西琅館詩集、續集 集3-16117
15 西磧山房詩錄、文錄 集4-24940
西磧探梅倡和詩 集6-44289
17 西子湖拾翠餘談 史7-53327 叢2-832(5)
西磵詩鈔 集3-21344
西磵集 集4-27118
18 西政維新策 子7-36442
西政叢書三十二種 子7-36249
西政叢鈔 史6-41489 子7-36257
西政通典 子7-36245
20 西悉畢利鐵路考 子7-36259
西悉畢利鐵路考畧 子7-37180
西番譯語 經2-14975、14986 叢1-249(4),2-731(25)
西番各寺記 史7-49317(5)、49318(13)、51533
西番事迹 史1-2845
西番事蹟 叢1-46
21 西征文存 叢2-2077
西征詩錄 叢2-2077
西征記 史1-2704、2859、3686、3709,7-49318(3、13)、53774～5、53792、53917 子5-26219 叢1-17、19(2、6)、21(2)、22(10、22)、23(10)、24(3、6)、29(8)、39、155,2-779
西征記(清康熙五十四年) 史2-12588
西征零草 叢2-2022
西征石城記 史1-1914、2813 子5-26220 叢1-40、46、84(2)、87～9、95,2-730(2、3、9)
西征集 史6-48393,7-53998 集2-9436～7、9858、10014～5,3-18639,4-33104,5-36784、40747 叢2-1123
西征集、馮文所詩稿、黔中語錄、續語錄、黔中程式 集2-10005
西征稿 集2-11229
西征稿、武陵稿、燕喜堂稿、馮元成壬子續

北征集　集2-10009
西征續錄　史1-4082
西征紀程　史7-49318(18)、49356、54154～5
西征紀畧　史1-3664、3684,7-49316、49318(2)　叢1-202(3)、203(9)、211
西征述　史7-53976　叢2-1774
西征述、後西征述　史7-49318(13)、53975　叢2-1773
西征道里記　史7-53794　叢2-731(58)、859
西征草　集3-14535
西征奏議　史6-48392
西征日記　史7-49318(3)、51106、54066　叢1-496(4)、571,2-2077
西征日記(清康熙五十九年)　史2-12596
西征日記(清道光二十七年)　史2-12700
西征日記(清同治六年至七年)　史2-12914
西征日記(清同治元年至十二年)　史2-13023
西征日記(清光緒三年)　史2-13024
西征日記(光緒三年至光緒四年)　史2-13068
西征日記、東歸日記　史7-54053
西征日紀詩　集3-17248
西征日錄　史1-2837　叢1-84(2),2-730(9)、731(67)、806、886(5)
西征畧紀　集3-18688
西征賦　史7-53903　叢1-203(3)
西征隨筆　史1-3708
西征驛錄　叢1-20(4)
西征鐃唱集　集4-31634
西征錄　史7-53977　集3-21508
西征錄七種　叢2-1508
西征籌筆　史6-49000　叢2-1610
西行雜詠草　集4-31421
西行詩草　集4-23899
西行瑣錄　史7-49318(13)
西行集　集3-19297
西行稿　集2-9430
西行紀程　集4-33104
西行紀程、西征集　史7-53998
西行紀遊草　集5-38049
西行草　集5-35124
西行日記　史7-49318(21)、49347、53937、54019、54201
西行日記(清嘉慶十五年)　史2-12656
西行日記(清光緒六年至七年)　史2-12770
西行日記(清光緒三年)　史2-12933
西行日記(民國元年)　史2-13070
西行日紀　史7-54020　叢1-415
西行前集　集3-17357
西行前集、後集　叢2-980
西衕金氏宗譜[浙江東陽]　史4-29736～8
西儒耳目資、釋疑　經2-14468
西儒耳目資釋疑　經2-14469
西占集成　子3-14073
西比利亞志　史7-54803
西比利亞鐵路紀畧　史6-44346～7
西比利亞鐵路考　子7-37166
22 西川李氏萬卷樓書簿　史8-65708
西川尤先生[尤時熙]要語　子1-1071
西川尤先生要語　子1-109
西川青羊宮碑記　子5-29535(7)、29536(7)
西川青羊宮碑銘　史7-51753　子5-29530(19)
西川圖　集7-49718
西豐縣鄉土志[光緒]　史7-56137
西豐縣志[民國]　史7-56136
西例便覽　子5-26042,7-36250
西岑詩文鈔　集3-14425
西岑鄉土志[民國]　史7-56499
西岑鄉土志[光緒]　史7-56498
西崖詩鈔、文鈔　集3-21144
西崖經説　經2-11744
西崖藏稿　集3-14435
西僑筆記　子4-21947
西嶽華山廟碑　史8-63501、64588
西嶽華山廟碑長垣本　史8-64586
西嶽華山廟碑鈎本　史8-64587
西嶽華山誌　子5-29530(7)
西嶽華山碑華陰本朱氏跋識　史8-64582
西嶽華山志　史7-52662～3
西岸桂澤堂宗支圖[廣東順德]　史5-39143
西巖詩集、琴譜　集3-17466
西巖詩稿　集3-19899
西巖集　集1-3871、4850　叢1-223(56、60)
西巖近草　集3-19900
西巖贅語　子1-1590　叢2-731(8)、782(3)
西峯字説　子4-20753
西峯淡話　子4-20808　叢1-22(23),2-617(3)
西崑訓倡集　叢2-731(38)
西崑訓唱集　叢1-223(68),2-635(14)
西崑發微　集1-1584　叢1-269(6),2-615(2)、731(42)
西崑酬倡集　叢1-456(5)
西崑酬唱集　集6-43564　叢1-478,2-878～9
西山文集　叢1-223(56)

西山文鈔 集1-4089 叢2-878～9
西山詩存 集3-13691
西山讀書記 子1-836 叢1-223(30)
西山許真君八十五化錄 史2-8512 子5-29530(9)
西山靈泉寺樂業澹旭開禪師語錄 子7-34285
西山羣仙會真記 子5-29530(5)、29535(7)、29536(7)、31084～5
西山政訓 史6-42928 叢1-34、106
西山政訓(諭僚屬文) 叢2-731(18)
西山集 集3-13995
西山占易草 經1-1359
西山先生詩要指 經1-3668
西山先生詩集 集1-4087,6-41889、41894(3)、41896
西山先生真文忠公文章正宗 集6-42678
西山先生真文忠公文章正宗(文章正宗) 集6-42677
西山先生真文忠公文章正宗、續 集6-42681～2
西山先生真文忠公文章正宗讀本 集6-42683
西山先生真文忠公文集 叢2-635(10)、1044
西山先生真文忠公文集(西山文集) 集1-4084
西山先生真文忠公文集、目錄 集1-4082～3
西山先生真文忠公讀書記 子1-834～5 叢2-1044
西山先生真文忠公讀書記乙集下 子1-833
西山先生真文忠公讀書記甲集、丁集 子1-832
西山先生真文忠公續文章正宗 集6-42676
西山告諭文 叢1-351
西山倡和詩 集6-44202
西山紀遊 史7-53142 集3-15211
西山紀遊詩 集3-17046
西山紀遊詩鈔、詞鈔 集3-20538
西山徐氏宗譜[浙江黃巖] 史4-32080
西山遊記 史7-49317(9)、49318(4、6、19、20)、53144、53148～9、53536
西山遊記(清同治五年) 史2-12985
西山遊草 集5-34062
西山爽氣集、秋風集 集3-17645
西山志 史7-52462～3、52634
西山志畧 史7-52464 叢2-2147
西山志畧、末錄 叢2-2146
西山真文忠公(德秀)年譜 史2-11354 叢2-1044
西山真文忠公文集、心經、政經 集1-4085
西山真文忠公文集、目錄、補遺、心經、政經、西山真文忠公年譜 集1-4086
西山真文忠公心政二經 子1-857
西山真文忠公全集七種 集1-4081
西山真先生文集 集1-4080
西山真氏族譜[福建浦城] 史4-31298
西山草 集3-15821
西山草堂詞 叢2-729
西山蔡氏小乙公支譜[江蘇蘇州] 史5-37987
西山葉氏宗譜[浙江龍游] 史5-35689
西山探梅稿 集5-33917
西山日記 子4-23047 叢2-674
西山墨談 叢1-31
西山題跋 子3-14923 叢1-169(4),2-731(33)
西山晴雪一枝 集7-51986
西山唱和詩 集6-41974
西山閣筆 集3-13193
西山公集 集1-3666,6-45118
西利亞郡主別傳 子7-38248
西剿奏稿續編 叢2-1848
西樂山樵文集 集3-13779
西樂山樵填詞 集7-47040
23 西外趙氏家乘[廣東] 史5-38441
西外趙氏家乘[廣東新會] 史5-38435
24 西崦山人詞話 集7-48748
西科後旗志(科爾沁右翼後旗志)[民國] 史7-56074
25 西使記 史1-1914、2602,7-53824～7 叢1-11～2、22(9)、23(9)、56、95、195(7)、223(22)、268(2)、388～90,2-730(3)、731(66)、782(2)、2227、2229
西使紀程 子7-36241
西使志 叢1-371
西朱裘氏宗譜[浙江東陽] 史5-37183～6
26 西伯利記 史7-49317(3)、49318(4) 子7-36359
西伯利東偏紀要 史7-54727 叢2-785
西粵二子文 集3-18385
西粵疏抄 史6-48624 叢2-1342
西粵示抄 史6-47119 叢2-1342
西粵檄抄 史6-47120 叢2-1342
西臯雜記 叢1-22(21)
西臯集存逸 集2-8001
西臯周氏宗譜[浙江浦江] 史4-30048
西魏疆域圖 史7-49313、49482
西魏將相大臣年表 史1-10(4)、4748

西魏書　史1-616～7　叢2-653(5)、731(65)、1520
西吴韓氏書目　史8-65799
西吴菊畧　子4-19281,24231
西吴枝乘　史7-50346～7　叢1-22(25)
西吴枝乘佚文　史7-50348　叢2-777
西吴里語　史7-50345　叢2-615(2)
西吴蠶法　叢1-373(9)
西吴蠶畧　子1-4417,4-24231
西吴類牘摘要　史6-47229　叢2-2220
西和縣志[康熙]　史8-63247
西和縣志[乾隆]　史8-63248
27 西歸集　集1-3512
西歸集、西歸草　叢2-1685
西歸集鈔　集1-3529,6-41900
西歸行儀　子7-34557
西歸儀　子7-34556
西歸直指　子7-34505～6
西歸日札　叢2-1306
西歸日劄　史2-12579
西歸日劄、待庵日劄　集3-14374
西梟殘草　叢2-731(44)
西梟山居殘草(西梟草)、補編　集5-35334
西梟草　叢1-419
西鄉縣志[康熙]　史8-62967～8
西鄉縣志[道光]　史8-62969
西鄉縣志[民國]　史8-62971
西鄉縣縣土志[光緒]　史8-62972
西郛集　集3-19996,6-45142
28 西徵稿偶錄　集6-44580
西徼水道　史7-49317(8)、49318(10)、49356、53035　叢1-550
西徵日記　子7-36263
西俗雜誌　史7-49317(8)、49318(18)　叢2-1965
西俗雜志　史7-54347　子7-36246
西俗錄　史7-54442
西谿詩集　集6-41791
西谿聯吟　史7-53380　叢2-832(7)
西谿集補鈔　集1-2314
西谿梵隱志　史7-51606　叢2-832(2)
西谿易說　叢1-223(3)
西谿易說、序說　經1-522
30 西塞雜著　集3-18656
西塞山漁翁封拜　集7-49397、49427
西瀛周氏宗譜[浙江象山]　史4-29947～8
西濠漁笛譜　集4-25382
西渡詩集　集1-2882,6-41745、41748、41894(2)、41895～6、41916
西渡詩集(西渡集)　集1-2878
西渡詩集(西渡集)、補遺　集1-2879
西渡詩集、補遺　集6-45036　叢1-380,2-731(42)
西渡集　集6-41904、41922
西渡集、補遺　集1-2881
西渡集、補遺、附錄　集1-2880　叢1-223(53),2-943
西涼百官表　史1-10(3)、4719
西涼疆域圖　史7-49313、49458
西寧府新志[乾隆]　史8-63287
西寧府續志[民國]　史8-63289
西寧府續志[光緒]　史8-63288
西寧新志[同治]　史7-55130
西寧張氏族譜[湖南寧鄉]　史5-35297
西寧軍務節畧　史6-45317
西寧縣志[康熙]　史7-55129,8-61152～4
西寧縣志[道光]　史8-61155
西寧縣志[萬曆]　史8-61151
西寧縣接收平戎貳驛清册　史6-43366
西寧縣風土調查記[民國]　史8-63290
西寧全境肅清獎案(光緒二十二年)　史6-45672
西寧等處軍務紀畧、圖說　史6-45316
西安府志[乾隆]　史8-62675
西安何家營樂器社鼓樂譜　子3-17930
西安紀事錄　史1-4051
西安道派樂器社樂譜　子3-17929
西安中河程氏宗譜[浙江衢州]　史5-35998
西安縣新志正誤[道光]　史7-57547
西安縣鄉土志[光緒]　史7-56271
西安縣志[康熙]　史7-57545
西安縣志[嘉慶]　史7-57546　叢1-373(2)
西安縣志畧[宣統]　史7-56270
西窗雜記　叢2-900
西窗詩草　集3-20475
西窗集　集4-25212～3
西窗摭餘錄　子4-20790
西良月　集7-50816
西察院吴氏宗譜[江蘇宜興]　史4-27771
31 西江詩話　集6-45924、46028　叢2-1516
西江詩稿、詩稿續編、文稿　集5-36750
西江詩派韓饒二集　集6-41907
西江詩法　集6-45736
西江說稿、文稿、詩稿、偶識、尺牘、藺言錄、續補、原要錄、文稿後編、詩稿後編、詩集、存稿　集5-36749
西江一櫂集　集3-21498
西江形勝論　史7-49357、53003
西江政要　史6-41896

西江集 集4-33424
西江源流說 史7-49317(7)、49318(10)、53002
西江泛宅集 集4-32974
西江祝嘏四種 集7-49698
西江視臬紀事、續補 史6-47497
西江遊草 集4-23441、30354、31305～6
西江志[康熙] 史8-58465
西江志經籍志 史8-66116
西江校士錄 史3-14986
西江幕遊記 史7-54065 叢1-571
西江草 集3-16421,5-37103 叢1-556,2-823
西江軺程記 史7-49342、54001
西江贅語 史1-4562 叢2-2138
西江唱和詩 集6-41972
西江吟草 集3-19471
西江風雅、補編 集6-44803
西江情形 史7-49319、53004
西沚居士集 集3-20721
西涇草堂文集、文外集、詩集 集5-40529
西涯樂府 史1-6050 叢1-461
西漚待商稿 集4-33253
西漚全集、外集 集4-28212
西漚全集四種外集四種 叢2-1725
西河文集、詩集 集3-14483
西河文選 集3-14482
西河雜箋 叢1-202(2)、321
西河詩話 集6-45876～7 叢1-201、203(6)
西河詩稿 集3-14481
西河記 史1-2354～5 叢2-653(6)、731(58、65)、763
西河詞話 集7-48714～5 叢1-202(2)、203(8)、223(73)、320
西河說易 經1-1043
西河郡毛氏宗譜[安徽桐城] 史4-25627
西河郡林氏宗譜[福建仙游] 史4-29332～3
西河郡林氏增修宗譜[浙江] 史4-29310
西河毛氏宗譜[江蘇常州] 史4-25573～4
西河毛氏宗譜[浙江諸暨] 史4-25602
西河集 叢1-223(67)
西河徐氏宗譜[浙江衢州] 史4-31997
西河襍箋 子4-23176 叢1-203(7)
西河九龍林氏族譜[福建] 史4-29343
西河古文錄 叢2-1643
西河草堂詩賸、續集 集4-23884
西河舊事 史7-51141 叢2-731(58)、763
西河林氏族譜 史4-29417
西河林氏族譜[福建] 史4-29341
西河林氏二次合修族譜[江西龍南] 史4-29350
西河林氏家譜[廣東蕉嶺] 史4-29391
西河林氏宗譜[福建] 史4-29342
西河林氏宗譜[福建武平] 史4-29337
西河林氏宗譜[浙江平陽] 史4-29304
西河林氏宗譜[浙江金華] 史4-29289
西河林氏合修族譜[江西龍南] 史4-29349
西河林氏纂修族譜[廣東] 史4-29386
西河林氏纂修族譜[江西贛縣] 史4-29347
西河林氏纂修族譜[湖南寧鄉] 史4-29370
西河郁氏宗譜[浙江蕭山] 史4-29505、29507
西河慰悼詩、補遺 集6-41964
西河醫約 子2-10927
西河前後集 集6-41969
西河合集一百十九種 叢2-1309
西河悼逝集 史2-9291
西源蔣氏重修宗譜[浙江永康] 史5-38140
西源蔣氏續修宗譜[浙江永康] 史5-38141
西源馬氏宗譜[浙江東陽] 史4-31606～8、31610
西源俞氏宗譜[浙江淳安] 史4-30780
西遷註 集2-7346
西遷注 史7-51279
32 西州謝氏族譜[江蘇丹陽] 史5-40684
西州後賢志 史2-8291～2 叢1-22(9)、23(9)、29(2)
西州淚 集2-11304
西州志殘 史7-51184,8-63418 叢1-589
西州猥稿 集1-1964,6-41894(1)、41895
西州圖經殘 史7-51185 叢2-592
西州圖經殘卷[乾元] 史8-63419
西州合譜 史2-7189 叢1-22(24)、29(8)
西浙泉厓邵先生文集、詩集 集2-8316
西溪文集 集6-45006～7 叢2-637(3)
西溪文鈔 集4-26982
西溪雜詠 史7-53379 叢2-832(6)
西溪詩存 集3-20091
西溪詩草 集3-14848,4-22308
西溪詩鈔 集4-26981
西溪百詠 史7-53378 叢2-832(4)
西溪鄧氏族譜[湖南湘鄉] 史5-38864
西溪鄧氏續修族譜 史5-38918
西溪鄧氏續修族譜[湖南湘鄉] 史5-38865
西溪集 集1-2312 叢1-223(51)

西溪集(西溪文集) 集 1-2311
西溪集補鈔 集 6-41901
西溪集鈔 集 1-2313,6-41900
西溪何氏十貳修族譜[江西樂安] 史 4-28360
西溪先生文集 集 3-13096
西溪偶錄 集 4-28494 叢 2-817
西溪秋雪庵志 史 7-51628 叢 2-2175
西溪汪氏先塋便覽、定例[安徽歙縣] 史 3-24568,4-28862
西溪叢語 子 4-20110 叢 1-19(4)、20(2)、21(4)、24(5)、99～101、169(3)、223(40)、268(3)、374、435,2-674、731(6)、735(3)
西溪叢語校 子 4-20113、22685 叢 2-2004
西溪漁隱外集 集 4-24379,6-42074
西溪樵唱 集 5-33827
西溪蘗語 子 4-20111 叢 1-22(6)、23(6)、29(6)
西溪草廬詩錄 集 4-26713
西溪草廬集 集 4-26714
西溪草堂詩集 集 3-19727
西溪草堂稿 集 3-15247
西溪梅花詩 集 3-14351
西溪梅竹山莊圖題詠 叢 2-832(6)
西溪書屋夜話錄 子 2-4681、10692
西溪鎮志[萬曆] 史 7-56790
西溪管氏宗譜[江蘇溧陽] 史 5-38501
西溪懷古詩 集 5-40283
西浮三籍、荆南詩、桐薪、織里草、桃葉編、樟亭集、二蕭編、聽濫志、獪園、戲瑕、討桂編 集 2-10830
西浮籍 史 7-51304 叢 1-22(25)
西巡政畧 史 6-43109
西巡迴鑾始末記 子 7-38049
西巡大事本末記 史 1-4293
西巡草 集 2-10959
西巡舊典等劄記 史 6-42121 叢 2-1648
西巡盛典 史 6-42120
西巡回鑾始末記 史 1-1982、4290
西巡錄 史 6-48187
西巡錄(明嘉靖四十一年) 史 2-12519
33 西沱奏議 史 6-48191～2 叢 1-482
西滬櫂歌 集 4-31113
34 西池集 子 5-29590、31482
西池剩稿 集 4-29543
西法新算直解 子 7-37490
西法神機 子 1-3837
西法照印考 子 7-36240(5)
西法命盤圖說 子 3-14142,7-36260
西法食譜 子 4-18963
西漢文 集 6-43194、43205
西漢文統 集 6-42963
西漢文統、東漢文統 集 6-43207
西漢文紀 集 6-41793、43193 叢 1-223(70)
西漢文選 集 6-41689、43196～7 叢 1-297～8
西漢文苑 集 6-43192
西漢文鑒、東漢文鑒 集 6-43202
西漢文粹 集 6-43191
西漢文類 集 6-43188
西漢文類、目錄 集 6-43190
西漢詩草 集 4-26995
西漢詔令 史 6-47595 叢 1-223(20)
西漢三子至文 集 6-42026
西漢賈氏至文 集 6-42026
西漢司馬氏至文 集 6-42026
西漢郡守考初稿 叢 2-707
西漢儒林傳經表 史 2-6989
西漢演義 子 5-27966～7
西漢遺文 集 7-54002
西漢大節錄 史 2-6988
西漢志傳 子 5-27959
西漢董氏至文 集 1-175,6-42026
西漢奏疏、東漢奏疏 史 6-47773
西漢書 史 1-5154
西漢書疏 史 6-47770、47772、47778～9
西漢書疏、東漢書疏 史 6-47774
西漢書疏文鑑 集 6-42664
西漢書姓名韻、東漢書姓名韻 子 5-25842
西漢書抄 史 1-5150
西漢呂后攝政考 史 1-2020
西漢周官師說考 經 1-5154 叢 2-2248
西漢年紀 史 1-1410 叢 1-223(18),2-731(64)、859
西漢會要 史 6-41597 叢 1-223(26)、230(3),2-731(17)
西漢節義傳論 史 1-5860 叢 1-487,2-845(5)
西渚詩存 集 3-16130
西瀆大河志 史 6-46623
西被考畧 史 7-54389
西遼立國本末考、疆域考、都城考 史 1-2572 叢 2-611
西遼記北曲 集 7-49532
西遼紀事 史 1-3774
西遼紀年表 史 1-10(5)、15、4804
35 西沖瞿氏重修支譜[湖南長沙] 史 5-40940
西清詩話 集 6-45486、45577 叢 1-16、22(14)、23(13),2-617(4)
西清續鑑乙編 史 8-64152

西清續鑑甲編 史 8－64151
西清偶筆 子 4－23366
西清彝器拾遺 史 8－64252
西清近草 集 3－17373
西清古鑑、錢錄 史 8－64150
西清閣詩草、碣石編 集 2－10207
西清劄記 子 3－14710、14835
西清筆記 史 1－4494 叢 1－373(9)、420,2－731(54)、735(2)
西神山人詩鈔 集 4－31398～9
西神山人集 集 4－31397
西神叢語 史 7－50229 子 5－27275 叢 1－203(17)
西禮須知 子 7－36230、36740 叢 1－530～1
36 西禪長慶寺志 史 7－51675
37 西洞庭誌 史 7－49318(5)、52281
西洞庭節孝貞烈志畧 史 2－7890
西湖文言 子 5－27744
西湖六一泉崇祀錄 史 2－6640
西湖六橋桃評 史 7－53335 叢 1－197(4)、587(5)
西湖雜詠 史 7－53346～7 叢 2－821、832(4)
西湖雜詩 史 7－49354、53358 集 5－38446 叢 2－832(2)
西湖雜記 史 7－53329 叢 2－832(3)
西湖新舊夢 史 7－49355、53364
西湖詩 史 7－53350 叢 2－832(4)
西湖詩存 集 5－35279
西湖詩草 集 5－34609
西湖韻事 史 7－49354、53332 叢 2－832(1)、970
西湖記遊草 史 7－53363 叢 2－1256
西湖一月記 史 7－49355、53365
西湖二集 子 5－27741、27743
西湖二集、西湖秋色 子 5－27742 叢 2－720(5)
西湖三祠名賢考畧 史 2－7986
西湖百詠 史 7－49354、53314、53349 集 5－38890 叢 1－223(58),2－832(2、3)、2029
西湖聯句 集 2－7091
西湖水利考 史 6－46803 叢 2－832(6)
西湖手鏡 史 7－53328 叢 1－269(4)、270(3)、271
西湖集唐百詠 集 3－20378
西湖集覽 史 7－49354
西湖何氏宗譜[浙江杭州] 史 4－28254
西湖行吟 集 2－12561
西湖艤唱詞 集 7－47902
西湖佳話古今遺蹟 子 5－27808
西湖偶吟 集 3－16577
西湖和蘇詩 集 3－16048 叢 2－1350
西湖修禊詩 史 7－49354 叢 2－832(1)
西湖欸乃集 集 6－44576
西湖紀述 史 7－49354、53323 叢 2－832(1)
西湖紀游 集 2－6809
西湖紀遊 史 7－49318(11)、53345 集 3－17908 叢 1－269(4)、271,2－731(58)、832(3)
西湖紀遊詩 集 4－32164
西湖紀勝 史 7－52919～20
西湖紀勝、遺艷、西泠漫聞、吳山紀勝 史 7－52921
西湖秋柳詞 集 7－47499 叢 2－617(5)、832(4)
西湖秋柳詞注 叢 1－373(6)
西湖扇傳奇 集 7－50174
西湖近稿 集 6－44969
西湖冶興 史 7－53318 叢 2－832(5)
西湖補帆集 史 7－52914
西湖造游草 集 2－11086～7
西湖遺事詩 史 7－53344 叢 2－832(6)
西湖漁唱 集 7－49701
西湖逸史 子 4－24601
西湖遊詠 集 6－44574 叢 2－832(5)
西湖遊記 史 7－49317(8)、49318(11)、49354～5、53337、53357、53367 叢 1－369、437,2－832(2)
西湖遊幸記 史 1－2552
西湖遊草、射湖旅草 集 5－35179
西湖遊覽志、志餘 史 7－52910 叢 1－223(25),2－832(6)
西湖十八景圖 子 3－16609
西湖志 史 7－52922
西湖志、志餘 史 7－52912
西湖志摘粹補遺奚囊便覽 史 7－52911
西湖志纂 史 7－52923～4、53340 叢 1－223(25)
西湖志類鈔 史 7－52913
西湖李氏宗譜[浙江衢州] 史 4－27207
西湖夢尋 史 7－49354、53333 叢 2－720(5)、832(3)
西湖考 史 7－49317(8)、49318(11)、53336
西湖蘇文忠公祠從祀議 史 6－42189 叢 1－294,2－832(3)
西湖蘇文忠公祠從祀議、南宋方爐題詠 叢 1－291
西湖蘇蹟 集 1－2422
西湖老人繁勝錄 史 7－50271 叢 2－673～4
西湖林公祠墓志 史 7－51927～8
西湖櫂歌 集 4－24798,5－36491
西湖欄杆歎十聲 集 7－53633

西湖拾遺　子5-27842　叢1-496(7)
西湖賦　史7-52926
西湖吟　史7-53360　叢1-369
西湖吟草　集4-25363,5-37535
西湖月　集7-49692
西湖月觀　史7-53324　叢1-250
西湖月觀記　史7-49354
西湖月觀紀　叢2-832(3)
西湖關帝廟廣紀　史7-51784
西湖覽勝詩志　史7-52917～8
西湖臥遊圖題跋　史7-49354　子3-16144　叢2-832(2)
西湖八社詩帖　史7-49354　集1-4337,2-9255,6-43802　叢2-832(2)
西湖合記　史7-49355
西湖竹枝詞　史7-53348　集6-44573　叢1-114(2),2-760、832(5)
西湖竹枝詞續集　集6-44575
西湖竹枝集　史7-49354　集1-5492　叢1-437,2-832(2)
西湖竹枝集(西湖竹枝詞)　集6-44571
西湖竹枝集、楊鐵崖香奩集　集6-44572
西湖小史　史7-53338　子5-28516　叢1-202(2)、203(7、18)、319、409、587(1),2-832(4)
西澗草堂集　集3-20852
西澗草堂集、詩集　集3-20853　叢2-1478
西澗草堂全集四種附一種　叢2-1478
西澗舊廬詩稿　集4-29445
西澗畫餘稿　集4-25452
西湄草堂詩　集3-16084
西溟詩集　集2-9638
38 西渼草　集2-12286
西泠塵夢錄　叢2-619
西泠六家印存　子3-17354
西泠詞萃　集7-46428
西泠王文節先生集　集3-15240
西泠五家印譜　子3-16943
西泠僑客詩集　集5-39522
西泠僑客遺詩　集5-39521
西泠仙詠　史7-53356　叢2-832(2)
西泠仙咏　子5-32045
西泠續記　史2-12808,7-53992　叢2-1823、1983
西泠紀遊稿　集4-31861
西泠漫草　集4-29963
西泠漫聞　史7-52921
西泠鴻爪　集5-39475
西泠遊記　史7-53322　叢2-832(6)
西泠遊草　史7-53359　叢2-1805
西泠舊事百詠　史7-50313　叢2-1467
西泠柳枝詞　集4-33278
西泠四家印譜附存四家　子3-16947
西泠四家印存　子3-16946
西泠閨詠　史7-53355　集4-25975　叢2-832(3)
西泠閨詠後序　叢1-587(6)
西泠八家印選　子3-16944
西泠知止山房詩草　集5-39050
西泠懷古詩　集5-40285
西泠懷古詩、松生府君年譜　集5-40284
西泠懷古集　史7-53354　叢2-832(4)
西游記金山以東釋　史7-49314、53821　叢1-272(4)
西游吟草　集4-31998
西游原旨讀法　子5-31400
西游原旨讀法、詩結　子5-29567～71
西洋文明史　子7-36299
西洋雜志　史7-54365
西洋新法曆書　子3-11234、11417
西洋新法曆書五緯表　子3-11595
西洋番國誌　史7-54246
西洋倫理學史要　子7-36232、37985
西洋通史附中西名稱表　子7-36295
西洋通史前編　子7-36294
西洋古格言　叢2-627
西洋朝貢典錄　史7-54255　叢1-269(3)、270(3)、271、272(2)、333～5、456(2),2-735(5)
西洋史要　子7-36296
西洋史要圖　子7-36303
西洋史鉤元　子7-36298
西洋國議定通商章程條款　史6-44025
西洋易筋要法　子7-37864
西洋點痘論　子2-4702
西洋歷史教科書　史7-54437～8　子7-36300～2、36759、36762、36777
西洋曆法新書殘存六種　子3-11692
西洋算法大全　子3-12524
西海紀行卷　史7-49318(22)、54169　叢2-622、2153
西海徵　史7-50619　叢2-1255
西遊詩　集2-8532
西遊詩草　集5-34683
西遊記　子5-28809　集7-54556
西遊記補　叢1-496(2)
西遊記事　史7-53070
西遊記四十六部　集7-51308
西遊記金山以東釋　叢1-528
西遊稿　集2-9930
西遊續稿(西遊詩草餘、西遊日紀餘、西遊札子餘、西遊雜著餘、西遊日記摘抄)

集 2 - 11112
西遊補(新西遊記) 子 5 - 28812
西遊補、續雜記 叢 2 - 624(3)
西遊真詮 子 5 - 28799
西遊草、龍山遊草 集 4 - 22981
西遊日記(清光緒二十九年)東遊日記(清光緒二十三年) 史 2 - 12846
西遊原旨 子 5 - 28805
西遊原旨讀法 子 5 - 28808
西遊原旨讀法、詩結 子 5 - 31399
西遊錄 史 7 - 53810 叢 2 - 603
西遊錄注 史 7 - 49320、53811～2 叢 1 - 512、524,2 - 594、731(59)、2005
西遊筆畧 史 7 - 54104
西遊小稿 集 3 - 18706～7
39 西沙王氏宗譜[江蘇江陰] 史 4 - 24868～9
西沙羣島小志[民國] 史 8 - 61452
西沙溪汪氏譜[安徽歙縣] 史 4 - 28840～1
40 西太后 子 7 - 36506
西士酬中國人書 子 7 - 35652
西臺記 集 7 - 48780、49298
西臺疏稿 史 6 - 48376
西臺疏草 史 6 - 48397、48552～3
西臺疏草、北畿疏草、東粵疏草、南國疏草 史 6 - 48446
西臺集 集 1 - 2870 叢 1 - 223(53)、230(5),2 - 731(40)、821
西臺漫紀 子 4 - 23018
西臺摘疏 史 6 - 48487 叢 2 - 731(19)、816
西臺奏議 史 6 - 48617、48622、48626
西臺奏稿前集、西臺奏稿後集 史 6 - 48391
西臺慟哭記 集 1 - 4560
西臺慟哭記註 集 1 - 4559、4572 叢 1 - 202(6)、203(12)、580,2 - 1261
西臺慟哭記註、冬青樹引註 集 1 - 4571 叢 1 - 223(58)
西直門外關鄉一帶工程做法清單 史 6 - 46574
西坑派汪氏宗譜[安徽績溪] 史 4 - 28921
西塘詩集 集 1 - 2647,6 - 41908
西塘詩鈔 集 1 - 2646,6 - 41900
西塘集 集 1 - 2648,6 - 41784 叢 1 - 223(52)
西塘集補鈔 集 1 - 2649,6 - 41901
西塘集耆舊續聞 子 5 - 26977 叢 1 - 244(5),2 - 731(51)
西塘先生文集 叢 1 - 449
西塘先生文集(西塘集) 集 1 - 2650
西塘先生文集(西塘集、西塘先生集)、附錄 集 1 - 2651
西塘十景詩 集 1 - 4513
西塘李氏支譜[浙江嘉善] 史 4 - 27169
西塘草 集 3 - 20090
西塘感症 子 2 - 4606、6824
西塘唱酬集 集 3 - 19613
西南備邊後錄 史 6 - 45656
西南紀事 史 1 - 1929、2906、3280 叢 1 - 478
西南邊城緬寧[民國] 史 8 - 62499
西南邊防議 史 6 - 45657,7 - 49318(21)
西南草木考 子 4 - 19131
西南夷兩粵朝鮮傳地理考證 史 1 - 243,7 - 49310
西南夷改流記 史 1 - 3710,7 - 49317(7),7 - 49318(14)
西南夷風土記 史 7 - 51065 叢 1 - 195(7),2 - 731(59)
西套厄魯特地畧 史 7 - 49318(20)、51182
西來意 集 7 - 48869
西來僅存草 集 5 - 34773
西來宗譜 子 7 - 36066
西來年表 史 2 - 7105
西樵語業 集 7 - 46352、46357、46380、46385、46625 叢 1 - 223(73),2 - 698(13)、720(2)
西樵詩稿、文鈔 集 3 - 19905
西樵詩選 集 6 - 41961
西樵白雲洞倡和詩 史 7 - 52625
西樵遺稿 集 2 - 7263
西樵野記 叢 1 - 22(23)、29(7)、57～8、88～9
西樵野紀 子 5 - 27012
41 西垣詩鈔 集 4 - 31088
西垣詩鈔、西垣黔苗竹枝詞 叢 1 - 438
西垣集 集 3 - 18967
西垣奏草 史 6 - 48160～1
西垣黔苗竹枝詞 史 7 - 51008
西垣類稿 叢 1 - 456(7),2 - 778
西垣類藁 集 1 - 3723
西垣類藁 叢 1 - 265(5),2 - 731(40)
西堧詩鈔 集 3 - 20063
西坪詩鈔 集 4 - 25851
西極篇 子 3 - 12985
42 西橋詩草 集 4 - 32619
西橋王氏續修宗譜[浙江黃巖] 史 4 - 25195
西橋小草 集 3 - 19829
43 西城雜錄 史 7 - 51815
西城總志 叢 1 - 373(3)
西城遺稿 集 3 - 17104,6 - 41976
西城志 叢 1 - 20(8)
西城別墅倡和集 集 6 - 44175
西城唱和詩 叢 2 - 673
西城風俗記 子 4 - 24435 叢 1 - 202(2)、203(8、18)
西域詩 叢 1 - 369

西域諸水編 史 7-49317(7)、49318(10)、53044
西域諸國志 史 7-49309、54223
西域設行省議 史 6-45681,7-49317(6)、49318(3)
西域三記 史 7-51197
西域爾雅 經 2-15023
西域水道記 史 1-23,7-49314、49318(10)、53045～7
西域水道記校補 史 7-53048 叢 1-585
西域水道記校補殘本 叢 1-432
西域瑣記 叢 1-369
西域瑣記、西域詩 史 7-51196
西域番國志 史 7-54491 叢 2-727
西域行程記 史 7-54245、54492 叢 1-538,2-727
西域昆捺[乾隆] 史 8-63346
西域傳地理考證 史 1-243、349、608、665、840,7-49310
西域傳抄 史 7-51198 叢 2-2187
西域總志[乾隆] 史 8-63354
西域釋地 史 7-49318(3)、51194 叢 1-457,2-731(59)
西域釋地、西陲要畧 叢 1-456(6)
西域紀畧[乾隆] 史 8-63356
西域遺聞 史 7-49346、51088
西域南八城紀要 史 7-49318(20),8-63390
西域志 史 7-49309、54227～8 叢 1-19(3、10)、21(5)、24(4、11)
西域考古錄[道光] 史 8-63366
西域蕃國志 叢 1-538
西域舊聞 史 7-49338,8-63355
西域帕米爾輿地考 史 6-45701、45704,7-49318(20)
西域置行省議 史 6-45679,7-49316、49317(6)、49318(3)
西域回教考畧 子 7-36254
西域曆法通經 子 3-11679
西域聞見錄 史 7-54923 叢 1-330、485
西域聞見錄[乾隆] 史 7-54922
西域輿地三種彙刊 史 7-49335
44 西埜楊氏壬申譜 叢 2-1898
西埜楊氏壬申譜[陝西大荔] 史 5-37079
西蓋趙氏族譜[江蘇武進] 史 5-38276
西坡賦稿 集 4-28073
西苓詩草 集 3-20498
西麓詩稿 集 6-41744、41894(3)、41895、41917、41924
西麓詩稿、西麓繼周集、日湖漁唱、校記 叢 2-845(5)
西麓詩草乙集 集 5-41123
西麓詩草甲集 集 5-41122
西麓詩藁 集 1-4261,6-41920
西麓詩藁 集 6-41745～6、41888～9、41891～3、41897～8、41904、41923
西麓詞 集 7-46375、46705
西麓雙井黄氏十一修族譜[江西南豐] 史 5-33962
西麓繼周集 集 7-46379、46390、46704
西莊詞鈔 集 6-41756,7-46879
西莊遺稿 集 3-20097
西莊始存稿 集 3-20717～20
西莊蔣氏房譜[浙江臨海] 史 5-38184
西莊黄氏家譜[浙江浦江] 史 5-33861
西藏[民國] 史 8-62637～8
西藏雜俎 史 7-51121
西藏新志[宣統] 史 8-62629
西藏諸水編 史 7-49317(7)、49318(10)、53034
西藏記 史 8-62623 叢 1-249(4)、371,2-731(57)
西藏記[乾隆] 史 8-62621
西藏記畧 史 7-49317(6)
西藏記聞[道光] 史 8-62625
西藏論 史 7-49357、51081
西藏要隘考 史 7-49318(3)、51116
西藏建行省議 史 7-49318(3)、51118
西藏聖蹟考 叢 2-715
西藏改省會論 史 7-49318(3)、51117
西藏後記 史 1-3690,7-49317(6)、49318(3)
西藏紀要[民國] 史 8-62634
西藏紀要初稿[民國] 史 8-62635
西藏紀述 史 7-49319,8-62617 叢 1-472
西藏紀遊 集 4-24086
西藏紀畧 史 7-49318(3),8-62627
西藏紀聞 史 7-49338,8-62624 叢 1-369
西藏宗教源流考 子 7-34755
西藏巡邊記 史 7-49317(6)、49318(3)、51097
西藏通志[民國] 史 8-62632
西藏通覽二編 子 7-37700
西藏大藏經目錄 子 7-34859
西藏大呼畢勒罕考 史 7-51124 叢 2-715
西藏大陣藤牌行操陣式圖 子 1-3735
西藏志[乾隆] 史 8-62620
西藏概要[民國] 史 8-62640
西藏考 史 7-51080 叢 1-426,2-731(57)
西藏史地大綱[民國] 史 8-62636
西藏奏疏 史 6-47941
西藏奏疏、西藏碑文 史 6-47940
西藏剌麻溯源 子 7-34748
西藏日記 史 7-49346、51086～7

西藏置行省論 史 7－49318(20)、51119
西藏見聞錄 叢 1－355
西藏見聞錄[乾隆] 史 8－62618～9
西藏圖說、自成都府至後藏路程 史 7－49344、51096
西藏圖考 史 7－49314,8－62626
西藏喇嘛事例 子 7－34756
西藏賦 史 7－51104 叢 1－388～90
西藏賦、新疆賦 集 4－22401
西藏風俗記 史 1－1995,7－51123
西藏聞見錄 集 7－50668
西藏全圖附說 史 7－51125
西藏短遊記 史 7－49357、53747
西藏篇 史 7－49319,8－62628
西華行稿 集 3－19368
西華行卷 集 6－45142
西華仙籙 史 2－8207 叢 1－201、203(2)
西華山陳摶高臥 集 7－48766、48767(3)、48774(3)、48888 叢 2－698(15)、720(3)
西華縣續志[民國] 史 8－60026
西華縣補志[康熙] 史 8－60024
西華縣志[順治] 史 8－60023
西華縣志[乾隆] 史 8－60025
西蕃事蹟 叢 1－538
西菴集 集 1－4724,2－6182～4、6186 叢 1－223(63)
西菴集、續稿 集 2－6187
西菴先生詩選 集 2－6180
西藝叢鈔 史 6－41489 子 4－23365,7－36257
西藝通考 子 7－36245、37260
西藝知新 子 7－36231(5)、37241
西村文鈔、西村集鈔 集 2－7004
西村詩集、補遺 集 2－7355 叢 1－223(65)
西村詩草 集 3－19176
西村詩草、耦漁詞 集 3－17948
西村詩賸 集 5－34747
西村詩鈔 集 5－40818
西村詩鈔、懷友詩 集 3－20672
西村課草 集 4－27044
西村集 集 2－7002 叢 1－223(65)
西村先生集 集 2－7003
西村先生集、附編 集 2－7000
西村先生全集 集 2－6999
西村十記 史 7－53317 叢 2－832(2)
西村草堂集 集 3－14161
西村餘錄 子 5－27182
西藥五種 子 7－37901
西藥實驗談 子 7－37905
西藥大成 子 7－37899
西藥大成、藥品中西名目表、補編 子 7－36231(6)
西藥大成補編 子 7－37900
西藥大成藥品中西名目表 子 7－36228(4)
西藥大成藥品中西名目表、人名地名兩表 子 7－37906
西藥表 子 7－37898
西藥畧釋、總論 子 7－37904
西楂集 集 2－7761
西林詩萃、後萃 集 4－25669
西林詩鈔 集 3－16220,6－44540
西林集 集 2－10002
西林岑德固殉母事狀 史 2－10962
西林岑氏族譜[廣西西林] 史 4－28227～8
西林草軒集痘科祕本 子 2－9044
西林日記 集 6－45691 叢 1－22(3)
西林縣志[康熙] 史 8－61405
西林縣志[民國] 史 8－61406
西林縣志書[民國] 史 8－61407
西林鄂文端公(爾泰)出身 史 2－9462
西林全集 集 2－10000～1
西林纂 集 6－44544
45 西樓記 集 7－49709
西樓記傳奇 集 7－50136
西樓記傳奇考 叢 2－2203
西樓記八部 集 7－51305
西樓遺稿 集 5－41374
西樓夢 集 7－50138
西樓夢(劍嘯閣自訂西樓夢傳奇、怡雲閣西樓記) 集 7－50135
西樓易說 經 1－1753
西樓全集 集 2－10866
西樓全集(西樓存稿)、西樓詩選 集 2－10867
47 西朝寶訓 史 1－4373 叢 1－22(8)、23(8)
西奴林娜小傳 子 7－38249
西都雜記 史 7－51146～7 叢 1－22(10)、23(10)
西都雜例 史 6－45807
50 西史綱目 史 7－54414
西史通志 子 7－36245
西史地理通釋 史 7－54387
西史輯覽 子 7－36297
西事珥 史 7－50934
西事珥、嶠南瑣記 史 7－50933
西事蠡測 史 7－49317(2)、49318(18)、54345
西事類編 史 7－54343 叢 1－496(6)
西畫初學 子 7－36229、38006
西青文畧 子 5－26433
西青散記 子 5－26430～2 叢 1－373(8),2－

720(2)
西青散記摘錄　子 5－26434
西秦百官表　史 1－10(3)、4722～3　叢 2－1905
西秦疆域圖　史 7－49313、49454
西秦腔　集 7－53530
西秦錄　史 1－2365　叢 2－776
51 西軒詩集　集 3－15206
西軒詩草　集 4－23945
西軒詩鈔　集 6－44411
西軒效唐集錄　集 2－7186
西軒效唐集錄、補遺　集 2－7187　叢 2－833
西軒紀年集　集 3－15207
西軒客談　子 4－23063　叢 1－22(5)、23(5)、87,2－730(1)、731(54)
西軒印譜　子 3－17020
西軒筆記　子 4－21194
西虹漁唱　集 7－47397～8
53 西成楊氏宗譜[浙江寧波]　史 5－36841～3
54 西轅瑣記　史 7－54165
55 西農遺稿　集 4－33109　叢 2－788
西曹雜詩　集 3－15198
西曹議稿　史 6－43068
西曹秋審彙案　史 6－46219
西曹秋思　集 2－12021,6－43844
西曹舊事　史 6－42823　叢 2－2146～7
57 西招五種　史 7－49344
西招紀行　史 7－49318(20)、51101
西招紀行詩　史 7－49344、51100
西招審隘篇　史 7－49318(3)、51099
西招圖畧　史 7－49314、49344、51095　子 1－3899
西軺紀畧　史 7－54112　叢 2－1964
58 西輶日記　史 7－49317(5)、49318(17)、49356、54148～9　叢 1－550
60 西日月玫補遺　子 3－11241
西里伯島志　史 7－54718
西國天學源流　子 7－36228(4)、36246、37676　叢 2－1974
西國天學原流　子 7－36243
西國樂法啓蒙　子 7－37640
西國樂考　子 7－36240(2)
西國律例便覽　子 7－36632
西國船政論　子 7－36975
西國作發藍法　叢 1－530～1
西國宴會之禮考　子 7－36240(2)
西國宮室服御之制考　子 7－36240(2)
西國寶星考　子 7－36240(2)
西國漂染棉布論　子 7－36229
西國源始考　子 7－36246
西國近事彙編　史 7－54404～6
西國近事滙編　子 7－38029～31
西國近事滙編分類輯要　子 7－38035
西國法發藍　子 7－36229
西國造橋畧論　子 7－36229、37157
西國造糖法　子 7－36229、37105　叢 1－531
西國通鑑　史 7－54426
西國婚喪之禮考　子 7－36240(2)
西國朝覲相見之禮考　子 7－36240(2)
西國教養小孩法　子 7－36236～7
西國歷史考　子 7－36240(5)
西國陸軍制考畧　子 7－36231(2)、36918
西國學校　子 7－36793
西國學校(德學校論畧)　子 7－36249
西國養蜂之法　子 7－36229
西國養蜂法　子 7－37099　叢 1－530～1
西國煉鐵論　子 7－36229
西圃文說、詩說　集 6－45857
西圃文說、詩說、詞說　叢 2－949、1415～6
西圃詩說　集 6－45491
西圃詩稿　集 4－28128
西圃詩册　集 3－18076
西圃詞說　集 7－46427、48713
西圃集　集 4－31585
西圃集(西圃詩集、詞、詩續集、詩補遺、詞續、詞三續、題畫詩、續題畫詩、文集、文補遺)　集 4－31584
西圃集、補遺詞續　集 3－19884
西圃叢辨　子 4－22384　叢 2－949、1415
西圃近稿　集 3－18075
西圃藏書目　史 8－65789
西圃草堂詩集　集 3－18530
西圃老人全集五種　叢 2－1415
西圃軒集　集 4－23166
西圃題畫詩　子 3－16214　叢 2－662
西園主人本事詩　集 5－34714
西園康範詩集(康範集)　集 1－3840
西園康範詩集、西園康範實錄、續錄、外集　集 6－45000
西園康範詩集、實錄、續錄、附錄外集　集 1－3839
西園康範先生(汪晫)實錄、續錄、附錄外集　史 2－8782
西園文集　集 4－31763
西園文集、詩集　集 3－18901
西園文集續編　集 4－31764
西園文鈔　集 4－30636
西園瓣香集　集 4－25806,6－44967
西園雜詠　集 2－10502,3－21237
西園詩塵　集 6－45840　叢 1－22(26)
西園詩集　集 2－10984,4－29861

西園詩稿 集 5 - 37804
西園詩選 集 3 - 17671,6 - 41956、45115
西園詩鈔 集 4 - 29877
西園讀書記 經 1 - 138
西園記 集 7 - 50018～9
西園集 集 4 - 27331、28857
西園幽話 集 3 - 13386
西園續稿 集 2 - 10982
西園彙史義例 史 1 - 5411
西園叢稿 經 1 - 140
西園遺稿 集 3 - 20607
西園次集 集 3 - 18968
西園存稿 集 2 - 10210
西園藏書志 史 8 - 65920
西園翰墨、沛縣祖字 子 3 - 15360
西園抱甕集 集 4 - 27789
西園隨錄 子 4 - 21294
西園陳氏家譜[浙江德清] 史 4 - 32829
西園聞見錄 子 4 - 23036
西園前稿、續稿 集 2 - 10981
西園公文集、詩集、陽里公詩稿 集 2 - 9912
西田語畧、續集 子 1 - 1079
西田詩集 集 3 - 15775、16187～8,6 - 45077 叢 2 - 1231
西田吟草 集 3 - 16479,6 - 41969
西昇經 子 5 - 29530(13)、29535(3)、29536(3)、30056～8
西昇經集註 子 5 - 29530(14)、30059
西昌謝氏續修族譜[江西泰和] 史 5 - 40763
西昌謝氏續修族譜首[江西泰和] 史 5 - 40764
西昌鄧氏五修族譜[江西泰和] 史 5 - 38823
西昌備徵志[民國] 史 8 - 62157
西昌志[乾隆] 史 8 - 58933
西昌縣志[乾隆] 史 8 - 62153
西昌縣志[民國] 史 8 - 62156
西昌縣志[光緒] 史 8 - 62155
西昌縣志畧[道光] 史 8 - 62154
西署集 集 2 - 9242 叢 2 - 1105
64 西疇草堂稿 集 3 - 17865
西疇草堂遺詩 集 6 - 44580
西疇草堂遺詩鈔 叢 2 - 834
西疇草堂遺鈔 集 3 - 15080
西疇老人常言 子 4 - 20218 叢 1 - 2～3、5～9、22(2)、23(2)、569,2 - 731(7)
西疇日抄 子 1 - 1285
西疇居士春秋本例 經 1 - 77(3)
西疇居士春秋本例(春秋本例) 經 1 - 7472
西疇常言 叢 1 - 4、19(11)、20(8)、21(10)、24(11)
67 西畇寓目編 子 3 - 14842
西昭竹枝詞 集 4 - 23946
西墅雜記 叢 1 - 22(21)、58
西墅記譚 子 5 - 26265 叢 1 - 22(4)、23(4), 2 - 617(3)
西盟準噶爾奏稿 史 6 - 48731
西野詩草 集 3 - 18929
西野李先生遺稿 集 2 - 8722
西野吟寓稿 集 4 - 24741
71 西厓刻竹 子 4 - 18633
西阿詩草 集 4 - 22269
西阿先生詩草、九峯園會詩、漱芳亭詩鈔 叢 2 - 886(3)
西曆一九零五年正月份蘆漢鐵路收支各款 史 6 - 44235
西曆假如、授時假如 子 3 - 11619
西原先生遺書 集 2 - 8140
西原約言 叢 1 - 22(20)
西原遺集 集 2 - 8139
西原草堂文集 集 3 - 18713
西原全集 集 2 - 8131
西原全集、遺集 集 2 - 8130
72 西陲要畧 史 7 - 49316、49317(7)、49318(3),8 - 63362～3 叢 1 - 456(6)、457,2 - 731(57)、821
西陲百詠 集 4 - 23322
西陲石刻後錄 史 8 - 64109 叢 2 - 599
西陲石刻錄 史 8 - 64108 叢 2 - 598
西陲總統事畧 史 7 - 49337,8 - 63358
西陲紀遊 集 3 - 21566
西陲紀事本末 史 1 - 1882,7 - 54922
西陲聞見錄 史 7 - 51168 叢 1 - 195(7),2 - 731(58)
西陲竹枝詞 史 7 - 49337、51193 叢 2 - 821
西陲筆畧、紹興采石大戰始末 史 1 - 2555
西瓜寶卷(善惡報應、西瓜卷) 集 7 - 54477
西隱文藁(西隱集) 集 2 - 5938
西隱集 叢 1 - 223(62)
西岳華山廟碑 子 3 - 15550
74 西陂類稿 史 6 - 41525、48678 集 3 - 15521～2 叢 1 - 223(67)
西陂類稿文錄 集 6 - 42066
西陵詞選、宦遊詞選 集 7 - 48548
西陵集 集 5 - 35460
西陵十子詩選 集 6 - 44154
西陵奏修八旗營房工程用過錢糧數目清册 史 6 - 47403
西陵日記 史 7 - 51902 叢 2 - 1984
西陵蹕程錄 史 7 - 54048
76 西陽六甲周氏家譜[安徽徽州] 史 4 -

30068
西陽鄉志[民國]　史 8 - 60950
西陽陶氏宗譜[江蘇江寧]　史 5 - 33459
77 西隆州志[康熙]　史 8 - 61409
西周演義　子 5 - 27931
西周氏宗譜[浙江嵊州]　史 4 - 30002
西岡詩鈔　集 4 - 33111
西月日補遺　叢 2 - 1792
西朋經解　經 2 - 11612
西屏剩稿　集 4 - 33488
西學新政叢書七種　子 7 - 36247
西學課程　子 7 - 36228(5)
西學課程彙編　叢 1 - 568
西學課程滙編　子 7 - 36249～50、36263、36776
西學三通四十八種　子 7 - 36245
西學列表　子 7 - 37453
西學行政考　子 7 - 36254
西學須知　子 7 - 37449
西學自強叢書七十五種　子 7 - 36248
西學富強叢書六十五種　子 7 - 36242(1)
西學淵源記　子 7 - 36254
西學通考　子 7 - 37471
西學啓蒙十六種　子 7 - 36244
西學十六種啓蒙　子 7 - 36741
西學十二種　子 7 - 36246
西學大成五十六種　子 7 - 36241
西學始考　子 7 - 36243
西學考畧　子 7 - 37463
西學格致大全　子 7 - 37445
西學書目表(上中下)　子 7 - 36261
西學書目表、讀西學書法　史 8 - 66421
西學書目表、讀學書　子 7 - 36258
西學書目表附卷　子 7 - 36261
西學輯存　叢 2 - 1974
西學輯存六種　子 7 - 36243
西學探源　子 7 - 38048
西學圖說　子 7 - 36243、36246、37448　叢 2 - 1974
西學畧述　子 7 - 36244、36258、37447
西學時務總纂大成　子 7 - 37470
西學原始考　子 7 - 36228(4)、37450　叢 2 - 1974
西學凡　子 4 - 20938　叢 1 - 135
西學關鍵　子 7 - 37446、37469
西學脞錄　子 7 - 37468
西醫産科心法　子 7 - 37865
西醫産科心法、圖說　子 7 - 37888
西醫内科全書　子 7 - 37889
西醫熱證總論　子 7 - 37890
西醫畧論　子 7 - 37867　叢 1 - 373(4)
西醫眼科撮要　子 7 - 37893
西醫舉隅　子 7 - 37866
西閣寄梅記　叢 1 - 168(2)
西問詩草　集 5 - 37956
西關章氏族譜[安徽績溪]　史 5 - 34592
西關章氏二分清明事例譜[安徽績溪]　史 5 - 34591
西關集　集 6 - 44897
西關志[嘉靖]　史 7 - 55020
西關楊氏支譜[廣東廣州]　史 5 - 37053
西門朱氏宗譜[浙江義烏]　史 4 - 26566～7、26569～71
西門汪氏家乘[安徽休寧]　史 4 - 28869
西門汪氏九承奉長房支譜[安徽休寧]　史 4 - 28874
西門湖東朱氏宗譜[浙江義烏]　史 4 - 26568
78 西隃山房集　集 4 - 32556
西隃山房集(微尚齋詩集初編、續集適適齋文集)　集 4 - 32555
79 西塍集　集 1 - 4135,6 - 41745、41891　叢 1 - 223(57)
西塍稿、續稿　集 1 - 4140
西塍稿、續稿、補遺　集 6 - 41895
西塍稿、續稿、海陵稿　集 1 - 4141
80 西人禮戒考　子 7 - 36240(2)
西翁教子言、正篇、副篇、廣篇、遺記　子 4 - 20744
西羌傳地理考證　史 1 - 349,7 - 49310
西舍詩文遺稿　集 4 - 30187
西舍詩鈔、文選編　集 4 - 30188
西倉遺稿　集 4 - 26395
西畬瑣錄　叢 1 - 195(5)
83 西館集　集 4 - 25919
84 西鎮志[順治]　史 8 - 63286
86 西錦王氏宗譜[浙江奉化]　史 4 - 24984～6
西錦陳氏宗譜[浙江奉化]　史 4 - 32865～6
87 西銘　子 1 - 641～2　叢 1 - 534,2 - 1031、1346
西銘講義　子 1 - 649　叢 1 - 574(4),2 - 1820
西銘集註　子 1 - 99、643
西銘續生篇　叢 1 - 332
西銘解　子 1 - 100、644～5、731、735
西銘約說　叢 2 - 1375
西銘述解　子 1 - 646　叢 1 - 223(30),2 - 754、1054～5
西銘史斷　史 1 - 5709
西銘輯釋　子 1 - 99、647
88 西箴詩　集 3 - 19034
西笑山房詩鈔　集 5 - 35265
西笑山房詩鈔(黔南集、遊梁小草、正安集)

集5－35264
西笑山房詩鈔三種　叢2－885
西笑山房詩鈔蒐逸　叢2－885
西算新法　子7－37493
西算新法直解　子3－12660,7－36254
西算新法直解、丈田繪圖章程　子3－12661
西算新法真解　子7－37494
西算備旨　子7－37485
西算初學入門　子7－37491
西算啓蒙　子7－37502
西算明鏡錄　子7－37492
西箖賦稿　叢2－837
90 西堂文集　叢2－1287
西堂雜俎一集　叢2－1287
西堂雜俎二集　叢2－1287
西堂雜俎三集　叢2－1287
西堂詩　集6－41762
西堂詩歌　集3－14020
西堂詩集　集4－30344　叢2－1287
西堂詩集、文集、樂府　集3－14017
西堂詩草　集4－33167
西堂詩鈔　集3－16625
西堂集外國竹枝詞註　集6－41762
西堂剩稿　叢2－1287
西堂樂府　集7－49330、50534、50539、50637　叢2－1287
西堂秋夢錄　叢2－1287
西堂日記　子4－20354　叢1－31、106、111(2),2－731(53)
西堂全集四種附一種　叢2－1287
西堂餘集　叢2－1287
西堂小草　叢2－1287
92 西燈畧說　子7－36229、37240
99 西營劉氏家譜[江蘇武進]　史5－39236

酉

10 酉玉山房文、九滌草　集2－11916
酉西會館前後出入數目章程　史7－49883
22 酉峯文集　集3－19703
酉山詩鈔　集4－25857
酉山詩鈔(王大全稿)　集4－24570
酉山遺詩　集5－39166
酉山柿、酉山臬　子5－25974
31 酉江隨宦集　集5－37609
40 酉塘湯氏重修族譜[江西臨川]　史5－36569
酉樵山房文集　集4－22529
52 酉蜒詩集(五廬集、師山集、蠖庵集、停雲集、勿自欺集、彈劍集、集杜、小石窗試帖)　集4－27658
76 酉陽雜俎　子5－26224、26865～6　叢1－19(7)、21(6)、24(7)、99～101、249(2)、255(3)、395,2－624(2)
酉陽雜俎、續集　子5－26867　叢1－169(3)、223(46)、227(7)、268(4)、410,2－731(6)、873
酉陽雜俎續集　子5－26868～9　叢1－19(7)、20(5)、21(6)、24(7)
酉陽雜俎校　叢1－337,2－731(3)
酉陽正俎　史7－50804
酉陽舌瑣　子5－26372　叢1－300
酉陽山人編蓬集、後集　集2－11694
酉陽修月　集7－49538　叢2－688
酉陽州志[乾隆]　史8－61613
78 酉除集　集3－14012　叢2－876、1286

面

23 面然示警　集7－52417
43 面城樓集鈔　集5－33789　叢2－882
面城樓叢刊　經1－119
面城精舍雜文甲編、乙編　集5－40365
面城精舍襍文甲編　叢2－2190
60 面圃盧詩草　集5－40297

1060_1 吾

00 吾主耶穌基督之新遺詔書　子7－35145
吾廬詩稿　集5－39369
吾廬集　集2－12727,6－44961
吾廬筆談　子4－21642　叢2－1818
吾亦廬文集　集4－23170
吾亦廬文稿　集4－23168～9
吾亦廬稿　經1－111(4),2－11872
吾亦廬外集(禹航清課、守黑編、東里嘹音)　集4－23167
吾意龕長短句甲稿、乙稿　集7－48029
10 吾面齋詩存　集4－25828～9
吾吾廬草存　集4－25065
吾吾類稿　叢1－223(61),2－870(5)
吾吾類藁　集1－5674
21 吾盧筆談　子5－26581
吾師錄　集2－12477～8　叢1－241、242(3)、299～300,2－728、731(13)、1221

吾師錄(黄陶庵先生吾師錄,黄嘉定吾師錄)　子1-1262
27吾灸集　集6-42576～7
吾炙集　集6-44151～2　叢2-794
吾炙集小傳　史2-7560　叢2-611
28吾以吾鳴集鈔　叢2-639
吾徵錄、節畧、續、率道人素艸　史6-47833
30吾汶稿　集1-4585
吾汶藁　集1-4583　叢1-223(58)
吾汶藁、補遺　集1-4584
吾汶藁、校勘記　集1-4586
吾汶藁、補遺　叢1-580
吾汶藁、校勘記　叢2-637(4)
吾汶全藁、獻錄、從祀錄　集1-4582
32吾溪雜著　集4-25719
吾溪雜著、詩剩、詩删　集4-25720
吾溪公詩集、餘力稿　集2-6919
40吾友于齋詩鈔　集3-18829～31
吾友從事錄　子4-23372
吾有山房稿　集3-20290,6-45142
吾有大拙賦鈔　集4-28787
47吾匏亭詩鈔　集3-18256
50吾盡吾意齋樂府　集7-47374
吾妻鏡　子2-8287
吾妻鏡補　史7-54599～600
60吾園遺草　集3-13211
吾園書目　史8-65748
72吾丘壽王書　子1-377　叢2-774(9)
77吾邱集　集3-13926
吾邱閒閒言、詩、詩餘　集3-13927
吾同山館試帖　叢2-1587
吾同山館改課　叢2-1587
吾聞語　子4-21100
吾學編　史1-2672　叢2-1094
吾學錄　子4-21190　叢2-998、1455
吾學錄初編　史6-41732　叢2-698(5)
吾問草　集3-18610
吾與彙編　集6-44128
86吾知齋集方　子2-10115
88吾竹軒印譜　子3-17133
吾竹小稿　集6-41891、41893、41894(3)、41895、41917、41924
吾竹小藁(吾竹小集)　集1-4283
吾竹小藁　集6-41744～6、41888、41892、41897～8、41904、41923
98吾悔集　集3-13547,5-34119　叢2-635(12)

晉

00晉亭詩集　集4-22735
晉塵　子4-20844　叢1-142
晉齋詩存　集4-24785
晉齋詩存(昇勤直公詩草)　集4-24784
晉齋印稿　子3-17223
晉方鎮年表　史1-10(3)、4563、4691、4693～4
晉康帝起居注　史1-1740　叢2-772(5)、773(5)
晉庾翼晉陽秋　史1-1429　叢2-771(4)
晉唐指掌　史1-1　叢2-638
晉唐小楷　子3-15755
晉文歸　集6-42872
晉文紀　集6-41793
晉文紀(西晉文紀)　集6-43220
晉文春秋　叢1-134
晉文春秋(晉史乘)　叢2-731(64)
晉文春秋、晉文春秋異同附載　叢1-234
晉文春秋、異同附載　史1-2232　叢2-1444
晉文公火燒介之推　叢2-720(5)
04晉謝綽宋拾遺錄　史1-4366　叢2-771(4)
晉詩選雅　集6-44400
晉諸王世表　史1-10(2)、4683
晉諸公讚　史2-7005　叢2-772(5)、773(5)
晉諸公別傳　史1-28、512　叢2-653(5)、731(65)
晉諸公敍讚　史2-7006　叢2-1027
晉諸公敍讚、晉公卿禮秩故事　叢2-891
07晉郭義恭廣志　叢2-771(4)
晉郭頒魏晉世語　叢2-771(3)
晉記　史1-559、1424
晉記序論　史1-5879
09晉談錄　叢1-15
10晉二俊文集　集6-45081　叢2-698(8)
晉三家集合鈔　集6-41721
晉王韶之神境記　史7-52593　叢2-771(4)
晉王韶南雍州記　史7-50703　叢2-771(4)
晉王韶始興記　史7-50874　叢2-771(4)
晉王獻之草書帖　子3-15576
晉王大令集　集1-389,6-41698
晉王大令保母帖題詞　子3-15518
晉王右軍三月帖墨迹　子3-15558、15845
晉王右軍集　集1-388,6-41698

晉王右軍筆勢論畧 子3-15001、15010
晉五胡表 史1-10(3)、4705 叢1-502
晉五胡指掌 史1-1～4、2323～5 叢1-302,2-638
晉要事 史1-4360 叢2-772(4)、773(4)
晉百官名 史6-42636 叢2-772(5)、773(5)
晉百官表注 史6-42640 叢2-772(5)、773(5)
晉石厂叢書十種 叢1-429
11 晉疆紀事 史7-49919
晉張孟陽集 集1-381,6-41698、41721
晉張司空集 集6-41698
晉張司空集(張茂先集、張司空集) 集1-339
晉張僧鑒潯陽記 史7-50576 叢2-771(4)
晉張景陽集 集1-382,6-41698、41721
晉張隱文士傳 史2-6698 叢2-771(4)
晉張敞東宮舊事 史6-41970 叢2-771(3)
晉裴啓語林 叢2-771(4)
12 晉孔曄會稽記 史7-50417 叢2-771(4)
晉孫盛魏春秋 史1-1419 叢2-771(4)
13 晉武帝起居注 史1-1729 叢2-772(4)、773(5)
14 晉功臣世表 史1-10(2)、4687
15 晉建武起居注 史1-1736 叢2-772(4)、773(5)
晉磚室詩存 集4-31502
晉磚宋瓦室類稿 集5-40072
17 晉鄧德明南康記 史7-50581 叢2-771(3)
晉司隸校尉傅玄集 集1-336 叢1-547(2),2-2173
18 晉政輯要 史6-41833～4
20 晉壬府君(吳唐林)行述 史2-10466
晉雋 子4-21894 叢2-1963
晉乘蒐畧 史7-49920
21 晉何法盛晉中興書 叢2-771(4)
晉何晏九江志 史7-50573 叢2-771(4)
晉衛夫人筆陣圖 子3-15001
晉儒備考卷首序論、濂洛書堂著述卷目 史2-7009
晉虞預會稽典錄 史2-8052 叢2-771(4)
晉僭僞諸國世表 史1-10(3)、4699
晉僭僞諸國年表 史1-10(3)、4700
22 晉後畧 史1-2303 叢2-772(5)、773(5)
晉山謙之丹陽記 史7-50090 叢2-771(4)
晉山濤山公啓事 史6-48096 叢2-771(3)
晉山陵故事 史1-4363 叢2-772(4)、773(5)
23 晉伏琛三齊畧記 史7-50597 叢2-771(4)
24 晉化墾務公司經營事業方針書、農塲設計書 史6-44866
晉先賢傳 史2-7008 叢2-776
25 晉生詩鈔、拾遺 集5-39645
26 晉皇甫謐元晏春秋 叢2-771(4)
晉皇甫謐列女傳 史2-6393 叢2-771(3)
晉魏間書殘律三種 子7-32623
晉釋法顯佛國記地理考證 史7-49310、54231 叢2-806
27 晉侯文集 集3-13093
晉將相大臣年表 史1-10(2)、4688
晉魚豢三國典畧 史1-2285 叢2-771(4)
晉紀 史1-487、1425～6、1439～43、1445～9,7-49309 叢2-653(5)、731(64)、772(4)、773(4)、776
晉紀(文選注引) 史1-506 叢2-772(5)、773(5)
晉紀(北堂書鈔引) 史1-507 叢2-772(5)、773(5)
晉紀(白帖引) 史1-510 叢2-772(5)、773(5)
晉紀(御覽引) 史1-511 叢2-772(5)、773(5)
晉紀(初學記引) 史1-508 叢2-772(5)、773(5)
晉紀殘 史1-1455 叢2-592
晉紀輯本七種 叢2-653(5)、731(64)
28 晉僧肇法師寶藏論 子6-32089(52)、32090(66)、32091(65)、32092(39)
30 晉寧方母葉太孺人墓志銘 叢2-888
晉寧文獻錄 叢2-888
晉寧詩徵 叢2-888
晉寧河陽段氏族譜[雲南晉寧] 史4-30744
晉寧州誌[民國] 叢2-888
晉寧州鄉土志[宣統] 史8-62362
晉寧州志[康熙] 史8-62358
晉寧州志[道光] 史8-62360
晉寧州志[乾隆] 史8-62359
晉寧州志[民國] 史8-62361
晉寧黃氏詩選 叢2-888
晉寧縣列傳殘稿 叢2-888
晉寧縣志資料 叢2-888
晉寧縣田賦糧食管理處沿革 叢2-888
晉永和起居注 史1-1741 叢2-772(5)、773(5)

晉永安起居注　史1-1735　叢2-772(4)、773(5)
晉之詩鈔　集3-13161
晉安帝紀　史1-1450　叢2-772(4)、773(4)
晉安樂府　集4-30140
晉安風雅　集6-44799
晉宮閣銘　史7-51510　叢2-779
晉官品令　史6-42634　叢2-772(4)、773(5)
晉定縣志大事記　叢2-888
晉宋書故　史1-8、6030　叢1-456(7),2-653(4)、1596
31 晉江新志[民國]　史8-58322
晉江鄉土志[民國]　史8-58323
晉江微陳留風俗傳　史7-50645　叢2-771(4)
晉江斗山雷氏族譜[福建晉江]　史5-37155
晉江縣志[道光]　史8-58321
晉江縣志[乾隆]　史8-58320
晉顧微之廣州記　史7-50870　叢2-771(4)
晉顧野王玉符瑞圖　叢2-771(4)
32 晉州志[康熙]　史7-55027～8
晉溪姚氏宗譜[浙江嵊縣]　史4-31191
晉溪本兵敷奏　史6-48179
晉潘岳關中記　史7-51127　叢2-771(3)
33 晉梁陳儒林傳　史1-549
37 晉祠志、卷首　史7-51759
38 晉遊消遣集　集4-31641
晉遊草　集4-24174、28510、29681
晉遊日記、西征錄　史7-53977
晉遊日記畧　史2-12565
晉遊小草　叢2-905
40 晉十六國詠史詩　叢1-278,2-731(43)
晉太康三年地記　史7-49433～5　叢1-257,2-653(6)、731(56)、771(3)、772(5)、773(5)
晉太元起居注　史1-1743　叢2-772(5)、773(5)
晉太醫令王叔和撰經輯要　叢2-2217
晉太興起居注　史1-1737　叢2-772(4)、773(5)
晉希堂詩集　集4-22788～90
晉李當之藥錄　叢2-771(4)
晉真人語錄　子5-29530(20)、29535(5)、29536(5)、29549、31948
晉檀道鸞續晉陽秋　叢2-771(4)
41 晉楷偶記殘稿　叢2-1510
44 晉地理志圖　史7-49313、49442
晉地道記　史7-49308
晉藏小錄　史7-49318(3)、51107　叢1-496(4)
晉草　集2-10074
晉孝武帝起居注　史1-1742　叢2-772(5)、773(5)
晉菴紀行小稿　集6-41934
晉世譜　史1-1444　叢2-772(4)、773(5)
晉杜征南集　集1-337,6-41698
45 晉摯虞決疑要注　史6-41965　叢2-771(4)
晉摯太常集　集1-375,6-41698
46 晉相臣傳　史2-7007
47 晉聲　集2-11563
晉朝雜事　史1-4361　叢2-772(4)、773(5)
晉起居注　史1-1728、1745　叢2-772(4)、773(4)、776
晉起堂遺集　集3-19386
48 晉故事　史6-42637　叢2-772(5)、773(5)
50 晉中興徵祥說　史1-493　叢2-776
晉中興書　史1-28、488、490～2　叢1-22(10)、23(9),2-617(2)、653(5)、731(65)、776
晉中興書、徵詳說　史1-489
晉中興書、徵祥說　叢2-772(4)、773(4)
晉史雜詠　史1-6110
晉史乘　史1-2230～1、2235　叢1-11、22(9)、90～3、237,2-730(5)、731(64)
晉史草　史1-28、1451～2　叢2-653(5)、731(65)、772(4)、773(4)
晉史表、金源氏族志　史1-4698
晉史刪　史1-5204
晉史懷　史1-5519
晉泰康起居注　史1-1732　叢2-772(4)、773(5)
晉泰始起居注　史1-1730　叢2-772(4)、773(5)
晉泰始笛律匡謬　經1-6534　叢1-558,2-814、1585
晉書　史1-11、17、28、479～81、484～6、494～6、498、500～3、514、517、519、1423　叢1-227(5),2-653(5)、731(65)、772(4)、773(4)、776
晉書(三國志注引)　史1-504　叢2-772(5)、773(5)
晉書(羣書治要所載)　史1-509　叢2-772(5)、773(5)
晉書(世說注引)　史1-505　叢2-772(5)、773(5)
晉書、音義　史1-12～6、516
晉書、音義、考證　史1-20、518　叢2-698(3)
晉書、晉書音義、考證　叢1-223(17)
晉書、晉書地道記　叢2-773(4)

晉書、補 史1-497
晉書、補遺 史1-28 叢2-653(5)、731(65)
晉書、惠帝起居注 叢2-772(4)、773(4)
晉書音義 史1-522
晉書詮要 史1-5207
晉書至唐書 叢2-1443
晉書平議 叢2-2179
晉書天文志 史1-524
晉書天文志校正 史1-10(3)、525
晉書儒林傳 史1-548
晉書佚文 史1-515 叢2-777
晉書傳畧 史1-5202
晉書疑年錄 史2-7010
晉書紀事雜詠 集5-40530
晉書補傳贊 史1-558 叢1-386,2-665、1432、1434～5
晉書補表 史1-4682
晉書禮志校正 史1-10(3)、539
晉書校文 史1-29、557
晉書校正 史1-552 叢1-258,2-731(2)、847、1466
晉書校勘記 史1-8、554～6,7-49311 叢2-653(4)、731(4)
晉書獵俎 史1-5210
晉書札記 史1-26、553
晉書載記 史1-521
晉書地理志、考證 史1-527,7-49311
晉書地理志證今 史1-530 叢1-241、242(1),2-786～8
晉書地理志新補正 史1-10(3)、531,7-49311 叢1-257、416～7,2-653(4)、731(56)
晉書地道記 史1-536～7 叢2-653(6)、731(56)、772(5)
晉書考證、音義考證 史1-523
晉書輯本 史1-28
晉書輯本十種 叢2-653(5)
晉書抄 史1-5208～9
晉書四夷傳地理考證 史1-538,7-49310
晉書鉤玄 史1-5203
晉書纂 史1-5206
晉書纂、援據 史1-5205
晉書鈔 史1-5211
晉春秋 史1-2308 叢1-21(1)、24(2),2-653(6)、731(64)
晉春秋傳奇 集7-50315～6 叢2-1544
晉束廣微集 集6-41698
晉束晳發蒙記 經2-13359 叢2-771(4)
51 晉甎室詩存、爨餘集、續詩存 集4-31503
52 晉哲會歸 史2-7746 叢2-1892
53 晉盛宏之荆州記 史7-50661 叢2-771(3)
晉咸康起居注 史1-1739 叢2-772(5)、773(5)
晉咸和起居注 史1-1738 叢2-772(5)、773(5)
晉咸寧起居注 史1-1731 叢2-772(4)、773(5)
晉成公子安集 集1-338,6-41698、41721
58 晉撫奏稿 史6-49079
59 晉抄 史1-513 叢2-776
60 晉國垂棘 集6-44403
晉四王遺事 史1-2307 叢2-772(5)
晉四王遺書 叢2-773(5)
晉四人詩 集6-44404
晉昌唐氏世譜[浙江桐廬] 史4-32510
晉昌遺文彙鈔 叢2-822
晉畧 史1-2309～10、5280、5880
晉畧、序目 叢2-698(4)
晉邑青陽莊氏族譜[福建晉江] 史4-31501
晉羅含湘中記 史7-50718 叢2-771(3)
62 晉縣鄉土志[宣統] 史7-55030
晉縣志[民國] 史7-55029
晉縣志料[民國] 史7-55031
72 晉劉澄之鄱陽記 史7-50584 叢2-771(4)
晉劉澄之梁州記 史7-51136 叢2-771(3)
晉劉越石集 集1-360,6-41698
晉劉欣期交州記 叢2-771(4)
晉氏族譜[山西平定] 史4-31512
晉氏族譜[山西洪洞] 史4-31513～4
74 晉陸機要覽 叢2-771(3)
晉陵高氏支譜[江蘇武進] 史4-32399～400
晉陵王氏宗譜[江蘇常州] 史4-24849～50
晉陵郡蔣氏族譜三集[江蘇常州] 史5-38080
晉陵奚氏宗譜[江蘇武進] 史4-32231～2
晉陵集 集2-9804 叢2-1130～2、1134～5
晉陵何氏家乘[江蘇常州] 史4-28246
晉陵先賢傳 史2-7822～3 叢2-875
晉陵白氏宗譜[江蘇武進] 史4-26208～9
晉陵吳氏宗譜[江蘇武進] 史4-27745
晉陵殷氏家乘[江蘇武進] 史4-32211
晉陵沿溪宋氏家乘[江蘇武進] 史4-29146
晉陵夾城王氏宗譜[江蘇常州] 史4-24842
晉陵士喬蔣氏宗譜[江蘇武進] 史5-38085

晉陵校士錄　集 6－44507
晉陵莊氏家譜[江蘇常州]　史 4－31488
晉陵陸氏宋譜[江蘇武進]　史 4－32628
晉陵陳氏重修宗譜[江蘇常州]　史 4－32765
晉陵陳氏宗譜[江蘇常州]　史 4－32760
晉陵問　史 7－50169
晉陵金臺沈氏重修族譜[江蘇武進]　史 4－28995～6
75 晉陳壽益都耆舊傳　史 2－8286　叢 2－771(4)
76 晉陽唐氏重修族譜[湖南]　史 4－32534
晉陽唐氏重修族譜[湖南平江]　史 4－32551
晉陽唐氏宗譜[江蘇無錫]　史 4－32504～5
晉陽外史　集 7－53808～9
晉陽秋　史 1－1428、1433～5　叢 1－11～2、19(1)、22(10)、23(9)，2－617(2)、653(5)、731(64)、772(4)、773(4)、776
晉陽秋輯本二種　叢 2－653(5)、731(64)
晉陽游覽集　集 4－31190
晉陽韓氏世譜[江蘇太倉]　史 5－40352
晉陽抄　史 1－4364　叢 2－776
77 晉風　史 7－49922　叢 1－560
晉風選　集 6－44405
晉隆安起居注　史 1－1744　叢 2－772(5)、773(5)
晉周斐汝南先賢傳　史 2－8209　叢 2－771(4)
晉周處風土記　史 7－50176　叢 2－771(4)
晉陶靖節(潛)年譜　史 2－11005、11150　叢 2－1766
晉陶靖節集　集 1－408
晉陶徵士(潛)年譜　史 2－11010、11012、11151
晉段龜龍涼州記　史 1－2352　叢 2－771(4)
晉問　史 7－49917　叢 1－22(4)
80 晉人塵　叢 1－202(2)、203(7、18)、321、496(4)
晉八王故事　史 1－2305　叢 2－772(5)、773(5)
晉八王易知畧　史 1－4684　叢 2－2095
晉義熙起居注　史 1－1746　叢 2－772(5)、773(5)
晉會要　史 6－41601、41603
晉公談錄　史 1－1914　叢 1－95～6，2－730(2)
晉公卿禮秩　史 6－42639　叢 2－775(4)
晉公卿禮秩、晉故事　史 6－42637　叢 2－772(5)、773(5)
晉公卿禮秩故事　史 6－42638　叢 2－891
82 晉饑編　史 6－44640
87 晉錄　史 1－1453～4，7－49918　集 2－10603　叢 1－195(7)，2－731(57)、772(4)、773(4)、776
晉鄭緝之永嘉郡記　史 7－50474　叢 2－771(4)
90 晉常璩西州後賢志　史 2－8292　叢 2－771(5)
晉常璩漢中士女志　史 2－8322　叢 2－771(5)
晉常璩梓潼士女志　史 2－8297　叢 2－771(5)
晉省官衙銜名錄　史 3－23726

雪

32 雪溪吟　集 3－17022，6－41977
40 雪南倡和編　集 6－44306

1060_3 吞

48 吞松閣詩集、文集、文補遺　集 3－20183
吞松閣集　集 3－20182
77 吞月子集　集 2－12866、12868　叢 2－845(2)
吞月子集、外集　集 2－12867
91 吞煙急救方　子 2－9780

雷

00 雷亭文稿、詩稿　集 3－14105
雷音　集 6－44554
02 雷刻四種　經 2－15136　叢 2－1860
雷刻八種　叢 2－1861
10 雷霆玉樞宥罪法懺　子 5－29530(5)、30552
雷平縣志十編[民國]　史 8－61383
雷石菴尚書遺集　集 2－12399　叢 2－886(4)
雷石菴尚書遺集文、詩、胡二峯侍郎遺集　集 2－12398
17 雷翠庭先生讀書偶記　子 1－1558
22 雷峯徐氏宗譜[浙江常山]　史 4－32004
雷峯寶卷　集 7－54526
雷峯古蹟　集 7－54526
雷峯塔　集 7－52385、53823、54525
27 雷峰塔奇傳　子 5－28886～7
31 雷江脞錄　子 5－27086

32 雷州府志[康熙] 史 8 - 61209
雷州府志[嘉慶] 史 8 - 61210
雷州府志[萬曆] 史 8 - 61208
雷州記 史 7 - 50900
雷州公日記(清乾隆五十六年至嘉慶十八年) 史 2 - 12625
雷灣劉氏續譜[湖南邵陽] 史 5 - 39661
雷溪草堂詩 集 3 - 18132
34 雷法議玄篇 子 5 - 29530(24)、31635
雷波廳志[光緒] 史 8 - 62168
雷波瑣記 史 7 - 50988
雷波釣叟集 集 3 - 21248,6 - 44970
36 雷澤遇僊記 集 7 - 48774(4)、49280
37 雷次宗豫章古今記 史 7 - 50564 叢 2 - 771(4)
雷祖志 史 7 - 51878
40 雷塘庵主(阮元)弟子記 史 2 - 12008
雷塘詞 集 5 - 40929
雷塘菴主弟子記 史 2 - 12009
47 雷桐君堂丸散全集 子 2 - 10029
48 雷教大綱 子 7 - 36210
雷檢討詩 集 2 - 10827
50 雷轟薦福碑 集 7 - 48778
71 雷馬屏峨紀畧[民國] 史 8 - 62170
72 雷氏族譜[福建邵武] 史 5 - 37154
雷氏族譜[湖南華容] 史 5 - 37164
雷氏族譜[湖南長沙] 史 5 - 37162
雷氏族譜[陝西大荔] 史 5 - 37166
雷氏統宗譜[上海青浦] 史 5 - 37146
雷氏白雲樓集 集 2 - 9108
雷氏家譜[湖南] 史 5 - 37161
雷氏家譜[湖南益陽] 史 5 - 37163
雷氏宗譜[安徽] 史 5 - 37152
雷氏宗譜[福建福鼎] 史 5 - 37157
雷氏宗譜[浙江麗水] 史 5 - 37150
雷氏宗譜[浙江宣平] 史 5 - 37149
雷氏宗譜[湖北蘄春] 史 5 - 37160
雷氏叢書六種 叢 2 - 892
雷氏遺書(井書堂正衡)二種 叢 2 - 2076
雷氏大成族譜[江蘇南京] 史 5 - 37147
雷氏四修族譜 史 5 - 37144
77 雷民傳 子 5 - 26222 叢 1 - 185、249(2)、255(3),2 - 731(49)
雷門忠孝苟畢雷書、祕方 子 5 - 31702
80 雷公禹步隱祕法 子 5 - 31785
雷公炮製藥性解 子 2 - 4566、4771(2)、5531、5569
雷公炮製藥性賦 子 2 - 4771(2)
雷公炮炙論 子 2 - 5887
88 雷竹安詩文集 集 4 - 32466
90 雷火圖說 子 7 - 37658

1060_9 否

00 否庵集 集 4 - 33428
50 否泰錄 史 1 - 1914、1933、2802 子 5 - 26219～20 叢 1 - 22(22)、29(7)、34、39～40、50～1、55、84(1)、88～9、95,2 - 624(3)、730(3、9)、731(67)、870(2)

1061_7 醯

20 醯雞齋稿、建陽名宦文移、鄉賢文移 集 2 - 10768
醯雞甕集 子 3 - 11307
醯雞甕集天文釋義 子 3 - 11306
醯雞鳴瓿 集 2 - 9429
60 醯畧 子 4 - 18977

1062_0 可

00 可立集 集 1 - 5288
可亭詩稿、詞稿 集 5 - 35710
可庵搜枯集 集 1 - 5630
可廬著述十種敍例 史 8 - 66033 子 4 - 21375 叢 2 - 933
可齋府君(陳大受)年譜 史 2 - 11853
可齋雜記 史 1 - 1914、1929 叢 1 - 57～8、88～9、95～6,2 - 730(3)
可齋雜稿 集 6 - 41784
可齋雜藁 集 1 - 4214
可齋雜藁、續藁前、續藁後 集 1 - 4210 叢 1 - 223(57)
可齋雜藁、續稿 集 1 - 4211
可齋雜藁詞、續藁 集 7 - 46681
可齋詩集 集 1 - 4213,6 - 41894(3)
可齋詩稿 集 4 - 30978,5 - 40466
可齋詩存選 集 4 - 30977
可齋詩藁 集 1 - 4212
可齋詩藁 集 6 - 41904
可齋詩鈔 集 4 - 30976
可齋詞 集 7 - 46375、46386、46682
可齋集 集 4 - 30975
可齋經進文存 集 4 - 24585
可齋續稿 集 1 - 4215

可齋續藁前集、後集　集1-4216
可齋筆記　叢2-731(51)
可言　叢2-968
04 可讀廬印存　子3-17416
可讀書齋校書譜　集4-28957
09 可談　子4-20056　叢1-2～7、9、22(6)、23(6)、31、106、111(2),2-617(2)
可談、國老談苑、過庭錄　子4-20059
10 可石小草　集4-23287
21 可經堂集　集2-11469～71
22 可山雜文　集4-29627
25 可傳集　集2-5988　叢1-223(63)
26 可泉辛巳集　集2-7837
可泉先生文集　集2-8985
可泉擬涯翁擬古樂府　集2-7834、7836
可泉四岳集　集2-7840
27 可久處齋文集　集4-28102
可約錄　子4-21488
28 可作集　集6-42003　叢1-385
可儀堂文集　集3-16874　叢1-241、242(2)、312,2-731(45)
可儀堂文錄　集6-42067
可儀堂詩偶存　集3-21034
可儀堂一百二十名家制義　集6-45336
可儀堂古文選　集6-43142
30 可之先生文集　集1-1724、1726
可之先生全集錄　集1-1721,6-41708
41 可姬傳　集3-18329
可姬小傳　史2-9506
42 可桴文存、補遺　集5-38948
44 可蘭經　子7-35931
可也居集　集2-9283
可也居集、續　集2-9284
可也簡廬筆記　史7-49905　叢2-1776
可菴搜枯集　集1-5622
45 可樓詩選　集4-27633
46 可如之　子4-20681
48 可敬高隆汴司鐸小傳　子7-35860
可敬羅依斯傳　子7-35879
50 可青山館詩存　集4-32467
可青山館賦鈔　集3-19309
可青軒詩集、詩餘　集4-32623
可青軒詞存　集7-48352
可書　子5-26293　叢1-465,2-731(52)
55 可耕可讀圖　子3-16580
57 可投應氏續修宗譜[浙江永康]　史5-40862～3
可投應氏宗譜[浙江永康]　史5-40861
60 可圃詩鈔　集4-29013
可園文存　叢2-2108
可園文存、詩存、詞存　集5-36268
可園文鈔　集5-40640
可園詩集　集5-39481
可園詩稿、文稿　集5-36267
可園詩存　叢2-2108
可園詩鈔　集5-40635～7
可園詩鈔外集(可園外集)(柳營謠、北行詩錄、倦遊集、綴玉集)　集5-40638
可園徵君夫婦遺稿　集5-39391
可園宦蹟詩畫册　子3-16414
可園叢書七種　叢2-2108
可園十六詠　集5-36728
可園老人(陳作霖)哀思錄　史2-10524
可園隨筆　子4-24709
可困先生稿、紅碧紗雜劇　集2-11807
64 可嘆三春一枝　集7-51804
71 可長久室詩存　集4-30445
77 可閒先生逸稿　集2-6859
可閒老人集　集1-5454　叢1-223(62)
可居小草　集5-40893
可聞老人曼語　子4-22003
可輿詩選　集3-19469
78 可鑒編稿存　史2-7611　叢2-889
80 可無詩集　集5-37686
86 可知齋樂譜　子3-17875
可知編　子5-25112
88 可竹軒詩錄　集4-27868
可簡方　子2-9799
90 可懷錄、續錄　史7-53931　叢1-369
93 可怡齋剩稿　集5-37490
97 可恨人、人義、不義人　史2-7240
可恨人集　集2-11565
99 可憐儂　子5-26615

1062_1 哥

30 哥窯譜　叢2-934

1062_7 碕

31 碕灊室集　集3-14104,5-41072

靄

10 靄雲草　集 6-41984
45 靄樓剩覽　子 5-26454
靄樓逸志　子 5-26452～3
53 靄甫文集　集 4-22934
60 靄園詩稿　集 5-34771

1063_1 醮

10 醮三洞真文五法正一盟威籙立成儀　子 5-29530(23)、30717

1063_2 釀

00 釀齋訓蒙雜編　子 1-1971
釀齋訓蒙雜編五種　叢 2-1732
22 釀川讀書記　子 4-22365
釀川許氏雜考　史 8-65286
釀川集　集 3-17149
30 釀蜜集　子 4-21964、22370
44 釀花莊集　集 3-15734,6-45091

1064_7 醇

06 醇親王使德始末恭紀　史 6-45088
醇親王巡閱北洋海防日記　史 1-4231　叢 2-691(2)
10 醇王使德奏稿　史 6-49206
21 醇儒傳　集 2-9770
50 醇春閣詩草　集 5-38199
67 醇曜堂集　集 2-12842,6-45128
70 醇雅堂詩畧　集 4-30190　叢 2-788

1064_8 碎

10 碎玉剖祕地理不求人(地理不求人)　子 3-13663
11 碎琴邁吟　集 3-14226
17 碎翠集　子 4-24346
18 碎珍珠　子 4-23234
27 碎佩叢鈴十六種　叢 1-485
38 碎海樓自怡草　集 5-36046　叢 2-744
47 碎胡琴　集 7-49608
80 碎金　子 5-24843、25585
碎金詞　集 7-47535
碎金詞譜、碎金詞　集 7-48662
碎金詞譜、碎金續譜、碎金詞韻　集 7-48663
碎金集　子 5-25441　集 3-16947
碎金海錄　子 5-25440
碎金賦　子 2-8632～3
碎金錄　子 5-26722　叢 1-407(2)
86 碎錦詞　集 7-46369、46375、46378～9、46386、46390～1、46393～4、46674

礮

16 礮彈造法附圖　子 7-36228(6)
20 礮乘新法　子 7-36228(6)
礮乘新法、圖　子 7-36231(7)、36992
30 礮準標法圖解　子 1-3628
34 礮法求新、礮法求新附編、補編　子 7-36993
礮法求新、編、補編、圖　子 7-36231(6)
礮法圖解　子 3-12370
40 礮臺說畧　子 7-36946
礮臺編目　子 7-36258
41 礮概淺說　子 7-36228(6)、36258
礮概問答　叢 1-530～1
46 礮架說　子 7-36999
77 礮學淵源　子 1-3631

醉

00 醉庵詩鈔　集 5-36505～6
醉高歌傳奇三劇十二折　集 7-49364
醉言　子 4-21731
醉玄子痘疹　子 2-9038
醉玄錄　子 4-23501
醉裏耳餘錄　叢 1-373(9)
醉六山房詩鈔　集 4-29572～3
醉六山房稿(讀書偶得)　集 5-33819
醉六室日記　史 2-12865
醉六軒雜抄　子 4-22735

醉六居剩稿　集 4－28216
醉六居士詩草　集 4－28217
02 醉新豐　集 7－49241
醉新豊　集 7－48780
10 醉二白齋遺稿　集 4－26506
醉雪庵遺草　集 4－26126
醉雪龕遺草、賦草　集 4－26125
醉霞軒詩草　集 5－39501
醉石山房詩鈔　集 4－28131
醉石山房印存、滕王閣印　子 3－17294
醉石居評次名山業皇明論雋、皇明小論　集 6－45398
醉石居增刪皇明論名山業　集 6－45399
醉石居未焚集　集 2－12929
醉石龕即事詩　集 4－25788
醉雲樓詩草　集 4－23747
16 醉醒石　子 5－27780～1　叢 2－672
20 醉愛居印賞　子 3－16995～6
21 醉僊糕　集 7－53073
醉紅函稿　史 1－4084
醉紅軒詩稿　集 5－36465
醉經廬文存　集 5－40909
醉經廬詩草　集 5－40908
醉經齋詩鈔　集 5－38202
醉經齋詞鈔　集 7－48081
醉經樓集　集 2－9777、9779
醉經樓集、奏疏附刻　集 2－9775
醉經樓集、奏疏附刻、續附刻　集 2－9776
醉經樓經驗良方　子 2－9586
醉經樓存稿　集 4－24666
醉經書館印譜　子 3－17198
醉經閣詩稿　集 5－34500
醉經閣詩鈔　集 4－30644
醉經閣輯詩料　子 5－25451
醉經堂詩集　集 5－35861
醉經堂集　集 3－18432
醉經堂餔糟編　叢 2－1129
22 醉山草堂詩集　集 4－31429
醉山草堂集　集 4－31430
26 醉白亭詩草　集 4－22518
醉白堂文集、續　集 3－14590
醉白堂文集、續文集　集 3－14589
醉白堂集　集 3－14609
27 醉鄉廬詩　集 3－14230
醉鄉詩稿　集 6－45015
醉鄉記　集 7－50013　叢 1－121
醉鄉瑣志　子 5－26720　叢 2－685、796
醉鄉律令　子 3－18309　叢 1－22(26)
醉鄉傳　叢 1－119～20
醉鄉侯詩鈔　集 5－37000
醉鄉約法　子 3－18337　叢 1－201、202(7)、203(6)、319
醉鄉日月　子 3－18302～3　叢 1－16、19(9)、20(7)、21(10)、22(15)、23(15)、24(9)、29(4)、30、154、255(2)、350，2－617(4)
醉鄉餘事　集 4－23382
醉鄉小稿　集 2－9258
醉侯詩鈔　集 5－39403　叢 2－795
醉綠齋外課　集 2－12925
醉綠圖　子 3－18211　叢 1－22(17)、23(16)
醉綠惜紅吟草　集 5－38971
30 醉客詩草　集 5－34019，6－42007(3)
31 醉漚　子 5－25083
醉酒(楊妃醉酒)　集 7－52581
32 醉溪齋狂言初刻　集 2－11196
33 醉心編　集 7－48848
36 醉禪草　集 3－13593　叢 2－886(3)
40 醉古香齋未定稿　集 4－33173
醉古樓詩集　集 5－39324
醉古堂劍掃　子 4－24070～1
44 醉夢吟草　集 4－23679
醉夢閒詩草　集 4－23680
醉夢錄　子 4－23529　集 5－34584
醉夢錄、嶺雲齋詩草　子 4－23530
醉花樓　集 7－53402
醉花吟草　集 5－39312
醉花陰軒詩文鈔　集 5－41256
醉薌仙館詩鈔、外篇　集 4－28521
醉薌室初稿　集 4－28522
醉蘇齋畫訣　子 3－16003
醉草堂集　集 4－24439，6－45079
醉芙詩餘　集 5－39105，7－47927
醉芙蓉　集 7－54130
醉菩提　集 7－49718
醉菩提傳奇　集 7－50125、50169
醉芸館詩集　集 5－38257
醉茶誌怪　子 5－27255
醉茶軒稿　集 3－19259
醉茶吟草　集 5－35542
醉菊山莊詩草還鈔　集 4－30452
47 醉鶴詩草　集 4－32676，6－42007(1)
50 醉畫圖　集 7－49356
醉春風　子 5－27806
51 醉打山門　集 7－52080、52580
醉軒集　集 1－3250，6－41904
54 醉蝶　子 3－17855
醉蝶園詩草、補遺　集 4－24848
55 醉耕軒詩鈔　集 3－17465
60 醉墨齋吟稿　集 4－24905
醉墨詩錄　集 5－35380

醉墨山房詩鈔 集4-28629
醉墨山房僅存稿 集5-34781
醉墨山莊詩草 集3-15069
醉墨畫禪詩草 集4-29814
醉墨軒詩鈔 集5-39719
醉墨軒詩鈔、遺文 集4-31142
醉墨軒三種 子3-14712
醉墨軒遺稿 集4-31141
醉墨軒書畫錄 子3-14712、14793
醉墨軒題畫詩草 子3-14712、16187
醉里耳餘錄 子4-23168
醉易齋文稿 集4-24123
醉園痘疹集要 子2-9093
醉園齋臼詞 集7-47784
醉園詩存 集5-35968～9,6-42016
醉園詩存、詩存閏集、先考府君年譜 集5-35970
醉思仙歌 子5-29547
醉思鄉王粲登樓 集7-48770、48774(6)、48935 叢2-720(5)
醉思鄉王粲登樓雜劇 集7-48767(3) 叢2-698(15)
醉愚堂詩鈔 集3-16198
63 醉戰雍州 集7-53074
65 醉嘯軒吟稿 集3-21840
68 醉吟詩 集2-12961
醉吟先生傳 叢1-30、119～20
醉吟窗詩草 集5-37613
醉吟草 集4-27119、33328,5-37521～2
醉吟樓遺稿 集4-27176
醉吟居詞集 集7-47783
醉吟閣詩集 集5-34671
醉吟小草 集4-28171
77 醉月詞 集5-40734
醉月西廬古文 集4-25707
醉月西廬吟稿 集4-25706
醉月山房詩草 集5-35948
醉月窗未定草 集5-37954
醉月草 叢2-1498
醉月樓詩 集4-26544
醉月軒吟草 集5-34819、35353
醉月吟館詞選 集7-48620
醉月隱語 子3-17959、18416
醉月居詩鈔 集5-36277
醉月盦存稿 集4-30731
醉叟傳 叢1-22(27)
醉鷗墨君題語 子3-16138
78 醉臥秋林一枝 集7-52082
醉臥怡紅院 集7-52582
80 醉盦詞幸草 集7-48016
醉盦硯銘 子4-18768 叢1-435
醉翁亭 集7-49363
醉翁亭記 子3-15635 集7-52081
醉翁亭集 集6-44768
醉翁談錄 子4-23800～1 叢1-204、265(4)、448、452、586(4)、2-716(3)
醉翁琴趣外篇 集7-46460
醉翁寱語 叢1-22(6)、23(6)
88 醉竹園文集 集5-36974
醉竹園詩集 集5-36656
醉筆堂三十六善 叢1-197(3)
醉餘詩草 集3-13167

1066_1 磊

11 磊砢餘情 集4-29226
51 磊軒詩稿 集5-34630
磊軒小稿、餐玉詞 集4-24717
磊軒小稿、補遺、餐玉詞 集4-24718
60 磊園文存 集5-35410
磊園詩集 集3-17988
磊園詩鈔 集4-28678
磊園編年詩删 集3-18940
磊園留草、續草 集3-15342
80 磊盦金石跋尾 史8-63734

1068_6 礦

00 礦産興利論 子7-36254
10 礦石圖說 子7-36228(5)、36254、37112
18 礦政論說 子7-36240(3)
礦政考 子7-36240(3)
礦政奏議 子7-36240(3)
礦政輯畧 史6-44751～2
礦務叢鈔 子7-37114
礦務叢鈔十二種 子7-37121
礦務表 子7-36228(5)
25 礦律 子7-37111
礦律釋義 子7-37111
27 礦物大要 子7-36236
礦物學 子7-36237
礦物學總考 子7-36240(5)
礦物學考 子7-36240(5)
礦物學教科書 子7-37107
礦物學書目考 子7-36240(5)
礦物學簡易教科書 子7-37106

37 礦盜王張住列傳　史 1-1929
72 礦質及礦器考　子 7-36240(5)
礦質考　子 7-36240(3)
77 礦學要領　子 7-36254
礦學須知　子 7-36230、37115
礦學名目　子 7-37120
礦學考　子 7-36245、36250
礦學考質上編、下編　子 7-36231(5)、37119

1071$_6$ 電

18 電政統計表　史 6-44110
電政紀要初編(光緒七年至三十三年)　史 6-44386
20 電信　叢 2-2150
電稿並各處來電　史 6-49117
24 電牘　叢 2-2000
26 電白集　集 2-11190
電白縣新志稿[民國]　史 8-61198
電白縣鄉土志[光緒]　史 8-61199
電白縣志[康熙]　史 8-61195
電白縣志[道光]　史 8-61196
電白縣志[光緒]　史 8-61197
47 電報商局合同輯要　史 6-44388
電報商局第十七屆政支總結帳畧　史 6-44389
電報諸法考　子 7-36240(3)
電報代碼表　史 6-44403
電報總論　子 7-36240(3)
電報各器考　子 7-36240(3)
電報補篇　史 6-44391
電報難檢字篇　史 6-44411
電報考　子 7-36240(3)
電報號碼　史 6-44394
50 電奏　叢 2-2000
66 電器根源考　子 7-36240(4)
77 電學　子 7-36228(1)、36231(6)、36237、36242(2)、37582
電學新理　子 7-36254
電學須知　子 7-36230、36250、37585、37590
電學總考　子 7-36240(4)
電學綱目　子 7-36228(1)、36231(6)、36241、36242(1)、36248、37583
電學源流　子 7-36241
電學源流考　子 7-36240(4)
電學測算　子 7-37588
電學考　子 7-36240(4)、36245、36254
電學書目考　子 7-36240(4)
電學圖說　子 7-36228(4)、37584
電學問答　子 7-36241
電學問答、磨吸鐵思圖說　子 7-37589,7-36229
電學入門　子 7-36241
電學鍍金　子 7-36228(3)、37254
電學策　子 7-36236
80 電鍍考　子 7-36240(4)
電氣諸器考　子 7-36240(4)
電氣利用考　子 7-36240(4)
電氣問答　子 7-37224
電氣鍍金畧法　子 7-36228(6)、36231(6)、36242(3)、36248、37225
電氣鍍鎳　子 7-36228(3)、36231(6)、36242(3)、36248、37226、37261

1071$_7$ 瓦

22 瓦崗寨　集 7-51287
30 瓦注草　集 3-16466
32 瓦溪陳氏增修族譜[江西萍鄉]　史 4-33231
67 瓦鳴集　集 5-39804
72 瓦巵集　集 3-20512
77 瓦屑壩王氏宗譜[江蘇常州]　史 4-24844
80 瓦釜集　集 4-28507
瓦釜漫記　子 4-20598
瓦缶雷鳴　集 5-37640
瓦缶集　集 3-18924
瓦缶集、永懷集　集 3-18923
86 瓦錫田易氏宗譜[湖南長沙]　史 4-29530
90 瓦當文縮譜　史 8-65219
92 瓦削文字譜　史 8-65240

1073$_1$ 云

10 云爾編　叢 2-2209

雲

00 雲亭詩　集 4-22756
雲麾碑陰先翰詩　史 8-64707
雲麾將軍李思訓碑　史 8-63501、64706
雲庵遺稿　集 3-20389

雲齋廣錄　子5-26284　叢1-15～6、19(1)、20(1)、21(2)、22(5)、23(5)、24(2)、249(3)
雲齋詩集(禪隱軒詩鈔、吟秋小草、澄江小草、葉蔗軒詩鈔、夢琴軒詩集、南鴻集、淮遊小草、紫衡詩草)　集4-32871
雲齋清籟　集3-17389
雲庭醫省　子2-5047
雲章書屋遺稿　集4-31005
01 雲龍張氏家譜[浙江鄞州]　史5-34915
雲龍州志[雍正]　史8-62518
雲龍州志[光緒]　史8-62519～20
雲瓿詞　集7-46424、48391
07 雲韶集、名人詞目、詞壇叢話　集7-48507
雲韶葉雅　集6-42387
雲謠集雜曲子　叢2-603
雲謠集雜曲子、校記　叢2-2142
雲謠集雜曲子三十首　叢1-591
雲謠九疊　集3-13469
10 雲霄廳志[嘉慶]　史8-58373
雲霄吳氏重修家譜[福建雲霄]　史4-28106
雲霄縣志[民國]　史8-58374
雲石詩存　集4-28863
雲石山房詩草　集5-40799
雲石山房集　叢1-373(6)
雲石山房剩稿　集5-33910
雲石山房法學集抄　子5-25964
雲石山房印寄　子3-17448
雲石軒詩鈔(雲石軒就正草)　集5-38085
雲石軒求是草　集5-38084
雲石會　集7-50236　叢1-191
雲石堂集　集2-11160
12 雲水集　集5-34504、34538　叢2-1607
15 雲珠室詩　集3-21202
20 雲香書屋詩鈔　集4-23508
雲香閣詩草　集4-26559
雲香閣漫鈔(醴塘詩集)　集5-35020
21 雲膚山房詩集　集4-23560
雲師衍數　集7-49699
雲緬山川志　史7-49315、52156
22 雲川閣集　集3-17480、17482
雲川閣集、詞　集3-17481
雲川閣集詩、詞　集3-17483
雲岑雜著、附載　集3-18569
雲巖詩集　集6-42340
雲巖詩鈔　集4-25372
雲巖采藥山人詩草　集4-31057
雲巖寶鏡三昧　子6-32091(70)
雲巖叢書(琴劍集、鶴心偶寄、鴻爪留餘、律杜、律李、律選、賦草、律陶、律唐)　集3-20340
雲巖叢書十二種　叢2-1754
雲巖史　史7-52426
雲巖小志　史7-52647　叢2-1754
雲仙雜記　子4-23763～5　叢1-22(20)、26～8、223(44)、249(1)、435，2-624(1)、636(3)
雲仙雜記(雲仙散錄)　叢2-731(52)
雲仙雜記(殘)　叢1-23(19)
雲仙集　集2-8511～2
雲仙散錄　子4-23761～2，5-26220～1　叢1-17、19(6)、20(4)、21(6)、24(7)、40、180、241、242(4)
雲仙散錄、札記　叢1-519
雲仙嘯　子5-28292
雲仙嘯五種　子5-27814
雲嶺志　史7-52416
雲峯文集易義　經1-567
雲峯文獻志　史2-8091
雲峯集　集1-4917　叢1-223(59)、229
雲峯偶筆　叢2-791、793
雲峯遺草　集3-21335
雲峯胡先生文集　集1-4918、4920～1
雲峯胡先生文集(雲峯集)　集1-4919
雲峯書屋集印譜　子3-17128
雲峯拓碑圖　史8-64737
雲峯吟稿　集4-22855
雲峯吟草、試稿　集4-22854
雲峩喜禪師語錄　子6-32091(74)
雲岊詩鈔雲巖詞鈔　集6-41981
雲嶠集　集1-5368
雲山讀書記(清同治五年至光緒二十二年)　史2-12996
雲山讀書記内學、外治　子4-21752　叢2-1999
雲山郭氏宗譜[浙江蘭溪]　史4-32308
雲山酬倡　集6-44195
雲山集　子5-29530(22)、29535(5)、29536(5)　集1-4720
雲山祕典、奇門祕書、附增　子3-14352
雲山洪氏重修家譜[安徽休寧]　史4-30989
雲山洪氏家騰譜[安徽休寧]　史4-30988
雲山洪氏宗譜[浙江淳安]　史4-30937
雲山漫興　叢2-1357
雲山洞紀遊　史7-49318(20)、53454
雲山老人詩集　集3-17033
雲山楊氏宗譜[江蘇常州]　史5-36790
雲山散人詩草　集5-39968
雲山散人詩鈔、詩草(武衛右軍詩存)　集5-39967

雲山散人和陶詩存 集5-39973
雲山日記 叢2-806
雲山日記(元至大元年) 史2-12513
雲山館試帖 集4-29403
雲山堂集 集2-9330
雲巢詩稿 集4-25900
雲巢詩鈔 集1-2368,4-25739、31870～1,6-41900
雲巢集 集1-2369 叢2-637(3)
雲巢集補鈔 集1-2370,6-41901
雲巢編 集1-2366,6-45006～7 叢1-223(52)
雲巢編、附學士沈晦詩、附錄 集1-2367
雲巢館課存稿 集4-27678
23 雲外錄 子7-34085
雲台編 集6-41872
雲峨喜禪師語錄 子7-34157
24 雲岐子論經絡迎隨補瀉法 子2-10290 叢2-730(1)
雲岐子保命集 子2-4552
雲岐子保命集論類要 子2-6488 叢2-730(1)、731(28)
雲岐子保命集論類要(雲岐子保命集) 子2-6487
雲岐子七表八裏九道脈訣論並治法 子2-6085 叢2-730(1)
雲岐子脈 子2-4552
25 雲岫詞 集3-21715
雲岫山遊記 史7-49318(6)、53393
雲岫退廬文稿 集5-35249
雲岫柏峯汪氏宗譜[浙江] 史4-28698
26 雲自在堪筆記 叢2-611
雲自在龕彙刻名家詞 集7-48592
雲自在龕叢書十九種 叢1-509
雲自在龕隨筆 子4-22024～6
雲自在龕金石目、續編 史8-64763
雲自在龕筆記 叢2-611
雲自在龕筆記存 子4-22027
雲泉詩 集1-4329,6-41744～5、41888～9、41891～3、41894(3)、41898、41920、41924 叢1-223(57)
雲泉詩集 集1-4611,6-41745～6、41888、41891～3、41894(3)、41896～8、41917、41923
雲泉詩集(雲泉詩) 集1-4328
雲泉詩稿、補遺 集1-4612 叢2-833
雲泉詩草 集4-29553,6-45079
雲泉隨札、嶺海樓外集 子1-1715
雲和縣志[康熙] 史7-57732
雲和縣志[同治] 史7-57733
雲和長田遼西項氏宗譜[浙江雲和] 史5-35520
雲和知縣秦聚齋(耀奎)德政碑 史2-10826
雲程吳氏族譜[浙江淳安] 史4-27812
27 雲壑詩稿、外集 集4-23828
雲歸草 叢2-1611～2
雲阜山申仙翁(泰之)傳 史2-8563
雲阜山申仙翁傳 子5-29530(9)
雲幻宸禪師語錄 子6-32091(78)
28 雲舲詩錄 集4-31995
雲谿稿 叢2-860
雲谿樂府 叢2-799～800
雲谿友議 子4-22833～4 叢1-22(4)、23(4)、223(44)
雲谿友議、校勘記 叢2-636(3)
30 雲液草 集2-11978
雲寥山人文鈔、詩鈔 集4-29631
雲客詩鈔 集4-27358
雲宮法語 子5-29530(20)、31973
雲窗叢刻十種 叢2-598
雲窗漫稿 集5-40376 叢2-2191
31 雲汀詩集 集4-26928
雲汀詩鈔 集3-21573
雲逗樓集 集3-19464～5
32 雲州志[康熙] 史8-62496
雲淵先生文選 集2-9649
雲溪文集(雲溪隨筆) 集3-18603
雲溪詩集 集6-41894(2)
雲溪詩草 集3-21042,4-25256、31895
雲溪集 集1-3027 叢1-223(54)
雲溪樂府 集4-22966～7,7-47364～5
雲溪俍亭挺禪師語錄 子6-32091(77),7-34288
雲溪先生集(雲溪居士集) 集1-2672
雲溪徐氏族譜[江西南昌] 史4-32139
雲溪浣月山人詩鈔 集5-38732
雲溪友議 子4-22832 叢1-16～7、19(3)、20(2)、21(6)、24(3)、99～101、249(2)、255(2)、395,2-621、731(52)、735(2)
雲溪友議、校勘記 叢2-670
雲溪草堂文鈔 集3-21731
雲溪草堂詩 集3-17941
雲溪居士集 叢1-223(52)
雲溪居士集、附抄 集1-2673
33 雲心編 集3-16355,6-41962
雲淙琴趣 集5-40901～2
34 雲濤散人集、詩餘 集3-15877
雲渚詩鈔、棲霞讀書圖題詠、雲扶女史萍餘閣詩草 集4-28633
35 雲津詩鈔、文鈔 集4-29990
36 雲湘畫譜 子3-16353
37 雲湖郭氏四修族譜[湖南湘潭] 史4-

32369
雲湖盛氏五修族譜[湖南湘潭] 史5-34304
雲湖羅氏璥房四修房譜[湖南湘潭] 史5-41125
雲湖合編 子4-23284
雲鴻洞稿八種 叢2-1175
雲鴻洞續稿 集3-13133
雲鴻園詩稿 集4-24856
雲郎(徐紫雲)小史 史2-9317
雲郎小史 叢2-685
38 雲洋山館詩鈔 集6-42007(2)
雲海集 集3-17397,4-23472,6-42571
雲海紀遊詩鈔 集5-36820
雲海樓詩稿 集4-31734
雲海樓詩存、雷塘詞 集5-40929
雲海東遊記 史7-54128
雲祥集 集4-22606
雲祥山館詩鈔 集4-31918
雲遊始末記 叢1-369
雲遊草 集3-15363
39 雲淡風清一枝 集7-52059
40 雲左山房文鈔 集4-27889～90
雲左山房文鈔、聯語 集4-27891
雲左山房詩餘 集7-47641
雲左山房詩鈔 集4-27886～7
雲左山房詩鈔、詩 集4-27885
雲左山房詩鈔、詩餘 集6-42018
雲左山房詩鈔、詩餘、試帖 集4-27888
雲左山房酬贈詩彙鈔 集6-44299
雲左山房手抄故實 子4-24412
雲左山房佚文 集4-27892
雲左山房佚詩 集4-27884
雲臺新志 史7-52223
雲臺新志[道光] 史7-56637
雲臺二十八將圖 史2-6995 叢2-689
雲臺三十二將圖 史2-6996 子3-16350
雲臺集 集1-5334
雲臺山記 史7-49318(6)、52222
雲臺山志 史7-52221、56628
雲臺山人詩集 集3-20249
雲臺編 集1-1770、1773,6-41850、41878 叢1-223(50),2-636(3)
雲臺編、雲臺編外錄 集1-1772
雲臺編、補遺 集1-1771
雲臺編、拾遺 集1-1774
雲臺編、拾遺、校勘記 叢2-870(3)
雲臺編殘本 集6-41818
雲臺吟草 集5-35559
雲臺門聚二十八將雜劇 集7-48774(4)、49016
雲臺金石記 史8-63865 叢2-611
雲在文稿 集4-26181
雲在文藁 叢1-314
雲在詩鈔 集3-18086
雲在山房詩存 集5-40542
雲在山房詩草 集4-29860
雲在山房叢書十七種 叢2-685
雲在山房類稿 集5-40541
雲在軒詩集 集5-40934
雲在軒詩集、筆談 叢2-2223
雲在軒詩草續刻 集5-40935
雲南高等學堂章程 史6-42575
雲南府志[康熙] 史8-62338
雲南識畧[光緒] 史8-62332
雲南諸水編 史7-49317(7)、49318(10)、53021
雲南諸蠻竹枝詞 集4-26163
雲南諮議局第一年度報告書 史6-41928
雲南三江水道考 史7-49317(7)、49318(10)、53022
雲南晉寧地誌資料[民國] 史8-62363
雲南礦務案牘類編 史6-47353
雲南礦廠工器圖畧 史6-44842
雲南礦廠輿程圖畧 史6-44842
雲南水道考、滇南山水辨誤 叢2-670
雲南水道考、滇南山川辨誤 史7-53023
雲南山川志 史7-52153 叢1-22(24)、221、282(3)、283(3),2-1092
雲南備徵志 史7-51052 叢2-886(2)
雲南備徵志[道光] 史8-62328
雲南總部紀事 史1-2037
雲南鄉賢事畧 叢2-888
雲南各廳州縣事實表册 史6-47475
雲南永順鎮營制總册 史6-45307
雲南浙江會館志 史7-51067
雲南叢書待刻本九種 叢2-887
雲南叢書初編一百四十一種二編三十七種 叢2-886(1)
雲南叢書提要 叢2-888
雲南清理財政局調查全省財政說明書 史6-43356
雲南溫泉志 史7-53024
雲南溫泉志補 史7-53025
雲南初勘緬界記 史6-45646
雲南通志[康熙] 史8-62321
雲南通志[乾隆] 史8-62322 叢1-223(24)
雲南通志[隆慶] 史8-62318
雲南通志[民國] 史8-62337
雲南通志[光緒] 史8-62330

雲南通志稿[道光]　史 8－62326
雲南資料雜鈔　叢 2－888
雲南南防調查報告　史 6－45638
雲南志[正德]　史 8－62317
雲南志畧　史 7－51023　叢 1－19(7)、20(5)、21(6)、22(11)、23(10)、24(8)、374
雲南志鈔[道光]　史 8－62327
雲南機務抄黄　史 1－2716　叢 1－46、84(2)、347,2－731(67)
雲南機務鈔黄　叢 2－730(9)
雲南地志[光緒]　史 8－62334
雲南地畧　史 7－49318(20)、51058
雲南考畧　史 7－49317(1)、49318(2)、51057
雲南苗族風俗圖　史 7－51063
雲南勘界籌邊記　史 6－45647～8,7－49318(19)　子 7－36263　叢 2－2132
雲南屯政賦役全書　史 6－43745～6
雲南屯田册　史 6－44883
雲南戎事志　史 1－4043
雲南農業學堂報告第一號　史 6－42576
雲南圖經志書[景泰]　史 8－62316
雲南羅平淑基竇氏族譜[雲南羅平]　史 5－41337
雲南縣志[康熙]　史 8－62510
雲南縣志[乾隆]　史 8－62511
雲南縣志[光緒]　史 8－62512
雲南昭通鎮標四營營制總册　史 6－45309～11
雲南昭通鎮營制總册　史 6－45308
雲南劉雨府六壬心鏡集注　子 3－13888
雲南風土記　史 7－49318(14)、51056
雲南風土紀事詩　史 7－49340、51055　叢 2－1806
雲南開採滇礦章程　史 6－44843
雲南舉辦團保全案彙纂　史 6－45445
雲南民族史史類目錄　史 8－66265
雲南民屯賦役全書　史 6－43749～50
雲南民糧賦役全書　史 6－43747～8
雲南鹽務公牘摘要　史 6－43923
雲南騰越州志[乾隆]　史 8－62455
雲南人物志殘稿　叢 2－888
雲南金石目畧初編　史 8－64077
雲南劍川營營制總册　史 6－45306
雲南鐵鎖箐羅思諸夷列傳　史 1－1929
雲南銅志　史 6－44845
雲南省至北京城旱路路程　史 7－49744
雲南省不符册　史 6－46363
雲南省麗江府劍川州西廂西十戶籍册　史 6－44526
雲南省刑案彙編　史 6－46154
雲南省道光二十二年分應征民屯錢糧等項數目黄册　史 6－43505
雲南省道光十一年分實征民屯錢糧等項總數黄册　史 6－43504
雲南省嘉慶十六年分實征民屯錢糧等項總數黄册　史 6－43503
雲南省城六河圖說　史 7－53033
雲南省地志[民國]　史 8－62335
雲南省册結式　史 6－47474
雲南省鹽津縣志[民國]　史 8－62465
雲南省全圖　史 7－51061
雲來集　集 4－33596
雲來山館詩鈔　集 4－31907
雲來閣雜詠　集 3－16729
雲來館集(王無瑕先生集)　集 3－13013
雲樵府君(葉廷甲)年譜　史 2－11968
雲樵詩集　集 4－23577
雲樵詩剩　集 4－29880
雲樵詩續稿(雲樵詩集)　集 4－23578
雲樵詩選　集 4－25004
雲樵草書集法、聖賢道釋四贊　子 3－15085
41 雲墟小稿　集 6－44995
雲坪集　集 2－7181
雲柯張氏宗譜[浙江餘姚]　史 5－34922
雲柯張氏宗譜十集[浙江餘姚]　史 5－34921
雲柯館詩　集 4－26502
43 雲棧紀程　史 7－53915　集 4－22671
44 雲蓋譚氏族譜[湖南長沙]　史 5－41254
雲藍詞　集 7－46431、47261
雲藜稿　集 2－9942
雲藜稿、何伯子自註年譜　集 2－9943
雲夢藥溪談　子 4－20924　叢 1－22(22)、29(8)
雲夢縣志[康熙]　史 8－60203
雲夢縣志畧[道光]　史 8－60204
雲麓詩文稿　集 2－12454
雲麓詩文稿(尋遠樓近詩、悦柳軒近詩、玉台雜著、蓉閣近稿、魚丘雜著、楚遊小紀)　集 3－14625
雲麓詩存　集 3－20371,4－30080
雲麓漫抄　子 4－20129～31　叢 1－19(11)、20(9)、21(10)、22(3)、23(3)、24(11)、99～100、223(41)
雲麓漫鈔　叢 1－31、336～7、373(8),2－731(6)、735(4)
雲莊詩集　集 1－3795,6－41894(2)、41895、41922
雲莊詩存　集 4－25611
雲莊詞　集 7－46377、46561
雲莊張文忠公休居自適小樂府　集 7－50557

雲莊集 集1-3347 叢1-223(54、55)
雲莊集、校勘記 集1-3348 叢2-870(4)
雲莊程先生大易一四說 叢2-1240
雲莊程先生大易參兩說 叢2-1240
雲莊程先生易學要語 叢2-1240
雲莊大易師河圖辨 叢2-1240
雲莊大易師蒲亭語錄 子4-20839
雲莊四六餘語 叢1-19(5)、24(6)
雲莊四六餘話 集6-45676 叢1-21(5)、265(5)、278,2-731(48)
雲莊劉文簡公文集 集1-3790,6-41784
雲莊劉文簡公文集(雲莊集) 集1-3793
雲莊劉文簡公文集、外集、劉文簡公年譜 集1-3791
雲莊劉文簡公文集、劉文簡公年譜 集1-3792
雲莊印話 子3-16855
雲莊類藁 集1-5080
雲邁漫錄 叢2-685
雲邁淡墨 子4-24106~7
雲蕉館紀談 子5-26360 叢1-22(24)、134,2-617(3)、731(54)
雲華詩鈔 集4-24351 叢2-886(3)
雲華閣詩畧 集3-15636
雲華堂條約 史6-44694
雲菴雜著五種 子4-24384
雲菴真淨禪師語錄 子6-32091(72)
雲黄集 集2-11837
雲村集 叢1-223(65)
雲村先生文集(雲村集) 集2-7799
雲村遺稿 集4-29451
雲杜故事 叢2-731(52)、872
雲林六墨 子3-16483
雲林詩集 集1-5065
雲林詩鈔 集3-21215
雲林詞 集7-46361、46370、46787 叢1-579
雲林石譜 子4-19465,19467 叢1-19(5)、20(3)、21(4)、22(16)、23(15)、24(5)、26~8、121、223(38)、244(6)、268(4),2-731(31)
雲林石譜、香譜 子4-18547
雲林集 集1-5065、5067~8,2-5854~5 叢1-223(60、62)
雲林集、補遺 集2-5856
雲林樂府 集7-46351~2、46357、46788
雲林先生續集 集1-5590
雲林神轂(新鍥雲林神轂) 子2-4893
雲林遺事 子5-26219 叢1-22(24)、29(8)、39、82、155、269(3)、270(2)
雲林寺同戒錄 子7-34802
雲林世系圖 集1-5578
雲林書屋詩集 集5-39497
雲林別墅新輯酬世錦囊初集、二集 子4-24272
雲林別墅新輯酬世錦囊四集 子4-24269
雲林別墅新輯酬世錦囊全集 子4-24271
雲林別墅繪像妥註第六才子書 集7-48853
雲林縣採訪册[光緒] 史8-63480
雲林醫聖增補醫鑑回春 子2-4895
雲林小硯齋詩鈔 集3-20370
雲林堂詩集 集4-22155
雲林堂飲食度集 叢1-586(4)
雲林堂飲食製度集 子4-18541、18922 叢1-452,2-716(3)
45 雲棲紀事 史7-51617 叢2-832(2)
雲棲紀事、孝義無礙庵錄 史7-51618 子7-32099
雲棲淨土彙語 子7-34511
雲棲淨土滙語 子7-34513
雲棲法彙 子7-32099
雲棲大師山房雜錄、雲棲大師遺稿、補遺 子7-32099
雲棲大師淨士會語、淨土會語論 子7-34512
雲棲大師遺稿 子7-34515、34912
雲棲大師遺稿、補遺 子7-34514
雲棲大師塔銘、祭文偈讚 子7-32099
雲棲蓮池鹽宏大師語錄 子7-32102
雲棲共住規約(上集、下集、附集、别集) 子7-32099
46 雲楊龍氏族譜[湖南茶陵] 史5-40296
47 雲塢集 集4-28119
雲墀老人自訂年譜 史2-12064
雲鶴詩鈔 集4-24441
雲鶴山房印譜 子3-17371
雲鶴山人詩續集、三集、四集、五集 集5-34620
雲鶴山人詩鈔 集5-34619
雲鶴山人吟草 集4-27642
雲鶴先生遺詩 集2-9924 叢2-622
雲聲詩稿 集3-15244
雲起集九種 叢2-1219
雲起内述、雲起外述 叢2-1219
雲起樓詞 集7-47852
雲起軒詩錄 集5-38908
雲起軒詞 集7-48268
雲起軒詞鈔 叢1-518
雲起閣詩集 集3-16407
雲起堂診籍 子2-9327
雲根石天然圖書譜 子4-19474
雲根清壑山房詩 集3-17677

雲根老屋詩鈔　集4-33326～7,6-42007(2)
雲根樓詩稿　集4-29334
雲根書屋文稿、吟稿　集4-32299
48 雲槎文集　集5-35069
雲梯書屋詩稿　集5-34364
雲梯陣圖　子1-3736
雲松巢詩集　集1-5805
雲松巢詩集、蕩南集　集1-5802
雲松巢集　集1-5803～4　叢1-223(62)
雲松巢集、目錄　集2-10342
雲松野褐集　集1-5675
50 雲中郡志[順治]　史7-55610
雲中集　集4-29443
雲中紀變　史1-1926、2848　叢1-50～1、55
雲中紀程　史7-49318(13)、53897～8　叢1-456(7)、457,2-731(56)
雲中約草、疏草　史6-48516
雲中事記　史1-2847　叢1-22(22)、29(8)、84(2),2-730(9)、731(68)
雲中降虜傳　史1-1927
雲史日記　叢2-773(6)
雲史悼亡　集5-41221
雲書七十壽言　史2-10633
雲貴川商務論　史6-44001,7-49319
雲貴總督劉蓋臣(岳昭)序頌　史2-10296
雲貴督院李制軍電奏稿　史6-49182
雲貴同鄉京官錄　史3-23784
雲東逸史(姚綬)年譜　史2-11431　叢2-598
雲東韓氏家譜[江蘇蘇州]　史5-40350～1
55 雲扶女史萍餘閣詩草　集4-28633
57 雲邨先生文集、遺事、雲邨先生年譜、賁隱存編　集2-7797
雲邨先生年譜　集2-7795～6
60 雲晃子　子1-18、20,4-19666
雲圃詩存　集4-31358
雲圃詩草　集3-21803
雲圃詩鈔　集4-31357,6-42007(1)
雲圃集　集4-22446
雲署聊編　叢2-1889
雲岳頌古　子6-32091(77)
62 雲縣文廟修建始末碑記　叢2-888
67 雲路施氏達行寵梅公派下四房家乘[浙江永康]　史4-30906
雲路指南　史6-42336
71 雲階府君(薛允升)行述　史2-10231
72 雲丘道人集　集1-5756
雲斤詩集　集3-17912
雲隱堂文集、詩集、附錄　集2-11888
雲隱堂文錄　集2-11890
雲隱堂詩錄　集2-11889
76 雲陽高氏宗譜[江蘇丹陽]　史4-32398
雲陽譚氏重修宗譜[江蘇丹陽]　史5-41245
雲陽新埭毛氏重修家乘[江蘇丹陽]　史4-25571
雲陽丁莊陳氏重修宗譜[江蘇丹陽]　史4-32747
雲陽張氏重修宗譜[江蘇丹陽]　史5-34820
雲陽延陵潘氏重修族譜[江蘇丹陽]　史5-39756～8
雲陽延陵韋氏族譜[江蘇丹陽]　史4-31126
雲陽延陵費氏重修宗譜[江蘇丹陽]　史5-36693
雲陽孫氏重修宗譜[江蘇丹陽]　史5-33547
雲陽子　子1-18、20、354
雲陽尹氏重修族譜[江蘇丹陽]　史4-25891～2、25894
雲陽邵巷胡氏重修宗譜[江蘇丹陽]　史4-30382
雲陽邵巷胡氏宗譜[江蘇丹陽]　史4-30380～1、30383
雲陽政畧　史6-47490
雲陽集　集1-5558～9,4-23734　叢1-223(61)
雲陽仁濟匡氏重修家乘[江蘇丹陽]　史4-26258
雲陽仁里莊潘氏宗譜[江蘇丹陽]　史5-39755
雲陽伍戍朱氏重修族譜[江蘇丹陽]　史4-26422
雲陽虞氏宗譜[江蘇丹陽]　史5-37191
雲陽後分陳氏宗譜[江蘇丹陽]　史4-32748
雲陽白鹿墅張氏族譜[江蘇丹陽]　史5-34817
雲陽吳氏重修宗譜[江蘇丹陽]　史4-27730
雲陽鄒氏宗譜[江蘇丹陽]　史5-36335
雲陽包港王氏族譜[江蘇丹陽]　史4-24841
雲陽包港陳氏重修族譜[江蘇丹陽]　史4-32744
雲陽包氏重修族譜[江蘇丹陽]　史4-26177～8
雲陽宣氏宗譜[浙江浦江]　史4-31033～6
雲陽斗門胡氏五修宗譜[江蘇丹陽]　史4-30384
雲陽冷氏宗譜[江蘇丹陽]　史4-28668

雲陽肇莊李氏大成宗譜[江蘇丹陽] 史4-27122
雲陽大井口張氏重修宗譜[江蘇丹陽] 史5-34816
雲陽塘南史氏重修宗譜[江蘇丹陽] 史4-26124
雲陽幸家巷孫氏重修族譜[江蘇丹陽] 史5-33544
雲陽李先生文集(雲陽集) 集1-5560
雲陽李氏宗譜[江蘇丹陽] 史4-27121
雲陽嘉山劉氏家乘[江蘇丹陽] 史5-39227
雲陽嘉賢張氏宗譜[江蘇丹陽] 史5-34814
雲陽袁氏宗譜[江蘇丹陽] 史4-31308
雲陽壩頭袁氏重修宗譜[江蘇丹陽] 史4-31307
雲陽越塘陳氏重修宗譜[江蘇丹陽] 史4-32745
雲陽戴氏家乘[江蘇丹陽] 史5-40487
雲陽董氏族譜[江蘇丹陽] 史5-35867～8
雲陽杜巷杜氏重修族譜[江蘇丹陽] 史4-26981～2
雲陽趙氏族譜[江蘇丹陽] 史5-38269
雲陽趙氏重修宗譜[江蘇丹陽] 史5-38270
雲陽東崗莊氏重修宗譜[江蘇丹陽] 史4-31483
雲陽費氏五修族譜[湖南茶陵] 史5-36706
雲陽固村吳氏重修宗譜[江蘇丹陽] 史4-27727
雲陽縣鄉土志[光緒] 史8-61603
雲陽縣志[嘉靖] 史8-61598
雲陽縣志[乾隆] 史8-61599
雲陽縣志[咸豐] 史8-61600
雲陽縣志[民國] 史8-61602
雲陽縣圖志[民國] 史8-61601
雲陽夥巷湯氏九修族譜[江蘇丹陽] 史5-36546
雲陽馬氏重修宗譜[江蘇丹陽] 史4-31564
雲陽陸氏族譜[江蘇丹陽] 史4-32622～3
雲陽周氏東分宗譜[江蘇丹陽] 史4-29837
雲陽周氏東分十一修宗譜[重慶雲陽] 史4-30240
雲陽册堂戎氏重修宗譜[江蘇丹陽] 史4-26243～4
雲陽賢橋虞氏宗譜[江蘇丹陽] 史5-37193
雲陽前觀孫氏宗譜[江蘇丹陽] 史5-33545～6
雲陽普安橋楊氏重修族譜[江蘇丹陽] 史5-36783
雲陽管氏重修宗譜[江蘇丹陽] 史5-38499～500
雲陽小墟史氏六修宗譜[江蘇丹陽] 史4-26123
77 雲屋殘編 集3-20463 叢2-837
雲岡唱和集 史7-51547
雲岡公文集 集2-8519～21
雲月硯軒古體詩稿 集3-17896
雲閒堂詩 集4-32760
雲腴仙館遺稿 集4-26994
雲屏詩存 集4-30454
雲居聖水寺志 史7-51613
雲居聖水寺志、補遺 史7-51614 叢2-832(4)
雲叟住禪師語錄 子6-32091(77)
雲留小住印譜 子3-17141
雲留小住印志 子3-17142～3
雲閣遺草 集4-23557
雲間育嬰堂徵信錄、原議重議復議規條分設接嬰局規條 史6-44661
雲間育嬰堂捐置田畝册 史6-44665
雲間唐氏支譜[上海松江] 史4-32490
雲間文獻殘本 史8-66066
雲間雜識 史7-50065
雲間雜誌 史7-50066～7 叢1-221、373(5),2-684
雲間讞畧 史6-46472
雲間詩草 集5-36357
雲間詩鈔第一集 集6-44425
雲間二韓詩 集6-44424
雲間三子新詩合稿 叢2-638
雲間王農山先生批評史測 史1-5624
雲間王氏族譜[上海松江] 史4-24793
雲間百詠 史7-50074 叢1-419
雲間雷氏統宗譜[上海松江] 史5-37145
雲間張氏族譜[上海松江] 史5-34771
雲間碑傳錄 史2-7766
雲間科第考 史3-14904
雲間臯聲堂詩 集3-15500
雲間清嘯集 集2-5972
雲間志 叢1-265(2)
雲間志、續[紹熙] 史7-56458 叢2-639
雲間志[紹熙] 史7-56457 叢1-498
雲間志畧、志餘[天啓] 史7-56460
雲間志畧[雍正] 史7-56465
雲間校士錄 集6-44422
雲間韓氏藏書目、書影 史8-65803
雲間韓氏藏書題識彙錄 史8-65802

雲間華氏宗譜[上海松江]　史 4－31415
雲間世家考　史 2－7765
雲間杜氏詩選　集 6－44999
雲間楊小畬臨古畫册　子 3－16583
雲間忠義錄　史 1－3359,2－7414
雲間據目鈔　史 7－50064　叢 1－496(3),2－684、735(2)
雲間兵事　史 1－3359
雲間陸文定先生家訓　子 1－2139
雲間陸氏五烈女詠　集 4－30220
雲間陳眉公讀書鏡、十六觀　子 4－20666
雲間人物雜記　子 4－23090
雲間人物志、家志　史 2－7764
雲間全節堂徵信錄　史 6－44663
雲間第宅志　史 7－51976　叢 1－241、242(3),2－731(57)
雲間棠溪詩選　集 6－44423
雲卿詩鈔　集 4－29480
雲門詩文集(秋孫吟草、疏篁待月詞、青琅玕館文剩)　集 5－38937
雲門子　子 1－18、20　集 6－45513
雲門稿　集 3－17020
雲門偃禪師語錄　子 7－32102
雲門志畧　史 7－52341
雲門吏牘　叢 2－935
雲門書院隨筆　子 4－24366
雲門顯聖寺志　史 7－51656
雲門顯聖寺志、圖、御製大雲輪請雨經　史 7－51657
雲門顯聖寺散木禪師宗門或問　子 7－34084
雲門匡真禪師語錄　子 6－32091(72)
雲門匡真禪師廣錄　子 7－34177
雲門隨錄詩　集 4－22248
雲門具德禪師維揚大寧禪寺語錄　子 7－34258
雲具書屋讀子　子 4－22605
78 雲腹智禪師語錄、塔銘　子 6－32091(77)
雲臥齋詩稿、詩餘　集 2－12833
雲臥府君筆記　史 2－11810
雲臥詩集　集 1－4194,6－41744～5、41888、41891～3、41894(3)、41895、41898～9、41905、41911～2、41917～8、41924
雲臥詩集(雲臥詩藁)　集 1－4195
雲臥詩藁　集 6－41746、41923
雲臥山房詩集　集 4－23329
雲臥山房詩鈔　集 3－15149
雲臥山房集　集 4－23327
雲臥山莊文存　集 5－34114
雲臥山莊試帖　集 5－34118
雲臥山莊詩集　集 5－34107～10、34112
雲臥山莊詩稿　集 5－34106、34111
雲臥山莊家訓　子 1－2285
雲臥山莊遺詩　集 5－34113
雲臥山莊別集　集 5－34115
雲臥山莊尺牘　集 5－34116～7
雲臥樓詩　集 5－37621
雲臥堂詩集、續集　集 5－34881
80 雲翁自訂年譜　史 2－12029
雲無心室見聞叢錄　子 1－4164
雲無心軒詩　集 4－26299
雲谷雜記　子 4－22138　叢 1－10、19(6)、20(4)、22(5)、23(5)、24(7)、29(6)、230(4)、243、373(5)、404、453、470,2－857
雲谷雜記、書帖識語、奏狀題跋　叢 1－223(40)
雲谷雜紀　子 4－22139　叢 1－468
雲谷詩鈔　集 4－22020
雲谷集　集 4－30602
雲谷書堂集　集 4－22447
雲谷臥餘、續　子 4－21039
雲谷年譜　史 2－11912
雲養剩墨　子 4－24691
雲氣占候　子 3－13108
雲氣占候篇　叢 1－508,2－731(15)
82 雲鍾雁三鬧太平莊全傳　子 5－28721
86 雲錦齋詩鈔　集 3－19393
雲錦天衣集　集 5－37362
雲錦集　子 5－24953　集 4－28343
88 雲笙詞　集 7－46419、48026
雲笠詩鈔　集 3－21022
雲竹集　集 3－16490
雲篆度人妙經　子 5－29530(2)、31506
雲笈山房集　集 4－22093
雲笈七籤　子 5－29530(20)、29535(6)、29536(6)、29601～2　叢 1－223(47),2－635(5)
雲籬就正集　集 3－19869
雲笥詩稿　集 3－16022
90 雲堂詩集　集 5－40412～3
雲光集　子 5－29530(22)、29535(5)、29536(5)　集 1－4645～6
91 雲煙過眼續錄　子 4－23681　叢 1－105、111(1)、221、371
雲煙過眼錄　子 3－14834,4－23674、23678　叢 1－27～8、111(1)、465,2－731(33)
雲煙過眼錄、續錄　叢 1－223(42)
雲煙過眼錄、別錄　子 4－23676
雲煙過眼錄續集　子 4－23682　叢 1－465,2－731(33)
雲煙過眼錄續集摘抄　史 8－65121
雲煙過眼錄摘抄　史 8－65120
93 雲怡詩鈔　集 3－20197　叢 2－834～5

雲怡閣詩存 集 3 - 21579
雲怡館試帖詩、古今體詩存 集 5 - 35136
96 雲烟過眼錄 子 4 - 23675
雲烟過眼錄、續錄 子 4 - 23679
雲烟過眼錄、格古要論 子 4 - 23680
雲烟過眼錄、别錄 子 4 - 23677
98 雲悦山房偶存稿 集 4 - 29923
雲悦山房偶存稿、附存 集 4 - 29924

1077_2 函

10 函玉集 集 3 - 14768
22 函山先生文集 集 2 - 8034
24 函牘文稿 叢 2 - 947
函牘稿 集 4 - 32008 叢 2 - 1838
函牘存稿 集 5 - 35191
30 函潼關要志 史 7 - 51295 叢 1 - 22(12)、23(11)
函宇通二種 叢 1 - 193
35 函清館詩草 集 4 - 21970 叢 2 - 979
38 函海一百六十種 叢 1 - 283(1)
函海一百五十二種 叢 1 - 282(1)
42 函札稿 叢 2 - 1020
45 函樓文鈔、奏稿、制義 集 5 - 34565 叢 2 - 1959
函樓詩鈔 集 5 - 34566
函樓詩鈔、文鈔 集 5 - 34564
函樓詩鈔、函樓詞鈔 叢 2 - 1959
函樓詩鈔、因遇詩、詞鈔 集 5 - 34563
函樓詞鈔 集 7 - 48213～5
函樓全集九種 叢 2 - 1959
50 函史下編 史 1 - 178
函史上編、下編 史 1 - 177、179～80
函青閣金石記 史 8 - 63510、63652
70 函雅廬詩稿、續稿、删稿、文稿 叢 2 - 2235
函雅廬碑跋 叢 2 - 2235
函雅堂集 集 5 - 36523～5
72 函髻記 子 4 - 23504

1080_6 貢

00 貢文靖公雲林詩集(雲林詩集、雲林集)、附錄 集 1 - 5065
貢文靖公雲林詩集(貢文靖公雲林集) 集 1 - 5066
10 貢西園集、遺訓 集 2 - 8685
貢雲樓稿 集 3 - 21744
11 貢玩齋詩集 集 1 - 5554,6 - 41780
16 貢理官南湖詩集 集 1 - 5694
35 貢禮部玩齋集(貢尚書玩齋集) 集 1 - 5557
貢禮部玩齋集(玩齋集)、拾遺、紀年錄 集 1 - 5556
40 貢南湖詩集 集 6 - 41780
貢南湖詩集(南湖集) 集 1 - 5695
60 貢思集 集 5 - 34616
貢愚錄 史 6 - 43084 集 6 - 41759 叢 1 - 499,2 - 1891
62 貢縣圖志[民國] 史 8 - 62649
77 貢舉條式 經 2 - 13708 叢 1 - 223(16)
貢舉條氏 經 2 - 13709
貢舉輯要 史 3 - 14817
貢舉敍畧 史 6 - 42263 叢 1 - 195(3),2 - 731(18)
78 貢監錄科錄遺定例 史 6 - 42285
80 貢父詩話 集 6 - 45483、45486 叢 1 - 4～5、19(11)、20(9)、24(12)、31
貢父詩話(中山詩話) 叢 2 - 731(46)
90 貢尚書玩齋集 集 1 - 5557

賈

03 賈誼新書 子 1 - 359
賈誼新書、洛陽賈生傳 子 1 - 360
10 賈雲華還魂記 叢 1 - 168(2)
12 賈孫兩婦貞烈雙傳、詩 史 2 - 7434
14 賈耽郡國縣道記 史 7 - 49307、49499 叢 2 - 767
17 賈子 子 1 - 361 叢 1 - 69,2 - 730(6)
賈子(誼)年譜 史 2 - 11005、11096～8
賈子新書 子 1 - 16、64～5、67、365、368 集 6 - 41690～1 叢 1 - 236～7,2 - 730(6)
賈子新書評補、佚文輯補、羣書治要引賈子新書校文 叢 2 - 2248
賈子平議 子 1 - 82、372 叢 2 - 1920
賈子次詁 子 1 - 373
21 賈比部遺集 集 5 - 33791 叢 1 - 520
22 賈稻孫詩集 集 3 - 20176
24 賈先生古詞論述 叢 2 - 1255
27 賈梟西鼓詞 史 1 - 6165
賈魯河說 史 7 - 49318(10)、52975
賈島祭詩 集 7 - 49518、49525
29 賈秋壑蟋蟀譜 子 4 - 19423
33 賈浪仙詩 集 1 - 1460
賈浪仙詩、拾遺 集 1 - 1459,6 - 41872
賈浪仙長江集 集 1 - 1455～6,6 - 41859、

41873、41878
40 賈太傅(誼)年表　史 2-11095
賈太傅文　集 1-161,6-41690～1
賈太傅新書　子 1-24、364、370
44 賈芝房年譜　史 2-12173
60 賈景伯(逵)年譜　史 2-11107
71 賈長江詩集(中唐賈島詩)　集 1-1458
賈長沙集　集 6-41694、41698　叢 1-183
賈長沙集(賈太傅文)　集 1-161
72 賈隱君集　集 2-9581　叢 2-886(5)
賈氏譚錄　叢 1-223(44)、274(5)
賈氏族譜[山東泰安]　史 5-37139
賈氏族譜[山東歷城]　史 5-37135～6
賈氏說林　叢 1-22(6)、23(5)
賈氏譜牒[山東龍口]　史 5-37137
賈氏談錄　子 4-22860,5-26220　叢 1-15、19(4)、20(2)、21(3)、22(7)、23(6)、24(5)、40、374
賈氏重修宗譜[浙江永康]　史 5-37114
賈氏宗譜　史 5-37140
賈氏宗譜[安徽合肥]　史 5-37133
賈氏宗譜[浙江諸暨]　史 5-37111
賈氏叢書甲集十種　叢 2-893
77 賈閬僊　集 7-49327
80 賈午傳　叢 1-168(2)
賈公先生痘疹唇舌口訣　子 2-9109
88 賈餘集　集 4-31615

1080_9 烎

21 烎虛大師遺集　集 3-19980～1

1090_0 不

00 不庵易贅　經 1-659
不羸集、天畝園唾海集、粵雪篇、郢雪篇　集 2-11702
不夜天　集 7-50446
不夜書屋試律偶存　集 4-31687
不夜書屋偶存　叢 1-505
不忘初齋詩草　集 4-33405
不忘初齋輯稿　集 4-33406
02 不諼錄　叢 2-906、1356
不諼錄(彭定求)　史 2-9382
04 不讀無味齋遺書　集 5-39864
05 不塾錄　叢 2-2270(2)
10 不二歌集　集 2-11163～4　叢 2-829
不二華佗祕書　子 2-7862
不二悅禪師語錄　子 7-34381
不雨齋偶存稿　集 5-33976
不可必錄　子 3-16274
不可軒訓誡銘言三十六條　子 1-2246
不可思議　子 3-12385
不可思議解脫經　子 6-32085(6)、32090(7)、32092(5)、32093(7),7-32108　叢 1-394
不可思議法門經　子 6-32090(7)、32092(5)
不可無竹居詩草　集 5-34184
不可無竹居續草　集 5-34185
不可錄　子 4-24317～9
12 不登大雅文庫書目　史 8-66012
17 不了緣　集 7-48780、49349
不乃羹文鈔　集 5-36817
不乃羹詩鈔　集 5-36816
不乃羹駢體文鈔　集 5-36818
不忍雜誌彙編　集 5-39254
不忍雜誌彙編初集、二集　集 5-39253
不礙雲山樓詩稿、詞稿、文稿　集 3-15958
不礙軒讀律六種　史 6-41540
不已集選　集 6-41949
不已言集　集 3-20663
不已集選　集 2-12843
18 不敢自欺室隨筆　子 4-21595
不敢居詩話　集 6-46191
不改樂之堂初稿　集 4-25620
20 不垂楊　集 7-49533～5
不垂楊傳奇　史 2-9888
不爲官不受祿一枝　集 7-51664
不系園集　集 3-13014
不纏足淺說　子 4-22101
不纏足會章程、勸導婦女不纏足歌　史 6-47578
21 不虛齋詩　集 6-41978
23 不伏老　集 7-48776、49128　叢 2-672
不然集　集 5-34244
24 不動使者陀羅尼祕密法　子 6-32081(53)、32082(27)、32083(33)、32084(26)、32085(48)、32086(57)、32088(35)、32089(35)、32090(58)、32091(56)、32092(38)、32093(36)
不動忿怒咒　子 7-32094
26 不自棄亭文集　集 3-17852
不自棄齋文集　集 3-17851
不自棄齋詩草　集 5-38066
不自收拾集　集 3-21550
不自守意經　子 6-32083(20)
不自祕方　子 2-9237
不自是齋詩草、詩餘　集 4-29591
不自知編　集 4-33668

不自慊齋公牘 史6-47193
不得已節錄 子7-35904
不得已 子7-35901～2
不得已辯 子7-35307
不得已集 集3-13196
27 不多集 集6-42842
不解解軒詩稿 集4-29785
不負草堂詩集 集3-18945
不負軒文稿 集3-18356
28 不俗居詩遺鈔 集4-24171
29 不倦廬觀書札記 子2-4695、10833
不秋草堂詩鈔 集4-30158
30 不空和尚目醫三種 子2-7379
不空心要 子7-32792
不空罥索神變真言經 子6-32084(8)、32093(35)
不空罥索毘盧遮那佛大灌頂真言經 子6-32089(33)、32092(26)
不空罥索毘盧遮那佛大灌頂光真言經 子6-32090(40)、32093(34)
不空羂索心咒王經 子6-32081(12)、32083(9)、32085(13)、32086(13)、32088(9)、32089(10)、32090(14)、32091(12)、32092(9),7-32867
不空羂索神變真言經 子6-32081(12)、32082(10)、32083(9)、32085(12)、32086(13)、32088(9)、32089(10)、32090(14)、32091(13)、32092(9),7-32862
不空羂索神變真言經、文殊師利問菩提經論、金剛破取著不壞假名論、勝思惟梵天所問經論 子7-32131
不空羂索神咒心經 子6-32081(12)、32084(8)、32088(9)、32089(10)、32090(14)、32091(13)、32092(9)、32093(45),7-32863
不空羂索教法密言 子6-32093(39)
不空羂索毘盧遮那佛大灌頂光真言 子6-32084(28)、32085(54)、32086(64)、32088(40)
不空羂索毘盧遮那佛大灌頂光真言經 子6-32091(38),7-32865
不空羂索咒經 子6-32081(12)、32083(9)、32084(8)、32085(12)、32086(13)、32088(9)、32089(10)、32093(45)
不空羂索咒心經 子6-32083(9)、32085(13)、32086(13)、32088(9)、32089(10)、32090(14)、32091(13)、32092(9)、32093(45),7-32864
不空羂索陀羅尼經 子6-32081(12)、32083(9)、32085(13)、32086(13)、32088(9)、32089(10)、32090(14)、32091(13)、32092(9)、32093(41),7-32866
不空羂索陀羅尼自在王咒經 子6-32087、32093(47)
不空羂索陁羅尼經 子6-32084(8)
不空羂索陁羅尼自在王咒經 子6-32084(8)
不寐齋詩畧 集5-35097,6-42007(2)
不寐錄 子5-27331
不遮山樓且存草 集4-26961
不遮山閣詩鈔前集、後集、詩餘 集3-16428
不良婆一段 集7-51397
不官遺集 集3-14151
不定方程解法 子3-12530～1
32 不測之威 子7-38176
33 不必定入定入印經 子6-32081(6)、32082(6)、32083(5)、32084(5)、32085(6)、32086(7)、32088(5)、32089(6)、32090(7)、32091(6)、32092(4)、32093(12),7-32250
34 不波舫詩鈔、外集 集4-28318
不波山房詩草 集4-29341
不波山房詩鈔 叢2-773(6)
不波書舫詩稿 集4-26343,6-42000
不遠復齋雜鈔 子4-24423
不遠復齋遺書六種 子4-24424
36 不視草(村留草) 集3-13892
37 不凋詩稿(餘不軒詩集) 集3-15582
不退轉法輪經 子6-32081(6)、32082(6)、32083(5)、32084(5)、32085(6)、32086(7)、32088(5)、32089(6)、32090(8)、32091(7)、32092(5)、32093(14)
38 不冷堂遺集 集5-37553 叢2-886(4、5)
40 不內外因家藏妙方 子2-9767
不古編 子3-18062
不去廬集 集3-13985
41 不朽錄 叢2-845(2)
不朽錄(陳良謨)、清溪公題詞 史2-8922
42 不妊症及治法 子7-37840
43 不求安居吟草 集5-39476
不求聞達齋詩鈔 集5-39294
44 不封外戚詔 史6-47599 叢1-168(4)
不薄今齋時文 集5-37375
不共書 子4-20467 叢1-572
不藥良方 子2-9558
不藥良方(重刻不藥良方) 子2-9477
不藥良方、續集 子2-9485
47 不起灰吟草 集5-39040
不騏敦蓋銘考釋 史8-64267
不騏敦蓋銘考釋 叢2-599、2227、2229
48 不增不減經 子6-32083(14)
不櫛吟 集4-25094,6-41999
不櫛吟、續刻 集4-25097
不櫛吟續刻 集4-25095～6
50 不盡詩稿 集3-14329

不螭詞稿　集7－48293
53 不惑論　子4－21245　叢1－295
55 不費錢功德例　叢2－724
不費錢功德錄　子4－21614,5－26588
57 不繫舟漁集　集1－5730～1
不繫舟漁集、補遺　集1－5732
不繫舟齋詩草　集4－28500
不繫舟集　集1－5399
不繫舟漁集　叢1－223(61),2－867
不繫園集　史7－49354　叢2－832(1)、970
60 不易心堂詩集、文集　集5－36831
不易心堂詩集、文集、聯語、別集　集5－36833
不易心堂集　集5－36832
不易居詩鈔　集4－23650
不易居稿　集3－14302
不思議功德諸佛所護念經　子6－32083(11)
不思議神力傳　子6－32083(7)、32086(8)
不思議光菩薩所說經　子6－32081(16)、32083(11)、32084(10)、32085(16)、32086(17)、32088(11)、32089(13)、32090(17)、32091(16)、32092(11)、32093(8),7　32260
不是集　集3－18188～9
61 不咥筆記(蕭應登)　史2－9568
71 不厭樂禪師語錄　子6－32091(81)
不厭吟錄　集3－21199～200
77 不用刑審判書　史6－46144
不居集　子2－7216
不醫全家樂　子2－5874
78 不脫中衣　集7－53087
80 不義人　史2－7240
不會禪師語錄　子6－32091(76)
86 不知醫必要　子2－4770、9937
96 不愧堂刻奏疏　史6－47806
97 不懈齋詩鈔　集5－37764,6－42007(3)
98 不慊齋漫存　集5－37086～9

1090_1 示

08 示諭　史6－47191　叢2－1848
20 示稿隨錄　子4－24565
23 示我周行　史7－49675～7
36 示禪人語　子7－34210
42 示樸齋駢體文　集4－32965
77 示兒詩　集5－37997
示兒編　子2－4688、10760　叢1－223(41)
示兒切語　經2－14384～5
示兒切語、四聲均和表　經2－14540
示兒長語　子1－2261　叢1－490、537,2－1716～7

票

40 票友托夢一枝　集7－51859
57 票把兒上臺　集7－52448
票擬簿　史6－47653
62 票販須知　史6－43593

1090_4 栗

00 栗齋詩集　集1－3799,6－41894(3)、41895
22 栗山詩存　叢2－1412
40 栗太行集　集2－8266,6－41935(2)
栗塘范氏重修宗譜[浙江金華]　史4－29456
栗塘范氏續修宗譜[浙江金華]　史4－29453
栗塘范氏宗譜[浙江金華]　史4－29454～5
栗木坪林氏纂修族譜[湖南辰溪]　史4－29380～1
44 栗恭勤公(毓美)年譜　史2－12052～3
栗恭勤公磚壩成案　叢1－436
栗菴宋先生纂古今藥石　子4－23868
50 栗夫先生詩　集1－5595
60 栗里詩鈔　集3－15182
栗里陳氏宗譜[浙江金華]　史4－32966
栗園詩稿　集4－27205
栗園詩草　叢2－862
栗園詩鈔　集5－38039

粟

00 粟亭詩集　集3－16338
粟賡笣日記(清光緒二年至十六年)　史2－13185
20 粟香室文稿　集5－36849
粟香室叢書五十九種　叢2－800
粟香室叢書四十八種　叢2－799
粟香室日記(清光緒四年至民國八年)　史2－13062
粟香室隨筆、二筆　子4－22067
粟香隨筆、二筆、三筆、四筆、五筆　子4－22068,5－26560　叢2－799～801

粟香館遺詩 集 4 - 24884
40 粟布術廣 子 3 - 12400
粟布演草、補 子 3 - 12364
粟布捷徑 子 3 - 12401
71 粟長日記(清光緒二十三年至二十七年) 史 2 - 13106
72 粟氏族譜[湖南邵陽] 史 5 - 35918
粟氏續修族譜 史 5 - 35921
粟氏續敘族譜[湖南會同] 史 5 - 35920

1096_3 霜

10 霜天碧 集 7 - 50430
21 霜紅龕文 集 3 - 13436
霜紅龕文補遺 集 3 - 13437
霜紅龕詩文鈔 集 3 - 13438
霜紅龕詩畧 集 6 - 44404
霜紅龕集 集 3 - 13430
霜紅龕集、年譜 集 3 - 13431
霜紅龕佚存 集 3 - 13440
霜紅龕家訓 子 1 - 2181 叢 1 - 202(3)、203(9)
霜紅龕法書 子 3 - 15723
霜紅龕筆記、補遺 子 4 - 23117
25 霜傑齋詩、補遺 集 5 - 37153
26 霜臯集 集 3 - 13804,6 - 44643
41 霜柯餘響集 叢 2 - 607
42 霜猨集 史 1 - 4430 叢 2 - 625
霜猨集、校譌 史 1 - 4431
霜猨集、校譌、續校 史 1 - 4432 叢 1 - 376,2 - 731(43)
霜橋行卷 集 3 - 19423
44 霜菉亭易說 經 1 - 1859 叢 2 - 2067
霜猿集 史 1 - 1939、4429 集 2 - 11967、11969～70 叢 1 - 256、496(4)
霜猿集、補遺 集 2 - 11968、11971
霜猿集、校記 史 1 - 4433 叢 2 - 794
霜猿集校訂補註 集 2 - 11972
霜葉吟、一葦集 集 3 - 16009
47 霜聲集 集 6 - 43709～10
48 霜幹凝煙一枝 集 7 - 51936
60 霜圃識餘 子 4 - 19284
63 霜哺遺音 史 2 - 9564～5 集 6 - 44295
71 霜厓詩錄 叢 2 - 908
霜厓讀畫錄 叢 2 - 645
霜厓詞錄 叢 2 - 908
霜厓曲跋 史 8 - 66410
77 霜月吟 集 4 - 31792
80 霜鏡集 集 2 - 10762、10766
88 霜筠集 集 3 - 16935
霜筠錄 史 2 - 9427

1099_4 霖

00 霖庵遺稿 集 5 - 36057

1110_1 韭

32 韭溪漁唱集 集 3 - 18520
韭溪漁唱集、補遺 集 3 - 18521

1111_0 北

00 北廬詩鈔 集 3 - 16818
北廬記 叢 2 - 1980
北齊文紀 集 6 - 41793、43231 叢 1 - 223(70)
北齊詠史詩 叢 1 - 278,2 - 731(43)
北齊諸王世表 史 1 - 10(4)、4750
北齊疆域圖 史 7 - 49313、49479
北齊將相大臣年表 史 1 - 10(4)、4752
北齊書 史 1 - 11～7、618 叢 1 - 227(5)
北齊書、考證 史 1 - 20、619 叢 1 - 223(17),2 - 698(3)
北齊書文苑傳 叢 2 - 628
北齊書文苑傳顏之推傳 子 4 - 19872
北齊書平議 史 1 - 624 叢 2 - 2179
北齊書傍證 史 1 - 623
北齊書佚文 史 1 - 620 叢 2 - 777
北齊書校證 史 1 - 622
北齊書獵俎 史 1 - 5226
北齊書斠議 史 1 - 25、625
北齊異姓諸王世表 史 1 - 10(4)、4751
北帝說豁落七元經 子 5 - 29530(26)、30179
北帝伏魔經法建壇儀 子 5 - 29530(26)、30744
北帝七元紫庭延生祕訣 子 5 - 29530(24)、31636
北方河流圖說 史 7 - 52835
北方毘沙門天王隨軍護法儀軌 子 6 - 32093(38)
北方毘沙門天王隨軍護法真言 子 6 -

32093(40)
北庭述聞　史1-2576
北唐傳　集7-53083
北京雍和宫宗喀巴祖師銅像開光説法(榮武佛開光説法録)　叢2-715
北京市志稿[民國]　史7-54931
北京廟宇徵存録　史7-49326、51531
北京庚戌橋史考　史7-49326
北京試辦巡警章程　史6-45348
北京五大部經懺直音會韻　子6-32091(67)
北京天橋志　史7-49326、49866
北京西郊成府村志[民國]　史7-54932
北京北堂修道院課卷　子7-35576
北京形勢大畧　史7-49324、49823
北京建置談薈　史7-49322、49864
北京順天養蘭經歷畧法　子1-4502
北京歲華記　史7-49813
北京歲時志　史7-49326、49853
北京山海關火車來往時刻表　史6-44225
北京崇效寺訓雞圖志　史7-49324、49867
北京禮俗小志　史7-49326、49855
北京遊記彙鈔　史1-1995,7-53136
北京古景一段　集7-51395
北京楚林禪師語録　子6-32091(79)
北京某寺音樂譜　子3-17936
北京切音教科書首集、二集　經2-14486
北京歷史風土叢書第一集　史7-49322
北京八景詩　集6-44385
北京小曲　集7-50706
北京掌故　史7-49874
02 北新關商税則例　史6-43557
北新關志　史6-43971
07 北郊配位尊西向議　史6-42064
北郊配位尊西嚮議　叢1-223(27)、241、242(3),2-731(21)、1309
北郭詩集、補遺　集6-41715
北郭詩帳　史7-50330　叢2-832(7)
北郭集　集1-4878,2-6197～8,4-27573　叢1-223(62)
北郭集(北郭詩集)、補遺　集1-4879
北郭集(北郭詩集)、補遺、遺集　集1-4880
北郭集、補遺　叢1-223(61),2-637(4)
北郭集、補遺、續補遺　叢2-799～801
北郭叢鈔　史7-50331
北郭林氏宗譜[浙江寧波]　史4-29285
北郭園詩鈔　集4-26817
北郭園全集　集4-26816
北詞譜、臆論　集7-54650
北詞普救　集7-50592
北邙説法　集7-48775、49195　叢2-672
北邙踏青詞　叢1-363
08 北族王氏十一輯宗譜[江蘇鎮江]　史4-24831
10 北亞墨利加各國疆域考　子7-36240(1)
北平詩　集3-14853
北平志畧[民國]　史7-54930
北平考　史7-49815
北平藥行商會丸散目録　子2-10042
北平史蹟叢書　史7-49323
北平圖書館藏清昇平署曲目　叢2-2271
北平録　史1-1930～1、1933、2707　叢1-34、46、50～1、54～5、84(2)、87,2-730(2、9)、731(68)
北西廂、會真記　集7-48826～7
北西廂記　集7-48835
北碚志稿七編[民國]　史8-61501
北雲集　集5-41544
北票輪埠倉庫股份有限公司章程　史6-44198
16 北碑南帖論　子3-15197～8
17 北磵文集　集4-23768
北磵文集(北磵集)　集1-3990
北磵詩集　集1-3989
北磵集　叢1-223(57)
北磵和尚外集　集1-3991
21 北上信口吟　集6-45074
北上稿　集2-9036
北上備覽　史7-49875
北上偶録　子4-21261　叢2-1515
北上志　叢1-371
北上草　集3-17877
北上吟草　集5-39819
北上吟草、庚寅北上吟草　叢2-1852
北征詩鈔　集4-29300
北征記　史1-1914、1923、1933、2788,7-53776～7　叢1-13、14(2)、19(2、10)、21(2、9)、22(22)、24(3)、50、55～6、84(2)、95、254,2-603、664、730(3、9)
北征集　集2-11905,3-13124、18014,5-41095　叢2-886(2)、1363
北征後録　史1-1933、2782　叢1-22(22)、56,2-870(2)
北征紀行集　集4-32461
北征紀畧　史1-3520、3674,7-53857、53947　叢2-615(1)、1238
北征述畧釋地　史1-3676
北征消醉夜鈔　集3-20336
北征草　集2-11930
北征事迹　史1-2803

北征事蹟 史1-2807 叢1-22(22)、29(8)、46、84(1)、269(3)、270(2),2-730(9)、731(67)、870(2)
北征日記 史1-3683,2-12530,7-49318(12)、49347、53955、54037、54039 叢2-983、2029～30
北征日記(清康熙三十五年) 史2-12584
北征日記(清光緒六年) 史2-12842
北征日記(清光緒三十一年) 史2-13223
北征日記(清光緒十五年) 史2-13002
北征日記(清光緒八年至九年) 史2-13016
北征前錄、後錄 叢1-55
北征錄 史1-1914、1933、2781、2784 集2-12678、12680～1、12684 叢1-20(8)、22(22)、34、51～2、56、95,2-730(3)
北征錄、北征後錄 叢1-14(2)
北征錄、張尚書集 史1-3416 叢1-398
北征錄、張尚書集、附錄 史1-3415、3417 叢1-400
北征錄、後錄、校勘記 史1-2786
北征錄、校勘記 叢2-870(2)
北征錄文 集2-12681
北征小草 集2-11833
北行紀程 史2-9632,7-54062 叢2-1590
北行紀程(清光緒十年) 史2-13143
北行日記 史2-13251,7-49317(6)、49318(12)、54055、54069 子2-10741 叢2-1874
北行日記(清道光十五年) 史2-12843
北行日記(清光緒三十四年) 史2-13255
北行日記(清光緒十九年)嶺南遊日記(清光緒二十年) 史2-12768
北行日記、征途隨筆(清同治七年至九年) 史2-12844
北行日譜 史2-12532 叢2-735(3)
北行日譜書 叢1-244(5)
北行日札 叢2-1306
北行日劄 集3-14375
北行日錄 史7-49317(9)、49318(12)、53806、54005 叢1-244(5)
北行吟草 集5-37843
北行吟草、南還吟草 叢2-734
北行即景 集3-17378
北行小草 集3-20563,5-41478
北虜三娘子(鍾金哈屯)列傳 史2-9010
北虜三娘子列傳 叢2-953
北虜紀畧 史1-2851 叢1-14(2)、22(22)
北虜考 史1-1840 叢2-1094
北虜世系考 史1-1929
北虜世代 史1-1929
北虜事蹟 史1-2846 叢1-46、538
北虞先生遺文 集2-9316
北紅拂 集7-49212
北紅拂記 集7-49644
22 北川縣志[民國] 史8-61751
北嶽廟集 史7-51757 集6-44412
北嶽辨 史7-49318(4)、52196
北嶽山房文集、詩集 集5-37579
北嶽山房文集、詩集、駢文 集5-37580
北嶽山房駢文、閩遊草 集5-37578
北嶽中嶽論 史7-49318(4)
北嶽恆山歷祀上曲陽考 史6-42192 叢1-201、203(5)
北嶺徐氏宗譜[廣東廣州] 史4-32180
北畿疏草 史6-48446
北畿壬子同年錄(嘉靖三十一年) 史3-13949
北畿賀文宗批點論學指南 集6-45373
北畿賀文宗批點策學指南 集6-45374
北山文集 集1-3164 叢2-731(40)、859
北山文鈔、詩鈔 集4-28586
北山詩話 集6-45679
北山詩稿 集4-22323
北山詩存 集3-16963～4
北山詩草 集3-17804
北山詩鈔 集4-27627
北山雷氏族譜[江西永修] 史5-37158
北山集 史8-65308 集1-3041、3164,4-31089,6-41894(2) 叢1-223(53、54)
北山律式 集6-41896、41922
北山之什 集6-41765
北山酒經 子4-19083 叢1-223(38)
北山樵唱 集5-35300 叢2-2050
北山草堂詩選 集5-39834
北山草堂遊覽詩記(北山草堂詩記) 史7-54198
北山草堂全集(文編偶存、遊覽詩紀) 集5-38079
北山黃氏十一修譜[江西宜黃] 史5-33969
北山樓文 集5-40655
北山樓詩 集5-40654
北山樓詩續集、文補 集5-40650
北山樓集 集5-40652
北山樓集(北山樓遺稿) 集5-40651
北山居士瑣記 叢1-373(6)
北山問答 叢2-1315、1317
北山錄 子7-34883 叢1-19(2)、20(1)、21(2)、22(6)、23(6)、24(2)

北山錄、註解隨函 子7-34882
北山小集 集1-3034～5、3037～8,6-41745 叢2-636(3)
北山小集(北山集) 集1-3036
北山小集鈔 集1-3039～40,6-41900、41908
北樂府 集7-46362、46803
北樂府小令 集7-50534、50539、50647
25 北使記 史7-53809 叢2-2227、2229
北使紀畧 史1-1937、1954～8、1982、1995、3306
北使錄 史1-1933、2808 叢1-22(22)、29(8)、84(1),2-730(9)、731(67)
26 北牕詩稿 集6-41895
北牕詩藁 集6-41888、41891～2、41894(3)、41917、41923
北牕瑣語 叢1-233、496(5),2-731(53)
北牕炙輠 叢1-278,2-731(52)
北牕炙輠錄 子4-20072 叢1-221
北泉文集 集2-7748
北泉文集、詩集、南泉遺詩、東泉遺詩 集2-7744
北泉詩集 集2-7745
北泉草堂遺稿 集2-8024 叢2-884
北魏文紀 集6-41793、43230
北魏地形態圖 史7-49313、49478
27 北歸詩鈔水程集、陸程集 集3-14830
北歸紀 史1-3157
北歸志 史7-49317(5)、49318(15)、53872 叢1-254,2-948、1336
北鄉集 叢2-1358
北役近草 集3-18689
28 北徼方物考 史7-49317(8)、49318(4)、54790
北徼水道考 史7-49317(8)、49318(10)、54319～20
北徼形勢考 史6-45715,7-49317(2)、49318(3)
北徼山脈考 史7-49318(8)、54494
北徼彙編 史7-49339
北徼城邑考 史7-49317(8)、49318(4)、54789
北徼地名異同表 史7-49780
北徼星度考 子3-11563
北徼喀倫考 史6-45716,7-49317(8)、49318(4)
30 北流縣鄉土志[民國] 史8-61340
北流縣志[嘉慶] 史8-61337
北流縣志[乾隆] 史8-61336
北流縣志[光緒] 史8-61338
北流縣志十二編[民國] 史8-61339
北渡孫氏宗譜[浙江鄞州] 史5-33592
北涼百官表 史1-10(3)、4717
北窓詩稿 集6-41893
北窓詩藁 集6-41745、41897～8
北窗雜綴 子4-24568 叢1-365
北窗識小錄 子4-22535～6
北窗詩稿 集6-41912
北窗詩藁 集1-4619
北窗詩藁 集6-41744、41746
北窗瑣語 子5-26383 叢2-617(4)
北窗瑣識 叢2-795
北窗偶談 子4-22366
北窗炙輠 子4-20073
北窗炙輠錄 叢1-195(5)、223(45)
北窗草 叢2-1497
北窗囈語 叢1-498,2-617(3)
北窗吟草 集5-41328
北窗印悅 子3-16951
北宋方鎮經撫年表 史1-4563、4795
北宋二體石經禮記檀弓殘石 叢2-600
北宋石經攷異 經2-11364
北宋石經續考異 經2-11366
北宋石經補考 史8-63495
北宋石經考異 經1-2、111(4)
北宋石經考異、續考異 經2-11365
北宋引令選 集7-48551
北宋經撫年表 史1-10(5)、4793～4
北宋汴學二體石經記 經1-3,2-11369 叢2-1766
北宋汴學篆隸二體石經跋 經2-11380
北宋志傳 子5-28076～80
北宋志傳通俗演義題評 子5-28075
北宋嘉祐石經周禮禮記殘石 叢2-600
北宋拓聖教序 子3-15572
北宋拓蘇書醉翁亭記 子3-15635
北宋易元吉靈狐神品 子3-16462
31 北江文集 集5-41410
北江文集、詩集 集5-41406
北江詩評 叢2-2270(3)
北江詩話 集6-41765、46060 叢1-456(2),2-731(47)、1559
北江詩草 集5-41407
北江形勢論 史6-45478,7-49319
北江先生文集 集5-41409
北江先生詩 集5-41408
北江全集七種 叢2-1557
北涇草堂集、外集 集4-25088
北涇草堂外集 集7-49609
北河續紀、附餘 史7-52821
北河紀、紀餘 史6-46629

北河紀、卷首、北河紀餘 叢 1 - 223(24)
北河紀餘 史 6 - 46630
北潭傅文毅公集 集 2 - 7267
北渠吳氏族譜[江蘇宜興] 史 4 - 27759～63
32 北溪文集 集 3 - 21509
北溪先生講義 子 1 - 825 叢 2 - 1042
北溪先生外集 叢 2 - 1042
北溪先生各體文 叢 2 - 1042
北溪先生各體詩 叢 2 - 1042
北溪先生字義 子 1 - 818 叢 2 - 1042
北溪先生字義、補遺 子 1 - 819
北溪先生字義、補遺、嚴陵講義 叢 1 - 483
北溪先生字義詳講 子 1 - 822
北溪先生大全文集 集 1 - 3861
北溪先生大全文集(北溪大全集)、外集 集 1 - 3859
北溪先生書問 子 1 - 826 叢 2 - 1042
北溪先生四書字義 子 1 - 821
北溪先生四書字義、嚴陵講義、道學二辨、附錄 叢 1 - 386
北溪先生全集、外集、補遺、北溪先生字義 集 1 - 3860
北溪先生全集補遺 叢 2 - 1042
北溪先生全集八種 叢 2 - 1042
北溪先生答問 子 1 - 827 叢 2 - 1042
北溪家訓摘錄 子 1 - 2253
北溪字義、補遺 子 1 - 820
北溪字義、補遺、嚴陵講義 叢 1 - 347、534、574(2),2 - 731(12)
北溪字義、嚴陵講義 叢 1 - 223(30)
北溪初稿、文集 集 3 - 21510
北溪大全集、外集 叢 1 - 223(56)
北溪草堂吟稿 集 3 - 20562
北溪草堂吟稿、浮白吟 集 3 - 20561
北溪陳先生嚴陵講義 叢 1 - 34
北巡私記 史 1 - 2651 叢 2 - 598
33 北梁吟稿、賸稿 集 3 - 20275
34 北斗延生寶懺 子 5 - 30574
北斗巢氏族譜[江西萬載] 史 5 - 35491
北斗治法武威經 子 5 - 29530(17)、31610
北斗九皇隱諱經 子 5 - 29531、30212
北斗七元星燈儀 子 5 - 29530(5)、30594
北斗七元金玄羽章 子 5 - 29530(15、19)、29534、30008、30797
北斗七星護摩祕要儀軌 子 6 - 32093(38)
北斗七星護摩法 子 6 - 32093(40)
北斗七星念誦儀軌 子 6 - 32093(38)
北斗真經 子 5 - 30010
北斗本命延壽燈儀 子 5 - 29530(5)、30595
北滿洲商業地理論 史 7 - 49357
北法變化禽書 子 3 - 14598
北漢將相大臣年表 史 1 - 10(5)、4788
36 北邊備對 史 1 - 1914,6 - 45597 叢 1 - 11、19(8)、20(6)、21(6)、22(9)、24(9)、29(6)、56、90～1、95～6,2 - 730(3、5)
北還紀變 史 1 - 3162
北還錄 叢 1 - 22(22)、29(8)
37 北湖集 集 1 - 2949 叢 1 - 223(53),2 - 674、873
北湖續志 史 7 - 52882
北湖續志[道光] 史 7 - 56729
北湖續志補遺[道光] 史 7 - 56730
北湖避寇草 集 4 - 32890
北湖竹枝詞 集 4 - 25612
北湖小志 史 7 - 52881 叢 2 - 1625～6
北湖小志[嘉慶] 史 7 - 56728
北溟詩稿、補遺 集 5 - 39965
北溟見山集 集 3 - 16503,6 - 44644
38 北游譚影集 集 5 - 37984
北游漫稿文 集 2 - 8145
北游漫稿詩 集 2 - 8143
北游日記 史 7 - 53928 叢 2 - 1492
北游日記(清順治十四年) 史 2 - 12564
北游日錄 子 1 - 1488
北洋政法專門學堂章程 史 6 - 42461
北洋客籍學堂識小錄 史 6 - 42460
北洋沿海各海口總分圖 史 6 - 45541
北洋海軍章程 史 6 - 45267
北洋海防津要表 史 6 - 45542,7 - 49318(21)
北洋公牘類纂 史 6 - 47264
北洋公牘類纂續編 史 6 - 47265
北洋銀元局試辦章程 史 6 - 44477
北海(孔融)三考 史 2 - 8466～7 叢 2 - 877
北海亭詩集 集 2 - 12522
北海亭詩集、文集 集 2 - 12521 叢 2 - 783
北海亭集、外編 集 2 - 12523
北海高氏族譜[山東濰坊] 史 4 - 32444
北海雜錄 史 7 - 50937
北海集 集 1 - 3127,6 - 41784 叢 1 - 223(54)
北海經學七錄 經 2 - 11582
北海道拓殖概觀 子 7 - 37023
北海草 叢 2 - 1498
北海耆舊傳 史 2 - 8277～9
北遊文鈔 集 3 - 18374
北遊詩 集 1 - 5524
北遊詩集 集 1 - 5524,6 - 45000
北遊詩集(北遊集)、杏山摭稿 集 1 - 4363
北遊詩草 集 5 - 35098、37803
北遊記、西遊記事、東遊記、贈言 史 7 - 53070

北遊記程　史7-54031　叢2-2094
北遊集　集3-17284,4-26314　叢1-223(58)
北遊紀程　史7-49318(13)、54032
北遊紀畧　史7-49317(3)、49318(4)、54158
北遊近草　集4-31333
北遊漫稿　集2-10190
北遊志傳　子5-28836
北遊草　集3-15102、16343、17206、18133、20399,4-22324、25507、30512,5-35531、38404　叢2-987
北遊草、北遊續詠　叢2-1692
北遊日記　叢1-369,2-1493
北遊日錄　叢2-1365～6
北遊筆記二種　史7-54200
北道刊誤誌　史7-49526　叢1-274(3)
北道刊誤志　叢1-456(6)、465,2-731(5)
北道漫吟集　集4-31888
40 北直河南山東山西職官名籍(順治元年)　史1-1984
北直隸河南山東職官名册　史3-23722
北直隸河南山東山西職官名册(清順治元年)　史3-23721
北塘漫錄　集3-14433
北塘陳烈婦傳畧、續編　史2-10968
41 北極高度表　子3-12352、12622～4
北極紫庭祕訣　子5-30908
北極經緯度分表　子3-12625
北極真武佑聖真君禮文　子5-29530(16)、30710
北極真武普慈度世法懺　子5-29530(16)、30569
43 北狩行錄　史1-2485、2525　叢1-190、195(2),2-731(66)
北狩蒙塵錄　史1-2487
北狩事古蹟　叢1-88
北狩事跡　史1-2805　叢1-89
北狩見聞錄　史1-1919、2486、2525、2557　叢1-195(2)、223(20)、268(2),2-731(66)
北戴河遊記　史7-49357、53162
44 北埜閒抄、成皋雜著　子4-24334
北地傅氏遺書　叢2-827、1027
北坡詩稿　集5-39536
北夢瑣言　史1-1914　子4-22856～7,5-26224　叢1-16、19(8)、20(6)、21(7)、22(7)、23(7)、24(9)、95～6、99～101、219、223(44)、227(8),2-624(2)、730(2)、731(52)
北夢瑣言、逸文、附錄　子4-22858　叢1-509
北夢瑣言佚文　子4-22859　叢2-777
北苑別錄　子4-18978～80、19005、19007～8　叢1-10、19(9)、20(7)、21(8)、22(15)、23(15)、24(9)、29(6)、223(38)、278,2-731(30)
北莊遺稿　集1-5622、5629
北燕百官表　史1-10(3)、4714
北燕疆域圖　史7-49313、49450
北燕巖集　集2-11438　叢2-883
北燕錄　史1-2342　叢2-776
北村詩集、宜之集　集1-4844
北村集　集1-4845
北村程氏宗譜[安徽休寧]　史5-36125
北萊遺詩　集4-25021
北杜杜氏宗譜[浙江東陽]　史4-26997
北蘿草堂詩集　集4-25506
北林小集　集3-18900,6-44511
45 北樓集詩　叢2-1682
46 北觀集　集2-8887
47 北朝造象石刻目　史8-64674
北朝造象題跋　史8-64675
北朝墓志提要　史8-64649
48 北榦考　史7-49318(8)
北松廬雜著　集5-40436
49 北狄列傳地理考證　史1-665,7-49310
北狄順義王俺答謝表　史1-2904,6-48349　叢2-741
50 北史　史1-11～7、130　叢1-227(5)
北史、考證　史1-20、131　叢1-223(17),2-698(3)
北史識小錄　史1-5232～3　叢1-223(22)
北史論畧　史1-5881　叢2-824
北史佚文　史1-132　叢2-777
北史演義　子5-28015
北史遺文　集7-53696
北史札記　史1-26、134
北史抄　史1-5225
北事補遺　史1-1938、3164、3175　叢1-309
北東園筆錄初編、續編、三編、四編　子5-27189　叢2-735(3)
51 北軒詩集　集3-19595
北軒筆記　子4-20245　叢1-195(5)、223(41)、244(5),2-731(51)、735(3)
53 北戍草、龍江紀事　集5-35305
北戍草、同治庚午津案始末　集5-35304
54 北轅集　叢2-1105
北轅錄　史1-1914,7-49318(15)、53807、54022　叢1-11～2、19(9)、20(6)、21(8)、22(9)、23(9)、24(9)、56、95,2-730(3)、809
55 北曲譜　集7-50030
北曲聯珠集　集7-50563
北曲拾遺　集7-54602
60 北里誌　子4-22837、22839　叢1-189
北里志　叢1-11～2、15、19(3、4)、20(3)、21

(4、5)、22(13)、23(13)、24(4、5)、29(4)、168(3)、255(2)、374、587(2)
北里韓氏宗譜[江西廣豐]　史5－40370
北園詩二集　集3－14833
北園詩集　集3－17294
北園蛙鳴集　集2－7293
北田文畧　叢2－1418
北田詩臆　集3－18699　叢2－1418
北田詩臆、北田文畧、江湖客詞、叢殘小語、溺笑閒談　集3－18700
北田集四種　叢2－1418
北田吟稿　集3－18207
北圍日記(清咸豐九年)　史2－12751
北固山志　史7－49352、52259～60
67 北墅緒言　集3－15494～5　叢2－1343
北墅抱瓮錄　叢1－195(6)、202(7)、203(13),2－731(28)、1354
北墅金先生遺集　集3－19403
北黟山人詩　集3－15770
70 北雅　集7－54646
71 北鴈蕩紀遊　史7－49318(7)、53438
72 北戶錄　史7－50823～5　叢1－11～2、15、17、19(1)、20(1)、21(1)、22(11)、23(11)、24(2)、29(3)、56、114(6)、175、195(5)、223(25)、255(2)、350、489,2－617(2)、624(2)
北戶錄、校勘記　史7－50826　叢1－465,2－731(56)、873
74 北陵許氏家乘[江蘇丹陽]　史5－34368
76 北隅綴錄、續錄　史7－50332　叢2－832(7)
北隅掌錄　史7－50320　叢1－373(6)、471,2－832(2)
77 北風揚沙錄　史1－2586　叢1－17、19(6)、20(4)、22(9)、24(6)
北周疆域圖　史7－49313、49481
北周公卿表　史1－10(4)、4755　叢2－1905
北屏詩稿　集2－7402
北居詩稿　集4－21951～2
北學齋筆乘　子4－23256
北學編　史2－6662～3
北學編、補遺　史2－6664
北學篇　子1－1759
北闈蕢言　集2－10087
北印度以外疆域考　史7－49318(21)、54713
北關自雍正十一年四月至雍正十二年三月一年收過稅料等項錢糧數目文册　史6－43404
北關楊氏族譜[江西宜春]　史5－36961
北門張氏族譜[湖南湘鄉]　史5－35368
北門黃氏支譜[湖南湘鄉]　史5－34066
北門驪唱集　集5－39089
北門劉氏族譜[湖南攸縣]　史5－39574
80 北翁于老生壽序　子3－15380
84 北鎮縣志[民國]　史7－56198
88 北笥存稿、斷腸詩、山夏詩、燕再　集2－10323
90 北堂詩錄　集3－21843
北堂書鈔　子5－24765～7　叢1－223(42)
北堂書鈔續校記　子5－24768

玒

50 玒青閣秋集　叢2－1330

1111_1 玩

00 玩鹿亭稿　集2－8465～7　叢2－845(5)
玩齋集　集1－5556
玩齋集、拾遺　集1－5555　叢1－227(10)
玩齋集、拾遺、附錄　叢1－223(61)
10 玩石齋文集　叢2－2028
玩石齋詩集　叢2－2028
玩石齋詩集、文集　集5－36809
玩石齋隨筆錄　子4－21899
玩石齋筆記　叢2－2028
玩雲堂詩集　集4－31218
20 玩辭初筆　經1－1189
21 玩止水齋遺稿　集5－37850
27 玩物適情軒謎稿　子3－18367、18397
30 玩寇新書回目　叢1－472
40 玩古　史8－65140
41 玩極堂詩集　集3－16658,6－45025
玩極堂詩稿　集3－16659
44 玩花軒吟草(玩花軒詩詞遺稿)　集5－37722
玩花軒吟草、詩餘　集5－37723
玩芳堂摘稿　集2－8908
玩草園詩鈔、文集、附錄　叢2－874
玩草園讀書筆記　史6－44588
玩草園集　集4－22795
玩世齋集　集2－12711
48 玩梅亭集稿　集2－8281
50 玩畫齋雜著編　集2－9465
60 玩易意見　經1－637,2－11474　叢1－347,2－731(9)
玩易緒言　經1－1895
玩易微言摘抄　經1－785
玩易四道、圖說　經1－1792

玩易篇 經1-2222 叢2-1918～20
77 玩月約 叢1-197(4),2-617(2)
玩月草堂印存 子3-17337
玩鷗檻詩稿 集6-41894(2)
92 玩燈走橋 集7-49700

非

00 非庵雜著 集6-44983～4 叢2-919
非庵雜著、無罪草 子4-20992
非庵詩鈔 集3-18512
非言 子4-20822
04 非詩辨妄 經1-3652～3 叢1-337、382,2-731(37)
10 非石日記鈔 史8-65298 叢1-419、429
非石日記鈔、雜文 史8-65299
非石日記鈔、遺文 叢2-731(2)
非石日記鈔、遺文、遺詩 史8-65297
非醉詩集 集3-20705
11 非非草第四集 集5-39619
非非想 集7-50262
12 非水舟遺集 集3-18468
非水居詞箋 集7-46820
21 非儒非俠齋文集、詩集 集5-41248
非儒非俠齋詩 集5-41249
非儒非俠齋金石叢著 史8-63513
非熊夢傳奇 集7-50405
32 非洲各國志 子7-36245
44 非草書 子3-15005
非草篇 叢2-775(3)
非昔居士日記(清光緒三年至四年、十六年、二十一年) 史2-12893
非老 子5-29167 叢1-203(17)
非共和論 子4-22104
46 非想非想非非想 子3-18373
非相篇 叢2-771(1)
60 非見齋審定六朝正書碑目 史8-64644 叢1-484
77 非周禮辨 叢2-1095
非周禮辨、經傳正訛 經1-4965
80 非人閒語 叢2-724
非翁詩稿 集5-41506
非無鬼 叢2-1664
90 非常國際法論 子7-36795
91 非煙香記 叢1-202(3)
96 非烟香法 子4-18899 叢1-203(8、18)、321,2-1302～4
非烟傳 叢1-22(18)、23(18)、168(2)、249(2)、255(3)、395,2-731(50)

1111_4 斑

44 斑菊 叢2-1754

班

17 班孟堅文抄 集1-202
班孟堅文鈔 集6-41794
班孟堅集 集1-201,6-41699
班子白虎通 叢1-183
20 班爵錄 經2-9975
36 班禪額爾德尼傳 史2-6795 叢2-715
40 班左誨蒙 子5-25544
44 班范昉截 叢2-1369
班范肪截 史1-5190
班蘭臺集 集1-199～200,6-41694、41698 叢1-183
60 班固白虎通德論纂 叢1-145
71 班馬字類 經2-12991、12994 叢1-223(15)、362、515
班馬字類、補遺 叢1-336～7,2-731(22)
班馬字類、補遺、校勘記 經2-12992 叢2-637(2)
班馬字類訂 經2-12995
班馬字類補遺 經2-12996
班馬字類校勘記 經2-12993
班馬異同 史1-299～300 叢1-141、223(17)
80 班斧集 集4-22572
88 班餘剪燭集 集3-18466

1111_6 疆

43 疆域志 子7-36245
疆域考 史1-2572 子7-36240(1) 叢2-611
46 疆恕齋吟集 集6-42007(1)

1111_7 琥

16 琥珀蘭簪 集7-53774

琥珀匙 集7-50239
80 琥翁(方鼎錄)宦蹟圖 史2-9754

珁

44 珁荷譜 子4-19301 叢2-642

甄

00 甄塵紀畧 子5-26526
10 甄正論 子6-32081(42)、32082(21)、32083(27)、32084(23)、32085(40)、32086(47)、32088(29)、32089(47)、32090(61)、32091(59)、32092(41)、32093(52),7-34939
32 甄溪小稿 集3-21587~8
40 甄古齋印譜 子3-17285
44 甄花舍詩草 集3-20142
60 甄異記 子5-26819 叢1-22(19)、23(19)、249(3)
67 甄曜度讖 經1-171 叢1-273(3)、274(3),2-731(15)

1112_0 玎

11 玎玎璫璫盆兒鬼雜劇 集7-48767(2)、48965 叢2-698(16)
玎玎鐺鐺盆兒鬼雜劇 集7-48774(4)

珂

10 珂雪齋詩集、文集 叢2-720(6)
珂雪齋集選 集2-11347
珂雪齋近集 叢2-721
珂雪齋近集、楚狂之歌、小袁幼稿近遊草 集2-11342
珂雪齋近草 集2-11343
珂雪齋遊居柿錄 集2-11348
珂雪齋前集、外集 集2-11344
珂雪詩 集3-15464
珂雪詩集 集3-15467~8 叢2-952
珂雪詞 集7-46399、46974 叢1-223(73)
珂雪詞、補遺 集7-46427、46973 叢2-698(12)、952
珂雪二集 集3-15466
珂雪集 集3-15465
珂雲詞 集7-46400
32 珂溪山房詩鈔 集4-33308

1112_1 珩

14 珩璜新語 子4-19993
珩璜新論 子4-19903、19990~2 叢1-22(7)、23(6)、98、195(5)、196、223(41)、273(5)、275,2-652
珩璜新論(孔氏雜說) 叢2-731(6)
珩璜新編 叢2-673

1112_7 珶

12 珶琈山房詩稿 集4-24764
珶琈山房詩稿、續集、補遺 集4-24765
珶琈山房紅樓夢詞 集7-48242 叢1-496(5)

巧

10 巧雲遺草 集5-34952
22 巧斷繡鞋記(白寶柱借當太平年) 集7-50508
巧斷家私 集7-52426
30 巧家縣志稿[民國] 史8-62464
34 巧對門 叢1-285
巧對錄 子5-25864
35 巧連珠寶卷 集7-54419
40 巧奇寃全傳 集7-51207
46 巧姻緣 集7-52427、53891~3
巧姻緣(還魂記) 集7-52428
巧姻緣寶卷(水灑紅袍寶卷、姻緣寶卷) 集7-54421
巧姻緣寶卷(雙喜寶卷) 集7-54422
57 巧換緣 集7-49390~1
60 巧團圓 集7-50186
巧團圓傳奇 集7-50187、50190
80 巧合三緣 子5-28534 集7-53890

瑪

10 瑪爾塔島遊記　史 7－49357、54846
12 瑪瑙盃彈詞　集 7－53855
瑪瑙簪記　集 7－49936

翡

17 翡翠巢文稿　集 4－23214
翡翠巢札稿　集 4－23215
翡翠蘭苕集　集 3－19547
翡翠樓詩集　集 6－41999
翡翠樓集　集 4－25221
翡翠樓集詞　集 7－47325
翡翠樓繡餘草　集 4－25220
翡翠軒　子 5－27696
翡翠園　集 7－50214

1113_1 瑟

60 瑟園詩稿　集 5－40623
瑟園詩錄、詞錄　集 5－40624

1113_2 琢

50 琢春詞　集 7－47273

璩

36 璩湘帆讀史百詠　史 1－6096
72 璩氏族譜[安徽桐城]　史 5－40324

1113_6 蜚

10 蜚雲閣文集　叢 2－1665
蜚雲閣經解　叢 2－1665
蜚雲閣叢稿三種　叢 2－1665
蜚雲閣淩氏叢書　經 1－118
蜚雲閣史論　叢 2－1665
44 蜚英閣文集　集 4－26436
蜚英閣經解　經 2－11619
蜚英閣史論　史 1－5701

1114_0 珥

40 珥塘荆氏族譜[江蘇丹陽]　史 4－30688
88 珥筆閒吟　集 3－13141

1116_8 璿

12 璿璣遺述　子 3－11421～2
璿璣授時　集 7－49699
璿璣錦　集 7－49481
璿璣錦雜劇　集 7－49479～80
璿璣錦雜劇、曲譜　集 7－49482

1118_6 項

00 項襄毅公(忠)年譜、實紀、遺稿　史 2－11429
項襄毅公實紀續補　史 2－11430
項襄毅公遺稿　集 2－6841
項襄毅公遺稿、項襄毅公年譜、實紀、附錄　集 2－6840
10 項可立集　集 1－5289　叢 2－852
12 項孔彰山水人物册　子 3－16620
項孔彰梅花册　子 3－16621
項孔彰劉玄暉合册　子 3－16619
17 項羽都江都考　史 1－2276　叢 2－810
項子遷詩　叢 2－851
項子遷詩、考異　叢 2－855
20 項維仁詩鈔　集 4－28348
25 項仲昭先生纂注易經奇英　經 1－880
31 項源會修李氏宗譜[江西婺源]　史 4－27375
40 項太史全稿　集 2－12224
42 項斯詩　集 6－41882
項斯詩集　集 6－41739、41741、41824、41848、41859、41878
項斯詩集(晚唐項斯詩、項斯詩)　集 1－1679
43 項城就任祕聞　史 1－4348　叢 2－685

項城袁氏家集七種 叢 2 - 957
項城縣志[康熙] 史 8 - 60015
項城縣志[順治] 史 8 - 60014
項城縣志[萬曆] 史 8 - 60013
項城縣志[乾隆] 史 8 - 60016
項城縣志[民國] 史 8 - 60017
50 項東井山水册 子 3 - 16719
項東井梅華逸品 子 3 - 16720
60 項易庵倣右丞藍田山莊圖卷 子 3 - 16622、16634
項果園詩稿 集 4 - 28345
項果園詩草 集 4 - 28346
72 項氏家說 子 4 - 20102 叢 1 - 223(30)、230(3),2 - 731(5)、856、873
項氏家譜[浙江杭州] 史 5 - 35500
項氏家乘[浙江杭州] 史 5 - 35501
項氏宗譜[浙江] 史 5 - 35522
項氏宗譜[浙江臨海] 史 5 - 35518
項氏瓶笙榭新刻皮襲美詩 集 1 - 1652
80 項慈園自訂年譜 史 2 - 12500
項會魁四書聽月 經 2 - 10366
86 項錦三先生(仕升)墓表 史 2 - 10680

頭

00 頭度林英(韓湘子回家)一段 集 7 - 51566
10 頭二本闢道除邪 集 7 - 50511
30 頭字韻 經 2 - 13919

1120_7 琴

00 琴廂吟草 集 5 - 36164
琴言十則 子 3 - 17517
琴言十則、指法譜 叢 1 - 195(6),2 - 731(36)
琴言閣詩錄 集 4 - 27489
琴言閣詩鈔 集 4 - 27488
琴言館詩稿 集 4 - 25717～8
琴音記 子 3 - 17539
琴音記續篇 子 3 - 17540
琴音標準 子 3 - 17547 叢 2 - 1574
01 琴語樓詩鈔 集 4 - 31894
琴語堂文述 集 4 - 31351
琴語堂雜體文續 集 4 - 31352
02 琴話 子 3 - 17496
03 琴詠樓主日記(清光緒九年) 史 2 - 12994
06 琴韻樓詩存 集 3 - 18550
琴韻樓詩鈔 集 4 - 27909
琴韻軒集、自敘年譜、遺訓 集 4 - 30369
琴韻居詩存 叢 2 - 1861
琴韻閣遺草 集 4 - 31470
07 琴調譜 子 3 - 17739
08 琴論 子 3 - 17543
琴譜 子 3 - 17496、17583、17588、17612、17656、17709、17725、17749、17764、17800、17802 集 3 - 17466 叢 2 - 833
琴譜序 子 3 - 17768 叢 1 - 587(3)
琴譜諧聲 子 3 - 17716
琴譜新聲 子 3 - 17695
琴譜新聲、指法琴說 子 3 - 17694
琴譜正律 子 3 - 17724
琴譜正傳 子 3 - 17607
琴譜五曲 子 3 - 17715
琴譜七種 子 3 - 17582
琴譜析微 子 3 - 17673
琴譜妙選 子 3 - 17774
琴譜指法 子 3 - 17666～8
琴譜指法祕詮 子 3 - 17714
琴譜指法省文 子 3 - 17652 集 3 - 13709 叢 2 - 1278
琴譜四種 子 3 - 17580～1
琴譜合璧 子 3 - 17578～9 叢 1 - 223(38)
09 琴談 子 3 - 17676
10 琴一枝 集 7 - 51874
11 琴張子螢芝集、評琴張子禪粟牀 集 2 - 11640～1
琴瑟和合集 集 7 - 53897
琴瑟合譜 子 3 - 17496、17750
16 琴硯草堂詩集、文前集、後集 集 4 - 24237
琴硯錄 叢 2 - 1544
20 琴舫廉公(兆綸)傳畧 史 2 - 10051
琴舫詩草 集 4 - 31382
琴香閣詩箋 集 6 - 41999
琴香堂 集 7 - 48841
琴香堂琴譜 子 3 - 17701
琴香堂繪像第六才子書 集 7 - 49739
琴統、外篇 子 3 - 17512
21 琴旨 子 3 - 17524、17536 叢 1 - 176
琴旨、御製文 叢 1 - 223(15)
琴旨補正 子 3 - 17545
琴旨申邱 經 1 - 6551
22 琴川詞鈔 集 5 - 34750
琴川三志補記 史 7 - 57082
琴川三志補記續 史 7 - 57083
琴川三風十愆記 史 1 - 1975、3152 叢 2 - 792～3
琴川續志草[光緒] 史 7 - 57080
琴川續志草補[光緒] 史 7 - 57081

琴川逸響　集6-44518
琴川志注草　史7-57067
琴川志注草、續志草、續志草補　史7-57068
琴川蘇氏支譜[上海南滙]　史5-41003
琴川黄氏三集二種　子4-24440
琴巒　子3-17551
琴山詩稿　集4-32804
琴山詩草、文集　集5-38364
琴山詩鈔、續鈔、軍中筆記　集4-33461
琴山臥遊集　集4-26068
25 琴律譜　子3-17557
琴律一得　子3-17561
琴律細草　子3-17556
琴律考　經1-83　子3-17554
琴律切音　叢2-2020
琴律指掌　子3-17564
琴律揭要　子3-17565
27 琴怨詩　集3-14678
30 琴適　子3-17632
琴寄齋詩剩　集4-31038
31 琴江雜記　史1-3290
琴江志、續志　史8-58166
琴源山房遺詩　集4-32261
32 琴洲詞　叢2-885、1017
琴洲詞鈔　集7-48047
琴洲水榭心賞詞選　集7-48506
琴溪詩集　集6-41894(2)
琴溪集　集1-3167
33 琴心記　集7-49709、49854
琴心雅調　集7-49194
35 琴清英　經1-6401～3　子3-17500　叢2-765～6、774(4)
琴清書屋遺稿(難中存稿、藕仙存草)　集5-34252
琴清閣詞　集7-46426、47319
琴清閣書目　史8-65710
琴清堂詩稿　集3-16461　叢1-300
36 琴況　子3-17546　叢1-202(3)、203(8)、321
琴瀑山房詩鈔　集4-25367
38 琴海集、正字　集4-22773
琴遊草(琴遊集)　集5-37232
40 琴士詩鈔、文鈔　集4-23513　叢2-1575
琴臺　集7-50417
琴臺正續合刻　集6-42071
琴臺遺草　集4-32709
琴志樓詞　集7-48370
琴志樓編年詩集　集5-39220　叢2-2150
琴志樓叢書四十六種　叢2-2150
琴志樓遊山詩　叢2-2150
琴志樓遊山詩集　集5-39219
44 琴坡雜詠　集3-18797
琴夢盦日記(清同治八至九年)　史2-13196
琴苑　子3-17522
琴苑要錄　子3-17516
琴苑心傳全編　子3-17650
琴棋書畫一枝　集7-51875
琴棋書畫五更一套　集7-50859
琴棋書畫風花雪月八支　集7-51876
45 琴樓偶鈔　集3-16155
46 琴觀山房詩草　集4-27212
琴娛室詩選　集4-29218
47 琴鶴山房文鈔　集5-34902
琴鶴山房殘稿　集5-34900
琴鶴山房遺稿　集5-34901
琴鶴山房駢體文鈔　集5-34903,6-42075
琴鶴軒詩集　集4-29866
琴鶴軒詩稿　集4-21996
琴鶴軒遺文　集5-34331
琴鶴堂文集、詩集　集4-25795
琴鶴堂稿　集4-28364
琴鶴堂藏印　子3-17062
琴鶴堂趙氏族譜[天津]　史5-38227
琴鶴堂印譜　子3-17356
琴聲經緯　子3-17511　叢1-22(16)、23(16)
琴聲十六法　子3-17519、17528　叢1-195(6)、197(1),2-731(33)
琴聲十六法、琴譜二十首　子3-17529
琴好樓小製　集3-21337
琴趣外篇　集7-46380、46427　叢2-698(14)、720(2)
琴趣外篇(晁氏琴趣外篇、晁无咎詞)　集7-46500
50 琴史　子3-17508　叢1-205、223(38)
琴畫樓詞鈔　集7-46408
琴書　子3-17506　叢2-774(4)
琴書大全　子3-17615
琴書存目、别錄　史8-66311
琴書類集　子3-17513　叢1-19(7)、20(5)、21(6)、24(8)、374
琴東詩選　集4-27249
琴東野屋詩稿　集4-27250
琴東野屋詩鈔　集4-27248
琴東野屋集　集4-27247
51 琴軒詩草　集4-30282
琴軒詩鈔、也學詞　集4-31501
琴軒集　集2-6498～9　叢2-1011
53 琴甫遺集　集4-27305
55 琴曲譜　子3-17738

琴曲譜錄　子 3 - 17587　叢 1 - 22(16)、23(16)、29(6)
琴曲萃覽　子 3 - 17690　叢 2 - 1461～3
56 琴暢軒百花詩　集 4 - 23300
琴操　子 3 - 17501～2、17687　叢 1 - 265(2)，2 - 765、772(4)、773(4)、775(2)
琴操、補　叢 1 - 278、478
琴操、補遺　叢 1 - 303～5，2 - 731(36)
琴操水東游　子 3 - 17651
琴操參禪　集 7 - 49518、49526
琴操佚文　子 3 - 17503　叢 2 - 777
琴操補　子 3 - 17504
琴操補釋　叢 2 - 2248
琴操補遺　子 3 - 17711
琴操題解　子 3 - 17733　叢 2 - 1755
60 琴圖補遺　經 1 - 6517
62 琴別　集 7 - 49608
71 琴歷　子 3 - 17507　叢 2 - 774(4)
72 琴隱詞、笛椽詞　集 7 - 47623
琴隱園詩　集 6 - 42004
琴隱園詩集、詞集　集 4 - 26724
琴隱園詞集　集 7 - 47628
琴隱園詞稿　集 7 - 47627
77 琴學　子 3 - 17743、17747
琴學正聲　子 3 - 17677
琴學瑣言　子 3 - 17549
琴學彙粹　子 3 - 17572
琴學滙成　子 3 - 17567
琴學滙粹　子 3 - 17645
琴學叢書　子 3 - 17496
琴學心聲諧譜　子 3 - 17649
琴學祕訣　子 3 - 17563
琴學初津　子 3 - 17763
琴學内篇、外篇　子 3 - 17537
琴學考正　子 3 - 17720
琴學捷徑　子 3 - 17570
琴學軔端　子 3 - 17550
琴學圖考　子 3 - 17533
琴學隨筆　子 3 - 17496
琴學問答　子 3 - 17496
琴學入門　子 3 - 17558、17744
琴學八則　子 3 - 17532　叢 1 - 197(3)、469、495、586(3)，2 - 716(3)
琴學尊聞　子 3 - 17745
琴闡詩稿(古槐書屋詩鈔、删詩存草、桂一樓詩集、麗水雲邑山水諸詠、棲霞嘯客少時賦稿)　集 4 - 22485
琴問　子 3 - 17538
80 琴鏡　子 3 - 17496
琴鏡補　子 3 - 17496
琴義問答　子 3 - 17568
82 琴龢館日記(清同治八年，光緒二十三年至二十八年)　史 2 - 13036
琴劍集　叢 2 - 1754
琴劍合譜　子 3 - 17698
86 琴鐸唱和集　集 5 - 38187
87 琴錄　子 3 - 17520　叢 1 - 195(6)，2 - 731(33)
88 琴竹山莊樂府　集 4 - 25945
琴箋　子 3 - 17521，4 - 18538　叢 1 - 14(3)、111(1)、119～20、154、181、249(3)、461，2 - 624(3)、731(33)
琴箋圖式　子 3 - 17518　叢 1 - 22(16)、23(16)、173
琴餘放詠　集 3 - 16186
琴餘歸集　集 3 - 16185
琴餘漫錄　子 3 - 17496
琴籟閣詩集　集 4 - 26018
90 琴堂詩畧　集 4 - 30003
琴堂諭俗編　子 1 - 2015　叢 1 - 223(41)
琴堂必讀　史 6 - 43029
琴堂判事錄　史 6 - 46246
琴火重光　子 5 - 31368
琴粹　子 3 - 17496、17569

1121_1 蘢

32 蘢濵薈錄　子 4 - 23378
蘢濵薈錄、窺豹集　子 4 - 23376
蘢濵薈錄、爽鳩要錄　子 4 - 23377

麗

00 麗亭遺草　集 5 - 39140　叢 2 - 981
麗廔叢書九種　叢 1 - 545
10 麗正書院集　叢 2 - 1376
12 麗水魏氏宗譜[浙江麗水]　史 5 - 40424
麗水志稿[道光]　史 7 - 57702
麗水縣志[道光]　史 7 - 57703　叢 1 - 373(2)
麗水縣志[同治]　史 7 - 57704
麗水縣志[民國]　史 7 - 57706
麗水金石志　史 8 - 63923
17 麗郡詩徵、文徵　叢 2 - 886(4)
24 麗崎軒詩、詩餘　集 2 - 9909
27 麗句亭評點鴛鴦棒樂府　集 7 - 50035
麗句亭花評點花筵賺樂府　集 7 - 50033

中國古籍總目書名索引

麗句集　子 5 - 25743～5
31 麗江府志[光緒]　史 8 - 62473
麗江府志畧[乾隆]　史 8 - 62472
麗江縣誌[民國]　史 8 - 62475
麗江縣志書[民國]　史 8 - 62474
麗江段氏宗譜[雲南麗江]　史 4 - 30745
36 麗澤論説集録　子 1 - 724　集 1 - 3680　叢 1 - 223(30),2 - 860
麗澤集　集 6 - 42267
麗澤録　集 6 - 43697
麗澤第一集四種　叢 2 - 694
麗澤堂書目　史 8 - 66161
40 麗奇軒文集　集 2 - 12836
41 麗姬傳　叢 1 - 168(1)
43 麗娘魂會　集 7 - 52818
麗娘尋夢　集 7 - 52820
麗娘驚夢　集 7 - 52819
44 麗華堂遺稿　集 4 - 30455
45 麗姝傳　子 5 - 26222　叢 1 - 185
50 麗事館字學辨畧　經 2 - 13434
麗事館余氏辨林、字學辨畧　子 4 - 24059
麗春樓草　集 4 - 22743　叢 1 - 300
55 麗農詞　集 7 - 46402、46404、46918　叢 2 - 698(14)
麗農山人(蔣敦復)事實雜録　史 2 - 10016
麗農樓藏草　集 2 - 11897
62 麗則集　集 3 - 16676,6 - 44523
麗則遺音　集 1 - 5497、5522　叢 1 - 223(62)、227(10)
麗則堂詩鈔　集 4 - 28750
麗則堂歷朝賦鈔　集 6 - 42595
67 麗矚亭詞　集 7 - 48347
75 麗體金膏　叢 2 - 731(39)
麗體金膏(拜颺集)　叢 1 - 249(3)
95 麗情百詠　集 4 - 30478
麗情集　子 5 - 27566　叢 1 - 15、22(13)、23(13)、29(6)、114(7)、168(3)、587(2)
麗情集、瓜麗情集　叢 1 - 282(3)、283(3)、367～8,2 - 731(50)
麗情考　叢 2 - 1092

1121_4 殛

15 殛珅誌畧　史 1 - 1982、1995　叢 2 - 683
殛珅志畧　史 1 - 1987、3757

1121_6 彊

00 彊廬詩鈔　集 5 - 40954
03 彊識編　子 4 - 22611～2、22614
彊識編、續　子 4 - 22613　叢 2 - 1719
彊識畧　子 5 - 25684～6
44 彊村詞　集 7 - 48373
彊村詞、彊村詞前集、別集　集 7 - 48372
彊村叢書十六種　集 7 - 46395
彊村遺書　集 5 - 39060
彊村所刻詞甲編　集 7 - 46396
46 彊恕齋吟草　集 5 - 34003
彊恕堂文稿　集 4 - 31189
彊恕堂詩　集 3 - 16848
彊恕堂詩集　集 3 - 21488
彊恕堂傳家集　子 1 - 2236
50 彊本堂彙編三種　叢 2 - 2257
52 彊靜齋詩録　叢 2 - 886(5)
57 彊邨棄稿　叢 2 - 2142
彊邨語業　集 7 - 48371　叢 2 - 2142
彊邨詞賸稿　叢 2 - 2142
彊邨集外詞　叢 2 - 2142
彊邨遺書六種外編二種附一種　叢 2 - 2142
彊邨校詞圖題詠　叢 2 - 2142

1122_1 槑

00 槑庵集　集 5 - 38842
槑庵漫稿(槑盦詩、詩餘、文鈔)　集 5 - 40004
槑齋文稿　集 4 - 31842
槑齋雜志　子 4 - 24488
槑齋自訂年譜　史 2 - 12185
槑齋奏稿　史 6 - 48910
51 槑軒孔氏所著書七種　叢 2 - 1580
槑軒經説　經 2 - 11588
槑軒駢體文(儀鄭堂駢體文)　集 4 - 23482
80 槑盦主人自訂年譜　史 2 - 12411
槑盦日記(清光緒二十年)　史 2 - 13208

1122_7 瓕

22 瓕山詩草　集 4 - 32992

39 彌沙塞部五分律　子 6－32087
彌沙塞部和醯五分律　子 6－32081(35)、32082(15)、32083(23)、32084(18)、32085(34)、32086(39)、32088(24)、32089(39)、32090(45)、32091(43)、32092(29)、32093(23),7－32645
彌沙塞五分戒本　子 6－32093(23)
彌沙塞戒本　子 6－32085(34)、32090(46)、32092(30)
彌沙塞羯磨　子 6－32083(23)
彌沙塞羯磨本　子 6－32081(36)、32084(19)、32085(34)、32086(40)、32088(25)、32089(40)、32090(46)、32091(44)、32092(30)、32093(23)
40 彌壽日記(清同治四年)　史 2－12716
44 彌勒下生經　子 6－32083(7)、32086(9)
彌勒下生成佛經　子 6－32083(7)、32086(10)、32089(7)
彌勒佛說地藏十王寶卷　集 7－54230～1
彌勒傳　子 7－34779
彌勒州志[康熙]　史 8－62597
彌勒州志[乾隆]　史 8－62598
彌勒來時經　子 6－32083(7)、32086(10)
彌勒菩薩上生兜率天經　子 6－32093(34),7－32450
彌勒菩薩所問經　子 6－32093(3)
彌勒菩薩所問經論　子 6－32081(22)、32082(13)、32083(15)、32084(13)、32085(22)、32086(24)、32088(16)、32089(41)、32090(48)、32091(46)、32092(32)、32093(27)
彌勒菩薩所問本願經　子 6－32081(3)、32082(3)、32083(3)、32084(3)、32085(3)、32086(3)、32088(3)、32089(3)、32090(4)、32091(3)、32092(2)、32093(4),7－32187
彌勒成佛經　子 6－32081(9)、32082(8)、32085(9)、32086(10)、32088(7)、32089(7)
彌勒縣志綱目小序單行稿[民國]　史 8－62599
彌勒當來成佛經　子 6－32090(10)、32092(6)
58 彌撒經典　子 7－35491
彌撒祭義　子 7－35494
彌撒規程注解　子 7－35496
彌撒小言　子 7－35495
60 彌羅閣望山記　史 7－49318(11)、53269
73 彌陀要解　子 6－32091(69)
彌陀往生淨土懺儀　子 7－34979
彌陀舌相　子 6－32091(77)
彌陀經論、華嚴小懺　子 7－33384
彌陀經疏　子 6－32089(50)
彌陀經疏鈔演義　子 7－33374
彌陀經疏鈔演義定本　子 7－33375
彌陀經疏鈔事義　子 7－32099
彌陀經集解　叢 2－2235
彌陀句解　子 6－32091(69)
彌陀寶懺法　子 7－34985
彌陀畧解圓中鈔　子 7－33371

背

17 背子厓　集 7－50522
44 背娃入府　集 7－52220、52639

1123_2 張

00 張亨甫詩選　集 4－30237
張亨甫全集、文集、首(思伯子堂稿)　集 4－30231
張彥觀畫　集 7－53512
張方洲奉使錄　叢 2－730(12)、836
張方楚國先賢傳　史 2－8212　叢 2－771(4)
張康侯詩集　集 3－15030
張廉卿雜文　集 5－34137
張廉卿論學手札　集 5－34138
張廉卿先生家譜[湖北武昌]　史 5－35264
張廉卿先生楷書千字文　子 3－15784
張廉卿先生墨妙　子 3－15785
張廉卿先生尺牘　集 6－45195
張廉卿書李剛介碑　子 3－15782
張廉卿書箴言　子 3－15783
張廉卿批語　子 3－15777
張廉卿墨蹟　子 3－15779
張度西(九鉞)年譜　史 2－11876
張廣溪集　集 4－32135
張廣雅(之洞)尚書六十壽序　史 2－10444
張文襄手札　子 3－15797
張文襄幕府紀聞　史 1－4321　叢 2－683
張文襄公(之洞)事畧　史 1－1995
張文襄公(之洞)年譜　史 2－12301～2
張文襄公謝摺　史 6－49085
張文襄公詩集　集 5－36247
張文襄公論書語　子 3－15230
張文襄公電稿　史 6－47180
張文襄公電牘　史 6－47182
張文襄公電奏　史 6－49084
張文襄公集(張文襄公詩集、古文、駢文、書劄、尺牘、家書)　集 5－36237
張文襄公督粵電稿　史 6－47181
張文襄公治鄂記　史 1－1997、4320

張文襄公事畧　史1-4319,2-10450
張文襄公奏議　史6-49083
張文襄公奏稿、函稿、續稿　史6-49082
張文襄公書劄　集5-36260～1
張文襄公駢文箋　集5-36251
張文襄公全集十四種　叢2-2000
張文襄公公牘、函稿、續編、電稿　史6-47185
張文襄公榮哀錄　史2-10449
張文端集　集3-15676
張文端集六種　叢2-1341
張文端公[張英]格言節錄　子1-2542
張文端公詩文選　叢2-691(3)
張文端公恆産瑣言　子1-1964、2206
張文毅公奏疏　史6-48953
張文烈遺集　叢2-715
張文烈公遺詩　集2-12664　叢1-580
張文烈公遺集　集2-12668
張文烈公軍中遺稿　集2-12666
張文貞集　集3-16036　叢1-223(67)
張文貞公(玉書)年譜　史2-11764～5
張文貞公文錄　集6-42066
張文貞公詩鈔　集3-16038
張文獻公集(唐丞相曲江張先生文集)　集1-760
張文獻公曲江集　集1-762
張文僖集　集2-6688,6-43118
張文僖公文集　集2-7097
張文僖公詠史詩　集2-7096
張文僖公詩集　集2-7095
張文僖公和唐詩　集2-7094
張文定公文選、目錄　集2-7997
張文定公集　集2-7996
張文定公全集(覲光樓集、紓玉樓集、靡悔軒集、環碧堂集、養心亭集、四友亭集)集2-7995
張文潛文集　集1-2839
張文潛文集選　集6-41798
張文潛文鈔　集6-41794
張文潛先生年譜　集1-2853
張文達公遺集　集4-31994
張文志公奏疏抄　集6-42045
張文愨公遺集　集2-11116
張文敬公奏疏佚稿　史6-48722
張文忠公文集　集1-5082
張文忠公文集(歸田類藁)　集1-5081
張文忠公文集、詩集　集2-9504
張文忠公詩稿、續　集2-7634
張文忠公集奏疏、詩稿、續、文稿　叢2-867
張文忠公奏疏　史6-48246
張文忠公奏疏鈔　史6-48284
張文昌文集　集1-1264　叢1-447
張文昌集　集1-1261,6-41711
張文厚公文集、賦鈔　集5-37717
張文學集　集2-10505,6-41935(5)
張文敏公遺稿　集3-18751
張文敏公送朱南崖大夫子入都文　集3-18752
張文節公遺集　集5-34004　叢1-419,2-731(44)
張玄九詩集　集3-17662
張襄壯奏疏　叢1-223(21)
張襄壯公(勇)行狀、列傳　史2-9261
張襄惠公輯畧　集2-8238
張六則公族譜[湖南瀏陽]　史5-35295
張京兆閨閤畫眉記　集7-48768
張京兆閨閣畫眉記　集7-49159
01 張龍湖先生文集、詩餘　集2-8087
03 張誠庵詩集　集3-18475
05 張靖達公雜著、席月山房詩存　集5-34315
張靖達公奏議　史6-49023
張靖達光緒甲申往來電稿　史6-47157
07 張望齋府君行述　史2-9254
張毅敏公集　集2-10357
張詞臣集　集3-13930
08 張說詩集　集6-41847～8
張說之文集　集1-751
張說之文集(張燕公集)　集1-750
張說之文集、補、校記　叢2-635(6)
張說之文集、補遺　集1-752～3　叢1-555,2-670
張說之集　集1-748,6-41743、41824
10 張一川印譜　子3-17026
張二水畫十八羅漢像　子3-16529
張三勸妹　集7-53390
張三丰一枝花詞　子5-29547
張三丰先生全集　子5-29536(6)、31991
張三丰祖師元要編　子5-31995
張三丰太極煉丹祕訣　子5-31278
張三丰真人無根樹詞　子5-31280
張三丰全集　子5-31990、31992
張玉立稿　集3-14447
張玉娘閨房三清鸚鵡墓貞文記　集7-50023
張玉田詞　集7-46728
張玉笥詩　集2-12117,6-41943
張亟齋遺集　集3-14643
張亟齋遺集(張力臣先生遺集)五種　叢2-1314
張王屋集　集2-8863,6-41935(3)
張靈崔瑩合傳　叢1-587(3)

張雪鴻書畫册 子3-14984
張元若詩選 集3-21535
張元春桐廬山水手卷 子3-16528
張元箸先生(煌言)事畧 史2-9282
張元箸先生事畧 叢2-1261
張爾成詩 集3-14449
張爾成稿 集3-14450,6-45336、45340
張爾唯程穆倩山水合册 子3-16626
張于湖誤宿女真觀 集7-48774(1)、49043
張于湖集 集1-3558,6-41711
張平章詩 集1-4815
張平子集 集1-205
張平叔悟真篇集註 子5-31151
張天師斷風花雪月 叢2-720(4)
張天師斷風花雪月雜劇 集7-48767(4)、48774(6)、48896 叢2-698(14)
張天師明斷辰鉤月 集7-48774(8)、49083、49100
張天船詩選 集5-37345
張天如詩 集2-12347,6-41943
張天如先生彙訂四書人物名物經文合考 經2-10535
張天如先生校正文公小學音註句解、孝經集註詳解、忠經集註詳解 子1-2687
張石河文稿 集2-6900 叢2-1205
張石州先生集序 叢2-947
張石初也足山房尤癯稿 集2-12923
張可菴先生疏稿 史6-48371
張可菴先生往來書牘 集6-45302
張可菴先生書牘 集2-10356
11 張北縣志[民國] 史7-55118
張北縣最新縣志[民國] 史7-55117
張孺人(紉芝)事畧 史2-10388
12 張璠漢記 史1-27、335
張璠周易集解 經1-2321
張弘山集 子4-20616
張弘山先生集 集2-8637
張水南文集 集2-8062 叢2-798
張水南文集、張氏吉光集 集2-8063
張烈愍公全集 集2-10989
張延綬別傳殘 史2-8602 叢2-592
張廷玉年譜 史2-11005、11807
張廷玉等奏稿(乾隆十四至十五年) 史6-47896
張廷秀還家一段 集7-51633
張孔目智勘魔合羅 集7-48771、48774(3)、48926 叢2-720(4)
張孔目智勘魔合羅雜劇 集7-48767(2) 叢2-698(16)
14 張瑾傳 史2-9351
張確齋先生詩文遺藁 集6-45057
15 張翀漢行狀 史2-9435
張珠垣詩文集殘稿 集4-30627
張疎讀說文札記 經2-12694
17 張弼士侍郎奏陳振興商務條議 史6-43941
張承吉集 集1-1468
張豫源牡丹詠七言律詩 集2-12924
張子 子1-612
張子(載)年譜 史2-11236 叢1-574(1)
張子文集鈔 集1-2259
張子文秕、詩秕 集2-12160
張子語錄、後錄 子1-651 叢1-447
張子語錄、後錄、校勘記 叢2-636(2)
張子語錄釋要 子1-107、615、653
張子詩選 集3-14356
張子正蒙 子1-618、634
張子正蒙(正蒙) 子1-617
張子正蒙註釋 子1-625 叢2-1290
張子正蒙釋要 子1-107、615、638
張子正蒙注 子1-626 叢2-1292～3
張子貞詩 集4-25691
張子和傷寒心鏡別集 子2-6469
張子和心鏡別集 子2-4564、6476
張子釋要 子1-107、615 叢2-1643
張子房赤霆經 史7-49307～8 子3-14619 叢2-767
張子房圯橋進履 集7-48774(4)
張子遠先生鬉下語 子4-20891
張子溫家書 集5-39899
張子祥真跡蟲鳥花卉册 子3-16610
張子壽文集(唐丞相曲江張先生文集、曲江集) 集1-765
張子壽文鈔 集6-41794
張子青畫扇册 子3-16749
張子東西銘全註 子1-107、615、648
張子抄釋 子1-613 叢1-223(31)、347,2-731(12)
張子野詩 集6-41747
張子野詞 集7-46352、46363、46375
張子野詞(子野詞) 集7-46452
張子野詞、補遺 集7-46395、46453 叢1-244(4)、353,2-731(48)
張子野詞、補遺、校記 叢2-698(10)
張子野詞補遺 集7-46454
張子全書 子1-98、611 叢1-218、223(30)、451、574(1),2-698(6)
張子全書七種 叢2-1031
張翠屏春秋春三正月考、辨疑 子3-11466
張勇烈公(樹珊)行述 史2-10320
張勇烈公神道碑 子3-15780
張君(日焜)墓表 史2-10831

張君度倣宋元諸家册 子 3-16534
張君一稿 集 2-11443～4,6-45336、45340
張君一先生毛詩微言 經 1-3796
張君瑞慶團圞(續西廂) 叢 2-720(3)
張君夕庵(崟)傳 史 2-9654
張君鏡溪(注東)事畧 史 2-10973
張司空集 集 1-339,6-43118
張司業詩集 集 6-41737、41878
張司業詩集(張司業集) 集 1-1258
張司業詩集、拾遺、附錄 集 1-1262
張司業集 集 1-1261 叢 1-223(49)
張司業樂府集 集 6-41741、41824
張司業樂府集(張籍詩、中唐張籍詩) 集 1-1260
張司隸初集(澤畔行吟、澤畔行吟續、奏章焚餘、古測、杞謀、奚囊剩草、雪廣筆役、不可不傳、偵宣鎮記、兵燹瑣記、竇莊城守規則、澤畔行吟再續) 集 2-12916
張司馬集 集 2-8526,6-41935(4)
張司馬定浙二亂志 史 1-2910 叢 1-84(2),2-730(9)、731(68)
張翼德三出小沛 集 7-48774(7)、49019
張翼德大破杏林莊雜劇 集 7-48774(8)、49018
張翼德單戰呂布雜劇 集 7-48774(8)、49021
20 張乖崖(詠)事文錄 史 2-8609
張乖崖文集 集 1-1844
張乖崖先生事文錄、遺文錄 集 1-1850
張乖崖事文錄 史 2-8610 集 1-1851,6-41716
張喬詩、文 叢 2-818
張喬詩集 集 1-1748～9,6-41824、41858～9,41878
張爲主客圖 集 6-45540 叢 1-232
張爲庵先生詩文遺藁 集 6-45057
張舜卿翠花記 集 7-51098
張千里醫案(千里醫案) 子 2-10642
張受先詩 集 2-12127,6-41943
張季子詩錄 集 5-38536
張季子說鹽 史 6-43788
張季子手劄 集 5-38540
張季子九錄、附編 集 5-38532
張季子九錄校補稿 集 5-38534
張季子九錄附一種 叢 2-2133
張季子未刊函稿 集 5-38541
張季直文鈔 集 5-38538～9
張季直先生時事吟草 集 5-38535
張雞山集 集 2-11591
張香濤詩稿 集 5-36238
張香濤制軍奏稿 史 6-49087
張香濤洗馬疏稿 史 6-49088
張香濤學使學究語 子 1-2458 叢 1-514
張香都朱氏支譜[安徽涇縣] 史 4-26663、26665
張香都七甲朱氏支譜[安徽涇縣] 史 4-26664
張秉貞雜稿 子 4-24181
張稚松先生文集 集 3-16444
21 張上將軍今頗八秩暨哲嗣師黄觀察六十家慶錄 史 2-10626
張僊經 子 5-29551
張僊寶卷(張僊卷、求神得子張僊卷、送子寶卷) 集 7-54284
張衡靈憲 史 7-49307 叢 2-767
張衡大象賦 子 3-11267
張處士詩集 叢 2-818
張處士集 集 3-14355
張師筠著述三種 叢 2-1988
張紫豔盜令(麒麟閣、盜令) 集 7-52569
張紫陽五律詩 子 5-29549
22 張川胡氏宗譜[浙江紹興] 史 4-30430、30439
張制軍(亮基)年譜 史 2-12169
張仙師口孽真言 叢 2-724
張乳白文集 集 5-37098
張乳伯說文審音 叢 1-508
張崑崙集 集 2-8047,6-41935(2)
張山來詩集 叢 1-358
張出世發宏願規戒自己勸化世人解 子 4-21985
23 張允隨奏疏稿 史 6-48719～20
張狀元孟子傳(孟子傳) 經 2-9810
張狀元孟子傳、校勘記 叢 2-637(2)
張狀元孟子傳存、校勘記、中庸說 經 2-9811
張牟子詩集 集 4-32130
24 張先生校正楊寶學易傳 經 1-463
張德彝集 集 5-37718
張侍郎詩 集 1-3352,6-41747
張待軒先生遺集 集 2-11869
張伎陵集 集 2-7478～9,6-41935(1)
張峽亭信稿 集 5-38735
25 張生煮海 集 7-48777
張仲誠遺書十八種附一種 叢 2-1289
張仲景瘟疫論 子 2-6954
張仲景方 叢 2-781
張仲景註解傷寒百證歌 子 2-6725 叢 1-422、465
張仲景傷寒六經辨證治法 子 2-4592、6361
張仲景傷寒雜病論 子 2-4759、6294、6386
張仲景傷寒雜病論表識新編注釋 子 2-

6441
張仲景傷寒雜病論合編 子 2 - 6305
張仲景傷寒雜病之方解 子 2 - 4759、6309
張仲景傷寒論辯證廣注、張仲景中寒論辯證廣注 子 2 - 6357
張仲景傷寒論一得篇 子 2 - 6586
張仲景傷寒論集成 子 2 - 6390
張仲景傷寒論補義 子 2 - 6415
張仲景傷寒論貫珠集 子 2 - 6371、6373
張仲景傷寒心法集注 子 2 - 6403
張仲景傷寒金匱方 子 2 - 6301
張仲景注解傷寒百證歌 叢 1 - 424、469、586(3),2 - 716(2)、731(29)
張仲景治傷寒三百九十七法附四診心法諸病辨似 子 2 - 6640
張仲景金匱要畧論注(金匱要畧論注) 子 2 - 6768
張仲景金匱要畧編注 子 2 - 4592
張仲景金匱要畧編注(張仲景金匱要畧、沈注金匱要畧、醫徵金匱要畧) 子 2 - 6771
26 張白齋集 集 2 - 7424,6 - 41935(3)
張白雲選名公扇譜 子 3 - 16317
張堡調查錄 史 7 - 49357、54111
張伯雨集外詩 集 1 - 5246～7
張伯幾詩 叢 2 - 1921
張伯淵茶錄 子 4 - 18978、19031
張粵卿中丞治粵奏疏 史 6 - 49035
張保祿行畧 史 2 - 9892、9906 子 7 - 35881
張臯文先生遺稿 集 4 - 24673
張臯文遺書□□種 叢 2 - 1616
張臯文箋易詮全集十六種 叢 2 - 1615
張臯文箋易詮全集十八種 經 1 - 2318
張臯副集 集 6 - 41935(4)
張魏公集、紫巖居士易傳 集 1 - 3248
張臬副集 集 2 - 8510
27 張夕庵先生(崟)年譜 史 2 - 11986
張佩綸墓表、墓誌銘 史 2 - 10701
張佩綸日記、尺牘詩課 史 2 - 13137
張佩渠所著書三種 叢 2 - 1676
張侗初先生評選古文綱目 集 6 - 42709
張御史文集彙存、紀事詩附錄 集 3 - 17766
張修撰遺集 集 2 - 6432～3
張象文詩集 集 1 - 1815
張伊嗣全集五種 叢 2 - 1205
張彝詩 集 4 - 24037
張船山詩鈔 集 4 - 25084
張船山先生(問陶)年譜 史 2 - 12003
張船山先生詩畫册 子 3 - 14994
張船山自寫詩册 子 3 - 15753
張船山判牘菁華 史 6 - 46487
張魯叟稿 集 2 - 11828～9,6 - 45336、45340
張督部陳撫部請變科舉奏 史 6 - 42276
張叔未編年詩 集 4 - 25567
張叔未先生(廷濟)年譜稿、程學川先生(宗伊)訃告 史 2 - 12021
張叔未解元所藏金石文字 史 8 - 63629
張叔未寫清儀閣集古款識 史 8 - 64167
張叔未日記(清嘉慶三年至七年、九年至十年、十五年至二十年、二十二年、道光元年至三年) 史 2 - 12650
張紹棠行述 史 2 - 10380
28 張徵君日記(清光緒十一年至二十五年) 史 2 - 13195
張徵君銘傳薈錄 叢 1 - 356
張儀山圖章譜 子 3 - 17466
張給諫奏疏 史 6 - 48667
29 張秋巖年譜 史 2 - 11870
張秋志[康熙] 史 8 - 59056
30 張宣公(栻)年譜 史 2 - 11328
張宣公全集三種 叢 2 - 1040
張注絳守居園池記 集 1 - 1540
張注内經抄 子 2 - 5328
張淮陽詩集(淮陽集、淮陽詩集) 集 1 - 4814
張淮陽詩集、張平章詩 集 1 - 4815
張淮陽詩集、樂府 集 1 - 4813
張淮陽集 集 1 - 4817
張淮陽集(淮陽獻武王集) 集 1 - 4816
張濂亭文鈔 集 6 - 41809
張濂卿先生詩文稿 集 5 - 34132
張汶祥記 史 1 - 1995、4057
張宛邱詩說 經 1 - 3617
張家渡許氏宗譜[浙江臨海] 史 5 - 34440
張家壩張氏宗譜[江蘇武進] 史 5 - 34832
張家口至烏里雅蘇台竹枝詞 史 7 - 54082 叢 1 - 518
張家口概況 史 7 - 55139
張家口貿易記 史 7 - 49357、49906
張之洞晉撫任内奏稿 史 6 - 49086
張之洞督鄂時各省督撫往來電文稿 史 6 - 47319
張之洞家書 集 5 - 36259
張之洞遺摺 史 6 - 49089
張準齋遺集 集 2 - 10257
張宮論酌春堂集 集 2 - 11442
張宮保奏約束出洋游學生章程並鼓勵游學生章程摺 史 6 - 42386
張良辭朝 集 7 - 52568
張賓王先生批評戰國策抄 史 1 - 5069
張賓槎詩稿 集 4 - 30526

張宗道先生地理全書(張宗道先生地理大全)　子 3-13410
張宗泰所著書三種　叢 2-1568
31 張江陵書牘　集 2-9507
張江陵書牘箋畧初稿　史 1-2915
張河間集　集 1-203～4,6-41694、41698　叢 1-183
張潛齋詩稿(潛齋遺集)　集 3-21916
32 張淨峯先生文集　集 2-8240
33 張心父集　集 2-8826～7,6-41935(5)、45054
34 張斗南宮詞　叢 1-407(4)
張漢儒疏稿　史 6-48530　叢 2-793
張漢儒揭稿　史 1-3147
張漢儒揭錢瞿疏　史 1-1971、3075
張漢儒揭錢瞿奏稿　史 6-48531　叢 1-406,2-789～90、792
張渚後街張氏宗譜[江蘇宜興]　史 5-34855
張洪陽註解道德經　子 5-29108、29543
張祜詩　集 6-41882
張祜詩(中唐張祜詩)　集 1-1472
張祜詩集　集 1-1471,6-41848、41878
張邁臨孫過庭書譜　子 3-15373
張遠兩友相論　子 7-35642
張達生先生(元翰)年譜稿本　史 2-12362
35 張清恪公(伯行)墓誌銘　史 2-9406
張清恪公(伯行)年譜　史 2-11005、11778～9,6-41525
36 張泗州集　集 6-41910
張湘畹遺集　集 4-28686
張湘曉(九徵)行述　史 2-9279
張湘門先生詩稿　集 3-17891
張溫和公(祥河)列傳　史 2-9803
張澤志[民國]　史 7-56482
張澤志稿[光緒]　史 7-56481
張遇春致戈登書　史 1-1989
37 張洺南文集　集 2-10350
張洺南詩集　集 2-10349
張深之先生正北西廂祕本　集 7-48818
張祠部詩集　集 6-41873、41878
張祠部詩集(中唐張繼詩)　集 1-1194
張逸民南遊草　集 2-11369
張迎煦文　集 4-26644
張通參集　集 2-8042,6-41935(4)
張退公墨竹記　子 3-14692、15898
張遙岑姑存集　集 3-20010
張軍門奏疏　史 6-48691
38 張遵言傳　叢 1-56
張道濟文鈔　集 6-41794
40 張左華集　集 2-8292
張九齡詩集　集 6-41847～8
張九齡集　集 1-759,6-41743、41824
張九齡集(張文獻公曲江集)　集 1-762
張九達先生四書尊註會意解　經 2-10661
張力臣先生(弨)年譜　史 2-11714　叢 2-807
張力臣先生遺集　集 3-14642
張大司馬奏稿　史 6-48908　叢 2-1847
張大受詩選　集 3-15998,6-44441
張大家蘭雪集　集 1-4942　叢 2-687
張大家蘭雪集(蘭雪集)　集 1-4940
張大宗師鑒定小學大全名解　子 1-2690
張大郎休妻　集 7-53389
張大有詩賦(綠槐堂詩賦)　集 3-17391
張太微詩集　集 2-8056
張太史評選秦漢文範　集 6-42950
張太史稿、塾課　集 3-18657
張太史家傳四書印、四書字句辨疑、初學文式　經 2-10534
張太史遺稿　集 2-10548
張太史時事疏　集 5-36256
張太史明道雜誌　叢 1-38
張太史明道雜志　子 4-20012,5-26218
張太史纂著書經主意金丹　經 1-2761
張太素侍郎自著年譜　史 2-11553
張太岳先生集、行實、目錄　集 2-9505
張太常集　集 1-211　叢 2-762～3
張士周詩選　集 4-22949
張南山詩文集　集 4-27094
張南山先生(維屏)年譜撮畧　史 2-12059
張南山全集十二種　叢 2-1681
張南湖詩詞存　集 4-31145
張南湖先生文集遺藁、詩餘集、詩集遺珠　集 6-45057
張南湖先生詩集、墓誌銘　集 2-7717
張南通先生榮哀錄　叢 2-2133
張南皮尚書六袠壽頌　叢 1-276
張南墩先生詩文遺藁　集 6-45057
張南軒集　叢 1-213
張南軒先生文集　集 1-3640　叢 1-214,2-731(44)
張南軒尺牘　集 1-3642
張志和西塞浮家　集 7-49398、49428
張女郎傳　叢 1-168(3)
張嘉祿行狀　史 2-10648
張古城先生文集五種　叢 2-1063
張古城先生文畧、補遺　集 2-7185
張古城先生詩集　集 2-7182
張右史文集　集 1-2842、2845　叢 2-635(10)

張右史文集、補遺 集1-2843～4
張吉安事狀輓言 史2-9637
張嗇庵先生實業文鈔 集5-38537
張嗇庵先生九錄、補遺 集5-38533
張壽卿雜劇一種 叢2-720(5)
張真人金石靈砂論 子5-29530(17)、29555、31098
張來儀集 集2-6160,6-41935(1)
張來儀先生文集 集2-6166～7
張來儀先生文集、補遺 集2-6168 叢2-870(5)
張來儀七律鈔 集2-6162
44 張荃翁貴耳集 子4-20173
張勤果公(曜)行狀 史2-10431
張夢澤先生評選名家四六燦花 集6-43895
張夢羲遺稿 集4-32298
張莊僖文集 集2-8488 叢1-223(66)
張莊僖公文集 集2-8486～7
張茂先集 集1-339
張茂滋餘生錄 史2-9254
張燕公集 集1-750,6-41837 叢1-223(48)、230(4),2-731(39)
張燕公集(張燕公詩集) 集1-747
張恭懿松窗夢語 子4-23005
張蓴江先生存笥集、徵行錄 集2-11311
張孝達制軍議論 集5-36257
張勃吳地理志 史1-422,7-49307 叢2-767
張華博物記 史7-49307 叢2-767
張若癡筆記 子5-26695
張若愚詩稿 集4-24431
張蒼水詩文集 集2-12677
張蒼水集 集2-12694～5 叢2-845(2)
張蒼水集、北征錄、張蒼水年譜 集2-12684
張蒼水先生文集 集2-12697
張蒼水全集 集2-12675
張蒼水全集、補遺、題詠、張忠烈公詩文題中人物攷畧、補 集2-12674
張蒼水全集、補遺、題詠、冰槎集題中人物考畧、傳畧補 叢1-580
張老傳 叢1-587(6)
張世登寶卷(佛說張世登寶卷、佛說張世登大失散寶卷) 集7-54328～9
張世源注 叢2-845(4)
張世卿集 集5-36482
張楚玉函稿 集5-39078
張村瑯琊郡王氏譜[江蘇無錫] 史4-24864
張樹珊墓表 史2-10321
張樹聲兩廣總督任内存札 史6-47330
張藥房遺稿 集3-17853
張菊圃自著年譜 史2-12448
張藕塘遺詩 集4-29753
張橫渠文集 叢2-691(3)
張橫渠集 叢1-213
張橫渠先生文集 叢1-214,2-731(44)
張橫渠先生文集(張橫渠先生集) 集1-2260
張林兆雜貨鋪被竊拒捕並各案罰俸 史6-46298
46 張恕齋(興詩)行述 史2-10347
張如農稿 集3-14683
張楊園(履祥)年譜 史2-11005、11654
張楊園訓子語 子1-1965、2170
張楊園集 叢1-213
張楊園先生(履祥)年譜 史2-11653 叢1-391、483,2-1266
張楊園先生文集 集3-13633
張楊園先生訓子語 子1-1964、2170
張楊園先生集十五種 叢2-1265
張楊園先生寒風佇立圖題跋 集6-44379
張楊園先生學規 子1-2371
張楊園先生年表 史2-11656
張楊園初學備忘 子1-1337、1965
47 張鞠田琴譜 子3-17731
張都護詩存 集5-37169
張都官集 集1-1936
張椒雲日記 史2-12763
張格爾造反 集7-52567
張格兒全事一枝 集7-52781
48 張散騎集 集1-598,6-41694
張翰齋遺書九種 叢2-1790
張翰講集 集2-5843,6-41935(3)
張翰林校正禮記大全 經1-5603
張教授詩 集2-6007
張敬堂太史遺書 經1-141 叢1-427
張梅渠古文 集4-25249
50 張中斌硃卷底稿 集5-36034
張中丞(巡)事實集錄 史2-8572
張中丞詩集 集2-8565
張中丞奏議 史6-49099 叢1-358
張事軒集 集2-9374 叢2-884
張聿青醫案 子2-10802
張夬齋先生(爾耆)墓誌銘 史2-10136
張惠言手抄易經 經1-191
張惠肅公(亮基)年譜 史2-12168
張惠肅公清稿 集4-31691
張惠肅公奏議 史6-48909
張忠烈詩文集(張蒼水公奇零草詩集、張忠

烈公文集、張忠烈公詩文集附錄）　集2－12676
張忠烈公(煌言)年譜　史2－11005、11699　集2－12678、12680　叢1－426,2－731(62)、2170
張忠烈公文集(冰槎集、詩補遺、詩餘、奇零草、北征錄、浙江壬午科鄉試硃卷、張忠烈公年譜)　集2－12673
張忠烈公文集、奇零草　集2－12679、12683
張忠烈公詩文題中人物攷畧　集2－12674
張忠烈公集、補遺　集2－12692
張忠烈公遺集　集2－12539
張忠烈公遺稿　集2－12543
張忠烈公存集　集2－11310
張忠武公(國樑)事錄　史2－10215
張忠武公列傳　史2－10216
張忠定公文行錄　史2－8611
張忠定公疏稿　史6－48394
張忠勤公浙閩書啓稿　史6－48586
張忠敏公制藝　集2－12120
張忠敏公遺集　集2－12118
張表臣詩話　集6－45483
張素庵先生詩文遺藁　集6－45057
張素存稿　集6－45336
張素存選稿　集3－16035
張素存全稿　集3－16034
張東海集　集2－6873,6－41935(3)
張東海全集、萬里志　集2－6871
51 張振西詩選　集3－21262
52 張靜夫稿　集3－19681
53 張蠙詩集　集1－1814,6－41741、41824、41858～9、41864、41869、41878
張蠙詩集(張象文詩集)　集1－1815
55 張曲江集　集6－41837
張曲江集(張曲江詩集、唐張曲江詩集)　集1－758
張曲江先生詩鈔　集1－764
張曲江年譜　集1－767
56 張揖坤蒼　叢2－780
57 張抱初先生文集　集2－10774
張抱初先生印正稿　子1－1275
張抱初先生印正稿、理學張抱初先生年譜　集2－10773
張邦昌事畧　史1－2491　叢1－195(1)
58 張蛻菴詩集　集1－5434,6－41780
60 張國賓雜劇三種　叢2－720(4)
張四姐寶卷　集7－54480
張易参義　經1－1631
張思齋示孫編、續編　集3－18287
張禺山集　集2－7805,6－41935(1)
張禺山戊巳吟、作詩、續　集2－7804
張昆岡先生四六狐白　集2－7648
張異度詩　集2－11068,6－41943
張異度先生自廣齋集、周吏部紀事　集2－11067
張果老　子5－27683
張景桓家乘私志　叢2－1370
張景芳跑關東一段　集7－51632
張景岳先生醫論雜抄　子2－4909
61 張啫六詩選　集4－25870
63 張畹香醫案　子2－4771(4)、10719
64 張曉行實墓誌銘　史2－9088
張疇齋墨譜　子4－18775
張疇齋墨譜(墨譜、疇齋墨譜)　子4－18783
65 張嘯蘇詩　集4－23301
67 張曜孫詩稿　集4－31552
張曜孫節用議　集4－31162
張明經詩鈔　集4－33219
張鳴珂書劄　集5－35050
張墅陳氏宗譜[江蘇常州]　史4－32766
68 張吟香堂醫喉祕傳　子2－7471
71 張長史十二意筆法　子3－15001、15039　叢1－23(14)
張長史十二意筆法(顏公筆法)　叢1－22(14)
72 張丘建筭經　子3－12419
張丘建算經　子3－12348　叢1－223(35)、238～9、244(3)，2－708、731(25)
張氏(以寧)至寶集　史2－8809
張氏慶餘祠戶册　史5－35461
張氏文集　集4－28239
張氏文獻公裔屯田使族譜[廣東番禺]　史5－35410
張氏六修族譜[廣東曲江]　史5－35411
張氏六修支譜[湖南寧鄉]　史5－35313
張氏六世支譜[河南]　史5－35263
張氏雜著八種　叢2－1892
張氏詩說　經1－4137　叢2－731(37)、869
張氏族譜　史5－34730、35440、35445～6、35448、35450～1、35453、35456、35460
張氏族譜[山西平定]　史5－34748
張氏族譜[山西陽泉]　史5－34747
張氏族譜[山東龍口]　史5－35251
張氏族譜[山東鄒城]　史5－35255
張氏族譜[山東蓬萊]　史5－35253
張氏族譜[山東萊陽]　史5－35252
張氏族譜[安徽潛山]　史5－35139
張氏族譜[安徽太和]　史5－35128
張氏族譜[江西]　史5－35182、35245
張氏族譜[江西宜春]　史5－35216、35218
張氏族譜[江西萍鄉]　史5－35193
張氏族譜[江西萬載]　史5－35229、35240

張氏族譜[江西興國] 史 5 - 35198
張氏族譜[江蘇] 史 5 - 34868
張氏族譜[江蘇揚州] 史 5 - 34785～6
張氏族譜[江蘇丹徒] 史 5 - 34811
張氏族譜[河北泊頭] 史 5 - 34741
張氏族譜[河北景縣] 史 5 - 34745
張氏族譜[河南] 史 5 - 35262
張氏族譜[河南新鄉] 史 5 - 35258～9
張氏族譜[福建上杭] 史 5 - 35177
張氏族譜[浙江紹興] 史 5 - 34927
張氏族譜[浙江杭州] 史 5 - 34881
張氏族譜[浙江開化] 史 5 - 34984
張氏族譜[湖南] 史 5 - 35405～7
張氏族譜[湖南新化] 史 5 - 35402、35404
張氏族譜[湖南平江] 史 5 - 35340～1
張氏族譜[湖南醴陵] 史 5 - 35357
張氏族譜[湖南寧鄉] 史 5 - 35307
張氏族譜[湖南沅江] 史 5 - 35326
張氏族譜[湖南瀏陽] 史 5 - 35292、35294
張氏族譜[湖南漢壽] 史 5 - 35324
張氏族譜[湖南湘鄉] 史 5 - 35365
張氏族譜[湖南華容] 史 5 - 35337～8
張氏族譜[湖南郴州] 史 5 - 35398、35400
張氏族譜[湖南長沙] 史 5 - 35275
張氏族譜[湖南岳陽] 史 5 - 35331～2
張氏族譜[湖南臨湘] 史 5 - 35335
張氏族譜[四川樂山] 史 5 - 35426
張氏族譜[四川郫縣] 史 5 - 35419
張氏族譜[四川資中] 史 5 - 35425
張氏一家言 集 6 - 45058
張氏二三門家簿[山西萬泉] 史 5 - 34752
張氏三修族譜 史 5 - 35444
張氏三修族譜[湖南邵陽] 史 5 - 35401
張氏三修族譜[湖南寧鄉] 史 5 - 35322
張氏三修族譜[湖南益陽] 史 5 - 35325
張氏三修譜牒[浙江紹興] 史 5 - 34928
張氏三修家乘[浙江平湖] 史 5 - 34900
張氏三修支譜[湖南寧鄉] 史 5 - 35320
張氏三禮圖 經 1 - 6218 叢 2 - 774(4、11)
張氏三娘賣花寶卷全集(賣花寶卷) 集 7 - 54519
張氏可書 子 5 - 26294 叢 1 - 223(45)、246、273(5)、274(5)、282(2)、283(2)、373(3),2 - 873
張氏發音錄 叢 1 - 330
張氏重修族譜 史 5 - 35454
張氏重修族譜[江西] 史 5 - 35181
張氏重修族譜[江西萬載] 史 5 - 35239
張氏重修族譜[江蘇丹陽] 史 5 - 34819
張氏重修族譜[湖南新化] 史 5 - 35403
張氏重修宗譜[浙江安吉] 史 5 - 34896
張氏統宗世譜 史 5 - 34726、34728、34732
張氏統宗世譜、文獻 史 5 - 34727
張氏統宗世譜[安徽] 史 5 - 35125
張氏統宗世譜[安徽休寧] 史 5 - 35153
張氏統宗世譜[安徽祁門] 史 5 - 35154
張氏統宗世譜內紀、文獻、目錄 史 5 - 34725
張氏先世詩集 集 6 - 45061
張氏續修族譜[江蘇高郵] 史 5 - 34791
張氏續修族譜[湖南] 史 5 - 35270
張氏續修族譜[湖南寧鄉] 史 5 - 35308、35310～1、35319
張氏續修族譜[湖南安化] 史 5 - 35327～30
張氏續修族譜[湖南湘鄉] 史 5 - 35371
張氏續修宗譜[浙江淳安] 史 5 - 34894
張氏續修宗譜[四川仁壽] 史 5 - 35431
張氏續修大成宗譜[湖南] 史 5 - 35269
張氏續修支譜 史 5 - 35459
張氏續修支譜[湖南] 史 5 - 35409
張氏續修支譜[湖南衡山] 史 5 - 35396
張氏續修支譜[湖南寧鄉] 史 5 - 35309、35321
張氏續修支譜[湖南長沙] 史 5 - 35271
張氏續存名錄[安徽蕪湖] 史 5 - 35130
張氏績譜[四川簡陽] 史 5 - 35430
張氏倡修上世墳譜[湖南攸縣] 史 5 - 35361
張氏濟公房惠玉公派房譜[湖南醴陵] 史 5 - 35349
張氏家譜 叢 2 - 1289
張氏家譜[北京] 史 5 - 34738
張氏家譜[上海松江] 史 5 - 34772
張氏家譜[山西平定] 史 5 - 34749
張氏家譜[江蘇蘇州] 史 5 - 34858
張氏家譜[河南西平] 史 5 - 35260
張氏家譜[河南上蔡] 史 5 - 35261
張氏家譜[浙江寧波] 史 5 - 34906
張氏家譜[浙江松陽] 史 5 - 35123
張氏家譜[浙江開化] 史 5 - 34982
張氏家譜[浙江餘姚] 史 5 - 34918～9
張氏家譜[遼寧北寧] 史 5 - 34753、34756～7
張氏家譜[湖南華容] 史 5 - 35336
張氏家信擇語 集 5 - 39898
張氏家乘[江西永新] 史 5 - 35243
張氏家乘[江蘇寶應] 史 5 - 34792
張氏家乘[江蘇鎮江] 史 5 - 34804
張氏家乘[江蘇常州] 史 5 - 34826
張氏家乘[湖北蒲圻] 史 5 - 35266
張氏家乘[四川內江] 史 5 - 35423
張氏家傳 集 5 - 41476

張氏適園叢書　叢2－614
張氏適園叢書初集總目、精刊張氏適園叢書預約章程　史8－66166
張氏適園叢書初集七種　叢2－613
張氏寶卷　集7－54518
張氏宗譜　史5－35455
張氏宗譜[北京]　史5－34739
張氏宗譜[上海崇明]　史5－34778～82
張氏宗譜[安徽六安]　史5－35156
張氏宗譜[安徽休寧]　史5－35151
張氏宗譜[安徽寧國]　史5－35162～4
張氏宗譜[安徽潛山]　史5－35140～1
張氏宗譜[安徽桐城]　史5－35131～2、35134～5
張氏宗譜[安徽無爲]　史5－35157、35159
張氏宗譜[安徽合肥]　史5－35127
張氏宗譜[江西婺源]　史5－35203
張氏宗譜[江西鄱陽]　史5－35202
張氏宗譜[江西宜春]　史5－35214～5
張氏宗譜[江西浮梁]　史5－35187
張氏宗譜[江蘇宜興]　史5－34854、34857
張氏宗譜[江蘇如皋]　史5－34800
張氏宗譜[江蘇丹陽]　史5－34818
張氏宗譜[江蘇無錫]　史5－34842、34844～6
張氏宗譜[江蘇鎮江]　史5－34805
張氏宗譜[浙江]　史5－34879～80
張氏宗譜[浙江新昌]　史5－34981
張氏宗譜[浙江紹興]　史5－34930
張氏宗譜[浙江淳安]　史5－34892
張氏宗譜[浙江永康]　史5－35027
張氏宗譜[浙江嘉興]　史5－34898
張氏宗譜[浙江鄞州]　史5－34912
張氏宗譜[浙江東陽]　史5－35037
張氏宗譜[湖北黄岡]　史5－35265
張氏宗譜[四川儀隴]　史5－35422
張氏宗譜[陝西興平]　史5－35434
張氏宗譜稿[江蘇武進]　史5－34835
張氏宗支世系之圖[遼寧北寧]　史5－34755
張氏江公房譜[湖南醴陵]　史5－35348
張氏叢考　子4－22681
張氏祕傳　子2－10180
張氏溫署醫旨　子2－4771(2)、6855
張氏通譜[湖南]　史5－35268
張氏通譜[湖南平江]　史5－35342
張氏通譜[湖南衡山]　史5－35397
張氏通譜[湖南寧鄉]　史5－35315～6
張氏九修族譜　史5－34735
張氏九修族譜[湖南瀏陽]　史5－35289
張氏大統宗譜[江蘇無錫]　史5－34843
張氏大成族譜[江西宜春]　史5－35220
張氏大同宗譜[湖南平江]　史5－35344
張氏土地記　史7－49307～8、49423　叢2－767
張氏支譜　史5－35441、35462
張氏支譜[江西宜春]　史5－35219
張氏支譜[江西萬載]　史5－35238
張氏支譜[湖南平江]　史5－35343
張氏支譜[湖南瀏陽]　史5－35283、35291
張氏吉光集　集2－8063
張氏七修族譜[江西臨川]　史5－35210
張氏七修支譜[湖南瀏陽]　史5－35284
張氏賈子　集7－53391
張氏藏府藥式補正　子2－5530
張氏藏書　子4－18536
張氏恭公支譜[江西浮梁]　史5－35188
張氏孝感里志[浙江諸暨]　史5－34957
張氏著存堂族譜[陝西潼關]　史5－35432～3
張氏世譜[江蘇武進]　史5－34827～8
張氏世譜[江蘇常熟]　史5－34861
張氏世譜續纂[江蘇武進]　史5－34829
張氏世譜彙編[江蘇武進]　史5－34830
張氏世系宗譜[青海西寧]　史5－35439
張氏藝文詩集二種　集6－45056
張氏敬宗堂祠志[湖南瀏陽]　史5－35287
張氏書畫四表　子3－14758
張氏春秋集注、綱領　叢1－223(10)
張氏拙軒集　集1－3931　叢1－223(57)
張氏日登公支譜[江西萍鄉]　史5－35194
張氏蜀譜[四川成都]　史5－35417
張氏四種　叢1－424、469、586(3),2－716(3)
張氏四修族譜　史5－35452
張氏四修族譜[湖南]　史5－35408
張氏四修族譜[湖南寧鄉]　史5－35323
張氏四修通譜　史5－34737
張氏長房次房未定粗譜[遼寧北寧]　史5－34754
張氏巵言　叢1－202(8)、203(14)
張氏風范　史2－8195
張氏風範　叢2－1205
張氏周易虞氏消息、歸奇注義、引駁諸儒説　叢1－312
張氏周易鄭荀義　叢1－312
張氏母訓　子1－1964、2999
張氏醫話　子2－10871
張氏醫參　子2－5263
張氏醫案　子2－10608
張氏醫通　子2－4599、4961
張氏醫書七種　子2－4599

張氏印譜 子3-17114
張氏八修族譜 史5-34731、35442
張氏八修族譜[湖南瀏陽] 史5-35281
張氏金鑒宗譜[浙江仙居] 史5-35117
張氏合修族譜 史5-34733
張氏合修族譜[江西] 史5-35183
張氏合修族譜[湖南] 史5-35267
張氏會修族譜[浙江] 史5-34878
張氏會修統宗世譜 史5-34724
張氏會修宗譜[浙江] 史5-34869
張氏會通譜[安徽休寧] 史5-35148
張氏簡明要言 子2-5280
74 張助甫詩選 集2-9747,6-41954
張陸二先生批評戰國策抄 史1-5058
76 張陽和文選 集2-9906～7 叢1-214,2-731(41)
張陽和先生不二齋文選 集2-9905
張陽和先生不二齋稿 集2-9904
77 張邱建算經 子3-11250
張同泰丸散膏丹全錄(張同泰號丸散膏丹全錄) 子2-9553
張周田集 集2-9745,6-41935(5)
張月霄遺象 史2-9740
張月泉詩集 集2-9680
張月悟貞孝行畧附輓詩 史2-9368
張履成先生醫案 子2-10891
張居來集 集2-9587,6-41935(3)
張居來集(張居來賦、詩、雜文、附錄) 集2-9585
張學士集 集2-8061,6-41935(4)
張母鄒太夫人烈節詩文詞錄 史2-10217
張母顧太孺人節孝錄 史2-9761
張母李夫人(蘺)家傳、張君(日焜)墓表 史2-10831
張母胡太夫人挽詞彙錄 史2-10759
張閣學文集 集2-12696,6-43118
張卿子經驗方 子2-9359、9505
張卿子先生遺集四種(白下編、湖上編、蓬宅編、衰晚編) 集2-11865
張卿子傷寒論 子2-4771(2)、6336
張民表先生詩 集2-11151
80 張企麓詩 集3-16416
張益齋先生詩文遺藁 集6-45057
張介侯先生(澍)年譜 史2-12061
張介侯所著書二十二種 叢2-1685
張介侯所著書三種 叢2-1684
張令傳 叢1-56
張無頗傳 叢1-56,2-731(50)
張念麓詩 集3-16714
張愈詸 叢1-168(4)
張愈光詩文選 集2-7801～2 叢2-886(2)
張愈光詩選 集2-7807
張義安先生(養誠)事畧 史2-10986
張義潮傳 史2-8592 叢2-599
張義士遺稿 集4-33370
張舍人詞 叢2-2227
張公(文均)平甫哀輓錄 史2-10333
張公(汝瀛)家傳 史2-9918
張公(邦昌)事畧 史2-8722
張公亮先生評選天湖近草 集2-12820
張公亮先生癸甲螢芝集 集2-11642
張公襄理軍務紀畧 史1-3822～3
張公奎垣(其光)軍門行狀 史2-10397
張公南軒族譜[湖南寧鄉] 史5-35301～2
張公藝九世同居雜劇 集7-48774(5)、48988
張公奏議 史6-48688
張公路詩集 集2-9584
86 張知府詩 集1-4849
88 張篁溪稿 集5-41360
張篁村詩(墨岑遺稿) 集3-18549
張篁邨詩 叢2-796
張竹軒遺稿 集5-37554
張簡齋詩草 集5-34005
張簡肅公奏議 史6-48172
張籍詩 集1-1260,6-41882
90 張小亭抄曲譜(袁氏舊藏曲) 集7-54734
張小山樂府 集7-50560
張小山小令 集7-50534、50539、50559
張小越稿 集2-12995～6,6-45336、45340
張惟寅家書 集3-15743
張憶娘簪華圖卷題詠 叢1-524,2-731(34)
張光弼詩集 集1-5451～2 叢2-636(4)
張雀網廷平感世 集7-49456
張尚書集 史1-3416～7 集2-12693 叢1-398、400
張尚書集附錄 史1-3415
張掌霖詩 集2-12919,6-41943
97 張耀祖摺奏稿 史6-48715
98 張敉集 集2-9771,6-41935(3)

1124_0 弭

37 弭盜兵畧 叢2-1318
72 弭兵古義 子1-3449

中國古籍總目書名索引

1128_6 頂

25 頂生王故事經 子6-32083(18)
頂生王因緣經 子6-32089(33)
51 頂批參同悟真三註 子5-30999
頂批金丹真傳 子5-31320
77 頂門針 子7-34896 叢1-142
80 頂尊忿怒咒 子7-32094
84 頂針續麻爾一段 集7-51422
92 頂燈 集7-52301

預

24 預備立憲公會章程題名表 史6-41754
預備立憲公會章程題名表、書函錄要 史6-41755
預備立憲公會第一年收支清册 史6-41756
預備立憲公會第四年收支清册 史6-41757
預續童殤譜 史5-41466
70 預防痘瘡論 子2-8773
預防傳染病之大研究 子7-37892
預防核子瘟 子2-6972
88 預籌中國十二年新政策 子7-38063

頑

00 頑齋詩鈔 集5-40563
10 頑石廬文集 集4-24258~9
頑石廬雜文 集4-24260
頑石廬經說 經1-163(2),2-11601
31 頑潭詩話、補遺、附錄 叢2-638
40 頑友登車 集7-53294
77 頑叟詩詞文鈔 集4-29230

1133_1 悲

00 悲庵家書 集5-35060
悲庵書劄 集5-35061
悲庵居士詩文稿 集5-35056
悲庵居士詩賸、文存 集5-35058
悲庵簡翰 集5-35059
29 悲秋 集7-52252
悲秋(黛玉悲秋)一枝 集7-52640
44 悲華經 子6-32081(6)、32082(5)、32083(5)、32084(5)、32085(6)、32086(6)、32088(5)、32089(5)、32090(7)、32091(6)、32092(5)、32093(10),7-32433
悲華經舍詩存、文存 集5-41121
47 悲歡離合龍鳳釧 集7-51318
71 悲原錄 集6-44871
74 悲慰集 集1-4398
77 悲風草 集2-12797
80 悲盦札記 子4-21922
87 悲飢詩 集3-16778 叢2-1367

瑟

00 瑟廬詩草 集5-34637 叢2-885
瑟廬遺詩 叢2-1017
瑟廬居士遺詩 集5-34636
08 瑟譜 經1-121、6480 子3-17826~7 叢1-223(14)、272(2)、273(3)、456(3),2-688、731(36)
11 瑟瑟錄 叢1-378
44 瑟榭叢談 子4-21450 叢1-558,2-1752
53 瑟甫歌詩 集5-33975
60 瑟園詩草 集3-14957

1140_0 斐

22 斐利迭禮璽王農政要畧 子7-37038
23 斐然齋印存 子3-17380
斐然集 集1-3257~8,6-41784 叢1-223(54)
32 斐洲遊記 子7-38016
斐洲剛果風俗記 史7-49357、54865
斐洲煙水愁城錄 子7-38193
60 斐園詩存 集5-37203
斐園課草 集4-27669
90 斐堂戲墨蓮盟(荷花蕩) 集7-49710

1142_7 孺

00 孺廬先生文錄 集6-42067

孺廬全集 集3－18428
67 孺噶草 集4－23570

1150_2 𢴤

21 𢴤經室文集 集4－25055～7 叢1－312
𢴤經室文稿 集4－25054
𢴤經室詩錄 集4－25052～3 叢1－344、456(5),2－731(44)
𢴤經室一集、二集、三集、四集、詩、續集、外集 叢2－635(13)
𢴤經室一集、二集、三集、四集、四集詩 叢2－731(41)
𢴤經室一集、二集、三集、四集、四集詩、續集、再續集、外集 叢1－344
𢴤經室一集、二集、三集、四集、四集詩、續集、再續集、外集、詩錄 集4－25044
𢴤經室集 經1－111(3),2－11878 集4－25042～3
𢴤經室經進書錄 史8－65373
𢴤經室續集 集4－25045 叢2－731(41)
𢴤經室全唐文補遺 集6－43559
𢴤經館詩 集5－37972
49 𢴤妙室印畧 子3－17243
57 𢴤契枝譚 史8－65164
70 𢴤雅堂文集 集5－34739
𢴤雅堂詩 集5－34737～8
𢴤雅堂詩鈔 集5－34736

1161_1 硜

40 硜士詩存 集5－37865
90 硜小齋偶吟 集3－17628

翫

50 翫春蕢閣文集 集5－35883
翫春蕢閣詩錄 集5－35882
翫春蕢閣集 集5－35884
82 翫劍樓詩稿、別集 集3－17929
翫劍樓詩稿、別集、外集、詞、文稿 集3－17930

䴡

31 䴡江詩草 集4－30658 叢2－1764

1162_7 礪

22 礪岩續文部、二集 集3－15213
礪山詩文草 集4－24444
礪山詩草 集4－24054
44 礪坡草堂詩選 集4－23434

1164_0 研

00 研癡詩稿 集4－31206
研六齋筆記 史8－65307
研六室文鈔 集4－27407
研六室文鈔、補遺 叢2－942
研六室文鈔、補遺、墓誌銘、行狀 集4－27408
研六室雜著 經1－111(4),2－11888
08 研譜 子4－18707
10 研露齋詩鈔、文鈔 集3－20588
研露樓兩種曲 集7－49392～3
研露樓琴譜 子3－17702
研雲堂詩 集3－17031
11 研北雜誌 叢1－22(4)、23(4)、26～8、108、111(4)、223(41)
研北雜記 叢2－617(4)
研北雜志 子4－20244
研北詩存 集3－17138
研北詩餘 集3－20393
研北瑣談殘稿 叢2－795
研北花南詞鈔 集7－47176
研北花南吟草、詞鈔、合璧詞 集4－24607
研北刪餘詩 集3－21593
15 研硃集五經總類 經2－11505
研硃集禮記 經1－5678
研硃集易經 經1－946
20 研香齋四六類腋 子5－26205
研香閣詩草 集5－34650
研香堂遺草 集4－22667 叢2－908
21 研經言 子2－4771(1)、5176
研經書院課集 叢2－2070

研經館詩鈔 集5-35903
研經堂集 集3-20611
22 研幾集畧 叢1-151
研幾圖 子1-868 叢2-731(12)、859
研幾錄 子1-1004
研山齋雜記 子4-23707
研山齋珍賞集覽 子3-14704
研山齋珍賞歷代名賢法書集覽 子3-14704
研山齋珍賞歷代名賢法書集覽(研山齋珍賞歷代名賢墨蹟集覽) 子3-15272
研山齋珍賞歷代名賢圖繪集覽 子3-14704、16261
研山詩文錄 叢2-1875
研山詞 集7-46405、46939
研山十詠 集3-17159
研山隨筆 叢2-1875
研山印草 子3-17072
研山印草、印人姓氏 子3-17000
研山堂詩草 集3-15259
25 研儂存草 集4-21990
29 研秋齋詩畧、文畧、筆記 集4-25839
研秋齋三種 叢2-1647
研秋齋筆記 叢2-619
研秋齋筆記、行述 子4-23341
30 研究經籍古書方法 叢2-2148
研究簡易識字學塾章程 史6-42371
研寶齋遺藁 集2-9946
31 研漚雜綴 子4-22011
研漚漫錄 子4-23401～2
32 研溪先生詩集 集3-17228
研溪先生集 集3-17227
研溪全集 集3-17226
34 研池春詩稿 集3-21128
37 研漁莊詩稿、文集 集3-21331
40 研樵山房倡和詩存 集6-44323
研樵山房日記(清同治元年至十三年) 史2-12995
43 研栰齋文集、筆記 集4-22898
研栰齋筆記 子5-26449
44 研花館吟草 叢2-1960
研花館吟草、香石齋吟草、退補齋隨筆 集5-34582
研莊遺稿 集3-18275
研華館詞 集4-31023,7-47818
研林鐵書 子3-17007
50 研史 史2-8697 集1-2780 叢1-170～1,2-721、1034
研史(硯史) 子4-18721
研書閣詩草 叢2-2136
60 研思堂家傳醫宗心法全書 子2-6164
77 研岡集 集2-8129
88 研箋 子4-18538 叢1-14(3)、25、461
90 研堂詩稿、續稿、晚稿、拾遺、花外散吟 集3-17499
研堂詩稿、續稿、晚稿、拾遺、花外散吟、贈言 集3-17500
研堂見聞雜記 史1-1979、4477
研堂見聞雜錄 史1-1982
98 研悅齋詩鈔 集4-28730
研悅堂詩草 集3-20047

1166_0 皕

11 皕琴琴譜 子3-17753
30 皕宋樓藏書源流考 史8-65324
皕宋樓藏書志 史8-65870
皕宋樓藏書志、續志 史8-65869 叢2-2004
皕宋樓藏書志目 史8-65871
皕宋樓藏書題跋輯錄 史8-65873
皕宋樓藏印 子3-17306
皕宋樓捐進書目 史8-65868

1168_6 碩

00 碩亭詩草 集4-22487
20 碩喬朱氏宗譜[江蘇武進] 史4-26431
27 碩督縣圖志[民國] 史8-62658
30 碩寬堂詩鈔 集4-25184
44 碩邁集 集3-13210
碩邁集、吾園遺草 集3-13211
碩邁園集 集2-11698
碩邁園集、目錄 集2-11699
48 碩松堂讀易紀 經1-1247
52 碩揆禪師語錄 子7-34324
53 碩輔寶鑑要覽 史2-6525
60 碩園詩稿 集3-14763
碩園詩稿、詞稿 集3-14762
碩園集 集3-14761,6-44533
碩園編年詩選 集3-14764
碩果亭集 集5-41286
碩果錄 史8-66248 子4-22402

1171_1 琵

11 琵琶記 集7-49709、49711、49724～5、49733、49741、51197
琵琶記(琵琶行) 集7-52447
琵琶記、釋義 集7-49720
琵琶記彈詞 集7-53877
琵琶記全部 集7-54410
琵琶調西廂記曲譜 集7-54670
琵琶譜 子3-17812、17814、17817、17820～1
琵琶行四折 集7-49652
琵琶寶卷 集7-54523
琵琶冷豔 集5-34205
琵琶十七變 集3-15029
琵琶婦傳 子5-26222 叢1-185
琵琶賺雜劇 叢2-702
琵琶錄 子3-17811 叢1-15、17、19(5)、20(3)、21(5)、22(17)、23(16)、24(6)、456(6)、465、587(2),2-731(5)
琵琶錄(琵琶) 子3-17810

1173_2 裴

00 裴度詩 集6-41872、41882
04 裴諶傳 叢1-168(3)
17 裴子言醫 子2-10490
裴子語林 子5-26240 叢2-774(10)
18 裴務齊切韻 經2-13639、15137
20 裴秀禹貢九州制地圖論 史7-49307 叢2-767
22 裴岑紀功碑鉤本 史8-64567
25 裴仙先別傳 史2-8562 叢1-56
32 裴淵廣州記 史7-50871 叢2-767
38 裴啓語林 叢1-22(10)、23(9)、29(2),2-617(2)
44 裴塔裴氏宗譜[江蘇宜興] 史5-38489
裴村遺稿 集2-12132,6-41941
46 裴相發菩提心文 子7-34449
裴相勸發菩提心文 子7-34450
60 裴園文鈔 集3-19301
72 裴氏新言 子4-19803～4 叢2-774(10)、775(5)
裴氏族譜[福建清流] 史5-38492
裴氏族譜[湖南長沙] 史5-38494
裴氏重修族譜[江西南豐] 史5-38493
裴氏家乘[江蘇江都] 史5-38487
裴氏宗譜[浙江常山] 史5-38490
裴氏世譜[山西聞喜] 史5-38483～6
裴氏世牒[山西聞喜] 史5-38481～2
裴氏奏議 史6-48706
裴氏歷代文鈔 叢1-413
裴氏醫書指髓七種 子2-4767
90 裴少俊牆頭馬上 集7-48770、48774(2)、48885 叢2-720(3)
裴少俊牆頭馬上雜劇 集7-48767(4) 叢2-698(14)
裴光祿(蔭森)年譜 史2-12249
裴光祿遺集 集5-34164

1180_1 冀

32 冀州志、續編[乾隆] 史7-55396
冀州志[康熙] 史7-55395
冀州志[嘉靖] 史7-55394
冀州圖經 史7-49307、49893 叢2-767
43 冀越集 子4-20250,5-26220 叢1-34、40
冀越集記 子4-20251
冀越集記、後集、相宅管說 子4-20252
冀越通 史6-45575,7-51278 叢1-22(21)、61～4,2-730(4)、1093
49 冀趙保定易五直隸州屬河圖 史6-46736
50 冀中管樂譜 子3-17869
62 冀縣志[民國] 史7-55397

1180_9 燹

88 燹餘雜詠 集4-30806 叢2-795
燹餘集 集3-14099
燹餘剩草 集5-33906
燹餘吟 集4-30528
燹餘吟稿 集4-32550
燹餘吟草 集5-39477
燹餘所見錄 子3-14872

1190_4 栞

40 栞臺夢語 集7-48612 叢2-2150

1210_8 登

00 登高唱和詩　叢 2-1317
10 登天嶽山記　史 7-49318(7)、53659
登西臺慟哭記　集 1-4575　叢 1-22(19)、23(18)、29(6)、175,2-912
登西臺慟哭記、詠梅軒類編　集 1-4573
登西臺慟哭記註　叢 2-1257
登雲山房文稿　集 4-28438
登雲豹　集 7-53721
登雲閣消寒吟草　集 5-41040
17 登君山記　史 7-49317(4)、49318(7)、53656
20 登千佛山記　史 7-49318(7)、53584
23 登岱詩　集 4-22552、33277
登岱記　史 7-49318(4)、53611
登岱草、歷下草　集 3-21605
24 登嶼山記　史 7-49317(4)、49318(8)、53590
登科記考　史 3-13416　叢 1-439
登科錄(宋寶祐四年)　叢 1-457
26 登嶧山記　史 7-49317(4)、49318(8)、53609
30 登瀛瑣跡擬樂府　集 4-32669
登瀛寶筏　叢 1-367
登富嶽記　史 7-49318(16)
登富士山記　史 7-49318(16)
31 登涉符籙　子 5-31673　叢 1-22(13)、23(12)、29(2)
登溎社稿初集　集 5-37050
登源汪氏宗譜[安徽績溪]　史 4-28918
32 登州府志[順治]　史 8-59257
登州府志[泰昌]　史 8-59256
登州府志[光緒]　史 8-59259
登州林先生續集　集 2-6068
37 登洞庭兩山記　史 7-49318(5)、53306
38 登道場山記　史 7-49318(7)、53395
40 登大王峯記　史 7-49317(3)、49318(9)、53530
登太華山記　史 7-49318(4)、53753
登壇必究　子 1-3802
登壇必究太乙　子 1-3803
登壇必究醫藥　子 2-10498
登壇輯要　子 1-3800
登壇快覽　子 1-3930
登南高峯遊記　集 4-29305
登南嶽記　史 7-49318(4)、53667
登真隱訣　子 5-29530(9)、29980　叢 1-98
44 登封新志[嘉靖]　史 8-59533
登封縣志[康熙]　史 8-59536
登封縣志[順治]　史 8-59535
登封縣志[乾隆]　史 8-59537～8
登封縣志[隆慶]　史 8-59534
登燕子磯記　史 7-49317(2)、49318(8)、53201、53203
登燕山記　史 7-49318(5)、53256
登華記　史 7-49318(4)、53750　叢 1-210～1
登華山記　史 7-49318(4)、53751
登黃鶴樓集唐　集 4-22426
45 登樓雜記　子 4-21272
登樓詞　集 7-47007
登樓降香(莊氏降香、降香)　集 7-52173
50 登泰山記　史 7-49318(4)、53612～3
65 登嘯集(蘇門山人集)　集 4-32812
71 登原題咏畧　史 4-28919
76 登陴紀畧　史 1-2889
登陴吟草　集 4-31620
登陴答問　叢 2-1175
77 登門辭歲　集 7-49700
80 登金華山記　史 7-49318(16)
90 登小孤山記　史 7-49318(6)、53535

1212_7 瑞

00 瑞齋新編　集 4-25853
瑞應皇朝　集 7-49700
瑞應祥徵　集 7-53027
瑞應圖　子 3-14555　叢 2-774(10)、775(5)
瑞應圖記　子 3-14556　叢 1-547(2),2-2173
01 瑞龍展墓日記　叢 2-677
10 瑞雪漫空　集 7-49700
瑞石山房紀年詩草　集 4-23777
瑞石山志　史 7-52303
瑞雲詞　集 7-47857
瑞雲樓稿　集 2-10192
16 瑞硯齋賦鈔　集 4-30594
20 瑞香球　集 7-53026
瑞香樓遺稿　集 4-32819
瑞香吟館遺草　集 5-34147,6-42007(2)
22 瑞巖山志　史 7-52442
23 瑞獻天台　集 7-49696
26 瑞伯經解改稿　經 2-11776
瑞泉南伯子集、後紀　集 2-8946
30 瑞安百詠　史 7-50471
瑞安孫氏玉海樓書目　史 8-65898
瑞安鄉土史譚[宣統]　史 7-57668
瑞安黃氏蔘綏閣舊本書目初編　史 8-

66024 叢 2-623
瑞安林氏印存 子 3-17191
瑞安縣志[康熙] 史 7-57663
瑞安縣志[嘉慶] 史 7-57665 叢 1-373(2)
瑞安縣志[嘉靖] 史 7-57662
瑞安縣志[乾隆] 史 7-57664
瑞安縣志[民國] 史 7-57667
瑞安縣志稿[民國] 史 7-57666
32 瑞州府志[正德] 史 8-58839
瑞州府志[崇禎] 史 8-58840
瑞州府志[同治] 史 8-58841
瑞州小集 集 1-4626,6-41889
38 瑞澂居官事蹟 史 2-10861
40 瑞士刑法典案 子 7-36669
瑞士建國志 子 5-28551
瑞杏館詩集 集 2-12852
瑞木紀 集 6-44019
42 瑞桃齋文稿 集 5-38112
瑞桃齋施案紀錄 史 1-4236
瑞桃齋戴案紀畧 史 1-4054
44 瑞萼堂詩集 集 4-25199
瑞花館文稿、賦稿、試律 叢 1-564
瑞蘭許願 集 7-53645
瑞芝山房詩鈔 集 5-36659、37120
瑞芝山房詩鈔、文鈔 叢 2-920
瑞芝山房集 集 2-10875
瑞芝室家傳、瑞芝室志銘 叢 2-2013
瑞芝室家傳、志銘 史 2-7876
瑞芝軒草 集 3-21708
瑞芝堂詩選 集 3-15071
瑞芝堂詩鈔 集 4-29051
瑞芝堂四六注釋、續補、續刊 集 4-23316
瑞芍軒詩鈔 集 4-27920
瑞芍軒詩鈔、詞稿 集 4-27918～9
瑞芍堂諧著 叢 2-2266
瑞荪軒隨筆 子 5-26607
瑞世良英 史 2-6614
瑞桂堂詩 集 4-28330
瑞桂堂暇錄 子 4-22202 叢 1-19(8)、20(6)、21(6)、22(5)、23(5)、24(9)
47 瑞鶴堂近稿 集 2-10485
瑞穀新謠 子 3-17620
瑞榴堂詩集 集 4-30184
瑞榴堂詩草 集 3-15491
50 瑞本堂李氏族譜[海南] 史 4-27647
60 瑞圃詩鈔 集 6-41999
瑞園合選詩 集 6-44293
瑞昌列傳 史 2-10851
瑞昌縣志[雍正] 史 8-58504
瑞昌縣志[康熙] 史 8-58503
瑞昌縣志[乾隆] 史 8-58505
瑞昌縣志[隆慶] 史 8-58502
瑞昌縣志[同治] 史 8-58506
瑞邑北關田心岡桂竹塅鍾氏四修族譜[江西瑞金] 史 5-40615
瑞邑江頭塘張氏五修族譜[江西瑞金] 史 5-35196
瑞邑古礤楊氏五修族譜[江西瑞金] 史 5-36958
瑞邑田心岡桂竹塅鍾氏重修族譜[江西瑞金] 史 5-40614
瑞邑躍鯉湖闕氏族譜[江西瑞金] 史 5-40999
瑞邑智鄉崠背李氏八修族譜[江西瑞金] 史 4-27354
瑞邑智鄉劉氏重修族譜[江西瑞金] 史 5-39370
65 瑞噢國哪喊國條約 子 7-36871
74 瑞慰農(春)盡節事實 史 2-9885
76 瑞陽王氏族譜[江西上高] 史 4-25366
瑞陽阿集(臺中疏草、廷中疏草、黔中疏草、鎮沅紀畧、撫黔紀畧、家居小適、山居小適、鎮沅懷德錄、撫黔紀別錄、論定錄) 集 2-10378
瑞陽阿集(明歙縣江東之瑞陽阿集) 集 2-10379
瑞陽阿集十種 叢 2-1144
80 瑞金高嶺氏三修族譜[江西瑞金] 史 5-39371
瑞金西關李氏族譜[江西瑞金] 史 4-27355
瑞金西關歐陽氏三修族譜[江西瑞金] 史 5-39080
瑞金西門楊氏族譜[江西瑞金] 史 5-36954～5
瑞金雷氏四修族譜[江西瑞金] 史 5-37159
瑞金北關大田圍夏羅坑曾氏族譜[江西瑞金] 史 5-36627
瑞金北關楊氏六修族譜[江西瑞金] 史 5-36957
瑞金北關楊氏族譜[江西瑞金] 史 5-36956
瑞金張氏初修族譜[江西瑞金] 史 5-35197
瑞金水西黃氏重修族譜[江西瑞金] 史 5-33953
瑞金水西黃氏初修族譜[江西瑞金] 史 5-33952
瑞金承一池口上馬石鄒氏族譜[江西瑞金] 史 5-36359

瑞金壬田上街許氏六修族譜[江西瑞金]　史5-34474
瑞金壬田朱氏六修族譜[江西瑞金]　史4-26679
瑞金白茅劉氏三修族譜[江西瑞金]　史5-39372
瑞金密溪羅氏六修族譜[江西瑞金]　史5-41075
瑞金密溪羅氏族譜[江西瑞金]　史5-41073～4
瑞金清溪鍾氏九修宗譜[江西瑞金]　史5-40619
瑞金洋溪劉氏族譜[江西瑞金]　史5-39366～8
瑞金九堡灞溪鍾氏重修族譜[江西瑞金]　史5-40616
瑞金九堡灞溪鍾氏七修族譜[江西瑞金]　史5-40617
瑞金九堡劉氏六修族譜[江西瑞金]　史5-39373
瑞金九堡劉氏七修族譜[江西瑞金]　史5-39374
瑞金九堡鑼溪劉氏七修族譜[江西瑞金]　史5-39375
瑞金南岡鄧氏族譜[江西瑞金]　史5-38816
瑞金蓼溪賴氏五修族譜[江西瑞金]　史5-39881
瑞金葉坪謝氏六修族譜[江西瑞金]　史5-40750
瑞金東山朱氏六修族譜[江西瑞金]　史4-26680
瑞金縣孔胡氏族譜[江西瑞金]　史4-30552～3
瑞金縣承三九堡劉氏重修族譜[江西瑞金]　史5-39376
瑞金縣毛氏族譜[江西瑞金]　史4-25628
瑞金縣江頭塘熊氏三修族譜[江西瑞金]　史5-38935
瑞金縣志[康熙]　史8-58605～6
瑞金縣志[道光]　史8-58608
瑞金縣志[嘉靖]　史8-58603
瑞金縣志[萬曆]　史8-58604
瑞金縣志[乾隆]　史8-58607
瑞金縣志[光緒]　史8-58609
瑞金縣志稿[民國]　史8-58610
瑞金縣萬田袁氏族譜[江西瑞金]　史4-31358
瑞金縣柏田許氏六修家譜[江西瑞金]　史5-34473
瑞金縣東關鍾氏族譜[江西瑞金]　史5-40618
瑞金縣田堀李氏族譜[江西瑞金]　史4-27356
瑞金劉氏光祿祠譜[江西瑞金]　史5-39378
瑞金周氏六修族譜[江西瑞金]　史4-30089
瑞金鑼溪劉氏重修家譜[江西瑞金]　史5-39377
瑞金智鄉壩上劉氏族譜[江西瑞金]　史5-39369
瑞金篁竹溪王氏四修族譜[江西瑞金]　史4-25326
瑞谷山人遺集　集4-26798
86 瑞錦堂詩　集4-28024
88 瑞筠圖傳奇　集7-50286、50289
瑞竹亭合稿　集3-15942～3
瑞竹堂詩稿　集3-19522
瑞竹堂詞　集3-19521
瑞竹堂經驗方　子2-4703、9186　叢1-223(33)

1213_4 璞

00 璞齋集　集5-37461～4
10 璞玉館詞鈔　集7-48071
22 璞山存稿　集4-32540
27 璞疑詩集　集4-23140
30 璞完詩草　集3-18695
40 璞存詩畧　集4-22997
璞存山房初稿　集4-24779
80 璞人詩集　集4-25637
90 璞堂詩稿　集5-34263

1214_7 璦

17 璦琿縣志[民國]　史7-56338～9

1215_3 璣

17 璣司刺虎記　子7-38209
21 璣衡心旨　子3-13426
60 璣園寄梗錄　叢1-496(5)
77 璣屑　子4-24096

1216_3 瑙

44 瑙革司保教紀畧　子 7－35878

1216_9 璠

82 璠鍾方氏家譜[安徽黟縣]　史 4－25840

1217_2 聯

00 聯壑履歷　史 2－10872
01 聯語　叢 2－2224
聯語剩稿　集 4－27254
聯語彙錄　叢 2－2158～9
聯語錄存　叢 2－2134
02 聯新事備詩學大成　子 5－24914
15 聯珠吟　集 5－41271
20 聯豸徐氏宗譜[浙江衢州]　史 4－31995
21 聯經　子 4－24360
22 聯緜字譜　叢 2－2228
26 聯綿字譜　經 2－14816　叢 2－2227、2229
27 聯句詩　集 4－24903,6－41974
聯句詩、西山倡和詩　集 6－44202
聯句詩紀　集 6－45747　叢 1－155
聯句私鈔　集 6－43794
聯句錄　集 6－43774
30 聯灘文氏六修族譜[湖南攸縣]　史 4－25689
聯字典畧　子 5－25766
44 聯莊　叢 1－349、353
聯莊聯騷　叢 1－197(1)
聯芳樓記　叢 1－168(2)
50 聯中隱齋遺稿　集 4－31373
57 聯邦志畧(續編)　子 7－36381
68 聯吟集　集 5－34551
70 聯璧詩鈔　集 3－19569　叢 2－1597、1599
77 聯騷　叢 1－349、353
86 聯錦詩集　集 2－6829
92 聯燈會要　子 7－34031

1219_4 璅

00 璅言、夢語　子 4－20621
璅言附夢語　叢 1－143
01 璅譚　子 4－20555　叢 2－1186
璅語編　子 4－20433　叢 1－87,2－730(1)
57 璅探十種　叢 1－155

1220_0 列

17 列子　子 1－7、18～20、24～6、44、50、61～5、67～9,5－29446、29449、29452、29457～9、29465、29480、29482、29487　叢 1－67、77、223(46)、227(7)、237,2－697、698(6)、731(10)
列子、列子盧注攷證　子 5－29464
列子、列子沖虛至德真經釋文　叢 1－301
列子、盧注考證　叢 1－323
列子、敍論、考證　叢 1－324
列子平議　子 1－82,5－29488　叢 2－1920
列子張湛註補正　叢 2－944
列子張湛注校正　叢 1－258,2－731(2)、847、1466
列子張湛注較正　子 5－29454
列子鬳齋口義　子 5－28931、28933、28935、29471、29476
列子僞書考　叢 2－2250
列子釋文　叢 2－1522～3
列子釋文、考異　子 5－29461
列子釋文考異　子 5－29462　叢 2－1522～3
列子御風　集 7－49574
列子注　子 5－29463　叢 1－265(4)
列子沖虛至德真經　子 5－28928、29450
列子沖虛至德真經註　子 5－29453
列子沖虛至德真經釋文　子 5－29460
列子沖虛至德真經注　叢 1－127
列子沖虛經、音義　子 5－29485
列子沖虛真經　子 1－21、27、30、43,5－29448、29475、29481、29484　叢 1－141、172
列子沖虛真經、音義　子 5－28930、29486
列子通義　子 5－28936、29479
列子口義　子 5－28932、28934、29474
列子閱　子 1－71
列子纂要　子 1－29,5－29483
列翠軒詩　集 3－17459
20 列位女真人詩歌　子 5－29588

22 列仙傳　史 2－6200、6834～7、6842、8127　子 5－26794、29530(6)、29560　叢 1－15、19(3、8)、20(5)、21(3、7)、22(10)、23(9)、24(4、8)、29(2)、86、90～3、223(47)、272(5)、374，2－617(3)、730(5、8)、776
列仙傳、續仙傳、疑仙傳　史 2－6843
列仙傳、校譌　史 2－6840
列仙傳、校譌、補校　史 2－6841　叢 1－376，2－731(60)
列仙傳、劍俠傳　子 5－26793
列仙傳佚文　史 2－6848　叢 2－777
列仙傳補　史 2－6863
列仙傳校正本　史 2－6839
列仙傳校正本、讚　史 2－6838　叢 2－628、1596
列仙酒牌　子 3－16347、16352
23 列代褒崇　史 2－8667　子 1－565　叢 2－1032
列代建元表、建元類聚考　史 1－1356
列代擬詩存佚考　叢 2－1985
列代篆籀碑刻錄　史 8－64414
25 列傳　叢 2－913
27 列象步天　子 3－11290
30 列流測　子 1－1054　叢 2－1093
列宿光輝　集 7－49700
37 列祖子孫玉牒　史 5－37511～8
列祖子孫玉牒(小)　史 5－37521
列祖女孫玉牒　史 5－37520
列祖女孫玉牒(小)　史 5－37523～6、37528
列祖提綱錄　子 7－34111
40 列士傳　史 2－6484　叢 2－776
列女詩並序　史 2－6402　叢 1－261
列女樂府、補遺　集 3－20858
列女傳　史 2－6379、6385、6390～2、6405、7728　叢 1－15、22(9)、23(9)、29(2)、114(2)、168(3)、236～7，2－724
列女傳、列女後傳　叢 2－781
列女傳、續　叢 2－1769
列女傳、續列女傳　叢 2－698(4)
列女傳集注、補遺　史 2－6389　叢 2－2140
列女傳集注、補遺、附錄　史 2－6388
列女傳佚文　史 2－6380　叢 2－777
列女傳補注、敍錄、校正　史 2－6386　叢 2－628、1596
列女傳補注正譌　叢 2－599
列女傳補注正僞　史 2－6387
列女傳校勘記　叢 2－1792
列女傳斠注　史 2－6395
列女傳拾遺　史 2－6394
列女傳四則　史 2－6378
列女補傳　史 2－6404　叢 2－956
41 列奸黨治罪　集 7－53207
列奸黨治罪一段　集 7－51495
47 列朝詩集總目　史 8－66383
列朝詩集乾集、甲集前編、甲集、乙集、丙集、丁集、閏集　集 6－43852
列朝盛事　叢 1－269(5)、270(4)、272(2)，2－731(51)
50 列史碧血錄　史 2－6912
列史外夷傳徵　史 7－54211　叢 2－2091
60 列國政要、譯文對照表　子 7－36539
列國政要、譯名對照表　史 7－54368
列國政要續編　史 7－54369
列國政要類考　子 7－36531
列國政治異同考、籌華芻言　子 7－36533
列國歲計政要　子 7－36228(2)、36231(2)、36241、36242(2)、36248、36523
列國變通興盛記　子 7－36435
列國編年紀要　叢 1－531
列國總評　子 5－27944
列國海戰記　子 7－36241
列國左傳要詮　經 1－6986
列國志　子 5－27946
列國史補　史 1－2151
列國東坡圖說　經 1－6623、7482～3、7488、7552
列國圖說　經 1－7479　叢 1－223(11)
列國陸軍制　子 7－36231(2)、36242(3)、36248、36250、36258、36912、36916
列國陸軍志　子 7－36228(3)
列國年表　經 1－8095
列國幣考　叢 2－921
列異傳七則　子 5－26801
70 列雅詩鈔　集 6－44956
71 列階遺詩　集 4－32351
72 列后呼嵩　集 7－49701

引

00 引痘集要　子 2－8961
引痘條約合梓　子 2－8969
引痘畧　子 2－4660～3、7972、8937
引痘畧(引痘新書、引痘新法全書、引痘方書、繪圖引痘心法全書、引種牛痘方書、引種牛痘法、重刻引痘新法)　子 2－8933
引痘畧(引種牛痘方書)、增補引痘圖說　子 2－8934
引痘畧、引痘畧續編　子 2－8935
引痘畧續編(引痘畧續篇)　子 2－8996
引痘畧合編(牛痘新法全書)、引痘畧續篇

子 2 - 8936
引痘題詠 子 2 - 8938
引商刻羽 集 7 - 54822
01 引証書目 子 3 - 16109
08 引論名義 子 7 - 33904
10 引玉編三集 集 5 - 37429
引玉編四集 集 5 - 37430
17 引翠軒集 集 3 - 19635
21 引經證醫 子 2 - 10714
引經便覽 子 2 - 5095
引經釋 經 1 - 48,2 - 11497
22 引種牛痘方書 子 2 - 8933
引種牛痘紀要 子 2 - 8940
引種牛痘法 子 2 - 4732、8933
27 引綴錄 子 3 - 12395
30 引流小榭吟草、補遺 集 4 - 24034
50 引申義舉例 經 2 - 14917
引書法 子 4 - 21885
74 引駁諸儒說 叢 1 - 312
77 引鳳簫 子 5 - 28345
引用文集目錄 叢 1 - 223(23)
引用諸書目 集 6 - 43294
79 引勝小約 子 3 - 18322 叢 1 - 197(4)
80 引年珠玉編 史 2 - 10616
引年錄 子 2 - 11051 叢 2 - 1229

1221_7 卍

00 卍齋瑣錄 子 4 - 22545 叢 1 - 282(3)、283(4),2 - 731(7)
88 卍竹山莊存稿 集 4 - 30317

1223_0 弘

07 弘毅公勳績 史 5 - 36750
弘毅公戰功行畧 史 2 - 9040
10 弘一大師(李叔同)年譜 史 2 - 12486
弘正詩鈔 集 6 - 43731
弘正四傑詩集 集 6 - 41952
25 弘傳序知音 子 7 - 33424
33 弘治六年進士登科錄 史 3 - 13568
弘治二年廣東鄉試錄 史 3 - 14599
弘治二年山東鄉試錄 史 3 - 14426
弘治二年江西鄉試錄 史 3 - 14363
弘治二年湖廣鄉試錄 史 3 - 14543
弘治三年庚戌科會試錄 史 3 - 13442、13566
弘治三年進士登科錄 史 3 - 13567
弘治五年應天府鄉試錄 史 3 - 14080
弘治五年廣西鄉試錄 史 3 - 14646
弘治五年順天府鄉試錄 史 3 - 13931
弘治五年山西鄉試錄 史 3 - 14035
弘治五年江西鄉試錄 史 3 - 14364
弘治五年浙江鄉試錄 史 3 - 14190
弘治五年湖廣鄉試錄 史 3 - 14544
弘治十一年順天府鄉試錄 史 3 - 13932
弘治十一年河南鄉試錄 史 3 - 14497
弘治十一年福建鄉試錄 史 3 - 14310
弘治十一年湖廣鄉試錄 史 3 - 14545
弘治十一年陝西鄉試錄 史 3 - 14775
弘治十二年乙未科會試錄 史 3 - 13442
弘治十二年進士登科錄 史 3 - 13571
弘治十二年會試錄 史 3 - 13572
弘治十五年進士登科錄 史 3 - 13574
弘治十五年會試錄 史 3 - 13573
弘治十七年順天府鄉試錄 史 3 - 13934
弘治十七年山東鄉試錄 史 3 - 14428
弘治十七年浙江鄉試錄 史 3 - 14191
弘治十七年陝西鄉試錄 史 3 - 14776
弘治十四年應天鄉試錄 史 3 - 14081
弘治十四年雲貴鄉試錄 史 3 - 14729
弘治十四年順天府鄉試錄 史 3 - 13933
弘治十四年江西鄉試錄 史 3 - 14365
弘治十四年河南鄉試錄 史 3 - 14498
弘治十四年福建鄉試錄 史 3 - 14311
弘治十八年進士登科錄 史 3 - 13576
弘治十八年會試錄 史 3 - 13575
弘治九年丙辰科會試錄 史 3 - 13442、13569
弘治九年進士登科錄 史 3 - 13570
弘治八年廣東鄉試錄 史 3 - 14600
弘治八年山東鄉試錄 史 3 - 14427
弘治八年河南鄉試錄 史 3 - 14496
弘治八年福建鄉試錄 史 3 - 14309
弘治八年陝西鄉試錄 史 3 - 14774
38 弘道廣顯三昧經(入金剛問定意經) 子 6 - 32085(17)
弘道廣顯定意經 子 6 - 32081(17)
弘道書 子 1 - 1429 叢 2 - 656、702、1321
弘道錄 子 1 - 1023～4,5 - 29531
44 弘藝錄 集 2 - 8213～4 叢 2 - 833
弘村汪氏家譜[安徽黟縣] 史 4 - 28893
53 弘戒法儀 子 6 - 32091(76),7 - 33928
55 弘農郡楊氏譜[四川] 史 5 - 37073
弘農衍派家譜敍錄[福建雲霄] 史 5 - 36949
弘農楊氏宗譜[安徽桐城] 史 5 - 36932、36935

弘農楊氏宗譜[安徽合肥] 史5-36930
弘農楊氏宗譜[浙江松陽] 史5-36928～9
67 弘明集 子6-32081(43)、32082(21)、32083(27)、32084(23)、32085(40)、32086(47)、32088(29)、32089(47)、32090(60)、32091(58)、32092(40)、32093(52),7-34602 叢2-635(5)、698(8)
弘明集、廣弘明集、音釋 子7-34601
弘明集、音釋 叢1-223(46)
76 弘陽至理歸宗思鄉寶卷(混元弘陽中華寶經) 子7-36174
弘陽後續燃燈天華寶卷(紅陽後續天華寶卷) 集7-54147
弘陽祕妙顯性結果經(弘陽顯性結果經) 集7-54143
弘陽苦功悟道經(混元弘陽苦功悟道寶經、混元弘陽苦功悟道經、苦功悟道經) 集7-54142
弘陽苦功悟道寶卷 子7-36162
弘陽歎世經 集7-54146
弘陽歎世寶經 集7-54146
弘陽妙道玉華隨堂真經 子7-36178
弘陽顯性結果深根寶卷(混元弘陽顯性結果經) 集7-54148
弘陽后續燃燈天華寶卷 子7-36177
弘陽臨凡飄高經 集7-54145
77 弘覺忞禪師語錄 子6-32092(44)
弘覺忞禪師北遊集 子6-32091(73)
88 弘簡錄 史1-176
90 弘光乙酉揚州城守紀畧 史1-1937、3337
弘光宮詞 集2-12785
弘光實錄鈔 史1-1695、1979、1982
弘光實錄鈔、弘光大臣月表 史1-1696
弘光朝僞東宮僞后及黨禍紀畧 史1-1937、1982、3304
弘光朝紀畧 史1-3300

弧

10 弧三角平視法 子3-12389、12683 叢2-653(2)、1833
弧三角形 子3-12365 叢2-1638
弧三角術 子3-12361、12364
弧三角和較術 子3-12662
弧三角釋術 子3-12797
弧三角拾遺 子3-12360、12364、12640 叢1-433,2-731(26)
弧三角舉要 子3-11238～40
弧三角舉隅 子3-12351、12396,7-36241
弧三角闡微 子7-37549
27 弧角設如 子3-12351、12635
弧角三術 子3-12792～3
弧角平儀簡法 子3-12395
弧角條目 子3-12396
弧角七政圖算 子3-12784
弧角拾遺 子3-12388、12672,7-36231(7) 叢2-1946
36 弧祝 集7-49530
40 弧左集 集5-35989
60 弧田問率 子3-12366、12388、12687～8,7-36228(1)、36231(7)、36242(1)、36248
80 弧矢割圓 子3-12578
弧矢啓祕 子3-12396 叢1-242(4)
弧矢啓祕 子3-12356
弧矢開方草 子3-12803
弧矢筭術 子3-12432、12450
弧矢算術 子3-12449 叢1-223(35)
弧矢算術細草 子3-12354 叢1-244(5),2-731(26)
弧矢算術細草圖解 子3-12657 叢1-203(18)、558
弧矢算術細草圖解、咸豐元年中星表 子3-12656
弧矢算術細竹圖 子3-12658
弧矢算術補 子3-12353、12451

水

00 水亭詩存 集4-23380 叢2-970
水庝詩集 集3-20357
水府諸神祀典記 史6-42193 叢2-691(1)、2107
水衣全論 子7-36228(3)、36248、37238
01 水龍經 子3-13152、13269
水龍經、集古今名墓圖 子3-13270
水龍經、續、陰陽宅 子3-13154
水語山房詩 集3-19197
04 水詩 子4-18981、19062
07 水詞 子4-18981、19063
水調歌頭 子5-29547
水部 子3-13139、13466
水部式殘 史6-46589 叢2-592
08 水族加恩簿 叢1-10、22(13)、23(12)、29(7)
10 水一枝 集7-51937
水石緣 子5-28351、28354
水石緣二十九段 子5-28352
水石緣三十段 子5-28350、28356
水石居詩稿 集4-29229

水西主人詩鈔　集5-33726
水西詠雪齋詩稿　集4-31446
水西詩鈔　集3-20397
水西諫疏　史6-48241
水西紀畧　史1-2984、3640　叢1-320,2-1312
水西近詠、紅鶴軒詩草、水西高逸詠　集3-14143
水西藁　集2-7072
水西閒館詩　集4-24812
水西全集　集2-10740
水西會語　子1-1100　叢2-731(12)、816
水西會條　子1-1099　叢2-731(16)、816
水西答問　子1-1104　叢2-731(12)、816
水雷祕要、圖　子7-36231(6)、36994
水雷圖說　子1-3581
水雷圖說、補遺、圖　子7-36995
水雷問答　子1-3627
水雲詩集　集1-4509,6-41908
水雲詩集補鈔　集1-4510
水雲詩鈔　集1-4508,6-41900
水雲詞　集7-46368、46374、46392、46395、46719
水雲詞集　集7-46352
水雲電氣問答　子7-37687
水雲集　子5-29530(22)、29535(5)、29536(5)　集1-4503～4、4635～8,3-16333　叢1-223(58),2-833
水雲集、詞、附錄　集1-4506
水雲集、水雲人長短句　集3-16332
水雲集補鈔　集6-41901
水雲集附錄　叢1-392
水雲集合鈔　叢1-353
水雲欸乃、泥爪詞、竹窗秋籟、悔餘詞、雙紅豆詞、月樓琴語　集7-48115
水雲村氓藁　集6-41896
水雲村稿　集1-4839～40　叢1-223(59)
水雲村泯稿　集1-4835、4837～8,4-26746
水雲村泯稿、恐菴遺稿　集1-4836
水雲村吟稿　集1-4841
水雲樓詩剩稿　集4-33230
水雲樓詞、續　集7-48013　叢1-579
水雲樓詞、續、詩賸藁　叢1-509
水雲樓詞續　集7-48014
水雲樓稿　集3-17442
水雲樓賸藁　叢2-799～801
水雲樓燼餘稿　集4-33231
水雲笛譜　子3-17858　集4-22293
11 水北孫氏宗譜　史5-33695
水北家訓　子1-2233　叢2-1554
水琴詞　集5-35196
14 水破山人詩稿　集5-41449
20 水香村墅詩　集3-20301
水香園遺詩　集3-17313
21 水衡　叢1-46
水衡記　史6-49221　叢1-15、20(8)、21(9)、22(18)、23(17)、24(11)、29(2)
水師章程、續編　子7-36231(2)、36957
水師說畧　叢2-2081
水師說畧四條　史6-45253
水師說畧四條彭剛直公長江百條(錄三十四條)苦口藥　叢2-2079
水師保身法　子7-36228(6)、36231(2)、36248、36962
水師考　子7-36240(3)
水師輯畧　史6-45254
水師撮要　史6-45255
水師操練　子7-36231(2)、36956
水經　史7-52681～2　子4-18981、19061　叢1-22(18)、23(17)、29(3)、43～4、74～7、101,2-1089
水經序補逸　史7-52699　叢2-731(2)、847
水經廣注　史7-52686
水經要覽　史7-49318(9)、52755
水經山海經合刻二種　叢1-43～4
水經綜要　史7-52756
水經釋地　史7-52722～3　叢1-238、516
水經注　史7-49349、52683～5、52688、52692～3　叢1-41～2、223(24)、227(5)、238、410、447,2-635(3)、698(5)
水經注、御製文　叢1-230(2)
水經注、補遺、附錄　史7-52702
水經注正誤舉例　史7-52732　叢2-671
水經注疏　史7-52713～4
水經注疏證　史7-52708
水經注疏要删、補遺　史7-52717
水經注疏要删、補遺、要删補遺　史7-52718
水經注疏要删引用書目　史7-52719
水經注疏箋　史7-52709～10
水經注西南諸水考　史7-52730　叢1-514,2-653(2)、1833
水經注碑錄　史8-64404
水經注重校本　史7-52701
水經注重校本、全校水經酈注水道表　史7-52703
水經注集釋訂訛　史7-52700　叢1-223(24)
水經注佚文　史7-52687　叢2-777
水經注釋　史7-52705、52707
水經注釋、水經注箋刊誤　史7-52706
水經注釋、目錄、水經注箋刊誤　叢1-223

(24)
水經注釋地、補遺、水道直指　史 7-52724
水經注滙校　史 7-52711～2
水經注治要　史 7-52689
水經注補逸　叢 1-258
水經注游水疏證　史 7-52733
水經注校　叢 2-1475
水經注札記　史 7-52720
水經注戴趙合校勘本　史 7-52715
水經注摘鈔　史 7-52694
水經注圖　史 7-52726
水經注圖、補　史 7-52729
水經注圖說殘槀　史 7-52725
水經注圖說殘稿　子 3-12357　叢 2-917、1744
水經注所載碑目　史 8-64376　叢 2-1089
水經注所載碑目、輿地紀勝所載碑目　史 8-64375
水經注刪　史 7-52697
水經注箋　史 7-52698
水經注鈔　史 7-52690～1　叢 1-122
水經注類鈔　史 7-52695
水經考次　史 7-52721
水經敍[補逸]　叢 2-1466
22 水崖齋詩　集 3-20482
水仙亭詞集　集 7-48133
水仙操　子 3-17580、17679
水乳流芳錄　史 2-8017
水山詩草　集 6-41983
水山詩鈔　集 4-22688
水災文詩　史 6-46748
水利　叢 1-460,2-771(1)
水利雜記　史 6-46719,7-49318(10)
水利五論　史 6-46746　叢 2-811
水利集　史 6-46737
水利集議　史 6-46595
水利芻言　史 6-46593
水利荒政合刻　史 6-41537
水利節畧　史 6-46758
水利營田圖說　史 6-46584、46713、46732
水利營田册說補圖　子 1-4227
水稻試驗成績　子 7-37033
26 水程日記　史 7-53847　叢 2-1191
27 水盤八針法　叢 1-367～8
水豹堂詩選　集 3-20539
水鄉集　集 3-14106,6-44533
30 水流雲在圖記　史 2-12391　子 4-24719
水流雲在館詩詞　集 5-35492
水流雲在館詩鈔、詩鈔續刊、詞鈔、悔餘詞續刊、試帖　集 5-35490
水流雲在館詩鈔、奏議　集 4-30664
水流雲在館詞、月樓琴語　集 7-48116
水流雲在館詞鈔　集 7-48117
水流雲在館蘇詩存卷　集 1-2473
水流雲在館奏議　史 6-48972
水沆石記　叢 1-353
水蜜桃譜　史 7-49327　子 1-4491
水窗春囈　子 5-26580
水窗餘事　集 5-33826
31 水灑紅袍寶卷　集 7-54421
32 水澄劉氏家譜[浙江紹興]　史 5-39257、39259、39261
水澄劉氏宗譜摘抄[浙江紹興]　史 5-39258
水澄劉氏遺詩　叢 2-982
水澄劉氏支譜[浙江紹興]　史 5-39260
33 水心文集　叢 2-698(10)
水心文集、補遺　集 1-3818　叢 2-865～6
水心文鈔　集 1-3823
水心詩鈔　集 1-3821,6-41900
水心集　叢 1-223(56)
水心集補鈔　集 1-3822,6-41901
水心先生文集　叢 2-635(10)
水心先生文集(水心集、水心先生集)　集 1-3817
水心先生別集　集 1-3819　叢 2-864～6
水心進卷(詩)　經 1-3661
水心捧劍　集 7-49705
水心題跋　子 3-14922　叢 1-169(4),2-731(33)
水心鏡　集 7-53961
34 水淹金山寺一段　集 7-51551
水法　子 3-13140
水法極玄　子 3-13707
35 水沫所飄經　子 6-32083(20)
36 水漫全譜　集 7-53427
水邊林下五十九種　叢 1-30
37 水湄書屋集拾穗　子 4-20920
水運　子 7-37405
38 水滸記　集 7-49709、49965～6
水滸後傳　子 5-28675、28680～1　叢 1-496(2)
水滸傳　子 5-28657
水滸古人名一枝　集 7-51938
水滸葉子　子 3-16404
水滸畫譜　子 3-16543
水滸畫像　子 3-16452
水滸圖贊　子 3-16357
水滸段一段　集 7-51550
水滸全圖　子 3-16356
水滸全人名　集 7-52442

水洋金氏宗譜[浙江黄巖] 史4-29759～60
水道參考 史6-46587,7-52980～1
水道總考 史7-49318(9)、52754
水道直指 史7-52724
水道考、田墓 叢2-1092
水道提綱 史7-52746～7 叢1-223(25)
水道提綱、天度刊誤 史7-52748
40 水坑謝氏家譜[江西萍鄉] 史5-40749
水坑石記 子4-18695 叢1-197(3)、322、469、495、586(4),2-716(3)
水南文集 集3-18623
水南詩集 集3-18621
水南集 集2-7738,3-18622 叢2-843
水南稿 集2-7739
水南灌叟遺稿 集3-20021
水南遺集 集3-18634
水南翰記 子4-20796～7 叢1-22(23)、29(7)、31、97,2-799～801
42 水機圖說 子1-4272
43 水城廳採訪册[光緒] 史8-62194
水城縣志[民國] 史8-62196
水城縣志稿[民國] 史8-62195
44 水地記 史7-49315、52751～3 叢1-203(15)、238,2-731(55)、814、1475
水地小記 經1-108、111(2)、5050 叢2-814
水湈國櫂歌 集7-48272 叢2-2150
水嬉詞 集7-47007
水黄牛經 子1-4530
水村先生(劉壎)行實 史2-8800
水村易鏡 經1-77(2)、2131
水村居士詩 集3-21519
水村尺牘 集3-21516
水菘花館詩鈔 集4-32374 叢2-970
水菘閒舫詞鈔 集7-47829
50 水中梅景三十韻 集4-29011
水東記畧 子4-22958 叢1-22(21)
水東夏氏家乘[安徽當塗] 史4-31687
水東夏氏家乘[江蘇丹徒] 史4-31655
水東翟氏宗譜[安徽涇縣] 史5-38928
水東集初編五種 叢2-2157
水東草堂詩 集3-15890 叢2-949
水東日記 史1-1933 子4-22954、22956～7 叢1-31、34、46、223(45)
水東日記摘抄 叢1-84(3),2-730(10)
水東日記摘鈔 子4-22955
水東陸氏譜[江蘇蘇州] 史4-32639
水東陸氏譜系[江蘇崑山] 史4-32653
51 水耘詩稿、詞 集4-27200
55 水井劉氏族譜[湖南湘潭] 史5-39599
水井劉氏五修族譜[湖南湘潭] 史5-39600
水曹清暇錄 子4-21288 叢1-373(3)
水曹隨手記 叢2-1980
60 水口葛氏宗譜[浙江縉雲] 史5-35850
水目無住和尚南燈續燄空明集 子7-34104
水墨廬詩 集3-13577
水墨齋詩集 集4-23869
水里排龍、山上排龍 子3-13708
水田劉氏族譜[湖南] 史5-39444
水田劉氏族譜[湖南衡陽] 史5-39643
水田周氏譜[浙江紹興] 史4-29958
水田周氏譜[浙江餘姚] 史4-29941～2
水田居文集 叢2-1245
水田居文集(水田居士集) 集3-13373
水田居文錄 集6-42066
水田居集 集3-13372
水田居激書 子4-20939 叢2-1245
水田居存詩 叢2-1245
水田居全集七種附一種 叢2-1245
水品 子4-18978 叢1-22(26)
水品全秩 子4-19017 叢1-86,2-730(7)
水晶山莊叢刻徵文徵詩 集5-38304
62 水影堂編 集2-10101
63 水戰陣式 子1-3737
67 水明山樓集 集3-19831
水明樓詩 集3-15813,6-45142 叢2-951
水明樓詩集 集4-25025
水明樓詩鈔 集4-28374
水明樓集 集2-11168,5-36823
72 水氏傳經世系表 史2-8039 叢2-978
74 水陸雜文 子7-35035～6
水陸攻守戰畧祕書(水陸戰守攻畧方術祕書)七種 子1-3082
水陸儀軌五種 子7-35040
水陸道場法輪寶懺 子7-35038
水陸道場圖像 子7-35039
水陸戰議 子7-36229、38140
水陸戰守攻畧祕書四種 子1-3083
75 水陣圖 子1-3727
76 水陽村張氏族譜[安徽歙縣] 史5-35147
77 水闊山深一枝 集7-51939
水屋賸稿 集4-24102
水月齋指月錄 史2-6811 子7-34076
水月樓集 集5-38092
水月軒漫唫稿 集2-10143
水月令 史6-49268 叢1-197(3)、371
水月燈 子5-27882
水學要論 子7-36254
水學須知 子7-36230、37657

水學考 子7-36245
水學贅言 史6-46764
水學圖說 子7-36228(4)、37656
80 水鏡詩集 集1-5285
水鏡元公詩集 集1-5285
水鏡集 子3-14211
水鏡錄 子5-29531、30390
水氣指南 子2-4701、7265
84 水鉗圖補注 子3-13302
88 水鑑齋稿 集2-10865
水竹山房初稿 集4-30757
水竹村人詩選 集5-38800
水竹村人集 集5-38799
水竹軒詩鈔 集4-32391
水竹邨人(徐世昌)年譜 史2-12381
水竹居賦抄 叢2-1535
水竹居吟草 集4-27952
水簾館新編芍藥記 集7-50111
水箋、補 史7-53127
水飾 子3-18473 叢2-774(10)
93 水懺 子7-34974
水懺科注 子7-34977

1223_2 淼

00 淼亭詩鈔 集5-39143
51 淼軒詩稿 集2-11275

1224_7 弢

00 弢廛館詩存 集4-30374
弢廛館讀史隨筆 史1-4966
弢庵詩集 集4-25337
弢庵遺稿 集5-40085
弢廬吟草 集5-35405
弢齋詩錄 集5-40152
44 弢華館詩稿 集5-39580
45 弢樓遺集 集5-39076
弢樓脞錄序 集5-39079
50 弢素遺稿 叢2-795
53 弢甫文集 集3-19027
弢甫詩續集 集3-19028
弢甫五嶽集(嵩山集、華山集、泰山集、衡山集、恆山集) 集3-19030
弢甫集、旌門錄、墓表 集3-19026
弢甫進呈三編 集4-28595
60 弢園文錄 集5-34860
弢園文錄、文錄外編 集5-34861
弢園文錄外編 集5-34862～4
弢園雜錄(弢園詩詞) 集5-34854
弢園詞 集7-48250
弢園集外詩存 集5-34859
弢園經學輯存 叢2-1974
弢園紀事 史1-4078
弢園叢書十一種 叢1-467
弢園袁民王韜自傳 叢2-695
弢園藏書志 史8-65829
弢園藏書目 史8-65827
弢園著述總目 史8-66037
弢園未刻詩稿 集5-34853
弢園日記(清光緒八年至十四年) 史2-12923
弢園隨筆 史1-4077
弢園尺牘 集5-34865～6
弢園尺牘續鈔 集5-34867
弢園筆乘 史1-1995、4095
70 弢雅堂癸丑懷人詩 集4-31154

發

00 發音錄 經2-14034 叢1-22(25)、331
10 發票總登 子4-18643
11 發背形証品 子2-7695
發背對口治訣論 子2-4768、7754
發背對口治訣附外科祕法 子2-4769
22 發幽錄 史2-7801 叢2-809
28 發微 子3-13144
發微論 子3-13140、13367 叢1-223(36)
發微歷正通書大成 子3-12454
38 發祥世紀 史1-1623 叢1-223(19)
40 發喪要規 子7-35602
44 發蒙記 經2-13357～8、13360、15142 叢1-22(10)、23(10)、2-774(8)
發蒙彝訓 經2-13478
發蒙圖說 經2-13527
發菩提心記、續刻 子7-33667
發菩提心論 子6-32081(25)、32083(16)、32085(25)、32086(28)、32088(18)、32089(44)、32090(49)、32091(47)、32092(32),7-32749
發菩提心經論 子6-32084(15)、32093(26)
發菩提心戒本 子7-33919
57 發軔集 集4-32948
60 發墨守 經1-26、29～30、7254～5、7257 叢1-223(9)、242(2)、260～1、448、515,2-665、

731(63)
發墨守評　經1-111(4)、7297、7311　叢2-1936
發墨守疏證　經1-7316
64 發財寶卷　集7-54271、54318
67 發明疫痧紅腫爛喉及白喉無痧禁藥說　子2-7451
發明証治　子2-7099
發明張仲景傷寒論方法正傳　子2-6647
發明義理　子4-19997　叢1-19(8)、20(5)、21(7)、22(2)、23(2)、24(8)、374
71 發願要理　子7-35360
77 發覺淨心經　子6-32082(2)、32083(2)、32084(3)、32085(3)、32086(2)、32088(2)、32089(3)、32090(3)、32091(2)、32092(2)、32093(4),7-32172
80 發公羊墨守　經1-27～8、31、7256、7258　叢2-773(6)

1233_0 烈

26 烈皇勤政記　史1-3037　叢1-269(3)、270(2)、271、272(2)
烈皇小識　史1-1946、1977、1982、3030～3
40 烈士傳　史2-6908　叢1-19(4)、21(3)、24(4)
烈女記　史1-801　集7-50383
烈女傳　史2-6440　叢1-472
烈女紀畧　史2-8229
烈女李三行　叢1-587(4)
烈女金鍾記一段(賢孝無雙)　集7-51496
47 烈婦殷氏傳　史2-9530
烈婦盡節實錄　史2-10891

1233_9 悉

80 悉盦文集　叢2-2226
悉盦詩集　叢2-2226
悉盦四六文　叢2-2226

1240_0 刊

06 刊誤　子4-19884、19886　叢1-91、223(39)、330～1、388～90,2-730(5)
刊誤補遺　子4-22514
07 刊謬正俗　經2-14723　叢1-410,2-950
21 刊虛字註釋備考　經2-12909
27 刊仰止子精纂名公地理全抄雪心賦補　子3-13282
刊繆補缺切韻　經2-13633
36 刊湯會元參詳明公新說四書解頤鰲頭　經2-10435
50 刊本所有抄本所無目　史1-5314
71 刊歷驗良方、摘鈔救急良方　子2-9496

刑

07 刑部廣東司情實重囚招冊　史6-46449
刑部新定現行則例　史6-45830、46988
刑部說帖　史6-45852、46212、46215
刑部說帖揭要、閑續　史6-46214
刑部酌擬律例内應行刪除各條奏准通行摺附清單　史6-45995
刑部山東司緩決重囚招冊　史6-46447
刑部山東司情實重囚招冊　史6-46448
刑部緩決處決重囚招冊　史6-46443
刑部安徽等司咨駁題駁改正應行量加議敍事件清冊　史6-46446
刑部審擬具奏抄　史6-46155
刑部浙江司情真重囚招冊　史6-46445
刑部迭次通行章程　史6-46990
刑部通行章程　史6-46992
刑部通行條例　史6-46989
刑部直隸各省重囚招冊(山西司)　史6-46145
刑部直隸各省重囚招冊(直隸司、湖廣司、浙江司、安徽司、江蘇司、山東司、河南司、山西司)　史6-46146
刑部都察院奏處擬死罪分別改爲流徙摺　史6-46292
刑部事宜　史6-46066
刑部奏底　史6-48015
刑部奏辦罪犯習藝所章程摺　史6-46299
刑部奏請恩赦章程　史6-45896
刑部奏疏　史6-48299
刑部奏準通行竊毀電線治罪等章程　史6-46285
刑部奏定僞造外國銀幣治罪專條　史6-46291
刑部奏定通行新章程(道光十八年至光緒二十一年)　史6-45991
刑部奏案　史6-48014
刑部陝西司緩決重囚招冊　史6-46450
刑部駁案提要　史6-46231

刑部問寧王案 史1-2838 叢2-741
刑部會議失守城池案内文武員弁應否免罪辦理兩岐酌擬章程例册 史6-46280
刑部情實重囚招册 史6-46444
18 刑政考 子7-36240(2)
20 刑統賦 史6-45752～3 叢1-114(2)、511
刑統賦疏 史6-45758 叢2-618
刑統賦解 史6-45754、45756 叢2-618
刑統賦解、刑統賦 史6-45755
22 刑制總考 史6-46264 叢2-2109
刑制分考 史6-46265 叢2-2109
24 刑科成案 史6-46143
25 刑律平議彙編 史6-45999
刑律修正各修清單 史6-45988
刑律考 子7-36240(2)
刑律草案箋注 史6-45921
27 刑名一得 史6-46234
刑名條例 史6-46216
刑名啓蒙心妙總集 史6-45770
30 刑案章程 史6-46223
刑案雜登 史6-46141
刑案新編 史6-46140
刑案一隅 史6-46128
刑案集要 史6-46142
刑案比照加減成案 史6-46191
刑案比照加減成案續編 史6-46192
刑案彙抄(河北) 史6-46147
刑案彙錄(浙江省) 史6-46148
刑案滙覽、拾遺備考 史6-46130
刑案滙覽、拾遺備考、續增 史6-46134
刑案滙覽、目録 史6-46131
刑案滙覽三編、中外交涉案件 史6-46137
刑案滙覽續編 史6-46136
刑案成式 史6-46222
34 刑法 叢1-460
刑法記 史1-801
刑法論說 子7-36240(2)
刑法總考 子7-36240(2)
刑法條例(日本) 子7-36677
刑法增廣 史6-45998
刑法奏摺公牘 子7-36240(2)
刑法敍畧 史6-46261 叢1-195(4)、351，2-731(17)
刑法策 子7-36236
40 刑友良方 史6-46417
44 刑幕要畧 史6-41534、46433
50 刑事訴訟法 史6-45939 子7-36649
刑書釋名 史6-46263 叢1-22(2)、23(2)、162、195(7)，2-731(17)
55 刑曹總敍 史6-45806
77 刑具考 史6-46269 叢2-2109
83 刑錢必覽 史6-46120
刑錢指南 史6-46119

1240_1 延

00 延慶衛志畧[乾隆] 史7-54978
延慶州鄉土志[光緒] 史7-54980
延慶州志、續補[順治] 史7-54976
延慶州志[乾隆] 史7-54977
延慶州志[光緒] 史7-54979
延慶胡氏宗譜[北京延慶] 史4-30369
延慶瞻禮 集7-49700
10 延正學齋詩集 集5-38740，6-42007(4)
延露詞 集3-15230，7-46402、46404、46924～5 叢1-223(67)、496(5)，2-698(14)、838
延露編 集2-10728
延平府志[康熙] 史8-58197
延平府志[順治] 史8-58196
延平府志[嘉靖] 史8-58194
延平府志[萬曆] 史8-58195
延平府志[乾隆] 史8-58198
延平二王遺集 叢2-742
延平王戶官楊英從征實錄 史1-3262
延平先生要語 叢1-34
延平李先生(侗)年譜 史2-11019、11295
延平李先生師弟子答問(延平答問)、後錄、補錄 子1-767
延平李先生師弟子答問、後錄 子1-768 叢1-574(2)
延平李先生師弟子答問、後錄、雜學辨、附錄 叢2-1039
延平李氏宗譜[安徽桐城] 史4-27290
延平始末 史1-3524
延平四先生年譜 史2-11019
延平答問 子1-769 叢1-223(30)
延平答問、後錄、補錄 叢2-754
18 延政鄭墅王氏宗譜[江蘇常州] 史4-24848
21 延師脗脈 集7-53364
22 延川縣新志[民國] 史8-62722
延川縣志[順治] 史8-62720
延川縣志[道光] 史8-62721
延綏鎮統轄標協營汛官員兵丁數目册 史6-47478
延綏鎮志[康熙] 史8-62993
延綏鎮志[萬曆] 史8-62992
延綏鎮志李自成傳 史1-3062 叢2-742

24 延休堂漫錄　史 1－4410　叢 1－22(21)
25 延生證聖真經　子 5－29535(4)、29536(4)、30229
延生福壽寶卷　集 7－54498
27 延綠齋詩存　集 4－23705
延綠山房吟草　集 5－34389
延綠草堂詩存　集 4－27449
延綠閣集　集 3－17826
延綠閣遺詩　集 4－27049
延綠簃詩鈔　集 5－34803
28 延齡館菊花百吟　集 4－29592
延齡纂要　子 2－11077
延齡堂喉科　子 2－7613
29 延秋山館自訂年譜　史 2－11947
延秋室詩稿　集 5－39534
延秋社詩附遊仙詩鈔　叢 2－1874
延秋吟館詩鈔、續鈔　集 5－36408～9
延秋月館雜體詩存(延秋月館詩存)　集 5－34792
延秋閣賸稿　集 4－29926
30 延安府志[康熙]　史 8－62714
延安府志[弘治]　史 8－62713
延安府志[嘉慶]　史 8－62715
延安府賦役全書　史 6－43760
31 延江生詩集、詞　集 5－39041
延福宮曲宴記　史 1－2477　叢 1－22(19)、23(18)
延福寺志畧　史 7－51664
32 延州筆記　子 4－23919～20　叢 1－22(23)、31、97,2－617(3)、799～801
34 延祐四明志　史 7－54917、57410　叢 1－223(23)
延祐甲寅科江西鄉試錄　史 3－13421
延禧堂詩鈔　集 4－26618,6－45021
35 延津志[嘉靖]　史 8－59703
延津縣志[康熙]　史 8－59705
延津縣志[萬曆]　史 8－59704
延清亭外稿　叢 1－564
36 延湘閣集　集 3－19676
延澤家乘[浙江嘉興]　史 5－40194
40 延爽集　集 5－41283
延古齋詩稿　集 3－18648
延古堂印譜、續　子 3－17228
延吉廳疆域記　史 7－49357、50014
延吉廳幅員記　史 7－49357、50015
延吉廳韓民越墾始末　史 7－49357、50018
延吉墾廳建記沿革記　史 7－49357、50016
延吉墾務調查記　史 7－49357、50017
延吉縣志[民國]　史 7－56294
延壽方書　子 2－9781
延壽徐氏族譜[福建浦城]　史 4－32132
延壽徐氏族譜[福建莆田]　史 4－32135
延壽徐氏家譜[福建莆田]　史 4－32136
延壽客齋遺稿　集 5－36515
延壽寶卷　集 7－54406、54499
延壽寶卷(壽延百齡)　集 7－54500
延壽藥言四編附錄　子 2－11135
延壽妙門陀羅尼經　子 7－32910
延壽妙門陁羅尼經　子 6－32083(32)
延壽指南　叢 2－724
延壽縣志[民國]　史 7－56326～7
延壽丹方　子 2－11084
延壽鍼治病穴道圖　子 2－10395
延壽第一紳言　子 2－10968　叢 1－195(6),2－731(30)
44 延芬室雜錄　子 5－25455
延芬室詩　集 3－21841
延芬室集　集 3－21842
延芬堂集　集 3－16405　叢 2－970
延茀堂詩草　集 5－39919
延桂山房吟稿、文集、詞草、別集　集 5－36752
46 延旭軒儷語　集 5－40400
50 延青齋詩鈔　集 4－22630
延青齋館課偶存詩　集 4－22629
延青閣詞　集 7－47241
延青堂詩存　集 4－30928
58 延釐堂文集　叢 2－1579
延釐堂詩集　集 4－23602　叢 2－1579
延釐堂集　集 4－23603
延釐堂集五種　叢 2－1579
延釐堂奏疏、補遺　史 6－48791
67 延暉書屋詩文稿　集 4－29428
延暉堂詩草　集 4－25865
延嗣真經　子 5－30235
延煦堂金文拓本目　史 8－64331
71 延長縣鄉土志[民國]　史 8－62719
延長縣志[康熙]　史 8－62716
延長縣志[乾隆]　史 8－62717
延長縣志書[民國]　史 8－62718
74 延陵訪碑記　史 8－63872
延陵郡庫村吳氏族譜[浙江泰順]　史 4－27984
延陵郡吳氏續譜[浙江常山]　史 4－27885
延陵郡吳氏宗譜[浙江麗水]　史 4－27987
延陵郡九堍吳氏族譜[浙江泰順]　史 4－27985
延陵處士集　集 3－14215
延陵崇祀鄉賢錄(吳仁榮)　史 2－9946
延陵先生集新舊服氣經　子 2－11152,5－29530(16)、29556
延陵吳氏族譜[廣東中山]　史 4－28192

延陵吴氏譜畧、續修譜畧[江蘇蘇州]　史4-27785
延陵吴氏統宗世系族譜[安徽]　史4-27993
延陵吴氏續修宗譜[江蘇江陰]　史4-27756
延陵吴氏家譜[浙江義烏]　史4-27915～7、27922
延陵吴氏宗譜[安徽涇縣]　史4-28086
延陵吴氏宗譜[江蘇江陰]　史4-27754
延陵吴氏宗譜[江蘇蘇州]　史4-27784
延陵吴氏宗譜[江蘇常州]　史4-27734～6、27742
延陵吴氏宗譜[浙江龍游]　史4-27888
延陵吴氏宗譜[浙江諸暨]　史4-27868
延陵吴氏宗譜[浙江武義]　史4-27956
延陵吴氏宗譜[浙江衢州]　史4-27880
延陵吴氏宗譜[浙江東陽]　史4-27954～5
延陵吴氏宗譜[浙江開化]　史4-27886
延陵吴氏宗譜[浙江義烏]　史4-27918、27920～1
延陵吴氏大成宗譜[江蘇丹陽]　史4-27729
延陵九里廟志　史7-51771
延陵韋氏族譜[江蘇丹陽]　史4-31124
延陵韋氏家乘[江蘇武進]　史4-31127
延陵荆村吴氏宗譜[江蘇丹陽]　史4-27728
延陵垕圫吴氏宗譜[浙江東陽]　史4-27939～43
延陵金氏增修宗譜[江蘇武進]　史4-29630
延陵弟子紀要　子2-4768
延陵弟子紀畧　子2-4695
延陵弟子紀畧(延陵弟子紀要)　子2-10680
延陵合璧　集6-44983～4　叢2-919
延陵錦霞吴氏族譜[福建泉州]　史4-28101
77 延月舫丙集　集4-25350
延月舫初集　集4-25349
延月樓詩稿　集1-3326,6-41894(3)
80 延益齋吟草(延益齋吟草初編)　集5-40222
延令王氏重修族譜[江蘇泰興]　史4-24813
延令張氏重修族譜[江蘇泰興]　史5-34796
延令朱氏八甲重修宗譜[江蘇泰興]　史4-26407
延令程氏重修宗譜[江蘇泰興]　史5-35984～7
延令宋版書目(季滄葦藏書目)　叢1-317
延令宋板書目　叢1-371
延令宋板書目(季滄葦藏書目)　叢1-316、456(7)
延令宋板書目(季滄葦藏書目)、續校語　叢2-731(1)
延令戴氏重修宗譜[江蘇泰興]　史5-40479
延令林氏纂修族譜[江蘇泰興]　史4-29279
延令楊氏重修族譜年表[江蘇泰興]　史5-36773～6
延令梅氏重修宗譜[江蘇泰興]　史5-34136
延令趙氏重修族譜[江蘇泰興]　史5-38232～3
延令泰興崔氏重修族譜[江蘇泰興]　史5-34326
延令金氏重修族譜[江蘇泰興]　史4-29624
延令姜氏重修宗譜[江蘇泰興]　史4-31045
延令纂　子4-23976　叢2-1130、1132～3、1135
延年訣　子2-11181
延年九轉法　子2-11066、11085
延年益壽論　子7-36229、37925
延年益壽錄　子2-11196
延命金丹　子2-4677,5-31467

廷

03 廷試策　集1-3327,2-7961　叢1-227(10)
廷試策題、宋少保右丞相兼樞密使信國公文天祥傳　集1-4477
10 廷一問、詩問　集3-18212
30 廷寄奏稿　史6-48812
廷寄錄存　史2-12912
40 廷杰奏稿　史6-49195
41 廷樞紀聞　史1-2800
50 廷中疏草　史6-48308　叢2-1144
70 廷璧集　集1-5302
80 廷美集　集1-5793

1240_3 廵

48 廵警章程　史6-45341、45373

巡警教練講義 史6-45338

1241_0 孔

00 孔廟從祀末議 史6-42141 叢1-202(3)、203(9)
孔廟禮樂考 史6-42027
孔方伯集 集2-8693,6-41935(2)
孔方兄 集7-49326
孔庭學裔 史2-6370 叢2-1997~8
孔文舉集 集1-240,6-41699,41720
孔文卿雜劇一種 叢2-720(5)
孔文谷詩集 集2-8694
孔文谷詩集、文谷漁嬉稿 集2-8692
孔文谷集、續集 集2-8695
孔註論語 經2-9760
01 孔顏孟三氏志、提綱 史2-6303
04 孔詁 子4-22697
10 孔靈汪氏家乘[安徽績溪] 史4-28916
孔賈經疏異同評 叢2-845(5)
孔賈經疏異同評、續評 叢2-2170
11 孔北海集 集1-239、241,6-43118 叢1-223(47)
孔北海年譜 史2-11123 叢2-2118
13 孔武仲集 集1-2655
16 孔聖廟式 子1-207
孔聖天經地義正道教人修心八卦大學考經 史2-13317
孔聖生年月日考異 史2-8384
孔聖家語圖 子1-215~6
孔聖全書 史2-6316
17 孔孟聖蹟圖 史2-6305~6
孔孟重行周流議 叢2-2097
孔孟編年 史2-11006
孔孟紀年 史2-6309
孔孟志畧 史2-6308 子1-1964
孔孟事蹟圖譜 史2-6304
孔孟圖歌 史2-6310~1 叢2-2097
孔孟合璧 叢2-1201
孔子廟之碑 子3-15544
孔子廟堂碑唐本存字 史8-63504、64691
孔子廟堂碑考 史8-64690
孔子廟堂之碑 子3-15303
孔子謹言功夫 叢2-1110
孔子論語年譜 史2-11036 叢1-195(1),2-731(61)
孔子三朝記 經1-5929 叢1-237,2-774(6、11)
孔子三朝記、目錄 經1-5930 叢2-712、1632
孔子三朝記大戴禮疏 經1-5932
孔子三朝記輯注 經1-5931 子1-94
孔子改制考 子4-22752
孔子集語 子1-61~2、64~5、67~9、232~4 叢1-47、223(30)、303~5
孔子集語補遺 子1-235
孔子編年 經2-11680 史2-11006、11035、11049 叢1-223(21)
孔子生卒考 史2-8397
孔子生卒年月日考 史2-8398
孔子紀年備考 史2-11047
孔子家語 子1-61、66、189、191、196、199~201、205~6、209~10、212~3、222、228 叢1-223(29)、227(6),2-635(3)、698(5)、1817
孔子家語、札記 叢1-559
孔子家語疏證 子1-227 叢2-731(10)、872
孔子家語綱目 子1-190
孔子家語考次 子1-223
孔子河洛讖 經1-171 叢1-273(3)、274(3),2-731(15)
孔子大事類編 叢2-723
孔子去齊 集7-52373
孔子世家 史2-8382
孔子世家譜[山東曲阜] 史4-25949~51、25953~4
孔子世家譜[山東長清] 史4-25946
孔子世家譜[河北南宮] 史4-25929
孔子世家譜[湖南長沙] 史4-25965
孔子世家譜纂要[山東曲阜] 史4-25952
孔子世家稽 經2-9625
孔子世家補訂 史2-8394 叢2-1659~60
孔子世家考、弟子列傳考、歷代典禮考 史2-8393
孔子世家箋注 史2-8395 叢2-2162
孔子藝事考 史2-8406 叢2-2184
孔子事蹟圖說 史2-8421
孔子暨七十二子贊 史2-6339
孔子門人考 史2-6345、6348 叢2-731(60)
孔子門人考、補遺、存疑 史2-6349
孔子弟子傳 史2-6335
孔子弟子傳後錄 叢2-2170
孔子弟子考 史2-6334、6336 叢2-731(60)
孔子弟子考、孔子門人考、孟子弟子考 叢1-195(6)
孔子弟子目錄 經1-26 史2-6327、6329 叢2-765~6
孔子弟子錄、孟子弟子錄 史2-6350

孔子年譜　史2-11005、11041、11044、11048、11052、11054～6
孔子年譜、七十二列傳、孔子暨七十二子贊　史2-11053
孔子年譜綱目　史2-11039
孔子年譜綱目、孔門弟子傳畧　史2-11038
孔子年譜綱目、或問　史2-11040
孔子年譜輯注　史2-11006、11045
孔子年表　經1-109～10
孔子義　叢2-2151
21 孔經禹貢注解、禹貢讀　叢2-2243
22 孔山李氏家譜[浙江東陽]　史4-27244
孔山李氏宗譜[浙江東陽]　史4-27245
27 孔詹事集　叢1-183
孔紹先詩　集3-15945
30 孔注論語　經2-15142
孔宅志　史7-51455
31 孔邇錄　史6-47095
32 孔叢　子1-341、347　叢1-72、123
孔叢、詰墨　叢1-74～7
孔叢正義　子1-348
孔叢子　子1-16～8、20、23、25、61、66、339～40、342～3、345～6　叢1-19(8)、20(6)、21(7)、24(9)、71、73、182～3、223(29)、227(6)、272(4),2-628、730(6)、731(10)
孔叢子、釋文　子1-344　叢2-635(3)、698(5)
孔叢子注　叢1-265(3)
孔叢伯說經五稿　經1-137
33 孔心一詩　集3-13912
40 孔志　史2-8400～1
43 孔卦九德總解　經1-2328
44 孔林卮述　叢1-126
孔林卮述　叢1-125、162
48 孔教袄教之比較　叢2-2129(4)
60 孔四貞事考　史2-9377　叢2-2203
孔易　經1-968
孔易微言　經1-2107
孔易注畧　經1-1323
孔易闡真　經1-1321　子5-29569、29571
孔易合注　經1-1733
67 孔明招親一段　集7-51481
70 孔壁書序　經1-3362　叢1-349
72 孔氏六帖　子5-24781
孔氏雜說　子4-19988～9　集6-44949　叢1-17、19(6)、20(4)、22(3)、23(3)、24(6)、26～8、56、108、111(3)、114(6),2-624(2)、731(6)
孔氏談苑　叢1-241、242(2),2-731(52)
孔氏三出辯　史2-8404　叢1-496(4)
孔氏至聖先師世系考[山東曲阜]　史4-25961
孔氏集語　叢1-27
孔氏綠城灣重修宗譜[江蘇武進]　史4-25937
孔氏家語　子1-194
孔氏家語、札記　子1-195
孔氏家譜[海南瓊海]　史4-25975
孔氏家儀　經1-6334
孔氏宗譜[浙江永康]　史4-25942～3
孔氏宗譜[浙江桐鄉]　史4-25941
孔氏祖庭廣記　叢1-447,2-636(2)
孔氏祖庭廣記、校譌、續補校　叢1-376
孔氏祖庭廣記、校譌、補校　叢2-731(60)
孔氏大宗支譜[山東曲阜]　史4-25956～8
孔氏大成宗譜[山東曲阜]　史4-25955
孔氏世家支譜[河北獻縣]　史4-25928
孔氏春秋公羊通義　叢1-312
孔氏東家嫡系譜[山東曲阜]　史4-25962
孔氏炏經堂支譜[山東曲阜]　史4-25959～60
77 孔學發微　叢2-2135
孔母袁太夫人行述　史2-9640
孔門詩集　叢2-2150～1
孔門兩弟子言詩翼　經1-3799
孔門師弟年表、後說　史2-6337
孔門師弟年表、後說、孟子時事年表、後說　叢2-1660
孔門傳道錄　史2-6317
孔門之德育　子7-36232
孔門實紀　史2-6319
孔門源流考　史2-6312
孔門源流考[山東曲阜]　史4-25948
孔門易緒　經1-1168
孔門學說　叢2-2158～9
孔門弟子傳畧　史2-6333、11038
孔門弟子考　史2-6343　叢1-349
80 孔公文仲文集　集1-2597
81 孔敍仲詩草四種　集4-31516
90 孔懷誌痛(朱慶恩)　史2-10984
孔懷錄(清道光十七年至十八年)　史2-12686
孔堂文集　集3-19166
孔堂私學　子4-21236
孔堂初集、文集、私學　集3-19165　叢2-843
孔少府集　集1-237～8,6-41694、41698　叢1-183
孔少唐存稿五種　叢2-1994
孔雀王咒經　子6-32083(9)、32084(8)、32093(43)
孔雀經　子7-32849

1241_3 飛

00 飛六亭稿　集 2 - 11577
01 飛龍傳　子 5 - 28088、28090、28092
飛龍全傳　子 5 - 28089、28091
10 飛霞詩存　集 4 - 23186
飛霞山館存稿　集 5 - 36665
飛霞閣社草　集 2 - 10719
飛雲洞記　史 7 - 49317(3)、49318(9)、53731～2
20 飛香圃詩集、詩續編、文集　集 4 - 28402
21 飛虎峪存孝打虎雜劇　集 7 - 48774(6)、48948
飛虎槍　集 7 - 53737
飛行之怪物　子 5 - 27885
飛熊應兆　集 7 - 49700
飛熊夢(飛熊兆)　集 7 - 52312
22 飛崖詩刪　集 3 - 19374
飛鸞降筆化書　子 5 - 32075
26 飛白錄　史 2 - 6739　叢 2 - 633
飛白竹齋詩鈔　集 4 - 27479
27 飛鳧語畧　叢 1 - 195(6),2 - 731(33)
37 飛鴻　子 2 - 7346
飛鴻亭集　集 2 - 8531
飛鴻集文　集 4 - 30522
飛鴻集詩　集 4 - 30522
飛鴻集詩、飛鴻餘集、秋聲辭、飛鴻集文　集 4 - 30521
飛鴻集眼科七十二症　子 2 - 7347
飛鴻遺蹟　子 3 - 17040
飛鴻軒吟存　集 4 - 30131
飛鴻閣琴意　集 7 - 47739
飛鴻餘集　集 4 - 30522
飛鴻堂硯譜　子 4 - 18754
飛鴻堂硯譜、墨譜、瓶譜、鼎鑪譜　子 4 - 18548
飛鴻堂印譜初集、二集、三集、四集、五集　子 3 - 17028
飛鴻堂印存　子 3 - 17030
飛鴻堂印萃　子 3 - 17295
飛鴻堂印人傳　史 2 - 6769　叢 1 - 469、495、586(3),2 - 716(3)
飛鴻堂印人傳(續印人傳)　子 3 - 16874
飛鴻堂印餘　子 3 - 17029
40 飛來峯記　史 7 - 49317(2)、49318(8)、52304
42 飛獵濱獨立戰史　子 7 - 36366
44 飛花豔想　子 5 - 28317
飛蓬吟　集 2 - 11535
飛燕外傳　子 5 - 26224、27507　叢 1 - 74～7、101、249(1)、407(2)、566,2 - 726
飛燕遺事　叢 1 - 22(18)、249(2)、407(2)
飛英聲　子 5 - 27837
48 飛翰叢語　子 4 - 23266　叢 2 - 1239
50 飛丸記　集 7 - 49709
飛丸記定本　集 7 - 50043
飛青閣金石書跋雜著　集 5 - 36556
飛素閣遺詩　集 5 - 39636
51 飛虹嘯　集 7 - 49633、50426
62 飛影閣叢畫二集　子 3 - 16559
飛影閣士記畫册　子 3 - 16590
飛影閣畫册合編四集　子 3 - 16555
63 飛跎全傳　子 5 - 28894
67 飛鳴園陣法答客問　子 1 - 3704
77 飛卿集　集 1 - 1587

1242_2 形

16 形理源流　子 3 - 13552
27 形色外診簡摩　子 2 - 4727、6229
28 形似老龍盤一枝　集 7 - 52012
35 形神俱妙篇、潛圃野叟葆生歌　子 5 - 31329
45 形勢紀要　叢 1 - 576
形勢真訣　子 3 - 13140
47 形聲音讀攷　經 2 - 12527
形聲部分篇、通合篇、餘論、形聲類篇校勘　經 2 - 14141
形聲字說　經 2 - 12547
形聲通　經 2 - 14471
形聲通合篇　經 2 - 14143
形聲指誤一隅編　經 2 - 14125
形聲轉軨　經 2 - 13651
形聲輯畧、備考　經 2 - 14184、14535
形聲輯畧備考　經 2 - 14185
形聲餘論　經 2 - 14145
形聲類篇　經 2 - 14148～9　叢 1 - 477
形聲類篇、餘論、校勘　經 2 - 14150　叢 1 - 522
形聲類篇校勘　經 2 - 14152
形聲類篇餘論　經 2 - 14151
60 形景盦三漢碑執　叢 2 - 2010
75 形體類釋名　子 7 - 36237
77 形學　子 7 - 37514
形學五書　子 7 - 37512
形學備習題詳草　子 3 - 12853
形學備旨　子 3 - 12396
形學備旨、開端　子 7 - 37515
形學補編　子 3 - 12396

形學拾級、開端　子 7－37516
79 形勝要畧　史 7－51277
形勝要畧、採古議論　子 1－3853
81 形短集、訓子語　集 4－27699
95 形性學要　子 7－37454

1243_0 孤

10 孤石山房詩集　集 3－19109
孤雲亭詩集、文集　集 3－13257
孤雲亭詩集、文集、文續集　集 3－13256
17 孤子唫　叢 2－1339
22 孤鸞吟　集 5－37092
孤峯剩稿　集 5－36280
孤山霽雪一枝　集 7－51730
孤山再夢　子 5－27819
孤山志　史 7－51410、52305
27 孤嶼志　史 7－52381
37 孤鴻編　集 4－27413
孤鴻影　集 7－48780、49345
44 孤樹裒談　子 5－26352～5　叢 1－22(21)
47 孤帆遺稿　集 5－40945
孤桐書屋詩鈔(畹廬遺稿)　集 3－20172
孤根集　集 5－40975
50 孤本元明雜劇提要　史 8－66398
孤忠後錄　史 1－1979、1982
孤忠遺稿　叢 2－851
孤忠錄　史 2－10089
孤忠錄(吳可讀)　史 2－12196
孤忠小史　子 5－26320
60 孤園山莊詩剩(菰村集、香影廊集、横江集、思樓集、振雅堂集、茶半軒集、二山唱和集、雄樹堂集、斗杯堂詩集、杯隱堂詩集)　集 5－39902
孤圓山莊詩賸十種　叢 2－2169
71 孤雁漢宮秋　集 7－48769、48774(2)、48778、48887
孤臣紀哭　史 1－3164、3178
孤臣述　集 2－12444
孤臣哭記　史 1－1938
77 孤兒編　史 2－9572　叢 2－926～7
孤兒編[江蘇江都]　史 4－28682
孤兒篇　集 4－28079
孤兒籲天錄　史 1－3179
孤兒籲天錄(楊嗣昌)　史 2－9128
88 孤竹賓談　子 4－20785
孤篷聽雨錄　叢 2－1777
孤篷倦客集、補　集 1－5333　叢 2－806
孤篷倦客稿　集 1－5332
94 孤憤集　史 2－8939

癸

00 癸亥北遊草　集 4－30428
癸亥集　集 5－39574
癸亥續遊記　史 7－49355、53366
癸亥紀事　史 1－4493　叢 2－869
癸亥日記　史 2－12741
癸亥日記(清同治二年)　史 2－12911
癸辛雜識　子 5－26224　叢 1－22(4)、23(3)、31
癸辛雜識、新集、後集、外集　叢 1－101
癸辛雜識、外集、新集、後集　叢 1－99
癸辛雜識集　子 4－20211
癸辛雜識前集、後集　子 4－20210
癸辛雜識前集、後集、續集、別集　子 4－20209　叢 1－100、169(4)、223(45)、268(4)
癸辛詞　集 7－48132
癸辛疑夢集　集 5－41142
10 癸酉述懷詩　集 5－39355
癸酉消夏詩　叢 1－419
癸酉日記(同治十二年)　史 2－12886
癸酉隨手記事　史 1－4527
17 癸丑京口日記(清咸豐三年)　史 2－12704
癸丑記別　集 5－37267
癸丑瑣闈日記　集 7－47693
癸丑出山錄(清咸豐三年至四年)　史 2－12726
癸丑科館閣試草　集 2－10772
癸丑草　集 2－11502
癸丑中州罷兵紀畧　史 1－1992、3999
癸丑年存稿、甲寅年存稿　集 4－27963
癸丑鎖闈日記(清咸豐三年)　史 2－12796
癸丑懷人集　集 4－31156
癸乙編　集 6－45142
20 癸集萃編五十種　叢 1－203(16)
50 癸未文課　集 5－35740
癸未夏抄　子 4－23099
癸未歸廬陵日記　史 7－53803　叢 2－1038
癸未日記　史 2－12773
癸未日曆(明崇禎十六年)　史 2－12550
癸未年譜　史 3－13733
60 癸甲試賦　叢 2－2069
癸甲乙記、丙申續記、丁酉續記、天道問、經問　子 4－22647　叢 2－1817
癸甲集　集 4－24384

77 癸巳詩草　集 4-24238
癸巳論語解　經 2-9326　叢 1-223(13)、268(2),2-731(9)
癸巳孟子説　叢 1-223(13)
癸巳瑣院旬日記(清光緒十九年)　史 2-12949
癸巳集　叢 2-1733
癸巳編　集 3-19609
癸巳海軍日記　史 2-13095
癸巳存稿　經 1-163(3),2-11886　子 4-22590　叢 1-359,2-731(7)
癸巳存稿未刻文　子 4-22591
癸巳甲午順天鄉試同門錄　史 3-14022
癸巳賸稿　子 4-22588
癸巳小春入長沙記　史 1-1953～9
癸巳類稿　經 1-163(3),2-11885　子 4-22589
癸巳類稿、詩文補遺　叢 2-814
癸卯元推步簡法　子 3-12710
癸卯重校粵刻相法精義　子 3-14225
癸卯重校董公選時擇要　子 3-14482
癸卯流年月將總圖　子 3-11573
癸卯湖洞重修邱氏家譜[江西修水]　史 4-28480
癸卯大科記　史 6-42347　叢 2-934
癸卯東遊日記(清光緒二十九年)　史 2-13175、13221
癸卯入闈記(清乾隆四十八年)、書畫詩夢石研屏歌　史 2-12624
癸卯全書下篇　子 7-36256
癸卯全書上篇　子 7-36256

1249_3 孫

00 孫庵老人自訂五十以前年譜、年表、附錄　史 2-12499
孫高陽(承宗)前後督師畧跋　史 2-9045
孫高陽先生前後督師畧跋　史 1-1954～7、1963
孫高陽前後督師畧跋　史 1-1937、1959
孫文靖公奏議　史 6-48808
孫文定全集　集 3-18405
孫文定公文錄　集 6-42066
孫文定公南遊記　叢 1-394
孫文定公奏疏　史 6-48721
孫文定公全集六種　叢 2-1278
孫文志疑　集 1-1728　叢 2-970
孫文垣醫案　子 2-4771(4)、10474
孫文恭公遺書六種　叢 2-1108
孫文恭公遺書七種　叢 2-1109
孫文簡公瀼溪草堂稿(文簡集)　集 2-7865
孫文節公遺稿　集 4-31547
孫文恪集、夫人楊氏詩稿(孫夫人集)　集 2-8545
孫衣言日記　史 2-12853
孫衣言日記(同治元年至二年)　史 2-12852
04 孫詵臨海記　史 7-49307、50450　叢 2-767
05 孫諫議唐史記論　叢 2-616
07 孫毅菴奏議　叢 1-223(21)
10 孫一奎臨診錄存醫案　子 2-10475
孫雪屋文集　集 2-12803
孫夏峯文稿　集 3-13064
孫夏峯先生(奇逢)年譜　叢 2-731(62)、782(4)
孫夏峯先生日譜殘稿(明萬曆三十四至三十六年)　史 2-12533
孫夏峯先生筆記　子 4-20964
孫夏峯遺書六種　叢 2-782(4)
孫夏峯全集十二種附一種　叢 2-1230
孫百川稿　集 2-9171～2,6-45336、45340
孫百川先生集　集 2-9169
孫百川先生未刻稿　集 2-9170
孫石臺先生遺集　集 2-7960
孫西菴集　集 2-6181　叢 2-725
孫可之文集　集 1-1727,6-41742　叢 1-447
孫可之文集(唐孫樵集、唐孫職方集、孫可之集、可之先生文集、唐孫樵集、經緯集)　集 1-1724
孫可之文集(可之先生文集)　集 1-1726
孫可之文鈔　集 1-1725,6-41794
孫可之集　集 6-42030　叢 1-223(50)
孫雲錦行狀　史 2-10242
孫不二元君傳述丹道祕書　子 5-29535(5)、29536(5)、31269
孫不二元君法語　子 5-29535(5)、29536(5)、31268
11 孫琴西文稿　集 4-32529
12 孫廷尉集　集 1-390～1,6-41694、41698
13 孫武子　子 1-18～20、24～5、3029、3102、3135、3137～8
孫武子十三篇　子 1-3036
孫武子十三篇註釋　子 1-3147
孫武子直解　子 1-3019
孫武子救孔聖雷興兵全傳　集 7-51273
孫武子會解　子 1-3144
孫武直解　子 1-3021～2
17 孫刁盜墓子一段　集 7-51552
孫子　子 1-27、30、50、61、83、3015～6、3018、

3025、3028、3046、3048、3057、3060～1、3066、3070、3072、3075～6、3081、3099、3105～7、3110、3112、3114～5、3117、3131、3136，4－19837　叢1－75、77、223(31)、236～7、310、447，2－731(19)、774(9)、1844
孫子(魏武帝註孫子)　子1－3014
孫子、補遺　子4－19838
孫子註解　子1－3126，5－29530(22)
孫子雜著　子4－20965
孫子評注　子1－3104
孫子取衷　子1－3142
孫子集註　子1－3069、3121、3149、3151
孫子集解　子1－3152
孫子集注　叢2－635(4)
孫子参同　子1－3139～40　叢2－1115
孫子参同廣注　子1－3141
孫子佚文　叢2－777
孫子白話演義　子5－27952
孫子釋證　子1－3158
孫子彙徵　子1－3150
孫子約抄　子1－3109
孫子注　子1－3124、3148
孫子福先生遺草　集4－32212
孫子遺說　子1－3118，5－29530(22)、29558　叢2－731(19)
孫子遺說(孫子十家注遺說)　子1－3125
孫子逸文　子1－3111
孫子選注　子1－3156
孫子十三篇　子1－3094、3122～3、3132、3155　叢1－140
孫子十三篇直講(孫子直講)　子1－3154
孫子十家註、遺說　子1－68、3120
孫子十家註、敍錄、遺說　子1－62、64～5、67、3119　叢1－265(3)、286，2－697、698(5)
孫子十家注　子1－69　叢2－731(19)
孫子九地問對　子1－3127
孫子九地篇　叢1－548
孫子書　子1－3133
孫子書校解引類　子1－3134
孫子折衷　子1－3157
孫子畧解　子1－3116
孫子明解、師卦解　子1－3143
孫子兵法　子1－3153
孫子兵法(孫子兵書)　子1－3108
孫子兵書　子1－3093
孫子敍錄　叢2－731(19)
孫子算經　子3－11250、12348、12396、12412　叢1－223(35)、230(3)、238～9、244(2)，2－708、731(25)
孫君孚先生奏議事畧　史6－47783、48131
孫君孚奏議事畧　叢2－1679
孫司空詩鈔(尊道堂詩集)　集3－16152
21 孫止庵公(鏘鳴)年譜　史2－12219
孫行者大鬧天宮　集7－51274
孫綽子、補遺　子4－19830　叢2－775(5)
22 孫豐年先生幼科三種　子2－8463
孫鼎烈事狀　史2－10593
孫鼎臣文稿　集4－33360
孫山甫督學文集　集2－9443　叢2－1109
孫山甫督學文集、詩集　集2－9440
孫山甫督學文集、補輯雜文　叢2－885
孫山人集　集2－7978，6－41935(1)
24 孫先生遺書四種　叢2－1928
25 孫仲章雜劇一種　叢2－720(4)
孫仲衍集　集2－6179，6－41935(3)、44896
孫仲容手劄　集5－37864
孫傳師先生奏議事畧　史6－47783、48128
孫傳師奏議事畧　叢2－1679
26 孫伯琴遺集　集5－39687
孫伯淵先生文集　集4－23616
孫吳武經　子1－3398
孫吳司馬法　子1－3075
孫吳兵訣　子1－3375　叢2－1726
孫吳兵畧問答　子1－3405
27 孫多耶致經　子6－32083(22)
孫仰晦文集　集4－31127
孫仰晦文集、詩、附錄　集4－31126
孫岷自選詩　集3－14167
28 孫徵君(奇逢)年譜　史2－11005、11580
孫徵君日譜錄存　史2－12535　叢2－1230
孫徵君日譜錄存(清順治六年至康熙十四年)　史2－12534
孫從周詩　集2－11657
孫谿朱氏經學叢書初編　經1－156
30 孫淮浦先生語類　叢2－1824
孫宇臺集　集3－14618
孫宗伯集　集2－10393
孫宗伯精選唐宋八大家文鈔　集6－42848
31 孫馮翊集　集6－41694、41698
孫馮翌集　集1－367～8
32 孫淵如詩文集　叢2－635(13)
孫淵如外集、駢文　集4－23617
孫淵如先生(星衍)年譜　史2－11962～3　叢1－511
孫淵如先生文補遺　叢2－648
孫淵如全集　集4－23606～7
33 孫心青(原湘)行狀　史2－9645
孫補山相國兩江總督任奏稾　史6－48757
孫補堂詩文錄　集4－31688
34 孫淇澳稿　集2－10901～2，6－45336
35 孫清慤公文集、詩集　集2－8454

孫清愍公詩文集、坿傳 叢2-886(4)
37 孫漁曹詩稿 集3-19908
孫漁人集 集2-8820,6-41935(4)
孫漱石印譜 子3-17126
孫過庭章草釋文 子3-15034
孫過庭書譜序 子3-15032
孫過庭書譜跋 叢2-771(2)
39 孫逖集 集6-41743
孫逖集(唐孫集賢詩集) 集1-790
40 孫大司馬靖節傳 史2-9144
孫太僕杭州所作詩草 集4-32525
孫太史稿 集4-22018 叢2-865～6
孫克咸詩 集2-12619,6-41943
孫內翰北里誌 子4-22838 叢1-56、175,2-731(50)
孫志伊摘抄明史紀事本末節本 史1-1829
孫古杉詩稿 集4-22882
孫真人千金方衍義 子2-9122～3
孫真人衛生歌註釋 子2-11095
孫真人外科全集、醫學引進 子2-7848
孫真人備急千金要方 子2-9115、9117～8、9122,5-29530(22)、29536(4)
孫真人備急千金要方(備急千金要方)、目錄 子2-9116
孫真人海上方 子2-4770
孫真人海上方(海上方) 子2-9126
孫真人海上方、枕上記、養生銘 子2-9128
孫真人海上方、素女方 子2-9127
孫真人海上仙方 子2-9163
孫真人南極登僊會雜劇 集7-48774(2)、49286
孫真人專治三十六種風證神方 子2-4752
孫真人專治三十六種風證神方(孫真人上唐太宗風藥論) 子2-7200
孫真人攝養論 子2-10990,5-29530(17)
孫真人眼科祕訣、眼科入門、眼科闡微 子2-7315
孫真人金丹妙訣 子2-8312
41 孫梧江廉訪(毓淮)傳 史2-9901
孫梧江廉訪傳 史2-9700
44 孫芷鄰集 集4-21981
孫范合唱集 集6-41958
孫花翁墓徵 史7-51940 叢2-832(6)
孫蘭檢府君(銘恩)行狀 史2-10035
孫蔗庵先生詩選 集3-14729
孫蔚原詩稿 集3-21395
孫芝芳文稿 集4-33359
孫莘老先生奏議事畧、奏議補遺 史6-47783、48127
孫莘老奏議事畧、奏議補遺 叢2-1679
孫若英著述合刊五種 叢2-1224
47 孫婦彭氏(見貞)傳 史2-10881
孫起山先生中庸俗解 經2-9187
49 孫趙寰宇訪碑錄刊誤補遺 史8-63507、63800
50 孫中丞詞 叢2-2227
孫中山先生(文)年系 史2-12419
孫夫人詩集 集2-8546,3-21814,6-41935(5)
孫夫人集 集2-8545、8547 叢1-392,2-833
孫夫人祭江 集7-53432
孫夫人考 史2-8507
孫夫人投江 集7-53971
孫本芝先生詩稿 集2-11599
孫忠靖公遺集 集2-12002～3
孫忠靖公遺墨 集2-11994
孫忠靖公遺錄 集2-11994
孫忠靖公全集 集2-11992
孫春山先生制印集 子3-17019
孫春皐詩集、文鈔、外集 叢1-328
孫春皐集 集4-28843
53 孫盛晉陽秋 叢2-771(3)
孫威敏征南錄 叢1-306,2-860
55 孫典籍西菴集 集2-6185
孫耕閒集 集1-4240,6-41745 叢1-382
58 孫拾遺(郃)外紀 史2-8603
孫拾遺文纂、外紀 叢2-845(2)
孫拾遺遺集、補遺、外紀 叢2-855
60 孫星使上政務處王大臣書 史6-49197
孫思克行述 史2-9343
孫思奮遺詩 集5-36782
65 孫晴川傳畧 叢1-356
67 孫明復先生小集(孫明復小集) 集1-1942
孫明復小集 叢1-223(51)
孫明復小集、考異 集1-1943 叢1-505
孫鷺沙集 集2-7539,6-41935(4)
70 孫壁聯先生文集 集2-11975
72 孫髯翁先生詩集、續輯 集3-18734
孫氏唐韻考 經2-13657 叢1-223(17)、274(3)
孫氏唐韻考、補遺 經2-13656
孫氏族譜 史5-33701
孫氏族譜[山東東明] 史5-33674
孫氏族譜[山東歷城] 史5-33667
孫氏族譜[江蘇豐縣] 史5-33534
孫氏族譜[江蘇江都] 史5-33537
孫氏族譜[江蘇揚州] 史5-33535
孫氏族譜[河北寧晉] 史5-33524
孫氏族譜[河南武陟] 史5-33675
孫氏族譜[浙江湖州] 史5-33587

孫氏族譜[湖南靖州]　史5-33688
孫氏族譜[湖南沅陵]　史5-33686
孫氏族譜[湖南岳陽]　史5-33680
孫氏敦本堂約　子4-24358
孫氏譜記[江蘇常州]　史5-33549
孫氏五修族譜　史5-33696
孫氏爾雅正義　經1-105
孫氏爾雅正義拾遺　經2-11163　叢1-291、294
孫氏爾雅正義抄　經2-11210
孫氏爾雅正義鈔　經2-11162
孫氏瑞應圖　子3-14554　叢1-22(10)、23(10)
孫氏重修族譜[湖南寧鄉]　史5-33677
孫氏山淵閣叢刊(孫氏叢刻)十種　叢1-505
孫氏先德傳　集4-30919
孫氏續修族譜[湖南沅陵]　史5-33687
孫氏續修宗譜[江蘇無錫]　史5-33557
孫氏續修支譜[湖南寧鄉]　史5-33678
孫氏續修支譜[湖南湘鄉]　史5-33684
孫氏家譜[山西代縣]　史5-33526
孫氏家譜[安徽休寧]　史5-33655
孫氏家譜[安徽黟縣]　史5-33657
孫氏家譜[河北蠡縣]　史5-33522
孫氏家乘　史5-33700、33702
孫氏家乘[上海]　史5-33531
孫氏家乘[山西代縣]　史5-33527
孫氏家乘[安徽休寧]　史5-33650
孫氏家乘[江蘇無錫]　史5-33562
孫氏家乘[浙江長興]　史5-33589
孫氏家乘[四川成都]　史5-33689
孫氏家集、歷代著書目、歷代著書年表　集6-45042
孫氏宗譜　史5-33694
孫氏宗譜、補遺　史5-33698
孫氏宗譜[上海崇明]　史5-33532
孫氏宗譜[山東蓬萊]　史5-33670
孫氏宗譜[山東棗莊]　史5-33673
孫氏宗譜[山東即墨]　史5-33671
孫氏宗譜[安徽]　史5-33644
孫氏宗譜[安徽休寧]　史5-33653
孫氏宗譜[江西臨川]　史5-33664
孫氏宗譜[江蘇高郵]　史5-33538
孫氏宗譜[浙江永嘉]　史5-33643
孫氏宗譜[浙江富陽]　史5-33581～2
孫氏宗譜[浙江奉化]　史5-33603
孫氏宗譜[貴州威寧]　史5-33691
孫氏宗譜[四川儀隴]　史5-33690
孫氏遷通世系[江蘇南通]　史5-33539
孫氏派譜[湖北宜昌]　史5-33676
孫氏祕傳穴形圖　子2-10369
孫氏祠堂書目　史8-65717　叢1-373(4)
孫氏祠堂書目内編、外編　史8-65716　叢1-286、493,2-731(2)
孫氏支譜[江蘇太仓]　史5-33568
孫氏孝友堂家乘[河北容城]　史5-33520
孫氏世譜[江蘇江都]　史5-33536
孫氏世乘[浙江餘姚]　史5-33594
孫氏世系[安徽休寧]　史5-33649
孫氏世錄　史2-7749　叢2-776
孫氏梅東家乘[浙江杭州]　史5-33571
孫氏書畫鈔　子3-14750　叢2-674
孫氏春秋經解　叢1-223(10)
孫氏成敗志　子1-526～7　叢2-774(9)、775(4)
孫氏四修族譜[湖南湘鄉]　史5-33683
孫氏周易集解　叢1-456(4)
孫氏醫學(孫氏醫書三種)　子2-4574
孫氏金陵忠愍侯祠堂書目前編　史8-65715
73 孫臏上壽　集7-53285
77 孫月峯稿　集2-10065～7,6-45336、45340
孫月峯先生評文選(文選瀹注)　集6-42110
孫月峯先生批評詩經　經1-3757
孫月峯先生批評漢書　史1-203
孫月峯先生批評禮記　經1-5618
孫月峯先生批評史記、褚先生附餘　史1-43
孫月峯先生批評書經　經1-2735
孫月峯先生批點南華真經　子5-29310
孫月峯先生全集　集2-10061
孫月峯批點合刻九種全書　叢1-172
孫閣部詩集　集3-16151
78 孫隘堪所著書四種　叢2-2219
80 孫仝庶詩　集3-21260
孫仝郊詩集　集3-20263
孫念祖殿試卷　史3-15482
孫曾爲後議　經1-5428　叢2-775(2)
孫公談圃　史1-1914　子5-26275～6　叢1-2～3、6～7、11～2、19(9)、20(7)、21(8)、22(3)、23(3)、24(10)、95～6、99～101、223(44)、268(4),2-617(5)、624(2)、730(2)、1679
孫公家乘[山西代縣]　史5-33525
82 孫鍾元先生答問　子1-1356　叢2-728
88 孫籀廎先生(詒讓)年譜　史2-12343
孫節湣公後裔世系[安徽桐城]　史5-33646
孫節愍公(臨)事畧　史2-9227
孫節愍公遺翰　子3-15527

90 孫少師年譜　集 2 - 10878
孫少述(侔)傳　史 2 - 8668
孫光甫詩稿　集 2 - 11600
孫尚書大全文集　集 1 - 3068
孫尚書内簡尺牘編註(新刊李學士新註孫尚書内簡尺牘、内簡尺牘)　集 1 - 3079
91 孫愐切韻　經 2 - 13643、15137
92 孫愷陽先生殉城論　史 1 - 1937、1953～9,2 - 9046
孫愷陽先生前後督師畧跋　史 1 - 1953

1260_0 副

25 副使遺稿　集 6 - 41894(1)
60 副墨　集 2 - 9521　叢 1 - 586(4),2 - 1180
副墨、增附南明汪先生書札　集 2 - 9522

酬

01 酬語　子 4 - 21877　叢 2 - 2273
16 酬魂　集 7 - 49457～8
18 酬酢事變　叢 1 - 19(8)、21(7)、24(8)
21 酬紅記　集 7 - 49560
26 酬和詩　集 4 - 24993
27 酬物難　子 1 - 1059　叢 2 - 1093
44 酬世寶要全書　子 5 - 25252
酬世寶籍、增注七字蒙求　子 4 - 22028
酬世錦囊二集　子 4 - 24270
酬世錦囊續集　子 4 - 24273
酬世榮哀錄、感時集　史 2 - 7839
60 酬恩寶卷　集 7 - 54503
68 酬贈草、沈子律陶　集 3 - 13654

1260_3 沓

34 沓渚詩集　集 3 - 15568

1262_1 斫

44 斫地吟草　集 5 - 36599
斫桂山房詩存　集 3 - 18200
82 斫劍詞　集 7 - 47863　叢 2 - 1859

1263_7 砭

17 砭己名言　子 1 - 2509
21 砭經　子 2 - 10401
28 砭傲金鍼　子 7 - 35552
砭俗支言　叢 1 - 176
44 砭蔡編　叢 2 - 974、976
砭蔡編叢書　叢 2 - 975
60 砭愚堂叢書十二種　叢 2 - 1950
91 砭懦集　子 4 - 21325

1264_0 砥

00 砥齋文錄　集 6 - 42067
砥齋集　集 3 - 14373
砥齋集題跋　史 8 - 63516、64392　叢 1 - 448
砥齋題跋　子 3 - 14945　叢 1 - 336～7、364
10 砥石齋散曲　集 7 - 50653
16 砥碧山房試帖詩　集 4 - 27255
44 砥菴集　集 2 - 6616

1264_2 酻

31 酻江月　子 5 - 29547

1265_3 磯

60 磯園稗史　子 4 - 23858　叢 2 - 674

1266_9 磻

32 磻溪集　子 5 - 29530(22)、29535(5)、29536(5)　集 1 - 4648～50
磻溪汪氏家譜[江西婺源]　史 4 - 28937
磻溪汪氏宗譜[江西浮梁]　史 4 - 28930
磻溪古文剩稿、古今體詩　集 5 - 34964
37 磻湖遺稿　集 4 - 22482
44 磻村詩集　集 3 - 15261

1269_4 礫

44 礫村詩拾 集 3 - 17779

酥

32 酥溪蔣氏宗譜[浙江義烏] 史 5 - 38143～52
酥溪胡氏宗譜[浙江義烏] 史 4 - 30476～8

1273_2 裂

28 裂繒 叢 2 - 632
33 裂心集 集 4 - 22497

1274_7 𩆿

76 𩆿陽朱氏家譜[北京] 史 4 - 26378

1293_0 瓢

26 瓢泉詩餘 集 7 - 46373、46783
瓢泉吟稿 集 1 - 4770 叢 1 - 223(60)
38 瓢滄遺著(瓢滄詩集、文稿) 集 5 - 40361
88 瓢餘小草 集 4 - 29681

1310_0 恥

00 恥庵詩文鈔 集 4 - 23767
恥庵先生遺稿 集 2 - 7031
恥齋(林垐)集傳、居易堂文鈔 史 2 - 9210
恥齋集 集 3 - 19513
恥言 子 1 - 1230、1965 叢 1 - 241、242(3)、574(5),2 - 731(8)
恥言(徐餘齋恥言) 子 1 - 1231
10 恥不逮齋文集、補遺 集 5 - 36287
21 恥虛齋集 集 4 - 23310
26 恥白集 集 4 - 32907
27 恥躬堂文集 集 3 - 13489～90
恥躬堂文錄 集 6 - 42066
恥躬堂詩鈔 集 3 - 13563
50 恥夫詩鈔 集 3 - 20803
恥夫詩鈔、校勘記 叢 2 - 870(5)
90 恥堂存稿 集 1 - 4183 叢 1 - 223(57)、230(5),2 - 731(40)

1311_2 琬

14 琬琳謝氏族譜[福建] 史 5 - 40746
19 琬琰廣錄 史 2 - 7184
琬琰清音 集 6 - 43352
琬琰錄 史 2 - 7185 叢 1 - 22(21)

1311_6 瑄

11 瑄玗琪館文存 集 5 - 40574

1313_2 球

22 球川橋頭魯氏宗譜[浙江常山] 史 5 - 39721
球山義門何氏宗譜[浙江浦江] 史 4 - 28328～30

琅

10 琅函閣詩集 集 3 - 14695
琅函小品十種 叢 1 - 235
11 琅玕集、文 集 6 - 44034
琅玕館合刻 集 2 - 12780
17 琅琊(王世貞)鳳麟(王世懋)兩公年譜合編 史 2 - 11510
琅琊王氏宗譜[湖北] 史 4 - 25407
琅琊王羲之世系譜[浙江紹興] 史 4 - 25000
琅琊丁氏家乘[山東諸城] 史 4 - 24670
琅琊漫抄 叢 1 - 22(23)、29(7)、39、52～3、155、165
琅琊漫抄摘錄 叢 2 - 730(11)
琅琊漫鈔 子 5 - 26219 叢 2 - 617(3)、624(2)

琅琊趙氏家譜[山東沂水] 史5-38409
琅琊漫鈔 史1-1933
琅琊草選 集6-41972
22 琅川金峯余氏宗譜[浙江淳安] 史4-28519～20
琅峯徐氏宗譜[浙江金華] 史4-32021～2
琅峯遺稿 集5-41667
46 琅嬛文集 叢2-720(3)
琅嬛天文集 子3-11460
琅嬛集、琅嬛天文集 子4-24370
琅嬛地理書 子3-13578
琅嬛青囊要 子2-7139
51 琅軒詩稿 集4-32454
77 琅邪詩人小傳 史2-8101
琅邪詩人小傳、僑寓傳 史2-8102
琅邪王羲之世系譜、圖 史2-8523
琅邪山館叢書五種 叢1-552
琅邪代醉編 子4-23942
琅邪臺刻石 史8-63501、64525
78 琅鹽井志[康熙] 史8-62551
琅鹽井志[乾隆] 史8-62552

1314_0 武

00 武帝瓣香集 子5-29587、30523
武帝寶翰考 子4-22374
武帝内傳 子5-26224
武廟 集7-52553
武康縣志[康熙] 史7-57287
武康縣志[道光] 史7-57289
武康縣志[嘉靖] 史7-57286
武康縣志[乾隆] 史7-57288
武庭詩草 集5-37057
07 武毅軍出防練地圖 子1-3714
武毅軍出防練地圖說 子1-3715
武毅軍第一次行軍課程附圖 子1-3716
10 武王(姬發)年表 史2-11030
武王克殷日記 史1-2046 叢2-1660
武王克殷日紀 叢1-349
武王踐阼記 史1-2045 叢1-236～7
武元衡集 集6-41743、41819、41824、41838、41869
武元衡集(武元衡詩集) 集1-1221
武平志[嘉靖] 史8-58425
武平縣志[康熙] 史8-58426
武平縣志[民國] 史8-58427
12 武烈公遺墨 集4-31452
13 武職廉俸章程 史6-43531
武職俸餉額數 史6-43935
武職保案咨部核議例册 史6-45201
武職保舉錄 叢2-1980
武職人員分别先期奏咨立案例册 史6-45294
武強縣新志[康熙] 史7-55411
武強縣志重修[道光] 史7-55412
14 武功康志 叢1-352
武功集 集2-6737 叢1-223(64)
武功將軍逸詩 集4-27694
武功紀盛 史1-3699
武功書院世譜 史5-41033
武功縣重校續志[康熙] 史8-62900
武功縣後志[雍正] 史8-62901
武功縣續志[康熙] 史8-62899
武功縣續志[光緒] 史8-62903
武功縣鄉土志[光緒] 史8-62904
武功縣官師志 叢1-29(8)
武功縣志 叢1-326
武功縣志[正德] 史8-62895～8 叢1-223(23)、448、468
16 武聖帝君愛國家俗歌 子4-21862
武聖關帝靈籤 子5-31705
20 武香球傳奇 集7-50463
21 武術 子1-3655
武衛右軍詩存 集5-39966～7
武經 子1-3231、3373
武經旁訓 子1-3414
武經講義備旨讀本 子1-3326
武經三子體注大全會解 子1-3071
武經三子全書 子1-3076
武經三書 子1-3074
武經三書滙解、採輯騎步射法 子1-3049
武經三書體注合解 子1-3053
武經三畧 子1-3213
武經要覽 子1-3283
武經要覽行軍須知 子1-3266
武經集要 子1-3372
武經備旨彙解說約 子1-3328
武經備旨大全 子1-3330
武經總要行軍須知 子1-3779
武經總要後集 子1-3768
武經總要前集 子1-3766～7、3769
武經總要前集、後集 子1-3765 叢1-223(31)
武經總要前集二十(二十二)卷後集二十(二十一)卷 子1-3764
武經龜鑑 子1-3258
武經將畧 子1-3275
武經大全 子1-3054

武經大全會解　子1-3057
武經大全會解、射法　子1-3058
武經大全纂序集注　子1-3959
武經直解　子1-3019～22
武經七書　子1-3014、3016、3025～7、3032、3036、3039、3041、3061　叢1-447
武經七書(校正武經七書、重刻武經七書)　子1-3015
武經七書講義全彙合參　子1-3044
武經七書集注標題正義　子1-3034
武經七書彙解　子1-3043～4
武經七書滙解　子1-3048
武經七書考注　子1-3037
武經七書擇要　子1-3052
武經七書附投筆膚談　子1-3028
武經七書全文直解　子1-3023
武經七書全集　子1-3017
武經七書全解(武經七書策題全解)　子1-3050
武經七書合箋　子1-3035
武經標題正義　子1-3030～1
武經增删集注合錄名解　子1-3443
武經摘要　子1-3062
武經團鏡　子1-3362
武經開宗　子1-3038
武經全題講義通考　子1-3059
武經全題彙解　子1-3945
武經節要　子1-3030、3036、3063
22 武川文鈔　集6-44722
武川詩鈔　集6-44721
武川寇難詩草　史1-1992、3974　集4-31880
武川柏徐宗譜[浙江武義]　史4-32070
武川曲湖鞏氏譜[浙江武義]　史5-39073～4
武川縣志畧[民國]　史7-56047
武山西金村吳氏世譜[江蘇蘇州]　史4-27777
23 武編　子1-3787、3789～90
武編前集、後集　子1-3788　叢1-223(32)
24 武備說　子7-36229、38136
武備要畧　子1-3776、3839、3841
武備要畧三種　子1-3092
武備天文志　子3-13841
武備殘抄　子1-3950
武備集要　子1-3889
武備經緯祕文寶籙　子1-3957
武備制勝編　子1-3941
武備制勝志　子1-3833
武備心畧　子1-3864
武備祕要　子1-3949
武備志　史7-49329、50431　子1-3830～1、3859
武備志畧　子1-3880
武備地理　史6-45585
武備地利　子1-3862
武備地利(武備地理)　子1-3861
武備考　史6-41653、45155
武備輯要　子1-3893、3896、3916　叢1-361
武備輯要續編　子1-3902　叢1-361
武備絜要彙纂　子1-3939
武備固圉錄　子1-3481　叢2-1909
武備圖繪　子1-3338　叢2-1909
武備全書七種　子1-3086
武備錄　子1-3958
武備火攻　子1-3559～60
武備火攻要畧(火攻要畧)　子1-3548
武備類字釋名　子7-36237
武備類鈔　子1-3935
武德全書　子1-3814
25 武仲清江集鈔　集1-2652～3,6-41900、41908
26 武穆王紀畧　集1-3294
27 武鄉新志[民國]　史7-55692
武鄉試　集7-52512
武鄉試監臨紀事　史6-42342　叢2-908
武鄉縣續志[光緒]　史7-55691
武鄉縣志[康熙]　史7-55689
武鄉縣志[乾隆]　史7-55690
武侯新書　子1-3078、3238
武侯新書(新書)　叢1-22(2)
武侯五星神課　子3-13718、14282
武侯集　史2-8499　集1-326
武侯心妙　子1-3450
武侯心書　子1-3078、3233、3236　叢1-20(9)、21(10)、24(12)、26～8,2-731(19)
武侯心抄　子1-3426
武侯奇門遁甲全書　子3-14279
武侯兵要七種　子1-3078
武侯八陣圖　子1-3078
武侯八陣兵法輯畧　叢2-2018
武侯八陣兵法輯畧(武侯陣法輯畧)　叢1-508
武侯八陣兵法輯畧、用陣雜錄　子1-3095　叢2-731(19)
武侯八門神書　子1-3706
武侯八門神書(重刻校增武侯八門神書)　子3-14577
武侯全書　史2-8500　集1-323
武侯全書、文集　集1-316
武侯火攻心法　子1-3099、3632
武侯火器圖說　子1-3093
武緣縣志[道光]　史8-61239

武緣縣志[乾隆] 史 8-61238
武緣縣圖經[光緒] 史 8-61240
28 武攸林氏族譜[湖南會同] 史 4-29382
29 武秋瀛自訂年譜 史 2-12143
30 武宣縣志[嘉慶] 史 8-61432
武宣縣志[民國] 史 8-61433
武宣縣志八編[民國] 史 8-61434
武寧縣志[康熙] 史 8-58513
武寧縣志[道光] 史 8-58516～7
武寧縣志[嘉靖] 史 8-58512
武寧縣志[乾隆] 史 8-58514～5
武寧縣志[同治] 史 8-58518
武家坡一段 集 7-51581
武進唐氏所著書十七種 叢 2-910
武進顔塘橋朱氏宗譜[江蘇武進] 史 4-26430
武進謝氏三種 叢 2-911
武進天寧寺志 史 7-51571
武進張臯文文 集 4-24678
武進張臯文先生說文諧聲譜稿本 經 2-12481
武進鄔氏家乘[江蘇武進] 史 5-36295
武進鄒氏家乘[江蘇武進] 史 5-36338～9
武進洪氏獄中筆記 史 2-13178
武進李先生(兆洛)年譜、先師小德錄 叢 2-670
武進李申耆(兆洛)年譜、先師小德錄 史 2-12022
武進李申耆年譜 史 2-12023
武進莊氏增修族譜[江蘇常州] 史 4-31486、31489
武進縣庚申殉難義貞節烈錄總編 史 2-7827
武進縣庚申忠義錄總編 史 2-7827
武進縣志[康熙] 史 7-56874
武進縣志[萬曆] 史 7-56873
武進縣志[乾隆] 史 7-56875
武進陽湖縣志[光緒] 史 7-56878～9
武進陽湖縣合志[道光] 史 7-56877
武進陶氏藏石錄 史 8-64774
武進陶氏書目叢刊 史 8-65258
武安王靈籤 子 7-36207
武安鄉土志[光緒] 史 7-55511
武安縣志[康熙] 史 7-55508
武安縣志[嘉靖] 史 7-55507
武安縣志[乾隆] 史 7-55509
武安縣志[民國] 史 7-55510
武定府志[康熙] 史 8-62573
武定府志[乾隆] 史 8-59441
武定府志[咸豐] 史 8-59442
武定詩續鈔 叢 2-1818
武定詩補鈔 集 6-44837
武定州志[崇禎] 史 8-59440
武定州志[嘉靖] 史 8-59438
武定州志[萬曆] 史 8-59439
武定直隸州志[光緒] 史 8-62574
武定李氏家集 集 6-44996
武定明詩鈔 集 6-44835
武定明詩鈔、國朝武定詩鈔、補鈔 集 6-44838
武宗外紀 史 1-1933、2836 叢 1-241、242(2)、407(3)、587(5)、2-1309
32 武溪詩集 集 1-1974,6-41908
武溪詩鈔 集 1-1972,6-41900
武溪集 集 1-1969～70 叢 1-223(51)、227(9)
武溪集、補佚 集 1-1971 叢 2-883
武溪集補鈔 集 1-1975,6-41901
33 武梁祠像 史 8-64571
武梁祠像唐搨本 史 8-63518、64572
武梁祠畫像贊考證 史 8-64575
武梁祠堂畫像石碑考 史 8-64577
34 武漢戰紀、蟄㚈七篇 史 1-4338 叢 2-2127
武漢臣雜劇三種附一種 叢 2-720(4)
35 武清志括[光緒] 史 7-54999
武清縣志[康熙] 史 7-54996
武清縣志[乾隆] 史 7-54997
武清縣志[光緒] 史 7-54998
武清縣城鄉總册[光緒] 史 7-55000
37 武軍紀畧 史 1-4142～3
40 武大郎上墳 集 7-53309
武塘古跡百詠 集 4-22375
武塘野史 史 1-3358
武志通考 子 1-3951
43 武城鄉土志畧[光緒] 史 8-59111
武城家乘[湖南瀏陽] 史 5-36639
武城曹氏重修族譜[福建上杭] 史 5-34226
武城縣志[順治] 史 8-59107
武城縣志[嘉靖] 史 8-59106
武城縣志[乾隆] 史 8-59108
武城縣志續編[道光] 史 8-59109
武城縣志續編[民國] 史 8-59110
武城縣圖志[民國] 史 8-62650
武城縣賦役全書(光緒二十二年) 史 6-43712
武城曾氏族譜[湖南瀏陽] 史 5-36645～6
武城曾氏重修族譜 史 5-36602
武城曾氏重修族譜[廣東] 史 5-36678
武城曾氏重修族譜[廣東南海] 史 5-36682

武城曾氏重修族譜[廣東南雄] 史5-36679
武城曾氏重修族譜[廣東蕉嶺] 史5-36681
武城曾氏重修族譜[江西] 史5-36620
武城曾氏重修族譜[江西瑞金] 史5-36626
武城曾氏重修族譜[江西修水] 史5-36622～3
武城曾氏重修族譜[江西萍鄉] 史5-36624～5
武城曾氏重修族譜[江蘇江陰] 史5-36604～5
武城曾氏重修族譜[福建長樂] 史5-36614
武城曾氏重修族譜[湖南] 史5-36637～8
武城曾氏重修族譜[湖南平江] 史5-36660～1
武城曾氏重修族譜[湖南醴陵] 史5-36662～3
武城曾氏重修族譜[湖南衡山] 史5-36674
武城曾氏重修族譜[湖南寧鄉] 史5-36648～54
武城曾氏重修族譜[湖南瀏陽] 史5-36640～4
武城曾氏重修族譜[湖南湘鄉] 史5-36671
武城曾氏重修族譜[湖南岳陽] 史5-36659
武城曾氏重修族譜[湖南益陽] 史5-36657～8
武城曾氏重修族譜[四川新都] 史5-36683
武城曾氏續修族譜[湖南湘鄉] 史5-36670
武城曾氏續修譜[四川新都] 史5-36684
武城曾氏支譜溈寧譜[湖南寧鄉] 史5-36647
44 武英殿聚珍版書(武英殿聚珍版叢書)一百三十八種 叢1-230(1)
武英殿聚珍版書錄 叢2-673
武英殿聚珍板書目 史8-65258、66429
武英殿修書處舊存新收開除現存絚法帖數目清册 史8-65506
武英殿彝器圖錄 史8-64251
武英殿造辦處寫刻印工價等定例并顏料紙張定例 史8-65258、66431
武英殿袖珍板書目 史8-65258、66430
武英殿大學士兼吏部尚書容齋府君(李天馥)行述 史2-9361
武英殿賣書底簿 史8-66433
武英殿本二十三史考證 史1-5984
武英殿東廡凝道殿存貯書目 史8-65505
武英殿頒發通行書籍目錄 史8-65511
武林市肆吟 史7-50338
武林訪碑錄 史8-63894
武林雜事詩 史7-50337 叢2-832(6)
武林雜錄 集6-44570
武林新年雜詠 叢2-832(3)
武林旌德全志 史2-7978
武林五家印選 子3-17289
武林靈隱寺誌 史7-51602 叢2-832(4)
武林元妙觀志 史7-51733 叢2-832(2)
武林石刻記 史8-63891～3
武林西湖高僧事畧 史2-7427 子7-34081、34713
武林西湖高僧事畧、續 史2-7987 叢2-832(2)
武林西湖高僧事畧、續武林西湖高僧事畧 子7-32099、34714
武林北墅竹枝詞 叢2-1339
武林理安寺志 史7-51611 叢2-832(1)
武林郡學碑錄 叢1-373(2)
武林往哲遺箸五十六種後編十種 叢2-833
武林稿、容臺稿、符臺稿、二臺稿、省中稿 集2-8668
武林歲時記 史6-49295 叢1-154
武林山人遺稿 叢2-1792
武林先賢傳 史2-7981
武林失守雜感詩 史1-3941
武林紀遊 集4-33364
武林紀遊草 集4-33603
武林紀畧 史1-3090
武林江滸徐氏本支譜系、徐氏孚受堂本支墓考[浙江杭州] 史4-31878
武林沈氏枝譜[浙江杭州] 史4-29022
武林淩氏乾貞堂壁疏 子4-20636
武林遊記 史7-53320～1 集3-13991 叢2-832(4)
武林遊草 集4-27412
武林城東許氏宗譜[浙江杭州] 史5-34384
武林裘氏家譜[浙江杭州] 史5-37169
武林梵志 史7-51597 叢1-223(25)
武林蔣氏族譜[浙江杭州] 史5-38114
武林藏書錄 史8-65312～3 叢2-832(6)
武林草 叢2-832(3)
武林草、撫浙條約、里居雜詩 集3-15051
武林耆獻詩 集6-44569
武林耆舊詩 集6-44567～8
武林耆舊傳 史2-7980

武林舊事 史7-50276～9、50284～5 叢1-27、107、223(25)、244(4),2-735(2)、832(1)
武林舊事、後集 史7-50280～2 叢1-111(2)
武林舊事逸 史7-50283
武林葉氏家乘[浙江杭州] 史5-35659
武林趙氏家乘[江蘇蘇州] 史5-38292
武林明季傳忠集 史2-7982
武林陳氏家傳仙方、佛法靈壽丹方 子2-9278
武林風俗記 史7-50296
武林周氏家乘[浙江杭州] 史4-29897
武林周氏宗譜[浙江杭州] 史4-29900
武林覽勝記 史7-51390
武林臨民錄 史6-46412
武林人物新志 史2-7979
武林金石記 史8-63509、63890 叢2-625
武林錢氏宗譜[浙江紹興] 史5-40208
武林第宅續考 史7-52001
武林第宅考 史7-52000 叢2-832(4)
武林掌故文錄 子4-24602
武林掌故叢編一百九十種 叢2-832
武林怡老會詩集 集6-43790 叢2-832(3)
48 武場部文 史6-42325
武場條例 史6-42326
武松發配(奪酒店) 集7-53310
武松孟州結拜 集7-53311
武松打虎一段 集7-51580
50 武夷雜記 史7-53518 叢1-13、14(3)、119～20
武夷新集 集1-1899,6-41784 叢1-223(50)、227(9)
武夷新集(楊文公集) 集1-1901
武夷新集、楊文公逸詩文 叢2-878～9
武夷詩集 集6-44791
武夷三遊日記 叢1-373(5)
武夷集 子5-29530(6)、31940 集1-3654
武夷稿 集2-10084
武夷山遊記 史7-49318(7)、53520
武夷山志 史7-52444～5、52447、52449、52452
武夷山志、續 史7-52450
武夷紀要 史7-52448
武夷紀游圖詠 史7-53526
武夷紀遊詩 史7-53551
武夷紀遊圖詠 叢2-1633
武夷紀勝 史7-49318(7)、53519
武夷遊記 史7-49318(7)、53521～2 叢1-22(24)
武夷導遊記 史7-49318(7)、53523
武夷九曲志 史7-52451
武夷志畧 史7-52446
武夷櫂歌 史7-53517 子1-1968 集1-3600 叢1-574(4),2-731(42)、778
武夷同亭詩蛻 集2-10059
武書大全二十三種 子1-3088
53 武威廖氏宗譜 史5-38570
武威石氏宗譜 史4-25986
武威石氏宗譜[浙江桐廬] 史4-25997
武威賈氏宗譜[浙江浦江] 史5-37130～2
武威郡廖氏家譜[廣東新會] 史5-38563
武威韓氏(嘉業)忠節錄 史2-9596
武威耆舊傳 史2-8325
武威縣誌 史7-54920
武威縣誌[乾隆] 史8-63133
武威段氏族譜[甘肅武威] 史4-30746
60 武口王氏統宗世譜[江西婺源] 史4-25329～31
武口王氏金源山頭派宗譜[江西婺源] 史4-25334
武口王氏金源山頭派支譜[江西婺源] 史4-25333
武昌府志[康熙] 史8-60097～8
武昌要覽[民國] 史8-60265
武昌張次功先生年譜 叢2-2160
武昌張裕釗書 子3-15778
武昌殄逆紀畧、查聲山學士鄂渚紀事 史1-3647
武昌紀事 史1-1995、4004 叢2-886(2)、1925
武昌范氏伯姪父子兄弟鄉會選拔試卷 史3-15024
武昌縣記 叢2-776
武昌縣道記 史7-51274
武昌縣志[康熙] 史8-60260
武昌縣志[乾隆] 史8-60261
武昌縣志[光緒] 史8-60262
武昌縣志稿[光緒] 史8-60264
武昌醫學館叢書 子2-4743
武畧雜言 子1-3039、3838
武畧神機 子1-3812
武邑李氏族譜[湖南常德] 史4-27478～9
武邑草馬湖葉氏宗譜[浙江武義] 史5-35705
武邑縣志[康熙] 史7-55408
武邑縣志[同治] 史7-55409
62 武則天外史二集 子5-28055
武則天四大奇案 子5-28750～1
武則天風流案卷 集7-49602
武則天風流案卷(判鱧) 集7-49551
67 武鳴縣志[民國] 史8-61241

71 武陟志[萬曆]　史 8-59661
武陟縣志[康熙]　史 8-59662
武陟縣志[道光]　史 8-59664
武陟縣志[乾隆]　史 8-59663
武階備志[嘉慶]　史 8-63235
武原張氏宗譜[浙江海寧]　史 5-34901
武原沈氏始遷宗譜[浙江平湖]　史 4-29049～50
武原黄氏宗譜[浙江海寧]　史 5-33758
武原竹枝詞　集 4-22994
武匡軍營制　史 6-45299
72 武氏評輯熊次候先生四書文　經 2-10965
武氏諸王表　史 1-10(4)、4762
武氏石闕記　史 8-63698
武氏家譜[山西太谷]　史 4-29273
武氏祠祥瑞圖題字　史 8-63517、64579
74 武陵競渡畧　子 3-14632　叢 1-22(25)
武陵龔氏十二修族譜[湖南益陽]　史 5-41473
武陵詩選　集 2-8380
武陵記　史 7-49309、50755、50757～8　叢 1-22(11)、23(10)
武陵丁氏族譜[湖南常德]　史 4-24682
武陵孫氏族譜[湖南武陵]　史 5-33679
武陵稿　集 2-10009
武陵山人文稿　集 4-30259
武陵山人雜著　集 4-30260　叢 1-380,2-731(7)
武陵山人制藝　集 4-30261
武陵山人遺書二十六種副本六種　叢 2-1792
武陵山人遺書十種續刊二種　叢 2-1793
武陵先賢傳　史 2-8240,7-49309
武陵避難紀畧、編年錄行善錄　史 1-4007
武陵宗譜彙編[江蘇]　史 5-41362
武陵源(伯溫辭朝)　集 7-52513
武陵源記　史 7-50754　叢 2-776
武陵顧氏宗譜[江蘇蘇州]　史 5-41391、41398
武陵顧氏支譜[江蘇蘇州]　史 5-41393
武陵遊草　集 4-22902
武陵十仙傳　史 2-8242,7-49309
武陵彭氏創修族譜[湖南武陵]　史 5-35584
武陵橋陳氏宗譜[浙江鄞州]　史 4-32851
武陵著作譚　叢 2-2220
武陵舊事　叢 1-11
武陵埭川支顧氏宗譜[江蘇蘇州]　史 5-41394
武陵楊氏瑞芝堂家傳[湖南常德]　史 5-37009
武陵趙王氏宗譜[安徽懷寧]　史 4-25244
武陵趙公(慎畛)行狀　史 2-9661
武陵春　集 7-48776、49169　叢 2-672
武陵春傳奇　集 7-50404
武陵貴氏族譜[湖南武陵]　史 5-35955
武陵縣志[同治]　史 8-60468～9
武陵陳氏鄉賢錄　史 2-8241
武陵周氏族譜[湖南武陵]　史 4-30152
武陵小草、續　集 3-13347
武陵小史初編、彙編　史 2-7865
武陵堂龔氏續修族譜[廣東興寧]　史 5-41481
76 武陽庚申殉難忠義錄正編、武進縣庚申忠義錄總編、武陽庚申義貞節烈錄正編、武進縣庚申殉難義貞節烈錄總編　史 2-7827
武陽德政錄　史 6-47276
武陽官書錄　史 6-47314,7-56879
武陽志餘[光緒]　史 7-56880
武陽賀氏宗譜[浙江武義]　史 5-36715
武陽教育會簡章　史 6-42503
武陽農會擬章　史 6-47586
武陽團練紀實　史 6-45466
武陽公立高等小學堂丙午改良章程　史 6-42506
武陽公立小學堂擬章　史 6-42505
77 武周刊定僞經目錄　子 6-32089(51)
武周刊定衆經目錄　子 6-32089(51)、32093(52),7-34850
武周刊定衆經目錄、武周刊定僞經目錄　子 6-32090(65)、32091(63)
武周刊定衆經目錄、僞經目錄　史 8-66325
武岡鄧繹存稿　集 5-35695
武岡集　集 3-18276
武岡州鄉土志[光緒]　史 8-60713
武岡州志[康熙]　史 8-60709
武岡州志[嘉慶]　史 8-60711
武岡州志[乾隆]　史 8-60710
武岡州志[同治]　史 8-60712
武岡志　史 7-49309、50792
武學經傳三種　子 1-3061
武學備考　史 6-45155
武闈三子詳解(武闈三子標題詳解)　子 1-3073
武闈三子全書析疑大全　子 1-3072
武闈鄉試事宜　史 6-42329
武門詩鈔　集 3-18665
80 武鏡　子 1-3934
武義許氏宗譜[浙江武義]　史 5-34435
武義程氏宗譜[浙江武義]　史 5-36006
武義縣志[康熙]　史 7-57608～9

武義縣志[嘉慶]　史 7－57610
武義縣志[嘉靖]　史 7－57607
武義履坦徐氏宗譜[浙江武義]　史 4－32064～7
88 武策要畧　子 1－3813
90 武當山玄天上帝垂訓　子 5－31999
武當山記　史 7－49317(4)、49318(7)、52556
武當紀勝集　史 7－52548　子 5－29530(19)
武當福地總真集　史 7－52547　子 5－29530(19)
99 武榮傅氏家譜[福建南安]　史 5－36256

1315_0 職

00 職方外紀　史 7－49314、49339　叢 1－135、223(26)、273(4)、274(4),2－731(59)
職方存草　史 6－47102
職方考鏡　史 7－49573
職方舊草　史 6－48527　叢 2－937
職方周先生詩文集　集 2－6444
10 職貢圖　史 7－49308
職貢圖序　史 7－54233　叢 2－775(4)
職貢異物　史 7－54234　叢 1－351
17 職司齋學文稿　集 3－20881
30 職官　史 6－42603
職官遷除題名錄(清乾隆三十六年)　史 3－23838
職官遷除題名錄(清乾隆三十七年)　史 3－23839
職官遷除題名錄(清乾隆三十八年)　史 3－23841
職官述　史 6－42670
職官考　子 5－25098　集 6－45223
職官考畧　叢 2－788
職官增減裁併及堂屬簡明表　史 6－41702　叢 2－2129(2)
職官器物宮室　經 1－82
職官全書(清乾隆二十□年)　史 3－23827
職官分紀　史 6－42593　子 5－25550　叢 1－223(43)
職官錄(清宣統三年)　史 3－24551
職官錄(清宣統三年冬季)　史 3－24543
職官錄(清宣統四年春季)　史 3－24560
31 職源撮要　叢 2－860
50 職事章程　史 6－45390
60 職思集　集 4－25313
職思居詩鈔　集 3－20411,6－41999
職思居姑存草　集 5－36447
職思錄　子 4－23576

1317_7 瑄

37 瑄朗乞巧錄　子 4－23060

1323_6 強

00 強齋雜稿　集 4－30026
強齋集　集 2－6148　叢 1－223(63)
強齋存稿　集 5－39707
強齋日記(清咸豐元年至二年)　史 2－12745
強意堂稿　集 3－15731
11 強項雜記　子 4－23406
12 強聒錄　子 4－20934　叢 1－202(7)、203(13)、206
24 強德州集　集 2－8566,6－41935(4)
26 強自寬齋集(丁丑詩稿)　集 5－37212
強自寬齋外集　集 5－37213
強自力齋叢書十四種　子 3－12864
強自策齋詩草　集 5－37763
37 強祠部公(至)年譜　史 2－11243
44 強萼圃太守上當事三書　集 4－28353
強萼圃太守上當事三書　叢 1－511
46 強覿三先生(汝錫)哀思錄　史 2－10839
強恕齋文剩　集 4－25864
強恕齋文賸　叢 2－1645
強恕齋文鈔　集 3－16725、18495
強恕齋雜著　經 2－11633　叢 2－1645
強恕齋詩稿節鈔　集 5－34629
強恕齋詩存　集 4－27258
強恕齋詩鈔　集 3－18494
強恕齋三種　叢 2－1406
強恕齋集　集 5－36111
強恕齋本樊紹述遺文　叢 2－668
強恕齋四賸稿十種　叢 2－1645
強恕齋圖畫精意識　子 3－15960　叢 1－353
強恕軒日記(光緒元年至光緒五年)　史 2－12981
強恕堂傳家集　叢 2－1826
50 強本堂彙編　集 5－40238
強忠烈公(克捷)遺墨題辭　史 2－9651
52 強靜齋文稿　集 5－39547
強靜齋文存　集 5－39548
強靜齋詩錄　集 5－39544～5
強靜齋駢文　集 5－39549

60 強國要語　子4-22080
強國祕鑰　子7-38057
強易窗印稿　子3-17046
72 強氏宗譜[安徽當塗]　史5-35468
強氏宗譜[江蘇溧陽]　史5-35463～4
強氏宗譜[江蘇無錫]　史5-35465～7

1325$_3$ 殘

00 殘夜水明樓詩集(秋草軒詩鈔)　集4-26884
殘唐五代史演義傳　子5-28070～1
13 殘職官書　史6-42643　叢2-604
30 殘寫經二種　叢2-608
殘宋大字本禮記校勘記　經1-5746
33 殘梁外史　子5-28692
38 殘道家書二種　子5-31928　叢2-608
44 殘地志(貞元十道錄)　史7-49496　叢2-592
殘葉箋　集5-35143
67 殘明百官簿　史3-23675
殘明紀事　史1-1950、1953、1964、1973、3467　叢2-613
殘明宰輔表　史3-23674,8-65381
殘明宰輔年表　史1-10(6)、4822
殘明大統曆　史1-10(6),8-65381　子3-11865
殘明事迹備采　史1-3494
殘明事蹟備采　史1-3507
77 殘局類選　子3-18071
80 殘年餘墨　集4-33533
88 殘籠故事　叢2-753、793
殘餘詩稿　叢1-547(4)

1326$_0$ 殆

23 殆編讀周易臆　集3-21273
72 殆隱遺稿　集5-41624

1364$_2$ 磚

34 磚池沙基走私商竈情形條說並臆說　史6-43874

1364$_7$ 酸

00 酸齋集　集1-5412
30 酸窩存稿　集3-18935
50 酸棗令劉熊碑　史8-63499、64599

1365$_0$ 戩

40 戩壽堂所藏殷虛文字、考釋　史8-65166　叢2-630
戩壽堂所藏殷墟文字、考釋　史8-63508

1411$_2$ 耽

68 耽吟集　集4-24297

1412$_7$ 功

21 功順堂叢書十八種　叢1-420
37 功過格　子4-20829～30
功過格、新增功過格　子5-30541
功過格集釋　子4-20831
功過格輯要　子4-20832
功過格分類彙編、惜字律　子4-20827
49 功妙濟真君禮文　子5-29563
50 功蟲錄　子4-19428
53 功甫小集　集4-29142　叢2-907
60 功園詩鈔　集3-19867～8
71 功臣傳草　集2-10818
88 功餘草　集4-22431

勁

20 勁香窩詩鈔　集3-21465
27 勁叔詞稿　集4-30595
44 勁草堂文集　集5-39372
勁草堂詩集　集5-39371
勁草堂稿　集3-16976

瑞

44 瑞村王氏族譜[山東諸城] 史 4-25384

1413_1 聽

00 聽弈軒小稿 集 3-20748
10 聽雪齋詩二集 集 3-17867
聽雪齋詩集 集 3-17866
聽雪齋詩草 集 5-35117
聽雪詩選 集 4-21984
聽雪詞 集 3-21601,7-47324
聽雪山房詩餘 集 7-48324
聽雪先生集 集 1-5809
聽雪窗詩草 集 4-31636
聽雪南詩鈔 集 3-20847
聽雪樓稿 集 4-25867
聽雪書屋庚詞 叢 1-476
聽雪書屋庋詞 子 3-18430
聽雪軒詩存 集 4-31812
聽雪軒詩鈔 集 5-35071
聽雪軒集 集 3-13016,5-37768 叢 2-970
聽雪軒古文稿 集 4-27276
聽雪篷先生詩集 集 2-7098
聽雨亭聯句 集 6-43775
聽雨齋詩集 集 4-23836～7
聽雨齋詩集、詩別集、詩集補編 集 4-23838～40
聽雨詞 集 7-46418、47915
聽雨山房文鈔 集 4-26349
聽雨山房詩存、詩存外篇 叢 2-1561
聽雨山房詩存、外篇 集 4-28570
聽雨先生詩選 集 2-6030,6-44892～3
聽雨紀談 子 4-20413,5-26219 叢 1-22(22)、29(7)、39、57～8、88～9、114(5)、155、245,2-624(2)、731(53)
聽雨紀談、三餘贅筆、物原 子 4-20414
聽雨草堂詩存 集 4-27300 叢 1-537
聽雨草堂詩草 集 5-37712
聽雨草堂集 集 4-22166,6-41980
聽雨芭蕉館詩草 集 4-26280
聽雨樓詩 集 4-29074 叢 1-419,2-731(44)
聽雨樓詩集、花韻集 集 5-41084
聽雨樓詩稿 集 4-22668～9
聽雨樓詩草、題詞、軼事 集 4-27873
聽雨樓詩鈔 集 4-27301
聽雨樓詞 集 7-47423
聽雨樓詞鈔 集 4-26278
聽雨樓雪樵詩存 集 5-34912
聽雨樓雪樵遺稿 集 5-34914
聽雨樓集 集 3-21354,6-41986
聽雨樓吟社詩 集 4-29867
聽雨樓隨筆 子 4-21555～8 叢 2-700、1006、1008～9
聽雨軒雜記 叢 1-373(3)
聽雨軒雜紀、續紀、餘紀、贅紀 子 5-27321
聽雨軒詩集 集 3-20272
聽雨軒詩存 集 5-39593
聽雨軒詩草 集 4-26293
聽雨軒詩鈔、文鈔 集 4-28759
聽雨軒續紀 子 5-27322
聽雨軒贅紀 子 5-27324
聽雨軒吟草 集 5-39970
聽雨軒筆記 叢 2-735(2)
聽雨軒餘紀、續紀 子 5-27323
聽雨盦印存 子 3-17414
聽雨錄 子 4-23163,5-26721 叢 1-407(2)
聽雨小樓詞稿 集 7-47457
聽雷集 集 4-22244
聽雲僊館駢體文集、補編、續集、詩集、詞、西游吟草 集 4-31998
聽雲仙館文存 集 4-32004 叢 2-1838
聽雲仙館詩存 集 4-32002
聽雲仙館詩鈔 集 4-25131
聽雲仙館詞 集 7-47926
聽雲仙館西游感懷吟草 集 4-31999
聽雲仙館駢體文 集 4-32006
聽雲山莊詩詞 集 4-30723
聽雲山館主人日記 史 2-12765 叢 2-1838
聽雲山館詩存 叢 2-1838
聽雲山館詩鈔 集 4-24151
聽雲山館經說 叢 2-1838
聽雲山館駢體文 叢 2-1838
聽雲樓詩鈔 集 4-26261～2
聽雲閣雷琴篇 子 3-17664
聽雲閣集 集 3-15334～5
11 聽琴詩 集 6-44161
聽琴一段 集 7-51564
17 聽鸝集詩鈔 集 4-22044
聽鸝仙館詩存 集 5-39046
聽鸝山房詩鈔 集 4-32699
聽鸝山館文鈔 叢 2-920
聽鸝山館詩文鈔 集 5-34271

聽鸝山館詩鈔　集5-34272
聽鸝山館劫餘草、詞鈔　集4-31469
聽鸝軒詩鈔　集5-36658,6-42007(3)
聽鸝軒印稿　子3-17449
聽鸝館隨筆　子4-22029
20 聽香齋集　集4-29805
聽香讀畫齋奏稿　史6-48967
聽香讀畫山房遺稿　集4-29858
聽香仙館詞鈔　集7-48323
聽香室遺稿(聽香室詩鈔、篛紅詞、賦鈔、試帖)　集5-35066
聽香室賦鈔　集7-47778
聽香禪室詩集　集5-36084～5
聽香居詩鈔(聚好編、後甲編、述古編、自怡編)　集4-25259
聽香閣詩集　集4-32749
聽香館詩詞　集5-36232
聽香館詩剩　集4-24730
聽香館詩剩(聽香館詩續鈔)　集4-24728
聽香館叢錄　子4-21305　叢2-1633
21 聽止軒詩文存稿　集4-25036　叢2-1628
22 聽山亭草　叢2-1235
聽豳館雜鈔　子4-23450
聽豳館稿　集4-33320
26 聽泉詩鈔　集4-25869
聽泉集　集3-18572
聽泉山房詩鈔　集4-31592
聽泉遺詩　集4-24143
聽泉閣近稿　集2-11275
聽泉間集　子4-24355
27 聽烏集　集3-16883
聽彝訓齋剩稿　集4-28369
聽彝堂試體詩選箋注二集五言、七言　叢2-1530
聽彝堂試體詩選箋注三集五言　叢2-1530
聽彝堂試體詩選箋注初集五言、七言　叢2-1530
聽彝堂試體賦選　叢2-1530
聽彝堂偶存稿　集4-22819
聽彝堂偶存稿九種　叢2-1530
聽彝堂時文　叢2-1530
聽緑山房詩稿　集4-31780
聽緑山房叢鈔(圖詠題徵)　叢2-972
聽緑山房筆記　叢2-972
29 聽秋詞　集7-48068
聽秋山房剩稿　集5-34973
聽秋山房賸稿　叢2-773(6)
聽秋山館詩鈔　集4-30031
聽秋山館遺稿　集3-20681
聽秋山館吟草　集4-33127
聽秋山館印譜　子3-17239
聽秋室詩鈔、笛家詞　集4-24033
聽秋聲館詩鈔(北征詩鈔)　集4-29300
聽秋聲館詞　集7-47842
聽秋聲館詞話　集7-48749
聽秋聲館遺詩　集5-36929
聽秋書屋稿　集4-32565
聽秋軒弈譜　子3-18103
聽秋軒詩集　集4-24004～5
聽秋軒詩集、聽秋軒閨中同人集、聽秋軒贈言　集4-24006～7
聽秋軒詩稿　集4-24008,6-41999
聽秋軒詩鈔　集4-22412、30269
聽秋閣詩鈔　集4-30143,6-42007(2)
聽秋館雜錄　子4-23548
聽秋館詩存、詩餘　集5-34224
聽秋館詩草　集4-33223　叢1-564
聽秋館初選詩　集4-28538
聽秋館吟稿　集5-33898
聽秋小草　集4-30357
30 聽之草堂詩集　集4-28899
31 聽江冷署　集3-13992
33 聽心齋客問　子5-32003　叢1-108、111(4),2-731(11)
34 聽濤軒詩鈔、雜錄、試帖偶存、時藝　集5-36984
聽濤園集　集3-18162
聽濤園古文　集3-18163
聽濤圖徵題、家牘寶言　集6-44273
37 聽潮音館詞集　集7-48256
聽潮集　集3-21770
聽潮居步蔦草　集3-13025
聽潮居存業　子4-21047
聽澗堂詩集　集4-28328
聽鴻集按　子2-10839
聽鴻樓詩稿、二分明月閣詞　集3-18883
38 聽灩志　集2-10830　叢2-1194
40 聽古廬聲學十書二種　經2-14537
聽真稿　集2-8929
42 聽瓠軒詩稿　集3-21357
44 聽鼓詞　集7-48070
聽鼓吟　集5-38315
聽花吟館詩稿(敍樂園集)、遊鎣華山詩草　集4-27608
聽芝仙館詩鈔　集5-39304
聽蕉雨樓外集　集4-29017
聽蕉吟廨詩集　集5-37420
聽黃鸝館外編　子1-3918
聽黃鸝館外篇　史6-45515
聽葉山房詩鈔　集5-35073

47 聽鶴山房吟稿 集 4 - 26350
聽楓詞 集 7 - 48079
聽楓館詩存、聽楓詞 集 5 - 39851
聽桐廬殘草、王孝子遺墨 集 5 - 38400
聽桐廬遺詩 集 5 - 38399
聽橘軒稿存 集 5 - 40499
48 聽松廬詩話 叢 2 - 1681
聽松廬詩畧 集 4 - 27102 叢 2 - 882
聽松廬詩前集、後集 集 4 - 27095
聽松廬詩鈔 集 4 - 27097、27101, 6 - 42007(1) 叢 2 - 1681
聽松廬詞鈔、玉香亭詞 集 7 - 48354
聽松廬駢體文鈔 集 4 - 27104 叢 2 - 1681
聽松盧詩話 集 6 - 46093
聽松山房詩鈔 集 5 - 39333
聽松窩詩鈔 集 3 - 18732
聽松濤齋詩鈔 集 5 - 36754
聽松濤館文鈔 集 4 - 29197
聽松濤館詩選 集 6 - 41996
聽松濤館詩鈔 集 4 - 29195～6
聽松濤館詞稿 集 7 - 48008
聽松遺稿 集 4 - 31538
聽松草 集 4 - 24040
聽松樓詩 集 4 - 22214、22216
聽松樓詩鈔 集 4 - 22213、22215
聽松樓遺稿 集 4 - 27950～1 叢 1 - 408
聽松軒詩鈔 集 4 - 28555
聽松軒遺文 集 3 - 14377
聽松圖題辭 史 2 - 9542
聽松別館印存 子 3 - 17326
聽松吟 集 3 - 15803
聽松隨札 子 4 - 21496
聽松閣集 集 4 - 25502
聽松館詩稿 集 5 - 36808
50 聽春新詠 史 2 - 7681
聽春草堂詩鈔 集 4 - 29803 叢 2 - 874
聽春樓稿 集 4 - 28366
聽春館殘稿 集 4 - 28731
聽春館集 集 4 - 25883
56 聽蟬書屋詩錄、文錄、駢文、尺牘 集 5 - 34356
60 聽園文存 集 4 - 26455
聽園詩草 集 3 - 14145
聽園詩鈔 集 5 - 33952
聽園讀左隨筆、說文異字及諸經異字 經 1 - 7082
聽園西疆雜述詩 史 7 - 51200 叢 1 - 524, 2 - 731(57)、829
66 聽嚶堂新書別集、笥存偶刻 集 6 - 43711
聽嚶堂仕林啓雋 集 6 - 43712～3
聽嚶堂選黃山谷尺牘 集 1 - 2732
聽嚶堂選四六新書廣集 集 6 - 43714
聽嚶堂翰苑英華 集 6 - 43715
77 聽月樓 子 5 - 28472～3
聽月樓詩草、詞 集 4 - 24969
聽月樓詩鈔(聽月樓遺稿) 集 5 - 34411
聽月樓集 集 3 - 13647
聽月樓遺草 集 4 - 22553, 6 - 41999
聽颿樓集帖 子 3 - 15487
聽颿樓書畫記、續編 子 3 - 14825
聽颿樓書畫記續刻 子 3 - 14826
80 聽鐘山房文集、詩草 集 4 - 30926
聽鐘山房集 集 3 - 20526
聽鐘山房集(安雅堂集) 集 3 - 20525
聽鐘山房集食味雜詠 集 3 - 20528
聽鐘樓詩稿 集 3 - 21329、21880～1
聽鐘樓詩鈔 集 3 - 21879
聽鐘樓自訂初稿、續稿 集 3 - 21878
聽鐘軒詩鈔 集 4 - 26469
81 聽瓶笙館駢體初稿 集 5 - 34489
85 聽鉢齋集 集 3 - 18042
88 聽篁閣存草 集 5 - 34361
99 聽鶯池館閒詠 叢 2 - 1924
聽鶯居文鈔 集 4 - 24521～2
聽鶯館文鈔 集 4 - 27929
聽鶯館詩鈔 集 4 - 27928

1413₄ 瑛

38 瑛棨傳 史 2 - 10410

瓌

70 瓌雅 集 2 - 12451

1414₇ 玻

22 玻利非亞政要 史 7 - 49318(19)、54892

瑼

00 瑼齋文存 集 4 - 25627

琗齋文存、試律、詩餘　集4-25625
琗齋文存、詩存、詩餘試律　集4-25626
琗齋詩餘　集7-47396

1418_1 珙

62 珙縣志[乾隆]　史8-61972
珙縣志[同治]　史8-61973

1418_6 璜

19 璜瑄余氏宗譜[浙江淳安]　史4-28521～7
22 璜川吴氏經學叢書　經1-125
28 璜谿清操錄　史2-7926
31 璜涇志稿[道光]　史7-57062
璜涇志畧　史7-57063
璜涇趙氏宗譜[江蘇太倉]　史5-38271
璜潭王氏宗譜[浙江紹興]　史4-25023
璜源吴氏新譜[安徽休寧]　史4-28051
32 璜溪詩集　集5-38312
璜溪詩稿　集5-39451
璜溪遺詩　集5-39453
璜溪遺稿　集5-39452
璜溪中壖重訂青河廖氏家譜[江西寧都]　史5-38526
87 璜釣集　集4-27306

瓚

30 瓚字密本　史6-44405

1419_0 琳

00 琳齋詩稿　集4-32737～8
琳齋詩稿(寶善書屋詩稿)　集4-32739
13 琳琅新館詩、挹青樓詞鈔　集5-37152
琳琅新館詩詞鈔(海棠小館詩鈔)　集5-37150
琳琅新館詩鈔、詞鈔　集5-37151
琳琅祕室叢書(祕笈彙編)三十種　叢1-376
35 琳清仙館詞藁　集7-48230
50 琳青山館詩稿　集5-37448

1420_0 耐

00 耐庵文集、賦鈔　集4-32663
耐庵文存　集4-31026
耐庵言志初集、續集、三集　集5-40911
耐庵詩稿　集5-40912
耐庵詩存　集4-27954,5-41305
耐庵詩存、文存、文存首　集4-27953
耐庵奏議、公牘、詩文存　史6-48820
耐庵類稿　子4-24514～5
17 耐歌詞、笠翁詞韻　集7-46901
22 耐巖考史錄　史1-3276～7
28 耐俗軒新樂府　叢2-669、728、731(55)、782(3)
耐俗軒詩集　集3-17001
30 耐寒軒詩鈔　集4-24319
耐寒堂詩集　集3-16116
耐安類稿五種　叢2-2025
38 耐冷譚　子5-26446　叢1-373(4、8)
耐冷續譚　子5-26447
44 耐苦志　史6-44569
耐菴叢著二十四種　叢2-2266
50 耐青印譜　子3-16947、17261
51 耐軒文初鈔　集4-32864
耐軒文初鈔、二鈔　集4-32865
耐軒文鈔　集4-32866
耐軒詞　集7-46351～2、46356、46362、46374、46800
耐軒古今體詩存　集5-40352
55 耐耕堂詩鈔　集3-15815
60 耐國集　集5-37603
66 耐嚴考史錄　史1-3381
77 耐閒軒詩存　集5-37485
耐閒軒焚餘詩存　集5-37486

1421_7 殖

20 殖雞祕法　子7-37098

1422_7 勷

90 勷堂文集、詩集　集5-38557

勷堂文集、詩集、聯語錄存 叢 2-2134
勷堂讀書記 叢 2-2134
勷堂樂府 叢 2-2134
勷堂遺書八種 叢 2-2134
勷堂日記類鈔 叢 2-2134

殢

44 殢花詞 叢 2-640、910

1426_0 豬

21 豬齒臼化佛贊 叢 1-29(4)
豬經大全 子 1-4548
80 豬八戒鬧天婚上下 集 7-51054
88 豬籠浸女 集 7-52861

1460_0 酙

09 酙談 叢 1-134

1461_4 碓

00 碓庵文稿 集 3-13717～20
碓庵文藁七種 叢 2-1279
碓庵先生文鈔、詩鈔 集 6-41758
碓商馬吊本義 子 3-18269、18294
碓唐詩鈔 集 4-24894
22 碓山縣志[嘉靖] 史 8-60047
碓山縣志[乾隆] 史 8-60048
碓山縣志[民國] 史 8-60049
44 碓菴先生文鈔、詩鈔 集 3-13721

1462_7 劭

00 劭方府君(崔志道)行述 史 2-10435

1463_8 硤

10 硤石山水志 叢 1-333～5,2-731(58)
22 硤川詞續鈔 集 7-48622
硤川詞鈔 集 7-48621
硤川續志[嘉慶] 史 7-57361
硤川續志校勘記[嘉慶] 史 7-57362
硤川志 史 7-57360
硤川志畧 叢 1-202(8)、203(14)
硤川志畧[道光] 史 7-57363

1464_0 礟

41 礟概淺說 子 7-38134

1464_7 破

00 破妄念佛說 子 7-34477
11 破張部銘 史 8-63501、64633
破研齋集 集 2-11058
22 破崖居士稿 集 3-15795
破山雪柏乘禪師語錄 子 7-34249
破山集 集 3-17646
破山禪師語錄 子 6-32091(73)
破山明禪師語錄 子 7-34292
破幽夢孤雁漢宮秋 集 7-48887 叢 2-720(3)
破幽夢孤雁漢宮秋雜劇 集 7-48767(2)
破幽夢孤鴈漢宮秋雜劇 叢 2-698(14)
27 破色心論 子 6-32083(16)、32084(15)、32085(24)、32090(50)、32092(33)、32093(25)
29 破愁新話 子 5-27295
破愁一夕話十種 叢 1-177
破秋新話 子 5-27400
30 破牢愁 集 7-49477
破窗風雨樓詩 集 4-28031
38 破涕吟 集 3-16967
39 破迷正道歌 子 5-29530(6)、29547、29549、30955
破迷歌 集 7-50798、53653
破迷小說癡婆子傳 子 5-28623
44 破夢齋詩草、落葉詩 集 3-14142
破夢吟 集 4-30331

破苻堅蔣神靈應雜劇　集 7-48774(7)
46 破相論　子 7-33975
52 破蟋蟀集　集 2-9648
53 破戒草、雜詩　集 4-29164
破戒草之餘　集 4-29163
60 破國謠　集 7-50797、53653
破愚　子 5-27678
破愚論　子 3-13363
62 破睡編　子 4-23350
77 破邪論　子 1-1426,3-15304、15543,4-21857、22084,6-32081(42)、32082(21)、32083(27)、32084(23)、32086(47)、32088(29)、32089(47)、32090(61)、32091(59)、32092(41)、32093(52),7-34938　叢 1-202(5)、203(10),2-1261
破邪詳辨、續　子 7-36225
破邪集　子 7-35900
破邪顯證鑰匙卷(破邪顯證鑰匙寶經、破邪顯證鑰匙經)　子 7-36103
破邪顯證鑰匙卷句解　子 7-36104
破賢良一枝　集 7-51861
80 破鏡重圓　子 5-28629
83 破鐵網　子 4-23722　叢 1-369、372、511

1466$_0$ 酤

40 酤坊南溪朱氏宗譜[浙江金華]　史 4-26546

1466$_1$ 酷

30 酷寒亭驗錄　子 2-10004

醋

08 醋說　子 5-27487　叢 1-587(3)

1467$_0$ 酣

14 酣酣齋酒牌　子 3-16319
40 酣古齋琴譜　子 3-17737

1469$_8$ 硤

44 硤莊太守事親彙抄　史 2-9672

1510$_6$ 翀

44 翀麓齊氏族譜[江西婺源]　史 5-38513

1512$_7$ 聘

48 聘梅仙館詩草　集 5-36292
67 聘盟日記　史 7-49317(2)、49318(4)　叢 1-530～1
90 聘棠山館詩鈔　集 4-32084

1513$_0$ 璉

22 璉川詩集　集 2-8684
32 璉溪嵇氏宗譜[浙江湖州]　史 5-35976

1513$_6$ 瓗

54 瓗蛣雜記　子 4-23647

1519$_0$ 珠

00 珠塵集　集 3-15653,4-25492、28745
珠塵遺稿　集 2-12137,6-41941
08 珠譜　子 4-18610
10 珠玉詩集　集 7-48804～5
珠玉詞　集 7-46352、46380、46382、46457　叢 1-223(72),2-698(13)、720(2)
珠玉詞鈔、補鈔　集 7-46458
珠玉纏頭　集 6-43837
珠玉遺稿　集 2-8562
14 珠琳村羅氏續修族譜[湖南瀏陽]　史 5-41097

20 珠采　子 4－20550　叢 1－143
22 珠巖山人詩鈔　集 5－38871
珠山邢氏宗譜[浙江]　史 4－26228
珠山邢氏宗譜榜首[浙江]　史 4－26227
珠山集　集 3－15845
珠山汪氏宗譜[浙江金華]　史 4－28749
珠巢存課　集 4－27401
26 珠泉草廬文錄　集 5－36733
珠泉草廬詩後集　集 5－36732
珠泉草廬詩鈔　集 5－36729～30
珠泉草廬日記(清宣統元年)　史 2－13054
27 珠船錄　子 4－21181
30 珠官初政錄、讞書錄　史 6－43130
珠寶要論　子 4－18611
31 珠江低唱　集 7－48378　叢 2－2153
珠江豔史　子 5－28621
珠江名花小傳　叢 1－587(5),2－721
珠江巡緝錄　叢 2－1985
珠江奇遇記　子 5－26674　叢 1－587(6),2－721
珠江梅柳記　叢 1－587(6),2－721
珠江杲山草　集 3－14852
珠江竹枝詞　集 4－27883
珠河縣志[民國]　史 7－56312
珠潭玉照集　集 5－35363
32 珠淵異寶　集 6－42864
珠溪詩集　集 1－2166,6－41894(1)、41895
珠溪集　集 2－12728,6－44961
珠溪存稿　叢 2－1991
珠叢別錄二十八種　叢 1－275
34 珠沈淚影(馮靜娟)　史 2－10999
35 珠神真經　子 3－13655　叢 1－493
37 珠湖草堂詩集　集 3－19022
珠湖草堂詩錄　集 4－27294～5
珠湖草堂圖(阮芸臺珠湖草堂圖)　子 3－16738
40 珠來閣遺稿　集 4－30022
41 珠垣叢鈔三種　叢 1－329
43 珠城紀跡(音春橋)　史 2－9996
44 珠塔寶卷(珍珠寶卷、珍珠塔寶卷全集、珍珠塔)　集 7－54539
珠塔寶卷(珍珠塔寶卷、繪圖珍珠塔寶卷全集、珠塔古典)　集 7－54540
珠花寶卷　集 7－54537
珠村草堂集　集 4－26290
珠村草堂醫案　子 2－10641
珠樹齋集小草　集 2－11974
珠樹館集　集 2－12793
珠樹堂集　集 3－14154,6－41959
珠樹堂集三種　集 4－25732
珠林　子 5－25357
45 珠樓遺稿　集 4－26912　叢 1－291、293～4,2－731(44)
珠樓遺稿題辭　史 2－9692
珠樓唱和集　史 7－50395
珠樓餘草　集 3－18260
57 珠邨談怪　子 5－27225
60 珠里小志[嘉慶]　史 7－56492
67 珠明寺重修記畧　史 7－51575
70 珠璧集　史 7－49350、53477
77 珠風閣集　集 3－17624
88 珠算一得十種　子 3－12383
珠算金鍼、測圓海鏡識別詳解　子 3－12359
90 珠光集　集 4－24887
珠光集箋注　集 4－24888

1519_6 疎

00 疎齋集　集 1－4808
20 疎香閣詞　集 7－46827
疎香閣遺集　叢 1－547(4),2－720(6)
30 疎寮小集　集 1－3940,6－41744～5、41888、41893、41899、41917　叢 1－223(56)
疎寮小集、補遺　集 1－3941
疎寮小集補遺　集 6－41891
32 疎溪吳氏家乘[江西金溪]　史 4－28121
62 疎影樓詞　集 7－47565～6
疎影樓詞續鈔　集 7－47567
疎影軒詩　集 6－41999
88 疎簾淡月屋詞草、雜記　集 7－47526

1521_3 虺

22 虺後方　子 2－4768、9320

1523_6 融

00 融齋精舍徵信錄　史 7－52032
21 融經館叢書十一種　叢 1－454
28 融徹頂禪師語錄　子 6－32091(81)
37 融通圓門章　子 6－32093(53)
50 融春小綴　集 1－4169、4172,6－41888、41891～2、41894(3)、41898、41917、41919
融春小啜　集 6－41897

62 融縣志[道光]　史 8 - 61305
融縣志[民國]　史 8 - 61306
80 融谷詩草　集 4 - 24334,6 - 42007(1)
融谷詩草、補遺、附刻　集 4 - 24333
融谷外集　集 4 - 24335
90 融堂書解　經 1 - 2655　叢 1 - 223(5)、230(1),2 - 731(63)
融堂四書管見　經 2 - 10230　叢 1 - 223(12)

1529_0 殊

00 殊方錄　叢 2 - 1524
43 殊域指掌　史 7 - 54291
殊域周咨錄　史 7 - 54257
80 殊翁合編　集 4 - 28123

1540_0 建

00 建立伏博士(勝)始末　史 2 - 8445
建立伏博士始末　叢 1 - 303～5,2 - 731(18)
建立博士表　經 2 - 11912
建立曼荼羅護摩儀軌　子 6 - 32093(38)
建立曼荼羅及揀擇地法　子 6 - 32093(37)
建康集　集 1 - 3028、3031,6 - 41784　叢 1 - 223(53)
建康集補鈔　集 1 - 3032,6 - 41901
建康集鈔　集 1 - 3030,6 - 41900
建康宮殿簿　史 7 - 51511　叢 1 - 22(10)、23(9)、407(2)
建康實錄　史 1 - 144　叢 1 - 22(10)、23(9)、223(19)
建康實錄、校勘　史 1 - 145
建康志[景定]　史 7 - 56539
建康同遊記　史 7 - 53192　叢 1 - 584
建文帝後紀　史 1 - 2757　叢 1 - 203(7)
建文靖難錄　叢 2 - 657
建文二年殿試登科錄　史 3 - 13523
建文元年京闈小錄　史 3 - 14888
建文皇帝遺蹟　叢 1 - 55
建文皇帝事蹟備遺錄　叢 1 - 52
建文皇帝事蹟遺錄　史 1 - 2756
建文紀聞　史 1 - 2773
建文從亡諸臣考　史 1 - 2763,2 - 7295
建文遜國之際月表　史 1 - 10(6)　叢 2 - 818
建文遜國之際月表、考異　史 1 - 4816
建文遺跡　史 1 - 1925
建文遺蹟　史 1 - 2774　叢 1 - 50
建文朝野彙編　史 1 - 2758
建文事蹟　叢 1 - 51
建文忠節錄　子 4 - 23055　叢 1 - 195(3),2 - 731(61)
建文書法儗前編、正編、附編　史 1 - 2759
建文年譜、辨疑、提綱、甲申秋杪山僧問答、後事　史 2 - 11411～2
建文年譜、後事、辨疑　史 2 - 11409
建文年譜、甲申秋杪山僧問答　史 2 - 11410　叢 2 - 953
02 建新雜字　經 2 - 13472
08 建譜誌餘　叢 2 - 953
建譜志餘　史 2 - 11413
10 建元記　史 1 - 1358
建元便覽　史 8 - 64819
建元以來朔閏考　叢 2 - 605
建元類聚考　史 1 - 1356～7
建平存稿　集 3 - 20684
建平楊氏家譜[湖南武陵]　史 5 - 37012
建平縣志[雍正]　史 7 - 58109
建平縣志[康熙]　史 7 - 58108
建平縣志[嘉靖]　史 7 - 58107
建天京於金陵論　史 1 - 1990、4188
12 建水州志[雍正]　史 8 - 62589
建水州志[康熙]　史 8 - 62588
建水州志[乾隆]　史 8 - 62590
13 建武志[康熙]　史 8 - 61971
建武故事　史 1 - 4362　叢 2 - 772(4)、773(5)
22 建峯詹氏宗譜[福建建陽]　史 5 - 37917
24 建德縣志[康熙]　史 7 - 57200～1、58074
建德縣志[宣統]　史 7 - 58077
建德縣志[道光]　史 7 - 57203、58076
建德縣志[乾隆]　史 7 - 57202、58075
建德縣志[民國]　史 7 - 57205
建德縣志[光緒]　史 7 - 57204
建德風土記[宣統]　史 7 - 58078
建德尚書(周馥)七十賜壽圖附壽言　史 2 - 10525
30 建寧府志[康熙]　史 8 - 58211～2
建寧府志[天啓]　史 8 - 58210
建寧府志[弘治]　史 8 - 58208
建寧府志[嘉靖]　史 8 - 58209
建寧詩選　集 6 - 44789
建寧粵匪圍城日記(清咸豐七年)　史 2 - 12682
建寧李氏續譜[福建建寧]　史 4 - 27326
建寧縣志[康熙]　史 8 - 58294～5
建寧縣志[嘉靖]　史 8 - 58293
建寧縣志[乾隆]　史 8 - 58296

建寧縣志[民國] 史 8-58297
建寧人物傳 史 2-8144
建安七子集 集 6-41719～20、43218
建安縣鄉土志[光緒] 史 8-58214
建安縣志[康熙] 史 8-58213
32 建州私記 史 1-3546
建州私志 史 1-1960、1983、3545
建州女直考 史 1-1976 叢 1-14(2)、109、111(5)
建州女真考 史 1-3544
建州考 史 1-2931
建州八音字義便覽 經 2-14331
建溪集前編、後編 集 4-25841
37 建初詩集 集 3-16779,6-41967
建初銅尺考 史 8-64291
建祠祀鄉錄 叢 2-958
43 建城稠溪聞氏宗譜[江西高安] 史 5-38791
建始縣志[道光] 史 8-60395
建始縣志[嘉慶] 史 8-60394
建始縣志[同治] 史 8-60396
48 建松堂簡易痘疹良方 子 2-8861
50 建中靖國續燈錄、目錄 子 6-32081(51)、32082(26)
建中錄内篇、外篇 史 6-47500
53 建威將軍徐軍門生(吉雲)傳 史 2-10409
60 建國名臣記 史 2-7294
建國勛臣譜 史 2-7473
建昌府志[康熙] 史 8-58788
建昌府志[正德] 史 8-58787
建昌府志[乾隆] 史 8-58789～90
建昌府志[同治] 史 8-58791
建昌行記(清光緒二十五年) 史 2-13149
建昌縣鄉土志[光緒] 史 8-58523
建昌縣志[康熙] 史 8-58520
建昌縣志[嘉慶] 史 8-58521
建昌縣志[萬曆] 史 8-58519
建昌縣志[同治] 史 8-58522
建邑洋源蔡氏宗譜[福建建陽] 史 5-38032
建邑書林南陽郡鼎鐫會海對類 子 5-25606
建邑前川錢氏宗譜[浙江建德] 史 5-40192
67 建昭雁足鐙考 子 4-18619
71 建甌縣志[民國] 史 8-58216
74 建陵山房詩鈔 集 5-33893
建陵山房詩鈔續集 集 5-33894
建陵叢集 集 3-18014
76 建陽詩鈔外編 集 6-44790
建陽朱氏崑羅合譜 史 4-26377
建陽名宦文移 集 2-10768
建陽東苑晦臺鏡禪師語錄 子 6-32091(79)
建陽縣各案彙錄 史 6-47300
建陽縣志、雜志、續集[景泰] 史 8-58218
建陽縣志、縣紀[萬曆] 史 8-58220
建陽縣志[康熙] 史 8-58221
建陽縣志[道光] 史 8-58222
建陽縣志[嘉靖] 史 8-58219
建陽縣志[民國] 史 8-58223
77 建隆寺志畧 史 7-51563
90 建炎維揚遺錄 史 1-2506 叢 1-268(2),2-731(66)
建炎德安守禦錄 史 1-2512 子 1-3464 叢 1-223(32)、387
建炎德安守禦錄、守城機要、宋丞相李忠定公輔政本末 叢 1-386
建炎以來朝野雜記 子 4-20198 叢 1-19(3)、20(2)、21(3)、24(3)、223(26)
建炎以來朝野雜記逸文 史 6-41622 叢 2-2116、2118
建炎以來朝野雜記甲集 史 6-41618、41621
建炎以來朝野雜記甲集、乙集 史 6-41617 叢 1-283(2)
建炎以來朝野雜記甲集、乙集、校勘記 史 6-41619 叢 1-230(3),2-731(17)
建炎以來朝野雜記甲集、乙集、逸文 史 6-41620 叢 2-615(2)
建炎以來朝野襍記甲集、乙集 叢 1-282(2)
建炎以來繫年要錄 史 1-1487 叢 2-653(6)、731(66)
建炎以來繫年要錄、目錄 叢 1-223(18)
建炎復辟記 史 1-2503 叢 1-268(2),2-731(66)、832(6)
建炎復辟記、南渡錄大畧 史 1-2504
建炎進退志 史 1-2496～7,2-6203 叢 1-478、534
建炎時政記 史 1-2498～9,2-6203 叢 1-478、534
建炎月錄 叢 1-17
建炎筆錄 史 1-2510 叢 1-282(2)、283(2),2-731(66)

1550_1 甦

20 甦香畫錄 子 3-16280
44 甦菴集 集 3-13168
77 甦叟養痾閒記 子 4-21289
88 甦餘日記 集 5-40419

甦餘日記(清道光九年至十三年)　史2-12697

1561_8 醴

10 醴西淳塘劉氏族譜[湖南醴陵]　史5-39565
醴西淳塘劉氏四修支譜[湖南醴陵]　史5-39566
醴西湯坪境湯氏五修族譜[湖南醴陵]　史5-36586
醴西黄田黄氏世譜[湖南醴陵]　史5-34046
醴西田氏五修族譜[湖南醴陵]　史4-26108
11 醴北龍潭易氏三修族譜[湖南醴陵]　史4-29548
醴北二都宋氏族譜[湖南醴陵]　史4-29185
醴北栗山劉氏三修族譜[湖南醴陵]　史5-39569
醴北耿境鄒氏三修族譜[湖南醴陵]　史5-36378
醴北吳氏續修族譜[湖南醴陵]　史4-28173
醴北程氏五修族譜[湖南醴陵]　史5-36182
醴北淩氏五修族譜[湖南醴陵]　史4-34662
醴北鴻仙唐氏三修族譜[湖南醴陵]　史4-32555
醴北花橋鄒氏族譜[湖南醴陵]　史5-36377
醴北蘇氏房譜[湖南醴陵]　史5-41028
醴北黄村宋氏四修族譜[湖南醴陵]　史4-29186
醴北楓樹橋吳氏三修族譜[湖南醴陵]　史4-28174
醴北劉氏族譜[湖南醴陵]　史5-39567～8
26 醴泉縣誌[崇禎]　史8-62870
醴泉縣續志[乾隆]　史8-62872
醴泉縣志[康熙]　史8-62871
醴泉縣志[嘉靖]　史8-62869
醴泉縣志[乾隆]　史8-62873
醴泉筆錄　叢1-195(5)
35 醴洙鐵路購地造路制車各款收支四柱清册　史6-44325
40 醴塘詩集　集5-35020
醴南鹿步易氏族譜[湖南醴陵]　史4-29549
醴南齐家村李氏三修族譜[湖南醴陵]　史4-27548
醴南高林盧氏宗譜[湖南醴陵]　史5-40108
醴南唐氏四修族譜[湖南醴陵]　史4-32556
醴南三都王氏族譜[湖南醴陵]　史4-25465
醴南汪氏六修族譜[湖南醴陵]　史4-28954
醴南臺上楊氏二修族譜[湖南醴陵]　史5-37028
醴南柏園陳氏族譜[湖南醴陵]　史4-33327
醴南荷田劉氏族譜[湖南醴陵]　史5-39564、39570
50 醴東水口易氏續修族譜[湖南醴陵]　史4-29550
醴東仙石周氏三修族譜[湖南醴陵]　史4-30174
醴東富里李氏族譜[湖南醴陵]　史4-27545
醴東河溪張氏族譜[湖南醴陵]　史5-35346～7
醴東清潭橋李氏族譜[湖南醴陵]　史4-27552
醴東大石塘李氏五修族譜[湖南醴陵]　史4-27553
醴東袁氏泉分族譜[湖南醴陵]　史4-31391～2
醴東黄氏族譜[湖南醴陵]　史5-34045
醴東周氏族譜[湖南醴陵]　史4-30173
60 醴邑江氏續修族譜[湖南醴陵]　史4-26913
醴邑東城周氏宗譜[湖南醴陵]　史4-30175
醴邑蛇頭張氏房譜[湖南醴陵]　史5-35352
74 醴陵高塘羅氏族譜[湖南醴陵]　史5-41118
醴陵唐氏族譜[湖南醴陵]　史4-32554
醴陵新洲張氏族譜[湖南醴陵]　史5-35359
醴陵新洲劉氏族譜[湖南醴陵]　史5-39571
醴陵巫氏族譜[湖南醴陵]　史4-27692
醴陵石塘張氏族譜[湖南醴陵]　史5-35356
醴陵北城謝氏族譜[湖南醴陵]　史5-40800
醴陵張氏坪橋分支譜[湖南醴陵]　史5-35360

醴陵集 集1-529
醴陵衙後何氏支譜[湖南醴陵] 史4-28401
醴陵帥氏四修族譜[湖南醴陵] 史4-30751
醴陵鄉土志[民國] 史8-60547
醴陵汪氏族譜[湖南醴陵] 史4-28953
醴陵淩氏三修宗譜[湖南醴陵] 史4-34661
醴陵泗汾何氏支譜[湖南醴陵] 史4-28402～4
醴陵泗汾何氏盞塘支譜[湖南醴陵] 史4-28405
醴陵十三都張氏族譜世系圖、世系錄[湖南醴陵] 史5-35350
醴陵十三都張氏宗譜[湖南醴陵] 史5-35351
醴陵南城王氏族譜[湖南醴陵] 史4-25462
醴陵南城王氏三修族譜[湖南醴陵] 史4-25464
醴陵南城王氏續修族譜[湖南醴陵] 史4-25463
醴陵城北李氏三修家譜[湖南醴陵] 史4-27551
醴陵藍田張氏十修族譜[湖南醴陵] 史5-35358
醴陵花橋匡氏房譜[湖南醴陵] 史4-26260
醴陵茂田郭氏三修族譜[湖南醴陵] 史4-32365
醴陵楠橋顏氏支譜[湖南醴陵] 史5-40974
醴陵東堡文氏族譜[湖南醴陵] 史4-25687～8
醴陵東城蕭氏族譜[湖南醴陵] 史5-39999
醴陵縣志[康熙] 史8-60542
醴陵縣志[嘉慶] 史8-60544
醴陵縣志[乾隆] 史8-60543
醴陵縣志[同治] 史8-60545
醴陵縣志[民國] 史8-60546
醴陵匡氏房譜[湖南醴陵] 史4-26261
醴陵竹山劉氏族譜[湖南醴陵] 史5-39572

1564_3 磚

00 磚文考畧 史8-65203
10 磚瓦灰石造法 子7-36229、37215
41 磚坪廳志[光緒] 史8-63046
磚坪縣志[宣統] 史8-63047
磚坪縣志[民國] 史8-63048

1568_6 磧

19 磧砂唐詩 集6-43274
磧砂藏(延聖禪院大藏經、平江府磧砂延聖院大藏經) 子6-32085(1)
50 磧東集錄、補遺 集2-7340 叢2-989

1569_0 硃

01 硃訂詩經揆一宗旨 經1-3852
硃訂西廂記、硃批蒲東詩、釋義 集7-48816
硃訂瀛洲渡周易 經1-918
19 硃砂記 集7-54122
硃砂魚譜 子4-18536
硃砂擔滴水浮漚記 集7-48966
硃砂擔滴水浮漚記雜劇 集7-48767(3) 叢2-698(14)
硃砂簷滴水浮漚記 集7-48774(3)
51 硃批諭旨 史6-47673、47675～7 叢1-227(6)
硃批諭旨編年底本 史6-47704
硃批西林中堂未刻摺 史6-48714
硃批蒲東詩 集7-48816
硃批奏摺 史6-47878
硃批鄂爾泰奏摺 史6-48711～2

1610_0 珀

11 珀玕詩集(析津二草、歇浦草) 集5-41617

1610_4 聖

00 聖主芳規 史1-4923
聖主中興全盛兼三錄附 史6-48569
聖廟詩集、聖塋詩集 集6-42449
聖廟崇祀圖 叢2-1317～8
聖廟樂釋律 經1-6529

聖廟從祀賢儒考畧 史 2-6365～6
聖廟祀典 史 6-42024
聖廟祀典爵里姓氏印譜 子 3-17351
聖廟祀典輯聞 史 6-42143～4
聖廟祀典輯聞、先聖年譜稿、孟子時事考 史 6-42148
聖廟祀典圖考 史 2-6626,6-42147
聖廟祀典圖考、聖蹟圖、孟子聖蹟圖 史 6-42145
聖廟祀典圖考、聖蹟圖、孟子聖蹟圖、崇祠考 史 6-42146
聖廟志輯要 史 7-51813
聖方濟各三會規 子 7-35610
聖方濟各沙勿畧傳 子 7-35850
聖音鏡 子 7-32111
聖六字大明王陀羅尼經 子 6-32083(29)
聖六字增壽大明陀羅尼經 子 6-32081(47)、32082(23)、32083(30)、32085(44)、32086(52)、32088(32)、32089(27)、32090(35)、32091(33)、32092(23)、32093(44),7-32101
02 聖訓、聖誥 子 5-29581
聖訓恭記 叢 2-1317
聖證論 經 2-11432～3 叢 2-765～6、774(7)、781
聖證論補評 經 1-151,2-11434 叢 2-2066
04 聖謨全書 史 6-46638
聖誥 子 5-29581
06 聖譯樓叢書三種 叢 1-582
07 聖記百言 子 7-35301
08 聖諭、奏疏 史 6-47654
聖諭廣訓 史 4-28608 子 1-2033、2039 叢 1-223(31)、227(6),2-1405
聖諭廣訓(御製聖諭廣訓) 子 1-2029
聖諭廣訓、律易解 叢 1-483
聖諭廣訓集證 子 1-2038 叢 1-536
聖諭廣訓集說 子 1-2041
聖諭廣訓衍 子 1-2035～6 叢 2-1405
聖諭廣訓衍說 子 1-2034
聖諭廣訓通俗 子 1-2040
聖諭廣訓直解 子 1-2031
聖諭廣訓直解、大清刑律圖 子 1-2032
聖諭廣訓附衍文 子 1-2037
聖諭六訓醒世編 子 1-2042
聖諭講解錄 子 1-1280
聖諭衍義三字歌俗解 子 1-2028 叢 2-1368
聖諭便講附律 史 6-45986
聖諭樂本解說 經 1-6491～2 叢 1-201、203(5)、223(15),2-1309
聖諭繹謠 子 1-2044
聖諭像解 史 2-7451～2
聖諭宣講鄉保條約、儀注 子 1-2052 叢 2-1368
聖諭十六條附律易解 子 1-2026 叢 2-1737
聖諭十六條印譜 子 3-17333
聖諭圖像衍義 叢 2-1368
聖諭圖象衍義 子 1-2027
聖諭合律全書 叢 2-1317
聖諭條列州縣事宜 史 6-42995
10 聖三救煉靈會 子 7-35627
聖雨齋詩文集 叢 2-1228
聖雨齋詩文集(詩集、詩餘一賦、文集)問魚篇、附錄 集 2-12513
聖雨齋詩集 集 2-12515 叢 2-838
聖雨齋詩集、詩餘 集 2-12514
聖雨齋集 集 2-12516
聖雨齋集(賦集、詩集、文集、詩餘) 集 2-12517
11 聖琵琶傳 子 5-26222 叢 1-185
13 聖武親征錄 叢 1-19(9)、20(6)、21(8)、24(9)
聖武親征錄校注 史 1-1922、2635 叢 2-2227、2229
聖武記 史 1-1856 叢 1-496(3),2-698(4)
聖武記二編 史 1-1857
聖武北征功成詩 集 3-16176
聖武昭布乞行勘敍疏 史 6-47799、48406
17 聖子廣義 叢 2-1317
聖君初政記 史 1-2733 叢 1-13、14(1)、22(21)、134
聖配規案 子 7-35595
18 聖政雜錄 史 1-2732
聖政記 史 1-2725
聖政紀要 史 1-2895
聖政錄 史 1-2731
20 聖依納爵聖水記 子 7-35422
聖依納爵傳畧 子 7-35849
聖依納爵九日敬禮 子 7-35549
聖禾鄉農詩鈔 集 4-22149
21 聖虛空藏菩薩陀羅尼經 子 6-32093(43)
聖虛空藏菩薩陀羅尼經 子 6-32081(44)、32083(28)、32085(41)、32086(48)、32088(30)、32089(25)、32090(32)、32091(30)、32092(21)
聖虛空藏菩薩陁羅尼經 子 6-32084(24)
聖師顯化 集 7-49700
聖師錄 叢 2-619
聖經 子 3-17583、17791,7-35202
聖經廣益 子 7-35217

聖經詩 子7－35130
聖經課題拾級 子7－35243
聖經預言應驗考 子7－35225
聖經翼 子7－35102
聖經集要 子7－35233
聖經便覽三章 子7－35213
聖經外傳概論 子7－35230
聖經溯源 子7－35229
聖經直解 子7－35212
聖經析義 子7－35241
聖經考 子7－35102
聖經典林 子7－35222
聖經圖記 子7－35238
聖經圖志 子7－35236
聖經所載諸國見于漢書考 子7－35102
聖經學 子7－35242
聖經學規纂 叢2－731(13)、782(3)
聖經學規纂、論學 子1－1526
聖經闡詳 子7－35237
聖經入門 子7－35220
聖經合璧 子7－35201
聖經類書 子7－35205
25 聖佛良方 子2－9922
聖佛母般若波羅蜜多九頌精義論 子6－32081(53)、32082(27)、32083(33)、32085(48)、32086(57)、32088(35)、32089(46)、32090(53)、32091(51)、32092(35)、32093(28)
聖佛母小字般若波羅蜜多經 子6－32081(43)、32083(28)、32085(40)、32086(48)、32088(29)、32089(24)、32090(32)、32091(30)、32092(21)
聖傳論 史2－6288 叢2－754
26 聖皇篇 經2－13334～6、15116、15137、15142 叢1－495、586(2),2－716(1)
聖伯多祿宗徒行實 子7－35839
聖保祿論羅馬教友的書札 子7－35189
27 聖多羅菩薩一百八名陀羅尼經 子6－32081(45)、32086(49)、32088(30)、32090(33)、32091(31)、32092(21)、32093(46),7－32095
聖多羅菩薩一百八名陁羅尼經 子6－32084(24)
聖多羅菩薩經 子6－32083(32)
聖多羅菩薩梵讚 子6－32081(47)、32082(23)、32083(30)、32084(25)、32085(44)、32086(51)、32088(32)、32090(43)、32091(42)、32092(28)、32093(47)
聖多羅菩薩梵讚經 子6－32089(27)
聖身鏡 子7－32111
聖紀史記 子7－35761
聖綱鑒小畧 子7－35425
聖綱鑑小畧 子7－35640
28 聖傷經默想規程附光榮規則 子7－35498
聖僧庵集 集6－44749
聖繪全圖 史2－8422
30 聖濟方選 子2－9784
聖濟經(聖濟經解義、宋徽宗聖濟經) 子2－4793
聖濟總錄 子2－4790～2
聖濟總錄纂要 子2－4771(2)、9369 叢1－223(33)
聖寵問答 子7－35358
聖迹庸言 子7－35477
聖安記事 叢2－1276
聖安五傳 子7－35883
聖安皇帝本紀 史1－1946、1977
聖安多尼聖月 子7－35539
聖安多尼行實 子7－35843
聖安紀事 史1－3297～9
聖安本紀 史1－1937
聖字記事 叢2－1275
聖宗集要 史2－6325
聖宗錄 子1－1101
聖宋高僧詩選、後集、續集、宋僧詩選補 集6－43575
聖宋文選全集 集6－43604
聖宋千家名賢表啓 子5－25577
聖宋皇祐新樂圖記(皇祐新樂圖記) 經1－6406
聖宋名賢五百家播芳大全文粹 集6－43612
聖宋名賢五百家播芳大全文粹、目錄 集6－43609～11、43613～4
聖宋名賢四六叢珠 子5－25556
聖宋遵堯錄、別錄 史1－2463
聖宋掇遺 史1－4371 叢1－456(6)、465,2－731(6)
聖宋景祐乾象新書、拾遺 子3－13040
聖宋錢塘賦 史7－50270 叢2－832(3)
32 聖業鏡 子7－32111
33 聖心規條 子7－35613
聖心月新編 子7－35510
聖心月新編遺響 子7－35511
聖心金鑒 子7－35398
34 聖法印經 子6－32083(20)
聖達尼老各斯加本傳 子7－35853
35 聖清雜劇十種 集7－49719
聖清八家詩話 集6－46144
聖神三法 子7－35708
聖遺詩集 集5－38685～6
36 聖迦柅忿怒金剛童子菩薩成就儀軌經 子6－32085(51)、32086(61)、32088(38)、32089

(32)、32090(43)、32091(41)、32092(28)、32093(36)
聖迦抳忿怒金剛童子菩薩成就儀軌經　子6-32084(28)、32093(39)
37 聖潔之路　子7-35697
聖祖庭訓格言　叢1-227(6)
聖祖親征朔漠日錄　史1-1985、3677
聖祖五幸江南恭錄　史1-3692
聖祖西巡日錄　史1-1985、3691
聖祖北征行在述畧、北征述畧釋地　史1-3676
聖祖聖訓　叢1-227(6)
聖祖仁皇帝庭訓格言　子1-1965、1995、1997~8　叢1-223(31)、574(5),2-669
聖祖仁皇帝庭訓格言類編　子1-1999
聖祖仁皇帝親征平定朔漠方畧　史1-1867
聖祖仁皇帝親征平定朔漠方畧、卷首聖祖仁皇帝御製親征朔謨紀畧　叢1-223(19)
聖祖仁皇帝聖訓　叢1-223(20)
聖祖仁皇帝御製文初集、總目、第二集、總目、第三集、總目、第四集、總目　叢1-223(67)
聖祖仁皇帝御製百家姓、耕織圖詩、清光緒二十四年張之洞勸學篇教忠　史2-13318
聖祖仁皇帝御製姓譜附字學一覽　叢1-358
聖祖仁皇帝起居注　史1-1756~7、1984
聖祖仁皇帝起居注殘稿(康熙二十四年二月)　史1-1759、1985
聖祖仁皇帝起居注殘稿(康熙十九年十月、康熙二十一年十一月)　史1-1758、1985
聖祖仁皇帝本紀　史1-873
聖祖御製文集　叢1-227(8)
38 聖道要理問答　子7-35704
聖道法語　子1-1898
39 聖沙勿畧九日敬禮　子7-35553
40 聖大總持王經　子6-32083(29)
聖女瑪加利大傳　子7-35862
聖女斐樂默納傳　子7-35874
聖女得肋撒行實　子7-35851
聖女羅灑行實　子7-35840
聖壽萬年曆　經1-6585
聖壽萬年曆、律曆融通、音義　叢1-223(34)
聖壽萬年曆、萬年曆備考、附、律曆融通、附錄　子3-11688
聖真君咒　子5-29592、31719
43 聖求詞　集7-46380、46547　叢1-223(72),2-698(14)、720(2)
聖域述聞　史2-8411　叢1-352
聖域述聞、續編　史2-8412　叢2-691(2)
44 聖夢歌　子7-35290
聖莊嚴陀羅尼經　子6-32083(29)
聖者文殊師利發菩提心願文　子6-32085(55)、32086(66)、32088(41)、32093(31)
聖者賢行願王偈　子7-32813
聖若望臬玻穆傳　子7-35844
聖若瑟聖月　子7-35532
聖若瑟月　子7-35536
聖若瑟月新編　子7-35535
聖若瑟會直指　子7-35619
聖若瑟會本分規條　子7-35618
聖若瑟會公規(聖若瑟會規、若瑟會規)　子7-35617
聖若翰伯爾各滿本傳(聖若望伯爾各滿傳)　子7-35859
聖世壽徵　集7-49715
46 聖觀自在求修六字禪定經　子7-33036
聖觀自在菩薩一百八名經　子6-32081(44)、32082(21)、32085(42)、32086(49)、32088(30)、32089(25)、32090(33)、32091(31)、32092(21)、32093(43),7-32901
聖觀自在菩薩不空王祕密心陀羅尼經　子6-32089(32)、32090(40)、32091(38)、32092(26)
聖觀自在菩薩功德讚　子6-32081(56)、32083(35)、32086(60)、32088(37)、32089(36)、32091(41)、32093(31)
聖觀自在菩薩功德讚(附大明太宗文皇帝御製觀音讚大明太宗文皇帝御製大悲觀世音菩薩讚)　子6-32090(43)
聖觀自在菩薩功德讚、大明太宗文皇帝御製觀音讚大明太宗文皇帝御製大悲觀世音菩薩讚　子6-32092(28)
聖觀自在菩薩心真言瑜伽觀行儀軌　子6-32081(56)、32085(51)、32088(38)、32089(36)、32090(57)、32091(55)、32092(38)、32093(35)
聖觀自在菩薩心真言瑜伽觀行軌儀　子6-32083(36)、32086(61),7-32095
聖觀自在菩薩心真言念誦□儀　子7-32896
聖觀自在菩薩求修　子7-32097
聖觀自在菩薩梵讚　子6-32083(30)
聖觀自在菩薩念誦儀軌經　子6-32083(31)
聖觀自在畧求修　子7-32097
聖駕親征噶爾旦方畧　史1-1869
聖駕親行征噶爾旦方畧　史7-49348
聖駕五幸江南恭錄　叢1-472
聖駕重幸太學錄　史6-42016
聖駕南巡經由山東陸水路程站總圖　史7-

49743
聖駕南巡御題西湖名勝詩 史7-51392
聖駕南巡恭紀詩 集6-44221
聖駕南巡惠愛錄 史1-3693
聖駕南巡日錄 史1-2852 叢1-84(2),2-730(9)、1081
聖駕南巡錄、南巡惠愛錄 史1-2853
聖駕臨雍錄 史1-1933,6-42005 叢1-34
聖駕臨幸家山紀恩日錄 史2-12604
聖賀野紇哩縛大威怒王立成大神驗供養念誦儀軌法品 子6-32093(39)
47 聖朝文命錄 集6-43921
聖朝新政要畧 史1-1618
聖朝新政要畧、訪單、附錄 史1-3026
聖朝鼎盛(聖朝鼎盛萬年清)八集 子5-28730
聖朝名世考 史2-7174
聖朝名畫評 史2-7101 子3-14692、15857、15859
聖朝名畫評(宋朝名畫評) 子3-16024
聖朝混一方輿勝覽 史7-49540 子5-24909
聖朝通制孔子廟祀 史6-41997 子1-206
聖朝泰交錄 史1-2689
聖朝盛事 史1-4260
聖朝頒隆貢舉三試程式 經2-13740
聖朝頒降新例 史6-46308、46313 叢1-286,2-731(30)
聖婦亞納會規 子7-35623
聖歎雜篇 叢2-609
聖歎外書 叢2-609
聖歎内書 叢2-609
48 聖救度佛母二十一種禮讚經 子6-32089(27)、32091(41)、32092(28)
聖救度佛母二十一種禮讚經、御製救度佛母讚 子6-32090(43)、32093(47)
聖救度佛母二十一種禮贊經 子6-32088(32)
聖散子方 子2-9137
聖教序論 子7-35321
聖教要理 子7-35276
聖教要理選集 子7-35277
聖教要理問答 子7-35279
聖教要理問答注解 子7-35280
聖教功效論畧 子7-35654
聖教理證 子7-35374～5
聖教經文詳解 子7-35214
聖教經課 子7-35228
聖教淺說 子7-35363
聖教神品 子7-35569
聖教禮規 子7-35600
聖教通考 子7-35361
聖教通考、新經鑒畧 子7-35365
聖教真詮 子7-35707
聖教真實憑據 子7-35339
聖教切要 子7-35346
聖教史紀 子7-35755
聖教史畧 子7-35758
聖教日課 子7-35489
聖教四規 子7-35592
聖教明徵 子7-35327
聖教問答注 子7-35698
聖教入川記 子7-35785
聖教益世成效十則 子7-35340
聖教會要課 子7-35638
聖教會史記 子7-35757
49 聖妙吉祥真實名經 子6-32085(55)、32086(66)、32088(41)、32089(33)、32090(41)、32091(40)、32092(27)、32093(47),7-32094、32790
50 聖史紀畧 子7-35759
聖史提要 子7-35639
聖事要理問答 子7-35416
聖事歌經簡要 子7-35554
聖事總錄 子7-35562
聖事宣講 子7-35486
聖事答應經文 子7-35577
聖本篤會規 子7-35607
聖書論畧 子7-35669
聖書動植備考 子7-35102
聖書綱目 子7-35239
52 聖哲文獻考 史6-42170
聖哲微言 叢2-691(3)
聖哲畫像記 叢2-756
53 聖感寺二十八紀詩 集6-44966
54 聖持世陀羅尼經 子6-32081(45)、32083(28)、32085(42)、32086(49)、32088(30)、32089(25)、32093(44)
聖持世陁羅尼經 子6-32084(24)
55 聖典 史1-2735
60 聖日學課 子7-35725
聖日學堂贊美歌 子7-35729
聖跡圖 史2-8416、8418～9
聖跡圖(聖蹟圖、聖跡全圖、聖跡之圖) 子3-16433
聖跡全圖 史2-8420
聖跡纂要 史2-8490
聖最上燈明如來陀羅尼經 子6-32083(28)、32090(32)、32091(30)、32092(21)
聖最勝陀羅尼經 子6-32083(30)
聖恩錄 史1-4523
聖羅格傳 子7-35858

63 聖咏注解　子7-35127
64 聖嘆雜篇　叢2-1248
聖嘆祕書　子4-24438
聖嘆祕書七種　叢2-1250
聖嘆内書　叢2-1248
65 聖蹟編年　史2-11050
聖蹟圖　史2-8414～5,6-42145～6　子3-16433
聖蹟圖志　史2-8485
聖蹟合參　子7-35164
67 聖曜母陀羅尼經　子6-32083(30)
聖明常熟先賢傳畧　史2-7931
聖路善工　子7-35559
聖路善工附聖母玫瑰經十五端　子7-35560
71 聖願問答　子7-35408
75 聖體要理　子7-35288
聖體仁愛經規條　子7-35612
聖體紀　子7-35393
聖體規程　子7-35637
聖體規儀　子7-35499
聖體月　子7-35503
77 聖月經文　子7-35563
聖月苦路後祝文　子7-35561
聖學廣義　叢2-1318
聖學發明　叢2-1315、1317～8
聖學實行始終功夫辨真　子1-1770
聖學宗要　叢1-223(31),2-1199、1201
聖學宗傳　史2-6651、6653
聖學宗傳佚序闕文、宗傳咏古　史2-6652
聖學源流　叢2-1317～8
聖學源流、聖學源流續編、聖學源流補遺　子1-1660
聖學源流、續編、補遺　叢2-912
聖學淵源詮證　叢2-2258
聖學心法　子1-891
聖學直指　叢2-1315、1317～8
聖學嫡派　史2-6654
聖學真語　子1-1390　叢2-1301
聖學格物通　叢2-1068
聖學格物通(格物通)　子1-1029
聖學指南　叢1-375
聖學喫緊三關　叢2-1201
聖學階梯　子1-2462
聖學問答　叢2-1315、1317～8
聖學入手說　叢2-1317
聖學入門書　子1-2372～3　叢1-387、574(4),2-669、691(2)、812、1826
聖學入門書、蔚村三約　叢1-483
聖學鐸　叢2-723
聖學知統錄、翼錄、致知格物解　史2-6665
聖學範圍圖說　子1-1213　叢1-13、14(1)、22(20)、108、111(4)
聖母孔雀明王尊經啓白儀　子5-30192
聖母聖衣會規畧　子7-35609
聖母聖衣會恩諭　子7-35608
聖母聖心會要　子7-35522
聖母聖月(補增聖母聖月)　子7-35524
聖母聖範　子7-35827
聖母玫瑰經十五端　子7-35518、35560
聖母玫瑰九日敬禮、玫瑰會大赦　子7-35523
聖母玫瑰會要　子7-35521
聖母住屋紀念同胞　子7-35782
聖母行實　子7-35826
聖母經傳　子7-35833
聖母傳　子7-35103、35828
聖母淨配聖若瑟傳　子7-35836
聖母七苦會規　子7-35615
聖母顯蹟聖牌紀畧　子7-35832
聖母院函稿　子7-35788
聖母月　子7-35525
聖母無染原罪要理問答　子7-35448
聖母無染原罪小日課　子7-35516
聖母無原罪童女會規　子7-35622
聖母善導記要　子7-35529
聖母會貞修規要　子7-35620～1
聖母會修會院　子7-35628
聖母領報會規程　子7-35614
聖母小日課　子7-35515
聖門辨誣　子1-1772
聖門諸賢述畧　史2-6341　子1-1971　叢2-1732
聖門諸賢輯傳　史2-6342
聖門樂誌、聖門禮誌　史6-42152
聖門傳詩嫡冢、申公詩說　經1-3798
聖門釋非錄　叢2-1309
聖門名字纂詁、補遺　經2-14804
聖門禮樂統　史6-42079
聖門禮志、樂志　經1-6325
聖門十六子書　子1-95
聖門志　史2-6322～3　叢2-730(13)、731(60)、836
聖門志考畧、熙朝盛事　史2-6324
聖門考、年譜、續考　史2-6313
聖門事業圖　子1-813　叢1-2～6、9～10、22(2)、23(2)
聖門人物志　史2-6318
聖門弟子考　史2-11051
聖閻曼德迦威怒王立成大神驗念誦法　子6-32084(28)、32085(52)、32086(62)、32088

(38)、32089(37)、32090(58)、32091(56)、32092(38)、32093(36)
聖賢帝王事畧 史2-6515
聖賢高士傳 史2-6464 叢2-774(8)
聖賢高士傳贊 史2-6465～6 叢2-656、738
聖賢高士傳贊、虞氏高士傳 史2-6467
聖賢羣輔錄 子5-24760 集1-440 叢1-114(2)
聖賢集畧 集7-52463
聖賢儒史 史2-6659
聖賢先儒祀典 史6-42157
聖賢自修錄 子3-12899
聖賢像讚 叢1-413
聖賢像贊 史2-6619
聖賢實學 子1-1771
聖賢道統圖贊 史2-6620
聖賢道釋四贊 子3-15085
80 聖人言行新編 子7-35885
聖人千案 叢2-720(5)、1252
聖人家門喻 子1-2185 叢2-1368
聖人勸孝文一段 集7-51538
聖八千頌般若波羅蜜多一百八名真實圓義陀羅尼經 子6-32081(57)、32083(36)、32084(30)、32085(51)、32086(61)、32088(38)、32089(33)、32090(40)、32091(38)、32092(26)、32093(47)
聖八千頌般若波羅密多一百八名真實圓義陀羅尼經 子7-32818
聖金剛手菩薩一百八名梵讚 子6-32082(25)、32084(26)、32085(44)、32086(53)、32088(32)、32090(43)、32091(41)、32092(28)、32093(47)
聖金剛手菩薩一百八名梵讚經 子6-32089(28)
聖無能勝金剛火大陀羅尼經 子6-32081(46)、32082(22)、32085(43)、32086(50)、32088(31)、32089(26)、32090(33)、32091(32)、32092(22)、32093(42)
聖無動尊一字出生八大童子祕要法品 子6-32093(38)
聖無動尊安鎮家國等法 子6-32093(40)
聖年廣益 子7-35886～7
聖年廣益十二編 子7-35888
聖年廣益撮要 子7-35889
聖年大赦 子7-35580
聖善住意天子所問經 子6-32084(3)、32093(4)
聖會準繩 子7-35742
聖會史記 子7-35754
聖公會大綱註解 子7-35741
86 聖知鏡 子7-32111
88 聖箭堂述古 子7-34673
聖節會約 史2-8390 叢1-201、203(5)
90 聖堂儀物名義志 子7-35777
聖堂梁氏族譜 史5-34720
91 聖類思公撒格學生主保小傳 子7-35857
99 聖瑩詩集 集6-42449

1611_0 現

21 現行刑律修正各條清單 史6-45909
現行刑律簡明圖 史6-45913
現行刑律簡明圖說 子7-36671
現行法制大意 史6-46004
現行常例 史6-42728～30、43515、43519
現行常例、酌增常例 史6-42727
23 現代西藏[民國] 史8-62639
40 現在報經 子6-32085(16)、32090(19)、32092(12)、32093(8)
現在賢劫千佛名經 子6-32089(13)、32091(16),7-32442、32444
現在賢劫千佛名經(集諸佛大功德山) 子6-32090(18)、32092(11)、32093(6)
現存常例 史6-43522
44 現世寶卷 集7-54483
53 現成話 集3-15762 叢2-845(3)
60 現果隨錄 子5-26229,7-34671 叢1-210～1
80 現今中俄大勢論 史6-45056 子7-38050

1611_4 珵

80 珵美堂集 集2-11612 叢2-978
珵美堂集、沙上集 集2-11610

理

00 理齋遺文 集5-34690
理文百一錄 叢2-2270(3)
理文別錄 叢2-2270(3)
01 理譚 子4-20577 叢2-1116
03 理詠堂集 集3-14623
08 理論 子4-20762
理訟芻言 史6-45891
09 理談 叢2-1117

10 理靈坡　集 7－50421　叢 2－2046
理要酬諮錄　子 1－1118
20 理番縣概說[民國]　史 8－62092
21 理虛元鑑　子 2－4686、4771(3)、7206～7　叢 1－435
理虛元鑑、十藥神書注解　子 2－7208
24 理化示教　子 7－36234、37953、37979
理化縣志[民國]　史 8－62140
理化縣圖志[民國]　史 8－62141
理科新書　子 7－37465
理科遊戲　子 7－37417
理科教本化學(礦物編)　子 7－37108
理科教授法　子 7－36232
25 理生玉鏡稻品　叢 1－61～4、86，2－730(4、8)、731(30)
理生玉鏡稻品(稻品)　子 1－4293
27 理象解原　經 1－1245
30 理窟　子 7－35390
理寒石先生文集　集 2－12068
理安箬庵禪師語錄　子 7－34274
34 理法　子 7－36254
理法校管理法　子 7－36237
理法校管理法不分管理法　子 7－36232
37 理運管見　史 6－46868
38 理瀹外治方要　子 2－10459
理瀹外治方要、應驗諸方　子 2－4708
理瀹駢文　子 2－10456
理瀹駢文二十膏良方　子 2－10460
理瀹駢文摘要　子 2－10458　叢 1－479
理瀹駢文附畧言、存濟堂藥局修合施送方并加藥法、補遺方抄、治心病方附淨心說　子 2－10457
理道全集　子 5－32070
44 理藩院修改回疆則例　史 6－47009
理藩院則例　史 6－47005、47008
理藩院公牘　史 6－47254
48 理教合解　子 1－1901
50 理畫括例　子 1－1846　叢 2－2047
58 理數合解　子 3－12996
60 理田李氏宗譜[江西婺源]　史 4－27369～70
理田李氏世譜[江西婺源]　史 4－27368
64 理財新義　子 7－37328
理財疏　叢 2－771(2)
理財考鏡　史 6－43201
理財學課本　子 7－37336
理財學綱要　子 7－37274
理財學精義　子 7－37275
理財節畧　子 7－36228(6)
理財節錄　史 6－41535、43194
71 理曆法　叢 1－378
77 理學　叢 2－1092
理學齋導言　子 4－21734　叢 1－479
理學齋導言、表、書目　子 4－21735
理學庸言　子 1－1903
理學辨疑　叢 2－1110
理學辨似　子 1－1928
理學證印要覽　子 1－896　叢 2－1054
理學正宗　子 1－1451　叢 1－534，2－958、1367
理學要旨　叢 2－1308
理學平譚　子 1－1192
理學張抱初先生(信民)年譜　史 2－11539　集 2－10773
理學引蒙　子 1－1954
理學邵念魯(廷寀)先生傳、念魯先生本傳　史 2－9386
理學集　叢 2－1074
理學須知　子 7－37966
理學編　叢 2－635(12)、1073
理學備考　史 2－7246～7　叢 1－330～1
理學備考正編、副編　子 1－183
理學疑問　子 4－21224　叢 2－1408
理學字義通釋(未完)　叢 2－2248
理學宗傳　史 2－6680　叢 2－1230
理學宗傳辨正　史 2－6681　叢 1－450～1
理學宗傳敍言　叢 2－1316
理學邇言　子 1－1197
理學逢源　子 1－1552　叢 2－1421
理學萃成　子 1－1610
理學圖說滙編　子 1－1774
理學明辨　叢 2－1187
理學月川曹先生年譜纂　叢 2－1054
理學錄　子 1－1427～8
理學簡言　子 1－869　集 1－4313　叢 2－881
理學粹言　子 1－923　叢 2－1057
理學類編　子 1－113　叢 1－223(30)
理學類編、校勘記　子 1－114　叢 2－870(3)
理醫冰鑒　子 2－10935
80 理鏡　子 7－32111
理氣部　子 3－13139、13465
理氣砂水　子 3－13140
理氣穴法　子 3－13140、13359、13361
理氣祕旨　子 3－13140
理氣溯源　子 3－13639
理氣圖說　子 3－13567～8
87 理欲生長極至圖說　子 1－1963、2505
90 理堂文集、外集　叢 2－1491
理堂文鈔　集 3－21246
理堂詩集　叢 2－1491

理堂集三種　叢 2-1491
理堂外集　集 3-21247
理堂日記　叢 2-1491
理堂日記(清嘉慶元年)　史 2-12626
理堂日記(清乾隆二十五年至四十八年)　史 2-12611
理堂全集、文外集　集 3-21243

1613_0 聰

02 聰訓齋語　子 1-111、1965、2203～5, 4-19502　叢 1-241、242(3)、366～8、435、483、494～5、514, 2-663、691(2)、724、731(20)
聰訓齋語、恒産瑣言、飯有十二合說　叢 2-678、748
聰訓堂文集　集 4-22726
聰訓堂詩草　集 4-23204
16 聰聖志　史 2-8340～1
22 聰山文集　集 3-14120　叢 2-1296
聰山文錄　集 3-14121, 6-42067
聰山詩選　集 3-14118　叢 2-731(43)、782(3)、1296
聰山詩鈔　集 3-14119, 6-44392
聰山集　叢 2-731(45)、782(3)
聰山集四種附二種　叢 2-1296
26 聰泉居日記(清同治十年至光緒二十一年)　史 2-13046
88 聰竹廬集　集 5-35751

1613_2 環

00 環庵遺稿　集 2-6472
01 環龍後詩稿　集 5-40203
10 環玉莊草、續草、漢衿吟　集 2-12858
環璽齋主人年譜　史 2-12471
環天室近體詩集、續刊詩集、詩外集　集 5-40356
環天室古近體詩類選、後集　集 5-40355
環石齋詩集　集 3-19320
12 環水文集　集 3-17566
13 環球各國事物彙表　叢 1-531
環球勝地名畫錄　子 3-16758
16 環碧主人剩稿　集 4-32088
環碧主人賸稿　叢 1-521
環碧亭詩集　集 1-3141, 6-41894(2)
環碧齋詩　叢 2-1145
環碧齋集三種　叢 2-1145
環碧齋集三種(祝子小言、環碧齋尺牘、環碧齋詩)　集 2-9935
環碧齋稿　集 2-9936
環碧齋尺牘　集 2-9937～9　叢 2-1145
環碧齋小言　子 4-20658　叢 1-111(4)、142
環碧軒詩集　集 4-31610, 6-41999
17 環翠山房詩鈔　集 3-19216
環翠樓詩鈔　集 4-23792、25672
環翠軒詩　集 3-16098
環翠閣詩選　集 4-29535
環翠閣集　集 4-24742
環翠堂詩集　集 5-34963
環翠堂華衮集　集 6-43821
環翠堂精訂五種曲　集 7-48773
20 環秀堂醫書叢刻　子 2-4613
22 環川王氏宗譜[浙江義烏]　史 4-25139
環峯慶氏宗譜[安徽含山]　史 5-39742
環山汪氏宗譜[浙江江山]　史 4-28739
環山樓思草　集 4-27010
25 環生館集　集 4-33314
30 環瀛志險　子 7-38014
32 環溪詩話　集 6-45486、45613～4　叢 1-22(14)、23(13)、195(4)、223(72)、284, 2-731(46)
環溪詩集　集 3-17096
環溪詞　集 3-18998
環溪王氏續修家譜[安徽祁門]　史 4-25284
環溪王氏家譜[浙江義烏]　史 4-25125
環溪張氏族譜[江西宜春]　史 5-35221
環溪集　集 2-8502, 3-16138
環溪吳氏家譜[江西婺源]　史 4-28110
環溪汪氏宗譜[安徽祁門]　史 4-28902
環溪沈氏宗譜[安徽南陵]　史 4-29120
環溪漫集　集 2-8501
環溪草堂文集　集 3-19185
環溪草堂遺集　集 5-35568
環溪堂集　集 3-16137
33 環浦自撰年譜　史 2-11488
37 環淥軒詩草　集 3-20059
38 環游海國圖詩　集 5-37024
環遊地球雜記　子 7-36229
環遊地球雜記、續　子 7-38024
環遊地球雜記續錄　子 7-36229
環遊地球新錄　史 7-54372
環遊日記(清光緒二十七年)　史 2-13052
環遊月球　子 7-38276
環遊全球歸國談　史 7-49357、54428
40 環境簡覽　叢 2-2056
環梓居詩存　集 4-31775

44 環花仙館集　集 4 - 23126
環村集　集 3 - 14803
50 環中黍尺　子 3 - 11238～40、12655
環青閣詩稿　集 4 - 25608～9
環書　子 1 - 1465　叢 1 - 202(2)、203(7)
62 環縣志[乾隆]　史 8 - 63171
76 環隅集　集 3 - 17689　叢 2 - 938
80 環谷集　集 1 - 5619、5621，6 - 45001　叢 1 - 223(62)
環谷集、附錄環谷先生年譜　集 1 - 5620
環谷杏山二先生詩稿　集 6 - 45000
88 環竹山房詩鈔　集 4 - 29207

1614_4 瓔

17 瓔珞香龕詞　集 4 - 24537
27 瓔絡會　集 7 - 50233

1625_6 彈

08 彈譜、射藝詳說　子 1 - 3619
17 彈弓譜　子 1 - 3618
22 彈山詩稿　集 5 - 39628
彈山吾家山遊記　史 7 - 49318(5)、53284
27 彈綠詞　集 7 - 48210
37 彈冠必用集、兀日別法　子 3 - 14428
43 彈求集　子 4 - 21143～4
44 彈蕉客語　子 4 - 21955
彈碁經　子 3 - 18192　叢 1 - 22(17)、23(16)
50 彈丸小記　史 7 - 49317(2)、49318(18)、54850
51 彈指詞　集 7 - 46397～400、46977～8　叢 2 - 698(12)
彈指詞、補遺、纑塘集　集 7 - 46979
60 彈園雜志　子 4 - 23035
70 彈雅　集 6 - 46234
84 彈鋏新編　史 6 - 47506
彈鋏集　集 2 - 10390
90 彈雀編　集 4 - 22440

1628_6 殞

37 殞淑集　叢 2 - 2030

1660_1 碧

00 碧亮亮清秋月(碧亮亮)一枝　集 7 - 51661
碧摩亭詩集　集 3 - 17166
碧摩亭集　集 6 - 45068～9
10 碧玉朱砂寒林玉樹匱　子 5 - 29530(18)、29555、30860
碧玉泉志稿　史 7 - 52771
碧玉將軍　集 7 - 52229
碧玉壺纂杜詩鈔　集 4 - 28029
碧玉獅　集 7 - 53700
碧玉塔　集 7 - 53701
碧玉簪　集 7 - 53704～5
碧玉簪寶卷　集 7 - 54496
碧琉璃館遺稿　集 4 - 33624
碧雨山房詩鈔　集 3 - 15093，6 - 45069
碧霞元君護國庇民普濟保生妙經　子 5 - 29531、29535(2)、29536(1)、30206
碧霞仙館吟草　集 5 - 34498
碧霞閣文鈔　集 5 - 34555
碧天霞傳奇　集 7 - 50304
碧天吟稿　集 2 - 6520
碧雲詞　集 7 - 46431、47322、48309
碧雲天爾一枝　集 7 - 52641
碧雲集　集 1 - 1818～9，6 - 41854、41872、41878　叢 2 - 635(8)
碧雲仙師筆法錄　子 3 - 15149
碧雲仙館吟草　集 5 - 38555　叢 2 - 908
碧雲山房詩集約　集 4 - 30993
碧雲山房存稿　集 5 - 37751
碧雲秋露詞　集 7 - 47502
碧雲遺稿　集 4 - 30232
碧雲寺　集 7 - 52253
碧雲書屋詩稿　集 3 - 21458
碧雲軒詩鈔(碧雲樓詩稿)　集 4 - 25134
碧雲軒剩稿　集 4 - 28064
碧雲騢　子 5 - 26218　叢 1 - 4～5、9～10、22(7)、23(7)、29(5)、38，2 - 673、731(52)
碧雲騢錄　叢 1 - 17、19(6)、20(4)、24(6)
碧雲盦詞　集 7 - 47572　叢 2 - 1668
碧雲盦詞、樂府餘論　叢 1 - 509
13 碧琅玕軒吟館詩注　集 4 - 32174
碧琅玕館詩集　集 4 - 29975
碧琅玕館詩續鈔　集 5 - 33914
碧琅玕館詩草　集 5 - 36470
碧琅玕館詩餘　集 4 - 29976
碧琅玕館詩鈔　集 4 - 26317，5 - 33913、35276

碧琅玕館詩鈔、綺語、藕花吟館詩存 集4-30914
碧琅館詩草 集4-28531～2
14 碧琳琅館叢書四十五種 叢1-452
碧琳琅館金石碑版目錄 史8-64761
碧琳瑯館藏書記 史8-65833
碧琳瑯館書目 史8-65831～2
17 碧珊瑚齋吟草 集4-29717
18 碧玲瓏館詩鈔 集5-41107
20 碧雞集 集2-10868
碧雞集、彈鋏集、金陵遊稿 集2-10390
碧雞漫志 集7-48681～3 叢1-19(5)、20(3)、21(5)、22(3)、23(3)、24(6)、26～8、195(4)、223(73)、244(2)、353、374,2-624(2)
碧香詞 集5-37282
碧香書屋詩草、詞草 集5-37090
碧香閣遺稿 集4-28122
21 碧虛齋吟草 集4-25158
碧虛子親傳直指 子5-29530(5)、31183
碧衡館集 集5-40868
22 碧川文選 集2-7043
碧川文選、詩選、別錄、補遺 集2-7041
碧川文選、詩選、別錄、附集 集2-7042
碧川文選、補遺 集2-7044 叢2-845(5)
碧巖詩集 集1-3984
碧巖集 子6-32091(71)、32092(43)
碧山新稿、續稿、南曲次韻 集7-50575
碧山詩餘 集7-46805
碧山詞 集7-46405、46985
碧山樂府 集7-50542、50569 叢1-244(3),2-731(48)
碧山樂府、碧山詩餘、南曲次韻 集7-50574
碧山樂府、拾遺 集7-50570
碧山樂府、拾遺、續稿 集7-50572
碧山樂府、拾遺、汧東樂府、後錄、杜子美沽酒遊春記、渼西山人初度錄 集7-50573
碧山樂府、拾遺、南曲次韻 集7-50571
碧山李氏宗派簿[安徽祁門] 史4-27307
碧山草堂詩鈔 集3-16791
碧山草堂遺稿 集5-36603
碧山棲詩稿 集4-23759
碧山學士集 集2-9976
碧山學士集、承明應制稿、中祕讀書稿、鑾坡制草 集2-9974
碧山學士集、別集 集2-9975
碧山舍詩集 集4-28333、28335
碧山堂詩集 集5-40698
碧山堂詩鈔 叢2-885
碧山堂詩鈔、黔苗竹枝詞 集3-18581
碧山堂集 集1-5647,3-19115,4-23264
碧巢詞 集7-46397～400、47084
27 碧血錄 史1-1933、1982,2-7336～8 叢1-244(4)、373(6),2-735(3)
碧血錄、續編 史2-7340～1
碧血錄、周端孝先生血疏貼黄册 史2-7339 叢2-731(67)
碧血錄、周端孝先生血疏貼黄册後跋 叢1-357
碧鷄漫志 叢2-617(5)
28 碧谿賦 集2-7719
30 碧容祭監 集7-52787
碧窗繡餘閒課 集5-38726
31 碧江集 集3-16628
碧潭余氏族譜[湖南平江] 史4-28619～22
碧渠詩文集 集5-39510
32 碧漸堂詩草 史7-49306 集2-8275
碧灣梁氏家譜[廣東順德] 史5-34712
碧溪詩話 叢1-374
碧溪叢書八種 叢1-190
33 碧心先生集 集2-11126
碧浪篙師詩畧 集3-18920
34 碧漪詩草 集5-40692
碧漪集、續集、三集、附錄 叢2-973
碧漪坊人遺草 集5-39315
碧濤笈逸存 集3-14427
36 碧湘秋夢詞人謎 子3-18455
37 碧瀣詞 集7-46422、47877
碧湖雜記 集6-46215 叢1-11～2、17、19(6)、20(4)、21(6)、22(3)、23(3)、24(7)、56、195(5)、374,2-617(3)、624(2)
碧湖集 集5-39289
碧澗流泉 子3-17740
碧瀾堂集 集3-14622
40 碧塘沈氏宗譜[浙江] 史4-29119
碧幢雜識 子4-21189 叢1-320
41 碧梧齋文稿 集4-25112
碧梧齋集 集2-11091
碧梧玩芳集 集1-4351 叢1-223(58)
碧梧玩芳集、校勘記 集1-4352 叢2-870(4)
碧梧紅豆草堂詩 集4-26365
碧梧紅杏山房詩鈔 集5-36791～2
碧梧紅蕉館詞 集7-48031
碧梧山館詩草 集4-30129
碧梧山館詞 集7-47653～4 叢2-1459～60
碧梧秋館詞鈔 集7-48063
碧梧潘先生遺稿、續刻遺稿、讀易偶見、外集、平五寨兵事始末、附錄 集2-9913
碧梧草 叢2-1498
碧梧桐館詩存 集4-30822

碧梧書屋詩集　集 4－29701
碧梧軒遺詩　集 5－38566
碧梧吟館詩草、臨齊客遊草　集 5－37049
42 碧桃花　集 7－53706
碧桃軒集唐詩　集 4－33418
碧桃館詞(碧桃仙館詞)　集 7－47893
碧杉草堂詩集　集 5－34193～4
43 碧城文雋　集 4－25980
碧城雜記　子 4－23570
碧城詩髓、補、題跋、春明新詠、芍藥詩　集 4－25978
碧城詩鈔、雜著　集 5－34793
碧城仙館詩鈔　集 4－25959～60　叢 1－524，2－731(44)
碧城仙館春明新詠、芍藥詩　集 4－25976
碧城題跋　子 3－16204
碧榕海閣詩鈔　集 4－30081
44 碧落雜誌　子 4－24614，5－31864　叢 1－496(2)
碧落碑文正誤　史 8－64704
碧麓堂集　集 2－10119，6－45016
碧苑壇經　子 5－29574、32029
碧花凝唾集　集 4－33393
碧蓮繡符　集 7－48776、49200　叢 2－672
碧蓮居遺稿、補遺　集 5－38675
碧蕉白石館主人題畫記　子 3－16243
碧蕉窗詩　集 4－24861
碧草軒詩鈔　集 3－17579
碧華館吟草　集 4－33361
碧樹山房集　集 5－34827
碧蘿庵雜文　集 5－36488
碧蘿庵詩文鈔　集 5－36487
碧蘿詩龕詞　集 7－48204
碧蘿軒詩課遺草　集 4－32688
碧蘿吟館詩集、詩餘　集 4－27513
碧蘿吟館詩餘　集 7－47677
45 碧樓詩詞　集 5－40168
47 碧聲吟館談塵、硯辨　子 4－21634
碧聲吟館叢書　集 7－50379
碧桐堂藏稿　集 3－17778
56 碧螺山莊詩草　集 4－29132
碧螺山館詩鈔　集 4－31541～2
碧螺山館詩鈔、補遺　集 4－31543
碧螺書屋偶存草　集 4－24483
60 碧里六種　叢 2－1085
碧里雜存　子 4－20536　叢 1－22(22)、29(7)、109，2－731(53)、1085
碧里疑存遵程錄　叢 2－1085
碧里達存　叢 2－1085
碧里鳴存　集 2－8007
碧田劉氏四修族譜[湖南益陽]　史 5－39519
碧園吟稿　集 3－20504
62 碧晤傳　叢 1－587(6)
67 碧鸚鵡軒詩存　集 5－40241
77 碧鳳顧氏支譜[江蘇蘇州]　史 5－41401
碧腴齋詩存　集 3－20983　叢 2－1459～60
碧腴齋詩鈔　集 3－20982
碧腴詩草、詞　集 5－34664
88 碧筠山館詩草　集 5－35204
碧筠樓吟稿　集 4－29045，6－46127　叢 2－993
碧筠軒詩草　集 4－24317
碧筠館詩稿、補遺、附錄　集 2－9339～40　叢 2－833
碧簫詞　集 7－47279

1661_0 硯

00 硯痕堂詩文集　集 3－15186
硯癡遺詩　集 4－25528
硯亭詩鈔　集 4－29389
硯辨　子 4－18718、21634
08 硯譜　子 4－18684、18686、18689～92、18694、18705、18764　叢 1－2～6、8～10、13、14(3)、16、19(11)、20(8)、21(10)、22(16、26)、23(15)、24(11)、25、30、35、37、94、181、223(38)、353、569
10 硯雨齋詩集　集 4－21960
硯雨山房詩集　集 4－22511
硯雨山房詩鈔　集 4－26838
硯石雜錄　子 4－18714、18745
硯雲甲編八種乙編八種　叢 1－233、496(5)
11 硯北方案　子 2－9481
硯北雜誌　叢 1－326、373(8)
硯北雜志　叢 2－735(3)
硯北雜錄、劄記　子 4－21365
硯北詩草、半緣詞　集 3－18152
硯北偶鈔十一種附一種　子 4－24356
硯北偶鈔十二種　叢 1－216
硯北吉稿、茶夢庵隨筆、茶夢庵續筆　集 4－26217
硯北草堂詩稿　集 4－28082
硯北易抄　經 1－1190
硯北筆存　集 3－14827
20 硯舫文鈔　集 4－26795
硯香齋草　集 5－36441
硯香館詩草　集 5－35269
22 硯崗筆志　史 1－4379　叢 1－22(5)、23(5)

硯山齋雜記 子 4-21810 叢 1-223(42)
硯山齋集 子 1-1360
硯山齋墨譜 子 4-18822
硯山文稿 集 5-41634
硯山文稿續集 集 5-41635
硯山叢稿七種 叢 2-1875
硯山樵詩集 集 3-18959
硯山堂詩集 集 3-20732、20735
硯山堂集 集 3-20733～4,6-41986
25 硯傳堂詩稿 集 4-23052
27 硯舟文鈔 集 5-40074
28 硯谿先生遺稿 叢 2-650
硯谿先生全集八種 叢 2-1363
30 硯滴海濤 叢 2-1187
32 硯溪先生遺稿 集 3-17229
硯叢 子 4-18713
40 硯坑畧 子 4-18706
硯壽居日錄 史 2-12906
硯壽堂詩餘 集 7-47618
硯壽堂詩鈔、詩續鈔、詩餘 集 4-26484
44 硯芝書屋詩鈔 集 4-24327
硯林 子 4-18697 叢 1-201、203(3)、353
硯林雜志 子 4-18712
硯林詩集 集 3-19010 叢 1-373(6)
硯林集續拾遺 集 3-19012
硯林集拾遺 集 3-19011
硯林拾遺 子 4-18698 叢 1-321,2-593～4、1288
硯林印存 子 3-16944、17005
硯林印款 子 3-16829
硯林脞錄 子 4-18729
50 硯史 子 4-18721～2,18728 叢 1-2～7、9～10、19(11)、20(8)、21(10)、22(16)、23(15)、24(11)、223(38)、268(4)、353、572,2-731(31)、873
硯史(南阜硯史、高南阜硯史) 子 4-18723
硯史簡端記 叢 2-2254
52 硯靜齋集 集 3-21407
54 硯秝緒錄 子 4-22594
55 硯農文集 集 3-18712
硯農制義 叢 2-1857
硯農遺稿 集 3-19986
60 硯晨雜稿 集 4-28833
硯思集 集 3-18078 叢 2-949、1415～6
硯思續集 集 3-18079
硯田集、白月詞 集 5-41182
62 硯影 子 4-18769
63 硯貽堂詩鈔 集 3-16887
64 硯疇集 集 3-15576
72 硯隱詩存 集 4-31246
硯隱集 集 3-16442,6-41999
77 硯朐吟稿 集 4-29561
硯陶詩鈔 集 3-20801
硯陶小屋詩鈔 集 3-20800
硯卿別詠 集 3-16289
80 硯食齋詩鈔 集 4-29228
87 硯錄 子 4-18685、18693、18696 叢 1-195(6)、269(5)、270(3)、456(6)、465,2-731(6、33)
硯錄、詩銘 子 4-18702
硯銘 史 7-53102 子 4-18701 集 4-26710 叢 1-350、369,2-2254
硯銘雜器銘 子 3-14970
88 硯箋 子 4-18664、18687 叢 1-205、223(38)、249(3),2-624(3)、731(33)
硯箋校 子 4-18688 叢 2-2004
硯簃詩鈔 集 3-18510
90 硯小史 子 4-18725
硯堂四六 叢 2-1412
91 硯爐閣詩集 集 3-17100
97 硯鄰居士遺稿 集 4-26972

1661_3 醜

10 醜石居遺詩 集 4-26401
47 醜妞出閣一段 集 7-51406
50 醜表功 集 7-53095

1661_4 醒

00 醒庵遺詩 集 3-17733
醒庵存稿 集 4-33000,6-42006
醒庵吊譜 子 3-18278
醒廬雜著 集 4-30815
醒廬詩鈔 集 4-30814
醒齋主人杜胡集 集 3-19201,6-45089
醒齋遺集 集 5-41119
醒言 子 4-20843
06 醒誤 經 2-13030
17 醒予山房文存 集 5-35971～6
22 醒後集、續集 集 2-9713
29 醒愁編 集 7-54021
33 醒心集 叢 2-1431
醒心編 子 5-27844
醒心寶卷 集 7-54492
醒心真經 子 5-29535(4)、29536(4)、30231

醒心藥石　子 4－20496
醒心軒詩草　集 4－33699
醒心篇　子 3－13152、13155
38 醒游地獄記　子 5－28630
39 醒迷錄　叢 2－1640
醒迷錄要　子 7－36027
44 醒夢記　集 7－51327
醒夢戲曲　集 7－50644
醒夢大炮　子 4－22095
醒夢軒雜錄續集　子 4－23324
醒夢閣詩鈔　集 5－37318
醒夢駢言　子 5－27825
醒花軒詞稿　集 7－48263
醒華博議　子 7－35666
醒世魔傳奇　集 7－50497
醒世文　史 1－1991、4197
醒世語　子 5－26704
醒世要言　子 1－2507
醒世理言　子 2－4591、10518
醒世瑣言　子 2－4736、10792
醒世集　子 1－2596
醒世俚言　子 5－30505
醒世歸真　子 7－36007
醒世芻言　子 7－35417
醒世緣　集 7－54023
醒世寶卷　集 7－54491
醒世迷編　子 7－35348
醒世迷途　子 7－35412
醒世姻緣傳　子 5－28254
醒世格言　子 7－35982　集 3－15106
醒世格言、醒世寶言　子 1－2609
醒世日記　子 4－21858
醒世全傳　集 7－54022
醒世鐘　子 4－24308
醒世錄　子 6－32091(71)
醒世箴、天理命運説　子 7－35976
醒世小說九尾龜　子 5－28604
醒世恆言　子 5－27719
醒世恆言初集、二集　子 5－27718
47 醒栩草堂遺稿　集 5－40037
60 醒園文畧、集詠、疏草　集 2－7425
醒園詩草　集 4－30778
醒園錄　子 4－18949　叢 1－282(4)、283(4)
62 醒睡錄初集　子 5－26578　叢 1－496(8)
72 醒昏錄　子 7－34096
77 醒閨編　叢 2－724
醒風流奇傳　子 5－28332
醒醫六書　叢 2－1524
醒醫六書瘟疫論　子 2－6900
醒醫祕集錄　子 2－6903
醒民一喝棒　子 4－23506
80 醒人鐘　叢 2－724
醒鏡　集 7－49457～8

1661_7　醞

20 醞香樓集　集 5－35315，6－42009
34 醞造譜　子 4－19100　叢 1－173
醞造品　叢 1－119～20
44 醞藉堂試體詩　集 4－24318，6－42071

1662_7　礍

40 礍嘉誌書草本[乾隆]　史 8－62546
礍嘉志　史 8－62547

碣

10 碣石調幽蘭　子 3－17585　叢 1－446，2－731(36)
碣石剩譚　子 5－26227
碣石編　集 2－10207～8　叢 2－845(3)
碣石宮鬘語　子 4－20852　叢 1－143
32 碣溪派朱氏家譜[安徽歙縣]　史 4－26644

碭

22 碭山縣志[崇禎]　史 7－57772
碭山縣志[乾隆]　史 7－57773

1664_0　碑

00 碑文摘奇　史 8－64425　叢 2－1779～80
07 碑記　叢 2－1309
10 碑石像目　史 8－64784　叢 2－2162
21 碑版文廣例　史 8－63503　集 6－46267
碑版叢錄　史 8－64450　叢 2－2188
碑版異文錄　經 2－13181
25 碑傳集　史 2－7456～7
碑傳集目　史 2－7458

40 碑塘盛氏宗譜[浙江金華] 史 5-34287～9
41 碑帖 叢 2-1092
碑帖紀證 史 8-64377 叢 2-745、845(5)
44 碑考 叢 2-1026
碑藪 史 8-63791 叢 2-746
63 碑跋 史 8-64118 叢 2-2122
87 碑錄、金石雜錄 史 8-64403

1671_3 魂

00 魂辨(慧娘鬼辨) 集 7-52350
魂辯一枝 集 7-52682
10 魂天集 叢 2-2150
魂西集 集 5-39209
11 魂北魂東雜記 叢 2-2150
魂北集 集 5-39211 叢 2-2150
38 魂海集 叢 2-2150
40 魂南記 叢 2-2150
魂南集 叢 2-2150
魂南續集 集 5-39210
50 魂東集 集 5-39208 叢 2-2150

1710_3 丞

46 丞相亮祚綿東漢 集 7-49543
丞相亮祚綿東漢(定中原) 集 7-49541
丞相魏公譚訓 子 4-19932
丞相魏公譚訓、校勘記 叢 2-637(3)
丞相李忠定公長短句 集 7-46378、46388、46531

1710_4 丑

44 丑莊日記 叢 1-22(23)

1710_7 孟

00 孟主教行實 子 7-35871
孟亭詩集 集 3-18878
孟亭編年詩 集 3-18875～7
孟亭居士文稿(馮孟亭文集) 集 3-20511
孟亭居士詩稿、經進稿 集 3-20510
孟廬札記 子 4-23225～7
孟襄陽詩 集 1-780,6-41861
孟襄陽詩集 集 1-775,6-41877
孟襄陽詩鈔 集 1-781,6-41884
孟襄陽集 集 1-774～6,6-41736、41856、41885
01 孟龍川文集 集 2-8193
04 孟詵食療本草 叢 1-591
孟(軻)誌 史 2-8431
10 孟一之詩集 集 6-41878
孟一之詩集(孟貫詩集、晚唐孟貫詩、孟貫詩) 集 1-1822
孟二青詩 集 3-15854
孟晉齋文集、孟晉齋年譜 集 5-36120
孟晉齋文集、外集 集 5-36121
孟晉齋文集、外集、附錄 叢 2-983
孟晉齋文鈔 集 3-19077
孟晉齋詩集 集 3-19078,4-23833
孟晉齋詩鈔、詞鈔 集 4-32245
孟晉齋年譜 叢 2-983
孟晉堪所著書二種 子 3-12398
孟雲浦集 集 2-10263
孟雲浦先生文集 集 2-10264
孟雲浦先生集 集 2-10262
17 孟子 經 1-1、8、10～3、15、17～8、50、58、87～9、132、139、159,2-9761～3、9765、9774～5、9812～4、9818、9820、9826、9852、9854～9、9872～5、9880、9882～3、9885、9888～90、9892～4、9897、9899、9904～5、9907～8、9910～2、9918、9924、9926、9933～4、9936、9940～1、9944、9948、9957、9960、9969、9973、9978、9986、10001～2、10005、10016、10021、10024、10031～2、10041、10043、10062、10079、10092、10112、10116、10208、10213、10274、10284、10517、10577、10584、10604～6、10650、10687、10705 子 1-93 叢 1-127、140、172、217、223(12)、447、2-635(2)、698(1)、702、708、829、1328、1485、1985
孟子(滿漢對照) 經 2-9768
孟子(滿漢合璧) 經 2-9769
孟子(滿蒙漢對照) 經 2-9771
孟子(蒙漢對照) 經 2-9770
孟子、音義 叢 1-238～9
孟子、審音辨體考異 經 2-9968
孟子、校刊記 經 1-131
孟子、四書講義合參 經 2-9869
孟子塵言 經 2-9983
孟子序說 經 2-9821
孟子高氏章句 經 2-9787 叢 2-774(6)
孟子高氏學 經 2-10057 叢 2-1920
孟子文評 經 2-10038、10083

孟子文說、學庸文說　經 2－10003
孟子文法　經 2－9991
孟子文法讀本　經 2－10106
孟子章句、劉熙事蹟考　經 2－9784　叢 1－547(2),2－2173
孟子章句議畧　經 2－10085
孟子章句考年、年表　經 2－10080
孟子章句本義彙參　經 2－9949
孟子章句輯釋　經 2－9842
孟子章指　經 2－9776、9987、10023　叢 2－765～6、988、1485
孟子章指、篇敍　經 2－9777　叢 2－774(6)
孟子章圖概括總要　經 2－9845
孟子章類　叢 2－2270(2)
孟子辨證　經 2－10060　叢 2－2048
孟子辨似　經 2－9939
孟子辯義　經 2－9996
孟子音義　經 1－77(4)、103,2－11086～7、11090　叢 1－223(13)、317、456(5)、457、490、505、578,2－600
孟子音義、孟子音義劄記　經 2－11088
孟子音義補考證　經 2－11118
孟子音義校記　叢 2－1795
孟子音義校記初稿　經 2－11119　叢 2－1795
孟子音義考證　經 1－163(4),2－11117
孟子音義劄記　經 2－11089
孟子註　經 2－9778～9、9782
孟子註疏解經　經 2－9790～2
孟子註疏解經、孟子註疏校勘記　經 2－9794
孟子註疏解經、校勘記　經 2－9795
孟子註校勘記、釋文校勘記　經 2－9797
孟子註本義滙參　經 2－10100
孟子雜記　經 2－9865　叢 1－223(14)、301,2－731(9)、872、1103～4
孟子雜解　經 2－9809　叢 2－1035
孟子雜著　經 2－9954
孟子訂釋　經 2－9879
孟子評　經 2－9942　叢 2－1360
孟子評林、敬梓小錄　經 2－10076
孟子讀法　經 2－9959　叢 2－1405
孟子讀法附記　經 2－9972
孟子讀本　經 2－10034、10120
孟子讀本、校語　經 1－169,2－9816
孟子讀本校語　經 2－9817
孟子講義　經 2－9952、9977、10052、10086、10096　叢 2－1456、1771
孟子講義集說　經 2－9984
孟子講義續困勉錄　經 2－9931
孟子講義困勉錄　經 2－9930
孟子翊註　經 2－9916
孟子說　經 2－9825、9909、10064、10543、10916　叢 1－227(4)
孟子說文　經 2－9951
孟子說例　經 2－10097
孟子說例、孟子許行畢戰北宮錡問章注　叢 2－2148
孟子說解、讀孟子　經 1－46
孟子說解、遺事、讀孟子　經 2－9886
孟子說約　叢 2－1657
孟子說春秋兩章口義　經 2－10084
孟子論文　經 2－9971、10006　叢 2－1449
孟子論仁論　經 2－10018
孟子論畧　經 2－10067
孟子正義　經 1－111(4),2－10008、11134　叢 1－312,2－698(3)、1625
孟子正義、通儒揚州焦君傳　叢 2－1626
孟子疏證　經 2－9974
孟子疏證正經界、班爵錄　經 2－9975
孟子疏證班爵錄　經 2－9976
孟子疏畧　經 1－76,2－9927　叢 2－1289
孟子疏義　經 2－10114
孟子丁氏手音　經 2－9798　叢 2－774(6)
孟子爾雅　叢 2－1092
孟子要畧　經 2－10053～4　叢 1－574(4),2－690、691(2)、731(9)、872、1839
孟子平議　經 1－145、163(4),2－10059　叢 2－1920
孟子可讀　經 2－10071　叢 2－956
孟子張氏音義　經 2－11085　叢 2－774(6)
孟子列傳纂　史 2－8438　叢 2－1659～60
孟子發微　經 2－10105
孟子發題　經 2－9808
孟子發隱　經 2－10090　叢 2－2017
孟子聖跡圖　史 2－8439
孟子聖蹟圖　史 6－42145～6
孟子酌言　經 2－9913
孟子翼註論文　經 2－9937
孟子集註　經 2－9819、10061、10205、10258
孟子集註序說　經 2－10274
孟子集註序說、孟子章圖概括總要、孟子輯釋　經 2－10260
孟子集註序說輯釋通義大成　經 2－9843、10259
孟子集註旁證　經 2－10029
孟子集註重訂輯釋通義大成　經 2－9844、10259
孟子集註凝道錄　經 2－9970、10735
孟子集註通證　經 2－9838　叢 1－223(14)、227(4)
孟子集註大全　經 2－9851、9853、9929、10612　叢 1－223(14)

孟子集註大全、考異　經2-10271
孟子集註考證　經2-9337、9835　叢1-223(13),2-1048
孟子集註指要　經2-9988
孟子集註箋正　經2-10107
孟子集註箋義　經2-9833　叢1-274(3),2-731(5)
孟子集註纂箋　經2-9839、10257
孟子集語　經2-10082　叢2-1950
孟子集疏　經1-77(4),2-9829　叢1-223(13)、227(4)
孟子集編　經1-77(4),2-9827～8　叢1-223(13)、227(4),2-879
孟子集注　經1-68　叢1-223(13)、227(4)
孟子集注通證　經1-77(4)
孟子集注考證　叢2-859
孟子集注纂箋　經1-77(4)
孟子集成　經2-9836
孟子統論　叢2-1113
孟子順義解　經2-10055
孟子師説　經2-9919～20　叢1-223(14),2-615(3)、1261
孟子經緯　經2-10113
孟子經筵直解　經2-9866
孟子出處時地考　經1-163(1)　史2-8436
孟子私淑錄　子1-1618
孟子私存　經2-9860
孟子外書　經1-121,2-10051、10066　叢1-237、241、371,2-1776、1817
孟子外書集證　經2-10028　叢2-1661
孟子外書補註　經2-10075
孟子外書補證　經2-10025　叢2-1659
孟子外書補證、附考　叢2-1660
孟子外書補注　叢1-475
孟子外書考　子3-12689
孟子外書四集　叢1-283(2)
孟子外書四篇　經2-9803　叢1-242(2)、282(1)、291、294
孟子俟　經2-10045　叢2-1729
孟子編畧　經2-10074
孟子編年　經2-11680　史2-11006、11077
孟子編年畧　經1-109～10　史2-11071
孟子纘義内外篇　經2-10058　叢2-1920
孟子生卒年月考　經1-111(2),2-10622～3、10630～1　史2-8433
孟子生卒年月考辯證　史2-8434
孟子傳　經2-9810　叢1-223(13)、227(4)
孟子朱子大全　經2-9943、9994、10654、10777
孟子程氏章句　經2-9773　叢2-774(6)
孟子繹文　經2-9953、10091
孟子釋　經2-10039、14925
孟子釋文校勘記　經2-11084
孟子釋疑　經2-10068
孟子解　經1-34,2-9304、9804、9830、9884　叢1-223(13)、272(2),2-985、999
孟子解醒編　經2-9881
孟子彙解　經2-10102
孟子約説　經2-9900
孟子約旨　經2-9947
孟子約解　經2-10072　叢2-956
孟子微　經2-10098～9
孟子流寓章邱舊軍宗譜[山東章丘]　史4-30317
孟子注　叢2-765～6、773(2)
孟子注疏　叢1-227(4)
孟子注疏、考證　經1-19　叢1-223(13)
孟子注疏解經　經1-22～5
孟子注疏解經、校勘記　經1-21　叢2-698(1)
孟子注疏大全合纂　經2-10530
孟子注疏校勘記、音義校勘記　經1-20
孟子注問纂釋　經2-9847、10261
孟子字義疏證　經2-9980　叢1-238、272(5)、529、580,2-814、1475～6
孟子補訂　經2-10063
孟子補疏　經2-10010
孟子補義　經2-10017　叢1-310
孟子述　經2-10069
孟子述説　經2-10119
孟子述朱大全　經2-9961
孟子述義　經2-10035　叢2-1549、1748
孟子述義續　經2-10036　叢2-1748
孟子遺文　經1-135
孟子遺篇　經1-135
孟子湖南講　經2-9891
孟子逸文考　經1-163(1),2-10124　叢1-371
孟子通　經1-77(4),2-9837　叢1-223(13)、227(4)
孟子通義　經2-9903
孟子遊歷考　史2-8435　叢1-203(15)
孟子大全講意　經2-9906
孟子大義　經1-169,2-10110
孟子古註　經2-10089　叢2-775(3)
孟子古註考　經2-9990
孟子古註擇從　經2-10056　叢2-1920
孟子古注考　經1-163(1)
孟子古義　經2-10118
孟子七篇諸國年表　叢2-1568
孟子七篇諸國年表、附説　經2-9997　叢1-516
孟子七篇説　經2-9998

孟子七篇約講　叢 2-1987
孟子校刊記　經 2-9815
孟子校勘記、音義校勘記　經 1-111(3),2-9793
孟子校異　經 2-10087
孟子札記　經 1-136,2-9958、9993、11134　叢 2-1392
孟子考　經 2-9935、10121　叢 1-197(2)
孟子考異　經 2-9832、9896、9914、10568
孟子考異補　經 2-9915、10568
孟子考義發　經 2-10046
孟子世家流寓章邱支譜[山東章丘]　史 4-30316
孟子世家流寓登州府黄縣上孟家支譜[山東龍口]　史 4-30318
孟子世家流寓岫巖城岔溝支譜[遼寧瀋陽]　史 4-30303
孟子世家流寓沂州府蘭山縣相公莊支譜[山東臨沂]　史 4-30319
孟子綦毋氏註　經 2-9788　叢 2-774(6)
孟子好辨彈詞　集 4-22698
孟子故　經 2-10070
孟子趙註補正、孟子劉註　經 2-10033
孟子趙註考證　經 2-10065
孟子趙注補正　經 1-163(2)　叢 2-653(2)
孟子趙注考證　經 1-150　叢 2-646、1936
孟子事實錄　史 2-8437　叢 2-731(9)、782(4)、1538～9
孟子摘訓　經 2-9862
孟子書　子 1-95
孟子書法　經 2-10078
孟子或問　經 2-9822　叢 2-1039
孟子或問纂要　經 2-9823
孟子輯釋　經 2-9846
孟子四種　經 2-9950
孟子四考　經 1-163(1),2-9989
孟子見梁惠王　集 7-52208
孟子異本考　經 1-163(1),2-11099
孟子時事考　史 2-11072,6-42148
孟子時事考徵　史 2-11069
孟子時事畧　經 1-156　史 2-11068　叢 1-418,2-1576～7
孟子時事年表　叢 2-1660
孟子時事年表、後說　史 2-11074
孟子味根錄　經 2-10011
孟子明音　經 2-11093
孟子劉注　叢 1-261,2-653(2)、1668
孟子劉中壘註　經 2-9772　叢 2-775(2)
孟子劉氏註　經 2-9781、9783
孟子劉氏注　經 1-164　叢 2-774(6)、775(2)
孟子劉熙註　經 2-9780
孟子附記　經 2-9992　叢 2-731(9)、782(4)
孟子陸氏註　經 2-9789　叢 2-774(6)
孟子學　經 2-9967　叢 2-1554、2036
孟子人名庋詞　子 3-18375
孟子人考　經 2-10073　叢 2-956
孟子全圖　史 2-8417
孟子今義　經 2-10109
孟子分章考　經 2-10088　叢 2-2078
孟子弟子考　史 2-6351、6353　叢 1-195(6)、349、366～8,2-731(60)
孟子弟子考補正　史 2-6352　叢 1-475
孟子弟子門人考　史 2-6354　叢 2-1950
孟子弟子錄　史 2-6350
孟子年譜　經 2-9800　史 2-11005、11067、11070、11073、11075～6、11078～80、11083～4、11089　叢 1-195(1)、320,2-731(61)、1914～5
孟子年譜、考　史 2-11082
孟子年表　史 2-11081
孟子年畧　史 2-11085
孟子義要信好錄　經 2-10044
孟子會解　經 2-10004
孟子劄記　經 1-83,2-9945、10103～4
孟子知言　經 2-10122
孟子鄭氏註　經 2-9785～6
孟子鄭氏注　經 1-164　叢 2-774(6)
孟子篇敍　經 2-10040
孟子篇敍、年表　經 2-9995
孟子節文　經 2-9850
孟子纂疏　經 1-77(4),2-9831　叢 1-223(13)、227(4),2-754
孟子纂箋　叢 1-223(14)、227(4)
孟子小疏　叢 2-988
孟子類編　經 2-10108
孟子類纂　經 2-10094
孟子性善備萬物圖說　經 2-10077　叢 2-2041
孟子精義　經 2-9824、9932　叢 1-223(13)、451
21 孟衛源集　集 2-9325,6-41935(2)
23 孟我疆先生集　集 2-9500～1
24 孟德耀舉案齊眉雜劇　集 7-48767(3)　叢 2-698(15)
25 孟仲子詩論　經 1-4553
26 孟和詩草　集 5-37026
27 孟侯遺書　集 2-12512
孟久初斆詩　集 5-38113
31 孟河湯氏重修宗譜[江蘇武進]　史 5-36550
孟河費氏舌苔四拾種、課藝　子 2-6264

孟河口夾江上下壩外漲灘歸公報繳各案　史6－43591
34 孟法師碑銘　子3－15594
孟漢卿雜劇一種　叢2－720(4)
孟浩然詩集　集1－779,6－41860、41862、41886
孟浩然詩集(孟浩然集、孟襄陽集)　集1－776
孟浩然詩集、補遺、拾遺、襄陽外編　集1－778
孟浩然集　集1－773、777,6－41737、41743、41824、41839、41844～5、41865、41867、41887　叢1－223(48)、229,2－635(6)、698(8)、873
孟浩然集(孟襄陽詩集、孟襄陽集、孟浩然詩集)　集1－775
孟浩然集(孟襄陽集)　集1－774
孟浩然傳　史2－8564　叢1－30、119
孟浩然踏雪尋梅　集7－49083、49101
孟浩然踏雪尋梅雜劇　集7－48774(6)
35 孟津詩、續　集6－44963
孟津縣志[康熙]　史8－59615
孟津縣志[嘉慶]　史8－59616
37 孟湖徐氏宗譜[浙江蘭溪]　史4－32029
38 孟塗文集、駢體文　集4－27730
孟塗遺集　集4－27732
孟塗初集　集4－27731
孟塗駢體文　叢2－665
孟塗駢體文鈔　集6－42075
孟海奏議　史6－48966
40 孟有涯集　集2－7938～9,6－41935(1)　叢2－826
孟志編畧　史2－11086～8　叢1－505
孟志捷錄　史2－8432
孟喜周易章句　經1－2321
44 孟坡詩存　集5－39998
孟莊合刻　叢2－1360
孟蘭舟詩文稿　集3－21710
50 孟忠毅公(喬芳)傳、先府君忠毅公行述　史2－9154
孟東野文集　集1－1191
孟東野詩文考繫年考證　史2－11180
孟東野詩集　集1－1185、1188,6－41860、41864、41878　叢1－223(49),2－635(7)、698(9)
孟東野詩集(孟東野集)　集1－1184
孟東野詩集(孟東野集)、聯句　集1－1186
孟東野集　集1－1181～3,6－41856
孟東野先生詩集　集6－41850
60 孟里孫氏家譜[江蘇無錫]　史5－33559
孟蜀石經校語　經2－11377
62 孟縣志[康熙]　史8－59646
孟縣志[乾隆]　史8－59647
孟縣志[民國]　史8－59648
67 孟墅施氏宗譜[江蘇武進]　史4－30865
72 孟氏族譜[湖南安化]　史4－30321
孟氏重纂三遷志[山東鄒縣]　史4－30320
孟氏家譜[山西祁縣]　史4－30301
孟氏家譜[江蘇銅山]　史4－30304
孟氏家乘[山西蒲縣]　史4－30302
孟氏支譜[浙江嘉善]　史4－30311
孟氏八錄　叢2－1506
77 孟學管窺　叢2－2270(2)
孟門草　集4－25399　叢2－893～4
孟貫詩　集1－1822,6－41880、41882
孟貫詩集　集1－1822,6－41739、41858～9、41872
80 孟姜僊女寶卷　集7－54400
孟姜山志　史7－52565
孟姜女　集7－53634
孟姜女尋夫　集7－53225
孟姜女過關寶卷　集7－54399
孟姜女哭城子弟書　集7－52133
孟姜氏尋夫　集7－53860
孟公不在茲集　史4－26921　集3－14977～8
孟公武畧類編、南塘戚侯武畧　子1－3504
90 孟光鄒文稿　集5－36452
孟光女舉案齊眉雜劇　集7－48774(8)、48969
97 孟鄰堂文存　集3－18023
孟鄰堂文鈔　集3－18022、18024

盈

10 盈不足　子3－12364
22 盈川集　集1－721　叢1－223(48)、227(8)
50 盈書閣遺稿　集3－21641,6－41999　叢2－1459～60
74 盈朒廣義　子3－12387
盈朒一得　子3－12621
盈朒演代　叢1－500、568,2－2172
盈朒述　子3－12361

1711_0 珮

44 珮芬閣焚餘草　集4－26282

1712$_0$ 刁

34 刁淩配　集 7－53120
40 刁南樓　集 7－53566
72 刁氏闈墨　叢 2－1237
87 刁翎配(姑娘打秋千)　集 7－53121

琱

10 琱玉集　子 5－24780　叢 2－731(4)
琱玉集存　叢 1－446

瑚

61 瑚旺吉雅爾氏祭祀章程　史 2－12244

羽

00 羽庭詩集、補遺、文集、補遺　集 1－5565　叢 2－852
羽庭集　集 1－5566～7,6－43118　叢 1－223(61)
08 羽族通譜　叢 1－197(2)
羽族棋譜　叢 1－315
10 羽王先生集、西遷註、桂勝集、桂故集　集 2－7346
12 羽琌(龔自珍)逸事　史 2－9858
羽琌山民遺事　史 2－9859
羽琌山民逸事　史 2－9860　叢 2－611
28 羽儀閣詩稿　集 5－40746
30 羽扇譜　子 4－18625　叢 1－202(8)、203(14、18)、321
羽扇綸巾一枝　集 7－52050
47 羽聲集　集 3－16455

聊

00 聊齋文集　集 3－15923、15925
聊齋文集、詩集　集 3－15928
聊齋文集存　集 3－15921
聊齋誌異　子 5－27629
聊齋誌異評註　子 5－27630
聊齋誌異新評　子 5－27631
聊齋誌異拾遺　子 5－27623　叢 1－369
聊齋詩文集　集 3－15926～7
聊齋詩集　集 3－15919
聊齋詩集、詞集　集 3－15918
聊齋詩草　叢 2－823
聊齋詞　集 7－47282
聊齋先生文集　集 3－15924
聊齋續編　子 5－27639
聊齋續志　子 5－27637
聊齋補遺　子 5－27636、27640
聊齋遺集　集 3－15929～30
聊齋志奇初編　子 5－27646
聊齋志異　子 5－27619～21、27624～7、27635、27644
聊齋志異新評全注　子 5－27632
聊齋志異彈詞　集 7－53825
聊齋志異注　子 5－27628
聊齋志異遺稿　子 5－27634
聊齋志異拾遺　叢 1－326、372,2－731(50)、735(5)
聊齋志異精選　子 5－27622
01 聊語　叢 2－1848
10 聊一軒詩稿　集 3－18508,6－41999
聊爾集　集 3－19732
17 聊聊草　集 2－10173
26 聊自娱齋文集　集 5－36455
聊自娱齋棄餘草　集 5－36454
聊自娱齋詩草　集 5－34018、36453、36822
聊自娱齋遺稿　集 5－40918
聊自娱齋印集　子 3－17281
聊自娱齋印存　子 3－17282
27 聊解渠懷　子 5－26688
28 聊以備忘　子 4－24251
聊以自娱　集 7－54696
聊復爾齋詩存　集 5－36756
聊復爾詩草　集 5－33953
聊復爾爾　叢 1－564
聊復爾爾館詩草　集 4－23925
聊復爾集　集 3－21497
聊復集　子 2－4637　集 5－36101,7－46498
聊復軒詩存　集 5－38931
聊復軒斐集　集 1－4723
聊復閒吟　集 4－30947
30 聊寄集　集 4－24092
40 聊存草　集 3－21060、21111,6－45017
43 聊城縣鄉土志[光緒]　史 8－59004

聊城縣志[康熙] 史 8－59002
聊城縣志[宣統] 史 8－59003
44 聊草詩集 集 4－31789
51 聊攝叢談 子 5－26557
60 聊園文集 集 3－15451
聊園文畧 集 5－37593
聊園詩存 集 5－37589～92
聊園詩畧前後集 集 3－15450
聊園詞存 集 7－48055
聊園集補遺、續集 集 3－15452
77 聊且居印賞 子 3－17305
聊閒綠軒詩鈔 集 4－32348

1712_7 弱

00 弱庵詩 集 5－39869
12 弱水詩 集 6－41995
弱水詩鈔 集 3－17542
弱水集 子 2－9315 集 3－17539
弱水集(弱水草堂詩集、弱水詩草) 集 3－17538
弱水集對聯 子 5－25972
弱水草堂詩集 子 2－9315
37 弱冠集稿 集 4－31274

瑯

11 瑯玕巢稿 集 2－12807
16 瑯環仙館詩 集 5－36586
17 瑯琊新昌王氏宗譜[浙江新昌] 史 4－25087
瑯琊二子近詩合選 集 6－44964
瑯琊三槐王氏宗譜[福建建陽] 史 4－25310
瑯琊三槐王氏宗譜[浙江臨海] 史 4－25198
瑯琊王氏族譜[浙江紹興] 史 4－25002
瑯琊王氏譜畧[江蘇崑山] 史 4－24902
瑯琊王氏統宗世譜[安徽祁門] 史 4－25281
瑯琊王氏統宗世譜[安徽歙縣] 史 4－25269
瑯琊王氏宗譜 史 4－25533
瑯琊王氏宗譜[江西德安] 史 4－25322
瑯琊王氏宗譜[江蘇宜興] 史 4－24875
瑯琊王氏宗譜[浙江松陽] 史 4－25222
瑯琊王氏宗譜[湖北] 史 4－25406
瑯琊漫抄 叢 1－51、55、58、88～9
瑯琊漫鈔 史 1－1914 子 4－20342 叢 1－50、95、164、195(5),2－730(3)、731(53)
瑯琊漫鈔摘錄 子 4－20343 叢 1－84(4)
瑯琊草 集 3－17407
瑯琊鳳麟兩公(王世貞、王世懋)年譜 叢 2－812
瑯琊念庵王先生什一錄 集 3－16896
22 瑯峯草堂詩鈔 集 4－33473
46 瑯嬛文集 集 2－12162
瑯嬛記 子 4－23828、23830～1 叢 1－169(3)、180、268(3)
瑯嬛記、餘記 子 4－23832
瑯嬛獺祭 子 4－24302
瑯嬛妙境藏書目錄 史 8－65768
瑯嬛史唾 子 4－23038

耶

22 耶穌天主辨 子 7－35918
耶穌聖心聖衣 子 7－35513
耶穌聖心聖月 子 7－35512
耶穌聖心傳教會規 子 7－35626
耶穌聖心會要 子 7－35507
耶穌聖教析義 子 7－35686
耶穌聖教入華 子 7－35772
耶穌聖體聖心會規條 子 7－35625
耶穌受難 子 7－35813
耶穌受難記畧 子 7－35811
耶穌受難記畧、宗徒大事錄 子 7－35812
耶穌仁勇極則 子 7－35694
耶穌行實 子 7－35818
耶穌傳 子 7－35817
耶穌復活歌 子 7－35824
耶穌真徒 子 7－35423
耶穌真教四牌 子 7－35409
耶穌教要理大問答 子 7－35685
耶穌教要旨 子 7－35702
耶穌教例言 子 7－35643
耶穌教緣起之時代 子 7－35745
耶穌教難入中國說 史 7－49345 子 7－35912
耶穌教畧 子 7－35641、35644
耶穌事蹟考 子 7－35815
耶穌所行希奇之事 子 7－35102
耶穌降世傳 子 7－35825
耶穌公會史鑑 子 7－35760
25 耶律文正公(楚材)年譜、餘記 史 2－11357

叢 2－2227、2229
耶律楚材西遊錄今釋　史 7－53815　叢 2－2186
28 耶谿漁隱題辭　集 6－41992
32 耶溪漁隱詞　集 4－27108,7－47634
耶祇經　子 6－32083(22)
44 耶蘇底社會原理　子 7－35714
耶蘇言行傳　子 7－35819
耶蘇言行紀畧　子 7－35820
耶蘇受難記畧方言　子 7－35810
耶蘇實錄講義、猶太要事表　子 7－35823
耶蘇真教　子 7－35410
67 耶路撒冷遊記　史 7－49357、54752

邛

22 邛嶲野錄[咸豐]　史 8－62151
24 邛崍縣志[民國]　史 8－61659～60
32 邛州直隸州志[嘉慶]　史 8－61658
邛州志[康熙]　史 8－61657
88 邛竹杖　子 4－23119

邳

32 邳州志[康熙]　史 7－56605
邳州志[嘉慶]　史 7－56606～7
邳州志[嘉靖]　史 7－56604
邳州志[咸豐]　史 7－56608
40 邳志補、再補[民國]　史 7－56609

邯

77 邯風說　經 1－4535　叢 2－1561～2

鄧

00 鄧文潔稿　集 2－10040～1
鄧文潔公佚稿　集 2－10039
鄧文肅公巴西集(巴西集)　集 1－4995
鄧玄度詩選　集 2－11095～6
10 鄧天君玄靈八門報應内旨　子 5－29530(24)、31637　叢 1－256
鄧石如隸書張子西銘　子 3－15536
鄧石如印譜　子 3－17079
鄧石如印存　子 3－17081
鄧雲山先生詞二種　叢 2－876
鄧雲遺稿、鳴蛟草　集 3－21552
12 鄧廷楨行述　史 2－9758
17 鄧承修奏稿、電稿並各處來電　史 6－49117
鄧子　子 1－13、40～2、58、60～1、4029、4035～6　叢 1－223(32)
20 鄧禹定計捉彭寵雜劇　集 7－48774(8)、49015
22 鄧川州志[道光]　史 8－62526
鄧川州志[咸豐]　史 8－62527
鄧川州志[隆武]　史 8－62525
鄧制軍禁煙防海奏議　叢 2－899
鄧山人集　集 2－9637,6－41935(2)
24 鄧科縣圖志[民國]　史 8－62136
25 鄧紳伯集　集 1－3631
26 鄧自軒遺集　集 3－19177
鄧伯言玉笥集(玉笥集)　集 1－5785
鄧伯道棄子留姪殘本　叢 2－720(3)
鄧嶧亭(基哲)墓表　史 2－9410
鄧和簡公奏議　史 6－49037
30 鄧定宇稿　集 2－10042～3,6－45336、45340
鄧定宇先生文集　集 2－10036～7
31 鄧潛谷集　集 2－9603
32 鄧州志[康熙]　史 8－59949
鄧州志[順治]　史 8－59948
鄧州志[嘉靖]　史 8－59947
鄧州志[乾隆]　史 8－59950
37 鄧祠主牌册[江西宜春]　史 5－38818
38 鄧道人詩　集 1－4546
40 鄧太史評選三國策　史 1－5195
鄧奎王韜鄧卓濂致康有爲書　子 3－15471
42 鄧析子　子 1－14、16～20、23、32、37～8、47、83、4027～8、4030、4034、4037～8、4－19511～2、19572　叢 1－19(8)、20(6)、21(7)、24(9)、272(3),2－635(4)、698(5)、730(6)
鄧析子、通考　子 1－4032
鄧析子、校文　子 1－4033
鄧析子、拾遺　子 1－4031
鄧析子五種合帙　子 1－4027
鄧析子校錄、補遺　子 1－4039　叢 2－2250
44 鄧華熙世系及鄉試硃卷册[廣東順德]　史 5－38898
鄧其璠族譜[廣東寶安]　史 5－38889、38894
鄧林唱和詩詞合刻　集 6－42018
鄧林金汪金詩詞鈔　叢 1－564
48 鄧栟櫚先生文集　集 1－3200
50 鄧夫人苦痛哭存孝雜劇　集 7－48774(2)、48803

鄧忠武公(紹良)榮哀錄 史 2-9935
51 鄧批四書 經 2-10866
鄧虹橋詩集 集 4-30776
鄧虹橋遺詩 叢 2-886(3)
71 鄧厚庵遺書 集 4-25708
鄧厚菴先生語錄摘要 子 1-1608～9
72 鄧氏族譜 史 5-38797、38914
鄧氏族譜[廣東三水] 史 5-38901
鄧氏族譜[廣東寶安] 史 5-38888、38892
鄧氏族譜[廣東梅州] 史 5-38884～6
鄧氏族譜[江西] 史 5-38812
鄧氏族譜[江西萬載] 史 5-38822
鄧氏族譜[江蘇吳縣] 史 5-38805
鄧氏族譜[湖南] 史 5-38829、38831～2
鄧氏族譜[湖南平江] 史 5-38855～6
鄧氏族譜[湖南衡陽] 史 5-38869
鄧氏族譜[湖南宜章] 史 5-38875～6
鄧氏族譜[湖南長沙] 史 5-38833、38835
鄧氏族譜[湖南岳陽] 史 5-38853
鄧氏族譜[四川資中] 史 5-38907
鄧氏二十世祖今派十四世洪生祖房[廣東] 史 5-38903
鄧氏三修族譜[湖南沅江] 史 5-38850
鄧氏三修家譜[湖南] 史 5-38828
鄧氏三修支譜[湖南寧鄉] 史 5-38843
鄧氏五修族譜[湖南益陽] 史 5-38848
鄧氏五修支譜[湖南湘潭] 史 5-38859
鄧氏元亮公宗仁房家譜[廣東] 史 5-38902
鄧氏發祥祠世系[廣東東莞] 史 5-38887
鄧氏重修族譜[江西] 史 5-38813、38826
鄧氏重修族譜[湖南寧鄉] 史 5-38838～9
鄧氏重修族譜[湖南瀏陽] 史 5-38836
鄧氏重修支譜[湖南寧鄉] 史 5-38844
鄧氏續修族譜 史 5-38915
鄧氏續修族譜[湖南武岡] 史 5-38880
鄧氏續修族譜[湖南安化] 史 5-38852
鄧氏續修族譜[湖南沅江] 史 5-38849
鄧氏續修支譜[湖南益陽] 史 5-38847
鄧氏續輯族譜[廣東寶安] 史 5-38890
鄧氏純房侃堂支下譜帙 史 5-38916
鄧氏徵獻錄 史 5-38912
鄧氏家譜 史 5-38911
鄧氏家譜[江西] 史 5-38811
鄧氏家集四種 叢 2-899
鄧氏家傳[江西] 史 5-38825
鄧氏宗譜 史 5-38798、38917、38919
鄧氏宗譜[廣西平樂] 史 5-38904
鄧氏宗譜[重慶渝北] 史 5-38905
鄧氏宗譜[安徽安慶] 史 5-38806
鄧氏宗譜[安徽桐城] 史 5-38807
鄧氏宗譜[安徽懷寧] 史 5-38808
鄧氏宗譜[江蘇無錫] 史 5-38801～2
鄧氏宗譜[湖南新田] 史 5-38878
鄧氏宗譜[湖南寧鄉] 史 5-38840
鄧氏宗譜[湖南桂陽] 史 5-38870、38872
鄧氏支譜[湖南益陽] 史 5-38846
鄧氏七修族譜[湖南永興] 史 5-38873
鄧氏始祖諱[廣東寶安] 史 5-38891
鄧氏蜀譜[四川] 史 5-38908
鄧氏四修家譜 史 5-38920
鄧氏四修家譜[湖南] 史 5-38830
鄧氏創修族譜[湖南邵陽] 史 5-38879
74 鄧尉聖恩寺志 史 7-51581
鄧尉山房稿 集 3-17605
鄧尉紀遊詩 集 5-41678
鄧尉探梅詩 史 7-49332、53285
80 鄧公嶺經行記 史 7-49318(6)、53566
83 鄧鐵香奏稿 史 6-49116
90 鄧小舫(墀)事畧 史 2-9947
鄧尚書(廷楨)年譜、補遺 史 2-12046

1713_6 蚉

00 蚉音詞草 集 3-17697
蚉音集 集 5-35863
67 蚉鳴錄 集 3-14606
68 蚉吟剩草 集 4-26868
蚉吟草 集 4-22169、26743
蚉吟小草 集 4-26312

蝨

09 蝨談 集 7-49457～8
23 蝨我厦詩集 集 4-30337
72 蝨隱庵雜作 叢 2-946
蝨隱齋雜作 集 5-34335

1714_0 取

20 取悉畢爾始末記 史 7-49318(4)、54806
21 取此居文集 集 3-17216
27 取芻集 叢 2-2252
31 取濾火油法 子 7-37138

取濾火油法、圖　子7-36231(5)
40 取友論　叢2-771(1)
取南郡　集7-53414
42 取斯堂遺稿　集3-19147,4-29007
48 取救記畧　子4-23109
50 取中亞細亞始末記　史7-49318(4)、54807
60 取因假設論　子6-32081(26)、32083(18)、32085(25)、32086(28)、32088(18)、32089(44)、32090(50)、32091(48)、32092(33)、32093(26)
70 取譬訓蒙　子7-35371
99 取滎陽　集7-53025、53242

珊

17 珊瑚玦傳奇　集7-50283、50285
珊瑚碧海龕詩　集5-39031～3
珊瑚舌雕談初筆　子5-26657
珊瑚舌雕談摘鈔　叢2-796
珊瑚網　子3-14757　叢1-223(37)
珊瑚網名畫題跋　子3-16142
珊瑚網法帖題跋　子3-15282
珊瑚網法書題跋　子3-14940、15281
珊瑚網法書題跋、名畫題跋　子3-14941
珊瑚網法書題跋、名畫題跋、法帖題跋　子3-14942
珊瑚木難　子3-14756　叢1-223(37),2-615(3)
珊瑚鞭　子3-18269　集7-50333～4
珊瑚鞭傳奇、采石紅　集7-50332
珊瑚林、金屑編　子4-20748
珊瑚鉤詩話　集6-45486、45490、45603　叢1-2～4、6～7、9～10、19(11)、20(9)、22(14)、23(13)、24(12)、31、223(71),2-731(46)
珊珊軒詩鈔　集3-18899
27 珊網一隅　子3-14847
32 珊洲別墅詩鈔　集4-30870,6-42007(3)
珊溪方氏分支譜畧[安徽休寧]　史4-25839
38 珊海餘郥　子5-27474
40 珊塘徐氏族譜[湖南湘陰]　史4-32167
珊塘徐氏族譜上編[湖南湘陰]　史4-32167
62 珊影雜識二種　叢2-1777
珊影雜志　集4-29778

琡

10 琡玉山房初稿　集4-29083

1714_7 珉

38 珉海　子5-24942

瓊

00 瓊麃集詞選　集7-46819
13 瓊琯白玉蟾武夷集(武夷集)　集1-3654
瓊琯真人集　子5-29535(5)、29536(5)、31937
16 瓊瑰錄　集6-43695
17 瓊琚譜　史8-65127　叢1-518
瓊琚珮語　子1-1381　叢2-782(5)
瓊琚佩語　叢2-731(8)
瓊瑤集　叢2-2227
瓊瑤神書　子2-10233
瓊瑤合編　子4-24479
瓊郡志[康熙]　史8-61444
22 瓊崖志畧[民國]　史8-61448
瓊仙遺稿　集4-25503
瓊山道人集　集6-41896
瓊山縣鄉土志[光緒]　史8-61459
瓊山縣志[康熙]　史8-61454～5
瓊山縣志[乾隆]　史8-61456
瓊山縣志[咸豐]　史8-61457
瓊山縣志[民國]　史8-61458
27 瓊島桃園　史7-50944
32 瓊州府志[康熙]　史8-61445
瓊州府志[道光]　史8-61447
瓊州府志[萬曆]　史8-61443
瓊州府志[乾隆]　史8-61446
瓊州雜事詩　史7-50946　集5-39644　叢1-524,2-731(57)
瓊州記　史7-49318(15)、50945
37 瓊選彙編　史6-48036
40 瓊臺詩文會稿重編(瓊臺會稿、瓊臺會稿詩文集)　集2-6834
瓊臺詩集　集3-19528
瓊臺先生詩話　集6-45770

瓊臺紀事錄 史7-50947 叢2-920
瓊臺志[正德] 史8-61442
瓊臺拙文稿 集3-19529
瓊臺吟藁 集2-6835
瓊臺吟史詩初稿 集4-28373
瓊臺會稿 集2-6833 叢2-884
瓊臺類稿 集2-6832
瓊南百詠 集3-19720
44 瓊花集 史7-51723 子4-19198 叢1-334～5、587(5),2-731(37)、810
瓊花彙證 子4-19201、22340
瓊花志 子4-19200 叢1-201、203(6)
瓊花夢 集7-50205
瓊花夢(江花夢) 叢1-584
瓊花鏡 叢1-547(4),2-720(6)
瓊華詩集 集4-32990
瓊華詩集、詞集 集4-32989
瓊華續集 集4-32991
瓊華室詞 集7-46421、48244
瓊華樓詩賦草 集5-38979
瓊英小錄 子4-19202 叢2-832(5)、1920
瓊樹新歌 集4-24519
瓊枝詞 集7-46405、46952
瓊林霏屑 子5-27285
瓊林宴四部 集7-51216
瓊林雅韻 集7-54838
45 瓊樓吟稿、後錄 集4-24620
瓊樓吟稿節鈔 子7-34586 集4-24621
63 瓊貽副墨 集6-44381
77 瓊叟七十年譜 史2-12336
瓊卿(趙巧)四妹殉母事畧 史2-10951
88 瓊管山海圖說 史7-50943

1715_6 琿

24 琿牘偶存 史6-45038 叢1-528
50 琿春瑣記 史7-49317(3)、49318(4)、50024
琿春境内村屯里數、寧古塔村屯里數 史7-50025
琿春縣鄉土志[民國] 史7-56297
琿春縣志[民國] 史7-56296
琿春輿地考 史7-49319、50023

1716_2 瑠

10 瑠璃王經 子6-32089(21)、32090(27)、32091(26)、32092(18)

1716_4 珞

17 珞琭子三命消息賦註 叢1-274(4)
珞琭子三命消息賦注 子3-14094
珞琭子賦註 叢1-273(4)、274(4)
珞琭子賦注 子3-14095
珞琭子三命消息賦、李燕陰陽三命 叢1-447
珞琭子三命消息賦註 叢2-731(15)
珞琭子三命消息賦注 叢1-223(36)
珞琭子賦註 叢2-731(15)
珞琭子賦注 叢1-223(36)

1717_2 瑤

10 瑤石山人詩稿 集2-9163,6-45128
瑤石山人詩稿(瑤石山人藁) 集2-9162
瑤石山人稿 叢1-223(66)
11 瑤頭坯歌 子5-29547
16 瑤琨譜、二箪 子4-19473
22 瑤川徐氏宗譜 史4-32196～7
瑤峯集 集3-21004 叢2-785
瑤峯姚氏宗譜[浙江衢州] 史4-31192～3
瑤峯葉氏宗譜[浙江衢州] 史5-35684
30 瑤房詩 集3-15974,6-41761
31 瑤潭詩賸、詩餘 集4-23046
34 瑤池進雪 集7-49705
瑤池會八僊慶壽 集7-49083、49095
瑤池會八僊慶壽雜劇 集7-48774(5)
35 瑤清仙館草 集4-32608
40 瑤臺片玉 集7-50623
瑤臺片玉乙種 集7-50626 叢1-587(2)
瑤臺片玉甲種 集7-50624 叢1-587(2)
瑤臺片玉甲種補錄 集7-50625 叢1-587(6)
瑤臺夢 集7-49337
瑤臺小錄 史2-7696
瑤獞傳 叢1-485
44 瑤坡余氏宗譜[浙江淳安] 史4-28546
瑤花夢影錄 叢2-719
瑤草珠華閣詩鈔 集6-41999
瑤草珠華閣詩鈔、鏤冰詞 集4-27622
瑤草軒詩鈔 集6-41999
瑤草園初集 集2-11007

瑤華詩鈔 集 3-20812
瑤華詞 集 7-46405、46990
瑤華集 集 5-37225
瑤華集、詞人姓氏爵里表 集 7-48539
瑤華仙館遺稿 集 5-35561
瑤華山館詩鈔 集 4-27156
瑤華山館詩鈔剩稿(秋卿遺稿) 集 4-25348
瑤華傳 子 5-28884
瑤華道人詩稿 集 3-20809
瑤華道人詩鈔、御覽集 集 3-20811
瑤華道人真蹟 子 3-16384
瑤華拾遺草 集 4-25868
瑤華閣詩草、詞草 集 4-29603
瑤華閣詩草、詞鈔、補遺 叢 2-1460
瑤華閣詩草、閩南雜詠、詞 集 4-29604
瑤華閣詩草補遺 集 4-29605
瑤華閣詞、補遺 集 7-47996
46 瑤想詞 集 4-23801
48 瑤翰、俚謔 集 6-45272
60 瑤里陳氏重修族譜[湖南茶陵] 史 4-33332
71 瑤原十六景 子 3-17125
80 瑤金山菊園詩鈔 集 3-19435
88 瑤箋 集 6-45281
90 瑤光閣詩集、文集、新集 集 2-12097
瑤光閣正集、外集 集 2-12100
瑤光閣集 集 2-12101,6-43118
瑤光閣集、外集、明夷集 集 2-12099

1718_6 璯

77 璯聞錄、別錄 子 4-23467

1720_2 予

30 予寧漫筆 子 4-19492、21036

翏

17 翏翏集 集 2-6412～3
44 翏莫子雜識(清嘉慶二十二年至二十四年) 史 2-12629

1720_7 了

00 了齋詩集 集 6-41894(1)、41895
了齋易說 經 1-445 叢 1-223(2)
23 了然語 子 4-21750
25 了生集 經 2-11518 集 5-34374
32 了溪詩稿 集 2-8025
33 了心宗傳 叢 2-1366
了心錄 子 7-34910
44 了菴文集 集 3-13388
了菴詩集 集 3-13387、13391～2
46 了觀集 叢 2-1745
50 了本生死經 子 6-32081(11)、32083(8)、32085(11)、32088(8)、32093(12)
67 了明篇 子 5-29530(6)、29549、31259
77 了凡雜著十一種 叢 2-1126
了凡聖禪師語錄 子 7-34357
了凡四訓 叢 2-724
80 了義般若波羅蜜多經 子 6-32089(32)、32091(38)
90 了堂和尚語錄 子 7-34225

弓

00 弓齋日記(清同治十三年,光緒四年至五年、八年至十年、十三年至十六年) 史 2-12881
31 弓灋詹氏族譜[江西樂安] 史 5-37930
34 弓法拾遺 子 1-3090、3639
72 弓氏家譜[河南鄭州] 史 4-24751

1721_4 翟

00 翟文泉先生鐘鼎跋 史 8-64179
10 翟元周易義 經 1-2321
翟云升書劄 集 4-26667
翟雲屏山水册 子 3-16737
43 翟城村志[民國] 史 7-55257
47 翟柳村遺詩 集 4-28712
62 翟則善先生遺詩 集 2-11820
65 翟晴江四書考異内句讀 經 2-11990 叢 2-1553
翟晴江四書考異内句讀(四書考異) 經 2-

10780
72 翟氏族譜 史5-38930
翟氏醫書五種滙刻 子2-4583

1722_0 刀

08 刀譜祕法釋要 子1-3606
40 刀布釋文 史8-64878
82 刀劍錄 子4-18567 叢1-19(10)、20(8)、21(9)、22(16)、23(15)、24(10)、29(2)、170～1,2-721

殉

12 殉烈記 史1-1988、3947 叢2-832(5)
27 殉身錄 史2-7300 叢1-13、14(2)、22(21)、134,2-731(61)
40 殉難傳題詞 叢1-571
殉難忠臣錄 史1-3029
殉難忠臣錄、逆賊奸臣錄、客舍偶聞 史1-3068
殉難錄 史1-3868

翩

77 翩風傳 叢1-587(6)

1722_7 乃

00 乃亨詩集 集4-25862
40 乃有廬雜著 集4-32566 叢2-1861

帚

18 帚珍齋詩 集4-28013～4
23 帚外集鈔 集4-25555
80 帚金集 集4-29370

弻

00 弻唐遺書 集2-8682
48 弻教鄉梁氏族譜[廣東順德] 史5-34713

甬

21 甬上高僧詩 集6-44628 叢2-845(5)
甬上詩話 集3-15859
甬上族望表 史7-50408 叢2-1445
甬上水利志 史6-46822 叢2-845(3)
甬上盧氏敬睦堂宗譜[浙江鄞州] 史5-40064
甬上盧氏敬睦堂宗譜稿[浙江寧波] 史5-40061
甬上續耆舊集 集6-44634
甬上宋元詩畧 叢2-1969
甬上耆舊詩 集6-44627、44636 叢1-223(71)
甬上敬睦堂盧氏宗譜[浙江寧波] 史5-40062
甬上明詩畧 集6-44626
22 甬山堂詩集 集5-40843
50 甬東文約 叢1-373(9)
甬東詩括 集6-44625
甬東正氣集 集6-44640 叢2-845(4)
甬東包氏宗譜[浙江寧波] 史4-26181
甬東包氏宗譜[浙江鄞州] 史4-26183
甬東包氏支譜[浙江鄞州] 史4-26182
甬東薛氏世風删 集6-45137
甬東樓氏宗譜[浙江寧波] 史5-38988

矞

10 矞雲詞 集7-46405、47142

粥

00 粥糜品 叢1-119～20、173
粥糜品 子4-18971
08 粥譜 子4-18972

61 粥賑說　史 6－41539、44619
81 粥飯緣　子 5－27470

罵

32 罵衫吟草　集 4－28822
37 罵湖詩集　集 4－23799

胥

10 胥石詩存(南雪草堂詩集)、文存(族譜稿存)、附錄　叢 2－843
胥石詩存、文存　集 3－21300
22 胥川草堂詩鈔　集 4－23369
胥山詩稿　集 3－17324
胥山朱氏述德錄　史 2－8006　叢 2－677
胥山精選行祕書　叢 2－1285
32 胥溪叢錄　子 4－21710
33 胥浦草堂文稿　集 3－16615
胥浦草堂詩稿　集 3－16616
40 胥臺麋鹿記　史 1－3904
胥臺雜俎　子 4－24306
42 胥橋送行詩　集 4－22178
60 胥園詩鈔　集 3－21063
72 胥氏族譜[湖南湘陰]　史 4－31144～5
胥氏續修族譜　史 4－31147
胥氏家譜[四川儀隴]　史 4－31146
胥氏世系傳譜[北京]　史 4－31142
77 胥屏山館詩存、文存　集 4－32300　叢 1－339～40
胥母山人詩集　集 3－15904

郉

00 郉廬日記　史 2－13179　叢 2－1000

鄠

62 鄠縣新志[乾隆]　史 8－62706
鄠縣王氏話說[陝西戶縣]　史 4－25522
鄠縣鄉土志　史 7－54921
鄠縣鄉土卷[光緒]　史 8－62708
鄠縣志[康熙]　史 8－62704
鄠縣志[萬曆]　史 8－62703
鄠縣志[民國]　史 8－62707
鄠縣志縣重續志[雍正]　史 8－62705

鄹

27 鄹魯求仁繹　叢 2－1749

鄽

30 鄽注摘豔　史 7－52696
72 鄽氏宗譜[浙江義烏]　史 5－41345

鬻

17 鬻子　子 1－11～4、16～21、23、37～41、44、47～8、54、66、83,4－19503～5、19507～10、19514、19516,5－29530(22)　叢 1－19(8)、20(6)、21(7)、24(9)、223(39)、236～7、273(5)、490、547(2),2－730(6)、873、2173
鬻子、郭氏玄中紀　子 4－19506
鬻子、鬻子七則　子 4－19513
鬻子、補　子 1－58、61
鬻子、補、鬼谷子、公孫龍子、鄧析子、於陵子　子 4－19511
鬻子、逸文、公孫龍子、鄧析子、慎子、六韜子 4－19512
鬻子、校勘記逸文　子 4－19515　叢 1－274(4)
鬻子補　子 4－19503
30 鬻字齋詩畧　集 5－38812
鬻字齋詩畧、詩續　叢 2－2137
66 鬻嬰提要說　子 2－4724、8536

鷴

06 鷴韻軒吟草　集 6－41763
12 鷴砭軒質言　子 5－26731　叢 1－496(7)
47 鷴聲館日誌(清嘉慶二十五年至道光十七年、二十一年至二十三年、二十七年至咸豐八年)　史 2－12691
鷴聲館日誌(清光緒三至五年)　史 2－

13161
67 鸝吹 集 6 - 45104～5
鸝吹(午夢堂遺集) 集 2 - 11587
鸝吹(午夢堂遺集)、梅花詩 叢 2 - 720(6)
鸝吹、梅花詩 集 6 - 45103
鸝吹、附集 集 6 - 45102
鸝吹、附集、梅花詩 叢 1 - 547(4)
鸝吹詞 集 7 - 46825
鸝吹集 集 2 - 11586
鸝吹集梅花詩 集 6 - 45102
鸝吹集梅花詩一百絕 集 2 - 11583
鸝吹選 集 2 - 11588

1723_2 承

00 承應大戲庫存本十種 集 7 - 49706
10 承平雜詠 集 2 - 12824
承天效法后土皇帝道源度生寶卷(后土聖母道源度生寶卷) 集 7 - 54158
承天紀 子 3 - 13074
承天大志 史 6 - 41641
承天大志[嘉靖] 史 8 - 60171
承霤居印稿 子 3 - 17441
21 承仁堂詩集 集 5 - 38062
承旨學士院記 史 6 - 42848、42853 叢 1 - 244(4)
24 承化寺說 史 7 - 49357、51718
承德府志[道光] 史 7 - 55148～9 叢 1 - 373(2)
承德縣志書[宣統] 史 7 - 56102
35 承清館印譜初集、續集 子 3 - 16901
承清堂詩集 集 4 - 22675
37 承運傳 集 7 - 53093
承運圖 集 7 - 49706
38 承啓堂稿 集 2 - 8584～5
40 承志錄 子 5 - 29564、32019
承志錄、附集 叢 2 - 900
承吉兄字說 經 2 - 14760
41 承獅鄭氏宗譜 史 5 - 38586
44 承蔭堂詩選 集 4 - 21999
承韓軒文集、雜集 集 5 - 36153
承華事畧 史 1 - 2605 叢 1 - 364
承菴先生集 集 2 - 8178
承菴先生集、補遺、附錄 集 2 - 8180
承菴先生集、同心集 集 2 - 8179
60 承恩堂詩集 集 4 - 33540
承恩堂詩集(綠筠仙館吟草、南鴻小草、臨淮江上錄、壽陽行役集、歸里集、蔬薌小圃集、灤水重遊集、嘉禾堂集、貞白堂集、荷芳哭嘯集、承恩堂詩續鈔、曼陀羅館紀程詩、遊中唱和集) 集 4 - 33542
承恩堂詩集、詞、貞白堂詩刻三種 集 4 - 33543
67 承明應制稿 集 2 - 9974
承明集 集 1 - 3492 叢 2 - 1038

聚

10 聚石軒詩 集 4 - 22608
聚雲吹萬真禪師語錄 子 6 - 32091(76)
15 聚珠樓 集 7 - 53817
18 聚珍編 子 2 - 5031
聚珍堂選事物類攷 子 5 - 25941
21 聚紅榭雅集詞 集 7 - 48217、48588
聚紅榭雅集詞二集 集 7 - 48589
22 聚樂堂藝文目錄 史 8 - 65581～4
24 聚德堂叢書十二種 叢 2 - 1011
30 聚寶盆 集 7 - 50213、51802
35 聚禮撮要 子 7 - 36047
44 聚蔭堂一瞬錄、家蔭堂來西錄 子 4 - 23321
60 聚星札記 子 4 - 22701 叢 1 - 558,2 - 869
聚星堂詩稿 集 4 - 27179
聚景園記 叢 1 - 168(2)
77 聚學軒叢書六十種 叢 1 - 558
聚學軒叢書總目 史 8 - 66165
聚學軒印存 子 3 - 17491
80 聚善傳芳錄 子 4 - 23015
聚會須知 子 7 - 35738
99 聚螢齋古詩半解 集 6 - 42332

豫

00 豫立軒文集 集 4 - 26720
豫齊戴氏家乘[山東] 史 5 - 40548
豫齋集 集 5 - 36799
豫章文集 集 6 - 41784
豫章文集、年譜 叢 1 - 223(54)
豫章語錄 子 1 - 955 叢 2 - 1861
豫章詩話 集 6 - 45793
豫章詩話、校勘記 叢 2 - 870(5)
豫章記 史 7 - 50565～6 叢 1 - 19(2)、21(2)、24(3),2 - 776、779
豫章三洪集 叢 2 - 943
豫章要語 叢 1 - 34

豫章雲嶠劉先生遺稿　集 2-10730
豫章郡羅氏宗譜[浙江平陽]　史 5-41054～5
豫章集　集 1-3000
豫章行記(清光緒十一年)　史 2-13197
豫章熊氏九修族譜[江西豐城]　史 5-38936
豫章先生文集　集 1-2680
豫章先生文粹　集 1-2724,6-42039
豫章先生詩集　集 1-3001,6-41894(3)、41895
豫章先生論畫山水賦　子 3-14692、15877
豫章先生遺文　集 1-2723
豫章先生別集　集 1-2688
豫章先賢九家年譜　史 2-11010
豫章憲典　史 6-47304
豫章叢書(陶輯豫章叢書)二十六種　叢 2-869
豫章叢書六十種附一種　叢 2-870(1)
豫章漫抄　史 7-50569～70　叢 1-29(7),2-1081
豫章漫抄摘錄　叢 1-84(3),2-730(10)
豫章漫鈔　子 4-20405
豫章漫鈔摘錄　子 4-20406
豫章祀紀　史 2-8152,6-42131
豫章涂氏宗譜[江西]　史 4-32603
豫章遊稿　史 7-53533
豫章十代文獻畧、補遺　史 2-8153
豫章古今記　史 7-50563～4、50567　叢 1-18、19(8)、20(6)、21(8)、22(12)、23(11)、24(9)、29(2),2-767
豫章黄先生文集　叢 2-635(9)
豫章黄先生文集(山谷集)、外集、別集、簡尺、詞、山谷先生年譜、別傳　集 1-2681
豫章黄先生詞　集 7-46485
豫章黄先生簡尺、豫章黄先生詞　集 1-2725
豫章黄城魏氏宗譜[江西南昌]　史 5-40429
豫章翹材錄　史 3-14987
豫章胡氏家譜[湖南岳陽]　史 4-30617
豫章書院唱和詩　集 3-18134
豫章曹氏族譜[江西南昌]　史 5-34229
豫章景物竹枝詞　叢 1-368
豫章羅先生(從彦)年譜　史 2-11019、11281
豫章羅先生文集(豫章文集)、豫章羅先生年譜　集 1-2995
豫章羅先生文集、豫章羅先生年譜　集 1-2996
豫章羅村族譜[江西南昌]　史 5-41065
豫章羅氏重修宗譜[江西]　史 5-41061～2
豫章羅氏宗譜[安徽桐城]　史 5-41056
豫章既白詩稿　集 2-8538
豫章既白詩藁　集 2-8537
豫章陳子勤補堂願學集　集 3-14452
豫章分派龔氏宗譜[江蘇宜興]　史 5-41440
03 豫誠堂劉氏譜畧[四川雙流]　史 5-39698
04 豫計地方自治經費釐訂地方稅界限應請開國會議　史 6-43199
10 豫工二卯事例條欵　史 6-42726
豫工事例條欵　史 6-42725
22 豫變紀畧　史 1-3106～7　叢 2-826
豫變紀畧、虎口餘生記、燕都志變　史 1-3108
37 豫通親王事實册　史 1-1984,2-9248
豫軍联步礮隊營制餉章、豫軍舊章紀要　史 6-45282
豫軍紀畧　史 1-4001　叢 1-496(3)
38 豫遊草　集 3-14516
40 豫南水利巵言　史 6-46875
豫南書院章程、豫南書院書目　史 8-65343
豫南書院志　史 7-52103
豫志　史 7-50621　叢 1-195(7),2-731(57)
44 豫藩偶存　史 6-47316
豫藩奏稿　史 6-48723
46 豫恕堂叢書二十一種　叢 1-538
48 豫敬日記(清宣統元年至民國二十七年)　史 2-13256
50 豫中漫抄　叢 1-22(24)
豫忠(豫讓報仇)　集 7-49515
豫東宣防錄　史 6-46873
豫東宣防錄、紀恩錄　史 6-48736
58 豫撫檔册　史 6-47466
豫撫奏稿　史 6-48776
60 豫園詩集、豫園文集　集 3-16675
61 豫旺縣志[民國]　史 8-63330
豫賑徵信錄　史 6-44712
77 豫醫雙璧　子 2-4754
90 豫省文闈供給章程　史 6-42544
豫省擴充學校請獎章程例册　史 6-42545
豫省成例　史 6-41904
豫省防匪奏稿　史 6-48849

1724₇ 及

24 及幼草、王季重癢言、鄉試墨卷、會試墨卷　集 2-11417
50 及春堂集　集 3-13651
60 及見詩鈔　集 4-30372

64 及時山房文草 集 5 - 36435
及時山房詩草、續詩草 集 5 - 36434
及時山房續文草 集 5 - 36436

1732_7 鄢

60 鄢署雜鈔 史 7 - 50651
鄢署雜鈔[康熙] 史 8 - 59883
72 鄢氏重修族譜[湖南新化] 史 5 - 37100
鄢氏續修族譜[湖南新化] 史 5 - 37101
74 鄢陵文獻志[同治] 史 8 - 59887
鄢陵縣志[順治] 史 8 - 59881～2
鄢陵縣志[道光] 史 8 - 59886
鄢陵縣志[嘉慶] 史 8 - 59885
鄢陵縣志[嘉靖] 史 8 - 59880
鄢陵縣志[乾隆] 史 8 - 59884
鄢陵縣志[民國] 史 8 - 59888
鄢陵縣志稿[民國] 史 8 - 59889
鄢陵劉氏譜[河南鄢陵] 史 5 - 39434

1733_1 忌

13 忌酸丸方論 子 2 - 10080

恐

00 恐齋詩鈔 集 5 - 38981
恐高寒齋詩 集 5 - 41350
26 恐自逸軒瑣錄 子 5 - 26455
44 恐菴遺稿 集 1 - 4836

1733_2 忍

00 忍庵詩鈔 集 4 - 27037、28683～4
忍庵集文稿 集 3 - 14248～9
忍庵未定稿 集 5 - 37644
忍齋文贅 叢 2 - 1874
忍齋雜識 叢 2 - 811
忍齋詩畧 叢 2 - 1874
忍齋賦畧 叢 2 - 1874
21 忍經 子 4 - 23818 叢 2 - 833
27 忍冬草廬集 集 4 - 29973
忍冬老人剩稿 集 4 - 29974
忍冬書屋詩集 集 5 - 41073
忍冬書屋詩續集 集 5 - 41074～5
忍冬書屋初稿 集 3 - 21450
忍冬龕詩集 集 4 - 25361
忍冬小草 集 4 - 27820
30 忍字輯畧 子 1 - 2583
40 忍古樓詩 集 5 - 41210
44 忍勸圖(一百二十行忍勸圖)一段 集 7 - 51534
忍草庵志 史 7 - 51572
忍菴集 集 6 - 44533
50 忍書 子 4 - 23819 叢 1 - 83
忍書續編 子 4 - 23820 叢 1 - 83
60 忍園先生家訓 子 1 - 2201 叢 2 - 959
63 忍默叵摭筆 子 5 - 27226
忍默恕退之齋文集 集 5 - 34922
忍默恕退之齋詩鈔、求是齋甲申詩草 集 5 - 34921
忍默恕退之齋日記、滬行日記(清咸豐五年至六年、同治四年) 史 2 - 12798
71 忍辱菴詩稿 集 3 - 16531

1734_6 尋

01 尋龍經訣法 子 3 - 13275
尋龍捉脈賦正義 子 3 - 13144
06 尋親記 集 7 - 49975
尋親紀程 史 7 - 49317(8)、49318(13)、53853 叢 1 - 244(2),2 - 731(49)
10 尋雲草 集 2 - 12576 叢 2 - 869
22 尋樂齋詩集 集 3 - 17235、19853,6 - 44945
尋樂齋集 集 3 - 19008
尋樂齋偶鈔 子 4 - 21296
尋樂習先生文集 集 2 - 6640
尋樂編 子 4 - 20922
尋樂軒詩鈔 集 4 - 22488
尋樂軒遺稿 集 4 - 31722
尋樂堂詩藁(悲饑詩) 叢 2 - 958
尋樂堂家規 子 1 - 2202 叢 2 - 958、1367
尋樂堂遺詩 集 4 - 28982
尋樂堂勸善歌 叢 2 - 958
尋樂堂日錄 叢 2 - 958、1367
尋樂堂日錄、附錄(清順治十年至康熙四十七年) 史 2 - 12583
尋樂堂學規 子 1 - 2387 叢 2 - 958、1367
尋樂堂劄記 子 4 - 20974 叢 2 - 1367
尋樂類編 叢 2 - 1458

27 尋壑外言　集 3-15381,6-44994
尋多情一枝　集 7-52770
尋烏縣鄉土志[民國]　史 8-58695
尋甸府志[嘉靖]　史 8-62387
尋甸州志[康熙]　史 8-62388
尋甸州志[道光]　史 8-62389
30 尋淮源記　史 7-49318(9)、52818
31 尋源詩草　集 5-34936
尋源堂詩集、文集　集 5-39879
34 尋遠樓近詩　集 6-45114
40 尋古齋集　集 3-18926～7
44 尋夢　集 7-52174
尋夢紀　叢 2-1671
尋花日記　史 7-53098　叢 1-364
尋芳詠　集 2-10177～8,10180　叢 1-86,2-730(8)、731(43)
77 尋鬧(弋腔金瓶梅)　集 7-49622
90 尋常語　子 1-2272　叢 2-1640
尋常事　子 5-27431　叢 1-143

1740_7 子

00 子雍如禪師語錄　子 6-32091(82)
子方集　集 1-5103
子高先生詩　集 1-5736
子高遺稿　集 6-41894(2)
子廉古今體詩合編(木癭庵詩存、紅樹書屋詩鈔、兩乙山房詩鈔、天風海濤庵詩錄、太乙閣續草)、翠鯨詞　集 5-36017
子夜歌　集 1-589　叢 1-168(4)
子言詩集　集 3-14920
子讓公(姚文枏)年譜　史 2-12387
02 子新遺詩　集 5-33864,6-42007(3)
04 子誂駢體文鈔　集 6-42075
08 子說　叢 2-1092
10 子疏定本　叢 2-2270(2)
子元案垢　子 4-20388　叢 1-22(23)
子夏易傳　經 1-77(1)、195、197～8、200、2321　叢 1-180、223(2)、261、268(1),2-763、772(1)、773(1)
子夏易傳(稽古堂訂正子夏易傳)　經 1-194
子夏易傳義疏　經 1-1393
子夏易傳鉤遺　經 1-105、1394
子平集要　子 3-14103
子平遺書　子 3-14098
子平遺稿　集 1-5457
子平真詮　子 3-14106
子平格局　子 3-14104
子平四言集腋　子 3-14105
子平管見集解　子 3-14102
子雲文筆　集 5-41622
子雲詩詞　集 5-41618～9
子雲詩集　集 4-22541
子雲殘册(情種筆劄)　集 5-36365
子貢詩傳　經 1-4554　叢 1-93
子不語　叢 2-1459～60
子不語、續　叢 2-735(1)
子不語、續子不語　叢 2-736
17 子君詩草　集 4-25742
21 子虛記　集 7-54126
子師先生文集(陶子師先生文集)　集 3-16274
子穎林公(林穗)年譜　史 2-12294
22 子仙詩鈔、文鈔、拜玉詞　集 4-25674
25 子朱子爲學次第考　史 2-8761～2、11324　叢 2-1408
26 子和日記(光緒十八年至二十四年)　史 2-13160
子程詩草　集 4-31891
子穆詩鈔　集 4-31708
27 子勺　子 5-25161
子魯集　集 4-33107
子彙　子 1-16
子彙二十四種　叢 2-730(6)
28 子稅考　子 7-36240(2)
30 子家子　子 1-18、20、292
子良詩存　集 4-29908、29910、29912、29914、29918,6-42007(1)
子良詩存、試帖　集 4-29909、29915
子良詩錄　集 4-29911、29913、29916～7
子良家書　集 4-29919
31 子顧遺稿　集 4-30967
子遷吟草、雜著　集 4-27654
32 子淵詩集　集 1-5301,6-41784　叢 1-223(61)
33 子心詩稿　集 3-13382,6-45097
38 子祥陸公(兆麟)葬衣冠記　史 2-10235
子遊眼三藏取經解懺理　子 7-35085
40 子壽詩鈔　集 4-30171
44 子苑　子 4-24101
子蘭府君(王壽同)行狀、王恩晉殉節紀畧　史 2-9987
子芯詞抄　叢 2-2130
子姑神記　子 5-26309
子華子　子 1-11～2、16、18～21、23～5、36、38～9、42、44、48、58、61,4-19577～82,5-29530(22)　叢 1-19(8)、20(6)、21(7)、24(9)、223(39)、273(5)、275,2-730(6)、

731(11)
子華子醫道篇注 子 4 - 19583
子蕃遺稿十六種卷附二種 集 5 - 40562
子藥准則 子 7 - 36231(6)
子藥銅殼機器圖說 子 7 - 36229、37021
45 子構集 集 1 - 5358
46 子相文選 集 2 - 9499,6 - 42052、42054
47 子聲詩稿 集 3 - 13573,6 - 45097
子期聽琴 集 7 - 51565
48 子松府君(夏同善)年譜、屠夫人行狀 史 2 - 12282
子梅公遺詩 集 5 - 36168
50 子中集 集 1 - 5488
子史要語 子 5 - 26084
子史珠玉 叢 2 - 1750
子史便讀 子 5 - 25904
子史輯要詩賦題解 子 5 - 25310
子史輯要詩賦題解、後集 子 5 - 25307
子史輯要題解 子 5 - 25308
子史輯要題解合編 子 5 - 25309
子史鉤沈七十六種 叢 2 - 772(3)
子史鉤沈八十五種 叢 2 - 773(4)
子史鉤沈八十八種 叢 2 - 771(3)
子史篇錄 叢 2 - 2270(3)
子史粹言 子 4 - 21475 叢 2 - 1766
子史類語 子 5 - 25760、25775
子史精華 子 5 - 25902
子史精華(御定子史精華) 子 5 - 25901
子史精華摘要 子 5 - 25903
子肅禪師語錄 子 6 - 32091(80)
子青詩鈔 集 4 - 32445
子書六種 子 1 - 54
子書二十三種 子 1 - 64
子書二十八種 子 1 - 68
子書二十八種彙函 子 1 - 67
子書三十二種 子 1 - 69
子書百家(崇文書局彙刻百子、彙刻百子、百子全書) 子 1 - 61
子書合刻五種 子 1 - 36
子書類纂 子 5 - 25716
子春遺稿 集 5 - 33983
子素集 集 1 - 5455
52 子靜文存 集 4 - 32711
53 子威文選 集 6 - 42052、42054
子威先生澹思集 叢 2 - 1096
60 子思子 子 1 - 93、282～3 叢 1 - 261,2 - 761
子思子(子思子全書) 子 1 - 281
子思子遺編輯注 子 1 - 94、287
子思子書 子 1 - 95、284
子思子輯解 子 1 - 286
子思子全書 子 1 - 92 叢 1 - 223(30)
子思內篇 子 1 - 285
子田初集 集 4 - 22080
子昌詩鈔 集 5 - 36381
子固齋詩存、賸仙遺詩 集 5 - 39419
子畧 史 8 - 66292 叢 1 - 2～3、6～8、223(28)、268(2),2 - 673、697、698(8)、714、731(1)、845(1)
子品金函 子 1 - 79 叢 2 - 1204
子昂集(陳伯玉文集、陳拾遺集)、附錄 集 1 - 742
67 子瞻詩稿 集 3 - 13484,6 - 45097
子野詞 集 7 - 46360、46452 叢 2 - 799～800
子路追孔 集 7 - 52578
71 子牙子 子 1 - 18、20、3796
子牙賣卦 集 7 - 52862
72 子劉子行狀 史 2 - 9082 叢 2 - 635(12)、1201
子劉子遺書三種 叢 2 - 1199
子劉子學言 叢 2 - 1199
76 子颺集 集 1 - 4717
子陽餘文、附稿 集 4 - 24427
77 子熙剩草 集 4 - 33259,6 - 42007(3)
子母河 集 7 - 52577
子母會友姓名及祭産完糧數目 史 4 - 25021
子問、又問 子 1 - 1698 叢 2 - 1640
子與文選 集 2 - 9272,6 - 42052、42054
子與遺詩 集 3 - 20061
子貫附言 子 4 - 21336 叢 2 - 731(13)、816
80 子弟玩藝一枝 集 7 - 52783
子弟出場一枝 集 7 - 52076
子弟大過會一枝 集 7 - 52077
子弟書目錄 集 7 - 54879
子午經 子 2 - 10211 叢 1 - 22(18)、23(17)
子曾子 子 1 - 259
81 子敍 史 8 - 66293 叢 2 - 1971
87 子銘先生遺集 集 5 - 35090 叢 2 - 874
88 子笙賦鈔 集 4 - 32514
子篇撰要 叢 2 - 2270(3)
90 子尚詩存 集 4 - 30965 叢 2 - 788
96 子粕 子 5 - 25437

孑

35 孑遺集 集 3 - 13462
孑遺錄 史 1 - 1937、1944、1968、3139 集 3 - 16767 叢 1 - 580
孑遺堂集 集 4 - 24841

孕

00 孕育玄機　子 2－8039
孕育元機　叢 2－900
10 孕雲鼇詩　集 5－41258
44 孕花吟草　集 5－33998,6－42007(3)

1740_8 翠

10 翠露軒詩餘初集　集 7－47801
翠雨山房詩集　集 4－22345
翠雲草堂金石近存考畧　史 8－63720
翠雲草堂金石存畧　史 8－63721
翠雲樓　集 7－50025
翠雲畫譜　子 3－16355
翠雲館試帖　子 3－15524
翠雲館試體詩　集 4－31216
翠雲館律賦　集 4－24420
翠雲館律賦、試體詩　集 6－42071
13 翠琅玕館叢書五十一種　叢 1－495
翠琅玕館叢書七十四種　叢 1－469
17 翠羽詞　集 7－47200
20 翠鯨詞　集 5－36017、36019
21 翠虛吟　子 5－29574
翠虛篇　子 5－29530(21)、29549、29565、31190
翠紅鄉兒女兩團圓雜劇　集 7－48767(2)、48774(4)、49071　叢 2－698(15)
22 翠巖雜稿　集 3－21540　叢 1－413
翠巖偶集　集 3－13283～4
翠巖室詩鈔　集 5－33933～4
翠巖室詩鈔、文稿存、文稿續刻　集 5－33932
翠峯孫氏宗譜[浙江紹興]　史 5－33611～2
27 翠鄉夢　集 7－48775　叢 2－672
28 翠微亭題名考　史 8－63898　叢 2－832(3)
翠微亭卸甲閑遊　集 7－49397、49437
翠微三要　史 7－52184　子 7－32106
翠微北征錄　集 1－3816　叢 2－818～9
翠微峯記　史 7－49318(6)、52489
翠微山記　史 7－49318(4)、52186
翠微山說　史 7－49317(9)、49318(19)、52185
翠微山房文鈔　叢 2－857
翠微山房詩稿　集 4－26989～90
翠微山房詞　集 3－21756
翠微山房自訂年譜　史 2－11920
翠微山房叢書□□種　叢 2－857
翠微山房遺詩　集 4－26855
翠微山房數學　子 3－12351
翠微先生北征錄　史 6－48150
翠微渤海郡吳氏族譜[廣東珠海]　史 4－28191
翠微南征錄　集 1－3811、3813、3815,6－41894(3)、41896、41904　叢 1－223(57)
翠微南征錄(翠微先生南征錄)　集 1－3809
翠微南征錄、雜錄　集 1－3810　叢 2－818～9
翠微南征錄、上皇帝書　集 1－3814
翠微南征錄、補書一篇詩一篇　集 1－3812
翠微南征錄、校勘記　叢 2－637(3)
翠微軒詩稿　集 4－27409、33287　叢 2－1788
30 翠滴樓詩集　集 3－16313
翠寒集　集 1－5000～1,6－41784、41889、41896、41927～8　叢 1－223(60)
31 翠渠先生續稿　集 2－6968
翠渠摘稿　集 2－6967、6969～72
翠渠摘稿、續編　叢 1－223(64)
32 翠浮閣詞　集 7－47924
翠浮閣詞二集　集 7－47925
翠浮閣遺詩　集 4－29935
34 翠濤書屋昨非集　集 3－17513
38 翠微庵詩存　集 6－43397
44 翠蔭軒集　集 3－17847
翠薇僊館詞　集 7－47751
翠薇仙館詩稿、詞稿　集 4－27316
翠薇花館詞　集 7－47679
翠薇雅詞　集 7－47680
翠蓮寶卷(翠蓮古蹟)　集 7－54310
翠華備覽　史 7－51289
翠苕館詩　集 4－23533
翠蘿吟屋詩鈔　集 4－28871
45 翠樓集　集 3－16076
翠樓集、二集、新集　叢 2－720(5)
翠樓集、二集、新集、諸名媛族里　集 6－43878
46 翠娛樓詩草、詩餘、雜著　集 4－23593
翠娛樓詩餘　集 7－47386
翠娛閣評選文太清先生　集 2－11495
翠娛閣評選文太青先生小品　集 6－42076
翠娛閣評選王季重先生小品　集 2－11436,6－42076
翠娛閣評選張侗初先生小品　集 2－11300,6－42076
翠娛閣評選行笈必攜　集 6－41750
翠娛閣評選虞德園先生小品　集 2－10525,6－42076
翠娛閣評選徐文長先生小品　集 2－9360,6－42076

翠娛閣評選湯若士先生小品 集 2 - 10412,6 - 42076
翠娛閣評選李本寧先生小品 集 2 - 10345,6 - 42076
翠娛閣評選袁中郎先生文集 集 2 - 11061
翠娛閣評選袁中郎先生小品 集 2 - 11065,6 - 42076
翠娛閣評選袁小修先生小品 集 2 - 11349,6 - 42076
翠娛閣評選董思白先生小品 集 2 - 10567,6 - 42076
翠娛閣評選黃貞父先生小品 集 2 - 10658,6 - 42076
翠娛閣評選曹能始先生小品 集 2 - 11278,6 - 42076
翠娛閣評選明文歸初集 集 6 - 43970
翠娛閣評選明文奇豔 集 6 - 43971
翠娛閣評選陳明卿先生小品 集 2 - 11597,6 - 42076
翠娛閣評選陳眉公先生小品 集 2 - 10683,6 - 42076
翠娛閣評選屠赤水先生文集 集 2 - 9990
翠娛閣評選屠赤水先生小品 集 2 - 9993,6 - 42076
翠娛閣評選鍾伯敬先生合集文、詩 集 2 - 11245
翠娛閣評選鍾伯敬先生小品 集 2 - 11252,6 - 42076
翠娛閣評選小札簡 集 6 - 45233
翠娛閣近言 集 2 - 12747
翠娛閣增訂宗方城先生性理抄 子 1 - 155
翠柏山房詩草初編、續編、醉芙詩餘 集 5 - 39105
翠柏森森一枝 集 7 - 51689
56 翠螺閣詩詞稿 叢 1 - 392
翠螺閣詩稿(停鍼倦繡集、南園萍寄集、珠潭玉照集、畫眉餘晷集)、詞稿 集 5 - 35363
翠螺閣詞稿 集 7 - 48225
翠螺閣唾藁 集 6 - 41763
60 翠墨園語 史 8 - 63732 叢 2 - 611
翠園山房詩集 集 4 - 25668
翠園山房詩草 集 4 - 33280
翠園胡氏宗譜[安徽祁門] 史 4 - 30531
61 翠點衣 子 3 - 17904
77 翠尾搖風一枝 集 7 - 51690
翠屏詩集 集 2 - 5841
翠屏詩集、文集 集 2 - 5840
翠屏詩集、後集、文集 集 2 - 5839
翠屏集 集 2 - 5842 叢 1 - 223(62)
翠屏山 集 7 - 52168、52648
翠屏山傳奇 集 7 - 49979
翠屏山人詩集 集 3 - 19564
翠屏吟館詩續鈔 集 4 - 27553
翠屏吟館詩鈔 集 4 - 27552
翠屏筆談 子 4 - 22927
翠眉亭稿、碧雲遺稿 集 4 - 30232
86 翠鈿緣 集 7 - 48780、49307
88 翠筠亭集 集 2 - 12228
翠筠亭集、刊 集 2 - 12230
翠筠亭集、補遺 集 2 - 12229
翠筠館詩存 集 4 - 31172～3
翠竹勁節 集 7 - 49700
翠竹軒詩鈔 集 6 - 42007(2)

1742_7 勇

00 勇廬閒詰評語 叢 2 - 799～800
12 勇烈節孝彙編 史 2 - 7714 叢 2 - 828
21 勇盧閒詰 子 4 - 19335 叢 1 - 426,2 - 622、731(30)、2202
勇盧閒詰評語 子 4 - 19336 叢 2 - 1957、2202
勇盧閒詰摘錄 叢 2 - 2202
37 勇退詩文鈔 集 5 - 40269

邗

07 邗記 史 7 - 50156 叢 2 - 808、810
12 邗水老民遺稿 集 4 - 29727
31 邗江雜詠 集 3 - 20553
邗江三百吟 集 4 - 22680
邗江遊記 史 7 - 49358、53131
35 邗溝廟神鏡懸孝忠照郎 集 7 - 49580
50 邗東朱氏十三修宗譜[江蘇揚州] 史 4 - 26401
60 邗里吳氏族譜[江蘇常州] 史 4 - 27738

邢

11 邢麗文先生遺藁 集 2 - 7005
17 邢孟貞(昉)先生年譜 史 2 - 11592
邢子願雜著 集 2 - 10465
24 邢特進集 集 1 - 611～2,6 - 41694、41698
30 邢宗遺愛錄 史 2 - 9021

32 邢州遷武進孟河柴氏宗譜[江蘇武進] 史 4-31518
40 邢臺縣志[康熙] 史 7-55446
邢臺縣志[嘉慶] 史 7-55448
邢臺縣志[乾隆] 史 7-55447
邢臺縣志[民國] 史 7-55450
邢臺縣志[光緒] 史 7-55449
72 邢氏家乘 史 4-26237
邢氏東派重修宗譜[浙江嵊州] 史 4-26232

1750_1 羣

00 羣方便覽 子 2-9968
羣方便覽續編 子 2-9597
羣方續鈔 子 2-9229
羣方簡要 子 2-10149
羣言液七種 叢 1-138
羣言瀝液 子 4-24242
羣言管窺 子 4-24658
01 羣龍館手授四書主意龍文鞭影 經 2-10484
09 羣談 子 4-20874
羣談採餘 子 5-26348
10 羣玉山房文集、疏草 集 2-10447
羣玉山房詩集 集 4-26630
羣玉樓集、目錄 集 2-11263
羣玉樓稿 集 2-8734～5
羣玉樓稿、困亨別稿 集 2-8737
羣玉樓稿、困亨別稿、附錄 集 2-8736
羣玉樓所收石刻拓本目錄 史 8-64759
羣玉摘腴 子 5-25496
羣玉軒遺稿 集 4-23010
羣玉堂日鈔 集 4-23232
羣碎錄 叢 1-13、14(2)、22(24)、29(8)、111(5)、195(6),2-617(4)、1171
15 羣珠雜字 經 2-13534、13536
羣珠集 子 3-18376～7
16 羣碧樓詩鈔 集 5-40547 叢 2-2210
羣碧樓自著書五種 叢 2-2210
羣碧樓書目初編、書衣雜識 史 8-65964
羣碧樓善本書錄 叢 2-2210
羣碧樓善本書錄、寒瘦山房鬻存善本書目 史 8-65965
羣碧樓普通書目、善本簡目、第二期遺失書目 史 8-65966
羣碑舊拓本辨 史 8-63507、64457
17 羣己權界論 子 7-38059
21 羣僊度世 集 7-49700
羣僊慶祝(福壽雙全) 集 7-49672
羣僊慶壽蟠桃會 集 7-48770、48774(4)、49083、49094
羣僊永慶 集 7-49676
羣僊祝福 集 7-49587、49707
羣僊祝壽 集 7-49697
羣僊祝蝦 集 7-49702
羣僊合樂 集 7-49701
羣僊會 集 7-50767
羣儒考畧 史 2-6660
羣經音辨 經 2-15115、15128 叢 1-223(15)、227(4)、387、444、456(4),2-636(2)、731(24)、782(2)
羣經音辨校 叢 2-2004
羣經識小 經 1-111(3),2-11569
羣經讀爲讀若音義 經 2-12025
羣經講貫 經 2-11472
羣經韻讀 經 2-12009、14532～3
羣經說 經 2-11724 叢 2-1971
羣經互解 經 2-11580 叢 2-881
羣經平議 經 1-145、163(4) 叢 2-1920
羣經平議殘稿 叢 2-1918
羣經引詩大旨 經 1-4325
羣經理話 經 2-11698 叢 2-2047
羣經理晝 經 2-11699 叢 2-2047
羣經傳授源流考 經 2-11923
羣經釋疑 經 2-11771
羣經釋地 經 2-11607～8、11696 叢 2-1946
羣經釋地(詩經釋地、周禮釋地、禮記釋地、春秋三傳釋地) 經 1-128
羣經蠡管 經 2-11683
羣經字詁 經 2-12015
羣經字考 經 2-11994、11999
羣經字類 經 2-11989 叢 2-602
羣經宮室圖 經 1-163(2)、6178～9 叢 2-1625～6
羣經叢殘 叢 2-601
羣經補證 經 2-11717 叢 2-1937
羣經補義 經 1-91、111(2)、125,2-11538 叢 1-223(13)
羣經冠服圖考 經 1-6231 叢 2-648
羣經大義、補題 經 2-11812 叢 2-2129(3)、2131
羣經大義相通論 經 2-11831 叢 2-2248
羣經大義錄 經 2-11713
羣經蒙求歌畧 史 1-4999
羣經輔易說 經 1-828
羣經異字同聲考 經 2-12012
羣經質 經 2-11662 叢 2-845(2)
羣經咫聞錄 經 2-11660 叢 2-1942

羣經凡例 經 2-11809～10 叢 2-2130～1
羣經賸義 經 2-11719 叢 1-439,2-1920
羣經義證 經 1-163(1) 叢 2-662
羣經義證(書、詩、春秋左氏傳、春秋公羊穀梁傳、論語、孟子) 經 2-11579
22 羣仙高會賦 子 3-15670
羣仙靈壽丹 子 5-29771
羣仙要語 子 5-29543
羣仙要語纂集 子 5-29530(24)、31977
羣仙珠玉集成 子 5-29538、29543、31284
羣仙集 史 2-6892
羣仙降乩語 叢 1-86,2-730(8)、731(38)
羣峯抱樓詩删 集 3-15456
25 羣牛譬經 子 6-32083(22)
27 羣物奇制 叢 1-86,2-730(6)
30 羣宗合祀議 叢 2-1317
40 羣大義、補題 叢 2-2130
羣古對觀 史 1-5575 叢 2-1329
羣真合調 集 2-11618
44 羣花慶喜 集 7-49669
羣花僊卷 集 7-54568
羣芳譜 子 4-19134
羣芳外譜 子 5-27150
羣芳獻瑞 集 7-49674
羣芳清玩十二種 叢 1-171,2-721
羣芳董狐 子 4-19180 叢 2-791
羣芳花鏡全書 子 1-4494
羣芳萃錦 子 4-19196
羣芳隨筆 子 4-22663
羣芳小集 史 2-7690 集 5-35521
羣芳小集、續集 集 5-35522
羣芳小集續集 史 2-7691
羣英雜記 叢 2-2217
羣英珠玉 集 6-42725
羣英續集(羣芳小集續集) 史 2-7691
羣英書義 經 1-2701 叢 1-456(6)、457,2-731(5)
50 羣忠聚 集 7-51218
羣書辨疑 叢 1-577,2-620
羣書雜義 子 4-22509 叢 2-1703
羣書麗句 子 4-23851
羣書集事淵海 子 5-24943
羣書集本淵海 子 5-25197～8
羣書備考、續二三場羣書備考 子 5-25040
羣書備考古學捷 子 4-22331
羣書備數 子 5-24934 叢 1-114(3)
羣書備覽 子 5-25215
羣書歸正集 子 1-1108
羣書疑辨 子 4-22342～3
羣書字要 經 2-14734、15142
羣書滙選命海指南 子 3-14169
羣書叢殘 叢 2-601
羣書治要 子 4-23744 叢 1-265(4)、359、456(7),2-635(5)、731(4)
羣書治要引賈子新書校文 叢 2-2248
羣書治要子鈔 子 4-23745 叢 1-514
羣書述台 史 7-50456
羣書逸文 叢 2-1792
羣書通要 子 5-24922 叢 1-265(4)、266
羣書通要二則 子 5-24923
羣書索隱 子 4-22388
羣書校文輯佚 叢 2-2187
羣書校正 子 4-22414
羣書校補 子 4-22686 叢 2-2004
羣書札記 經 1-136 子 4-21569
羣書考索古今事文玉屑 子 5-25073
羣書考索前集、後集、續集、別集 子 5-24849 叢 1-223(43)
羣書摘旨 叢 2-1643
羣書摘抄 子 4-24731
羣書斠識 史 8-65287
羣書斠識九種 子 4-22639
羣書典彙 子 5-25170
羣書提要 叢 2-1703
羣書拾補 子 4-19766、22412 叢 2-731(2)
羣書拾補識語 子 4-22415 叢 2-847
羣書拾補補遺 叢 2-847
羣書拾補初編 子 4-22413 叢 1-258,2-847
羣書拾補四十種 叢 2-1466
羣書拾唾 子 5-24935
羣書抄覽二十種 叢 1-566
羣書會元截江網 子 5-24845 叢 1-223(43)
羣書鉤玄 子 5-24920
羣書錄要 叢 1-312
羣書答問 子 4-22522 叢 2-2166
羣書答問、補遺 叢 1-493
羣書答問、補遺、開方通釋 子 4-22521
羣書鈔方、羣方續鈔 子 2-9229
羣書類雋、音釋 子 5-25048
羣書類編故事 子 5-24940 叢 1-265(4)、266
53 羣輔錄 史 2-6276 叢 1-22(9)、23(9)、29(1)、74～7、101、125～6、162、249(1)、395,2-617(2)、726
羣輔小識 史 2-6280
60 羣星拜賀 集 7-49700
70 羣雅 集 6-42025
羣雅集 集 3-16019,6-44023、44120～1
羣雅劄記 經 2-14687

77 羣居解頤　子 5-27377　叢 1-19(6)、20(4)、22(4)、23(4)、24(7)
羣學肄言　子 7-38058
羣賢要語　子 4-20541
羣賢小集　集 6-41748、41897
羣賢小集補遺　集 6-41891
80 羣公帖跋　子 3-15323、15325　叢 1-244(3),2-731(34)
羣公吟稿戊集(中興羣公吟稿戊集)　集 6-43572
88 羣籍引經徵異　經 2-11975
95 羣情愛戴　集 7-49700

1750_6 鞏

17 鞏郡記[嘉靖]　史 8-63223
60 鞏昌府志[康熙]　史 8-63224
62 鞏縣志[嘉靖]　史 8-59545
鞏縣志[乾隆]　史 8-59546～7
鞏縣志[民國]　史 8-59548
72 鞏氏後耳目志　叢 1-19(4)、20(3)、21(4)、24(5)

1750_7 尹

00 尹文端公詩集　集 3-19053
尹文端公遺像及留別詩册　子 3-15440
尹文端公奏稿　史 6-48742～3
尹文子　子 1-11～2、14、16～8、20～1、23、25、33、37～42、51、54、58、61、66、4-19570～1、19573～4,5-29530(22)　叢 1-19(3、8)、20(6)、21(5、7)、24(3、9)、223(39)、273(5)、301、468、522,2-635(4)、730(6)
尹文子、校勘記逸文　子 4-19575　叢 1-274(4),2-697、698(6)
尹文子、慎子、鄧析子　子 4-19572
尹文子佚文、尹文子補遺　子 4-19576
尹文子佚文、補遺　叢 2-777
04 尹訥菴先生遺稿　集 2-6491～2
17 尹子求詩　集 2-11117,6-41943
22 尹彎小草　集 3-16570
23 尹參卿詞　叢 2-2227
25 尹健餘先生(會一)年譜　史 2-11829　叢 2-731(62)、782(4)、1419
尹健餘先生集九種　叢 2-1419
尹健餘先生全集九種　叢 2-782(4)
26 尹和靖集　集 1-2947　叢 1-213
尹和靖先生(焞)年譜　史 2-11280
尹和靖先生文集、附集　集 1-2945
尹和靖先生集　集 1-2948　叢 1-214,2-731(44)
37 尹洞山集　集 2-8795,6-41935(4)
尹洞麓堂家譜義例[江西永新]　史 4-25906
40 尹太夫人李氏年譜　史 2-11798
尹真人寥陽殿問答編　子 5-29575、31444
尹真人東華正脈皇極闔闢證道仙經　子 5-29575
44 尹菓階稿　集 3-13541
尹楚珍(壯圖)年譜　叢 2-886(5)
47 尹都尉書　叢 2-774(9)
72 尹氏六修族譜[湖南]　史 4-25909
尹氏族譜[廣東東莞]　史 4-25920
尹氏族譜[江蘇丹徒]　史 4-25888
尹氏族譜[河北南皮]　史 4-25887
尹氏族譜[湖南]　史 4-25910
尹氏族譜[湖南湘潭]　史 4-25915～6
尹氏三種　叢 1-497
尹氏續譜[湖南茶陵]　史 4-25911
尹氏續修族譜　史 4-25885
尹氏家譜[湖南常寧]　史 4-25917
尹氏家乘[江蘇丹陽]　史 4-25890、25893
尹氏宗譜　史 4-25923
尹氏宗譜[浙江龍游]　史 4-25902
尹氏宗譜[浙江臨海]　史 4-25904
尹氏通譜　史 4-25884
尹氏四修宗譜[四川仁壽]　史 4-25922
尹氏小學大全(小學五種)　子 1-2706
80 尹人文存　集 5-36009
尹人文存、詩存附賦話對聯、制藝存　叢 2-1817
尹人詩存、賦話對聯　集 5-36008
尹人制藝存　集 5-36010
尹人尺牘存　集 5-36011　叢 2-1817
90 尹少宰奏議　叢 2-731(19)、782(4)、1419

1752_7 弔

08 弔譜　子 3-18270
弔譜補遺　子 3-18271
11 弔琵琶　集 7-48780、49330、49332　叢 2-1287
23 弔伐錄　史 1-2580　叢 2-637(2)
26 弔綿山　集 7-52300
36 弔湘　集 7-49562
44 弔孝一段　集 7-51418

那

00 那彦成奏摺 史6-48802
那彦成書五言古詩墨跡 子3-15431
那文毅公(彦成)世系官階 史2-9674
那文毅公遺編 集4-25041
那文毅公奏議 史6-48803
21 那處詩鈔 集5-40264
24 那先比丘經 子6-32081(39)、32082(18)、32083(26)、32084(21)、32085(38)、32086(44)、32088(27)、32089(34)、32090(55)、32091(53)、32092(36)、32093(31)

1760_1 砦

32 砦溪詩話 集6-45486、45601～2 叢1-19(7)、20(5)、21(6)、22(14)、23(13)、24(7)、195(4)、223(72)、230(6)、244(2)

1760_2 召

00 召亡秦富貴 子3-17941
04 召誥日名攷 子3-12354
召誥日名考 經1-3348 叢2-771(3)
23 召稼樓張氏家譜[上海松江] 史5-34773
34 召對紀實 史1-3059 叢2-625
召對錄 史1-2912、3025 集2-9833 叢1-108、111(3),2-731(67)
40 召南續集 集5-36333
44 召杜心聲二種 叢2-1794

習

00 習齋語要 子1-1441
習齋記餘 集3-15557 叢2-731(45)、782(3)
習齋先生偶興 集3-15558
21 習虚堂集 集3-20745
習虚堂草 叢2-908
30 習之先生文集 集1-1387
習之先生全集錄 集1-1382,6-41708
習字雜鈔 叢2-2061
習字要訣 經2-13541
34 習對歌 叢1-285
習對定式 叢1-285
習對格式 叢1-285
37 習鑿齒襄陽記 史7-49307、50705 叢2-767
44 習苦齋文集 叢2-1800
習苦齋詩集 集4-30552
習苦齋詩集、文集 集4-30547
習苦齋詩集、集外詩、題跋、雜考、筆記 集4-30548
習苦齋詩約鈔 集6-42021
習苦齋古文 集4-30555～6
習苦齋畫絮(戴文節畫記、戴文節題畫筆記類編) 子3-16207
習苦齋筆記 子4-23295 叢2-1800
習藝所試辦章程 史6-45344
47 習坎齋文稿 集5-37794
習嬾齋稿 集1-4807
52 習靜齋文集、制藝 集4-23212
習靜齋詩文集 集4-23210
習靜齋詩集 集4-23211
習靜齋詩草 集5-37931
習靜樓詩稿 集5-36024
習靜樓詩草 集4-31488
習靜軒集(彭門詩草、婁東詩草、袁浦詩草、三至彭門詩草、四至金閶詩草、金陵吟草、木蘭堂吟草、南來集、習靜軒文集、兩至袁江吟草、制藝) 集4-23209
習靜軒全集十種 集4-23208
60 習園藏稿 集3-20834 叢1-267
習是編 子1-1604
習是堂文集、曾一川自序年譜 集3-16394
76 習陽集、補遺 集3-15717
77 習學記言 子4-20124 叢1-223(39),2-866
習學記言序目 子4-20123 叢2-867
習醫五事 叢1-368
習醫鈐法 子2-10488
80 習盦叢刊(濰縣文獻叢刊)七種 叢2-824
88 習篆要訣 子3-16802

1760_4 舂

40 舂古叢編 史8-63505

1760$_7$ 君

08 君説　子 4－21748
12 君瑞集　集 1－5734
17 君子館論書絕句一百二十首　子 3－15249
君子館類稿文鈔、詩鈔、日記　集 5－33962
君子錄　叢 2－2270(2)
君子堂詩　史 1－5494
君子堂日詢手鏡　史 7－50938～9　子 5－26219　叢 1－29(8)、39、50～1、53、55、84(3)、164,2－624(3)、730(11)、731(57)
21 君須記　叢 2－1373
君須知　子 4－24222
22 君山任氏族譜[福建閩侯]　史 4－26793
君山任氏支譜[福建閩侯]　史 4－26794
君山遺稿　叢 2－694
71 君臣政理論　子 4－19878　叢 2－775(5)
君臣要　子 5－25167
74 君陵分枝德善黄公支譜[江西宜黄]　史 5－33965
86 君錫所著書二種　叢 2－1720
88 君鑑錄　子 1－2003　叢 2－731(8)、782(4)、1419

1761$_7$ 配

00 配享錄　經 1－6060
40 配南紀年隨筆　史 2－12270
48 配松齋詩集　集 3－19329
80 配命錄　子 5－29576

1762$_0$ 卲

72 卲氏方案　子 2－10664

司

00 司庫地丁等項歲入歲出清册　史 6－43214
05 司諫杜公奏議　史 6－48380
10 司天考　子 3－13071
司可福聖經課程提要　子 7－35219
11 司背宋氏族譜[江西萬載]　史 4－29173
24 司徒殘碑　史 8－63501、64619
司徒恩遇日紀(明崇禎元年至十年)　史 2－12524
司徒氏族譜[廣東新會]　史 4－26224
28 司牧安驥集　子 1－4525～6
司牧實鑑　叢 2－1325
司牧寶鑑　史 6－42984　叢 1－366～8
30 司空詩品註釋　集 6－45535
司空疏草　史 6－48348
司空平蠻餘錄　史 1－2827　叢 2－1120
司空山志　史 7－52395
司空校秦翰牘　史 6－47103　叢 2－1120
司空奏疏　史 6－48436
司空表聖文集　集 1－1678　叢 1－223(50)、447、555,2－635(8)
司空表聖文集(司空表聖一鳴集)　集 1－1675
司空表聖文集、詩、校記　叢 2－670
司空表聖文集、補遺　集 1－1677
司空表聖文鈔　集 1－1676,6－41794
司空表聖詩　集 1－1673,6－41878
司空表聖詩集　叢 2－635(8)
司空表聖詩品二十四則　集 6－45537
司空表聖集　集 1－1672,6－43118
司空表聖七絕詩　集 1－1674
司空撫蜀翰牘　史 6－47104　叢 2－1120
司空見聞錄、司空歷朝詩刻錄遺　史 7－52394
司空曙集　集 6－41737、41743、41819、41838
司空曙集(唐司空文明詩集)　集 1－1119
司寇端簡鄭公策學　集 2－8485
司寇公詩稿　集 3－21003
司密司大代數學例題詳解　子 7－37522
司官嘆　集 7－52477
34 司法警察官執務心得　史 6－45337
40 司直寄適草　子 4－21717
44 司封集　集 2－9167,6－45128
司花憐艷　集 7－49705
53 司成遺翰　集 2－8813
55 司農俚輯　子 1－4118
司農奏議　史 6－48356～7
司農公碑額　史 8－63501、64623
57 司契集　集 3－13200
67 司喉指南　子 2－7639
71 司馬文正公(光)年譜　史 2－11235　集 1－2243　叢 2－1387
司馬文正公詩集　集 1－2248～9
司馬文正公集畧、詩集　集 1－2247
司馬文正公傳家集　集 1－2243　叢 2－1387
司馬文正公傳家集選　集 6－41798

司馬文園集 集1-166～7,6-41694、41698
司馬頭陀達僧問答、水法 子3-13139、13376
司馬子 子1-18～20、27、30、3029、3183
司馬子長集 集1-182,6-41699
司馬君實文鈔 集6-41794
司馬彪零陵先賢傳 史2-8248 叢2-771(4)
司馬彪續漢書 史1-27、326
司馬彪九州春秋 叢2-771(3)
司馬彪莊子注、莊子注考逸 子1-56 叢1-260～1
司馬彪戰畧 叢2-771(3)
司馬灋 子1-3189 叢1-303～5、377
司馬灋、音義 子1-3190
司馬灋集解 子1-3182
司馬遷史記 史1-5112
司馬遷年譜 史2-11103
司馬法 子1-61、3014～5、3018、3025、3028、3046、3048、3057、3060～1、3070、3072、3075～6、3081、3099、3102、3173～4、3176、3185 叢1-223(31)、236～7、310、394、447,2-635(4)、698(5)、1844
司馬法、司馬法音義 叢2-2180～1
司馬法、逸文 子1-3175、3177 叢1-272(3),2-763
司馬法融解 叢2-1870
司馬法佚文 叢2-777
司馬法逸文 子1-3179
司馬法直解 子1-3019、3021～2、3181 叢1-265(3)
司馬法校注逸文 子1-3191
司馬法四篇 子1-3036
司馬溫國文正公(光)年譜、遺事 叢2-671
司馬溫公(光)年譜 史2-11232
司馬溫公文集 集1-2242、2252～3 叢1-214、482,2-698(9)、731(39)
司馬溫公詩話 集6-45483、45486、45554 叢1-2～3、5～6、9～10、19(11)、20(9)、22(14)、23(13)、24(12)
司馬溫公詩話(續詩話) 叢2-731(46)
司馬溫公詩集 集1-2251 叢1-328
司馬溫公經進稽古錄 史1-1061
司馬溫公稽古錄 集1-2254 叢2-635(3)
司馬溫公告身 子3-15647
司馬溫公傳家集、目錄 集1-2246
司馬溫公家儀 子1-2088
司馬溫公通鑑注證附錄 史1-1148
司馬溫公切韻 經2-14285
司馬溫公切韻指掌圖 經2-14284
司馬溫公切韻指掌圖要括 經2-14286
司馬溫公書牘 集1-2256
司馬溫公居家雜儀 子1-1964、2086～7
司馬溫公尺牘 集1-2257～8
司馬太師溫國文正公傳家集 集1-2242
司馬太師溫國文正公年譜、後、遺事 史2-11234
司馬太師溫國文正公年譜、後、遺事、王荆國文公年譜、後、遺事 史2-11233
司馬才仲傳 叢1-168(2)
司馬相如誄 集1-172 叢1-168(4)
司馬相如傳拾遺 史2-8447
司馬相如題橋記 集7-48774(2)
司馬相如題橋記(漢相如獻賦題橋) 集7-49012
司馬奏疏 史6-48488～9
司馬扎先輩詩集 集1-1711,6-41859、41869、41878
司馬長卿文抄 集1-169
司馬長卿文鈔 集6-41794
司馬長卿集 集1-165、168,6-41695～7、41699
司馬氏慶系譜[山西夏縣] 史4-26222
司馬氏族譜[湖南湘陰] 史4-26223
司馬氏書儀 經1-6290 叢1-268(2)、529,2-731(21)
司馬兵法 子1-3178 叢2-775(4)
司馬兵法逸文 子1-3187
司馬入相傳奇 集7-48774(7)、49151
司馬劄先輩詩集 集6-41872
司馬筱小山履行吟草 集5-37626
80 司前鄭氏宗譜[浙江寧波] 史5-38617
司命竈君勸善文 子5-30515
司命祕籍 子2-4683
86 司鐸草 叢2-1497
司鐸典要 子7-35309
司鐸日課概要 子7-35306
司鐸箴言 叢2-867
88 司銓疏畧 史6-48486
司銓奏章 史6-48283

砌

17 砌蛩吟 集4-28825
21 砌街李氏族譜考[浙江寧波] 史4-27174
砌街李氏宗譜[浙江寧波] 史4-27173

碉

44 碉村集 集 4-23901 叢 2-970
50 碉東詩鈔 集 4-25485～8

酌

08 酌議迦黄便宜疏 史 6-46624
17 酌酌古論 史 1-5799 叢 2-2146～7
18 酌改現行律例内重法數端摺 史 6-45918
酌改律例重法數端暨會奏恤刑獄例册 史 6-45919
30 酌定奉天全省糧貨價值册 史 6-43981
40 酌古論 叢 2-857
酌古論、中興論 史 1-5377
酌古準今十五種 叢 2-797
酌古軒詩集 集 3-18609
酌古堂稿 集 5-35994
48 酌增常例 史 6-42727、43212
50 酌中志 史 1-1946、2943～6 叢 1-373(2)、453,2-731(67)
酌中志畧 史 1-2947～53
酌中志餘 史 1-1946、2954～6 叢 1-288、411
酌史岩摭譚 子 4-22585 叢 1-281,2-1695
57 酌擬變通竊盗條欵例册 史 6-46286
酌擬官軍與外洋接仗獲勝保舉章程例册 史 6-42739
酌擬法院編制法繕單具奏 史 6-46010
酌擬南北洋學堂畢業漢侍衛分發章程 史 6-45266
酌擬學堂辦法 史 6-42585
60 酌量變通婦女贖罪例册 史 6-46289
70 酌雅齋文集 集 4-25091
酌雅齋文集、詩鈔 集 4-25089
酌雅齋詩集 集 3-20605
酌雅齋詩經遵注合講、圖解 經 1-4216
酌雅詩話、續編 叢 2-886(5)
酌雅堂詩草 集 5-40552
酌雅堂駢體文評語 集 6-46311
酌雅堂駢體文集 集 5-36096 叢 2-2093

1762_2 醪

31 醪河陳氏誦芬録 史 2-8067 叢 2-1930

1762_7 邴

07 邴郊詩稿 叢 2-1725

确

22 确山所著書 經 1-6360
确山駢體文 集 4-25157 叢 1-462

邵

00 邵彦和先生六壬斷案分編 子 3-14016
邵齋隟録 子 4-24649
邵康節詩 集 1-2148
邵康節先生(雍)外紀 史 2-8655
邵康節先生詩鈔 集 1-2149
邵康節先生靈機歌 子 3-13726
邵康節先生外紀 叢 1-107、111(3),2-731(61)
邵康節先生前定鎖地鈐 子 3-13729
邵文莊公(寶)年譜 史 2-11449 叢 2-802
邵文莊公集 集 2-7283,6-41935(1)
邵文莊公經史全書五種 叢 2-1066
02 邵端峯(鋭)先生遺範録 史 2-8918
06 邵謁詩 集 6-41834、41858～9、41866、41880、41882
邵謁詩(邵謁詩集、晚唐邵謁詩、邵太學詩) 集 1-1742
邵謁詩集 集 6-41824、41878
10 邵二雲先生(晉涵)年譜 史 2-11923
邵二泉集 集 2-7286
邵二泉先生分類集註杜詩 集 1-954
邵西羅氏二修族譜[湖南邵陽] 史 5-41143～4
11 邵北虞先生遺文 集 2-9317
12 邵飛飛傳 叢 1-587(2)
13 邵武府續志[康熙] 史 8-58203

邵武府志[弘治] 史 8-58199
邵武府志[嘉靖] 史 8-58200
邵武府志[萬曆] 史 8-58202
邵武府志[乾隆] 史 8-58204
邵武府志[光緒] 史 8-58205
邵武府志敍論[嘉靖] 史 8-58201
邵武徐氏叢書二十三種 叢 1-478
邵武縣志[咸豐] 史 8-58206
邵武縣志[民國] 史 8-58207
14 邵耐亭自娛集 集 3-20975
17 邵子 子 1-18、610
邵子詩鈔 集 1-2150
邵子祕傳易數 子 3-13727
邵子湘全集(青門簏稿、旅稿、賸稿) 集 3-15656
邵子擊壤集、邵氏三世名賢行實圖像錄、皇極經世書外篇、孝弟歌 集 1-2145
邵子易卦次序橫圖辨 經 1-1474
邵子易數 經 1-2359~61
邵子全書 子 1-607
邵子全書三種 叢 2-1030
20 邵位西詩册 集 4-31824
邵位西遺文 集 4-31831 叢 2-1835
邵位西遺詩 集 4-31828
邵位西貽邵稚雲(懿礽)書劄 集 4-31833
22 邵山人詩集 集 3-13031
28 邵僧彌山水 子 3-16407
30 邵寧王氏支譜[湖南] 史 4-25412
31 邵潛夫别集四種 叢 2-1229
32 邵州圖經 史 7-49309、50790
36 邵湘王氏族譜[湖南] 史 4-25409
邵湘劉氏族譜[湖南邵陽] 史 5-39665
37 邵次公遺書四十七種 叢 2-2265
40 邵太學詩 集 1-1742
邵南蔣氏族譜[湖南邵陽] 史 5-38212
44 邵蘭蓀醫案 子 2-4771(4)
邵蘭蓀醫案(邵氏醫案) 子 2-10869
邵蕙西先生詩稿 集 4-31823
邵村(張其淦)壽言二集 史 2-10830
邵村詠史詩 集 5-39565
邵村詠史詩抄 史 1-6097
邵村詠史詩鈔 叢 2-2145
邵村壽言二集 叢 2-2145
邵村學易 經 1-2037 叢 2-2145
48 邵松阿詩文集 集 3-20836
50 邵青門文錄 集 3-15659,6-42066
邵青門全集、邵氏家錄 叢 2-798
邵東朱芝堂詩集 集 4-21965
邵東李氏三修族譜[湖南邵陽] 史 4-27619
邵東橋頭村呂氏續修族譜[湖南邵陽] 史 4-26360
邵東楊氏續修族譜[湖南邵陽] 史 5-37045
邵東趙氏四修族譜[湖南邵東] 史 5-38433
邵東東李氏三修族譜[湖南邵陽] 史 4-27626
邵東界嶺謝氏族譜[湖南邵陽] 史 5-40827
58 邵蟻術詩集 集 1-5702
60 邵易補原 經 1-2223 叢 2-1920
72 邵氏痘科 子 2-8967
邵氏族譜[湖南安化] 史 4-29260
邵氏聯珠五種 集 6-45018
邵氏手抄書十二種 叢 1-572
邵氏家譜[雲南保山] 史 4-29261
邵氏家乘[浙江紹興] 史 4-29228
邵氏家錄 史 2-7831 叢 2-798
邵氏宗譜 史 4-29267、29270~1
邵氏宗譜[安徽安慶] 史 4-29253
邵氏宗譜[江蘇丹陽] 史 4-29200
邵氏宗譜[江蘇無錫] 史 4-29206~8
邵氏宗譜[浙江] 史 4-29252
邵氏宗譜[浙江淳安] 史 4-29215
邵氏宗譜[浙江餘姚] 史 4-29220
邵氏世譜、家譜、外譜、先世遺事、先塋志 史 4-29262
邵氏姓解辨誤 史 2-13286 叢 1-478
邵氏妙賓羣書 子 2-8712
邵氏四家詩册 集 6-45019
邵氏易傳 經 1-1427
邵氏聞見後錄 叢 2-652
邵氏聞見錄校記 子 4-22921
邵氏醫案 子 2-4770
邵氏醫書三種 子 2-4641
74 邵陵龍氏續修族譜[湖南邵陽] 史 5-40306
邵陵謝氏族譜[湖南邵陽] 史 5-40826
邵陵盧氏宗譜[湖南邵陽] 史 5-40110
邵陵傅氏宗譜[湖南邵陽] 史 5-36284
邵陵泉塘李氏四修族譜[湖南邵陽] 史 4-27624
邵陵危氏續修族譜[湖南邵陽] 史 4-26833
邵陵潘氏續修族譜[湖南邵陽] 史 5-39861
邵陵李氏三修族譜[湖南邵陽] 史 4-27616
邵陵李氏續修族譜[湖南邵陽] 史 4-27620

邵陵林彭三修族譜[湖南邵陽]　史 4 - 29378
邵陵林彭氏三修族譜[湖南邵陽]　史 5 - 35630
邵陵桐江趙氏族譜[湖南邵陽]　史 5 - 38430～1
邵陵桐江趙氏三修族譜[湖南邵陽]　史 5 - 38432
邵陵車氏宗譜[湖南邵陽]　史 4 - 27696
邵陵羅氏族譜[湖南邵陽]　史 5 - 41141～2
邵陵劉氏族譜[湖南邵陽]　史 5 - 39660、39669
邵陵劉氏宗譜[湖南邵陽]　史 5 - 39659
邵陵卿氏續修族譜[湖南邵陽]　史 4 - 32260
邵陵谷氏續修族譜[湖南邵陽]　史 4 - 28648
76 邵陽粟氏續譜[湖南邵陽]　史 5 - 35919
邵陽魏府君(源)事畧　史 2 - 9883
邵陽魏先生遺集(文斤山民集、詠經堂叢書、復初文錄、金溪題跋、金溪集)　集 5 - 37689
邵陽魏先生遺集五種　叢 2 - 1254
邵陽漣河黄氏三修族譜[湖南]　史 5 - 34076
邵陽太平曾氏支譜[湖南邵陽]　史 5 - 36675～7
邵陽志　史 7 - 49309、50791
邵陽姚氏族譜[湖南邵陽]　史 4 - 31224
邵陽申受族譜[湖南邵陽]　史 4 - 26072
邵陽車氏一家集補錄　史 2 - 8251
邵陽墨溪里陳氏族譜[湖南邵陽]　史 4 - 33393
邵陽羅氏續修族譜[湖南邵陽]　史 5 - 41145
邵陽縣鄉土志[光緒]　史 8 - 60718
邵陽縣志[康熙]　史 8 - 60714
邵陽縣志[嘉慶]　史 8 - 60716
邵陽縣志[乾隆]　史 8 - 60715
邵陽縣志[光緒]　史 8 - 60717
邵陽曾氏三種　叢 2 - 2083
87 邵銘甫遺稿　集 5 - 36768
90 邵半江存稿　集 2 - 7080

部

43 部城遺稿　集 3 - 18729

郡

00 郡齋讀書志　史 8 - 65548、65552
郡齋讀書志、後志　叢 1 - 223(28)
郡齋影事　叢 2 - 2138
郡齋筆乘　子 4 - 21655　叢 2 - 893～4
11 郡北濟陽江氏宗譜[安徽歙縣]　史 4 - 26887
28 郡牧廉平傳　史 2 - 7237
43 郡城澮河徵信錄　史 6 - 46825
60 郡國外夷　叢 2 - 1092
郡國志　史 7 - 49308
郡國縣道記　史 7 - 49308、49500　叢 2 - 776
62 郡縣釋名　史 7 - 49570
郡縣分韻考　史 7 - 49712　叢 1 - 352
71 郡馬遺芳姚氏宗譜[浙江蘭溪]　史 4 - 31199
77 郡閣雅言　叢 1 - 22(3)、23(3)

鄗

62 鄗縣鼎修縣志[康熙]　史 8 - 60553
鄗縣志[乾隆]　史 8 - 60554
鄗縣志[同治]　史 8 - 60555

1763$_2$ 碌

10 碌雲紀事　史 1 - 4042
37 碌逸集　集 3 - 19533
71 碌廠礄徐氏三修家乘[湖南桃源]　史 4 - 32163

碾

26 碾伯所志[康熙]　史 8 - 63297

1768$_1$ 礙

10 礙雲臺詩鈔、粵秀詩鈔、鼉江吟　集 3 - 18863

1768_2 歌

00 歌方集論、人身譜　子 2－9925
歌麻古韻考　經 2－14210～1　叢 2－731(25)、782(4)、886(2)
歌章祝詞輯錄　叢 2－1900
歌章祝辭輯錄　叢 2－1901
04 歌詩編　集 1－1487　叢 2－661
歌詩編、集外詩　集 6－41855　叢 2－635(7)、660
05 歌訣正義　子 3－13144
10 歌雪堂詩草初集　集 4－28718
21 歌旨　集 7－53655
23 歌代歗雜劇　集 7－49149～50
24 歌勳集　叢 2－1405
30 歌宜室集　集 2－8326
44 歌者葉記　子 3－17948　叢 1－29(4)、255(2)、587(3)
55 歌曲別集　叢 2－635(10)、698(10)
67 歌吹詞　集 7－47007
77 歌風堂詩鈔　集 4－21964
歌學譜　子 3－17844　叢 1－22(26)
87 歌錄　子 3－17708　叢 2－765

1771_0 乙

00 乙齋詩鈔、續鈔　集 4－27364
乙亥叢編十六種　叢 2－645
乙亥志稿[民國]　史 7－57054
乙亥志稿二編　史 7－57055
07 乙部隨筆　史 1－5734
乙部駢文　集 4－29299
10 乙元新詠　集 5－34204
乙丙集　集 4－24649
乙丙紀事　史 1－2993　叢 1－202(4)、203(10)、320
乙酉集　集 3－16244
乙酉科(四川、湖南、湖北、順天)擬墨　叢 2－2150
乙酉守城記　史 1－1974、3338
乙酉海虞被兵記　史 1－1917
乙酉揚州城守紀畧　史 1－1937、1982
乙酉日曆(明弘光元年)　史 2－12550
11 乙班實習教授評案　史 6－42435
17 乙丑詩編　集 3－21208
乙丑重編飲冰室文集　集 5－41025
乙丑集　叢 2－606
乙丑禮闈分校日記　史 6－42330　叢 1－483
乙丑學規　子 1－2488
25 乙仲氏詩集(幼學吟草、弱冠吟草、乘桴集、孤篷集、蚊睫居吟草、南錢集、既壯吟、劍吹集)　集 5－35979
50 乙未亭詩集　集 3－17716　叢 2－639
乙未亭詩集、畏壘山人詩集、文集、筆記　集 3－17717
乙未詩鈔　集 4－25573
乙未詞科錄　史 3－13714
乙未中日交涉文件　史 6－45005
77 乙閏錄　子 4－22679～80　叢 1－538
乙巳詩稿　集 5－39590
乙巳丙午集　集 3－19155,6－45074
乙巳攷察印錫茶土日記　子 4－19074
乙巳占　子 3－13010～4　叢 1－465,2－731(15)
乙巳泗州錄、己酉避亂錄　史 1－2480
乙巳考察日本礦務日記　史 6－44852
乙巳考察印錫茶土日記　史 7－54106
乙巳春遊藁　集 2－8125
乙巳東行草　集 5－38879
乙巳東瀛遊記　史 7－54123
乙巳東游日記(清光緒三十一年)　史 2－13201
乙巳東遊日記(清光緒三十一年)　史 2－13205
乙卯避暑錄　叢 1－19(4)、24(5)、374
乙卯避暑錄話　叢 1－20(2)、21(3)
乙卯劄記　子 4－22494　叢 1－538,2－1529
乙卯劄記、丙辰劄記　叢 2－609
88 乙笙詩稿　集 5－40716

1771_7 己

00 己庚編　史 6－43180　叢 1－472
己亥雜詩　集 4－29156
10 己酉北行續草、咸齋續圖序、登南高峯遊記　集 4－29305
己酉北行草　集 4－29304
己酉避亂錄　史 1－2480
己酉避亂錄、校勘記　史 1－2509　叢 2－804～5
己酉大政紀　史 1－1646
己酉日記(清宣統元年)　史 2－13191
17 己丑行記(清光緒十五年)　史 2－13145
己丑恩科鄉試監臨紀事、武鄉試監臨紀事　史 6－42342　叢 2－908

己丑曝書記　史8-65835
己丑年大字通書　子3-14522
己丑鈔　經2-14536
20 己壬叢稿　集5-37936
己集廣編補三種　叢1-203(11)
己集廣編四十七種　叢1-203(10)
22 己山先生文集、别集、傳(竹里草堂遺稿、敦復堂集)　集3-17814
40 己南軒詩鈔　集5-39178～9
己有園續稿　集2-7307
己有園小稿　集2-7306
50 己未庚申日記(清咸豐九年至十年)　史2-12848
己未新詠　集3-15850
己未吳中日遊記(清咸豐九年)　史2-12814
77 己巳紀遊詩草　集5-39674
己巳近集　集3-15083
己巳東遊雜詠　集5-40265
己卯叢編四種　叢2-649

已

00 已瘧編　子5-26326　叢1-13、14(2)、22(23)、134、148、154,2-731(53)
已亡日課經　子7-35543
10 已吾集　集2-11033
已吾集、壺山集、癡山集　集2-11032
30 已寬堂集　集2-8790～2
64 已畦文集　集3-14815
已畦文集、詩集、殘餘詩稿、原詩　叢1-547(4)
已畦詩集、殘餘　集3-14817
已畦詩選餘舊存　集3-14819
已畦詩舊存、語溪唱和、禾中唱和　集3-14818
已畦瑣語　史6-42983　叢1-203(10)
已畦集、原詩、詩集、詩集殘餘　集3-14816

1780$_1$ 巽

00 巽亭小詠　集5-35462
巽庵遺草　集3-18376
巽玄　叢2-731(15)
07 巽望山人文鈔　集3-13895
08 巽譜叢談　集6-42420
10 巽元　子3-12917　叢1-282(2)、283(2)
16 巽聖堂增訂詳註廣日記故事　子4-24387
20 巽乘[康熙]　史7-55842
巽乘[順治]　史7-55841
21 巽經堂四書章句集註　經2-10219
25 巽傳　經1-4966
43 巽城縣志[嘉靖]　史7-55840
巽城縣志[乾隆]　史7-55843～4
巽城縣志[民國]　史7-55846
巽城縣志[光緒]　史7-55845
44 巽藩集　集5-35314
巽莊　子5-29255　叢1-22(1)、23(1)
巽菴禪師語錄　子6-32091(80)
巽藝典畧　經2-10739
48 巽教叢編　子4-21828
巽梅　叢1-453
巽梅、續　子3-12558
71 巽辰軒遺詩　集5-38205
72 巽氏族譜[山西介休]　史5-40893
巽氏家譜[山西介休]　史5-40894
巽氏宗譜[山西平遙]　史5-40895
76 巽駟稗編　叢1-373(4)
77 巽駉稗編　子5-27159
巽學編　子4-23999
84 巽鎮杜氏族譜　史4-27036
87 巽錄　史2-6665
90 巽堂文集　集3-19304～5
巽堂詩集　集3-17821
巽堂詩草　集4-33444

1790$_4$ 柔

22 柔川詩稿　集5-39261
25 柔佛畧述　史7-49317(5)、49318(17)、54746
27 柔鄉韻史　史2-7706
34 柔遠新書　史6-44913　叢1-445、548
柔遠驛草、柳軒詩草　集3-15476
柔遠全書六種　史6-44897
柔遠全書八種　史6-44898
柔遠策　史6-44912
40 柔克齋詩輯　集1-5677
柔克齋集　集1-5676
42 柔橋文鈔　集5-34852
柔橋三集　集5-34851
柔橋王氏家譜[浙江黃巖]　史4-25196
44 柔菴續筆　子4-23111

1791_0 飄

20 飄香室遺稿 集 5-39518
23 飄然集 集 1-3235～6、3239,6-41894(2)、41895
飄然集、校勘記、校勘續記 叢 2-870(4)
77 飄風過耳集 集 3-17495

1812_0 玠

32 玠溪蟠溪鄭氏宗譜[浙江東陽] 史 5-38672～3
90 玠堂詞鈔 集 7-47790

1812_1 瑜

26 瑜伽施食科儀 子 7-35066
瑜伽施食儀觀 子 7-35050、35060
瑜伽集要施食儀軌 子 7-35055
瑜伽集要施食儀軌、佛說救拔焰口餓鬼陀羅尼經 子 7-35054
瑜伽集要餤口施食儀 子 6-32091(67)
瑜伽集要救阿難陀羅尼焰口儀軌經 子 6-32089(32)
瑜伽集要救阿難陀羅尼焰口軌儀 子 6-32091(38)
瑜伽集要救阿難陀羅尼焰口軌儀經 子 6-32085(54)、32086(65)、32088(40)、32090(39)、32092(26)、32093(43)
瑜伽集要熖口施食起教阿難陀緣由 子 7-35044
瑜伽集要焰口施食儀、瑜伽集要焰口施食起教阿難陀緣由 子 6-32091(58)
瑜伽集要焰口施食儀、瑜伽集要焰口施食起教阿難陀緣由、十類孤魂文、三歸依讚 子 6-32090(60)、32092(39)
瑜伽集要焰口施食儀、十類孤魂文、三歸依讚 子 6-32093(47)
瑜伽集要焰口施食儀文 子 6-32089(32)
瑜伽集要焰口施食起教阿難陀緣由 子 6-32093(47)
瑜伽師地論 子 6-32081(23)、32082(14)、32083(16)、32084(13)、32085(23)、32086(25)、32088(16)、32089(42)、32090(47)、32091(45)、32092(31)、32093(25),7-32117、32750
瑜伽師地論記 子 6-32084(33),7-32119、33572
瑜伽師地論釋 子 6-32084(14)、32086(25)、32088(17)、32089(42)、32090(48)、32091(46)、32092(32)、32093(28)
瑜伽師地論畧纂 子 6-32084(33),7-33571
瑜伽師地論畧纂疏殘 子 7-32119
瑜伽師地論義演 子 6-32084(33)
瑜伽師地論義演殘 子 7-32119
瑜伽師地釋論 子 6-32083(16)
瑜伽總持教門說菩提心觀行修持義 子 6-32084(28)、32090(54)、32092(35)、32093(32)
瑜伽總持教門說菩提心觀行修持義 子 6-32085(55)、32086(65)
瑜伽餤口 子 7-35045
瑜伽餤口施食正規範 子 7-35062
瑜伽餤口施食要集 子 7-35056、35059
瑜伽餤口施食要集、音釋 子 7-35058
瑜伽餤口施食儀文 子 7-35067
瑜伽餤口施食起止規範 子 7-35063
瑜伽餤口施食規範 子 7-35061
瑜伽法數 叢 2-2122
瑜伽大教王經 子 6-32083(31)
瑜伽真實品 子 7-32117、33574
瑜伽真實品記 子 7-33573
瑜伽蓮華部念誦法 子 6-32081(56)、32083(36)、32084(27)、32085(54)、32086(61、64)、32088(40)、32089(38)、32090(58)、32091(56)、32092(38)、32093(35)
瑜伽中畧出念誦經 子 6-32083(12)
瑜伽翳迦訖沙囉烏瑟尼沙斫訖囉真言安怛陀那儀則一字頂輪王瑜伽經 子 6-32081(57)、32082(15)、32084(27)、32085(50)、32088(37)、32089(36)、32090(54)、32091(52)、32092(36),7-32095
瑜伽金剛頂經釋字母品 子 6-32084(29)、32085(52)、32086(62)、32088(38)、32089(32)、32090(42)、32091(40)、32092(28)、32093(37)
瑜伽熖口 子 7-35044
瑜伽熖口濟生僉要 子 7-35044
瑜伽焰口施食 子 7-35064
瑜伽焰口施食要集 子 7-35057

1812_2 珍

00 珍席放談 叢 1-223(45)、246、282(2)、283(2)、388～90,2-731(50)

15 珍珠舶　子5-27617
珍珠船　叢1-111(5),2-731(54)、1174
珍珠船印譜　子3-16992
珍珠船印譜二集　子3-16993
珍珠船印譜三集　子3-16994
珍珠寶卷　集7-54539
珍珠衫　子5-27723
珍珠衫(新刻珍珠衫子弟書詞)　集7-52571
珍珠塔　集7-54112、54114、54539
珍珠塔寶卷　集7-54538、54540
珍珠塔寶卷全集　集7-54539～40
珍珠塔全傳　集7-54113、54116
珍珠故事　子3-14617
珍珠囊　子2-4579、5762
珍珠囊藥性賦　子2-4571、5764、5767
珍珠囊藥性賦醫方捷徑合編　子2-5786
珍珠囊指掌補遺藥性賦　子2-4566、5760～1、5763
珍珠囊指掌補遺藥性賦、雷公炮製藥性解　子2-5531
珍珠囊指掌附刊　子2-9646
珍珠囊醫方捷徑指南合編　子2-4720
珍珠鳳　集7-54108～9
16 珍硯齋詞鈔　集7-47647
17 珍帚齋詩畫稿、謇謇詩草　集5-40430
珍帚編詩集　集4-27343,6-42007(1)
20 珍重廬山一瓣香　子5-29587
26 珍泉志稿[民國]　史8-62354
35 珍連山文輯　集5-40550
45 珍執宧文鈔、詩鈔　集4-23240　叢2-1566
珍執宧詩鈔　集4-23241
珍執宧遺書六種　叢2-1567
珍執宧遺書十一種　叢2-1566
50 珍本醫書集成九十種　子2-4770
57 珍抱齋詩鈔、詩餘　集5-40819
80 珍善齋印印　子3-16893

1813$_7$ 玲

11 玲瓏雪月山房百梅圖　子3-16579
玲瓏雪月山房畫譜　子3-16578
玲瓏山館詩集　集4-28691
玲瓏山館叢刻六種　叢1-362
玲瓏山館叢書七十種　叢1-441
玲瓏倡和、拾遺　叢2-1090
玲瓏塔一段　集7-51497
玲瓏唱和　集7-50581
玲瓏唱和、拾遺　集7-50582
玲瓏簾詞　集7-47228

聆

77 聆風簃詩、聆風簃詞　集5-41684

1814$_0$ 攻

10 攻玉堂文集　集3-18613
20 攻乎異端論　叢2-1929
30 攻守礮法　子7-36231(3)、36981
攻守礮法、克虜伯腰箍礮說、克虜伯礮架說、船礮操法、礮架說、螺繩礮架說　子7-36999
38 攻渝諸將小傳　史1-2975
攻渝記事　史1-2974
攻渝紀事　史1-1937、1982
46 攻媿殘稿　集1-3715
攻媿集　叢1-223(55),2-635(10)
攻媿集、拾遺　集1-3712　叢1-230(5),2-731(40)
攻媿集補鈔　集1-3714,6-41901
攻媿集鈔　集1-3713,6-41900
攻媿先生文集(攻媿集)　集1-3711
攻媿題跋　子3-14920　叢2-615(2)
51 攻打螺國　集7-50749
60 攻□紀畧　史1-3102
攻□紀畧(大梁城守記)　史1-1961
攻易錄　集4-28897
84 攻錯軒試帖　集3-21109

政

00 政府應制稿　叢2-1038
政府奏議　集1-1921　叢2-635(8)
政府書答　集2-9015　叢2-1099～101
08 政議　叢1-66
政譜　史6-43041
12 政刑大觀　史6-46156
17 政羣源流考　子7-38069
18 政務處奉飭頒定各省大學堂章程　史6-42359
21 政經　史6-42927　叢1-22(12)、23(12)、223

(30)、367～8、574(3),2-1045
25 政績彙覽 史6-43143
26 政和五禮新儀 史6-41983
政和五禮新儀、政和御製冠禮、政和五禮新儀目錄 叢1-223(27)
政和五禮新儀、目錄 史6-41982
政和五禮新儀、目錄、政和御製冠禮 史6-41984
政和縣志[雍正] 史8-58251
政和縣志[永樂] 史8-58249
政和縣志[道光] 史8-58253
政和縣志[萬曆] 史8-58250
政和縣志[乾隆] 史8-58252
政和縣志[民國] 史8-58254
政和堂遺稿 集4-25738,6-44977
28 政俗偶覘 叢2-2170
33 政治痛論内篇 子7-36257
政治源流 子7-38120
政治泛論 子7-38119
政治通論外篇 子7-36257
政治通論内篇、外篇 史6-41489
政治典訓 史6-41707
政治典訓初集、目錄 史6-41708
政治圖表 史6-41489～94 子7-36257
政治圖表萬國財政 子7-36256
政治學 子7-36520、36537、36544
政治學及比較憲法論 子7-38070
政治學學理摭言 子7-36251
政治小說瓜分慘禍預言記 子5-28529
38 政海波瀾 子7-36519
40 政土歸流說 史7-49317(7)
44 政藝叢書(政藝通報)十六種 子7-36256
政藝叢書(壬寅全書)二十一種附錄二種 子7-36257
政藝叢書丁未全書 史6-41494
政藝叢書丙午全書 史6-41493
政藝叢書癸卯全書 史6-41490
政藝叢書乙巳全書 史6-41492
政藝叢書壬寅全書 史6-41489
政藝叢書甲辰全書 史6-41491
政藝策論三種 子7-36255
47 政期核實務宜恪守舊章條款例册 史6-42769
48 政教進化論 子7-38101
50 政史文編 史6-41490 子7-36256
政本書 子4-21945
政書 叢2-2003
政書通輯 史6-41489～94 子7-36256～7
65 政蹟遺錄 史6-43105
77 政聞錄 叢2-2133
政學文編 史6-41489～94 子7-36256～7
政學集續編 叢2-1318
政學通纂 史6-47554
政學錄 史6-42989 叢2-731(18)、782(5)
政問錄 子1-1053 叢2-1093
78 政監 史1-5413
88 政餘書屋文鈔、擬瑟譜 集4-24897
政餘星鑑 子4-21125
政餘易圖說 經1-2186
政餘吟 集5-38315
政餘筆錄 子4-21006
90 政黨論 子7-36251

玫

16 玫瑰經不二字、簡言苦路不二字 子7-35519
玫瑰經義 子7-35520
玫瑰花女魅 子5-26684 叢1-587(4)
玫瑰花黑一枝 集7-51837

致

00 致病論 子2-4937
致齋居士手翰 集6-45207
10 致天主教十疑十不解書(據理質証) 子7-35911
17 致翼堂文集、詩集 集4-31706
致翼堂文鈔 集6-42068
致翼堂詩鈔 集4-31707
21 致虛雜俎 叢1-22(6)、23(5),2-617(3)
27 致身錄 史1-1932、2760 集6-43118 叢1-13、14(2)、22(21)、195(3)、351、366～8
致身錄、附編 史1-2761
致身錄、附編、附錄 史1-2762
30 致富須知 子7-36229、37324
致富奇書 子1-4123～5
致富全書 子1-4122、4127
34 致遠堂詩錄 集5-41379
致遠堂集 集3-16268
致遠堂卓寬甫詩集 集4-26984
致遠堂遺稿 集4-26985
致遠堂全集十種 叢2-1871
35 致禮豐祥 子4-23160
36 致湘陰李星沅信劄 集4-26936
37 致初自譜 史2-12107

38 致道日記(清康熙十二年)　史 2－12573
48 致敬錄　史 2－7608
50 致中堂禪喜集　集 3－13662
51 致軒詩鈔　集 3－17643
55 致曲言　子 1－1224　叢 2－829
致曲術　子 3－11252、12368、12389　叢 1－568，2－1896
致曲術、致曲圖解　子 3－12806
致曲術、圖解　子 3－12396
致曲圖解　子 3－11252、12368、12389　叢 2－1896
77 致用書院文集　集 5－35581
致用書院文集、續存　集 5－37136　叢 2－2172
致用精舍講語(大學講語記畧、中庸講語記畧、論語類解、孟子類解)　經 2－10808
致用精舍論語類解　經 2－9525
致用精舍孟子類解　經 2－10000
致用精舍大學講語記畧　經 2－8834
致用精舍中庸講語記畧　經 2－9109
79 致勝奇書　子 1－3952
86 致知格物解　史 2－6665
致知階畧　子 1－1417　叢 2－1283
致知小語　子 5－26026
90 致堂讀史管見　史 1－5364　叢 1－265(3)
致堂先生崇正辨　子 1－714
致堂先生敍古千文　經 2－13403
致堂胡先生斐然集(斐然集)　集 1－3257

1817$_2$ 珁

11 珁研齋吟草　叢 2－867

1818$_1$ 璇

12 璇璣碎錦　集 3－15413～4　叢 1－202(2)、203(8)
璇璣經　子 3－14412
璇璣經集注　子 3－12893、14413
璇璣遺述、圖　叢 1－533
璇璣幹運祈祿求嗣躬行心懺　子 5－29585
璇璣幹運祈祿求嗣躬行心懺科儀　子 5－29581、30766
璇璣抉微　子 3－14161
璇璣圖　叢 1－295
璇璣圖詩讀法　集 1－464　叢 1－223(47)、229

1822$_7$ 務

00 務亭詩草初蹁　集 4－30109
30 務實勝窩彙稿二十種　叢 2－2047
務實勝窩滙稿　集 5－34818
40 務古閣課餘存草　集 5－37709
50 務中藥性　子 2－5805
務本修身一枝　集 7－51984
務本公集　集 2－8351
務本錄　子 1－2547
務本堂新鐫七行音韻詩經　經 1－3640
務本堂董氏支譜[浙江紹興]　史 5－35888
64 務時敏齋詩集　集 5－34265，6－42007(2)
務時敏齋存稿　集 4－33207
77 務民義齋算學　子 3－12364　叢 1－433，2－731(26)
務民義齋算學七種　子 3－12360

殤

77 殤服、殤服發揮、兼祧議一篇　經 1－5474　叢 2－2078
殤服發揮　經 1－5475
殤服表　經 1－5456～7

1824$_0$ 弜

00 弜亭遺文　集 4－22229

攷

10 攷正玉堂字彙　經 2－12904
攷正字彙　經 2－12921
攷正增廣詩韻全璧、檢韻、虛字韻藪　經 2－13966
攷正同音字彙　經 2－12915
攷正同音字彙、字音會集　經 2－12917
攷正同音字彙、草書百韻歌　經 2－12916
30 攷定文字議疏證　經 2－13567
40 攷古質疑　子 4－22161
60 攷目形聲　經 2－12496

1832_7 鶩

80 鶩翁集(半塘丁稿) 集 7-48238

1833_4 憨

00 憨齋詩話 集 6-46103
憨齋詩刪 集 4-27626
01 憨聾觀 子 4-20800
憨聾觀、茗一盌談 子 4-20799
10 憨石山房詩鈔 集 4-29202
17 憨予暹禪師語錄 子 6-32091(77),7-34279
憨子 子 5-27469
憨子雜俎 叢 1-371
22 憨山詩 子 7-32111
憨山法語 子 7-34088
憨山大師淨宗法要、進修法要 子 7-34473
憨山大師法語內卷 子 7-34087
憨山大師夢遊集 子 7-34092
憨山大師夢遊摘要 子 7-34093
憨山大師夢遊全集 子 6-32092(43)
憨山大師夢遊全集、憨山老人年譜自敘實錄 子 7-34089
憨山大師全集 子 6-32091(71)
憨山老人夢遊集 子 7-34090~1
憨山老人夢遊草 集 5-35503
憨山老人夢遊摘要、東游集法語三則 子 7-34094
憨山老人夢遊全集 子 6-32091(71)
憨山老人年譜自敘實錄 史 2-11529 叢 2-973
憨山老人年譜自敘實錄、曹溪中興憨山肉祖後事因緣 子 6-32091(71),7-34095
24 憨休和尚敲空遺響 集 3-16053
憨休禪師敲空遺響 子 6-32091(79)
憨休乾禪師語錄 子 6-32091(79)
25 憨生集 集 2-12863
40 憨士列傳 史 2-6593

1840_4 婺

04 婺詩補 集 6-44715 叢 2-1689
11 婺北新源俞氏宗譜[江西婺源] 史 4-30851
22 婺川縣備志[民國] 史 8-62217
婺川縣備志[光緒] 史 8-62216
24 婺德茶稅簡明章程 史 6-43583
28 婺舲餘稿 叢 2-1597
31 婺源山水遊記 史 7-53562
婺源吳氏宗譜[江西婺源] 史 4-28109
婺源鄉土志[光緒] 史 8-58774
婺源灃溪呂氏續修舉要世譜[江西婺源] 史 4-26350
婺源查氏族譜[江西婺源] 史 4-30711、30713
婺源查氏統譜[江西婺源] 史 4-30712
婺源桃溪潘氏族譜[江西婺源] 史 5-39844
婺源桃溪潘氏宗譜[江西婺源] 史 5-39845
婺源桃溪潘氏本宗譜[江西婺源] 史 5-39843
婺源韓溪程氏梅山支譜[江西婺源] 史 5-36170
婺源茶院朱氏家譜[江西婺源] 史 4-26684
婺源縣志[康熙] 史 8-58766~7
婺源縣志[道光] 史 8-58771
婺源縣志[嘉慶] 史 8-58770
婺源縣志[嘉靖] 史 8-58765
婺源縣志[乾隆] 史 8-58768~9
婺源縣志[民國] 史 8-58773
婺源縣志[光緒] 史 8-58772
婺源尚書方氏宗譜[江西婺源] 史 4-25861
40 婺南雲川王氏世譜[江西婺源] 史 4-25341~4
婺南中雲王氏世譜[江西婺源] 史 4-25336
婺志粹 叢 2-1689
婺志粹[道光] 史 7-57574
50 婺本附音重言重意春秋經傳集解 經 1-6684
婺本附音春秋經傳集解 經 1-6683
婺書 史 2-8075
婺東禹峯蔣氏宗譜[浙江金華] 史 5-38137
婺東渠溪陳氏家譜[浙江東陽] 史 4-33027
婺東浦口俞氏家乘[江西婺源] 史 4-30847
婺東浦口俞氏家乘[浙江金華] 史 4-30817~9
婺東忠孝世家孫氏宗譜[浙江東陽] 史 5-33638

婺東曹氏譜書[江西婺源]　史 5-34231
57 婺艷遺稿　叢 2-1599
77 婺學治事文編　子 1-1912～3
婺學志　史 2-8076　叢 2-1376
婺賢文軌　集 6-44716

1861_2 碰

16 碰碑　集 7-52446、53002

1863_2 磁

32 磁州誌[嘉靖]　史 7-55544
磁州續志[同治]　史 7-55548
磁州鄉土志[光緒]　史 7-55549
磁州志[康熙]　史 7-55546～7
磁州志[萬曆]　史 7-55545
磁州批牘　史 6-47267
62 磁縣縣志二十章附錄[民國]　史 7-55550

1874_0 改

00 改亭文錄　集 3-14637,6-42067
改亭文鈔　集 3-14636,6-42064
改亭集(文集、詩集)　集 3-14635
改亭存稿、續稿　集 2-7829～30
改庵詩集　集 6-45074
改庵偶集　集 3-17281
01 改訂應用戰法三篇　子 1-3437
改訂俄約調查綱目表、條約異同表　史 6-45051
改訂俄國陸路通商章程　史 6-44035、44052
改訂近世化學教科書　子 7-37594
改訂大清商律公司編草案　史 6-45948
改訂增廣五車韻府　經 2-15069
改訂警務公所四科職掌細則　史 6-45343
改訂槍彈進口新章洋務例册　史 6-44011
改訂日本士官學校兵器學教程　子 7-36773
改訂陸軍測繪學堂員生畢業考試出身補官任用暫行章程　史 6-45229
07 改設學堂私議、勸設學綴言　史 6-42384　叢 2-2041
10 改正湘山野錄、續　叢 2-616
改正湘山野錄、續錄　子 4-22888
改正内景五臟六腑經絡圖說　子 2-10316
改正世界地理　子 7-37734
改正觀象玩占　子 3-13019
改元考　史 1-1321
改元考同　史 1-990、1322～3　叢 1-195(6)、201、203(2)、369、372,2-731(62)
改天主堂爲祠院碑記　子 7-35909
14 改琦畫稿　子 3-16397
26 改吳　子 4-22687　叢 2-1920
28 改併五音集韻　經 2-13727、13730
改併五音類聚四聲篇　經 2-13734～8
30 改字詩酒令　子 3-18349
改良文明棍一枝　集 7-51008
改良新出男女對唱　集 7-53145
改良新戲雙花樓　集 7-53577
改良新笑話雜俎　子 5-27262
改良玉堂春　集 7-51626
改良天仙正理增註　子 5-29552
改良悲秋歎情樓　集 7-51463
改良戲曲　集 7-53576
改良繪圖六言雜字　經 2-13550～1
改良繪圖新聊齋初集　子 5-27648
改良繪圖注釋一萬字文　經 2-13522
改良繪圖四續今古奇觀　子 5-27768
改良繪圖性命圭旨　子 5-31227
改良十八摸　集 7-53633
改良女蒙必讀　子 1-3002
改良勸夫一段　集 7-51433
改良妓女悲秋歎情樓　集 7-51462
改良探親一枝　集 7-51007
改良最新借妻配　集 7-53578
改良閩仲顯魂　集 7-53575
改良小學新讀本　子 7-36778
改定元賢傳奇十六種　集 7-48766
改定釋奠儀注　史 6-42050　叢 2-1218
改定法政别科課程片　史 6-42368
改定井田溝洫圖說　史 6-44855　集 6-41757　叢 2-954
37 改過說　叢 1-206
40 改土歸流說　史 7-49318(14)、51320
改七香百美嬉春圖長卷　子 3-16740
改七香紅樓夢臨本　子 3-16741
改七香補景美人册　子 3-16739
改七薌雜記　集 4-26218
50 改蟲齋詩署、詞署　集 3-15460
改蟲齋詞　集 7-46399～400、46995
改本白僊傳　集 7-53684
51 改軒詩集　集 2-7314
60 改置通府廳縣記　史 7-49357、50013

68 改吟齋詩　集 4－25473
改吟齋集　集 4－25472
改吟齋燼餘什　集 4－25474
84 改錯錄　史 7－56691
90 改堂先生文鈔　集 3－17635

1916_6 瑲

32 瑲溪金氏族譜[安徽休寧]　史 4－29777
瑲溪金氏家譜補戚篇[安徽休寧]　史 4－29778
37 瑲祠備錄　史 1－1952、3044

1918_0 耿

00 耿庵詩稿　集 3－13308
10 耿天台集　集 2－9485
耿天台先生文集　集 2－9486
耿天台先生全書　集 2－9484
耿吾剩稿　集 5－40128
14 耿聽聲傳　叢 1－168(1)
15 耿建侯詩稿　集 4－32644
22 耿嵩陽先生傳　集 3－14502
耿巖文選初集、二集　集 3－14123
34 耿湋詩集　集 1－1233，6－41739、41741、41824、41848、41858、41863、41869
耿湋集　集 1－1231～2，6－41738、41743、41838
50 耿中丞楊太史批點近溪羅子全集(羅先生詩集、近溪羅先生一貫編、近溪語要、近溪子集、近溪子續集、近溪子附集、近溪羅先生鄉約全書)　集 2－9179
58 耿拾遺詩集、補遺　集 1－1234，6－41878
72 耿氏家譜[甘肅蘭州]　史 4－31294
耿氏書目　史 8－65843

1918_6 瑣

00 瑣言　子 3－13140、14690，4－23964
瑣言續　子 5－29574～5、31456
瑣言十種　叢 2－1364
瑣言摘附　史 6－45813　叢 1－114(3)
01 瑣語　叢 1－19(9)、20(7)、21(8)、24(10)、373(4)，2－1092
21 瑣占約　子 3－14063
27 瑣綴錄　子 4－22962　叢 1－22(21)
50 瑣事閒錄　子 5－26547
瑣事閒錄、瑣事閒錄續編　子 5－26548
瑣事閒錄、續編　子 4－24464
瑣事閒錄續編　子 5－26549
54 瑣蛣雜記　子 5－27314
77 瑣尾廬詩稿　集 4－31968
瑣尾記　史 1－4064
瑣尾集　集 5－37038～9、37041
瑣聞錄、瑣聞別錄　子 4－23599
瑣聞錄、別錄　史 1－1964、1981、4480
瑣聞錄瑣聞別錄　子 5－26550

1962_0 砂

07 砂部　子 3－13139、13467
12 砂水法　子 3－13152
22 砂山王氏宗譜[江蘇崑山]　史 4－24903
34 砂法　子 3－13140

1965_2 磄

60 磄園詩藁　集 2－10540

1965_9 磷

29 磷秋閣詩鈔　集 3－16936

2

2002_7 牗

00 牗衷集　子 1－1570

2010_4 垂

02 垂訓樸語　史 7－57378　子 1－2160
10 垂露軒偶輯　子 5－25458
垂雲亭集(雪鴻堂文集)　集 3－18045
20 垂香樓詩稿　集 4－24657～8　叢 2－1621
22 垂緌錄　子 5－26696
垂絲圖　史 4－29186、29549
24 垂休錄　史 2－8889
26 垂線互求術　叢 1－502
38 垂涕集　集 4－32626
垂裕堂吳氏族譜[福建龍海]　史 4－28104
垂裕堂遺草　集 3－21505
44 垂老讀書廬詩鈔、文草　集 4－26799
垂世芳型　史 1－5597
46 垂楊館集　集 2－10438
47 垂柳庵詩鈔　集 5－34824
51 垂虹雜詠　集 5－39267
垂虹識小錄[民國]　史 7－57011
55 垂棘山房藏印　子 3－17055
76 垂陽館集　集 2－10080
80 垂金蔭綠軒詩鈔　集 5－33802　叢 2－1907
90 垂光集　叢 1－223(21),2－820

壬

06 壬課例證　子 3－14018
壬課晾斯抄　子 3－13960
壬課纂義　子 3－13882
12 壬癸詩存　集 5－34515
壬癸詩錄　集 4－30878
壬癸集　集 3－14732,5－41330　叢 2－599
壬癸編　集 4－30170
壬癸避難日誌(清光緒元年)辛卯年日記(清光緒十七年)　史 2－12997
壬癸消寒集　叢 2－2175
壬癸志稿　史 2－7930　叢 2－1714
壬癸志稿[咸豐]　史 7－57051
壬癸藏札記　子 4－23474
壬癸金石跋　集 5－36555
壬癸金石跋己庚金石跋丁戊金石跋　史 8－63726
17 壬子文瀾閣所存書目　史 8－65485
壬子集　集 4－27681
壬子紀遊草　集 5－41414
壬子秋試行記　史 7－54033　叢 2－1953
壬子宮駝記　叢 2－619
壬子草　集 2－11502
壬子年重校　叢 2－628、698(8)
壬子年重校記　叢 2－731(19)
21 壬上集　子 7－36242(2)
壬占滙選　子 3－13965
30 壬竅　子 3－14010
壬寅新定通商進口稅則　史 6－43542
壬寅新定海關估價抽稅章程　史 6－43541
壬寅三月初一日新定中國郵政各項價表　史 6－44380
壬寅消夏錄　子 3－14884
壬寅存稿　集 3－19146
壬寅赴吟　集 3－14516
壬寅乍浦殉難錄、乍浦人物備錄、水乳流芳錄　史 2－8017
40 壬奇雜輯　子 3－14604
壬奇行軍捷要　子 3－13830
43 壬式兵詮　子 3－13818
50 壬申北遊日記　叢 2－2270(4)
壬申紀遊　集 3－16517
壬申消夏詩　叢 1－419
壬申存稿　集 3－17704
壬申輓言錄、補遺　史 2－10667
53 壬戌扈從隨筆(清嘉慶七年)　史 2－12666
壬戌銷夏記　子 3－14875
71 壬辰重改證呂太尉經進莊子全解　子 5－29256
壬辰冬興　叢 2－2104
壬辰南歸錄　史 7－53805　叢 2－1038
壬辰翰林館課纂　集 6－45408
壬辰蜀道雜詩　集 5－37661
壬辰四友二老詩贊　集 6－43813
80 壬午讓書紀事、嘉業藏書樓記　史 8－65322
壬午龍飛錄　史 1－2539　叢 2－1038
壬午說幣　史 8－64874
壬午功臣爵賞錄、壬午功賞別錄　史 1－

2743　叢1-50～2、55
壬午歸葬日記(清光緒八年)　史2-12771
壬午日曆(明崇禎十五年)　史2-12550
壬午里中書稿　集2-12385
壬午吟草　集4-23865

重

00 重立瘞鶴銘詩集　史8-64659
重慶府涪州志[康熙]　史8-61502
重慶府志[道光]　史8-61495
重慶府志[萬曆]　史8-61494
重慶府志[成化]　史8-61493
重慶鄉土志[民國]　史8-61496
重慶叢桂堂各項藥品彙總　子2-5909
重慶警察開辦簡明章程　史6-45398
重慶堂隨筆　子2-4646、10612
重廣水陸法施無遮大齋　子7-35030
重廣補註黄帝内經素問　叢2-635(4)
重廣補註黄帝内經素問(黄帝内經素問、重刻補註黄帝内經素問)　子2-5394
重廣補註黄帝内經素問、新刊黄帝内經靈樞、素問遺篇　子2-5320
重廣補註黄帝内經素問、靈樞經、素問遺篇　子2-5321
重廣補註黄帝内經素問、遺篇　子2-4564
重廣補注黄帝内經素問　子2-4568
重廣草木蟲魚雜詠詩集　集6-43382
重廣陳用之真本入經論語全解義　經2-9306
重廣眉山三蘇先生文集　集6-45150
重廣分門三蘇先生文粹　集6-45154
重文、補遺　經2-12309
01 重訂痧疫指迷　子2-4768
重訂癥脈治辨　子2-5995
重訂疢存齋集八種　叢2-2159
重訂産孕集、補遺　子2-4771(3)
重訂齊家寶要　經1-6324
重訂帝王紀年纂要　叢1-269(4)
重訂高郵王西樓先生野菜譜　叢2-1071
重訂唐詩别裁集　集6-41778、43473
重訂唐説硯考　子4-18709　叢2-1022
重訂廣事類賦　子5-24787
重訂六譯館叢書　叢2-2131
重訂諧聲表　經2-14785
重訂訓學良規、變通小學義塾章程、續神童詩　子1-2860
重訂詩經疑問　經1-53、3760　叢1-223(7)
重訂詩料詳注　子5-25456
重訂診家直訣　子2-4727、4771(2)
重訂診家直訣(診家直訣)　子2-6171
重訂談天正議　叢2-1946
重訂二三場註釋羣書備考　子5-25044
重訂三家詩拾遺　叢2-881
重訂三家詩拾遺、三家詩源流　經1-4648
重訂三字經　叢2-748
重訂正字拗碎靈芝　集7-52863
重訂王鳳洲先生綱鑑會纂、續宋元紀　史1-1250
重訂靈蘭要覽　子2-4768、4771(4)、4885
重訂元本評林點板琵琶記　集7-49730
重訂霍亂論　子2-7073
重訂天台山方外志要　史7-52362
重訂西方公據(西方公據)　子7-34517
重訂西青散記　子5-26431　叢1-496(3)
重訂西青散記、西青文畧、附錄　子5-26433
重訂司馬溫公等韻圖經　經2-14291、15112
重訂香蘇山館詩鈔　集4-25291
重訂集古梅花詩　集2-7227
重訂出像註釋裴淑英斷髮記　集7-49788
重訂外科正宗　子2-7688～9
重訂幼幼集成　子2-8469
重訂幼科金鑒評　子2-8504
重訂幼學須知句解　子1-2771、2773
重訂朱子年譜　史2-11321
重訂白喉忌表抉微　子2-7533
重訂解人頤廣集　子5-27465
重訂名人生日表、分韻人表　史2-6272　叢2-2247
重訂併音連聲韻學集成　經2-13767
重訂空谷傳聲　經2-14399
重訂宣和譜牙牌彙集　子3-18263
重訂宅法全書　子3-13187
重訂竇氏叢書十五種附一種　叢2-958
重訂江蘇海運全案原編、續編、新編　史6-44164
重訂河防通議　叢1-386
重訂瀕湖脈學　子2-6097
重訂瀏覽書目　叢2-2270(2)
重訂浙江印結簡明章程　史6-42782
重訂湛園未刻稿　集3-14890
重訂法國志畧　史7-54837
重訂漢唐地理書鈔　史7-49308
重訂清苑新志[民國]　史7-55277
重訂禮記疑問　經1-53、5619
重訂祝子遺書　集2-12618
重訂冠解助語辭　經2-14920

重訂選擇集要(重刻選擇集要)　子 3-14457
重訂道光二年壬午科同年齒錄　史 3-13863
重訂道光二年壬午恩科同年齒錄　史 3-13731
重訂直音篇　經 2-12822、13768
重訂南社姓氏錄　史 2-7534
重訂李義山詩集箋註、集外詩箋註、年譜、詩話　集 1-1560
重訂嘉慶二十五年庚辰科齒錄　史 3-13859
重訂嘉慶二十五年庚辰科會試齒錄　史 3-13729
重訂嘉慶二十四年己卯恩科同年齒錄　史 3-13728
重訂嘉慶七年壬戌科會試齒錄　史 3-13718
重訂古文雅正　集 6-43044～5
重訂古文斵　集 6-43051
重訂古史全本　史 1-117
重訂古史全本、史拾　史 1-116
重訂七經精義　經 1-115
重訂袁了凡註釋羣書備考　子 5-25043
重訂校正魁板句解消砂經節圖地理訣要雪心賦、增補祕傳地理尋龍經訣法　子 3-13276
重訂博物典彙　子 5-25736
重訂越南圖說　叢 2-1946
重訂蘇紫溪先生會纂標題歷朝綱鑑紀要、論策題意　史 1-1238
重訂蘇曼殊年表　史 2-12493
重訂蘇省水卡捐章　史 6-43590
重訂蔡虛齋先生易經蒙引　經 1-646
重訂杜十娘沈八寶箱全本　集 7-53641
重訂相宅造福全書(相宅造福全書)、擇日記全　子 3-13188
重訂相吉八宅周書　子 3-12896、13189
重訂楊園先生全集十九種附一種　叢 2-1266
重訂懿畜編　史 2-6604　叢 1-331
重訂懿畜編、又下編　叢 1-330
重訂聲調譜　集 6-45491
重訂穀梁春秋經傳古義疏　經 1-7416
重訂穀梁春秋經傳古義疏、釋范、起起穀梁廢疾　叢 2-702
重訂增補陶朱公致富奇書　子 1-4125～6
重訂增補陶朱公致富全書(增補致富全書)　子 1-4127
重訂教乘法數　子 6-32092(44),7-34837
重訂松滬水釐章程　史 6-43589
重訂松月延年室消寒雜興　集 4-29350
重訂中晚唐詩主客圖　集 6-46016
重訂中晚唐詩主客圖(中晚唐主客圖、重訂主客圖)　集 6-46017
重訂事類賦　子 5-24783
重訂書經疑問　經 1-53
重訂春秋疑問　經 1-53
重訂囊祕喉書、附錄驗方、增錄　子 2-4771(3)
重訂批評繡像玉嬌梨小傳　子 5-28272
重訂批點春秋左傳狐白句解　經 1-6789
重訂批點類輯練兵諸書、傳畧　子 1-3503
重訂成仁遺稿　集 6-42035
重訂曲海總目　叢 1-370
重訂擬瑟譜　子 3-17825　叢 1-411
重訂四書疑問　經 2-10360
重訂四書名物備考　經 2-10391
重訂四書輯釋　經 2-10259
重訂易經衷旨合參　經 1-960～1
重訂易經疑問　經 1-53
重訂賦役成規　史 6-43393
重訂時行伏陰芻言　子 2-4768
重訂明目至寶　子 2-7304
重訂喉科家訓　子 2-4768
重訂路史全本　史 1-2011
重訂厲廉州先生詩全集(藉花小室詩鈔、寄蠡詩鈔、和陶百詩鈔、斷梗吟、棲塵集、編印稿幸存稿、衡遊草)　集 4-28617
重訂馬氏等音内集、外集　經 2-14334
重訂馬氏等音内外集　經 2-14540
重訂閨麗譜　集 3-14157
重訂同治七年戊辰科會試同年齒錄　史 3-13795
重訂周恭肅公奏議　史 6-48512
重訂周忠義公奏議　史 6-48511
重訂周易二閭記　經 1-1342　叢 2-847
重訂周易小義　經 1-1344　叢 2-847
重訂居官寡過錄　叢 1-330
重訂欣賞編　叢 1-37
重訂駱丞集　集 1-684
重訂丹溪心法　子 2-9196
重訂丹溪心法(重訂丹溪先生心法)　子 2-9194
重訂舉業巵言　集 6-46246
重訂醫方藥性合編　子 2-5783
重訂醫門普度瘟疫論　子 2-4771(2)
重訂驗方新編　子 2-9677
重訂全唐詩話　集 6-45595
重訂翁仲仁先生金鏡錄　子 2-8464、8642
重訂分類飲冰室文集全編　集 5-41024

重訂午夢堂集 集6-45103
重訂合聲簡字譜(增訂合聲簡字譜) 經2-13237
重評唐韻考 叢2-731(25)
02 重刻痘疹偎傳紗訣 子2-8619
重刻痰火點雪 子2-7209
重刻高山志、續 史7-52255
重刻高太史大全集 集2-6233,6-41938
重刻康齋吳先生集選 集2-6666
重刻音註歷朝捷錄 史1-5436
重刻訂正元本批點畫意北西廂、會真記 集7-48822
重刻諸子彙函 子1-19
重刻讀書鏡 子5-27060
重刻二十五言 子7-35264 叢1-135
重刻三渠先生集、附錄 集2-8557
重刻王仁子先生嬾園遺稿 集2-12710
重刻王叔和脈訣提要祕訣前集 子2-6003
重刻丁卯集(唐許郢州丁卯集) 集1-1626
重刻元本題評音釋西廂記、蒲東崔張珠玉詩集、錢塘夢 集7-48805
重刻元本題評音釋北西廂記、釋義大全、字音、會真記、錢塘夢、園林午夢記 集7-48831
重刻天元奇門遁甲句解煙波釣叟歌(遁甲煙波釣叟歌、遁甲句解煙波釣叟歌) 子3-14290
重刻天傭子全集 集2-11624
重刻天遊集、天遊碎金 集2-6332
重刻西沱吳先生蠢遇錄(西沱奏議) 叢1-482
重刻西村顧先生省己錄 子1-893
重刻不藥良方 子2-9477
重刻張來儀靜居集 集6-41938
重刻張鳳逵傷暑全書 子2-4576、6815
重刻張閣老經筵四書直解 經2-10324
重刻聯對便蒙圖像七寶故事大全 子5-25604
重刻引痘新法 子2-8933
重刻孔部元法題四六參語 史6-41520
重刻勁節樓圖記 史2-9944
重刻確菴曾先生西蜀平蠻全錄 史1-2907
重刻聖朝欽定各項新官到任儀註、拾遺 史6-41519～20、42951
重刻聖賢圖像 史2-6623
重刻孟里孫氏厚輿公支譜[江蘇無錫] 史5-33560
重刻雙溪類稿 集1-3368
重刻雙溪類稿(雙溪類稿) 集1-3367
重刻航中帆 子4-21724
重刻盧中丞東莞舊誌[天順] 史8-61026
重刻經史海篇直音 經2-12832
重刻山谷先生年譜 集1-2699
重刻出像浣紗記 集7-49817
重刻秫坡先生文集(詩集、文集、詞集) 集2-6393
重刻律條告示活套 史6-41519～20、45822～3
重刻佛祖道影 子7-34745
重刻傳家寶俚言 子1-2216
重刻繡像説唐演義後傳 子5-28041
重刻繡像説唐演義全傳 子5-28035
重刻保嬰全書 子2-8391
重刻吳淵穎集 集1-5538
重刻吳越春秋浣紗記 集7-49813
重刻釋音參審批駁四語活套 史6-41519～20、46477
重刻修真因果全傳 子7-36197
重刻紀言 集6-42275
重刻叔祖泉州傅錦泉先生文集 集2-8922
重刻徐幼文北郭集 集6-41938
重刻徐幼文北郭集(北郭集) 集2-6198
重刻徐筆峒先生遵注參訂詩經 經1-4064
重刻牧令芻言 史6-43067
重刻完菴劉先生詩集 集2-6753
重刻官員品級考 史6-41519
重刻定宇陳先生增廣通畧 史1-5393～4
重刻馮玄岳巖棲稿 集2-10021
重刻顧迴瀾增改歷朝捷錄大成 史1-5434
重刻添補傳家寶俚言新本 子4-24246
重刻添補傳家寶俚言新本四集 子4-24248
重刻心齋王先生語錄 子1-992
重刻補註黃帝内經素問 子2-5394
重刻濛潭康氏族譜 史5-34617
重刻襪線集、南行紀詠、贈言 集2-6621
重刻清文虛字指南編 經2-15059
重刻澹然先生文集 叢2-1056
重刻初仕錄 史6-41519～20
重刻選擇集要 子3-14457
重刻渼陂王太史先生全集(渼陂集、渼陂續集、碧山樂府、碧山詩餘、南曲次韻、杜子美沽酒游春記、中山狼院本) 集2-7396
重刻遊杭合集 叢2-1862
重刻九連環 集7-53633
重刻太平惠民和劑局方 子2-9169
重刻内府原板張閣老經筵四書直解指南 經2-10326
重刻南溪先生集 集2-8941～2
重刻古先君臣圖鑑 史2-6504
重刻古今醫鑑 子2-4862
重刻來瞿唐先生日錄内篇、外篇 子4-

20561
重刻校正增補皇明資治通紀 史1-1547
重刻校正增補皇明資治通紀、續紀 史1-1548
重刻校增武侯八門神書 子3-14577
重刻坡仙集 集1-2412
重刻花名望郎山歌 集7-50811
重刻蔣文定公湘皐集 集2-7331
重刻草書要領 子3-15228
重刻萬氏家傳濟世良方 子2-9248
重刻韓柳歐蘇文抄 集6-41800
重刻世說新語補 子4-22795
重刻黄文節山谷先生文集 集1-2683
重刻黄文節山谷先生文集、外集、別集、山谷先生年譜 集1-2682
重刻黄文節山谷先生外集 集1-2686
重刻横浦先生文集、横浦先生家傳、無垢公遺迹 集1-3218
重刻楊孟載眉菴集、補遺 集2-6076,6-41938
重刻楊復所先生家藏文集 集2-10336
重刻柳待制文集 集1-5088
重刻桐野詩集 叢2-1020
重刻增訂武經注解 子1-3452
重刻增改標題音註歷朝捷錄大成 史1-5440
重刻增補燕居筆記 子5-27602
重刻翰林校正少微通鑑大全 史1-1096
重刻申閣老校正朱文公家禮正衡(家禮正衡) 經1-6314
重刻本札記 叢1-316~7
重刻書經鄉嬛集註 經1-67、2788
重刻書法雅言 子3-15113
重刻軒岐救正論 子2-4913
重刻戊辰進士思泉胡先生天一山全稿 集2-7465
重刻賴古堂尺牘新鈔三選結鄰集 集6-45237
重刻四庫全書辨正通俗文字(重刊辨正通俗文字、辨正通俗文字) 經2-13055
重刻四書續補便蒙解注 經2-10379
重刻圖像本草藥性賦定衡 子2-5558
重刻足本乾嘉詩壇點將錄 集6-46160 叢1-544、547(4)
重刻疇人十編 叢1-135
重刻疇人十篇 子7-35263
重刻明修王氏世譜[江蘇崑山] 史4-24898
重刻明成化本東坡七集、東坡先生年譜 集1-2388
重刻喉症全科紫珍集 子2-7457
重刻歷朝捷錄 史1-5435
重刻曆體畧 子3-11587
重刻劉青天傳 史2-9585
重刻刪補禮記會通 經1-5628
重刻全補標題音註歷朝捷錄 史1-5439
重刻合併官常政要全書二十九種 史6-41520
重刻會稽三賦 集1-3335
重刻養蒙纂要 叢1-132
重刻小兒雜證祕傳便蒙捷法 子2-8639
重刻類編草堂詩餘評林 集7-48437
重刻剡源先生集續札記 集1-4871
重證本草單方 子2-9296
重新校正集註附音資治通鑑外紀 史1-1068
重新校正入註附音通鑑外紀 史1-1069
06 重譯外國小說昕夕閑談 子7-38247
重譯圖經 史7-54296
08 重論文齋筆錄 子4-21436 叢2-735(3)、736、847
重詳定刑統 史6-45750
重詳定刑統、校勘記 史6-45751 叢2-670
09 重麟玉册 史2-7421
10 重正古文周易參同契真義、補塞遺脫法象賦、補塞遺脫鼎器妙用歌 子5-31017
重正懷幼切要 子2-8379
12 重刊麻姑山志 史7-52494
重刊文信國公全集、校勘記 集1-4455
重刊文山先生別集 集1-4471
重刊辨正通俗文字 經2-13055 叢1-299
重刊註解折疑論 子7-34952
重刊襄陽郡志[天順] 史8-60132
重刊六藝剛目札記 子1-2764
重刊京本萬氏積善堂集驗方 子2-9251
重刊訂正秋蟲譜 子4-19402
重刊訂正篇海 經2-12830
重刊說文解字五音韻譜 經2-12391
重刊許氏說文解字五音韻譜 經2-12392
重刊詳校篇海 經2-12829
重刊二十四史 史1-16
重刊五百家註音辯昌黎先生全集 集1-1304
重刊五色潮泉插科增入詩詞北曲勾欄荔鏡記戲文 集7-50096
重刊北京五大部直音會韻 子7-34820
重刊張愈光先生詩集 集2-7806
重刊引種牛痘方書(牛痘誠求) 子2-8942
重刊孫真人備急千金要方 子2-9115
重刊武經七書彙解首 子1-3046
重刊武當嘉慶圖 史2-8233

重刊改併五音集韻　經 2 - 13728～30
重刊千家註杜詩全集、文集、年譜　集 1 - 915
重刊雞肋集　集 2 - 6957
重刊雞肋集、補遺、校勘記　集 2 - 6958
重刊熊勿軒先生文集、外附　集 1 - 4594
重刊經史證類大全本草　子 2 - 5521
重刊崇祀鄉賢錄　史 2 - 8088
重刊巢氏諸病源候總論(巢氏諸病源候論、巢氏諸病源候總論)　子 2 - 5956
重刊代耕架圖說、廣行放牛章程　子 1 - 4270
重刊續武經總要　子 1 - 3689
重刊續纂宜荆縣志　史 7 - 54914
重刊續纂宜荆縣志[道光]　史 7 - 56932
重刊朱子通鑑綱目原本改字備考　史 1 - 1110　叢 1 - 574(2)
重刊白喉時疫方論　子 2 - 7486
重刊保赤全生錄　子 2 - 8857
重刊鮑氏戰國策　史 1 - 2159
重刊船山遺書　集 3 - 14115
重刊船山遺書六十六種附一種　叢 2 - 1293
重刊負米讀書補圖題詠　子 3 - 16223
重刊紀慎齋先生祈雨全書　史 6 - 41538
重刊紀慎齋先生祈雨全書(紀慎齋求雨全書)　子 3 - 13102
重刊併音連聲韻學集成、重訂直音篇　經 2 - 13768
重刊儀禮考注　經 1 - 5248
重刊繪圖三教源流搜神大全　子 5 - 26984
重刊宜興縣志　史 7 - 54914
重刊宜興縣舊志　史 7 - 54914
重刊官話合聲字母序例及關係論說　經 2 - 14492
重刊宋紹熙公羊傳注附音本校記　經 1 - 169、7243、7245
重刊宋紹熙公羊傳注附晉本校記　經 1 - 132
重刊宋濂學士先生文集　集 2 - 5908～9
重刊宋真宗御注四十二章經　子 7 - 33478
重刊宋朝南渡十將傳　史 2 - 7069
重刊宋本十三經注疏(倣宋刻阮本十三經注疏)、十三經注疏校勘記、校勘記識語　經 1 - 21
重刊補註洗寃錄集證、續增洗寃錄辨證　史 6 - 46328
重刊補訂四書淺說　經 2 - 10288
重刊補注洗寃錄集證　史 6 - 46325、46327
重刊湖海新聞夷堅續志後集　子 5 - 26970
重刊湖海新聞夷堅續志前集、後集、補遺　子 5 - 26972　叢 2 - 615(3)
重刊次崖林先生四書存疑　經 2 - 10297
重刊道藏輯要　子 5 - 29536(1)
重刊道藏輯要子目初編、重刊道藏輯要續編子目　子 5 - 29536(1)
重刊道藏輯要子目初編、續編　史 8 - 66371
重刊道藏輯要總目　史 8 - 66370　子 5 - 29536(1)
重刊大字東萊先生左氏博議句解　經 1 - 6779
重刊存翁先生文集、續刊存翁先生文集　集 2 - 8645
重刊嘉祐集　集 1 - 2110～1
重刊校正唐荆川先生文集　集 2 - 8841
重刊校正唐荆川先生文集、外集、補遺　集 2 - 8844
重刊校正唐荆川先生文集、續　集 2 - 8843
重刊校正唐荆川先生文集、續集、奉使集　集 2 - 8842
重刊校正音釋書經白文　經 1 - 3392
重刊校正笠澤叢書(笠澤叢書)　集 1 - 1662
重刊校正笠澤叢書(笠澤叢書)、補遺詩、續補遺　集 1 - 1663
重刊校正笠澤叢書(笠澤藂書)、補遺詩　集 1 - 1664
重刊荆川先生文集、新刊外集　叢 2 - 635(12)
重刊荆川先生文集、外集、附錄　集 2 - 8845
重刊荆溪縣志　史 7 - 54914
重刊菉竹堂集驗方　子 2 - 9307
重刊草木子　子 4 - 20284
重刊萬方類纂(萬方類纂)　子 2 - 9582
重刊革象新書　子 3 - 11299
重刊黃文獻公文集　集 1 - 5266
重刊黃文獻公文集(重刊文獻公文集、文獻集、黃文獻集)　集 1 - 5265
重刊杜工部年譜　史 2 - 11171
重刊橫浦日新　子 4 - 20017
重刊林文安公詩集、文集　集 2 - 7008
重刊埤雅　經 2 - 14627
重刊救荒補遺書　史 6 - 44545
重刊增廣門類換易新聯詩學欄江網七集　子 5 - 24913
重刊增廣分門類林雜說　子 5 - 24904　叢 2 - 670
重刊增訂菜根譚　子 4 - 20718
重刊增定二十一史彈詞　集 7 - 53659
重刊增補論策全題性理集要　子 1 - 167
重刊增益詞林摘豔　集 7 - 54596
重刊書法雅言　子 3 - 15114
重刊剌疔捷法　子 2 - 7780
重刊國語、國語補音　史 1 - 2092

重刊四家錄　子 7－34186
重刊咽喉脈證通論　子 2－4771(3)
重刊單篇大字　子 5－25578
重刊明心寶鑑　子 1－2494
重刊明成化本東坡七集、校記、東坡先生年譜　集 1－2389
重刊邱趙牛痘書　子 2－8944
重刊醫方選要、外科集驗方　子 2－9235
重刊人子須知資孝地理心學統宗(地理人子須知)　子 3－13423
重刊人子須知資孝地理心學統宗(人子須知資孝地理心學統宗、人子須知資孝書)　子 3－13425
重刊全補古文會編　集 6－42738
重刊全真宗眼方外玄言　子 5－31981
重刊金匱玉函經二注、補方　子 2－4771(3)
重刊分類編次李太白文集　集 1－823
重刊分類補註李詩全集　集 1－823
重刊普濟應驗良方　子 2－9542
重刊會真記辯　子 5－27513
重刊公安縣志[成化]　史 8－60324
重刊公門果報法戒錄　子 4－24592
15 重建豐濟倉圖案　史 6－44711
重建利濟石橋徵信錄　史 6－44361
重建吳清山汪氏墓祠徵信錄　史 7－51936
重建吉郡張氏總祠志[江西吉安]　史 5－35242
重建黃洲橋志、首圖　史 6－44364
重建鄞奉方橋徵信錄　史 6－44357
重建羅星亭紀畧　史 7－52015　叢 2－1213
重建昭忠祠爵秩姓名錄　史 2－7504
重建鳳梧書院募增膏火全案　史 7－52055
20 重重喜傳奇　集 7－50166
重覓五音借部免疑隱形一百八十字　經 2－14307
重集列女傳例　史 2－6401　叢 1－202(2)、203(7)
重集草訣百韻　子 3－15367
21 重彔臨川公車都門旅費條約　史 6－43361
23 重編廣韻　經 2－13680
重編三立祠傳　史 2－7743～4
重編王文端公文集　集 2－6600
重編五經文字　經 2－12970
重編五經文字、重編九經字樣　叢 1－341
重編石鼓文　經 2－13246
重編西湖林和靖先生詩集　集 1－1881
重編張仲景傷寒論證治發明溯源集(傷寒溯源集)　子 2－6365
重編瓊臺藁　叢 1－223(64)
重編千字文　經 2－13418
重編集類說部　叢 1－18
重編紅雨樓題跋　史 8－65599　叢 2－638
重編朱子學的　子 1－937
重編淮海先生年譜節要　史 2－11268　集 1－2767　叢 2－698(10)
重編補添分門字苑撮要　子 5－25579
重編遂安泮塘毛氏宗譜[浙江淳安]　史 4－25578～9
重編九經字樣　經 2－12976
重編嘉祐集　集 1－2112
重編古筠洪城幸清節公松垣文集(松垣文集)　集 1－3945
重編燕北錄　叢 1－19(7)、20(5)、21(6)、24(8)
重編楚辭　叢 2－1025
重編桐庵文稿　集 3－13178　叢 2－638
重編摘注鄉音字彙　經 2－14885
重編東坡先生外集、東坡先生年譜　集 1－2401
重編留青新集　子 5－25483
重編義勇武安王集　史 2－8473～4
重編棠樾鮑氏三族宗譜[安徽歙縣]　史 5－40264
重編燼餘集　集 2－12947
24 重續千字文　經 2－13406
重續興安府志[民國]　史 8－63031
25 重使西江草　集 4－30493
27 重修廖氏族譜[四川]　史 5－38569
重修高氏世譜[廣東番禺]　史 4－32460
重修廣韻　經 2－13678　叢 1－223(16)
重修廣元縣志稿[民國]　史 8－61703
重修麻溪吳氏族譜[安徽桐城]　史 4－27997
重修襄垣縣志[康熙]　史 7－55666
重修襄垣縣志[乾隆]　史 7－55667
重修襄城縣志[民國]　史 8－59897
重修六安州志[康熙]　史 7－58002
重修龍游鳳梧書院徵信錄　史 7－52056
重修龍坦胡氏世譜[安徽涇縣]　史 4－30537
重修龍陽縣志[光緒]　史 8－60477
重修顏氏遷粵家譜[廣東南海]　史 5－40988
重修新建鄭氏宗譜[浙江奉化]　史 5－38629
重修新樂縣志[光緒]　史 7－55034
重修新安東關濟陽江氏宗譜[安徽歙縣]　史 4－26884
重修新城縣志[民國]　史 8－59172
重修贛榆縣志[康熙]　史 7－56633
重修於潛縣志[光緒]　史 7－57179

重修一居金氏宗譜[浙江東陽]　史4-29728
重修三衢仁德葉氏宗譜[浙江衢州]　史5-35683
重修三嶺蔣氏宗譜[浙江鄞州]　史5-38124
重修三原志[嘉靖]　史8-62848
重修三原志[成化]　史8-62847
重修正文對音捷要真傳琴譜大全　子3-17611
重修正陽縣志[民國]　史8-60072
重修玉篇　叢1-223(15)
重修五河縣志[光緒]　史7-57834
重修靈寶縣志[乾隆]　史8-59574
重修靈寶縣志[光緒]　史8-59576
重修靈臺縣志[民國]　史8-63190
重修元遺山先生(好問)墓記畧　史2-8786
重修兩淮鹽法志　史6-43844
重修兩浙鹺志　史6-43822～3
重修兩浙鹺志、兩浙訂正鹺規　史6-43824
重修平度州志[道光]　史8-59304
重修平遙縣志[康熙]　史7-55806～7
重修天津府志[光緒]　史7-54989
重修天岳李氏族譜[湖南平江]　史4-27521～2、27526
重修石曲季氏宗譜[浙江黃巖]　史4-29590
重修石氏宗譜[江蘇溧陽]　史4-25994
重修晉陵金臺沈氏族譜[江蘇武進]　史4-28994
重修電白縣志[道光]　史8-61196
重修電白縣志[光緒]　史8-61197
重修栗塘范氏宗譜[浙江金華]　史4-29454
重修琴川志　叢1-265(3)
重修琴川志[寶祐]　史7-57066
重修張氏族譜[山東龍口]　史5-35251
重修張氏族譜[安徽太和]　史5-35128
重修登榮張氏族譜　史5-34734
重修登榮張氏族譜[浙江紹興]　史5-34935
重修瑞金縣志[康熙]　史8-58606
重修水南秦氏宗譜[江蘇江陰]　史4-31250
重修延川縣志[道光]　史8-62721
重修延安府志[嘉慶]　史8-62715
重修武強縣志[康熙]　史7-55410
重修珠溪鍾氏族譜[廣東番禺]　史5-40665
重修邳州志[嘉靖]　史7-56604
重修鄧川州志[隆武]　史8-62525
重修鄧縣志[民國]　史8-59951
重修鄂縣志[民國]　史8-62707
重修承旨學士壁記　史6-42848　叢1-244(4)
重修邵武縣志[民國]　史8-58207
重修邵氏宗譜[浙江]　史4-29252
重修政和經史證類備用本草　叢2-635(4)
重修政和經史證類備用本草(證類本草)　子2-5520
重修婺源縣志[民國]　史8-58773
重修磁州志[萬曆]　史7-55545
重修秀水縣志稿[民國]　史7-57316
重修信陽縣志[民國]　史8-59977
重修季氏世譜[上海崇明]　史4-29569
重修香山小欖何氏宗譜[廣東中山]　史4-28429
重修崞縣志稿[民國]　史7-55739
重修上高縣志[道光]　史8-58881
重修上高縣志[同治]　史8-58882
重修上蔡縣志[民國]　史8-60058
重修盧氏縣志[乾隆]　史8-59594
重修盧氏縣志[光緒]　史8-59595
重修何氏宗譜[浙江]　史4-28341
重修潁川陳氏宗譜[浙江淳安]　史4-32822
重修潁州志[康熙]　史7-57794
重修須江石城姜氏宗譜[浙江江山]　史4-31065
重修紫陽縣志[民國]　史8-63044
重修豐洛吳氏宗譜[江蘇丹陽]　史4-27731
重修任丘縣志[康熙]　史7-55350
重修嵐縣志[雍正]　史7-56012
重修嶺峧葉氏譜稿　史5-35786
重修山陽縣志[同治]　史7-56660
重修崇信縣志[民國]　史8-63192
重修崇安縣志[民國]　史8-58227
重修崇明縣志[康熙]　史7-56524
重修臧氏支譜[江蘇江都]　史5-38477
重修什邡縣志[民國]　史8-61764
重修德州志[康熙]　史8-59074
重修岐山縣志[順治]　史8-62920
重修岐山縣志[萬曆]　史8-62919
重修仲氏家乘[江蘇寶應]　史4-26754
重修保定志[弘治]　史7-55242
重修皋蘭縣志[光緒]　史8-63092
重修皋蘭金氏家譜[甘肅蘭州]　史4-29801
重修吳寧橫城蔣氏宗譜[浙江東陽]　史5-38155
重修吳氏宗譜[江蘇宜興]　史4-27767

重修和順縣志[乾隆]　史7-55783
重修和順縣志[民國]　史7-55785
重修歸仁詹氏宗譜[江西玉山]　史5-37921
重修酆都縣志[同治]　史8-61564
重修酆都縣志[民國]　史8-61568
重修酆都縣省通志採訪[民國]　史8-61567
重修伊陽縣志[道光]　史8-59629
重修烏青鎮志[萬曆]　史7-57269
重修阜志[康熙]　史7-55429
重修名法指掌圖　史6-46123
重修句容縣志[順治]　史7-56863
重修包山葛氏世譜[江蘇蘇州]　史5-35823
重修儀徵縣志[道光]　史7-56719
重修徐州志[弘治]　史7-56596
重修徐溝縣志[康熙]　史7-55602
重修徐氏族譜[安徽潛山]　史4-32110
重修徐氏宗譜[安徽潛山]　史4-32108、32112
重修宣和博古圖　叢1-223(38)
重修宜興縣志[康熙]　史7-56927
重修淮郡文渠志　史7-52879
重修濟陽江氏族譜[安徽歙縣]　史4-26883
重修涪州志[同治]　史8-61505
重修寧夏新志[弘治]　史8-63313
重修寧海州志[同治]　史8-59243
重修寧羌州志[萬曆]　史8-62978
重修永寧州志[光緒]　史7-55987
重修安平志[道光]　史8-58319
重修安平縣志[萬曆]　史7-55416
重修安徽通志[光緒]　史7-57750
重修安澤縣志[民國]　史7-55870
重修富春志[正德]　史7-57185
重修富民縣志[雍正]　史8-62368
重修定西縣志[民國]　史8-63207
重修寶應縣志[道光]　史7-56755
重修寶應縣志[民國]　史7-56757
重修寶應縣志辨[咸豐]　史7-56756
重修寶豐縣志[乾隆]　史8-59918
重修寶山縣志稿[光緒]　史7-56402
重修江北縣志採訪表畧[民國]　史8-61500
重修江家橋族譜[安徽懷寧]　史4-26868
重修江浦縣新志[康熙]　史7-56578
重修江蘇省鹺課全書　史6-43439
重修涇陽縣志[宣統]　史8-62859
重修涇陽縣志[道光]　史8-62858
重修汪氏族譜[浙江淳安]　史4-28723
重修汪氏家乘[安徽]　史4-28755、28927
重修汪氏膳塋便覽[安徽歙縣]　史4-28863
重修汧陽縣志[道光]　史8-62937
重修福建臺灣府志[乾隆]　史8-63452
重修顧氏家譜　史5-41430
重修顧氏家譜、義莊記　史5-41431
重修顧氏宗譜[浙江上虞]　史5-41422～3
重修浙江西湖岳忠武王廟墓徵信錄　史7-51933
重修浙江通志初稿[民國]　史7-57125
重修浙江省通志(寧屬沿革圖表、人物傳表)[民國]　史7-57126
重修滬游雜記　史7-53185　叢1-496(6)
重修浦蘭錢氏宗譜[浙江]　史5-40184
重修浦陽錢氏宗譜[浙江浦江]　史5-40228
重修漢陰廳志[嘉慶]　史8-63037
重修漢陰縣志[萬曆]　史8-63034
重修洪氏統宗譜[江西婺源]　史4-31002
重修清平縣志[康熙]　史8-59013
重修清史商榷　史1-5353
重修湯邑青陽張氏宗譜[浙江金華]　史5-35012
重修湖田楊氏族譜[江蘇蘇州]　史5-36827
重修滑縣志[民國]　史8-59756
重修洛陽縣志[乾隆]　史8-59603
重修祿源馬氏宗譜[浙江永康]　史4-31605
重修通渭縣新志[光緒]　史8-63210
重修通渭縣志[萬曆]　史8-63208
重修通志採取書目　叢2-2270(2)
重修通惠河志　史7-52839
重修海昌會館彙存錄　史7-50380
重修滄州志稿[咸豐]　史7-55365
重修祥符縣志稿[同治]　史8-59795
重修泮塘義門毛氏宗譜[浙江淳安]　史4-25583
重修大宗祠仗義衆孫題簽千子會名份錄　史5-39158
重修太原縣志[雍正]　史7-55598
重修臺灣府志[康熙]　史8-63450
重修臺灣府志[乾隆]　史8-63453
重修臺灣縣志[乾隆]　史8-63464
重修直隸陝州志[乾隆]　史8-59587～8
重修南川縣志[民國]　史8-61534
重修南嶽志　史7-52589
重修南海普陀山志　史7-52323
重修南陽疎東氏宗譜　史5-36712
重修李氏族譜[安徽]　史4-27280

重修李氏族譜[江蘇崑山] 史4-27150
重修李氏族譜[湖南岳陽] 史4-27505
重修李氏統宗譜[江西婺源] 史4-27360
重修李氏家乘 史4-27687
重修李氏世譜[山東桓臺] 史4-27405
重修嘉魚縣志、續增[乾隆] 史8-60283
重修嘉魚縣志[同治] 史8-60285
重修嘉善縣志[康熙] 史7-57384
重修嘉善縣志[嘉慶] 史7-57387
重修嘉善縣志[萬曆] 史7-57382
重修嘉善縣志[光緒] 史7-57388
重修古浪縣志[民國] 史8-63142
重修古歙城東許氏世譜[安徽歙縣] 史5-34447
重修古歙東門許氏宗譜[安徽歙縣] 史5-34449
重修木蘭陂集 史7-52951
重修梓潼縣志[咸豐] 史8-61747
重修樟山童源童氏宗譜[浙江淳安] 史5-36491
重修彭山縣志[民國] 史8-62052
重修彭城郡劉金二氏宗譜[浙江縉雲] 史5-39314
重修彭縣志[光緒] 史8-61668
重修桃源縣志[乾隆] 史7-56647
重修博興縣志[道光] 史8-59461
重修博興縣志[民國] 史8-59462
重修城東王氏宗譜[浙江淳安] 史4-24940
重修封氏族譜[上海] 史4-30678
重修蒲臺縣志[康熙] 史8-59464
重修蒲臺縣志[光緒] 史8-59466
重修蒲圻縣志[乾隆] 史8-60298
重修鼓山志 史7-52439
重修芳山江氏家譜[浙江淳安] 史4-26857
重修蘭江東魯唐氏族譜[浙江蘭溪] 史4-32519
重修蘭浦西方陳氏宗譜[浙江浦江] 史4-33104
重修蒙城縣志[民國] 史7-57825
重修蓬萊縣志[道光] 史8-59275
重修萬年橋徵信錄 史6-44363
重修華亭縣志[光緒] 史7-56471
重修華亭縣志拾補[光緒] 史7-56472
重修革象新書 子3-11301 叢1-223(34),2-860
重修英山縣志[同治] 史8-60240
重修英德縣誌[康熙] 史8-60855
重修昔陽縣志[民國] 史7-55790
重修莒志[民國] 史8-59315
重修黃氏五大族宗譜 史5-33706
重修黃氏白分家乘[上海崇明] 史5-33726
重修杜工部墓並建祠請祀集刊 史7-51961
重修杜氏宗譜[上海崇明] 史4-26979~80
重修如臯縣志[嘉靖] 史7-56824
重修楊氏族譜[四川簡陽] 史5-37067
重修楊氏小宗祠譜[貴州福泉] 史5-37075
重修胡氏龔原西岙派宗譜[浙江奉化] 史4-30423
重修盩厔縣志[乾隆] 史8-62699
重修梅晝龍川朱氏族譜[浙江] 史4-26454
重修事物紀原集 子5-25532
重修泰安縣志[民國] 史8-59404
重修肅州新志[乾隆] 史8-63144
重修青山行宮碑文 集6-45100
重修青縣志[光緒] 史7-55370
重修奉化縣志[順治] 史7-57456
重修奉賢縣志[光緒] 史7-56516
重修棗陽縣志[咸豐] 史8-60144
重修秦州直隸州新志[光緒] 史8-63118
重修秦氏宗譜[安徽潛山] 史4-31264
重修東山鄭氏世譜[江蘇蘇州] 史5-38598
重修東園徐氏宗譜[江蘇吳縣] 史4-31851
重修東門浮橋記 史6-44365
重修靜樂縣志[同治] 史7-55751
重修咸陽縣志[民國] 史8-62838
重修成都縣志[同治] 史8-61635
重修曲江縣志[康熙] 史8-60891
重修曲陽縣志[光緒] 史7-55330
重修曹溪通志 史7-51709
重修揚州府志[嘉慶] 史7-56711
重修輞川志 史7-53042
重修唯亭顧氏家譜[江蘇蘇州] 史5-41399
重修四川通志遂寧採訪錄[民國] 史8-61837
重修四川通志四錄[民國] 史8-61624
重修四川通志金堂採訪錄[民國] 史8-61673
重修四川青羊宮碑記 子5-29536(7)
重修恩縣志[宣統] 史8-59103
重修恩縣志[民國] 史8-59104
重修固始縣志[乾隆] 史8-60000
重修郾陽縣志[道光] 史8-62984
重修景寧縣志[乾隆] 史7-57709

重修毗陵志[咸淳] 史7-56866
重修毗陵志[成化] 史7-56868
重修盱眙吳氏族譜[江蘇盱眙] 史4-27708
重修昭化縣志[道光] 史8-61706
重修昭覺寺志 史7-51711
重修雁門童氏宗譜[浙江淳安] 史5-36495
重修厲氏宗譜[浙江東陽] 史5-38467～8
重修馬氏宗譜[浙江衢州] 史4-31604
重修長壽縣志[光緒] 史8-61515
重修劉氏族譜[江西吉安] 史5-39409
重修劉金氏宗譜[浙江東陽] 史4-29722, 5-39299
重修脈訣指掌病式圖說 子2-6022
重修陝西乾州志[雍正] 史8-62865
重修陽明先生年譜 史2-11459
重修鳳山縣志[乾隆] 史8-63486
重修鳳翔府志[康熙] 史8-62913
重修鳳翔府志[萬曆] 史8-62912
重修鳳翔府志[乾隆] 史8-62915
重修隆德縣志[民國] 史8-63338
重修同治四年乙丑科齒錄 史3-13900
重修膠州志[道光] 史8-59293
重修丹稜縣志[道光] 史8-62059
重修留侯天師世家張氏宗譜[江西貴溪] 史5-35190
重修問刑條例題稿 史6-41519～20、45815
重修興化縣志[咸豐] 史7-56794
重修興化縣志[民國] 史7-56795
重修膳塋便覽 史3-24569
重修臨潁縣志[民國] 史8-59905
重修臨潼縣志[順治] 史8-62678
重修臨邑縣志[康熙] 史8-59118
重修金壇縣志[民國] 史7-56885
重修乍浦東陳氏族譜[浙江平湖] 史4-32832
重修俞氏統宗譜 史4-30765
重修俞氏統宗譜[江西婺源] 史4-30843～4
重修無極志[康熙] 史7-55078
重修無極縣志[民國] 史7-55081
重修無錫縣志[弘治] 史7-56892
重修慈利縣志[嘉慶] 史8-60456
重修普陀山志 史7-52324
重修會稽樊川陳氏宗譜[浙江紹興] 史4-32872
重修會稽陶氏族譜[浙江紹興] 史5-33479
重修鎮平縣志[乾隆] 史8-60968
重修鎮番縣志[道光] 史8-63136
重修鎮江府志[萬曆] 史7-56839
重修鎮原縣志[民國] 史8-63179
重修歙縣會館錄 史7-50497
重修郃陽縣志[順治] 史8-62823
重修竹園燕源城東三族嚴氏家譜[浙江淳安] 史5-41193
重修常州府志[萬曆] 史7-56870
重修常昭合志[民國] 史7-57088
重修爐橋方氏家譜[安徽定遠] 史4-25809～10
重彙古祕地理玄機松竹梅全卷 子3-13326
重租論、重地租申言、減租瑣議 史6-43384
30 重宴鹿鳴集、贈什 集4-27417
重定齊家寶要 子1-2175
重定續三十五舉 子3-16776、16841
重定授菩薩戒法 子6-32091(70),7-33937
重定學務章程 史6-42392
重定合聲簡字譜 經2-13592
31 重濬江南水利全書 史6-46744
重濬東湖改建書院記 史7-52087
32 重添校正蜀本書林事類韻會 子5-26086
33 重心術演 子3-12385
重治在家律要 子7-33956
重治毘尼事義集要 子7-33529
重治毘尼事義集要、重治在家事義集要 子7-33530
34 重對玉梳記 集7-48777
重遠齋吟稿 集4-29846
37 重選唐音大成 集6-43308
重選徐迪功外集 集2-7770
38 重游嶽麓記 史7-49318(4)
重游泮水紀盛錄 史2-7651
重遊靈應峯記 史7-49317(3)、49318(9)、53529
重遊嶽麓記 史7-53669
重遊白帝稿(詩) 叢2-1110
重遊南嶽紀行錄 史7-53663
40 重臺分別 集7-52790
重梓參坡袁先生一螺集 叢2-975
重梓純峯張氏宗譜[浙江淳安] 史5-34891
重梓歸元直指 子7-34484
重梓徐緝之先生詩說闕疑 經1-3903
重梓遂邑純峯張氏宗譜[浙江淳安] 史5-34890
重梓薛文清公讀書錄講義、文清公薛敬軒先生行實 子1-918
重校註釋紅拂記 集7-49829
重校襄陽耆舊傳 史2-8227
重校訂正說唱柳狀元繡花針報寃傳 集7-

53665
重校刻藝林古今文法碎玉集　集6-46231
重校旗亭記　集7-49981
重校一峯先生集　集2-6977
重校正唐文粹、校勘記　叢2-635(14)
重校正地理新書　子3-13389
重校玉玦記(王玦記定本)　集7-49778
重校玉合記　集7-49918
重校玉簪記(三會貞文菴玉簪記)　集7-49855
重校五倫香囊記　集7-49759
重校爾雅翼　經2-14638
重校天祿閣寓言外史　子4-19774
重校北西廂記　集7-48809
重校班仲昇投筆記　集7-49810
重校琵琶記、釋意大全　集7-49722
重校刊官板地理玉髓真經　子3-13375
重校刊官板地理玉髓真經、後卷　子3-13374
重校聖濟總錄　子2-4791
重校聖濟總錄(聖濟總錄)　子2-4792
重校千金記　集7-49770
重校雙魚記　集7-49928
重校拜經樓叢書(重定拜經樓叢書)　叢1-293
重校拜經樓叢書　叢1-292
重校拜月亭記(註釋拜月亭記)　集7-49751
重校紫釵記　集7-49881
重校紅拂記　集7-49828
重校經史海篇直音　經2-12833
重校稽古樓四書　叢2-702
重校繡襦記　集7-49822
重校劍俠雙紅記　集7-50071
重校字學舉隅　經2-15133
重校宋竇太師瘡瘍經驗全書　子2-7657
重校宋蘇文忠公寓惠錄　集1-2423
重校竊符記　集7-49837
重校添註音辯唐柳先生文集、外卷　集1-1430
重校浣紗記(重刻出像浣紗記)　集7-49817
重校十三經集字　經2-12030
重校十三經輯字　經2-12039
重校十無端巧合紅蕖記　集7-49922
重校古荆釵記　集7-49744
重校古本五音類聚四聲切韻直音海篇大全　經2-12852
重校古周禮　經1-4983～4
重校夢窗詞劄記　集7-46687
重校蒙學堂字課圖說　經2-13497
重校蘇季子金印記　集7-49799
重校孝義祝髮記　集7-49836
重校韓夫人題紅記　集7-49983
重校埋儉記　集7-49924
重校鶴山先生大全文集　叢2-635(10)
重校鶴山先生大全文集、目錄　集1-4091
重校鶴山先生大全文集長短句　集7-46654
重校增訂初學檢韻、佩文詩韻　經2-13908
重校中西算學大成　子3-12377
重校書法正傳　子3-15162
重校東垣先生正脈　子2-6100
重校批點青雲集合注　子5-26191
重校投筆記　集7-49809
重校四美記　集7-50103
重校甲乙集　集1-1638
重校呂真人黃粱夢境記　集7-49867
重校全補海篇直音、新集背篇列部之字　經2-12835
重校金印記　集7-49800
重校分部書法正傳　子3-15162
重校義俠記　集7-49926
重校錦箋記　集7-49874
44 重地租申言　史6-43384
重蔭樓詩集　集4-30781　叢1-423
重葺楊文襄公(一清)實錄　史2-8888
重葺楊文襄公事畧　叢2-886(5)
重華宮升平署錢糧處庫存清册　史6-43219
重桂堂集　集4-29751
45 重樓玉鑰　子2-7441
重樓玉鑰續編　子2-4768、7442
重樓集　子4-24432
48 重增三教源聖帝佛師搜神後記　子5-26813
重增釋義大明律　史6-45788
重增繪圖幼學故事瓊林　子5-25616
重增格物入門　子7-37459
50 重較唐詩類苑選　集6-43392
54 重斠唐韻考　經2-13658　叢2-782(4)
56 重輯不得已輯要　子7-35903
重輯張堰志[民國]　史7-56456
重輯朱子錄要　子1-801
重輯渭南縣志[道光]　史8-62765
重輯蒼頡篇　經2-13264　叢2-2229
重輯楓涇小志[光緒]　史7-56454
重輯倉頡篇　經2-13263
58 重整內閣大庫殘本書影　史8-66495
60 重疊嶺下張氏五修宗譜[浙江嵊州]　史5-34978
重思齋叢書　集6-41760
重思齋遺著　集5-40293

重恩錄 史 2-8919
61 重題楓江漁父圖 集 3-15619
65 重嘯集 集 5-36326
66 重器考 子 7-36240(4)
70 重雕改正湘山野錄、續 叢 2-658
重雕改正湘山野錄、續錄 子 4-22887
重雕補註禪苑清規、新添瀘水法並頌 子 7-34023
重雕嘉靖本校宋周禮札記 經 1-4888
重雕札記 叢 1-316～7
重雕老杜詩史押韻 集 1-885
72 重彫足本鑒誡錄 子 5-26263 叢 1-244(5)
重質重力及重心考 子 7-36240(4)
76 重陽立教十五論 子 5-29530(23)、31946
重陽庵集、附刻、附錄 史 7-51731 叢 2-832(1)
重陽壽鞠徵詩傳啓合刻 集 4-30708
重陽七真傳 子 5-28920
重陽真人授丹陽二十四訣 子 5-29530(22)、31945
重陽真人金關玉鎖訣 子 5-29530(22)、31234
重陽菴集、重陽詩集、吳山重陽叢林八景詩集當代名公珠玉 史 7-51730
重陽教化集 子 5-29530(22)、29535(5)、29536(5) 集 1-4694～5
重陽全真集 子 5-29530(22)、29535(5)、29536(5) 集 1-4696～7
重陽分梨十化集 子 5-29530(22) 集 1-4698
77 重學 子 7-36228(1)、36237、37573
重學須知 子 7-36230、37576
重學滙編 子 7-36241
重學源流考 子 7-36240(4)
重學淺說 子 7-36228(4)、36243、36246、37574 叢 2-1974
重學考 子 7-36240(4)、36245
重學書目考 子 7-36240(4)
重學探原 子 7-36254
重學數理 子 7-36254
重學圖說 子 7-36228(4)、36241、37575
重學器圖說 子 7-36229、37581
重學入門 子 7-36241
重學策 子 7-36236
重開呂昌兩堨記 史 6-46864
重印江都汪氏叢書 叢 2-927
重閩齋文集 叢 2-970
重閩齋集 集 3-18387～8 叢 2-970
80 重入春明雜錄 子 4-23190～1
重入春明錄 子 4-23193
重鐫京板藥性賦、醫方捷徑指南全書 子 2-5787
重鐫一庵王先生遺集 集 2-8638
重鐫王心齋先生集 集 2-7948
重鐫兩厓集 集 2-8322
重鐫武經七書集註 子 1-3024
重鐫集古篆文金剛經 子 7-32334
重鐫徽郡官板翁太史補選文公家禮 經 1-6315
重鐫徐定菴先生集、花朝閣樂府 集 2-9513
重鐫官板天機會元增補地學剖祕萬金琢玉斧(徐試可地理琢玉斧) 子 3-13289
重鐫官板地理天機會元(重鐫地理天機會元、地理天機會元) 子 3-13284
重鐫官板地理天機會元正篇續篇 子 3-13290
重鐫官板地理天機會元正篇體用括要 子 3-13285
重鐫官板地理天機會元續篇雜錄備覽 子 3-13286
重鐫官板地理天機會元末篇正續補遺 子 3-13288
重鐫心齋王先生全集 集 2-7942、7944
重鐫心齋王先生全集、新刻王心齋先生疏傳合編 集 2-7943
重鐫祕傳理性元雅琴譜全書 子 3-17635
重鐫清靜經圖注(清靜經圖註) 子 5-30001
重鐫神峯張先生通考辟謬命理正宗大全 子 3-14137
重鐫蘇紫溪先生易經兒說 經 1-741
重鐫草堂外集 集 3-20961
重鐫感應篇經史考 子 5-30382
重鐫原板醫方捷徑指南全書、重鐫京板太醫院分類青囊藥性賦 子 2-4778
87 重錄齊國紀事 史 1-2262
重錄南九宮曲譜 集 7-54658
重錄增補經驗喉科紫珍集、白喉捷要 子 2-7456
重鍥初庵方先生書經集解 經 1-2730
重鍥鳳洲王先生文抄註釋 集 2-9565
重鋟文公先生奏議 史 6-48143
重鋟文公家傳注解小學 子 1-2685
重鋟朱子易學啓蒙 經 1-2121
重鋟增補湯會元遴輯百家評林左傳狐白 經 1-6855
重鋟合併評註我朝元朝捷錄 史 1-5932
88 重纂靖遠衛志[康熙] 史 8-63103
重纂三遷志 史 7-51461
重纂三遷志[山東鄒縣] 史 4-30320
重纂君顯公下支譜[湖北京山] 史 4-

28946
重纂邵武府志[光緒]　史8-58205
重纂福建通志[道光]　史8-58143
重纂禮縣新志[民國]　史8-63253
重纂禮縣新志[光緒]　史8-63252
重纂興平縣志[民國]　史8-62845
重纂光澤縣志[道光]　史8-58244
重纂光澤縣志[光緒]　史8-58245
重築孫家堰案　史6-46855
90 重光集　集4-27689
91 重纇張仲景傷寒論　子2-6559

2010_7 盉

30 盉宀書跋　史8-66021

2011_1 乖

00 乖庵文錄　集5-39685
22 乖崖詩集　集1-1847,6-41908
乖崖詩鈔　集1-1846,6-41900
乖崖集　叢1-223(50)
乖崖集存　集1-1848～9　叢1-554,2-2043
乖崖先生文集　集1-1845
乖崖先生文集(張乖崖文集)　集1-1844
乖崖先生文集(乖崖集、乖崖先生全集)、附錄　集1-1843
乖崖先生文集、附集　叢1-447
乖崖事文錄　集1-1852

2011_4 雌

23 雌伏亭叢記　子4-23016
雌伏吟　集4-33498,6-42007(3)
28 雌谿草堂初集　集2-12886
40 雌雄寶鏊　集7-54309
雌雄寶鏊全歌　集7-54309
雌雄淵　叢1-501
雌雄杯寶卷　集7-54309
雌雄劍　集7-51097
雌木蘭　集7-48775　叢2-672
雌木蘭替父從軍　集7-48778、49132、49143
雌木蘭替父從軍　集7-49144～5

2013_2 黍

44 黍薌詞　集7-48362
80 黍谷詩草初草　集2-10584
黍谷山房詩鈔　集3-18742
黍谷遊記　史7-49357、53161
黍谷居士外編　叢1-373(5)

2020_2 彡

10 彡石齋集　集3-21145
彡石自訂年譜　史2-11945

2021_2 魑

25 魑魅魍魎記　子5-27911

2021_4 住

40 住真草堂詩鈔、瘦月詞鈔　集4-28631

往

25 往生集　子6-32091(71),7-34735
往生集、普勸爲人必修淨土　子7-34736
往生集、普勸修淨土三章　子7-32099
往生淨土決疑行願二法門　子6-32089(48)
往生淨土決疑行願二門　子6-32090(61)、32091(59)、32092(42)、32093(51)
往生淨土神呪　子7-32096
往生淨土懺儀式　子7-34980
往生淨土懺願儀　子6-32089(48)、32090(61)、32091(59)、32092(42)、32093(51)
往生淨土懺願儀、往生淨土決疑行願二門　子7-34423
往生咒譯注　子7-32893
往生鏡　子7-32111
37 往深齋詩集　集3-16555
50 往事錄異　叢2-1684

52 往哲錄　叢 1 - 155

2021$_6$ 覓

00 覓玄語錄　子 5 - 32023
44 覓地　集 7 - 49458
92 覓燈因話　子 5 - 27581

2021$_7$ 禿

16 禿碧紗炎涼秀士　集 7 - 49309

2021$_8$ 位

00 位立齋遺稿　集 4 - 32296
10 位西先生遺稿　叢 2 - 731(44)
位西尺牘　集 4 - 31834

2022$_1$ 停

10 停霞詩鈔　集 3 - 14843,6 - 41756
停雲詩稿　集 4 - 31362
停雲詩草　集 3 - 20872
停雲集　集 4 - 24221～2、28962,6 - 44285～6、44334
停雲樓詩集　集 4 - 28076
停雲軒古詩鈔　集 3 - 21559
停雲吟草、西塘唱酬集、盤溪唱酬集、黃葉唱酬集、陸宣公墓古柏重青詩選　集 3 - 19613
停雲閣詩話　集 6 - 46123
停雲閣詩稿　集 3 - 21892
停雲館詩選　集 2 - 11090
停雲館帖記　叢 2 - 1994
停雲館帖記畧　叢 2 - 1512
停雲館摘稿　集 2 - 8254
停雲館人物記　史 2 - 6615
停雲小單色畫牘　子 3 - 16567
停雲堂詩草　集 4 - 22591
11 停琴寄笠山房詩草　集 5 - 35590
43 停梭吟草　集 4 - 31380
73 停驂隨筆　史 7 - 49317(6)、49318(12)、53899　叢 2 - 1335
停驂錄　叢 2 - 1081
停驂錄、續　子 4 - 20407
停驂錄、摘錄、續　子 4 - 20408
停驂錄摘抄　叢 1 - 84(3)
停驂錄摘抄、續停驂錄摘抄　叢 2 - 730(10)、731(51)
83 停鍼倦繡集　集 5 - 35363

2022$_2$ 豸

44 豸華堂文鈔　集 4 - 29298
豸華堂文鈔(甲部奏議、乙部駢文)　集 4 - 29299

2022$_3$ 儕

47 儕鶴笑贊　叢 2 - 1154

2022$_7$ 肙

00 肙齋文集、詩集　集 4 - 31137　叢 2 - 821
肙齋金石跋　史 8 - 63682
肙齋籤記　史 7 - 49339、54779

仿

10 仿玉局黃樓詩文稿　集 4 - 32386
仿玉局黃樓詩稿　集 4 - 32387
仿元遺山論詩絕句　史 1 - 6152
15 仿建除體分句詩鈔　集 5 - 39717
20 仿舫齋詩鈔　集 4 - 29855
30 仿寓意草　子 2 - 4768、10639
仿宋四家詞選　集 7 - 46439
31 仿潛齋詩鈔　集 5 - 35654
47 仿橘詞　集 7 - 46399～400、47143
57 仿擊壤草　集 5 - 39778
仿擊缽吟　集 5 - 39217
60 仿園酒評　叢 2 - 617(2)
仿園清語　叢 2 - 617(5)
80 仿今言　叢 2 - 1703
84 仿鑄漢建初銅尺　史 8 - 63498、64292

傍

29 傍秋亭雜記 叢 2 - 674
32 傍溪茅屋遺稿 集 3 - 16593

傭

00 傭庵北遊集 集 3 - 15459
傭廬詩文存 集 5 - 40764
50 傭中人 集 7 - 49390～1
67 傭吹錄 子 5 - 25217
傭吹錄註 子 5 - 25218
傭吹錄二集 子 4 - 24126,5 - 25216
88 傭餘雜墨 集 5 - 40401
傭餘漫墨、續墨 叢 2 - 2266

喬

00 喬文衣集(海外奕心) 集 3 - 13375
喬文拾遺 集 4 - 32778
10 喬三石集 集 2 - 9292～3,6 - 41935(2)、41940、42053
喬夏黄氏族譜[湖南瀏陽] 史 5 - 34019
17 喬羽書巢詩内集、外集 集 3 - 21227
25 喬倩遺稿 集 5 - 41318
28 喬復生王再來二姬合傳 叢 1 - 587(4)
30 喬家心易 經 1 - 934
36 喬還一先生餘稿括抄 集 2 - 12287 叢 2 - 1190、1192
40 喬太夫人行述 史 2 - 9939
喬南文集 集 3 - 15697
44 喬勤恪公奏議 史 6 - 48965 叢 2 - 1872
喬勤恪公全集四種 叢 2 - 1872
喬夢符小令 集 2 - 11520,7 - 50534、50539、50558
喬莊簡公集 集 2 - 7277
47 喬鶴儕先生(松田)年譜 史 2 - 12210
喬聲集 集 5 - 36170
48 喬松億禪師語錄 子 6 - 32091(81)
喬松年列傳 史 2 - 10133
62 喬影(飲酒讀騷圖) 集 7 - 49559
71 喬厦陳氏四修族譜[湖南茶陵] 史 4 - 33333
喬阪遺詩(醜石居遺詩) 集 4 - 26401
72 喬氏叢刻五種 叢 1 - 191
喬氏支譜續修 史 5 - 36192
喬氏載記 史 5 - 36191
喬氏易俟 經 1 - 1098～9
喬氏易俟(易俟)、圖 經 1 - 1097
82 喬劍溪遺集 集 3 - 18841

彷

25 彷彿樓草 集 7 - 46405、46863
44 彷夢華錄 史 1 - 1303
60 彷園酒評 叢 1 - 197(4)
彷園酒評(倣園酒評) 子 3 - 18330
彷園清語 叢 1 - 197(3)

爲

10 爲一齋文鈔 集 5 - 37649
爲可堂詩集鈔 集 2 - 12599 叢 2 - 834
爲可堂集 集 2 - 12602
爲可堂初集 集 2 - 12600～1、12603
爲可堂初集文、又論、外集、集選、梅里詞 集 2 - 12598
爲栗傲夫 集 7 - 52501
爲霖和尚靈石俱胝禪寺語錄 子 7 - 34331
爲霖和尚泉州開元語錄 子 7 - 34330
17 爲翟從先書門人李汝潛傳 集 2 - 9735
爲己編 子 1 - 1876
爲己精舍藏書五種 叢 2 - 2014
18 爲政忠告 叢 1 - 481,2 - 637(2)
爲政規模節要論 史 6 - 45770
爲政善報事類 史 6 - 42938 叢 1 - 265(4)、266
24 爲先伯父叔父立後記 史 1 - 3326
28 爲谿齋詩集 叢 2 - 795
32 爲溪齋詩集、文集 集 5 - 40032
40 爲南齋遺編 集 4 - 24194
50 爲夫請戍邊自贖表 集 1 - 1795 叢 1 - 168(4)
60 爲兄上書 史 6 - 48093 叢 1 - 168(4)
64 爲賭傲夫 集 7 - 52502
71 爲臣不易編 史 2 - 6602
77 爲學綱目 子 1 - 2485
爲學次第書 子 1 - 2374 叢 2 - 1289
爲學大旨 子 1 - 1781

爲學大指　子1-2438、2702　叢1-483,2-690、691(3)、1807
80 爲人錄　叢2-1749
爲父上書　史6-48089　叢1-168(4)
爲善最樂　子5-30529
爲善陰騭　子4-23841

臃

00 臃哀集　集3-15754
30 臃窺堂讀易　經1-1069

秀

12 秀水王仲瞿文　集4-24481
秀水朱氏家譜[浙江嘉興]　史4-26485
秀水朱氏家乘[浙江嘉興]　史4-26482、26484、26486～7
秀水朱氏日記(殘)　史2-12541
秀水董氏五世詩鈔　叢2-968
秀水縣志[康熙]　史7-57315
秀水縣志[萬曆]　史7-57313～4
秀水縣學堂章程　史6-42523
秀水吟草　集4-30575
秀水閒居錄　子5-26288　叢1-22(7)、23(7),2-617(2)
秀水金氏梅花草堂影印善本二種　叢2-696
17 秀瓊起寺　集7-52847
22 秀巖集　集3-13131～2　叢2-1232
秀巖集(菊潭集)四種　叢2-1232
秀峯黄氏統宗世譜[浙江江山]　史5-33825
秀峯周氏宗譜[浙江江山]　史4-30012
秀山糜氏族譜[重慶秀山]　史5-40886
秀山志　史7-52393　叢2-818
秀山姚氏學山堂家譜[浙江嘉興]　史4-31173
秀山縣志[光緒]　史8-61615
秀山公牘　史6-47225
37 秀濯堂詩　集3-16952
秀濯堂詩初集、二集、三集、四集　集3-16953
40 秀才須知　子4-21700
秀才約語、戊寅新增十二則　子4-21306
秀女寶卷(山西平陽府平陽邨秀女寶卷全集)　集7-54495
44 秀埜公自訂年譜　叢2-905
秀華續詠　叢1-587(6)
秀英寶卷(碧玉簪寶卷)　集7-54496
秀巷徐氏宗譜[浙江紹興]　史4-31943
50 秀東高公家傳　史2-10197
秀東府君(高以莊)行畧、顯妣李太夫人事畧、書高母李太夫人事畧後、書高公秀東暨淑配李夫人家傳後　史2-10196
60 秀里吴氏宗譜[浙江龍游]　史4-27889
67 秀野山房詩草　集3-16756
秀野山房集　集3-16755
秀野草堂詩集(閭丘詩集、書館閒吟、羅浮集、河西集、桂林集、嵩岱集〔味蔗集〕、殿西集、學詩樓集、嗣立自訂年譜、書館續吟、秋風櫂歌、寒廳集、長干集、暢軒集、話雨軒集、燕城集、宜靜居集、病閒吟稿、寒廳詩話)　集3-17441
秀野草堂詩集、小秀野詩集　集3-17437
秀野草堂遺詩　集5-35088
秀野草堂圖詠　史8-65331
秀野林禪師語錄　子6-32091(78)
秀野園詩集、補遺　集3-16369
秀野堂詩　集3-17215,6-41969
秀野堂詩集　集4-25936
秀野堂集(問梅草、避暑錄、聽泉吟、塵香集、竹韻篇、澤畔吟、索笑集、石林草、射虎齋小草、古香亭官梅唱和集)　集2-11175
80 秀谷詩鈔　集4-24876
82 秀鍾堂詩鈔、拾遺　集3-20743
88 秀竹山房吟稿　集4-31625

雋

30 雋永錄　叢1-19(6)、20(4)、21(6)、24(7)
71 雋區　子4-19489、23070

2023₂ 依

06 依韻檢題　子5-26182
12 依水園文集前集、後集　集3-13222
16 依硯堂詩鈔、琴川詞鈔　集5-34750
17 依翠軒遺稿　集3-21464
21 依仁居詩鈔　集5-35166
27 依歸集　集3-14854
依歸草　集3-17345～8

依歸草初刻、二刻、遺文 叢 2-809
依綠園詩鈔 集 4-24988
30 依空滿願品 子 6-32093(7)
依安縣志[民國] 史 7-56334
44 依萱草堂詩稿 集 5-35457
依蒲吟草 集 5-37216
依蘭紀畧[民國] 史 7-56319
依蘭縣地方志[光緒] 史 7-56317
依草書屋詩 集 5-35941
依華聽綠山房詩草 集 4-30299
依舊吾廬吟草 集 5-36165
依舊草堂遺稿 集 4-30693
依舊草堂未刻詩 集 4-30694
46 依楞嚴究竟事懺 子 6-32091(68),7-35007
52 依拙齋詩草 集 4-32166
60 依園詩集 集 3-17306
依園詩草 集 3-18539
依園詩畧 集 6-44957
依園七子詩選 集 6-41962
72 依隱齋詩鈔 叢 2-1830
依隱齋詩鈔(辛壬癸甲草、燕晉草、南歸草、蜀遊草、康郵草、祥琴草、出山草、東航草、槖筆草、牧滄草、燕南趙北草) 集 4-31302
依隱堂詩 集 3-15290
依隱堂詩畧 集 3-15289
88 依竹山房集 集 4-22005
90 依堂年譜 史 2-11990
依光集 集 3-19801

2023_6 僾

80 僾年堂金石記 史 8-63764 叢 2-921
90 僾堂文鈔 集 4-33252 叢 2-806
僾堂詩鈔、焦山詩鈔、江潭漁唱 集 4-33251

2024_0 俯

30 俯察集補要 子 3-13712

2024_1 僻

77 僻月樓詞稿 集 4-32447

辭

17 辭了朝綱一枝 集 7-51686
28 辭徵諸載 史 2-9415
34 辭達類鈔 子 5-24931
40 辭壇類譜 子 5-25353
60 辭品 叢 1-65,2-1091
辭品、拾遺 叢 1-147,2-731(49)
63 辭賦標義 集 6-42596
77 辭學指南 子 5-24880～1 叢 1-223(43)
99 辭榮錄 史 6-48190

2024_7 愛

00 愛主準則 子 7-35599
愛廬詩集 集 3-19834
愛廬黄公(樂之)行狀 史 2-9782
愛廬吟草 集 4-33164,6-42007(2)
愛廬醫案 子 2-10651～2
02 愛新覺羅家譜 史 5-37891～2
愛新覺羅溥儀年譜 史 2-12505
10 愛雪堂遺稿 集 5-34799
愛石軒印存 子 3-17234
愛吾廬文集 集 3-17021,4-29842
愛吾廬文鈔 集 4-27692 叢 1-419,2-731(46)
愛吾廬詩稿 集 3-14928,4-26766
愛吾廬詩草 叢 1-408
愛吾廬詩鈔 集 4-22395、26664、30075,5-33873、38606
愛吾廬稿 集 6-42016
愛吾廬遺詩 集 3-17640
愛吾廬題跋 史 8-63723
愛吾鼎齋藏器目 史 8-64304 叢 1-524,2-731(32)
愛吾軒詩鈔殘稿 集 4-23527
11 愛琴館集、補詩 集 3-14453
18 愛珍詩選集 集 6-44137
20 愛住鄉村一枝 集 7-51650
21 愛卓齋文集 集 4-30367
愛經居雜著 子 4-21648～9
愛經居經說、詩賦 經 2-11770
22 愛鼎堂遺集前集、後集 集 2-11225
愛鼎堂全集選(詩、文) 集 2-11224
愛山詩集、二集 集 4-30076

愛山堂詩存　集 4-30228
27 愛多情一枝　集 7-52635
愛物篇　叢 2-724
29 愛秋齋詩稿　集 3-18795
32 愛溪何氏宗譜[浙江義烏]　史 4-28311～2
愛溪太平橋會譜　史 7-50439
35 愛禮先生集　集 2-6020
40 愛古樓印譜　子 3-17058
愛古堂文稿　集 4-25215
愛古堂稿　集 3-16411
愛古堂儷體、續集　集 3-16412
41 愛梧堂詩鈔　集 4-33090
42 愛荆堂詩草　集 4-25228
44 愛花詞　集 6-45025
愛薇堂遺集　集 5-39104
愛蓮雜記　子 4-21457
愛蓮詩鈔　集 4-27234
愛蓮説一枝　集 7-51649
愛蓮居詩鈔　集 4-24361　叢 2-813
愛蓮堂存稿　集 4-29374
愛樹堂藏稿(經進稿、求真集、平瑤日記、金曹奏議、寸香草、賦、律詩、雜體文、雜體詩)　集 4-26513
愛菊堂文集　集 5-39317
愛菊堂詩集　集 5-39316
愛菊堂詩稿　集 3-15752
48 愛梅樓雜著　集 5-34196
愛梅樓雜著十四種　叢 2-1722
愛梅樓褉箸八種附二種　叢 2-1721
50 愛青山房詩鈔　集 4-29534
愛春華館文鈔　集 4-28389
愛春華館遺稿　集 4-27448
60 愛日廬詩集　集 4-29882
愛日廬詩鈔　集 5-40194
愛日齋詩稿　集 4-32304
愛日齋集　集 4-32567
愛日齋叢抄　叢 1-20(3)、448
愛日齋叢鈔　子 4-22207　叢 1-19(5)、21(4)、24(6)、223(40)、274(5)、374,2-731(7)
愛日齋藂抄　子 4-22206　叢 1-22(3)、23(3)、26
愛日齋藂鈔　叢 1-28
愛日集　叢 2-1733
愛日山房詩稿、文稿、補遺　集 4-26759
愛日清談　子 4-21726
愛日草堂詩存初集、後集　集 4-24911
愛日樓詩　集 3-19041
愛日軒詩　集 4-28875
愛日軒詩草　集 5-41153
愛日軒集　集 3-19565～6,5-41006
愛日軒稿　集 4-32277
愛日吟廬書畫續錄　子 3-14894
愛日吟廬書畫别錄　子 3-14895
愛日吟廬書畫錄、補錄、續錄、别錄　子 3-14893
愛日堂文集、詩集、外集　集 3-13663
愛日堂詩　叢 2-1679
愛日堂詩集　集 3-16603～4
愛日堂詩草　叢 1-373(5)
愛日堂詩鈔　集 4-23022、28812
愛日堂初稿　集 4-24039
愛日堂吟稿、附稿　集 3-18682
愛日堂八十述懷詩　集 3-16605
愛日堂尚書注解纂要　經 1-2833
愛日堂類稿　集 4-26415
愛日精廬文稿　集 4-28236
愛日精廬文鈔　集 4-28237～8
愛日精廬藏書志　史 8-65765
愛日精廬藏書志、續志　史 8-65766
愛日精廬藏書簡目　史 8-65764
愛國二童子傳　子 7-38270
愛國歌　集 7-50804、53653
愛國女士丁志先遺著　集 5-41645
愛思樓詩露穎集　叢 2-952
愛思樓詩餘　叢 2-952
67 愛晚軒詩存　集 5-41514
68 愛吟集　集 3-16635
愛吟草、前草、題跋殉節錄詩　叢 2-785
77 愛邱山人存稿　集 5-35922
愛月廬詩存　集 5-36819
愛月軒遺稿　集 5-38870
愛閒齋筆記　叢 2-1452
愛閒堂吟草　集 3-13445
88 愛竹山房詩草　集 4-29227
愛竹居詩草　集 3-18431
愛竹館詩稿　集 6-42007(3)
愛竹館遺稿　集 5-37533～4
愛餘書屋詩集　集 3-19509
愛餘書屋詩稿　集 6-44409
愛餘堂文集、詩集、詞集、别集　集 5-40718
90 愛堂詩偶存　集 3-20003

2025₂ 舜

00 舜裔袁氏世傑表[浙江鄞州]　史 4-31331
12 舜水文集　集 2-12284　叢 2-1218
舜水先生外集、遺文　集 2-12283
舜水遺書四種　叢 2-1218

22 舜山是仲明先生(鏡)年譜 史2-11838
舜山學約 子1-2416
37 舜湖王氏族譜稿墳墓圖[江蘇吳江] 史4-24897
舜湖王氏家譜[江蘇吳江] 史4-24896
55 舜典補亡 經1-3145 叢1-241、242(2),2-731(63)、1309
60 舜日堯天一枝 集7-51940
80 舜年表 史2-11028

2026_1 信

00 信齋詞 集7-46351～2、46357、46360～1、46370、46375、46383、46578 叢1-579,2-798～800
10 信而好古 子4-24730
信天巢遺稿 集1-4018
信天巢遺藁、補遺 集6-45051
信天閣詩草、詞附、帖體詩存 集4-29607
信天翁家訓 子1-2219 集3-16846
17 信及錄 史1-1982、3780
20 信孚遺詩 集4-28377
信手拈來 子3-18522
21 信經宣講 子7-35221
22 信豐守城記事畧 史1-3991
信豐縣志[康熙] 史8-58624～5
信豐縣志[乾隆] 史8-58626
信豐縣志續編[道光] 史8-58627
信豐縣志續編[同治] 史8-58628
24 信徒準繩 子7-35739
25 信佛功德經 子6-32083(32)、32090(37)、32091(35)、32092(24)
27 信解智力經 子6-32083(31)
信疑隨筆 子5-26701
28 信徵隨筆、二集 子5-26530
信徵隨筆後集 子5-26531
信徵錄 子5-27078 叢1-210～1
30 信宜冤獄 史6-46362
信宜忠孝節烈補遺錄 史2-8275
信宜縣志[康熙] 史8-61180～1
信宜縣志[乾隆] 史8-61182
信宜縣志[光緒] 史8-61183
信安龔氏重修宗譜[浙江衢州] 史5-41453
信安陳氏宗譜[浙江衢州] 史4-32953
31 信江書院志 史7-52083～4
33 信心齋疏稿、文稿 史6-48631
信心齋稿 集3-13766
信心應驗錄 子5-30488
信心草 子4-20740
40 信力入印法門經 子6-32081(4)、32082(4)、32083(4)、32084(4)、32085(4)、32086(4)、32088(3)、32089(4)、32090(5)、32091(4)、32092(3)、32093(2)
信古齋句股一貫述、雜述 叢2-886(2)
信古齋勾股一貫述 子3-12844
信古閣小叢書 叢2-711
信古餘論 子1-1191,4-20698 叢2-1153
42 信札底稿 子4-23657
44 信芳集 集5-41579
信芳園吟稿 集4-28810
信芳閣詩存 集4-28288,6-41996
信芳閣詩草 集4-30338～9
信芳閣家藏集 集4-25891
47 信好錄 子1-1851 叢1-574(2)
信都縣志十編[民國] 史8-61437
50 信摭 子4-22492 叢1-480,2-609、1529
51 信拈草 集4-31226
53 信成儲蓄銀行招股章程 史6-44496
信成銀行公牘章程規條 史6-44497
60 信口吟草 叢2-962
信邑志稿[同治] 史8-59450
74 信陵君感義葬姬 集7-49398
信陵君義葬金釵 集7-49397、49424
76 信陽詩集 集2-7917,6-41953
信陽詩鈔 叢2-701
信陽子卓錄 子1-1513
信陽子卓錄、補遺 子1-1514
信陽州續志[康熙] 史8-59974
信陽州志[順治] 史8-59973
信陽州志[乾隆] 史8-59975
信陽縣志[乾隆] 史8-59976
信陽縣志[民國] 史8-59977
78 信驗方、續信驗方、補遺 子2-9562
信驗方錄 子2-4672
信驗方錄(信驗方)、續錄(驗方) 子2-9560
信驗方錄、續錄 子2-9561
信驗良方附補遺齋戒期 子2-9679
80 信今集 集6-44751
信今錄 史7-50136
信今錄[道光] 史7-56659
信美室集 集4-33250
信美軒詩選 集6-41960
信義志[乾隆] 史7-57044
信義志稿[宣統] 史7-57045
88 信筆取之 集7-54018

2031₆ 鱣

00 鱣序璅聞　子4-24528
鱣序璅聞、續　子4-24527
鱣序瑣聞　經2-11684

2033₁ 焦

10 焦雨田先生遺集(焦雨田遺稿)　集5-36727
11 焦琴吟草　集4-33139,6-42007(3)
16 焦理堂先生(循)年譜　史2-11996
焦理堂先生叢鈔四種　叢1-277
17 焦弱侯手札　集2-9963
21 焦虎玉文稿　集4-27549
22 焦山詩鈔　集4-33251
焦山鼎銘考　史8-63504、64154　叢1-353
焦山續志　史7-49352、52253
焦山紀遊集　史7-53240　叢1-456(3),2-731(38)
焦山志　史7-49352、52248、52250～2
焦山志、宸翰　史7-52249
焦山古鼎考　史8-64149　叢1-201、203(4)
焦山古鼎圖詩　集6-44965
焦山周鼎解　史8-64178
30 焦良弼文　集5-39859
32 焦溪河口趙氏族譜[江蘇常州]　史5-38275
37 焦澹園集　集2-9962
焦逢源先生逆旅集　集2-11654
焦冥集　集3-15073
40 焦太師編輯國朝獻徵錄　史2-7218
焦南浦先生(袁熹)年譜　史2-11789
47 焦桐集　集4-31063,5-34554
焦桐山詩集　集2-11714
焦桐山館詩鈔　集5-39156
焦桐存畧　集3-19617
焦桐別墅詩草　集4-31879
50 焦書　子4-22292
焦東閣詩集、詩稿　集5-34092
焦東閣詩存　集5-34091
焦東閣日記　史1-4106～7　叢2-806
57 焦螟集　集3-15002
60 焦里堂手鈔詩文集　集6-41761
焦里堂先生(循)年譜　史2-11997　叢2-2268
焦里堂先生軼文　子4-21429、22750　叢1-517
焦里堂逸文　集4-24939
焦易說詩　經1-4446
72 焦氏文集　集3-17203
焦氏說楛　子4-23057
焦氏家譜[山東章邱]　史5-36305
焦氏叢書九種附一種　叢2-1625
焦氏遺書十種附二種　叢2-1626
焦氏澹園集　集2-9958～9
焦氏澹園續集　集2-9960
焦氏支談　子7-34960
焦氏四書講錄　經2-10352
焦氏易林　經1-2338～9　子1-61、66　叢1-74～7、169(2)、223(36)、268(3)、316～7,2-628、731(15)
焦氏易林吉語　叢1-349
焦氏易林校畧　叢2-1666
焦氏喉科枕祕(喉科枕祕)、十藥神書　子2-7539
焦氏筆乘　叢1-31
焦氏筆乘、續　叢1-456(1)
焦氏筆乘、續集　子4-20721　叢2-788
焦氏筆集、續乘　叢2-731(54)
焦氏類林　子4-23986　叢1-456(6)、457,2-731(4)
77 焦尾殘聲　集5-38162　叢2-2068
焦尾集　集5-39495　叢2-705
焦尾編　集4-29252,6-42001
焦尾閣遺稿　集4-33575
焦屏覆瓿集(焦屏書屋詩文覆瓿集)　集4-23188
焦學三種　叢2-2268
80 焦公喉科紫珍集　子2-7458
90 焦光贊活拿蕭天佑雜劇　集7-48774(5)、49040

熏

77 熏風協奏集　集6-44231

2033₉ 悉

34 悉達太子寶卷全集(太子寶卷)　集7-54238
60 悉曇三書　子7-34825

悉曇字記　子 6-32093(37),7-34825、34827　叢 2-745

2034_8 鮫

29 鮫綃記　集 7-49848
58 鮫拾集　集 5-40792

2039_6 鯨

11 鯨背吟集　集 1-5003、5005,6-41784　叢 1-19(9)、20(7)、21(8)、24(9)、223(61)、374
34 鯨濤集　集 3-19559
38 鯨滸課藝　叢 2-1455
40 鯨塘李氏宗譜[江蘇無錫]　史 4-27141
47 鯨鶴館詩鈔　集 4-33635

2040_0 千

00 千方百計一枝　集 7-51869
千唐誌齋藏石目錄　史 8-64778
千文廣輯二十七種　叢 1-276
千文六書統要、篆法偏旁正訛歌、千字文　經 2-13440
10 千一齋外集　集 5-40850
千一齋脞錄　叢 2-795
千一疏　子 4-23972
千一錄　子 4-20542
千一錄客談　子 4-20543　叢 1-143
千百年眼　史 1-5520　叢 2-735(5)
千石王氏宗譜[浙江永嘉]　史 4-25205
20 千手(眼)千臂觀世音菩薩陀羅尼神咒經　子 6-32083(9)
千手千眼大悲心咒行法　子 6-32091(68),7-32895
千手千眼大悲懺法　子 7-35020
千手千眼觀自在菩薩廣大圓滿無礙大悲心陀羅尼咒本　子 6-32081(53)、32082(27)、32093(45)
千手千眼觀自在菩薩根本真言釋　子 6-32081(53)、32082(28)
千手千眼觀世音菩薩廣大圓滿無大悲礙心陀羅尼經　叢 1-317
千手千眼觀世音菩薩廣大圓滿無礙大悲心陀羅尼　子 7-32882
千手千眼觀世音菩薩廣大圓滿無礙大悲心陀羅尼經　子 6-32081(12)、32082(10)、32083(9)、32086(14)、32088(9)、32089(10)、32090(14)、32093(45),7-32871、32874
千手千眼觀世音菩薩廣大圓滿無礙大悲心陀羅尼經、番大悲神咒　子 6-32091(13)、32092(9)
千手千眼觀世音菩薩廣大圓滿無礙大悲心懺　子 7-35019
千手千眼觀世音菩薩廣大圓滿無礙大悲心懺、禮拜觀想偈畧釋　子 7-35018
千手千眼觀世音菩薩治病合藥經　子 6-32093(39)
千手千眼觀世音菩薩大悲心陀羅尼　子 6-32093(40),7-32110
千手千眼觀世音菩薩大悲心陀羅尼、大明真言、般若波羅蜜多心經　子 7-32889
千手千眼觀世音菩薩大悲心陀羅尼經懺全集　子 7-35017
千手千眼觀世音菩薩大身咒本　子 6-32093(45)
千手千眼觀世音菩薩姥陀羅尼身經　子 6-32081(12)、32083(9)、32085(13)、32086(13)、32088(9)、32089(10)、32090(14)、32091(13)、32092(9)、32093(40)
千手千眼觀世音菩薩無礙大悲心大陀羅尼圓滿神咒　子 7-32883
千手千眼無礙大悲心陀羅尼神祕章句　子 7-32880
千手千臂觀世音菩薩陀羅尼神咒經　子 7-32870
千手觀音造次第法儀軌　子 6-32093(40)
千手眼大悲心咒行法　子 6-32089(48)、32090(61)、32091(59)、32092(42)、32093(47)
21 千慮策　子 1-811
千頃齋初集　集 2-10813
千頃堂重訂幼學須知句解　子 1-2771
千頃堂書目　史 8-65361～3、66482　叢 1-223(28)、448,2-615(1)
千頃堂書目、四朝經籍志補　史 8-65360
22 千片雪　叢 1-86,2-730(8)、731(38)
千崖風俗記　史 7-49357、51066
千巖和尚語錄　子 6-32091(76)
千山詩集、補遺　集 3-13615～6
千山剩人和尚語錄　子 7-34284
千山剩人禪師語錄　子 6-32091(80)
25 千佛因緣經　子 6-32081(19)、32083(13)、32085(19)、32086(21)、32088(14)、32089(16)、32090(22)、32091(20)、32092(14)
29 千秋采索　集 7-49703
千秋歲倡和詞　集 7-48535

千秋淚　集7-50426
千秋祝　集7-48784
千秋海宴　集7-49702
千秋四折　集7-49635
千秋鑒　集7-50441
千秋金鑑録　子1-549　集1-761　叢2-698(8)
千秋恨初集　集7-53887
30 千家詩　集6-42298
千家詩音釋　集6-42295
千家詩註　集6-42292
千家詩注　叢2-1017
千家姓、千家姓補、百家姓　子5-25593
千家姓增補註釋　史2-13309
千之草堂編年文鈔　叢2-845(3)
千字文　經2-13366、13369、13372、13413、13421、13430、13440　子3-15406、15682、15691　叢1-276
千字文、童歌養正　子1-1974
千字文、四聲成語　經2-13425
千字文辨韻類解　經2-13386
千字文註　經2-13382　子3-15405
千字文註、清書千字文　經2-13383
千字文訓纂　經2-13394
千字文詩品五律　集5-34182
千字文説文解字　經2-13387
千字文習字帖　子3-15847
千字文衍義　經2-13393
千字文釋義　經2-13376、13379～81　子1-59　叢1-276
千字文彙聲便俗　經2-13390
千字文彙體　經2-13367
千字文彙纂音義　經2-13389
千字文注、歷朝千字文彙攷、三字經心解　經2-13384
千字文萃　叢1-269(2)、270(1)
千字文同音彙編注解　經2-13388
千字文同音草字注解合編　經2-13391
千字文同聲　叢1-373(5)
千字文義　經2-13432
千字試律　經2-13426
千字課　經2-13547
千字同音認解　經2-13501
34 千波草堂文存　集4-31214
千波草堂存草　集4-31213
38 千祥記傳奇　集7-50072
40 千士江談氏宗譜[江蘇吳縣]　史5-39738
千古文章　集6-42962
千古一朋　叢1-128～9,2-1173
千古功名鏡、拾遺　子4-20128
千古奇聞　史2-6428
千古斯文　集6-42201～2
千古斯文詩集　集6-42203
千古留題　叢2-1138
千古尚論録　叢2-1187
44 千芝草堂編年文鈔、雜著　集3-17356
千林行者語録　子7-34341
48 千松筆記　子6-32091(71)
千樣藥方　子2-9527
50 千春一恨集唐詩六十首　叢1-587(5)
55 千轉大明陀羅尼經　子6-32081(46)、32082(23)、32083(29)、32085(43)、32086(51)、32088(31)、32089(26)、32090(34)、32091(33)、32092(22)、32093(46)
千轉陀羅尼經　子6-32089(11),7-32861
千轉陀羅尼觀世音菩薩咒　子6-32086(14)、32090(14)、32091(13)、32093(46)
千轉陀羅尼觀世音菩薩咒經　子6-32083(9)、32092(9),7-32796
千轉陁羅尼觀世音菩薩咒　子6-32081(13)、32084(8)、32085(13)、32088(10)
60 千墨菴叢書七種　史8-65251
千里詩存　集5-37653
千里面譚　集6-42354　叢1-22(26)
千里面談　集6-45486
千里集　集3-13524
千里樓詩草　集4-32981
千里醫案　子2-4768、10642
千疊波餘　集3-14910
千疊波餘續編、補遺　集3-14911
千四公世系功政　史4-25459
67 千眼千臂觀世音菩薩陀羅尼神呪經　子7-32869
千眼千臂觀世音菩薩陀羅尼神咒經　子6-32084(8)、32086(13)、32089(10)、32090(14)、32091(13)、32092(9)、32093(40)
千眼千臂觀世音菩薩陁羅尼神咒經　子6-32081(12)、32085(13)、32088(9)
70 千甓亭磚録、續録　史8-65222　叢2-2004
千甓亭古塼圖釋　史8-65221　叢2-2004
77 千叟宴詩　集6-44258～9
千叟宴詩(御定千叟宴詩)　集6-44208
80 千人鏡　子5-26687
千金方衍義(孫真人備急千金要方、孫真人千金方衍義)　子2-9122
千金方摘抄　子2-4647、9124～5
千金諸論　子2-10135
千金記　集7-49709、49768
千金一笑　集7-52423
千金不易簡便良方　子2-9797
千金翼方　子2-4766、9119
千金翼方、目録　子2-9120

千金寶要 子2-9141～2 叢1-265(3)、303～5,2-731(29)
千金壽 集7-50346
千金裘 子5-25304
千金裘、二集 子5-25305
千金裘一集、二集 經2-13929
千金裘二集 經2-13930
千金月令 史6-49222 叢1-22(12)、23(12)
千金閘 集7-53411
千金全德 集7-52196
千金簡易方 子2-9121
千首宋人絕句 集6-43603
82 千鍾祿 集7-50149,52178
83 千鈢齋古鈢選 史8-65027
90 千光眼觀自在菩薩祕密法經 子6-32093(40)

2040_4 妥

24 妥先類纂 子3-13563

委

00 委辦軍械所造呈光緒十四年夏季管收除存軍裝等項四柱清册 史6-45199
09 委談近錄 子5-26561
17 委羽山志 史7-52366
委羽山志、續志 史7-52367
委羽居士集 叢2-851
30 委宛詞 集7-48175
委宛子 子1-18、20,4-19758
40 委内瑞辣政要 史7-49318(19)、54889
44 委巷叢談 史7-50290 叢1-13、14(2)、22(23)、29(8)、148、154
53 委蛇雜俎 集4-26949～50
90 委懷書舫遺草 集4-31874,6-42007(4)

2040_7 受

00 受亶詩詞、劫灰集、錦囊佳什詩鈔 集4-32275
受庵文鈔、詩草 集5-36744
受齋印存 子3-17132
受辛詞 集7-46419、48021
10 受三子譜 子3-18041
受正玄機神光經 子2-4624 叢1-256
受正元機神光經 叢1-367
受五戒八戒文 子6-32093(32)
17 受子弈譜 子3-18082
受子譜選 子3-18085
21 受歲經 子6-32083(19)
受經室文定 集5-37977
受經日記 經2-11785
受經堂集 集5-38544 叢2-2130
受經堂彙稿五種 叢1-314
25 受生寶卷(洛陽寶卷、蔡狀元建造樂陽橋、受生簡集、樂陽橋、陰司贖罪寶卷、洛陽橋、受生寶卷、陰司贖罪) 集7-54451
28 受徵詩集(百花詩、百果詩、花王韻事) 集3-14341
30 受宜堂集、目錄 集3-18464
受宜堂宦遊筆記 子4-21168
受宜堂居官說 子4-21169
34 受祜堂集 集3-16602
受祺堂文集 集3-15193～4
受祺堂詩 集3-15192
35 受禮廬喪服經傳節要讀本 叢2-1976
受禮廬日記 史2-12948 子4-23384
40 受十善戒經 子6-32083(15)、32084(12)、32093(22)
44 受菩薩戒儀、南嶽大師誓願文 子7-33908
受菩薩戒儀範十五篇、授優婆塞菩薩戒儀範 子7-33909
受菩提心戒儀 子6-32081(55)、32083(35)、32084(27)、32085(50)、32086(60)、32088(37)、32089(36)、32090(59)、32091(57)、32092(39)、32093(32)
受菴(周滿)功行譜 史2-8950
受菴疏稿 史6-48266
50 受書堂稿 集3-14428
53 受戒發願文 子7-33920
54 受持佛說阿彌陀行願儀 子7-34983
受持佛說阿彌陀經行願儀 子7-34423
受持七佛名號所生功德經 子6-32081(20)、32083(14)、32085(20)、32086(22)、32088(14)、32089(16)、32090(22)、32091(21)、32092(15)、32093(6)
77 受用三水要行法 子6-32081(43)、32083(27)、32084(23)、32085(40)、32086(47)、32088(29)、32089(47)、32090(61)、32091(59)、32092(41)、32093(24)
80 受兹室詩鈔 集5-39268
88 受籙次第法信儀 子5-29530(24)、30730
91 受恆受漸齋集 集4-31528～9

孚

24 孚化志畧[咸豐]　史 8－63411
孚佑帝君二香草堂講學篇、遺編　子 4－21578
孚佑帝君正教編　子 5－29535(5)、29536(4)、31910
孚佑帝君功過格　子 5－30534
孚佑帝君純陽祖師三世因光說　集 7－54575
孚佑帝君十王卷　叢 2－724
孚佑帝君世箴　子 5－30479
孚佑帝君戒淫文　子 5－30478
孚佑帝君金華宗旨　子 5－31061
孚佑帝君普度本傳經　子 5－31822
34 孚遠縣鄉土志[光緒]　史 8－63430
50 孚惠全書　史 6－44587

季

00 季文敏公日記、感遇錄(清道光二十九年至咸豐十年)　史 2－12706
17 季君梅(念詒)行述　史 2－10099
21 季紅花館偶吟　集 5－35298
22 季仙先生遺稿、補遺　叢 2－845(5)
24 季先遺稿、補遺　集 4－30741
26 季總徹禪師語錄　子 6－32091(75)
27 季叔房詩　集 2－12834,3－14534
34 季漢五志　史 2－6998
季漢百官名簿　史 3－23660
季漢紀　史 1－1421
季漢紀、國志陳評贅言　史 1－1422
季漢官爵考　史 6－42630～1
季漢書　史 1－469
季漢書、正論、答問　史 1－467
季漢書、季漢書辨異　史 1－470
38 季滄葦藏書目　史 8－65650　叢 1－316～7、456(7),2－731(1)
季滄葦書目　史 8－65254
40 季布歌　叢 1－591
季布歌殘　叢 2－603
季樵函稿　集 5－37599
42 季彭山稿　集 2－8021,6－45336
季彭山先生文集　集 2－8020
44 季芝昌自訂年譜　史 2－11005
季芝昌墓誌銘　史 2－9848
季芝昌奏稿　史 6－48944
52 季靜姎詩　集 6－41957
季靜姎詩選　集 3－14283
60 季思手定年譜(龔文恭公年譜)　史 2－12049
67 季明封爵表　史 1－4823
72 季氏痘科百問　子 2－8910
季氏續修宗譜[江蘇]　史 4－29571
季氏家譜[河北滄縣]　史 4－29567
季氏家譜[浙江雲和]　史 4－29592
季氏家乘[上海崇明]　史 4－29568
季氏宗譜[江蘇]　史 4－29570
季氏宗譜[江蘇江陰]　史 4－29577
季氏宗譜[江蘇泰興]　史 4－29572
季氏宗譜[江蘇丹徒]　史 4－29575
季氏宗譜[浙江永嘉]　史 4－29591
季氏世譜[上海崇明]　史 4－29569
季氏世譜[江蘇如皋]　史 4－29573～4
80 季弟幼章(宿藻)行畧　史 2－9951

隻

00 隻塵譚、續　子 4－21151
隻塵譚、續隻塵譚　叢 2－731(54)、816
10 隻耳園詩存　集 5－38052

雙

00 雙唐碑館漢石刻文錄　史 8－64559
雙辛夷樓詞　集 7－47948
01 雙龍珠　集 7－50338
雙龍陣圖　子 1－3757
雙龍鎖寶卷(節義寶卷)　集 7－54456
08 雙旌忠節記　集 7－50389
10 雙玉聽琴　集 7－52473、52749
雙玉聽琴子弟書　集 7－52158
雙玉玦　集 7－53949、54425
雙玉玦寶卷　集 7－54425
雙玉埋紅(埋紅)　集 7－52472
雙玉蜻蜓　集 7－54076
雙玉鉢齋金石圖錄　史 8－63508、753
雙玉鐲全本　集 7－53955
雙玉鐲前傳十五集　集 7－53954
雙玉釵　集 7－53672
雙石齋詩草　叢 2－1767

雙雲堂集(雙雲堂文稿、詩稿)行述 集 3 - 15129
雙雲堂傳集七種 叢 2 - 979
雙雲堂家集 集 5 - 37208
11 雙頭牡丹燈記 叢 1 - 587(4)
雙頭馬八部 集 7 - 51265
雙琴堂全集 集 4 - 22691
12 雙瑞記 集 7 - 49714
雙瑞竹館吟鈔 集 4 - 30924
雙烈記 集 7 - 49709、49850
雙烈記(麒麟記) 集 7 - 49860
雙飛鳳 子 5 - 28277
15 雙珠記 集 7 - 49709、49849
雙珠球 集 7 - 50504
雙珠黄綾帕四十五本 集 7 - 53957
雙珠鳳寶卷 集 7 - 54569～70
雙甦歌 史 6 - 46350 叢 1 - 367～8
16 雙硯齋詩鈔 集 6 - 42018
雙硯齋詩鈔、詞鈔 集 4 - 26459 叢 2 - 898
雙硯齋詞鈔 集 7 - 47610
雙硯齋叢書(翠碧樓叢刻) 叢 2 - 898
雙硯齋筆記 子 4 - 22439～41 叢 2 - 898
17 雙鬗館詩存 集 5 - 36535
20 雙喬記 子 7 - 38289
雙手刀 子 1 - 3652
21 雙上墳 集 7 - 50785
雙僊記傳奇 集 7 - 49393、50308
雙僊緣 集 7 - 53944
雙僊寶卷 集 7 - 54349
雙虞壺齋藏器目 史 8 - 64309 叢 1 - 524, 2 - 731(32)
雙虞壺齋印存 史 8 - 64979 子 3 - 17208
雙熊夢 集 7 - 50206
雙熊夢四部 集 7 - 51268
雙紅豆齋詩錄 集 4 - 24520
雙紅豆詞 集 7 - 48115
雙紅豆室詞稿 集 7 - 48036
雙紅豆館詞賡 集 7 - 48306
雙紅豆館詞鈔 集 7 - 47756
雙紅豆館遺稿 集 5 - 36210
雙紅絲傳奇 集 7 - 50505
22 雙崖文集 集 2 - 6607
雙崖文集、詩集 集 2 - 6608
雙巖舒氏宗譜[浙江東陽] 史 5 - 36315～6
雙峯瑞石翁氏宗譜[浙江] 史 4 - 32239
雙峯山曹侯溪寶林傳 子 6 - 32084(31),7 - 32119
雙峯先生内外服制通釋 經 1 - 5447 叢 2 - 618、850
雙峯先生存稿 集 1 - 3750
雙峯祠記 史 7 - 51758
雙峯猥稿 集 1 - 3751
雙峯插雲一枝 集 7 - 51935
雙峯翁氏宗譜[浙江常山] 史 4 - 32249
雙峯余氏宗譜 史 4 - 28640
雙峯舒先生文集 集 1 - 3749
雙山縣鄉土志[民國] 史 7 - 56262
雙山縣鄉土志畧[民國] 史 7 - 56263
雙山縣志[民國] 史 7 - 56261
23 雙牖堂集 集 4 - 22672
雙代箭 集 7 - 53034
24 雙黯樓詞鈔 集 4 - 27595
雙佳齋詩集 集 5 - 38336
雙帥印 集 7 - 53833、53987
26 雙白燕堂文集、外集 集 4 - 25955
雙白燕堂詩集 集 4 - 25954
雙白燕堂詩集、集唐 集 4 - 25953
雙白燕堂酬應儷題文集 集 4 - 25956
雙白燕堂集 集 4 - 25952
雙牌王氏宗譜[浙江蘭溪] 史 4 - 25116
雙泉詩草 集 4 - 23285
雙泉何氏宗譜[浙江武義] 史 4 - 28323～5
雙泉徐氏重修宗譜[浙江東陽] 史 4 - 32052
雙泉徐氏宗譜[浙江東陽] 史 4 - 32046～9、32051、32053
雙泉堂文集 集 3 - 14822
雙泉堂集 集 3 - 14823,6 - 41969
雙峴王氏宗譜[浙江金華] 史 4 - 25109
雙和歡 集 7 - 49243
雙線記 子 5 - 28552
27 雙佩齋文集、駢體文集 集 4 - 22443
雙佩齋詩集 集 4 - 22442
雙佩齋詩集、金陵雜詠、雙佩齋文集、駢體文 集 4 - 22444
雙修寶卷(雙修偈、想罵寶卷、雙修卷) 集 7 - 54458
雙修初級 子 5 - 31462
雙修閣詩存 集 5 - 40396
雙鴛侶 子 7 - 38241
雙鴛鴦 子 3 - 17906
雙忽雷本事 子 3 - 17955
雙魚編、二編、三編 集 2 - 11293
雙魚傳 集 7 - 53946
雙魚傳(新刻祕本雙魚全傳) 集 7 - 53945
雙魚偶存尺牘 集 3 - 19718
雙魚佩 集 7 - 50253
雙魚藏弆 集 6 - 45320
雙魚草堂詩鈔 集 5 - 38618
雙兔記 集 7 - 50318

雙鵝集　集 2-11646
雙名錄　經 2-14678　史 2-13385　叢 2-1857
雙包案　集 7-53425
28 雙谿物産疏　子 1-4150
30 雙流足徵錄　叢 2-2270(2)
雙流縣鄉土志[光緒]　史 8-61680
雙流縣志[嘉慶]　史 8-61676　叢 1-373(3)
雙流縣志[乾隆]　史 8-61675
雙流縣志[民國]　史 8-61679
雙流縣志[光緒]　史 8-61677～8
雙流劉鑑泉先生遺書(推十書)二百二十種　叢 2-2270(1)
雙官誥　集 7-52233
雙寂寞齋詩鈔　集 5-40404
31 雙江聶先生文集　集 2-8059～60
雙江先生困辯錄　子 1-1039～40
雙江倡和集　集 6-41974
雙江臥遊草　集 3-18282
雙福壽　集 7-50170
雙逛萬壽寺　集 7-51154
雙渠吳氏宗譜[浙江麗水]　史 4-27986
32 雙溪文集　集 1-3364～5
雙溪文鈔　集 5-34491
雙溪雜記　子 4-22980　叢 1-13、22(23)、87～9,2-730(2)、731(53)
雙溪詩集　集 1-3370,6-41908
雙溪詩滙　集 6-44620
雙溪詩餘　集 7-46369
雙溪詩鈔　集 1-3369,6-41900
雙溪詩鈔、續鈔　集 6-44411
雙溪詞　集 7-46367～8、46375、46378～9、46388、46390、46393～4、46670、48080
雙溪詞(雙溪詩餘)　集 7-46604
雙溪王氏宗譜[浙江雲和]　史 4-25212
雙溪醉隱集　集 1-4771～2　叢 1-223(59)、525,2-785
雙溪水碓後徐氏宗譜[浙江武義]　史 4-32068
雙溪集　集 1-3209、3211、3366,2-7321、8231～2,3-15675,5-38485　叢 1-223(54、65)
雙溪集(篤素堂全集)六種　叢 2-1340
雙溪集、遺言　集 1-3210　叢 1-456(3),2-731(40)
雙溪集補鈔　集 1-3371,6-41901
雙溪樂府　集 7-50616
雙溪樂府、花鳥詞　集 7-47249
雙溪傅氏宗譜[浙江金華]　史 5-36234
雙溪倡和詩　集 6-44182
雙溪徐氏宗譜[浙江江山]　史 4-32003
雙溪收支記　子 4-24756
雙溪泛月詞　集 7-46399～400、47151
雙溪沈氏重修宗三宗譜[浙江義烏]　史 4-29098
雙溪沈氏宗譜[浙江義烏]　史 4-29095～6
雙溪沈氏宗三宗譜[浙江義烏]　史 4-29097、29099～101
雙溪斯氏宗譜[浙江義烏]　史 5-35540
雙溪戴氏續譜[浙江杭州]　史 5-40502
雙溪草堂詩集　集 5-40392
雙溪草堂詩集、西山草　集 3-15821
雙溪草堂詩稿、補遺　集 5-40428
雙溪草堂詩鈔　集 5-39638
雙溪草堂全集　集 4-26344
雙溪葉氏宗譜[浙江金華]　史 5-35694
雙溪唱和詩續稿　集 3-17752
雙溪脞錄　子 4-24752
雙溪類稿　集 1-3367　叢 1-223(55)
雙浜小志稿[民國]　史 7-57112
34 雙池文集　集 3-18815　叢 2-1421
雙池先生(汪紱)年譜　史 2-11834　叢 2-1421
35 雙清　子 4-24088
雙清亭題詠　集 5-37833
雙清集　集 5-40858
雙清仙館詩鈔　集 4-32517
雙清池館詩錄、詞錄　集 5-41120
雙清書屋吟草　集 5-39606
雙清閣詩、詩餘　叢 2-689
雙清閣詩集(雙清閣雁廬詩集)　集 4-24740
雙清閣詩稿　集 3-17650
雙清閣集　集 4-29336
雙清閣袖中詩草、寫鷗館梅花百韻、擁翠詞稿　集 5-35703
雙清閣袖中詩草、擁翠詞稿　集 5-35704
雙清堂詩鈔　集 4-27373
雙清堂石刻　子 3-15827
雙清精舍詩　集 5-41399
37 雙湖先生文集　集 1-4883
雙湖先生詩　集 1-4882
雙湖胡先生易圖附錄纂注　經 1-594
雙湖夫人(董婉貞)年譜　史 2-12048
雙冠誥　集 7-50255
雙冠璽　子 7-38239
38 雙冷齋文集　集 5-38605
雙冷齋詩文集　集 5-34744
雙遂堂遺集　集 3-18059
雙遊春　集 7-50786

40 雙十謠一枝 集7-50926
雙存書屋詩草 集5-38690
雙喜配 集7-51266～7
雙喜寶卷 集7-54422
雙奇文 集7-51256
雙奇寃寶卷 集7-54512
雙奇夢傳 子5-28282
41 雙梧山館文鈔 集4-32234
雙梧桐館全集 集4-22893
雙梧書屋醫書 子2-4675
雙梧書屋醫學讀書志 史2-6719 子2-5121
42 雙圳柯氏族譜[江西九江] 史4-30331
雙杉王氏宗譜[江西婺源] 史4-25345、25347
雙杉王氏支譜[江西婺源] 史4-25346
雙橋文集 集4-27361
雙橋蔣氏重修宗譜[江蘇宜興] 史5-38102
雙橋楊氏宗譜[浙江餘姚] 史5-36855
雙橋書屋詞存 集7-47391
雙橋書屋遺稿 集4-23521
雙橋隨筆 子1-1480 叢1-223(31)
雙橋居詩草、賦草 集4-24462
雙橋鄭氏二集族譜[安徽歙縣] 史5-38720
雙橋小築詞存 集5-34067
雙橋小築詞存、餘集 集7-48219
43 雙城堡田紀畧 史6-45263
雙城縣鄉土志[民國] 史7-56311
雙城縣志[民國] 史7-56310
44 雙花寶卷 集7-54454～5
雙花閣詞鈔 集7-47395
雙蘆遺稿 叢1-407(2)
雙蘭英寶卷(雙花寶卷) 集7-54455
雙蔭軒詩鈔 集4-23384
雙藤老屋詩鈔(江南北遊草、蜀遊前草、滇黔草、閩遊草、金鰲遊草、江左右遊草、西粵遊草、粵遊後草、出關遊草、東粵遊草、澗水閣課遊草、金臺遊草) 集4-28606
雙藤書屋詩集 集4-25297
雙藤書屋詩集、試帖 集4-25298
雙藤書屋詩集、詩課題目、試帖 集4-25299
雙藤錄別詩鈔 集6-41992
雙薇園詩續集 集3-18306
雙薇園詩鈔 集3-18308
雙薇園集 集3-18305
雙蓮瓣 集7-49656
雙芝室駢文剩稿 集5-39425
雙燕草堂眼科 子2-7374
雙孝子喋血酬恩記 子7-38240
雙芙閣吟稿 集4-30820
雙樹生詩草 集4-22905 叢1-401
雙樹幻鈔 子7-34906 叢2-653(3)、1163
雙樹軒詩初稿 集3-19897～8
雙樹軒詩鈔(藥庵集) 集3-18696
雙桂破山明禪師(釋海明)年譜 史2-11607
雙桂花館詩鈔 集5-38884
雙桂草堂詩選 集5-37471
雙桂軒詩集 集4-23419
雙桂軒詩稿 集5-37277
雙桂軒詩存 集4-27769
雙桂軒詩草 集3-19192
雙桂軒詩草、繡餘小草 集5-34180
雙桂軒詩鈔、詞鈔 集4-32743
雙桂軒集 集4-32742
雙桂軒尺牘 集4-30161,6-45194 叢1-496(5)
雙桂軒答問 經1-167,2-11797
雙桂園遺稿 集5-36320
雙桂圖 集7-53933
雙桂陳氏遷盛橋頭世譜[浙江淳安] 史4-32821
雙桂陳氏世譜[浙江淳安] 史4-32820
雙桂居療疴次鈔 子5-25447
雙桂堂文錄 集6-42067
雙桂堂詩稿 叢2-1556
雙桂堂詩存 集4-31033
雙桂堂集、餘集、外集 集4-30050
雙桂堂稿、續編 集4-22876 叢2-1555
雙桂堂稿續編 叢2-1556
雙桂堂古文 叢2-1556
雙桂堂易說 經1-2199
雙桂堂易說二種 經1-2325 叢2-1555
雙桂堂時文 叢2-1556
雙桂堂時文稿 叢2-1555
雙林高氏家乘[浙江湖州] 史4-32415
雙林記增纂[同治] 史7-57265
雙林碼頭 集7-50783
雙林山歌 集7-50784
雙林吳氏家乘[浙江湖州] 史4-27822
雙林徐氏家乘[浙江湖州] 史4-31901～2
雙林義門鄭氏家乘[浙江湖州] 史5-38614
雙林鎮志[民國] 史7-57266
雙林鎮志新補[民國] 史7-57267
雙棋景闇叢書十六種 叢1-544
45 雙姝譜 子3-18277
雙樓詩鈔 集4-23048

雙樓村李氏宗譜[山東陽谷]　史4-27403
46 雙嬋娟室印存　子3-17227
雙柏廬集　集3-19548
雙柏齋女史吟　集4-32692
雙柏齋女史吟、續　子1-1975　集4-32691
雙柏齋女史吟、續、女史吟　叢1-574(5)
雙柏詞　集7-48104
雙柏草堂集(舟山稿、使閩稿、北上稿、復用稿、太倉稿、平倭稿)、名公寄贈莊居集　集2-9036
雙槐集　集2-6894
雙槐歲抄　子4-22959～60　叢1-22(22)
雙槐歲鈔　史1-4406～7　叢2-731(52)、881
雙槐書屋稿　集5-40181
雙槐公(黄瑜)年譜　史2-11024、11432
47 雙鶴堂詩集　集3-13967
雙鶴堂集、鐸遊草　集4-31447
雙聲詩選　經2-14243、14538
雙聲續錄　經2-14154
雙聲疊韻便俗表説　叢2-2270(4)
雙聲錄、續錄、疊韻錄、續錄、附錄　經2-14153
雙報應　集7-50257、50259
雙桐山房詩鈔　集5-34390
雙桐草堂印存　子3-17368
雙桐書屋詩集(東海散人詩稿)　集5-38438
雙桐書屋詩集、補遺、詞存　集5-38439
雙桐書屋詩稿　集4-31612
雙桐書屋詩剩(學語集、黍雪集、辛壬集、怡雲集、東遊集、金臺集、遊梁集)　集5-35487
雙桐書屋剩稿　集4-31613
雙桐書屋賸稿　叢2-2043
雙桐書屋賸藁　叢1-554
雙桐圃詩鈔　集4-29995～7,6-42007(2)
48 雙榆草堂詩　集4-31614
雙松室遺著　集5-38248
雙松書屋詩稿　集5-39118
雙松晚翠樓詩　集3-17254～5
雙梅五桂軒集(雙梅五桂軒詩存、文存、非不齋劄記、詩餘)　集5-39676
50 雙丰公(弘豐)輓詩　史2-9726
雙丰公輓詩(即緱山集)　叢2-1597
雙螭壁　集7-50028
雙青堂詩鈔　集6-42007(3)
雙忠廟傳奇　集7-50283～4
雙忠記　集7-49762
雙忠研齋詩餘　集4-30491
雙忠錄　史2-7318
雙素影　集2-10765
51 雙虹堂詩合選　叢2-809
雙虹堂集(張詞臣集)　集3-13930
53 雙掛帛　集7-53273
54 雙蝶夢　集7-50172
55 雙井堂詩集　集5-40272
56 雙拐奇案二編　子5-28607
57 雙蝴蝶寶卷　集7-54453
60 雙□妙典　集7-54296
雙星圖　集7-50270
雙星館集　集2-9264,6-45189
雙吊孝　集7-53426
雙圃賦詩鈔　子4-23283
雙圃氏同館賦鈔　集4-27386
雙圃氏同館賦鈔、詩鈔　叢2-1691
62 雙影記　集7-50179　叢2-672
72 雙髻山館詩草　集5-40406
76 雙陽縣鄉土志[民國]　史7-56225
77 雙鳳奇緣　子5-27975　集7-53930
雙鳳奇緣傳　子5-27973
雙鳳里志[道光]　史7-57061
雙闕郭氏族譜[福建仙游]　史4-32332
雙闕郭氏族譜[福建莆田]　史4-32331
雙鼠奇冤寶卷(伸冤古典)　集7-54457
雙印寶卷　集7-54459
雙門調(睡鄉記)　叢1-142
80 雙金花　集7-53940
雙金鐲(新刻祕本夏調雙金鐲)四集　集7-53941
雙鏡廬文存　集5-38906
雙剪髮鐵胎弓全傳(東調雙剪髮前傳、新調鐵胎弓後傳)　集7-53934
雙美奇緣　子5-28274
81 雙釘案　集7-49390～1
82 雙錘記　集7-49714
雙錘記(合歡錘)　集7-50248
雙劍誃殷契駢枝、續編　史8-65176
雙劍誃殷契駢枝三編、古文雜釋　史8-65177
雙劍誃殷契駢枝校補、雙劍誃所著各書校勘記　史8-65178
雙劍誃吉金文選　史8-64255
雙劍誃吉金圖錄、考釋　史8-64254
雙劍山房詩存(秦晉遊草)　集5-34170
雙劍閣集地理人天眼目　子3-13434
83 雙鯿記鼓詞(繡像貫串呼延慶打擂雙鯿記)　集7-51240
雙鐵堪雜記　子4-23646
84 雙錯巹　集7-50245
86 雙錦徐氏宗譜[浙江永康]　史4-32037

87 雙鉤殘宋拓瘞鶴銘　史 8 - 64665
雙鉤殘宋拓瘞鶴銘四十七字　子 3 - 15494
雙鉤十七帖　子 3 - 15427
88 雙鑑樓珍藏祕籍目録　史 8 - 65971
雙鑑樓藏書續記　史 8 - 65970
雙鑑樓善本書目　史 8 - 65969
雙鈴記一枝　集 7 - 52748
雙竹齋詩草　集 4 - 31175
雙節詩文初集　集 6 - 44241
雙節録　史 2 - 9070
雙節堂庸訓　子 1 - 1965、2238　叢 2 - 1501～2
雙節堂襍録六種　叢 2 - 1502
雙節堂贈言集録、續集、附録、録訂　集 6 - 44242
雙簧一段　集 7 - 53024
89 雙鎖山一段　集 7 - 51263
雙鎖山二下南唐　集 7 - 51258
雙鎖山二下南唐四十二部　集 7 - 51257
雙鎖山五十五部　集 7 - 51262
雙鎖山劈牌一本　集 7 - 51259
雙鎖櫃　集 7 - 51264
90 雙棠書屋存稿　集 5 - 34056
92 雙燈記　集 7 - 51251
99 雙鶯傳　集 7 - 48776、49297　叢 2 - 672
雙榮堂射法一説　子 1 - 3567,3 - 18172

2041_4 雛

56 雛蟬詩稿　集 5 - 40202

雞

22 雞峯黄坑吴氏宗譜[浙江東陽]　史 4 - 27950
雞峯普濟方　子 2 - 9144
雞山語要　叢 2 - 829
雞山志　史 7 - 52651
30 雞窗百二稿、杏春詞剩、續稿、竄餘録、三續稿、四續稿　集 4 - 24973
雞窗續稿　集 4 - 24974
雞窗叢語　叢 1 - 550
雞窗叢話　子 4 - 21268　叢 2 - 638
36 雞澤縣鄉土志畧[民國]　史 7 - 55569
雞澤縣志[康熙]　史 7 - 55566
雞澤縣志[順治]　史 7 - 55565
雞澤縣志[乾隆]　史 7 - 55567
雞澤縣志[民國]　史 7 - 55568
雞澤縣志料門類[民國]　史 7 - 55570
雞澤脞録　叢 2 - 1899
40 雞土集詩、文　集 2 - 8564
44 雞林志　叢 1 - 19(3、10)、20(8)、21(5、9)、22(10)、23(10)、24(4、11)
雞林類事　叢 1 - 19(4)、20(2)、21(3)、22(9)、23(9)、24(4)、29(6)
50 雞史　叢 2 - 2270(5)
60 雞蹠集　叢 1 - 22(6)、23(6)、24(11)
雞園語録　子 7 - 34384
雞園語録妙高游　子 7 - 34383
雞足山悉檀寺本無禪師風響集　集 2 - 11589
雞足山志　史 7 - 52650、52652～3
61 雞跖集　叢 1 - 15、19(10)、20(8)、21(9)
雞跖賦續刻　子 5 - 25956～8
雞跖賦續刻、擬古　子 5 - 25955
67 雞鳴偶記　叢 1 - 22(21)
雞鳴寶卷　集 7 - 54571
74 雞肋　子 5 - 25576　叢 1 - 2～6、8～9、22(5)、23(5)、29(6)、125～6、162、223(43)、249(3)、273(5)、275,2 - 617(3)、624(2)、731(4)
雞肋集　集 1 - 2817,2 - 6526、6957,3 - 17969～70、20251～2　叢 1 - 223(52)、227(9),2 - 884
雞肋集補鈔　集 1 - 2820,6 - 41901
雞肋集鈔　集 1 - 2818,6 - 41900
雞肋集鈔、淮海集鈔　集 1 - 2819
雞肋編　叢 1 - 17、19(3)、20(2)、21(5)、22(5)、23(4)、24(4)、29(6)、223(45),2 - 652
雞肋編、校譌、續校　叢 1 - 376
雞肋編、校勘記、校譌、續校　叢 2 - 731(52)
雞肋删　集 2 - 10847

2041_7 航

10 航雲記　子 7 - 36236～7
36 航泊軒吟草删存　集 5 - 39349
37 航澥遺聞　史 1 - 1937
38 航海章程　子 7 - 36228(6)
航海章程、初議紀録　子 7 - 36231(3)、37403
航海章程初議紀録　子 7 - 36228(6)
航海瑣記　史 7 - 54407
航海避碰章程　史 6 - 44201
航海述奇　史 7 - 49318(17)、54376～7　叢 1 - 496(6)
航海通書　子 7 - 36231(7)
航海圖説　史 7 - 49317(7)、49318(14)、53054
航海吟草　集 5 - 36703

中國古籍總目書名索引

航海金針　子7-37402
航海簡法　子7-36231(3)、36241、37399
航海少年　子7-38164
47 航塢山沈氏宗譜[浙江蕭山]　史4-29027
80 航慈溪西樓樓氏宗譜[浙江慈溪]　史5-38991

2042$_7$ 禹

10 禹貢　經1-3146～7　叢1-125
禹貢方域考　經1-3209
禹貢章句、圖説　經1-3271　叢2-2048
禹貢訓蒙　經1-3243
禹貢新圖説　經1-3251
禹貢新圖説敍錄　經1-3252
禹貢讀　經1-3230　叢2-1627、2243
禹貢讀本　經1-3282
禹貢説　經1-163(4)、3161、3240、3268
禹貢説斷　經1-3155　叢1-223(5)、227(2)、230(1)、273(2)、274(1)
禹貢説斷(禹貢集解)　叢2-731(55)
禹貢説長箋　經1-3163
禹貢論、禹貢後論、禹貢山川地理圖　叢1-223(5)
禹貢論、後論　經1-3151
禹貢論、後論、山川地理圖　經1-3150
禹貢詳注　經1-3291
禹貢詳畧　經1-3160
禹貢譜　經1-3206
禹貢三江考　經1-108、111(2)、3213　叢2-814
禹貢正詮　經1-3264
禹貢正解、圖表　經1-3298
禹貢正字　經1-3402　叢2-1699～701
禹貢正義　經1-3201
禹貢要注　經1-3164
禹貢石文　叢1-126
禹貢示掌　經1-3236
禹貢班義述　經1-163(4)、3258　叢2-1867
禹貢班義述、漢糜水入尚龍谿考　叢2-653(1)
禹貢班義述、漢麋水入尚龍溪考　經1-3259
禹貢水利利害詳注　經1-3299
禹貢水河雲夢解　經1-3300
禹貢水道論　經1-3285
禹貢水道便覽　經1-3262
禹貢水道析疑　經1-3250
禹貢水道考異南條、北條　經1-3235
禹貢孔正義引地理志考證　經1-3231　叢2-1648
禹貢翼傳　經1-3203
禹貢翼傳便蒙　經1-3270
禹貢集釋　經1-3244　叢2-1766
禹貢集解　叢2-859
禹貢集解(杏溪傳氏禹貢集解)　經1-3156
禹貢集注　經1-3184、3186、3283
禹貢集成　經1-3297
禹貢便讀　經1-3233～4、3272
禹貢便蒙　經1-3239、3276
禹貢川澤考　經1-3263
禹貢後論　經1-3152
禹貢山水詩　經1-3266～7
禹貢山水彙抄　經1-3257
禹貢山水清音　經1-3185
禹貢山川郡邑考　經1-3181
禹貢山川便覽　經1-3289
禹貢山川地理圖　經1-3153～4　叢1-272(1),2-731(55)
禹貢山川考　經1-3214　叢2-870(6)
禹貢山川圖考　經1-3288
禹貢備遺　經1-3169　叢2-938
禹貢備遺、禹貢增注或問　經1-3170
禹貢備遺補注　經1-3210
禹貢備遺增注或問　經1-3171
禹貢傳説删纂　經1-3306
禹貢傳注節訓　經1-3228
禹貢總訣歌、九州算田法　經1-3305
禹貢總志　經1-3224
禹貢釋詁　經1-3221
禹貢御案　叢1-379
禹貢解　經1-3175、3215　叢2-1411
禹貢彙詮　經1-3242
禹貢彙疏、考畧、圖經、神禹別錄、虞書箋　經1-3172
禹貢彙解　經1-3287
禹貢彙覽、總論　經1-3211
禹貢彙覽總論　經1-3212
禹貢紀聞　經1-3292
禹貢注　經1-3237
禹貢注節讀　經1-3218
禹貢述畧　經1-3255
禹貢初輯　經1-3200
禹貢通釋　經1-3293
禹貢通解　經1-3202
禹貢選注　經1-3277
禹貢選注讀本　經1-3278
禹貢九江三江考　經1-3290
禹貢九州制地圖論　經1-3148　史7-

49307～8
禹貢九州總歌　經 1-3167
禹貢九州今地考　經 1-3280　叢 2-2083
禹貢古今注通釋　經 1-3261
禹貢古今義案　經 1-3304
禹貢古今合注、圖　經 1-3178
禹貢真詮　經 1-3301
禹貢析疑　經 1-3284
禹貢地理古注考　經 1-3217　叢 1-261
禹貢地理圖　叢 1-227(2)
禹貢地名集說　經 1-3286
禹貢地輿考　經 1-3220
禹貢考署　經 1-3173
禹貢蔡傳正誤　經 1-3246　叢 2-1766
禹貢增註或問　叢 2-938
禹貢增删集注正解讀本　經 1-2843、3207
禹貢本義　經 1-3275
禹貢指南　經 1-3149　叢 1-223(5)、227(2)、230(1)、231、388～90、468、569，2-731(55)
禹貢指掌　經 1-3232
禹貢揭要　經 1-3226
禹貢輯注　經 1-3247、3253
禹貢易解　經 1-3248
禹貢易知編　經 1-3273
禹貢黑水西河惟雍州考　經 1-3296
禹貢因　經 1-3241
禹貢圖　經 1-163(3)、3256
禹貢圖註　叢 1-195(1)，2-731(55)
禹貢圖說　經 1-2637、3157、3162、3168、3219、3260
禹貢圖解　經 1-3216
禹貢圖注　經 1-3177
禹貢圖注彙纂　經 1-3281
禹貢臆参　經 1-3208　叢 2-1402
禹貢長箋　經 1-3191
禹貢長箋、圖　叢 1-223(6)
禹貢全圖考正　經 1-3229
禹貢錐指　經 1-3192
禹貢錐指、例署圖　經 1-111(2)
禹貢錐指、署例、圖　叢 1-223(6)
禹貢錐指正誤　經 1-163(3)、3245　叢 2-1766
禹貢錐指引古錄　經 1-3197
禹貢錐指水道錄　經 1-3195
禹貢錐指圖　經 1-3194
禹貢錐指署例　經 1-3193
禹貢錐指節要　經 1-3198～9
禹貢錐指精言錄　經 1-3196
禹貢今釋　經 1-3222　叢 2-814
禹貢今注　經 1-3295
禹貢分箋　經 1-3227
禹貢合注　經 1-3179
禹貢合圖纂注　經 1-3176
禹貢會箋、圖　叢 1-223(6)，2-1385
禹貢會箋、圖、山水總目　經 1-3205
禹貢鄭注　經 1-3166
禹貢鄭注釋　經 1-163(2)、3225　叢 2-1625～6
禹貢鄭氏署例　經 1-163(4)、3269
禹貢節便讀　經 1-3223
禹貢纂注　經 1-3158、3204
禹貢纂注稿本　經 1-3302
禹貢精要集　經 1-3182
禹貢精義新抄　經 1-3238
20 禹受地記　史 7-49308、49400　叢 2-767
禹航免涵陳氏宗譜[浙江餘杭]　史 4-32807
22 禹峯先生文集　集 3-13475
禹峯先生詩集　集 3-13474
禹峯先生著定讀史外篇　史 1-5571
禹峯先生著定讀史外篇、續篇　史 1-5572
禹峯先生著定宋史外篇　史 1-5919
禹山雜著　集 4-24592
禹山記　史 7-49318(7)、52354
禹山申屠氏宗譜[浙江東陽]　史 4-26075～8
禹山申屠氏宗譜十部[浙江東陽]　史 4-26074
27 禹甸吟編　子 5-25975
32 禹州志、增續[同治]　史 8-59874
禹州志[康熙]　史 8-59871
禹州志[順治]　史 8-59870
禹州志[道光]　史 8-59873
禹州志[乾隆]　史 8-59872
40 禹杭徐氏宗譜[浙江杭州]　史 4-31877
43 禹城縣鄉土志[光緒]　史 8-59085
禹城縣志[康熙]　史 8-59082
禹城縣志[嘉慶]　史 8-59083
禹城縣志[民國]　史 8-59084
44 禹勤遺草　集 5-40467
62 禹縣志[民國]　史 8-59875
72 禹氏鎗譜祕傳　子 1-3654
77 禹門晚話　子 7-34247
80 禹會開圖　集 7-49703

舫

00 舫廬文存、外集、餘集　集 5-34740
舫齋文集　集 2-12499

舫齋詞稿　集3-20479
38 舫遊草　集4-22601
45 舫樓詩草　集5-36602
50 舫棗詩始　集3-21316
80 舫前王氏宗譜[浙江象山]　史4-24998

2043_0 夨

27 夨彝考釋　史8-64272
夨彝考釋質疑　史8-64273

夭

42 夭桃紈扇　集7-48776、49198　叢2-672

奚

00 奚襄橘柚　子5-26934
17 奚君蒙泉(岡)傳　史2-9576
50 奚囊廣要十三種　叢1-48
奚囊瑣言、藝苑鉤玄　集2-8183
奚囊集　集6-44057
奚囊便方　子2-9311
奚囊巢剩(牧唐吟草)　集3-18000
奚囊存草　集3-16843
奚囊寸錦　子3-18156
奚囊草　集3-15211,4-29231
奚囊橘柚　叢1-22(6)、23(5)
奚囊蠹餘　集2-8972
奚囊蠹餘、補遺、附錄　集2-8973　叢2-833
83 奚鐵生山水自題册附倣九龍山人卷　子3-16733
奚鐵生先生題畫詩　集4-22883
奚鐵生先生印譜　子3-16943、17087
奚鐵生樹木山石畫法　子3-16735
奚鐵生畫册　子3-16734

2044_7 爰

35 爰清子至命篇　子5-29530(21)、31222
43 爰始樓詩刪　集3-15032
50 爰書　史6-48428
爰書論要　史6-46459
77 爰閣居詩　集5-41549
爰閣居詩續　集5-41550

2050_0 手

15 手珠　子4-24019
20 手集名公藏弆　叢1-407(2)
36 手澤所遺　子4-23412
42 手札節要　集3-19080　叢2-1387
45 手杖論　子6-32081(26)、32083(18)、32086(28)、32088(18)、32089(44)、32090(49)、32091(47)、32092(32)、32093(27)
48 手翰　集5-37407
70 手臂錄　子1-3565　叢1-269(4)、270(3)、271、272(3)、360,2-731(36)
82 手劄　集3-21799

2050_7 爭

10 爭玉板八僊過滄海雜劇　集7-48774(5)、49265
40 爭大東沙島理由議　史6-45570,7-49357
47 爭報恩三虎下山雜劇　集7-48767(4)、48995　叢2-698(14)
50 爭春園全傳　子5-28476~7
88 爭坐位集字聯　子5-25867

2060_1 售

40 售布怕妻(安樂卷、獅吼妙典)　集7-54449
44 售花遇佞(賣花寶卷)　集7-54450

譬

44 譬林冗筆　子4-21350

2060_3 香

70 香雅(瓷學)　叢2-2169

2060_4 看

00 看痘總提圖目說 子 2-9100
04 看詩隨錄、目錄 集 6-42531～2
10 看雲聽濤館詩 集 5-40622
看雲集 集 1-5203
看雲山房詩草 集 3-21340
看雲山房詩鈔 集 4-31654
看雲草堂集 叢 2-1287
看雲樓集 集 3-21763
看雲吟稿 集 3-19657～60
看雲小集 集 1-4270,6-41744～6、41888、41891～3、41894(3)、41895、41897～8、41912、41917、41923～4
14 看破世俗一枝 集 7-51803
15 看珠錄 子 4-18608
22 看山樓詩鈔 集 4-33306,6-42011
看山樓詞 集 7-48345
看山樓草 集 5-39427
看山閣集 集 3-19174
看山閣全集七種 叢 2-1438
31 看河紀程 史 6-46652 叢 1-300
33 看浦奶 集 7-50715
40 看左氏規模 叢 1-223(10)
看真 集 7-49608
44 看花雜詠 集 3-13736 叢 1-364
看花述異記 叢 1-587(2),2-1339
47 看楓約 叢 1-315
看柳文綱目、柳先生年譜 叢 1-223(49)
48 看梅紀遊草 集 3-19602
64 看財奴買寃家債主雜劇 集 7-48774(2)
71 看蠶詞 集 6-44957,7-47793 叢 1-321
80 看鏡詞 集 7-48171
看命一掌金(精刻看命一掌金) 子 3-14088
83 看錢奴買寃家債主雜劇 集 7-48767(3)、48879 叢 2-698(16)
看錢奴買寃家債主 叢 2-720(3)
88 看鑑偶評 史 1-5586～7 叢 2-1287
看篆樓鑑藏古銅印譜 史 8-64966

舌

00 舌辨要畧 子 2-6244
08 舌診 子 2-6258
40 舌存草 集 5-40223
44 舌華錄 子 4-24026 叢 2-735(2)
舌苔諸方 子 2-4632
舌苔歌訣 子 2-6261、10007
57 舌擊編 史 1-4139
60 舌圖辨證 子 2-6253～4
63 舌戰羣儒 集 7-52460
舌戰羣儒一段 集 7-51537
73 舌胎 子 2-6252
舌胎辨訛 子 2-6263
舌胎諸方 子 2-6257
舌胎統志、課藝芻議析疑 子 2-6243
舌胎圖說 子 2-4612、6240
78 舌鑒 子 2-6250
舌鑒辨證 子 2-6256
舌鑒新書 子 2-6249
舌鑒總論 子 2-6239
80 舌鏡 子 2-6235
舌鏡、舌苔諸方 子 2-4632
舌鏡、舌胎諸方、景冬陽增補方論、戴天章先生存存書屋摘抄、增補方論 子 2-6257
88 舌鑑總論 子 2-4608、4612

2060_9 番

02 番話大全 經 2-15081
10 番西川 集 7-54304
17 番郡璅錄[嘉慶] 史 8-58757
21 番行雜詠 集 4-22086
28 番僧音樂呻本 子 3-17944
30 番字藥師七佛本願功德經 子 6-32092(5)
34 番漢合時掌中珠殘、西夏國書畧說 經 2-14954
番漢合時掌中珠殘卷 叢 2-602
番社采風圖考、臺海采風圖考 史 7-51243
番社采風圖考 史 7-49317(2)、49318(15)、51244 叢 1-202(6)、203(12)、241、242(2),2-731(56)
番社采風圖考摘畧 史 7-49336、54301
番社採風圖考 叢 2-890
40 番大悲神咒 子 6-32091(13)、32093(46)
番境補遺 史 2-9200,7-49317(2)、49318(15)、49338、51233 叢 1-496(4)
50 番本金剛經天竺母音斷金剛神咒 子 7-32110
60 番易姜堯章續書譜 子 3-15035
番易姜夔堯章續書譜 子 3-15727
番禺市橋房鄧氏蔭德堂家譜[廣東番禺]

史 5－38882
番禺雜記　史 7－50883　叢 1－15、19(2、10)、20(8)、21(2)、22(11)、23(10)、24(3)
番禺傍江羅氏族譜[廣東番禺]　史 5－41157
番禺集　集 1－5652
番禺稿　集 1－5650
番禺黎氏存詩彙選　集 6－45128
番禺鄔氏所刻書二十種　叢 2－1009
番禺徐仰山先生夫婦八袠開一壽言集　史 2－10613
番禺褉記　叢 1－21(9)
番禺河南小志[民國]　史 8－60837
番禺李氏新修房譜[廣東番禺]　史 4－27642
番禺黄埔梁氏家譜[廣東番禺]　史 5－34701
番禺葉氏遐庵藏書目録　史 8－65263、65993
番禺末業志　史 7－50885　叢 2－700、1006、1008～9
番禺縣續志[宣統]　史 8－60834
番禺縣志[康熙]　史 8－60830
番禺縣志[乾隆]　史 8－60831
番禺縣志[同治]　史 8－60833
番禺縣古壩鄉志[民國]　史 8－60836
番禺隱語解　經 2－14908　叢 2－700、1008～9
番禺陳東塾書札　集 4－31855
番禺陳氏東塾叢書　叢 2－1832
番禺屈氏家集　集 6－45015
番禺小龍孔氏家譜[廣東番禺]　史 4－25970
76 番陽仲公李先生文集(李仲公文集、俟菴集、竢庵李先生文集)　集 1－5381
80 番禽訣　子 3－14682

香

00 香痕草堂稿　集 4－22513
香亭文集初編　集 4－26549
香亭文稿、續編、詩稿　集 3－21526
香亭先生(吴玉綸)年譜、續編　史 2－11906
香亭印譜　子 3－16884
06 香韻　子 4－18895　叢 1－128～9
07 香欬集　叢 1－407(2)
香詞百選　集 7－47210　叢 2－1597
08 香說　子 1－72,4－18542、18905
香譜　子 4－18547、18881～2、18885、18967　叢 1－2～6、9～10、19(9)、20(7)、21(8)、22(16)、23(16)、24(10)、26～8、114(5)、220、223(38)、268(4),2－731(30)、943
香譜、桂海香志、陳氏香品　子 4－18890
10 香王菩薩陀羅尼咒經　子 6－32081(19)、32083(13)、32085(19)、32086(20)、32088(13)、32089(15)、32090(21)、32091(20)、32092(14)、32093(35)
香露軒吟剩　集 5－41280
香雪亭新編耆英會記　集 7－50267
香雪亭詩集　集 4－24416
香雪庵詩集　集 2－12146
香雪廬詩存　集 4－27468
香雪廬詞　集 7－47345
香雪齋詩稿　集 3－18641
香雪齋詩鈔　集 5－36996～7
香雪齋集(翠屏山人詩集)　集 3－19564
香雪齋樂事　叢 1－197(4),2－617(2)
香雪文鈔　集 3－19130～2
香雪詩存　集 4－26106
香雪詩鈔　集 3－19127
香雪山房遺稿　集 4－28529　叢 2－1023
香雪山莊詩初集、中集　集 4－26483
香雪巢詩鈔　集 5－35222
香雪崦叢書四種　叢 2－1996
香雪海雜俎　子 4－24727
香雪海吟草　集 3－20083
香雪草堂書目　史 8－65790
香雪林集　集 6－42369
香雪樓吟稿　集 5－38214
香雪梅花屋詩集　集 4－29710
香雪園詩話　集 6－46117
香雪園重訂詩　集 3－19265
香雪吟　集 2－11584,6－45104
香雪居詩草　集 3－18338
香雪留痕　集 4－25022
香雪館遺詩　集 5－39896　叢 2－886(4)
香雪館遺稿　集 5－39897
香雪堂詩　集 3－18439
香雪堂詩稿　集 5－40219
香雨詩鈔　集 4－22292、23681
香天談藪　子 5－26658　叢 1－202(2)、203(7)、321、587(1)
香石齋吟草　集 5－34582　叢 2－1960
香石詩話　集 6－46089
香瓦樓市簾集　集 4－27148
香雲草屋詩稿　集 4－22528
香粟詩稿　集 4－30608
11 香研居詞麈　叢 1－278、435,2－731(36)
13 香球寶卷　集 7－54485
14 香功輯要　子 2－11221
15 香珠集、典畧　子 4－23717
17 香珊瑚館詩詞　集 5－41049

香子詩存 集5-34719
20 香乘 子4-18896 叢1-223(38),2-735(4)
21 香上記曲 子5-26748
香儷園偶存 叢2-934
22 香崖雜抄 子4-24396
香巖詩鈔 集5-37385
香巖詞約 集7-48719
香巖先生集 叢1-506,2-2060
香巖洗心水禪師語錄 子6-32091(82)
香巖賦鈔、試帖 集5-37386
香巖醫案 子2-10551
香峯文集 集4-28475
香岩小乘、高門馬太安人年譜 史2-11822
香山詩集 集6-41894(2)
香山詩稿 集3-17470,6-41975、42025
香山詩選 集1-1363
香山詩鈔 集1-1358、1362
香山記 集7-50108
香山說要寶卷(遊地獄寶卷) 集7-54218
香山翠微韋氏族譜[廣東珠海] 史4-31141
香山勇義錄、香山節烈婦錄 史2-8273
香山集 集1-1356、3403,6-41784 叢1-223(55),2-860
香山程氏新修文信公支譜[江西婺源] 史5-36165
香山寶卷 集7-54208～10
香山寶卷全集 集7-54210
香山酒頌 叢1-86,2-730(8)、731(38)
香山九老詩 集6-43234 叢1-223(68)
香山九老會詩 叢1-585
香山古宥朱氏家譜[廣東中山] 史4-26735
香山古鶴界湧鄭氏房譜[廣東中山] 史5-38761
香山戴氏宗譜[安徽桐城] 史5-40532
香山藤牌更變速戰陣圖 子1-3754
香山草堂集、詩集 集3-13410
香山草堂集選 集4-24121
香山草堂叢鈔十四種 叢1-309
香山盛氏族譜[廣東中山] 史5-34305
香山縣鄉土志[民國] 史8-61042
香山縣志[康熙] 史8-61037
香山縣志[道光] 史8-61039
香山縣志[嘉靖] 史8-61036
香山縣志[乾隆] 史8-61038
香山縣志[光緒] 史8-61040
香山縣志續編[民國] 史8-61041
香山閒適詩選 叢2-691(3)
香山小志[民國] 史7-56988
香山卷 集7-54208
香樂居士詩集 集3-20032
24 香豔文藪 集6-42893
香豔叢書 叢1-587(1)
香豔小品 子5-26234
26 香泉論書偶記 子3-15145
香泉志 史7-52769
香泉夢草 集5-36655
27 香修仙館詩鈔、詞 集4-29105
28 香谿集 叢2-859
30 香宇詩談 集6-45789 叢1-22(26)
香宇集 集2-9753
香宋詩稿 集5-40459
香宋詩鈔 集5-40458 叢2-2200
香案集 集4-27354
香案牘 子5-27058 叢1-13、14(2)、22(24)、86、110、111(5)、154,2-730(8)、731(61)、1171～2
31 香涇仙吏遺集 集3-18672
香涇遺詩 集4-27165
香河縣志[康熙] 史7-55233
香河縣志[萬曆] 史7-55232
香河縣志[民國] 史7-55234
香渠瑤階一枝 集7-52003
32 香溪瑤翠詞 集7-47254
香溪集 叢1-223(54),2-731(40)
香溪集補鈔 集1-3278,6-41901
香溪集鈔 集1-3276～7,6-41900、41908
香溪先生范賢良文集(香溪集、范香溪先生文集) 集1-3274
34 香港雜記 史7-51217
香濤制軍手劄 集5-36258
香遠山房詩文集 集5-37762
香遠居醫學舉要 子2-10675
香遠堂詩稿、蓮峯宦稿 集3-19063
36 香禪 子4-18892 叢1-176
香禪詩草 集4-30640
香禪詞 集7-48004 叢2-1934
香禪日記(清光緒十年至十六年) 史2-12877
香禪精舍集 集5-33918～9
香禪精舍集(庚申噩夢記、蘇臺麋鹿記、鄂行日記、歙行日記、金石文字跋尾、香禪遊記、虎阜石刻僅存錄、奉思錄、香禪紀遊草、香禪詞、貞烈編) 集5-33922
香禪精舍集(湖上春遊詩草、兩山遊草、西山探梅稿、洞庭鄧尉探梅日記、探梅草、遊兩山記、湖上春遊日記)、湖上雜詩 集5-33917
香禪精舍集三種 叢2-1933
香禪精舍集十種附一種另附四種 叢2-

1934
香禪精舍游記　史7-53122
香禪精舍遊記　叢2-1934
37 香湖丁氏家乘[浙江嘉善]　史4-24629
香湖草堂集　集3-15473
香祖樓　集7-49438、49444、49452
香祖居詩鈔　集4-24087
香祖居稿　集3-20598
香祖筆記　子4-21065～6　叢1-223(42)、373(3)、485、496(4),2-735(2)、736、948、1336
香運品藻　叢1-587(3)
38 香海詞　集7-48066
香海集　叢2-2153
香海盦外集　集5-37998
香海小方壺稿　集4-25512
香海棠館詞話　集7-48744　叢2-2155
40 香南詩鈔　集3-19770
香南雪北廬詩　集4-30191
香南雪北詞　集7-47344
香南雪北曲　集7-50670
香南居士集　集4-30836
香南居士集(聽雨集、養拙集、尋樂集、司勳集、守岱集)　集4-30837
香南居士集(聽雨集、養拙集、尋樂集、司勳集、匏系集、楓江集、瞻園集、楓江後集、孤蓬集、拾得集、澹園集、寒竽集、蒯緱集、課蔬集、喜雨集、遂初集、深雪集、漫興集、歸閒集)　集4-30838
香南精舍印存　子3-17299
香南精舍金石契　史8-63662
香志　叢1-9、22(11)、23(10)
香奩詠物詩　子3-14691
香奩詩草　集2-10155　叢1-86,2-730(8)、731(43)
香奩詞　叢2-2227
香奩瑣事詩　叢1-319
香奩集　集1-1695～7、1699、1701、1706～8、5492,2-12366,3-13322,6-41879、41882　叢2-635(8)、829
香奩集(唐翰林學士中書舍人韓致光香奩集)　集1-1703
香奩集(韓内翰香奩集)　集1-1705
香奩集、韓内翰別集　集1-1704
香奩集發微、韓承旨年譜　集1-1709
香奩四友傳　子5-26992
香奩八詠　叢1-104
41 香坪詩鈔　集4-28913
43 香域自求膺禪師内外集　集3-15876
44 香坡詩草　集4-31086
香花墩志　史7-51949
香蔭樓草　集4-27979
香蓮象器圖說　叢1-513
香蓮帕　集7-51312～4、51316
香蓮品藻　子5-27490　叢2-624(3)
香蘇山館文集　集4-25294
香蘇山館詩集　集4-25290
香蘇山館詩鈔　集4-25289、25291
香蘇山館古體詩集、今體詩集、詞、文集　叢2-1633
香蘇山館全集十五種　叢2-1633
香蘇草堂圖詠　叢2-1633
香草亭詞　叢2-2142
香草齋文甲集、乙集、三集、續集、史論管見　集5-39295
香草齋詩注　集3-18413、18416
香草齋詩鈔　集3-18412,4-26486
香草文鈔　集5-38642
香草詩　集3-16293
香草詩偶箋　集3-18417
香草詞　集7-46399～400、46411、46975、47573、47697、48330　叢1-509,2-885
香草詞、補遺、鴻爪詞、哀絃豪竹詞、菊花詞　集7-47695
香草詞、鴻爪詞、哀絃豪竹詞、菊花詞、集牡丹亭詞、香草詞補遺、曲　叢2-1830
香草談文　集6-46328　叢2-2078
香草溪樂府　集4-26480
香草校詩　經1-4352
香草校書　經2-11752～4
香草校書、續　經2-11751　叢2-2078
香草校尚書　經1-3061
香草垞詩集　集3-13685
香草樓詩卷　集5-38905
香草軒詩存　集4-24735
香草園日記(清光緒元年至六年、八年)　史2-13115
香草吟傳奇　集7-50182
香草居集　集6-44994
香草居集、目錄　集3-15823
香草尺牘　集5-38643　叢2-2078
香草美人集　集5-34622
香草箋　集3-18414　叢2-622
香草箋外集(綺窗餘事)　集3-19879
香草箋注　集3-18415
香草堂詩畧　集4-24369～70
香草堂詩鈔　集6-44540
香草堂詩鈔(芋莊詩鈔)　集3-15537
香草堂集　集4-24368
香鞋記　集7-50300
香茗軒曲選十三折　集7-54733
香樹齋文集　集3-18562

香樹齋文集續鈔 集 3-18563
香樹齋詩集 集 3-18559
香樹齋詩集、詩續集、文集、文續集 集 3-18564
香樹齋詩續集 集 3-18560～1
香葉山房讀餘志 子 4-22608
香葉草堂詩存 集 3-21692
香杜草初集、二集、三集、靜讀齋詩話 集 4-24136
香林雜記 子 4-24469
香林牘 子 4-18891
香林寺同戒錄 子 7-34803
香林故事 叢 2-2085
50 香車和雪記 叢 1-168(2)
香本紀 子 4-18894 叢 1-587(3)
香囊記 子 7-38250 集 7-49709
香囊怨 集 7-48776 叢 2-672
香東漫筆 子 4-22066 叢 2-2155
53 香甫詩鈔 集 4-28046
57 香蝴蝶寶卷 集 7-54484
60 香咳集選 集 6-44146 叢 1-587(4)
香咳集選存 叢 2-721
香國 子 4-18897 叢 1-170～1,2-721
香國集 集 4-22165
香國集文錄 集 6-42067
香國樓精選婁壹草(栩栩茶、燕市筆魔、半日閒、清肺丸、星鑣路俸、芙蓉城、呼婦集、雪峨敲、漱壑聲、嬾餘) 集 2-11783
香國史 叢 1-363
香圃文集 集 4-31281
香圃詩鈔 集 3-16251
香圃遺編 集 4-23789
香羅帶四十部 集 7-51317
62 香影廊集 叢 2-2169
香影詞 集 7-47636
香影書屋閑居偶錄 子 4-24625
香影餘譜 叢 2-650
63 香畹樓 集 7-50377
香畹樓憶語 子 5-26230 叢 1-590,2-624(4)、632
64 香畦堂詩草 集 4-22686
66 香嚴(巖)古溪和尚語錄、續編 子 7-34229
香嚴庵雜稿八種 叢 2-2099
香嚴庵筆記 叢 2-2099
香嚴齋詩集 集 3-13849
香嚴齋詞 集 7-46397～400、46844、46867
香嚴雜抄 叢 2-2099
香嚴詞 集 7-46404
香嚴室遺稿 集 4-33655
香嚴禪師語錄 子 6-32091(81)
香嚴老人壽言 史 2-10445 叢 1-508
香嚴尚書壽言 叢 2-731(54)
67 香墅漫鈔 子 4-22407、22410
香墅漫鈔、續、又續 子 4-22408～9
70 香雅樓詩鈔、詞鈔 叢 1-556
香雅樓存稿、西江草 集 5-37103
71 香匡府君(史夢蘭)行述 史 2-10102
香匡府君行述、挽聯 史 2-10103
香脂進御 集 7-49705
72 香隱盦詞 集 6-42014,7-47825～6 叢 2-1934
77 香閨韻事 子 4-18862 叢 1-513
香閨夢 集 6-42580
香閨鞋襪典畧 子 5-25826
香月亭詩餘 集 7-48155
香月廊詩存 集 4-31340
香月山房隨筆 子 4-24497
香月樓殘稿 叢 2-795
香月樓殘稿(陳澍芝遺著) 集 5-35506
香屑集 集 3-17614 叢 1-223(68)
香膽詞 集 7-46399～400、47097
香眉亭詞 集 7-46429、47132
香聞遺集 集 3-21797
80 香谷詩草 集 5-39142
香谷詩餘 集 4-32151
香谷集 集 3-15695
香谷四種曲 集 7-49533
香谷園詩望淮集、龍津集 叢 2-952
香畬先生詩集 集 4-23324
81 香罏峯紀遊 史 7-49317(3)、49318(9)、53418
87 香錄 子 4-18889 叢 1-195(6),2-731(33)
香飲樓賓談 子 4-24615,5-26729、26735 叢 1-496(5),2-735(3)
88 香箋 子 4-18538、18893 叢 1-14(3)、25、30、111(1)、154、181、249(3)、461,2-624(3)、731(33)
香篋集 集 6-41880
香籨集 集 6-41856
89 香銷酒醒詞 集 7-47747
香銷酒醒曲 集 7-50671
90 香光隨筆 子 3-14697
98 香粉獄 子 7-38175

2061_4 雒

03 雒讖 經 1-173
30 雒容縣志[乾隆] 史 8-61301

雒容縣志[民國]　史 8－61302
40 雒南縣鄉土志[道光]　史 8－63067
雒南縣志[康熙]　史 8－63065
雒南縣志[乾隆]　史 8－63066
雒雄小紀　叢 2－1980
50 雒書　經 1－172　叢 2－771(2)、772(2)、773(3)
雒書說禾　叢 2－1872
雒書說禾(洛書說河)　經 1－172
雒書靈準聽　經 1－171～2　叢 1－274(3),2－731(15)、771(2)、772(3)、773(3)、1872
雒書甄曜度　經 1－172　叢 1－274(3),2－731(15)、771(2)、772(3)、773(3)、1872
雒書緯　經 1－177　叢 2－1872
雒書緯雜篇　叢 2－1872
雒書寶予命　經 1－172
雒書寶號命　叢 2－1872
雒書摘六辟　經 1－172　叢 2－771(2)、772(3)、773(3)、1872
雒書兵鈐　經 1－172
雒書錄運法　叢 2－1872
雒書錄運期　經 1－172　叢 2－1872
77 雒閩源流錄　史 2－7257～9

2064_8 皎

23 皎然集　集 1－866

2071_4 毛

00 毛文龍孔有德列傳　史 2－9078　叢 2－953
毛文簡公遺藁　集 2－7301
04 毛詩　經 1－1、4～5、10～1、13～5、50、59、3519～21、3525～8、3538～42、3545　叢 1－217、475,2－635(2)、697、698(1)、1092、1443、1747
毛詩(詩經白文)　經 1－3522
毛詩、考證　經 1－16、3550
毛詩序說　經 1－4684、4688　叢 2－1169
毛詩序傳定本　經 1－4693
毛詩序義　經 1－4680　叢 2－765
毛詩序義疏　經 1－4681、4818　叢 2－774(2)
毛詩辨韻　經 1－4777
毛詩音　經 1－4729
毛詩音韻考、畧言　經 1－4794
毛詩音存　叢 2－750
毛詩音義　經 1－4735
毛詩音義考證　經 1－4736
毛詩註、詩譜　經 1－18、3604
毛詩訂詁　經 1－4001～3
毛詩訂本　經 1－4163
毛詩評注　經 1－4487
毛詩證讀　經 1－4103　叢 2－1546～7
毛詩證經異句　經 1－153
毛詩識小　經 1－4177　叢 2－731(38)、881、1678
毛詩詁訓傳　經 1－3546、3552
毛詩詁訓傳、詩譜、音釋　經 1－3559
毛詩詁訓傳、詩譜、毛詩音義　經 1－3555
毛詩詁訓傳存　叢 2－732
毛詩諸家引經異字同聲考　經 1－4788
毛詩讀　經 1－4305
毛詩講義　經 1－3662　叢 1－223(7),2－1747
毛詩韻例　經 1－4808
毛詩韻考　經 1－4801
毛詩韻串　經 2－14536
毛詩韻聿、雜文十四篇　叢 2－2222
毛詩韻表　經 1－4798
毛詩記疑　經 1－3994
毛詩詞例舉要　經 1－4471
毛詩詞例舉要(詳本)　叢 2－2248
毛詩詞例舉要(畧本)　經 1－4810　叢 2－2248
毛詩說　經 1－92、120、163(3)、4013、4050、4112、4186、4278
毛詩說序　經 1－45　叢 1－347,2－731(37)
毛詩說序(涇野先生毛詩說序)　經 1－4683
毛詩說習傳　經 1－4441
毛詩說畧　經 1－4327
毛詩論韻　經 1－4803
毛詩譜　經 1－27、31、163(4)、4707、4709～10、4713　叢 2－766、772(5)、773(5)
毛詩譜注　經 1－4712　叢 2－765
毛詩譜暢　經 1－4711、4818　叢 2－774(2)
毛詩二南殘卷　經 1－3544　叢 2－732
毛詩正文　經 1－3532
毛詩正韻　經 1－4807　叢 2－747～8
毛詩正變指南圖　經 1－3684
毛詩正變指南圖、詩經金丹彙考、詩經難字　經 1－3773
毛詩正字考　經 1－4261
毛詩正本　經 1－4012
毛詩正義　經 1－3593
毛詩正義、校勘記　經 1－3594　叢 2－670
毛詩正義殘本　經 1－3592
毛詩正義存　叢 2－732
毛詩正義校勘記　經 1－3595

毛詩正義惠氏校本錄存　經 1-3997
毛詩正義長編　經 1-4199
毛詩王氏注　經 1-3560、4818　叢 2-774(2)
毛詩疏證補　經 1-154
毛詩要義　經 1-35、4014、4141
毛詩要義、譜序要義　經 1-3671
毛詩平議　經 1-145、163(4)、4319　叢 2-1920
毛詩天文考　經 1-4121　叢 2-653(1)
毛詩賈氏義　經 1-3534　叢 2-775(2)
毛詩翼敍　經 1-4492
毛詩重言　經 1-4206　叢 1-416,2-747～8、1699～702
毛詩重言三篇　經 1-4775
毛詩重言下篇補錄　經 1-4497
毛詩雙聲疊韻說　經 1-4776　叢 1-416,2-747～8、1699～702
毛詩集詮　經 1-4508
毛詩集解　經 1-3621　叢 1-227(2)
毛詩集解、學詩總說　叢 1-223(7)
毛詩集解、學詩總說、論詩總說　經 1-3665
毛詩集解訓蒙　經 1-4312　叢 2-1986
毛詩集注　經 1-3587　叢 2-775(2)
毛詩衍聲表　經 1-4800
毛詩經說　經 1-4291
毛詩經句異文通詁　經 1-4486
毛詩後箋　經 1-163(2)、4171　叢 2-653(1)、1669
毛詩樂府　集 7-50678　叢 1-191
毛詩稽古編　經 1-111(2)、3949～50　叢 1-223(7)
毛詩稽古編、附考　經 1-3951
毛詩先鄒義　經 1-164
毛詩先鄭義　經 1-3533　叢 2-775(2)
毛詩緒言抄畧　經 1-4183
毛詩傳義類　經 1-163(3)、4785
毛詩傳箋、詩譜　經 1-3551
毛詩傳箋通釋　經 1-163(2)、4180　叢 1-460,2-653(1)、698(1)
毛詩傳箋異義解　經 1-4251
毛詩傳箋義例考證　經 1-4479
毛詩紬義　經 1-111(4)、4157　叢 2-1646
毛詩偶記　經 1-122、4123
毛詩釋地　經 1-4265　叢 2-1937
毛詩釋義　經 1-4189
毛詩多識　經 1-4253～6　叢 2-671、785
毛詩多識錄　經 1-4161
毛詩解頤　叢 1-227(2)
毛詩鳥獸草木考　經 1-3890、4373～4
毛詩鳥獸草木本旨　經 1-4392
毛詩鳥獸蟲魚疏　經 1-3574
毛詩魚名今考、嘉魚考　經 1-4490　叢 2-2184
毛詩物名釋　經 1-4142
毛詩物名考　經 1-4150、4817
毛詩名物疏鈔　經 1-3983
毛詩名物狀　經 1-154
毛詩名物解　經 1-77(2)、3618　叢 1-223(6)
毛詩名物考　經 1-3961
毛詩名物圖說　經 1-4233
毛詩名物畧　經 1-4032
毛詩名物鈔　叢 1-227(2)
毛詩句解析疑　經 1-4222
毛詩約注　經 1-4389　叢 2-956
毛詩復古錄　經 1-4164
毛詩徐氏音　經 1-4730、4818　叢 2-774(2)
毛詩注　經 1-3537、3561、4407　叢 2-772(1)、773(1)
毛詩注疏　經 1-24～5、4020　叢 1-227(2)
毛詩注疏、詩譜序　經 1-23
毛詩注疏、詩譜序、毛詩譜、毛詩注疏原目、毛詩注解傳述人　經 1-3597
毛詩注疏、毛詩譜、毛詩注疏原目、毛詩注解傳述人、考證　經 1-3598　叢 1-223(6)
毛詩注疏、毛詩譜、考證　經 1-19
毛詩注疏毛本阮本考異　經 1-4309
毛詩注疏校勘記　經 1-3601
毛詩注疏校勘記、釋文校勘記　經 1-20、3602
毛詩注疏校勘記校字補　經 1-3603　叢 1-526
毛詩注疏校勘札記　經 1-4342
毛詩注疏考證　經 1-3599
毛詩注疏長編　經 1-4200
毛詩注疏删翼　經 1-3844
毛詩注疏纂　經 1-3921
毛詩寫官記　經 1-3939　叢 1-223(7),2-1309
毛詩治要　經 1-3605
毛詩補韻　經 1-4740
毛詩補正　經 1-4333
毛詩補疏　經 1-111(4)、4140　叢 2-1625～6
毛詩補禮　經 1-4299
毛詩補箋　經 1-4414
毛詩述正　經 1-4247
毛詩述疏　經 1-4818
毛詩述義　經 1-3591　叢 2-774(3)
毛詩沈氏義疏　經 1-3588、3590、4818　叢 2-774(3)、775(2)
毛詩禮徵　經 1-4181　叢 1-493

毛詩通説、補遺　經1-4059
毛詩通考　經1-4176　叢2-731(38)、881、1678
毛詩通義　經1-4089
毛詩選　集2-7901
毛詩十五國風義　經1-4527、4818　叢2-774(3)
毛詩九穀考　經1-4188　叢2-611
毛詩存　叢2-601、604
毛詩李黄集解　叢1-223(6)
毛詩古音諧讀、反切詳論考古音辨　經1-4812
毛詩古音參義　經1-4043　叢2-998、1455
毛詩古音述　經1-4793,2-14541
毛詩古音考　經1-4741～2　叢1-223(16)、386～7,2-747～8
毛詩古音考、讀詩拙言　經1-4743　叢1-268(2),2-1147～8
毛詩古韻　經1-4765、4817
毛詩古韻雜論　經1-4766、4817
毛詩古韻貫　經2-14536
毛詩古樂音　經1-4783　叢2-785
毛詩古義　經1-4022～3　叢1-203(3)
毛詩奇句韻考　經1-4767、4817
毛詩七聲四音譜　叢2-1914
毛詩校勘記、釋文校勘記　經1-111(3)
毛詩札記　經1-4007、4175、4472、4495　叢2-2248
毛詩析疑　經1-4412
毛詩弋志箋記　經1-3828
毛詩地理釋　經1-4147
毛詩考　經1-4451
毛詩考證　經1-163(1)、4129、4779　叢2-1566
毛詩蒙引　經1-3858
毛詩蒙求彙瑣　經1-4263
毛詩蒙求寮啓　經1-4262
毛詩草名今釋　經1-4489　叢2-2184
毛詩草木疏　經1-3575　叢1-28
毛詩草木鳥獸蟲魚疏　經1-33、3569、3573、3576　叢1-11～2、22(1)、23(1)、26、76～7、223(6)、460、584,2-731(27)
毛詩草木鳥獸蟲魚疏廣要　經1-3845　叢1-169(2)、268(1),2-731(27)
毛詩草木鳥獸蟲魚疏廣要(陸氏詩廣要)　經1-3847
毛詩草木鳥獸蟲魚疏正　叢2-1766
毛詩草木鳥獸蟲魚疏校正　經1-3572　叢1-516、558
毛詩草木鳥獸蟲魚疏考證　經1-4339
毛詩草木鳥獸蟲魚釋　經1-4143～4
毛詩草木今名釋　經1-3928、4355
毛詩草蟲經　經1-4212、4818　叢2-774(3)
毛詩均譜、補遺、校勘記　經1-4805
毛詩聲類、詩聲分例(合)　經2-14536
毛詩故訓傳　經1-111(3)、3558、4087
毛詩故訓傳、毛詩譜、毛詩音義　經1-3556
毛詩故訓傳、鄭氏詩譜　經1-3557
毛詩故訓傳定本　經1-4088
毛詩故訓傳定本小箋　叢2-1517
毛詩故訓傳裨　經1-4436
毛詩申成　經1-4101
毛詩申鄭義　經1-3566　叢2-772(1)、773(1)
毛詩本義　經1-3612
毛詩本義、鄭氏詩譜　叢1-227(2)
毛詩奏事　經1-3564、4818　叢2-774(2)
毛詩指説　經1-77(2)、3608～9　叢1-223(6)、227(2)、235
毛詩或問　經1-3724　叢1-195(1),2-731(37)、974～5
毛詩拾遺　經1-4728、4818　叢2-774(2)
毛詩口義　經1-4125
毛詩日箋　經1-3958　叢1-203(16),2-798
毛詩國風釋　經1-3965
毛詩國風定本　經1-4528　叢1-526
毛詩品物圖考　經1-4097
毛詩異文補　經1-4015
毛詩異文箋　經1-4791　叢1-439
毛詩異同評　經1-3577～9、4818　叢1-461,2-765～6、772(1)、773(1)、774(2)
毛詩異同説　經1-4310
毛詩異義　經1-4274　叢2-814
毛詩異義、詩譜敍　經1-4102
毛詩題綱　經1-3583～4、4818　叢2-774(3)
毛詩別字　經1-4809
毛詩昀訂、墓志銘　經1-4780
毛詩明辨錄　經1-4019
毛詩駮　經1-4818
毛詩原解　經1-3765　叢2-872
毛詩原解、讀詩　經1-46
毛詩馬王微　經1-4152　叢1-261
毛詩馬王微序　叢2-771(3)
毛詩馬氏注　經1-3536、4818　叢2-774(2)
毛詩匡謬正俗　經1-3606
毛詩隱義　經1-3585、4818　叢2-774(3)
毛詩質疑六種　經1-4817
毛詩陸疏廣要(詩疏廣要)　經1-3846
毛詩隨筆　經1-96
毛詩駁　經1-3565

毛詩周韻誦法 經1-4789
毛詩周氏注 經1-3582、4818 叢2-774(3)
毛詩周頌口義 經1-163(2)、4550 叢2-1566
毛詩學 經1-4201、4458、4461
毛詩闡微目錄 經1-4431
毛詩闡祕 經1-3804
毛詩問難 經1-3562、4818 叢2-774(2)
毛詩興體說 經1-4375、4466
毛詩義疏 經1-3589 叢2-765～6
毛詩義駮 經1-4818
毛詩義駁 經1-3563
毛詩義問 經1-3535、4818 叢2-774(2)
毛詩義鉤 叢2-774(2)
毛詩劄記 經1-83
毛詩鉤 叢2-774(2)
毛詩鄭讀考 經1-4423
毛詩鄭譜疏證 經1-160 叢2-1914～5
毛詩鄭譜疏證、正誤表 經1-4719
毛詩鄭箋改字說 經1-163(3)、4240 叢2-1001
毛詩鄭箋校字 集4-25481
毛詩鄭箋纂疏補協、詩譜 經1-3886
毛詩舒氏義疏 經1-3581、4818 叢2-774(3)
毛詩箋音義證 經1-4733～4、4818 叢2-765～6、774(3)
毛詩箋疏辨異、總辨 經1-4385
毛詩答雜問 經1-3567～8、4818 叢2-765～6、774(2)
毛詩餘義 叢2-1894
毛詩類釋、續編 經1-4004 叢1-223(7)
10 毛西河(奇齡)傳贊 史2-9290
毛西河先生仲氏易 經1-1042
毛西河先生曼殊留視圖册遺古蹟 叢2-846
毛西河先生曼殊留視圖册遺蹟 史2-9292
毛西河傳贊 叢1-269(2)、270(1)
毛西河傳贊千字文 叢1-276
毛西河四書朱註辨正 經2-10595
11 毛瑟槍指南、毛瑟槍用法圖說、毛瑟槍打靶法、新操洋兵功課册 子7-36987
毛瑟槍學 子7-36228(6)
毛孺初先生評選即山集、悼亡詩 集2-11871
毛孺人詩 叢2-1394
毛孺人詩(女紅餘藝) 集4-21930
17 毛鄧三局 子3-17962、18124
毛司徒詞 叢2-2227
22 毛乳雪詩 集3-16679
25 毛傳翼 經1-4437
毛朱詩說 經1-3959、4052 叢1-201、203(3),2-807
27 毛穉澥詩集 集5-38152
毛穉黃十二種書(思古堂十二種書) 叢2-1300
33 毛祕書詞 叢2-2227
34 毛對山醫話 子2-4768、10832
毛洪張玉音兩世姻緣記全本 集7-53827
40 毛太君徽音集 史2-10662
毛克寬傳 史2-10369
毛古菴先生全集三種 叢2-1086
44 毛樹棠李樹棠倭仁翁同龢段晴川致漁汀書札 子3-15512
47 毛鶴舫先生文集 集3-15376
48 毛翰林詞 集7-47036
50 毛本梁書校議 史1-592 叢2-711
60 毛□對局 子3-17962、18128
72 毛氏族譜[湖南平江] 史4-25637、25639
毛氏族譜[湖南長沙] 史4-25634～5
毛氏族譜[四川簡陽] 史4-25648
毛氏重修族譜[湖南平江] 史4-25638
毛氏重修族譜[湖南岳陽] 史4-25636
毛氏經問 叢1-312
毛氏續修族譜[安徽合肥] 史4-25624
毛氏續修族譜[湖南] 史4-25633
毛氏續修族譜[湖南新化] 史4-25647
毛氏解故 叢2-2222
毛氏永思堂族譜[浙江餘姚] 史4-25593
毛氏宗譜 史4-25650
毛氏宗譜[安徽桐城] 史4-25625～6
毛氏宗譜[江蘇海門] 史4-25569
毛氏宗譜[浙江紹興] 史4-25598～9
毛氏宗譜[浙江鄞州] 史4-25590
毛氏宗譜[浙江長興] 史4-25588
毛氏宗譜[湖北紅安] 史4-25632
毛氏宗譜[湖北黃岡] 史4-25631
毛氏春秋簡書刊誤 叢1-312
毛氏顯支宗譜 史4-25649
毛氏呁訂 經2-15123
74 毛馳黃集 集3-14203
80 毛公鼎釋文 史8-64263
毛公鼎臆釋 史8-64264
毛公鼎銘考釋 史8-64265 叢2-630、2227、2229
毛公壇倡和詩 叢1-86,2-730(8)、731(38)
毛公壇唱和稿 集2-10183
86 毛錦來詩 集3-14921
87 毛鄭詩評議 叢1-584
毛鄭詩釋 經1-4209
毛鄭詩釋、續錄 經1-127 叢2-1766
毛鄭詩釋續錄 經1-4210

毛鄭詩考正　經 1-111(3)、4069～70　叢 1-203(15)、238、272(5),2-814、1475
毛鄭詩考正續　經 1-4267
毛鄭詩斠議　經 1-4460
毛鄭薪傳　經 1-4725
毛鄭異同考　經 1-4046
88 毛簡香詩稿　集 3-21615
90 毛尚書奏稿　史 6-49033

毳

00 毳廬詩草　集 5-40362

2073_1 丢

44 丢姑爺　集 7-53127
丢姑爺一段　集 7-51423
53 丢戒指　集 7-50997、53128

2074_6 爵

00 爵文考釋　史 8-64215
爵章式樣　史 6-42762
25 爵秩新本　史 3-23804
爵秩新本(清康熙五十四年)　史 3-23797
爵秩新本(清嘉慶二年)　史 3-23875
爵秩新本(清乾隆三十一年)　史 3-23831
爵秩新本(清乾隆三十二年)　史 3-23833
爵秩新本(清乾隆三十三年秋季)　史 3-23834
爵秩新本(清乾隆三十五年)　史 3-23837
爵秩新本(清乾隆三十年)　史 3-23829
爵秩新本(清乾隆三十年冬季)　史 3-23828
爵秩新本(清乾隆十年)　史 3-23809
爵秩新本(清乾隆四十二年)　史 3-23848
爵秩新本(清乾隆四年)　史 3-23806
爵秩新本、中樞備覽(清雍正五年秋季)　史 3-23800
爵秩全函(清光緒二十七年冬季)　史 3-24338
爵秩全函(清光緒十六秋季)　史 3-24158
爵秩全函(清光緒十八年夏季)　史 3-24176
爵秩全函、大清中樞備覽(清宣統二年冬)　史 3-24521
爵秩全函、大清中樞備覽(清道光三十年)　史 3-23961
爵秩全函、大清中樞備覽(清光緒三十一年秋)　史 3-24419
爵秩全函、大清中樞備覽(清光緒三十一年春)　史 3-24410
爵秩全函、大清中樞備覽(清光緒三十三年春)　史 3-24454
爵秩全函、大清中樞備覽(清光緒三十四年冬)　史 3-24487
爵秩全函、大清中樞備覽(清光緒三十年冬)　史 3-24397
爵秩全函、大清中樞備覽(清光緒二十九年秋)　史 3-24369
爵秩全函、大清中樞備覽(清光緒二十八年春)　史 3-24347
爵秩全函、大清中樞備覽(清光緒十三年夏)　史 3-24126
爵秩全覽(清宣統二年夏季)　史 3-24513
爵秩全覽(清宣統二年冬季)　史 3-24520
爵秩全覽(清宣統二年秋季)　史 3-24517
爵秩全覽(清宣統二年春季)　史 3-24510
爵秩全覽(清宣統三年夏季)　史 3-24536
爵秩全覽(清宣統三年秋季)　史 3-24541
爵秩全覽(清宣統三年春、夏)　史 3-24544
爵秩全覽(清宣統三年春季)　史 3-24532
爵秩全覽(清宣統元年夏季)　史 3-24494
爵秩全覽(清宣統元年冬季)　史 3-24502
爵秩全覽(清宣統元年秋季)　史 3-24498
爵秩全覽(清宣統元年春季)　史 3-24491
爵秩全覽(清道光六年秋季)　史 3-23903
爵秩全覽(清道光二十六年夏季)　史 3-23947
爵秩全覽(清道光二十五年秋季)　史 3-23944
爵秩全覽(清道光二十九年秋)　史 3-23957
爵秩全覽(清道光二十八年)　史 3-23955
爵秩全覽(清道光二十八年夏季)　史 3-23952
爵秩全覽(清道光十三年)　史 3-23915
爵秩全覽(清道光十三年春)　史 3-23913
爵秩全覽(清道光十九年夏季)　史 3-23929
爵秩全覽(清道光七年)　史 3-23905
爵秩全覽(清嘉慶二年秋)　史 3-23876
爵秩全覽(清乾隆二十二年)　史 3-23815
爵秩全覽(清乾隆二十五年)　史 3-23821
爵秩全覽(清乾隆五十六年夏季)　史 3-23862

爵秩全覽(清乾隆十八年) 史3-23812
爵秩全覽(清乾隆四十三年) 史3-23850
爵秩全覽(清咸豐六年夏季) 史3-23978
爵秩全覽(清咸豐六年冬季) 史3-23980
爵秩全覽(清咸豐六年春季) 史3-23976
爵秩全覽(清咸豐二年冬季) 史3-23966
爵秩全覽(清咸豐三年春季) 史3-23967
爵秩全覽(清咸豐五年夏) 史3-23972
爵秩全覽(清咸豐元年) 史3-23964
爵秩全覽(清咸豐七年秋季) 史3-23982
爵秩全覽(清同治六年春季) 史3-24006
爵秩全覽(清同治十一年春) 史3-24025
爵秩全覽(清同治十三年夏季) 史3-24037
爵秩全覽(清同治十三年冬季) 史3-24040
爵秩全覽(清同治九年秋季) 史3-24017
爵秩全覽(清同治九年春季) 史3-24013
爵秩全覽(清光緒二十六年夏) 史3-24322
爵秩全覽(清光緒二十六年秋季) 史3-24326
爵秩全覽(清光緒二十六年春) 史3-24319
爵秩全覽(清光緒二十六年春季新增) 史3-24320
爵秩全覽(清光緒二十一年) 史3-24236
爵秩全覽(清光緒二十一年夏季) 史3-24222
爵秩全覽(清光緒二十一年冬季) 史3-24231
爵秩全覽(清光緒二十一年秋季) 史3-24227
爵秩全覽(清光緒二十一年春季) 史3-24218
爵秩全覽(清光緒二十二年) 史3-24258
爵秩全覽(清光緒二十二年夏季) 史3-24243
爵秩全覽(清光緒二十二年冬季) 史3-24253
爵秩全覽(清光緒二十二年冬季新增) 史3-24254
爵秩全覽(清光緒二十二年秋季) 史3-24248
爵秩全覽(清光緒二十二年春季) 史3-24239
爵秩全覽(清光緒二十三年) 史3-24281
爵秩全覽(清光緒二十三年夏季) 史3-24268
爵秩全覽(清光緒二十三年冬季) 史3-24276
爵秩全覽(清光緒二十三年秋季) 史3-24273
爵秩全覽(清光緒二十三年春) 史3-24262
爵秩全覽(清光緒二十五年夏季) 史3-24304
爵秩全覽(清光緒二十五年冬) 史3-24309
爵秩全覽(清光緒二十五年冬季新增) 史3-24310
爵秩全覽(清光緒二十五年秋季) 史3-24306
爵秩全覽(清光緒二十五年秋季新增) 史3-24307
爵秩全覽(清光緒二十五年春季) 史3-24302
爵秩全覽(清光緒二十九年) 史3-24378
爵秩全覽(清光緒二十九年新增) 史3-24379
爵秩全覽(清光緒二十九年夏) 史3-24366
爵秩全覽(清光緒二十九年冬) 史3-24373
爵秩全覽(清光緒二十九年冬季新增) 史3-24374
爵秩全覽(清光緒二十九年秋季) 史3-24370
爵秩全覽(清光緒二十九年春季) 史3-24363
爵秩全覽(清光緒二十七年) 史3-24343
爵秩全覽(清光緒二十七年冬季) 史3-24339
爵秩全覽(清光緒二十七年春) 史3-24331
爵秩全覽(清光緒二十四年冬) 史3-24293
爵秩全覽(清光緒二十四年秋季) 史3-24288
爵秩全覽(清光緒二十四年春季) 史3-24285
爵秩全覽(清光緒二十八年夏) 史3-24349
爵秩全覽(清光緒二十八年冬) 史3-24356
爵秩全覽(清光緒二十八年秋) 史3-24353
爵秩全覽(清光緒二十八年秋季新增) 史3-24354
爵秩全覽(清光緒二十八年春季) 史3-24345
爵秩全覽(清光緒二十八年春季新增) 史3-24346
爵秩全覽(清光緒二十年) 史3-24214

爵秩全覽(清光緒二十年夏)　史3-24204
爵秩全覽(清光緒二十年冬季)　史3-24209
爵秩全覽(清光緒二十年秋季)　史3-24207
爵秩全覽(清光緒二年冬季)　史3-24053
爵秩全覽(清光緒三十一年)　史3-24425
爵秩全覽(清光緒三十一年夏季)　史3-24413
爵秩全覽(清光緒三十一年冬季)　史3-24423
爵秩全覽(清光緒三十一年秋季)　史3-24418
爵秩全覽(清光緒三十一年春季)　史3-24408
爵秩全覽(清光緒三十一年春季新增)　史3-24409
爵秩全覽(清光緒三十二年夏)　史3-24432
爵秩全覽(清光緒三十二年冬季)　史3-24440
爵秩全覽(清光緒三十二年秋)　史3-24436
爵秩全覽(清光緒三十二年春季)　史3-24428
爵秩全覽(清光緒三十三年夏)　史3-24458
爵秩全覽(清光緒三十三年冬季)　史3-24464
爵秩全覽(清光緒三十三年秋季)　史3-24461
爵秩全覽(清光緒三十三年春季)　史3-24452
爵秩全覽(清光緒三十四年夏季)　史3-24479
爵秩全覽(清光緒三十四年冬季)　史3-24486
爵秩全覽(清光緒三十四年秋季)　史3-24483
爵秩全覽(清光緒三十四年春季)　史3-24472
爵秩全覽(清光緒三十年夏季)　史3-24387
爵秩全覽(清光緒三十年夏季新增)　史3-24388
爵秩全覽(清光緒三十年冬)　史3-24395
爵秩全覽(清光緒三十年冬季新增)　史3-24396
爵秩全覽(清光緒三十年秋)　史3-24390
爵秩全覽(清光緒三十年秋季新增)　史3-24391
爵秩全覽(清光緒三十年春)　史3-24381
爵秩全覽(清光緒三年冬季)　史3-24059
爵秩全覽(清光緒元年夏季)　史3-24045
爵秩全覽(清光緒元年秋季)　史3-24046
爵秩全覽(清光緒元年春)　史3-24044
爵秩全覽(清光緒十六年冬季)　史3-24160
爵秩全覽(清光緒十六年春季)　史3-24153
爵秩全覽(清光緒十一年夏季)　史3-24108
爵秩全覽(清光緒十一年冬季)　史3-24112
爵秩全覽(清光緒十一年秋季)　史3-24110
爵秩全覽(清光緒十一年春季)　史3-24106
爵秩全覽(清光緒十二年夏季)　史3-24119
爵秩全覽(清光緒十二年冬)　史3-24122
爵秩全覽(清光緒十二年春)　史3-24116
爵秩全覽(清光緒十三年夏季)　史3-24125
爵秩全覽(清光緒十三年春季)　史3-24123
爵秩全覽(清光緒十五年夏季)　史3-24145
爵秩全覽(清光緒十五年冬季)　史3-24149
爵秩全覽(清光緒十五年秋季)　史3-24147
爵秩全覽(清光緒十九年夏季)　史3-24187
爵秩全覽(清光緒十九年冬季)　史3-24192
爵秩全覽(清光緒十九年秋季)　史3-24190
爵秩全覽(清光緒十九年春季)　史3-24185
爵秩全覽(清光緒十七年冬)　史3-24170
爵秩全覽(清光緒十七年秋)　史3-24168
爵秩全覽(清光緒十四年夏)　史3-24137
爵秩全覽(清光緒十四年冬季)　史3-24141
爵秩全覽(清光緒十四年春季)　史3-24135
爵秩全覽(清光緒十八年)　史3-24183
爵秩全覽(清光緒十八年冬季)　史3-24181
爵秩全覽(清光緒十八年秋季)　史3-24178
爵秩全覽(清光緒十八年春季)　史3-24174

爵秩全覽(清光緒十年夏季) 史3-24101
爵秩全覽(清光緒十年秋季) 史3-24103
爵秩全覽(清光緒九年夏) 史3-24093
爵秩全覽(清光緒七年冬季) 史3-24083
爵秩全覽(清光緒四年冬季) 史3-24063
爵秩全覽(清光緒四年秋) 史3-24062
爵秩全覽(道光二十三年秋季) 史3-23938
爵秩全覽、新增爵秩全覽(清光緒三十二年) 史3-24449
爵秩全覽、大清中樞備覽(清光緒三十二年冬) 史3-24442
爵秩全覽、大清中樞備覽(清光緒三十三年冬) 史3-24465
爵秩全覽、大清中樞備覽(清光緒九年秋) 史3-24095
爵秩全覽、大清中樞備覽(清光緒二十八年夏新增) 史3-24350

2074_7 崞

62 崞縣鄉土志[光緒] 史7-55740
崞縣志[嘉靖] 史7-55735
崞縣志[乾隆] 史7-55736
崞縣志[光緒] 史7-55738
崞縣志續編[乾隆] 史7-55737

2074_8 皾

44 皾菜根齋詩 集4-29983
皾菜根齋詩鈔 集4-29982

2090_1 乘

00 乘方釋例 子3-12595
乘方釋例、圖 子3-12596
乘方捷術 子3-11252、12389、12396 叢2-1896
乘方圖說 子3-12731
01 乘龍佳話 集7-49642
24 乘化遺安 史2-10241 叢2-2101
40 乘查樂府 集5-34655
乘查筆記、海國勝遊草、天外歸帆草 史7-54098
42 乘桴集 集5-35980
乘桴吟草 集5-37831
乘桴醫影 子2-10658
43 乘城日錄 史1-2973
48 乘槎筆記 史7-49318(17)、54096~7 叢1-398、562
57 乘軺錄 史7-53789~90 叢1-272(3)、456(6)、465,2-731(6)
60 乘異記 子5-26911 叢1-15、19(2)、22(19)、23(19)、249(3)
乘異記錄 叢1-21(2)
乘異錄 子5-26910 叢1-24(3)
77 乘輿儀仗作法 史6-42127
乘輿儀仗做法 史6-47004
78 乘除演算 子3-12383
乘除通變算寶 子3-12347 叢2-731(26)
乘除開方起例 子3-12445
88 乘餘集 集4-22057

2090_3 系

47 系匏子詩詞文存稿 集5-35655

2090_4 禾

00 禾廬詩鈔 集5-40287
禾廬詩鈔(西溪詠古詩、和永嘉百詠、禾廬新年雜詠、武林新市肆吟) 集5-40286
22 禾川書[乾隆] 史8-58952
禾川書[同治] 史8-58953
禾川書糾繆[光緒] 史8-58954
44 禾莊詩存、補遺、南歸草 集4-33496
50 禾中災異錄 史7-50366 叢1-369
禾中唱和 集3-14818
77 禾兒長語 子1-111
87 禾錄 叢2-2098
90 禾堂集 集3-13240

采

00 采唐集 集5-38711
10 采雨山房詩 叢2-1611~2
采雨山房詩(富春遊草、萍泛草、還山草、睦州寓草、梅花城梅花雜詠、惕盦草、采雨

山房詩、惕盦雜錄、古桃州寓草、雲歸草）集4－24501
采霞集　集3－16010
采百集　集5－37376
采石紅　集7－50332
采石山房集　集4－28372
采石志[光緒]　史7－57882
采石戰勝錄　史1－1920～1、2544
采石瓜州斃亮記　叢1－282(2)
采石瓜洲斃亮記　史1－1920～1、2541～2　叢1－221、283(2)
采石斃亮記　史1－1920～1、2543
采硫日記　史7－51232　叢1－456(4)，2－731(59)
采礦及煉礦考　子7－36240(5)
16 采碧山堂詩集(玉屏山樵吟、東遊草、補遺、附錄)　集3－17549
20 采秀閣詩草　集3－17449
采香詞　集7－47867～8　叢1－474
采香樓詩集　集4－22153
采香樓詩草　集6－41999
21 采經奇方　子2－10191
22 采山堂詩　集6－41995
采山堂詩集　集6－44591
采山堂詩鈔　集3－14499
采山堂二集　集3－15726
采山堂近詩選、二集　集3－15725
采山堂遺文　集3－14498　叢2－839～40
28 采繪輯議　子3－15859、15907
36 采湘詞　集3－15256
40 采古議論　子1－3852
采真子衡論　子4－21911
采真編　集2－9828　叢2－1131～2、1135
采真別墨　子4－24699
采真篇　叢2－1133～4
44 采藍集　集2－10488
采芹錄　史2－9031　子4－20698　叢2－1153
采芳隨筆　子4－19185
采蘭齋詩　集4－32909
采蘭簃文集　集4－23657
采蘭簃文集、詩集　集4－23655
采蘭簃詩集　集4－23656
采蘭堂詩文稿　集4－22267
采薇集　叢2－1107
采薇僧集　集5－37708
采薇吟殘稿　集2－12690　叢1－520
采蓮船　子3－18324　叢1－587(4)，2－624(3)
采芝集　集1－4317，6－41894(3)、41895、41904
采芝集、續集　集1－4318，6－41891、41897、41911、41917、41919、41923
采芝集、續稿　集6－41745、41893、41912
采芝集、續藁　集6－41899
采芝集、續藁　集6－41746、41892
采芝林蔭桐氏丸散總滙　子2－9905
采芝圖詩　子3－16210
采蓴詞　集7－47234
采艾編　子2－5295
采艾編(采艾編翼)、析骨分經　子2－10376
采茶古人山歌　集7－53633
采藥詞　集7－48094
采菊雜詠　叢2－721
采菊襍詠　子4－19263　叢1－171
采菽堂評選戰國策　史1－5074
采菽堂古詩選　集6－42318
采菽堂古詩選、補遺　集6－42317
采菽堂舊聞　子4－24448
采菽堂書牘　叢2－2079～80
采菽堂筆記　子4－23547　叢2－2079～80
采菽堂筆記、書牘　子4－23634
46 采柏園古印澤存　子3－17236
47 采馨堂詩集　集4－26055
50 采畫錄　史2－6741　子3－15859　叢1－22(15)、23(14)
51 采軒詩稿　集4－22484
56 采輯書目　叢1－223(52)
60 采異記　子5－26929　叢1－19(9)、20(7)、21(8)、22(19)、23(19)、24(10)、374
67 采昭堂祕書十三種　叢1－126
采昭堂祕書史拾九種附四種　叢1－125
71 采臣小集　集5－35756
72 采隱草　集2－12192，6－44424
77 采風記　子7－36258
采風偶詠　集5－37985
采風志乘　史3－24586
采風類記　史7－50207
80 采義耨仁未刻稿(典餉草、奏疏、范陽乙丙紀事、粵東鹽法議、福建鹽法議、讀禮草、樞曹草、待放草、榆關草、再歸草、奉常草)　集2－11351
87 采飲集　集3－15364
90 采常吉倭變事畧　史1－2868～9　叢2－730(12)、836
99 采榮錄　子4－19492、21022
采榮堂集　集3－13864

集

00 集方　子2－4585、9355

集慶路江東書院講義 子1-882 叢1-195(3)、351、367
集唐詩 集3-18677
集唐詩鈔 集4-31163
集唐二十七聯 叢2-707
集唐要法 集6-46281 叢1-195(4),2-731(48)
集唐酌存 集5-38294
集唐自述詩 集3-14076
集唐初刻、二刻 集4-24058
集唐梅花詩 集6-41718
集唐春日雜吟 叢1-371
集唐人句 集5-33772
集唐人古詩通用韻 集6-43178
集文字禪 子6-32091(75)
集註爾雅 經2-11189
集註太玄經 子5-29530(23)
集註草堂杜工部詩外集 叢2-731(42)
集註東坡先生詩前集 集1-2488
集註陰符經 子5-29729
集註金剛般若波羅蜜經 子7-33169
集註分類東坡先生詩 集1-2489
02 集訓 經2-14728、15142
04 集詩 集2-9460
集諸經禮懺儀 子6-32084(23)、32093(49)
集諸經禮懺悔文 子6-32085(40)、32088(29)、32089(48)、32090(61)、32091(59)、32092(41)
集諸佛大功德山 子6-32085(16)、32090(17、18)、32092(11)、32093(6)
集諸佛華經 子6-32085(15)、32090(17)、32092(11)
集諸家論 經1-5186～7
集諸法寶最上義論 子6-32081(51)、32082(27)、32083(32)、32084(30)、32085(47)、32086(55)、32088(34)、32089(46)、32090(53)、32091(51)、32092(35)、32093(26)
06 集韻 經2-13689、15114、15124 叢1-223(16)、227(4),2-698(3)
集韻新聲 子5-26134
集韻編雅 經2-13696
集韻補校 叢2-757
集韻校 經2-13690 叢2-2004
集韻校正會編 經2-13692
集韻校勘記 經2-13693～4
集韻考正 經2-13691 叢2-865～6
集韻劄記 經2-13695
集課記 史7-50042 叢2-1309
07 集部二百十七種 叢2-635(5)
集部焚書 叢2-1113
集部第 集1-5836
08 集說詮真、集說詮真續編、集說詮真提要 子7-35377
集說詮真、續編 子5-26556
集說補 經1-5990
10 集一切福德三昧經 子6-32081(6)、32082(6)、32083(5)、32084(5)、32085(6)、32086(7)、32088(5)、32089(6)、32090(7)、32091(6)、32092(4)、32093(14),7-32370
集玉山房稿 集2-11876 叢1-223(66)
集靈記 子5-26849 叢1-22(20)、23(19),2-617(3)
集元遺山 叢2-707
集西廂酒籌 子3-17958、18343
16 集聖教序詩、續集聖教序詩 集4-22410
集聖賢羣輔錄 史2-6277 集6-41693 叢1-349
17 集翠裘 集7-49357
集翠軒詩集 集4-23688～9
集翠軒詩鈔(集翠軒詩稿) 集4-33663
20 集千文詩品 叢1-276
集千家註杜詩 集1-925
集千家註杜工部詩集 集1-919 叢1-223(48)
集千家註杜工部詩集、文集 集1-916,6-41727 叢2-873
集千家註杜工部詩集、文集、附錄 集1-913
集千家註杜工部詩集、文集、年譜 集1-917
集千家註批點補遺杜工部詩集、年譜 集1-909
集千家註批點杜工部詩集 集1-910、912
集千家註批點杜工部詩集、文集、年譜 集1-907～8
集千家註批點杜工部詩集、年譜 集1-911
集千家註分類杜工部詩、文集 集1-918
集千家註分類杜工部詩、文集、年譜 集1-905
集千家註分類杜工部詩、年譜 集1-904
集千家注杜工部集、文集 叢1-227(8)
集千字文詩 集5-33745 叢2-1920
21 集虛齋文錄 集6-42067
集虛齋詩 集4-26849
集虛齋四書口義 經2-10689
集虛齋學古文、離騷經解畧 集3-18029
集虛草堂叢書甲集九種 叢1-561
集虛堂小草、餘草 集3-18942
集何雪漁印譜 子3-16923
集經驗諸方 子2-9509
22 集仙傳 史2-6861 叢1-19(8)、20(5)、21(7)、22(10)、23(9)、24(8)、374

集山中白雲詞　集 6-44978,7-47258
集樂府　集 1-5583
23 集外詩(西笑山房詩鈔蒐逸)　叢 2-885
集外錄　集 3-13763
24 集牡丹亭詞　集 7-47696　叢 2-1830
集緯　經 2-12041
25 集朱子讀書法　子 1-101、2338
26 集程朱格物法　子 1-150
集程朱格物法、集朱子讀書法　子 1-101
27 集解孝經　經 2-8324　叢 2-774(5)
集解附例　史 6-45852
集名刻　子 3-17169～70
集句詩　集 3-16054
集句麗典　子 5-25981
集句後錄　集 2-7141
集句錄　集 2-7141
30 集注爾雅　叢 2-774(6)
集注毛詩　經 1-3586、4818　叢 2-774(3)
集注科文　子 7-33457
集注句解　經 1-4985
集注傷寒論　子 2-6292、6337
集注太玄、太玄解、太玄曆　子 3-12911
集注太玄經　叢 2-698(7)
集注太玄經(太玄集注、太玄經集注、太玄、集注太玄)　子 3-12909
集注太玄經、說玄　子 3-12908
集注喪服經傳　經 1-5435、5446　叢 2-774(3)
集注杜詩姓氏　叢 1-223(48)
集寧縣志[民國]　史 7-56076
集字韻釋通便　經 2-13989
集字避複　經 2-13219
集字繫聲　經 2-13992～3
31 集浯溪碑字聯語　叢 2-1851
32 集溪盧氏族譜[江西宜春]　史 5-40098
33 集補地理索隱　子 3-13671
34 集漢隸四種　叢 2-1917
35 集神州三寶感通錄　子 6-32084(23)、32090(60)、32091(58)、32093(52),7-34659～60
集神州塔寺三寶感通錄　子 6-32081(42)、32082(20)、32085(40)、32086(46)、32088(29)、32089(47)、32092(41)
37 集選詩　集 5-37045　叢 2-2040
集選奇效簡便良方　子 2-9844
38 集道堂集外詩　集 4-33190
集道堂外集詩　集 6-41763
39 集沙門不應拜俗　子 6-32083(27)
集沙門不應拜俗等事　子 6-32081(42)、32082(20)、32084(23)、32085(40)、32086(47)、32088(29)、32089(47)、32090(60)、32091(58)、32092(40)、32093(52)
40 集大乘相論　子 6-32081(52)、32083(32)、32084(30)、32085(47)、32086(56)、32088(34)、32089(46)、32090(53)、32091(51)、32092(35)、32093(26)
集李三百篇　叢 2-1546～7
集古文韻　經 2-13130
集古文英　集 6-42802
集古評釋西山真先生文章正宗　集 6-42679
集古詩　史 1-5568
集古詩附存　叢 2-1477
集古琴考　子 3-17559
集古香奩詩　集 2-6555
集古虎符魚符考　史 8-63504、64977
集古偶錄　叢 1-373(8)
集古像贊　史 2-6618
集古絕句　集 3-20627
集古良方　子 2-9495
集古官印考　史 8-64976
集古官印考證、集古虎符魚符考　叢 2-605
集古古詩　集 3-20627
集古考圖　子 4-18553　叢 1-35
集古梅花詩　集 2-6556、7227　叢 1-392,2-833
集古目錄　叢 1-15～6、18、19(2)、20(1)、21(2)、24(2)
集古器壽字　史 8-63719
集古印譜　史 8-64914～5、64924
集古印譜、印正附說　史 8-64921
集古印笵　史 8-64928
集古今佛道論衡　子 6-32084(23)、32093(52)
集古今佛道論衡實錄　子 6-32082(20)、32083(27)、32086(46)、32088(29)、32089(47)、32090(60)、32091(58)、32092(41)
集古今佛道論衡實錄、續集古今佛道論衡實錄　子 7-34605
集古今名墓圖　子 3-13270
集古錄　叢 1-22(15)、23(14)、223(28)、330～1,2-1449
集古錄補目補　史 8-64354　叢 2-2170～1
集古錄目　史 8-63503、63719、64351　叢 1-352
集古錄目、原目　史 8-64352　叢 1-509
集古錄目跋補　史 8-64353
集古錄跋尾　史 8-63503、63525～6　集 1-2007～8　叢 1-352,2-635(8)、698(9)、1029
集古篇　集 5-36520
41 集帖目　子 3-15495
44 集蓼編　叢 2-2198

集芳園 集7-53786
集蘇 集1-2487
集蘇詩 集4-27462
集華及堂倡和詩 集6-41964
集英閣賦選 集6-42630
集世說詩 叢1-202(7)、203(12)
集其清英集 集5-38598
集材詩集 集5-36451
集杜詩 集3-21899
集杜句詩、詠文丞相詩 集1-4465
集杜少陵 集1-879
集杜少陵詩 集3-18946
48 集梅花詩 集6-41718
50 集事詩鑒 子1-2093 叢1-244(4)
集事詩鑑 叢1-31,2-731(16)
集東坡七言詩聯 叢2-1020
53 集成總案 集1-2515
58 集蛻巖詞 集1-5428、5431
60 集四書對 叢2-1256
集易林 叢2-707
集思廣益編 史6-45649、45655 叢2-2132
集思堂外集 集3-19757
集是甚 子4-20941
集異新鈔 子5-27147
集異記 史1-1914 子5-26218、26222、26225、27526～7 叢1-11～2、15、17、19(6)、20(4)、22(19)、23(18)、24(6)、26～8、29(3)、38、90～3、95～6、180、185、223(45)、255(3),2-624(1)、730(2,6)、731(50)
集異記校補 子5-27528 叢2-2004
集異志 子5-26225、26862 叢1-11、22(19)、27～8、29(3)、106、111(2)、255(3),2-624(2)、731(50)
67 集喉症諸方 子2-4717、7531
70 集雅 子5-25886
集雅牌規 子3-18249
集腋成裘 子3-17489,4-23540
71 集歷代經史神明不滅證信輪迴錄 子7-34668
集歷代經史神明不滅證信輪迴錄、音釋 子7-34688
77 集陶新詠 集3-14792
集陶詩 集5-34837 叢1-340,2-1351
集陶詩注 叢1-340
集賢山館詩鈔 集5-40599
78 集驗方 子2-10169
集驗方選 叢1-373(4)
集驗新方 子2-9413
集驗背疽方 子2-4623、4768～9、7654 叢1-223(33)
集驗良方 子2-4602、9406～7、9563、9572、9598、9654、9680、9682、9803、9987、10061
集驗良方、增補應驗便捷良方 子2-9439
集驗良方拔萃(拔萃良方)、續補 子2-9650
集驗治目全書 子2-7409
集驗神效方滙刻 子2-9808
集驗救急良方 子2-9842
集驗簡易良方 子2-9607
80 集益齋詩鈔 集4-27125
集益齋稿 集4-27123
集益齋稿、家塾課藝 集4-27124
集金玉晶石銅牙瓷竹木類印 子3-17170
集鐘鼎古文韻選 經2-13154
集美人名詩 子5-26234 叢1-587(5),2-934
集義齋詩鈔 集4-28055
集義軒詠史詩 史1-6087 集6-42013
集義軒詠史詩抄 史1-6086
集義軒詠史詩鈔 集4-32596
86 集錦 子4-23767
集錦書目 集7-52203
87 集錄經驗方 子2-10045
集錄神效單方 子2-5616
集錄逆夷張格爾滋事奏稿 史6-47928
集錄真西山文章正宗 集6-42680
集鄭幼麟碑字二百聯 叢2-1436
88 集篆古文韻海 經2-13134 叢1-265(2)、266
集篆隸屏聯稿 叢2-1648
89 集鈔三家本草 子2-5501
91 集類 經2-13624、15142

2090_7 秉

17 秉翟詞 集7-46405、47146
44 秉蘭錄 史7-53902 叢2-622
86 秉鐸公牘存稿 史6-47231 叢2-2172
96 秉燭卮言 子4-22575

2091_3 統

04 統計通論 子7-37294
08 統論歷朝形勢 史7-49616～7
10 統一幣制管見 史6-44435
統天易說(費子統天易說) 經1-1046
71 統曆彙集元龜 子3-14461

統曆會集元龜　子3－14491
80 統合新教授法　子7－36714
88 統籌海防力圖補救疏　史6－45526

2091$_4$ 稚

10 稚雲琴譜　子3－17734
22 稚川真人校證術　子5－29530(18)、30862
稚川葛氏族譜[浙江嘉興]　史5－35829
44 稚黄子　子4－21052　叢1－197(1)
稚黄子文洴　子1－1391

維

00 維摩詰子問　子6－32084(5)、32085(6)、32093(7)
維摩詰子問經　子6－32090(7)、32092(5)
維摩詰經　子6－32081(6)、32082(5)、32083(5)、32086(6)、32088(4)、32089(6)、32091(6)
維摩詰經(不可思議法門經)　子6－32090(7)、32092(5)
維摩詰經解二種　子7－33087　叢2－608
維摩詰所說不思議法門經　子6－32093(7)
維摩詰所說經　子6－32081(5)、32082(5)、32083(5)、32086(6)、32088(4)、32089(6)、32091(6),7－32103、32112、32133、32255～6、33084　叢1－114(3)
維摩詰所說經(不可思議解脱經)　子6－32084(5)、32085(6)、32090(7)、32092(5)、32093(7),7－32108　叢1－394
維摩詰所說經、釋迦如來成道記　子7－32125
維摩詰所說經註　子6－32089(51)、32090(66)、32091(64)、32092(39)、32093(47),7－32113、33085
維摩詰所說經注　子7－32109、33083
維摩詰所說經折衷　子7－33097
維摩詰所說經折衷疏　子7－33095～6
維摩詰所說經無我疏　子7－33094
維摩詰所說經義記　子7－33088
維摩疏記　子6－32084(32),7－32119
維摩經玄疏　子7－33089～90
維摩經疏　子7－33093
維摩經疏會本　子7－33092
維摩經畧疏　子6－32084(32),7－33091
維摩室遺訓　子1－2315
維摩寺志　史7－51595
維摩饒舌　子6－32091(77)
維摩精舍叢書五種　叢2－2273
02 維新三傑　子7－36492
維新志、附集　史1－2919
10 維而登白克王國憲法　子7－36643
維西見聞　史7－49338
維西見聞記　史7－49317(6)、49318(14)　叢1－355
維西見聞紀　史7－51073　叢1－202(6)、203(12)、241、242(2),2－731(57)
維西縣志[民國]　史8－62505
31 維禎錄　叢2－1069
33 維心亨室文集　集5－34950
維心亨室四書講義　經2－10945
47 維馨紀念集　子7－35719
56 維揚高氏彙纂續修族譜[江蘇揚州]　史4－32391
維揚夏氏重修族譜[江蘇揚州]　史4－31653
維揚殉凶紀畧　史1－1962、3890
維揚殉節紀畧　史1－3523,2－7788　叢1－269(3)、270(2)、271
維揚殉節紀畧(史可法)　史2－9188
維揚邗東張綱鎮徐氏宗譜十次統修族譜[江蘇邗江]　史4－31799
維揚集文堂新刻增訂釋義經書便用通考雜字　經2－13443
維揚集文堂新刻增訂釋義經書便用通考雜字　子5－25939
維揚安阜洲丁氏纂修族譜[江蘇揚州]　史4－24593
維揚安阜洲黄氏重修族譜[江蘇江都]　史5－33734
維揚安阜洲陳氏重修族譜[江蘇江都]　史4－32717
維揚安阜洲陶氏重修宗譜[江蘇江都]　史5－33461
維揚宏道堂新刻增訂釋義經書便用通考雜字　子5－25936
維揚江都卞氏重修族譜[江蘇江都]　史4－25660、25662
維揚江都許氏族譜[江蘇江都]　史5－34363
維揚江都王氏重修族譜[江蘇江都]　史4－24809
維揚江都王氏重修宗譜[江蘇揚州]　史4－24808
維揚江都胥氏重修族譜[江蘇江都]　史4－31143
維揚江都虞氏重修族譜[江蘇江都]　史5－37189

維揚江都朱氏族譜[江蘇江都]　史4-26402

維揚江都朱氏重修族譜[江蘇江都]　史4-26403

維揚江都朱氏重修宗譜[江蘇江都]　史4-26404

維揚江都程氏重修族譜[江蘇江都]　史5-35983

維揚江都潘氏重修族譜[江蘇江都]　史5-39751

維揚江都梁氏第八次統修族譜[江蘇江都]　史5-34673

維揚江都袁氏九修族譜[江蘇江都]　史4-31303

維揚江都杭氏族譜[江蘇江都]　史4-29274

維揚江都蔣氏重修族譜[江蘇江都]　史5-38073

維揚江都萬氏重修族譜[江蘇江都]　史5-35792～3

維揚江都樊氏重修族譜[江蘇江都]　史5-39162

維揚江都曹氏族譜[江蘇江都]　史5-34153

維揚江都曹氏重修族譜[江蘇江都]　史5-34152

維揚江都嚴氏重修族譜[江蘇江都]　史5-41177

維揚江都劉氏重修分譜[江蘇揚州]　史5-39208

維揚江都陳氏重修族譜[江蘇江都]　史4-32718

維揚江都周氏纂修族譜[江蘇揚州]　史4-29826

維揚江都俞氏六次重修族譜[江蘇江都]　史4-30768

維揚江都佘化纂修族譜[江蘇江都]　史4-28505

維揚顧氏七修宗譜[江蘇江都]　史5-41364

維揚浦頭張氏族譜[江蘇揚州]　史5-34787

維揚大橋鎮徐氏族譜[江蘇江都]　史4-31801

維揚大成堂新刻增訂釋義經書便用通考雜字　子5-25937

維揚大成堂新刻增訂釋義經書便用通考雜字、外　子5-25938

維揚夢　集7-49609

維揚甘棠仇氏重修族譜[江蘇江都]　史4-25653

維揚束氏重修族譜[江蘇揚州]　史4-27697

維揚兵憲鄭公(二陽)棠蔭紀　史2-9155

維揚兵憲鄭公棠蔭紀　史6-43106

60 維園詩錄　集4-25794

維園鉛擿　子4-20768　叢1-22(23)

77 維風詩集　集6-42433

維周詩鈔　集4-33565

纏

17 纏子　子4-19524　叢2-774(10)

47 纏姐歌附新刻小鑒軍歌纏姐山歌　集7-53091

60 纏足談　叢1-587(2)

纏足受病攷　子4-21826

2092₇ 稿

50 稿本痘疹醉玄　子2-8930

紡

18 紡政萃編　子7-36228(5)

23 紡織機器圖說　子7-36229、36249、37200

紡織機器圖說、圖　子7-37217

紡織考　子7-36240(3)

紡織器圖說、圖　子7-36250

52 紡授堂集、二集、文集　集2-11908

縞

23 縞紵草　集3-20124

2093₁ 穮

08 穮說　集6-46326

2093_2 穰

22 穰梨館過眼續錄　子 3－14888
穰梨館過眼錄、續錄　子 3－14887　叢 2－2004

絃

17 絃子記　子 3－17835　叢 1－220
28 絃徽宣祕　經 1－6562、6587
40 絃索辨訛　集 7－54828、54830
絃索調時劇新譜　集 7－54670
絃索備考　子 3－17864
絃索十三套琵琶譜　子 3－17815
45 絃杖圖　集 7－52237、52534
88 絃管吹開　集 7－49705

纕

44 纕芷閣遺稿　集 3－15246

2094_8 絞

76 絞腸痧證　子 2－4654～5、4657～8、4660、4662、7051

2104_7 版

50 版畫　子 3－16345

2108_6 順

00 順齋先生閒居叢稿(閒居叢稿)　集 1－5008
順齋先生閒居叢藁　集 1－5007
順慶府志[康熙]　史 8－61792
順慶府志[嘉靖]　史 8－61791
10 順正理論辯本事品　子 7－32781
順天府尹題奏摺　史 6－47915
順天府朱卷　史 3－15021
順天府宣統元年統計表　史 6－43257
順天府志[康熙]　史 7－54928
順天府志[永樂]　史 7－54926
順天府志[萬曆]　史 7－54927
順天府志[光緒]　史 7－54929
順天府考卷　史 3－17397
順天府則例　史 6－47087
順天府光緒三十四年統計表　史 6－43256
順天地畧　史 7－49318(19)、49870
順天戊子科同年單　史 3－14015
順天易生編　子 2－8201
順天題稿　史 6－48537
順天闈　史 1－3596　叢 2－2203
24 順德府志[弘治]　史 7－55431
順德府志[萬曆]　史 7－55433
順德府志[乾隆]　史 7－55434
順德龍山鄉鄧氏族譜[廣東順德]　史 5－38900
順德龍江尹氏一本源流世錄[廣東順德]　史 4－25921
順德北門羅氏族譜[廣東順德]　史 5－41159
順德鄧氏景望房家譜[廣東順德]　史 5－38899
順德師著述三種　叢 1－512
順德梁斗南等手書小楷　子 3－15766
順德大良竹園馮氏族譜[廣東順德]　史 5－36477
順德大羅黎氏家譜[廣東順德]　史 5－39144
順德志[嘉靖]　史 7－55432
順德李文誠公(文田)行狀　史 2－10459
順德李文誠公雜鈔五種　叢 1－393
順德李氏遺書四種　叢 2－2005
順德楊滘馮氏宗譜[廣東順德]　史 5－36478
順德縣志[康熙]　史 8－61089～90
順德縣志[萬曆]　史 8－61088
順德縣志[乾隆]　史 8－61091
順德縣志[咸豐]　史 8－61092
順德縣志[民國]　史 8－61093
順德堂雜集　集 4－23568
順德堂詩鈔　集 4－23569
27 順叔吟草　集 6－42007(4)
30 順寧府志[雍正]　史 8－62492
順寧府志[康熙]　史 8－62491
順寧府志[乾隆]　史 8－62493
順寧雜著　史 7－49317(7)、49318(14)、51072
順寧樓稿　集 3－17845

順寧縣志初稿[民國] 史 8 - 62495
順適堂吟稿 集 6 - 41894(4)、41895、41917
順適堂吟稿前集、續集 集 6 - 41924
順適堂吟藁 集 1 - 3471、3474
順適堂吟藁甲集、乙集、丙集、丁集、戊集 集 1 - 3472
順適堂吟藁前集、續集 集 1 - 3473
順適堂吟藁 集 6 - 41893、41897、41904
順適堂吟藁甲集、乙集、丙集、丁集、戊集 集 6 - 41888、41891～2
順適堂吟藁前集、續集 集 6 - 41744、41898
順適堂吟藁前集、續集、丙集、丁集、戊集 集 6 - 41745
順宗實錄 史 1 - 1649 叢 1 - 404、453，2 - 731(65)
31 順江洲陳氏重修宗譜[江蘇鎮江] 史 4 - 32738
順渠先生文錄 集 2 - 8054
33 順治康熙雍正三朝會試鄉試題名錄 史 3 - 13682
順治六年己丑科進士履歷便覽 史 3 - 13688
順治六年進士登科錄 史 3 - 13687
順治三年丙戌科山東鄉試朱卷 史 3 - 21147
順治三年丙戌科進士履歷便覽 史 3 - 13684
順治五年山東鄉試錄 史 3 - 14456
順治五年江南鄉試錄 史 3 - 14112
順治丁亥科春秋會試硃卷 集 3 - 14378
順治元年内外官署奏疏 史 6 - 47875
順治過江 子 5 - 28199
順治十六年己亥科進士履歷便覽 史 3 - 13693
順治十一年山東鄉試錄 史 3 - 14457
順治十二年乙未科進士履歷便覽 史 3 - 13690
順治十五年戊戌科進士履歷便覽 史 3 - 13692
順治十五年會試錄 史 3 - 13691
順治十八年辛丑科進士履歷便覽 史 3 - 13694
順治九年壬辰科進士履歷便覽 史 3 - 13689
順治九年壬辰科翰林院館課 集 6 - 45435
順治朝手本揭帖 史 6 - 47874
順治四年丁亥科進士履歷便覽 史 3 - 13686
順治八年辛卯科山東同貢序齒錄 史 3 - 14990
順治八年陝西鄉試序齒錄 史 3 - 14792
順治八年陝西鄉試錄 史 3 - 14791
順治錄疏 史 6 - 47873
40 順直諮議局文牘類要初編 史 6 - 41816
順直諮議局議決案 史 6 - 41814
順直諮議局議事細則 史 6 - 41813
順直賑捐章程 史 6 - 44634
順直善後賑捐例章 史 6 - 44635
44 順世語 子 7 - 34271
順權方便經 子 6 - 32081(9)、32082(8)、32083(7)、32085(9)、32086(10)、32088(7)、32089(7)、32090(10)、32091(9)、32092(6)
順權方便經(轉女菩薩經) 子 6 - 32093(9)
50 順中論 子 6 - 32081(24)、32083(16)、32085(23)、32086(26)、32088(17)、32089(42)、32090(50)、32091(48)、32092(33)
順中論義入大般若波羅蜜經初品法門 子 6 - 32084(14)、32093(26)
53 順成集稿 集 2 - 6217
順甫遺書 子 1 - 1861 叢 2 - 822
60 順星寶卷 集 7 - 54282
順昌邑志[正德] 史 8 - 58230
順昌縣志[康熙] 史 8 - 58231
順昌縣志[嘉慶] 史 8 - 58233
順昌縣志[乾隆] 史 8 - 58232
順昌縣志[民國] 史 8 - 58234
順昌戰勝破賊錄 史 1 - 2489 叢 1 - 190
62 順則集 集 6 - 43758
72 順所然齋、補遺 集 5 - 39262
順所然齋文集 集 5 - 39263
順所然齋後集 集 5 - 39264
80 順義縣志[康熙] 史 7 - 54954～5
順義縣志[民國] 史 7 - 54957
順義縣志材料[民國] 史 7 - 54956

2110_0 上

00 上帝寬恩宥恤十刑 子 5 - 31761
上帝拔度免罪金牌 子 5 - 31729
上帝敕賜府文凴 子 5 - 31736
上帝敕賜旌功敕書 子 5 - 31741
上帝敕賜五花官誥 子 5 - 31753
上帝敕賜雲夢仙牀 子 5 - 31758
上帝敕賜延途早程 子 5 - 31755
上帝敕賜飛身通起 子 5 - 31735
上帝敕賜珍珠京傘 子 5 - 31759
上帝敕賜千里雲馬 子 5 - 31745
上帝敕賜上天雲梯 子 5 - 31746
上帝敕賜步雲仙鞋 子 5 - 31733
上帝敕賜升仙寶橋 子 5 - 31747
上帝敕賜魚鱻仙衣 子 5 - 31757

上帝敕賜沿河水程　子5-31756
上帝敕賜通真劄付　子5-31752
上帝敕賜追風寶帶　子5-31760
上帝敕賜九玉雲冠　子5-31743
上帝敕賜獲道玉印　子5-31737
上帝敕賜起馬關文　子5-31744
上帝敕賜拔度金章　子5-31730
上帝敕賜長生仙草　子5-31734
上帝敕賜隨身通報　子5-31750
上帝敕賜隨身支糧　子5-31751
上帝敕賜隨身勘合　子5-31732
上帝敕賜隨身旱程　子5-31749
上帝敕賜隨身公據　子5-31748
上帝敕賜降魔寶劍　子5-31738
上帝敕賜金書玉璽　子5-31739
上帝頒降隨身勘合　子5-31731
上帝榮賜五花官誥　子5-31754
上方靈寶無極至道開化真經　子5-29530(22)、30098
上方天尊説真元通仙道經、釋音　子5-29530(2)、29828
上方山誌、翠微三要　史7-52184
上方山志　史7-52183
上方大洞真元妙經圖　子5-29530(9)、31558
上方大洞真元妙經品　子5-29530(9)、29984
上方大洞真元圖書繼説終篇　子5-29530(9)、31560
上方大洞真元陰陽陟降圖書後解　子5-29530(9)、31559
上方鈞天演範真經　子5-29530(22)、30099
上高儒里鄧氏族譜[江西南昌]　史5-38814
上高東溪李氏東七房西三樓合譜[江西上高]　史4-27396
上高縣志[康熙]　史8-58879
上高縣志[道光]　史8-58881
上高縣志[嘉慶]　史8-58880
上高縣志[嘉靖]　史8-58878
上高縣志[同治]　史8-58882
上度支部論整頓財政書　史6-43233
上庠錄　史6-42292　叢1-22(8)、23(8)
上玄高真延壽赤書　子5-29530(17)、29559、31108
08 上諭　史6-47667、47680、47702
上諭(乾隆十八年至二十九年)　史6-47683
上諭(咸豐九年)　史6-47701
上諭(光緒二十六至二十七年)　史6-47730
上諭(光緒二十至二十一年)　史6-47725
上諭(光緒二十四年)　史6-47727
上諭旗務議覆　叢1-223(20)
上諭解義　史6-47663
上諭條例　史6-46899、47681～2、47694、47700
上諭條奏(咸豐十一年至光緒三十年)　史6-47703
上諭條奏(光緒二十一年)　史6-47724
上諭條奏(光緒元年至十一年)　史6-47719
上諭條奏、雍正十三年乾隆元年至六年恩詔　史6-47678
上諭各部院　史6-47662
上諭軍令條約　史6-45138
上諭十六條注釋　子1-2025
上諭内閣　史6-47665
上諭恭錄　子7-36256
上諭教皇必約第十位　子7-35584
上諭檔(光緒二十三年正月至二十五年九月)　史6-47726
上諭摘抄(嘉慶至同治)　史6-47691
上諭奏議　經1-6518～9
上諭奏疏摘錄　史6-47967
上諭八旗、上諭旗務議覆、諭行旗務奏議　史6-47666
上諭合律鄉約全書　史6-45877　子1-2043
10 上三星軌迹成繞日圓家　子3-11239
上元皇后(楊豔)誄表　史2-8509
上元皇后誄表　叢1-168(4)
上元名宦錄　史2-7780
上元江寧鄉土合志[宣統]　史7-56572
上元戴氏所著書四種　叢2-1481
上元蘇莊王氏宗譜[江蘇江寧]　史4-24804
上元甲子恆星表　子3-11283
上元縣志[康熙]　史7-56564
上元縣志[道光]　史7-56566
上元縣志[萬曆]　史7-56563　叢2-795
上元縣志[乾隆]　史7-56565
上下盤子棋　集7-53256
上下篇義讀易二十四辨筮儀圖説卦歌　經1-1059
上下篇義五贊筮儀　經1-545
上天至寶　子5-29541、31247
上天台　集7-53424
上天竺觀音靈籤　子7-34656
上更曹氏族譜[湖南郴州]　史5-34251
上雲黎氏族譜　史5-39147
12 上瑞堂集、雜文　集5-37416

上孫先生二書 叢2-1317
13 上武詩鈔 集5-41651 叢2-944
20 上乘修真三要 子5-29530(6)、30828
上乘藏經節要宗鏡錄 子7-33997
21 上虞施氏家譜[浙江上虞] 史4-30896
上虞許氏三世賢婦合傳 史2-8071
上虞五鄉水利紀實 史6-46832
上虞夏家埠夏氏宗譜[浙江上虞] 史4-31672
上虞夏湖溪丁氏宗譜[浙江上虞] 史4-24638
上虞西華顧氏九修宗譜[浙江上虞] 史5-41427
上虞西華趙氏世譜[浙江上虞] 史5-38341
上虞西橫山陳氏宗譜[浙江上虞] 史4-32940
上虞西門黃氏新修宗譜[浙江上虞] 史5-33808
上虞張氏重修族譜[浙江上虞] 史5-34959
上虞衙西陳氏宗譜[浙江上虞] 史4-32933
上虞衙西陳氏大全宗譜[浙江上虞] 史4-32932
上虞崧城俞氏家乘八集[浙江上虞] 史4-30809
上虞永豐馮氏宗譜[浙江上虞] 史5-36444
上虞永豐田氏家乘[浙江上虞] 史4-26096
上虞富峯趙氏續修宗譜[浙江上虞] 史5-38340
上虞祈山陳氏宗譜[浙江上虞] 史4-32942
上虞湖東支譜 史5-34186
上虞通明錢氏衍慶譜[浙江上虞] 史5-40219、40222
上虞通明錢氏宗譜[浙江上虞] 史5-40220
上虞塘工紀要 史6-46859
上虞袁氏宗譜[浙江上虞] 史4-31346
上虞蓋東王氏宗譜[浙江上虞] 史4-25071
上虞桂林夏氏宗譜[浙江上虞] 史4-31673
上虞桂林夏氏松夏支系[浙江上虞] 史4-31676
上虞桂林朱氏族譜[浙江上虞] 史4-26539
上虞橫山倪氏宗譜[浙江上虞] 史4-31736
上虞書目三編 史8-66101
上虞田氏族譜[浙江上虞] 史4-26097
上虞羅氏譜[浙江上虞] 史5-41050
上虞羅氏枝分譜 叢2-2195
上虞縣五鄉水利本末 史6-46827、46830
上虞縣五鄉水利本末、續刻水利案卷 史6-46828
上虞縣志[康熙] 史7-57496
上虞縣志[嘉慶] 史7-57498
上虞縣志[萬曆] 史7-57495
上虞縣志[民國] 史7-57504
上虞縣志[光緒] 史7-57502
上虞縣志刊誤[咸豐] 史7-57500
上虞縣志刊補[道光] 史7-57499
上虞縣志備稿[咸豐] 史7-57501
上虞縣志校續志[光緒] 史7-57503
上虞縣戶則清册 史6-44525
上虞金石志 史8-63910
上虞金石志畧 史7-57497
上虞錢氏衍慶譜列傳 叢2-988
上虞錢氏衍慶譜列傳[浙江上虞] 史5-40221
上虞錢氏叢著十種 叢2-988
上虞算學堂課藝 子3-12738
22 上川明經胡氏宗譜[安徽績溪] 史4-30546
上岑岑氏宗譜[安徽郎溪] 史4-28224
23 上參議院改良鹽法書 史6-43791
25 上生經疏科文 子7-33347
上生經疏隨新抄科文 子7-32119
上生經疏會古通今新抄殘 子7-32119
26 上皇帝書 集1-3814
上泉蔣氏重修宗譜[浙江東陽] 史5-38162、38164～5
上泉蔣氏宗譜[浙江東陽] 史5-38163
27 上郵傳部調查各國借款及鐵路電報局章程報告書 史6-44117
上郵傳部徐尚書郵政意見書、逐年籌備事宜清單 史6-44368
上匋室專瓦文擴 史8-65217
30 上宣帝書 史6-48090 叢1-168(4)
上宰相書 子7-35443
上宅黃氏家乘[浙江浦江] 史5-33856
上官三修族譜 史4-24710
上官拜命玉曆大全 子3-14111
上官宗譜 史4-24709
上官昭容傳 叢1-168(1)
上定詩存 集3-13456
31 上江二縣采芹錄 叢1-564
上江二縣忠義孝弟錄 史2-8070

上江兩邑采芹錄　史3－15009
上江兩縣志[同治]　史7－56571
上江集　集3－15570
上沅記　叢2－2098
33 上浦經歷筆記、拾遺　史2－11725
34 上池雜說　子2－4768、10487　叢1－195(6)
上池雜說附經目屢驗良方　子2－4769
上池涓滴　子2－4771(4)、10616
上沈提學論國家理財書　史6－43192
35 上清高聖太上大道君洞真金元八景玉籙　子5－29530(26)、31842
上清高上玉真衆道綜監寶諱　子5－29530(9)、31827
上清高上玉晨鳳臺曲素上經　子5－29530(26)、30160
上清高上龜山玄籙　子5－29530(26)、31665
上清高上滅魔玉帝神慧玉清隱書　子5－29530(25)、31656
上清高上滅魔洞景金元玉清隱書經　子5－29530(25)、30150
上清高上金元羽章玉清隱書經　子5－29530(26)、30151
上清六甲祈禱祕法　子5－29530(12)、31583
上清諸真章頌　子5－29530(12)、29563、30790
上清諸真人授經時頌金真章　子5－29530(26)、30802
上清三元玉檢三元布經　子5－29530(7)、29934
上清三真旨要玉訣　子5－29530(9)、30837
上清三尊譜錄　子5－29530(4)、29535(7)、29536(7)、31787
上清玉帝七聖玄紀迴天九霄經　子5－29530(26)、30164
上清五常變通萬化鬱冥經　子5－29530(7)、29871
上清靈寶濟度大成金書　子5－30618
上清靈寶大法　子5－29530(23)、31628
上清靈寶大法、目錄　子5－29530(23)、31629
上清元始高上玉皇九天譜籙　子5－29530(26)、31661
上清元始譜籙太真玉訣　子5－29530(26)、31657
上清元始變化寶真上經　子5－29531、30193
上清元始變化寶真上經九靈大妙龜山玄籙　子5－29530(26)、31664
上清天寶齋初夜儀　子5－29530(5)、30610
上清天心正法　子5－29530(12)、31577
上清天樞院回車畢道正法　子5－29530(11)、31568
上清天關三圖經　子5－29530(26)、30155
上清北極天心正法　子5－29530(12)、31578
上清瓊宮靈飛六甲左右上符　子5－29530(2)、31510
上清瓊宮靈飛六甲籙　子5－29530(26)、31511
上清司命茅真君修行指迷訣　子2－11160，5－29530(16)、29556
上清集　子5－29530(6)　集1－3653、4999
上清僊府瓊林經　子5－29530(26)、30175
上清紫庭追痨仙方　子2－4554
上清紫庭追痨仙方(追痨仙方)　子2－7204
上清紫微帝君南極元君玉經寶訣　子5－29530(8)、29979
上清紫精君皇初紫靈道君洞房上經　子5－29530(8)、29978
上清經祕訣　子5－29530(24)、30945
上清經真丹祕訣　子5－29530(17)、30902
上清後聖道君列紀　子5－29530(9)、31826
上清外國放品青童内文　子5－29530(26)、31658
上清化形隱景登昇保仙上經　子5－29530(26)、30158
上清侍帝宸桐柏真人真圖讃　子5－29563
上清侍帝晨桐柏真人真圖讃　子5－29530(12)、30794
上清佩符文白券訣　子5－31540
上清佩符文白券訣　子5－29530(9)
上清佩符文絳券訣　子5－31541
上清佩符文絳券訣　子5－29530(9)
上清佩符文黄券訣　子5－31543
上清佩符文黄券訣　子5－29530(9)
上清佩符文青券訣　子5－31539
上清佩符文青券訣　子5－29530(9)
上清佩符文黑券訣　子5－31542
上清佩符文黑券訣　子5－29530(9)
上清修行經訣　子5－29530(9)、30838
上清修身要事經　子5－29530(24)、30941
上清衆經諸真聖祕　子5－29530(9)、31828
上清衆真教戒德行經　子5－29530(9)、30284
上清河圖寶籙　子5－29530(26)、31667
上清河圖内玄經　子5－29530(26)、30156
上清祕道九精回曜合神上真玉經　子5－29530(19)、30071
上清神寶洞房真諱上經　子5－29530(19)、30067
上清迴神飛霄登空招五星上法經　子5－29530(26)、30157
上清迴耀飛光日月精華上經　子5－29530(26)、30159
上清洞玄明燈上經　子5－29530(8)、29951
上清洞天三五金剛玄籙儀經　子5－29530

(26)、30169
上清洞真元經五籍符 子 5－29530(2)、31508
上清洞真天寶大洞三景寶籙 子 5－29530(26)、31659
上清洞真解過訣 子 5－29530(9)、30682
上清洞真九宮紫房圖 子 5－29530(4)、31527
上清洞真智慧觀身大戒文 子 5－29530(26)、30300
上清道寶經 子 5－29530(25)、30147
上清道類事相 子 5－29530(22)、29600
上清豁落七元符 子 5－29530(8)、31548
上清十一大曜燈儀 子 5－29530(5)、30592
上清九天上帝祝百神内名經 子 5－29530(26)、30153
上清九真中經内訣 子 5－29530(18)、30864
上清九丹上化胎精中記經 子 5－29530(26)、30167
上清大洞三景玉清隱書訣籙 子 5－29530(26)、31660
上清大洞九微八道大經妙籙 子 5－29530(26)、31666
上清大洞九宮朝修祕訣上道 子 5－29530(12)、30842
上清大洞真經 子 5－29530(1)、29642
上清大洞真經玉訣音義 子 5－29530(3)、29646
上清太玄集 子 5－29530(20)、31955
上清太玄九陽圖 子 5－29530(4)、31526
上清太玄鑑誡論 子 5－29530(22)、31233
上清太一帝君太丹隱書解胞十二結節圖訣 子 5－29530(26)、30952
上清太一金闕玉璽金真紀 子 5－29530(8)、31549
上清太霄隱書元真洞飛二景經 子 5－29530(23)、30112
上清太上帝君九真中經 子 5－29530(26)、30161
上清太上玉清隱書滅魔神慧高玄真經 子 5－29530(25)、30149
上清太上元始耀光金虎鳳文章寶經 子 5－29530(26)、30168
上清太上迴元隱道除罪籍經 子 5－29530(26)、30154
上清太上九真中經絳生神丹訣 子 5－29530(26)、30162
上清太上黄素四十四方經 子 5－29530(26)、30165
上清太上開天龍蹻經 子 5－29530(25)、30148
上清太上八素真經 子 5－29530(9)、29982
上清太微帝君結帶真文法 子 5－29530(24)、31645
上清太淵神龍瓊胎乘景上玄玉章 子 5－29530(19)、31614
上清太極真人神仙經 子 5－29530(26)、30176
上清太極真人撰所施行祕要經 子 2－11163,5－29530(26)
上清太極隱注玉經寶訣 子 5－29530(9)、30681
上清七聖玄紀經 子 5－29530(26)、31841
上清華晨三奔玉訣 子 5－29530(8)、30833
上清黄庭五藏六府真人玉軸經 子 2－11164
上清黄庭五臟六腑真人玉軸經 子 5－29530(26)
上清黄庭内景經、外景經 子 5－29561、29882
上清黄庭養神經 子 5－29530(26)、30173
上清黄書過度儀 子 5－29530(24)、30738
上清黄氣陽精三道順行經 子 5－29801
上清黄氣陽精三道順行經(藏月隱日) 子 5－29530(1)
上清素靈上篇 子 5－29530(26)、30951
上清曲素訣辭籙 子 5－29530(26)、31663
上清握中訣 子 5－29530(3)、31047
上清明鑑要經 子 5－29530(23)、30118
上清明堂玄丹真經 子 5－29530(26)、30166
上清明堂元真經訣 子 5－29530(9)、29981
上清長生寶鑑圖 子 5－29530(9)、31551
上清胎精記解結行事訣 子 5－29530(8)、30832
上清骨髓靈文鬼律 子 5－29530(9)、30288
上清丹元玉真帝皇飛仙上經 子 5－29530(8)、29977
上清丹天三氣玉皇六辰飛綱司命大籙 子 5－29530(13)、31593
上清丹景道精隱地八術經 子 5－29530(26)、30152
上清八道祕言圖 子 5－29530(9)、31552
上清金章十二篇 子 5－29531、30806
上清金真玉皇上元九天真靈三百六十五部元錄 子 5－29530(26)、31662
上清金真玉光八景飛經 子 5－29530(26)、30163
上清金書玉字上經 子 5－29530(17)、30911
上清金匱玉鏡修真指玄妙經 子 5－29530(7)、29932
上清金闕帝君五斗三一圖訣 子 5－29530(15)、31595
上清金母求仙上法 子 5－29530(8)、31547
上清無上金元玉清金真飛元步虚玉章 子

5－29530(26)、30803
上清無英真童合遊内變玉經　子5－29530(19)、30066
上清舍象劍鑑圖　子5－29530(9)
上清含象劍鑑圖　子5－31553
上清鎮元榮靈經　子5－29530(17)、31603
36 上湘高沖文氏四修家譜[湖南湘鄉]　史4－25694
上湘龍塘王氏續修族譜[湖南瀏陽]　史4－25420
上湘譚氏族譜[湖南湘鄉]　史5－41289
上湘龔氏支譜[湖南湘鄉]　史5－41477
上湘王氏續修支譜[湖南湘鄉]　史4－25475
上湘王氏家譜[湖南湘鄉]　史4－25469
上湘靈羊陳氏續譜[湖南湘鄉]　史4－33378
上湘丁氏族譜[湖南湘鄉]　史4－24689
上湘夏紫橋張氏五修族譜[湖南湘鄉]　史5－35378
上湘天堂劉氏續修族譜[湖南湘陰]　史5－39558
上湘石獅江陳氏族譜[湖南湘鄉]　史4－33368
上湘石獅江陳氏家譜[湖南湘鄉]　史4－33367
上湘北門丁氏續修族譜[湖南湘鄉]　史4－24693
上湘北門熊氏續修族譜[湖南湘鄉]　史5－38973
上湘北門彭氏族譜[湖南湘鄉]　史5－35605
上湘北門彭氏支譜楊家沖房[湖南湘鄉]　史5－35607
上湘張氏家譜[湖南湘鄉]　史5－35372
上湘張氏全房支譜[湖南湘鄉]　史5－35370
上湘水口楊氏支譜[湖南湘鄉]　史5－37040
上湘毛氏族譜[湖南湘鄉]　史4－25640
上湘毛氏三修族譜[湖南湘鄉]　史4－25642
上湘毛氏續修族譜[湖南湘鄉]　史4－25641
上湘豐山李氏族譜[湖南湘鄉]　史4－27589
上湘傅氏族譜[湖南湘鄉]　史5－36279
上湘佩霞李氏族譜[湖南湘鄉]　史4－27585
上湘危氏三修家譜[湖南湘鄉]　史4－26832
上湘鄒氏三修族譜[湖南湘鄉]　史5－36380
上湘徐氏三修族譜[湖南湘鄉]　史4－32174
上湘潭台張氏族譜[湖南湘鄉]　史5－35366
上湘淩氏續修族譜[湖南湘鄉]　史4－34663
上湘洪氏三修支譜[湖南湘鄉]　史4－31016
上湘濲水彭氏族譜[湖南湘鄉]　史5－35611
上湘濲水彭氏續修族譜[湖南湘鄉]　史5－35612
上湘遙湖李氏續修支譜[湖南湘鄉]　史4－27569
上湘九溪彭氏族譜[湖南湘鄉]　史5－35610
上湘大富張氏續修族譜[湖南湘鄉]　史5－35363
上湘大湖張氏重修族譜[湖南湘鄉]　史5－35362
上湘大坪易氏三房譜[湖南湘鄉]　史4－29556
上湘壺天傅氏族譜[湖南湘鄉]　史5－36281
上湘壺天傅氏續修支譜[湖南湘鄉]　史5－36282
上湘塘灣譚氏續修宗譜[湖南湘鄉]　史5－41293
上湘南門賀氏支譜[湖南湘鄉]　史5－36735
上湘李氏族譜[湖南湘鄉]　史4－27590～1
上湘李氏支譜[湖南湘鄉]　史4－27574
上湘柘塘楊氏支譜[湖南長沙]　史5－36993
上湘彭氏族譜[湖南湘鄉]　史5－35609
上湘城南龍氏續修族譜[湖南湘鄉]　史5－40298、40302
上湘城南龍氏支譜[湖南湘鄉]　史5－40303
上湘城南王氏族譜[湖南湘鄉]　史4－25477
上湘封涒祠賀氏政公宗譜[湖南湘鄉]　史5－36738
上湘董氏續修族譜[湖南湘鄉]　史5－35913
上湘坳頭劉氏族譜[湖南湘鄉]　史5－39631
上湘花橋賀氏從隆公房譜[湖南湘鄉]　史5－36739
上湘赫名樓張氏三修族譜[湖南湘鄉]　史5－35373

上湘草蘿巷楊氏續修族譜[湖南湘鄉] 史5-37039
上湘草蘿楊氏宗譜[湖南湘鄉] 史5-37038
上湘黄氏三修支譜[湖南湘鄉] 史5-34061
上湘黄氏三修支譜北大學[湖南湘鄉] 史5-34063
上湘茶沖鄧氏族譜[湖南湘鄉] 史5-38860～1
上湘茶沖鄧氏續修族譜[湖南湘鄉] 史5-38862
上湘横塘譚氏支譜[湖南湘鄉] 史5-41295
上湘垇上劉氏房譜[湖南湘鄉] 史5-39639
上湘車灣劉氏續修支譜[湖南湘鄉] 史5-39626
上湘車灣劉氏支譜[湖南湘鄉] 史5-39625
上湘東陳周氏族譜[湖南湘鄉] 史4-30197
上湘東陳周氏三修族譜[湖南湘鄉] 史4-30198
上湘拓塘楊氏支譜[湖南湘鄉] 史5-37041
上湘成氏族譜[湖南湘鄉] 史4-26254
上湘田心羅氏族譜[湖南湘鄉] 史5-41120
上湘厚峯李氏族譜[湖南湘鄉] 史4-27583
上湘長田文氏家譜[湖南湘鄉] 史4-25698
上湘長田鄧氏續修族譜[湖南湘鄉] 史5-38868
上湘劉氏族譜[湖南湘鄉] 史5-39614、39618、39630
上湘劉氏家譜[湖南湘鄉] 史5-39637
上湘陳氏支譜[湖南湘鄉] 史4-33375
上湘周氏族譜[湖南湘鄉] 史4-30193
上湘鵬山龔氏族譜[湖南湘鄉] 史5-41476
37 上洞心丹經訣 子5-29530(18)、30889
上湖文鈔 史7-57506
上湖詩紀續編 叢2-1453
上湖經解 經2-11568
上湖紀歲文編補鈔 集3-19747
上湖紀歲詩編 叢2-1453
上湖紀歲詩編、詩續編 集3-19745
上湖紀歲詩編、續編 史2-11858 叢2-969～70
上湖遺集(上湖遺書)八種 叢2-1453
上湖分類文編 集3-19746 叢2-969、1453
上湖分類文編、紀歲詩編、續編 集3-19744
上湖分類文編、補鈔 叢2-970
上資汪氏家乘[安徽休寧] 史4-28886
38 上滶鄉梁氏族譜[廣東順德] 史5-34716
上海商務總會歷次奏案稟定詳細章程 史6-43984
上海市自治志三編[民國] 史7-56387
上海市通志稿二十五編[民國] 史7-56374
上海廣仁堂經辦江南北義振收支各欵清册 史6-44646
上海廣仁堂經收江南北振捐徵信錄 史6-44645
上海廣學會書目 子7-36747
上海文瑞樓書目提要、上海文瑞樓書目 史8-66477
上海交換所股份有限公司章程 史6-44512
上海王氏育才書塾章程 史6-42469
上海位中善堂徵信錄 史6-44650
上海喬重禧詩 集4-29033
上海仁濟留嬰堂徵信錄 史6-44647
上海經募直豫秦晉賑捐徵信錄 史6-44644
上海山東至道堂徵信錄 史6-44649
上海朱氏族譜[上海] 史4-26384～5
上海保水險價表 史6-44518
上海保火險價表 史6-44519
上海吳淞口新定驗疫章程 史6-47571
上海總工程局公牘章程 史6-47270
上海鄉土志[光緒] 史7-56389
上海鄉土地理志 史7-56391
上海鄉土歷史志[民國] 史7-56390
上海各貨起駁存棧價表 史6-43983
上海各書店發售書目 叢2-1875
上海租界要例 史6-44934
上海租界公堂提人例 史6-44933
上海穿心街清真寺徵信錄 子7-36080
上海官契總局經收學費報告(光緒三十四年至宣統元年) 史6-42480
上海汪恆春堂丸散膏丹滙編 子2-10030
上海浦東添設大團稅局案卷(光緒十年) 史6-43429
上海浦東塘工善後局案附建築置器册報 史6-46710
上海冶遊雜記 子5-26734
上海清真寺徵信錄 子7-36077
上海清真寺成立董事會誌 子7-36076
上海清節堂徵信錄 史6-44648

上海鴻寶齋書局圖書分類目錄　史 8 - 66484
上海鴻寶書局精校新增繪圖幼學故事瓊林　子 5 - 25612
上海海口形勢考　史 6 - 45544,7 - 49319
上海十公司船號表　史 6 - 44197
上海大小各輪開往各埠日期　史 6 - 44196
上海内地電燈公司丁未年年結　史 6 - 44788
上海内地電燈公司戊申年年結　史 6 - 44789
上海南洋航業公司水脚章程　史 6 - 44195
上海南境鄉區灘地興學案牘　史 6 - 42483
上海志[弘治]　史 7 - 56375
上海姚氏資政第濮太夫人九十壽詩　史 2 - 10413
上海姚氏資政第壽母濮太夫人輓言　史 2 - 10414
上海機器軋花紡織新局辦理章程　史 6 - 44784
上海地名表　史 7 - 50055
上海勸學所收支報告　史 6 - 42477
上海勸學所大會報告　史 6 - 42476
上海報火鐘章程　史 6 - 47570
上海格致書院藏書樓書目、補遺　史 8 - 65532
上海秦氏藏年譜目錄　史 8 - 66267
上海東洋車力定例　史 6 - 44366
上海指南　史 7 - 50053～4
上海曹氏鄉賢錄　史 2 - 7758
上海曹氏書存目錄　史 7 - 49327
上海日暉港回教公塋墳牆筒捐徵信錄　子 7 - 36081
上海回教俱進會支部清真務本小學校徵信錄　子 7 - 36078
上海縣續志[民國]　史 7 - 56385
上海縣積穀徵信錄　史 6 - 44657～8
上海縣積穀錢欵借給各鄉平糶貼價徵信錄　史 6 - 44655
上海縣積穀錢欵借給各鄉貧農耕種徵信錄　史 6 - 44656
上海縣志[康熙]　史 7 - 56378
上海縣志[嘉慶]　史 7 - 56381
上海縣志[嘉靖]　史 7 - 54913、56376
上海縣志[萬曆]　史 7 - 56377
上海縣志[乾隆]　史 7 - 56379～80
上海縣志[同治]　史 7 - 56382
上海縣志[民國]　史 7 - 56386
上海縣志札記[同治]　史 7 - 56383
上海縣志札記補[同治]　史 7 - 56384
上海縣勸學所調查各學堂一覽表　史 6 - 42475
上海縣竹枝詞　集 5 - 36866
上海明心寺志　史 7 - 51550
上海吟　集 7 - 50796、53653
上海闢門築路籌款意見書　史 6 - 44355
上海人壽保險價表　史 6 - 44517
上海公遺稿　集 2 - 12646
上海創建常州八邑會館勸捐公啓　史 7 - 50057
上海小志[民國]　史 7 - 56388
上海掌故叢書第一集　史 7 - 49327
40 上坊朱氏宗譜[浙江龍游]　史 4 - 26545
上李升臬司條陳　史 6 - 47528
上古三代史論畧　史 1 - 5791
上古考畧　史 1 - 6009
上古史　子 7 - 36287
上古史殘　史 1 - 5037
上古史存　叢 2 - 2162
上壽拜舞記　史 6 - 41988　叢 1 - 22(8)、23(8)、29(5)
上杭縣志[康熙]　史 8 - 58421
上杭縣志[乾隆]　史 8 - 58422～3
上杭縣志[民國]　史 8 - 58424
41 上坪金氏七修宗譜[江西新建]　史 4 - 29793
44 上草市宗譜　史 5 - 36084
上老君說常清靜妙經纂圖解註　子 5 - 29999
上蔡語錄　子 1 - 695　叢 1 - 223(30),2 - 1022
上蔡語錄、校記　子 1 - 698　叢 2 - 754
上蔡謝先生語錄、考證　子 1 - 697
上蔡先生語錄　子 1 - 96、699　叢 1 - 214、574(2),2 - 731(12)、1039
上蔡先生語錄(上蔡語錄)　子 1 - 696
上蔡縣志[康熙]　史 8 - 60057
上蔡縣志[民國]　史 8 - 60058
上模曾氏家譜[江西泰和]　史 5 - 36635
上林志稿[嘉慶]　史 8 - 61250
上林春　集 7 - 50006～7
上林縣志[康熙]　史 8 - 61249
上林縣志[民國]　史 8 - 61252
上林縣志[光緒]　史 8 - 61251
48 上猶縣志[康熙]　史 8 - 58639～40
上猶縣志[道光]　史 8 - 58643
上猶縣志[乾隆]　史 8 - 58641～2
上猶縣志[民國]　史 8 - 58645
上猶縣志[光緒]　史 8 - 58644
50 上中朝政府疏　史 6 - 49207
上書房消寒詩錄　集 6 - 44247
55 上扶彭氏續修族譜[湖南湘鄉]　史 5 -

35617
60 上國觀光 集 7 - 49700
上園霍氏族譜[廣東南海] 史 5 - 40050
上思州志[康熙] 史 8 - 61370
上思州志[道光] 史 8 - 61371
上思縣志[民國] 史 8 - 61372
上品資糧 子 7 - 34555
上品丹法節次 子 5 - 29574～5、31435
61 上顯潭樓氏宗譜[浙江紹興] 史 5 - 38993～4
72 上劉中丞稟稿 叢 2 - 1016
76 上陽子金丹大要 子 5 - 29530(20)、31264
上陽子金丹大要列仙誌 史 2 - 6880 子 5 - 29530(21)
上陽子金丹大要仙派 子 5 - 29530(21)
上陽子金丹大要圖 子 5 - 29530(20)、31266
上陽吳氏族譜[浙江黃巖] 史 4 - 27972
上駟院職掌 史 6 - 42807
77 上周文襄公書 集 2 - 6609
上醫本草 子 2 - 5860 叢 2 - 1157
上巳野集詩 集 3 - 13359
80 上金胡氏宗譜[浙江諸暨] 史 4 - 30440
上金縣志[民國] 史 8 - 61393
上前督憲周籌辦瓊崖地方八事條陳稿 史 6 - 47529
上善堂宋元板精鈔舊鈔書目 史 8 - 63510、65687
上谷訪碑記 史 8 - 64089 叢 2 - 611
上谷語錄 子 4 - 23107
上谷郡侯氏族譜[浙江平陽] 史 4 - 30722～3
上谷郡侯氏宗譜[浙江平陽] 史 4 - 30720～1
上谷存牘 史 6 - 47266 叢 2 - 1691
上谷奏草 史 6 - 48161
84 上饒縣志[康熙] 史 8 - 58713
上饒縣志[道光] 史 8 - 58716
上饒縣志[乾隆] 史 8 - 58714～5
上饒縣志[同治] 史 8 - 58717

止

00 止亭詩鈔 集 3 - 17675
止塵廬詩鈔 集 5 - 35732～3
止庵詩集 集 4 - 33055
止庵詩稿 集 4 - 33054
止庵詩存、外集 集 5 - 40130
止庵詩存、盤阿草堂詞存 集 4 - 33057
止庵詞 集 7 - 47463
止庵遺集 集 4 - 27220
止庵遺集文、詩、詞 叢 2 - 798
止庵遺稿 集 4 - 27219
止廬詩存 集 5 - 40575
止齋文集、詩 集 1 - 3698
止齋文鈔 集 4 - 30315 叢 2 - 882
止齋詩鈔 集 1 - 2101、3699,6 - 41900
止齋集 叢 1 - 223(55)、227(10)
止齋集補鈔 集 1 - 3700,6 - 41901
止齋先生文集 集 1 - 3694、3696 叢 2 - 635(10)、865～6
止齋先生文集(止齋文集、止齋集)、附錄 集 1 - 3695
止齋先生集(止齋集) 集 1 - 2755
止齋先生奧論 集 1 - 3707～10
止齋先生春秋後傳 經 1 - 77(3)
止齋題跋 子 3 - 14921 叢 1 - 169(4),2 - 731(33)
止唐韻語 集 6 - 45126
止唐韻語存 集 7 - 50687
10 止雨法 子 3 - 13096
12 止水源禪師語錄 子 7 - 34339
止水草堂詩集 集 5 - 39502
止水鑑齋詩文稿 集 4 - 27013
21 止止齋詩錄 集 4 - 28920
止止齋稿 集 1 - 5292
止止水齋歲時記(清道光九年至光緒十九年) 史 2 - 10381
止止室少作 集 4 - 26109
止止樓隨筆 子 5 - 26502
止止軒詩稿(滄園詩稿) 集 4 - 22475
止止堂集 集 2 - 9640
止止堂集(橫槊稿、愚愚稿) 集 2 - 9639
22 止巢詩詞(妙華仙館詩、學讀書齋詩、裁雲館詞) 集 4 - 26613
26 止泉外集 集 3 - 17477
止泉先生集(朱止泉先生文集) 集 3 - 17476
28 止谿文鈔、詩集鈔 叢 2 - 834～5
30 止安自敍年譜 史 2 - 11636
32 止溪文鈔、詩鈔 集 3 - 13280
止溪雜詩 集 6 - 44580
止溪詩集 集 6 - 44580
止溪詩集、雜詩、詩選、劍南雜詩 集 3 - 13281
止溪詩選 集 6 - 44580
33 止心樓詩 集 3 - 18857
止心篇 叢 2 - 2258
36 止泊齋詩存 集 4 - 29238
40 止吉祥居詩稿 集 4 - 27406
44 止焚稿 子 1 - 1823 叢 1 - 501
46 止觀大意 子 6 - 32089(50)、32090(64)、32091(62)、32092(41)、32093(50)

止觀輔行傳弘決　子 6-32084(32)、32088(41)、32089(49)、32090(62)、32091(60)、32093(50),7-33829
止觀輔行傳弘決(止觀輔行傳宏決)　子 7-33827
止觀輔行傳宏決　子 7-33831
止觀輔行傳宏決(輔行記)　子 7-33832　叢 1-419
止觀門論七十七頌　子 6-32090(49)、32091(47)
止觀門論七十七頌、六門教授習定論　子 7-32759
止觀門論頌　子 6-32081(26)、32083(18)、32086(28)、32088(18)、32089(44)、32092(32)、32093(30)
止觀義例　子 6-32088(41)、32089(49)、32090(62)、32091(60)、32093(50),7-33840
止觀坐禪法要記　子 6-32090(62)、32093(50)
51 止軒文習初草、文蛻　集 5-37523
止軒集　集 5-37520
止軒散體文鈔　集 5-37525
止軒餘集　集 4-25645
60 止啼齋集　集 2-10572、10575
止園文集　叢 2-2258
止園詩集、詞　集 3-16660
止園詩鈔　叢 2-2258
止園詩鈔、文集　集 5-41646
止園集　集 2-6637～8
止園集、朔巡讞書、詳牘　集 2-6636
止園經術訏時　叢 2-2258
止園自記　史 2-10981　叢 2-2258
止園寓言　叢 2-2259
止園叢書二十三種　叢 2-1857
止園叢書四種　叢 2-2259
止園叢書第一集五種第二集四種　叢 2-2258
止園道經釋要　叢 2-2259
止園吟稿、柯庭殘笛譜　集 5-41537
止園原性論三篇　叢 2-2258
止園隱語　子 4-24398
止園尺牘　集 4-28382
止園筆談　子 4-21513～4　叢 2-1857
止足齋詩存、養年別墅圖卷題詠　集 5-34748
止足軒偶存草　集 2-12754
71 止原印畧　子 3-17107
72 止所齋古文偶鈔　集 4-33471～2
77 止叟年譜　史 2-12390
80 止盦日記(同治元年至二年)　史 2-12854
止盦年譜　史 2-12351
90 止堂集　集 1-3768　叢 1-223(55)、230(5),2-731(40)
止堂續集　集 4-25601

2110₁ 些

22 些山集輯　集 3-13948
88 些餘集　集 3-15551

2111₀ 此

00 此亭老人文稿　集 3-19894
17 此君齋文集　集 4-27664
此君山房竹譜　子 3-16394
此君書樓詩鈔　集 4-25760
此君軒漫筆　子 5-26570
此君園文集　集 4-25439
此君園詩存　集 4-25437
22 此山詩集　集 1-5106　叢 1-223(60)
此山詩集(此山先生詩集、周此山先生詩集)　集 1-5109
此山詩集、補遺　集 1-5107
此山集　集 1-5108
此山先生詩集　叢 2-616
30 此宜閣增訂金批西廂記　集 7-48861
38 此遊計日　史 7-53505
40 此木軒廬陵文選　集 1-2046　叢 2-1371
此木軒唐五言律詩讀本　叢 2-1371
此木軒唐五言古詩讀本　叢 2-1371
此木軒唐七言律詩讀本　叢 2-1371
此木軒唐四言古詩讀本　叢 2-1371
此木軒文集　集 3-17202
此木軒雜著　子 4-21177～8　叢 2-1371
此木軒雜錄彙編　子 4-21176　叢 2-1371
此木軒詩　叢 2-1371
此木軒詩集、文集、詞集、外編補遺　集 3-17200
此木軒詩鈔　集 3-17201
此木軒讀春秋　經 1-7766
此木軒讀四書註疏　經 2-10663
此木軒讀四書注疏　叢 1-300,2-1371
此木軒論詩彙編　集 6-45930　叢 2-1371
此木軒論制義彙編　集 6-46309　叢 2-1371
此木軒論韓文說畧　集 6-46310
此木軒五言七言律詩選讀本　叢 2-1371

此木軒經說彙編 叢 2-1371
此木軒經世論 叢 2-1371
此木軒經史彙編 子 4-21180
此木軒自訂制義 叢 2-1371
此木軒泉下錄 史 2-7494 叢 2-1371
此木軒選四六文 集 6-42657 叢 2-1371
此木軒直寄詞 集 7-47922
此木軒木食 子 7-34897 叢 2-1371
此木軒枝葉錄 子 1-1517 叢 2-1371
此木軒柳州文選 集 1-1439 叢 2-1371
此木軒史評彙編 史 1-5636
此木軒春秋闕如編 經 1-7767～8
此木軒贅語 子 4-21179 叢 2-1371
此木軒四書說 經 2-10664 叢 1-223(14)
此木軒昌黎文選 集 1-1324 叢 2-1371
此木軒明詩七律選 叢 2-1371
此木軒歷科詩經文(殘) 叢 2-1371
此木軒歷科程墨(殘) 叢 2-1371
此木軒删後錄 集 3-17204
此木軒全集(此木軒全書)二十七種 叢 2-1371
此木軒尚志錄 子 1-1518 叢 2-1371
44 此菴語錄 子 1-1318
此村巷語、薄遊草、西湖偶吟、南湖詩 集 3-16577
46 此觀堂集 集 2-12166～7,6-44819
50 此中語集 集 4-28511
此中人語 子 5-27240 叢 1-496(8),2-735(2)
此事難知 子 2-4551～2、6481、6483 叢 1-223(33)
此事難知(海藏老人此事難知) 子 2-6480
此書、補遺 子 1-3319
52 此靜軒印稿 子 3-17321

2118_6 顗

21 顗傾室詩稿 集 5-38992～3

2120_1 步

00 步齋學吟草 集 4-31260
步玄經 子 3-13128
10 步雪初聲 集 7-50595
步天歌 史 1-697 子 3-11278、11285 叢 1-371
步天歌、經天該 子 3-11270
步天歌、經星彙考、上元甲子恆星表 子 3-11283
步天歌星圖 子 3-11284
步天歌圖註 子 3-11282
步天歌圖解 子 3-11281
步天名義考 子 7-36240(4)
步天儀器考 子 7-36240(4)
11 步非烟傳 叢 1-587(3)
21 步虛僊琴譜 子 3-17605
24 步魁集 集 4-25905
27 步鵝紀遊 集 3-18346
30 步適堂遺詩 集 3-20072
47 步檐集 集 3-15608,6-44533
56 步操釋義 子 1-3379
57 步蟾宮 子 5-29547
60 步里客談 子 5-26290～1 叢 1-19(4)、20(2)、21(4)、22(5)、23(5)、24(5)、223(45)、273(5)、274(5)、374、448
72 步兵工作教範 子 7-36890
步兵指揮法 子 1-3451
步兵暫行操法 子 1-3394
步兵操典 子 7-36889
步兵戰鬥射擊教練書 子 7-36977
步兵野外單人教練 子 1-3440
74 步陵詩鈔 集 3-17311
78 步隊工程學 子 7-36228(6)
步隊毛瑟槍說 子 7-37007
步隊操法摘要 子 7-36228(6)
步隊戰法 子 7-36900
80 步姜詞 集 7-48056
88 步算筌蹄 子 3-12678

2121_0 仁

00 仁庵自記年譜 集 4-24013
仁齋直指 子 2-9174
仁齋直指、仁齋傷寒類書 叢 1-223(33)
仁齋直指、傷寒類書活人總括 子 2-9175
仁廟聖政記 史 1-2795 叢 1-585
仁廟聖政記、宣廟聖政記 史 1-1516
仁文商語 子 1-1131 叢 2-1161～2
仁文書院集驗方 子 2-9308
仁文書院志 史 7-52075
仁讓鄉約 叢 2-1188
02 仁端錄 子 2-8496 叢 1-223(33)
仁端錄(痘疹仁端錄) 子 2-8709
仁端錄痘疹玄珠 子 2-8708

10 仁王護國經道場念誦儀軌　子 6－32084(28)、32089(38)
仁王護國般若經疏　子 6－32088(42)、32089(49)、32090(63)、32091(61)、32092(40)、32093(49)，7－33688
仁王護國般若波羅蜜經　子 6－32086(2)、32089(2)、32090(1)、32091(1)、32092(1)，7－32133、33054
仁王護國般若波羅蜜經疏神寶記　子 6－32089(49)
仁王護國般若波羅蜜多經　子 6－32083(34)、32084(28)、32085(49)、32086(58)、32088(36)、32089(31)、32090(39)、32091(37)、32092(25)、32093(33)，7－33055
仁王護國般若波羅蜜多經疏　子 7－33692
仁王護國般若波羅蜜多經科文　子 7－33693
仁王護國般若波羅蜜多經科疏、科文、懸譚　子 7－33696
仁王護國般若波羅蜜多經道場念誦儀軌　子 6－32085(54)、32086(64)、32088(40)、32090(58)、32091(56)、32092(38)、32093(33)
仁王護國般若波羅密經　子 7－33056
仁王護國般若波羅密經科疏　子 7－33695
仁王經疏　子 7－33690
仁王般若陀羅尼釋　子 6－32089(37)、32090(57)、32091(55)、32092(38)、32093(33)，7－32119
仁王般若陁羅尼釋　子 6－32086(64)、32088(39)
仁王般若念誦法　子 6－32081(57)、32082(15)、32083(36)、32084(27)、32085(50)、32086(60)、32088(37)、32089(36)、32090(58)、32091(56)、32092(38)、32093(33)，7－32095
20 仁愛首功　子 7－35407
21 仁仁學　子 1－1919
仁術便覽　子 2－9277
仁術錄　子 2－5276
22 仁峯先生文集　集 2－12964
仁山文集　集 1－4429　叢 1－223(58)
仁山先生金文安公文集　集 1－4431　叢 2－731(40)、859、1048
仁山和尚寶華語錄　子 7－34396
仁山祕傳歷驗急救海上方　子 2－9471
仁山遺稿　集 2－6062
仁山金先生文集(仁山文集)　集 1－4430
仁巢翁詩草　集 4－31074
24 仁化編　子 5－29584
仁化鄉土志[光緒]　史 8－60906
仁化縣志[康熙]　史 8－60902
仁化縣志[嘉慶]　史 8－60903
仁化縣志[嘉靖]　史 8－60900
仁化縣志[萬曆]　史 8－60901
仁化縣志[同治]　史 8－60904
仁化縣志[民國]　史 8－60905
仁德莊義田舊聞　叢 2－2182
26 仁和高君(爾夔)墓誌銘　史 2－10807
仁和龔氏家譜[浙江杭州]　史 5－41445
仁和龔氏舊藏書目　史 8－65807
仁和王氏塋錄　史 7－51935
仁和縣志[康熙]　史 7－57149　叢 1－373(2)
仁和縣志[嘉靖]　史 7－57148　叢 2－832(5)
仁和縣志稿[光緒]　史 7－57150
30 仁安文稿、文乙稿　叢 2－2177
仁安詩稿　叢 2－2177
仁安詞稿　叢 2－2177
仁安自述　叢 2－2177
仁安筆記　叢 2－2177
仁宗睿皇帝平定直豫東三省逆匪聖訓　史 6－47754
仁宗睿皇帝位下第五子和碩惇恪親王家譜　史 5－37884
仁宗睿皇帝大事檔　史 6－47392～4
仁宗睿皇帝大事奏檔、祝文、目錄、宣宗成皇帝大事奏檔、目錄、文宗顯皇帝大事奏檔、目錄、穆宗毅皇帝大事奏檔、目錄　史 6－47391
仁宗皇帝紅燈大會　集 7－53898
仁宗御製詩　集 4－24559
仁宗起居注　史 1－1762
31 仁源譚氏續修支譜[湖南茶陵]　史 5－41268
37 仁湖雪吟　集 3－15067
40 仁在堂詩　集 4－32640
仁在堂論文各法　集 6－46314　叢 1－462
仁壽齋勿藥方　子 2－10118
仁壽編　子 2－11047
仁壽縣新志[道光]　史 8－62045
仁壽縣志[嘉慶]　史 8－62044
仁壽縣志[同治]　史 8－62046
仁壽縣志[民國]　史 8－62048
仁壽鏡　子 2－8263
仁壽鏡中方　子 2－8191
仁壽堂詩集　集 4－27476
仁壽堂丸散膏丹全集　子 2－9979
43 仁獄類編　史 6－46392
44 仁蔭堂全集　集 4－22733
仁孝文皇后内訓　子 1－1976～7、2939
仁孝先生事畧附錄　子 4－20708
仁孝必讀　子 3－13634

仁孝達天發明　叢2-1317～8
仁孝神欽　集7-49700
仁菴自記年譜　史2-11973
仁村楊氏家乘[江蘇句容]　史5-36785
仁村馬氏東房宗譜[浙江嵊州]　史4-31600～2
46 仁恕堂筆記　子4-23120　集3-14079　叢1-202(5)、203(11)、321,2-611
47 仁聲集　集4-30724
50 仁奉印草　子3-17205
仁書　子1-1889　叢2-1959
60 仁里程敬愛堂世守譜[安徽績溪]　史5-36148
仁里漫稿　集1-5240
仁里明經胡氏支譜[江西婺源]　史4-30563～4
71 仁厚里黃氏宗譜[江蘇武進]　史5-33739～40
77 仁學　子4-22016　叢2-2090
仁民愛物齋手藏碑目並考證　史8-64757～8
80 仁父集　集1-5281
仁義禮智信　集7-50826
83 仁錢城自治會各種規約　史6-41884
90 仁懷直隸廳志[道光]　史8-62200

2121_1 儷

24 儷德偕壽錄　集6-43798
37 儷選　子5-26001
44 儷藻外集　集3-20960
儷花小榭詩鈔　集4-32375
75 儷體文集　集3-14646　叢2-635(12)
儷體駢文　集3-17131
88 儷筵　集7-49534

征

00 征廓爾喀記　史1-3745,7-49317(2)、49318(3)
04 征討　叢1-46
10 征西說唐三傳　子5-28049
征西紀畧　史1-3638、4075　叢1-203(8)
征西必勝占驗靈經　子3-14587
征西大將軍楊瑾殘碑　史8-63501、64611
征西異傳　集7-50468
21 征行紀畧　史1-3594
征緬甸記　史1-3726,7-49317(8)、49318(16)
征緬紀畧　史1-3724,7-49317(8)、49318(16)　叢1-202(7)、203(13)、496(3),2-617(4)、1472
征緬紀聞　史1-3725,7-49317(8)、49318(16)　叢1-496(3),2-617(4)、1472
22 征蠻疏草　史6-48429
征蠻將軍都督虛江俞公功行記　集2-8630
征例稅務清册　史6-43414
征剿紀畧　史1-4226
征剿古田事畧　集2-8630
27 征烏梁海述畧　史1-3714,7-49317(2)、49318(3)
30 征準噶爾記　史1-3679,7-49316、49318(2)
征安南紀畧　史1-3743,7-49318(16)
征安南敕征安南事實　史1-2789
37 征鴻集　集5-39090
征鴻吟草、鳴原集存、挹芬廬存稿、鎮揚紀遊雜詠、北門驪唱集　集5-39089
40 征南射法　子1-3562　叢1-197(4),2-617(2)
征南輯畧　史1-1899
征南錄　史1-2465　叢1-223(22)、242(4)、273(4),2-857
44 征藩功次　史1-4411　叢1-22(21)
征韓論實相　子7-38100
征苗節錄　史1-4041
征権　叢1-460
47 征帆集、試帖鈔存　集4-28934
50 征車草　集3-15978
征東實紀　史1-2926　叢1-498
58 征撫安南記　史1-3740,7-49318(16)
征撫朝鮮記　史1-3554,7-49317(4)、49318(15)
61 征號硃墨要法　史6-43093

徑

11 徑北草堂詩文存稿　集5-35319
22 徑山護法啓　子7-34964
徑山雪大師語錄、懷淨土詩　子6-32091(79)
徑山集　史7-52309
徑山游草　史7-53382
徑山遊草　集3-18005　叢2-631
徑山志　史7-52310
徑山藏　子6-32091(1)
徑山藏目　史8-66344
徑山萬壽寺費隱禪師語錄　子7-34286

50 徑中徑又徑　子 7 - 34570
徑中徑又徑徵義　子 7 - 34571

能

10 能一編　史 1 - 3548～9　叢 1 - 501
能爾齋印譜　子 3 - 16977
12 能登集　集 5 - 39926
能弘集　子 5 - 31374
18 能改齋漫錄　子 4 - 20104～5、20107　叢 1 - 19(7)、20(5)、22(3)、23(3)、24(7)、31、223(39)、273(5)、274(5)、552，2 - 731(6)、735(4)
能改齋漫錄、拾遺　子 4 - 20106　叢 1 - 230(4)
能改齋漫錄摘抄　子 4 - 20108
22 能斷金剛經論頌　子 6 - 32083(15)、32089(41)
能斷金剛般若波羅蜜經　子 6 - 32091(1)，7 - 32328
能斷金剛般若波羅蜜經論　子 6 - 32089(41)
能斷金剛般若波羅蜜多經　子 6 - 32081(2)、32083(2)、32084(1)、32085(2)、32086(1)、32088(2)、32091(1)、32093(14)，7 - 32328、32351～2
能斷金剛般若波羅蜜多經、能斷金剛般若波羅蜜多經　子 6 - 32089(2)、32090(1)、32092(1)，7 - 32350
能斷金剛般若波羅蜜多經論　子 6 - 32083(15)
能斷金剛般若波羅蜜多經論釋　子 6 - 32081(22)、32084(13)、32085(22)、32086(25)、32088(16)、32090(50)、32091(48)、32092(33)、32093(28)，7 - 32732
能斷金剛般若波羅蜜多經論頌　子 6 - 32082(13)、32084(13)、32085(22)、32086(25)、32088(16)、32090(49)、32091(47)、32092(32)、32093(28)
32 能淨一切眼疾病陀羅尼經　子 6 - 32081(55)、32083(35)、32086(59)、32088(36)、32089(31)、32091(38)、32093(37)，7 - 32095
33 能滅衆罪千轉陀羅尼經　子 6 - 32093(35)
50 能書錄　史 2 - 6731　子 3 - 15256　叢 1 - 22(15)、23(14)
52 能靜詞草　集 7 - 47869
能靜居函牘稿　集 5 - 35512
能靜居日記（清咸豐八年至光緒十五年）　史 2 - 12972
61 能顯中邊慧日論　子 7 - 33865
77 能閒草堂稿　集 4 - 28483

虗

30 虗空藏菩薩問七佛陀羅尼咒經　子 6 - 32093(43)

2121_2 僊

00 僊庵喧游桂苑　集 7 - 49508
16 僊醞延齡　集 7 - 49696
22 僊巖大忠祠錄　史 7 - 51830～1
僊巖志　史 7 - 52368
僊巖樓氏宗譜[浙江蕭山]　史 5 - 38980～5
25 僊傳痘疹奇書（痘疹真傳奇書、痘疹奇書）　子 2 - 8660
27 僊緣記　集 7 - 50396
28 僊谿志[寶祐]　史 8 - 58308
31 僊源崔氏支譜[安徽太平]　史 5 - 34330～1
僊源吳氏宗譜[安徽黃山]　史 4 - 28004
32 僊溪志[弘治]　史 8 - 58309
38 僊遊鄉土志[民國]　史 8 - 58314
僊遊縣志[康熙]　史 8 - 58311
僊遊縣志[嘉靖]　史 8 - 58310
僊遊縣志[乾隆]　史 8 - 58312～3
44 僊姑寶卷　集 7 - 54259、54265
僊姑勸寶卷　集 7 - 54479
47 僊都稿　集 2 - 10639
50 僊吏傳　叢 1 - 185
60 僊里塵譚　子 4 - 24046
77 僊居縣志[萬曆]　史 7 - 57644
80 僊人報恩一段　集 7 - 51582
僊人感　集 7 - 49639
僊翁放鶴　集 7 - 49705
僊翁操　子 3 - 17583、17792
86 僊錦呈江一分　集 7 - 49705

2121_4 偃

21 偃師縣志[康熙]　史 8 - 59610
偃師縣志[弘治]　史 8 - 59608
偃師縣志[順治]　史 8 - 59609
偃師縣志[乾隆]　史 8 - 59611～2
偃師縣風土志畧[民國]　史 8 - 59614
偃師金石記　史 8 - 64028

偃師金石遺文記　史 8－64029
偃師金石遺文補錄　史 8－64030
66 偃曝談餘　子 4－20660～1　叢 1－110、111(5)、363，2－731(54)、1170
偃曝餘談　叢 2－624(3)

虐

18 虐政集、邪氛集、倒戈集　史 1－2996

2121_7 伍

17 伍子胥過江　集 7－53444
伍子胥鞭伏柳盜蹠雜劇　集 7－48774(8)
伍子胥鞭伏柳盜跖雜劇　集 7－49002
20 伍喬詩　集 6－41880、41882　叢 2－818
伍喬詩集　集 6－41824、41834、41858、41878
伍喬詩集(晚唐伍喬詩、伍喬詩)　集 1－1821
21 伍比部詩集　集 5－38162
40 伍真人丹道九篇　子 5－29535(6)、29536(6)、31307
47 伍柳僊宗　子 5－29552
伍柳仙宗　子 2－11191
50 伍忠襄公(文定)事蹟鈔畧　史 2－8909
60 伍員外過關　集 7－52947
伍員逃國　集 7－53047
72 伍氏族譜　史 4－26752
伍氏族譜[湖南平江]　史 4－26743
伍氏續修族譜[湖南新化]　史 4－26746
伍氏續修族譜[湖南邵陽]　史 4－26744
伍氏續修宗譜[湖南]　史 4－26749
伍氏家乘[安徽桐城]　史 4－26741
伍氏宗譜[江蘇常州]　史 4－26740
伍氏宗譜[湖北咸寧]　史 4－26742
伍氏宗譜[湖南新化]　史 4－26745
伍氏宗譜[四川仁壽]　史 4－26750
伍氏九修宗譜[湖南新化]　史 4－26748
伍氏八修宗譜[湖南新化]　史 4－26747

甑

21 甑甄洞續稿　集 2－9481
甑甄洞續稿詩部、文部、目錄　集 2－9474
甑甄洞藁　集 2－9471
甑甄洞藁、目錄　集 2－9470
甑甄洞藁、目錄、續藁詩部、文部　集 2－9472
甑甄洞藁文類、詩集　集 2－9475
甑甄藁選　集 2－9482

盧

00 盧齊山遺草　集 4－32172
盧文肅公年譜(禧壽堂自訂年譜)　史 2－11985
01 盧龍塞畧　史 6－45611
盧龍塞畧[萬曆]　史 7－55162
盧龍縣志[康熙]　史 7－55164
盧龍縣志[順治]　史 7－55163
盧龍縣志[民國]　史 7－55166
盧龍縣志採訪稿[光緒]　史 7－55165
02 盧新都集　叢 1－353
10 盧一松先生遺言　子 1－1145
盧至長者因緣經　子 6－32081(33)、32083(22)、32085(33)、32086(38)、32088(24)、32089(23)、32090(30)、32091(29)、32092(20)、32093(20)，7－32697
13 盧武陽集　集 1－639～40，6－41694、41698　叢 1－183
17 盧羽士集　集 2－6530，6－41935(5)
盧司馬殉忠實錄　叢 2－753
19 盧璘侯遺稿　集 4－28723
22 盧山草堂記　史 7－52017
27 盧僎集　集 1－770，6－41824
28 盧倫集　集 6－41819
盧綸詩集　集 1－1179
盧綸集　集 1－1178，6－41738、41743
30 盧注考證　叢 1－323
32 盧溪文集　集 1－3060
盧溪文集、脫藁、附錄　叢 1－223(54)
盧溪詩文　集 1－3061
盧溪詩草　集 4－23793
盧溪詞　集 7－46352、46357、46525
盧溪集補鈔　集 1－3064，6－41901
盧溪集鈔　集 1－3062～3，6－41900、41908
盧溪先生文集　集 1－3056、3059
盧溪先生文集、脫稿　集 1－3057
盧溪先生文集、脫稿、附錄　集 1－3058
盧溪逸稿　集 1－3065
盧溪逸藁　集 6－41894(2)
盧溪金氏宗譜[浙江浦江]　史 4－29755～8
盧叢史　集 7－49360

盧浮丘集 集2-8032,6-41940
34 盧漢鐵路比商借款條議 史6-44233
盧漢鐵路合同 史6-44234
37 盧鴻草堂十志圖 子3-16457
盧滄崖詩選 集6-41970
盧次梗詩集 集2-8030
盧次梗集 集2-8029,6-41935(3)
40 盧太史稿初集、二集 集5-36991
盧圭峯先生集 集1-5574
44 盧莊徐氏增修族譜[江蘇常州] 史4-31822
盧莊徐氏增修宗譜[江蘇常州] 史4-31821
盧菊人所著書七種 叢2-1689
50 盧忠烈公(象昇)年譜 史2-11617
盧忠烈公集 集2-12248
盧忠烈公遺集 史6-48543
盧忠肅彭節愍家書合鈔 集6-45300
盧忠肅公文集 集2-12253,6-43118
盧忠肅公集 史6-48545 集2-12250～2
盧忠肅公書牘 集2-12254 叢1-269(5),2-731(54)
57 盧抱經與陳立三從綱上舍論校正大戴禮記書 經1-5911
60 盧昇之文鈔 集6-41794
盧昇之集 集1-676,6-41724 叢1-223(48)、227(8)、482,2-731(39)、782(2)
67 盧照鄰文集 集6-42033 叢2-698(8)
盧照鄰詩集 集6-41835
盧照鄰集 集1-674,6-41725、41739、41741、41743、41824、41839、41844～5、41865、41867
盧照鄰集(盧照鄰文集) 集1-673
71 盧原張氏合譜[江西] 史5-35247
盧長公史隲、續史隲 史1-5963 叢1-330～1
72 盧戶部詩集 集1-1180,6-41878
盧氏雜說 叢1-22(8)、23(8)
盧氏族譜[廣東順德] 史5-40113～6
盧氏族譜[江西修水] 史5-40091～5
盧氏族譜[遼寧海城] 史5-40054
盧氏重修族譜[湖南新化] 史5-40111
盧氏家譜[浙江永康] 史5-40068
盧氏宗譜[江蘇宜興] 史5-40059
盧氏宗譜[浙江景寧] 史5-40088
盧氏宗譜[湖南桂陽] 史5-40109
盧氏禮記解詁 經1-5536
盧氏禮記解詁、補遺 叢1-517
盧氏禮記解詁、補遺、附錄 經1-101、5533
盧氏支譜[湖南瀏陽] 史5-40105
盧氏易注 經1-362 叢2-773(1)
盧氏縣志[康熙] 史8-59593
盧氏縣志[乾隆] 史8-59594
盧氏縣志[光緒] 史8-59595
盧氏纂輯譜牒[安徽黟縣] 史5-40090
74 盧陵詩選 集6-41903
76 盧陽名勝便覽 史7-51416
盧陽周忠愍公垂光集 史6-48195～6
80 盧仝詩、集外詩 集1-1509,6-41872
盧仝詩集 集1-1508、1510,6-41741
盧仝詩集(玉川子詩集)、集外詩 集1-1507
盧仝詩集、集外詩 集6-41824、41858
盧仝集 集1-1506 叢2-731(42)、782(2)
盧含雪詩集 集1-5098,6-41779～80
盧公疏稿、祭文 史1-1959
盧公遺事、疏稿、祭文 史1-1954、1956、1958,2-9176
盧公耀先生(維照)哀輓錄 史2-10983

虎

00 虎癡虎 子5-25982
10 虎耳經 子6-32093(19)
12 虎列拉預防法 子7-37853
26 虎泉詩選 集2-10283
虎泉漫稿 集2-10284
27 虎侯詩存 集5-37037
虎阜石刻僅存錄 史8-63878
虎阜石刻僅存錄、舊佚錄、舊存今佚錄 叢2-1934
虎阜石刻舊佚錄、舊存今佚錄 史8-63879
虎阜登涉圖儀注 叢1-315
虎阜志 史7-52295
虎阜金石經眼錄、補 史8-63877 叢2-705
28 虎谿詩選 集2-11185
30 虎窟記畧 史1-4127
虎牢關 集7-52993
虎牢關三戰呂布雜劇 集7-48774(2)、48938
虎牢關三戰呂布殘本 叢2-720(4)
虎穴逃生記 叢1-530～1
32 虎溪詩稿、雜著 集4-31539
虎溪聯吟 集6-44609
虎溪漁叟集 集3-14364
40 虎坊雜識 子4-21321
41 虎帳必知錄 子1-3890
44 虎苑 子4-19393～4 叢1-13、14(4)、22(27)、422、469、495、567、586(4),2-716(3)、1130、1132、1135

虎薈　叢 1-111(2),2-731(28)
虎林稿、蘭陰稿、僊都稿　集 2-10639
虎林江氏族譜[浙江杭州]　史 4-26856
虎林馬氏家譜[山東安丘]　史 4-31627
48 虎墩崔氏族譜[江蘇海安]　史 5-34327
50 虎螭鏡　集 7-53773
60 虎口日記　史 1-3093
虎口餘生　史 1-3091
虎口餘生記　史 1-1935、1945、3108、4100　叢 1-202(6)、203(12)、244(2)、249(3)、369,2-735(4)
虎口餘生記等雜鈔　子 4-23465
虎口餘生傳奇　集 7-50282
虎口餘生傳奇(鐵冠圖)　集 7-50281
虎口餘生紀　史 1-1982
65 虎嘯龍吟錄　史 2-6570
67 虎跑佛祖藏殿志　史 7-51620
71 虎臣雜作稿　集 5-35212
72 虎丘詩唱和詩集　叢 1-316～7,2-731(38)
虎丘百詠　史 7-51378　集 3-18362
虎丘山志　史 7-52291～2
虎丘山志、總集　史 7-52289
虎丘綴英志畧　史 7-52293
虎丘志總集　史 7-52290
虎丘茶經注補　子 4-19066　叢 1-197(2)
虎丘唱和詩　集 6-44240
虎丘隆和尚語錄　子 6-32091(72)
虎丘竹枝詞　集 3-16370
77 虎邱訪碑偶記　史 8-63880
虎邱雜事詩　史 7-53273　叢 2-1805
虎邱弔真娘墓文　史 7-51917
虎邱往還記　史 7-49318(5),53272
虎邱山志　史 7-52294
虎邱十詠　叢 2-641
虎邱吊真娘墓文　叢 1-587(4)
虎邱金石目　史 8-63876
虎尾吟　集 5-33814
虎門記　史 7-49318(15)、50896
虎門形勢　史 6-45566,7-49319
80 虎谷詩集　集 2-11499
虎谷集　集 2-7344
虎谷集(博趣齋稾詩、文、聯珠集、贈行集、會合興餘集、王公行實錄、分題寓別集)　集 2-7343
88 虎鈐經　子 1-3102、3763　叢 1-47、223(32)、227(7)、456(2),2-731(19)
虎鈐經輯要　子 1-3834
虎符記　集 7-49840

虛

00 虛癆彙選應驗良方　子 2-4591,7212
虛亭詩鈔遺什　集 3-18874
虛庵李公奉使錄　史 1-2806,2-12518
虛齋文集、詩稿　集 5-39575
虛齋詩文稿　叢 2-888
虛齋詩稿尊孔集　集 5-39576
虛齋集　叢 1-223(65)
虛齋樂府　集 7-46357、46360～1、46363、46370、46671～2　叢 1-579,2-637(4)、799～800
虛齋名畫錄、續錄、補遺　子 3-16282
虛齋蔡先生文集(虛齋集)　集 2-7266
虛齋蔡先生四書蒙引初稿　經 2-10281
虛齋格致傳補註　子 1-1331　叢 2-1268
虛齋雅言　叢 1-136
虛文彙解　經 2-14952
05 虛靖詞　集 7-46357,46516
虛靖真君詞　集 7-46356、46358、46362、46395、46515
06 虛韻典箋　經 2-14257
10 虛一齋集　集 3-20790
20 虛受齋詩鈔　集 4-26213～5
虛受齋志學譜　子 3-18526
虛受齋日錄　子 1-2597
虛受齋全集(詩集、文存、補遺、金縷詞、艮居詞選、南峪詞、與楊觀瀾書、道情、談夢瑣言、懷舊錄、集句選鈔、浮生瑣記)　集 5-35692
虛受堂文集　集 5-37011～2　叢 2-2113
虛受堂文集、詩存、書劄　集 5-37007～8
虛受堂詩存　集 5-37009～10　叢 2-2113
虛受堂書札　叢 2-2113
虛受堂日劄　集 5-37014
虛航集　集 4-27014,6-45079
虛舫剩集　集 3-20382
22 虛巖山人集　集 2-9376
26 虛白亭詩鈔　集 4-24661～2
虛白齋應酬詩薈鈔　集 4-22221
虛白齋詩集　集 3-18497,4-33574
虛白齋詩存　集 3-21471
虛白齋詩草　集 4-22901
虛白齋初集　集 4-32059
虛白齋存稿　集 4-22222
虛白齋古近體詩　集 4-33573
虛白齋印瘢　子 3-16897

虛白舫詩刪存、詩焚餘、文鈔附刻　集 5－36811
虛白山房詩集　叢 1－529
虛白山房集、駢體文　集 5－35079
虛白山房續集　集 5－35080
虛白室文稿　集 4－22349
虛白室文鈔、詩鈔　集 5－34687
虛白室詩集　集 5－39494
虛白室詩鈔　集 5－34688～9
虛白室詩鈔、文鈔　集 5－34685～6
虛白室偶存詩草　集 4－27804
虛白室近今詩存　集 5－34101
虛白禪師語錄　子 7－34307
虛白南遺稿　集 3－20365
虛白軒詩　集 3－19258
虛白軒稿　集 4－26747
虛白堂詩集　集 4－26760
虛白堂詞鈔　集 4－23377
虛皇天尊初真十戒文　子 5－29530(4)、29535(6)、29536(6)、30271
27 虛舟詩草　集 5－36066～7,6－42007(3)
虛舟詞餘　集 7－50597　叢 2－959
虛舟集　子 4－20515　集 2－6490　叢 1－223(63)
虛舟禪師詩集　集 3－13212
虛舟題跋　子 3－16163、16166、16168～71　叢 1－373(6)、461
虛舟題跋補原　子 3－16166
虛舟題跋補鈔　叢 1－373(6)
虛舟題跋節抄　子 3－16167
虛舟省禪師語錄　子 6－32091(76)
虛船詩集、補遺、遺文　集 4－23296
30 虛空孕菩薩經　子 6－32081(3)、32082(3)、32083(3)、32084(3)、32085(4)、32086(3)、32088(3)、32089(3)、32090(4)、32091(3)、32092(3)、32093(5),7－32206
虛空藏神咒經　子 6－32089(3)
虛空藏菩薩能滿諸願最勝心陀羅尼求聞持法　子 6－32086(21)、32089(16)、32093(34)
虛空藏菩薩能滿諸願最勝心陁羅尼求聞持法　子 6－32081(19)、32085(19)、32088(14)
虛空藏菩薩經　子 6－32081(3)、32082(3)、32083(3)、32085(4)、32086(3)、32088(3)、32089(3)、32090(4)、32091(3)、32092(3)、32093(5),7－32204
虛空藏菩薩滿願最勝心陀羅尼出成就一切義品求聞持法經　子 6－32083(13)
虛空藏菩薩神呪經　子 7－32205
虛空藏菩薩神咒經　子 6－32081(3)、32082(3)、32083(3)、32085(4)、32086(3)、32088(3)、32090(4)、32091(3)、32092(3)、32093(5)
虛空藏菩薩陀羅尼經　子 6－32083(31)
虛空藏菩薩問七佛陀羅尼經　子 6－32083(10)、32086(15)
虛空藏菩薩問七佛陀羅尼咒經　子 6－32081(14)、32085(14)、32088(10)、32089(12)、32090(16)、32091(15)、32092(10)
虛空藏菩薩問七佛陁羅尼咒經　子 6－32084(9)
虛空樓閣　子 7－32111
虛空樓閣聯句　子 7－32111
虛空樓閣答問　子 7－32111
虛空樓閣懺　子 7－32111
虛室詩　叢 2－1679
虛室詩牘　叢 2－1679
虛窻手鏡　子 5－26373
虛字方言　經 2－14931
虛字註釋備考　經 1－6754,2－12909、14941
虛字韻藪　經 2－13954～5、13959、13965～6　子 5－26215
虛字說　經 2－14929　叢 1－347,2－731(25)
虛字發蒙　叢 1－373(9)
虛字解　經 2－14943
虛字注釋　經 2－14944　叢 1－379
虛字注釋、小雅釋、孟子釋、左傳釋　經 2－14925
虛字注釋備考　經 1－4699,2－14926、14938
虛字淺解　叢 2－2068
虛字直解便蒙　經 2－14940
虛字考　經 2－14924　叢 1－481
虛字折中　經 2－14930
虛字闡義　叢 2－2012
虛字闡義、讀書說約　經 2－14939
虛字闡義讀書說約合編(古錢書屋叢書)二種附七種　叢 2－2012
虛字會通法　經 2－14950
虛字會通法正編　經 2－14949
虛窗手鏡　子 4－20441～2
虛窗雅課集　集 4－22499
33 虛心齋詩　集 5－40174
虛心室吟偶存　集 5－40876
40 虛直齋詩鈔　集 3－19303
虛直軒文集　集 3－14234
虛直軒文集、外集　集 3－14233　叢 1－483
虛直堂文集　集 3－15556
52 虛靜齋詩稿　集 4－29101
虛靜齋詩藁　叢 1－537
虛靜齋賦草　集 4－29102
虛靜沖和先生徐神翁語錄　史 2－8676　子 5－29530(24)、29535(6)、29536(5)
56 虛損啓微　子 2－4771(3)、7217
77 虛堅詩集、補遺　集 3－19220

虚閣詩稿　集5-36429
虚閣先生(嚴玉森)年譜　史2-12310～1
虚閣遺稿　集5-36427
虚閣遺稿(詩稿、文稿)　集5-36428
80 虚翁(李元芳)遺績　史2-8928
虚無自然六合通天金符籙祖　子5-31775
虚谷評五謝詩　集6-45701
虚谷詩話　集6-45486
虚谷集　集4-24711
虚谷桐江續集　集1-4796
虚谷閒抄　子5-26318　叢1-22(6)、23(6)、29(5)、56,2-624(2)
虚谷閒鈔　叢2-617(4)
88 虚筠詩稿　集4-23757
虚籟集　集2-9404
90 虚堂詩集　集3-17095
99 虚勞要則　子2-4701、7223
虚勞祕要　子2-4747
虚勞祕韞方解　子2-7228

2122_0 何

00 何立回話　集7-53651
何竟山日記(清咸豐二年至十一年)　史2-12750
何商隱先生年譜　史2-11689
何府君(錦昌)行狀　史2-10250
何文毅公集　集2-10961
何文秀寶卷(恩怨寶卷、貞烈寶卷、四喜寶卷、新刻增補說唱義夫節婦何文秀報冤傳、何文秀、三探桑園)　集7-54343
何文貞公文集　叢2-886(4)
何文貞公千字文　經2-13422　叢2-886(2)
何文貞公遺集　集4-33037　叢2-1885
何文貞公遺書三種　叢2-1885
何文定公(瑭)揚休錄　史2-8913
何文定公文集　集2-7598
何文定公文集、傳　集2-7597
何文定公柏齋集　集2-7594
何文定公全集　集1-4167
何文簡疏議　叢1-223(21)
何文簡集　集2-7588
何文簡公文集　集2-7587
何文簡公疏議　史6-48194
何註論語　經2-9232
02 何端簡公集　集3-17489
04 何詩孫手書詩稿　集5-37254
07 何記室集　集1-577、579,6-41694、41698
何記室集(何水部集)　集1-578
10 何一自禪師語錄　子6-32091(82)
何王金許事實　叢1-386～7
何元子易象解義　經1-909
何元長先生醫案　子2-10609
何震川先生集　集2-9511
11 何北山先生遺集　集1-4168　叢2-731(40)、859
12 何水部詩集　集1-581～2,6-41771
何水部集　集1-576、578、580,6-41767　叢1-223(47),2-698(8)
何刑侍集　集2-8549,6-41935(2)
14 何劭公論語義　經2-9596　叢2-1920
何劭公論語義剩義　經2-9537
何劭公論語義賸義　經1-138
17 何耶揭唎婆像法　子6-32093(39)
何耶揭唎婆觀世音菩薩受法壇　子6-32093(39)
何承天說　史2-13277　叢2-776
何承天纂要文徵集　經2-14617
何承天纂要文徵遺　叢1-526
何子雜言　子4-20375　叢1-22(20)
何子貞文稿　集4-30209
何子清遺文　集5-36834
何子萬印譜　子3-17237
何君俶尹六十壽序　叢2-2129(4)
20 何爲會謳歌一枝　集7-51749
何季衡醫案　子2-10866
21 何僊姑　集7-54259
何僊姑寶卷　集7-54259
何衡陽集　叢1-183
22 何仙姑訓内文　叢2-724
何山草堂詩二集　集3-14605
何山草堂詩稿　集3-14604
24 何休註訓論語述　經2-9590
何休注訓論語述　經1-163(4)　叢1-517
25 何仲默文鈔　集6-41794、42047
何仲默詩選　集2-7925
何仲默集　集2-7935
何仲默先生詩集　集2-7919,6-41936
何仲默七律鈔　集2-7922
26 何伯子自註年譜　集2-9943
何伯子自注年譜　史2-11523
何伯行夫子醫案(何伯行醫案)　子2-10946
27 何御史孝子祠主復位錄　史6-42190　叢2-1309
何紹基詩文稿　集4-30194
何紹基詩文書信稿　集4-30198
何紹基信札　集4-30212

何紹基日記(清同治三年至四年) 史2-12758
30 何注論語 經2-15142
何之子 子4-20643 叢1-143
何宫贊遺書六種 叢2-1784
31 何潛齋先生文集 集1-4397
32 何兆瀛日記、澥闌紀言(清同治三年至四年,光緒元年至十六年) 史2-12835
33 何心隱先生爨桐集 集2-9274
何必西廂 集7-52339,53763
34 何法盛晉中興書 史1-492 叢2-771(3)、780
何汝霖家書 集4-27217
何汝霖日記(清光緒三十三年至宣統元年) 史2-13234
何淩漢祭文 史2-9722
35 何禮部集 集2-8909
37 何鴻舫曹智涵方案真蹟 子2-10887
何澹安醫案 子2-4771(4)、10721
何冠英遺集 集4-26582
何選唐詩 集6-43527
38 何道州日記(清道光三十年至咸豐元年) 史2-12757
何道林傳 史2-9239
40 何大復詩 集6-41947
何大復詩集 集2-7921,6-41952
何大復論 集6-42729
何大復集 集2-7918、7924,6-41935(1)、41940
何大復先生(景明)年譜 史2-11471 叢2-701
何大復先生詩集 集2-7920
何大復先生集 集2-7931、7934
何大復先生集(大復集) 集2-7930
何大復先生近體詩選 集2-7923,6-41937
何大復先生學約古文 集6-42731~2
何太虚文集 集1-5046
何太僕集 集2-11239 叢2-788
何太宜人言行述畧 史2-9794
何士龍詩 集3-13259
何士龍詩選 集3-13260
何吉陽詩集 集2-8550
42 何猨叟致楊龍石詩翰 集4-30201
何猨叟遺著稿 集4-30195
43 何博士備論 子1-61、3081、3257 叢1-223(32)、272(3)、377、386~7、394,2-731(19)、878~9
何博士備論(備論) 子1-3256
何博士史論 叢1-492
何求集 集3-16757
何求老人詩稿、集外詩 集3-14989
何求老人殘稿 集3-14988、14991
何求老人殘稿、釋畧 集3-14990
44 何蘭舫殘稿 集5-35283
何燕泉詩集 集2-7586
何燕泉三種 叢2-1076
何燕泉先生行述 子4-20390
何燕泉先生餘冬序錄内篇、外篇、閏 子4-20389
何恭簡公筆記 子4-20383
何黄如先生遺編 史6-48514
何村集 集2-12594
何村徐氏宗譜[安徽貴池] 史4-32127
何桂珍列傳 史2-10160
46 何柏齋文集 集2-7595~6
47 何椒邱集 集2-6896
48 何翰林集 集2-8788
何翰目集 集2-8787,6-41935(5)
52 何蝯叟行書墨跡 子3-15758
何蝯叟日記 叢2-611
何蝯叟日記鈔(清道光十五年、二十一至二十五年、三十年,咸豐元年、三至六年) 史2-12756
55 何典 子4-23508,5-28524 叢1-496(6)
57 何郋集、詩集 集2-12593
67 何嗣宗醫案 子2-10527
71 何陋居集 集3-13169
何陋居集、甦菴集 集3-13168
何長人集(蘧來室存稿、蘧來室近稿、南北游草、甓社游草) 集2-11390
72 何氏廬江書院全譜[廣東廣州] 史4-28423
何氏六修族譜[湖南資興] 史4-28413
何氏雜証 子2-7254
何氏語林 子5-26332~3 叢1-223(45)
何氏族譜 史4-28441、28443
何氏族譜[廣東興寧] 史4-28428
何氏族譜[山西靈石] 史4-28234
何氏族譜[江西遂川] 史4-28368
何氏族譜[湖北通城] 史4-28371~2
何氏族譜[湖南平江] 史4-28400
何氏族譜[湖南邵陽] 史4-28421
何氏族譜[湖南安化] 史4-28396
何氏族譜[湖南安鄉] 史4-28393
何氏族譜[湖南瀏陽] 史4-28375、28381~2
何氏族譜[湖南湘陰] 史4-28397
何氏族譜[湖南常德] 史4-28387、28390~1
何氏族譜[四川郫縣] 史4-28435
何氏族譜[四川資中] 史4-28438
何氏族譜[四川梓潼] 史4-28437

何氏族譜[四川劍閣] 史 4－28436
何氏三修族譜[湖南瀏陽] 史 4－28377
何氏三修族譜[湖南常德] 史 4－28388
何氏五修族譜[湖南益陽] 史 4－28395
何氏重續族譜 史 4－28440
何氏重修族譜 史 4－28442
何氏重修族譜[廣東乳源] 史 4－28426
何氏重修族譜[湖南瀏陽] 史 4－28376
何氏重修族譜[湖南資興] 史 4－28412
何氏重修宗譜[安徽懷寧] 史 4－28345～6
何氏集(信陽詩集) 集 2－7917
何氏統宗譜 史 4－28232
何氏虚勞心傳 子 2－4771(3)
何氏拜石堂集 集 2－10307
何氏經驗良方 子 2－9727
何氏繼修族譜[廣東乳源] 史 4－28427
何氏續修族譜[湖南益陽] 史 4－28394
何氏續修族譜[湖南常德] 史 4－28392
何氏續修宗譜[湖南湘陰] 史 4－28399
何氏傷寒纂要 子 2－6394、6562
何氏濟生論 子 2－4939
何氏家譜[安徽桐城] 史 4－28344
何氏家譜[浙江湖州] 史 4－28271
何氏家譜[湖北黄岡] 史 4－28370
何氏家譜[湖南湘陰] 史 4－28398
何氏家乘[江蘇揚中] 史 4－28241
何氏家乘[江蘇常州] 史 4－28247
何氏家乘[湖北通城] 史 4－28374
何氏宗譜 史 4－28233
何氏宗譜[安徽廬江] 史 4－28349
何氏宗譜[江西金谿] 史 4－28361
何氏宗譜[江蘇無錫] 史 4－28251
何氏宗譜[浙江] 史 4－28341
何氏宗譜[浙江上虞] 史 4－28302
何氏宗譜[浙江淳安] 史 4－28269
何氏宗譜[浙江臨海] 史 4－28331～2
何氏宗譜[湖南] 史 4－28422
何氏宗譜[湖南永州] 史 4－28420
何氏宗譜[湖南桂陽] 史 4－28416～8
何氏宗譜[湖南常寧] 史 4－28411
何氏宗譜[四川] 史 4－28434
何氏心訓 子 1－1119
何氏心傳 叢 1－418
何氏心傳(何氏虚勞心傳) 子 2－7215
何氏祕本傷寒辨類 子 2－6603
何氏祀譜[湖北通城] 史 4－28373
何氏十三篇 子 2－7196
何氏女科百十三方祕授要術 子 2－8345
何氏支譜[浙江嘉興] 史 4－28273
何氏芝園集 集 2－10306
何氏萬曆集 集 2－10624
何氏藥性賦 子 2－5821
何氏藥性賦補義 子 2－5822
何氏敬蘭祖宗支譜族譜[廣東番禺] 史 4－28425
何氏抑宛委齋集 集 2－10309
何氏四修族譜[湖南瀏陽] 史 4－28378
何氏四修族譜[湖南湘潭] 史 4－28407
何氏四修族譜[湖南常德] 史 4－28389
何氏居廬集、詠物詩 集 2－10304
何氏居廬集、目錄 集 2－10308
何氏學 子 4－21385
何氏醫碥 子 2－4615
何氏醫案附昭陽醫案 子 2－10852
何氏鏡山集 集 2－10625
何氏含莫堂家譜 史 4－28439
何氏公羊解詁 經 1－7320 叢 2－614
何氏公羊解詁三十論 經 1－165
何氏公羊解詁十論、續、再續 叢 2－2131
何氏公羊解詁十論、續十論、再續十論、春秋天子二伯方伯卒正附庸尊卑表 叢 1－568
何氏公羊解詁十論、續十論、再續十論、春秋天子二伯方伯卒正附尊卑表、儀注表、儀注表 經 1－7319
何氏公羊春秋十論、續、再續 叢 2－2130
何氏公羊春秋十論、續十論、再續十論 叢 2－2129(2)
77 何學士集 集 3－17194
何學士集、尺牘、題跋 集 3－17193
何學士題跋 史 8－63516、64393 集 3－17196 叢 1－448
何母胡太夫人行述 史 2－10629
何母陳宜人壽序 史 2－9271
何留墅何氏重修家乘[江蘇常州] 史 4－28248
79 何騰蛟傳 史 2－9136
80 何義門詩文稿 叢 2－1511
何義門先生集 集 3－17191
何義門選詩 集 6－42549
何義門校說文 經 2－12057、12724
何首烏錄 子 2－5923 叢 1－22(17)、23(17)
何公(勳)世行 史 2－8898
何公去思奏議 集 6－44761
88 何竹有詩集 叢 1－328
何竹有詩集、外集 集 4－28994
90 何少詹文鈔 集 5－36392
何光烈傳編年紀畧 史 2－9137
何粹夫集 集 2－7592
91 何慄齋先生(楷章)年譜 史 2－11845
98 何怍菴先生示兒集 集 2－10612

99 何變遺稿　集 5－36934

2122_1 行

00 行商百貨夫役壟斷抑勤酌價規章　史 6－43947
行廨諸記　叢 1－368
行唐縣新志[康熙]　史 7－55058
行唐縣新志[乾隆]　史 7－55060
行唐縣新志[同治]　史 7－55061
行唐縣志[乾隆]　史 7－55059
行文須知　集 6－45806　叢 2－1191
10 行吾先生摘稿　集 2－8508
12 行水金鑑　史 6－46597　叢 1－223(25)
行刑之制考　史 6－46270　叢 2－2109
17 行取餘材料檔　史 8－65512
行己外篇　集 2－7701～2
18 行政綱目　史 6－41750～2
行政法各論　子 7－36601
行政法泛論　子 7－36600
22 行山路記　史 7－49318(13)、53579
行樂衛生祕訣　子 2－11126
23 行我法軒詩草　集 5－39461
行我法軒二十四考試帖　集 5－39462
24 行先遺稿　集 5－35906
26 行程筆記　叢 2－1979
27 行役日記　史 7－53876　叢 2－1339
行舟要覽　子 4－21956
行船免撞章程　子 7－36228(6)、36231(7)、37401
行船防備碰撞條款　史 6－44186
29 行秋法軒詩鈔　集 4－25225
30 行宮座落圖說、揚州名勝圖說、江南名勝圖　史 7－51355
行宮圖說　史 7－51975
行實錄　子 4－23083　集 2－6651
32 行冰汽車　子 7－37242
33 行述　叢 2－1316
行述志表　集 4－30845
36 行邊紀聞　叢 2－727
37 行軍方便便方　子 2－4768、9715、3－14327
行軍要訣　子 1－3306
行軍電報要畧　子 7－36909
行軍電報類編密本　史 6－45209
行軍偵探要畧　子 7－36910
行軍須知　子 1－3265
行軍總要　史 1－1991、4195　子 1－3343
行軍紀律　史 6－45185　子 1－3339
行軍紀畧　子 1－3385
行軍測繪　子 7－36228(4)、36231(4)、36254、37933
行軍測繪學　子 7－37928
行軍法戒錄　子 1－3359
行軍造橋圖說　子 7－37145
行軍決勝篇　子 1－3418
行軍直指　子 1－3296
行軍帳棚說　子 7－36941
行軍指要　子 7－36914
行軍指要、圖　子 7－36231(2)
行軍指南　子 1－3314
行軍指南四章　子 1－3315
行軍臆說　子 1－3371
行軍鐵路工程　子 7－36254、37158、37181
行軍鐵路工程、圖　子 7－36228(2)、36231(7)、36242(2)
38 行海要術　子 7－36231(3)、37404
行道記　子 6－32091(73)
行道有福　子 5－30513
40 行在雜買務雜賣場提轄官題名　叢 1－511
行在陽秋　史 1－1946、1953、1965～70、1977、1982、3463～5
行有恆堂初集　集 4－29505
行有恆堂錄存琴譜　子 3－17730
44 行藏園雜存　集 5－38072
行孝段(郭巨埋兒)　集 7－53354
行藥吟　集 2－10761
47 行朝錄　史 1－1937、1943、1950、3264～9、3274　叢 1－309、580、2－847
行朝錄、三藩偶記　史 1－3275
行朝錄、江右紀變　史 1－3271～3
行朝錄、甲申核真畧、南行日記、賀宿紀聞、江右紀變　史 1－3270
行都記事　子 5－26303　叢 1－199
行都紀事　叢 1－17、19(5)、20(3)、21(5)、22(5)、23(5)、24(6)、29(5)
50 行書千文　經 2－13371
行素齋雜記　史 1－4086
行素齋詩集、文集、外集、午月詞　集 4－28260
行素草堂集古印譜　子 3－17310
行素草堂古印譜　史 8－65048
行素草堂古印存　史 8－65049
行素草堂金石叢書(孫溪朱氏金石叢書)　史 8－63503
行素軒詩集　集 4－31361
行素軒詩存、文存　集 5－35677
行素軒算稿九種　子 3－12386
行素居詩鈔、文鈔　集 4－24122
行素居隨筆　子 4－23566

行素堂集古印存　叢1－437
行素堂目睹書錄　史8－65402
行橐集　集3－21712
67 行路　集7－52511
68 行吟雜錄　史7－53939　集4－22906　叢2－785
行吟日記　集5－41059
71 行既集、月灣吟、月灣感遇集　集3－21590
72 行兵樞要　子1－3313
77 行腳集　集4－24207
行醫八事圖　子2－5973　叢1－197(3)
行間記事　叢1－485
行間日記(清康熙十二年至二十二年)　史2－12566
行間餘事詩集　集5－36114
79 行勝存草　集4－33625
80 行人司重刻書目　史8－66425　叢2－649
行人司書目　史8－65439
行年紀畧　史2－12090
行年隨筆　史2－10568
行年錄　子5－25930
行義分　子7－34441
行善福報編、達生編　子4－24575
88 行簡錄　史6－43410
行餘集　集3－17321
行餘草　集4－25638
行餘草堂集　集4－23013
行餘書屋醫論附醫案　子2－4688、10759
行餘軒吟草　集4－29302
99 行營雜錄　史1－1914、4384　叢1－11～2、22(8)、23(7)、56、95～6，2－624(2)、730(2)
行營規矩　史1－1989、4173
行營防守學　子7－36228(6)

衍

00 衍慶編　子2－8232
衍慶錄(額宜都)　史2－9039
衍慶堂詩稿　集4－24012
04 衍謝　子4－21239　叢1－373(3)
10 衍元要義　子3－12366、12388、12396、12686，7－36228(1)、36231(7)、36242(1)
衍元要義、弧田問率　子3－12687
衍元要義、弧田問率、直積回求　子3－12688
衍元畧法　子3－12404
衍元筆算今式　子3－12373、12609，7－36228(3)
衍元小草　子3－12392、12724
衍粟布衍草　子3－12371
11 衍琵琶行　叢1－202(4)、203(9)、319、587(1)
27 衍約說　子4－20219
28 衍微　子3－13140　叢2－2100
衍微、訓俗常談　子4－22083
34 衍波亭初稿　集4－23651
衍波詞　集4－27516，7－46397～400、46402、46404、46427、46907～8、47727～8　叢1－486、524，2－698(14)、731(49)
衍波詞錄　集7－46909
37 衍洛圖說　叢2－983
40 衍古諺諺　集4－33059
41 衍極　子3－15001、15068～9、15071　叢1－11～2、22(15)、23(14)、109、111(4)、181、223(37)、465
衍極、攷釋　子3－15070
衍極至朴篇書法傳流　子3－15112
衍極攷釋　子3－15072
44 衍莊新調　集7－49220　叢2－1188
衍莊新調(逍遙遊)　集7－49219
衍芬草堂藏書目錄　史8－65821
47 衍格圖說　子1－1797
60 衍愚詞　集7－46404、46846
64 衍囈語　叢2－1232

衎

00 衎廬雜稿　集5－38253
衎廬遺稿　集5－38252
10 衎石齋詩　集4－27568
衎石齋詩集　集4－27567
衎石齋記事稿　叢1－373(10)
衎石齋集　集4－27562～3
衎石齋集(衎石齋紀事稿、續稿、刻楮集、旅逸小稿)　集4－27561
衎石齋紀事稿　集4－27566
衎石齋晚年詩稿　集4－27565　叢2－840
衎石齋隨筆、雜記　集4－27581
衎石先生未刻稿　集4－27564

術

00 術言　子4－19623　叢1－124
10 術元要義　子7－36248
30 術家勸世　集7－49705
44 術藝雜錄　叢2－1092

58 術數　叢 2-771(1)
術數彙編　子 3-12897

街

00 街亭陳氏宗譜[浙江東陽]　史 4-33021
10 街西柳影齋集　集 3-17906
21 街上趙氏十修宗譜[江蘇常熟]　史 5-38296
40 街南文集　集 3-14720~1
街南續集　集 3-14722~3

衕

60 衕署名目　經 2-15062

衛

00 衛衷膹稿　叢 2-2223
21 衛紫岫詩　集 2-12364,6-41943
25 衛生雜録　子 2-11093
衛生二要　子 2-11113
衛生工部事新論　子 7-37851
衛生至寶　子 2-11094
衛生要訣　子 2-11070
衛生要術　子 2-11202
衛生要旨　子 7-37922
衛生集　子 2-11000、11083
衛生集語　史 2-13113
衛生編　子 2-9429、11061
衛生保籍　子 2-8494
衛生彙編　叢 1-531
衛生彙錄　子 2-11129
衛生家寶産科備要　子 2-7978　叢 1-465, 2-731(29)
衛生寶鑑　叢 2-730(1)
衛生寶鑑、補遺　子 2-4810　叢 1-347
衛生叢錄　子 2-11118
衛生鴻寶　子 2-9668~9
衛生真訣　子 2-11042~3
衛生擇要　子 2-11121
衛生易簡方　子 2-9213
衛生易簡方、周氏集驗方　子 2-10009
衛生纂要　子 2-4614
27 衛鄉要畧　史 6-45261
衛將軍元宵會僚友　集 7-48768、49173
30 衛濟寶書　子 2-4703、4749、7653　叢 1-223(33)
衛濟餘編　子 2-11076
衛宏　經 2-12941、15142
衛賓樓詩集　集 4-27997
38 衛道編　子 1-1596　叢 1-483、574(4)
42 衛斯理署記　子 7-36504
44 衛花符　集 7-48780、49344
衛茂漪簪花傳筆陣(衛茂漪)　集 7-49358
衛藏識畧　史 7-49317(6)、49318(3)、51089
衛藏和聲集　集 6-44211
衛藏通志、校字記　叢 1-508,2-731(57)
衛藏通志[嘉慶]　史 8-62622
衛藏攢要[民國]　史 8-62631
衛藏圖識　史 7-51091
衛藏圖識、蠻語　史 7-51090
50 衛夫人筆陣圖　叢 1-147
72 衛氏續修宗譜[江蘇常熟]　史 5-39156
衛氏家譜[安徽黄山]　史 5-39157
衛氏家譜[河北固安]　史 5-39150
衛氏宗譜[上海崇明]　史 5-39152
衛氏宗譜[山西洪洞]　史 5-39151
衛氏世譜[江蘇常熟]　史 5-39155
76 衛陽先生集　集 2-9729
80 衛公故物記　子 5-26222、26247　叢 1-22(16)、23(16)、29(4)、185、255(2)
衛公兵法輯本(李衛景武公兵法)　叢 1-508
衛公兵法輯本、舊唐書李靖傳攷證　子 1-3095　叢 2-731(19)
97 衛輝府志[康熙]　史 8-59672
衛輝府志[順治]　史 8-59671
衛輝府志[萬曆]　史 8-59670
衛輝府志[乾隆]　史 8-59673

衝

34 衝波傳　史 2-8403　叢 2-776

衡

00 衡廬精舍藏稿、衡廬續稿　叢 1-223(66)
衡廬精舍藏稿、續稿　集 2-9279
衡齋文集　子 3-12365　集 4-25547　叢 2-

1637～8
衡齋遺書 子3-12365
衡齋遺書七種 叢2-1637
衡齋算學 子3-12365、12615 叢1-557～8
衡齋算學遺書合刻 子3-12365
衡齋算學遺書合刻二種 叢2-1638
衡文錄 子4-24606
衡率考 子7-36240(2)
衡言 子4-21511 叢2-1765
10 衡西新橋白沙劉氏宗譜[湖南衡陽] 史5-39647
12 衡水縣鄉土志[民國] 史7-55393
衡水縣志[康熙] 史7-55391
衡水縣志[乾隆] 史7-55392
22 衡川吳氏家乘[安徽休寧] 史4-28045
衡川吳氏宗譜[安徽休寧] 史4-28046
衡嶽遊記 史7-49318(4)、53664 叢1-202(4)、203(9)
衡嶽志 史7-52581～2
衡山廖氏六修族譜[湖南衡山] 史5-38553
衡山廖氏三修族譜[湖南衡山] 史5-38550
衡山廖氏五修族譜[湖南衡山] 史5-38552
衡山譚照遺墨 集5-39876
衡山記 史7-49309、52576
衡山正氣集(劉道一) 史2-10979
衡山山經 史7-49309
衡山治坪唐氏族譜[湖南衡陽] 史4-32568
衡山治坪唐氏五修族譜[湖南衡陽] 史4-32569
衡山禪師語錄 子6-32091(81)
衡山茹氏續修族譜[湖南衡山] 史4-30693
衡山圖經 史7-52578
衡山縣志[康熙] 史8-60607～8
衡山縣志[弘治] 史8-60605～6
衡山縣志[道光] 史8-60611
衡山縣志[嘉慶] 史8-60610
衡山縣志[乾隆] 史8-60609
衡山縣志[光緒] 史8-60612
27 衡歸堂詩 集2-11842
30 衡漳考 史7-52843
31 衡江李氏族譜[江西萬載] 史4-27392
衡河張氏家譜 史5-35447
32 衡州府志[康熙] 史8-60584～5
衡州府志[嘉靖] 史8-60582
衡州府志[萬曆] 史8-60583
衡州府志[乾隆] 史8-60586
衡州圖經 史7-49309、50772～3 叢2-776
36 衡湘王氏族譜[湖南湘潭] 史4-25489
衡湘稽古 史1-1311
衡湘楊氏族譜[湖南] 史5-36983～4
衡湘楊氏五修支譜[湖南] 史5-36987
衡湘楊氏四修支譜[湖南] 史5-36986
衡湘劉氏族譜[湖南] 史5-39449
44 衡藩重刻胥臺先生集 集2-8577
50 衡素齋印稿 子3-16980
55 衡曲麈譚 集7-50548 叢2-672
60 衡邑唐氏續修族譜[湖南衡陽] 史4-32567
衡邑劉氏族譜[湖南衡陽] 史5-39642
72 衡岳志 史7-52585～6
衡岳志、續刻附錄 史7-52583
76 衡陽志 史7-49309、50775
衡陽彭公(玉麟)行狀 史2-10152
衡陽蔣氏族譜[湖南衡陽] 史5-38209
衡陽胡氏四修族譜[湖南衡陽] 史4-30646
衡陽縣社穀清册 史6-44719
衡陽縣志[雍正] 史8-60598
衡陽縣志[嘉慶] 史8-60600
衡陽縣志[乾隆] 史8-60599
衡陽縣志[同治] 史8-60601
衡陽縣警盜章程 史6-45389
77 衡門詞 叢2-2067
衡門集 集6-42193 叢2-1094
衡門芹 子1-1277、1969 叢1-574(5)
衡門晤語 史2-6972

衢

00 衢亨遺稿、補編 集5-41576
01 衢龍杜氏宗譜[浙江龍游] 史4-26996
07 衢謠徵實集 集6-44209
31 衢江下睦陸氏族譜[浙江江山] 史4-32672
衢江祝禮鎮徐氏世譜[浙江衢州] 史4-31992
32 衢州府志[康熙] 史7-57543
衢州府志[天啓] 史7-57542
衢州府志[弘治] 史7-57540
衢州府志[嘉靖] 史7-57541
衢州鄉土卮言[光緒] 史7-57544
衢州古祥符寺月海禪師倣梅集 集3-16290
衢州奇禍記 史1-3963
50 衢本郡齋讀書志 史8-65552 叢1-265

(3)
62 衢縣志[民國]　史 7-57548

衖

44 衖蘆吟草　集 5-37215
56 衖蟬小錄　子 4-19430
77 衖屈鳴詩集　集 5-34809

2122_7 儒

00 儒童寶卷　子 7-36158
儒言　子 1-705,4-20004　叢 1-223(30)
10 儒一枝　集 7-51907
儒函數類、目錄　子 5-25721
13 儒酸福傳奇　集 7-50414
21 儒行集傳　經 1-69、5882～3　叢 1-223(9)
儒行續　叢 2-1361
儒行述　史 2-7585　叢 1-203(10)
儒經撮要　經 2-11891　叢 2-1236
24 儒先訓要十八種　子 1-1964
儒先晤語　子 4-22396　叢 2-1421
26 儒釋道三教總覽大乘法數　子 7-34845
儒釋道平心論　子 4-23776,7-34946
30 儒家尖遺訓後集　叢 2-1644
儒家尖性學閑筆語錄　叢 2-1644
儒宗理要　子 1-1444
36 儒禪　子 4-20486　叢 1-143、176
40 儒士安貧　集 7-49700
儒志編　子 1-561～2　叢 1-223(29)
44 儒藏說　叢 2-631
儒者十知畧　子 1-1418　叢 2-1283
儒者八字錄　子 1-1021
儒棋格　子 3-17967　叢 1-22(17)、23(16)、29(3)
儒林　叢 1-460
儒林音字貫通　經 2-12908
儒林六都志[光緒]　史 7-57015
儒林記　史 1-801
儒林譜　叢 1-241、242(3),2-731(5)
儒林正紀　史 2-6658
儒林瑣記　史 1-1995,2-7586～7　叢 1-445,2-624(4)、683
儒林外史　子 5-28369、28371　叢 1-496(2)
儒林外史評　子 5-28372
儒林外史集評、人表　叢 2-2270(2)
儒林傳　史 1-942,2-8140
儒林傳稿　史 1-944　叢 1-338、390
儒林傳擬稿　史 1-941
儒林宗派　史 2-6686～7　叢 1-223(22)、489,2-614、845(3)
儒林散士六景集　集 3-14345
儒林典要　叢 2-754
儒林全傳　史 2-6650
儒林公議　子 4-22863～4　叢 1-19(5)、20(3)、21(5)、22(7)、23(6)、24(6)、29(5)、31、99～101、223(44),2-731(51)、735(4)
儒林錄　史 2-7260
48 儒教正宗　子 1-1871
儒教衍義　子 1-1902
儒教作聖編　子 1-1243
儒教實義俗解　子 7-35341
50 儒史畧　子 1-1921
儒吏完城　集 7-49536
儒吏完城北曲　集 7-49532
77 儒學源流考　子 1-1927、1953
儒學警悟六種　叢 1-1
儒學入門　子 1-1639　叢 2-1593～4
儒醫丁諫吾先生四秩唱和集　子 2-5139
儒醫心鏡　子 2-10143
儒門語要　子 1-1640　叢 2-1593～4
儒門經濟長短經　子 4-19875
儒門崇理折衷堪輿完孝錄　子 5-29531
儒門法語　子 1-111、1504　叢 1-313,2-663、1826
儒門法語輯要　叢 2-906
儒門法語輯要(儒門法語集)　子 1-1505
儒門游藝歌訣　子 2-5069
儒門事親　子 2-4564、4754、4771(2)　叢 1-223(33)
儒門事親(太醫張子和先生儒門事親)　子 2-4801
儒門圖說　子 1-1641
儒門醫宗總畧　子 2-5142
儒門醫學　子 7-36231(6)、36250、37862
儒門公案拈題　集 4-22279、22290
儒門慎言錄　子 1-2586

儞

22 儞山儞心寺志　史 7-51662

肯

00 肯庵自敘年譜　史 2-11928
38 肯綮錄　子 4-20143　叢 1-17、19(6)、20(4)、24(6)、195(6)、241、242(3)、246、282(2)、283(2)、448,2-731(6)
43 肯哉文鈔　集 4-23835　叢 2-2223
90 肯堂詩鈔　集 4-23693
肯堂詞　集 7-46405、46884
肯堂遺稿、旭初遺稿　集 5-40205
肯堂醫論　子 2-4768、4771(4)、4883

膚

01 膚語　子 4-20557　叢 2-1186

虜

00 虜庭事實　叢 1-374
12 虜廷事實　史 1-2585　叢 1-17、19(4)、20(2)、21(3)、22(9)、24(5)、29(6)

鬳

00 鬳齋三子口義　子 5-28932、28934
鬳齋列子口義　子 5-28932、29473
鬳齋考工記解　經 1-77(3)、5176　叢 1-223(8)、227(3)
鬳齋莊子口義、釋音　子 5-28932
鬳齋老子口義　子 5-28932

2123_1 卡

28 卡倫形勢記　史 6-45709,7-49318(2)

2123_4 虞

00 虞亭詩集、補遺　集 4-23197
虞文靖公(集)年譜　史 2-11387
虞文靖公詩集、虞文靖公年譜　集 1-5168
虞文靖公道園詩集　集 1-5169
虞文靖公道園全集(詩藁、詩遺藁、在朝文藁、應制文錄、歸田文藁、文外藁)　集 1-5154
虞文靖公道園全集詩、詩遺稿、文　叢 1-328
虞文靖公道園全集詩、詩遺藁、文　集 1-5155
01 虞諧志　子 5-26563　叢 2-790～1、793
04 虞詩初存　叢 2-2032
10 虞夏贖金釋文　史 8-64850　叢 2-941、982
虞平葉氏合譜[浙江]　史 5-35658
虞西板橋曹氏大全宗譜[浙江上虞]　史 5-34192
11 虞北草堂詩鈔(尉氏留別詩)　集 5-39500
虞北羅氏宗譜[浙江上虞]　史 5-41049
虞預晉書　叢 2-845(5)
12 虞廷一中辨　叢 2-1317
17 虞子集靈節畧　經 2-8392、8573　叢 1-108、111(4)
虞邵庵批點文選心訣　集 6-42717
虞邵庵分類杜詩註　集 1-927
虞邵菴詩集　集 1-5163,6-41779～80
20 虞集詩　集 1-5170
22 虞山商語　子 1-1128　叢 2-1161～2
虞山方音辨訛　經 2-14221
虞山文存　集 4-23851
虞山雜誌　叢 2-790～1、793
虞山雜志　史 7-50246
虞山雜錄　史 1-1971、3151
虞山譚石城詩集、文集　集 2-12790
虞山論諜編　史 2-7935
虞山碑　史 2-9409
虞山碑雜劇　集 7-49646
虞山邵氏宗譜[江蘇常熟]　史 4-29214
虞山毛氏汲古閣圖　史 8-65330
虞山集　集 2-11882～3
虞山先哲傳記　史 2-7933
虞山先哲考　史 2-7932
虞山先哲小紀、蓀花室雜抄　史 2-7941
虞山鄒氏家譜[江蘇常熟]　史 5-36348
虞山鄒氏世譜[江蘇常熟]　史 5-36345
虞山宗氏譜畧[江蘇常熟]　史 4-30268
虞山宋氏譜畧[江蘇常熟]　史 4-29152
虞山叢刻十一種　叢 2-794
虞山沈氏宗譜[江蘇常熟]　史 4-29021
虞山清議　子 4-21882　叢 2-790～1
虞山遊詠圖序　叢 1-406
虞山十八景畫册　子 3-16451

虞山李氏琴譜 子3-17726
虞山李氏指法 子3-17727
虞山妖亂志 史1-3146、3148～50 叢2-624(4)、790、793
虞山妖亂志、張漢儒揭稿 史1-3147
虞山藏海寺志 史7-51594
虞山畫志 史2-7951 叢2-796
虞山書院志 史7-52042
虞山曹仁伯湯寅三先生醫案 子2-10687
虞山四子集 集6-44511
虞山陳氏宗譜[浙江縉雲] 史4-33147～8
虞山周氏兩世名宦錄 史2-7946
虞山勝地紀畧 史7-51382 叢2-793
虞山人文小傳、續 史2-7945
虞山人詩 集2-6090～2
虞山人詩、補遺 叢2-606
虞山錢牧齋絳雲樓書目 史8-65619
虞山錢遵王述古堂藏書目錄題詞 史8-65639
虞嵊方氏宗譜[浙江] 史4-25731
24 虞德園先生集 集2-10524
26 虞伯生文鈔 集1-5175,6-41794
虞伯生詩 集1-5165
虞伯生詩、補遺 集1-5164,6-41929
虞伯生七律鈔 集1-5172
虞伯生杜律七言註 集1-940
虞稗 子4-24508
27 虞鄉雜記 史7-50244～5 叢1-269(4)、270(3),2-794
虞鄉雜志 史7-50243
虞鄉志畧[道光] 史7-57084
虞鄉縣新志[民國] 史7-55920
虞鄉縣志[乾隆] 史7-55918
虞鄉縣志[光緒] 史7-55919
虞翻周易注 經1-2321
28 虞徵士遺書 叢2-845(4)
虞牧詩集 集3-13842
32 虞州集、續集 集3-16393
虞淵詩文集 集3-16249
虞淵沉 史1-1854
虞淵沉、嘉定屠城本末 史1-1855
33 虞祕監集 叢2-845(1)
37 虞初新志 子5-27655～6 叢2-735(2)、736
虞初續志 子5-27658～60 叢2-735(2)、736
虞初志 子5-27589～91
虞初薈蕞 子4-21910
虞初別志 叢1-488
38 虞道園文選 集1-5177,6-41808
虞道園集選 集1-5179
虞道園先生文選 集1-5178,6-41807
虞道園類藁選 集6-41798
虞道園類藁選 集1-5160
40 虞南須氏宗譜[浙江上虞] 史5-36308
虞南金氏宗譜[浙江上虞] 史4-29675
虞喜志林 叢1-22(10)、23(9)、29(1),2-617(2)
43 虞城縣志[順治] 史8-59841
虞城縣志[乾隆] 史8-59842
虞城縣志[光緒] 史8-59843
虞城留別 集5-40122
44 虞苑東齋詞鈔 集7-47768
虞茂隋區宇圖志 史7-49307、49483 叢2-767
虞恭公溫彥博碑 史8-63499、64698
虞恭公溫公碑 子3-15586
虞菴詞 集7-48226
虞世南集 集1-649,6-41739、41743、41824、41838
47 虞椒鶻語 集5-37355
50 虞書 叢1-406,2-791、793
虞書、後虞書 史7-50247 叢1-573
虞書命羲和章解 叢2-731(27)、881
虞書命義和章解 經1-3144
虞書箋 經1-3143、3172
虞東文錄 集3-20592
虞東文鈔、詩鈔、應制詩 集3-20589
虞東詩鈔、應制詩 集3-20590
虞東先生文錄 集3-20591 叢1-364
虞東安渡徐氏宗譜[浙江上虞] 史4-31984
虞東蔣山夏氏宗譜[浙江上虞] 史4-31674～5
虞東學詩 經1-4051
虞東學詩、詩說 叢1-223(7)
虞東俞氏宗譜[浙江上虞] 史4-30810～2
虞東鄭氏支譜[江蘇常熟] 史5-38601～2
51 虞虹升雜著 集3-16834
虞虹升雜著五種 叢2-1352
60 虞圃集 集3-16684
虞邑郭瀆陳氏宗譜[浙江上虞] 史4-32943
虞邑三風十愆記 叢2-790
虞邑西鄉呂氏宗譜[浙江上虞] 史4-26298～302
虞邑孫氏宗譜[浙江上虞] 史5-33620
虞邑先民傳 史2-7937～8
虞邑先民事畧 史2-7936
虞邑科名錄 史3-14939
虞邑紀變畧 史1-3368
虞邑寶堰朱氏宗譜[浙江上虞] 史4-26540～1

虞邑遺文錄、補集　集 6-44516～7
虞邑杭氏宗譜[浙江上虞]　史 4-29275
虞邑賦　史 7-54047
72 虞氏高士傳　史 2-6467
虞氏族譜[江蘇無錫]　史 5-37194～5
虞氏宗譜[重慶雲陽]　史 5-37225
虞氏宗譜[江蘇丹陽]　史 5-37192
虞氏宗譜[江蘇無錫]　史 5-37196～7
虞氏宗譜[江蘇鎮江]　史 5-37190
虞氏逸象考正、續纂　經 1-1690　叢 2-843
虞氏春秋　子 1-338　叢 2-774(8)
虞氏易言　經 1-163(2)、1493、2318　叢 2-1615
虞氏易言、補　經 1-110
虞氏易言補　經 1-1555　叢 2-1616
虞氏易變表　經 1-1590
虞氏易象彙編　經 1-1600、2324　叢 1-439
虞氏易候　經 1-163(2)、1496、2318　叢 2-1615
虞氏易禮　經 1-111(4)、1494、2318　叢 1-312、462,2-1615
虞氏易消息圖說　經 1-163(3)
虞氏易消息圖說初稿　經 1-2211　叢 1-419,2-731(9)
虞氏易事　經 1-163(2)、1495　叢 1-426,2-731(9)
虞氏易義補正　經 1-1698
虞氏易義補注　經 1-1691　叢 2-843
76 虞陽席氏世譜[江蘇常熟]　史 4-32481
虞陽旌表姓氏三錄　史 2-7949
虞陽旌表姓氏續錄　史 2-7948
虞陽旌表姓氏錄　史 2-7947
虞陽說彙二十九種　叢 2-791
虞陽說苑甲編二十種乙編十二種　叢 2-793
虞陽說苑八種　叢 2-792
虞陽忠義孝悌祠神位官銜姓名錄　史 2-7950
虞陽曾氏譜稿[江蘇常熟]　史 5-36606
77 虞屐紀遊　史 7-53419　叢 2-1213
80 虞盦詩　叢 2-2032
虞兮夢　集 7-49390～1
虞美人詩錄　集 5-41203
虞美人傳　叢 1-587(4)
95 虞精集　子 4-20836

2123_6 慮

00 慮齋遺稿　集 5-38778
26 慮得集　子 4-20293　叢 2-687

2124_0 仟

70 仟雅堂詩集　集 4-30770

虔

32 虔州錄稿　集 2-9645
40 虔臺倭纂　叢 2-742
虔臺倭纂、圖　史 1-2886
虔臺逸史　史 1-1951　叢 1-580
虔臺輿圖要覽　史 7-49590
虔臺節畧　史 1-3441　叢 2-615(3)
虔南存牘　史 6-47308　叢 2-1691
虔南奏議　史 6-48637
43 虔城寓草　集 4-30349
44 虔共室遺集　集 5-40453
84 虔鎮圖　史 7-49343、51311

2124_1 處

00 處方學　子 2-4753
21 處處經　子 6-32083(21)
30 處實堂集、續集　集 2-9628
處實堂集選　集 2-9632
處實堂集選、後集　集 2-9631
處實堂後集　集 2-9629
32 處州府志[雍正]　史 7-57701
處州府志[康熙]　史 7-57700
處州府志[崇禎]　史 7-57699
處州府志[成化]　史 7-57696
38 處道還姬　集 7-53651
44 處世心箴　子 1-2587
50 處囊訣　集 6-45669　叢 1-114(3)
80 處分則例圖要　史 6-45890～1

2124_4 侒

34 侒漢齋叢書三種　叢 1-522

2124_6 便

00 便產痘疹合併方書　子 2－7966
便產須知　子 2－4555、7966、8005～6
便方備用　子 2－9707
08 便於蒐檢　子 4－23939
10 便元集經驗奇方　子 2－9550
20 便信鈔　集 5－35844
24 便佳居詩選　集 4－26184
30 便宜行事虎頭牌　叢 2－720(3)
便宜行事虎頭牌雜劇　集 7－48767(3)、48894　叢 2－698(14)
便宜小效畧存　史 6－47558
便字四種　經 2－13235
44 便蒙習論、經驗良方　子 4－21757
便蒙歌　子 1－2866
便蒙後覺篇　經 2－13492
便蒙彙選　經 2－13510
便蒙删補書經翼　經 1－2789
55 便農占鏡　子 1－4260
60 便易經驗集　子 2－9496～7、9501、9505
便易經驗集、濟世養生集、續刊經驗集痦疹選要、增救急類　子 2－9502
便易良方　子 2－9887
77 便用良方　子 2－9576、9946
便民圖纂　子 1－4116
便民纂　子 5－24945
78 便覽正訛　經 2－15026、15040
便覽寶泉誌　史 8－64822
便覽補遺、更定便覽訛字　經 2－15040
便覽遺字　經 2－15027
便覽古今經要淺述俗　子 7－35240
便覽全書　子 5－25221

倬

00 倬庵詩稿　集 5－40903～4

2124_7 優

01 優語錄　叢 2－2227、2229
07 優詔褒忠錄　史 2－10012
10 優雲集、凹晶館劇詞　集 4－32617
20 優香閣集　集 4－23547
34 優波離問經　子 6－32081(36)、32083(23)、32085(34)、32088(25)、32089(40)、32090(45)、32091(43)、32092(29)
優波離問佛經　子 6－32084(19)、32086(40)、32093(24)
優波離問菩薩受戒法　子 6－32093(22)
優波夷墮舍迦經　子 6－32081(29)、32085(28)、32088(20)
優婆塞五戒相經　子 6－32083(24),7－32627
優婆塞五戒威儀經　子 6－32081(22)、32083(15)、32084(13)、32085(21)、32086(24)、32088(15)、32089(39)、32093(23)
優婆塞戒經　子 6－32081(21)、32082(13)、32083(15)、32084(12)、32085(21)、32086(23)、32088(15)、32089(38)、32090(44)、32091(42)、32092(29)、32093(22)
優婆塞戒經受戒品　子 6－32091(68)
優婆夷淨行法門經　子 6－32081(21)、32083(14)、32084(12)、32085(20)、32086(23)、32088(15)、32089(17)、32090(21)、32091(20)、32092(14)、32093(11)
優婆夷志　子 6－32091(71)
優婆夷墮舍迦經　子 6－32083(19)、32086(31)、32089(19)
40 優古堂詩話　叢 1－223(71)、278,2－731(46)
43 優盋羅室文稿、詩稿　集 4－31808
優盋羅室稿　集 4－31807
優哉閣　叢 2－1110
44 優填王經　子 6－32089(3)
50 優忠堂文集　集 4－30886
74 優陂夷墮舍迦經　子 6－32084(16)、32093(17)

2125_3 歲

00 歲序總考全集　史 6－49247
10 歲貢士壽臧府君(徐同柏)年譜　史 2－12050　叢 2－611、670
30 歲寒亭畫句　叢 2－1412
歲寒文稿　集 5－38912
歲寒詠物詞　集 7－47335
歲寒詩稿　集 5－38910～1
歲寒詞　集 7－46947
歲寒三友除授集、無腸公子除授集、雜錄　集 1－3972
歲寒子　子 1－18、20,4－19636
歲寒集　史 5－33521　集 2－5939、12643～4　叢 2－829
歲寒集鈔　集 3－13066

歲寒草　集5-41673
歲寒吟　集5-37792
歲寒居詞話　叢2-2067
歲寒居年譜　史2-11574
歲寒居答問　子1-1357　叢1-194
歲寒小草　集4-23795
歲寒堂詩話　集6-45486、45580～1　叢1-19(6)、20(4)、22(14)、23(14)、24(7)、195(4)、223(72)、230(6)、231,2-731(46)
歲寒堂讀杜　集1-1066
歲寒堂初集　集3-14725
歲寒堂存稿　集3-14726
歲實消長辨　子3-12389
歲實消長辯　叢1-274(4)、453,2-731(27)
44 歲華紀麗　史6-49229～30,7-50210　叢1-22(12)、23(12)、26～8、98、169(3)、268(4),2-731(4)
歲華紀麗譜　史7-50952　叢1-11～2、22(12)、23(12)、107、111(3)、181、207
歲華紀麗譜、牋紙譜、蜀錦譜　叢1-223(25)
歲華紀麗譜、蜀牋譜、蜀錦譜　叢1-273(4)
歲華紀麗譜、蜀箋譜、蜀錦譜　史6-49242
歲華紀勝　史6-49231　集6-44085
歲華紀勝、二集　集6-44086
歲華摘麗考畧　史6-49289
歲華憶語　叢2-795
歲暮解愁吟　集4-27332
60 歲星記傳奇　叢2-1551
歲星表　叢1-558
歲躔考　子3-12586
歲躔考、推步歲躔術　子3-12585
64 歲時廣記　史6-49236～8　叢1-114(2)、195(5)、223(23)、229,2-731(4)
歲時廣記(原闕卷六)、首圖說、末總載　叢1-465
歲時廣記、圖說　史6-49235
歲時雜詠　集6-42264、42266　叢1-223(68)
歲時雜記　史6-49233　叢1-22(12)、23(12)
歲時碎金　史6-49299
歲時彙記　史6-49296
歲時藻玉　史6-49287
歲時日記　史6-49280
歲時節氣集解　史6-49245
歲時小令　史6-49269
77 歲周地度合攷　子3-11238
80 歲令彙編　史6-49263
88 歲餘度餘考　子3-11583
歲餘偶錄二種　叢2-2034

2126_0 佔

60 佔畢叢談、勸學卮言、時文蠡測　子4-20959

2126_2 偺

30 偺寒堂校書記　叢2-2042
40 偺存集、入楚吟箋、紫琅小草、帖海題詞　集3-20552
44 偺燕樓遺稿　集5-41385
60 偺園詩草　集3-13073
偺園吟草　集5-39229
72 偺隱草堂詩集　集4-31996

2128_1 徙

24 徙倚軒詩集　集2-9579
36 徙邊集　叢2-2063
40 徙南詩錄　集5-35072

2128_6 偵

57 偵探記　史1-4244　叢2-2132
偵探俄路記　史1-4243
偵探小說大復仇九章　子7-38264
偵探小說墮溷花　子7-38296

價

24 價值考　子7-36240(2)
90 價堂文集　集4-32664

頴

12 頴水集　集3-17745
頴水遺編　集2-8862　叢2-730(12)、731

中國古籍總目書名索引

(45)、836
21 潁上縣志[順治]　史7-57805
潁上縣志[道光]　史7-57807
潁上縣志[乾隆]　史7-57806
潁上縣志[同治]　史7-57808
潁上縣志校補[民國]　史7-57809
潁上風物記[道光]　史7-57810
潁上風物紀　史7-50489
22 潁川文集　集3-16987
潁川語小　子4-20187　叢1-223(40)、274(5),2-731(6)
潁川晉初陳郡陽夏縣靖仁里汪氏大宗歷朝續錄[安徽]　史4-28793
潁川郡志[永樂]　史8-59860
潁川郡陳府君墓誌銘　史2-8600
潁川郡陳氏宗譜[福建福州]　史4-33193
潁川郡陳氏宗譜[福建長汀]　史4-33223
潁川郡陳氏宗譜[浙江龍游]　史4-32960
潁川郡陳氏宗譜[浙江麗水]　史4-33142～3
潁川郡陳氏宗譜[浙江青田]　史4-33149
潁川郡鍾氏族譜　史5-40670
潁川集　集4-29657
潁川汪氏宗譜[江蘇]　史4-28678
潁川汪氏本支世系圖譜　史4-28672
潁川近譜小傳詩文備采　史2-8099
潁川心法彙編　子2-10461
潁川越蔭堂汪氏家譜[浙江建德]　史4-28708
潁川棗氏文士傳　史2-8100　叢2-776
潁川賴氏宗譜[浙江衢縣]　史5-39874
潁川陳氏族譜[浙江湖州]　史4-32825
潁川陳氏族譜集成[福建漳州]　史4-33221
潁川陳氏重修族譜[湖南資興]　史4-33385
潁川陳氏續修族譜[湖南資興]　史4-33386
潁川陳氏宗譜　史4-33448
潁川陳氏宗譜[浙江淳安]　史4-32822
潁川陳氏宗譜[浙江蘭溪]　史4-32969
潁川陳氏宗譜[浙江松陽]　史4-33152
潁川陳氏宗譜[浙江東陽]　史4-33056
潁川陳氏近譜[江蘇吳江]　史4-32801
潁川陳氏支譜[江蘇蘇州]　史4-32798
潁川陳氏纂修支譜[湖南長沙]　史4-33282
32 潁州府志[乾隆]　史7-57795
潁州集　集2-7764,6-45096
潁州志[康熙]　史7-57794
潁州志[正德]　史7-57789
潁州志[順治]　史7-57793
潁州志[嘉靖]　史7-57790～1
潁州志[萬曆]　史7-57792
潁州奏稿　史6-49003～4
33 潁濱文　集1-2623,6-41804
潁濱文滙　集1-2627,6-45162
潁濱文鈔　集1-2622,6-45165
潁濱評苑　集1-2630
潁濱先生文集　集1-2619,6-45151
潁濱先生文粹　集1-2628
潁濱先生詩集傳　經1-34、3614～6　叢2-999
潁濱先生集　集1-2618,6-45172
潁濱先生道德經解　子5-29029　叢2-999
潁濱先生道德經解(老子道德經)　經1-34
潁濱先生春秋集解　經1-34　叢2-999
潁濱先生春秋集解(蘇氏春秋集解、春秋集解)　經1-7466
潁濱居士集　集5-39531
76 潁陽琴譜　子3-17699
80 潁谷集、林屋草、峯霞草　集3-16575

須

00 須庵詩集　集4-22246
須庵集　集4-22247
須庵遺集　集4-22249
須摩經　子6-32084(3)、32093(4)
須摩提經　子6-32084(3)、32093(4)
須摩提經(妙慧童女經)　子6-32093(4)
須摩提女經　子6-32081(29)、32083(19)、32085(28)、32086(32)、32088(20)、32089(19)、32090(25)、32091(24)、32092(17)、32093(15),7-32521
須摩提長者經　子6-32081(32)、32083(21)、32086(36)、32088(22)、32089(22)、32091(27),7-32696
須摩提長者經(會諸佛前經、如來所說示現衆生經)　子6-32085(31)、32090(28)、32092(18)
10 須賈大夫誶范叔　叢2-720(3)
須賈大夫啐范叔雜劇　集7-48767(2)、48876　叢2-698(16)
17 須子論　集7-52526
須子譜　集7-52525
21 須上周氏宗譜[浙江江山]　史4-30010
31 須江廖氏宗譜[浙江江山]　史5-38521
須江靈峯陳氏宗譜[浙江江山]　史4-32955

須江延陵吳氏宗譜[浙江江山] 史 4-27881
須江行草 集 3-20126
須江程家嶺程氏宗譜[浙江江山] 史 5-35999
須江郎峯祝氏世譜[浙江江山] 史 4-31103、31105～6
須江郎峯祝氏世譜流芳[浙江江山] 史 4-31102
須江南塘祝禮鎮上宅徐氏宗譜[浙江江山] 史 4-32001
須江藍田王氏宗譜[浙江江山] 史 4-25101
須江楊氏宗譜[浙江江山] 史 5-36890
須江劉氏家乘[浙江江山] 史 5-39280
須江錢氏宗譜[浙江江山] 史 5-40226
須江錦川王氏宗譜[浙江江山] 史 4-25103
32 須溪詞 集 7-46374
須溪詞、補遺 集 7-46709
須溪集 集 1-4421～4 叢 1-223(57)
須溪集、校勘記、校勘續記 集 1-4425 叢 2-870(4)
須溪先生評點簡齋詩集(簡齋詩集) 集 1-3184
須溪先生校本唐王右丞集 叢 2-635(6)
須溪先生校本唐王右丞集(藍田王摩詰詩、王摩詰詩集) 集 1-795
須溪先生校本韋蘇州集、拾遺 集 1-1136
須溪先生批點孟浩然集(孟浩然集) 集 1-777
須溪先生四景詩、補 集 1-4420
須溪先生四景詩集(劉須溪集畧、須溪四景詩集) 集 1-4419
須溪批點選註杜工部詩、增趙東山類選杜工部詩、增虞伯生註杜工部詩 集 1-922
須溪批點杜工部詩註 集 1-920
須溪四景詩集、東桂堂賦 叢 1-223(57)
須溪精選後集 叢 2-635(10)
34 須達經 子 6-32083(19)
40 須真天子經 子 6-32081(15)、32083(11)、32085(16)、32086(17)、32088(11)、32089(13)、32090(17)、32091(15)、32092(11)
52 須靜齋雲煙過眼錄 子 3-14834 叢 2-625
57 須賴經 子 6-32083(11)
60 須圃出使奏議 史 6-49166
須曼那館遺稿 集 5-39652
須曼精廬算學 叢 2-843
72 須氏續修宗譜[江蘇常州] 史 5-36307
77 須學南詩存 集 5-35289
86 須鐸餘音 集 3-16107
須知 子 2-8011

頻

26 頻伽精舍校刊大藏經 子 6-32093(1)
34 頻婆娑羅王經 子 6-32083(31)
36 頻迦偶吟 集 3-20888
40 頻吉祥禪師語錄 子 6-32091(82)
56 頻螺塹存稿 集 3-20793
60 頻毘娑羅王詣佛供養經 子 6-32081(29)、32083(19)、32085(28)、32086(32)、32088(20)、32089(19)、32090(26)、32091(24)、32092(17)、32093(15)
頻羅庵文 叢 2-971
頻羅庵詩 叢 2-971
頻羅庵論書 子 3-15169 叢 1-486,2-731(35)
頻羅庵遺集 集 3-20795 叢 2-971
頻羅庵遺集四種 叢 2-1474
頻羅庵題跋 子 3-14954 叢 2-971
76 頻陽二布衣詩抄 集 6-44940
頻陽集 集 6-44936

顓

11 顓項曆考據 子 3-11614
顓項麻術 叢 2-1601
顓項麻考 叢 2-1810～1
12 顓孫子(師)年表 史 2-11064
顓孫子書 子 1-95、277
60 顓愚和尚語錄 子 7-34265

顱

21 顱顖經 子 2-4662～3、4703、4749、4769、8354 叢 1-223(32)、246、282(2)、283(2),2-731(29)

2131_6 鱷

34 鱷渚迴瀾記 史 7-53006 叢 1-481

2131₇ 虢

20 虢季子白盤銘考　史 8－64259

2133₁ 岦

24 岦緯瑣言　子 3－12573

熊

00 熊文端公(賜履)年譜　史 2－11751
熊襄愍公集　集 2－11124～5,6－43118
熊襄愍公軍中書移　史 6－47101
熊襄愍公書牘　集 2－11130
熊襄愍公尺牘　集 2－11127
01 熊龍峯四種小說　子 5－27700
02 熊刻四種　叢 2－626
10 熊雪堂詩　集 3－13269
20 熊秉三先生遺像遺墨事略　史 2－10901
22 熊峯集　集 2－7318　叢 1－223(65)
熊峯先生文集　集 2－7319～20
熊峯先生詩集、文集(熊峯集)　集 2－7315
24 熊先生詩　集 6－41971
熊先生經說　經 1－77(4)
熊侍御集　集 2－7327,6－41935(1)
25 熊生季廉傳　史 2－10963
27 熊勿軒文集　叢 1－213
熊勿軒先生文集　集 1－4590、4594～5　叢 1－214,2－731(45)
熊勿軒先生文集(勿軒集)　集 1－4589
熊勿軒先生文集、補遺、春秋五論、易學啓蒙圖傳　集 1－4592
37 熊漁山先生文集　集 2－12436～7
40 熊太守詩賦稿　集 4－21998
熊士選集　集 2－7326
熊南文集　集 2－10456
熊南沙先生文集　集 2－8219
熊存瀚傳　史 2－10219
48 熊敬修先生閑道錄纂要　子 1－1454
熊枚行述　史 2－9550
50 熊丸集　集 4－23776
63 熊默豫章舊志　史 7－50568　叢 2－767
72 熊劉詩集　集 6－42023
熊氏痢症附楊氏喉科　子 2－6992
熊氏族譜　史 5－38977～8
熊氏族譜[湖北蒲圻]　史 5－38939
熊氏族譜[湖南]　史 5－38976
熊氏族譜[湖南武陵]　史 5－38946
熊氏族譜[湖南衡山]　史 5－38974
熊氏族譜[湖南寧鄉]　史 5－38945
熊氏族譜[湖南沅江]　史 5－38953
熊氏族譜[湖南瀏陽]　史 5－38942
熊氏族譜[湖南湘潭]　史 5－38970
熊氏族譜[湖南湘陰]　史 5－38963、38965～6
熊氏三修族譜[湖南沅江]　史 5－38955～6
熊氏三修族譜[湖南長沙]　史 5－38941
熊氏三修支譜[湖南益陽]　史 5－38951
熊氏五修族譜[湖南湘鄉]　史 5－38972
熊氏水利叢書　史 6－46774
熊氏重修宗譜[湖南平江]　史 5－38968
熊氏秀翁植下支譜[江西宜豐]　史 5－38938
熊氏後漢書年表校補、補遺、續補　史 1－10(1)、4647
熊氏續修族譜[湖南]　史 5－38940
熊氏續修族譜[湖南武陵]　史 5－38948
熊氏續修族譜[湖南沅江]　史 5－38958
熊氏續修族譜[湖南瀏陽]　史 5－38943
熊氏續修族譜[湖南益陽]　史 5－38952
熊氏續修族家乘　史 5－38979
熊氏宗譜[安徽宿松]　史 5－38931～2
熊氏宗譜[湖南瀏陽]　史 5－38944
熊氏支譜[湖南沅江]　史 5－38954
熊氏四修族譜[湖南武陵]　史 5－38947
熊氏四修族譜[湖南安化]　史 5－38959
熊氏四修族譜[湖南沅江]　史 5－38957
熊氏四修族譜[湖南湘鄉]　史 5－38971
77 熊學士文集錄　集 6－42066
熊學士詩文集　集 3－13961
82 熊鍾陵詩　集 3－13963,6－42023
熊鍾陵稿　集 6－45336
熊鍾陵先生稿　集 3－13962

2134₆ 鯁

04 鯁詩讖　集 7－48780

2140₆ 卓

00 卓庵居士初稿　集 4－25644

卓廬文稿　集4-26521
卓廬初草　集4-26517～20
卓齋詩稿　集5-38487
卓齋偶鈔　子5-25380
卓文君私奔相如　集7-48774(7)、49081
10 卓吾諸家集選　集6-42790
卓吾先生李氏叢書(李氏叢書)十二種　叢2-1115
卓吾先生批評龍谿王先生語錄鈔　子1-1075
11 卓珂月先生全集(蕊淵集、蟾臺集)　集2-12526
21 卓行錄　史2-6610
22 卓峯珏禪師語錄　子6-32091(82)
卓峯草堂詩續鈔、文鈔　集4-29757
卓峯草堂詩鈔　集4-29756
卓山詩集　集3-19675
23 卓然詩集　集3-20675
28 卓徵甫詩集　集2-9780
卓徵甫詩續集　集2-9781
30 卓寬甫詩文集　集4-26983
40 卓有枚文選　集3-13987
卓女當壚　集7-49538
卓女當爐　叢2-688
50 卓忠毅公遺稿　集2-6366
卓忠貞(敬)年表　史2-11401
卓忠貞公遺稿　集2-6365
60 卓異記　史1-1914,2-6492～3　子5-26218、26225　叢1-4～5、9、15、17、19(6)、20(4)、22(8)、23(8)、24(6)、29(3)、38、95～6、108、111(3)、175、223(21)、255(3)、367～8,2-730(2)、731(65)、776
72 卓氏(敬)遺書　史2-8837
卓氏遺書[浙江瑞安]　史4-29514
卓氏支譜[江西奉新]　史4-29515
卓氏藻林　子5-25025
卓氏忠烈遺事　史2-8838
90 卓光祿集　集2-9782　叢2-833
卓炎詩文集　集4-28622

2142_0 舸

80 舸人詩稿(安雅堂存稿、浮青軒稿、燕遊草、南征草、自公堂稿、歸田草、蒙難草、粵遊存草、歸來草、紀行詩餘)　集3-14893

2155_0 拜

10 拜玉詞　集4-25674
拜五經樓詩賦　集4-24315
拜五經樓詩賦、拜五經樓試帖、拜五經樓試言　叢2-1023
拜石山巢詩鈔　集4-28435～6
拜石山房雜體詩、雙豔樓詞鈔　集4-27595
拜石山房詩集　集4-29556
拜石山房詩鈔　集4-27597
拜石山房詩鈔、詞鈔　集4-27592
拜石山房詩鈔、補遺　集4-27593
拜石山房詩鈔、補遺、詞鈔　集4-27590～1
拜石山房詞鈔　集7-47731　叢1-486,2-731(49)
拜石山房集　集4-27594,6-41994
拜石山房近稿　集4-27596
拜石山房未刻稿　集4-27598
拜雲樓詩集　集4-24663
拜雲閣樂府　集4-28639
16 拜聖體文　子7-35500
拜環堂文集　集2-12083
拜環堂莊子印　子5-29348
21 拜經齋日記　史2-12573
拜經齋日記(清康熙十一年)　史2-12573
拜經齋日記(清康熙十五年)　史2-12573
拜經文集　經1-111(4),2-11882
拜經樓雜抄　經1-104
拜經樓雜鈔　子4-21248
拜經樓詩文稿　集3-21632
拜經樓詩話　集3-21629～30,6-46011～3　叢1-241、242(4)、294、373(8),2-731(47)
拜經樓詩話續編　集6-46014
拜經樓詩集　集3-21626、21628～30　叢1-294
拜經樓詩集、續集、萬花漁唱　集3-21627
拜經樓詩集、續編、再續編　叢1-291
拜經樓詩集再續　集3-21631
拜經樓詩集再續編　集3-21637
拜經樓詩集續稿　集3-21625
拜經樓詩集續編、再續編　叢1-294
拜經樓詩稿續集　集3-21624
拜經樓詩草　集3-21623
拜經樓研錄　子4-18757
拜經樓碑帖目錄　史8-64734
拜經樓集外詩　叢1-293,2-731(43)
拜經樓叢書(愚谷叢書)二十三種　叢1-

291
拜經樓叢書(愚谷叢書)三十一種 叢 1-294
拜經樓叢抄 經 1-105
拜經樓叢抄二十一種 叢 1-295
拜經樓藏書題跋記 史 8-65706～7 叢 1-294、335、373(7)、416～7,2-662、731(2)
拜經樓書目 史 8-65701～3 叢 1-295
拜經樓分撥總記 史 8-65705
拜經書屋詩鈔(燕臺草) 集 4-31428
拜經日記 經 1-101、111(4),2-11880～1
拜經堂文集 集 4-25482
拜經堂文稿、拜經日記、詩考、毛詩鄭箋校字 集 4-25481
拜經堂詩集 集 5-36048
拜經堂詩補遺 集 5-36050
拜經堂集 集 5-36049
拜經堂叢書 經 1-101
拜經堂日記 叢 1-312
24 拜魁紀公齋叢書十八種 叢 1-356
拜魁紀公齋筆記 叢 1-356
拜魁紀公齋筆記賸稿 叢 1-356
26 拜泉縣志[民國] 史 7-56336～7
27 拜璧堂詩鈔 集 3-19828
拜鴛樓校刻五種(拜鴛樓校刻小品五種) 叢 1-583
36 拜還堂奏疏 史 6-48574
43 拜城縣鄉土志[光緒] 史 8-63410
44 拜蘇室座右銘、南野老人慎餘編 子 4-24670
拜楳山房几上書(拜梅山房几上書)二十三種 叢 1-322
46 拜賀新春 集 7-49700
48 拜松閣剩稿 集 5-41167
拜梅詩集 集 6-43822
拜梅書屋詩鈔 集 5-38175
拜梅圖詠 叢 2-1633
67 拜鵑堂詩集 集 3-15338,6-41965
76 拜颺集 叢 1-249(3)
84 拜針樓 集 7-50015
88 拜竹詩堪詩集外稿、種芸詞初稿 集 4-27537
拜竹詩堪詩存 集 4-27529 叢 2-1694
拜竹詩堪詩存、釣船笛譜 集 4-27526～7
拜竹詩堪集外詩 叢 2-1693
拜竹詩堪集外稿 集 4-27535、27538
拜竹詩盦集外詩 集 4-27536
拜竹詩龕詩存 集 4-27530～1 叢 2-1693
拜竹詩龕詩存、釣船笛譜 集 4-27528
拜竹詩龕詩存續集 叢 2-1693

2160₀ 占

00 占齋詩文集 集 5-39703
占六十年甲子豐稔歌 子 1-4258
06 占課 子 3-14067
占課書 子 3-14062
占課册 子 3-14068
23 占卜留記 子 3-14066
27 占象分考拾遺 叢 1-312
占候 子 1-4256 叢 1-504
占候六壬遁法 子 3-13081
占候書殘本 子 3-13131
占候成書 子 1-4244
占候抄 叢 1-125～6、162
30 占察善惡業報經 子 6-32081(17)、32083(12)、32084(11)、32085(17)、32086(19)、32088(12)、32089(14)、32090(20)、32091(18、68)、32092(13)、32093(6),7-32971
占察善惡業報經玄義 子 6-32091(69)
占察善惡業報經疏 子 6-32091(69)
占察善惡業報經疏、占察善惡業報經玄義、占察善惡業報經行法 子 7-33685
占察善惡業報經行法 子 6-32091(68)
占察善惡報經玄義 子 7-33686
34 占法訂誤 經 1-2316 子 3-13764
43 占城國譯語 經 2-15080
50 占書 子 3-14055
占書殘葉 子 3-13001 叢 2-608
60 占日月虧食 子 3-11235
占星堂集 集 2-10380
占易祕解 經 1-2398
77 占風雨測天賦 子 3-13117
78 占驗集要、奇門祕旨 子 3-14071
占驗法 子 1-3036
占驗書 子 3-14051 叢 1-158
占驗錄 子 3-14048 叢 1-86,2-730(7)、731(15)

鹵

00 鹵底叢譚 子 4-22066
鹵底叢談 叢 2-2155
88 鹵簿舟車考 叢 2-1092
鹵簿圖 史 6-42124

2160_1 旨

00 旨齋詩草　集 2－11763
30 旨准頒行詔書總目　史 1－1989、4160
43 旨哉言、作縣事　子 1－1279

皆

11 皆非集、法藏碎金　集 2－9525
皆非集、軒吟草　集 2－9526
21 皆盧吟稿　集 6－44996
22 皆山詩鈔　集 4－25532
皆山草堂詩鈔　集 4－23859
皆山樓吟稿　叢 2－1483
皆山堂詩　集 3－17454
皆山堂詩草　集 3－17198
皆山堂詩鈔　集 3－16579
皆山堂吟稿　集 3－20575
皆山堂吟稿、柚堂文存　集 3－20574
40 皆大歡喜　子 4－23305，5－28853～4
50 皆春園集　集 2－11447
皆春堂詩集　集 3－16872
皆春堂集　集 3－16873

2160_8 睿

06 睿親王端恩詩稿　集 4－29052
睿親王攝政始末、四臣輔政始末　史 1－3585
22 睿川草廬詩集、頤齋詩鈔、嵛香樓詩鈔　集 5－36025
睿川易義合編　經 1－2054
睿川易義合編正編、副編、續編　經 1－2055
50 睿夫集　集 1－5642
睿忠親王多爾袞傳　史 2－9234

2164_7 皈

36 皈禪　集 7－49377

2166_1 呰

30 呰窳子、越俎卮言　子 1－1872
呰窳子集證　子 1－1873

2171_0 比

07 比部集　集 6－41959
比部集（元氣集）　集 3－13095
比部招擬類鈔　史 6－45824
10 比玉集　集 6－43804　叢 2－1096
比玉樓遺稿　集 5－34577
12 比璞山房罪言　子 4－20595
21 比紅兒　叢 1－350
比紅兒詩　集 1－1646～8，6－41824　叢 1－19(11)、20(9)、21(10)、24(11)、29(4)、168(4)、255(2)
比紅兒詩註　集 1－1650　叢 1－202(5)、203(11)，2－721
比紅兒詩話　集 6－45486　叢 1－22(14)、23(14)
比紅兒詩注　叢 1－587(2)
22 比例　子 7－36237
比例彙通　叢 1－451
比例滙通　子 3－12647
比例測量儀器法　子 3－12520
比例摘要便覽　史 6－46195
比例規解　子 3－11234、11581、12482、12554
比例規約　子 3－12383
比利時政治要覽九編　子 7－36545
比利時國法條論　史 6－46061　子 7－38074
比利時國考察罪犯會紀畧　子 7－36229、36258、36653
40 比古人　集 7－53084
50 比事摘錄　子 5－25164　叢 1－22(24)、87，2－730(1)、731(4)
比較進口貨稅清册　史 6－43552
比較憲法　史 6－46050
比較考　子 7－36240(3)
比較國法學　子 7－36569
比較財政學　子 7－37263
58 比數篇　叢 2－2270(4)
60 比目魚　集 7－50186
比目魚傳奇　集 7－50187～8
比國借款續訂詳細合同　史 6－44075
比國通商條約稅則章程　史 6－44034、44073

比國通商條款　史6-44035、44074
比國鐵路營業律　子7-37169
62比喇風土記　史7-51004　叢1-485
67比照加減　史6-46189　子3-12533
70比雅　經2-14666～7、15125　叢1-430、440～1、456(6)、457,2-731(23)、1559
72比丘聽施經　子6-32083(22)、32093(21)
比丘師經　子6-32093(18)
比丘避女惡名欲自殺經　子6-32081(34)、32083(22)、32084(18)、32085(33)、32086(38)、32088(24)、32089(24)、32090(29)、32091(28)、32092(19)、32093(21),7-32566
比丘戒錄　子6-32091(78)
比丘尼傳　史2-6820　子6-32081(43)、32083(27)、32084(23)、32085(40)、32086(47)、32088(29)、32089(47)、32090(61)、32091(59)、32092(40)、32093(52)
比丘尼僧祇律波羅提木叉戒經　子6-32081(35)、32085(34)、32086(39)、32088(24)、32089(39)、32090(46)、32091(44)、32092(30)
比丘尼僧祇律戒本　子6-32083(23)
比丘尼戒錄　子6-32091(68)
88比竹餘音　集7-48298～9　叢2-2143

2172_7 嵋

27嵋岷山人集　集3-19500

師

00師主吟　子7-35259
師主篇　子7-35258
師亮詩稿　集5-41306
師齋雜鈔　叢2-888
師齋楹聯　叢2-888
師齋隨筆南荔草堂雜鈔　叢2-888
師文堂詩　集3-18726
師讓盦漢銅印存　史8-65020
08師說　史2-7248、7250～3　叢2-771(1)
10師二雲居畫贅　子3-16052
師二宗齋遺集　集5-37735
師二明齋遺稿　集5-39186
師石山房重編棋經　子3-17960
師石山房重編棋經三種　叢1-569
師石山房叢書四十三種　叢1-569
師石山房書目　史8-65889
師石軒初稿　集4-33310
師石堂集選　集2-12985,6-41942
12師水齋集　集4-26722
師水齋全集　集4-26723
17師子王斷肉經　子6-32089(16)
師子王菩薩請問經　子6-32089(17)
師子峯如如顏丙勸修淨業文　子7-34542
師子奮迅菩薩所問經　子6-32081(14)、32083(10)、32085(14)、32086(15)、32088(10)、32089(12)、32090(15)、32091(13)、32092(10)
師子莊嚴王菩薩請問經　子6-32081(20)、32083(14)、32084(12)、32085(20)、32086(22)、32088(14)、32091(18)、32093(7),7-32860
師子林天如和尚語錄　子7-34224
師子林天如和尚語錄、別錄、剩語集　子7-34223
師子林天如和尚淨土或問　子7-34423、34435～6、34470
師子林天如和尚別錄　子7-34062
師子林紀勝集　史7-51989
師子林紀勝集、續集　史7-51991
師子林紀勝集、拙政園題詠　史7-51990
師子林別錄　集1-5609
師子素馱娑王斷肉經　子7-32695
師子素馱娑王斷肉經　子6-32081(20)、32083(14)、32085(20)、32086(22)、32088(14)、32090(20)、32091(18)、32092(13)
師子匡記　史7-49317(3)
師子月佛本生經　子6-32083(14)
21師貞備覽　子1-3886　叢2-1541
師經堂詩存　集5-36504
師經堂集　集3-17112
師經堂存詩　集4-23058
22師山詩存　集4-33274
師山集　集1-5547
師山集、師山遺文、附錄　叢1-223(61)
師山先生文集　集1-5548～9,6-43118
師山先生文集(師山集)、遺文　集1-5546
師山先生文集、遺文、濟美錄　集1-5545
師山先生全集　集1-5544
23師伏堂詠史、詞、駢文二種、詩草、先府君事畧先母瞿恭人事畧詠史詞　叢2-2066
師伏堂詠史詞　集7-48265
師伏堂經說　經2-11746
師伏堂經說雜記　經2-11747
師伏堂叢書十五種　叢2-2066
師伏堂春秋講義　經1-8067
師伏堂日記(清光緒十八年至二十九年、三十一年至三十四年)　史2-13168

師伏堂駢文前集、後集、詩草、詠史 集5-38102
師傅保加銜 史6-42746
25 師生辯道 子7-35709
師律 子1-3836
師律提綱 子1-3783
26 師白山房講易 經1-1562
27 師魯集 集1-5320
28 師儉堂詩鈔 集3-16563,4-29248
30 師宗州志、續編[雍正] 史8-62409
師宗古城趙氏族譜[雲南師宗] 史5-38443
34 師法編 子1-2422
37 師資論統 史2-6519
40 師友雜誌 叢2-673
師友雜志 史2-7077 子4-20091
師友詩傳續錄 集6-45494 叢2-617(5)
師友詩傳錄 集6-45901 叢1-195(4),2-617(5)、731(48)
師友詩傳錄、師友詩傳續錄 叢1-421
師友詩傳錄、續錄 叢1-223(72)
師友談記 子4-19981～2 叢1-19(11)、20(9)、22(3)、23(3)、24(12)、31、223(41)、268(3)、388～90,2-731(52)
師友集 史2-7636
師友行輩議 叢1-201、203(4)
師友淵源記 史2-7641 叢2-712
師友淵源錄 史2-7565、7844 叢1-496(3)
師友淵源錄、後案 史2-7564
師友遺文錄 集5-38581
師友札記 子4-23352
師友札記、師友贈什 叢2-1826
師友雅言 子4-22172 集1-4096 叢1-19(11)、20(9)、21(10)、24(12),2-1046
師友會稿 叢1-358
師古齋滙聚簡便單方 子2-9289
師古篆韻 經2-13149
師古堂詩文鈔 集5-37798
師古堂詞 叢2-885
師古堂叢刻八種 叢2-690
師古堂印譜、說印 子3-17095
師古堂印譜、印文輯畧 子3-17147
43 師卦解 經1-943 子1-3143
44 師范詩草 集6-41978
師荔扉先生詩集 叢2-886(3)
師荔扉先生年譜初稿 叢2-888
師荔扉遺集 集4-23344
師華山房文集 集3-21173 叢2-1481
師蘊齋詩集 集4-32399
師蘊齋詩集、補遺 集4-32400
50 師婁堂詩稿 集3-17236
師春 叢2-1168
60 師曠占 子3-14033 叢1-261,2-761
師曠占荒熟應驗曆 子1-4257
師曠紀 史2-8372 叢2-775(4)
師曠禽經 子4-19355 叢1-2～3、6～7、19(5)、20(3)、21(4)、24(5)、114(5)
師曼制印 子3-17357
77 師熙父文鈔 集6-41794
師門年誼錄 史2-7654
80 師善堂詩集 集3-17696
87 師鄦齋經說、知悔齋詩文鈔 經2-11779
師鄭齋遺稿 集5-40328
師鄭堂集 集5-40329、40338
師鄭堂駢體文存 集5-40339
88 師竹廬主人記年編(清道光九年至光緒二十九年) 史2-13157
師竹廬隨筆 子5-26750
師竹齋主人信札 集5-34575
師竹齋詩遺稿 集5-38492
師竹齋詩鈔 集5-34530
師竹齋讀書隨筆彙編 子4-21643
師竹齋謎稿 子3-18367、18403
師竹齋集 集4-23223
師竹齋稿、詩餘 集4-26755
師竹齋叢著家藏稿 集5-39785
師竹齋賦鈔 集5-35449
師竹齋吟草甲集 集5-39784
師竹齋鐃子譜 子3-18051
師竹山房詩鈔 集5-35558
師竹山房詩鈔、續集 集4-30336
師竹山房遺稿 集4-30630
師竹山房賦鈔 集5-37774
師竹友蘭室叢鈔四種 子4-24621
師竹友梅茆屋喉科方証祕錄 子2-7615
師竹軒詩集 集4-27995,5-36815
師竹軒詩存 集3-18624
師竹軒詞鈔 集7-47757
師竹軒草 集3-21370
師竹軒賦鈔 集4-24365
師竹吟館初集 集5-39753
師竹堂文集、補遺 集4-25759
師竹堂集 集2-9692～3 叢2-826
師竹堂集、目錄 集2-9691
師竹堂尺牘 集2-9695 叢2-701、826
師簡齋詩鈔 集4-28463
師範及中學女子算術教科書 子7-37473
師範故事圖說 子7-36237
師範輯要 叢1-375
師範學校中學校世界地理參考書 史7-54452

師範學校中學校世界地理教科書　史 7 - 54451
師籀堂金文目　史 8 - 63779
90 師尚　子 1 - 3846
師尚齋詩集(寶儉堂集)　集 3 - 21866
91 師炬齋詩錄　集 5 - 35814

2177$_2$ 齒

08 齒譜　子 5 - 25861
24 齒德錄　史 2 - 6644

2178$_6$ 頃

02 頃刻花開　集 7 - 49705
76 頃陽子啓劄　集 2 - 10083

2180$_1$ 韲

00 韲言集　集 4 - 31122

2180$_6$ 貞

00 貞文先生(林紓)學行記　史 2 - 10742
貞文先生(林紓)年譜　史 2 - 12365
貞言　子 1 - 1311
10 貞一齋文、詩稿　集 1 - 5204　叢 1 - 265(5)、266
貞一齋雜著　集 1 - 5206
貞一齋雜著、詩稿　集 1 - 5205　叢 2 - 615(3)
貞一齋詩說　集 6 - 45952　叢 1 - 203(16)
貞一齋集、詩說　集 3 - 18325
貞元新定釋教目錄　子 6 - 32093(53)
貞元十道錄　史 7 - 49307～8、49496～7　叢 2 - 592、767
貞石山房詩鈔(釋簪草)　集 5 - 38389
貞石山房奏議　史 6 - 49059
12 貞烈編　史 2 - 7722　叢 2 - 1934
貞烈編(馬大寶)　史 2 - 10773
貞烈傳　史 2 - 7436
貞烈寶卷　集 7 - 54343
貞烈寶卷(貞烈古蹟、報寃卷、文秀寶卷)　集 7 - 54530
貞烈婢黃翠花傳　叢 1 - 587(4)
17 貞珉闇古錄　史 8 - 64131
22 貞豐擬乘[嘉慶]　史 7 - 56981
貞豐里庚申聞見錄　史 1 - 4117
貞豐里戴氏族譜[江蘇吳江]　史 5 - 40499
貞山子　子 1 - 18、20、388
26 貞白齋詩集　集 2 - 6440,3 - 14788～9
貞白五書　叢 2 - 845(4)
貞白先生遺稿　集 2 - 6441
貞白先生陶隱居文集　集 1 - 386
貞白先生陶隱居文集、傳記　集 1 - 534
貞白先生陶隱居集　集 1 - 532
貞白遺稿　集 2 - 6442　叢 1 - 223(63)
貞白堂詩刻三種　集 4 - 33541、33543
27 貞修訓範　子 7 - 35597
貞修規要　子 7 - 35606
貞冬雜錄　子 4 - 23396
貞冬詩初稿　集 4 - 28907
貞冬詩錄　集 4 - 28908
貞冬老人行年自述　史 2 - 9863
28 貞復楊先生學解　子 1 - 1114　叢 2 - 1151
貞復堂集　集 5 - 37642
30 貞定先生遺文、壽民詩鈔、附錄　集 4 - 24912
貞定先生遺集　集 4 - 24913　叢 2 - 1021、1843
40 貞壽堂贈言　史 2 - 9770　叢 2 - 1826
貞奩閣集　集 3 - 18170
43 貞娘墓詩　史 7 - 51916　叢 1 - 255(2)
44 貞蕤稿畧　叢 1 - 373(9),2 - 731(46)
貞蕤稿畧文、詩　叢 1 - 242(4)
貞蕤藁畧　叢 1 - 241
貞孝遺墨(老芥土苴)　集 5 - 37245
貞孝錄　史 2 - 9436
貞孝錄(張月姑)　史 2 - 9760
貞孝節烈傳　史 2 - 7437
46 貞觀政要　史 1 - 2374、2376　叢 1 - 223(20)、227(6),2 - 636(2)、698(4)
貞觀政要講義　史 1 - 2377
貞觀公私畫史　子 3 - 14692、15857、15859、16056　叢 1 - 9～12、22(15)、23(14)、27～8、29(4)、223(36)、255(2)
貞觀小斷　史 1 - 5896　叢 2 - 1063
貞娛草堂詩稿　集 3 - 14778
47 貞懿錄　史 2 - 9090
貞婦屠印姑傳　史 2 - 9193　叢 1 - 587(4)
貞期生稿　集 1 - 5760
48 貞松老人外集、補遺　集 5 - 40374　叢 2 - 2198

貞松老人遺稿甲集八種乙集四種丙集二種 叢 2-2198
貞松堂唐宋以來官印集存 史 8-65059 叢 2-2197
貞松堂集古遺文、補遺 史 8-64234
貞松堂集古遺文續編 史 8-64235
貞松堂吉金圖 史 8-64233
貞松堂藏西陲祕籍叢殘三十五種 叢 2-608
50 貞素齋集 集 1-5623～4、5626 叢 1-223(61)
貞素齋集、貞素齋家藏集、附錄 集 1-5627
60 貞園詩草 集 5-35808
貞園詩鈔 集 5-36302
貞固齋書義(大學中庸、論語、孟子) 經 2-10579
貞固齋易義 經 1-1003
72 貞隱園法帖 子 3-15369
77 貞居詞 集 7-46352、46356、46363、46375、46428、46769 叢 2-731(49)
貞居詞、補遺 集 7-46770 叢 1-244(4)、353,2-698(11)
貞居先生詩集 集 1-5244
貞居先生詩集、補遺、附錄 集 1-5253 叢 2-833
80 貞翁淨稿 集 2-7332
貞公子傳 史 2-11001
88 貞節三元傳全集(秦雪梅寶卷) 集 7-54529
貞節報 集 7-50471

2190_1 赤

00 赤廬札記 叢 1-426,2-731(7)

2190_3 紫

00 紫亭詩草 集 4-26316
紫亭詩鈔 集 4-26315
紫府奇玄 子 5-29541
紫庭祕訣 子 3-12895、14562,5-30908
紫庭内祕訣修行法 子 5-29530(17)、29559、30907
紫庭草 集 2-11492
10 紫雪山房遺稿 集 4-32154
紫雪山房遺稿、詩餘 集 4-28221
紫元君授道傳心法 子 5-29530(5)、29562、30954
紫霞巾傳奇 集 7-50341
紫霞軒詩鈔 集 4-28186
紫霞軒藏稿 集 2-9306
紫霞閒言 子 4-21326
紫霞閣文集 集 2-10151～2
紫石山房詩詞稿 集 4-28569
紫石泉山房文集、詩集 集 4-22644
紫石泉山房文集、滄泉先生事實 集 4-22643
紫雲亭初稿 集 2-12908
紫雲詩鈔 集 2-11395
紫雲詞 集 3-15626、15628,7-46397、46399～400、47088
紫雲碎愚禪師語錄 子 7-34262
紫雲集 集 3-13510
紫雲山房文鈔、詩鈔 集 3-20500
紫雲山館遺草 集 6-42007(3)
紫雲山館吟草 集 5-35747
紫雲先生(錢汝霖)年譜(何商隱先生年譜) 史 2-11689
紫雲先生遺稿 集 3-14092
紫雲先生增修校正押韻釋疑 經 2-13717
紫雲書院讀史偶譚 子 1-2393 叢 2-1368
紫雲書院志 史 7-52101～2
紫雲開士傳、[紫雲開士]補傳、[紫雲古剎]續志 子 7-34784
13 紫琅詩集 集 6-44467
紫琅玗院遺稿 集 5-37228
紫琅山館詩鈔 集 4-23984
紫琅遊記 史 7-49318(5)、53189
紫琅小草 集 3-20552
14 紫硤文獻錄 史 2-8024
16 紫硯山房詩稿 集 4-27170
17 紫珊詩稿 集 5-33872
紫瓊瑤 集 7-50168
紫瓊巖詩鈔 集 3-19937～8
紫瓊巖詩鈔續刻 集 3-19939
紫瓊岩詩鈔續刻 集 4-22544
20 紫受金章一枝 集 7-52079
紫香吟館小草(紫香吟館詩稿) 集 5-38095
21 紫虛崔真人脈訣祕旨 子 2-6013
22 紫嵐詩賦鈔 集 4-26856
紫巖文集 集 2-7741
紫巖詩選 集 1-4579、4581,6-41784 叢 1-223(58)、373(5)
紫巖詩選、補遺 集 1-4580
紫巖于先生詩選 叢 2-858、860
紫巖于先生詩選(紫巖詩選) 集 1-4578
紫巖集 集 1-4577

紫巖先生詩選　叢 2-760
紫巖螺山劉氏宗譜[浙江諸暨]　史 5-39274～5
紫巖易傳　叢 1-223(2)、227(1)
紫巖易傳(紫巖居士易傳)　經 1-457
紫巖居士易傳　經 1-77(1)　集 1-3248
紫巖鎮山朱氏宗譜[浙江諸暨]　史 4-26533～4
紫鸞笙譜　集 7-47521
紫峯集　集 3-13171～2
紫峯陳先生文集、陳紫峯先生年譜　集 2-7731
紫山大全集　集 1-4790　叢 1-223(59),2-826
25 紫岫編年集　集 3-15286
26 紫皇鍊度玄科　子 5-29531、29535(6)、29536(6)、30745
紫峴山人全集、陶園年譜　集 3-20639
27 紫佩軒詩稿　集 5-33892
28 紫微雜記　叢 1-19(6)、20(4)、24(7)
紫微雜說　子 4-20090　叢 1-223(41)、272(3),2-731(12)
紫微詩話　集 6-45483、45486、45490、45571　叢 1-22(14)、23(13)
紫微集　集 1-3232,6-41895　叢 1-223(53),2-873
紫微宮慶賀長春節　集 7-49271
紫微斗數　子 3-14107,5-29531
紫微照　集 7-50519
31 紫江朱氏存素堂所藏黔南文獻目錄　史 8-65263、65974
32 紫溪邵氏宗譜[浙江東陽]　史 4-29244～6
紫溪先生集　集 6-42043
35 紫清指元集　子 5-29565、31197
37 紫泥韓氏族譜[廣東番禺]　史 5-40388
紫泥日記　史 6-42344　叢 2-1938
紫溟文集　集 3-19738
38 紫滄遺稿　集 5-34308～9
40 紫幢軒詩集(薌嬰居士詩草)(古瓻集、松風堂餘集、古瓻續集、飛騰集、雍正集、檜棲集、艾集、松風支集、蟄吟、東屯集、在告集、交春集、龍鍾集、知田集、畫屏齋稿、槐次吟、臺溪集、瓢居草、石盂集、盤山紀遊草、病榻吟)　集 3-18237
紫來閣吟草　集 4-30117
紫來堂方案　子 2-10781
41 紫墟詩鈔　集 4-33026
紫姬(王子蘭)小傳　史 2-9969
紫姬小傳　子 5-26230
42 紫荆考　史 1-1926
紫荆花傳奇　集 7-50373～4
紫荆花院詩稿　集 4-25145
紫荆花院詩藁初卷　叢 1-315
紫荆花院排律　叢 1-315
紫荆花館遺詩　集 5-38609
紫荆花館印存月令　子 3-17445
紫荆樹三部　集 7-51373
紫荆吟館詩集　集 5-36875
紫荆吟館詩集、試帖、賦畧　集 5-36876
紫桃軒雜綴、又綴　子 4-23028～9　叢 2-838、1181～2
紫桃軒雜綴、又綴、禮白嶽記、篷櫳夜話　叢 2-721
44 紫荃山館詩餘偶存　集 7-47878
紫花梨記　叢 1-148、255(2)
紫花菘館詩剩　集 5-36776
紫芳心館詞　集 7-48064
紫蘭軒隨錄　叢 1-355
紫藤花庵詩鈔　集 3-16699
紫藤花室駢體文鈔　史 6-49046
紫藤花館詩　集 5-39133
紫藤花館詩詞　集 5-35765
紫藤花館詩草　集 5-39647
紫藤花館詩餘　集 7-48098
紫藤花館詩鈔　集 4-28702
紫藤花館詞　集 7-47476
紫藤蘿吟館遺稿　集 5-36870
紫藤書屋叢刻六種　叢 1-248
紫藤軒瓊簫詞　集 7-48097
紫藤館雜錄　子 4-24430
紫藤館詩草　集 5-38825
紫薇雜記　子 4-20092　叢 1-22(3)、23(3)
紫薇詩話　叢 1-19(11)、20(9)、24(12)、169(3)、223(71),2-731(46)
紫薇集　集 1-3135,6-41894(1)、41904
紫薇仙館詩存　集 5-36725
紫薇山人詩鈔　集 3-20300
紫薇山館遺草　集 5-34618
紫薇宮慶賀長春壽　集 7-48774(1)
紫薇花館文稿、文稿續編、詩稿、詩稿外集　集 5-36666
紫薇花館文稿、續編　叢 2-2029～30
紫薇花館雜纂　叢 2-2030
紫薇花館雜纂、外集　子 4-24494
紫薇花館雜纂五種　叢 2-2029
紫薇花館詩稿　集 5-36667
紫薇花館詩稿、詞稿、又西湖百詠　叢 2-2029
紫薇花館詩稿、外集　叢 2-2030
紫薇花館詩稿外集二種　叢 2-2029
紫薇花館詞稿　集 7-48208
紫薇花館詞稿(春光百一詞)　叢 2-2030

紫薇花館集七種 叢2-2030
紫薇花館集四種 叢2-2029
紫薇花館經說 叢2-2030
紫薇花館小學編 叢2-2030
紫薇華館九十春吟稿 集4-32975
紫薇軒詩草 集3-15949
紫薇軒遺稿(王鶴泉詩稿) 集5-38145
紫薇堂集 集2-10351
紫薇堂四子 子5-28926
紫薇堂劄記 集2-9366～7
紫葳蕤吟館賦稿 集5-35144
紫蘋館詩鈔 集5-35774
紫蘋館詩鈔續卷 集5-35775
紫芝山房詩 集3-15279
紫芝山樵詩集 集3-20781
紫芝山館詩稿 集3-16026
紫芝社稿 集6-43825
紫芝軒集 集3-15525
紫芝堂四種 叢1-179
紫茸軒賦稿 集4-32311
紫苹仙館詩草 集4-28645
紫姑神 集7-49609
紫姑神傳 叢1-168(3)
紫華舫詩集 集4-23409
紫華舫詩初集 集4-23408
紫茜山房詩鈔 集5-33710～1
46 紫柏山誌 史7-52660
紫柏大師法語節錄 子7-34078～9
紫柏老人瓣香集 集2-10118
紫柏老人集 子6-32091(71),7-33269 集2-10111～3、10115～6
紫柏老人集、圜中語錄 集2-10114
紫柏老人心經說 子7-33269
紫柏老人全集 子6-32092(43)
紫柏尊者别集 子6-32091(58) 集2-10117
紫柏尊者全集畧記修要 子7-34242
紫樱仙館詩詞草僅存 集5-35316
50 紫書閣詩 集3-21371
51 紫軒稺吟集 集4-31037
60 紫園草 集2-9792
紫團真人丹經 子5-29561
紫團丹經 子5-29530(17)
紫團丹經(紫團真人丹經) 子5-30910
71 紫原文集 集2-10607
76 紫陽庵集 史7-51735 叢2-832(3)、2073
紫陽方先生瀛奎律髓 集6-42274
紫陽文公先生(朱熹)年譜 史2-11313～4
紫陽張平叔金丹四百字 子5-29540、31169
紫陽僊三度常椿壽 集7-48770、48774(3)、49083、49092
紫陽崇文會錄 史2-7440
紫陽朱先生(熹)年譜 史2-11019、11318
紫陽朱氏六修宗譜[湖南平江] 史4-26722
紫陽朱氏武林派宗譜[浙江杭州] 史4-26456
紫陽朱氏建安雲陽宗譜[江蘇丹陽] 史4-26421
紫陽朱氏重修宗譜[安徽桐城] 史4-26627
紫陽朱氏統宗世譜[安徽徽州] 史4-26633
紫陽朱氏家譜[安徽休寧] 史4-26647
紫陽朱氏家譜[江蘇蘇州] 史4-26447～8
紫陽朱氏宗譜[安徽南陵] 史4-26626
紫陽朱氏宗譜[浙江淳安] 史4-26469
紫陽家塾詩抄 集6-44942
紫陽真人(周義山)内傳 史2-8449
紫陽真人張平叔語錄 子7-32102
紫陽真人内傳 史2-6898 子5-29530(7)
紫陽真人金丹四百字測疏 子5-29545、31173
紫陽真人悟真直指詳說三乘祕要 子5-29530(4)、31141
紫陽真人悟真篇註疏 子5-29530(3)、31138
紫陽真人悟真篇講義 子5-29530(4)、31150
紫陽真人悟真篇三註 子5-29530(3)、31144
紫陽真人悟真篇拾遺 子5-29530(4)、31136
紫陽書院志、紫陽書院四書講義 史7-52064
紫陽書院題解 子1-1592 叢2-1004
紫陽縣新志[康熙] 史8-63042
紫陽縣鄉土志[光緒] 史8-63045
紫陽堂朱氏家乘[福建建甌] 史4-26670
紫隄村志[咸豐] 史7-56396
紫隄村小志[康熙] 史7-56395
80 紫金許氏宗譜[浙江東陽] 史5-34429～30
紫金山館叢書九種 叢2-1709
紫金鎖 集7-54128
87 紫釵記 集7-49709、49877、49884～6
88 紫筠詩鈔 集4-33485
紫筠軒詩畧 集4-32403～4
紫筠館詩鈔 集4-28316～7
紫竹山房文集 集6-42066
紫竹山房文稿、補遺 集3-19285
紫竹山房詩集、文集 集3-19284

紫竹山房塾課文稿　集3-19286
紫竹山房遺稿　集3-17188
紫竹林顓愚衡和尚語錄　子6-32091(75)，7-34264
紫簫記　集7-49709、49878
紫簫聲館詩存　集5-41088
紫笈詩集　集4-28879
90 紫光朝謝科儀、音釋　子5-30770
紫光閣功臣小像　子3-16558
紫光閣功臣小像、湘軍平定粵匪戰圖　史2-7516

2190$_4$ 柴

10 柴雪軒詩集　集3-14295
柴雪年譜　史2-11660　集3-13653
柴元彪集　集1-4340
22 柴剩人詩文草　集5-36331
27 柴舟別集　集7-49356
30 柴扉詩草　集4-32090
柴扉集拾餘　叢2-682
柴扉闕詩鈔　集5-40571
41 柴墟文集　集2-7242～3　叢2-809
44 柴菴疏集　史6-48499　叢2-1227
柴菴疏集、憶記、寤言　史6-48500
柴菴寤言　子4-20710　叢2-1227
柴菴憶記　叢2-1227
柴村文集　叢2-1233
柴村詩集　集3-15753
柴村詩鈔　叢2-1233
柴村集　集3-13075
柴村賦集　叢2-1233
柴村全集三種附二種　叢2-1233
50 柴丈人畫訣　子3-15942
柴車倦遊集　集6-41999
柴東籬文集　集3-19622
60 柴四隱詩集　集1-4288
柴四隱詩集、文集　集1-4285
柴四隱詩集、詩餘、文類　集1-4286
柴四隱集　集1-4289
70 柴辟亭詩二集　叢2-1753
柴辟亭詩集　集4-29943　叢2-1752
柴辟亭讀書記　叢2-1753
72 柴氏得姓考　史2-13347
柴氏家譜[上海嘉定]　史4-31517
柴氏家乘[江蘇太倉]　史4-31519
柴氏家乘[河北東光]　史4-31515
柴氏古韻通　經2-14540
柴氏古韻通(古韻通)附正音切韻復古編　經2-14058
柴氏世譜　史4-31527～8
柴氏世譜[浙江]　史4-31526
柴氏世系譜[山西襄汾]　史4-31516
柴氏四隱詩集　集6-45028、45031
柴氏四隱詩集(柴氏四隱集)、目錄　集6-45029
柴氏四隱詩集(柴氏四隱集)、秋堂集補遺、附錄　集6-45030
柴氏四隱集　集6-41715　叢1-204、223(69)
柴氏四隱集、秋堂集補遺　集1-4287
74 柴隨亨集　集1-4295
77 柴門詩鈔　集3-18728
90 柴省軒先生文鈔、外集　集3-13894
柴省軒先生遺稿七種　叢2-1285
柴省軒先生四書論　叢2-1285

栞

06 栞誤、補遺　叢2-1443

2191$_0$ 秕

00 秕言　子4-22271～2
90 秕糠文情初集　集5-37941

紅

00 紅亭日記(乾隆五十六年)　史2-12628
紅亭小詠(吟秋草)　集3-21456
紅贏山館遺詩　叢2-2154
06 紅韻閣遺稿　集5-38476
10 紅豆新詞　集7-48058
紅豆詩人(董潮)年譜稿　史2-11890
紅豆詩人詩鈔、詞鈔　集3-21236
紅豆詩人集　集3-21235
紅豆詞　集7-46433、47481、47894
紅豆集　叢2-1363
紅豆山房詞鈔　集7-48193
紅豆山房集　集4-33268
紅豆山莊詩集　集4-28674
紅豆莊雜錄　子5-25246～7

紅豆村莊雜錄 子 5－25249～50
紅豆村人詩稿 集 3－21313～4 叢 2－1459～60
紅豆村人詩續稿 集 3－21315
紅豆村人續稿 叢 2－1460
紅豆樹館詩稿、詞稿、補遺 集 4－26097
紅豆樹館詞 集 7－47689
紅豆樹館清芬集 集 4－28868
紅豆樹館書畫記 子 3－14855
紅豆青燈詞藁 集 7－48180
紅豆書樓吟稿 集 5－39302
紅豆軒詩 集 4－30274
紅豆邨雜錄 子 5－25245
紅豆吟館詞鈔 集 7－47779
紅豆簾琴意 集 7－47945 叢 2－922
紅豆箱剩曲 集 7－50658
紅雪詞甲集、乙集、詞餘 集 7－47393
紅雪詞餘 集 7－50659
紅雪詞鈔 集 7－47307 叢 1－352
紅雪山齋詩集 集 4－22525～6
紅雪山峯詩集 集 4－28664
紅雪山房詩鈔 集 4－27299
紅雪山房集 集 4－30148
紅雪山房畫品 子 3－14699、16050
紅雪樓詩鈔 集 4－26013
紅雪樓稿 集 4－26500
紅雪樓九種曲(清容外集、藏園九種曲) 集 7－49438
紅雪軒詩稿 集 6－41999
紅雪軒稿 集 3－17107
紅雪吟館詩集 集 4－29878
紅雨綠雲樓三種 集 7－50348
紅雨樓集、鼇峯文集 集 2－11281
紅雨樓題跋 史 8－65597～9 叢 2－1444
紅石山房詩鈔 集 4－30506～7
紅礁畫槳錄 子 7－38201
紅雲山房畫品 叢 2－1821
紅雲續約 叢 1－22(25)
紅雲社約 叢 1－22(25)
紅粟山莊詩集 集 4－33509
紅粟山莊詩續集、詩餘 集 4－33510
紅粟山莊詩補遺 集 4－33511
11 紅研集詩鈔 集 4－24406
14 紅玻璃集選 集 2－12941,6－41942
16 紅碧紗雜劇 集 2－11807
17 紅瓊書屋詩存 集 4－22922
紅翠山房春鳥集 集 3－19837
紅翠山房春鳥集詩鈔、銅斗詞 集 3－19836
20 紅香窠小草 集 4－31195
紅香居詩草 集 5－36630
紅香館詩草 集 4－25992、25994 叢 2－689
紅香館詩草、詩餘 集 4－25993
紅毛番 史 7－49336、54301、54809
紅么集 集 3－16310
22 紅亂紀事草 史 1－3867,7－49327
紅崖刻石釋文 史 8－64727 叢 2－1810
紅崖碑釋文 叢 2－1811
紅崖古刻釋文 史 8－64725
紅崖古刻釋文題詠 史 8－64726
紅崖草堂詩集 集 3－18227
紅鸞經 子 3－13253
紅山碎葉 子 4－23601
紅梨記 集 7－49709、49932
紅梨記雜劇 集 7－49933
紅梨花 集 7－49718
紅梨花雜劇 叢 2－689
紅梨花記 集 7－50089～90
23 紅絨繡球記 集 7－53856
紅綫緣 集 7－53766
紅綫女博識摘腴 子 2－8213
26 紅白花傳 子 5－27776
紅泉館集 集 2－11100
紅線傳 子 5－26224 叢 1－29(4)、168(3)、249(2)、255(3)、395
紅線女 集 7－48775、48778、49130～1 叢 2－672
27 紅鵝書屋匠心集 集 3－20535
紅鵝館詩鈔 集 5－37660
紅色怖畏真言 子 7－32094
28 紅微感舊記題詠集 集 5－41592
30 紅寇記 史 1－4155 叢 2－867
紅窗百詠、中閏月令 集 3－14787
33 紅心吟 集 5－34156
35 紅袖集 叢 2－1524
37 紅裙記 集 7－51131
38 紅遊小草 集 4－23293
40 紅十字會新約暨各文件 史 6－45101
紅巾記事錄 史 1－3866
紅巾軍新會圍城記 史 1－4014
紅杏詞 集 7－47782
紅杏山房文稿 集 5－35595
紅杏山房詩集 集 4－23977
紅杏山房詩存 集 5－34657
紅杏山房詩草 集 5－35121
紅杏山房詩鈔 集 4－23978、29821
紅杏山房聞見隨筆 子 4－22742～3
紅杏山館詩鈔 集 5－33869
紅杏遺音 集 4－28814
紅杏樓詩剩稿、梅笛庵詞剩 集 5－35203
紅杏樓傳奇十種曲 集 7－49718

紅杏軒詩鈔、詩續　集 4－25156
紅杏軒遊草　集 4－30651
紅杏軒合搨錢鑒　史 8－64880
紅杏館詩存　集 5－34817
紅柿葉館詩草　集 4－30439
41 紅幅山房詩鈔、二編詩鈔、補編、續編、補遺　集 4－28273
42 紅橋文稿　集 4－26971
紅橋文鈔　集 3－20068
紅橋詩草　集 3－20064
紅橋詞　集 7－46399～400、46954
紅橋倡和詞　集 6－44965
紅橋倡和第一集　集 7－48510
紅橋老屋遺集　集 5－35845
紅橋笛語　叢 2－2150
43 紅娘寄柬　集 7－52358
紅朮軒紫泥法　叢 1－269(5)、270(3)、469
紅朮軒紫泥法定本　叢 1－197(3)、353、371、495、586(3),2－716(3)
紅朮軒紫泥法定本(紅朮軒紫泥法)　子 3－16817
44 紅蓼花軒詞選　集 7－46439、47181
紅萼詞　集 3－16101,7－47217
紅萼詞二集　集 3－16102
紅萼軒詞牌　集 7－48639
紅萼軒杜詩滙二種(杜詩分體、分韻)　集 1－1069
紅蘅館初稿　集 4－27172
紅蘭集　集 6－41963
紅蘭逸乘　史 7－50226　叢 2－796
紅蘭逸乘(清張紫琳撰)　史 7－50227
紅蘭華館隨錄　子 4－24399
紅蘭閣詞　集 7－47286
紅蘭館詩鈔　集 5－40679
紅藤山館詩鈔　集 5－35140
紅藤館詩、舊德錄　集 5－37242
紅薇翠竹詞　集 7－47468　叢 2－808
紅薇翠竹詞、拾遺、仲軒詞、紅薇翠竹箋註日記　集 7－47470
紅薇吟榭詩鈔　集 4－27483
紅薇吟館詩草　集 5－41472
紅薇閣詩草　集 5－34333
紅薇館詩　集 4－30747
紅薇館學吟稿　集 4－30903
紅薇館爐餘草　集 4－30823
紅薇小舍詩鈔初集　集 5－37601
紅蓮記　集 7－49216
紅蓮債　集 7－48776、49217　叢 2－672
紅蔦山房詩鈔　集 5－34207,6－42007(2)
紅蕉庵詩集　集 5－34270
紅蕉詩話　集 6－45969
紅蕉詞　集 7－48274　叢 2－640
紅蕉仙館聞見瑣志　子 5－27336
紅蕉山房詩餘　集 7－47780
紅蕉山館文鈔　集 4－22892
紅蕉山館詩續鈔　集 4－22891
紅蕉山館詩鈔　集 4－22890
紅蕉山館集　集 4－23359
紅蕉夢語　叢 2－2150
紅蕉花館集　集 5－37647
紅蕉吟館試帖詩存　集 4－29645
紅蕉吟館詩稿　集 4－29640
紅蕉吟館詩選　集 4－29638
紅蕉吟館詩存　集 4－29643
紅蕉吟館詩存選鈔　集 4－29641
紅蕉吟館啓事　集 4－29646
紅蕉吟館未刻詩　集 4－29639
紅蕉盦詩集　叢 1－423
紅蕉館詩鈔　集 4－25497、27902、31578、31580
紅蕉館詩鈔續、二續　集 4－25498
紅蕪詞鈔　集 4－31392,7－47781
紅蕙山房吟稿　集 4－25066　叢 1－244(6),2－731(44)
紅芋山莊集　集 3－18361
紅荔山房吟稿　集 4－30457
紅葵齋集　集 4－25550
紅芙書舍詩存存、文存　集 4－27244
紅芙吟館詩鈔　集 4－30370
紅苗歸化恭紀詩　史 6－47356　集 6－44196
紅苗紀畧　史 7－49318(18)、54869
紅薔薇館未删吟草　叢 2－1256
紅薔吟館詩稿　集 4－31412、31726
紅薔小院詩鈔　集 5－36941
紅茗山房詩存、詩餘　集 4－25104　叢 2－886(3)
紅樹山廬詩稿　集 4－27854
紅樹山房試帖　子 3－15461
紅樹山房詞集　集 7－47496
紅樹山莊詩草　集 4－32959
紅樹山莊詩草、黔遊草　集 4－32958
紅樹山莊詩鈔　集 5－33970,6－42007(2)
紅樹山莊留語　集 4－32307
紅樹樓詩集(灌花詩稿)　集 4－23937
紅樹樓詩續集　集 4－23938
紅樹書屋詩鈔　集 5－36017
紅樹書屋詩鈔、翠鯨詞　集 5－36019
紅樹書堂詩鈔　集 5－36018
紅茶山館殘稿　集 4－26064
紅茶山館集　集 2－6222

紅葉庵文存 集5-35580
紅葉讀書樓草 集4-28042
紅葉稿 叢2-2227
紅葉山房文集、詩集 集4-27435
紅葉山房文稿、詩草、詞 集4-30130
紅葉山房詩 集4-22262
紅葉山房詩草 集4-24225
紅葉山房集、外集 集4-27436
紅葉山樵詩草 集6-41997
紅葉山莊詩 集4-26362
紅葉村詩稿 集3-14400
紅葉村詩稿、補遺 叢2-640
紅葉樓詩稿 集4-27259
紅葉樓詩草 集5-36944
紅葉樓蜀遊記 集3-15736
紅葉樓鳴玉集 集6-44931
紅葉樓馬吊譜 子3-18290
紅葉囊 集4-28574
紅葉題詩 集7-52493
紅葉館題畫詩存 集4-23896
紅蕖吟館詩鈔 集5-34832
紅藥山房詩稿 集5-36566
紅藥山房吟稿 集4-26108
紅藥山房吟稿、續稿 集4-26107
紅藥樓集 集3-18771
紅藥軒詩草 集4-27607
紅藥園詩草 集4-26734
紅桂坡詩集 集5-40969
紅葯壇集 集3-13414～5
紅藕詞 集7-47859
紅藕香村詩 集4-29209
紅藕山房詩鈔 集4-28126
紅藕花榭詩餘 集4-27616
紅藕花軒泉品 史8-64845～6
紅藕花館集、小忽雷室集、西征鐃唱集、小忽雷室詩餘 集4-31634
紅藕莊詞 集7-46397～400、46430
紅林禽館詩詞 集4-29542
紅林禽館詞錄 集7-48050
45 紅拂記 集7-49709
紅樓新詠 集4-28143
紅樓詩借 集5-35285
紅樓二百詠 集4-27325
紅樓二百詠、紅樓夢排律 集5-38073
紅樓百詠詞 集7-48344
紅樓百美詩 叢1-587(2)
紅樓佳話 集7-49563
紅樓牌譜 子3-18283
紅樓幻夢 子5-28411
紅樓紀畧 子3-16546
紅樓復夢 子5-28401～2 叢1-496(7)
紅樓夢 子5-28376、28379～81、28384、28388
紅樓夢廣義 子5-28426
紅樓夢辨 子5-28429
紅樓夢雜詠 集4-28603 叢1-496(5)
紅樓夢評贊 子5-28420
紅樓夢詩 集4-28144,6-42002
紅樓夢詩詞 集6-42002
紅樓夢詩鈔 叢1-371
紅樓夢詞 集6-42002,7-48242
紅樓夢論贊 子3-16546,5-28418
紅樓夢論贊、問答 子5-28419
紅樓夢譜 子3-17958
紅樓夢稿 子5-28378
紅樓夢偶評 子5-28423
紅樓夢偶說 子5-28417
紅樓夢偶得 子5-28415 叢1-295
紅樓夢絕句、菽園外集、紅樓夢絕句題詞、補編、紅樓夢歌 集5-35850
紅樓夢觥史 子3-18358 叢1-496(5)
紅樓夢補 子5-28407～8 叢1-496(2)
紅樓夢散套十六折 集7-49653
紅樓夢本事詩 集5-38887
紅樓夢本事詩(西園主人本事詩) 集5-34714
紅樓夢本義約編、紅樓夢類聯集要、補遺、對語 子5-28427
紅樓夢排律 叢1-496(5)
紅樓夢排律詩 集5-39306
紅樓夢曲譜 集7-54802
紅樓夢圖詠 子3-16396
紅樓夢題詞 叢1-587(5)
紅樓夢影 子5-28412
紅樓夢賦 集4-29786 叢1-587(5)
紅樓夢人名西廂記詞句印玩 子3-17349
紅樓夢全本 集7-52891～2
紅樓夢美人百花酒籌詩 子3-18364
紅樓夢竹枝詞 集4-30780 叢1-587(5)
紅樓夢精義 子5-28428 叢1-496(5)
紅樓華影印譜 子3-17406
紅樓茗飲 叢2-1382
紅樓葉戲譜 子3-18266 叢1-587(2)
紅樓圓夢 子5-28404
紅樓圓夢、楔子、尾聲 子5-28405
紅樓題詠、紅樓續刻諸書勘論 叢2-2241
47 紅鶴詞 集5-40982
紅鶴山莊詩二集 集3-21563
紅鶴山莊詩鈔 集3-21562
紅鶴樓詞 集5-40983
紅鶴軒詩草 集3-14143

中國古籍總目書名索引

紅都勝境記　叢 2 - 771(2)
紅柳山莊遺稿　集 4 - 29527
紅柳娃　子 7 - 38285
紅櫚書屋詩集　集 4 - 22171　叢 1 - 238
紅櫚書屋詩集、雜體文稿、詞　集 4 - 22172
紅櫚書屋未刻稿　集 4 - 22173
紅椒山房詩集　集 3 - 16689
紅椒山館詩稿　集 6 - 44213
紅椒山館詩選、詞選　集 4 - 25873
紅椒山館詩選存　集 4 - 25871
紅椒山館詩鈔　集 4 - 25872
紅椒山館詞選　集 7 - 47304
48 紅教黄教論　叢 2 - 1664
紅梅記　集 7 - 51130
紅梅集句　集 2 - 7224
紅梅山館詩稿　集 5 - 34425
紅梅山館存稿　集 5 - 34424
紅梅花龕詞　集 5 - 35569
紅梅閣　集 7 - 51130、52186
紅梅閣書目　史 8 - 65825
50 紅青絕句　集 2 - 11556
51 紅蟫館詞雋　叢 1 - 369、372
紅蝠山房詩鈔　集 4 - 28272
紅蝠山房詩鈔補編　集 4 - 28271
55 紅拂記　集 7 - 49711、49826
紅拂記、虬髯客傳　集 7 - 49833
紅拂記傳奇　集 7 - 49827
紅拂私奔(紅拂女私奔)　集 7 - 52169
56 紅螺山館詩鈔　集 5 - 39363　叢 2 - 2154
紅螺山館遺詩　集 5 - 39362
紅耦花榭詩餘　集 7 - 47553
紅耦莊詞　集 7 - 47076～7
60 紅日歸宮一枝　集 7 - 52677
紅星佚史　子 7 - 38202
紅羅寶卷(佛說紅羅寶卷、佛說鬼繡紅羅化偬哥寶卷、紅羅妙典、晚娘寶卷)　集 7 - 54322
紅羅鏡　集 7 - 49310
61 紅曔館詞雋　集 7 - 48587
71 紅蠶閣遺稿　集 4 - 28003
紅牙集　集 7 - 46945
76 紅陽後續天華寶卷　集 7 - 54147
77 紅閨鏡　子 7 - 38284
紅月娥做夢一段　集 7 - 51449
紅犀館詩課　集 4 - 31115、31177
80 紅羊劫傳奇　集 7 - 50390
87 紅鉛入黑鉛訣　子 5 - 29530(18)、29555、30883
88 紅竹山房詩草、文稿　集 4 - 31790
紅竹草堂詩鈔　集 4 - 28228
紅籐館詞　集 7 - 47459
紅餘詩詞稿　集 5 - 34845
紅餘籀室吟草初集　集 5 - 37071
90 紅裳女子傳　叢 1 - 168(2)
紅棠閣文鈔　史 4 - 24865
紅棠閣詩鈔　集 4 - 26677
紅棠閣詩鈔、文鈔、賦　集 4 - 26678
91 紅爐點雪　子 2 - 7209
95 紅情言　集 7 - 50178
96 紅燭詞　叢 2 - 655

2191_1 經

00 經序錄　經 2 - 11934　史 8 - 66238
經方歌括　子 2 - 4697、4742、6306、9984
經方衍義　子 2 - 5115、9362
經方例釋　子 2 - 9865
經方闡奥　子 2 - 10016
經方合濟三種　子 2 - 9954
經文辨異　經 1 - 8097
經文戛造　子 5 - 26053
經文彙編　子 7 - 35204
經文考異　經 1 - 3976
經文簡集　子 7 - 35203
經言廣翼、圖考畧　經 2 - 10540
經言枝指　經 1 - 48
經言枝指纂　經 1 - 49,2 - 10392
經言拾遺　經 2 - 11532　叢 2 - 1385
經言明喻編　經 2 - 11780
02 經訓比義　經 2 - 11726
經訓約編、詩賦約編、風騷補編、蘭山課業松崖詩錄　經 2 - 11895
經訓書院自課文　經 2 - 11745　叢 2 - 2066
經訓貫講類編　子 1 - 2468
經訓堂詩集　集 3 - 21347
經訓堂叢書二十二種　叢 1 - 257
經訓粹編　子 4 - 21432
經話甲編　叢 2 - 2130～1
經話甲編、乙編　經 2 - 11811　叢 2 - 2129(2)
03 經誼雜識　子 4 - 21859
04 經詁　經 2 - 11631
經讀攷異、補　經 2 - 11992
經讀考異　經 1 - 111(3),2 - 11991　子 4 - 22524
經讀考異、補　叢 2 - 662
經讀考異、補、句讀敘述、補、翟晴江四書考異内句讀　經 2 - 11990　叢 2 - 1553

經讀考異補　經 2-11993
05 經講類典合編　子 5-26040
經講類典合編十種　子 5-26052
06 經韻　經 2-14127、14536
經韻諧聲　經 2-14102
經韻集字析解、拾遺補注及附編　經 2-12892
經韻備字　經 2-12898
經韻樓文集補編　集 3-21865
經韻樓文稿　集 3-21864
經韻樓集　經 1-111(3),2-11869　集 3-21861～2,6-42015　叢 1-312,2-1517
經韻樓集文錄　集 3-21863,6-42067
經韻樓集補編　叢 2-722
經韻樓叢書(段氏叢書)十一種　叢 2-1517
經韻鉤沈　經 2-14169
經韻餘論　叢 2-1464
經韻纂字、續釋、白文便讀、分部便查、讀本、刊虛字註釋備考　經 2-12909
經韻纂字讀本　經 2-12910
經韻纂字說文釋義　經 2-14916
經韻纂字白文便讀　經 2-12911
經課續編　叢 2-1920
07 經詞衍釋、補遺　經 2-14936
經部　叢 1-460
經部說書　叢 2-1113
經部二十五種　叢 2-635(2)
08 經效産寶　子 2-7974
經效産寶、續編　子 2-4771(3)、7973
經說　經 2-11591、11665、11733　子 1-654～5、658,2-4723、5379　叢 1-223(12)、227(4),2-653(2)、1734、1817、2033、2073
經說、經遺說　經 2-11671　叢 2-922、1786
經說雜錄　經 2-11791
經說拾畧　叢 2-1985
經說拾畧續　叢 2-1985
經說拾錄　子 1-977
經說畧　經 1-163(4),2-11725
經說附存　叢 2-1716
經說附錄　叢 2-2033
經說管窺　經 2-11750　叢 1-526
經說粹選　子 5-26080
10 經正書塾章程　子 1-2472
經正書院條規　史 6-42574
經正民興說　經 1-2330　子 4-21200
經正錄　子 1-1345　叢 2-1263、1267
經正錄、學規　叢 2-1266
經正堂商語　子 1-1129　叢 2-1161～2
經元齋小稿　集 2-7471
經天該　子 3-11270、11310,7-36241　叢 1-241、242(4)、310、369,2-731(26)
經天星座歌、圖表中西星名合譜　子 3-11579
11 經玩　經 1-82
13 經武要畧　子 1-3778、3857
經武要畧上集、正集　子 1-3856
經武淵源　子 1-3797～8
經武祕要九種　子 1-3103
經武騰畧正集　子 1-3858
17 經子法語　子 4-23796　叢 1-17、19(1)、20(1)、21(1)、24(1),2-616
經子難字　經 2-14753　叢 2-1091
經子臆解　子 4-20590　叢 2-1136
經子粹言　子 4-24650
經翼　子 5-32006
21 經行記　史 7-49309、53781～2　叢 2-2227、2229
經術　叢 2-1201
經術從識集　子 5-25856
經師經義目錄　史 2-7566　叢 1-440～1,2-709、731(60)
23 經外雜抄　叢 1-27
經外雜鈔　子 4-22164、22168　叢 1-31、111(2)、223(40)
經外緒言　子 1-2437　叢 2-1734
24 經德堂文集　集 4-32580
經德堂文集、別集、浣月山房詩集、漢南春柳詞鈔　集 4-32570
經德堂文內集、外集、別集　叢 2-1864
經德堂文鈔　集 4-32578、32581,6-42068
經德堂集　集 4-32571～2
經德堂集六種　叢 2-1864
經緯天機三部　子 3-11462
經緯集　集 1-1722～4　叢 1-520
經緯堂文集、詩集　集 3-15457
25 經律異相　子 6-32081(41)、32082(20)、32083(27)、32084(22)、32085(39)、32086(46)、32088(28)、32089(47)、32090(60)、32091(58)、32092(40)、32093(52),7-34607、34609
經律異相摘錄　子 7-34608
經傳識異　經 1-6674
經傳詁易　叢 2-2269
經傳正譌　叢 2-1095
經傳正訛　經 1-4965,2-11488
經傳正誤　集 2-10080
經傳建立博士表　經 1-134,2-11913、11918
經傳攷證　經 2-11594
經傳集句　子 5-25773
經傳繹義　經 2-11589
經傳釋詞　經 1-111(4),2-14932　叢 1-274(3)、312,2-662、731(25)、923～4

經傳釋詞再補　經 2－14935
經傳釋詞補　經 2－14933　叢 1－463～4,2－738
經傳釋詞補、再補　經 2－14934
經傳禘祀通考　經 1－6141　叢 2－1537～9
經傳字音考正　經 2－12018
經傳九州通解　經 2－11816　叢 2－2129(3)、2130
經傳始見諸國圖　經 1－7486
經傳考證　經 1－111(4)
經傳摭餘　經 2－11628　叢 1－330～1
經傳鄭義通釋宮室類　經 1－6183
經傳簡本　叢 2－691(2)
經傳小記　經 1－163(1),2－11585　叢 2－653(2)、1570～2
經傳類編　子 5－25676
26 經白文　子 5－29531
經稗　經 2－11545　叢 1－223(12)
27 經解　經 2－11710
經解七十六種　叢 2－772(1)
經解指要七種　經 1－107
經解斠　經 2－11595
經解入門　經 2－11606、11801～2
經解籌世　經 2－11732　叢 2－1610
經名故　經 2－14803
經絡診視圖　子 2－4612、10321
經絡歌　子 2－10354
經絡歌訣　子 2－4595、4614、5602、9381、9383～4、10311　叢 1－422、424
經絡歌訣、經絡圖說脈訣歌　子 2－10312
經絡總說　叢 2－2235
經絡總括附方　子 2－10358
經絡彙編　子 2－10299～300
經絡彙編釋義　子 2－4583
經絡穴位　子 2－10331
經絡穴法　子 2－10303
經絡穴道歌附內景倣真說　子 2－10313
經絡考　子 2－4573、10295
經絡圖說　子 2－4595、10304、10317
經絡圖說、太乙離火感應神鍼治病圖說　子 2－10333
經絡貫通　子 2－10318
經絡全書　子 2－4587
經絡全書前編、後編　子 2－10307
經絡箋注　子 2－10301
30 經濟文集　集 1－5728～9　叢 1－223(61),2－873
經濟文集、一山文集　集 1－5726
經濟文衡前集　子 1－772
經濟文衡前集、後集、續集　叢 1－223(30)
經濟要畧　子 5－25668
經濟尋源、後集　子 4－21600
經濟政策要論　子 7－38121
經濟集　史 6－48199　集 1－5727　叢 2－1074
經濟編　叢 2－635(12)、1073
經濟特科同徵錄　史 3－14876
經濟約考　子 5－25908
經濟通論　子 7－38039
經濟教科書　子 7－37272
經濟原論　子 7－37334
經濟學各論　子 7－37273
經濟學概論　子 7－37333
經濟學粹　子 7－37329
經濟錄　子 4－20528
經濟類編　子 5－25669～70　叢 1－223(43)
經濟類考　子 5－25906～7
經濟類考約編　子 5－25905
經進文稿　集 3－21848　叢 2－1353～4
經進文稿偶存　集 4－32998
經進詩　集 4－26621
經進詩稿　集 4－26235
經進講義　經 2－11546　叢 2－1433
經進集　集 3－16025
經進稿　集 3－20510,4－24249、25673、26416,5－37397
經進欒城文集事畧、考異　集 1－2629
經進皇宋中興四將傳、种太尉傳、韓世忠傳　史 2－7070
經進嘉祐文集事畧、考異　集 1－2124
經進東坡文集事畧　集 1－2553　叢 2－635(8)
經進東坡文集事畧、考異、補遺、續補　集 1－2554
經進風憲忠告　史 6－42932　叢 2－637(2)、731(18)
經進周曇詠史詩　史 1－6043　集 6－41824
經之文鈔　叢 2－824
經之文鈔(顧廬文鈔)　集 5－35077
經字辨體、偏旁舉畧　經 2－13064
經字詁　叢 2－1747
經字韻補　經 2－13931
經字正蒙　經 2－13490
經字攷　經 2－12005
經字攷畧、春秋列國地名考畧　子 4－22675
經字釋禮記　叢 2－1747
經字釋春秋左氏傳　叢 2－1747
經字釋周易　叢 2－1747
經字釋尚書　叢 2－1747
經字考禮記　叢 2－1747
經字考尚書　叢 2－1747
經字異同　經 2－14779～80
經窺　經 2－11803

經窺續 經2-11804
經穴詳集 子2-10257
經穴釋名 叢2-2235
經穴考正 子2-10335
經穴摘要附虛勞論治 子2-10366
經穴指掌圖 子2-10302
經穴指掌圖書 子2-10306
經穴輯要 子2-10349
經穴全集、用穴治例 子2-10344
33 經述 經1-163(4),2-11740～1
34 經漢雜學擇要註解 子7-35996
經漢注解赫廳 子7-35926
經遼疏稿 史6-48441
35 經禮補逸 經1-77(3)、5505 叢1-223(8)、227(3)
經遺說 經2-11671～2 叢2-922
經遺堂全集 集4-23497
37 經洞銘 叢2-1961
經迻節本 經2-11739
38 經海真源二種 子7-32104
40 經古篋存草 集5-34396
44 經塔題詠 叢2-2175
經考 經2-11557～9 叢1-517,2-814
經考校記 經2-11562
經考附錄 經2-11560
經考附錄、校記 經2-11561 叢2-814
經苑 經1-121
經梵約譯類編 叢2-2238
經世齋時務叢書六種 子7-36233
經世文潮 子4-21933
經世文選要 子1-186 叢2-1643
經世文粹、續編 子1-188 叢2-691(2)
經世言 叢2-1361
經世要談 子4-20305 叢1-22(20)、61～4、174、195(2)、220,2-730(4)、731(8)
經世要編 子4-23937
經世要畧 史2-6526
經世石畫 子1-1278 叢2-1212
經世弘言 叢2-1315、1317～8
經世環應編 子4-24079
經世急切時務九十九籌 子1-3821
經世名編 集6-43958
經世家禮鈔 叢1-574(4)
經世宏辭 集6-45369
經世宏籌 子1-3811
經世通考 子4-21743
經世通考傳家寶 子4-22064
經世導源錄 史6-41679
經世大論 子4-23985
經世大典 史6-41634
經世大典輯本 史6-41635
經世奇謀 子4-24022
經世博議 史6-41495 子4-21872
經世史鏡 史1-5668
經世挈要 史6-47485
經世四象體用之數圖 經2-14021、14540
經世圖譜 叢1-227(6)
經世學引初編 子4-21893
經世八編類纂、圖說 子5-25163
經世策 史1-1411 叢2-1087
經世粹言要編 子4-24192
經藝新畬 叢1-496(1)
經藝戛造易經 經1-1858
經藝聯珠 子5-26075
47 經幄管見 史1-5902 叢1-223(29)
經幄管見、校勘記 史1-5903 叢2-870(2)
48 經塲捷訣七種 經1-161
經教宗元 子5-32063
50 經史序錄 史8-65288
經史商毄、小學商毄 子4-22725
經史辨論 子4-22551
經史辨體 子4-21099
經史音義字考九種 經2-15111
經史雜記 子4-22429
經史雜抄 子5-26043
經史雜錄 子4-24135、24599
經史證類備急本草(經史證類大觀本草) 子2-5519
經史證類大觀本草 子2-4743
經史諸家文雜抄 子4-24708
經史論存、補 子4-22517
經史正音切韻指南 經2-13736、13738、14300 叢1-223(16)
經史百家序錄 集6-43131
經史百家雜鈔 集6-43132 叢2-698(12)、1839
經史百家制度 子4-21996
經史百家選本 集6-43129
經史百家簡編 集6-43130 叢1-514,2-1839
經史子集合纂類語 子5-25179
經史子字準繩 經2-13042
經史動靜字音 經2-14923、15111
經史動靜字音、風雅蒙求 經2-14921
經史動靜字音箋證 經2-14922
經史總論 子5-25980
經史彙纂 子4-20936
經史避名彙考 子4-22505～6
經史祕彙 子2-4624
經史補逸 子4-22386

經史述記　子 4 - 24582
經史通字　經 2 - 14783
經史直解　子 4 - 22254
經史析疑　子 4 - 22418
經史地理雜記　子 4 - 23171
經史考畧　子 4 - 22457、22532
經史藝文　集 6 - 43062
經史揀金　子 5 - 25920
經史慧解　子 4 - 21166
經史典奥　子 4 - 24064
經史拾證　子 4 - 22278
經史圖書綱目　叢 1 - 223(42)
經史喻言　子 5 - 25921
經史質疑　子 4 - 22393、22579　叢 2 - 665、1433～5
經史質疑録　叢 1 - 558
經史問答　經 1 - 111(2),2 - 11857　子 4 - 22209～10、22727　集 3 - 19643　叢 1 - 373(5),2 - 635(13)
經史問答校記　子 4 - 22451　叢 1 - 479
經史駢枝　子 4 - 22724　叢 2 - 1867
經史人名韻編　叢 2 - 1812
經史管窺　子 4 - 22580　叢 1 - 203(16)
經史管窺、續編　子 4 - 24332
經史策案、策畧　子 4 - 22550
經書言學指要　子 1 - 1532　叢 2 - 800～1、1374
經書音韻合註　經 2 - 12016
經書音釋　經 2 - 11969
經書互解　子 3 - 18379
經書後語　經 2 - 11486
經書字音辨要　經 2 - 12008
經書源流歌訣　經 2 - 11906　叢 2 - 1346～7
經書補注　經 2 - 11473
經書難字　經 2 - 15134
經書孝語　經 2 - 8577
經書卮言　集 6 - 46289　叢 1 - 202(7)、203(13)
經書算學天文攷　經 2 - 11572～3　子 3 - 11251
經書算學天文考　經 1 - 111(4)　叢 1 - 441、462
經書筆記　叢 2 - 1348
55 經典文字辨證書　經 2 - 13052　叢 1 - 257,2 - 731(22)
經典文字辨正　經 2 - 13048
經典文字攷異補正　經 2 - 13051
經典文字考異　經 2 - 13049～50　叢 2 - 611
經典集林　叢 1 - 261
經典集林三十種　叢 2 - 761
經典衍文脱文倒誤考　經 2 - 12004
經典便抄　子 5 - 25477
經典稽疑　經 2 - 11490　叢 1 - 223(12)
經典釋文　經 1 - 77(4),2 - 11940、11942～3　叢 1 - 223(12)、227(4),2 - 731(24)
經典釋文、校勘記　經 2 - 11945　叢 2 - 635(2)
經典釋文、考證　叢 1 - 258
經典釋文序録　經 2 - 11947　子 7 - 36235　叢 2 - 673
經典釋文序録疏證　經 2 - 11949
經典釋文補條例　經 2 - 11953　叢 1 - 472
經典釋文存　叢 2 - 732
經典釋文校勘記　經 2 - 11946
經典釋文考證　叢 2 - 731(24)
經典釋文考證(經典釋文附)　經 2 - 11944
經典釋文附録　經 2 - 11952　叢 2 - 1548
經典釋文敍録　經 2 - 11948　叢 1 - 462
經典釋文敍録(春秋類)　叢 1 - 532
經典釋文尚書殘卷　經 1 - 3383
經典通用考　經 2 - 11997　叢 2 - 843
經典通用考、五音類聚　經 2 - 11996
經典萃華　子 5 - 25863
經典異文補　經 1 - 82,2 - 11951　叢 1 - 515,2 - 731(24)
經典類記　子 5 - 25503
60 經星主占　子 3 - 13110
經星彙考　子 3 - 11283
經國雄畧　史 6 - 41653
經見録　史 2 - 9669
經圖彙考三種　叢 2 - 1912
經畧雜纂　子 1 - 3855
經畧疏稿　史 6 - 48263
經畧熊先生全集　集 2 - 11123
經畧禦倭奏議　史 6 - 48352
經畧復國要編、圖　史 6 - 45580
經畧洪承疇奏對筆記　史 1 - 3586～7,6 - 41522　叢 2 - 689
經畧問奇　史 2 - 6596
經畧録、奏疏　史 6 - 45128
61 經題直講　子 7 - 35235
67 經吹堂初稿　集 5 - 37244
經野堂詩删　集 3 - 15857
70 經雅　經 2 - 14660
經雅堂遺稿　集 4 - 30994
71 經歷雜論　子 2 - 4768、10937
經歷奇證　叢 1 - 295
72 經脈一覽　子 2 - 10371
經脈直指　子 2 - 10365
經脈表三種　子 2 - 5241
經脈圖考　子 2 - 10327
經脈陰陽原理考　叢 2 - 2235

經脈分圖 叢 2－2144
76 經咫 經 2－11535 叢 1－202(2)、203(7)、223(13),2－653(2)、1401
經咫摘錄 經 1－6359,2－11536
77 經腴集 集 3－21463
經腴十類 子 5－26065
經腴類纂 經 2－11852
經學(八篇) 叢 2－2020
經學文鈔 經 2－11806
經學講義二編 經 2－11782
經學講義上篇 經 2－11755
經學論說 經 2－11792
經學五種 經 1－93
經學要義 經 2－11534
經學要義、補 經 2－11487
經學理窟 子 1－640 叢 2－1031
經學傳授考 經 2－11930
經學程雲莊先生配享二程夫子錄 叢 2－1240
經學源流 叢 2－2164
經學初程 經 2－11813 叢 2－2129(2)、2130～1
經學通論 經 1－151～2 叢 2－2066
經學通論、易論 經 2－11833
經學通義開宗 經 2－11788
經學導言 叢 2－700、1006、1008～9
經學志餘 經 1－139
經學博采錄 史 2－7572
經學博採錄 經 2－11715～6 叢 2－651、1936
經學教科書 經 2－11832 叢 2－2248
經學教科書左傳政要 經 1－7132
經學輯要 叢 1－460
經學提要 經 2－11677
經學畧說 叢 2－2235
經學臆參 經 2－11526 叢 2－1402
經學歷史 經 1－151,2－11924～5 叢 2－2066
經學卮言 叢 2－1580
經學卮言 經 1－111(3),2－11586 叢 1－272(5)、312
經學質疑 經 2－11575
經學質疑、孔子編年、孟子編年 經 2－11680
經學質疑錄 經 2－11596
經學舉要 叢 2－2166
經學八書 叢 2－1455
經學會宗 子 2－10305
經學策 經 1－106
經丹霞山記 史 7－49318(8)、53692
經闈要 經 2－11738
經問 叢 2－1309
經問、經問補 叢 1－223(12)
經問、補 經 1－111(2),2－11514～5
經問補 叢 2－1309
78 經驗瘟痧新編 子 2－6959
經驗痘疹不求人方論 子 2－4602、7966
經驗痘疹不求人方論(新刊經驗痘疹不求人方論、新刻經驗痘疹不求人方論) 子 2－8658
經驗痢瘧良方 子 2－6985
經驗癢子症良方、又經驗癢子症方 叢 2－834
經驗方 史 6－46335 子 2－4641、4698、4702、4723、8182、9827、9835、9896、10089 叢 2－1817
經驗方滙 子 2－9518
經驗方滙抄 子 2－9700
經驗方抄 子 2－10103
經驗方錄 子 2－10162
經驗方錄選 子 2－10161
經驗方鈔 子 2－9615
經驗廣集(經驗廣集良方) 子 2－9451
經驗麻疹真傳 子 2－8767
經驗雜方 子 2－9591、10005
經驗效方 子 2－5502
經驗要方 子 2－9602、9741、10633
經驗百病良方 子 2－4659
經驗百病内外方 子 2－4652、4654～5、4657～62
經驗百方 子 2－9660、9685、9789
經驗百方、良方續錄 子 2－9697
經驗百方存 子 2－10027
經驗集方 子 2－4614、9340、10041
經驗急救良方 子 2－9633
經驗各種祕方輯要 子 2－9938
經驗灸法獨本 子 2－10384
經驗濟世良方 子 2－9264、9894
經驗良方 子 1－2535,2－4665、6971、7241、7968、8596、8667、9400、9422、9428、9448、9488、9505、9507、9519、9621、9631～2、9657、9661～2、9664、9724～5、9747、9775、9787、9790、9810、9826、9845、9888、9909、9917、9941、10058、10075、10098,4－21757 叢 2－1477
經驗良方大全 子 2－10015
經驗良方全集附痘疹易知 子 2－9770
經驗福幼編 子 2－8491
經驗治痘良方 子 2－8894
經驗治蠱奇方 子 2－4673、7256
經驗祕方 子 2－9243、9416、9620、9903、9919
經驗神方 子 2－10174
經驗選祕 子 2－9798

經驗奇方　子2-4770、9152、9254、9494、9514、9590、10018～9,5-32012
經驗藥方　子2-9243
經驗救急良方　子2-7487、9864
經驗四種　子2-4602
經驗易治續方　子2-9729
經驗眼科祕書　子2-7300、7351
經驗喉科　子2-7504
經驗脚氣雜症良方　子2-7267
經驗丹方彙編(丹方彙編)　子2-9401
經驗全方　子2-9263
經驗養子症方　叢2-834
經驗簡便良方　子2-9653、9748、10002
經驗簡便醫方　子2-9638
經驗小兒月内出痘神方　子2-8905
79 經腈　叢2-1645
80 經俞須知　子2-10320
經義　叢2-698(3)、1292～3
經義齋集　集3-15552
經義旁通　經2-11664
經義文選要　集6-43145　叢2-1643
經義雜記　經1-111(2),2-11529　叢1-312
經義雜記、敍錄　經1-101,2-11527～8
經義雜記敍錄　經2-11530
經義雜著　經2-11789
經義韻言　經2-11926　叢2-659
經義二種　子7-33062　叢2-608
經義正衡敍錄　經2-11756　叢2-2076
經義五疏補　叢1-312
經義聯珠　子4-22597
經義聚辨　經2-11773
經義尋中　經2-11712　叢2-2013
經義集解　經2-11767
經義稿　經2-11613
經義積微記　經2-11798　叢2-876、2102
經義釋　經2-11709
經義叢鈔　經1-111(4)、162,2-11609、11657
經義祕旨　子3-14589
經義述聞　經1-111(4),2-11622～6　叢1-312,2-698(3)、923～4
經義初編　經2-11764
經義存參　經2-11735　叢2-956、1687
經義校詁　叢2-2170
經義考　史8-66240～2　叢1-223(28)、227(6),2-698(3)
經義考、目錄　史8-66241
經義考補正　史8-66244　叢1-456(2),2-731(1)、1513～4
經義考目錄、校記　史8-66243　叢2-2197
經義考異、雜考　經2-11519
經義莛撞　經2-11817　叢2-2150
經義模範　集6-43617　叢1-223(70),2-2118
經義史論尋源　史1-5769
經義圖說　經2-11843～4
經義懸解　經2-11757　叢2-2093
經義質疑　經2-11540　叢2-1407
經義肊說　經2-11765
經義聞斯錄　經2-11743
經義知新記　經1-111(3),2-11578　叢1-242(4),2-731(5)、927
經義管窺　經2-11774
經義堂詩鈔　集5-39303
經義堂存稿　集4-29675
經義類考　經2-11639
經義類纂　經2-11899
經畬齋詩鈔　集3-21616～7
經畬堂詩鈔　集4-28504
經畬堂自訂全稿　集3-17583
經畬堂存稿　集4-28660
83 經餕　經2-11689
84 經鋤襍誌　叢1-173
經鋤居日錄　子4-22607
經鋤堂詩稿、花信詩、詩餘、倡和詩、文稿、樂府　集3-14620
經鋤堂經說　經2-11603
經鋤堂金石錄補　史8-63496
87 經鉏堂雜誌　子4-20125～7
經鉏堂襍誌　叢1-22(13)、23(12)
經鏗黃氏家譜[湖南長沙]　史5-34002
88 經筵講義　叢2-1434～5
經筵玉音問答　史1-4380　叢1-244(2)、407(3),2-735(4)
經算雜說、算學雜識　子3-12789
經笥質疑　經2-11685
經笥質疑書義原古　經1-2995
經笥質疑易義原則　經1-1710
經笥堂文鈔　集3-19136～7
經餘　子4-24407
經餘必讀、二編、三編　子4-24375～6
經餘必讀全編　子4-24377
經餘書屋詩鈔、經解　集4-24978
經餘堂詩集　集3-19577
經策通纂(經學輯要、策學備纂)　子5-25855
經策通纂二種　叢1-460
經籍訪古志、補遺　史8-65403
經籍要畧　史8-66197
經籍佚文一百十六種　叢2-777
經籍考　史6-41560～1,8-65350～1
經籍舊音序錄　經2-14273

經籍舊音辨證　經 2－14274
經籍異同　經 2－11498
經籍跋文　史 8－65714　叢 1－333～4、337、416、429,2－731(2)
經籍跋文、對策　叢 1－417
經籍舉要　史 8－66193、66195　叢 2－731(3)、1864
經籍舉要、家塾課程　叢 1－508
經籍舉要、尊經閣募捐藏書章程、中江講院建立經誼治事兩章程　史 8－66194
經籍會通　史 8－65266　叢 2－653(3)、673、1163
經籍錄要　子 4－22500　叢 1－300
經籍籑詁　經 2－12000～1
經籍籑詁、新輯經籍籑詁檢韻　經 2－12002
經籍類典初集、續集　子 5－26000
90 經堂殺妻　集 7－53651
93 經懺集成　子 5－29579
99 經營新疆記　史 6－45695,7－49357
經營外蒙古議　史 6－45712,7－49318(20)
經營長興島記　史 7－49357、49998

緋

21 緋紫山房文集　集 3－15103

2191_7 纑

40 纑塘集　集 3－15708,7－46979

2193_1 秐

24 秐德新編　子 4－20893

2194_9 秤

60 秤星靈臺祕要經　子 5－29530(6)

2195_3 穢

30 穢迹金剛咒經　子 7－32915
60 穢跡金剛說神通大滿陀羅尼法術靈要門　子 6－32093(36)
穢跡金剛說神通大滿陀羅尼法術靈要門經　子 6－32081(53)、32082(28)、32083(33)、32086(57)、32088(35)、32089(30)、32090(39)、32091(37)、32092(25),7－32914
穢跡金剛法禁百變法門　子 6－32083(34)
穢跡金剛法禁百變法門經　子 6－32081(53)、32082(27)、32086(57)、32089(30)、32091(37)、32092(25)
穢跡金剛法禁百變法門經、古經本咒　子 6－32088(35)、32090(39)
穢跡金剛禁百變法經　子 6－32093(36)
穢跡金剛咒經　子 7－32799

2196_0 緬

27 緬甸記畧　史 7－49319、54694
緬甸論　史 7－49318(21)
緬甸列傳　史 1－1929
緬甸瑣記　史 7－49317(8)、49318(16)、54701
緬甸變通興盛記　史 7－49319
緬甸紀畧、黔楚苗變憶畧　史 1－3722
緬甸志　史 7－49317(8)、49318(16)
緬甸考畧　史 7－49317(8)、49318(16)、54702
緬甸東北兩路地形考　史 7－54699　叢 2－1664
緬甸國志、英領緬甸志、緬甸新志、暹羅國志、布哈爾志　史 7－54705
緬甸圖說　史 7－49318(21)、54704
緬甸風土詩　史 7－54700　集 4－32489～90　叢 2－1806
緬甸館來文　史 6－45023
30 緬寧廳鄉土志[宣統]　史 8－62498
緬寧縣志稿[民國]　史 8－62500
33 緬述　史 7－49315、54698　叢 2－731(59)
緬述、緬甸風土詩　叢 2－1806
44 緬藩新紀　史 7－49318(16)、54703
50 緬事述畧　史 7－49317(8)、49318(16)、54696
60 緬畧　史 7－54693
緬畧兵事畧　史 7－54695

2196_1 縉

10 縉雲文集　叢 1－223(54)
縉雲集鈔　集 1－3100,6－41901
縉雲山人詩集　集 5－35541

縉雲山人詩集、雜著　集 4 - 25161
縉雲先生文集(縉雲文集)　集 1 - 3099
22 縉山書院文話　集 6 - 46264

縉

10 縉雲志餘　史 7 - 57726
縉雲縣志[康熙]　史 7 - 57721～2
縉雲縣志[道光]　史 7 - 57724　叢 1 - 373(2)
縉雲縣志[乾隆]　史 7 - 57723
縉雲縣志[民國]　史 7 - 57727
縉雲縣志[光緒]　史 7 - 57725
縉雲縣志補鈔[道光]　叢 1 - 373(7)

2198_6 穎

08 穎譜　子 3 - 18296～7　叢 1 - 22(27)
47 穎馨吟草　集 5 - 38494
60 穎園雜詠　集 4 - 30266

2199_1 縹

26 縹緗新記　子 4 - 24335
縹緗對類大全　子 5 - 25599
29 縹緲集　集 3 - 15858　叢 2 - 644

2200_0 川

00 川主五神合傳　史 2 - 6776,6 - 46586　子 7 - 36220
川康邊政資料輯要　史 8 - 61631
10 川石葉氏宗譜[浙江淳安]　史 5 - 35660
川雲集　集 7 - 47906
27 川船記　子 4 - 18657　叢 1 - 320～1
34 川漢鐵路總公司集股章程　史 6 - 44335
川瀆異同　史 7 - 52744
36 川邊土司議定設治辦法摺　史 6 - 41919,7 - 49357
川邊奏稿　史 6 - 49136
川邊鎮守使呈文　史 6 - 45636
39 川沙廳志[光緒]　史 7 - 56511
川沙鄉土志[民國]　史 7 - 56513
川沙撫民廳志[道光]　史 7 - 56510
川沙縣志[民國]　史 7 - 56512
40 川塘方氏宗譜[浙江義烏]　史 4 - 25779～83
川南鄭氏宗譜[浙江淳安]　史 5 - 38610～2
44 川藏奏稿　史 6 - 49191
47 川埠陳氏宗譜[江蘇宜興]　史 4 - 32792
50 川中雜識　史 7 - 49318(13)、54042
川中兩愚童傳　子 7 - 36251
川貴總督王象乾議處播州地界疏略　史 1 - 1929
川東軍務公牘　史 6 - 47344
川東捐輸團練志　史 6 - 45464
90 川省赴會之程途、入蜀旱程記　史 7 - 50969

2201_0 胤

00 胤產全書　子 2 - 8033
胤產全書、婦人脈法、提綱　子 2 - 8034
31 胤禎外傳　史 1 - 1995
67 胤嗣全書　子 2 - 4576
胤嗣錄　子 2 - 4699、8012

2202_7 片

02 片刻餘閒集　子 4 - 21237
10 片玉痘疹　子 2 - 4567、8637
片玉齋存稿　集 2 - 9902
片玉新書　子 2 - 4567
片玉詞、補遺　集 7 - 46380、46428、46503　叢 1 - 223(72),2 - 698(13)、720(2)
片玉武經　子 1 - 3633
片玉集　集 7 - 46352、46356～7、46504～5
片玉集、校記　叢 2 - 698(10)
片玉集前編、後編　集 6 - 44962
片玉山房花箋錄　子 4 - 24465
片玉山莊詩存　集 5 - 38647
片玉堂集古印章　史 8 - 64930
片石齋詩文集　集 3 - 16242
片石齋燼餘詩草　集 3 - 17012
片石齋燼餘草　集 6 - 41999
片石詩鈔　集 4 - 22176
片石詩鈔、詩餘　集 4 - 22177
片石園詩　集 3 - 17014
片石居瘍科治法輯要　子 2 - 4728、5060
片石居瘍科治法輯要、獲效良方　子 2 -

7747
片石居瘍科遺編 子2-7746
片雲集 集3-17647
片雲行草 集4-25514,5-34203,6-42007(4)
片雲小草 集4-30111
14 片琦集 集4-22224
17 片羽紀 子4-21943
20 片舫齋詩集 集3-16106 叢2-815
片香集 集5-40351
片香寸玉山房曲譜續選 集7-54816
71 片馬狀況 史7-49357、51077
片馬地理考證 史7-49357、51076

2210_4 崟

76 崟陽草堂文集 集2-12040
崟陽草堂詩文集 集2-12037
崟陽草堂詩集 集2-12038～9
崟陽全集二種(崟陽草堂詩集、文集、考定蘇文忠公年譜、天山自敍年譜) 集2-12036

2210_8 豈

21 豈止快錄 史7-49318(16)
40 豈有此理 子5-26443

豐

06 豐韻情書情詞情詩 集6-42379
10 豐正元先生詩 集2-7066
豐干禪師詩 集6-41820
豐干拾得詩 集1-667～8 叢1-223(48),2-616、635(6)
11 豐北周氏宗譜 史4-30257
12 豐登大慶 集7-49375
17 豐瑕觀頤 子4-24178
豐豫莊便農藥方 子1-4206
豐豫莊本書 史6-41538 子1-4192
豐豫莊本書(潘豐豫莊本書) 子1-4151
20 豐乘[嘉靖] 史8-58854
21 豐順丁氏持靜齋書目 史8-65253
豐順吳氏族譜[廣東豐順] 史4-28190
豐順縣志 史8-60959
豐順縣志[乾隆] 史8-60957
豐順縣志[光緒] 史8-60958
22 豐川雜著 叢2-829
豐川詩說 經1-3978
豐川續集 集3-16895
豐川江氏族譜[安徽歙縣] 史4-26885
豐川禮記彙編 經1-5689
豐川春秋原經 經1-7763～4
豐川易說 經1-1132
豐川易說、通論 叢1-223(5)
豐川全集正編、外編、續編 集3-16894
豐川今古文尚書質疑 經1-2832
豐山府君自訂年譜 史2-11877
豐山集 集2-8200
豐山周氏宗譜[浙江餘姚] 史4-29944
豐樂亭記 子3-15640
豐樂秋登 集7-49715
豐樂樓詩草 集4-32423
豐樂園八詠、石交吟 集5-38970
25 豐紳殷德列傳 史2-9739
28 豐谿北里周氏宗譜[江西上饒] 史4-30091
豐谿存稿 集1-1768
豐谿赤峯夏氏宗譜 史4-31712
30 豐寧張門歷代宗親家傳根簿[河北豐寧] 史5-34740
豐宮瓦當文考 史8-65218
31 豐源李氏宗譜[浙江雲和] 史4-27274
豐源余氏族譜[江蘇盱眙] 史4-28512
32 豐州集稿 集5-37789
豐洲陳氏四修族譜[湖南醴陵] 史4-33328
豐溪讀洲葉氏宗譜[江西廣豐] 史5-35753
豐溪西埜傅氏五修宗譜[江西廣豐] 史5-36260
豐溪北里韓氏宗譜[江西廣豐] 史5-40369
豐溪孚里周氏家譜[江西廣豐] 史4-30094
豐溪巖後蔣氏宗譜[江西廣豐] 史5-38191～2
豐溪大石周氏宗譜[江西廣豐] 史4-30093
豐溪存稿 叢2-687
豐溪嚴氏宗譜[浙江江山] 史5-41214
34 豐對樓文集 集2-9602
豐對樓詩選 集2-9595
35 豐清敏公(稷)遺事 史2-8672
豐清敏公詩文輯存、奏疏輯存 叢2-845(1)
豐清敏公遺事 史2-8673～4 叢1-380,2-731(62)
豐清敏公遺事、新增附錄、續增附錄、校勘記 史2-8675

豐清敏公遺事、遺事附錄 叢 2-845(1)
豐清敏公奏疏輯存 史 6-48132
37 豐湖漫草、續草 集 4-23979
豐湖書藏目錄 史 8-65535
豐潤古鼎圖釋 史 8-64157
豐潤縣志[康熙] 史 7-55178
豐潤縣志[乾隆] 史 7-55179
豐潤縣志[隆慶] 史 7-55177
豐潤縣志[光緒] 史 7-55180～1
豐潤閣詩鈔 集 5-38374
豐潤谷氏五修族譜[河北豐潤] 史 4-28645
38 豐裕莊課農種稻法 叢 1-373(6)
豐道生筆訣 叢 1-353
40 豐南志[民國] 史 7-57973
豐壽山樵詩鈔 集 5-34175,6-42007(3)
43 豐城新城里李氏族譜[江西豐城] 史 4-27379
豐城石坑曾氏會修族譜[江西豐城] 史 5-36633
豐城穆湖朱氏重修族譜[江西豐城] 史 4-26692
豐城李氏族譜[江西南昌] 史 4-27337
豐城袁氏重修宗譜[江西豐城] 史 4-31363
豐城村頭王氏宗譜[江西豐城] 史 4-25353
豐城楊湖朱氏重修族譜[湖南益陽] 史 4-26714
豐城畢前夏氏家乘[江西豐城] 史 4-31697
豐城縣志[康熙] 史 8-58855
豐城縣志[道光] 史 8-58858
豐城縣志[嘉慶] 史 8-58857
豐城縣志[乾隆] 史 8-58856
豐城縣志[同治] 史 8-58859
豐城縣志[民國] 史 8-58860
豐城驪塘甘氏族譜[江西豐城] 史 4-26051、26053
44 豐蔚堂詩稿 集 3-13024
豐草亭詩 集 6-44170
豐草庵文集 集 3-14264
豐草庵文前集 集 3-14263
豐草庵雜著五種 叢 2-1304
豐草庵詩集 集 3-14262
豐草庵詩集、文前集、後集、寶雲詩集、禪樂府 叢 2-843
豐草庵全集(豐草庵詩集、文前集、文集、寶雲詩集、禪樂府、豐西草堂別集、豐西草堂雜著) 集 3-14261
豐草庵全集十五種 叢 2-1303
豐草庵前集 叢 2-1303
豐村集 集 2-7256
62 豐縣志[順治] 史 7-56623
豐縣志[乾隆] 史 7-56624
豐縣志[隆慶] 史 7-56622
豐縣志[光緒] 史 7-56625
67 豐暇筆談 子 5-27116 叢 1-496(4)
72 豐氏三埠族譜[江西豐城] 史 5-40930
豐氏宗譜[安徽歙縣] 史 5-40929
豐氏宗譜[浙江遂安] 史 5-40924
76 豐陽先生集 集 2-9263
77 豐屏黃氏宗譜[浙江] 史 5-33871
80 豐鎬考信別錄 史 1-6015 叢 2-731(3)、782(4)、1538～9
豐鎬考信錄 史 1-6014 叢 2-731(3)、782(4)、1538～9
豐義儲氏分支譜[江蘇宜興] 史 5-40583～4
84 豐鎮廳志[光緒] 史 7-56077

2210_9 鑾

22 鑾山遺集 集 3-21085
28 鑾儀衛嘆 集 7-52403
31 鑾江懷古集 集 6-41992
44 鑾坡制草 集 2-9974
鑾村於氏重修族譜[江蘇鎮江] 史 4-30261～2

2212_7 歸

22 歸山洪氏續修支譜[湖南寧鄉] 史 4-31011

2213_0 瓢

00 瓢庵詩文稿 集 5-38828
瓢庵集、續集、續集錄遺 集 5-38830
瓢庵集存稿 集 5-38829
瓢庵續集 集 5-38831
44 瓢菴日記(清光緒二十三年) 史 2-13100

2213_6 蠻

01 蠻語詞 叢 2-995
蠻語集 集 5-40153

17 蠻司合誌 史 7-51313～4 叢 2-1309
蠻司合志 叢 1-485,2-847
22 蠻巢詩稿、詞稿、懷瓊詞 集 5-40446
40 蠻志 叢 1-9、22(11)、23(11)
44 蠻荒志異 子 7-38223
50 蠻書 史 1-2031 叢 1-223(22)、230(2)、243、470、489、506、508,2-2060
蠻書、校譌 史 1-2032
蠻書、校譌、續校 史 1-2033 叢 1-376,2-731(56)
77 蠻陬奮跡記 子 7-38224

2220_0 例

30 例宿小表 史 1-1390
例案 史 6-46218
例案備較 史 6-46133
例案全集 史 6-46089
77 例限彙編 史 6-46937
例學新編 史 6-45996

倒

27 倒翻十字一枝 集 7-51696
30 倒字詩 叢 2-1815
33 倒浣紗傳奇 集 7-50134
45 倒杖 子 3-13143
倒杖十二法 子 3-13140
倒杖圖注 子 3-13291
53 倒戈集 史 1-2996
倒拔垂楊柳一枝 集 7-51697
95 倒精忠 集 7-53525

側

45 側塾錄 子 4-21109
46 側帽餘談 叢 1-496(6),2-752
47 側翅集 集 3-16530

制

00 制府雜錄 子 1-3782 叢 1-13、14(2)、22(21)、84(2),2-730(9)、731(67)、806、886(5)
制府疏草 史 6-48306 叢 2-731(18)、816
制府張尚書勸學内外篇 叢 1-508
制度擬則 叢 2-1705
07 制詔集 集 1-1129
20 制集 集 6-42432
24 制科雜錄 史 6-42299 叢 1-202(3)、203(9),2-1309
制科議 史 6-42298 叢 2-1268
27 制御四夷典故 史 7-54261
44 制藝 叢 2-1725
制藝遺簪 叢 2-2068
制藝書存 叢 2-1856
制勑稿 集 2-9119、9123
53 制惑歌 子 5-29547
77 制肥皂法 子 7-36248
制服表 經 1-6204、6359
制服成誦編、制服表、喪服通釋 經 1-6203
制服成誦篇 經 1-6359
制馭澳夷論 史 7-49318(15)、51226
制舉文 叢 2-1361
79 制勝良規 子 1-3943
80 制義科瑣記 史 6-42332 叢 1-282(4)、283(4),2-731(18)
制義準繩 集 6-46114 叢 2-1509
制義叢話 叢 1-373(9)
制義鈔 叢 2-1865
83 制錢通考 史 6-44456,8-64870
90 制火藥法 子 7-36250

劇

01 劇評 叢 1-22(28)
08 劇説 集 7-54854 叢 2-672
09 劇談錄 子 5-26221、27539、27541 叢 1-10、14(2)、15、17、19(1)、20(1)、21(1)、24(2)、29(5)、148、154、169(3)、180、223(45)、255(2)、268(4)、435
劇談錄、逸文 子 5-27540 叢 2-818
37 劇選 集 7-54813
48 劇塲奇案 子 7-38215
50 劇本雜抄 集 7-53538

2220_7 岑

00 岑彦卿(毓英)行狀 史 2-10376
岑襄勤公政書 史 6-43170

岑襄勤公(毓英)年譜　史2-12273
岑襄勤公勳德介福圖　史2-10377
岑襄勤公遺集　集5-35017
岑襄勤公奏藁　史6-49052
岑襄勤公奏藁鈔　史6-49054
17 岑鞏縣志[民國]　史8-62269
23 岑参集(岑嘉州詩鈔)　集1-1105
32 岑溪詩鈔　集3-21113
岑溪縣志[乾隆]　史8-61309
岑溪周氏纂修宗譜[浙江東陽]　史4-30047
40 岑嘉州詩　集1-1107～8　叢2-635(7)
岑嘉州詩(岑嘉州集)　集1-1106
岑嘉州詩、後序　叢2-635(7)
岑嘉州詩鈔　集1-1105
岑嘉州集　集1-1104,6-41725、41743、41839、41844～5、41862、41867、41887　叢1-265(4)
44 岑落詩錄　集6-44314
岑華居士外集　叢2-1677
岑華居士蘭鯨錄　叢2-1677
45 岑樓詠物詩　集3-17126
岑樓詩鈔　集3-17125
岑構堂易解　經1-1618
50 岑春煊奏稿　史6-49190

2221$_0$ 亂

16 亂彈集　集5-34768
亂彈腔　集7-53526
21 亂柴溝　集7-53215
亂柴溝□□部　集7-51078
22 亂後記所記　史1-3864
30 亂定草　集4-31443
42 亂機鑒　子1-3304
44 亂楮間雜憶　叢2-2264

2221$_2$ 彪

44 彪蒙語錄　子1-2875　叢2-2030

2221$_4$ 任

00 任彦升文鈔　集6-41794
任彦升集　集6-41695～7、41699　叢1-182
任彦昇集　集1-535、538
任文逸稿　集2-8560
10 任天卿集　集2-11331
12 任烈婦(蔡蕙)哀挽錄　史2-10880
17 任子　叢2-845(1)
任子遺書　子1-1434
任子道論　子4-19790　叢2-774(9)
任勇烈公遺集　集3-19497
任司直詩鈔、文鈔　集2-8558
任翼聖先生(啓運)事畧　史2-9450
27 任阜長精繪歷代名將圖　子3-16569
32 任兆麟述記　子4-24291
36 任渭長四種　子3-16352
任渭長人物初集二集　子3-16751
任渭長人物花鳥册　子3-16750
40 任大令文集　集5-38980
任克溥奏疏　史6-48659～60
43 任城李氏家譜[山東濟寧]　史4-27412
44 任芝銘詩存　集5-40646
任蕃小集　叢2-851
47 任杞實政錄　史2-9185、9187　集2-12258
50 任中丞集　集1-536～7,6-41694、41698　叢1-183
53 任甫詩草　集5-35135
55 任耕感言　叢2-2182
62 任縣志[康熙]　史7-55466
任縣志[隆慶]　史7-55465
任縣志[民國]　史7-55467
72 任丘志集[萬曆]　史7-55349
任丘李太師次溪公(汶)史畧　史2-8993
任丘李氏四門支譜[河北任丘]　史4-27072
任丘縣志[康熙]　史7-55350
任丘縣志[乾隆]　史7-55351
任丘縣志續編[道光]　史7-55352
任氏族譜[江蘇如皋]　史4-26759
任氏族譜[河北武強]　史4-26757
任氏族譜[湖南]　史4-26805～6
任氏族譜[湖南澧縣]　史4-26800
任氏族譜[湖南湘陰]　史4-26803
任氏三種　經2-15118
任氏三修族譜[湖南湘陰]　史4-26802
任氏續修族譜[湖南安化]　史4-26801
任氏傳　子5-26222　叢1-168(2)、185、249(2)、255(4)
任氏家譜　史4-26808
任氏家譜[安徽旌德]　史4-26791
任氏家乘　史4-26809
任氏宗譜[江蘇江陰]　史4-26761
任氏宗譜[貴州印江]　史4-26807

任氏遺書八種 叢2-1390
任氏南渡後分支彙輯族譜[江蘇揚州] 史4-26758
任氏長房支譜[湖南湘鄉] 史4-26804
77 任邱邊氏族譜[河北任丘] 史5-40949
任學士(蘭生)功績錄 史2-10530
80 任龕文存 集5-40380 叢2-2260
任龕遺稿二種 叢2-2260
87 任釣臺遺書 集3-17681
90 任少海集 集2-8559,6-41935(2)
任少海先生文集 集2-8561

催

25 催生安胎良方 子2-8222
催生神效靈符 子3-14660
催生帖 集7-49533～4
催生符 子2-7970、8245
28 催徵錢糧降罰事例 史6-43391
30 催官 子3-13143
催官評龍篇(催官篇)、理氣穴法 子3-13359
催官評龍篇、理氣穴法 子3-13140
催官正義 子3-13144
催官經、旅寓集、理氣穴法 子3-13361
催官解 子3-13142
催官篇 子3-13148、13360、13362 叢1-223(36)

崔

00 崔亭伯集 集1-209 叢1-183
崔府君(珏)神異實錄 史2-8553
崔府君斷冤家債主雜劇 集7-48767(2)、48883
崔府君斷冤家債主 叢2-720(3)
崔府君斷冤家債主雜劇 叢2-698(16)
崔府君實錄 史2-8554
崔府君祠禱嗣集錄、神異錄 史7-51789
崔府君祠祿 叢1-518
崔府君祠錄 史7-51790 叢2-832(2)
崔文敏公(銑)考終錄 史2-8917
崔文敏公洹詞 集2-7756
崔文敏公年譜 集2-7758
崔玄微記 叢1-168(2)
04 崔護傳 叢1-168(2)
22 崔後渠集 集2-7760
24 崔德臯先生(邁)年譜 史2-11921
崔德臯先生遺書四種 叢2-1539
25 崔仲鳧文鈔 集2-7759,6-41794
26 崔堡小志[民國] 史7-56760
27 崔豹古今註 子4-22113
30 崔寔正論 子4-19781 叢2-775(4)
崔寔政論 子1-463～4
31 崔洹野集七種附一種 叢2-1083
33 崔補闕集 集1-1249,6-41872
35 崔清獻公言行錄 史2-8778 叢2-731(62)、881
崔清獻公集 集1-3937 叢2-731(40)、881
崔清獻公集、言行錄 集1-3938
崔清獻公菊坡集 集1-3936
37 崔鴻十六國春秋畧 史1-2321
38 崔塗詩集 集1-1769,6-41741、41824、41858～9、41863
40 崔真人脈訣詳解 子2-6018
44 崔蘭生詩賦遺草 集4-33007
崔蘭生稿 集4-33006
崔蘭生遺文 集4-33008
48 崔翰林遺集(懶雲山館詩草、龕龕遺文) 集5-37791
50 崔中丞著書 集3-18663
崔書生傳 叢1-168(2)
崔東洲集 集2-7707
崔東洲集、續集 集2-7708
崔東洲稿 集2-7710,6-45336
崔東壁先生親友事文彙輯 叢2-1539
崔東壁先生佚文 叢2-1539
崔東壁先生遺書八種附一種 叢2-1538
崔東壁先生故里訪問記 叢2-1539
崔東壁遺書引得 叢2-1539
崔東壁遺書十四種 叢2-782(4)
崔東壁遺書前編二種本書八種附一種後編十種 叢2-1539
61 崔顥詩集 集1-1088～9,6-41824、41847～8
崔顥集 集1-1087,6-41743、41838
66 崔曙集 集1-1086,6-41739、41743、41819、41824、41838、41869
67 崔鳴吾紀事 史1-2876 叢2-730(12)、731(54)、836
72 崔氏五種附一種 叢2-1082
崔氏五修族譜[湖南益陽] 史5-34336
崔氏政論 子4-19780 叢2-774(9)
崔氏家塾志 子1-2351
崔氏宗譜[安徽霍山] 史5-34332
崔氏宗譜[江西奉新] 史5-34334
崔氏宗譜[江蘇江陰] 史5-34328
崔氏宗譜草稿 史5-34339

崔氏洹詞　集 2-7757
崔氏春秋經解、春秋例要　叢 1-223(10)
80 崔舍人玉堂類稿(玉堂類稿)　集 1-3724
崔舍人玉堂類稿、西垣類稿　叢 2-778
崔舍人玉堂類稿、西垣類稿、附錄　叢 1-456(7)
崔舍人玉堂類藁　叢 2-731(40)
崔舍人玉堂類藁、西垣類藁、附錄　叢 1-265(5)
崔舍人西垣類藁(西垣類藁)　集 1-3723
崔舍人西垣類藁　叢 2-731(40)
崔舍人奏議　史 6-48147
崔公入藥鏡　子 5-29540、29561、31114
崔公入藥鏡註　子 5-29557
崔公入藥鏡註解　子 5-29530(3)、29537、29549、31112
崔公入藥鏡注解　子 2-10977　叢 1-82
崔公入藥鏡測疏　子 5-29545
90 崔懷寶月夜聞箏殘本　叢 2-720(5)
94 崔煒傳　叢 1-56
99 崔鶯鶯待月西廂記　叢 2-720(3)

崖

22 崖山烈　集 7-50040～1
27 崖修山館詩畧　集 4-31627
32 崖州直隸鄉土志[民國]　史 8-61490
崖州志[乾隆]　史 8-61488
崖州志[民國]　史 8-61489
46 崖楞詩鈔　集 4-24440

2221_7 嵐

10 嵐石山房叢書十三種　叢 1-404
30 嵐窗雜錄　叢 1-373(9)
32 嵐溪詩鈔　集 3-21609
34 嵐漪小艸　叢 2-1514
嵐漪小草　集 3-21666　叢 2-1513

2222_1 鼎

00 鼎庵詩集　集 3-14005
鼎讓許氏宗譜[江蘇宜興]　史 5-34379
02 鼎刻京板太醫院校正增補青囊醫方捷徑　子 2-4877
鼎刻京板太醫院校正分類青囊藥性賦　子 2-5784
鼎刻江湖歷覽杜騙新書　子 5-27606
鼎刻臺閣攷正遵古韻律海篇大成　經 2-12850
鼎刻杜史閣佘侖山先生懼史大書增補經書闡義　史 1-5596
鼎刻楊先生註釋孔聖家語　子 1-217
鼎刻時興滚調歌令玉谷新簧　集 7-54618
鼎新外村馮氏族譜[廣東順德]　史 5-36479
鼎新圖像蟲經、楞蒲譜　子 4-19403
鼎新縣志草稿[民國]　史 8-63155
10 鼎元文會同志錄　史 6-47591
12 鼎刊葉先生精選蕭曹正律刀筆詞鋒　史 6-46394
27 鼎修霍州志[康熙]　史 7-55828
鼎修德安府全志[康熙]　史 8-60194
鼎修湘陰縣志[康熙]　史 8-60532
鼎修常德府志[康熙]　史 8-60466
32 鼎州治績紀畧　史 6-47324
鼎州臥處孤拙道人明鑰遨遊遨詩草　叢 2-1393
鼎州臥處孤拙道人明鑰蕉遊軒雜編　叢 2-1393
37 鼎湖山慶雲寺志　史 7-51708
鼎湖羅浮遊草　集 4-30465
40 鼎吉堂文鈔　叢 2-1927
鼎吉堂文鈔續編　叢 2-1927
鼎吉堂文鈔初編、文鈔續編、詩鈔　集 5-35272
鼎吉堂詩鈔　叢 2-1927
鼎吉堂全集九種　叢 2-1927
鼎梓校增評釋五倫金璧故事大全　子 5-25062
45 鼎樓詩稿(課餘集)　集 5-34248
鼎樓詩草　集 5-34249　叢 2-700、1008～9
53 鼎甫府君(沈維鐈)年譜　史 2-12056
60 鼎甲徵信錄　史 3-13472
66 鼎器歌　子 5-29577、31070
70 鼎雕謝疊山先生正選文章軌範　集 6-42696
鼎雕燕臺校正天下通行書柬活套　子 5-25075
鼎雕增補單篇評釋昭明文選　集 6-42108
鼎雕國朝憲臺折獄蘇冤神明公案　子 5-27711
鼎雕昆池新調樂府八能奏錦　集 7-54623
鼎雕陳眉公先生批點歷朝捷錄　史 1-5441
77 鼎卿詩鈔　集 4-23370
80 鼎鐫六科奏准御製新頒分類注釋刑臺法律

史 6 - 45818
鼎鐫京本全像西遊記 子 5 - 28795
鼎鐫諸方家彙編皇明名公文雋 集 6 - 43946
鼎鐫施會元評註選輯唐駱賓王狐白 集 1 - 703
鼎鐫三十名家彙纂四書紀 經 2 - 10546
鼎鐫玉簪記 集 7 - 49711
鼎鐫玉簪記、釋義 集 7 - 49858
鼎鐫西廂記 集 7 - 49711
鼎鐫琵琶記 集 7 - 49711
鼎鐫琵琶記、釋義 集 7 - 49728
鼎鐫刑憲校纂律例正宗法家心訣 史 6 - 46075
鼎鐫紅拂記 集 7 - 49711、49832
鼎鐫幽閨記 集 7 - 49711
鼎鐫幽閨記、釋義 集 7 - 49753
鼎鐫出相點板千金記 集 7 - 49769
鼎鐫仲初魏先生詩經脈 經 1 - 3821
鼎鐫繡襦記 集 7 - 49711、49824
鼎鐫吳寧野彙選四民切要時製尺牘芳規 子 5 - 25782
鼎鐫鄒臣虎增補魏仲雪先生詩經脈講意 經 1 - 3822
鼎鐫徐筆洞增補睡庵四書脈講義 經 2 - 10433
鼎鐫注釋淮南鴻烈解 子 4 - 19683
鼎鐫洪武元韻勘正補訂經書切字海篇玉鑑 子 5 - 26127
鼎鐫十二方家参訂萬事不求人博考全編 子 5 - 25207
鼎鐫大明律例法司增補刑書據會 史 6 - 45821
鼎鐫李先生增補四民便用積玉全書 子 5 - 25792
鼎鐫校增評註五倫日記故事大全 子 5 - 25061
鼎鐫地理太極玄詮全集神經總括 子 3 - 13442
鼎鐫燕臺校板發微五星大全 子 3 - 14131
鼎鐫黃狀元批選眉山三蘇文狐白 集 6 - 45175
鼎鐫增補註釋詳備便蒙標英對類統宗 子 5 - 25619
鼎鐫睡庵湯太史易經脈(易經脈) 經 1 - 830～1
鼎鐫睡庵四書脈 經 2 - 10432
鼎鐫陳眉公先生批評西廂記、會真記、園林午夢、蒲東詩 集 7 - 48811
鼎鐫金陵三元合選評註史記狐白 史 1 - 5106
鼎鐫金陵湯會元評釋漢書狐白 史 1 - 5158
鼎鐫欽天監戈先生校定子平淵海大全 子 3 - 14101
鼎鐫欽頒辨疑律例昭代王章 史 6 - 45820
鼎鐫鄭道圭先生評點紅杏記 集 7 - 50004
81 鼎鑪譜 子 4 - 18548、18575
87 鼎錄 子 5 - 26218 叢 1 - 11～2、22(16)、23(15)、29(3)、38、74～7、101、106、111(2)、170～1、223(38)、249(1)、569、2 - 721、726、731(32)、845(4)
鼎鍥卜筮啓蒙便讀通玄斷易大全 子 3 - 13744
鼎鍥台晉駱先生輯著詩經正覺 經 1 - 3746
鼎鍥幼幼集成(幼幼集成、重訂幼幼集成) 子 2 - 8469
鼎鍥徽池雅調南北官腔樂府點板曲響大明春 集 7 - 54622
鼎鍥太醫院頒行内外諸科方論百代醫宗 子 2 - 9294
鼎鍥李先生易經火傳新講 經 1 - 770
鼎鍥葉太史彙纂玉堂鑑綱 史 1 - 1268
鼎鍥趙田了凡袁先生編纂古本歷史大方綱鑑補 史 1 - 1269
鼎鍥青螺郭先生註釋小試論彀評林 集 6 - 45382
鼎鍥全補音註書言故事類編 子 5 - 24874
鼎鍥纂補標題論表策綱鑑正要精抄 史 1 - 1263
鼎鋟二翰林校正句解評釋孔子家語正印 子 1 - 221
鼎鋟崇文閣彙纂士民萬用正宗不求人全編 子 5 - 25205～6
鼎鋟法叢勝覽 史 6 - 46401
鼎鋟四民便覽柬學珠璣 子 5 - 25781
鼎鋟鍾伯敬訂正資治綱鑑正史大全、皇明紀要 史 1 - 1290
90 鼎堂金石錄 史 8 - 64224 叢 2 - 886(2)

2222_7 僑

00 僑庵詩餘 集 7 - 46351、46357、46374、46801～2
26 僑吳集 集 1 - 5472～3 叢 1 - 223(61)
僑吳集、補遺 集 1 - 5474
僑吳遺集 集 1 - 5471
34 僑港詩文鈔 集 5 - 41219
44 僑菴詩餘 集 7 - 46358、46371
僑菴詩餘、北樂府 集 7 - 46362、46803
60 僑園詩文集 集 5 - 39009
72 僑隱集 集 5 - 36668
80 僑翁詩鈔 集 2 - 9298～9

僞

00 僞齊錄　史 1 - 2536　叢 1 - 511
02 僞刻重橅碑記　史 8 - 63507、64459
10 僞石考　史 8 - 64447
17 僞豫(劉豫)傳　史 2 - 8717
僞豫傳　叢 1 - 190
21 僞經考答問　經 2 - 11820
僞經目錄　史 8 - 66325　子 6 - 32082(20)、32089(51)、32091(63)
22 僞後燕將相大臣年表　史 1 - 10(3)、4713
僞後秦將相大臣年表　史 1 - 10(3)、4721
30 僞官據城記　史 1 - 1937、3113
34 僞漢將相大臣年表　史 1 - 10(3)、4709
40 僞南燕將相大臣年表　史 1 - 10(3)、4715
44 僞燕將相大臣年表　史 1 - 10(3)、4712
49 僞趙將相大臣年表　史 1 - 10(3)、4710
50 僞書證經異句　經 1 - 153
僞秦將相大臣年表　史 1 - 10(3)、4720
53 僞成將相大臣年表　史 1 - 10(3)、4711
77 僞學籍　叢 1 - 378
87 僞鄭逸事　史 1 - 3525　叢 1 - 496(4)
僞鄭逸事、番境補遺、海上紀畧　史 2 - 9200
僞鄭逸事、鄭芝龍始末　史 2 - 9199

崗

28 崗谿纖志　史 7 - 49317(7)　叢 1 - 210～1、249(3)、395,2 - 1343
崗谿纖志志餘　叢 1 - 201、203(6)
32 崗溪纖志　叢 1 - 355

崗

27 崗嵉蔣氏宗譜[江蘇宜興]　史 5 - 38103

崙

22 崙山堂壬戌詩曆　集 3 - 16014

嵩

00 嵩庵文稿　集 3 - 14894
嵩庵詩　集 6 - 42005
嵩庵詞　集 6 - 42005
嵩高山記　史 7 - 52539　叢 1 - 19(2)、21(2)、24(3)
嵩高朱氏宗譜[浙江江山]　史 4 - 26543～4
22 嵩崖尊生書　子 2 - 4955
嵩崖尊生書(嵩崖尊生全書)　子 2 - 4956
嵩嶽廟史　史 7 - 51860
嵩嶽文志、續收詩文　史 7 - 52537
嵩嶽嫁女記　叢 1 - 168(3)
嵩嶽考　史 7 - 49318(4)、52542
嵩山文集、負薪對校勘表　集 1 - 2918
嵩山文集、卷三負薪對校勘表　叢 2 - 636(3)
嵩山記　叢 1 - 19(10)、21(9)
嵩山說　史 7 - 49318(4)、52543
嵩山張氏譜牒[浙江諸暨]　史 5 - 34948
嵩山集　叢 1 - 223(54)
嵩山紀遊　史 7 - 53948
嵩山太無先生氣經　子 2 - 11156,5 - 29530(16)
嵩山志　史 7 - 52540
嵩山樾竹禪師語錄　子 6 - 32091(75)
嵩山景迂生文集　集 1 - 2914
嵩山景迂生文集、雜文　集 1 - 2915
嵩山景迂生集　集 1 - 2917
嵩山居士文集　集 1 - 3346
24 嵩峽齊氏譜牒[江西]　史 5 - 38514
嵩峽齊氏宗譜[江西]　史 5 - 38515
32 嵩溪邵氏宗譜[浙江浦江]　史 4 - 29249～50
34 嵩渚文集、目錄　集 2 - 8123
37 嵩洛訪碑日記　史 8 - 64022　叢 1 - 456(4)
嵩洛游記　史 7 - 53619
嵩洛吟草　集 5 - 39659
38 嵩遊草　集 2 - 11906,3 - 16808、21591
40 嵩南詩文集　集 4 - 28502
44 嵩麓詩　集 3 - 17285
45 嵩樓詩草　集 4 - 26054
46 嵩楊兩先生合稿　史 6 - 47910
50 嵩書　史 7 - 52538
62 嵩縣鄉土志[光緒]　史 8 - 59625
嵩縣志[康熙]　史 8 - 59621～2
嵩縣志[乾隆]　史 8 - 59623
嵩縣志[光緒]　史 8 - 59624

67 嵩明州志[康熙] 史 8－62373
嵩明州志[光緒] 史 8－62374
嵩明縣志[民國] 史 8－62376
嵩明縣地誌[民國] 史 8－62375
71 嵩厓學凡 子 1－2386
76 嵩陽雜識 叢 1－22(21)
嵩陽石刻集記 叢 2－873
嵩陽石刻集記、紀遺 史 8－64018、64020 叢 1－223(28)
嵩陽石刻集記、補遺、紀遺 史 8－63496、64019
嵩陽酬和集 叢 2－958、1367
嵩陽集 集 2－8688
嵩陽書院志 史 7－52095
90 嵩少山人詩草 集 4－32262～6
嵩少山人集 集 3－15266
嵩少遊草 叢 2－1368

耑

00 耑齋叢書七種 叢 2－734

2222_8 岕

44 岕老編年詩鈔 集 3－15573
岕老編年詩鈔、續鈔 集 3－15572
岕老金先生全集 集 3－15571
岕茶牋 子 4－19056 叢 1－13、14(3)、22(26)、30、37、202(8)、203(14)
岕茶彙抄 子 4－19071 叢 1－201、203(3)
岕茶彙鈔 叢 2－934
岕茶滙鈔 子 5－26234
岕茶箋 叢 1－25

2223_0 觚

00 觚庵詩刊本目錄 集 5－39555
觚庵詩存 集 5－39554、39556
10 觚不觚錄 史 1－1933 叢 1－13、14(2)、22(22)、29(8)、31、106、111(2)、223(45)、269(5)、270(4)、271、272(4)、2－617(4)、624(3)、731(51)
79 觚賸 子 5－27310～1 叢 1－210～1、373(8)
觚賸、續編 子 5－27309 叢 2－617(4)、735(1)、736

2223_4 嶽

10 嶽雪樓詩存 集 4－30872～3,6－42007(1)
嶽雪樓書畫錄 子 3－14879
嶽雪樓鑒真法帖 子 3－15522
嶽西草堂詩集 集 3－21409～10
嶽雲詩鈔 集 4－22385～8
嶽雲山館詩鈔 集 5－41255
嶽雲盦詩詞稿 集 5－38260
嶽雲盦詩存、文存 集 5－38259
嶽雲盦詩鈔 集 5－38261
24 嶽峙山石刻 史 8－63882 叢 2－705
27 嶽歸堂新詩 集 2－11763
嶽歸堂集選、遺集選 集 2－11771
嶽歸堂集選、遺集選、鵠灣集選 集 6－41949
嶽歸堂未刻詩 集 2－11768
嶽歸堂合集 集 2－11761～2
31 嶽江草 叢 2－1331
38 嶽遊漫稿 集 2－8418
嶽遊草 集 5－35120
44 嶽麓草堂詩集 集 4－33463
嶽麓書院石壁禹碑 史 8－64464
嶽麓堂詠史 集 4－27324
50 嶽青詩集 集 4－27445～6
嶽青堂詩鈔 集 3－16457
60 嶽圖祕書 史 7－52178
88 嶽餘集 叢 2－1292～3

徯

77 徯月軒詩集、賦稿 集 5－37928

2224_1 岸

20 岸舫詩 集 3－14662
岸舫詞 集 7－47120
50 岸東草堂集 集 3－20347
60 岸園近詩 集 3－13538
80 岸翁散筆 子 4－23265 叢 2－1239
90 岸堂稿 集 6－41963

2224$_4$ 倭

00 倭文端公遺書 集 4 - 30995～8
倭文端公遺書、續 叢 1 - 451
倭文端公遺書八種 叢 2 - 1807
21 倭仁列傳 史 2 - 9981
22 倭變事畧 史 1 - 1933、1982 叢 2 - 731(67)
27 倭名類聚抄 子 5 - 26028
30 倭寇禍京始末記 叢 2 - 795
40 倭志 史 1 - 2867,7 - 54598 叢 2 - 742
44 倭韓新事 史 1 - 4242
倭韓近事 史 1 - 4241
47 倭奴假詐已彰乞嚴加責成疏 史 6 - 47799、48287
倭奴遺事 史 1 - 2873 叢 2 - 742
倭都景物志 史 7 - 54647
50 倭患考原、恤援朝鮮倭患考 史 1 - 2928
77 倭艮峯日記摘鈔 史 2 - 12776
95 倭情已變封事宜停疏 史 6 - 47799、48313
倭情考畧 史 1 - 2927 叢 2 - 645
倭情屯田議 史 1 - 1982、2884 子 1 - 3535 叢 1 - 241、242(2)

2224$_7$ 俘

77 俘賢記 史 1 - 801

偁

00 偁章前宅宗祠誌、偁章前宅義田志 史 7 - 51824
22 偁山章氏智九公分祠支譜[浙江紹興] 史 5 - 34551
偁山遺集(偁山文集、詩存) 集 5 - 41172
偁山阮氏家乘[浙江紹興] 史 4 - 26946
50 偁東餓夫傳 史 2 - 9158 叢 2 - 848
76 偁陽雜錄 子 4 - 22385 叢 1 - 426,2 - 731(54)

後

00 後底溼吳氏宗譜[江蘇江陰] 史 4 - 27757
後唐天成元年殘曆 叢 2 - 608
後唐志續集 集 7 - 53768
後唐並七國圖 史 7 - 49313、49514
06 後韻草訣歌 子 3 - 15116
10 後三國石珠演義 子 5 - 28006
後三笑才子奇書 集 7 - 53780
後玉蜻蜓 集 7 - 53769
後玉蜻蜓嬌紅傳 集 7 - 53770～1
後五十段 子 3 - 13558
後丁戊稿 叢 2 - 2198
後丁戊稿、遼海吟、續吟 集 5 - 40373
後耳目志 叢 1 - 19(4、7)、20(5)、21(7)、22(4)、23(4)、24(8)、374
後耳目志(補) 叢 1 - 374
後平粵錄 史 1 - 2858
後天梅花觀梅拆字數全集 經 1 - 2364
後天申述文終經 子 5 - 29580
後石林燕語 叢 1 - 31
後西征述 史 7 - 49318(13)、53975 叢 2 - 1773
後西湖草 集 2 - 7108
後西遊記 子 5 - 28814～5 集 7 - 50472 叢 1 - 496(7)
後晉天福十一年殘曆 叢 2 - 608
後晉天福四年殘曆 叢 2 - 604、608
後晉並七國圖 史 7 - 49313、49515
11 後北征記 史 1 - 2787 叢 1 - 46
後北征錄 史 1 - 1923、2787 叢 1 - 46、50～2、84(2)、393、2 - 603、730(9)
後張單氏宗譜 史 5 - 35973
12 後水滸蕩平四大寇傳 子 5 - 28676～7
後淼園詩集 集 3 - 15906
後飛鴻堂印譜 子 3 - 17454
17 後聊齋志異圖說 子 5 - 27642
20 後集音釋 集 6 - 42105
後集補遺 集 1 - 2790
後集纂要 集 6 - 45818
21 後街方氏族譜[浙江建德] 史 4 - 25736
後虞書 史 7 - 50247 叢 1 - 406、573、2 - 791、793
後紅樓夢 子 5 - 28394、28396
後紅樓夢、詩 子 5 - 28395
22 後峯集 集 2 - 7818
後山詩註 集 1 - 2813 叢 2 - 635(9)、731(42)
後山詩註(後山詩) 集 1 - 2814
後山詩話 集 6 - 45490 叢 1 - 19(11)、20(9)、21(10)、24(12)、31、169(3)、223(71)
後山詩集 集 1 - 2811,6 - 41908
後山詩注 叢 1 - 230(5)
後山詩注補箋、逸詩箋 集 1 - 2815

後山詩鈔　集 1-2810,6-41900
後山詞　集 7-46380、46382、46501　叢 2-698(14)、720(2)
後山談叢　叢 1-22(4)、23(4)、26～8、31、106、111(2)、223(44),2-731(52)
後山談叢佚文　叢 2-777
後山集　叢 1-223(52)、227(9)
後山集補鈔　集 1-2812,6-41901
後山集校　集 1-2803　叢 2-731(3)
後山集校(嗣出)　叢 1-337
後山集鈔　叢 1-232
後山集鈔(點論陳後山集鈔)　集 1-2804
後山先生詩集　集 1-2807～8
後山先生談叢　叢 1-175
後山先生集　集 1-2801　叢 2-615(3)、698(10)
後山先生集(後山集)　集 1-2802
後山先生逸詩　集 1-2809
後山叢談　叢 1-195(5)
後山居士文集　集 1-2800
後山居士文粹　集 1-2816,6-42039
後山居士詩話　集 6-45483、45486、45566　叢 1-2～3、5～6、8～10、22(14)、23(13)、99～101,2-731(46)
後山居士詩集、逸詩、詩餘　集 1-2805
後山居士詞　集 7-46352、46502
後出塞錄　史 7-49318(18)、53894
後出阿彌陀佛偈　子 6-32093(5)
後出阿彌陀佛偈經　子 6-32081(8)、32082(8)、32085(9)、32088(7)、32090(9)、32091(8)、32092(6),7-32467
後出阿彌陀佛偈經、不思議神力傳　子 6-32089(7)
後出阿彌陁偈經　子 6-32083(7)、32086(8)
後樂集　集 1-3951　叢 1-223(56)
後樂集、文節公年譜　集 1-3952
後樂園集　集 2-9049
後樂堂文別集　集 2-6439
後樂堂文鈔、詩存、文續編　集 5-38547
後樂堂詩存　集 5-38548
後樂堂別集　集 4-31642
後樂堂纂集歷朝綱鑑、後樂堂衷厚齋先生斷彙集　史 1-1262
24 後黜品　叢 1-22(28)
後續仁貴征東丁山射雁全本　集 7-52918
後續遨雲四編　集 3-20040
後續大唐三棄梨花全本　集 7-52888
後續大宋楊家將文武曲星包公狄青初傳(萬花樓全傳、萬花樓楊包狄演義)　子 5-28098
26 後泉公(章庭)墓祭事宜譜　史 2-8976
後魏方鎮年表　史 1-4563、4746
後魏宋雲西域記地理考證　史 7-49310
後吳越游　集 2-9764
後緹縈南曲　集 7-50419
27 後紀遊草　集 4-23865
28 後綸扉尺牘　集 2-10697、10704～5　叢 2-1177
30 後涼百官表　史 1-10(3)、4716
後涼疆域圖　史 7-49313、49456
後永州集　集 4-31217
後守寶錄　史 1-4059
31 後涇渠志　史 7-53039　叢 2-828
後渠雜識　史 1-4413　叢 1-22(22)
後渠雜識(後渠漫記)　叢 1-29(7)
後渠子　子 1-104、990
後渠漫記　叢 1-22(20)
33 後補長生殿　集 7-50275
後梁書　史 1-2368
後梁春秋　史 1-2367　叢 1-204,2-612
後梁並十國圖　史 7-49313、49513
34 後漢記　叢 2-772(4)
後漢記校釋　史 1-1415
後漢三國文　叢 1-182
後漢三國兩晉論贊　集 6-42872
後漢三公年表　史 1-10(2)、4659　叢 1-203(16),2-653(4)、731(64)
後漢郡國職方表　史 1-4650
後漢郡國令長考　史 1-8、10(2)、350　叢 1-411、516,2-653(3)、932
後漢郡國令長考補　史 1-10(2)、351　叢 2-664
後漢儒林傳補逸　史 1-338
後漢儒林傳補逸、續增　史 1-339　叢 1-517
後漢侍中尚書涿郡盧君(植)年表　史 2-11124
後漢侍中尚書涿郡盧君年表　經 1-5773
後漢匈奴表　史 1-10(2)、4663　叢 1-502
後漢紀　史 1-982、1414　叢 1-223(18)、227(5),2-628、635(3)、773(4)
後漢紀校釋　叢 1-500
後漢搴英　史 1-5176
後漢補表校錄　叢 2-2170
後漢藝文志　史 1-10(2)、358,8-65255～6　叢 2-615(3)
後漢史論　史 1-5867
後漢書　史 1-15～7、19、323、328～9、331、333～4、5174　叢 1-227(5)、338,2-772(4)、773(4)、776、1443
後漢書、志　史 1-11～4、315～6、318～20
後漢書、考證　史 1-18、20、317　叢 1-223

(17),2-698(3)
後漢書旁證　史1-389
後漢書辨疑　史1-8、264、370　叢2-653(3)、731(4)
後漢書雜誌　叢2-923
後漢書評論　史1-5865
後漢書評議　史1-5282、5347
後漢書諸侯世系考　史1-337
後漢書王符傳　叢1-223(29)
後漢書疏證　史1-271～4、379
後漢書百官志、漢爵考　史1-352
後漢書西域傳論贊　叢2-771(2)
後漢書郡國志、考證　史1-341,7-49311
後漢書瑣言　史1-387　叢2-2109
後漢書集解　史1-362
後漢書衍易　叢1-312
後漢書儒林傳補　史2-6994
後漢書剩說　史1-5276
後漢書疑年錄　史2-7003
後漢書注　叢2-772(4)、773(4)
後漢書注刊誤　史1-375　叢2-1905
後漢書注例　叢2-1948
後漢書注補正　史1-8、24、373　叢2-653(3)、731(64)
後漢書注校　史1-380
後漢書注考證　史1-372　叢2-653(3)、1784
後漢書注又補　史1-8、371　叢2-653(3)、731(64)
後漢書補注　史1-367　叢1-456(3),2-653(3)、731(64)
後漢書補注稿　史1-368
後漢書補注續　史1-8、369　叢2-653(3)、731(64)
後漢書補注表　史1-4648
後漢書補逸　史1-312　叢1-223(20)
後漢書補表　史1-8、10(2)　叢1-264、456(3)、515,2-653(4)
後漢書補表校錄　史1-4649　叢2-2171
後漢書大秦國傳補注　史1-348,7-49309
後漢書校語　史1-377
後漢書獮俎　史1-5175
後漢書札記　史1-26、385～6　叢2-953
後漢書考證　史1-374、378、399
後漢書蒙拾　史1-5178～9　叢1-386、454,2-665、1432、1435
後漢書華佗傳補注　史2-8465
後漢書東夷列傳地理考證、南蠻西南夷列傳地理考證、西羌傳地理考證、西域傳地理考證、南匈奴傳地理考證、烏桓鮮卑傳地理考證　史1-349,7-49310
後漢書拾遺　史1-376
後漢書贅語　史1-5277、5866
後漢書抄　史1-4838、5170
後漢書年表　史1-5、4646
後漢書劄記　叢1-309
後漢書知意　史1-5871　叢2-2270(2)
後漢書朔閏考　史1-10(2)、383　叢2-1010
後漢書餘論　史1-381
後漢書纂　史1-5172
後漢書鈔、蜀漢文鈔　史1-5177　叢2-1540
後漢抄　史1-4358　叢2-776
後漢異同札記　史1-404
後漢縣邑省併表　史1-10(2)、347
後漢並六國圖　史7-49313、49516
後漢公卿表　史1-10(2)、4661　叢2-1905
後漢光武皇帝紀疏　史1-394
後漢黨錮歷史　史1-2281
後遠遊草　集3-14689
36後湘詩集、詩二集、詩續集　集4-27911
後湘詩集、二集、續集　叢2-1715
後湘集　集4-27910
37後湖漁人集　集4-31623
後湖志　史7-52875
後湖草堂詩鈔、試帖詩鈔、賦鈔　集4-29463
後洛中吟　集4-32322　叢2-894
38後洋書屋詩鈔、補遺　集3-17828
後海書堂雜錄　子4-21235
後遊桃花源記　史7-49317(4)、49318(7)、53652
40後南遊集　叢2-1431
後赤壁子弟書　集7-52109
後赤壁賦　子3-15712　集7-51751
後七國樂毅圖齊雜劇　集7-48774(4)、49004
後七國樂田演義　子5-27954～5
42後婚段一段　集7-51450
44後塔楊氏宗譜[安徽寧國]　史5-36946
後蒙古紀事本末　史1-1822
後燕疆域圖　史7-49313、49448
後燕錄　史1-2341　叢2-776
後村雜記　史1-4385　叢1-512
後村雜著　集3-17093
後村詩話　集6-45486、45654、45656～9　叢1-22(14)、23(13)、34、223(72)
後村詩話前集、後集、續集、新集　集6-45655　叢2-615(2)
後村詩集　集1-4161,3-13824、17094,6-41908
後村詩餘　集7-46664

後村詩餘、長短句 集7-46373、46665
後村詩鈔 集1-4160,6-41900
後村千家詩 叢1-205
後村集 集1-4151、4153 叢1-223(57)
後村集補鈔 集1-4162,6-41901
後村先生大全詩集 集1-4157
後村先生大全集 集1-4154 叢2-635(10)
後村先生大全集、目録 集1-4155
後村先生四六 集1-4165,6-42072
後村先生題跋 叢2-615(2)
後村題跋 叢2-731(33)
後村別調 集7-46380 叢2-698(13)、720(2)
後村別調、補 叢1-585
後村別調、補(後村先生長短句、後村詩餘) 集7-46666
後村別調補 集7-46667
後村別調補遺 叢2-2227
後村長短句 集7-46396、46668
後村居士詩餘 集7-46352
後横吳氏宗譜[江蘇] 史4-27792
46 後觀石録 子4-19480 叢1-201、203(5),2-642、1309
48 後梅花喜神譜 子3-16430
49 後趙疆域圖 史7-49313、49446
後趙録 史1-2334 叢2-776
50 後史補 叢1-15
後畫品録 子3-16021 叢1-4～5、9～10、22(15)、23(14)、29(2)、216、353
後畫録 子3-14692、15857、15859、16022 叢1-169(3),2-731(35)
後書品 子3-15001 叢1-22(15)、23(14)
後書品(書品) 子3-15020
後秦記 史1-2363 叢2-653(6)、731(65)
後秦疆域圖 史7-49313、49453
後秦録 史1-2364 叢2-776
後東遊日記(清光緒十一年至十四年) 史2-13019
57 後郙題跋 子3-14924 叢1-169(4)
後郙周氏淵源録[浙江紹興] 史4-29954
後郙居士詩 集1-4158
後郙居士集(後郙居士詩文集、後村集) 集1-4151
後郙居士集、目録 集1-4152
60 後蜀疆域圖 史7-49313、49459
後蜀毛詩石經殘本 經1-3
後蜀將相大臣年表 史1-10(5)、4784
後蜀録 史1-2337 叢2-776
後四聲猿散套 集7-49459
後圃編年稿 集3-17059
後圃編年續稿 集3-17060
後圃黃先生存集(後圃集)、嚮明齋詩文附卷 集1-5344
後園詹氏宗譜[浙江衢州] 史5-37905
後甲集 集4-23798
後甲集(躍雷館日記) 集3-17575 叢1-416～7,2-731(41)
後昌馮氏宗譜 史5-36482
72 後劉成美全傳(太陽燈) 集7-53767
73 後驂鸞録 子4-23044
77 後周文紀 集6-41793、43232 叢1-223(70)
後周書 史1-11
後周明帝集 集1-636,6-41767
後周並七國圖 史7-49313、49517
後陶遺稿 集3-16940
後賢殷氏支譜[江蘇鎮江] 史4-32206
後賢支蔣氏家乘[江蘇宜興] 史5-38098～9
78 後鑒録 史1-1929、1933、2834、4483～4 叢1-50～1、55,2-1309
80 後八僊圖 集7-53167
後八家四六文鈔 集6-44353
後金檄明萬曆皇帝文 史1-2935
後分涅般經 子6-32083(4)
後倉馮氏宗譜[浙江鄞州] 史5-36429
後食堂詩存 集4-21988
後養議 經1-6289 叢2-774(4)
86 後知不足齋叢書四十七種 叢1-515
後知堂文集(蕭深谷文集) 集3-15295
88 後鑑録 史2-9032
95 後性理吟 子1-1435 叢2-1287、1640

2224_8 𡼖

07 𡼖詞曲本 集7-53440

巖

00 巖齋學記 子1-1729
10 巖下放言 子4-20030～1 叢1-17、19(6)、20(4)、21(6)、22(3)、23(3)、24(7)、27～8、29(6)、31、56、175、223(41)、374、540～1、547(4),2-1036
巖下放言、拾遺 子4-20032
巖石詩鈔 集4-24030
22 巖峯徐氏宗譜[浙江金華] 史4-32013
26 巖泉山人詩四選存稿 集4-29642

30 巖客詩鈔　集 3－18106
巖客吟草　集 3－21890
31 巖潭詩集　集 2－8614
35 巖沖詩存　集 3－16474
41 巖坪謝氏遷玉族譜[江西玉山]　史 5－40752
45 巖棲詩稿　集 5－37504
巖棲集　集 2－10144
巖棲稿　叢 2－1123
巖棲幽事　叢 1－22(25)、111(5)、113、119～20、154,2－731(13)、1170～1
巖棲幽事、枕譚　叢 2－1172
55 巖耕堂疏鈔　史 6－48656
71 巖厂居遺詩　集 3－20802
76 巖陽蘇氏宗譜[浙江淳安]　史 5－41006
巖陽余氏宗譜[浙江淳安]　史 4－28531～3
77 巖居雜詠　集 3－15689
巖居稿　集 2－8437,6－45091
巖門精舍詩鈔　集 3－19478
80 巖前吟　集 5－35731
84 巖鎮吳氏續修宗譜[安徽歙縣]　史 4－28018
巖鎮吳氏支譜[安徽歙縣]　史 4－28021
巖鎮程氏家譜[安徽歙縣]　史 5－36072
巖鎮汪氏譜系[安徽歙縣]　史 4－28821
巖鎮汪氏重輯本宗譜[安徽歙縣]　史 4－28819
巖鎮汪氏家譜[安徽歙縣]　史 4－28820
巖鎮志草[雍正]　史 7－57975

2226$_4$ 循

00 循文清課　叢 2－2094
16 循理堂全集　集 5－38731
循環鑒　子 4－24482
21 循經考穴編　子 2－10309
24 循化廳志稿[乾隆]　史 8－63302
30 循良胡氏族譜[安徽黟縣]　史 4－30526
循良錄　史 2－9925　叢 2－1015
44 循蘭館詩存(絮影集、泉賞集、徵懷集、石橋集、消寒集、望雲集)　集 4－30779
循孝錄(張元翰)　史 2－10737
50 循吏　叢 1－460
循吏傳　史 1－940、947,2－6551　叢 2－1229
循吏補傳　史 2－6553　叢 2－956
循吏劉公家傳　史 2－9746
循夫先生集　集 2－8997
60 循園詩鈔　集 5－39911～2
循園古冢遺文跋尾　史 8－63511、64462
循園金石文字跋尾　史 8－63511、63750
70 循陔集　集 3－17655
循陔園集　集 2－11099
循陔吟草鈔　集 4－24659
循陔贈言(趙藩)　史 2－10734
循陔纂聞　子 4－21358～9

2227$_0$ 仙

00 仙方遺蹟　子 2－10746
仙方合集　子 2－9692
仙方合編　子 2－9373
仙音集　集 5－36615
10 仙靈衛生歌　子 2－11015　叢 1－30
仙霞志畧　史 7－52351
仙霞閣詩草　集 4－22920　叢 1－300
仙石周氏宗譜[安徽績溪]　史 4－30081
20 仙舫詩存、憫忠草　集 4－27983
21 仙儒外紀　史 2－6868
仙儒外紀削繁　史 2－6869
22 仙崖文集　集 3－13585
仙仙集　叢 1－104
仙山亭詩　集 3－16125
仙樂集　子 5－29530(22)、29535(5)、29536(5)、31952～3
25 仙佛奇蹤　子 5－27045　叢 2－689
仙佛真傳南解　子 5－29552、31387
仙佛降示　子 5－31786
仙佛合宗　子 5－31304
仙佛合宗語錄　子 5－29535(6)、29536(5)、29552、29566、29593、31301～3、31305
仙傳麻疹祕要　子 2－8825
仙傳外方　子 2－10093
仙傳外科集驗方　子 2－4554
仙傳外科集驗方、祕傳外科方、仙授理傷續斷方　子 2－7662
仙傳外科祕方　子 5－29530(22)
仙傳外科祕方(仙傳外科集驗方、仙傳外科集驗祕方)　子 2－7663
仙傳白喉治法要言　子 2－7570
仙傳烏金丸方　子 2－8238
仙傳濟陰方　子 2－4554、8002
仙傳宗源　子 5－29565、31860
仙傳拾遺　叢 1－19(3)、21(3)、24(4)
仙傳四十九方　子 2－11174
26 仙釋考　叢 2－1092
仙釋小簡精選　集 6－42988

30 仙注痘疹精義奇書 子2-8794
仙宗内指經 子5-31502
31 仙潭後志[崇禎] 史7-57284
仙源詩集 集4-32428
仙源礪士參語 子1-1822 叢2-1913～4
仙源岑村汪氏族譜[安徽黄山] 史4-28816
仙源城南胡氏家譜[安徽黄山] 史4-30522
仙源杜氏寶録 史4-27038
仙源杜氏宗譜[安徽黄山] 史4-27014～6
仙源書院藏書目録初編、續編 史8-65534
仙源東溪項氏重修族譜[安徽黄山] 史5-35525
仙源劉氏宗譜[安徽] 史5-39344
仙源陳氏族譜[安徽黄山] 史4-33169
仙源居士惜香樂府 集7-46600
仙源類譜 史5-38223
33 仙心閣文鈔 集4-32045 叢2-1845
仙心閣詩鈔 集4-32042～3 叢2-1845
仙心閣集四種 叢2-1845
仙浦喻氏宗譜[浙江黄巖] 史5-35931
37 仙洞文氏族譜 史4-25709
40 仙壇花雨 子4-24614,5-27122 叢1-496(2)
仙壇花吟 集3-18982
仙真衍派 子5-27231
仙樵詩鈔 集4-31507
42 仙機武庫 子3-18027
44 仙坡詩草 集4-24708
仙麓書室詩草 集4-31761
仙苑編珠 史2-6883～4 子5-29530(12)
仙華集 集2-6846
仙村遺稿 集4-24524
仙桂新攀録、警世晨鐘 子4-24311
仙菽廬詩集 集3-20828
45 仙樓瓊華 集2-8336
47 仙好樓韻語 集5-41159
仙都紀遊集 集3-16441
仙都志 史7-52385 子5-29530(12)
48 仙槎遊草 集4-24918
50 仙吏傳 子5-26222、27543 叢1-249(2)、255(3)、395,2-731(60)
51 仙拈集 子2-9450
52 仙授理傷續斷方 子2-4554、7662、7889
仙授喉科大法寶書 子2-7601
54 仙蝶樓詩存 集5-33977
60 仙愚餘雜帖 子4-20734
68 仙蹤記畧 子5-27222
仙蹤記畧、續 子5-27221
77 仙閨集 集1-5342～3 叢1-496(4)
仙屏書屋文稿 集4-29310
仙屏書屋詩鈔 集4-29309,6-42008
仙屏書屋初集文録 集4-29311
仙屏書屋初集詩録、後録、詩録校誤 集4-29303
仙居集 史7-57647 集5-36572
仙居叢書第一集十二種 叢2-855
仙居縣志[康熙] 史7-57645
仙居縣志[萬曆] 叢2-855
仙居縣志[同治] 史7-57646
仙居小稿、外集 集4-29796
80 仙人篇 叢2-771(2)
88 仙籍旨訣 子5-31499

2227_2 徭

60 徭里全書 史6-43644

2229_3 繇

27 繇絳書屋叢録 叢1-356
32 繇州越王樓詩録 叢1-356
88 繇竹思賢堂九賢傳畧 叢1-356

2232_7 鸞

17 鸞歌式醮 集7-49703
22 鸞山易氏三修族譜[湖南攸縣] 史4-29551
鸞山易氏四修譜[湖南攸縣] 史4-29552
28 鸞綸紀寵詩 集5-37996
40 鸞臺集 叢2-1358
鸞臺偶吟 集3-20294,6-45142
65 鸞嘯集 史7-49350、53475 集2-10592
鸞嘯堂集 集3-13882
77 鸞鳳配 集7-53617
鸞鳳雙簫 集7-53844
鸞鳳圖(龍鳳報) 集7-53843
86 鸞鎞記 集7-49709、49940
87 鸞翔書院課藝 集4-31721
95 鸞情集 集7-46405、46862
鸞情集選 集3-14205 叢2-1301

2233₉ 戀

50 戀春園詩草　叢 2-1767

2234₇ 觧

72 觧氏讀易齋丸散集　子 2-9980

2238₆ 嶺

10 嶺雪集　集 3-17532
嶺西水陸兵紀　子 1-3806
嶺西水陸兵紀、拙政編　史 6-45148
嶺西春夢記　子 4-21869
嶺西公牘彙存　史 6-47172～3
嶺雲齋詩草　子 4-23530　集 5-34583
嶺雲齋詩草、詩餘、醉夢錄　集 5-34584
嶺雲雜著　集 4-24358
嶺雲詩鈔　集 3-19585
嶺雲集　集 3-14600,6-41963
嶺雲編　集 6-43001
嶺雲海日樓詩稿　集 5-39995
嶺雲海日樓詩鈔　集 5-39994
嶺雲海日樓詩鈔、選外集　集 5-39996
嶺雲草　集 2-12726,6-44961
嶺雲軒瑣記　子 4-21603
嶺雲全集　集 4-24426
21 嶺上白雲集、竊翁文鈔　集 4-33221
嶺上紀行　史 1-1951、4479　叢 1-580
23 嶺外雜言　史 7-50853　集 4-26852
嶺外三州語　經 2-14898、14900　叢 2-2206
嶺外集　集 4-24205
嶺外代答　史 7-50830　叢 1-223(25)、244(4)、373(5)、489,2-731(57)、735(2)
嶺外吟　集 3-18862
28 嶺徐徐氏宗譜[浙江寧海]　史 4-31941
38 嶺海酬唱集(山舟草)　集 3-21367
嶺海續聞　史 7-54258
嶺海名勝記　史 7-51305～6
嶺海叢譚　史 7-50855
嶺海焚餘　史 1-1950,6-48536　叢 2-615(3)
嶺海樓詩鈔　集 4-26800～1,6-42007(1)
嶺海樓外集　子 1-1715
嶺海拾遺　叢 2-1368
嶺海見聞　史 7-51307
嶺海異聞　史 7-54258
嶺海異聞錄　史 7-49343
嶺海輿圖　史 7-50835　叢 1-223(23)、274(3)、489,2-731(57)、880
嶺海賸　史 7-51308
40 嶺南文獻　集 6-44879
嶺南文獻徵存　集 3-20045
嶺南文獻軌範補遺　集 6-44880
嶺南雜記　史 7-49317(5)、49318(15)、50841～2　叢 1-210～1、249(3)、373(8),2-731(57)
嶺南雜事詩鈔　史 7-50858　叢 1-481
嶺南詩集　集 3-21285
嶺南詩草　集 5-40441
嶺南詩鈔　集 4-22266
嶺南三急症醫方辨論　子 2-6881
嶺南三大家詩選　集 6-44884
嶺南五朝詩選　集 6-44881
嶺南羣雅初集、補、二集　集 6-44883
嶺南集　集 3-19057、21820,4-24799、24801～2、24805　叢 1-310
嶺南集、山左集、中州集、續集　集 4-24804
嶺南集、續集　集 4-24800、24803
嶺南集古詩卷　集 5-38346
嶺南宦遊草　集 5-35387
嶺南叢述　史 7-50849
嶺南遺書　叢 2-881
嶺南遺書前編(嶺南叢書)　叢 2-880
嶺南逸史　子 5-28445～7
嶺南遊草　集 4-25232、25364,5-33885,6-42007(4)
嶺南存草　集 4-23289
嶺南草　集 6-44974
嶺南荔支譜　子 4-19319　叢 2-731(30)、881
嶺南林睡廬詩選　集 3-19279
嶺南四家詩鈔　集 6-44885
嶺南吟稿　集 5-39051
嶺南吟草　集 4-25630
嶺南蠶桑要則　子 1-4405
嶺南隨筆　史 7-50847～8、50854　叢 1-373(8)
嶺南風物記　叢 1-223(25)
嶺南風物紀　史 7-50837　叢 1-489
嶺南風雅　集 6-44882
嶺南即事　子 5-26713
44 嶺草偶存　集 4-30794
48 嶺梅小草　集 3-21319

50 嶺表紀年 史 1-3466
嶺表錄異 史 7-50828 叢 1-223(25)、230(2)、255(2)、388～90、489,2-624(1)、731(57)
嶺表錄異記 史 7-50827 叢 1-19(7)、20(5)、22(12)、23(11)、24(7)、29(3)、350
嶺表錄異記佚文 史 7-50829 叢 2-777
76 嶺隅文鈔 集 4-32682

2240_4 孌

00 孌童 集 7-49296

2240_7 攣

50 攣史 子 4-24443～6 叢 1-496(1)

2240_8 變

28 變徵定位考 經 1-6579
34 變法攻髓 史 6-47549
變法經緯公例論 史 6-47548
變法自強奏議彙編 史 6-47552
變法奏議叢鈔 史 6-47551
變法圖存 子 4-24144
37 變通旗制三上書 史 6-45163
變通旗民交産舊制例册 史 6-45961
變通武舉投標隨營章程例册 史 6-45195
變通秋審緩決人犯辦法章程 史 6-46294
變通區田省工法 子 1-4210
變通小學義塾章程 子 1-2860
變通小學義塾章程、訓學 子 1-2487
60 變異錄 史 1-1994、4548
70 變雅斷章衍義 經 1-4546 叢 2-1000
變雅堂文集 集 3-13604、13606
變雅堂文集、詩集 集 3-13603
變雅堂文集、詩集、附錄 集 3-13605
變雅堂文錄 集 6-42067
變雅堂集外詩 集 3-13602
變雅堂遺集(文集、詩集)、附錄 集 3-13607
78 變鹽法平議 史 6-43792

2241_0 乳

22 乳峯堂詩集 集 3-16657
26 乳泉徐氏宗譜[浙江金華] 史 4-32017
28 乳谿賦稿 叢 2-837
31 乳源縣志[康熙] 史 8-60916～7
32 乳溪賦稿 集 3-20997
37 乳初軒詩選、外集 集 4-23554
90 乳光佛經 子 6-32083(7)

2241_3 巍

22 巍巍不動太山深根結果經會解 子 7-36110
巍巍不動太山深根結果寶卷 子 7-36108
巍巍不動太山深根結果寶卷句解 子 7-36111
巍山王氏宗譜[浙江東陽] 史 4-25163
50 巍東張氏宗譜[浙江東陽] 史 5-35067

2244_1 艇

00 艇齋詩話 集 6-45486、45604 叢 1-19(7)、20(5)、21(6)、22(14)、23(13)、24(7)、242(5)、374
艇齋詩話、校譌 集 6-45605
艇齋詩話、校譌、續校 集 6-45606 叢 1-376,2-731(46)
艇齋詩鈔 集 6-41922
艇齋小集 集 1-3254,6-41894(2)、41895
10 艇雷紀要 子 7-36241

2245_3 幾

00 幾亭文錄 集 2-12465～6
幾亭文錄、外書 集 2-12462
幾亭文錄、續、外書、續 集 2-12463
幾亭再集三種 叢 2-1209
幾亭政書 子 1-1260
幾亭外書 子 4-20896 叢 2-838、1208
幾亭續文錄 集 2-12464 叢 2-1209
幾亭初集四種再集四種 叢 2-1208

幾亭全書五種附一種　叢 2-1210
21 幾何論約　子 3-12488
幾何論約、卷末　叢 1-223(35)
幾何要法　子 3-11234
幾何形學考　子 7-36240(4)
幾何約　叢 1-223(35)
幾何演算　子 3-12489
幾何補編　子 3-11238～9
幾何補篇上下篇　子 3-12491
幾何通解　子 3-11239
幾何畫法　子 7-37503
幾何畫法教本　子 3-12490
幾何易簡集　子 3-12487　叢 2-1333
幾何原本　子 3-12396、12483、12486，7-36228(4)　叢 1-135、223(35)、453，2-731(26)
幾何原本、算法原本　子 3-12484～5
幾何舉隅、補譯幾何原本　子 7-37510
22 幾山小稿　集 4-25202
26 幾線備旨、幾線學總習問　子 7-37552
34 幾社文選　集 6-43979
幾社六君子詩選　集 6-43842
幾社壬申合稿　集 6-43980
幾社集選　集 2-12269，6-41949
40 幾希錄、集古方(幾希錄良方合璧、幾希錄附方)　子 2-9508
幾希錄續刻、集經驗諸方　子 2-9509
幾希錄附方　子 2-9505
幾古摘奇演算法　子 3-12347

2247_0 舢

21 舢舨礮法　子 1-3617

2250_0 犂

77 犂眉公集　集 2-5929

2250_2 掣

20 掣鯨堂詩集　集 3-17358～9
掣鯨堂詩選　集 3-17360　叢 1-328
掣鯨堂集　集 3-17361　叢 1-584

2250_4 峯

10 峯霞草　集 3-16575
峯石詩稿　集 5-36625
22 峯川胡氏重修宗譜[浙江永康]　史 4-30471
32 峯溪集、外集、附錄　集 2-7600
36 峯邊中山劉氏重修族譜[浙江金華]　史 5-39285
37 峯泖詩鈔　集 3-20117　叢 1-299～300
峯泖春思集　集 6-44435
峯泖閨秀詩鈔　叢 1-300
50 峯青館詩續鈔　集 5-34269
峯青館詩鈔　集 5-34268
57 峯抱樓琴譜　子 3-17718
76 峯陽鄭氏家譜[安徽歙縣]　史 5-38725
80 峯入松　集 7-53142

2255_3 峩

22 峩山圖志　史 7-52642
77 峩眉詩錄　叢 2-2150
峩眉山志　史 7-52641

2260_0 刮

42 刮垢滌塵　集 7-50710
44 刮地風　子 3-17913　集 7-50735～6

2260_1 岩

26 岩泉山人詩四選存稿　叢 2-886(5)
45 岩棲幽事　子 5-26341　叢 1-13、14(3)、110

呇

00 呇廬山人文集、詩集、詩餘　集 3-16672

2260_9 譽

00 譽文書屋集畧 集3-20122 叢2-998
譽文書屋集畧、譽文書屋尺牘畧、約六齋制藝 集3-20123
譽文書屋集畧、尺牘畧 叢2-1455

2261_0 乩

22 乩仙偶錄 子5-27288

2262_1 岢

22 岢嵐州志[康熙] 史7-55754
岢嵐州志[光緒] 史7-55755

2265_3 畿

27 畿甸考 史6-41653
40 畿南濟變紀畧 史1-3870
畿南河渠通論 史7-49318(10)、52825
50 畿東河渠通論 史7-49318(10)、52826
53 畿輔方言 經2-14897
畿輔詩鈔目錄 史8-66059
畿輔水利議 史6-46731 子1-4230 叢1-483、563
畿輔水利私議 史6-46713
畿輔水利備覽 史6-46735
畿輔水利初案、二案、三案、四案、補、附錄 史6-46730
畿輔水利輯覽 史6-46584、46713、46733
畿輔水道管見 史6-46713
畿輔水道管見、畿輔水利私議 史6-46584、46734
畿輔碑目、待訪碑目 史8-63815
畿輔經籍目錄 史8-66054
畿輔條鞭賦役全書 史6-43646～7
畿輔紀畧 史2-9641
畿輔紀聞 史1-3855 叢1-571
畿輔安瀾志 史6-46728 叢1-230(2)
畿輔宦浙同官錄 史3-23745
畿輔河渠畧 史7-52823
畿輔河道水利叢書 史6-46584
畿輔河道水利叢書九種 史6-46713
畿輔叢書 叢2-782(1)
畿輔叢書已刻書目、畿輔叢書未刻書目 史8-66163
畿輔叢書目錄 史8-66164
畿輔通志[雍正] 史7-55015 叢1-223(24)
畿輔通志[康熙] 史7-55014
畿輔通志[同治] 史7-55016
畿輔七名家詩鈔 集6-44392
畿輔藝文志 史8-66057～8
畿輔藝文考 史8-66055～6
畿輔輶軒集 集4-27932
畿輔明詩 集6-44391
畿輔同官錄 史3-23723～4
畿輔學堂詳細規條 史6-42456
畿輔人物志 史2-7726
畿輔人物考 史2-7723～4 叢2-1230
畿輔人物畧 史2-7725
畿輔全圖 史7-49915
畿輔全省輿圖 史7-49916
畿輔金石畧 史8-63813～4
畿輔義倉圖、規條 史6-44636
77 畿服經 史7-49307～8、49439 叢2-767

2271_1 崑

02 崑新兩縣續修合志[光緒] 史7-57040
崑新兩縣續補合志[民國] 史7-57041
崑新兩縣志[道光] 史7-57039
崑新鄉土地理志[光緒] 史7-57042
22 崑崖詩鈔 集6-41981
崑崙 史7-49336、54509
崑崙記 史7-49317(5)、49318(17)、54508
崑崙說 史7-49318(19)
崑崙硒詠 叢1-547(2)
崑崙硒詠集 集5-40025
崑崙集、續 叢1-540
崑崙集、續、釋文 叢1-547(2)
崑崙山房詩集殘稿、百一詩 集3-17522
崑崙山房詩稿 集3-17521
崑崙山房集 集3-17523～4
崑崙山房集(班范昉截、詩集、郢中集、紀勝詩、述古雜詩、遺詩、明季百一詩) 集3-17525
崑崙山房集八種 叢2-1369

崑崙山房明季百一詩　史1-6186～7
崑崙山考　史7-49357、52678
崑崙山故實　史7-52677
崑崙山人(王光胤)傳　史2-8990
崑崙山人集　集3-17520
崑崙河源考　史7-52775～6　叢1-223(24)、269(4)、270(3)、271、272(2),2-731(55)
崑崙草　集3-13725
崑崙奴　集7-48775、48778、49178～80　叢2-672
崑崙奴傳　子5-26224　叢1-56、168(3)
崑山雜詠　史7-50234　集6-44489、44503　叢2-638
崑山新陽合志[乾隆]　史7-57038
崑山詩徵稿前集、後集、續集、附集　集6-44505
崑山詩存補遺稿　集6-44506
崑山建陽朱氏家乘[江蘇崑山]　史4-26452
崑山瑯琊王氏世譜[江蘇崑山]　史4-24900
崑山殉難錄　史2-7913
崑山郡志　史7-54915　叢1-265(3)
崑山郡志[至正]　史7-57032　叢1-498
崑山片玉　集6-42024
崑山先賢冢墓考　史7-51921
崑山名家詩人小傳　史2-7915
崑山名賢冢墓考　史7-51922
崑山名賢墓志銘　史2-7917
崑山徐氏藏婦女著作目錄　史8-66390
崑山褋詠　集6-44502
崑山安定胡氏世譜[江蘇崑山]　史4-30392
崑山寶卷　集7-54387
崑山顧桂軒先生鼇峯稿、啖蔗餘甘詞、西湖紀游、百詠天香集　集2-6809
崑山古蹟寶卷　集7-54574
崑山葉氏文莊公世譜[江蘇崑山]　史5-35657
崑山胡石予先生年譜　史2-12436
崑山胡氏仁壽堂藏書目錄　史8-66026
崑山胡氏仁壽堂藏閨秀書目　史8-66389
崑山胡氏懷琴室藏閨秀書目　史8-66388
崑山螳臂錄　史1-1945、3356
崑山縣志[康熙]　史7-57036～7
崑山縣志[弘治]　史7-57033
崑山縣志[嘉靖]　史7-57034
崑山縣志[萬曆]　史7-57035
崑山人物詠　集5-39542
崑山人物傳　史2-7911
崑山人物志　史2-7910
崑山人物小傳　史2-7914
32 崑溪孫氏家譜[浙江東陽]　史5-33634
崑溪孫氏宗譜[浙江東陽]　史5-33635～7
38 崑海集　集4-22131
43 崑弋集雅　集7-54767
崑弋身段譜乙編　集7-54797
崑弋身段譜甲編　集7-54796
崑弋聞鈴　集7-53606
44 崑林小品　集3-13906
55 崑曲　集7-54720、54739
崑曲(英雄會等)　集7-54703
崑曲六行曲譜安殿本　集7-54756
崑曲雜抄二十五種　集7-54745
崑曲雜錦　集7-54732
崑曲譜　集7-54700、54742、54764、54801
崑曲集錦三百七十八折　集7-54744
崑曲彙抄　集7-54749
崑曲摘錦　集7-54741
崑曲曲譜(訪素等)　集7-54738
崑曲曲譜(長生殿、西廂記等)　集7-54750
崑曲曲譜五十七折　集7-54731
崑曲曲譜集　集7-54755
崑曲四行安殿本曲譜　集7-54757
崑曲粹存初集　集7-54719
73 崑腔叢豔　集7-54641
76 崑陽詩稿　集3-18960
88 崑笙詩存　集5-39630

2271₇ 邕

30 邕寧一覽[民國]　史8-61236
邕寧縣志[民國]　史8-61237
邕寧縣志稿[民國]　史8-61235
32 邕州小集　子4-19896　集1-2183　叢1-223(51)、585
邕州小集、補遺　集6-41894(1)
44 邕莞竹枝詞　集4-23779
87 邕歈稿　叢2-1107
88 邕管集　集4-22127

2272₁ 斷

04 斷諸法狐疑經　子6-32084(10)
斷諸法狐疑法經　子6-32093(10)
12 斷水詞　集7-47446

24 斷續鏡 子 7－32111
27 斷緣夢雜劇 集 7－49552、49557 叢 2－1780
30 斷寃家債主 集 7－48774(5)
35 斷袖篇 子 5－26672 叢 1－587(4)
40 斷肉編 叢 1－143
42 斷橋一枝 集 7－52663
斷橋殘雪一枝 集 7－51714
斷橋林氏宗譜[浙江仙居] 史 4－29300～3
斷橋妙倫禪師語錄 子 6－32091(72)
44 斷蔗山房詩稿 集 4－23787
47 斷殺狗勸夫 集 7－48774(8)
60 斷易大成 子 3－13778
斷易大全 子 3－13776、13779
斷易黃金策 經 1－2371
斷易金鑒 子 3－13746
76 斷腸詩 集 2－10323
斷腸詩集 集 1－3089、3095，6－41779～80 叢 1－295，2－833
斷腸詩集、後集 集 1－3083
斷腸記 子 7－38159 叢 1－528
斷腸詞 集 7－46357、46361、46428、46564 叢 1－223(73)，2－731(48)
斷腸集 集 1－3097，6－41901
斷腸集、斷陽詞 集 1－3085
斷腸草 集 5－39937
斷腸全集 集 1－3096，6－41889
斷腸全集、斷腸詞 集 1－3084
斷陽詞 集 1－3085
77 斷際心要 子 7－33481
斷際心要、接衆機緣 子 7－34059
斷際禪師傳心法要、宛陵錄 子 6－32091(65)
83 斷鐵集 集 5－36028

2272_7 嶠

10 嶠西詩鈔 集 4－24438
40 嶠南瑣記 史 7－50933、50935 叢 1－233、496(5)，2－731(57)
70 嶠雅 集 2－12447～8、12452
嶠雅、嶠雅後 集 2－12450

2273_2 製

14 製玻璃法 子 7－36228(3)
22 製紙畧法 子 7－37223
製絲養蠶合册 子 1－4409
34 製造玻璃 子 7－36248
製造紙法 子 7－36229、37253
製造考 子 7－36240(3)
35 製油燭法 子 7－36228(3)、36242(3)、36248、37257
40 製大黃丸方 叢 1－303～4
製大黃丸方（祕製大黃清寧丸方） 子 2－9587
42 製機理法 子 7－36231(5)、37252
44 製蔬品 叢 1－119～20
製藝遺簪 子 4－21874
55 製曲十六觀 集 1－5708 叢 1－195(4)，2－731(49)
製曲枝語 叢 1－201、203(2)，2－1269
77 製肥皂法 子 7－36228(3)、36242(3)、37256
製羼金法 子 7－36231(5)、37222
86 製錦堂集 集 2－10091
90 製火藥法 子 7－36228(3)、36231(3)、36242(3)、37020

2275_7 崢

10 崢霄館評定出像通俗演義魏忠賢小說斥奸書 子 5－28178
29 崢嶸集 叢 2－1363

2277_0 丱

80 丱兮筆記 子 4－21506

凶

35 凶禮 經 1－5387 叢 2－774(3)

山

00 山廬文鈔、詩鈔 集 5－40379 叢 2－2199
山齋文集 叢 1－223(65)
山齋集 集 2－7395
山齋客譚 子 5－27077 叢 1－203(14)
山齋志 子 4－18538、19456 叢 1－14(3)、

30、111(1)、119～20、461
山齋箋　叢1-249(3),2-624(3)、731(33)
山度明哥政要　史7-49318(19)、54887
08 山謙之吳興記　史7-49307　叢2-767
山謙之吳興記[劉宋]　史7-57238
山謙之丹陽記　史7-49307、50089　叢2-767
10 山靈朝扈　集7-49702
山夏詩　集2-10323
山霞李氏五修族譜[湖南衡山]　史4-27605
山天衣聞　子1-1686　叢2-1652
山石類字釋名　子7-36237
山西高平祁氏族譜[山西高平]　史4-26926
山西諮議局第二屆常年會核覆案　史6-41835
山西至雲南路程表　史7-49742
山西五更一套　集7-50864
山西盂縣等處礦務章程　史6-44779
山西平陽府平陽邨秀女寶卷全集　集7-54495
山西鄉試朱卷　史3-16485
山西鄉土志[民國]　史7-55592
山西解州志[乾隆]　叢1-373(2)
山西各廳州縣留支内外銷籌款說明書　史6-43273
山西各署局所自行經理各欵說明書　史6-43271
山西寧武府忠義孝弟祠觀法錄　史7-51760
山西寶泉局奏稿　叢2-1016
山西洪洞薄村十甲王氏族譜[山西洪洞]　史4-24767
山西清查章程　史6-43265
山西通志[雍正]　史7-55589　叢1-223(24)
山西通志[康熙]　史7-55588
山西通志[嘉靖]　史7-55586
山西通志[萬曆]　史7-55587
山西通志[成化]　史7-55585
山西通志[光緒]　史7-55591
山西通省正印官員簡明履歷册　史3-23725
山西運庫並歸綏道歸化關收支各欵說明書　史6-43270
山西大同府屬賦役全書　史6-43663
山西大同武州山石窟寺記、雲岡唱和集　史7-51547
山西直隸沁州志[康熙]　史7-55693
山西志輯要[乾隆]　史7-55590
山西嘉慶十七年分正雜鹽課錢糧黄册　史6-43812
山西地畧　史7-49318(20)、49924
山西藩庫收支各欵表說明書　史6-43269
山西藩庫内外銷收款說明書　史6-43268
山西藩庫内外銷支欵說明書　史6-43267
山西考畧　史7-49317(1)、49318(2)、49923
山西柏山楷禪師語錄　子6-32091(82)
山西丈地簡明文册　史6-43423
山西賦役全書　史6-43659、43662
山西同官錄　史3-23727
山西學務總編　史6-42463
山西全省各府廳州縣地方經理各欵說明書　史6-43272
山西全省財政沿革利弊說明書四章、山西各廳州縣差徭情形一覽表　史6-43266
山西金石記畧　史8-63833
山西介休縣張蘭鎮馬氏族譜[山西介休]　史4-31548
山西省鄉賢傳　史2-7748
山西省道光二十三年分徵收正雜鹽課數目清册　史6-43813
山西省賦役全書　史6-43660～1
山雲水石集　子7-34232
11 山頭造命千金訣　子3-13152
12 山水訣(王維)　子3-15858、15875
山水訣(李成)　子3-15858～9、15882
山水二經合刻　史7-49349
山水爭奇　子4-18539、24189
山水集册　子3-16354
山水純全論　子3-15858、15893
山水純全集　子3-14692、15859、15890～2、15895　叢1-19(7)、20(5)、21(7)、24(8)、223(37)、353、374
山水總目　經1-3205
山水家法　子3-15936、16324
山水清音　集4-30142,7-49375
山水逐　集2-12158～9
山水逐、贈言　集2-12157
山水松石格　子3-15858～9
山水松石格(梁元帝山水松石格)　子3-15871
山水忠肝集摘要　子3-13438　叢1-245
山水賦　子3-15858、15878
山水吟　集7-50689
山水同名錄　史7-52139　叢2-2101
山水閒情錄　集4-23447
山水聞見紀　子3-16260
山水鄰新鐫出像四大癡傳奇　集7-48781
山水鄰新鐫花筵賺　集7-49710、50031
山水鄰鐫出像四大癡傳奇　集7-49710

山飛泉立堂文稿 集 3 - 16189
17 山子詩鈔 集 3 - 21884～5 叢 2 - 843
山歌 叢 1 - 177
山歌小曲集 集 7 - 50721
18 山憨山房雜著 子 4 - 24531
20 山傭遺詩 集 4 - 31004 叢 2 - 844
21 山上排龍 子 3 - 13708
山行雜記 史 7 - 53138 叢 1 - 108
山行集 集 4 - 23563
22 山川記 史 7 - 49464 叢 2 - 776
山川紀異錄 史 7 - 52138
山川地理圖 經 1 - 77(2)、3150
山川考 史 7 - 49318(10)、52141
23 山外山房詩集 集 4 - 32065 叢 2 - 896
山外樓詩稿 集 5 - 41423
24 山繞兒一枝 集 7 - 51914
26 山伯訪友 集 7 - 52832
山泉吳氏小傳 子 4 - 18791
山泉九自歎 集 7 - 53254
27 山盤朱氏宗譜[浙江義烏] 史 4 - 26573
山舟紉蘭集 集 3 - 20033
山舟法書 子 3 - 15736、15744
山舟草 集 3 - 21367
山舟學詩草 集 3 - 18053
山名考 叢 2 - 1092
山響齋別集飲騷 集 1 - 53
30 山房夜話 子 7 - 34904
山房集 集 1 - 3948、3950、6 - 41784
山房集、後稿 叢 2 - 674
山房集、後藁 集 1 - 3949 叢 1 - 223(56)
山房先生遺文 集 1 - 4341、4344、4346
山房積玉 子 1 - 1925
山房遺文、山房外集 叢 1 - 223(58)
山房十友圖贊(新刻山房十友圖贊) 子 4 - 18670
山房四友譜 子 4 - 18536
山房隨筆 子 4 - 22940 集 6 - 45490 叢 1 - 4～5、9、17、19(6)、21(6)、22(7)、23(7)、24(7)、34、56、99～101、175、223(45)、244(5)、373(5)、2 - 624(2)
山房隨筆、補遺 子 4 - 22941 叢 1 - 511
山家語 集 2 - 10187 叢 1 - 86、2 - 730(8)、731(43)
山家清供 子 4 - 18916～7 叢 1 - 17、19(6)、20(3)、22(13)、23(12)、24(6)、86、364、2 - 730(7)、731(30)
山家清事 子 4 - 23802、5 - 26218 叢 1 - 11、17、19(6)、20(3)、22(13)、23(12)、24(6)、38、66、114(6)、119～20、154、187
山窻餘稿 叢 1 - 223(61)
山窗隨筆 子 4 - 21106
山窗覺夢 子 1 - 2311
山窗覺夢節要 叢 2 - 853
山窗餘稿、校勘記 叢 2 - 870(5)
山窗餘藁 集 1 - 5353
山窗餘藁、校勘記 集 1 - 5354
31 山涇草堂文存 集 5 - 41195
山涇草堂詩 集 5 - 41190
山涇草堂詩稿 集 5 - 41189
山涇草堂詩續詩補 集 5 - 41193
山涇草堂詩存 集 5 - 41191
山涇草堂竹吟稿 集 5 - 41192
32 山洲吳氏宗譜[浙江東陽] 史 4 - 27947～8
山淵閣經說 經 2 - 11772
山派源流 子 5 - 29568
山溪孟氏宗譜[江蘇宜興] 史 4 - 30310
山溪先生集 集 2 - 6401、6403
山溪周氏世徵錄[江蘇宜興] 史 4 - 29880
33 山心室倡和甲乙集、城南聯句 集 6 - 44216
34 山斗程氏支譜[安徽休寧] 史 5 - 36118
山對齋文詩存稿 叢 2 - 966
山對齋詩文存稿 集 4 - 22327
山滿樓詞鈔 集 7 - 47678
山滿樓集、補遺、詞鈔 集 4 - 30740
山滿樓箋注唐詩七言律 集 6 - 43458
山法全書 子 3 - 13519
山漢雜技 集 3 - 20374
35 山清水秀一枝 集 7 - 51913
山神廟裴度還帶雜劇 集 7 - 48774(1)、48802
36 山邊潘氏家譜[福建建甌] 史 5 - 39842
37 山渦褚氏宗譜[江蘇武進] 史 5 - 37942
山深水闊一枝 集 7 - 51915
38 山洋指迷 子 3 - 13499
山海經 史 7 - 49349 子 1 - 61～2、64～5、67～9、83、5 - 26760～1、26765～7、29530(20) 叢 1 - 41～4、90～3、140、223(45)、227(5)、257、2 - 730(5)、731(55)、2265
山海經、雜述、圖 子 5 - 26775
山海經、古今本篇目考 子 5 - 26762
山海經、校勘記 叢 2 - 635(5)
山海經、圖 子 5 - 26764
山海經、圖、古今本篇目考 子 5 - 26763
山海經、圖讚、補注 子 5 - 26772
山海經廣註 子 5 - 26780
山海經廣注 子 5 - 26781 叢 1 - 223(45)
山海經廣注、讀山海經語、山海經雜述、圖 子 5 - 26779
山海經新校正 子 5 - 26771
山海經水經合刻二種 叢 1 - 41
山海經佚文 叢 2 - 777
山海經釋義 子 5 - 26768

山海經釋義、圖　子 5 - 26769
山海經補註　子 1 - 61,5 - 26776～7　叢 1 - 241、242(3)、282(2)、283(2),2 - 1091～2
山海經補注　叢 2 - 1089
山海經逸文　叢 1 - 371
山海經存　叢 2 - 1421
山海經地理今釋　子 5 - 26778　叢 2 - 671
山海經表目　叢 2 - 1825
山海經圖讚　史 7 - 49307～8　子 1 - 61　叢 1 - 27、146、241
山海經圖讚、補遺　叢 1 - 98、242(4)
山海經圖讚補逸　叢 1 - 258,2 - 731(2)、847、1466
山海經圖贊　子 5 - 26773　叢 1 - 272(5)、539～43、547(3)
山海經圖贊、補遺　叢 1 - 74
山海經圖贊、雅圖贊　子 5 - 26774
山海經腴詞　子 5 - 25831
山海經箋疏、圖讚、訂譌、敘錄　子 5 - 26770　叢 2 - 628、698(4)、1596
山海漫談　集 2 - 9262　叢 1 - 223(66)
山海題雜集　集 5 - 35981
山海關誌[康熙]　史 7 - 55153
山海關記　史 7 - 49319、49907
山海關稅則　史 6 - 43548
山海關内外鐵路里數兩表　史 6 - 44248
山海關内外鐵路火車載貨價目　史 6 - 44249
山海關志[嘉靖]　史 7 - 55152
山海關榷政便覽　史 6 - 43964
山海關營口火車來往時刻表　史 6 - 44254
山海鈔關則例　史 6 - 43963
山遊詩、恆軒詩　集 3 - 13735
山遊倡和詩　叢 2 - 832(3)
山遊十六觀　子 4 - 20549　叢 1 - 143
40 山左訪碑錄　史 8 - 63512、63961
山左詩鈔　叢 1 - 373(5)
山左北朝石存目　叢 1 - 497
山左碑目　史 8 - 63959　叢 1 - 582
山左集　集 4 - 24804
山左行吟存草　集 5 - 39969
山左皇華集　集 4 - 29368
山左漢魏六朝貞石目、續、再續、補　史 8 - 63963
山左冢墓遺文、補遺　史 8 - 63962
山左南北朝石刻存目　史 8 - 63960　叢 1 - 524
山左校士錄　史 3 - 14991
山左草　集 6 - 41763
山左教案二編附問答記　子 7 - 35798
山左書畫志畧　史 2 - 8169
山左星軺隨筆(清道光二十一年至二十三年)　史 2 - 12753
山左明詩選　集 6 - 44825
山左明詩鈔　集 6 - 44820
山左蠶桑考、課桑事宜、蠶桑問答　子 1 - 4362
山左金石志　史 8 - 63955
山左金石志目　史 8 - 63958
山左筆談　史 7 - 50601　叢 1 - 195(7)、368,2 - 731(57)
山坑喻氏十一修支譜[湖南寧鄉]　史 5 - 35944
山坑喻氏十修支譜[湖南寧鄉]　史 5 - 35943
山塘唱和詩　集 6 - 44164
山南詩選　集 6 - 44771
山南論畫　子 3 - 15859～61、15977　叢 1 - 469、495、586(3),2 - 716(3)
山南鄭氏宗譜[安徽青陽]　史 5 - 38731
山志、二集　子 4 - 21117
山志、大明世系　子 4 - 21118
山志提要　史 8 - 66279
山右訪碑記　史 8 - 63512、63831
山右訪碑錄　史 8 - 63830
山右讞獄記　史 6 - 46482
山右石刻叢編　史 8 - 63829
山右叢書初編　叢 2 - 821
山右冢墓遺文、補　史 8 - 63832
山右通志人物詠史詩畧、補遺　史 1 - 6066
山右吟草　集 4 - 32994,6 - 42007(2)
山右同官錄　史 3 - 23728
山右金石存畧　史 8 - 63827
山右金石存畧目錄摘要　史 8 - 63828
山右金石錄　史 8 - 63512、63826　集 4 - 28760
山木居士文集　集 3 - 21542
山木居士文稿　集 3 - 21538
山木居士集、外集　集 3 - 21541
山木居士外集　集 3 - 21539
山樵書外記　子 3 - 15507
山樵書外紀　史 8 - 63509、64662　叢 1 - 203(5)
山樵暇語　子 4 - 20455　叢 2 - 674
44 山薑詩話　集 6 - 45915
山薑詩選　集 3 - 15506
山薑書屋集　集 3 - 15507,6 - 41969
山藍新説　子 7 - 37076
山坡羊　子 3 - 17877
山茨際禪師語錄　子 6 - 32092(44)
山莊夜恠錄　叢 1 - 56
山莊看妓帖　叢 1 - 189

山帶閣註楚辭、楚辭餘論、楚辭説韻　叢1-223(47)
山帶閣註楚辭、餘論、説韻　集1-55
山帶閣集　集2-9136～8,6-44972
山蔭集　集3-17438
山藏集　集2-7884
山草堂集二十八種　叢2-1169
山草堂集十六種　集2-10686
山礬書屋詩二集　集4-26093
山礬書屋詩初集　集4-26092
山菴雜録(山菴褋録)　子7-34894
山村遺集　集1-5021～2　叢1-223(59),2-833
山村遺集、稗史、附録　集1-5018
山村遺稿　集1-5019
山村遺藁　集6-41896
山村遺藁、雜著　集1-5017
山村遺藁、雜著、補遺、附録續、閑居録　集1-5015
山村董氏續修族譜　史5-35914
山林經濟　子5-25671
山林經濟策　子1-1464　叢1-197(4),2-617(2)
山林經濟籍　子4-23969
山林經濟籍一百種　叢1-120
山林經濟籍一百八種　叢1-119
山林清福　子4-24222　叢2-1373
45 山棲志　史2-6970　叢1-13、14(3)、22(25)、119～20、181
山椿吟館謎稿　子3-18367、18404
47 山鵲巢於訟庭詩　集3-16758
山椒戲筆(腐史)　子5-27429
50 山中讀書印、補　子1-1215
山中一夕話　子5-27401～3、27423　叢1-496(6)
山中集　集2-7681、8888,6-43330　叢2-1080
山中白雲　集7-46430
山中白雲、校記　叢2-698(10)
山中白雲、拈花詞　集7-47754
山中白雲詞　集7-46724～5
山中白雲詞、樂府指迷、附録　叢1-223(73)
山中白雲詞、補録、續補　集7-46726
山中白雲詞、逸事　叢1-486
山中白雲詞疏證　集7-46729
山中逸趣　集2-11818
山中吟草　叢2-1217
山中聞見録　史1-3191～2　子5-27121　叢2-594
山中學詩記　經1-4248　叢2-1862
山中問答　子4-20979　叢1-202(6)、203(12)
山中人稿　集3-16985
山中懷往詩　史7-49340　集4-30849　叢2-1806
山青雲白軒雜鈔　子4-23584
山青雲白軒詩草　集5-36973
山書　史1-1617,7-49308、52158　子1-40～1、48,4-19904　叢1-22(2)、23(2),2-767
山東[民國]　史8-58967
山東兖州府壽張縣現行簡明賦役全書　史6-43717
山東章邱等處七十州縣籌設議事會成績表自治委員會規則清册　史6-41903
山東交代章程　史6-41899
山東交代章程、續刊　史6-41900
山東試辦大學堂暫行章程摺稿　史6-42541
山東試種洋棉簡法　子7-37084
山東諸水編　史7-49318(10)、52962
山東調查局公牘録要初編　史6-47312
山東諮議局呈送議決宣統三年地方行政經費册　史6-43337
山東諮議局會議第一期報告書　史6-41901
山東工捐常例七項章程　史6-43628
山東元始老家譜孟志摘要[山西介休]　史4-30300
山東水利管窺畧　史6-46867
山東武定府利津縣現行簡明賦役全書(光緒十二年)　史6-43713
山東乙酉科鄉試硃卷、順治丁亥科春秋會試硃卷　集3-14378
山東優選貢卷　史3-21377
山東剿捻奏稿　史6-48927
山東種洋棉簡法　子7-37085
山東鄉試題名記　史3-13421
山東鄉試題名碑記　史3-13421
山東鄉試題名録　史3-14484
山東鄉試録　史3-14463
山東鄒子存真集　集2-10473
山東各縣鄉土調查録[民國]　史8-58966
山東濟南府長山縣現行簡明賦役全書　史6-43703
山東寧海州金礦圖説　史6-44817
山東河工保案　史6-46869
山東沂州府日照縣現行簡明賦役全書　史6-43705
山東巡撫部院劄發諮議局宣統三年地方行政經費預算册　史6-43338
山東巡撫孫奏釐定直省官制詳解弊制疑問

折　史 6－44443
山東清理財政局編訂全省財政説明書　史 6－43333
山東清理財政局編造光緒三十四年分全省出入各款總分表　史 6－43332
山東沿海各島形勢考　史 7－49357、50607
山東通志［雍正］　史 8－58962　叢 1－223(24)
山東通志［康熙］　史 8－58960
山東通志［宣統］　史 8－58965
山東通志［嘉靖］　史 8－58959
山東通志［同治］　史 8－58964
山東通志局修志條款採訪册［道光］　史 8－58963
山東運河備覽、圖説　史 7－52960
山東軍興紀畧　史 1－3994　叢 1－496(3)
山東海疆圖記　史 7－50604～5
山東肇域記［康熙］　史 8－58961
山東布政使孟倬府君行述　史 2－9411
山東地畧　史 7－49318(20)、50603
山東考古錄　史 7－51437～8　叢 1－195(7)、210～1、249(3)、395，2－731(57)、1275～6
山東考古錄、續山東考古錄　史 7－51439
山東考畧　史 7－49317(1)、49318(1)、50602
山東勘亂紀畧　史 1－3538
山東黄河南岸十三州縣遷民圖説　史 7－52967
山東黄河防治圖説　史 6－46870
山東黄河全圖　史 7－52964、52968
山東黄河簡明全圖　史 7－52965
山東萊州府濰縣現行簡明賦役全書　史 6－43715
山東泰安府新泰縣現行簡明賦役全書(光緒二十二年)　史 6－43718
山東泰安府平陰縣現行簡明賦役全書(光緒二十二年)　史 6－43721
山東泰安府平陰縣現行簡明賦役全書(光緒二年)　史 6－43720
山東泰安府肥城縣現行簡明賦役全書(光緒二十年)　史 6－43719
山東青州府博縣徵光緒十三年灶課灶欠未完散數徵信册　史 6－43993
山東奏稿　史 6－47981
山東書局圖書目錄　史 8－66478
山東東昌府清平縣現行賦役全書(光緒二十二年)　史 6－43707
山東東昌府博平縣現行簡明賦役全書　史 6－43711
山東東昌府博平縣現行簡明賦役全書(光緒十六年)　史 6－43710
山東東昌府莘縣現行簡明賦役全書　史 6－43708
山東東昌府堂邑縣現行簡明賦役全書(光緒二十二年)　史 6－43709
山東圖書館辛亥年藏書目錄　史 8－65541
山東賑捐章程　史 6－44709
山東賑捐條欵　史 6－44708
山東賑撫賑捐總局改章收捐章程　史 6－44707
山東縣名溯原　史 7－50606　叢 2－664
山東院司道所屬首領各衙門光緒三十四年分本缺出入款項報告總册　史 6－43335
山東同官錄　史 3－23764
山東周中丞勸學告示　史 6－42540
山東民國鹽政史稿　史 6－43902
山東鹽法　史 6－43897
山東鹽法續增備考　史 6－43900
山東鹽法志　史 6－43896
山東鹽法志、援證　史 6－43899
山東鹽法志、圖考　史 6－43898
山東臨清直隸州夏津縣現行簡明賦役全書　史 6－43706
山東全河備考　史 7－52959
山東全省官書局書目　史 8－66442
山東全省黄河圖説　史 7－52966
山東金石志　史 8－63956
山東金石志稿　史 8－63957
山東會館老賬　史 7－50608
山東小清河全圖　史 7－52971
山東省德州鹽棧出入款項六柱清册　史 6－43901
山東省保存古跡事項統計表　史 8－63964
山東省保存古跡表　史 8－63965
山東省物料價值則例　史 6－46540
山東省清理財政局擬訂財政公所收支票簿表式　史 6－43334
山東省通省州縣光緒二十年二十二年抽收各種税銀奏銷清册　史 6－43488
山東省運河源委沿革　史 7－52961　叢 1－448
山東省道光十一年分官兵營員馬匹等項數目文册　史 6－47463
山東省南運總局經管出入款項六柱清册(光緒三十四年)　史 6－43336
山東省嘉慶二十四年分官兵營員馬匹等項數目文册　史 6－47462
山東省嘉慶玖年起運地丁等項錢糧數目文册　史 6－43486
山東省嘉慶十二年分官兵馬匹錢糧數目文册　史 6－47460
山東省嘉慶十四年分官兵營員馬匹等項數目文册　史 6－47461

山東省嘉慶貳拾肆年起運地丁等項錢糧數目文册 史6-43487
山東省乾隆二十六年通省起運地丁錢糧已未完數目清册 史6-43485
山東省撫鎮等標營嘉慶九年分實在駐防官兵馬匹俸薪餉乾米折等項支放過兵馬錢糧數目簡明文册 史6-47459
山東省賦役全書 史6-43700～2
山東省第一區行政督察專員公署章則彙編 史6-41902
52 山静居詩話 集6-46042 叢1-335～6、369,2-731(47)
山静居論畫 子3-15860
山静居遺稿 集3-20153
山静居遺稿(蘭士遺稿) 集4-21928
山静居畫論 子3-15859、15861 叢1-244(5)、353,2-731(35)、838
山静居畫論(山静居論畫) 子3-15971
山静居題畫詩 集4-21929
57 山邨遺稿 集1-5016
60 山口石林葉氏宗譜[浙江金華] 史5-35695
山園雜著 集2-9572
山園雜著、山園十二記 集2-9573
山園集記 叢1-159
山田馮氏族譜[湖南湘鄉] 史5-36471
山田李氏族譜[江西萬載] 史4-27382
山圍堂讀史卮言 史1-5657
山圍堂集 集3-14466
山邑先後加復學額志 史6-42345 叢2-2057
62 山影樓詩稿 集3-17038
山影樓詩存 集3-21646
64 山曉和尚嘯堂初集(山曉和尚詩集) 集3-14209
山曉閣文選十五種 集6-41689
山曉閣詩 集3-14939～40,6-41969
山曉閣詞集 集7-47112 叢1-496(4)
山曉閣重訂昭明文選 集6-42116
山曉閣重訂歷代史論一編 史1-5549
山曉閣選古文全集 集6-43036
山曉閣選明文全集、續集 集6-43990
山曉閣明文選 集6-43991
山曉堂詩選 集3-15599
67 山暉稿 集3-15059
山野寤言 叢2-1329
山野寤言 子1-1371
山路崎嶇一枝 集7-51912
71 山蠶講義 子1-4448
山蠶易簡 子1-4439、4443
山蠶圖說、白話告示 子1-4446
山長集 集1-5644
74 山陵雜記 史7-51881 叢1-22(5)、23(5),2-617(4)
山陵賦 集2-8075
76 山陽詩徵 集6-44860
山陽詩徵、續編 集6-44861
山陽詩徵續編 集6-44862
山陽丁氏族譜[江蘇淮安] 史4-24591～2
山陽死友傳 叢1-29(1)
山陽邵氏族譜[江蘇淮安] 史4-29199
山陽河下園亭記 史7-51978 叢1-537
山陽潘氏統宗譜[江蘇淮安] 史5-39748～9
山陽志遺 叢2-807
山陽志遺[乾隆] 史7-56658
山陽草堂詩文集(山陽草堂文集、詩集) 集3-15271
山陽耆舊詩 集6-44446～7
山陽楊氏族譜[江蘇淮安] 史5-36770～1
山陽縣寃案全卷 史6-46353
山陽縣寶卷(伸寃古典、山陽卷、山陽寶卷) 集7-54440
山陽縣寶卷(奇緣寶卷、山陽縣) 集7-54441
山陽縣初志[康熙] 史8-63072
山陽縣志[宣統] 史7-56661
山陽縣志[嘉慶] 史8-63073
山陽縣志[乾隆] 史7-56657
山陽縣志[同治] 史7-56660
山陽縣志[民國] 史8-63074
山陽縣學唐楚州石柱題名考 史8-63863
山陽阮氏族譜[江蘇淮安] 史4-26943
山陽陸氏族譜[江蘇淮安] 史4-32619
山陽陳参令挾嫌誣陷孫孝廉案畧 史6-46251
山陽風俗物産志 史7-49318(12)、50139
山陽録 史1-4450,2-7433 集6-45076 叢1-202(3)、203(9),2-624(3)、798、918、1244
77 山屋許先生(月卿)事錄 史2-8789
山屋許先生事錄 叢2-636(4)
山屋百官箴 史6-42931
山居文稿 集2-10640
山居雜識 子4-21553
山居雜泳 子7-34390
山居雜志 子4-18535
山居雜著 集2-8272
山居新語 子4-22943～4 叢1-22(8)、23(8)、373(6)、392,2-833
山居新話 子4-22942 叢1-223(45)、244(3),2-735(4)
山居詩 集3-16792

山居詩(石屋禪師山居詩)　集1-5184
山居詩稿　集2-10638
山居百詠　子7-34481～2
山居功課　集2-10368
山居瑣言　子4-21624　集6-41759　叢1-483、499,2-1891
山居瑣談　叢2-1217
山居集　集4-27996
山居稿　集4-23431
山居便覽□□種　叢1-82
山居備用　叢1-373(8)
山居濟世方　子2-9242
山居選要　子7-32106
山居存稿　集2-9113,6-41744～5、41891、41893、41895、41897～8
山居存藁　集1-4383
山居存藁　集6-41888～9、41892、41894(4)、41904、41913、41917、44775
山居草　集2-10230
山居本草　子2-5612
山居拙錄(明崇禎十年)　史2-12550
山居日記、輿圖考畧　子4-20798
山居足音集　集6-41992
山居吟稿　集6-41924
山居隨筆　史1-5566　叢1-31,2-610
山居閒談　子5-26461
山居閒考　子4-22284
山居頌　子7-34220
山居知足歌　子7-34576
山居小玩十種　叢1-170
山居小適　史7-52391　叢2-1144
山聞詩、續集　叢2-1320
山丹縣志[道光]　史8-63164
山丹縣志[光緒]　史8-63165
山民詩集　集1-4365、4368,6-41908
山民詩鈔　集6-41900
山民詩鈔(真山民詩鈔)　集1-4367
山民先生(徐達源)年譜　史2-12017
山門新語　子3-17560
山門新語五種　叢2-2020
山門遊記　史7-49317(2)、49318(8)、53494
山與樓詩文集　集5-41570
山桑宦記(光緒五年至六年)　史2-12980
78 山鹽阜安四院課藝　叢2-2057
山陰亭後倪氏宗譜[浙江紹興]　史4-31734
山陰廣陵樗里王氏宗譜[浙江紹興]　史4-25019
山陰新和里呂氏宗譜[浙江紹興]　史4-26294
山陰王氏宗譜[浙江紹興]　史4-25001
山陰王弇山先生(王霖)年譜　史2-11814
山陰下方橋陳氏宗譜[浙江紹興]　史4-32884～5
山陰天樂顔氏宗譜[浙江紹興]　史5-40963
山陰天樂三泉王氏宗譜[浙江紹興]　史4-25027
山陰天樂王氏宗譜[浙江紹興]　史4-25011
山陰天樂孫氏宗譜[浙江紹興]　史5-33614
山陰天樂邵氏宗譜[浙江紹興]　史4-29223～6
山陰天樂朱氏族譜[浙江紹興]　史4-26519
山陰天樂安山陳氏宗譜[浙江紹興]　史4-32886
山陰天樂李氏宗譜[浙江紹興]　史4-27189
山陰天樂葛氏宗譜[浙江紹興]　史5-35832
山陰天樂楊氏宗譜[浙江紹興]　史5-36865～6
山陰天樂岳山張氏宗譜[浙江紹興]　史5-34936～7
山陰天樂周氏宗譜[浙江紹興]　史4-29959
山陰石泗王氏宗譜[浙江紹興]　史4-25003
山陰釀川王氏族譜[浙江紹興]　史4-25021
山陰賈氏宗譜[浙江紹興]　史5-37108～10
山陰項里錢氏宗譜[浙江紹興]　史5-40211
山陰張川胡氏宗譜[浙江紹興]　史4-30433～5
山陰張氏家譜[浙江紹興]　史5-34931
山陰碧山許氏宗譜[浙江紹興]　史5-34406
山陰集　集1-5816
山陰嵩臨朱氏世譜[浙江紹興]　史4-26525
山陰岩川俞氏宗譜[浙江紹興]　史4-30784
山陰山南村陳氏宗譜[浙江紹興]　史4-32887
山陰峡山何氏家譜[浙江紹興]　史4-28275
山陰朱氏十修族譜[浙江紹興]　史4-26521
山陰白洋朱氏宗譜[浙江紹興]　史4-26522

山陰吳塘魏氏宗譜[浙江紹興] 史5-40419～20
山陰安城楊氏宗譜[浙江紹興] 史5-36864
山陰安昌徐氏宗譜[浙江紹興] 史4-31948～9
山陰江頭宋氏世譜[浙江紹興] 史4-29158
山陰江塘胡氏宗譜[浙江紹興] 史4-30436～7
山陰江塘厲氏宗譜[浙江紹興] 史5-38466
山陰江墅施氏族譜[浙江紹興] 史4-30894
山陰汪先生(琭)行狀 史2-10361
山陰馮氏家譜[浙江紹興] 史5-36435
山陰州山吳氏支譜[浙江紹興] 史4-27847
山陰浦陽孫氏宗譜[浙江浦江] 史5-33641
山陰浦陽沈氏西分宗譜[浙江紹興] 史4-29079
山陰浦陽沈氏西分宗譜[浙江浦江] 史4-29113
山陰沈氏家譜[浙江紹興] 史4-29080
山陰清溪徐氏宗譜[浙江紹興] 史4-31956
山陰遺風後漏徐氏宗譜[浙江紹興] 史4-31955
山陰湖塘田氏宗譜[浙江紹興] 史4-26093
山陰湖塘陳氏宗譜[浙江紹興] 史4-32888
山陰湖塘金氏宗譜[浙江紹興] 史4-29657
山陰祁氏家譜[浙江紹興] 史4-26941
山陰祁氏世系表[浙江紹興] 史4-26940、26942
山陰道上集(越中耆舊詩) 集6-44665
山陰李氏家譜[浙江紹興] 史4-27192
山陰柯西姚氏宗譜[浙江紹興] 史4-31181
山陰柯山朱氏本支宗譜[浙江紹興] 史4-26520
山陰柯橋馮氏宗譜[浙江紹興] 史5-36436
山陰柯橋楊氏宗譜[浙江紹興] 史5-36861～2
山陰裘氏宗譜[浙江紹興] 史5-37177
山陰荷湖傅氏家譜[浙江紹興] 史5-36206
山陰荷湖傅氏宗譜[浙江紹興] 史5-36205
山陰蕭氏家乘[浙江紹興] 史5-39953
山陰樊氏南陽族譜[浙江紹興] 史5-39165
山陰華舍趙氏宗譜[浙江紹興] 史5-38313
山陰舊志續考[咸豐] 史7-57521
山陰黃氏家譜[浙江紹興] 史5-33782
山陰葉氏詩緒 集3-21577
山陰杜氏宗譜[浙江紹興] 史4-26989
山陰楊氏宗譜[浙江紹興] 史5-36860
山陰胡氏族譜[浙江紹興] 史4-30432
山陰梅溪王氏宗譜[浙江紹興] 史4-25018
山陰昌安王氏宗譜[浙江紹興] 史4-25004
山陰縣仁讓堰王氏族譜[浙江紹興] 史4-25006
山陰縣州山吳氏族譜[浙江紹興] 史4-27845
山陰縣州山吳氏族譜三十一集[浙江紹興] 史4-27846
山陰縣志[康熙] 史7-57518
山陰縣志[崇禎] 史7-55634
山陰縣志[嘉慶] 史7-54918、57519
山陰縣志[嘉靖] 史7-57517
山陰縣志校記[嘉慶] 史7-57520
山陰阮社章氏宗譜[浙江紹興] 史5-34553
山陰劉氏宗譜[浙江紹興] 史5-39256
山陰陡亹朱氏宗譜[浙江紹興] 史4-26524
山陰陳氏續修世譜[浙江紹興] 史4-32873
山陰鳳山山前村李氏家乘[浙江紹興] 史4-27188
山陰賢莊金氏家譜[浙江紹興] 史4-29654
山陰賢莊金氏宗譜[浙江紹興] 史4-29655
山陰前梅高氏仲如公派房譜稿[浙江紹興] 史4-32423
山陰前梅王氏宗譜[浙江紹興] 史4-25010
山陰小步張氏宗譜[浙江紹興] 史5-34938
山陰恂興傅氏家譜[浙江紹興] 史5-36207
80 山鐘集 集5-37498
山翁忞禪師語錄 子7-34308
山翁禪師百城集 集3-13175
山前蔣氏宗譜[江蘇溧陽] 史5-38093

山禽餘響 子4-22036
山羊全書 子7-37096 叢1-480
山谷(黄庭堅)年譜 史2-11259～62、11264 叢1-227(9)
山谷詩註内集、外集、别集、補 集1-2695
山谷詩外集 集1-2703
山谷詩外集註 集1-2699
山谷詩選 集1-2715、2717,6-41903
山谷詩内集註 集1-2699
山谷詩别集、外集補、别集補 集1-2702
山谷詩别集註 集1-2699
山谷詩前集 集1-2697
山谷詩鈔 集1-2706、2708,6-41900
山谷詞 集6-41713,7-46352、46380、46382、46484 叢1-223(72),2-698(13)、720(2)
山谷詞(豫章黄先生詞) 集7-46485
山谷詞鈔 集7-46486
山谷琴趣外篇 集7-46483 叢1-447
山谷琴趣外篇、校勘記 叢2-637(4)
山谷集補鈔 集1-2711,6-41901
山谷集鈔 集1-2710,6-41908
山谷外集 叢1-227(9)
山谷外集詩註 集1-2700
山谷外集詩注 叢2-636(3)
山谷先生(黄庭堅)年譜 史2-11263 集1-2682、2699 叢2-615(2)
山谷先生詩鈔 集1-2707,6-41902
山谷内集、外集、别集、詞、簡尺、山谷年譜 叢1-223(52)
山谷内集、别集、詞、簡尺 叢1-227(9)
山谷内集詩註(山谷詩註)、外集詩註、别集詩註 集1-2693
山谷内集詩註、外集詩註、别集詩註、外集詩註補、别集詩註補 集1-2694
山谷内集詩注、外集詩注、别集詩注、外集補、别集補 叢1-230(5),2-731(42)
山谷内集詩注、原目、山谷外集詩注、原目、山谷别集詩注 叢1-223(52)
山谷内集詩選 集1-2716
山谷内集詩鈔 集1-2709
山谷内集注、外集註、别集註 叢2-698(10)
山谷老人刀筆 集1-2721～2
山谷老人刀筆、題跋 叢1-325
山谷黄先生大全詩註 集1-2692
山谷書牘 集1-2737
山谷書簡 集1-2735
山谷題跋 子3-14911～3 叢1-169(4),2-731(33)
山谷題跋、山谷尺牘、山谷小詞 集6-42042
山谷尺牘 集1-2728、2733
山谷簡尺 集1-2726
山公(濤)佚事 史2-8508
山公集 集1-332 叢2-776
山公經説辨疑 經2-11778
山公啓事 史6-48095 叢1-22(10)、23(9)
山公啓事、佚事 史6-48097 叢1-547(2),2-2173
山公九原 子4-21001 叢1-202(5)、203(10)
山公喪服經傳彙編考正 經1-5477
山公四書集註補 經2-11072
山公醫旨 子2-5865
83 山館偶存 集4-30604
山館學規 子1-2460
86 山鐸真在禪師語錄 子6-32091(80)
90 山堂五箴 叢1-315
山堂先生羣書考索别集 子5-24850
山堂先生羣書考索前集、後集、續集、别集 子5-24848
山堂考索後集 子5-24851
山堂萃稿 集2-7535
山堂萃稿、續稿、讀書劄記、續劄記、答朋友書畧 集2-7533
山堂肆考 子5-25065～8
山堂肆考、補遺 子5-25069 叢1-223(43)
山堂肆考五集 子5-25071
山堂肆考宫集、商集、角集、徵集、羽集、補遺 子5-25070
山堂筆畧 子5-25265
91 山煙樓草(石華小草、玉琴餘韻) 集4-25831

屾

22 屾峯憲禪師語錄 子7-34340

幽

10 幽憂子集 集1-675,6-41723 叢2-635(6)
24 幽贊錄 叢2-1146
30 幽穽雪鴻題咏、白雲遺蹟題咏 子3-16247
32 幽溪别志 史7-51663
33 幽心瑤草 子4-20507 叢2-1108～9
37 幽湖百詠 史7-50369 集6-44595
幽冥傳 集7-54225～6

幽冥寶傳 集7-54225～6
43 幽求子 子4-19822 叢2-775(5)
44 幽夢續影 子4-24240 叢1-419、435、584，2-617(5)、731(8)
幽夢影 子4-24237、24239 叢1-202(2)、203(7、18)、435、469、495、584、586(4)，2-617(5)、716(4)、721、752
幽夢影、幽夢續影 子4-24238
幽夢影續評 叢2-1957
幽芳集 集4-23190
幽芳草堂詩集 集4-32858
幽芳錄 史2-7604
幽蘭山房藏稿 集3-14900
幽蘭山房藏稿四種 叢2-1757
幽蘭室詩草 集3-20121
幽蘭草 集4-24833，6-41984
幽蘭軒詩選 集5-37078
幽蘭居士東京夢華錄 史7-50636～7 叢2-696
幽草軒詩集 集3-15072
幽華詩畧 叢1-346，2-1741～2
45 幽棲無盡大師淨土法語 子7-34425
67 幽明錄 子5-26838 叢1-15、19(1)、20(1)、21(1)、22(19)、23(19)、24(2)、29(1)，2-776
幽明錄、校譌、續校 叢1-376
幽明錄十七則 子5-26839
75 幽阩雪鴻 子3-16616
77 幽閨記 集7-49709、49753、49755、53532、54057
幽閨怨佳人拜月亭記 集7-49754 叢2-689
幽閒鼓吹 叢1-11～2、17、19(5)、20(3)、21(5)、22(9)、23(8)、24(6)、29(3)、38、95、108、175、195(5)、223(44)、255(1)，2-617(2)、624(2)、730(2)
幽閑鼓吹 史1-1914 子4-22828，5-26218 叢1-16、111(4)
88 幽篁吟館詩鈔 集5-34022
幽竹齋小草、秋笳集 集5-37298
97 幽怪詩譚 子5-27596
幽怪錄 子5-26222、27518～9 叢1-15、19(5)、20(3)、21(4)、22(19、28)、23(19)、24(5)、29(3)、185、249(2)、255(3)、374
幽恨集 集5-36576

豳

77 豳風 經1-4539
豳風廣義 子1-4145 叢2-829
90 豳堂集 集2-11029

2277_2 出

01 出語案編 子4-23544
10 出三藏記集 子6-32081(42)、32082(20)、32084(22)、32085(39)、32086(46)、32088(28)、32089(51)、32090(60)、32091(58)、32093(52)
出三藏記集錄 史8-66318
出干名類 子5-25031
出可齋詩集 集4-32256
21 出行寶鏡 子3-14527 叢2-731(15)
出行寶鏡、圖 叢1-282(2)、283(2)
出行寶鏡便覽(出行寶鏡) 子3-14549
出行寶鏡陰陽圖局 子3-14542
出行金鏡 子3-14056
出師表 集7-50453
22 出後者爲本父母服議 經1-5427 叢2-775(2)
出山詩草 集5-37820
出山爲小草 集4-29447
出山集 集4-23915
出山草 集5-36773 叢2-1022
出山草譜 史6-47202 集5-35743
出山異數記 史1-4466 叢1-201
出山異數紀 叢1-203(4)
出山小草 集5-40627 叢2-1767
24 出峽記 史7-49318(11)、52816
25 出生一切如來法眼徧照大力明王經 子6-32090(41)、32091(39)、32092(27)
出生一切如來法眼遍照大力明王經 子6-32083(28)
出生菩提心經 子6-32081(19)、32083(13)、32085(19)、32086(21)、32088(14)、32089(16)、32090(19)、32091(18)、32092(13)，7-32233
出生無邊門陀羅尼經 子6-32081(14)、32082(11)、32083(10)、32085(14)、32086(15)、32088(10)、32089(12)、32090(16)、32091(14)、32092(10)、32093(34、45)
出生無邊門陁羅尼經 子6-32084(9)
出生無量門持經 子6-32083(10)
出使信函稿 史6-44907 叢2-2022
出使須知 史6-43081，7-49317(8)、49318(18) 子7-36230
出使九國日記 史7-54367
出使大臣二品銜光祿寺卿呂海寰奏摺 史

6-49128
出使英法日記　史7-49317(8)、49318(18)、49356
出使英法義比四國日記　史2-13029～30,7-49317(9)、49318(18)　叢2-2021
出使英法義比四國日記、續(清光緒十六年至二十年)　史2-13028
出使奏疏　史6-49101　叢2-2021
出使奏疏草稿　史6-49100　叢2-2022
出使日記續刻　史2-13031　叢2-2021
出使四國奏疏　史6-49102　叢2-2022
出使美日祕國日記　史7-49318(22)、54157
出使公牘　史6-44905　叢2-2021
出使公牘稿　史6-44906　叢2-2022
出使錄、北征事蹟　史1-2807
出岫集鈔　集3-18524　叢2-834
27 出像文昌化書　子5-31804
出伊及記　子7-35122
30 出塞　集7-52270
出塞雜詠　集4-31286
出塞詩　集3-17162
出塞詩、芝仙遺詩　集3-17163
出塞詩、黄山遊草　集3-21518
出塞集　集3-18723　叢2-1431
出塞集、詩餘　集3-17253
出塞紀畧　史7-49317(2)、49318(4)、49338、53886　叢1-202(8)、203(14)、269(4)、270(3)、271、272(3)
出塞橐中集　集3-19221
出塞日記　集3-19221
出塞日記、出塞國集　史2-12609
出塞圖畫山川記　史7-51293　叢1-369,2-615(3)
出塞吟　集4-22942,5-38774
出塞吟草　集3-21517
出塞篇　集2-6639
出家功德經　子6-32083(22)
出家緣經　子6-32083(21)
出家授近圓羯磨儀範　子6-32085(55)、32089(41)、32093(24)
出守集　叢2-1431
32 出巡條規　史6-45817
36 出邊紀程　史7-49317(7)、49318(2)
37 出深功德經　子6-32090(17)、32092(11)
38 出洋瑣記　史7-49317(8)、49318(18)、54152　子7-36230　叢1-562
出洋須知　史6-43082,7-49317(2)、49318(18)　叢2-1965
出洋通商舉隅　子7-37340
出洋見聞瑣述　史7-54868
42 出獵　集7-53556
44 出塔　集7-52271
出劫紀畧　史1-3190
46 出相感應金剛般若波羅密經　子7-34681
47 出都詩錄　集5-39204　叢2-2150
出都日記　史7-54057
出都日記(清光緒二年)　史2-12853
53 出戍詩話　集6-46047
60 出口貨價類列表　史6-44014
出口程記　史7-49318(12)、53934　叢1-282(4)、283(4),2-731(58)
出蜀記　叢2-1874
出蜀日記　史2-13212
出圍城記　史1-3811　叢1-367～8、585,2-804～5
出圍城記、鎮江竹枝詞、祭海都統文　集4-28263
67 出曜經　子6-32081(39)、32082(17)、32083(25)、32084(21)、32085(37)、32086(43)、32088(27)、32089(33)、32090(54)、32091(52)、32092(35)、32093(30),7-32737～8
77 出關詩　集6-44957
出門吟　集3-13758
80 出善會　集7-52215

出

10 出三藏記集錄　子7-34847

巒

77 巒屏閣詩草、聯草　集5-36955

2279_1 嵊

43 嵊城吳氏宗譜[浙江嵊州]　史4-27876
60 嵊邑玨芝續修張氏世譜[浙江嵊州]　史5-34964
嵊邑尹氏宗譜[浙江嵊州]　史4-25898～900
嵊邑清化竺氏宗譜[浙江嵊州]　史4-29598
嵊邑太平邢氏宗譜[浙江嵊州]　史4-26229
62 嵊縣志[康熙]　史7-57511～2
嵊縣志[弘治]　史7-57509

嵊縣志[道光] 史 7-57514
嵊縣志[萬曆] 史 7-57510
嵊縣志[乾隆] 史 7-57513
嵊縣志[成化] 史 7-57508
嵊縣志[同治] 史 7-57515
嵊縣志[民國] 史 7-57516
嵊縣志序 叢 2-2236
嵊縣蔡氏宗譜[浙江嵊州] 史 5-38011

2279_3 繇

17 繇已錄 子 1-1263 叢 2-728、1221

2280_6 賃

50 賃春草 集 5-34777

2280_9 災

60 災異論 叢 2-2129(4)
61 災賑章程、丹陽辦理災案 史 6-44675
災賑日記 史 6-44618 叢 2-1852

2290_0 利

08 利於不息齋初集 集 4-29579
10 利于不息齋集 集 4-29581
利于不息齋初集 集 4-29580
利天 集 7-49441、49698
11 利瑪竇題寶像圖、述文贈幼博程子 子 7-35267
22 利川縣志[光緒] 史 8-60393
利川縣志稿[同治] 史 8-60392
30 利濟元經 子 2-5241
33 利溥集 子 2-4755
34 利造橋張氏世譜九集總錄[上海] 史 5-34768
35 利津縣新志[康熙] 史 8-59139
利津縣續志[民國] 史 8-59143
利津縣鄉土志[光緒] 史 8-59144
利津縣志[光緒] 史 8-59142
利津縣志續編[乾隆] 史 8-59140
利津縣志補[乾隆] 史 8-59141
43 利城馬氏宗譜[江蘇江陰] 史 4-31572
50 利未記註釋二十七章 子 7-35124
64 利財學 子 7-37313
77 利學 史 6-41535

剩

00 剩言 子 4-20791 叢 1-194
01 剩語 子 4-21934 集 1-4792,6-41784 叢 1-223(59)、306
剩語集 子 7-34223
21 剩紅詞 集 4-26123
28 剩馥續吟 集 5-35362
剩馥吟 集 5-35361
37 剩祖心集 集 3-13613～4
44 剩草 集 2-12431,3-20111,4-23748
60 剩圃詩集 集 3-17621

剿

00 剿辦崇仁會匪事畧 史 1-3975 叢 1-367～8
剿辦甘肅階州瓜子溝番匪案稿、附錄雜稿 史 6-49094
剿辦黔苗紀畧 史 6-47191
剿辦髮逆奏稿 史 6-47990
08 剿說 子 4-22544 叢 1-282(4)、283(4),2-731(7)
剿說集續編 子 5-25821
10 剿平三省邪匪方畧正編、續編 史 1-1892
剿平三省邪匪方畧正編、續編、附編 史 1-1891
剿平粵匪月表 史 1-4118
剿平喀什噶爾奏摺 史 6-47983
剿平髮逆圖考 史 1-4222
38 剿逆說 史 1-3840 叢 1-368
剿逆圖說全考 史 1-4225
剿逆圖考 子 5-27856
47 剿奴議撮 史 1-2930～1
50 剿事汗語 集 2-12145
58 剿捻奏疏 史 6-47987
71 剿壓太平軍奏稿 史 6-47951
77 剿闖通俗小說 子 5-28194
剿闖小說 子 5-28189、28193
剿闖小史 子 5-28191～2

2290_1 崇

00 崇慶新雕改併五音集韻　經 2－13725
崇慶州志[康熙]　史 8－61651
崇慶州志[嘉慶]　史 8－61653
崇慶州志[乾隆]　史 8－61652
崇慶州志[光緒]　史 8－61654
崇慶李氏族譜[四川崇州]　史 4－27648
崇慶楊氏族譜[四川崇慶]　史 5－37060
崇慶縣鄉土地理[民國]　史 8－61656
崇慶縣志[民國]　史 8－61655
崇文總目　史 8－65420～1　叢 1－223(28)
崇文總目、補遺、附錄　史 8－65422　叢 1－264、456(4)、515，2－731(1)
崇文總目輯釋補正　史 8－65265　叢 2－2170～1
崇文總目敍釋　史 8－65264　集 1－2007～8　叢 2－635(8)、698(9)、1029
崇文書局彙刻書(三十三種叢書、湖北書局所刻書)三十三種　叢 1－410
崇文門商稅衙門現行稅則　史 6－43566
崇文門商稅則例　史 6－43565
崇文門商稅則例現行比例增減新例　史 6－43567
崇辨堂文稿　集 4－28832
03 崇識堂諸症名篇必讀　子 2－10503
10 崇正文選　集 6－42813～4
崇正辨　子 1－715
崇正叢書十種　史 1－1935
崇正遺稿　集 5－36968
崇正錄　叢 2－2114
崇雨舲中丞詩稿守岱集　集 4－30839
崇百藥齋文集、續集、三集　集 4－26096
崇百藥齋文錄　集 6－42067
崇百藥齋集(崇百藥齋文集、續集、三集、五真閣吟稿)　集 4－26095
崇西邵氏族譜　史 4－29268
13 崇武所城志[嘉靖]　史 8－58334
20 崇信縣志[順治]　史 8－63191
崇信縣志[民國]　史 8－63192
崇信縣採訪鄉土志[光緒]　史 8－63193
21 崇仁縣志[康熙]　史 8－58808
崇仁縣志[同治]　史 8－58809
崇儒金氏宗譜[浙江義烏]　史 4－29697～702
22 崇川詩賦題解　子 5－25311
崇川徐氏宗譜[江蘇南通]　史 4－31803
崇川城東太平寺張氏族譜[江蘇南通]　史 5－34798
崇川趙氏祚德堂宗譜[江蘇南通]　史 5－38235
崇川書香錄　史 2－7808　叢 2－936
崇川贈别　叢 2－1370
崇川馬氏宗譜[江蘇通州]　史 4－31560
崇川劉氏宗譜[江蘇南通]　史 5－39215
崇川劉氏叢書四種　叢 2－936
崇川咫聞錄[道光]　史 7－56813
崇川金石志　史 8－63870
崇川會課　集 4－24606
崇川錢氏世譜[江蘇南通]　史 5－40130～2
崇川鎮場單氏宗譜[上海崇明]　史 5－35958
崇川竹枝詞　集 5－38587
崇川竹枝詞一百首　史 7－50164
崇川節孝錄　叢 2－1370
24 崇化屯志畧[民國]　史 8－62102
崇德窯捐牘存　叢 2－806
崇德窰捐牘存　史 6－43470
崇德老人(聶曾紀芬)八十自訂年譜　史 2－12370
崇德日錄　史 1－1624
崇德縣志[萬曆]　史 7－57370
崇德堂徵信錄　史 6－44726
崇德堂趙氏草譜[江蘇宜興]　史 5－38291
崇德堂醫方抄　子 2－10153
25 崇佛紀畧　子 7－34692
27 崇修引　子 7－35415
崇修聖範問答　子 7－35459
崇修精蘊　子 7－35329
28 崇倫堂馬氏宗譜[河北青縣]　史 4－31544
崇儉黜奢簡明規條　史 6－42220
30 崇寧縣志[民國]　史 8－61689
崇寧縣志[光緒]　史 8－61688
崇寧縣志鄉土志[光緒]　史 8－61690
崇安聖傳論　子 1－96、710
崇安吳氏家錄[福建武夷山]　史 4－28097
崇安縣新志[民國]　史 8－58228
崇安縣志[雍正]　史 8－58225
崇安縣志[康熙]　史 8－58224
崇安縣志[嘉慶]　史 8－58226
崇安縣志[民國]　史 8－58227
崇實齋珠算一得　子 7－36260
崇實齋筆算一得　子 7－36260
崇實詩稿　集 4－33516
崇實奏摺　集 4－33520
崇實學堂章程　史 6－42572
崇實堂雜著　集 5－39293
崇實堂詩集　集 5－39620

崇實堂醫案　子2-4768、10819
31 崇福寺志、續崇福寺志　史7-51615
崇福寺志、續志　叢2-832(2)
崇禎六年山東鄉試錄　史3-14451
崇禎六年四川鄉試錄　史3-14698
崇禎新政紀畧、吏部大小九卿科道訪單　史1-3197
崇禎三年應天鄉試朱卷　史3-16850
崇禎五十宰相傳　史2-7357　叢1-525,2-612
崇禎五十宰相傳、宰相年表　史1-1946
崇禎五十宰相傳、年表、燕都志變　史2-7358
崇禎五十輔臣傳、閣臣年表、内閣行畧　史2-7359
崇禎五十年宰相表　叢2-614
崇禎疏鈔　史6-47845
崇禎元年戊辰科會試卷　集2-12187
崇禎瑞州府志　史8-58840
崇禎癸未榆林城守紀畧　史1-1937、3095
崇禎壬午疏鈔　史6-47854
崇禎壬午科京省題名錄　史3-13461
崇禎宫詞　史1-6181～2　集2-12785,6-41817　叢1-202(4)、203(9)、269(6)、321,2-619、731(44)
崇禎宫詞、校記　史1-6183　叢2-794
崇禎宫詞注　叢1-373(8)
崇禎實錄　史1-1693、1938
崇禎河南南陽府陳州府名宦祠江西鄉賢祠合錄　史2-8204
崇禎遺錄　史1-3028　叢1-538,2-639
崇禎遺錄、殉難忠臣錄、逆賊奸臣錄　史1-3029
崇禎十六年癸未科進士三代履歷　史3-13681
崇禎十二年應天府鄉試錄　史3-14111
崇禎十二年山西鄉試序齒錄　史3-14055
崇禎十二年山東鄉試錄　史3-14452
崇禎十二年陝西鄉試錄　史3-14790
崇禎十三年庚辰科進士履歷便覽　史3-13680
崇禎十五年壬午科京省題名錄　史3-14889
崇禎十五年壬午科鄉試硃卷　集2-12680、12699
崇禎十五年山東鄉試錄　史3-14453
崇禎十年丁丑科進士履歷便覽　史3-13679
崇禎十年塘報　史1-3070
崇禎大臣年表　史3-23673
崇禎内閣行畧　史2-7355
崇禎内閣行畧、閣臣年表　史2-7356　叢1-525
崇禎七年甲戌科進士履歷便覽　史3-13678
崇禎朝記事　史1-3195
崇禎朝記事(即三朝野記卷四至七)　叢2-798
崇禎朝記畧　史1-3196
崇禎朝手本揭帖咨文　史6-47846
崇禎朝紀事　史1-1694
崇禎朝紀畧　史1-1946
崇禎朝題本咨文　史6-47847
崇禎忠節錄　史2-7383
崇禎奏疏彙輯　史6-47844
崇禎拾叁年捌月南雄審語　史6-46405
崇禎四十九閣臣合傳　史2-7361
崇禎四年辛未進士履歷便覽　史3-13677
崇禎甲申保定城守紀畧　史1-1937、3176
崇禎甲申燕京紀變寔錄　史1-1956
崇禎甲申燕京紀變實錄　史1-1958、3134
崇禎甲申燕都紀變寔錄　史1-1953
崇禎甲申燕都紀變實錄　史1-1955、1957、1959、1979
崇禎曆書八種　子3-11581
崇禎長編　史1-1979、1982、3036
崇禎閣臣事畧　史1-1942　叢1-354
崇禎閣臣年表、崇禎内閣行畧　史1-1946
崇禎八大家詩選　集6-43834
崇禎年抄檔　史1-3143
崇禎慘史　子5-28204
35 崇禮堂詩　集3-14147,6-45001
37 崇祀鄉賢名宦錄　史2-9420　叢2-958、1367
崇祀鄉賢祠錄　史2-9796　集4-23877　叢2-966
崇祀鄉賢祠錄(馬騰蛟)　史2-9795
崇祀鄉賢錄　史1-3730,2-8088、9818、9828、9841、9926、10209,4-25524,6-48679　子1-2561　集3-15158,4-23664、28441,6-45076　叢2-918、1015、1237、1826
崇祀鄉賢錄(王柏心)　史2-9940
崇祀鄉賢錄(李森)　史2-10131
崇祀鄉賢錄(葉維藩)　史2-9113
崇祀鄉賢錄(胡煦)　史2-9421
崇祀鄉賢錄(陶樑)　史2-9725
崇祀名宦合錄　史2-7500
崇祀名宦錄　史2-7499、9295、9331、9606～7,6-48644　集4-27230　叢2-1571
崇祀名宦錄(王贈芳)、崇祀鄉賢錄　史2-9785
崇祀名宦錄(吴昌壽)、崇祀鄉賢錄　史2-10033
崇祀名宦錄(羅河岳)　史2-9743

崇祀實紀　集 2-6363～4
崇祀嘉頌錄　集 6-43702
崇祀嘉頌錄(耿鳴世)　史 2-9091
崇祀賢良錄　史 2-11953
崇祀錄　史 2-9293
崇祀錄(朱爲弼)、義莊規條　史 2-9713
崇祀錄(黄虞再)　史 2-9311
崇祀錄、義莊條規　史 2-10143
崇祠考　史 6-42146
38 崇遊草　集 4-26547
崇道編　經 2-10646
40 崇古文訣　集 6-42672、42674　叢 1-223(69)
44 崇坡葉氏宗譜[浙江淳安]　史 5-35661
崇蘭館集　集 2-8884
崇蘭堂文初存、駢體文初存　集 5-36718
崇蘭堂文存外集　叢 2-2032
崇蘭堂詩初存　集 5-36717　叢 2-2032
崇蘭堂詞　叢 2-2032
崇蘭堂遺稿(詩初存、文存外集、虞庵詞、日記北行紀程、赴京日識)　集 5-36716
崇蘭堂遺稿八種　叢 2-2032
崇蘭堂日記　史 2-12760　叢 2-2032
崇蘭堂駢體文初存　集 5-36719
46 崇相集　集 2-10633～4
崇相集(疏、議、序、書、壽文、詩、志記、誌銘、表啓、傳、雜文、祭文)　集 2-10627
崇相集、存素詩稿　集 2-10628
崇相集文、詩　集 2-10629、10631
崇相集文、崇相存素詩稿、崇相集四六　集 2-10632
崇相集疏、書、議　集 2-10630
48 崇翰池年記　史 2-12483
50 崇本山堂文集　集 3-19124
崇本山堂詩鈔　集 3-19125
崇本堂文集　集 3-20883～4
崇素堂詩稿　集 3-16817
60 崇恩手札　集 4-30842
64 崇睦山房詞　集 7-47354　叢 2-1459～60
67 崇明朱氏家乘[上海崇明]　史 4-26390
崇明鄉土志畧[民國]　史 7-56529
崇明江陰諸鹽盜列傳　史 1-1929
崇明沙氏宗譜[上海崇明]　史 4-28963
崇明茅氏宗譜[上海崇明]　史 4-29494
崇明縣重修志[正德]　史 7-56522
崇明縣志[雍正]　史 7-56525
崇明縣志[康熙]　史 7-56524
崇明縣志[萬曆]　史 7-56523
崇明縣志[乾隆]　史 7-56526
崇明縣志[民國]　史 7-56528
崇明縣志[光緒]　史 7-56527
70 崇雅堂文稿、詩稿　集 5-37454
崇雅堂文稿、詩稿、文稿補編　集 5-37456
崇雅堂文稿、補遺、詩稿、續稿　集 5-37455
崇雅堂文鈔、詩鈔、駢體文鈔、應制存稿、删餘詩　叢 2-1642
崇雅堂詩稿　集 4-23078
崇雅堂詩稿、文稿　叢 2-2230
崇雅堂詩鈔　集 3-17817、19427
崇雅堂詩鈔、青棕草　集 3-19426
崇雅堂詩鈔、删餘詩、駢體文鈔、應制存稿、定鄉雜著　集 4-25686
崇雅堂集　集 2-10542,3-18311
崇雅堂集、雜文、空中語　集 2-10541
崇雅堂集五種　叢 2-1642
崇雅堂稿　集 3-18312　叢 2-1409
崇雅堂叢書初編十二種　叢 2-875
崇雅堂叢書十四種　叢 2-2230
崇雅堂存稿　集 5-34274
崇雅堂書錄　史 8-65946
崇雅堂駢體文鈔　叢 1-533
崇雅堂全集(詩集、文集、樂府)目錄　集 2-8162
72 崇質堂集　集 2-9117,4-32156
74 崇陵病案　子 2-10859
崇陵工程做法册　史 6-46570
崇陵傳信錄　史 1-1995
崇陵傳信錄、奏稿　史 1-4234
76 崇陽冤獄始末記　史 1-3778
崇陽楊氏族譜[湖北崇陽]　史 5-36982
崇陽縣志[康熙]　史 8-60289
崇陽縣志[乾隆]　史 8-60290～1
崇陽縣志[同治]　史 8-60292
77 崇隆蕭氏族譜[江西崇義]　史 5-39964
崇印袁氏宗譜[浙江鎮海]　史 4-31330
崇賢里王氏族譜[江蘇鎮江]　史 4-24829
80 崇義祠志　史 1-1988,7-51796　叢 2-832(5)
崇義縣續志[咸豐]　史 8-58648
崇義縣志、續增[光緒]　史 8-58650
崇義縣志[康熙]　史 8-58647
崇義縣志[嘉靖]　史 8-58646
崇義縣志[同治]　史 8-58649
崇義縣志稿[民國]　史 8-58651
崇善縣志十編[民國]　史 8-61380

2290_4　巢

10 巢雪三集　集 2-10276

巢雪山館詩存 集4-33532
巢雲詩集 集2-11700
巢雲山房詩存 集5-41015
巢雲山房詩鈔 集6-42007(2)
巢雲山館遺稿 集5-33985
巢雲樓詩存 集4-22477
巢雲軒詩草 集4-24725
巢雲軒詩鈔、越吟草 叢2-979
巢雲吟館詩稿 集4-23692
巢雲閣詩續鈔 集4-23490
巢雲閣詩鈔 集4-23489 叢2-1582
巢雲館詩集 集2-7335
巢雲精舍詩稿 集5-35749
21 巢經巢文集、詩集、詩後集、遺詩、逸詩 叢2-698(12)
巢經巢文集、詩集、後集、遺詩、附錄 叢2-667
巢經巢文鈔、詩鈔前集、後集、外集 集4-31319 叢2-1814
巢經巢詩 集4-31328
巢經巢詩後集、遺詩、文集 集4-31320
巢經巢詩鈔 集4-31324 叢2-1020、1813
巢經巢詩鈔、後集 集4-31325
巢經巢詩鈔後集 集4-31322
巢經巢詩鈔後編 集4-31323
巢經巢集經說 叢2-1813
巢經巢集經說(巢經巢經說) 經2-11686
巢經巢經說 經1-163(3) 叢2-1814
巢經巢遺文 集4-31329
巢經巢逸詩 集4-31327
巢經巢未刻詩稿 集4-31326
巢經巢全集十八種 叢2-1814
巢經巢金石筆識 史8-63683
30 巢寄遺文 集3-21687
巢寄遺稿 集3-21686
32 巢溪詩草 集4-31603
37 巢湖中廟志 史7-51842
38 巢海棠巢壬戌集 集5-40242
40 巢南詩鈔 集3-20359
巢南烏鳴錄 叢1-309
44 巢林集 集3-18532
巢林筆談、續編 子5-26416～8
47 巢鵲樓詩集 集2-10236
巢鵲樓吟稿 集2-10237
巢枸集 集3-13407
48 巢松集 集3-14856
50 巢蚊睫齋詩稿 集4-31494,6-42007(3)
巢蚊睫齋詩草 集4-31495
巢青閣詩集、紅么集 集3-16310
巢青閣集 集7-47127
巢青閣偶集詩 集3-16309
巢青閣學言 集3-16945
60 巢園詩稿 集3-17722
62 巢縣志[雍正] 史7-58034
巢縣志[康熙] 史7-58033
巢縣志[道光] 史7-58035
巢縣志[隆慶] 史7-58032
65 巢睫集 集2-6508
巢睫吟稿 集4-27168
72 巢氏病源補養宣導法 子2-4771(4) 叢2-2130～1
巢氏病源補養宣導法(巢氏宣導法) 子2-11139
巢氏諸病源候論 子2-4771(2)、5956
巢氏諸病源候論校 叢2-2004
巢氏諸病源候總論 子2-4727、5956 叢1-223(32)
巢氏宗譜[江蘇武進] 史5-35489
76 巢陽十議、穀岡八議 史6-43103
77 巢民詩集、文集 集3-13620 叢2-934
80 巢令君阮戶部詞 集7-46379、46499

梨

10 梨雨選聲 集7-46435、47055
梨雲仙館日記(清同治七年至九年) 史2-13154
梨雲寄傲、秋碧樂府 集7-50587
梨雲榭詞 集7-46914
梨雲館廣清紀 子4-23955
梨雲館集、別論二集 集2-10219
梨雲館竹譜 子3-16326
梨雲館類定袁中郎全集 集2-11047
梨雲堂治喉集驗 子2-7561
22 梨川劉氏重修宗譜[浙江東陽] 史5-39303
梨嶽詩集 集1-1713
梨嶽詩集(李頻詩集、李頻集、梨嶽集) 集1-1712
梨嶽集 集1-1713～4
32 梨洲遺著彙刊二十七種續補三種附一種 叢2-1261
44 梨花夢傳奇 集4-31194
梨花樓詩 集3-20022
梨花成堆一枝 集7-51811
梨莊詞 集7-46405、47109
梨樹縣鄉土志[民國] 史7-56268
梨樹縣志[民國] 史7-56266～7
梨樹周氏纂修族譜[湖南寧鄉] 史4-

30146
60 梨園娛老集　子 4-21792
梨園蠹論　子 4-21492
梨園按試樂府新聲　集 7-50528
梨園按試樂府新聲、校記　叢 2-637(4)
梨園會選古今傳奇滚調新詞樂府萬象新二集　集 7-54615
梨園館　集 7-52386、52693
72 梨岳詩集、補遺　叢 2-637(3)
梨岳集　集 6-41878
77 梨叟日記(清光緒二十五年)　史 2-13167

樂

00 樂亭志[萬曆]　史 7-55202
樂亭四書文鈔、續編　叢 2-1857
樂亭縣志[乾隆]　史 7-55203
樂亭縣志[光緒]　史 7-55204
樂亭尊道書院錄　史 7-52026
樂庵遺稿　叢 2-870(5)
樂庵遺藁　集 1-4980
樂庵遺藁、校勘記、校勘續記　集 1-4981
樂齋詞　集 7-46351～4、46357、46361、46367、46370、46373、46375、46383、46575　叢 1-579
樂齋集　集 1-3264
樂府　史 2-9409　集 2-8829、12583
樂府廣序、詩集廣序　集 6-42260
樂府辨類　集 6-42263
樂府雜錄　子 3-17499　叢 1-11～2、15、19(1)、20(1)、21(1)、22(16)、23(16)、24(2)、29(4)、56、90～1、115、195(4)、223(38)、255(2)、273(4)、274(4)、2-730(5)、731(36)、873
樂府新編陽春白雪　集 7-50527
樂府新編陽春白雪前集、後集　集 7-50526　叢 1-519
樂府新聲六十五種　集 7-54642
樂府詩　集 3-13342
樂府詩集　叢 1-223(68)、227(11)、2-635(14)、698(12)
樂府詩集、目錄　集 6-42248
樂府詞餘(楊升菴先生夫人樂府詞餘)　集 7-50583
樂府羣珠　集 7-50536～7
樂府集　集 6-42249、45496
樂府外集琴譜　子 3-17691
樂府侍兒小名　史 2-13395　叢 1-282(4)、2-731(60)
樂府侍兒小名錄　子 5-26021　叢 1-283(4)
樂府傳聲　子 2-4610、4612　集 7-54831～2　叢 1-288、411、2-1424
樂府傳聲(殘)　叢 2-1425
樂府釋　叢 2-622
樂府解題　叢 1-22(16)、23(16)
樂府補　叢 1-223(62)、227(10)
樂府補亡　集 7-48390　叢 2-2180～1
樂府補遺　集 7-48467
樂府補題　集 7-46352、48468　叢 1-223(73)、244(2)、342、353、2-731(48)、968
樂府津逮　集 6-42261　叢 2-1516
樂府遺音　集 7-46797
樂府遺聲　叢 2-1461、1463
樂府古題要解　集 6-45494、45522　叢 1-169(4)、216、268(4)、371、388～90
樂府古題解題　叢 1-330
樂府標源　叢 2-1461～3
樂府考畧　史 8-66373
樂府英華　集 6-42258～9
樂府本意　叢 1-378
樂府指謎　叢 1-25
樂府指迷　集 6-45491、7-48476～7、48688、48717　叢 1-13、14(3)、22(26)、37、106、111(2)、195(4)、216、223(73)、272(4)、2-720(6)
樂府指迷(玉田先生樂府指迷)　集 7-48686
樂府指迷(沈氏樂府指迷)　集 7-48689
樂府指迷、記　集 7-48687　叢 2-1740
樂府雅詞、補遺　集 7-48460
樂府雅詞、拾遺　集 7-46349、48461～2　叢 1-223(73)、456(5)、2-635(14)、731(48)
樂府原　集 6-42255～6
樂府原題　集 6-45672
樂府餘音　集 7-50631
樂府餘論　集 7-48753　叢 1-509、2-1668
樂府餘編　叢 1-128～9
樂府鈔　集 3-17114
樂府小令七種　集 7-50539
樂府小令八種　集 7-50534
樂亦齋詩鈔　集 4-32609
樂章詞　集 7-46395
樂章集　集 7-46357、46380、46427、46449～50　叢 1-223(72)、2-698(13)、720(2)
樂章集(柳屯田樂章集)　集 7-46447
樂章集、續添曲子　集 7-46448
樂章集選　叢 2-2162
04 樂詩考畧　經 1-6434　叢 2-630
07 樂毅論　子 3-15297、15598
樂毅論考　子 3-15175　叢 2-1510
樂毅論書勢表　子 3-15176

樂毅論書勢表、海字本考 叢2-1510
樂郊私語 子5-26324 叢1-11～2、22(3)、23(3)、31、105、111(1)、148、195(7)、223(45)、373(5),2-730(12)
樂郊私頌 史1-2660
樂記 經1-6392～3、6497 叢1-236～7,2-774(4)
樂記補說 經1-6394、6582～3
樂記補疏 經1-5759
樂記異文考 經1-6395 叢2-1920
樂部 經1-6405 叢2-774(4)
08 樂說 經1-120、6428
樂論 子3-17497 叢2-765
樂譜 子3-17902 叢1-22(17)
樂譜集解 經1-6441 叢2-774(4)
樂譜選粹 經1-6577
樂譜萃珍 經1-6490
10 樂至縣詳定三費局章程 史6-43502
樂至縣鄉土志[光緒] 史8-62033
樂至縣志[雍正] 史8-62028
樂至縣志[道光] 史8-62030
樂至縣志[乾隆] 史8-62029
樂至縣志[光緒] 史8-62031
樂至縣志又續[民國] 史8-62032
樂元語 經1-6399～400 叢2-765～6、774(4)
樂平續志[乾隆] 史8-58547
樂平械鬥記 史7-50578 叢2-2236
樂平縣志[康熙] 史7-55787,8-58545
樂平縣志[順治] 史8-58544
樂平縣志[道光] 史8-58548
樂平縣志[嘉靖] 史7-55786
樂平縣志[乾隆] 史7-55788～9,8-58546
樂平縣志[同治] 史8-58549
樂天集 集2-11956～7
樂天生文稿初集 集5-41681
樂天生初學文稿 集5-41682
樂天居龕吹雜體詩 集4-31381
樂天開閣 集7-49518、49524
樂石齋印譜 子3-17273
樂石搜遺 史8-64416
樂石搜遺跋語 史8-64417
樂吾韓先生詩、遺事 集2-8920
12 樂水集 叢2-682
16 樂瓔珞莊嚴方便經 子6-32086(10)、32089(7)
樂瓔珞莊嚴方便品經 子6-32081(9)、32082(8)、32083(7)、32088(7)
樂瓔珞莊嚴方便品經(轉女身菩薩問答經) 子6-32084(6)、32085(9)、32093(9)
17 樂子集 叢2-1317
樂羣堂詩集 集2-10986
20 樂集鐘古 子4-24629
樂統博稽 子3-17526 叢2-1232
21 樂經 經1-6396～8 叢2-765～6、774(4)
樂經元義 經1-6415
樂經集註 經1-6413
樂經律呂通解 經1-6512 叢1-456(7),2-731(36)、1421
樂經以俟錄 經1-6418 叢2-1146
樂經源流考 叢2-1967
樂經古文 經1-6417、6584～5
樂經或問 叢2-1421
樂經或問、大成樂譜 經1-6426
樂經凡例 經1-6433 叢2-2129(3)
22 樂循理齋詩稿 集5-34710～1
樂循理齋詩鈔 集4-26721
樂仙琴譜正音 子3-17638
樂山集 集4-23475、23477 叢2-886(3)
樂山集逸文 集4-23478
樂山自訂年譜 史2-12018
樂山家藏易經評義 經1-1929
樂山遺詩 集5-33820
樂山道人醒世歌 叢2-1251
樂山縣志[嘉慶] 史8-61880
樂山縣志[民國] 史8-61881
樂山堂文鈔 叢2-1022
樂山堂詩文鈔(在山草、出山草、樂山堂文鈔) 集4-29836
樂山堂詩鈔 叢2-1022
樂山堂稿 集4-23476
樂山堂縹緗新記 叢2-1022
樂利主義泰斗邊沁之學說 子7-36251
23 樂稽耀嘉 經1-171、176、6598～602 叢1-22(2)、23(2)、273(3)、274(2)、330～1,2-731(14)、773(3)、821、1872
樂稽耀嘉、補遺 經1-174、6603
24 樂動聲儀 經1-171、6591～2、6596 叢1-273(3)、274(2),2-731(14)、771(3)、773(3)、821、1872
樂動聲儀、補遺 經1-174、6593
樂緯 經1-172、177、6588～90 叢1-273(3)、274(2),2-731(14)、772(3)、773(3)、775(3)、821、1302～3、1872
樂緯稽耀嘉 經1-172、6604～5 叢1-441,2-774(7)
樂緯動聲儀 經1-172、6594～5、6597 叢1-441,2-774(7)、775(3)
樂緯叶圖徵 經1-172、6609～10、6612 叢1-441,2-774(7)、775(3)
樂緯附錄、補遺 經1-6614
樂緯附錄附補遺 經1-174

25 樂生集　子 4－24569　叢 2－724
樂生堂詩稿　集 4－32870
樂生堂遺稿　集 4－32869
樂律　叢 1－460
樂律證原　經 1－6571
樂律正俗　經 1－6521　叢 1－223(15)、230(2),2－731(36)
樂律攷　經 1－6564
樂律參解　經 1－6486
樂律心得　經 1－6536　子 3－12349
樂律逢源　經 1－6553　子 3－12365　叢 2－1637～8
樂律古義　經 1－6510　叢 2－1408
樂律考　經 1－83、6515　叢 2－1010
樂律表微　經 1－6514　叢 1－223(15)
樂律或問　經 1－6530
樂律擬答　經 1－6570
樂律圖攷　經 1－6573
樂律明真　經 1－6565
樂律明真立表　經 1－6569
樂律明真解義　經 1－6567
樂律明真明算　經 1－6568
樂律舉要　經 1－6458　叢 1－195(3),2－731(36)
樂律舉偶　經 1－6578
樂律全書　叢 1－223(14)
樂律全書十二種　經 1－6584、6586
樂律全書十五種　經 1－6585
樂律金鑑　經 1－6574
樂律義　經 1－6440　叢 2－774(4)
樂律管見、協律二南詩　經 1－6470
樂律纂要　經 1－6461～2
26 樂泉老人年譜　史 2－11828
27 樂皐山堂庚午稿、補遺稿　集 3－19589
樂皐山堂稿　集 3－19590　叢 2－802
樂皐山堂遺稿　集 3－19588
28 樂儀堂法帖　子 3－15481
30 樂安應氏宗譜[浙江仙居]　史 5－40883～5
樂安郭氏宗譜[浙江仙居]　史 4－32320～2
樂安王氏宗譜[浙江仙居]　史 4－25202
樂安徐氏宗譜[浙江仙居]　史 4－32082～3
樂安顧氏宗譜[浙江仙居]　史 5－41428～9
樂安潘氏宗譜[浙江仙居]　史 5－39816～7
樂安沈氏宗譜[浙江仙居]　史 4－29116
樂安赤石李氏宗譜[浙江仙居]　史 4－27257～9
樂安韋羌珍水堂朱氏宗譜[浙江仙居]　史 4－26612
樂安城南陳氏宗譜[浙江仙居]　史 4－33131
樂安春　集 7－50299
樂安疊韻詩　集 4－24142
樂安縣續志[康熙]　史 8－59146
樂安縣志[雍正]　史 8－59147
樂安縣志[康熙]　史 8－58810～1
樂安縣志[萬曆]　史 8－59145
樂安縣志[同治]　史 8－58812
樂安縣志[民國]　史 8－59148
樂安陳曹合譜[浙江仙居]　史 4－33133
樂安居偶存　集 3－17578
樂安余氏宗譜[浙江仙居]　史 4－28568
樂安鄭氏宗譜[浙江仙居]　史 5－38700～3
31 樂潛廬詩集　集 4－33403
樂潛堂詩二集　集 4－27115
樂潛堂詩初集　集 4－27114
樂潛堂集　集 4－27111～2,6－41994
32 樂業齋村間舊語　子 5－26707
樂業縣志十編[民國]　史 8－61402
33 樂述　經 1－6423
樂述可知　經 1－6424
34 樂社大義　經 1－6438　叢 2－774(4)
35 樂清新志後議[道光]　史 7－57673
樂清軒詩鈔、欒欒草、外編　集 4－24638
樂清縣鄉土志稿[民國]　史 7－57675～6
樂清縣志[康熙]　史 7－57671
樂清縣志[永樂]　史 7－57669
樂清縣志[道光]　史 7－57672
樂清縣志[隆慶]　史 7－57670
樂清縣志[光緒]　史 7－57674
樂遺篇　經 1－135
37 樂通　經 1－6420
38 樂遊聯唱集　叢 1－257
樂道堂集(樂道堂文鈔、樂道堂文續鈔、賡獻集、廣四時讀書樂詩試帖、岵屺懷音、豳風詠、春帖子詞、正誼書屋試帖詩存、樂道堂古近體詩、續鈔)　集 5－35663
樂道堂書目、多福軒書目　史 8－65856
40 樂在其中　叢 1－551
樂在堂文集　集 3－16716
樂有餘齋試帖　集 4－29663
樂有餘齋詩集　集 4－29662
樂志　經 1－6325　史 1－881～2
樂志齋詩集　集 3－13655
樂志編　叢 1－119～20、154
樂志書屋遺集　集 4－25160
樂志園詩集、補遺　集 1－5663
樂志園集　集 3－14800
樂志簃詩錄　集 5－35917
樂志簃集　集 5－35916
樂志簃曲　集 7－50681
樂志簃筆記　子 1－1915

樂志堂文集、文續集、詩集 集4－30420
樂志堂文集、詩集 集4－30419
樂志堂文畧 叢2－882
樂志堂文鈔 集3－17106,4－28704
樂志堂詩集 集3－14033,4－30424,6－42007(1)
樂志堂詩續集、詞 集4－30421
樂志堂詩畧、文畧、附錄 集4－30422～3
樂壽堂主人自訂年譜 史2－12377
樂真齋詩集 集5－39171
樂真齋詩稿、文稿 集5－39170
樂真齋奏稿 史6－49051
樂木庵詩草、文草、詩話 集4－28391
43 樂城李氏宗譜[浙江樂清] 史4－27261
44 樂協圖徵 經1－6611 叢2－772(3)、773(3)
樂蔭吟稿 集4－26259
樂蓮裳詩册 集4－25324
樂老堂集古百廿壽 子3－17101
樂菴語錄 子4－20116 叢1－223(39)
樂菴先生遺書、後題 子4－20115
46 樂想經 子6－32083(19)
樂如何齋詩稿 集4－28886
47 樂都縣風土概況調查錄大綱[民國] 史8－63298
49 樂妙山居集、續編 集4－23313
50 樂中集、前集、近集 集2－11240
樂書 經1－6404、6407 叢1－223(14),2－774(4)
樂書正誤 經1－6408 叢2－616
樂書要錄 經1－6442 叢2－731(36)
樂書要錄存 叢1－265(2)、288、411,2－778
樂書内編 經1－6422
樂書内篇 子3－17527
樂春居吟稿 集5－40217
樂素齋醫學滙參 子2－5100
樂素堂文集、詩存 集5－38646
51 樂軒集 集1－3743,6－41894(2)、41904 叢1－223(55)
樂軒集(樂軒先生集) 集1－3742
52 樂靜詞 集5－40317
樂靜集 叢1－223(53)
樂靜先生李公文集(樂靜集) 集1－2952
樂靜居士集 集1－2951,6－41904
樂靜堂集、雞肋集 集3－17970
55 樂農自訂行年紀事 史2－12468
樂農自訂行年紀事續編 史2－12469
樂典 經1－6414
樂耕軒詩存 集5－38322
樂耕堂詩鈔 叢2－888
57 樂邦文類 子7－34465
樂邦文類、樂邦遺稿 子7－34464
60 樂圃集 集3－15938,6－45141 叢2－951
樂圃集、補遺 集3－15936
樂圃遺蹟 史7－51380
樂圃吟鈔 集3－20641
樂圃餘稿 集1－2642～4,6－41894(1)、41895
樂圃餘藁、補遺 叢1－223(52)
樂易堂詩集 集3－17995
樂園文鈔 集4－24386 叢2－1605
樂園詩集 集5－36161
樂園詩稿 叢2－1605
樂園詩鈔 集4－24385
樂園集 集3－16951
樂園遺稿 集3－13298,6－45100
樂昌栢沙駱氏族譜[廣東樂昌] 史5－39915
樂昌縣志[康熙] 史8－60880～1
樂昌縣志[同治] 史8－60882
樂昌縣志[民國] 史8－60883
樂昌公主傳 叢1－168(1)
樂邑卞氏族譜[山東樂陵] 史4－25668
樂只集、喜雨集 叢2－1315
樂只室璽印存 史8－65079
樂只室秦漢印譜 史8－65078
樂只堂醫書滙函 子2－4619
樂只堂人子須知韻語 子2－4996
62 樂縣考 經1－6542 叢1－242(4)、456(5),2－731(36)、1619
64 樂叶圖徵 經1－171、6606～7 叢1－273(3)、274(2),2－731(14)、821、1872
樂叶圖徵、補遺 經1－6608
樂叶圖徵附補遺 經1－174
66 樂器三事能言 子3－17541
樂器三事能言、補編 經1－108、6526 叢2－814
樂器配音法 子3－17952
樂器編 子3－17954
樂器演算法 經1－6566
樂器圖 子3－17953
樂器圖式 子3－17951
樂器類釋名 子7－36237
74 樂陵賈氏族譜[山東樂陵] 史5－37138
樂陵張氏族譜[山東樂陵] 史5－35248
樂陵董氏家乘[山東樂陵] 史5－35907
樂陵縣鄉土志[宣統] 史8－59081
樂陵縣志[順治] 史8－59079
樂陵縣志[乾隆] 史8－59080
76 樂陽祠白氏族譜[四川成都] 史4－26218
77 樂陶園詩稿 集5－40950
樂陶吟草 集2－10121～3

樂陶居詩稿　集5-39012
樂陶閣集　集4-22090,6-45017
樂閒齋文集　集4-25274
樂學新說　經1-6586
樂學新說、樂經古文　經1-6417、6584～5
樂賢堂詩鈔　集3-20520
樂賢堂詩鈔(督運草)　集3-20518
樂賢堂詩鈔(日下集、豹尾集、三晉集、齊魯集、西江集、燕趙集、粵海集、淮閩集)　集3-20519
樂閑齋文集　叢2-1749
樂閑齋全集十三種　叢2-1749
80 樂全集　叢1-223(51)
樂全先生文集(樂全集)　集1-2059
樂全先生文集、行狀　集1-2060
樂全先生張公(方平)行狀　史2-8640
樂無樓集　子4-21487
樂善錄　子4-23811、23813～4、24537　叢1-11～2、19(12)、20(9)、21(11)、22(13)、23(12)、24(12)、30～1、99～101、119、148、447
樂善錄畧　子4-23812　叢1-134
樂善堂集　集3-19941～2
樂善堂全集　集3-19944
樂善堂全集定本　叢1-227(8)
樂善堂全集定本(御製樂善堂全集定本)　集3-19943
樂會縣志[康熙]　史8-61465～6
樂會縣志[宣統]　史8-61467
82 樂饑齋詩草　集3-13435
樂饑集　叢2-958
86 樂知堂詩集　集3-21898
87 樂録　叢1-22(17)
樂飢齋詩草　子3-15722
88 樂餘靜齋詞二種　集7-47953
樂餘靜廉齋文稿、詩稿初集、二集、三集、續集、梅影庵詞　集4-32480
樂餘靜廉齋詩稿　集4-32479
樂餘園百一偶存集　集3-16228

欒

22 欒欒草　集4-24638
43 欒城應詔集　集1-2613　叢2-635(8)
欒城文集二十集　集1-2620
欒城詩選　集1-2616,6-41903
欒城詩鈔　集1-2615,6-41773
欒城三集　集1-2612
欒城集　集1-2602、2608、2610
欒城集(欒城集、後集、三集)　集1-2606
欒城集、後集、三集　叢2-635(8)、698(10)
欒城集、後集、三集、應詔集　集1-2604　叢1-223(52)、227(9)
欒城集、目錄　集1-2605
欒城集、目錄、後集、三集　集1-2603
欒城集九十九集　集1-2609
欒城集錄　集6-41799
欒城後集　集1-2611
欒城先生遺言　子4-19978　叢1-2～3、5～9、22(3)、23(3)、569,2-731(7)、860
欒城先生全集錄　集1-2614,6-41708
欒城遺言　子4-19979　叢1-4、19(11)、20(8)、21(10)、24(11)、223(41),2-857
欒城藁　集2-9464
欒城縣志[康熙]　史7-55055
欒城縣志[道光]　史7-55056
欒城縣志[同治]　史7-55057

2291_3 繼

17 繼配汪觀定室人行畧　史2-10985
繼配馮恭人實錄　史2-9464　叢2-1405
26 繼總統論　子4-21784
27 繼響霓裳　集7-54737
33 繼述軒文鈔　集3-17700
繼述堂詩文合鈔　集3-21911
繼述堂讀孟芻言　經2-10095　叢2-2123
繼述堂三刻詩鈔、文鈔、文鈔附錄　集5-39799　叢2-2123
繼述堂社會談約編　叢2-2123
繼述堂中西教育合纂　史6-42409　叢2-2123
繼述堂全集四種　叢2-2123
40 繼志齋文稿　集2-6045、6422
繼志齋集　集2-6420～1　叢1-223(63),2-860
繼志編方書合刻　子2-9476
繼志堂醫案　子2-10683
繼古藂編　子4-20179　叢1-22(4)、23(4)
44 繼芳集　集3-17002
繼世紀聞　史1-1914、2832～3　叢1-84(3)、95～6,2-730(3、10)、731(51)
47 繼聲樓古今體詩　集4-33292
繼聲樓帖體詩存　集4-33293
50 繼忠錄(程懋恩)　史2-10256
繼妻王夫人事述　史2-10702
70 繼雅堂詩集　集4-28241
75 繼體記　史1-801

77 繼母大賢　集 7 - 48779
80 繼善印畧　子 3 - 17363

2291_4 種

00 種痘新書　子 2 - 8798
種痘集要　子 2 - 8926
種痘仙方　子 2 - 10482
種痘心法　子 2 - 8863　叢 1 - 269(4)、270(3),2 - 731(29)
種痘心法要旨　子 2 - 4989、8799
種痘祕訣　子 2 - 9019
種痘法　子 2 - 7970、8811
種痘奇書　子 2 - 8912
種痘真傳　子 2 - 8875
種痘書　子 2 - 8768
種痘指掌　子 2 - 8864　叢 1 - 269(4)、270(3)、271,2 - 731(29)
種痘全書　子 2 - 8776
10 種玉記　集 7 - 49709
種玉記定本　集 7 - 49961
種玉詞　集 4 - 28926,7 - 47804　叢 2 - 845(4)
種玉山房詩集　集 4 - 31590　叢 1 - 423
種玉山房詩草　集 4 - 30276　叢 2 - 1770
種玉山莊鐵筆　子 3 - 17244
種玉堂集　集 4 - 29119～20
種豆園初稿畧存　集 7 - 47612
12 種水詞　集 7 - 48062
17 種瑤草齋詩影　集 4 - 27782
種瑤草堂詩鈔　集 3 - 20749
種瑤草堂集　集 3 - 13646
種子方　子 2 - 11050
種子說兩則　子 2 - 8479
種子要方　子 2 - 4612
種子心法　子 2 - 8187、8441
種子祕剖　子 2 - 11050
種子祕訣真傳　子 2 - 8312
種子奇方　子 2 - 8301
種子金丹全集　子 2 - 8328
20 種香詩草　集 3 - 19870
種香山館詩草、補遺、文集　集 4 - 31673
21 種仁山館初稿　集 5 - 34382
22 種種雜咒經　子 6 - 32081(13)、32083(10)、32084(8)、32085(14)、32086(15)、32088(10)、32089(11)、32090(15)、32091(14)、32092(10)、32093(40)
種紙山房詩稿　集 4 - 21949
種紙山房詩鈔　集 4 - 26052
24 種德程氏宗譜[江西婺源]　史 5 - 36163
種德堂文集　集 3 - 14135
31 種福堂續選臨證指南　子 2 - 10544
種福堂公選良方　子 2 - 9441、10541
種福堂公選良方兼刻古吳名醫精論　子 2 - 9440、10541
種福堂公選溫熱論醫案　子 2 - 6826、10542
40 種太尉(諤)傳　史 2 - 7070、8669
種李園近稿　集 4 - 22382
種木番藷法　子 1 - 4297
種樟簡明法十二條　子 1 - 4323
41 種梧吟館詩存　集 5 - 35668
44 種藍室詩鈔　集 5 - 35341
種藍法　子 1 - 4186、4317
種藍畧法　子 1 - 4318
種蔬疏　子 1 - 4479　叢 1 - 30、119～20
種花主人稿　集 3 - 18263
種花雜記　子 4 - 19186
種蘭訣　叢 1 - 14(3)、30、119～20
種蘭蕙四季口訣　子 4 - 19230
種蘭居詩　集 3 - 21606
種蘭小草自存　集 5 - 39026
種蔗制糖論　子 7 - 36229
種蘇說　子 1 - 4311
種蓮集　史 2 - 6827　子 7 - 34593～4
種芝詩文草　集 4 - 30704
種芝山房文鈔　集 4 - 26043
種芝山房遺稿　集 4 - 31598
種芝草法　子 5 - 29530(18)、30877
種蕉聽雨軒詩鈔　集 5 - 37655～7
種蕉吟館試帖近稿　集 5 - 34603
種蕉館詩集、補遺、附錄　集 4 - 24915
種芋法　子 1 - 4480　叢 1 - 22(27)、61～4,2 - 730(4)、731(30)
種薯經證　叢 2 - 2184
種芸詞　集 7 - 47407
種芸詞初稿　集 4 - 27537
種芸仙館詞　集 7 - 47409
種芸仙館詞、釣船笛譜、月湖秋瑟　集 7 - 47410
種芸仙館詞二種　集 7 - 47408
種芸仙館集外詞　集 7 - 47411
種樹山房詩集　集 4 - 31199
種樹淺說　子 1 - 4505
種樹書　子 1 - 4081、4113、4115　叢 1 - 13、14(3)、22(17)、23(17)、48、82、86、119～20、173、508,2 - 730(7)、731(30)
種樹軒文集、詩草　叢 2 - 1858
種樹軒詩草　集 4 - 32398
種樹軒遺集　集 4 - 32397
種樹軒遺集三種　叢 2 - 1858
種茶法　子 1 - 4186

種菜草、別集　集3-15738
種菜居詩集　集5-40381
種藥齋詩鈔　集4-28530
種藥疏　子2-5899　叢1-30、119～20、173
種植芻言　子1-4188
種植滙要　子1-4180
種菊庵集　叢1-223(70)
種菊法　叢2-622
種菊菴詩　集2-6027
種菊軒畫譜　子3-16438
46 種棉說要　子1-4310
種棉五種、山東種洋棉簡法　子7-37085
種棉實驗說　子1-4304
種棉淺說　子1-4308
種棉法辨惑　子1-4302
種棉花桑麻說　子1-4166
47 種桐書屋遺詩(種桐書屋詩集)　集4-32610
種橡法五條　子1-4322
種橡養蠶說　子1-4395
種柏雜說　子1-4314
48 種榆僊館詩鈔　集4-25579
種榆僊館印存　子3-16944、17155
種榆仙館摹印　子3-17154
種榆仙館印譜　子3-17153
種榆仙館印選　子3-17156
種松莊偶存　集4-23916
種松園集　集3-19033
種梅詩鈔　集3-21261
種梅心法　子5-32068
種梅書屋詩畧　集4-33679
50 種拉美草法　子7-37082
種書堂遺稿、題畫詩　集3-13835
60 種墨齋詩集、詩餘　集3-17951
種墨山房詩稿　集4-23458
種田雜說　子1-4179、4222
種果疏　叢1-173
種果蔬　子1-4489
77 種月軒遺草　集3-15265
種學堂集(詹詹吟稿、種學堂文稿)　集3-14899
種學堂麥氏族譜[廣東高明]　史5-34269
種印度粟法　子7-37090
種桑淺要　子1-4469
種桑法　子1-4186、4470
種桑蠶格式　子1-4374、4440
80 種義園詩草　集3-20261
88 種竹山房詩草　集5-34036
種竹山房詩鈔、詞鈔　集4-25205
種竹山房稿、奉使遼東集、蘭雪堂稿、甘泉集、淨香方丈稿、湟中詩草、漢南詩草、蘭雪堂文集、閒情率筆　集3-18617
種竹法　子1-4186、4316
種竹草堂詩　集4-23952
種竹軒詩鈔　集4-25539
種竹軒集古文初集、詩選　集4-25538
種竹軒續詩　集4-25540
91 種煙葉法　子1-4320,7-37086

2292_2 彩

00 彩毫記　集7-49709
10 彩雲百詠、續詠　集4-26162
彩雲球　集7-53709
彩雲曲並序　叢1-587(3)
彩雲呈瑞、八僊慶集　集7-49689
彩雲別墅存稿　集4-22268
27 彩舟記　集7-49959
37 彩選百官鐸　子3-18214　叢1-22(27)
45 彩樓傳八部　集7-51089
彩樓擇婿一枝　集7-52644
51 彩虹山房詩餘　集7-47598
彩虹山房詩鈔、詩餘　集4-28563
88 彩筆情辭　集7-50531
91 彩煙梁氏宗譜[浙江新昌]　史5-34676
彩煙楊氏家傳[浙江新昌]　史5-36886
彩煙楊氏宗譜[浙江新昌]　史5-36887
96 彩烟丁氏宗譜[浙江新昌]　史4-24641～2

2293_0 私

00 私立北泉圖書館叢書八種　叢2-738
私訪六人頭　集7-53276
私訪江南(搜曹府)　集7-53274
私訪蓮花廳(彭大人私訪江西)　集7-53275
私訪蘇州(彭大人私訪蘇州)　集7-53277
05 私塾改良會章程　史6-42419　子1-2469
私塾改良簡章　史6-42420
07 私望五更　集7-53279
30 私家教育釋疑　史6-42408
37 私淑雜著　集5-36943
44 私艾齋文集　集4-28135
50 私史記事　史1-3616　叢1-409
私史獄　史1-3654　叢2-624(4)
61 私呵三昧　子6-32085(15)
私呵三昧經　子6-32090(16)、32092(11)

私呵味經　子6-32090(16)、32092(11)
私呵味經(菩薩道樹經)　子6-32084(9)、32093(11)
私呵味經(道樹三昧)　子6-32085(15)
84 私鑄銀銅圓僞造紙幣治罪例册　史6-46290

2293_2 崧

00 崧庵集　集1-3026
22 崧山集　集3-16775
33 崧浦草堂詩集　集4-28611
40 崧臺書三種　叢2-1383
崧臺最錄　叢2-1383
崧臺隨筆　史7-50881　叢2-1383
崧臺學制書、攝篆半月錄、薦後錄　叢2-1383
崧臺學製書、攝篆半月錄、薦後錄　史6-47128
41 崧坪小稿　集6-41894(2)
44 崧菴集　叢1-223(54)
53 崧甫初學文類　集3-19227
60 崧里何氏宗譜[浙江上虞]　史4-28300～1

2293_7 穏

41 穏棹人寶生錄　子2-11088

2294_0 紙

08 紙說　子1-72　叢2-2232
紙譜　子4-18858
20 紙香書屋存稿　集4-30442,6-42006
21 紙上談　子4-21741　叢2-1610
23 紙牋譜　子4-18850
27 紙舟先生全真直指　子5-29530(5)、31256
紙名兒一枝　集7-52066
60 紙墨筆硯箋　子4-18674
紙園叢書八種　叢2-1815
紙園筆記經餘　經2-11674　叢2-1815
紙園筆記皇朝故事　史1-4500　叢2-1815
紙園筆記史畧　史1-5993　叢2-1815
87 紙錄　子4-18853　叢1-195(6),2-731(33)
88 紙箋　子4-18538　叢1-14(3)、25、111(1)、249(3)、461,2-624(3)、731(33)
紙箋譜　叢1-22(26)
97 紙糊燈龍　子5-27890
98 紙幣論　子7-37297

2294_4 綏

00 綏廣紀事　史1-1934、2901　叢1-84(2),2-593～4、730(10)、731(68)
綏交記　史1-1927、4440
05 綏靖屯志　叢1-373(3)
綏靖屯志[道光]　史8-62101
20 綏乘[民國]　史7-56037
21 綏緬紀事　史1-3727
22 綏山草堂詩集　集3-16055
23 綏我堂詩存　集4-28307
24 綏化縣志[民國]　史7-56360
綏化縣圖志[民國]　史7-56361
綏德州直隸州志[乾隆]　史8-63013
綏德州志[順治]　史8-63012
綏德直隸州志[光緒]　史8-63014
30 綏寧縣志[康熙]　史8-60719
綏寧縣志[乾隆]　史8-60720
綏寧縣志[同治]　史8-60721
綏寧縣呈造諮詢事宜清册　史6-47468
綏寇紀畧　史1-1849～50、1852　叢1-223(19)、496(6)
綏寇紀畧、補遺　史1-1851　叢1-268(2)、496(3),2-731(68)
綏安二布衣詩抄　集6-44795
綏定縣鄉土志[光緒]　史8-63442
31 綏江縣志[民國]　史8-62469
33 綏濱縣志[民國]　史7-56347
34 綏遠[民國]　史7-56038
綏遠通志稿[民國]　史7-56040
綏遠通志草稿[民國]　史7-56042
綏遠通志採訪要點[民國]　史7-56041
綏遠志[光緒]　史7-56036
綏遠志畧[民國]　史7-56039
綏遠概況[民國]　史7-56043
綏遠奏議　史6-49169
綏遠頌　集5-34221
綏遠省分縣調查概要[民國]　史7-56045
36 綏邊徵實　叢2-1894
42 綏猺軍需條款　史6-45301
44 綏蒙輯要[民國]　史7-56044
50 綏中縣鄉土志[光緒]　史7-56210
綏中縣志[民國]　史7-56208
綏中縣志續編[民國]　史7-56209

綏史　史1-1935、3080
60 綏園遺稿　集5-37797
68 綏黔説畧　子1-1924
76 綏陽鴻印　集4-33255　叢2-1794
綏陽縣志[乾隆]　史8-62204
綏陽縣志[民國]　史8-62205
77 綏服西屬國記　史1-3717,7-49318(3)
綏服西屬圖記　史7-49317(2)
綏服外蒙古記　史1-3553,7-49316、49318(2)
綏服紀畧　史1-3667,7-49317(2)、49318(4)、49339、49344
綏服紀畧圖詩　史1-3668,7-49337
綏服内蒙古記　史1-3552,7-49316、49318(2)
綏服厄魯特蒙古記　史1-3706,7-49316、49318(2)

2294_7 稱

04 稱讚淨土佛攝受經　子6-32081(8)、32082(8)、32083(7)、32084(6)、32085(9)、32086(8)、32088(7)、32089(7)、32090(9)、32091(8)、32092(6)、32093(5),7-32466、34428
稱讚大乘功德經　子6-32079、32081(11)、32082(10)、32083(8)、32084(7)、32085(11)、32086(12)、32088(8)、32089(9)、32090(12)、32091(11)、32092(8)、32093(12)
稱讚如來功德神咒經　子6-32085(13)、32088(9)
06 稱謂考辨　叢2-811
稱謂錄　子5-25989
24 稱贊大乘功德經　子7-32232
27 稱名紀麗　史2-13369～70
33 稱心緣　集7-50491
56 稱揚諸佛功德經　子6-32081(15)、32082(11)、32083(11)、32086(17)、32088(11)、32089(13)、32091(16),7-32094
稱揚諸佛功德經(集諸佛華經)　子6-32085(15)、32090(17)、32092(11)
61 稱號篇　叢1-223(40)
76 稱陽雜錄　子5-26081
80 稱人心　集7-50254

綬

24 綬德馬如龍墓誌銘　史2-9337
44 綬藤吟舫詞　集7-47456

緩

00 緩庵詩鈔(順寧樓稿)　集3-17845
緩齋文集題跋、尺牘、啓　集3-15868
緩齋近詩　集3-15870
緩廣紀事　叢2-1100
17 緩尋草　集3-19463
35 緩決目錄　史6-46127
90 緩堂文述　叢1-321
緩堂文鈔、文述　集3-19252
緩堂詩話　集6-45945　叢1-321
緩堂詩鈔　集3-19300
94 緩慟集　叢2-1080
緩慟集(顧璘)　史2-8914

2296_3 緇

00 緇衣集傳　經1-69、5875　叢1-223(9)
44 緇林警策　子7-34051
緇林尺牘　集6-45310
77 緇門崇行錄　子7-32099
緇門世譜　子6-32091(80)
緇門警訓　子6-32089(52)、32090(66)、32091(64)、32092(43)、32093(52),7-34047、34050
緇門警訓、續集、直音　子7-34048
緇門警訓、直音　子7-34049

2296_9 繙

06 繙譯六事箴言　子1-2566
繙譯論語　叢1-223(12)
繙譯孟子　叢1-223(12)
繙譯大學　叢1-223(12)
繙譯韓文　集1-1343
繙譯中庸　叢1-223(12)
繙譯類編　經2-15016
40 繙古叢編　叢1-19(7)、20(5)、21(6)、24(7)、374
50 繙史記　叢2-2270(2)
繙書圖　集7-50654　叢2-2067

2297_7 稻

00 稻蠶集詩鈔、二集詩鈔 集 3-19662
20 稻香齋詩集 集 5-40581
稻香樵唱 集 4-33452
稻香樓雜著 經 1-102
稻香樓雜著六種 叢 2-1533
稻香樓詩集 叢 2-1534
稻香樓詩集、賦鈔 集 4-22196
稻香樓詩稿 集 5-34646
稻香樓集 集 3-14108
稻香吟館詩畧 集 5-38158
稻香吟館集 集 4-23576
稻香閣遺稿 集 4-23093
稻香館粲香詞、補遺 集 7-48194
26 稻稈經 子 7-32116
27 稻鄉樵唱 集 6-42007(3)
43 稻城縣圖志[民國] 史 8-62148
44 稻花齋詩續鈔 集 4-24062
稻花齋詩鈔(拳莊詩鈔) 集 4-24061
稻花香詩草 集 5-39119
稻芊經 子 6-32083(8)
60 稻品 子 1-4293 叢 1-13、14(3)、119～20、173

2299_3 絲

20 絲系衍紀 子 3-17822 叢 2-1232
21 絲繡積聞 子 4-22578
26 絲絹全書 史 6-43961
27 絲絲忠義寶卷 集 7-54461
絲絲忠義寶卷(絲絲黨、絲絲寶卷、絲絲忠義) 集 7-54460
28 絲綸歷辨成式 史 6-41731
絲綸錄 史 6-47650
47 絲桐協奏琴譜 子 3-17806
絲桐纂要 子 3-17693
88 絲竹韻傳 集 7-53962
絲竹小譜 子 3-17868

2299_4 秝

11 秝沶滙編十種 子 3-11241
77 秝學卮言 子 3-11241

綵

00 綵毫記 集 7-49862
綵衣堂集 集 3-14278
28 綵倫集 史 4-26393
44 綵林集 集 3-20979
45 綵樓記 集 7-49974

纚

18 纚政萃編 子 7-36228(5)

2300_0 卜

07 卜記 子 3-14043 叢 1-22(18)、23(17)
16 卜硯齋詩集 集 4-23963
卜硯集 集 6-44237
卜硯集、蘇文忠公生日設祀詩 集 6-44236
卜硯山房詩鈔、後集 集 3-19042
卜硯山房後集 集 3-19043
17 卜子(商)年譜 史 2-11060 叢 2-599
卜子書 子 1-95、254
卜君頌 史 8-63501、64621
21 卜歲恆言 史 6-49281 子 1-4262～4
24 卜魁紀畧 史 7-49317(6)、49318(2)、50037
卜魁城賦 史 7-50038
卜魁風土記 史 7-49318(2)、50036
卜魁竹枝詞 集 6-42022
32 卜兆真機 子 3-13766
34 卜法詳考 經 1-2313 子 3-13754 叢 1-223(36)
40 卜來敦記 史 7-49318(22)、54826
60 卜易祕訣海底眼 子 3-13750
卜易神課 子 3-13768
卜易指南 經 1-2401 子 3-13793
72 卜氏譜畧[江蘇吳江] 史 4-24701
卜氏三世詩草 集 6-44945
卜氏雪心賦刪定 子 3-13139
卜氏家乘[浙江嘉興] 史 4-24702
卜氏宗譜[江蘇武進] 史 4-24700
卜氏纂修族譜[湖南瀏陽] 史 4-24705
77 卜居集 集 3-13525

卜居祕髓　子3-13186
88卜筮雜抄　子3-13787
卜筮書第二十三　叢2-600
卜筮兵法　子3-13849
卜筮闡微　子3-13756
卜筮精藴彙義　子3-13755

2302_7 牖

44牖蒙叢編　子4-21919
60牖景錄　子4-20696、20698、22582　叢2-1153

2305_3 牋

22牋紙譜　子4-18852　叢1-107、111(3)、207、223(25),2-731(31)
50牋奏成帝　叢1-168(4)

2320_0 外

00外瘍祕本　子2-7792
外方士集、續集　叢2-1524
外交辯難　史6-44918
外交自強策　子7-36262
外交滙編　子7-36850
外交七篇　史6-44936
外交餘勢　子7-36822　叢1-528
外交小史　史1-1995,6-44895
02外證醫案彙編　子2-7817
10外王芻談錄　子7-36212
外丁卯橋居士初藁　叢2-1859
18外政要電　史6-41489
外政要電(公歷一月至六月)　子7-36257
外政通紀　史6-41489～94　子7-36256～7
外務部住址單　史6-44414
外務部奏定中英修訂藏印通商章程　史6-44063
21外經微言　子2-10515
22外制集　集1-2385,2-9007　叢2-698(10)、1099～101
外制集、内制集　叢2-635(8)、698(9)、1029
外制草　史6-47649　叢2-1127
外制草、儲彙錄、召對錄、綸扉奏草　集2-9833
23外編附錄詩評畫錄　叢1-227(8)
24外科　子2-4764
外科症治全生集　子2-4708、7720　叢1-373(8)
外科症治全生前集、後集　子2-7719
外科癥治方藥　子2-7887
外科瘡瘍九種　子2-7718
外科方論　子2-7713
外科方外奇方　子2-4768、4770、7798
外科方全錄　子2-7869
外科辨証奇聞　子2-7709
外科雜類　子2-7782
外科證治全生　子2-4667
外科證治全生(外科證治全生集、王洪緒先生外科證治全生)　子2-7721
外科證治全生集　子2-4661、4710、4714
外科證治全書　子2-7749
外科證治全書、全生集醫案、瘍醫雅言丹藥集方　子2-7750
外科諸方　子2-7858
外科親言授錄　子2-7818
外科三字經　子2-7811～2
外科正宗(重訂外科正宗)　子2-7689
外科正宗歌訣(指南車)　子2-7888
外科靈方　子2-7844
外科要方　子2-7796～7
外科百效全書(新刻祕授外科百效全書)　子2-7700
外科理例、補遺、附方　子2-4558、7669
外科理例、附方　子2-4557、7668　叢1-223(34)
外科集要　子2-7867
外科集要論祛　子2-7791
外科集腋　子2-7741
外科集驗方　子2-7667、9235
外科集粹大全　子2-7851
外科便方　子2-7824
外科便覽　子2-7864
外科便錄　子2-7825
外科經驗方　子2-4560、7673
外科經驗奇方　子2-7684
外科經驗精要方　子2-7677
外科備要　子2-7809
外科傳薪集　子2-4770、7806
外科各種良方　子2-7776
外科彙選應驗良方　子2-4591、7710
外科準繩簡纂　子2-7683
外科安生集　子2-7706
外科審治法　子2-7829

外科良方 子2-7785
外科活人訣 子2-7865
外科活人定本(新鐫外科活人定本) 子2-7702
外科心法 子2-4560、7671、7697、7731
外科心法要訣 子2-4989
外科心法珠球 子2-7868
外科心法真驗指掌 子2-7787
外科祕方 子2-4756、7778
外科祕集 子2-7698
外科祕傳 子2-7808、7815
外科祕傳良方 子2-7850
外科祕傳摘要 子2-7807
外科祕傳附祕傳麻瘋三十六症 子2-7810
外科祕補遺祕授經驗奇方 子2-7699
外科祕本、良方集錄圖位仁壽堂咽喉雜症祕方 子2-7729
外科祕畧 子2-7856
外科祕驗要結 子2-7854
外科祕驗要法 子2-7855
外科神書 子2-7853
外科選要 子2-7732、7756
外科選要、補遺方 子2-4771(3)
外科十法 子2-4979
外科十法(華佗外科十法) 子2-7714
外科大成 子2-7705
外科灰餘集(華佗遺書) 子2-7715
外科真詮 子2-7753
外科樞要 子2-4560～1、4577、7676
外科切要 子2-4668～9、7759
外科丸散祕方 子2-7870
外科摘錄 子2-7760
外科摘錄、急救便方 子2-4671
外科指南 子2-7734
外科或問附方 子2-7726
外科輯要 子2-7748
外科圖說 子2-7752
外科圖形脈証、醫方便考 子2-7733
外科圖形脈證、醫方便考 子2-4631
外科圖像注 子2-7703
外科跌打 子2-7930
外科明隱集、醫案錄彙 子2-7805
外科腫瘍主治類方 子2-7823
外科學講義 子2-4768、7842
外科醫鏡 子2-4771(3)、7784、7812、9863
外科問答 子2-7812
外科尺木 子2-7690
外科驗方 子2-7711
外科人圖論書 子2-7873
外科全生集 叢1-496(3)
外科金鑑札要 子2-7724
外科針法 子2-7772
外科鈐 子2-4907、7691
外科鈐古方 子2-4907、7692
外科簡效方 子2-7768
外科纂要 子2-4744、7814
外科精要 子2-4560～1、7655
外科精要、補遺 子2-7656
外科精義 子2-4549～51、4564、7660～1 叢1-223(33),2-731(29)
25 外傳精語 史1-2098 叢2-1726
27 外郵部摺片合同問答記錄 史6-44283
外紀節要 史1-1086～8
28 外傷驗方滙集 子2-7928
外傷金鏡錄 子2-4560、6234
30 外家紀聞 史2-7811、7828、7928 子4-23211 叢2-617(4)、685、934、1558～60
33 外治壽世方 子2-4770
外治壽世方初編(外治壽世方) 子2-9824
外補度數表 子3-12525
38 外洋樂通商一段 集7-51567
外洋貿易考 子7-36240(3)
外海紀要 史6-45510
外道問聖大乘法無我義經 子6-32081(45)、32082(22)、32084(24)、32085(42)、32088(30)、32090(33)、32091(31)、32092(21)、32093(9),7-32287
外道問聖大乘無我義經 子6-32086(49)
外道問大乘無我義經 子6-32083(28)、32089(25)
40 外臺方染指 子2-9612
外臺祕要方 子2-9130
外臺祕要方、目錄 叢1-223(32)
外臺祕要校 子2-9940 叢2-2004
44 外藩疆理考 史6-45720,7-49316、49317(2)、49318(3)
外藩列傳 史6-45673～4,7-49317(2)、49318(3)、54922
外藩列傳[乾隆] 史8-63350～1
外藩表簽式 史6-41937
外蒙古喀爾喀四部圖說 史7-54499
45 外猜巧諺 子3-18441
47 外切密率 子3-12384 叢1-456(6)、457,2-731(26)
50 外史新奇 子4-23103
外史檮杌 叢1-15
外史小傳 集1-5257
外夷朝貢考 史7-54256
外書 子1-654～8,4-22354 叢2-2270(1)
53 外感辨証錄 子2-7159
外感傷寒證提綱 子2-5184、6630

60 外國度量衡名韻編 史 6-44538
外國師船圖表、雜說、圖 子 7-36976
外國傳 叢 2-1287
外國傳補地理考證 史 1-608,7-49310
外國紀 史 7-54281 叢 1-203(15)
外國洋人歎拾聲 集 7-53293
外國地理講義 子 7-37736
外國地理問答 史 7-54420～1
外國地名中英對照表 史 7-54425
外國地志 史 7-54424
外國史畧 史 7-49318(22)
外國事 史 7-49309、54222
外國圖 史 7-49309、54220
外國人物論 史 2-6247
外國人雇搭華船事宜 子 7-37410
外國竹枝詞 史 7-54273 叢 1-201、203(2)、241、242(3)、249(4),2-1287
外國竹枝詞、百末詞、詞餘 集 3-14022
77 外岡志[崇禎] 史 7-56427
80 外金丹 子 5-29577、31465
88 外篇佚文 子 5-31882

2320_2 参

00 参玄集、續集、別集 集 6-43787
01 参訂增補周易備旨一見能解、上下篇義易經圖考朱子筮儀附周易精義 經 1-923
04 参讀禮志疑 經 1-6067 叢 1-223(9),2-1421
08 参譜 子 2-5930 叢 1-269(5)、270(4)
10 参兩 子 3-13242
参兩正義 子 3-13144
参兩通極 子 3-13190 叢 2-1186
参兩算經 子 3-12365 叢 2-1637～8
20 参香室剩稿、詞 集 4-31365
24 参贊事畧 叢 2-1067
30 参寥詩鈔 集 1-2670,6-41900
参寥子詩集 集 1-2666 叢 1-223(52)
参寥子詩集(参寥子集) 集 1-2668
参寥子詩集、校勘記 叢 2-637(3)
参寥子詩集、東坡稱賞道潛之詩、秦少游集摘 集 1-2667
参寥集 集 1-2669 叢 2-833
参寥集補鈔 集 1-2671,6-41901
参定朱子語類 子 1-784
33 参補說約大全 經 1-3816、3908
参補鄒魯心印集註(大學、中庸、論語、孟子) 經 2-10536
参補禮經精要 經 1-6115
37 参通兩極 子 1-1282
40 参校詩傳說存 經 1-3648～9
44 参坡袁先生一螺集 叢 2-974～6
参茶老人集 集 4-24914
60 参星祕要諏吉便覽 子 3-14512
参易發凡 經 1-1408 叢 2-850
74 参附羣書三劉互註西漢詳節 史 1-4835
77 参同契 子 5-29535(4)、29536(4)、30961、30975 叢 1-22(2)、23(2)、74～7、146,2-1345
参同契(周易参同契) 子 5-30962
参同契註 子 5-30996 叢 1-312,2-1347
参同契三種 叢 1-268(4)
参同契三相類 子 5-29553、31008～9
参同契正文 子 5-30960 叢 1-62～4,2-730(5)、731(10)
参同契五相類祕要 子 5-29530(18)、30966
参同契疏畧 叢 1-62,2-731(10)
参同契集注 子 5-31000
参同契經文 子 5-29553、31001
参同契經文直指 子 5-29569～71、31021
参同契經文直指、参同契直指箋註、参同契直指三相類 子 5-29567
参同契注 叢 2-1346
参同契補遺三相類 子 5-31016
参同契通真義 叢 1-227(7)
参同契直指三相類 子 5-29569～71、31023
参同契直指經文、箋註、三相類 叢 2-724
参同契直指箋註 子 5-29569～70、31022
参同契口義 子 5-29545、30989
参同契闡幽 子 5-29535(4)、29536(4)、30993～4
参同契分章注 子 5-29535(4)、29536(4)、30986
参同契分節解(参同契經文分節解) 子 5-30984
参同契分節祕解 子 5-31025
参同契箋註 子 5-31003～4
参同契箋註分節解 子 5-31005
参同契箋注 子 5-29553
参同易測 子 5-31030
参學知津、地輿名目 子 7-34875
88 参籌祕書 子 1-3295,3-13072～3

2321_0 允

28 允從集 集 1-5350
33 允祧六子譜 史 5-37888

37 允凝詩草 集 2 - 12707
47 允都名教錄 史 7 - 50442 叢 2 - 981
58 允𧷸堂本奏議 史 6 - 48312

2321_1 倥

27 倥侗詩鈔 集 3 - 19317

2321_4 僦

30 僦寮集 集 2 - 6718
77 僦月龕草 叢 2 - 1611～2

2322_7 偏

00 偏方補遺 子 2 - 4671、9701
偏旁假借通用書法備查 子 3 - 16863
偏旁舉畧 經 2 - 13064～5
偏旁舉畧[說文] 叢 2 - 719
13 偏球圖國名歌 史 7 - 54274
24 偏緯較表 子 3 - 12776
30 偏安藝流 叢 1 - 11、37、154
34 偏遠堂吟草 集 5 - 38751
44 偏地鉗 子 3 - 13152
60 偏累議 史 6 - 45140
77 偏關志[道光] 史 7 - 55763

徧

21 徧行堂集 集 3 - 13786 叢 1 - 373(4)
徧行堂集、目錄 集 3 - 13784
徧行堂集、目錄、續集 集 3 - 13785
徧行堂集尺牘 集 3 - 13787

2323_4 伏

00 伏魔經壇謝恩醮儀 子 5 - 29530(26)、30743
10 伏耳鏗廠管工章程 子 7 - 36229(3)、37147
伏西紀事 叢 2 - 593～4
18 伏敔堂詩集 集 4 - 33191～2,6 - 42003
伏敔堂詩選 集 4 - 33194
伏敔堂詩錄、續錄 集 4 - 33187～9
20 伏乘 叢 2 - 664
21 伏虎韜 集 7 - 50321、50324
22 伏鸞堂詩剩、裁雲閣詞鈔 集 5 - 34365
25 伏牛洞記 史 7 - 49317(3)、49318(9)、53645
伏生授經 集 7 - 49518～9
伏生尚書 經 1 - 2525 叢 1 - 19(1)、21(1)、24(1)
27 伏侯古今注 叢 2 - 664、772(5)、773(5)、774(10)
伏侯古今注、補遺、又補遺 叢 2 - 628、731(17)、770
41 伏獅祇園禪師語錄 子 6 - 32091(74)
42 伏婬經 子 6 - 32083(19)
53 伏戎紀事 史 1 - 1926～7、1934、2898 叢 1 - 84(2)、106、111(2),2 - 730(10)、1100
60 伏瘟證治實驗談 子 2 - 4768
伏園詩鈔 集 5 - 40684
72 伏氏佚文 叢 2 - 664
伏氏佚書十種 叢 2 - 664
77 伏邪新書 子 2 - 4768～9、4771(2)、5304
伏卵錄 叢 2 - 2156
78 伏陰論 子 2 - 4771(3)
80 伏羌紀事詩、和作、同人寄贈詩詞 集 4 - 23639
伏羌縣志[康熙] 史 8 - 63125
伏羌縣志[乾隆] 史 8 - 63126～7
伏羲先天照膽神數 子 3 - 13788
伏羲易義 叢 2 - 1961
伏羲圖贊 經 1 - 2149
伏羲圖贊、雜卦傳古音考 叢 2 - 1147～8
伏氣解 子 2 - 4771(2)、6868

俟

00 俟庵剩稿 集 3 - 21613
俟庵剩稿、補編、續編 集 3 - 21612
俟庵老人剩稿 集 3 - 21614
俟齋小稿 叢 1 - 365
22 俟後編、補錄、仁孝先生事畧附錄 子 4 - 20708
27 俟解 史 1 - 5275 子 1 - 1399 叢 2 - 1290、1292～4
29 俟秋吟稿 集 3 - 19762
30 俟寧居偶詠 集 3 - 21521～2
44 俟菴集 集 1 - 5380～1,6 - 41784
俟菴集、墓誌銘 叢 1 - 223(60)
60 俟園文集 集 5 - 36348

俟園詩鈔　集 5 - 36347
俟園叢書　叢 1 - 415
77 俟醫淺說　子 2 - 10827
80 俟命錄　子 1 - 1829　叢 2 - 1888
俟命錄續筆　子 1 - 1830
86 俟知堂集　集 2 - 8277～8

狀

10 狀元譜　集 7 - 51370
狀元三字經　子 1 - 2750
狀元祭塔　集 7 - 52137
狀元祭塔子弟書　集 7 - 52085、52136
狀元酒籌　子 3 - 16322
狀元橋謝氏宗譜[浙江紹興]　史 5 - 40714
狀元圖考　史 3 - 13432
狀元閣三字經註圖　子 1 - 2749
狀元會倡和詩集　叢 1 - 316～7,2 - 731(38)
狀元策　集 6 - 45379、45455、45458～9
狀元策(康熙甲辰科至乾隆丙戌科)　集 6 - 45457
狀元策(順治丙戌科至乾隆壬申科)　集 6 - 45456
狀元堂陳母教子雜劇　集 7 - 48774(5)、48800

獻

00 獻帝春秋　史 1 - 2279～80　叢 1 - 22(10)、23(9),2 - 617(1)
01 獻龍寶卷(獻龍古蹟、獻龍妙典)　集 7 - 54481
12 獻璞堂詩草　集 5 - 34919
16 獻醜集　集 1 - 4173　叢 1 - 2～3、6～7、19(11)、20(9)、21(10)、24(11),2 - 731(45)
17 獻子講存　子 1 - 1090
30 獻之書釋文　子 3 - 15299
40 獻志稿疏　叢 2 - 1188
44 獻花巖志　叢 2 - 795
獻花山房詩存　集 4 - 24354
55 獻替記　叢 1 - 15
62 獻縣鄉土志書[光緒]　史 7 - 55390
獻縣志[康熙]　史 7 - 55386
獻縣志[乾隆]　史 7 - 55387
獻縣志[民國]　史 7 - 55389
獻縣起禍端一枝　集 7 - 52002
獻縣劉氏懿行錄　叢 2 - 896
65 獻映橋　集 7 - 54482
71 獻匪記畧　叢 2 - 747～8
94 獻忱集　集 2 - 9010　叢 2 - 1099～101

2324$_0$ 代

00 代言選　史 6 - 47655　集 2 - 12015
代言選、講編　史 6 - 47656
代言輯存　叢 2 - 2006
代言錄　叢 2 - 2226
08 代族貼軍記　叢 2 - 783
代議政體論　子 7 - 38107
10 代醉編　叢 1 - 22(21)
11 代北姓譜　史 2 - 13348～9　叢 1 - 202(5)、203(10),2 - 1495～6
代北姓譜、遼金元姓譜　史 2 - 13350
12 代形合參　子 7 - 37513
27 代躬耕軒詩鈔　集 4 - 23421
代疑論　子 7 - 35274
代疑編　子 7 - 35101、35268
28 代微積拾級　子 7 - 37568
30 代字訣　經 2 - 14480
32 代州志[光緒]　史 7 - 55743
代州志書[萬曆]　史 7 - 55741
40 代直隸總督勸論牧令文　史 6 - 41530
44 代某校書謝某狎客饋送局帳啓　叢 1 - 587(3)
48 代警編　子 4 - 23043
50 代表函電錄要附外郵部摺片合同　史 6 - 44210、44790
55 代農堂文稿　集 5 - 38355
代耕堂雜著　叢 2 - 2043
代耕堂詩集　集 5 - 37198
代耕堂雪鴻草　集 5 - 36921
代耕堂集(江上草堂前稿、代耕堂中稿、雜著)　集 5 - 36924
代耕堂初稿　集 5 - 36922
代耕堂中稿　叢 1 - 554,2 - 2043
代耕堂全集六種附三種　叢 2 - 2043
58 代數一隅、海鏡一隅　子 7 - 37537
代數引蒙釋例　子 3 - 12376
代數盈朒細草　叢 1 - 500、568
代數術　子 3 - 12388,7 - 36231(3)
代數術、末款詳解　子 7 - 36228(4)
代數術詳解　子 3 - 12727
代數術補式　子 7 - 37527
代數須知　子 7 - 36230、36250、37528
代數幾何　子 7 - 36241

代數備旨、總答 子 7-37530
代數備旨詳草新代數 子 7-37534
代數積拾級 子 7-37531
代數積拾級詳草 子 3-12851
代數句股術 子 3-12389
代數微積拾級 子 7-36231(4)
代數演題續編、三編、四編、五編、六編、七編 子 3-12383
代數初學 子 3-12387
代數通藝錄 子 7-37535
代數啓蒙 子 3-12849
代數難題 子 7-37526
代數難題解法 子 3-12388,7-36231(4)
代數考 子 7-36240(4)
代數菁華錄 子 7-37525
代數助變術 子 3-12404
代數學 子 7-37532
代數闡微衍草 子 3-12838～9,7-37498
代數問答 子 3-12852
代數入門 子 3-12383
代數鑰 子 7-37538
代數簡易錄 子 7-36260
代數簡易錄十種 子 3-12383
60 代量新度圖說 子 3-12814
77 代月地支代日仄聲韻目 史 6-44404
90 代少年謝狎妓書 叢 1-587(3)

2324_2 傅

00 傅文卿集印 子 3-17296
傅文恪公初集 集 2-11120
傅文恪公全集 集 2-11119 叢 2-822
07 傅鶉觚集 集 1-333～4,6-41694、41698 叢 2-891
傅鶉觚集、傅子校勘記 集 1-335
10 傅玉樓詩集 集 1-5614,6-41780
傅元父詩 集 2-11985,6-41943
傅平叔先生集 集 2-12719,6-44818
傅天集 集 3-18131
12 傅弘烈傳 史 2-9349
17 傅子 子 1-20、61、66、69、511～2、514～9、521 叢 1-19(3)、21(5)、24(4)、77、223(29)、227(6)、230(3)、272(5)、491,2-731(10)、775(4)、891
傅子、方本傅子校勘記 叢 2-827、1027
傅子、訂譌 子 1-520 叢 1-547(2),2-2173
傅子、補遺 叢 1-388
傅子補遺 子 1-513
傅子校補 叢 2-827、1027
傅子校勘記 集 1-335
傅子拾遺 子 1-522
傅司馬集 叢 2-827
21 傅紅寫翠室賸稿 集 5-34399
22 傅巖詩集 集 4-27521
傅巖讀史閒評 史 1-5718
傅巖集 集 5-36544
傅山人集 集 2-7695、7699,6-41935(2)
23 傅獻簡公奏議 史 6-48137
28 傅徵君霜紅龕詩鈔 集 3-13432～4 叢 2-613
傅徵君男婦兒科醫書合刻 子 2-7968
30 傅家集 集 6-41904
34 傅遠度集(七幅庵、吳遊記、唾心集、步天集、英雄失路集、筊篌集、藏樓集、拔劍集) 集 2-7692
傅遠度集八集 集 2-7693
40 傅大士集、布袋和尚傳、文殊菩薩示現錄 子 7-33978
傅木虛集 集 2-7700
44 傅夢求集 集 2-9582,6-41935(2)
傅芳集 叢 2-891
傅蘭臺集 叢 2-891
傅莫庵先生猶賢錄 子 4-22518
傅莫菴先生博雅錄 子 4-22713
傅若金詩 集 1-5615,6-41775～6
48 傅增湘校 叢 1-448
50 傅中丞集 集 1-340～1,6-41694、41698 叢 2-891
傅青主語言拾遺 子 4-24164～5
傅青主詩文稿 集 3-13428
傅青主先生年譜 史 2-11641
傅青主先生年譜卷上 叢 1-588
傅青主家訓 子 1-2180
傅青主女科 子 2-4756
傅青主女科、產後編 子 2-8067
傅青主男科 子 2-8353
傅青主全集 子 2-7969
傅忠毅公全集 集 3-14520
傅忠壯公文集、詩集 集 2-11917
傅忠壯公詩文集、坿傳 叢 2-886(4)
傅忠肅集 集 6-41904、43118
傅忠肅集(傅忠肅公集) 集 1-3178
傅忠肅公文集 集 1-3174、3176
傅忠肅公文集、校勘記 集 1-3177
傅忠肅公集 集 6-41895
53 傅成霖詩文稿 集 5-36802
60 傅四大人出兵一枝 集 7-52669
70 傅雅三遺著 集 4-30051

72 傅氏痘疹保嬰珠璣　子 2－8654
傅氏庭訓　叢 2－1998
傅氏族譜　史 5－36291～2
傅氏族譜[廣東乳源]　史 5－36286～7
傅氏族譜[江西萬載]　史 5－36264～5
傅氏族譜[福建上杭]　史 5－36258
傅氏族譜[浙江龍游]　史 5－36220
傅氏族譜[湖南岳陽]　史 5－36275
傅氏三修宗譜[湖南桂陽]　史 5－36283
傅氏三修支譜[湖南寧鄉]　史 5－36274
傅氏五修族譜[湖南寧鄉]　史 5－36273
傅氏重修宗譜[四川簡陽]　史 5－36289
傅氏續修族譜[湖南]　史 5－36285
傅氏家訓　子 1－2296
傅氏家書七種　叢 2－891
傅氏宗譜[江西修水]　史 5－36259
傅氏宗譜[江蘇鎮江]　史 5－36193
傅氏宗譜[四川成都]　史 5－36288
傅氏宗譜稿[浙江德清]　史 5－36200
傅氏支譜　史 5－36293
傅氏四修族譜[湖南寧鄉]　史 5－36272
傅氏眼科審視瑤函　子 2－7307
傅氏鈔校書六種　叢 2－2037
77 傅與礪文集　集 1－5616
傅與礪詩文集(詩集、文集、附錄)　集 1－5610
傅與礪詩集　集 1－5613
傅與礪詩集、文集、綠窗遺稿　集 1－5611
傅與礪詩集、文集、附錄　叢 1－223(60),2－670
傅與礪詩集、綠窗遺稿　集 1－5612
傅與礪詩法　集 6－45716
85 傅鈍安先生年譜　史 2－12491
90 傅光祿集　集 1－469

2324$_7$ 俊

00 俊魔緣　集 7－49656
12 俊廷先生稿　集 5－36568
20 俊秀新鮮一枝　集 7－51801
30 俊迹易圖　經 1－2253
37 俊逸亭新編　叢 2－1417
46 俊婢傳　子 5－26222　叢 1－185

2325$_0$ 伐

22 伐山語　叢 2－1191
伐山取材　叢 2－2082
40 伐檀齋集　叢 1－223(66)
伐檀齋集、諸名家贈答詩　集 2－8677
伐檀齋集選　集 2－8678
伐檀集　集 1－1991,4－33177,6－41746、41894(1)、41895、41904　叢 1－223(51)、227(9)
伐檀集(黃青社先生伐檀集、青社黃先生伐檀集)　集 1－1990
50 伐蛟說　子 1－4290　叢 1－269(4)、360
伐蛟說彙編　子 1－4291

俄

04 俄謀黑吉礦本末　史 6－45054
10 俄西亞尼嘎洲志畧　史 7－49317(9)、49318(17)
11 俄疆客述　史 7－49318(20)、54802
26 俄皇彼得事畧　子 7－36234　叢 1－549
俄程日記(清光緒二十年至二十一年)　史 2－13085
俄程日記、懲齋日記　史 2－13084
27 俄租遼東暫行省治律　子 7－36617
35 俄清銀行章程　史 6－44502
38 俄游彙編　史 7－54791～2
俄遊紀畧　史 7－49319
俄遊日記　史 7－49318(4)、54797～9
40 俄大彼得帝傳二編　子 7－36467
俄志　子 7－36245
50 俄史輯譯　子 7－36242(2)、36250、36356
俄事新書　史 6－45033
俄東西分界江嶺城埠風土大畧論　史 7－49319、54735
60 俄國京城警兵章程要例　子 7－36616
俄國新疆考　史 7－49319、54725
俄國新志　子 7－36231(1)、36355
俄國疆界風俗誌　史 7－54771
俄國水師考　子 7－36228(6)、36952
俄國政俗通考、續編　子 7－38114
俄國政畧　子 7－36440
俄國經營東方策　子 7－36817
俄國變通興盛記　史 7－49319
俄國條款、續增條約、陸路通商章程、續增稅則　史 6－44034、44051
俄國條款、續增條約、陸路通商章程、續增稅則、改訂俄國陸路通商章程、中俄改訂條約　史 6－44035、44052
俄國官制大綱　史 6－42788
俄國近史　子 7－36357

俄國法律綜要　子 7－36615
俄國志畧　史 7－54808
俄國蠶食亞洲史畧　子 7－36360
俄國歷皇紀畧　子 7－36463
俄國鐵路全圖、表　史 6－44345
俄羅斯　子 7－36351
俄羅斯方域　史 7－49339、54771、54782　叢 1－548
俄羅斯諸路疆域考　史 7－49317(2)、49318(3)、54786
俄羅斯互市始末　史 6－44053，7－49317(8)、49318(3)
俄羅斯疆域編　史 7－49318(3)、54794
俄羅斯疆界碑記　史 7－49317(3)、49318(4)
俄羅斯水道記　史 7－49318(10)、54795
俄羅斯刑法　子 7－36658
俄羅斯形勢考　史 7－49317(2)、49318(3)、54784～5
俄羅斯山形志　史 7－49318(8)
俄羅斯佐領考　史 1－1982，7－49339、54775
俄羅斯進呈書籍記附目錄　史 1－1982，7－49339，8－65310
俄羅斯源流考　史 7－49318(3)、54793
俄羅斯叢記　史 7－49317(8)、49318(4)、54788
俄羅斯對中國政策　子 7－38085
俄羅斯大風潮　子 7－36238
俄羅斯史　子 7－36352
俄羅斯史、俄羅斯史中大事年譜　子 7－36353
俄羅斯史輯譯　子 7－36228(2)
俄羅斯事補輯　史 7－49339、54778
俄羅斯事輯　史 7－49339、54776
俄羅斯輯、俄羅斯佐領考　史 7－54774　叢 2－1664
俄羅斯國總記　史 7－49339、54780
俄羅斯國紀要　史 7－54771、54781　叢 1－548
俄羅斯國近年度支水師陸運　史 6－45324
俄羅斯國志　史 7－54805
俄羅斯國志畧　史 7－49318(18)、49339、54783、54801
俄羅斯盟聘記　史 6－45025，7－49318(4)
俄羅斯長編稿跋　史 7－49339、54777
俄羅斯戶口畧　史 7－49318(4)、54796
俄羅斯附記　史 6－45108，7－49318(4)
俄羅斯陸軍　叢 2－1018
俄羅斯分部說　史 7－49317(2)、49318(3)、54787
66 俄囉斯進呈書目　史 8－65311
72 俄兵砍斃華人案　史 6－45052
77 俄屬紀畧　史 7－49319、54734
俄屬波嘎拉新志　史 7－49319
俄屬海口記　史 7－49317(3)、49318(4)、54730
俄屬遊記　子 7－38015
俄屬基法新志　史 7－49319
俄股常行事宜　史 6－47568
80 俄人蠶食太平洋迤北邊地考　史 6－45731，7－49319
94 俄煤油公司向大德祥索債案檔　史 6－45055

戲

00 戲底　集 7－53445
戲言　叢 2－934
17 戲瑕　子 4－20766～7　叢 1－22(24)、29(8)、143、269(5)、270(4)、271、272(3)、373(9)，2－617(3)、731(54)、1194
20 戲秀子弟書　集 7－52099
22 戲劇供通　子 7－34590
23 戲毬傷科範　子 3－18506
27 戲魚墩劉氏家譜[江蘇靖江]　史 5－39213
戲魚堂帖　子 3－15313
30 戲寄　集 4－28647，7－54868
34 戲法圖說　子 3－18523～4
37 戲鴻堂法書　子 3－15710
39 戲迷訴功　集 7－53314
44 戲老媽一枝　集 7－50887
47 戲妞兒一枝　集 7－51992
戲奶媽一枝　集 7－52761
50 戲本雜抄　集 7－53542
55 戲曲考源　叢 2－2229
戲曲考原　集 7－54873　叢 1－585，2－2227
戲曲四十六種　集 7－54707
57 戲擬青年上政府請弛禁早婚書　叢 1－587(3)
58 戲揔本　集 7－53048
77 戲鳳子弟書　集 7－52098
戲用禽言一枝　集 7－51993
戲鷗居詩鈔　集 3－21838～9
戲鷗居詞話、叢話　叢 2－648
80 戲丫鬟一枝　集 7－52762

臧

10 臧雪溪詩集　集 5－35827
21 臧拜經文集　集 4－25483
47 臧穀詩稿　集 5－35823

72 臧氏族譜　史 5-38480
臧氏族譜[山東諸城]　史 5-38478
80 臧鏞堂雜稿　集 4-25484
99 臧榮緒晉書　史 1-499　叢 2-780

2332_7 鵞

37 鵞湖集　集 2-5968　叢 1-223(63)
鵞湖峯頂志　史 7-51684

2333_1 黛

00 黛方山莊詩集、文錄、試帖詩　集 4-29510
黛方山莊詩集、詩餘　集 4-29509
06 黛韻樓遺集　集 5-40363
10 黛玉葬花　集 7-53117
黛石草堂詩鈔　集 3-21822
22 黛山樓詩存　集 5-34379
50 黛史　叢 1-587(1)
68 黛吟草　集 3-16653

2333_3 然

22 然後知齋四書五經答問　經 2-11640
23 然然居士詩稿　子 3-15443
44 然藜閣詩鈔　集 4-26871
然藜餘筆　叢 1-22(6)、23(5)
48 然松吟館詩鈔　集 5-36663
然松閣詩鈔　叢 1-564
然松閣賦鈔、詩鈔、存稿　叢 2-788
71 然脂百一編六種　叢 2-617(4)
然脂百一編五種　叢 1-397
然脂集例　集 6-45900　叢 1-203(4)
77 然犀志　叢 1-282(4)、283(4)、285,2-731(28)
82 然鐙記聞　集 6-45494　叢 1-442～3
92 然燈記聞　叢 1-421,498、534
然燈紀聞　集 6-45492、45908　叢 2-617(4)

2344_0 弁

22 弁山龍華浴日能禪師語錄　子 7-34338
弁山久默禪師語錄　子 7-34261
弁山小隱吟稿　叢 2-843
弁山小隱吟錄　集 1-5151　叢 1-223(60),2-845(2)
31 弁江詩鈔　集 3-21773～4
76 弁陽老人詞　集 7-46717
77 弁服釋例　經 1-111(2)
弁服釋例、表　經 1-6191

2350_0 牟

10 牟平縣志[民國]　史 8-59240
15 牟珠詞、補遺　叢 2-885
牟珠洞記　史 7-49317(3)、49318(9)、53734
牟融詩集　集 6-41739、41872
17 牟子　子 1-20、61,7-34936　叢 1-303～5
牟子校補　叢 2-2265
牟子全集(宦蜀紀程、慈竹軒制藝、東牟記事、白溝草、蓼六吟、宦豫草、錦城吟、棧雲小藁、驛鐙小藁、筍輿吟、潼江草、密庢文鈔、聽鶯池館閒詠、楚遊小草、燕遊小草、篷背吟、宦蜀草)　集 4-32129
牟子全集十七種　叢 2-1924
22 牟山詩鈔　集 3-16661
牟山湖志　史 6-46826,7-52943
牟梨曼陀羅咒經　子 6-32081(17)、32085(17)、32086(19)、32088(13)、32089(14)、32090(23)、32091(21)、32092(15)、32093(42)
30 牟定鄉土志初稿[民國]　史 8-62550
71 牟願相遺著　集 4-24719
72 牟氏族譜[浙江黃巖]　史 4-26972
牟氏家譜[廣西玉林]　史 4-26975
牟氏宗譜[四川犍爲]　史 4-26977
牟氏陵陽集　集 1-4381　叢 1-223(58)、227(10)
77 牟尼曼陀羅咒經　子 6-32083(12)
80 牟公案牘存稿(俗園外集)　史 6-43147

2355_0 我

00 我度法藏問答二十三章　子 5-29578
04 我詩集　集 3-14904～5
我詩稿　集 3-14902
我詩畧　集 3-14903,6-44404
10 我一年譜　史 2-12485
16 我醒子未定稿　集 4-32312

20 我爲你情多一枝 集7-51979
我信天主 子7-35473
我信錄 子7-34669 叢1-518
21 我師錄 史2-6641 子1-1671、1812，4-24505 叢2-1867、1908
22 我川寓賞編 子3-14843
我川書畫記 子3-14844
我山草堂文集、詩集 集3-18094
我山草堂文集、詩集、詩集後卷 集3-18095
我私錄 子4-21678 叢2-1868
25 我儂說詩、說原 集6-45980
我儂纂削、古謠諺讖語歌誦 子5-27056
27 我疑錄 經2-11008 集4-27340
我疑錄、讀古本大學 叢2-861～2
30 我寓集、一漚集、華陽編、像贊挽詩 集2-10058
34 我法集 子5-26419
40 我友合稿 集6-41976
我有軒集、哀輓詩 集2-10145
我存稿、續稿 叢2-2039
44 我蕭詞 集4-32233
46 我媿之集 叢1-407(2)
我娱齋摹印 子3-17017
我娱齋錄存 集5-36338
47 我朝奇英鴻制正續古文宗範 集6-42804
50 我春室集 集5-41485
我貴軒詩草 集3-16884
60 我見如是 叢2-1203
我園文集、詩稿 集4-23450
我園詩鈔 集4-28275
我愚偶存 集3-21356
67 我暇編 史2-7602
77 我聞室賸稿 集3-14061
80 我畲遺稿 集5-35496
88 我箴釋證 子1-1904
我餘書屋吟草 集4-26117

2360_0 台

04 台詩三錄 集6-44695
10 台西徐氏宗譜[浙江天台] 史4-32081
17 台郡文獻補 集6-44702
台郡識小錄 史7-50453
22 台嶠文徵 集6-44703
台山初稿、瑞竹堂詩稿 集3-19522
台山遊草 史7-53422 叢2-1398～9
32 台州府志[康熙] 史7-57618～9
台州府志[民國] 史7-57624
台州府志[光緒] 史7-57623
台州文徵内編、外編、目錄 集6-44700
台州文徵敍例 集6-44701
台州雜錄 史7-50461
台州詩話 集6-45918 叢2-2183
台州經籍志 史8-66106
台州經籍考 史8-66107
台州外書 叢2-1547
台州外書[嘉慶] 史7-57620
台州外書訂[咸豐] 史7-57621
台州先生腹診祕訣 子2-5985
台州續考 史2-8085
台州叢書(名山堂叢書)九種 叢2-849
台州叢書已集十二種 叢2-852
台州叢書後集十七種 叢2-851
台州古鑒 叢1-375
台州札記 史2-8087，7-50455 叢2-1632、2183
台州札記[道光] 史7-57622
台州藝文畧 史8-66105 叢2-851、2230
台州柵浦郡城何氏宗譜[浙江臨海] 史4-28333
台州金石畧 史8-63915 叢2-851、2230
台州金石錄、甎錄、金石甎文闕訪目 史8-63914 叢2-670
台州金石錄、闕訪 史8-63912～3
台灣鄭氏始末 史1-3519 叢1-310
台溪前溪王氏纂修族譜[江西吉安] 史4-25367
38 台遊日記 叢2-788
40 台南洞林志、校補、續 史7-52365
44 台蕩遊草 集4-29129
50 台事隨筆 史7-50454
55 台典 集6-44694
60 台邑南鄉瑞屏鄭氏宗譜[浙江天台] 史5-38699
70 台防學治錄 叢2-1909
71 台雁筆記 叢2-1257
台鴈遊草 史7-53081
77 台學統 史2-6694
台學須知 叢2-1442
台學源流 史2-6693 叢2-849
台學源流續 叢1-375
台學源流補 叢1-375
台門傅氏重修宗譜[浙江義烏] 史5-36241
台門傅氏宗譜[浙江義烏] 史5-36238～40、36242
78 台臨方氏宗譜[浙江臨海] 史4-25804
台臨夏館侯氏宗譜[浙江臨海] 史4-

30717～9
台臨石屏陳氏重修宗譜[浙江臨海]　史4－33119～20
台臨北澗羅氏宗譜[浙江臨海]　史5－41053
台臨朱馮復姓家乘[浙江臨海]　史5－36448
台臨朱馮复姓家乘[浙江臨海]　史4－26611
台臨吳氏宗譜[浙江臨海]　史4－27975
台臨洪氏宗譜[浙江臨海]　史4－30973
台臨大芝山包氏宗譜[浙江臨海]　史4－26199
台臨蔣氏宗譜[浙江臨海]　史5－38185
台臨林氏宗譜[浙江臨海]　史4－29295
台臨栅浦蘇氏宗譜[浙江黃巖]　史5－41008
台臨吕氏宗譜[浙江臨海]　史4－26338
台臨長田任氏宗譜[浙江臨海]　史4－26788
台臨留賢包氏宗譜[浙江臨海]　史4－26198
台臨笏橋李氏宗譜[浙江臨海]　史4－27254

2360_3 畚

40 畚塘芻論　子1－1721　叢2－1897

2361_1 皖

07 皖詞紀勝　史7－51415　叢2－2205
11 皖北洪楊戰禍記　史1－3980
12 皖水迎師記　史1－3979
21 皖上三家詩鈔三種　集6－44772
皖上兵畧　史1－3978
22 皖山正凝禪師示蒙山法語　子6－32089(52)、32090(66)、32093(52)
31 皖江雜詩　集3－19830
皖江三家詩鈔(皖上三家詩鈔)三種　集6－44772
皖江三家詩鈔四種　集6－44773
皖江程氏宗譜[安徽桐城]　史5－36051
皖江吟、金沙詠、北遊草、蓮幕歌、閒居賦、施松歎　集4－30512
皖灊(灊)天堂程氏續修支譜[安徽灊山]　史5－36054
皖灊程氏續修族譜[安徽灊山]　史5－36055～6
皖灊程氏續修支譜[安徽灊山]　史5－36057
37 皖湖汪氏宗譜[安徽太湖]　史4－28815
38 皖游弈萃　子3－18107
皖游紀聞　叢2－2163
皖遊雜錄賸存　集4－30165
皖遊紀畧　史7－49357、53450
皖遊紀聞　叢2－876
皖遊草　集4－28501
皖遊吟　集5－35875
皖遊吟草　集4－24647
40 皖南道楊移送所轄府廳州縣秋季應出考語清摺　史6－42783
43 皖城詩存　集4－24601
47 皖桐高嶺汪氏四修宗譜[安徽桐城]　史4－28803
皖桐高氏宗譜[安徽桐城]　史4－32428
皖桐王氏宗譜[安徽桐城]　史4－25235
皖桐王氏支譜[安徽桐城]　史4－25240
皖桐西鄉汪氏宗譜[安徽桐城]　史4－28796
皖桐璩氏族譜[安徽桐城]　史5－40325
皖桐璩氏五修宗譜[安徽桐城]　史5－40326
皖桐璩氏宗譜[安徽桐城]　史5－40323
皖桐張氏宗譜[安徽桐城]　史5－35137
皖桐魏氏宗譜[安徽桐城]　史5－40425
皖桐吳氏續修宗譜[安徽桐城]　史4－27999
皖桐徐氏宗譜[安徽桐城]　史4－32105
皖桐江氏宗譜[安徽桐城]　史4－26867
皖桐汪氏宗譜[安徽桐城]　史4－28801
皖桐芮氏續修宗譜[安徽桐城]　史4－27050
皖桐楊氏宗譜[安徽桐城]　史5－36936
皖桐胡氏宗譜[安徽桐城]　史4－30510
皖桐胡氏宗譜卷首[安徽桐城]　史4－30508
皖桐柳峯朱氏宗譜[安徽桐城]　史4－26628
皖桐曲水村程氏宗譜[安徽桐城]　史5－36045
皖桐劉氏宗譜[安徽桐城]　史5－39323
皖桐姜氏宗譜[安徽桐城]　史4－31070
皖桐饒氏宗譜[安徽桐城]　史5－41320
50 皖中大水紀事　集5－33782
58 皖輶集　叢2－972
77 皖學編　史2－8098
皖卿詩存　集5－35722

90 皖懷程氏支譜[安徽懷寧] 史5-36052
皖懷鄒氏宗譜[安徽] 史5-36351
皖懷梅沖吳氏編修宗譜[安徽懷寧] 史4-28000
皖省志畧[道光] 史7-57748
皖省藏書樓詳細章程 史8-65345
皖省籌議事宜摘要 史6-43325

2365_0 鹹

12 鹹水喻經 子6-32083(18)
38 鹹海紀畧 史7-49317(9)、49318(17)、54471

2371_1 崆

27 崆峒集 集2-7547
崆峒山新誌 史7-52680
崆峒山志 史7-52679
崆峒倚劍廬詩集(劫海吟) 集5-41345

2373_2 崍

22 崍川潘氏重修宗譜[浙江永康] 史5-39804
崍川潘氏宗譜[浙江永康] 史5-39805

2375_0 峨

20 峨秀堂詩鈔 集4-30707 叢1-554
22 峨山集 集3-13446
峨山紀遊 史7-53715
峨山陳氏宗譜[浙江溫嶺] 史4-33128
27 峨嵋山房詩鈔 集4-24587
峨嵋槍法 子1-3570 叢1-269(4)、270(3)、271、272(3)、360、437,2-731(36)
36 峨邊廳輿圖志畧[光緒] 史8-61901
峨邊調查[民國] 史8-61903
峨邊縣志[民國] 史8-61902
76 峨陽陳氏宗譜[浙江奉化] 史4-32867
77 峨眉瓦屋遊草、去蜀入秦詩 集4-30203
峨眉山志 史7-52639～40
峨眉山景志圖 子3-16426
峨眉紀游 史7-53726
峨眉遊記 史7-54023
峨眉縣續志[宣統] 史8-61885
峨眉縣志[康熙] 史8-61882
峨眉縣志[嘉慶] 史8-61884 叢1-373(3)
峨眉縣志[乾隆] 史8-61883
峨眉縣志補鈔[嘉慶] 叢1-373(8)
峨眉小志 叢1-373(3)

2377_2 岱

10 岱雲編 集4-27298
11 岱頭劉氏三修房譜[湖南湘潭] 史5-39607
岱頂秦篆殘刻 史8-63498～9、64526
22 岱巖訪古日記 史8-63509、63988
岱山鎮志[民國] 史7-57406
30 岱宗記 史7-52528
岱宗紀畧 史7-52523
岱宗大觀 史7-49353、52530
岱宗藏稿、補遺 集2-11682
岱宗藏藁 集2-11680
岱宗藏藁、目錄 集2-11681
岱宗小藁(橄欖山房副墨) 集2-11679
31 岱源詩稿 集4-32671
38 岱游集 叢2-654
岱遊集 集4-25979
40 岱南閣集 叢1-286,2-731(46)
岱南閣集、嘉穀堂集 集4-23605
岱南閣叢書二十一種 叢1-288
岱南閣叢書二十種 叢1-286
岱南閣叢書五種 叢1-287
岱樵詩集 集3-18440
41 岱帖詩 集2-11980
50 岱史 史7-52517～8 子5-29531
76 岱陽郭氏家譜[福建泉州] 史4-32333
岱陽吳氏族譜[臺灣彰化] 史4-28204
77 岱輿詩選 集6-42019
78 岱覽、首編、附錄 史7-52534

2380_6 貸

60 貸園叢書初集 叢1-247

2390_4 梟

30 梟實子存稿　史 6 - 49065

2392_7 編

00 編註王司馬百首宮詞、唐諸家宮詞　集 1 - 1257
08 編說　子 4 - 21351
15 編珠、續編珠　子 5 - 24761
編珠、補遺、續編珠　子 5 - 24762　叢 1 - 223(42)
20 編集檢擇家傳祕訣　子 3 - 14492
30 編注本草駢文便讀　子 2 - 5806
編定京官官制清單　史 6 - 42751
編定楚辭先路章句定本　集 1 - 84
37 編次瑯嬛記　子 4 - 23829
編次陳白沙先生(獻章)年譜、傳狀圖、白沙叢考、白沙門人考　史 2 - 11435
編次陶節菴傷寒六書　子 2 - 6497
編選四家宮詞　集 6 - 41812
40 編喜歌　集 7 - 53086
44 編苕詩鈔　集 5 - 41373
56 編輯名家評林史學指南綱鑑新鈔、總論　史 1 - 1279
編輯傷寒心法要訣　子 2 - 6737
編輯四診心法要訣　子 2 - 5975
60 編日新書　史 6 - 49260～1
80 編年詩選　集 3 - 15318
編年歌括　史 1 - 4860　叢 2 - 1053
編年通載　史 1 - 1175　叢 2 - 637(2)
編年通載存　叢 1 - 265(2)
編年考　史 2 - 6977
編年表　子 7 - 36245
編年拔秀　子 5 - 25705～6
編年國策殘存　史 1 - 2182
編年國策校注　史 1 - 2183
編年國策輯注　史 1 - 2184～5
編年錄行善錄　史 1 - 4007
87 編錄堂詩鈔、文鈔　集 3 - 21570
88 編餘墨屑　子 4 - 22776
編策彙覽　子 5 - 25947
91 編類運使復齋郭公敏行錄　史 2 - 8805　叢 1 - 265(5)、266

2393_2 稼

10 稼雨軒近詩　集 3 - 17251
32 稼溪詩草、文存　集 5 - 40444
44 稼蓀山館偶存初集　集 4 - 27618
稼村樂府　集 7 - 46377、46772
稼村先生類藁　集 1 - 4765
稼村填詞　集 7 - 46435、47074
稼村類藁　叢 1 - 223(59)
50 稼書先生(陸隴其)年譜　史 2 - 11728　叢 1 - 364
稼書樓　子 3 - 18099
51 稼軒詩稿　集 3 - 19668
稼軒詞　集 7 - 46352、46380、46427、46608　叢 1 - 223(73),2 - 698(13)、720(2)
稼軒詞、補遺　集 7 - 46609
稼軒詞疏證　集 7 - 46613
稼軒詞丙集　集 7 - 46357、46611
稼軒詞補遺　集 7 - 46396、46612
稼軒詞甲集、乙集、丙集　集 7 - 46610
稼軒集鈔存、詞、補遺、稼軒先生年譜　集 1 - 3746
稼軒集鈔存、長短句、補遺　集 1 - 3745
稼軒先生(辛棄疾)年譜　史 2 - 11342　叢 2 - 785
稼軒先生年譜初稿　史 2 - 11343
稼軒長短句　集 7 - 46606
稼軒長短句(稼軒詞)　集 7 - 46605
稼軒長短句、補遺、補遺校記　叢 2 - 698(10)
57 稼邨類藁　集 1 - 4766
60 稼墨軒詩集　集 4 - 27206
稼墨軒詩集、文集、外集　叢 2 - 1683
稼墨軒集　集 4 - 27203～4
稼墨軒集三種　叢 2 - 1683
稼墨軒易學　經 1 - 1587　叢 2 - 1683
稼圃輯　子 1 - 4196
77 稼民雜著　叢 2 - 664
稼門文鈔　集 4 - 22551
稼門文鈔、詩鈔、奏議　集 4 - 22550
稼門奏稿　史 6 - 48781～2
80 稼翁詩鈔(覆瓿偶存)(西湖遊草、都門遊草、陔餘遊草、粵西遊草、歸田遊草、家山遊草)　集 4 - 29414
90 稼堂文鈔　集 6 - 42064

2394_7 紱

00 紱庭日記(清咸豐十年至十一年) 史 2 - 12819
紱庭年譜 史 2 - 12186
紱庭公日記(清咸豐五年至七年) 史 2 - 12818

2395_0 緘

00 緘齋府君(宋瞻祖)年譜、家傳 史 2 - 11790
緘齋爾雅註 經 2 - 11275
緘齋集 集 3 - 18994
緘齋遺稿 集 5 - 38208
04 緘詩催宴 集 7 - 49705
10 緘石齋文鈔 集 4 - 26628
緘石齋詩稿 集 3 - 21503～4
緘石齋詩存 集 4 - 32161
緘石集 集 4 - 29597

織

00 織齋文集 集 3 - 13797
織齋集 集 6 - 44992
10 織雲樓詩、附鈔 集 3 - 19778
織雲樓詩集 集 4 - 29422
織雲樓詩稿 集 6 - 41999
18 織政萃編 子 7 - 36228(5)
25 織繡史札記 叢 2 - 2162
30 織字軒詩(一雲亭集) 集 3 - 16291
40 織女 叢 1 - 587(4)
織女星傳 叢 1 - 168(3)
44 織蒲小草、繡餘吟詞稿 叢 2 - 1800
織茅山房吊譜 子 3 - 18295
織楚集、餘稿 集 3 - 14674
60 織里草 集 2 - 10830、10832 叢 2 - 1194
86 織錦璇璣圖 集 1 - 462 叢 1 - 22(13)、23(13)、168(1)
織錦迴文讀法 叢 1 - 371
織錦回文詩、讀織錦回文法 集 1 - 463
織錦回文圖 集 6 - 42272
88 織簾居古詩鈔 集 4 - 25858
織簾書屋詩鈔 集 4 - 27676
織餘草 集 6 - 41991
織餘草、十國宮詞 集 4 - 25629
91 織煙樓詞草偶存 集 7 - 46838

纖

00 纖言 史 1 - 1936、1982、4455～7 叢 2 - 611
40 纖志志餘 叢 2 - 1343
50 纖書 子 4 - 21046 叢 2 - 1280

2396_1 稽

00 稽庵古印箋 史 8 - 65039
12 稽瑞 子 3 - 14422 叢 1 - 362、515,2 - 731(15)
稽瑞樓文草 集 4 - 27109 叢 1 - 512
稽瑞樓雜鈔 子 4 - 24409
稽瑞樓書目 史 8 - 65756～7 叢 1 - 419,2 - 731(2)
稽瑞錄 子 3 - 14423
21 稽愆集 集 2 - 8458
稽愆集、補 集 2 - 8457
22 稽山董氏宗譜[浙江紹興] 史 5 - 35881
稽山會約 子 1 - 1106 叢 2 - 731(16)、816
35 稽神異苑 叢 1 - 16
稽神錄 子 5 - 26222、26942 叢 1 - 15(2)、19(1、5)、20(1、3)、21(1、4)、22(19)、23(19)、24(2、5)、29(4)、185、223(46)、255(3)、312、374
稽神錄、拾遺 子 5 - 26941 叢 1 - 169(4)、268(4),2 - 731(50)
稽神錄、拾遺、補遺 子 5 - 26943 叢 2 - 652
稽神錄校補 叢 2 - 2004
40 稽南鄭氏宗譜[浙江紹興] 史 5 - 38630～3
稽古齋讌集 叢 1 - 322
稽古齋古印譜 史 8 - 64941
稽古齋全集 集 3 - 19940
稽古訂訛 子 4 - 22753
稽古瑣言、續言 子 5 - 25375
稽古千文 經 2 - 13408 叢 2 - 1053
稽古集不芬卷 集 3 - 16334
稽古編大政記綱目 史 1 - 1255
稽古編大政記綱目、資治大政記綱目 史 1 - 1256
稽古緒論 子 4 - 20498～9
稽古疑問 子 4 - 20749
稽古定制 史 6 - 42003 叢 1 - 19(11)、20(9)、21(10)、22(9)、23(8)、24(12)

稽古祕彙、彙　子 4－24283
稽古薈抄　史 1－4987
稽古摘要　子 2－5667
稽古軒詩經解　經 1－4165
稽古軒經解存稿　經 2－11642
稽古日抄易經　經 1－1935
稽古日鈔　經 2－11537
稽古隨錄　子 4－24714
稽古印鑒　子 3－16935
稽古錄　史 1－5359～60　叢 1－223(18)、268(2)、407(2)
稽古錄、校勘記　史 1－988、1062
稽古錄歷史論　史 1－1063
稽古篇　史 1－2017
稽古堂文集　叢 2－937
稽古堂訂正子夏易傳　經 1－194
稽古堂訂正南部新書　子 4－19918
稽古堂新鐫羣書祕簡二十二種　叢 1－180
稽古堂詩草　集 3－16700
稽古堂叢刻　子 5－26221
43 稽城東南志　史 7－50438
72 稽氏宗譜[江蘇]　史 5－39122
稽氏接骨方　子 2－7960
77 稽留山人集　集 3－14511
92 稽剡鄭氏總五房宗譜[浙江紹興]　史 5－38640

縮

00 縮齋文集　集 3－14071～2
44 縮摹泰山石經峪刻字　史 8－64672
50 縮本漢碑　史 8－64528
縮本增選多寶船　子 5－25488
縮本精選經藝淵海　子 5－26046
77 縮印鄧刻四家弈譜　子 3－18131

2397_2 嵇

00 嵇庵文集　集 4－29497　叢 1－572
嵇庵詩集　集 4－29496　叢 1－572
嵇庵集(嵇庵詩集、文集)　集 4－29495
嵇康集、補遺　集 1－307
22 嵇川南稿　集 2－8724～5,6－45336、45340
27 嵇叔夜文鈔　集 6－41794
嵇叔夜集　集 1－305,6－41699
50 嵇中散集　集 1－301～4、306,6－41694～8、41767、43118　叢 1－182～3、223(47),2－635(6)、698(8)
嵇中散集佚文　集 1－309　叢 2－777
72 嵇氏宗譜[江蘇無錫]　史 5－35974～5
77 嵇留山先生傳　叢 1－223(67)

2397_7 綰

20 綰秀園詩選　集 3－15317、15319
綰秀園詩選、詞選　集 3－15320
綰秀園詞選　集 7－47514
21 綰紅軒詞鈔　集 7－48355
綰綽堂類稿　集 5－36272

2399_4 秫

44 秫坡先生集(詩集、文集、詞集)　集 2－6394

2408_6 牘

20 牘雋　集 6－45234　叢 2－991、1207
23 牘外餘言　子 4－21226　叢 1－202(6)、203(12),2－1459～60
42 牘札　叢 2－1309

2411_1 靠

44 靠蒼閣日記(清光緒六年至八年)　史 2－12968

2411_7 豔

02 豔新語　子 4－21122
10 豔雪齋叢書　叢 1－94
豔雪軒文稿　集 4－26619
豔雪軒詩存、試帖詩存、日下賡歌集、文稿　集 4－26620
豔雪軒隨記(家乘述聞)　叢 2－972
豔雪堂詩集　集 4－25068～9
豔雲亭　集 7－50234
17 豔歌百詠　集 3－16869

29 黸秋閣印譜 子 3－17200
黸秋閣印存 子 3－17199
36 黸禪 集 7－49568
50 黸史叢鈔 子 5－26232
60 黸跡編閨秀錄 子 5－27227
黸囮二則 叢 1－587(1),2－624(3)
黸異新編 子 5－27216～7
黸異編 子 5－27026～9
75 黸體詩剩 集 5－39148
黸體聯珠 叢 1－197(3)、371
黸體集聯 叢 2－2125
黸體連珠 叢 1－587(1)
76 黸陽天曲兒頭一枝 集 7－52774
黸陽春書一枝 集 7－52020
90 黸粧新語 子 5－27353
95 黸情逸史 子 5－26231

2412_7 動

00 動文昌狀元配瞀 集 7－49397、49415
12 動水學器圖說 子 7－36229、37663
14 動功按摩祕訣 子 2－4591、10413
17 動忍齋詩稿 集 3－17569
動忍集 子 4－23536
20 動重學 子 7－36254
27 動物考 叢 2－1092
動物採集保存法 子 7－37825
動物圖 子 7－37839
動物學 子 7－36237、37835、37838
動物學、圖 子 7－36228(4)
動物學新編 子 7－37836
動物學要 子 7－37833
動物學總考 子 7－36240(5)
動物學啓蒙 子 7－36244、37830
動物學考 子 7－36240(5)
動物學教科書 子 7－37827～8
動物學書目考 子 7－36240(5)
動物小志 子 7－36237
動物類識字法 子 7－36237
動物類字釋名 子 7－36237
44 動植學考 子 7－36245
動植小志 子 4－19125
77 動學 子 7－37577
動學說器 子 7－36254

2414_7 歧

00 歧音備覽 經 2－13901
06 歧韻詳辨 經 2－13932
27 歧疑韻辨、口音辯訛、韻字旁通、轉音撮要、字形彙考 經 2－13870
67 歧路燈 子 5－28435～6、28438
歧路燈、綠園家訓諄言 子 5－28437

2420_0 什

00 什麽人留下想多情一枝 集 7－52744
07 什邡縣志[嘉慶] 史 8－61762
什邡縣志[乾隆] 史 8－61761
什邡縣志[同治] 史 8－61763
什邡縣志[民國] 史 8－61764
10 什一編 集 3－19610,6－45142
什一偶存 集 3－20882 叢 1－373(7)
26 什伯詩鈔 集 6－41714

付

34 付法藏因緣經 子 6－32081(39)、32082(18)、32083(25)、32085(37)、32086(43)、32088(27)、32089(34)、32090(54)、32091(52)、32092(36)
付法藏因緣傳 子 6－32093(32)
67 付囑品 子 6－32093(7)

射

00 射鷹樓詩話 集 6－46122
05 射訣集益 子 1－3583 叢 1－367
08 射說 子 3－18171
射譜 子 1－3576
射譜輯要 子 1－3596
10 射覆 叢 1－448
21 射經 子 1－3516、3525 叢 1－22(17、26)、23(16)
22 射山詩選 集 3－14251
射山詩餘 集 7－46818

射山詩鈔　集 3-14252～3　叢 1-373(7)
27 射侯考　經 1-5481　叢 2-845(4)
射的說　子 3-18173
射鵠子　集 7-50885、52461
34 射法論　子 3-18176
射法總說　子 1-3057
射法祕傳攻瑕　子 1-3644
射法指歸　子 1-3566
射洪古繩鄉楊氏族譜[四川射洪]　史 5-37064
射洪縣鄉土志[光緒]　史 8-61849
射洪縣志[康熙]　史 8-61845
射洪縣志[嘉慶]　史 8-61847　叢 1-373(2)
射洪縣志[乾隆]　史 8-61846
射洪縣志[光緒]　史 8-61848
35 射禮儀節　經 1-5478
37 射湖旅草　集 5-35179
44 射藝論　子 1-3658,3-18177
射藝詳說　子 1-3568、3619
射藝津梁　子 1-3593
射林　子 4-20520
46 射棍法　子 1-3036
47 射聲小譜　經 2-14423
50 射史　子 1-3532～3
射書　子 3-18170
60 射易淡詠　經 1-2000
射畧　子 3-18174
70 射雕詞　集 7-47930
射雕詞、續鈔　集 7-47931
射雕山館詞　集 7-47932
71 射雁一枝　集 7-52742
76 射陽先生文存　集 2-8534　叢 2-807
射陽先生存稿　集 2-8533
80 射義新書　子 1-3623
射義新書、雜記　子 3-18169
90 射堂詩鈔　集 2-10271～2
射堂集選　集 2-10273,6-41949

斛

22 斛山楊先生遺稿　集 2-8308～9

2421_0 仕

00 仕意篇　子 1-984　叢 1-62～4,2-730(4)
21 仕止隨錄　叢 2-1084
22 仕川俞氏宗譜[安徽旌德]　史 4-30836
27 仕的　史 6-42990　叢 1-197(2)
44 仕孝苦言　子 1-2591
60 仕國弦歌錄　集 4-28761
72 仕隱霞標　史 2-6590
仕隱圖題詞　集 4-32746
77 仕學備餘　子 3-13105　叢 2-1555
仕學備餘、九宮纂要　子 3-14614
仕學規範　子 4-23793　叢 1-223(42)
仕學全書　史 6-42980
仕學錄　史 6-43026
88 仕餘雜著、壽餘雜著　集 5-39829
仕餘吟草　集 5-39822　叢 2-1852
仕籍全編(清乾隆三十一年)　史 3-23830

化

00 化度寺碑　子 3-15579
化度寺碑考　史 8-64694
化意寶卷　集 7-54354
10 化平縣採訪錄[民國]　史 8-63339
16 化碧錄　集 2-12429　叢 2-818
17 化子拾金　集 7-53169
21 化上賓　集 7-53778
22 化樂天仙道書　子 5-32067
27 化身寶卷　集 7-54430
化身奇談　子 7-38205
32 化州志[康熙]　史 8-61174～5
化州志[道光]　史 8-61177
化州志[乾隆]　史 8-61176
化州志[光緒]　史 8-61178
33 化治四書文　經 2-11136～7　叢 1-223(71)
34 化遠薦新　集 7-49700
35 化清經　子 4-19815　叢 2-774(9)
50 化書　子 5-29530(20)、29531、29535(4)、29536(4)、29581、31800　叢 1-19(7)、20(5)、21(7)、24(8)、107、111(3)、223(39)、273(5)、275、288、388～90、411
化書新聲　子 5-29544
60 化愚俗歌　子 1-2604
77 化學　子 7-36237、36246、37617、37623
化學辨質　子 7-37618
化學雜論　子 7-36240(4)
化學新編　子 7-37620、37627
化學工藝初集、圖、二集、圖、三集、圖　子 7-36231(7)、37604
化學要畧　子 7-36254

化學務農　子7-36254
化學衛生論　子7-37918
化學須知　子7-36230、37611
化學續編　子7-37612
化學總考　子7-36240(4)
化學各表　子7-36240(4)
化學源流論　子7-37628
化學測驗考　子7-36240(4)
化學初桄　子7-37622
化學初階　子7-36241、37619
化學導原　子7-37602
化學啓蒙　子7-36228(4)、36241、36244、36250、37609
化學啓蒙二十三章　子7-37629
化學大要　子7-36236
化學大成　子7-37625
化學求數　子7-36248
化學求數、表　子7-36228(4)、36231(5)、36242(2)、37598
化學考　子7-36240(4)、36245
化學考質　子7-36228(4)、36248
化學考質、表　子7-36231(5)、37597
化學材料中西名目表　子7-36228(1)、36248、37601
化學書目考　子7-36240(4)
化學表　子7-37600、37624
化學指南　子7-37616
化學器圖說　子7-36229、37610
化學原鑒　子7-37613
化學體積分劑　子7-36228(1)
化學闡原、表　子7-37615
化學鑒原　子7-36228(1)、36248、37605
化學鑒原、續編、補編　子7-36231(5)
化學鑒原續編　子7-36228(1)、36241、36248、37607
化學鑒原續編補編分原　子7-37608
化學鑒原補編　子7-36228(1)
化學鑒原補編、體積分劑　子7-36248
化學鑒原補編、卷　子7-37606
化學前後篇　子7-37626
化學分原　子7-36241、36248、37603
化學分原、表　子7-36231(5)
化學策　子7-36236
80 化人游詞曲　集7-50173
化人遊詞曲　叢2-1235

壯

12 壯烈伯李長庚行述　史2-9598
38 壯游記　史2-8953
壯游圖　子3-16584
壯游吟草初集、二集　集4-27841
壯遊草　叢2-1587
壯遊堂詩集　集4-32415
77 壯學齋文集　集4-28099
壯學堂文　叢2-2265
壯學堂詩稿　集5-34313
80 壯年聽雨詞人稿　集4-33600
90 壯懷堂詩二集、三集　集5-34706
壯懷堂詩初稿　集5-34704～5
98 壯悔堂(侯方域)年譜　史2-11688
壯悔堂文集　集3-14065～6
壯悔堂文集、遺稿、四憶堂詩集、遺稿　集3-14064
壯悔堂文集、遺稿、年譜　叢2-698(11)
壯悔堂文集、四憶堂詩集　叢1-482
壯悔堂文錄　集6-42066

魁

10 魁石山房詩鈔　集4-23291
22 魁山胡氏宗譜[浙江永康]　史4-30469～70
50 魁本袖珍方大全(魁本清囊雜纂袖珍方大全、新刊京本袖珍方大全)　子2-9211
魁本大字評音句讀周易　經1-180
魁本大字諸儒箋解古文真寶(諸儒箋解古文真寶)前集、後集　集6-42713
魁本大字詳音句讀孟子　經2-9764
魁本大字詳音句讀毛詩　經1-3524
魁本排字通併禮部韻注　經2-13712
魁本足註釋疑韻寶　經2-13720
60 魁罡六鎖祕法　子5-29530(12)、31581
魁星寶卷(還金鐲寶卷、王御寶卷)　集7-54386
70 魁璧堂日記故事　子5-26343

2421_1 佐

00 佐玄直指圖解　子3-12892～3
佐玄直指圖解、佐玄直指賦　叢1-160～1
佐雜譜　子4-24225
佐雜須知　史6-43024
09 佐談小史　子4-23622
10 佐元直指圖解　子3-13407
28 佐觴集令、酒令狀元籌譜　子3-18348

33 佐治芻言　史6-46674　子7-36228(5)、36231(6)、36242(2)、36248～9、36258、36530
佐治藥言　史6-41531、43017～8　叢1-300,2-731(18)、1502
佐治藥言、續　史6-41528、41533～4　叢1-244(3),2-1500～1
40 佐右集詩、文　集2-9390
43 佐貳須知　史6-43000

先

00 先庚學吟集　集3-19123
先府君(孫宗彝)年譜　史2-11662、11804
先府君(焦循)事畧　史2-9663
先府君(毛晉)行實　史2-9169
先府君(何慶涵)行畧　史2-10243
先府君(何淩漢)行述　史2-9721
先府君(朱鎮)行畧　史2-10672
先府君(程良駇)行述　史2-10812
先府君(汪膺)事畧　史2-9179
先府君(潘德輿)行畧隨年附記　史2-9799
先府君(李宣範)行述　史2-9748
先府君(李蹇臣)行狀　史2-9937
先府君(封漣)行述　史2-10378
先府君(黄國瑾)行畧　史2-10715
先府君(秦簧)行狀　史2-10297
先府君(易佩紳)行狀　史2-10332
先府君(陳承裘)行述、先妣(林夫人)事畧　史2-10344
先府君(陳寶箴)行狀　史2-10403
先府君(周昺奎)行畧　史2-9991
先府君[方楷]家言　子1-2309
先府君郭公(慶藩)行述　史2-10631
先府君北湖公(張朝晉)年譜　史2-11805
先府君往美招股日記及拒絕惡賊康有爲梁啓超徐勤等攘奪振華公司款項來往函電　史2-10805
先府君行畧　史2-9927
先府君家傳　子3-15770、15774
先府君蕭公石齋(瑞麟)年譜　史2-12435
先府君事畧　史2-10576　叢2-904、1625～6
先府君忠毅公行述　史2-9154
先府君曉亭公(曹香蓉)年譜　史2-12421
先府君鳳梅公(嵇國華)行述、先妣周太孺人(躍龍)行狀　史2-10567
先府君恪齋公(朱士恭)行狀、喬太夫人行述　史2-9939
先文端公(翁心存)年譜、行述　史2-12096
先文安公(郭曾炬)行述　史2-10794
先文定公奏議　史6-48851
先文勤公(翁同書)行述　史2-10038
先文恭公(陳弘謀)年譜　史2-11842　叢2-1387
先文恭公遺訓　子1-2263
先文忠公自訂年譜　史2-12144
先文忠公奏疏　史6-48739
先文節公度歲百詠遺稿　集4-30554
先襄忠公奏疏存稿　史6-48599
02 先端簡公永思錄　史2-9201
先訓導公遺著　集5-35999
10 先三鄉賢年譜　史2-11024
先正讀書訣　子1-2401　叢1-524,2-731(3)
先正讀書訣、周先生傳　子1-2402
先正要語抄　子1-1283
先正遺規　子1-2423～4
先正嘉言約鈔　叢2-690、691(3)
先正格言　子1-2257,3-15470
先正格言集句　叢2-1763
先憂集　史6-44571
先憂叢鈔　史6-44572
先天玄妙玉女太上聖母資傳仙道　子5-29530(17)、30905
先天六十四卦　子3-13785
先天一炁度人妙經　子5-29535(4)、29536(4)、30228
先天五太十干萬象神數　子3-14050
先天元始土地寶卷(土地寶卷)　集7-54264
先天集　集1-4314
先天集、山屋許先生事錄　叢2-636(4)
先天集、補遺　集1-4315　叢2-914
先天集鈔　集1-4316,6-41900
先天後天理氣心印補註　子3-13724
先天後天占算易數　經1-2363　子3-13728
先天宅法　子3-13232
先天斗帝敕演無上玄功靈妙真經　子5-29535(3)、29536(3)、30218
先天斗母奏告玄科　子5-29531、30746
先天大順等戶籍四種　史6-44521　叢2-608
先天換骨新譜、圖　子4-18536
先天易數、占法、先圖後圖、演占　子3-13791
先天易數卦詩　子3-13777
先天易貫　經1-1198～9
先天脈鏡　子2-6108
先天金丹大道玄粵口訣　子5-29530(6)、31208

先天無極始祖說禳災救劫寶經 子5-30259
先天無極拔度通關 子5-31767
先天禽遁大全 子3-14120
11 先輩醫案 子2-10892
12 先水部公(許惟枚)年譜、世系畧、年譜識餘 史2-11827
16 先聖廟林記 史7-51859 叢1-195(7)、367~8,2-731(21)
先聖經論 史1-5470
先聖生卒年月日考 經1-163(4) 史2-8396 叢2-653(3)
先聖大訓 子1-815~6 叢1-223(30),2-754、845(3)
先聖歷聘紀年 史2-11037
先聖年譜稿 史6-42148
先聖年譜考 史2-11057
先聖小像、孟子全圖 史2-8417
先醒齋廣筆記 子2-9316 叢1-223(34)
先醒齋醫學廣筆記 子2-9315
先醒齋筆記 子2-9314
17 先君(張培爵)年譜 史2-12472
先君(汪中)年表 史2-11930
先君子蕺山先生年譜 集2-11479
先君子忠正公(劉宗周)年譜、錄遺、行狀 史2-11566
先君復亭府君(郭肇原)暨先母蔣孺人行述 史2-10421
先君孝廉元辰公綺石齋遺詩 集2-6006
先君趙冢宰忠毅公(南星)行述 史2-9011
先君趙冢宰忠毅公行述 叢2-1157、1159
先君年表 叢2-926~7
21 先儒語錄節要 子1-1788
先儒詩集、古詩別選 集6-42440
先儒正修錄、齊治錄 子1-1545
先儒張氏族譜[湖南湘潭] 史5-35390
先儒象贊、聖蹟圖、聖賢道統圖贊 史2-6307
先儒定論 子1-2484
先儒漢太尉南閣祭酒汝南許君文字建首五百四十部 經2-12555
先儒著述 經1-2259 叢1-223(3)
先儒趙子(復)言行錄 史2-8638
先儒趙子(趙復)言行錄 子1-874
先儒陸子從祀 子1-1327
先儒粹言 子1-1580
先儒性命理氣說 子1-1718
先師崇祀議 叢2-1317
22 先後天聖義幢 叢2-1249
先繼妣顏紫太夫人行述 史2-10085
23 先我集 叢2-809
24 先德記 史2-8117 叢2-1899
先德集 史2-9121
先德述聞 史5-40248 叢1-529
先德錄 史2-7737,4-32662 叢2-1851
先德小識 史2-7830 叢2-1878
25 先生設教 集7-53650
先生歎子弟書 集7-52141
先生嘆 集7-52216
26 先自如府君(顧左)年譜 史2-11444 集6-45189
先伯石州公年譜 史2-12156
先伯母房太夫人行述 史2-10792
先得月樓遺詩(繡餘集) 集4-27064
27 先船山公年譜前編、後編 史2-11697
先叔文問梅公(譚日襄)事畧 史2-10775
28 先給諫公行畧 史2-9160
30 先室張孺人(瑞玉)行述 史2-10371
先室行畧 史2-10925
先室朱孺人(承芳)傳、彤管小記 史2-10889
先進遺風 史2-7206~7 叢1-22(24)、29(8)、109、111(4)、223(45),2-731(51)、873
先進風格 子5-26397 叢2-809
先寒村公(鄭梁)年譜、家書 史2-11760
31 先河南公(周啓運)年譜 史2-12103
先河錄 叢2-2270(2)
36 先溫和公(張祥河)年譜 史2-12074
37 先洛陽縣知縣贈中議大夫(路璜)府君神道表 史2-10101
先祖通奉府君遺稿 集2-7357 叢2-931
先祖通奉府君遺藁 史2-7852
先祖希陶公遺集 集5-36813
先祖考子明太府君(錢誦清)行狀 史2-10348
先祖考拜庭政公(許美瑞)事畧 史2-9708
先祖考遠謨府君(蔣開基)剛卯事畧 史2-9590
先資正公遺稿 集5-39314
40 先大司馬公(姚鏌)事實彙集 史2-8902
先大夫葦庵府君行述 史2-9167
先大夫世培府君殉節述 史2-9190
先大夫奏章 史6-48197
先大夫抑莊府君(吳西隆)行述 史2-9611
先大人全城紀畧、爲先伯父叔父立後記 史1-3326
先大父行述 叢2-1007
先大父壯勤公(程文炳)事畧 史2-10460
先大父少白府君(李安瀾)行畧 史2-10132
先太僕評點史記例意 集2-8753
先太宰水村集遺稿 集2-7257

先太夫人(鮑氏)年譜　史 2－12176
先太夫人逸事隨憶錄　史 2－9710
先友記　史 2－7028　叢 1－22(8)、23(8)
先友傳　史 2－7645
41 先妣(方福全)行述　史 2－10776
先妣(林夫人)事畧　史 2－10344
先妣(閔芷塘妻)行述、伯兄(閔啓祥)行述　史 2－10189
先妣王太夫人(采玉)事畧　史 2－10867
先妣兀劄拉太淑人行述　史 2－10543
先妣張夫人事畧　史 2－10591
先妣焦孺人家傳　叢 2－830
先妣朱氏行狀　史 2－10224
先妣吳太君行實　史 2－9211　叢 2－987
先妣汪宜人行述　史 2－10395
先妣潘淑人行述　史 2－10393
先妣趙太夫人行畧　史 2－10005
先妣事畧　史 2－10125
先妣單太孺人行述　史 2－10456
先妣劉太恭人事畧　史 2－10558
先妣劉恭人事畧　史 2－10832
先妣陳淑人行述　史 2－10383
先妣周太孺人(躍龍)行狀　史 2－10567
先妣曾淑人(琬)事畧稿　史 2－10847
先妣惲太夫人(珠)言行畧　史 2－9710
44 先考(施山)妣年譜　史 2－12292
先考(徐嘉賢)行畧　史 2－10504
先考(丘宏寰)事畧　史 2－10850
先考(陳漢章)行述、綴學堂叢稿目　史 2－10870
先考立人府君(練延璜)行述　史 2－9915
先考亮生府君(朱采)行述　史 2－10427
先考府君(康壽桐)行狀　史 2－10719
先考府君年譜　集 5－35970
先考章伯府君(陳煥)事畧　史 2－9593
先考奕慶府君(祁理孫)行畧稿　史 2－9336
先考誼卿府君(譚日鈞)行述　史 2－10660
先考調庵府君(姜廷枚)行實　史 2－9209　叢 2－987
先考至山府君(林希祖)年譜　史 2－12195
先考雨生府君(張時澍)年譜編畧　史 2－12218
先考吾山府君(陸襄鉞)行述　史 2－10458
先考確庵府君(葛世振)先妣姚恭人行述　史 2－9245
先考子授府君孫公(詒經)行狀　史 2－10325
先考翠嶺府君(沈楙悳)事畧　史 2－9817
先考何公(璟)行狀　史 2－10165
先考嵩生府君(卜文煥)行狀　史 2－10396
先考綏廷府君(福興)行狀　史 2－10150
先考峻峯府君(崇保)行述　史 2－10140
先考侍郎公(寶廷)年譜　史 2－12315
先考皓庭府君(桂文燦)事畧　經 1－150　史 2－10268
先考幼山府君(羅師揚)年譜　史 2－12422　叢 2－2199
先考峙安府君(周鴻業)行畧　史 2－10783
先考仲雲公(陳嘉樹)行畧　史 2－9783
先考仲仁府君(裕厚)行述、先妣兀劄拉太淑人行述　史 2－10543
先考仲我府君(朱孔彰)行狀　史 2－10610
先考傳山府君(徐元勳)行畧　史 2－10052
先考伯偉府君(曾觀文)行述　史 2－10167
先考伯純公(張通典)行畧　史 2－10834
先考絅齋府君(吳士鑑)行狀　史 2－10912
先考叔濤府君(劉廷枚)行狀　史 2－10206
先考徵齋府君(姜東毓)家傳　史 2－9465　叢 2－987
先考從齋府君(黃崇翰)行畧　史 2－9015
先考秋坪府君(顔札景廉)行狀　史 2－10269
先考之純府君(蔣凝學)行狀　史 2－10043
先考寅生府君(秦兆甲)行述、先妣潘淑人行述　史 2－10393
先考心如府君(王權)行述　史 2－10255
先考通奉府君(劉鏞)年譜　史 2－12267
先考南一府君(沈曰富)行畧　史 2－10013
先考李府君(元度)行述　史 2－10239
先考古墟府君(馬守愚)行狀　史 2－9873
先考芍亭府君(祖賢)行述　史 2－10205
先考孝鳳府君(王家璧)行狀　史 2－10129
先考朝議府君(章瑞徵)事畧　史 2－10484
先考翰林院修撰芾南府君(林召棠)行畧　史 2－9814
先考松生府君年譜　史 2－12287
先考松谷府君(鄭鵬程)行述　史 2－9716
先考梅君府君(王宗沂)行述　史 2－10259
先考梅溆府君(黃宗瓊)行述　史 2－10698
先考耘渠府君(鄧顯鶴)行述　史 2－9734
先考星環府君(殷恭辰)行述　史 2－10967
先考曉巖公(梁振炎)行述　史 2－10859
先考明經公(黃式三)言行畧　史 2－9638
先考陳公府君(仲良)行述　史 2－9776
先考丹林公(沈廷楓)行述　史 2－9821
先考錫三府君行狀　史 2－10392
先考錫九府君(陳肇疇)行述　史 2－10244
先考少司徒一川府君行述　史 2－8987
先考煥亭楊府君(振彩)行狀　史 2－10844
先芬集　史 2－8159
先恭勤公(澤醇)年譜、誄詞　史 2－12084
先孝凡夫府君行實　史 2－9037

先喆格言 子1-2598 叢1-483
先世遺文 叢1-564
先世遺芳集 集2-6208
先世遺事紀畧 史2-8025 叢2-1243
先世事畧 史2-8265 叢2-1784
先桂軒府君(顧恂)年譜 史2-11384 集6-45189
46 先觀察公(劉遵海)年譜事畧 史2-12044
47 先朝遺事 史1-3460
先嫂王孺人張王氏行述 史2-10599
先嫂樊夫人家傳 史2-10748
先都御史奏疏 史6-48834
50 先本生妣錢太夫人(卿文)事畧 史2-10608
先忠節公(吳麟徵)年譜畧 史2-11596
先妻趙孺人(雲珠)事述 史2-10846
先妻趙孺人事述 子4-22039
先秦諸子合編 子1-23
先秦韻讀 經2-14173～4、14532～3
先秦兩漢文膾 集6-42895
先秦宮殿考 史7-51521
先秦鴻文 集6-42891～2
先秦鉩印拓存 史8-65041
52 先撥志始 史1-1982、2960～1 叢1-269(3)、270(2)、271、272(4),2-731(67)
先哲嘉言錄 叢2-724
先哲格言 子1-2622
先哲格言詩 叢2-724
先哲戒色格言 子1-2048
先哲醫話 子2-4768、4771(4)
60 先兄寶如公(陶瑢)事畧 史2-10926
先兄太學君(翁人鏡)行實 史2-9736
先兄少司寇公(斌良)年譜 史2-12070
先圖後圖 子3-13791
先景憲公(姚文棟)年譜節要 史2-12367
77 先覺宗乘、優婆夷志、帝王問道錄 子6-32091(71)
先學士公日記(清道光二十六年至道光二十八年) 史2-12761
先母許太夫人行述、先母年譜 史2-9840
先母行述 史2-10898
先母沈太夫人行述 史2-9912
先母李恭人行畧 史2-10204
先母林夫人事畧 史2-9887
先賢文錄 子5-29581、30495
先賢傳 史2-6275 叢2-776
先賢家訓修身要言 子1-2327
先賢道國元公周子年譜 史2-11224
先賢韋氏族譜[江蘇丹陽] 史4-31125
先賢萬子世家系譜[山東濟寧] 史5-35811
先賢事畧 集6-44754 叢1-223(70)
80 先人文字拈 集2-11309
先令金磅算法捷訣 子3-12831
先曾祖謝公燦章府君詩稿 集4-26200
先公(李昉)談錄 史2-8608
先公談錄 叢1-15、19(7)、20(5)、21(7)、22(4)、23(4)、24(8)、374
先公徐印香(恩綬)先生妣陸太淑人傳志 叢2-668
先公徐印香先生先妣陸太淑人傳志 史2-10420
先公田間府君(錢澄之)年譜 史2-11663
先公少司馬傳 史2-8951
88 先餘錄 史6-41668
90 先尚書(鄧廷楨)年譜 史2-12047
99 先塋志 史4-29262
先榮祿公遺著、翼辰軒遺詩、吳太淑人壽言 集5-38205

2421_2 他

22 他山詩鈔(慎旃初集) 集3-16528
他山集 史6-47125
他山字學 經2-12866
40 他士文尼亞島考畧 史7-49318(17)、54905
44 他塔喇氏家譜[北京] 史4-26169
他塔喇氏家譜[遼寧撫順] 史4-26170

2421_4 佳

22 佳山堂詩二集 集3-13516～7
佳山堂詩集 集3-13515
佳山堂書目 史8-65623
佳樂堂遺集 集4-33389
27 佳句錄 集6-42504
40 佳木堂稿 集6-45142
44 佳夢軒叢著(佳夢軒叢書) 叢2-1901
46 佳想軒詩鈔 集4-26252～3 叢2-1004
47 佳趣堂書目 史8-65257、65605 叢1-547(3)
佳穀遺稿 集6-42004
50 佳春堂詩選 集6-43524
60 佳日樓詞 集2-11014
80 佳人夜織機一枝 集7-51778
佳人夜繡花一枝 集7-51774
佳人夜繡蓮一枝 集7-51775
佳人夜作鞋一枝 集7-51777

佳人夜搖煤一枝　集 7-51776
佳人爾睡眠遲一枝　集 7-51773
佳人寫書段　集 7-53181
佳人對詩　集 7-51671
佳人送郎君一段　集 7-51467
佳人送飯一段　集 7-51466
佳人奇遇　子 7-38166
佳人驚夢一枝　集 7-51019
佳人餞行一枝　集 7-51018
佳谷遺稿　集 4-26754

僅

00 僅齋集　集 3-13584,6-41959
40 僅存詩鈔　集 4-22581～2
僅存集　叢 2-870(5)
僅存草、詩餘　集 4-29108

2421_6 俺

88 俺答志　史 1-2696

2421_7 仇

00 仇文合璧西廂記會真記全册　子 3-14997
仇文合璧趙飛燕外傳全册　子 3-14998
08 仇謙謙玄機通　子 4-20679　叢 2-730(12)、836
20 仇舜徵通史它石　叢 2-730(12)、836
22 仇山村遺集(山村遺集)　集 1-5021
仇山村遺稿　集 1-5020
30 仇宛娘雜劇　叢 2-702
34 仇池筆記　子 4-19976　叢 1-15、19(3)、21(3)、22(5)、23(5)、24(3)、26、28、29(5)、223(41)、249(2),2-652、731(52)
40 仇十洲仕女册　子 3-16511
仇十洲畫文衡山寫西廂記合册(仇文合璧西廂記會真記全册)　子 3-14997
仇十洲畫册精品　子 3-16512
仇十洲人物册　子 3-16509
72 仇氏家乘[山西曲沃]　史 4-25659
仇氏宗譜[上海崇明]　史 4-25651～2
仇氏宗譜[江蘇宜興]　史 4-25654～5

2422_1 倚

10 倚玉詞　集 7-47371
倚玉生詩稿　集 5-38091
倚玉堂文鈔初集　集 3-14340
倚霞宮筆錄　集 6-42530　叢 2-2150～1
倚霉山房集　集 4-29262
倚石吟　集 4-28989
倚雲亭詞鈔　集 7-47951
倚雲亭集　集 4-32825
倚雲樓詩草、題畫詩　集 4-29540
倚雲樓詩餘　集 7-47614
倚雲樓遺集、補遺　集 2-8345　叢 2-989
倚雲樓遺草、詞草　集 4-30805
倚雲樓古今體詩、試帖、詩餘　集 4-33626
倚雲軒醫案醫話醫論　子 2-10845
倚雲軒筆記　子 5-26733
倚雲吟草　集 5-37238
倚雲閣詩、補遺、詩餘　集 4-30229
倚雲閣詩集　集 3-13874、16864
倚雲閣詩存、補遺、詩詞　叢 2-922
倚雲閣詞　集 7-47752
11 倚琴閣詩草　集 5-37616
16 倚碧樓雜記　叢 2-2264
17 倚翠樓吟草　集 5-36309
20 倚香閣詩鈔　集 5-39228
21 倚紅樓詩草　集 4-32165
倚紅軒瀋餘小草(情史百詠)　集 4-27683
22 倚山閣詩　集 5-40921
25 倚仗吟草　集 4-30120
26 倚和詞　集 7-47214
27 倚魚山閣詩集　集 4-32677,6-42007(2)
41 倚棹閒吟　叢 2-1023
43 倚杹吟遺稿　集 5-36141～2
44 倚華樓詩　集 3-21089,6-44976
45 倚杖吟　集 4-22636
倚樓詞　集 7-46405、46957
47 倚聲初集、前編、爵里　集 7-48528
48 倚槎隨筆　子 4-21597
倚松集　集 6-41895　叢 1-223(52)
倚松老人文集　集 1-2323
倚松老人詩集　集 1-2321,6-41894(2)、41907
倚松老人詩集(倚松詩集)　集 1-2320
倚松老人集　集 1-2322,6-41904
倚松軒偶錄　子 4-22012
倚松閣詩鈔　集 4-30043～5

倚梅閣詩集、詩續集、詞鈔、詞續鈔 集 5－38516
51 倚虹亭遺詩 集 5－41181
65 倚晴樓詩集 集 4－31131,6－42003
倚晴樓詩集、續集、詩餘、韻珊外集(倚晴樓七種曲) 集 4－31130
倚晴樓詩續集 集 4－31132
倚晴樓詩餘 集 7－47821
倚晴樓七種曲(韻珊外集) 集 7－49611
倚晴閣詩鈔 集 3－16287
77 倚月樓詞稿 集 7－48114
倚閣吟 集 4－24295
倚門 集 7－49296
80 倚雉堂集 集 3－13939
82 倚劍詩譚 集 6－46071
倚劍橫經室詩鈔 集 5－33828
倚劍樓詩草 集 5－36953
88 倚竹齋詞草 集 7－46413、48040

2422_7 侑

28 侑觴瑣言 子 3－14690 叢 2－1364
50 侑囊 子 4－24259

備

00 備忘 叢 2－1263、2235
備忘雜記 子 4－23498
備忘集 集 2－9090～2 叢 1－223(66)
備忘集(備忘錄) 集 2－9095
備忘錄 子 4－23497,5－25329 叢 2－884、1266
備忘錄遺 叢 2－1263
備忘小抄 叢 1－22(5)、23(5)
備文書譜 經 2－13171
備言社岑 集 7－49700
07 備望錄 子 4－23202
10 備要方 子 2－9574、9684
備要促織譜全書、補遺 子 4－19409
22 備倭記 子 1－3784 叢 1－195(3)
備倭事畧 史 1－2874 叢 1－22(22)
備倭圖記 史 6－45481～2 叢 1－108
27 備修天長縣志稿[嘉慶] 史 7－57849
備急千金要方 子 2－9115～6 叢 1－223(32)
備急灸法 子 2－4768、10225、10239
備急海上仙方 叢 1－48
備急驗方 子 2－9910
備急簡易方 叢 1－373(8)
備急類方 子 2－9412
備終錄 子 7－35452
35 備遺錄 史 1－1914、1933,2－7290、7292 叢 1－13、14(2)、22(21)、52、56、95、269(3)、270(2),2－624(3)、730(3)
備遺錄(建文忠節錄) 叢 2－731(61)
備遺錄、校勘記 史 2－7291 叢 2－870(2)
36 備邊屯田車銃議、車銃圖、倭情屯田議 叢 1－241、242(2)
44 備考補遺 集 1－4688
備荒章程 史 6－44622
備荒通論 叢 2－1645
48 備翰第一集 子 5－25888
50 備接收問答附禮文 子 7－35705
備書 子 1－3822
60 備員條畧 史 6－43129、48679
63 備戰陣式圖説全 子 1－3745
72 備兵要覽 子 1－3818
77 備用良方 子 2－8748～9
備用藥物、經驗簡便良方 子 2－10002
80 備入文穎館詩稿 集 4－25918
87 備錄 史 6－44897、44911

2423_1 德

00 德商禮和洋行訂購水口山鉛砂合同函件 史 6－44081
德育叢書 叢 2－663
德慶鄉土地理志[光緒] 史 8－61139
德慶州志[康熙] 史 8－61136
德慶州志[嘉靖] 史 8－61135
德慶州志[乾隆] 史 8－61137
德慶州志[光緒] 史 8－61138
德慶封川孔氏家譜[廣東封開] 史 4－25974
德意志帝國新刑律草案總則 子 7－36652
德意志刑法三編 子 7－36655
德意志刑法草案 子 7－36656
德意志治罪法 子 7－36641
德意志國志畧 史 7－49318(19)、54840
德意志全史 子 7－36349
德言 子 4－19864 叢 1－124
德音堂琴譜 子 3－17671
04 德護長者經 子 6－32083(8)
08 德議院章程 子 7－36228(5)、36249～50、36258
10 德玉齋詩稿 集 5－36481

德平葛氏族譜[山東臨邑]　史5-35857
德平縣續志[民國]　史8-59126
德平縣鄉土志[光緒]　史8-59127
德平縣志[康熙]　史8-59122
德平縣志[嘉慶]　史8-59124
德平縣志[乾隆]　史8-59123
德平縣志[光緒]　史8-59125
12 德水師事宜　子7-36258
17 德聚堂馮氏家譜五服次序生卒功名[浙江桐廬]　史5-36425
18 德政實錄　史6-43115
德政去思碑記　史2-10094
德政芳　集7-50495
德政頌言(程鍾齡)　史2-9774
21 德行譜(聖達尼老各斯加本傳)　子7-35853
德經異同字　子5-29074、29530(14)
22 德山志補　史7-52564
德山署譚　子4-20747　叢1-142
24 德化縣備志稿[民國]　史8-58501
德化縣續志稿[乾隆]　史8-58347
德化縣志[康熙]　史8-58345、58498
德化縣志[嘉靖]　史8-58344
德化縣志[乾隆]　史8-58346、58499
德化縣志[同治]　史8-58500
德化縣志[民國]　史8-58348
德壯果公(楞泰)年譜　史2-11933
30 德安府志[正德]　史8-60193
德安府志[光緒]　史8-60195
德安安陸郡縣志[康熙]　史8-60196
德安縣志[康熙]　史8-58524
德安縣志[乾隆]　史8-58525
德安縣志[同治]　史8-58526
德字初桄　經2-15043
德宗承統私記　史1-1995、4229
德宗御製詩文集　集5-40854
德宗景皇帝御製文　集5-40855
德宗景皇帝案　子2-10850
31 德江縣志[民國]　史8-62252
32 德州度支　史6-43340
德州尹氏族譜[山東德州]　史4-25907
德州盧氏家譜[山東德州]　史5-40103
德州鄉土志[光緒]　史8-59078
德州志[康熙]　史8-59074
德州志[嘉靖]　史8-59072
德州志[萬曆]　史8-59073
德州志[乾隆]　史8-59075
德州志畧[光緒]　史8-59077
德州封氏支譜[山東德州]　史4-30679
德州田氏叢書　叢2-949
德州馬氏支譜[山東德州]　史4-31626
德州金氏支譜[山東德州]　史4-29794
34 德法請擴展租界交涉案牘　史6-45086
35 德清許氏族譜[浙江德清]　史5-34394
德清吴塘柯橋蔡氏宗譜[浙江紹興]　史5-37995
德清徐氏宗譜[浙江德清]　史4-31905
德清遷雙林蔡氏貳支小傳[浙江湖州]　史5-37992
德清縣新志[民國]　史7-57282
德清縣續誌[嘉慶]　史7-57281
德清縣志[康熙]　史7-57280
德清縣志[嘉靖]　史7-57279
德禮堂吴氏家乘[重慶銅梁]　史4-28196
37 德軍制述要　子7-36228(6)、36249～50
38 德滋堂詩　集3-16245
德滋堂歌詩附鈔　叢2-1233
40 德志　子7-36245
42 德機集　集1-5145
44 德藻堂詩集　集3-13805
德蔭堂集、年譜　集3-18488
46 德相俾斯麥傳　子7-36484
德楞泰奏稿　史6-48783
47 德馨書館詩鈔　集4-23187
德馨堂古文　集5-39423
德格縣圖志[民國]　史8-62134
50 德惠縣鄉土志[民國]　史7-56226
60 德星堂文鈔　集3-17008
德星堂家訂　子1-2208　叢1-335、369,2-731(20)
德國新刑律草案　子7-36651
德國新制紀要　叢1-530～1,2-2056
德國議院章程　叢1-524,2-731(16)
德國議院章程、德國合盟紀事本末　子7-36560
德國工商勃興史　子7-37327
德國水師事宜、守□造臺諸法　子7-36966
德國行船免碰章程　子7-37406
德國續修條約　史6-44079～80
德國積金法　史6-44506
德國名將兵法論　子7-36903
德國稅項節署　子7-37391
德國軍制述要　子7-36902、38133
德國海軍條議　子7-36964
德國克虜伯新造管退過山快礮操練駄運管理各法簡明要言　子7-36980
德國幹線鐵路營業律　子7-37170
德國槍隊洋鍬圖說　子7-37011
德國擴充海軍條議、創設海軍條議、附錄　子7-36965
德國最近進步史　子7-36439
德國陸師操法入門要訣　子7-36921

德國陸軍紀畧 史6-45327 子7-36919
德國陸軍考 子7-36915、36920
德國學校論畧 子7-36727
德國學校制度 子7-36679
德國民法 子7-36674
德國合盟本末 子7-36838
德國鐵路律 子7-37161
德園詩集 集3-13237
德園遊草 集3-17663
德園日曆 史2-12577 叢2-1344
德田存稿 集4-27661
62 德縣志[民國] 史8-59091
74 德陸軍考 子7-36231(6)
76 德陽縣新志[道光] 史8-61756
德陽縣鄉土志[光緒] 史8-61760
德陽縣志[道光] 史8-61755
德陽縣志[嘉慶] 史8-61754
德陽縣志[乾隆] 史8-61752
德陽縣志[同治] 史8-61757
德陽縣志[民國] 史8-61759
德陽縣志續編[光緒] 史8-61758
德陽馬氏宗譜[四川德陽] 史4-31638
德隅齋畫品 子3-16028、26218 叢1-38、147、223(37),2-731(35)
德隅堂畫品 子3-15859、16029 集1-2893
77 德風亭詞 集7-47440
德風亭初集 集4-25544 叢2-788
德風禪師語錄 子6-32091(80)
德學校論 子7-36254
德學校論畧 子7-36228(5)、36250、36258
德卿詩鈔 集4-29665
德門隨意錄 叢1-365
德輿子、德輿集 子4-21317
德興新建程氏世譜[江西德興] 史5-36159
德興縣志[康熙] 史8-58708～9
德興縣志[道光] 史8-58710
德興縣志[同治] 史8-58711
德興縣志[民國] 史8-58712
德輿子、中篇、外篇 子4-21316 叢1-310
德輿集 集4-29601 叢1-310
80 德鏡 子7-35400
德合盟紀事本末 子7-36228(5)、36249
德合盟本末 子7-36258
德善齋菊譜詩 子4-19265
81 德敍韻言 子7-35468

2423_8 俠

40 俠女記 集7-50383～4
俠女羣英史 集7-54005
俠女傳 集7-52517
俠女希光傳 叢1-587(5)
47 俠奴血 子7-38278
60 俠黑奴 子7-38171
72 俠隱記 子7-38279

2424_0 妝

00 妝痧蟲 集7-53072
30 妝字三訪桑園寶卷 集7-54542
40 妝臺記 叢1-168(1)
45 妝樓記 子5-27385 叢1-22(13)、168(1)、249(2)、255(2),2-731(50)
50 妝史 子4-24229

2424_1 侍

00 侍疾要語 子2-11082 叢2-811
侍疾日記 叢2-1904、2156
侍疾日記(清光緒二年) 史2-13065
侍齋文鈔、詩鈔 叢2-2267
侍齋古今詩鈔 叢2-2267
侍帝晨東華上佐司命楊君(羲)傳記 史2-8525
侍帝晨東華上佐司命楊君傳記 子5-29530(27)
05 侍講雜記 叢1-21(8)
侍講日記 叢1-24(9)
10 侍雪堂詩鈔、葑煙亭詞鈔 集4-31017
21 侍衛論 集7-52213
侍衛瑣言、補 叢2-1901
侍衛瑣言、補遺 叢2-1900
侍衛嘆一枝 集7-50886
27 侍御岫青陸公行狀 史2-9207
侍御靜生張公遺集 集2-8342～3
侍御馬師山先生軼詩 集2-8356
侍御公詩集 集2-11822
侍御公遺詩 集2-11858
侍御公奏疏 集2-8579
侍御公書稿真蹟 集2-11823
30 侍宸祖師法語 子5-31634
37 侍郎詩集 集6-41894(1)
侍郎集 集1-5116
侍郎葛公歸愚集 集1-3302、3304、3306
侍郎葛公歸愚集、補遺 集1-3305 叢2-

798
77 侍兒小名拾遺　史 2-13392
侍兒小名錄　史 2-13389、13391　子 5-25523　叢 1-11～2、22(13)、23(13)、29(6)、168(3)
侍兒小名錄拾遺　子 4-20086,5-25528　叢 1-99～101、587(1),2-731(60)

俯

47 俯鶴山人(鄭官應)事畧　史 2-10913

儔

38 儔遊紀勝　史 7-53113

待

00 待庵日札　叢 2-1306
待庵日劄　集 3-14374
待庵題畫詩存　集 4-31277
待庵題畫詩存、詩餘、摘句　集 5-38573
待廬文集　集 3-19099
待廬詩緒　集 3-19098
待廬集　集 3-18198　叢 2-837
待廬遺集　集 3-19100
待廬遺集文、詩　叢 2-1652
待烹生文集　集 5-40464
待訪碑目　史 8-63815、64780
待訪錄　子 1-1424
08 待放草　叢 2-783、1193
10 待雪堂詩鈔　叢 2-1017
20 待采篇　子 4-21987
22 待制詩集　集 6-41894(1)
待制詞　集 7-46372、46375、46775
待制集　集 1-5085、5088　叢 1-223(60)、227(10)
23 待我樓藏中國名人年譜目錄　史 8-66269
27 待御十疏　史 6-48320
30 待定草　集 5-39813
35 待清書屋雜鈔四百九十三種　叢 1-373(1)
待清書屋散記　叢 1-373(4)
待清軒遺稿　集 1-4613,6-41889　叢 2-854
待清軒遺稿、讀書錄存遺　叢 1-306
37 待潮集　集 3-20830
44 待夢樓遺詩　集 3-21709
待蘭軒存稿　集 4-30486,6-42006
待芰小草　集 4-31239
待焚草　集 3-18379,4-26489,5-39154
待焚錄　史 6-48902
46 待柏堂詩　集 5-40783
47 待鶴樓詩錄　集 4-28008
待鶴樓詩鈔　集 4-28009
48 待松軒詩存　集 4-23064
51 待軒詩記　經 1-3829
待軒詩記、學詩小箋總論　叢 1-223(7)
待軒詩集　集 5-39798
待軒先生遺集　叢 1-373(10)
待軒遺詩　集 6-44580
待軒遺集鈔　集 2-11870
待軒隨筆　叢 1-373(9)
58 待輶集　集 5-36827
待輶集二十五種(西湖千詠、西湖五十二景、勾甬竹枝詞、且甌歌、前後吳中吟、雁宕山勝跡、秦晉鐵淚歌、吳門歲朝詞、杭州四時雜詠、鎮海四時雜詠、瑞石山歌、白雀燒香詩、鳥墩竹枝詞、楠濱竹枝詞、元都觀戲詠、申江竹枝詞、石湖櫂歌、海錯分詠、鳥墩土產分詠、浙西鄉婚嫁詞、里門古跡隨紀、得得吟、紀壽詩、問壺述懷詩、前後桃塢百詠)　集 5-36825
60 待園詩鈔　集 4-32188
待園瑣語　子 4-21679　叢 2-2101
64 待時軒叢刊六種　叢 2-986
67 待明年　集 7-49703
72 待隱堂遺稿　集 5-35739
待質錄　叢 2-2025
77 待月諺弈存　子 3-18105
待月諺棋譜三編　子 3-18106
待月樓詩存　集 5-41326
90 待堂文　集 5-35546　叢 1-484,2-1742
待堂集　集 5-35545
待堂遺稿(文錄、詩錄)　集 5-38772

2424₇ 彼

26 彼得大帝　子 7-36466
彼得寺　子 7-35791
彼得興俄記　史 7-54804　叢 2-2127
66 彼唱此和　集 7-54747

2425_6 偉

46 偉觀集　集 6-41931
80 偉人修養錄　叢 2-627
90 偉堂詩鈔、試體詩、詞鈔　集 4-22534
　偉堂詩鈔、詞鈔　集 4-22533
　偉堂筆記、列傳碑文　史 2-9784

2426_0 估

27 估修粵東省垣文牘　史 6-47335

佑

38 佑啓堂詩稿　集 5-36800

儲

10 儲王合集　集 6-41846
27 儲將芻言　子 1-3377
　儲彙錄　集 2-9833
31 儲遯庵文集　集 3-15397
44 儲莘谷袪疑說纂　叢 1-99～100
　儲華谷袪疑說　子 4-20097
50 儲素樓詞　集 7-47998　叢 2-1686
60 儲園詩集　集 5-40567
67 儲嗣宗詩　集 6-41880、41882
　儲嗣宗詩集　集 6-41739、41741、41824、41859、41878
　儲嗣宗詩集(唐儲進士詩集、中唐儲嗣宗詩)　集 1-1718
90 儲光羲詩　集 6-41846
　儲光羲詩集　集 6-41847～8　叢 1-223(48)
　儲光羲集　集 6-41743
　儲光羲集(唐儲光羲詩集、儲光羲詩集)　集 1-852

貓

20 貓乘　子 4-19398～9　叢 1-202(8)、203(14、18)
27 貓名兒一枝　集 7-51836
44 貓苑　子 4-19400　叢 2-735(2)

2426_1 借

00 借庵詩文遺稿　集 4-24072
　借庵詩選　集 4-24068
　借庵詩草　集 3-15344
　借庵詩鈔　集 4-24069～71
　借庵四種　叢 2-1319
　借庵駢語　叢 2-1319
　借廬詩存　集 4-30593
06 借親配　集 7-53597
10 借雲　集 7-53598
　借雲館曲譜　子 3-17717
12 借發金花始末　史 6-43396　叢 2-1193
20 借舫居詩鈔僅存、文鈔僅存　集 4-22547
22 借山亭前集、續集、來青軒文選、詩選、見南江閣詩選、文選、退樂軒詩選、大業堂尺牘　集 2-8800
　借巢集　集 3-14897
　借巢筆記　史 1-4503　叢 2-796
27 借綠軒遺草　集 4-33186
　借綠軒刪訂湯霍林先生讀書譜　集 6-43996
29 借秋亭詩草、補遺、吳歈百絕　集 4-25092
　借秋山房詩鈔、借秋居雜文草稿　集 4-22366
　借秋山居詩鈔、吹竹詞　集 4-22365
40 借力疏河轉地桴後說　叢 2-2012
　借力疏河轉地桴圖說　叢 2-2012
　借力疏河轉地桴又說　叢 2-2012
　借女弔孝　集 7-51471
41 借棹閒吟　集 4-24312
44 借薇山館詩　集 3-21194,6-41985
　借靴　集 7-52204
　借芭蕉扇　集 7-52223
　借樹山房詩鈔　集 4-23873～4,23876
　借樹山房遺稿　集 4-23875
　借樹軒集　集 3-20277,6-41980
　借茶　集 7-53596

借枝詩草 集5-37802
47 借根方句股細草 子3-12364、7-36241
借根方法淺說補一 子3-12355
借根方法捷要 子3-11244
借根方算法、節要 子3-12545
借根方算法節要 子3-12546
借根代數會通 子3-12395
借根蒙引 子3-12383
50 借書園書目 史8-65696
借東西 集7-50755
借東風 集7-51786、52367
51 借軒墨存 子4-18832
60 借園雜集 集2-12739
借園詩存 集4-23750、6-42006
61 借題集句 集3-16822
77 借月山房詩鈔 集5-37758
借月山房彙鈔 叢1-269(1)
借閒生詩、詞 集4-29474 叢2-1769
借閒生詞 集7-47704
借閒隨錄 叢1-373(3)
借閒隨筆 子4-21812 叢1-472
87 借銀續鈔(得鈔傲妻之前段) 集7-52179
88 借竹軒倡和詞 叢2-706
借箭 集7-52984
借箭打蓋 集7-52985
借箸雜俎 子4-21842 叢2-984
借箸集 史1-4268 集5-37135 叢2-2172
借箸編 子1-3929
借箸錄 子1-1809、3909 叢2-1923
借箸籌防論畧 子7-36228(6)
借箸籌防論畧、礮概淺說 子7-36258
借箸籌防論畧、礮概淺說 子7-38134
借籌記 子4-22070

牆

11 牆頭馬上 集7-48777
50 牆東雜鈔 集3-15605
牆東詩錄十八種 集6-44961
牆東詩餘 集7-46369、46766
牆東類稿 集1-4923
牆東類稿、補遺 集1-4924
牆東類稿、補遺、校勘記 集1-4925 叢2-798
牆東類稿、補遺文、補遺詩 集1-4922

2428_1 供

04 供諸天科儀 子6-32091(78)
10 供石仙館詩存 集4-27615
11 供冀小言 子1-1673 叢2-882、1678
16 供硯山房吟草 集4-33058
25 供佛利生儀 子6-32091(58)
37 供祀記 叢1-46
44 供花館詩存 集5-40551
80 供養儀式 子6-32093(32)
供養十二大威德天報恩品 子6-32093(39)

徒

32 徒洲文集 集4-22699
徒洲文集、孟子好辨彈詞 集4-22698
70 徒駭草堂詩 集6-44996

2429_0 休

00 休庵集 集3-13575
休庵前集、後集 叢2-817
10 休夏十首、長安秋逸、游黃山紀、游黃山詩附 集2-11085
休西雙溪汪氏族譜[安徽休寧] 史4-28890
休西大塘徐氏中村族譜[安徽休寧] 史4-32123
17 休那遺稿、休那遺稿外集、姚休那詩集、白白齋貨殖傳評 集2-12651
23 休咎徵 子1-1308
24 休休齋集 集2-9842
休休吟 集3-18463
28 休復齋雜誌 叢2-2269
休復居文集、詩集 集4-28904
休復居詩 集4-28905
30 休寧商山吳氏族譜[安徽休寧] 史4-28069
休寧率東程氏家譜[安徽休寧] 史5-36083
休寧率口程氏三修宗譜[安徽休寧] 史5-36092
休寧率口程氏續編本宗譜[安徽休寧] 史5-36093

休寧率口溪朱氏支譜[安徽休寧] 史4－26653
休寧霞湖朱氏族譜[安徽休寧] 史4－26646
休寧夏氏族譜[安徽休寧] 史4－31693
休寧西岸汪氏族譜[安徽休寧] 史4－28891
休寧西門汪氏族譜[安徽休寧] 史4－28870
休寧西門汪氏宗譜[安徽休寧] 史4－28872
休寧西門汪氏大公房揮僉公支譜[安徽休寧] 史4－28873
休寧西門汪氏本宗譜[安徽休寧] 史4－28871
休寧西門查氏祠記 史7－51836
休寧碎事 史7－50501
休寧碎事[嘉慶] 史7－57980
休寧璜源吳氏族譜[安徽休寧] 史4－28049～50
休寧邵氏宗譜[安徽休寧] 史4－29254
休寧孚潭志[雍正] 史7－57983
休寧山斗程氏續修支譜[安徽休寧] 史5－36119
休寧山斗俞氏宗譜[安徽休寧] 史4－30833
休寧朱氏家譜[安徽休寧] 史4－26652
休寧吳田吳氏分支統譜[安徽休寧] 史4－28047
休寧吳氏濟美集 集6－44980
休寧吳氏宗譜[安徽休寧] 史4－28080
休寧程氏北山派續編本派源流譜[安徽休寧] 史5－36124
休寧名族志 史2－13413
休寧徐氏族譜[安徽休寧] 史4－32118～9、32124
休寧徐氏珊溪藕塘二族合譜[安徽休寧] 史4－32120
休寧宣仁王氏族譜[安徽休寧] 史4－25276
休寧流塘詹氏家譜[安徽休寧] 史5－37915
休寧流塘詹氏宗譜[安徽休寧] 史5－37914
休寧富溪汪氏宗譜[上海松江] 史4－28677
休寧汪文端公詩 集3－18818
休寧河鎮宋氏家乘[安徽休寧] 史4－29172
休寧浯溪程氏重修族譜[安徽休寧] 史5－36101
休寧遷浙金氏譜畧[浙江紹興] 史4－29660
休寧洪源洪氏家乘[安徽休寧] 史4－30982
休寧汊口程氏本支重續譜[安徽休寧] 史5－36098
休寧資口祁門富業坊塘頭黟南赤嶺徐氏四族合譜三種[安徽] 史4－32099
休寧志[弘治] 史7－57976
休寧古林黃氏重修族譜[安徽休寧] 史5－33894
休寧古樓徐氏族譜[安徽休寧] 史4－32121
休寧七橋金氏家譜[安徽休寧] 史4－29786
休寧城北汪氏族譜[安徽休寧] 史4－28865
休寧戴氏族譜[安徽休寧] 史5－40535
休寧戴氏分支宗譜[江蘇揚州] 史5－40476
休寧范氏族譜[安徽休寧] 史4－29475
休寧茅坦程氏續本支譜[安徽休寧] 史5－36115
休寧芳干程氏續譜[安徽休寧] 史5－36126
休寧藏溪汪氏世譜[安徽休寧] 史4－28877～8
休寧萬安吳氏建祠 史7－51837
休寧孫浯二溪程氏宗譜[安徽休寧] 史5－36099
休寧孫田山上張氏家譜[安徽休寧] 史5－35149
休寧茗洲吳氏家記[安徽休寧] 史4－28052
休寧葉氏族譜[安徽休寧] 史5－35737
休寧葉氏續譜[安徽休寧] 史5－35734
休寧葉氏支譜[安徽休寧] 史5－35739
休寧胡氏家譜[安徽休寧] 史4－30524
休寧榆村程氏族譜[安徽休寧] 史5－36127
休寧檢潭琰溪吳氏同續譜[安徽休寧] 史4－28048
休寧東門汪氏家乘[安徽休寧] 史4－28876
休寧曹氏統宗譜[安徽休寧] 史5－34213
休寧邑前劉氏族譜[安徽休寧] 史5－39333
休寧邑前劉氏重修族譜[安徽休寧] 史5－39334
休寧縣市吳氏本宗譜[安徽休寧] 史4－28043
休寧縣率口何氏族譜[安徽休寧] 史4－28348

休寧縣志[康熙]　史 7－57979
休寧縣志[道光]　史 7－57981
休寧縣志[嘉靖]　史 7－57977
休寧縣志[萬曆]　史 7－57978
休寧縣貳拾伍都捌圖丈量保簿　史 6－43477
休寧縣賦役官解條議全書　史 6－43476
休寧縣隆阜紫竹園戴氏人房家譜[安徽休寧]　史 5－40536
休寧陪郭程氏本宗譜[安徽休寧]　史 5－36089
休寧陪郭葉氏世譜[安徽休寧]　史 5－35735
休寧厚田吳氏重修宗譜[安徽休寧]　史 4－28077～8
休寧陳村陳氏重修族譜[安徽休寧]　史 4－33175
休寧隆阜戴氏宗譜[安徽休寧]　史 5－40539
休寧隆阜戴氏荆墩門家譜[安徽休寧]　史 5－40537～8
休寧金氏族譜[安徽休寧]　史 4－29780
休寧金氏家譜[安徽休寧]　史 4－29779
60 休易村李氏族譜[安徽休寧]　史 4－27306
休園語林　子 4－19492、21032
休園詩餘　集 7－46398～400、46964
休園詩鈔　集 4－27778
休邑黃氏思本圖[安徽休寧]　史 5－33890
76 休陽詩雋前編、後編　集 6－44752

2432_7 勳

44 勳封記　史 1－801
71 勳臣世系　史 2－7239

2436_1 鮚

14 鮚琦亭史論　史 1－5279
24 鮚觭小詠　叢 2－1544
44 鮚埼亭詩集　集 3－19638　叢 2－635(13)
鮚埼亭碑跋　史 8－64395
鮚埼亭集　集 3－19639～41、19646　叢 1－373(7)
鮚埼亭集、外編、經史問答、全謝山先生年譜　叢 2－635(13)
鮚埼亭集、全謝山先生經史問答、年譜　集 3－19643
鮚埼亭集文錄　集 6－42066
鮚埼亭集外編　集 3－19645
鮚埼亭外集、雜錄　集 3－19644
鮚埼亭外編　叢 1－373(7)
鮚埼亭内集　集 3－19642
鮚埼亭跋、碑跋　史 8－63516、64396
鮚埼胡氏下宅房宗譜[浙江奉化]　史 4－30420
鮚埼胡氏宗譜[浙江奉化]　史 4－30418～9、30421～2
51 鮚軒詩　集 4－22867～8　叢 2－1557、1559
鮚軒外集唐宋小樂府　史 1－6075　叢 2－1558～9

2439_4 鰈

16 鰈硯廬詩鈔、聯吟集　集 5－34551

2440_0 升

00 升庵雜刻七種　叢 1－65
升庵雜說彙錄　叢 1－31
升庵詩話　集 6－45774
升庵韻學七種　叢 1－282(2)
升庵辭品　集 6－45486　叢 1－22(26)
升庵毛詩說　經 1－3731
升庵外集　子 4－22234
升庵先生(楊慎)年譜　史 2－11476　叢 1－282(3)、283(3)
升庵遺文錄　集 2－8112
升庵年譜、遺事、集畧、寄贈　叢 2－888
升齋草　集 2－11162,6－44961
10 升平閣吟草　集 4－33237
37 升沉寶鑑　子 7－35681
44 升菴全蜀藝文志(全蜀藝文志)　集 6－44912
升菴文集　集 2－8111　叢 2－1092
升菴新語　子 4－22235
升菴詩話　叢 2－1092
升菴詩話、補遺　集 6－45775　叢 1－282(3)、283(3),2－731(47)
升菴詩集　集 2－8099　叢 2－1092
升菴詩集、文集　集 2－8095
升菴韻學七種附一種　經 2－15110
升菴玉堂集　集 2－8107
升菴集　集 2－8091　叢 1－223(65)
升菴經說　經 2－11482～3　叢 1－282(2)、283(2),2－731(5)、1092

升菴外集鈔 集2-8108
升菴先生文集、目錄、外集 集2-8093
升菴遺集 集2-8110
升菴南中集 集2-8104～5
升菴南中續集 集2-8106
升菴七十行戍稿 集2-8113
升菴楊太史合編(升菴賦集、文集、南中詩、詩集、七十行戍稿、詩集補、詩餘) 集2-8088
升菴長短句、續集 集7-46806
升菴長短句續集 叢2-1089
升菴年譜 叢2-1092
升菴年譜敘錄 叢2-1092
50 升東劉氏九修宗譜[江蘇武進] 史5-39237
53 升甫詞 集7-47570
80 升金榜朱衣點頭 集7-49408
91 升恆編 集6-43982

2441_2 勉

00 勉廬詩鈔、試草 集3-15860
勉齋集 集1-3844 叢1-223(56)
勉齋集補鈔 集1-3847
勉齋集鈔 集6-41901
勉齋先生文集 集2-5976
勉齋先生集 集1-3846,6-41894(3)、41895
勉齋先生遺稿 集2-7239 叢1-263
勉齋先生黃文肅公文集、集、語錄、年譜 集1-3843
勉齋先生黃文肅公文集、附集 集1-3842、3845
02 勉新書屋詩存 集5-34652
10 勉不足齋文集 集4-27781
勉不足齋詩集 集4-27779～80
勉不足齋四種 叢2-1960
21 勉行堂文集 集3-20440
勉行堂詩集、文集 集3-20439
40 勉力集 集3-17353～4、17357 叢2-980
勉熹詞 集7-48156
勉熹集詞 叢1-584
44 勉菴詩鈔 集6-45097
53 勉戒切要錄 子4-24365
74 勉勵會講義 子7-35713
77 勉學詩 子5-27595 叢1-373(10)
勉學堂鍼灸集成 子2-10256
勉學堂鍼灸集成、經穴詳集 子2-10257
80 勉益齋偶存稿 史6-47140 集4-29315
勉益齋偶存稿、續存稿 史6-47139 集4-29314
勉盦鐙謎標目 子3-18447
84 勉鋤山館存稿 集5-35498 叢2-622
90 勉堂詩草 集3-21124

2444_7 皺

12 皺水軒詞筌 集6-45859,7-48699、48743 叢1-202(7)、203(12)、206

2451_0 牡

51 牡蠣園 集7-49566～7
牡蠣園尋秋說豔 集7-49376、49500
71 牡腓剩語 集2-12561
77 牡丹亭 集7-49895
牡丹亭還魂記 集7-49892、49894、49900
牡丹亭還魂記(牡丹亭) 集7-49893
牡丹亭還魂記(還魂記) 集7-49887
牡丹亭還魂記四集 集7-49896
牡丹亭曲譜 集7-54677
牡丹亭骰譜 子3-18216 叢1-202(3)、203(8、18)、319
牡丹詩選 叢1-348
牡丹記 叢1-348
牡丹譜 子4-19116、19215～6 叢1-202(8)、203(14)、348
牡丹百詠 集2-6594～5,3-17648 叢1-348、365
牡丹百詠集 集2-7180
牡丹彙編 叢1-348
牡丹江志三編[民國] 史7-56352
牡丹叢書 叢1-348
牡丹志 子4-19164、19212 叢1-348
牡丹唱和詩 集6-44301
牡丹八書 子4-19209 叢1-22(27)
牡丹燈記 叢1-168(2)
牡丹榮辱志 子4-18535、19206 叢1-2～7、9～10、19(10)、22(17)、23(17)、24(10)、181、587(2),2-731(28)

2454_1 特

08 特效奇方 子2-10176

21 特旨賜恤趙公(起)專祠錄 史 2-9884
25 特伸盈廷公議以攘倭疏 史 6-47799、48291
特健藥齋外編三種 叢 2-2091
30 特宥輯要 子 5-30312
47 特報連輪馬土報告合纂 子 7-37142
62 特別麻省五更時調 集 7-50805
特別新出泗州調 集 7-53633
特別新打紗窗 集 7-50807
特別豫算暫行章程 史 6-43251
特別改良勸世文 子 4-24123
特別勸戒鴉片景致 集 7-50806
77 特用作物論 子 7-37034

2458_6 犢

17 犢子經 子 6-32083(7)
22 犢山文稿 集 4-23858 叢 2-1584
犢山詩藁 叢 2-1584
犢山類稿 集 4-23853～4
犢山類藁五種 叢 2-1584
26 犢鼻山房小稿 集 5-36812

2460_1 告

01 告語文百一錄 叢 2-2270(3)
03 告誡士子條約 史 6-42282
10 告天樓告法 叢 2-1316～8
24 告先師文 子 1-2389 叢 2-1367
27 告解問答 子 7-35482
30 告宰官白衣啓、儆告十方佛弟子啓 子 7-34967
34 告法言道士俚語 叢 2-2270(4)
40 告存漫叟年譜 史 2-12171
44 告蒙編 叢 1-310
67 告明切要 子 7-35480

2462_7 劬

00 劬庵文稿、官書拾存、聯語 集 5-38852
劬廬草 集 3-13351
50 劬書室遺集 集 4-31960

2466_1 皓

77 皓月掛蒼松一枝 集 7-51745
皓月當空一枝 集 7-51746

2467_0 甜

10 甜雪齋文 集 2-10528
甜雪齋詩、文 集 2-10527
甜雪詞 集 3-21136
80 甜食品 子 4-18936 叢 1-173

2471_1 嶢

22 嶢山詩集 集 3-16586

2471_4 巏

18 巏嵍山人詞集 叢 2-1493

2471_6 崦

00 崦慶詞 集 7-48389
10 崦西小堂詩稿 集 5-35032
45 崦樓遺稿 集 5-41376

嵰

21 嵰岈子 子 1-18、20,4-19779

2472_1 崎

76 崎陽雜詠 集 5-34787,6-42007(2)

2472_7 帥

00 帥文毅公遺集　集 4-33044
17 帥子古詩選　集 3-16385
72 帥氏族譜[江西安義]　史 4-30748
80 帥公子文(方蔚)重與鹿鳴筵宴錄、崇祀鄉賢錄、行述、贈詩　史 2-9841
90 帥惟審先生集　集 2-9893,6-44818

幼

00 幼主詔書　史 1-1991、4199
幼童衛生編　子 7-37920
幼童傳　史 2-6600　叢 1-22(9)、23(9)
02 幼訓　子 1-2797　叢 1-197(2)、198、481
24 幼幼新書、拾遺方　子 2-8362
幼幼新書摘錄　子 2-8363
幼幼集　子 2-8398
幼幼集成　子 2-4771(3)、8469～70
幼幼集成樞要經驗方　子 2-8471
幼幼近編　子 2-4600、8436
幼幼心裁　子 2-8409
幼幼菁華篇　子 2-8535
幼幼全書　子 2-8581
幼幼合編　子 2-8573
幼科痘症指南集要　子 2-9105
幼科痘疹心醫錄　子 2-8801
幼科辨証心法　子 2-8462
幼科雜症　子 2-8574
幼科雜病心法要訣　子 2-4989、8448
幼科雜証心法　子 2-8584
幼科證治準繩　子 2-4565
幼科證治準繩(幼科證治準繩集)　子 2-8403
幼科詩賦　子 2-8497
幼科三種　子 2-8463、8551
幼科至寶　子 2-8575
幼科要畧　子 2-4727、4749、8450
幼科要覽　子 2-8486
幼科發揮　子 2-4567、8392
幼科發揮大全　子 2-8393
幼科集要　子 2-5064、8501
幼科仁壽錄　子 2-8553
幼科便論　子 2-8466
幼科備要　子 2-8544
幼科保赤心法圖說　子 2-8397
幼科釋謎　子 2-7971、8461
幼科釋迷　子 2-4622
幼科彙選應驗良方　子 2-4591、8435
幼科良方　子 2-4615、8454
幼科滙訣直解、痘疹滙訣直解　子 2-8444
幼科心傳　子 2-8582
幼科心法　子 2-8499
幼科心法集解　子 2-4631、8468
幼科心授　子 2-8583
幼科心鑒　子 2-8555
幼科祕方　子 2-8548
幼科祕書　子 2-8429
幼科大成　子 2-8425
幼科直言　子 2-4771(3)
幼科切要　子 2-4668、8503
幼科增補折衷　子 2-8416
幼科推拿　子 2-10421
幼科推拿祕訣　子 2-10448
幼科推拿祕書　子 2-10415
幼科推拿祕錄　子 2-10439
幼科推拿全訣　子 2-10446
幼科摘要　子 2-8116、8456、8459
幼科指歸　子 2-4640、8483
幼科指迷　子 2-4744、8554
幼科指南　子 2-8425
幼科指南家傳祕方(幼科指南祕傳方)　子 2-8394
幼科折衷　子 2-8411～2
幼科折衷總括祕傳真本　子 2-8413
幼科捷徑　子 2-8543
幼科輯要　子 2-4616、8455
幼科撮要　子 2-8514
幼科醫學指南(幼科指南)　子 2-8424
幼科醫驗　子 2-8415
幼科入室　子 2-8427
幼科金鍼　子 2-8414
幼科鐵鏡　子 2-4732、8432、8551　叢 2-818
幼科簡效方　子 2-8517
幼科類萃　子 2-8383
31 幼迂詩鈔　集 5-35956
32 幼溪集　集 2-9655～6
40 幼女歌、戒溺女歌　子 1-3011
幼真先生服内元炁訣　子 2-11157,5-29530(16)、29556
41 幼樗吟稿　集 4-25849
幼樗吟稿偶存　集 4-25848
44 幼林遺稿　集 5-36193
54 幼蝶山房日記　史 2-13246
70 幼雅　經 2-13493

77 幼兒雜症說要　子 2－8463
幼兒教育恩物圖說　子 7－36232
幼兒園恩物圖說　子 7－38003
幼兒問答　集 2－12965
幼聞錄　子 4－22745
幼學　子 1－2917
幼學詩　史 1－1991、4186
幼學讀文目錄　叢 2－2270(3)
幼學平仄易記畧　經 2－14009
幼學歌、續　子 1－2868
幼學便記、讀本　子 1－2870
幼學便記讀本　子 5－25234
幼學須觀　子 1－2848
幼學須知句解(重訂幼學須知句解)　子 1－2773
幼學編　子 5－26073
幼學句解　子 1－2772
幼學字表、集要　經 2－13491
幼學津梁　經 2－13509
幼學通議　子 7－36261
幼學求源　子 1－2770
幼學切音便讀　經 2－14424～5
幼學故事瓊林　子 5－25607～12、25614～6
幼學成草　集 5－38235
幼學操身圖說　子 7－38005
幼學日誦五倫詩選内集　集 6－42339
幼學堂文稿　叢 2－653(2)
幼學堂詩稿、文稿　集 4－26429～30
幼學堂續稿　集 4－26431
幼丹先生詩文遺墨　集 5－37900
88 幼竹遺集　集 4－33493
90 幼常附刊　集 5－40721

2473_2 裝

01 裝聾做啞道人小草　集 4－26999
14 裝璜志　叢 1－422
34 裝潢志　子 4－18620　叢 1－195(6)、201、203(3)、353、424、469、586(4)，2－716(3)、731(33)

2473_8 峽

10 峽石山水志　史 7－52148
峽西南山谷口考　叢 1－531
21 峽行錄　叢 1－373(4)
22 峽川詩鈔　集 6－44583
峽川志畧　史 7－49318(12)、50377
峽川柯氏族譜[安徽貴池]　史 4－30326
峽嶺吳氏宗圖[浙江諸暨]　史 4－27864
峽山張氏三修族譜[湖南長沙]　史 5－35276
峽山張氏四修族譜[湖南長沙]　史 5－35277
峽山何氏六房譜[浙江紹興]　史 4－28276
峽山何氏續譜[浙江紹興]　史 4－28277
26 峽程記　史 7－52813　叢 1－22(11)、23(11)
27 峽船志　史 7－52814　叢 1－22(18)、23(17)
30 峽流詞　集 7－46398～400、47105～6　叢 2－1339
31 峽江崇祀實紀(練安)　史 2－8844
峽江圖考　史 7－52817
峽江縣志[康熙]　史 8－58921
峽江縣志[道光]　史 8－58923
峽江縣志[乾隆]　史 8－58922
峽江縣志[同治]　史 8－58924
峽江縣志稿[民國]　史 8－58925
峽源集　集 3－15477　叢 2－845(5)
峽源閣遺詩　集 5－39530
44 峽猿草　集 3－19545
50 峽中吟、詩餘　集 4－30137

2474_1 峙

11 峙玕何氏重修家乘[江蘇金壇]　史 4－28250

2474_7 岐

00 岐亭迭韻　集 4－28021
22 岐山王氏宗譜[浙江仙居]　史 4－25200～1
岐山汪氏重修宗譜[浙江淳安]　史 4－28711
岐山縣鄉土志　史 7－54921
岐山縣鄉土志[光緒]　史 8－62924
岐山縣志[順治]　史 8－62920
岐山縣志[萬曆]　史 8－62919
岐山縣志[乾隆]　史 8－62921
岐山縣志[民國]　史 8－62923
岐山縣志[光緒]　史 8－62922
38 岐海瑣譚集　子 5－27043
76 岐陽石鼓文縮本　史 8－63522、64494
岐陽石鼓地名考　史 8－64490

80 岐公詩集 集 6 - 41894(1)

2476_0 岵

00 岵齋詩稿 集 3 - 20741
67 岵瞻詩草 集 5 - 37262

2478_1 峓

22 峓山集 集 2 - 11157

2480_6 貨

14 貨殖記 史 1 - 801
26 貨泉備考 史 8 - 64809
37 貨郎相思三十六方 集 7 - 50751、53634
貨郎擔 集 7 - 49375
貨郎旦雜劇 集 7 - 48774(4)
40 貨布文字考、說 史 8 - 64862
98 貨幣論 子 7 - 37269
貨幣學 史 6 - 44444
貨幣鈔票等條例 史 6 - 44503

贊

00 贊育草堂遺稿(贊育草堂文錄、詩錄、附錄) 集 5 - 37032
10 贊靈集 子 5 - 29531、31989
贊雪山房詩存 集 5 - 33824 叢 2 - 834
26 贊皇縣鄉土志[光緒] 史 7 - 55077
贊皇縣志[康熙] 史 7 - 55073
贊皇縣志[乾隆] 史 7 - 55074
贊皇縣志[民國] 史 7 - 55076
贊皇縣志[光緒] 史 7 - 55075
38 贊道德經義疏殘卷 子 5 - 29019
贊道德經義疏存 叢 2 - 601
56 贊揚聖德多羅菩薩一百八名經 子 7 - 32900
71 贊阿彌陀佛偈 子 7 - 34978
贊臣詩集 集 3 - 15282

2490_0 科

10 科爾沁郡王奏稿 史 6 - 48914
科爾沁右翼後旗志 史 7 - 56074
27 科名備覽 史 3 - 13501
科名盛事錄 史 3 - 13437～8
科名捷訣 子 4 - 21692
科名顯報、續編 子 5 - 26477
科名金鍼 史 6 - 42322 子 4 - 21693
40 科麥縣圖志[民國] 史 8 - 62655
科布多政務總册 史 7 - 49346、54504、54924
科布多巡邊日記 史 2 - 13254
46 科場則例 叢 1 - 322
48 科場射法指南車 子 1 - 3561
科場備用書義斷法、作義要訣 經 1 - 2679
科場條例 史 6 - 42316 叢 1 - 285
科場條例摘要 叢 2 - 1980
科場條貫 史 6 - 42294 叢 1 - 84(3),2 - 730(10)、731(18)、1081
科場餤口 叢 1 - 496(4)
科場案 史 1 - 3595 叢 2 - 2203
科場漫筆 集 2 - 8127
科場則例 史 6 - 42335
55 科井鄭氏宗譜 史 5 - 38767
77 科學的古史家崔述 叢 2 - 1539
科學叢書第一集八種 子 7 - 36234
科學書目提要初編 史 8 - 66420
科舉 叢 2 - 1092
80 科侖比亞政要 史 7 - 49318(19)、54890

2491_1 繞

60 繞口令一段 集 7 - 51533
74 繞膝軒詩集 集 3 - 21737
88 繞竹山房詩稿、詩餘 集 4 - 24488
繞竹山房詩續稿、詩餘 集 4 - 24489

2492_1 綺

01 綺語舊作 集 4 - 25789
03 綺詠 叢 2 - 970
綺詠集、續集 集 3 - 13019
綺詠續集 叢 2 - 970

07 綺望樓遺詩 集4-27196
10 綺雪齋近詠 集6-44069
綺霞詞 集7-46399～400、47102
綺霞詞初編、二編 集7-47202
綺霞閣繡餘小草 集4-22616
綺雲樓詩集 集3-17308
綺雲樓詩草 集5-37023
綺雲閣詩鈔 集5-38295～6
22 綺川詞 集7-46353～4、46367、46369、46559
綺巖詩鈔 集4-24311
29 綺秋閣文選 集5-38332
30 綺窗詞遺草 集7-47489
綺窗吟草 集5-37062
綺窗餘事 集3-19879
44 綺村存稿 集4-25302
綺樹閣詩稿、賦稿 叢2-1331
綺樹閣賦稿、詩稿 集3-16401
45 綺樓重夢 子5-28399～400
60 綺園蕉筒 集3-14169
綺園吟 集4-25255
80 綺合集 集3-15274
88 綺餘書室詩稿 集4-31651
綺餘書室吟草、綺餘室詞稿 集4-31652
97 綺恨 叢1-590,2-632

2492_7 稀

00 稀痘擦身驗方 子2-8970
28 稀齡(陳元恒)撮記 史2-10185
稀齡祝雅 叢2-1869
稀齡撮記 叢1-564
45 稀姓錄 史2-13311

納

10 納爾遜傳 子7-36501
24 納貓經 子4-19397 叢1-173
28 納谿縣志[嘉慶] 史8-61923
32 納溪縣採訪表[民國] 史8-61924
44 納蘭詞、補遺 集7-46994 叢1-486,2-698(12)、731(49)
50 納書楹西廂全譜 集7-54676
納書楹曲譜正集、續集、補遺、外集、納書楹玉茗堂四夢曲譜 集7-54672
納書楹曲譜全集 集7-54673
60 納甲辨 經1-2127、2311

2494_7 稜

80 稜翁詩鈔 叢2-886(3)

穫

21 穫經堂初稿 集4-23083
90 穫堂舊話、師友淵源錄 史2-7844

2495_6 緯

03 緯讖侯圖校輯 經2-12040
12 緯弢 子1-3825
27 緯侯佚文 經2-12045
44 緯蕭齋存稿 集3-13643 叢1-300
緯蕭齋存稿、畫鏡剩稿 集3-13642
緯蕭草堂詩 集3-15515、16897～8
緯蕭草堂詩集 集3-16899
緯蕭草堂吟草 集5-35900
50 緯攟 叢2-821、1872
緯青詞 集7-47527
緯青遺稿 集4-29620 叢1-327,2-797、800～1
緯書 經1-172
緯書箋註 叢2-1870
57 緯捃 經1-177
60 緯畧 子4-22145～7 叢1-17、19(4)、20(2)、21(3)、22(4)、23(4)、24(4)、196、223(40)、273(5)、274(5)、374,2-731(6)
77 緯學源流興廢考 經2-12044
緯學原流興廢考 叢1-480
88 緯籥 叢2-2270(2)
90 緯堂詩畧 集3-21157
緯堂詩鈔 集3-21158

2496_0 緒

00 緒言 子1-1617 集2-11752 叢1-456(2),2-731(13)、814、1476
02 緒訓 子1-2104 叢1-19(8)、20(5)、21(7)、22(12)、23(12)、24(8)、374
23 緒戲姨子弟書 集7-52144

24 緒德堂尹家譜[浙江寧波] 史 4－25897
40 緒南筆談 叢 1－496(4)
60 緒園新集 集 3－14393
77 緒風吟 集 3－14718
88 緒餘文畧 集 3－16780
緒餘集 集 4－27155
緒餘集詩餘 集 7－47580

2496_1 穡

44 穡者傳 子 7－36478

結

00 結庵春草軒詩鈔 集 4－22521
結廬詩鈔 集 3－17714
10 結一廬朱氏賸餘叢書(結一廬叢書)四種 叢 1－555
結一廬宋元本書目 史 8－65816
結一廬遺文 集 5－34072
結一廬書目 史 8－65257、65815 叢 1－547(3)、585
結一廬書目、宋元本書目 叢 1－540～1、547(3)
結一宧駢體文、詩畧 集 5－38941
12 結水滸傳 子 5－28687
結水滸全傳 子 5－28684～5 叢 1－496(7)
22 結私情 集 7－53187
27 結綠堂詩集 集 3－13385
結緣施茶啓 子 7－34932
40 結古歡室印存 子 3－17492
結奩草 集 5－33852
44 結桂山房雜著 叢 2－1688
結桂山房試律 叢 2－1688
結桂山房詩 叢 2－1688
結桂山房課藝 叢 2－1688
結桂山房制藝 叢 2－1688
結桂山房全集六種 叢 2－1688
83 結鐵網齋詩集、補鈔 集 4－33085
97 結鄰集 叢 2－720(6)

2497_0 紺

10 紺雪齋集印譜 子 3－17146
紺雪堂集 集 2－12154
15 紺珠 子 5－24947
紺珠記事錄 叢 2－2071
紺珠集 子 4－23768、23944 叢 1－223(42)
紺珠經 子 2－4818
16 紺碧亭詩集 集 6－45025
30 紺寒亭文集、詩集 集 3－15549
紺寒亭詩集、文集 集 3－15550

2498_6 續

00 續齊諧記 子 5－26218、26222、26847 叢 1－15、19(9)、20(7)、21(8)、22(19)、23(18)、24(10)、29(1)、38、74～7、90～3、148、175、180、185、220、223(45)、566，2－730(5)
續齊諧記九則 子 5－26848
續齊魯古印攈 史 8－65036 子 3－17367
續商州志[乾隆] 史 8－63063
續方言 經 2－14847～9 叢 1－203(15)、223(15)、241、242(2)、386、579，2－665、731(24)、814、1432、1435
續方言(戴東原續方言手稿) 經 2－14852
續方言新校補 經 2－14856 叢 2－2055
續方言疏證 經 2－14853 叢 1－493
續方言補 經 1－102，2－12200、14847 叢 1－579，2－1533～4
續方言補(續方言補正) 經 2－14850～1
續方言補正 叢 1－241、242(2)，2－731(24)
續方言拾遺 經 2－14855
續方言又補 經 2－14858 叢 1－517，2－2205
續旁觀論 子 4－21762
續高平縣志[光緒] 史 7－55704
續高僧傳 子 6－32081(42)、32082(21)、32083(27)、32084(23)、32085(40)、32086(47)、32087、32088(29)、32089(47)、32090(61)、32091(59)、32092(40)、32093(52)
續高士傳 史 2－6199、6468、6479～81 叢 1－498
續應氏宗譜[浙江鄞州] 史 5－40855
續唐詩話 集 6－46192
續唐三體詩 集 6－43272、43422
續唐書 史 1－2401 叢 2－653(5)、731(66)
續唐縣志畧十類[雍正] 史 7－55300
續廣齊音 集 4－27309
續廣達生編 子 2－8087
續廣博物志 子 5－25719～20 叢 2－2093
續廣事類賦 子 5－24789～90
續廣雅 經 2－14606

續麻陽縣志[乾隆] 史8-60770
續忘齋詩存 集4-30115
續文章正宗 集6-42676 叢1-223(69)
續文章緣起 集6-45520、46254 叢1-195(4)、216,2-731(48)、1195
續文章志 叢2-891
續文章軌範百家評註 集6-42700
續文章軌範百家批評註釋 集6-42701
續文稿 集4-23345
續文獻通考 史6-41508、41573
續文獻通考詳節 史6-41499、41577
續文獻通考補 史6-41585
續文獻通考檢錄 史6-41587
續文獻通考纂 史6-41556~7、41576
續文獻通考鈔 史6-41574~5
續文房圖贊 子4-18667~8 叢1-35
續文選 集6-42199、43160
續文選、著作人姓名錄 集6-42198
續文翰詔集 集6-41935(2)
續離騷 集7-49352、50257
續離騷經、別集 集2-11720
續玄怪錄 子5-27522 叢1-22(19)、23(19)、180、249(2),2-731(50)
01 續龍文鞭影 子5-25242~3
續訂條約 史6-45067
續訂清訟事宜功過章程 史6-45932
續訂直省官制原奏清單 史6-42773
續諧鐸 叢1-369
續龔氏家乘 叢2-972
02 續刻麻姑山丹霞洞天志 史7-51746
續刻弈選 子3-18141
續刻讀史快編 史1-4895
續刻雪牀遺詩 集3-17175
續刻北江遺書七種 叢2-1558
續刻水利案卷 史6-46828
續刻破邪詳辯、又續、二續 子7-36226
續刻受祺堂文集 集3-15194
續刻香蓮帕 集7-51316
續刻經驗集 子2-9496~7
續刻經驗集(續刻養生集) 子2-9506
續刻經驗奇方 子2-9514
續刻心喜集 集3-17935
續刻洪山人水雲草 集2-10172
續刻溫陵四太史評選古今名文珠璣 集6-42807
續刻退一步軒課草 集4-22817
續刻滄州戴氏族譜[河北滄州] 史5-40474
續刻直隸霍州志[光緒] 史7-55830
續刻木蘭陂集 史7-52952
續刻木蘭陂集誌記 史7-52951
續刻楊復所先生家藏文集 集2-10337 叢2-1152
續刻柳勖庵雜著 集5-39828
續刻棗窗文稿 集4-26006
續刻附錄 史7-52583
續刻陽宅真傳祕訣、陽宅甲子啓蒙 子3-13184
續刻養生集 子2-9496
續刻簡易新編新增良方 子2-9710
續刻小隱山樵詩草 集4-30865
續證人社約誡 子1-2368 叢1-197(1)
續訴琵琶 集7-49356
續新齊諧 子5-27089~92
續新方言 經2-14901
03 續識資諧 子4-20826
04 續詩譚 叢1-151
續詩譚(詩譚續集) 集6-45837
續詩話 集6-45555、45987 叢1-169(3)、223(71),2-731(46)
續詩傳鳥名 經1-163(1)、3943 叢1-223(7)、249(4),2-1309
續詩品 叢1-202(4)、203(9)、319、345、371
續詩人徵畧後集 史2-7552 叢1-584
續詩卷 叢2-1125
續讀史兵畧 子1-3386、3403
06 續韻補 經2-13702
續韻補遺珠 經2-13703
07 續望仙橋鄉志稿[民國] 史7-56442
續記三朝法傳全錄 史1-1561
續記事珠(清同治五年至七年) 史2-13011
續詞選 經1-2318 集7-48520 叢1-327,2-697、698(13)、1615
續詞餘叢話 集7-54862
續諷語 子5-27249
續誦芬錄 史4-32591
08 續敦煌實錄 叢2-1685
續論語詩 叢2-1287
續論語駢枝 經1-163(4),2-9597 叢2-1920
續譜補畧 史4-28932
09 續談助 子4-23798 叢1-456(6)、457、465,2-731(5)
10 續一鄉雅言 子1-2062 叢2-963
續一切經音義 子6-32093(53)
續二三場羣書備考 子5-25040
續二十五子彙函 子1-66
續三十五舉 子3-16785、16840、16854、16859 叢1-202(5)、203(11)、269(5)、270(3)、271、272(5)、433、435、453、534,2-731

(32)、882
續三十五舉、再續三十五舉、重定續三十五舉 子3-16776、16841
續玉臺書史 子3-15260
續玉壺冰 子4-23856
續王上舍集 集2-9802,6-41935(5)
續王鳳州集 集2-9553
續王鳳洲集 集6-41935(5)
續王僉憲集 集2-8443,6-41935(4)
續五九枝譚 叢2-1920
續亙史 子5-24997
續靈官廟 集7-52530
續琉球國志畧 史7-54528～9 叢2-1855
續雪浪集 集2-13005
續丁記政錄 史1-2981
續丙記政錄 史1-2981
續丙丁龜鑑 叢1-296
續震澤紀聞 子4-22976 叢2-902
續夏峯集 集3-13070
續天方三字經 子7-35981
續天方三字經、明龍師注解醒世格言 子7-35982
續天文畧 叢1-238,2-814、1475
續天津縣志[同治] 史7-54991
續天路歷程官話 子7-35752
續百川學海一百三十一種 叢1-11
續百川學海一百四種 叢1-12
續百家姓印譜 史8-63505
續百家姓印譜考畧 史8-65029 叢2-606
續石經考 經2-11355
續石埭縣志[乾隆] 史7-57950
續石屏州志[康熙] 史8-62593
續西廂 集7-48780、48815、49299～300 叢2-720(3)
續西番棋子 集7-52949
續西遊記 子5-28810
續西遊記真詮 子5-28811
續西國近事滙編 子7-38032
續西學大成六十八種 子7-36254
續晉陽秋 史1-1436～8 叢1-22(10)、23(9),2-617(2)、653(5)、731(64)、771(4)、772(4)、773(4)
續雲南備徵志[民國] 史8-62336
續雲南通志稿[光緒] 史8-62331
續雲夢縣志畧[光緒] 史8-60205
續函海補遺十六種 叢1-285
續函海十二種 叢1-284
11 續北山酒經 子4-19084 叢1-19(8)、20(6)、22(15)、23(15)
續北山酒經一篇 叢1-21(7)、24(8)
續琴趣 集7-47520
續琵琶 集7-50280
12 續登州府志[乾隆] 史8-59258
續列女傳 叢1-344、410,2-635(3)、658、698(4)、724、731(61)
續弘簡錄元史類編 史1-787
續水利本末 史6-46831
續水滸征四寇全傳 子5-28678
續刊經驗集 子2-9505
續刊經驗集痘疹選要 子2-9502
續刊永濟義渡紀事錄 史6-44728
續刊補學軒詩集、文集外編 集4-30539
續刊大易緝說始末 叢1-223(3)
續刊存翁先生文集 集2-8645
續刊嘉善入泮題名錄 史3-14973
續刊青城山記 子5-29536(7)
續刊同人吟鈔 集6-41989
續刑法敍畧 史6-46262 叢1-195(4),2-731(17)、973
13 續武功縣志[嘉慶] 史8-62902
續武經總要(重刊續武經總要) 子1-3689
續武林西湖高僧事畧 子7-32099、34714
續武昌縣志稿[光緒] 史8-60263
續武陟縣志[民國] 史8-59665
16 續聖賢羣輔錄、歷代陵墓考 史2-6279
續理窟 子7-35391
續理學正宗 子1-1833 叢2-886(2)
續彈詞 集7-54027
續碑傳集 史2-7459
17 續孟子 子1-20、61、551 叢1-223(29)、244(3)、282(1)、283(1)
續聊齋誌異 子5-27641
續聊齋誌異圖咏 子5-27638
續甬上耆舊詩 集6-44629～33、44638
續甬上耆舊詩(續耆舊、甬上續耆舊集、續甬上耆舊詩集) 集6-44634
續甬上耆舊詩集 叢1-580
續甬上耆舊詩補編、再補編 集6-44639
續甬上耆舊集 集6-44635
續甬東耆舊詩 集6-44636
續豫東宣防錄 史6-46874
續子不語 叢2-736
18 續改進口稅則善後章程 史6-43539
20 續垂棘編初集、二集、三集、四集 集6-44406
續停驂錄 叢2-1081
續停驂錄摘抄 叢1-84(3),2-730(10)、731(51)
續信驗方 子2-9562
續千文 經2-13404～5 叢1-156、276、509
續千字文 經2-13409、13424 叢1-276,2-718

續千字文同聲　叢1-373(5)
續隻麈譚　叢2-731(54)、816
續雞肋　叢1-19(10)、20(7)、21(9)、24(10)
續番禺縣志[民國]　史8-60835
續香齋文存　集4-25260
續集詩餘注　集4-25695
續集聖教序詩　集4-22410
續集師心草　集2-11014
續集宗門統要　史2-6800
續集漢印分韻　子3-16849
續集古今佛道論衡　子6-32081(42)、32082(20)、32083(27)、32084(23)、32086(46)、32088(29)、32089(47)、32090(60)、32091(58)、32092(41)、32093(52)
續集古今佛道論衡實錄　子7-34605
續集四書說　叢2-1315
21 續順寧府志稿[光緒]　史8-62494
續偃師縣志[民國]　史8-59613
續偃曝談餘　子4-20662,5-26221　叢1-180
續行水金鑑　史6-46598
續虞初志　子5-27592
續處州府志[萬曆]　史7-57698
續紫金鐲　集7-51332
續紅樓夢　子5-28398、28403
22 續制義科瑣記　史6-42333
續倭袍四集　集7-54028
續後漢儒林傳補逸　史1-340　叢2-2205
續後漢書　史1-464、468　叢1-223(20),2-731(64)
續後漢書、札記　史1-465　叢1-343
續後漢書、義例、音義　史1-461　叢1-223(19)、273(3),2-731(64)
續後漢書、義例、音義、札記　史1-462　叢1-343
續後漢書札記　史1-463、466　叢2-731(64)
續仙傳　史2-6200、6843、6849～52　子5-29530(6)、29533　叢1-15、19(3、8)、20(5)、21(3、7)、24(4、8)、82、223(47)
續山東考古錄　史7-51439～40
續幽明錄　子5-26859　叢1-22(19)、23(19)、29(1)
續幽恠錄　叢1-175
續幽怪錄　子5-27521、27525　叢1-19(5)、20(3)、21(4)、22(19)、23(19)、24(5)、29(3)、249(2)、255(3)、374、447,2-636(3)
續幽怪錄、札記、佚文　子5-27524　叢1-519
續幽怪錄、拾遺、校勘記、續校　子5-27523　叢1-376
續崇福寺志　史7-51615
續崇遊草　集4-26548
23 續外岡志[乾隆]　史7-56428
續伏羌縣志[同治]　史8-63128
續傅山人集　集2-7696
續傅夢求集　集2-9583,6-41935(4)
續戲姨　集7-52532
續台州叢書　叢2-850
續編諸公書翰詩文　集1-2201
續編許氏族譜[安徽祁門]　史5-34466
續編三國志後傳　子5-28002
續編兩朝綱目備要　史1-1499
續編球琳瀚海表學啓蒙　集6-45364
續編珠　子5-24761～3　叢1-223(42)
續編綏寇紀畧　史1-1853
續編綏寇紀畧　叢1-496(6)
續編宋史辨　史1-5910　子5-26219　叢1-34
續編宋史辯　叢1-39
續編滹南先生詩　集1-4665
續編資治宋元綱目大全　史1-1173
續編大冶縣志[光緒]　史8-60270
續編草堂詩餘　集7-48439
續編國朝進士題名錄　史3-13477
續編路南州志[乾隆]　史8-62378
續編兼漢清文指要　經2-15032、15036
續編錦囊詩聯故事前集、後集　子5-24939
續編錦囊詩對故事前集、後集　子5-24938
24 續豔品　叢1-22(28)
續豔體連珠　叢1-587(2)
續佐治藥言　史6-43019　叢2-731(18)
續先卿行畧　子1-1150
續德陽縣志[乾隆]　史8-61753
續俠隱記　子7-38280
續告君錄　史6-47788
續續鈔室日筆　史6-48027
25 續傳燈錄　子6-32089(48)、32091(65、76)、32093(51)
續積善錄　子4-23821　叢1-19(9)、21(8)、24(10)、134
26 續白鹿洞學規　子1-2335
續白鹿洞學規、義門裘氏先世族約　子1-2336
續自警編　子4-23808～9
續皇甫百泉集　集2-8416,6-41935(2)
續皇甫理山集　集2-8882,6-41935(5)
續泉說　史8-64856　叢2-941
續泉滙、補遺　史8-64853
續泉志　史8-64798
續魏氏世譜[福建福州]　史5-40427

續吴郡志 史7-56944 叢2-615(2)
續吴川樓集 集2-9477,6-41935(5)
續吴先生賢讚 叢2-1096
續吴先賢讚 史2-7855 叢1-84(3),2-730(10)、731(61)
續吴先賢讚、續吴錄 史2-7856
續吴江縣志[順治] 史7-56997
續吴中往哲記 史2-7847
續吴中故實記 史2-7849
續吴錄 史2-7857 叢2-1096
續程文選 集6-45380
續稗海 叢1-99
續釋名 經2-14570 叢1-579,2-653(2)
續釋常談 子4-22136～7 叢1-19(7)、20(5)、22(2)、23(3)、24(7)、26、29(6),2-731(7)
27 續蟹譜 子4-19448 叢1-201、203(6)、220、320
續佩文齋書畫譜 子3-14785
續修廬州府志[光緒] 史7-57758
續修商志[康熙] 史8-63061
續修高要縣志稿[同治] 史8-61112
續修高山志 史7-52254
續修廣東通志[民國] 史8-60822
續修廣饒縣志[民國] 史8-59149
續修文清公年譜 史2-11708～9
續修文縣志[乾隆] 史8-63240
續修龍虎山志 史7-52484
續修龍峯徐氏族譜[浙江淳安] 史4-31892
續修龔氏族譜[四川崇慶] 史5-41482
續修彰明縣志大綱[民國] 史8-61726
續修新平縣志[民國] 史8-62443
續修新安白石同出沙溪分遷武強桃源淩氏宗譜[浙江淳安] 史4-34644
續修新安歙北許村許氏東支世譜[安徽歙縣] 史5-34446
續修新城縣志[光緒] 史7-55288
續修靖遠縣志[道光] 史8-63106
續修靖遠縣志[民國] 史8-63107
續修贛州府志[康熙] 史8-58598
續修譜畧[江蘇蘇州] 史4-32640
續修正安州志[光緒] 史8-62208
續修玉溪縣志[民國] 史8-62416
續修王氏宗譜[浙江] 史4-25224
續修五龍溪王氏宗譜[江蘇宜興] 史4-24877
續修靈石縣志[光緒] 史7-55812
續修元城縣志[同治] 史7-55513
續修震澤鎮志[民國] 史7-57026
續修平山縣志[光緒] 史7-55085
續修平利縣志[光緒] 史8-63051
續修平原縣志[民國] 史8-59094
續修平陰縣志[民國] 史8-58990
續修天津徐氏家譜[天津] 史4-31770～1
續修石氏族譜[山西孟縣] 史4-25989
續修雲山洪氏家譜[浙江淳安] 史4-30936
續修雲林寺誌 史7-51605 叢2-832(4)
續修武義縣志[康熙] 史7-57608
續修建水縣志稿[民國] 史8-62591
續修醴泉縣志稿[民國] 史8-62874
續修豫章洪氏宗譜[浙江淳安] 史4-30940
續修孚潭許氏族譜[安徽休寧] 史5-34464
續修崞縣志[光緒] 史7-55738
續修行唐縣新志[同治] 史7-55061
續修紫陽縣志[道光] 史8-63043
續修豐順縣志[光緒] 史8-60958
續修嵩明州志[光緒] 史8-62374
續修山丹縣志[道光] 史8-63164
續修山陰張川胡氏宗譜[浙江紹興] 史4-30434
續修贊皇縣志[光緒] 史7-55075
續修白鹽井志[光緒] 史8-62569
續修息縣志[光緒] 史8-59982
續修稷山縣志[光緒] 史7-55963
續修黎城縣志[光緒] 史7-55678
續修鄉寧縣志[光緒] 史7-55884
續修條約善後章程 史6-44080
續修鄒縣志稿[民國] 史8-59375
續修絳縣志[光緒] 史7-55976
續修稅則善後章程 史6-43537
續修潼關廳志[嘉慶] 史8-62783
續修汶上縣志[康熙] 史8-59391
續修寧鄉縣志[同治] 史8-60446
續修寧羌州志[道光] 史8-62979
續修永北直隸廳志[光緒] 史8-62477
續修永定縣志[同治] 史8-60452
續修永昌縣志[民國] 史8-63102
續修安福令歐陽氏公通譜[江西] 史5-39089
續修安岳縣志[光緒] 史8-62037
續修富春祥風華氏宗譜[浙江富陽] 史4-31445
續修定遠縣志[道光] 史8-61823
續修定遠縣志[同治] 史8-61824
續修江蘇通志無錫徵訪類稿[民國] 史7-56906
續修江陵畢氏族譜[湖北江陵] 史4-31542

續修江陵縣志[光緒]　史 8 - 60322
續修涇陽魯橋鎮城鄉志[民國]　史 8 - 62862
續修汪氏宗譜[浙江淳安]　史 4 - 28722
續修河西縣志[乾隆]　史 8 - 62428
續修河間縣志稿[同治]　史 7 - 55360
續修福安縣志[道光]　史 8 - 58442
續修浙江通志徵訪册稿(麗水縣)[民國]　史 7 - 57705
續修浙江通志海塘長編[光緒]　史 7 - 57120
續修浙江通志採訪稿　史 7 - 57121
續修浙江通志採訪稿(金華縣)[民國]　史 7 - 57579
續修泓田俞氏支譜[江西婺源]　史 4 - 30848
續修浦城縣志[光緒]　史 8 - 58239
續修浦陽錢氏宗譜[浙江浦江]　史 5 - 40229
續修浪穹縣志[康熙]　史 8 - 62521～2
續修漢陽縣志列傳[民國]　史 8 - 60096
續修澧誌[康熙]　史 8 - 60480
續修漕運全書　史 6 - 44147
續修連峯鄭氏宗譜[浙江江山]　史 5 - 38663
續修通渭縣志[光緒]　史 8 - 63211
續修導河縣志[民國]　史 8 - 63267
續修泮塘毛氏宗譜[浙江淳安]　史 4 - 25581
續修泮塘義門毛氏家譜[浙江淳安]　史 4 - 25580
續修大清會典　史 6 - 41693
續修大荔縣續舊志存稿[民國]　史 8 - 62795
續修大岳太和山志　史 7 - 52555
續修臺灣府志[乾隆]　史 8 - 63454
續修臺灣縣志[嘉慶]　史 8 - 63465
續修南鄭縣志[民國]　史 8 - 62955
續修嘉善縣志[雍正]　史 7 - 57386
續修嘉善縣志[康熙]　史 7 - 57385
續修梧塍孔氏譜[江蘇江陰]　史 4 - 25938
續修博山縣志[民國]　史 8 - 59160
續修封川縣志[康熙]　史 8 - 61130
續修封氏族譜　史 4 - 30680
續修藍田縣志[民國]　史 8 - 62695
續修范縣志[民國]　史 8 - 59783
續修蒲氏宗譜[四川廣安]　史 5 - 37104
續修蘭源溪東戴氏宗譜[浙江]　史 5 - 40530
續修蘭溪純孝鄉白露潘氏家譜[浙江蘭溪]　史 5 - 39801
續修蘭風沈氏宗譜[浙江餘姚]　史 4 - 29065
續修蒙化直隸廳志[乾隆]　史 8 - 62535
續修蘇州府報恩寺志　史 7 - 51577
續修薛氏族譜[江蘇江陰]　史 5 - 39928
續修黃氏族譜[安徽旌德]　史 5 - 33909
續修黃氏世譜[江西樟樹]　史 5 - 33976
續修藁城縣志　史 7 - 54911
續修藁城縣志[民國]　史 7 - 55025
續修萊蕪縣志[民國]　史 8 - 59432
續修桂林方氏宗譜[浙江淳安]　史 4 - 25743
續修胡氏文敏公宗譜[江西婺源]　史 4 - 30573
續修胡氏族譜[湖南湘陰]　史 4 - 30621
續修楓涇小志[宣統]　史 7 - 56455
續修桐城縣志[道光]　史 7 - 57909
續修桐柏縣志[康熙]　史 8 - 59971
續修增改各國通商進口稅則善後章程　史 6 - 43540
續修故城縣志[光緒]　史 7 - 55423
續修中部縣志[嘉慶]　史 8 - 62748
續修中衛縣志[道光]　史 8 - 63327
續修泰興縣志[嘉慶]　史 7 - 56784
續修東鹿縣志[同治]　史 7 - 55043
續修東湖縣志[同治]　史 8 - 60343
續修東阿縣志[民國]　史 8 - 59053
續修咸陽縣志[道光]　史 8 - 62837
續修井研縣志[光緒]　史 8 - 61894
續修井陘縣志[光緒]　史 7 - 55047
續修曲阜縣志[民國]　史 8 - 59359
續修曲沃縣志[乾隆]　史 7 - 55836
續修曲沃縣志[光緒]　史 7 - 55838
續修睢州志[光緒]　史 8 - 59847
續修四門謝氏四房家譜[浙江餘姚]　史 5 - 40704
續修易門縣志[道光]　史 8 - 62436
續修昌圖縣志[民國]　史 7 - 56141
續修羅江縣志[同治]　史 8 - 61781
續修羅氏宗譜[湖南岳陽]　史 5 - 41109
續修嚴州府志[萬曆]　史 7 - 57197
續修嚴氏統宗譜[安徽]　史 5 - 41221
續修嚴氏統宗世譜[安徽]　史 5 - 41222
續修嚴氏宗譜[浙江淳安]　史 5 - 41200
續修黔江縣志[同治]　史 8 - 61509
續修暨陽青山傅氏宗譜[浙江諸暨]　史 5 - 36208
續修歷城縣志[民國]　史 8 - 58974
續修馬龍縣志[民國]　史 8 - 62400
續修長垣縣志[道光]　史 8 - 59716
續修陝西通志稿[民國]　史 8 - 62669

續修陳州志[康熙] 史8-60011
續修隰州志[光緒] 史7-55896
續修歐陽氏少峯公支譜[湖南醴陵] 史5-39105
續修興化縣志[民國] 史7-56797
續修興業縣志[嘉慶] 史8-61342
續修鹽城縣志[民國] 史7-56690
續修鹽城縣志稿[民國] 史7-56691
續修臨晉縣志[光緒] 史7-55935
續修臨沂縣志[民國] 史8-59320
續修臨邑縣志[民國] 史8-59121
續修分水縣志[民國] 史7-57218
續修慈利縣志[同治] 史8-60457
續修曾文定公族譜[浙江常山] 史5-36609
續修會寧縣志[道光] 史8-63112
續修鉅野縣志[民國] 史8-59503
續修敘永永寧廳縣合志[光緒] 史8-61934
續修館陶縣志[民國] 史7-55578
續修鎮番縣志[民國] 史8-63138
續修舒城縣志[光緒] 史7-58026
續修筠連縣志[民國] 史8-61970
續修懷德縣志[民國] 史7-56255
續修郯城縣志[嘉慶] 史8-59323
續修燉煌洪氏新譜[浙江淳安] 史4-30939
續鄉程日記 史7-54016
續殷文存 史8-64239
續鴛鴦湖櫂歌 史7-52939 集3-14598、19917
續疑年錄 史2-6256 叢1-364、442～3、456(4)
續名醫類案 子2-10567～8 叢1-223(34)
續名賢小記 史2-7863 叢2-674
續名人生日表 史2-6271 叢2-2247
續魯故 子4-21546
續句圖 集6-45495
續島夷紀畧 史1-3819
續彙刻書目、補遺 史8-66146
續彙刻書目、閏集 史8-66147
續綴白裘 集7-54635
28 續傷寒補天石 子2-7140
續復古編 經2-12988 叢1-265(2),2-1601
續徐龍灣集 集2-9266,6-41935(5)
續徐州志[康熙] 史7-56600
續徐氏筆精 子4-22287
續綸扉奏草 史6-48387 集2-10697 叢2-1176～7
29 續俏東風 集7-52531
30 續瀛環志畧初編 史7-54313
續濟源縣志[嘉慶] 史8-59655
續寧武府志[咸豐] 史7-55748
續宛雅 集6-44757
續家訓 子4-19873
續永清縣志[光緒] 史7-55231
續寒山詩 集4-22377
續安丘鄉賢小傳 史2-8178
續安丘縣志[康熙] 史8-59189
續安陽縣志[民國] 史8-59745
續安邱新志[民國] 史8-59193
續字彙補 經2-12858
續窺豹集 叢2-1906
續富國策 史6-47534 子7-36249～50
續宦遊紀錄 叢2-1698
續窈聞 子5-26387
續寰宇訪碑錄 史8-63801
續定海縣志[康熙] 史7-57420
續定招工章程條約 史6-44946
續定周禮全經集注 經1-4970
續定命錄 子5-26246
續宋論 史1-5912 叢1-34
續宋元紀 史1-1250
續宋編年資治通鑑 叢1-223(18)、268(2),2-731(66)
續宋宰輔編年錄 史3-23663～4
續宋中興編年資治通鑑、佚文、校記 叢2-603
續宋中興編年資治通鑑校 史1-1495 叢1-337,2-731(3)
續宋中興編年資治通鑑校記 史1-1496
31 續河南通志[乾隆] 史8-59520
續濬縣志[光緒] 史8-59723
32 續添麴法 叢1-21(7)
續添曲子 集7-46448
續泛槎圖 子3-16390
續灤志補[康熙] 史7-55196
續近思錄 子1-765 叢1-213～4,2-731(12)
33 續心影集 子1-2528
續浚南湖圖志 史6-46818
續冶城蔬譜 叢2-795
續補侍兒小名錄 史2-13391 叢1-99～101、587(1),2-731(60)
續補彙刻書目、再續補、三續補 史8-66145 叢2-2202
續補傷寒并雜方 子2-4957
續補永平志[康熙] 史7-55169
續補寰宇訪碑錄 史8-63802、63806 叢2-2200、2202
續補江城名蹟記 史7-51434

中國古籍總目書名索引

續補七言詩歌行鈔 集 6-44225
續補荊門直隸州志[咸豐] 史 8-60168
續補景州志[康熙] 史 7-55426
續補舉業必讀詩經 經 1-3992
續補興國州志[光緒] 史 8-60277
續述記十二種 叢 1-237
34 續對數簡法 子 3-12384、12389 叢 1-456(6),2-731(26)
續沈鳳峯集 集 2-8500,6-41935(4)
續漢郡國志圖 史 7-49313、49428
續漢州志[同治] 史 8-61769
續漢志疏證 史 1-272
續漢志補注 史 1-390,7-49311
續漢書辨疑 史 1-8、264、392 叢 2-653(3)、731(4)
續漢書辨疑(郡國志) 史 1-344,7-49311
續漢書郡國志釋畧 史 1-345 叢 2-829
續漢書佚文 史 1-311 叢 2-777
續漢書志瑣言 史 1-393 叢 2-2109
續漢書志律[注補校正] 叢 2-1466
續漢書志注補 史 1-10(2)
續漢書志注補校正 史 1-391 叢 1-258,2-731(2)、847
續漢書志注所引書目 史 8-66261 叢 2-2109
續漢書八志 史 1-321
續淩滄草 集 3-13149
續滇文叢錄 叢 2-888
續滇詞叢錄 叢 2-888
35 續清言 子 4-20644～5 叢 1-13、14(2)、22(25)、119～20、353
續清涼傳 史 2-6801～2 叢 1-265(4)、266
續神童詩 子 1-2639～41、2860
續神仙傳 史 2-6853 叢 1-22(10)、23(9)、29(2)、86,2-730(8)、731(60)、771(3)
續神農本經序例、讀神農本草經疏 子 2-5493
續神咒錄 子 5-31675
續禮記集説 經 1-5715
續遺篋錄 史 8-64893
37 續鴻爪集 集 4-31284
續漱石齋詩文稿、藍溪唱和集 集 4-30940
續祁氏傳芳錄、悼挽梅川祁公(司員)詩詞 史 2-8890
續通江縣志[同治] 史 8-61988
續通志謚畧 史 6-42247 叢 2-1530
續通志校讎畧擬稿 史 1-5312
續通鑑紀事本末 史 1-1780
續選古文雅正 集 6-43046
續選草堂詩餘 集 7-48436
續選熙朝明文則 集 6-42917
續資治通鑑 史 1-988、1034、1172、1195、1475、1493、1502 叢 2-698(4)
續資治通鑑、佚文 史 1-1494
續資治通鑑綱目 史 1-983～6、1108、1130、1163、1165～7
續資治通鑑綱目廣義 史 1-1171
續資治通鑑綱目校勘記 史 1-986、1164
續資治通鑑綱目前編 史 1-1131
續資治通鑑長編 史 1-1468～9
續資治通鑑長編、目錄 史 1-1470 叢 1-223(18)
續資治通鑑長編撮要 史 1-1471
續資治通鑑長編拾補 史 1-1472
續資治通鑑前集、後集 史 1-1476
續資治通鑑節要 史 1-1087～8、1186、1477
38 續渝吟 叢 2-1225
續澉水志 史 7-54916
續澉水志[嘉靖] 史 7-57398
續海門廳圖志[民國] 史 7-56822
續遵義府志[民國] 史 8-62198
續道藏 子 5-29531
續道藏經目錄 史 8-66368 子 5-29531
39 續消夏錄 子 5-27103
續娑羅館清言 子 4-20647、20719 叢 1-105、111(1)
40 續十二詞品 集 7-48727 叢 1-496(5)
續左傳博議 史 1-5280
續左傳類對賦 經 1-6971
續左氏膏肓 經 1-7181
續大唐内典錄 子 6-32081(42)、32082(20)、32083(27)、32084(23)、32085(39)、32086(46)、32088(28)、32089(51)、32091(58)、32093(52)
續太平廣記 子 5-27114 叢 1-373(9)
續太原縣志[光緒] 史 7-55600
續塘工紀畧 史 6-46858
續南方草木狀 史 7-50816 叢 2-751、1620
續南遊草 集 3-17902
續志草補 史 7-57068
續志林 子 4-20281 叢 1-22(20)、29(8)
續女子弟書 集 7-52090
續幸存錄 史 1-1946、1953、1961、1965～9、1977、1982、3222～8
續李滄溟集 集 2-9060,6-41935(5)
續李氏蒙求 子 5-25521
續韋齋易義虛裁、圖說 經 1-896
續古文辭類纂 集 6-43070～1、43078、43080 叢 1-579,2-697、698(12)
續古文辭類纂稿 集 6-43079
續古文奇賞 集 6-42922
續古文苑 集 6-42184 叢 1-303～5,2-

731(37)
續古文會編 集6-42739
續古刻叢鈔 史8-64369
續古列女傳 叢1-223(21)
續古逸叢書 叢1-447
續古草堂解愁吟 集4-26205
續古摘奇算法 叢1-244(6),2-731(25)
續古印式 史8-64959 子3-16852
續古今譯經圖記 子6-32089(51)、32090(60)、32091(58)、32093(53)
續古今譯經圖紀 子6-32081(42)、32082(20)、32083(27)、32084(23)、32085(39)、32086(46)、32088(28)
續古今考 叢1-223(40)
續古篆韻 經2-13141 叢1-265(2)、318
續七俠五義傳 子5-28747
續真文忠公文章正宗 集6-42685
續檇李詩繫 集6-44588
續校讎通義 史8-65278 叢2-2270(2)
41 續狂夫之言 子4-20671、20673 叢2-1171～2、1174
續樞言 子4-21301
續板橋雜記 子5-26232、26627 叢1-373(8)、587(6)
續板橋雜記、雪鴻小記 子4-23196
42 續姚山人集 集2-9039,6-41935(4)
續姚江逸詩 集6-44679
續桃塢百絕 史7-51994
續析薪吟 集4-23275
43 續尤西堂擬明史樂府 叢2-821
續尤西堂擬明史樂府、仿元遺山論詩絕句 史1-6152
續博山人集 集6-41935(4)
續博物志 子1-61,4-23731、23736 叢1-15、17、19(1)、20(1)、21(1、5)、24(2、4)、27、90～3、99～100、114(6)、223(46),2-730(5)、731(27)
續博物志疏證、補遺 子4-23741
續求溪稿(詩書雜著) 叢2-1110
44 續封泥考畧 史8-65107
續封泥考畧、再續 史8-65108
續考古圖 叢1-223(38),2-731(32)
續考古圖、釋文 史8-64137 叢1-465
續花別妻 集7-52527
續薩婆多毘尼毘婆沙 子6-32085(35)、32088(25)、32089(41)、32090(46)、32091(44)、32092(30)
續猗氏縣志[乾隆] 史7-55940
續猗氏縣志[同治] 史7-55941
續猗氏縣志[光緒] 史7-55942
續莆陽比事 史7-50543
續蕭縣志[同治] 史7-57777
續蒙自縣志[宣統] 史8-62585
續藏書 史1-185～7
續藏目錄 史8-66353
續蓮詩草 集3-20480
續蘇和陶詩 集5-38077 叢2-1899
續蘇州竹枝詞 叢2-639
續葺新安白石公分遷武強河間淩氏宗譜[河北武強] 史4-34636
續草堂詩餘 集7-48434、48446
續萬履菴集 集2-9236,6-41935(5)
續華亭百詠 史7-50063
續華州志 史7-54919
續華州志[康熙] 史8-62777
續英烈傳 子5-28151～2
續耆舊 集6-44634
續世說 子4-22877 叢1-265(4)、266、274(5)、456(5)、457,2-698(8)、731(51)
續世系畧 史4-28275
續葛氏譜[江蘇丹陽] 史5-35820
續廿二史彈詞 集7-54026
續楚璧吟 集4-27004
續黃五嶽集 集2-8158,6-41935(4)
續黃白鏡 叢1-109
續黃梁起居瑣記 史2-13133
續蔡白石集 集6-41935(2)
續茶經 子4-18980、18987、19072 叢1-223(38)
續葉子譜 子3-18224 叢1-22(27)、25
續杜工部詩話 叢2-622
續林縣志[咸豐] 史8-59738
45 續隸經文 經2-11604
續隸篇所據碑目 史8-63507、64563
46 續觀感錄 史2-6572～4
47 續轂音草、暨陽贈言 集2-10549
續朝邑縣志[萬曆] 史8-62800
續桐陰論畫 子3-16008～10
續穀梁廢疾 經1-7425
48 續增高郵州志[道光] 史7-56744
續增磨勘條例 史6-46983
續增新例 史6-46917、46919～20
續增靖遠縣志[乾隆] 史8-63104
續增平羅紀畧[道光] 史8-63325
續增刑部律例館說帖揭要 史6-46213
續增刑案滙覽 史6-46132
續增經驗急救良方附經驗百方 子2-9685
續增樂至縣志[光緒] 史8-62031
續增什邡縣志[同治] 史8-61763
續增備要方 子2-9683～4
續增德陽縣志[道光] 史8-61755

續增科場例　史6-42317
續增科場條例　史6-42308
續增科場條例(道光十七年至同治元年)　史6-42313
續增科場條例(道光十四年至十六年)　史6-42312
續增詹氏支譜[福建浦城]　史5-37918
續增條約　史6-44034～5、44051～2、44058、44060、44065、44100　子7-36883
續增稅則　史6-44034～5、44051～2
續增憲法　子7-36231(2)
續增浮梁縣志[乾隆]　史8-58554
續增補折疑頌論詩　叢2-680
續增洗冤錄辨證　史6-46328
續增沙河縣志[道光]　史7-55444
續增都門會館　史7-49879
續增折疑論頌詩　子7-34950、34954
續增歷代奏議麗澤集文、關鍵增廣麗澤集文　集6-42675
續增學政全書　史6-42302
續增金鏡錄西法治小兒考畧　子2-8643
續翰林志　史6-42848、42850～1　叢1-15、19(3)、21(5)、22(8)、23(8)、24(4)、244(4)、388～90
續松漠紀聞　叢1-11
續松陵詩　集6-44526
50 續中山狼傳　子4-18792
續中州名賢文表　集6-44855
續中州金石考　史8-63998
續中樞政考　史6-45170
續史疑　史1-5493　叢2-816
續史通　史1-5330
續史學提要箋釋　史1-5388
續事始　叢1-19(4)、20(2)、21(4)、24(5)
續夷堅志　子5-26966、26973～4　集1-4672,6-41925　叢1-204、326,2-735(3)、1050
續夷堅志、遺山先生年譜畧　叢2-731(50)
續夷堅志前集、後集　子5-26971
續掖縣志[嘉慶]　史8-59268
續畫苑畧　子3-16092
續畫品　子3-14692、15857、15859、16020　叢1-169(3)、223(36),2-731(35)
續畫品錄　子3-14692、15857、15859、16023　叢1-11～2、22(15)、23(14)、29(4)、169(3)、255(2),2-731(35)
續畫跋　子3-15859、16132
續畫滕　子3-15859、16133、16135～6　叢2-721、1181
續青溪笑八種　集7-49490
續本事詩　集6-45850　叢1-22(14)、23(13)、26,2-731(46)
續書譜　子3-12972、14692　集1-3902　叢1-2～6、9～10、19(10)、20(8)、21(9)、22(15)、23(14)、24(11)、114(5)、223(37)、353,2-731(35)
續書譜(白石道人續書譜、書譜)　子3-15036
續書斷　子3-15027、15053
續書法論　子3-14703、15156　叢2-619、622
續書史會要　叢1-223(37)
續書畫題跋記　子3-14934、14939
續書品　子3-15001、15048　叢1-22(14)、23(14)、27
續書筆記　子4-22968
續書堂綱鑑訂本　史1-1309
續春秋　集7-50512
續春秋編　經1-7808
續春秋測義　經1-7991
續春秋左傳博議　叢2-1291
續春秋左氏傳博議　經1-6887　叢2-1292、1295
續春秋左氏傳義畧　經1-6721　叢2-774(5)
續春秋左氏博議　史1-5275
續表忠記　史2-7390
續表忠記、二續　史2-7392
續表忠記、春暉樓十三君子表忠詩　史2-7391
續東雍耆舊傳　史2-8172
續東河櫂歌　史7-52907　叢2-832(6)
續東軒遺文　集4-31966
續東軒遺集　集4-31965
續東田程氏世譜[江西上饒]　史5-36158
51 續打骨牌　集7-53105～6
續軒渠集　集1-5383～4　叢1-223(60)
續軒渠集、補遺、杏庭摘藁　集1-5382
續軒渠集、補遺　叢2-943
續指月錄、尊宿集　子7-34077
續指掌集　叢2-1871
52 續靜樂縣志[雍正]　史7-55750
55 續曲品　集7-54856　叢1-321
續曲錄　史8-66407
續典林瑯嬛　子5-26024
56 續揚州賦　集1-2264
續輯上虞通明錢氏衍慶譜[浙江上虞]　史5-40222
續輯漢陽縣志[同治]　史8-60093
續輯均役成書　史6-43398
續輯均州志[光緒]　史8-60115
續輯咸寧縣志[光緒]　史8-60280

續輯明刑圖說 史6-46431
57 續搜神記 叢1-19(2)、21(3)、24(3)、175
58 續數學 叢1-223(35)、274(4)
60 續墨客揮犀 子5-26279、26281 叢1-17、19(6)、24(6)、56、265(4)、467,2-606、674
續墨客揮犀、拾遺 子5-26280
續墨池編 子3-15091
續墨品 子4-18815
續四才子 子5-28277
續四聲猿 集7-49365
續四書遺訓後集 經2-10999 叢2-1644
續四書大全說 叢2-1293
續易經讀法 叢2-1317～8
續易牙遺意 子4-18925
續呂子校補獻疑 子4-19662 叢2-1630
續呂氏家塾讀詩記 經1-121、3658 叢1-223(7)、230(1)、273(2)、380、468,2-731(37)
續異書四種 子4-24615 叢1-496(5)
續困學錄 叢1-213
續景楷帖、再續景楷帖 子3-15854
續羅太守集 集2-7295
61 續顯忠錄 史2-8848
續題跋記 叢1-223(37)
63 續賦學雞跖、雞跖賦續刻 子5-25957
續賦學鷄跖 集6-42625
66 續罵城 集7-52528
67 續明詩選 集6-43754
續明季遺聞 史1-1941、1953～9、3426～7
續明紀事本末 史1-1835～6
續明道雜誌 叢1-22(7)、28
續明道雜志 叢1-11、27
續明史樂府 史1-6153
續嘐嘐言 子4-21495
68 續黔書 史7-49341、50993 叢1-456(7)、457,2-731(58)、885
70 續陪集、文閣詩選 集3-15560
71 續歷代紀事年表 史1-9、4574
續歷代賦話 集6-46336
續原始 子4-22736
續原教論 子6-32091(70),7-34957、34963
72 續髫鬟品 子5-27374 叢1-587(5)
73 續胎產祕書 子2-8162
續驂鸞錄 史7-53967 集6-41765 叢1-280,2-617(5)、1709
74 續附經驗奇方 子2-9152
75 續骫骳說 叢1-19(7)、20(5)、21(6)、22(5)、23(5)、24(8)、374
續陳義國榷煙大畧擬請先就土藥整頓試辦摺 史6-43582
76 續陽城縣志[光緒] 史7-55717
77 續鳳洲綱鑑 史1-1248
續閱藏隨筆 子7-34870
續兒女英雄全傳 子5-28512～5
續同書 子4-21490
續同書、目錄 子4-21489
續同人集 叢2-1459～60
續岡州遺藁 集6-44900
續眉州志畧[嘉慶] 史8-62041
續騷集 集6-44643
續騷堂集 叢1-525,2-845(5)
續騷堂集(續騷集) 集3-13195
續聞見近錄 叢1-22(8)、23(8)
續學言 子1-1258 叢2-1209
續學範 子4-23838
續學堂詩鈔 集3-15391
續學堂詩鈔、文鈔 集3-15392
續丹徒縣志[民國] 史7-56855
續丹溪詩鈔 叢2-944
續開六郡采訪名人書目 史8-66206
續醫說 子2-4799、4839
續醫宗摘要 子2-5221
續醫存 子2-10724
續問奇類林 子5-25118
續巳編 子5-26990 叢1-22(22)、29(7)、57～8
續印人傳 子3-16776、16874
續興安府志[嘉慶] 史8-63030
79 續滕縣志[民國] 史8-59345
80 續人瑞圖錄、存佚考 叢1-321
續人表考校補 史2-7000 叢2-1630
續入石渠寶笈奏定入書目錄 子3-14804
續入祕殿珠林掛軸 子3-14802
續入藏經目錄 史8-66337 子7-34864
續入藏經目錄號數 史8-66339
續金石稱例 叢2-1779～80
續金山志 史7-52244～5、52247
續金絲蛱蝶全本 集7-52899
續金華叢書六十種 叢2-860
續金陵文鈔 叢2-795
續金陵通傳 叢2-2108
續金瓶梅後集 子5-28236
續金針(鍼)詩格 集1-1985,6-45549
續金堂縣志[同治] 史8-61671
續鏡花緣全編 子5-28899
續俞仲子集 集6-41935(5)
續俞繡峯集 集2-8818,6-41935(5)
續俞伯子集 集2-8568,6-41935(5)
續前定錄 叢1-2～3、6、19(12)、21(11)、22(12)、23(12)、24(12)
續無雙譜 子3-16591
續羊棗集 子4-20607

續會稽掇英集　集 6－44660
續會稽掇英集校補　叢 2－2004
續公羊墨守　經 1－7328
續公羊墨守附篇　經 1－7329
82 續劍俠傳　子 3－16352,5－26222、27588　叢 1－185
83 續鐵網珊瑚　叢 1－253
86 續錦集　集 3－18478
續錦機、補　集 6－46282
續錦機、補遺　叢 2－963
續知不足齋叢書(續鮑叢書)　叢 1－245
87 續錄(黃氏家録)　集 6－45096
續錄藝文　史 7－55497
88 續坐花誌果　子 5－27174
續竹譜　子 4－19244　叢 1－19(9)、20(7)、21(8)、22(17)、23(17)、24(10)、27、374
續笑集　集 4－25513
續筆叢　叢 2－1163
續餘集　集 4－29531
續纂靖安縣志[同治]　史 8－58894
續纂施公案　子 5－28702
續纂兩浙鹽法備考　史 6－43833
續纂建寧縣志[康熙]　史 8－58295
續纂山陽縣志[宣統]　史 7－56661
續纂句容縣志[光緒]　史 7－56865
續纂淮關統志　史 6－43966～7
續纂江寧府志[光緒]　史 7－56546
續纂江蘇水利全案正編、附編　史 6－46741
續纂江蘇水利全案圖說　史 6－46742
續纂河東鹽法備覽　史 6－43809
續纂浙江通志列傳資料　史 2－7962
續纂清河縣志[民國]　史 7－56674
續纂幸浙盛典　史 6－42115
續纂泰寧縣志[康熙]　史 8－58289
續纂泰州志[宣統]　史 7－56767
續纂泰州志[民國]　史 7－56768～70
續纂揚州府志[同治]　史 7－56712
續纂國朝諸先生語要　子 1－172
89 續鈔借銀　集 7－52529
續銷夏錄　子 5－26421
90 續小五義　子 5－28744～5
續小兒語　子 1－1969～70、1974、2778　叢 1－241、242(4),2－731(20)
續小兒語(呂新吾續小兒語)　子 1－2777
續小學　子 1－2732
續小令集　集 7－50621
續尚友錄　史 2－6221
91 續類賦　子 5－24793
92 續燈正統　子 6－32091(81)
續燈存稿、續燈存稿增集　子 7－34728
95 續性理吟　子 1－1874　叢 2－1640
續性命圭旨　子 5－31226
續情燈傳奇　集 7－50251
續精忠　集 7－50036
97 續耀州志[乾隆]　史 8－62756
99 續滎陽縣志[民國]　史 8－59552

2499$_6$ 繚

44 繚蘅閣詩鈔　集 5－34807

2500$_0$ 牛

00 牛痘新編　子 2－8974、8985
牛痘新法　子 2－8939
牛痘新法全書　子 2－8936、8997
牛痘新書濟世(牛痘新書輯要)　子 2－8943
牛痘誠求　子 2－8942
牛痘一得　子 2－9057
牛痘要法(刺種牛痘要法)　子 2－8987
牛痘真傳　子 2－9014
牛應貞傳　叢 1－29(4)、168(4)、249(2)、255(3)、395,2－731(49)
10 牛王經　子 7－32998
牛西蘭島紀畧　史 7－49318(17)、54906
11 牛頭山　集 7－50152
21 牛經方論　子 1－4545
牛經大全　子 1－4532、4541
22 牛乳新書　子 7－37094
28 牛給事詞　叢 2－2227
31 牛涇村遺著三種　叢 2－828
37 牛瀫洋陶史草　集 3－16081
牛運震日記(清雍正十三年)　史 2－12601
40 牛奇章集　集 1－643～4,6－41694、41698
44 牛樹梅簡史、胞兄紀畧　史 2－9931
50 牛中丞詞　叢 2－2227
牛惠生先生年譜　史 2－12501
53 牛戒彙鈔　子 4－24216
71 牛馬駝經　子 1－4535
72 牛氏族譜[山東寧津]　史 4－25567
牛氏空山堂藏鏡　史 8－64275
牛氏大宗譜[山東]　史 4－25568
73 牛駝經　子 1－4531
77 牛醫方　子 1－4536
80 牛羊日曆　史 1－2382　子 4－18910　叢 1－207、456(6)、465、511,2－731(6)

牛羊日曆、珩璜新論　子 4 - 19903
牛首山志　叢 2 - 795
99 牛營奕營記畧　史 1 - 3812　叢 2 - 1926

2503_0 失

40 失去羅裙帶一枝　集 7 - 51919
44 失落黄金印　集 7 - 53910
72 失氏名後漢書　史 1 - 27、336

2510_0 生

00 生産妙訣十六歌　子 2 - 5184
生産合纂　子 2 - 8155
生齋文稿　叢 2 - 1760
生齋文稿、續刻　叢 2 - 1759
生齋文稿、續刻、詩稿　集 4 - 29067
生齋詩稿　叢 2 - 1759～60
生齋讀易日識　經 1 - 1649　叢 2 - 1760
生齋自知錄　子 1 - 1661　叢 2 - 1759～60
生齋日識、續　子 1 - 1662　叢 2 - 1759～60
生齋全集六種　叢 2 - 1759
生育寶鑒　子 2 - 8052
生育輯要　子 2 - 8220
10 生死變識經　子 6 - 32093(21)
生平紀畧　史 2 - 9001
生平足　集 7 - 50299
生天經頌解　子 5 - 29530(7)、30787
生霸死霸考　叢 2 - 599、1920
12 生水王氏宗譜　史 4 - 25528
生水集　集 3 - 17208
14 生殖譚　子 7 - 37791
16 生理衛生學　子 7 - 37790
生理圖　子 2 - 10235
生理學　子 7 - 37804、37811
20 生香詩集　集 4 - 26143
生香樂意　子 3 - 16382
生香夢草有不爲齋詩　集 4 - 25266
生香書屋文集、恩光集　集 3 - 19075
生香書屋詩集　集 3 - 19076
生香閣詩草　集 4 - 33409
生香館詞　集 7 - 46426、47439
生香館集　集 4 - 26273
21 生經　子 6 - 32081(31)、32083(21)、32084(17)、32085(30)、32086(35)、32088(22)、32089(21)、32093(18)
22 生利分利之别論　子 7 - 36228(6)、36250、36258、37316
生利分利之别論、再論　子 7 - 36249
24 生化編　子 2 - 8080
25 生生要旨　子 2 - 8294
生生理言　子 2 - 8195
生生袋　子 5 - 28636
生生寶錄　子 2 - 8190
生生福幼編　子 2 - 8491
生生直指　子 2 - 8388
生生錄　史 5 - 35278　子 2 - 8093
生生篇　經 1 - 740
生佛碑傳奇　集 7 - 50391～2
26 生白齋始存稿　集 4 - 28572
27 生物電氣考　子 7 - 36240(4)
生物之過去未來　子 7 - 38041
生祭彦貴　集 7 - 53646
生綠山房詩集　集 4 - 24975
生綠堂文集、隨筆、續筆　集 2 - 12635
38 生道闡詳　子 7 - 35672
44 生薑漕陳氏宗譜[浙江鄞州]　史 4 - 32847～8
生花館詩存(滇遊草)　集 4 - 30706
生花管二十八種　叢 1 - 319
生芝草堂詩存　集 4 - 26874
生草藥性　子 2 - 5614
生草藥性備要　子 2 - 5615
50 生春紅室金石述記　史 8 - 63729
58 生數表　子 3 - 12873
60 生日　叢 2 - 771(1)
生日遊百花山詩　集 5 - 41344
生日會約　叢 1 - 22(25)、173
71 生辰倡和集　叢 2 - 2230
生辰綱　集 7 - 50454
77 生兒騎鶴　集 7 - 49705
80 生姜袋　集 7 - 53908
88 生餘留草　集 4 - 31550,6 - 42021

2511_0 甡

44 甡莽見聞用法彙要　子 2 - 10928

2520_0 仗

80 仗義疏財　集 7 - 48779

2520$_6$ 仲

00 仲廉文錄　集 4 - 22663
仲廉甫劄記　子 4 - 21287
10 仲可筆記　叢 2 - 2209
12 仲弘集　集 1 - 5119
17 仲子(由)年表　史 2 - 11058
仲子詩集　集 5 - 38519～20
仲子三墓志　史 7 - 51958
仲子書　子 1 - 95、238
仲子昌言　叢 1 - 183
仲子年表　史 2 - 11059
22 仲山文鈔　集 4 - 31668
24 仲升自訂年譜　史 2 - 12126
26 仲穆楙刻秦漢印存　子 3 - 17348
27 仲魚詩草　集 5 - 40183
仲魚集　集 4 - 23623
30 仲安集鈔　集 1 - 3649,6 - 41901、41914
仲安遺草　集 5 - 40844　叢 2 - 799～801
仲實詩存　叢 2 - 1809
仲實集　集 1 - 5477
仲實類稿、詩存　集 5 - 35374
仲實類藁　叢 2 - 1809
32 仲淵集　集 1 - 5105
35 仲禮集　集 1 - 5152
36 仲溫遺稿　集 5 - 41625
40 仲九史學　史 1 - 5738
仲太夫人行述　史 2 - 10768
仲(由)志　史 2 - 8424
44 仲蔚先生集　集 2 - 9046
仲姑樂論　經 1 - 6432
仲姑律學　經 1 - 6576
仲葦初集　集 4 - 30824
仲村黄氏族譜提綱[山東即墨]　史 5 - 33986
48 仲松堂詩集　集 5 - 40094
51 仲軒雜錄　子 4 - 21425
仲軒詞　集 7 - 47469～70　叢 2 - 808
仲軒羣書雜著九十一種　叢 1 - 312
58 仲贄集　集 1 - 5309
60 仲里志　史 7 - 51463
仲兄雲山先生(趙昌晉)年譜　史 2 - 12451
仲景方論　子 2 - 6314
仲景診皮法　叢 2 - 2130～1
仲景三部診法、九候診法　叢 2 - 2130
仲景條文類錄　子 2 - 6312
仲景傷寒論疏鈔金錍　子 2 - 6338
仲景傷寒論注解　子 2 - 6334
仲景傷寒論指歸小注　子 2 - 6414
仲景傷寒補亡論　子 2 - 6467
仲景傷寒軌倫　子 2 - 6444
仲景存真集　子 2 - 6744
仲景藥性論治　子 2 - 6485
仲景脈法續注　子 2 - 6076
仲景全書　子 2 - 6290、6292
66 仲瞿詩集　叢 1 - 457
仲瞿詩錄　集 4 - 24472、24478　叢 1 - 401、456(7),2 - 731(44)
70 仲驤(口大成)自敍　史 2 - 10080
仲驤自敍　史 2 - 12199
71 仲長子昌言　子 1 - 484～7　叢 2 - 768～9、774(9)、775(4)
仲長統論　子 1 - 481～2　叢 1 - 69,2 - 730(6)、731(11)
72 仲氏族譜　史 4 - 26753
仲氏家譜草創册[四川綿竹]　史 4 - 26756
仲氏易　經 1 - 111(2)、1041　叢 1 - 223(4),2 - 1309
77 仲尼弟子考　叢 1 - 378
80 仲愈集　集 1 - 5310
87 仲翔先生(虞翻)年譜　史 2 - 11131

伸

10 伸雪奇冤錄　史 6 - 46349
30 伸寃古典　集 7 - 54440
31 伸顧　經 2 - 14055
伸顧、札記　叢 2 - 731(25)
伸顧、劄記　叢 2 - 872
伸顧氏分配入聲之說　經 2 - 14054
伸顧劄記　經 2 - 14056
44 伸蒙子　子 1 - 20、61、552　叢 1 - 223(29)、241、242(3)、244(3)、282(1)、283(1),2 - 731(10)
伸蒙續孟子　子 1 - 550

使

00 使高麗錄　史 7 - 54544　叢 1 - 13、14(2)、22(9)、23(9)
使高昌記　史 7 - 53788　叢 2 - 2227、2229
使交集　集 3 - 15253
使交集、吴太史遺稿　叢 2 - 843
使交紀事　史 6 - 45016　集 3 - 15076

使交紀事、南交好音、使交吟、安南世系畧 史6-45015
使交吟 集3-15076
使交錄 史1-2809 叢1-34
10 使琉球雜錄 史7-54519 叢2-1320
使琉球記 史7-49318(16)、54530～1 叢1-211、496(6)
使琉球紀 史7-54516 叢1-210、249(3)，2-731(59)
使琉球錄 史7-54510、54512 叢1-50～1、55
使琉球錄、琉球譯 史7-54513
使琉球錄、夷語夷字 史7-54511 叢1-84(3)，2-727、730(10)、731(59)
使西紀程 史7-49318(17)、49356、54093～4 叢1-562
使西江草、日記、重使西江草、日記 集4-30493
使西域記 史7-54490 叢1-195(7)，2-731(59)
使西書畧 史7-49317(9)、49318(17)、54133
使西日記 史7-49318(22)、54137～8 叢2-2026
使西日記(明正德八年) 史2-12517
13 使職文獻通編正編、外編 史6-42662
17 使豫草 集3-18231
使豫日記 史7-54164
使豫日記、使閩日記 叢2-997
21 使緬附錄 史6-42939
使緬錄 史6-45022 叢2-811
23 使俄函稿 集5-36938
使俄草 史6-45031～2，7-49318(20)
使俄草、條陳摺稿、輿地圖、圖說 集5-37005
使俄日記 史6-45030，7-49317(4)、49318(4)
24 使德電稿 史6-45087
使德述畧 史6-45089
使德日記 史7-49317(8)、49318(18)、49356、54150 叢1-524，2-731(60)
使徒行傳 子7-35181～2
使徒行傳講義二十八章 子7-35185
使徒行傳注釋 子7-35183～4
使徒保羅達哥林多人前書 子7-35192
使徒保羅達帖撒羅尼迦前後書 子7-35194
使徒保羅達加拉太書註釋 子7-35193
使徒保羅達羅馬人書 子7-35191
使徒保羅事迹 子7-35838
使徒保羅書信全錄 子7-35190
使徒實迹讀課 子7-35187
使徒實蹟誌、使徒實蹟誌小註 子7-35186
26 使粵詩草 集4-30523
使粵紀行 集3-14049
使粵草 集3-13823，4-24195
使粵奏稿、兩廣奏稿 史6-48822
使粵日記 史7-53851、53929、53978 集3-21380 叢2-1506
使粵吟 集3-16812，4-32905
使粵驛程記 叢1-285
使吳吟草 集4-29276、29279
30 使淮續採 子4-23916
32 使浙草 集4-25573
33 使瀋紀程偶吟 集4-31896、33211
使瀋草 集4-26591
34 使法雜記 史7-49317(8)、49318(17)、54834
使法事畧 史7-49318(17) 子7-36833
使滇集 集3-17185
使滇紀程 史7-49317(6)、49318(14)、49342、53950、54000
使滇途中詩 集4-27982
使滇草 集3-16505
使滇日記 史7-53957 叢2-908
使滇吟草 集4-31581
使遼錄 史7-53793 叢1-15、19(1)、20(1)、21(1)、24(2)
36 使還日記 史7-49317(8)、49318(17)、54144
42 使荆草 集3-15211
44 使藩草注 叢1-373(4)
使英雜記 史7-49317(7)、49318(17)、54820
使楚叢譚 史7-49318(13)、53923 叢1-496(3)，2-617(4)、1472
46 使相被刺紀實 史2-10279
47 使朝鮮錄 史6-45001
50 使事均知錄 史6-43028
使青海草 集4-28755
使秦草 集3-16671
使秦吟畧 集2-12770
使東雜詠 集5-35099、36390
使東雜記 史7-49317(5)、49318(16)、54611
使東詩草 叢2-2061
使東詩錄 史7-54146 集5-35308 叢1-537
使東瑣記 叢2-2061
使東述畧 史7-49317(5)、49318(16)、54610
使東述畧、雜記 叢1-562
使東日錄 史7-54554
56 使規、使緬附錄 史6-42939
60 使蜀集 集3-18711
使蜀稿 集2-6930
使蜀紀程、蜀輶吟艸 史7-53938
使蜀紀程、蜀輶吟草 集4-33200

使蜀紀事　集3-14178
使蜀日記　史7-49317(3)、49318(13)、53867、53930、54025　集3-21380　叢1-203(8)，2-1506
使蜀小草　集4-28746
使署閒情　集6-44801　叢2-890
使足編　史6-44613
使足編(備荒通論)　叢2-1645
63 使喀爾喀紀程草　史7-54105
使喀爾喀紀程草、紀程　集4-24787
66 使咒法經　子6-32093(36)
68 使黔雜記　子4-24489
使黔集　集3-16854，4-23512、28656
使黔草　集3-18179，4-30202　叢1-373(5)
使黔録(清康熙五十九年)　史2-12592
71 使臣碧血　史1-3305　叢2-615(1)
使臣考　子7-36240(2)
74 使陜記　史7-54068
使陜記　叢2-2074
77 使閩雜誌(清光緒十六年至十七年)　史2-13089
使閩稿　集2-9036
使閩日記　史7-54056、54174　叢1-571，2-997
使閩吟草　集5-37357
80 使金録　史1-2558　叢1-452、586(2)，2-716(2)
使美紀畧　史7-49318(18)、54151
使會津記　史7-49318(16)
使會津畧　史7-49317(1)

2520$_7$ 律

律、音義　史6-45741
00 律唐　叢2-1754
律音彙攷　經2-14194
律音彙考　經1-6549～50
律音義　史6-45742、45747　叢1-265(3)，2-600、637(2)
01 律諧　經2-13820
02 律話　經1-6546
04 律詩定體　集6-45491～2、45496、45910　叢1-421、442～3、498、534，2-617(5)
律詩四辨　集6-45985　叢2-1347
律詩類選　叢1-329
律詁　經2-14190
08 律譜　叢2-2018
10 律二十二明了論　子6-32081(37)、32082(16)、32083(24)、32084(20)、32085(35)、32086(40)、32088(25)、32089(40)、32090(46)、32091(44)、32092(30)、32093(24)
律疏議　史6-45745
22 律例説帖　史6-46196～7
律例便覽、諸圖、處分則例圖要　史6-45890
律例便覽、諸圖、蒸檢記要、理訟芻言、處分則例圖要　史6-45891
律例總類　史6-45831
律例提綱　史6-45833
律例圖説　史6-45885
律例圖説辨譌　史6-45886
律例全編　史6-45875
律例館説帖　史6-46202～3
律例館校正洗寃録、檢骨圖格　史6-46316
律例掌珍　史6-45975
律例類抄　史6-45779　叢1-114(2)
律例類鈔　史6-45812
27 律解辯疑　史6-45767
律條疏義　史6-45771
律條疏義、律條罪名圖　史6-45772
律綱　史6-45979　叢1-338
律綱駢語　史6-45978
34 律法便讀　史6-45876
律法須知　史6-45974
37 律選　叢2-1754
40 律李　叢2-1754
律古詞曲賦叶韻統　經2-13817
律古續稿、集古古詩、集古絶句　集3-20627
44 律藏廣集一切善惡業報因緣經　子7-32636
律蘇和陶　集6-41718
律杜　集4-33413　叢2-1754
50 律本義　經1-2311
律書詳注　經1-6435
律書律數條義疏　經1-6537　叢1-537
律表　史6-45888
律表、洗寃録表、檢骨圖格　史6-45889
律表、纂修條例、督捕則例表、洗寃録表　史6-45887
51 律軒述學初編、二編、三編、四編、五編　子4-23637
58 律數説　叢2-2232
60 律目考　史6-46274　叢2-2109
律易　經1-6560
律易、同治甲子未上書　經1-6587
律易解　叢1-483
律吕　經1-6450
律吕新論　經1-6508　叢1-223(15)、274(3)，2-731(36)

律呂新書 經1-6443、6446 叢1-223(14)
律呂新書、八音考畧 經1-6447
律呂新書解、燕樂雅樂 經1-6444
律呂新書淺釋 經1-6449
律呂新書補注 經1-6468、6582～3
律呂新書初解 經1-6448
律呂新書分註圖筭 經1-6445
律呂新義 經1-6509 叢1-288、411
律呂正度 集7-49699
律呂正論、律呂質疑辨惑 經1-6478
律呂正聲 經1-6471
律呂元音 經1-6555 叢2-731(36)
律呂元音正錄 叢1-380
律呂發 叢2-1302
律呂納音指法 叢2-2269
律呂解註 經1-6464
律呂名義算數辨 經1-6563
律呂心法全書 經1-6495 叢2-1333
律呂通今圖説 經1-6587
律呂通今圖説、律易 經1-6559
律呂直解 經1-6460
律呂志解 經1-6459
律呂古誼 經1-6528 叢1-439
律呂古義、圖 經1-6466
律呂卦義大成 經1-6506
律呂考 經1-6543、6575 叢2-1586
律呂考證 叢2-1816
律呂考正 經1-6472
律呂指掌 叢2-1718
律呂或問 經1-6465
律呂成書 經1-6451 叢1-223(14)、273(3),2-731(36)
律呂圖説 經1-6511 叢1-353
律呂別書 經1-6463
律呂臆説 經1-6538 叢1-411、493
律呂原音 經1-6523
律呂質疑辨惑 經1-6479
律呂母音 經1-6522
律呂闡微 經1-6507
律呂闡微、皇言定聲 叢1-223(15)
律呂賸言 經1-6548
律呂節要、總圖 經1-6500
律呂纂要 經1-6499
律呂精義 經1-6524
律呂精義外篇 經1-6475、6584～6
律呂精義内編 經1-6474
律呂精義内篇 經1-6584～6
63 律賦效顰 叢2-1882
律賦衡裁 集6-42628
律賦自執集 集4-32441
律賦準繩、摘聯、要言 集6-46149
律賦必以集 集6-42611
律賦初稿 集4-31910
律賦存 集5-37527～8
律賦存稿 集4-29280
律賦揀金錄 集6-44348～9
律賦雅正 集6-42633
律賦鳳樓集、春林賦稿 集6-42605
律賦鈔 叢2-1865
71 律曆融通 經1-6585 子3-11688 叢1-223(34)
律曆逸文 子3-11562 叢2-777
律曆小紀 叢2-2243
74 律髓輯要 集6-42279 叢2-886(4)
77 律陶 集2-11420,3-15029,4-33413,6-41718 叢1-302、371,2-720(5)、1198、1754
律陶、遊廬山記、王季重廬遊雜詠、奕律 叢2-1197
律服疏證 史6-45867
律服考古錄 經1-6198 叢1-582
律學新説 經1-6473、6584～6
律學發軔 子7-33938
80 律令 史6-46268 叢2-2109
88 律筌 叢2-1180
91 律悟 經1-6503

2521_7 佽

40 佽真陀羅所問寶如來三昧經 子6-32086(6)、32089(5)、32092(5),7-32285
佽真陀羅所問如來三昧經 子6-32081(6)、32082(6)、32085(6)、32088(5)、32090(8)、32091(7)

2522_7 佛

01 佛語經 子6-32081(15)、32082(11)、32083(11)、32085(15)、32086(17)、32088(11)、32093(13)
佛語御禪師語錄 子6-32091(78)
佛語法門經 子6-32089(13)、32090(17)、32091(15)、32092(11)
06 佛譯教經 叢2-724
08 佛説立世阿毘曇論 子6-32081(38)、32082(17)、32084(21)、32085(37)、32086(41)、32088(26)、32093(29)
佛説療痔病經 子6-32085(33)、32086(39)、

中國古籍總目書名索引

32088(24)、32089(24)、32090(30)、32091(28)、32092(19)、32093(44)
佛說鹿母經　子6-32081(20)、32084(11)、32085(19)、32086(21)、32088(14)、32089(16)、32090(22)、32091(20)、32092(14)、32093(10)
佛說魔逆經　子6-32081(20)、32082(12)、32084(12)、32085(19)、32086(21)、32088(14)、32089(16)、32090(22)、32091(20)、32092(14)、32093(10),7-32115、32133、32284
佛說魔嬈亂經　子6-32081(28)、32084(16)、32085(27)、32086(31)、32088(20)、32089(19)、32090(24)、32091(22)、32092(16)、32093(16)
佛說齋經　子6-32081(29)、32083(19)、32084(16)、32085(28)、32086(31)、32088(20)、32089(19)、32090(24)、32091(23)、32092(16)、32093(17)
佛說齋經科註　子6-32091(69)
佛說帝釋巖祕密成就儀軌　子6-32081(56)、32083(35)、32086(60)、32088(37)、32089(36)、32090(57)、32091(55)、32092(37)、32093(42)
佛說帝釋般若波羅蜜多心經　子6-32084(25)、32086(51)、32089(27)、32090(35)、32091(33)、32092(23)、32093(14)
佛說帝釋所問經　子6-32081(50)、32082(26)、32084(26)、32085(46)、32086(55)、32088(34)、32089(29)、32090(37)、32091(35)、32092(24)、32093(16)
佛說方等般泥洹經　子6-32081(5)、32082(5)、32083(4)、32084(5)、32085(5)、32086(5)、32088(4)、32089(5)、32090(6)、32091(5)、32092(4)、32093(14)
佛說方等泥洹經　子6-32081(26)、32085(26)、32086(29)、32088(19)、32089(18)、32090(6)、32091(5)、32092(4)
佛說高王觀世音經　子7-32128、33007
佛說高王觀世音經、誦高王觀世音經感應　子7-33006
佛說高王觀世音經、誦經感應　子7-33005
佛說高王觀世音經、緣啓、觀音夢授經、觀音救苦經、白衣大悲五印心陀羅尼經、白衣呪感應　子7-33004
佛說高仲舉破鏡寶卷　集7-54321
佛說應法經　子6-32081(29)、32084(16)、32085(28)、32086(31)、32088(20)、32089(19)、32090(25)、32091(24)、32092(17)、32093(17)
佛說摩訶衍寶嚴經　子6-32081(3)、32082(3)、32083(3)、32086(3)、32088(3)、32089(3)、32091(3),7-32189
佛說摩訶衍寶嚴經(大迦葉品)　子6-32084(3)、32085(3)、32090(4)、32092(2)、32093(4)
佛說摩訶迦葉度貧母經　子6-32081(33)、32085(32)、32086(37)、32088(23)、32089(23)、32090(29)、32091(28)、32092(19)、32093(21),7-32622
佛說摩訶刹頭經(亦□□佛功德經)　子6-32084(7)
佛說摩訶刹頭經(灌佛形像經)　子6-32093(12)
佛說摩訶阿彌陀經衷論　子7-33079
佛說摩登女解形中六事經　子6-32093(19)
佛說摩鄧女經　子6-32084(17)、32093(19)
佛說摩利支天經　子6-32085(53)、32086(63)、32088(39)、32089(33)、32090(34)、32091(32)、32092(22),7-32918
佛說摩利支天菩薩經　子7-32917
佛說摩利支天菩薩陀羅尼經　子6-32093(36)
佛說摩利支天陀羅尼咒經　子6-32086(14)、32089(11)、32090(34)、32091(32)、32092(22)、32093(46)
佛說摩利支天陁羅尼咒經　子6-32084(8)
佛說摩達國王經　子6-32081(33)、32084(18)、32085(32)、32086(37)、32088(23)、32089(23)、32090(31)、32091(29)、32092(20)、32093(19),7-32692
佛說摩尼羅亶經　子6-32081(18)、32085(18)、32086(20)、32088(13)、32089(15)、32090(21)、32091(19)、32092(14)、32093(46)
佛說廣博嚴淨不退轉輪經　子6-32084(5)、32093(14)
佛說廣義法門經　子6-32081(29)、32085(28)、32086(32)、32088(20)、32089(19)、32090(24)、32091(23)、32092(16)
佛說意經　子6-32081(29)、32083(19)、32084(16)、32085(27)、32086(31)、32088(20)、32089(19)、32090(25)、32091(24)、32092(17)、32093(16)
佛說文殊師利一百八名梵讚　子6-32081(47)、32082(23)、32084(25)、32085(43)、32088(31)、32090(43)、32091(41)、32092(28)、32093(31、47)
佛說文殊師利一百八名梵讚經　子6-32089(26)
佛說文殊師利百八名梵讚　子6-32086(51)
佛說文殊師利現寶藏經　子6-32082(6)、32084(6)、32085(7)、32086(7)、32088(5)、32089(7)、32090(8)、32091(7)、32092(5)、32093(9),7-32240
佛說文殊師利般涅槃經　子6-32093(7)
佛說文殊師利淨律經　子6-32081(22)、

32084(13)、32085(21)、32086(24)、32088(15)、32089(39)、32090(44)、32091(42)、32092(29)、32093(22)
佛說文殊師利巡行經 子6-32081(11)、32085(12)、32086(12)、32088(8)、32090(13)、32091(12)、32092(8)、32093(10),7-32253
佛說文殊師利法寶藏陀羅尼經 子6-32093(41)
佛說文殊師利法寶藏陁羅尼經 子6-32084(11)
佛說文殊菩薩最勝真實名義經 子6-32086(66)、32093(47)
佛說文殊尸利行經 子6-32090(13)、32091(12)、32092(8)、32093(10)
佛說文殊尸利經 子6-32084(8)
佛說文殊悔過經 子6-32081(22)、32084(13)、32085(21)、32086(24)、32088(16)、32089(39)、32090(44)、32091(42)、32092(29)、32093(22)
佛說文陀竭王經 子6-32081(27)、32085(27)、32086(30)、32088(19)、32089(18)、32090(25)、32091(23)、32092(16)、32093(16),7-32520
佛說文陁竭王經 子6-32084(16)
佛說離山寶卷 子7-36131
佛說離垢施女經 子6-32082(2)、32083(3)、32084(3)、32086(2)、32088(2)、32089(3)、32090(3)、32091(2)、32092(2)、32093(4),7-32178
佛說離睡經 子6-32081(27)、32084(16)、32085(27)、32086(30)、32088(19)、32089(18)、32090(24)、32091(22)、32092(15)、32093(16)
佛說辨意長者子所問經 子6-32089(23)
佛說辯意長者子所問經 子6-32081(33)、32085(32)、32086(37)、32088(23)、32090(31)、32091(29)、32092(20),7-32133、32265
佛說謗佛經 子6-32086(11)、32089(9)、32090(11)、32091(10)、32092(7)
佛說玄師颰陀所說神咒經 子6-32093(46)
佛說六(大)安般守意經 子6-32086(35)
佛說六字神咒 子6-32083(9)
佛說六字神咒王經 子6-32084(8)、32093(41)
佛說六字咒王經 子6-32093(40)
佛說六道伽陀經 子6-32093(32)
佛說六門陀羅尼經 子6-32081(18)、32085(18)、32086(20)、32088(13)、32089(15)、32090(21)、32091(19)、32092(14)
佛說雜藏經 子6-32084(17)、32093(19) 叢1-543、547(4)
佛說龍施女經 子6-32081(11)、32085(12)、32086(12)、32088(8)、32089(10)、32090(13)、32091(12)、32092(9)、32093(11),7-32279
佛說龍施菩薩本起經 子6-32081(11)、32084(7)、32085(12)、32086(12)、32088(8)、32089(10)、32090(13)、32091(12)、32092(9)、32093(11),7-32280
佛說龍王兄弟經 子6-32081(30)、32085(30)、32086(34)、32088(22)、32089(21)、32090(29)、32091(27)、32092(19),7-32618
佛說證契大乘經 子6-32090(9)、32091(8)、32092(6)
佛說新歲經 子6-32081(34)、32086(38)、32088(24)、32089(24)、32090(31)、32091(29)、32092(20)、32093(21),7-32531
佛說護諸童子陀羅尼經 子6-32086(20)、32089(15)、32090(21)、32091(19)、32093(41)
佛說護諸童子陀羅尼咒經 子6-32081(18)、32085(18)、32088(13)、32092(14)
佛說護淨經 子6-32081(33)、32085(32)、32086(37)、32088(23)、32089(23)、32090(30)、32091(29)、32092(20)、32093(21),7-32716
佛說護國經 子6-32081(50)、32082(26)、32084(26)、32085(46)、32086(55)、32088(34)、32089(29)、32090(37)、32091(35)、32092(24)、32093(16)
佛說護國尊者所問大乘經 子6-32081(48)、32082(24)、32084(25)、32085(44)、32086(52)、32088(32)、32089(27)、32090(35)、32091(33)、32092(23)、32093(4)
佛說諸行有爲經 子6-32081(44)、32082(21)、32085(41)、32086(48)、32088(30)、32090(32)、32091(30)、32092(21)、32093(21)
佛說諸行有餘(爲)經 子6-32089(25)
佛說諸德福田經 子6-32081(15)、32085(15)、32088(11)、32093(22)
佛說諸佛經 子6-32081(47)、32082(24)、32084(25)、32085(44)、32086(52)、32088(32)、32089(27)、32090(35)、32091(33)、32092(23)、32093(18)
佛說諸法勇王經 子6-32090(10)、32091(9)、32092(6)、32093(12)
佛說諸法本經 子6-32081(28)、32084(16)、32085(27)、32086(30)、32088(20)、32089(18)、32090(25)、32091(23)、32092(16)、32093(16)
佛說諸法本無經 子6-32093(8)
佛說諫王經 子6-32081(11)、32084(7)、32085(12)、32086(12)、32088(9)、32089(10)、32090(11)、32091(10)、32092(7)、32093(11)
佛說施一切無畏陀羅尼經 子6-32081(57)、32083(36)、32084(30)、32085(51)、32086(61)、32088(38)、32089(33)、32090(40)、32092(26)、32093(44),7-32930

佛說施色力經　子 6-32085(28)、32090(26)、32092(17)
佛說施燈功德經　子 6-32081(17)、32084(11)、32085(17)、32086(18)、32088(12)、32089(14)、32090(18)、32091(17)、32092(12)、32093(12)
佛說放牛經　子 6-32085(28)、32086(32)、32088(21)、32089(20)、32090(26)、32091(24)、32092(17)、32093(15)
佛說放鉢經　子 6-32081(8)、32082(7)、32084(6)、32085(8)、32086(8)、32088(6)、32090(9)、32091(8)、32092(6)、32093(8)
佛說放缽經　子 7-32095
佛說旃陀越國王經　子 6-32081(33)、32085(32)、32086(37)、32088(23)、32089(23)、32090(31)、32091(29)、32092(20)、32093(19),7-32693
佛說一向出生菩薩經　子 6-32081(14)、32084(9)、32085(14)、32086(15)、32088(10)、32089(11)、32090(16)、32091(14)、32092(10)、32093(45)
佛說一切功德莊嚴王經　子 6-32081(19)、32085(19)、32088(13)、32093(44)
佛說一切佛攝相應大教王經聖觀自在菩薩念誦儀軌　子 6-32081(48)、32082(24)、32084(26)、32088(32)、32090(42)、32092(28)、32093(47)
佛說一切佛攝相應大教王經聖觀自在菩薩念誦儀軌經　子 6-32086(53)、32091(40)
佛說一切流攝守因經　子 6-32081(27)、32085(26)、32086(30)、32088(19)、32089(18)、32090(23)、32091(22)、32092(15)、32093(15)
佛說一切法高王經(一切法義王經)　子 6-32093(12)
佛說一切法高王經(一切義王經)　子 6-32084(6)
佛說一切法功德莊嚴王經　子 6-32089(15)、32090(21)、32091(19)、32092(14)
佛說一切如來頂輪王一百八名讃　子 6-32081(47)、32082(23)、32085(44)、32086(52)、32088(32)、32090(43)、32091(41)
佛說一切如來頂輪王一百八名讚經　子 6-32092(28)
佛說一切如來頂輪王百八名讚經　子 6-32089(27)
佛說一切如來烏瑟膩沙最勝總持經　子 6-32086(52)、32090(35)、32091(33)、32092(23)、32093(42)
佛說一切如來烏瑟膩沙最勝總持經、菩提心觀釋　子 6-32089(27)
佛說一切如來烏瑟膩沙最勝惣持經　子 6-32081(47)、32082(24)、32088(32)
佛說一切如來名號陀羅尼經　子 6-32081(50)、32085(46)、32086(55)、32088(34)、32089(29)、32093(45)
佛說一切如來安像三昧儀軌經　子 6-32085(52)、32086(62)、32088(38)、32090(42)、32091(40)、32092(28)、32093(42)
佛說一切如來安像王三昧儀軌經　子 6-32086(49)
佛說一切如來安像儀軌經　子 6-32089(32)
佛說一切如來真實攝大乘現證三昧大教王經　子 6-32081(53)、32083(33)、32084(30)、32085(48)、32086(57)、32088(35)、32089(30)、32090(41)、32091(39)、32092(27)、32093(41)
佛說一切如來金剛三業最上祕密大教王經　子 6-32081(56)、32083(35)、32084(29)、32085(50)、32086(60)、32088(37)、32089(31)、32090(41)、32091(39)、32092(27)、32093(41)
佛說一切如來金剛壽命陀羅尼經　子 6-32081(54)、32082(28)、32083(34)、32085(49)、32086(58)、32088(36)、32089(31)、32090(38)、32091(37)、32092(25)、32093(34),7-32787
佛說一切如來金剛壽命陁羅尼經　子 6-32084(27)
佛說一切智光明仙人慈心因緣不食肉經　子 6-32090(18)、32091(16)、32092(12)
佛說一髻尊陀羅尼經　子 6-32084(28)、32089(33)、32090(40)、32092(26)、32093(35)
佛說一髻尊陁羅尼經　子 6-32085(54)、32086(64)、32088(40)
佛說三摩竭經　子 6-32081(31)、32085(30)、32086(35)、32088(22)、32089(21)、32090(25)、32091(24)、32092(17)、32093(15)
佛說三死何文秀寶卷(佛說何文秀寶卷)　集 7-54325
佛說三皇初分天地嘆世寶卷　子 7-36117
佛說三歸五戒慈心厭離功德經　子 6-32084(16)、32093(16)
佛說三十五佛名經　子 6-32089(31),7-32094、32096、32170
佛說三十五佛名禮懺文　子 6-32081(54)、32083(34)、32086(59)、32088(36)、32090(39)、32092(25)、32093(37),7-32095、32171
佛說三轉法輪經　子 6-32085(29)、32086(33)、32088(21)、32089(20)、32090(27)、32091(25)、32092(18)、32093(18)
佛說三品弟子經　子 6-32081(21)、32082(13)、32084(12)、32086(23)、32088(15)、32089(17)、32091(18)、32093(13),7-32291
佛說三品弟子經(弟子學有三輩經)　子 6-32085(20)、32090(20)、32092(13)

佛說正恭敬經 子6-32081(10)、32082(10)、32085(11)、32088(8)、32089(9)、32090(12)、32091(11)、32092(8)、32093(23)
佛說玉耶女經 子6-32093(15)
佛說五王經 子6-32081(34)、32085(33)、32086(38)、32088(24)、32089(23)、32090(31)、32091(29)、32092(20)、32093(19),7-32133、32599
佛說五恐怖世經 子6-32081(33)、32085(32)、32086(37)、32088(23)、32089(23)、32090(31)、32091(29)、32092(20)、32093(25),7-32603
佛說五千頌聖般若波羅蜜經 子6-32086(52)、32089(27)
佛說五十三佛三十五佛名經 子7-32129
佛說五十三佛大因緣經 子7-32094
佛說五十頌聖般若波羅蜜經 子6-32081(47)、32082(24)、32084(25)、32085(44)、32088(32)、32090(35)、32091(34)、32092(23)、32093(14)
佛說五十頌聖般若波羅密經 子7-32101
佛說五大施經 子6-32084(31)、32085(53)、32086(63)、32088(39)、32089(33)、32090(40)、32091(39)、32092(26)、32093(21),7-32551
佛說五苦章句經 子6-32081(31)、32086(35)、32088(22)、32089(21)、32091(28),7-32602
佛說五苦章句經(淨除罪蓋娛樂佛法經) 子6-32090(30)、32092(19)
佛說五蘊皆空經 子6-32085(29)、32088(21)、32093(17)
佛說五無返復經 子6-32090(30)、32091(28)、32093(20)
佛說五無返復經、別本 子6-32092(19)
佛說五無反復經 子6-32081(33)、32085(32)、32086(37)、32088(23)、32089(23)、32093(20)
佛說五無反復經(天竺藏經本) 子6-32088(23)
佛說盂蘭盆疏孝衡鈔 子7-33473
佛說盂蘭盆經 子6-32081(12)、32085(12)、32086(13)、32088(9)、32089(10)、32090(13)、32091(12)、32092(9)、32093(11),7-32619
佛說盂蘭盆經、新疏 子7-32620
佛說盂蘭盆經新疏 子6-32091(70),7-33475
佛說盂蘭盆經疏 子6-32091(63)、32093(47),7-33467
佛說盂蘭盆經疏孝衡疏[鈔] 子7-33472
佛說盂蘭盆經疏孝衡鈔、疏科文 子7-33471
佛說盂蘭盆經疏孝衡鈔、科文、佛說盂蘭盆經 子7-33474
佛說盂蘭盆經疏孝衡鈔、科式 子7-33470
佛說盂蘭盆經折中疏 子6-32091(67)
佛說琉璃王經 子6-32093(19)
佛說雨寶陀羅尼經 子6-32081(54)、32082(28)、32083(34)、32084(27)、32085(49)、32086(58)、32088(36)、32089(31)、32090(39)、32091(37)、32092(25)、32093(34)
佛說天王太子辟羅經 子6-32084(12)、32093(22)
佛說天地八陽經 子7-32963
佛說百佛名經 子6-32084(9)、32093(6)
佛說西祖單傳明真顯性寶卷 集7-54164
佛說不自守意經 子6-32085(29)、32086(33)、32088(21)、32089(20)、32090(27)、32091(25)、32092(18)、32093(18)
佛說不空羂索咒經 子6-32090(14)、32091(12)、32092(9)
佛說不空羂索陀羅尼儀軌經(不空羂索教法密言) 子6-32093(39)
佛說不增不減經 子6-32085(19)、32086(22)、32088(14)、32089(16)、32090(22)、32091(20)、32092(14)、32093(9)
佛說不增不滅(減)經 子7-32224
佛說不思議功德諸佛所護念經 子6-32081(16)、32082(11)、32084(10)、32085(16)、32086(18)、32088(12)、32089(13)、32090(18)、32091(16)、32092(12)、32093(6)
佛說北斗七星延命經 子6-32093(40)
佛說北斗七星經 子7-32943
佛說彌勒下生三度王通寶卷 集7-54204
佛說彌勒下生經 子6-32081(8)、32082(8)、32084(6)、32085(9)、32088(7)、32089(7)、32091(9)、32093(6、34),7-32453
佛說彌勒下生經(彌勒當來成佛經) 子6-32090(10)、32092(6)
佛說彌勒下生成佛經 子6-32081(8)、32082(8)、32084(6)、32085(9)、32088(7)、32090(10)、32091(9)、32092(6)、32093(6)
佛說彌勒大成佛經 子6-32093(6)
佛說彌勒來時經 子6-32081(8)、32082(8)、32084(6)、32085(9)、32088(7)、32089(7)、32090(10)、32091(9)、32092(6)、32093(6)
佛說彌勒成佛經 子6-32083(7)、32090(10)、32091(9)、32092(6),7-32454
佛說張世登寶卷 集7-54328~9
佛說張世登大失散寶卷 集7-54328~9
佛說頂生王故事經 子6-32081(27)、32084(16)、32085(27)、32086(30)、32088(19)、32089(18)、32090(25)、32091(23)、32092(16)、32093(16),7-32520
佛說頂生王因緣經 子6-32084(30)、32085

(54)、32086(64)、32087、32088(40)、32090(40)、32091(39)、32092(26)、32093(10),7-32670
佛說弘道廣顯三昧經(入金剛問定意經)　子6-32084(10)、32093(9)
佛說弘道廣顯定意經　子6-32083(12)
佛說弘陽慈悲明心救苦寶懺(混元弘陽中華寶懺)　子7-36173
佛說水沫所飄經　子6-32085(29)、32086(33)、32088(21)、32089(20)
佛說水沫所漂經　子6-32090(27)、32091(25)、32092(17)、32093(18)
佛說發菩提心破諸魔經　子6-32081(51)、32082(26)、32083(32)、32084(29)、32085(46)、32086(55)、32088(34)、32089(29)、32090(37)、32091(36)、32092(24)、32093(10)
佛說延壽經　子7-32911
佛說延壽妙門陀羅尼經　子6-32081(49)、32085(46)、32088(33)、32089(29)、32090(37)、32091(35)、32092(24)、32093(43)
佛說延壽妙門陁羅尼經　子6-32086(54)
佛說孔雀王呪經　子7-32844
佛說孔雀王咒經　子6-32081(13)、32082(10)、32086(14)、32088(9)、32089(11)、32091(12)
佛說孔雀王咒經、結咒界法　子6-32085(13)、32090(14)、32092(9)
佛說孫多耶致經　子6-32081(34)、32084(18)、32086(38)、32088(24)、32089(24)、32090(31)、32091(29)、32092(20)、32093(20),7-32703
佛說功德寶山神呪　子7-32096
佛說聖六字大明王陀羅尼經　子6-32081(46)、32082(22)、32085(43)、32086(50)、32088(31)、32089(26)、32090(34)、32091(33)、32092(22)、32093(44)
佛說聖佛母般若波羅蜜多經　子6-32081(51)、32083(32)、32084(29)、32086(55)、32088(34)、32089(29)、32090(37)、32091(36)、32092(24)、32093(14),7-32310
佛說聖佛母小字般若波羅蜜多經　子6-32084(23)、32093(43)
佛說聖多羅菩薩經　子6-32081(50)、32084(26)、32086(54)、32088(33)、32089(29)、32090(36)、32091(35)、32092(24)、32093(43)
佛說聖寶藏神儀軌經　子6-32081(46)、32082(22)、32085(42)、32088(31)、32089(26)、32090(42)、32091(40)、32092(27)、32093(47)
佛說聖寶藏神軌經　子6-32083(29)、32086(50)
佛說聖法印經　子6-32086(33)、32088(21)、32089(20)、32090(27)、32091(25)、32092(17)
佛說聖法印經(阿遮曇摩文啚)　子6-32084(17)、32085(29)
佛說聖法印經(阿遮曇摩文圖)　子6-32093(18)
佛說聖大總持王經　子6-32081(46)、32082(22)、32085(43)、32086(50)、32088(31)、32091(32)、32093(44)
佛說聖大總持王經　子6-32089(26)、32090(33)、32092(22)
佛說聖莊嚴陀羅尼經　子6-32081(46)、32082(22)、32085(43)、32086(50)、32088(31)、32093(43)
佛說聖莊嚴陁羅尼經　子6-32084(24)、32089(26)、32090(34)、32091(33)、32092(22)
佛說聖觀自在菩薩不空王祕密心陀羅尼經　子6-32081(57)、32085(51)、32086(61)、32088(38)、32093(45)
佛說聖觀自在菩薩梵讃　子6-32081(47)、32082(23)、32084(25)、32085(43)、32086(51)、32088(31)、32090(43)、32091(41)、32092(28)
佛說聖觀自在菩薩梵讃、大明太宗文皇帝御製觀音讃　子6-32093(47)
佛說聖觀自在菩薩梵讃經　子6-32089(26)
佛說聖持世陀羅尼經　子6-32090(32)、32091(31)、32092(21),7-32858
佛說聖最上燈明如來陀羅尼經　子6-32081(44)、32082(21)、32085(41)、32086(48)、32088(30)、32093(43)
佛說聖最陀羅尼經　子6-32089(27)
佛說聖最勝陀羅尼經　子6-32081(47)、32082(24)、32085(44)、32086(52)、32088(32)、32090(35)、32091(33)、32092(23)、32093(45)
佛說聖最勝陁羅尼經　子6-32084(25)
佛說聖曜母陀羅尼經　子6-32081(47)、32082(23)、32085(43)、32086(51)、32088(31)、32089(26)、32090(33)、32091(31)、32092(21)、32093(42),7-32927
佛說耶祇經　子6-32081(33)、32085(32)、32086(37)、32088(23)、32089(23)、32090(31)、32091(29)、32092(20)、32093(20),7-32698
佛說了本生死經　子6-32086(12)、32089(9)、32090(13)、32091(11)、32092(8),7-32229
佛說了義般若波羅蜜多經　子6-32081(56)、32083(35)、32086(60)、32088(37)、32090(40)、32092(26)、32093(14),7-32356
佛說羣牛譬經　子6-32081(34)、32084(18)、32086(38)、32088(24)、32089(24)、32090(31)、32091(29)、32092(20)、32093(22),7-32574

佛說瑜伽大教王經 子6－32081(49)、32082(26)、32084(26)、32085(45)、32086(53)、32088(32)、32089(28)、32090(41)、32091(39)、32092(27)、32093(41)
佛說信佛功德經 子6－32081(49)、32084(26)、32085(46)、32086(55)、32088(34)、32089(29)、32093(17)
佛說信解智力經 子6－32081(49)、32085(46)、32086(54)、32088(33)、32089(29)、32090(36)、32091(34)、32092(23)、32093(20)
佛說千手千眼觀世音菩薩廣大圓滿無礙大悲心陀羅尼經 子7－32873
佛說千手千眼觀世音菩薩廣大圓滿無礙大悲心陁羅尼經 子6－32084(8)
佛說千手眼觀世音菩薩大圓滿無礙大悲心陀羅尼經 子7－32872
佛說千佛因緣經 子6－32093(6)
佛說受新歲經 子6－32093(21)
佛說受歲經 子6－32081(28)、32085(27)、32086(30)、32088(19)、32089(18)、32090(24)、32091(22)、32092(16)、32093(16)
佛說受十善戒經 子6－32081(21)、32082(13)、32085(21)、32086(23)、32088(15)、32089(38)、32090(44)、32091(42)、32092(29)
佛說雙合印寶卷(雙合印金鐲記寶卷) 集7－54326
佛說維摩詰經(維摩詰所說不思議法門經、佛法普入道門三昧經) 子6－32084(5)、32093(7)
佛說穰麌梨童女經 子6－32081(54)、32082(28)、32083(34)、32084(27)、32085(49)、32086(58)、32088(36)、32089(31)、32090(38)、32091(37)、32092(25)
佛說仁王護國般若波羅蜜經 子6－32081(2)、32083(2)、32085(2)、32088(2),7－33053
佛說仁王護國般若波羅蜜經疏 子6－32091(75)
佛說仁王護國般若波羅蜜經疏神寶記 子6－32088(42)、32090(63)、32091(61)、32093(49)
佛說仁王護國般若波羅密經疏 子7－33689
佛說仁王護國般若波羅密經疏神寶記 子7－33694
佛說仁王般若波羅蜜經 子6－32084(1)、32093(14)
佛說能斷金剛般若波羅蜜多經 子6－32084(1)、32093(14)
佛說能淨一切眼疾病陀羅尼經 子6－32090(39)、32092(26),7－32932
佛說虛空藏菩薩陀羅尼 子6－32093(47)
佛說虛空藏菩薩能滿諸願最勝心陀羅尼求聞持法 子6－32090(21)、32091(20)、32092(14)
佛說虛空藏菩薩陀羅尼 子6－32081(49)、32082(25)、32085(46)、32088(33)、32090(37)、32091(35)、32092(24)
佛說虛空藏菩薩陀羅尼、佛三身讚 子6－32089(28)
佛說虛空藏菩薩陀羅尼經 子6－32086(54)
佛說虛空藏菩薩陁羅尼 子6－32084(26)
佛說處處經 子6－32081(31)、32084(17)、32085(31)、32086(35)、32088(22)、32089(22)、32090(28)、32091(26)、32092(18)、32093(19),7－32572
佛說優婆塞五戒相經 子6－32081(36)、32082(15)、32085(35)、32086(40)、32088(25)、32089(40)、32090(45)、32091(43)、32092(29)、32093(24)
佛說優婆夷墮舍迦經 子6－32090(24)、32091(22)、32092(16)
佛說優填王經 子6－32082(2)、32083(2)、32085(3)、32086(2)、32088(2)、32090(3)、32091(2)、32092(2)、32093(4),7－32174
佛說須摩提經 子6－32081(2)、32082(2)、32083(2)、32085(3)、32086(2)、32088(2)、32089(3)、32090(3)、32091(2)、32092(2),7－32176
佛說須摩提菩薩 子6－32083(2)、32086(2)
佛說須摩提菩薩經 子6－32081(2)、32082(2)、32085(3)、32088(2)、32089(3)、32090(3)、32091(2)、32092(2)、32093(4),7－32175
佛說須摩提菩薩經(須摩提經、須摩經) 子6－32084(3)、32093(4)
佛說須摩提長者經(會諸佛前經、如來所說示現衆生經) 子6－32084(17)、32093(20)
佛說須達經 子6－32081(28)、32085(27)、32086(31)、32088(20)、32089(19)、32090(25)、32091(24)、32092(16)、32093(16)
佛說須真天子經(文殊師利所報法言經、斷諸法狐疑經、諸佛法普入方便慧分別炤明持經) 子6－32084(10)
佛說須真天子經(文殊師利所報法言經、斷諸法狐疑法經、諸佛法普入方便慧分別炤明持經) 子6－32093(10)
佛說須賴經 子6－32081(15)、32083(11)、32085(15)、32086(16、17)、32088(11)、32093(4),7－32173
佛說須賴經、佛說須賴經 子6－32089(12)、32090(3)、32091(2)、32092(2)
佛說頻婆娑羅王詣佛供養經 子6－32084(16)
佛說頻婆娑羅王經 子6－32081(50)、32085(46)、32086(54)、32088(33)、32089(29)、32090(36)、32091(34)、32092(23)、32093(16)

佛說比丘聽施經　子6－32085(33)、32086(38)、32088(24)、32089(24)、32090(30)、32091(28)、32092(19)
佛說師子莊嚴王菩薩請問經　子6－32090(20)、32092(13)
佛說師子素馱娑王斷肉經　子6－32084(12)、32093(31)
佛說師子月佛本生經　子6－32081(20)、32085(20)、32086(22)、32088(15)、32089(17)、32090(18)、32091(16)、32092(12)、32093(7)
佛說貞烈賢孝孟姜女長城寶卷　集7－54331
佛說紅燈寶卷　集7－54323
佛說乳光佛經　子6－32081(10)、32082(9)、32085(10)、32086(11)、32088(7)、32089(7)、32090(11)、32091(10)、32092(7)、32093(11),7－32714
佛說出生一切如來法眼徧照大力明王經　子6－32081(43)、32084(23)、32085(41)、32088(29)、32089(24)、32093(42)
佛說出生一切如來法眼遍照大力明王經　子6－32086(48)
佛說出生菩提心經　子6－32084(12)、32093(9)
佛說出生無邊門陀羅尼　子6－32083(34)
佛說出生無邊門陀羅尼經　子6－32081(54)、32082(28)、32085(49)、32086(58)、32088(36)、32089(31)、32090(38)、32091(36)、32092(25)
佛說出生無邊門陀羅尼儀軌　子6－32093(34)
佛說出生無邊門陁羅尼經　子6－32084(26)
佛說出生無量門持經　子6－32081(13)、32084(9)、32085(14)、32086(15)、32088(10)、32089(13)、32090(16)、32091(14)、32092(10)、32093(45)
佛說出家功德經　子6－32081(34)、32084(18)、32085(33)、32086(38)、32088(24)、32089(23)、32090(31)、32091(29)、32092(20)、32093(19),7－32593
佛說出家緣經　子6－32081(31)、32085(31)、32086(35)、32088(22)、32089(22)、32090(28)、32091(26)、32092(18)、32093(21),7－32654
佛說利生了義寶卷　子7－36151
佛說樂瓔珞莊嚴方便品經　子6－32091(9)
佛說樂瓔珞莊嚴方便品經(轉女身菩薩問答經)　子6－32090(10)、32092(6)
佛說樂想經　子6－32081(28)、32084(16)、32085(27)、32086(30)、32088(20)、32089(18)、32090(24)、32091(22)、32092(16)、32093(16)
佛說稱讚如來功德神咒經　子6－32081(13)、32082(10)、32083(9)、32084(8)、32086(14)、32089(11)、32090(15)、32091(13)、32092(10)、32093(42)
佛說稱揚諸佛功德經　子6－32084(9)、32093(6)
佛說稻稈經　子6－32086(12)、32089(9)、32090(12)、32091(11)、32092(8)
佛說稻芉經　子6－32081(11)、32085(11)、32088(8)、32093(12)
佛說稻芉經(佛說稻稈經)　子7－32230
佛說徧照般若波羅蜜經　子6－32081(47)、32082(23)、32084(25)、32085(44)、32088(32)、32089(27)、32090(35)、32091(33)、32092(22)、32093(41)
佛說伏婬經　子6－32081(28)、32084(16)、32085(27)、32086(31)、32088(20)、32089(19)、32090(24)、32091(22)、32092(16)、32093(16)
佛說鹹水喻經　子6－32081(27)、32084(16)、32085(26)、32086(30)、32088(19)、32089(18)、32090(23)、32091(22)、32092(15)、32093(15)
佛說德護長者經　子6－32081(9)、32082(9)、32084(7)、32085(10)、32086(11)、32088(8)、32089(9)、32090(11)、32091(10)、32092(7)、32093(11),7－32272
佛說德光太子經　子6－32084(12)、32093(10)
佛說借屍還魂劉全進瓜寶卷　集7－54324
佛說犢子經　子6－32081(10)、32082(9)、32085(10)、32086(11)、32088(7)、32089(7)、32090(11)、32091(10)、32092(7)、32093(11),7－32712
佛說生經　子6－32090(27)、32091(26)、32092(18),7－32673
佛說伅真陀羅所問如來三昧經　子6－32093(9)
佛說伅真陁羅所問寶如來三昧經　子6－32084(5)
佛說佛頂尊勝陀羅尼經　子6－32081(13)、32085(14)、32086(15)、32088(10)、32089(11)、32090(15)、32091(14)、32092(10)、32093(42)
佛說佛頂尊勝陁羅尼經　子6－32084(8)
佛說佛名經　子6－32081(16)、32082(11)、32084(10)、32085(16)、32086(18)、32088(12)、32089(13)、32090(17)、32091(16)、32092(11)、32093(6),7－32434、32436～8
佛說佛名經、禮佛事儀　子7－32435
佛說佛治意經　子6－32086(44)
佛說佛治身經　子6－32081(39)、32082(18)、32085(38)、32086(44)、32088(27)

佛說佛十力經 子6－32093(20)
佛說佛大僧大經 子6－32081(33)、32084(18)、32085(32)、32086(37)、32088(23)、32089(23)、32090(30)、32091(28)、32092(19)、32093(20)
佛說佛地經 子6－32081(19)、32084(12)、32085(19)、32086(21)、32088(14)、32089(16)、32090(21)、32091(20)、32092(14)、32093(7)
佛說佛母出生三法藏般若波羅蜜多經 子6－32081(51)、32082(26)、32083(32)、32084(29)、32093(13)
佛說佛母般若波羅密多大明觀想儀軌 子6－32081(52)、32083(33)、32084(30)、32085(47)、32086(56)、32088(34)、32089(30)、32090(42)、32091(40)、32092(27)、32093(42)
佛說佛母準提神呪 子7－32096
佛說佛母寶德藏般若波羅蜜經 子6－32084(25)、32086(52)、32093(13)
佛說佛醫經 子6－32089(33)、32090(54)、32091(52)、32092(36)、32093(21)
佛說佛醫經鈔 子6－32081(39)、32082(18)、32086(43)
佛說佛印三昧經 子6－32081(19)、32085(19)、32086(21)、32088(14)、32089(16)、32090(19)、32091(18)、32092(13)、32093(13),7－32369
佛說白衣金幢二婆羅門緣起經 子6－32081(52)、32083(33)、32084(30)、32085(48)、32086(57)、32088(35)、32089(30)、32090(38)、32091(36)、32092(25)、32093(17),7－32133、32537
佛說自愛經 子6－32084(18)、32086(36)、32089(22)、32090(30)、32091(29)、32092(20)、32093(21)
佛說自逝(誓)三昧經 子6－32086(12)
佛說自誓三昧經 子6－32081(11)、32084(8)、32085(11)、32088(8)、32089(9)、32090(13)、32091(11)、32092(8)、32093(10)
佛說皇極收元寶卷(佛說皇極收圓寶卷) 子7－36152
佛說鬼子目(母)經 子7－32710
佛說鬼子母經 子6－32081(34)、32085(33)、32086(38)、32088(24)、32089(24)、32090(31)、32091(29)、32092(20)、32093(20)
佛說鬼問目連經 子6－32093(19)
佛說鬼問目蓮經 叢1－543、547(4)
佛說得道梯隥錫杖經 子7－32662
佛說得道梯隥錫杖經、持錫杖法 子6－32090(28)、32091(27)、32092(18)
佛說息諍因緣經 子6－32081(52)、32083(33)、32085(47)、32086(56)、32088(35)、32089(30)、32090(38)、32091(36)、32092(25)、32093(17)
佛說息除賊難陀羅尼經 子6－32081(50)、32085(46)、32086(55)、32088(34)、32089(29)、32090(37)、32091(35)、32092(24)、32093(46)
佛說息除賊難陁羅尼經 子6－32084(26)
佛說釋摩男本經 子6－32081(28)、32086(30)、32089(18)
佛說釋摩男本經(四子經) 子6－32092(16)
佛說釋摩男本四子經 子6－32088(19)、32091(23)、32093(16)
佛說釋摩男本四子經(四子經) 子6－32085(27)、32090(24)
佛說衆許摩訶帝經 子6－32081(46)、32082(23)、32084(25)、32085(43)、32086(51)、32088(31)、32089(26)、32093(18),7－32680
佛說象頭精舍經 子6－32086(11)、32089(9)、32090(11)、32091(10)、32092(7)、32093(10)
佛說象腋經 子6－32081(8)、32084(6)、32085(8)、32086(8)、32088(6)、32089(7)、32090(9)、32091(8)、32092(6)、32093(12)
佛說解夏經 子6－32081(50)、32082(26)、32085(46)、32086(55)、32088(34)、32089(29)、32090(37)、32091(35)、32092(24)、32093(21)
佛說解憂經 子6－32081(47)、32082(23)、32084(25)、32085(43)、32086(51)、32088(31)、32089(27)、32090(35)、32091(33)、32092(22)、32093(20)
佛說解憂經、戒殺放生文 子7－32526
佛說解寃釋結神呪 子7－32096
佛說解節經 子6－32081(7)、32082(7)、32085(7)、32086(7)、32088(5)、32089(7)、32090(8)、32091(7)、32092(5)、32093(7)
佛說俱利伽羅大龍勝外道伏陀羅尼經 子6－32093(39)
佛說俱枳羅陀羅尼經 子6－32081(48)、32082(25)、32085(45)、32086(53)、32088(33)、32089(28)、32090(35)、32091(34)、32092(23)、32093(44)
佛說身毛喜豎經 子6－32081(53)、32082(27)、32083(33)、32084(31)、32085(48)、32086(57)、32088(35)、32089(30)、32090(38)、32091(36)、32092(25)、32093(20)
佛說身觀經 子6－32081(34)、32085(33)、32086(38)、32088(24)、32089(24)、32090(29)、32091(28)、32092(19)、32093(21),7－32565
佛說般舟三昧經 子6－32086(4)、32093(5)
佛說般若波羅蜜多心經贊、般若波羅蜜多心經疏 子7－33070
佛說幻化網大瑜伽教十大忿怒明王大明觀

想儀軌經　子6－32086(52)
佛說幻化網大瑜伽教十忿怒明王大明觀想儀軌經　子6－32081(48)、32082(24)、32084(25)、32085(44)、32088(32)、32089(27)、32090(43)、32091(41)、32092(28)、32093(41)
佛說幻士仁賢經　子6－32084(3)、32093(4)
佛說緣生初勝分法本經　子6－32090(7)、32091(6)、32092(4)
佛說緣起聖道經　子6－32086(12)、32089(9)、32090(12)、32091(11)、32092(8)，7－32578
佛說緣本致經　子6－32081(27)、32084(16)、32085(27)、32086(30)、32088(19)、32089(18)、32090(25)、32091(23)、32092(16)、32093(16)，7－32520
佛說作佛形像經　子6－32081(11)、32084(8)、32085(11)、32086(12)、32088(8)、32089(10)、32090(13)、32091(12)、32092(8)、32093(12)，7－32294
佛說給孤長者女得度因緣經　子6－32081(51)、32082(27)、32083(32)、32084(29)、32085(46)、32086(55)、32088(34)、32089(29)、32090(38)、32091(36)、32092(24)、32093(15)
佛說空王如來古佛寶卷(古佛如來寶卷)　集7－54179
佛說濟諸方等學經　子6－32081(7)、32082(6)、32085(7)、32086(7)、32088(5)、32089(6)、32090(11)、32091(10)、32092(7)、32093(14)
佛說永壽庵認母回宮得病慈雲寶卷　集7－54560
佛說宿命陀羅尼　子6－32092(24)
佛說宿命智陀羅尼　子6－32081(49)、32082(25)、32085(45)、32086(54)、32088(33)、32093(46)
佛說宿命智陀羅尼經　子6－32081(48)、32082(25)、32085(45)、32086(53)、32088(33)、32089(28)、32090(36、37)、32091(34、35)、32092(23)、32093(44)
佛說宿命智陁羅尼經　子6－32084(26)
佛說進學經　子6－32086(35)、32089(21)、32090(28)、32091(27)、32092(18)、32093(21)，7－32590
佛說守護大千國土經　子6－32081(43)、32085(41)、32086(48)、32088(29)、32089(24)、32090(31)、32091(30)、32092(20)、32093(42)，7－32843
佛說準提復生寶卷　集7－54206
佛說安宅鮌經　叢2－608
佛說安宅神咒經　子6－32081(18)、32085(18)、32086(19)、32088(13)、32090(20)、32091(19)、32092(13)、32093(46)
佛說安宅咒經　子7－33039
佛說安宅陀羅尼咒經　子6－32093(46)
佛說密跡力士大權神王經　子6－32085(51)、32086(62)、32089(37)
佛說定劫經寶卷　集7－54177
佛說寶雨經　子6－32081(6)、32082(6)、32086(6)、32088(5)、32089(6)、32091(7)
佛說寶雨經(顯授不退轉菩薩記)　子6－32085(6)
佛說寶雨經(顯□不退轉菩薩記)　子6－32084(5)、32090(7)、32092(5)、32093(8)
佛說寶雲經　子6－32086(6)、32089(6)、32090(7)、32091(7)、32092(5)
佛說寶生陀羅尼經　子6－32081(45)、32082(22)、32085(42)、32086(50)、32088(31)、32089(26)、32090(34)、32091(32)、32092(22)、32093(44)
佛說寶積三昧文殊師利菩薩問法身經　子6－32081(10)、32082(9)、32084(7)、32085(11)、32088(8)、32093(4)
佛說寶網經　子6－32081(15)、32084(9)、32085(15)、32086(16)、32088(11)、32089(12)、32090(17)、32091(15)、32092(11)、32093(6)
佛說寶帶陀羅尼經　子6－32081(52)、32082(27)、32083(33)、32084(30)、32085(47)、32086(56)、32088(34)、32089(30)、32090(38)、32091(36)、32092(24)、32093(43)
佛說寶藏神大明曼拏羅儀軌經　子6－32081(46)、32082(22)、32084(24)、32085(43)、32086(50)、32088(31)、32089(26)、32090(42)、32091(40)、32092(27)、32093(46)
佛說寶如來三昧經　子6－32084(6)、32093(9)
佛說寶賢陀羅尼經　子6－32081(50)、32085(46)、32086(54)、32088(33)、32093(46)
佛說寂志果經　子6－32081(27)、32084(15)、32085(26)、32086(29)、32088(19)、32089(18)、32090(25)、32091(23)、32092(16)、32093(17)
佛說濡首菩薩無上清淨分衛經　子6－32081(1)、32084(1)、32085(2)、32086(1)、32088(2)、32089(2)、32091(1)、32093(13)，7－32327
佛說濡首菩薩無上清淨分衛經(決了諸法如幻三昧經)　子6－32083(2)、32090(1)、32092(1)
佛說福力太子因緣經　子6－32081(52)、32083(33)、32084(30)、32085(47)、32086(56)、32088(35)、32089(30)、32090(38)、32091(36)、32092(25)、32093(19)
佛說頞多和多耆經　子6－32086(38)、32089(23)、32090(31)、32091(30)、32092(20)、

32093(21)
佛說額多和多耆經 子7-32713
佛說淨意優婆塞所問經 子6-32081(51)、32082(27)、32083(32)、32085(47)、32086(56)、32088(34)、32089(30)、32090(38)、32091(36)、32092(25)、32093(19),7-32538
佛說淨業障經 子6-32081(21)、32085(21)、32086(23)、32088(15)、32089(38)、32090(44)、32091(42)、32092(29)、32093(23)
佛說淨飯王般涅槃經 子6-32089(21)、32090(30)、32091(28)、32092(19)
佛說淨飯王般湼槃經 子6-32081(31)、32086(35)、32088(22)、32093(21)
佛說逝童子經 子6-32081(10)、32082(9)、32084(7)、32085(10)、32086(11)、32088(7)、32089(7)、32090(10)、32091(9)、32092(7)、32093(11),7-32269
佛說業報差別經 子6-32081(31)、32085(31)、32086(35)、32088(22)、32089(22)、32090(30)、32091(28)、32092(19)
佛說心明經 子6-32081(19)、32084(12)、32085(19)、32086(21)、32088(14)、32089(16)、32090(22)、32091(20)、32092(14)、32093(11)
佛說滅度棺斂葬送經 子6-32086(38)
佛說滅十方冥經 子6-32081(19)、32084(12)、32085(19)、32086(21)、32088(14)、32089(16)、32090(22)、32091(20)、32092(14)、32093(6)
佛說滅除五逆罪大陀羅尼經 子6-32081(49)、32082(25)、32085(45)、32086(53)、32088(33)、32089(28)、32090(36)、32091(34)、32092(23)、32093(44)
佛說治意經 子6-32081(39)、32082(18)、32085(38)、32088(27)、32089(34)、32093(21)
佛說治身經 子6-32089(34)
佛說演道俗業經 子6-32084(9)、32093(11)
佛說祕密三昧大教王經 子6-32081(57)、32083(36)、32084(30)、32085(51)、32086(61)、32088(38)、32089(31)、32090(41)、32091(39)、32092(27)、32093(45)
佛說祕密相應經 子6-32083(33)
佛說祕密相經 子6-32081(52)、32084(30)、32085(47)、32086(56)、32088(35)、32089(30)、32090(41)、32091(39)、32092(27)、32093(41)
佛說祕密八名陀羅尼經 子6-32081(50)、32085(46)、32086(54)、32088(33)、32090(36)、32091(35)、32092(24)、32093(45)
佛說祕密八名陁羅尼經 子6-32084(26)
佛說遍照般若波羅蜜經 子6-32086(51)
佛說梁皇寶卷(梁皇寶卷、梁皇寶卷全集) 集7-54136
佛說梁皇寶懺 子7-36118
佛說灌頂摩尼羅亶大神咒經 子6-32085(8)、32086(8)、32088(6)
佛說灌頂章句拔除過罪生死得度經 子6-32085(8)、32086(8)、32088(6)
佛說灌頂三皈五戒帶佩護身咒經 子6-32088(6)
佛說灌頂三歸五戒帶佩護身咒經 子6-32086(8)
佛說灌頂王喻經 子6-32081(52)、32083(33)、32084(30)、32085(47)、32086(57)、32088(35)、32089(30)、32090(38)、32091(36)、32092(25)、32093(21)
佛說灌頂百結神王護身咒經 子6-32085(8)、32086(8)、32088(6)
佛說灌頂召五方龍王攝疫毒神咒經 子6-32086(8)、32088(6)
佛說灌頂經 子6-32093(42)
佛說灌頂伏魔封印大神咒經 子6-32086(8)、32088(6)
佛說灌頂宮宅神王守鎮左右咒經 子6-32086(8)
佛說灌頂十二萬神主(王)護比丘尼咒經 子7-32934
佛說灌頂十二萬神王護比丘尼咒經 子6-32085(8)、32086(8)、32088(6)
佛說灌頂七萬二千神王護比丘咒經 子6-32085(8)、32086(8)、32088(6)
佛說灌頂梵天神策經 子6-32086(8)、32088(6),7-32999
佛說灌頂藥師經疏 子7-33680
佛說灌頂塚墓因緣四方神咒經 子6-32086(8)、32088(6)
佛說灌頂咒宮宅神王守鎮左右經 子6-32085(8)、32088(6)
佛說灌頂隨願往生十方淨土經 子6-32086(8)
佛說灌頂隨願往生十方淨土普廣所門(問)經 子6-32085(8)、32088(6)
佛說灌佛經 子6-32081(11)、32083(8)、32086(13)、32088(9)、32089(10)、32091(12),7-32301
佛說灌佛經(灌洗佛形像經) 子6-32085(12)、32090(13)、32092(8)
佛說灌洗佛形像經 子6-32093(12)
佛說灌洗佛形像經(摩訶剎頭經) 子6-32084(8)
佛說灌洗佛經 子6-32081(11)、32088(9)、32089(10)、32091(12)
佛說灌洗佛經(摩訶剎頭經) 子6-32085(12)、32086(13)、32090(13)、32092(8)
佛說滿願子經 子6-32084(17)、32085(29)、

32086(33)、32088(21)、32089(20)、32090(27)、32091(25)、32092(18)、32093(18)
佛說法受塵經 子6-32081(31)、32085(31)、32086(35)、32088(22)、32089(22)、32090(28)、32091(27)、32092(18)、32093(21),7-32562
佛說法乘義決定經 子6-32084(32)、32085(54)、32086(65)、32088(40)、32090(41)、32091(39)、32092(26)、32093(20),7-32559
佛說法集經 子6-32084(10)、32093(8)
佛說法集名數經 子6-32081(45)、32084(24)、32086(49)、32088(30)、32089(25)、32093(27)
佛說法集名數經多羅菩薩一百八名經 子7-32095
佛說法律三昧經 子6-32090(44)、32091(42)、32092(29)、32093(22)
佛說法身經 子6-32081(50)、32085(46)、32086(55)、32088(34)、32090(37)、32091(35)、32092(24)、32093(12)
佛說法句經 子6-32081(39)、32082(19)、32085(38)、32086(44)、32088(28)
佛說法滅盡經 子6-32083(14)、32084(12)、32085(20)、32086(23)、32088(15)、32089(17)、32090(20)、32091(18)、32092(13)、32093(18),7-32666
佛說法海經 子6-32090(28)、32091(26)、32092(18)
佛說法華三昧經 子6-32082(5)、32083(5)、32084(5)、32086(6)、32093(14)
佛說法印經 子6-32081(51)、32083(32)、32084(29)、32086(55)、32088(34)、32089(29)、32090(37)、32091(36)、32092(24)、32093(18)
佛說法印品經 子6-32090(8)、32092(5)
佛說法鏡經 子6-32086(2)、32089(3)、32090(3)、32091(2)、32092(2),7-32166
佛說法常住經 子6-32081(21)、32082(13)、32085(21)、32086(23)、32088(15)、32089(17)、32090(19)、32091(18)、32092(13)、32093(13),7-32245
佛說波斯匿王太后崩塵土坌身經 子6-32081(29)、32084(16)、32085(28)、32086(32)、32088(20)、32089(19)、32090(25)、32091(24)、32092(17)、32093(15)
佛說波斯匿王太后崩塵坌身經、須摩提女經 子7-32521
佛說造立形像福報經 子6-32081(11)、32085(12)、32086(13)、32088(9)、32089(10)、32090(13)、32091(12)、32092(8)、32093(12),7-32295
佛說造像量度經 子7-32297
佛說造像量度經、佛說造像量度經經解、佛說造像量度經續補 子7-32300
佛說造像量度經、佛說造像量度經續補 子7-32298
佛說造像量度經、量度經續補、量度圖樣 子7-32299
佛說造塔延命功德經 子6-32093(37)
佛說造塔功德經 子6-32085(19)、32086(22)、32088(14)、32090(22)、32091(20)、32092(14)、32093(12),7-32305
佛說造塔相輪經 子7-32837
佛說婆羅門子命終愛不離經 子6-32086(31)
佛說婆羅門子命終愛念不離經 子6-32081(29)、32084(16)、32085(28)、32088(20)、32089(19)、32090(24)、32091(23)、32092(16)、32093(17)
佛說婆羅門避死經 子6-32081(29)、32084(16)、32085(28)、32086(32)、32088(20)、32090(26)、32091(24)、32092(17)、32093(15)
佛說清淨心經 子6-32084(30)、32093(20),7-32119
佛說清淨毘奈耶最上大乘經 子6-32084(32)
佛說清淨毘柰耶最上大乘經殘 子7-32119
佛說決定總持經 子6-32081(10)、32082(9)、32084(7)、32085(11)、32086(11)、32088(8)、32091(10)、32093(12)
佛說决定總持經 子6-32089(9)、32090(11)、32092(7)
佛說決定毘尼經 子6-32081(2)、32082(2)、32083(3)、32084(3)、32085(3)、32086(2)、32088(2)、32089(3)、32090(3)、32091(2)、32092(2)、32093(4),7-32169
佛說決定義經 子6-32081(50)、32082(26)、32084(26)、32085(46)、32086(55)、32088(34)、32089(29)、32090(37)、32091(35)、32092(24)、32093(20)
佛說遺日摩尼寶經 子6-32084(3)、32093(4)
佛說溫室洗浴衆僧經 子6-32090(17)、32091(15)、32092(11)、32093(22),7-32611
佛說禪行三十七品經 子6-32081(34)、32084(18)、32085(33)、32086(38)、32088(24)、32089(24)、32090(29)、32091(28)、32092(19)、32093(21),7-32569
佛說迦葉赴佛般涅槃經 子6-32081(39)、32082(18)、32085(37)、32088(27)、32089(34)
佛說迦葉赴佛涅槃經 子6-32086(43)
佛說迦葉禁戒經 子6-32081(36)、32084(19)、32085(35)、32086(40)、32088(25)、32090(45)、32091(43)、32092(29)、32093(24),7-32630

佛說迴向輪經　子 6－32084(29)、32093(33),7－32119
佛說泥犁經　子 6－32081(29)、32085(28)、32088(20)、32090(24)、32092(16)、32093(17)
佛說漏分布經　子 6－32081(28)、32084(16)、32085(27)、32086(30)、32088(20)、32089(18)、32090(24)、32091(22)、32092(16)、32093(16)
佛說洛叉陀羅尼經　子 6－32085(45)、32086(53)、32088(33)、32089(28)、32090(36)、32091(34)、32092(23)、32093(44)
佛說初分說經　子 6－32081(52)、32083(33)、32084(30)、32085(47)、32086(56)、32088(35)、32089(30)、32090(38)、32091(36)、32092(25)、32093(18)
佛說過去世佛分衛經　子 6－32081(21)、32093(10)
佛說海意菩薩所問淨印法門經　子 6－32081(57)、32084(31)、32093(5)
佛說海龍王經　子 6－32081(15)、32082(11)、32084(10)、32085(16)、32088(11)、32089(13)、32090(19)、32091(18)、32092(13)、32093(9),7－32286
佛說海八德經　子 6－32090(28)、32091(26)、32092(18)、32093(20)
佛說浴像功德經　子 6－32081(12)、32084(7)、32085(12)、32086(13)、32088(9)、32089(10)、32090(13)、32091(12)、32092(8)、32093(12),7－32303
佛說道德運世忠孝報恩寶卷　集 7－54176
佛說道神足無極變化經　子 6－32084(5)、32093(11)
佛說道樹經　子 6－32083(11)、32086(16)、32088(11)
佛說沙彌十戒儀則經　子 6－32081(44)、32084(24)、32085(42)、32086(49)、32088(30)、32089(25)、32090(32)、32091(31)、32092(21)、32093(24),7－32652
佛說沙曷比丘功德經　子 6－32081(32)、32084(18)、32085(31)、32086(36)、32088(23)、32089(22)、32090(30)、32091(29)、32092(20)、32093(20),7－32687
佛說消災吉祥陀羅尼經　子 7－32128
佛說消除一切災障寶髻陀羅尼經　子 6－32081(48)、32082(25)、32085(45)、32086(53)、32088(33)、32089(28)、32090(35)、32091(34)、32092(23)、32093(46)
佛說迷津寶筏　子 7－34599
佛說十一面神咒心經　子 6－32089(11)
佛說十一面觀世音神咒經　子 6－32081(13)、32084(8)、32086(14)、32088(10)、32089(11)、32090(14)、32091(13)、32092(9)、32093(46)
佛說十一面觀世音神咒經、十一面神咒心經、千轉陀羅尼觀世音菩薩咒經、咒五首經、六字神咒經、咒三首經　子 7－32796
佛說十一想思念如來經　子 6－32084(17)、32085(28)、32086(32)、32088(21)、32090(26)、32091(24)、32092(17)、32093(15)
佛說十二頭陀經　子 6－32081(21)、32082(13)、32086(23)、32088(15)、32089(17)、32091(18)、32093(13),7－32609
佛說十二頭陀經(沙門頭陀經)　子 6－32085(21)、32090(19)、32092(13)
佛說十二佛名神咒校量功德除障滅罪經　子 6－32081(12)、32082(10)、32093(42)
佛說十二佛名神咒校量功德除障滅罪經　子 6－32084(8)
佛說十二遊經　子 6－32084(22)、32093(31)
佛說十二因緣經　子 6－32083(8)
佛說十二因緣經(十二因緣經)　子 7－32576
佛說十二品生死經　子 6－32081(33)、32085(32)、32086(37)、32088(23)、32089(23)、32090(30)、32091(28)、32092(19)
佛說十往生阿彌陀佛國經　子 7－32979
佛說十力經　子 6－32084(29)、32093(37),7－32119
佛說十支居士八城人經　子 6－32081(29)、32084(16)、32085(28)、32086(31)、32088(20)、32089(19)、32090(24)、32091(23)、32092(16)、32093(17)
佛說十吉祥經　子 6－32081(21)、32085(20)、32086(22)、32088(15)、32089(17)、32090(18)、32091(16)、32092(12)、32093(6)
佛說十地經　子 6－32084(29)、32093(34),7－32119
佛說十號經　子 6－32081(45)、32082(22)、32083(29)、32085(42)、32086(50)、32088(31)、32089(26)、32090(34)、32091(32)、32092(22)、32093(12)
佛說十八泥犁經　子 6－32081(31)、32085(31)、32088(22)、32089(22)、32090(28)、32091(26)、32092(18)、32093(19),7－32587　叢 1－543、547(4)
佛說十八臂大陀羅尼經　子 6－32086(53)
佛說十八臂陀羅尼經　子 6－32081(49)、32082(25)、32085(45)、32088(33)、32089(28)、32090(36)、32091(34)、32092(23)、32093(44)
佛說十善業道經　子 6－32090(44)、32091(42)、32092(29),7－32626
佛說十善業道經、十善業道經節要、善惡十界業道品、見聞錄　子 7－32137
佛說九色鹿經　子 6－32081(9)、32084(7)、32085(9)、32086(10)、32088(7)、32089(7)、

32090(10)、32091(9)、32092(6)、32093(10)

佛說九横經　子 6－32081(34)、32084(18)、32086(38)、32088(24)、32089(24)、32090(31)、32091(29)、32092(20)、32093(20),7－32608

佛說力士移山經　子 6－32084(17)、32085(28)、32086(32)、32088(20)、32089(20)、32090(26)、32091(24)、32092(17)、32093(15)

佛說大方廣師子吼經　子 6－32090(12)、32091(11)、32092(8)

佛說大方廣十輪經　子 6－32086(3)、32089(3)、32090(4)、32091(3)、32092(3),7－32202

佛說大方廣菩薩十地經　子 6－32081(4)、32082(4)、32085(5)、32088(4)、32093(8)

佛說大方廣未曾有經善巧方便品　子 6－32081(56)、32083(35)、32084(29)、32085(50)、32086(60)、32088(37)、32090(40)、32092(26)、32093(13),7－32427

佛說大方廣曼殊室利經　子 6－32083(34)、32085(52)、32086(58、62)、32088(35、38)、32089(31)、32093(35)

佛說大方廣曼殊室利經(觀自在多羅菩薩儀軌經)　子 6－32085(48)、32090(42)、32091(40)、32092(28)

佛說大方廣曼殊室利經、觀自在菩薩授記品　子 6－32083(34)

佛說大方廣曼殊室利經觀自在菩薩受記品　子 6－32089(32)

佛說大方廣曼殊室利經觀自在菩薩授記品第　子 6－32081(53)

佛說大方廣圓覺修多羅了義寶卷　子 7－36115

佛說大方廣善巧方便經　子 6－32081(51)、32082(26)、32084(29)、32085(46)、32086(55)、32088(34)、32089(29)、32090(37)、32091(35)、32092(24)、32093(4)

佛說大方便(廣)善巧方便經　子 6－32083(32)

佛說大方等頂王經　子 6－32091(6)

佛說大方等頂王經(維摩詰子問)　子 6－32084(5)、32093(7)

佛說大方等頂王經(維摩詰子問經)　子 6－32090(7)、32092(5)

佛說大方等修多羅王經　子 6－32093(9)

佛說大方等大雲請雨經　子 6－32090(9)、32091(8)、32092(6)

佛說大方等大集菩薩念佛三昧經　子 6－32081(3)、32082(3)、32085(4)、32086(4)、32088(3)、32089(4)、32090(4)、32091(3)、32092(3),7－32208

佛說大摩里支菩薩經　子 6－32081(46)、32085(42)、32086(50)、32088(31)、32089(26)、32090(34)、32091(32)、32092(22)、32093(46),7－32920

佛說大意經　子 6－32081(20)、32085(20)、32086(22)、32088(14)、32089(16)、32091(21)、32093(10)

佛說大意經(大意抒海經)　子 6－32090(22)、32092(15)

佛說大護明大陀羅尼經　子 6－32081(44)、32085(41)、32086(48)、32088(30)、32089(25)、32090(32)、32091(30)、32092(21)、32093(44)

佛說大護明大陁羅尼經　子 6－32084(24)

佛說大三摩惹經　子 6－32081(46)、32082(23)、32084(25)、32086(51)、32088(31)、32089(26)、32090(34)、32091(32)、32092(22)、32093(17)

佛說大悲空智金剛大教王儀軌　子 6－32085(52)、32086(63)、32088(39),7－32785

佛說大悲空智金剛大教王儀軌經　子 6－32089(32)、32090(43)、32091(41)、32092(28)、32093(41)

佛說大孔雀王雜神呪經　子 7－32850

佛說大孔雀王雜神咒經　子 6－32086(14)、32089(11)、32090(14)、32091(12)、32092(9)

佛說大孔雀王神咒經　子 6－32090(14)、32091(12)、32092(9)

佛說大孔雀咒王經　子 6－32081(13)、32082(10)、32086(14)、32088(10)、32089(11)、32091(12)、32093(43),7－32845

佛說大孔雀咒王經、壇場畫像法式　子 6－32085(13)、32090(13)、32092(9)

佛說大孔雀明王畫像壇場儀軌　子 6－32085(52)、32086(62)、32088(39)、32093(33)

佛說大愛道比丘尼經　子 6－32081(36)、32082(15)、32085(35)、32086(40)、32088(25)、32089(40)、32090(46)、32091(44)、32092(30)

佛說大愛道般涅槃經　子 6－32085(28)、32086(32)、32088(21)、32090(27)、32091(25)、32092(17)

佛說大愛道般泥洹經　子 6－32084(17)、32093(15)

佛說大愛陀羅尼經　子 6－32081(49)、32082(25)、32085(45)、32086(53)、32088(32)、32089(28)、32090(36)、32091(34)、32092(23)、32093(46)

佛說大愛陁羅尼經　子 6－32084(26)

佛說大乘方等要慧經　子 6－32081(3)、32082(3)、32083(3)、32084(3)、32085(3)、32086(3)、32088(3)、32090(4)、32091(3)、32092(2)、32093(4),7－32186

佛說大乘百福莊嚴相經　子 6－32090(12)、32091(11)、32092(8)

佛說大乘百福相經　子 6－32090(12)、32091

(11)、32092(8)
佛說大乘不思議神通境界經 子6-32081(51)、32082(26)、32083(32)、32084(29)、32086(55)、32088(34)、32089(29)、32090(37)、32091(36)、32092(24)、32093(10)
佛說大乘聖吉祥持世陀羅尼經 子6-32081(43)、32084(23)、32085(40)、32086(47)、32088(29)、32089(24)、32090(32)、32091(30)、32092(20)、32093(44),7-32857
佛說大乘聖無量壽決定光明王如來陀羅尼經 子6-32084(23)、32086(47)、32089(24)、32090(32)、32091(30)、32092(20)、32093(43)
佛說大乘聖無量壽決定光明王如來陁羅尼經 子6-32079、32081(43)、32085(40)、32088(29),7-32815
佛說大乘僧伽吒法義經 子6-32084(32)
佛說大乘僧伽吒法義經殘 子7-32119
佛說大乘流轉諸有經 子6-32081(20)、32085(20)、32088(14)、32089(16)、32090(22)、32091(21)、32092(15)、32093(9)
佛說大乘造像功德經 子6-32081(17)、32082(12)、32083(12)、32084(11)、32093(12)
佛說大乘十法經 子6-32081(2)、32083(2)、32085(2)、32086(2)、32088(2)、32089(2)、32090(3)、32091(2)、32092(2)、32093(3)
佛說大乘大方廣佛冠經 子6-32081(53)、32082(27)、32083(33)、32084(31)、32085(48)、32086(57)、32088(35)、32089(30)、32090(39)、32091(37)、32092(25)、32093(6),7-32095、32448
佛說大乘莊嚴寶王經 子6-32081(43)、32082(21)、32084(23)、32085(40)、32086(47)、32088(29)、32089(24)、32090(31)、32091(30)、32092(20)、32093(45)
佛說大乘菩薩藏正法經 子6-32084(31)、32085(54)、32086(65)、32088(40)、32090(40)、32091(38)、32092(26)、32093(3),7-32163
佛說大乘觀想曼拏羅淨諸惡趣經 子6-32081(48)、32082(24)、32084(26)、32085(44)、32086(53)、32088(32)、32089(27)、32090(42)、32091(40)、32092(27)、32093(47)
佛說大乘戒經 子6-32081(47)、32082(23)、32084(25)、32085(44)、32086(52)、32088(32)、32089(27)、32090(35)、32091(33)、32092(23)、32093(23)
佛說大乘日子王所問經 子6-32081(44)、32084(24)、32085(41)、32086(48)、32088(29)、32089(24)、32090(32)、32091(30)、32092(21)、32093(4)
佛說大乘四法經 子6-32090(12)、32091(11)、32092(8)
佛說大乘隨轉宣說諸法經 子6-32084(32)、32085(54)、32086(64)、32088(40)、32090(41)、32091(39)、32092(26)、32093(8),7-32244
佛說大乘同性經 子6-32090(9)、32091(8)、32092(6)
佛說大乘入諸佛境界智光明莊嚴經 子6-32085(54)、32086(64)、32088(40)、32089(33)、32090(41)、32092(26)、32093(8),7-32424
佛說大乘八大曼拏羅經 子6-32084(26)、32086(53)、32093(43)
佛說大乘金剛經論 叢2-681
佛說大乘金剛經論、牛王經 子7-32998
佛說大乘無量壽莊嚴王經 子6-32089(27)
佛說大乘無量壽莊嚴經 子6-32081(47)、32082(23)、32084(25)、32085(43)、32086(51)、32088(31)、32090(35)、32091(33)、32092(22)、32093(3),7-32157～8
佛說大乘善見變化文殊師利問法經 子6-32081(43)、32084(23)、32085(41)、32086(48)、32088(29)、32089(24)、32090(32)、32091(30)、32092(21)、32093(10)
佛說大乘智印經 子6-32084(32)、32085(54)、32086(64)、32088(40)、32089(33)、32090(41)、32091(39)、32092(26)、32093(9),7-32374
佛說大集法門經 子6-32081(51)、32082(27)、32083(32)、32084(30)、32085(46)、32086(55)、32088(34)、32089(29)、32090(38)、32091(36)、32092(24)、32093(17)
佛說大集會正法經 子6-32081(56)、32083(35)、32084(29)、32085(50)、32086(60)、32088(37)、32089(31)、32090(39)、32091(37)、32092(25)、32093(6),7-32239
佛說大生義經 子6-32081(51)、32083(32)、32084(29)、32086(55)、32088(34)、32089(29)、32090(37)、32091(36)、32092(24)、32093(16)
佛說大白傘蓋總持達喇呢經 子7-32828
佛說大白傘蓋總持陀羅尼經 子6-32089(32)、32091(39),7-32827
佛說大白傘蓋總持陀羅尼經 子6-32085(55)、32086(66)、32088(41)
佛說大白傘蓋總持陀羅尼經、大白傘蓋佛母總讚歎禱祝偈 子6-32090(41)、32092(26)
佛說大自在天子因地經 子6-32081(45)、32082(22)、32085(42)、32086(50)、32088(31)、32089(25)、32090(34)、32091(32)、32092(22)、32093(13)
佛說大自在天子因地經、寶生陀羅尼經、十號經、佛爲娑伽羅龍王所說大乘法經

子7-32688
佛說大魚事經　子6-32081(32)、32085(32)、32086(36)、32088(23)、32089(23)、32090(29)、32091(27)、32092(19)、32093(21),7-32564
佛說大般泥洹經　子6-32084(5)、32093(14)
佛說大安般守意經　子6-32081(31)、32084(17)、32085(31)、32088(22)、32089(22)、32090(28)、32091(26)、32092(18)、32093(18),7-32567
佛說大淨法門經　子6-32093(9)
佛說大淨法門品經　子6-32081(8)、32082(8)、32085(8)、32086(8)、32088(6)、32089(7)、32090(9)、32091(8)、32092(6),7-32249
佛說大灌頂經　子6-32081(7)、32082(7)
佛說大灌頂神咒經　子6-32085(8)、32088(6)、32090(8)、32091(7)、32092(5),7-32933
佛說大灌頂神咒經卷第　子7-33870
佛說大迦葉本經　子6-32081(32)、32084(18)、32085(31)、32086(36)、32088(23)、32089(22)、32090(30)、32091(28)、32092(19)、32093(19),7-32573
佛說大迦葉問大寶積正法經　子6-32081(44)、32082(21)、32084(24)、32085(42)、32086(49)、32088(30)、32089(25)、32090(32)、32091(31)、32092(21)、32093(4)
佛說大吉祥天女十二名號經　子6-32081(54)、32082(28)、32083(34)、32084(27)、32085(49)、32086(58)、32088(36)、32090(38)、32091(37)、32092(25)、32093(36)
佛說大吉祥天女十二契一百八名無垢大乘經　子6-32081(54)、32083(34)、32085(48)、32086(58)、32088(36)、32089(31)、32090(38)、32091(37)、32092(25)
佛說大吉祥經、佛說八吉祥經、佛說十吉祥經　子7-32797
佛說大吉祥陀羅尼經　子6-32081(50)、32085(46)、32086(54)、32088(33)、32089(29)、32090(36)、32091(35)、32092(24)、32093(43)
佛說大七寶陀羅尼經　子6-32081(18)、32085(18)、32086(19)、32088(13)、32089(15)、32090(20)、32091(19)、32092(13)、32093(44)
佛說大七寶陁羅尼經　子6-32084(11)
佛說大藏血盆經　子7-32980
佛說大藏地獄救度離苦生天寶卷　集7-54175
佛說大藏顯性了義寶卷　子7-36116
佛說大報父母恩重經　子7-32964
佛說大威德金輪佛頂熾盛光如來消除一切災難陀羅尼經　子6-32089(33)、32091(39)、32092(26)、32093(33),7-32833
佛說大威德金輪佛頂熾盛光如來消除一切災難陀羅尼經、九曜真言　子6-32090(40)
佛說大威德金輪佛頂熾盛光如來消除一切災難陁羅尼經　子6-32085(53)、32086(63)、32088(39)
佛說大威燈光仙人問疑經　子6-32090(10)、32091(9)、32092(6)
佛說大輪金剛總持陀羅尼經　子6-32093(38)
佛說大阿彌陀經　子6-32088(40)、32090(10)、32091(9)、32092(6)、32093(3),7-32152、32159　叢1-114(3)
佛說大堅固婆羅門緣起經　子6-32081(57)、32083(36)、32084(30)、32085(51)、32086(61)、32088(38)、32090(40)、32092(26)、32093(17),7-32542
佛說大金色孔雀王咒經　子6-32081(13)、32082(10)、32084(8)、32085(13)、32093(43)
佛說大金剛香陀羅尼經　子6-32081(48)、32082(24)、32085(44)、32086(52)、32088(32)、32089(27)、32090(35)、32091(33)、32092(23)、32093(42)
佛說大慈至聖九蓮菩薩化身度世尊經　子7-33002
佛說大普賢陀羅尼經　子6-32081(18)、32085(18)、32086(19)、32088(13)、32089(15)、32090(20)、32091(19)、32092(13)、32093(46)
佛說大普賢陁羅尼經　子6-32084(11)
佛說太子瑞應本起經　子6-32093(18)
佛說太子和休經　子6-32082(3)、32083(3)、32085(3)、32088(3)、32093(4)
佛說太子沐魄經　子6-32081(9)、32085(9)、32086(10)、32088(7)、32089(7)、32090(10)、32091(9)、32092(7)
佛說太子墓珀經　子6-32084(7)
佛說太子慕魄經　子6-32084(7)、32093(10)
佛說太子慕魄經(佛說太子沐魄經)　子6-32093(10)
佛說太子刷護經　子6-32093(4)
佛說太陽天子延壽波羅密經(太陽天子消災延壽波羅密經)　子7-32913
佛說壞相金剛陀羅尼經　子6-32086(66)、32093(46)
佛說在(大)乘十法經　子7-32161
佛說內身觀章句經　子6-32084(21)、32093(31)
佛說內藏百寶經　子6-32084(9)、32090(17)、32091(15)、32092(11)、32093(12)
佛說布施經　子6-32081(47)、32082(23)、32084(25)、32085(43)、32086(51)、32088

(31)、32089(26)、32090(33)、32091(31)、32092(21)、32093(21),7-32610
佛說希有校量功德經 子6-32090(12)、32091(11)、32092(8),7-32293
佛說希有挍量功德經 子6-32084(7)、32093(12)
佛說孛經 子6-32091(15)
佛說孛經(孛經抄) 子6-32090(16)、32092(11)
佛說孛經抄 子6-32081(15)、32085(16)、32086(17)、32088(11)、32089(13)、32093(22)
佛說難提釋經 子6-32084(17)、32093(18)
佛說古來世時經 子6-32081(27)、32084(16)、32085(27)、32086(30)、32088(19)、32089(18)、32090(24)、32091(22)、32092(15)、32093(16)
佛說右遶佛塔功德經 子6-32090(20)、32092(13)
佛說壽生經 子7-32989
佛說七處三觀經 子6-32085(29)、32086(33)、32088(21)、32089(20)、32090(27)、32091(25)、32092(17)、32093(17)
佛說七佛經 子6-32081(46)、32082(23)、32085(43)、32086(51)、32088(31)、32089(27)、32090(35)、32091(33)、32092(22)、32093(17)
佛說七俱胝佛母准提大明陀羅尼經 子6-32089(11)、32090(15)
佛說七俱胝佛母准提大明陀羅尼經、觀行法 子6-32091(14)、32092(10)、32093(35)
佛說七俱胝佛母准提大明陁羅尼經 子6-32081(13)、32082(11)、32085(13)、32088(10)
佛說七俱胝佛母準提大明陀羅尼經 子7-32902
佛說七俱胝佛母準提大明陀羅尼經、觀行法 子7-32903
佛說七俱胝佛母心大准提陀羅尼經 子6-32081(13)、32082(11)、32085(13)、32088(10)、32089(11)、32090(15)、32091(14)、32092(10)
佛說七俱胝佛母心大準提陀羅尼經 子6-32093(39)
佛說七女經 子6-32081(30)、32085(30)、32086(34)、32088(22)、32089(21)、32090(29)、32091(27)、32092(19)、32093(13),7-32281
佛說七知經 子6-32081(27)、32084(15)、32085(26)、32086(30)、32088(19)、32089(18)、32090(23)、32091(22)、32092(15)、32093(15)
佛說木槵子經 子6-32084(18)
佛說木槵子經 子6-32093(21)
佛說木槵經 子6-32081(33)、32084(28)、32085(32)、32086(37)、32088(23)、32089(23)、32090(30)、32091(29)、32092(20),7-32101、32854
佛說奈女耆婆經 子6-32081(30)、32085(30)、32086(34)、32088(22)
佛說奈女耆域因緣經 子6-32086(34)
佛說柰女祇域因緣經 子6-32093(19)
佛說柰女耆婆經 子6-32089(21)、32090(27)、32091(26)、32092(18)、32093(19)
佛說柰女耆域因緣經 子6-32081(30)、32085(30)、32088(22)、32089(21)、32090(27)、32091(26)、32092(18)
佛說檀特羅麻油述經 子6-32081(18)、32085(18)、32086(20)、32088(13)、32089(15)、32090(21)、32091(19)、32092(14)、32093(46)
佛說校量壽命經 子6-32086(48)
佛說校量壽命經、讚法界頌 子6-32089(25)
佛說校量數珠功德經 子6-32081(12)、32085(12)、32086(13)、32088(9)、32089(10)、32090(13)、32091(12)、32092(8)、32093(47),7-32853
佛說獅子奮迅菩薩所問經 子6-32084(9)、32093(43)
佛說猘狗經 子6-32081(32)、32093(22)
佛說猘猗經 子6-32084(17)
佛說求欲經 子6-32081(28)、32084(16)、32085(27)、32086(30)、32088(19)、32089(18)、32090(24)、32091(22)、32092(16)、32093(16)
佛說越南[難]經 子6-32081(30)
佛說越難經 子6-32085(30)、32086(34)、32088(22)、32089(21)、32090(29)、32091(27)、32092(19)、32093(21),7-32701
佛說地獄衆生相害十八泥犁經 子6-32086(35)
佛說地獄還報經(寶卷) 子7-34637
佛說蓱沙王五願經 子6-32093(19)
佛說萍沙王五願經 子6-32086(35)
佛說落叉陀羅尼經 子6-32081(49)、32082(25)
佛說花聚陁羅尼咒經 子6-32084(9)
佛說花積樓閣陁羅尼經 子6-32081(46)、32082(23)、32084(24)、32085(43)、32088(31)
佛說莊嚴王陀羅尼咒經 子6-32093(44)
佛說莊嚴王陁羅尼咒經 子6-32084(11)
佛說莊嚴菩提心經 子6-32084(4)、32093(8)
佛說薩羅國經 子6-32081(20)、32084(12)、32085(20)、32086(22)、32088(15)、32089(17)、32090(18)、32091(16)、32092(12)、32093(11)

佛說薩鉢多酥哩踰捺野經 子6－32081(47)、32082(24)、32084(25)、32085(44)、32086(52)、32088(32)、32089(27)、32090(35)、32091(33)、32092(23)、32093(15)
佛說梵魔喻經 子6－32089(19)、32090(25)、32091(24)、32092(16)
佛說梵摩難國王經 子6－32081(34)、32084(18)、32085(33)、32086(38)、32088(24)、32089(24)、32090(31)、32091(29)、32092(20)、32093(19),7－32614
佛說梵摩喻經 子6－32081(28)、32085(27)、32086(31)、32088(20)
佛說梵網六十二見經 子6－32081(27)、32084(15)、32085(26)、32086(29)、32088(19)、32089(18)、32090(23)、32091(22)、32092(15)、32093(17)
佛說梵網經 子6－32081(21)、32085(21)、32086(23)、32088(15)、32089(38)、32090(44)、32091(42)、32092(29),7－32112、32984
佛說梵網經集解、事義 子7－32109
佛說梵網經順硃 子6－32091(67)
佛說梵網經初津 子7－33549
佛說梵網經直解 子6－32092(44),7－33547
佛說梵網經直解、梵網經直解事義 子7－33545
佛說梵網經直解、菩薩戒問辨直解事義 子7－33546
佛說梵網經菩薩心地品 子7－32112
佛說梵網經菩薩心地品玄義 子6－32091(67)
佛說梵網經菩薩心地品下畧疏 子6－32091(67)
佛說梵網經菩薩心地品畧疏 子7－33548
佛說梵網經菩薩心地品合註 子6－32091(67)
佛說梵網經菩薩心地品合注、[梵網經]玄義、[梵網經]雜集 子7－33544
佛說梵志計水淨經 子6－32081(28)、32085(27)、32086(30)、32088(19)、32089(18)、32090(24)、32091(22)、32092(16)、32093(16)
佛說梵志頞波羅延問種尊經 子6－32081(28)、32086(31)、32088(20)、32089(19)、32090(25)、32091(23)、32092(16)
佛說梵志女首意經 子6－32084(9)、32093(9)
佛說梵志阿颰經 子6－32081(27)、32084(15)、32085(26)、32086(29)、32088(19)、32089(18)、32090(25)、32091(23)、32092(16)
佛說蓮華面經 子6－32081(17)、32085(17)、32086(19)、32088(12)、32089(14)、32090(20)、32091(18)、32092(13),7－32486
佛說蓮華眼哈達喇尼經 子7－32795
佛說蓮華眼陀羅尼經 子6－32081(45)、32083(29)、32085(42)、32086(50)、32088(30)、32089(25)、32090(33)、32091(31)、32092(22)、32093(44)
佛說苾芻五法經 子6－32081(45)、32082(22)、32084(24)、32085(42)、32086(49)、32088(30)、32089(25)、32090(33)、32091(31)、32092(21)、32093(24)
佛說苾芻迦尸迦十法經 子6－32081(45)、32082(22)、32084(24)、32085(42)、32086(49)、32088(30)、32089(25)、32090(33)、32091(31)、32092(21)、32093(25)
佛說孝子經 子6－32081(32)、32093(21)
佛說華聚陀羅尼經 子6－32083(10)
佛說華聚陀羅尼咒經 子6－32081(14)、32085(15)、32086(16)、32088(10)、32090(15)、32091(13)、32092(10)、32093(43)
佛說華手經 子6－32086(18)、32088(12)、32089(14)、32091(17)
佛說華手經(攝諸善根經) 子6－32084(10)、32085(16)、32090(18)、32092(12)、32093(8)
佛說華積樓閣陀羅尼經 子6－32086(51)、32089(26)、32090(34)、32091(33)、32092(22)、32093(43)
佛說華積陀羅尼神咒經 子6－32093(43)
佛說華首經 子6－32081(16)、32082(11)
佛說菩薩行方便境界神通變化經 子6－32081(7)、32082(7)、32084(6)、32085(7)、32088(5)、32093(14)
佛說菩薩行五十緣身經 子6－32090(17)、32091(15)、32092(11)
佛說菩薩修行經 子6－32084(9)、32090(17)、32091(15)、32092(11)
佛說菩薩修行經(威施長者問觀身行經) 子6－32093(4)
佛說菩薩修行四法經 子6－32081(10)、32082(10)、32084(7)、32085(11)、32088(8)、32090(12)、32091(11)、32092(8)、32093(12)
佛說菩薩逝經 子6－32081(9)、32082(9)、32085(10)、32086(10)、32088(7)、32090(10)、32091(9)、32092(7)、32093(11),7－32268
佛說菩薩十住經 子6－32081(5)、32083(4)、32084(4)、32085(5)、32086(5)、32088(4)、32090(6)、32091(5)、32092(4)、32093(2),7－32400
佛說菩薩內習六波羅蜜經 子6－32093(30)
佛說菩薩內戒經 子6－32084(13)、32086(24)、32088(15)、32092(28)、32093(22),7－32631
佛說菩薩內戒經一經 子6－32081(22)、32082(13)、32085(21)、32089(38)、32090(44)、32091(42)
佛說菩薩本行經 子6－32084(10)、32093

(10)
佛說菩薩本業經 子6-32081(4)、32082(4)、32083(4)、32084(4)、32086(5)、32088(4)、32090(5)、32091(5)、32092(3)、32093(2),7-32397
佛說菩薩投身飴餓虎起塔因緣經 子6-32084(12)、32093(8)
佛說菩薩睒子經 子6-32093(10)
佛說菩薩念佛三昧經 子6-32081(3)、32082(3)、32083(3)、32085(4)、32086(4)、32088(3)、32089(3)、32090(4)、32091(3)、32092(3),7-32209
佛說菩薩善戒經 子6-32081(21)、32082(13)
佛說苦陰經 子6-32081(28)、32084(16)、32085(27)、32086(30)、32088(19)、32089(18)、32090(24)、32091(23)、32092(16)、32093(16)
佛說苦陰因事經 子6-32081(28)、32084(16)、32085(27)、32086(30)、32088(19)、32089(18)、32090(24)、32091(23)、32092(16)、32093(16)
佛說甚深大迴向經 子6-32085(20)、32086(23)、32088(15)、32089(17)、32090(20)、32091(18)、32092(13)、32093(12),7-32428
佛說甚希有經 子6-32089(9)、32090(12)、32091(11)、32092(8)
佛說老女人經 子6-32081(9)、32082(8)、32085(10)、32086(10)、32088(7)、32089(7)、32090(10)、32091(9)、32092(7)、32093(7),7-32706
佛說老母經 子6-32081(9)、32082(8)、32084(7)、32085(10)、32086(10)、32088(7)、32089(7)、32090(10)、32091(9)、32092(7)、32093(7),7-32707
佛說老母女六英經 子6-32081(9)、32082(8)、32085(10)、32086(10)、32088(7)、32090(10)、32091(9)、32092(7)、32093(7),7-32708
佛說甘露經陀羅尼 子6-32086(20)、32090(23)、32091(21)、32092(15)
佛說甘露經陀羅尼咒 子6-32093(43)
佛說舊城喻經 子6-32081(50)、32085(46)、32086(54)、32088(33)、32089(29)、32090(36)、32091(34)、32092(23)、32093(11)
佛說樹提伽經 子6-32081(21)、32082(13)、32085(21)、32086(23)、32088(15)、32089(17)、32090(19)、32091(18)、32092(13)、32093(11),7-32264
佛說藥師如來本願經 子6-32081(7)、32082(7)、32083(36)、32085(8)、32086(8)、32088(6)、32090(8)、32091(7)、32092(5)、32093(6)
佛說枯樹經 子6-32093(15)
佛說樓炭經 子6-32090(23)、32091(22)、32092(15),7-32544
佛說樓閣正法甘露鼓經 子6-32081(43)、32084(24)、32085(41)、32086(48)、32088(29)、32089(24)、32090(32)、32091(30)、32092(21)、32093(12)
佛說觀音救苦經 子7-33014
佛說觀彌勒菩薩下生經 子6-32090(10)、32091(9)、32092(6),7-32452
佛說觀彌勒菩薩上生兜率天經 子6-32093(34)
佛說觀彌勒菩薩上生兜率陀天經 子6-32090(10)、32091(9)、32092(6),7-32451
佛說觀彌勒菩薩上生兜率陁天經 子6-32081(8)、32082(8)、32085(9)、32088(7)
佛說觀佛三昧海經 子6-32084(10)、32093(6)
佛說觀自在菩薩如意心陀羅尼咒經 子6-32081(12)、32082(10)、32083(9)、32088(9)、32093(45)
佛說觀自在菩薩母陀羅尼經 子6-32081(50)、32085(46)、32086(54)、32088(33)、32089(29)、32093(45)
佛說觀自在菩薩母陁羅尼經 子6-32084(26)
佛說觀世音經 子7-32516
佛說觀世音菩薩救苦經 子7-33013
佛說觀世音菩薩救苦經、佛說護身呪 子7-33010
佛說觀世音菩薩救苦經、佛說金剛神呪 子7-33011
佛說觀世音菩薩救苦經、佛頂尊勝總持經咒 子7-33012
佛說觀藥王藥上二菩薩經 子6-32081(16)、32084(10)、32085(16)、32086(17)、32088(11)、32089(11)、32090(13)、32091(12)、32092(9)、32093(35),7-32856
佛說觀想佛母般若波羅蜜多菩薩經 子6-32081(45)、32085(42)、32086(50)、32088(30)、32090(33)、32091(32)、32092(22)、32093(47)
佛說觀無量壽經 子7-34425
佛說觀無量壽佛經 子6-32081(8)、32082(8)、32083(7)、32084(6)、32085(9)、32086(8)、32088(7)、32090(9)、32091(8)、32092(6),7-32112、32134、32458～9、34427～8 叢1-114(3),2-724
佛說觀無量壽佛經、觀無量壽佛讚 子6-32093(5)
佛說觀無量壽佛經、圖頌 子7-32460
佛說觀無量壽佛經疏 子6-32088(42)、32089(49)、32090(63)、32091(61)、32093

(47),7-32113、33348～9、33351、33353、34432
佛説觀無量壽佛經疏妙宗鈔　子7-33355
佛説觀無量壽佛經疏妙宗鈔、觀經義疏妙宗鈔　子7-33356
佛説觀無量壽佛經疏鈔　子7-33359
佛説觀無量壽佛經疏鈔科文　子7-33361
佛説觀無量壽佛經直指疏　子7-33363
佛説觀無量壽佛經圖頌　子7-33362
佛説觀無量壽佛經畧論　子7-32118　叢2-2017
佛説觀無量壽佛經義疏　子7-33350
佛説觀普賢菩薩行法經　子6-32081(16)、32083(5、11)、32084(10)、32085(16)、32086(17)、32088(11)、32089(13)、32091(16)、32093(14),7-32455
佛説觀普賢菩薩行法經(觀普賢觀經、出深功德經)　子6-32090(17)、32092(11)
佛説如意摩尼陀羅經　子6-32086(50)
佛説如意摩尼陀羅尼經　子6-32081(45)、32085(42)、32088(30)、32090(33)、32091(32)、32092(22)、32093(43)
佛説如意寶總持王經　子6-32081(46)、32082(22)、32085(43)、32086(50)、32088(31)、32089(26)、32090(34)、32091(32)、32092(22)、32093(45)
佛説如意寶輪王神呪　子7-32096
佛説如意輪蓮華心如來修行觀門儀　子6-32085(53)、32086(63)、32088(39)、32089(37)、32090(58)、32091(56)、32092(39)、32093(47)
佛説如意嘛呢哈達喇尼經　子7-32795
佛説如幻三摩地無量印法門經　子6-32081(56)、32083(35)、32084(30)、32085(50)、32086(60)、32088(37)、32089(32)、32090(39)、32092(25)、32093(5)
佛説如幻三昧經　子7-32181
佛説如幻三昧經　子6-32081(2)、32082(3)、32083(3)、32084(3)、32085(3)、32086(3)、32088(2)、32089(3)、32090(3)、32091(3)、32092(2)、32093(4)
佛説如來不思議祕密大乘經　子6-32084(31)、32085(51)、32086(62)、32088(38)、32090(42)、32091(40)、32092(27)、32093(3)
佛説如來不思議祕密金剛經　子7-32147
佛説如來不思議□密金剛手經　子7-32133、32146
佛説如來師子吼經　子6-32090(12)、32091(11)、32092(8)
佛説如來獨證自誓三昧經　子6-32084(8)、32093(10)
佛説如來興顯經　子6-32081(5)、32083(4)、32084(4)、32085(5)、32086(5)、32088(4)、32089(5)、32090(5)、32091(4)、32092(3)、32093(2)
佛説如來智印經　子6-32081(7)、32082(7)、32084(6)、32086(8)、32088(6)、32089(7)、32091(10)、32093(9),7-32133、32373
佛説如來智印經(諸佛法身經)　子6-32085(8)、32090(12)、32092(7)
佛説如如老祖寶卷　集7-54191
佛説鞞摩肅經　子6-32081(29)、32084(16)、32085(28)、32086(31)、32088(20)、32089(19)、32090(24)、32091(23)、32092(16)、32093(17)
佛説相應相可經　子6-32085(29)、32086(33)、32088(21)、32089(20)、32090(27)、32091(26)、32092(18)、32093(18)
佛説相輪經　子7-32838
佛説相輪陀羅尼經　子7-32839
佛説犯戒罪報輕重經　子6-32081(36)、32085(35)、32088(25)、32090(45)、32091(43)、32092(29)、32093(24)
佛説犯戒罪輕重經　子6-32086(40)
佛説婦人遇辜經　子6-32081(33)、32084(18)、32085(32)、32086(37)、32088(23)、32089(23)、32090(29)、32091(28)、32092(19)、32093(20),7-32617
佛説報恩寶卷　集7-54174
佛説報恩奉盆經　子6-32081(12)、32086(13)、32088(9)、32089(10)、32091(12),7-32621
佛説報恩奉盆經(報像功德經)　子6-32085(12)、32090(13)、32092(9)
佛説報恩奉瓮經(報像功德經)　子6-32084(8)、32093(11)
佛説超日明三昧經　子6-32084(10)、32093(10)
佛説救面然餓鬼陀羅尼經　子6-32089(15)
佛説救面然餓鬼陀羅尼神咒經　子6-32081(19)、32085(19)、32088(13)、32090(23)、32091(21)、32092(15)、32093(43)
佛説救面然餓鬼陀羅尼咒經　子6-32086(20)
佛説救拔焰口餓鬼陀羅經　子6-32088(36)、32089(31)、32090(39)、32092(26)、32093(37)
佛説救拔焰口餓鬼陀羅尼經　子6-32081(54)、32083(34)、32086(59),7-32095、32928、35054
佛説栴檀香身陀羅尼經　子6-32081(48)、32082(25)、32085(45)、32086(53)、32088(33)、32089(28)、32090(36)、32091(34)、32092(23)、32093(44),7-32101
佛説栴檀樹經　子6-32081(34)、32084(18)、

32085(33)、32086(38)、32088(24)、32089(23)、32090(31)、32091(30)、32092(20)、32093(20),7-32715
佛說妙色王因緣經 子 6-32084(12)、32086(22)、32089(16)、32090(20)、32091(18)、32092(13)、32093(10),7-32671
佛說妙色陀羅尼經 子 6-32081(48)、32082(25)、32085(45)、32086(53)、32088(33)、32089(28)、32090(35)、32091(34)、32092(23)、32093(44)
佛說妙法決定業障經 子 6-32081(11)、32082(10)、32085(11)、32088(8)
佛說妙吉祥瑜伽大教金剛部囉嚩輪觀想成就儀軌經 子 6-32086(53)
佛說妙吉祥瑜伽大教金剛陪囉嚩輪觀想成就儀軌經 子 6-32081(48)、32082(24)、32084(25)、32085(44)、32088(32)、32089(28)、32090(43)、32091(41)、32092(28)、32093(45)
佛說妙吉祥菩薩所問大乘法螺經 子 6-32081(48)、32082(24)、32084(25)、32085(53)、32086(52,63)、32088(39)、32089(32)、32090(40)、32092(26)、32093(12),7-32252
佛說妙吉祥菩薩陀羅尼 子 6-32081(49)、32082(25)、32085(45)、32086(54)、32088(33)、32089(28)、32090(37)、32091(35)、32092(24)、32093(47)
佛說妙吉祥菩薩陁羅尼 子 6-32084(26)
佛說妙吉祥最勝根本大教經 子 6-32081(48)、32082(24)、32084(25)、32085(44)、32086(52)、32088(32)、32089(27)、32090(42)、32091(40)、32092(27)、32093(47)
佛說趙孝郎還魂高氏行孝寶卷 集 7-54330
佛說中心經 子 6-32081(32)、32084(18)、32085(32)、32086(36)、32088(23)、32089(23)、32090(29)、32091(27)、32092(19),7-32560
佛說申日經 子 6-32093(11)
佛說申日兒本經 子 6-32090(11)、32091(10)、32092(7),7-32271
佛說較量一切佛刹功德經 子 6-32082(25)、32085(44)、32086(53)、32088(32)、32089(28)、32090(35)、32091(34)、32092(23)、32093(2)
佛說較量壽命經 子 6-32081(44)、32084(24)、32085(41)、32088(30)、32090(32)、32091(31)、32092(21)、32093(19),7-32583
佛說本相倚致經 子 6-32086(30)、32089(18)、32090(25)、32091(23)、32092(16),7-32520
佛說本相猗致經 子 6-32081(27)、32084(16)、32085(26)、32088(19)、32093(16)
佛說鴦崛摩經 子 6-32081(29)、32085(28)、32086(32)、32088(20)
佛說鴦崛髻經 子 6-32083(19)、32084(17)、32086(32),7-32529
佛說鴦掘摩經 子 6-32089(20)、32090(26)、32091(24)、32092(17)、32093(15)
佛說鴦掘髻經 子 6-32089(20)、32090(26)、32091(24)、32092(17)、32093(15)
佛說忠心經 子 6-32093(21)
佛說未生怨經 子 6-32081(32)
佛說未生寃經 子 6-32093(19)
佛說未曾有正法經 子 6-32081(51)、32082(26)、32083(32)、32084(29)、32085(46)、32086(55)、32088(34)、32089(29)、32090(37)、32091(35)、32092(24)、32093(8),7-32372
佛說未曾有經 子 6-32081(10)、32082(9)、32084(7)、32085(10)、32086(11)、32088(8)、32090(12)、32091(11)、32092(8)、32093(12)
佛說未曾有因緣經 子 6-32081(16)、32084(10)、32085(16)、32086(17)、32088(11)、32093(22)
佛說末利支提婆華鬘經 子 6-32090(34)、32091(32)、32092(22),7-32919
佛說末羅王經 子 6-32081(33)、32085(32)、32086(37)、32088(23)、32089(23)、32090(31)、32091(29)、32092(20)、32093(19),7-32691
佛說拔除罪障咒王經 子 6-32081(19)、32084(11)、32085(19)、32086(21)、32088(14)、32089(15)、32090(21)、32091(20)、32092(14)、32093(44)
佛說成具光明定意經 子 6-32093(10)
佛說戒香經 子 6-32081(50)、32084(26)、32085(46)、32086(54)、32088(33)、32089(29)、32090(36)、32091(35)、32092(24)、32093(18)
佛說戒德香經 子 6-32081(29)、32085(28)、32086(32)、32088(20)、32089(19)、32090(24)、32091(23)、32092(16)、32093(18)
佛說戒消災經 子 6-32081(36)、32082(15)、32084(19)、32085(35)、32086(40)、32088(25)、32090(45)、32091(43)、32092(29)、32093(24)
佛說持句神咒經 子 6-32081(14)、32084(9)、32086(16)、32088(11)、32089(12)、32090(16)、32091(14)、32092(10)、32093(42)
佛說持句神咒經(陀羅尼句經) 子 6-32085(15)
佛說持世陀羅尼經 子 6-32081(18)、32085(18)、32086(20)、32088(13)、32089(15)、32090(21)、32091(19)、32092(14)
佛說持明藏瑜伽大教尊那菩薩大明成就儀

軌經　子 6－32081(48)、32082(24)、32084(25)、32085(44)、32086(52)、32088(32)、32089(27)、32090(43)、32091(41)、32092(28)、32093(47)
佛說持明藏八大總持王經　子 6－32081(46)、32082(22)、32085(43)、32086(50)、32088(31)、32091(32)、32093(44)
佛說持明藏八大總持王經　子 6－32089(26)、32090(33)、32092(22)
佛說持錫杖法　子 6－32085(30)、32086(35)、32088(22)
佛說轉法輪經　子 6－32093(18)
佛說轉有經　子 6－32086(12)、32089(9)、32090(13)、32091(11)、32092(8)、32093(9)
佛說轉女身經　子 6－32081(10)、32082(9)、32084(7)、32085(10)、32086(11)、32088(8)、32089(9)、32090(11)、32091(10)、32092(7)、32093(9),7－32276
佛說慧印三昧經　子 6－32081(7)、32082(7)、32083(6)、32084(6)、32085(8)、32086(8)、32088(6)、32089(7)、32090(12)、32091(10)、32092(7)、32093(9)
佛說賴吒刼羅所問德光太子經　子 6－32082(12)、32085(19)、32088(14)
佛說賴吒和羅經　子 6－32081(28)、32084(16)、32086(31)、32088(20)、32089(19)、32090(25)、32091(23)、32092(16)、32093(16)
佛說賴吒和羅所問德光太子經　子 6－32086(21)、32089(16)、32090(22)、32091(20)、32092(14)
佛說輪王七寶經　子 6－32081(56)、32083(35)、32084(29)、32085(50)、32086(60)、32088(37)、32089(32)、32090(40)、32092(26)、32093(16),7－32527
佛說輪轉五道罪福報應經　子 6－32081(33)、32085(32)、32086(37)、32088(23)、32089(23)、32090(30)、32091(28)、32092(19)
佛說蟻喻經　子 6－32081(56)、32082(15)、32083(36)、32084(30)、32085(50)、32086(61)、32088(37)、32089(32)、32090(39)、32091(38)、32092(26)、32093(21),7－32530
佛說數經　子 6－32081(28)、32083(19)、32084(16)、32086(31)、32088(20)、32089(19)、32090(25)、32091(23)、32092(16)、32093(16)
佛說日光經、佛說解百生寃結陀羅尼經　子 7－33057
佛說目連所問經　子 6－32081(45)、32082(21)、32085(42)、32086(49)、32088(30)、32089(25)、32090(33)、32091(31)、32092(21)、32093(24),7－32656
佛說目連問戒律中五百輕重事　子 6－32084(19)、32090(46)、32091(44)、32092(30)、32093(25)
佛說目連問戒律中五百輕重事經　子 6－32081(36)、32082(15)、32085(35)、32086(40)、32088(25),7－32658
佛說目蓮問戒律中[五]百輕重事經、得道梯隥錫杖經　子 7－32657
佛說罪福報應經　子 6－32084(18)、32093(19)
佛說罪業應報教化地獄經　子 6－32081(30)、32085(30)、32086(34)、32088(22)、32089(21)、32090(29)、32091(27)、32092(19)、32093(13)
佛說罪業報應教化地獄經　子 7－32983
佛說最上意陀羅尼經　子 6－32081(46)、32082(22)、32085(43)、32086(50)、32088(31)、32089(26)、32090(33)、32091(32)、32092(22)、32093(45)
佛說最上密祕那天經　子 6－32086(55)
佛說最上祕密那天經　子 6－32089(29)
佛說最上祕密那拏天經　子 6－32081(50)、32082(26)、32084(26)、32085(46)、32088(34)、32090(42)、32091(40)、32092(27)、32093(46)
佛說最上根本大樂金剛不空三昧大教王經　子 6－32081(50)、32082(26)、32084(26)、32085(46)、32086(55)、32088(34)、32089(29)、32090(42)、32091(40)、32092(27)、32093(41),7－32788
佛說最勝佛頂陀羅尼淨除業障經　子 6－32081(13)、32085(14)、32088(10)
佛說最勝妙吉祥根本智最上祕密一切名義三摩地分　子 6－32081(56)、32083(35)、32085(50)、32086(60)、32088(37)、32089(36)、32090(57)、32091(55)、32092(38)、32093(42),7－32095
佛說最勝無比大威德金輪佛頂熾盛光消災吉祥陁羅尼經　子 6－32085(53)、32086(63)、32088(39)
佛說最無比經　子 6－32086(11)、32089(9)、32090(12)、32091(11)、32092(8)
佛說國王不黎先泥十夢經　子 6－32090(26)
佛說國王不黎先尼十夢經　子 6－32085(29)、32086(33)、32088(21)、32089(20)、32091(24)、32092(17)
佛說四諦經　子 6－32081(27)、32084(16)、32085(26)、32086(30)、32088(19)、32089(18)、32090(25)、32091(23)、32092(16)、32093(15),7－32520
佛說四諦七經　子 7－32520
佛說四天王經　子 6－32081(33)、32085(32)、32086(37)、32088(23)、32089(23)、32090(29)、32091(28)、32092(19)、32093(21),7－32981
佛說四不可得經　子 6－32081(15)、32085

(15)、32086(16)、32088(11)、32089(12)、32090(17)、32091(15)、32092(11)、32093(13)
佛說四輩經　子6-32081(21)、32082(13)、32083(14)、32084(12)、32086(23)、32088(15)、32089(17)、32091(18)、32093(13),7-32292
佛說四輩經(四輩學經)　子6-32090(20)、32092(13)
佛說四輩經(四輩弟子經、四輩學經)　子6-32085(20)
佛說四自侵經　子6-32081(32)、32084(18)、32085(31)、32086(36)、32088(23)、32089(22)、32090(30)、32091(28)、32092(20)、32093(21),7-32596
佛說四泥犁經　子6-32085(28)、32086(32)、32088(21)、32089(20)、32090(26)、32091(24)、32092(17)、32093(15)
佛說四十二章經　子1-39、58,6-32091(26)、32093(49),7-32100、32104、32108、32112、32556、33479　叢1-49、114(3)、169(2)、394,2-724
佛說四十二章經(藏滿蒙漢文)　子7-32558
佛說四十二章經、佛遺教經、溈山警策、斷際心要、接象機緣　子7-33481
佛說四十二章經註　子6-32091(67)
佛說四十二章經註、佛遺教經註　子7-33482
佛說四十二章經疏抄　子7-33485～6
佛說四十二章經解　子7-32113、33484
佛說四十二章經解、佛遺教經解、八大人覺經畧解　子7-33483
佛說四十二章經注　子7-33480　叢1-543、547(4)
佛說四十二章經附佛入涅槃畧說教誡經　子7-32557
佛說四未曾有法經　子6-32085(28)、32086(32)、32088(20)、32089(20)、32090(26)、32091(24)、32092(17)、32093(15)
佛說四品法門經　子6-32085(53)、32086(63)、32088(39)、32089(32)、32090(40)、32092(26)、32093(20),7-32539
佛說四願經　子6-32093(21)
佛說四人出現世間經　子6-32081(29)、32084(16)、32085(28)、32086(32)、32088(20)、32089(19)、32090(25)、32091(23)、32092(16)、32093(15)
佛說四分戒本　子7-32641
佛說四無所畏經　子6-32081(47)、32082(23)、32084(25)、32085(44)、32086(52)、32088(32)、32089(27)、32090(35)、32091(33)、32092(23)、32093(20),7-32101
佛說見正經　子6-32081(32)、32085(32)、32086(36)、32088(23)、32089(23)、32090(29)、32091(27)、32092(19),7-32584
佛說見正經(生死變識經)　子6-32093(21)
佛說園生樹經　子6-32081(56)、32083(35)、32086(60)、32088(37)、32089(32)、32090(40)、32092(26)、32093(15),7-32535
佛說黑氏梵志經　子6-32093(20)
佛說因緣僧護經　子6-32081(33)、32085(33)、32086(38)、32088(24)、32089(23)、32090(31)、32091(30)、32092(20)、32093(21),7-32686
佛說回向輪經　子7-32842
佛說畧教誡經　子6-32085(33)、32086(38)、32088(24)、32089(24)、32090(30)、32091(28)、32092(19)、32093(21),7-32101
佛說毘沙門天王經　子6-32081(47)、32082(23)、32084(25)、32085(43)、32086(51)、32088(31)、32089(26)、32090(34)、32091(32)、32092(22)、32093(46)
佛說毘奈耶經　子6-32093(33)
佛說貝多樹下思惟十二因緣經　子6-32088(8)、32091(11),7-32577
佛說貝多樹下思惟十二因緣經(聞城十二因緣經)　子6-32081(11)、32085(11)、32090(12)、32092(8)
佛說是法非法經　子6-32081(28)、32084(16)、32085(27)、32086(30)、32088(19)、32089(18)、32090(24)、32091(22)、32092(16)、32093(16)
佛說圓生樹經　子6-32085(50)
佛說圓微慧覺真經　子7-33000
佛說圓覺寶卷　集7-54141
佛說羅摩伽經　子6-32081(5)、32082(5)、32084(4)、32085(5)、32086(5)、32088(4)、32089(5)、32090(6)、32091(5)、32092(4),7-32407
佛說羅摩迦經　子6-32093(2)
佛說羅云忍辱經　子6-32081(32)、32085(31)、32086(36)、32088(23)、32089(22)、32090(30)、32091(28)、32092(20),7-32575
佛說呵雕阿那含經　子7-32605
佛說呵鵰阿那含經　子6-32081(33)、32085(32)、32086(37)、32088(23)、32089(23)、32090(29)、32091(28)、32092(19)
佛說呵鵰阿那鋡經　子6-32093(20)
佛說嘆世修因正信歸宗寶卷　集7-54180
佛說時非時經　子6-32081(32)、32085(31)、32086(36)、32088(23)、32089(22)、32090(30)、32091(29)、32092(20)、32093(21)
佛說瞿曇彌記果經　子6-32081(28)、32085(27)、32086(31)、32088(20)、32089(18)、32090(25)、32091(23)、32092(16)、32093(16)
佛說咒齒經　子6-32081(18)、32085(18)、

32086(20)、32088(13)、32089(15)、32090(20)、32091(19)、32092(13)、32093(46)
佛說咒目經　子6-32081(18)、32085(18)、32086(20)、32088(13)、32089(15)、32090(21)、32091(19)、32092(13)、32093(46)
佛說咒時氣病經　子6-32081(18)、32085(18)、32088(13)、32089(15)、32090(20)、32091(19)、32092(13)、32093(46)
佛說咒時氣經　子6-32083(13)、32086(20)
佛說咒小兒經　子6-32081(18)、32085(18)、32086(20)、32088(13)、32089(15)、32090(21)、32091(19)、32092(13)、32093(46)
佛說罵意經　子6-32081(32)、32084(17)、32085(31)、32086(35)、32088(22)、32089(22)、32090(28)、32091(26)、32092(18)、32093(21),7-32585
佛說明度五十校計經　子6-32081(17)、32082(12)、32086(18)、32088(12)、32089(14)、32090(19)、32091(17)、32092(12)、32093(5)
佛說明度五十挍計經　子6-32084(11)
佛說眼明經　子7-33038
佛說瞻婆比丘經　子6-32081(28)、32084(16)、32085(27)、32086(31)、32088(20)、32089(19)、32090(25)、32091(23)、32092(16)、32093(16),7-32520
佛說鸚鵡經　子6-32081(28)、32085(27)、32086(31)、32088(20)、32089(19)、32090(25)、32091(24)、32092(17)、32093(16)
佛說嗟韈曩法天子受三歸依獲免惡道經　子6-32084(24)、32093(19)
佛說睒子經　子6-32081(9)、32084(7)、32085(9)、32086(10)、32088(7)、32089(7)、32090(10)、32091(9)、32092(6)、32093(10)
佛說辟支佛因緣論　子6-32084(21)
佛說辟除諸惡陀羅尼經　子6-32081(49)、32082(25)、32085(45)、32086(53)、32088(33)、32089(28)、32090(36)、32091(34)、32092(23)、32093(46)
佛說辟除賊害咒經　子6-32081(18)、32085(18)、32086(20)、32088(13)、32089(15)、32090(20)、32091(19)、32092(13)、32093(46)
佛說譬喻經　子6-32085(33)、32086(38)、32088(24)、32089(24)、32090(30)、32091(28)、32092(19)、32093(21),7-32101
佛說阿彌陀三耶三佛薩樓佛檀過度人道經　子6-32084(2)、32093(3)
佛說阿彌陀經　子6-32081(8)、32082(8)、32083(2)、32085(9)、32086(2)、32088(7)、32089(2、7)、32090(3、9)、32091(2、8)、32092(2、6)、32093(5),7-32107、32110、32127、32150、32153、34425、34427～8、34461　叢1-114(3)
佛說阿彌陀經、佛說阿彌陀經疏鈔擷　子7-32462
佛說阿彌陀經、佛說阿彌陀經直解正行　子7-32464
佛說阿彌陀經、佛說阿彌陀經鈔　子7-32465
佛說阿彌陀經、般若波羅蜜多心經　子7-32154
佛說阿彌陀經、觀音經　子7-32463
佛說阿彌陀經、妙法蓮華經觀世音菩薩普門品　子7-32151
佛說阿彌陀經論　子7-32111
佛說阿彌陀經疏　子6-32090(65)、32091(63)、32092(41)、32093(47),7-33368
佛說阿彌陀經疏鈔　子6-32092(43),7-33372
佛說阿彌陀經疏鈔、佛說阿彌陀經、彌陀經疏鈔事義、佛說阿彌陀經疏鈔問辯、續問答、書鈔答問、答淨土四十八問、淨土疑辯　子7-32099
佛說阿彌陀經疏鈔、事義、問辨、續問答、答淨土四十八問、淨土疑辨　子7-33373
佛說阿彌陀經疏鈔摭畧　子7-33379
佛說阿彌陀經疏鈔擷　子7-33382
佛說阿彌陀經要解　子7-33376、34423
佛說阿彌陀經要解便蒙鈔　子7-33381
佛說阿彌陀經禮想儀　子7-34984
佛說阿彌陀經通贊疏　子7-33367、34432
佛說阿彌陀經直解正行　子7-33383
佛說阿彌陀經摘要易解、毘陵天寧普能嵩禪師淨土詩、毘陵天寧定念禪和尚語錄　子7-33377
佛說阿彌陀經畧解　子7-33370
佛說阿彌陀經義記　子7-33365
佛說阿彌陀經義記、佛說阿彌陀經義述　子7-33366
佛說阿彌陀經義疏　子7-33369、34432
佛說阿彌陁經　子6-32082(2)、32083(7)、32085(2)、32086(8)、32088(2),7-32096、32126、32461
佛說阿那律八念經　子6-32081(27)、32084(16)、32085(27)、32086(30)、32088(19)、32089(18)、32090(24)、32091(22)、32092(15)、32093(16)
佛說阿遬達經　子6-32084(17)、32093(15)
佛說阿難七夢經　子6-32084(18)、32086(37)、32088(23)、32090(29)、32091(27)、32092(19),7-32604
佛說阿難七寱經　子6-32081(33)、32085(32)
佛說阿難四事經　子6-32093(22)
佛說阿難陀目佉尼訶離陀鄰尼經　子6-

32093(45)
佛說阿難同學經 子 6－32084(17)、32093(21)
佛說阿難問事佛吉凶經 子 6－32093(19)
佛說阿難陁目佉尼訶離陁鄰尼經 子 6－32084(9)
佛說阿難分别經 子 6－32093(19)
佛說阿鳩留經 子 6－32081(32)、32093(21)
佛說阿耨跋經 子 6－32086(30)
佛說阿耨颰經 子 6－32081(28)、32085(27)、32088(20)、32089(18)、32090(24)、32091(22)、32092(16)
佛說阿耨風經 子 6－32084(16)、32093(16)
佛說阿羅漢具德經 子 6－32081(49)、32082(25)、32084(26)、32085(45)、32086(53)、32088(33)、32089(28)、32090(36)、32091(34)、32092(23)、32093(15)
佛說阿闍世王受決經 子 6－32081(10)、32082(10)、32085(11)、32088(8)、32090(12)、32091(11)、32092(8)
佛說阿闍世王經 子 6－32081(8)、32082(7)、32084(6)、32085(8)、32086(8)、32088(6)、32090(8)、32091(7)、32092(5)、32093(8),7－32371
佛說阿闍世王女阿術達菩薩經 子 6－32082(2)、32083(3)、32085(3)、32086(3)、32088(2),7－32177
佛說阿闍世王問五逆經 子 6－32086(34)
佛說阿闍貰王女阿術達菩薩經 子 6－32084(3)、32090(3)、32091(2)、32092(2)、32093(4)
佛說阿閦佛經國 子 7－32160
佛說阿閦佛國經 子 6－32081(2)、32083(2)、32085(2)、32086(2)、32088(2)、32089(2)、32090(3)、32091(2)、32092(2)、32093(3)
佛說阿含正行經 子 6－32081(31)、32085(31)、32086(35)、32088(22)、32089(22)、32090(28)、32091(26)、32092(18)、32093(21),7－32561
佛說阿含經須摩提女度衆生品 子 6－32084(16)
佛說阿惟越致遮經 子 6－32078、32093(14)
佛說馬有三相經 子 6－32085(29)、32086(33)、32088(21)、32090(27)、32091(25)、32092(18)、32093(18)
佛說馬有八態譬人經 子 6－32084(17)、32085(29)、32086(33)、32088(21)、32089(20)、32090(27)、32091(25)、32092(18)、32093(18)
佛說巨力長者所問大乘經 子 6－32084(32)、32085(52)、32086(63)、32088(39)、32089(32)、32090(40)、32091(38)、32092(26)、32093(11),7－32263
佛說長壽王經 子 6－32081(21)、32082(13)、32085(21)、32086(23)、32088(15)、32089(17)、32090(19)、32091(18)、32092(13),7－32669
佛說長壽滅罪護諸童子陀羅尼經 子 7－32988
佛說長壽命經 子 7－32912
佛說長者音悦經 子 6－32090(29)、32091(27)、32092(19)、32093(20),7－32699
佛說長者施報經 子 6－32081(46)、32082(23)、32084(25)、32085(43)、32086(51)、32088(31)、32089(26)、32090(34)、32091(32)、32092(22)、32093(16)
佛說長者子六過出家經 子 6－32081(29)、32084(16)、32085(28)、32086(32)、32088(20)、32089(19)、32090(26)、32091(24)、32092(17)、32093(15)
佛說長者子制經 子 6－32081(9)、32082(9)、32085(10)、32086(10)、32088(7)、32089(7)、32090(10)、32091(9)、32092(7)、32093(11),7－32267
佛說長者子懊惱三處經 子 6－32093(20)
佛說長者法志妻經 子 6－32081(20)、32084(12)、32085(20)、32086(22)、32088(15)、32089(17)、32090(18)、32091(16)、32092(12)、32093(11),7－32282
佛說長者女庵提遮師子吼了義經 子 7－32115、32972
佛說長者女菴提遮師子吼了義經 子 6－32090(18)、32091(16)、32092(12)、32093(9),7－32133
佛說長阿含經 子 6－32081(26)、32082(14)、32084(15)、32085(26)、32086(29)、32088(19)、32089(17)、32090(23)、32091(21)、32092(15)、32093(17),7－32541
佛說劉子忠賢良寶卷 集 7－54545
佛說所欲致患經 子 6－32081(31)、32085(30)、32086(34)、32088(22)、32089(21)、32090(29)、32091(27)、32092(19),7－32563
佛說陀羅尼集經 子 6－32081(13)、32082(10)、32083(9)、32085(13)、32086(14)、32088(10)、32089(12)、32091(14)
佛說陀鄰尼鉢經 子 6－32086(16)、32089(12)、32090(16)、32091(14)、32092(10)、32093(43)
佛說隨勇尊者經 子 6－32084(31)、32093(20),7－32119
佛說隨求即得大自在陀羅尼神咒經 子 6－32081(19)、32082(12)、32086(20)、32088(13)、32089(15)、32090(21)、32091(19)、32092(14)、32093(42)
佛說隨求即得大自在陁羅尼神咒經 子 6－32084(11)

佛說堅意經 子 6 - 32081(31)、32086(35)、32088(22)、32089(21)、32090(30)、32091(28)、32092(19)、32093(21)
佛說堅固女經 子 6 - 32084(12)、32085(19)、32086(22)、32088(14)、32089(16)、32090(22)、32091(20)、32092(14)、32093(11),7 - 32278
佛說尼犁經 子 6 - 32091(22)
佛說尼拘陀梵志經 子 6 - 32081(52)、32083(33)、32084(30)、32085(47)、32086(56)、32088(35)、32089(30)、32090(38)、32091(36)、32092(25)、32093(17)
佛說胞胎經 子 6 - 32081(2)、32083(2)、32084(3)、32085(2)、32086(2)、32088(2)、32089(3)、32090(3)、32091(2)、32092(2)、32093(3),7 - 32164
佛說兜調經 子 6 - 32081(29)、32084(16)、32085(27)、32086(31)、32088(20)、32089(19)、32090(25)、32091(24)、32092(17)、32093(16)
佛說兜沙經 子 6 - 32081(4)、32082(4)、32083(4)、32084(4)、32085(5)、32086(5)、32088(4)、32089(4)、32090(6)、32091(5)、32092(3)、32093(2),7 - 32396
佛說月上女經 子 6 - 32084(11)、32093(7)
佛說月明菩薩經 子 6 - 32081(19)、32084(12)、32085(19)、32086(21)、32088(14)、32089(16)、32090(22)、32091(20)、32092(14)、32093(10)
佛說月喻經 子 6 - 32081(52)、32083(33)、32085(47)、32086(56)、32088(35)、32089(30)、32090(38)、32091(36)、32092(25)、32093(21),7 - 32095
佛說月光童子經 子 6 - 32081(9)、32082(9)、32086(11)、32088(7)、32089(7)、32091(10)、32093(11),7 - 32270
佛說月光童子經(申日經) 子 6 - 32085(10)、32090(11)、32092(7)
佛說月光菩薩經 子 6 - 32081(46)、32082(23)、32086(51)、32088(31)、32089(26)、32090(34)、32091(32)、32092(22)、32093(22)
佛說月燈三昧經 子 6 - 32093(6)
佛說月燈三昧經(文殊師利菩薩十事行經) 子 6 - 32093(6)
佛說邪見經 子 6 - 32081(29)、32084(16)、32085(28)、32086(31)、32088(20)、32089(19)、32090(24)、32091(23)、32092(16)、32093(17)
佛說尸迦羅越六方禮經 子 6 - 32081(27)、32085(26)、32086(29)、32088(19)、32089(18)、32090(23)、32091(22)、32092(15)、32093(17)
佛說開覺自性般若波羅蜜多經 子 6 - 32084(31)、32093(14),7 - 32119
佛說母老六英經 子 6 - 32084(7)
佛說醫喻 子 7 - 32095
佛說醫喻經 子 6 - 32081(52)、32083(33)、32085(47)、32086(56)、32088(35)、32089(30)、32090(38)、32091(36)、32092(25)、32093(21)
佛說閻羅王五天使者經 子 6 - 32081(27)、32084(16)、32085(27)、32086(30)、32088(19)、32089(18)、32090(24)、32091(22)、32092(15)、32093(16)
佛說具法行經 子 6 - 32084(16)
佛說興起行 子 6 - 32089(22)
佛說興起行經 子 6 - 32081(31)、32091(28)
佛說興起行經(嚴誡宿緣經) 子 6 - 32093(18)
佛說興起行經(嚴戒宿緣經) 子 6 - 32084(17)、32085(31)、32088(22)、32090(30)、32092(19)
佛說賢者五福經 子 6 - 32089(23)
佛說賢者五福德經 子 6 - 32084(18)、32090(30)、32091(29)、32092(20)、32093(21),7 - 32133、32601
佛說賢首經 子 6 - 32081(19)、32084(12)、32085(19)、32086(21)、32088(14)、32089(16)、32090(22)、32091(20)、32092(14)、32093(11),7 - 32115、32133、32277
佛說陁鄰尼鉢經 子 6 - 32081(14)、32084(9)、32085(15)、32088(11)
佛說腹中女聽經 子 6 - 32084(7)、32090(11)、32091(10)、32092(7)、32093(9)
佛說除一切疾病陀羅尼經 子 6 - 32090(39)、32092(26),7 - 32931
佛說除恐災患經 子 6 - 32084(10)、32093(22)
佛說除蓋障菩薩所問經 子 6 - 32081(53)、32082(27)、32083(33)、32084(31)、32085(48)、32086(57)、32088(35)、32090(39)、32091(37)、32092(25)、32093(8)
佛說勝旛瓔珞陀羅尼經 子 6 - 32089(26)、32090(34)、32091(33)、32092(22)、32093(44)
佛說勝軍王所問經 子 6 - 32081(56)、32083(35)、32085(50)、32086(60)、32088(37)、32089(32)、32090(40)、32092(26)、32093(11),7 - 32612
佛說勝幡瓔珞陀羅尼經 子 6 - 32081(46)、32082(23)、32085(43)、32086(51)、32088(31)
佛說勝幡瓔珞陁羅尼經 子 6 - 32084(24)
佛說勝義空經 子 6 - 32084(30)、32093(20),7 - 32119
佛說人仙經 子 6 - 32081(49)、32086(54)、32088(33)、32089(29)、32090(36)、32091(34)、32092(23)、32093(17)

佛說人本欲生經　子6－32081(27)、32085(26)、32086(29)、32088(19)、32089(18)、32090(23)、32091(22)、32092(15)、32093(17)
佛說入無分別法門經　子6－32081(52)、32082(27)、32083(33)、32084(30)、32085(47)、32086(56)、32088(34)、32089(30)、32090(38)、32091(36)、32092(25)、32093(9)
佛說八部佛名經　子6－32081(20)、32082(12)、32084(12)、32085(20)、32086(22)、32088(14)、32089(17)、32090(18)、32091(16)、32092(12)、32093(6)
佛說八正道經　子6－32084(17)、32085(29)、32086(33)、32088(21)、32089(20)、32090(27)、32091(25)、32092(18)、32093(18),7－32101
佛說八師經　子6－32081(30)、32085(30)、32086(34)、32088(22)、32089(21)、32090(29)、32091(27)、32092(19)、32093(20),7－32606
佛說八種長養功德經　子6－32081(53)、32082(27)、32083(33)、32085(48)、32086(57)、32088(35)、32089(30)、32090(39)、32092(25)、32093(17),7－32629
佛說八佛名號經　子6－32086(13)、32089(10)、32090(13)、32091(12)、32092(9),7－32804
佛說八名陀羅尼經　子6－32089(29)
佛說八大靈塔名號經　子6－32081(49)、32082(26)、32085(45)、32086(54)、32088(33)、32090(36)、32091(34)、32092(23)、32093(22)
佛說八大靈塔名號經、八大靈塔梵讚、三身梵讚　子6－32089(28)
佛說八大菩薩經　子6－32081(48)、32082(24)、32084(25)、32085(53)、32086(52、63)、32088(39)、32089(32)、32090(40)、32092(26)、32093(7),7－32449
佛說八大菩薩曼荼羅經　子6－32090(39)、32092(26),7－32859
佛說八大人覺經　子6－32084(12)、32093(30),7－32108　叢1－394
佛說八大人覺經疏　子7－33491
佛說八吉祥經　子6－32086(13)、32089(10)、32090(13)、32091(12)、32092(9),7－32803
佛說八吉祥經、佛說十吉祥經、佛說賢者五福德經　子7－32798
佛說八吉祥神咒經　子6－32081(11)、32085(12)、32086(12)、32088(8)、32090(13)、32091(12)、32092(9)、32093(6),7－32801
佛說八陽神咒經　子6－32081(11)、32085(12)、32086(13)、32088(9)、32089(10)、32090(13)、32091(12)、32092(9)、32093(6),7－32802
佛說八關齋經　子6－32081(32)、32093(17)
佛說八無暇有暇經　子6－32081(34)、32084(18)、32085(33)、32086(38)、32088(24)、32089(24)、32090(29)、32091(28)、32092(19)、32093(21),7－32536
佛說全(金)身陀羅尼經　子6－32083(33),7－32161
佛說金身陀難(羅)尼經　子6－32093(44)
佛說金身陀羅尼經　子6－32081(52)、32082(27)、32084(30)、32085(47)、32086(56)、32088(34)、32089(30)、32090(38)、32091(36)、32092(24)
佛說金色王經　子6－32086(16)、32090(17)、32091(15)、32092(11)
佛說金色迦那鉢底陀羅尼經　子6－32093(38)
佛說金輪佛頂大威德熾盛光如來陀羅尼經　子7－32096、32829、32831
佛說金輪佛頂大威德熾盛光如來陀羅尼經、佛說消災吉祥陀羅尼經　子7－32830
佛說金輪大威熾盛光如來陀羅[尼]經　子7－32832
佛說金毘羅童子威德經　子6－32093(39)
佛說金剛三昧本性清淨不壞不滅經　子6－32093(9)
佛說金剛手菩薩降伏一切部多大教王經　子6－32081(47)、32082(24)、32084(25)、32086(52)、32088(32)、32090(41)、32091(39)、32092(27)、32093(45)
佛說金剛香菩薩大明成就儀軌經　子6－32081(48)、32082(24)、32084(25)、32085(44)、32086(52)、32088(32)、32089(27)、32090(43)、32091(41)、32092(28)、32093(46)
佛說金剛經八道門金沙論　子7－33994
佛說金剛般若波羅蜜經　子7－32108　叢1－394
佛說金剛般若波羅密經　子7－32331
佛說金剛般若波羅密經畧疏　子7－33140
佛說金剛般若波羅密經畧疏、般若心經疏　子7－33064
佛說金剛般若波羅密經畧疏、般若波羅密多心經畧疏　子7－33063
佛說金剛般若波羅密經義疏　子7－33138
佛說金剛場莊嚴般若波羅密多教中一分　子6－32081(52)、32082(27)、32083(33)、32085(47)、32086(56)、32088(34)、32089(30)、32090(38)、32091(36)、32092(25)、32093(41)
佛說金錢鑰匙寶卷全部　集7－54178
佛說金光王童子經　子6－32093(17)
佛說金耀童子經　子6－32081(44)、32084(24)、32085(41)、32086(48)、32088(29)、

32089(24)、32090(32)、32091(30)、32092(21)、32093(11)
佛說差摩婆帝受記經　子6-32090(20)、32092(13)
佛說前世三轉經　子6-32081(10)、32082(10)、32085(11)、32086(12)、32088(8)、32089(9)、32090(12)、32091(11)、32092(8)
佛說分別經　子6-32081(32)、32093(22)
佛說分別緣生經　子6-32081(51)、32083(32)、32084(29)、32086(55)、32088(34)、32089(29)、32090(37)、32091(36)、32092(24)、32093(19)
佛說分別布施經　子6-32081(51)、32083(32)、32084(29)、32086(55)、32088(34)、32089(29)、32090(37)、32091(35)、32092(24)、32093(17)
佛說分別善惡所起經　子6-32081(31)、32084(17)、32085(31)、32086(35)、32088(22)、32089(22)、32090(28)、32091(26)、32092(18)、32093(19),7-32582
佛說弟子死復生經　子6-32081(33)、32085(32)、32086(37)、32088(23)、32089(23)、32090(31)、32091(29)、32092(20)
佛說無言童子經　子6-32084(4)、32093(5),7-32198
佛說無二平等最上瑜伽大教王經　子6-32081(51)、32083(32)、32084(30)、32085(47)、32086(56)、32088(34)、32089(30)、32090(41)、32091(40)、32092(27)、32093(41)
佛說無上依經　子6-32081(11)、32082(9)、32084(7)、32085(11)、32088(8)、32093(12)
佛說無上處經　子6-32081(33)、32085(33)、32086(37)、32088(23)、32089(23)、32090(30)、32091(29)、32092(20)、32093(20)
佛說無能勝旛王如來莊嚴陀羅尼經　子6-32089(24)、32090(32)、32091(30)、32092(21)
佛說無能勝大明王陀羅尼經　子6-32093(47)
佛說無能勝大明王陁羅尼經　子6-32084(24)
佛說無能勝幡王如來莊嚴陀羅尼經　子6-32081(43)、32084(23)、32085(40)、32086(47)、32088(29)、32093(43)
佛說無崖際總持法門經　子6-32081(14)、32082(11)、32084(9)、32085(14)、32086(15)、32088(10)、32089(12)、32090(16)、32091(15)、32092(11)、32093(13)
佛說無希望經　子6-32084(6)、32093(12)
佛說無極寶三昧經　子6-32081(7)、32082(7)、32085(8)、32086(8)、32088(6)、32089(7)、32090(12)、32091(10)、32092(7)
佛說無垢優婆夷問經　子6-32089(23)
佛說無垢淨光經造寶塔相輪陀羅尼經　子7-32834
佛說無垢賢女經　子6-32084(7)、32090(11)、32091(10)、32092(7)、32093(9)
佛說無量功德大陀羅尼經　子6-32086(53)
佛說無量功德陀羅尼經　子6-32081(49)、32082(25)、32085(45)、32088(33)、32089(28)、32090(36)、32091(34)、32092(23)、32093(44)
佛說無量清淨平等覺經　子6-32082(2)、32083(2)、32084(1)、32085(2)、32086(2)、32088(2)、32089(2)、32090(3)、32091(2)、32092(1)、32093(3),7-32148～9
佛說無量壽經　子6-32081(2)、32082(2)、32083(2)、32084(3)、32085(2)、32086(2)、32088(2)、32089(2)、32090(3)、32091(2)、32092(2)、32093(3),7-32112、32134、32155、34427　叢2-724
佛說無量壽經(即古本大阿彌陀經)　子7-34425
佛說無量壽經、佛說觀無量壽經、佛說阿彌陀經　子7-34433
佛說無量壽經義疏　子7-32113、33074、34432
佛說無量壽佛化身大忿迅俱摩羅金剛念誦瑜伽儀軌法　子6-32093(38)
佛說無量壽大智陀羅尼　子6-32081(49)、32082(25)、32085(45)、32086(54)、32088(33)、32089(28)、32090(37)、32091(35)、32092(24)、32093(46)
佛說無量壽大智陁羅尼　子6-32084(26)
佛說無量門破魔陀羅尼經　子6-32081(13)、32085(14)、32086(15)、32088(10)、32089(12)、32090(15)、32091(14)、32092(10)
佛說無量門微密持經　子6-32081(13)、32085(14)、32086(15)、32088(10)、32089(13)、32090(16)、32091(14)、32092(10)
佛說無量門微密持經(成道降魔得一切智經)　子6-32084(9)、32093(45)
佛說無畏授所問大乘經　子6-32081(52)、32085(47)、32086(56)、32088(35)、32089(30)、32090(38)、32091(36)、32092(25)、32093(4),7-32095
佛說無畏授所門(問)大乘經　子6-32083(33)
佛說無畏陀羅尼經　子6-32084(26)、32085(53)、32086(63)、32088(39)、32089(33)、32090(40)、32091(39)、32092(26)、32093(44),7-32929
佛說無明羅刹經　子6-32086(45)
佛說無所希望經　子6-32081(8)、32086(8)、32088(6)、32089(7)、32091(8)
佛說無所希望經(象步經)　子6-32085(8)、32090(9)、32092(6)

佛說無常經 子 6－32081(34)、32086(38)、32088(24)、32089(24)、32091(28)
佛說無常經(三啓經)、送亡儀 子 6－32093(20)
佛說無常經、佛說無常經臨終方訣 子 6－32085(33)
佛說無常經、臨終方訣 子 6－32090(29)、32092(19),7－32528
佛說慈氏菩薩誓願陀羅尼經 子 6－32081(48)、32082(25)、32085(45)、32086(53)、32088(33)、32089(28)、32090(36)、32091(34)、32092(23)、32093(44)
佛說慈氏菩薩陀羅尼 子 6－32081(49)、32082(25)、32085(45)、32086(54)、32088(33)、32089(28)、32090(37)、32091(35)、32092(24)、32093(47)
佛說慈氏菩薩陁羅尼 子 6－32084(26)
佛說尊那經 子 6－32081(49)、32082(26)、32085(45)、32086(54)、32088(33)、32089(28)、32090(36)、32091(34)、32092(23)、32093(13)
佛說尊上經 子 6－32081(28)、32085(27)、32086(31)、32088(20)、32089(19)、32090(25)、32091(24)、32092(17)、32093(16)
佛說尊勝大明王經 子 6－32081(46)、32082(22)、32085(43)、32086(50)、32088(31)、32089(26)、32090(33)、32091(32)、32092(22)、32093(44)
佛說父母恩難報經 子 6－32081(34)、32086(38)、32088(24)、32089(24)、32090(31)、32091(29)、32092(20)、32093(21),7－32588
佛說年少比丘說正事經 子 6－32081(32)、32085(31)、32088(23)
佛說義足經 子 6－32081(31)、32085(30)、32086(35)、32088(22)、32089(22)、32090(28)、32091(26)、32092(18)、32093(18)
佛說善夜經 子 6－32081(19)、32084(11)、32085(19)、32086(21)、32088(14)、32089(16)、32090(21)、32091(20)、32092(14)、32093(44)
佛說善樂長者經 子 6－32081(50)、32084(26)、32086(54)、32088(33)、32089(29)、32090(36)、32091(35)、32092(24)、32093(44)
佛說善生子經 子 6－32081(28)、32084(16)、32086(31)、32088(20)、32089(19)、32090(25)、32091(23)、32092(16)、32093(16)
佛說善法方便陀羅尼經 子 6－32093(43)
佛說善法方便陁羅尼經 子 6－32084(9)
佛說善恭敬經 子 6－32086(12)、32089(9)、32090(12)、32091(11)、32092(8)
佛說普法義經 子 6－32081(29)、32086(32)、32088(20)、32089(19)、32091(23)、32093(20)
佛說普法義經(具法行經) 子 6－32085(28)、32090(24)、32092(16)
佛說普達王經 子 6－32081(34)、32085(33)、32086(38)、32088(24)、32089(23)、32090(31)、32091(29)、32092(20),7－32690
佛說普曜經 子 6－32090(8)、32092(5)
佛說普曜經(方等本起經) 子 6－32084(5)、32093(10)
佛說普門品經 子 6－32081(2)、32083(2)、32084(3)、32085(2)、32086(2)、32088(2)、32089(2)、32090(3)、32091(2)、32092(2)、32093(3),7－32162
佛說普賢菩薩陀羅尼經 子 6－32081(45)、32082(22)、32085(42)、32086(50)、32088(31)、32089(26)、32090(34)、32091(32)、32092(22)、32093(44)
佛說普賢曼拏羅經 子 6－32081(46)、32082(22)、32085(43)、32086(51)、32088(31)、32089(26)、32090(34)、32091(32)、32092(22)、32093(42)
佛說首楞嚴三昧經 子 6－32081(16)、32084(10)、32085(16)、32086(17)、32088(11)、32089(13)、32090(17)、32091(16)、32092(11)、32093(7)
佛說舍衛國王十夢經 子 6－32084(17)、32093(15)
佛說舍利弗目犍連遊四衢經 子 6－32085(28)、32088(21)、32089(20)、32090(26)、32091(24)、32092(17)
佛說舍利弗目揵連遊四衢經 子 6－32083(20)、32086(32)
佛說舍利弗悔過經 子 6－32093(22)
佛說食施獲五福報經 子 6－32084(16)、32093(15)
佛說貧窮老公經 子 6－32081(31)、32085(30)、32086(35)、32088(22)、32089(21)、32090(28)、32091(27)、32092(18)、32093(20),7－32700
佛說鐵城泥犁經 子 6－32081(27)、32085(27)、32086(30)、32088(19)、32089(18)、32090(24)、32091(22)、32092(15)、32093(16)
佛說鉢蘭那賒嚩哩大陀羅尼經 子 6－32081(48)、32082(25)、32085(45)、32086(53)、32088(33)、32089(28)、32090(36)、32091(34)、32092(23)、32093(44)
佛說錫杖經 子 7－32660
佛說智光滅一切業障陀羅尼經 子 6－32081(46)、32082(22)、32085(43)、32088(31)、32089(26)、32090(34)、32091(32)、32092(22)、32093(42)
佛說智光滅業障陀羅尼經 子 6－32086(50)
佛說智炬陀羅尼經 子 6－32085(18)、32086(20)、32088(13)、32089(15)、32090(21)、32091(19)、32092(14)

佛說銀色女經　子 6-32086(12)、32089(9)、32090(12)、32091(11)、32092(8)
佛說箭喻經　子 6-32081(29)、32084(16)、32085(28)、32086(32)、32088(20)、32089(19)、32090(24)、32091(23)、32092(16)、32093(17)
佛說第一希有大功德經　子 6-32089(52),7-33001
佛說第一義法勝經　子 6-32090(10)、32091(9)、32092(6)
佛說等御諸法經　子 6-32085(6)、32093(8)
佛說等目菩薩所問三昧經　子 6-32083(4)
佛說銷釋保安寶卷　集 7-54182
佛說小道地經　子 6-32084(22)
佛說光讚般若波羅蜜經　子 6-32081(1)、32085(1)、32088(1)
佛說光明童子因緣經　子 6-32081(52)、32082(27)、32083(33)、32084(30)、32085(47)、32086(56)、32088(34)、32089(30)、32090(38)、32091(36)、32092(24)、32093(19)
佛說當來變經　子 6-32081(21)、32082(13)、32083(14)、32085(20)、32086(23)、32088(15)、32089(17)、32090(20)、32091(18)、32092(13)、32093(18),7-32665
佛說恆水經　子 6-32081(27)、32084(16)、32085(26)、32086(30)、32088(19)、32089(18)、32090(25)、32091(23)、32092(16)、32093(15),7-32520
佛說燈指因緣經　子 6-32081(33)、32085(32)、32086(37)、32088(23)、32089(23)、32090(29)、32091(28)、32092(19),7-32704
佛說熾盛光大威德消災吉祥陀羅尼經　子 6-32089(33)、32090(40)、32092(26)、32093(33)
佛說熾盛光如來消災陀羅尼經　子 7-32096
佛說慢法經　子 6-32093(19)
佛說懈怠耕者經　子 6-32081(33)、32085(32)、32086(37)、32088(23)、32089(23)、32090(31)、32091(29)、32092(20)、32093(13),7-32711
佛說弊魔試目連經　子 6-32081(28)、32085(27)、32086(31)、32088(20)、32089(19)、32090(24)、32091(22)、32092(16)
10 佛一百八名讚　子 6-32081(47)、32082(23)、32084(25)、32085(43)、32086(51)、32088(31)、32093(31)
佛一百八名讚經　子 6-32090(43)、32091(41)、32092(28)
佛三身讚　子 6-32081(49)、32082(25)、32083(31)、32085(45)、32086(54)、32088(33)、32090(43)、32091(41)、32092(28)、32093(47)
佛五百弟子自說本起經　子 6-32084(18)、32093(19)
佛爾雅　子 7-34841　叢 1-568
佛百八名讚　子 6-32083(30)
佛百八名讚經　子 6-32089(26)
11 佛頂[尊]勝陀羅尼經、龍興尊勝幢記　子 7-32819
佛頂放無垢光明入普門觀察一切如來心陀羅尼經　子 6-32081(44)、32083(28)、32085(41)、32086(48)、32088(29)、32089(24)、32090(32)、32091(30)、32092(21)、32093(41),7-32840
佛頂五錄　子 6-32091(66),7-33743
佛頂心大陀羅尼經　子 7-33021～3
佛頂心觀世音大陀羅尼經　子 7-33020
佛頂心觀世音菩薩大陀羅尼經　子 7-33018～9
佛頂心陀羅尼經　子 7-33024～7
佛頂大白傘蓋楞嚴陀羅尼經　子 7-32094
佛頂大白傘蓋陀羅尼經　子 6-32086(66)、32093(42)
佛頂最勝陀羅尼　子 6-32083(10)、32086(15)
佛頂最勝陀羅尼經　子 6-32081(13)、32085(14)、32088(10)、32089(11)、32090(15)、32091(14)、32092(10)、32093(42)
佛頂最勝陀羅尼經、大輪金剛陀羅尼附日光菩薩咒　子 6-32084(8)
佛頂勝陀羅尼經　子 6-32083(10)
佛頂尊勝總持經咒　子 7-32823、33012
佛頂尊勝総持經咒　子 7-32094
佛頂尊勝心破地獄轉業障出三界祕密三身佛果三種悉地真言儀軌　子 6-32093(40)
佛頂尊勝心破地獄轉業障出三界祕密陀羅尼　子 6-32093(40)
佛頂尊勝神咒　子 7-32824
佛頂尊勝陀羅尼經　子 6-32081(13)、32083(10)、32084(8)、32085(14)、32086(15)、32088(10)、32089(11)、32090(15)、32091(14)、32092(10)、32093(33、42),7-32820
佛頂尊勝陀羅尼念誦儀軌　子 6-32081(55)、32083(35)、32085(49)、32086(59)、32088(36)、32089(36)、32090(58)、32091(56)、32092(38)、32093(33),7-32826
佛頂尊勝陀羅尼等靈異神咒地二十道　子 7-32825
佛頂尊勝陁羅尼經　子 6-32084(9),7-32821
佛頂首楞嚴大達哈喇呢咒　子 7-33048
佛頂光明摩訶薩怛多般怛囉無上神咒　子 7-33771
佛頂光明摩訶薩怛多般怛囉無上神咒(首楞嚴神咒灌頂疏)、陀羅尼九章　子 7-

33770
20 佛垂般涅槃畧說教誡經 子 6－32081(19)、32083(13)、32088(14)、32091(5),7－32488
佛垂般涅槃畧說教誡經(佛遺教經) 子 6－32086(21)、32089(16)、32090(6)、32092(4) 叢 1－394
佛垂般湼槃畧說教誡經 子 6－32084(11),7－33650
佛垂般湼槃畧說教誡經(佛遺教經) 子 6－32093(18),7－32108
佛爲優塡王說王法政論經 子 6－32084(28)、32085(53)、32086(63)、32088(39)、32089(33)、32090(40)、32091(38)、32092(26)、32093(37),7－32613
佛爲海龍王說法印經 子 6－32081(20)、32083(14)、32086(22)、32088(14)、32089(16)、32090(20)、32091(18)、32092(13)、32093(22),7－32594
佛爲娑伽羅龍王所說大乘經 子 6－32081(45)、32083(29)、32084(24)、32085(42)、32086(50)、32088(31)、32093(22)
佛爲娑伽羅龍王所說大乘法經 子 6－32089(26)、32090(34)、32091(32)、32092(22),7－32688
佛爲難陀說出家入胎經 子 6－32093(2)
佛爲黃竹園老婆羅門說學經 子 6－32081(28)、32083(19)、32084(16)、32085(27)、32086(31)、32088(20)、32089(19)、32090(25)、32091(24)、32092(16)、32093(16)
佛爲阿支羅迦葉自化作苦經 子 6－32083(21)、32085(31)、32086(36)、32088(23)、32089(22)、32090(29)、32091(27)、32092(19)、32093(20),7－32568
佛爲勝光天子說正法經 子 6－32083(8)
佛爲勝光天子說王(正)法經 子 6－32086(13)
佛爲勝光天子說王法經 子 6－32081(11)、32084(7)、32085(12)、32088(9)、32089(10)、32090(11)、32091(10)、32092(7)、32093(11)
佛爲年少比丘說正事經 子 6－32083(21)、32086(36)、32089(22)、32090(30)、32091(29)、32092(20)、32093(22),7－32571
佛爲首迦長者說業報差別經 子 6－32084(17)、32093(19)
佛香閣詩存 集 3－20168
佛乘階位 叢 2－2235
佛集本行經 子 6－32083(21)
21 佛僊會議 集 7－49701
佛旨度魔 集 7－52320
佛經六種 子 7－32117
佛經雜抄 子 7－34597
佛經彙刊 子 7－32107
佛經十二種 子 7－32101、32115
佛經標指四種 子 7－32098
佛經提要 叢 2－2170
22 佛崖驗方抄 子 2－9613
佛山綱華陳氏族譜[廣東佛山] 史 4－33420
佛山忠義鄉志 史 8－61074
佛山忠義鄉志[道光] 史 8－61075
佛山忠義鄉志[民國] 史 8－61076
佛山書院算課草 子 3－12788
24 佛化金身一分 集 7－49705
佛升忉利天爲母說法經 子 6－32083(5)、32086(6)
25 佛使比丘迦旃延說法沒盡偈 子 6－32081(39)、32082(18)、32085(38)、32086(44)、32088(27)、32090(54)、32091(52)、32092(36)
佛使比丘迦旃延說法沒盡偈經 子 6－32089(34)
佛使比丘迦旋(旃)延說法沒盡偈 子 6－32093(31)
26 佛偈寶卷 集 7－54291
27 佛像一葉 史 2－8377
佛解 子 7－34898
佛解六篇 叢 1－197(3)
佛般泥洹經 子 6－32081(26)、32083(18)、32084(15)、32085(26)、32086(29)、32088(19)、32089(17)、32090(23)、32091(22)、32092(15)、32093(17)
佛名集 子 7－32439
佛名經 子 6－32083(11)
30 佛寃網禪師語錄 子 6－32091(79)
佛寶錄 史 2－6785
佛宗平議、別錄 子 7－34760
33 佛心經品亦通大隨求陀羅尼 子 6－32093(39)
佛心印陀羅尼經 子 6－32083(29)
佛滅度後棺斂葬送經(比丘師經) 子 6－32093(18)
佛滅度後棺斂葬送經 子 6－32089(23)、32090(6)、32091(6)、32092(4),7－32487
佛滅度棺斂葬送經 子 6－32081(34)、32083(22)、32085(33)、32088(24)
佛治意經 子 6－32083(26)
佛治身經 子 6－32083(26)、32090(54)、32091(52)、32092(36)、32093(21)
34 佛法論註 叢 2－723
佛法正輪 子 7－34961
佛法靈壽丹方 子 2－9278
佛法靈感記 叢 2－715
佛法事附祝壽文 子 7－35097
佛法金湯編 史 2－6808 子 6－32091(71)
佛法金湯徵文錄 子 7－34959

佛法普入道門三昧經　子 6－32093(7)

35 佛遺教經　子 3－15564,6－32085(19)、32086(21)、32089(16)、32090(6)、32092(4)、32093(18),7－32100、32108、32112、32489、33481、33650　叢 1－394

佛遺教經註　子 6－32091(67),7－33482、33487

佛遺教經論疏節要　子 6－32090(64)、32091(62)、32092(43)、32093(49),7－32099、33649

佛遺教經解　子 6－32091(69),7－32113、33483、33651

佛遺教經解、八大人覺經畧解　子 7－33488

佛遺日摩尼寶經　子 6－32081(3)、32082(3)、32083(3)、32085(3)、32086(3)、32088(3)、32089(3)、32090(4)、32091(3)、32092(2),7－32188

36 佛涅槃記法注經(佛臨涅槃記法住經)　子 7－32664

佛還汲經(佛遺教經)　子 7－33058

37 佛祖三經　子 7－32100

佛祖正傳古今捷錄、拈頌　子 6－32091(70)

佛祖正宗道影　子 7－34743～4

佛祖正印源流圖像贊　子 6－32091(81)

佛祖系統道影　子 7－34746

佛祖統記　史 2－8375

佛祖統系道影　子 7－34742

佛祖統紀　子 6－32088(42)、32089(51)、32091(65)、32093(52),7－34702

佛祖般若心印經　子 7－33209

佛祖綱目　子 6－32091(71),7－34110

佛祖宗派世譜　子 6－32091(71),7－34705

佛祖心髓、次寒山詩　子 7－34158

佛祖心髓續刻　子 7－34159

佛祖心燈　子 7－34135

佛祖心燈、五宗派　子 7－34749

佛祖心燈、宗教律諸家演派、西藏剌麻溯源　子 7－34748

佛祖歷代通載　史 2－8376　子 6－32089(52)、32090(66)、32091(64)、32092(43)、32093(52),7－34704　叢 1－223(46)

38 佛海庵啞科精蘊　子 2－8542

40 佛大僧大經　子 6－32083(22)

佛幢證古錄　史 8－64131

佛古聞禪師語錄、塔銘　子 6－32091(79)

佛吉祥德讚　子 6－32081(52)、32082(27)、32083(33)、32084(30)、32085(47)、32086(56)、32088(34)、32089(35)、32090(59)、32091(57)、32092(39)、32093(31)

41 佛坪廳鄉土志[光緒]　史 8－62991

佛坪廳志[光緒]　史 8－62990

44 佛地經　子 6－32083(13)

佛地經論　子 6－32082(13)、32083(15)、32084(13)、32085(22)、32086(24)、32088(16)、32089(41)、32090(48)、32091(46)、32092(32)、32093(28)

佛地考證三種　叢 2－806

佛藏經　子 6－32081(21)、32083(15)、32085(21)、32086(24)、32088(15)、32089(38)、32090(44)、32091(42)、32092(29),7－32632

佛藏經(奉入龍華經、選擇諸法經)　子 6－32084(12)、32093(22)

佛華嚴入如來德智不思議境界經　子 6－32081(4)、32082(4)、32083(4)、32084(4)、32085(5)、32086(4)、32088(4)、32089(4)、32090(5)、32091(4)、32092(3)、32093(2),7－32419、32421

48 佛教宗派詳注　子 7－34768

佛教初學課本　子 7－32118

佛教初學課本、注　子 7－34764　叢 2－2017

佛教中學古文課本　子 7－34765

50 佛事要畧　子 7－34137

佛本行集經　子 6－32078、32081(31)、32082(14)、32084(17)、32085(30)、32086(35)、32088(22)、32089(22)、32090(28)、32091(26)、32092(18)、32093(18),7－32681

佛本行經　子 6－32081(39)、32082(17)、32083(25)、32084(21)、32085(37)、32086(43)、32088(27)、32089(33)、32090(54、55)、32091(52)、32092(35)、32093(30),7－32684

佛本行經(佛本行讚傳)　子 6－32093(30)

佛本生經變相目錄　子 7－34852

55 佛曲三種　叢 2－603

60 佛日圓明大師別岸和尚語錄、偈頌贊跋　子 7－34226

佛日羲禪師語錄、外集　子 7－34356

佛日普照慧辯楚石琦禪師語錄　子 7－34227

佛國記　史 7－54229　子 5－26799、26824　叢 1－22(12)、23(11)、26～8、29(2)、74、76～7、98、169(3)、223(26)、268(2),2－628

佛國禪師文殊指南圖讚　子 7－34643　叢 2－600

佛國革命史　子 7－36367

佛昇忉利天爲母說法經　子 6－32082(6)、32084(5、10)、32085(6、16)、32088(5)、32089(6)、32090(8、17)、32091(7)、32092(5、11)、32093(10、14),7－32682

佛果擊節錄　子 7－34403

佛果圜悟禪師碧巖錄　子 7－34400

佛果圜悟禪師擊節雪竇顯和尚拈古語要　子 7－34402

佛果圜悟真覺禪師心要　子 7－34060～1

66 佛咒圖說　子 7－32942

71 佛阿毘曇經　子 6－32081(36)、32082(16)、

32083(24)、32085(35)、32086(40)、32088(25)、32089(40)、32090(44)、32091(43)、32092(29)
佛阿昆曇經出家相品 子6-32084(19)、32093(24)
72 佛所行讃 子6-32084(21)、32091(53)
佛所行讃(亦曰佛本行經) 子6-32092(36)
佛所行讃(佛本行經) 子6-32090(55)、32093(30)
佛所行讃經 子6-32081(38)、32082(17)、32083(25)、32085(37)、32086(43)、32088(27)、32089(33)
77 佛岡縣直隸軍民廳志[道光] 史8-60864
佛學備要 子7-34625
佛學叢書目録 史8-66355
佛學札記 叢2-2122
佛學地理志 史7-54441 叢2-2186
佛學考 叢2-2129(4)
佛學書目表 史8-66354
佛學筆記 叢2-2269
佛開解梵志阿颰經 子6-32093(17)
佛母出生三法藏般若波羅蜜多經 子6-32085(46)、32086(55)、32088(34)、32089(29)、32090(37)、32091(35)、32092(24)
佛母出生三法藏般若波羅密多經 子7-32322
佛母般泥洹經 子6-32083(20)、32086(32)、32088(21)、32089(20)、32091(25)
佛母般泥洹經、佛般泥洹後變記 子6-32085(29)、32090(27)、32092(17)、32093(15)
佛母般若波羅蜜多圓集要義論 子6-32081(52)、32083(33)、32084(30)、32085(47)、32086(57)、32088(35)、32089(46)、32090(53)、32091(51)、32092(35)、32093(28)
佛母般若波羅蜜多圓集要義釋論 子6-32081(52)、32083(33)、32084(30)、32085(47)、32086(56)、32088(35)、32090(53)、32091(51)、32092(35)、32093(29),7-32735
佛母般若圓集要義釋論 子6-32089(46)
佛母寶德藏般若波羅蜜經 子6-32081(48)、32082(24)、32083(30)、32088(32)、32089(27)、32090(35)、32091(33)、32092(22)
佛母大孔雀明王經 子6-32081(54)、32082(28)、32083(34)、32084(27)、32086(58)、32088(36)、32089(11)、32091(12)、32093(33),7-32847～8
佛母大孔雀明王經、讀誦佛母大孔雀明王經前啓請法 子6-32090(14)、32092(9)
佛母大榫(準)提神咒 子7-32904
佛母大金曜孔雀明王經 子7-32846
佛醫經鈔 子6-32083(25)、32088(27)
佛印三昧經 子6-32083(13)
佛桑館詩集 集5-41276
78 佛臨涅槃記法住經 子6-32089(17)、32090(6)、32091(5)、32092(4),7-32664
佛臨湼槃記法住經 子6-32081(20)、32082(12)、32083(14)、32084(12)、32085(20)、32086(22)、32088(14)、32093(18)
80 佛入涅槃密迹金剛力士哀戀經 子6-32089(34)、32090(54)、32091(52)、32092(36)
佛入涅槃畧說教誡經 子7-32104、32557
佛入湼槃密迹金剛力士哀戀經 子6-32081(39)、32082(18)、32083(25)、32085(37)、32086(43)、32088(27)、32093(18)
佛金山館秦漢碑跋 史8-64421
88 佛敏訥禪師語錄 子6-32091(79)
90 佛光滿鏡 子7-32111
佛光圓滿常照國師年表塔銘 子7-34795
95 佛性論 子6-32081(24)、32083(16)、32084(14)、32085(24)、32086(27)、32088(17)、32089(43)、32090(49)、32091(47)、32092(32)、32093(26)

倩

00 倩亭詩鈔 集4-22045
40 倩女離魂 集7-48777
48 倩梅簃遺稿 集4-27369
60 倩園快語 子4-20840
62 倩影廔遺詞 集7-48000
倩影樓遺稿 集5-34009

2523_0 佚

27 佚名叢鈔三種 叢2-620
佚名曲譜六種 集7-54776
佚名醫案 子2-10590
35 佚禮扶微 經1-5509～10 叢1-439
40 佚存叢書殘本景文宋公集 叢2-731(39)
佚存叢書十七種 叢2-778
44 佚老巢遺稿、悠然自得之廬詩存 集4-23243
88 佚笈姑存(王湘客集)(疏稿、津門中都啓稿、薄遊書牘、續詩、涉志、往箋、寤詠、譏賦、詩卷) 集2-12765
佚笈姑存六種 叢2-1125
佚餘詩草 集5-33880
佚餘詩鈔、怡雲閣遺箋 集4-29782
佚籍叢殘二編、四編 叢1-588

佚籍叢殘初編、三編、十五編、十八編 叢 1－588

2524_0 健

00 健庵文鈔、詩存、公案初編 集 5－35409
健庵詩鈔 集 4－22490
健庵集 集 3－15218，6－41969
健忘齋類記 子 4－21596
12 健飛閣詩甲 集 5－37106
27 健修堂詩集 集 4－32705
健修堂詩集（沽上趨庭始存稿） 集 4－32703
健修堂詩集、空青館詞稿 集 4－32706～7
健修堂詩錄 集 4－32704
健修堂詩錄八種 集 4－32702
37 健初詩文鈔 集 4－25109
44 健菴施先生（呂賓）暨元配蔣太孺人合傳 史 2－9580
健菴集 集 3－14857，6－44533
48 健松齋詩存 集 5－36180
健松齋集 集 3－15299、15301，6－41969
健松齋續集 集 3－15300
72 健腦術 子 2－11227
88 健餘文集、詩草 集 3－18737
健餘文集、尺牘、劄記 集 3－18738
健餘先生文集 叢 2－731(46)、782(4)、1419
健餘先生讀書筆記 經 2－10718 叢 2－731(5)、782(4)、1419
健餘先生撫豫條教 史 6－42997 叢 2－731(19)、782(4)、1419
健餘先生尺牘 叢 2－731(54)、782(4)、1419
健餘奏議 史 6－48740～1
健餘劄記 子 1－1564 叢 2－731(13)、782(4)、1419

2524_3 傳

00 傳症彙編 子 2－6921
傳序碑銘 叢 1－223(48)、446
傳音字譜 經 2－14475
傳音快字 經 2－14472～3
傳音快字簡易編、續編 經 2－14474
傳衣錄 史 3－14943
04 傳誌行實 集 2－7885
05 傳講雜記 子 4－19998 叢 1－22(4)、23(4)
傳誄墓碣 集 3－19753
11 傳研堂詩 集 6－41763
16 傳硯齋叢書十種 叢 2－808
傳硯樓詩質、詩餘 集 3－19377
傳硯堂詩存 集 4－26238
傳硯堂詩存（鷄肋存稿、望雲草存稿、燕石存稿、鄉嬛餘課、青琅館詩存、竹香桐趣閣詩存、綉雲閣近草、竹香樓近草） 集 4－22430
傳硯堂詩錄 集 4－30238
傳硯堂初稿、詩餘 集 4－30239
17 傳習續錄 子 1－964 集 2－7491
傳習則言 子 1－966 叢 1－61～4、174、195(2)，2－730(3)
傳習錄 子 1－960 集 2－7489～91
傳習錄、朱子晚年定論 叢 2－635(12)、698(6)、1072
傳習錄節錄 史 2－11466
20 傳信記 叢 1－22(9)，23(8)，2－617(3)
傳信記（開天傳信記） 叢 1－5
傳信適用方 子 2－4643、4703、9157 叢 1－223(33)
傳信適用方、夏子益治奇疾方 子 2－9158
21 傳經諸儒考 叢 2－1967
傳經室文集、賦鈔 集 4－28409 叢 2－671
傳經室詩集 集 3－20661
傳經室詩存 集 4－28407
傳經始末 經 2－8580～2
傳經草堂詩鈔 集 4－32636
傳經表 經 2－11910～1、11916 叢 1－462
傳經表、通經表 叢 1－416～7，2－731(5)、1559
傳經表補正 經 1－134
傳經表補正、建立博士表 經 2－11912
傳經表補正、經傳建立博士表 經 2－11913
傳經閣遺稿 集 4－22270
傳經堂詩集 集 3－20657～8
傳經堂詩鈔 集 3－20571
傳經堂集 集 3－19737，6－44364
傳經堂家規 子 1－2271 叢 2－1960
傳經堂叢書 叢 2－1632
22 傳後集 集 6－44751
傳種改良問答 子 7－37024
23 傳狀碑文墓表 叢 2－1140
24 傳先草 子 4－21486
27 傳疑錄 子 4－22242～3 叢 1－107、111(3)，2－731(7)、1081
傳魯堂文集 叢 2－2074
傳魯堂文集、駢文、詩初集、詩二集 集 5－38431
傳魯堂詩二集 叢 2－2074
傳魯堂詩初集 叢 2－2074

傳魯堂駢文　叢2－2074
30 傳家至寶　子1－2256
傳家集　集1－2241、2250　叢1－223(51)、227(9)
傳家得一錄　子3－13492
傳家寶　叢2－724
傳家寶訓　子1－2228
傳家寶訓抄　子1－2229
傳家寶四集　子4－24247
傳家寶筏　子1－2301
傳家必讀　子1－2269
傳家必讀安樂銘　子1－2078～9
傳家真寶一粒粟、倒杖圖注　子3－13291
傳家易傳存疑　經1－1728
傳家質言　叢1－223(67)
傳家陽宅得一錄　子3－13147、13219
33 傳心訣　子2－10497
傳心要語　子1－1775　叢2－964
傳心集　子2－10751
傳心顯義　叢2－1749
傳心錄二十八種痘証論　子2－9046
傳演毘尼儀範　子7－33934
34 傳法正宗記　子6－32085(56)、32088(41)、32089(48)、32091(60)、32092(42)、32093(51)
傳法正宗記、傳法正宗定祖圖　子6－32090(62)
傳法正宗論　子6－32085(56)、32088(41)、32089(48)、32090(62)、32091(60)、32092(42)、32093(51)
傳法正宗定祖圖　子6－32088(41)、32093(51)
傳法正宗定祖圖、續、應化聖賢五教高僧　史2－6815
傳法正宗定祖圖、續、應化聖賢五教高僧祖圖　子7－34734
傳法正宗定祖圖、傳法正宗記　子7－34733
傳社唱和、贈言　集6－44027
35 傳神祕要　子3－14703、15859、15861、15964　叢1－223(38)、269(5)、270(3)、271、272(5)、367～8
38 傳道模範倪公維思事畧　子7－35872
傳道四子書　子1－93
40 傳古別錄　史8－64204、65260
傳奇　子5－27536
傳奇雜劇三種　集7－49479
傳奇彙考　集7－54859
傳奇十一種　集7－49714
傳奇十三則　子5－27537
傳奇品　集7－54860
42 傳樸堂方志目　史8－66276
傳樸堂詩稿　集5－36278
傳樸堂詩稿、補遺、竹樊山莊詞　集5－36279
43 傳載　叢1－19(3、7)、20(2、5)、21(6)、22(6)、24(3、8)
傳載畧　史1－2440　叢1－22(6)、23(6)、29(5)
44 傳芳集　史2－7607,5－41186　集2－7477　叢2－884
傳芳集節錄　史2－7838
傳芳錄　史2－8064,5－41195
傳恭堂詩集　集3－16482
傳恭堂祭儀　經1－6340
傳恭堂祭儀未定稿、補遺　叢2－1717
47 傳聲譜　經2－14403、14540
傳聲及聲之顫次考　子7－36240(4)
48 傳教要規　子7－35601
傳教何意　子7－35454
傳教指南　子7－35447
50 傳忠錄　子2－4907
傳忠堂書目　史8－65864　叢2－746
傳忠堂學古文　集5－34198　叢2－799～800、934
傳書樓詩稿　集3－20634　叢1－423
傳書堂書目　史8－65984
傳書堂善本書目　史8－65987
傳書堂善本書目、傳書堂記　史8－65985
傳書堂善本書目補遺　史8－65986
52 傳授三洞經戒法籙畧說　子5－29530(24)、30706
傳授三壇弘戒法儀　子6－32091(80)
傳授經戒儀注訣　子5－29530(23)、30725
傳授源流　叢1－114(5)
60 傳國璽譜　子3－16781　叢1－22(16)、23(15)
傳是樓宋元板書目　史8－65658　叢2－808
傳是樓宋元本書目　叢2－593～4
傳是樓書目　史8－65652～6
傳是樓書目、馬氏玉堂鈔藏傳是樓足本書目　史8－65259
傳是樓書目、馬氏玉堂鈔藏傳是樓足本書目殘卷　史8－65657
傳是堂合編、河東文告、奏議　集2－11650
70 傳雅堂文集　集5－36419
傳雅堂文集、詩集　集5－36418
77 傳叟文錄　集5－38033
91 傳悟靈濟錄　子2－10378
92 傳燈玉英集　子6－32084(31),7－32119
傳燈剩稿　集4－31080
傳燈錄　史2－7108

2525_3 俸

37 俸祿養廉條例　史 6－43530

2528_6 債

44 債權編親族編相續編　子 7－36592

2529_3 傃

44 傃菴野鈔　史 6－47839～40

2532_7 鯖

10 鯖豆集　集 5－35385

2540_7 肄

08 肄許外篇　經 2－12652～3，12725
32 肄業要覽　子 7－36228(5)、36249～50、36258、36743
70 肄雅集　集 2－12621
肄雅釋詞　經 2－14664　叢 2－887
肄雅堂詩選　集 2－12620

2554_0 犍

20 犍爲文學爾雅注　叢 2－771(2)
犍爲縣志　叢 1－373(3)
犍爲縣志[嘉慶]　史 8－61888
犍爲縣志[乾隆]　史 8－61886～7
犍爲縣志[咸豐]　史 8－61889
犍爲縣志[民國]　史 8－61890～1
犍稚梵讚　子 6－32081(47)、32082(23)、32083(30)、32085(43)、32086(51)、32088(31)
40 犍椎梵讚　子 6－32090(44)、32091(42)、32092(28)、32093(47)
犍椎梵讚經　子 6－32089(27)
73 犍陀國王經　子 6－32081(32)、32083(21)、32086(36)、32089(22)、32090(28)、32091(27)、32092(18)、32093(19)，7－32694

2560_1 眚

44 眚老答客問　子 4－21399　集 4－25555

2576_0 岫

10 岫雲集　叢 2－1358
岫雲經說、雜著　經 2－11790
岫雲草　集 4－24285
岫雲吟稿　集 3－20787
22 岫巖州鄉土志[光緒]　史 7－56165
岫巖志畧[咸豐]　史 7－56163　叢 2－785
岫巖縣鄉土志[民國]　史 7－56166
岫巖縣志[民國]　史 7－56164

2590_0 朱

00 朱方庵蜀遊草　集 6－44580
朱方李氏家乘[江蘇丹徒]　史 4－27117
朱方菴蜀游草　集 3－15065
朱方旦案　叢 2－2203
朱慶餘詩集　集 6－41741、41824、41858～9、41863、41878　叢 2－661
朱慶餘詩集(中唐朱慶餘詩)　集 1－1618
朱慶餘詩集、校勘記　叢 2－636(3)
朱賡行狀　史 2－8992
朱文端公(軾)年譜　史 2－11794　叢 1－483
朱文端公文集　集 6－42066
朱文端公文集、補遺　集 3－17405
朱文端公集　集 3－17404
朱文靖公觀論　子 1－1267
朱文正公年譜　史 2－11325
朱文定公集　集 4－25893
朱文懿公文集　集 2－9794
朱文懿公文稿　集 2－9795
朱文懿公荼史、朱公行狀　史 2－11518
朱文懿公奏疏　史 6－48337
朱文懿公奏疏、荼史　史 6－48338
朱文懿公全集　集 2－9793

朱文盎先生雜著 子4-22367
朱文肅公詩文集 集2-10664 叢2-844
朱文肅公詩集 集2-10665～6
朱文肅公集 集2-10667
朱文公序文全集 集1-3623
朱文公雜著 集1-3625
朱文公訂正門人蔡九峯書集傳、問答、小序 經1-2642
朱文公語錄類要述 子1-783
朱文公詩集 集1-3582、3586
朱文公詩賦全集、朱文公詩集補遺、訓蒙詩 集1-3581
朱文公論語集註草稿真蹟 經2-9312
朱文公刊誤 經2-8373
朱文公刊誤古文孝經 經2-8373、8580～2
朱文公刊誤孝經 經2-8581
朱文公刊誤孝經旨意 經2-8418、8580、8582
朱文公政訓 史6-42925 叢1-106、111(1)、300,2-731(18)
朱文公政訓摘要 史6-42926 叢1-151
朱文公行狀、何王金許事實 叢1-387
朱文公白鹿洞書院揭示集解 子1-2334 叢2-964
朱文公定古文孝經 經2-8581～2
朱文公游藝至論 集6-45622
朱文公大同集、朱文公年譜節畧 集1-3601
朱文公校昌黎先生文集 集1-1413
朱文公校昌黎先生文集(朱文公校昌黎先生集、韓文考異)、外集、遺文、傳 集1-1307
朱文公校昌黎先生文集、外集、遺文 叢2-635(7)
朱文公校昌黎先生文集、外集、遺文、傳 集1-1309
朱文公校昌黎先生集、外集、遺文 集1-1310
朱文公校昌黎先生集、外集、遺文、集傳 集1-1269
朱文公較定古文孝經 經2-8580
朱文公書牘 集1-3620
朱文公易說(晦菴先生朱文公易說、文公易說) 經1-490
朱文公問答全集 集1-3624
朱文公尺牘 集1-3619
朱註引用文獻考畧 經2-10913
朱註發明 經2-10695
朱註參同契 叢1-312
10 朱一齋先生文集後卷、廣遊集 集2-5958
朱一齋先生文集前、後、廣遊文集 集2-5957
朱一新哀輓錄 史2-10654
朱一新行述 史2-10655
朱玉洲集 集2-8371
朱雪鴻批杜詩 集1-1006
朱元璋年表 史2-11399
朱雨蒼先生遺稿輯存、補刊 集5-37748
朱霞書屋詩草 集5-38755
朱西亭王孫萬卷堂藏藝文目 史8-65580
朱西村詩集、詩餘 集2-7354
朱西村詩稿全集、詩餘 集2-7353
朱西村未刻稿 集2-7356
13 朱武原禮記通註 叢2-730(12)、836
朱強甫集 集5-40832
17 朱子(熹)年譜 史2-11005、11312、11319、11321、11323、11327 子1-2703
朱子(熹)年譜節抄 史2-11009
朱子童蒙須知 經2-10646 子1-1968、2734 叢1-574(4)
朱子童蒙須知(訓學齋規) 子1-1964
朱子文語纂編 子1-789
朱子文集 集1-3602～3 叢1-214,2-731(44)
朱子文集註鈔錄 集1-3617
朱子文集補遺 集1-3604
朱子文集選目錄、朱子語類選目錄 集1-3609
朱子文集大全類編 集1-3570
朱子文集目錄 集1-3613
朱子文集纂四書 經2-10640
朱子文書 集1-3621
朱子文鈔 集1-3608
朱子文鈔、詩鈔 集1-3580
朱子註釋濂關三書 子1-773
朱子註釋濂關三書解 叢2-1409
朱子裒先生講學論 子1-2448
朱子六經圖增定四書圖 經2-11840
朱子語畧 子1-781 叢1-300
朱子語錄精要 子1-791
朱子語類 經2-10580 子1-777、784、790 叢1-223(30)、414、574(2)
朱子語類(詩說) 經1-3651
朱子語類、文集 叢2-691(3)
朱子語類、正譌、記疑 子1-778
朱子語類評 子1-786
朱子語類訓門人編輯要 子1-794
朱子語類輯畧 子1-788 叢1-214,2-731(12)
朱子語類日鈔 子1-792、1965 叢2-653(3)、690、691(3)
朱子語類四纂 子1-787 叢2-1346～7

朱子語類易編　經 1-491
朱子語類節要　子 1-793
朱子語類纂　子 1-785　叢 2-1312
朱子訓子帖　子 1-1968、2100　叢 1-574(4)
朱子訓蒙詩百首　子 1-1968、2736　叢 1-574(4)
朱子訓蒙詩百首、童蒙須知、訓子從學帖　叢 1-483
朱子訓學齋規　叢 1-330
朱子詩序辨說　叢 1-223(7)、227(2)
朱子詩集　集 1-3590,6-41908
朱子詩集、考異　集 1-3585
朱子詩選　集 1-3595,6-41903
朱子詩義補正　經 1-3995
朱子詩錄　集 1-3596
朱子詩鈔　集 1-3591
朱子讀書法　子 1-2337　叢 1-223(30)、525,2-754
朱子講學輯要編　子 1-808
朱子說書綱領　經 1-130、2670～1
朱子說書綱領(朱子說書)　經 1-2669
朱子說易綱領　經 1-590
朱子論語集註訓詁考　經 2-9615
朱子論語或問小註　經 2-9380
朱子論定文鈔　集 6-43032
朱子論定文鈔、外編　集 1-3607
朱子論學切要語　子 1-2340　叢 1-456(4)
朱子論學切要語、朱子年譜校勘記、朱子年譜考異校勘記、朱子論學切要語校勘記、校勘存疑　子 1-2341
朱子議政錄　子 1-810
朱子三書　子 1-731
朱子五經語類　經 2-11464　叢 1-223(12)
朱子五書　子 1-735　叢 1-574(2)
朱子可聞詩集　集 1-3587～8
朱子不廢古訓說、朱注引用文獻考畧　子 1-1743
朱子孟子或問小註　經 2-9876～7
朱子爲學次第考　子 1-108　叢 1-574(3)
朱子集　集 1-3577
朱子行狀　史 2-8758　叢 1-483、574(2)
朱子價集　集 2-9135,6-41935(1)
朱子師友傳　史 2-7076
朱子經說　經 2-11847
朱子經濟文衡類編(經濟文衡)前集、後集、續集　子 1-772
朱子經濟文衡類編續集　集 1-3622
朱子白鹿洞書院揭示　子 1-1964、2331
朱子白鹿洞規條　子 1-101
朱子白鹿洞規條目　叢 1-300
朱子白鹿洞規條目(朱子白鹿洞規條、朱子白鹿洞規修目)　子 1-2333
朱子約編　子 1-809
朱子綱目輯畧　史 1-1137　叢 1-300
朱子儀禮經傳通解　經 1-6245
朱子儀禮釋宮　經 1-155、6171
朱子家訓(家訓)　子 1-2189
朱子家訓說畧　子 1-2192
朱子家政序　子 1-2102
朱子家禮　經 1-6292
朱子實紀　史 2-8759～60
朱子近思錄　子 1-764
朱子治家格言註　叢 2-1763
朱子禮纂　經 1-6062　叢 1-223(9),2-1346～7
朱子遺書重刻記疑　叢 1-574(2)
朱子遺書重刻合編十一種附一種　叢 1-574(2)
朱子遺書十五種　叢 2-1039
朱子啓蒙五贊附錄纂註　經 1-588
朱子啓蒙五贊附錄纂注　經 1-591
朱子大學或問重訂輯釋通義大成　經 2-8689、10259
朱子大學或問小註　經 2-8724
朱子大全　集 1-3562～3、3566
朱子大全文集、續集、別集　叢 1-414、574(1)
朱子大全文集、續集、別集、文集正譌、文集記疑、正譌記疑補遺　集 1-3568
朱子大全集補遺　集 1-3573～5
朱子大全私抄　子 1-800
朱子大全私鈔　集 1-3576
朱子大全選　集 6-41798
朱子大全別集(晦庵先生朱子大全別集)　集 1-3571
朱子古文讀本　集 1-3614～6
朱子古文書疑　經 1-2822～3、2849　叢 1-223(6)
朱子古文節選　集 1-3610
朱子校昌黎集傳　叢 1-223(49)
朱子校昌黎先生集傳　集 1-1265、1270～1
朱子孝經刊誤　經 2-8362、8586
朱子增損呂氏鄉約　子 1-1964、2012
朱子敬齋箴　子 1-1974、2737
朱子敬詩稿　集 3-17279
朱子敬稿十四種　集 3-17280
朱子中庸或問小註　經 2-8983
朱子事彙纂畧　史 2-8763　叢 2-1726
朱子書　子 1-95、736
朱子靜坐說　子 2-11149
朱子成書　子 1-795

朱子抄 子 1-799
朱子抄釋 子 1-97、797 叢 1-223(31)、347,2-731(12)
朱子四師傳 叢 2-1497
朱子四書語類 經 2-10226
朱子四書或問小註(大學或問小註、中庸或問小註、論語或問小註、孟子或問小註) 經 2-10344
朱子四書全義 經 2-10584
朱子四書纂要 經 2-10837 叢 2-1629
朱子易綱領 經 1-547
朱子易本義圖 經 1-497
朱子易圖附錄纂注 經 1-588、593
朱子易學啓蒙 經 1-1409
朱子易學啓蒙通釋、圖式 經 1-2133
朱子圖說 經 1-40、494 叢 1-223(4)
朱子圖說、易五贊、筮儀、易說綱領 經 1-41
朱子晚年定論 史 2-8764 子 1-969
朱子晚年定論評述 子 1-970
朱子晚年全論 子 1-1546
朱子原訂近思錄 子 1-759 叢 2-698(7)
朱子原訂近思錄集注 子 1-756 叢 1-427
朱子原訂近思錄集注、考訂朱子世家 子 1-755
朱子原編孟子要畧 經 2-10054
朱子刪定玉泉真本桃園明聖經 子 5-30461
朱子周易五贊 經 1-495
朱子周易參同契考異 子 5-30972 叢 1-325,2-1039
朱子周易參同契考異(周易參同契考異) 子 5-30973
朱子間適詩選 集 1-3597 叢 2-691(3)
朱子學訓 子 1-2339 叢 1-151
朱子學歸 子 1-804 叢 2-731(12)、782(5)
朱子學的 子 1-796、936～7 叢 1-213～4,2-731(12)
朱子陰符經考異 子 5-29739 叢 1-325,2-1039
朱子全書 子 1-732～4
朱子金石學 史 8-63759
朱子分類文選 集 1-3611～2
朱子年譜、朱子年譜考異、朱子論學切要語 叢 1-223(21)
朱子年譜、考異 叢 1-456(4)
朱子年譜、考異、朱子論學切要語 叢 2-731(62)
朱子年譜、考異、附錄朱子論學切要語 史 2-11316
朱子年譜、考異、附錄朱子論學切要語、附校勘記 史 2-11317
朱子年譜綱目 史 2-11322
朱子年譜考異 史 2-11315
朱子年譜節抄 史 2-11326
朱子筮儀附錄纂註 經 1-588
朱子筮儀附錄纂注 經 1-592
朱子節要 子 1-802 叢 2-1178～9
朱子節要鈔 子 1-806
朱子小學 子 1-1974
朱子小學白話解 子 1-2721
朱子小學節本 子 1-2705
朱子性理吟注釋 子 1-739
朱君尚先生祕傳跌打方 子 2-7916
朱翼 子 5-25147
朱翼管窺 子 5-25148
20 朱季子草 集 2-10374
朱秉器全集(朱中丞全集)(朱秉器文集、朱秉器詩集、河上楮談、汾上續談、浣水續談、遊宦餘談) 集 2-9925
朱秉器全集六種 叢 2-1143
朱絃集 集 6-42547～8
21 朱上如木刻四種 叢 2-689
朱止泉(澤澐)年譜 史 2-11796
朱止泉文稿 集 3-17478
朱止泉先生文集 集 3-17476
朱止泉先生朱子聖學攷畧、提要、正訛 子 1-1522
朱止泉先生朱子聖學攷畧節要、綱領 子 1-1523
朱止泉先生朱子聖學考畧 子 1-1521
朱止泉先生河道合意編 史 6-46657
朱僊鎮岳廟集 史 2-8742
朱衎廬續稿 集 5-38256
朱衎廬遺稿、朱衎廬鈔本書目 集 5-38255
朱衎廬遺稿、補編 集 5-38254
朱衎廬舊藏抄本書目 史 8-65902
朱紫垣痘疹祕要 子 2-8691
22 朱山人集 集 2-9395,6-41935(5)
朱樂齋先生遺詩 集 2-8555、8921
朱稻孫詩鈔 集 4-28406
朱絲詞 叢 2-2140
23 朱參軍(永昌)畫象題詞 史 2-9077
朱參軍畫象題詞 叢 2-751
24 朱升之集 集 2-7722,6-41935(1)
朱勉齋集 集 2-12114
25 朱仲升詩集 集 3-20212
朱仲開集 集 2-6647,6-41935(5)
26 朱伯賢先生(右)年譜 史 2-11398
朱鯉魴詩 集 4-27132
朱程問答、附集 子 1-149

27 朱將軍大法、高天丁祕旨　子 5－31684
朱魚譜、韓香譜　子 4－19442
朱魯存遺集　集 4－27869
朱約齋未刻詩　集 4－24967
28 朱作霖年譜稿　史 2－12237
朱徵君(士煥)年譜　史 2－12441
朱復齋雜著　子 4－21332
朱復齋全書三種　叢 2－1929
30 朱注引用文獻考畧　子 1－1743
朱憲使平三溝蠻或問　叢 1－178
朱字綠古文鈔　集 3－16806
朱良叔猶及編　子 5－26368　叢 2－730(12)、836
朱密所先生密林漫稿　集 2－10713
朱宗伯旁註五雲箋　集 6－42043
朱宗良集　集 2－9672
31 朱涇志[嘉慶]　史 7－56452
朱汗朱詩　集 3－15797
朱福州集　集 2－7862～3,6－41935(4)
32 朱冰懷生歿紀畧　史 2－9356～7
朱近修六言絕　集 6－44580
朱近漪所著書三種　叢 2－1429
朱近漪所箸書五種　叢 2－1428
33 朱補筌印譜　子 3－17464
34 朱洪武遊太廟　集 7－52860
37 朱淑真斷腸詩集、補遺、詞　叢 1－467
朱淑真斷腸詩、後集　集 1－3086
朱淑真斷腸詩集、補遺　集 1－3088
朱淑真斷腸詩集、補遺、新補朱淑真斷腸詞　集 1－3087
朱淑真斷腸詩集、補遺、後集、詞　集 1－3094
朱淑真斷腸詞　集 7－46565
朱次琦墨迹　集 4－31406
38 朱滋澤奏稿　史 6－49162
朱滄起詩文集　集 3－13154
40 朱九江[次琦]先生講學記　子 1－1949
朱九江集注　集 4－31404
朱九江先生(次琦)傳　史 2－10000
朱九江先生講學記(朱子襄先生講學論)　子 1－2448
朱九江先生集　集 4－31403
朱太復文集、目錄　集 2－10838
朱太復乙集　集 2－10837
朱太守風雪漁樵記　叢 2－720(3)
朱太守風雪漁樵記雜劇　集 7－48767(2)　叢 2－698(15)
朱太史集(硯廬詩、吳越遊草、峪園近草、排青樓詩、賦)　集 3－13155
朱直方集　集 3－20869
朱塘譚氏續修合譜[湖南長沙]　史 5－41255
朱布衣詩選　集 4－29528
朱布衣詩鈔　集 3－14089,6－44795
朱熹辨僞書語　叢 2－714
朱查甫文集　集 4－28403
朱查甫遺集　集 4－28404
朱奇生入祀鄉賢實錄　史 2－9424
44 朱蕩南集　集 2－7324,6－41935(4)
朱莊恪公集　叢 1－373(7)
朱蕭詩聯手稿　集 6－44327
朱蘭文稿　集 4－30380
朱蘭嵎太史詠物詩　集 2－10371
朱藤老屋詩鈔　集 4－29967,6－42003
朱蓉生侍御論學遺札摭存　子 4－21775
朱茮堂經進文　叢 2－1648
朱茮堂家藏稿十一種　叢 2－1648
朱茮堂奏稿　史 6－48810　叢 2－1648
朱杜谿先生集　集 3－16804
朱杜谿先生集、詩稿、又詩、遊歷記　集 3－16803
朱杜谿先生集、遊歷記存　集 3－16805
朱杜鄰遺詩　集 4－24586
朱菽堂日記(清道光十四年至十五年)　史 2－12665
45 朱執信先生自書詩遺墨　集 5－41626
46 朱柏廬先生編年毋欺錄、補遺　史 2－11022　子 1－1396
朱柏廬先生家訓衍義　子 1－2191
朱柏廬先生治家格言　子 1－1964
朱柏廬先生治家格言(明崑山朱柏廬先生治家格言)　子 1－2188
朱柏廬先生大學講義、中庸講義　叢 2－813
朱柏廬先生勸言　子 1－1964,2197
朱柏廬先生未刻稿　集 3－14772
朱柏廬先生毋欺錄、毋欺錄補　子 1－1397
朱柏廬先生愧訥集、附載　集 3－14770
朱柏廬先生愧訥集未刻稿　集 3－14773～4
朱柏盧先生編年毋欺錄、補遺　史 2－11719
47 朱奴兒　子 3－17922
朱都諫奏疏　史 6－48666
朱都轉遺集　集 5－36213
朱楓林集　集 2－5837
朱楓林先生註釋小四書四種　叢 1－33
朱楓林先生小學名數　經 2－13433
48 朱梅舫文鈔　集 3－21453
朱梅崖文譜　集 6－46159　叢 2－1726
朱梅崖文鈔　集 3－20217
50 朱中丞詩文遺稿、奏議　集 4－24652
朱中尉詩集、校勘記、校勘續記　集 2－12313　叢 2－870(5)
朱夫子年譜、卷首、行狀、後錄　史 2－11320

51 朱批唐詩苑 集 6－43339
朱批兩漢菁華錄 集 6－43212
52 朱靜庵自怡集 集 2－6883
57 朱擢秀先生遺著 集 3－13153
朱邦憲集 集 2－9396
58 朱蛻廬先生日記(清光緒二十三年至二十七年) 史 2－13102
60 朱圃山人集、補遺 集 3－18448
朱呂問答 子 1－1728 叢 2－1734
朱買臣休妻 集 7－53518
朱買臣休妻一段 集 7－51640
64 朱曉南公祠堂記 史 2－10793
67 朱鄂生日記(清光緒十五年至民國二十一年) 史 2－13003
71 朱馬氏家乘[浙江海寧] 史 4－31586、31590
72 朱氏痘疹祕要 子 2－5502
朱氏痘疹合編 子 2－8774
朱氏痘科全書 子 2－8717
朱氏麻科 子 2－8900
朱氏訓蒙詩門 經 1－3935～6
朱氏訓蒙書門 經 1－2812
朱氏訓蒙易門 經 1－1053
朱氏詩文世珍 集 6－44975
朱氏族譜 史 4－26374～5、26739
朱氏族譜[廣東乳源] 史 4－26734
朱氏族譜[江西瑞金] 史 4－26678
朱氏族譜[江西萍鄉] 史 4－26676
朱氏族譜[江西萬載] 史 4－26693
朱氏族譜[江蘇鎮江] 史 4－26420
朱氏族譜[浙江] 史 4－26455
朱氏族譜[湖南] 史 4－26699
朱氏族譜[湖南寧鄉] 史 4－26707
朱氏族譜[湖南瀏陽] 史 4－26706
朱氏族譜[湖南漢壽] 史 4－26713
朱氏族譜[湖南汝城] 史 4－26730
朱氏族譜[湖南湘陰] 史 4－26717～9
朱氏族譜[湖南長沙] 史 4－26702
朱氏族譜[湖南岳陽] 史 4－26715～6
朱氏說文通訓定聲序注 經 2－12418
朱氏三修族譜 史 4－26738
朱氏三修族譜[湖南寧鄉] 史 4－26710
朱氏三宗續修通譜[湖南] 史 4－26701
朱氏正宗譜[江西婺源] 史 4－26685
朱氏羣書六種 叢 2－1730
朱氏重修族譜[湖南平江] 史 4－26721
朱氏統宗譜 史 4－26371、26373
朱氏統宗譜[安徽徽州] 史 4－26637～9
朱氏統宗世譜[安徽徽州] 史 4－26634
朱氏經傳考正 叢 1－312
朱氏續修族譜[江西南昌] 史 4－26674
朱氏家譜[天津] 史 4－26381
朱氏家譜[江西] 史 4－26671～2
朱氏家譜[江蘇蘇州] 史 4－26446
朱氏家譜[河北秦皇島] 史 4－26382～3
朱氏家譜[河南安陽] 史 4－26694
朱氏家乘 史 4－26372
朱氏家乘[北京大興] 史 4－26380
朱氏家乘[上海崇明] 史 4－26387～9
朱氏家乘[上海松江] 史 4－26386
朱氏家乘[安徽歙縣] 史 4－26642
朱氏家乘[江蘇寶應] 史 4－26405
朱氏家乘[湖北咸豐] 史 4－26697
朱氏實法 子 2－5168
朱氏實法、幼科、傷寒科 子 2－4783
朱氏實法幼科 子 2－8530
朱氏宗譜 史 4－26737
朱氏宗譜[安徽徽州] 史 4－26635
朱氏宗譜[安徽潛山] 史 4－26630～1
朱氏宗譜[安徽歙縣] 史 4－26643
朱氏宗譜[安徽懷寧] 史 4－26629
朱氏宗譜[江西宜黃] 史 4－26691
朱氏宗譜[江蘇] 史 4－26397
朱氏宗譜[江蘇武進] 史 4－26432
朱氏宗譜[江蘇蘇州] 史 4－26450
朱氏宗譜[江蘇泰興] 史 4－26408
朱氏宗譜[江蘇揚州] 史 4－26400
朱氏宗譜[江蘇無錫] 史 4－26435～7、26439～40
朱氏宗譜[浙江] 史 4－26621、26623
朱氏宗譜[浙江武義] 史 4－26595
朱氏宗譜[浙江紹興] 史 4－26517、26523
朱氏宗譜[浙江寧波] 史 4－26508
朱氏宗譜[浙江安吉] 史 4－26481
朱氏宗譜[浙江海寧] 史 4－26490、26499
朱氏宗譜[浙江海鹽] 史 4－26502
朱氏宗譜[浙江嘉興] 史 4－26488
朱氏宗譜[浙江桐廬] 史 4－26468
朱氏宗譜[浙江景寧] 史 4－26620
朱氏宗譜[湖北漢陽] 史 4－26695
朱氏遷浙支譜[浙江桐鄉] 史 4－26501
朱氏通譜[湖南桂陽] 史 4－26728
朱氏奇門祕占 子 3－14385
朱氏弋陽支譜[江西南昌] 史 4－26675
朱氏花園支家乘[浙江海寧] 史 4－26489
朱氏孝感傳、朱簡齋(鑑)遺蹟集錄 史 2－8859
朱氏世譜[安徽徽州] 史 4－26636
朱氏世譜[江蘇蘇州] 史 4－26451
朱氏世譜[浙江杭州] 史 4－26457
朱氏世系家譜[浙江嘉興] 史 4－26483

朱氏四修族譜[湖南]　史4-26733
朱氏四修族譜[湖南平江]　史4-26720
朱氏四修族譜[湖南長沙]　史4-26700
朱氏四修支譜[湖南寧鄉]　史4-26712
朱氏脈訣　子2-6056
朱氏義莊記　史6-44735
朱氏小桃源宗譜[浙江海寧]　史4-26497
73 朱駿聲文集　集4-28410
朱駿聲文集、補遺　集4-28408
74 朱陸異同書　子1-1411　叢2-1283
朱陵洞天青霞蔣真人金丹口訣　子5-29561、31045
朱陵洞稿、中州武錄　集2-10570
朱陵洞稿、中州武錄、伯固公詩拾遺、拾殘　集2-10571
76 朱陽書院講習錄　子1-1450
朱陽書院志　史7-52100
77 朱又笏遺文　集5-40052
朱丹木詩集　集4-29469　叢2-886(4)
朱母黄夫人(朱寶綬母)哀輓錄　史2-10365
朱門授受錄　史2-6688
78 朱臥菴藏書畫目(臥庵藏書畫目)　子3-14772
80 朱美人詩　集6-41939
84 朱鎮山集　集2-8597,6-41935(2)
87 朱飲山三韻易知　經2-13887
朱飲山千金譜、三韻易知　集6-46291
88 朱竹垞文稿　集3-15012
朱竹垞先生草稿　集3-15011
朱竹垞先生杜詩評本　集1-1063
朱竹軒詩鈔　集5-38712
朱簡齋(鑑)遺蹟集錄　史2-8859
朱簡齋奏議　史6-48201
朱笥河先生(筠)年譜　史2-11891
朱笥河先生詩稿　集3-21207
90 朱懷天遺稿　集5-39709
朱懷剛醫案　子2-10764
朱少司農先生年譜　史2-11692
朱少師奏疏鈔　史6-48434
朱少師公(燮元)事實　史2-9048
朱雀橋邊野草　集3-19636
94 朱慎甫先生遺集(資甫先生四種)四種　叢2-1731

2590$_6$ 紳

27 紳佩擒光錄　史2-9437
40 紳志畧　史1-1938、3165　叢1-309

2591$_7$ 秫

44 秫藪談宗　集6-46253
秫林伐山　子4-22229、22231、22233　叢1-282(2)、283(3)
秫林咀華　子4-24172
60 秫圃擷餘　子4-23002　集6-45488　叢1-22(26)、108、223(72),2-1136

紈

24 紈綺集　集2-9772

純

純(伅)真陀羅所問經　子6-32083(5)
00 純廬遺稿　集5-39713
純齋集　集4-22168
純齋遺草　集3-17370
10 純一圖說、敍天齋學約　叢1-332
純正蒙求　叢1-223(43)、412
12 純飛館詞　叢2-968
純飛館詞三集　叢2-677
純飛館詞續　叢2-968
純飛館詞初稿　集7-48197
21 純師集　集6-42983
24 純備德禪師語錄　子6-32091(81)
純德彙編　史2-7518
純德彙編、續刻　史2-7519　叢2-845(4)
26 純白齋類稿　集1-5120～2　叢1-223(61),2-731(41)、859
30 純良祠碑記　史2-9477
44 純孝董氏宗譜[浙江金華]　史5-35893～4
純孝里潘氏世譜[浙江湖州]　史5-39791～2
53 純甫文稿　集4-25735
純甫古文鈔　集4-32175
71 純臣纂要　子2-5007
76 純陽帝君神化妙通紀　史2-8590　子5-29530(7)
純陽度世　集7-49705
純陽子祖師河活天人一貫講　子5-31075
純陽演正孚佑帝君既濟真經　叢1-86
純陽祖師說三世因果寶卷(因果寶卷)　集

7-54257
純陽祖師玉樞寶經讚解 叢1-394
純陽祖師河洛天人一貫講 子5-31908
純陽祖師金剛經般若波羅密經註講 叢1-394
純陽祖師金剛般若波羅密經註講 子7-33224
純陽真人渾成集 子5-29530(20) 集1-1512
純陽呂祖度世寶鑑六種 子5-29572
純陽呂祖定生生數占法 子3-14057
純陽呂真人文集 子5-29543
純陽呂真人文集(新刊道書全集純陽呂真人文集) 集1-1514
純陽呂真人詩 集1-1513
純陽呂真人藥石製 子5-29530(18)、31048
純陽呂公百字碑 子5-31057
純陽呂公百字碑測疏 子5-29545
80 純全集 子3-15894
88 純節先生集 集1-5475
90 純常子文稿 叢2-2082
純常子枝語 子4-22468～9

2592_7 繡

00 繡衣莊王氏宗譜[江蘇無錫] 史4-24866
02 繡刻演劇六十種(六十種曲) 集7-49709
繡刻演劇十本 集7-49713
繡刻劍嘯閣批評西漢演義傳 子5-27961
04 繡詩樓詩 集4-33465,5-39904 叢2-2169
08 繡譜 叢1-322,2-689
繡譜(雲間丁氏繡譜) 子4-18871
繡譜、煙譜 子4-18549
10 繡雲閣 子5-28903
13 繡球緣 子5-28503
15 繡珠軒詩 集4-29549
20 繡垂館遺稿 集6-45106
繡垂館遺稿(鸝吹集) 集2-11586
繡香居存稿 集3-13640
21 繡虎軒次集 集3-15276
繡虎軒尺牘、二集、三集 集3-15275
22 繡川毛氏宗譜[浙江義烏] 史4-25619～21
繡川呂氏宗譜[浙江東陽] 史4-26324～8
繡川陳氏宗譜[浙江義烏] 史4-32995～6
繡巖詩存 集5-38844
繡山文鈔 叢2-824
繡山詩草 集4-31518
繡山小草 集4-26408
25 繡佛齋詩鈔 集5-34264 叢2-896
繡佛樓詩稿 集5-35174
繡佛樓詩鈔 集4-32984
27 繡像康梁演義 子5-28228
繡像文武香球 集7-53993
繡像文昌化書 子5-31802～3
繡像六續施公案清烈傳 子5-28708
繡像六續濟公傳 子5-28865～6
繡像六續彭公案 子5-28775
繡像六月雪全傳 集7-53836
繡像六美圖四集 集7-53833
繡像京本雲合奇踪玉茗英烈全傳 子5-28146
繡像龍鳳金釵十集 集7-53839
繡像評演接續後部濟公傳 子5-28859
繡像評點紅樓夢 子5-28393
繡像新譜東調雙剪髮傳 集7-53936
繡像新刊玉杯記 集7-53010
繡像新刊荆釵奇緣(繡像新刊節義奇情) 集7-53811
繡像新編七劍十三俠五集 子5-28755
繡像施公案全傳 子5-28699
繡像說唐征西全傳 子5-28052
繡像說唱麒麟豹傳 集7-53882
繡像說唱麒麟豹傳(新增全圖珍珠塔後傳麒麟豹) 集7-53884
繡像說唱麒麟豹傳(繪圖珠塔後傳麒麟豹) 集7-53883
繡像說唱海公奇案八集 集7-54067
繡像說唱九美圖(繡像九美奪夫) 集7-53814
繡像一捧雪全傳 集7-54039
繡像一箭緣全傳 集7-54037～8
繡像一笑緣 子5-28442
繡像二度梅 子5-28456 集7-53735
繡像二度梅(新刻二度梅忠孝節義全部) 集7-53734
繡像二馬投唐全傳 集7-51110
繡像三俠記新編(繪圖劍俠奇中奇) 子5-28478
繡像三續濟公傳 子5-28862
繡像三續洪秀全演義 子5-28218
繡像三續七劍十三俠 子5-28756
繡像三國演義 子5-27997
繡像三國演義續編 子5-28013
繡像三門街 子5-28761
繡像三合明珠寶劍全傳 子5-28497
繡像三笑全集 集7-53904
繡像三省莊說唱鼓兒詞 集7-51228
繡像三省莊說唱鼓兒詞正集、續集 集7-51227

繡像玉連環(鍾情傳)　集7-54071
繡像玉蜻蜓(雙玉蜻蜓、繡像前後蜻蜓奇緣)　集7-54076
繡像五續濟公傳　子5-28864
繡像五續彭公案　子5-28774
繡像五女興唐　子5-28046
繡像五美再生緣全傳　子5-28487
繡像百鳥圖　集7-53693
繡像百鳥圖(新刻百鳥圖金牌全傳)　集7-53694
繡像百花臺(繡像雲外飄香)　集7-53690
繡像西湖緣鼓詞　集7-54047
繡像西遊記　子5-28809
繡像瓦崗寨鼓詞　集7-51288
繡像雲琴閣全譜　集7-54099
繡像雲合奇蹤　子5-28143、28147、28150
繡像北方真武祖師玄天上帝出身全傳　子5-28837
繡像北宋楊家將　子5-28097
繡像北宋金鎗全傳　子5-28082
繡像水晶球全傳　集7-53959～60
繡像烈女驚魂傳　子5-28504
繡像飛龍傳　子5-28090
繡像醒世姻緣全傳(繡像繪圖惡姻緣)　子5-28255
繡像醒世第二奇書　子5-27772
繡像瑤華傳　子5-28885
繡像珍珠塔　集7-54114
繡像珍珠鳳　集7-54109
繡像妥註第六才子書(雲林別墅繪像妥註第六才子書)　集7-48853
繡像雙珠鳳全傳　集7-53956
繡像雙冠誥全傳　集7-53931～2
繡像雙金錠全傳(新刻全本雙金錠東調、新刻繡像雙金錠)　集7-53938
繡像雙美緣　集7-53943
繡像雙美緣(繡像詩髮緣)　集7-53942
繡像虎牙嶺鼓詞　集7-51138
繡像紅樓夢補　子5-28408
繡像紅樓圓夢傳　子5-28406
繡像倭袍傳(果報錄、精印果報錄、校補果報錄圖詠、增像全圖足本醒世緣)　集7-53995
繡像後唐奇書蓮子瓶傳　子5-28727
繡像後三國演義西晉、東晉　子5-28014
繡像後西遊記　子5-28813、28815
繡像後宋慈雲走國全傳　子5-28112
繡像仙俠五花劍　子5-28757～8
繡像綺樓重夢　子5-28400
繡像結水滸全傳、結子　子5-28685
繡像續編七劍十三俠四集　子5-28754
繡像續英雄大八義　子5-28749
繡像續小五義　子5-28744、28746
繡像翻症　子2-7053
繡像綠牡丹　子5-28719
繡像綠牡丹全傳(繡像龍潭鮑駱奇書綠牡丹傳)　子5-28715
繡像綠野僊踪全傳　子5-28881
繡像繪圖二十四史通俗演義　子5-27923
繡像繪圖後西遊記　子5-28814
繡像繪圖嶺南逸史　子5-28447
繡像繪圖續兒女英雄全傳　子5-28514
繡像繪圖繪芳園全錄　子5-28523
繡像繪圖大明正德皇遊江南傳　子5-28164
繡像繪圖奇緣賽桃源　子5-28355
繡像繪圖蕩寇志、結子　子5-28686
繡像繪圖乾隆巡幸江南記　子5-28731
繡像繪圖足本東周列國志　子5-27943
繡像繪圖兒女英雄傳　子5-28508、28511
繡像永慶昇平　子5-28779
繡像永慶昇平後傳　子5-28782～3
繡像永慶昇平前傳　子5-28780
繡像宋太祖三下南唐(新鐫繡像趙太祖三下南唐被困壽州城)　子5-28086
繡像祕本白梅亭　集7-51360
繡像祕本金蘭會　集7-51364
繡像洪秀全演義四集　子5-28216
繡像清風閘　子5-28695
繡像海國春秋演義　子5-28892
繡像海公大紅袍全傳　子5-28171
繡像海公奇案玉夔龍傳(新刻祕本唱口玉夔龍全傳)　集7-54066
繡像海公小紅袍　子5-28173
繡像十一續濟公傳　子5-28872
繡像十二續濟公傳　子5-28873
繡像十五貫　集7-53922
繡像十美圖傳　集7-53919
繡像九美圖全傳　集7-53813
繡像南唐演義薛家將　子5-28063
繡像南唐演義薛家將傳　子5-28062
繡像南宋飛龍傳　子5-28084
繡像古今賢女傳　史2-6413
繡像七俠五義　子5-28740
繡像七續濟公傳　子5-28867
繡像七續彭公案全傳　子5-28776
繡像七星六煞征南傳、後傳　子5-28925
繡像七劍十三俠三集　子5-28752
繡像真正九續濟公傳　子5-28870
繡像真八美圖　集7-53673

繡像木蘭奇女全傳 子 5－28018
繡像彭公案 子 5－28767
繡像封神演義 子 5－28843
繡像落金扇 集 7－53846～7
繡像夢遊上海名妓爭風傳 子 5－28547
繡像夢中五美緣 子 5－28344、28486
繡像夢影緣 集 7－53861
繡像花月痕全傳 子 5－28520
繡像蘭花夢奇傳 子 5－28569～70
繡像萬花樓全傳(新編繡像雙連筆全傳) 集 7－53985
繡像萬年青奇才新傳 子 5－28729
繡像韓湘子全傳 子 5－28849
繡像芙蓉洞全傳(蜻蜓奇緣) 集 7－53751
繡像英雄大八義 子 5－28748
繡像蘊香丸 集 7－54102
繡像檮杌閒評明珠緣 子 5－28185
繡像楊文廣平南傳 子 5－28103
繡像楊家將全傳 子 5－28096
繡像中東大戰演義 子 5－28224
繡像忠烈全傳 子 5－28728
繡像春秋配 集 7－51092
繡像素梅姐全傳 子 5－28341
繡像東西漢全傳 子 5－27963
繡像東漢演義 子 5－27972
繡像東周列國志 子 5－27942
繡像批點紅樓夢 子 5－28392
繡像採金桃全傳 集 7－53707～8
繡像搜神記 子 5－26808～9
繡像四香緣(蜃樓傳) 集 7－53967
繡像四續濟公傳 子 5－28863
繡像昇僊傳 集 7－51162
繡像昇仙傳演義 子 5－28911～2
繡像回文傳 子 5－27789、28253
繡像異說奇聞羣英傑全傳 子 5－28449
繡像明季英雄珍珠錦繡袍 子 5－28208
繡像野草閑花臭姻緣 子 5－28548
繡像贈履奇情傳 子 5－28572
繡像反唐女媧鏡 子 5－28064
繡像馬潛龍走國全傳 集 7－51361
繡像風箏誤 集 7－50195
繡像風箏誤(繡像雙娟緣) 集 7－53738
繡像鳳凰圖 集 7－53742
繡像貫串呼延慶打擂雙鞭記 集 7－51240
繡像八仙出處東遊記 子 5－28832
繡像八續濟公傳 子 5－28868～9
繡像八續彭公案 子 5－28777
繡像八美圖 集 7－53675～6
繡像全圖再生緣全傳 集 7－54104
繡像全圖小五義 子 5－28743
繡像金臺全傳 子 5－28915～6
繡像金鞭記 子 5－28593
繡像金剛經感應故 子 7－34683
繡像今古奇觀 子 5－27751～2
繡像義俠九絲縧 集 7－53816
繡像義妖全傳 集 7－54044
繡像鐵冠圖 子 5－28203
繡像鐵冠圖忠烈全傳 子 5－28202
繡像第一才子書(繡像三國志演義、增像三國演義) 子 5－27995
繡像第三奇書玉鴛鴦 子 5－28304
繡像第十才子駐春園 子 5－28441
繡像小八義 集 7－51322
繡像精忠演義說岳全傳 子 5－28131
繡像粉妝樓全傳 子 5－28068
繡鞶帨館集 集 5－36621
31 繡江集 史 1－1953、1964 子 4－20864
繡江吟稿 集 5－39005
繡沾布一枝 集 7－50890
繡襦記 集 7－49709、49711、49823、49825 叢 2－689
繡襦記彈詞 集 7－54025
繡襦記四部 集 7－51328
37 繡湖陳氏宗譜[浙江義烏] 史 4－33011
繡袎一本 集 7－52628
40 繡巾韋燈 集 7－50253
繡梓尺牘雙魚、補遺捷用尺牘雙魚 集 6－45226
42 繡橋詩詞存稿 集 5－40882
44 繡花繃 集 7－53356
繡花鞋(姐姐繡花鞋) 集 7－53357
繡花燈一套 集 7－50957
繡荷包 集 7－50889、52236、53355、53633
繡鞋記 子 5－28525 集 7－51329、51331
繡老媽一本 集 7－52627
繡藥軒遺稿 集 3－21830
繡菊齋題畫剩稿 集 4－33410
46 繡帕記 集 7－50372 叢 2－1696
繡楊風清一枝 集 7－52013
51 繡蟫餘吟稿 集 3－21642
53 繡戈袍真本 子 5－28465
55 繡蜨龕詞鈔 集 7－47687
60 繡墨齋偶吟 集 4－22913
繡墨山房詩集 集 4－23307
繡墨軒詩稿、詞稿 集 5－40136
繡墨軒詞 集 7－48275
繡墨軒遺稿 集 4－28259
68 繡吟樓詩鈔 集 6－41999
77 繡閒詞 集 7－46904
繡閒草 集 3－19514

繡屏風館詩集、文集、別集　集 4-26890
繡屏風館詩稿　集 4-26888
繡屏風館集外詩　集 4-26889
繡閣寶生書、保赤須知　子 2-8046
繡門簾一枝　集 7-50891
80 繡谷亭薰習錄　史 8-65682
繡谷亭薰習錄經部、集部　叢 2-631
繡谷雜鈔七種　叢 1-199
繡谷春容　子 5-27702
繡谷圖卷題詠彙鈔　集 6-44049
88 繡篋小集　集 4-28579、29008,6-41999
繡餘詩稿　集 3-17458
繡餘詞　集 7-47515、47662
繡餘詞草　集 4-29799,7-47220
繡餘五續草　集 3-21599
繡餘集　集 3-15178,4-23124、27064
繡餘續草　集 3-21604
繡餘續草、再續草、三續草、四續草　集 3-21598
繡餘續草、聽雪詞　集 3-21601
繡餘偶吟　集 4-30263～4
繡餘近草　集 3-21600
繡餘草　集 3-19674、21597、21699,4-27031,5-40533,6-41999
繡餘樓詩草　集 5-34281
繡餘吟　集 5-39135
繡餘吟(繡餘吟遺稿)　集 4-31769
繡餘吟課　集 4-27474
繡餘吟詞稿　叢 2-1800
繡餘吟稿　集 5-35867　叢 2-1459～60
繡餘吟草　集 4-24992、32113,5-33847
繡餘吟館集　集 4-32137
繡餘餘草、尺牘、詩餘　集 3-21602
繡餘小稿　集 6-41999
繡餘小草　集 3-16078、21603,4-22616、25411,5-34180、36174、38498,6-41982、41999　叢 1-300
92 繡燈餘吟　集 5-37622

2593_0 秩

90 秩堂剩稿　集 5-33835,6-42007(3)

2593_3 總

40 總帷剩草　集 4-22498

2598_6 積

00 積齋集　集 1-5371～2　叢 1-223(60),2-845(2)
10 積雪初晴一枝　集 7-51764
積石齋詩初集　集 4-29001
積石文稿、詩存　集 4-29113
積石文稿、詩存、繪餘編　集 4-29114
積石山房詩文稿　集 3-17715
積石山房詩集　集 4-28324
積石山房四書文　叢 2-1562
積石叢稿五種　叢 2-2274
12 積水齋詩稿　集 3-16695
17 積承錄　子 1-1058,4-20623　叢 2-1093
積翠樓吟草　集 5-39525
積翠軒詩集　集 3-17319
22 積山雜記　史 2-7637　叢 1-202(3)、203(9)
積山先生遺集　集 3-18324
26 積堡歐氏八修族譜[湖南衡山]　史 5-39075
28 積微居小學書題跋　史 8-66254
積微翁回憶錄　史 2-12496
40 積古齋釋文正誤、攀古小廬校刊記　經 2-14536
積古齋藏器目　史 8-64298　叢 1-524,2-731(32)
積古齋鐘鼎彝器便草　史 8-64165
積古齋鐘鼎彝器款識　經 1-111(3)　史 8-64160～2　叢 1-344、515,2-731(32)
積古齋鐘鼎彝器款識補遺　史 8-64166　叢 2-2188
積古齋鐘鼎款識稿本　史 8-64163
44 積勤續錄　子 4-21962
50 積較術　子 3-12385～8
積較客難　子 3-12387
積較補解　子 3-12398、12534
積書巖六種　子 1-101
積書巖詩集　集 3-15294　叢 2-731(43)、782(5)
積書巖宋詩選　集 6-43593
積書巖宋詩刪(積書巖宋詩選)　集 6-43592
積書巖古文選畧　集 6-43024
77 積風閣詩鈔　集 4-29466
積風閣近作　集 4-29467
積學齋叢書　叢 1-516
80 積分難題　子 3-12401
積善慶餘　集 7-49705

積善輯要　子 5 - 29583、30504
積善錄　叢 1 - 19(9)、21(8)、24(10)
積善錄、續積善錄　叢 1 - 134
積善錄、續錄　子 4 - 24060　叢 1 - 20(7)
積善小補堂滙刻醫書三種　子 2 - 4758
積善堂滙選保産方合刊　子 2 - 8168
積善堂滙選良方　子 2 - 9526
81 積矩齊日記(清光緒二十五年至二十六年)　史 2 - 13047

績

01 績語堂詩存、文存　叢 2 - 1886
績語堂論印彙錄　子 3 - 16868
績語堂瑮雜記　子 4 - 21276
績語堂碑錄　史 8 - 64433　叢 2 - 1886
績語堂集(詩集、題跋、詞存)　集 5 - 34046
績語堂集(題跋、詩存、文存)　集 5 - 34045
績語堂藏名人手札目　子 3 - 15275
績語堂題跋　史 8 - 65383　叢 2 - 1886
績語堂題跋、文存　子 3 - 14968
11 績北莒國唐氏宗譜[安徽績溪]　史 4 - 32527
績北旺川曹氏族譜[安徽績溪]　史 5 - 34224
28 績谿雜感詩、校注補遺、附錄　集 3 - 16430
32 績溪三都梧川汪氏宗譜[安徽績溪]　史 4 - 28922
績溪西園汪氏重修族譜[安徽績溪]　史 4 - 28917
績溪西關章氏族譜[安徽績溪]　史 5 - 34590
績溪北門張氏宗譜[安徽績溪]　史 5 - 35173
績溪璜上程承啓堂世系譜[安徽績溪]　史 5 - 36154
績溪仁里程繼序堂專續世系譜[安徽績溪]　史 5 - 36149
績溪仁里程世祿堂世系譜[安徽績溪]　史 5 - 36150
績溪山水記　史 7 - 49318(6)、52149
績溪積慶坊葛氏重修族譜[安徽績溪]　史 5 - 35855
績溪姚氏宗譜[安徽績溪]　史 4 - 31211
績溪城南方氏宗譜[安徽績溪]　史 4 - 25852
績溪戴氏族譜[安徽績溪]　史 5 - 40542
績溪黄氏重修族譜[安徽績溪]　史 5 - 33912
績溪胡氏叢書十種　叢 2 - 942
績溪東關馮氏家譜[安徽績溪]　史 5 - 36453
績溪縣南關惇敍堂許氏宗譜[安徽績溪]　史 5 - 34470
績溪縣志[嘉慶]　史 7 - 58134
績溪縣志[萬曆]　史 7 - 58131
績溪縣志[乾隆]　史 7 - 58133
績溪縣志[民國]　史 7 - 58135
績溪縣志續編[康熙]　史 7 - 58132
績溪縣志館採訪表[民國]　史 7 - 58136
績溪縣東關黄氏續修宗譜[安徽績溪]　史 5 - 33914
績溪周氏族譜[安徽績溪]　史 4 - 30077
績溪金紫胡氏家譜[安徽績溪]　史 4 - 30542～3
績溪金紫胡氏所著書目　史 8 - 66049　叢 2 - 942
40 績女　集 7 - 52353
60 績邑北門張氏宗譜[安徽績溪]　史 5 - 35174
77 績學齋未訂稿　集 3 - 17157

2599_0 秫

74 秫陵雜事　叢 1 - 373(8)
秫陵集　集 2 - 9242,3 - 15655　叢 2 - 1105
秫陵集、金陵歷代紀事年表、圖考　集 4 - 25984
秫陵紀聞　子 4 - 20682、23088
秫陵草　集 2 - 10860
秫陵春傳奇(雙影記)　集 7 - 50179　叢 2 - 672
秫陵盛氏族譜　叢 2 - 607
秫陵盛氏族譜[江蘇南京]　史 5 - 34271～2
秫陵刪　集 7 - 46894
秫陵風土小誌　叢 1 - 564
99 秫營瑮記　子 4 - 23364

2599_6 練

00 練音集補　集 6 - 44415
10 練石編　子 7 - 37128
練礮宜知　子 1 - 3589
14 練礮宜知　子 3 - 12399
17 練勇芻言　子 1 - 3098,7 - 36228(6)　叢 1 - 529

練勇芻言、團練說　史 6-45452
20 練香詩集、讀史偶得　集 4-25884
22 練川五家詞　集 7-46431
練川名人畫象　史 2-7760
練川名人畫象續編　史 2-7761
練川桓農楊氏族譜[上海嘉定]　史 5-36763
練川圖記[正德]　史 7-56500
28 練谿山集　集 2-9756
31 練江詩鈔　集 3-19157
練江遺集　集 6-41969
32 練溪集　集 2-7475、7985
練溪朱氏宗譜[浙江麗水]　史 4-26614
練溪漁唱　集 6-44978,7-47257
37 練湖歌敘錄　史 7-52885
練湖歌敘錄、續編、三續、四續　史 7-52886
練湖志　史 7-52884
練軍紀畧　子 1-3921
40 練塘詩草　叢 2-823
練塘漁唱　集 5-34398
練榜眼集　集 2-6352,6-41935(3)
48 練槍圖說　子 1-3605
50 練中丞集　集 2-6359
練中丞遺事　史 2-8845　集 2-6363
練中丞金川集　集 2-6360～1,6-43118
練中丞金川集、遺事錄　集 2-6357
練中丞金川集、遺事錄、雜錄　集 2-6358
72 練氏宗譜　史 5-39871
練兵要覽　子 1-3539
練兵處奏定陸軍行營禮節摺　史 6-45214
練兵總說　子 1-3962
練兵紀實、雜集　子 1-3064
練兵實紀　子 1-3089
練兵實紀(練兵紀實)、雜紀　子 1-3501
練兵實紀、雜集　子 1-3084　叢 1-273(4)、274(4)、360～1,2-731(19)
練兵實紀、練兵雜紀　叢 1-223(32)
練兵實紀雜集　子 1-3089
練兵實紀類抄　子 1-3502
練兵法言　子 1-3928
練兵簡明條約　史 6-45196
練兵節要　子 1-3817
77 練閱火器陣記　子 1-3578　叢 1-203(6)、321
80 練公文集、崇祀實紀　集 2-6364
練公文集、崇祀錄、手蹟、遺事　集 2-6362
練公文集、練公手蹟、崇祀實紀、練中丞遺事　集 2-6363

2600_0 白

00 白癡詞　集 7-48218
白癡詞餘　集 5-38543
白鹿山房詩集　集 3-15816
白鹿洞志　史 7-52076
白鹿洞書院志　史 7-52077
白鹿洞書院學規　子 1-2330　叢 2-1262、1265
白鹿洞揭示　子 1-1968　叢 1-574(4)
白鹿洞揭示(朱子白鹿洞書院揭示)　子 1-2331
白鹿書院志　史 7-52078～82
白鹿書院教規　子 1-2332　叢 1-195(2),2-731(20)
白齋詩集、竹里詩集、竹里文畧　叢 2-845(3)
白齋先生詩集　集 2-7423
白齋七種　叢 1-253
白齋竹里詩集續、文畧　集 2-7422
白帝城　集 7-52176
白帝城子弟書　集 7-52140
白帝城托孤一段　集 7-52139
白帝城托孤子弟書　集 7-52138
白豪子兵畐　子 1-3279
白文便讀　經 2-12909
白文公(居易)年譜　史 2-11005
白文公贈樊諫議詩　叢 1-356
白毫菴内篇、外篇、雜篇、雜篇後集　集 2-11154
白衣寶卷(白雲成證寶卷)　集 7-54213
白衣大悲五印心陀羅尼經　子 7-32885～6、33004、33031
白衣觀音五印心陀羅尼經　子 7-33030
白衣呪感應　子 7-33004
白衣金幢二婆羅門緣起經　子 7-32115
01 白龍山人題畫詩　集 5-40409
白龍山人臨天池墨花卷　子 3-16760
白龍呂氏支譜[湖南湘鄉]　史 4-26359
02 白話譯解寶命真經　子 7-35928
白話譯解古蘭天經　子 7-35932
白話告示　子 1-4446
白話叢書第一集六種　叢 1-549
白話城鎮鄉應辦自治各事宜講本　史 6-41880
白話勸孝錄　叢 2-724
04 白詩　集 1-1357
09 白鱗溪義門鄭氏宗譜[浙江浦江]　史 5-

38676～84
10 白玉詩集 集 5－40947
白玉琯賦 集 3－20840
白玉燕寶卷 集 7－54297
白玉燕寶卷(雙玉燕、玉燕寶卷、雙□妙典) 集 7－54296
白玉樓 集 7－49463、49468
白玉蟾詩集 集 1－3664,6－41779～80
白玉蟾詞 子 5－29547 集 7－46361、46663
白玉蟾五言古詞 子 5－29547
白玉蟾海瓊摘藁 集 1－3657
白玉縣圖志[民國] 史 8－62137
白玉簪 集 7－53545、53687
白雪齋新府五種 集 7－50038
白雪齋選訂樂府吳騷合編 集 7－50547 叢 2－636(4)
白雪齋選訂樂府吳騷合編、衡曲塵譚、曲律 集 7－50548
白雪新聲 集 7－54679
白雪詞 集 7－46351～2、46357、46362～3、46374、46723
白雪集 集 7－54697
白雪紅樹山房韻語偶存 集 4－31387
白雪山房詩鈔 集 5－41323
白雪綠水集 集 7－54728
白雪遺音 集 7－50698
白雪樓詩集 集 2－9058、9061
白雪樓二種 集 7－50013
白雪堂詩稿 集 2－8045
白雨齋詩鈔、詞鈔 集 5－38549
白雨齋詞話、詞存、詩抄 集 7－48746
白雨湖莊詩鈔 集 5－36001
白下瑣言 史 7－50128
白下集 集 3－17627
白耳義國立銀行章程 史 6－44505
白石唐氏族譜[廣東新會] 史 4－32577
白石詩詞評論、補遺 叢 1－486,2－1043
白石詩詞合集 集 1－3894
白石詩說 集 6－45490 叢 1－34
白石詩集、詞集(姜白石詩詞合刻) 集 1－3897
白石詩集、詞集、諸家評論 集 1－3898
白石詩鈔、詞鈔 集 1－3896
白石詞 集 7－46380、46630 叢 2－698(13)、720(2)
白石詞補遺 集 7－46639
白石詞選 集 7－46357、46640
白石詞鈔 集 7－46638
白石何氏族譜[河南固始] 史 4－28369
白石仙詩稿 集 5－38200
白石山房文稿 集 3－15990～1、15993
白石山房文錄 集 6－42067
白石山房詩存 集 4－22423
白石山房詩鈔 集 5－39562
白石山房集 集 3－15992
白石山房稿 集 6－41969
白石山房叢鈔四種 叢 2－1816
白石山房逸稿、補錄 叢 2－860
白石山房逸藁 叢 1－223(62)
白石山房逸藁 集 2－6261～3
白石山志 史 7－52382
白石山樵遺稿 集 4－28100
白石山人詩稿 集 2－9116
白石山人詩選後編 集 2－9224
白石山人詩鈔 集 4－21977
白石山敍 史 7－52378
白石山館詩 集 4－27942
白石先生詩集 集 1－3913
白石先生詞 集 7－46356、46382、46631
白石道人(姜夔)逸事、逸事補遺 史 2－8774
白石道人(姜夔)年譜 史 2－11351 叢 2－785
白石道人詩 集 1－3915,6－41894(4)
白石道人詩、集外詩、詩說、諸賢酬贈詩 集 1－3899
白石道人詩詞評論、補遺 叢 2－731(47)
白石道人詩詞年譜 史 2－11352
白石道人詩說 集 6－45488、45491、45494 叢 2－731(47)、1043
白石道人詩說(詩說、姜氏詩說) 集 6－45610
白石道人詩集 集 1－3908、3912,6－41889、41891、41895、41916
白石道人詩集、詩說 集 6－41888、41892、41917
白石道人詩集、詞集、詩說 集 1－3906
白石道人詩集、歌曲 集 1－3904
白石道人詩集、集外詩 叢 2－1043
白石道人詩集、集外詩、詩說、歌曲、別集、附錄 集 1－3900
白石道人詩集、集外詩、詩說、補遺、歌曲、歌曲別集 集 1－3903
白石道人詩集、集外詩、諸賢酬贈詩 叢 1－223(56)
白石道人詩集、集外詩、歌曲、歌曲別集、詩說 叢 2－635(10)
白石道人詩集、集外詩、補遺、詩說、歌曲、詩詞評論、補遺、集事、補遺 集 1－3901
白石道人詩集、集外詩、附錄諸賢酬贈詩 集 1－3910
白石道人詩集、集外詩、附錄補遺 集 1－

3909 叢 2-731(42)
白石道人詩集、集外詩、附錄補遺、詩説 叢 1-486
白石道人詩集、集外詩、附錄補遺、歌曲、歌曲別集、詩説、詩詞評論、附白石道人逸事、逸事補遺 叢 2-698(10)
白石道人詩集、補遺、詩説、歌曲、歌詞別集 集 1-3905
白石道人詩集詞集大樂議讀書譜禊帖偏旁考詩説 集 1-3907
白石道人歌曲 集 7-46633、46637 叢 2-785
白石道人歌曲(白石道人詞集)、別集 集 7-46636
白石道人歌曲、別集 集 7-46632、46635 叢 1-223(73)、300、486,2-731(48)、785、1043
白石道人歌曲箋、別集 集 7-46634
白石道人集 集 1-3911、3919,6-41904
白石道人集、補遺 集 1-3917,6-41897
白石道人集外詩 集 1-3914
白石道人集補遺 集 1-3916,6-41891
白石道人續書譜 叢 1-534,2-1043
白石道人疑年問年錄 史 2-8775
白石道人逸事、集事補遺 叢 2-1043
白石道人逸事、逸事補遺 叢 1-486
白石道人七種 叢 2-1043
白石樵真稿 集 2-10680～1 叢 2-720(5)
白石樵真稿、尺牘 叢 2-1170
白石樵唱 集 1-4523、4526～7
白石樵唱、文集 集 1-4525
白石樵唱、白石藁 集 1-4524
白石樵唱集 集 1-4529,6-41908
白石樵唱集補鈔 集 1-4530,6-41901
白石樵唱鈔 集 1-4528,6-41900
白石樵尺牘 集 2-10682
白石斯氏宗譜[浙江東陽] 史 5-35541～4
白石劉氏族譜[湖南湘鄉] 史 5-39623
白石劉氏續修族譜[湖南湘鄉] 史 5-39624
白石公詩詞合集 集 1-3893
白雷登避暑記 史 7-49318(22)、54827
白醉璅言 子 5-26998
白醉題襟 集 6-42006
白雲廬詩 集 3-19140
白雲方氏宗譜[浙江桐廬] 史 4-25738
白雲文集 集 3-18722
白雲文集、詩集 集 4-24179
白雲文集、詩集、續集 集 4-24180
白雲詩文集 集 3-20843
白雲詩集 集 3-18720
白雲詩集、文集 集 3-17282
白雲詩集、詠梅詩 集 3-18721
白雲詩稿、文稿 集 6-45041
白雲詩稿、補遺 集 4-23007
白雲詩稿、補遺、捕虎須知 叢 2-900
白雲詩稿、捕虎須知 叢 2-900
白雲詩鈔 集 4-32419 叢 2-1439
白雲詩鈔、奉使集、靜子日記 集 3-19224
白雲許先生文集 集 1-4726～7
白雲子 子 1-18、20 集 1-346
白雲子集 集 1-4731
白雲集 集 1-4726、4728、4778,2-9452～4,3-14543,4-31224 叢 1-223(59、62),2-731(40)、833、859
白雲集(詩藁、文藁) 集 2-6105
白雲集、題贈附錄 集 1-4779
白雲集、附錄題贈 叢 1-392
白雲稿 集 2-5954～6 叢 1-223(62)
白雲處士傳 子 4-19164
白雲仙表 子 5-31863
白雲仙人靈草歌 子 5-29530(18)、30878
白雲山房詩集、文集 叢 2-1910
白雲山房詩集、文集、考工釋車、離騷經章句義疏、等韻簡明指掌圖 集 4-24611
白雲山房詩稿 集 5-41272
白雲山房詩餘 集 7-48349
白雲山房詩鈔 集 5-38571
白雲山房集四種 叢 2-1910
白雲山樵詩鈔 集 3-21083
白雲山樓集 集 3-19907 叢 2-989
白雲山人詩草 集 4-32301
白雲山人詩草、文草 集 4-32302
白雲山館詩鈔 集 5-39929
白雲巢集 集 2-10156
白雲先生許文懿公傳集 集 1-4730 叢 2-1048
白雲先生集 集 1-4725
白雲儔侶傳 史 2-7639
白雲和尚正行集 子 6-32086(66)
白雲和尚初學記 子 6-32086(66)
白雲象林真禪師語錄 子 6-32091(82)
白雲紀遇 集 4-25650
白雲守端禪師語錄 子 7-34187
白雲守瑞禪師語錄 子 6-32091(72)
白雲灣支陸氏彙修宗譜[江蘇常州] 史 4-32626
白雲遺稿 集 5-40111
白雲遺蹟題咏 子 3-16247
白雲洞天詩稿 集 4-28482
白雲洞志、西樵白雲洞倡和詩、遊覽詩 史

7－52625
白雲道者自述、雲謠九疊、玉光劍氣集 集3－13469
白雲樵唱集 集2－6305～6 叢1－223(63)
白雲越秀二山合志 史7－52603
白雲草堂詩稿、文鈔 集4－23571
白雲村文集 叢2－1332
白雲村文集、臥象山房詩正集 集3－15126
白雲村全集四種 叢2－1332
白雲樓詩話 集6－46152
白雲樓詩鈔 集3－14548、17398,6－44540
白雲樓詩鈔、詩話 叢1－477
白雲樓摘集 集2－9588
白雲梯 子4－20846 叢1－142
白雲軒集 叢1－263
白雲軒存稿 集4－32136,6－42006
白雲成證寶卷 集7－54213
白雲居士課藝 集5－38480
白雲篇 集2－10243,4－24446
白雲精舍詩鈔 集4－32680
11 白玨沈氏宗譜[浙江東陽] 史4－29104～5
白頭花燭傳奇 集7－50407
白頭吟 集1－171 叢1－168(4)
12 白水紀勝 史7－51480
白水縣鄉土續稿[乾隆] 史8－62820
白水縣鄉土志[民國] 史8－62821
白水縣志[順治] 史8－62818
白水縣志[萬曆] 史8－62817
白水縣志[乾隆] 史8－62819
白水質問 子1－1218 叢2－731(12)、816
白水堂詩集 集4－26056
白孔六帖 叢1－223(42)
17 白羽黑翮靈飛玉符 子5－29530(2)、31509
19 白砂傅氏族譜[福建上杭] 史5－36257
白砂袁氏族譜 史4－31412
20 白香亭詩 集6－42005 叢1－445
白香亭詩集、和陶詩 集5－34911
白香亭詩存 集5－34910
白香詞譜(晚翠軒詞韻) 集7－48660
白香詞譜箋 集7－48661 叢1－484,2－698(14)
白香集 集2－6557～9
白香山(居易)年譜舊本 史2－11193
白香山詩集 叢1－223(49)
白香山詩長慶集(白香山詩集)、後集、別集、補遺、年譜、年譜舊本 集1－1355
白香山詩長慶集、後集、別集、補遺 叢2－698(9)
白香山年譜 史2－11194～5、11197 叢1－223(49)
白香山年譜、年譜舊本 叢2－698(9)
白香山年譜年譜、年譜舊本 史2－11196
21 白仁甫雜劇二種附三種 叢2－720(3)
白虎通 子1－18～20,4－19739、19742 叢1－72、182
白虎通(白虎通義、白虎通德論)、校勘補遺、考、闕文 叢2－731(5)
白虎通、校勘補遺、考、闕文 叢1－258
白虎通疏證 經1－163(3) 子4－19749
白虎通集校 叢2－2187
白虎通德論 子1－44、61、66,4－19738、19740～1 叢1－19(11)、20(9)、24(12)、69、71、73～4、76～7、90～3、101、114(6)、123、236～7、519,2－635(5)、730(5、6)
白虎通德論、校勘補遺、闕文 子4－19744 叢1－75
白虎通德論補釋 叢2－2248
白虎通考證 子4－19746
白虎通闕文、校勘補遺 子4－19747
白虎通義 經2－15142 子4－19743 叢1－223(39)、227(6)
白虎通義、校勘記 叢1－230(4),2－829
白虎通義評補、闕文補訂、佚文考 叢2－2248
白虎通義定本 叢2－2248
白虎通義源流考 叢2－2248
白虎通義校稿 子4－19748
白虎通義考 子4－19745
白虎通義考、目錄、闕文 叢2－1567
白熊寶卷 集7－54295
白砦古文稿 集3－18147
22 白川劉公奏議 史6－48296
白嶽凝煙 子3－16363
白嶽遊記 史7－49318(6)、53493
白嶽遊稿 史7－53492 集6－43700 叢2－845(5)
白嶽龕雜綴醫書五種 子2－4722
白嶽龕詩詁 叢2－614
白嶽龕經驗良方 子2－9889
白巖文存 集4－29571
白巖詩存 集4－29570
白峯劉金氏宗譜[浙江義烏] 史4－29710～1
白岩文存 叢2－1765
白岩詩存 叢2－1765
白山詞介 集7－48610 叢1－581
白山司志[道光] 史8－61255
白山人集 集4－33156
白樂天文集 集1－1365
白樂天文鈔 集6－41794
白樂天先生文鈔 集1－1366
白樂天七律鈔、補鈔 集1－1361
白樂天金鍼集 集6－45484

23 白鷺洲小志　史7-50887
24 白先生雜著指玄篇、白先生金丹火候圖　子5-31193
白侍亭詩鈔、語山堂詩鈔、嶺外吟　集3-18862
白侍郎寶卷　集7-54244
25 白牛十圖頌　子7-34919
白牛村詩、瞻雲集、賦　集3-14352
26 白白齋貨殖傳評　史2-6778　集2-12651　叢2-815
白泉謝氏族譜[湖南]　史5-40768
白泉謝氏族譜[湖南攸縣]　史5-40801
白泉家稿　集2-7871
白泉黄氏族譜[湖南湘潭]　史5-34052
27 白梟翁詩鈔　集3-20414
白魚亭　子5-28494
白兔記　集7-49709、49747
白兔記(白兔記全本)　集7-49748
白兔記寶卷(白兔寶卷、李三娘磨房寶卷、白兔卷)　集7-54393
白鵝洲小志　叢2-700、1008～9
白鴿山房詩鈔　集4-24795
白鴿山房集　集4-24794
30 白灘集　集3-19710
白房集(白房雜興、白房雜述、續集)　集2-7636
白良袁氏寬房譜[江西萬載]　史4-31372
白良關　集7-53080
白寶柱借當一套(白保柱借當、白寶柱借當太平年)　集7-50937
31 白涯書抄　子4-20584
白河集　集3-21836
白河縣志[嘉慶]　史8-63059
白河縣志[光緒]　史8-63060
32 白洲詩集　集2-7049
白測魚詩　集3-13858
白汑劉氏族譜[湖南湘潭]　史5-39586、39588
白汑陳氏族譜[湖南湘潭]　史4-33342
白溪陳氏重修族譜[江西瑞金]　史4-33232
白溪陳氏家乘[江蘇蘇州]　史4-32793
白溪陳氏十修族譜[江西瑞金]　史4-33235
白溪陳氏九修族譜[江西瑞金]　史4-33234
白溪陳氏八修族譜[江西瑞金]　史4-33233
33 白心草堂詩集　集5-41532
白心草堂詩錄　集5-41531
34 白潢源三妙傳　子5-26231
白社詩草　集2-7171、10888
白衲幢　集7-49656
35 白漊文集　集3-16203
白漊詩集　集3-16199
白漊集　集3-16200～2
白溝草　叢2-1924
36 白澤圖　叢1-261,2-761、774(10)
白澤圖佚文　子3-14600　叢2-777
37 白湖詩稿　集4-23883
白湖詩稿、文稿　集4-23881
白湖詩稿、文稿、時文　集4-23882
白湖詩草　集2-12942
白湖集選　集6-41942
白湖存稿　集2-7300
白湖小稿　集3-20351
白湖小稿殘存　集3-20352
白洛原遺稿　集2-8452
白袍征東一段　集7-51380
白冤疏磯聲漩聲記剖肝錄督師詩　史2-9104
38 白洋山人文鈔　集4-22697
白洋洋　集7-53633
白洋里墓田丙舍錄　史7-51945　集6-45050
白海棠館咽喉病治法　子2-7526
白遊草　集3-19707
白道人詩集、集外詩、詩說、歌曲、歌曲别集、續書譜　集1-3902
白啓南日記(清同治元年至光緒七年)　史2-12806
39 白沙語要　子1-942　叢1-61～4、174、195(2),2-730(3)、731(12)、881
白沙要語　子1-941
白沙要語補　子1-945
白沙子　集2-6953　叢2-637(4)
白沙子全集　集2-6938、6942、6944
白沙子全集、古詩教解　集2-6941
白沙子全集、目錄、像贊　集2-6943
白沙集　集2-6951
白沙先生文編、白沙年譜　集2-6954
白沙先生語錄　子1-943　叢2-1151～2
白沙先生詩近藁　集2-6946
白沙先生詩教解　集2-6949
白沙先生至言　子1-940
白沙先生集、詩教解　集2-6940
白沙先生遺詩補集　集2-6948
白沙先生全集　集2-6936～7
白沙先生全集、詩教解　集2-6939
白沙叢考　史2-11435
白沙圩呂氏宗譜[江蘇無錫]　史4-26278

白沙陳子語錄　子 1 - 944
白沙陳子年譜　史 2 - 11436
白沙陳氏必元房譜[湖南湘潭]　史 4 - 33364
白沙風雅　集 6 - 44454～5
白沙門人考　史 2 - 11435
40 白大中丞撫晉奏議　史 6 - 48587
白圭榭試律　集 4 - 31844
白圭榭古文遺稿　集 4 - 31843
白圭堂詩鈔、續鈔　集 4 - 26476
白塘史氏宗譜[江蘇宜興]　史 4 - 26136
白巾人　子 7 - 38182
白耷山人(閻爾梅)年譜　史 2 - 11631　叢 1 - 537
白耷山人(閻爾梅)年譜、寅賓錄　叢 2 - 670
白耷山人文集　集 3 - 13313～4
白耷山人詩集　集 3 - 13309
白耷山人詩集、文集　集 3 - 13316
白耷山人詩選　集 3 - 13310
白柱堂叢臧二種　經 2 - 15138
41 白帖引管　叢 2 - 2063
42 白桃花館雜憶　叢 2 - 700、1006、1008～9
43 白狼山人漫稿　集 2 - 9034
白狼河上集　叢 2 - 824～5
44 白蒲子詩編　集 3 - 18006～8
白蒲鎮志[道光]　史 7 - 56833
白坡詩選　集 3 - 17798
白苧派朱氏宗譜[浙江海鹽]　史 4 - 26503
白麓文鈔　集 3 - 18071
白麓藏書鄭成功傳　史 2 - 9305～6
白花樓　集 7 - 53544
白茅堂文錄　集 6 - 42067
白茅堂詩選　集 3 - 14331
白茅堂詞　集 7 - 46399～400、46860
白茅堂集　集 3 - 14332
白茅堂所見書畫記　子 3 - 14773
白蘭堂詩選　集 4 - 22241
白蘭堂吳遊紀畧　集 4 - 22240
白猿經　子 3 - 13802
白猿傳　子 5 - 26218、26222　叢 1 - 22(19)、23(18)、38、168(2)、185、249(2)、255(4)
白猿偷桃　集 7 - 53081
白猿奇書　子 3 - 13800
白猿奇書日月風雲占候圖說　子 3 - 13801
白猿奇書兵法雜占彖詞(白猿兵法雜占彖辭)　子 3 - 13798
白猿奇書兵法雜占彖辭　子 3 - 13797
白猿兵法雜占彖辭象星圖　子 3 - 13799
白猿風雨圖　子 3 - 13807
白猿精風雨占候說　子 3 - 13806
白蓮集　集 1 - 1757　叢 1 - 223(50)
白蓮集、拾遺　集 1 - 1758，6 - 41872
白蓮集、風騷旨格　集 1 - 1756　叢 2 - 635(8)
白蓮氿文選、詩選　集 2 - 9717
白蓮寺音樂本　子 3 - 17937
白燕庵雜詠　集 4 - 25667
白燕庵紀畧　史 7 - 51554
白燕詩集、雙鹿記　集 3 - 18180
白燕棲詩草　集 6 - 41963
白蕉詞　集 7 - 47167～8
白蕉詞續集　集 7 - 47169
白蘇齋類集　集 2 - 10745、10747　叢 2 - 720(5)
白蘇二先生文鈔　集 6 - 42849
白華詩鈔　集 3 - 21297～8
白華山人詩說　集 6 - 46177
白華山人詩集、詩說　集 4 - 27558
白華山人詩鈔　集 4 - 27557
白華絳跗閣詩續　集 5 - 34984
白華絳跗閣詩初集(越縵堂詩初集)　集 5 - 34983
白華之什　叢 2 - 1014
白華莊藏稿　集 3 - 15819
白華莊藏稿鈔　集 3 - 15820
白華草堂詩、玉尺樓詩　集 5 - 41563
白華樓詩鈔　集 4 - 25414
白華樓詩鈔、焚餘稿　集 4 - 25416
白華樓詩鈔箋注　集 4 - 25415
白華樓詩鈔箋注、遺文　集 4 - 25417
白華樓集(白華樓藏稿、續稿、吟稿)　集 2 - 9017
白華樓藏稿　集 2 - 9020
白華吟　集 3 - 20266
白華入蜀文鈔、詩鈔　集 3 - 21296
白華前稿　集 3 - 21294
白華前稿、白華後稿、年譜　集 3 - 21295
白華堂詩集　集 3 - 13192
白華堂詩稿　集 3 - 19050
白華堂集　集 4 - 22206
白華堂集、鶯邊詞　集 4 - 24309
白革朱氏重修房譜[浙江武義]　史 4 - 26601
白革朱氏重修宗譜[浙江武義]　史 4 - 26597
白革朱氏續修宗譜[浙江武義]　史 4 - 26600
白革朱氏宗譜[浙江武義]　史 4 - 26596、26598～9
白芙堂算學叢書　子 3 - 12364
白苔總論　子 2 - 6262

白荅集　集3-20956　叢2-788
白茆草堂詩鈔　集4-24986～7
白蒓文稿　集3-20145
白蒓詩集　集3-20143
46 白楊山下趙氏宗譜[浙江諸暨]　史5-38329
47 白鶴仙師龍穴祕書　子3-13682
白鶴峯詩屋初稿　集5-34457
白鶴山房詩鈔　集4-25580、25584,5-35714
白鶴山房詩鈔、外集、詞鈔　集4-25582～3
白鶴山房詞鈔　集7-47501
白鶴山房乙集　集4-25581
白鶴寶卷　集7-54292
白鶴橋張氏宗譜[浙江餘姚]　史5-34924
白鶴軒集　集4-27199　叢2-884
白鶴圖寶卷　集7-54293
白鶴圖合集六集　集7-53680
白鶴堂文稿　集3-19234
白鶴堂文稿、詩稿、詩話、時文稿　集3-19237
白鶴堂文錄　集3-19238,6-42066
白鶴堂詩話、補　集6-45964
白鶴堂晚年詩續刻　集3-19235
白鶴堂晚年自訂文稿、詩稿、晚年詩續刻、戊戌草　集3-19236
白鶴堂晚年自訂詩稿、文稿　集3-19232
白鶴堂晚年自訂詩稿、白鶴堂詩話、補、白鶴堂戊戌草　集3-19233
白獺髓　史1-1914　子5-26220　叢1-17、19(6)、20(4)、22(7)、23(6)、24(6)、29(5)、40、95,2-730(3)、731(52)
白姆徐氏宗譜[浙江武義]　史4-32069
48 白榆集　集2-9985～6
白榆山人詩　集3-14399
白榆村舍記事稿　集4-33438
白松草堂詩鈔　集3-18739
白松樓集畧　集3-13969
白榆社詩草初草　集2-10583
52 白蠟遊記　史7-49318(17)、54750
53 白按臺宗師柏蔭錄　史2-9252,6-43112
白蛇記　集7-51655　叢1-56
白蛇借傘一段　集7-51381
白蛇傳　集7-52245、54543
白蛇傳後集　子5-28890　集7-53683
白蛇傳後集(新刻後本白氏全傳續姻緣)　集7-53682
白蛇寶卷　集7-54525
56 白螺山館詩鈔(使粵集、蘭山吟稿、岷陽集、關中吟稿)　集4-27827
60 白國因由　子7-34693
白田文集(寶應王巖白田文集稿本)　集3-13363
白田雜著　子4-22381　叢1-223(40)
白田集　集3-13362
白田倡和集　集6-44204
白田蹇氏家譜[貴州遵義]　史5-40891
白田布衣集　集3-13361
白田草堂文錄　集6-42067
白田草堂雜稿　子4-22380
白田草堂稿　集3-17598
白田草堂續稿　集3-17600
白田草堂存稿　經1-111(2),2-11853　集3-17599、17602　叢1-312,2-653(2)
白田草堂存稿、行狀　集3-17601
白田風雅　集6-44459
白田風雅前編　集6-44458
白田鄭氏一家言三種　叢2-930
白田鄭氏遺集　叢2-930
白果樹軒近作　集5-37746
白羅三寶卷(蝴蝶寶卷)　集7-54294
白羅衫　集7-50097
67 白喉症論　子2-7486
白喉痧痧驗要方　子2-7596
白喉方法　子2-7627
白喉辨證(白喉辨症、秦校白喉辨證)　子2-7508
白喉辯症　子2-4769
白喉證治通攷　子2-7582
白喉新編　子2-7516
白喉靈方等六種　子2-7523
白喉條辨　子2-7565
白喉鵝喉方　子2-7628
白喉治證抉微　子2-4658
白喉治法要言(仙傳白喉治法要言)　子2-7570
白喉治法忌表抉微　子2-4652、4659～63、4769
白喉治法忌表抉微(白喉治法忌表抉微撮要)　子2-7534
白喉治法忌表抉微(洞主仙師白喉治法忌表抉微、重訂白喉忌表抉微、白喉治法抉微)　子2-7533
白喉治法抉微　子2-4657
白喉治驗新編　子2-7520
白喉祕方　子2-7585
白喉祕旨　子2-4758、7626
白喉奇驗祕方　子2-7547
白喉捷要　子2-7456
白喉輯要　子2-7486
白喉吹藥方　子2-7554
白喉丹痧述要　子2-7552
白喉問答　子2-7650

白喉全生集 子 2－7540
白喉養陰忌表歌括 子 2－7551、7569
白鷺洲主客說詩 經 1－163(1)、3942 叢 1－249(4),2－731(37)、1309
白鷺洲書院志 史 7－52089
白鷺灣草堂詩稿 集 4－28190～1、28194
白鷺灣草堂詩存 集 4－28193
71 白厓集、補遺 集 2－8344 叢 2－989
白馬寶卷(太上三清白馬寶卷) 集 7－54275
白馬神廟小志 史 7－51800
72 白氏文集 叢 2－635(7)
白氏文集(白氏長慶集) 集 1－1364
白氏文集校正 集 1－1367 叢 1－258,2－847、1466
白氏文集校補正 叢 2－731(3)
白氏文公(居易)年譜 史 2－11192
白氏六帖事類集 子 5－24779
白氏諷諫 集 1－1369
白氏族譜 史 4－26220～1
白氏族譜[山東平度] 史 4－26215
白氏族譜[山東汶上] 史 4－26216
白氏族譜[安徽] 史 4－26212
白氏族譜[湖南華容] 史 4－26217
白氏寶卷 集 7－54526
白氏寶卷(白蛇寶卷、雷峯塔) 集 7－54527
白氏宗譜 史 4－26219
白氏宗譜[江西修水] 史 4－26213
白氏宗譜[河北武安] 史 4－26207
白氏長慶集 叢 1－223(49)、227(9)
白氏長慶集、目錄 集 1－1352
白氏長慶集、目錄、附錄 集 1－1353,6－41730
白氏策林 集 1－1368
白岳歸來草 集 5－39631
白岳凝煙 子 3－16362
73 白胎舌總論 子 2－6237
76 白陽邵氏宗譜 史 4－29264～6
77 白堅堂叢書十四種 叢 2－700
白堅堂叢書第一集五種 叢 2－699
白鳳樓詩鈔 集 6－41999
白月詞 集 5－41182
白居易新樂府 集 1－1360
白居易詩 集 1－1359,6－41772
白居易詩(白詩) 集 1－1357
白居易判 叢 2－682
白駒谷羅貞喉科 子 2－7525
白門方氏十修宗譜[浙江諸暨] 史 4－25762
白門新柳記 子 5－26726 叢 1－496(4)
白門新柳記、白門衰柳附記、補記 叢 2－721
白門新柳記、補記、記 子 5－26232
白門新柳記、補記、白門衰柳附記 子 5－26725 叢 1－587(6)
白門于役草 集 5－36169
白門集 叢 2－1493
白門稿 集 2－10084
白門稿畧 集 2－9851
白門草 集 2－10840、11261、11618
白門日札 史 1－5804 叢 2－2237
白門食譜 叢 2－795
白門小草 集 5－40280
78 白鹽井志[雍正] 史 8－62567
白鹽井志[乾隆] 史 8－62568
白鹽井志[光緒] 史 8－62569
80 白尊者普仁傳 史 2－10927 叢 2－715
白尊者普仁舍利塔銘 史 2－10928 叢 2－715
白傘蓋佛母總讚歎禱祝偈 子 6－32088(41)
白傘蓋大佛頂王最勝無比大威德金剛無礙大道場陀羅尼念誦法要 子 6－32093(38)
白羊山房詩鈔 集 4－25141
白首晦吟 集 4－31070
白谷集 集 2－11999～2001,6－43118 叢 1－223(66)
白谷山人詩集 集 2－11995
白谷山人詩鈔 集 2－11997～8
白谷山人詩鈔、忠節錄 集 2－11996
白谷山人詩鈔、鑒勞錄、忠節錄 集 2－11993
白谷山人詩鈔、鑒勞錄、忠節錄、孫忠靖公遺錄、孫忠靖公遺墨 集 2－11994
白谷山人稿 集 3－13900、14628
白谷山人遺稿 集 3－14626～7,6－44511
86 白知齋詩草、雙橋小築詞存 集 5－34067
白知齋詩鈔 集 5－34070
88 白竺劉氏續修族譜[江西萍鄉] 史 5－39355
白竺陳氏宗譜[江西萍鄉] 史 4－33228
白竹盧氏宗譜[浙江縉雲] 史 5－40084～7
白竹劉氏族譜[江西萍鄉] 史 5－39356～7
白敏中傷梅香 集 7－48769
90 白光明禪師語錄 子 7－34394
97 白糊集選 集 2－13001

自

01 自訂年譜 叢 2－2158
03 自識英語圖 子 7－36784

05 自靖錄　史1-3218,2-7381
自靖錄考畧、外編　史2-7382
自講百八箴　集2-11618
06 自韻齋樹石異綴　子4-19169
自課堂文、詩餘、詩選　叢2-821
07 自記年譜　史2-11965　叢2-1579
10 自西徂東　子7-38054
13 自恥軒詩存　集5-39113
自強齋時務叢書　子7-36263
自強歌　集7-53653
自強芻議　史6-47556
自強軍西法類編　子7-36937
自強軍洋操課程　子7-36249、36938
自強兵法通考十一種　叢1-548
自強學齋治平十議　史6-41495
20 自愛集詩稿　集4-28180
自愛經　子6-32081(32)、32083(21)、32085(32)、32088(23)
自愛室文鈔　集4-28831
22 自山東遷新安休邑孫氏世系譜[安徽休寧]　史5-33654
自樂班戲詞　集7-53521
自樂堂遺文、續刻　集4-30502
23 自然集　子5-29530(22)、29535(5)、29536(5)　集7-50556
自然經　子5-29530(8)
自然室詩鈔　集5-35539
自然草　集4-29407～8
自然好學齋詩集　集6-41999
自然好學齋詩鈔　集4-29264～6
自然畧說　叢2-700、1006、1008～9
自然堂遺詩　集3-18164
24 自勉編　子1-1787
25 自犍遷雙彭氏族譜[四川雙流]　史5-35638
26 自得廬雜著　子1-1860
自得廬刊書八種　叢1-503
自得廬集九種　叢2-2002
自得齋易學四種　經1-2333
自得齋吟草　集4-30393
自得草堂詩存　集4-31364
自得軒主算書二種　子3-12805
自得園文鈔　集3-19103
28 自儆詩唱和　叢2-1188
自儆錄　史1-5522　叢2-870(6)
30 自渡語　子1-1289
自家意思集　集1-4773
自適齋詩鈔　集4-26481
自適詩集　集2-6445
自適吟　集3-14757
自適吟選　叢2-1450
33 自述三十九事畧　史2-9815
自述年畧　叢2-1959
自述錄　史2-10885　叢2-2185
34 自漢至元漠北諸大部建庭處考　史6-45676,7-49357
自滇入都程記　史7-53904　叢1-203(8)
自滇入都程紀　史7-49317(6)、49318(14)
自遠堂琴譜　子3-17710
37 自湖廣武陵至貴州水旱路程記　史7-51310　叢1-252
自選一夢吟　叢2-2085
40 自在王菩薩經　子6-32081(4)、32082(4)、32083(4)、32084(4)、32085(4)、32086(4)、32087、32088(3)、32089(4)、32090(5)、32091(4)、32092(3)、32093(6),7-32261
自在觀早課、晚課　子7-35095
自在軒吟稿　集4-24925
自有樂地吟草　集5-39932
自存室吟稿　集4-22501
自存室吟稿續集　集4-22502
自來水煤氣燈工制考　子7-36240(3)
自杭州至福寧雜詩　集5-33734
43 自求集　叢1-373(3)
44 自考集　集2-8003
自考編　叢2-2270(3)
自芳齋吟草　集4-32149
自芳偶存　集4-23749
自英京乘火車至各國京城里數日期車價表　史6-44349
自芸齋詩草　集4-23135
自樹廬詩草　集5-38353
46 自娛齋詩草　集4-27147
自娛齋集(敝帚集古近體詩、聯語、悔存稿、詞)　集5-37842
自娛齋集選　集2-11696,6-41949
自娛詩草　集4-31961
自娛集　集4-25139、28508,5-37196
自娛集、詩餘　集2-10886
自娛集曲　集7-50591
自娛草　集4-24816
自娛吟草　集5-36693
自娛小草、梅花百詠　集4-28876
48 自警編　子4-23803～6　叢1-96、223(42)
自警編、宋名臣錄　子4-23807
自警篇　史1-1914　叢1-95,2-730(3)、731(20)
50 自攜集　集5-36052
自由叢說　子4-21954
自由淚十九段　子5-28624
自由女請禁婚嫁陋俗稟稿　叢1-587(3)

自由原理 子7-36238
自由堂稿 集2-7034
自春堂詩 集4-26813
自春堂詩集 集4-26814
52 自誓三昧經 子6-32083(8)
53 自慼疊韻六十章 叢1-571
57 自撰年譜 叢2-1932
61 自號錄 史2-13398 子5-25570 叢1-265(4)、465,2-731(60)
自題三十家詩選後 集6-43885
自題所畫 子3-16218,5-29577
62 自別後一枝 集7-52784
67 自明誠廔叢書 叢2-725
自鳴集 集1-3395 叢1-223(56),2-1692
自鳴集、校勘記 集1-3396 叢2-870(4)
自鳴稿 集4-29574
自鳴鐘表圖說 子4-18645
自鳴鍾表圖表 子3-11242
68 自吟亭詩稿 集3-15535
自吟編 集3-17801
71 自歷言 史6-43052
自歷明證 子7-35659
自反錄 子1-1135 叢2-1162
自長吟 集3-17349
74 自助論 子7-38103
77 自閒覺禪師語錄 子6-32091(77)
自問稿(問已什) 集3-13707
78 自監錄 子1-1264 叢2-1221
自鑒錄(明崇禎十一年) 史2-12550
自驗錄 子1-1490 叢2-1365～6
80 自鏡齋文鈔 集4-33233
自鏡齋文鈔、詩鈔、補遺、試帖、雜綠、詠花詞 集4-33232
自鏡編 子1-2562
自鏡鏡室詩鈔 集5-39161
自鏡鈔 集4-30536
81 自敍宦夢錄 子4-23094
82 自創造墨法 子4-18841
86 自知齋詩集、詞 集5-34942
自知齋詩稿、詞 集5-34941
自知集(松吹吟) 集3-18653
自知室文集 集4-26529
自知錄 子4-20889、21152,7-32099
自知堂集 集2-9225、9227
88 自箴錄 集4-24623
90 自堂存稿 集1-4281～2 叢2-870(4)
自堂存藁 叢1-223(58)
自省齋焚如草 叢2-2094
自省齋劄記 叢2-2094
自省集 集1-2645,6-45112
自賞音齋詞存、自賞音齋詞草 集7-47817
93 自怡齋詩鈔 集4-32176,6-42007(3)
自怡齋集鈔 集3-15746
自怡齋古文稿 集5-38188
自怡齋吟稿 集4-23919,5-37878
自怡詩集 集4-22776、23403
自怡詩草 集3-18038
自怡詩鈔 集3-18214、21264,4-24164
自怡集 集2-6308,3-19594、20175、20192、20822、21468,5-39936 叢1-223(63),2-856
自怡集、嶺南詩鈔 集4-22266
自怡偶筆、道德經偶解 子4-24274
自怡室詩稿 集5-39537
自怡室詩存 集5-41149～50
自怡草 集2-12494,3-19052 叢2-1223
自怡軒雜文 集3-16903
自怡軒雜著 集5-38935
自怡軒詩 集4-24183
自怡軒詩、詩續集 集3-21401
自怡軒詩稿 集3-19793,4-22019
自怡軒詩存 集5-34334
自怡軒詩存、詞存 集5-37191
自怡軒詩鈔 集4-26268
自怡軒詞 集7-47492
自怡軒詞譜 集7-48642
自怡軒集 集4-23941
自怡軒稿 集3-20011
自怡軒樂府 集7-50683
自怡軒遺稿 集3-19387
自怡軒初稿 集4-23443
自怡軒初存稿 集4-30448
自怡軒古文選 集3-21402
自怡軒草堂詩鈔 集5-41096
自怡軒曲譜 集7-54826
自怡軒卮言 子4-21765
自怡軒隨筆偶存 集4-31186
自怡軒印集 子3-17433
自怡軒銷夏錄 子4-23564
自怡園詩 集4-24846
自怡吟初稿 集5-38036
自怡吟存 集4-31445
自怡吟草 集4-27770、32080
自怡吟勝稿 叢2-673
自怡吟鈔 集4-24850,6-41989
自怡錄 子4-24338 集3-17529
自怡小草 集4-27180,6-45074
自怡堂詩草 集4-32108
自怡悅齋應酬儷體文存 集4-32005 叢2-1838

自怡悦齋詩稿　集 5－36940
自怡悦齋詩存、詞　集 5－35985
自怡悦齋集　集 4－24417
自怡悦齋續稿　集 4－24418
自怡悦齋藏書目　史 8－65926　叢 2－746
自怡悦齋書畫錄　子 3－14839
自怡悦齋吟草　集 4－28630
自怡悦齋尺牘　集 4－32009　叢 2－1838
自怡悦詩集　集 5－36966
自怡悦軒詩草　集 5－36013
98 自愉堂詩文集　集 2－12536
自愉堂集　集 2－12537

2604_0 牌

08 牌譜　子 3－18239～42、18247　叢 1－36、177、201
10 牌示稿　史 6－47278
17 牌子名一枝　集 7－51858
牌子目錄　集 7－54889
20 牌位册　史 5－38538
牌統論　子 3－18284
牌統孚玉　子 3－18244
21 牌經　子 3－18227、18247　叢 1－37
牌經十三篇　子 3－18228　叢 1－25、173
牌經馬吊腳例　叢 1－22(27)

2610_4 堡

43 堡城紀　史 1－3320

皇

00 皇帝親平漠北頌　叢 2－1353～4
皇帝大同學革弊興利百目　叢 2－2129(2)
皇言定聲　叢 1－223(15)
皇言定聲錄　經 1－6493　叢 1－223(15),2－1309
10 皇王大紀　史 1－1176　叢 1－223(18)
皇王史訂　史 1－1306
皇元聖武親征錄　史 1－2630、2632～3
皇元聖武親征錄、故宮遺錄　史 1－2631
皇元征緬錄　史 1－2648　叢 1－265(2)
皇元大科三場文選　子 5－25592
皇元大科三場文選四書疑、周易疑、易義、書疑、書義　經 2－11470
皇元朝野詩集前集、後集　集 6－43653
皇元風雅　集 6－43655
皇元風雅(元風雅)前集、後集　集 6－43652
皇元風雅前集、後集　集 6－43651　叢 2－635(14)
皇天上清金闕帝君靈書紫文上經　子 5－29530(13)、30028
皇霸文紀　集 6－41793、43187　叢 1－223(70)
17 皇子傳、宗室諸王傳　史 2－7455
21 皇上七旬萬壽千字文　叢 1－269(2)、270(1)、276
皇經集註　子 5－29531、29670
27 皇象本急就章　叢 1－524,2－731(21)
皇象本急就章、音畧　經 2－13294
皇綱錄　史 1－1292　叢 2－953
30 皇室典範義解　子 7－36586
皇室見聞錄　史 1－3564
皇宋通鑑長編紀事本末　叢 1－265(2)
皇宋十朝綱要　史 1－1482　叢 2－603
皇宋事實類苑、目錄　子 4－23788
皇宋書錄　叢 1－240、244(4)
皇宋書錄(書錄)、外篇　子 3－15257
皇宋書錄、外篇　史 2－7100
34 皇祐新樂圖記　經 1－6406　叢 1－223(14)、229、268(2),2－731(36)
35 皇清文穎　叢 1－227(11)
皇清文穎、總目　集 6－44360
皇清文穎、目錄　集 6－44361　叢 1－223(71)
皇清文穎續編、目錄　集 6－44362
皇清詩選　集 6－44071、44075
皇清誥封一品夫人顯妣張太夫人行述　史 2－9489
皇清誥封淑人元配李室人行狀　史 2－9408
皇清誥封通奉大夫太常寺少卿硯培楊公(希鈺)傳　史 2－9851
皇清誥封中憲大夫長清縣知縣勉旃朱公墓表　子 3－15428
皇清誥封夫人元配徐夫人行畧　史 2－9670
皇清誥封夫人元配李夫人行畧　史 2－9635
皇清誥封夫人先母許太夫人哀述　史 2－9620
皇清誥授朝議大夫禮部員外郎加二級前翰林院編修江南道監察御史謝薌泉先生(振定)崇祀鄉賢錄　史 2－9614
皇清誥授朝議大夫陝西漢中府知府前商州直隸州知州洵陽寶雞兩縣知縣鄧公(夢琴)崇祀名宦祠錄　史 2－9526

皇清誥授中憲大夫臺灣府知府前臺澎兵備道加按察使銜兼提督學政馬平楊公(廷琛)墓表 史2-9559
皇清誥授中憲大夫臺灣府知府前臺澎兵備道兼提督學政加按察司銜馬平楊公墓誌銘 史2-9560
皇清誥授奉直大夫陝西洛川縣知縣夏公(鴻時)墓誌銘 史2-9690
皇清誥授光祿大夫太子太傅文華殿大學士兼吏部兵部尚書加贈太傅文端朱公墓表 史2-9446
皇清誥授光祿大夫兵部尚書鑲藍旗漢軍都統特贈太子太保謚恭勤那公(清安)行狀 史2-9687
皇清誥贈中議大夫孝廉隱谷孫公(宗濂)墓誌銘 史2-9515
皇清誥贈果勇侯妻一品夫人繼配龍夫人事畧 史2-9792
皇清誥贈光祿大夫清溪縣知縣陳公(炘煜)墓誌銘 史2-9904
皇清兩廢經解輯說 經1-162
皇清百名家詩(百名家詩選) 集6-44052
皇清百官題名 史3-23677
皇清武職大臣年表 史3-23691
皇清職貢圖 史7-54292 叢1-223(26)、227(5)
皇清聖訓 史6-47738
皇清孟子經解彙纂 經1-162
皇清政治學問答初編、二編 史6-41741
皇清政治學問答增校初編 史6-41742
皇清處士明功授知縣欽賜拔貢郡庠生員李公(光壓)崇祀錄、贈詩 史2-9092
皇清經解 經1-111(1)
皇清經解依經 經2-11759
皇清經解縮版編目 史8-66177
皇清經解縮本編目 史8-66178
皇清經解續編 經1-163(1)
皇清經解淵源錄 叢1-530～1
皇清經解淵源錄、外編 史8-66175 叢2-1703
皇清經解萃菁 經1-162,2-11656
皇清經解敬修堂編目 史8-66176
皇清經解檢目 經2-11931
皇清經解檢目錄要、通用表 史8-66179
皇清經解輯說 經1-162
皇清經解提要、續編 史8-66174 叢2-1703
皇清經解分經合纂 經2-11760
皇清名臣奏議 史6-47867
皇清儀禮經解彙纂 經1-162
皇清通志綱要元功名臣錄 史2-7476
皇清地理圖 史7-49696、49707
皇清廿二省府廳州縣表 史7-49733
皇清故婺源縣學生汪先生(烜)墓表 史2-9481
皇清故實記 史1-1625
皇清畫滙 子3-16098
皇清奏議 史6-47861、47863～4
皇清奏議(順治元年至二年、十三至十八年,康熙十一至二十六年、二十八至三十年、三十二至三十六年、三十八至四十三年、四十五至四十七年、五十至五十三年、五十六年,雍正元年至二年,乾隆元年至十三年、十五至十七年,嘉慶元年至四年、十一年、十四年、十七年、二十至二十五年,道光元年至三十年) 史6-47858
皇清奏議(順治十一年至十六年、雍正元年至十三年) 史6-47859
皇清奏議(乾隆元年至八年) 史6-47860
皇清奏議(咸豐元年至十一年、同治元年至十三年) 史6-47862
皇清奏議、續 史6-47866
皇清奏議副本 史6-47865
皇清書史 史2-7660 叢2-785
皇清書人别號錄 史2-7662 叢2-785
皇清敕封安人亡室劉氏行畧 史2-9383
皇清敕授修職郎嘉應州長樂縣教諭達河朱先生(澧)墓表附墓誌銘 史2-9582
皇清四書經解輯說 經1-162
皇清賜謚忠裕明兵科給事中大樽陳公自述年譜、續 史2-11642
皇清陝西歷科進士錄 史3-15014～6
皇清周禮經解彙纂 經1-162
皇清開國方畧 史1-1860
皇清開國方畧、御製開國方畧聯句、發祥世紀 叢1-223(19)
皇清開國方畧書成聯句 史1-7、6190
37 皇祖四大法 史1-2734
40 皇太后六旬萬壽分段點景總册 史2-10479
皇太后回鑾事實 史1-2540 叢1-190
皇塘荆氏元一公譜稿外編[江蘇丹陽] 史4-30689
皇塘荆氏重修宗譜[江蘇丹陽] 史4-30690
皇塘荆氏宗譜長房元一公派外編 史4-30690
41 皇極玄玄集 子3-12944
皇極統韻通釋、類音檢字 經2-14502
皇極經世 子3-12936、12940,5-29530(20) 叢2-1030

皇極經世、觀物外編、前編、皇極經世總圖　子3－12941
皇極經世理數鈐　子3－12950
皇極經世緒言　子3－12955
皇極經世解聲音韻譜　經2－14023
皇極經世解起數訣　子3－12949　叢1－223(35)
皇極經世心易發微(心易發微)　子3－12953
皇極經世心易發微、補遺　叢2－886(2)
皇極經世索隱　子3－12947　叢1－223(35)
皇極經世考　子3－12962
皇極經世觀物外篇衍義　叢1－223(35)
皇極經世觀物外篇衍義(觀物外篇衍義)　子3－12948
皇極經世觀物外篇釋義　子3－12952　叢2－845(3)
皇極經世觀物續編　子3－12964
皇極經世觀物内篇、漁樵問對、附集　子3－12943
皇極經世書　經2－14022　子3－12937、12942,5－29535(6)、29536(6)　叢1－223(35)、534,2－1030
皇極經世書(皇極經世書解、皇極經世全書解)　子3－12958
皇極經世書、觀物外篇　子3－12938
皇極經世書説(皇極經世書解)　子3－12951
皇極經世書發明　子3－12959
皇極經世書緒言　叢2－698(7)
皇極經世書傳　子3－12954
皇極經世書解　叢1－223(36)
皇極經世書卦玄玄集　子3－12945
皇極經世易知　子3－12961
皇極經世圖説　子3－12963
皇極經世全書　子3－12939
皇極經世全書解　叢2－1409
皇極經世鑰　子3－12960
皇極外書　叢2－1373
皇極彙鈔　子5－29589、29619
皇極寶懺　子5－29589、30584
皇極九蓮儒童臨凡寶卷　子7－36156～7
皇極觀物心易　子3－12956
皇極聲音文字通　經2－13765
皇極聲音數　經2－14024
皇極書　叢2－1373
皇極書、皇極外書　子3－12957
皇極圖韻　經2－14324
皇極闔闢證道仙經　子5－29574、31428
皇極丹經　子5－31476
皇極丹經、道德經原文　子5－29589
皇極丹經寶懺禮　子5－29589、30585
皇極開玄出谷西林寶卷　集7－54167
皇極開仙經　子5－31429
皇極金丹九蓮正信皈真寶卷(皇極金丹九蓮歸真還鄉寶卷、皇極經)　集7－54186
皇極金丹九蓮正信皈真還鄉寶卷(金丹九品正信皈真還鄉寶卷)　集7－54185
皇極分經　子3－12946
44 皇封寶卷　集7－54356
皇考聖德神功全韻詩　集4－24551
皇荂曲　集6－41744～6、41888～9、41891～3、41894(3)、41895、41897～8、41904、41917、41923～4
皇華記填詞　集7－50343
皇華集　集6－43846
皇華集、石湖草　集3－19189
皇華集類編　集6－43847
皇華紀程　史6－45034　叢2－606
皇華紀聞　史7－53870　叢1－254、485,2－948、1336
皇華草　集4－24788、28628
皇華草箋注　集4－26929
皇華擥要　子4－23629　叢1－530～1,2－2056
47 皇朝府廳州縣全圖　史7－49708
皇朝文職官錄　史6－42672
皇朝文獻通考　史6－41508～9、41514、41709　叢1－223(27)
皇朝文獻通考詳節　史6－41499、41711
皇朝文獻通考輯要　史6－41500、41712
皇朝文獻通考四裔考　史7－49339、54755
皇朝文獻通考纂　史6－41557、41710
皇朝文鑒(宋文鑒、新雕宋朝文鑒、校正重刊官校宋朝文鑒、宋朝文鑒)、目錄　集6－43607
皇朝文鑑　叢2－635(14)
皇朝新刊實賓錄　子5－25541
皇朝詞林典故　史6－42876
皇朝詞林典故儀式門摘錄　史6－42877
皇朝謚彙考　史6－42230　叢2－936
皇朝謚法考、續編　史6－42250～1
皇朝謚法考、續編、補編、續補編　史6－42252
皇朝謚法考、續編、補編、續補編、再補編　史6－42253
皇朝謚法表　史6－42255
皇朝一統直省府廳州縣全圖　史7－49661
皇朝一統輿地全圖　史7－49698～9、49705
皇朝一統輿圖　史7－49312
皇朝三通序　史6－41720
皇朝三通識要類編　史6－41721～2

皇朝五經彙解　經 2-11799
皇朝五經彙解、五經正文　經 2-11800
皇朝五經彙解、經解入門　經 2-11801
皇朝五禮精義注　經 1-6240
皇朝平吳錄　史 1-1930～1、2737　叢 1-34、50～1
皇朝水道畧　史 7-52761
皇朝刑法志　史 1-895
皇朝武功紀盛　史 1-1859　叢 1-241、242(4)、278、565,2-731(68)、1486
皇朝職官志　史 6-42671
皇朝職官錄　史 3-23709
皇朝聖師考　史 2-6289　叢 2-1986
皇朝政治文鈔　史 6-41489　子 7-36257
皇朝政典挈要　史 1-1619～21
皇朝政典類纂　史 6-41740
皇朝政體錄要　叢 1-503
皇朝瑣屑錄　史 6-41734
皇朝儒行所知錄　史 2-7584
皇朝貞孝節烈文編　史 2-7720
皇朝經解　經 1-109～10,2-11627
皇朝經世文編、補遺　集 6-43964
皇朝經籍志　史 1-897　叢 1-352
皇朝鼎甲錄　史 3-13470
皇朝鼎甲錄(國朝鼎甲錄)　叢 1-322
皇朝畿輔三賢傳　史 2-7727
皇朝樂舞錄要　叢 1-503
皇朝樂舞錄輯要　史 6-42187
皇朝外交政史　史 6-41489～94　子 7-36256～7
皇朝外藩圖　史 7-54298
皇朝編年備要　史 1-1480
皇朝仕學規範　子 4-23792
皇朝續文獻通考　史 6-41514、41713～4
皇朝名臣言行續錄　史 2-6202、7035
皇朝名臣言行續錄、別集　史 2-7036
皇朝名臣言行通錄　史 2-7162
皇朝名臣言行別錄　史 2-7042
皇朝名臣言行類編　史 2-7043
皇朝名臣續錄　史 2-7048
皇朝名臣錄贊　史 2-7164
皇朝祭器樂舞錄、關帝文昌樂舞譜　史 6-42186
皇朝紀畧　史 1-3559
皇朝儀衛志　史 1-887
皇朝實錄　史 1-1698
皇朝清篆畧　子 3-16869
皇朝禮志　史 1-878～80
皇朝禮器圖式　史 6-42125～6　叢 1-227(6)
皇朝禮器圖式、目錄　叢 1-223(27)
皇朝邊防紀要　史 6-45584
皇朝沿海圖說　史 7-49704
皇朝冠服志　史 6-42173　叢 2-1765
皇朝通志　史 6-41508～9、41514、41553～4、41718　叢 1-223(27),2-1020
皇朝通志輯要　史 1-21,6-41555、41719
皇朝通考劄記　史 6-41744
皇朝通典　史 6-41508～9、41514、41715　叢 1-223(27)
皇朝通典紀要　史 6-41717
皇朝通典輯要　史 6-41498、41716
皇朝通鑑政要　史 1-1467
皇朝通鑑長編紀事本末　史 1-1800
皇朝追賜明臣謚錄　叢 2-1976
皇朝道咸同光奏議　史 6-47918
皇朝道學名臣言行外錄　史 2-6202、7038～9
皇朝大臣謚迹錄　史 2-7505～6,6-42245
皇朝大臣謚跡錄　叢 2-1549
皇朝太平治迹統類　史 1-2457～8
皇朝太學志　史 6-42836
皇朝直省府廳州縣歌括　史 7-49765
皇朝直省地名韻編　史 7-49761
皇朝直省地輿全圖　史 7-49754、49764
皇朝直省圖　史 7-49773
皇朝直省輿圖說　史 7-49770
皇朝藩部要畧　史 1-3754
皇朝藩部要畧、皇朝藩部世系表　史 7-54293
皇朝藩部要畧、世系表　史 1-3755
皇朝藩屬輿地叢書　史 7-49314
皇朝蓄艾文編　子 1-1918
皇朝中外壹統輿圖　史 7-49718～9
皇朝中州人物志　史 2-8186
皇朝中興記　史 1-4522
皇朝中興傳信錄　史 1-1490
皇朝中興紀事本末　史 1-1491
皇朝中興繫年要錄節要　史 1-1488
皇朝事實類苑、目錄　子 4-23789
皇朝事畧　史 1-3560
皇朝本記　叢 1-84(1)、85,2-730(8)、731(67)
皇朝本紀　史 1-1925
皇朝書刻　史 8-66423
皇朝東都事畧卓行傳序　集 1-2325
皇朝盛事　叢 1-29(7)
皇朝國史列傳　史 1-930
皇朝國史儒林華徐四君子列傳　史 1-949
皇朝四裔藩屬考　史 1-3566
皇朝四書彙解　經 2-10967
皇朝四明風雅　集 6-44621

皇朝賜號考　史6－42256
皇朝馬政記　史6－45412　叢2－741
皇朝兵制考畧　史6－45178
皇朝兵志　史1－893
皇朝輿地韻編　史7－49312、49371、49697　叢2－698(5)
皇朝輿地水道源流　史7－52759
皇朝輿地沿革考　史7－49771
皇朝輿地通考　史7－49772
皇朝輿地四言便蒙　史7－49766
皇朝輿地圖縮摹本　史7－49701
皇朝輿地畧　史7－49702
皇朝輿地畧、皇朝輿地韻編　史7－49703
皇朝輿地畧、皇朝輿地韻編、皇朝内府輿地圖縮摹本　史7－49700
皇朝輿服志　史1－886
皇朝駢文類苑　子5－26005
皇朝人物小紀　史2－7466
皇朝劄記述畧　史1－3563
皇朝錢法　史8－64838
皇朝欽定書目錄　史8－65517
皇朝掌故　史1－3568
皇朝掌故、續編四章　史1－3570
皇朝掌故讀本　史1－3569
皇朝掌故彙編　子5－26068
皇朝掌故彙編内編、外編　史1－3572,6－41739
皇朝掌故叢談　史1－3571
皇朝省州縣别名錄　史7－49734
皇朝類苑　子4－23786～7　叢1－19(12)、20(10)、21(11)、22(7)、23(6)、24(12),2－617(2)
皇朝類苑(新雕皇朝類苑)、目錄　子4－23785
皇都水利　史6－46717　叢2－1126
53 皇甫府君碑　子3－15541
皇甫謐帝王世紀　史1－2003　叢2－771(3)
皇甫謐說　史2－13275　叢2－776
皇甫百泉集　集2－8415,6－41935(2)
皇甫百泉還山詩　集2－8417
皇甫理山集　集2－8881,6－41935(2)
皇甫司勳慶曆稿　集2－8421
皇甫司勳集　集2－8419～20　叢1－223(65)
皇甫司農集　集1－210　叢2－762～3
皇甫御史詩集　集1－1163,6－41739、41822、41824、41858、41869
皇甫御史詩集、補遺　集1－1164,6－41878
皇甫補闕詩集　集6－41858
皇甫補闕詩集、補遺　集1－1159,6－41878
皇甫莊朱氏宗譜[江蘇宜興]　史4－26442
皇甫華陽集　集2－8168,6－41935(2)
皇甫冉詩集　集1－1158,6－41822、41824
皇甫冉集　集1－1157,6－41743、41819、41838
皇甫持正文集　叢1－447,2－635(7)
皇甫持正文集(皇甫持正集)　集1－1444
皇甫持正文集、補遺　集1－1445,6－41742
皇甫持正文鈔　集6－41794
皇甫持正集　集6－42030　叢1－223(49)
皇甫持正集、遺文　集1－1443
皇甫昆季集　集6－41935(2)
皇甫氏宗譜　史4－30762
皇甫曾集　集6－41743、41819、41838
皇甫曾集(唐皇甫曾詩集)　集1－1162
皇甫少玄集　集2－8425～6,6－41935(2)
皇甫少玄集、外集　叢1－223(66)
皇甫少玄集外集　集2－8427
60 皇恩欽賜賞　集7－51455
67 皇明帝系圖　史1－1929
皇明帝後紀畧　叢2－746
皇明帝後紀畧、藩封　叢2－741
皇明帝后紀畧　史1－1929,2－7149
皇明帝后紀畧、藩封　史2－7150
皇明應謚名臣備考錄　史2－7286
皇明文　集6－42987
皇明文衡　叢2－635(14)
皇明文衡、目錄　集6－43920
皇明文獻世家考　史2－7267
皇明文徵　集6－43944
皇明文準　集6－43951～2
皇明文宗　集6－42781、43936
皇明文選　集6－43922
皇明文教錄　集6－43933
皇明文則　集6－43929
皇明文範　集6－43923
皇明文範、目錄　集6－43924
皇明文鈔十三種　集6－42047
皇明詩話　集6－45882　叢2－1373
皇明詩統　集6－43728
皇明詩選　集6－43723、43736
皇明詩選前集　集6－43749
皇明詩鈔　集6－43746
皇明詩鈔、目錄　集6－43745
皇明諸司廉明奇判公案傳　子5－27705
皇明諸夷考　史7－54295
皇明誥敕　史6－47624
皇明詞林人物考　史2－7268
皇明詔旨　史6－47619
皇明詔制　史6－47620～2
皇明詔令　史6－47623
皇明謚紀彙編　史6－42237
皇明謚法考　史6－42239

皇明二祖十四宗增補標題評斷實紀 史1-1565
皇明三元考 史3-13436
皇明三元考、科名盛事錄 史3-13437
皇明三儒言行要錄 子1-103
皇明三異人錄 史2-7316
皇明玉曆祥異賦圖注彙纂 子3-13048
皇明五先生文雋 集6-42046
皇明五朝國史紀事本末 史1-1837
皇明疏議輯畧 史6-47792
皇明疏鈔 史6-47795～6
皇明兩淮鹽政編 史6-43839
皇明兩朝疏鈔 史6-47801～3
皇明平吳錄 史1-2736 叢1-46、175
皇明天文述、皇明地理述 子3-11349
皇明天長志[嘉靖] 史7-57847
皇明天全先生(徐有貞)遺事 史2-8867
皇明天全先生遺事 子5-26219 叢1-39
皇明百方家問答四書意 經2-10398
皇明百家文範 集6-43930
皇明百家四書理解集 經2-10353～4
皇明百大家文選 集6-43942
皇明西江詩選 集6-44802 叢2-870(5)
皇明吾學編餘 叢1-235
皇明雲合奇蹤 子5-28144
皇明貢舉考 史3-13443～4
皇明貢舉考、紀畧 史3-13445
皇明副書、續 史1-803
皇明職方兩京十三省地圖表、或問 史7-49595
皇明職方地圖表 叢2-743
皇明功臣封爵考 史6-42667
皇明理學名臣言行錄 史2-7243、7245 叢2-1083
皇明理學名臣言行錄、續 史2-7244 叢2-1082
皇明理學名臣陳文定公澹然遺書四種 叢2-1056
皇明理學彙編 子1-175
皇明豫章詩選 集6-44805
皇明政要 史1-2671
皇明集韻天梯書經正文 經1-3393
皇明虞陽采芹錄 史3-14936
皇明卓異記 史2-7232
皇明經濟文輯 集6-43957
皇明經濟文錄 集6-43925
皇明經世要畧 史6-41664 子5-25199
皇明經世實用編 史6-41663
皇明經世實用編、續集 史6-41662
皇明經世考 集6-43938
皇明制書 史6-41515～7
皇明後紀妃嬪傳 史2-7151
皇明後軍都督府署都同知高策行狀、諭祭本揭 史2-9033
皇明樂律書 經1-6489
皇明外夷朝貢考 史6-42889
皇明獻實 史1-1929,2-7191～3
皇明續紀 史1-1567
皇明續從信錄 史1-1615
皇明續藏書 叢2-1114
皇明律詩鈔 集6-43722
皇明律範 集6-43750
皇明傳信錄 叢1-52
皇明自警編 子4-23810
皇明吳郡丹青志 叢1-129
皇明程世錄 史3-13442
皇明修文備史 史1-1929
皇明象胥錄 史7-54270 叢2-727
皇明將畧 子1-3086
皇明名僧輯畧 子7-32099
皇明名僧輯畧、武林西湖高僧事畧 史2-7427
皇明名僧輯畧、武林西湖高僧事畧、附錄 子7-34081
皇明名臣言行錄新編 史2-7166、7170
皇明名臣言行錄繹 史2-7167
皇明名臣言行錄前集、後集、續集 史2-7169
皇明名臣琬琰錄 史2-7182、7203
皇明名臣琬琰錄、後集 史2-7179
皇明名臣琬琰錄、後集、續集 史2-7181
皇明名臣琬琰錄、後錄、續錄 叢2-798
皇明名臣琬琰錄、續錄 史2-7180
皇明名臣琬琰錄續集 史2-7183
皇明名臣虞山琴溪二先生全集 集6-45072
皇明名臣經濟錄 史6-47790～1
皇明名臣墓銘 史2-7231
皇明紀要 史1-1290、1556～7
皇明紀畧 史1-1914、4401 叢1-95～6,2-730(3)、731(67)
皇明繩武編擬續大學衍義 史1-2688
皇明徽詩彙編 集6-44746
皇明從信錄 史1-1563
皇明從扈安攘錄 史1-2770
皇明宸藻 史6-47652 集6-43983、45225
皇明永陵編年信史 史1-1569
皇明進士登科考 史3-13441
皇明實錄 史1-1655
皇明寶訓 史1-1929,6-47627～8
皇明寶紀 史1-1564
皇明寶藏天集、地集 集6-45388

皇明寶善類編　子1-174
皇明浙士登科考　史3-14944～5
皇明近代文範　集6-43931
皇明近體詩鈔　集6-43719～20
皇明遜國記　史1-2755　叢2-1094
皇明遜國臣傳　史1-1928,2-7311
皇明心學蠡見　子1-1151
皇明泳化類編　子5-25789
皇明泳化類編、續編　史6-41652
皇明遺民傳　史2-7423
皇明祖訓　史6-47611
皇明逸史　史1-3388
皇明通紀　史1-1546、1549、1555
皇明通紀集要　史1-1560
皇明通紀述遺　史1-1568
皇明通紀法傳全錄、皇明法傳錄嘉隆記、續記三朝法傳全錄　史1-1561
皇明通紀輯要　史1-1562
皇明通紀輯要續編(天啓七年八月起崇禎七年止)　史1-1593
皇明通紀前編、續編　史1-1554
皇明通紀纂　史1-1221
皇明軍功考　史2-7227
皇明資治正紀洞觀　史1-1577
皇明資治通紀　史1-1189、1543、1547、1551
皇明資治通紀、皇明續紀、皇明通紀述遺　史1-1550
皇明資治通紀前編、後編　史1-1542
皇明海外諸夷志　史7-54271　叢1-34
皇明啓運錄　史1-1558
皇明啓軍錄　史1-1511
皇明十六種小傳　史2-7140
皇明十六家小品　集6-42076
皇明十六朝廣彙紀　史1-1566
皇明十大家文選　集6-42048～9
皇明九邊考　史6-45600～1　叢2-727
皇明大訓記　史1-1928,6-47607
皇明大記　史1-1519
皇明大政記　史1-1535、1538、1928
皇明大政紀　史1-1536～7
皇明大政纂要　史1-1539
皇明大紀　史1-1518
皇明大家王弇州文鈔　集2-9566
皇明大家茅鹿門文鈔　集2-9025
皇明大家姓氏並書目　經2-10399
皇明大內規制記　史6-42057
皇明大事記　史1-1839、1928
皇明太學志　史6-42835
皇明寺觀志　史7-51530
皇明李忠文先生集　史6-48480　集2-11301
皇明嘉隆疏鈔、嘉隆新例附萬曆　史6-47804
皇明嘉隆兩朝聞見紀　史1-1607
皇明古虞詩集　集6-44682
皇明吉安進士錄　史3-14988
皇明七山人詩集　集6-43831
皇明標奇　史6-47836
皇明藩府政令　史6-42013、45801
皇明孝友傳　史2-7236
皇明英烈誌傳　子5-28140
皇明英烈志傳　子5-28141
皇明世說新語　子5-26357
皇明世說新語、釋名　子5-26356
皇明世法錄　史6-41667
皇明鄞獻表　史2-8038
皇明朝野記錄　集6-43708
皇明朝野紀載錄　史1-2702
皇明翰閣文宗　集6-43935
皇明中興聖烈傳　子5-28179
皇明史竊　史1-802、1581
皇明史概　史1-1928
皇明史惺堂先生遺稿、僑翁詩鈔、年譜　集2-9298
皇明史惺堂先生遺稿、嘗惺先生書經補說　集2-9300
皇明史惺堂先生遺稿、嘗惺先生書經補說、蕩滄人僅存稿、僑翁詩鈔　集2-9299
皇明肅皇外史　史1-1604～5
皇明肅皇大謨　史1-1606
皇明青宮樂調　經1-6469、6582～3
皇明本紀　史1-1517、2663　叢1-50～2、54～5,2-742
皇明忠義存褒什　史2-7302
皇明奏議選、備選　史6-47807
皇明奏疏類鈔　史6-47793
皇明奏疏類鈔選要　史6-47794
皇明書　史1-800
皇明表程文選、論程文選　集6-45392
皇明表忠紀　史2-7303
皇明表忠紀、附錄　史2-7304
皇明末造錄　史1-3294～6
皇明輔世編　史2-7208　叢2-910
皇明盛事　叢1-22(22)
皇明盛事述、異典述、異事述　史1-2681
皇明成化二十三年條例　史6-45803
皇明捷錄　史1-5462
皇明典要　史6-42023
皇明典禮　史6-42008
皇明典禮志　史6-42035
皇明典故紀聞　史1-2686

皇明四大家文選 集 6-43954
皇明四朝成仁錄 史 2-7400 叢 2-883
皇明四書文選三集 集 6-45384
皇明恩命世錄 子 5-29531、31845
皇明異典述 史 6-42028
皇明歷科狀元事畧 史 3-13435
皇明歷科狀元全策 集 6-45377
皇明歷科狀元錄 史 3-13428
皇明歷科會試錄典要 史 6-42296
皇明歷朝文選類鈔 集 6-43939
皇明歷朝功德捷錄註釋題評鐫、皇明歷朝捷錄 史 1-5937
皇明歷朝召對都俞錄 史 6-47648
皇明歷朝四書程墨同文錄 集 6-45395
皇明臣謚彙考 史 6-42234
皇明臣謚彙考、訂誤 史 6-42235
皇明臣畧纂聞 史 1-2692
皇明風雅、詩人名氏 集 6-43744
皇明同姓諸王表 史 2-7154
皇明馭倭錄、畧、寄語畧 史 1-2690
皇明開天玉律 史 6-41660
皇明開國功臣錄、續編 史 2-7175
皇明開國臣傳 史 1-1928,2-7177
皇明留臺奏議 史 6-47824
皇明閣臣錄 史 2-7214
皇明印史 子 3-16805
皇明輿圖 史 7-49588
皇明人物考、坿大明臣論斷 史 2-7138
皇明八大家集 集 6-43969
皇明金剛新異錄 子 6-32091(67)
皇明今文定 集 6-43968
皇明會元文選 集 6-45385～6
皇明館課 集 6-45365
皇明館課經世宏辭續集 集 6-45367
皇明館課標奇 集 6-45407
皇明策衡 集 6-45390～1
皇明策程文選 集 6-45393
皇明小論 集 6-45398
皇明小史摘鈔 史 1-2741
皇明常熟文獻志[萬曆] 史 7-57071～2
皇明性理翼 子 1-173
70 皇雅 集 1-1982,6-41894(1)
72 皇氏論語義疏參訂 經 2-9282
77 皇輿統部釋名 史 7-54449
皇輿統志 史 7-49669
皇輿便覽 史 7-49655
皇輿紀 史 6-41653
皇輿考 史 7-49561～2 叢 2-741
皇輿表 史 7-49653
皇輿四六瓊華 史 7-49737
皇輿全圖 史 7-49720
78 皇覽 子 1-56,5-24757 叢 1-46、260～1
皇覽、考證 叢 2-731(4)
皇覽逸禮、中霤禮 經 1-6023 叢 2-765

2620_0 伯

00 伯鷹詩文錄 集 5-39503
10 伯玉文選 集 6-42054
11 伯琴詩存 集 4-28796
17 伯子詩稿 叢 2-944
伯子論文 集 6-46272 叢 1-201、203(4)
伯子隨筆 史 1-4076,2-13131
伯子策籌小草 集 2-9659
21 伯虎雜曲 集 7-50594
伯穎雜文 集 5-33806 叢 2-1905
22 伯山文集 集 4-33242 叢 2-1708
伯山文鈔 叢 2-1733
伯山詩文鈔 集 4-28425
伯山詩話、續集 集 6-46098
伯山詩話後集、續集、再續集、三續集、四續集 集 6-46099 叢 2-1733
伯山詩集 叢 2-1708
伯山詩鈔五種 叢 2-1733
伯山日記 叢 2-1708
伯山日記(清道光十二年至十三年) 史 2-12685
伯山全集四種 叢 2-1733
伯利探路記 史 7-49318(4)、49356、54728
25 伯生詩後 叢 2-598
伯生詩續編 集 1-5162、5171
伯仲諫臺疏草 史 6-47818 叢 2-731(19)、816
27 伯將集 集 1-5725
伯絅己卯北行日記(清光緒五年) 史 2-13117
30 伯瀛詩草(伯瀛詩鈔) 集 5-35383
33 伯冶遺稿 集 4-29048
36 伯溫辭朝 集 7-52513
37 伯初文存、詩鈔、時藝 集 4-22405,6-45037
40 伯右甫吉金文釋 史 8-64170
42 伯瓠日記(清光緒二十七年至二十八年) 史 2-13107
44 伯蔭府君(吳鎬)行述 史 2-10007
伯茀詩錄 集 5-40157
伯茀太史絕筆稿、題 集 5-40156
伯英遺稿 集 5-35266 叢 2-885
伯若遺著 集 5-34516

47 伯姆同修(寶卷) 集7-54576
伯都訥鄉土志[光緒] 史7-56241
48 伯敬鍾先生注釋捷用雲箋 子5-25779
50 伯夷叔齊采薇圖 子3-16465
52 伯攜遺稿(怡堂集、楊君遺集) 集5-40777
60 伯兄(閔啓祥)行述 史2-10189
伯兄恭甫先生(劉壽曾)行狀 史2-10529
伯固公詩拾遺 集2-10571
71 伯牙琴 集1-4547 叢1-425、580
伯牙琴、續補 叢1-244(3)
伯牙琴、補遺 集1-4548 叢1-223(58)、392,2-731(40)、833
伯牙心法 子3-17578、17626
伯牙摔琴 集7-52469
伯牙摔琴一段 集7-52471
77 伯周日記(清同治七年正月初一日至八年十一月初十日) 史2-12966

伽

00 伽音集 集2-12992
17 伽耶山頂經 子6-32081(9)、32082(9)、32083(7)、32084(7)、32085(10)、32086(11)、32088(8)、32089(9)、32090(11)、32091(10)、32092(7)、32093(10)
伽耶山頂經論 子6-32085(22)、32090(48)、32092(31)、32093(28)
21 伽師縣鄉土志[光緒] 史8-63402
44 伽藍記 叢1-76～7、566
60 伽園駢體文存 集5-39467
74 伽馱金剛真言 子6-32093(36)

佃

44 佃芝年譜 史2-11866～7

個

22 個山遺集 集2-12951
38 個道人詩稿 集3-18304
個道人遺墨 集3-18309

2620_7 粵

01 粵謳 集7-50727
粵語 經2-14905 叢1-373(5)
粵語全書 經2-14906
粵語合筆 叢1-373(5)
粵諧 史7-50852 子5-27463
04 粵詩蒐逸 叢2-731(38)、881
10 粵西主證遺芳 子7-35896
粵西詩載、文載、叢載 集6-44909
粵西詩載、粵西文載、粵西叢載 叢1-223(71)
粵西詞見 集7-48609
粵西詞見、玉樸後詞 叢2-2155
粵西疏稿 史6-48311 集2-9364 叢2-1106
粵西瑣記 史7-49318(13)、50920 叢1-202(2)、203(7)
粵西集 集4-28545
粵西種人圖說 史7-49318(21)、50923
粵西偶記 史7-49318(13)、50918 叢1-210～1、249(3)、355、373(8),2-731(57)
粵西得碑記 史8-64058 叢2-604、1851
粵西紀程 集4-28627
粵西紀遊 史7-54085
粵西紀事詩 集5-34051
粵西從宦畧 叢2-791、793
粵西溪蠻瑣記、補編 史7-50922
粵西叢載 史7-50919 叢2-735(5)
粵西鴻泥錄 史6-43164
粵西遊草 集4-25270
粵西志輯要 叢2-1764
粵西志輯要[道光] 史8-61225
粵西桂林守城記、實錄、鎮江破城日記、鎮江破城記 史1-4018
粵西奏議 史6-48310
粵西軺車往返日記 史2-12833
粵西金石刻記 叢2-1499
粵西金石記 史8-64055
粵西金石畧 史8-64056
粵西金石畧目 史8-64057
粵西筆述 史7-50921 子4-24415 集6-41765 叢1-280,2-1709
粵西小記 叢1-378
17 粵歌 叢1-282(4)、283(3),2-731(55)
18 粵政務實鈔 史6-43172
20 粵秀詩鈔 集3-18863
粵秀書院志 史7-52123

粵秀堂集 集5－41110
21 粵行三志 叢2－1336
粵行紀事 史1－3482～3，2－12555 叢1－244(5)，2－731(68)、735(3)
粵行草 集4－26281、27736
粵行吟稿 集3－16749
粵行小紀 叢1－399
22 粵嶽子 子4－21320
粵嶽草堂詩話 集6－46187
23 粵獻法言 子1－2492
24 粵牘偶存 史6－47333 叢2－2189
25 粵生詩草 集4－29242
27 粵歸雜詠 集3－16749
28 粵鹺紀要 叢2－1722
30 粵寇紀事詩 集4－32627
粵寇起事記實 史1－4121
31 粵江諸水編 史7－49317(7)、49318(10)、53001
32 粵洲集 集2－7291
粵洲公(黄畿)年譜 史2－11024、11450
33 粵述 史7－49318(13)、50917 叢1－210～1、249(3)、373(8)，2－731(57)
34 粵漢川漢鐵路借款合同附原奏 史6－44329
粵滇雜記 史7－49317(7)、49318(14)、51329
粵滇紀畧 史1－3486～7
37 粵軍志 子7－38128
38 粵游雜詠 叢2－658
粵游紀行 史7－53913
粵游紀程 史7－49342、53999
粵游日記 史7－53952 叢2－1633
粵游見聞 史1－1946、1953、1960、1965～9、1977、3477～8
粵游小識 史7－50856
粵海潮音集 集5－39900
粵海關通轄口岸考 史6－43976
粵海關志 史6－43975
粵海堂諸子著書目評 叢1－373(9)
粵遊雜詠 集3－13243
粵遊詩草 集4－22638，5－40109
粵遊詩草(粵西遊草、樹滋堂詩集) 集4－25270
粵遊詞 集7－46398～400、47121
粵遊集 集5－41507
粵遊偶詠 集5－38502
粵遊紀程 史7－53683
粵遊草 集3－20081，4－28240、29246、29681，5－38159、39028
粵遊日記 史7－53678 叢2－1312
粵遊日記(清康熙五十七年) 史2－12590
粵遊吟 集4－26859
粵遊吟(畏堂詩鈔) 集3－20416
粵遊吟草 集4－23069、23234
粵遊合筆 史7－53926
粵遊錄 史7－49318(15)、54021
粵遊小志 史7－49318(15)、53680～2
粵遊小草 集4－22390、26028
粵道貢國說 史6－43994，7－49345、54316
粵逆名目畧 史1－1992、3876
粵逆陷寧始末記 史1－1992
40 粵大記［萬曆］ 史8－60818
粵臺徵雅錄 史2－8257 叢2－731(44)、881
粵臺雅徵錄 集3－21923
48 粵槎日記 史7－53856 叢2－1238
50 粵中偶記 史1－1937、3476
粵中見聞 叢1－373(8)
粵中見聞、紀 史7－50846
粵中見聞錄 叢1－373(4)
粵中蠶桑芻言 子1－4375
粵囊 史7－49317(5)、49318(15)、50843
粵東市舶論 史6－43995，7－49318(21)
粵東廣芝館藥丸總滙 子2－9895
粵東詩 集3－21762
粵東詩海、補遺 集6－44890
粵東詞鈔 集7－48602
粵東三家詞鈔 集7－46434
粵東剿匪紀畧 史1－4016 叢1－481
粵東皇華集 集3－21767 叢1－282(4)、283(4)、285
粵東名儒言行錄 史2－8258
粵東遊草 集4－25327，5－34621
粵東七子詩 集6－44891
粵東校士日錄 史3－15005
粵東校士錄 史3－15004
粵東葺勝記 史7－51483
粵東成案初編、補遺 史6－46116
粵東同官錄(清道光二十年) 史3－23780
粵東鹽政禩錄 史6－43910
粵東鹽法 叢2－783
粵東鹽法議 叢2－1193
粵東金石畧 史8－64047 叢2－1513
粵東金石畧、九曜石考 叢2－1514
粵東金石畧目 史8－64048
粵東飼八蠶法 子1－4419
粵東懷古 集3－17214
粵東省例新纂 史6－41910
57 粵軺集 集5－37986～7
67 粵路工程辯誣 史6－44331
70 粵雅堂叢書一百八十四種 叢1－456(1)
粵雅堂叢書續編四十九種 叢1－457
71 粵匪紀事 史1－4119

粵匪南北滋擾紀畧 史1-4126
粵匪始末紀畧 史1-4123
77 粵閩巡視紀畧 史7-53864 叢1-223(22)
粵閩巡視紀畧、紀 史7-50839
粵閩巡視紀畧粵紀、閩紀、紀澎湖臺灣 史6-43127
粵風 集6-44888 叢1-282(4)、283(3),2-731(55)
粵風續 集6-44887
粵屑 史7-50850～1 子5-26579 叢1-496(3)
粵學日記(清光緒十七年) 史2-13189
80 粵氛紀事 史1-4120
82 粵劍編 史7-50836 叢2-742
90 粵小記、粵謳 史7-50852
粵省製造銀幣記 史6-41535、44469
粵省海防圖說 史6-45559
粵省右路海灣情形勢 史6-45560,7-49357
粵省驛里表 史7-50862
粵省鹽務外辦章程 史6-43909

2621_0 但

22 但山詩鈔 集3-17488
68 但吟草、恭紀詩 集3-15624

貌

44 貌若集 集5-37479

2621_3 鬼

00 鬼方昆夷玁狁考 史1-6018 叢2-599
10 鬼靈經 子3-13378
17 鬼子母經 子6-32083(22)
鬼子母揭鉢記殘本 叢2-720(4)
22 鬼山狼俠傳 子7-38195
35 鬼神徵 叢2-2270(4)
鬼神篇 叢2-771(2)
鬼遺方 子2-4768、7651
40 鬼士官 子7-38161
44 鬼董 子5-26953 叢1-244(3)、249(3),2-624(2)、675
鬼董狐 子5-26954
47 鬼塚志 子5-26857 叢1-29(4)、154、185、255(3)
鬼塚志 子5-26222
鬼報仇 集7-53582
鬼趣圖題咏 子3-16231
56 鬼擫腳 叢1-448
鬼擫腳射覆 子3-13906
60 鬼國記、續記 叢1-23(19)、29(7)
鬼國記續記 叢1-22(20)
63 鬼賊中黃五變經 子3-13874
77 鬼問目連經 子6-32081(30)、32083(20)、32085(29)、32086(33)、32088(21)、32089(20)、32090(28)、32091(26)、32092(18)
鬼問目連經、褋藏經、餓鬼報應經 子7-32717
80 鬼谷子 子1-13、18～21、23、25、40～4、48、61、65、67～9、83、4-19511、19611、19613～5、19617～21,5-29530(20) 叢1-19(10)、20(8)、21(9)、24(10)、167、223(39),2-635(5)、2265
鬼谷子、外篇 子1-14、17、27、30、34、37～8,4-19612 叢2-730(6)
鬼谷子、校記 叢2-658
鬼谷子、篇目考 叢1-323,2-698(6)、873
鬼谷子、篇目考、附錄 子4-19616 叢1-324
鬼谷子天髓靈文 子5-29530(17)、31608
鬼谷子外篇 子1-16
鬼谷子佚文 子4-19622 叢2-777
鬼谷子白猿篇 子3-14272
鬼谷子前定書 子3-14078
鬼谷先生袖裏金錢神課 子3-14069
鬼谷數總要 子3-14079
鬼谷四友志 子5-27845
94 鬼料竅 子3-13007
鬼料竅天文畧 子3-13005

2621_4 俚

00 俚言解 叢2-1103
俚言道情詞 集7-52591
01 俚語證古 叢2-2222
17 俚歌一首 史1-1989、4215
55 俚曲三種 叢2-603
62 俚詖 集6-45272

2622_1 鼻

40 鼻奈耶　子 6-32084(19)、32093(24)
鼻奈耶經　子 6-32083(24)
91 鼻煙叢刻　叢 2-2202

2622_7 偈

00 偈庵集　叢 2-609
81 偈頌贊跋　子 7-34226

偶

00 偶庵集　集 3-14956
偶庵集畧　集 3-14362
偶齋詩草(内集、外集、内次集、外次集)　集 5-36742
偶言　子 1-1292　叢 1-151
01 偶譚　子 4-23835　叢 1-13、14(2)、22(25)、105、111(1),2-731(55)
偶諧舊草、續草　叢 2-1231
07 偶記　子 4-19489、20750～1、23071　叢 1-252
08 偶論四名家詩　集 6-46020
09 偶談　叢 1-181
10 偶一草拾遺　集 4-23659
偶爾吟　叢 2-1824
偶更堂文集、詩稿　集 3-13896
20 偶雋　集 6-46250
偶香元詩草　集 5-35562
22 偶仙詩鈔　集 4-22945
偶山遺稿　集 4-33317～8
23 偶然云集　集 3-14327
偶然集　集 3-19554、20984
偶然草　集 2-12153
偶然草詩集　集 3-15484
偶然吟　集 3-19931,4-22042
偶然吟詩選　集 5-36382
偶然居士遺稿　集 4-29802
偶然欲書　子 4-21402　叢 1-202(5)、203(11)
26 偶得詩集　集 5-41539
偶得紺珠　子 4-24098
偶愢書館偶存詩鈔　集 5-36033
30 偶客談　子 1-1055　叢 2-1093
偶寄生詩草　集 4-32860
偶寄軒稿　集 2-10106
偶寄園集　集 4-29538
38 偶遂堂近詩　集 3-13658
40 偶有軒詩鈔　集 4-30634
偶存詩集(毅庵詩稿)　集 3-17371
偶存集　叢 2-917
偶存集(餘事偶存)　集 5-34151
偶存補續　叢 2-1361
偶存草　集 3-13581、14360、15536,4-28026
偶存草、雁字和韻詩　叢 2-818
偶存草堂集　集 3-17818～9
偶存軒稿　集 3-16265
偶存篇　集 3-14631,6-44984
44 偶菱閑話、憶菱小補　子 4-21437
偶著　集 3-21040
偶權館詩集　集 5-39311
50 偶書　子 4-21104　集 6-45849　叢 1-201、203(4)
51 偶軒詩稿　集 3-17329
60 偶園集　集 3-17735
偶思錄　經 2-10650
偶因遺集　集 4-32169
偶景齋詩鈔　集 3-18938
68 偶吟雜稿　集 3-17074
偶吟記事集　集 5-40860
偶吟集　集 3-16408、18206
偶吟漫錄　集 4-28726
偶吟摘要　叢 2-1644
偶吟篇　集 6-41958
77 偶居集　集 2-12642
偶留草、皖江雜詩　集 3-19830
88 偶筆　集 4-32884　叢 2-1824

觸

27 觸物巵言　叢 2-1219
60 觸景詩集　集 3-20683
90 觸懷吟　集 4-23722　叢 2-886(3)

2623_0 偲

44 偲菴詩集、文集、附錄　集 2-7292

2623_2 泉

00 泉亭外集　集 2-8300
泉亭存稿　集 2-8301
泉齋勿藥集　集 2-7280、7285
泉齋簡端錄　叢 2-1066
泉唐沈氏醫書九種　子 2-4701
泉文　史 8-64810
08 泉議　史 6-44457
10 泉石留言　集 5-39482
18 泉務學治錄　史 6-47133　叢 2-1909
22 泉山遺集　集 5-39168
泉山古物題詠錄　集 5-40070
泉山劉氏族譜[湖南長沙]　史 5-39462
24 泉貨彙考　史 8-64867～8
27 泉緣滙珍記　史 8-64882～3
30 泉漳治法論、治南獄事論　史 6-43040
泉寶所見錄　史 8-64837
31 泉河紀畧　史 7-52973
泉河史　史 7-52974
32 泉州府志[萬曆]　史 8-58315
泉州府志[乾隆]　史 8-58316
泉州鄉土地理志[宣統]　史 8-58317
泉州從政紀畧　史 1-3986
泉洲張氏重修族譜[浙江淳安]　史 5-34893
35 泉清閣詩草　集 5-39862
37 泉湖山房稿(少保曾公集)　集 2-9752
40 泉塘李氏宗譜[湖南邵東]　史 4-27627
泉塘蕭氏四修族譜[湖南寧鄉]　史 5-39983
泉塘葛氏宗譜[安徽績溪]　史 5-35856
泉塘黄氏六修族譜[湖南寧鄉]　史 5-34020
泉塘杜氏宗譜[浙江東陽]　史 4-27007～11
泉塘趙氏宗譜　史 5-38454
泉南雜誌　叢 1-22(24)、109、111(5)、195(7)
泉南雜記　叢 2-1195
泉南雜志　史 7-50547～8　叢 1-13、14(3)、2-731(57)
泉南新刊古板大字小學史斷　史 1-5372
泉南山人存稿、微雲餘響　集 3-16992
泉布統志　史 8-64844
泉志　史 8-64792～3　叢 1-22(16)、23(16)、98、169(3)、268(2)、353、2-731(17)、943
泉志、續志、補遺　史 8-64794
泉志、補遺、建元便覽　史 8-64819
泉志補考　史 8-64820
泉志校誤　史 8-64795～6　叢 1-498
泉志菁華錄　史 8-64797
泉壽山房詩草(新溪櫂歌)　集 5-35560
42 泉橋集　集 5-39736
44 泉村詩選　集 3-15092　叢 2-867
50 泉史　史 8-64821
60 泉田何氏宗譜[湖南桂陽]　史 4-28415
泉田喻氏族譜[湖南寧鄉]　史 5-35947
泉田喻氏支譜[湖南寧鄉]　史 5-35946
80 泉翁大全集　集 2-7366
泉翁大全集十七種　叢 2-1067
98 泉幣彙考　史 8-64869
泉幣志畧　史 8-64834
泉幣考　史 8-64828
泉幣圖說　史 8-64826

2623_4 䲔

44 䲔花岡集　集 4-22115

2624_0 俾

67 俾路芝沿革考　史 7-49318(19)、54717
俾路芝志、馬留土股志、紐吉尼亞島志、西里伯島志、新志　史 7-54718
俾路芝考畧　史 7-49317(5)、49318(17)、54716

2624_1 得

00 得慶記　史 7-49318(3)、51085
10 得一齋雜著四種　叢 1-550
得一山房詩集　集 5-34628　叢 2-1012
得一山房四種附一種　叢 2-1012
得一錄　史 6-44603～4　子 4-23429
得一錄賦　子 3-13148
得天爵齋遺稿　集 5-41316
得天居士集　集 3-18753～4
15 得珠樓詩選　集 4-29219
得珠樓箏語　集 4-29220
16 得硯詩鈔　集 3-21127
17 得配本草　子 2-4620、5625
26 得得篇　子 4-19341
27 得修綆齋詩稿、試帖詩　集 4-27965

29 得秋山館遺稿　集 4 - 31816
30 得宜本草　子 2 - 4623、5617　叢 1 - 223(34)
得宜本草分類　子 2 - 5618
得之集　集 1 - 5319
31 得酒趣齋詩鈔、硯銘　集 4 - 26710　叢 1 - 521
33 得心集醫案　子 2 - 4770、10693
得心編　子 1 - 1650
得心書屋集　集 3 - 21771
35 得清靜理齋遺稿　集 4 - 31244
36 得遇龍華修證懺儀　子 6 - 32091(68)
38 得道歌　子 5 - 29547
得道梯橙錫杖經　子 6 - 32083(21)
得道梯橙錫杖經、佛說持錫杖法　子 6 - 32093(20)
得道梯隥錫杖經　子 6 - 32085(30)、32086(35),7 - 32657、32661
得道梯隥錫杖經(附佛說持錫杖法)　子 6 - 32088(22)
得道梯隥錫杖經、佛說持錫杖法　子 6 - 32089(21)
40 得壺山房印寄　史 8 - 64981
得真趣齋詩鈔　集 4 - 32668
44 得草軒初集、近稿　集 3 - 15727
得樹齋詩　集 3 - 14846
得樹樓雜鈔　子 4 - 20966　叢 2 - 615(2)
得樹軒詩稿　集 4 - 27351
50 得書　集 7 - 52304
得未曾有齋詩鈔　集 4 - 30620
64 得財貝盟　集 7 - 54371
71 得頤堂範言　子 1 - 2592
72 得所得庵詩鈔　集 5 - 36062～3
77 得月稿　集 2 - 6174
得月藁　集 2 - 6173、6175
得月樓詩稿、敷　集 4 - 21962
得月樓草　集 3 - 17658
得月樓書目　史 8 - 65254
得月軒詩　集 3 - 17638
得月軒詩稿　集 4 - 32429
得月簃叢書初刻次刻　叢 1 - 326
得閒集　集 2 - 12870
得閒山館詩集、文集、附錄　集 4 - 23260
得閒偶刊　集 3 - 20062
得閒居士(翁偉)年譜　史 2 - 12372
得閒人集　集 3 - 14069
78 得陰軒剩稿　集 4 - 26189
80 得全居士詞　集 7 - 46357、46368、46537　叢 1 - 334～5
得全居士詞、卷　叢 2 - 731(48)
得無詞齋存稿　集 5 - 37595
得無垢女經　子 6 - 32082(2)、32083(3)、32086(3)、32088(2)、32089(3)、32091(2),7 - 32179
得無垢女經(論義辯才法門)　子 6 - 32081(2)、32084(3)、32085(3)、32090(3)、32092(2)、32093(4)
89 得鈔傲妻　集 7 - 52180～1,52183
得鈔傲妻子弟書　集 7 - 52182
得鈔傲妻之前段　集 7 - 52179
90 得小喉方　子 2 - 7436
得少佳趣日記(清光緒十二年至十五年)　史 2 - 12957
99 得榮縣圖志[民國]　史 8 - 62149

2624₈ 儼

00 儼齋集　集 6 - 41969
22 儼山文集、目錄　集 2 - 7724
儼山文集、目錄、外集、續集　集 2 - 7723
儼山文集、目錄、續集　集 2 - 7725
儼山詩微　經 1 - 3723
儼山集、續集　叢 1 - 223(65)
儼山外集　叢 1 - 223(42)
儼山外集八帙二十四種　叢 2 - 1081
儼山外纂　子 4 - 20403　叢 1 - 195(2)
儼山尺牘　集 2 - 7730
儼山纂錄　子 4 - 20402　叢 1 - 22(21)、61～4、174,2 - 730(4)
儼山纂錄(儼山外纂)　叢 2 - 731(7)
44 儼若思齋梅華答問　子 5 - 29574

2625₆ 觶

00 觶廬詩集　集 5 - 38451
觶廬詩集、文集　集 5 - 38452

2626₀ 侶

10 侶石山房詩草　集 4 - 26557,6 - 42007(1)
22 侶巖荷禪師語錄　子 6 - 32091(82)
侶仙堂類辨　子 2 - 4603
侶山堂類辨　子 2 - 10506
44 侶樊草堂詩鈔　集 5 - 34401～2,6 - 42011
47 侶鶴亭詩鈔　集 4 - 29192、29792
侶鶴堂詩集　集 2 - 10109～10,4 - 31752
48 侶梅軒偶存稿　集 5 - 36978

倡

26 倡和新月詩　集 3 - 20285
倡和詩餘　集 7 - 46401
倡和香詞　集 7 - 46401、47158

2628_1 促

23 促織經　子 4 - 19340、19361、19410～3、19416～7　叢 1 - 86,2 - 730(7)
促織志　子 4 - 19414～5　叢 1 - 22(27)

2629_4 保

00 保產痘疹合編　子 2 - 7967
保產育嬰附增訂達生編　子 2 - 8199
保產育嬰錄　叢 1 - 48
保產要旨　子 2 - 8176
保產要錄　子 2 - 8332
保產經驗神方　子 2 - 8185
保產經驗簡便良方(神授保產經驗簡便良方)　子 2 - 8292
保產良方　子 2 - 8242、8269
保產滙編　子 2 - 8065
保產心法全嬰心法、毓蘭居士種痘法　子 2 - 8167
保產機要　子 2 - 8064　叢 1 - 285
保產萬全經　子 2 - 8260
保產萬全書　子 2 - 7967
保產萬金　子 2 - 8106
保產全書　子 2 - 8177
保產金丹　子 2 - 8251
保商局試辦章程　史 6 - 47086
保康縣志[康熙]　史 8 - 60159
保康縣志[同治]　史 8 - 60160
保慶寺志畧　史 7 - 51632
01 保龍全書四集　子 3 - 14668
04 保護鳥圖譜　子 7 - 37824
保護教士札　史 6 - 44992
05 保靖志稿輯要[同治]　史 8 - 60804
保靖縣志[雍正]　史 8 - 60803
保靖縣志[同治]　史 8 - 60805
10 保元堂藥目　子 2 - 9438
12 保孤記　史 1 - 2722　叢 1 - 22(21)、97
22 保山二袁遺詩二種　叢 2 - 886(3)
保山縣志目次說明書[民國]　史 8 - 62454
24 保德州鄉土志三編[光緒]　史 7 - 55762
保德州志[康熙]　史 7 - 55760
保德州志[乾隆]　史 7 - 55761
保德風土記　史 7 - 49317(5)、49318(13)、49928
保幼雜症　子 2 - 8422
保幼八則　子 2 - 4734、8546
25 保生三種合編　子 2 - 7972、8280
保生要錄　子 2 - 10965,5 - 29530(17)　叢 1 - 19(11)、20(9)、21(10)、22(13)、23(12)、24(12)、134、173
保生碎事　子 2 - 8045
保生集　子 2 - 8259
保生集要　子 2 - 8171
保生彙編　子 2 - 11089
保生心鑑　子 2 - 11024～6　叢 1 - 114(5)
保生心鑑(修真)　叢 1 - 36
保生心鑑、活人心法　子 2 - 11023
保生祕要　子 5 - 31335～6
保生祕鑰　子 2 - 9524
保生造福錄　子 2 - 11098
保生攝生全書　子 2 - 11081
保生胎養良方　子 2 - 8243　叢 1 - 435
保生月錄　子 2 - 10967　叢 1 - 22(13)、23(12)
保生銘　子 5 - 29530(16)、29556、31106
保生篇、遂生編、醫方滙編　子 2 - 8088
保生管見、固本迂談　子 1 - 3794
保生餘錄　子 2 - 9236
保積堂詩稿　集 3 - 19864
26 保息局徵信錄　史 6 - 44652
保和齋稿　集 2 - 10582,6 - 44973
保和齋祕授外科三十六症麻瘋全集　子 2 - 7830
保和殿曲宴記　史 1 - 2472　叢 1 - 22(19)、23(18)
保和會譯章　史 6 - 45096
27 保黎錄、鄰謳　史 1 - 3088
保身必覽　子 2 - 11106
保奬克復宜興常州等七案內出力文武員弁勇丁擬保官階清摺(同治十三年十二月)　史 6 - 42781
30 保寧府通江縣志[康熙]　史 8 - 61986
保寧府志[道光]　史 8 - 61794～5　叢 1 - 373(3)
保寧府志[嘉靖]　史 8 - 61793
保家錄　子 1 - 2326
保安雜詠　集 4 - 22381

保安州誌[康熙] 史7-55119
保安州續志[光緒] 史7-55122
保安州鄉土志[光緒] 史7-55123
保安州士民歌戴劉天錄 史6-42958
保安州志[康熙] 史7-55120
保安州志[道光] 史7-55121
保安太守文登劉公去思錄 史6-42958
保安縣鄉土志[民國] 史8-62731
保安縣志[順治] 史8-62728
保安縣志[咸豐] 史8-62729
保安縣志畧[光緒] 史8-62730
保安堂三補簡便驗方 子2-9333
保富述要 子7-36228(6)、36231(2)、36249~50、37305
保定府祁州束鹿縣志 史7-54912
保定府祁州束鹿縣志[康熙] 史7-55040
保定府志[康熙] 史7-55244
保定府志[隆慶] 史7-55243
保定府志[光緒] 史7-55246
保定府志稿[光緒] 史7-55245
保定府屬河圖、正定府屬河圖、冀趙保定易五直隸州屬河圖 史6-46736
保定府屬豁免旗租底册 史6-43510
保定上下江會館志 史7-49909
保定名勝圖詠 子3-16432
保定城守紀畧 史1-1982
保定警務暫行章程 史6-45359
保定縣志[康熙] 史7-55248
保定縣志[萬曆] 史7-55247
33 保心堂詩鈔 集4-32657
40 保太和壽世彙編 子2-11124
保赤玄機 子2-8587
保赤六種 子2-8492
保赤新編 子2-8467
保赤三書 子2-8515
保赤至要 子2-8547
保赤要言 子2-8557
保赤要目 子2-8537
保赤聯珠 子2-8490
保赤須知 子2-8046、8407、8545、8577
保赤彙編 子2-4704
保赤良方 子2-8529
保赤潛藏大全 子2-8347
保赤心筌 子2-8522
保赤大全幼幼集虚明沈先生痘症正覺 子2-9028
保赤推拿法 子2-10422
保赤摘錄、五運六氣 子2-8899
保赤指南車 子2-8528
保赤輯要 子2-8478~9
保赤全編 子2-8516
保赤全生錄(重刊保赤全生錄) 子2-8857
保赤全書 子2-8653
保赤金丹 子2-8829
保赤金鑑 子2-8844
保赤類編 子2-8428
保壽方 子2-9643
43 保越錄 史1-2658,7-49329 叢1-195(3)、223(22)、242(4)、398、465,2-731(66)、809
44 保華全書、續編 子7-38055
48 保教非所以尊孔論 子7-36251
50 保素堂稿 集3-15791
53 保成公徑赴澠池會雜劇 集7-48774(4)、48877
60 保國寺志 史7-51641
保甲備擇 史6-45427
保甲條議 史6-45334
保甲條款 史6-45420
保甲事宜摘要 史6-45425
保甲書 史6-43074、45422
保甲書輯要 史6-41526、45423
保甲團練事宜 史6-45424 叢1-367~8
保甲團練輯要 史6-45426
保昌縣志[康熙] 史8-60888
保昌縣志[乾隆] 史8-60889
保固則例 史6-47000
保羅言行 子7-35837
保羅達提摩太前後書 子7-35196
62 保縣志[乾隆] 史8-62093
66 保嬰要訣 子2-8162、8480
保嬰要術 子2-10451
保嬰要旨 子2-4661、8813
保嬰祕言 子2-8425
保嬰祕訣 子2-8434
保嬰祕旨全書 子2-8592
保嬰祕書 子2-8563
保嬰神術 子2-8588
保嬰遂生編 子2-8549
保嬰輯要 子2-8519
保嬰撮要 子2-4560~1
保嬰撮要、續集(保嬰全書) 子2-8385
保嬰易知錄 子2-4704
保嬰易知錄、補編 子2-4639、8481
保嬰全集 子2-8405
保嬰金鏡 子2-4560、4577
保嬰金鏡錄 子2-4559、4561、8387
保嬰合璧 子2-8518
保嬰篇 子2-4621、8812
保嬰粹要 子2-4559、4561、8386
保嬰恤嫠成規 史6-44702

70 保障升平　子1-3884
保障教養實政錄　史6-42987　叢2-1317
保甓齋文錄　集4-25195～7
73 保胎方論　子2-8187
保胎回生方　子2-8300
76 保陽吟草　叢2-1602
保陽錢氏宗譜[河北]　史5-40124
保陽篆草　子3-17012
77 保閒堂集　集2-12581～2
保閒堂集、補、蓬客詩草　集2-12579
保閒堂續集　集2-12580
保舉經學名單　史2-7575　叢1-512
保民訓要　史6-45419　叢1-22(22)
80 保全生命論　子7-36231(6)、37857
88 保鑑堂經驗良方　子2-9807

2631_1 鯤

37 鯤溟詩集　集2-9467　叢1-223(66)
鯤溟先生詩集、奏疏　集2-9466

2631_4 鯉

00 鯉庭獻壽圖題詠集(蘇淵泉)　史2-10669
32 鯉溪余氏宗譜[浙江淳安]　史4-28530

2633_0 息

00 息塵庵詩稿　集5-37016
息庵文錄　集5-40549
息廬詠史　集5-41415
息廬詠史(一息吟)　史1-6099
息廬詩　集3-15848
息齋疏草、息齋集、外集、續外集　史6-48578
息齋集、疏草　集3-13140
息齋集、外集、續外集、外集補遺　集3-13139
息齋遺稿　集3-13247
息齋藏書　子4-21005
息齋藏書八種　叢2-1236
息齋筆記　子4-20809
息六齋遺稿　集4-23852
20 息舫合刻　集3-17168
22 息僑排律　集3-15763
27 息緣詩鈔　集3-21586
33 息心齋詩剩　集4-26523
37 息深齋詩集　集3-15111
38 息游詠歌　叢2-1735
息游草　集4-28941
息遊堂詩集　集3-14780～1,6-41969
40 息來園吟草　集4-26190
41 息柯雜著　子3-15293　叢2-1851
息柯白箋　叢2-1851
息柯居士集　集4-32226
息柯居士集(褒遺草堂詩鈔、息柯白箋、雜著)　集4-32224
息柯居士集(褒遺草堂詩鈔、息柯雜著、息柯牋事)　集4-32223
息柯居士全集十二種　叢2-1851
44 息老堂詩　集6-41987
51 息軒遺稿　集3-19633
息軒草　集3-14765
息軒草二集　集3-14766
53 息甫先生(貢震)年譜　史2-11855
55 息耕草堂詩集　集4-26717
60 息園詠物、聯珠吟　集5-41271
息園詩存　集5-36519
息園詩鈔　集6-42007(4)
息園記、坿息園八詠　叢2-1851
息園先生水道全圖　史7-52750
息園遺詩　集4-25409
息園存稿文　集2-7683
息園存稿詩　集2-7679
息園存藁　叢2-1080
息園草　集3-17011
息園舊德錄　叢1-533,2-2103
息園舊德錄(胡裕燕)　史2-10486
息園日記　史2-12732
息園晚歲詩　集5-39757
息園吟草　集4-25403
62 息踵軒剩草　集4-27027,6-42007(1)
息影庵詩存　叢1-373(5)
息影庵集外詩　集5-34158
息影庵初存詩　集5-34157
息影廬殘稿　集6-42014　叢2-1934
息影廬殘稿(息影廬小稿)　集5-34063
息影齋詩鈔　集3-17824
息影山房詩鈔　集5-34260
息影偶錄　子5-26440
息影軒畫譜　子3-16302
息影園詩存(半解集、研昀軒吟草)　集5-41383
息縣續志[康熙]　史8-59980

息縣鄉土志[宣統] 史8-59983
息縣志[順治] 史8-59979
息縣志[嘉慶] 史8-59981
息縣志[嘉靖] 史8-59978
息縣志[光緒] 史8-59982
77 息關三述三種 子4-19493
息賢堂詩集 集2-12896～7
息賢堂集 集2-12898
78 息除中天陀羅尼經 子6-32081(44)、32082(21)、32084(24)、32085(41)、32086(48)、32088(30)、32089(25)、32090(32)、32091(31)、32092(21)、32093(42)
息除中大(天)陀羅尼經 子6-32083(28)
息除賊難陀羅尼經 子6-32083(32)
80 息龕剩稿 集5-38357
息龕自訂年譜 史2-12153
息龕尺牘 集5-38358 叢1-496(7)
息養廬文集 集5-33855
息養廬詩集 集5-33853～4
88 息笠庵詩集 集4-32229
90 息尚編 叢1-263
97 息烽縣志[民國] 史8-62191

憩

00 憩亭詩鈔 集3-17794
憩亭賦稿、使粵詩草、忘餘詩草 集4-30523
憩庵老人詩稿 集3-18983
憩廬文鈔、詩鈔 集5-39418
10 憩雲閣詩集(憩雲閣内集、外集、寄燕草) 集5-34377
30 憩窩小草 集5-38639
38 憩遊偶考 史7-51290 叢1-203(14)
60 憩園詩集 集4-32286
憩園詞話 集7-48734～5
80 憩養堂集 集3-17472

2640_0 舶

50 舶中集 史7-54522

2640_1 皋

00 皋言 叢1-62～4,2-730(4)、731(53)

2640_3 皐

44 皐蘭載筆 子4-23141

皋

00 皋亭山詩 集2-7336
皋亭山館詩草 集4-30087
皋亭倡和集 叢2-832(6)
皋廡偶存 集5-34755
皋廡吳氏家乘[江蘇蘇州] 史4-27782～3
皋言 子4-20419
04 皋諾記 子5-26870
07 皋部沈氏譜[浙江紹興] 史4-29073～4
30 皋牢子(陳虬)年譜 史2-12355
44 皋蘭課業詩賦約編 集6-42488
皋蘭梁氏宗譜[甘肅蘭州] 史5-34719
皋蘭載筆 史7-49317(5)、49318(13)、51163
皋蘭縣新志[民國] 史8-63093
皋蘭縣西固採訪稿[光緒] 史8-63094
皋蘭縣續志[道光] 史8-63091
皋蘭縣志[乾隆] 史8-63090
皋蘭縣志[光緒] 史8-63092
47 皋鶴堂批評第一奇書金瓶梅 子5-28235
51 皋軒文編 集3-16588
60 皋邑楊氏家譜目錄[甘肅皋蘭] 史5-37081
71 皋原詩集 集3-20373
80 皋父先生晞髮集 叢1-425

2641_3 魏

00 魏竟甫詩 集3-14558
魏廓園先生尺牘 集2-11327～8
魏方鎮年表 史1-10(2)、4678
魏應德璉集 集6-41698
魏應德璉集(應德璉集) 集1-259
魏應休璉集 集1-292,6-41698
魏文帝文鈔 集6-41794
魏文帝雜事 史1-4359 叢2-776
魏文帝詩格 集6-45499 叢1-114(4)
魏文帝集 集1-271～3,6-41694、41698～9 叢1-183

中國古籍總目書名索引

魏文靖公(了翁)年譜　史 2 - 11355　叢 2 - 2118
魏文毅公奏議　史 6 - 48641　叢 2 - 731(19)、782(5)
魏文貞公(徵)年譜　史 2 - 11159　叢 1 - 438
魏文貞公故事拾遺　史 2 - 8545　叢 1 - 438
魏文侯書　子 1 - 290　叢 2 - 774(8)
魏文節遺書　叢 2 - 845(5)
魏文節公(杞)事畧　史 2 - 8753
魏文恪公奏稿　史 6 - 48836
04 魏諸帝統系圖　史 1 - 10(4)、4741
魏諸王世表　史 1 - 10(4)、4742
10 魏三字石經尚書殘石　叢 2 - 600
魏三體石經遺字考　經 1 - 3,2 - 11349　叢 1 - 303～5,2 - 731(3)
魏正始石經殘石考、隸釋所錄魏石經碑圖　經 2 - 11385　叢 2 - 2227～9
魏玉衡醫案　子 2 - 10876
魏王花木志　子 4 - 19117　叢 1 - 22(17)、23(17)、587(2)
魏王泰括地志　史 7 - 49307～8、49486　叢 2 - 767
魏石經攷異　經 2 - 11359
魏石經攷異、拾遺　經 2 - 11358
魏石經攷異拾遺　經 2 - 11360
魏石經古篆考正　叢 2 - 707
魏石經考　經 2 - 11384　叢 2 - 630
魏石經考異　經 1 - 111(4)
魏石經考異、拾遺　經 1 - 2
魏石生詩選　集 6 - 41970
魏晉六朝文選、皇明文　集 6 - 42987
魏晉石存目　史 8 - 64631　叢 1 - 497,2 - 599
魏晉世語　叢 1 - 22(10)、23(9)、29(2),2 - 771(3)
魏晉間書殘律三種　叢 2 - 608
魏晉小說一百十八種　叢 1 - 29(1)
12 魏延昌地形志　史 7 - 49472
13 魏武帝文鈔　集 6 - 41794
魏武帝註孫子　子 1 - 3014、3113　叢 1 - 303～5、377、394
魏武帝註司馬灋　子 1 - 3180
魏武帝註吳子　子 1 - 3163
魏武帝集　集 1 - 264～6,6 - 41694、41698～9　叢 1 - 183
17 魏了翁毛詩要義校字記　經 1 - 3672
魏子　子 1 - 460　叢 2 - 774(9)
魏子敬遺集　集 2 - 12141
魏子兵書　子 1 - 3429
19 魏璫逆黨錄　史 1 - 2995
20 魏季子文集　集 3 - 15164,6 - 45144
魏季子文鈔　集 3 - 15165,6 - 42065
魏季朗集　集 2 - 10281,6 - 41935(5)
21 魏貞庵集　叢 1 - 213
魏貞庵先生(裔介)年譜　史 2 - 11684　叢 2 - 782(4)
魏貞菴先生(裔介)年譜　叢 2 - 731(62)
魏貞菴遺書二種　叢 2 - 1284
22 魏崔敬邕墓誌　史 8 - 63501、64671
23 魏外戚諸王世表　史 1 - 10(4)、4744
魏稼孫先生全集三種　叢 2 - 1886
魏稼孫日記　史 2 - 12815
24 魏特進集　集 1 - 613～4,6 - 41694、41698
25 魏仲雪增補李卓吾名文捷錄　集 6 - 45346
魏仲子集　集 2 - 9841
26 魏皇覽　子 5 - 24758　叢 2 - 772(4)、773(4)
魏伯子文集　集 6 - 45144
魏伯子文集(四此堂稿)　集 3 - 14274
魏伯子文錄　集 3 - 14276,6 - 42067
魏伯子文鈔　集 3 - 14275,6 - 42065
魏伯子雜說　子 4 - 21105　叢 1 - 267
魏伯陽祖師参同契　子 5 - 30992
魏伯陽大丹鉛汞真口訣、七十二神丹秘密真訣　子 5 - 30853
魏伯陽七返丹砂訣　子 5 - 29530(17)、29555、30852
魏伯饒領袖堂集　集 2 - 11907
27 魏將相大臣年表　史 1 - 10(2、4)、4677、4745
魏勺庭先生左氏兵謀兵法(左氏兵謀)　子 1 - 3323
魏約之六種　叢 2 - 1357
魏叔子文集、詩集　集 3 - 14592
魏叔子文集外編　集 3 - 14596
魏叔子文集外篇　叢 1 - 267
魏叔子文集外篇、詩集、目錄　集 6 - 45144
魏叔子文鈔　集 3 - 14593～4,6 - 42063、42065
28 魏徵破笏再朝天　集 7 - 49397、49414
魏徵改詔風雲會雜劇　集 7 - 48774(5)、49027
30 魏良輔曲律　叢 2 - 672
魏宋雲釋惠生西域求經記地理考證　史 7 - 53778　叢 2 - 806
40 魏大司馬曹真碑　史 8 - 63501、64634
魏太傅鍾繇草書道德經下篇　子 3 - 15553
魏太尉詞　叢 2 - 2227
魏臺訪議　叢 1 - 22(10)、23(9),2 - 771(3)
魏臺防議　子 4 - 19794
魏塘文告摘錄　史 6 - 47546
魏塘詩存　集 6 - 44597
魏塘詩存、嚶鳴館雜詩　集 6 - 44598
魏塘詩陳　集 6 - 44600
魏塘紀勝　叢 1 - 373(5)
魏塘南浦吟　集 6 - 44599

魏塘署齋隨筆 子4-24631
魏塘人物記 史2-8027 叢1-373(5)
魏塘入泮錄 史3-14974
魏塘竹枝詞 史7-50382～3 集6-44601
魏志鈔 史1-5197
44 魏莊渠集 叢1-213
魏莊渠先生集 集2-7950 叢1-214,2-731(45)
魏莊渠先生遺書 集2-7953
魏莊渠先生書 子1-104 集2-7955
魏莊渠先生尺牘 集2-7956
魏蓮陸先生遺墨(合刻三賢集跋) 子3-15371
魏恭襄公文集 集2-9524
魏荀公曾集 集1-365,6-41698
47 魏鶴山先生渠陽詩(註鶴山先生渠陽詩) 集1-4093
48 魏敬士文集 集3-17089,6-45144
50 魏中丞詩 集1-4787
魏夫人傳 子5-26218 叢1-22(19)、23(18)、168(3),2-731(62)
魏忠賢始末 史1-2987 叢1-367～8
魏忠賢軼事 子5-28180
魏忠節遺著 集2-11325
魏忠節公自撰年譜 史2-11552
魏忠節公札稿 集2-11329
魏書 史1-11～7、600 叢1-227(5)
魏書、考證 史1-20、601 叢1-223(17),2-698(3)
魏書平議 叢2-2179
魏書外國傳地理考證、西域傳地理考證、外國傳補地理考證 史1-608,7-49310
魏書官氏志疏 史2-13351
魏書官氏志疏證 史1-10(4)、610
魏書宗室傳、附表 叢2-605
魏書禮志校補 史1-10(4)、609 叢2-1466
魏書校補 史1-613 叢1-258,2-731(2)、847
魏書校勘記 史1-8、612 叢1-438,2-653(4)、731(4)
魏書札記 史1-26、614
魏書地形志、考證 史1-602,7-49311
魏書地形志校異 史1-606
魏書地形志校錄 史1-10(4)、605 叢2-615(1)
魏書考證 史1-615
魏春秋 叢1-22(10)、23(9),2-617(1)
55 魏曹子建集 集1-283
60 魏國將相大臣年表 史1-10(2)、4676
魏國胡漢姓氏及唐明賜姓一覽 叢2-2264
魏署 史1-2286 叢2-776
魏署輯本、補遺 史1-2287
魏署節抄 史1-2288
魏異姓諸王世表 史1-10(4)、4743
62 魏縣志[雍正] 史7-55581
魏縣志[康熙] 史7-55580
63 魏默深師友記 史2-7650
魏默深先生老子本義 叢1-508
67 魏昭士文集 集3-16858,6-45144
魏墅王氏宗譜[江蘇常州] 史4-24845
71 魏阮元瑜集 集6-41698
魏阮元瑜集(阮元瑜集) 集1-242
72 魏劉公幹集 集6-41698
魏劉公幹集(劉公幹集) 集1-256
魏氏族譜 史5-40440
魏氏族譜[江蘇鎮江] 史5-40407
魏氏族譜[河南太康] 史5-40434
魏氏五修族譜[湖南寧鄉] 史5-40435
魏氏重修族譜[湖南平江] 史5-40436
魏氏總譜[江蘇江寧] 史5-40403
魏氏家譜 史5-40439
魏氏家譜[山東德州] 史5-40433
魏氏家譜[河北冀州] 史5-40396
魏氏家乘[河北柏鄉] 史5-40397
魏氏家藏金石總目 史8-63777
魏氏補證 史2-13337 叢1-242(5),2-731(60)
魏氏太廉堂進主册[浙江諸暨] 史5-40422
魏氏忠孝全集二種 集6-45143
魏氏春秋 史1-1418 叢1-183
魏氏全書三十八種 叢2-2146
75 魏陳思王(曹植)年譜 史2-11005、11137 集1-291,6-41699 叢2-1766
77 魏興士文集 集6-45144
魏興士文集(梓室文稿) 集3-16234
80 魏公(方泰)崇祀鄉賢錄 史2-9426
魏公譚訓、金陵雜興 子4-19933
魏公題跋 子3-14908 叢1-169(4),2-731(33)
82 魏鍾司徒集 集1-310,6-41698
83 魏鐵三遺草 集5-39411
87 魏鄭文公碑 史8-63501、64670
魏鄭公(徵)諫錄 史2-8541
魏鄭公文集、詩集 叢2-731(39)、782(2)
魏鄭公詩集、文集 集1-653
魏鄭公諫續錄 史2-8543～4 叢1-223(21)、230(1)、438、468,2-731(18)、782(2)
魏鄭公諫錄 史2-8542 叢1-207、223(21)、438,2-731(18)、782(2)
88 魏敏果公(魏象樞)年譜 史2-11686 叢1-483,2-782(5)

90 魏尚書奏王侯在喪襲爵議 史 6－41972 叢 2－775(2)

2643_0 吳

00 吳主一集 集 2－5880,6－41935(3)
吳彥復(保初)墓誌 史 2－10914
吳彥壠鄭氏宗譜[湖南湘潭] 史 5－38757
吳康齋集 集 2－6665
吳康齋先生集 集 2－6669
吳慶伯先生(農祥)行狀 史 2－9358
吳慶坻書劄稿 集 5－37854
吳文端公(琠)崇祀鄉賢錄 史 2－9369
吳文端公渙亭存稿 集 2－11759
吳文正集 集 1－4907 叢 1－223(59)
吳文正公詞 集 7－46364、46373
吳文正公刊誤 經 2－8371、8580、8582
吳文正公從祠源流 叢 2－1051
吳文正公較定今文孝記 經 2－8580
吳文正公較定今文孝經 經 2－8581～2
吳文正公較定今文孝經考 經 2－8370、8582
吳文正公較定今古文孝經 經 2－8367、8580
吳文定公詩藁 集 2－7016
吳文定公手鈔明太祖文 集 2－6114
吳文定公藏書目 史 8－65251、65558
吳文澄公詞 集 7－46359、46754
吳文肅摘稿 叢 1－223(65)
吳文肅公文集、棣華雜著、附錄 集 1－3429
吳文肅公摘稿 集 2－7245
吳文肅公摘稿(吳文肅摘稿) 集 2－7244
吳文節公(文鎔)年譜 史 2－11005
吳文節公遺集 集 4－29085
吳文恪公文集 集 2－10418
吳文恪公文集、佚集、附錄 集 2－10419
吳文恪公大全集 集 2－6512
吳文恪公書四種 史 6－48412
吳音奇字 經 2－14864～5 叢 2－796
吳音奇字跋 經 2－14866 叢 2－1795
吳襄惠公集三種 叢 2－1106
吳六奇書札 集 3－13530
01 吳評悅容編 子 5－27405 叢 1－571
吳語 史 1－2021,7－49318(12)、50206 叢 1－74、202(2)、203(7)、409
04 吳詩集覽、談藪、補註 叢 2－698(11)
吳詩集覽、補注、吳詩談藪、拾遺 集 3－13500
07 吳翊寅所著書七種 叢 2－2072
09 吳麟瑞集 集 2－11655
10 吳三桂紀畧 史 1－3632 叢 1－399,2－651
吳三桂演義 子 5－28212
吳三桂軼文 叢 1－590
吳三桂軼聞 叢 2－632
吳王二溫合刻 子 2－6845
吳元定重訂楊升菴夫人樂府 集 7－50585
吳霽寰集 集 2－9055,6－41935(2)
吳下方言考 經 2－14870
吳下諺聯 集 6－43156
吳下詩存、問竹詩草 集 5－35592
吳下尋山記 史 7－53265 叢 2－796
吳下名園記 史 7－51987 叢 2－796
吳下冢墓遺文 史 8－63496、63856
吳下冢墓遺文、續編 史 8－63855
吳下冢墓遺文續集 史 8－63857～8
吳下冢墓遺文續編 史 8－63496
吳下喪禮辨 叢 2－811
吳下田家志 子 1－4240 叢 1－19(11)、20(9)、22(13)、23(12)、24(12)
吳平贅言 叢 2－1968～9
吳天璽紀功碑 史 8－63501、64640
吳天綺詩集(晴蓮閣詩、半氈廬詩) 集 3－16342
吳西林先生小傳 子 7－33870
吳可讀死諫預定大統密摺 史 6－48943
吳可讀奏疏 史 6－48941
吳可讀奏疏、輓詞 史 6－48940
吳雲巖稿 集 3－20676
11 吳北江先生信劄 集 5－41411
吳非熊詩 集 2－9734
吳非熊集 集 2－9732,6－44750
吳疆域說 史 7－49429
吳疆域圖說 史 1－2252 叢 1－439
吳項儒文稿 集 4－23847
吳瑟甫歌詩 叢 1－477
12 吳瑞穀集 集 2－9334
吳引孫自述年譜 史 2－12358
吳引之自訂年譜 史 2－12215
吳烈士遺詩 集 5－41492
吳廷康橅塼文 史 8－65208
吳廷楨詩選 集 6－44441
13 吳武安公功績記 史 2－8732 叢 1－190
15 吳聘君(與弼)年譜 史 2－11008、11010、11012、11419
吳聘君公(與弼)年譜 史 2－11009
吳疎山先生遺集 集 2－8591～2
吳融詩 集 6－41872
吳融詩(吳融集) 集 1－1781
吳融集 集 6－41850
17 吳瓊樓詩稿 集 5－35398

吳承湜日記(清光緒三十年至民國三十四年) 史2-13228
吳子 子1-18、20、27、30、44、61、66～9、3014～5、3018、3025、3028～9、3046、3048、3057、3060～1、3066、3070、3072、3075～6、3081、3099、3102、3161～2、3164～6、3169、3171 叢1-223(31)、303～5、310、377、394、447,2-635(4)、698(5)、731(19)、1844
吳子序太史文鈔 集4-30810
吳子六篇 子1-3036、3170
吳子評注 子1-3104
吳子融解 叢2-1870
吳子衍義 子1-3172
吳子直解 子1-3019、3021～2
吳子內外篇 子1-3094
吳君(容光)傳 史2-10042
吳郡文編 集6-44488
吳郡新刊造福祕訣語畧 子3-13431
吳郡諸山錄 史7-52277 叢1-11～2、22(11)、23(11)
吳郡二科志 史3-14921 子5-26219 叢1-39、84(3),2-730(10)、731(61)
吳郡三學諸生哭廟文 史1-1938
吳郡西山訪古記 史8-63860 叢2-705
吳郡張大復先生明人列傳稿 史2-7139
吳郡歲華紀麗、吳俗箴言、吳俗諷喻詩 史7-50210
吳郡樂圃朱先生餘藁(樂圃餘稿)、附編 集1-2642
吳郡樂圃朱先生餘藁(樂圃餘稿)、附編、補遺 集1-2643
吳郡程氏支譜[江蘇蘇州] 史5-35994～5
吳郡名賢圖傳贊 史2-7867～8
吳郡徐氏宗譜[江蘇蘇州] 史4-31846
吳郡浦氏宗譜[江蘇蘇州] 史4-32596
吳郡通典 史7-50189
吳郡通典備稿 叢2-685
吳郡通典備藁 史7-50191
吳郡志 叢1-223(23)、273(4)
吳郡志、校勘記 叢1-274(3),2-616、731(57)
吳郡志、校勘記[紹定] 史7-56942～3
吳郡志[紹定] 史7-56941
吳郡志畧[光緒] 史7-56954
吳郡地理誌要 史7-50190
吳郡考 史7-50188 叢2-1096
吳郡黃氏所藏宋槧本書目 史8-65730
吳郡楓江派高氏家譜[江蘇蘇州] 史4-32411
吳郡甫里詩編、國朝甫里詩編 集6-44478
吳郡甫里志[康熙] 史7-56976
吳郡甫里人物考 史2-7891
吳郡圖經續記 叢1-223(23)、268(2)、326、388～90
吳郡圖經續記、校勘記、續校 叢1-376
吳郡圖經續記[元豐] 史7-56940
吳郡圖經續紀 叢2-660
吳郡圖經續紀、校勘記、續校 叢2-731(57)
吳郡陸氏族譜[江蘇蘇州] 史4-32647
吳郡陸氏藏書目錄 史8-65865
吳郡丹青志 子3-15859、16075 叢1-106,2-1131
吳郡金石文字鈔 史8-63851
吳郡金石志 史8-63859
吳郡金石目 史8-63852 叢1-419,2-731(32)
吳翼明先生存集、制義、玄言門唾餘、補遺 集2-12104
吳翼明先生存集文、詩、制義、玄言門唾餘 集2-12105
19 吳耿尚孔四王合傳 史1-1946、1965～9、1977,2-7442
20 吳受福遺稿 集5-37248
吳季子掛劍重交情 集7-49398
吳季公碑 史8-64521 叢1-146
吳乘竊筆 史7-50203 叢1-272(3)、373(9),2-645、731(57)
21 吳虎臣詩集 集2-9463
吳師真授跌打法門 子2-7916
吳師陸文集 集4-26487
吳貞女女貞集 史2-10758
22 吳川姚氏宗譜[浙江縉雲] 史4-31202
吳川樓集 集2-9476、9478,6-41935(3)、41940
吳川縣志[雍正] 史8-61202
吳川縣志[康熙] 史8-61200～1
吳川縣志[道光] 史8-61204
吳川縣志[乾隆] 史8-61203
吳川縣志[光緒] 史8-61205
吳鼎吾(鑄)行實、墓誌銘、行狀 史2-9161
吳巖子詩 集3-14610,6-41957
吳山三婦評箋註釋第六才子書(箋注繪像第六才子西廂釋解、繪像增注第六才子書釋解) 集7-48863
吳山丁遜學詩摘稿 叢1-188
吳山子遺文 集4-28136 叢1-512
吳山重陽叢林八景詩集當代名公珠玉 史7-51730
吳山集 集2-12887
吳山伍公廟志 史7-51786
吳山彙妙 史7-52278
吳山紀遊 史7-49318(6)、53370

吳山紀勝　史7-52921
吳山潭石汪氏族譜[安徽歙縣]　史4-28853
吳山近稿偶存　集4-22256
吳山濤畫册　子3-16643
吳山遺稿　集5-34672
吳山遺事詩　史7-52301　叢2-832(1)
吳山志　史7-52658
吳山城隍廟志　史7-51785
吳山草堂詩鈔　集5-40554
吳山鷇音　集7-46398～400、46915～7
吳山夫先生(玉搢)年譜　史2-11848～9　叢2-599、807
吳山夫先生遺稿　集3-19169
吳山人詩(金陵稿、遊閩稿)　集2-9733
吳巒穉詩　集2-11449,6-41943
吳繼疎先生遺集　集2-10711～2
吳綬卿遺詩　集5-41493
23 吳允文集　集1-4177
吳允文集(宋吳允文集)　集1-4598
吳狀元榮進集　集2-6177
吳稼軒比部遺著　集4-31537
24 吳先生(應箕)年譜、貴池高田吳氏世表　史2-11604
吳先生(俊卿)行述、哀啓　史2-10642
吳先生(汝綸)傳狀　史2-10575
吳先生詩　集6-41971
吳先生行狀　叢2-2033
吳侍讀全集(岑華居士蘭鯨錄詩、岑華居士外集文、鳳巢山樵求是錄詩、求是二錄詩、求是續錄詩、求是錄外集文)　集4-26785
吳侍讀全集四種　叢2-1677
吳侍御奏稿　史6-48465、49069
吳儲合稿　集6-41993
吳勳詩文稿　集4-25227
25 吳生尋芳雅集　子5-26231
吳仲圭漁父圖卷　子3-16478
吳仲圭年譜　史2-11389
吳仲彭遺著　集5-41641
吳儂巧偶　叢1-177
26 吳堡縣鄉土志[光緒]　史8-63024
吳堡縣志[道光]　史8-63023
吳伯滔畫册　子3-16588
吳侃叔吉金跋　史8-64159
吳保安傳　叢1-56,2-731(49)
吳鰥放言　子4-20989　集6-44983　叢1-202(2)、203(7),2-919
吳臯先生文集　集2-8746～7
吳臯先生續集　集2-8748
吳吳山三婦合評牡丹亭還魂記、或問　集7-49900
吳和甫行狀　史2-9965
吳釋傳　叢2-1096
27 吳將相大臣年表　史1-10(2、5)、4679、4781
吳殷南駢體文集　集3-17793
吳解元不嫌瞽婦　集7-49398
吳兔床(騫)行述　史2-9547
吳兔床行述　史2-9548
吳兔床先生日譜(乾隆五十五年至嘉慶五年)　史2-12623
吳兔床日記(乾隆四十五年至嘉慶十七年)　史2-12621
吳兔牀(騫)行述　叢1-295
吳兔牀日記　叢2-611
吳船書屋詩　集6-44976
吳船日記　史6-45251　叢2-2079～80
吳船錄　史7-53798　叢1-11～2、19(7)、20(5)、21(7)、22(11)、23(11)、24(8)、107、111(2)、119～20、134、181、223(22)、244(5)、489,2-731(57)、735(4)
吳船箏語　集7-50720
吳紀功碑　史8-63519、64639
吳絳雪(宗愛)傳　史2-9391
吳絳雪(宗愛)年譜　史2-11775　叢1-295、587(6),2-1920
吳絳雪詩集　叢2-858
吳紹詩列傳、吳垣吳壇傳　史2-9491
28 吳徵君遺文、遺詩　集4-31290
吳徵君蓮洋詩鈔　集3-16142
吳徽仲文集　集3-18436
吳俗諷喻詩　史7-50210、50214　叢2-1805
吳俗箴言　史7-50210
吳從政襄沔記　史7-49307、50706　叢2-767
吳給諫賸稿　叢2-706
29 吳秋農人物山水精品　子3-16617
30 吳寧應氏宗譜[浙江東陽]　史5-40879
吳寧康氏宗譜[浙江東陽]　史5-34619～22
吳寧天水嚴氏重修宗譜[浙江蘭溪]　史5-41215
吳寧上潢王氏宗譜[浙江東陽]　史4-25160
吳寧任氏宗譜[浙江東陽]　史4-26781
吳寧泉塘瞿氏宗譜[浙江東陽]　史5-40939
吳寧峴北周氏宗譜[浙江東陽]　史4-30027～30
吳寧仰高張氏宗譜[浙江東陽]　史5-35047～52
吳寧洪塘郭氏宗譜[浙江東陽]　史4-32314～5

吳寧韋氏東眷宗譜[浙江東陽]　史4－31133
吳寧校牆曹氏宗譜[浙江東陽]　史5－34198～9
吳寧華氏宗譜[浙江東陽]　史4－31450
吳寧葛氏宗譜[浙江東陽]　史5－35836～44
吳寧横城蔣氏重修宗譜[浙江東陽]　史5－38160
吳寧東溪黄氏宗譜[浙江東陽]　史5－33838～9
吳寧東眷韋氏宗譜[浙江東陽]　史4－31134
吳寧托塘張氏宗譜[浙江東陽]　史5－35041～6
吳寧呂氏宗譜[浙江東陽]　史4－26329～30
吳寧厲氏宗譜[浙江東陽]　史5－38472～5
吳寧金氏三居宗譜[浙江東陽]　史4－29748～9
吳寧鉅溪陳氏家乘[浙江東陽]　史4－33026
吳寧鍾氏宗譜[浙江東陽]　史5－40604～5
吳寧少溪樓氏宗譜[浙江東陽]　史5－39034
吳家路並竹兜吳氏族譜[福建連江]　史4－28094
吳永年搬家一段　集7－51579
吳之山集　集2－8294,6－41935(5)
吳愙齋自訂年譜　史2－12295
吳愙齋奏稿　史6－49070
吳愙齋撫湘書牘稿　集5－35936
吳愙齋甲午電稿　史6－47178
吳愙齋所藏歷代玉印章　子3－17307
吳愙齋公函　史6－47177
吳宫保公奏議　史6－48854
吳寄天詩剩　集3－20248
吳寶謙日記(清咸豐七年至同治八年)　史2－12829
吳宗濂信稿　集5－39367
31 吳江詩畧　集6－44522
吳江詩粹　集6－44524
吳江旅嘯　叢2－1331
吳江王氏新譜[江蘇吳江]　史4－24893～4
吳江水考、圖　史6－46785
吳江水考增輯、附編　史6－46786
吳江集　集6－44520～1
吳江吳氏族譜[江蘇吳江]　史4－27787
吳江殷氏族譜[江蘇吳江]　史4－32216
吳江徐氏備錄[江蘇吳江]　史4－31871
吳江徐氏宗譜[江蘇吳江]　史4－31866
吳江沈氏詩集(吳江沈氏詩錄)　集6－45008
吳江沈氏家傳　史2－7908
吳江志[弘治]　史7－56994
吳江耆舊傳　史2－7898
吳江費氏族譜[江蘇吳江]　史5－36699
吳江縣續志[光緒]　史7－57003～4
吳江縣鄉土志[民國]　史7－57005～6
吳江縣志[康熙]　史7－56998～9
吳江縣志[崇禎]　史7－56996
吳江縣志[嘉靖]　史7－56995
吳江縣志[乾隆]　史7－57001
吳江縣志續編[康熙]　史7－57000
吳江縣志續編[道光]　史7－57002
吳江縣學册　史3－14929
吳江金貞靖先生(祖澤)謚議傳狀　史2－10902
吳江金氏家譜[江蘇吳江]　史4－29643
吳漚煙語　集5－36542
32 吳淵穎先生文集　集1－5543
吳淵穎先生集　集1－5539
吳兆麟家傳　史2－10003
吳冰僊詩　集6－41957
吳溪吳氏家乘[浙江浦江]　史4－27966～9
34 吳漢槎詩集　集3－15202
吳漢槎集　集3－15201
吳汝綸書劄　集5－36683
吳社詩石鐘山　叢2－622
吳社集　叢2－2150
吳社編　史7－50202　子3－18315　叢1－14(3)、22(25)、37、106、111(2)、154、220,2－1131～5
吳達揭帖　史6－48594
35 吳清卿中丞電稿附信稿　史6－47176
吳清卿中丞趙撝叔大令墨剩合璧　子3－15793
吳清卿書説文解字建首(説文解字建首)　經2－12560
吳清卿學使讀古陶文記　史8－65225
吳清卿學使金文考　史8－64217
吳清卿尺牘　集5－35935
吳禮部文集　叢2－860
吳禮部文集(禮部集)　集1－5391
吳禮部詩話　集6－45692　叢1－244(5),2－731(47)、857、860
吳禮部别集　集1－5392,6－45693～4
37 吳澗蒓詩選　集4－28293
吳漁山上洋留别圖卷王石谷石亭圖卷合册　子3－16681
吳漁山先生(歷)年譜、墨井集源流考　史2－11740　叢2－2240
吳次尾先生(應箕)遺事　史2－9151

38 吳淞江筆記(清光緒二十二年)　史 2－12783
吳淞草堂詩稿　集 3－21548
吳淞甲乙倭變志　史 1－2882,7－49327
吳游兩直指先生選刻陣圖紀要　子 1－3087、3540
吳遊集　集 3－13800,5－40973
吳逆取亡錄　史 1－3631　叢 1－399,2－624(4)、683
吳逆始末　史 1－3633　集 4－24094～5
吳逆始末記　史 1－3634　叢 2－651
40 吳大身先生遺集　集 2－12975
吳大澂書劄　集 5－35934
吳大澂篆文孝經　子 3－15790
吳大澂等書札　子 3－15500
吳大人私訪漢陽　集 7－53303
吳大人私訪九人頭　集 7－53304
吳太伯世家　史 1－2021
吳太宰公(鵬)年譜　史 2－11486
吳太淑人壽言　集 5－38205
吳太史遺稿　集 3－15252　叢 2－843
吳太夫人(董金鑑母)年譜、續　叢 2－985
吳太夫人年譜、續　史 2－12212
吳太常殉節遺書　史 2－9141
吳太常綠滋館藁三種(綠滋館藁文、綠滋館藁詩、綠滋館考信編、綠滋館徵信錄)　集 2－10859
吳友如百美畫譜　子 3－16557
吳友如繪圖平長毛書　史 1－4224　子 3－16556
吳友如畫寶十二集　子 3－16560
吳士玉詩選　集 6－44441
吳塘呂氏宗譜[江西廣豐]　史 4－26346～7
吳塘劉氏宗譜[江蘇丹陽]　史 5－39228
吳才老韻補正　經 2－13700　叢 1－387
吳南溪詩　集 3－14153
吳南溪自敍文　史 2－9470
吳南屏先生評點孟子七篇　經 2－10047
吳志仁先生遺集　集 3－15205
吳志疑年錄　史 2－7004
吳志鈔　史 1－5197
吳赤溟文集　集 3－14566
吳赤溟先生文集　叢 1－580
吳女紫玉傳　叢 1－29(1)、168(2)
吳古年先生方案　子 2－10861
吳榜集　集 3－18805
41 吳垣吳壇傳　史 2－9491
吳姬百媚　子 3－16298
42 吳瓠庵稿　集 2－7018
吳橋志料[民國]　史 7－55385
吳橋縣志[康熙]　史 7－55383
吳橋縣志[光緒]　史 7－55384
43 吳城竹枝詞　集 4－30287,5－36068
吳越雜事詩　史 1－6134
吳越雜事詩錄　史 1－6133　叢 1－491
吳越詩選　集 6－44556
吳越集　集 2－10481
吳越行吟　集 3－15062
吳越備史　史 1－2441、2443、2447
吳越備史、補遺　史 1－2442　叢 1－223(23)、268(2)
吳越備史、補遺、雜考　史 1－2444～5　叢 2－832(5)
吳越備史、校勘記　史 1－2446　叢 2－636(2)
吳越將相州鎮年表　史 1－10(5)、4786
吳越將相大臣年表　史 1－10(5)、4785
吳越紀事詩　史 1－6135　集 5－41145
吳越紀餘、雜咏　史 1－2251
吳越遊草　集 3－17092、21256,4－25541
吳越史　史 1－2021
吳越春秋　史 1－2021、2236～9、2241～2　子 1－83　叢 1－19(1)、21(1)、24(2)、74～7、90～3、182～3、223(22)、227(6)、237、480,2－635(3)、698(4)、730(5)、731(64)
吳越春秋、補註　史 1－2243
吳越春秋、札記、徐氏補注　叢 2－628
吳越春秋、札記、逸文　史 1－2244　叢 1－519
吳越春秋平議補錄　史 1－2249
吳越春秋佚文　史 1－2240　叢 2－777
吳越春秋逸文　史 1－2247　叢 2－1792
吳越春秋校　史 1－2245　叢 1－337,2－731(3)
吳越春秋校勘記　史 1－2246　叢 2－1792～3
吳越春秋札記　史 1－2250　叢 2－2265
吳越春秋□□部　集 7－51303
吳越春秋四十五本　集 7－51304
吳越國武肅王捍海石塘志　史 6－46837
吳越所見書畫錄、書畫說鈴　子 3－14792　叢 2－609
吳越同遊日記　集 3－14785
吳越錢氏京江分支六修宗譜[江蘇鎮江]　史 5－40135
吳越錢氏京江分支宗譜[江蘇鎮江]　史 5－40136
吳越錢氏五修流光宗譜[安徽歙縣]　史 5－40233
吳越錢氏五修流光宗譜[江蘇無錫]　史 5－40150
吳越錢氏傳芳集　史 5－40245　集 6－45130

吳越錢氏吳江麻溪派宗譜[江蘇吳江] 史5-40169
吳越錢氏家乘西河學士派序贊、表忠譜[浙江紹興] 史5-40212
吳越錢氏宗譜 史5-40123 叢2-1026
吳越錢氏宗譜[江蘇] 史5-40128
吳越錢氏宗譜[江蘇武進] 史5-40147
吳越錢氏宗譜[江蘇丹徒] 史5-40138
吳越錢氏宗譜[浙江諸暨] 史5-40218
吳越錢氏宗譜全乘[浙江紹興] 史5-40207
吳越錢氏叢書十八種 叢2-1026
吳越錢氏清芬志十種首[江蘇無錫] 史5-40157
吳越錢氏四修流光譜[安徽歙縣] 史5-40232
吳越錢氏鳳林派宗譜[浙江江山] 史5-40225
44 吳蓋山詩鈔 集4-28751
吳地記 史7-56935、56937 叢1-11～2、22(11)、23(11)、26～8、29(3)、195(7)、255(2)
吳地記、後集 史7-56936 叢1-90～1、268(2),2-730(5)、731(57)
吳地記、吳地記後集 叢1-223(25)
吳地記佚文 史7-56938 叢2-777
吳地記佚文[民國] 史7-56939
吳地理志 史1-422,7-49308
吳地名賢像贊 史2-7869 叢2-1590
吳勤惠公(棠)年譜 史2-12201
吳苑栽桑記 子1-4471
吳莊介公集 集2-12233
吳蘅皐先生詩 集4-24248
吳蘭埜公四修房譜[江西宜黃] 史4-28120
吳芝瑛夫人詩文集 集5-40759
吳恭亨年譜 史2-12389
吳蕊僊詩 集6-41957
吳蕊仙詩選 集3-14280
吳蘇泉編修(紹燦)年譜 史2-11924
吳艾生行述 史1-3964
吳莘叟集 集3-15329
吳草廬詩集 集1-4911,6-41779～80
吳草廬先生文選 集1-4913,6-41807
吳草廬先生粹言 集1-4915
吳蕈譜 叢1-201、203(6)、320
吳孝廉詩 集3-21094
吳孝廉集 集4-26274 叢2-682
吳若穀遺詩 集6-44580
吳世家 叢1-74
吳楚詩鈔 集6-44443
吳楚朱氏合修族譜 史4-26376
吳菘圃府君自訂年譜 史2-11938
吳菘圃先生奏疏 史6-48786
45 吳摯甫文集 集5-36680
吳摯甫文鈔 集5-36682,6-41809
吳摯甫先生文稿、雜稿、詩稿 集5-36677
吳摯甫先生函稿 集5-36684
吳摯甫尺牘 集5-36685
吳摯甫尺牘續編 集5-36687
47 吳匏庵稿 集6-45336
吳朝請集 集1-547～8,6-41694、41698
吳朝宗先生聞過齋集 集1-5755 叢1-214
吳鞠通方歌 子2-4757、10047
吳鞠通先生醫案 子2-10644
吳鞠通溫病方歌 子2-6843
吳鞠通醫案 子2-4771(4)
吳都文粹 集6-44485 叢1-223(69)
吳都文粹續集、補 叢1-223(70)
吳都文粹續集、補遺 集6-44486～7
吳都新年雜詠 史7-50212 叢2-1805
吳都法乘 史2-7886～7
吳起敵秦掛帥印雜劇 集7-48774(2)
吳起敵國掛帥印雜劇 集7-49005
吳趨訪古錄 史7-51375
吳趨詞鈔 集7-48124 叢2-1981
吳趨汪氏支譜[江蘇蘇州] 史4-28690～1、28693
吳趨風土錄 史7-49318(12)、50209
吳柳堂先生誄文 史2-10087
吳柳堂先生誄文正續合編 史2-10088
吳柳堂侍御遺疏、哀輓錄 史6-48942
吳穀人詩選 集4-22827
吳穀人詩鈔 集4-22828
吳穀人手書有正味齋續集之九未刊稿 子3-15537
48 吳松鄰舍人遺劄 集5-38920
吳枚庵懷舊集、作者姓氏摘錄 集6-44127
吳梅坡醫經會元保命奇方 子2-9271
吳梅村詞 集7-46843
吳梅村歌詩 叢1-369
吳梅村先生(偉業)年譜、世系 史2-11645
吳梅村先生詩集、詩餘小令 集3-13499
吳梅村先生詩集、詩餘小令、梅村詩話 集3-13498
吳梅村先生編年詩集、詩餘、詩話、詩詞補鈔 叢2-813
吳梅村年譜 史2-11646
吳梅里詩 集2-11234,6-41943
50 吳中文獻小叢書 叢2-796
吳中二集 集6-44470

吳中靈巖山志　史7-52285
吳中平寇記　史1-3903　叢1-496(1)
吳中水利通志　史6-46750
吳中水利書　史6-46749　叢1-223(24)、273(4)、274(3)、570,2-731(55)、798
吳中水利全書　史6-46759　叢1-223(24)
吳中丞說文部首墨蹟　子3-15791
吳中往哲詩選　集6-44471
吳中往哲記　史2-7846　子5-26219　叢1-22(24)、29(8)、39
吳中往哲記、續吳中往哲記、補遺　史2-7847
吳中往哲記、補遺　史2-7848
吳中先賢品節　史2-7864
吳中紀革葉氏世譜[江蘇蘇州]　史5-35653
吳中派史氏家乘[江蘇蘇州]　史4-26140
吳中古蹟詩　集2-6122
吳中古蹟詩、光菴集、補遺、附錄　集2-6119
吳中古蹟詩、光菴集、附錄　集2-6118
吳中舊事　史7-49332、50196、50221　子5-26220　叢1-40、157、223(25)、273(4)、282(2)、283(2),2-731(57)
吳中葉氏族譜[江蘇蘇州]　史5-35649～50
吳中葉氏族譜選唐股村支派宗圖[江蘇蘇州]　史5-35656
吳中葉氏族譜十集[江蘇蘇州]　史5-35647～8
吳中故語　史7-50198　叢1-13、14(2)、22(22)、29(8)、59～60、148,2-617(4)
吳中貝氏族譜　史4-28229
吳中貝氏家譜[江蘇蘇州]　史4-28230
吳中財賦考　史6-43448　叢1-467
吳中唱和詩　叢2-1920
吳中開江書　史6-46585
吳中勝記　史7-51373　叢1-13、14(3)、22(24)
吳中人物志　史2-7854、7858
吳中金石新編　史8-63850　叢1-223(28)
吳中金石志　史8-63854
吳中判牘　史6-46494　集4-32939　叢1-435,2-683
吳吏部文集　集2-11233
吳吏部集(海粟堂詩、南還草、北游集、西征集、東瞻集、白嶽游、秋舫箋)　集2-11232
吳忠節公(應箕)年譜　史2-11602
吳忠節公遺集　集2-12031,6-43118
吳忠節公遺集、吳忠節公年譜　集2-12030
吳書山先生遺集　集1-5821
吳書抄　史1-472　叢2-776
吳貴傳　史2-10762
吳素衣集　集2-11561
吳東暘醫案　子2-10735
53 吳盛夫人哀輓錄　史2-10988
吳甫恬先生自存醫案　子2-10846
60 吳日千文集　集3-14221
吳日千先生詩集　集3-14220
吳日千先生集　集3-14222
吳曰南集(觀槿稿、竹西集、白雲稿、折麻集、水影堂編、月舫集)　集2-10100
吳墨冶印譜　子3-17093
吳墨井畫王石谷小影留耕圖卷　子3-16679
吳園易解　經1-441
吳園周易解　經1-121、2331　叢1-223(2)、230(1)、273(2),2-731(8)
吳田水源田册記　子1-4229
吳因之稿　集2-12976～7,6-45336
吳因之先生易說　經1-779
吳昌言雜記摘抄　子4-23443
吳昌綬書劄　集5-38921
吳昌齡雜劇三種附一種　叢2-720(3)
吳邑志[嘉靖]　史7-56955
62 吳縣西洞庭馬氏家乘[江蘇蘇州]　史4-31574
吳縣張氏宗譜[江蘇吳縣]　史5-34859
吳縣武山鄭氏家譜[江蘇蘇州]　史5-38600
吳縣鄉土小志[民國]　史7-56960
吳縣徐氏家譜[江蘇吳縣]　史4-31862
吳縣潘氏寶山樓藏書目錄　史8-65263、66020
吳縣潘氏支譜[江蘇吳縣]　史5-39773
吳縣冢墓志　史7-51915
吳縣志[康熙]　史7-56957
吳縣志[崇禎]　史7-56956
吳縣志[乾隆]　史7-56958
吳縣啚圖　史7-50225
64 吳時外國傳　史7-49309、54219
66 吳瞿安許守白陸誠齋王孝慈所藏曲目　史8-66395
67 吳野人生活　叢2-2266
吳煦行狀　史2-10022
70 吳雅氏通譜　史4-28221
71 吳長元三縣合志[宣統]　史7-56967
吳長元三縣合志編纂稿[宣統]　史7-56968
吳長元三縣合志採訪稿[宣統]　史7-56969
吳長興伯集　集2-12624～5　叢1-580

72 吳氏痘疹祕方 子 2－9089
吳氏痘科祕本 子 2－9033
吳氏六修族譜[湖南長沙] 史 4－28141
吳氏六修家譜[湖南寧鄉] 史 4－28150
吳氏六修家譜[湖南益陽] 史 4－28153
吳氏詩話 集 6－45638 叢 1－195(4),2－731(47)
吳氏族譜 史 4－28206～8、28212～4
吳氏族譜[廣東南雄] 史 4－28189
吳氏族譜[安徽休寧] 史 4－28062
吳氏族譜[安徽徽州] 史 4－28007
吳氏族譜[安徽安慶] 史 4－27996
吳氏族譜[安徽太湖] 史 4－28003
吳氏族譜[江西永修] 史 4－28107
吳氏族譜[江西南豐] 史 4－28112～3
吳氏族譜[江蘇宜興] 史 4－27772
吳氏族譜[江蘇興化] 史 4－27711
吳氏族譜[江蘇常州] 史 4－27739
吳氏族譜[河南商城] 史 4－28132
吳氏族譜[福建漳州] 史 4－28103
吳氏族譜[浙江湖州] 史 4－27819
吳氏族譜[浙江杭州] 史 4－27795
吳氏族譜[湖南] 史 4－28185、28187
吳氏族譜[湖南平江] 史 4－28167
吳氏族譜[湖南宜章] 史 4－28180～1
吳氏族譜[湖南瀏陽] 史 4－28146
吳氏族譜[湖南湘陰] 史 4－28161～2
吳氏族譜[湖南岳陽] 史 4－28158
吳氏族譜[四川] 史 4－28197
吳氏族譜[四川樂至] 史 4－28203
吳氏族譜[四川金堂] 史 4－28198
吳氏族譜誌畧[江蘇丹陽] 史 4－27726
吳氏三修族譜[湖南常寧] 史 4－28179
吳氏正宗譜[安徽休寧] 史 4－28072～3
吳氏五修族譜[湖南益陽] 史 4－28152
吳氏石蓮庵刻山左人詞 集 7－46427
吳氏重修族譜[湖南] 史 4－28137
吳氏重修族譜[湖南寧鄉] 史 4－28147
吳氏重修族譜[湖南安化] 史 4－28156
吳氏重修宗譜[江蘇鎮江] 史 4－27715
吳氏系譜[安徽徽州] 史 4－28010
吳氏秉良公房譜[江西宜黃] 史 4－28118
吳氏統宗志[安徽歙縣] 史 4－28023
吳氏統宗世譜[安徽徽州] 史 4－28009
吳氏維宰公房譜[江西宜黃] 史 4－28119
吳氏續修族譜[湖南寧鄉] 史 4－28151
吳氏續修族譜[湖南安化] 史 4－28157
吳氏續修家譜[湖南沅江] 史 4－28154
吳氏傳家集 集 6－44985
吳氏自徽遷潤宗譜[江蘇鎮江] 史 4－27720
吳氏伯武公房譜[江西宜黃] 史 4－28117
吳氏解義 子 3－13144
吳氏紀源錄[安徽歙縣] 史 4－28015
吳氏儀則 經 1－6336
吳氏家譜 史 4－28220
吳氏家譜、至德志、附錄 史 4－28215
吳氏家譜[安徽歙縣] 史 4－28014
吳氏家譜[江蘇吳江] 史 4－27788
吳氏家譜[江蘇蘇州] 史 4－27774、27786
吳氏家譜[江蘇丹徒] 史 4－27723
吳氏家譜[河南獲嘉] 史 4－28128
吳氏家譜[浙江湖州] 史 4－27815、27817
吳氏家譜[浙江杭州] 史 4－27796
吳氏家譜[浙江鄞州] 史 4－27839
吳氏家譜[浙江義烏] 史 4－27919
吳氏家譜[湖北崇陽] 史 4－28134
吳氏家譜[湖南湘陰] 史 4－28163
吳氏家譜[四川儀隴] 史 4－28200
吳氏家譜系圖[安徽涇縣] 史 4－28087
吳氏家乘 史 4－28210、28217
吳氏家乘[廣東清遠] 史 4－28188
吳氏家乘[江蘇如皋] 史 4－27713
吳氏家乘[河南固始] 史 4－28129
吳氏永慕集 史 7－51838
吳氏宗族 史 4－28209
吳氏宗譜 史 4－27699、28216、28218～9
吳氏宗譜[上海松江] 史 4－27701～2
吳氏宗譜[安徽旌德] 史 4－28091
吳氏宗譜[安徽休寧] 史 4－28074
吳氏宗譜[安徽蕪湖] 史 4－27995
吳氏宗譜[安徽貴池] 史 4－28084
吳氏宗譜[安徽合肥] 史 4－27994
吳氏宗譜[安徽懷寧] 史 4－28001
吳氏宗譜[江西南豐] 史 4－28114
吳氏宗譜[江蘇宜興] 史 4－27767
吳氏宗譜[江蘇溧陽] 史 4－27747
吳氏宗譜[江蘇揚州] 史 4－27709
吳氏宗譜[江蘇無錫] 史 4－27749、27753
吳氏宗譜[浙江] 史 4－27992
吳氏宗譜[浙江仙居] 史 4－27978～80
吳氏宗譜[浙江淳安] 史 4－27809～10
吳氏宗譜[浙江富陽] 史 4－27802
吳氏宗譜[浙江海寧] 史 4－27826
吳氏宗譜[湖北通山] 史 4－28135
吳氏宗譜[湖北黃岡] 史 4－28133
吳氏宗譜[湖南平江] 史 4－28166
吳氏宗譜[湖南醴陵] 史 4－28168、28172
吳氏宗譜[湖南會同] 史 4－28183
吳氏宗譜畧存[浙江海鹽] 史 4－27830～1

吳氏宗之公譜[四川儀隴]　史4-28202
吳氏宗支譜[四川儀隴]　史4-28199
吳氏源流宗譜[上海崇明]　史4-27703～5
吳氏源流宗譜[湖南]　史4-28138
吳氏叢書堂外集　集6-43694
吳氏心法正義　子3-13144
吳氏祕傳傷科摘要　子2-7940
吳氏遺著　叢1-463
吳氏遺箸三種附錄　叢2-653(2)
吳氏通譜合纂[湖南瀏陽]　史4-28144
吳氏九修族譜[湖南新化]　史4-28184
吳氏支譜　史4-28205
吳氏支譜[江蘇蘇州]　史4-27780～1
吳氏吉光集　叢2-677
吳氏校本四書章句集註　經2-10207
吳氏始祖系圖[安徽涇縣]　史4-28090
吳氏考系[安徽徽州]　史4-28005
吳氏世譜[安徽休寧]　史4-28065
吳氏世譜[江蘇蘇州]　史4-27778
吳氏世傳調理傷寒捷法附隨症用藥加減歌訣　子2-6650
吳氏萊陽分支太倉延陵宗譜[江蘇太倉]　史4-27789
吳氏轂音　集3-20594
吳氏敬銘　子1-1974、2863
吳氏摘要本草　子2-5820
吳氏本支家譜[福建連江]　史4-28095
吳氏本支家譜[浙江平湖]　史4-27825
吳氏本草　子2-5482
吳氏本枝墓譜　史7-51973
吳氏忠孝城南支譜[安徽休寧]　史4-28076
吳氏囊書囊甲編、乙編、丙編、附　叢1-571
吳氏墨紀、山泉吳氏小傳、秋水玄思　子4-18791
吳氏四種　叢1-431
吳氏四修族譜[湖南]　史4-28186
吳氏四修族譜[湖南醴陵]　史4-28175
吳氏四修譜[湖南醴陵]　史4-28171
吳氏四修譜[湖南長沙]　史4-28139
吳氏原論、補遺　子2-6899
吳氏醫方類編　子2-9437
吳氏醫學叢刊三種　子2-4761
吳氏醫驗錄(吳氏醫驗錄初集)　子2-10507
吳氏印譜(漢晉印章圖譜)　子3-16881　叢1-22(16)
吳氏八修族譜[湖南邵陽]　史4-28182
73 吳騶璅錄　叢2-619
74 吳陵語錄　叢2-2266
吳陵仲氏支譜[江蘇泰州]　史4-26755
吳陵牧影　叢2-2266
吳陵藝苑　叢2-2266
吳陵野紀　叢2-2266
77 吳風　集6-44439
吳風錄　史7-50201　叢1-29(8)、61～4、174、195(7),2-730(4)
吳熙伯遺書　集3-14612
吳騷集　叢2-720(5)
吳騷集、二集　集7-50546
吳又可瘟疫論(瘟疫論)、補遺　子2-6897
吳又可瘟疫論、補遺　子2-4602
吳又可瘟疫論節要　子2-6911
吳又可先生瘟疫醒世論附諸先正眼科症治論　子2-6904
吳聞錄　叢1-21(2)
吳學士詩集、文集　集4-23842
吳母花夫人傳　史2-10707
吳醫彙講　子2-10587
吳醫滙案　子2-10855
吳門雜詠　集6-44472
吳門三相傳畧　史2-7872
吳門集　集4-25812　叢2-1646
吳門歲暮雜詠　史7-50213　叢2-1805
吳門紀遊、詩稿　集4-26271
吳門從政錄　史6-43175
吳門治驗錄　子2-10632
吳門補乘[嘉慶]　史7-56951
吳門遊草　集3-20226
吳門古跡　史7-51376
吳門七孝子傳　史2-7877
吳門袁氏家譜[江蘇吳縣]　史4-31317
吳門尤北田在涇氏大方雜証集議　子2-7126
吳門耆舊記　史2-7871　叢1-364
吳門畫舫續錄　子5-26232　叢1-373(6)、496(2)、587(6)
吳門畫舫錄　子5-26232、26463、26625　叢1-496(1)、544、547(3)、587(6)
吳門畫舫錄、吳門畫舫續錄、投贈　子5-26462
吳門畫舫錄紀事　叢2-752
吳門畫舫錄題辭　子5-26464
吳門表隱　史2-7873
吳門表隱、補錄、附集　史2-7875
吳門表隱、附集　史2-7874
吳門曹氏醫案　子2-10679
吳門銷夏記　子4-22717
吳巽夫先生紉蘭集　集3-17963
吳興卞氏家譜[浙江湖州]　史4-25666～7
吳興雜記　史7-50350
吳興詩話　叢2-843

吳興詩存初集、二集、三集、四集 叢2-2004
吳興記 叢1-346、509,2-1740～2
吳興記[劉宋] 史7-57237、57239
吳興北濠王氏世譜[浙江湖州] 史4-24949
吳興郡姚氏宗譜[浙江縉雲] 史4-31201
吳興統記 叢1-346,2-1740～2
吳興統記[景德] 史7-57240
吳興統紀 史7-50344
吳興山墟名 史7-50341～2 叢1-346、509,2-1740～2
吳興外志 史7-50351
吳興備志[天啓] 史7-57246 叢1-223(23),2-843
吳興科第表 史3-14960～1
吳興純孝里潘氏世譜[浙江湖州] 史5-39791、39793
吳興家梓輯存[浙江湖州] 史4-30880
吳興叢書六十六種 叢2-843
吳興沈仲巳(其來)先生哀思錄 史2-10995
吳興沈夢麟先生花谿集 叢2-618
吳興沈夢麟先生花谿集(花谿集) 集1-5749
吳興沈氏族譜[浙江湖州] 史4-29039～40
吳興沈氏家譜[浙江湖州] 史4-29041
吳興沈氏宗譜[浙江文成] 史4-29117
吳興沈氏宗譜[浙江湖州] 史4-29042
吳興淩氏二種 子2-4729
吳興遊草 史7-53389 叢2-1622
吳興志[嘉泰] 叢2-843
吳興志續編 叢1-346,2-1740～2
吳興志續編[淳熙] 史7-57241
吳興姚氏族譜[上海松江] 史4-31148
吳興姚氏家乘[浙江湖州] 史4-31169～72
吳興姚氏宗譜[江西] 史4-31213
吳興姚氏宗譜[浙江龍游] 史4-31194～5
吳興姚氏宗譜[浙江樂清] 史4-31200
吳興藏書錄 叢1-346、429,2-1740～2
吳興世家分隸德清再遷武林又遷山陰沈氏族譜[浙江紹興] 史4-29072
吳興世家分隸德清再遷山陰沈氏族譜[浙江紹興] 史4-29071
吳興藝文補 集6-44614
吳興舊聞 史7-50354
吳興舊聞補 史7-50355
吳興楊氏家乘[浙江吳興] 史5-36837
吳興園林記 史7-52010 叢1-22(12)、23(11)
吳興嚴氏藝文志畧 史8-66045
吳興蠶書 子1-4414～5
吳興馬要沈氏族譜[浙江湖州] 史4-29033
吳興陸氏族譜[浙江湖州] 史4-32658
吳興周夢坡先生(慶雲)年譜 史2-12414
吳興周氏言言齋藏曲目 史8-66399
吳興閔氏兩尚書詩集 集6-45093
吳興閔氏宗譜[浙江湖州] 史5-36709
吳興學會姓名錄 史7-50357
吳興入東記 史7-50343 叢1-346,2-1740～2
吳興金石記 史8-63900 叢2-2004
吳興合璧 史7-50353
吳興竹溪沈氏家乘[浙江湖州] 史4-29035
吳興掌故集 史7-50349 叢2-843
吳興掌故集[嘉靖] 史7-57244
吳興掌故紀要 史7-50352
80 吳尊師傳 叢1-223(48)
吳會英才集小傳 叢1-373(5)
吳會員增補備考四書微 經2-11017
吳會吟、瀕海集 集4-22344
吳公(應連)崇祀名宦錄 史2-9891
吳公(可讀)同續錄 史2-10086
吳公(坤修)行狀、墓誌銘神道碑 史2-10144
吳公祕傳佑子心法後集 子3-13349
吳公克誠教子景鸞書 子3-13319
吳公教子書 子3-13137
吳公教子書(天玉經外傳)、四十八局圖說 子3-13140、13323
吳公同續錄 史2-10090
吳公懷久(馨)哀輓錄七輯 史2-10940
81 吳瓶谷詩存、文存 集4-26629
87 吳錄 史1-473～6 叢1-19(2)、20(1)、21(2)、22(10)、23(10)、24(2),2-776、779
吳歈百絕 集4-25092～3
吳歈萃雅 集7-54611
吳歈小草 集6-44428
吳歈小草、補 集2-11022
吳鄭合編 子2-6950
88 吳笠山醫案 子2-10823
吳鑑湖詩草 集5-33832
吳竹橋詩稿 集4-22555
吳竹坡公集(吳竹坡先生文集、詩集) 集2-6695
吳竹如(廷棟)年譜 史2-11005
吳竹如先生(廷棟)年譜 史2-12111 叢2-1888
吳篴詩錄 叢2-2150
吳節孝詩選前集詩、詩餘、後集 集2-12978

90 吳少君(孺子)遺事　史 2－8936
吳少君遺事　叢 2－730(13)、836
吳少參集　集 2－8381,6－41935(4)
吳少卿文集　集 3－18487
吳光祿使閣奏稿彙存　史 6－49018
吳省欽年譜　史 2－11895
吳棠列傳　史 2－10146
94 吳煒奏議　史 6－48795
96 吳愓如文集　集 4－29670

臭

11 臭頭討親(親母鬧)　集 7－50744

2662_7 鬲

40 鬲塘醫話附補編　子 2－4771(4)、10676

2666_0 畾

00 畾廬詩賸　叢 1－520

2671_0 峴

10 峴石山人闡道集　子 5－32054
峴西杜氏宗譜[浙江東陽]　史 4－27002～6
峴西金氏重修宗譜[浙江東陽]　史 4－29745、29747
峴西金氏宗譜[浙江東陽]　史 4－29744、29746
11 峴北杜氏宗譜[浙江東陽]　史 4－26998～7001
峴北周氏宗譜[浙江東陽]　史 4－30031～2
22 峴山晉羊太傅祠石柱考　史 8－64062
峴山碑　史 2－9409
峴山碑雜劇　集 7－49645
峴山志　史 7－52313
26 峴泉集　子 5－29530(25)　集 2－6406、6408　叢 1－223(63)
40 峴樵詩錄　集 5－35683
峴樵山房文稿　集 5－35688
峴樵山房詩集　集 5－35685
峴樵山房詩集初編、續編　集 5－35684
峴樵山房詩續編　集 5－35686
峴樵山房詩草　集 5－35682
76 峴陽孫氏族譜[安徽黃山]　史 5－33647
峴陽樓氏宗譜[浙江東陽]　史 5－39056

2671_4 皂

10 皂王訴功(祭皂雜牌子)　集 7－53386
40 皂李湖水利事實　史 6－46829

2674_1 嶧

22 嶧山刻石文　叢 1－145
嶧山集　集 3－17795
47 嶧桐文集　集 2－12857
嶧桐文集、詩集　集 2－12855
嶧桐集　叢 2－818
嶧桐後集選　集 2－12856,6－41949
50 嶧青閣遺稿　集 4－31144
62 嶧縣鄉土志[光緒]　史 8－59337
嶧縣志[康熙]　史 8－59333～4
嶧縣志[乾隆]　史 8－59335
嶧縣志[光緒]　史 8－59336
74 嶧尉公遺書三種　叢 2－1756
76 嶧陽集　叢 2－2042

2690_0 和

00 和文文法　經 2－15088
和文習本　經 2－15089
和文漢讀法、東遊節錄　經 2－15091
02 和劑局方圖註本草藥性歌括總論　子 2－9166
04 和謝康樂詩　集 5－41000　叢 2－934
05 和靖詩集　集 1－1883、1888,6－41908
和靖詩鈔　集 1－1887、1889,6－41900
和靖尹先生文集　集 1－2937～8
和靖尹先生文集、附集　集 1－2939　叢 1－574(1)
和靖集　集 1－2944,6－41894(2)　叢 1－223(54)
和靖集補鈔　集 1－1890,6－41901
和靖先生文集　集 1－1893、2940、2943

和靖先生文集、言行錄 集 1－2942
和靖先生文集、附集 集 1－2936、2941、2946
和靖先生語錄 子 1－708
和靖先生詩集 集 1－1880～1
和靖節集、和昌谷集、南浦詞 集 3－15210
06 和韻詩 集 2－11982
和韻梅花詩 集 3－21581
10 和玉谿生無題詩 叢 1－371
和雪吟 集 3－18383
和平縣鄉土志[光緒] 史 8－60935
和平縣志[康熙] 史 8－60931
和平縣志[嘉慶] 史 8－60933
和平縣志[乾隆] 史 8－60932
和平縣志[民國] 史 8－60934
和天台三聖詩 子 7－34149 集 5－34479
和天台三聖詩集 子 7－34149
和天倪齋詞 集 7－48173
和百苦吟 集 3－13911
和石湖詞 集 7－46353～4、46364、46371、46375、46395、46616 叢 1－244(3)、353，2－731(48)
和西溪百詠、福勝庵八詠、曲水庵八詠、梅花十詠 集 2－12088
和西湖百詠詩、西湖八社詩帖 集 1－4337
11 和碩雍親王圓明居士語錄 子 7－34347
和碩親王致戈登劄 史 1－1989
和碩睿忠親王子孫七世家譜、和碩豫通親王子孫八世家譜 史 5－37883
和碩淑慎公主房屋各處修用過物料工價銀錢數目總册 史 6－47366
和碩惇親王等世系 史 5－37893
14 和琳列傳 史 2－9613
15 和珅列傳 史 2－9595
和珅查抄始末 史 1－3756
17 和翠軒詩餘選 集 7－46837
18 和政縣志[民國] 史 8－63268
21 和順鄉居吟 集 5－41458
和順感舊詩 集 5－41457
和順縣志[康熙] 史 7－55782
和順縣志[乾隆] 史 7－55783
和順縣志[民國] 史 7－55785
和順縣志[光緒] 史 7－55784
和紅蕉山房詩餘次韻 叢 2－1535
22 和樂堂詩鈔 集 4－22096
和緩遺風 子 2－4768
24 和先生教書 集 7－53583
和納山誌金石稿 叢 2－888
25 和使東雜詠詩 集 5－36780
和朱文公感興詩 集 2－12109 叢 1－151
26 和白香詞譜全集 集 7－48111
27 和歸農百韻 集 5－37230
和約、陸路通商章程、鄂商前往中國貿易過界卡倫單 史 6－44050
和約彙編 史 6－44897、44966
和約彙抄 叢 1－496(3)
和約彙鈔 史 6－44958
28 和傚學詩 集 2－12004 叢 1－151
和傚學詩續集 集 2－12005 叢 1－151
31 和涉江梅花詩 集 6－41718
32 和州詩集 集 2－8554
和州集 集 5－39285
和州志[康熙] 史 7－58055
和州志[正統] 史 7－58052
和州志[嘉靖] 史 7－58053
和州志[萬曆] 史 7－58054
和州志[乾隆] 史 7－58056 叢 2－1529
35 和清真詞 集 7－46361、46370、46380、46696、46708 叢 1－223(72)、579，2－698(13)、720(2)
37 和漱玉詞 集 7－48001
40 和大觀園菊詩 叢 2－2150
和友人詩 集 2－12238 叢 2－794
和古人詩 集 2－12236
和古人詩、和今人詩集、和友人詩、野外詩 叢 2－794
42 和橋程氏正義宗譜[江蘇宜興] 史 5－35991
和橋程氏崇本分譜[江蘇宜興] 史 5－35992
和橋江氏宗譜[江蘇宜興] 史 4－26854
44 和蘭刑法(一八八一年三月三日本公佈) 子 7－36660
和蘭刑法三編 子 7－36661
和蘇詩 叢 2－980
和蘇集三集 集 3－15932
和蘇集初集、二集 集 3－15931
和草訣百韻歌 子 3－15195
和藝圃十二詠 集 3－14127
和茶煙閣體物詞 集 7－48360
和杜哀吟 集 3－17367
和林詩 史 7－49320、54503 叢 2－731(58)、2005
和林三唐碑跋 史 8－64117
和林考 史 7－54502 叢 1－524，2－731(58)
和林格爾廳志[咸豐] 史 7－56048
和林格爾廳志畧 史 7－49348
和林格爾廳志畧[同治] 史 7－56049
和林格爾縣志草[民國] 史 7－56050
和林金石文 史 8－64116
和林金石考 史 8－64115 叢 1－512，2－2005
和林金石錄 史 8－64113～4 叢 2－2194

和林金石錄、詩　叢 1－524
47 和聲定樂　叢 1－223(15)、227(7)
和聲唱和詩　集 6－41978
和聲鳴盛　集 7－54717
和好要言　子 7－36831
48 和敬堂全集(文部、詩部)　集 3－13837
和松庵存劄　集 3－15524
和松蘿社草　集 4－28942
和梅花百詠　集 2－6704、7958、7974　叢 2－1293
和梅花百詠詩稿　集 2－7228
50 和中峯和尚梅花百詠詩　集 2－6331
和中峯禪師梅花百詠　集 4－25705
和較開方式　子 3－12868
53 和成績宫詞　叢 1－407(4)
60 和昌谷集　集 3－15210
67 和鳴集　叢 2－1596
74 和陸放翁七言律詩(和陸詩草)　集 4－24452
76 和陽子證道歌詩論說　子 5－30931
77 和風蕩蕩　集 7－53165
和風蕩蕩(荷風蕩蕩)一枝　集 7－51747
和風笑語集　集 4－26593～4
和陶　集 1－429　叢 2－1535
和陶詩　集 1－428，2－12486，3－16972，4－32969，5－34911、35886　叢 2－1221、1597～8
和陶詩(蘇東坡先生和陶詩、東坡和陶詩)　集 1－2522
和陶詩集　集 2－7032
和陶百詠　集 3－19527
和陶集　集 1－2524
和陶小稿　集 2－7912
和闐直隸州鄉土志[宣統]　史 8－63415
和闐直隸州鄉土志[光緒]　史 8－63414
80 和今人詩　集 2－12237
和今人詩集　叢 2－794
和前韻梅花百詠七言律詩　集 2－12904
和羹用汝集　子 3－16222
和義周氏存譜　史 4－30258
和義堂頤世方書　子 2－9523
和合添祥附譜　集 7－49679
和會條約譯詮　史 6－45100
87 和欽文初編　集 5－41438　叢 2－2234
和欽詩稿待删　集 5－41435～7
和欽全集三種　叢 2－2234
88 和籥集　集 2－11815
90 和尚現形記　子 5－27906
和尚嘆十聲一套　集 7－50964
94 和慎銀行章程細則　史 6－44499
99 和營記畧　史 1－3883　叢 2－1926

細

10 細雲吟草　集 4－26318
細雲吟草、續草、詩餘　集 4－26319
27 細物新箋　叢 2－1889
44 細草補注　子 3－11239
細萬齋集(兩不齋集)　集 3－20282

絪

26 絪縕集　集 1－5233

緗

10 緗雲館詩鈔　集 5－33861
44 緗芸詩錄　集 4－33556
50 緗素雜記　子 4－22132～4　叢 1－19(4)、20(2)、21(4)、22(4)、23(4)、24(5)、26、109、195(5)、374

2690_4 臯

18 臯政紀畧　史 1－3613
60 臯署公牘　史 6－47222

2691_0 緄

00 緄廬初稿　集 5－40629
緄齋詩談　集 6－45861
緄齋詩集、焚餘　集 3－16443
緄齋詩選、補遺、詩談、論文　集 3－16445
緄齋論文　集 6－45861
60 緄園詩鈔、續編、補遺、詩餘　集 3－20113
緄園煙墨箸錄、附編　子 3－16192

2691_4 程

00 程齋醫抄祕本、目錄　子 2－7100

程文仿 子2-4688
程文選、續程文選 集6-45380
程文恭公遺稿 集2-8433
程文恭公遺稿、松谿程先生年譜 集2-8434
02 程端伯詩選 集6-41970
程端明公(洺水集) 集1-3985
程刻祕傳醫書四種 子2-4626
10 程一夔文乙集、詩集 集5-40852
程一夔文甲集、續集、文乙集、續集、詩甲集、詩乙集、詞 集5-40849
程一夔文甲集、續編、文乙集續編 集5-40851
程一夔文甲集三編、文乙集三編、千一齋外集、遊隴集 集5-40850
程正甫詩 集2-12818,6-41943
程玉才先生(兆棟)家傳 史2-9810
程雪門遺詩 集4-27348
程爾資抄輯醫書八種 子2-4673
程天翼詩 集3-14192
程晉之詩草 集5-41183
程可山先生(焜)七十壽序 史2-9893
程可山日記、詩(清咸豐十一年至同治十年)、程可山年譜 史2-12739
程雲莊先生雜錄 叢2-1240
14 程功錄 子1-1533 叢2-1374
17 程孟陽詩 集2-10941
程孟陽詩(松寥詩、吳裝、雪浪詩) 集2-10942
程孟陽集 集6-44750
程孟陽集四種(松園浪淘集、松園偈庵集、耦耕堂集詩、耦耕堂集文) 集2-10936
程孟陽先生詩集 集2-10943
程孟陽先生中州詩選(中州詩選) 集6-43635
程孟陽先生全集(松園浪淘集、松園偈庵集、耦耕堂詩集、耦耕堂文) 集2-10935
程子說苑 子4-24222 叢2-1373
程子說易綱領 經1-589
程子詳本 子1-687
程子要言 子1-684
程子香文續鈔、文補遺 集4-26658
程子香文鈔 集4-25440、26657 叢1-462
程子上下篇義 經1-494～5、497
程子四箴 子3-15608
程子易綱領 經1-546
程子明道先生定性書 子1-690
程子明道先生定性書說 叢2-1066
程子年譜 史2-11018
程子箴 子1-1974、2861
程子節錄、文集抄 子1-682 叢2-1178～9
程君房墨讃 子4-18800
20 程禹開家書 集3-19319 叢2-790
22 程崑崙先生詩文合集 集3-13726
程山謝明學先生(文洊)年譜 史2-11683 叢2-1282
程山先生日錄 子1-1375 叢2-669
23 程参軍疏草 史6-48375
24 程先甲文 集5-40853
程侍郎遺詩 集4-27960
程侍郎遺集 叢1-456(5),2-731(41)
程侍郎遺集初編 集4-27957～8
25 程仲權先生詩集 集2-10325
程仲權先生集(詩集、文集) 集2-10324
程朱二先生周易傳義 經1-496
程朱二先生周易傳義、易圖集錄 經1-492
程朱行狀二種 叢1-574(2)
程朱闕里志 史2-7074
程朱粹言 叢1-534
程純公(顥)年譜 史2-11009
26 程伯翰遺集 集5-38460
程綿莊錢竹汀是仲明遺墨 集6-44233
27 程鄉縣志[康熙] 史8-60945
程將軍守江奏稿、黑龍江歷任將軍墾務奏稿 史6-49186
程魚門選七言古詩 集3-20438
程督院奏酌籌臺灣善後事宜各條款奏稿 史6-48839
30 程進士松厓醫徑(松厓醫徑) 子2-4828
程守中所藏彈詞目錄 史8-66402
程安二縣農務分會章程 史6-47590
程安德三縣賦考 史6-43467
31 程迓亭先生詩集(瓊靡集、牽絲集、逢春集、家帚集第二部) 集3-19515
34 程漢舒筆記 子1-1587
35 程沖斗十六槍勢 子1-3534
37 程洺水先生集(洺水集) 集1-3986
程祖洛魏元烺奏稿 史6-47916
40 程乂庭(慶燕)傳 史2-9899
程大中集 集3-21117
程士集 集2-9007、9011 叢2-1099～101
程志 子1-686 叢2-1082～3
程古雪遺稿(澂潭山房古文存稿、詩集) 集3-19356
程右丞稿 集2-9228
程杏軒醫案初集、續錄、輯錄 子2-4771(4)
43 程式編 子4-21575～6
44 程董二先生學則 子1-1968、2342 叢1-195(2)、574(4),2-731(20)
程蒙齋性理字訓 子1-1968 叢1-574(4)

程蒙齋性理字訓(程氏性理字訓)　子1-727
程荔江印譜　史8-64943
程萬寧詩鈔　集3-21121
程萬里輓詞彙刊　史2-10937
47 程楓溪遺文　集3-20998
48 程敬愛堂世系譜[安徽績溪]　史5-36147
程松崖先生眼科應驗良方　子2-7298
程松崖眼科咽喉祕集　子2-7301
程松谿先生文集　集2-8432
50 程中丞庚子函牘鈔畧　史6-47221
程中丞集　集5-39581
程中丞奏稿　史6-49185　叢2-2161
程中丞全集六種　叢2-2161
52 程刺史棲霞集　集2-9005
55 程典[安徽歙縣]　史5-36067
60 程咬金斧劈老君堂雜劇　集7-48774(6)、48941
程墨前選　叢2-1347
程里程氏續修世譜[安徽績溪]　史5-36143
程易疇先生(瑤田)年譜　史2-11882
63 程賦統會　史6-43400
67 程明道先生(顥)行狀　史2-8670
程明道先生行狀　叢1-574(2)
71 程原仲醫案　子2-10483
72 程隱蟠詩集　集3-20383
程戶部集　集5-38459
程氏慶源家乘[安徽休寧]　史5-36106～7
程氏慶源家乘要抄[安徽休寧]　史5-36108
程氏讀書分年日程　子1-2344
程氏族譜[廣東中山]　史5-36184
程氏族譜[山東萊陽]　史5-36172
程氏族譜[江蘇常熟]　史5-35996
程氏族譜[河南太康]　史5-36174
程氏族譜[湖南醴陵]　史5-36181
程氏正宗譜[河南]　史5-36176
程氏正宗譜系[河南]　史5-36175
程氏五林宗譜　史5-35981
程氏五門宗譜[湖北枝江]　史5-36179
程氏改正大學　經2-10568
程氏改正大學(伊川大學)　經2-8653
程氏改正大學(明道大學)　經2-8652
程氏重修宗譜[浙江永康]　史5-36002
程氏經說　經2-11457　叢1-223(12)
程氏稻香樓全集八種　叢2-1534
程氏外書分類　子1-671
程氏續修宗譜[浙江永康]　史5-36000
程氏續考古編　子4-20101
程氏續即得方　子2-9371
程氏和泰房支譜[安徽歙縣]　史5-36080
程氏釋方　子2-9259
程氏家塾讀書分年日程　叢1-214、483、574(5)
程氏家塾讀書分年日程、綱領　子1-2345　叢1-391、534,2-636(3)、731(2)
程氏家乘[安徽祁門]　史5-36130
程氏家乘文獻　史3-24580
程氏家傳經驗痧麻痘疹祕要妙集　子2-8696
程氏宗譜[安徽]　史5-36031、36038、36040～1
程氏宗譜[安徽績溪]　史5-36153
程氏宗譜[安徽桐城]　史5-36044、36046～50
程氏宗譜[江西廣豐]　史5-36160
程氏宗譜[江西新建]　史5-36156
程氏源流　史5-35980
程氏源流紀實[安徽]　史5-36039
程氏遷吳支譜[江蘇蘇州]　史5-35993
程氏叢刻九種　叢1-121
程氏叢書十二種　叢2-1240
程氏心法三種　子1-3526　叢2-688
程氏演繁露　子4-22141　叢1-447
程氏演繁露、續集　子4-22144
程氏遺書　子1-662
程氏遺書分類　子1-665
程氏祖塋疆理圖　史7-51957
程氏祠墓志　史7-51955
程氏支譜[安徽巢湖]　史5-36139
程氏支譜[安徽休寧]　史5-36111
程氏支譜[安徽祁門]　史5-36131、36136～7
程氏墓圖考　史7-51950
程氏考古編　子4-20100　叢1-282(1)、283(2)、448,2-662
程氏考古篇(考古編)　叢1-20(6)
程氏世譜　史5-36187
程氏世譜[安徽]　史5-36026～7、36032～4
程氏世譜[安徽休寧]　史5-36087
程氏世系歌　史5-36186
程氏世榮家乘[安徽]　史5-36155
程氏廿六派保祖全書[江西婺源]　史5-36167
程氏忠孝世家譜[安徽]　史5-36037
程氏春秋或問　叢1-223(10)
程氏東里祠典　史7-51840
程氏戊申續修宗譜[浙江永康]　史5-36001
程氏墨苑、人文爵里　子4-18793～4

程氏墨苑、人文爵里、中山狼傳、續中山狼傳 子4-18792
程氏易傳、易傳諸說 經1-424
程氏易簡方論 子2-9388
程氏則古 叢1-21(7)、24(9)
程氏所見詩鈔 集6-42579
程氏醫經 子2-4797
程氏醫彀集古 子2-4861
程氏印譜 子3-16887
程氏即得方 子2-9370
程氏竹譜 子3-16295
程氏性理字訓 子1-727 叢1-483
77 程月川先生遺集 叢2-886(3)
程月川遺集(嶺南集、山左集、中州集、嶺南續集、江右集、冬官集、潞儲集、之江集、月川未是稿) 集4-24807
程門主敬錄 子1-1374 叢2-1282
程巽隱先生文集 集2-6283,6-43118
80 程念伊詩 集3-15811
程會父青山草 集2-11005
88 程竹溪先生(仁恩)年譜 史2-12208
程策 集6-45342
90 程少峯印譜 子3-17297
程少枚遺詩 集5-39038
程尚書禹貢論、後論 叢1-468
程尚書禹貢論、後論、山川地理圖 經1-77(2)

2692_2 穆

00 穆亭集 集3-21009
穆庵遺文 集3-20788
穆齋經詁 經2-11630
穆文簡功宦稿 集2-8606
10 穆天子傳 子1-61,5-26782~3、26785、29530(6)、29560 叢1-15、22(19)、23(18)、29(1)、47、71、74~7、79、90~1、93、101、125、140、144、146、162、175、223(45)、237、249(1)、303~5、566,2-628、635(5)、698(4)、726、730(5)、731(62)、1946
穆天子傳註疏 叢1-586(2)
穆天子傳注疏 子5-26784 叢1-452,2-716(2)
穆天子傳注補正 叢2-929
穆天子傳補釋 叢2-2248
穆天子傳地理攷證、紀日干支表、中國人種從來攷 子5-27224
穆天子傳地理考證、中國人種所從來考、穆天子傳紀日干支表 史7-49310
穆天子傳日譜 子5-27223
穆天子傳箋評 叢1-126
23 穆参軍集 集1-1907,6-41904 叢1-223(50)、448
穆参軍集(河南集、河南穆公集、宋穆参軍先生文集、河南穆先生文集)、遺事 集1-1905
穆参軍集(河南穆公集) 集1-1904
穆参軍集、遺事 集6-42040
穆参軍遺事 史2-8623 叢2-618
26 穆皇帝登極諸儀 史1-1929
穆伯祺遺文 集5-38234
30 穆宗毅皇帝大事奏檔 史6-47391
穆宗御製文 集5-38955
穆宗御製文集 集5-38954
穆宗御製文集、詩集 集5-38950
穆宗御製詩 集5-38952
穆宗御製詩集 集5-38951
穆宗實錄籤檔 叢2-1980
35 穆清堂詩續集 集5-36830
穆清堂詩鈔(鴻泥集、抱膝集、昆明集) 集5-36829
穆清堂詩鈔、續集 叢2-886(4)
37 穆罕默德傳 子7-35940
44 穆考功逍遙園集選 集2-9642
穆勒名學 子7-37968
46 穆如堂詩草 集4-22603
72 穆氏家傳痧症辨疑全書 子2-7017
穆氏長門譜[山東東明] 史5-40118
74 穆陵關上打韓通雜劇 集7-48774(4)、49038
77 穆民必讀 子7-36054
穆民學要 子7-36057
90 穆堂(鮑源深)行述、陳夫人行述 史2-10092
穆堂文鈔 集6-42064
穆堂詩文鈔 集3-17888
穆堂詩鈔 集6-41988
穆堂初稿 集3-17885
穆堂別稿 集3-17886
穆堂兵記別稿 子1-3092、3908

2692_7 綿

10 綿西永興場晉昌祠唐氏族譜[四川綿陽] 史4-32583
22 綿山四山人詩集 集6-44409
32 綿州志[嘉慶] 叢1-373(2)
綿洲越王樓詩序 集6-42982

35 綿津詩鈔選　集 3－15519,6－41972
綿津山人詩　集 6－41974
綿津山人詩集　集 3－15512～3、15516～7
綿津山人詩集、述鹿軒近草、韋庵草、迎鑾集　集 3－15523
綿津山人詩集、楓香詞　集 3－15511
綿津山人詩集、楓香詞、漫堂說詩　集 3－15514
綿津山人詩集、楓香詞、漫堂說詩、緯蕭草堂詩、筠廊偶筆、怪石贊、雪堂墨品、漫堂墨品　集 3－15515
37 綿襖訴功　集 7－53227
44 綿蕞餘紀　史 6－42844　叢 2－2152
76 綿陽縣志[民國]　史 8－61719～20
88 綿竹縣鄉土[光緒]　史 8－61777
綿竹縣志、續[乾隆]　史 8－61772
綿竹縣志[康熙]　史 8－61771
綿竹縣志[道光]　史 8－61774
綿竹縣志[嘉慶]　史 8－61773
綿竹縣志[民國]　史 8－61775

2693_0 總

00 總玄洞府啓教正化集　子 5－31779
08 總論源流　子 7－36248
16 總理衙門議訂山東曹州府教案條約　史 6－44996
總理衙門檔案(光緒二至四年、六至十二年)　史 6－47411
總理衙門公牘　史 6－47255
總理各國事務衙門購買外洋船砲清檔　史 6－47410
總理各國事務衙門同官錄　史 3－23699
總理河漕奏疏初二任、三任、四任　史 6－48298
18 總務船政統計表　史 6－44110
20 總集十三經註疏目錄序畧　史 8－66250
總集十三經注疏目錄序畧　經 2－11935
總統伊犂事宜　史 6－45318
總統易　經 1－1931
22 總制浙閩文檄　史 6－47283
總制浙閩疏章　史 6－48654
24 總牘撮要　子 7－35546
26 總釋陀羅尼義讚　子 6－32093(37)
27 總督三邊奏議　史 6－48538
總督兩河宣化錄、總督河南山東宣化錄　史 6－48696
總督兩河宣化錄、回豫宣化錄　史 6－48697
總督兩浙李憲臺澄清集　史 2－9329
總督宣大山西軍門奏議　史 6－48346
總督福建少保兵部尚書姚公奏疏　史 6－48651
總督奏議　史 6－48643
總督奏議、崇祀名宦錄、李公崇祀錄　史 6－48644
總督採辦疏草　史 6－48258
總督四鎮奏議　史 6－48305　叢 2－742
28 總稅務司赫德原呈　史 6－43386
30 總宜山房詩集　集 4－21995
總宜樓吟草　集 5－38545
總宜居脞錄　子 4－23579
31 總河近事考、編年姓名　史 6－46599　叢 2－1664
總河奏議　史 6－48481
40 總索　子 3－13138
44 總藥釋名錄　子 2－5908
60 總目偏旁篆書之法　經 2－12767
總署奏底彙訂　史 6－47997
總署奏定出使章程　史 6－44919
88 總管内務府雍和宮現行則例　史 6－47056
總管内務府慶豐司現行則例　史 6－47045
總管内務府廣儲司現行則例　史 6－47041
總管内務府現行則例　史 6－47033～4
總管内務府續纂南苑現行則例　史 6－47057
總管内務府御茶膳房現行則例　史 6－47054
總管内務府御藥房現行則例　史 6－47055
總管内務府犧牲所現行則例　史 6－47059
總管内務府都虞司現行則例　史 6－47042
總管内務府奉宸苑現行則例　史 6－47049
總管内務府靜宜園現行則例、清漪園現行則例、靜明園現行則例　史 6－47051
總管内務府暢春園現行則例　史 6－47052～3
總管内務府圓明園現行則例　史 6－47050
總管内務府會計司現行則例　史 6－47046～7
總管内務府會計司曉諭衆莊頭檔　史 6－47364
總管内務府堂現辦事宜　史 6－42806
總管内務府掌儀司現行則例　史 6－47043
總管内務府營造司現行則例　史 6－47048
總纂升菴合集七十種　叢 2－1092

2693_2 線

23 線編　史 6－46454

2694_0 稗

07 稗記 子 4-21339
20 稗乘新語 子 4-24191
稗乘四十二種 叢 1-134
25 稗傳 叢 1-155
27 稗勺 子 4-21563
30 稗官記 子 4-22971
38 稗海紀遊 叢 1-485
稗海四十六種續稗海二十四種 叢 1-99
稗海四十八種續集二十三種 叢 1-100
稗海餘聞 史 1-3842
50 稗史 集 1-5018 叢 1-17、19(5)、21(5)、22(4)、23(4)、24(6),2-833
稗史、續編 子 5-26399
稗史集傳 史 1-1914,2-6700 子 5-26219 叢 1-39、95,2-624(2)、730(3)、731(61)
稗史彙編 子 4-23902
稗史四則 子 5-27394
稗書類抄 子 4-24471
59 稗抄 子 4-24520
62 稗販 子 4-21174～5
稗販雜錄 子 4-19498、21633 叢 2-1883
64 稗畦集 集 3-16207～9
稗畦續集 集 3-16210
77 稗屑 史 1-4129
90 稗堂詩畧 集 3-18870
稗堂詩畧、六香菴詩稿 叢 1-300

2694_1 緝

00 緝齋文集、詩稿 集 3-19764
10 緝玉錄 集 6-43826
40 緝古筭經 子 3-12420～1
緝古算經 子 3-11250 叢 1-223(35)、238～9、244(3)、282(1)、283(1),2-708、731(25)
緝古算經音義 子 3-12425
緝古算經攷注 子 3-12422
緝古算經攷注圖草、緝古算經圖草 子 3-12423
緝古算經細草 子 3-12364 叢 1-244(6)、286
緝古算經圖解 子 3-12424
47 緝柳編 子 4-24000
70 緝雅堂詩話 集 6-46162 叢 2-2038

繹

16 繹聖二編(大學遵古編、中庸發覆編) 經 2-10442
40 繹志 子 1-1372 叢 2-872
繹志、劄記 叢 2-731(13)
46 繹如曲譜 集 7-54711
50 繹史、世系圖、年表 史 1-1786
繹史、目錄、世系圖、年表 叢 1-223(19)
70 繹雅堂詩錄 集 5-38225
90 繹堂存稿 集 3-18781

釋

00 釋方澤集 集 2-9261,6-41935(5)
釋廢疾 經 1-26、7346
釋摩訶衍論 子 6-32087、32093(41),7-32994、32996、33652
釋摩訶衍論、大乘起信論 子 7-32995
釋摩訶衍論記 子 7-33670
釋摩訶衍論贊玄疏 子 7-33671
釋摩訶衍論通玄鈔 子 7-33669
釋摩訶衍論通贊疏、通贊疏科 子 7-33668
釋摩訶般若波羅蜜經覺意三昧 子 6-32088(42)、32090(63)、32091(61)、32092(40)、32093(51)
釋摩訶般若波羅密經覺意三昧 子 7-32138、33824
釋摩男本經 子 6-32083(19)
釋文辯誤 史 1-1033
釋文證義 經 1-7118
釋文互註禮部韻畧 經 2-13704、15114、15124
釋文互註禮部韻畧、韻畧條式 經 2-13705
釋文互註禮部韻畧、貢舉條式 經 2-13708 叢 1-223(16)
釋文互註禮部韻畧、條式 叢 2-636(2)
釋文互註禮部韻畧、淳熙重修文書式 經 2-13707
釋文互注禮部韻畧、條式 叢 1-447
釋文紀 集 6-41793、43972～3 叢 1-223(70)
釋文蒙求 子 5-25519
釋文纂例 叢 1-286
釋辯機大唐西域記地理考證、五印度疆域風俗制度考畧 叢 2-806

釋言語　經 2-14787
釋音辨義　經 2-14811
釋音毛詩注疏　經 1-22
釋音毛詩注疏、詩譜　經 1-3596
釋音毛詩注疏、校勘記　經 1-21、3600　叢 2-698(1)
釋音禮記注疏　經 1-22
釋音禮記注疏、校勘記　經 1-21、5579　叢 2-698(1)
釋音春秋左傳註疏　經 1-6737
釋音春秋左傳註疏、校勘記　經 1-6739
釋音春秋左傳注疏　經 1-22
釋音春秋左傳注疏、校勘記　經 1-21　叢 2-698(1)
釋音周禮注疏　經 1-22、4914
釋音周禮注疏、校勘記　經 1-21、4919　叢 2-698(1)
釋音尚書注疏　經 1-22
釋音尚書注疏、校勘記　經 1-21、2613　叢 2-698(1)
釋音精嚴集(紹興重雕大藏音)　子 6-32083(27)
04 釋詩　經 1-124、4196
06 釋親廣義　經 2-14607
08 釋說文讀若例　經 2-12436
09 釋談章　子 3-17581～3、17783～5
10 釋二辨文　叢 2-1309
釋雪江集　集 2-6926,6-41935(3)
釋天　子 3-11475　叢 1-369,2-1946
12 釋弧　子 3-12350、12389、12601　叢 2-1625～6
17 釋孟　叢 2-1250
釋孟子四章　經 2-9917　叢 2-720(5)、1252
20 釋毛詩音　經 1-163(3)、4784
21 釋歲　經 2-14771
釋拜　經 1-6329
23 釋代數記號　子 3-12442
27 釋龜　經 2-14671
釋疑　經 2-8406
釋疑論　經 1-6040　叢 2-774(4)
釋疑紀實　子 7-35689
釋疑錄　子 4-22295
釋名　經 1-33,2-14558～61、14563、15127　集 6-45485　叢 1-74～7、86、90～1、101、223(15)、227(4)、237,2-628、635(2)、730(5、6)、731(23)
釋名疏證　經 2-14569　叢 2-707
釋名疏證、補遺　叢 1-454
釋名疏證、補遺、續釋名(正字本)　叢 1-257,2-731(23)
釋名疏證、補遺、續釋名(篆字本)　叢 1-257,2-731(23)
釋名疏證、補遺、續釋名、校議　叢 2-653(2)
釋名疏證補、續釋名、補遺、補坿　叢 1-579
釋名疏證校議　經 2-14572
釋名集校　經 2-14575　叢 2-2188
釋名補證　經 2-14573　叢 1-439,2-1867
釋名補遺　經 2-14571
釋魯山集　集 2-11742,6-41935(3)
28 釋繒　經 2-14656　叢 2-1522
釋繪　經 1-111(2)
30 釋字　經 2-14795　叢 2-1092、1735
釋字百韻　經 2-13106
釋宮小記　經 1-108、111(2)、6176　叢 2-814
32 釋冰書　子 4-20980　叢 1-202(7)、203(13)、206
釋淨土羣疑論　子 7-34432、34446
34 釋滯　叢 2-774(9)、845(4)
35 釋神　子 5-31861
釋禮　經 1-124、6102
36 釋禪波羅蜜　子 6-32089(49)
釋禪波羅蜜次第法門　子 6-32088(42)、32091(61)、32092(40),7-33837
釋禪波羅蜜次第法門、科文　子 6-32090(63)、32093(50)
釋迦方誌　史 7-54708　子 6-32083(27)、32086(46)
釋迦方志　子 6-32081(41)、32082(20)、32084(22)、32088(28)、32089(47)、32090(60)、32091(58)、32093(52)
釋迦文尼佛金剛一乘修行儀軌法品　子 6-32093(37)
釋迦譜　子 6-32081(41)、32082(20)、32083(27)、32084(22)、32085(39)、32086(46)、32088(28)、32089(47)、32090(60)、32091(58)、32092(40)、32093(52),7-34606
釋迦牟尼佛成道在菩提樹降魔讚　子 6-32093(37)
釋迦牟尼如來像法滅盡之記　叢 2-676
釋迦佛雙林坐化　集 7-48774(6)、49283
釋迦如來應化事迹　子 7-34773
釋迦如來應化事迹(釋迦如來應化事蹟)　子 7-34771
釋迦如來應化事迹附釋迦如來成道記　子 7-34772
釋迦如來密行化蹟全譜　子 7-34776
釋迦如來涅槃禮讚文　子 6-32089(48)、32090(61)、32091(60)、32092(42)
釋迦如來涅槃禮讚文　子 6-32093(50)
釋迦如來成道應化事迹　子 7-34774
釋迦如來成道應化事迹記　子 7-34775
釋迦如來成道記　史 2-8373～4　子 7-

32125、34772
釋迦如來成道記註解　子7-34770
釋迦如來成道記注　子7-34769
釋迦氏譜　子6-32081(41)、32082(20)、32083(27)、32084(22)、32086(46)、32088(28)、32089(47)、32090(60)、32091(58)、32093(52)
40 釋十干吉凶　子3-14536
釋大　經2-14768～9　叢2-925
釋南庵詩　集3-13944
釋布　史8-63670
釋希坦詩　集1-4484　叢1-223(58)
釋木禪詩稿　集5-38325
41 釋梧溪集訂譌　集1-5781
44 釋地三種　叢2-1946
釋范　經1-7419　叢2-702、2129(2)、2131
釋夢觀集　集2-6107,6-41935(5)
釋草小記　經1-108、111(3),2-14652～3　叢2-814
釋莫衍義　叢1-34
釋華嚴經十二緣生解迷顯智成悲十明論　子6-32081(57)
釋藥集韻　子2-5772
釋楕　子3-12350、12389、12598、12602　叢2-1625
釋楂　叢2-1626
46 釋觀無量壽佛經疏記　子7-33354
47 釋穀　經1-163(3),2-14674　叢2-653(2)
釋穀梁廢疾　經1-27～8、31、7344～5　叢2-773(6)
48 釋教三字經　子7-34628～9
釋教錄畧出　子6-32089(51)
50 釋史　經2-14815　叢2-630
釋蟲小記　經1-108、111(3),2-14651
釋蟲小紀　叢2-814
釋書　經1-124、2978
釋書名　經2-13558　叢2-647、1658
釋耒集　集3-19652
釋耒草　集4-32783
53 釋惑金丹大道本末直說　子5-31323
釋惑錄　史2-6819
58 釋輪　子3-12350、12389、12598　叢2-1625～6
釋輹　叢2-1747
釋園詩鈔　集5-40142
61 釋顯果實錄　子7-34798
71 釋馬　經2-14689
72 釋氏要覽(佛學備要)　子7-34625
釋氏稽古畧　史2-6781　叢1-223(46)
釋氏稽古畧、續集　史2-6782
釋氏稽古畧、釋氏稽古畧續集　子7-34706
釋氏疑年錄、通檢　史2-6818　叢2-2240
釋氏宗譜　史5-41338　子7-34708
釋氏源流　史2-6783～4
釋氏十三經　子7-32108、32112
釋氏十三經註疏　子7-32113
釋氏切韻　經2-13638、15137
釋氏書啓　子7-33968～9
77 釋毀錄　叢2-1356
釋同石集　集2-10127,6-41935(3)
釋骨　子2-4672、5943　叢1-203(11)
釋服　經1-163(1)、6194
釋騷　集1-97
釋問異同表　叢2-892
釋門應用文疏四種　子7-33968
釋門章服儀應法記　子7-33926
釋門疏式　子7-33967
釋門貞孝錄　子7-34719
釋門真孝錄　子7-34966
80 釋人　經2-14817　叢2-2235
釋人疏證　經2-14812　叢1-547(2),2-2173
釋人注　經2-14770　叢1-261
釋全室集　集2-6009,6-41935(5)
釋無瑕詩稿(竹樵詩草、鷺門旅唫)　集2-13012
釋奠考　史6-41952～3　叢1-197(1)、369
釋義次韻落花詩　集2-10500
釋義雁字詩　集2-10499
釋義鴈字詩、釋義弔遼詩十律　集2-10497
釋義美人染甲詩　集2-10498
釋普門品重頌疏　子6-32093(49)
釋命　子1-1798　叢2-966
87 釋鄭氏爻辰補　叢2-2269
88 釋籤緣起序指明　子6-32091(79)
釋簪草　集5-38389
90 釋小　叢2-2269
釋小雅　叢2-720(5)、1250、1252
釋常談　子4-22135　叢1-2～3、6、8、19(9)、20(7)、21(9)、22(2)、23(2)、24(10)、28、29(6)、173,2-731(7)
釋常談、續釋常談　叢1-26
釋半峯集　集2-9532,6-41935(3)
98 釋幣　經2-14688　叢2-599、2227、2229

2694_4 纓

80 纓義樓金香錄(余秋荘)　史2-10290

2694_7 稷

10 稷下子　子 1-19
20 稷香館叢書八種　經 2-15143
22 稷山文存、詩存、雜文　集 5-38004
稷山讀書樓叢鈔六種　叢 1-402
稷山讀書樓日記　叢 1-402
稷山讀書樓日記(清同治十二年)　史 2-13152
稷山論書詩　子 3-15232
稷山梁氏族譜[山西稷山]　史 5-34672
稷山獅弦集　集 5-38010
稷山札記　子 4-22767
稷山樓文稿　集 5-38011
稷山樓詩文稿　集 5-38005
稷山日記(清同治九年至十年、十二年至十三年、光緒元年)　史 2-13151
稷山縣志[康熙]　史 7-55959
稷山縣志[嘉慶]　史 7-55961
稷山縣志[萬曆]　史 7-55958
稷山縣志[乾隆]　史 7-55960
稷山縣志[同治]　史 7-55962
稷山縣志[光緒]　史 7-55963
稷山所見金石目　史 8-64783
稷山居士客定海廳幕箋啓　集 5-38012
稷山館輯補書七種　叢 1-403
41 稷垣答問　子 4-21983
50 稷東寓公詩鈔　集 5-41577

緵

00 緵庵遺稿　集 5-38815
緵廬遺集　集 5-41600
44 緵華樓詩鈔　集 5-34798
55 緵耕齋同姓名錄　史 2-13366
70 緵雅堂詩　集 5-35194
緵雅堂詩稿、戊辰詞、迦雲詞　集 5-35193
緵雅堂詩鈔、秋舫笛語　集 5-35192
緵雅堂遺集　集 5-35195
緵雅堂日記(清同治六年至九年、十一年至光緒四年)　史 2-12934
緵雅堂尺牘　集 5-35198,6-45195
緵雅堂駢文、水琴詞　集 5-35196
緵雅堂駢體文　集 5-35197　叢 1-486,2-731(46)

2710_0 血

00 血症　子 2-7285
血症良方　子 2-7242
02 血證論　子 2-4711、4750、7287
20 血手印　集 7-53060
33 血淚篇十局　子 3-18059
血淚圖四子譜　子 3-18154
34 血染衣　集 7-51334
36 血泊鴛鴦　子 7-38256
37 血湖寶懺　子 5-30558
44 血帶詔　集 7-52538
血蓑衣　子 7-38173
48 血梅記　叢 2-1696
62 血影石傳奇　集 7-50223
72 血脈論　子 7-33975
90 血掌印　集 7-53499
95 血性吟　集 4-29768

2710_4 墾

18 墾務奏議　史 6-44862
40 墾塘下張氏族譜[江西萬載]　史 5-35241
44 墾荒章程　史 6-44876
墾荒裕國策　史 6-44884　子 1-4173
88 墾餘讀書錄　叢 2-2184
墾餘閒話　叢 2-2184

壑

10 壑雪篇文集　集 3-16406
27 壑舟壽言　集 6-44277
壑舟園讀詩　集 6-41987
壑舟園稿　集 4-28071
壑舟園次稿　集 4-28070
壑舟園初稿　集 4-28069
50 壑專堂集　集 2-11792
77 壑門詩帶、春堂三言詩　集 3-17292

2710_7 盤

00 盤庚彩圖三篇　經1-3308
01 盤龍山誌補　叢2-888
盤龍山紀要　史7-52649
盤龍山紀要、行先遺稿　叢2-886(5)
盤龍山紀要、行先遺稿、墓表　叢2-886(2)
盤龍山人詩文稿　叢2-888
盤龍寶扇　集7-52828
盤龍寶扇全本　集7-53870
盤龍遊詠滙鈔　集5-41516
盤龍鎮志[光緒]　史7-56493
10 盤天經　子5-29530(24)、31640　叢1-256
盤西紀遊集　集3-19592
15 盤珠詞　集7-47604　叢1-587(3)
盤珠集　子2-4620　集4-22751
盤珠集虛損啓微　子2-4620
盤珠集虛損啓微(虛損啓微)　子2-7217
盤珠集胎産癥治　子2-4620、4771(3)、8119
22 盤山廳鄉土志[光緒]　史7-56183
盤山廳志[宣統]　史7-56184
盤山語錄　子5-29530(6)
盤山詩草　集5-36988～90
盤山行宫收存陳設清册、收存書籍清册　史8-65516
盤山盤谷寺拙庵樸禪師尺牘　集3-14003
盤山遊記　史7-53165
盤山大博禪師語錄　子7-34305
盤山志　史7-52190　叢1-223(25)
盤山志、補遺　史7-52189
盤山奇景一枝　集7-51856
盤山棲雲王真人語錄　子5-29530(20)、29535(6)、29536(5)、31965
盤山棲雲大師語錄　子5-31964
盤山拙菴朴大師電光錄　子7-34922
盤山縣志[民國]　史7-56186
盤山縣志畧[民國]　史7-56185
盤絲洞　集7-52445
26 盤泉文稿　集5-36203
27 盤餐錄　史1-3154
30 盤窟文集　集4-22325
盤字和韻　集5-38080
31 盤河磧　集7-53625
32 盤州集　集6-41895
盤洲文集　集1-3373～4、3377、3380、3383～5,6-41784　叢1-223(55)、227(10)
盤洲文集、詩集　集4-21975～6
盤洲文集、洪文惠公年譜　集1-3375
盤洲文集、校記　集1-3378　叢2-943
盤洲文集、拾遺　叢2-635(10)
盤洲文集、拾遺、札記　集1-3379　叢2-635(10)
盤洲文集、拾遺、附錄　集1-3376
盤洲詩集　集1-3381
盤洲集　集1-3382,6-41894(2)
盤洲集抄　集6-45035
盤溪王氏宗譜[浙江義烏]　史4-25137
盤溪歸釣圖題辭　叢1-310
盤溪唱酬集　集3-19613
40 盤古遺稿　集5-40717
71 盤阿草堂詞存　集4-33057
72 盤隱山樵詩集　集3-17339
80 盤盒救主　集7-52226
盤谷詩集　集3-13999
盤谷孫氏族譜[浙江瑞安]　史5-33642
盤谷集　集2-6592～3,3-14000
盤谷後集　集3-14002
盤谷蕙蘇　子4-22654
盤谷閒抄　叢2-1906
98 盤熻易考　經1-1923

2711_0 凱

17 凱歌集　集4-32847

2711_7 龜

21 龜經　子3-13852　叢1-22(18)、23(17)、29(3)、241、242(2)
22 龜川吟草　集5-41364
龜峯詞　集7-46352～4、46356～7、46367、46369、46391、46698
龜山語錄　子1-96
龜山語錄(龜山先生語錄)　子1-706
龜山語錄、後錄　叢1-447
龜山季氏宗譜[浙江義烏]　史4-29583～4
龜山集　集1-2833,6-41895　叢1-223(53)
龜山先生文集選　集6-41798
龜山先生語錄、後錄　子1-707
龜山先生語錄、後錄、校勘記　叢2-636(2)
龜山先生詩集　集6-41894(1)
龜山先生集　集1-2831、2833
龜山先生集、楊龜山先生年譜　集1-2832

龜山先生全集　集1－2833
龜山先生年譜　集1－2833
龜山遺草　集4－23200
龜巢詩文鈔、蘭臯集　集1－5526
龜巢詞、補遺　集7－46373、46773
龜巢稿　集1－5528、5530、5532　叢1－223(61)
龜巢稿(龜巢集)　集1－5529
龜巢稿、補遺　集1－5531　叢2－798
龜巢稿、校勘記　集1－5533
龜巢先生(謝應芳)崇祀錄　史2－8807
龜巢先生崇祀錄　叢2－912
龜巢藁、辨惑編、附錄　集1－5527
龜巢藁、校勘記　叢2－637(4)
龜巢摘稿　集1－5534～5
23 龜卜　史8－65172
龜卜玉靈經　子3－13861
龜卜仙科　子3－13864
28 龜谿集　集1－3147　叢1－223(53)
龜谿集補鈔　集1－3151,6－41901
龜谿集鈔　集1－3150,6－41900
40 龜臺琬琰　子5－27123　叢1－197(1)、587(1)
43 龜卦　子3－13865
龜城叟集輯　叢2－807
44 龜蔽裲言　史1－4279
龜樹根館詩草　集5－33971
龜樹根館詩鈔　集6－42007(3)
74 龜陵集　集2－8803
80 龜茲刻石　史8－64625

2712_0　卹

08 卹謚考　史1－863
50 卹忠全典　史2－7363

2712_7　歸

00 歸廬譚往錄　史1－1995　叢2－2006
歸廬談往錄　史1－4519～20　叢2－2007～8
歸廬集　集5－40826
歸廬遺稿　集4－28922
歸庸齋詩、文　集3－13399　叢2－1241
歸方評點史記合筆　史1－42
歸玄恭先生(莊)年譜　史2－11664～5　叢2－640
歸玄恭先生文續鈔　叢1－580
歸玄恭先生詩文稿　集3－13732
歸玄恭先生未刻稿　集3－13731
04 歸詩考異　集2－8759　叢2－904
歸讀齋詩稿　集3－20886
10 歸元直指　子7－35357
歸元直指、山居百詠、直音切字　子7－34482
歸元直指集　子6－32091(71),7－34483
歸元直指集、西方百詠、山居百詠　子7－34481
歸元恭文續鈔　集3－13739
歸元恭先生文續鈔　集3－13738
歸元恭遺著　集3－13740
歸震川文選　集2－8774,6－41808
歸震川文鈔　集6－41809
歸震川集　集6－42055、42057～9
歸震川稿　集2－8781～4,6－45336、45340
歸震川先生(有光)年譜　史2－11005、11022、11494～5
歸震川先生文選　集2－8772、8775,6－41807
歸震川先生文鈔　集2－8767
歸震川先生論文章體則　集2－8753,6－46226
歸震川先生集選　集2－8773
歸震川先生未刻集　集2－8763
歸震川先生未刻稿　集2－8764
歸震川先生全集　集2－8757
歸震川先生全集(文集、補編、別集、補刊)　集2－8752
歸震川先生全集、別集　集2－8751
歸震川先生全稿　集2－8758
歸石軒畫談　子3－16049　叢2－1851
歸雲庵留題墨跡人物志畧　集6－44619
歸雲集前稿　集2－9190
歸雲室見聞雜記　子4－23210
歸雲洞草　集3－15211
歸雲草　集3－15749
歸雲草廬雜存　集5－36906
歸雲樓集　集5－38801
歸雲別集　叢2－1104
歸雲別集、外集　叢2－1103
歸雲閣稿　集3－17691
16 歸硯齋詩存、文存　集4－24073
歸硯山房遺詩　集4－26460
歸硯草堂詩存　集5－39415
歸硯錄　子2－10657　叢1－373(6)
歸魂集　叢2－2150
20 歸信切要　子7－36026
歸季思詩　集2－10873,6－41943
歸航陳迹　史7－54408

21 歸順直隸州志[光緒] 史8－61398
22 歸山文牘 集5－37266
歸山集 叢2－1431
歸山草 叢2－1235
歸綏廳志稿[光緒] 史7－56055
歸綏識畧[光緒] 史7－56057
歸綏道志[光緒] 史7－56056
歸綏縣志[民國] 史7－56058
23 歸我室翰墨記 子3－14823
24 歸化行程記 史7－49317(5)、49318(13)、54006
歸化城廳志[光緒] 史7－56059
歸化奏議 史6－49201
歸化縣誌書[正德] 史8－58259
歸化縣志[康熙] 史8－58261～2
歸化縣志[萬曆] 史8－58260
歸先生文集 集2－8766
歸德方山葛橋南李氏宗譜[江蘇南京] 史4－27097
歸德府志[順治] 史8－59833
歸德府志[乾隆] 史8－59835
歸德府屬全志[雍正] 史8－59834
歸德寨堡圖表 史6－45313
歸德志[嘉靖] 史8－59832
26 歸程紀畧 史7－54067 叢2－2077
歸程日記 史7－54003 叢2－885、896
歸程吟草 集5－36563
27 歸舟雜詠 叢2－1598
歸舟日記 史7－53114
28 歸併工部辦法 史6－47003、47082
歸併土稅膏捐章程規條 史6－43571
歸復華山記 史7－52283
歸牧集 集5－38834
30 歸安孝女趙瓊卿事畧 史2－10825
歸安縣志[康熙] 史7－57256
歸安縣志[光緒] 史7－57257 叢2－2004
歸安陸氏舊藏宋元本書目 史8－65866
歸安前邱吳氏詩存 集6－44986
歸安前邱吳氏詩存、閨閣詩存 集6－44987
歸宮詹集 集3－16049
歸窑祭竈子弟書 集7－52107
歸實齋遺集 集4－31723
歸實齋畫計 子3－16273
31 歸潛記乙編、丙編、丁編、戊編、辛編、癸編 史7－54853
歸潛記乙編、丙編、丁編、戊編、辛編之、癸編之 子4－21961
歸潛志 子4－22938～9 叢1－195(5)、223(45)、230(4)、244(2)，2－735(3)
歸顧朱三先生年譜合刻 史2－11022
32 歸州志[嘉慶] 史8－60364
歸州志[嘉靖] 史8－60360
歸州志[萬曆] 史8－60361
歸州志[乾隆] 史8－60363
歸州志[光緒] 史8－60365～6
歸州志書[康熙] 史8－60362
歸州全志[嘉靖] 史8－60359
33 歸逑草堂詩集 集3－21431
35 歸禮堂三種 叢2－1942
37 歸鴻館雜著八種 叢2－1184
歸潔園偶筆 子1－1452 叢2－1338
38 歸塗閒紀、喬還一先生餘稿括抄 叢2－1192
歸塗閑紀 史1－2925
歸途百韻 集3－16318
40 歸太僕文定 集2－8777
歸太僕文鈔 集2－8768
歸太僕稿 集2－8780
歸太僕公文定 集6－42060
歸南快錄(明崇禎八年) 史2－12550
歸有園麈譚 叢1－119～20
歸有園麈談 子4－20357 叢1－13、14(2)、22(25)、105、111(1)、148、159、181，2－731(8)
歸有園稿詩編、文編 集2－6848
歸奇注義 叢1－312
歸去辭一枝 集7－51735
歸去紀行錄 叢2－1067
歸去來辭 子3－17169～70、17583、17790
歸去來集 集4－27231
歸真要道譯義 子7－35949
歸真總義 子7－35955
歸真返樸齋詩草 集4－30291
歸來稿 集2－7870
歸來草堂尺牘 集6－45319 叢2－751
歸來軒遺稿 集5－36223
歸來堂遺集 集4－26166
41 歸瓻齋詩詞鈔 集5－38464
42 歸桃花嶺詩集 集6－43791
歸樸齋詩鈔戊集 集5－36554
歸樸齋詩鈔戊集、已集 叢2－2026
歸樸龕叢稿、續編 叢2－1761～2
歸樸龕叢稿、續編 集4－29126 叢2－906
歸樸龕金石跋 史8－63656
歸樸堂詩存 集5－34011
歸樸堂詩鈔 集4－26902
44 歸藏 經1－2492～4 叢1－237、261、371，2－761
歸藏、諸家論說 經1－2322、2495 叢2－774(1)
歸藏、連山易 叢2－765～6

歸藏易占　叢 2 - 1961
歸蓮夢　子 5 - 28877
歸村詩鈔　集 5 - 41329
歸楂雜詠　叢 2 - 1767
歸楂叢刻十一種　叢 2 - 2056
47 歸帆圖、探梅圖　子 3 - 16380
歸根小草　集 4 - 28849
48 歸槎日記　史 7 - 54189
53 歸戒要集　子 6 - 32091(68)
55 歸農百詠　集 4 - 21983
60 歸里草　叢 2 - 783、1193
歸國日記　史 7 - 49318(18)、54135
歸園田居詩草、漫遊詩草　集 4 - 22510
歸愚文續鈔、浙江省通志圖說　集 3 - 17881
歸愚文錄　集 3 - 17883,6 - 42067
歸愚文鈔　集 3 - 17880、17882　叢 2 - 1399
歸愚文鈔、餘集　叢 2 - 1398
歸愚文鈔餘集　叢 2 - 1399
歸愚詩稿　集 6 - 42025
歸愚詩餘　集 7 - 47195　叢 2 - 1398～9
歸愚詩鈔　集 3 - 17875,6 - 44107　叢 2 - 1398～9
歸愚詩鈔、餘集　集 3 - 17876
歸愚詩鈔餘集　集 3 - 17878～9　叢 2 - 1398～9
歸愚詞　集 7 - 46352、46357、46380、46560　叢 1 - 223(73),2 - 698(13)、720(2)
歸愚集　集 1 - 3303,6 - 41894(1)、41895、41904
歸愚集十五種附歸田集　叢 2 - 1399
歸田雜詠　集 4 - 30406～7
歸田詩話　集 6 - 45486、45727～8　叢 1 - 22(26)、244(2)、249(2)、373(6),2 - 617(5)、731(47)
歸田詩稿　集 4 - 26223
歸田詩存、文存　集 3 - 18798
歸田聯詠隨筆　叢 2 - 966
歸田瑣記　子 4 - 21413、23327　叢 1 - 373(4),2 - 735(2)、736
歸田集　集 2 - 6434,3 - 16216、17799、18176、20361,4 - 27229,5 - 35531、40619　叢 2 - 1353～4、1398～9
歸田稿　集 2 - 7163、7874、9297,6 - 44961　叢 1 - 223(64)
歸田稿、崇祀名宦錄　集 4 - 27230
歸田倡酬稿　集 2 - 9853　叢 2 - 1136
歸田漫稿　集 2 - 9720
歸田草　集 4 - 26224
歸田日記(清光緒十四年)　史 2 - 13144
歸田日記、續黄梁起居瑣記　史 2 - 13133
歸田吟稿　集 3 - 21143
歸田吟稿、詩餘　集 5 - 37903
歸田吟草　集 4 - 27556
歸田贈言錄、梓　史 2 - 9380
歸田錄　史 1 - 3660　集 1 - 2007～8　叢 1 - 11、15、17、19(1、6)、20(1、4)、21(1)、22(7)、23(7)、24(2、6)、31、99～100、223(44)、229、268(4),2 - 635(8)、652、698(9)、735(4)、1029
歸田錄、補遺　子 4 - 22874
歸田類稿　叢 1 - 223(59)
歸田類藁　集 1 - 5078～9、5081
歸圍日記　史 1 - 3333
70 歸雅山房近詩　集 3 - 16790
歸雅堂詩集　集 4 - 26978　叢 2 - 815
71 歸厚錄、天元歌、陽宅補遺、醒心篇、八極神樞、天元餘義　子 3 - 13155
歸厚錄擇要　子 3 - 13152
歸原扇　集 7 - 53756
72 歸氏世譜[江蘇常熟]　史 5 - 40946
77 歸閒集　集 2 - 12918,6 - 45054
歸熙父文鈔　集 2 - 8769
歸興詩(焚餘草)　集 2 - 10209
歸興集唐　集 3 - 15209
80 歸盦文稿　集 4 - 31714
歸盦詩稿　集 4 - 31710
歸善楊先生證學編　子 1 - 1116　叢 2 - 1151～2
歸善縣志[雍正]　史 8 - 61016
歸善縣志[康熙]　史 8 - 61015
歸善縣志[乾隆]　史 8 - 61017
歸養錄　史 2 - 8932
83 歸錢尺牘　集 6 - 45192
88 歸餘鈔　集 6 - 42499　叢 2 - 1540
90 歸懷詩集　集 3 - 13220
歸省偶錄　叢 1 - 263
歸省贈言　集 5 - 39279
91 歸恆軒詩集、遺集、文　集 3 - 13733

郵

07 郵部公件　史 6 - 44370
18 郵政章程　史 6 - 44371
郵政總考　子 7 - 36240(3)
郵政考　子 7 - 36240(3)
郵政奏議萃編　史 6 - 44369
郵政轉交民局章程　史 6 - 44375
21 郵便行政要論初編　史 6 - 44367
25 郵傳部交通傳習所章程　史 6 - 44113
郵傳部電政法令彙編　史 6 - 45951
郵傳部統計表　史 6 - 44112

郵傳部上海高等實業學堂章程 史 6-42383
郵傳部上海高等實業學堂同學錄 史 6-42466
郵傳部滙奏接管郵政摺 史 6-44376
郵傳部接辦粵川漢鐵路借款及分别接收各路股款始末記、參考各案件 史 6-44330
郵傳部奏議 史 6-44114
郵傳部奏議分類續編 史 6-44116
郵傳部奏議類編 史 6-44115
郵傳部奏變通鐵路免價減價辦法擬定章程 史 6-44221
郵傳部奏定籌辦贖路公債奏稿章程 史 6-44219
郵傳部會奏遵擬陸海軍鐵路輸運章程摺 史 6-44220
郵傳部頒發電政局重訂收發電報辦法及減價章程 史 6-44400
郵傳部鐵路管理傳習所規則 史 6-44212
郵傳部第一次郵政統計表、路政統計表、電政統計表、總務船政統計表 史 6-44110
郵傳部第二次交通統計表 史 6-44111
26 郵程紀事(清道光五年) 史 2-12659
郵程紀事草、臥簾日記吟 集 4-28902
郵程日記 史 7-54061 叢 2-2035
88 郵筒存稿 集 4-29337
郵筒存檢 集 5-35481
郵筒草 集 4-30135～6
郵餘閑記初集、二集 子 4-21123

鄷

04 鄷謨詩集 集 5-34048
47 鄷都縣新志[同治] 史 8-61565
鄷都縣鄉土志[民國] 史 8-61569
鄷都縣志[康熙] 史 8-61562
鄷都縣志[嘉慶] 史 8-61563 叢 1-373(8)
鄷都縣志[同治] 史 8-61564
鄷都縣志[民國] 史 8-61568
鄷都縣志[光緒] 史 8-61566
77 鄷隆中先生古文遺稿 集 3-16837

2713_2 黎

00 黎齋詩草 集 4-31781,6-42007(2)
黎文僖公集 集 2-6857
黎文肅公雜著 叢 2-1956
黎文肅公遺書(黎文肅公奏議、黎文肅公公牘、黎文肅公書札、黔軺紀程、黎文肅公雜著、求補拙齋文畧、求補拙齋詩畧、求補拙齋外集、竹閒道人自述年譜) 集 5-34591
黎文肅公遺書七種 叢 2-1956
黎文肅公奏議 史 6-49032 叢 2-1956
黎文肅公書札 叢 2-1956
黎文肅公公牘 史 6-47169 叢 2-1956
黎襄勤公奏議 史 6-48814
10 黎二樵未刻稿 集 4-22970
黎平府志[道光] 史 8-62276
黎平府志[光緒] 史 8-62277
黎雲閣雜文 集 4-24289
12 黎烈愍公蓮鬚集 集 2-12395
17 黎瑤石集 集 2-9161,9164,6-41935(4)
黎承禮箋稿 集 5-40106
黎子雜識 叢 1-174
黎子雜釋 子 4-20297 叢 1-61～4、195(2),2-730(4)
黎君(湛枝)行狀、祭文輓聯 史 2-10931
22 黎川贈言 史 2-9701
黎嶽詩集 集 6-41872
黎山詩稿 集 5-39617
黎山詩鈔 集 3-17531,6-44456
24 黎岐列傳 史 1-1929
黎岐紀聞 史 7-49318(15)、49343、50948 叢 1-202(5)、203(11)
黎縝之遊稿、椒花初頌贈言 集 2-12208
33 黎祕書瑤石集 集 2-9165
40 黎太僕集 集 6-44904
43 黎博庵稿 集 3-13272,6-45336
黎城縣志[康熙] 史 7-55677
黎城縣志[光緒] 史 7-55678
黎城縣志稿[民國] 史 7-55679
44 黎花園又雜俎 叢 2-1226
黎薇叟手寫詩 集 5-40105
黎蒓齋試帖詩 集 5-36290
黎蒓齋信稿 集 5-36291
57 黎邦琛集 集 2-10579
黎邦璘集 集 2-10580
60 黎里續志首[光緒] 史 7-57017
黎里鄉土志[光緒] 史 7-57018
黎里志[嘉慶] 史 7-57016
黎里忠節錄 史 2-7907
67 黎吹閣集 集 3-15269
黎照堂精選各名家時譜新聲集雅 集 7-54708
72 黎氏族譜 史 5-39146、39148

黎氏族譜[湖南邵陽]　史 5-39139
黎氏族譜[湖南漢壽]　史 5-39135
黎氏族譜[湖南湘陰]　史 5-39136
黎氏族譜[湖南長沙]　史 5-39127、39129
黎氏三修族譜[湖南長沙]　史 5-39130
黎氏續修支譜[湖南長沙]　史 5-39128
黎氏家譜[廣東南海]　史 5-39142
黎氏家集十二種附四種　叢 2-1017
黎氏宗譜　史 5-39123
黎氏宗譜[廣東東莞]　史 5-39140
黎氏四修家譜[福建上杭]　史 5-39125
黎氏學易　經 1-1734
黎岳集　叢 1-223(50)
76 黎陽王襄敏公疏議詩文輯畧　集 2-6861
黎陽王襄敏公集、太傅王襄敏公年譜　集 2-6863
黎陽王太傅詩文集　集 2-6860
黎陽王太傅詩選　集 2-6862
黎陽王氏宗譜[江蘇太倉]　史 4-24905
黎陽程氏本宗譜[安徽休寧]　史 5-36122
黎陽都氏四修宗譜[安徽桐城]　史 4-31296
黎陽曹氏支譜[江蘇吴縣]　史 5-34167
黎陽見聞錄　史 1-3788
77 黎眉駢福集　集 5-34422
80 黎美周詩　集 2-12388,6-41943

2713₆ 螽

42 螽斯集　子 2-8022
螽斯祕訣　子 2-8023
44 螽莊詩話　集 6-46046

蟹

08 蟹譜　子 4-18535、19445　叢 1-2～6、8～10、22(18)、23(17)、223(39)、569,2-731(28)
60 蟹畧　子 4-19446　叢 1-19(7)、20(5)、21(6)、24(7)、223(39)

蠡

08 蠡說　集 6-45982
22 蠡山記　史 7-49318(6)、52316
27 蠡龜遺稿　集 7-48134
蠡勺詩刪　集 3-18344
蠡勺詩鈔　集 4-30134
蠡勺編　子 4-22531　叢 2-731(4)、881
30 蠡窗札記　叢 1-373(5)
32 蠡測集　集 4-30048　叢 2-1911
蠡測偶記　子 4-22755
蠡測危言十三篇　子 7-36239
蠡測彙抄　叢 2-731(59)
蠡測彙鈔　史 7-51248　叢 2-869
蠡測滙鈔　集 4-26543
蠡測狂言　子 4-21756
蠡測卮言　史 7-49317(2)
蠡測巵言　史 7-49318(18)、54318　子 4-21896
蠡測錄(吕宋記畧)　史 7-54737
34 蠡濤詩稿　集 4-22646
37 蠡湖異響　叢 1-590,2-632
蠡湖異響記　叢 2-639
38 蠡海集　子 4-20275　叢 1-99～101、223(41),2-731(27)
蠡海錄　子 4-20274　叢 1-11～2、22(4)、23(4)
蠡遊草　集 5-38973
40 蠡塘詩　集 3-20244
蠡塘漁乃　史 7-50375　叢 1-556,2-731(43)
蠡塘漁乃、續　史 7-50374　叢 1-293
42 蠡斯衍慶　子 4-23160
43 蠡城被賊記、義民包立身事畧　史 1-3958
蠡城吟草　集 5-39697
50 蠡書　子 4-21361　叢 2-1927
60 蠡園詩存　集 5-37707
蠡園全集　集 5-37706
62 蠡縣續志[康熙]　史 7-55339
蠡縣查辦升科續刻章程　史 6-43422
蠡縣志、續志[崇禎]　史 7-55338
蠡縣志[嘉靖]　史 7-55337
蠡縣志[光緒]　史 7-55340
67 蠡墅顧氏本支錄[江蘇蘇州]　史 5-41397
77 蠡陬山館詩、飭華館詩、鑄夢詞、飭華館詞、飭華館詞乙亥編　集 4-29559
蠡叟叢談　子 5-26487
80 蠡龕遺詞　集 7-48135～6

2720₀ 夕

10 夕霏亭文集　集 3-15027

夕霏亭詩集　集3-15028
夕霏亭集　叢2-823
20 夕秀齋詩鈔　集3-18357、19090　叢2-970
夕秀軒詩草、惜餘存稿、劍溪外集　集3-18838
21 夕紅樓詩集　集5-39764
夕紅樓詩續集　集5-39765
28 夕復室雜抄　子4-24596
67 夕照編　子1-1707　叢2-1643
夕照回光　子3-14690　叢2-1364
76 夕陽紅半樓詩剩稿　集5-34162
夕陽村詩鈔　集6-44995
夕陽書屋詩初編、詠史樂府十二章　集3-18902
80 夕公詩選　集3-13523
90 夕堂戲墨　叢2-1292
夕堂永日緒論　集6-45494
夕堂永日緒論内編、外編　集6-45870　叢2-1293

2720_7 多

03 多識編　經1-3740
多識錄　子4-21751　叢2-1590、1905
多識篇　子4-22627～8
10 多五更一套　集7-50741
多爾袞攝政日記(清順治二年)　史2-12556
多雲館稿　集2-10955
多粟齋詩草　集4-30470
17 多那文包探案　子7-38190
21 多能鄙事　子4-23687～8
多歲堂詩集、載賡集、試律詩、賦集　集4-24487
多歲堂古詩存　集6-42336
多師集　集3-18813～4
22 多利心經　子6-32093(40)
23 多稼集　子1-4203
26 多白軒詩稿(夢莊存稿)、詩餘　集3-20401
30 多寶集　叢2-1524
31 多福通書　子3-14534
多福軒書目　史8-65856
40 多壽記　集7-49715
43 多博吟　集3-18932
50 多忠勇公(隆阿)勤勞錄　史2-10161
60 多男三煉法歌　叢1-64
多羅順承郡王家譜　史5-37885
多羅菩薩一百八名陀羅尼經　子6-32083(28)、32089(25)
多羅恂勤王之家譜　史5-37886
67 多暇日齋試帖　集4-29905
多暇錄　子5-26573　叢1-498
多野齋印說　史8-65111
86 多鐸妃劉氏外傳　史1-1995

2721_0 佩

00 佩文齋廣羣芳譜　叢1-223(39)
佩文齋廣羣芳譜、目錄　子4-19135
佩文齋詠物詩選　集6-42467　叢1-227(11)
佩文齋書畫譜(御定佩文齋書畫譜)　子3-14783
佩文廣韻彙編　經2-13945
佩文詩韻　經2-13907～8　子5-26139
佩文詩韻釋要　叢2-698(17)
佩文詩韻刪注　子5-26140
佩文韻府　子5-26137～8　叢1-223(44)
佩文韻府、佩文韻府拾遺　子5-26135
佩文韻府、拾遺、索隱　子5-26136
佩文韻府辨誤　叢2-760
佩文韻府約編　子5-26141
佩文韻溯源　子5-26203
佩文韻遡原　經2-13941
佩文韻篆　經2-13849
佩章室日記(清咸豐十年至同治二年)　史2-13009
06 佩韻示斯　經2-13885
10 佩玉齋類藁　叢1-223(61)
佩玉齋類藁　集1-5323～5、5327
佩玉齋類藁、補遺　集1-5326
佩弦齋文存　集5-37529
佩弦齋文存、駢文存、詩存　叢2-2054
佩弦齋文存、駢文存、詩存、試帖、律賦存　集5-37527
佩弦齋文存、駢文存、詩存、試帖存、律賦存、雜存　集5-37528
佩弦齋試帖存、律賦存、雜存　叢2-2054
佩弦齋尺牘　集6-45195
17 佩珊珊室詩存　集5-39756
佩瓊詩草　集3-15353
20 佩禾詩鈔　集4-27739
22 佩觿　經2-15115、15128
佩觿、辯證　經2-12978
佩觿集　集4-32948
佩觿　叢1-22(14)、23(14)、26～8、114(2)、216、223(15)、245、353、444、468、2-731(22)
29 佩秋閣遺稿(詩稿、駢體文稿、詞稿)　集5-35929

中國古籍總目書名索引

31 佩渠文前集後集　叢 2－1676
佩渠隨筆　子 4－21404　叢 2－1676
佩渠前集、後集　集 4－27704
36 佩湘詩稿　集 6－41999
佩湘詩草　集 4－29342～3,6－41996
40 佩韋齋文集　叢 2－708
佩韋齋文集(佩韋齋集)、輯聞　集 1－4433
佩韋齋雜著　子 4－23194
佩韋齋詩鈔　集 4－31919,6－42007(3)
佩韋齋集　集 1－4434,6－41904　叢 1－223(58)
佩韋齋外集　集 5－33899
佩韋齋輯聞　子 4－20191　叢 1－195(5)、223(41)、278,2－731(7)
佩韋齋吟稿　集 5－33897
佩韋子存稿　集 2－10140,6－45010～2
44 佩蘅詩鈔　史 7－54497　集 4－31336
佩蘅詩鈔(典試浙江紀程草、浙省還轅紀程草、奉使三音諾彦紀程草、塞上吟、試帖詩存)　集 4－31335
佩蘅詞、補遺　集 7－47879
佩蘭齋詩鈔　集 4－24525
佩蘭子文集　集 2－8224～5
佩蘭室詩集　集 5－35100
佩蘭軒篁餘草　集 4－28465
佩楚軒客談　叢 1－17、19(4)、20(2)、21(3)、22(5)、23(5)、24(4)、157,2－617(4)
70 佩雅堂詩鈔　集 4－28120～1,6－41996
87 佩銘類譜　史 8－64938
90 佩堂詩鈔　集 4－25768
92 佩烌閣詞　集 7－48224

徂

24 徂徠文集(徂徠集,新雕徂徠石先生文集)　集 1－1993
徂徠詩集　集 6－41908
徂徠詩鈔　集 6－41900
徂徠石先生全集　集 1－1994
徂徠集　叢 1－223(51)
徂徠集校記　集 1－1996
60 徂異記　子 5－26923　叢 1－22(19)、23(19)
徂異志　叢 1－15

2721_2 危

00 危言　子 4－21822、21930～1,7－36258、36263
40 危太樸(素)年譜　史 2－11393　叢 2－2071
危太樸文集　集 2－5858
危太樸雲林詩集、說學齋藁、集補　集 2－5849
危太樸雲林集　集 2－5859
危太樸雲林集(雲林集)　集 2－5854
危太樸雲林集、文集　集 2－5851
危太樸雲林集、說學齋稿　集 2－5852
危太樸雲林集、說學齋稿、太樸文集　集 2－5853
危太樸雲林集、說學齋藁　集 2－5850
危太樸集　集 2－5857、5860
危太樸集續補　集 2－5861
72 危氏邵陵族譜[湖南邵陽]　史 4－26834
77 危學士全集　集 2－5848

2721_7 倪

00 倪高士(瓚)年譜　史 2－11392
倪高士獅子林圖　子 3－16481
倪高士全集、倪高士年譜　集 1－5577
倪文正集　集 2－12023,6－43118
倪文正公(元璐)年譜　叢 1－456(5),2－731(62)
倪文正公說大戴禮　經 1－5909
倪文正公遺稿　集 2－12025～6
倪文正公遺稿、講編、代言選　集 2－12015
倪文貞集、續編、奏疏、講編、詩集　集 2－12017　叢 1－223(66)
倪文貞公(元璐)年譜　史 2－11601
倪文貞公文集　集 2－12024
倪文貞公文集、詩集、奏疏、講編　集 2－12016
倪文貞公文集、講編　集 2－12018
倪文貞公詩文稿　集 2－12014
倪文貞公詩集　集 2－12019
倪文貞公講編　集 2－12028～9
倪文貞公集　集 2－12022
倪文貞公集殘稿　集 2－12020
倪文貞公奏疏　史 6－48546
倪文僖集　叢 1－223(64)
倪文僖公集(倪文僖集)　集 2－6788
倪文僖公集、補遺　集 2－6789
倪文僖公集、補遺、附錄　叢 2－833
倪文僖公全集(上谷稿、南宮稿、歸田稿、玉堂稿)　集 2－6786
10 倪石陵書　集 1－3255　叢 1－223(55)、306、538
倪石陵書、考異　集 1－3256　叢 2－860

倪雲林(瓚)、題畫詩 史 2 - 8810
倪雲林詩 集 1 - 5589,6 - 41785
倪雲林詩集 集 6 - 41780
倪雲林先生詩集 集 1 - 5579、5581、5584、5586,6 - 41927 叢 2 - 635(11)
倪雲林先生詩集、集樂府、附錄 集 1 - 5583
倪雲林先生詩集、集外詩 集 1 - 5582,6 - 41928
倪雲林先生清閟閣詩集 集 1 - 5587
倪雲林先生清閟閣詩集、附集 集 1 - 5588
倪雲林九龍山居圖 子 3 - 16482
20 倪維嶽集 集 2 - 6720,6 - 41935(3)
31 倪迂存先生(模)年譜 史 2 - 11946
34 倪汝敬集 集 2 - 6771,6 - 41935(3)
37 倪鴻寶先生三刻(倪鴻寶先生代言選、倪鴻寶先生講編、倪鴻寶先生奏牘) 集 2 - 12013
倪涵初瘧痢三方 子 2 - 4752
倪涵初瘧痢三方(痢瘧三方、痢瘧奇方、經驗痢瘧良方、治瘧痢屢驗奇方) 子 2 - 6985
倪涵初先生治瘧痢良方 子 2 - 7000
44 倪蘇門筆法 子 3 - 15246
72 倪隱君集 集 1 - 5580,6 - 41935(3)
倪氏産寶 子 2 - 8099～100
倪氏雜記 叢 1 - 369
倪氏雜記筆法 子 3 - 15136 叢 1 - 572
倪氏雜記筆法(倪氏雜著筆法) 子 3 - 15135
倪氏族譜 史 4 - 31763
倪氏族譜[安徽祁門] 史 4 - 31757
倪氏族譜[四川樂至] 史 4 - 31762
倪氏重修族譜[江蘇丹徒] 史 4 - 31720
倪氏千乘世譜[上海松江] 史 4 - 31716
倪氏家譜[安徽望江] 史 4 - 31755
倪氏家乘[上海崇明] 史 4 - 31718～9
倪氏家乘[浙江嘉善] 史 4 - 31731
倪氏家乘[浙江金華] 史 4 - 31743
倪氏宗譜[上海南滙] 史 4 - 31717
倪氏祿申堂派下外譜[浙江金華] 史 4 - 31744
倪氏草譜 史 4 - 31764
倪氏世系[安徽黟縣] 史 4 - 31756
倪氏報本堂重修家乘[浙江金華] 史 4 - 31745
倪氏分遷永樂二邑間合輯宗譜[浙江] 史 4 - 31725
90 倪小野先生全集、倪小野先生别集、清暉樓詩 集 2 - 7476
倪肖雲夫子(寶賢)行畧 史 2 - 10442

皃

00 皃亭詩話 集 6 - 46008
皃亭集 集 3 - 20329
22 皃川全集三種 集 3 - 18944
27 皃舟諙柄 子 3 - 15976 叢 2 - 751
皃舟詩稿 集 3 - 16813
32 皃溪郭氏族譜[安徽旌德] 史 4 - 32326～7
皃溪郭氏宗譜[安徽旌德] 史 4 - 32325
40 皃南散記 子 4 - 22748、23640
44 皃藻集 集 2 - 6231、6243,6 - 41752 叢 1 - 223(62),2 - 698(11)
皃葵草堂詩稿 集 3 - 18220
62 皃睡堂詩鈔 集 4 - 24215
皃睡堂詩鈔二集 集 4 - 24216
67 皃盟集 集 3 - 14117
72 皃氏爲石鐘山圖說補義 叢 1 - 475
皃氏爲鍾圖說 經 1 - 5206
皃氏爲鍾圖說補義 經 1 - 5208
皃氏圖說 經 1 - 5207 叢 2 - 1814
80 皃翁亭詩集 集 4 - 28837

2722_0 仰

00 仰高許氏宗譜[浙江東陽] 史 5 - 34428
仰高軒詩集 集 4 - 30611
仰高軒詩草 集 4 - 30612,6 - 42007(2)
仰高軒詩鈔 集 4 - 30610
17 仰子遺語 子 4 - 20355 叢 1 - 22(20)、62～4,2 - 730(4)、731(8)
21 仰止子詳考古今名家潤色詩林正宗、韻林正宗 子 5 - 25087
仰止集 集 4 - 29731
仰止編 子 3 - 12690 叢 2 - 1775～6
仰止編、孟子外書考 子 3 - 12689
仰止錄 子 1 - 1014
仰止堂集 集 2 - 11581,6 - 44819
22 仰川詩鈔 集 5 - 39176
仰川近吟草 集 5 - 39177
仰川别墅詩鈔 集 5 - 39175
仰山詩 集 6 - 45074
仰山子新輯地理條貫 子 3 - 13566
仰山禪師詩 集 1 - 3800
仰山脞錄 史 2 - 7196 叢 1 - 22(24)、29(8)、57～8

仰山堂遺集、補遺 集 4－22231
36 仰視千七百二十九鶴齋叢書四十種 叢 1－426
46 仰觀集 子 3－11463
仰觀資謹三垣二十八宿諸星精約纂錄、仰觀資謹日月精約纂錄 子 3－11396
60 仰思記 子 1－1415 叢 2－1283
65 仰嘯樓文集 集 4－33368
80 仰弇年譜、外紀 史 2－12502
仰義簡儀二銘補註 子 3－11238
仰合天主聖意 子 7－35413
88 仰節堂集 集 2－10668 叢 1－223(66)

侗

51 侗軒集 集 2－6734

倜

21 倜便獨味良方 子 2－9793

勿

00 勿庵剩稿 史 1－5989
勿齋詩稿、遺稿 集 2－6721
勿齋集 叢 1－223(57)
勿齋先生文集 子 5－29530(22)
勿齋先生文集(勿齋集) 集 1－4179
勿齋自訂年譜 史 2－12118
勿庸剩稿 集 4－28607
10 勿二三齋詩集 叢 2－671
勿二三齋詩集、詞 集 5－36380
11 勿非詩鈔 集 3－18782
24 勿待軒文集存稿 集 4－31422 叢 2－966
勿待軒文集存稿、詩集存稿 集 4－31423
勿待軒雜誌存稿 叢 2－966
勿待軒詩話存稿 叢 2－966
勿待軒詩集存稿 叢 2－966
26 勿自棄軒遺稿 經 2－11701 叢 2－886(1)
38 勿道諕言 子 7－35462
44 勿菴歷算書記 史 8－66300
勿菴曆算書記 叢 1－223(35)
勿菴曆算書目 叢 1－244(5)、373(6),2－731(1)
勿藥文稿 集 3－19846
勿藥元詮 子 2－11054、11085
勿藥須知 子 2－11053 叢 1－364
勿藥單方 子 2－10094
51 勿軒詩稿 集 4－24683
勿軒集 集 1－4589、4593 叢 1－223(58)
勿軒先生文集、續集 集 1－4591
勿軒易學啓蒙圖傳通義 經 1－2136
72 勿所劉先生居官水鏡 史 6－43104
96 勿憚改齋吟草、續草 集 4－30064 叢 2－812

匑

71 匑厂文稿 集 5－38604

匊

00 匊庵訂正詩韻輯要 經 2－13791
匊庵重訂李于鱗唐詩選、匊庵增訂唐詩評 集 6－43342

向

00 向齋雜稿 子 4－22466
11 向北堂集 集 3－19268
20 向秀周易義 經 1－2321
22 向山近鈔尺牘小品一集、自稿、二集、補遺、自稿 集 6－45240
向山閣書目 史 8－65918
37 向湖村舍詩二集 叢 2－886(5)
向湖村舍詩初集 集 5－38278～9
向湖村舍二集待刊稿 叢 2－887
40 向南雜稿 集 4－22006
44 向若水公(佳胤)政蹟行述崇祀錄 史 2－9099
向若水公(佳胤)年譜 史 2－11569 叢 2－978
向若水公政蹟行述崇祀錄 叢 2－978
46 向觀橋徐氏世譜[上海] 史 4－31789
60 向日堂詩集 集 4－22272
向日堂存稿 集 3－21817
向杲吳氏世紀[安徽歙縣] 史 4－28042
向果微言、述指 子 1－1687～8 叢 2－1652

72 向氏族譜[江蘇鎮江] 史 4-26816
向氏族譜[湖南湘潭] 史 4-26820
向氏宗譜[江西興國] 史 4-26818
向氏宗祠神主譜 史 4-26825
向氏四修族譜[湖南] 史 4-26825
80 向翁李灌先生遺詩 集 3-13242
90 向懷葛先生文集 集 2-8339
96 向惕齋文集 集 3-18322
向惕齋先生集 集 3-18321 叢 2-669
99 向榮草 集 4-28559
向榮奏稿 史 6-48878

御

00 御註道德經 叢 1-227(7)
御註道德經(御定道德經註) 子 5-29154
御註太上感應篇 子 5-30328
御註孝經 經 2-8338、8446、8586 叢 1-227(3)
御註孝經、解說 經 2-8344
御註孝經、校譌 經 2-8343
御註孝經疏 經 2-8351
01 御龍子集六種 叢 2-1186
御訂全金詩增補中州集 集 6-43634 叢 1-223(71)
02 御刻三希堂石渠寶笈法帖(三希堂法帖) 子 3-15414
御刻三希堂石渠寶笈法帖、御刻三希堂石渠寶笈續法帖 子 3-15415
御刻三希堂石渠寶笈法帖釋文(三希堂法帖釋文) 子 3-15416
御刻墨妙軒法帖 子 3-15426
03 御試備官日記 史 1-2468 叢 1-195(3),2-731(54)
御試策 集 2-7408
06 御譯大藏經目錄 史 8-66351 叢 1-538
10 御雪豹 集 7-50227
16 御碑亭 集 7-53503
20 御愛南極盪兇忠孝祕法 子 5-31683
21 御虛階功過格 子 5-29576、30540
22 御製廣寒殿記 史 7-51518 叢 1-51、84(1)、85,2-730(8)、731(45)
御製文 集 3-19956,4-24561、27400,5-35355 叢 1-223(15)、230(2)
御製文二集 集 4-24563
御製文二集、三集、餘集 集 4-27399
御製文二集、目錄 集 3-19953
御製文三集 集 3-19954
御製文集(甲集、乙集、丙集文、詩、丁集) 集 2-6109
御製文集、總目、二集、總目、三集、總目 集 3-16799
御製文津閣記 集 3-19964
御製文津閣記、詩 集 3-19963
御製文初集 集 4-24562、27397
御製文初集、目錄 集 3-19952
御製文初集、目錄、二集、目錄、三集、目錄、餘集、目錄 叢 1-223(67)
御製文第四集、總目 集 3-16801
御製文第四集、時文五篇 集 3-16800
御製文餘集 集 3-19955,4-24564～6、27398
御製評鑑闡要 叢 1-227(6)
御製端敬皇后行狀 史 2-9374
御製訓飭士子文淺解、宣講儀注、宣講條約 子 1-2391 叢 2-1368
御製詠左傳詩 集 3-19976
御製詩 史 1-1771 集 3-19951,4-27396
御製詩、文 集 5-38949
御製詩、御製文 集 4-24547
御製詩文 史 7-52532
御製詩文稿 集 4-24544
御製詩文十全集 集 3-19957 叢 1-230(5),2-731(41)
御製詩二集 集 4-27393
御製詩二集、目錄 集 3-19946,4-24556
御製詩三集、目錄 集 3-19947,4-24557
御製詩五集、目錄 集 3-19949
御製詩集 集 2-6584,5-38953
御製詩集、第二集 集 3-16796
御製詩初集、目錄 集 3-19945,4-24555、27392
御製詩初集、目錄、二集、目錄、三集、目錄、四集、目錄、五集、目錄、餘集、目錄 叢 1-223(67)
御製詩四集、目錄 集 3-19948
御製詩第三集 集 3-16797
御製詩餘集 集 4-24558
御製詩餘集、目錄 集 3-19950,4-27394
御製讀史隨筆 史 1-5772～3
御製詮源歌 子 6-32081(51)、32082(26)、32084(32)
御製說經文 經 2-11555
御製平西蜀文 史 1-2708 叢 1-84(1)、85,2-730(8)、731(45)
御製平定廓爾喀詩 集 3-19973
御製平定兩金川告成大學碑文 集 3-19968
御製天文象占 子 3-13097
御製天元玉曆祥異賦 子 3-13045
御製天元玉曆圖考 子 3-13046

御製天地異象圖　子 3－13111
御製百家姓、孔聖天經地義正道教人修心八卦大學考經　史 2－13317
御製石渠寶笈、續入石渠寶笈奏定入書目錄　子 3－14804
御製西征記　史 1－2704　叢 1－84(1)、85，2－730(8)、731(45)
御製北調宮詞樂譜　集 7－54682
御製聖諭廣訓　子 1－2029
御製重輯明心寶鑑　子 1－2495
御製千字詔　史 1－1991、4194
御製行狀　史 2－9373
御製樂善堂集　集 3－19942
御製樂善堂全集定本　集 3－19943
御製樂善堂全集定本、序、目錄、跋　叢 1－223(67)
御製繙譯詩經　叢 1－223(12)
御製繙譯禮記　叢 1－223(12)
御製繙譯禮記滿漢合璧　經 1－5528
御製繙譯書經　叢 1－223(12)
御製繙譯書經(滿漢對照)　經 1－2522
御製繙譯春秋、綱領　叢 1－223(12)
御製繙譯四書　叢 1－223(12)
御製繙譯易經、周易圖說、筮儀、周易上下篇義　叢 1－223(12)
御製律呂正義　叢 1－223(15)、227(7)
御製律呂正義上編、下編、續編　經 1－6498　子 3－11237　叢 1－222
御製律呂正義後編　叢 1－223(15)、227(7)
御製律呂正義後編、上諭奏議　經 1－6518～9
御製律曆淵源三種　叢 1－222
御製律曆淵源五種　子 3－11237
御製佛賦　子 6－32081(51)、32082(26)、32083(32)、32084(32)
御製皇陵碑　史 1－2666　叢 1－52、84(1)、85，2－730(8)、731(45)
御製釋迦牟尼佛讃　子 6－32093(53)
御製翻譯詩經(滿漢合璧)　經 1－3529
御製翻譯孝經(滿漢合璧)　經 2－8295
御製翻譯春秋(滿漢對照)　經 1－7434
御製翻譯四書(滿漢合璧)　經 2－10134
御製翻譯四書(滿蒙漢對照)　經 2－10136
御製紀非錄　史 6－45797
御製紀實詩　集 3－19975
御製紀夢　史 1－2667　叢 1－84(1)、85，2－730(8)
御製緣識　子 6－32081(51)、32083(32)、32084(32)
御製避暑山莊詩　集 3－16798，6－44217
御製避暑山莊圖詠　叢 2－689
御製避暑山莊圓明園圖詠　史 7－51342
御製官箴　叢 1－50～1、55
御製冰嬉賦　集 3－19962
御製巡幸盛京詩　集 4－27395
御製祕藏詮　子 6－32081(51)、32082(26)、32083(32)、32084(31)
御製對數闡微　子 3－12540
御製滿珠蒙古漢字三合切音清文鑑　經 2－15018　叢 1－223(16)
御製滿漢西番合璧大藏全咒　子 7－32795
御製清文鑑、序目、總綱、後序　經 2－14996
御製清文鑑、清文鑑補編　經 2－14997
御製清文鑑總綱　經 2－14999
御製清文鑑補編　經 2－15000
御製清文鑑補遺彙抄　經 2－15007
御製清文鑑補遺彙抄滿漢分類　經 2－15008
御製清曲　子 3－17908、17918
御製資政要覽、後序　子 1－1319　叢 1－227(6)
御製逍遙詠　子 6－32081(51)、32083(32)、32084(32)　集 1－1840
御製九字迴文圖書譜　子 3－16970
御製大誥　史 6－45790
御製大誥、續編　史 6－45793
御製大誥、續編、三編　史 6－47608
御製大誥、續編、三編、大誥武臣　史 6－45792
御製大誥三編　史 6－45794
御製大誥續編、三編　史 6－45791
御製大雲輪請雨經　史 7－51657　子 5－29946，7－32922
御製大明律　史 6－45764
御製南調宮詞樂譜　集 7－54683
御製李鴻章祭文　史 2－10281
御製古稀說、古稀頌　集 3－19969
御製古稀說、古稀頌九章　史 6－47685
御製真武廟碑　子 5－29530(19)
御製勸善要言　子 1－2525
御製蒙漢合璧書經　經 1－2524
御製蓮華心輪迴文偈頌　子 6－32084(32)，7－32119
御製孝慈錄　叢 1－84(1)、85，2－730(8)
御製萬方歸化詩　集 3－19974
御製萬壽山五百羅漢堂記　集 3－19965
御製熱河考鄂博說濼河濡水源考證　史 7－52849　叢 2－1510
御製增訂清文鑑　經 2－15005
御製增訂清文鑑、補編、總綱、補編總綱　經 2－15004　叢 1－223(16)
御製盛京賦　史 7－49983

御製盛京賦、篆書緣起 集3－19961
御製盛京頌 集4－24560
御製戒得堂記 集3－19966
御製揀魔辨異錄 子7－34126
御製耕織圖 子1－4136～8
御製耕織圖詩 叢2－689
御製擬白居易新樂府 集3－19971
御製數理精蘊 叢1－227(7)
御製數理精蘊上編、下編、表 子3－11237、12535 叢1－222、223(35)
御製數表精詳 子3－12541
御製日知薈說 叢1－223(31)、227(7)
御製四體清文鑑、補編 經2－15019
御製圓明園詩 集3－18127
御製圓明園圖詠 史7－51524
御製顯(詮)源歌 子6－32083(32)
御製題月令輯要 史6－49275
御製明堂或問 史6－42018
御製嗣統述聖詩 史1－7、6189 集4－24549～50
御製曆象考成 子3－12895 叢1－227(7)
御製曆象考成上編、下編、後編、表 叢1－222
御製曆象考成上編、下編、後編、表、御製律呂正義、欽定儀象考成 子3－11379
御製曆象考成上編、下編、表 子3－11237、11380 叢1－223(34)
御製曆象考成後編 子3－11237、11381 叢1－223(34)、227(7)
御製周顛仙人傳 史2－8828 叢1－50～2、55、84(1),2－730(8)、731(62)
御製周顛人傳 叢1－52
御製月令七十二候詩 集3－19959
御製朋黨論 子1－2006
御製開國方畧聯句 叢1－223(19)
御製人臣儆心錄 史6－42982
御製八徵耄念寶記 集3－19967
御製全韻詩 集3－19972,4－24552
御製全韻詩恭跋千字文 叢1－269(2)、270(1)、276
御製全史詩 史1－6071～2 集4－24553～4
御製金剛般若波羅蜜經集證 子7－33166
御製金籙大齋章表 子5－30808
御製無量壽佛贊 子7－34516
御製欽若曆書上編 子3－11699
御製欽若曆書上編、下編 子3－11698
御製欽若曆書表 子3－11711
27 御舟召見恭紀、附錄題跋 叢1－315
30 御塞(寨)行程 叢1－29(5)
御塞行程 史7－49541 叢1－22(7)、23(7)
御注孝經 叢1－446
御注孝經疏 叢2－774(5)
御注金剛般若經疏宣演 子7－32119
御注金剛般若經疏宣演殘 子7－32119
御注金剛般若波羅蜜經宣演 子6－32084(32)
御定康熙字典、總目、檢字、辨似、等韻、補遺、備考 叢1－223(16)
御定康熙字典辨似 經2－12872
御定康熙字典備考 經2－12875
御定康熙字典補遺 經2－12874
御定康熙字典十二集、總目、檢字、辨似、等韻、補遺、備考 經2－12871
御定康熙字典等韻 經2－12873
御定音韻闡微、韻譜 叢1－223(16)、227(5)
御定六壬大全 子3－13979
御定六壬直指、析義 子3－13929
御定六壬直指、附鈐 子3－13930
御定六壬金口合占 子3－13928
御定韻府拾遺 叢1－223(44)、227(8)
御定詞譜 叢1－223(73)、227(11)
御定子史精華 子5－25901 叢1－227(8)
御定子史精華、目錄 叢1－223(44)
御定千叟宴詩 集6－44208 叢1－223(71)
御定卜筮精蘊 子3－13753
御定佩文齋廣羣芳譜、目錄 叢1－223(39)、227(7)
御定佩文齋詠物詩選 叢1－223(71)、227(11)
御定佩文齋書畫譜 子3－14783
御定佩文齋書畫譜、總目、纂輯書籍 叢1－223(37)
御定佩文齋書畫譜、纂輯書籍 叢1－227(8)
御定佩文韻府 叢1－223(44)、227(8)
御定淵鑑類函、目錄 叢1－223(44)、227(8)
御定對數表、度數表 子3－12536
御定通鑑綱目三編 叢1－227(5)
御定資政要覽、後序 叢1－223(31)
御定資治通鑑綱目三編 叢1－223(19)
御定道德經註 子5－29154 叢1－223(46)
御定內則衍義 叢1－223(31)
御定奇門寶鑑(奇門寶鑑) 子3－14317
御定奇門真詮 子3－14316
御定孝經 經2－8445
御定孝經衍義 經2－8454 叢1－227(3)
御定孝經衍義、目錄 叢1－223(31)
御定孝經注 叢1－223(12)
御定萬年書 子3－11717、11719～21
御定萬年書、御纂歷代三元甲子編年 子3－11718
御定曲譜 叢1－223(73)

御定星曆考原　子3-14495　叢1-223(36)
御定易經通注　叢2-872
御定歷代紀事年表、三元甲子編年、目錄　叢1-223(20)
御定歷代紀事年表、歷代三元甲子編年　史1-4572～3
御定歷代題畫詩類　集6-42468　叢1-227(11)
御定歷代題畫詩類、總目　叢1-223(71)
御定歷代賦彙、外集、逸句、補遺　叢1-227(11)
御定歷代賦彙、外集、逸句、補遺、目錄　集6-42592
御定歷代賦彙、目錄、外集、逸句、補遺　叢1-223(70)
御定月令輯要、圖說　叢1-223(23)、227(5)
御定醫宗金鑑　叢1-227(7)
御定駢字類編　子5-26157　叢1-227(8)
御定駢字類編、目錄　叢1-223(44)
御定人臣儆心錄　叢1-223(26)
御定全唐詩　叢1-227(11)
御定全唐詩、總目　叢1-223(71)
御定全唐詩分目　集6-43414
御定全唐詩錄　叢1-223(71)
御定全唐詩錄(全唐詩錄)、詩人年表　集6-43413
御定分類字錦、目錄　叢1-223(44)、227(8)
御定小學集註　叢1-223(30)
御案詩經要說　經1-4156
御案詩經備旨　經1-4079
御案五經　經1-75
御案七經要說　叢1-330
御案春秋三傳　經1-7890
御案春秋左傳經傳備旨　經1-6974
御案易經要說　經1-1400
37 御袍恩　集7-50204
御選唐詩　集6-43410　叢1-227(11)
御選唐詩、韻編　集6-43412
御選唐詩、目錄　集6-43411　叢1-223(71)
御選唐詩題解類編　子5-25944
御選唐宋文醇　叢1-227(11)
御選唐宋文醇(唐宋文醇)、目錄　集6-42241
御選唐宋文醇、目錄　叢1-223(71)
御選唐宋詩醇　叢1-227(11)、579
御選唐宋詩醇、目錄　集6-42240　叢1-223(71)
御選唐宋元明詩、唐宋詞　集6-42239
御選語錄　子6-32092(44),7-32102
御選語錄序鈔　子7-34348
御選元詩　叢1-227(11)
御選寶筏精華、金屑一撮　子7-34128
御選宋詩　叢1-227(11)
御選宋詩、姓名爵里、御選金詩、姓名爵里、御選元詩、姓名爵里、御選明詩、姓名爵里(御選宋金元明四朝詩)　叢1-223(71)
御選宋詩姓名爵里、御選金詩姓名爵里　史2-7099
御選宋金元明四朝詩、姓名爵里　集6-41787
御選古文淵鑒　集6-43025
御選古文淵鑒、總目　叢1-223(70)
御選古文淵鑑　叢1-217、227(11)
御選妙覺普度和聖寒山大士詩　集1-670
御選明詩　叢1-227(11)
御選明臣奏議　史6-47808　叢1-223(21)、230(2)
御選歷代詩餘　集7-48543　叢1-227(11)
御選歷代詩餘、總目　叢1-223(73)
御選金詩　叢1-227(11)
44 御荒集覽　史6-44597
御著大狩龍飛錄　史1-2842　叢1-50～1
御茶膳房儀注　史6-42218
50 御史大夫張公定變錄　史2-8957
御史大夫思質王公奏議　史6-48302
御史臺記　史6-42883　叢1-15、22(8)、23(8)
御史臺記佚文　史6-42884　叢2-777
御史臺精舍碑題名　史6-42885～6　叢1-278
御史題名　史3-13497
御史題名錄　史3-14893
御史劉其年劾吳台壽疏　叢2-1016
御史箴　史6-42942
御書千手千眼觀世音菩薩大悲心陀羅尼　子7-32881
御書佳句　集7-49705
御書佛頂心陀羅尼經　子7-33027
御書徵言　史2-8176　叢2-2097
御書樓書目　史8-65504
51 御批續資治通鑑綱目　史1-1167　叢1-223(29)
御批通鑑綱目　史1-1109
御批通鑑綱目前編、舉要　史1-1077
御批通鑑輯覽、明唐桂二王本末　叢1-227(5)
御批通鑑輯覽五季紀事本末　史1-1798　叢2-2202
御批資治通鑑綱目　叢1-223(29)
御批資治通鑑綱目三編　史1-1276

御批資治通鑑綱目全書 史1-985
御批資治通鑑綱目前編、外紀、舉要 叢1-223(29)
御批歷代通鑒輯覽備問二編 史1-1202
御批歷代通鑑輯覽 史1-1201
御批歷代通鑑輯覽、明唐桂二王本末 叢1-223(19)
57 御撰資治通鑑綱目三編 史1-986、1243、1595～8
61 御題三希堂續刻法帖(三希堂續刻法帖) 子3-15418
御題聯額江南名勝圖 史7-51356
御題沃心金鑑 叢2-1807
御題啓心金鑑 叢2-1807
御題南田山水花卉册 子3-16685
御題明臣史可法像卷 叢1-256
御題養正圖詩 子1-2790
御題養正圖讚 子1-2790
御題竹爐圖詠 集3-19958
66 御賜齊年堂文集(嘉定王補亭駢體文集) 集3-18034
御賜齋莊中正堂春夢録 史2-12164～6
御賜竹爐山房王孟端畫卷 子3-16487
77 御風蟫吟録 集3-21270
御鳳閣集 集2-11553
御殿圓(金鑾配) 集7-50297
御醫請脈詳志 子2-10851
御醫大内奇驗祕方 子2-10187
78 御覽詩 集6-41853、43245 叢1-223(68)
御覽詩集選 集6-41876 叢2-948
御覽詩集選(御覽詩) 集6-43246
御覽三編 叢2-1737
御覽孤山志 史7-53376 叢2-832(2)
御覽孤山志、蘭亭志 史7-52305
御覽集 集3-20811、21848,4-26945
御覽集、金鼎題詠彙存 集4-26944
御覽經史講義 子1-1561 叢1-227(11)
御覽經史講義、目錄 叢1-223(31)
御覽蘭亭志、孤山志 史7-51410
御覽書苑菁華 子3-15064 叢1-424、469、586(3),2-716(3)
御覽曲洧舊聞 叢1-243
御覽戰守心法 子1-3397
御覽闕史 叢1-243、395、410、470,2-621
御覽闕史(唐闕史) 叢1-244(1)、249(1)
御覽籌兵藥言三十六字 史6-45154
御膳單 子4-18959
御臨王獻之書洛神賦十三行并圖 子3-15733
84 御鉢譜 史8-65084
87 御録經海一滴 子6-32092(44),7-34621
御録宗鏡大綱 子6-32092(44),7-34001
88 御筆文淵閣記 史8-65475
御纂痘科全書 子2-9022
御纂詩義折中 經1-4040 叢1-223(7)、227(2)
御纂朱子全書 子1-732～3 叢1-217、223(31)、227(6)
御纂傷寒雜病心法要訣 子2-6592
御纂七經 經1-78
御纂七經序錄 經2-11939
御纂孝經集註 經2-8460、8586 叢1-223(12)、227(3)
御纂春秋直解 經1-7828、7838 叢1-223(11)、227(3)
御纂歷代三元甲子編年 史1-1379 子3-11718
御纂歷代三元甲子編年、御定萬年書 子3-11720～1
御纂周易述義 叢1-223(4)、227(2)
御纂周易述義(周易述義) 經1-1303
御纂周易折中 經1-78、1077～8 叢1-223(4)、227(2)
御纂醫宗金鑑 子2-4989 叢1-223(34)
御纂性理精義 子1-184 叢1-223(31)、227(6)、574(3),2-698(7)

甪

10 甪西吟榭詩鈔 集5-35051

翽

17 翽羽堂詩草 集3-20668

豹

11 豹斑集 集4-29232
17 豹子和尚 集7-48779
豹子和尚自還俗 集7-49083、49107
40 豹皮集 集4-29056
72 豹隱記談 叢1-17
豹隱山房詩集 集5-38288
豹隱紀談 集6-45635 叢1-19(4)、20(2)、21(3)、22(3)、23(3)、24(4)、29(6)、157
豹隱紀談佚文 集6-45636 叢2-777

豹隱堂文集　叢2-1911
豹隱堂集　集4-32944～5
豹隱堂集(蠡測集、豹隱堂文集、豹隱堂近作詩、坐言集、近作雜稿、楹聯、書跋)　集4-32943
豹隱堂集六種　叢2-1911
豹隱堂近作雜稿、書跋　叢2-1911
豹隱堂近作詩稿、楹聯　叢2-1911
豹隱堂坐言集　叢2-1911
74 豹陵集　集3-13062
77 豹留集　集3-18186

2722_2 修

00 修齊要語　子1-2606
修齊要覽　集2-10234
修齊集要　子1-2573
修齊直指評　子1-1853　叢2-829、2041
修齊錄　叢2-1357
修齊堂詩鈔、吟花小草、尺牘　集4-25113
修方涓吉符　子3-14469
修唐書史臣表　史1-681　叢1-244(4),2-731(65)、1489
修意抄存　叢2-2270(4)
修文記　集7-49861
修文御覽殘　叢2-628
修文縣志[民國]　史8-62190
修文殿御覽殘　叢2-592
修註瑜伽集要施食北議[壇儀]　子7-35053
01 修訂浙江全省輿圖並水陸道里記　史7-50261
修訂法律館條議　史6-46008
修訂弟子規　子1-2808
07 修設瑜伽集要施食壇儀　子7-32099
修設瑜伽集要施食壇儀、瑜伽施食儀觀　子7-35050
修設瑜伽集要施食壇儀、儀軌　子7-35049
08 修譜記　史5-41407
10 修正辛丑和約第七、八、九各條　史6-44973
修正刑律案語　史6-45910
修正刑法草案理由書　史6-45990
修正現刑律　史6-45989
修正印花稅法　史6-43533
修元大道三章　子2-11078
修西定課　子7-34545
修西聞見錄　子7-34544
12 修水□以利通商　子7-37159
13 修武縣志[康熙]　史8-59656
修武縣志[道光]　史8-59658
修武縣志[乾隆]　史8-59657
修武縣志[同治]　史8-59659
修武縣志[民國]　史8-59660
修殘集　子2-10663
15 修建東莞砲臺文牘　史6-45565
16 修理滇省會垣城工事宜　史6-46576
17 修習瑜伽集要施食壇儀　子7-35044、35051～2
修習止觀坐禪法要　子6-32089(49)、32091(60)
修習止觀坐禪法要(童蒙止觀、小止觀)、始終心要　子6-32093(50)
修習止觀坐禪法要(童蒙止觀、小止觀)、六妙法門　子7-33839
修習止觀坐禪法要(童蒙止觀、小止觀)、天台止觀統例　子7-33838
修習止觀坐禪法要(童蒙止觀、小止觀)、天台止觀統例、天台法門議　子6-32092(40)
修習止觀坐禪法要(童蒙止觀、小止觀)、止觀坐禪法要記、天台止觀統例、天台法門議　子6-32090(62)
修習般若波羅蜜菩薩觀行念誦儀軌　子6-32084(29)、32093(34),7-32119
修己齋晤言日錄　子1-1670
18 修改長江通商章程　史6-44006　子7-36228(6)
20 修辭九論　叢2-2250
修辭指南　子5-24961
修辭舉隅　叢2-694
修辭鑑衡　集6-45690　叢1-223(72)、272(4)、547(4),2-731(46)
修辭餘鈔　經1-108　集3-20937　叢2-814
21 修仁縣志[道光]　史8-61291
修仁縣志[光緒]　史8-61292
修行必讀四經一記　子7-32116
修行道地經　子6-32081(39)、32082(17)、32083(25)、32084(21)、32085(37)、32086(43)、32088(27)、32089(33)、32090(54)、32091(52)、32092(35)、32093(27)
修行本起經　子6-32081(30)、32083(20)、32084(17)、32085(30)、32086(34)、32088(21)、32089(20)、32090(27)、32091(26)、32092(18)、32093(18)
修行捷徑　子5-32061
修行明宗月微寶卷(月微寶卷)　集7-54166
22 修川志餘[光緒]　史7-57358

修川小志[同治] 史7-57357
修崑崙證驗 子2-11208
24 修備紀畧 叢1-371
修德簡說 叢2-2270(3)
修德堂經驗藏書 子2-9408
25 修生袖珍 子7-35573
27 修多羅王經 子6-32083(8)
修身齊家章注 經2-8895 叢2-2148
修身科論語課程 經2-9642
修身約言 子1-2611
修身書 子7-36236
修身學 子1-2613
修身學講義 子1-2610
修身錄 叢2-724
28 修復宋理學二徐先生祠墓錄 史7-51948 叢2-851
修齡要旨 子2-11085
修齡要指 子2-10982 叢1-195(6)
30 修房法 子3-13152
31 修濬皖河考畧 史6-46865,7-49357
32 修業堂集 集4-28556
修業堂稿 集2-10544,6-44973
33 修心訣 子6-32092(43)
修心訣、真心直說、誡初心學人文 子7-34032
修心訣三種 子7-34034
修治藥法 子2-6447 叢1-223(33)
修補傷寒金鏡錄辨舌世驗精法 子2-6233、6533
34 修造吉方立成 子3-14595～6
修造地司鎮宅 子5-31704
36 修況詩餘 集7-46432、46970
37 修凝齋集 集4-25060
修潔齋閑筆 子4-22400～1
修潔堂集畧 集3-20120
修潔堂初稿 集3-20119
修初堂詩草 集5-38007
修禊閣稿 集2-9459
38 修道寶筏 子5-32047
修道真言 子5-31200
40 修九儒譜畧前編、後編 子1-1198
修志疏 叢2-1188
修女小傳 子7-35830
修吉編 子4-24679
修吉堂文稿 集3-14505
修吉堂遺稿 集3-16153
修真辨難 子5-29567～71、31394
修真六書 子5-29565
修真正旨撮要 子2-11117
修真後辨 子5-29569～71、31395
修真程途全集、附編 子5-31486
修真寶傳 子5-31477,7-36189
修真寶傳因果(修真寶傳因果全集、修真寶傳因果全部) 子7-36194
修真寶卷 子7-36190
修真宗旨初編、修真宗旨二編 子5-32033
修真演義 子2-11029 叢1-86
修真祕訣 子5-31074、31489
修真祕要 子2-4556、11023、11026、11172
修真祕要、保生心鑑、養生導引法 子2-11024
修真祕旨 子2-11067
修真祕錄 子2-10985,5-29530(17)
修真道情 集7-52592
修真十書 子5-29530(6)
修真九要 子5-29567～71、31398 叢2-724
修真太極混元指玄圖 子5-29530(4)、31518
修真太極混元圖 子5-29530(4)、31517
修真蒙引六十篇 子7-36037
修真指南合編(修身指南衍說、修行說) 子5-32034
修真捷徑導引術 子2-11188
修真四要 集5-37056
修真因果傳 子7-36196
修真因果傳(重刻修真因果全傳) 子7-36197
修真因果傳(修真寶傳因果、新刻修真寶傳因果全部) 子7-36200
修真因果傳全本(修真因果傳全集) 子7-36199
修真因果寶卷 子7-36195
修真歷驗鈔圖 子5-29530(4)、31524
修真全傳 子7-36198
修真館詞稿 集7-48096
修真精義雜論 子2-11142,5-29530(6)
修來文鈔 集3-15939
43 修城 史6-46508 叢2-1138
44 修夢詞 集7-46406、46936
修華嚴奧旨妄盡還源觀 子6-32090(64)、32091(62)、32092(41)、32093(50),7-33343、33885、33888
修華嚴懺九會請佛儀 子7-32386
修桂軒詩餘 集5-36387
48 修敬詩集 集2-6682、6684
修敬公(秦旭)年譜 史2-11424
50 修史試筆 史1-2389 叢2-1403～4
修史盧九百梅花唫館日記 史2-13267
修事指南 子2-4780、5889
修攘通考 史7-49565

修本堂稿　叢2-1678
修本堂稿、月亭詩鈔　集4-26790
修本堂叢書　叢2-1678
修書本末　子5-29530(10)、30658
修書圖　子3-16755
52 修拙齋詩集　集5-37384
55 修慧室詩草　集6-42021
修慧堂詩草　集4-28012
60 修園心案　子2-4658
62 修縣誌小序　集2-7781
67 修明蒼水墓記及題詠　經1-105
修路說畧　子7-37146
70 修防瑣志　史6-46588、46680
修防事宜　史6-46587、46691
71 修曆　叢2-1188
修曆書　叢2-1188
修慝餘編　子1-1476　叢1-241、242(3),2-731(8)
77 修月山房詩集　集4-30911
修月遺稿　集5-40418
修眉史室詩稿　集5-34848
修學篇　子7-36720
修丹妙用至理論　子5-29530(5)、29562、30821
80 修合成方　子2-9529
修合回生丹方法　子2-8202
修養雜錄　子2-11133
修養正傳丹經類粹　子5-31325
修養要覽　子2-11044
修養須知　子2-4589、11056
修養窩耕餘偶筆　集5-34342
85 修鍊須知　子5-29530(21)、29562、30920
修鍊大丹要旨　子5-29530(18)
88 修筠堂詩草　集4-31600
修竹廬文存、詩存　集5-39540
修竹廬詩　集4-24084
修竹廬詩稿　集3-16825
修竹廬吟稿　集3-21252,6-41999
修竹齋試體詩　集4-25434
修竹齋未定稿　集4-29707
修竹山房詩草　集5-34615
修竹山房詩鈔　集3-15410
修竹山房稿　集5-35987
修竹山房徽崑曲譜　集7-54748
修竹山房未定稿　集4-29706
修竹編　集2-11030
修竹軒詩鈔　集4-28707,5-34541,6-42003
修竹軒遺草　集4-30895,6-42007(2)
修竹軒且然集　集3-18809
修竹居詩集　集4-26209
修餘堂集　集3-17820
修築蒙古鐵路建議案　史6-44241,7-49357
90 修省良規　子5-30497
修省格言　叢2-1477
93 修懺要旨　子6-32089(50)、32090(64)、32091(62)、32092(42)
修懺要旨、香華運想偈科文　子6-32093(50)
修懺要旨畧　子7-32877
95 修煉大丹要旨　子5-29555、30867

2722_7　傷

48 傷梅香騙翰林風月　叢2-720(5)
傷梅香騙翰林風月雜劇　集7-48767(3)、48774(5)、48936　叢2-698(16)

仍

10 仍可軒詩鈔　集5-34348
60 仍園集　集3-13353,6-45100
仍園日出言　集2-11002
63 仍貽堂集　集2-11913,6-43118

俑

00 俑廬日札　史8-63745　叢2-2197

嚮

00 嚮言　子1-1324　叢2-937
67 嚮明齋詩文　集2-6399
嚮明齋詩文附卷　集1-5344

倄

60 倄園集　集2-13011

角

10 角工雕刻札記 叢 2-2162
21 角虎集、起念佛七儀式 子 7-34130
22 角山樓詩鈔 集 4-31314～5
角山樓蘇詩評註彙鈔、目錄 集 1-2516
角山樓增補類腋 子 5-26207
角山樓增補類腋 子 5-26209～10
角山樓賦鈔 集 4-31316
40 角力記 子 3-18475 叢 1-175,2-731(36)
角力記、校譌 子 3-18476
角力記、校譌、續校 子 3-18477 叢 1-376
44 角葉全譜解 子 3-18257
86 角智補遺譜 子 3-18519

躬

13 躬恥齋文鈔、文後編、詩鈔、詩後編 集 4-28416
躬恥齋經世十八篇 子 1-1735
躬恥齋格言 子 4-24250 叢 1-571
71 躬厚堂集(躬厚堂詩錄、詩初錄、雜文、絳趺山館詞錄) 集 4-31143

鄉

00 鄉音正訛 經 2-14268
鄉音正誤、賸稿 經 2-14135
鄉音俗字通考 經 2-14088、14887
鄉音字類 經 2-14891
鄉諺證古 經 2-14875
03 鄉試硃卷 叢 2-2032
鄉試硃卷(順天府) 集 6-45470
鄉試鄞縣會館重議條規 史 6-42526
鄉試墨卷 集 2-11417、11433
04 鄉詩摭譚正集、續集 集 6-46203
05 鄉塾正誤 子 1-2442 集 6-41759 叢 1-483、499,2-2009
09 鄉談 子 4-21271 叢 1-480,2-848
22 鄉山高氏族譜[福建漳州] 史 4-32436
24 鄉射禮集要圖說 經 1-5479
鄉射禮儀節 經 1-5480
鄉射直節 叢 1-22(26)
鄉先生文鈔 叢 1-564
鄉先生錄 史 2-8094
26 鄉程日記 史 7-49317(6)、49318(12)、53969
27 鄉約 子 1-3491 集 2-9178 叢 2-731(59)、782(3)
鄉約、鄉儀 子 1-2009 叢 2-829
鄉約要談 子 1-2068
鄉約書 子 1-2050
28 鄉儀 子 1-2008～9 叢 1-519,2-829
30 鄉寧縣志[康熙] 史 7-55882
鄉寧縣志[順治] 史 7-55881
鄉寧縣志[乾隆] 史 7-55883
鄉寧縣志[民國] 史 7-55885
鄉寧縣志[光緒] 史 7-55884
鄉守外編輯要 史 6-45448 子 1-3495
鄉守外編節要 史 6-45450
鄉守摘要 子 1-3497
鄉守輯要 史 6-45449 子 1-3493
鄉守輯要合抄(鄉守輯要) 子 1-3492
鄉守輯要合鈔 史 6-45447
鄉官私議 史 6-43083
40 鄉大夫辨 叢 2-1747
鄉土記敍例 叢 2-737
鄉土志叢編第一集 史 7-54921
鄉志類稿[民國] 史 7-56993
鄉校禮輯 經 1-6308
43 鄉城罵 集 7-52520
55 鄉曲枝詞 叢 2-1581
57 鄉邦舊聞 叢 1-373(4)
60 鄉園憶舊錄 子 4-23289～91
鄉甲約 叢 2-1140
65 鄉味雜詠 子 4-18947
72 鄉兵救命書 史 6-45450
鄉兵管見 子 1-3099
77 鄉學正誤(鄉塾正誤) 子 1-2442
鄉學條約、鋤經閣學規、讀書日程 子 1-2436
鄉賢文移 集 2-10768
鄉賢崇祀錄 史 2-7971
鄉賢傳 史 8-63021
鄉賢冷考樸先生事實錄 史 2-10324
鄉賢區西屏集 集 2-7388
鄉賢陳公遺集 集 4-30240
鄉賢公遺著 集 1-4027 叢 2-700、1005
鄉賢錄 史 2-6964～6 集 4-27970 叢 1-151,2-1296、1678
80 鄉人社會談 叢 2-2176～7
鄉會試硃卷 叢 2-1405
鄉會試路費田 史 6-42286
鄉會試策判墨藝 集 2-11615 叢 2-978

鄉會須知 史 6－42275
鄉會考試變通新章 史 6－42279
鄉會履歷 史 3－15019
87 鄉飲詩樂譜 經 1－6477、6584～6
鄉飲膾談 叢 2－795
90 鄉黨文擇雅正編 經 2－9693
鄉黨正義 經 1－163(2)，2－9696、9702
鄉黨便蒙 經 2－9711
鄉黨經傳通解 經 2－9697
鄉黨私塾課本 經 2－9699
鄉黨俟正 經 2－9703
鄉黨備考 經 2－9700
鄉黨約說、遵經、補遺 經 2－9705
鄉黨補註 經 2－9692
鄉黨補遺 經 2－9706
鄉黨補義 經 2－9715 叢 2－2078
鄉黨禮說 經 2－9698
鄉黨考 經 2－9695
鄉黨考便讀 經 2－9707
鄉黨萃珍 經 2－9712
鄉黨增輯 經 2－9708
鄉黨典義 經 2－9701
鄉黨圖考 經 1－111(2)，2－9688 叢 1－223(14)
鄉黨圖考、訂訛 經 2－9689
鄉黨圖考、鄉黨補註 經 2－9691
鄉黨圖考訂訛 經 2－9690
鄉黨圖考便讀 經 2－9709
鄉黨圖考補證、劄記 經 2－9713
鄉黨圖考劄記 經 2－9714
鄉黨義考 經 2－9694
鄉黨類纂 經 2－9710

2723_2 像

04 像讚評林贈言 子 3－16301
24 像贊挽詩 集 2－10058
像續抄 經 1－754
25 像傳 叢 2－1153
27 像象述金針 叢 1－223(4)
像象金針 經 1－818
像象管見 叢 1－223(4)
像象管見(上下經、繫辭說序雜卦傳) 經 1－752
像象管見、序測、例畧、題辭、易傳 叢 2－798
59 像抄 經 1－753

彖

25 彖傳論 經 1－120、1333
27 彖象論 經 1－120、1334

衆

08 衆許摩訶帝經 子 6－32083(30)、32090(34)、32091(33)、32092(22)
10 衆天僊慶賀長生會雜劇 集 7－48774(4)、49273
17 衆羣僊慶賞蟠桃會雜劇 集 7－48774(7)、49263
20 衆香詞 集 7－48526
衆香詞書集花叢、衆香詞書集雲隊 集 7－48527
衆香國 史 2－7680
衆香閣文稿、詩稿 集 4－27060
衆香閣文稿、詩艸 叢 2－915
21 衆經寶卷音義 子 7－34840
衆經撰雜譬喻經 子 6－32081(39)、32082(18)、32083(26)、32086(44)、32088(27)、32089(34)、32090(55)、32091(53)、32092(37)
衆經目錄 史 8－66319、66321、66325 子 6－32081(42)、32082(20)、32083(27)、32084(22)、32085(39)、32086(46)、32087、32088(28)、32089(51)、32090(65)、32092(41)、32093(52)
22 衆仙讚頌靈章 子 5－29530(12)、29563、30795
24 衆僚友喜賞浣花溪 集 7－48774(4)、49042
30 衆家晉史 叢 2－772(4)、773(4)
35 衆神聖慶賀元宵節 集 7－48774(3)、49270
40 衆喜寶卷(衆喜粗言寶卷) 子 7－36155
44 衆芳堂詩存 集 2－12467
49 衆妙齋集 集 2－11243
衆妙集 集 6－41782、43275 叢 1－223(69)，2－731(38)
衆妙仙方 子 2－9283
50 衆事分阿毘曇論 子 6－32081(37)、32082(16)、32083(24)、32084(20)、32085(36)、32086(40)、32088(26)、32089(45)、32090(52)、32091(50)、32092(35)、32093(29)
80 衆人拿兇犯(法場問斬張濟春有救星) 集 7－53397

象

00 象言破疑　子5－29569～71、31392
11 象頭精舍經　子6－32081(9)、32082(9)、32083(7)、32085(10)、32088(8)
12 象形文釋　經2－12500、15143
象形文釋、韻目　經2－12501
象形字譜　經2－12473
16 象環寤記　子4－21008
21 象步經　子6－32085(8)、32090(9)、32092(6)
象占　子3－13120
22 象崖珽禪師語錄　子6－32091(77)
象峯元氏六修族譜[江西樂安]　史4－25543
象山記　史7－49318(5)、52258
象山集、外集、目錄、語錄　集1－3730
象山集、目錄、外集、語錄　叢1－223(55)
象山先生文集　集1－3732
象山先生文集(象山先生全集)、外集　集1－3731
象山先生文集(象山先生全集)、外集、語錄　集1－3729
象山先生文集、外集　集1－3728
象山先生要語　子1－102、728
象山先生集　集1－3738,6－41894(3)、41895
象山先生全集　叢2－635(10)
象山先生全集(陸象山先生文集)　集1－3726
象山先生全集(陸象山先生全集)、附錄少湖徐先生學則辨　集1－3725
象山宜築軍港議　史6－45551,7－49357
象山葉氏重修宗譜[浙江東陽]　史5－35704
象山縣志[雍正]　史7－57470
象山縣志[康熙]　史7－57469
象山縣志[道光]　史7－57472　叢1－373(2)
象山縣志[嘉靖]　史7－57467
象山縣志[萬曆]　史7－57468
象山縣志[乾隆]　史7－57471
象山縣志[民國]　史7－57474
象山縣志稿[同治]　史7－57473
象山縣志志文存疑[民國]　史7－57475
象山陸先生(九淵)年譜　史2－11335～8　集1－3727
象山粹言　集1－3741
23 象外軒集　集3－16041
24 象緯占候　子3－13080
象緯彙編　子3－11315
30 象之上公詩稿　集4－30621
32 象州沸泉記　史7－49318(11)、53710
象州志[乾隆]　史8－61428
象州志[同治]　史8－61429
37 象洞山房稿　集4－26847
40 象臺(胡夢昱)首末　史2－8784～5
象臺集　集1－4121
象臺首末　叢1－223(21)、272(4),2－731(62)
43 象求集、二集、三集　集6－44460
44 象范萬氏宗譜[浙江衢州]　史5－35804
象考疣言　經1－944
象林　子3－11338
象林、□庵槧　子3－11337
48 象教皮編　子7－34627　叢1－268(4),2－731(16)、1103
58 象數論　叢2－653(1)
象數一原　子3－12684　叢1－550
象數理淵源論　叢2－1929
象數蠡測　經2－11763
象數蠡測内篇、外篇　經1－1163
象數寄言　子1－3103
象數述　經1－1452、2323
象數難題細草一集　子3－12685
象數考　子7－36240(4)
象數簡明錄　子3－12605
60 象田即念禪師語錄　子6－32091(74)
象邑夏王廟志、西城雜錄　史7－51815
象邑公田總薄　史6－44877
62 象縣志[民國]　史8－61430
象縣志九編[民國]　史8－61431
70 象腋經　子6－32083(7)
77 象限線度　子3－12506
象居錄　子4－21222　叢2－1440
象學　子3－11348

2723_3 佟

00 佟高岡詩　集3－14390
佟府四輩公太夫人傳　史2－9508
46 佟觀瀾公崇祀錄　史2－9120
72 佟氏宗譜[遼寧遼陽]　史4－28444～5

2723_4 侯

00 侯雍瞻詩　集2－12069,6－41943

侯文節集　集 2 - 12070,6 - 45024
侯文節日記(明隆武元年、永曆元年)　史 2 - 12540
侯文節尺牘手稿　集 2 - 12071,6 - 45022
02 侯端介集　集 5 - 35862
10 侯二谷集　集 2 - 7822,6 - 41935(2)
侯元傳　叢 1 - 56
侯霓峯先生榮哀錄　史 2 - 9310
侯雲俱詩　集 2 - 12704,6 - 41943
17 侯豫瞻詩　集 2 - 11912,6 - 41943
22 侯幾道詩　集 2 - 12703,6 - 41943
25 侯鯖新錄　子 4 - 19985～7　叢 1 - 571
侯鯖詞　集 7 - 46421
侯鯖集　集 3 - 20973
侯鯖錄　子 4 - 19983～4　叢 1 - 15、19(6、7)、20(4、5)、21(6)、22(3)、23(3)、24(7、8)、31、99～101、223(45)、244(5)、374、2 - 731(52)、735(4)
28 侯給諫公(先春)年譜　史 2 - 11528
30 侯官郭文安公榮哀錄　史 2 - 10795
侯官郭氏家集彙刊十一種　叢 2 - 1000
侯官王壯愍公(有齡)年譜　史 2 - 12183
侯官張侍郎遺詩(磐那室詩存)　集 5 - 37716
侯官林文忠公遺稿　集 4 - 27877
侯官縣鄉土志[光緒]　史 8 - 58168
侯官嚴先生(復)年譜　史 2 - 12376
侯官嚴氏叢刻　集 5 - 38695
侯官陳石遺先生(衍)年譜　史 2 - 12386
侯官陳恭甫輯說文經字攷　經 2 - 12223
侯官陳氏遺書　叢 2 - 1001
31 侯潭高氏族譜[安徽宣州]　史 4 - 32425～6
32 侯溪東陵邵氏宗譜[浙江淳安]　史 4 - 29216
37 侯通政集　集 2 - 11914,6 - 45024
40 侯太史遂園詩集　集 2 - 11836
侯太史摘選黍丘文集、詩集　集 2 - 10980
侯太夫人行述　史 2 - 10031
侯太常集　集 2 - 12830,6 - 45024
43 侯城雜誡　子 1 - 889　叢 1 - 22(20)、61～4、174、195(2)、2 - 730(4)、731(12)
47 侯朝宗文鈔　集 3 - 14068,6 - 42063
50 侯中子亦詠草、又草、又又草　集 2 - 11562
侯夷門先生(嘉繙)年譜　史 2 - 11844
侯忠節公全集(詩集、文集)、侯忠節公年譜　集 2 - 11911
57 侯撰訓道喻君(恭和)行狀　史 2 - 10342
60 侯國職官表　經 1 - 5053　叢 1 - 203(5)
侯國考初稿　叢 2 - 707
72 侯氏家乘[湖南杞縣]　史 4 - 30725～6
侯氏宗譜[湖南桂陽]　史 4 - 30727
侯氏叢書十種　集 6 - 45025
侯氏書品　子 3 - 15158　叢 1 - 330、461
77 侯月娟贈蝶私盟　集 7 - 49498
侯月娟贈蜨私盟　集 7 - 49376
86 侯智含詩　集 2 - 12705,6 - 41943

候

33 候補候選人員捐免保舉章程例册　史 6 - 42731
34 候濤山房吟草　集 4 - 27482
候濤山志　史 7 - 52330
50 候蟲誌畧　叢 2 - 1451
候蟲吟草　集 4 - 33373

俯

33 俯浦詩草　叢 1 - 373(5)

俶

24 俶裝集　叢 2 - 1431

將

00 將亡妖孽　史 1 - 3061　叢 2 - 742
03 將就山房詩存　集 4 - 29700
將就園記　子 4 - 19457　叢 1 - 201
將就園記並詩　叢 1 - 203(2)
22 將樂縣志[弘治]　史 8 - 58285
將樂縣志[萬曆]　史 8 - 58286
將樂縣志[乾隆]　史 8 - 58287
25 將傳憲章總目　史 2 - 7242
27 將將紀　子 1 - 3273～4
44 將苑　子 1 - 3239
51 將攝保命篇　子 2 - 10996
60 將畧要論　子 1 - 3382
將畧標　子 1 - 3268
將畧類編　子 1 - 3282

2724_7 假

00 假齋遺集 集 5-35711
24 假借要例 叢 2-2168
假借答難 經 2-12541
27 假歸草、槐廳小草 集 4-30495
30 假之鳴軒吟草 集 4-32259
42 假斯文賦 集 7-47422
44 假老斗歎 集 7-52468
假菴雜著 子 4-20915
假菴雜著、紀季父遺言遺事 子 4-20914
假菴詩草 集 2-11230
58 假數測圓 子 3-12384、12396 叢 1-456(6)、457,2-731(26)
80 假年錄 集 6-44477
90 假堂楊石人詩草、假堂文草 集 3-19138

役

00 役言集(絛議杞畧、彭城近草、撫晉事跡、自敍、虛亭偶撚、必有事言) 集 2-12245
40 役南瑣記(明崇禎六年) 史 2-12550

殷

00 殷商貞卜文字考 史 8-65180 叢 2-745
殷高宗伐鬼方刻石釋文 史 8-64519
殷文珪詩集 集 6-41741、41824、41859
殷文珪詩集(殷文珪集) 集 1-1807
殷文珪集 集 6-41739
殷文圭詩、文 叢 2-818
殷文存 史 8-63506、63508、64238 叢 2-630
10 殷石川集 集 2-7813,6-41935(1)
11 殷頑逸史 史 1-1945、3355
殷頑錄 史 1-1940～2,2-7415 叢 1-354,2-1402
12 殷烈婦傳 史 2-9532
13 殷強齋先生文集(強齋集) 集 2-6148
21 殷虛文字存真第一集、考釋 史 8-65167
殷虛古器物圖錄、坿說 叢 2-630
殷虛古器物圖錄、附說 史 8-63508、65161
殷虛蘿契考 叢 2-921
殷虛書契後編 叢 2-630
殷虛書契待問編 史 8-63505、65160
殷虛書契續編 史 8-65156
殷虛書契考釋 史 8-65158～9
殷虛書契考釋小箋 史 8-65162 叢 2-921
殷虛書契菁華 史 8-65157
殷虛書契前編 史 8-65154 叢 1-588
殷虛書契前編集釋 史 8-65165
23 殷卜辭中所見先公先王續考 史 8-65182 叢 2-630
殷卜辭中所見先公先王考 史 8-65181 叢 2-630
28 殷給事集選 集 2-7816
32 殷灣張氏家譜[浙江寧波] 史 5-34908
35 殷禮徵文 史 8-65183 叢 2-2227～9
殷禮在斯堂叢書 叢 2-606
40 殷太師比干錄、微子附錄、箕子附錄、旁證 史 2-8338
殷太師忠烈錄 史 2-8339
41 殷墟書契後編 史 8-63508、65155
44 殷芸小說 叢 1-252、456(6)、465,2-731(6)
47 殷聲遠詩 集 3-15179
57 殷契辨疑 史 8-65188 叢 2-921
殷契說存 史 8-65187
殷契說考 叢 2-921
殷契瑣言 史 8-65186 叢 2-921
殷契卜辭、釋文、文編 史 8-65169
殷契佚存、考釋 史 8-65170
殷契遺珠、發凡 史 8-65171
殷契摭佚 史 8-65189
殷契書錄 史 8-65193
殷契拾遺 史 8-65163
殷契賸義 史 8-65190 叢 2-921
殷契鉤沈 史 8-65164
殷契餘論 史 8-65168
72 殷氏族譜 史 4-32228、32230
殷氏族譜[山東滕州] 史 4-32223
殷氏三修族譜[湖南] 史 4-32225
殷氏重修宗譜[安徽寧國] 史 4-32222
殷氏續修族譜[湖南益陽] 史 4-32227
殷氏續修宗譜[江蘇武進] 史 4-32212
殷氏家乘[江蘇鎮江] 史 4-32210
殷氏宗譜[上海崇明] 史 4-32201～2
殷氏宗譜[安徽桐城] 史 4-32219～21
殷氏宗譜[江蘇] 史 4-32203
殷氏宗譜[江蘇江陰] 史 4-32215
殷氏宗譜[江蘇無錫] 史 4-32213
殷氏四修族譜[湖南長沙] 史 4-32226
77 殷周制度論 經 2-11830 叢 2-630
殷母繆太夫人(繼桓)哀挽錄、事畧 史 2-

10886
78 殷鑒録 叢 2－2270(2)

般

80 般人府君(黄道晉)行狀 史 2－9214

2725_2 解

00 解文毅公集(文毅集) 集 2－6484
解文毅公集、後集、目録 集 2－6485
解註比紅兒詩集 集 1－1649
01 解語花浣紗自嘆 集 7－49376、49497
10 解元録等六種 史 3－13483
解夏經 子 6－32083(32)
解憂經 子 6－32083(30)
解百毒方 叢 1－173
12 解弢集 集 2－11094
解弢篇 集 2－11445
16 解酲語 子 5－26590 叢 1－14(2)、134、148、154、496(7)
解醒語 史 1－4395 子 5－27340
解醒編(大學、中庸、論語、孟子) 經 2－10356
21 解經處答客問 經 1－908 叢 1－223(4)
解經緒論 經 2－11695
26 解釋中英改定商約 史 6－44062
27 解佩吟 集 3－15756
解鳥語經 子 4－19358 叢 1－22(18)、23(17)
解疑論 經 1－7237 叢 2－774(4)
解疑集 子 7－35424
解綱録 史 6－47848
解網録 史 2－9096
29 解愁醒心編 子 4－24628
30 解空寺鎮基録 史 7－51659
解字贅言 經 2－12663、14208 叢 2－1946
解字小記 經 1－108、111(3),2－14763 叢 2－814
解字類抄 子 5－26012
32 解州夏縣志[乾隆] 史 7－55972
解州平陸縣志[乾隆] 史 7－55979
解州安邑縣運城志[乾隆] 史 7－55913
解州安邑縣志[乾隆] 史 7－55908
解州清丈地糧章程、圖説 史 6－43427
解州清丈地糧圖説章程 叢 2－1991
解州志[康熙] 史 7－55899～900
解州志[光緒] 史 7－55904
解州芮城縣志[乾隆] 史 7－55929
解州丈清地糧里甲圖説 史 6－43426
解州全志[康熙] 史 7－55901
解州全志[乾隆] 史 7－55902
解州全志[咸豐] 史 7－55903
35 解神星寶卷 集 7－54290
37 解深密經 子 6－32082(7)、32083(5)、32084(6)、32085(7)、32086(7)、32088(5)、32089(6)、32090(11)、32091(10)、32092(7)、32093(7),7－32133、32222
解深密經疏 子 7－33126～7
39 解迷顯智成悲十明論 子 6－32081(57)、32091(65)
解迷顯智成悲十朋論 子 7－33343
解迷顯智成慧十明論 子 7－33895
40 解太陰度數 子 3－11670
解布衣詩鈔 集 4－33566
44 解莊 子 5－28949、29312～3
解老 子 5－28949、29129
50 解畫瑣言 子 3－14690、15973 叢 2－1364
解毒集成 子 2－5246
解毒編 子 2－7735、9548 叢 2－1461、1463
解春文鈔 叢 1－312
解春集 經 1－111(2),2－11851 集 3－16662～4
解春集文鈔、補遺 叢 2－731(45)
解春集文鈔、補遺、詩鈔 叢 1－258
解春集詩鈔 叢 2－731(43)
53 解惑編 子 6－32091(78)
解惑篇 子 7－34965
57 解招魂 集 1－138 叢 2－1652
60 解罪前誦 子 7－35570
解易輯要 經 1－1404
解圜文集 集 5－38665
解圜元數 子 2－4768、7670
62 解縣志[民國] 史 7－55905
71 解辰星 集 7－54546
解頤軒詩鈔(紫嵐詩賦鈔) 集 4－26856
72 解氏家譜[山東東平] 史 5－37898
解氏宗譜[江蘇興化] 史 5－37896
解氏宗譜[湖南] 史 5－37899
解氏世系譜[陝西韓城] 史 5－37900
77 解學士文毅公全集 集 2－6479
解學士文集 集 2－6487
解學士文集、解學士年譜 集 2－6486
解學士詩 集 2－6481
解學士集 集 2－6480,6－41935(3)
解學士先生集 集 2－6482～3
解學士全集 集 2－6478
解學士全集、解學士年譜 集 2－6477

78 解脱集　集 2 - 11049、11051
解脱紀行錄　集 4 - 22907
解脱紀行錄、行吟雜錄　史 7 - 53939　叢 2 - 785
解脱道論　子 6 - 32081(38)、32082(17)、32083(25)、32084(21)、32085(37)、32086(41)、32088(26)、32089(46)、32090(52)、32091(51)、32092(35)、32093(30)
解脱戒經　子 6 - 32084(19)、32093(24)
解脱戒本　子 6 - 32083(23)
解脱戒本經　子 6 - 32081(35)、32085(34)、32086(39)、32088(25)、32089(39)、32090(45)、32091(43)、32092(29)
解脱翁八十以後詩　集 3 - 13671
80 解人頤　子 5 - 27497
解八線割圓之根　子 3 - 11238
87 解餉隨筆　史 7 - 54210　叢 2 - 2185
88 解節經　子 6 - 32083(6)
90 解拳論　子 6 - 32081(26)、32085(25)、32086(28)、32088(18)、32089(44)、32090(51)、32091(49)、32092(33)
解奉論　子 6 - 32083(18)
解卷論　子 6 - 32093(26)
96 解慍編　子 5 - 27397

2725_7 伊

07 伊望秋吟　集 4 - 26996
10 伊爾根覺羅氏家譜　史 4 - 26814
伊爾根覺羅氏家傳　史 4 - 26815
17 伊尹(摯)事錄　史 2 - 8335
伊尹湯液經　子 2 - 6289
伊尹湯液仲景廣爲大法　子 2 - 7095
伊尹事錄　叢 2 - 2082
伊尹書　子 5 - 29421　叢 2 - 774(9)
20 伊雒淵源錄　叢 2 - 1039
22 伊川文集　子 1 - 655、658～60　叢 1 - 574(1),2 - 698(6)、961
伊川經説　子 1 - 659～60　叢 1 - 574(1),2 - 698(6)
伊川先生(程頤)年譜　史 2 - 11017～8、11250～1　叢 1 - 450
伊川先生文集　子 1 - 654
伊川先生周易經傳　經 1 - 426
伊川大學　經 2 - 8653
伊川草堂詩　集 5 - 37971
伊川擊壤集　子 5 - 29530(20)　集 1 - 2140、2142～3、2146～7
伊川擊壤集(擊壤集)　集 1 - 2138
伊川擊壤集、三世名賢　集 1 - 2141
伊川擊壤集、三世名賢行實圖繫、皇極經世、觀物外篇、補遺、校正、觀物篇解、圖目、康節先生漁樵對門　集 1 - 2144
伊川擊壤集、集外詩　集 1 - 2137
伊川擊壤集、外詩　叢 2 - 635(8)
伊川擊壤集、補遺　集 1 - 2139　叢 1 - 574(3)
伊川易傳　經 1 - 421　子 1 - 659～60　叢 1 - 223(2)、574(1),2 - 698(6)、961
伊川易傳、上下篇義　經 1 - 423、427
伊川刪定禮記集注　經 1 - 5709
伊犁新疆防務奏議　史 6 - 45686
伊犁亂事本末　史 1 - 1911～2
伊犁將軍馬廣奏稿　史 6 - 48079
伊犁定約中俄談話錄　史 6 - 45029
伊犁考　史 7 - 51209
伊犁日記　史 7 - 49318(3)
伊犁防戍更正底銜請獎摺(光緒三十年)　史 6 - 45689
24 伊壯愍公(興額)事實　史 2 - 10011
27 伊黎定約中俄談話錄　史 1 - 1982
伊黎日記　史 7 - 49317(6)
伊犂府鄉土志[光緒]　史 8 - 63440
伊犂府寧遠縣鄉土志[光緒]　史 8 - 63441
伊犂三種　史 7 - 49337
伊犂事宜　史 7 - 54924
伊犂事宜[乾隆]　史 8 - 63437
伊犂日記　史 7 - 49316、49338、53941
31 伊江集載[咸豐]　史 8 - 63439
伊江行記　史 7 - 54166
伊江滙覽[乾隆]　史 8 - 63438
伊江筆錄　子 4 - 23192
伊江筆錄、葑溪雜錄、重入春明錄　子 4 - 23193
伊江筆錄、葑溪雜錄、另錄、重入春明雜錄　子 4 - 23191
伊江筆錄、葑溪補錄、續錄、重入春明雜錄　子 4 - 23190
33 伊濱集　集 1 - 5273　叢 1 - 223(60)
37 伊洛淵源續錄　史 2 - 7056～7　叢 2 - 850
伊洛淵源錄　史 2 - 7053　叢 1 - 213～4、223(21)、483、489、574(2),2 - 731(60)
伊洛淵源錄、續錄　史 2 - 7054
伊洛淵源錄新增、續錄　史 2 - 7055
伊通縣鄉土志[民國]　史 7 - 56269
40 伊大利亞史　子 7 - 36408
伊克昭盟概況[民國]　史 7 - 56071
伊索寓言　子 7 - 37993
42 伊斯蘭教通俗課本　子 7 - 36035
44 伊蒿文集　集 3 - 21920

伊蒿詩草　集3-21919
伊蒿室文集、詩集、詩餘　叢1-427
伊蒿室集　集4-29345
伊蒿公粵遊紀畧　史7-53677
伊蔚齋印譜　子3-17066
伊蔚草廬詩存　集5-35137
伊蔚堂文選　集4-28322
46 伊想集　集3-17225
53 伊甫府君(錢志澄)行述　史2-10661
60 伊國詩集　集4-27621
伊園文鈔、詩鈔　集4-30070　叢2-1789
伊園詩存　集3-18708
伊園漫錄　子5-27218
67 伊盟左翼三旗調查報告[民國]　史7-56072
伊盟右翼四旗調查報告[民國]　史7-56073
72 伊氏族譜[福建寧化]　史4-26813
76 伊陽縣志[康熙]　史8-59627
伊陽縣志[順治]　史8-59626
伊陽縣志[道光]　史8-59629
伊陽縣志[乾隆]　史8-59628
77 伊闕石刻圖表三編　史8-64031
伊闕造象題字目錄　史8-64749
79 伊滕博文　子7-36495
80 伊人詩鈔　集4-27314
伊人思　集2-11585,6-45102～5　叢1-547(4),2-720(6)

2726₁ 儋

32 儋州遺墨　集7-46439,47134
儋州志[康熙]　史8-61476
儋州志三集[萬曆]　史8-61475
62 儋縣志[民國]　史8-61478
儋縣志初集[民國]　史8-61477

詹

00 詹言　子4-21161　叢1-202(5)、203(10)
10 詹元善先生遺集　集1-3783　叢2-879
詹天佑年譜　史2-12404
27 詹詹言　集2-11921
詹詹子詠古錢詩、錢源備考　史8-64823
詹詹集　集2-9681,3-18323　叢2-970
詹詹錄　子4-24300
詹詹小言　子4-21984
50 詹事府則例　史6-47020
詹東圖玄覽編　子3-14752
詹東圖集　集2-9728
詹東圖先生留都集、玄覽編　集2-9727
72 詹氏痘科　子2-8982
詹氏統宗世譜[江西婺源]　史5-37923、37925
詹氏續修宗譜[安徽懷寧]　史5-37911
詹氏家譜[四川榮縣]　史5-37932
詹氏宗譜　史5-37933
詹氏宗譜[安徽懷寧]　史5-37912
詹氏宗譜[江西婺源]　史5-37928
詹氏宗譜[浙江淳安]　史5-37904
詹氏宗譜[浙江開化]　史5-37906
詹氏支譜[安徽桐城]　史5-37908
詹氏支譜[福建浦城]　史5-37918
詹氏性理小辨　子4-20630
77 詹月如詩　集2-12915,6-41943
80 詹養貞先生文集　集2-10095
83 詹鐵牛文集、詩集、續集　集3-17303
90 詹炎集　集2-12535

2726₂ 貂

19 貂璫史鑑　史2-6567
22 貂山章氏宗譜[浙江淳安]　史5-34530～1

2728₁ 俱

46 俱枳羅陀羅尼經　子6-32083(31)

儗

12 儗聯教育速成講習會緣起　史6-42412
40 儗古學試草　叢2-1351

2729₂ 你

08 你說你獃一枝　集7-51851

2729_4 條

08 條議 史 6-48053
條議船政撥差事宜書册 史 6-47359
條議存稿 史 6-47559 子 7-36239
22 條例全文 史 6-45802
27 條約異同表 史 6-45051
44 條麓堂集 集 2-9542
50 條奏疏稿、續刊 史 6-48672 叢 1-269(3)、270(2)、271、272(2),2-731(19)
75 條陳 叢 2-1936
條陳商務公牘 史 2-13181
條陳疏河呈詞 叢 2-2012
條陳專造國家紙幣以擴充銀行之事宜 史 6-44476
條陳摺稿 集 5-37005
條陳時務稿 史 6-47564
條陳鐵路奏疏 史 6-44204

2730_3 冬

00 冬夜箋記 子 4-23174 叢 1-210～1、373(8)
10 冬一枝 集 7-51708
冬至攷 子 3-11238
冬至權度 子 3-12389 叢 1-274(4)、453,2-731(27)
冬夏二至太陽行度 子 3-11585
16 冬碧樓樂府 集 4-23922
20 冬集紀程 史 7-49358 叢 2-617(5)
冬集紀程、詩 史 7-53932
冬集紀程詩 集 3-21306
22 冬巢集 集 4-26689
冬巢居士詞 集 7-48012
25 冬生草堂文錄、詩錄、詞錄、山右金石錄、跋尾 集 4-28760
冬生草堂詞錄 集 7-47625
28 冬谿外集、續稿 集 2-9260
冬谿外集、内集、諸友壽什 集 2-9259
30 冬官旁求 經 1-5170 叢 2-731(18)、869、1586
冬官記事 叢 2-731(31)
冬官紀事 史 6-46510 叢 1-108、111(4)
冬官考工記 經 1-5172
冬官考工記補注 經 1-5103、5195
33 冬心齋研銘 叢 1-369,2-622
冬心齋硯銘(冬心齋研銘) 子 4-18753
冬心齋摭枕祕 子 4-24204
冬心雜記 叢 1-369
冬心硯銘 子 3-14691
冬心集 集 3-18592～3
冬心先生雜著 子 3-16184
冬心先生雜畫題記、補遺 子 3-16185
冬心先生三體詩 集 3-18591 叢 1-364
冬心先生集 集 3-18586
冬心先生集、冬心齋研銘 集 3-18587
冬心先生續集 集 3-18588
冬心先生續集、補遺、詩、甲戌近詩 集 3-18589
冬心先生續集、補遺、續補遺、三體詩、甲戌近詩 集 3-18590
冬心先生自度曲 集 7-50648 叢 1-490
冬心先生自寫真題記 叢 1-586(3),2-622、716(3)
冬心先生畫記五種 叢 2-622
冬心先生畫佛題記 叢 1-586(3),2-622、716(3)
冬心先生畫梅題記 叢 1-353、586(3),2-716(3)
冬心先生畫馬題記 叢 1-586(3),2-716(3)
冬心先生畫竹題記 叢 1-353、364、369、469、495、586(3),2-622、716(3)
冬心先生畫竹題記(冬心畫竹題記) 子 3-16177
冬心先生畫竹題記、冬心齋研銘 子 3-16176
冬心先生題畫記 子 3-16183
冬心先生隨筆 子 4-24536
冬心自寫真題記 子 3-14691、15859、16181～2 叢 1-353、369、469、495
冬心窨詩存 集 5-37350
冬心畫佛題記 子 3-14691、15859、16180 叢 1-353、369、469、495
冬心畫梅題記 子 3-14691、15859 叢 1-369、469、495,2-622
冬心畫梅題記(冬心先生畫梅題記) 子 3-16178
冬心畫題記 叢 1-469、495
冬心畫題記五種 叢 1-586(3),2-716(3)
冬心畫馬題記 子 3-14691、15859、16179 叢 1-353、369、469、495,2-622
冬心畫竹題記 子 3-14691、15859
冬心書屋詩選 集 5-35925
冬心書屋詩存、續存 集 5-35924
冬心居士吟草 集 5-35873
冬心閣遺稿 集 4-33122
40 冬九縣圖志附白馬岡[民國] 史 8-62660

44 冬花庵題畫絕句 子 3-16200
冬花庵印存 子 3-16944
冬花庵爐餘稿 集 4-22884～5
冬花遺集 集 5-37137
冬蘭仙館文鈔 集 5-34505
冬華庵印存 子 3-16946、17086
冬暮春至一枝 集 7-51707
50 冬青記、談詞十一則 集 7-49980
冬青引註 集 1-4574
冬青引注 叢 2-1261
冬青樹 集 7-49438、49446
冬青樹引註 集 1-4559、4571 叢 1-223(58)
冬青樹引注 集 1-4560
冬青書屋集 集 4-28670
冬青館詩存 集 5-39284
冬青館乙集 集 4-25562
冬青館集 集 4-25563 叢 1-373(7)
冬青館古宮詞 史 1-6082 叢 1-420、587(5),2-731(44)
冬青館甲集 集 4-25561
冬青館甲集、乙集 叢 2-843
冬青館吟草 集 5-34469
冬末春又至一枝 集 7-51705
冬末春輝一枝 集 7-51706
57 冬艷素梅玉蟾 集 7-49189
60 冬日百詠 集 5-37983
冬景一枝 集 7-51704
63 冬暄草堂遺文 集 5-36547
冬暄草堂遺詩 集 5-36545～6
77 冬風閣詩集 集 4-32806
冬熙室小集 集 4-30550
冬學盦詩草 集 4-27921
冬闕詩草 集 3-15088
冬闕詩鈔、補遺 集 3-15089
87 冬飲廬文稿 叢 2-795
冬飲廬詩稿 叢 2-795
冬飲廬詞稿 叢 2-795
冬飲廬藏書題記 叢 2-795
冬飲遺稿 集 5-40829
99 冬榮山房乙種教育管見 史 6-42407
冬榮室詩鈔 集 4-31892、33032
冬榮草堂詩集 集 4-26579
冬榮草堂集 集 4-25746～7
冬榮館詩 集 3-20871
冬榮館詩鈔 集 3-19912,4-30923
冬榮館叔子存稿 集 3-20139
冬榮堂集 集 5-35160

2731_2 鮑

02 鮑刻六種 叢 1-243
10 鮑至南雍州記 史 7-49307、50704 叢 2-767
鮑雲樓詩稿 集 4-30646
17 鮑子年(康)行述 史 2-10046
20 鮑雙五先生家書 集 4-25102
23 鮑參軍詩注 集 1-495
鮑參軍集 集 1-487、489～90、493,6-41694、41698、41703 叢 1-183
鮑參軍集辨譌考異 集 1-496
33 鮑溶詩 集 6-41882
鮑溶詩(鮑溶詩集)、集外詩 集 1-1546
鮑溶詩、集外詩 集 6-41735
鮑溶詩集 集 1-1548,6-41873
鮑溶詩集(鮑溶詩、中唐鮑溶詩) 集 1-1547
鮑溶詩集、集外詩 集 6-41859 叢 1-223(49)
鮑溶詩集、集外詩、補遺 集 1-1550
鮑溶詩集、補遺 集 1-1549,6-41878
40 鮑太史詩集 集 5-33925
44 鮑蘭谷日記(清道光十二年至十三年) 史 2-12649
鮑薇省晚年手寫詩 集 3-19815
67 鮑明遠(照)年譜 史 2-11154
鮑明遠文鈔 集 6-41794
鮑明遠集 集 1-487、491,6-41695～7、41699 叢 1-223(47)
鮑照詩 集 1-494
鮑照集校補 集 1-492 叢 1-258,2-731(3)、847、1466
70 鮑壁人傳 叢 1-371
鮑臆園手札 集 4-31860 叢 2-731(32)
鮑臆園丈手札 史 8-63685 叢 1-419
72 鮑氏族譜[安徽灊山] 史 5-40261
鮑氏族譜[安徽歙縣] 史 5-40263
鮑氏集 集 1-488,6-41767 叢 2-635(6)、698(8)
鮑氏集(鮑明遠集、鮑參軍集) 集 1-487
鮑氏彙校醫學四種 子 2-4643
鮑氏家譜[山西應縣] 史 5-40249
鮑氏宗譜[安徽宣州] 史 5-40270
鮑氏宗譜[安徽歙縣] 史 5-40262
鮑氏宗譜[湖北麻城] 史 5-40271
鮑氏著存堂宗祠譜[安徽歙縣] 史 5-40267

鮑氏國策　史 1－2158
鮑氏國策(重刊鮑氏戰國策)　史 1－2159
鮑氏陰遁八十一局圖、陽遁八十一局圖　子 3－14374
鮑氏知不足齋錄保母甎並跋　叢 1－353
77 鮑覺先生未刻詩　叢 2－1874
鮑覺生先生未刻詩　叢 2－1724
鮑母蔣太夫人壽言集　史 2－10757
鮑問梅遺著　集 5－36060
80 鮑公(超)年譜　史 2－12269

2732_0 勺

00 勺亭識小錄、外集[乾隆]　史 8－59265
勺亭詩稿　集 3－15719
勺庭文鈔　集 3－14595,6－42064
12 勺水集　集 4－29536～7
勺水菴詩集　集 2－11498
35 勺清亭稿　集 3－17957
37 勺湖草堂圖詠(阮學治)　史 2－9484
51 勺軒文鈔　叢 2－706
60 勺園詩鈔、松溪詩草　集 4－23736

2732_7 烏

00 烏衣香牒　子 4－19431　叢 1－251
烏衣集　集 2－11015
烏衣佳話後集　子 5－26996
烏衣鬼軍記　叢 1－29(1)
10 烏石山房文稿　集 5－36133
烏石山房詩稿　集 5－36127、36129～32
烏石山房詩稿(烏石山房詩存)　集 5－36125
烏石山房詩存　集 5－36123～4、36126、36128
烏石山房藏書簡明目錄　史 8－65838
烏石山志　史 7－52440
烏石山題名　史 8－63497、63943
烏石山題名、臥龍山題名　史 8－63944
烏石福祥兩房四修王氏支譜[湖南寧鄉]　史 4－25429
22 烏蠻瀧夜談記　史 7－53009　叢 1－22(25)
烏巖蔡氏宗譜[浙江諸暨]　史 5－38000、38005
烏山胡氏族譜[浙江餘姚]　史 4－30416
烏山胡氏河西宗譜[浙江餘姚]　史 4－30415
烏絲詞　集 7－46403～4、47014　叢 2－698(14)
烏絲闌卷子琴譜　子 3－17586
23 烏台詩案　集 6－45486
26 烏程張氏家集三種　集 6－45059
烏程徐氏算學叢考　子 3－12372
烏程范氏叢書二十一種　叢 2－1742
烏程范氏著述十五種　叢 2－1741
烏程縣志[康熙]　史 7－57253
烏程縣志[崇禎]　史 7－57252
烏程縣志[乾隆]　史 7－57254
烏程縣志[光緒]　史 7－57255
烏程長興二邑漊港說　史 7－52929
烏程劉氏義莊事畧　史 6－44748
27 烏將軍記　叢 1－56,2－731(49)
烏伊兩盟沿革疆域紀畧[民國]　史 7－56075
烏魯木齊雜詩　史 7－49338、51205　叢 1－269(5),2－731(43)
烏魯木齊雜記　史 7－49316、49317(6)、49318(3)、51206
烏魯木齊政畧[乾隆]　史 8－63392
烏魯木齊事宜[乾隆]　史 8－63391
28 烏傷伯塘賈氏宗譜[浙江義烏]　史 5－37125
40 烏臺詩案　史 2－8678、8680　叢 1－22(14)、23(13)、195(4)、282(2)
烏臺詩案、雜記　史 2－8679　叢 1－461
烏塘黃氏族譜[湖南湘陰]　史 5－34041
41 烏桓鮮卑傳地理考證　史 1－349,7－49310
42 烏斯藏考　史 7－49318(3)、51105
44 烏蘭誓傳奇　集 7－50336　叢 2－1467
烏蒙祕聞　史 1－1995、3711
烏蘇縣志[民國]　史 8－63444
50 烏拉乖政要　史 7－49318(19)、54894
烏青文獻[康熙]　史 7－57270
烏青鎮志[萬曆]　史 7－57269
烏青鎮志[乾隆]　史 7－57271
烏青鎮志[民國]　史 7－57272
烏青鎮禁煙會文牘章程欵項一覽册　史 6－47285
烏青鎮中西小學堂章程、公牘　史 6－42524
60 烏目山房詩存　集 4－25597
烏目山人畫册　子 3－16655
烏里雅蘇臺志畧　史 7－49348、54506
烏里雅蘇臺日記(清光緒十五年至十六年)　史 2－13088
烏里雅蘇臺情勢畧述　史 6－45698,7－49357
67 烏嚕木齊事宜　史 7－54924
80 烏盆計　集 7－53442
烏金丸錄　子 2－8237
84 烏鎮丁氏家譜[浙江桐鄉]　史 4－24628

烏鎮張氏宗譜[浙江桐鄉]　史 5 - 34904
90 烏堂蕭氏續修族譜[湖南衡山]　史 5 - 40015

鄔

30 鄔家初集十種　叢 2 - 700、1005
鄔家初集十七種　叢 2 - 1006
72 鄔氏族譜[江西宜豐]　史 5 - 36302
鄔氏續修族譜[湖南新化]　史 5 - 36303
鄔氏宗譜　史 5 - 36294
鄔氏恭房宗譜[浙江奉化]　史 5 - 36297～9
76 鄔陽吟草　集 5 - 39111

鴛

50 鴛鴦棒　集 7 - 49710

烏

08 烏譜　子 4 - 19359
22 烏幾軒詩草　集 5 - 39344
27 烏名兒一枝　集 7 - 51852
30 烏窠禪師度白侍郎　集 7 - 54243
37 烏瀾軒文集(吳殷南駢體文集)　集 3 - 17793
63 烏獸蟲魚編畧　子 4 - 19353
77 烏鼠山人後集　集 2 - 7842～3
烏鼠山人全集八種　集 2 - 7831
烏鼠山人小集　集 2 - 7839,7841,7844
烏鼠山人小集、後集、近取編、願學編、可泉擬涯翁擬古樂府、擬漢樂府、雍音、唐雅、附錄　集 2 - 7834
烏鼠山人小集、後集、近取編、願學編、擬古樂府、擬漢樂府、雍音、唐雅　集 2 - 7833
烏鼠山人小集、後集、擬漢魏樂府、擬古樂府　集 2 - 7832

鴛

12 鴛水聯吟集　集 4 - 22151
鴛水集　集 4 - 22523
鴛水僊緣　集 7 - 54092～4
37 鴛湖詩稿初鈔　集 5 - 34840
鴛湖倡和　集 6 - 44194
鴛湖倡和稿　叢 2 - 731(38)
鴛湖求舊錄　史 2 - 8009　叢 2 - 2027
鴛湖軼聞　子 5 - 26497
鴛湖四山印集　子 3 - 17390
鴛湖唱和稿　集 2 - 10182　叢 1 - 86,2 - 730(8)
鴛湖用禪師語錄　子 6 - 32091(74)
40 鴛嬙媛舫詩、花雨樓詞　集 5 - 37788
50 鴛央湖櫂歌　叢 2 - 838
鴛鴦誄(楊保艾)　史 2 - 10336
鴛鴦譜　子 5 - 27774　叢 1 - 371
鴛鴦譜(悅容編)　叢 1 - 142
鴛鴦譜、目錄　子 5 - 25733
鴛鴦牒　子 5 - 27433　叢 1 - 197(3)、371、587(1)
鴛鴦縧傳奇　集 7 - 50048　叢 2 - 689
鴛鴦宜福館詞、遺詞　集 7 - 47721
鴛鴦宜福館吹月詞　集 7 - 47720
鴛鴦湖櫂歌　史 7 - 52932～4　集 4 - 22116
鴛鴦湖櫂歌(鴛鴦湖櫂歌次朱太史竹垞原韻)　集 4 - 24176
鴛鴦湖櫂歌、續　史 7 - 52935　叢 2 - 973
鴛鴦湖櫂歌、肅松錄　集 3 - 14599
鴛鴦湖櫂歌一百首　集 6 - 41714
鴛鴦湖櫂歌和韻　集 3 - 14597
鴛鴦湖櫂歌和韻、續鴛鴦湖櫂歌　集 3 - 14598
鴛鴦七誌齋藏石目錄　史 8 - 64776
鴛鴦姱老刁一枝　集 7 - 50909
鴛鴦夢　子 5 - 28366　集 6 - 45102～5,7 - 49322、49629、50426　叢 1 - 547(4),2 - 720(6)
鴛鴦帶四部　集 7 - 51354
鴛鴦媒(鴛鴦配)　子 5 - 28303
鴛鴦棒　集 7 - 50030、50034
鴛鴦帕傳奇　集 7 - 50326
鴛鴦塚　子 5 - 28633　集 7 - 49649
鴛鴦扣　集 7 - 52563
鴛鴦影　子 5 - 28318
鴛鴦陣龍虎陣四營合操大陣圖　子 1 - 3734
鴛鴦墜　集 7 - 50329
鴛鴦鏡　集 7 - 49611～2
鴛鴦會　子 5 - 27841
鴛鴦劍　集 7 - 50402、54095
67 鴛盟離合記　子 7 - 38297

鶻

22 鶻巢集 叢 2-1607
30 鶻寄堂詩 集 3-15977
47 鶻鶼庵筆塵 集 3-21787
鶻鶼集 集 3-21736
鶻鶼會約、敖氏金鏡錄驗舌法 子 2-5006
50 鶻史擷餘 史 1-5538
60 鶻園詩集、鶻園隨筆 集 4-26128
鶻園草、詩餘 集 2-12738
鶻園隨筆 子 4-23358

2733_1 怨

10 怨天老 集 7-52856

2733_6 魚

00 魚亭詩選、詩餘 集 3-20156
04 魚計軒詩話 集 6-46043 叢 2-615(4)
08 魚譜 子 4-19116、19443
10 魚雷圖說名目問答 子 7-36229
12 魚水緣傳奇 集 7-50303
15 魚珠獅山魚山蠏山臺礮册 子 1-3621
17 魚歌子詞殘葉 叢 2-608
20 魚千里室詩鈔 集 4-24646
魚集考異 集 1-1688,6-41776
21 魚處士倡和集 集 3-17967
魚經 子 1-4524 叢 1-86,2-730(7)、731(28)
22 魚山剩稿 集 2-12435
魚樂軒詩草 集 4-23268
魚樂軒吟稿 集 6-41894(1)、41895
27 魚鳧彙刻三種 叢 1-384
魚名爾 集 7-52041
31 魚潭黎氏五修族譜[湖南寧鄉] 史 5-39134
40 魚臺縣志[康熙] 史 8-59378
魚臺縣志[乾隆] 史 8-59379
魚臺縣志[光緒] 史 8-59380
魚吉方歌大全 子 2-9606
44 魚藍記 集 7-49714
47 魚鶴品 子 4-18538 叢 1-461
魚鶴箋 叢 1-249(3),2-624(3)、731(33)
51 魚軒詩集 集 1-5735,6-41780
57 魚蝦嫁女 集 7-52854
60 魚品 叢 1-22(27)
67 魚睨集 集 3-18004
70 魚雅堂詩集 集 4-30179
71 魚雁遞傳 叢 2-1831
72 魚丘雜著 集 6-45114
76 魚腸劍 集 7-54059
77 魚兒佛 集 7-48776、49207 叢 2-672
魚服記 叢 1-56
78 魚腹餘生詩稿 集 4-28032
魚腹餘生詩鈔 集 4-28033
80 魚倉小草 集 3-18301
88 魚籃記(雙錯舂) 集 7-50245
魚籃觀音二次臨凡度金沙灘勸世修行(魚籃寶卷) 集 7-54220

2733_7 急

00 急痧方論 叢 1-369
03 急就 經 2-13298 叢 1-318
急就方補遺 史 6-41540
急就章 經 2-13295、13301～2
急就章、考證 叢 1-420
急就章說解、續急就 經 2-13321
急就章考異 經 2-13313～4 叢 1-287,2-653(2)、731(21)
急就章草 經 2-13315 子 3-15528
急就章姓氏補注 經 2-13318
急就章姓氏補注、文字辨文字辨譌 叢 2-1530
急就章斠正 經 2-13319
急就章跋 經 2-13316 叢 2-1795
急就搜奇 叢 2-929
急就探奇 經 2-13312 叢 2-1536
急就篇 經 1-33,2-13299、13303～6、13308、13311、13320、15127 叢 1-169(2)、223(15)、388、446,2-636(2)、2148、2229
急就篇、正文 經 2-13307 叢 1-268(2)
急就篇、校補 叢 2-2228
急就篇正文 叢 2-731(21)
急就篇注 叢 2-950
急就篇補注 子 5-24880
急就篇直音 經 2-13317
急就篇直音、急就篇、正文 叢 1-442～3
急就篇校正 經 2-13296
33 急治彙編初集、二集 子 2-10032

急治喉疹要法　子 2－4657、4661、7467
48 急救痧症全集　子 2－7055
急救方　史 6－46340　子 2－9467、9473、9520、10099
急救方、便用雜方、續增方　子 2－9641
急救方附續增備要方　子 2－9683
急救方錄要　子 2－9866
急救應驗良方　史 6－43037　子 2－9584、9820、9872～3、10023、10112
急救廣生集　子 2－10455
急救雜方　子 2－9840
急救靈方　子 2－10105
急救霍亂方　子 2－4693、7072
急救百病濟世回生良方　子 2－9992
急救便方　子 2－4671、9702
急救須知　子 2－4589、9366～7
急救經驗良方　子 2－4652～3、4663、9592、9928、9975
急救經驗良方、霍亂論　子 2－10000
急救仙方　子 2－4643、4703、9181、10017、5－29530(22)　叢 1－223(33)、448
急救危症簡便驗方(簡便驗方、簡便至寶)　子 2－9389
急救良方　子 2－9224、9226、9630、9636、9737、9811
急救神方　子 2－9879
急救奇痧方　子 2－4654～5、4657～8、4662～3、7037
急救奇方附意外須防　子 2－4758、10056
急救異痧奇方　子 2－4652、4659～61、7036
急救時症經驗良方　子 2－7068
急救喉疹要法　子 2－4658～60、4662～3
急救喉癥要法　子 2－7576
急救喉證刺疔合編　子 2－4712
急救喉證全集　子 2－4712、7483
急救醫方撮要　子 2－9931
急救腹痛暴卒病解、爛喉痧痧輯要　子 2－7260
急救簡便應驗良方　子 2－10022
急救小兒推拿祕傳手法　子 2－10454
56 急提吃德甲　集 7－51766
77 急用要方　子 2－9691
78 急覽類編　子 5－25018
96 急慢驚風　子 2－8981

鰕

35 鰕溝里乘　史 7－56702　子 4－21902

2740_0 身

00 身章稿草　集 5－41139
10 身雲室詩錄　集 5－40604
12 身延本禮記正義殘卷校勘記　經 1－5569
16 身理啓蒙　子 7－36244
身理學總考　子 7－36240(5)
身理學啓蒙　子 7－37800
身理學考　子 7－36240(5)
身理學書目考　子 7－36240(5)
21 身經通考　子 2－10308
30 身家盛衰循環圖說　子 1－1963、2506
身之肥瘦法　子 7－37788
33 身心日用錄、後編　子 1－2577
身心性命　子 7－32111
身心性命淺言　叢 2－724
40 身大力不虧一枝　集 7－51918
44 身世譜內外編　叢 2－1219
身世要則　子 1－1369　叢 2－1329
身世繩規　子 1－2574
身世準繩　子 4－24329　叢 2－724
身世準繩、勸孝文　子 4－24330
身世河圖、卦爻河圖　叢 2－1219
身世金丹　子 5－30481～3
身世金丹四集　子 5－30480
身世金箴　子 4－24597　叢 2－691(2)
46 身觀經　子 6－32084(18)
60 身易　經 1－1102　叢 1－201、203(6)
身易實義　經 1－1051
75 身體圖會　子 2－5939
身體類識字法　子 7－36237
身體類字釋名　子 7－36237
78 身驗良方　子 2－9841
88 身範　子 1－2575

2740_7 阜

00 阜康縣鄉土志[光緒]　史 8－63428
02 阜新縣志[民國]　史 7－56118
10 阜平縣志[乾隆]　史 7－55332
阜平縣志[同治]　史 7－55333
阜平縣志料[民國]　史 7－55334
30 阜寧縣新志[民國]　史 7－56701
阜寧縣志[乾隆]　史 7－56699
阜寧縣志[光緒]　史 7－56700

31 阜江詩文集　集 5-38743
37 阜湖山人詩鈔　集 5-33967
43 阜城縣志[雍正]　史 7-55430
76 阜陽縣志[道光]　史 7-57797
阜陽縣志[乾隆]　史 7-57796
阜陽縣志續編[民國]　史 7-57798

2741_3 兔

00 兔床日記　史 2-12620
兔床日記(清乾隆四十五年)　史 2-12619
24 兔牀府君(吳騫)行述　叢 1-556
兔牀山人藏書目錄　史 8-65704
兔牀清玩錄　子 4-18638
60 兔園雜抄　子 4-23900～1
兔園獺祭　集 5-40775
兔園策府殘卷　子 5-24775
兔園策府存(序)　叢 2-592
77 兔兒山記　史 7-49318(20)、52182

2741_6 免

00 免疫學一夕談　子 7-37883
22 免災寶卷　集 7-54407
免災救難寶卷　集 7-54408
免災錄　集 7-54407
27 免疑雜字　經 2-13437

2742_7 鴇

77 鴇兒訓妓　集 7-52250

芻

00 芻言　子 4-20114　叢 1-223(39)、246、282(2)、283(2)、448,2-731(11)
芻言詩草　集 5-41266
芻言報論說擷粹　叢 2-733
08 芻論　史 6-47505
44 芻蕘集　集 2-6367～8,6-43118　叢 1-223(63)
芻蕘私語　子 1-1703　叢 2-1643
芻蕘奧論　史 6-48120　叢 1-456(2)
芻蕘小言　叢 2-937

郫

62 郫縣鄉土志[光緒]　史 8-61687
郫縣志[嘉慶]　史 8-61684
郫縣志[乾隆]　史 8-61683
郫縣志[同治]　史 8-61685
郫縣志[民國]　史 8-61686

鄒

00 鄒立齋先生文集　集 2-7359
鄒彥吉先生詩　集 6-41948
鄒文莊公全集　集 2-8201
01 鄒訏士詩選　集 3-14962,6-41970
08 鄒謙之稿　集 2-8211～2,6-45336、45340
10 鄒平耆舊記　史 2-8184
鄒平縣志[康熙]　史 8-59469
鄒平縣志[順治]　史 8-59468
鄒平縣志[道光]　史 8-59471
鄒平縣志[嘉慶]　史 8-59470
鄒平縣志[民國]　史 8-59472
鄒雷霆　集 7-54131
17 鄒聚所先生文集、易教、語錄、外集　集 2-9903
鄒子　子 4-19817　叢 2-774(10)
鄒子存真集　集 2-10471
鄒子存真集、方外集　集 2-10472
鄒子書　子 3-14552　叢 2-775(5)
鄒子願學集　集 2-10469
鄒君墓田記行述　叢 2-1811
23 鄒參軍集三種　叢 2-1712
27 鄒叔子遺書　集 4-31170
鄒叔子遺書六種附二種　叢 2-1811
鄒叔績先生年譜　叢 2-2264
28 鄒徵君遺書　子 3-12389
鄒徵君遺書六種附刻二種　子 3-11252
鄒徵君遺書八種附二種　叢 2-1896
鄒徵君存稿　子 3-11252、12389　集 4-33382　叢 2-1896
31 鄒遽菴詩集　集 2-13003
36 鄒泗山稿　集 2-10521～3,6-45336、45340
38 鄒道鄉先生年譜　集 1-2927～8
40 鄒九峯集　集 2-7766,6-41935(4)

鄒太史文集　集 2-10520
鄒太史文集、目錄　集 2-10519
鄒南皐集　集 2-10474
鄒南皐集選　集 2-10475
鄒志[萬曆]　史 8-59371
44 鄒荻翁集、雅笑編畧　集 2-11746
50 鄒忠介公奏疏　史 6-48373
鄒忠介公全集　集 2-10466
鄒忠介公全集(願學集、存真集)　集 2-10467
鄒東廓集　集 2-8203～4
鄒東廓先生文選　集 2-8208
鄒東廓先生詩集　集 2-8202
62 鄒縣孟廟祀位考　史 6-42168
鄒縣續志[光緒]　史 8-59374
鄒縣鄉土志[光緒]　史 8-59376
鄒縣志[康熙]　史 8-59372～3
鄒縣地理誌[嘉靖]　史 8-59370
鄒縣地理志[民國]　史 8-59377
鄒縣四山摩厓目　史 8-63507、63975
鄒縣金石志　史 8-63974
72 鄒氏慶戶族譜[湖南新化]　史 5-36386
鄒氏慶戶續修宗譜[湖南新化]　史 5-36387
鄒氏慶戶家譜[湖南新化]　史 5-36385、36388
鄒氏族譜　史 5-36395
鄒氏族譜[江西]　史 5-36355～6、36364
鄒氏族譜[江西修水]　史 5-36357～8
鄒氏族譜[江西奉新]　史 5-36363
鄒氏族譜[湖北麻城]　史 5-36366
鄒氏族譜[湖南新化]　史 5-36392
鄒氏族譜[湖南平江]　史 5-36376
鄒氏族譜[湖南武陵]　史 5-36368
鄒氏族譜[湖南邵陽]　史 5-36381、36383
鄒氏族譜[湖南湘鄉]　史 5-36379
鄒氏族譜初基[廣東新會]　史 5-36394
鄒氏三修族譜[湖南寧鄉]　史 5-36367
鄒氏三修族譜[湖南安化]　史 5-36370
鄒氏重修族譜[江西宜春]　史 5-36360
鄒氏重修族譜[湖南新化]　史 5-36384
鄒氏續修族譜[湖南新化]　史 5-36390
鄒氏續修族譜[湖南益陽]　史 5-36369
鄒氏純懿廬集　子 2-4647
鄒氏祭簿　史 5-36350
鄒氏家譜[江蘇常熟]　史 5-36347
鄒氏家譜[湖南]　史 5-36393
鄒氏家譜[湖南岳陽]　史 5-36371、36373
鄒氏家乘[江蘇無錫]　史 5-36343～4
鄒氏家傳　集 4-29318
鄒氏宗譜[安徽懷寧]　史 5-36352
鄒氏宗譜[浙江紹興]　史 5-36350
鄒氏宗譜[湖北黄岡]　史 5-36365
鄒氏才戶族譜[湖南新化]　史 5-36391
鄒氏七修族譜[湖南岳陽]　史 5-36372
鄒氏世譜[江蘇常熟]　史 5-36346
鄒氏世守續譜[湖南新化]　史 5-36389
鄒氏學脈　子 1-1038
鄒氏鍼灸　子 2-10266
鄒氏惟謙公派支譜[湖南邵陽]　史 5-36382
76 鄒陽書　子 4-19670　叢 2-774(10)
77 鄒鳳崗先生所著書四種　叢 2-2064
鄒閎甫廣州先賢傳　史 2-8261　叢 2-771(4)
80 鄒公履帖　子 3-15344
鄒公全集三種　叢 2-1164
90 鄒小山百花詩　集 3-18553
鄒小山畫説源流　子 3-15957
鄒小山畫册　子 3-16710

鷄

36 鷄澤脞錄　子 4-23294
37 鷄冠花譜　子 4-19306
44 鷄林志　史 7-54548
鷄林類事　史 7-54547　叢 1-17
47 鷄聲茅店月一枝　集 7-51765
67 鷄鳴偶記　子 4-20692
鷄鳴錄　子 2-4770
74 鷄肋　子 4-23766
鷄肋集　集 4-30964,5-37426
鷄肋剩草詩集　集 5-36378
鷄肋編　子 4-20065～6,5-26532
鷄肋編、校勘記　子 4-20067
鷄肋編、校勘記、續校　子 4-20068
鷄肋編餘　集 3-18395

2743_0　奥

00 奥庠訓畧内篇、外篇　子 4-20558
40 奥大利鹽政調查報告書　史 6-43927
奥古士丁認罪篇　子 7-35841
42 奥斯馬加國商辦鐵路條例　子 7-37168
奥斯馬加國和約章程　史 6-44035、44092
奥斯馬加國條款税則章程　史 6-44034、44091
60 奥國外省官制　史 6-42792

奥國各部官制　史6-42791
奥國學務章程　子7-36753
奥國小學章程　子7-36752
88 奥簃朝鮮三種　史7-54590　叢2-2059
奥簃日記(清光緒元年至十年、光緒二十四年)　史2-13077　叢2-2058
奥簃時文　叢2-2058

2744_0 舟

21 舟行記　史7-49318(12)、53909
舟行紀畧　史7-49317(5)、49318(18)、54160
舟行日記　史7-49317(6)、49318(12)、53865
舟行日記(清光緒十一年至二十四年)　史2-12779
舟行吟草　集5-39823、40701　叢2-1852
舟師繩墨　子1-3883
22 舟山王氏宗譜[浙江舟山]　史4-24956
舟山稿　集2-9036
舟山紀畧　史1-1981、3414
舟山始末　史1-3413
舟山考　史7-49319、50397
舟山防守議　史6-45549
舟山興廢　史1-3411　叢2-1261
舟山堂繪像第六才子書　集7-48841
44 舟枕山欣賞古文辭　集6-42200
舟枕山人乙卯自述詩　集5-37392
46 舟如屋滙稿　集4-31906
50 舟中記　集2-12404
舟中吟草　集3-19832
舟車集　集3-13898
舟車集、後集、集唐　集3-13899
舟車經驗良方　子2-9410
舟車剩稿　集5-35841
舟車吟　叢2-2029
舟車所至　史7-49338
舟車隨筆　集5-34407
舟車聞見錄、雜錄續集、續錄三集　史1-4496
舟車聞見錄、續集、續錄三集　叢2-751、1620
56 舟覿一折　集7-49637

2744_0 舺

23 舺贖心經　子5-31376

2744_7 般

21 般上舊聞　子5-26474
27 般烏記畧　史7-49317(5)
般烏紀畧　史7-49318(17)
般舟三昧經　子6-32081(3)、32082(3)、32083(3)、32088(3)、32089(4)、32091(3),7-32210
般舟三昧經(十方現在佛悉在前立定經)　子6-32085(4)、32090(4)、32092(3)、32093(5)
般舟三昧經(十方現在前立定經)　子6-32084(3)
36 般涅槃經後分　子7-32476
37 般泥洹經　子6-32084(15)、32093(17)
般泥洹後灌臘經　子6-32081(20)、32083(14)、32086(22)、32088(14)、32089(16)、32090(6)、32091(6)、32092(4)、32093(18),7-32490
44 般若多心經　子7-32361
般若綱要　子7-33294～5
般若守護十六善神王形體　子6-32093(40)
般若心經五家註五種、紫柏老人心經說　子7-33269
般若心經疏　子7-33064～5
般若心經口義别　子7-33296
般若心經畧疏　子6-32089(50)
般若心經畧疏連珠記　子6-32090(64)、32091(63)、32093(49)
般若心咒　子7-32094
般若波羅蜜五字解義　子7-33301
般若波羅蜜多理趣經大樂不空三昧真實金剛薩埵菩薩等一十七聖大曼荼羅義述　子6-32084(28)
般若波羅蜜多理趣經大安樂不空三昧真實金剛菩薩等一十七聖大曼荼羅義述　子6-32081(55)、32085(50)、32086(60)、32088(37)、32089(36)、32090(59)、32091(57)、32092(39)、32093(34)
般若波羅蜜多理趣大安樂不空三昧真實金剛菩薩等一十七聖大曼荼羅義述　子6-32083(35)
般若波羅蜜多心註解　子7-32113
般若波羅蜜多心註解、金剛般若波羅蜜經註解　子7-33068
般若波羅蜜多心經　子6-32081(2)、32083(2)、32084(1)、32085(2)、32086(2)、32088(2)、32089(2)、32090(1)、32091(2)、32092(1)、32093(14),7-32094、32107、32112、

32154、32310、32342、32359 ～ 60、32889、33066～7、33209、33237、33272　叢 1－589
般若波羅蜜多心經、金剛般若波羅蜜經、佛說無量壽經、佛說觀無量壽佛經　子 7－32134
般若波羅蜜多心經、金剛般若波羅蜜經、金剛經果報錄　子 7－33069
般若波羅蜜多心經註解　子 6－32090(65)、32091(63)、32092(43)、32093(49),7－33273
般若波羅蜜多心經新舊合釋　子 7－33297
般若波羅蜜多心經疏　子 7－33070
般若波羅蜜多心經要論　子 6－32091(67)
般若波羅蜜多心經集註　子 6－32089(51)
般若波羅蜜多心經集注　子 7－33275
般若波羅蜜多心經便蒙畧解　子 7－33290
般若波羅蜜多心經幽贊　子 6－32084(33)
般若波羅蜜多心經幽贊殘　子 7－32119
般若波羅蜜多心經釋要　子 7－33269、33287
般若波羅蜜多心經解義　子 7－33239、33291
般若波羅蜜多心經注解　子 7－33274
般若波羅蜜多心經添足　子 6－32091(67),7－33288
般若波羅蜜多心經淺說　子 7－33227～8
般若波羅蜜多心經直說　子 7－33176、33285
般若波羅蜜多心經直談　子 6－32091(67)
般若波羅蜜多心經輯注　子 7－32105、33298
般若波羅蜜多心經畧疏　子 6－32090(64)、32091(62)、32092(40)、32093(49)
般若波羅蜜多心經畧疏小鈔　子 7－33289
般若波羅密多心經　子 7－32309、33293
般若波羅密多心經註解　子 7－33269
般若波羅密多心經新舊合釋　子 7－32109
般若波羅密多心經疏　子 7－33269～70
般若波羅密多心經幽贊　子 7－33271
般若波羅密多心經直說　子 7－33269
般若波羅密多心經畧疏　子 7－33063、33269
般若波羅密多心經畧疏連珠記會本　子 7－32109
般若燈論　子 6－32081(23)、32082(14)、32083(16)、32085(23)、32086(26)、32088(17)、32089(42)、32090(48)、32091(46)、32092(31),7－32742～3
般若燈論釋　子 6－32084(14)、32093(26)
76 般陽高中謀先生日誌(清道光二十九年至三十年)　史 2－12738
般陽高氏家模二集[山東淄博]　史 4－32442
般陽蒲氏世譜[山東淄博]　史 5－37102

2744_9 彝

00 彝齋文編　集 1－4222、4225,6－41784　叢 1－223(57)
彝齋文編、補遺　集 1－4223～4　叢 2－670
彝齋集　集 1－4226
彝齋漫筆　史 2－10579、12317
彝齋藝菊譜　子 4－18536、19264
21 彝經堂詩稿　集 5－34871
彝經堂詩鈔、賦鈔、駢文、蕊春詞、海上同音集　集 5－34870
22 彝山書院志　史 7－52096
37 彝軍紀畧　史 1－4030～1
40 彝壽軒詩鈔、寄庵雜著　集 4－28781
彝壽軒詩鈔、寄庵雜著、煙波漁唱　集 4－28782
74 彝陵州志[康熙]　史 8－60340

2746_1 船

00 船庵集　集 4－29145
10 船下橋陳氏族譜[湖南湘鄉]　史 4－33369
船下橋陳氏支譜[湖南湘鄉]　史 4－33370
船礮操法　子 7－36999
17 船司空齋詩　叢 2－2067
船司空齋詩錄　集 5－37974
18 船政　史 6－46511
船政新書　史 6－46513
船政使者吳贊誠日記　子 4－23185
船政考　子 7－36240(3)
船政奏議續編　史 6－48025
船政奏議彙編　史 6－48024
船政奏疏　史 6－48023
船政奏疏論說　子 7－36240(3)
22 船山詩注　集 4－25081
船山詩草　集 4－25078　叢 1－373(6)
船山詩草、二集　集 4－25082
船山詩草、補遺　集 4－25079
船山詩草選　集 4－25080　叢 1－316～7,2－731(44)
船山詩鈔　集 4－25083,6－41988
船山手書詩稿　集 4－25077
船山師友記　史 2－7630
船山先生詩稿　集 3－14114
船山遺書十九種附一種　叢 2－1291

船山遺書四十五種補遺一種補刊三種 叢 2-1292
船山史論 史1-5275、5594
船山刪剩文鈔 集4-25085
船山刪剩詩文鈔、散記 集4-25076
船山學譜 史2-11698 叢2-2268
30 船窗夜話 叢1-10、17、19(5)、21(5)、22(5)、23(5)、24(6)、29(6)
船窗夜讀 叢1-22(22)
32 船溪方氏宗譜[安徽池州] 史4-25853
38 船汽機新式 子7-37186
47 船塢論畧 子7-36228(6)、37413
船塢論畧、圖 子7-36231(7)、36242(4)
50 船屯漁唱(船屯漁唱箋釋) 集3-21914
89 船鈔考 子7-36240(2)

2748_1 疑

00 疑庵詩集 集3-14412
疑辨錄 經2-11477
疑辯錄 經1-125
01 疑龍 子3-13151、13311
疑龍經 子3-13140、13297 叢1-223(36)、457
疑龍經註 子3-13302
疑龍經批注校補 子3-13298
03 疑誼偶述 子1-1057 叢2-1093
10 疑雨集 集2-11521～2,7-50534 叢1-541～3、547(4)
疑雨集、喬夢符小令 集2-11520
疑雨集註 集2-11527～8
疑雨集新編 集2-11523
疑雨集選 集2-11525
疑雨集箋註初草 集2-11526
疑雲集 集2-11524
12 疑砭錄 經2-14755
17 疑孟 經2-9802 叢1-22(1)、23(1)、371
22 疑僞外道目錄 史8-66356 叢2-611
疑仙傳 史2-6843、6856～7 子5-29530(6)、29533 叢1-82、106、111(2)
疑仙傳、校譌 史2-6858
疑仙傳、校譌、續校 史2-6859 叢1-376
疑仙傳、校譌、補校 叢2-731(60)
28 疑似辨證 子2-5253
30 疑字音釋 集1-277 叢1-223(47)
疑字直音補 集1-12
40 疑難急症簡方 子2-4770、9948
43 疑獄集 史6-46368～70
疑獄集、疑獄三十則 史6-46372
疑獄集、補疑獄集 叢1-223(32)
疑獄集前集、後集、續集、許襄毅公異政十條 史6-46371
疑獄箋 史6-46374
疑始詩 集5-40210
44 疑媒 集7-52545
60 疑罪言 子1-1826
疑思錄 子1-1201～2 叢2-1167
疑團 子4-22371 叢2-1373
80 疑禽詩 集5-41174～6
疑禽詩乙集 集5-41177
疑年賡錄 史2-6258 叢2-1975
疑年彙編 史2-6262～3
疑年表 史1-4632 子3-11583 叢2-731(62)
疑年表、太歲超辰表 叢1-416～7
疑年別錄初稿 史2-6267
疑年錄 史2-6253～4 叢1-364、456(4),2-1489
疑年錄、續 史2-6255
疑年錄、續疑年錄 叢1-442～3
疑年錄外編、分韻人表 史2-6266 叢2-2247
疑年錄彙編、分韻人表 史2-6264 叢2-2247
疑年錄彙編補遺、分韻人表 史2-6265 叢2-2247
97 疑耀 子4-22262 叢1-373(5),2-731(7)、881
疑耀、目錄 叢1-223(40)

2748_2 欸

17 欸乃書屋詩集 集3-17078
欸乃餘曲 集7-48312

2750_6 鼙

58 鼙蛻厄談 子4-21867

2752_0 物

00 物競篇 子7-36238、37444
07 物望志 集6-43965
08 物詮 叢2-1421

10 物元實證　子7-35308
物不遷題旨　子7-34247
16 物理新教科書　子7-37419
物理論　子4-19825～7　叢1-303～5、491，2-628、731(11)、772(4)、773(4)
物理論、補遺　子4-19828　叢2-775(4)
物理推原　子7-37456
物理學　子7-37466
物理學三編　子7-37423
物理學上編、中編、下編　子7-36231(4)
物理學演算法　子7-37462
物理學初步　子7-37420
物理學教科書　子7-37421～2
物理學問答　子7-37467
物理小識　子4-24166～7
物理小識、總論　叢1-223(42)
23 物外軒詩草　集4-33487
27 物象通占　子3-13042
物幻百律　集3-15389～90
42 物妖志　子5-26667　叢1-587(4)
43 物垞詩稿　集3-17775
48 物猶如此錄　叢2-2158～9
60 物異考　子5-26222、26952　叢1-13、14(2)、22(20)、23(19)、27～8、45、109、111(5)、185，2-731(50)、860
71 物原　子5-25622～4　叢1-245，2-731(4)
物原、事物異名　子5-25621
物原類考　子5-25942
72 物質救國論　子4-22019
75 物體遇熱改易記　子7-36231(4)、37661
91 物類集說　子5-25620
物類相感續志、續編　子4-23720
物類相感志　子4-23666～8　叢1-10、15、19(3)、20(9)、21(10)、22(4)、23(4)、24(12)、26、28、29(7)、48、107、111(2)、113、373(9)、496(4)，2-731(27)
物類同名疏　叢1-351
94 物料價值則例　史6-46532～5、46538～40
97 物怪錄　子5-26222、27551　叢1-185、255(4)

2752_7 鵝

17 鵝羣閣雙豔盟心　集7-49376、49502
22 鵝山文稿　集5-39330
鵝山文草　集5-39331
鵝山文摘鈔　史1-1995、4525
鵝山詩草　集5-39328
鵝山詩鈔　集5-39329
鵝山瑣言　子5-27359
鵝山賀氏四修族譜[湖南寧鄉]　史5-36721
鵝山全集　集5-39327
27 鵝幻彙編(戲法圖說)　子3-18523
鵝幻彙編(戲法圖說)、中東戲法　子3-18524
32 鵝溪草堂存稿　集3-19766
37 鵝湖講學會編　子1-1620
鵝湖客話　子5-26553
鵝湖遊草　集4-31674
鵝湖華氏通四興二支宗譜[江蘇無錫]　史4-31432
鵝湖判事　史6-46498
88 鵝籠書生　集7-49463、49467

2760_0 名

00 名方　子2-4764
名方選錄單方雜錄　子2-10158
名方類證醫書大全　子2-9228
名文拔粹　集6-42775
名文前選　叢2-1347
名文小品冰雪攜　集6-42992
名文小品冰雪攜二刻　集6-42993
名辨畧抄　叢2-2270(4)
名言編　子4-24364
04 名詩鯨鏗集　集6-43849
08 名論集覽　子2-5150
16 名理探　子7-35293
20 名雋初集　集6-43127
名香譜　子4-18883　叢1-22(16)、23(16)、587(2)，2-721
名集叢鈔　集6-41756
21 名儒草堂詩餘　叢1-265(5)
22 名例律　史6-45811　叢1-114(2)
名山文集　集5-41244
名山文約、續編、三編　叢2-2223
名山文約、名山四集　集5-41245
名山文約續編　集5-41246
名山六集　叢2-2223
名山六集補　集5-41229～30
名山六集小言　叢2-2224
名山語類　叢2-2223
名山詩話　叢2-2223
名山詩集　集5-41237～9
名山諸勝一覽記　史7-52164
名山記選　史7-52174

名山詞 叢 2-2223
名山三集 叢 2-2223
名山五集 叢 2-2223
名山聯語 叢 2-2223
名山集 集 3-15875,5-41227
名山集文、詩 叢 2-2223
名山集初集、續集、三集、四集、五集、六集、七集文、詩、八集、九集、九集續 集 5-41228
名山續集、前集正誤 叢 2-2223
名山叢書 叢 2-2223
名山洞天福地記 叢 1-2～3、6～7,2-731(55)
名山游記八種 叢 2-1136
名山遊記 史 7-53078
名山九集續 叢 2-2224
名山志 史 7-52159 叢 1-19(3)、21(5)、24(4)
名山七集文、詩、詞續、詩話、小言、名山錄 叢 2-2223
名山藏 史 1-801 集 3-15596
名山藏廣記 子 5-27305
名山藏副本、贈言集 集 3-19175
名山書論 叢 2-2223
名山四集 叢 2-2223
名山圖 子 3-16402、16436
名山縣新志[民國] 史 8-62077
名山縣志[光緒] 史 8-62076
名山野史 叢 1-488
名山勝記 史 7-52165～6
名山勝槩記、圖 史 7-52163
名山勝槩記、圖、附錄 史 7-52162
名山八集 叢 2-2223
名山全集三十四種 叢 2-2223
名山小言 子 4-21953 叢 2-2223
名山堂叢書 叢 1-488
名山堂史外(孝友傳) 叢 1-488
27 名疑 子 5-25807 叢 1-223(43)、269(5)、270(4)、271、272(5),2-1103
名疑集 史 2-13382 叢 2-872、1104
名物法言 叢 1-48、114(5)
名物通 子 5-25714
名物蒙求 子 1-1964、2738 叢 1-32～3
名物類考 子 5-25647
名物類考、音釋 子 5-25648
名句文身表異錄 子 4-24024
30 名扇錄 叢 1-253
名家雜抄 子 2-4705、10738
名家詩 叢 1-492
名家詩詞叢抄 集 6-41763
名家詩永 集 6-43866
名家詩法 集 6-45484
名家詩法彙編 集 6-45797
名家詩選 集 6-41970
名家詩選、閨秀、楷木詩稿 集 6-44087
名家詞 叢 1-265(6)
名家詞集十種 叢 2-799～800
名家詞十七種 叢 1-509
名家詞鈔 集 7-46397
名家詞鈔六十種 集 7-46405
名家制義 叢 2-1057
名家制義六十一種 集 6-45340
名家事賦 集 6-44350
名家書札 子 3-15496
名家表選 集 6-42761
名家擬局 子 3-18155
名家贈言 集 2-12888
名家醫方歌訣 子 2-9944
名家篆刻印譜 子 3-17410
名家竿牘 集 6-45265
名字錄 史 2-13323
名宦傳 史 2-8253
名宦鄉賢錄、江夏陳氏義莊條規 史 2-9807
名宦錄 史 2-7233、9857,6-48679 叢 1-151
名宦錄(顔敦) 史 2-9342
名宦錄(藍再茂) 史 2-9225
34 名法瑣言 史 6-46126
名法增廣 史 6-43043
名法指掌 史 6-46118、46121
名法指掌新例增訂 史 6-46124
名法指掌新纂 史 6-46125
名法指掌續訂 史 6-46122
41 名帖紀聞 子 3-15451 集 4-24291
名姬傳 史 2-6460 叢 1-154
42 名媛雜詠 叢 1-104
名媛詩 集 6-44067
名媛詩緯初編 集 6-43881
名媛詩歸 集 6-42376
名媛韻事 子 5-26613
名媛璣囊 集 6-42365
名媛事輯名妓事輯 叢 2-2167
名媛題評 集 7-50210
名媛尺牘 集 6-45250
44 名花 子 4-19191
名花譜 子 4-19190
名花榜 集 7-50458
名花異木記 子 4-19132
名花留影 子 5-26589
名世文宗 集 6-42770、42772～3、42776、

42782
名世文宗、談藪　集 6－42778
名世文宗、外集　集 6－42777
名世編　史 2－6589
名世述　史 2－6632
名菜嘉花論　子 7－36229、37083
45 名姝文瓈　集 6－42425
46 名相贊　史 2－6524
48 名教罪人　史 2－9387　集 6－44212
50 名畫　子 3－16266
名畫記　子 3－16057、16060　叢 1－11～2、15、22(15)、23(14)
名畫神品目　子 3－15859、16255　叢 1－282(3)、283(3),2－731(33)
名畫獵精　子 3－15859　叢 1－22(15)、23(14)、353
名畫獵精(名畫獵精錄)　子 3－16059
名畫獵精錄　叢 1－452、586(3),2－716(3)
名畫表　子 3－14765　叢 1－223(37)
名畫題跋　子 3－14940～2
名畫錄　子 3－14706
名書扇册　子 3－15850
55 名曲選尤　集 7－54633
60 名目並會例　子 7－35730
65 名蹟錄　史 8－64370～1　叢 1－204、223(28)
70 名雅遭賊記　史 1－4028
71 名原　經 2－13227
名馬記　子 4－19391　叢 1－22(27)
名馬記、續　子 4－19390
名臣記　史 2－7163　叢 2－1094
名臣碑傳琬琰之集　史 2－7047　叢 1－223(21)
名臣經濟錄　叢 1－223(21)
名臣經世輯要　史 2－7071
名臣傳　史 1－927～9,2－6541　叢 1－15、19(4)、21(3)、24(4)
名臣寧攘要編　史 1－1926～7
名臣觀感集　集 6－44005
名臣事狀　史 2－7480
名臣奏稿　史 6－48062
72 名氏目錄　史 2－8108
77 名學淺說　子 7－37967
名醫方論　子 2－4989、9973
名醫方論(古今名醫方論)　子 2－9364
名醫方案　子 2－10914
名醫滙論　子 2－10598
名醫通滙　子 2－5035
名醫女科方論治驗　子 2－8014
名醫別錄　子 2－4660～3、5651
名醫類案　子 2－10472　叢 1－223(34)
名卿績記　史 2－7204
名卿績紀　叢 1－84(3),2－730(10)
名賢詩評　集 6－45731～2
名賢詩旨　集 6－45719
名賢信向錄　子 7－34721
名賢手札　集 6－45324
名賢手札(名賢手札墨蹟)　集 6－45323
名賢遺翰集　集 1－3925
名賢畫像傳　史 2－6628
名賢書札　集 6－45317
名賢氏族言行類稿　史 2－6283
名賢氏族言行類稿、目錄　叢 1－223(43)
79 名勝雜記　史 7－49317(6)、49318(12)、53117
名勝誌詩集　集 5－34649
名勝遊記集　叢 2－1982
名勝園亭圖說、行宮圖說　史 7－51975
80 名人雜錄甲集、乙集、丙集、丁集　子 4－23610
名人詞目　集 7－48507
名人忌日表　史 2－6273　叢 2－2247
名人生日表　史 2－6270、6272　叢 2－2247
名人傳記　史 2－6236
名人修褉　集 7－49705
名人世次爵里　集 6－42158
名人姓氏韻編　史 2－13340
名人畫傳　史 2－6630
名人畫題錄稿　集 6－42574
名人軼事　史 1－1995、4556
名人題畫詩詞　子 3－16249
名人印存　子 3－17453
名人尺牘墨寶(明清名人尺牘墨寶)三集　子 3－15734
名人尺牘墨寶外集　子 3－15735
名人尺牘小品　集 6－45315
名人筆記彙海(小醉經閣叢刻)十種　叢 2－629
名義考　子 4－22265　叢 1－223(40),2－873
名公讚春草集歌詠　集 2－5963
名公像記　史 2－7200　叢 1－22(24)
名公寄贈莊居集　集 2－9036
名公增修晉書詳節　史 1－5201
名公增修標註南史詳節　史 1－5214
名公增修標註隋書詳節　史 1－5238
名公書判清明集　史 6－46468～9　叢 1－447
名公貽牘　集 6－45280
名公筆記　集 2－7171
82 名劍記　子 4－18569　叢 1－22(26)
88 名筆芳傳　集 6－44519

2760_1 磐

10 磐石縣鄉土志[民國]　史 7-56246～7
17 磐那室詩存　集 5-37716
27 磐舟遺稿　集 4-30365
60 磐園詩集　集 5-40745

響

10 響玉集　集 2-11541
響雪齋志　子 4-24519
11 響琴齋詩集　集 4-25252
響琴齋集　集 4-25251
22 響巖陳氏宗譜[浙江鄞州]　史 4-32850
響山文稿　集 4-23192
響山詞　集 7-47238～9
響山樓稿　集 3-16059
響山閣詞　集 7-46431、47388
響山堂琴譜　子 3-17665
響山堂集快筆　集 6-43863
響山堂指法　子 3-17669
26 響泉詞　集 7-46398～400、47060
響泉集　集 3-21437～42
響泉集詩、文、詞　集 3-21443
響泉擬稿　集 3-21444
響泉年譜　史 2-11899
30 響寒草　集 4-26832
60 響國紀變九種　史 1-1944
77 響屧譜　子 3-18210　叢 1-587(4),2-624(3)、721

2760_3 魯

00 魯庵詩草　集 5-36080
魯齊韓詩譜　叢 2-1493
魯齋詩集　集 1-4205,6-41894(3)、41895
魯齋許先生心法　叢 1-34
魯齋王文憲公文集(魯齋集)　集 1-4199
魯齋王文憲公文集、考異　集 1-4200　叢 2-860
魯齋集　集 1-4750　叢 1-223(57),2-731(45)、859
魯齋集鈔　集 1-4206,6-41901、41914
魯齋先生集　集 1-4752～3、4755～6
魯齋心法　子 1-876
魯齋述得　子 4-22471　叢 1-241、242(3),2-731(7)
魯齋遺集　集 1-4203
魯齋遺書　集 1-4758、4760　叢 1-223(59)
魯齋遺書(魯齋先生集、許魯齋先生集、許魯齋全書)　集 1-4757
魯齋遺書約鈔　集 1-4762　叢 2-691(3)
魯齋全書　集 1-4748
魯齋全書、遺書　集 1-4749
魯齋年譜　史 2-12400
魯應龍閑牕括異志　叢 2-730(12)、836
魯府禁方　子 2-4770、9301
魯府招　史 6-46065
魯文恪公文集　集 2-7310
魯文恪公集　叢 2-875
04 魯詩傳　經 1-4557～8、4677　叢 2-731(37)、765、772(1)、773(1)
魯詩述　經 1-4565、4819
魯詩遺說續考　經 1-4566
魯詩遺說考　經 1-163(3)、4820　叢 2-1001
魯詩遺說考、魯詩敘錄　經 1-4563
魯詩遺說考、敘錄　經 1-4564
魯詩韋氏說　經 1-4559　叢 2-775(1)
魯詩韋氏義　經 1-164
魯詩世學　經 1-4560～2
魯詩故　經 1-4556、4818　叢 2-774(2)
08 魯論語　經 2-9758　叢 1-538
魯論語考　叢 2-988
魯論說　經 2-9752
10 魯石草堂集　集 4-23487
11 魯班經、祕訣仙機　子 4-18659
魯班仙師源流　子 3-14669
17 魯習之文鈔　集 4-25599
22 魯川詩錄　集 4-32560
魯巖詩鈔　集 4-27554
魯巖馮公從征緬甸紀畧　史 1-3723
魯巖所學集　集 4-26452
魯巖所學集、補遺　集 4-26453
魯巖所學集、補遺、魯巖交遊記、魯巖餘事稿　集 4-26454
魯峯醫案　子 2-10905
魯山集　集 4-27434
魯山木古文鈔　集 3-21543
魯山縣志[道光]　史 8-59930
魯山縣志[嘉慶]　史 8-59929
魯山縣志[嘉靖]　史 8-59926
魯山縣全志[康熙]　史 8-59927
魯山縣全志[乾隆]　史 8-59928

24 魯化遺詩鈔　集2-12597　叢2-834
25 魯仲連單鞭蹈海　集7-49397
魯仲連單鞭蹈海(魯仲連卻金浮海)　集7-49411
魯仲連卻金浮海　集7-49398
26 魯泉集　集4-31208
27 魯歸紀程　史7-54050
魯鄉貢詩　集1-5639
魯鄒游記　史7-53850
魯鄒遊記　叢1-151
魯紀年　史1-3409　叢2-1261
30 魯之春秋　史1-3420
魯之春秋校勘記　史1-3421
魯賓之文鈔　集4-22794
33 魯濱遜飄流記　子7-38217
35 魯禮禘祫志　經1-6129、6131
魯禮禘祫義　經1-26～8、31、6130、6132～3
魯禮禘祫義疏證　經1-151、6134
魯禮禘祫志　叢2-765、774(4)
魯禮禘祫義　叢2-772(5)、773(5)
魯禮禘祫義疏證　叢2-2066
魯禮禘祫志　叢2-766
魯連子　子1-336～7　叢1-261,2-761、774(8)
37 魯軍制九問　史6-45120　叢2-860、1041
38 魯遊紀事草　集3-16634
魯遊小草　集4-30889
40 魯大夫秋胡戲妻　叢2-720(4)
魯大夫秋胡戲妻雜劇　集7-48767(3)、48911　叢2-698(15)
44 魯藩二宗室詩集　集6-41935(5)
46 魯媿尹集　集2-12549
50 魯史榷　經1-8045
魯春秋　史1-3406　叢2-615(1)
魯春秋、敬修堂釣業、附錄　史1-3407
60 魯星村詩鈔　集3-21368
魯蜀文獻　集6-44826
魯國郡郁氏譜[上海崇明]　史4-29501～2
魯國先賢傳　史2-8166　叢2-776
魯國先賢志　史2-8167　叢2-776
魯田遺文　集3-17582
72 魯氏族譜　史5-39714
魯氏族譜[湖南華容]　史5-39726
魯氏重修族譜[湖南湘鄉]　史5-39727
魯氏續修族譜[湖南寧鄉]　史5-39725
魯氏家譜[甘肅]　史5-39729
魯氏宗譜[安徽太湖]　史5-39722
魯氏宗譜[江蘇句容]　史5-39716
魯氏宗譜總稿本[浙江餘杭]　史5-39719
魯氏遺著四種附二種　叢2-1809
魯氏支譜[四川大邑]　史5-39728
魯氏世譜　史5-39715
魯氏世譜[甘肅永登]　史5-39730
75 魯陳宗譜[福建泉州]　史4-33218
76 魯陽厚大范氏宗譜[浙江蘭溪]　史4-29463、29465～7
77 魯叟詩鈔　集5-37552
魯門詩集　集3-18233
魯門詞　集7-46405、46951
80 魯公文集　集1-857
86 魯智深喜賞黃花峪　集7-48774(5)、49065

2760_4 各

00 各症集說諸方備用並五臟六腑各論　子2-7124
各廟祀位　史6-42132
07 各部通行條例(同治二年至六年)　史6-46930
各部奏摺　史6-47998
各部院條例册(道光五年至十年)　史6-46936
各部院條例册(乾隆三十七年至四十年)　史6-46935
11 各項郵政一切詳統章總要　史6-44373
各項捐例章程　史6-43532
17 各司國局盈餘解司抵支武衛軍餉目　史6-43299
21 各術彙集雜鈔　子3-14688
各經承師立學考四編　叢1-462
22 各種工學考　子7-36240(5)
各種聯語　叢2-2071
各種經驗良方　子2-7488
各種藥材價錢簿　子2-5919
各種曲譜　集7-54792
各種岔曲集錦　集7-51645
24 各科證治選編　子2-4915
各科教授法　史6-42432
各科驗方　子2-10148
30 各家藏泉拓本　史8-64858
各家楚辭書目　集1-21
各家金石考證、目錄　史8-63686
各憲請減浮糧疏稿　史6-43431
各憲劄示　史6-45450
32 各州縣解存清河道憲庫陳設器物圖册　史6-47380
各派續譜　史5-36027
38 各海關華洋各稅收支考核底簿　史6-43546

44 各花分別 子 4－19188
48 各樣快書目錄 集 7－54884
50 各史地志同名錄 史 7－49377 叢 2－1950
各史考略 史 1－5999
60 各國立約始末記 史 6－44975
各國度量權衡考、各國三品貨幣表、各國錢名說略 史 6－44535
各國交涉論、便法論 子 7－36825
各國交涉便法論 子 7－36228(5)、36231(6)、36824
各國交涉公法論 子 7－36813
各國交涉公法論、校勘記、中西紀年 子 7－36231(6)
各國交涉公法論二集、三集、校勘記 子 7－36797
各國交涉公法論初集、二集、三集 子 7－36801
各國交涉公法論初集、二集、三集、校勘記 子 7－36228(2)、36242(2)
各國語言文字考 子 7－36240(2)
各國新議通商條款 史 6－44024
各國議院考 子 7－36240(2)
各國西事類編 史 7－54344
各國電報考 子 7－36250
各國刑律考 史 6－46052
各國政治 子 7－36253
各國政治藝學策 子 7－36237、36255
各國外交政策考 子 7－36240(1)
各國贊助禁煙之公言 子 7－37351
各國和約新編 史 6－44960
各國和約通商章程 子 7－36867、37379
各國郵政考 子 7－36250
各國條約 子 7－36620
各國條約滙編年月表 子 7－36621
各國條款條約章程 史 6－44968
各國約章專條偶抄 史 6－44978
各國約章纂要 史 6－44959
各國稅則條款 子 7－37397
各國憲法源泉三種合編 子 7－36605
各國憲法略 史 6－46048
各國富強新策 史 6－47535
各國官制考 子 7－36240(2)
各國通商條約 史 6－44036 子 7－37349
各國通商條約稅則章程二十種 史 6－44035
各國通商條約稅則章程十四種 史 6－44034
各國通商條約滙編 子 7－37381
各國通商始末記 子 7－37348
各國通寶與日本銀圓比較表 史 6－44454
各國地球新錄 子 7－36246
各國地理商務考 子 7－37346
各國地志 史 7－54423
各國藝學 子 7－36253
各國藝學策 子 7－36236
各國盛衰總論 子 7－36240(1)
各國農務考 子 7－36240(2)
各國星使指南、續 子 7－36228(5)
各國國債考 子 7－36250
各國國民公私權考 子 7－36508
各國國籍法類輯 子 7－36812
各國異俗考 子 7－36240(2)
各國員警制度 子 7－36563
各國時事類編 子 7－36233
各國蠶桑考 子 7－36240(2)
各國兵政考 子 7－36240(3)
各國陸里碼數比較英吉利長短表 史 6－44343
各國風土記 子 5－28214
各國風土考 子 7－36240(2)
各國學校制度三編 子 7－36682
各國學校考 子 7－36240(2)、36250
各國民數考 子 7－36240(2)
各國關於中國所訂協約 史 6－44976
各國鹽務紀要 史 6－43924 子 7－37350
各國人物考 子 7－36240(2)
各國金銀銅三品貨幣表 叢 1－530～1
各國金銀銅三品貨幣表、說略 史 6－44450 子 7－37347
各國公法 子 7－36811
各國鐵路圖考(星軺考轍) 子 7－37175
各國錢幣考 子 7－36250、37380
75 各體自著 叢 2－1397
77 各關理船事宜 史 6－44010
各關征免洋商船鈔章程 史 6－43544
各關稅務清册 史 6－43545
78 各鹽岸清單 史 6－43796
90 各省立成表 子 3－11560
各省應解京洋賠各款剔除由鹽關項下撥解數目應解總數表暨分省清單 史 6－43242
各省府廳州縣指掌 史 7－49775
各省府州廳縣異名錄 史 7－49756
各省京控各案分別輕重辦理例册 史 6－46283
各省新府廳州縣考 史 7－49757
各省試辦宣統三年預算報告總册式、比較表式 史 6－43248
各省工程報銷改定簡易章程 史 6－44766
各省水道圖說 史 7－49316、49318(9)、52758
各省碑目 經 2－14536

各省歲入表　史6-43241
各省經緯度數表　子3-11559
各省鄉試同年錄(同治甲子、丁卯、癸酉、光緒丙子各科)　史3-13908
各省督撫議幣制摺奏電奏及節畧　史6-44439
各省進呈書目　史8-65458　叢2-674
各省額征　史6-43413
各省額支　史6-43254
各省咨查禁燬書籍目錄　史8-66225
各省咨查銷燬書目　史8-66219
各省地域沿革山川關阨事宜　史7-49752
各省藥材出處目錄　子2-5920
各省獨立史別裁　史1-1994、4342
各省教育總會聯合會第一次報告　史6-42398
各省歷代帝王陵寢名臣祠墓　史7-51885
各省原奏簿　史6-47919
各省學務官制並勸學所章程　史6-42757
各省留養不符册　史6-46352
各省糧船運道圖　史6-44161
91 各類圖、問答節要　叢1-223(36)

督

00 督府疏議　史6-48253
督府稿　集2-7210　叢2-888
督辦邊防軍務紀畧　史6-47191
督辦鹽政處宣統元二兩年奏案　史6-43785
16 督理崇文門商稅鹽法　史6-43797
21 督師文　史2-9104
督師三楚奏稿　史6-48931
督師紀畧　史1-2976
督師袁崇煥計斬毛文龍始末　史1-1953~9、1963
督師奏疏　史6-48476
30 督憲審結盧江縣命案供摺稿　史6-46253
督憲趙整頓吏治三十條並札文　史6-43092
督察採訪紀畧　史6-47137　叢2-1831
31 督江防海三編　叢2-1848
督江公牘　史6-47184
督河奏疏　史6-49055~6
34 督滇奏稿　史6-49135
35 督漕疏草　史6-48684
督漕封事　史6-48628
37 督運草　集3-20518
44 督蘆疏草　史6-48484
督妓　集7-49296
督楚公牘　史6-47183
督楚公牘、督江公牘　史6-47184
53 督捕則例　史6-45837、45841、45850、45856、45860、45864、46993
督捕則例表　史6-45887
督捕則例附纂　史6-45859
56 督操兩標各營嘉慶二十二年分馬匹數目册　史6-47424
督操兩標各營朋嘉慶十一年分扣銀數目册　史6-47421
58 督撫疏議　史6-48303~4
督撫疏稿　史6-48556
督撫兩浙定變與頌錄　集6-44011
督撫約　史6-42975
督撫憲禁築基圍告示　史6-47064
督撫江西奏議　史6-48294
督撫江西奏疏　史6-48300
督撫楚臺奏議　史6-48358
督撫奏議　史6-48339
督撫與閤會　史6-41749
督撫全楚奏疏　史6-48351
60 督蜀奏草　史6-49047
68 督黔疏草　史6-48433
73 督院發交順直諮議局議案及諮詢事件錄初編　史6-41815
77 督學王公奏議　史6-48447
督學存稿　集2-8697
87 督餉疏草　史6-48418

2762_0 句

00 句章徵文錄　史8-66096
句章摭逸、句章土物志　史7-50407
句註山房集　集2-11755~6
句註山房集稿　集2-11757~8
句註山房集稿、尺牘　集2-11754
04 句讀便讀　經2-11185
句讀敘述　經2-11990　叢2-1553
句讀敘述、經讀考異　子4-22524
句讀敘述、補　叢2-662
10 句雲堂詞　集7-46399~400、46897~8
28 句儉堂集　集4-24777
30 句容孔巷孔氏家譜[江蘇句容]　史4-25935
句容孔巷孔氏宗譜[江蘇句容]　史4-25936
句容連鄉遷潤陳氏支譜[江蘇鎮江]　史4-32741
句容戴氏續修族譜[江蘇句容]　史5-

40489
句容縣志[弘治] 史7-56862
句容縣志[順治] 史7-56863
句容縣志[乾隆] 史7-56864
句容縣志[光緒] 史7-56865
句容陳巷張巷陳氏家乘[江蘇句容] 史4-32749
句容金石記 史8-63871
32 句溪雜著 集4-31692～7
句溪雜著續 集4-31698
句溪雜箸 叢2-653(2)
句溪詩稿 集3-16096
44 句麓山房詩草 集4-28305
55 句曲張外史詩集 集6-41780
句曲山人集 集3-13255
句曲外史詩集、集外詩 集1-5255
句曲外史集 集1-5251
句曲外史集、集外詩、補遺、附錄 集6-41927～8
句曲外史集、補遺、張伯雨集外詩 集1-5246
句曲外史集、補遺、張伯雨集外詩、附錄 集1-5247
句曲外史集、補遺、附錄 叢1-223(61)
句曲外史集、附錄外史小傳 集1-5257
句曲外史集補遺 集1-5256,6-41715
句曲外史貞居先生詩集 集1-5249、5254 叢2-635(11)
句曲外史貞居先生詩集(貞居先生詩集)、詞編 集1-5244
句曲外史貞居先生詩集(句曲張外史詩集) 集1-5250
句曲外史貞居先生詩集(句曲外史貞居先生集) 集1-5252
句曲外史貞居先生詩集、詞、雜文 集1-5245
句曲外史貞居先生詩集、詞、雜文、補遺、詩 集1-5248
句曲游稿 集2-12285
句曲義臺上葛村張氏宗譜[江蘇句容] 史5-34821
60 句圖 叢2-1359
77 句股 子3-12364
句股廣演代 子3-12674
句股六術 子3-12388,7-36228(1)、36231(7)、36242(1)
句股弦 子7-36241
句股引蒙 子3-12507～8 叢1-223(35)
句股引蒙、象限線度 子3-12506
句股引蒙、八線小表、句股述 子3-12509
句股形、帶縱立方形 子3-12365
句股形邊角相求術圖解 子3-12772
句股形附帶縱立方形 叢2-1638
句股術 子3-12361～2
句股容三事拾遺、附存 子3-12353
句股容三事拾遺首 子3-12649
句股割圜記 叢1-238～9,2-814
句股割圜全義圖 子3-12564
句股淺述 叢1-330
句股演代 子3-12390、12550、12566 叢1-439,2-2172
句股述、開方發明 子3-12510
句股通義 叢2-1010
句股截積和較算術 叢1-359,2-731(26)
句股中西集解 子3-12675
句股學 子7-36237
句股舉隅 子3-11239
句股闡微 子3-11238
句股義 子3-12374、12389 叢1-135、223(34)、272(3)、437、453,2-731(26)
句股矩測解原 子3-12547 叢1-223(35)
句股算術 子3-12505
句股算術佃草 子3-12650
句股算術細草 子3-12354、12364
80 句無幽芳集 史2-7699
88 句餘土音 集3-19647～8 叢2-1445
句餘土音、甬上族望表 史7-50408
句餘土音、全謝山遺詩 史7-50409
句餘土音補注 史7-50410 叢2-670
句餘土音增注 集3-19649～50
句餘八景 集6-44651

旬

60 旬日紀游 史7-53135
旬日紀遊 叢2-2175
88 旬餘山詩鈔 集3-14344

翻

00 翻症圖考 子2-7056
06 翻譯新聞紙 史1-4239
翻譯弦切對數表 子7-36231(7)、37558
翻譯朱子家訓 子1-2103
翻譯名義 子7-34833
翻譯名義集 子6-32088(42)、32089(52)、32090(66)、32091(64)、32092(43)、32093

(52),7-34828～30　叢2-635(5)
翻譯名義集、蘇州景德寺普潤大師行業記　子7-34831
翻譯名義集選　子7-34832
翻譯九十八法講義　經2-15087
翻譯四十條　子7-36787
翻譯易經(滿漢對照)　經1-192～3
翻譯附注千字文　經2-13400
翻譯會試錄(道光十一年、同治十年)　史3-13738
翻譯米利堅志　子7-36375
26 翻繹詩經(滿漢合璧)　經1-3530
43 翻卦挨星圖訣考著　子3-13592　叢1-241、242(4)
47 翻切入門簡易篇　經2-14414　叢2-1988
翻切簡可篇　經2-14415～6、14540　叢2-1988
77 翻閱字典摘出姓氏　叢2-2061

2762$_7$ 郎

00 郎亭詩　集5-36531
郎亭日記(清同治十年)　史2-13042
60 郎園詩文集　集5-40018
郎園讀書志　史8-65948
郎園論學書札　子4-21957　叢1-547(2)
郎園北遊文存　集5-40027
郎園山居文錄　集5-40028　叢1-547(2)
郎園先生全書　叢1-547
郎園書札十篇附錄二篇　子4-21958
郎園小學四種　經2-12735

部

34 部淩玉詩　集3-14898
72 部氏家譜[浙江海寧]　史4-30714

鄱

76 鄱陽詩集　集1-2660
鄱陽詩集、補遺　集1-2659
鄱陽記　史7-50583　叢1-22(11)、23(10)
鄱陽五家集　集6-44814　叢1-223(71)
鄱陽五家集、校勘記、校勘續記　叢2-870(5)
鄱陽集　集1-2658、3168～9,6-41894(2)、41895、41904　叢1-223(51、53)
鄱陽集、拾遺　叢2-943
鄱陽先生文集(鄱陽集)　集1-2662
鄱陽先生文集(鄱陽集)、補遺　集1-2663
鄱陽先生詩集　集1-2661
鄱陽洪氏統宗譜[江西樂平]　史4-30995
鄱陽洪氏統宗譜[江西鄱陽]　史4-30998
鄱陽遺事錄　史2-8625、11211　集1-1921、2316
鄱陽湖形勢說　史7-49357、50586
鄱陽湖櫂歌　史7-50585
鄱陽縣志[康熙]　史8-58755
鄱陽縣志[道光]　史8-58758
鄱陽縣志[乾隆]　史8-58756
鄱陽縣志[同治]　史8-58759
鄱陽縣志稿[民國]　史8-58760
鄱陽劉彥昺詩集(劉彥昺集、劉彥昺詩集)　集2-5941

鴿

22 鴿山小隱文集　叢2-1587
鴿山小隱詩話　集6-46040
鴿山小隱詩集　集4-23888
鴿山小隱詩集、補遺、詩話　叢2-1587
鴿山小隱集(鴿山小隱文集、詩集、補遺、東坡文集、詩集、耋學文集、文續刻、詩集、詩續刻、壯遊草、桐芭雜著、吾同山館試帖、改課、天門書院雜著)　集4-23889
32 鴿灣文草　集2-11763
鴿灣已刻詩選　集2-11763
鴿灣集、遇莊　集2-11772
鴿灣集選　集2-11770,6-41949
鴿灣遺稿　集2-11773,6-41941
鴿溪俞氏棣萼譜[江西婺源]　史4-30846
68 鴿吟樓詩鈔　集6-41999

2771$_2$ 包

00 包裹報稅清單　史6-43594
01 包龍圖智勘後庭花　集7-48774(4)、48880　叢2-720(3)
包龍圖智勘後庭花雜劇　集7-48767(4)　叢2-698(15)
包龍圖智賺合同文字雜劇　集7-48767(1)、48972　叢2-698(15)

11 包頭志稿[民國] 史 7-56060
12 包刑侍詩集 集 1-1464,6-41858、41873、41878
21 包何集 集 6-41738、41743、41819、41838
包何集(唐包刑侍詩集、包刑侍詩集) 集 1-1464
22 包山集 集 6-44479～80
包山後埠支陸費氏支譜[江蘇蘇州] 史 4-32641,5-36698
包山徐氏宗譜[江蘇吳縣] 史 4-31860
包山汪氏統宗譜[浙江開化] 史 4-28744
包山鄭氏族譜[江蘇蘇州] 史 5-38595～6、38599
24 包侍御集 集 2-8732～3,6-41935(4)
包待制三勘蝴蝶夢 集 7-48771、48774(6)、48798 叢 2-720(3)
包待制三勘蝴蝶夢雜劇 集 7-48767(3) 叢 2-698(15)
包待制陳州糶米雜劇 集 7-48767(3)、48971 叢 2-698(14)
包待制智勘生金閣 叢 2-720(4)
包待制智勘灰闌記 叢 2-720(5)
包待制智斬魯齋郎 集 7-48774(3)、48799 叢 2-720(3)
包待制智斬魯齋郎雜劇 集 7-48767(4) 叢 2-698(15)
包待制智賺生金閣 集 7-48774(2)、48901
包待制智賺生金閣雜劇 集 7-48767(2) 叢 2-698(17)
包待制智賺灰欄記雜劇 集 7-48927
包待制智賺灰闌記雜劇 集 7-48767(2) 叢 2-698(16)
包佶集 集 6-41738、41743、41819、41838
包佶集(唐包祕監詩集) 集 1-1465
30 包宜壑稿 集 6-45336
包安吳文稿 集 4-26426
33 包祕監詩集 集 6-41858、41873、41878
包祔記 集 7-51087
44 包孝肅奏議 集 6-41717 叢 2-820
包孝肅奏議集 叢 1-223(20)
包世臣梅曾亮玖至堂楊以增先生書 子 3-15456
包世臣書詩文襍藁 子 3-15458
包村紀畧 史 1-3961
包村事實 史 1-3960
包樹棠詩文 集 5-39417
48 包鶯幾詩 集 2-12813,6-41943
51 包軒遺編 集 4-33455 叢 2-1827
53 包咸註論語 經 2-9229
包咸注論語 經 2-15142
72 包氏旌義宗譜[浙江東陽] 史 4-26188～9、26191～5
包氏族譜[浙江遂昌] 史 4-26201
包氏正誼堂下家譜[浙江東陽] 史 4-26196～7
包氏傷寒三種 子 2-6685
包氏家乘 史 4-26205
包氏家乘[江蘇通州] 史 4-26175
包氏宗譜[四川] 史 4-26204
包氏喉證家寶 子 2-7584
包氏喉證家寶、附方、咽喉七十二證考 子 2-4771(3)
包氏醫案 子 2-10932
80 包公案六十四本 集 7-51086
包公奏議 叢 1-457
94 包慎伯文 集 4-26427
包慎伯手書女子白真真詩册 集 4-26473
包慎伯先生(世臣)年譜 史 2-12045 叢 2-2232
包慎伯遺著 集 4-26421

2771_7 屺

10 屺雲樓文鈔 集 4-30701～2 叢 2-1922
屺雲樓詩話 集 6-46129 叢 2-1922
屺雲樓詩初集、二集、三集、文鈔 集 4-30700
屺雲樓詩選初集、二集、三集、影春園詞 叢 2-1922
屺雲樓詞 集 7-47986
屺雲樓集五種 叢 2-1922
60 屺思堂集文、詩 集 3-13521
67 屺瞻樓集 集 3-15946
71 屺雁哀 史 2-7190 集 6-45102 叢 1-547(4),2-720(6)

色

10 色一枝 集 7-51909
26 色鬼急郎一枝 集 7-52739
46 色相留真 子 7-36228(3)、36248、37237
色楞格河源流考 史 7-49318(10)、54495

2772_0 勾

00 勾亭陳氏重修宗譜[浙江諸暨] 史 4-

32901
勾亭陳氏宗譜[浙江諸暨]　史 4－32899～900
26 勾吳華氏本書[江蘇無錫]　史 4－31435
勾吳盛氏宗譜[江蘇無錫]　史 5－34277～8
勾吳金石志　史 8－63853
37 勾漏集　集 2－9386
勾漏集、詠史詩　集 2－10093
勾漏洞天游記　史 7－53714
勾漏洞天遊記　叢 1－371
60 勾易學　子 7－36236
77 勾股六術　子 3－12671,7－36248
勾股六術、弧角拾遺　子 3－12672
勾股六術補　子 3－12396
勾股三解正斜弧圖解　子 3－12673
勾股形内容三事和較　子 3－12574
勾股術附造整勾股表簡法　子 3－12396
勾股比例表圖說　子 3－12643
勾股和較　子 3－12397
勾股和較加減圖　子 3－12645
勾股割圜記　子 3－11250、12563
勾股割圜記、附考　子 3－12562
勾股淺述　子 3－12504
勾股演元新式　子 3－12774
勾股演代　子 3－12773
勾股補遺　子 3－12397
勾股述　子 3－12511
勾股邊角圖說　子 3－12644
勾股截積和較算術　子 3－12646
勾股相求之法　子 3－12548
勾股捷表　子 3－12397
勾股尺測量新法　子 3－12355
勾股斜要　子 3－12352
勾股筭術　子 3－12432、12452
勾股算術　子 3－12549
勾留集、續集　叢 2－1544

匈

46 匈加利愛國者噶蘇士傳　子 7－36251
47 匈奴奇士錄　子 7－36499

訇

00 訇齋藏碑跋尾　史 8－64449
70 訇雅　子 4－18592　叢 2－633

岣

25 岣嶁文草雜著　集 4－22141　叢 2－1531～2
岣嶁韻語　集 4－22139　叢 2－1531～2
岣嶁韻牋　叢 2－1531～2
岣嶁韻箋、論例　經 2－13867
岣嶁碑考　史 8－64520
岣嶁仿古　集 4－22136～7　叢 2－1531～2
岣嶁仿古吟定本、外編定本　集 4－22138
岣嶁集　集 4－22133～4
岣嶁集外編　集 4－22135
岣嶁集内編、外編　集 4－22132
岣嶁叢書六種　叢 2－1532
岣嶁叢書九種　叢 2－1531
岣嶁神書　叢 1－256
岣嶁時藝　集 4－22143　叢 2－1531
岣嶁删餘文草　集 4－22142　叢 2－1531～2
岣嶁删餘詩草　集 4－22140　叢 2－1531～2
岣嶁閣石史　史 8－64388
岣嶁鑒撮、讀史論畧　史 1－4954
岣嶁鑑撮　史 1－4953　叢 2－1531

峋

00 峋庵詩　集 4－25000

峒

22 峒山陳氏族譜[福建福州]　史 4－33194～5
24 峒岐謝氏宗譜[江蘇江陰]　史 5－40696
28 峒谿纖志　史 7－49315、49318(14)、51317～8
32 峒溪纖志　叢 2－731(56)

幻

10 幻雲詩鈔　集 3－19145
幻雲居詩稿　集 1－2301,6－41894(2)
20 幻住明禪師語錄　子 6－32091(81)
21 幻師颰陀神咒經　子 6－32081(18)、32088(13)、32089(15)、32091(19)
幻師颰陀神咒經(玄師颰陀所說神咒經)

子 6－32085(18)、32090(20)、32092(13)
幻師颰陀所說神咒經　子 6－32083(13)、32086(20)
23 幻戲志　子 5－26222、27548　叢 1－185、249(2)、255(3)，2－731(49)
24 幻化網大瑜伽教十忿怒明王大明觀想儀軌　子 6－32083(30)
27 幻緣奇遇小說　子 5－27826
幻緣箱　集 7－50202
幻緣箱傳奇　集 7－50201
38 幻遊草　集 5－38779
40 幻士仁賢經　子 6－32082(2)、32083(2)、32085(3)、32086(2)、32088(2)、32089(3)、32090(3)、32091(2)、32092(2)
幻有傳禪師語錄　子 6－32092(44)
幻有道人韻語、駁語、物不遷題旨、性住釋、贅語、禹門晚話　子 7－34247
幻有堂詩　集 3－17122
幻奇緣　集 7－50091～2
44 幻花菴詞鈔　集 7－47160
幻花別集　集 7－46431、47360
幻菴詩　集 2－6016
46 幻想翼　子 5－28635
50 幻中緣　集 7－52348
幻中真　子 5－28294
幻中真集　子 5－28293
60 幻跡自警　史 2－8962
幻異志　子 5－26222、27549　叢 1－185、249(2)、255(3)
62 幻影(三刻拍案驚奇)　子 5－27737
幻影集　史 7－49350、53476
幻影傳　子 5－26222、27553　叢 1－185、255(3)
幻影軒遺草　集 5－34776
71 幻厂詩畧　集 5－36167
77 幻居詩　子 7－34156
幻學日誦五倫詩選　集 6－42339

2772_7 島

12 島孫集鈔　集 3－17724
30 島寇紀畧　史 1－3782
50 島夷誌畧　史 7－54240　叢 1－525
島夷誌畧校注　叢 2－599
島夷紀畧　史 1－3781
島夷志畧　叢 1－223(26)
島夷志畧廣證　史 7－54241　叢 2－611
77 島居遺稿　集 5－40455
島居隨錄　子 4－23112　叢 2－735(2)、736
島居隨錄、續錄、三錄　子 4－24510

2773_2 餐

10 餐三華室印譜　子 3－17440
餐玉詞　集 4－24717～8，7－47716
餐玉山房詩草　集 5－36468
餐霞集　集 2－9921，3－21244，5－36100、41547～8　叢 2－1105
餐霞仙館文稿　集 4－31245
餐霞仙館詩詞集　集 5－40737
餐霞仙館詩集　集 5－41647～8
餐霞樓遺稿、詩餘　集 4－33508
餐霞樓軼稿　集 4－33507
餐霞館詩集　集 4－30289
餐霞館詩集、詞　集 4－30288
餐雲書屋稿　集 3－16059
28 餐微子集　集 2－11216
餐微子集、擒妖始末　史 6－48493
44 餐花仙館詩草　集 5－40691
餐花室詩稿　集 4－33692、33694
餐花室詩稿、詩餘　集 4－33693
餐花室尺牘　集 4－33695
餐花吟館詞　集 7－47402
餐花吟館詞鈔　集 7－47403～5
餐蔗堂殘詩　集 2－11875，6－41955
餐芍花館詩　集 4－32910
餐芍花館詩集、蕉心詞　集 4－32911
餐芍花館日記(清咸豐二年至三年，七年、八年至十一年)　史 2－12847
餐芍華館詩集、文集、隨筆、蕉心詞　集 4－32908
餐芍華館遺文　集 4－32912
餐菊齋棋評　子 3－18101
47 餐鞠軒詩草(餐鞠軒遺稿)　集 4－33515
餐楓館文集　集 4－30405
50 餐青閣集　集 4－31872
79 餐勝齋詩稿　集 3－21241～2
餐勝齋集　集 2－12876
81 餐飯寶卷　集 7－54503

饗

35 饗禮補亡　經 1－92、156、5516　叢 1－202(7)、203(13)、241、242(3)、418，2－731(21)

2774_7 岷

31 岷江紀程　史 7－54012　叢 2－1830
　岷源集　集 4－30718
32 岷州衛志[康熙]　史 8－63243
　岷州續志採訪初稿[光緒]　史 8－63246
　岷州志[康熙]　史 8－63244
　岷州志[光緒]　史 8－63245
76 岷陽古帝墓祠後志　史 7－51965　叢 1－328

2775_2 嶰

80 嶰谷詩鈔　集 4－28360
　嶰谷詞　集 3－18620　集 7－47196　叢 1－456(3),2－731(49)
　嶰谷集　集 3－18317
　嶰谷卮言　集 3－13032

2776_2 嵧

23 嵧峨縣志[康熙]　史 8－62437～8
　嵧峨縣志[咸豐]　史 8－62439
　嵧峨縣志[民國]　史 8－62440

2776_4 崌

80 崌谷山房遺集、外集　集 5－35604

2776_7 嵋

17 嵋君詩鈔　集 4－33513,6－42007(2)
44 嵋麓居士稿　集 3－17331

2778_1 嶼

20 嶼舫詩集　集 3－13902
32 嶼浮閣賦集　集 2－10622　叢 2－965

2778_2 畝

60 畝園詩錄　集 5－35427

2780_0 久

00 久庵先生文選　集 2－7737
24 久德堂内集、外集　集 6－44016
27 久久書　集 1－4499
44 久芬室詩集　集 5－36112
　久芳居學吟　集 4－24654
　久芳閣詩草　集 5－38271
51 久軒公集　集 1－2600,6－45118

2780_2 欠

00 欠庵避亂小記　史 1－4443
26 欠泉庵文集　集 5－35854
29 欠愁集　子 4－23197,5－26234　叢 1－583
44 欠菴避亂小記　叢 1－369
80 欠舍思存　集 5－38069

2780_6 負

43 負卦　子 5－27445　叢 1－197(4)
44 負苞堂詩選、文選　集 2－10416
　負薪記　集 7－50396
　負薪對校勘表　集 1－2918
60 負園詩存　集 5－38313
63 負暄雜錄　子 4－22208　叢 1－19(5)、21(4)、22(4)、23(4)、24(6)、374
　負暄野錄　子 4－23672～3　叢 1－223(42)、244(6)、353、490,2－600、731(33)
　負暄閒語　叢 2－691(1)、2107
　負暄閒話　子 4－21981
66 負曝閒談　子 5－28652
82 負劍行詩集　集 4－31463
90 負米集　集 4－28696

2780_9 炙

16 炙硯詞 集 7－48006
34 炙法集驗 子 2－10383
炙法心傳 子 2－10380
炙法祕傳 子 2－10379
炙法纂要 子 2－10386
77 炙闢元譜 子 2－10381

炙

16 炙硯詞 集 7－46413
炙硯瑣談 子 4－21354 叢 1－373(3),2－798
24 炙德張氏宗譜[江西] 史 5－35246
47 炙轂子 叢 1－15
炙轂子雜錄 叢 1－19(7)、20(5)、21(7)、24(8)
炙轂子詩格(詩格) 集 6－45539
炙轂子錄 子 4－19891 叢 1－22(4)、23(4),2－617(3)

2790_1 祭

00 祭文偈讚 子 7－32099
祭文墓誌銘挽詩挽聯 史 2－10047
祭文昌關帝禮節歌章祝文 子 5－30810
祭章輓辭 集 2－8961
祭亡弟開先文 叢 2－987
08 祭許琰文 史 1－1938
21 祭侄文稿墨跡 子 3－15617
26 祭臯陶 史 2－8334 集 7－49323
28 祭儀 叢 2－1318
祭儀考 經 1－6143 叢 2－1561～2
30 祭竈 集 7－52354
31 祭瀘水忙牙姑迎神 集 7－49398、49430
祭瀘江 集 7－49657
祭馮林一先生文 叢 1－276
祭酒琴溪陳先生集 集 6－45072
祭酒琴溪陳先生集、傳誌行實 集 2－7885
32 祭潘充菴文彙錄 集 6－44015
34 祭法記疑 叢 2－1456
35 祭禮殘本 經 1－6244
37 祭祀儀注(漢滿對照) 經 1－6337
祭祀圖說 史 6－42098
38 祭海都統文 集 4－28263
祭啓聖公 叢 1－114(6)
41 祭姬 集 7－51769、52356
44 祭塔 集 7－52357
50 祭夫徐業文 集 1－553
祭夫徐敬業文 叢 1－168(4)
55 祭典 經 1－6288 叢 2－774(4)
57 祭挽分編、樸村徐公(士修)傳 史 2－9497
祭輓彙錄、續錄 史 2－9322 集 6－44200
66 祭器樂器記 經 1－6213
71 祭牙 集 7－49457～8
77 祭風一枝 集 7－51768
祭風臺 集 7－53788
80 祭奠狄青 集 7－52805
祭奠金橋 集 7－52806
87 祭鄭太君文 史 2－9787
95 祭煉議畧 子 5－31564～5
祭煉心咒註 子 5－29574、31449
祭煉祕說 子 5－31565

禦

22 禦倭條款 史 6－45153
禦倭軍事條款 史 6－45146
28 禦侮備覽、江海備覽外編 叢 2－1023
30 禦寇詳文 史 1－2890
禦寇急務 史 1－2933
禦寒小集、續集 集 4－24733
77 禦風要術 子 7－36231(3)
90 禦火事宜 史 6－47484

2790_4 彙

00 彙音釋義千文 經 2－13375
01 彙訂甘肅出口貨統捐條規章程 史 6－43643
02 彙刻瑞花詩集 集 6－43835
彙刻建安七子集 集 6－41719
彙刻太倉舊志五種 史 7－54915
彙刻書目 史 8－66144～5
彙刻書目、彙刻書目二編 史 8－66143
彙刻書目初編、續編 史 8－66141
彙刻書目初編、續編、新編、補編 史 8－66142

彙刻書目初編、補編　史 8-66139
彙刻書目初編、補編、新編、續編　史 8-66140
彙刻歷代史志凡例　史 8-66264
彙刻養蒙四要四種　叢 1-132
06 彙韻辨義　經 2-14044
08 彙旃遺集　集 3-13321
10 彙三錄　子 4-20943
12 彙刊條例册　史 6-45883
彙刊查匪警盜章程　史 6-45358
彙刊甲辰科翰林館閣試草　集 6-45419
20 彙集經驗方　子 2-9547～8　叢 2-1461、1463
彙集實錄　史 6-46586,7-53016
彙集雅俗通一十五音　經 2-13910
彙集金鑑　子 2-9655
23 彙編唐詩十集、目錄　集 6-43374
彙編古今大家應酬文翰　子 5-25151
彙編歷代當機錄　子 4-23891
37 彙選方外奇方　子 2-4591、11195
彙選註釋名公全啓四六雲韶　集 6-45282
彙選三千字文音義　經 2-13487
彙選增補應驗良方　子 2-4591、9395
彙選易見曆書　子 3-14447
彙選歷代名賢詞府全集、中原音韻　集 7-48473
彙選貿亡集　集 6-44369
彙選鍼灸益覽、補遺　子 2-10258
彙選筮吉指南　子 3-13061
40 彙古萃玉　子 5-25095
彙核道光四年各直省錢糧出入清單　史 6-43215
41 彙帖舉要　叢 2-744
44 彙考策林　子 5-25178
彙苑詳註　子 5-24978
45 彙姓印苑　子 3-16886
50 彙書詳註　子 4-20883
彙書初編摘要　子 5-25390
56 彙輯薛氏內科醫案、附方　子 2-7103
彙輯輿圖備考全書　史 7-49594、49598
60 彙呈朱子論治本各疏　史 6-48144　叢 2-2225
63 彙戰國策補　史 1-2174
67 彙鳴集　集 6-44176
70 彙雅前集、後編　經 2-14644
87 彙鍥註釋三蘇文苑　集 6-45171
88 彙纂詩法度鍼　集 6-45885
彙纂元譜南曲九宮正始　集 7-54649
彙纂張子房歸山詩選　子 5-27594
彙纂功過格　子 5-30538
彙纂大六壬玉鑰匙心訣　子 3-13923
彙纂較正解學士選、勉學詩　子 5-27595
89 彙鈔三館字例　經 2-13110
彙鈔術數書四種　子 3-12895
90 彙堂摘奇　史 8-64372　叢 1-61～4,2-730(4)、731(34)

臬

44 臬林小史　史 1-3872,7-49327　子 5-26507　叢 1-496(1)

槊

00 槊庵詩鈔　集 5-38523
32 槊溪詩草　集 4-22352、22925
44 槊薖文集、別錄　集 5-38130
槊薖紀事初稿　集 5-38129
78 槊監齋遺稿　集 5-40061

粲

44 粲花齋詞影　集 4-22740
粲花齋三種曲　集 7-50266
粲花新樂府四種　集 7-50018
粲花佩菓山房詩稿　集 4-30754
粲花樓詩稿　集 4-31759,6-42008
粲花軒詩稿(湄君詩集)　集 3-21416　叢 2-1459～60
粲花軒吟草　集 3-20674
粲花館詩鈔、詩餘　集 5-35373
粲花館詩鈔、詞鈔　叢 2-861～2

2791_0 租

10 租覈　史 6-47518

組

23 組織商辦延長石油發起會公啓附奏案及報告書　史 6-44849

組織化學會章程 史6-47579
25 組繡 叢1-46
30 組完女士(張綺)哀輓錄 史2-10954
31 組江弈譜選 子3-18052
80 組美園文集 集5-34230

2791_4 紐

40 紐吉尼亞島志 史7-54718

2791_7 紀

00 紀序傳表 集6-45076
紀唐六如軼事 史2-8908 叢1-587(6)
紀文襄公見鬼事 叢2-2203
紀文譚 叢1-20(8)
紀文達公文錄 集6-42066
紀文達公遺集 集3-20842
紀文達公筆記類編 子5-27111
紀文錄 叢1-18
08 紀效新書 子1-3064、3084、3089、3498～9,2-10702 叢1-223(32)、268(3)、361
紀效達辭 子1-3500
紀效合刻 子1-3065
09 紀談錄 子4-20000 叢1-22(3)、23(3)
10 紀王鎮志[光緒] 史7-56399
紀琉球入太學始末 史6-42065 叢1-195(3)、201、203(4)
紀元韻系 史1-1359
紀元韻編 史1-1355
紀元韻覽表 史1-1399～400
紀元韻敘 史1-1351
紀元部表 史1-1369
紀元要畧、紀元要畧補 叢1-242(3)
紀元要畧、補 史1-1348 叢1-241
紀元要畧、補、改元考同 史1-1349
紀元要畧、補輯 叢2-1391
紀元編 史1-1395～6,7-49312 叢1-456(3),2-604、698(5)、731(62)
紀元編韻 史1-1360
紀元續編 史1-1334
紀元彙考類編 史1-1338
紀元通考 史1-1366
紀元考 史1-1365 叢1-504
紀元本末 史1-1352 叢2-900
紀元同異考畧 史1-4595
紀元年表 史1-1399～400
紀元篇 子4-21819
12 紀瑞堂詩草 集5-34940
14 紀聽松庵竹鑪始末 叢1-203(14)
紀聽松菴竹鑪始末 子4-18579 叢1-202(8)、241、242(4),2-731(31)
16 紀硯 子4-18708
17 紀君祥雜劇一種 叢2-720(4)
20 紀季父遺言遺事 子4-20914
紀香草堂日記 史2-12989
21 紀行詩 集3-20080
紀行詩鈔 集4-22036
紀歲詩編 集3-19744
22 紀災詩 集4-30628
紀災草 集4-25524
紀剿 史1-1927
紀剿除徐海本末 史1-1982
23 紀我所知集 叢2-2241
26 紀程 叢2-1508
紀程詩鈔 集4-25153
紀程浪語、宦遊雜詠 集4-25419
30 紀宗室伯苐太史壽富殉節始末 史2-10874
31 紀福王之立 史1-1978、3302
32 紀澎湖臺灣 史6-43127
紀巡百韻 集3-18703
33 紀述(薛方山紀述) 子1-1081
38 紀游 集2-10770
紀游草 史7-53123
紀遊 史7-53089 集6-41750
紀遊雜草 集3-13771
紀遊詩 史7-52457 集3-14454
紀遊詩草 集4-26512
紀遊詩草、文集 集3-17377
紀遊集句 集3-16694
紀遊稿 集2-9852 叢2-1136
紀遊補稿 集4-23790
紀遊草 叢2-1934
紀遊吟草 集5-38570,6-42007(3)
紀遊閒草 集4-33683
40 紀九行氣煉形圖 子5-31458
紀(幻)士仁賢經 子7-32168
紀難草 集4-33172
紀古滇說集 史7-51022
紀古滇說原集 史7-51021 叢2-741
43 紀城文稿 集3-14875 叢2-1331
紀城詩稿 集3-14873 叢2-1331
紀載彙編 叢1-496(3)
44 紀夢編年 史2-11754
紀夢編年、續編 史2-11755 叢2-731

(62)、881
紀夢吟草　集4－25471
紀草堂十六宜　叢1－197(4),2－617(2)
紀韓來安遺政　子1－4348
紀華事夷言　史1－3797
紀革葉氏支譜[江蘇蘇州]　史5－35652
紀藝　子3－14692、15858、15887　叢1－5、9～10、22(15)、23(14)
50 紀事詩附錄　集3－17766
紀事詩鈔　集6－43879
紀事珠　子4－23237
紀事續編　史6－44584
紀事約言　史1－5740　叢1－288、411
紀事述言　史6－42044
紀事本末五種　史1－1770、1772
紀事本末五種附御製詩　史1－1771
紀事本末彙刻八種　史1－1773
紀事書行　集4－27726
紀事畧　史1－1962、3875　集3－14502
紀事錄　史6－42059
51 紀批蘇詩擇粹　集1－2514
53 紀盛詩　叢2－1369
紀盛集　集3－15050
58 紀數畧　子5－25318
紀數畧人道治道類　子5－25317
60 紀日干支表　子5－27224
紀墨小言　子4－18775、18828
紀墨小言補編　子4－18775、18829
紀恩錄　史1－3584,6－48736　叢1－201
紀恩錄(清光緒六年至七年)　史2－12868
紀恩錄編年　史2－9586
紀畧　叢2－2086
紀畧、摘鈔　子4－21960
紀畧摘鈔　叢2－2086
紀異錄　叢1－15、19(1)、21(1)
紀異錄(洛中記異)　叢1－24(2)
紀異錄(洛中紀異)　叢1－20(1)
62 紀縣城失守克復本末　史1－3901
64 紀曉嵐先生(昀)年譜　史2－11879
紀時畧　史2－10068、12192　叢2－1845
71 紀曆撮要　子1－4251、4253　叢1－173
72 紀氏家譜[河北文安]　史4－31229
紀氏嘉言　子5－27108
紀氏敬義堂家訓述錄　子1－2250　叢2－1555
紀氏敬義堂世次錄[江西臨川]　史4－31233
紀氏敬義堂世次錄節抄[江西臨川]　史4－31232
77 紀周文襄公見鬼事　子5－26989　叢1－60
紀聞　子5－27529　叢1－409
紀聞類編　子5－25057
79 紀勝詩　集2－10372
80 紀年帝系名號歸一圖　史1－4624
紀年稿　集3－13764
紀年經緯　史1－1399
紀年經緯考　史1－1400
紀年彙考　史1－1341
紀年考證　史1－1402
紀年考正　叢2－1705
紀年草　史2－11873
紀年年表　史1－4834
紀年錄　集1－5556　叢2－1049
紀年類編　史1－1327、1401　叢2－974
紀年類編叢書　叢2－975
紀義宣城記　史7－49307、50505　叢2－767
紀善錄　史2－7756　叢1－58～60、188、220,2－611
紀公行述　叢2－1556
83 紀錢牧齋(謙益)遺事　史2－9100
87 紀錄彙編　叢1－84(1)、393,2－730(8)
紀錄彙編選刊九種　叢1－85
90 紀堂遺稿　集3－18445　叢2－965
紀半樵詩　叢1－401
紀半樵遺詩　集4－24791
94 紀慎齋先生(大奎)崇祀錄　史2－9578
紀慎齋先生集十三種　叢2－1556
紀慎齋先生崇祀錄、年譜　叢2－1555
紀慎齋先生叢稿　集4－22875
紀慎齋先生祈禱壇法　子3－13104
紀慎齋先生求雨文(求雨文、求雨經、祈雨文)　子3－13101
紀慎齋先生全集十二種續集七種　叢2－1555
紀慎齋求雨全書　子3－13102　叢1－533

絕

00 絕交　集7－49562
10 絕三尸符咒　子2－11181,5－31294　叢1－173
21 絕紅柳　集7－52371
22 絕倒錄　子5－27389　叢1－19(8)、20(6)、21(7)、22(4)、23(4)、24(8)
23 絕代偉人傳畧　子7－36474
25 絕律詩輯雜編　集4－24724
26 絕纓會　集7－53603
27 絕句辨體　集6－41768、42350　叢2－1089
絕句衍義　集6－41768

絕句衍義、辨體、增奇、搜奇、六言絕句、五言絕句 集6-42351
絕句選 集2-10402
絕島漂流記 子7-38216
30 絕塞窮吟 集4-28650
37 絕祖 集6-42417
43 絕域紀畧 史7-49316、49317(7)、49318(2) 叢1-202(4)、211
絕域紀畧[康熙] 史7-56356
49 絕妙好詞 集7-48463
絕妙好詞校錄 集7-48294 叢2-2143
絕妙好詞箋 集7-48464 叢1-223(73)
絕妙好詞箋、續抄、又續抄 集7-48465
絕妙好詞箋、續鈔、續鈔補錄 叢2-697、698(13)
絕妙好辭 集7-47785
絕妙好辭今輯 集7-48564
88 絕筆補遺 集7-46380
絕餘編 子6-32091(75) 集2-12235

繩

00 繩庵内集、外集 集3-19995
繩齋印稿 子3-17115 叢2-622
13 繩武齋遺稿 集5-40727
繩武讀書堂詩鈔 集3-14824
27 繩鄉紀畧[嘉慶] 史8-61767
44 繩其武齋自纂年譜 史2-11005、12157~8
繩柑齋詩稿 集4-25317
繩柑齋年譜 史2-12013
48 繩槎遺詩 集5-37823

2792_0 絢

44 絢芳園詩鈔 集3-19401

約

00 約廬詩稿 集3-16402
約齋文集 集3-14685
約齋詩集 集3-21511
約齋選錄四種 叢1-165
約齋燕遊志 叢1-23(11)
約章述要 子7-36562
約章考 子7-36240(2)
約章成案講義、江蘇法政學堂校外學員姓名錄 史6-44963
約章成案滙覽甲篇、乙篇 史6-44962
約章分類輯要 史6-44961
約言 子1-983、3845,3-13601,5-27455 叢1-62~4、197(4),2-617(2)、730(4)、731(11)
約言(清光緒十一年至二十四年) 史2-12778
約六齋制藝 集3-20123 叢2-998、1455
01 約語補錄 子4-21583 叢2-1595
約語追記 子4-21582 叢2-1595
22 約仙遺稿 集5-36012 叢2-845(4)
約山支譜[安徽休寧] 史4-28888
30 約注 經1-2313~4
32 約溪彭氏三修族譜[湖南湘鄉] 史5-35614
34 約社詩 集3-17962
37 約退齋醫說 子2-10650
40 約存 經1-2313~4
約喪禮經傳 經1-5393、6359 叢1-202(4)、203(10)
48 約翰一二三書暨猶大書注釋 子7-35200
約翰聖經釋解 子7-35199
約翰福音二十一章 子7-35177
50 約書 子1-2569
約書亞至歷代志畧注釋 子7-35125
51 約軒詩稿(詩窠初稿、癸卯詩稿、武林後遊詩稿、武林後遊詩稿) 集4-29430
約軒詩草 集4-26655
60 約園文存 集5-41297
約園雜著、續編、三編 集5-41298
約園詩存 集3-18941,4-25885
約園詩存、紅杏遺音 集4-28814
約園詩鈔 集4-22818
約園詞 集7-48176~7
約園詞稿 集7-47764~6
約園志 史7-51980
約園壽言 史2-10582
約因詞 集5-33928
72 約兵指南 子1-3920
80 約會花僊 集7-49700

紉

00 紉齋遺稿 集4-32938
紉齋畫賸 子3-16412~3
20 紉香草堂文鈔 集4-30279

紉香草堂詩集　集4-30277～8
紉香草堂詩餘　集7-47508
紉香草堂詩鈔　集4-28017
紉香草堂賦鈔　集4-30280
27 紉佩齋詩存　集5-41083
紉佩齋集印　子3-17447
紉佩仙館吟鈔、文鈔　集5-34833
紉佩軒詩詞草　集5-39803
29 紉秋山館詩鈔　集4-31672
44 紉芬齋經史鈔　子4-24339
紉芳齋文集　集3-20857　叢1-412
紉芳齋詩文集　集3-20854
紉芳齋詩集、外集　集3-20855
紉芳齋稿　集3-20856
紉芳堂遺詩　集4-23944
紉蘭集　集3-15620
紉蘭集(滇遊草)　集3-15168
紉蘭集、遊草　集3-16781
紉蘭室詩鈔　集5-34549
紉蘭室詩鈔、詞鈔　集5-34550
紉蘭軒詩稿　集3-16336
紉蘭軒吟草　集5-35443
紉蘭閣詩集　集2-11603
紉蘭堂集　集3-17574
88 紉餘漫草　集3-20964
紉餘小草　集5-35371

絅

00 絅齋文稿　集2-6578
絅齋先生文集　集2-9723～5
絅齋先生集　集2-6577
絅齋先生集、二集、三集　集2-6576
絅齋隨筆　子1-1635　叢2-671
絅齋賸稿　叢2-706

絇

44 絇華室詩憶　集5-40315

綱

60 綱目訂誤　史1-1113　叢1-223(18),2-1391
綱目議、綱目續議　史1-5655
綱目集畧　史1-1157
綱目續麟　叢1-223(18)
綱目續麟、校正凡例、彙覽　史1-1168
綱目續麟彙覽　史1-1169
綱目續麟彙覽、案　史1-1170　叢2-870(6)
綱目續麟凡例、綱目續麟附錄、綱目續麟覽、綱目分註拾遺　叢1-223(18)
綱目疑誤　史1-1112　叢1-22(2)、23(2)
綱目通論　史1-5695　叢2-1576
綱目大戰錄　叢1-332
綱目志疑　史1-1117　叢1-203(16)
綱目考異辨疑　史1-1124
綱目萬方全書　子2-9816
綱目摘注　史1-1136
綱目四鑑錄　史1-5021
綱目兵法　子1-3267
綱目隨筆　史1-1118　叢2-2071
綱目分注發微　史1-1132
綱目分注補遺　史1-1134
78 綱鑒段一段　集7-51434
88 綱鑑望知錄　子4-23551
綱鑑正史約　史1-1293　叢2-1387
綱鑑正史約、綱鑑附記　史1-1294
綱鑑正史約、甲子紀綱元　史1-1295
綱鑑要編　史1-1287～8
綱鑑要箋　史1-1253
綱鑑統、論題、歷朝捷錄　史1-1299
綱鑑總論　史1-1231～2、1234
綱鑑總綸　史1-1233
綱鑑彙編、通紀彙編　史1-1235
綱鑑紀年　史1-1389　叢2-831
綱鑑大成　史1-1228、1237
綱鑑大全　史1-1230
綱鑑標題、性理標題　史1-1285
綱鑑標題一覽　史1-1284
綱鑑標題要選　史1-1252
綱鑑標題要選、總斷　史1-1251
綱鑑擇言　史1-4975
綱鑑擇語　史1-4974
綱鑑甲子　史1-1391
綱鑑會编、歷代統系表畧、歷代官制考畧、歷代郡國考畧　史1-1310
綱鑑會通明紀　史1-1240～1
綱鑑錄要　史1-1236
綱鑑類纂　史1-5022
90 綱常懿範　子4-23839

網

21 網師園唐詩箋 集 6-43504
網師園題贈錄 史 7-51986
網師吟草 集 3-19903
22 網山集 集 1-3675～6,6-41894(2) 叢 1-223(55)
網山月魚集 集 1-3674,6-41904
44 網舊聞齋調刁集 集 5-37693

2792_2 紓

00 紓亭制義 集 3-21150

繆

00 繆文貞公文集 集 2-10787
繆文貞公會試硃卷 集 2-10788
10 繆西垣先生文集 集 2-10991
13 繆武烈公遺集 集 4-31453
24 繆先生賦存、館課存稿 集 4-22801
25 繆仲醇先生醫案、炮炙大法 子 2-10485
30 繆宜亭醫案 子 2-4771(4)、10571、10637
繆寄庵詩稿、賦稿 集 4-22800
31 繆沅詩選 集 3-17841,6-44441
47 繆胡氏宗譜[安徽桐城] 史 4-30513
72 繆氏制藝稿 集 5-37829
繆氏宗譜[安徽桐城] 史 5-40908～9
繆氏宗譜[浙江杭州] 史 5-40902
繆氏七修族譜[江西崇仁] 史 5-40910
繆氏喉科 子 2-7545
繆氏醫案 子 2-10860
繆氏醫案(繆宜亭醫案) 子 2-10571
77 繆賢楊氏宗譜[江蘇常州] 史 5-36792
80 繆公遺愛錄 史 2-9394
88 繆篆分韻、補 子 3-16843 叢 2-1601
繆篆分韻補 子 3-16844
繆筱珊先生家書 集 5-37290

2792_7 移

00 移京省共討逆閹告文 叢 1-309
03 移識經 子 6-32093(3)
21 移虔藁 集 2-6851
22 移山簃隨筆 子 4-22051
40 移太常博士書 叢 1-532
44 移芝室詩鈔 叢 1-445
移芝室詩鈔、古文 集 4-31442
移芝室集(文集、詩集、思舊集、芠餘集、外集、亂定草、紫霞山館詩鈔、試帖、律賦、時文、會試硃卷、朝考卷、尺牘) 集 4-31441
移芝室全集 集 4-31440
移孝軒疏稿 史 6-49165
47 移鄞蕘署 史 6-42972
65 移晴軒集 集 5-39695
77 移民論 史 6-44527
88 移箏語 集 7-47296
95 移情集(醒庵吊譜、刪纂吊譜) 子 3-18278
移情草 集 2-12937

緆

10 緆雲石記 子 4-19485
緆雲石圖記 子 4-19484 叢 1-244(6)
緆雲樓詩鈔 集 4-27293
37 緆淥亭詩餘 集 4-27765

郲

34 郲瀆王氏宗譜[江蘇宜興] 史 4-24872

鴹

67 鴹鳴集 集 2-8261～2

2793_2 綠

00 綠意詞 集 7-47122

綠意盦詩　集 4-31091
綠衣女　集 7-52189
綠衣人傳　叢 1-168(2)
10 綠雪亭雜言　子 4-20451　叢 1-22(24)、29(8)、57～8、88～9、142
綠雪樓集(存鶴草、集句、素草、屐草、游劄、屐游劄、琴草、掖草、劍草、握機經、臺草、則草、天官圖書)　集 2-11620
綠雪居所見抄　子 4-24540
綠雪館詩續鈔　集 4-30831
綠雪館詩鈔　集 4-30828～30
綠雪館詞　集 7-47506
綠雪館詞、百和詞　集 7-47629～30
綠雪館詞二集、綠雪館詞鈔　集 7-47632
綠雪館詞鈔　集 7-46420、47633
綠雪堂詩畧　集 3-16981
綠雪堂遺集　集 4-26564
綠天亭詩集、文集　叢 2-854
綠天亭集　集 3-17952
綠天香雪簃詩話　集 6-46182　叢 1-584
綠天蘭若詩稿　集 5-34304
綠天蘭若詩鈔　集 5-34305
綠天蘭若詩鈔、潛心精舍詩鈔、鉢囊遊草、鉢囊草　集 5-34300
綠天蘭若集　集 5-34302
綠天草堂詩　集 4-30108
綠天書舍存草　集 4-24542
綠天耕舍燕鈔　集 6-46252
綠天吟榭詩稿　集 4-32086
綠天脞說　子 5-26227、26390
綠天盦詩集　集 5-35200
綠石山樵雜感詩　集 4-25877
綠雲庵集(綠雲盦詩、詞)　集 5-39397
綠雲環　集 7-53851
綠雲僊館詩稿、玉鏡臺詞　集 4-28439
綠雲紅雨山房文鈔外集　集 4-23141
綠雲山房詩草　集 4-32930～1　叢 2-1930
綠雲山房二卿詩草　集 6-44309
綠雲山房遺草　集 5-34357,6-42007(3)
綠雲軒吟草　集 5-34789,6-42007(1)
綠雲館詞　集 7-47631
綠雲館遺集　集 5-34373、34666
綠雲堂集、塞外封藩草　集 3-18802
綠雲堂稿　集 4-24219～20
12 綠水青山　子 3-17899
15 綠珠傳　子 5-27561　叢 1-19(7)、20(5)、21(6)、22(18)、23(18)、24(8)、168(3)、456(6)、465,2-731(6)
綠珠傳、翩風傳　叢 1-587(6)
綠珠傳、校勘記、續校　叢 1-376
綠珠内傳　子 5-26220　叢 1-40
17 綠珊軒詩草　集 4-31787～8,6-42007(4)
24 綠豔亭稿　集 3-17076
綠牡丹　子 5-28719　集 7-50493
綠牡丹傳奇　集 7-50018
綠牡丹全傳　子 5-28715～6、28718
綠綺新聲　子 3-17618　叢 1-86,2-730(7)、731(36)
綠綺清韻　子 3-17759
綠綺樓詩鈔　集 5-33870,6-42007(3)
26 綠牕女史一百九十四種　叢 1-168(1)
綠伽楠館詩存　集 4-32678
綠伽楠精舍詩草(綠伽楠仙館詩集)　集 4-27652
29 綠秋庵筆記　子 4-20680
綠秋草堂詞　集 7-47730　叢 2-1459～60
綠秋書屋詩集　集 6-41999
綠秋書屋詩鈔、遺稿　集 4-22374
綠秋盦集印　子 3-17226
30 綠窗新話　子 5-26991
綠窗詩存　集 5-38546
綠窗詩草　集 3-13542,4-25855
綠窗偶集　叢 1-378
綠窗紀事　叢 1-175
綠窗遺稿　集 1-5611～2、5617　叢 2-670
綠窗遺藁　集 6-41775～6
綠窗女史　子 5-26994
綠窗吟稿　集 6-41999
綠窗吟稿、小壺天課子草、詩餘　集 5-34181
綠窗吟草　集 4-22781、33170,6-42007(4)
綠窗小詠　集 3-19546
綠窗小草　集 3-16611,6-44995　叢 1-300
31 綠江初草　集 3-17230
32 綠溪語　子 4-22357　叢 2-821、1482
綠溪詩　叢 2-1482
綠溪詩鈔　集 3-19113
綠溪詞　集 7-47087　叢 2-1482
綠溪初稿　叢 2-1482
綠溪草堂駢體　集 3-21263
綠溪全集五種　叢 2-1482
綠溪全稿(綠溪初稿、綠溪詩、詠史偶稿、綠溪語、綠溪詞)　集 3-21016
綠淨山莊詩　集 4-32832～3
綠淨山莊詩(蘋花館詩)　集 4-32831
綠淨山莊詩草　集 4-25013
綠淨軒詩續集　集 3-18286
綠淨軒詩鈔　集 3-18285,6-41999、45068～9
34 綠漪草堂文集　集 4-31025
綠漪草堂文集、詩集、外集　集 4-31022

綠漪草堂文集、别集、外集、詩集、研華館詞 集 4-31023
綠漪草堂文稿 集 4-31024
綠漪草堂詩鈔 叢 1-445
綠漪軒文鈔、駢體文鈔、詩鈔 集 5-36190
綠漪軒詩鈔、文鈔 集 5-36189
綠漪堂集 集 3-14547
綠滿廬詩存 集 5-35221
綠滿廬集 集 5-40087
綠滿山房集 集 4-23683
綠滿窗前草 集 4-33630
綠滿書牕六種附一種 叢 1-311
綠滿書屋齋詩詞鈔 集 4-29694
綠波山房詩稿 集 3-14552
綠波樓文集 集 2-9749
綠波樓文集、詩集 集 2-9744
綠波樓詩集 集 2-9746
綠波樓集 集 2-9748
綠波園詩集 集 3-18277
42 綠杉野屋詩文集 集 4-33078
綠杉野屋詩文鈔 集 4-33077
綠杉野屋詩集 集 4-27043
綠杉野屋集 集 3-20406
43 綠榕山館琴譜 子 3-17700
綠榕書屋剩草 集 4-33121,6-42007(3)
44 綠萍灣史論初集 史 1-5652
綠萍灣史論初集、史論二集綱目議 史 1-5653
綠夢軒遺詞 集 7-47870
綠萼山房詩 集 5-37233
綠萼梅齋遺稿 集 4-29695
綠萼軒集 集 5-38747
綠莊嚴館詩存 集 5-38582
綠蔭齋詩稿 集 4-31078
綠蔭山房詩 集 3-17005
綠蔭山館詞 集 3-19003
綠蔭山館吟稿 集 4-30856
綠蔭軒詩草 集 4-30819
綠蔭軒遺集 集 4-30818
綠蕉館詩鈔 集 5-34237
綠蕉館集 集 2-11937
綠芙蓉館詩稿 集 4-33414
綠苔軒詩 集 2-6032
綠苔軒集 集 2-6033 叢 1-223(70)
綠芸軒詩集 集 5-33966
綠芸吟館詩鈔 集 6-42007(3)
綠樹村稿 集 4-27130
綠葉芬芳一枝 集 7-51831
綠葉小詠 集 4-22326
綠蘿庵詩 集 3-16061
綠蘿山莊文集 集 3-18595~6
綠蘿山莊詩集 集 3-18594,4-33651
綠蘿山莊駢體文集 叢 1-533
綠蘿書屋遺集 集 4-28964
綠蘿恆秀林禪師語錄 子 6-32091(78)
46 綠槐草堂詩集 集 5-34028
綠槐書屋詩稿 集 4-30038~9
綠槐軒詩 集 6-45111
綠槐堂詩賦 集 3-17391
綠槐堂藁 集 2-8993
綠楊紅杏軒詩集、續集 集 3-18232
綠楊外史吟稿 集 4-27028
47 綠鶴山人賦詩遺稿 集 4-30788
綠鶴山人賦詩選稿 集 3-16640
48 綠梅亭詩集 集 3-17740
綠梅影樓詩存 集 4-26820
50 綠夫容閣詩集 集 4-33415
60 綠園詩鈔 集 3-19748
綠園家訓諄言 子 5-28437
綠羅詞 集 7-48090
62 綠影草 集 3-17030
64 綠曉齋集、詩來、附錄 集 2-12723
綠曉齋外集、雜文 集 2-12724
綠曉齋自選全集 集 2-12722
綠畦晤言 子 1-1923
綠畦晤言、寤寐說 子 1-4478
67 綠墅詩草 集 4-28464
綠野齋文集 集 4-26952
綠野齋歸田集 集 4-26953
綠野齋前後合集、制藝、太湖詩草 集 4-26951
綠野仙踪 子 5-28879~80
綠野漫吟、續編 集 4-22692
綠野莊詩草 集 4-25394 叢 2-981
綠野草堂吟 集 5-38721
綠野園詩稿 集 3-20069
綠野印草 子 3-17220
77 綠肥軒詩稿 集 3-14842
綠月廔詞 集 7-48157
綠卿簃詩初稿、詩續稿 集 5-38051
78 綠陰亭集 叢 1-461
綠陰紅雨軒詩鈔 集 4-25229,6-41999
綠陰山館詩鈔 集 4-32251
綠陰槐夏閣詞 集 7-47269~70
88 綠筠山莊詩集 集 4-32282
綠筠書屋詩詞鈔 集 5-37258
綠筠書屋詩稿、詩餘 集 4-31227
綠筠書屋詩選 集 3-18056
綠筠書屋詩鈔 集 3-20576~7
綠筠書屋遺詩(澄庵集) 集 3-18055

綠筠軒詩　集3-17764～5
綠筠軒詩集　集3-14863
綠筠軒詩草　集3-18997
綠筠軒稿　集2-9402,6-44973
綠筠閣詩鈔　集4-30586
綠筠堂詩草　集5-36440
綠筠堂菊花詩集　集4-27279
綠竹詞　集7-46420
90 綠棠吟館詩鈔　集5-39529
91 綠煙瑣窗集　集4-22598
99 綠營汛地全圖　史7-50688

緑

44 緑林變相二編　子5-28619

緣

00 緣痕書屋詩稿　集3-19271
25 緣生論　子6-32081(25)、32083(17)、32085(25)、32086(28)、32088(18)、32089(44)、32090(49)、32091(47)、32092(32)、32093(30)
緣生初勝分法本經　子6-32081(7)、32082(7)、32083(6)、32084(6)、32085(7)、32086(7)、32088(5)、32089(7)、32093(11)
27 緣督廬遺書六種　叢2-2119
緣督廬日記(清同治九年至民國六年)　史2-13155
緣督廬日記抄(清同治九年至民國六年)　史2-13156
緣督集　集1-3422～3　叢1-223(55)
緣督真人僊佛同源文　子5-31962
緣督軒遺稿　集5-38301
36 緣遇編　子5-32017
44 緣蘿堂詩草　集2-12991
47 緣起章　子7-33797
緣起聖道經　子6-32081(11)、32083(8)、32084(7)、32085(11)、32088(8)、32093(11)
緣起經　子6-32083(20)、32085(28)、32086(32)、32088(21)、32089(20)、32090(26)、32091(24)、32092(17)、32093(15)
50 緣本致經　子6-32083(18)
95 緣情手鑒詩格　集6-45495、45544　叢1-114(4)

2793_3 終

21 終須夢　子5-28360
37 終運書　子4-19671
終軍書　叢2-774(9)
40 終太山人文集　集2-9510
終南仙境志　史7-52656
終南山說經臺歷代真仙碑記　史2-8317　子5-29530(18)、29535(7)、29536(7)
終南山祖庭仙真内傳　史2-8318～20　子5-29530(18)、29535(7)、29536(7)
終南遊記　史7-53749
終南十志　史7-51974　叢1-22(12)、23(11)、29(4)、119～20、255(2)
終南八祖說心印妙經解　子5-29535(3)、29536(3)、29676

2793_4 稧

41 稧帖緒餘　叢2-1516

緱

22 緱山集　集1-4742
緱山先生集　集2-10769
緱山侯氏譜　集2-7820～1
43 緱城遺詩　集3-16830
緱城漫鈔　叢2-1689

縫

50 縫掖集　集2-10963
77 縫月軒詞錄、續錄　集7-47961

2794_0 叔

08 叔論文稿　集3-19654
12 叔孫通漢禮器制度　史6-41957　叢2-771(3)
25 叔績府君行述　叢2-1811

27 叔倪文鈔 集 4－33572
叔彝詞稿 集 7－48037
叔彝吟草 集 4－32507
32 叔淵遺藁 集 1－5039
40 叔皮集 叢 2－827
44 叔苴子 子 1－20 叢 2－1191
叔苴子外篇 叢 2－1191
叔苴子内編、外編 叢 2－731(12)
叔苴子内篇、外編 子 4－20862
叔苴子内篇、外篇 子 1－61 叢 1－456(2)
叔苴子内篇、拾遺 叢 2－1191
叔苴子内篇、拾遺、外篇 子 4－20861
77 叔母劉太恭人家傳 史 2－10572

2794_1 稺

40 稺圭府君(周之琦)年譜 史 2－12066

2794_7 級

58 級數回求 子 3－12356

綴

00 綴文 叢 2－1583
10 綴玉集 集 4－26665
綴玉初編 子 5－27067
綴玉軒藏曲志 史 8－66403
綴玉軒曲譜 集 7－54825
綴玉吟 叢 2－2210
綴雪齋詩草 集 6－43836
18 綴珍集 集 5－41524
21 綴術釋戴 子 3－12364、12396
綴術釋明 子 3－12364、12396
26 綴白裘 集 7－54634
綴白裘新集十二編 集 7－54636
綴白裘十二集 集 7－54637～8
35 綴遺齋彝器款識考釋 史 8－64206
綴遺齋彝器款識目稿 史 8－64326
77 綴閒集、公孫龍子達辭 集 2－11555
綴學堂文稿 集 5－40012
綴學堂河朔碑刻跋尾 史 8－63511、63823
綴學堂叢稿初集(見山樓叢書)十種 叢 2－2171
綴學堂叢稿初集十種 集 5－40011
綴學堂叢稿目 史 2－10870
綴學堂叢著五十四種附一種 叢 2－2170
綴學堂初稿 集 5－40010

2795_3 穉

10 穉玉文集、摘鈔詩賦 集 2－10358
穉雲琴譜(稚雲琴譜) 子 3－17734
20 穉香山房詩鈔 集 4－32606
22 穉山先生殘集 集 2－11450
37 穉澥詩集 集 5－38153
44 穉荃三十以前詩 叢 2－748
穉芙詩存 集 4－33437
60 穉園詩鈔 集 4－27830
90 穉愔詩鈔 集 5－40357

2795_4 絳

10 絳雪詩鈔 集 3－16510～1
絳雪詞 集 6－44995,7－47187
絳雪集 集 3－18083
絳雪占年 集 7－49703
絳雪山房詩續鈔、試帖 集 4－27551
絳雪山房詩鈔 集 4－27550
絳雪樓剩墨 集 4－27122
絳雪園古方選註、得宜本草 叢 1－223(34)
絳雪園古方選注(絳雪園古方選註)、得宜本草 子 2－9353
絳雪丹書 子 2－8056
絳雪丹全書 子 2－7334～5
絳雲齋文稿 集 5－37240
絳雲樓文錄 集 3－13056
絳雲樓俊遇 叢 1－587(1)
絳雲樓書目 史 8－65613～6、65619 叢 1－456(3),2－731(1)
絳雲樓書目、補遺 史 8－65612、65617
絳雲樓書目補遺 史 8－65257、65618 叢 1－539～41、547(3)
絳雲樓印拓本題辭 叢 2－1753
絳雲爐餘集 集 3－13057
15 絳珠閣繡餘草 集 4－30583
22 絳巖詩稿 集 4－25639
29 絳綃記 集 7－49614
30 絳守園池記 子 1－48
絳守園池記(絳守居園池記) 集 1－1533

絳守居園池記　子 1 - 40～1　集 1 - 1536、1540,6 - 42982
絳守居園池記、補記　集 1 - 1534
絳守居園池記、補注、附錄　叢 1 - 223(49)
絳守居園池記註　史 7 - 49331　集 1 - 1535　叢 1 - 306,2 - 860
絳守居園池記句讀　史 7 - 49331　叢 1 - 371
31 絳河笙詞稿　集 7 - 47958
32 絳州志[康熙]　史 7 - 55954
絳州志[正德]　史 7 - 55952
絳州志[萬曆]　史 7 - 55953
41 絳帖平　子 3 - 15037　叢 1 - 223(28)、353,2 - 731(34)
絳帖平、總錄　叢 1 - 230(3)
絳帖平總錄　子 3 - 15038
絳帖釋文　子 3 - 15318
絳帖考　子 3 - 15526
44 絳華德詩集　集 5 - 41327
絳華草　叢 2 - 858
絳芸館省身日記(清同治十年至光緒八年)　史 2 - 13045
50 絳囊撮要　子 2 - 4672、4770、9435～6
62 絳縣志[順治]　史 7 - 55974
絳縣志[乾隆]　史 7 - 55975
絳縣志[光緒]　史 7 - 55976～7
64 絳跗草堂詩集　叢 2 - 1001
絳跗閣文集　集 3 - 18556
絳跗閣詩稿　集 3 - 18557
絳跗閣經説三種　經 1 - 92
65 絳趺山館詞錄　集 7 - 47775
絳趺草堂詩集　集 4 - 25985
88 絳節傳辭　集 7 - 49705

2796_2 紹

00 紹衣堂偶記　子 4 - 23389
12 紹登詩鈔　集 4 - 26642
13 紹武爭立紀　史 1 - 3444　叢 2 - 1261
16 紹聖新儀象法要　子 3 - 11275
17 紹郡莫氏家譜[浙江紹興]　史 4 - 31460
20 紹香堂詩草　集 4 - 29411
21 紹仁齋浦遊吟　集 5 - 39055　叢 2 - 671
24 紹德堂詩鈔　集 4 - 23676
44 紹坡詩鈔　集 4 - 31936
紹恭齋文鈔、詩鈔　集 5 - 36191
60 紹易詩集　集 2 - 10092
77 紹陶錄　史 2 - 8528～9　集 6 - 41745　叢 1 - 17、19(2)、20(1)、21(2)、22(6)、23(6)、24(2)、223(21)、465,2 - 873
紹熙行禮記　史 1 - 2553　叢 1 - 22(8)、23(8)、29(5)、199
紹熙州縣釋奠儀圖　史 6 - 41986　叢 1 - 223(27)、229、272(2),2 - 731(21)
紹熙長沙志　史 7 - 49309、50753
紹聞雜述　子 4 - 23458
紹聞編　子 1 - 1091
紹興府修志資料[民國]　史 7 - 57490
紹興府鄉賢世次錄　史 2 - 8058
紹興府志[康熙]　史 7 - 57484～7
紹興府志[萬曆]　史 7 - 57483
紹興府志[乾隆]　史 7 - 57488　叢 1 - 373(2)
紹興府志經籍志　史 8 - 66100
紹興府志補鈔[乾隆]　叢 1 - 373(7)
紹興府屬學堂通章　史 6 - 42532
紹興府學堂詳細章程　史 6 - 42531
紹興正論　史 1 - 5926　叢 1 - 190
紹興張氏九修宗譜[浙江紹興]　史 5 - 34929
紹興重雕大藏音　子 6 - 32083(27)、32085(40)、32086(47)、32088(29)、32089(51)、32090(65)、32091(63)
紹興采石大戰始末　史 1 - 2555
紹興先正遺書十五種　叢 2 - 847
紹興酒捐徵錄　史 6 - 43584
紹興漁臨金氏宗譜[浙江紹興]　史 4 - 29661
紹興十八年進士登科錄　史 3 - 13511
紹興十八年戊辰科題名錄　史 3 - 13512
紹興十八年同年小錄　史 3 - 13420～1、13513～4　叢 1 - 223(21)
紹興内府古器評　子 4 - 18552　叢 1 - 169(4),2 - 731(32)
紹興姚氏譜[浙江紹興]　史 4 - 31180
紹興地志述畧[民國]　史 7 - 57527
紹興考　史 7 - 49329、50430
紹興孝子金鹿賓先生(元嘉)哀誄錄　史 2 - 10609
紹興東湖書院通藝堂記　史 7 - 52054
紹興題名錄　叢 1 - 456(6),2 - 731(61)
紹興縣志資料[民國]　史 7 - 57528
紹興縣志採訪稿[民國]　史 7 - 57526
紹興縣志四種合刊　史 7 - 54918
紹興醫學會課藝　子 2 - 5268
80 紹鏡集　集 2 - 11108

2796_4 絡

24 絡緯吟　集 2 - 10318,3 - 16788,7 - 50607　叢

1－477
32 絡冰絲 集7－48776、49261 叢2－672

2810_0 以

00 以六正五之齋琴譜 子3－17752
10 以西結至馬拉基書注釋 子7－35135
16 以理舉古訓勉 子7－34569
17 以歌以泣詩草 集5－35105
27 以約山房詩稿 集4－22503
30 以賽亞書釋義六十六章 子7－35133
以賽亞書注釋三十六章 子7－35134
50 以蟲鳴秋詩存 集4－31456
55 以耕堂詞鈔 集7－47219
60 以易解 經1－928
77 以學集 集3－18684 叢2－1414
80 以介編 叢2－794
以介編(孫朝讓) 史2－9124
92 以恬養志齋詩二集 集4－29761
以恬養智齋詩初集 集4－29759～60
以恬養智齋詞錄 集7－47638
以恬養智齋集外詩 集4－29762

2820_0 似

00 似齋詩存 集3－16645
10 似玉盦手稿 集5－37979
似雨不露雨一枝 集7－51953
似雲不露雲一枝 集7－51955
12 似水不露水一枝 集7－51952
21 似傴詩鈔 集4－32986
22 似仙詩詞鈔 集4－32987
似山不露山一枝 集7－51950
似山樓稿 集4－24739
似山堂詩 集4－27211
似山堂集 集4－27210
31 似灊廬印存 子3－17404
37 似鴻軒印稿 子3－17382
44 似花不露花一枝 集7－51947
48 似松不露松一枝 集7－51951
似松不漏松 集7－53283
似梅不露梅一枝 集7－51949
50 似春不露春一枝 集7－51944
52 似耗子不露耗子一枝 集7－51946
60 似園詩草 集5－39642
似園存雅集 集3－18265
似昇長生册 子3－16121
似昇所收書畫錄 子3－14891
71 似馬不露馬一枝 集7－51948
77 似風不露風一枝 集7－51945
似月不露月一枝 集7－51954

2821_1 作

00 作文法 集6－45941 叢1－367～8
04 作詩本經綱領 集6－46111
作詩體要 集6－45796
08 作論祕訣心法 集6－45794
25 作佛形像經 子6－32083(8)
27 作物篇 子7－37037
43 作嫁衣裳齋隱語 叢1－476
作嫁衣裳齋隱語、聽雪書屋庾詞、臥雪書室隱語 子3－18430
作嫁集 集5－37134 叢2－2172
46 作如是觀 子5－27149
50 作吏要言 史6－43087、46326
作吏要言、蔣心餘先生官戒詩 史6－43086
作吏九規、十誡詩 史6－43014
60 作邑自箴 史6－42921 叢2－636(2)
作邑彭氏族譜[福建武夷山] 史5－35552
63 作戰糧食給養法 子7－36898
作賦例言 集6－46292 叢1－366～8
77 作朋集 集2－11598
作朋集選 集6－41949
作用部 子3－13139、13463
80 作義要訣 經1－2679 集6－46216 叢1－223(6、72)、465，2－731(48)、2118
作善堂徵信錄 史6－44662
92 作燈謎事類志 子3－18469

2822_1 偷

27 偷鷄寶卷 集7－54471
42 偷桃捉住東方朔 集7－49397、49425
47 偷期 集7－49296
60 偷甲記(雁翎甲) 集7－50083
77 偷閒集 集4－28359
偷閒集剩稿 集3－16861
偷閒吟 集4－23755
偷閒小草(惜曠軒詩集) 集5－34849

2822_7　倫

08 倫敦風土記　史 7－49318(22)、54824
倫敦鐵路公司章程　子 7－37176
倫敦竹枝詞　史 7－54823　叢 1－498
16 倫理約編　叢 2－2129(2)、2130～1
倫理教科書　子 7－37947　叢 2－2248
倫理書　子 7－36234
倫理學　子 7－36237、37948
倫理學中英名詞對照表　子 7－37977
倫理學原理　子 7－37949
27 倫彝法戒錄　子 4－23087
倫紀　子 1－2626
31 倫迂岡稿　集 6－45336
90 倫堂黃氏世譜[安徽休寧]　史 5－33902
倫常規範　子 1－2815
倫常錄五錄　子 4－22434

傷

00 傷瘍屢效方　子 2－7915
24 傷科方書　子 2－4768、4770、7916
傷科雜方　子 2－7908
傷科雜錄　子 2－7931
傷科証治　子 2－7929
傷科諸方　子 2－7922
傷科要方　子 2－7917
傷科總訣　子 2－7939
傷科彙纂　子 2－7903
傷科良方　子 2－7944
傷科祕訣　子 2－7924、7956
傷科祕要　子 2－7954
傷科祕傳　子 2－7898
傷科祕書　子 2－7934
傷科補要　子 2－7900
傷科大成　子 2－7921
傷科藥方　子 2－7927
傷科捷徑　子 2－7955
傷科醫書　子 2－7920
傷科驗方　子 2－7943、7949
30 傷寒　子 2－4764、6600
傷寒瘟疫論　子 2－4762、6974
傷寒瘟疫條辨　子 2－6929～31
傷寒瘟疫條辨眉批　子 2－6932
傷寒瘟疫抉要　子 2－4638、6943
傷寒痘疹辨證　子 2－4590
傷寒病類方　子 2－6713
傷寒方　子 2－4575、5299、6716
傷寒方論　子 2－6700
傷寒方歌　子 2－6752
傷寒方翼　子 2－6697
傷寒方集注　子 2－6706
傷寒方經解　子 2－4723、6711　叢 2－1817
傷寒方法　子 2－6587、6685～6、6699
傷寒夜光　子 2－6659
傷寒意珠篇　子 2－6532
傷寒卒病論讀　子 2－6380
傷寒卒病論箋　子 2－4647、6406
傷寒辨證　子 2－4590、6550
傷寒辨證集解　子 2－4697、6416
傷寒辨證集解等四種　子 2－4697
傷寒辨論　子 2－6681
傷寒辨舌祕錄　子 2－6245
傷寒辨類括要　子 2－6458
傷寒玄珠　子 2－6664
傷寒六經　子 2－6588
傷寒六經病解　子 2－6425
傷寒六經辨證治法　子 2－4592、4771(2)
傷寒六經要訣　子 2－6648
傷寒六經定法　子 2－4676
傷寒六經定法、問答　子 2－6567　叢 1－422、424、469
傷寒六經定法、答問　叢 1－586(3),2－716(3)
傷寒六經標本雜抄　子 2－6684
傷寒六經明義　子 2－6642
傷寒六經纂注　子 2－6362
傷寒六書　子 2－6496～7
傷寒六書(新鐫陶節菴家藏祕授傷寒、新鐫陶節菴家藏傷寒、傷寒家祕六書)　子 2－6495
傷寒六書纂要辨疑(新刻傷寒六書纂要辨疑)　子 2－6522
傷寒雜病方法　子 2－4742
傷寒雜病論　子 2－6295、6407
傷寒雜病論方法　子 2－6310
傷寒雜病論正義　子 2－6313
傷寒雜病論集　子 2－6420
傷寒雜病論補注　子 2－6421　叢 2－1793
傷寒雜病論古本　叢 2－2129(3)、2131
傷寒雜病論古本、坿古本考、附錄　叢 2－2130
傷寒雜病論指歸　子 2－6423
傷寒雜病論金匱指歸　子 2－4713、6800
傷寒雜病論合編(張仲景傷寒雜病論合編)　子 2－6305

傷寒雜病心法集解、醫方合編　子 2－4631、6590
傷寒雜病古本、古本考、附錄　叢 2－2131
傷寒雜說　子 2－6665
傷寒雜錄　子 2－6660
傷寒剖緒　子 2－6618
傷寒證方歌括　子 2－6750
傷寒證辨　子 2－4735、6635
傷寒證論傳經驗舌圖　子 2－6755
傷寒證治　子 2－4756、6540
傷寒證治準繩　子 2－4565
傷寒證治準繩(傷寒準繩)　子 2－6514
傷寒證治準繩增刪　子 2－6561
傷寒證治海底眼祕法　子 2－6677
傷寒證治賦　子 2－6757
傷寒證治明條　子 2－6546、6583～4
傷寒證治明條、五運時行民病症治、傷寒備覽、張仲景方及家傳本方　子 2－6644
傷寒證治明條備覽　子 2－6511
傷寒證脈截江網　子 2－6495
傷寒證脈藥截江網　子 2－4564、6502　叢 2－731(29)
傷寒新集詳解便覽　子 2－6411
傷寒新法輯要　子 2－5299、6656
傷寒新書　子 2－6669
傷寒諸病雜論　子 2－6541
傷寒讀本　子 2－4692、6410、6638
傷寒講義　子 2－4753、6428　叢 2－2131
傷寒講義、桂枝湯講義　叢 2－2129(4)
傷寒說意　子 2－4617、6575
傷寒論　子 2－4575、4743、6139、6290、6318、6324～5、6327～8、6401
傷寒論、傷寒論本義　子 2－6326
傷寒論方歌訣金匱方歌訣　子 2－6316
傷寒論方解　子 2－6720
傷寒論方法正傳　子 2－6555、6647
傷寒論章句、傷寒方解　子 2－6408
傷寒論章節　子 2－4742、6320、6685
傷寒論註、傷寒論附餘、傷寒例新注、讀傷寒論心法、迴瀾說、時節氣候決病法　子 2－4686、6409
傷寒論證辨　子 2－4596、6556
傷寒論讀　子 2－4768
傷寒論讀本　子 2－6440
傷寒論翊　子 2－6653
傷寒論說　子 2－6542
傷寒論三注　子 2－6358
傷寒論三注、傷寒醫方歌訣　子 2－6359～60
傷寒論正誤集注　子 2－6396
傷寒論百十三方解畧　子 2－6708
傷寒論翼　子 2－4596、6547～8　叢 1－242(5),2－731(29)
傷寒論翼(掃葉山房、金閶經文堂本無)　子 2－6347
傷寒論集方補注　子 2－6723
傷寒論集注　子 2－6387、6442
傷寒論集注、外篇　子 2－6370
傷寒論後條辨　子 2－6353
傷寒論参注　子 2－6384
傷寒論歸真　子 2－6613
傷寒論條辨、本草鈔、或問、痙書　叢 1－223(34)
傷寒論條辨、或問、痙書、痙書或問、本草鈔　叢 2－702
傷寒論條辨、或問、本草鈔、痙書　子 2－6332
傷寒論條辨續註　子 2－4596
傷寒論條辨續注　子 2－6333
傷寒論綱目　子 2－4622、6383
傷寒論綱目、傷寒論白文　子 2－6354
傷寒論注　子 2－4616、4989、6347、6349、6379
傷寒論注釋　子 2－6322、6397　叢 1－223(32)
傷寒論注解、圖解　子 2－6321
傷寒論宗印　子 2－6342
傷寒論近言　子 2－4619、6577
傷寒論淺注　子 2－4648、4651～63、6391
傷寒論淺注方論合編　子 2－4751、6393
傷寒論淺注條論摘要　子 2－6395
傷寒論淺注補正　子 2－4711、4750、6392
傷寒論淺注金匱要畧淺注方論合編　子 2－6311
傷寒論通論　子 2－6641
傷寒論遙問、張仲景傷寒原方遙問　子 2－6530
傷寒論選注　子 2－6382
傷寒論十六證類方　子 2－4735
傷寒論大方圖解、金匱要畧大方圖解　子 2－6299
傷寒論直解、傷寒附餘　子 2－6366
傷寒論校勘記　子 2－4769
傷寒論考證　子 2－6691
傷寒論本旨　子 2－4642
傷寒論本義　子 2－6367
傷寒論本義金匱要畧方論本義合刻　子 2－6296
傷寒論指歸　子 2－4713
傷寒論晰疑　子 2－6351
傷寒論原文淺注集解　子 2－6432
傷寒論原文貫義　子 2－6418
傷寒論脈證治歌　子 2－6754

傷寒論陽明病釋　子 2－4685、6620
傷寒論合解　子 2－6715
傷寒論類方　子 2－4607～10、4612、6702
傷寒論類方(傷寒類方)　子 2－6701
傷寒論類方、長沙方歌括　子 2－4708
傷寒論類方增注　子 2－6703
傷寒論類編　子 2－6374
傷寒論類纂　子 2－6637
傷寒譜　子 2－6596
傷寒一提金　子 2－4564、6498　叢 2－731(29)
傷寒一提金啓蒙　子 2－6495
傷寒一掌經　子 2－6666
傷寒三說　子 2－6604
傷寒三祕　子 2－6513
傷寒三書合璧　子 2－6587
傷寒三陰篇　子 2－6568
傷寒正解　子 2－6413
傷寒正宗　子 2－6356
傷寒正醫錄　子 2－6297
傷寒玉液辨舌色法　子 2－6246
傷寒五法　子 2－4577、6517～20
傷寒要言　子 2－6674
傷寒要旨、藥方　子 2－6463
傷寒要法十三章　子 2－6676
傷寒要畧　子 2－6486
傷寒平議　叢 2－2130～1
傷寒平議、瘟疫平議　叢 2－2129(4)
傷寒百十三方發明　子 2－6346、6695
傷寒發微論　子 2－6456
傷寒發揮四種　子 2－6649
傷寒理解　子 2－4761、6639
傷寒理鏡　子 2－6335
傷寒尋源　子 2－4726、4770
傷寒尋源三集　子 2－6615
傷寒歌訣　子 2－4716
傷寒歌括　子 2－6743
傷寒翼　子 2－4647、6609
傷寒瑣言　子 2－4555、4564、6495、6499～500、6587　叢 2－731(29)
傷寒手援　子 2－6345
傷寒舌　子 2－6259
傷寒舌辨　子 2－6587
傷寒舌診　子 2－4660、4662～3
傷寒舌鑒　子 2－6236
傷寒舌鑑　子 2－4599、4613、4661、6538　叢 1－223(34)
傷寒集解　子 2－6436
傷寒集注辨誣篇　子 2－6439
傷寒集成　子 2－6570
傷寒集腋　子 2－6662
傷寒集驗　子 2－6524
傷寒虛實辨　子 2－6667
傷寒便讀　子 2－6679
傷寒經方闡奥　子 2－6718
傷寒經正附　子 2－6835
傷寒經集解　子 2－6388
傷寒經解　子 2－6369
傷寒經注　子 2－6352
傷寒經晰疑正誤　子 2－6610
傷寒例篇　子 2－6680
傷寒伐洗十二稿　子 2－6554
傷寒備覽　子 2－6678
傷寒科　子 2－4783、6627
傷寒緒論　子 2－4599、6538～9
傷寒續論遙問　子 2－6531
傷寒纘論　子 2－4599、6343、6538
傷寒得心錄　子 2－6690
傷寒總病論　子 2－4623、4743
傷寒總病論、音訓、修治藥法　子 2－6447
傷寒總病論、重雕札記　叢 1－316～7
傷寒總病論、傷寒論音訓、修治藥法　叢 1－223(33)
傷寒總病論、札記　子 2－6448　叢 2－731(29)
傷寒總病論札記　子 2－6605
傷寒總論　子 2－6553　叢 2－2129(3)
傷寒總論、坿太素内經傷寒總論補證、太素四時病補證、瘧解補證、傷寒講義、附錄　叢 2－2130
傷寒歸　子 2－6574
傷寒歸指　子 2－6422
傷寒解義　子 2－6434
傷寒條辨　子 2－4747
傷寒條例解釋附半齊醫學小識及幼科條解　子 2－6433
傷寒條解　子 2－6427
傷寒奥旨　子 2－6668
傷寒疑難危症治驗　子 2－4726
傷寒句解釋意　子 2－6368
傷寒的祕珠璣　子 2－6683
傷寒彙要　子 2－6687
傷寒彙參　子 2－6601
傷寒紀玄妙用集、仲景藥性論治　子 2－6485
傷寒約編　子 2－4608、4612、6579
傷寒約編、舌鑑圖　子 2－4611
傷寒綱領　子 2－6692
傷寒微旨論　子 2－4623　叢 1－223(33)、273(4)、275、377、394、538、2－731(29)
傷寒微旨論(傷寒微旨)　子 2－6446

傷寒家祕的本 子2-4564、6493、6495 叢2-731(29)
傷寒審症表 子2-6745
傷寒源流 子2-6363
傷寒活人書纂注 子2-6658
傷寒活人指掌 子2-6729～30、6735
傷寒活人指掌補注辨疑 子2-6523
傷寒活人指掌提綱 子2-4579～80、6734
傷寒活人指掌圖 子2-6733
傷寒活人指掌圖、藥方 子2-6732
傷寒近編前集、後集 子2-4600、6552
傷寒心要 子2-6469、6478 叢2-731(29)
傷寒心法要訣 子2-4989、6737
傷寒心法大成 子2-6404
傷寒心悟 子2-6564
傷寒治例 子2-6489
傷寒治法 子2-6672
傷寒祕要 子2-4577、6521、6634
傷寒補亡論 子2-4743、4754
傷寒補亡論(仲景傷寒補亡論) 子2-6467
傷寒補正 子2-6671
傷寒補天石 子2-6528
傷寒補天石、集方 子2-6529
傷寒補天石、續 子2-6527
傷寒補天石、續傷寒補天石 子2-7140
傷寒補例 子2-4727、4771(2)、6636
傷寒述 子2-6344
傷寒述微 子2-6535
傷寒法祖 子2-4770、6619
傷寒法眼 子2-6625
傷寒神祕精粹錄 子2-6571
傷寒遺書 子2-6654
傷寒溯源集 子2-6365
傷寒選珠 子2-6614
傷寒海底眼(京江何氏祕業海底眼) 子2-6526
傷寒啓蒙集稿 子2-6350
傷寒十六證類方 子2-6712
傷寒十勸 子2-6464
傷寒九十論 子2-4771(2)、6457
傷寒九十論、校譌、續校 叢2-731(29)
傷寒九十論、校譌、補校 叢1-376
傷寒大乘 子2-6398
傷寒大白 子2-6558
傷寒大成 子2-4599、6538
傷寒直徑 子2-6405
傷寒直解辨證歌附高鼓峯四明心法 子2-4695
傷寒直解辨證歌附四明心法 子2-6747
傷寒直格方 子2-6470
傷寒直格方、傷寒標本心法類萃 叢1-223(33)
傷寒直格論 叢2-731(29)
傷寒直格論方 子2-6469
傷寒直指 子2-6445
傷寒猝病論疏證 子2-6437
傷寒猝病論分證輯注 子2-6431
傷寒古方通 子2-6698
傷寒古本考 叢2-2129(3)
傷寒真方歌括 子2-4648、4651～5、4657～64、6741
傷寒真詮方義 子2-6719
傷寒來蘇集 子2-4771(2)、6347～8
傷寒概論 子2-6670
傷寒標本心法類萃 子2-4564、6469、6474 叢2-731(29)
傷寒析疑 子2-5064、6608
傷寒萬泉歌 子2-6753
傷寒藥性 子2-6657,7-36231(7) 叢2-731(28)
傷寒蘊要(潛溪續編新增傷寒蘊要全書) 子2-6507
傷寒蘊要全書 子2-6505～6
傷寒熱症看舌心法 子2-6265
傷寒觀舌法 子2-6645
傷寒起景集 子2-6537
傷寒殺車槌法 子2-6495
傷寒摘玄 子2-6509
傷寒摘要 子2-4701、6624
傷寒摘錦 子2-4567、6331
傷寒摘粹祕覽 子2-4673、6616
傷寒書稿 子2-6560
傷寒表 子2-6685
傷寒指下活人祕書 子2-6585
傷寒指南解 子2-6378
傷寒指髓 子2-4767、6599
傷寒指掌 子2-6593
傷寒指掌舌苔附傷寒諸湯 子2-6688
傷寒折衷 子2-6355
傷寒折中 子2-6675
傷寒括要 子2-4770、6536 叢1-300
傷寒括義必讀 子2-6551
傷寒抉疑 子2-6346、6544
傷寒捷訣 子2-4770、6751
傷寒捷要 子2-6663
傷寒捷徑 子2-4769
傷寒典 子2-4907、6515
傷寒輯要 子2-4627、6705
傷寒撮要 子2-6512、6595
傷寒提綱主意 子2-6646
傷寒提鉤 子2-5064、6607

傷寒易簡　子2-6385
傷寒圖論　子2-6346、6545
傷寒圖歌活人指掌　子2-6731
傷寒點點金書　子2-6225
傷寒點精　子2-6389
傷寒懸解　子2-4617、6576　叢1-327
傷寒懸解經方歌訣(傷寒歌訣)　子2-6746
傷寒賦　子2-4765
傷寒時方歌訣評注附溫病條辨方歌訣時病論醫方歌訣　子2-6704
傷寒明理論　子2-4564、4747、4771(2)、6291～2、6460　叢2-731(29)
傷寒明理論、方論　子2-6459
傷寒明理論、傷寒論方　叢1-223(32)
傷寒明理論、補論　子2-6461
傷寒明理續論　子2-4564、6492、6495　叢2-731(29)
傷寒辟誤真徑　子2-6565
傷寒脈辨　子2-6219
傷寒脈證歌　子2-6736
傷寒附翼　子2-6347、6696
傷寒附醫案　子2-6673
傷寒附餘　子2-6557
傷寒醫方歌括　子2-6756
傷寒醫訣串解　子2-4648、4651～64、6597
傷寒醫約錄　子2-6598
傷寒醫鑒　叢2-731(29)
傷寒醫驗　子2-6566
傷寒醫鑑　子2-6477
傷寒門余氏藏稿　子2-6682
傷寒貫珠集　子2-4636、4771(2)、6372
傷寒驗證如鑑　子2-6602
傷寒入門　子2-6438
傷寒全書　子2-6291、6508、6816
傷寒全書本義　子2-6400
傷寒金匱方證類錄　子2-6315
傷寒金匱合方　子2-6300
傷寒金鏡錄　子2-4577
傷寒分經　子2-6381
傷寒分類集成　子2-4701、6417
傷寒兼症析義　子2-6538
傷寒兼證析義　子2-4599、4771(2)　叢1-223(34)
傷寒兼證析義(傷寒兼證)　子2-6543
傷寒會要　子2-6525
傷寒錦囊　子2-6626
傷寒鈐法　子2-4560、6443
傷寒第一書、附餘　子2-6582
傷寒節錄　子2-6402
傷寒纂要備解　子2-6435
傷寒尚論辨似　子2-6621
傷寒尚論辨似補抄　子2-6622
傷寒尚論篇編次仲景原文　子2-6319、6346
傷寒尚論篇全書　子2-6346
傷寒恆論　子2-6412
傷寒類方　叢1-223(34)
傷寒類方金匱方歌纂　子2-6308
傷寒類辨附類傷寒辨　子2-4695、6893
傷寒類證　子2-6290、6292、6462、6631
傷寒類證便覽　子2-6504
傷寒類證解惑　子2-6738
傷寒類證活人書　子2-6452
傷寒類經　子2-6633
傷寒類書活人總括　子2-4643、6465～6、9173～5
傷寒燈燭　子2-6661
32 傷逝記　史2-7188　叢1-22(24)
33 傷心人語　子5-27354
50 傷春　集7-49377
傷春葬花　集7-52564
傷春葬花子弟書　集7-52155
53 傷感合編　子2-6890
56 傷損祕傳　子2-4734、7923
60 傷暑論　子2-6879
傷暑全書(重刻張鳳逵傷暑全書)　子2-6815
77 傷風治證約言　子2-4768
傷醫大全　子2-7913
95 傷情女一枝　集7-52741
96 傷燥論　子2-5263、6885

觴

18 觴政　子3-17958、18327, 4-18906、19075　叢1-13、14(3)、22(26)、25、37、106、111(2)、119～21、181
觴政(中郎觴政)　子3-18314
觴政、吳社編　子3-18315
觴政五十則　子3-18326　叢1-197(2)
觴政述　叢1-22(15)、23(15)

2823_2　殤

14 殤聽樓集選　集3-19095

2823_4 躲

60 躲易漢鑑圖釋 史 8-64280

2823_7 伶

30 伶官曲譜 集 7-54685

2824_0 倣

00 倣唐寫本説文解字木部、唐寫本説文解字木部箋異 經 2-12105
倣唐寫本説文解字木部箋異 經 2-12106～7
30 倣宋刻阮本十三經注疏 經 1-21
倣宋相臺五經、考證 經 1-16
倣宋尚書釋音 經 1-3387
51 倣指南錄 史 1-1937、1951、1953～9、1982、3442
60 倣園酒評 子 3-18330
75 倣體詩 叢 2-1293
80 倣今言 子 4-22507
86 倣知不足齋叢書五種 叢 1-567

倣

80 倣鐘處鐘錶細數清册(光緒十五年十二月二十一日至十六年十二月二十日) 史 6-47388

傲

10 傲霜園詩鈔 集 4-29999～30000 叢 2-822
24 傲徠山房所藏五朝墨蹟 子 3-15845
37 傲郎 集 7-53633
50 傲妻兒 集 7-49370、49374
傲妻兒雜劇 集 7-49373
51 傲軒吟稿 集 1-5635 叢 1-223(61)

儆

20 儆季文鈔 集 5-34888 叢 2-1971
儆季雜著五種附二種 叢 2-1971
儆季子粹語 子 1-1832
44 儆嬉草 叢 2-1498
66 儆曙齋詩稿 集 3-20140
儆曙齋醫案舉隅 子 2-10557
77 儆居集 集 4-28600 叢 2-1734
儆居遺書十一種 叢 2-1734
儆學詩 集 2-11798 叢 1-151
90 儆炫遺詩 集 2-11040

微

00 微塵詩鈔 集 3-17726
微塵閣稿 集 2-12811～2
微塵閣稿、豕廬稿 集 2-12810
微塵敝帚二集 集 3-17727
微庵掌錄、靜壽軒詩 子 4-24668
微廬文存 集 5-36042
微言摘要 子 5-29535(5)、29536(4)、29566、31065
10 微雲詞 集 7-46399～400、46888
微雲山館詩集 集 4-31686
微雲山館倚聲 集 7-47771
微雲樓詩草 集 4-31424
微雲餘響 集 3-16992
17 微子附錄 史 2-8338
微柔閣詩草 集 4-26024
25 微生物理論 子 7-36229
微積集證 子 3-12841
微積須知 子 7-36230
微積溯源 子 3-12388,7-36231(3)、37567
微積初學 子 3-12387
微積通詮 子 3-12843
微積數理 子 7-36254
微積闡詳 子 3-12842
26 微泉閣文集、詩集 集 3-14517
30 微之集(元微之七律鈔、長慶集) 集 1-1450
34 微波亭詞選 集 7-46412、47309
微波詞 集 7-47310、47483 叢 1-486,2-731(49)、1589
微波集 集 5-34159

微波榭雜抄　子4－24284
微波榭叢書十一種　叢1－238
微波榭叢鈔　史8－63608
微波榭遺書　叢1－238、267
微波榭遺書八種　叢1－239
微波榭鈔詩　集6－41910
微波榭鈔書三種　叢1－240
微波閣詩　集5－33883
微波小築夢痕錄　集4－31493
44 微蘅齋詩稿　集3－15732
50 微蟲世界　子4－21926
60 微園集　叢2－1767
77 微月清光室志聞　叢2－706
80 微分積分考　子7－36240(4)
90 微尚齋文集　集4－32563
微尚齋文集(微尚齋遺文)　集4－32561
微尚齋雜文　集5－39675
微尚齋詩、雨屋深鐙詞、續稿　集5－39670
微尚齋詩集初編　集4－32558
微尚齋詩集初編、續集　集4－32557
微尚齋詩續集(馮魯川先生詩稿墨蹟)　集4－32559
微尚齋詩續稿　集5－39671～2
微尚齋別集　集4－32564
微尚錄存　史7－50158　叢2－809
微粒子瘤肉眼鑒定法　子7－37062

徵

00 徵訪明季遺書目　史8－66205
02 徵刻唐宋祕本書目　史8－66201　叢1－202(8)、203(14)、542、547(3)
徵刻唐宋祕本書目、考證、徵刻書啓五先生事畧　史8－65257、66202
徵刻宋人小集啓　史8－66149
04 徵詩啓　史2－9711
徵詩小引　叢2－1368
09 徵麟錄　叢2－1477
10 徵吾錄　叢2－1094
徵雲集詩餘　集3－15662
15 徵聘本末　史2－9026　叢2－1146
17 徵君孫先生(奇逢)年譜　史2－11575、11579　叢2－1230
徵君孫先生年譜稿　史2－11576～8
徵君程抑齋(朝儀)年譜　史2－12291
徵君陳先生(奐)年譜　史2－12076　叢2－648
20 徵信錄　史1－3854　子7－36079　叢2－970
21 徵行錄　集2－11311
24 徵緯堂詩(楚頌堂集、楚頌亭詩)　集3－15707
26 徵息齋遺詩、補遺、詞錄　集5－35164
徵息齋遺詩、補遺、詞錄、補錄　集5－35165
27 徵彙詩文　集6－44809
43 徵求外交同人著作啓、徵書畧例　子4－23613
50 徵車過闕圖題辭　子3－16245
徵書畧例　子4－23613
60 徵異錄　子5－27464
77 徵賢堂詩正集　集4－25461
徵賢堂詩正集、擬唐宋雜體詩　集4－25462
78 徵驗圖考　子3－13147～8

徹

00 徹庸和尚谷響集、淨土偈　子6－32091(71)
20 徹香堂經史論　子4－22035
22 徹剩八編内鏡　子2－4970
91 徹悟禪師語錄　子7－34371
徹悟禪師行畧　集4－22379
徹悟禪師遺稿　子7－34523　集4－22379～80
徹悟大師念佛指要　子7－33849

徽

00 徽言祕旨　子3－17643
徽言祕旨訂　子3－17644
17 徽郡新刻名公尺牘(徽郡新刻國朝名公尺牘)　集6－45264
徽郡新刊書經講義　經1－2727
徽郡詩、詩人爵里　集6－44744
徽郡詩畧　集6－44745
徽郡重刊造福祕訣(吳郡新刊造福祕訣語畧、望江吳先生造福祕訣)　子3－13431
徽郡禦寇案牘　史6－47293
徽郡志[嘉靖]　史8－63257
18 徽婺紫陽闕里朱氏正宗重修統譜[安徽徽州]　史4－26640
30 徽寧池太安慶廣德總兵將領清册(順治四年)　史1－1984,3－23759
徽之(元稹)年譜　史2－11200
32 徽州府通志[康熙]　史7－57958
徽州府志[康熙]　史7－57960

徽州府志[弘治] 史7-57955
徽州府志[道光] 史7-57961
徽州府志[嘉靖] 史7-57957
徽州府志辨證[同治] 史7-57963
徽州府志通志續編[康熙] 史7-57959
徽州府賦役全書 史6-43688
徽州志[康熙] 史8-63258
40 徽志補正[嘉慶] 史7-57962
43 徽城朱氏譜[安徽歙縣] 史4-26641
徽城楊氏宗譜[安徽歙縣] 史5-36942
62 徽縣新志[民國] 史8-63262
徽縣志[嘉慶] 史8-63260
徽縣志[乾隆] 史8-63259
徽縣畧志[咸豐] 史8-63261
77 徽屬義賑徵信錄 史6-44700
87 徽欽遺事五種 史1-1919

攸

62 攸縣志[康熙] 史8-60549
攸縣志[順治] 史8-60548
攸縣志[嘉慶] 史8-60551
攸縣志[乾隆] 史8-60550
攸縣志[同治] 史8-60552

黴

00 黴瘡證治祕鑒 子7-37846
黴瘡祕錄 子2-7685

2824_1 併

00 併音連聲字學集要 經2-13795

2824_7 復

00 復庵集 集5-37163
復庵先生集 叢2-914
復庵和尚華嚴綸貫 子7-32385
復庵遺集(奏議、出使公牘、佐軺牘存、禁煙牘存、文集、詩集、書劄、家書節鈔) 集5-37162
復庵遺書 集4-23121
復庵書劄 集5-37165
復庵删詩舊集 集3-13821
復庵小稿 集3-13997
復廬詩萃 集4-25643
復廬剩稿 集5-36824
復廬隨錄 子4-23463
復齋文集 集3-19714
復齋文集、詩集 集4-24181
復齋詩集 集4-24182
復齋詩稿 集3-18633
復齋詩鈔 集4-25557、26963
復齋先生龍圖陳公文集 集1-4028～9
復齋遺集 集5-40358
復齋日記 史1-1914、4404～5 叢1-95～6、175,2-674、730(3)、731(53)
復齋易說 經1-77(1)、505 叢1-223(2)、227(1)
復齋公集 集1-2599,6-45118
復齋錄 子1-1431 叢1-574(2)
05 復請祭費全稿 史4-30307
07 復訊草 集4-31720
復設教職移補經制教職例册 史6-42377
10 復丁老人詩紀、續紀、咸知集 集5-37732
復丁老人草 叢2-1563
15 復甦閣詩草 集5-35159
23 復然編 集5-33833
24 復續丙丁龜鑑 叢1-296
25 復生雜文 集4-31553
復生錄 史1-4132
27 復修泮塘義門毛氏家譜[浙江淳安] 史4-25582
30 復淮故道圖說、請復河運芻言 史6-46588
復宿山房集 集2-9863～5
32 復活論 子7-35250～1
34 復社紀事 史1-1933、1982、3010 叢1-202(3)、203(9)、269(2)、270(2)、320、496(4)、580
復社紀畧 史1-1982、3012～3
復社紀畧、年表 史1-3014
復社紹興姓氏錄 叢2-1976
復社姓氏 史2-7344
復社姓氏、補錄 史2-7345
復社姓氏傳畧、續輯 史2-7347
復社姓氏傳畧補正 史2-7348
復社姓氏目錄前卷 史2-7343
復社姓氏錄、南都防亂公揭、復社姓氏傳畧 史2-7346
復遼砭語 子1-3835
35 復禮三篇附張彥惟答方彥聞書三篇 經1-5316
復禮堂文集 集5-40081

復禮堂述學詩 集5-40080
37 復滮縣議 史7-49357、49869
復初齋文 集3-21676
復初齋文集 集3-21670 叢1-373(5)
復初齋文集補遺 史8-63507 集3-21675
復初齋詩集 集3-21656～60、21662 叢2-1512
復初齋詩集殘稿 叢2-1510
復初齋詩集殘稿、雜稿 集3-21655
復初齋詩稿 集3-21651～2、21661
復初齋詩後稿 集4-31803
復初齋詩注 叢1-373(4)
復初齋王漁洋詩評 叢1-512
復初齋集外文 集3-21671
復初齋集外詩 集3-21672
復初齋集外詩、集外文 集3-21673 叢2-670
復初齋外集 集3-21674
復初齋自鈔詩 集3-21654
復初齋時文 集3-21677
復初文錄 叢2-1254
復初集剩稿 集3-18605
復初錄 子4-24030
復初堂文集 集4-32444 叢2-1743
復初堂集三種 叢2-1743
復選木石庵詩 集5-38268
38 復遊記 集4-26635
復道人度曲 集7-54701
40 復古文 集3-17758
復古詩(京雒塵集、萬回集、槎頭集、杉青集、金陀集、秋樹集、布颿集、滇海集) 集3-17756
復古詩集 集1-5494～7、5505 叢1-223(62)、227(10),2-635(11)、672
復古香奩集 集1-5511
復古編 經1-4944～5,2-12979～80、12982～3、12986 集1-3349 叢1-223(15),2-637(2)
復古編、校正、附錄 經2-12981
復古編補遺 經2-12990
復古編校正 經2-12984
復古編校勘記 經2-12985
復古紀事 集2-10609
復古堂舊本 集1-1498
復套議 史6-48261
復真子劉先生脈法 子2-6084
復真劉三點先生脈訣 子2-4579～80、6020
43 復卦圖說 叢2-1594
復城紀詠 史1-6197
復始編、馮氏祠堂規條 史3-24588
44 復莊文酌 集4-31116
復莊文稿 集4-31117
復莊文錄 集4-31118
復莊詩評 集6-46137
復莊詩初稿 集4-31108
復莊詩問 集4-31111～2 叢1-373(6)
復莊駢體文榷二編 集4-31119
復莊今樂府選 集7-48782～3
復莽遺書 叢2-1857
復菴和尚華嚴綸貫 子7-32383～4、32390～1
復村集杜詩 集3-16642
45 復姓紀事 史2-9232 叢2-1269～70
50 復奏籌議洋貨稅釐併征一案摺稿 史6-43387
復素堂文續集、詩四集 集4-31836
60 復國軼聞 子7-38194
復見心齋詩草 集4-31124
復見心室詩草、雜著 集5-39797
復園文集 集3-16016
復園詩集、文存 集4-26462
復園詩鈔 集3-16170
復園紅板橋詩 叢2-832(3)
復園編年詩選 集4-26461
62 復縣鄉土志[光緒] 史7-56173
復縣志畧[民國] 史7-56172
66 復嬰詩鈔 集4-24165
70 復辟錄 史1-1914、2812 叢1-13、14(2)、22(21)、56、84(1)、95、268(2),2-730(3、9)、870(2)
76 復陽府君(郝浴)行實畧(郝復陽行實畧) 史2-9294
77 復用稿 集2-9036
復郿雜稿 集5-40817
復郿初稿 集5-40816
復郿吟稿 集5-40815
80 復盦文集五種 叢2-2137
復盦文類稿、文續稿、文外稿、鬻字齋詩畧、詩續、公牘 集5-38812
復盦覓句圖題詠 叢2-968
復盦公牘 叢2-2137
復盦類稿 叢2-2137
復盦類稿外稿 叢2-2137
復盦類稿續稿 叢2-2137
復命篇 子5-29565、31221
90 復小齋賦話 集6-46336～7 叢2-838
復堂文續 集5-35525 叢1-533
復堂詩 集6-42005 叢2-1742
復堂詩、詞 集5-35520
復堂詩續 集5-35524 叢2-703
復堂詩鈔 集3-21187
復堂詞 集6-42005,7-48125～6、48524 叢

2－1742
復堂詞錄　集7－48522
復堂諭子書　子1－2287　叢2－703
復堂經說輯　經2－11737
復堂日記(清同治二年至光緒十六年)　史2－12977
復堂日記(清同治元年至光緒二十七年)　史2－12976
復堂日記續錄　史2－12979　叢2－703
復堂日記補錄　史2－12978　叢2－703
復堂易貫　經1－1411～2
復堂題跋　集5－35526
復堂類集文、詩、詞、日記　叢1－484
復堂類集三禮說　經1－6110
復堂類稿　集5－35523
95 復性齋叢書　叢2－964
復性書院講錄　叢2－754
復性書院叢刊　叢2－754
復性圖　子1－1799　叢2－813
復性堂遺集　集3－21549

2825_1 牂

21 牂牁集　集3－16900
牂牁苗族雜詠　集5－38375
牂牁故事　史7－51017
41 牂柯客談　史7－51016　叢2－2083

2825_3 儀

00 儀度六壬選日要訣　子3－13940、13956
儀註備簡　子7－33935
07 儀部張先生文集　集2－10354
儀部公行狀　史2－9856　叢2－952
10 儀晉觀堂詩鈔　集5－35509
12 儀廷四伯手澤彙存　集4－22615
17 儀孟園所刻醫書二種　子2－4717
20 儀采堂文集　叢1－492
21 儀衛軒文集、文外集、詩集、方儀衛先生年譜　集4－26073
儀衛軒文集、外集　叢2－1651
儀衛軒文鈔　集4－26075
儀衛軒詩集　叢2－1651
儀衛軒遺詩　集4－26074　叢2－1652
儀衛軒遺書　集4－26072　叢2－1651
儀衛軒全集四種　叢2－1651
22 儀制司郎中松溪戚府君墓誌行實　史2－8891
27 儀象法纂　子3－11274
儀象圖　子3－11324
儀象簡明圖說　子3－11244
28 儀徵西門外白芳墩坊吳氏宗譜[江蘇儀徵]　史4－27707
儀徵縣續志[嘉慶]　史7－56718
儀徵劉氏桐花僊館叢書　叢2－619
30 儀賓詩稿　集5－37604
儀宋齋詩初稿　集4－30564
儀宋堂文二集　集4－28748～9
儀宋堂文集　集4－28747
儀宋堂詩集、詩外集、文外集　集4－28744
31 儀顧堂集　集5－35809～12　叢2－2004
儀顧堂書目　史8－65867
儀顧堂題跋、續跋　史8－65872　叢2－2004
35 儀禮　經1－1、13～4、17～8、50、107、159、166、5227～9、5231、5233、5237、6353　叢1－330, 2－635(2)、698(1)、1443
儀禮、儀禮圖　經1－5230
儀禮、儀禮圖、旁通圖　經1－22
儀禮、校錄、續校　經1－5234　叢1－316～7, 2－731(20)
儀禮、監本正誤、石本誤字　經1－132
儀禮商　經1－79、5263～4　叢1－223(8)
儀禮旁訓　經1－5298
儀禮唐石經正誤　經1－5260
儀禮章句　經1－111(2)、5273　叢1－223(8)
儀禮音訓　經1－170、5491、5499
儀禮註疏　經1－5239
儀禮識誤　經1－5490　叢1－223(8)、230(2)、231、326、468, 2－731(3)
儀禮讀本　經1－100、5303、5309
儀禮讀本、監本正誤、石本誤字　經1－169
儀禮讀異　經1－5502　叢2－2078
儀禮韻言(檀氏儀禮韻言)　經1－5291
儀禮正義　經1－163(2)、5330　叢1－460, 2－698(1)
儀禮正義正誤　經1－5331
儀禮疏　經1－5238　叢1－449, 2－636(1)、670
儀禮疏、校勘記　經1－5242
儀禮覈衍、擬周官辨　叢1－312
儀禮要義　經1－35、5246　叢1－223(8)
儀禮平議　經1－145、163(4)、5351　叢2－1920
儀禮石經校勘記　經1－3、5320　叢1－344、456(5)
儀禮石本誤字　經1－5259
儀禮可讀　經1－5355　叢2－956

儀禮班氏義　經 1－164、5232
儀禮聊句　經 1－5337
儀禮聚考　經 1－5335
儀禮瑣辨　經 1－5341
儀禮毛氏汲古閣本正文改誤　叢 2－1510
儀禮采本　經 1－5271
儀禮集說　經 1－77(3)、5247　叢 1－223(8)、227(3)
儀禮集編　經 1－5287～8　叢 1－223(8)
儀禮集釋　經 1－121、5245　叢 1－223(8)、230(2),2－731(20)
儀禮集句　經 1－5360
儀禮經集注　經 1－5252
儀禮經傳注疏参義内編、外編　經 1－86、5266
儀禮經傳通解　經 1－6242、6245　叢 1－223(9)、460
儀禮經傳通解、序說、雜說、綱領　經 1－5329　叢 2－1629
儀禮經傳通解、續　叢 1－574(1)
儀禮經傳通解續　經 1－6243　叢 1－223(9)
儀禮經傳通解續(祭禮殘本)　經 1－6244
儀禮經注一隅　經 1－5333　叢 2－1730
儀禮經注疏正譌　經 1－163(2)、5308
儀禮經注疑直　叢 2－814
儀禮經注疑直輯本　經 1－5300
儀禮紃解　經 1－5277
儀禮私箋　經 1－163(3)、5347　叢 2－653(1)、885、1813～4
儀禮先易　經 1－5345
儀禮先簿　經 1－160、5362　叢 2－1914～5
儀禮續校　經 1－5236
儀禮釋例　經 1－163(1)、5272　叢 1－274(1),2－731(20)
儀禮釋注　經 1－127、5334　叢 2－1766
儀禮釋宫　經 1－121、155、6170　叢 1－223(8)、230(2)、273(2)、274(1)、388～90、468、569,2－731(31)
儀禮釋宫增註　叢 1－272(2)、437,2－731(31)
儀禮釋宫增注　經 1－163(1)、6175　叢 1－223(8)
儀禮釋官　經 1－111(3)、5301
儀禮蠡測　經 1－5310
儀禮蠡測簽注　經 1－5306
儀禮御案　叢 1－379
儀禮解詁　經 1－5249
儀禮疑義　經 1－5274、6355
儀禮彙說　經 1－5285
儀禮約文　經 1－5313
儀禮約編　經 1－6356～7
儀禮約編喈鳳　經 1－5286
儀禮約解　經 1－5356　叢 2－956
儀禮注疏　經 1－23～5、5241
儀禮注疏、校勘記　經 1－21　叢 2－698(1)
儀禮注疏、考證　經 1－19、5240
儀禮注疏、原目　叢 1－227(3)
儀禮注疏、原目、考證　叢 1－223(8)
儀禮注疏詳校　經 1－5296　叢 1－258,2－731(21)
儀禮注疏溫故　經 1－5336
儀禮注疏校正　經 1－5297　叢 1－258,2－731(2)、847
儀禮注疏校勘記、釋文校勘記　經 1－20
儀禮注疏考證　經 1－5282
儀禮宫室圖、附說　經 1－155、5486
儀禮演　經 1－5352
儀禮述註　叢 1－223(8)
儀禮述注　經 1－5267、6352
儀禮漢讀考　經 1－111(3)、5493～4　叢 2－1517
儀禮禮服通釋　經 1－5459　叢 1－493
儀禮遺文　經 1－135
儀禮遺篇　經 1－135
儀禮逸經　叢 1－223(8),2－1051
儀禮逸經、傳　經 1－5506
儀禮逸經傳　經 1－77(3)、5507　叢 1－268(2),2－731(20)
儀禮逸經傳(儀禮逸經)　經 1－5508
儀禮通詩釋　經 1－5354
儀禮通論　經 1－5265
儀禮選要　經 1－5340
儀禮大要　經 1－5289
儀禮奭固　經 1－5358　叢 2－2144
儀禮奭固禮事圖　經 1－5488　叢 2－2144
儀禮奭固禮器圖　經 1－5489　叢 2－2144
儀禮士冠禮注疏[校正]　叢 2－1466
儀禮士冠禮箋　經 1－137、5374
儀禮志易、圖考　經 1－5359
儀禮古文今文考　經 1－102、5495　叢 2－1533～4
儀禮古今文疏證　經 1－5498、6360
儀禮古今文疏義　經 1－163(2)、5327　叢 1－410,2－1669
儀禮古今文異同　經 1－5496　叢 2－841
儀禮古今文異同疏證　叢 2－653(1)
儀禮古今文異同疏證(儀禮今古文異同疏證)　經 1－5497
儀禮古今考　經 1－5492　叢 1－282(3)、283(3)
儀禮古今異同　經 2－9751
儀禮古義　經 1－5293　叢 1－203(3)

儀禮喪服文足徵記　經1－108、111(2)、5455　叢2－814
儀禮喪服經傳　經1－5405　叢2－772(1)、773(1)
儀禮喪服經傳畧注　經1－5439　叢2－773(1)
儀禮喪服經傳并記　經1－5406
儀禮喪服私抄　經1－94
儀禮喪服注　經1－5416　叢2－772(1)、773(1)
儀禮喪服漢魏六朝注說標記　經1－5465
儀禮喪服考、喪服或問、戴記喪禮或問　經1－5454
儀禮喪服表　經1－5462
儀禮喪服輯畧　經1－5470
儀禮喪服異同考　經1－5476
儀禮喪服馬王注　經1－5402　叢1－261
儀禮校勘記、釋文校勘記　經1－111(3)、5243
儀禮校錄　經1－5235
儀禮札記　經1－136、5268
儀禮析疑　經1－5270　叢1－223(8),2－1386
儀禮戴記　叢2－1092
儀禮戴記附注、外卷　經1－5250
儀禮考注訂誤　經1－5261
儀禮蒙求　經1－5315
儀禮觀畧　經1－5299
儀禮摘句　經1－5304
儀禮摘抄　經1－5348
儀禮未定稿　經1－94
儀禮撮要　經1－5372
儀禮掇要　叢2－1521
儀禮易讀　經1－5283
儀禮圖　經1－163(2)、5483～5
儀禮圖、旁通圖　經1－5482
儀禮圖、旁通圖、儀禮本經　經1－77(3)
儀禮圖、儀禮旁通圖　叢1－223(8)
儀禮明解　經1－5251
儀禮臆測、敍錄　經1－5311
儀禮肊測、敍錄　經1－137
儀禮學　經1－163(2)、5328
儀禮問津　經1－5323、5342
儀禮監本正誤　經1－5258
儀禮今古文疏證　經1－5500
儀禮今古文異同疏證　經1－163(2)
儀禮分節句讀　經1－5275
儀禮義疏　經1－78、6354
儀禮義疏稿　經1－5276
儀禮義例　經1－5332
儀禮鄭註句讀、儀禮監本正誤、儀禮石本誤字　叢1－223(8)
儀禮鄭注正字考　經1－5503
儀禮鄭注句讀　叢1－227(3)
儀禮鄭注句讀、監本正誤、石本誤字　經1－5256
儀禮鄭注句讀、監本正誤、石本正誤、校刊記　經1－131
儀禮鄭注句讀校刊記　經1－5257
儀禮鄭注校字　經1－5321
儀禮鄭注監本刊誤　經1－5280
儀禮節要　經1－5364
儀禮節解　經1－5253
儀禮節解、讀儀禮　經1－46
儀禮節畧　叢1－218
儀禮節畧、圖　經1－6270
儀禮節貫　經1－5338～9
儀禮管見　經1－163(1)、5294　叢1－456(5),2－731(21)
儀禮管見集說　經1－5295　叢1－457
儀禮纂要　經1－5349
儀禮纂畧　經1－5307
儀禮纂錄　經1－5281　叢2－1347
儀禮小疏　經1－111(2)、5278～9　叢1－223(8),2－1413
儀禮恆解　經1－5324～5　叢2－1640
儀禮精義、補編　經1－114～5、5314
儀禮精義鈔畧　經1－5343～4
37 儀汐軒詩草　集6－45871
40 儀真縣志[康熙]　史7－56715～7
儀真縣志[隆慶]　史7－56714
44 儀封縣志[康熙]　史8－59826
儀封縣志[順治]　史8－59825
儀封縣志[嘉靖]　史8－59823
儀封縣志[萬曆]　史8－59824
儀封縣志[乾隆]　史8－59827
儀孝堂詩集　集5－39115
66 儀器說　子3－11556
儀器圖　子3－11369、11557
71 儀隴縣志[同治]　史8－61809
73 儀院古明堂說　經1－6156
77 儀卿進奉文鈔　集4－27030
儀鷗閣詩遺稿　集4－27177
87 儀鄦漫稿　集5－38488
儀鄭堂文　叢1－262、344,2－731(46)
儀鄭堂文集　集4－23479～81　叢2－665
儀鄭堂殘稿　集4－28045　叢1－401
儀鄭堂遺集　集6－42074
儀鄭堂駢體文　集4－23482
90 儀小經　子1－1969　叢1－574(5)
儀光閣詩文集　集5－39809

2825_7 侮

44 侮莊　子 4-20475　叢 2-1220

2826_6 僧

02 僧訓日紀　子 7-32099
04 僧詩選　集 6-43391
僧護經　子 6-32083(22)
06 僧親王剿捻奏稿　史 6-48915
10 僧一枝　集 7-51911
僧王奏稿　史 6-48913
僧王奏摺　史 6-48916
24 僧佉論　子 6-32086(46)
26 僧伽斯那所撰菩薩本緣經　子 6-32081(39)、32082(18)、32083(25)、32086(43)、32088(27)、32089(34)、32090(55)、32091(53)、32092(36)
僧伽羅剎所集經　子 6-32084(21)、32093(30)
僧伽羅剎所集佛行經　子 6-32081(39)、32082(17)、32083(25)、32085(37)、32086(43)、32088(27)、32089(33)、32090(55)、32091(53)、32092(36)
僧伽吒經　子 6-32081(16)、32083(11)、32084(10)、32085(16)、32086(18)、32088(12)、32089(14)、32090(19)、32091(18)、32092(13)、32093(6),7-32238
30 僧家竹枝詞、丁酉歌　集 5-36281
僧害　子 4-20425
僧寮吟課　集 6-41992
38 僧道儒醫一枝　集 7-51910
77 僧尼共犯傳奇　集 7-48774(8)、49129
僧尼會　集 7-52456
僧月参詩存　集 4-22532　叢 1-368
78 僧鑒禪師語錄、塔銘　子 7-34322
80 僧無可詩集　集 1-1461,6-41741、41824、41859、41872
86 僧羯磨　子 6-32084(19)、32093(23)

2826_8 俗

00 俗言　經 2-14863　叢 1-282(3)、283(3),2-731(7)
俗言(槐軒俗言)　子 1-1700
俗言解字　叢 2-1092
俗言警教　子 7-35356
俗音彙辨　經 2-14266
01 俗語集對　叢 2-1823
俗語爽心　子 5-26732
02 俗訓　子 1-2096
俗話傾談、二集　子 5-27850
06 俗誤辨　子 4-20970　叢 2-1243
08 俗說　叢 2-774(10)、2198
俗說傾談初集、二集　子 4-21935
12 俗砭　叢 1-197(2)
18 俗孜　子 5-26956
30 俗字證誤　叢 1-299
俗字雅義　經 2-14772
35 俗禮解　經 1-6338
44 俗考　子 4-22148　叢 1-148、154、173
50 俗事方　子 4-24086　叢 1-173
俗書證誤　經 2-12958、15120～1、15129、15134、15140　叢 1-22(14)、23(14)、300、331、353
俗書證誤訂　經 2-12959　叢 2-2011
俗書證悞　叢 1-330
俗書正誤　叢 1-173
俗書刊誤　經 2-13009　叢 1-223(16)
55 俗曲　集 7-50696
60 俗園外集　史 6-43147
62 俗呼小錄　叢 1-22(24)、173
77 俗用雜字　經 2-13008　叢 2-1104

2828_1 從

00 從亡隨筆　史 1-1932、2764　叢 1-367
10 從天集　集 3-18130　叢 1-300
從天定律氣圖說　叢 2-1317～8
從天定憲候圖說　叢 2-1316
從天定曆候圖說　叢 2-1317～8
從西紀畧　史 1-3687,7-49318(2)　叢 1-202(8)、203(14)
從吾集目　叢 2-2270(3)
從吾道人詩稿　集 2-7247
從吾好齋詩鈔　集 5-39018
從吾所好齋試帖詩　集 4-33195
從吾堂詩集　集 2-8623
18 從政雜著四種　史 6-44569
從政瑣記　史 6-43177　叢 2-2176～7
從政緒餘錄　史 6-43058
從政遺規　史 6-43006～8　子 1-1956～8

叢1-300,2-663、698(7)、1387～8
從政遺規摘鈔 史6-43009
從政遺規摘鈔、從政遺規補鈔 子1-1960
從政遺規輯要 子1-1959
從政觀法錄 史2-7603
從政未信錄 集6-41992
從政聞見錄 史6-43048
從政錄 史2-9573,6-42943 子4-21456 集4-28080 叢1-14(2)、22(20),2-927
從政録 叢2-926
21 從征詩草(紀事草、出棧草、過嶺草、嶺南草) 集4-24268
從征緬甸日記 史1-3721 叢1-269(3)、270(2)、272(5)
從征紀事 史1-3637
從征安南記 史1-3742,7-49318(16)
從征圖記 史1-4111
22 從川詩集 集2-8027
從川公(秦瀚)年譜 史2-11479
24 從化縣新志[雍正] 史8-60849
從化縣志[康熙] 史8-60848
從化縣志[崇禎] 史8-60847
從先文訣内篇、外篇 集6-46230
從先維俗議 子4-20632 叢2-813
30 從宜家禮 經1-6344
從扈隆福寺小記 史1-4499 叢1-496(4)
從容菴錄 子4-23825
從容吟草 集5-34701
從良帶五更一套 集7-50738
32 從溪李氏族譜[上海] 史4-27092
33 從心所欲書 子4-24591
從心錄 子4-23357 集7-47718 叢2-1467
37 從祀先賢事蹟錄 史2-6361
從祀鄉賢錄 叢2-1190
從祀鄉賢錄(喬中和) 史2-9165
從祀考 史2-6362 叢1-114(6)
從祀錄 集1-4582
從軍雜記 史7-49318(3)、53907 叢1-321
從軍紀事 史1-4109 叢2-805
從軍紀事、京口從軍圖 叢2-804
從軍紀事詩稿 集5-34967
從軍紀畧 史1-4108
38 從游集 叢2-638
從遊集 集6-44030
從遊紀、羣真合調、會講百八箴、自講百八箴、問石草、石問、白門草、適志編 集2-11618
40 從古正文 經2-13000
從古堂稿 史8-64172
從古堂款識學 史8-64173～7 叢1-426,2-731(32)
從古堂金石題跋 史8-63639
44 從姑山記 史7-49318(6)、52495
從老集 集3-13819
46 從駕記 叢1-22(7)、23(7)、29(5)
47 從好齋詩鈔 集5-38506
53 從戎偶筆 史1-3772
從戎紀畧 史1-3773、4094 叢2-703、1441
從戎始末 叢2-821
從戎始末、兵燹瑣記 史1-3096
從戎越南記 史1-4240
從戎日記(清同治元至三年) 史2-12713
60 從兄鄆城知縣吳君墓表 史2-10509
67 從野堂存稿 集2-10784,6-43118
從野堂存稿、行狀、諭葬錄 集2-10783
從野堂存稿、外集 集2-10785
從野堂存稿、補遺、文貞公年譜 集2-10786
從野堂存稿、補遺、附錄 叢2-798
77 從學劄記 子1-1716 叢2-1731
80 從今文孝經說 經2-8393、8575、8578、8580～2
從父潤齋中丞(錢臻)行述 史2-9677
從善先資 子4-21218
從善錄 子1-2621
從善堂公餘消遣集 集4-26861
從公稽考 叢2-1756
從公錄、從公續錄、從公三錄 史6-43047 叢2-920
87 從朔編 子4-22546

2828_6 儉

20 儉重堂詩、詩餘 集3-18128
24 儉德齋隨筆 史1-1992、3954
儉德堂文存 集5-34332
儉德堂讀書隨筆 子4-22730

2829_4 徐

00 徐雍熙堂家規條目、廉園課兒篇暨條陳治獄情況 子1-2307
徐高二家集選(二家詩選) 集6-42062
徐康懿公餘力稿 叢2-863
徐康懿公餘力藁 集2-6920～1
徐庾集 集6-41704

徐廣孝子傳　史 2-6921　叢 2-771(3)
徐文靖公謙齋文錄(謙齋文錄)　集 2-6934
徐文靖公謙齋集　集 2-6933
徐文貞公蒙訓　子 1-2785　叢 1-300
徐文定公奏疏　史 6-48401
徐文定公年譜　集 2-10806
徐文達傳　史 2-10465
徐文清公集　集 1-3965
徐文長文集　集 2-9354
徐文長文集、補、四聲猿　集 2-9350
徐文長文集、補遺　集 2-9355
徐文長文集、逸稿、徐文長自著畸譜　集 2-9348
徐文長文集、四聲猿　集 2-9347、9349
徐文長文鈔　集 6-41794、42047
徐文長評方正學文集　集 6-42050
徐文長評于節闇奏疏、文集、詩集、補遺　集 6-42050
徐文長評于節闇奏疏、詩集　集 2-6703
徐文長評選楊椒山集　集 2-9216
徐文長評選楊椒山奏疏、詩集、文集　集 6-42050
徐文長詩集　集 2-9352
徐文長三集、文長雜記　集 2-9346
徐文長三集、四聲猿　集 2-9345
徐文長重訂楊升菴夫人詞曲　集 7-50584
徐文長先生詩　集 6-41948
徐文長先生祕集　子 4-23915
徐文長佚草　集 2-9353　叢 2-679
徐文長自著畸譜　史 2-11506
徐文長逸稿　集 2-9357
徐文長逸稿、自著畸譜、夢遇　叢 2-720(6)
徐文長四聲猿　集 7-49134
徐文學集　集 2-9351,6-41935(5)
徐文敏公集　集 2-7653
徐襄陽詩集　集 2-7873
徐襄陽西園雜記　叢 2-730(12)、731(53)、836
01 徐龍灣集　集 2-9265,6-41935(3)
徐評外科正宗　子 2-4771(3)
03 徐試可地理琢玉斧　子 3-13289
徐詒孫遺稿　集 3-16849
04 徐詩　叢 2-948、1336
10 徐正字詩賦　集 1-1811　叢 1-223(50)
徐正字集　集 1-1808
徐玉崖集(經稼堂詩、寒玉山房詩、還山雜錄)　集 4-22415
徐靈胎先生雜著(徐氏雜著)　子 2-10560
徐靈胎先生雜著五種　叢 2-1425
徐靈胎叢鈔三種　叢 2-1423
徐靈胎十二種全集　子 2-4610
徐靈胎醫書三十二種　子 2-4612
徐靈胎醫畧六書　子 2-4611
徐靈胎醫學全書　子 2-4608
徐元植行狀、傳贊、墓表　史 2-9431
徐元歎先生殘稿(浪齋新舊詩)　集 2-11824　叢 1-419,2-731(43)
徐霽吟公(宗勉)年譜　史 2-12132
徐雨峯中丞勘語　史 6-46485　叢 1-582
徐霞客遊記　史 7-53090～3　叢 1-223(26)
徐霞客遊記、外編、補編　史 7-53094
徐天目尺牘　集 2-9273
徐石渠文鈔　集 4-28675
徐西叔學正遺稿　集 4-32213
11 徐珥珊先生(籛齡)傳　史 2-9985
12 徐璣集補　集 1-3980　叢 2-2004
徐水縣新志[民國]　史 7-55284
徐烈婦詩鈔(絳雪詩鈔)　集 3-16511
徐烈婦詩鈔、回文、同心梔子圖續編　集 3-16512
徐烈婦傳　史 2-9392
15 徐建寅函稿　集 5-37042
17 徐乃昌補遺並校勘　叢 2-698(9)
徐子　子 1-18～20、334、478　叢 2-774(8)
徐子遠先生(灝)傳畧　史 2-10044
徐子中論　叢 1-183
徐子學譜　史 2-11549
徐子卿先生論文別集　集 2-11558
徐子卿近集(啓事、雜錄)　集 2-11557
徐勇烈公(豐玉)行狀　叢 2-2008
徐君說文多采用淮南說　經 2-12336
20 徐位山先生(徐位山先生叢書)七種　叢 2-1385
徐季龍先生(鼈)簡畧年譜　史 2-12447
徐集小箋　集 1-2333　叢 2-807
21 徐偃王志　史 1-2263　叢 2-845(5)
徐卓晤歌　集 7-48448～9
徐紫珊遺詩　叢 1-409
22 徐豐崖詩談　叢 2-730(12)、836
徐鼎臣詩集、三徐事實　集 1-1834
徐鼎臣詩集、三徐事實、徐鍇詩　集 1-1833
徐僕射集　集 1-591,6-41694、41698　叢 1-183
徐僕射集(徐孝穆文抄)　集 1-592
徐巖叟公(起霖)年譜　史 2-11657
徐仙真錄　史 2-6900　子 5-29531
徐仙翰藻　子 5-29531、31983
徐樂書　子 4-19736　叢 2-774(10)
徐種緣湖山小隱　集 7-49458
23 徐俟齋鄧尉十景題跋　子 3-14956、16197

徐俟齋先生(枋)年譜 史 2－11702 叢 2－2193
24 徐先生家傳四書入學第一明解 經 2－10448
徐侍御奏議 叢 2－706
徐侍郎集 集 1－1078～9
徐偉長集 集 1－244～5,6－41699、41719～20
徐幼文集 集 2－6195,6－41935(1)
徐幼文七律鈔 集 2－6196
25 徐純齋公文集 叢 2－863
26 徐伯株貧富興衰記 集 7－48774(6)、49059
徐侶樵先生(起渭)年譜 史 2－12041
徐吳氏烈婦祠志[浙江永康] 史 4－32039
27 徐魯化遺詩 集 6－44580
徐夤詩(晚唐徐寅詩) 集 1－1810
徐紹楨詩集 集 5－39688
28 徐似之詩 集 2－12905,6－41943
徐作梅詩集 集 3－21466
徐徵士(穉)年譜 史 2－11009
徐徐集 集 2－11861 叢 2－845(5)
徐徐集、家乘 集 2－11860
徐給諫賸稿 叢 2－706
29 徐秋士先生自訂年譜 史 2－12078
30 徐宜欣詩 集 4－26846
徐渡漁先生醫案 子 2－4768
徐永宣詩 集 3－17940
徐永宣詩選 集 6－44441
徐安貞詩 集 1－1080,6－41872
徐寅詩 集 6－41882
徐寶摩詩 集 2－11468,6－41943
31 徐滙天文臺記 子 3－11534
徐滙紀畧 子 7－35786
徐邇齋先生全集三種 叢 2－1426
32 徐州府志[乾隆] 史 7－56602
徐州府志[同治] 史 7－56603
徐州府銅山縣鄉土志[光緒] 史 7－56613
徐州失散一枝 集 7－52014
徐州志[康熙] 史 7－56601
徐州志[弘治] 史 7－56596
徐州志[順治] 史 7－56599
徐州志[嘉靖] 史 7－56597
徐州志[萬曆] 史 7－56598
徐州輿地考 史 7－49318(12)、50131
徐州倉歸併淮安倉項下道光二十二年分實征錢糧奏銷文册 史 6－43446
徐州倉嘉慶十九年分收放過正耗銀兩四柱數目册 史 6－47448
徐巡按揭帖 史 1－2998 叢 2－640
34 徐汝思詩 集 2－10239
35 徐清正公(鹿卿)年譜 史 2－11356 叢 2－870(4)
徐溝縣志[康熙] 史 7－55602
徐溝縣志[萬曆] 史 7－55601
徐溝縣志[民國] 史 7－55604
徐溝縣志[光緒] 史 7－55603
徐溝筆記 子 4－21465
徐袖海吳昌碩印譜 子 3－17341
徐迪功詩集 集 2－7775
徐迪功詩集、外集、談藝錄 集 2－7772
徐迪功詩集、外集、附錄 集 6－41952
徐迪功集 集 2－7774,6－41935(1)
徐迪功集、談藝錄 集 2－7769
徐迪功集、談藝錄、重選徐迪功外集 集 2－7770
徐迪功集、外集、談藝錄 集 2－7773
徐迪功集、外集、談藝錄、附錄 集 2－7771
徐迪功外集 集 2－7780
37 徐郎小傳 叢 1－587(2)
38 徐海本末 史 1－2872 叢 1－269(2)、270(2)
徐道暉集補缺 集 1－3838
40 徐九一詩 集 2－12152,6－41943
徐大臨宮詞 叢 1－407(3)
徐太師文貞公寶綸閣法帖 子 3－15270
徐太拙詩稿 集 3－13194
徐太常公遺集 集 4－28765 叢 2－828
徐友蕃夫子醫案 子 2－10817
徐南復雜錄 子 4－24457
徐賁獅子林圖 子 3－16486
41 徐姬(貞)小傳 史 2－9691
43 徐娘自述詩記 叢 1－587(4)
44 徐薌坡詩選 集 3－21816
徐茂公智降秦叔寶雜劇 集 7－48774(7)、49029
徐蘇傳 史 2－6488
徐孝廉遺稿 集 2－10604
徐孝先詩 集 3－14791
徐孝穆文抄 集 1－592
徐孝穆文鈔 集 6－41794
徐孝穆集 集 1－593～4,6－41704、41796 叢 1－182、227(8),2－635(6)
徐孝穆集、徐陵本傳 集 1－595
徐孝穆集箋注 叢 1－223(47)
徐孝穆全集(徐孝穆集、徐孝穆集箋註)、備考 集 1－590
徐孝穆全集、備考 叢 2－698(8)
徐華野詩 集 5－34001
徐巷徐氏信譜[江蘇武進] 史 4－31826
徐村文稿 集 4－28450
徐村詩後稿 集 4－28447
徐村老農文稿 集 4－28449

徐村老農文近稿　集4-28446
徐村老農詩稿　集4-28445
徐村老農手鈔方　子2-9719
徐茮苓先生著述五種　叢2-2008
徐林丘詩　集3-18156
46 徐狷庵集　集3-14790
徐相公集　集2-8641,6-41935(2)
47 徐都講詩　集6-41999　叢2-1309
徐柳泉詩稿　集4-32534
徐椒岑先生雜著六種　叢2-2006
48 徐乾學家譜[江蘇吳縣]　史4-31863
徐幹中論　子1-472　叢1-69,2-635(4)、730(6)
徐幹中論、札記、逸文　叢2-628
徐松龕批後漢書殘本　史1-5869　叢2-744
50 徐青山琴學　子3-17495
徐青藤水墨花卉卷　子3-16515
徐青藤山水花鳥蟲魚合册　子3-16516
徐青藤墨筆花卉卷　子3-16517
徐本夏小正考異　經1-5950
徐本夏小正舉異　叢2-731(27)、869
徐忠烈公集　集2-11254
徐忠烈公集、南窗新記　集2-11253
徐忠烈公遺集　集2-11255
徐東癡詩選　集3-13627
51 徐批葉天士先生方案真本　子2-10545
徐批葉天士晚年方案真本　子2-4771(4)
58 徐整長曆　叢1-22(10)、23(10),2-771(4)
60 徐呈五公殉難詩文集　集4-28928
徐星伯說文段注札記　經2-12140、12155　叢1-539~43、547(3)
徐星伯說文段注劄記　經2-12734
徐星伯小集　集4-27232
徐園秋花譜　子4-19177　叢1-203(6)、320
徐思曠稿　集2-12980~1,6-45336、45340
徐愚齋自敘年譜、上海雜記二篇　史2-12312
徐昌穀文鈔　集6-41794、42047
徐昌穀集　集2-7776~7,6-41940、42053
徐昌穀全集　集2-7768
徐昂發詩選　集6-44441
66 徐器之文集　集2-12983
67 徐明經詩文鈔　集3-21908
徐昭夢詩集　集1-1809,6-41878
徐照集補　集1-3837　叢2-2004
71 徐匡嶽先生來益堂稿　集2-11003~4
72 徐氏庖言　集2-10808
徐氏六修族譜[湖南湘潭]　史4-32173
徐氏雜著四種　叢2-1424
徐氏族譜[上海]　史4-31790
徐氏族譜[上海松江]　史4-31792
徐氏族譜[安徽灊山]　史4-32109~11
徐氏族譜[江西上饒]　史4-32140~1
徐氏族譜[江西豐城]　史4-32148
徐氏族譜[江蘇南京]　史4-31795
徐氏族譜[江蘇丹徒]　史4-31812
徐氏族譜[江蘇鎮江]　史4-31805
徐氏族譜[浙江金華]　史4-32012
徐氏族譜[湖南]　史4-32176~7
徐氏族譜[湖南平江]　史4-32168
徐氏族譜[湖南長沙]　史4-32157~9
徐氏族譜[湖南岳陽]　史4-32165
徐氏族譜[四川]　史4-32186
徐氏族譜[四川資陽]　史4-32184
徐氏族譜[四川簡陽]　史4-32185
徐氏族譜光緒壬午修　史4-31767
徐氏一家詞　集7-46436
徐氏二十四劑方經絡歌訣、湯頭歌括　子2-9282
徐氏三種(重刻徐氏三種)　子1-59
徐氏三修族譜[四川資中]　史4-32183
徐氏三命消息賦註　叢1-273(4)
徐氏正宗統譜[浙江開化]　史4-32008
徐氏五修族譜[湖南湘潭]　史4-32172
徐氏再續宗譜　史4-32191
徐氏重訂詩經世本古義　經1-4249
徐氏重修族譜[福建莆田]　史4-32137
徐氏孚受堂本支墓考　史4-31878
徐氏續修族譜[湖南瀏陽]　史4-32160
徐氏續修宗譜[浙江嘉善]　史4-31911
徐氏家譜[天津]　史4-31769
徐氏家譜[安徽休寧]　史4-32125
徐氏家譜[江蘇吳江]　史4-31870
徐氏家譜[江蘇吳縣]　史4-31858
徐氏家譜[浙江龍游]　史4-32011
徐氏家譜[甘肅隴西]　史4-32188
徐氏家乘[上海崇明]　史4-31794
徐氏家乘[江蘇句容]　史4-31814
徐氏家乘[浙江永康]　史4-32032
徐氏家乘[浙江嘉善]　史4-31909
徐氏家乘[貴州銅仁]　史4-32187
徐氏家藏書目　史8-65595~6
徐氏宗譜　史4-32198~9
徐氏宗譜[安徽灊山]　史4-32107~8
徐氏宗譜[安徽太湖]　史4-32113
徐氏宗譜[安徽合肥]　史4-32103
徐氏宗譜[江西]　史4-32152
徐氏宗譜[江西廣豐]　史4-32142
徐氏宗譜[江西餘干]　史4-32143

徐氏宗譜[江蘇武進] 史4-31831
徐氏宗譜[江蘇句容] 史4-31815
徐氏宗譜[江蘇宜興] 史4-31844
徐氏宗譜[江蘇江都] 史4-31800
徐氏宗譜[江蘇丹陽] 史4-31813
徐氏宗譜[江蘇常州] 史4-31816～20
徐氏宗譜[浙江] 史4-31876、32095、32097
徐氏宗譜[浙江衢州] 史4-31998
徐氏宗譜[浙江淳安] 史4-31896、31900
徐氏宗譜[浙江寧波] 史4-31916
徐氏宗譜[浙江安吉] 史4-31906
徐氏宗譜[浙江海鹽] 史4-31913
徐氏宗譜[浙江蕭山] 史4-31879
徐氏宗譜[浙江鄞州] 史4-31922
徐氏宗譜[浙江景寧] 史4-32093
徐氏宗譜[浙江開化] 史4-32007、32009
徐氏宗譜[浙江會稽] 史4-31991
徐氏宗譜[浙江餘姚] 史4-31936
徐氏宗譜[湖北蒲圻] 史4-32156
徐氏宗譜[湖北陽新] 史4-32155
徐氏宗譜稿[上海] 史4-31791
徐氏宋司理公家譜[江蘇南京] 史4-31796
徐氏補注 叢2-628
徐氏遺文 集4-30319
徐氏通譜[湖南] 史4-32178
徐氏海隅集詩編、文編、外編、續 集2-6847
徐氏支譜[江蘇吴江] 史4-31867
徐氏支譜[江蘇泰州] 史4-31802
徐氏支譜[江蘇常熟] 史4-31872
徐氏支譜[湖南邵陽] 史4-32175
徐氏梓蔭義莊彙錄 史6-44740
徐氏世譜[江蘇吴江] 史4-31865
徐氏世譜[浙江慈溪] 史4-31929
徐氏世譜四編[江蘇吴江] 史4-31869
徐氏世承仁房宗譜[浙江永康] 史4-32038
徐氏中堂二房譜[浙江寧波] 史4-31915
徐氏本支敍傳 叢2-1772
徐氏忠節錄 史2-8796
徐氏東派房譜[浙江鄞州] 史4-31926
徐氏胎産方 子2-4554、8003
徐氏醫書六種 子2-4607
徐氏醫書八種(徐靈胎醫書) 子2-4609
徐氏全書三十七種 叢2-2269
徐氏合修族譜[江西豐城] 史4-32149
徐氏第一世醫案 子2-10716
徐氏第二世醫案 子2-10847
徐氏第三世醫案 子2-10848
徐氏第四世醫案 子2-10849
徐氏等韻捷法、字學辨似醒誤 經2-14337
徐氏算學三種 子3-11252、12389 叢2-1896
徐氏筆精 子4-22286 叢1-223(40)、452、586(4),2-716(4)
徐氏筆精、續 子4-22285
徐岳瞻遺稿(百删小草) 集4-22184
74 徐陵本傳 集1-595
徐騎省文集 集1-1827～8
徐騎省集 集1-1829、1831
77 徐熙百花圖長卷 子3-16459
徐聞縣志[康熙] 史8-61217～8
徐聞縣志[宣統] 史8-61219
徐母訓子 集7-52199
徐母訓子子弟書 子1-2319
徐母劉太恭人墓誌銘 史2-9866
徐闇公先生(孚遠)年譜 史2-11615
徐闇公先生遺文 集2-12242
徐問渠印譜 子3-16942、17162
徐民上先生集 集2-10146
80 徐念陽公(如珂)集 史2-9043
徐念陽公集 集2-10801,6-43118
徐善伯先生日記(清光緒二十九年民國元年三年)、詩 史2-12812
徐舍人詩 集4-32535
徐公(恩綬)行狀 史2-10419
徐公文集 叢2-635(8)
徐公文集(徐騎省文集) 集1-1828
徐公文集(徐騎省集)、補遺、札記 集1-1829
徐公文集(徐騎省集)、補遺、校勘記 集1-1831
徐公文集(騎省集)、補遺、校勘記 叢2-698(9)
徐公文集(騎省集、徐騎省文集、徐常侍集) 集1-1827
徐公文集、補遺、校勘記 集1-1832
徐公可詩稿 集4-31368
徐公經濟錄 集2-12053
徐公奏議 史6-49043
徐養恬方案 子2-10715
81 徐錯詩 集1-1833、1838
83 徐飴盦先生遺書八種 叢2-1604
87 徐釣臺遺書 集4-23294
88 徐竹所先生遺稿 集6-42004
徐竹所遺稿 集4-30738
徐筆峒先生文集十二種 叢2-1187
徐筆峒先生十二部文集 集2-10759
徐籀莊手寫清儀閣古印考釋 史8-64974
徐節孝先生(積)年譜 史2-11245 叢2-

807
徐餘齋恥言　子 1-1231
90 徐光祿公奏稿　史 6-49042
徐尚書集　集 2-7534,6-41935(1)
徐常侍集　集 1-1827
98 徐悔齋集　集 5-40809

2831_1 鮓

02 鮓話　史 7-50882　集 3-16589　叢 1-426,
2-731(54)、785

2833_2 鰦

60 鰦田草堂詩鈔　集 5-37587

2833_4 悠

23 悠然自得之廬詩存　集 4-23243
悠然堂詩鈔　集 3-19619

懲

00 懲齋日記　史 2-13084
60 懲昉文草　集 5-37750

2835_1 鮮

00 鮮庵文輯　集 5-38681
鮮庵遺文　集 5-38680　叢 2-737、868
鮮庵遺稿　集 5-38679
10 鮮于樞章草千字文　子 3-15683
鮮于揚州詩墨蹟二跋　叢 2-771(2)
21 鮮虞中山國事表疆域圖說　史 7-49414
叢 1-438
37 鮮潔亭詩餘　集 7-47188
72 鮮氏家譜[甘肅隴西]　史 5-40673

2836_6 鱠

13 鱠殘篇　子 2-4768、10576
88 鱠餘編　集 4-29114

2842_7 艙

80 艙翁文畧　集 3-17754
艙翁詩畧　集 3-17751

2843_7 舲

44 舲草　集 2-10765

2845_3 艤

27 艤舟亭集　集 4-21931
48 艤槎圖　子 3-16391

2846_8 谿

00 谿音　叢 2-1535
谿音、音別　集 3-19916
21 谿上遺聞　叢 1-373(4)
谿上遺聞集錄、別錄　史 7-50405　叢 2-
735(2)
22 谿山琴況　子 3-17495、17530、17654
谿山聯句　集 6-43796
谿山老農自訂年譜、續　叢 2-2114
谿山臥游錄　子 3-15868～9
谿山臥遊錄　叢 1-373(7),2-812
谿山餘話　子 4-20409　叢 1-13、14(2)、22
(23)、29(8)、106、111(2)、363,2-731(51)、
1081
32 谿州官牘　史 6-47323
60 谿田文集　集 2-7618
谿田文集、補遺　集 2-7619
谿田文集、補遺、續補遺、搜遺　集 2-7620～1
80 谿谷隱禪師語錄　子 7-34377

90 谿堂集 集6-45086

2849_4 餘

26 餘艎日疏 叢1-22(5)、23(5)

2854_0 牧

00 牧童歸去横牛背一枝 集7-51846
牧庵雜記 子4-21519
牧庵雜紀 集4-26155
牧庵詩 集7-46373
牧庵集 集1-4823 叢1-223(59)
牧庵集、牧庵年譜 集1-4822 叢1-230(5),2-635(11)、731(41)
牧庵(姚燧)年譜 史2-11380 叢1-223(59)
牧齋文集 集3-13055
牧齋詩鈔 集3-13036～7,6-44440
牧齋集外詩、文補遺 集3-13053
牧齋集外詩、補 集3-13047
牧齋紅豆莊雜錄 子5-25247、25251
牧齋外集 集3-13054
牧齋先生(錢謙益)年譜 叢2-793
牧齋遺事 史1-1995 叢1-406,2-611、789、791～3
牧齋初學集 叢2-635(12)
牧齋初學集、目錄 集3-13033
牧齋初學集詩注 集3-13034
牧齋初學集詩注、有學集詩注 集3-13035
牧齋有學集 集3-13038、13040～1 叢2-635(12)
牧齋有學集、補、校勘記 叢2-635(12)
牧齋有學集、補遺 集3-13039
牧齋有學集補遺 集3-13046
牧齋有學集補遺、有學外集 集3-13043
牧齋有學外集、外集補遺、有學集補遺 集3-13042
牧齋有學外集補遺 集3-13044
牧齋苦海集 集3-13051
牧齋書啓 集3-13061
牧齋書目 史8-65620～1 叢1-569
牧齋題跋 史8-65622 叢2-673
牧齋蹟畧 史2-9101 叢1-406,2-790
牧齋蹟畧、牧齋遺事 史1-1971,2-9102
牧齋晚年家乘文[江蘇常熟] 史5-40183
牧齋尺牘 集6-45192
牧齋年譜 史2-11571
牧唐吟草 集3-18000,4-32425
10 牧豕集 集3-15113
牧石隖吟草 集4-27327～8
牧石居詩鈔 集4-22587
牧雲詞 集7-46405、47921
牧雲和尚病游初草、病游後草 子6-32091(71)
牧雲和尚病游游刃 叢2-1166
牧雲和尚病遊初草、後草 集3-13214 叢2-1166
牧雲和尚語錄 子7-34301
牧雲和尚五種 叢2-1166
牧雲和尚宗本投機頌 子7-34300 叢2-1166
牧雲和尚宗本投機頌、病遊遊刃 子6-32091(74)
牧雲和尚七會餘錄 子6-32091(74),7-34299 叢2-1166
牧雲和尚嬾齋後集 集3-13216
牧雲和尚嬾齋别集 子6-32091(71) 集3-13215 叢2-1166
牧雲和尚嬾齋别集、會餘錄、宗本投機頌、病遊、遊刃 集3-13213
牧雲和尚四悉書 子7-34106
14 牧豬閒話 子3-18217 叢1-202(4)、203(10、18)
17 牧邛公牘 叢2-1985
牧羣司抄案 史6-47378
20 牧愛堂編 史6-47487
25 牧牛村舍詩集 集3-19398
牧牛村舍外集 集4-22811
牧牛圖頌 子6-32091(72),7-34132、34151～2
牧牛圖頌、淨修指要 子7-34153
牧牛圖頌、淨修指要、勸世文四首 子7-34154
牧牛圖頌、又十頌 子7-34155 叢2-689
牧生詩稿、詩餘 集4-26122
31 牧沔紀畧 史6-43163 叢2-2002
牧潛集 集1-4974 叢1-223(59),2-833
35 牧津 史6-42969
44 牧坡居士詩、緺淥亭詩餘 集4-27765
牧菴雜紀 子5-26533
牧菴詩集 集3-15520,6-41969
牧菴詞 集7-46368、46750
牧菴集 集1-4820
牧萊脞語、二藁 集1-4409
50 牧東紀畧 史6-47200 叢2-1852
60 牧園詩文鈔 集4-25265
71 牧廠地畧 史7-49318(19)、50001

牧原詩集　集 3 - 21082
77 牧豎閒談　叢 1 - 17、19(4)、20(2)、21(3)、22(3)、23(3)、24(4)、157
牧鷗亦舫詩鈔、詩餘　集 4 - 30764
牧民寶鑑　史 6 - 41531
牧民心鑑　史 6 - 42968
牧民忠告　史 6 - 41519、41524、41526、42933～4　叢 1 - 247、481,2 - 637(2)、731(18)
牧民忠告、經進風憲忠告、廟堂忠告　史 6 - 42932
牧民贅語　史 6 - 43073　子 1 - 1792　叢 2 - 1789
80 牧翁先生(錢謙益)年譜　史 2 - 11570　叢 2 - 683、1359
牧令要訣　史 6 - 41532、43070
牧令須知　史 6 - 43044～5
牧令須知四種　史 6 - 41530
牧令芻言　史 6 - 43067、43090　叢 2 - 1937
牧令書、保甲書　史 6 - 43074
牧令書輯要　史 6 - 41526、41528、43076
牧令書四種　史 6 - 41528
牧令書節要　史 6 - 43077
牧令書鈔　史 6 - 43075　叢 1 - 514
牧令全書　史 6 - 41526
牧羊記　集 7 - 49807
牧羊記總本　集 7 - 49806
牧羊山人詩集　集 2 - 7969～70
牧羊指引　叢 1 - 480
牧羊圖滾雪　集 7 - 53404
牧羊圈　集 7 - 52419、53621
88 牧鑑　史 6 - 42957　叢 1 - 326,2 - 731(18)
牧篴餘聲　集 7 - 50690　叢 2 - 1823
牧餘詩草　集 3 - 19489,6 - 41978
90 牧堂詩稿　集 4 - 24301
牧堂公集　集 1 - 3179,6 - 45118

2855_3 犠

21 犠經雜說　經 1 - 726

犧

21 犧經臆說　經 1 - 725

2861_1 鬌

08 鬌論偶存　叢 2 - 1722
18 鬌政備覽　史 6 - 43907

2864_7 馥

10 馥雲軒詩集　集 3 - 21080
44 馥芬居日記　史 2 - 12733
馥蔭館筆記　子 4 - 21873
88 馥餘詩集　集 4 - 22394

2871_1 岝

26 岝崿山居詩　集 4 - 30733

嵯

23 嵯峨山記　史 7 - 49317(4)、49318(8)、52657

2872_1 崳

44 崳麓草堂吟草　集 5 - 34496

2873_2 嵫

60 嵫景留吟館贅草　集 5 - 36234

2873_7 嵰

22 嵰山甜雪　叢 1 - 352

2874_0 收

40 收存書籍清册 史 8 - 65516
44 收藏宋元板書目 史 8 - 65666

2891_6 稅

11 稅非聞喪追服之名辨 叢 2 - 1747
18 稅政考 子 7 - 36240(2)
稅務司戴樂爾理財節畧 史 6 - 43193
60 稅目考 子 7 - 36240(2)
62 稅則論說 子 7 - 36240(2)
稅則考 子 7 - 36240(5)
稅則奏議章程 子 7 - 36240(2)
87 稅歛要例 子 7 - 37390

2892_7 稊

60 稊園詩集(遠志集、盋聲甲集、荒傖集、囊中集、留都集、吾土集) 集 5 - 41513

紛

77 紛欣閣叢書 叢 1 - 325

綈

43 綈裘寶書 叢 1 - 405

綸

00 綸音條奏 史 6 - 47973
綸音憲牘(牛應徵) 史 2 - 9241
綸音恭錄 史 2 - 9472
綸音奏章 史 6 - 47972
30 綸扉稿 史 6 - 48275 叢 2 - 1099、1101
綸扉稿、綸扉外藁、外制集、程士集 集 2 - 9007
綸扉外稿 集 2 - 9014 叢 2 - 1100
綸扉内稿 集 2 - 9013 叢 2 - 1100
綸扉奏稿 史 6 - 48331
綸扉奏草 史 6 - 48321、48386、48412 集 2 - 9833 叢 2 - 1127、1176～7
綸扉奏草、續綸扉奏草、後綸扉尺牘 集 2 - 10697
綸扉簡牘 集 2 - 9836 叢 2 - 1127
綸扉笥草 叢 2 - 1127
32 綸灊集選 集 2 - 10753
77 綸閣延暉文集 集 4 - 23868
87 綸釣齋詩 集 5 - 36182

2893_2 稔

00 稔齋詩草 集 4 - 30511

2896_1 給

50 給事集 集 1 - 2960 叢 1 - 223(53)

繕

07 繕部紀畧 史 6 - 46516
57 繕摺欵式 史 6 - 42197

2896_6 繪

01 繪龍錄 子 3 - 16283
04 繪詩齋集 集 5 - 36466
13 繪殘集 集 5 - 34367
17 繪孟 經 2 - 9898
27 繪像正文千家詩 集 6 - 42291
繪像北方鎮武祖師玄天上帝出身全傳 子 5 - 28838
繪像列仙傳 史 2 - 6866
繪像增註第六才子書釋解 集 7 - 48858
繪像增注第六才子書釋解 集 7 - 48863
繪像鐵花仙史 子 5 - 28311
繪像第六才子書 集 7 - 48842
繪像第六才子書(懷永堂、芥子園、成裕堂、

琴香堂、舟山堂繪像第六才子書） 集 7 - 48841
繪像鈔本萬金玉匣記精品 子 3 - 14417
繪紹錄 集 6 - 45100
29 繪秋樓詩鈔 集 5 - 36648
30 繪宗 子 3 - 15859
繪宗(繪宗十二忌) 子 3 - 15905
33 繪心集、炊香詞、紅萼詞 集 3 - 16101
40 繪真記 集 7 - 53785
44 繪地法源 子 3 - 12869
繪地法原 子 7 - 36231(4)、36241、36248、36254、37934
繪地法原、圖 子 7 - 36228(4)
繪芳錄 子 5 - 28521～2 叢 1 - 496(8)
繪林伐材 子 3 - 16093
繪林題識 子 3 - 16141 叢 1 - 86,2 - 730(7)、731(35)
46 繪相祥異書 子 3 - 13024
47 繪聲園詩鈔(封圭詩鈔) 集 3 - 19875
繪聲圖 子 3 - 18087
繪聲閣詩稿 集 6 - 41999
49 繪妙 子 3 - 15927～8、16016 叢 1 - 22(26)、25、36、147、176、353、2 - 731(36)
50 繪事雜錄 子 3 - 16082
繪事發微 子 3 - 14691、15859～61、15953～4、16016 叢 1 - 202(3)、203(8)、353、369,2 - 622
繪事瑣言 子 3 - 15972
繪事備考 史 2 - 6751 叢 1 - 223(38)
繪事微言 子 3 - 15926 叢 1 - 223(37),2 - 809
繪事逋還雜詠 集 3 - 18506
繪事津梁 子 3 - 16005 叢 1 - 469、495、586(3),2 - 716(3)
繪事晬編 子 3 - 15859
60 繪圖癡婆子全傳 子 5 - 27674
繪圖音釋坐花誌果 子 5 - 27173
繪圖哀情小說施嫿將軍 子 5 - 27685
繪圖訂正六言雜字 經 2 - 13548
繪圖訂正六字雜言 經 2 - 13542
繪圖譚笑奇觀 子 5 - 27675
繪圖評點二十年目睹之怪現狀 子 5 - 28575
繪圖評點女仙外史 子 5 - 28158
繪圖新刊楊乃武供案全集 集 7 - 54033～4
繪圖新出情天劫 子 5 - 28622
繪圖新編時調大雙蝴蝶 集 7 - 53717
繪圖新桃花扇 集 7 - 50235
繪圖新史奇觀 子 5 - 28198
繪圖新撰三續永慶昇平全傳 子 5 - 28784
繪圖新鐫花影奇情傳續集 子 5 - 28239
繪圖新貪歡報 子 5 - 28600
繪圖識字實在易 經 2 - 13504
繪圖施公案十集 子 5 - 28711
繪圖施公案全集 子 5 - 28710
繪圖施公奇案 子 5 - 28698
繪圖說唐前傳 子 5 - 28038
繪圖說本銀如意 子 5 - 28335
繪圖說唱瓦崗寨 集 7 - 51289
繪圖論語便蒙課本 經 2 - 9667
繪圖二女多情 子 5 - 27917
繪圖三千字文 經 2 - 13486
繪圖三續今古奇觀 子 5 - 27767
繪圖三字經註解備要 子 1 - 2747
繪圖三公奇案 子 5 - 28785
繪圖正音注解八千字文 經 2 - 13517
繪圖正德白牡丹全傳 子 5 - 28167
繪圖五續今古奇觀 子 5 - 27773
繪圖平山冷燕四才子書 子 5 - 28268
繪圖平金川 子 5 - 28213
繪圖天緣巧配 子 5 - 28537
繪圖再續兒女英雄全傳 子 5 - 28515
繪圖百局象棋譜 子 3 - 18079
繪圖礦學考 子 7 - 36250、37113
繪圖引痘心法全書 子 2 - 8933
繪圖水怪貪歡緣 集 7 - 53685
繪圖水怪貪歡錄 集 7 - 53589
繪圖武則天四大奇案 子 5 - 28750
繪圖珠塔後傳麒麟豹 集 7 - 53883
繪圖碧玉環 集 7 - 53702～3
繪圖珍珠塔寶卷全集 集 7 - 54540
繪圖改良仙人跳新小說 子 5 - 28609
繪圖千字文 經 2 - 13372
繪圖雙鳳奇緣 子 5 - 27975
繪圖上海雜記 史 7 - 50052
繪圖偎狐竊寶錄 子 5 - 28914
繪圖皆大歡喜 子 5 - 28854
繪圖紅樓復夢 子 5 - 28402
繪圖紅梅閣(紅梅記) 集 7 - 51130
繪圖經絡圖說 子 2 - 10304
繪圖後五才子征四寇 子 5 - 28679
繪圖後紅樓夢 子 5 - 28397
繪圖後紅樓夢、詩 子 5 - 28396
繪圖後宋慈雲走國全傳 子 5 - 28111
繪圖仙卜奇緣全傳 子 5 - 28917
繪圖外國白話地理 子 7 - 37723
繪圖倚紅豔史 子 5 - 27673
繪圖俠義醒世傳 集 7 - 51362
繪圖俠義風月傳 子 5 - 28358
繪圖牡丹奇緣 子 5 - 28307
繪圖幼學白話句解 子 1 - 2906～7

繪圖續編今古奇觀　子5－27757
繪圖續隋唐演義　子5－28027
繪圖續今古奇觀　子5－27756
繪圖續今古奇聞　子5－27854
繪圖繡像巧冤家　子5－28505
繪圖繡像四雲亭新書全傳　集7－53969
繪圖白話字彙　經2－13516
繪圖白蛇傳後集　集7－53683
繪圖白蛇奇傳　子5－28888
繪圖吳三桂　子5－27889
繪圖鴛鴦夢　子5－28366
繪圖名公奇案　子5－27654
繪圖各注穴痧症驗方　子2－7031
繪圖包龍圖判斷奇冤案　子5－27797
繪圖包龍圖判斷奇案　子5－27796
繪圖綴白裘十二集　集7－54638
繪圖繪芳錄(新增繡圖繪芳園全錄)　子5－28522
繪圖注釋神童詩　子1－2638
繪圖寓言短篇小說怪夢　子5－27689
繪圖密建遊宮　集7－50823
繪圖定鼎奇聞　子5－28200
繪圖宋太祖三下南唐(繪圖第一俠義奇女傳)　子5－28087
繪圖祕本殺子報全傳　子5－28786～7
繪圖沈香救母寶蓮燈全傳(寶蓮燈全傳)　集7－54302
繪圖湘軍平逆傳　子5－27859
繪圖混江龍　子5－28682
繪圖遇仙奇緣　子5－28353
繪圖游戲奇觀　子5－27489
繪圖海上風流夢　子5－28594
繪圖海公大紅袍全傳　子5－28170
繪圖十二美女玉蟾奇緣　子5－28489
繪圖大明奇俠傳　子5－28723～4
繪圖大明奇俠前後傳　子5－28722
繪圖才子奇緣　子5－28542
繪圖女四字經　子1－3013
繪圖古今歡喜奇觀　子5－27766
繪圖古今眼前報　子5－27671
繪圖吉祥花　集7－50822
繪圖七言雜字蒙學教科書、改良繪圖六言雜字　經2－13550
繪圖真真活神仙　子5－28855
繪圖校正十五貫　集7－53923
繪圖彭公案　子5－28765
繪圖彭公案初至四集　子5－28764
繪圖封神演義　子5－28845
繪圖藍公奇案　子5－27653
繪圖花田金玉緣　子5－28289
繪圖花月因緣(繡像花月痕全傳)　子5－28520
繪圖蘆花棒喝記續　子5－28617
繪圖蒙學課本　子1－2890
繪圖蒙學課本首集、貳集　經2－13498
繪圖蒙學造句實在易　子1－2901
繪圖蒙學唱歌實在易　子3－17577
繪圖草木春秋演義　子5－28900、28902
繪圖孝經新體讀本　經2－8553
繪圖孝義真蹟珠塔緣　集7－54118
繪圖萬字文　經2－13518
繪圖萬花樓傳　子5－28099
繪圖英雲三生夢傳　子5－28463
繪圖英烈全傳　子5－28148
繪圖英雄奇緣　集7－53976
繪圖英雄奇緣天保圖　集7－53976
繪圖林文忠公中西戰紀、各國風土記　子5－28214
繪圖歡喜冤佳　集7－51139
繪圖歡喜奇觀　子5－27765
繪圖增註千字文　經2－13395
繪圖增像西遊記　子5－28800
繪圖增像後列國志(繪圖增像後列國志萬仙鬥法)　子5－27948
繪圖增像第五才子書水滸傳　子5－28671
繪圖增注朱子治家格言　子1－2195
繪圖增補萬寶全書、續編　子5－25189
繪圖乾隆遊江南全集　子5－28732
繪圖中庸便蒙課本　經2－9185
繪圖掃蕩倭寇紀要初集　史1－4258
繪圖掃蕩粵逆演義　子5－27858
繪圖掃蕩粵逆演義(繪圖湘軍平逆傳)　子5－28215
繪圖睢陽忠毅錄　子5－28331
繪圖目蓮救母傳奇　集7－49793
繪圖最新女界寶二十四章　子5－27887
繪圖四千字文　經2－13505
繪圖四字鑒畧　子1－2803
繪圖四字鑑畧、新鐫鑑畧釋義　史1－4949
繪圖四才子後傳　子5－28278
繪圖四書便蒙課本　經2－11028
繪圖四書速成新體讀本　經2－11060
繪圖異想天開　子5－28538
繪圖呼家將欽賜紫金鞭忠孝全傳　集7－51371
繪圖影譚　子5－27213
繪圖明珠緣　子5－28184
繪圖蜃樓外史　子5－28175
繪圖歷代神仙傳　史2－6867
繪圖騙術奇談　子5－27672

繪圖隋唐演義 子5-28025
繪圖閨門祕術 子5-28553
繪圖風月夢 子5-28499
繪圖鳳凰山 集7-53744～6
繪圖兒女濃情傳 子5-28434
繪圖周禮便蒙課本 經1-5022
繪圖開闢演義 子5-27925
繪圖陰陽鬥異說傳奇 子5-28906
繪圖全本滚釘板 集7-53178
繪圖金陵十二釵後傳 子5-28413
繪圖鏡花緣 子5-28897
繪圖今古奇觀 子5-27753～4
繪圖前笑中緣金如意全傳 集7-53588
繪圖善惡圖全傳 子5-28734
繪圖短篇小說文明之現象 子5-27686
繪圖短篇小說文明鑒、莊夢無傳、人爲之獸 子5-27919
繪圖短篇小說醋海花 子5-27688
繪圖短篇小說俠客談 子5-27687
繪圖劍俠奇中奇 子5-28478
繪圖第一才女傳(全像才子奇書) 子5-28451
繪圖第一情書聽月樓全傳 子5-28474
繪圖第二奇書林蘭香傳 子5-28491
繪圖笑林廣記 子5-27498
繪圖筆生花 集7-53699
繪圖小金錢全傳 集7-53875
繪圖火燒上海紅廟演義 子5-28650
繪圖快心編全傳初集、二集、三集 子5-28300
77 繪風亭評第七才子書琵琶記、才子琵琶寫情篇、釋義 集7-49737

2898_1 縱

00 縱方備證 子3-12390
87 縱釣居文集 集3-15792

2921_1 觥

07 觥記注 子4-18580 叢1-22(15)、23(15)

2921_2 倦

00 倦塵老人(方政)七十壽言集 史2-10745
倦齋吟稿 集5-39621
20 倦舫碑目 史8-64743
25 倦繡吟草、詩餘 集5-36661
倦繡閣詩草 集4-28312
36 倦還館培花奥訣錄、賞花幽趣錄 子1-4493
38 倦游雜錄 子5-26916 叢1-19(5)、20(3)、22(6)、23(6)、24(5)
倦游稿 集6-41891
倦游藁 集6-41744～5
倦游樓詩文 集5-39949
倦游錄 叢1-19(7)、20(5)、21(6)、24(8)
倦遊雜錄 叢1-15、21(4)、29(5)、374
倦遊集 集4-22935
倦遊稿 集1-4144
倦遊草 集4-24684,5-35589 叢2-1331
倦遊吟 集4-24855
倦遊錄 叢1-374
47 倦鶴近體樂府 集5-41586
倦鶴龕詩鈔 集4-31754
60 倦圃記 集4-33126
倦圃蒔植記、總論 子1-4194
倦圃曹先生尺牘 集3-13809

2922_7 俏

40 俏皮大姐一枝 集7-52729
俏皮妞兒一枝 集7-52725
俏皮妞兒二十二一枝 集7-52728
俏皮妞兒纔十六一枝 集7-52726
俏皮妞兒剛十七一枝 集7-52727
50 俏東風 集7-52429、52724
俏東風二集 集7-52430

倘

37 倘湖詩 集2-12468
倘湖手稿 集2-12469
倘湖遺稿 集2-12470、12472
倘湖遺稿、來舜和先生稿 集2-12471
倘湖樵書 子4-24210～2

2925_0 伴

10 伴玉亭雜錄、家藏古今玉諸器款識 子4-

23726
伴石齋印存 子3-17344
伴石山房印存 子3-17400
伴雲閣詩 集4-22542
17 伴蛩廬紀亂草 集5-38274
伴蛩吟(繡餘草) 集3-21699
44 伴薇山館集 集5-37901
47 伴鶴居雜抄 子4-24411
48 伴梅詩選 集4-32450
伴梅草堂詩存 集3-21019
50 伴書軒印草 子3-17088
55 伴耕草堂吟草 集5-38157
77 伴月樓詩鈔 集4-24651
伴臼草(女紅伴藝) 集3-19376
88 伴筇游草 集4-31459

2933_8 愁

00 愁言 集6-45103～5
愁言(芳雪軒遺集)、附集 集2-12584 叢1-547(4),2-720(6)
愁言、附集 集6-45102
愁言選 集2-12586
22 愁鸞集 集5-34160
32 愁叢集 集6-42020
愁叢集、詩餘 集3-18514
60 愁思集 叢2-715
88 愁餘草 集3-16574

2935_9 鱗

37 鱗鴻集(張峽亭信稿) 集5-38735

2938_0 鰍

77 鰍聞日記(清咸豐十年) 史2-12862

2972_7 峭

16 峭碧山房詩鈔 集4-27715
24 峭岐劉氏宗譜[江蘇江陰] 史5-39241
29 峭嶙吟館詩存 集5-41595
峭嶙吟館詩存、新生室詩稿 集5-41596
47 峭帆樓叢書(峭帆樓叢刊、峭帆樓叢刻) 叢2-638
峭帆樓叢書書目 史8-66169
峭帆樓善本書目 史8-66023
峭帆樓鈔書會彙訂存十八種續鈔九種 叢2-639

嶗

22 嶗山名勝志畧 史7-52509
嶗山志 史7-52506～7
嶗山志、游嶗山指南 史7-52508
嶗山藝文志 集6-44850

2978_9 郯

60 郯口施食 子7-35048

2992_0 紗

46 紗帽蒼報信傷春 集7-49499
紗帽巷報信傷春 集7-49376
88 紗籠詩集 集6-42520

2992_7 稍

10 稍可軒吟草 集5-36622

2995_0 絆

25 絆生吟 集5-34529
44 絆葭村詩稿 集3-18389

2998_0 秋

00 秋瘧指南 子2-4768
秋庵詩草 集4-22658

秋廬詩剩　集 5－39157
秋廬唫草　集 6－45142
秋廬吟草　集 3－19607
秋夜讀史隨筆　史 1－5540
秋夜瀟湘雨　集 7－48777
秋夜梧桐雨　集 7－48778
03 秋讞彙案　史 6－46243
秋讞必覽　史 6－46244
秋讞志　史 6－46240
秋讞志畧　史 6－46238
秋讞輯要　史 6－46241～2
10 秋一枝　集 7－51895
秋雪詞　集 7－46398～400、46938
秋雪山房遺稿　集 4－26845
秋雪山房初存詩　集 5－35397
秋雪編　集 5－35701
秋雪舲小牘　叢 2－1611～2
秋雨山莊集　集 3－18354
秋雨軒詩遺　集 2－12879、13007
秋雨年華之館叢脞書、興算學議　集 5－40162
秋天到了一枝　集 7－51901
11 秋琴集　集 3－19743　叢 2－1452
秋琴閣詩鈔　集 3－20138
12 秋水亭文畧　集 4－24129～30
秋水亭詩草、續集、補編　集 4－24127
秋水亭詩鈔　集 4－22701
秋水亭遺稿　集 4－24128
秋水庵詩草　集 3－14322
秋水庵隨筆　子 4－21662
秋水齋詩集　集 3－19153
秋水齋詩稿　集 5－37597
秋水文集、補遺　集 3－14527　叢 2－802
秋水文叢外集(古宮詞注)　叢 2－615(3)
秋水玄思　子 4－18791
秋水詩鈔　集 3－21320
秋水詩鈔、續集　集 3－18297
秋水詞　集 7－46398～400、47048
秋水集　集 3－13291、14245、14526，6－41969、44533
秋水集、詩餘　集 3－14525
秋水集、朝華詞　集 5－38574
秋水集四種　叢 2－1238
秋水山房詩草　集 4－24177
秋水池堂詩　集 4－24515
秋水池堂詩集、洮瓊館詞　集 4－24516
秋水芙蓉集詩　集 5－37515
秋水芙蓉館詩草　集 4－28584
秋水菴花影集　集 7－50636
秋水村莊詩鈔　集 4－23302
秋水軒詩稿　集 3－21451
秋水軒詩稿、二稿　集 4－31181
秋水軒詩選　集 4－28041
秋水軒詞　集 7－47603
秋水軒集　集 4－28040
秋水軒倡和詞　集 7－48530～1
秋水軒印存　子 3－17324
秋水軒尺牘　集 4－28163～4
秋水園印說　叢 1－202(8)、203(14)
秋水園印說(印說)　子 3－16833
秋水園印譜　子 3－17052～3
秋水吟　集 4－22480
秋水長天一枝　集 7－51900
秋水閒房集　集 3－18577
秋水閣詩集　集 4－22514
秋水閣詩集、雜著　集 4－22515
秋水閣天香詩集　集 5－39128
秋水閣遺草　集 3－20288，6－45142
秋水閣墨副　集 2－11186
秋水鏡(臆見)　子 4－20545　叢 1－143
秋水堂文集、餘集、詩集　叢 2－1410
秋水堂雙翠園傳奇　集 7－50317
秋水堂遺詩　集 4－31407　叢 1－520
秋水堂遺集　集 3－16475
秋水堂遺集三種　叢 2－1410
秋水堂曆法問答　子 3－11709
秋水堂算法　子 3－12820
14 秋瑾遺集　集 5－41206
秋瑾女俠遺集　集 5－41207
16 秋碧詞　集 7－48109～10
秋碧樂府　集 7－50587
秋碧堂晚香詞草稿　集 7－47813
17 秋蛩吟草　集 5－35744
秋君遺稿　集 4－27422
20 秋辭　集 7－47006
秋舫齋詩鈔　集 4－24193
秋舫詩存　集 4－27831
秋舫詩鈔　集 4－26347～8、27944
秋舫日記　史 2－7796
秋舫笛語　集 5－35192
秋香吟草　集 5－38493
21 秋虎丘　集 7－50171
秋紅霓詠　集 5－35087　叢 1－496(4)
秋紅山館試帖存　集 5－34017
秋紅丈室遺詩　集 4－26088　叢 1－401
22 秋崖詩集、文集　集 3－15190～1
秋崖詩選　集 1－4236，6－41903
秋崖詞　集 7－46369、46690
秋崖集　集 1－4234　叢 1－223(57)
秋崖集補鈔　集 1－4238，6－41901

秋崖先生詞稿 集7－46689
秋崖先生小稿別集 集1－4227
秋崖先生小藁 集1－4230、4232～3
秋崖先生小藁、秋崖小稿詩集 集1－4228
秋崖小稿詩集(秋崖先生詩集) 集1－4229
秋崖小稿鈔 集1－4235,6－41900
秋崖小藁 集1－4231
秋崖小藁集 集1－4237
秋崖小藁集 集6－41908
秋巖詩集 集1－4964,6－41784 叢1－223(59)
秋巖詩集(陳秋巖詩集) 集1－4963
秋巖詩集、補遺 集4－25234
秋巖詩存 集4－26919
秋巖詩鈔 集3－19605
秋巖集畧 集3－13181
秋巖遺詩 集4－25271
秋仙遺譜前集、後集、棊經 子3－18007
秋艇集 集4－26127
秋山文存 集5－41654 叢2－944
秋山程先生易圖閑識 經1－2144
秋山紀行集 集3－21432
23 秋稼小稿 集4－33072
24 秋佳詩存 集3－20894
秋佳軒詩餘 集7－46824
秋綺軒遺詩 集4－31031
25 秋生詩稿、文稿 集4－24737
26 秋泉居士集 集3－16339
秋臯遺稿 集4－23500
27 秋蛩吟 集3－13703 叢1－551
秋名爾一枝 集7－51896
秋色靈空一枝 集7－51898
秋色淒淒 集7－51897、53241
28 秋舲詩草、續草 集5－37480
30 秋室詩錄 叢2－1742
秋室百衲琴 集4－22088
秋室集 集4－23653～4 叢2－841
秋室我聞錄 子2－10903
秋室遺文 叢1－346,2－1742
秋室遺文、南疆逸史跋 集4－23658
秋室吟社詩錄 集4－28573
秋室學古錄、梁園歸櫂錄、憶漫庵賸稿 集4－22089
秋室印剩 子3－17033
秋室印粹 子3－17032
秋宜集 集1－5214
秋窻隨筆 集6－45954
秋容傳 集7－52440
秋窗病餘錄 叢2－1544
秋窗隨筆 叢1－202(8)、203(14),2－829
秋審章程 史6－41729
秋審比較條欵 史6－46182
秋審比較彙案 史6－46177、46229～30
秋審比較彙案續編(光緒四年至九年) 史6－46181
秋審條例 史6－45911、45967
秋審條款 史6－46186
秋審條款、禁煙條例 史6－46187
秋審條款案語 史6－46183
秋審條款附禁煙條例 子7－36663
秋審實緩、章程、直省附錄 史6－46159 叢1－338
秋審實緩矜緩比較條款 史6－46171
秋審實緩比較條款 史6－46178
秋審實緩比較條款彙案集成 史6－46163
秋審實緩比較彙案 史6－45864、46174
秋審實緩比較彙案、續編 史6－46184
秋審實緩比較彙案、條欵 史6－46179
秋審實緩比較彙案新編 史6－46180
秋審實緩比較成案 史6－46164、46176
秋審舊式 史6－46172
秋審檔案(乾隆五十一年至嘉慶四年) 史6－46160
秋審指掌 史6－41540、46158
秋審成案 史6－46161
秋審畧例 史6－46173
秋審類輯 史6－46185
31 秋江集 集3－18409～10
秋江集注 集3－18411
秋江倚棹圖題詠 集3－21821
秋江漁隱詩草 集5－36950
秋江煙草 集1－4111,6－41744～5、41888、41891～3、41894(3)、41895、41897～8、41904、41917、41919、41924
秋江煙草補遺 集1－4112,6－41891
秋涇雜綴 集5－35047
秋涇集 集3－21172
秋涇筆乘 子4－20925 叢1－195(5)
秋涯稿(秋涯詩稿、詞稿、跋稿、雜文) 集3－17537
秋潭詩集、外集 集4－22962
秋潭詩選 集3－18987,6－42019
秋潭老人黃葉庵詩稿 集2－12134
秋潭相國詩存 集4－24709
秋潭月 子4－24038 叢1－159
32 秋澄詩集 集2－7782
秋澄算稿 子3－12529
33 秋心齋小草 集4－33118
秋心廢稿 集5－34754
秋心集 集4－22391 叢2－1598～9
秋心集、續 叢2－1597

秋浦霞湖姚氏家譜[安徽貴池] 史 4-31206
秋浦雙忠録六種 叢 2-818
秋浦雙忠録五種 叢 2-819
秋浦驪歌 集 3-18604
秋浦劉氏宗譜[安徽] 史 5-39343
34 秋濤(會心編) 子 4-20842 叢 1-142
秋濤閣吟草 集 5-35202
秋波六義 叢 2-1270
36 秋湘詩集 集 3-13708
秋湘館詩稿 集 5-39326
37 秋澗集 集 1-4801 叢 1-223(59)、227(10)
秋澗集(秋澗先生大全集) 集 1-4800
秋澗先生樂府 集 7-46357、46747
秋澗先生大全文集(秋澗先生大全集) 集 1-4799
秋澗先生大全集 叢 2-635(11)
秋漁雜唱 集 5-41643
秋湄詩鈔 集 5-35817
秋湄遺集 集 5-35818
38 秋海棠詩 集 4-29868,5-40487
秋海棠室遺詩 集 4-31451
40 秋爽軒詩草 集 5-36332
秋士詩存 集 5-33997
秋士詩鈔 集 4-23269
秋士香詞 集 7-46401、46832
秋士先生遺集 集 4-22283、22472 叢 2-906
秋士偶編、董劉春秋雜論 集 2-12750
秋士遺集 集 4-22473
秋士選詩 子 4-24150
秋士史疑、秋士新詩、君子堂詩 史 1-5494
秋塘蜀道詩 集 3-21345
秋女烈士遺稿 集 5-41204～5
秋來堂詩 集 5-34306
秋樵雜録 叢 2-811
秋樵詩鈔 集 4-24497、26340
秋樵詩鈔、文鈔 集 4-26339
41 秋坪新語 子 5-27313 叢 1-373(4)
秋坪詩文稿 集 4-22313
秋坪詩存 集 4-22727
秋坪詩鈔 集 4-23173
秋坪剩稿 集 4-22314
秋坪偶録 史 7-50394
42 秋橋詩選、續選 集 4-27126
44 秋芷遺稿 集 4-25231
秋萍詩鈔 集 5-35452
秋蓼亭詞 集 7-47670
秋蓼山房詩 集 4-24399
秋夢齋詩集 集 4-23892
秋夢齋詩稿 集 4-23891
秋夢一折 集 7-49637
秋夢盦詞 集 7-47979
秋夢盦詞鈔、續、再續 集 7-47978
秋夢龕詞 集 7-46434
秋夢録 叢 2-795
秋花譜 子 4-19176 叢 1-201
秋花四十詠 集 4-23249 叢 2-2049
秋蘭詩鈔 集 4-33544
秋蘭館燼餘剩稿 集 4-25799
秋蘋詩草、詞 集 4-27700
秋蘋印草、續集 子 3-17151
秋蓬俚語 集 6-41963
秋蓮子詞前稿、後稿 集 7-47579
秋蕙軒吟草 集 4-29971
秋草文隨 集 3-21567
秋草軒詩鈔 集 4-26884
秋草吟館偶存 集 3-17400
秋茄集、補遺 叢 2-609
秋華堂詩 集 5-40750
秋芙蓉吟稿 集 3-18683
秋英拾慧 集 5-33719
秋芸館詩稿 叢 2-1710
秋芸館古文稿 叢 2-1710
秋芸館駢體文稿 叢 2-1710
秋芸館全集 集 4-28297
秋芸館全集五種 叢 2-1710
秋樹讀書樓遺集 集 4-23213 叢 2-1723
秋樹軒詩集 集 3-15356
秋葉軒詩 集 3-16361
秋蕖閣剩草 集 4-24316
秋藥庵詩集、抵掌八十一吟 集 4-22878
秋菊寒泉詩録 叢 1-356
秋菊寒泉詞 叢 1-356
秋菊園詩鈔 集 5-39857
秋林琴雅 集 7-47205～6
46 秋槐堂詩集 集 2-12670,3-13275,6-44591
47 秋帆詩集 集 3-16013
秋帆尚書奏稿 史 6-48762
秋鶴詩鈔 集 4-22251
秋聲譜 集 7-49551
秋聲辭 集 4-30521
秋聲集 集 1-4272～3、5443～9,6-41784、44792～4 叢 1-223(58、60)、478
秋聲賦一枝 集 7-51899
秋聲閣尺牘 集 3-15804
秋聲館詩草 集 4-33440
秋聲館孫吴詩鈔選 集 4-33140
秋聲館集 集 4-33141
秋聲館外集 集 5-34761

秋聲館遺集(詩集、文集、小題文鈔)　集5-34760
秋聲館吟稿　集3-19706
秋好軒石刻目存　史8-64755
秋鞠百詠　叢1-365
秋胡戲妻　集7-53486～7
秋柳園小草　集4-25024
秋桐山館詩集　集5-34953
秋根書室集、西行紀程、西征集　集4-33104
48 秋警閣詩存　集4-28862
秋槎雜記　經1-111(4),2-11868
秋槎詩草　集4-22491
秋槎詩鈔　集4-25236
秋槎政本　集4-22583
50 秋蟲吟　集4-29738
秋蟲吟草　集6-45107
秋蟲吟草、愧漏書屋文集　集4-30639
53 秋感十二詠　集3-14229
55 秋螩吟館詩鈔(然灰集、椒雨集、殘冷集、南棲集、奇零集、壹弦集)　集4-33206
秋螩吟館集(秋螩吟館詩鈔、詞鈔、文鈔)　集4-33204
秋農詩草　集4-24253
秋曹雜記　叢2-1980
56 秋蟬續吟草　集3-19717
秋蟬吟草　集3-19716
57 秋艷丹桂鈿合　集7-49189
秋蝴蝶齋文稿、詩稿　集5-38144
58 秋蛘吟草　集4-28544
60 秋日紀行雜言　集2-8613
秋星閣詩話　集6-45851　叢1-201、203(2)
秋圃齋文集　集4-32382
秋圃詩鈔　集3-18112,4-24170
秋圃近詩　集4-28388
秋園文鈔　集5-39123
秋園雜佩　史1-4450　子4-23713　集6-45076　叢1-202(4)、203(10)、321、456(5),2-624(3)、731(54)、752、798、918、1244
秋園吟草　集5-38340
秋園小詩　集5-34380
秋思集　集5-41358
秋思草堂遺集(老父雲遊始末)　集3-16124
秋思草堂遺集雲遊始末記　史1-3614
秋旻集、二刻、續刻　集2-11538
秋田詩稿　集4-23270
秋景天涼一本　集7-52616
秋景兒衰敗一枝　集7-51894
62 秋影庵主印譜　子3-16947、17084
秋影庵遺詩　集5-38249
秋影山房詞　集7-47406
秋影山莊詩稿　集3-20970
秋影樓詩集　叢2-661
秋影樓詩集(圃田、東郊、曼聲、橫街、秋帆、春草、釋耒、邗江)　集3-17755
秋影園詩、二集、北遊草　集3-16343
64 秋曉先生覆瓿集　集1-4545
秋曉先生覆瓿集、附錄　集1-4543
秋曉趙先生覆瓿集　集1-4541、4544
秋曉龕古銅印譜　史8-65045
秋曉龕印存　子3-17352
秋畦詩鈔　集3-21478
秋畦小稿　集3-21479
65 秋嘯堂詩稿　集4-26794
67 秋鳴集　集4-25757
秋鳴錄　集3-15583
秋鶚遺稿　集4-27634　叢1-373(6)
秋照軒感事述懷詩　集5-37164
68 秋吟集　集5-36462
70 秋雅　集7-48119　叢2-1978
71 秋原公詩　叢2-900
77 秋風三疊　集7-49308
秋風集　集3-17645
秋風紅豆室詩鈔　集4-25752
秋風紅豆樓詩　集5-35042
秋風紅豆樓詩鈔　集5-35043
秋風紅豆樓詞　集7-48085
秋風紅豆樓詞鈔　集7-48086
秋風剩葉詩草　集4-29530
秋風陣陣一枝　集7-51893
秋岡先生集　集1-4806
秋閒詩草　集3-13412
秋閒詞　集7-46882
秋屏詩存　集4-29862
秋屏詞續編　集7-47124
秋屏詞鈔　集7-47123
秋居集杜　集2-10311
秋颿雜詠　集3-21321
秋叟詩懷　集4-24736
秋闈雜詠　集4-33229
秋卿遺稿　集4-25348
秋門詩鈔　集4-27875～6
秋門集　集5-37478
秋門草堂詩鈔　集4-24144
秋興詩　集2-12108　叢1-151
秋興集　集2-11093
秋興八首偶論　集6-46112　叢2-1234
秋閑詞　集7-46397～400
78 秋陰雜記　子4-22508　叢2-1703
79 秋塍文鈔　集3-18800

秋塍書屋文鈔 集 4－26023
秋塍書屋詩文鈔 集 4－26020
秋塍書屋詩鈔 集 4－26021～2
80 秋龕遺稿 集 4－22656
秋谷文集 集 3－16297
秋谷詩鈔 集 3－17264,6－41979
秋谷詩鈔、秋谷詩餘、聲調譜 集 3－17265
秋谷詞翰 集 3－17263
秋谷集 集 1－4965,2－12401
秋谷先生遺文 集 3－17268
秋谷遺詩 集 3－14616,6－44511
秋谷七言詩 集 3－17262
82 秋鐙課詩之星日記(清光緒二年至三十年) 史 2－13064
秋鐙瑣憶 集 5－34161
秋鐙錄 史 1－4472 叢 1－203(16)
86 秋錦文鈔 集 3－15534,6－42064
秋錦山房詩集 集 3－15531
秋錦山房詞 集 7－46430、47011 叢 2－838
秋錦山房集 集 6－44994
秋錦山房集、目錄、外集 集 3－15532
秋錦山房外集 集 6－44994
秋錦古今體詩 集 3－15533
88 秋竹詩稿 集 3－21020
秋竹山房二種曲 集 7－50522
秋篷詞 集 7－47479
秋笳集 集 3－15199,5－37298 叢 1－456(3),2－731(41)
秋笳集、西曹雜詩 集 3－15198
秋笳集、補遺 集 3－15200
秋笳集鈔 集 6－43534
秋笳餘韻 集 6－44174
秋籟軒集 集 4－23918
秋籟吟 集 4－22967
秋籟同聲集 集 7－48584
秋籟閣詩集 集 4－22208
90 秋懷詩草 集 5－36512
秋懷八疊、生日詩詞 叢 2－1361
秋堂邵先生文集 集 1－5083
秋堂集 集 1－4290、4292,4－27337 叢 1－223(58)
秋堂集、補遺、附錄 集 1－4291、4293
秋堂集補遺 集 1－4287,6－45030
秋堂遺稿 集 1－4294,6－41889
秋堂遺藁 集 6－41904
秋堂印譜 子 3－16947、17118
秋棠吟榭詩餘 集 7－47466
91 秋煙草堂詩稿 集 3－18995 叢 2－885
92 秋燈瑣憶 子 5－26499
秋燈集錦 集 6－42521 叢 1－415
秋燈叢話 叢 1－202(3)、203(9)、321
秋燈叢筆、片羽紀 子 4－21943
秋燈畫荻草堂詩鈔 集 4－30663
94 秋枚樓眉判 叢 1－143